Ästhetische Grundbegriffe Historisches Wörterbuch
(ÄGB) in sieben Bänden

Herausgegeben von Karlheinz Barck
(Geschäftsführung)
Martin Fontius
Dieter Schlenstedt
Burkhart Steinwachs
Friedrich Wolfzettel

Redaktion Berlin   *Redaktion Frankfurt/Main*
Dieter Kliche   Britta Hofmann
(Leitung und Koordination)   Maria Kopp-Kavermann
Carsten Feldmann
Bertolt Fessen
Martina Kempter

Ästhetische Grundbegriffe

Band 3
Harmonie – Material

Studienausgabe

Verlag J. B. Metzler
Stuttgart · Weimar

Wissenschaftlicher Mitarbeiter der Redaktion Frankfurt am Main: Frank Estelmann;
Studentische Mitarbeiter: Natalia Kourianovitch, Karina Nippe, Peggy Steinhauser (Redaktion Berlin)
und Sandra Luckert (Redaktion Frankfurt am Main)

Bibliografische Information der Deutschen Bibliothek
Die Deutsche Bibliothek verzeichnet diese Publikation in der Deutschen Nationalbibliografie;
detaillierte bibliografische Daten sind im Internet über <http://dnb.ddb.de> abrufbar

Gedruckt auf chlorfrei gebleichtem, säurefreiem und alterungsbeständigem Papier

Gesamtwerk:
ISBN 978-3-476-02353-7

Band 3:
ISBN 978-3-476-02356-8

Dieses Werk einschließlich aller seiner Teile ist urheberrechtlich geschützt.
Jede Verwertung außerhalb der engen Grenzen des Urheberrechtsgesetzes ist ohne Zustimmung
des Verlages unzulässig und strafbar. Dies gilt insbesondere für Vervielfältigungen, Übersetzungen,
Mikroverfilmungen und die Einspeicherung und Verarbeitung in elektronischen Systemen.

© 2001/2010 J.B. Metzler'sche Verlagsbuchhandlung
und Carl Ernst Poeschel Verlag GmbH in Stuttgart
www.metzlerverlag.de
info@metzlerverlag.de
Einbandgestaltung: Willy Löffelhardt/Melanie Frasch
Satz: Typomedia GmbH, Ostfildern
Druck und Bindung: Ebner & Spiegel GmbH, Ulm
Printed in Germany
September 2010
Verlag J.B. Metzler Stuttgart · Weimar

Inhaltsverzeichnis

Benutzungshinweise VII
Siglenverzeichnis IX
Verzeichnis der abgekürzt zitierten antiken und
biblischen Quellen XV

Artikel

Harmonie/harmonisch (CLAUDIA ALBERT, Berlin/
 Leipzig) 1
Häßlich (DIETER KLICHE, Berlin) 25
Humor (DIETER HÖRHAMMER, Wanfried) 66
Ideal (GÉRARD RAULET, Paris) 86
Idyllisch/Idylle (RENATE BÖSCHENSTEIN,
 Genf) 119
Interesse/interessant (KURT WÖLFEL, Bonn) 138
Intimität/intim (MARIANNE STREISAND,
 Berlin) 175
Ironisch/Ironie (PHILIPPE DESPOIX, Berlin/
 Montréal; JUSTUS FETSCHER, Berlin) 196

Katharsis (WERNER MITTENZWEI, Bernau) 245
Kitsch (DIETER KLICHE, Berlin) 272
Klassisch/Klassik/Klassizismus (WILHELM
 VOSSKAMP, Köln) 289
Kolorit/farbig (CHRISTOPH WAGNER,
 Saarbrücken) 305
Komisch (KLAUS SCHWIND, Frankfurt a. M.) 332
Kommunikation (DIRK BAECKER, Witten/
 Herdecke) 384
Körper (DIETMAR KAMPER, Berlin) 426
Kritisch/Kritik (MARTIN FONTIUS, Berlin) 450
Kult (HUBERT CANCIK, Tübingen; HUBERT MOHR,
 Tübingen) 489
Kultur (DIRK BAECKER, Witten/Herdecke) 510
Kunst/Künste/System der Künste (WOLFGANG
 ULLRICH, München) 556

Landschaft (HILMAR FRANK, Berlin; ECKHARD
 LOBSIEN, Frankfurt a. M.) 617
Literarisch/Literatur (RAINER ROSENBERG,
 Berlin) 665
Luxus (JOSEPH VOGL, Berlin/Weimar) 694
Lyrisch – episch – dramatisch (ALBERT MEIER,
 Kiel) 709

Magisch/Magie (CARLOS RINCÓN, Berlin) 724
Malerisch/pittoresk (FRIEDRICH WOLFZETTEL,
 Frankfurt a. M.) 760
Manier/manieristisch/Manierismus
 (URSULA LINK-HEER, Bayreuth) 790
Maß (HANS ULRICH GUMBRECHT, Stanford) 846
Material (MONIKA WAGNER, Hamburg) 866

Benutzungshinweise

Die Artikel der *Ästhetischen Grundbegriffe* folgen einem vorgegebenen Rahmen: Der Artikelkopf führt das Lemma an, wie es üblicherweise im Deutschen benutzt wird; dann, sofern möglich, auf Altgriechisch und Latein sowie in den europäischen Hauptsprachen Englisch, Französisch, Italienisch, Spanisch und Russisch. Die vorangestellte Artikelgliederung wird zur Orientierung des Lesers auch in der Kopfzeile mitgeführt.

Die Bibliographie am Ende des Artikels faßt die wesentliche Literatur zum Thema zusammen und dokumentiert die neuere Forschungslage. Sie verzeichnet keine Quellentexte; diese werden mit ausführlichen Angaben im Anmerkungsapparat genannt. So verstehen sich die Anmerkungen zugleich als eine durchlaufende Gesamtbibliographie zum Thema.

In den Quellenangaben erscheinen die zitierten Einzelschriften mit dem Datum des Erstdrucks. Liegt zwischen diesem und dem Entstehungsdatum ein großer zeitlicher Abstand, so wird letzteres verzeichnet. Zitiert wird, was die europäischen Hauptsprachen anbelangt, in der Regel nach den Originalquellen. Außer im Englischen und Französischen werden den Zitaten gängige und leicht zugängliche Übersetzungen nachgestellt. Quellenangaben altgriechischer und lateinischer Texte werden, wenn ein bloßer Verweis erfolgt, in der inneren Zitierweise gegeben. Wird ein Text zitiert, nennt die Angabe Edition und Seitenzahl der Übersetzung. Wo keine Übersetzung nachgewiesen ist, stammt sie vom Autor. Für sämtliche Zitate im Text werden Stellennachweise geführt. Sammelnachweise folgen auf das letzte der zu belegenden Zitate. Erscheinen Stellennachweise zu Zitaten direkt im laufenden Text, so beziehen sich die Angaben stets auf die in der vorausgehenden Anmerkung genannte Edition. Gelegentliche Flexionsänderungen in den Zitaten werden nicht eigens gekennzeichnet. Hervorhebungen im Original stehen ausschließlich kursiv.

Vielbenutzte und gut zugängliche Werk- und Einzelausgaben, ebenso große Wörterbücher und Enzyklopädien, werden mit Siglen bezeichnet, die das Siglenverzeichnis erschließt. Ihm folgt ein Verzeichnis der abgekürzt zitierten antiken und biblischen Quellen.

Siglenverzeichnis

1. Wörterbücher und Enzyklopädien

ADELUNG – JOHANN CHRISTOPH ADELUNG, Grammatisch-kritisches Wörterbuch der hochdeutschen Mundart, mit beständiger Vergleichung der übrigen Mundarten, besonders aber der Oberdeutschen (1774–1786); zweyte, vermehrte u. verbesserte Ausgabe, 4 Bde. (Leipzig 1793–1801)
BAYLE – PIERRE BAYLE, Dictionaire historique et critique, 2 Bde. in 4 Teilen (Rotterdam 1697); 2. Aufl., 3 Bde. (Rotterdam 1702); 3. Aufl., hg. v. P. Marchand, 4 Bde. (Rotterdam 1720); 4. Aufl., hg. v. P. Des Maizeaux, 4 Bde. (Amsterdam u. a. 1730); 5. Aufl., hg. v. P. Des Maizeaux, 4 Bde. (Amsterdam u. a. 1740); hg. v. A. J. Q. Beuchot, 16 Bde. (Paris 1820–1824)
BROCKHAUS – DAVID ARNOLD FRIEDRICH BROCKHAUS, Conversations-Lexicon oder kurzgefasstes Handwörterbuch für die in der gesellschaftlichen Unterhaltung aus den Wissenschaften und Künsten vorkommenden Gegenstände […], 6 Bde. u. 2 Suppl.bde. (Amsterdam/Leipzig 1809–1811) [und spätere Auflagen, mit wechselnden Titeln]
CHAMBERS – EPHRAIM CHAMBERS, Cyclopaedia: or, An Universal Dictionary of Arts and Sciences, Containing an Explication of the Terms and an Account of the Things Signified Thereby in the Several Arts, Liberal and Mechanical, and the Several Sciences, Human and Divine, Compiled from the Best Authors, 2 Bde. (London 1728)
DIDEROT (ENCYCLOPÉDIE) – Encyclopédie, ou Dictionnaire raisonné des sciences, des arts et des métiers, par une Société de gens de lettres. Mis en ordre & publié par M. Diderot, […] & quant à la partie mathématique, par M. d'Alembert […], 35 Bde. (Paris/Neufchastel/Amsterdam 1751–1780): [A–Z], 17 Bde. (Paris/Neufchastel 1751–1765); Recueil de planches, 11 Bde. (Paris 1762–1772); Supplément, 4 Bde. (Amsterdam 1776–1777); Suite du recueil de planches, 1 Bd. (Paris/Amsterdam 1777); Table analytique et raisonnée, 2 Bde. (Paris/Amsterdam 1780)
EDWARDS – The Encyclopedia of Philosophy, hg. v. P. Edwards, 8 Bde. (New York/London 1967), 1 Bd. Supplement, hg. v. D. M. Borchert (New York u. a. 1996)
ENCYCLOPAEDIA BRITANNICA – The Encyclopaedia Britannica, or, a Dictionary of Arts and Sciences, compiled upon a new plan, 3 Bde. (Edinburgh 1771) [und spätere Auflagen]
ERSCH/GRUBER – JOHANN SAMUEL ERSCH/JOHANN GOTTFRIED GRUBER, Allgemeine Encyclopädie der Wissenschaften und Künste, Sect. 1, 99 Bde. u. Reg.bd. (Leipzig 1818–1892), Sect. 2, 43 Bde. (1827–1889), Sect. 3, 25 Bde. (1830–1850)
FURETIÈRE – ANTOINE FURETIÈRE, Le Dictionaire universel, contenant généralement tous les mots françois tant vieux que modernes, 3 Bde. (Den Haag/Rotterdam 1690)
GRIMM – JACOB GRIMM/WILHELM GRIMM, Deutsches Wörterbuch, 16 Bde. u. Quellenverzeichnis (Leipzig 1854–1971)
GROVE – The New Grove Dictionary of Music and Musicians, hg. v. S. Sadie, 20 Bde. (London/New York 1980); 2. Aufl., 29 Bde. (London/New York 2001)
HAUG – Historisch-kritisches Wörterbuch des Marxismus, hg. v. W. F. Haug (Hamburg 1994 ff.)
HEBENSTREIT – WILHELM HEBENSTREIT, Wissenschaftlich-literarische Encyclopädie der Aesthetik. Ein etymologisch-kritisches Wörterbuch der aesthetischen Kunstsprache (Wien 1843)
HEYDENREICH – CARL HEINRICH HEYDENREICH, Aesthetisches Wörterbuch über die bildenden Künste nach Watelet und Lévesque. Mit nöthigen Abkürzungen und Zusätzen fehlender Artikel kritisch bearbeitet, 4 Bde. (Leipzig 1793–1795)
JACOB – Encyclopédie philosophique universelle, hg. v. A. Jacob, 3 Abt., 5 Bde. (Paris 1989–1992)
JEITTELES – IGNAZ JEITTELES, Aesthetisches Lexikon. Ein alphabetisches Handbuch zur Theorie der Philosophie des Schönen und der schönen Künste […], 2 Bde. (Wien 1835/1837)

KLUGE – FRIEDRICH KLUGE, Etymologisches Wörterbuch der deutschen Sprache (1883), 23., erw. Aufl., bearb. v. E. Seebold (Berlin/ New York 1995) [und frühere Auflagen]
KOSELLECK – Geschichtliche Grundbegriffe. Historisches Lexikon zur politisch-sozialen Sprache in Deutschland, hg. v. O. Brunner/ W. Conze/R. Koselleck, 8 Bde. (Stuttgart 1972–1997)
KRUG – WILHELM TRAUGOTT KRUG, Allgemeines Handwörterbuch der philosophischen Wissenschaften, nebst ihrer Literatur und Geschichte. Nach dem heutigen Standpuncte der Wissenschaft bearb. u. hg. (1827–1829); zweite, verbesserte u. vermehrte, Aufl., 5 Bde. (Leipzig 1832–1838)
KRÜNITZ – JOHANN GEORG KRÜNITZ (Hg.), Oeconomische Encyclopädie oder allgemeines System der Land-, Haus und Staats-Wirthschaft (übers. a. d. Frz.), fortges. v. F. J. Floerke (ab Bd. 73), H. G. Floerke (ab Bd. 78), J. W. D. Korth (ab Bd. 124), C. O. Hoffmann (ab Bd. 226), 242 Bde. (Berlin 1773–1858)
LAROUSSE – PIERRE ATHANASE LAROUSSE, Grand dictionnaire universel du XIXe siècle, 15 Bde., 2 Suppl.bde. (Paris 1866–1888)
LITTRÉ – MAXIMILIEN PAUL ÉMILE LITTRÉ, Dictionnaire de la langue française, 4 Bde. (Paris 1863–1869) [und spätere Auflagen]
LTK - Lexikon für Theologie und Kirche, 2. Aufl., hg. v. J. Höfer/K. Rahner, 10 Bde. (Freiburg 1957–1965); 3., völlig neu bearb. Aufl., hg. v. W. Kasper (München 1993 ff.)
MEYER – HERMANN JULIUS MEYER, Neues Konversations-Lexikon für alle Stände, 15 Bde. (Hildburghausen 1857–1860) [und spätere Auflagen, mit wechselnden Titeln]
MGG – Die Musik in Geschichte und Gegenwart, hg. v. F. Blume, 17 Bde. (Kassel u.a. 1949/1951–1986); 2., neubearb. Aufl., hg. v. N. Finscher (Kassel u.a. 1994 ff.)
MITTELSTRASS – Enzyklopädie Philosophie und Wissenschaftstheorie, hg. v. J. Mittelstraß, Bd. 1–2 (Mannheim/Wien/Zürich 1980–1984), Bd. 3–4 (Stuttgart/Weimar 1995–1996)
OED – The Oxford English Dictionary. Second Edition, hg. v. J. A. Simpson/E. S. C. Weiner, 20 Bde. (Oxford 1989)

PAUL – HERMANN PAUL, Deutsches Wörterbuch, 9., vollst. neu bearb. Aufl. v. H. Henne (Tübingen 1992)
PAULY – Pauly's Real-Encyclopädie der classischen Altertumswissenschaft, neue Bearb., begonnen v. G. Wissowa, Reihe 1, 47 Halbbde.(Stuttgart 1894–1963), Reihe 2, Halbbde. 1–18 (Stuttgart 1914–1967), Halbbd. 19 (München 1972), Suppl.bde. 1–12 (Stuttgart 1903–1970), Suppl.bde. 13–15 (München 1973–1978), Register d. Nachträge u. Suppl. (München 1980), Gesamtregister, Bd. 1 (Stuttgart/Weimar 1997)
PAULY (KL) – Der kleine Pauly. Lexikon der Antike, hg. v. K. Ziegler/W. Sontheimer, Bd. 1–3 (Stuttgart 1964–1969), Bd. 4–5 (München 1972–1975)
PAULY (NEU) – Der neue Pauly. Enzyklopädie der Antike, hg. v. H. Cancik/H. Schneider (Stuttgart/Weimar 1996 ff.)
RAC – Reallexikon für Antike und Christentum. Sachwörterbuch zur Auseinandersetzung des Christentums mit der antiken Welt, hg. v. T. Klauser (Stuttgart 1950 ff.)
RGG – Die Religion in Geschichte und Gegenwart. Handwörterbuch für Theologie und Religionswissenschaft, 3. Aufl., hg. v. K. Galling, 6 Bde. u. Reg.bd. (Tübingen 1957–1965); 4., völlig neu bearb. Aufl., hg. v. H. D. Betz u.a., 8 Bde. u. Reg.bd. (Tübingen 1998 ff.)
RITTER – Historisches Wörterbuch der Philosophie, hg. v. J. Ritter/K. Gründer (Basel/Stuttgart 1971 ff.)
ROSCHER – Ausführliches Lexikon der griechischen und römischen Mythologie, hg. v. W. H. Roscher, Bd. 1–5 (Leipzig 1884–1924), Bd. 6 (Leipzig/Berlin 1924–1937)
SANDKÜHLER – Europäische Enzyklopädie zu Philosophie und Wissenschaften, hg. v. H. J. Sandkühler u.a., 4 Bde. (Hamburg 1990)
SOURIAU – Vocabulaire d'Esthétique, hg. v. É. Souriau/A. Souriau (Paris 1990)
SULZER – JOHANN GEORG SULZER, Allgemeine Theorie der Schönen Künste in einzeln, nach alphabetischer Ordnung der Kunstwörter auf einander folgenden, Artikeln abgehandelt, 2 Bde. (Leipzig 1771/1774); 2. verb. Aufl., 4 Bde. (Leipzig 1778/1779); neue [von Christian Friedrich von Blankenburg] vermehrte Aufl., 4 Bde.

(Leipzig 1786/1787); neue [von C. F. v. Blankenburg] vermehrte zweyte Auflage, 4 Bde. u. Reg.bd. (Leipzig 1792–1799)
TRE – Theologische Realenzyklopädie, hg. v. G. Krause/G. Müller (Berlin/New York 1976 ff.)
TRÉVOUX – Dictionnaire universel françois et latin, vulgairement appelé Dictionnaire de Trévoux […] (1704); 7. Aufl., 8 Bde. (Paris 1771) [und andere Auflagen]
TRÜBNER – Trübners Deutsches Wörterbuch, hg. v. A. Götze/W. Mitzka, 8 Bde. (Berlin 1939–1957)
UEDING – Historisches Wörterbuch der Rhetorik, hg. v. G. Ueding (Tübingen 1992 ff.)
WALCH – JOHANN GEORG WALCH, Philosophisches Lexicon. Darinnen Die in allen Theilen der Philosophie […] fürkommenden Materien und Kunst-Wörter erkläret und aus der Historie erläutert […] werden (Leipzig 1726); 2. Aufl. (Leipzig 1733); 3. Aufl. (Leipzig 1740); 4. Aufl., in zween Theilen (Leipzig 1775)
WATELET – CLAUDE HENRI WATELET/PIERRE CHARLES LÉVESQUE, Dictionnaire des arts de peinture, sculpture et gravure, 5 Bde. (Paris 1792)
ZEDLER – JOHANN HEINRICH ZEDLER, Grosses vollständiges Universal-Lexicon aller Wissenschaften und Künste, 64 Bde. u. 4 Suppl.bde. (Halle/Leipzig 1732–1754)

2. Werkausgaben und Einzelschriften

ADORNO – THEODOR W. ADORNO, Gesammelte Schriften, hg. v. R. Tiedemann u. a., 20 Bde. (Frankfurt a. M. 1970–1986)
AST – FRIEDRICH AST, System der Kunstlehre oder Lehr- und Handbuch der Ästhetik (Leipzig 1805)
BACON – FRANCIS BACON, The Works, hg. v. J. Spedding/R. L. Ellis/D. D. Heath, 14 Bde. (London 1858–1874)
BATTEUX (1746) – CHARLES BATTEUX, Les beaux Arts réduits à un même Principe (Paris 1746)
BATTEUX (1747) – CHARLES BATTEUX, Les beaux Arts réduits à un même Principe (Paris 1747)
BATTEUX (1773) – CHARLES BATTEUX, Les Beaux Arts Réduits à un même Principe, 3. Aufl. (Paris 1773)
BAUDELAIRE – CHARLES BAUDELAIRE, Œuvres complètes, 2 Bde., hg. v. C. Pichois (Paris 1975/1976)
BAUMGARTEN – ALEXANDER GOTTLIEB BAUMGARTEN, Aesthetica, 2 Bde. (Frankfurt a. d. O. 1750/1758)
BAUMGARTEN (DT) - ALEXANDER GOTTLIEB BAUMGARTEN, Theoretische Ästhetik. Die grundlegenden Abschnitte aus der ›Aesthetica‹ (1750/1758), lat.-dt., übers. u. hg. v. H. R. Schweizer (Hamburg 1983)
BENJAMIN – WALTER BENJAMIN, Gesammelte Schriften, hg. v. R. Tiedemann/H. Schweppenhäuser, 7 Bde. u. 2 Suppl.bde. (Frankfurt a. M. 1972–1989)
BLOCH – ERNST BLOCH, Gesamtausgabe, 16 Bde. u. Erg.bd. (Frankfurt a. M. 1959–1978)
BODMER - JOHANN JACOB BODMER, Critische Betrachtungen über die Poetischen Gemählde der Dichter (Zürich 1741)
BOILEAU - NICOLAS BOILEAU-DESPRÉAUX, Œuvres complètes, hg. v. F. Escal (Paris 1966)
BOUTERWEK – FRIEDRICH BOUTERWEK, Aesthetik (Leipzig 1806)
BRECHT – BERTOLT BRECHT, Gesammelte Werke, 20 Bde. (Frankfurt a. M. 1967)
BRECHT (BFA) – BERTOLT BRECHT, Werke. Große kommentierte Berliner und Frankfurter Ausgabe, hg. v. W. Hecht u. a., 30 Bde. u. Reg.bd. (Berlin/Frankfurt a. M. 1988–1999)
BREITINGER - JOHANN JAKOB BREITINGER, Critische Dichtkunst, 2 Bde. (Zürich 1740)
BROCH – HERMANN BROCH, Kommentierte Werkausgabe, hg. v. P. M. Lützeler (Frankfurt a. M. 1976 ff.)
BURCKHARDT – JACOB BURCKHARDT, Gesamtausgabe, 14 Bde. (Stuttgart/Berlin/Leipzig 1929–1934)
BURKE – EDMUND BURKE, A Philosophical Enquiry into the Origin of Our Ideas of the Sublime and Beautiful (1757), hg. v. J. T. Boulton (London 1958)
COLERIDGE – SAMUEL TAYLOR COLERIDGE, The Collected Works, hg. v. K. Coburn (London/Princeton 1969 ff.)

CONDILLAC - ÉTIENNE BONNOT DE CONDILLAC, Œuvres philosophiques, hg. v. G. Le Roy, 3 Bde. (Paris 1947–1951)
DESCARTES – RENÉ DESCARTES, Œuvres, hg. v. C. Adam/P. Tannery, 12 Bde. (Paris 1897–1910)
DIDEROT (ASSÉZAT) – DENIS DIDEROT, Œuvres complètes, hg. v. J. Assézat/M. Tourneux, 20 Bde. (Paris 1875–1877)
DIDEROT (VARLOOT) – DENIS DIDEROT, Œuvres complètes, hg. v. H. Dieckmann/J. Proust/J. Varloot (Paris 1975 ff.)
DILTHEY – WILHELM DILTHEY, Gesammelte Schriften, Bd. 1–9, 11, 12 (Leipzig/Berlin 1914–1936); Bd. 10, 13 ff. (Göttingen 1958 ff.) [und spätere Auflagen]
DU BOS – JEAN-BAPTISTE DU BOS, Réflexions critiques sur la poësie et sur la peinture (1719), 7. Aufl., 3 Bde. (Paris 1770)
FEUERBACH – LUDWIG FEUERBACH, Gesammelte Werke, hg. v. W. Schuffenhauer (Berlin 1967 ff.)
FLAUBERT - GUSTAVE FLAUBERT, Œuvres complètes, hg. v. d. Société des Études littéraires françaises (Paris 1971 ff.)
FREUD (GW) – SIGMUND FREUD, Gesammelte Werke, hg. v. A. Freud u. a., Bd. 1–17 (London 1940–1952), Bd. 18 (Frankfurt a. M. 1968), Nachlaßbd. (Frankfurt a. M. 1987)
FREUD (SA) – SIGMUND FREUD, Studienausgabe, hg. v. A. Mitscherlich/A. Richards/J. Strachey, 10 Bde. u. Erg.bd. (Frankfurt a. M. 1969–1975) [und spätere Auflagen]
GADAMER - HANS-GEORG GADAMER, Gesammelte Werke, 10 Bde. (Tübingen 1985–1995)
GOETHE (BA) – JOHANN WOLFGANG GOETHE, Berliner Ausgabe, 22 Bde. u. Suppl.bd. (Berlin/Weimar 1960–1978)
GOETHE (HA) – JOHANN WOLFGANG GOETHE, Werke, hg. v. E. Trunz, 14 Bde. (Hamburg 1948–1960) [und spätere Auflagen, seit 1972 in München] [Hamburger Ausgabe]
GOETHE (WA) – JOHANN WOLFGANG GOETHE, Werke, hg. i. Auftr. d. Großherzogin Sophie von Sachsen, 143 Bde. (Weimar 1887–1919) [Weimarer Ausgabe]
GOTTSCHED (DICHTKUNST) – JOHANN CHRISTOPH GOTTSCHED, Versuch einer Critischen Dichtkunst (1730); 4. Aufl. (Leipzig 1751)
HEGEL (ÄSTH) – GEORG WILHELM FRIEDRICH HEGEL, Ästhetik (1835–1838), hg. v. F. Bassenge (Berlin 1955)
HEGEL (GLOCKNER) - GEORG WILHELM FRIEDRICH HEGEL, Sämtliche Werke. Jubiläumsausgabe in 20 Bänden, mit einer Hegel-Monographie (Bd. 21–22) und einem Hegel-Lexikon (Bd. 23–26) hg. v. H. Glockner (Stuttgart 1927–1940)
HEGEL (TWA) – GEORG WILHELM FRIEDRICH HEGEL, Werke, hg. v. E. Moldenhauer/K. M. Michel, 20 Bde. u. Reg.bd. (Frankfurt a. M. 1969–1979) [Theorie-Werkausgabe]
HEIDEGGER - MARTIN HEIDEGGER, Gesamtausgabe (Frankfurt a. M. 1976 ff.)
HEINE (DA) – HEINRICH HEINE, Historisch-kritische Gesamtausgabe der Werke, hg. v. M. Windfuhr, 16 Bde. (Hamburg 1973–1997) [Düsseldorfer Ausgabe]
HEINE (HSA) - HEINRICH HEINE, Säkularausgabe. Werke, Briefwechsel, Lebenszeugnisse, hg. v. d. Nationalen Forschungs- und Gedenkstätten der klass. dt. Literatur in Weimar (dann Stiftung Weimarer Klassik) u. d. Centre National de la Recherche Scientifique in Paris (Berlin/Paris 1970 ff.)
HERDER – JOHANN GOTTFRIED HERDER, Sämmtliche Werke, hg. v. B. Suphan, 33 Bde. (Berlin 1877–1913)
HOBBES (ENGL) - THOMAS HOBBES, The English Works, hg. v. W. Molesworth, 12 Bde. (London 1839–1845)
HOBBES (LEV) – THOMAS HOBBES, Leviathan (1651), hg. v. R. Tuck (Cambridge u. a. 1991)
HÖLDERLIN (FA) – FRIEDRICH HÖLDERLIN, Sämtl. Werke. Hist.-krit. Ausgabe, hg. von D. E. Sattler (Frankfurt a. M. 1975 ff.) [Frankfurter Ausgabe]
HÖLDERLIN (GSA) – FRIEDRICH HÖLDERLIN, Sämtliche Werke, 8 Bde., hg. v. F. Beissner (Stuttgart 1943–1985) [Große Stuttgarter Ausgabe]
HOME – HENRY HOME, Elements of Criticism, 3 Bde. (Edinburgh 1762) [und spätere Auflagen]
HUMBOLDT – WILHELM VON HUMBOLDT, Gesammelte Schriften, hg. v. d. Kgl. Preuß. Akad. d. Wiss., 17 Bde. (Berlin/Leipzig 1903–1936)
HUME – DAVID HUME, The Philosophical Works,

hg. v. T. H. Green/T. H. Grose, 4 Bde. (London 1874–1875)
HUME (ENQUIRIES) – DAVID HUME, Enquiries Concerning Human Understanding and Concerning the Principles of Morals, hg. v. L. A. Selby-Bigge/P. H. Nidditch (Oxford 1975)
HUME (TREATISE) – DAVID HUME, A Treatise of Human Nature (1739–1740), hg. v. L. A. Selby-Bigge/P. H. Nidditch (Oxford 1978)
HUSSERL – EDMUND HUSSERL, Husserliana. Ges. Werke, auf Grund des Nachlasses veröff. vom Husserl-Archiv Louvain/Leuven unter Leitung von H. L. van Breda; ab Bd. 22 in Verb. mit R. Boehm unter d. Leitung von S. Ijsseling (Den Haag 1950–1987; Dordrecht/Boston/London 1989 ff.)
HUTCHESON – FRANCIS HUTCHESON, Collected Works, hg. v. B. Fabian, 7 Bde. (Hildesheim 1969–1971)
HUTCHESON (INQUIRY) – FRANCIS HUTCHESON, An Inquiry Concerning Beauty, Order, Harmony, Design (1725), hg. v. P. Kivy (Den Haag 1973)
JEAN PAUL (HKA) - JEAN PAUL, Sämtliche Werke. Historisch-kritische Ausgabe, Abt. 1, 18 Bde. (Weimar 1927–1963), Abt. 2, Bd. 1–5 (Weimar 1928–1936), Bd. 6 ff. (Weimar 1996 ff.), Abt. 3, 9 Bde. (Berlin 1956–1964)
JEAN PAUL (MILLER) – JEAN PAUL, Sämtliche Werke, hg. v. N. Miller, Abt. 1, 6 Bde., Abt. 2, 4 Bde. (München 1959–1985)
JUNG - CARL GUSTAV JUNG, Gesammelte Werke, Bd. 1, 3, 4, 6–8, 11, 16 (Zürich/Stuttgart 1958–1969), Bd. 2, 5, 9, 10, 12–15, 17–19 u. Suppl.bd. (Olten/Freiburg i. Br. 1971–1987)
KANT (AA) – IMMANUEL KANT, Gesammelte Schriften, hg. v. d. Kgl. Preuß. bzw. Preuß. bzw. Dt. Akad. d. Wiss. bzw. d. Akad. d. Wiss. d. DDR bzw. Berlin-Brandenb. Akad. d. Wiss. (Berlin 1902 ff.) [Akademieausgabe]
KANT (WA) – IMMANUEL KANT, Werke, hg. v. W. Weischedel, 12 Bde. (Frankfurt a. M. 1974–1977) [Werkausgabe im Suhrkamp-Taschenbuch Wissenschaft]
KIERKEGAARD – SØREN KIERKEGAARD, Gesammelte Werke, hg. u. übers. v. E. Hirsch/H. Gerdes/H. M. Junghans, 36 Abt. u. Reg.bd. (Düsseldorf/Köln 1950–1969)

KLEIST – HEINRICH VON KLEIST, Sämtliche Werke u. Briefe, hg. v. H. Sembdner, 2 Bde. (München ⁷1984)
KRACAUER – SIEGFRIED KRACAUER, Schriften (Frankfurt a. M. 1971 ff.)
LA METTRIE – JULIEN OFFRAY DE LA METTRIE, Œuvres philosophiques, hg. v. F. Markovitz, 2 Bde. (Paris 1987)
LESSING (GÖPFERT) - GOTTHOLD EPHRAIM LESSING, Werke, hg. v. H. G. Göpfert, 8 Bde. (München 1970–1979)
LESSING (LACHMANN) – GOTTHOLD EPHRAIM LESSING, Sämtliche Schriften, hg. v. K. Lachmann/F. Muncker, 23 Bde. (Stuttgart ³1886–1924)
LICHTENBERG - GEORG CHRISTOPH LICHTENBERG, Schriften u. Briefe, hg. v. W. Promies, 4 Bde. u. 2 Kommentarbde. (München 1968–1992)
LOCKE (ESSAY) – JOHN LOCKE, An Essay Concerning Human Understanding (1690), hg. v. P. H. Nidditch (Oxford 1975)
LUKÁCS – GEORG LUKÁCS, Werke, Bd. 2, 4–12 (Neuwied/Berlin 1962–1971), Bd. 13–17 (Darmstadt/Neuwied 1974–1986)
MALEBRANCHE – NICOLE MALEBRANCHE, Œuvres complètes, hg. v. A. Robinet, 20 Bde. u. 1 Bd. Index des citations (Paris 1962–1970)
MEIER – GEORG FRIEDRICH MEIER, Anfangsgründe aller schönen Wissenschaften (1748–1750), 2. Aufl., 3 Bde. (Halle 1754–1759)
MENDELSSOHN – MOSES MENDELSSOHN, Gesammelte Schriften, hg. v. I. Elbogen u. a. (Stuttgart-Bad Cannstatt 1971 ff.)
MEW – KARL MARX/FRIEDRICH ENGELS, Werke, hg. v. Institut für Marxismus-Leninismus beim ZK der SED, 43 Bde., 2 Bde. Verzeichnis, 1 Bd. Sachregister (Berlin 1956–1990)
MONTAIGNE - MICHEL DE MONTAIGNE, Les Essais (1580), hg. v. F. Strowski/F. Gebelin/P. Villey, 5 Bde. (Bordeaux 1906–1933)
MORITZ – KARL PHILIPP MORITZ, Werke in drei Bänden, hg. v. H. Günther (Frankfurt a. M. 1981)
NIETZSCHE (KGA) – FRIEDRICH NIETZSCHE, Werke. Kritische Gesamtausgabe, hg. v. G. Colli/M. Montinari (Berlin 1967 ff.)
NIETZSCHE (SCHLECHTA) – FRIEDRICH NIETZ-

SCHE, Werke, hg. v. K. Schlechta, 3 Bde. (München 1954–1956) [und spätere Auflagen]
NOVALIS – NOVALIS, Schriften. Die Werke Friedrich von Hardenbergs, hg. v. P. Kluckhohn/R. Samuel/H.-J. Mähl, Bd. 1–3, 2. Aufl. (Stuttgart 1960–1968); 3. Aufl. (Stuttgart 1977–1988); Bd. 4–5 (Stuttgart 1975/1988), Bd. 6 [in 4 Teilbdn.] (Stuttgart 1998 ff.)
RIEDEL – FRIEDRICH JUSTUS RIEDEL, Theorie der schönen Künste und Wissenschaften. Ein Auszug aus den Werken verschiedener Schriftsteller (Jena 1767)
ROSENKRANZ – KARL ROSENKRANZ, Ästhetik des Häßlichen (1853), hg. v. D. Kliche, 2. Aufl. (Leipzig 1996)
ROUSSEAU – JEAN-JACQUES ROUSSEAU, Œuvres complètes, hg. v. B. Gagnebin/M. Raymond, 5 Bde. (Paris 1959–1995)
RUGE – ARNOLD RUGE, Neue Vorschule der Aesthetik. Das Komische mit einem komischen Anhange (Halle 1836)
SCHELLING (SW) – FRIEDRICH WILHELM JOSEPH SCHELLING, Sämmtliche Werke, hg. v. K. F. A. Schelling, Abt. 1, 10 Bde., Abt. 2, 4 Bde. (Stuttgart/Augsburg 1856–1861)
SCHILLER – FRIEDRICH SCHILLER, Werke. Nationalausgabe, hg. v. J. Petersen u. a. (Weimar 1943 ff.)
SCHLEGEL (KFSA) – Kritische Friedrich-Schlegel-Ausgabe, hg. v. E. Behler u. a. (Paderborn u. a. 1958 ff.)
SCHOPENHAUER – ARTHUR SCHOPENHAUER, Sämtliche Werke, hg. v. A. Hübscher, 7 Bde., 2. Aufl. (Wiesbaden 1946–1950) [und spätere Auflagen]
SHAFTESBURY – ANTHONY ASHLEY COOPER SHAFTESBURY, Complete Works/Sämtliche Werke. Standard Edition, hg. u. übers. v. W. Benda u. a. (Stuttgart-Bad Cannstatt 1981 ff.)
SOLGER – KARL WILHELM FERDINAND SOLGER, Vorlesungen über Aesthetik, hg. v. K. W. L. Heyse (Leipzig 1829)
SPINOZA – BARUCH DE SPINOZA, Opera. Im Auftr. d. Heidelb. Akad. d. Wiss. hg. v. C. Gebhardt, Bd. 1–4 (Heidelberg o. J. [1925]), Bd. 5 (Heidelberg 1987)
VALÉRY – PAUL VALÉRY, Œuvres, hg. v. J. Hytier, 2 Bde. (Paris 1957/1960)

VALÉRY (CAHIERS) – PAUL VALÉRY, Cahiers, hg. v. J. Robinson-Valéry, 2 Bde. (Paris 1973/1974)
VISCHER – FRIEDRICH THEODOR VISCHER, Aesthetik oder Wissenschaft des Schönen. Zum Gebrauch für Vorlesungen (1846–1858), hg. v. R. Vischer, 6 Bde. (München 1922–1923)
VOLTAIRE – VOLTAIRE, Œuvres complètes, hg. v. L. Moland, 52 Bde. (Paris 1877–1885)
WIELAND (SW) – CHRISTOPH MARTIN WIELAND, Sämmtl. Werke, 39 Bde. u. 6 Suppl.bde. (Leipzig 1794–1811)
WINCKELMANN – JOHANN JOACHIM WINCKELMANN, Sämtliche Werke. Einzige vollständige Ausgabe, hg. v. J. Eiselein, 12 Bde. (Donaueschingen 1825–1829)
WOLFF – CHRISTIAN WOLFF, Gesammelte Werke, hg. v. J. École/H. W. Arndt, Abt. 1, 22 Bde., Abt. 2, 37 Bde., Abt. 3, 31 Bde. (Hildesheim 1964–1995)

3. Text- und Quellensammlungen

MIGNE (PL) – PAUL MIGNE (Hg.), Patrologiae cursus completus [...]. Series Latina, 221 Bde. (Paris 1844–1864), 5 Suppl.bde., hg. v. A. Hamman (Paris 1958–1974)
MIGNE (PG) – PAUL MIGNE (Hg.), Patrologiae cursus completus [...]. Series Graeca, 162 Bde. (Paris 1857–1912)
CCHR (L) – Corpus Christianorum. Series Latina (Turnhout 1954 ff.)

Verzeichnis der abgekürzt zitierten antiken und biblischen Quellen

Abkürzungen griechischer Werktitel

AISCHYLOS
Prom. Prometheus

ARISTOTELES
An. De anima
Cael. De caelo
Eth. Eud. Ethica Eudemia
Eth. Nic. Ethica Nicomachea
Metaph. Metaphysica
Phys. Physica
Poet. Poetica
Pol. Politica
Probl. Problemata
Rhet. Rhetorica

HESIOD
Erg. ἔργα καὶ ἡμέραι
Theog. Theogonia

HOMER
Il. Ilias
Od. Odyssee

PLATON
Alk. 1, 2 Alkibiades 1, 2
Ax. Axiochos
Epist. Epistulae
Gorg. Gorgias
Ion Ion
Krat. Kratylos
Leg. Leges
Phaid. Phaidon
Phaidr. Phaidros
Phil. Philebos
Polit. Politikos
Prot. Protagoras
Rep. De re publica
Sis. Sisyphos
Soph. Sophistes
Symp. Symposion
Tht. Theaitetos
Tim. Timaios

SOPHOKLES
Phil. Philoktetes

XENOPHON
Kyr. Kyrupaideia

Abkürzungen lateinischer Werktitel

AUGUSTINUS
Civ. De civitate dei
Conf. Confessiones

CICERO
De or. De oratore
Div. De divinatione
Fin. De finibus
Inv. De inventione
Nat. De natura deorum
Off. De officiis
Or. Orator
S. Rosc. Pro Sex. Roscio Amerino
Tusc. Tusculanae disputationes

HORAZ
Ars Ars poetica
C. Carmina
Epist. Epistulae

OVID
Am. Amores
Met. Metamorphoses
Trist. Tristia

PLAUTUS
Men. Menaechmi

PLINIUS
Nat. Naturalis historia

QUINTILIAN
Inst.   Institutio oratoria

Rhet. Her.   Rhetorica ad C. Herennium

SALLUST
Cat.   Coniuratio Catilinae
Iug.   Bellum Iugurthinum

SENECA
Benef.   De beneficiis
Epist.   Epistulae ad Lucilium
Nat.   Naturales quaestiones

TACITUS
Ann.   Annales

VERGIL
Aen.   Aeneis
Georg.   Georgica

1., 2. Kor.   1., 2. Korintherbrief
Kol.   Kolosserbrief
Hebr.   Hebräerbrief
1., 2., 3. Joh. 1., 2., 3. Johannesbrief
Apk.   Offenbarung Johannis

Abkürzung biblischer Bücher

ALTES TESTAMENT
Gen.   Genesis (1. Buch Mose)
Ex.   Exodus (2. Buch Mose)
Lev.   Leviticus (3. Buch Mose)
Num.   Numeri (4. Buch Mose)
Dtn.   Deuteronomium (5. Buch Mose)
Ps.   Psalmen
Koh.   Kohelet (Prediger)
Jes.   Jesaja
Jer.   Jeremia
Am.   Amos
Mi.   Micha
Sir.   Jesus Sirach

NEUES TESTAMENT
Mt.   Matthäus
Mk.   Markus
Lk.   Lukas
Joh.   Johannes
Act.   Apostelgeschichte
Röm.   Römerbrief

Harmonie/harmonisch

(griech. ἁρμονία, ἁρμονικός; lat. harmonia, harmonicus; engl. harmony, harmonic, harmonious; franz. harmonie, harmonique, harmonieux; ital. armonia, armonico; span. armonía, armónico; russ. гармония, гармоничное)

Einleitung: Harmonie als universaler Ordnungsbegriff; I. Von der griechischen Antike bis zum Ausgang des 17. Jahrhunderts; 1. Allharmonie und politische Pädagogik (Platon); 2. Empirismus und ästhetisches Eigengewicht der Harmonie (Aristoteles, Aristoxenos, Vitruv); 3. Ordo und Allharmonie (Neuplatonismus); 4. Erfahrungsorientierung und Subjektivierung der Harmonie (Renaissance und Frühe Neuzeit); **II. Harmonie als Einheit (in) der Vielfalt (18. Jahrhundert);** 1. Wahrnehmung und Empfindung des Schönen; 2. Autonomisierung des ästhetischen Materials: Leitfunktion der Musik; 3. Harmonie im Spannungsfeld von Konsonanz und Dissonanz; 4. Rettungsversuche im Zeichen der klassischen Humanität: Harmonie und Harmonisierung; 5. Der ›harmonische Mensch‹: Sozialutopien und ihre Kritiker; **III. Der lange Abschied von der Harmonie(-lehre) (19. und 20. Jahrhundert);** 1. Von der ›harmonie des contraires‹ zur ›Ästhetik des Häßlichen‹; 2. Emanzipation der Dissonanz vs. Formalisierung der Harmonielehre; 3. Ästhetik(en) der Ambivalenz; 4. Klassizismen und Rettungsversuche im Zeichen der ›neuen Einfachheit‹

Einleitung: Harmonie als universaler Ordnungsbegriff

»Wer Harmonielehre gelernt hat, weiß: Jede Disharmonie strebt danach, sich in eine Harmonie aufzulösen«.[1] Wenn der anerkannte Jazz-Experte Joachim-Ernst Berendt in seinem Erfolgstitel *Nada Brahma. Die Welt ist Klang* Musik mit Harmonie gleichsetzt und diese in »Planetenbahnen, Blatt- und Körperformen« ebenso wiederfinden will wie in »Kirchen und Kreuzgängen«[2], so versammelt er alle Topoi, die seit der Antike den Begriff prägen: Universalisierung, Anthropomorphisierung, Verkopplung von naturwissenschaftlich-mathematischen und ästhetischen Kategorien. Die Doppelstruktur von Harmonie als definier- und meßbarem Zusammenklang verschiedener Töne und einem subjektiv als angenehm empfundenen Gefühl von Ordnung, Wohlbefinden oder Gleichgewicht spiegelt sich in der Fülle verwandter, teilweise sich überschneidender Begriffe wie Symmetrie, Konsonanz, concinnitas, Angemessenheit oder Proportion wider, die den vereinheitlichenden, ausgleichenden Impuls von Harmonie aufgreifen und, den verschiedenen Materialien in den einzelnen Künsten entsprechend, spezifisch umsetzen.[3] Eine vergleichbar wirkungsmächtige und begrifflich ausladende Tradition des ›Disharmonischen‹ existiert bis heute nicht. Ebensowenig läßt sich dem nach wie vor positiv konnotierten begrifflichen Umfeld von Harmonie ein entsprechendes negatives entgegensetzen. Der Funktionsverlust von Harmonie als organisierendes Zentrum ästhetischer Praxis zieht auch die entsprechenden spezifischeren Begriffe in seinen Sog und läßt eine Ästhetik des Disharmonischen als System nicht mehr zu. Statt dessen dominieren in der ›hohen‹ Sphäre der Kunstrezeption und -produktion seit Beginn des 20. Jh. individuelle oder gruppenspezifische Verarbeitungsweisen von Dissoziation, die als Traum, Schock, Zufall, Zitat oder Zerstreuung eher Gegenmodelle als -begriffe zu Harmonie formulieren, dabei jedoch auf das einzelne Werk, den Künstler, den Produktionsprozeß oder auf individuelle Wahrnehmungsweisen zielen, nicht mehr auf die Formulierung von (sei es auch nur erwünschten oder fiktiven) Universalien. In der als anspruchsvoll geltenden Praxis bis heute eine Restkategorie, bleibt Harmonie im gesamten U-Musik-Bereich wie auch in der breiten Rezeption von ›minimal music‹, Gregorianik und, vor allem ostasiatischer, außereuropäischer Musik eine zentrale Kategorie. Wie schon in seiner insgesamt wenig präzisen 2000jährigen Tradition meint der Begriff jedoch auch hier weniger konkrete Eigenschaften des musikalischen Materials als vielmehr eine kollektive positive Befindlichkeit. Als Träger des »Umschlags des Ästhetischen in das Anästhetische«[4] fördert der universale Anspruch von Weltmusik und -kultur die Flucht des Subjekts vor den

---

1 JOACHIM-ERNST BERENDT, Nada Brahma. Die Welt ist Klang (1983; Reinbek 1993), 145.
2 Ebd., 110.
3 Vgl. WOLFGANG HIRSCHMANN, ›Harmonie‹, in: UEDING, Bd. 3 (1996), 1297–1304.
4 ODO MARQUARD, Aesthetica und Anaesthetica. Philosophische Überlegungen (Paderborn u. a. 1989), 12.

Entfremdungserscheinungen der Moderne und profitiert so von der latenten Tendenz des Harmoniebegriffs zur »Ästhetisierung der Wirklichkeit«[5]. Dagegen konnte in den homogenen Gesellschafts- und Wissenschaftssystemen von der Antike über das Mittelalter bis hin zum Anfang des 18. Jh. Harmonie zu Recht als sozialer Ordnungsbegriff und Erziehungsziel, gleichzeitig aber auch als Anweisung zur künstlerischen Praxis verstanden werden.[6] Zwar bildet sich schon seit dem 4. Jh. v. Chr. eine Dualität von pythagoreischer, mathematisch erfaßbarer Harmonie*lehre* und emotional aufgeladener, sensualistischer Harmonie*erfahrung* aus, die Harmonie aus dem konkreten Prozeß der Wahrnehmung gewinnen will (Aristoteles, Aristoxenos, Vitruv). Dennoch bleibt die Leitfunktion von Harmonie und, damit verbunden, der Musik als abstraktester, weil mathematischster aller Künste unbestritten. Erst in der italienischen Renaissance setzt sich vor allem in der bildenden Kunst und der Architektur der empirisch-materialorientierte Unterstrom des Harmoniekonzepts durch und erweitert das begriffliche Umfeld einerseits um ›utilitas‹ im Sinne praktischer Nützlichkeit, andererseits um ›bellezza‹ als Ausdruck einer aus dem Werk selbst gewonnenen Einheitsempfindung.

Dieser Prozeß findet in der ›Querelle‹ des späten 17. Jh. seinen Abschluß; die Antike beginnt ihre Autorität zu verlieren, Harmonie wird zur Aufgabe der einzelnen Künste, und diese situieren sie eher in ihrer je eigenen Wirkung auf die Affekte als in der Anwendung vorgegebener Muster. Der Preis solcher Autonomisierung ist die Trennung von Kunst und Lebenspraxis, von ›beaux arts‹ und ›arts mécaniques‹. Die Architektur gliedert sich aus dem traditionellen Ensemble der Künste aus, läßt ihre Gebrauchsfunktion doch nur einen beschränkten Raum für Innovationen. Statt dessen gewinnt die Musik ihre zentrale Stellung für die Bestimmung von Harmonie zurück, allerdings mit dem charakteristischen Unterschied zu Antike und Mittelalter, daß nun der Disharmonie – vor allem in Gestalt der Dissonanz – wachsende Bedeutung zukommt. Sie erst macht nach Meinung Rousseaus, Rameaus und Diderots Harmonie erfahrbar – sowohl im technischen Sinne der Akkordfortschreitung als auch im affektpsychologischen der Erregung und Beruhigung der Empfindungen. In verschiedensten begrifflichen Ausformungen, etwa dem clair-obscur in der Malerei oder dem Verhältnis von Rhythmus und Metrum in der Poesie, wird dieses sensualistische Motiv auch auf die anderen Künste übertragen. Es ist allerdings den beteiligten Wissenschaften und insbesondere der Harmonielehre bis weit ins 20. Jh. kaum gelungen, das Affektpotential der Dissonanz und ihre strukturierende Funktion historisch konkret zu fassen.

Seit dem 19. Jh. treten akademische Harmonielehre und reale Musikpraxis immer mehr auseinander; die Ablösung des Harmonischen durch (Leit-) ›Motiv‹, ›Ebene‹, ›Schicht‹, ›Variation‹ zerfrißt das dur-moll-tonale System von innen, während die Theoretiker eben dieses noch zur Grundlage ihrer Lehrbücher machen. Vor allem in der deutschen Tradition zu beobachten, verstärkt die philosophische Aufladung der Musik die Verkopplung von Harmonie mit Universalkategorien wie dem Willen, dem Absoluten, dem Trieb oder dem Unbewußten. Arnold Schönbergs Dodekaphonie zieht die Konsequenz aus dieser ›schlechten Ästhetik‹ und entwickelt mit der Reihenkomposition ein System, das die Harmonie endgültig abschafft.[7] Er befindet sich so – subjektiv wider Willen – in der Gesellschaft der Avantgarden des 20. Jh., die sich ebenfalls von übergreifenden Ordnungsvorstellungen lösen und die Grenze von Kunst und Leben ebenso in Frage stellen wie die Wahrnehmung von Zeit, Ganzheit und logischem Zusammenhang. Allerdings hält sich in der Musik länger als in den anderen Künsten die Ideologie des autonomen Künstlers, der zwar nicht mehr qua Methode, aber zumindest qua Inspiration den Ordnungsimpuls der Harmonie noch zur Geltung bringt (Wagner, aber auch noch Schönberg). Erst die experimentellen Komponisten der Nachkriegszeit verzichten auch auf diesen Aspekt der Harmonie und vollziehen so den Anschluß an die (bild-)künstlerischen Avantgarden.

Als gesellschaftspolitische Utopie eines ästhetisch

---

5 Vgl. ebd., 16.
6 Vgl. PAUL VON NAREDI-RAINER, Architektur und Harmonie. Zahl, Maß und Proportion in der abendländischen Baukunst (Köln 1984).
7 Vgl. ARNOLD SCHÖNBERG, Harmonielehre (Leipzig/Wien 1911).

gestalteten Zusammenwirkens von Leben, Arbeit und Genuß (Julien Sorel, Charles Fourier, Wilhelm Weitling), die ihre Schwundform in den einschlägigen Namen kleinbürgerlicher Gesangs- und Geselligkeitsvereine findet, lebt Harmonie heute vor allem in den umfassenden Entwürfen der Anthroposophie und Esoterik fort.

›concinnitas‹ oder ›compositio‹ wiederfinden, wenngleich der psychologische Effekt solchen Ausgleichs durchweg als Harmonie bezeichnet wird.[9] Harmonie ist insofern Modellfall für mythisches Denken, als angenommene Zahlenverhältnisse sich zu Weltdeutungs- und -ordnungsmustern verfestigen, Mythos und Logos ihre Evidenz wechselseitig bekräftigen und so unangreifbar werden.

I. Von der griechischen Antike bis zum Ausgang des 17. Jahrhunderts

Seit archaischer Zeit ist der Begriff Harmonie durch seine Verkopplung von handwerklich-technischen Sachverhalten und deren positiver (moralischer) Wertung geprägt. Die indogermanisch-griechische Stammsilbe ›har‹ bezeichnet, etwa in ›harmoniai‹, die Klammern oder Riemen, die ein Schiff oder die Planken eines Floßes zusammenfügen, zum zweiten diesen Akt des Zusammenfügens und schließlich die so entstandene Qualität des Arbeitsproduktes. So verband Odysseus »zum starken Gefüge das Floß mit Nägeln und Klammern. / Wieviel Bodenfläche ein Mann, ein Kenner des Schiffbaus, / Abmißt, schafft er ein breites Lastschiff: grad soviel Breite / Gab auch Odysseus dem Floß.« (γόμφοισιν δ' ἄρα τήν γε καὶ ἁρμονίῃσιν ἄρασσεν. / ὅσσον τίς τ' ἔδαφος νηὸς τορνώσεται ἀνὴρ / φορτίδος εὐρείης, εὖ εἰδὼς τεκτοσυνάων, / τόσσον ἐπ' εὐρεῖαν σχεδίην ποιήσατ' Ὀδυσσεύς.)[8] Diese funktionale Bestimmung einer sinnvollen Vereinigung von Verschiedenem wird flankiert vom Hesiodschen Mythos der Hochzeit von Harmonia, der Tochter des Ares und der Aphrodite, mit Kadmos/Kosmos; er überträgt und erweitert das Prinzip des Ausgleichs von der handwerklichen auf die weltanschauliche Ebene.

Der hohe Integrationsgrad von Leben, Arbeit und Kultus in der frühgriechischen Gesellschaft läßt sich an der parallelen Ableitung von Harmonie und Arithmetik ablesen; die in ihr beschlossene Verknüpfung von (Zahlen-)Proportion und (Konflikt-)Ausgleich wird die Begriffsgeschichte bis ins 17. Jh. hinein prägen. Dabei läßt sich der Begriffsinhalt, der Materialität der verschiedenen Künste entsprechend, für die Musik in ›Konsonanz‹, für die Architektur in ›Symmetrie‹, für die Literatur in

1. Allharmonie und politische Pädagogik (Platon)

»ἴδοις δέ κα οὐ μόνον ἐν τοῖς δαιμονίοις καὶ θείοις πράγμασι τὰν τῶ ἀριθμῶ φύσιν καὶ τὰν δύναμιν ἰσχύουσαν, ἀλλὰ καὶ ἐν τοῖς ἀνθρωπικοῖς ἔργοις καὶ λόγοις πᾶσι παντᾶ καὶ κατὰ τὰς δημιουργίας τὰς τεχνικὰς πάσας καὶ κατὰ τὰν μουσικάν.« (Du kannst aber nicht nur in den dämonischen und göttlichen Dingen die Natur der Zahl und ihre Kraft wirksam sehen, sondern auch überall in allen menschlichen Werken und Worten und auf dem Gebiet aller technischen Verrichtungen und auf dem der Musik)[10] – so die Grundüberzeugung der Pythagoreer, deren Wirkung in umgekehrt proportionalem Verhältnis zur Unsicherheit der Überlieferung steht.[11] Als Indiz der zirkulären Begründungsstruktur des Harmoniebegriffs kann die ›Schmiedelegende‹ gelten, mit der die Musik für etwa 2000 Jahre die Leitfunktion bei der Bestimmung von Harmonie erhält. Pythagoras habe beim Passieren einer Schmiede verschiedene ansprechende Zusammenklänge gehört und beim Vergleich der Gewichte der Hämmer Verhältnisse von 2:1 (Oktave), 3:2 (Quinte), 4:3 (Quarte) ermittelt. Direkte Wahrnehmbarkeit, einfache Proportion und die Möglichkeit der Addition der Verhältniszahlen zur heiligen Zahl 10, der ›Tetraktys‹, verleihen den empirisch festgestellten Intervallen den Charakter des schlechthin Harmonischen und der Weltordnung Übereinstim-

---

8 HOMER, Od. 5, 248–251; griech. u. dt.: Odyssee, übers. v. A. Weiher (Darmstadt [9]1990), 141.
9 Vgl. HIRSCHMANN (s. Anm. 3); JENS KÖNIG, ›Concinnitas‹, in: UEDING, Bd. 2 (1994), 317–335.
10 PHILOLAOS, Fragment 11, in: Die Fragmente der Vorsokratiker, hg. u. übers. v. H. Diels/W. Kranz, Bd. 1 (1903; Berlin [8]1956), 412.
11 Vgl. EDWARD A. LIPPMAN, Musical Thought in Ancient Greece (New York 1964), 6.

menden. Die Ableitung der zentralen Bestimmungen des Begriffs aus *Akkord*verhältnissen trotz weitgehend monodischer Musikpraxis scheint seiner Evidenz dabei ebensowenig geschadet zu haben wie die Tatsache, daß der Vorzug der Konsonanz vor der Dissonanz eine Setzung, keine selbstverständliche Eigenschaft der Natur ist.[12] Als Widerspruch in der Begriffsbestimmung und Provokation für deren Differenzierung tritt sie erst im 4. Jh. v. Chr. bei Aristoteles, Aristoxenos und Vitruv in den Vordergrund.

Dagegen erfährt Harmonie in Platons Gesetzesschriften, der *Politeia* und den *Nomoi*, ihre nachhaltig wirksame systematische Ausprägung als »musikalische Sozialpädagogik«[13], die die reale Musikausübung vollständig instrumentalisiert. Daher kritisiert Glaukon im Gespräch mit Sokrates diejenigen Harmoniker, die »das Ohr höher [achten] als die Vernunft« (ὦτα τοῦ νοῦ προστησάμενοι)[14], und betont die therapeutische Funktion von Harmonie: So verdanken die dorische und die phrygische Tonart ihre herausragende Stellung der Tatsache, daß sie nicht – wie die ionische und die lydische – zu Weichlichkeit und Faulheit erziehen, sondern »in kriegerischen Verrichtungen« (ἔν τε πολεμικῇ πράξει) Tapferkeit und Standhaftigkeit vermitteln, in »gemächlicher Tätigkeit« (ἀλλ' ἐν ἑκουσίῳ πράξει) dagegen zu Besonnenheit und Mäßigung aufrufen, so daß der Hörende »mit dem Ausgang [seines Geschäfts] zufrieden ist« (τὰ ἀποβαίνοντα ἀγαπῶντα)[15]. Im Sinne solchen Affektausgleichs beschreibt auch Eryximachos im *Symposion* Harmonie als Einigung des zuvor Widerstreitenden, die als Effekt »Liebe und Wohlwollen« unter den Menschen erzeuge. Gerade die enge Verbindung zwischen Musik und Eros aber macht auch Abgrenzungsstrategien notwendig: Den Eros der Polyhymnia, »den gemeinen«, solle man nur mit »großer Vorsicht anwenden, [...] damit man die Lust von ihm zwar einernte, er aber doch keine Ungebundenheit hervorbringe«, während der »schöne, himmlische Eros« der Muse Urania zugesprochen wird (καὶ οὗτός ἐστιν ὁ καλός, ὁ Οὐράνιος, ὁ τῆς Οὐρανίας μούσης ἔρως· ὁ δὲ Πολυμνίας, ὁ Πάνδημος, ὃν δεῖ εὐλαβούμενον προσφέρειν οἷς ἂν προσφέρῃ, ὅπως ἂν τὴν μὲν ἡδονὴν αὐτοῦ καρπώσηται, ἀκολασίαν δὲ μηδεμίαν ἐμποιήσῃ)[16]. Als Opfer dieser Auffassung von Harmonie als Bollwerk gegen die Sinnlichkeit muß die Vertreterin einer asiatisch verweichlichten Kunst, der Flötenspielerin, den Raum verlassen, ehe das Symposion beginnt.

Ihre kosmologische Überhöhung findet Platons Harmonievorstellung im Alterswerk *Timaios*, das Gestalt und Bewegung der Sphären als Analogon von Zahlenproportionen beschreibt, die ihrerseits an der Erzeugung der Sphärenharmonie beteiligt sind.[17] Die so zusammengeschlossenen Praxisfelder Geometrie, Astronomie, Mathematik und Musik bilden ein ›quadrivium‹ innerhalb der ›artes liberales‹ die Grundlage des gesamten antiken Bildungsprogramms und bestätigen so nochmals das Gewicht einer auf tätigen Ausgleich zielenden Begriffsverwendung.[18]

2. Empirismus und ästhetisches Eigengewicht der Harmonie (Aristoteles, Aristoxenos, Vitruv)

Die Zirkularität der Begriffsbestimmung bleibt schon in der Antike nicht unwidersprochen. Aristoteles leitet das 5. Buch der *Politica* mit der Klage ein, es sei zwar leicht, »das eigentliche Wesen und die Wirkungen der Musik zu erfassen noch auch festzustellen, zu welchem Zwecke man sie treiben soll« (οὔτε γὰρ τίνα δύναμιν ἔχει ῥᾴδιον περὶ αὐτῆς διελεῖν, οὔτε τίνος δεῖ χάριν μετέχειν

---

12 Vgl. CARL DAHLHAUS, Die Musiktheorie im 18. und 19. Jahrhundert, Erster Teil: Grundzüge einer Systematik (Darmstadt 1984), 37–42; DAHLHAUS, Die Musiktheorie im 18. und 19. Jahrhundert. Zweiter Teil: Deutschland (Darmstadt 1989), 13.
13 RUDOLF SCHÄFKE, Geschichte der Musikästhetik in Umrissen (1934; Tutzing 1982), 77, Anm. 1.
14 PLATON, Rep., 531a; dt.: Der Staat, in: Platon, Werke, hg. v. G. Eigler, Bd. 4, übers. v. F. Schleiermacher, bearb. v. D. Kurz (Darmstadt 1971), 607.
15 Ebd., 398c, 399a, 399b, 399c; dt. 219ff.
16 PLATON, Symp. 187c, 187e; dt.: Das Gastmahl, in: Platon (s. Anm. 14), Bd. 3 (Darmstadt 1974), 261.
17 Vgl. PLATON, Tim. 35a-36d; dt.: Timaios, in: Platon (s. Anm. 14), Bd. 7, übers. v. H. Müller, bearb. v. K. Widdra (Darmstadt 1972), 47ff.
18 Vgl. NAREDI-RAINER (s. Anm. 6), 14; LIPPMANN (s. Anm. 11), 22ff.; JOHANNES LOHMANN, Musiké und Logos. Aufsätze zur griechischen Philosophie und Musiktheorie, hg. v. A. Giannarás (Stuttgart 1970), 112ff.

αὐτῆς)[19]. In seiner Kritik an der Wahrnehmbarkeit der Sphärenharmonie[20] bringt er ein erfahrungsorientiertes Motiv zur Geltung, das die Begriffsbestimmung von Harmonie langfristig in zwei Begründungsmodelle aufspaltet.[21] Gefaßt in Oppositionspaare wie sensus/numerus/proportio vs. sensus/sonus/modulatio, Setzung vs. Erfahrung, Regel vs. Genie, apollinisch vs. dionysisch, bildet das jeweilige Verhältnis von Ordnung und (subjektiver) Überschreitung die Grundlage zahlreicher Kunstdebatten und Schulenbildungen von der Spätantike bis zur ›Querelle des anciens et des modernes‹. Der Aristoteles-Schüler Aristoxenos und das auf ihn wie auf Platon zurückgehende kompilierte Werk des Aristides Quintilianus *Peri musikēs* vermischt in synkretistischer Weise Zahlentheorie, Sozialhygiene und Wirkungsästhetik, tendiert aber insgesamt bei der Bestimmung von Harmonie zum Vorrang des Gehörs und der (Gemüts-)Stimmung, für die die Zahlenproportionen nur mehr die nachträgliche Rekonstruktion und Bestätigung bieten.[22] Mit dem Primat der Melodik löst Aristoxenos auch das Paradox der bisherigen Harmoniedefinitionen auf, isolierte Konsonanzen zu betrachten, während die reale Musikpraxis durch einstimmige Melodien geprägt war.

Am deutlichsten werden die Widersprüche, in die der Dualismus von mathematischer und erfahrungsorientierter Harmoniebestimmung die Theoretiker verwickelt, in den nachhaltig wirksamen *Decem libri* (33–22 v. Chr.) des Architekten und Theoretikers Vitruv: So erfordere ein Ensemble von Säulen in Tempelbauten andere Proportionen und Abstände, als es die mathematische Symmetrie vorschreibe. Sonst könnte der Säulenschaft allzu »dünn und schmächtig erscheinen, weil die Luft infolge der Breite der Säulenzwischenräume für das Auge die Dicke der Säulenschäfte verzehrt und vermindert« (si […] nona aut decima pars crassitudinis fuerit, tenuis et exilis apparebit, ideo quod per latitudinem intercolumniorum aer consumit et inminuit aspectu scaporum crassitudinem). Im umgekehrten Falle dagegen würde »ein schwülstiges und unschönes Aussehen hervor[ge]rufen« (si octava pars crassitudinis fuerit, propter crebritatem et angustias intercolumniorum tumidam et invenustam efficiet speciem)[23]. Innerhalb der drei Grundkategorien ›firmitas‹, ›utilitas‹ und ›venustas‹ erscheint der Begriffsgehalt von Harmonie aufgefächert in ›symmetria‹, ›eurythmia‹ und ›decor‹ und zeugt so von einer Ausdifferenzierung des Harmonischen in Produktion, Rezeption und Funktion.[24] Trotz dieser entschiedenen Wendung zum Pragmatischen verzichtet auch Vitruv nicht darauf, seine Kategorien an unbefragbare (Letzt-)Größen zurückzubinden. Dies geschieht zum einen durch Anthropomorphisierung der Zahlenverhältnisse, zum anderen durch (Re-)Naturalisierung ästhetischer Produktion. Beide Verfahren sind bis heute für die angebliche Begründung von Harmonie ›aus der Natur‹ konstitutiv. So werden die Maßeinheiten (Module) für die Erzeugung von Symmetrie aus den Proportionen des menschlichen Körpers abgeleitet.[25] Deren reale Verschiedenheit umgeht Vitruv, indem er auf die etymologische Herkunft von Maßeinheiten wie Zoll, Palm, Fuß oder Elle aus den Körperteilen verweist und die Vollkommenheit der Zahl 10 aus der Anzahl der Finger oder Zehen begründet.[26] Geschlechtsspezifische

---

19 ARISTOTELES, Pol., 1339a; dt.: Politik, in: Aristoteles, Werke, Bd. 6, gr. u. dt. hg. v. F. Susemihl (1879; Aalen 1978), 501.
20 Vgl. ARISTOTELES, Cael., 290b; dt.: Vier Bücher über das Himmelsgebäude, in: Aristoteles, Werke, Bd. 2, hg. v. K. Prantl (1857; Aalen 1978), 109.
21 Vgl. THRASYBOULOS GEORGIADES, Musik und Rhythmus bei den Griechen (Hamburg 1958), 110–113; SCHÄFKE (s. Anm. 13), 97–104; LUKAS RICHTER, Zur Wissenschaftslehre von der Musik bei Plato und Aristoteles (Berlin 1961), 98–169; RICHTER, Pathos und Harmonía: melodisch-tonale Aspekte der attischen Tragödie (Frankfurt a.M. 2000); MARTIN L. WEST, Ancient Greek Music (Oxford 1992), 249 ff.; GÜNTER WILLE, Wesenszüge antiker Musikkritik, in: M. von Albrecht/W. Schubert (Hg.), Musik und Dichtung. Neue Forschungsbeiträge (Frankfurt a.M. u.a. 1990), 39 f.
22 Vgl. WEST (s. Anm. 21), 252 f.; HERMANN KOLLER, Musik und Dichtung im alten Griechenland (Bern/München 1963), 204.
23 VITRUV, De architectura libri decem/Zehn Bücher über Architektur, hg. u. übers. v. C. Fensterbusch (Darmstadt 1981), 150 f.
24 Ebd., 36–44; vgl. GEORG GERMANN, Einführung in die Geschichte der Architekturtheorie (1980; Darmstadt 1993), 29; NAREDI-RAINER (s. Anm. 6), 16 ff.; JOHN SUMMERSON, The Classical Language of Architecture (London 1980).
25 Vgl. VITRUV (s. Anm. 23), 38 f., 136 f.
26 Vgl. ebd., 138 f.

Unterschiede nutzt er zur Konstruktion von »Ursprungslegenden«[27], in denen Besiedelung, Götterverehrung und Bautechnik eine unauflösliche Einheit bilden: Die dorische Säule entsteht beim Tempelbau im eroberten Ionien aus der mit 6 multiplizierten Maßeinheit für den Fuß eines Mannes und zeugt so von der Stärke und Anmut des männlichen Körpers; bei der ionischen Säule dagegen wird ein Maßverhältnis von 1:8 zugrunde gelegt. Mit Voluten, Kannelierungen und Festons geschmückt, vermittelt sie den Eindruck »fraulicher Zierlichkeit« (muliebri subtilitate)[28]. Die korinthische Säule erfordert in dieser Logik den größten Erklärungsaufwand, da sie die jungfräuliche Zartheit nachbilden soll.

Die Assoziation von Harmonietypen und Geschlechtscharakteren bleibt als deutliches Indiz der Anthropomorphisierung von Zahlenrelationen bis in die Bezeichnung für die Ton›geschlechter‹ Dur und Moll eine Konstante.

3. Ordo und Allharmonie (Neuplatonismus)

Im Zeichen des augustinischen *ordo*-Begriffs setzt sich gesamteuropäisch bis ins 14. Jh. hinein eine neuplatonische Harmonievorstellung durch. Dabei gilt die reale Musikpraxis (usus) nur als unvollkommene Realisierung oder gar als Verfälschung der Allharmonie.[29] Durch die Herrschaft von Maß, Zahl und Gewicht bestimmt, ist Harmonie Inbegriff eines geschlossenen Weltbildes, in dessen Dienst auch und vor allem die Musik steht: »Musica est disciplina vel scientia quae de numeris loquitur«[30] (Die Musik ist diejenige Disziplin oder Wissenschaft, die von Zahlen spricht). Als Propädeutikum für die philosophische Erkenntnis der Welt kommt ihr eine zwar prominente, aber fest umschriebene Hilfsfunktion zu: »Sine musica nulla disciplina potest esse perfecta«[31] (Ohne Musik kann keine Disziplin vollkommen sein). Nur ihr Material ist empirisch gegeben, ihre Methode dagegen bleibt mathematisch, ihre Zielsetzung theologisch. Solange sie sich derart als Unterabteilung einer scholastischen Metaphysik versteht, kann von ihr keine weitere Provokation für die Konturierung der spätantiken empirisch-sensualistischen Begriffstradition ausgehen. Die permanente Referenz auf Vitruv, wie sie in 78 mittelalterlichen Handschriften der *Decem Libri* überliefert ist, darf daher nicht als Indiz solcher Weiterentwicklung verstanden werden. Vielmehr ist sie die Konsequenz der Orientierung an Autoritäten, die Vitruvs Zahlenproportionen als Erfindungen eines himmlischen Baumeisters deuten konnte.[32] Architektur ist gebaute Musik und bezieht aus dieser ihre theoretische Legitimation.[33]

4. Erfahrungsorientierung und Subjektivierung der Harmonie (Renaissance und Frühe Neuzeit)

Erst die Theoretiker der italienischen Renaissance ergänzen, inspiriert durch Leon Battista Albertis Traktat *De re aedificatoria* (1443 ff.), den Gedanken der im Bauwerk manifesten Weltharmonie durch denjenigen der geschichtlich und politisch begründeten Gemeinschaft der Bürger. So erfährt die ›utilitas‹ eine erhebliche Aufwertung; die ›concinnitas‹ fungiert als Erweiterung der Vitruvschen Bestimmungen der ›venustas‹. Trotz des obligatorischen Verweises auf die pythagoreische Proportionstheorie und deren Ausarbeitung in Platons *Timaios* schwindet die kosmologische Grundlage zugunsten der Aufwertung des Erfassens und Messens des

---

27 GERMANN (s. Anm. 24), 27.
28 VITRUV (s. Anm. 23), 170 f.; vgl. ebd. 172 ff.
29 Vgl. AUGUSTINUS, De ordine 2, 14, 39–41, in: MIGNE (PL), Bd. 32 (1877), 1013 f.; AUGUSTINUS, De musica, in: MIGNE (PL), Bd. 32 (1877), 1082–1094; BOETHIUS, De musica, in: MIGNE (PL), Bd. 63 (1882), 1167–1306; AUGUSTINUS, De doctrina christiana 2, 39, in: MIGNE (PL), Bd. 34 (1887), 16–122, bes. 54 f.
30 CASSIODOR, De artibus et disciplinis liberalium litterarum 5, in: MIGNE (PL), Bd. 70 (1865), 1209B; vgl. WŁADYSŁAW TATARKIEWICZ, Geschichte der Ästhetik, Bd. 2: Die Ästhetik des Mittelalters (1962), übers. v. A. Loepfe (Basel/Stuttgart 1980), 90; EDGAR DE BRUYNE, Études de l'esthétique médiévale, Bd. 1 (Brügge 1946), 9–26, Bd. 2 (Brügge 1946), 108–123.
31 HRABAN, De universo 18, 4, in: MIGNE (PL), Bd. 111 (1852), 495C.
32 Vgl. WOLFGANG HAUBRICHS, Ordo als Form. Strukturstudien zur Zahlenkomposition bei Otfried von Weißenburg und in karolingischer Literatur (Tübingen 1969), 37–44.
33 Vgl. HEINRICH HÜSCHEN, ›Ars musica‹, in: MGG, Bd. 1 (1949), 698–702; DE BRUYNE (s. Anm. 30), Bd. 1, 306–319; RICHTER (s. Anm. 21, 1961), 185 f.; JOSEPH SMITS VAN WAESBERGHE, Musikerziehung. Lehre und Theorie der Musik im Mittelalter (Leipzig 1969).

Schönen (›pulchritudo‹, ›bellezza‹) in der Natur. Sie gilt als letzter und einziger Bezugspunkt für jenes Zusammenwirken der Teile zu einem Ganzen (›consensus‹, ›conspiratio partium‹), das der Künstler zu erfassen und mit den spezifischen Mitteln seines Materials wiederzugeben hat: »concinnitas [...] est absoluta primariaque ratio naturae« (Das Ebenmaß [...] ist das vollkommenste und oberste Naturgesetz)[34]. Die anschauliche Erfaßbarkeit der ›concinnitas‹ durch den Betrachter bedarf der »Blickregie als Hauptvermittler«[35] und damit der Zentralperspektive als produktions- und rezeptionssteuerndes Moment.[36] Der universalisierende Impuls, der den vormodernen Harmoniekonzepten durch Analogisierung von naturgegebenen und künstlich reproduzierten Zahlenproportionen innewohnte, wird nun in den Rezipienten verlagert: Seine Aktivierung auf eine dem Werk direkt ablesbare Einheit hin wertet den Rezeptionsakt (und das Selbstbewußtsein des Erkennenden) erheblich höher als die Verweisfunktion des Werks für transzendentale Kategorien. Leonardo da Vincis berühmte Proportionsfigur des ›homo quadratus‹ kann geradezu als Ikone der Zentrierung von Harmonie auf das schaffende und erkennende Subjekt gelten: Anders als Vitruv, der sich einer idealisierten, als Demonstrationsobjekt dienenden Figur bediente, schreibt er den Menschen in Kreis und Quadrat, die grundlegenden Gestaltungsformen allen bildnerischen Schaffens, ein.

Sowohl Andrea Palladio mit seinem Traktat *I quattro libri dell'Architettura* (1570) als auch sein Freund Daniele Barbaro, der 1556 in seinem Vitruvkommentar mit Bezug auf Aristoteles den Zusammenhang zwischen Kunst und Erfahrung betont, bilanzieren jene von Vitruv initiierte und von Alberti vorangetriebene Entwicklung, die den göttlichen Baumeister durch den Architekten ersetzt.[37] Der Vorrang der bildenden Kunst und insbesondere der Architektur bedurfte für die Renaissance, deren Vertreter zumeist in Personalunion Maler, Architekten und Theoretiker waren, keiner weiteren Begründung: Zum einen weist die Forderung nach anschaulicher Erfaßbarkeit von Teilen und Ganzem im Zeichen der ›concinnitas‹ eher auf die sichtbaren Werke als auf die Musik (insbesondere, da in der mittelalterlichen Musiktheorie das Ohr nur als Hilfsorgan für die im wesentlichen theoretische Erfassung der Allharmonie diente); zum anderen ließ der Aufschwung der italienischen Stadtrepubliken ein Bedürfnis nach repräsentativer Selbstdarstellung politischer Gemeinschaften entstehen, auf das das rhetorische Moment zahlreicher Bauten von Alberti bis Palladio antwortete. Darüber hinaus versuchen seit Alberti zahlreiche Projekte für die ›ideale Stadt‹, etwa ›Sforzinda‹ von Filarete (um 1450), die aus dem menschlichen Körper abgeleiteten Proportionen zur Grundlage der Stadtplanung und zum Medium politischer Aussagen zu machen, sei es in der Anordnung von (Herrschafts-)Zentrum und Peripherie, die durch Sichtachsen miteinander verbunden sind, sei es in der Verteilung armer und reicher, ruhiger und belebter Viertel. Räumliche Anordnung soll soziale Harmonie garantieren.[38] Im ›Ästhetischen Exkurs‹ seiner *Vier Bücher von menschlicher Proportion* faßt Albrecht Dürer das Zusammenwirken von Teil und Ganzem mit dem Begriff der ›Vergleichung‹, die als künstlerische wie als lebenspraktische Direktive zu lesen ist: »Vnd so ein yedlichs für sich selbs wolgeschickt gut sol sein, also sol es sich in seiner gantzen versamlung wol zusamen vergleychen.«[39] Die Erfahrung langjähriger Messungen an Versuchspersonen läßt ihn aber auch konstatieren: »Es ist eine grosse vergleichung

---

34 LEON BATTISTA ALBERTI, De re aedificatoria (1485; München 1975), 165; dt.: Zehn Bücher über die Baukunst, übers. u. hg. v. M. Theuer (1912; Darmstadt 1988), 10.
35 KÖNIG (s. Anm. 9), 331.
36 Vgl. SAMUEL Y. EDGERTON JR., Linear Perspective and the Western Mind: The Origins of Objective Representation in Art and Science, in: Cultures 3 (1976), 77–104.
37 Vgl. BERNFRIED NUGEL, The Just Design. Studien zu architektonischen Vorstellungsweisen in der neoklassischen Theorie am Beispiel Englands (Berlin/New York 1980), 64 f.; RUDOLF WITTKOWER, Architectural Principles in the Age of Humanism (London 1952), 61; dt.: Grundlagen der Architektur im Zeitalter des Humanismus, übers. v. G. Lesser (München 1969).
38 Vgl. DENIS E. COSGROVE, Social Formation and Symbolic Landscape (London 1984), 94–98.
39 ALBRECHT DÜRER, Von menschlicher Proportion (1528), in: Dürer, Schriftlicher Nachlaß, hg. v. H. Rupprich, Bd. 3 (Berlin 1969), 294.

zw finden jn vngeleichen dingen.« So kann das empirische Studium der Proportionen in der Natur zwar als Erfahrungsbasis dienen, doch bleibt die Verdichtung zur »schöne«[40] dem ›ingenium‹ des Künstlers aufgegeben, der mit den reinen geometrischen Formen ebenso souverän umgeht wie mit den lebendigen Modellen.

Obwohl die avancierten theoretischen Entwürfe der Renaissance Harmonie entschieden als Produkt menschlicher Tätigkeit betrachten, leben auch jene Konzepte weiter, die den Begriff als Universalie nutzen und noch hinter Vitruv zurückgehen: 1525 publiziert der Venezianer Francesco Giorgi [Zorzi] das Werk *De harmonia mundi totius cantica tria*, Philibert de l'Orme erwägt 1567 eine Schrift über die Weltharmonie, die sich an den Baubeschreibungen der Bibel orientieren soll, ein Plan, der 1596–1604 von dem spanischen Jesuiten Giovan Battista Villalpando in der Rekonstruktion des Tempels von Jerusalem nach dem Buch Ezechiel in die Tat umgesetzt wird.[41] Im Gegenzug treibt die Bestimmung von Harmonie als Einheit (in) der Vielfalt auch Experimente hervor, die – tendenziell der musikalischen Situation am Ende des 19. Jh. vergleichbar – zur inneren Erosion eines einheitlichen Harmoniekonzeptes führen. Der universalisierende Gestus der Allharmonie stellt die Möglichkeit zur Verfügung, die Künste unter dem Aspekt allgemein geltender Regeln zu systematisieren und in einer frühen Korrespondenzlehre Worte, Farben, Töne, Affekte und Zahlen miteinander zu verbinden. Versuche der »Parallelisierung von Lichtwert der Farbe und der musikalischen Tonfarbe«[42] sind aus dem 16. Jh. ebenso überliefert wie Experimente mit Farborgeln bei Arcimboldo. Hundert Jahre später berichtet Nicolas Poussin, der Hauptvertreter des französischen Klassizismus, von seinem Projekt »de peindre un subiec avec [l]e mode frigien. Les subiects de guerres épouventables s'accommodent à cette manière.« Dabei greift er auf die Affektenlehre des Aristoteles wie auf Platons Funktionsbestimmung des Phrygischen zurück. Poussins Betonung von »modération« und »ordre déterminé«[43] bleibt noch an das antike Ordnungsmotiv der Affektmäßigung zurückgebunden. Im Spiel von Licht und Schatten, im später von Diderot so geschätzten clair-obscur und in zahlreichen Experimenten mit gemalter Architektur und fiktiven Gemälden treibt die Vielfalt des künstlerisch bearbeiteten Materials aber – oft trotz gegenteiliger theoretischer Bekundungen – zunehmend das Moment der (Selbst-)Reflexion der Künste hervor.

Im gesamten 17. Jh. latent, tritt dieser Konflikt zwischen begriffsinhärenter Universalisierung und ästhetischer Differenzierung von Harmonie seit 1670 mit der ›Querelle des anciens et des modernes‹ ans Licht der Öffentlichkeit. Unter der Beteiligung von Architekten, Malern und seit 1687 auch Dichtern steht an strategisch wichtiger Stelle, zunächst in der *Académie Royale d'Architecture*, dann in der *Académie française*, noch einmal die Autorität der Antike zur Diskussion. Claude Perrault bringt die Historizität der Normen, die Gebrauchsfunktion und die stilbildende Kraft der Innovation zur Geltung[44], während sein Kontrahent François Blondel das Prinzip von Maß und Regel, am deutlichsten verkörpert in der Achsensymmetrie, vertritt.[45] Dieser Streit, der in Italien spätestens seit Palladio praktisch entschieden ist, bildet in seiner klaren Konturierung der Positionen den Einsatzpunkt für die Ästhetik als selbständige Wissenschaft, die, sich von vorgegebenen Bezugsgrößen vollständig verabschiedend, Materialität und Wirkungsweisen der einzelnen Künste in immer neuen Beschreibungs- und Klassifizierungsansätzen zu erfassen versucht. Gleichzeitig treibt sie auch die Trennung zwischen den ›schönen‹ und den ›mechanischen‹ Formen menschlicher Praxis hervor und verschiebt so den antiken Gegensatz der ›artes vulgares‹ und ›artes liberales‹ von der politisch-so-

---

40 DÜRER [Über die Malerei und über die Schönheit] (entst. 1508/09), in: ebd., Bd. 2 (Berlin 1966), 100.
41 Vgl. WITTKOWER (s. Anm. 37), 106.
42 GÖTZ POCHAT, Geschichte der Ästhetik und Kunsttheorie. Von der Antike bis zum 19. Jahrhundert (Köln 1986), 300.
43 NICOLAS POUSSIN an Fréart de Chantelou (1647), in: Poussin, Correspondances, hg. v. C. Jouanny (Paris 1911), Nr. 156, 373 f.
44 Vgl. POCHAT (s. Anm. 42), 341; NUGEL (s. Anm. 37), 164–169.
45 Vgl. WERNER SZAMBIEN, Symétrie, goût, caractère. Théorie et terminologie de l'architecture à l'âge classique 1550–1800 (Paris 1986), 61–78.

zialen Ebene auf diejenige der individuellen Aneignungsweisen von Natur, die den Universalismus des Harmoniebegriffs endgültig obsolet werden läßt.

II. Harmonie als Einheit (in) der Vielfalt (18. Jahrhundert)

In produktiver Weiterentwicklung wie in polemischer Abstoßung für das gesamte 18. Jh. prägend, bietet Leibniz' Begriff der ›prästabilierten Harmonie‹ in verschiedenen Lösungsansätzen spätestens seit 1686 einen Ausweg aus der Krise, in die der universelle Harmoniebegriff antiker Provenienz seit der Renaissance geraten ist. Er verstärkt die vorhandenen Tendenzen, die Kosmologie ästhetisch, die Anthropologie sensualistisch und die einzelnen Künste spezifisch zu betrachten. Gott erscheint bei Leibniz als »parfait géomètre«; nach einer »harmonie à laquelle rien ne se peut adjouter«[46] habe er die beste aller möglichen Welten geschaffen. So konstruiert Leibniz einen Bezugsrahmen, der es ihm erlaubt, auf konkrete Bezüge zwischen Körper und Geist zu verzichten und die Monade zum Abbild der Weltordnung, zur Einheit eigenen Rechts, zu erheben. Damit entfällt die Vermittlung durch Zahlenproportionen. ›Unitas in varietate‹ wird das Grundmotiv aller auf Leibniz folgenden Harmoniebestimmungen sein. »Exprimant à sa manière ce qui se passe au dehors et […] devant tirer cette expression du propre fonds de sa nature«[47] folgt die Monade als Repräsentantin der perfekt eingerichteten Weltordnung ihren je eigenen und dennoch kosmologisch rückgebundenen Impulsen. Nach dem Grad ihrer Korrespondenz mit dem Schöpfungsprinzip ist sie als Medium des Wahren, des Guten – oder in der höchsten Entwicklungsform – des Schönen angelegt: »Deus omnia creavit secundum maximam harmoniam sive pulchritudinem possibilem« (Gott hat alles geschaffen nach der vollkommensten zusammenstimmung oder schöhnheit so da möglich)[48]. Damit ist eine Herausforderung an den Künstler als »second Maker«[49] formuliert, die ihm die Erkundung seiner eigenen Wahrnehmungen und Empfindungen vorschreibt, gleichzeitig aber den Geschmack als Instanz des Urteils über den erreichten Grad der Annäherung an die Universalharmonie aufruft.

1. Wahrnehmung und Empfindung des Schönen

In der ersten Hälfte des 18. Jh. begrifflich noch umfassend präsent, wird Harmonie später zunehmend durch ›Wahrnehmung‹ oder ›Empfindung‹ des ›Schönen‹ ersetzt, bzw. nurmehr in spezifisch musikwissenschaftlichem Sinne benutzt. Zunächst aber profitiert die Fülle der ästhetischen Grundsatzerklärungen von Johann Jakob Bodmers *Critischer Abhandlung von dem Wunderbaren in der Poesie und dessen Verbindung mit dem Wahrscheinlichen* (1740) und Johann Jakob Breitingers *Critischer Dichtkunst* (1740) über Charles Batteux' Abhandlung *Les Beaux-Arts réduits à un même principe* (1746), Georg Friedrich Meiers *Anfangsgründe aller schönen Wissenschaften* (1748 ff.) bis zu Alexander Baumgartens *Aesthetica* (1750/1758) von der durch Leibniz initiierten Ausweitung des Harmoniebegriffs. Sie erkunden die Möglichkeiten der Wahrnehmung und Erkenntnis des Schönen wie der Darstellung möglicher Welten, etwa im Phantastischen und Wunderbaren, das nur noch in der Grundstruktur, nicht mehr im Detail mit dem Schöpfungsplan übereinstimmen muß. In Anlehnung an Leibniz bestimmt etwa Baumgarten 1750 den »consensus cogitationum […] inter se ad unum« (die Übereinstimmung der Gedanken […] unter sich zur Einheit) als »consensus ordinis […] et internus et cum rebus« (Übereinstimmung der Ordnung […] mit sich selbst und mit den Sachen). Als »analogon rationis« vermöge die sinnliche Erkenntnis der Natur deren innere Stimmigkeit im

---

46 GOTTFRIED WILHELM LEIBNIZ, Lettre de M. L. sur un principe général […] (1687), in: Leibniz, Die philosophischen Schriften, hg. v. C. I. Gerhardt, Bd. 3 (1887; Hildesheim 1960), 52.
47 LEIBNIZ, Nouveaux Essais sur l'Entendement (entst. 1703 ff; ersch. 1765), in: Leibniz (s. Anm. 46), Bd. 5 (1882; Hildesheim 1960), 421 f.
48 LEIBNIZ, Definitiones/Erclärung einiger Worthe [Bruchstücke, die Scientia Generalis betreffend] (vorl. Dat. 1678–80), in: Leibniz (s. Anm. 46), Bd. 7 (1890; Hildesheim 1961), 74, 76.
49 Vgl. ANTHONY EARL OF SHAFTESBURY, Soliloquy, or Advice to an Author (1710), in: SHAFTESBURY, Abt. 1, Bd. 1 (1981), 110 f.

Werk zu (re-)produzieren und im Rezeptionsakt wiederzuerkennen. Selbst wenn die Wahrnehmung als »unteres« Erkenntnisvermögen zumindest begrifflich noch nicht die Dignität philosophischer Wahrheit (»Logik«)[50] erreicht, öffnet sie einen Freiraum theoretischer Spekulation über Kategorien wie Abstraktion und Konkretion, Geschmack und Urteilskraft, Norm und Abweichung, für den die angenommene Harmonie von Makro- und Mikrokosmos nur noch den letzten Bezugsrahmen bildet.

Eine ähnliche Rolle wie Leibniz kommt in der englischen Ästhetik Hutcheson zu, der 1725 in seiner Schrift *Inquiry concerning Beauty, Order, Harmony, Design* eine Verknüpfung von Newton-Rezeption, Moral und Ästhetik leistet und dabei Harmonie als Grundprinzip aller sinnlich wahrnehmbaren Schönheit setzt. Auch Hutcheson inspiriert eine Fülle von Autoren, sich der Wahrnehmbarkeit und Beurteilung solcher Harmonie zu widmen, etwa David Hume, *On the Standard of Taste* (1757), und Edmund Burke, *A Philosophical Enquiry into the Origin of Our Ideas of the Sublime and Beautiful* (1757). Auf Shaftesbury aufbauend, versucht Hutcheson vor allem die Empfindung zu beschreiben, die aus der Wahrnehmung des Schönen erwächst oder im Umkehrschluß auf dessen Anwesenheit schließen läßt. Es ist daher symptomatisch für die Auflösung eines universellen Harmoniebegriffs, daß Hutcheson ständig zwischen ›beauty‹ und ›harmony‹ changiert, etwa wenn »beauty is taken for the idea raised in us, and a sense of beauty for our power of receiving this idea. Harmony also denotes our pleasant ideas arising from composition of sounds«[51]. Darüber hinaus zeichnet sich das ästhetische Erlebnis dadurch aus, daß es keiner vorgängigen Einsicht oder Erkenntnis bedarf: »The ideas of beauty and harmony, like other sensible ideas, are *necessarily* pleasant to us, as well as immediately so.«[52] Wenn die Evidenz des Harmonischen sich vor allem Kindern erschließen soll[53], so bedient Hutcheson ein Ableitungsmuster, das Diderot und Herder auf das Weibliche, die deutsche idealistische Philosophie und Popularrezeption dagegen auf die Musik beziehen werden: Harmonie als Residuum des Ursprünglichen, Natürlichen, keiner Reflexion mehr Zugänglichen. In eine ähnlich paradoxe Argumentation verwickelt er sich bei der Charakterisierung jener konkreten Eigenschaften, die die Empfindung von Harmonie hervorrufen: Der Forderung nach »uniformity amidst variety«[54] soll das gleichschenklige Dreieck weniger entsprechen als das Quadrat, dieses dagegen weniger als das Sechseck, während anderseits die beliebige Vervielfachung der Seiten zur Verwirrung beitragen und so der Erfahrung von Harmonie im Wege stehen könne. Über das notwendige Verhältnis von ›uniformity‹ und ›variety‹ wäre dann nur mehr am einzelnen Objekt zu diskutieren – eine Konsequenz, der sich Hutcheson in seiner Verknüpfung von sensualistischer Wahrnehmungstheorie und klassizistischer Vorstellung des Schönen noch zu entziehen vermag. »Men may have different fancies of beauty, and yet uniformity be the universal foundation of our approbation of any form whatsoever as beautiful.«[55] Seine Grenze hat der Reiz des Verschiedenen also dort, wo etwa der Wunsch nach »parallelism in the sides of heptagons«[56] den Vorzug des Quadrats vor dem Dreieck begründet oder nur die Konsonanz die harmonische Wirkung der Musik ausmacht.

Vor allem die englische Garten- und Landschaftsarchitektur hat in ihrer Verbindung von praktischer Naturbearbeitung und deren theoretischer Legitimation – sei es durch Rückbezug auf die Antike, sei es durch Aufwertung des Abweichenden und Furchterregenden in der Natur selbst – an der Verstärkung des wirkungsästhetischen Moments von Harmonie wesentlichen Anteil. Dieser Prozeß läßt sich in der ersten Hälfte des 18. Jh. an der Fülle englischer Architektur- und Gartentraktate ablesen, die zumeist im Titel noch allgemeine Aussagen über Harmonie ankündigen, in der Ausführung aber den Begriff bis zur Beliebigkeit auffächern. Robert Morris betont in seinen *Lectures on Architecture* (1734ff.), es sei zwischen städtischer und ländlicher Architektur streng zu unterscheiden und auf das Verhältnis von »agree-

---

50 BAUMGARTEN (DT), 12f., 6.
51 HUTCHESON (INQUIRY), 34.
52 Ebd., 36.
53 Vgl. ebd., 41.
54 Ebd., 40.
55 Ebd., 78f.
56 Ebd., 40; vgl. ebd., 46f.

able Disorder« und »artful Confusion«[57] zu achten. Die wahrscheinlich ebenfalls von ihm stammende, unter dem Namen von John Gwynn publizierte Schrift *An Essay upon Harmony. As it relates chiefly to Situation and Building* (1739) beschreibt Harmonie als »Symmetry, Order, Exactness, Elegance, Beauty, Propriety, Perfection, and the like«[58]. In seiner »emotionalistischen Umdeutung der Architektur«[59] geht Morris so weit, die Proportionen der antiken Säulenordnungen mit den Stimmungen zu koppeln, die die Bewohner entsprechend gestalteter Landhäuser empfinden sollen: Die dorische Ordnung vermittle das Wehen der Winde in einer weiten, offenen Landschaft, die korinthische dagegen eine fröhliche, ja wollüstige Stimmung. Dem »mood« der jeweiligen Erfahrung entsprechend, bewirkt das so konzipierte Gebäude »immersion of our Ideas into the infinite Treat of boundless Space«[60]. Die umfassende Rezeption von Natur und Architektur als harmonisches Gesamtkunstwerk beruft sich zwar noch auf die Autorität der Antike, etwa in Gwynns Lehrgedicht *The Art of Architecture. A Poem in Imitation of Horace's Art of Poetry* (1742); ihren eigentlichen Grund aber findet sie in der »sympathetick Quality« von Natur- und Kulturobjekten »to quadrate with the Organs of our Senses«[61]. Der engen Verbindung von praktischer Gestaltung und ästhetischer Überhöhung ist es auch noch zuzuschreiben, daß der Geograph Vaughan Cornish sehr viel später, nämlich 1927/1928, eine *Aesthetic Geography* entwirft, die ›harmonies of scenery‹ beschreibt[62] und beansprucht, Typen von Stadt- und Naturlandschaften zu definieren, deren Harmonie nur mehr durch den subjektiven Eindruck des Geographen und seiner gläubigen Zuhörer legitimiert ist. Als Residuum des Harmonischen bleibt »aspiration, and we enter the ideal world«, oder »sense of mystery«[63].

Bis zur Mitte des 18. Jh. war die begriffliche Bindung von Harmonie an Proportion so weit gelöst, daß das sensualistische Moment der (angenehmen) Empfindung des Schönen die Oberhand gewonnen hatte. Diese Entwicklung spitzt Edmund Burke 1757 zu, wenn er in seiner Schrift *A Philosophical Enquiry into the Origins of Our Ideas of the Sublime and Beautiful* (1757) darüber hinaus die Kopplung von Harmonie und *angenehmer* Empfindung aufhebt und sich mit dem Erhabenen einer Kategorie zuwendet, die sich nicht nur der Meßbarkeit entzieht, sondern in »a sort of delight full of horror, a sort of tranquillity tinged with terror«[64] das Abweichende und Schauerliche in den Rang der wirkungsmächtigsten ästhetischen Verfahrensweise erhebt. Harmonie kann von nun an nur mehr ästhetisch (re-)konstruiert, nicht mehr aus *dem* Wesen *des* Menschen oder *der* Natur begründet werden. Entsprechend sind die seit der Frühromantik im Zeichen von Harmonie entworfenen (Sozial-) Utopien, etwa des Orphismus und Fourierismus, ästhetische Konstrukte aus überliefertem Theorie- und Mythenmaterial; sie beziehen sich nicht mehr, wie noch bis zum frühen 18. Jh., auf empirische Wahrnehmung.

2. Autonomisierung des ästhetischen Materials: Leitfunktion der Musik

Die Anstöße des englischen Sensualismus lassen auch die französische Regelästhetik in die Krise geraten. Einer der wichtigsten Vermittler zwischen England und Frankreich ist Batteux, dessen Kompendium *Les Beaux-Arts réduits à un même principe* (1746) noch vor Baumgarten eine Theorie des Ästhetischen entwickelt. Harmonie erhält hier eine zentrale Funktion als »l'âme des Beaux-Arts«. Ihre Konkretisierung als »rapport de convenances, une espèce de concert de deux ou plusieurs choses« zielt nicht mehr nur auf die Einheit von Gattung, Stilhöhe und behandeltem Gegenstand, sondern vor allem in der Lyrik, auf eine »harmonie artificielle« als »une autre sorte d'expression, qui ajoute encore à la signification naturelle des mots«. Das

---

57 ROBERT MORRIS, Lectures on Architecture, Consisting of Rules Founded upon Harmonick or Arithmetical Proportions in Building, Bd. 2 (London 1736), 161.
58 Zit. nach JOHANNES DOBAI, Die Kunstliteratur des Klassizismus und der Romantik in England, Bd. 1 (Bern 1974), 327.
59 Ebd., 327.
60 Zit. nach DOBAI (s. Anm. 58), 326.
61 Ebd., 329.
62 Vgl. VAUGHAN CORNISH, Harmonies of Scenery. An Outline of Aesthetic Geography, in: Geography 14 (1927), 276–283 u. 15 (1928), 383–394.
63 Ebd., 393 f.
64 BURKE, 73.

diffizile Verhältnis von Klang und Metrum gipfelt im »point exquis de la versification«[65].

Diderots rezeptionsorientierte Analyse der Malerei charakterisiert dagegen Harmonie als Gesamteindruck des Bildes, als Ausgeglichenheit der Farbgebung[66]; sie eröffnet die Möglichkeit einer ganzheitlichen Wahrnehmung ohne Sprünge.[67] Dieses sensualistische Programm, das in vielen Punkten Parallelen zu Herder aufweist[68], findet seinen privilegierten Platz in den *Salons*, Diderots von 1759 bis 1781 verfaßten Kritiken der Pariser Kunstausstellungen, die ihrerseits zum Medium der Diskussion um die Spezifik der Einzelkünste werden. Die hervorgehobene Rolle der Malerei erklärt sich hier aus der Möglichkeit der gleichzeitigen Wahrnehmung des spannungsvollen Mit- und Nebeneinanders verschiedenster Eindrücke, das gelegentlich auch als ›accord‹ erscheint. In der Sprache dagegen kann durch die Sukzessivität des Lesevorgangs und das höhere Maß an grammatisch kodifizierter Ordnung nicht derselbe Grad an Naturnachahmung hervorgebracht werden: »Tout le monde sent l'harmonie de la nature et d'un tableau, et il y a même des poètes qui n'ont pas la première idée de l'harmonie imitative. [...] Il y a plus encore de Rubens que d'Homère.«[69] Dichtung sei daher auch kaum übersetzbar. Wenn Diderot schließlich die höchste Stufe der Naturwahrheit in der Wiedergabe der »rougeur aimable« eines unschuldigen jungen Mädchens sieht und bei der Beschreibung der dazu notwendigen Farben die diffizilen Mischungsverhältnisse, die kaum mehr beschreibbaren Übergänge und Überlagerungen bewundert, so deutet sich die Auflösung des ästhetischen Objekts in reine Materialität und die Verschiebung seiner Existenz auf die synthetisierende Leistung des Rezipienten an. Nicht zufällig avanciert schon hier das Weibliche zur Projektionsfläche von Harmonie, die sich immer weniger an die Konkretion des dargestellten Objekts zurückbinden läßt: »Celui qui a acquis le sentiment de la chair, a fait un grand pas; le reste n'est rien en comparaison.«[70]

Die einzige Kunst, in der sich nach Auffassung der meisten Theoretiker Harmonie vollauf realisieren läßt, ist die Musik. Sie gewinnt daher im Verlauf des 18. und mehr noch des 19. Jh. die privilegierte Position zurück, die sie bis ins Mittelalter hinein besaß, nun allerdings nicht mehr als Teildisziplin und Propädeutikum der Mathematik, sondern als Ort der Harmonie im materiellen wie im affektiv-rezeptiven Sinne. Damit verlagert sich auch der Schwerpunkt ästhetischen Denkens von England und Frankreich nach Deutschland. In der Emanzipation von barocken Affektschemata rhetorischer Provenienz und in der Hinwendung zum Selbstausdruck des Individuums überholt Musik in Theorie und Praxis zum Ende des 18. Jh. die anderen Künste und kann ihnen seit der Frühromantik ihrerseits als Medium ästhetischer Reflexion dienen.[71] Dabei werden, etwa in der Verklärung E. T. A. Hoffmanns, Mozarts und Beethovens zu früh vollendeten, aber tragischen Genies, solche Krisenphänomene der Literatur auf Musik und Musiker projiziert, die in deren eigenem, noch mehr handwerklich-traditionellem Selbstverständnis keinen Rückhalt haben, für die ästhetische Rezeption aber nachhaltige Bedeutung gewinnen. Die ›Sprache‹ der Musik soll die Grenzen des Wortes überwinden. Ihre Erhebung zum Ort des Absoluten lebt von der Vorstellung, Musik könne in besonderer Weise Wege zum Transzendenten, Irrationalen, Unbewußten oder zum Mythos eröffnen – ein Topos, der später in Wagners Musik wie in der Konzeption des Gesamtkunstwerks seine Apotheose (und seine Auflösung im Sinne der Akkordharmonik) erfährt.[72] Die metaphorische Rede von der Musik als Medium der Harmonie entleert den Begriff jedoch schon im 18. Jh. zum Synonym für alles erdenkliche Gute und Angenehme: Kaum einer der zahlreichen Lexikonartikel und theoretischen Traktate verzichtet auf das Beispiel des Ak-

---

65 BATTEUX (1747), 176, 175 f., 179.
66 Vgl. JEAN LACOSTE, L'idée du beau (Paris 1986), 45–51.
67 Vgl. DENIS DIDEROT, Pensées détachées sur la peinture [...] (entst. 1776/77; ersch. 1798), in: DIDEROT (ASSÉZAT), Bd. 12 (1876), 114.
68 Vgl. POCHAT (s. Anm. 42), 428–433.
69 DIDEROT an Falconet (September 1766), in: DIDEROT (ASSÉZAT), Bd. 18 (1876), 206 f.
70 DIDEROT, Essai sur la peinture (1766), in: DIDEROT (ASSÉZAT), Bd. 10 (1876), 471.
71 Vgl. BARBARA NAUMANN, ›Musikalisches Ideeninstrument‹. Das Musikalische in Poetik und Sprachtheorie der Frühromantik (Stuttgart 1990), 1–7.
72 Vgl. MARQUARD (s. Anm. 4), 16 f.

kords oder des Konzerts, in dem mehrere Töne oder Instrumente einen angenehmen Zusammenklang ergeben.[73] Der Begriff »répond donc en musique et en peinture au mot ›accord‹; car plusieurs choses qui peuvent s'adapter, se poindre, se convenir, doivent nécessairement être d'accord entre elles«[74] – so bilanzieren 1792 Claude-Henri Watelet und Pierre-Charles Lévesque. Sie beschreiben damit die Übertragbarkeit des Terminus auf jegliche Ordnungsvorstellung, eine Tendenz, die sich schon in der unbefangenen Feststellung Antoine de Furetières von 1690 zeigte: »Les corps politiques ne peuvent subsister sans une parfaite harmonie, ou une intelligence entre les chefs & les membres«[75]. Sie prägt aber auch noch 1765 Diderots Bemerkung in der *Encyclopédie*: »On dit, il règne une très grande harmonie dans cet état«[76], oder sein späteres Paradox: »Rien n'est beau sans unité; et il n'y a point d'unité sans subordination«[77]. Parallel zur Wertschätzung von Harmonie spitzt sich aber das Problem ihrer konkreten begrifflichen Bestimmung immer mehr zu. So spricht Diderot in seinem *Salon de 1769* von »cette partie si rare dont tout le monde parle et que très peu connaissent«[78]; und mit ironischen Untertönen wird in der *Encyclopédie* in dem wahrscheinlich von Abbé Yvon verfaßten Artikel ›harmonie préétablie‹ die Leibnizsche Trennung von zwei Automaten kritisiert, die sich zum Beispiel bei Vergil im Schreiben der *Äneis* glücklich zusammengefunden hätten.[79] Die konsequenteste Überschreitung dieses Modells unternimmt Johann Gottfried Herder in seiner Programmschrift *Vom Erkennen und Empfinden der menschlichen Seele* (1778), die ihrerseits auf Leibniz' erst 1765 erschienene *Nouveaux Essais sur l'entendement humain* reagiert. Herder huldigt »dem großen Erfinder des Monadenpoems«, indem er ihn als »Dichter« auffaßt und den Begriff der Monade jenen »Bildwörtern« zuschlägt, die die »größten und kühnsten Theorien fassen«. Ihnen scheint der Systemcharakter der prästabilierten Harmonie geradewegs zu widersprechen; daher löst Herder die Differenzierung von oberen und unteren Seelenkräften, die er als Indiz der »Formularphilosophie« sieht, völlig auf und faßt Harmonie als Ergebnis lebendiger Wechselwirkung zwischen Körper und Seele, »da alles in Reiz und Duft und Kraft und ätherischem Strom schwimmet«[80].

3. Harmonie im Spannungsfeld von Konsonanz und Dissonanz

1722 hatte Jean-Philippe Rameau mit seinem *Traité de l'harmonie* das bis heute schulmäßig vermittelte Instrumentarium zu einer funktionalen, nicht mehr substantialistischen Harmoniekonzeption bereitgestellt. Charakterisierte er zum einen die Hierarchie der Akkorde innerhalb der Tonleiter, so legte er zum anderen mit der Abfolge von Tonika, Subdominante, Dominante und Tonika ein Strukturmodell musikalischer Fortschreitung fest, das für die Mikrostruktur der Kadenz ebenso gilt wie für die Gestaltung ganzer Sonaten- oder Symphoniesätze.[81] Auf der Basis einer ausgebildeten Dur-Moll-Harmonik bildet die Kadenz »une suite agréable d'accords, sans que l'on soit obligé d'avoir recours à aucune autre règle, la nature ayant pris soin d'elle-même de nous conduire à la perfection qui luy convient«[82]. Voraussetzung eines solcherart als natürlich interpretierten Harmoniemodells ist die Wahrnehmung von Akkorden als Einheiten, nicht mehr – wie in der Vokalpolyphonie – als Nebeneffekte selbständiger Einzelstimmen. Rousseau bestätigt dies im Artikel ›harmonie (musique)‹ der *Encyclopédie* äußerst lakonisch, wenn er als Ergebnis des so erzeugten »tout agréable« konstatiert: »har-

---

73 Vgl. PETER-ECKHARD KNABE, Schlüsselbegriffe des kunsttheoretischen Denkens in Frankreich von der Spätklassik bis zum Ende der Aufklärung (Düsseldorf 1972), 286–298.
74 WATELET, Bd. 3 (1792), 9.
75 ANTOINE DE FURETIÈRE, ›Harmonie‹, in: FURETIÈRE, Bd. 2 (1690).
76 DIDEROT, ›Harmonie‹, in: DIDEROT (ENCYCLOPÉDIE), Bd. 8 (1765), 50.
77 DIDEROT, Pensées détachées sur la peinture (s. Anm. 67), 80.
78 DIDEROT, Salon de 1769, in: DIDEROT (ASSÉZAT), Bd. 11 (1876), 408.
79 Vgl. ABBÉ YVON, ›Harmonie préétablie‹, in: DIDEROT (ENCYCLOPÉDIE), Bd. 8 (1765), 53; JACQUES PROUST, Diderot et l'Encyclopédie (Paris 1962), 157.
80 JOHANN GOTTFRIED HERDER, Vom Erkennen und Empfinden der menschlichen Seele (1778), in: HERDER, Bd. 8 (1892), 178, 170, 193 u. 192.
81 Vgl. DAHLHAUS (s. Anm. 12; 1989), 75–82.
82 JEAN-PHILIPPE RAMEAU, Traité de l'harmonie réduite à ses principes naturels (1722), in: Rameau, The Complete Theoretical Writings, hg. v. E. R. Jacobi, Bd. 1 (Dallas 1967), 52.

monie & accord signifient la même chose«[83]. Ihre strukturell nachhaltigste Wirkung entfaltet Rameaus Theorie aber dort, wo sie die tonale Funktion der Akkorde durch charakteristische Dissonanzen markiert und diese nicht mehr an die Grundstellung bindet, sondern allen Umkehrungen das gleiche Recht zubilligt. So lädt sie das musikalische Geschehen (und die Sprache der Analyse) mit einem hohen Affektwert auf; die Dissonanz »fait souhaiter avec plus d'ardeur par sa dureté, le repos qui la suit. [L'accord parfait] devient l'unique objet de nos désirs après la dissonance«[84]. Sie macht jenes Ineinander von Einheit und Vielfalt, Spannung und Lösung erfahrbar, das in der Literatur wesentlich schwerer nachzuvollziehen ist. Wenn Rameau, Diderot und Rousseau gerade der Dissonanz besondere Aufmerksamkeit widmen, thematisieren sie indirekt zentrale ästhetische Kategorien der Moderne: Natur/Natürlichkeit/Kunst, (Natur-)Wissenschaft und Kunst, Darstellung und Wahrnehmung.[85]

Insbesondere die Popularisierung Rameaus durch d'Alemberts weit verbreitete *Élémens de musique* (1752, ²1779) vertritt gegenüber den affektorientierten Ansätzen ihrer Vorlage wieder eine stärker mathematisch systematisierende Position. Der »expérience aveugle [qui] était l'unique boussole des Artistes«, hält d'Alembert einen rationalistischen Impuls entgegen, durch den die »obscurité naturelle«[86] der Musik auf Prinzipien zurückgeführt werden könne. Dagegen macht Rousseau in den einschlägigen Artikeln der *Encyclopédie* und dem daraus hervorgegangenen *Dictionnaire de musique* gerade auf die historisch und individuell verschiedenen wahrnehmungspsychologischen Grundlagen der Empfindung von Konsonanz und Dissonanz aufmerksam. Rameaus System, »le seul admis dans le pays où j'écris«, scheint ihm abgeleitet aus »analogies & convenances qu'un homme inventif peut renverser demain par d'autres plus naturelles« – und nicht im geringsten »fondé sur la nature«[87]. Die seit der Antike gängige Begründung von Harmonie ›aus der Natur‹, von Rameau epochenspezifisch auf die physikalischen Eigenschaften klingender Körper statt auf Zahlenreihen bezogen[88], erfährt bei Rousseau eine kulturkritische Relativierung: »De tous les peuples de la terre, qui tous ont une musique & un chant, les Européens sont les seuls qui aient une harmonie.«[89] Doch sieht er diese gerade nicht als Indiz kultureller Überlegenheit, sondern als »invention gothique et barbare dont nous ne nous fussions jamais avisés, si nous eussions été plus sensibles [...] à la musique vraiment naturelle«. Rousseaus Verachtung für die »beautés savantes«[90] der Harmonielehre und seine Vorliebe für Gesang und Melodie als Medien wahrer Natürlichkeit bezeugen eine bis heute nicht überwundene Kluft zwischen populärer Musikrezeption und akademischer Harmonielehre. Auch literarisierte Musikergestalten wie Wackenroders Berglinger und Hoffmanns Kreisler scheitern an der Differenz zwischen dem »Käfig der Kunstgrammatik«[91] und ihrem eigenen affektiven Schaffensimpuls. Wie *Le neveu de Rameau* von Diderot (entst. 1762 ff.) interpretieren sie dabei die Dissonanz auch als Indiz ihres eigenen abweichenden Sozialstatus.

Die vermeintliche Aporie von Theorie und Affektausdruck prägt auch den Streit um den Primat von Harmonie oder Melodie, der seit Mitte des 18. Jh. auf dem Felde der Oper die Anhänger Glucks von denen des italienischen Stils trennt. Dabei spiegelt die Erbitterung der Kontrahenten mehr den Umbruch des ästhetischen Denkens wider, als daß sie in klaren musikalischen Sachverhal-

---

83 JEAN-JACQUES ROUSSEAU, 'Harmonie (Musique)', in: DIDEROT (ENCYCLOPÉDIE), Bd. 8 (1765), 50.
84 RAMEAU (s. Anm. 82), 53.
85 Vgl. BEATRICE DIDIER, La musique des lumières. Diderot – L'Encyclopédie – Rousseau (Paris 1985), 93–105; DIDIER, La réflexion sur la dissonance chez les écrivains du XVIIIe siècle: d'Alembert, Diderot, Rousseau, in: Revue des sciences humaines, Nr. 205 (1987), 13–25.
86 JEAN LE ROND D'ALEMBERT, Élémens de musique, théorique et pratique, suivant les principes de M. Rameau (²1779; Plan de la Tour 1984), VI, XIII.
87 ROUSSEAU 1969), 237.
88 Vgl. HELMUT MÜLLER-SIEVERS, ›... wie es keine Trennung gibt‹: Zur Vorgeschichte der romantischen Musikauffassung, in: Athenäum 2 (1992), 38 ff.
89 ROUSSEAU (s. Anm. 87), 241.
90 Ebd., 242.
91 WILHELM HEINRICH WACKENRODER/LUDWIG TIECK, Herzensergießungen eines kunstliebenden Klosterbruders (1797; Berlin/Stuttgart 1987), 116.

II. Harmonie als Einheit (in) der Vielfalt (18. Jahrhundert) 15

ten begründet wäre.[92] Alle Beteiligten, selbst Rousseau als heftigster Verfechter der Melodie, geben zu, daß jede Melodie ein harmonisches Fundament hat; auf dem Spiel steht dagegen das wechselseitige Begründungsverhältnis. Statuiert Rameau: »Tant qu'on ne considérera que la mélodie comme principal moteur des effets de musique, on ne fera pas grands progrès dans cet Art«[93], so hält Rousseau ihm entgegen: »Or le plaisir de l'Harmonie n'est qu'un plaisir de pure sensation [...]; mais le plaisir de la Mélodie & du Chant est un plaisir d'intérêt & de sentiment qui parle au cœur, & que l'Artiste peut toujours soutenir & renouveller à force de génie.«[94] Harmonie hat hier nur mehr eine Hilfsfunktion bei der Unterstützung der »voix de la Nature parlant sans affectation & sans art«[95]. Gerade die Ableitung der Melodie aus dem Gesang als dem Medium direkten Gefühlsausdrucks mit allen Seufzern, Pausen und Beschleunigungen verbürgt für Rousseau die Naturnähe einer als »discours«[96] aufgefaßten Musik. Auf diesem Wege bereitet er einer Inspirationsästhetik die Bahn, die bis heute das Melodische als das ›eigentlich‹ Musikalische, aber nicht Kodifizierbare auffaßt.[97] Die hegelianisierende Tendenz der zunehmend dominierenden deutschen Musikwissenschaft tat im 19. Jh. ein übriges, über der Suche nach einer ›musikalischen‹ Logik[98] das prozessuale Moment tonaler Entwicklungen ebenso zu verfehlen wie deren Historizität.

Unter der Devise »C'est la peine qui rend le plaisir piquant«[99] finden Harmonie und Melodie, Dissonanz und Konsonanz ihre umfassendste Problematisierung in Diderots Dialog *Le neveu de Rameau* (entst. 1762 ff.). Als verkanntes Genie, Dilettant und Spaßmacher verkörpert er den Umschlag von der katalysatorischen Indienstnahme der Dissonanz als Movens der Harmonie zu ihrer Verselbständigung in Abweichenden, Skurrilen und Grotesken. Hegel und Foucault haben der Figur daher einen prominenten Platz in ihrer Theorie eingeräumt: Hegel 1805 in der *Phänomenologie des Geistes* unter dem Aspekt der Entfremdung, Foucault 1961 in *Histoire de la folie* mit besonderer Aufmerksamkeit für den Umschlag von Leere in Fülle, die Wut des Benennens und die »transcendance naissante de tout acte d'expression«[100]. Sie wird so zum Zeugen des Erosionsprozesses, der die Kopplung von Harmonie und Weltdeutung auflöst und von ihr allenfalls noch die Sehnsucht nach Universalisierung, nicht mehr aber deren Realisierungschancen übernimmt. In der doppelt vermittelten Form des literarischen Sprechens über die unerreichbare musikalische Harmonie wird Musik Fluchtraum und Diskussionsmedium ästhetischer Theorie: Novalis entwickelt im Begriff des »dissonanten Keims«[101] ein Modell für poetische Verfahrensweisen, die schon im Ursprung widersprüchlich sind und Einheitsideen umkreisen, nicht aber fixieren. Poetisch finden sie ihren Ausdruck etwa in der Vielschichtigkeit von Klang- und Bedeutungsebenen romantischer Lyrik[102], poetologisch im unendlichen Spiel von Ironie und Arabeske. Im *Athenäumsfragment 452* (1798) bezeichnet Friedrich Schlegel Universalität als »Wechselsättigung aller Formen und aller Stoffe«; zur Harmonie aber fehle ihr die »letzte Synthese« von Philosophie und Poesie: »Dicht am Ziel der Harmonie bleiben sie unvollendet stehen.«[103] Als Kategorie der ästhetischen Produktion muß Harmonie daher vom späten

---

92 Vgl. DIDIER (s. Anm. 85; 1985), 93–105.
93 RAMEAU, Miscellanea (1761), in: Rameau (s. Anm. 82), Bd. 5 (Dallas 1969), 219.
94 ROUSSEAU, ›Unité de mélodie‹, in: Rousseau (s. Anm. 87), 536 f.
95 Ebd., ›Expression‹, 208.
96 Ebd., ›Harmonie‹, 238.
97 Vgl. LARS-ULRICH ABRAHAM/CARL DAHLHAUS, Melodielehre (Köln 1972), 12.
98 Vgl. DAHLHAUS (s. Anm. 12; 1989), 27 ff.
99 DIDEROT, Leçons de clavecin et principes d'harmonie par M. Bemetzrieder (1771), in: DIDEROT (ASSÉZAT), Bd. 12 (1876), 323.
100 MICHEL FOUCAULT, Histoire de la folie à l'âge classique (1961; Paris 1972), 370; dt.: Wahnsinn und Gesellschaft. Eine Geschichte des Wahns im Zeitalter der Vernunft, übers. v. U. Köppen (Frankfurt a. M. 1973).
101 NOVALIS, Anekdoten. Nr. 242 (1798), in: NOVALIS, Bd. 2 (²1965), 581.
102 Vgl. EBERHARD LÄMMERT, Ausgehaltene Dissonanz. Zu einem Sonett Clemens Brentanos, in: K. Deterding (Hg.), Wahrnehmungen im musikalischen All (Heidelberg 1993), 156–165.
103 FRIEDRICH SCHLEGEL, Athenäumsfragment 452 (1798), in: Schlegel, Kritische Schriften und Fragmente, hg. v. E. Behler/H. Eichner, Bd. 2 (Paderborn u. a. 1988), 156.

18. Jh. an durch ›Genie‹, ›Phantasie‹ oder ›Charakter‹, als solche der gattungsmäßigen Systematisierung durch Epochen-, National- oder Personal›stil‹ ersetzt werden.[104]

4. Rettungsversuche im Zeichen der klassischen Humanität: Harmonie und Harmonisierung

Die Erosion des Harmoniebegriffs wird seit dem Ende des 18. Jh. begleitet von Versuchen, die Kategorie und die in ihr beschlossene Hoffnung auf ein ausgewogenes Welt- und Menschenbild im Zeichen der Antike zu retten. Winckelmanns und Goethes Klassizismus markiert auf den ersten Blick am entschiedensten die Trennungslinie zwischen Klassik und Romantik, Form und Entgrenzung, Geschlossenheit und Offenheit, Harmonie und Disharmonie. Nicht zufällig beziehen sich die Klassiker in ihrer Theorie eher auf die weniger gefährdeten Künste Plastik, Malerei und Architektur als auf Musik und Poesie. Dennoch bleiben vielfältige Überkreuzungen und Überlagerungen der beiden Positionen festzuhalten. Den anspruchsvollsten Versuch, die Entfremdungserscheinungen der Moderne mit dem antiken Harmonieideal zu vermitteln, unternimmt Schiller in seinen ästhetischen Programmschriften seit 1790. In Anlehnung an Kant definiert er Harmonie als Ausgleich von »Sinnlichkeit und Vernunft, Pflicht und Neigung« in der »schönen Seele« und als »Stachel für unsre Vernunft«, in allgemeinen Gesetzen eine Rechtfertigung dieses besonderen Falles aufzusuchen und den einzelnen Mißlaut in der großen Harmonie

aufzulösen«[105]. Daß dies nur im Modus des ästhetischen Erlebnisses und ohne Anspruch auf direkte lebenspraktische Wirkung geschieht, verdeutlicht die Kategorie des Sentimentalischen: Sie bezeichnet den »lebendigen Trieb, die Harmonie in sich zu erzeugen, [...] ein Ganzes aus sich zu machen, die Menschheit in sich zu einem vollendeten Ausdruck zu bringen«, doch haftet ihr unabdingbar die Differenz zum naiven Zustand, da das produzierende und das rezipierende Ich Harmonie »wirklich empfand«[106], an.

Solche »völlige Armuth [und] freiwillige Lossagung von allen Datis der Erfahrung« schien Herder in seiner engagierten antikantianischen Schrift Kalligone von 1800 einer intellektuellen Verflüchtigung des Harmonischen in »Wortschälle«, »Nebelträume« und »Nebelbegriffe« vergleichbar; gegen die »unerträglichsten Schwätzer« und »fahrenden Raufbolde der Transcendenz« mobilisierte er nochmals sein sensualistisches Programm, das die Erfahrung des Harmonischen dem spezifischen Kunsterlebnis anvertraute. Die Assoziation von Geruch und Geschmack und einem »harmonischen Guten«[107] oder von »Tanz« und »mäandrischem Gang« einer Ode verweist allerdings auch auf den Preis solcher Individualisierung und Spezifizierung von Erfahrungen: die wechselseitige Metaphorisierung, durch die sich die Analyse präziser Sachverhalte in den »verschlungenen Labyrinthen der Harmonie«[108] zu verlieren drohe. So bereitet Herder – trotz erheblicher Distanz zu Goethe und mehr noch zu Schiller – jenem Unsagbarkeitstopos Bahn, der das künftige Sprechen über Harmonie prägen wird.

Vor allem in der bildungsbürgerlichen Rezeption setzt sich im Laufe des 19. Jh. eine »Totalisierungstendenz« in der Verwendung des Harmoniebegriffs durch, in der die mit Harmonie umstandslos assoziierte Klassik »utopische Ansprüche und Verheißungen« befriedigen und so die Flucht aus der Gegenwart befördern soll. Klassik und Harmonie erhalten so den Status »nationaler Selbsterhaltungskonzepte«[109] mit hohem Identifikationswert; Harmonie funktioniert lebenspraktisch und diskurstaktisch als Harmonisierung. Sie leiht zahlreichen bürgerlichen Gesangs- und Geselligkeitsvereinen Name und Programm. Auf diese Weise gerät auch Winckelmanns Diktum von der »edlen

---

104 Vgl. SZAMBIEN (s. Anm. 45), 200 ff.
105 FRIEDRICH SCHILLER, Ueber Anmuth und Würde (1793), in: SCHILLER, Bd. 20 (1962), 288; SCHILLER, Ueber die tragische Kunst (1792), in: ebd., 157.
106 SCHILLER, Ueber naive und sentimentalische Dichtung (1795/96), in: SCHILLER, Bd. 20 (1962), 474.
107 HERDER, Kalligone (1800), in: HERDER, Bd. 22 (1880), 4, 7, 10, 23.
108 HERDER, Briefe über das Lesen des Horaz (1803/04), in: HERDER, Bd. 24 (1886), 207; HERDER, Terpsichore (1795), in: ebd., Bd. 19 (1880), 175.
109 Vgl. WILHELM VOSSKAMP, Klassik als Epoche. Zur Typologie und Funktion der Weimarer Klassik, in: H.-J. Simm (Hg.), Literarische Klassik (Frankfurt a. M. 1988), 267 f.

II. Harmonie als Einheit (in) der Vielfalt (18. Jahrhundert)

Einfalt« und »stillen Größe«[110] der griechischen Kunstwerke zum Gemeinplatz, der in der scheinbaren Identität von antiker und Weimarer Klassik die deutsche Kulturmission ideologisch absicherte. Allerdings verstellt diese Idealisierung den Blick dafür, daß Winckelmann sich erhoffte, die antiken »Begriffe des Gantzen, des Vollkommenen in der Natur des Alterthums« würden die »Begriffe des Getheilten« in seiner eigenen Gegenwart »läutern und sinnlicher machen«. Auch die Beurteilung der Farbe als desjenigen, »was der Wohlklang und die Harmonie der Verse in einem Gedichte sind«[111], und der Karikatur weist zumindest auf ein Bewußtsein für Materialität und Widerspruchsqualität der Kunst in der Moderne hin. Es läßt zudem Winckelmanns Kanonisierung als Inbegriff des Klassizismus als – überaus folgenreiches – Rezeptionsmißverständnis erscheinen – um so mehr, als er selbst bereits die beiden Zentralbegriffe ›Einfalt‹ und ›Größe‹ durch ihre Epitheta in Frage stellte.[112] Findet eine vereinheitlichende Lesart von Harmonie in Winckelmanns Werk immerhin Anhaltspunkte, so ist der Umgang mit Goethes Symbolbegriff ein noch deutlicheres Indiz dafür, wie die unbefragte Autorität des ideologischen Konstrukts ›klassische Harmonie‹ auch in die Feinstruktur ästhetischer Begriffsbildung eingreift. Bis in die Mitte des 20. Jh. dominieren ontologisierende und universalisierende Auslegungen, die die Differenz- und Spannungsqualität des Begriffs einebnen.[113] »a) Der konkrete Einzelfall wird durch die Dichtung zum Medium des Allgemeinen erhoben. b) Dieses Allgemeine weist auf die Einheit der lebendigen Natur zurück.«[114] – so die repräsentative Definition von Paul Böckmann. In ihrer empirischen Fundierung (insbesondere in der Farbenlehre, 1810) und ihrer Rezeptionsorientierung steht Goethes Ästhetik aber den Ansätzen Diderots und Herders erheblich näher, als es eine solche harmonisierende Deutung glauben machen will. Harmonie ist ihm Ergebnis eines Prozesses, in dem »das Besondere das Allgemeine repräsentiert«[115], nicht etwa mit ihm identisch ist.[116] Gerade an der Aufmerksamkeit für Form und Materialität der Repräsentation, wie sie sich in den Begriffen ›Polarität‹, ›Steigerung‹, ›Systole‹ und ›Diastole‹ oder ›Metamorphose‹ ausprägt, hat es die literaturwissenschaftliche Goethe-Rezeption bisher aber regelmäßig fehlen lassen[117], es sei denn, daß sie – wie etwa die Anthroposophie – auch Goethes naturwissenschaftliches Denken ihrem universalisierenden Zugriff unterwarf.[118]

5. Der ›harmonische Mensch‹: Sozialutopien und ihre Kritiker

Die Verlagerung der Harmonie vom Weltdeutungsmodell auf das Feld der ästhetischen (Re-)Konstruktion wird begleitet von utopischen Entwürfen, die versuchen, das Ideal des harmonischen Menschen und der Entfaltung seiner zahlreichen verschiedenen Vermögen in Modelle sozialen Lebens umzusetzen. Vorbild ist dabei zumeist die griechische Antike, materielle Grundlage das Handwerk, das stets in seiner engen Verbindung zur Natur(-bearbeitung) und gleichzeitig in seiner Nähe zur künstlerischen Praxis situiert wird. Vor allem die Insel, wie sie in der Nachfolge Rousseaus am prominentesten in Bernardin de Saint Pierres *Paul et Virginie* von 1778 repräsentiert ist, eignet sich in ihrer Weltabgeschiedenheit als Gegenbild zur Zivilisation. Bei Etienne de Senancour wird sie literarisiert als Ort »d'effets romantiques dans les pays simples«; hier empfindet der Inspirierte »cette

---

110 JOHANN-JOACHIM WINCKELMANN, Gedanken über die Nachahmung der griechischen Werke in der Malerey und Bildhauerkunst (1755), in: Winckelmann, Kleine Schriften, hg. v. W. Rehm (Berlin 1968), 43.
111 Ebd., 38, 79.
112 Vgl. PETER SZONDI, Poetik und Geschichtsphilosophie I. Studienausgabe der Vorlesungen, Bd. 2, hg. v. S. Metz/H.-H. Hildebrandt (Frankfurt a.M. ²1976), 45f.
113 Vgl. VOSSKAMP (s. Anm. 109), 252, 259.
114 PAUL BÖCKMANN, ›Klassik, deutsche‹, in: RGG, Bd. 3 (³1959), Sp. 1637.
115 JOHANN WOLFGANG GOETHE, Maximen und Reflexionen (1809ff.), in: GOETHE (HA), Bd. 12 (⁷1973), 471.
116 Vgl. POCHAT (s. Anm. 42), 439–447.
117 Vgl. HEINZ HAMM, Der Theoretiker Goethe. Grundpositionen seiner Weltanschauung (1976; Kronberg/Berlin 1980), 175 ff.
118 Vgl. WOLFGANG PEHNT, Verstummte Tonkunst. Musik und Architektur in der neueren Architekturgeschichte, in: K. von Maur (Hg.), Vom Klang der Bilder. Die Musik in der Kunst des 20. Jahrhunderts (München 1985), 397.

indicible harmonie des êtres, le fantôme du monde idéal«, wo gilt: »Tout phénomène est nombre et proportion.«[119] Im Vertrauen auf dieses grundlegende Gesetz entwirft auch Franz Heinrich Ziegenhagen 1792 eine *Lehre vom richtigen Verhältnisse zu den Schöpfungswerken und die durch öffentliche Einführung derselben allein zu bewürkende allgemeine Menschenbeglükkung.* Hier deutet er die »Würkungen der sich selbst überlassenen vernunft- und leblosen Schöpfung« als »Grund des wahren Glükks der Menschheit«. Der Vorbildcharakter der Natur erklärt sich aus dem »genauen Kreislauf ihrer Veränderungen«, der »Zuverlässigkeit ihrer Würkungen« und deren »regelmäßiger Fortdauer«[120]. John Locke, Rousseau, Joachim Heinrich Campe und Johannes Bernhard Basedow liefern ihm theoretische Grundlagen wie praktische Anweisungen für die Konstruktion einer Idealkolonie, in der von Nahrung, Kleidung, Wohnung bis zu genauen Tages- und Arbeitsplänen ein naturgemäßes Verhalten praktiziert werden soll. Alle Übel und Krankheiten scheinen vermeidbar durch Anwendung der »Lehre des richtigen Verhältnisses oder der Schöpfungsmäßigkeit«[121]. Ihre praktische Umsetzung finden derartige Vorstellungen meist im Umkreis frühsozialistischer Gesellschaftsexperimente, vor allem in den USA.[122] Die Zeitschrift *Die junge Generation* berichtet 1837 von den »Harmoniten«, die als deutsche Auswanderer 1805 die Stadt Harmonia gründeten und mit den Prinzipien von Gütergemeinschaft, Naturnähe und allseitiger Entfaltung aller menschlichen Fähigkeiten das Ideal umfassender Harmonie von Körper und Geist wie von Individuum und Gesellschaft realisieren wollten. Selbst die Musik als angestammte Hüterin der Harmonie sollte hier nicht als »ausschließliche Profession«[123] ausgeübt werden.

Inspiriert von sozialistischen Vorstellungen im Sinne Charles Fouriers (1772–1837), entwarf Wilhelm Weitling 1842 im Pariser Exil die wirkungsmächtige *Garantien der Harmonie und Freiheit*, in denen er versuchte, den Ausgleich der »Gesamtsumme der Fähigkeiten mit der Gesamtsumme der Bedürfnisse« im Individuum wie zwischen diesem und der Gemeinschaft zu begründen. Weit über Ziegenhagen hinausgehend, trägt Weitling »den ungleichen Graden der Fähigkeiten und Begierden [Bedürfnisse] der einzelnen« ebenso Rechnung wie den Verhältnissen des entwickelten Warentauschs: Sein Ziel ist nicht die größtmögliche Vereinheitlichung der Gesellschaft, etwa in der Gleichheit (oder Abschaffung) des Privatbesitzes, sondern die »Harmonie der Begierden und Fähigkeiten des einzelnen, [...] seine persönliche Freiheit«[124], die das Entwicklungsniveau der Gesamtgesellschaft prägt. Entsprechend bestimmt sich der Wert der Arbeit nicht nach dem des erzeugten Produkts, sondern nach der aufgewendeten Arbeitszeit; die Ersetzung von Geld durch Leistungsgutschriften ermöglicht eine gleichmäßige Honorierung *aller* Fähigkeiten und sichert dem einzelnen die Freiheit, nur den Grundbedarf zu decken oder durch freiwillige Mehrarbeit Luxusbedürfnisse zu befriedigen. Aber auch diese Utopie basiert auf der Abwesenheit von Herrschaftsverhältnissen und auf der quasi naturwüchsigen Hervorbringung von Harmonie durch Ausgleich aller individuellen Fertigkeiten. Nicht nur die Zuspitzung der sozialen Auseinandersetzungen im Gefolge der Industrialisierung, auch die schwindende Möglichkeit, Harmonie überhaupt noch zu erfahren, verdammt die sozialutopischen Harmoniekonzepte im Laufe des 19. Jh. immer mehr zu einer Randexistenz. Nach zahlreichen kleineren Projekten, die der Verbindung von Kopf- und Handarbeit und dem naturnahen Leben gewidmet waren, lautete John Ruskins bittere Bilanz 1884: »That harmony is now broken, and broken the world around: fragments still exist, but month by

---

119 [ETIENNE DE SENANCOUR], Oberman. Lettres publiées par M. Senancour (1804), hg. v. A. Monglond, Bd. 1 (Grenoble/Paris 1947), 161, 113 u. Bd. 2 (Grenoble/Paris 1947), 11.
120 FRANZ HEINRICH ZIEGENHAGEN, Lehre vom richtigen Verhältnisse zu den Schöpfungswerken und die durch öffentliche Einführung derselben allein zu bewürkende allgemeine Menschenbeglükkung (Hamburg 1792), 5, 6, 3.
121 Ebd., 73.
122 Vgl. JOACHIM HÖPPNER/WALTRAUD SEIDEL-HÖPPNER, Von Babeuf bis Blanqui, Bd. 1 (Leipzig 1975), 192f.
123 Zit. nach WERNER KOWALSKI (Hg.), Vom kleinbürgerlichen Demokratismus zum Kommunismus. Zeitschriften aus der Frühzeit der deutschen Arbeiterbewegung (1834–1847) (Berlin 1964), 235.
124 WILHELM WEITLING, Garantien der Harmonie und Freiheit (1842; Berlin 1955), 166.

month the darkness gains upon the day«; Umweltverschmutzung und kapitalistische Verwertung der Natur als Produktivkraft lassen das Ideal einer harmonischen Wechselwirkung zwischen Mensch und Schöpfung hinter einem Schleier von »soultry and foul fog« und »plague wind«[125] verschwinden. Eine noch viel radikalere Absage erteilt 1908 Georges Sorel dem universalistischen, aus Naturgesetzen abgeleiteten Harmoniebegriff. In heftigem Affront gegen die biologistische Soziologie seiner Zeit wie gegen utopistische Staatsdoktrinen entlarvt er Harmonie als »rêve des théoriciens, qui ne correspond ni à la loi intérieure de l'Eglise, ni aux arrangements pratiques, et qui ne sert à rien expliquer dans l'histoire«[126]. Die moderne Gesellschaft sei zum einen widersprüchlicher und vielschichtiger, zum anderen aber durch harmonistische Denkweisen, etwa im Parlamentarismus und im Reformismus von Kirchen und Gewerkschaften, derart banalisiert und nivelliert, daß Harmonie nur noch zur ideologischen Absicherung des sozialen Friedens diene. Man wird es als Ergebnis der dezentrierenden Energie eines solchen nicht harmonischen Gesellschaftsentwurfs betrachten können, daß Sorels Gegenposition, die internen Widersprüche bis zum Generalstreik und zur Auflösung staatsförmiger Institutionen voranzutreiben, sowohl von anarchosyndikalistischer als auch von faschistischer Seite aufgegriffen werden konnte. Gewalt als Movens des per se disharmonischen Ausnahmezustands befördert jene Ästhetisierung der Politik, die auch die vielfältigen Überlagerungen zwischen den politischen und den künstlerischen Avantgarden des 20. Jh. auszeichnet.

III. Der lange Abschied von der Harmonie(-lehre) (19. und 20. Jahrhundert)

Der vorgeblich direkte Bezug zwischen Harmonie und Natur, wie er zunächst in der Kosmologie, dann in der Monadologie und schließlich in der Wahrnehmung des empfindenden Subjekts selbst situiert wurde, ist an der Wende vom 18. zum 19. Jh. endgültig aufgehoben. Ein Diktum wie das von Karl Philipp Moritz, in der Natur löse »sich alle anscheinende Disharmonie in Harmonie auf«[127], kann nun wohl noch als Indiz einer Hoffnung, nicht mehr aber als unmittelbare Realität gelten. Vielmehr treibt die Suche nach Modellen des Harmonischen dazu, Erfahrungen von Disharmonie historisch oder philosophisch als Verfallsformen zu begründen. »Denaturalisierung der Chronologie« und Ersetzung von kosmologischer Spekulation durch »geschichtlich erlebte Zeit« lassen den aus dem christlichen Mittelalter rekonstruierten Harmoniebegriff zum Indikator für die Defizite der Moderne werden. Entsprechend den verschiedenen Stadien der gesellschaftlichen Entwicklung trägt er in Frankreich (François René de Chateaubriand, Victor Hugo, Honoré de Balzac, auch Heine) eher Züge der »Wirkungsästhetik und Gesellschaftsgeschichte der Kunst«, in Deutschland (Friedrich Schlegel, Novalis, Hegel) dagegen solche der »philosophischen Ästhetik und ästhetischen Kunst«[128]. Tendenzen des späten 18. Jh. verschärfend, bietet die Erhebung der Musik zum Ort des Unsagbaren (und gesellschaftlich nicht Realisierbaren) Anlaß zur Trennung von Kunst und ›Leben‹ (Schopenhauer). Diese reproduziert sich in der Kluft zwischen ästhetischer Reflexion über Harmonie und schulmäßig betriebener Harmonielehre.

In England dagegen bleiben Grundmotive der empiristisch-sensualistischen Harmonietradition auch im 19. Jh. präsent: Samuel Taylor Coleridge greift sie in der Biographia Literaria (1817) auf, wenn er »secondary imagination« als Wiederholung des Schöpfungsaktes und Ergebnis des »mystery of perception« bezeichnet. In Weiterführung

---

125 JOHN RUSKIN, The Storm Cloud of the Nineteenth Century (1884), in: Ruskin, The Works, hg. v. E. T. Cook/A. Wedderburn, Bd. 34 (London 1908), 78, 37.
126 GEORGES SOREL, Réflexions sur la violence (1908), hg. v. M. Prat (Paris 1990), Anh. I, 273.
127 KARL PHILIPP MORITZ, Fragmente aus dem Tagebuche eines Geistersehers (1787), in: MORITZ, Bd. 3 (1981), 275.
128 BURKHART STEINWACHS, Epochenbewußtsein und Kunsterfahrung. Studien zur geschichtsphilosophischen Ästhetik an der Wende vom 18. zum 19. Jahrhundert (München 1986), 25; vgl. KARLHEINZ BARCK, Poesie und Imagination. Studien zu ihrer Reflexionsgeschichte zwischen Aufklärung und Moderne (Stuttgart/Weimar 1993), 79–112.

Shaftesburys begründet die Einbildungskraft als »living Power and Prime Agent [...] of the eternal act of creation [...] the infinite I AM«[129]. Mit dem ständigen Rückgriff auf organologische Denkformen und transzendentalphilosophische Begründungsmuster in der Tradition Kants und Schellings steht Coleridge der deutschen idealistischen Tradition jedoch näher als dem französischen ›art social‹. Volkstümliche Motive und Naturmystik von Wordsworth verfallen dem Verdikt des Mechanischen; gerade wenn Dichtung »brings the whole soul of man into activity«[130], bedarf sie der bewußten Gestaltung. Harmonie ist auch hier – trotz des schwärmerischen Vokabulars und des essayistischen Gestus – inszenierter Ausgleich des Widersprüchlichen und – wie schon bei Hutcheson – klassizistisch bestimmt.[131]

1. Von der ›harmonie des contraires‹ zur ›Ästhetik des Häßlichen‹

Ihrem gesellschaftlichen Impuls gehorchend, stehen die Harmoniebestimmungen der französischen Romantiker in direktem Bezug zur nachrevolutionären Epoche, wenn etwa Mme de Staël »Kunst- und Gesellschaftsgeschichte unter einer weltgeschichtlichen Fortschrittsperspektive zu vermitteln sucht«[132] oder wenn Chateaubriand, Hugo und Balzac in der Harmonie die Vermittlung widersprüchlicher Charakteristika der eigenen Epoche suchen. Als wirkungsmächtig erweist sich Chateaubriands Denkfigur von der ›harmonie des contraires‹. Sie sieht er in der Musik als prototypischer Form des Kultes ebenso realisiert wie im Mittelalter: Sind hier »la religion et la morale [...] une seule et même chose«[133], so bietet gleichzeitig der Katholizismus als poetischste aller Religionen die Möglichkeit, Kunst und Kult wechselseitig ineinander zu fundieren. Der Preis einer solchen Überwindung des Antike-Moderne-Streits zugunsten des Mittelalters ist die Stillstellung der Gegenwart, die nur noch als »Spätzeit der Moderne«[134] in den Blick gerät. Es bleibt der melancholische Rückblick auf den Ritter und sein »beau idéal moral«; Kunst ist Ergebnis der »effets du christianisme«[135]. In eine ähnliche Aporie gerät Victor Hugo 1827, wenn er beim Versuch der Bestimmung seiner eigenen Epoche und ihrer Abgrenzung gegen den Klassizismus auch schon deren Ende konstatieren muß. Zwar grenzt sich die *Préface de Cromwell* (1827) von der Monotonie der klassischen ›beauté universelle‹ ab und treibt Chateaubriands ›harmonie des contraires‹ bis zum Häßlichen und Grotesken vor[136]; doch gelangt sie wegen »ihrer Rückbindung an eine providentiell verbürgte Harmonie des Weltganzen«[137] nur noch zu monumentaler Selbstfeier. Man kann sie als Indiz für Ersetzung geschichtsphilosophischer Letztbegründungen durch »einzelne Reflexionen ästhetischer Praxis«[138] betrachten, in denen Harmonie allenfalls noch durch den Darstellungswillen des jeweiligen Künstlers verbürgt ist. Heine jedenfalls sah in Hugos Rückkehr zu den »Ruinen der Vergangenheit« nur eine »krankhafte Scheu vor den brausenden Strömen der Gegenwart« und vor dem »Tageslicht«[139].

---

129 SAMUEL TAYLOR COLERIDGE, Biographia Literaria (1817), hg. v. J. Engell/W. Jackson Bate, Bd. 1 (London/Princeton 1983), 304f.; vgl. ENGELL/JACKSON BATE, Editors' Introduction, in: ebd., LXXXIX.
130 Ebd., Bd. 2 (London/Princeton 1983), 15f.
131 Vgl. JEROME J. MCGANN, The ›Biographia Literaria‹ and the Contentions of English Romanticism, in: F. Burwick (Hg.), Coleridge's Biographia Literaria: Text and Meaning (Ohio 1989), 233–254; ENGELL/JACKSON BATE, Editors' Introduction, in: Coleridge (s. Anm. 129), Bd. 1 (London 1983), CIV-CXIV.
132 STEINWACHS (s. Anm. 128), 22.
133 FRANÇOIS RENÉ DE CHATEAUBRIAND, Génie du Christianisme ou Beautés de la Religion chrétienne (1802), in: Chateaubriand, Essai sur les Révolutions. Génie du Christianisme, hg. v. M. Regard (Paris 1978), 649.
134 STEINWACHS (s. Anm. 128), 126.
135 CHATEAUBRIAND (s. Anm. 133), 680, 627.
136 Vgl. VICTOR HUGO, Préface de Cromwell (1827), in: Hugo, Théâtre complet, hg. v. R. Purnal/J.-J. Thierry/J. Mélèze, Bd. 1 (Paris 1963), 419, 416f.
137 STEINWACHS (s. Anm. 128), 217; vgl. HANS ROBERT JAUSS, Das Ende der Kunstperiode – Aspekte der literarischen Revolution bei Heine, Hugo und Stendhal, in: Jauß, Literaturgeschichte als Provokation (Frankfurt a. M. 1970), 123.
138 STEINWACHS (s. Anm. 128), 217.
139 HEINRICH HEINE, Shakespeares Mädchen und Frauen (1837), in: HEINE (HSA), Bd. 9 (1979), 246.

III. Der lange Abschied von der Harmonie(-lehre) (19. und 20. Jahrhundert)

Für Balzac sind es insbesondere die Biologen und Zoologen des 18. Jh. wie Buffon und Bonnet, die für »l'unité de composition« garantieren und sich zudem in Harmonie befinden »avec les idées que nous nous faisons de la puissance divine«[140]. Aus der Parallele zwischen natürlicher und gesellschaftlicher Organisation gewinnt er die Gattung der »Espèces sociales«, die den Autor als Spurensucher »dans cet immense assemblage de figures, de passions et d'évènements« herausfordern. Seinem Deutungswillen unterliegt es, das Typische und das Abweichende zusammenzuzwingen – oder das Problem zu lösen »à rendre intéressant un personnage vertueux«. Als von der Natur abweichend sieht er insbesondere das Geschlechterverhältnis: »Quand Buffon peignait le lion, il achevait la lionne en quelques phrases; tandisque dans la société la femme ne se trouve pas toujours être la femelle du mâle.«[141] Zum Movens eines noch entschiedeneren Widerspruchs zwischen Natur und Gesellschaft wird die ›harmonie des contraires‹ bei Heine, wenn er 1826 in den *Reisebildern* Kategorien wie das Komische und das Pathetische überhaupt nicht mehr miteinander vermitteln will, sondern ihr Nebeneinander »dem großen Urpoeten« selbst zuschreibt, »der in seiner tausendaktigen Welttragödie den Humor auf's Höchste zu treiben weiß«[142]. Es ist kein Zufall, daß in die 1830er Jahre auch die Vorarbeiten zu Karl Rosenkranz' *Ästhetik des Häßlichen* fallen. Ihrem idealistischen Impuls gelingt es zwar noch, das Disharmonische zum Ort des ästhetischen Erlebens zu machen und »das Häßliche als das Negativschöne« und Organische zu retten. In der Kritik an der »Häßlichkeit des falschen Contrastes« und an der Zerstörung einer – wie sehr auch spannungsreichen – Einheit des Wesens durch »individuelle Charakteristik«[143] zeichnet sich aber ab, was am prominentesten die Musik, dann aber auch die anderen Künste auszeichnen wird: »Die moderne Kunst ist nicht mehr schöne Kunst.«[144]

2. Emanzipation der Dissonanz vs. Formalisierung der Harmonielehre

»1857 entstand das Tristan-Vorspiel. Nach der damaligen Lehrweise ließe sich aber nicht einmal ein Bachscher Choral analysieren«[145] – so schreibt apodiktisch Martin Vogel. Demzufolge hätte die Harmonielehre spätestens seit der Mitte des 19. Jh. nicht mehr den Status einer Anweisung haben dürfen, sondern ein Instrumentarium für die Analyse anderer Parameter wie Klang, Rhythmus oder Struktur entwickeln müssen. Dies unterblieb; die Krise der Tonalität spaltete nicht nur die (inner-) musikalische Entwicklung in Traditionalisten und Neutöner; sie schuf auch die bis heute existierenden Publikums- und Vermarktungssphären von ›klassischer‹ vs. ›neuer‹ Musik. Die Theoretiker verbuchten die Aushöhlung des harmonischen Systems zunächst noch auf dem Konto unaufhaltsamen Fortschritts; die Notwendigkeit der immer komplizierteren Ableitung und Systematisierung von Akkorden galt ihnen als Indiz der Entwicklungsmöglichkeiten der vorhandenen Harmonielehren[146] und nährte die Hoffnung auf die Fortschritte der Akustik und die daraus zu erwartende wissenschaftliche Grundlegung der Harmonie. Sie aber mußte in dem Maße enttäuscht werden, in dem – vor allem in der deutschen Musikwissenschaft – natur- und geisteswissenschaftliche Zugänge zur Harmonie strikt auseinandertraten und die ohnehin rudimentäre Struktur- und Funktionsanalyse durch Wesenszuschreibungen im Fahrwasser von Hegels *Ästhetik* verdrängt wurde.

---

140 HONORÉ DE BALZAC, Avant-propos pour la Comédie humaine (1842), in: Balzac, Œuvres complètes, hg. v. der Société des Études Balzaciennes, Bd. 1 (Paris 1956), 64.
141 Ebd., 64, 67, 72.
142 HEINE, Reisebilder (1826), in: HEINE (HSA), Bd. 5 (1970), 115.
143 KARL ROSENKRANZ, Ästhetik des Häßlichen (1853; Darmstadt 1973), 67, 101.
144 GÜNTER OESTERLE, Entwurf einer Monographie des ästhetisch Häßlichen. Die Geschichte einer ästhetischen Kategorie von Friedrich Schlegels ›Studium‹-Aufsatz bis zu Karl Rosenkranz' ›Ästhetik des Häßlichen‹ als Suche nach dem Ursprung der Moderne, in: D. Bänsch (Hg.), Zur Modernität der Romantik (Stuttgart 1977), 237.
145 MARTIN VOGEL, Vorwort, in: Vogel (Hg.), Beiträge zur Musiktheorie des 19. Jahrhunderts (Regensburg 1966), 7.
146 Vgl. CARL DAHLHAUS, ›Harmony‹, in: GROVE, Bd. 8 (1980), 181.

Ihr galt Form nur als Erscheinung eines außermusikalischen Wesens; die substantialistische Aufladung harmonischer Prozesse gewann seit der Jahrhundertmitte und in der sie später aufgreifenden Literatur – etwa bei Thomas Mann – noch an Prestige, wenn sie sich mit Theoremen Schopenhauers und dem Impetus des Wagnerschen Musikdramas koppeln ließ. Beide lieferten ein reichhaltiges Repertoire an Standardfloskeln für das Musikfeuilleton, in dem die Charakteristika der »tönend bewegten Form« um so mehr verfehlt wurden, als sie als *Form* gar nicht erst in den Blick kamen – ganz abgesehen davon, daß auch Eduard Hanslick selbst, der einzige Vertreter der Formästhetik im 19. Jh., deren Gesetze für »leider fast unerklärt«[147] hielt.

Schopenhauer hat in § 52 von *Die Welt als Wille und Vorstellung* (1819) durch die direkte Bindung der Musik an den Willen aber nicht nur der Möglichkeit bedenkenloser Assoziation von Musik und Empfindung Vorschub geleistet (positiv ausgedrückt: die Musik endgültig als jene universale Projektionsfläche etabliert, gegen die Eduard Hanslick ankämpfte); er hat zudem durch die Zuordnung der einzelnen musikalischen Parameter zu den Objektivationsstufen des Willens eine Hierarchie von Harmonie und Melodie konstruiert, die das formanalytische Denken vollends aus der ästhetischen Diskussion verdrängte. Sieht er die tiefsten Töne, das Baßfundament, assoziiert mit der unorganischen Natur, der rohen Masse, so siedelt er in den Mittelstimmen und insbesondere auf der höchsten Stufe, in der Melodie, jenen »Zusammenhang in der Fortschreitung« an, welcher sie zur »höchsten Stufe der Objektivation des Willens«

adelt. In vielfältigen Wendungen umkreist Schopenhauer die Triebdynamik der Melodie, die »wie eine magnetische Somnambule Aufschlüsse giebt über Dinge, von denen sie wachend keinen Begriff hat«. Termini wie »Wunsch« und »Befriedigung«, »Abirrung« und »Ziel« erinnern an die grundlegende Antinomie zwischen dem Wollen – »bezeichnet durch den Pol der Genitalien als seinen Brennpunkt« – und dem »reinen Erkennen (bezeichnet durch den Pol des Gehirns)«[148]. Diese Tendenz zur Emotionalisierung und Erotisierung der Musik erfuhr durch Nietzsches Begriff des Dionysischen eine erhebliche Intensivierung.[149] Zustimmende Äußerungen von Komponisten verstärkten die Neigung der Musikkritik und Ästhetik, solche Projektionsvorgänge nicht historisch zu situieren, sondern sie zum ›Wesen‹ der Harmonie – als dem obersten Ziel der Musik – zu erklären.

Wie stark das Beharrungsvermögen der Kategorie Harmonie selbst in den ästhetischen Entwürfen war, die ihr explizit widersprachen, zeigt am deutlichsten Arnold Schönberg. Seine *Harmonielehre*, 1911 mit dem Ziel verfaßt, den Kompositionsschülern statt einer »schlechten Ästhetik […] eine gute Handwerkslehre« zu liefern, versucht, seinen eigenen frei atonalen Kompositionen aus dieser Zeit eine »unerbittliche […], wenn auch unbewußte […] Logik in der harmonischen Konstruktion« zu unterschieben, die diese – quasi wider besseres Wissen – endgültig aufgegeben hatten. »Der Schüler lerne die Gesetze und Wirkungen der Tonalität so, als ob sie noch heute herrschend wären, aber er wisse von den Bewegungen, die zu ihrer Aufhebung führen.«[150] In der Absicht, sein eigenes – vielfach angefeindetes – Schaffen vor dem Vorwurf der Willkür zu retten, konstruiert Schönberg so eine Kontinuität von Werden und Vergehen, »organisch« oder »urgesetzlich« gedachter »innerer Notwendigkeit«[151], die schließlich die Differenz von Konsonanz und Dissonanz nivelliert und ein ahistorisches Organismusmodell integriert. Diese Diskrepanz zwischen Theorie und Praxis seines Komponierens überrascht um so mehr, als Schönberg mit den Kategorien ›Form‹, ›Zusammenhang‹ und ›Logik‹ durchaus auf die Autonomie des Einzelwerks verweist, das, mit der Emanzipation der Dissonanz von allen sonstigen, etwa gattungstypologischen Orientierungen verlustig ge-

---

147 EDUARD HANSLICK, Vom Musikalisch Schönen. Ein Beitrag zur Revision der Ästhetik der Tonkunst (1854; Leipzig 1982), 74, 76.
148 ARTHUR SCHOPENHAUER, Die Welt als Wille und Vorstellung (1819), in: Schopenhauer, Sämtliche Werke, hg. v. W. Frhr. v. Löhneysen, Bd. 1 (Stuttgart/Frankfurt a. M. ³1987), 361 ff., 289.
149 Vgl. CARL DAHLHAUS/MICHAEL ZIMMERMANN (Hg.), Musik zur Sprache gebracht. Musikästhetische Texte aus drei Jahrhunderten (Kassel/Basel/London 1984), 330 f.
150 SCHÖNBERG (s. Anm. 7), 7, 466, 31.
151 Ebd., 34.

gangen, »gleichsam sich selbst überlassen«[152] bleibt.

Unter dem Legitimationszwang des Ganzheitsdenkens fundiert er die Dissonanz in einer unausweichlichen Teleologie, deren ausführendes Organ der Komponist ist.[153] Mit der Konstruktion einer »Naturtonleiter« oder dem Rückgriff auf die Stufentheorie fällt er sogar hinter Riemanns Funktionstheorie zurück; im Begriff des »vagierenden Akkords«[154], der nicht mehr eindeutig zugeordnet werden kann, deutet er jenen Abschied vom harmonietheoretischen Denken an, der real nie vollzogen wird. Damit ist für lange Zeit die Chance verpaßt, Harmonie als zentrale Analysekategorie durch andere Begriffe wie Schichtung, Fläche, Beziehung statt Kadenz und durch Ambivalenz statt Eindeutigkeit zu ersetzen. Traditionelle Künstlerideologie und progressive Materialbehandlung lassen Schönberg so unweigerlich zum ›konservativen Revolutionär‹ werden.[155]

3. Ästhetik(en) der Ambivalenz

Das Skandalon der modernen Kunst, für deren Entwicklung die Musik in prototypischer Weise einsteht, liegt aber nicht nur darin, daß mit der Dissonanz eine allgemein als unangenehm und überwindungsbedürftig empfundene Kategorie einen zentralen Platz in der ästhetischen Praxis gewinnt; mit dem Verlust eines privilegierten, hoch bewerteten Bezugs sieht sich die Ästhetik zudem ihrer Existenzgrundlage als systematische Wissenschaft beraubt, bedeutet die Alternative zu Harmonie doch nicht etwa Disharmonie, sondern Verzicht auf ein (tonales) Zentrum generell. (In der Neuen Musik existieren durchaus Konsonanzen; sie werden aber nicht mehr in ihrer Orientierungsfunktion wahrgenommen.[156]) So ist sie gezwungen, die Organisation des Materials im Einzelwerk in den Blick zu nehmen; sie verliert ihren übergreifenden Anspruch und wird Detailanalyse, wenn sie nicht in der Kopplung mit Soziologie, Medientheorie oder Psychologie das Ästhetische wiederum mit anderen Bezugsgrößen in Verbindung bringt. Es sind vor allem Fragmentarisierung, Variabilität und Selbstreferentialität, die nach der Verabschiedung der Harmonie als ästhetischer Leitkategorie das avancierte künstlerische Schaffen des 20. Jh. prägen – Momente, die auch im Zentrum strukturalistischer und zeichentheoretischer Ansätze stehen und gleitende Übergänge zwischen künstlerischer Praxis und ästhetischer Analyse ermöglichen. Als kleinster gemeinsamer Nenner kann dabei die Ambivalenz jedes ästhetischen Parameters wie auch seiner Rezeption gelten: Der Rezipient wird als Produzent von Bedeutung(en) zum zentralen Faktor avantgardistischer Ästhetiken. Das Werk produziert selbst jene Widerstände und Verständigungsbarrieren, auf die es aufmerksam machen will, und löst sich insofern als isoliertes Objekt auf. Blendet etwa der Betrachter der Venus von Milo im Interesse einer ganzheitlichen Wahrnehmung Unebenheiten und Unregelmäßigkeiten des Steins (und das Fehlen der Arme) aus[157], so macht ihn umgekehrt der Schnurrbart, den Marcel Duchamp oder Salvador Dalí der Gioconda hinzufügen, als Grenzverletzung auf den kritisierbaren Status des (klassischen) Kunstwerks aufmerksam. Die Aufgabe der prätendierten Einheit von Produktion und Rezeption mitsamt deren moralischen und affektpsychologischen Konsequenzen bedingt eine Kritik an Kunst- und Künstlerideologien, wie sie am deutlichsten in Benjamins Kunstwerkaufsatz (1935/1939) formuliert ist.[158] Dennoch bleiben diese – vor allem in der öffentlichen Diskussion – wirkungsmächtige Normen: Bis in die Gegenwart wird die Fixierung der Grenze zwi-

---

152 CARL DAHLHAUS, Musikästhetik (1967; Köln 1976), 134; vgl. MANFRED PFISTERER, Studien zur Kompositionstechnik in den frühen atonalen Werken von Arnold Schönberg (Neuhausen 1978), 252–260.
153 Vgl. DIETER REXROTH, Arnold Schönberg als Theoretiker der tonalen Harmonik (Bonn 1971), 445 f.
154 SCHÖNBERG (s. Anm. 7), 164.
155 Vgl. WILLI REICH, Schönberg oder der konservative Revolutionär (Wien u. a. 1968).
156 Vgl. RUDOLF STEPHAN, Neue Musik. Versuch einer kritischen Einführung (Göttingen 1958), 50; BÉLA BARTOK, Das Problem der neuen Musik, in: Melos 1 (1920), Nr. 5, 107–110.
157 Vgl. ROMAN INGARDEN, Vom Erkennen des literarischen Kunstwerks (Darmstadt 1968), 187 ff.
158 Vgl. WALTER BENJAMIN, Das Kunstwerk im Zeitalter seiner technischen Reproduzierbarkeit (entst. 1935/1939), in: BENJAMIN, Bd. I/2 (1974), 431–496 [1. Fass.], 471–508 [2. Fass.].

schen Kunst und Nicht-Kunst bzw. Kunst und Realität oft genug Anlaß zu heftigen Auseinandersetzungen. Aber auch Theoretiker wie Roman Ingarden beziehen noch in den 60er Jahren das ästhetische Erlebnis auf die Wahrnehmung von ›Einheit‹, ›Ganzheit‹ und ›Gestalt‹. Die durch das ›häßliche‹ oder ›unvollkommene‹ Kunstwerk ausgelöste Erfahrung ist nur als defizitäre aufzufassen. Idealistischer Ganzheitsästhetik verhaftet, bleibt so die Antithese ›schön – häßlich‹ erhalten[159]; ähnlich hält auch Adorno trotz aller »Emanzipation vom Harmoniebegriff [...] als Aufstand gegen den Schein« an der Kategorie der »Kohärenz« fest, die erst die »bestimmte Antithese eines jeglichen Kunstwerks zur bloßen Empirie«[160] sichern könne.

4. Klassizismen und Rettungsversuche im Zeichen der ›neuen Einfachheit‹

Von den Avantgarden spätestens seit Beginn des 20. Jh. überholt, bleibt Harmonie zum einen ästhetisch präsent in klassizistischen Reminiszenzen, etwa bei Paul Valéry, zum anderen in regelmäßig auftretenden kulturkritischen Rückwendungen zu ganzheitlichen Welt- und Lebensentwürfen; diese beziehen sich in Architektur, Malerei und Musik auf die Konstruktion kleinster Einheiten (Module), von denen aus komplexe Zusammenhänge zum Teil zahlenmystisch rekonstruiert werden. Was *De Stijl* zwischen 1917 und 1931 in der umfassenden Serialisierung einer Maßeinheit gesucht hatte, das finden Komponisten wie Carl Orff und Paul Hindemith im Rückgriff auf die Keplersche *Harmonie der Welt* (Symphonie 1951, Oper 1956/

1957) oder auf den Rhythmus als Movens kultischer Archaik.

1894 nutzt Paul Valéry in der *Introduction à la méthode de Leonard de Vinci* vor allem die Architektur der Renaissance als Modell für einen Universalismus, der später im Konzept der ›poésie pure‹ ästhetisch wirksam wird und in den großen Dialogen der 1920er Jahre kosmologische Dimensionen erhält. *Eupalinos ou l'Architecte* verweist 1921 auf die Parallele von Musik und Architektur: Beide erinnern als »monuments d'un autre monde« an Strukturen und Gesetze, »qui ne sont pas celles des êtres, mais celles des formes et des lois«. So lassen sie ihre Materialität zugunsten von »vérités animées« und »universelles«[161] vergessen.

Bis in die späten 60er Jahre blieb für die Avantgarde an der Harmonie vor allem das Moment des Konstruktiven, auch mathematisch Generierbaren, interessant. Die Erschöpfung der seriellen Verfahrensweisen und die allgemeine Kulturkrise haben in den letzten beiden Jahrzehnten aber auch der transzendentalen Dimension des Harmoniebegriffs eine Renaissance beschert. Der »Hang, alle Komplexität wegzuschieben und sie in einer Art antiintellektuellem Entschlackungsprozeß auf ihre elementaren Urphänomene zurückzuführen«[162], ließ indische Ragas und tibetanischen Mönchsgesang zu Zeugen einer neuen Spiritualität werden. Zwischen schnell kommerzialisiertem ›new age‹, der ›world music‹ und den unendlichen Tonrepetitionen eines Steve Reich, Terry Riley oder Phil Glass, die psychedelische Trance ebenso erlauben wie sinnliche Erfahrung von Dauer, verschwimmen die Grenzen. In Olivier Messiaëns widerständiger Umsetzung der Sphärenharmonie in Reihen und Modi, etwa in *Mode de valeurs et d'intensités* von 1950, widersetzt sich die komplexe Zahlenkonstruktion schneller Vereinnahmung. Das Gegenbeispiel liefert Berendts *Nada Brahma*; seine Absage an »aristotelische Logik« versucht ökologische Krise, Rationalitätsmüdigkeit und Orientierungsverlust im Rekurs auf eine prätendierte Universalharmonie zu beheben. Harmonie als »Ziel der Welt« ist hier überhaupt nicht mehr an konkrete ästhetische Sachverhalte gebunden, sondern gerät zum universalen Rettungsprogramm, in dem der Musik die Rolle eines Mediums zukommt: »Musik ist mehr als Musik. Sie ist Kosmos und

---

159 Vgl. INGARDEN (s. Anm. 157), 207–214.
160 THEODOR W. ADORNO, Ästhetische Theorie, in: ADORNO, Bd. 7 (1970), 154, 235.
161 PAUL VALÉRY, Eupalinos ou l'Architecte (1921), in: VALÉRY, Bd. 2 (Paris 1960), 106.
162 ULRICH DIBELIUS, Moderne Musik I. 1945–1965. Voraussetzungen, Verlauf, Material (1966; München/Mainz 1991), 83; vgl. PETER MICHAEL HAMEL, Durch Musik zum Selbst. Wie man Musik neu erleben und erfahren kann (München u. a. 1980).

atomare Mikrostruktur, Erde und Fluß, Pflanze und Blattform, menschlicher und tierischer Körper«[163].

Claudia Albert

Literatur

ASMUTH, CHRISTOPH/SCHOLTZ, GUNTER/STAMMKÖTTER, FRANZ-BERNHARD (Hg.), Philosophischer Gedanke und musikalischer Klang. Zum Wechselverhältnis von Musik und Philosophie (Frankfurt a. M./New York 1999); BARDEZ, JEAN-MICHEL, Diderot et la musique (Paris 1975); BERMBACH, UDO, Der Wahn des Gesamtkunstwerks. Richard Wagners politisch-ästhetische Utopie (Frankfurt a. M. 1994); DAHLHAUS, CARL, Untersuchungen über die Entstehung der harmonischen Tonalität (Kassel ²1988); DAHLHAUS, CARL, Die Musiktheorie im 18. und 19. Jahrhundert. Erster Teil: Grundzüge einer Systematik (Darmstadt 1984); DAHLHAUS, CARL, Die Musiktheorie im 18. und 19. Jahrhundert. Zweiter Teil: Deutschland (Darmstadt 1989); DIDIER, BEATRICE, La musique des lumières. Diderot – l'Encyclopédie – Rousseau (Paris 1985); DIDIER, BEATRICE, La réflexion sur la dissonance chez les écrivains du XVIIIe siècle: d'Alembert, Diderot, Rousseau, in: Revue des sciences humaines 205 (1987), 13–25; HAGENMAIER, OTTO, Der goldene Schnitt. Ein Harmoniegesetz und seine Anwendung (1956; Augsburg 1988); KOENIGSBERGER, DOROTHY, Renaissance Man and Creative Thinking. A History of Concepts of Harmony, 1400–1700 (Hassocks, Sussex 1979); KOLLERITSCH, OTTO (Hg.), Zur ›neuen Einfachheit‹ in der Musik (Wien/Graz 1981); LOHMANN, JOHANNES, Musiké und Logos. Aufsätze zur griechischen Philosophie und Musiktheorie (Stuttgart 1970); NAREDIRAINER, PAUL VON, Architektur und Harmonie. Zahl, Maß und Proportion in der abendländischen Baukunst (Köln 1982); NUGEL, BERNFRIED, The Just Design. Studien zu architektonischen Vorstellungsweisen in der neoklassischen Literaturtheorie am Beispiel Englands (Berlin/New York 1980); REXROTH, DIETER, Arnold Schoenberg als Theoretiker der tonalen Harmonik (Bonn 1971); SAAGE, RICHARD, Harmonievorstellungen im utopischen Denken der Moderne, in: T. Bezzola u. a. (Hg.), Equilibre: Gleichgewicht, Äquivalenz und Harmonie in der Kunst des 20. Jahrhunderts (Baden 1993), 241–251; ŠESTAKOV, VJAČESLAV P., Garmonija kak ėstetičeskaja kategorija. Učenije o garmonii v istorii ėstet. mysli (Moskau 1973); SUMMERSON, JOHN, The Classical Language of Architecture (London 1980); dt.: Die klassische Sprache der Architektur, übers. v. W. Koenigs (Braunschweig/Wiesbaden 1983); SZAMBIEN, WERNER, Symétrie, goût, caractère. Théorie et terminologie de l'architecture à l'âge classique. 1550–1800 (Paris 1986); WALLACE, ROBERT W. (Hg.), Harmonia mundi: musica e filosofia nell'antichità (Rom 1991); WEST, MARTIN L., Ancient Greek Music (Oxford 1992); ZIMMERMANN, JÖRG, Wandlungen des philosophischen Musikbegriffs: Über den Gegensatz von mathematisch-harmonikaler und semantisch-ästhetischer Betrachtungsweise, in: G. Schnitzler (Hg.), Musik und Zahl (Bonn-Bad Godesberg 1976), 81–137.

Häßlich

(griech. αἰσχρός; lat. deformis, turpis; engl. deformed, ugly; frz. difforme, laid; ital. deforme, brutto; span. disforme, feo; russ. безобразное, отвратительное)

Einleitung; I. Vorästhetische Ontologie des Häßlichen; 1. Wortgeschichte; 2. Antike und mittelalterliche Entwicklung; II. Wirkungsästhetische Funktionen des Häßlichen im 18. Jahrhundert; 1. Klassizismus und der Wandel der Nachahmungstheorie; 2. Das Häßliche in der Ästhetik (Baumgarten und Sulzer); 3. Die medientheoretische Relativierung des Häßlichen: Lessings ›Laokoon‹; 4. Das Häßliche und die Wirkungsästhetik des Erhabenen; 5. Warum Immanuel Kant nicht über das Häßliche geschrieben hat; III. Die romantische Aufwertung des Häßlichen; 1. Friedrich Schlegels ›Theorie des Häßlichen‹; 2. Victor Hugo: Das Groteske, Erhabene und Häßliche; 3. Heine und Baudelaire; IV. Die Negativität des Häßlichen in der philosophischen Ästhetik der Hegelschule; V. Das Häßliche in Nietzsches physiologischer Ästhetik; VI. Häßliche Moderne?; 1. Das Häßliche als Zeugnis der Wahrheit oder als ausdruckssteigernde Deformation; 2. Der Vorwurf des Häßlichen als Denunziation von Kunst; VII. Theodor W. Adorno: Sublimierung des Häßlichen zum Erhabenen

Einleitung

Die postmoderne Konjunktur des Erhabenen schien darauf hinzudeuten, daß das Schöne und Häßliche ihre Dignität im Diskurs ästhetischer Erfahrung und als Begriffe philosophischer Ästhetik verspielt hatten. Hat sich die gegenwärtige ästhetische Reflexion von diesen Kategorien also ganz und gar zurückgezogen? Der Griff zur Sonntagsnummer einer großen Tageszeitung genügt, um diese Frage eindeutig mit nein zu beantworten und

163 BERENDT (s. Anm. 1), 58, 147.

zu sehen, daß mit dem Begriff häßlich weiterhin ganz unbefangen umgegangen wird. Eine kritische Revue von ausländischen Stadtführern über die deutsche Hauptstadt Berlin zitiert einen englischen Berlin-Guide mit dem Urteil, daß, im Vergleich zu Paris, Amsterdam oder München, Berlin eine häßliche Stadt sei.[1] In derselben Ausgabe wird aus der kulturkritischen Sicht eines Politikers, der ehedem die *Ästhetischen Grundbegriffe* mit aus der Taufe gehoben hat, die Mitte des 19. Jh. aufkommende Ästhetik des Häßlichen in Verbindung gebracht mit der zeitgenössischen Massen- und »Trash-Kultur«, die betrachtet wird »als ein geradezu systematischer Versuch, jedwede Form von Idealen, von Regeln zu verletzen«[2].

So sind die Begriffe ›schön‹ und ›häßlich‹ weiterhin im Gebrauch, heute aber v. a. im Bereich ästhetischer Erfahrung innerhalb einer vollends hedonistisch ausgerichteten Massen-, Freizeit- und Alltagskultur, in der das Schöne und Häßliche unbeschadet aller in ästhetischer Theorie und Kunstpraxis vom 18. bis 20. Jh. vollzogenen Relativierungen wieder (oder immer noch) strikte und sich gegenseitig ausschließende Gegensätze bezeichnen, so in der Mode, im Körperkult oder im Styling der unmittelbaren Lebensumwelt. Auch sind in den spezifischen Gruppenkulturen sichtbar ausgestellte Häßlichkeit oder Schönheit bewußt ausgesandte Signale, um soziale oder moralische Distinktionen zu markieren und zu betonen.

Deshalb muß sich zeitgemäße ästhetische Theorie, unbeschadet aller postmodernen Debatten um

das Erhabene und unbeschadet auch der in der künstlerischen Moderne zu beobachtenden Sublimierung des Häßlichen zur erhabenen Form, davor hüten, das Gegensatzverhältnis häßlich – schön für überwunden oder obsolet zu erklären. Es trifft dies sicherlich für die Urteile über die Kunst der klassischen Moderne und Avantgarde zu, ganz und gar nicht aber für eine sich lebensweltlich und aisthetisch orientierende Ästhetik.

Für die lange, bis in die Antike zurückreichende Geschichte des Häßlichen wie für die Gegenwart gilt, daß der Begriff des Häßlichen durch den Gegensatz zum Schönen definiert wird: Häßlichkeit ist die Negation des Schönen. In dieser Negation werden wertende Beziehungen zwischen einem Subjekt und Gegenständen in Natur, Gesellschaft oder Kunst zum Ausdruck gebracht. Da diese Wertungsbeziehungen historisch und sozial höchst relativ sind, kann auch eine Definition nicht ohne die Markierung dieser Relationen auskommen. Diesen Umstand macht bereits die erste moderne Enzyklopädie in ihrem Artikel ›Laideur‹ zum Grundsatz der Begriffsbestimmung: »Laideur, c'est l'opposé de la beauté, il n'y a au moral rien de beau ou de laid, sans regles; au physique, sans rapports; dans les Arts, sans modele. Il n'y a donc nulle connoissance du beau ou du laid, sans connoissance de la regle, sans connoissance du modele, sans connoissance des rapports & de la fin.«[3]

Wenn das Häßliche nur durch den Gegensatz zum Schönen definierbar ist, müßte daraus eigentlich folgen, daß die Begriffsgeschichte von häßlich nur *zusammen* mit der von ›schön‹ zu erzählen ist. Schon Karl Rosenkranz, der 1853 eine spezielle *Ästhetik des Häßlichen* veröffentlichte, wurde kritisch vorgehalten, daß er dem Häßlichen eine eigene Ästhetik gewidmet hat.[4] Auch im heutigen alltäglichen Sprachgebrauch herrscht die selbstverständliche Verbindung von schön und häßlich, und avancierte Theorie, beispielsweise die Systemtheorie, sieht durch diesen Gegensatz das Gebiet des Ästhetischen definiert.[5]

Die begriffsgeschichtliche Perspektive aber belehrt eines Besseren. Sie zeigt, daß in historischer Perspektive für die Kernbegrifflichkeit des Ästhetischen und in den Relationen zwischen ästhetischen Grundbegriffen, v. a. zwischen schön, häßlich, erhaben, komisch, tragisch, sehr bewegte Ver-

---

1 Vgl. GERD W. SEIDEMANN, Von der Zukunft umzingelt. Faszinierend bis düster: das Berlin-Bild in ausländischen Reiseführern, in: Der Tagesspiegel (10. 6. 2001), R 1 f.
2 WOLFGANG THIERSE, ›Berlin ist genau der Ort für Trash-Kultur‹. Bundestagspräsident Thierse über die Hauptstadt als Idee, die Ästhetik des Hässlichen, die erniedrigte SPD und – seine Emotionen [Interview mit Gerd Appenzeller und Stephan-Andreas Casdorff], in: Der Tagesspiegel (10. 6. 2001), 4.
3 DENIS DIDEROT, ›Laideur‹, in: DIDEROT (ENCYCLOPÉDIE), Bd. 9 (1765), 176.
4 Vgl. KARL AUGUST VARNHAGEN VON ENSE an Karl Rosenkranz (1. 7. 1853), in: A. Warda (Hg.), Briefwechsel zwischen Karl Rosenkranz und Varnhagen von Ense (Königsberg 1926), 199.
5 Vgl. GERHARD PLUMPE, Ästhetische Kommunikation der Moderne, Bd. 1 (Opladen 1993), 22–24.

hältnisse herrschen, die sich nicht ohne Verlust von wichtigen Differenzierungen unter den Gegensatz von schön und häßlich subsumieren lassen.

Vor allem aus dem begrifflichen Verhältnis zwischen schön, erhaben und häßlich wird hier die zentrale These für die Begriffsgeschichte von ›häßlich‹ und ihre Gliederung abgeleitet: Der absolute, unrelativierte Gegensatz zwischen schön und häßlich und seine moralisch-ethische und ontologische Fixierung bezeichnen, nimmt man die Herausbildung der modernen Ästhetik im 18. Jh. als Bezugspunkt, einen noch vorästhetischen Zustand. Erst die Neu- bzw. Wiederentdeckung der Wirkungsästhetik des Erhabenen und dessen Wanderung von der Rhetorik zur Ästhetik leiten eine ästhetische Phase ein[6], in der das Häßliche (und das Schöne) ihre ontologische Selbstverständlichkeit verlieren, das Erhabene zum entscheidenden Kontrapost des Schönen wird und dem Häßlichen ›dienende‹ Funktion insofern zukommt, als es zum Effekt des Erhabenen durch seine Formen bzw. Mißformen beiträgt. In dem Maße aber, wie sich das Erhabene Ende des 18. Jh. und vollends im 19. Jh. als negative ästhetische Kategorie erschöpft und die Erfahrungen industriegesellschaftlicher Modernisierung (Industrialisierung, Proletarisierung, Pauperisierung) sowie die Erfahrungen moderner Kunst in den Vordergrund treten, wird ›häßlich‹ im 19. Jh. wieder zum grundlegenden Gegenpol des Schönen und eine Ästhetik des Häßlichen zugleich zum Indizierungs- und Wertungsinstrument für eine Phänomenologie des Nicht-Schönen. Daß im 20. Jh., vorbereitet durch Nietzsches physiologische Ästhetik und im Ungenügen an den traditionellen Entgegensetzungen des Schönen und Häßlichen, wiederum eine Ästhetik des Erhabenen favorisiert wird, ist nicht mehr Gegenstand, wohl aber ein Fluchtpunkt der Begriffsgeschichte des Häßlichen.

Häßlich ist das Gestaltlose, Ungestaltete oder Mißgestaltete, die verunglückte oder mißlungene Schönheit, aber auch bewußte Destruktion der Form. Kraft dieser Formlosigkeit erzeugt das Häßliche zum anderen den Ausdruck des Bösen, Schrecklichen, Ekelhaften, Schamlosen, Grausigen, Niedrigen und Gemeinen, Gestalt des Sinnwidrigen und Sinnlosen usw. Diese beiden Bezüge, die verallgemeinernd als gegenständlicher (formbezogener) einerseits und pathetischer (wirkungsbezogener, Affekte auslösender) Aspekt andererseits benannt werden können, sind für die Begriffsgeschichte von einiger Bedeutung, weil durch die pathetische Seite das Häßliche unmerklich und stufenlos auch dem Komischen, Tragischen, Erhabenen zugerechnet werden bzw. das Häßliche dazu dienen kann, die Wirkungen des Komischen, Tragischen und Erhabenen zu erzeugen. So wird in evolutionsbiologischer Perspektive auch von »kathartisch wirkender Häßlichkeit«[7] gesprochen. Während das griech. αἰσχρός (aischros) beide Bedeutungen noch in einem Wort faßte, bildete das Lateinische zwei Wörter aus: deformis und turpis. Wenngleich in beiden die gegenständliche und pathetische Bedeutung noch vorhanden sind, geht aber deformis tendenziell in die gegenständliche, turpis in die pathetische Richtung. Die modernen europäischen Sprachen separieren dann beide Bedeutungen in zwei Wörtern: engl. deformed und ugly; frz. difforme und laid, ital. deforme und brutto, span. disforme und feo, russ. безобразное und отвратительное. Während die formbezogene Seite in den wichtigsten europäischen Sprachen gemeinsam auf das lat. deformis zurückgeht (so auch das deutsche, heute allerdings ungebräuchliche ›ungestalt‹), bilden sie für die pathetische Seite je eigene Wörter aus, die nicht auf das lat. turpis zurückgehen.

I. Vorästhetische Ontologie des Häßlichen

1. Wortgeschichte

Im Verhältnis schön – häßlich hat das Häßliche zwei zu unterscheidende Bezüge. Häßlich bezeichnet zum einen die Negation schöner Form:

---

6 Vgl. CARSTEN ZELLE, Die doppelte Ästhetik der Moderne. Revisionen des Schönen von Boileau bis Nietzsche (Stuttgart/Weimar 1995).
7 KLAUS RICHTER, Die Herkunft des Schönen. Grundzüge der evolutionären Ästhetik (Mainz 1999), 265.

So leitet sich z. B. das deutsche ›häßlich‹[8] von ›Haß‹ ab. Vom 9. bis weit ins 14. Jh. bedeutet häßlich (adjektivisch wie adverbial) ›aktiv feindselig‹. Im *Tristan* von Gottfried von Straßburg heißt es: »si liezen ûz den porten gân / und anderhalben in die schar. / die tâten sî her unde dar / mit hezlîchem strîte.«[9] Diese Wortbedeutung stirbt zur Neuzeit hin langsam aus. Parallel dazu wird mhd. ›häßlich‹ in der Bedeutung ›passiv verhaßt‹, ›hassenswert‹ stärker verwandt. Diese Bedeutung, die zuerst im kriegerisch-ethischen, dann moralischen Wertungszusammenhang Anwendung findet, ist seit dem Ende des 12. Jh. belegt. Seit dem 16. Jh. bürgert sich ›häßlich‹ als Gegensatzwort zu ›schön‹ ein. Der erste Beleg für den Bezug auf Kunstwerke findet sich 1578 bei Johann Fischart: »eyn ungeschickt, hässlich gemäl«[10].

In der Entwicklung des Begriffs häßlich geht also die Tendenz zu einem Wort, mit dem der Umstand bezeichnet werden kann, daß ein mißgestalteter Gegenstand Affekte auslöst. In dem Maße, wie sich das Wort häßlich diese Bedeutung zulegt, wird auch das Wort ungestalt zurückgedrängt. Bereits Luther ersetzt das als Übersetzung des lateinischen ›deformis‹ anzusehende ›ungestalt‹ in späteren Ausgaben seiner Bibelübersetzung durch ›häßlich‹.[11]

Aber noch Ende des 18. Jh. ist der Zusammenhang zwischen ›ungestalt‹ und ›häßlich‹ ganz gegenwärtig; so gibt Adelungs Wörterbuch für ›häßlich‹ an: »Eigentlich, in einem hohen Grade ungestaltet, so daß dadurch Ekel, Schrecken und Abscheu erwecket wird«[12]. Das *Wörterbuch der deutschen Gegenwartssprache* bezeichnet dann im 20. Jh. ›ungestalt‹ im Sinne von »mißgestaltetem und un-

---

8 Vgl. ALFRED GOETZE, Häßlich, in: Zeitschrift für deutsche Wortforschung 7 (1905/1906), 202–220; PAUL MICHEL, Formosa deformitas. Bewältigungsformen des Häßlichen in mittelalterlicher Literatur (Bonn 1976), 19–22.
9 GOTTFRIED VON STRASSBURG, Tristan, hg. u. übers. v. R. Krohn, Bd. 2 (Stuttgart ³1985), 534.
10 Zit. nach GOETZE (s. Anm. 8), 218.
11 Vgl. GOETZE (s. Anm. 8), 215.
12 ›Häßlich‹, in: ADELUNG, Bd. 2 (1796), 998.
13 ›Ungestalt‹, in: R. KLAPPENBACH/W. STEINITZ (Hg.), Wörterbuch der deutschen Gegenwartssprache, Bd. 5 (Berlin ²1977), 3931.
14 Vgl. PLATON, Phil. 64e.

förmigem Äußeren«[13] als endgültig veraltet. Eine ähnliche Entwicklung, auf die noch zurückzukommen sein wird, vollzieht sich im Englischen im Wechsel von ›deformed‹ zu ›ugly‹.

Angesichts der Wortgeschichte läßt sich das Fazit ziehen, daß in den europäischen Sprachen die Wörter für ›häßlich‹, die sich auf den Bedeutungssektor ›formlos‹, ›ohne Gestalt‹, ›ungestalt‹ beziehen, in der modernen ästhetischen Kommunikation zurückgehen und den Wörtern Platz machen, die stärker die affektive, ästhetische Wirkung auslösende Seite betonen. Innerhalb ästhetischer Problematik ›veralten‹ die Bildungen für ›häßlich‹, die sich nur auf Form bzw. Formlosigkeit beziehen. Dieser Vorgang ist Ausdruck der ›Autonomisierung‹ des Ästhetischen und der allmählichen Trennung zwischen häßlich im Sinne von Gestaltlosigkeit/Formlosigkeit und der moralisch-ethischen Bewertung dieser Formlosigkeit.

2. Antike und mittelalterliche Entwicklung

In der griechischen Antike wird das Schöne essentialistisch als ewige Idee des Schönen bestimmt. Καλός und ἀγαθός, ästhetischer und moralischer Wert, sind untrennbar miteinander verbunden, so bei Plato im *Hippias maior*, im *Phaidros* oder im *Philebos*, wo auch die mathematischen und kosmologischen Bestimmungen des Schönen als Ausdruck von Ordnung, Maß, Proportion und Symmetrie aus der pythagoreischen Schule übernommen werden.[14] Das Häßliche wie das Schöne sind fest in die Ontologie eingebunden und eng mit dem ethischen Wertesystem verbunden: Die Tugend verhält sich zur Schlechtigkeit, die Form zum Stoff, das Sein zum Nichts wie das Schöne zum Häßlichen. So kennt die griechische Antike auch nur ein Wort für häßlich: αἰσχρός (aischros), das, ganz analog zum Begriff des Schönen, sowohl ästhetische wie ethische Konnotationen hat und den späteren Sinn von häßlich als ungestalt, formlos, ohne Gestalt usw. mit dem ethisch Bösen und Verwerflichen fest verbindet. Damit wendet sich Platon kritisch gegen die Relativierung des Schönen (und Häßlichen) bei den Sophisten, wo es in den *Dialexeis* eines unbekannten Sophisten heißt: »Um es mit einem Wort zu sagen: alles ist zur rechten Zeit schön, alles aber zur unrechten Zeit häßlich.« (ὡς δὲ τὸ σύνολον εἶπαι, πάντα καιρῶι μὲν καλά ἐντι, [ἐν] ἀκαιρίαι δ' αἰσχρά.¹⁵) Auch in der *Politeia* (10. Buch) wird von Platon der Zusammenhang zwischen ontologisch begründetem Ideal sittlicher Reinheit und dem Ideal reiner Schönheit hergestellt, hier aber zugleich verbunden mit der Kritik der Dichtung und der Rolle des Häßlichen als ›negativer Wirklichkeit‹ in Theogonie (Hesiod), Tragödie, Komödie und Epos.¹⁶ Tragödie und Komödie werden abgelehnt, weil sie häßliche Gegenstände und Verhaltensweisen nachahmen und dadurch die pathetischen Wirkungen des Mitleidens/der Furcht bzw. des Lachens erzeugen. Selbst das homerische Gelächter der Götter über den häßlichen Hephaistos verfällt dem Bann¹⁷, wenngleich Hephaistos wie auch Thersites, die beiden einzigen körperlich häßlichen Figuren der *Ilias*, gerade darum häßlich sind, weil sie moralisch und ethisch verwerflich sind.¹⁸ Unter anderem wegen dieser Nachahmung des Häßlichen haben Komödie und Tragödie keinen Platz in Platos idealem Staat. Dichtung darf nur das Gute und Schöne darstellen: »ὕμνους θεοῖς καὶ ἐγκώμια τοῖς ἀγαθοῖς«¹⁹ (Gesänge an die Götter und Loblieder auf die Tugendhaften). Gleichwohl will auch Platon nicht auf die sittlichen Wirkungen der Institution Theater verzichten. Die »Nachbildungen häßlicher Gestalten« (τῶν αἰσχρῶν σωμάτων […] μιμήματα) dürfen aber von den freien Polis-Mitgliedern nicht übernommen werden: »Mit mimischen Darstellungen dieser Art nun müssen wir Sklaven und bezahlte Fremde betrauen, jedes ernste eigene Bemühen aber um solche Künste soll durchaus verpönt sein.« (δούλοις δὲ τὰ τοιαῦτα καὶ ξένοις ἐμμίσθοις προστάττειν μιμεῖσθαι, σπουδὴν δὲ περὶ αὐτὰ εἶναι μηδέποτε μηδ' ἡντινοῦν, μηδέ τινα μανθάνοντα αὐτὰ γίγνεσθαι φανερὸν τῶν ἐλευθέρων, μήτε γυναῖκα μήτε ἄνδρα, καινὸν δὲ ἀεί τι περὶ αὐτὰ φαίνεσθαι τῶν μιμημάτων)²⁰.

Auch für Aristoteles ist der Grundsatz der festen Verbindung des Schönen und Guten (καλοκἀγαθία, kalokagathia) verbindlich: »καλὸν μὲν οὖν ἐστιν ὃ ἂν δι' αὐτὸ αἱρετὸν ὂν ἐπαινετὸν ᾖ, ἢ ὃ ἂν ἀγαθὸν ὂν ἡδὺ ᾖ, ὅτι ἀγαθόν.« (Schön ist also das, was um seiner selbst willen als wählenswert Lob verdient oder was gut ist und, weil es gut ist, angenehm ist)²¹. Das Häßliche hat dem Schönen gegenüber eine privative Bedeutung: Es ist Abfall vom Schönen oder Abwesenheit des Schönen. Hinsichtlich der Funktion des Häßlichen für Komödie und Tragödie aber nimmt er eine Platon gegenüber modifizierte Position ein. So ist es der Tragödie und Komödie erlaubt, das Häßliche darzustellen: »ἃ γὰρ αὐτὰ λυπηρῶς ὁρῶμεν, τούτων τὰς εἰκόνας τὰς μάλιστα ἠκριβωμένας χαίρομεν θεωροῦντες, οἷον θηρίων τε μορφὰς τῶν ἀτιμοτάτων καὶ νεκρῶν.« (Denn von Dingen, die wir in der Wirklichkeit nur ungern erblicken, sehen wir mit Freude möglichst getreue Abbildungen, z. B. Darstellungen von äußerst unansehnlichen Tieren und von Leichen.)²² Für die künstlerische Darstellung des Häßlichen ist hier der Ursprung des Topos ›durch Kunst idealisierte Natur‹, der bis in den modernen Klassizismus Bedeutung behält. In der Tragödie dient das Häßliche zur Erzeugung von Pathos: »Πάθος δέ ἐστι πρᾶξις φθαρτικὴ ἢ ὀδυνηρά, οἷον οἵ τε ἐν τῷ φανερῷ θάνατοι καὶ αἱ περιωδυνίαι καὶ τρώσεις καὶ ὅσα τοιαῦτα«. (Das schwere Leid ist ein verderbliches oder schmerzliches Geschehen, wie z. B. Todesfälle auf offener Bühne, heftige Schmerzen, Verwundungen und dergleichen mehr.)²³ Besonders aber eignet sich die Darstellung des Häßlichen für die niederen Gattungen der Kunst. So reserviert Aristoteles das Häßliche vor allem für die Komödie. »Ἡ δὲ κωμῳδία ἐστίν […] μίμησις φαυλοτέρων μέν, οὐ μέντοι κατὰ πᾶσαν κακίαν, ἀλλὰ τοῦ αἰσχροῦ ἐστὶ τὸ γελοῖον μόριον. Τὸ γὰρ γελοῖόν ἐστιν ἁμάρτημά τι καὶ αἶσχος

15 [ANONYMUS], Dialexeis 2, 20, in: H. Diels (Hg.), Die Fragmente der Vorsokratiker (Berlin 1903), 583.
16 Vgl. GERHARD MÜLLER, Bemerkungen zur Rolle des Häßlichen in Poesie und Poetik des klassischen Griechentums, in: H. R. Jauß (Hg.), Die nicht mehr schönen Künste. Grenzphänomene des Ästhetischen (München 1968), 13–21.
17 Vgl. PLATON, Rep. 388e.
18 Vgl. HOMER, Il. 1, 607 u. 2, 212.
19 Vgl. PLATON, Rep. 607a.
20 PLATON, Leg. 7, 816 d-e; dt.: Die Gesetze, in: Platon, Sämtliche Dialoge, hg. u. übers. v. O. Apelt, Bd. 7 (Hamburg 1988), 305.
21 ARISTOTELES, Rhet. 1366a; dt.: Rhetorik, hg. u. übers. v. F. G. Sieveke (München 1980), 47.
22 ARISTOTELES, Poet. 1448b; dt.: Poetik, griech.-dt., hg. u. übers. v. M. Fuhrmann (Stuttgart 1982), 11.
23 ARISTOTELES, Poet. 1452b, dt. 37.

ἀνώδυνον καὶ οὐ φθαρτικόν, οἷον εὐθὺς τὸ γελοῖον πρόσωπον αἰσχρόν τι καὶ διεστραμμένον ἄνευ ὀδύνης.« (Die Komödie ist [...] Nachahmung von schlechteren Menschen, aber nicht im Hinblick auf jede Art von Schlechtigkeit, sondern nur insoweit, als das Lächerliche am Häßlichen teilhat. Das Lächerliche ist nämlich ein mit Häßlichkeit verbundener Fehler, der indes keinen Schmerz und kein Verderben verursacht, wie ja auch die lächerliche Maske häßlich und verzerrt ist, jedoch ohne den Ausdruck von Schmerz.)[24]

So zeigt sich in der Einschätzung der wirkungsästhetischen, pathetischen Seite des Häßlichen (Effekte des Pathos, der Katharsis und des Lachens) ein tiefgreifender Unterschied zwischen der platonischen (auf die Schönheitsmetaphysik konzentrierten) und aristotelischen (auf Rhetorik, Poetik und Musiktheorie konzentrierten) Position, der unterschiedliche, bis in die Neuzeit wirkende Ästhetik-Traditionen gestiftet hat.[25]

Der spätantike Plotin (3. Jh. n. Chr.), das Haupt der alexandrinisch-römischen Schule des Neuplatonismus, bestimmte in seiner Wahrnehmungs- und Erkenntnistheorie das Häßliche dann bereits ähnlich wie die christliche Ethik: Die absolute Idee, die Weltseele (νοῦς, nous) ist Quelle aller Form, alles Guten und aller Schönheit; die Materie hingegen geist- und formlos, Ort des Bösen und der Häßlichkeit. Dinge, die Teile der absoluten Idee/Weltseele sind, stellen sich immer schön dar. Den mit der Materie behafteten Dingen hingegen kommen, nach Maßgabe des jeweiligen ontologischen Rangs, verschiedene Grade von Schönheit und Häßlichkeit zu: Sie haben an der Substanz der Schönheit mehr oder weniger teil. Häßlichkeit gibt es vor allem im Bereich der Natur und der menschlichen Seele. Die Natur ist grundsätzlich häßlich, weil sie in ihrer materiellen Beschaffen-

heit formlos ist. Schönheit der Natur bedeutet Geformtsein, Vergeistigung. Dies ist bei der Natur aber nur in begrenztem Umfang möglich: »Πᾶν μὲν γὰρ τὸ ἄμορφον πεφυκὸς μορφὴν καὶ εἶδος δέχεσθαι ἄμοιρον ὂν λόγου καὶ εἴδους αἰσχρὸν καὶ ἔξω θείου λόγου καὶ τὸ πάντη μορφῆς καὶ λόγου οὐκ ἀνασχομένης τῆς ὕλης τὸ πάντη κατὰ τὸ εἶδος μορφοῦσθαι.« (Denn alles Formlose ist bestimmt, Form und Gestalt anzunehmen; solange es daher keinen Teil hat an Form und Gestalt, ist es häßlich und ausgeschlossen von der göttlichen Vernunft; das ist das schlechthin Häßliche; häßlich ist aber auch das, was von der Form und dem Begriff nicht voll bewältigt wird, weil die Materie eine gänzlich der Idee entsprechende Formung nicht zuließ.)[26]

Die Häßlichkeit der Seele zeigt sich in dem Maße, wie sie ins Materielle, Geistlose, Böse verstrickt ist: »Αἰσχρὰν δὴ ψυχὴν λέγοντες [...] νεύσει τῇ πρὸς τὸ σῶμα καὶ ὕλην ὀρθῶς ἂν λέγοιμεν. Καὶ ἔστι τοῦτο αἶσχος ψυχῇ μὴ καθαρᾷ μηδὲ εἰλικρινεῖ εἶναι ὥσπερ χρυσῷ, ἀναπεπλῆσθαι δὲ τοῦ γεώδους, ὃ εἴ τις ἀφέλοι, καταλέλειπται χρυσὸς καὶ ἔστι καλός [...]. Γίνεται οὖν ἡ ψυχὴ καθαρθεῖσα εἶδος καὶ λόγος καὶ πάντη ἀσώματος καὶ νοερὰ καὶ ὅλη τοῦ θείου, ὅθεν ἡ πηγὴ τοῦ καλοῦ« (So dürfen wir wohl mit Recht die Häßlichkeit der Seele als [...] eine Hinwendung zum Leib und Stoff bezeichnen und es bedeutet also häßlich sein für die Seele nicht rein und ungetrübt sein, sondern wie Gold mit Schlacke verunreinigt; entfernt man nur die Schlacke, so bleibt das Gold zurück und ist schön [...]. Durch solche Reinigung wird die Seele Gestalt und Form, völlig frei vom Leibe, geisthaft und ganz dem Göttlichen angehörig, aus welchem der Quell des Schönen entspringt.« (1, 6, 5 f.; dt. 8 f.)

In einem wichtigen Punkt differiert Plotins Schönheitsbegriff vom pythagoreisch-platonischen, der ja für die gesamte Zeit des Hellenismus Gemeingut der antiken Schönheitsbegriffe gewesen sei. Plotin wendet sich gegen die Bestimmung des Schönen durch Symmetrie und Proportion. Wenn Schönheit Symmetrie wäre, so sein Argument, könnte nichts Einfaches (Farbe, Licht, Gold) schön sein. Man müßte aber auch annehmen, daß Schönes aus häßlichen Teilen zusammengesetzt ist, denn nach dem ontologischen Verständnis

---

24 ARISTOTELES, Poet. 1449a, dt. 17.
25 Vgl. HERMANN SCHMITZ, Herkunft und Schicksal der Ästhetik, in: H. Lützeler (Hg.), Kulturwissenschaften. Festgabe für Wilhelm Perpeet zum 65. Geburtstag (Bonn 1980), 388–413; NORBERT WIENER, Aesthetics, in: Encyclopedia Americana, Bd. 1 (New York/Chicago 1918), 198–203.
26 PLOTIN, Enneades 1, 6, 2; dt.: Plotins Schriften, hg. u. übers. v. R. Harder, Bd. 1 (Leipzig 1930), 3.

I. Vorästhetische Ontologie des Häßlichen

Plotins sind Teile immer häßlich, weil sich Schönheit erst als qualitativer Sprung ereignet, bei der Erlangung der Teilhabe an der Vernunftidee.[27] Diese Umdeutung des antiken Schönheitsbegriffs wird für die christliche ›Ästhetik‹ des Mittelalters folgenreich. Zwar leugnet Plotin nicht den Zusammenhang von Schönheit und Harmonie, aber Symmetrie soll nicht Ursache (wie in der pythagoreischen Vorstellung), sondern Folge von Schönheit sein. Schönheit verweist nicht auf die sinnliche, sondern auf die intelligible Welt.

Über die Vermittlung von Pseudo-Dionysios Areopagita wird Plotin ein fester Bezugspunkt für alle mittelalterliche Schönheitsmetaphysik. Seine Wirkung läßt sich bereits bei Augustinus deutlich ablesen. In dessen Theodizee wird das Häßliche in einem zweifachen Argumentationszusammenhang begründet.

Zum einen ist es Privation, Mangel an Gutem: Weil die Wesen nicht wie ihr Schöpfer unendlich und unwandelbar gut sind, kann das Gute an ihnen auch abnehmen und zunehmen. Dieses Argument ist neuplatonischer Natur und gegen die manichäisch strenge Scheidung von gut und böse, schön und häßlich gerichtet. Zum anderen wird das Häßliche im Rahmen des in der Tradition der stoischen Philosophie stehenden ordo-Gedankens begründet. Jedes Ding ist in die kosmische Ordnung wohl eingefügt und – auch wenn es dem Menschen als Übel und Häßlichkeit vorkommt – wegen der Ökonomie des Ganzen an der Harmonie des Alls beteiligt. Diese ordo-Begründung des Häßlichen drückt sich in den berühmten Sätzen des Augustinus so aus: »Ego vero fateor me nescire mures et ranae quare creatae sint, aut muscae aut vermiculi: video tamen omnia in suo genere pulchra esse, quamvis propter peccata nostra multa nobis videantur adversa.« (Ich muß aber gestehen, daß ich nicht weiß, weshalb Mäuse und Frösche, Fliegen und Würmer erschaffen wurden. Ich sehe jedoch, daß alle in ihrer eigenen Art schön sind, wenngleich viele uns wegen unserer Sünden widrig erscheinen.)[28] Die Schönheit des Universums besteht in der Unterordnung der wertloseren Teile unter die wertvolleren. Das Häßliche (deformis) räumt dem Besseren auch den besseren Platz ein. »Nonne in corporibus animantium quaedam membra, si sola attendas, non possis attendere? Tamen ea naturae ordo, nec quia necessaria sunt, deesse voluit, nec quia indecora, eminere permisit. Quae tamen deformia suos locos tenendo, meliorem locum concessere melioribus.« (Gibt es nicht einige Körperteile, deren Anblick man nicht ertragen kann, wenn man sie für sich alleine betrachtet? Trotzdem will die Ordnung der Natur sie nicht missen, weil sie eine lebenswichtige Funktion erfüllen, sie läßt aber nicht zu, daß sie deutlich sichtbar sind, weil sie häßlich sind. Dennoch ist ihnen ein Platz zugewiesen, jeweils entsprechend ihrer Häßlichkeit, und sie müssen den besseren den schöneren überlassen.)[29] Erst die Verkehrung dieser Ordnung ist wahrhaft häßlich (turpis).[30] Selbst das Verwesen einer Leiche dagegen geschieht in den Gesetzen des ordo und ist deshalb in allen seinen Stadien und seinen Begleitumständen schön.[31] In diesem Rahmen konnte auch die Darstellung von Monstrositäten in der mittelalterlichen Baukunst (Affen, Löwen, Zentauren und Halbmenschen auf den Simsen und Wasserspeiern der romanischen Kirchenbauten als Träger subtiler symbolischer Bedeutungen) dem Schutz des heiligen Gebäudes vor den Mächten des Teufels dienend) begründet werden. Die zisterziensische Klosterreform des 12. Jh. strebte allerdings an, mit diesen Ungeheuern gründlich aufzuräumen. Bernhard von Clairvaux polemisierte aus Gründen der Spiritualisierung des Kirchen- und Klosterlebens gegen den bildnerischen Schmuck des cluniazensischen Kirchen, »jener lächerlichen Mißgeburten, eine auf wunderliche Art entstellte Schönheit und schöne Scheußlichkeit« (illa ridicula monstruositas, mira quedam deformitas formositas ac formosa deformitas). Es zeige »sich überall eine so große und so seltsame Vielfalt verschiedener Gestalten, daß einen mehr die Lust ankommt, in den Marmorbil-

---

27 Vgl. ebd., 1, 6, 4–8.
28 AUGUSTINUS, De Genesi contra Manichaeos 1, 16, 26, in: MIGNE (PL), Bd. 34 (1887), 185; übers. v. R. Assunto, Theorie des Schönen im Mittelalter (Köln 1982), 162.
29 AUGUSTINUS, De Ordine 2, 4, 12, in: MIGNE (PL), Bd. 32 (1841), 1000; dt.: Über die Ordnung, übers. v. E. Mühlenberg, in: Augustinus, Philosophische Frühdialoge, hg. v. C. Andresen (Zürich/München 1972), 291.
30 Vgl. AUGUSTINUS, Conf. 3, 8, 15.
31 Vgl. AUGUSTINUS, Civ. 19, 12.

dern statt in den Codices zu lesen, daß man eher den ganzen Tag damit verbringen möchte, [...] statt über das Gesetz Gottes zu meditieren.« (tamque mira diversarum formarum apparet ubique varietas, ut magis legere libeat in marmoribus, quam in codicibus, totumque diem occupare [...], quam in lege Dei meditando.)[32] In der mittelalterlichen »esthétique du laid«[33] wird das Häßliche gelegentlich auch funktional bewertet, weil es, unter moralischen Gesichtspunkten, vor der vergänglichen Anmut rettet und die Sehnsucht nach dem Ideal erweckt, von dem das Häßliche abgefallen ist. So stellt Hugo von St. Victor (12. Jh.) in seinem Kommentar zu Pseudo-Dionysios' Schrift *Hierarchia coelestis* die Schönheitsfrage im Kontext der Frage nach der Identität und Differenz alles Seienden. Im einzelnen Schönen kommt die absolute Schönheit (summa pulchritudo) zur Darstellung, verknüpft mit neuplatonischer Lichtmetaphorik. Dem Häßlichen, das die Andersheit der absoluten Schönheit sinnfällig macht, wird Erkenntniswert zugesprochen, weil das Häßliche der sinnfällige Gegensatz zum sinnenfällig Schönen ist. Die vier Kriterien des Schönen — 1. Geordnetheit eines Seienden in seinem Verhältnis zu allem anderen (situs); 2. Wirksamkeit des Seienden (motus); 3. die Sichtbarkeit, durch die Seiendes in Gestalt und Farbe unterscheidbar und als Unterschiedenes gesetzt wird (species); 4. die sinnenfällige Struktur des Seienden, durch die es Gegenstand einer mit den Sinnen gewonnenen

Erkenntnis werden kann (qualitas) — werden im Häßlichen nicht erfüllt und machen über den Mangel das Ideal ahnbar.[34] Ulrich von Straßburg bestimmt: »Das was häßlich ist, hat entweder etwas von Schönheit an sich, wie dies selbst bei Mißgestalten und beim Strafübel der Fall ist, oder es dient doch zur Hervorhebung der Schönheit des ihm entgegengesetzten Dinges, wie wir dies bei sittlichen Defekten, natürlichen Fehlern oder bei der Sünde auf sittlichem Gebiet bemerken.« (Cum etiam ea quae deformia sint, vel habeant aliquid pulchritudinis in se ut monstrua et male poenae vel saltem amplius extollant pulchritudinem oppositorum ut defectus naturales vel peccatum in moribus.[35])

Diese Rechtfertigung des Häßlichen und seine ethisch-moralische Verankerung im Gegensatz von Gut und Böse sind auch für die christliche Stilmischung des sermo humilis bestimmend, des, mit dem Maßstab der antiken Rhetorik verglichen, niedrigen Stils, der in der Bibel vorherrschend wird. Besonders in der Erzählung von Christi Sterben wird das Häßliche und Niedrige ein breit ausgefächertes Thema, aber in der Mischung eben von ›humilis‹ und ›sublimis‹: niedrig und erhaben, Mensch und Gott.[36] Die hierin liegende unantike Rechtfertigung des Häßlichen, die bei Plotin beginnt, ist ein spezifischer Zug der christlichen Poetik und Kunst des Mittelalters. Sie setzte tendenziell auch die Darstellung des Individuellen und des realistischen Details frei. Nicht zufällig greift deshalb im 19. Jh. die französische Romantik mit ihrer Darstellung des Häßlichen und Grotesken und in ihrer Wendung gegen den Klassizismus auf die christliche Poetik des Mittelalters zurück.[37]

II. Wirkungsästhetische Funktionen des Häßlichen im 18. Jahrhundert

1. *Klassizismus und der Wandel der Nachahmungstheorie*

In dem Maße, wie im 17. und 18. Jh. ästhetische Theodizee abgebaut wird und die Sphären des Ethischen und Ästhetischen sich differenzieren, tritt der Begriff des Häßlichen zurück und macht dem ›Erhabenen‹ Platz, das nun im 18. Jh. seine

---

32 BERNHARD VON CLAIRVAUX, Apologia ad Guillelmum Abbatem, in: B. v. Clairvaux, Sämtliche Werke lat.-dt., hg. v. G. B. Winkler, Bd. 2 (Innsbruck 1992), 196 f.
33 EDGAR DE BRUYNE, Études d'esthétique médiévale, Bd. 2 (Brügge 1946), 215; vgl. ROY A. WISBEY, Die Darstellung des Häßlichen im Hoch- und Spätmittelalter, in: W. Herms/L. P. Johnson (Hg.), Deutsche Literatur des späten Mittelalters (Hamburg 1975), 9–34.
34 Vgl. HUGO VON ST. VICTOR, Commentaria in Hierarchiam coelestem S. Dionysii Areopagitae, in: MIGNE (PL), Bd. 175 (1854), 954.
35 ULRICH VON STRASSBURG, De summo bono 2, 1–4.
36 Vgl. ERICH AUERBACH, Sermo humilis, in: Auerbach, Literatursprache und Publikum in der lateinischen Spätantike und im Mittelalter (Bern 1958), 36–53.
37 Vgl. HANS ROBERT JAUSS, Die klassische und christliche Rechtfertigung des Häßlichen in der mittelalterlichen Literatur, in: Jauß (s. Anm. 16), 143–168.

II. Wirkungsästhetische Funktionen des Häßlichen im 18. Jahrhundert

Karriere beginnt. Dieser Vorgang überlagert sich mit dem Wandel der Nachahmungstheorie von einer regelpoetischen Urbild-Abbild-Relation bei den Vertretern des Klassizismus zu einer wirkungspoetischen Urbild-Abbild-Referenz bei den Kritikern des Klassizismus. In diesem Übergang von einer höfischen zur bürgerlichen Kultur polarisieren sich das Häßliche und seine Funktionen im Rahmen einer ›doppelten Ästhetik‹[38]: Innerhalb der Kunsttheorie des Klassizismus bedeutet Nachahmung ein idealisierendes mimetisches Verfahren, bei dem die schöne Natur nachgeahmt wird, aber eben auch die häßlichen Dinge durch die veredelnde Kraft der Imagination und nach den Regeln der Wohlanständigkeit (bienséance) schön dargestellt werden. So heißt es in Nicolas Boileaus *Art poétique* (1674): »Il n'est point de Serpent, ni de Monstre odieux, / qui par l'art imité ne puisse plaire aux yeux. / D'un pinceau delicat l'artifice agreable / Du plus affreux objet fait un objet aimable«[39]. In dieser klassizistischen, werkpoetisch verfahrenden Argumentation liegt die Betonung auf dem Formaspekt des Häßlichen. Unter dem Einfluß der Affekte-Theorien, der neuen Imaginationskonzepte und des Sentimentalismus vollzieht sich im 18. Jh. eine Emotionalisierung der Nachahmungstheorie. Der Bereich der nachahmungswürdigen Wirklichkeit erweitert sich, nicht in erster Linie aber unter dem Begriff des Häßlichen, sondern v. a. unter dem des Erhabenen, zu dessen Erzeugung, wirkungsästhetisch gesehen, häßliche Sujets beitragen. Parallel dazu verläuft der Abbau von Theodizee, die Vertiefung des geschichtlichen Weltbildes, die Dissoziierung von Ethik und Ästhetik. Bevorzugt werden ästhetische Kategorien wie das Erhabene, das Komische und das Tragische, die jenseits der ontologischen Setzung von häßlich – schön liegen. In dieser wirkungsästhetisch verfahrenden Argumentation, in der Häßlichkeit (Formlosigkeit) in bezug auf das Erhabene, aber auch für das Komische und Tragische funktionalisiert wird, eröffnet sich das weite Feld pathetischer Ästhetik, die zur schönheitsmetaphysischen Ästhetik in Spannung steht.

Die Verhältnisse sind allerdings nicht so einfach, daß sich klassizistische und pathetische Ästhetik unvermittelt gegenüberstehen bzw. daß sich beide Argumentationen ausschließen. Gerade in der äs-

thetischen Theorie Frankreichs, von Boileau, Dominique Bouhours, Jean-Pierre Crousaz über Dubos und Batteux bis zu Diderot kreuzen sich die klassizistischen mit den wirkungsästhetischen Argumentationen zum Häßlichen, die über die Rezeption des englischen Sensualismus vermittelt werden. So betont Boileau neben der klassizistischen Doktrin der idealisierenden Nachahmung der schönen Natur, daß der dramatische Dichter durch ›sanften Schrecken‹ das Publikum rühren und bewegen muß:»Si d'un beau mouvement l'agreable fureur / Souvent ne nous remplit d'une douce *Terreur*, / Ou n'excite en nostre ame une *Pitié* charmante, / Envain vous étalez une scene sçavante.«[40] Und auch der Umstand, daß gleichzeitig mit Boileaus *Art poétique* seine Übersetzung der Longinischen Schrift *Peri hypsous* unter dem Titel *Traité du sublime* 1674 herauskommt, konterkariert offensichtlich die klassizistische Poetik des Schönen durch die Wirkungsästhetik des Erhabenen.[41]

Ähnlich bei Diderot: Die oben zitierte Bestimmung des Häßlichen als eine Sache des ›rapports‹ argumentiert ganz und gar traditionell. Und auch die Bemerkungen über Jean Baptiste Siméon Chardins Bild *Raie dépouillée* (Enthäuteter Rochen, 1728) im *Salon de 1763* scheint auf den ersten Blick der klassizistischen Doktrin der Verschönerung der Natur zu folgen. Auf den zweiten Blick finden wir darin auch die wirkungsästhetische Faszination des Häßlichen:»L'objet est dégoûtant, mais c'est la chair même du poisson, c'est sa peau, c'est son sang; l'aspect même de la chose n'affecterait pas autrement. Monsieur Pierre, regardez bien ce morceau, quand vous irez à l'Académie, et apprenez, si vous pouvez, le secret de sauver par le talent le dégoût de certaines natures.«[42]

Auch in der knappen Argumentation des kurzen Artikels ›Laideur‹ vollzieht sich eine überraschende Wendung, die die Relativität des Häßlichen unter dem Gesichtspunkt seiner Wirkung und wechselnden Funktionalität in ein helles Licht stellt:»Une

---

38 Vgl. ZELLE (s. Anm. 6), 3–24.
39 NICOLAS BOILEAU-DESPRÉAUX, L'art poétique (1674), in: BOILEAU, 169.
40 Ebd.
41 Vgl. ZELLE (s. Anm. 6), 29.
42 DIDEROT, Salon de 1763, in: DIDEROT (ASSÉZAT), Bd. 10 (1876), 195.

chose est belle ou laide sous deux aspects differens. La conspiration de Venise dans son commencement, ses progrès & ses moyens nous font écrier: quel homme que le comte de Bedmard! qu'il est grand! La même conspiration sous des points de vûe moraux & relatifs à l'humanité & à la justice, nous fait dire qu'elle est atroce, & que le comte de Bedmard est hideux!«[43] So bedeutet die Faszination, die von dem Grafen von Bedmard ausgeht, jenseits aller moralischen Verurteilung eine ›volupté du laideur‹, die im Kontext der ›physiologischen Ästhetik‹ Diderots und der zeitgenössischen französischen Diskussionen über die durch das Häßliche und Monströse ausgelösten ›sensations composées‹ zu sehen ist.[44]

2. Das Häßliche in der Ästhetik (Baumgarten und Sulzer)

Die Mischung zwischen schönheitsmetaphysischer und wirkungästhetischer Betrachtung des Häßlichen läßt sich auch an Alexander Gottlieb Baumgartens lateinisch verfaßter *Aesthetica* (1750/1758), der Gründungsurkunde der modernen Ästhetik als Disziplin, aufschlußreich verfolgen. Weniger eine Theorie der schönen Künste als eine Philosophie der sinnlichen Erkenntnis, die ihre wesentlichen Antriebe aus Leibniz' Unterscheidung der klaren, logischen und der dunkel sinnlichen Erkenntnis bezog, ist die *Aesthetica* das erste wissenschaftliche Werk, das unter dem Titel ›Ästhetik‹ Schönheit und Häßlichkeit definiert. Der entsprechende § 14 bei Baumgarten lautet:»Das Ziel der Ästhetik ist die Vollkommenheit (Vervollkommnung) der sinnlichen Erkenntnis als solcher. Damit aber ist die Schönheit gemeint. Entsprechend ist die Unvollkommenheit der sinnlichen Erkenntnis als solcher, gemeint ist die Häßlichkeit, zu meiden.« (Aesthetices finis est perfectio cognitionis sensitivae, qua talis […]. Haec autem est pulcritudo […] et cavenda eiusdem, qua talis, imperfectio, haec autem est deformitas.)[45] Wenngleich ihn die Bestimmungen des Häßlichen weit weniger als die Schönheit interessieren, werden sie doch summierend in § 23 als Unvollkommenheiten der sinnlichen Erkenntnis namhaft gemacht:»Die Beschränktheit, der billige Effekt, die Falschheit, die schwer durchschaubare Dunkelheit, das unentschiedene Schwanken, die Trägheit, das sind die Unvollkommenheiten jeder Erkenntnisart. Soweit sie zur Erscheinung kommen, entstellen sie die sinnliche Erkenntnis ganz allgemein, vor allem als Mißgriffe im Bereich der Sachen und Gedanken.« (Angustiae, vilitas, falsitas […], obscuritatis imperspicua, dubia fluctuatio […], inertia […] sunt omnis cognitionis imperfectiones […], phaenomena sensitivam deformant […] generatim, […] praecipua rerum et cognitationum vitia.)[46] Auch der alte aristotelische Topos fehlt nicht, daß»häßliche Dinge […] schön gedacht werden« können (possunt turpia pulchre cogitari)[47].

Ähnlich geht Johann Georg Sulzer in seinem Artikel ›Häßlich‹ für die *Allgemeine Theorie der schönen Künste* (1771/1774) vor. Er definiert ›häßlich‹ als das»Gegentheil des Schönen; folglich die Unvollkommenheit, in so fern sie sinnlich erkennt wird. Wie das Schöne Wohlgefallen und Lust es zu genießen erwekt, so würkt das Häßliche Mißfallen und Ekel. Demnach hat es eine sinnlich zurücktreibende Kraft: derowegen gehört seine nähere Bestimmung, und die Vorschrift für den Gebrauch oder Mißbrauch desselben, zur Theorie der schönen Künste.«[48] Sulzers Artikel ist ein prägnantes Beispiel dafür, wie sich der klassizistische, werkpoetische Aspekt des Häßlichen mit seiner pathetischen, wirkungsästhetischen Seite in einer für das 18. Jh. charakteristischen Weise vermittelt. Sulzer geht davon aus, daß der Ausdruck ›häßlich‹ »ursprünglich von den Formen gebraucht, hernach auf unkörperliche Dinge ausgedehnt worden«. Das »Häßliche der Formen« ist demnach »die Verwirrung, die Mißstimmung, das Unebenmaaß der Theile eines Ganzen« (457f.) usw. Im zweiten Schritt fragt Sulzer nach der Funktion der häßlichen Formlosigkeit, nach »der Bestimmung seines Gebrauchs« (458), und grenzt sich dabei von alten Sinn des Häßlichen als Privation des Schönen aus wirkungsästhetischen Gründen deutlich ab: Das

---

43 DIDEROT (s. Anm. 3), 176.
44 Vgl. INGE BAXMANN, Energie des Häßlichen oder monströse Verbindungskunst, in: Weimarer Beiträge 43 (1997), 59–68.
45 BAUMGARTEN, 6; dt.: BAUMGARTEN (DT), 11.
46 Ebd., 9; dt. 15.
47 Ebd., 8; dt. 13.
48 ›Häßlich‹, in: SULZER, Bd. 2 (1792), 457.

Häßliche »ist nicht blos der Mangel der Schönheit; denn dieser hat keine sinnliche Kraft, er läßt uns gleichgültig; sondern etwas würkliches« (458). In dieser Perspektive ist sich Sulzer über den Mangel der klassizistischen ›Nachahmung‹ der schönen Natur‹ im klaren und beruft sich auf die pathetischen Effekte der »unangenehmen Empfindungen«, »Zorn und Schreken«, »Abscheu und Ekel«, zu deren Erzeugung »das Häßliche das eigentliche Mittel« (458) ist. Letztlich bleibt aber auch Sulzer dabei, daß der Künstler, als ein »Redner« verstanden, »häßliche Dinge schön sagen, das ist, auch widrigen Vorstellungen die ästhetische Vollkommenheit, die man oft mit dem Namen der Schönheit belegt, zu geben wissen« (459) muß.

So scheint bei Baumgarten wie bei Sulzer noch die alte ontologische Begründung des Häßlichen durch, und im Rahmen dieses aufklärerischen Weltbildes kann das Häßliche auch nur auf untergeordneter Ebene behandelt werden. Dies ist aber nur die eine Seite. Die andere ist: Schönheit und schöne Kunst (in einem weiten Sinne) wird bei Sulzer wie bei Baumgarten auf die moralische Wirkung, auf die Beförderung eines glücklichen Lebens in einer vernünftigen Gesellschaft gerichtet. Sulzer empfiehlt, die »Empfindsamkeit« gut auszubilden, weil das hilft, »das Schöne und Häßliche«, »das Gute und Böse«[49] genau zu unterscheiden. Den Schlüssel, wie das Häßliche in diesem Zusammenhang zu sehen ist, gibt die Übersetzung des lateinischen ›perfectio‹ in § 14 der Baumgartenschen *Aesthetica*: Das Ziel der Ästhetik ist die Schönheit, und das ist die Vollkommenheit bzw. Vervollkommnung der sinnlichen Erkenntnis.

Die Häßlichkeit ist Unvollkommenheit der sinnlichen Erkenntnis — ein Zustand also, dem abgeholfen werden muß. Hier gewinnen Schönheit und Häßlichkeit anthropologischen Sinn.[50] Perfectio als aktivische Vervollkommnung der sensitiven Erkenntnis bedeutet im Sinne eines aufklärerischen Bildungsideals zugleich: Vermeidung bzw. ›Verschönung‹ des moralisch Häßlichen und Verwerflichen. In diesem Zusammenhang verwendet Baumgarten konsequenterweise für den Begriff des Häßlichen nicht deformis/deformitas, sondern das stärker affektiv bezogene turpis/turpitudo.[51] Der aristotelische Topos, die ›häßlichen Dinge durch Kunst schön sagen‹, erlangt hier neue moralische und pädagogische Bezüglichkeit.

3. Die medientheoretische Relativierung des Häßlichen: Lessings ›Laokoon‹

Die Kritik klassizistischer Nachahmungstheorie hat einen ihrer Ausgangspunkte dort, wo das von Horaz hergeleitete Ut-pictura-poiesis-Prinzip in Frage gestellt wird. Diese Kritik ist »gegen die rationalistische Systematisierung der Künste auf der Grundlage des Nachahmungsprinzips gerichtet; sie stellt die Bedeutung der Media und Mittel für den künstlerischen Ausdruck in den Vordergrund der Betrachtung und führt durch diesen Wandel der Perspektive von der Prävalenz des Objektiven, von der Anpassung künstlerischer Form an den Gegenstand (der ›adaequatio rei‹), die das Fundament der Nachahmungstheorie ist, zur Anerkennung des Subjektiven, des Schöpferischen in der künstlerischen Gestaltung sowie zur Betonung des Suggestiven in der Form«[52]. Mit die Ut-picturapoiesis-Theorien durchbrechenden wirkungsästhetischen Reflexion der Media und Mittel künstlerischer Darstellung hängt es zusammen, daß das Häßliche nun auch, erstmals ausführlich in Lessings *Laokoon: oder über die Grenzen der Mahlerey und Poesie* (1766), in bezug auf seine Darstellung in den verschiedenen Künsten reflektiert wird. Obwohl noch ganz der Tradition des europäischen Klassizismus verpflichtet, plädiert die Schrift für eine eingeschränkte Zulassung des Häßlichen. Lessings zentraler Punkt ist die Suche nach der richtigen Interpretation des schreienden, dem Schönheitsideal der Antike eigentlich widerstreitenden Laokoon. Er macht ihn zum Anwalt der antiken Idee der Schönheit und der Forderung, daß die Kunst Darstellung des Schönen zu sein habe und Vergnügen gewähren solle. In den Kapiteln 23 bis 25 aber

---

49 ›Empfindung‹, in: SULZER, Bd. 2 (1792), 55.
50 Vgl. NORBERT MENZEL, Der anthropologische Charakter des Schönen bei Baumgarten (Wanne-Eickel 1969), 56–60.
51 Vgl. BAUMGARTEN, 8.
52 HERBERT DIECKMANN, Der Wandel des Nachmungsbegriffes in der französischen Ästhetik des 18. Jahrhunderts, in: Jauß (Hg.), Nachahmung und Illusion (München 1963), 59.

löst er sich teilweise von dieser Perspektive und erwägt Möglichkeiten der Darstellung des Häßlichen in Malerei und Poesie. Das Medium der Darstellung erlegt den einzelnen Künsten verschiedene Begrenzungen auf. Dem Dichter ist möglich, was der Maler und Bildhauer meiden muß: Der häßliche, die Griechen und ihre Götter schmähende Thersites konnte von Homer in seinem Epos dargestellt werden, nicht aber von einem Bildhauer. »In der Poesie [...] verlieret die Häßlichkeit der Form, durch die Veränderung ihrer coexistirenden Theile in successive, ihre widrige Form fast gänzlich; sie höret von dieser Seite gleichsam auf, Häßlichkeit zu seyn [...]. In der Mahlerey hingegen hat die Häßlichkeit alle ihre Kräfte beysammen, und wirket nicht viel schwächer als in der Natur selbst.«[53] Goethe beschreibt den Durchbruch, den die Schrift für ihn und seine Generation bedeutete, so, daß es »uns aus der Region eines kümmerlichen Anschauens in die freien Gefilde des Gedankens hinriß. Das so lange mißverstandene: *ut pictura poesis*, war auf einmal beseitigt, der Unterschied der bildenden und Redekünste klar [...]. Der bildende Künstler sollte sich innerhalb der Gränze des Schönen halten, wenn dem redenden, der die Bedeutung jeder Art nicht entbehren kann, auch darüber hinwegzuschweifen vergönnt wäre. Jener arbeitet für den äußeren Sinn, der nur durch das Schöne befriedigt wird, dieser für die Einbildungskraft, die sich wohl mit dem Häßlichen noch abfinden mag.«[54]

Das ist für das Häßliche die eine wichtige Perspektive in Lessings *Laokoon*. Die zweite ist, daß Lessing das Häßliche von seiner Wirkung unterscheidet und dadurch verschiedene durch das Häßliche bewirkte ästhetische Effekte ins Auge fassen kann. Das Häßliche kann in der Poesie genutzt werden, »um gewisse vermischte Empfindungen hervorzubringen und zu verstärken, mit welchen er [der Dichter – d. Verf.] uns, in Ermangelung reinangenehmer Empfindungen, unterhalten muß. Diese vermischten Empfindungen sind das Lächerliche, und das Schreckliche.« Lessing unterscheidet weiter »unschädliche Häßlichkeit« von »schädlicher Häßlichkeit«, die ihrerseits den ästhetischen Effekt des »Lächerlichen« und des »Schrecklichen« oder, wie es in den Entwürfen zum *Laokoon* heißt, das »Erhabene«[55] hervorbringen.

Trotz der klassizistischen Grundhaltung also, die im Prinzip die Häßlichkeit als Gegenstand der Kunst verwirft, weil sie gegen deren Endzweck, die Darstellung des Schönen und die Erweckung angenehmer Empfindungen verstößt, gibt es bei Lessing über die Durchbrechung des Ut-picturapoiesis-Grundsatzes und über die Theorie der vermischten Empfindungen eine begrenzte Zulassung des Häßlichen als Mittel zur Erzeugung des Komischen und Erhabenen.

4. Das Häßliche und die Wirkungsästhetik des Erhabenen

Wie sich im 18. Jh. das Häßliche mit dem Erhabenen ›arrangiert‹, dafür ist nochmals ein Blick in die Wortgeschichte, nunmehr in die englische, aufschlußreich.

1651 überprüfte Thomas Hobbes im 6. Kapitel des 1. Teils (›Of man‹) des *Leviathan* »the Interior Beginnings of Voluntary Motions, commonly called the Passions; and the Speeches by which they are expressed«[56]. Für die Begriffe des Guten und Bösen (good and evil) geht er auf die lateinischen Wörter pulchrum und turpe zurück und sucht nach deren englischen Äquivalenten. Für pulchrum werden fair, beautiful, handsome, galant, honourable, comely und amiable gesetzt, für turpe: foul, deformed, ugly, base und nauseous.[57] Ganz in der Tradition des antiken und mittelalterlichen Begriffs der Häßlichkeit zeigen sich die Bedeutungen ›formlos‹, ›mißförmig‹ und ›moralisch schlecht‹, ›verwerflich‹ ungeschieden. Dahinter steht das bis weit ins 18. Jh. sich erhaltende Gemeinverständnis, daß Tugend und Schönheit zusammengehen und das, was mißgestaltet ist, böse ist. Dieses Gemeinverständnis gilt noch für Shaftesbury, so wenn es bei ihm auf der Basis neoplatonischen Philosophierens heißt: »The case is the same in mental or mo-

---

53 GOTTHOLD EPHRAIM LESSING, Laokoon (1766), in: LESSING (LACHMANN), Bd. 9 (1893), 145 f.
54 JOHANN WOLFGANG GOETHE, Dichtung und Wahrheit (1812), in: GOETHE (WA), Abt. 1, Bd. 27 (1889), 164.
55 LESSING (s. Anm. 53), 139 f.
56 THOMAS HOBBES, Leviathan (1651), in: HOBBES (ENGL), Bd. 3/1 (1839), 38.
57 Vgl. ebd., 41.

ral subjects, as in the ordinary bodies, or common subjects of sense. The shapes, motions, colours, and proportions of these latter being presented to our eye, there necessarily results a beauty or deformity, according to the different measure, arrangement, and disposition of their several parts. So in behaviour and actions, when presented to our understanding, there must be found, of necessity, an apparent difference, according to the regularity or irregularity of the subjects.«[58] Solange dieser Begriff moralisch bewerteter Schönheit bzw. Häßlichkeit vorherrscht, hat der spezifisch ästhetische Diskurs noch keine ›autonome‹ Geltung erlangt.

Aufschlußreich ist in diesem Zusammenhang das Buch *Deformity* (1754) des englischen Friedensrichters William Hay[59], das 1759 auch ins Deutsche übersetzt wurde. Hay, der selbst ein Krüppel war, ging es um körperlich mißgebildete Menschen und um den volkspädagogischen Versuch, das alte Vorurteil auszuräumen, daß in einem mißgebildeten Körper das Böse wohne. Um dem entgegenzutreten, stellte Hay sich und seine eigene Mißbildung in eine lange Reihe bedeutender, körperlich mißgestalteter Männer: Der Leser soll wissen, »that I am scarce five Feet high; that my Back was bent in my Mother's Womb: and that in Person I resemble Esop, the Prince of Orange, Marshal Luxemburg, Lord Freasurer Salisbury, Scarron, and Mr. Pope«. Auf Thersites und Richard III. (beide sind in der Literatur über das Häßliche exemplarische Beispiele für die Verbindung böse – häßlich) läßt Hay sich nicht ein – auf Thersites nicht, weil er »a Child of the Poet's Fancy« sei, und auf Richard III. nicht, weil er »misrepresented by Historians« sei, »who thought they must draw a Devil in a bad shape«[60].

Hays Schrift signalisiert, daß die Verbindung von gut und schön, häßlich und böse innerhalb eines aufklärerischen Weltbildes brüchig wird, das sich für die Affekte und Emotionen und ihre Wirkungsweise interessiert und neugierig nach den Gründen der ›vermischten Empfindungen‹ und des ›angenehmen Grauens‹ fragt – Affekte, die u. a. durch häßliche Gegenstände und Formen erzeugt werden.

Ein weiterer Meilenstein in dieser Entwicklung ist die sensualistisch argumentierende *Philosophical Enquiry into the Origin of our Ideas of the Sublime and Beautiful* (1757) von Edmund Burke, die 1773 nach der fünften englischen Ausgabe von 1767 von Christian Garve ins Deutsche übertragen wurde und dort, aber nicht nur dort, breite Wirkung entfaltete. Burke setzt als Gegensatz des Schönen nicht das bisher übliche deformity, sondern ugliness, weil »proportion and beauty are not ideas of the same nature. The true opposite to beauty is not disproportion or deformity, but *ugliness*«[61]. Schön und häßlich werden aus der Disjunktion schön gleich wohlgestaltet, proportioniert und häßlich gleich mißgestaltet und formlos herausgelöst, weil ungestalte, formlose, disproportionierte Gegenstände, Objekte oder Naturerscheinungen zwar nicht schön sind, dennoch aber bedeutende ästhetische Wirkungen, den »delightful horror«[62], erzeugen können. Hinter diesen Aussagen stehen Burkes anthropologische Zuordnungen des Schönen und Erhabenen zu zwei menschlichen Grundleidenschaften: zur Soziabilität (passion of society) und zum Selbsterhaltungstrieb (passion of self-preservation)[63]. Diese beiden ›passions‹ sind die Pole individuellen Spielraums in einem funktionstüchtigen Gemeinwesen, und auch für den politischen Schriftsteller Burke wird dieses Modell zur Richtschnur. In einer solchen anthropologischen Zuordnung bleibt also ›häßlich‹ (ugly) ein Gegensatz des Schönen, aber außerhalb moralischer Bewertung: »But though ugliness be the opposite to beauty, it is not the opposite to proportion and fitness. For it is possible that a thing may be very ugly with any proportion, and with a perfect fitness to any uses.« (119) Das Häßliche trägt, von seiner Formlosigkeit her betrachtet, zum Effekt des Erha-

---

58 ANTHONY ASHLEY COOPER SHAFTESBURY, An Inquiry Concerning Virtue or Merit (1699), in: Shaftesbury, Characteristics of Men, Manners, Opinions, Times, hg. v. J. M. Robertson, Bd. 1 (London 1900), 251.
59 Vgl. HOLGER FUNK, Die Ästhetik des Häßlichen. Zur Schwierigkeit kategorialer Bestimmungen in der Kunstphilosophie des deutschen Idealismus und Spätidealismus (Berlin 1983), 89–94.
60 WILLIAM HAY, Deformity: An Essay (London 1754), 4 f.; dt.: Die Häßlichkeit. Ein Versuch, übers. v. R. von Neufville (Breslau 1759), 10 f.
61 BURKE, 104.
62 Ebd., 136.
63 Vgl. ebd., 38.

benen bei, allerdings nur jenes, was starken Schrecken erzeugt: »Ugliness I imagine likewise to be consistent enough with an idea of the sublime. But I would by no means insinuate that ugliness of itself is a sublime idea, unless united with such qualities as excite a strong terror.« (119) Deshalb betont Burke das Häßliche als ›ugly‹, das (dem lat. turpis entsprechend) näher beim Affektiven und bei pathetischer Wirkung steht als deformity.[64] In dieser wirkungsästhetischen Perspektive liegt der Grund, warum Burke keine spezielle Theorie des Häßlichen gibt: Als Gegenteil des Schönen ist eine Konzeptualisierung des Häßlichen uninteressant, weil es immer auf den einfachen Gegensatz zu den positiven Bestimmungen des Schönen hinausliefe.[65] Als Instrument zur Erzeugung von ›strong terror‹ geht es auf in den Erörterungen des Erhabenen.

Die Entgegensetzung von beauty und ugliness machte ihrerseits den Weg frei, das Erhabene nicht als Gegensatz des Schönen, sondern als eine andere Qualität, als etwas vom Schönen hinsichtlich seiner affektiven Wirkung Verschiedenes aufzufassen und den unter dem Erhabenen ehemals als häßlich geltenden Erscheinungen wie Tod, Schrecken, Gewalt, Dunkelheit, Leere, Einsamkeit, Stille usw. sowie den damit im Zusammenhang stehenden Emotionen und Affekten ästhetische Lizenz zu erteilen: »All *general* privations are great, because they are all terrible; *Vacuity, Darkness, Solitude* and *Silence*.« (71)

Über die Konzeption des Erhabenen wird so das Häßliche in den engeren Bereich des durch das Erhabene und Schöne konstituierten Ästhetischen aufgenommen, denn bei der Erzeugung und im Zusammenwirken mit dem Erhabenen erweckt es positive Gefühle. Wir stehen mit Burke am Anfang der Erschütterung der langen Tradition fester Kriterien des Häßlichen und Schönen und ihrer genormten Beziehungen zueinander. In dem Maße, wie die alte Konzeption des Häßlichen als Problem der Nachahmung der Natur und davon abgeleiteter moralischer Wirkung der Kunst durch das neue Konzept des auf das bürgerliche Individuum bezogenen Erhabenen ersetzt wird, zeigt sich auch die Ästhetik auf dem Wege zu sich selbst als selbständiger Disziplin.

5. Warum Immanuel Kant nicht über das Häßliche geschrieben hat

Bei Kant ist zwischen der kritischen und vorkritischen Formulierung der Verhältnisse zwischen dem Erhabenen, Schönen und Häßlichen sorgfältig zu unterscheiden. In den *Beobachtungen über das Gefühl des Schönen und Erhabenen* (1764) nimmt Kant Edmund Burkes Fragestellungen auf, in einer spezifischen Umbildung freilich: Er benutzt die Unterscheidung des Schönen und Erhabenen als »taxinomisches Instrument«, um »die Formenvielfalt verschiedener Bereiche – der Temperamente, der Geschlechterbeziehungen, der literarischen Formen, der Nationalcharaktere – miteinander zu vergleichen«[66]. In der anthropologischen Fragestellung der *Beobachtungen* ist vom Häßlichen nicht die Rede, auch nicht im Zusammenhang des »Schrecklicherhaben«[67], wo es bei Burke ja einen Platz gefunden hatte.

In den Vorlesungen über Logik (der sogenannten *Logik Philippi* von 1772) handelt Kant unter den Titeln ›Von der Vollkommenheit‹ (§ 22) und ›Von der Unvollkommenheit‹ (§ 23) von der Schönheit und Häßlichkeit noch ganz im Horizont der Baumgartenschen Fragestellung: »Aesthetische Unvollkommenheit des Mangels, da etwas fehlt ist Trockenheit. Diejenige der Beraubung, Häßlichkeit [die alte ›privatio‹ als Ursache des Häßlichen – und seine Umdeutung – d. Verf.]. Häßlichkeit ist also was positives, nicht eine bloße Abwesenheit der Schönheit sondern auch das Daseyn dessen was der Schönheit zuwider ist.« Diese ›Positivierung‹ des Häßlichen, in der wir auch Sulzers Fragestellung wiedererkennen, beruht auf der Operation, daß Kant zwei Begriffe von Unvollkommenheit unterscheidet: »Die Unvollkommen-

---

64 Vgl. KATHINKA HUEBNER, Über das Schöne und das Deformierte. Systematische und historische Darstellung der ›Theory on the classification of beauty and deformity‹ von Mary Anne Schimmelpenninck (Köln u. a. 1969), 64.
65 Vgl. BURKE, 119.
66 DAVID WELLBERY, Der Zug der Sinnlichkeit. Kants ›Beobachtungen über das Gefühl des Schönen und Erhabenen‹, in: Weimarer Beiträge 43 (1997), 40.
67 IMMANUEL KANT, Beobachtungen über das Gefühl des Schönen und Erhabenen (1764), in: KANT (AA), Bd. 2 (1905), 213.

heit ist also: 1. imperfectio deficiendi 2. imperfectio/priuandi.«[68] Aspekte des Häßlichen reflektiert Kant weiterhin in seinen Randnotizen zu Georg Friedrich Meiers *Auszug aus der Vernunftlehre* (1752) und zu dem Teil ›Psychologia empirica‹ aus Baumgartens *Metaphysica* (1757). Beide Bücher waren Kant durch ministeriellen Reskript als Grundlage für seine eigenen Vorlesungen vorgeschrieben. Vor allem in seinem Schweigejahrzehnt zwischen dem Erscheinen der Dissertation *De mundi sensibilis atque intelligibilis forma et principiis* (1770) und der *Kritik der reinen Vernunft* (1781), in dem sich die kopernikanische Wende der transzendentalen Kritik vorbereitet, läßt sich in der Auseinandersetzung mit Baumgarten, v. a. mit dessen Begriff der Vollkommenheit, die Entwicklung von Kants ästhetischer Fragestellung, und in dieser die Veränderung der Sicht auf das Häßliche, verfolgen.[69] Als Fazit kann man festhalten, daß der Gegensatz schön – häßlich zurücktritt und dem Gegensatz schön – erhaben Platz macht. Der Vergleich zweier Passagen dokumentiert den Wandel. In der *Logik Philippi* von 1772 hieß es ganz im alten Sinne der Idealisierung des Häßlichen: »Man kann machen, daß die Erkenntnis gar reizet von einem häßlichen Gegenstande. So können z. B. vom toten Meere, von den Eiszonen und der öden Natur, Gegenständen, die uns an sich mißfallen, angenehme und gefällige Vorstellungen gemacht werden, nämlich Vorstellungen, die uns auf eine angenehme Art erschüttern und rühren. Man kann sogar das, was abscheulich ist, sehr angenehm vorstellen: ja, sogar in Vorstellungen von solcher Art Reiz mischen.«[70] Man vergleiche damit eine Marginalie zu Baumgartens *Metaphysica*, die den Jahren 1788/1789 zuzuordnen ist: Das Erhabene »ist gleichsam die Entdeckung eines Abgrundes in unserer eigenen über die Sinnengrenzen sich erstreckenden Natur. – Daher der Schauer, der uns anwandelt. – Eine Furcht, die immer durch das Besinnen seiner Sicherheit vertrieben wird, und einer Neugierde, welche für unsere Fassungskraft zu Groß ist.«[71]

Hier ist das Niveau der *Kritik der Urteilskraft* (1790) erreicht, in der sich nur noch an einer Stelle eine Erörterung des Häßlichen findet: »Die schöne Kunst zeigt darin eben ihre Vorzüglichkeit, daß sie Dinge, die in der Natur häßlich oder mißfällig sein würden, schön beschreibt. Die Furien, Krankheiten, Verwüstungen des Krieges u. d. gl. können als Schädlichkeiten sehr schön beschrieben, ja sogar im Gemälde vorgestellt werden; nur eine Art Häßlichkeit kann nicht der Natur gemäß vorgestellt werden, ohne alles ästhetische Wohlgefallen, mithin die Kunstschönheit zu Grunde zu richten: nämlich diejenige, welche Ekel erweckt.«[72] Wie das Zitat zeigt, geht Kant hinsichtlich des explizite reflektierten Häßlichen nicht über den Klassizismus seiner Vorgänger hinaus. Im übrigen aber interessiert Kant das Häßliche nicht mehr. Die Schlußfolgerung von Karl Rosenkranz: »Schön ist, sagt Kant mit Recht, was ohne Interesse allgemein gefällt; häßlich also, was ohne Interesse mißfällt«[73], ist durch den Text der *Dritten Kritik* nicht gedeckt. Aber auch die Forderung, daß Kant wegen der Nichtbehandlung des Häßlichen eine ›systematische Lücke‹ lasse, die es mit den der *Kritik der Urteilskraft* eigenen systematischen Mitteln zu beheben gelte[74], stößt wohl ins Leere, weil sie die zentrale Stellung des Erhabenen nicht in Rechnung stellt, zu dessen Effekten das Häßliche (als das Formlose) beiträgt.[75]

Der die ›Analytik des Erhabenen‹ eröffnende § 23, ›Übergang von dem Beurteilungsvermögen

---

68 KANT, Logik Philippi (1772), in: KANT (AA), Bd. 24/1 (1966), 364.
69 Vgl. KANT, Reflexionen zur Ästhetik (1755–1797), in: Kant, Schriften zur Ästhetik und Naturphilosophie, hg. v. M. Frank/V. Zanetti (Frankfurt a. M. 1996), 9–138.
70 KANT (s. Anm. 68), 357.
71 KANT (s. Anm. 69), 137.
72 KANT, Kritik der Urtheilskraft (1790), in: KANT (AA), Bd. 5 (1908), 312.
73 ROSENKRANZ, 91.
74 Vgl. CHRISTIAN STRUB, Das Häßliche und die ›Kritik der ästhetischen Urteilskraft‹. Überlegungen zu einer systematischen Lücke, in: Kant-Studien 80 (1989), 416–446.
75 Vgl. THEODORE A. GRACYK, Sublimity, Ugliness, and Formlessness in Kant's Aesthetic Theory, in: Journal of Aesthetics and Art Criticism (1986), 49–56; PAUL GUYER, Kant's Distinction between the Beautiful and the Sublime, in: The Review of Metaphysics 35 (1982), H. 4, 753–783; DAVID SHIER, Why Kant Finds Nothing Ugly, in: The British Journal of Aesthetics 38 (1998), 412–418; CHRISTIAN WENZEL, Kant Finds Nothing Ugly?, in: The British Journal of Aesthetics 39 (1999), 416–422.

des Schönen zu dem des Erhabenen« – einer der Drehpunkte der Kantschen Argumentation –, entwickelt stufenweise die Gemeinsamkeiten und Unterschiede des Schönen und Erhabenen. Als Ergebnis der Argumentation dieses Paragraphen kann man festhalten: 1. Dem Erhabenen und dem Schönen ist der Charakter eines Reflexionsurteils gemeinsam sowie der Umstand, »daß beides für sich selbst gefällt«[76]. 2. Schönes und Erhabenes unterscheiden sich aber grundlegend darin, daß das Schöne qua Form *direkt* gefällt und der Urteilskraft angemessen ist, während das Erhabene durch Formlosigkeit, Unbegrenztheit, Zweckwidrigkeit eine »negative Lust« erzeugt, die »indirecte entspringt« (245). Deshalb liegen das Schöne und das Häßliche auch auf ganz verschiedenen Ebenen: »Das Schöne der Natur betrifft die Form des Gegenstandes, die in der Begränzung besteht; das Erhabene ist dagegen auch an einem formlosen Gegenstande zu finden, sofern *Unbegränztheit* an ihm oder durch dessen Veranlassung vorgestellt und doch Totalität derselben hinzugedacht wird [...]. Also ist das Wohlgefallen dort mit der Vorstellung der *Qualität*, hier aber der *Quantität* verbunden. Auch ist das letztere der Art nach von dem ersteren Wohlgefallen gar sehr unterschieden: indem dieses (das Schöne) directe ein Gefühl der Beförderung des Lebens bei sich führt und daher mit Reizen und einer spielenden Einbildungskraft vereinbar ist; jenes aber (das Gefühl des Erhabenen) eine Lust ist, welche nur indirecte entspringt, nämlich so daß sie durch das Gefühl einer augenblicklichen Hemmung der Lebenskräfte und darauf sogleich folgenden desto stärkern Ergießung derselben erzeugt wird, mithin als Rührung kein Spiel, sondern Ernst in der Beschäftigung der Einbildungskraft zu sein scheint.« (244 f.) So ist das Wohlgefallen am Erhabenen für Kant ganz im Gemeinverständnis des 18. Jh. vermischte Empfindung.

Mit dieser sensualistische und wirkungsästhetische Argumente aufgreifenden Unterscheidung kommt Kant wieder ganz in die Nähe der Burkeschen *Enquiry*, aber auch in die Nähe etwa der wirkungsästhetischen Unterscheidung des Schönen und Häßlichen bei Goethe, der seinerseits an Frans Hemsterhuis anknüpfte: Das Schöne sei, »wenn wir das gesetzmäßig Lebendige in seiner größten Thätigkeit und Vollkommenheit schauen, wodurch wir zur Reproduction gereizt uns gleichfalls lebendig und in höchste Thätigkeit versetzt fühlen [...]; denn das Schöne ist nicht sowohl leistend als versprechend, dagegen das Häßliche, aus einer Stockung entstehend, selbst stocken macht und nichts hoffen, begehren und erwarten läßt«[77].

So finden wir die traditionellen Formbestimmungen des Häßlichen (zweckwidrig, regellos, ungestalt usw.) bei Kant wieder, aber nicht mehr unter dem Titel des Häßlichen, sondern unter dem summierenden Begriff der Formlosigkeit, die, von der pathetischen Seite aus gesehen, entweder den un- bzw. außerästhetischen Affekt des Ekels[78] erzeugt oder den ästhetischen Affekt des Erhabenen, als Er-Leiden der Unform und darin auf ein höheres Prinzip der Freiheit, Sittlichkeit und Religion verweisend.

Die *Kritik der Urteilskraft* ist für die Begriffsgeschichte des Häßlichen unter einem zweiten Gesichtspunkt wichtig. Im Unterschied zu Burkes unhistorisch verfahrender Fragestellung beginnt bei Kant die mit der Epochenerfahrung Französische Revolution verbundene Historisierung der Konzepte des Erhabenen, die in den 90er Jahren von Schiller und Friedrich Schlegel fortgeführt und mit ihren Theorien moderner Poesie verbunden werden. Innerhalb dieser Theorien bereitet sich in der Reflexion ästhetischer Negativität keimhaft der Wechsel vom Erhabenen zum Häßlichen vor. Bei Kant heißt es über das ästhetische Urteil ›erhaben‹, daß die für das ästhetische Urteil notwendige ›Einstimmigkeit‹ schwieriger zu erlangen sei als beim Urteil ›schön‹. Beim Urteil ›erhaben‹ müssen Bedingungen der Kultur hinzukommen. »Mit unserm Urtheile über das Erhabene in der Natur können wir uns nicht so leicht Eingang bei andern versprechen. Denn es scheint eine bei weitem größere Cultur nicht bloß der ästhetischen Urtheilskraft, sondern auch der Erkenntnißvermögen, die ihr zum Grunde liegen, erforderlich zu sein, um über diese Vorzüglichkeit der Naturge-

---

76 KANT, Kritik der Urtheilskraft (s. Anm. 72), 244.
77 GOETHE, Campagne in Frankreich (1822), in: GOETHE (WA), Abt. 1 Bd. 33 (1898), 234.
78 Vgl. WINFRIED MENNINGHAUS, Ekel. Theorie und Geschichte einer starken Empfindung (Frankfurt a. M. 1999).

genstände ein Urtheil fällen zu können. Die Stimmung des Gemüths zum Gefühl des Erhabenen erfordert eine Empfänglichkeit desselben für Ideen [...]. In der That wird ohne Entwickelung sittlicher Ideen das, was wir, durch Cultur vorbereitet, erhaben nennen, dem rohen Menschen bloß abschreckend vorkommen.« Das Urteil ›erhaben‹ hat ungeachtet der notwendig höheren Kulturstufe auch Allgemeingültigkeit. In ihm ist ein Ansinnen an jedermann mit gesundem Verstande: ein Urteil auf der Grundlage des allgemeinen »Gefühls für (praktische) Ideen, d. i. den moralischen«[79] zu fällen.

Dieser Bezug des Erhabenen auf die Ideen von Vernunft, Freiheit und Sittlichkeit ist im Blick auf die politische Entwicklung der bürgerlichen Gesellschaft eine Haltung des ›Trotzdem‹. Von Odo Marquard stammt der Gedanke, daß in der Ästhetik des Erhabenen die »Welt aufgehört hat, als die durch Natur definierte Geschichte für den Menschen vertraut und heimelig zu sein; sie wird verlassenes Nicht-Ich; der Mensch wird auf sich selbst zurückverwiesen, auf seine eigene innere Kraft, diese fremde und harte Notwendigkeit des Wirklichen zu bestehen – und das ist nun nicht mehr die Kraft, diese Wirklichkeit zu einer menschlichen zu verändern, sondern die Kraft, diese Wirklichkeit als eine unmenschliche und unabänderliche zu ertragen«. So tritt neben die Ästhetik des Schönen (»Erlösungsästhetik der aufgelösten Widersprüche«) die Ästhetik des Erhabenen als »Rückzugsästhetik der ausgehaltenen Widersprüche«[80]. Dem Erhabenen kommt in der nachrevolutionären Situation die soziale Funktion zu, die in der Wirklichkeit aufreißenden Widersprüche zu bannen; es ist ästhetische Bewältigungsform häßlicher Wirklichkeit und innerhalb der Ästhetik der Versuch, den Anspruch aufrechtzuerhalten, vom einzelnen Subjekt aus die Welt noch als anschaulichen Sinnzusammenhang zu interpretieren. Die Historisierung des Erhabenen, die bei Schiller im Konzept sentimentalischer Dichtung und in seiner Dramentheorie weit radikaler wird, zeigt die Relativierung, Ungesichertheit, ja die Krise dieses Vertrauens an. An der Nahtstelle des Übergangs von der analytischen Kritik zur Geschichtsphilosophie mit ihrer Festlegung epochaler Kunststile und ihren Bestimmungen poetischer Modernität rückt das mit dem Begriff des Erhabenen nicht mehr zu bannende Häßliche langsam in den Vordergrund ästhetischer Reflexion.

III. Die romantische Aufwertung des Häßlichen

In den 90er Jahren des 18. Jh. erfolgt bei der Erörterung ästhetischer Negativität zwischen den Begriffen erhaben und häßlich eine Art Stafettenwechsel: Das Häßliche tritt mehr und mehr in den Vordergrund, während das Erhabene zunehmend an Aktualität verliert. Auf die außerästhetischen Gründe dieser Entaktualisierung, auf das Problem, daß die nachrevolutionäre Wirklichkeit mit der Konzeption des Erhabenen immer schwerer bewältigt werden konnte, ist bereits hingewiesen worden. Die Französische Revolution selbst und ihr Verlauf bilden einen der Scheitelpunkte, an dem sich die Verschiebung der Wertung zum Häßlichen hin registrieren läßt: In der anfänglichen Begeisterung für die Französische Revolution dichtete Friedrich Klopstock Oden, in denen die Revolution schön und erhaben ist: *Kennet euch selbst* (1789) und *Sie und nicht wir* (1790). 1792, in dem Gedicht *Die Jakobiner*, erscheint die Revolution nun als eine Schlange mit »scheußlichem Innersten«[81], die es gilt, in ihre Höhle zurückzutreiben. Goethe setzt sich mit der Französischen Revolution unter anderem so auseinander, daß er in seinem Versepos *Hermann und Dorothea* (1796) eine idyllisch-schöne patriarchalische Kleinstadtwelt mit der häßlichen Zeitgeschichte der Revolution und der Revolutionskriege konfrontiert. Der Romantiker Joseph Görres schreibt am 27. November 1799 aus der Stadt der Revolution an seine Braut: »Erst sechs Tage bin ich hier und schon gesättigt bis zum Überdrusse mit all den Herrlichkeiten die-

---

[79] KANT (s. Anm. 72), 264 f.
[80] ODO MARQUARD, Transzendentaler Idealismus (1963; Köln 1987), 186.
[81] FRIEDRICH GOTTLIEB KLOPSTOCK, Die Jakobiner (1792), in: Klopstock, Sämmtliche Werke, Bd. 2 (Leipzig 1823), 131.

ses mit Blumen überwachsenen Sumpfes. Das sind meine Menschen nicht, die hier ihr buntes Charivari treiben. Da ist keine Seite meines Wesens, die mit dem ihrigen zusammentönte […]. Und doch kann ich nicht einsam sein: wer kann das in diesem Menschenmeere, das immer wogt und fluthet und tobt! Der entsetzliche Lärm vom Morgen bis zum Abend, das widrigste Gekreische der Savojarden, der Zeitungsträger, der Fischweiber, der Obsthändler, das Rollen der tausend Fiaker und Cabriolets, die von allen Seiten die Straßen durchkreuzen, das dumpfe Sumsen der gedrängten Volkshaufen, die nie abnehmen und doch immer wechseln, ihre Form ändern und wieder herstellen: Das Alles gibt ein wüstes Getön, das mich betäubt und verdummt. […] Es gab eine Zeit, wo ich die Menschen auch in moralischer Hinsicht für wahre Antiken, für mehr oder weniger vollendete Ideale ansah; diese glücklichen Tage der Täuschung sind längst vorüber. Allein jetzt muß ich auch mit einem äußerst widrigen Gefühle mich überzeugen, wie so gar tief sie auch in physischer Hinsicht unter dem Ideale der höchsten Schönheit, das ich bisher nicht kannte, stehen. […] Ja, diese Menschen, welch ein Abstich gegen diese reinen Formen! Egoism ist ihr Abgott, Intriguen ihr einziges Dichten und Trachten, Jagd nach Vergnügen ihre einzige Beschäftigung. Republikanern sind sie so unähnlich wie der schmutzigste Savojarde dem Apoll von Belvedere.«[82]

In der innerästhetischen Reflexion hat diese Verschiebung zum Häßlichen hin zur Folge, daß die Geltung des Erhabenen durch die fortschreitende Historisierung der Kategorie von Kant über Schiller zu Hegel immer weiter eingegrenzt, schließlich in die Vergangenheit gelegt wird. In Hegels Ästhetik gilt das Erhabene der vorklassischen, symbolischen Kunstform zugehörig. Dabei verliert das Erhabene dem Schönen gegenüber auch an antithetischer Schärfe dem Maße, wie es religiös interpretiert wird. Der Ästhetik von Karl Friedrich Eusebius Trahndorff beispielsweise liegt die Theorie einer der Wirklichkeit immanenten göttlichen Idee zugrunde, die im Kunstwerk als das Schöne erscheine. Damit ist der Dualismus von ›schön‹ und ›erhaben‹ überwunden zugunsten einer einzigen, im Ideal begründeten Schönheit, die das Erhabene unter sich subsumiert. Diese Subsumtion ist zugleich die logische Basis dafür, um nun das Häßliche dem Schönen entgegenzusetzen.[83]

Für die in der nachrevolutionären Periode entstehenden Konzepte des Häßlichen ist entscheidend, daß sie geschichtsphilosophisch eingebunden werden. Aus dem zweigliedrigen Schema Antike-Moderne, das z.B. in der ›Querelle‹ bestimmend war, wird in der deutschen idealistischen Geschichtsphilosophie des beginnenden 19. Jh. ein dreigliedriges (Vergangenheit, Gegenwart, Zukunft), in dem die Jetztzeit und die zeitgenössische Kunst einen problematischen Status zugewiesen bekommen. Die damit einhergehende Gliederung der Kunstgeschichte in historische Kunstformen (symbolisch, klassisch, romantisch; naiv und sentimentalisch; klassisch und modern) erfolgt unter dem Gesichtspunkt eines ästhetischen Ideals. Die verschiedenen Kunstformen werden mit dem Maßstab der Nähe oder Ferne zu diesem Ideal qualitativ bewertet. Die widersprüchliche Gegenwart und die problematischen zeitgenössischen Künste erhalten meist den wertenden Beisatz des Häßlichen.

1. Friedrich Schlegels ›Theorie des Häßlichen‹

Diese Zusammenhänge sind besonders prägnant in Friedrich Schlegels Aufsatz *Über das Studium der Griechischen Poesie* (1795–1797) zu beobachten. Für die Begriffsgeschichte von häßlich ist der Aufsatz ein zentrales Dokument, weil sich in ihm der Vorgang ästhetischer Begriffsbildung der Moderne in statu nascendi zeigt: Das Häßliche ist auf dem Wege, Gegensatz des Schönen zu werden, während das Erhabene unter das Schöne subsumiert wird. Dabei ist Schlegels Schrift nichts weniger als eine Apologie des Häßlichen. Im Gegenteil: Der junge Schlegel geht von der Diagnose einer problematischen Moderne aus und diagnostiziert eine

---

[82] JOSEPH GÖRRES an Katharina von Lassaulx (27.11.1799), in: Görres, Briefe an seine Braut und Familie, hg. v. R. Stein (Mönchengladbach 1926), 19f.

[83] Vgl. KARL FRIEDRICH EUSEBIUS TRAHNDORFF, Aesthetik oder Lehre von der Weltanschauung und Kunst, 2 Bde. (Berlin 1827).

»*vorübergehende Krise* des Geschmacks«[84], in der sich das Interessante übersteigert und in »entarteter Kunst« (255) zu verschiedenen Arten des Häßlichen führt: dem Pikanten, Frappanten, Faden, Schockanten, Abenteuerlichen, Ekelhaften, Gräßlichen.[85] So wird die Moderne als ästhetische Negativität betrachtet: Das ist der eigentliche Anlaß und Ausgangspunkt des Aufsatzes. Der geschichtsphilosophische Hintergrund ist ein dreigliedriges Schema von Antike, Gegenwart/Moderne und Zukunft. Während die Antike ganz auf die Idee der Schönheit gegründet war, sind die Gegenwart und ihre Kunst unter dem ästhetischen Interim des Häßlichen zu sehen. Durch eine erhoffte politische Formveränderung soll die Kunst durch Überwindung des Häßlichen, durch eine »ästhetische Revolution« (269), für die die Zeit reif zu sein scheint, wieder in den Status der Schönheit überführt werden. Hierzu ist aber der bloße Wille nicht ausreichend. »Eine entartete und mit sich selbst uneinige Kraft bedarf einer Kritik, einer Zensur, und diese setzt eine *Gesetzgebung* voraus. Eine vollkommne ästhetische Gesetzgebung würde das erste *Organ* der ästhetischen Revolution sein.« (272) Schlegel fordert die Aufstellung eines »ästhetischen Kriminalkodex«, dem die »Apologie der Griechischen Poesie« zur Basis dient und der zwei Teile haben soll: die »Grundlinien einer Theorie der Inkorrektheit« und einer »Theorie des Häßlichen« (315).

Diese Unterscheidung von ›Theorie der Inkorrektheit‹ und ›Theorie des Häßlichen‹ dokumentiert die Dialektisierung der Kategorie des Häßlichen. Die form- und werkpoetisch bezogene Seite des Häßlichen wird unter dem Begriff des Inkorrekten verhandelt, wie es später auch Karl Rosenkranz in seiner Ästhetik des Häßlichen tun wird.[86] Form wird mit Norm verbunden, und von hier aus werden »technische Fehler«[87] indiziert, die gegen die »Idealität der Kunst« (315) verstoßen. Mit diesen Formverletzungen ist offensichtlich das alte ›deformitas‹ gemeint, das Schlegel vom Häßlichen als Rubrik des ›Inkorrekten‹ trennt.

Im Begriff des Häßlichen wird dagegen ganz die pathetische Wirkung in den Vordergrund gerückt: »Wie das Schöne durch eine süße Lockung der Sinnlichkeit das Gemüt anregt, sich dem geistigen Genusse hinzugeben: so ist hier ein feindseliger Angriff auf die Sinnlichkeit Veranlassung zu Element des sittlichen Schmerzes. Dort erwärmt und erquickt uns reizendes Leben [...], hier erfüllt uns das *Ekelhafte*, das *Quälende*, das *Gräßliche* mit Widerwillen und Abscheu.« (311) Hier aber stößt dann Schlegel sofort auf die Kategorie des Erhabenen, das, im Unterschied zum Schönen (»endliche Mannigfaltigkeit in einer bedingten Einheit«), einen doppelten Gegensatz hat: ›unendlichen Mangel‹ und ›unendliche Disharmonie‹. Da aber das Erhabene wegen der »gemischten Natur des Menschen« (312) auch im Schmerz Genuß bietet, kann es nicht absoluter Gegensatz des Schönen sein. Somit bildet Schlegel einen engeren und einen weiteren Begriff des Schönen, wobei das »häßlich Erhabene« (313) in den weiteren Begriff des Schönen einrückt. Dieses Changieren zwischen dem Erhabenen und Häßlichen führt Schlegel zu der wichtigen Schlußfolgerung: »Die Bestandteile des Häßlichen streiten also untereinander selbst, und es kann in demselben nicht einmal wie im Schönen, durch eine gleichmäßige, wenngleich beschränkte Kraft der einzelnen Bestandteile, und durch vollkommne Gesetzmäßigkeit der vollständig vereinigten ein bedingtes Maximum (ein objektives unübertreffliches Proximum) erreicht werden, sondern nur ein *subjektives*: denn es gibt für jede individuelle Empfänglichkeit eine bestimmte Grenze des Ekels, der Pein, der Verzweiflung, jenseits welcher die Besonnenheit aufhören würde.« (313 f.) In diesem Zusammenhang gesehen, wird eine Theorie des Häßlichen höchst ambivalent: Sie soll zum einen ein Werkzeug des ›ästhetischen Kriminalkodex‹ bei der Ahndung der ›Entartung‹ moderner Poesie sein, sie wird zum anderen aber, im Rahmen der geschichtsphilosophischen Perspektive und gleichsam unter der Hand, eine Theorie der Modernität selbst.

Im Zuge weiterer Historisierung erhält die Moderne in Schlegels Aufsatz ihrerseits geschichtliche Tiefendimension. Der erste Zyklus der älteren Moderne, das Zeitalter der Kreuzzüge,

---

84 FRIEDRICH SCHLEGEL, Über das Studium der Griechischen Poesie (1795–1797), in: SCHLEGEL (KFSA), Bd. 1 (1979), 254.
85 Vgl. ebd., 254.
86 Vgl. ROSENKRANZ, 110f.
87 F. SCHLEGEL (s. Anm. 84), 314.

ist durch Dante charakterisiert, der zweite Zyklus, der der Reformation und der Entdeckung Amerikas, durch Shakespeare. Der dritte schließlich beginne in der unmittelbaren Gegenwart. Seine Protagonisten sind in der Poesie Goethe, in der Ästhetik Kant. Dieser Zeitabschnitt weist bereits auf die Zukunft voraus, vor allem in dem Zusammenwirken von Kritik und Poesie.

Shakespeare, als moderner Dichter par excellence, hat in seinen Dramen Schönes wie Häßliches vereint. »Wie die Natur Schönes und Häßliches durcheinander mit gleich üppigem Reichtum erzeugt, so auch Shakespeare. Keins seiner Dramen ist *in Masse* schön; nie bestimmt Schönheit die Anordnung des Ganzen. Auch die einzelnen Schönheiten sind wie in der Natur nur selten von *häßlichen Zusätzen* rein, und sind nur *Mittel* eines andern Zwecks; die dienen dem charakteristischen oder philosophischen Interesse.« (250f.) In anderen Zusammenhängen wird der Dichter als ›manieriert‹, ›charakteristisch‹ und ›individuell‹ bezeichnet. Das sind Merkmale der Kategorie des Interessanten, dessen Vorherrschaft »eine *vorübergehende Krise* des Geschmacks« (254) anzeigt und in denen die Wertung ›häßlich‹ immer mitschwingt: »Aus diesem Mangel der Allgemeingültigkeit, aus dieser Herrschaft des Manirierten, Charakteristischen und Individuellen, erklärt sich von selbst die durchgängige Richtung der Poesie, ja der ganzen ästhetischen Bildung der Modernen aufs Interessante. *Interessant* nämlich ist jedes originelle Individuum, welches ein größeres Quantum von intellektuellem Gehalt oder ästhetischer Energie enthält.« (252f.) Im System der Schlegelschen Kategorien ist damit die problematische Verfassung der Moderne und zugleich ihr transitorischer Charakter bezeichnet.

88 VICTOR HUGO, Préface de Cromwell (1827), in: Hugo, Théâtre complet, hg. v. J.-J. Thierry/J. Mélèze, Bd. 1 (Paris 1963), 410.
89 Vgl. WOLFGANG KLEIN, Der nüchterne Blick. Programmatischer Realismus in Frankreich nach 1848 (Berlin/Weimar 1989), 59–146.
90 Vgl. HUGO (s. Anm. 88), 413.

2. Victor Hugo: Das Groteske, Erhabene und Häßliche

Hugo wendet sich, das ist sein Ausgangspunkt, gegen die zählebige klassizistische Ästhetik, gegen die »plusieurs des principaux champions des ›saines doctrines littéraires‹ [qui] lui ont fait l'honneur de lui jeter le gant [...]. Voici, dans les pages qui vont suivre, les observations qu'il pourrait leur opposer; voici sa fronde et sa pierre; mais d'autres, s'ils veulent, les jetteront à la tête des Goliaths *classiques*.«[88] In einer mit Hegels Weltalter- und Kunstformen-Triade verwandten Gegenüberstellung setzt Hugo das Christentum gegen die Antike und die Romantik gegen den Klassizismus. Das Christentum respektive die Romantik »amène la poésie à la vérité. Comme lui, la muse moderne verra les choses d'un coup d'œil plus haut et plus large. Elle sentira que tout dans la création n'est pas humainement beau, que le laid y existe à côté du beau, le difforme près du gracieux, le grotesque au revers du sublime, le mal avec le bien, l'ombre avec la lumière.« (416) ›Wahrheit‹ und ›Natur‹ werden zu Eidhelfern der Moderne – der Weg von Hugo zur Debatte des Häßlichen im Realismus in den 1850er Jahren liegt offen[89]: Die Berufung auf die Häßlichkeit als Zeugnis der Wahrheit wird allen nachfolgenden realistischen und naturalistischen Konzepten gemeinsam sein. Unter dem Patronat des romantischen Sozialismus z. B. entsteht der soziale Roman, der seinen sozialanklägerischen Gestus mit der Darstellung des Häßlichen stützt.

Mit Rückbezug auf die christliche Anthropologie und die leiblich-geistige Zwienatur des Menschen[90] verteidigt Hugo eine moderne Ästhetik, deren Grundform ein vielgestaltiges Groteskes ist, das körperlich Bizarres, Häßliches und Komisches einschließt und im Sublimen sein spirituelles Gegenüber hat. »En effet, dans la poésie nouvelle, tandis que le sublime représentera l'âme telle qu'elle est, épurée par la morale chrétienne, lui [das Groteske – d. Verf.] jouera le rôle de la bête humaine. Le premier type, dégagé de tout alliage impur, aura en apanage tous les charmes, toutes les grâces, toutes les beautés [...]. Le second prendra tous les ridicules, toutes les infirmités, toutes les laideurs.« (420) Aus dieser Gegenüberstellung leitet Hugo dann in einer sehr interessanten wirkungsästhetisch

III. Die romantische Aufwertung des Häßlichen 45

argumentierenden Passage den Unterschied zwischen der Vielgestaltigkeit des Häßlichen und der ›Einförmigkeit‹ des Schönen ab: »Le beau n'a qu'un type; le laid en a mille. C'est que le beau, à parler humainement, n'est que la forme considérée dans son rapport le plus simple, dans sa symétrie la plus absolue, dans son harmonie la plus intime avec notre organisation. Aussi nous offre-t-il toujours un ensemble complet, mais restreint comme nous. Ce que nous appelons le laid, au contraire, est un détail d'un grand ensemble qui nous échappe, et qui s'harmonise, non pas avec l'homme, mais avec la création tout entière. Voilà pourquoi il nous présente sans cesse des aspects nouveaux, mais incomplets.« (420 f.)

Diese romantische Ästhetik des Häßlichen blieb nicht unwidersprochen. Im Jahre 1868 auf das romantische Ereignis, die Uraufführung von Hugos *Hernani* am 25. Februar 1830, zurückblickend, ironisierte etwa Théophile Gautier den romantischen Hang zum Häßlichen: »Quoiqu'on ait reproché à notre école l'amour du laid, nous devons avouer que les belles, jeunes et jolies femmes, furent chaudement applaudies de cette jeunesse ardente, ce qui fut trouvé de la dernière inconvenance et du dernier mauvais goût par les vieilles et les laides. Les applaudiers se cachèrent derrière leurs bouquets avec un sourire qui pardonnait.«[91]

In der Absetzung der modernen romantischen von der antiken Kunst betont Hugo die Einheit des Grotesken und Erhabenen: »Essayons de faire voir que c'est de la féconde union du type grotesque au type sublime que naît le génie moderne, si complexe, si varié dans ses formes, si inépuisable dans ses créations, et bien opposé en cela à l'uniforme simplicité du génie antique.«[92] Er gibt damit ein Modell vor, das auch für andere romantische Künstlerästhetiken gültig wird und worin das Häßliche als poetisches Prinzip im Spielraum des Grotesk-Erhabenen seine Funktionen erfüllt.[93]

3. *Heine und Baudelaire*

Ein Symptom der Kunst der Moderne, die sich am Ausgang der Romantik Mitte des 19. Jh. herausbildet, ist nun der Umstand, daß sie den von ihr selbst gesetzten Rahmen immer wieder entgrenzt und in der Künstlerästhetik das Bewußtsein von ihrer Pra-

xis und die Reflexion über diese Praxis entwickelte. Insbesondere bei Charles Baudelaire vollzieht sich in den 50er Jahren des 19. Jh., nahezu zeitgleich mit Rosenkranz' *Ästhetik des Häßlichen*, ein neuer Durchbruch bei der Reflexion des Häßlichen. Geschichtlicher Hintergrund dieser neuen Etappe der Begriffsgeschichte des Häßlichen ist die Herausbildung der modernen bürgerlichen Gesellschaft, in der durch Industrialisierung, Urbanisierung und Proletarisierung neuartige soziale Widersprüche aufreißen, die mit den ererbten Schönheitsbegriffen nicht in Übereinstimmung zu bringen sind und deshalb in ihren verschiedenen Erscheinungsformen als häßliche, die Kunst bedrängende Faktoren der Realität aufgefaßt wurden. Politisch und sozial gesehen, sind die beiden Pariser Revolutionen von 1848 der Scheitelpunkt, an dem die neue Klasse Abschied von ihren Illusionen nimmt und bei ihrem eigentlichen Inhalt, dem der Prosa des Alltags und der Geschäfte, ankommt. Marx' Analyse in *Die Junirevolution* (1848) benennt den Punkt der Wende: »Die *Februarrevolution* war die schöne Revolution, die Revolution der allgemeinen Sympathie, weil die Gegensätze, die in ihr gegen das Königtum eklatierten, *unentwickelt*, einträchtig nebeneinander schlummerten, weil der soziale Kampf, der ihren Hintergrund bildete, nur eine luftige Existenz gewonnen hatte, die Existenz der Phrase, des Worts. Die Junirevolution ist die häßliche Revolution, die abstoßende Revolution, weil an die Stelle der Phrase die Sache getreten ist.«[94]

Baudelaire hat das Jahr 1848 ähnlich verarbeitet. Die Februarrevolution sieht ihn als ihren schwärmerischen, republikanischen Parteigänger. In der ersten der beiden Nummern seiner Zeitschrift *Le Salut Public* schreibt er in den Februartagen über die ›Schönheit des Volkes‹: »Depuis trois jours la population de Paris est admirable de beauté physique. Les veiles et la fatigue affaissent les corps;

---

91 THÉOPHILE GAUTIER, Histoire du romantisme (1868; Genf 1980), 107.
92 HUGO (s. Anm. 88), 43.
93 Vgl. MARC FÖCKING, ›Ich weiß, daß ich häßlich bin.‹ Leopardi, Mary Shelley und die Sublimität des Häßlichen, in: Philologie im Netz 1 (1997), 17–27.
94 KARL MARX, Die Junirevolution (1848), in: MEW, Bd. 5 (1969), 134.

mais le sentiment des droits reconquis les redresse et fait porter haut toutes les têtes. Les physionomies sont illuminées d'enthousiasme et de fierté republicaine. [...] Qui veut voir des hommes beaux, des hommes de six pieds, qu'il vienne en France! Un homme libre, quel qu'il soit, est plus beau que le marbre, et il n'y a pas de nain qui ne vaille un géant quand il porte le front haut et qu'il a le sentiment de ses droits de citoyen dans le cœur.«[95] Nach der Niederlage der Juni-Insurrektion ensteht sein eigentliches Dichtungskonzept der Modernität, das mit der Einsicht gepaart ist, daß sich die moderne Wirklichkeit nicht mehr für die Idealisierung eignet. In der Koinzidenz von sozialen, politischen und poetischen Faktoren wird die französische Poesie nach 1848 zum Paradigma der Moderne, in deren Kontext die neuen Akzente des Häßlichen aufscheinen.

Gegenüber seinen Vorgängern zeichnet sich Baudelaire dadurch aus, daß bei ihm die Stilmischung von schön und häßlich auf einer entwickelteren Stufe der Modernität erfolgt. Sein Lob des ›Wahrhaftigen‹ (véridique), beispielsweise bei dem Karikaturisten Carle Vernet[96], darf nicht mehr im Sinne der sozialen Romantik als ›Wahrhaftigkeit‹ verstanden werden, sondern als Ernsthaftigkeit eines neuen poetischen Prinzips. Das Häßliche hat bei ihm keine sozialanklägerische Abbildfunktion, sondern ist Initiationspunkt für die Kreation neuer Schönheit. So sind seine häßlichen Sujets, für sich genommen, wohl auch Zeichen einer häßlichen Welt. Durch die Verbindung mit dem Schönen aber wird das Häßliche von ihm poetisiert. Deshalb ist die Stilmischung in seinen Gedichten, anders als bei Hugo, kein traditioneller Abbildbezug,

---

95 CHARLES BAUDELAIRE, Le Salut Public (1848), in: BAUDELAIRE, Bd. 2 (1976), 1032.
96 Vgl. BAUDELAIRE, Quelques caricaturistes français (1857), in: BAUDELAIRE, Bd. 2 (1976), 544.
97 BAUDELAIRE, Salon de 1846, in: BAUDELAIRE, Bd. 2 (1976), 432.
98 Vgl. GAUTIER, Charles Baudelaire, in: Baudelaire, Œuvres complètes, Bd. 1 (Paris 1868), 1–75.
99 BAUDELAIRE, Exposition universelle 1855. Beaux Arts, in: BAUDELAIRE, Bd. 2 (1976), 578.
100 BAUDELAIRE, Edgar Poe, sa vie et ses œuvres (1856), in: BAUDELAIRE, Bd. 2 (1976), 316.
101 BAUDELAIRE, Les fleurs du mal (1857), in: BAUDELAIRE, Bd. 1 (1975), 25.

sondern wirkungsästhetisch gerichtet. Sie ist Mittel der Evokation für die Erzeugung von Intensität und Expressivität und Mittel zur ›Erhebung‹ des Rezipienten, der zwischen sich und dem Gedicht einerseits und der Wirklichkeit andererseits die Distanz der Poesie legen soll. Seinen Abstand zu dem ›realistischen‹ Hugo pointiert Baudelaire im paradoxen Gegensatz von ›Maler‹ Hugo und ›Dichter‹ Eugène Delacroix: »Trop matériel, trop attentif aux superfices de la nature, M. Victor Hugo est devenu un peintre en poésie; Delacroix, toujours respectueux de son idéal, est souvent, à son insu, un poète en peinture.«[97]

Der Anspruch auf Schönheit gegenüber der häßlichen Realität wird nicht aufgegeben. Der Baudelairesche Ekel am Wirklichen geht einher mit der Suche nach neuen Schönheiten, in denen das Sonderbare, die Trauer, Schwermut und Sehnsucht mitschwingen und in denen das Unregelmäßige, das Unerwartete, die Überraschung und das Erstaunen Platz finden sollen.[98] Das Ungenügen am katheder ästhetischen Schönheitsbegriff drückt sich in der Feststellung aus: »Le beau est toujours bizarre. [...] c'est cette bizarrerie qui le fait être particulièrement le Beau. C'est son immatriculation, sa caractéristique. Renversez la proposition, et tâchez de concevoir un *beau banal!*«[99] An Edgar Allan Poe rühmt er die ausgeprägte Liebe zum Schönen und seine Kenntnis der harmonischen Bedingungen der Schönheit, »son admirable style, pur et bizarre«[100]. Dieser Schönheitsbegriff verdichtet sich in *Les fleurs du mal* (1857) zum poetologischen Prinzip: Die Schönheit ist göttlichen und satanischen Ursprungs – »Ô Beauté! monstre énorme, effrayant, ingénu!«[101] (*Hymne à la Beauté*). Hoher Stil (u. a. in der Sonettform) verbindet sich mit schockierend häßlichen Sujets, etwa mit der Ästhetisierung körperlicher Verwesung in *Une charogne* oder in *Un voyage à Cythère*. Das Revolutionäre an diesen Gedichten ist, daß das Häßliche das Schöne gleichsam fermentiert. Schönes und Häßliches gehen eine Art chemische Verbindung ein, in der sich schließlich die beiden Bestandteile gar nicht mehr genau sondern lassen. Seit Baudelaire kann die Poesie daher nicht mehr durch einen einfachen Begriff des Schönen definiert werden: »Et le ciel regardait la carcasse superbe / Comme une fleur s'épanouir. / La puanteur était si forte, que sur l'herbe / Vous crûtes vous évanouir.«[102] (*Une charogne*) Baudelaire treibt ein virtuoses Spiel mit den verschiedenen ästhetischen Grenzkategorien des Komischen, Schön-Häßlichen, Erhabenen, Grotesken, was auch sein kulturpoetisches Interesse für die Karikatur motiviert.[103] Die Karikatur ist Überschreitungsfigur vom Schönen zum Häßlichen, mit der besonderen Pointe, daß das Häßliche ins Komische umschlägt:»Chose curieuse et vraiment digne d'attention que l'introduction de cet élément insaisissable du beau jusque dans les œuvres destinées à représenter à l'homme sa propre laideur morale et physique! Et, chose non moins mystérieuse, ce spectacle lamentable excite en lui une hilarité immortelle et incorrigible.«[104]

Im deutschen Sprachraum ist es vor allem Heinrich Heine, dessen Künstlerästhetik einen Beitrag zur Dialektik des Schönen und Häßlichen liefert. Sein Prosabegriff, der ähnlich wie bei Hegel konstruiert ist, impliziert die häßliche Prosa des bürgerlichen Alltags und kapitalistischen Geschäfts, besonders markant im Topos des häßlichen England. Die Engländer seien das »auserwählte Volk der Prosa, das in Indien und Italien ebenso prosaisch, kühl und berechnend bleibt wie in Threadneedle Street«[105]. Verwandt ist Heine aber auch mit Baudelaire, und zwar in der Ähnlichkeit, wie das Alltägliche und Gewöhnliche innerhalb der Kunstform Prosa in die Dialektik des Schönen hineingezogen wird. Gegenüber Baudelaire aber gibt es bei Heine eine eigentümliche, akzentuierte Fassung des Häßlichen als außerästhetisches, soziales, die Kunst bedrängendes und bedrohendes Element, das in seiner geschichtsphilosophischen Dimension vielleicht mit Baudelaires ›Spleen‹ vergleichbar ist. Die klassische Stelle dafür findet sich in der *Lutetia* (1854): Der Flaneur registriert den Kontrast zwischen den luxuriösen Kunstsachen in den Schaufenstern der Pariser Boulevards und den häßlichen Gesichtern des Publikums davor. »Die Gesichter dieses Publikums sind so häßlich, ernsthaft und leidend, so ungeduldig und drohend, daß sie einen unheimlichen Kontrast bilden mit den Gegenständen, die sie begaffen, und uns die Angst anwandelt, diese Menschen möchten einmal mit ihren geballten Fäusten plötzlich dreinschlagen und all das bunte, klirrende Spielzeug der vornehmen Welt mitsamt dieser vornehmen Welt selbst gar jämmerlich zertrümmern.«[106] Die Kontradiktorik von schön und häßlich lädt sich mit der von industrieller Perspektive, Emanzipation des Proletariats, Vernützlichung aller Beziehungen einerseits und Kunst und Kunstverlust andererseits auf. Die Schönheit stirbt an der Kur der Radikalen, die zwar »die leidende Menschheit« auf eine »kurze Zeit von ihren wildesten Qualen befreien« können, aber doch nur »auf Kosten der letzten Spuren von Schönheit, die dem Patienten bis jetzt geblieben sind; häßlich wie ein geheilter Philister wird er aufstehen von seinem Krankenlager, und in der häßlichen Spitaltracht, in dem aschgrauen Gleichheitskostüm, wird er sich all sein Lebtag herumschleppen müssen.« (226)

Das Spätwerk Heines steht ganz im Zeichen des Gegensatzes von Wahrheit und Schönheit, in dem der Dichter immer für die Schönheit kämpft und dabei nun doch auch im Dienste der Wahrheit steht. Auch für Heine ist das Jahr 1848 und seine ›häßliche Revolution‹ der Scheitelpunkt. Im Mai 1848 geht Heine zum letzten Mal außer Haus und nimmt im Louvre Abschied von den »holden Idolen seines Glücks«: »Ich brach fast zusammen, als ich in den erhabenen Saal trat, wo die hochgebenedeite Göttin der Schönheit, Unsere liebe Frau von Milo, auf ihrem Postamente steht.« Er betete sie an; ihr Ausdruck aber war so, »als wollte sie sagen: siehst du denn nicht, daß ich keine Arme habe und also nicht helfen kann«[107]. Schön und häßlich werden mit dem Gegensatz von Wahrheit und Schönheit verquickt und bleiben überdies ver-

---

102 Ebd., 31.
103 Vgl. GÜNTER OESTERLE, Karikatur als Vorschule von Modernität. Überlegungen zu einer Kulturpoetik der Karikatur mit Rücksicht auf Charles Baudelaire, in: S. Vietta/D. Kemper (Hg.), Ästhetische Moderne in Europa (München 1998), 259–286.
104 BAUDELAIRE, De l'essence du rire et généralement du comique dans les arts plastiques (1855), in: BAUDELAIRE, Bd. 2 (1976), 526.
105 HEINRICH HEINE, Lutetia. Berichte über Politik, Kunst und Volksleben (1854), in: Heine, Werke und Briefe, hg. v. H. Kaufmann, Bd. 6 (Berlin 1962), 325.
106 Ebd., 397.
107 HEINE, Nachwort zum ›Romanzero‹ (1851), in: Heine (s. Anm. 105), Bd. 2 (Berlin 1961), 189f.

bunden mit Heines zentraler, seine Weltanschauung und Poesie bildenden Kontradiktorik von Nazarenern und Hellenen, von Spiritualismus und Sensualismus: »Oh, dieser Streit wird enden nimmermehr, / Stets wird die Wahrheit hadern mit dem Schönen, / Stets wird geschieden sein der Menschheit Heer / In zwei Partei'n: Barbaren und Hellenen.«[108]

IV. Die Negativität des Häßlichen in der philosophischen Ästhetik der Hegelschule

Die 50er Jahre des 19. Jh. markieren einen tiefen Einschnitt in der Begriffsgeschichte des Häßlichen, der in der Koinzidenz des poetischen, philosophischen und industriellen Ereignisses seinen Grund hat: 1853 erschien Karl Rosenkranz' *Ästhetik des Häßlichen*, die den Höhepunkt und zugleich den toten Punkt der philosophischen Beschäftigung mit dem Häßlichen bezeichnet. 1857 veröffentlichte Charles Baudelaire seine *Fleurs du mal*, wo häßlich und schön erstmals in neuer poetischer Mixtur erscheinen, und 1851 öffnete die erste Weltausstellung in London ihre Pforten, auf der die Warenästhetik beginnt, indem auf das häßliche bzw. häßlich erscheinende Industrieprodukt eine Ästhetik appliziert wird, die von der Industrie gefertigte Gebrauchs- und Dekorationsgegenstände zu künstlerischer Bedeutsamkeit stilisiert[109] und auf die sinnlich wahrnehmbare Schönheit des Gebrauchsgegenstandes abzielt, um beim Betrachter den Besitzwunsch zu erregen und ihn so zum Kauf zu animieren.[110] Die Industrie-Kunst-Debatte des 19. Jh. ist zugleich eine Debatte des Häßlichen, weil die Gestaltungsweisen des Handwerks von der Industrie und industriellen Massenfertigung überholt werden und die Frage entsteht, wie die (alten) Schönheiten des Handwerks unter den neuen Bedingungen der Industrie für die Produkte wiederzugewinnen sind.

Die Häßlichkeiten von Industrialisierung, Urbanisierung, Proletarisierung lassen sich nicht mehr mit dem wirkungsästhetischen Prinzip des Erhabenen neutralisieren. Die Negativität des Häßlichen wird für die zeitgenössische Schulphilosophie des Hegelianismus, gerade weil die Deutungsmuster des Erhabenen verbraucht sind und nicht mehr zur Verfügung stehen, zum herausfordernden Problem des Philosophierens.

In Kenntnis der Berliner Ästhetikvorlesungen Hegels aus den 20er Jahren betont die jüngste Hegelforschung, daß Hegel selbst, im Rahmen der Bestimmung der romantischen Kunstform, »die eigentlich revolutionäre ›Ästhetik des Häßlichen‹ entwickelt hat, während seine Schüler einer traditionellen Bestimmung des Häßlichen verhaftet bleiben«[111]. Auch wenn man dies einräumt, dürfen die klassizistischen Stellungnahmen Hegels zum Problem des Häßlichen nicht unterschlagen werden. Es kommt dann darauf an, die Spannung zwischen der Beurteilung klassischer und moderner Kunst in Hegels Philosophie zu erfassen. Zunächst: Das Häßliche hat in Hegels Ästhetik (als Philosophie der schönen Kunst verstanden) keinen Platz, weil Hegel einen klassizistischen, an der antiken Skulptur orientierten Kunstbegriff zugrunde legt. In seiner Bestimmung des Schönen kommt der Kunst (nach »ihrer höchsten Bestimmung«[112]) emphatische Wahrheitsfunktion zu; Schönheit ist das »sinnliche *Scheinen*« (146) der absoluten Idee des Wahren, Guten, Schönen. Das Häßliche ist der äußere Widerspruch der leiblichen Erscheinung zur ›schönen Seele‹ in der klassischen Kunst und ihrer Verkörperung des Ideals der Schönheit an und für sich.[113] Im Abschnitt ›Vom Klassischen überhaupt‹ findet sich dann auch der traditionelle Topos der Verschönerung des Häßlichen: Es gibt Totes, Häßliches an der menschlichen Gestalt. »Ist dies der Fall, so ist eben die Sache der Kunst, den Unterschied des bloß Natürlichen und des Geistigen auszulöschen und die äußere Leiblichkeit zur schönen, durch und durch gebildeten, beseelten und geistig lebendigen Gestalt zu machen.« (424)

---

108 HEINE, Für die Mouche (entst. 1848–1856), in: Heine (s. Anm. 105), Bd. 2 (Berlin 1961), 450.
109 Vgl. GEORG MAAG, Kunst und Industrie im Zeitalter der ersten Weltausstellungen (1982; München 1986).
110 Vgl. WOLFGANG FRITZ HAUG, Warenästhetik (Frankfurt a. M. 1975).
111 Vgl. ANNEMARIE GETHMANN-SIEFERT, Hegel über das Häßliche in der Kunst, in: Hegel-Jahrbuch, hg. v. A. Arndt/K. Bal/H. Ottmann (Berlin 2000), 21.
112 HEGEL (ÄSTH), 57.
113 Vgl. ebd., 784 f.

IV. Die Negativität des Häßlichen in der philosophischen Ästhetik der Hegelschule 49

Ein anderer Ansatz Hegels, das Häßliche im theoretischen Begriff zu bewältigen, ist seine Theorie der romantischen Kunstform, in der die absolute Idee des Schönen nur noch in einer Reduktionsform existiert. Sie liefert Ansätze für eine Theorie der Moderne, eine Theorie der ›nicht mehr schönen Künste‹[114], die von den Hegelnachfolgern nicht aufgegriffen und in ihrer Bedeutung erst im 20. Jh. wiederentdeckt wurde. In der romantischen Kunstform, die zeitlich gesehen mit der christlich inspirierten Kunst einsetzt, ist das Häßliche dagegen notwendiges Moment, so in der Passionsgeschichte, in Christi Leiden am Kreuz, in der Pein seines Todes. Die Sphäre dieser Darstellung trennt sich »am meisten vom klassischen plastischen Ideal ab«[115]. »Christus gegeißelt, mit der Dornenkrone, das Kreuz zum Richtplatz tragend, ans Kreuz geheftet, in der Qual eines martervollen, langsamen Todes hinsterbend, läßt sich in der Form der griechischen Schönheit nicht darstellen, sondern in diesen Situationen ist das Höhere die Heiligkeit in sich.« (513) Im weiteren Kreis um den Gekreuzigten »aber werden die Feinde, indem sie sich Gott gegenüberstellen, [...] als innerlich böse vorgestellt, und die Vorstellung der inneren Bosheit und Feindschaft gegen Gott führt nach außen hin die Häßlichkeit, Roheit, Barbarei, Wut und Verzerrung der Gestalt mit sich. In allen diesen Beziehungen tritt hier im Vergleich mit der klassischen Schönheit das Unschöne als notwendiges Moment auf.« (ebd.)

Die eigentliche Einführung des Häßlichen als selbständige Kategorie in die philosophische Ästhetik erfolgt durch den von Schelling und Solger beeinflußten Hegelianer Christian Hermann Weisse, zu einem Zeitpunkt, als die ästhetische Erfahrung mit der massiver werdenden Widersprüchlichkeit gesellschaftlicher Wirklichkeit konfrontiert wird und Bedarf an einer dialektisch ausdeutbaren negativen ästhetischen Kategorie entsteht. In der Hegelnachfolge stehend, stiftet Weisse eine Tradition innerhalb der deutschen Ästhetik, die über Arnold Ruge, Karl Rosenkranz und Friedrich Theodor Vischer bis weit in die zweite Hälfte des 19. Jh. reicht und dann seit den 80er Jahren von den Neukantianern und den Vertretern einer ›Ästhetik von unten‹ schärfstens kritisiert wird. Wie auch immer unterschiedlich in den einzelnen Systemen, wird in dieser Tradition das Häßliche in das enthistorisierte Kategoriengefüge des Schönen, Erhabenen und Komischen eingebunden: das Erhabene mit der Tendenz der Integration ins Schöne, das Häßliche mit der Tendenz der Ausgrenzung aus dem Ästhetischen bzw. seiner Aufhebung und Überwindung im Komischen.

Der Preis der Enthistorisierung der ästhetischen Konzeption in der Nachfolge Hegels war die erneuerte religiöse Bestimmung des Ästhetischen und der Kategorien des Erhabenen und Häßlichen. Gegenüber der historischen Abfolge von Kunst, Religion und Philosophie bei Hegel sind in Weisses Ästhetik Kunst und Religion die Formen des absoluten Wissens der Gegenwart und Zukunft.[116] Die ästhetische Wissenschaft stellt sich nach Weisse die Aufgabe, »die Gestaltung des *Begriffs* der Schönheit zur *Idee* der Schönheit zu verfolgen«[117]. Idealiter existiert das Schöne in der Idee, realiter aber in der Mitte zwischen Idee und Wirklichkeit. Auf diesem Basissatz gründet sich die dialektische Behandlung des Häßlichen: »Dieser Unterschied zwischen der Allgemeinheit des Schönen und seiner unendlichen Einzelheit muß sich innerhalb [...] der Schönheit selbst als Gegensatz und Widerspruch äußern und es gehen hieraus die Begriffe der *Erhabenheit*, der *Häßlichkeit* und des *Komischen* hervor« (137). In den Formulierungen nahezu identisch mit Solger[118], betrachtet Weisse das Erhabene in religiöser Interpretation als die »Negativität des besonderen und einzelnen Schönen«, aber darin auch als »die erscheinende Gottheit«, indem das Erhabene innerhalb des Schönen zwischen dem Endlichen und Göttlichen vermittelt. Häßlichkeit dagegen bestimmt Weisse als »verkehrte oder auf den Kopf gestellte Schönheit«[119]. So ist die Darstellung des Todes eine erhabene Erschei-

---
114 Vgl. JAUSS (s. Anm. 16).
115 HEGEL (ÄSTH.), 512.
116 Vgl. CHRISTIAN HERMANN WEISSE, System der Ästhetik als Wissenschaft von der Idee der Schönheit, Bd. 2 (Leipzig 1830), 517.
117 Ebd., Bd. 1 (Leipzig 1830), 137.
118 Vgl. KARL WILHELM FERDINAND SOLGER, Erwin. Vier Gespräche über das Schöne und die Kunst (1815), hg. v. W. Henckmann (München 1971), 168–170.
119 WEISSE (s. Anm. 117), 157, 144, 179.

nung, wenn sie sich auf die allgemeine Idee der absoluten Grenze und Negativität des Lebens bezieht. Wird der Tod aber an den Körper und seinen Verfall, an das zerstörende und sich aufzehrende Leben gebunden, so wird die Darstellung häßlich.[120] Durch die religiöse Definition des Schönen fällt auch die Bestimmung des Häßlichen in den Bannkreis der Theodizee zurück. Das Häßliche ist Abfall vom Schönen, wie das Böse Abfall vom Guten ist, und beides ist im christlichen Weltbild göttlichen Ursprungs. »Wie man von einer in dem Bösen fortwirkenden Macht des Guten und der Gottheit gesprochen hat, welche die Substanz desselben ausmache, aber wegen ihres Abfalls und der Verkehrung der in ihr enthaltenen Elemente den Begriff des Guten verunreinigt und getrübt darstelle, so ist in dem Häßlichen dieselbe Substanz des absoluten Geistes gegenwärtig, welche das Schöne zum Schönen machte« (180). Das Komische schließlich vermag das Häßliche aufzuheben: »Was in der geschichtlichen Wirklichkeit nothwendig zum Häßlichen und Bösen ward, das verwandelt die Dichtung des Komikers in ein Lächerliches, indem sie es als ein unwirkliches darstellt« (233).

Überraschenderweise vollzieht sich auch bei Arnold Ruge, der im Gegensatz zum konservativen Weisse zum linken Flügel der Hegelschule gehört, die Ableitung des Häßlichen innerhalb einer religiösen Idee: »Wenn sich der endliche Geist in seiner Endlichkeit gegen seine Wahrheit den absoluten Geist festhält und geltend macht, so wird dieser sich selbst genügenwollende Geist als Erkenntnis *die Unwahrheit*, als Wille, der sich lossagt und in seiner Endlichkeit nur sich beabsichtigt, das *Böse*, und beides, *wenn es zur Erscheinung kommt, das Häßliche.*«[121] Deutlicher dagegen als bei Weisse erscheinen nun die sozialen Hintergründe in der ästhetischen Reflexion des Häßlichen. Daß die Helden der modernen Literatur »Manufacturhelden, große Landwirthe, der berühmte Banquier, Fulton und seine Dampfmaschine« (97) sind, bedeute ein Verharren in der Endlichkeit und den »Abfall von der Idee« (98), der als Auflehnung gegen die Wahrheit ein Prinzip der Häßlichkeit sei. Dieses Steckenbleiben in der Endlichkeit konstatiert Ruge auch – fatales Zeugnis für die Judenfeindschaft bei den radikalen Linken des Vormärz – für die ›häßlichen‹ Juden: Bei ihnen sei »der Schacher in Muskel und Gesichtsbildung hineingetreten […], sie selbst stehen vollständig im Gegensatz gegen den geoffenbarten und herrschenden Geist in Religion, Sitte und Staat, und tragen auch von dieser Widersetzlichkeit das Siegel an der Stirne […]. Je mehr die Widersetzlichkeit sich selbst aufgiebt, je mehr dieses unglückliche Volk ins Christliche untergeht, desto weniger treten sie uns als häßliche Erscheinungen entgegen.« (95 f.)

In den Bestimmungen des Erhabenen, Komischen und Häßlichen geht Ruge kaum über Weisse hinaus, ja er beruft sich in den meisten Punkten auf ihn. Neu gegenüber Weisse ist allerdings die Kritik der modernen Kunst, die gar nicht in Weisses Blickfeld getreten war. Der Hauptstoß gilt der »häßlichen poetischen Richtung« (101) der Romantik, namentlich E. T. A. Hoffmann und Heinrich Heine; jenem wegen der »ganz besonderen Verruchtheit« des Gräßlichen, »welches die Phantasie überwältigt« (100), diesem wegen seiner ›Frivolität‹.[122] Ruge betrachtet es als poetisch-häßlichen Ausdruck einer prosaisch-häßlichen Welt, die mit liberaler Politik zu ›schöneren‹ Verhältnissen geführt werden soll. Die Versöhnung des Häßlichen im Komischen, »die Befriedigung […] des Komischen in sich als das *Sichwissen* des Geistes im Act seiner Befreiung« (138), erscheint als das ästhetische Versprechen für die liberale politische Hoffnung.

Eine sich ausschließlich mit dem Häßlichen befassende Ästhetik schreibt 1853 der Hegelschüler und Königsberger Philosophieprofessor Karl Rosenkranz, mit dessen *Ästhetik des Häßlichen* die in der Hegelnachfolge stehende systemphilosophische Beschäftigung mit dem Häßlichen ihren Höhepunkt erreicht. Auch bei Rosenkranz zeigt sich die metaphysische Enthistorisierung der Kategorien u. a. darin, daß die historische Dimension, die Geschichte der Kategorie des Häßlichen vollends ausgeblendet ist. Diese holt dann Charles Bénard, der französische Rezensent der *Ästhetik des Häßlichen*

---

120 Vgl. ebd., 178.
121 RUGE, 93.
122 Vgl. ebd., 102 f.

nach, indem er die Fragestellung erstmals bis zu Plotin zurückverfolgt.[123]

An Hegels Ästhetik beklagte Rosenkranz das Fehlen einer Metaphysik des Schönen, in der begriffliche Kategorien des Schönen dialektisch entfaltet werden können. Sein eigenes Schema einer solchen Metaphysik hat er mehrfach in Briefen (der Plan einer Ästhetik des Häßlichen beschäftigte ihn bereits seit den 30er Jahren) und in seinem *System der Wissenschaft* (1850) skizziert. In § 826 dieses seines wissenschaftlichen Hauptwerkes lauten die Definitionen: »Das Schöne ist 1. positiv die in sinnlicher Form harmonisch erscheinende Unfreiheit und Zerrissenheit des Geistes; 2. negativ die in sinnlicher Form disharmonisch erscheinende Unfreiheit des Geistes; 3. die Aufhebung dieser Unform durch ihre Herabsetzung zu einem Spiel der Freiheit des Geistes. Das Schöne ist folglich das einfach Schöne oder Häßliche oder das Komische.«[124] Dies stellte bereits den Grundriß der *Ästhetik des Häßlichen* dar. Die ungefähre Gliederung, die aus der Differenzierung dieser Triade erwuchs, findet sich in § 830: »In der Freiheit liegt die Möglichkeit der Negation des Maaßes sowohl der Nothwendigkeit der Natur als des Geistes selber. Hierdurch entsteht das Häßliche. Die Schönheit der Maaßverhältnisse verkehrt sich in die Formlosigkeit sei es des Geschehens, oder des Ungestalten und Verhältnißlosen. Die Erhabenheit aber findet ihr Gegenteil an der Gemeinheit, die Gefälligkeit an der Widrigkeit. Das Häßliche vollendet sich in der Karikatur, in welcher sich der Widerspruch der Freiheit mit ihrem Wesen durch die Unförmlichkeit der Gestalt und Bewegung ausdrückt.« (564) Die systematische Aufgliederung des Häßlichen in die Formlosigkeit, die Inkorrektheit und die Defiguration oder Verbildung ist hier angelegt und erkennbar auch die alte, aus der Antike bereits bekannte Unterteilung in die Formverletzung (Formlosigkeit und Inkorrektheit) und das moralisch und ethisch Häßliche (das ›Gemeine‹ und ›Widrige‹).[125]

Diese ›Metaphysik des Schönen‹ läuft auf eine eigentlich nicht vermittelte Entgegensetzung von Schönen und des Häßlichen hinaus: »Das Schöne ist die göttliche, ursprüngliche Idee, und das Häßliche, seine Negation hat eben als solche ein erst sekundäres Dasein«[126]. Wie sich die übersinnliche Idee des Schönen, die absolute Idee des Wahren, Guten und Schönen, mit der Hölle des Schönen, dem Häßlichen, verbindet, bleibt offen. Rosenkranz' relativ strikte Scheidung von absoluter Idee des Schönen und schlechter, häßlicher Endlichkeit zeigt seinen latenten Klassizismus, der sich prägnant in dem Satz verrät: »Das Schöne wird [...] als die Macht offenbar, welche die Empörung des Häßlichen seiner Herrschaft wieder unterwirft« (14).

In ihrer klassizistischen Gesinnung ist die *Ästhetik des Häßlichen* Ansdruck des Scheiterns und der politischen Resignation des Liberalen nach der 48er Revolution wie auch ›Widerstandsästhetik‹, indem sie auf das Ertragen des Bestehenden und die Affirmation des Häßlichen orientiert. Auch der Ausdruck der Furcht und des Schreckens vor den neuen sozialen Phänomenen der Zeit und ihrer tiefgreifenden Zerstörung alter Werte hinterläßt in der *Ästhetik des Häßlichen* seine Spur. Das »welthistorische Auftreten des Proletariats« (264) und »die fortschreitende Zersetzung der Gesellschaft« (331) in den großen Städten erzeugen die häßlichen Stoffe, die in die Kunst Eingang finden: Das Londoner Proletariat »besteht fast nur aus Caricaturen, und diese Caricaturen bestehen fast nur aus Frazzen, die ganz den eigenthümlichen Sinn haben, den aus den Zerrbildern von Cruishank und Phiz uns anwidert« (331). An Varnhagen schreibt er 1854: »Meine Neigung, das Negative in allen seinen Formen zu studiren, wächst [...], und meine Ästhetik des Häßlichen [...] wird wohl nur der Anfang einer Reihe viel tiefer in die Hölle des Daseins sich einbohrender Arbeiten sein.«[127] Rosenkranz versteht seine *Ästhetik des Häßlichen* als »ästhetische Pathologie«[128]. Dieser Bezug auf

---

123 Vgl. CHARLES BÉNARD, L'esthétique allemande contemporaine. L'esthétique du laid. K. Rosenkranz, in: Revue philosophique 4 (1877), H. 2, 233–265.
124 KARL ROSENKRANZ, System der Wissenschaft. Ein philosophisches Encheiridion (Königsberg 1850), 562.
125 Vgl. ROSENKRANZ, 147–224 u. 225–284.
126 ROSENKRANZ, 14.
127 ROSENKRANZ an Varnhagen von Ense (18. 1. 1854), in: Warda (s. Anm. 4), 203.
128 ROSENKRANZ, Carrières Ästhetik, in: Rosenkranz, Neue Studien, Bd. 4 (Leipzig 1878), 435.

›pathologisch‹ ist nicht nebensächlich, weil mit der *Ästhetik des Häßlichen* auch die Begriffe des ästhetisch Kranken und Gesunden unterlegt werden, die sich ihrerseits am Normalitätsdiskurs des 19. Jh. orientieren.[129] Der monistische Normalitätsdiskurs unterstellt, anders als die dualistische Auffassung von Krankheit und Gesundheit als Kampf des Guten und Bösen um den Menschen in der Theorie des 18. Jh., einen unmerklichen Übergang von den ›normalen‹ zu den pathologischen Zuständen. Ganz analog die ›ästhetische Pathologie‹. In dem Maße, wie die ›dualistische‹ Ästhetik des Erhabenen und Schönen an Einfluß verliert, wird auch das Häßliche, beginnend mit der Romantik, einem Prinzip des Monismus in der Ästhetik verpflichtet. Wie in der Medizin die Krankheit keine eigene Realität mehr besitzt, sondern ›gesunde‹ und ›kranke‹ Zustände mit dem Maßstab der Normalität gesetzt werden, wird auch das Häßliche in der Ästhetik des 19. Jh. als Abweichung von der Norm bzw. von den Normen ermittelt. Beginnend mit Friedrich Schlegel wird die ›Ästhetik des Häßlichen‹ zum Instrument der Ausmittelung ästhetischer Normalität. In seiner empirischen Phänomenologie des Häßlichen sammelt Rosenkranz seine Belege im stufenlosen Übergang vom Schönen zum Häßlichen und zum Komischen.

Gerade in dieser empirischen Bestandsaufnahme häßlicher Formen ist aber auch, trotz aller klassizistischer Wertung, die Faszination an Phänomenen des Häßlichen, Grotesken, Komischen und der Karikatur bei Rosenkranz unverkennbar. Besonders der Karikatur hat sich Rosenkranz auch mit Sammlerfleiß verschrieben. Seine Vorliebe für die Karikatur steht dabei in offensichtlicher Spannung zu seinem Klassizismus – nicht nur bei ihm, sondern bereits hundert Jahre früher bei William Hogarth. Über ihn schrieb Schlegel in seinen *Athenäums-Fragmenten* (1798): »Hogarth hat die Häßlichkeit gemalt und über die Schönheit [gemeint ist Hogarths Schrift *Analysis of Beauty*, 1753 – d. Verf.] geschrieben.«[130] Rosenkranz' Zeitgenosse, der französische Grafiker und Karikaturist Grandville, hatte diesen Zwiespalt bereits überwunden. Sein Zyklus *Un autre monde* (1844) reagierte auf die Häßlichkeiten des neuen Zeitalters mit schreckenerregenden Deformationen seiner Figuren, die selbst Baudelaire Unbehagen verursachten.[131] Und wie ein Pendant zu Daumiers bösartigen Karikaturen des Bourgeois liest sich Mallarmés Plan, den er im September 1867 Villiers de l'Isle-Adam anvertraute: Er plane ein Buch über die Schönheit, in dem zugleich über die ›Ästhetik des Bourgeoisie‹ als universelle Theorie des Häßlichen gehandelt werde: »J'en avais un vague plan, mais le conserve pour l'avenir, dans plusieurs années, alors que mon livre de Beauté serait achevé. Cela s'appelle, en effet, ›Esthétique du *Bourgeois*, ou la Théorie Universelle de la *laideur*«[132]. Man vergleiche mit dieser Forderung nach einer Ästhetik des Bourgeois die groteske, vom Haß diktierte Verhäßlichung des Bürgers bei George Grosz, so in den *Stützen der Gesellschaft* von 1926.[133] Welcher Unterschied zur Karikatur, wie sie noch Christoph Martin Wieland, die Darstellung des Häßlichen in ihr stark begrenzend, versöhnlich beschrieben hatte: Karikaturen als »Moralische Individual-Gemälde«[134] zum Zwecke gründlicher Menschenkenntnis und des Menschenstudiums, zur Beförderung der Selbsterkenntnis, der Lebensklugheit und der stufenweisen Verbesserung von Denkart und Sitte.[135]

---

129 Vgl. GEORGES CANGUILHEM, Le normal et le pathologique (1966; Paris ⁶1996); JÜRGEN LINK, Versuch über den Normalismus. Wie Normalität produziert wird (Opladen 1997).
130 F. SCHLEGEL, Fragmente (1798), in: SCHLEGEL (KFSA), Bd. 2 (1967), 194.
131 Vgl. BAUDELAIRE (s. Anm. 96), 558.
132 STÉPHANE MALLARMÉ an Auguste de Villiers de l'Isle-Adam (30. 9. 1867), in: Mallarmé, Correspondance complète 1862–1871 (Paris 1959), 369.
133 Vgl. WERNER SPIES, Panoptikum des Häßlichen, George Grosz und die deutsche Physiognomie, in: Frankfurter Allgemeine Zeitung (24. 7. 1993), [Beilage ›Bilder und Zeiten‹].
134 CHRISTOPH MARTIN WIELAND, Unterredungen zwischen W** und dem Pfarrer zu *** (1775), in: Wieland, Werke, hg. v. F. Martini/H. W. Seiffert, Bd. 3 (München 1967), 340.
135 Vgl. ebd., 342.

V. Das Häßliche in Nietzsches physiologischer Ästhetik

In Arthur Schopenhauers platonisierender Ästhetik gibt es keine systematische Stelle mehr für das Häßliche, weniger noch als bei Kant. Selbst innerhalb des Erhabenen, das Schopenhauer ganz so wie Kant vom Schönen unterscheidet und unter der Überschrift ›Die Platonische Idee: Das Objekt der Kunst‹ behandelt, kommt es nicht vor, weil Schopenhauer hinsichtlich der die Wirkung des Erhabenen auslösenden Momente nur abstrakt von »bedeutsamen Gestalten« spricht, die in der Wirkung der beim Genuß des Schönen waltenden kontemplativen Haltung Widerstand leisten und so einen »Zustand der Erhebung« herbeiführen. »Bei dem Erhabenen ist jener Zustand des reinen Erkennens allererst gewonnen durch ein bewußtes und gewaltsames Losreißen von den als ungünstig erkannten Beziehungen des selben Objekts zum Willen«. Die Brücke zu Nietzsche und dessen Verständnis des Häßlichen liegt indessen dort, wo Schopenhauer dieses ›Objekt‹ existenzphilosophisch und ästhetisch philosophierend als »menschlichen Leib«[136] faßt.

Betrachtet man Nietzsches Konzeptualisierungen des Häßlichen, so muß man eine frühe (*Die Geburt der Tragödie aus dem Geiste der Musik*, 1872) von einer späten Werkphase abheben. Innerhalb des Dionysischen ortet Nietzsche in der Tragödienschrift das Häßliche als Zerreißung des apollinischen »principii individuationis« in den dionysischen Orgien, in denen »die Natur ihren künstlerischen Jubel«[137] erreicht. Im ›Versuch einer Selbstkritik‹, dem Vorwort zur Tragödienschrift aus dem Jahre 1886, in dem Nietzsche das Apollinische und Dionysische in den Spannungsbogen zwischen schön und häßlich bindet, ordnet er das urgriechische »*Verlangen nach dem Hässlichen*« ein in den ›guten‹, ›strengen‹ Willen der »älteren Hellenen zum Pessimismus, zum tragischen Mythus, zum Bilde alles Furchtbaren, Bösen, Räthselhaften, Vernichtenden, Verhängnissvollen auf dem Grunde des Daseins«: dies der chthonische Grund der Tragödie, die »Synthesis von Gott und Bock im Satyr« (10). Besonders an der dionysischen Musik und im Gegensatz von (apollinischer) Kithara- und (dionysischer) Flötenmusik macht Nietzsche in der dissonanten Musik die »erschütternde Gewalt des Tones« aus, von der die pathetischen Wirkungen von »Schrecken und Grausen« (29) ausgehen. Dies sind noch relativ traditionelle Zuweisungen, wie auch die, daß die Kunst das Häßliche zu bändigen vermag: Die Kunst allein »vermag jene Ekelgedanken über das Entsetzliche oder Absurde des Daseins in Vorstellungen umzubiegen, mit denen sich leben lässt: diese sind das *Erhabene* als die künstlerische Bändigung des Entsetzlichen und das *Komische* als die künstlerische Entladung vom Ekel des Absurden.« (53)

Die Konzeptualisierungen des Häßlichen im Spätwerk Nietzsches folgen dagegen einer mehrstelligen Logik[138], deren Zentrum von Nietzsches »*Physiologie der Ästhetik*«[139] gebildet wird. Zunächst: Das dionysische, pathetisch wirkende Häßliche ist, wie in der Tragödienschrift, weiterhin auch im Spätwerk das Mittel, um platonische, klassizistische und idealistische Schönheitstheoreme, wirkungsästhetisch argumentierend, um allen Kredit zu bringen. In den bildenden Künsten, der Musik und Dichtung gebe es auch eine »Kunst der hässlichen Seele« (im Gegensatz zur ›schönen Seele‹), »und die mächtigsten Wirkungen der Kunst, das Seelenbrechen, Steinebewegen und Thierevermenschlichen ist vielleicht gerade jener Kunst am meisten gelungen«[140]. In dieser (ästhetischen) Perspektive ist die affektive Wirkung des Häßlichen (nicht dieses selbst) das Entscheidende.

Zugleich bringt Nietzsche das Häßliche in Verbindung mit seinem Begriff der décadence, wozu er neben Richard Wagner auch Victor Hugo, Baudelaire, Delacroix rechnet: »allesammt grosse Entdecker im Reiche des Erhabenen, auch des Hässli-

---

136 ARTHUR SCHOPENHAUER, Die Welt als Wille und Vorstellung (1819), in: SCHOPENHAUER, Bd. 2 (³1972), 237f.
137 FRIEDRICH NIETZSCHE, Die Geburt der Tragödie aus dem Geiste der Musik (1872), in: NIETZSCHE (KGA), Abt. 3, Bd. 1 (1972), 29.
138 Vgl. ZELLE (s. Anm. 6), 304–359; HELMUT PFOTENHAUER, Die Kunst als Physiologie. Nietzsches ästhetische Theorie (Stuttgart 1985), 97–122.
139 NIETZSCHE, Zur Genealogie der Moral (1887), in: NIETZSCHE (KGA), Abt. 6, Bd. 2 (1968), 374.
140 NIETZSCHE, Menschliches, Allzumenschliches I (1878), in: NIETZSCHE (KGA), Abt. 4, Bd. 2 (1967), 147.

chen und Grässlichen, noch grössere Entdecker im Effekte, in der Schaustellung, in der Kunst der Schauläden, allesammt Talente weit über ihr Genie hinaus«[141]. Dieses dekadente Häßliche aber ist nicht auf Kunst begrenzt, es betrifft auch und v. a. Menschen, Epochen, Ideen und Stile. Ursprung der Dekadenz ist der Geist des Christentums, der besonders durch die Person des Paulus in die Welt kam: »In der Zeit, wo die kranken, verdorbenen Tschandala-Schichten im ganzen imperium sich christianisirten, war gerade der *Gegentypus*, die Vornehmheit, in ihrer schönsten und reifsten Gestalt vorhanden. Die grosse Zahl wurde Herr; der Demokratismus der christlichen Instinkte *siegte* ... [...] Das Christenthum hat die rancune der Kranken auf dem Grunde, den Instinkt *gegen* die Gesunden, *gegen* die Gesundheit gerichtet. Alles Wohlgerathene, Stolze, Übermüthige, die Schönheit vor Allem thut ihm in Ohren und Augen weh. Nochmals erinnre ich an das unschätzbare Wort des Paulus: ›Was *schwach* ist vor der Welt, was *thöricht* ist vor der Welt, das *Unedle* und *Verachtete* vor der Welt hat Gott erwählet.‹: das war die Formel, in *hoc* signo siegte die décadence.«[142] So kommt es zur Entgegensetzung von »klassischer Ästhetik« und »décadence-Ästhetik«, in der Nietzsche ganz in die Rolle des Aufklärers schlüpft: »Die erstere giebt aus ihrer Fülle an die Dinge ab – sie verklärt, sie verschönt, sie *vernünftigt* die Welt –, die letztere verarmt, verblasst, verhässlicht den Werth der Dinge, sie *verneint* die Welt.«[143]

Das Häßliche dieser décadence-Ästhetik wirkt pathetisch, macht Leiden und ist (Nietzsche geht auf den etymologischen Sinn des deutschen ›häßlich‹ zurück) hassenswert, *weil* es pathetische Wirkung hat. So notiert Nietzsche unter dem Stichwort ›Aesthetica‹ im Herbst 1887: »Zur Entstehung des *Schönen* und des *Häßlichen*. Was uns instinktiv *widersteht*, aesthetisch, ist aus allerlängster Erfahrung dem Menschen als schädlich, gefährlich, mißtrauen-verdienend bewiesen: der plötzlich redende aesthetische Instinkt (im Ekel z. B.) enthält ein *Urtheil*. [...] Es ist die Frage der *Kraft* [...], *ob* und *wo* <das> Urtheil ›schön‹ angesetzt wird. Das Gefühl der Fülle, der *aufgestauten Kraft* [...] – das *Macht*gefühl spricht das Urtheil ›schön‹ noch über Dinge und Zustände aus, welche der Instinkt der Ohnmacht nur als *hassenswerth* als ›häßlich‹ abschätzen kann.«[144] Physiologisch gesehen wirkt das Häßliche auf den Menschen lebenswidrig. »Es erinnert ihn an Verfall, Gefahr, Ohnmacht; er büsst thatsächlich dabei Kraft ein. Man kann die Wirkung des Hässlichen mit dem Dynamometer messen. [...] Das Hässliche wird verstanden als ein Wink und Symptom der Degenerescenz [...]. Ein *Hass* springt da hervor: wen hasst da der Mensch? Aber es ist kein Zweifel: den *Niedergang seines Typus*.«[145] Im Topos des ›häßlichen Sokrates‹ faßt Nietzsche den Ursprung dieses Niedergangs: »Sokrates gehörte, seiner Herkunft nach, zum niedersten Volk: Sokrates war Pöbel. Man weiss, man sieht es selbst noch, wie hässlich er war. Aber Hässlichkeit, an sich ein Einwand, ist unter Griechen beinahe eine Widerlegung. War Sokrates überhaupt ein Grieche? Die Hässlichkeit ist häufig genug der Ausdruck einer gekreuzten, durch Kreuzung *gehemmten* Entwicklung. Im andren Falle erscheint sie als *niedergehende* Entwicklung. Die Anthropologen unter den Criminalisten sagen uns, dass der typische Verbrecher hässlich ist [...]. Aber der Verbrecher ist ein décadent. War Sokrates ein typischer Verbrecher?« (62 f.)

Das Häßliche muß durch das (apollinisch) Schöne überwunden werden. Dies tut zwar die Zivilisation selbst, »weil bei dem civilisirten Menschen die drei Gelegenheiten zur Hässlichkeit selten und immer seltener kommen: erstens die Affecte in ihren wildesten Ausbrüchen, zweitens die leiblichen Anstrengungen des äussersten Grades, drittens die Nöthigung, durch den Anblick Furcht einzuflössen, welche auf niederen und gefährdeten Culturstufen so gross und häufig ist, dass sie selbst Gebärden und Ceremoniell festsetzt und die Hässlichkeit zur *Pflicht* macht«[146]. Die Überwindung

---

141 NIETZSCHE, Jenseits von Gut und Böse (1886), in: NIETZSCHE (KGA), Abt. 6, Bd. 2 (1968), 210.
142 NIETZSCHE, Der Antichrist (entst. 1888; 1895), in: NIETZSCHE (KGA), Abt. 6, Bd. 3 (1969), 230.
143 NIETZSCHE, Der Fall Wagner (1888), in: NIETZSCHE (KGA), Abt. 6, Bd. 3 (1969), 44 f.
144 NIETZSCHE, Nachgelassene Fragmente (1887), in: NIETZSCHE (KGA), Abt. 8, Bd. 2 (1970), 220, 221 f.
145 NIETZSCHE, Götzendämmerung (1889), in: NIETZSCHE (KGA), Abt. 6, Bd. 3 (1969), 118.
146 NIETZSCHE, Morgenröthe (1881), in: NIETZSCHE (KGA), Abt. 5, Bd. 1 (1971), 303.

des Häßlichen geschieht aber v. a. durch Kunst, und Kunst verstanden als großer Stil und Willen zur Macht.[147] »Denn Eins ist Noth: dass der Mensch seine Zufriedenheit mit sich *erreiche* – sei es nun durch diese oder jene Dichtung und Kunst: nur dann erst ist der Mensch überhaupt erträglich anzusehen! Wer mit sich unzufrieden ist, ist fortwährend bereit, sich dafür zu rächen: wir Anderen werden seine Opfer sein, und sei es auch nur darin, dass wir immer seinen hässlichen Anblick zu ertragen haben. Denn der Anblick des Hässlichen macht schlecht und düster.«[148]

Hier ist zugleich der Umschlagpunkt von einer wirkungsästhetischen Beobachtung des Häßlichen hin zu einer produktionsästhetischen Perspektive und Argumentation, die sich deutlich in Nietzsches Begriff der Künstlerästhetik manifestiert: Nietzsche lehnt Kants *Kritik der Urteilskraft* ab, weil Kant, »gleich allen Philosophen, statt von den Erfahrungen des Künstlers (des Schaffenden) aus das ästhetische Problem zu visiren, allein vom ›Zuschauer‹ aus über die Kunst und das Schöne nachgedacht und dabei unvermerkt den ›Zuschauer‹ selber in den Begriff ›schön‹ hinein bekommen hat«[149]. Mit der Lehre vom interesselosen Wohlgefallen sei Kant zum Theoretiker der »Weibs-Aesthetik« geworden: »man soll vom Künstler, der *giebt*, nicht verlangen, daß er Weib wird – daß er ›*empfängt*‹ ... Unsere Aesthetik war insofern bisher eine Weibs-Aesthetik, als nur die Empfänglichen für Kunst ihre Erfahrungen ›was ist schön?‹ formulirt haben. In der ganzen Philosophie bis heute fehlt der Künstler ...«[150]

Diese Produktionsästhetik gibt auch neue Blicke auf das Häßliche frei. Dabei versteht Nietzsche ›Kunst‹ zunächst und vor allem als Lebenskunst: »Die Kunst soll vor Allem und zuerst das Leben *verschönern*, also *uns* selber den Andern erträglich, womöglich angenehm machen: mit dieser Aufgabe vor Augen, mässigt sie und hält uns im Zaume, schafft Formen des Umgangs, bindet die Unerzogenen an Gesetze des Anstandes, der Reinlichkeit, der Höflichkeit, des Redens und Schweigens zur rechten Zeit. Sodann soll die Kunst alles Hässliche *verbergen* oder *umdeuten*, jenes Peinliche, Schreckliche, Ekelhafte, welches trotz allem Bemühen immer wieder, gemäss der Herkunft der menschlichen Natur, herausbrechen wird: sie soll so namentlich in Hinsicht auf die Leidenschaften und seelischen Schmerzen und Aengste verfahren und im unvermeidlich oder unüberwindlich Hässlichen das *Bedeutende* durchschimmern lassen. Nach dieser grossen, ja übergrossen Aufgabe der Kunst ist die sogenannte eigentliche Kunst, die der Kunstwerke, nur ein *Anhängsel.*«[151] So ist die pathetische Wirkung des Häßlichen Reiz und Stimulus zur Kunst als organisierender Kraft des Lebens. Nietzsche stellt im Nachlaß die Frage, wie man mit dem Häßlichen leben könne. So habe Hegel einen Pantheismus vertreten, »bei dem das Böse, der Irrthum und das Leid *nicht* als Argumente gegen Göttlichkeit empfunden werden«. Diese Lösung sei mißbraucht worden, beispielsweise vom Staat, »als sei damit die Vernünftigkeit des gerade Herrschenden sanktionirt«. Schopenhauer war da schon konsequenter, indem er als »Moral-Mensch« zum »*Welt-Verneiner*« wurde. Seine eigene Lösung nennt Nietzsche eine ›ästhetische‹: »wie ist die Häßlichkeit der Welt möglich? – Ich nahm den Willen zur Schönheit, zum Verharren in *gleichen* Formen, als ein zeitweiliges Erhaltungs- und Heilmittel: fundamental aber schien mir das Ewig-Schaffende als das ewig-*Zerstören-Müssende* gebunden mit dem Schmerz. Das Häßliche ist die Betrachtungsform der Dinge unter dem Willen, einen Sinn, einen *neuen* Sinn in das sinnlos Gewordene zu legen: die angehäufte Kraft, welche den Schaffenden zwingt, das Bisherige als unhaltbar, mißrathen, verneinungswürdig, als häßlich zu fühlen.«[152]

In der Künstlerästhetik Nietzsches gehen das Häßliche und Schöne auch mit dem Erhabenen

---

147 Vgl. MARTIN HEIDEGGER, Nietzsche: Der Wille zur Macht als Kunst (1936/1937), in: HEIDEGGER, Abt. 2, Bd. 43 (1985), 10.
148 NIETZSCHE, Die fröhliche Wissenschaft (1882), in: NIETZSCHE (KGA), Abt. 5, Bd. 2 (1973), 211.
149 NIETZSCHE, Zur Genealogie der Moral (s. Anm. 139), 364.
150 Vgl. NIETZSCHE, Nachgelassene Fragmente (Frühjahr 1888), in: NIETZSCHE (KGA), Abt. 8, Bd. 3 (1972), 149.
151 NIETZSCHE, Menschliches, Allzumenschliches II (1886), in: NIETZSCHE (KGA), Abt. 4, Bd. 3 (1967), 89 f.
152 NIETZSCHE, Nachgelassene Fragmente (Herbst 1885-Herbst 1886), in: NIETZSCHE (KGA), Abt. 8, Bd. 1 (1974), 111.

neue Beziehungen ein, die sich gleichfalls nicht einlinig bzw. einsinnig interpretieren lassen. Unter Anspielung auf den Herakles-Mythos spricht Nietzsche im *Zarathustra* (1883–1885) von einer durch Schönheit und Lachen zu überwindenden Haltung des Erhabenen: »Einen Erhabenen sah ich heute, einen Feierlichen, einen Büsser des Geistes: oh wie lachte meine Seele ob seiner Hässlichkeit! [...] Behängt mit hässlichen Wahrheiten, seiner Jagdbeute, und reich an zerrissenen Kleidern; auch viele Dornen hiengen an ihm – aber noch sah ich keine Rose. Noch lernte er das Lachen nicht und die Schönheit. Finster kam dieser Jäger zurück aus dem Walde der Erkenntniss.«[153] Erscheint hier die Haltung des Erhabenen als ein noch ›unerlöster‹ ästhetischer Zustand, so findet sich eine andere Polung in den Charakterisierungen des ›häßlichsten Menschen‹: »Der ›häßlichste Mensch‹ als Ideal weltverneinender Denkweisen. [...] die letzte Consequenz wäre – die absolute Häßlichkeit des Menschen zu fassen, das Dasein ohne Gott, Vernunft usw. – reiner Buddhismus. Je häßlicher, desto besser.«[154] Für den gottverlassenen, ›häßlichsten Menschen‹ des *Zarathustra* erscheint die Haltung des Erhabenen als Lebensmöglichkeit: »Du dünkst mich verwandelt, dein Auge glüht, der Mantel des Erhabenen liegt um deine Hässlichkeit: *was* thatest du?«[155] So bilden Häßlichkeit, Erhabenheit und Schönheit in Nietzsches physiologischer Ästhetik ein Koordinatensystem, in dem die Häßlichkeit des Menschen bejaht wird und in dessen Hassenwertigkeit zugleich ein ästhetisches Movens für die Überwindung dieses Häßlichen/Hassenswerten in der erhabenen Haltung des ›Übermenschen‹ und seiner »Herren-Moral«[156] liegt. Das Häßliche wird »in's Erhabene umgedeutet«[157]. »Ihr seid hässlich? Nun wohlan, meine Brüder! So nehmt das Erhabne um euch, den Mantel des Hässlichen!«[158]

VI. Häßliche Moderne?

Am Ende der 1960er Jahre plädierte Peter Gorsen für eine »zeitgemäße‹ Ästhetik des Häßlichen«[159], die es erlaube, die gesamte moderne Kunst zu erfassen. Diese Ästhetik des Häßlichen müsse zwei grundlegende künstlerische Verfahrensweisen unterscheiden: zum einen den Vorgang der »Ästhetisierung des Unästhetischen« (vom Surrealismus über die ›art brut‹ und den Expressionismus bis zur »penetrant veristischen ›Neuen Sachlichkeit‹«); zum anderen den »Entästhetisierung des Ästhetischen«[160] (vom Antikunstwerk-Denken Marcel Duchamps über den Dadaismus und die minimal art bis zu Andy Warhol). Damit wird unterstellt, so auch in der Darstellung von Murielle Gagnebin, daß moderne Kunst seit Goya ganz vom Ausdruck des Häßlichen bestimmt sei. Signatur besonders der Kunst des 20. Jh. sei die »Révélation de la laideur«[161]: »Parti en quête du laid, nous avons découvert la force maléfique du temps. Ou plus exactement: la représentation sensible du temps est apparue comme l'expression même du laid.« (327)

Aus einer anderen Perspektive wurde vorgebracht, daß die ästhetische Moderne seit dem Beginn des 19. Jh. nicht allein durch das Häßliche, sondern durch das Gleiten zwischen Häßlichem und Schönem charakterisiert sei. Trotz aller Aufwertung des Häßlichen also, so diese These, bleibt das Schöne und die Schönheit ein Bezugs- und Fluchtpunkt ästhetischen Denkens und künstlerischer Praxis. Das könne man schon bei Friedrich Schlegel studieren, bei dem die Formen der Karikatur, Groteske, Arabeske, auch Fragment u. ä. »Kippfiguren zwischen Formen des Schönen‹ und Häßlichen«[162] seien.

---

153 Vgl. NIETZSCHE, Also sprach Zarathustra (1883–1885), in: NIETZSCHE (KGA), Abt. 6, Bd. 1 (1968), 146.
154 NIETZSCHE, Nachgelassene Fragmente (Frühjahr 1884), in: NIETZSCHE (KGA), Abt. 7, Bd. 2 (1974), 32.
155 NIETZSCHE, Also sprach Zarathustra (s. Anm. 153), 388.
156 NIETZSCHE, Der Fall Wagner (s. Anm. 143), 44.
157 NIETZSCHE, Die fröhliche Wissenschaft (s. Anm. 148), 210.
158 NIETZSCHE, Also sprach Zarathustra (s. Anm. 153), 55.
159 PETER GORSEN, Das Prinzip Obszön. Kunst, Pornographie und Gesellschaft (Reinbek 1969), 16.
160 Ebd., 38.
161 MURIELLE GAGNEBIN, Essai sur la laideur (Lausanne 1978), 165.
162 OESTERLE (s. Anm. 103), 260.

So betonte auch Herbert Marcuse die ›Kraft‹ der ästhetischen Repräsentation, und damit war nicht die ›Verschönung‹ des Häßlichen gemeint: »Sicher ist auch das Häßliche Gegenstand der Kunst (Goyas Caprichos, Daumiers Bourgeois, Picassos Frauen, in der Literatur all die unzähligen, angeblichen und wirklichen Bösewichter, Übeltäter, ›Unreinen‹), aber in der ästhetischen Repräsentation ist es ›aufgehoben‹, in der ästhetischen Form nimmt es am Schönen teil.«[163] Auch in Marcuses Begriff der neuen Sensibilität, die er mit einer neuen ästhetischen Einstellung verband, muß die Unterscheidungsfähigkeit hinsichtlich des Schönen und Häßlichen im Einklang mit der Triebstruktur des Menschen und als Teil sinnlichen Bewußtseins reaktiviert werden[164]: »Ein Ende der Kunst ist nur vorstellbar, wenn die Menschen nicht mehr imstande sind, zwischen Wahr und Falsch, Gut und Böse, Schön und Häßlich gegenwärtig und zukünftig zu unterscheiden. Das wäre der Zustand vollkommener Barbarei auf dem Höhepunkt der Zivilisation.« (126)

Neben dieser Polarität des Schönen und Häßlichen muß für die moderne Kunst besonders des 20. Jh. aber auch der unterschiedliche wirkungsästhetische Einsatz des Häßlichen im Blick bleiben, den Carl Einstein auf den Begriff brachte: »Die Pole heutiger Kunst liegen bis zum Reißen gespannt. Konstrukteure, Gegenstandslose errichteten die Diktatur der Form; andere wie Grosz, Dix und Schlichter zertrümmern das Wirkliche durch prägnante Sachlichkeit, decouvrieren diese Zeit und zwingen sie zur Selbstironie. Malerei, ein Mittel kühler Hinrichtung; Beobachtung als Instrument harten Angriffs. […] Diese Maler führen Bürgerkrieg; man ist gegen die verkotzten Inhalte, ob man als Gegenstandloser oder Beobachter ablehnt und zernichtet. Beides ist jetzt zweckmäßig.«[165]

1. Das Häßliche als Zeugnis der Wahrheit oder als ausdruckssteigernde Deformation

Hugos und Baudelaires Konzeptualisierungen des Häßlichen bilden in ihrem Gegensatz eine Urszene des 19. Jh. Der Gegensatz besteht im mimetischen bzw. antimimetischen Einsatz des Häßlichen: das Häßliche als Sujet oder destruierte Form.

So sind Hugos häßliche Sujets motiviert durch das Ziel, das Ganze des Daseins und der Welt in Totalität und ohne Ausgrenzung zu erfassen. Dies wird im Verlaufe des 19. Jh. für alle realistischen und naturalistischen Strömungen, Schulen und Künstler in dieser oder jener Form zur Berufungsinstanz. Der Einsatz des Häßlichen geschieht mit der Wirkungsabsicht sozialer oder politischer Aussagen, mit der Absicht, soziale Phänomenologie und Physiologie der Gesellschaft zu geben. Im Sinne einer solchen sozialen Phänomenologie sind z. B. die von der Literatur und Kunst des 19. Jh. geprägten analytischen Einzeldarstellungen sozialer Typen des Arbeiters, des Bauern, des Trinkers, der Wäscherin, der Dirne usw. zu verstehen: Darstellungen des Häßlichen als Offenbarung von Lebenswahrheit und als anklagender Aufweis sozialer Mißstände. Diese Wirkungsabsicht schloß durchaus nicht Kunstwollen und die weitere Geltung der Kategorie des Schönen aus, wie das Beispiel Gustave Courbet zeigt, dessen Bilder (v. a. *Les casseurs de pierre* [1849] und *Un enterrement à Ornans* [1849]) zum Begriff des Realismus führten, der von den Kritikern der Bilder aufgenötigt wurde.[166]

Emile Zolas naturalistisches Programm legte eine naturwissenschaftliche Methode der Analyse zugrunde, um »la vie passionelle et intellectuelle«[167] des Menschen zu erkunden. Zola wendet sich mit dem Blick des Menschenarztes, dem die naturwissenschaftliche Haltung des Mediziners Claude Bernard und dessen ›médecine expérimentale‹ zum Vorbild wird, den schadhaften und kranken Stellen in der Gesellschaft zu, wenn er mit Blick auf einen Roman von Edmond Duranty mit Verve und Drastik forderte: »A bas l'habit! à bas les dentelles des jupons! En chemis, tous! Et montrez vos chancres, vos pattes velues de bêtes, vos peaux

---

163 HERBERT MARCUSE, Gespräche mit Herbert Marcuse (Frankfurt a. M. 1978), 45.
164 Vgl. MARCUSE, Konterrevolution und Revolte, in: Marcuse, Versuch über die Befreiung (Frankfurt a. M. 1969), 140 f.
165 CARL EINSTEIN, Otto Dix, in: Das Kunstblatt, Jg. 7 (1923), 97, 99.
166 Vgl. KLEIN, s. Anm. 89), 65.
167 ÉMILE ZOLA, Le roman expérimental (1880), in: Zola, Œuvres complètes, Bd. 10 (Paris 1968), 1175.

bleuies de filles. Vous êtes de la ménagerie, malgré vos vêtements de soie et de drap fin. Vous sentez le rut du vice. Quand votre masque de politesse apprise et de mensonge accoutumé tombe et vous laisse nus, vous apparaissez plus marbrés de pourriture que les misérables qui vont en loques dans les rues et que vous poussez du pied.«[168] Im Unterschied zu Flauberts unpersönlicher Darstellungsweise der ›impassibilité‹, mit der dieser der verhaßten Wirklichkeit begegnete, hatten Zolas Naturalismus und seine Wahrheiten ein eindeutig ethisches Ziel: »résoudre tous les problèmes du socialisme.«[169] »Diese Wahrheit wirkt zugleich als Aufruf zum Handeln im Sinne einer sozialen Reform. Es handelt sich nicht mehr, wie noch bei den Goncourts, um den sinnlichen Reiz des Häßlichen.«[170]

Die Tonart des deutschen (›poetischen‹) Realismus und Naturalismus ist im Vergleich dazu schwächer und mehr der idealistischen Kunstphilosophie und ihren Kategorien verpflichtet. So nimmt Heinrich Hart, einer der Wortführer des deutschen Naturalismus, den Vorwurf, daß der Naturalismus eine Ästhetik des Häßlichen produziere, mit entschuldigenden Erklärungen auf und wendet den Vorwurf des Häßlichen in die Richtung des ›Charakteristischen‹: »Denn der vielverschriene ›Kultus des Häßlichen‹ ist nur literarhistorisch zu begreifen, verständlich als ein notwendiger Gegenschlag gegen die schwächliche Überzierlichkeit, Weibischkeit und schönfärberische Verschwommenheit der älteren Literatur. Um diesen Geist zu überwinden, mußte die Dichtung durch den Naturalismus radikal-terroristisch vorgehen,

---

168 ZOLA, Causerie du dimanche (1872), in: ebd., 983.
169 ZOLA (s. Anm. 167), 1188.
170 ERICH AUERBACH, Mimesis. Dargestellte Wirklichkeit in der abendländischen Literatur (Bern 1946), 455.
171 HEINRICH HART, Der Kampf um die Form in der zeitgenössischen Dichtung (1890), in: K. Hammer (Hg.), Dramaturgische Schriften des 19. Jahrhunderts, Bd. 2 (Berlin 1987), 876.
172 WILHELM DILTHEY, Die drei Epochen der modernen Ästhetik und ihre heutige Aufgabe (1892), in: DILTHEY, Bd. 6 (1924), 280f.
173 MAX DESSOIR, Der Wert des Häßlichen, in: Die Woche 3 (1901), H. 43, 1852.

mußte den Wert des Charakteristischen betonen.«[171]

Dennoch, unabhängig von dieser Leisetreterei, nahm die deutsche Schulästhetik in ihrer psychologisch-anthropologisch und produktionsästhetisch orientierten Richtung (Max Dessoir, Wilhelm Dilthey), gerade unter dem Eindruck des Naturalismus, den besonderen Ausdruckswert des Häßlichen und seine Bedeutung als selbständige ästhetische Kategorie durchaus wahr. In seinem Aufsatz *Die drei Epochen der modernen Ästhetik* (1892) kritisierte Dilthey die Erstarrung einer Ästhetik des Schönen: »Die Kunst strebt heute, ihr Stoffgebiet zu erweitern. Wir sahen, daß die Ästhetik ihr dies Streben nicht verschränken darf, indem sie einen Begriff der Schönheit als Maßstab zugrunde legt. So ist die Arbeit der spekulativen Ästhetik wertlos geworden, in einer Dialektik des Schönen auch dem Häßlichen seinen Ort anzuweisen. An sich gibt es keine Grenze für das Gestalten des Künstlers.«[172] Max Dessoir betonte die starken Reize des Häßlichen, wiederum im Zusammenhang mit dem Erhabenen und Tragischen: »Der Zusammenhang ist augenscheinlich der, daß Tragisches und Erhabenes einerseits, alles Häßliche andrerseits das angenehme Mittelmaß der Eindrucksstärke überschreiten. Wenn der Künstler intensivste Wirkungen erzielen will, wie beim Erhabenen und Tragischen, so darf er keine durchschnittlichen, sondern muß stärkere Reize wählen und gerät dadurch unwillkürlich in die Nähe des Häßlichen. Häßlich sind nämlich im allgemeinen nicht die zu schwachen Reize: die matten Farben, die leisen Klänge, die verschwimmenden Formen; diese erscheinen vielmehr als ›noch nicht schön‹. Hingegen grelle Farben, schrille Töne, brutale Linien liegen leicht jenseits der Grenze des Ästhetischen und bedürfen zu ihrer Rechtfertigung des Eingehens in die Gesamtwirkung des Tragischen und Erhabenen.«[173] Des höheren Ausdruckswertes des Häßlichen wegen (gegenüber dem indifferenten Schönen) wurde dann auch eingeräumt, daß das Häßliche sogar Motor der Kunstentwicklung sein kann, als »das Dynamische dem Schönen gegenüber, welches das statische Moment ist. Letzteres wäre in sich widerspruchslos aber versteinert, das ruhelose Häßliche bringt das Lebensmoment in die Harmonie hinein. [...] Durch das Häßliche bleibt die Kunst jederzeit gleichsam in der menschlichen Nähe.«[174] Ähnlich beschreibt Hugo von Hofmannsthal das scheinbar Nebensächliche, Alltägliche, Banale und Häßliche als Quelle lyrischer Inspiration: »Eine Gießkanne, eine auf dem Feld verlassene Egge, ein Hund in der Sonne, ein ärmlicher Kirchhof, ein Krüppel, ein kleines Bauernhaus, alles dies kann das Gefäß meiner Offenbarung werden. [...] In diesen Augenblicken wird eine nichtige Kreatur, ein Hund, eine Ratte, ein Käfer, ein verkümmerter Apfelbaum, ein sich über den Hügel schlängelnder Karrenweg, ein moosbewachsener Stein mir mehr, als die schönste, hingebendste Geliebte«[175].

In der Einfühlungsästhetik der Lipps-Schule wird das Häßliche weniger auf die Kunst bezogen, sondern mehr auf das Phänomen der »negativen Einfühlung«[176], die vitalistisch interpretiert wird. So liegt die »ethische Bedeutung des Gefühls des Häßlichen« darin, daß es »eine Reaktion des gesunden, d. h. in sich lebenskräftigen Individuums gegen die Negation« ist. »Es begreift sich daraus zugleich, wie das Gefühl der Häßlichkeit verloren gehen kann. Es muß schwinden, in dem Maße als die Persönlichkeit aufhört eine gesunde zu sein, als sie der Fähigkeit der Selbstbehauptung und der Reaktion, kurz der Lebensbejahung, verlustig gegangen ist.« (595)

In Anknüpfung an Theodor Lipps' ästhetische Theorie der Einfühlung (empathy), auf Gustav Theodor Fechner und Otto Groos, aber auch auf William James zurückgreifend, arbeitete die angloamerikanische psychologische Ästhetik der Jahrhundertwende, die ganz davon überzeugt ist, »that aesthetics, if treated by the method of recent psychology, will be recognized as one of the most important and most suggestive parts of the great science of perception and emotion«[177], mit dem Gegensatz von beauty und ugliness als zentralem Theorem. Ausgangspunkt ist die auf das biologische Individuum bezogene Wahrnehmung der Form: »For our facts and theories, if at all correct, would establish that the aesthetic phenomenon as a whole is the function which regulates the perception of Form, and that the perception of Form, in visual cases certainly, and with reference to hearing presumably, implies an active participation of the most important organs of animal life, a constant alteration in vital processes requiring stringent regulation for the benefit of the total organism.« (156)

In diesem Zusammenhang wird, wie bei Nietzsche, die Frage nach dem Häßlichen unter dem Gesichtspunkt seiner psycho-physiologischen Wirkung interessant: »*Why should a specific kind of condition, either agreeable or disagreeable, accompany the recognition of those co-related qualities of form called respectively Beauty and Ugliness*; and this explanation itself rests upon the explanation of a previous question: *What is the process of perceiving Form, and what portions of our organism participate therein.*« (160 f.)

Der sich hier andeutende andere, antimimetische Einsatz des Häßlichen als ›Deformation‹ oder ›Defiguration‹ setzt mit den verschiedenen Formen abstrakter bildlicher Gestaltung ein. So ist in der Werkbiographie von Vincent van Gogh der Umschlag vom mimetisch eingesetzten Häßlichen zum antimimetischen der ›Deformation‹, der die Baudelairesche ›erhebende‹ Distanz zwischen Kunst und Wirklichkeit erzeugt, deutlich abzulesen. Man vergleiche das im Stile Daumiers oder Millets ›realistische‹ Bild *Les Mangeurs de pommes de terre* (1885) mit den großen Bildern der Zeit in Arles zwischen 1888 und 1890, etwa dem *Champ de blé et cyprès* (1889), wo die Landschaft von ekstatischer Bewegung erfüllt zu sein scheint. Van Gogh wird der Ausdrucksgehalt der Farbe wichtiger als die realistische Form. Damit tritt das im Sujet explizit berufene Häßliche zurück, es kommt jetzt auf die pathetische Wirkung der Farbe an: »il faut encore outrer la couleur davantage«[178]. Das Ziel ist nicht, Dinge genau wiederzugeben, sondern sich

---

174 EMMA VON RITOÓK, Das Häßliche in der Kunst, in: Zeitschrift für Ästhetik und Allgemeine Kunstwissenschaft 11 (1916), 13 f.
175 HUGO VON HOFMANNSTHAL, Ein Brief (1902), in: Hofmannsthal, Sämtliche Werke, hg. v. H. O. Burger u. a., Bd. 31 (Frankfurt a. M. 1991), 50, 52.
176 THEODOR LIPPS, Grundlegung der Ästhetik (1903; Leipzig/Hamburg ²1914), 594.
177 VERNON LEE/CLEMENTINA ANSTRUTHER-THOMSON, Beauty and Ugliness (1897), in: V. Lee/S. Anstruther-Thomson, Beauty and Ugliness« and other Studies in Psychological Aesthetics (London/New York 1912), 157.
178 VINCENT VAN GOGH an seinen Bruder Theo [Brief 500; Juni 1888], in: Van Gogh, Verzamelde Brieven, hg. v. J. van Gogh-Bonger, Bd. 3 (Amsterdam/Antwerpen 1953), 237.

kraftvoll auszudrücken: »Car au lieu de chercher à rendre exactement ce que j'ai devant les Yeux, je me sers de la couleur plus arbitrairement pour m'exprimer fortement.«[179] Und zum *Café de nuit* (1888) heißt es: »J'ai cherché à exprimer avec le rouge et le vert les terribles passions humaines.«[180] Van Goghs Bilder werden dadurch ›mimetisch‹ im ursprünglichen Sinn des Wortes: »Die mimetische Identifikation weniger mit dem Gegenstand als mit dem Malakt läßt keinen Raum mehr für ein wie immer geartetes Leben daneben. Die Malerei ist für ihn das Absolute.«[181]

Der Maler Franz Marc begründete seine künstlerische Tendenz vom ›unfrommen Menschen‹ weg, der »mich umgab«, hin zum Tier und schließlich zum Abstrakten mit dem inneren Ziel, den Dingen eine neue, ›reine‹ Form zu geben: »Ich empfand schon *sehr* früh den Menschen als ›häßlich‹; das Tier schien mir schöner, reiner; aber auch an ihm entdeckte ich so viel Gefühlswidriges und Häßliches, so daß meine Darstellungen instinktiv, (aus einem inneren Zwang) immer schematischer, abstrakter wurden. Bäume, Blumen, Erde, alles zeigte mir mit jedem Jahr mehr häßliche, gefühlswidrige Seiten, bis mir erst jetzt plötzlich die Häßlichkeit der Natur, ihre *Unreinheit* voll zum Bewußtsein kam.«[182]

Maurice Denis, einer der Wortführer des Symbolismus in der Malerei, schreibt 1890: Bevor das Bild etwas darstelle, habe es ebene Fläche zu sein,

bedeckt mit Farben in einer bestimmten Ordnung. Diese Ordnung verändere das Erscheinungsbild der Gegenstände.[183] Für die symbolistische Bewegung der 1890er Jahre stellt er 1909 fest: »l'art, au lieu d'être la *copie*, devenait la *déformation subjective* de la nature. [...] la *déformation objective* obligeait à son tour l'artiste à tout transposer en beauté.«[184]

Faßt man die bildende Kunst der 1. Hälfte des 20. Jh. in ihren Haupttendenzen unter den Begriffen Expressionismus (Francis Bacon, Emil Nolde, Oskar Kokoschka), Abstraktion (Wassily Kandinsky, Picasso, Malewitsch) und Phantasie (Giorgio de Chirico, Paul Klee, Marcel Duchamp, Max Ernst, Joan Miró, Dalí u. a.) zusammen, so läßt sich bei den Künstlern aller drei Richtungen beobachten, daß sie mit herkömmlichen Bild- und Formvorstellungen brechen. Besonders bei den Fauvisten, die den Vorwurf, daß sie wie die ›wilden Tiere‹ (fauves) malen würden, zu ihrem Gruppennamen stilisierten (Henri Matisse, Georges Rouault, Chaim Soutine), gibt es expressiv gesteigerte Farbigkeit und ausgeprägte Defigurationen von Formen zum Zwecke neuer Ausdrucksbildungen. Bei Matisse heißt es: »Ce que je poursuis par-dessus tout, c'est l'expression. [...] L'expression [...] ne réside pas dans la passion qui éclatera sur un visage ou qui s'affirmera par un mouvement violent. Elle est dans toute la disposition de mon tableau: la place qu'occupent les corps, les vides qui sont autour d'eux, les proportions, tout cela y a sa part.«[185]

Nach dem 2. Weltkrieg haben die schockierenden Werke der ›art brut‹ die Begriffe von ›normal‹ und ›anormal‹ sowie zwischen schön und häßlich bewußt ins Schwimmen gebracht. So stellte, um nur zwei Beispiele zu nennen, Jean Dubuffet in *Le Metafisyx (Corps de Dame)* 1950 mit provozierender Geste einen Frauenkörper in anormaler Häßlichkeit aus. Man vergleiche auch Adolf Frohners Frauendarstellungen, die sich gegen die Schönheitsklischees industrialisierter Kultur und deren verkitschtes Frauenbild richteten.

2. Der Vorwurf des Häßlichen als Denunziation von Kunst

Als 1988 der Verband bildender Künstler der DDR eine Adolf-Frohner-Ausstellung in Berlin zeigte, wurde das Besucherbuch zu einem Forum der De-

---

179 VAN GOGH an seinen Bruder Theo [Brief 520; Sommer 1888], in: ebd., 276.
180 VAN GOGH an seinen Bruder Theo [Brief 533; 8. 9. 1888], in: ebd., 297.
181 PETER BÜRGER, Van Gogh und die Moderne, in: H. M. Bachmayer/D. Kamper/F. Rötzer (Hg.), Nach der Destruktion des ästhetischen Scheins (München 1992), 54.
182 FRANZ MARC an Maria Marc (12. 4. 1915), in: Marc, Briefe, Schriften und Aufzeichnungen, hg. v. G. Meißner (Leipzig ²1989), 140 f.
183 Vgl. MAURICE DENIS, Définition du néo-traditionnisme (1890), in: Denis, Du symbolisme au classicisme. Théories, hg. v. O. Revault d'Allonnes (Paris 1964), 33–46.
184 DENIS, De Gauguin et de Van Gogh au classicisme (1909), in: ebd., 118 f.
185 HENRI MATISSE, Notes d'un peintre (1908), in: Matisse, Écrits et propos sur l'art, hg. v. D. Fourcade (Paris 1972), 42.

batte über das Schöne und Häßliche. Ein Tenor der Stimmen war, die Bilder Frohners seien schlechthin häßlich, empörend obszöne Darstellungen der Frau, die mit Kunst nichts zu tun hätten. Ein Besucher verstieg sich zu dem Urteil: »Ich bin empört darüber, wie man für derart entartete Kunst Geld ausgeben kann.«[186] So skandalös dieses Urteil für sich genommen ist, so wenig darf verkannt werden, daß die moderne Kunst oder Teile von ihr schon seit der Romantik regelmäßig durch den Vorwurf des Häßlichen denunziert und indiziert wurden. Friedrich Schlegel bereits prägte den Begriff ›entartete Kunst‹ und verband damit die Vorstellung einer ›Theorie des Häßlichen‹ als ›ästhetischen Kriminalkodex‹ für die formalen und inhaltlichen Unzulänglichkeiten der Kunst seiner Zeit. Karl Rosenkranz verstand seine *Ästhetik des Häßlichen* als ›ästhetische Pathologie‹, der die Ahndung von Verletzungen der ästhetischen Mittellagen obliegen sollte. Bis in die Gegenwart hinein funktioniert so die Kategorie des Häßlichen auch als Ausschluß- und Diskriminierunginstrument bzw. als Instrument der Abwertung innerhalb der verschiedenen Theorien der ›Entartung‹, der ›Degenereszenz‹, der ›Dekadenz‹ oder des ›Verlustes der Mitte‹.

Das Bezeichnende an dieser polemischen Verwendung des Begriffs häßlich ist, daß häßliche Sujets wie deformative Formbildungen gleichermaßen unter dem Urteil ›häßlich‹ zusammengezogen werden, wo doch moderne Kunst gerade die verschiedenen deformativen Formbildungen von der Kategorie des Häßlichen entfernt hatte und produktiv als Innovation und Ausdruckssteigerung begreifen ließ. In der neuen Ungetrenntheit dieser beiden Seiten im negativen Urteil ›häßlich‹ zeigt sich die Überlebenskraft der uralten Verallgemeinerung, daß das, was formlos ist, auch hassenswert ist – und vice versa. Für die Verwendung von ›häßlich‹ in diesem polemischen Kontext können aus einer Fülle von Material zu wenige Beispiele, akzentuiert nach der verschiedenen politischen und weltanschaulichen Herkunft der Vorwürfe, gegeben werden.

Im Unterschied zur Dessoir-Schule und zur Einfühlungsästhetik war die neukantianische Ablehnung des Naturalismus ganz strikt: »Die Kunst würde ihre Existenzberechtigung verlieren, wenn sie das Häßliche aufnähme, so wie sie es in der Wirklichkeit, verquickt mit allem daran haftenden Zufälligen, findet. [...] Die Kunst muß besseres bieten als die Natur, sie würde sonst keine erlösende Macht besitzen«[187]. Diese Kunstauffassung deckt sich mit der, die (mit wenigen Ausnahmen) von den deutschen Sozialdemokraten in der Diskussion um den Naturalismus (1896) vertreten wurde: »Die *Freude am Schönen* ist der nächstliegende Zweck der Kunst. Durch die schöne *Form* will sie die *Sinne* erquicken [...]. Aus der Misere des engen, kleinen, erbärmlichen Alltagslebens mit seiner Häßlichkeit und Gemeinheit [...] will sie die Phantasie in eine bessere Welt versetzen, das Schöne, Reine, Gute und Wahre regieren.«[188] Vor solchen ästhetischen Richtwerten konnte der Naturalismus keine Gnade finden: Die Naturalisten »sind geradezu verliebt in den Schmutz, das Häßliche und Unflätige, und sie *zerren es herbei auch da, wo es gar keinen Zweck hat*.« (240)

Solche Verdikte lassen sich, wenngleich in abgemilderter Form, in der sozialdemokratischen, sozialistischen und marxistischen Kritik weiterverfolgen. Ein Stichwort, das der ›Krise des Häßlichen‹, lieferte der französische Kritiker Camille Mauclair. Zwar ein Freund der avantgardistischen Malerei und Verehrer des Impressionismus, verurteilte er aber die Konsequenzen der avantgardistischen Malerei, die wohl die Geltung des akademischen Schönheitsideals gebrochen, aber nun aus Sucht nach dem Interessanten einen sozialbedingten ›réalisme du laid‹ hervorgebracht habe.[189] Diesen Zusammenhang greift einer der bedeutendsten sozialistischen Kritiker der 2. Internationale, Georgij V. Plechanov, in seiner Kritik des Kubismus auf: »Сосредоточение интереса на ›коре явлений‹ вызывает к жизни те парадоксальные полотна, перед которыми в недоумении раз-

---

186 Besucherbuch der Adolf-Frohner-Ausstellung Juni/ Juli 1988 in Berlin (Ost), 2.
187 ALMA VON HARTMANN, Das Problem des Häßlichen, in: Preußische Jahrbücher 161 (1915), 314.
188 [ANONYMUS], Die Kunst und die Arbeiter (1896), in: N. Rothe (Hg.), Naturalismus-Debatte 1891–1896 (Berlin 1986), 238.
189 Vgl. CAMILLE MAUCLAIR, La crise de la laideur en peinture, in: Mauclair, Trois crises de l'art actuel (Paris 1906), 286–323.

водят руками самые снисходительные критики, признавая, что современная живопись переживает ›кризис безобразия‹.« (Wenn das Interesse auf die ›Kruste der Erscheinungen‹ konzentriert ist, entstehen auf der Leinwand jene paradoxalen Gemälde, vor denen die nachsichtigsten Kritiker fassungslos die Hände ringen und erklären, daß die moderne Malerei eine ›Krisis des Häßlichen‹ erlebt.)[190] Mihail Lifšic, einflußreicher Kultur- und Literaturpolitiker in der Sowjetunion der Vor- und Nachkriegszeit, stellte dann die moderne Kunstentwicklung vom Kubismus bis zur Pop Art unter die Überschrift der ›Krise des Häßlichen‹, was heißen sollte: die (bürgerliche) Kunst steckt in der Krise »modernistischer Deformierung der sichtbaren Gebilde« (модернисткой деформации видимых образов)[191].

Georg Lukács stellte das Häßliche einerseits in den Zusammenhang seiner Realismustheorie: »Das Problem des Häßlichen in der Ästhetik bedeutet die wirklichkeitsgetreue künstlerische Reproduktion der kapitalistischen Wirklichkeit.«[192] Er schlug sich also ganz auf die Seite des realistischen Häßlichen als Zeugnis der Wahrheit, von wo aus er mit der deutschen nachhegelschen Ästhetik wegen ihrer Versuche, das Häßliche zu entschärfen, kritisch ins Gericht gehen konnte: Friedrich Theodor Vischer führe in seine *Ästhetik* das Häßliche nur »scheinbar ein. Das Erhabene und Komische dienen dazu, das Häßliche an der kapitalistischen Wirklichkeit von vornherein ästhetisch abzuschwächen, es für eine restlose Aufhebung in der reinen Schönheit geeignet zu machen« (254). Andererseits verbindet Lukács das Häßliche (nun von seiner wirkungsästhetischen Seite aus gesehen) mit dem Vorwurf der Dekadenz und beruft sich dazu ausgerechnet auf Friedrich Schlegel: »Was Schlegel gibt, ist vielfach eine Vorwegnahme der dekadenten Strömungen, die ein Jahrhundert später in ausgeprägterer Form auftauchen. Bei ihm wird das Problem des Häßlichen als Zentralfrage der modernen Literatur zum erstenmal aufgeworfen, als deren wesentliches Merkmal er hervorhebt, ›das totale Übergewicht des Charakteristischen, Individuellen und Interessanten. Das rastlose, unersättliche Streben nach dem Neuen, Pikanten und Frappanten, bei dem dennoch die Sehnsucht unbefriedigt bleibt.‹ Diese allgemeine Charakteristik ist sicher nicht nur die seiner Gegenwart, sondern die Vorwegnahme der Haupttendenzen der Dekadenz in der bürgerlichen Literatur.«[193]

Der Zusammenhang der Vorwürfe ›häßlich‹ und ›Dekadenz‹ an die Adresse der ›bürgerlichen Kultur‹ erscheint zementiert dann in der ›marxistisch-leninistischen Ästhetik‹ der Nachkriegs-Sowjetunion: »Декадентство обращается к уродливому потому, что признает его самой сущностью, вечным и неизбывным законом жизни и человека и тем самым не отрицает безобразие, а утверждает его. Глубочайший кризис современной буржуазной культуры породил в искусстве патологическую, болезненную тягу к изображению всяческих мерзостей и гнусностей и к натуралистическому их смакованию. [...] В знаменитых ›Цветах зла‹ Бодлер [...] позволил себе описать падаль, разлагающийся труп, который едят черви, и представить себе в таком виде ... свою возлюбленную после того, как она умрет. В свое время это стихотворение вызвало сенсацию. [...] в современном буржуазном искусстве изображение падали стало обычным делом, эстетической нормой декаденства.« (Die Dekadenz wendet sich dem Häßlichen deshalb zu, weil sie es als das Wesen, als das ewige und unumstößliche Gesetz des Lebens und des Menschen betrachtet und damit das Häßliche *nicht ablehnt*, sondern *bejaht*. Die tiefe Krise der heutigen bürgerlichen Kultur erzeugte in der Kunst einen pathologischen, krankhaften Hang zur Darstellung aller möglichen Scheußlichkeiten und

---

190 Vgl. GEORGIJ V. PLECHANOV, Iskusstvo i obščestvennaja žizn' (1912), in: Plechanov, Sočinenija, Bd. 14 (Moskau o. J.), 170; dt.: Die Kunst und das gesellschaftliche Leben, in: Plechanov, Kunst und Literatur, übers. v. J. Harhammer (1955; Berlin 1975), 293.
191 MIHAIL A. LIFŠIC/LIDIJA J. REINGARDT, Krizis bezobrazija ot kubizma do pop-art (Moskau 1968), 8; dt.: MICHAIL LIFSCHITZ, Die Krise des Häßlichen. Vom Kubismus zur Pop-Art, übers. v. H. Barth (Dresden 1971), 9.
192 GEORG LUKÁCS, Karl Marx und Friedrich Theodor Vischer (1934), in: Lukács, Beiträge zur Geschichte der Ästhetik (Berlin 1954), 254.
193 LUKÁCS, Skizze einer Geschichte der neueren deutschen Literatur (entst. 1944/45) (Berlin 1953), 46.

Gemeinheiten und zu deren naturalistischem Genießen. [...] In den ›Blumen des Bösen‹ erlaubt sich Baudelaire [...] einen Kadaver, einen in Zersetzung befindlichen und von Würmern zerfressenen Leichnam zu schildern und sich in diesem Bild seine Geliebte nach dem Tode vorzustellen. Dieses Gedicht war seinerzeit eine Sensation [...], in der heutigen bürgerlichen Kunst ist die Darstellung des Leichnams etwas ganz Gewöhnliches, wird sie zur ästhetischen Norm der Dekadenz.)[194]

Soweit man von einer faschistischen Ästhetik sprechen kann, wird auch dort das Häßliche (und insbesondere alle Formen der Defiguration und Deformation) mit dem Vorwurf der Dekadenz bzw. Entartung verbunden. Rosenbergs *Der Mythus des 20. Jahrhunderts* (1930) zeigt deutlich, wie die NS-Ideologie auch mit ästhetischen Mitteln arbeitete. Im Untertitel heißt Rosenbergs *Mythus*: ›Eine Wertung der seelisch-geistigen Gestaltkämpfe unserer Zeit‹. Das ästhetische Ideal, verstanden als ›rassisches Schönheitsideal‹, wird als Verbindung von griechischer und ›nordischer‹ Schönheit deklariert.[195] Für die Kunst, die diesem Schönheitsideal folgt, wird das Häßliche strikt ausgeschlossen. Wo es auftaucht, gehört es mit zur ›jüdischen Verseuchung‹ der Kunst, die überall dort dingfest zu machen ist, wo das ›rassische Schönheitsideal‹, das sich, hinsichtlich der Verbildlichung von Gestalt, vom Kopf des Perikles bis zu dem Friedrichs des Großen spannt, fehlt.[196]

Bewegen sich Rosenbergs Argumentationen noch auf dem Niveau philosophischer, stark eklektischer Reflexion, so wird auf den erläuternden Tafeln der Ausstellung *Entartete Kunst* (1937) der Ton schärfer.[197] Eine der Propagandaschriften, die nach dieser Ausstellung erschienen und mit Bezug auf das ›gesunde Volksempfinden‹ die Ausstellung popularisieren sollten, stellte auf ihren Bildtafeln die ›häßlichen‹ Bilder der klassischen Moderne und Avantgarde den ›schönen‹ Bildern völkischer Malerei und Heimatkunst unvermittelt gegenüber.[198]

In den weiteren Umkreis faschistischer Ästhetik gehören auch die bereits im Verlaufe des 1. Weltkrieges unternommenen Versuche, das Häßliche des Krieges zum Erhabenen zu ›verschönen‹ oder zu verkitschen: »Und wie muß nun die Darstellung des Häßlichen beschaffen sein, um nicht selbst häßlich zu erscheinen? Nur durch höchste Objektivierung und Stilisierung ist dies erreichbar. Die Wirklichkeit, der Krieg, muß in den vollkommensten Typen, nicht in zufälligen Erscheinungen erfaßt werden. Damit ist der Naturalismus abgetan. Der intuitiv gleichsam als Brennpunkt der Wirklichkeit erfaßte ›Typus‹ ist eine Vollkommenheit, eine ›Idee‹ wie Goethes ›Urpflanze‹. Eine solche ist auch der künstlerisch geschaute Krieg.«[199] Der Diltheyschüler Hermann Nohl beschreibt, im Zusammenhang der Erörterung der Kantschen Ästhetik und des Erhabenen, den »ästhetischen Zustand« als »Freiheit des Geistes, die uns über die Angst der Sinnlichkeit erhebt. So kann der Flieger während der Somme-Schlacht singend durch die Granaten-Bogen fahren, berauscht von der Großartigkeit des Eindrucks der feurigen Linien in der Nacht. [...] Kann ich aber diese vernichtende Größe in ihrer Pracht noch genießen, dann bin ich im ästhetischen Zustand.«[200]

In den Diskussionen über die Kunst nach dem 2. Weltkrieg wird das Häßliche im angelsächsischen Raum vielfach als ›aesthetic dishonesty‹ betrachtet. Auch französische Veröffentlichungen zum Häßlichen beklagen zur selben Zeit die Verhäßlichung der Kunst als »déformation, déshumanisation et désagrégation« der Kunst: »L'art de

---

194 MOISSEJ KAGAN, Lekcii po marksistsko-leninskoj èstetike (Leningrad 1963), 64; dt.: Vorlesungen zur marxistisch-leninistischen Ästhetik, übers. v. U. Kuhirt (Berlin 1971), 75 f.
195 Vgl. ALFRED ROSENBERG, Der Mythus des 20. Jahrhunderts (1930; München 1935), 274–322.
196 Vgl. ebd., 293 f.
197 Vgl. MARIO-ANDREAS VON LÜTTICHAU, Die Ausstellung ›Entartete Kunst‹, München 1937. Eine Rekonstruktion, in: S. Barron (Hg.), ›Entartete Kunst‹. Das Schicksal der Avantgarde im Nazi-Deutschland [Ausst.-Kat.] (München 1992), 45–81.
198 Vgl. ADOLF DRESLER, Deutsche Kunst und entartete ›Kunst‹. Kunstwerk und Zerrbild als Spiegel der Weltanschauung (München 1938), 34–80; SIEGFRIED GOHR, Über das Häßliche, das Entartete und den Schmutz, in: S. Gohr/J. Gachnang (Hg.), Bilderstreit. Widerspruch, Einheit und Fragment in der Kunst seit 1960 (Köln 1989), 45–53.
199 PAUL FELDKELLER, Das Häßliche des Krieges als Gegenstand künstlerischer Darstellung, in: Das literarische Echo 17 (1915), H. 15, 917.
200 HERMANN NOHL, Die ästhetische Wirklichkeit. Eine Einführung (Frankfurt a. M. 1935), 99

notre époque adopte la Laideur, comme thème central de ses créations. […] La Quête du Beau moderne composé d'une somme de molécules contraires et discordantes et dont l'alliage est fait de Laid et de Grotesque, de Tragique et de Comique, de Morbide et d'Absurde, de Sublime et de Monstrueux.«[201] Dagegen wurde aus anderer Sicht geltend gemacht: »Different from these, but akin to them in their tendency to make the ugly a category which is not, in strictness, a species of the aesthetic, are those decriptions of ugliness which characterize it either as formlessness, failure to achieve expression, or as a contributory phase of the beautiful, repelling in isolation, but not unredeemable, since it is only ›difficult beauty‹, which we may some day unravel and accept.«[202]

Im deutschen Sprachraum vollzog sich die Nachkriegsdebatte über die ›häßliche Moderne‹ im Zeichen kulturkritischer Diagnosen. So betonte Hans Sedlmayr den Begriff der Mitte – entscheidendes Kriterium einer konservativen Philosophie, die auf der Annahme eines geschlossenen Weltbildes, d. h. eines sinnstiftenden stimmigen Kosmos beruht, von wo aus Kritik der Zeit und der Kunst begründet werden: »Die Problemstellung dieser Arbeit ist also nicht kunstgeschichtlicher Art, sondern eine ›Kritik‹ des Geistes, im Versuch einer Diagnose der Zeit, ihres Elends und ihrer Größe, von der Kunst her.«[203] Seit 1760/1770 und vollends nach der Französischen Revolution gebe es einen Prozeß, in dessen Verlauf die Kunst sich völlig desorientiert und nach dem Verlust des Maßvollen ins Extreme sich verfremdet habe. Diesen ›Verlust der Mitte‹ betrachtet Sedlmayr als gesamteuropäische ›Krankheit‹, deren Anfangspunkt bildkünstlerisch mit den Werken von Goya und Füssli charakterisiert werden könne. Geistesgeschichtlich gesehen, sei die Inkubationsphase dieser Krankheit insgesamt »ein schwerer Konflikt zwischen einem strengen Über-Ich, verkörpert in dem ›moralischen Gesetz in uns‹, und wilden chaotischen Trieben« (229). Das letzte Stadium der Krankheit datiert Sedlmayr »seit 1885 latent, seit 1900 offenkundig«: »Die Welt, der Mensch und die Natur entfremden sich. Beherrschender Affekt wird die Verzweiflung und die Angst. Neues Erkalten der Formen, zugleich Zersetzung. Die Zustände wechseln fortwährend zwischen zu äußersten Extremen. Tiefe Gespaltenheit. ›Der Patient vermag seine Gedanken nicht mehr zusammenzuhalten. Er fühlt sich dämonischen Mächten ausgeliefert, ist outriert und maßlos in allen seinen Äußerungen.‹ Zeitweiser Sprachverlust (›Dadaismus‹).« (230) Die Häßlichkeit heutiger Kunst, so lautet des Resümee, sei Ausdruck der Störung des menschlichen Verhältnisses zu Gott, zu sich selbst, zu anderen Menschen, zur Natur.[204]

Den absoluten Gegensatz zu dieser konservativen Sicht auf die Kunst der Moderne und Avantgarde lieferte dann ausgangs der 1960er Jahre Christian Enzensberger mit seinem Versuch, die Bereiche ästhetischer Erfahrung, die mit dem Häßlichen, Deformierten, Schmutzigen zusammenhängen, provozierend ins Spiel zu bringen – gegen die schockhafte Sprachlosigkeit wie gegen die Ideologisierung des ›gesunden Empfindes‹ gegenüber dem Häßlichen und Deformierten: »Sauber ist schön und gut. Sauber ist hell brav lieb. Sauber ist oben und hier. Schmutzig ist häßlich und anderswo. Sauber ist doch das Wahre, schmutzig ist unten et übel, schmutzig hat keinen Zweck. Sauber hat recht. Schmutzig ist demgegenüber, sauber ist da denn doch, schmutzig ist wie soll man sagen, schmutzig ist irgendwie unklar, schmutzig ist alles in allem, sauber ist wenigstens noch, aber schmutzig das ist also wirklich.«[205]

---

201 LYDIE KRESTOVSKY, Le problème spirituel de la beauté et de la laideur (Paris 1948), 19; vgl. KRESTOVSKY, La laideur dans l'art à travers les âges (Paris 1947); GEORGES BATAILLE, La laideur belle ou la beauté laide dans l'art et littérature: Lydie Krestovsky, Le problème spirituel de la beauté et de la laideur, in: Critique 34 (1949), 215–220; ZELLE, Die Krise der modernen Kunst – eine ›Querelle‹-Thematik bei Friedrich Schlegel und Hans Sedlmayr, in: J.-M. Paul (Hg.), Crise et conscience du temps. Des lumières à Auschwitz (Nancy 1998), 79–93.
202 LUCIUS GARVIN, The Problem of the Ugliness in Art, in: Philosophical Review 57 (1948), 405.
203 HANS SEDLMAYR, Der Verlust der Mitte. Die bildende Kunst des 19. und 20. Jahrhunderts als Symptom und Symbol der Zeit (1948; Salzburg [10]1983), 10.
204 Vgl. ebd., 191–193.
205 CHRISTIAN ENZENSBERGER, Größerer Versuch über den Schmutz (1968; München [2]1969), 9.

VII. Theodor W. Adorno: Sublimierung des Häßlichen zum Erhabenen

Einen Höhepunkt philosophischer Reflexion gewinnt das Thema des Häßlichen noch einmal in Theodor W. Adornos *Ästhetischer Theorie* (1970). In der reich differenzierten Erörterung des Häßlichen ist die Raison der ›Dialektik der Aufklärung‹ ebenso auszumachen wie die ästhetische Erfahrung moderner Kunst und einer durch Industrie zerstörten Natur sowie die politischen Erfahrungen faschistischer Schönheits- und Erhabenheitskulte. Adornos *Ästhetische Theorie* belegt zugleich, daß avancierte Theorie des Häßlichen, mit den genannten Erfahrungen von Moderne im Rücken, mit einer gewissen Zwangsläufigkeit zur Reformulierung einer Ästhetik des Erhabenen tendiert.[206] Sie weist damit auf Nietzsches Ästhetik zurück und auf die der Postmoderne voraus.

Die facettenreiche Argumentation Adornos zum Häßlichen läßt sich in zwei Schichten erfassen, die um das Verhältnis von Kunst und Natur gepolt sind und dann wieder eng aufeinander bezogen werden. Die eine Argumentation kreist um Schönheit und Häßlichkeit der Natur. Adorno war damit am Beginn der 70er Jahre des 20. Jh. einer der ersten, der das Naturschöne wieder in die Debatte brachte.[207] Das Häßliche der Natur, so Adorno, ist nur *inhaltlich* zu fassen, weil das auf Form bezogene Urteil, eine »von Industrieanlagen verwüstete Landschaft« sei häßlich, so lange keine Evidenz hat, solange es sich nicht auf die Eingriffe des Menschen und die Gewalt bezogen wird, die der Mensch der Natur angetan hat. Das Naturschöne wird im Umkehrschluß ein Versprechen auf das gewaltfreie Verhältnis Mensch/Natur, wofür »eine friedlich gewordene Technik«[208] Voraussetzung ist. Diese inhaltliche Argumentation in bezug auf das Häßliche erklärt auch, warum Adorno, anders als Kant, vom Erhabenen der Natur nicht spricht. Die utopische Botschaft trägt der Naturästhetik nicht das Erhabene, sondern das Schöne.

Anders in der Kunst. Hier wirkte das Häßliche als »Kanon von Verboten«. »Das Verbot des Häßlichen ist zu dem des nicht hic et nunc Geformten, nicht Durchgebildeten – des Rohen – geworden. Dissonanz ist der technische Terminus für die Rezeption dessen durch die Kunst, was von der Ästhetik sowohl wie von der Naivetät häßlich genannt wird.« (74) Moderne Kunst protestiert gegen diese harmonistische Ansicht des Häßlichen; sie tut es (auch) dadurch, daß sie das Häßliche mit sozialer Verve darstellt, »um im Häßlichen die Welt zu denunzieren«. Aber diese (inhaltliche) Strategie des Häßlichen im »sozialen Realismus« kommt dort an ihre Grenzen, wo die Denunziation verpufft, indem der Adressat der sozialen Klage »Graphiken mit verhungernden Arbeiterkindern, extreme Darstellungen als Dokumente jenes gütigen Herzens schluckt, das noch im Ärgsten schlage und damit verspreche, es sei nicht das Ärgste« (79).

An diesem Punkt schlägt Adornos Argumentation in einen »formalen Radikalismus« um, in dem das Häßliche als Sujet inhaltlich unwichtig wird und *Form* wird: Daß Kunst die Kraft hat, »das ihr Konträre zu bergen, ohne von ihrer Sehnsucht etwas nachzulassen, ja ihre Sehnsucht in die Kraft dazu verwandelt, verschwistert das Moment des Häßlichen ihrer Vergeistigung« (80). Damit wird das Moment des Häßlichen aber auch, dies ist ja der die künstlerische Moderne bezeichnende Vorgang, in Form aufgelöst. Man kann dies allenfalls noch davon sprechen, daß das Häßliche nicht *in*, sondern *an* der Form ist, es ist seine Grausamkeit qua Form: »Je reiner die Form, je höher die Autonomie der Werke, desto grausamer sind sie.« (ebd.) Dieser Vorgang situiert sich als Dialektik der Kunst innerhalb der ›Dialektik der Aufklärung‹: »Grausamkeit des Formens ist Mimesis an den Mythos.« (ebd.) Aber die Geschichte erlöst das Subjekt nicht zur Freiheit. Das Häßliche bricht immer wieder ein und muß zur Form sublimiert werden. Hier liegt der Grund für die Kunst als Widerstand und als Haltung des Erhabenen.

---

[206] Vgl. WOLFGANG WELSCH, Adornos Ästhetik: Eine implizite Theorie des Erhabenen (1989), in: Welsch, Ästhetisches Denken (Stuttgart 1990), 115–156; ALBRECHT WELLMER, Adorno, die Moderne und das Erhabene, in: Welsch/C. Pries (Hg.), Ästhetik im Widerstreit. Interventionen zum Werk von Jean-François Lyotard (Weinheim 1991), 45–66.

[207] Vgl. GÜNTER FIGAL, Theodor W. Adorno. Das Naturschöne als spekulative Gedankenfigur. Zur Interpretation der ›Ästhetischen Theorie‹ im Kontext philosophischer Ästhetik (Bonn 1977).

[208] THEODOR W. ADORNO, Ästhetische Theorie, in: ADORNO, Bd. 7 (1970), 76.

Diese Argumente verkehren Kants Distinktionen von erhabener Natur und schöner Kunst ins Gegenteil. Dies sieht Adorno, und er beharrt auf ihnen mit der Begründung, daß von der Gegenwart aus gesehen das Verhältnis von Natur und Kunst umgekehrt werden muß: »Kants Theorie des Erhabenen antezipiert am Naturschönen jene Vergeistigung, die Kunst erst leistet. Was an der Natur erhaben sei, ist bei ihm nichts anderes als eben die Autonomie des Geistes angesichts der Übermacht des sinnlichen Daseins, und sie setzt erst im vergeistigten Kunstwerk sich durch.« (143)

die Schock- und Ekelstrategien der ästhetischen Moderne, in: S. Vietta/D. Kemper (Hg.), Ästhetische Moderne in Europa. Grundzüge und Problemzusammenhänge seit der Romantik (München 1998), 197–233; ZELLE, CARSTEN, ›Angenehmes Grauen‹. Literarhistorische Beiträge zur Ästhetik des Schrecklichen im achtzehnten Jahrhundert (Hamburg 1987); ZELLE, CARSTEN, Die doppelte Ästhetik der Moderne. Revisionen des Schönen von Boileau bis Nietzsche (Stuttgart/Weimar 1995).

Dieter Kliche

Literatur

BOIS, YVE-ALAIN/KRAUSS, ROSALIND (Hg.), Formless. A User's Guide (New York 1997); COUSINS, MARK, The Ugly, in: AA Files, Nr. 28 (1994), 61–64 u. Nr. 30 (1994), 65–68; EYKMAN, CHRISTOPH, Die Funktion des Häßlichen in der Lyrik Georg Heyms, Georg Trakls und Gottfried Benns (1965; Bonn ³1985); FUNK, HOLGER, Ästhetik des Häßlichen. Beiträge zum Verständnis negativer Ausdrucksformen (Berlin 1983); GAGNEBIN, MURIELLE, Essai sur la laideur. Contribution à une philosophie du malheur (Lausanne 1978); HÖGE, HOLGER, Emotionale Grundlagen ästhetischer Urteilens. Ein experimenteller Beitrag zur Psychologie der Ästhetik (Frankfurt a. M./Bern/New York 1984); JAUSS, HANS ROBERT (Hg.), Die nicht mehr schönen Künste. Grenzphänomene des Ästhetischen (München 1968); KLEIN, JÜRGEN, Der gotische Roman und die Ästhetik des Bösen (Darmstadt 1975); LOTTER, KONRAD, Der Begriff des Häßlichen in der Ästhetik. Zur Ideologiekritik der Ästhetik des Hegelianismus (München 1974); MICHEL, PAUL, Formosa deformitas. Bewältigungsformen des Häßlichen in mittelalterlicher Literatur (Bonn 1976); OESTERLE, GÜNTER, Entwurf einer Monographie des ästhetisch Häßlichen. Die Geschichte einer ästhetischen Kategorie von Friedrich Schlegels ›Studium‹-Aufsatz bis zu Karl Rosenkranz' ›Ästhetik des Häßlichen‹ als Suche nach dem Ursprung der Moderne, in: D. Bänsch (Hg.), Die Modernität der Romantik (Stuttgart 1977), 217–297; THOMPSON, MICHAEL, Rubbish Theory. The Creation and Destruction of Value (Oxford u.a. 1979); WISBEY, ROY A., Die Darstellung des Häßlichen im Hoch- und Spätmittelalter, in: W. Harms/L. P. Johnson (Hg.), Deutsche Literatur des späten Mittelalters (Berlin 1975), 9–34; ZELLE, CARSTEN, Ästhetik des Häßlichen: Friedrich Schlegels Theorie und

---

1 ARTHUR SCHOPENHAUER, Die Welt als Wille und Vorstellung, Bd. 2 (1844), in: Schopenhauer, Werke, hg. v. L. Lütkehaus, Bd. 2 (Zürich 1988), 120.

Humor

(engl. humour; frz. humour; ital. umorismo; span. humor, humorismo; russ. юмор)

I. Humor als Sammelbezeichnung und ästhetischer Terminus; II. Entfaltung des Humorbegriffs bis ins 18. Jahrhundert; 1. Vorgeschichte des Wortes bis zum 17. Jahrhundert; 2. ›Humour‹ im 17. Jahrhundert; 3. Wandel der Humorauffassung im 18. Jahrhundert; III. Metaphysik des Humors im 19. Jahrhundert; 1. Jean Pauls ›Vorschule der Ästhetik‹; 2. Idealistische Ästhetiken; IV. Hauptlinien der Humortheorie im 20. Jahrhundert; 1. Psychologische Orientierung; 2. Philologische Ausrichtung; V. Notwendigkeit historisch-kritischer Begriffsklärung

I. Humor als Sammelbezeichnung und ästhetischer Terminus

»Das Wort *Humor* ist von den Engländern entlehnt, um eine, bei ihnen zuerst bemerkte, ganz eigenthümliche, sogar [...] dem Erhabenen verwandte Art des Lächerlichen auszusondern und zu bezeichnen; nicht aber um jeden Spaaß und jede Hanswurstiade damit zu betiteln, wie jetzt in Deutschland allgemein, ohne Opposition, geschieht, von Litteraten und Gelehrten; weil der wahre Begriff jener Abart, jener Geistesrichtung, jenes Kindes des Lächerlichen und Erhabenen, zu subtil und zu hoch seyn würde für ihr Publikum, welchem zu gefallen, sie bemüht sind, Alles abzuplatten und zu pöbelarisiren.«[1] Die Kritik Arthur Schopenhauers am Jargon seiner Zeitgenossen ist gewiß nicht grundlos, hätte aber weniger heftig ausfallen dürfen angesichts des Umstands, daß die Trivialisierung des Terminus nicht erst mit dem deutschen Lehnwort zu Beginn des 19. Jh. einsetzt. Schon die Engländer gingen manchmal sehr unbefangen mit ›humour‹ um. Allerdings, selbst wer frei ist von Schopenhauers ›üblem Humor‹ (wie man damals noch sagen konnte), wird kaum milder urteilen, sobald es um eine Einschätzung der heutigen Situation geht. Die Kulturindustrie unserer Tage hält für die große Nachfrage nach Humor ein breites Sortiment bereit: Im Buchhandel firmieren unter dieser Rubrik die unterschiedlichsten ›Sachen zum Lachen‹ bis hin zu Comics, lustigen Anekdoten und Stilblütensammlungen. Die Fernsehsender überbieten sich gegenseitig in der Sparte ›Humor‹ mit Sitcom-Serien, Kabarett, Nonsense und allen erdenklichen Spaßveranstaltungen, um ihr Publikum bei Laune zu halten.

Der inflationäre Wortgebrauch hinterläßt mittlerweile immer deutlichere Spuren im wissenschaftlichen Bereich, wobei der neuerliche Wandel wiederum vom Englischen ausgeht. Seit Mitte des 20. Jh. verstärken v. a. amerikanische Studien die Erforschung menschlichen Spaßverhaltens. Was die traditionelle Ästhetik als Problem des Witzigen, Lächerlichen oder Komischen diskutiert hatte, findet im ›humor research‹ seine interdisziplinäre Fortsetzung.[2] Auf dem weit abgesteckten Arbeitsfeld hat der Humorbegriff seine frühere Differenziertheit eingebüßt. Zwar diente er immer schon beiläufig zur groben Unterscheidung zwischen Ernst und Spaß. Das kann man sogar auf Vorstufen der Konzeptbildung entdecken.[3] Aber während dieser semantische Aspekt einst an der unscharfen Peripherie lag, schiebt er sich gegenwärtig ins Zentrum vor und marginalisiert dadurch die historisch signifikante Bedeutung dermaßen, daß sie bereits der Vergessenheit anheimfällt. Selbstverständlich wird das Etikett ›Humor‹, wo es als profillose Kennmarke für Scherzmodalität überhaupt kursiert, auf Phänomene angewendet, welche genauer komisch, witzig, ironisch, satirisch, grotesk, parodistisch usw. heißen sollten. Die unspezifische Verwendung läßt sich an beliebigen Textproben ohne weiteres feststellen. Meistens ist der Ausdruck undefiniert, ja erscheint nicht einmal erläuterungsbedürftig. Wie provisorisch er gehandhabt wird, belegen auch Beschwichtigungsformeln hinsicht-

lich seiner Unbestimmtheit sowie gelegentliche emphatische Hinweise auf ›wahren‹ Humor, der sehr selten sei. Zweifellos garantiert die bequeme Einsetzbarkeit des Wortes seine Attraktivität. Nur vereinzelt wird Unbehagen artikuliert, was jedoch theoretisch ohne Konsequenzen bleibt, wie sich an einer symptomatischen Bemerkung des Soziologen Murray S. Davis zeigt: »Although humor is the broadest term for what causes laughter, it has so wimpish a sound that stylistic reasons frequently moved me to substitute more vigorous, if less encompassing, synonyms: ›comedy‹, ›comic‹, ›joke‹, ›wit‹, ›ridiculous‹, ›ludicrous‹, ›laughable‹, ›amusement‹, and ›what's funny‹. There are dozens of partial synonyms for humorous phenomena«[4]. Wer in der niedrigen Intensität des Begriffs nicht bloß ein semantisches Manko, sondern eine ihm geschichtlich zugewachsene Konnotation sieht, wird ihn sicherlich (wie Schopenhauer) für ›zu subtil und zu hoch‹ halten, um derart extensiv Gebrauch davon zu machen. Es muß deshalb befremden, wenn sogar historisch angelegte Untersuchungen die Herkunft des Terminus kaum berücksichtigen. Da erforschen z. B. Kulturhistoriker eingehender die Vielfalt scherzhafter Kommunikationsformen, weil sie der Unterschiedlichkeit von Lachkulturen in ihrer Abhängigkeit von sozialen und ideologischen Rahmenbedingungen gerecht werden wollen, und versammeln das breite Repertoire lustiger Verhaltensweisen vom »Ausspruch zum Versprecher, vom Streich zum Wortspiel, von der Farce zur Albernheit« unter Humor, definiert als jede wie auch immer geartete »Botschaft, die darauf abzielt, ein Lächeln oder ein Lachen hervorzurufen«. Das kulturgeschichtliche Problembewußtsein umfaßt offenbar nicht die eigene Position, denn gerade wer den Ausdruck »im allgemeinsten und neutralsten

---

2 Vgl. DON L. F. NILSEN, Humor Scholarship. A Research Bibliography (Westport/London 1993).
3 Vgl. JOHN HOSKINS, Directions for Speech and Style (1599), hg. v. H. H. Hudson (Princeton 1935), 38.
4 MURRAY S. DAVIS, What's so Funny? The Comic Conception of Culture and Society (Chicago 1993), 315.

Sinne«[5] einsetzt, ergreift unweigerlich Partei für eine heute dominante Verwendung.

Die hier angestrebte begriffsgeschichtliche Rekonstruktion setzt dagegen voraus, daß einer kritischen Aufbereitung traditionellen Ideengehalts systematische Relevanz zukommt, vor der sich auch faktisch geltende Bedeutungsvarianten ausweisen müssen. Da der spezielle ästhetische Terminus aber so sehr von unserer gewöhnlichen Humorauffassung abweicht wie etwa das Konzept des Tragischen vom umgangssprachlichen Vorverständnis, ist es angebracht, wenigstens an einem markanten Beispiel einige Implikationen des virulenten Wortgebrauchs zu thematisieren, welche die Notwendigkeit einer Präzisierung nahelegen.

Der um sich greifende fachsprachliche Trend, Humor und Lachen gleichzusetzen, wurde gewissermaßen wissenschaftlich ratifiziert, als Arthur Koestler seine 1964 vorgestellte Bisoziationstheorie des Lachens[6] für das Stichwort ›Humour and Wit‹ in der *Encyclopaedia Britannica* zusammenfaßte. Bereits der Einleitungssatz stellt die exklusive Beziehung zwischen Humor und Lachen axiomatisch außer Frage: »In all its many-splendoured varieties, humour can be simply defined as a type of stimulation that tends to elicit the laughter reflex.«[7] Das typische Reizmuster entsteht durch komische Bisoziation. Üblicherweise versuchen wir den Sinn eines Ereignisses zu begreifen, indem wir dafür das passende Erlebnisschema suchen, d. h. diejenigen kognitiven und affektiven Einstellungen bereitstellen, die in vergleichbaren Situationen habitualisiert worden sind. Der Verstehensvorgang nimmt komische Form an, wenn ein dazwischentretender Ablenkungsreiz uns zwingt, den eben aktualisierten Assoziationskontext abrupt durch einen ganz anderen zu ersetzen, so daß das Ereignis vorübergehend mit zwei inkompatiblen Kontexten gleichzeitig bisoziiert erscheint. Weil Emotionen aufgrund ihrer größeren Trägheit kognitiven Umstellungen nur verzögert folgen, sind die zunächst stimulierten Impulse plötzlich ohne Bezug, also unnötig und werden durch Lachen abgebaut.

Ausgehend vom Paradigma des Witzes bemüht sich Koestler, die Universalität des Bisoziationsmusters nachzuweisen, und versäumt darüber eine Würdigung der affektiven Dynamik. Weder begründet er seine Annahme, der zufolge alle Komik eine gewisse Dosis Aggression enthält, noch reflektiert er, wie sich die Natur belustigter Reaktionen aufgrund der jeweils unterschiedlich gemischten Gefühle verändert. Obwohl Koestler einräumt, daß Lachen ein kulturell überformtes Verhalten ist, glaubt er die semantische Dimension zugunsten einer physiologischen Erklärung vernachlässigen zu dürfen. Die plausible Hypothese von den gegenstandslos gewordenen Emotionen, welche sich im Heiterkeitsausbruch Abfuhr verschaffen, erfordert indessen, Lachen nicht bloß als Innervationsverlauf, sondern als leibgebundene Expression eben dieser redundanten Impulse zu sehen. Sie bleiben nämlich dem Lachvorgang nicht äußerlich, sondern determinieren unmittelbar die ihnen gemäße Ausdrucksform: Herzliches Gelächter, schadenfrohes Auslachen, albernes Gekicher sind ebenso der Stärke nach abgestuft wie durch die Eigenart der eingeflossenen Affekte qualitativ bestimmt. Lächeln, das meist wie eine verhaltene oder sublimierte Version des Lachens behandelt wird, stellt in Wahrheit ein wiederum differenziertes vorsprachliches Mittel dar: Vergnügtes Schmunzeln, eine süffisante Miene, das dreckige Grinsen stehen für Amüsement aus völlig unterschiedlichen Quellen.

Eine selber höchst interpretationsbedürftige Erscheinung taugt gewiß nicht zur verläßlichen Indikation von Humor. Bei der Analyse von Witzen mag Lachen ein Erkennungszeichen sein, hinsichtlich weiterer Zusammenhänge leuchtet es weniger ein. Schon der stille Spaß, den manche Bilderwitze bereiten, weist darauf hin, daß Lachen kein notwendiger Bestandteil jeder komischen Situation ist. Dann wieder verlangt allein die Definition, von Lachen im uneigentlichen Sinn zu sprechen, obwohl eine anders geartete mimische Antwort auf Komik vorliegt, etwa ein kaum merkliches Schnauben, womit Leser die zynische Zuspitzung einer Satire honorieren. Raffinierte Belustigungs-

---

[5] JAN BREMMER/HERMAN ROODENBURG, Humor und Geschichte: Eine Einführung, in: Bremmer/Roodenburg (Hg.), Kulturgeschichte des Humors – Von der Antike bis heute (Darmstadt 1999), 9.
[6] Vgl. ARTHUR KOESTLER, The Act of Creation (1964; London 1975).
[7] KOESTLER, ›Humour and Wit‹, in: ENCYCLOPAEDIA BRITANNICA, Bd. 9 (1974), 5.

strategien schließlich erschöpfen sich nicht in der Auslösung mehrfacher Lachreflexe. Wenn aber ein fein abgestuftes Spektrum von Heiterkeitserfolgen durch den Ausdruck ›Lachen‹ allenfalls metonymisch zusammengezogen wird, verliert die darauf beruhende Humordefinition ihre vermeintliche Prägnanz. Tatsächlich ist die heute vorherrschende Fassung des Terminus so pauschal wie unser Alltagsbegriff. Sie stellt lediglich eine Sammelbezeichnung im Sinne Ludwig Wittgensteins dar, welche Phänomene subsumiert, die durchgängig gar kein Merkmal gemeinsam haben, sondern da und dort partielle ›Familienähnlichkeiten‹ aufweisen.

Der unkontrollierte und verwirrende Wortgebrauch soll nach Klärung der traditionellen Begrifflichkeit noch einmal demonstriert werden. Seine Problematik ist doch schon von hier aus abzuschätzen. Einerseits enttäuscht die Sammelbezeichnung aufgrund ihres geringen Auflösungsvermögens bei detaillierten Interpretationen, andererseits erlaubt sie wegen des verschwommenen Referenzbereichs keine allgemeingültigen Aussagen. Vor allem fällt sie unter Schopenhauers Verdikt, denn eine popularisierte Terminologie droht wirklich ›alles abzuplatten‹, was sich historisch an wesentlichen Bedeutungen im Humorbegriff herausgebildet hat. Deshalb protestiert Schopenhauer dagegen, einen Spezialfall von Komik zum abstrakten Oberbegriff zu erklären. Er möchte ihn reserviert wissen für jene Varianten des Lächerlichen, die sich durch Affinität zum Erhabenen auszeichnen, und benennt damit zutreffend die ästhetische Dimension der neuen ›Geistesrichtung‹, auch wenn deren Individualität über die beiden älteren Termini nur unzureichend zu charakterisieren ist. Geschichtliche Kontextualisierung kann genauer zeigen, daß Humor eine besondere Wahrnehmungsweise meint, der ein spezifisches Vergnügen korrespondiert. Während die pauschale Fassung kaum den Status eines Grundbegriffs beanspruchen darf, kommt diese ›ganz eigentümliche‹ Konfiguration sogar als epochales Schlüsselwort in Betracht.[8]

II. Entfaltung des Humorbegriffs bis ins 18. Jahrhundert

1. Vorgeschichte des Wortes bis zum 17. Jahrhundert

Etymologisch geht Humor auf das lat. Wort ›humor‹ zurück, das ursprünglich Flüssigkeiten aller Art bedeutete. Die von der antiken Medizin entwickelte, bis in die frühe Neuzeit gültige Humoralpathologie verstand darunter die disponierenden Körpersäfte Blut, Schleim, gelbe oder schwarze Galle. Das analytische Kriterium erlaubte wiederum der Temperamentenlehre, eine sanguinische, phlegmatische, cholerische oder melancholische Gemütsverfassung zu diagnostizieren, je nachdem, welcher der vier ›humores‹ dominierte.

Im England des späteren 16. Jh. avanciert die Ableitung ›humour‹ zu einem bildungssprachlich geläufigen Ausdruck, der nicht allein ein konstitutionelles Temperament bezeichnet, sondern überhaupt unangepaßtes Verhalten, was man auf eine unausgewogene Mischung der Körpersäfte zurückführte. Als Abweichungen von der Normalität werden ›humours‹ für das elisabethanische Drama interessant, und zwar für die Tragödie, insofern deren Protagonisten durch unbeherrschte Leidenschaften schicksalhaft determiniert sind, oder als lächerlicher Gegenstand der Komödie, wenn die Normverletzungen weniger Schaden im Sozialleben anzurichten drohen. Für einen Eindruck von der Bandbreite des Begriffs genügen zwei Beispiele aus William Shakespeares Dramen: Lady Macbeths destruktive Machtgier ist ihrer Natur nach genauso ein ›humour‹ wie Katharinas widerspenstige Attitüde.

2. ›Humour‹ im 17. Jahrhundert

Die ›comedy of manners‹ der Restaurationszeit setzt die Tradition weitgehend fort. Für Thomas Shadwell sind sogar alle neueren Bühnenstücke nur schwache Nachahmungen der meisterhaften

---

[8] Vgl. WOLFGANG SCHMIDT-HIDDING, Zur Methode wortvergleichender und wortgeschichtlicher Studien, in: Schmidt-Hidding (Hg.), Humor und Witz. Europäische Schlüsselwörter, Bd. 1 (München 1963), 20f., 32.

Komödien Ben Jonsons. Doch wo der Zeitgenosse Shakespeares die »vain fantastick passions« physiologisch bedingt glaubte, da kennzeichnet sie Shadwell psychologisch mit dem Attribut »Byas of the Mind«[9]. Seine *Humorists* (1671) verspotten z. B. die männliche Einbildung, für alle Frauen unwiderstehlich zu sein, als eine derartige mentale Voreingenommenheit. In *An Essay of Dramatic Poesy* (1668) spricht John Dryden von »some extravagant habit, passion, or affection, particular [...] to some one person, by the oddness of which, he is immediately distinguished from the rest of men; which being lively and naturally represented, most frequently begets that malicious pleasure in the audience which is testified by laughter; as all things which are deviations from common customs are ever the aptest to produce it«[10].

Das faßt die typischen Ansichten des 17. Jh. bündig zusammen: Ein ›humorist‹ (so die nun bevorzugte Bezeichnung) ist ein Außenseiter, dessen verschrobenes, aus dem üblichen Rahmen fallendes Wesen als Zielscheibe aggressiver Satire dient, während die Gemeinschaft ihren normativen Konsens im Gelächter über das bloßgestellte Fehlverhalten konsolidieren kann. Eine solche Auffassung konvergiert mit dem von Thomas Hobbes formulierten Menschenbild ebenso wie mit seiner Ableitung des Lachens aus »*sudden glory* arising from some sudden *conception* of some *eminency* in ourselves, by *comparison* with the *infirmity* of others, or with our own formerly«[11].

3. Wandel der Humorauffassung im 18. Jahrhundert

Um die Wende zum 18. Jh. macht sich indessen ein Wandel des Publikumsgeschmacks bemerkbar, dem William Congreve Rechnung trägt, wenn er im Prolog zu *Love for Love* (1695) ankündigt: »There's Humour, which for chearful Friends we got; / And for the thinking Party there's a Plot. / We've something too to gratifie ill Nature, / (If there be any here) and that is Satire. / Tho' Satire scarce dares grin, 'tis grown too mild; / Or only shews its Teeth, as if it smil'd.«[12] Auf die soziologische Bedeutsamkeit dieser Geschmacksänderung verweist George Farquhars Beobachtung, wonach der Höfling eher geistreiche Pointen (»*Wit* and *Purity of Stile*«) zu schätzen wisse, während der Städter mehr an Charakterkomik (»*Humour* and *Ridicule*«[13]) Gefallen finde. Die aristokratische Einstellung zum Lachen, die weder tendenziösen noch frivolen Witz exkommunizierte, wird der bald tonangebenden Mittelschicht zunehmend problematisch. Joseph Addison und Richard Steele widmen dem Thema einige Ausgaben des *Spectator*[14], wobei es ihnen besonders darauf ankommt, einen adäquaten Konversationsstil für das in Kaffeehäusern, Clubs und Salons entstandene Forum bürgerlicher Selbstverständigung zu propagieren. Die beiden Journalisten sehen die erwünschte Form des Scherzens darin, lächerliche Züge eines Gruppenmitglieds so hervorzuheben, daß ihm der allgemeine Respekt erhalten bleibt. Der soziale Zusammenhang, den wohlwollender Spaß befestige, könne hingegen durch bissigen Witz oder satirischen Spott nur zerstört werden.

Die essayistischen Beiträge eröffnen eine Debatte um angemessene Formen der Heiterkeit, an deren Ende ein völlig gewandeltes Humorverständnis stehen wird. Diese Diskussion ist Teil des allgemeinen Diskurses, den die literarische Öffentlichkeit anfänglich in den sog. ›Moralischen Wochenschriften‹, später im Rahmen institutionalisierter Kulturkritik führt. Das liberale Bürgertum entwickelt dabei seine spezifische Auffassung von Subjektivität, welche aufklärerische Theologen

---

9 THOMAS SHADWELL, The Humorists (1671), in: Shadwell, The Complete Works, hg. v. M. Summers, Bd. 1 (London 1927), 254.
10 JOHN DRYDEN, An Essay of Dramatic Poesy (1668), in: Dryden, Essays, hg. v. W. P. Ker, Bd. 1 (New York 1961), 85.
11 THOMAS HOBBES, Human Nature (1650), in: HOBBES (ENGL), Bd. 4 (1962), 46.
12 WILLIAM CONGREVE, Love for Love (1695), in: Congreve, The Complete Works, hg. v. M. Summers, Bd. 2 (Soho 1923), 93 f.; vgl EDWARD N. HOOKER, Humour in the Age of Pope, in: The Huntington Library Quarterly 11 (1948), 361–385.
13 GEORGE FARQUHAR, A Discourse upon Comedy in Reference to the English Stage (1702), in: Farquhar, The Complete Works, hg. v. C. Stonehill, Bd. 2 (Bloomsbury 1930), 327.
14 Vgl. The Spectator 23 (27. 3. 1711), 35 (10. 4. 1711), 47 (24. 4. 1711), 169 (13. 9. 1711), 179 (25. 9. 1711), 249 (15. 12. 1711), 262 (31. 12. 1711), 355 (17. 4. 1712), 422 (4. 7. 1712), hg. v. D. F. Bond (London 1965).

II. Entfaltung des Humorbegriffs bis ins 18. Jahrhundert

und Moralphilosophen um eine neue Sicht der menschlichen Natur ergänzen, die von rationalen und moralischen Anlagen (›good-nature‹) ausgeht. Einem solchen Menschenbild fügt sich liebenswürdige Heiterkeit (›good-humour‹) so harmonisch ein, daß sie mittelbar als Beglaubigung seiner axiomatischen Grundlage gilt. Sie bildet auch den Keim, woraus im nächsten Jh. der ›sense of humour‹ hervorgehen wird, ein Gespür für die Relativität von Selbstentwürfen, das seither fest mit dem Ideal einer mehrdimensionalen Persönlichkeit verwachsen ist.[15]

Der anthropologische Paradigmenwechsel bringt eine veränderte Auffassung von Lachen mit sich. Hobbes' Definition, die im *Spectator* immerhin noch diskutabel war, fertigt Francis Hutcheson kurzerhand als »ill-natur'd Nonsense«[16] ab und ersetzt sie durch eine ethisch akzeptable Motivierung des Lachens, indem er die für burleske Texte charakteristische Legierung von erhabenen und banalen Vorstellungen verallgemeinert. Henry Home (Lord Kames) und James Beattie erweitern den Ansatz zur Theorie des komischen Kontrasts. Ihr zufolge resultiert reines Lachen allein aus der gleichzeitigen Wahrnehmung von heterogenen Aspekten eines Objekts; dagegen kommt das herabsetzende Verspotten lächerlicher Eigenschaften nurmehr als maliziöser Grenzfall von Belustigung in Betracht.[17]

Je stärker die aggressive Tendenz der satirischen Intention aus dem öffentlichen Diskurs verdrängt wird, desto weniger bedeutet das Lachen über die sonderbaren ›humorists‹ soziale Kontrolle; es drückt vielmehr ein Amüsement aus, das den Exzentriker trotz allem in seiner Eigenart akzeptiert. Zur weiteren Positivierung trägt entscheidend bei, daß sich das liberale Bürgertum durch die Vielfalt der ungewöhnlichen Individualitäten bestätigt fühlt, was Thomas Davies seinerzeit folgendermaßen resümiert: »At length Commerce, and her companion Freedom, ushered into the world their genuine offspring, True Humour.«[18] Der durch Wohlstand und staatlich garantierte Freiheiten gesicherte Privatbereich erlaubt den einzelnen, nonkonformistische Haltungen zu entfalten und ihre unverwechselbare Identität zu behaupten. Vor diesem Hintergrund muß ein Sonderling beinahe vorbildlich wirken als »a Person who governs himself according to his own Understanding in Disobedience to that of others, who are more in Fashion than himself«. Steeles Bewunderung des Exzentrikers, welcher nur auf die Stimme seines Herzens – »that throbbing Particle of Divinity within us«[19] – hört, wird nicht uneingeschränkt geteilt, gibt aber die Umwertungstendenz auch für differenziertere Ansichten vor. Corbyn Morris z. B. analysiert scharfsichtig, wie der ›humorist‹, der seiner Unabhängigkeit zuliebe alle Erwartungen unterläuft, gerade damit eine Rolle erfüllt, seine ungesellige Art also auf Geselligkeit bezogen ist. Gleichwohl erkennt Morris an, daß erst die Inszenierung des Individualismus jenen Freiraum schafft, in dem sich positive Eigenschaften wie Zivilcourage und Kritikfähigkeit entfalten können.[20]

Solange es dem gewandelten Publikumsgeschmack an eindrucksvollen literarischen Beispielen mangelt, greift er ersatzweise auf bekannte Figuren der tradierten Komödie und Satire zurück, wobei er über deren verwerfliche Charakterzüge hinwegsieht. Eine solche Transformation erfährt John Falstaff, dem man so viel jovialen Charme zuspricht, daß seine (bei Shakespeare betonte) moralische Fragwürdigkeit irrelevant wird. Fast vollständig fällt die Metamorphose Don Quijotes aus. Immer seltener gilt er (wie bei Cervantes) als ein an heroischen Illusionen krankender Verrückter, sondern findet wegen seiner Schwäche, eines lediglich

---

15 Vgl. DANIEL WICKBERG, The Senses of Humor. Self and Laughter in Modern America (Ithaca 1998).
16 FRANCIS HUTCHESON, Reflections upon Laughter (1725), in: HUTCHESON, Bd. 7 (1971), 102; vgl. auch 114 ff.
17 Vgl. HOME, Bd. 1 (1762), 337 ff.; Bd. 2 (1762), 40 ff.; JAMES BEATTIE, An Essay on Laughter and Ludicrous Composition (1764), in: Beattie, The Philosophical and Critical Works, hg. v. B. Fabian, Bd. 1 (Hildesheim/New York 1975), 602 ff.
18 THOMAS DAVIES, A Genuine Narrative of the Life and Theatrical Transactions of Mr. Henderson (London 1777), 48; vgl. STUART M. TAVE, The Amiable Humorist. A Study in the Comic Theory and Criticism of the Eighteenth and Early Nineteenth Centuries (Chicago 1960), 94–98.
19 Vgl. RICHARD STEELE, Theatre, Nr. 4 (9.–12. 1. 1720), zit. nach: TAVE (s. Anm. 18), 101.
20 Vgl. CORBYN MORRIS, An Essay towards Fixing True Standards of Wit, Humour, Raillery, Satire and Ridicule 1744; New York 1967), 15–23.

unzeitgemäßen Idealismus, wohlwollendes Verständnis. Derartige Stilisierungen erübrigen sich mit dem Erscheinen der Romane Laurence Sternes. *The Life and Opinions of Tristram Shandy, Gentleman* (1759–1767) und *A Sentimental Journey through France and Italy by Mr. Yorick* (1768) sind nicht nur darin einzigartig, daß sie mit dem Brüderpaar auf Shandy Hall und dem reisenden Pfarrer Yorick unübertroffene humoristische Gestalten vorführen. Sie markieren darüber hinaus den entscheidenden Übergang von der Komik einzelner Charaktere zu einer narrativen Struktur, welche eine thematische Beziehung zwischen Erzähler und präsentierten Gestalten herstellt und damit selbstreflexive Komplexität erreicht, wie sie für literarischen Humor wesentlich ist. Denn erst diese Form korreliert die fixen Ideen der Handlungsträger mit der neuen Subjektivitätserfahrung auf eine derart zweischneidige Weise, daß die Implikationen des aufklärerisch-empfindsamen Menschenbilds auch in ihrer Problematik erkennbar werden. Eben deshalb kann sich der Humorbegriff vom Objekt des Lachens lösen und die spezielle Art der Wahrnehmung bezeichnen, die (nunmehr so genannte) humoristische Autoren für ihre Darstellung einsetzen.

III. Metaphysik des Humors im 19. Jahrhundert

1. Jean Pauls ›Vorschule der Ästhetik‹

Gegen Ende des 18. Jh. wird Humor nicht mehr vorrangig für eine nationale Besonderheit der Engländer gehalten und findet, wie das Fremdwort selbst, durch die Sterne-Rezeption größere Verbreitung. Während die Resonanz in den Lachkulturen des romanischen und slawischen Sprachraums schwach bleibt, bestätigt die deutsche Auseinandersetzung um das Phänomen dessen Eigenständigkeit. Schon die erste nennenswerte Untersuchung, Jean Pauls *Vorschule der Ästhetik*

---

21 JEAN PAUL, Vorschule der Ästhetik (1804), in: JEAN PAUL (MILLER), Bd. 5 (1973), 125.

(1804), hat trotz begrifflicher Inkonsistenzen epochalen Stellenwert.

Jean Paul bestimmt »humour« (er verwendet zur Betonung des Traditionszusammenhangs noch einmal den englischen Ausdruck) als »das romantische Komische«[21]. Die Auslegung der beiden Definitionselemente trägt entscheidend zur näheren Bestimmung von Humor bei. An der herkömmlichen Ableitung des Komischen aus einem Kontrast kritisiert Jean Paul, daß Heterogenität an sich keineswegs lächerlich wirkt. Sein eigener Versuch, den Ansatz durch Überlagerung mehrerer Kontraste zu verbessern, führt aber nur die begrenzte Leistungsfähigkeit solcher Modelle vor Augen. Das Wort ›Kontrast‹ erhält bei Jean Paul denn auch die primäre Bedeutung von ›Gegenpol‹ oder ›Vergleichspunkt‹ innerhalb seines wegweisenden Zugangs, der von einer nicht gelingenden Einfühlung des lachenden Subjekts ausgeht und damit plausibler begründen kann, wann die an einem Objekt bemerkte Widersprüchlichkeit zum Lachen reizt. »Hier kommt der Hauptpunkt: wir leihen *seinem* Bestreben *unsere* Einsicht und Ansicht und erzeugen durch einen solchen Widerspruch die unendliche Ungereimtheit [...]. Unser Selbst-Trug, womit wir dem fremden Bestreben eine entgegengesetzte Kenntnis unterlegen, macht es eben zu jenem Minimum des Verstandes, zu jenem angeschauten Unverstande, worüber wir lachen«. (110) Die willkürliche Unterstellung einer gegensätzlichen Perspektive bewirkt nämlich ein »Hinüber- und Herüber-Wechselspiel« (122), also Oszillieren zwischen den inkompatiblen Vorstellungen, bis sich die logisch unlösbare Bisoziation im Lachen ausdrückt.

Das dem »Reiz der Unentschiedenheit« (123) entspringende Komische bildet die generelle Komponente in der Definition des Humors, dessen spezifische Differenz mit dem Merkmal ›romantisch‹ geschichtsphilosophisch ausgewiesen wird. Jean Paul folgt einem verbreiteten Denkmuster, wenn er die Signatur neuzeitlicher Subjektivität vor der Folie des im Altertum herrschenden Lebensgefühls entwickelt. Der antike Mensch erscheint hier als harmonisch mit seiner Umwelt verbunden; überschaubare Verhältnisse und stabile Traditionen garantieren, daß er den sozialen Konsens unproblematisch übernehmen und damit Identität erfahren kann, ohne die Konstellation eigens reflektieren zu müssen. Derart welthafte Existenzform wird gänzlich zerstört durch die christliche Religion, welche das irdische Dasein als solches entwertet, indem sie es auf ein unendliches Jenseits bezieht. Die Vergeistigung der nachantiken Kultur hinterläßt eine dualistische Lebensauffassung, der spirituelle Gehalte grundsätzlich wertvoller sind als die negativ erfahrene Welt. Darum gilt das eigentliche Interesse des modernen Menschen der Innerlichkeit, deren gefühlsbestimmte Ahnungen den Zugang zur Sphäre der unwandelbaren Ideen vermitteln. Infolge der introspektiven Konzentration verdichtet sich diese Innerlichkeit zu einem separaten mentalen Konzept, dem vom empirischen Persönlichkeitsanteil unterschiedenen idealen Selbst. Jean Paul spricht sogar einmal von den »zwei Naturen« des Menschen, wobei die göttliche »das innere Universum der *Tugend,* der *Schönheit* und der *Wahrheit*«[22] ausmacht. Damit ist zugleich auf die fundamentale Dissoziation verwiesen, welche unter dem Titel ›Entzweiung‹ das bürgerliche Selbstbewußtsein prägt. Sie resultiert für Jean Paul aus einer unaufhebbaren »Unförmlichkeit zwischen unserem Herzen und unserem Orte«[23].

›Romantisch‹ aufgrund der geschichtsphilosophischen Bestimmung heißt in der *Vorschule* eine literarische Gestaltung, wenn ihr »die Unendlichkeit des Subjekts zum Spielraum gegeben [ist], worin die Objekten-Welt wie in einem Mondlicht ihre Grenzen verliert«[24]. Entsprechend wird unter Humor eine Betrachtungsweise verstanden, welche das Verhältnis von idealem Selbst und empirischer Existenz als komische Interferenz präsentiert: »Wie die ernste Romantik, so ist auch die komische [...] die Regentin der Subjektivität. Denn wenn das Komische im verwechselnden Kontraste der subjektiven und objektiven Maxime besteht; so kann ich, da [...] die objektive eine verlangte Unendlichkeit sein soll, diese nicht *außer* mir gedenken und setzen, sondern nur in mir, wo ich ihr die subjektive unterlege. Folglich setz' ich mich selber in diesen Zwiespalt [...] und zerteile mein Ich in den endlichen und unendlichen Faktor und lasse aus jenem diesen kommen. Da lacht der Mensch, denn er sagt: ›Unmöglich! Es ist viel zu toll!‹ Gewiß!« (132) Jean Pauls Ansatz ist theoriegeschichtlich von besonderer Bedeutung, weil er die im 18. Jh. beobachtbare Verknüpfung von Humor und bürgerlichem Menschenbild insofern systematisch legitimiert, als der nunmehr idealistisch potenzierte Subjektbegriff zum integralen Bestandteil des humoristischen Verfahrens erklärt wird.

Was aber die erwähnte »Täuschung des komischen Stellen-Wechselns« (124) für die spezielle Dynamik des Humors bedeutet, ist Jean Paul letztlich verschlossen geblieben. Die Möglichkeit, das zwiespältige Erleben menschlicher Existenz durch eine Technik fluktuierender Perspektiven zu überspielen, hat er immerhin im *Billet an meine Freunde* (1795) thematisiert, wo er »drei Wege, glücklicher (nicht glücklich) zu werden«[25], unterscheidet. Der erste Weg besteht darin, sich mit den idealischen Persönlichkeitsfaktor zu identifizieren und in erhabener Entrückung auf die Kontingenzen des Lebens herabzublicken. Da diese Alternative bloß außergewöhnlichen Personen offensteht, haben die meisten Menschen nur das Mittel idyllischer Beschränkung, um die Widersprüche ihrer gesellschaftlichen Existenz zu vergessen. Wer für beide Optionen nicht genial oder naiv genug ist, kann sich »für den schwersten und klügsten« der Wege entscheiden, nämlich »mit den beiden anderen zu wechseln« (ebd.). Ein derartiger Perspektivenwechsel wurde später auch als Vorformulierung der Jean Paulschen Humortheorie angesehen. In den einschlägigen Paragraphen der *Vorschule* ist jedoch gerade diese Verschränkung gegenläufiger Perspektiven auseinandergebrochen und allenfalls unterschwellig wahrnehmbar, wenn die inkonsistente Beschreibung der Blickrichtungen Divergenz suggeriert. So heißt es einmal: »Der Humor, als das umgekehrte Erhabene, vernichtet nicht das Einzelne, sondern das Endliche durch den Kontrast mit der Idee [...], weil vor der Unendlichkeit alles gleich und nichts.« Und konträr dazu: »Wenn der Mensch, wie die alte Theologie tat, aus der

---

[22] JEAN PAUL, Das Kampaner Tal oder über die Unsterblichkeit der Seele (1797), in: JEAN PAUL (MILLER), Bd. 4 (1962), 563, 611.
[23] JEAN PAUL, Die unsichtbare Loge (1793), in: JEAN PAUL (MILLER), Bd. 1 (1960), 221.
[24] JEAN PAUL (s. Anm. 21), 124.
[25] JEAN PAUL, Billet an meine Freunde (1795), in: JEAN PAUL (MILLER), Bd. 4 (1962), 10.

überirdischen Welt auf die irdische herunterschauet: so zieht diese klein und eitel dahin; wenn er mit der kleinen, wie der Humor tut, die unendliche ausmisset und verknüpft: so entsteht jenes Lachen, worin noch ein Schmerz und eine Größe ist.«[26] Die Absicht, das komische ›Hinüber-und Herüber-Wechselspiel‹ beim Humor in geordnete Bahnen zu bringen, ergibt den merkwürdigen Vergleich mit der Fortbewegung eines sagenhaften Vogels, der, den Kopf zur Erde gerichtet, himmelwärts fliegt. Allegorisch verdichtet sich damit die metaphysische Tendenz, auf die das humoristische Verfahren festgelegt werden soll. Wenn es den unvernünftigen Zustand der Welt hervorhebt, sie »zu einem zweiten Chaos ineinanderwirft« (139), so tut es dies, »um vor der Idee fromm niederzufallen« (131) und in ihrem Namen »göttlich Gericht zu halten« (139). Jean Paul verwahrt sich gegen das (scheinbar) standpunktfreie Scherzen, mit dem die romantische Ironie prinzipielle Unabhängigkeit zu demonstrieren sucht: »Obgleich z. B. der Dichter die ganze Endlichkeit belachen kann: so wär' es doch Unsinn, die Unendlichkeit und das ganze Sein zu verspotten und folglich auch das Maß zu klein finden, womit er alles zu klein findet. [...] Götter können spielen, aber Gott ist ernst.« (444) Hier manifestiert sich die im Gefühl gegründete Glaubensgewißheit Jean Pauls. Aus mystischer Religiosität heraus hat er auch immer wieder den Endzweck aller echten Poesie als ›Himmelfahrt‹ bezeichnet, weil sie die Ahnung eines besseren Jenseits wachhält. Humor verweist dagegen nur indirekt auf das Absolute, indem er die Entfernung der Wirklichkeit von der Ideenwelt vorführt und so Sehnsucht nach Transzendenz wecken kann; »seine Höllenfahrt«, die in die Bedeutungslosigkeit

menschlicher Existenz führt, »bahnet ihm die Himmelfahrt« (129). Es ist zwar folgerichtig, wenn Jean Paul, der den Gehalt des unendlichen Ichs apodiktisch als Emanation Gottes begreift, eine unentscheidbare Bisoziation der inkompatiblen Sphären ausschließt und vielmehr die Gegenpole in eindeutig positiver und negativer Wertigkeit fixiert wissen will. Damit hat er aber (was schon seine Zeitgenossen empfanden) eher eine Poetik seiner eigenen Schreibart geliefert als eine ästhetische Bestimmung des humoristischen Verfahrens, das seinen Heiterkeitserfolg nicht der Feststellung, sondern der Umwandlung einer Differenzerfahrung verdankt.

Die religiöse Akzentuierung hat, nebenbei bemerkt, eine Seitenlinie der Humortradition hervorgebracht, die mit Søren Kierkegaard einsetzt. Den Einfluß Jean Pauls belegt der 1837 notierte Gedanke, daß das inkommensurable Ideal, welches die christliche Religion aufrichte, alle anderen Werte hochgradig nivelliere, was der Philosoph geradezu »die romantische und humoristische Seite des Christentums«[27] nennt. Die 1846 ausgearbeitete Stufenlehre menschlicher Existenz plaziert Humor zwischen ethischer und religiöser Lebenshaltung, weil seiner relativierenden Sichtweise sogar die sittlichen Anstrengungen des Ethikers eitel und für das ewige Seelenheil unerheblich erscheinen.[28] Dergestalt ist ein Humorist »die am nächsten kommende Approximation an den Religiösen« (155). Wo dieser aber völlige Vereinnahmung durch Gott und damit das Leiden am unerlösten Dasein bewußt akzeptiert, bleibt jener bei scherzhaft überspielten Resignation stehen oder weicht der Trauer durch regressive Nostalgie aus.[29]

Die von Kierkegaard betonte Verwandtschaft mit Religiosität hat dem humoristischen Empfinden eine gewisse Aufmerksamkeit unter Theologen gesichert, die es (wenn auch mit wechselnden Vorzeichen) als »das letzte Stadium in Existenzinnerlichkeit vor dem Glauben«[30] auffassen.[31] Allerdings bleibt solche Humorbetrachtung für die Ästhetik eine apokryphe Tradition, denn christlich lizensierte Formen von Freude haben in den seltensten Fällen etwas mit literarisch induzierter Heiterkeit gemeinsam, wie überhaupt ästhetische Phänomene nicht bloß Abbildungen religiöser oder philosophischer Einstellungen sind.

---

26 JEAN PAUL (s. Anm. 21), 125, 129.
27 SØREN KIERKEGAARD, Bruchstücke eines ersten literarischen Entwurfs (1837), übers. v. E. u. R. Hirsch, in: KIERKEGAARD, Abt. 30 (1960), 135.
28 Vgl. KIERKEGAARD, Abschließende unwissenschaftliche Nachschrift zu den Philosophischen Brocken (1846), übers. v. H. M. Junghans, in: KIERKEGAARD, Abt. 16, Teil 2 (1958), 211, 242.
29 Vgl. ebd., 261 ff.
30 Ebd., Teil 1 (1957), 287.
31 Vgl. WERNER THIEDE, Das verheißene Lachen. Humor in theologischer Perspektive (Göttingen 1986).

2. Idealistische Ästhetiken

Sämtliche Humortheorien des 19. Jh. sind Jean Paul verpflichtet, auch wenn sie seine Denkvoraussetzungen nicht teilen, was freilich nur selten explizit erörtert wird.

Arnold Ruges *Neue Vorschule der Ästhetik* (1837) signalisiert mit dem Titel einen besonders engen Bezug, weicht aber jeglicher Diskussion aus. Das Existenzproblem hat ohnehin auf dem Boden der spekulativen Dialektik seine theologische Radikalität verloren, denn der Hegelianer kann der eschatologischen Botschaft zweierlei entnehmen: »Das Subject unmittelbar ist nichts werth, das Subject aber ist bestimmt, die höchste Spitze der substanziellen Erscheinung zu sein. So ist es geadelt und unendlich werthvoll durch die christliche Ansicht, daß es der Seligkeit fähig ist, die ewige Liebe in sich zu verwirklichen.«[32] Humoristische Wahrnehmung bedeutet letztlich nichts anderes als solche göttliche Doppelansicht im kleinen: Einerseits verstärkt sie an ihrem Objekt die lächerliche Negativität, andererseits hebt sie dieselbe durch liebevolle Behauptung seiner Idealität auf.

Das Objekt ist für die Dualperspektive besonders geeignet, wenn »es versöhnt ist mit sich und mit der Welt in der Gewißheit der Idealität der Endlichkeit, welche es in seiner Erscheinung bethätigt« (206). Diese Eigenschaft wird üblicherweise unter der Kategorie des Naiven erfaßt, und auch für Ruge resultiert die liebenswürdige Aura des naiven Charakters aus der harmonischen Synthese von nichtiger Partikularität und unendlichem Wert. Einer Anregung Christian Hermann Weißes folgend[33], erklärt Ruge die Darstellung des naiven Ideals zum Hauptziel humoristischer Kunst, womit sie sogar »die höchsten Interessen der Menschenbrust« anspricht, denn sie ist Vorschein »der Erlösung des liebebedürftigen Menschen selbst, allerdings noch in der Form der mühelosen Seligkeit und des unmittelbaren Besitzes«[34].

Ruges Humorbegriff ist auf Genreszenen abgestimmt und muß vor komplexeren Texten versagen, bei denen die Präsentation liebenswürdiger Charaktere nur die Oberfläche bildet. Für Weiße, der Jean Pauls religiösen Standpunkt teilt, bleiben doch Zweifel, ob die postulierte Versöhnungskapazität naiver Gestalten den existentiellen Zwiespalt aufzuheben vermag, da er einräumt, daß »zwischen dem einfachen Inhalte ihrer Naivität und dem eigentlichen Gegenstande der humoristischen Sehnsucht ein ganzes, von geistigem Gehalt entblößtes Weltall in der Mitte liegend erkannt wird«[35]. Jede eilfertige Vermittlung von Idee und Erscheinung, zu der hegelianische Theorien tendieren[36], unterschlägt die abgründige Dimension, welche der humoristischen Wirkung allererst Tiefe verleiht. Indem Weiße daran erinnert, daß »die Negativität des Humors« umfassender ist »als selbst die dialektische Negativität der speculativen Idee«[37], bestreitet er vornehmlich den Totalitätsanspruch der Hegelschen Philosophie, zeigt aber auch Gespür dafür, daß Humor überhaupt refraktär sein könnte gegen eine Aufhebung im absoluten Geist.

Tatsächlich verfehlt die schablonenhafte Synthesenbildung, wie sie die Systemästhetiken forcieren, das Phänomen ebenso wie der dichotomische Ansatz, und für markante Modifikationen der dominanten Auffassungsweisen läßt der idealistische Kontext im Grunde keinen Raum. Eine bemerkenswerte Ausnahme ist Karl W. F. Solgers *Erwin*, der bereits 1815 erschienen war, als hermetische Begriffsdichtung freilich weitgehend unbeachtet blieb. Außerdem wurde Solger irrtümlich den Vorläufern Hegels zugerechnet, weil die Dialektik von Idee und Wirklichkeit der gemeinsame Ausgangspunkt zu sein schien.[38] Unter dem Aufgehen der Idee in der Wirklichkeit versteht Solger jedoch das Schicksal kreativer Inspiration, welche durch Konkretisierung notwendig wieder vernichtet wird.[39] Seine immanente Theorie künstlerischer Phantasie, die sich um die Kategorie ›Ironie‹

---

32 RUGE, 193.
33 Vgl. CHRISTIAN HERMANN WEISSE, System der Ästhetik als Wissenschaft von der Idee der Schönheit (1830), Bd. 1 (Hildesheim 1966), 249.
34 RUGE, 207.
35 WEISSE (s. Anm. 33), 249.
36 Vgl. z.B. RUGE, 179.
37 WEISSE (s. Anm. 33), 247.
38 Vgl. HEGEL, Vorlesungen über die Ästhetik (1835–1838), in: HEGEL (TWA), Bd. 13 (1970), 98f.
39 Vgl. KARL W. F. SOLGER, Erwin. Vier Gespräche über das Schöne und die Kunst (1815), hg. v. W. Henckmann (München 1971), 387.

kristallisiert[40], paßt mit der geistphilosophischen Lehre wenig zusammen. Die relativ eigenständigen Überlegungen ermöglichen, zumindest punktuell, eine andersartige Auffassung des humoristischen Verfahrens: »Alles ist also im Humor in Einem Flusse, und überall geht das Entgegengesetzte, wie in der Welt der gemeinen Erscheinung ineinander über. Nichts ist lächerlich und komisch darin, das nicht mit einer Mischung von Würde oder Anregung zur Wehmut versetzt wäre; nichts erhaben und tragisch, das nicht durch seine zeitliche und selbst gemeine Gestaltung in das Bedeutungslose oder Lächerliche fiele. So wird alles gleich an Wert und Unwert, und es ist keineswegs bloß das Endliche, wie Richter [d. i. Jean Paul – d. Verf.] meint, sondern zugleich die Idee selbst, was so dargestellt wird.«[41]

Hier wird ein für das idealistische Theorieformat seltener Gedanke formuliert: Das fluktuierende Wesen des Humors, das eine Entpolarisierung aller vermeintlich prästabilierten Wertigkeiten bewirkt, erzeugt eine Stimmung, welche am besten mit dem heutigen Begriff ›Ambivalenz‹ bezeichnet ist.[42] Dies erklärt, warum im Gegensatz zur normalen Wahrnehmung durch humoristische Perspektivierung »die Gegenstände überall ganz bekannt und gewohnt, aber zugleich durchaus verschoben, seltsam und schief gegeneinandergerückt erscheinen«[43]. Ebensowenig wie Jean Paul sieht Solger darin bloß eine irreguläre Sehgewohnheit exzentrischer Autoren. Was jenem aber das globale Abweichen vom göttlichen Ziel anzeigte[44], das demonstriert diesem die göttliche Gabe der Phantasie in ihrem Facettenreichtum, wie er »dem Wesen aller Persönlichkeit überhaupt«[45] entspricht.

Während es Solger bei der eher beiläufigen Korrektur beläßt, setzt sich Friedrich Theodor Vischer im ersten Teil seiner *Ästhetik* (1846) eingehend mit Jean Pauls Position auseinander. Dessen religiöse Ausrichtung der humoristischen Weltsicht ist nun freilich von vornherein aufgegeben; die transzendenten Prämissen erscheinen sogar als »die letzten Haltpunkte einer bloß objektiven absoluten Erhabenheit, bei der sich die mystische Innerlichkeit des empfindsamen Humors, unfähig die Konsequenzen des Komischen völlig zu ziehen, beruhigt«[46]. Auch Vischer macht deutlich, daß eine dualistische Konzeption mit fixierten Präferenzen die humoristische Dynamik verfehlt. Jean Pauls Aussage, der Humorist stelle die Realität verzerrt dar, um ihre ganze Nichtigkeit gegenüber der Ideensphäre vorzuführen, verwechsle offenbar Humor mit Satire, denn der satirische Gattungsrahmen werde keineswegs gesprengt, wenn man die unvernünftigen Projekte und moralischen Verfehlungen der Menschen in der Gesamtansicht der conditio humana erweitere.[47] Zudem wollte Jean Paul aus der universalen Hinfälligkeit des Erdendaseins ableiten, daß individuelle Schwächen, welche der Satiriker überheblich verspottet, vom Humoristen tolerant belächelt werden, weil sie einerseits seine eigene Defizienz anmahnen, andererseits in der endlosen Mängelliste geringfügige Posten sind. Doch Vischer nimmt es Humoristen Jean Paulscher Observanz schon gar nicht ab, daß sie die Unmenge von Fehlverhalten ohne Unmut betrachten und sich ohne die mindeste Selbstverachtung zu den Narren rechnen.

Die eigentliche Qualität humoristischer Weltsicht ergibt sich für Vischer erst auf der Basis der uneingeschränkten Anerkennung, »daß, was ganz allgemein ist, kein absolutes Übel sein kann« (494). Derartigen Durchbruch zu wahrhaft freiem Humor vermißt er an Jean Pauls literarischen Arbeiten, welche die Grunderfahrung widersprüchlicher Existenz eher verstärken als umwandeln. ›Freilassung‹ als genuine Leistung des Humors, die schon für Jean Paul in der Überwindung von Weltverachtung und Selbsthaß lag, gewähre der Autor nur selten, da er die existentielle Enttäuschung nie ganz verschmerzt habe.[48]

---

40 Vgl. WOLFGANG PREISENDANZ, Humor als dichterische Einbildungskraft. Studien zur Erzählkunst des poetischen Realismus (München 1963), 29–46; INGRID STROHSCHNEIDER-KOHRS, Die romantische Ironie in Theorie und Gestaltung (Tübingen 1960), 185–214.
41 SOLGER (s. Anm. 39), 354.
42 Vgl. PREISENDANZ (s. Anm. 40), 43 f.
43 SOLGER (s. Anm. 39), 352.
44 Vgl. JEAN PAUL (s. Anm. 21), 139.
45 SOLGER (s. Anm. 39), 353.
46 VISCHER, Bd. 1 (1922), 511.
47 Vgl. ebd., 493.
48 Vgl. JEAN PAUL (s. Anm. 21), 469; VISCHER (s. Anm. 46), 506 f.

Vischer zufolge setzt eine effektive humoristische Bewältigung des erfahrenen Zwiespalts dessen gedankliche Ergründung voraus, was die Erkenntnis einschließen muß, daß eine Subjektivität, die sich über Idealität definiert, allererst damit ihre faktischen Bedingtheiten negativiert: Wer sich an den »idealen Anforderungen des reineren Selbst«[49] orientiert, ist nicht nur mit äußeren Hindernissen konfrontiert, sondern empfindet zwangsläufig seine divergente Individualität als Störfaktor. Humoristische Wahrnehmung impliziert aber die Gewißheit, daß Erhabenes in Reinform nirgends vorkommt, sowie völlige Akzeptanz dieses Wissens für die eigene Person und die Verfassung von Subjektivität überhaupt.[50] Um zu erläutern, auf welche Weise die deprimierende Auswirkung solcher Einsicht vermieden werden kann, übernimmt Vischer Jean Pauls Erklärung im Ansatz. Der Humor setzt mittels des perspektivischen Kippeffekts »die beiden Gegenglieder ineinander, so daß er seinem erhabenen Ich das unendlich kleine und diesem jenes unterschiebt« (487). Nach Vischer wird dabei jedoch die Wertungspolarität beider relativiert und eine »Versöhnung« zwischen dem empirischen Ich und dem reinen Ich eingeleitet. Die kontingente Erfahrungswelt kommt »als Heimat, Reiz und heilsame Grenze« (492) aller Idealität zu Bewußtsein. Das bedeutet eine umfassende Aufwertung dessen, »was die Idee ins unendlich Kleine verkehrt« (507); obwohl nicht vernunftgemäß, gehört es als berechtigter und liebenswürdiger Anteil zur Persönlichkeit. Der selbstreflexiv »in Identität zusammenfassende Akt« (487 f.) ist geeignet, den existentiellen Zwiespalt zu entschärfen.

Die Rückkehr des Subjekts aus seiner Entäußerung hat Vischer, hierbei noch hegelianischer Konvention verpflichtet, geschichtsphilosophisch überhöht. Was ihm als »höchste Form des Humors« vorschwebt, beruht denn auch auf einer emanzipatorischen Denkhaltung, welche die Geltung überlieferter Autoritäten negiert und im kritischen Gestus sich selbst begreift. Vom romantischen Skeptizismus soll sie das Postulat unterscheiden, »daß der wahre Gehalt des Vergangenen selbst sich eben in dem freien Bewußtsein, das dieses stürzt, erhalten muß« (512 f.). Die Koppelung an den dialektischen Prozeß verleiht Humor die Eigenschaft »des eine Weltanschauung begleitenden

Grundgefühls« (522); er ist sozusagen die Hochstimmung, die sich bei Teilnehmern am Fortschritt im Bewußtsein von Freiheit einstellt, und wird also, kaum aus religiöser Finalisierung entlassen, für eine Utopie funktionalisiert.

Während der zweiten Hälfte des 19. Jh. zerfällt das geistphilosophische Theoriegebäude allmählich, worauf besonders das ästhetische Ressort mit dogmatischer Erstarrung reagiert. Auch die Diskussion um den Humor, die in ihren besten Momenten den Eindruck vermitteln konnte, sie nähere sich trotz kategorialer Einschränkung dem Gegenstand, stagniert. Fast ohne Ausnahme[51] findet man oberflächliche Festschreibungen, die vor allem die Systemkonformität des Phänomens herauszustellen bemüht sind. Angesichts einer Wirklichkeit, welche die orthodoxe Anschauung von Kunst als schöner Erscheinung der Idee zentral problematisiert, können Ästhetiker offenbar weniger denn je Verständnis aufbringen für die Irritation des Humors, gerade weil sie jenen axiomatischen Bereich tangiert.

Das wiederum verstärkt den immer schon spürbaren Trend, humoristischer Auffassung jegliche Brisanz abzusprechen, und nicht von ungefähr erscheinen zu jener Zeit gehäuft Texte, die auf völlig harmlose Weise erheiternd sind. Wegen des ihnen gemeinsamen Anflugs von Komik werden sie in Ermangelung eines passenderen Wortes unter dem Sammelnamen ›Humoresken‹ rubriziert.[52] Zum Schaden der ebenso benannten Musikstücke bürgert sich der Terminus generell für amüsante Geschichten ein, seien es feuilletonistische Reiseanekdoten oder Anthologien mit Begebenheiten aus Familienleben und Berufsalltag – ganz zu schweigen von den 1916 kursierenden *Feldgrauen Humoresken* eines Gustav Hochstetters.

Inzwischen ist die semantische Aufweichung des Humorbegriffs so weit fortgeschritten, daß er als prätentiöse Bezeichnung jede unernste Äußerungsform deklarieren kann. Unter Literaturkriti-

---

49 VISCHER (s. Anm. 46), 506.
50 Vgl. ebd., 490 f.
51 Vgl. aber ADOLF ZEISING, Ästhetische Forschungen (Frankfurt a. M. 1855).
52 Vgl. REINHOLD GRIMM, Begriff und Gattung Humoreske, in: Jahrbuch der Jean-Paul-Gesellschaft 3 (1968), 145–164.

kern zur Manier geworden, dringt der unkontrollierte Sprachgebrauch auch in wissenschaftliche Arbeiten ein.[53] (Schopenhauer hat es kommen sehen. Nur am Rande sei das Kuriosum vermerkt, daß einer seiner Nachfolger[54] Humor zu einem schwer erringbaren Stoizismus stilisiert, wobei die letzten Bezüge zum ästhetischen Phänomen verlorengehen, so daß der Ausdruck am Ende für ganz abseitige Bedeutungen verwertbar wird.[55]) Die auf Systematik bedachte Ästhetik[56] sucht der unübersichtlichen Lage durch Klassifizierung nach Arten und Unterarten Herr zu werden, was freilich eine Verlegenheitslösung darstellt. Wie sehr sich diejenigen gravierende Folgeprobleme auflasten, die äußerliche Unterschiede hervorheben und darüber das Prinzip der humoristischen Gestaltung aus den Augen verlieren, hat seinerzeit schon Luigi Pirandello in *L'umorismo* (1908) vorgeführt.

---

53 Vgl. JOSEF MÜLLER, Das Wesen des Humors (München 1896).
54 Vgl. JULIUS BAHNSEN, Das Tragische als Weltgesetz und der Humor als ästhetische Gestalt des Metaphysischen (1877), hg. v. W. H. Müller-Seyfarth (Berlin 1995).
55 Vgl. WILHELM E. BACKHAUS, Das Wesen des Humors (Leipzig 1894).
56 Vgl. EDUARD VON HARTMANN, Ästhetik (1887), in: Hartmann, Ausgewählte Werke, Bd. 4 (Leipzig 1888), 391–421; JOHANNES VOLKELT, System der Ästhetik (1905), Bd. 2 (München 1925), 542–581.
57 Vgl. MORITZ LAZARUS, Der Humor als psychologisches Problem (1855), in: Lazarus, Das Leben der Seele, Bd. 1 (Berlin 1876), 229–320.
58 Vgl. THEODOR LIPPS, Komik und Humor. Eine psychologisch-ästhetische Untersuchung (Hamburg 1898); KURT DE BRA, Beiträge zur Psychologie des Humors (Leipzig 1913); ROBERT ROETSCHI, Der ästhetische Wert des Komischen und das Wesen des Humors. Eine psychologische Skizze (Bern 1915); HARALD HÖFFDING, Humor als Lebensgefühl. Eine psychologische Studie (Leipzig 1918).
59 SIGMUND FREUD, Der Witz und seine Beziehung zum Unbewußten (1905), in: FREUD (SA), Bd. 4 (1976), 212.
60 Vgl. FREUD, Der Humor (1927), in: FREUD (SA), Bd. 4 (1976), 275–282.
61 Vgl. DIETER HÖRHAMMER, Die Formation des literarischen Humors. Ein psychoanalytischer Beitrag zur bürgerlichen Subjektivität (München 1984), 43–60, 115–136.

IV. Hauptlinien der Humortheorie im 20. Jahrhundert

1. Psychologische Orientierung

Die von der Ästhetik bezeichnete Problemstellung wird im 20. Jh. hauptsächlich unter psychologischen und philologischen Gesichtspunkten weiterbearbeitet.

Die Psychologie, welche als spezialisierte Forschung aus der Philosophie hervorgeht, bleibt anthropologisch längerfristig in deren Horizont, weshalb eigenständige Fragestellungen und neue Antworten zu Beginn verhindert werden. Gegenüber einem so diffizilen Gegenstand wie dem Humor erweist sich ihre begriffliche Erstausrüstung als völlig unzulänglich.[57] Noch nach der Wende zum 20. Jh. fehlt den psychologischen Arbeiten[58] eine einigermaßen plausible Gesamtkonzeption für mentale Vorgänge, auf die sich einzelne Beobachtungen beziehen ließen. Das betrifft auch die Ausführungen, mit denen Sigmund Freud sein Buch *Der Witz und seine Beziehung zum Unbewußten* (1905) abrundet. Er unternimmt es, die Einsparung von psychischem Energieaufwand, welche er an der befreienden Wirkung von Witzen und komischer Lust überhaupt feststellt, auf den Humor zu übertragen: »Der Humor ist nun ein Mittel, um die Lust trotz der sie störenden peinlichen Affekte zu gewinnen; er tritt für diese Affektentwicklung ein, setzt sich an die Stelle derselben. Seine Bedingung ist gegeben, wenn eine Situation vorliegt, in welcher wir unseren Gewohnheiten gemäß versucht sind, peinlichen Affekt zu entbinden, und wenn nun Motive auf uns einwirken, um diesen Affekt *in statu nascendi* zu unterdrücken.«[59] Für das genauere Verständnis der humoristischen Entlastung als eines umgeleiteten Gefühlsaufwands befindet sich die Theorie noch zu sehr im Anfangsstadium. Auch als der Essay von 1927 die Funktion des Über-Ichs bei solcher Stimmungsumwandlung ergänzen kann[60], ist die metapsychologische Grundlegung noch nicht abgeschlossen. Erst durch eine Rekonstruktion vor dem Hintergrund der entwickelten psychoanalytischen Theorie wird ersichtlich, daß der Freudsche Ansatz paßgerecht an die ästhetische Tradition anschließbar ist.[61]

Die neue Wendung der Humorbetrachtung basiert wieder einmal auf einer Modifizierung der Komiktheorie. Nach Jean Paul besteht das Komik hervorrufende »Leihen unserer kontrastierenden Einsicht«[62] aus abwechselnder Einfühlung in das Objekt und divergierender Beurteilung. Freud zufolge korrespondiert solchem Perspektivenwechsel eine »Vergleichung«[63] des psychischen Aufwands im komischen Objekt mit dem vom Rezipienten bereitgestellten. Dessen Mehraufwand an psychischer Energie, der jedoch augenblicklich als überflüssig erkannt wird, ergibt den Überschuß, welcher sich durch Lachen entladen kann. Allerdings bekommt eine gewonnene Aufwanddifferenz nur insofern die spezifische Qualität komischer Lust, als sie einen Vergleich zwischen dem Kindheits-Ich und dem Erwachsenen-Ich wachruft. Aufgrund »der vorbewußten Anknüpfung an das Infantile« (209) beim komischen Objekt vollzieht der Rezipient eine teilweise Regression nach, die an tabuierte kindliche Erlebnisse und Phantasien heranreicht. Jede Annäherung an kulturell verpönte Positionen löst aber ein Angstsignal aus, das automatische Abwehrvorgänge mobilisiert. Wenn hingegen der Situationskontext die Wiederkehr des Verdrängten als harmlos ausweist, dann wird der unnötige Reaktionsaufwand für das Lachen verfügbar.

Auf analoge Weise sieht Freud das humoristische Vergnügen »aus *erspartem Gefühlsaufwand*« (219) entstehen und denkt dabei an Alltagsbeispiele, in denen sich Ärger, Traurigkeit oder andere Unlust als vermeidbar erweisen. Für komplexe Formen literarischen Humors gilt die Formulierung durchaus in ihrem eigentlichen psychoanalytischen Umfang, d. h. mit Bezug auf unbewußte Gefühle. Darunter sind etwa Empfindungen von Verlassenheit und Hilflosigkeit, diffuse Eindrücke von Schuld oder irrationale Insuffizienzgefühle zu verstehen, also nicht Affekte, sondern seelische Prozesse, welche die innere Wahrnehmung beschäftigen, aber der bewußten Artikulation widerstreben. Um zu begründen, wie die humoristische Dynamik derart entscheidend die Regulierung des Selbstwertgefühls beeinflussen kann, nimmt Freud an, daß der Rezipient veranlaßt wird, den psychischen Akzent vom realitätsbezogenen Ich auf das Über-Ich zu verlagern und die darin verinnerlichten magischen Wunschbilder wiederzubeleben. »Diesem so ge-

schwellten Über-Ich kann nun das Ich winzig klein erscheinen, alle seine Interessen geringfügig, und es mag dem Über-Ich bei dieser neuen Energieverteilung leicht werden, die Reaktionsmöglichkeiten des Ichs zu unterdrücken.«[64] Die Hypothese ist mit späteren Erkenntnissen Freuds abzustimmen. Statt Über-Ich muß es genauer Ichideal heißen; das spezielle Segment des Über-Ichs ist sowohl »der Niederschlag der alten Elternvorstellung, der Ausdruck der Bewunderung jener Vollkommenheit, die das Kind ihnen damals zuschrieb«[65], als auch das Residuum infantiler Selbsteinschätzung im Erwachsenen, »der Ersatz für den verlorenen Narzißmus seiner Kindheit, in der er sein eigenes Ideal war«[66]. Der Beitrag dieser Über-Ich-Struktur zum humoristischen Erfolg wird am pathologischen Vorbild, dem Extrem des manisch-depressiven Stimmungsumschwungs, verständlich: In der melancholischen Verfassung herrscht eine quälende Spannung zwischen Ich und Ichideal, welche während der manischen Phase vollständig aufgehoben ist. Die Fusion des Ichideals mit dem Ich stellt eine als Hochstimmung erlebte narzißtische Regression dar, die sich von aller frustrierenden Wirklichkeit abzuschirmen weiß. Entsprechend gestaltet sind normale euphorische Momente und eben humoristische Entlastung: »Der Humor hat nicht nur etwas Befreiendes wie der Witz und die Komik, sondern auch etwas Großartiges und Erhebendes, welche Züge an den beiden anderen Arten des Lustgewinns aus intellektueller Tätigkeit nicht gefunden werden. Das Großartige liegt offenbar im Triumph des Narzißmus, in der siegreich behaupteten Unverletzlichkeit des Ichs. Das Ich verweigert es, sich durch die Veranlassungen aus der Realität kränken, zum Leiden nötigen zu lassen, es beharrt dabei, daß ihm die Traumen der Außenwelt nicht nahegehen kön-

---

62 JEAN PAUL (s. Anm. 21), 113.
63 FREUD (s. Anm. 59), 175.
64 FREUD (s. Anm. 60), 280.
65 FREUD, Neue Folge der Vorlesungen zur Einführung in die Psychoanalyse (1933), in: FREUD (SA), Bd. 1 (1975), 503.
66 FREUD, Zur Einführung des Narzißmus (1914), in: FREUD (SA), Bd. 3 (1980), 61.

nen, ja es zeigt, daß sie ihm nur Anlässe zu Lustgewinn sind.«[67] Freuds Ichideal, das dem alarmierten Ich zu narzißtischer Rehabilitation verhilft, mag ein ebenso abstraktes Konzept sein wie Jean Pauls Faktoren des Ichs, aber dem heutigen Denken bieten sich damit weiterreichende Verstehensmöglichkeiten. Sobald die humoristische Erhebung ins Mittelfeld des zwischen melancholischem und manischem Pol bestehenden narzißtischen Erlebnisspektrums plaziert wird, erhält man ein integratives Modell, das »jenes Lachen, worin noch ein Schmerz und eine Größe ist«[68], konsistent erklärt und trotzdem offen genug ist für seinen Facettenreichtum, welcher von sarkastischen bis zu gemütlichen Ausdrucksformen reicht.

Prinzipielle Vorbehalte gegenüber Freuds Anthropologie haben lange verhindert, daß seine Revision der Humortheorie explizit anerkannt wurde. Deren innovatives Potential zeigte sich eher indirekt daran, daß nicht-psychoanalytische Deutungsansätze die charakteristische Argumentationsstruktur übernahmen. Sie fand auch in die philosophische Ästhetik Eingang, sobald die herkömmlichen Auslegungen nicht mehr genügten. Besonders Joachim Ritters prominenter Aufsatz *Über das Lachen* (1940) bezieht seine Überzeugungskraft aus der Verwandtschaft zur Freudschen Denkweise. Ritter geht von dem sozialpsychologischen Befund aus, daß kulturelle Kontrolle von Sinn immer gewisse Lebensbereiche zensiert und tabuisiert, die damit nur unterschwellig in abgewerteter oder sinnentstellter Modalität präsent sind. Lachen befreit momentan von dem sozial erzwungenen Verdrängungsaufwand, indem es die Zugehörigkeit des Ausgeschlossenen zum ausgrenzenden System gestisch eingesteht. Gewöhnliche Formen des Komischen thematisieren freilich die exkommunizierten Sachverhalte, ohne deren Desintegration an sich zu bezweifeln. Das erläutert nebenbei, warum vorneuzeitliche Epochen mit ihren unhinterfragbaren Weltbildern Humor nicht kennen. Erst wenn moderne Gesellschaften ihre jeweilige Ordnung als eigene Sinngebung ansehen, kann das negativ Eingestufte und abnormal Genannte auf humoristische Weise zur Geltung gebracht werden, was die axiologische Polarität als solche problematisiert: »In der Welt des Humors aber wird damit das Lachen zu der Macht, die dieses Abseitige festhält, so wie sie es findet, als das Närrische und Lächerliche, um zugleich von ihm her die vorgegebene und angemaßte Ordnung der verständigen Welt in Frage zu stellen, durchsichtig zu machen und selbst der Lächerlichkeit preiszugeben.«[69]

Direkt mit Freuds Humortheorie und psychoanalytisch instrumentierter Hermeneutik arbeitet die Studie des Verfassers zum Ursprung des humoristischen Romans (1984). Referenzebene ist hier die Mentalität des liberalen Bürgertums, an der unter metapsychologischem Blickwinkel Verdrängungen auffallen: Die Idee des privatautonomen Individuums wird als Reaktionsbildung verstanden, die einerseits kollektiv nicht einbindbare Ängste kompensieren muß, andererseits dazu dient, die sozial abverlangte Selbstbehauptung in ihrer aggressiven Natur zu verleugnen. Gemessen an seiner virtuell emanzipatorischen Funktion, erweist sich der kulturell verallgemeinerte Inbegriff des Menschen als gattungsnarzißtische Illusion. Je mehr er aus der gesellschaftlichen Realität herausgelöst und für ›natürliche‹ Binnenräume sowie ›eigentliche‹ Seinssphären reserviert wird, desto stärker gerät er zu einem verklärten Bild reinen Menschseins. Insofern das Selbstverständnis bürgerlicher Individuen davon normativ reguliert ist, müssen diese ihre gewöhnliche Existenz unendlich mangelhaft und ihre nächsten Bedürfnisse entsprechend akzidentiell oder lächerlich finden. Die Fixierung an ichfremde Idealität verantwortet also die konstitutive Dissoziation der Persönlichkeit, welche die Schriften jener Epoche variantenreich dokumentieren.

Die Genese des literarischen Humors und sein hoher Stellenwert im 18. und 19. Jh. sind aus der Spannung zwischen konkreter Lebenserfahrung und dem davon mythisch abgehobenen Persönlichkeitsideal abzuleiten, denn die »Tiefenstruktur des humoristischen Romans weist eine erkennbare Entsprechung zur Konstellation bürgerlicher Sub-

---

67 FREUD (s. Anm. 60), 278.
68 JEAN PAUL (s. Anm. 21), 129.
69 JOACHIM RITTER, Über das Lachen (1940), in: Ritter, Subjektivität (Frankfurt a. M. 1974), 91.

jektivität auf«[70]. Die identische Konfiguration, die an Texten Laurence Sternes, Jean Pauls und Heinrich Heines aufgezeigt wird, ist als spezifische Interaktionsform zwischen dem jeweiligen Erzähler und dem vorgestellten Personal beschrieben. Der Erzähler, sich selbst problematisch und von launischer Eigenwilligkeit, weiß die Dissonanzen, die er durch den schwankenden Gefühlston seiner Geschichte evoziert, so zu bearbeiten, daß anstelle einer möglichen Verstimmung Heiterkeit eintritt. Das geschieht durch Präsentation einer originellen Gestalt, in der Vollkommenheit und Defizienz legiert sind. Einerseits idealisiert sie der Erzähler über alle Maßen. Besonders rühmt er die unbeirrbare Konsequenz, mit der sie ihre ausgefallenen Leitideen verfolgt. Durch ihre enthusiastische Entrückung wirkt sie beneidenswert gleichmütig gegen die Wechselfälle des Lebens und führt ein faszinierend unbekümmertes Dasein in perfekter Harmonie mit sich selber. Andererseits degradiert der Erzähler seine Hauptfigur zu infantiler Beschränktheit. Er kennzeichnet sie mit kindlichen Stereotypen wie Selbstbezogenheit, Einfalt und Weltfremdheit. Zwiespältig ist auch seine grenzenlose Bewunderung für das Ausleben eines exklusiven Vorbildschemas, da sie die völlige Fixierung an eine normative Erlebnisform karikaturhaft herausstellt. »Die Auszeichnung des Idealismus und die Bloßstellung der infantilen Unmündigkeit werden zum humoristischen Beziehungsmuster der ambivalenten Exposition verschmolzen.« (130) Dergestalt erscheint Idealität zugleich als Regression, Autonomie als Konditionierung, Charakter als Persönlichkeitsreduktion.

Strukturell gesehen ergibt sich das unverwechselbare Lesevergüen daraus, daß eine aktivierte Spannung zwischen Ichideal und Ich beseitigt wird durch Externalisierung auf ein ambivalent besetztes Objekt, das eine Kompromißgestalt im Sinne Freuds darstellt, welche Wunsch und Abwehr symptomatisch verdichtet. Von daher ist die außergewöhnliche Geltung humoristischer Literatur für das liberale Bürgertum verständlich, weil ihr Entlastungspotential die notorische Dissoziation der Identität ansprach, um sie vorübergehend außer Kraft zu setzen und damit höhere Ambiguitätstoleranz einzuüben.

2. Philologische Ausrichtung

Nach dem Übergang von Kunstphilosophie zu Literaturwissenschaft liegt der Arbeitsschwerpunkt auf genaueren Textinterpretationen. Die meisten Betrachtungen des literarischen Humors konzentrieren sich deshalb aber auf Einzelaspekte, wie die Intention eines bestimmten Autors oder spezielle Formmerkmale, während sie in systematischer Hinsicht eher anspruchslos sind. Weithin bleibt Jean Paul Gewährsmann; seine Aussagen, inklusive Weltanschauung, werden als fertige Deutungsanleitung benutzt und auf Texte appliziert. Theoretisch ganz unbedarfte Arbeiten bringen sogar heutige Autoren mit seinem geistesgeschichtlichen Standort zu anachronistischer Deckung.

Demgegenüber hat es Käte Hamburger unternommen, Jean Pauls Hauptargument ohne Rückgriff auf seine Begrifflichkeit zu reformulieren. Die konnotativ überladenen Kategorien ›unendlich/ endlich‹ möchte sie »durch die metaphysikfreien des Eigentlichen und Uneigentlichen ersetzen und damit das Inadäquatheitsverhältnis als solches zur Strukturbestimmung des Humors machen«[71]. Daß eine Erscheinung unangemessen repräsentiert, was sie ihrem Wesen nach sein will oder soll, gilt auch für andere Arten des Komischen, die das Inadäquate freilich stets dem Mangelhaften gleichsetzen. Der Humorist dagegen erkennt in einer uneigentlichen Erscheinung noch ihren werthaltigen Sinn, behauptet Hamburger und führt am Beispiel Don Quijotes aus, daß der Held schlicht komisch wirkt, solange er in bezug auf die Umwelt dysfunktional handelt, jedoch humoristisch auffaßbar ist, wenn er nach Maßgabe seiner idealen Motivation betrachtet wird, nämlich so, »daß der Spleen des Ritters von der traurigen Gestalt als Ausdruck des höheren Spleens zeigt, die Wirklichkeit nach solchen echten ethischen Grundsätzen umformen zu können, wie sie letztlich noch den phantastischen Ritterromanen zugrunde lagen« (200).

---

70 HÖRHAMMER (s. Anm. 61), 211.
71 KÄTE HAMBURGER, Don Quijote und die Struktur des epischen Humors, in: B. Zeller/H. W. Seiffert (Hg.), Festgabe für Eduard Berend (Weimar 1959), 202.

Die »Humorformel, das Eigentliche noch in seinen uneigentlichsten Erscheinungsformen zu sehen« (203), hat Hamburger auch auf Thomas Manns *Joseph und seine Brüder* (1933–1943) angewendet, dadurch die humoristische Schicht des elaborierten Werks zweckmäßig von der ironischen Erzählhaltung, parodistischen Passagen oder anderen Mitteln der Komik unterschieden und für eine separate Sinnstruktur reserviert.[72] Der Romanheld Joseph erlebt sich als Auserwählter; Mythen, Träume und Ahnungen vermitteln ihm den unverwüstlichen Glauben, ein göttlich vorbestimmtes Schema zu leben. Allerdings behandelt ihn die Darstellung als unzulänglichen Rollenträger, der immer bewußter und zielgerichteter die religiösen Muster zugunsten des eigenen Lebensplans auslegt. Zum Schluß ermöglicht die uneigentliche Version der Legende eine Aufladung mit symbolischem Gehalt: Josephs ›Doppelsegen‹, seine kreative Kombination von göttlichen und kreatürlichen Erbteilen, steht exemplarisch für eine Humanität, welche Geist und Natur harmonisieren kann.[73]

Der humoristisch induzierte Funktionswandel von Mythos zu Symbol wird jedoch förmlich widerrufen, wenn es beim Festhalten an einer ›eigentlichen‹ Referenz im Sinne der Formel bleibt: »Als inadäquat aber kann nur erkannt werden, was miteinander vergleichbar, aufeinander beziehbar ist. Josephs Geschichte spielt sich im Irdischen ab und ist nur eine Andeutung, ein Ansatz, ein schwacher Abglanz des Göttermythos, aber *ist* eine Andeutung, ein Ansatz, ein Abglanz doch eben auch!« (147) Die hier implizierte Werthierarchie beweist, daß das Begriffspaar, welches Jean Pauls Erklärung modernisieren sollte, ausgerechnet ihren metaphysischen Kern unberührt läßt, weil es den axiologischen Gegensatz beibehält, dessen Auflösung die humoristische Betrachtungsweise intendiert. Das wiederum erspürt nur, wer – so Thomas Mann selbst – wirklich berücksichtigt, wie sehr Joseph den Mythos in Eigenregie nimmt, Gott zu ›behandeln‹ weiß und mittels pietätloser Frömmigkeit eine grandiose Karriere inszeniert.[74] Der Mythos, zu einem Bestimmungsmoment von Josephs Denken umfunktioniert, hat seine Kraft an die self-fulfilling prophecy abgegeben, darüber jedoch seine Substanz eingebüßt.[75] Wenn Humor also eine Verbindung mit dem neuen Humanitätsgefühl eingeht[76], so geschieht das wesentliche aufgrund »dieser Erheiterung des Unbewußten zum Spiel«[77].

Anders als die meisten philosophischen, psychologischen und poetologischen Erklärungen, welche die Historizität des Phänomens nur selten mitbedacht haben, begreift Wolfgang Preisendanz Humor in seiner Bedeutung für eine »spezifisch dichtungsgeschichtliche Situation des Erzählens«[78] und ihre zunehmende Problematik im Verlauf des 19. Jh. Der durch industrielle Fortschritte beschleunigte Modernisierungsprozeß bedingt bekanntlich ein massiv verändertes Realitätsbewußtsein. Die Erfahrung einer allseitig vermittelten Welt, deren Vernetzung eher auf wissenschaftliche Gesetze reduzierbar als geistiger Erschließung zugänglich erscheint, führt zwangsläufig zur Krise der klassisch-romantischen Kunst. Ihr Poesiebegriff war von idealistisch sanktionierter Innerlichkeit aus konzipiert, welche sich in den faktischen Verhältnissen immer weniger wiederfand. Zeitgemäßere Literatur muß demnach Wege finden, die Spannung zwischen objektiver Empirie und subjektivem Erleben produktiv zu wenden. Einer Darstellung, die weder realistischen Kontakt zur Außenwelt entbehren noch poetisch behauptete Humanität aufgeben will, kommt das humoristische Gestaltungsprinzip strukturell gelegen.

Wie sich Konflikt und formale Verarbeitung entsprechen, zeigt eine von Solger inspirierte Interpretation der märchenhaften Erzählungen E. T. A. Hoffmanns. Diese Textsorte erlaubt dem Spätromantiker nämlich, seinem Hauptthema, der irreversiblen Spaltung von Gemüt und gesellschaftlicher Existenz, eine heitere Seite abzugewinnen, indem er die für Humor typische »Simultaneität

---

72 Vgl. HAMBURGER, Dei Humor bei Thomas Mann. Zum Joseph-Roman (München 1965), 47.
73 Vgl. ebd., 215 ff.
74 Vgl. THOMAS MANN, Joseph und seine Brüder. Ein Vortrag (1942), in: Mann, Gesammelte Werke, Bd. 11 (München 1960), 666.
75 Vgl. MANN, Briefe an Karl Kerényi (1945), in: Mann (s. Anm. 74), 634, 651.
76 Vgl. HAMBURGER (s. Anm. 72), 142, 223 f.
77 MANN, Freud und die Zukunft (1936), in: Mann (s. Anm. 74), Bd. 9 (1960), 499.
78 PREISENDANZ (s. Anm. 40), 7.

zweier Sehweisen« (56) ausnutzt und die pragmatische Ansicht des Alltagslebens mit Aspekten des Wunderbaren durchsetzt. Wunderbares begegnet hier dem Leser nicht im phantastischen Modus echter Märchen, sondern als Möglichkeit der Phantasie, Traumbildern der inneren Erlebniswelt Geltung zu verschaffen. Über ständig gegeneinander ausgespielte Perspektiven vermittelt der Erzähler ambivalente Eindrücke, welche den Zwiespalt einer immer zugleich imaginär und faktisch gelebten Existenz ins Bewußtsein heben.

Auf welche Weise Humor bei realistischen Autoren die Funktion erfüllt, eine poesiefeindliche Wirklichkeit wiederzugeben, ohne sie mimetisch zu reproduzieren, erörtert Preisendanz mit Rückgriff auf einschlägige Passagen aus Hegels *Vorlesungen über die Ästhetik* (1835–1838). Hegel hatte zwar diagnostiziert, daß Kunst für neuzeitliche Lebensverhältnisse keinen höchsten Erkenntniswert mehr habe, dafür aber moderner Literatur aufgetragen, die vielfältigen Erscheinungsweisen menschlichen Daseins auszulegen. Dennoch konnte er kein Verständnis aufbringen für Humoristen, die ausgesprochen exzentrische Individualität und willkürliche Auffassungen favorisierten. Solch »subjektiven« Humor verurteilte er als »schlechte Partikularität«[79] und forderte »einen gleichsam *objektiven* Humor«, dem es »auch auf das Objekt und dessen Gestaltung innerhalb seines subjektiven Reflexes ankommt«[80]. Preisendanz wendet diesen Gedanken erzähltheoretisch: Eine humoristische Dimension entsteht der realistischen Schreibart dort, wo die Erzählweise Begebenheiten nicht bloß sachgemäß darstellt, sondern zum Medium eigentümlicher Sinnbezüge macht. »Was das Sinnliche, das Sicht- und Greifbare des ›Gesehenen‹ in seinem empirischen Zusammenhang *ist*, gerät für den Humor in ein Spannungsverhältnis mit dem, was es im subjektiven Reflex *bedeutet*; diese Polarität von objektiver empirischer Existenz und poetischer Essenz in der artikulierten Wirklichkeit erzeugt und bindet der Humor.«[81] Die so hergestellte Relation ist von einem symbolischen Verweisungsvorgang dadurch unterschieden, daß zwischen faktischer und übertragener Bedeutung keinerlei sinnbildliche Korrespondenz besteht. Was der Erzähler von der inneren Befindlichkeit seiner Figuren, von der existentiellen Relevanz ihrer Lage mitteilen will,

transkribiert er arbiträr auf ungewöhnliche und letztlich ungeeignete Sinnträger. Es sind gerade triviale Details oder unscheinbare Gesten, die eine komplexe menschliche Situation konzentriert darstellen, wie einläßliche Interpretationen zu Gottfried Keller, Theodor Fontane und Wilhelm Raabe demonstrieren.

Das erzähltheoretische Deutungsverfahren behandelt Humor freilich ohne Rücksicht auf seine traditionellen Problemgehalte. Trotz Verortung im Denken des 19. Jh. wird er formal hergeleitet aus einer »prinzipiellen Spannung zwischen objektivem und subjektivem Pol der Erzählung« (11), welche ihrerseits durch die Unangemessenheit von Bezeichnetem und Gemeintem entsteht.[82] Grundsätzlich eignet eine derartige Spannung aber auch anderen Varianten metaphorischen Stils, so daß nicht zuletzt bei den untersuchten Autoren Verfahren der »doppelsinnigen Phantasie«[83] angewendet werden, ohne von humoristischer Wirkung begleitet zu sein. Nähere Bestimmungen liegen jedoch jenseits formaler Kriterien, denn am Spannungsgrad allein läßt sich die spezifische Differenz nicht ablesen. Gegenüber dem Reiz, der metaphorischem Bedeutungstransfer überhaupt innewohnt, ist das besondere Vergnügen des Humors erst qualifizierbar, wenn Abgleichungen mit Problemgeschichte und Komiktradition (etwa im Sinne Umberto Ecos[84]) hinzukommen.

V. Notwendigkeit historisch-kritischer Begriffsklärung

Durch die Profilierung unterschiedlich ausgerichteter Humortheorien tritt eine Grundfigur hervor,

---

79 HEGEL (s. Anm. 38), 381.
80 HEGEL (s. Anm. 38), Bd. 14 (1970), 240.
81 PREISENDANZ (s. Anm. 40), 172 f.
82 Vgl. ebd., 128 f.
83 GOTTFRIED KELLER, Ein bescheidenes Kunstreischen (1882), in: Keller, Sämtliche Werke und ausgewählte Briefe, hg. v. C. Heselhaus, Bd. 3 (München 1958), 1013.
84 Vgl. UMBERTO ECO, The frames of comic ›freedom‹, in: T. A. Sebeok (Hg.), Carnival! (Berlin u. a. 1984), 1–9.

die je nach Blickwinkel stets partiell repräsentiert, manchmal sogar auf den Kopf gestellt wurde, hinsichtlich ihrer Hauptzüge dennoch klare Konturen aufweist. Ein umfassendes Modell scheint deshalb keineswegs unerreichbar, allerdings macht der Überblick klar, daß es interdisziplinärer Anstrengungen bedarf, um alle wesentlichen Aspekte des Phänomens zu integrieren. Erst im Zusammenspiel von historischen, psychologischen und philologischen Kompetenzen läßt sich ergründen, welcher problematische Sinnhorizont die dysphorische Ausgangslage des Humors darstellt, wie der entlastende Effekt zustande kommt und welche Gestaltungsmittel dabei vorrangig eingesetzt werden.

Diese Theoriebildung muß der eingangs erwähnten Entdifferenzierung des Konzepts Widerstand leisten. Zwar stört das populäre Humorverständnis selbst in wissenschaftlicher Rede nicht sehr, solange es beim offensichtlich provisorischen Wortgebrauch bleibt. Methodisch zu beanstanden sind hingegen Ansätze, denen die instabile Begrifflichkeit gelegen kommt, weil sie eine willkürliche Verabsolutierung der eigenen Vorstellung erleichtert. Es ist angebracht, sich das Ausmaß der dann herrschenden Konfusion an einer kürzlich erschienenen Studie zu vergegenwärtigen. Nach ausdrücklichem Vorbehalt, daß das uneinheitliche humoristische Erscheinungsbild jede eindeutige Theoretisierung vereiteln müsse, scheint Franck Evrard zunächst nur komische Bisoziation als denkbar kleinsten gemeinsamen Nenner für Humor anzunehmen. Er räumt den unabsehbar weiten Begriffsumfang auch ein, insofern er darunter alle möglichen Verletzungen sprachlicher Gesetze und kommunikativer Regeln subsumiert wie z. B. Wortspielerei, Abweichung von üblichen Ausdrucksweisen, Verfehlung der sachgemäßen Darstellung oder paradoxale Auflösung eindeutiger Codierungen. Die vom Humor erzeugten Ambiguitäten bilden indessen einen unbedingten »contre-discours«[85] gegen den herrschenden Ernst. Wie der vielstimmige Anti-Diskurs überholte bzw. verlogene Konventionen irritieren, schließlich jede kollektiv bestätigte Geltung und Sinn überhaupt auflösen kann, entfaltet Evrards ebenso anregende wie ungeschützte Argumentation. Die Facetten verdichten sich jedoch, der postulierten Unfaßlichkeit des Phänomens zum Trotz, zu einem Idealtypus humoristischer Weltanschauung. Da sie nirgends an Interpretationen überprüft werden, tendiert das Modell sogar zur Verselbständigung gegenüber den literarischen Gegenständen. Es wurde ohnehin nicht historisch-hermeneutisch erarbeitet, sondern mittels Verallgemeinerung von Gesichtspunkten konstruiert, die hauptsächlich André Bretons Anthologie de l'humour noir (1940) entnommen sind.

Schwarzer Humor ist vordergründig ein Ausdruck für Spielarten von Komik, die auf grotesker Überzeichnung oder krasser Absurdität beruhen, zumal wenn dadurch ein unheimlicher Unterton hörbar wird. Auch Breton stellte, als er den seltenen Begriff in seiner Zeit verbreiten wollte, derartige Textbeispiele zusammen. Sie dienten ihm aber vornehmlich als Antizipationen einer radikalen Ausdruckshaltung, wie sie dem von imperialistischen und totalitären Katastrophen verheerten Weltzustand gegenüber angebracht schien. Die dunkle Grundierfarbe konnte jene absolute Desorientierung reflektieren, welche die barbarische Zerstörung zivilisierter Leitvorstellungen zur Folge hatte. Indem schwarzer Humor jeden Ansatz gewöhnlicher Affirmation zynisch vernichtet, unterläuft er virtuell alle Rationalisierungen des Unheils und verharrt in negativer Freiheit.[86]

Obwohl sich Evrard auffällig an Bretons Konzept anlehnt, legt er über dessen Zeitgebundenheit keinerlei Rechenschaft ab. Vielmehr suggerieren seine generell formulierten Aussagen, daß die Implikationen dieser Variante einen Wesenszug im Idealtypus des Humors ausmachen. Weil Evrard den geschichtlichen Entwicklungsgang nicht nachvollzieht, sondern von der näher gelegenen Grenzlage aus projektiv überformt, sind Verzeichnungen unvermeidlich. Entsprechend werden Autoren dem Umfeld der beiden Weltkriege überproportional zitiert, Meisterwerke anderer Perioden gar nicht berücksichtigt. Auf die unreflektierte Standortbedingtheit verweist zudem der Gesamteindruck, daß Evrards Merkmalkatalog primär ein Bild vom Zeitgeist der Absurdität selbst vermittelt, anstatt hinreichend zu bestimmen, wie hieraus ex-

---

[85] FRANCK EVRARD, L'humour (Paris 1996), 135.
[86] Vgl. THEODOR W. ADORNO, Ästhetische Theorie (1970), in: ADORNO, Bd. 7 (1970), 67.

klusiv humoristische Literatur entstehen soll. Eine solch partikulare Fassung von Humor auch noch beliebig in vergangene Epochen extrapolieren heißt deren Eigenart mißachten. Schon wer die gleiche absurde Komik im leeren Raum Samuel Becketts wie im paradoxen Wunderland Lewis Carrolls vorzufinden meint, versteht beide nicht angemessen. Ganz verkannt wird damit die Hochphase humoristischer Literatur, denn ihr heiter stimmendes Relativitätsbewußtsein unterscheidet sich kategorial von der dem 20. Jh. vorbehaltenen Erfahrung fundamentaler Sinnlosigkeit.

Die angedeuteten Einwände gegen Evrards eklektisches Verfahren ergeben Anschlußfragen, die zu besserer Differenzierung führen können: Wie sind jene von Breton anvisierten Sachverhalte in die Geschichte des Humors einzuordnen? Besteht überhaupt ein genealogischer Zusammenhang oder wieder nur entfernte Familienähnlichkeit? Welchen Qualitätsverlust moniert das Geschmacksurteil, das schwarzen Humor als »humorlose Form des Scherzes«[87] ablehnt? Was für eine Art der Belustigung bietet er? Und was ist dann eigentlich humoristisches Vergnügen? Auf die zuletzt gestellte Frage läuft die Bemühung um ein spezifisches Verständnis von Humor immer wieder hinaus, weshalb keine Theorie ohne Auskunft über diesen grundlegenden Punkt überzeugen wird.

Wer allerdings die Begriffsklärung mit dem Hinweis verweigert, Humor sei »une notion fuyante«[88], nimmt Zuflucht zu einer echten Aporie, da auf solche Weise die Passepartout-Prämissen selber das verschwommene Konzept perpetuieren. Solange sich die Diskussion um den Humorbegriff darin erschöpft, eigenwillige Festlegungen gegeneinanderzuhalten, wird sie unproduktiv im Zirkel befangen bleiben, anstatt ihn hermeneutisch abzuarbeiten. Demgegenüber sorgt der hier resümierte Wissensstand für ein Vorverständnis, das die Geschichte des Humors in ihrer inneren Einheit begreift. Mittels historisch-kritischer Rekonstruktion der Genese ist durchaus ein hinreichend trennscharfer Terminus etablierbar, denn sie bietet Kriterien, mit denen sich Haupt- und Nebenbedeutungen auszeichnen oder Nachbesserungen an systematischen Entwürfen vornehmen lassen. Auch ist erst eine über Kontext und Kontinuität verstän-

digte Humortheorie imstande, Modifikationen, Reprisen oder Schwundstufen zu identifizieren. Das aufwendige Klärungsverfahren kann schwerlich übersprungen werden. Jeder, der den Begriff ohne methodische Herleitung festsetzen will, läuft Gefahr, ihn idiosynkratisch zu fixieren. Gerade dann erneuert sich aber die Geltung der Tradition hinter dem Rücken des Humorforschers und macht aus ihm einen Humoristen im ursprünglichen Sinn.

Dieter Hörhammer

Literatur
ECO, UMBERTO, The frames of comic ›freedom‹, in: T. A. Sebeok (Hg.), Carnival! (Berlin u. a. 1984), 1–9; EVRARD, FRANCK, L'humour (Paris 1996); FREUD, SIGMUND, Der Humor (1927), in: Freud, Studienausgabe, hg. v. A. Mitscherlich/A. Richards/J. Strachey, Bd. 4 (Frankfurt a. M. 1976), 275–282; HAMBURGER, KÄTE, Der Humor bei Thomas Mann. Zum Joseph-Roman (München 1969); HÖRHAMMER, DIETER, Die Formation des literarischen Humors. Ein psychoanalytischer Beitrag zur bürgerlichen Subjektivität (München 1984); PREISENDANZ, WOLFGANG, Humor als dichterische Einbildungskraft. Studien zur Erzählkunst des poetischen Realismus (München 1963); RITTER, JOACHIM, Über das Lachen (1940), in: Ritter, Subjektivität (Frankfurt a. M. 1974), 62–92; SCHMIDT-HIDDING, WOLFGANG (Hg.), Humor und Witz (München 1963); TAVE, STUART M., The Amiable Humorist. A Study in the Comic Theory and Criticism of the Eighteenth and Early Nineteenth Centuries (Chicago 1960).

---

87 GERO VON WILPERT, ›Schwarzer Humor‹, in: Wilpert, Sachwörterbuch der Literatur (1955; Stuttgart 1989), 839.
88 EVRARD (s. Anm. 85), 24.

Ideal

(engl. ideal; frz. idéal; ital. ideale; span. ideal; russ. идеал)

Einführung; I. Von der antiken ›idea‹ zur modernen Ideal-Problematik; II. Die Theorie des Ideal-Schönen im französischen Klassizismus; III. Die Geburt der philosophischen Ästhetik in Deutschland; IV. ›Rückkehr‹ zum Platonismus: Johann Joachim Winckelmann; V. Kants Unterscheidung zwischen Idee und Ideal als Begründung der modernen Ideal-Problematik; VI. Goethe: Ideal und ›Stil‹ im Spannungsfeld von Klassik und Romantik; VII. Die Überwindungsmodelle des deutschen Idealismus und Hegels Lösung; 1. Schlegel, 2. Schelling, 3. Hegel; VIII. Ideal als Grundbegriff der Ästhetik der Moderne; IX. Ende der Ideale

Einführung

Einerseits proklamiert die offizielle Ideologie der sogenannten Postmoderne die Verabschiedung der Ideale; andererseits wimmelt die Zeit von Idealen. Diese drücken aber in aller Regel subjektive Engagements aus, die merkwürdigerweise allgemeingültige und prinzipiell auch unbestrittene Werte verteidigen und dennoch unverbindlich und individuell bleiben. Sie gehören weitgehend zur ästhetischen Expressivität, die die ethische Normativität ersetzt hat.[1] In der Kunst manifestiert sich dieser Widerspruch dadurch, daß jene Kunst, die zur öffentlichen Veranschaulichung der jeweiligen Normativität berufen ist, die Architektur, zwar Konzepte entwirft, die nicht selten an die idealen Städte der Renaissance oder an die Baupläne des

---

1 Vgl. GÉRARD RAULET, Chronique de l'espace public (Paris 1993), 169–180 u. 189–192.
2 GEORG LUKÁCS, Die Theorie des Romans (1916; Darmstadt/Neuwied 1971), 47, 29.
3 Vgl. ERNST BLOCH, Wiederkehr der Ideale, in: Die Neue Weltbühne, Nr. 39 (1937), 1226–1230.
4 Vgl. LUKÁCS, Das Ideal des harmonischen Menschen in der bürgerlichen Ästhetik (1938), in: LUKÁCS, Bd. 4 (1971), 299–311; LUKÁCS, Es geht um den Realismus (1938), in: ebd., 313–243.
5 Vgl. LUKÁCS, Die Eigenart des Ästhetischen, in: LUKÁCS, Bd. 11 u. 12 (1963).

Klassizismus erinnern, dies aber meistens nur im lokalen Maßstab tut und mehr um der Befriedung und Versöhnung mit den modernen Produktivkräften willen als zur Durchsetzung einer neuen Normativität. Die Postmoderne ist zwar nicht das Ende der Kunst, sicher aber das Ende der Ideale, d. h. das Ende einer Kunstperiode, die von der Idealproblematik beherrscht war. Diese Kunstperiode begann mit dem Übergang von der antiken Rhetorik und Poetik zur modernen philosophischen Ästhetik – und es ist in dieser Hinsicht bedeutsam, daß der postmoderne Umgang mit Kunst, mit Normen und mit der Normativität in der Kunst eher ein rhetorischer denn ein ästhetischer ist: er setzt auf Überzeugung bzw. Überredung. Sie endete mit dem Zerfall der philosophischen Systeme, die diesen Übergang getragen hatten, also spätestens aus der zweiten Hälfte des 19. Jh. Der Idealproblematik liegt der Wille zugrunde, das Besondere und Mannigfaltige zu einem harmonischen Ganzen zu vereinigen. Dem widersprechen grundsätzlich der Realismus und vor allem der Naturalismus. Ist doch der Roman, wie Georg Lukács ihn definierte, die Epik »eines Zeitalters, für das die extensive Totalität des Lebens nicht mehr sinnfällig gegeben ist«, selbst wenn es »dennoch die Gesinnung zur Totalität hat«. Für den bürgerlich-modernen Roman ist »die naturhafte Einheit der metaphysischen Sphären für immer zerrissen«[2]. Der Zwiespalt zwischen Sollen und Sein, dem ethischen Individuum, das sein Wesen sucht, und der völlig heterogenen Welt kann im Roman nicht aufgehoben werden – es sei denn auf romantische Weise, indem das Individuum die Welt mit seiner Seele überzieht und romantisiert. In der Moderne wird das Ideal subjektiv, es flüchtet sich in die Lyrik, aus welcher es aber durch das Dissonante bald auch ausgetrieben wird. Zwar gibt es in der Moderne ab und zu eine ›Wiederkehr der Ideale‹, nicht nur der politischen, sondern zugleich auch der ästhetischen.[3] Lukács' Realismus-Theorie aus zweiten Hälfte der 30er Jahre gehört dazu.[4] Indem sie freilich an den Thesen der Theorie des Romans von 1916 festhält, ist sie mehr eine Theorie der Moderne als das Zeichen einer neuen Relevanz der ästhetischen Idealproblematik.[5] Diese ist also von einer ziemlich streng umgrenzbaren Kunstperiode untrennbar.

Wiewohl das Substantiv ›Ideal‹ erst im 17. Jh. ästhetisch wirksam wird, ist die Theorie des Ideal-Schönen keine genuine Erfindung der Ästhetik des italienischen und französischen Klassizismus, sondern das Ergebnis einer eigenwilligen Aneignung und Modernisierung überlieferter Grundsätze. Als es zu einem zentralen Begriff der philosophischen Fachsprache und der Ästhetik wurde, emanzipierte sich das Ideal nicht nur von der platonischen und neuplatonischen Tradition, sondern auch von der rhetorischen Tradition des exemplum (griech. παράδειγμα), die vom 17. Jh. an rationalisiert wird. Bis zum Mittelalter bemühten sich Künstler, Dichter und Theoretiker, beide Traditionen zu vereinigen. Wenn der Ursprung des ›Ideal-Schönen‹, wie Erwin Panofsky behauptet, bei Cicero zu suchen ist[6], dann ist gerade kennzeichnend, daß bei diesem die Vereinigung beider Traditionen auf rhetorischer Basis geschieht. In seinem *De inventione* vergleicht Cicero die Athena des Phidias und die Helena von Zeuxis (zwei für die spätere ästhetische Diskussion gleichsam kanonische Beispiele).[7] Er will nicht ausschließen, daß beide Künstler ähnlich vorgingen, obwohl ersterer die göttliche, letzterer eine menschliche Schönheit vor Augen hatte. Beide sollen vollendete Aspekte menschlicher Schönheit ausgewählt und vereinigt haben, um sich über den unbeständigen und unverläßlichen Schein zu erheben. Obwohl er der peripatetischen Tradition beipflichtet, faßt Cicero dennoch die Schönheit als ›ornatus‹ auf und weist sie so der ›elocutio‹ als der Theorie der Form zu[8]; der Einfluß dieses ciceronischen Platonismus läßt sich bis Petrarca, bis Bessarion (*In calumniatorem Platonis*, 1469) und bis zum italienischen 16. Jh. verfolgen.[9]

Durch diesen Ansatz soll hier dem in Enzyklopädien und Wörterbüchern üblichen Zerfall der Fragestellungen in einzelne Einblicke vorgebeugt werden. In beiderlei Hinsicht läßt sich nämlich die ästhetische Geschichte des Ideals als eine komplizierte Entwicklung vom Urbild einerseits, vom Vorbild andererseits zum Ideal rekonstruieren, die vor allem beim Übergang vom 17. zum 18. Jh. die moderne ästhetische Relevanz des Ideal-Begriffs konstituiert. So wie die platonische Abstammung rationalistisch beerbt und neubegründet wird, werden gleichzeitig die verschiedenen Bezüge des Idealen bzw. Idealischen auf die rhetorische Tradition – auf die ›auctoritas‹ der ›exempla‹ einerseits, auf die Bindung an das ›genus grande‹ anderseits – verabschiedet. So aufgefaßt ist die Begriffsgeschichte von Ideal ein aufschlußreicher Indikator der Entstehung der modernen philosophischen Ästhetik.

I. Von der antiken ›idea‹ zur modernen Ideal-Problematik

Etymologisch und begriffsgeschichtlich stammt Ideal aus dem griech. ἰδέα; erst im 17. Jh. hat sich aus dem (in der Scholastik gebräuchlichen) Adjektiv ›idealis‹ ein Substantiv herausgebildet, das ästhetische Relevanz erhielt. Erst der Klassizismus hat die Ideenlehre zu einer »gesetzgeberischen Ästhetik«[10] ausgebildet. Nach einer Notiz Lessings in den *Collectanea* (1790) scheint der Jesuit Franciscus Lana (gest. 1687) den Begriff zuerst verwendet zu haben.[11] Bei Lana heißt es: »Io vorrei, che li pittori pigliassero le sue parti dal naturale, ne sò intendere, perche debba esser piu bella una figura dipinta a capriccio, che chiamano di maniera, e io lo la direi ideale, di quella che è presa dal naturale.«[12] (Ich möchte, daß der Maler von der Natur ausgehen, und ich verstehe nicht, warum eine eigensinnig gemalte Figur, die gemeinhin Manier genannt wird und die ich als eine ideale bezeichnen würde, schöner sein sollte als eine, die aus der Natur geschöpft wird.) Diese Äußerung verweist auf die Manierismusdebatte und auf den wichtigen Beitrag des Manierismus zur idealisierenden Ästhetik; darauf werden wir zurückkommen. Lessing bemerkt

---

6 Vgl. ERWIN PANOFSKY, Idea. Ein Beitrag zur Begriffsgeschichte der älteren Kunsttheorie (1924; Berlin ³1975), 5 f.
7 Vgl. CICERO, Inv. 2, 1, 1–2.
8 Vgl. ALAIN MICHEL, La parole et la beauté (Paris 1994), 57 f.
9 Vgl. ebd., 189.
10 PANOFSKY, a. Anm. 6), 63.
11 Vgl. GOTTHOLD EPHRAIM LESSING, Collectanea (1790), in: LESSING (LACHMANN), Bd. 15 (1900) 274.
12 Zit. nach ebd., 288 f.

dazu: »Doch will Lana auch nur, daß sie [die Maler – d. Verf.] die einzelnen Theile von der Natur, nicht aber alle Theile von einem und demselben Menschen nehmen, sondern an verschiednen die schönsten Theile aussuchen sollen. Und weiter versteht man auch itzt nichts unter dem Ideale.«[13] Trotz seiner zahlreichen Ausfälle gegen die Kunst überhaupt und insbesondere gegen die μιμητικὴ τέχνη (mimētikē technē), und obwohl die Ästhetik in seinem philosophischen System kein spezifisches Gebiet neben dem theoretischen und dem ethischen bildet, lieferte Plato die ersten Grundsätze einer ›idealistischen‹ Kunstauffassung, die jahrhundertelang fortwirkte, bis sich die Ästhetik von ihren metaphysischen Prämissen und von der religiösen Bedeutung, die der Neuplatonismus ihnen verlieh, zu befreien vermochte. So charakterisiert Platon das Schaffen der Maler im 6. Buch der Politeia folgendermaßen: Sie »lassen […] ihr Auge fleißig abwechselnd bald auf der einen bald auf der anderen Seite verweilen, also einmal auf dem wahrhaft Gerechten, Schönen, Besonnenen und was sonst dahin gehört, und dann wieder auf demjenigen, das unter den Menschen ausgebildet worden ist und Geltung erlangt hat, und stellen durch Mengen und Mischen aus den Zielen menschlichen Strebens das Menschenideal her, in dessen Auffassung sie sich leiten lassen von dem, was Homer, wenn es unter den Menschen in die Erscheinung tritt, ›göttlich‹ oder ›göttergleich‹ nannte.« (῎Επειτα οἶμαι ἀπεργαζόμενοι πυκνὰ ἂν ἑκατέρωσ' ἀποβλέποιεν, πρός τε τὸ φύσει δίκαιον καὶ καλὸν καὶ σῶφρον καὶ πάντα τὰ τοιαῦτα, καὶ πρὸς ἐκεῖν' αὖ τὸ ἐν τοῖς ἀνθρώποις ἐμποιοῖεν, συμμειγνύντες τε καὶ κεραννύντες ἐκ τῶν ἐπιτηδευμάτων τὸ ἀνδρείκελον, ἀπ' ἐκείνου τεκμαιρόμενοι, ὃ δὴ καὶ Ὅμηρος ἐκάλεσεν ἐν τοῖς ἀνθρώποις ἐγγιγνόμενον θεοειδές τε καὶ θεοσίκελον.)[14] Diese Stelle bringt die beiden entgegengesetzten Ansätze zum Ausdruck, die, wie Panofsky gezeigt hat, die ganze Entwicklung des Denkens über Kunst und künstlerisches Schaffen bis zur Selbstbehauptung des Klassizismus bestimmten, und vor allem drückt sie schon aus, daß Kunst, soweit ihr eine zugleich poietische und heuristische Bedeutung zuerkannt werden kann, an der Vereinigung dieser beiden Ansätze laboriert: einerseits der »Vorstellung, daß das Kunstwerk weniger sei, als die Natur, insofern es sie lediglich, im besten Falle bis zur Täuschung nachbilde«, andererseits der »Vorstellung, daß das Kunstwerk mehr sei, als die Natur, insofern es, die Mängel ihrer einzelnen Produkte ausgleichend, ihr selbständig ein neu geschaffenes Bild der Schönheit gegenüberstelle«. Noch wichtiger ist, wie Panofsky mit Recht betont, die Stelle, an der der kunstfeindliche Platon »sein eigenes Musterbild des vollkommenen Staates, das in der Wirklichkeit niemals ein voll entsprechendes Gegenstück finden kann, mit der Schöpfung eines Malers verglichen [hat], der in seinem Gemälde ein ›Paradeigma‹ des allerschönsten Menschen gegeben habe«[15]. Panofskys kleine Studie Idea (1924) hat, davon ausgehend, in den antiken Kunstlehren zahlreiche Aspekte entdeckt, die der modernen Ästhetik vorgearbeitet haben. So bei Philostrat dem Älteren den Hinweis auf die Leistung eines solchen Paradigmas kraft eines menschlichen Vermögens, der Phantasie: »Die Phantasie hat getan, die eine bessere Künstlerin ist, als die Nachahmung, denn die Nachahmung wird darstellen, was sie sah, die Phantasie, was sie nicht sah.« (»φαντασία« ἔφη »ταῦτα εἰργάσατο σοφωτέρα μιμήσεως δημιουργός. μίμησις μὲν γὰρ δημιουργήσει, ὃ εἶδεν, φαντασία δὲ καὶ ὃ μὴ εἶδεν […].«[16])

Die ganze Vorgeschichte der Ästhetik kann als das allmähliche Bewußtwerden dieses menschlichen Vermögens zusammengefaßt werden. Es hat aber Jahrhunderte gebraucht, bis dieses Bewußtsein sich endlich durchsetzen konnte. Aristoteles trug in gewisser Hinsicht dazu bei, insofern er den antithetischen Dualismus zwischen Ideen- und Erscheinungswelt durch ein Wechselverhältnis zwischen Form und Materie ersetzte und dadurch eine Begrifflichkeit einführte, die in der modernen Ästhetik fortwirken sollte. Vor allem förderte Aristoteles die Auffassung, daß die Form der Kunstwerke, bevor sie in die Materie eingeht, in der Seele der Menschen ist, während Platons Ideen-

---

13 LESSING (s. Anm. 11), 406.
14 PLATON, Rep. 501b; dt.: Der Staat, übers. v. O. Apelt (Leipzig [6]1923), 251 f.
15 PANOFSKY (s. Anm. 6), 7 f.
16 PHILOSTRATOS D. Ä., Vita Apollonii 6, 19, in: Flavii Philostrati opera auctiora, hg. v. C. L. Kayser, Bd. I (Leipzig 1870), 118; dt. nach PANOFSKY (s. Anm. 6), 8.

lehre eher eine transzendente oder transzendentale Auffassung der Ideen anregte. Bei Plotin und im Neuplatonismus überwiegt die transzendente Auffassung. Zwar wird die künstlerische Idee zur Vision des Künstlers gesteigert, aber im Sinne einer metaphysischen Ideenschau. Vor allem diese Auffassung hat die Kunst des Mittelalters bestimmt. Die schönen Gegenstände (pulchra), die der Künstler im Geist erfaßt und durch seine Arbeit offenbart, sind nur ein schwaches Gleichnis der jenseitigen ›pulchritudo‹, die Augustin mit der Transzendenz des persönlichen christlichen Gottes gleichsetzt. Das Verhältnis des künstlerischen Geistes zu seiner Vorstellung von Schönheit und zu seinen Werken wird zu demjenigen des göttlichen Intellekts zu seinen Ideen und seiner Schöpfung in Parallele gesetzt; der Künstler ist – wie Thomas von Aquin es einmal ausgedrückt hat – im Besitz einer Quasi-Idee (»sicut aedificator in mente sua praeconcipit formam domus, quae est quasi idea domus in materia fiendae«[17]). Während Aristoteles' Auffassung schon der modernen Auffassung der Gestaltung als Auseinandersetzung des menschlichen Geistes mit der Natur vorarbeitete, ist das Kunstwerk des Mittelalters das Durchscheinen bzw. Durchbrechen der Transzendenz in der Immanenz. Eine solche Kunsttheorie wirkt noch bei Marsilio Ficino fort, der die Schönheit nicht nur als einen Sieg der göttlichen Vernunft über die Materie definiert, sondern christlich-neuplatonisch als einen ›Strahl vom Angesicht Gottes‹, der sich zuerst in den Engeln offenbare, dann die menschliche Vernunft erleuchte und schließlich die Welt der Materie verkläre. Erst in der Renaissance kommt der Gedanke, daß das Kunstwerk eine Wiedergabe des Wirklichen sei, wieder zur Geltung. Leonardo da Vinci tadelt sogar die Maler, »welche die Werke der Natur ausbessern wollen« (quelli pittori, li quali uogliano raconciare le cose di natura)[18].

Wie nachdrücklich sie auch an die Naturtreue mahnen, fordern die Kunsttheorien der Renaissance aber auch, aus der Menge des natürlich Gegebenen immer das Schönste auszuwählen, sich nicht mit der Ähnlichkeit zu begnügen, »ma più aggiungniervi bellezza«[19] (sondern darüber hinaus, die Schönheit hinzuzufügen), jegliche Mißgestalt zu vermeiden und insbesondere auf die Proportionen zu achten[20]; sie schließen nicht einmal die Erfindung nie gesehener »natürlicher Variationsmöglichkeiten«[21] wie Kentauren oder Chimären aus. Ist doch die Natur unendlich reich, und auf jeden Fall reicher, als die Werke der Künstler sie je darstellen können werden. Von daher auch die Verurteilung der Imitation anderer Meister. So konstituiert sich ein ›Dreieck von Alternativen‹, wenn man so sagen darf, das für die ganze Weiterentwicklung des ästhetischen Denkens ausschlaggebend blieb: entweder die Nachahmung der Natur oder die Nachahmung der gelungensten Werke der Kunst (Vorbilder) oder noch die Orientierung an einer beides transzendierenden Idee, an einem Urbild, sei es transzendent oder transzendental. Parallel dazu entsteht die Perspektive, die Subjekt und Objekt in ein neues, für die Erfahrung und die künstlerische Darstellung konstitutives Verhältnis setzt. Im Hintergrund des Ideal-Problems steht die Rationalisierung der Proportionen. Es gilt nun, die physischen Gesetze, die dieses neue Verhältnis bestimmen, zu erfassen; die Kunst wird rationalisiert: Die Gesetze der Perspektive, der Anatomie, der psychologischen und physiologischen Bewegungslehre sollen ein System unbedingt gültiger Regeln bestimmen – was freilich, wie Panofsky mit Recht bemerkt, den Rekurs auf ehrwürdige Autoritäten, auf antiken Leistungen oder gar auf die Ansicht der ›Kundigen‹ keineswegs ausschließt.[22] Eine ganz ähnliche Mischung von Rationalisierung und Autoritätsdenken werden wir noch im 17. Jh. feststellen. Alberti ist wohl derjenige, der den Verzicht auf die metaphysische Erklärung des Schönen am entschiedensten geltend gemacht hat – freilich um den Preis der Rückkopplung der ästhetischen Reflexion an eine modernisierte Fassung der rhe-

17 THOMAS VON AQUIN, Quaestiones quodlibetales 4, 1, 1; vgl. PANOFSKY (s. Anm. 6), 21.
18 LEONARDO DA VINCI, Das Buch von der Malerei [Libro di pittura] (entst. ca. 1490-1498; ersch. 1651), ital.-dt., hg. u. übers. v. H. Ludwig, Bd. 1 (Wien 1882), 402; dt. 403, Nr. 411.
19 LEON BATTISTA ALBERTI, Della pittura (entst. 1435/1436; Florenz 1950), 107; dt.: Kleine künstlerische Schriften, hg. u. übers. v. G. Janitschek (1877; Osnabrück 1970), 150.
20 Vgl. LEONARDO (s. Anm. 18), 293 f., Nr. 270.
21 PANOFSKY (s. Anm. 6), 24.
22 Vgl. ebd., 26 f.

torischen Kategorien: »Pulchritudinem esse quedam consensus et conspirationem partium in eo, cuius sunt, ad certum numerum finitionem collocationem que habitam, ita uti concinnitas, hoc est absoluta primaraique ration naturae postularit.« (Die Schönheit ist eine Art Übereinstimmung und ein Zusammenklang der Teile zu einem Ganzen, das nach einer bestimmten Zahl, einer besonderen Beziehung und Anordnung ausgeführt wurde, wie es das Ebenmaß, das heißt das vollkommenste und oberste Naturgesetz fordert.)[23] Entschiedener noch ist vielleicht nur Vasari gewesen, der behauptete, daß die Natur selbst in ihren Bildungen so regelmäßig und konsequent sei, daß die Kunst von ihr auszugehen habe, um im Einzelteil das Ganze und Allgemeine, das παράδειγμα zu erkennen.

Der moderne Ideal-Begriff konnte nicht zum Zuge kommen, solange die Kunstreflexion von einem Widerspruch zwischen dem menschlichen Vermögen – dem ›Genie‹ – und der Natur nichts wußte. Bei den italienischen Theoretikern des 16. Jh. – etwa bei Giovanni Paolo Lomazzo (*Trattato dell' arte della pittura*, 1584 bzw. 1585) – und des beginnenden 17. Jh., z. B. bei Federico Zuccaro, setzt sich noch die platonische Tradition fort. Unterschieden wird zwischen einem ›disegno interno‹ oder ›Idea‹ und einem ›disegno esterno‹, aber die Übereinstimmung zwischen der nachzuahmenden Natur und dem Werk des Künstlers wird metaphysisch bzw. theologisch garantiert.[24] Erst bei Giovanni Pietro Bellori (*L'Idea del Pittore, dello Scultore e dell' Architetto*, 1664), der gemeinhin als der führende Theoretiker des italienischen Klassizismus gilt, erfolgt bei aller traditionsgebundenen Orientierung an Platon und Aristoteles eine entscheidende Wende: Der im Geiste des Künstlers wohnenden Idee »kommt nicht etwa ein metaphysischer Ursprung oder eine metaphysische Geltung zu [...], sondern die künstlerische Idee selbst entstammt der sinnlichen Anschauung, nur daß dieselbe in ihr auf eine reinere und höhere Form gebracht erscheint«[25] – und dies ist nun die Leistung des menschlichen Erkenntnisvermögens.

II. Die Theorie des Ideal-Schönen im französischen Klassizismus

Starke rationalistische Ansätze hatten sich schon in der Renaissance durch die Anwendung der Perspektive und geometrischer Konstruktionsprinzipien auf die Malerei, die Architektur und die Stadtbaupläne ausgewirkt; daraus entstanden die ›piazza ideale‹ und ›città ideale‹ etwa von Francesco di Giorgio. Mit der Entdeckung der Perspektive wurde im Gegensatz zur mittelalterlichen Malerei, der es vielmehr darum ging, die Transzendenz in die diesseitige Welt hereinbrechen zu lassen, eine physisch begründete, auf das menschliche Maß bezogene endliche Sicht geltend gemacht. Das moderne Prinzip der Idealisierung ist von diesem Rationalisierungstrend nicht zu trennen. Es ist schon im 17. Jh. die Suche nach dem menschlichen Maß, mit dem es das Vollkommenheit, das Ideal-Schöne und sogar das Wahre weitgehend gleichsetzt.

Es ist zugleich das Mittel, mit dessen Hilfe die Tradition der Vorbilder zugunsten einer rationalistischen Begründung der ästhetischen Kriterien allmählich verabschiedet wird. Im 17. Jh. findet nun die Debatte vor allem auf literarischem Gebiet statt. Für die literarische Ästhetik des französischen Klassizismus, die sich darin grundsätzlich von derjenigen der Renaissance unterscheidet, sind die Alten nicht mehr unbestrittene Vorbilder, sondern Gegenstand einer schöpferischen Nachahmung. Anstatt die Werke der Alten einfach als Vorbilder hinzustellen und anzunehmen, beginnt man, die theoretischen Traktate der Alten zu studieren. Die Italiener haben in dieser Hinsicht die meiste Arbeit geleistet. Zugleich sorgten sie für eine aristotelische ›Orthodoxie‹, an der das ganze 17. Jh. sich orientieren wird. Die erste französische Ausgabe von Aristoteles' *Poetik* erschien erst 1671, aber sie war in der Teilübersetzung von Boileaus Bruder Gilles viel früher bekannt. Horaz' *Ars poetica* wurde hingegen schon 1541 von Jacques Pelletier du Mans ins Französische übersetzt. An die Pionierarbeit der Italiener konnten die Franzosen anknüp-

---

23 ALBERTI, De re aedificatoria (1485; München 1975), 165; dt.: Zehn Bücher über die Baukunst, hg. u. übers. v. M. Theuer (1912; Darmstadt 1975), 492.
24 Vgl. FEDERICO ZUCCARO, L'idea de' pittori, scultori et architetti, Bd. 1 (Turin 1607), 10, 59 ff.
25 PANOFSKY (s. Anm. 6), 59 f.

fen. Binnen eines Jahrhundertdrittels, von ca. 1630 bis ca. 1660, bauen sie eine Doktrin auf, die zur Reife gelangt, als Ludwig XIV. den Thron besteigt. Zu nennen sind neben Jean Chapelain der Abbé d'Aubignac, Jules de La Mesnardière, René Rapin (*Réflexions sur la Poétique d'Aristote*, 1674), Georges de Scudéry und weniger bekannte Namen wie Pierre Lemoyne oder François Vavasseur. Nicolas Boileau, dessen *Art poétique* und *Traité du sublime* 1674 erschienen, hat grundsätzlich nur deren Gedanken polemisch zusammengefaßt. Doch ist, wie man weiß, die Zurückführung des französischen Klassizismus auf Aristoteles nicht nur in der Praxis, sondern schon in den Theorien selbst grundsätzlich falsch. Der nachdrückliche Bezug auf Aristoteles ist viel eher als das Symptom eines Rationalisierungswillens zu interpretieren; so ist für La Mesnardière Aristoteles »le maître de la raison«[26]. Chapelain und Boileau unterwerfen die Autorität des Aristoteles derjenigen der Vernunft. Die Urheber der französischen klassizistischen Poetik erfinden ein Argument, auf welches Winckelmann noch zurückgreifen wird: Scheint das Ziel der Kunst darin zu bestehen, die Natur nachzuahmen, so widersteht diese der künstlerischen Darstellung, weil keine ihrer Erscheinungen jene reinen und ausgewogenen Züge aufweist, die das Schöne charakterisieren. Die Alten helfen uns, diesen Widerspruch zu überwinden, da sie die erforderliche Auswahl und Komposition bereits vorgenommen haben. Will also die Kunst die Natur nachahmen, so soll sie zuerst die Alten nachahmen. Allerdings empfiehlt Jean de La Fontaine in seiner *Epitre à Huet* (1687), die ›Idee‹ der Alten nachzuahmen. Man darf die Alten ja nicht in allem nachahmen, sondern nur soweit sie der Vernunft Genüge leisten. So schreibt D'Aubignac: »Je ne veux proposer les anciens pour modèles qu'aux choses qu'ils ont faites raisonnablement«[27]. Aus zahlreichen ähnlichen Äußerungen geht hervor, daß das Autoritätsprinzip nicht mehr gilt. Im Zusammenhang der ›Querelle du Cid‹ (1637–1640) sagt Chapelain in seinen *Sentiments de l'Académie sur le Cid* (1637), daß er sich auf die Autorität des Aristoteles, oder besser gesagt, der Vernunft stützt. Am eindeutigsten wird der Physiker Blaise Pascal diese neue Haltung auf den Begriff bringen: »Bornons ce respect que nous avons pour les anciens.

Comme la raison le fait naître, elle doit aussi le mesurer«[28]. Folgt man Boileau, dann soll sich die Kunst ausschließlich an der ›raison‹ orientieren: »Aimez donc la Raison. Que toûjours vos écrits / Empruntent d'elle seule et leur lustre et leur prix.«[29] Was unter Vernunft verstanden wird, ist aber alles andere denn eindeutig. Ab und zu haben sich gegen die hochtrabende Berufung auf ›die Vernunft‹ kritische Stimmen erhoben. Hier sei wiederum Pascal zitiert, der auf den Unterschied zwischen der wissenschaftlichen und der ästhetischen Rationalität pocht und nach dem ›je ne sais quoi‹ fragt, das die Spezifik letzterer ausmacht: »Comme on dit beauté poétique, on devrait dire aussi beauté géométrique, et beauté médicinale; mais on ne le dit pas: et la raison en est qu'on sait bien quel est l'objet de la géométrie, et qu'il consiste en preuves, et quel est l'objet de la médecine, et qu'il consiste en la guérison; mais on ne sait pas en quoi consiste l'agrément, qui est l'objet de la poésie. On ne sait ce que c'est que ce modèle naturel qu'il faut imiter.«[30] Auch André Félibien, Poussins Sprachrohr, spricht in seinen klassizistischen Programmschriften vom ›je ne sais quoi‹. Zwar ergibt sich die Schönheit aus Proportion und Symmetrie, die ein »travailler avec suereté« erlauben; doch bleibt diese Schönheit eine Vorstufe zum Ideal und reicht für ein ansprechendes Kunstwerk nicht aus. Es muß »un air & un je ne scay quoy« hinzukommen, das erst Leben und Bewegung in die sonst allzu leeren Ideal-Proportionen bringt: »Ce je ne scay quoy qu'on a toujours à la bouche & qu'on ne peut bien exprimer, est comme le nœud secret qui assemble ces deux parties du corps & de l'esprit. C'est ce qui résulte de la belle symetrie des membres & de l'accord des mouvements. Et comme cet assemblage

---

26 JULES DE LA MESNARDIÈRE, La poétique (Paris 1639), 187.
27 FRANÇOIS HÉDELIN D'AUBIGNAC, La pratique du théâtre (Amsterdam 1715), 21.
28 BLAISE PASCAL, Préface sur le Traité du vide (1642–1651), in: Pascal, Œuvres complètes, hg. v. J. Chevalier (Paris 1954), 531 f.
29 NICOLAS BOILEAU, Art poétique (1674), in: BOILEAU, 158.
30 PASCAL, Pensées (1670), in: Pascal, Œuvres complètes, hg. v. J. Chevalier (Paris 1954), 1097.

se fait par un moyen extrêmement subtil & caché, on ne peut le voir ny le bien connoistre pour le representer & l'exprimer comme l'on voudroit.«[31] Mit der Debatte um das ›je ne sais quoi‹ bahnt sich mehr an als eine bloße Auflockerung der rationalistischen Ästhetik des 17. Jh., mehr als die Behauptung einer poetischen Lizenz, eines Rechts, von der streng konstruierten Idealität abweichen zu dürfen. Trotz oder gerade wegen seiner Bestrebung, die Kunst durchzurationalisieren, entdeckt der Rationalismus die Spezifik ästhetischer Rationalität.[32] Die Begriffe der Grazie und der Anmut (vgl. insbesondere Schiller) systematisieren im 18. Jh. das, was das 17. Jh. nur einem ›je ne sais quoi‹ zuzuschreiben wußte: in erster Linie die rätselhafte spontane Harmonie zwischen Vernunft und Empfindung wie auch zwischen Seele und Körper, jene Zusammenstimmung der Gemütskräfte also, die nach Kant gerade das Ästhetische ausmacht.

Zunächst ist mit ›Vernunft‹ freilich nur der gesunde Menschenverstand gemeint. Dann aber auch ein Ensemble von Regeln, die die Kunst ausmachen sollen. Die Ästhetik des 17. Jh. bleibt eine normative Poetik, wie sehr sie sich auch bemüht, die Regeln rational zu erklären und zu einem zusammenhängenden System zu verbinden. Dazu dient das gelehrte Studium der Traktate der Alten, insbesondere des Aristoteles. Eingebung und Begeisterung reichen also nicht aus; der Künstler soll auch gelehrt sein, obwohl er als ›honnête homme‹ mit seiner Gelehrsamkeit nicht prahlen darf. Pierre

de Ronsard, der die Nachahmung der Alten empfohlen hatte, und François de Malherbe, der beim Übergang von der Poetik der Renaissance zu derjenigen des 17. Jh. den Vorrang der Kunst vor der natürlichen Begabung behauptet hatte, hatten noch diese normativen Regeln fast ausschließlich auf die Beredsamkeit beschränkt. Vor allem anläßlich der ›Querelle du Cid‹ wird jetzt die Forderung verbindlicher Regeln über das rein Rhetorische hinaus verallgemeinert. Selbst Boileau wird am Ausgang der ›Querelle des Anciens et des Modernes‹ sich auf die Position zurückziehen, daß die Alten nicht bloß deshalb nachahmenswert sind, weil sie alt sind, sondern weil ihr Vorbild über Jahrhunderte hinweg gültig bleibt:»L'antique et constante admiration qu'on a toûjours euë pour ses Ouvrages, est une preuve seure et infaillible qu'on les doit admirer«[33]. Das Kriterium ist dabei nicht mehr die un- bzw. überzeitliche Unwandelbarkeit des Vorbilds, sondern das Urteil der nachfolgenden Zeiten, obwohl Boileau auf diese Weise noch einen Zusammenhang zwischen den ewig geltenden Vorbildern, den ewigen Vernunftregeln und der ewigen Schönheit aufrechterhält. Will man zweideutigen Urteilen entgehen, so gilt aber letzthin nur das Urteil der Vernunft, die ›von allen Zeiten‹ ist − so Pierre Nicole in seinem *Traité de la vraie et de la fausse beauté* (1659).[34]

Der Bruch mit der unbestrittenen Vorbildlichkeit der Alten gipfelt in der ›Querelle des Anciens et des Modernes‹, die Charles Perrault am 27. Januar 1687 in der *Académie française* auslöst, indem er sich gegen die Nachahmung der Alten und für die ›parti des géomètres‹ erklärt. Perrault nimmt sich vor, das Vorurteil zu bekämpfen, nach dem das Verhältnis der Moderne zur Antike das der Schüler zu den Meistern sei. Für ihn sind, schon rein chronologisch gesehen, die Modernen die eigentlichen ›Alten‹ − wobei sich freilich die Frage stellt, ob sie das Alter der Menschengeschichte oder den Anbruch einer neuen Zeit darstellen. Fontenelle bringt am eindeutigsten zum Ausdruck, worum es geht:»Rien n'arrête tant le progrès des choses, rien ne borne tant les esprits, que l'admiration excessive des Anciens. […] Si l'on allait s'entêter un jour de Descartes, et le mettre à la place d'Aristote, ce seroit à-peu-près le même inconvénient.«[35] Die historische Relativität schont nicht

---

31 ANDRÉ FÉLIBIEN, Entretiens sur la vie et sur les ouvrages des plus excellens peintres anciens et modernes (Paris 1666), 36–38.
32 Vgl. ERICH KÖHLER, ›Je ne sais quoi‹, in: RITTER, Bd. 4 (1976), Sp. 640–644; ELBERT BENTON BORGERHOFF, The Freedom of French Classicism (Princeton 1950).
33 BOILEAU, Réflexions sur Longin (1694), in: BOILEAU, 527.
34 Vgl. PIERRE NICOLE, Traité de la vraie et de la fausse beauté (1659), in: A. A. Bruzen de la Martinière (Hg.), Nouveau Recueil des Epigrammatistes français, anciens et modernes, Bd. 2 (Amsterdam 1720), 170f.
35 BERNARD DE FONTENELLE, Digression sur les Anciens et les Modernes (1688), in: Fontenelle, Œuvres complètes, hg. v. A. Niderst, Bd. 2 (Paris 1991), 430.

II. Die Theorie des Ideal-Schönen im französischen Klassizismus 93

einmal die metaphysischen Referenzen – weder Aristoteles noch Descartes, also auch nicht die neuen rationalistischen Errungenschaften der Poetik und der Philosophie. Jede neue Epoche, jede Moderne soll ihre eigenen Kriterien behaupten. Die Kriterien des Schönen sind nicht mehr unwandelbar; sie entsprechen bestimmten Stilepochen und Epochenstilen. In der rhetorischen Tradition war die ›auctoritas‹ der Vorbilder (exempla) der Eckstein ästhetischer Normativität. Die Interpretation der Werke der Alten schulte die Urteilskraft des angehenden Dichters, der sich zugleich auch, ebenso wie bei der Lektüre der Redner und Geschichtsschreiber, Beispiele verschaffte, die er in seinen eigenen Werken verwenden konnte. So faßte Quintilian die Erziehung zum ›perfectus orator‹ auf. Und er betonte, wie wichtig die Beispiele in der ›argumentatio‹ sind. Dem Anliegen der antiken Rhetorik gemäß ging es ja bei der Bemühung von Beispielen und Vorbildern vor allem darum, zu überzeugen bzw. zu überreden. Die Rhetorik zielte nicht auf das Wahre, sondern auf das Angemessene und Geeignete. Der Ursprung des modernen Problematik liegt in der für die antike Rhetorik noch nicht relevanten Ausdifferenzierung der Sphären der Erkenntnis, der Moral und der Ästhetik.

Das 17. Jh. macht einen wichtigen Schritt in dieser Richtung. Einerseits emanzipiert es bereits die Kunst von dem überlieferten Vorrat der ›memoria‹. Die Behauptung der Rechte der ›vraisemblance‹ gegen die ›vérité‹ bedeutet eine Verselbständigung der Fabel, die durchaus zum Bewußtsein der Autonomie der Kunst beiträgt. Dabei konnten sich die französischen Theoretiker auf Äußerungen des Aristoteles im 9. Kapitel seiner *Poetik* berufen.[36] Andererseits scheint aber diese Entkoppelung bis auf weiteres die ›vraisemblance‹ auf die Normen der bestehenden Ordnung beschränkt und sogar die Kunst für die repräsentativen Zwecke des Grand Siècle verfügbar gemacht zu haben. Man soll die Natur nachahmen – so lautet zunächst die höchste Forderung: »Rien n'est beau que le Vrai. Le Vrai seul est aimable. / [...] Mais la Nature est vraye, et d'abord on la sent. / C'est elle seule en tout qu'on admire et qu'on aime.«[37] Bei genauerem Hinsehen aber ist damit die Natur gemeint, soweit sie der Vernunft nicht widerstrebt, und noch genauer besehen entspricht die Vernunft, das »naturel raisonnable«, der ›strengen Anständigkeit‹ (»l'étroite bienséance«[38]). Rhetorisch ausgedrückt: Das 17. Jh. behauptet die Rechte der ›inventio‹ gegen die ›imitatio‹, vermag aber die ›inventio‹ gar nicht so entschieden zu rationalisieren, wie es behauptet. Das Wahrscheinliche ist nicht einmal das Mögliche; das unterscheidet den französischen Klassizismus einerseits von Aristoteles, andererseits vom deutschen Rationalismus des 18. Jh. Für D'Aubignac »le vrai n'est pas le sujet du théâtre, parce qu'il y a bien des choses véritables qui n'y doivent pas être vues. [...] Ce n'est pas que les choses véritables et possibles soient bannies du théâtre, mais elles n'y sont reçues qu'autant qu'elles ont de la vraisemblance.«[39] Im Rahmen der epochemachenden ›Querelle du Cid‹ warfen Chapelain und Scudéry Pierre Corneille vor, ein zwar historisch belegtes, aber so außerordentliches Thema gewählt zu haben, daß es ›unwahrscheinlich‹ war. In seinem *Art poétique* faßt Boileau diese Position folgendermaßen zusammen: »Le Vrai peut quelquefois n'estre pas vraisemblable.«[40] In diesem Zusammenhang setzt sich freilich das Bewußtsein durch, daß das Schöne und selbst die Raison historisch bedingt sind. So meint Nicole in seinem *Traité de la vraie et de la fausse beauté*, daß eine Sache uns aufgrund einer inneren und einer äußeren Angemessenheit als schön erscheint – »lorsqu'elle a la convenance avec sa propre nature et avec la nôtre«[41]. Die innere und die äußere Angemessenheit geraten zum Teil in Widerspruch zueinander; Boileau fordert zum Beispiel: »Conservez à chacun son propre caractere. / Des Siecles, des Païs, étudiez les mœurs. / Les climats font souvent les diverses humeurs. / Gardez donc de donner, ainsi que dans Clelie, / L'air, ni l'esprit François à l'antique Italie«[42]. Sogar der Geschmack als entscheidendes Prinzip bahnt sich an: »Il ne faut point regarder les choses comme elles sont en elles-mêmes, ni telles que le sait celui qui parle ou qui écrit, mais par

---
36 Vgl. ARISTOTELES, Poet. 1451b.
37 BOILEAU, Epistre IX (1675), in: BOILEAU, 134 f.
38 Vgl. BOILEAU (s. Anm. 29), 172.
39 D'AUBIGNAC (s. Anm. 27), 66.
40 BOILEAU (s. Anm. 29), 170.
41 NICOLE (s. Anm. 34), 180.
42 BOILEAU (s. Anm. 29), 171.

rapport seulement à ce qu'en savent ceux qui lisent ou qui entendent«[43]. Die ›bienséance‹ ist, wie Chapelain sie definiert, »ce qui convient aux personnes«[44]. Der moderne Ansatz, der sich hier abzeichnet, bleibt aber noch der Tradition des ›decorum‹ oder ›prepon‹ (Laudun verwendet noch das Wort ›decore‹) verhaftet[45], d. h. einer Angemessenheit, die auch als zeitbedingte Konvenienz, als ›consuetudo‹, verstanden wird. Claude Perrault, Architekt und Physikus unter Ludwig XIV., übersetzt dies auf sehr konventionelle Weise: »La Bienséance est ce qui fait que l'aspect de l'Edifice est tellement correct, qu'il n'y a rien qui ne soit approuvé et fondé sur quelque autorité.«[46] Der Künstler des französischen Klassizismus ist zugleich der Hofmann Ludwigs XIV., der Vernunftmensch Descartes' (wobei es aber völlig falsch wäre, einen direkten Zusammenhang zwischen dem cartesianischen Philosophie und dem viel früher ansetzenden Rationalismus der französischen klassizistischen Ästhetik zu unterstellen), er weist sogar schon über beides hinaus, bleibt aber im ideologischen Rahmen seiner Zeit befangen.

Charles Perraults Akademie-Rede vom 27. Januar 1687 trug den Titel ›Le Siècle de Louis le Grand‹. Sie machte nicht nur die Relativität der ästhetischen Kriterien geltend, sondern behauptete vor allem die Überlegenheit der Moderne, die eine wachsende Komplexität durch die Kunst beherrscht. Die Überlegenheit der Moderne zeigt sich vor allem in den Werken, die mehr Kunst und mehr Beherrschung verlangen – »dans les ouvrages qui demandent beaucoup d'art (c'est-à-dire de mé-

tier) et beaucoup de conduite«[47]. Was also die französische Ästhetik des 17. Jh. charakterisiert, ist die völlig neue Akzentsetzung auf die inneren Konstruktionsprinzipien der Kunstwerke. Das Ideal bezeichnet die Vollkommenheit als Verbindung von Einheit und Mannigfaltigkeit. Die Schönheit wird mit dieser ›perfectio‹ gleichgesetzt: sie erhebt sich über die Sinnlichkeit. Ist die Natur der Stoff des Kunstwerks, so verleihen diesem die Regeln seine Form. Der Künstler soll die Natur korrigieren; er soll sie sogar idealisieren, bevor er sie darstellt. Diese Forderung gilt sowohl für die innere Natur und die Komplexität der Seelenregungen als auch für die äußere Natur, die der notwendigen Formgebung zufolge fast nur in ihrer Beziehung zum Menschen dargestellt wird. Dabei huldigen die Theoretiker des 17. Jh. keineswegs einer engstirnig dogmatischen Auffassung; selbst Boileau räumt ein: »Quelquefois dans sa course un esprit vigoureux / Trop resserré par l'art, sort des regles prescrites, / Et de l'Art mesme apprend à franchir leurs limites.«[48] Den Regeln selbst wohnt ein höheres Prinzip inne, ein idealisierendes Streben, das sich aus der besonderen Begabung des Künstlers nährt, aus seinem ›génie‹. Diese Unterscheidung der Form und des Stoffs enthält bereits den Keim des späteren Idealismus, in dem sie zum Gegensatz und zur Dialektik des Subjekts und des Objekts wird.

So weit bringt es der ›Idealismus‹ des 17. Jh. allerdings nicht. In ihm ersetzen rationalisierte oder zumindest rationalistisch behauptete Normen die herkömmliche Normativität der rhetorischen Stilebenen.[49] So wie sie grundsätzlich bereit ist, gemeinen Gegenständen ästhetischen Wert zuzuerkennen, soweit diese ihrem Ideal des beherrschten Maßes, d. h. der Idealisierung entsprechen, macht die Ästhetik des Klassizismus keinen grundsätzlichen Unterschied zwischen schön und erhaben. Die allmähliche Entstehung dieses Unterschieds hängt mit der Verabschiedung der beiden Abstammungen des Ideals, der platonischen und der rhetorischen, und mit der Geburt der modernen philosophischen Ästhetik zusammen. Im Denksystem des französischen Klassizismus ging es aber – bei aller Verabschiedung der normativen rhetorischen Kriterien der Stilebenen – bloß darum, die aus dem Rahmen fallenden Stile und Diskurse, die

---

43 NICOLE (s. Anm. 34), 180.
44 JEAN CHAPELAIN, De la poésie représentative, zit. nach CHARLES ARNAUD, Étude sur la vie et les œuvres de l'abbé d'Aubignac et sur les théories dramatiques au XVIIe siècle (Paris 1887), 349.
45 Vgl. PIERRE DE LAUDUN D'AIGALIERS, L'Art poétique français (1598), hg. v. J. Dedieu (Toulouse 1909), 138.
46 CLAUDE PERRAULT, Commentaire de Vitruve. Les Dix Livres d'architecture (Paris 1674), 95.
47 CHARLES PERRAULT, Parallèle des anciens et des modernes en ce qui regarde les arts et les sciences. Dialogues (1688–1697), hg. v. H. R. Jauß (München 1964), II.
48 BOILEAU (s. Anm. 29), 182.
49 Vgl. ebd., 157 f.

man nicht mehr völlig unterdrücken und verschweigen konnte, im Zaume zu halten und wieder diskurs- bzw. hoffähig zu machen. Der französische Klassizismus modernisiert also die Tradition des ›genus grande‹ – freilich auf moderate, maßvolle Weise. Dabei setzt er es weitgehend mit der bienséance und der convenance gleich. Saint-Evremond, der ausdrücklich zwei Arten von Regeln unterscheidet – eine kleine Zahl von unbedingten, universalen und ewigen Regeln und die vielen Regeln, die von den Sitten abhängen –, betont, daß die Vernunft die Mode zwar leiten, aber nicht tyrannisieren soll.[50] Wie resistent die normative Orientierung an der rhetorischen Tradition war, mag neben der Literatur die ideale Landschaftsmalerei dokumentieren. »Das aus der antiken Rhetorik und den Lehren Vitruvs gespeiste Bewußtsein, daß den motivisch-sozial unterschiedlichen Landschafts- und Lebenssphären ebenso unterschiedliche Stilhöhen entsprechen müßten, von Poussin mit einer eigenen Modus-Lehre verbunden, doch auch bei Lorrain spürbar, wurde von de Piles auf die Regel gebracht, daß nur die heroische Landschaft die Natur zu geben habe, ›wie man sich einbildet, daß sie seyn sollte‹ […], zur Idylle aber Landschaften gehörten, ›welche gar nicht verbessert, sondern bloß der Seltsamkeit der Natur überlassen zu seyn scheinen‹«[51].

III. Die Geburt der philosophischen Ästhetik in Deutschland

Wie bei den Franzosen reicht bei Johann Christoph Gottsched die ›auctoritas‹ der Vorbilder nicht mehr aus. Und noch stärker als bei ihnen macht der Wille zu einer vernunftmäßigen Begründung einen unnachgiebigen Rationalismus geltend, der sich auf die Leibniz-Wolffsche Philosophie stützen kann. Die Ausrichtung der Rhetorik auf rationale Überzeugungsherstellung kommt bereits bei Leibniz selbst (*Ermahnung an die Teutschen, ihren Verstand und Sprache besser zu üben*, 1697) und bei Christian Thomasius (*Collegium über des Gratians Grund-Reguln, Vernünftig, klug und artig zu leben*, 1687) zum Zuge.[52]

Wie sehr er ihn auf der einen Seite auch beschleunigte, bemühte sich der deutsche Rationalismus diesen Modernisierungsprozeß auf ästhetischem Gebiet durch die metaphysische Neubegründung einer die Nachahmung fundierenden göttlichen Weltordnung zu meistern: Die Kunst ist Mimesis, sie drückt den vernünftig-gottgewollten Zusammenhang aus, den der Verstand seinerseits zu erkennen versucht. Daraus erklärt sich der auf den ersten Blick recht unklare Status der Einbildungskraft. Von der rhetorischen ›memoria‹, der Aktualisierung des Gedächtnisses, unterscheidet sie sich zwar dadurch, daß sie die Fähigkeit besitzt, Erkenntnisse und Eigenschaften intuitiv zu verbinden, aus ihnen neue Zusammenhänge zu bilden oder gar als »facultas fingendi«[53] nie gesehene Einbildungen hervorzubringen, aber bei genauerem Hinsehen tritt sie dabei nur das Erbe der ›taxis‹ an, denn ihre produktive Leistung beschränkt sich auf die Reorganisation des Materials der Erkenntnis durch Teilung und Zusammensetzung. Es kann keine ›veritas aesthetica‹ geben, die eine fehlende begriffliche Erkenntnis ersetzen würde; selbst Alexander Gottlieb Baumgartens ›gnoseologia inferior‹ hat diese Grenze nicht überschritten; auch für ihn gibt es zwar verschiedene Modi bzw. Grade der Wahrheit, doch nur eine Wahrheit, »so daß die sinnliche Erkenntnis als Propädeutik der szientifischen anzusehen ist«[54]. Zwar ist die mögliche Welt, die die Dichtung schafft, nicht mehr bloße Nachahmung der wirklichen, sondern der Entwurf der Welt, wie sie sein könnte, aber die in-

---

50 Vgl. CHARLES DE SAINT-ÉVREMOND, Sur les opéras. A Monsieur le Duc de Buckingham, in: Saint-Evremond, Œuvres, hg. v. P. Des Maizeaux, Bd. 3 (London 1711), 182f., 195; SAINT-ÉVREMOND, ebd., Bd. 4 (London 1711), 67, 298.
51 HILMAR FRANK, Idealbegriff und Landschaftsmalerei zwischen 1750 und 1850. Abgrenzungen, Anregungen, Paradigmenwechsel, in: K. Barck/M. Fontius/ W. Thierse (Hg.), Ästhetische Grundbegriffe. Studien zu einem historischen Wörterbuch (Berlin 1990), 315; vgl. ROGER DE PILES, Einleitung in die Malerey nach Grundsätzen (1708; Leipzig 1760), 160f.
52 Vgl. GERT UEDING/BERND STEINBRINK, Grundriß der Rhetorik (Stuttgart/Weimar 1994), 101ff.
53 CHRISTIAN WOLFF, Psychologia empirica (1732), in: WOLFF, Abt. 2, Bd. 5 (1968), 90, § 138.
54 HEINZ PAETZOLD, Ästhetik des deutschen Idealismus (Wiesbaden 1983), 26.

nere Kohärenz des Entwurfes muß mit dem Wesen der Dinge übereinstimmen.

Baumgarten hat diese rationalistische Neubegründung einer unwandelbaren Weltordnung nur teilweise durchbrochen, indem seine Definition der Dichtung dem Besonderen zu seinem Recht verhalf. Aufgabe der ästhetischen Erfahrung ist es, uns die Vollkommenheit der Welt durch die Sinne zugänglich zu machen. Die Kunst stellt die durch Gott verbürgte Vollkommenheit des Kosmos sinnfällig vor Augen. Von daher Baumgartens Definition des vollkommenen Kunstwerks: »Oratio sensitiva perfecta est Poema.« (Eine vollkommene sensitive Rede ist *ein Gedicht*.)[55] Diese Auffassung wirkt sich selbstverständlich auch auf die künstlerische Behandlung der Vorbilder aus; aus ihr folgt, daß im vollkommenen Kunstwerk das Vorbild ›versinnlicht‹ wird. Vollkommenheit ist, objektiv betrachtet, Realitätsfülle: je mehr Wirklichkeits-Inhalt, desto größer die Vollkommenheit. Dieser neue Ansatz hat ambivalente Folgen. Einerseits bleibt Baumgarten der rhetorischen Tradition treu, für welche das Beispiel klarer (und Klarheit ist gerade der Baumgartensche Begriff dafür) sein sollte als das, was es erläutert. Es soll zugleich aber auch bekannt sein, sonst würde Unklarheit entstehen; es gehört also zur gemeinschaftlichen ›memoria‹. Baumgarten bewegt sich noch im Rahmen der rhetorisch-poetischen Tradition. Andererseits werden dabei die individuellen Merkmale wichtiger[56], so daß bei der Bemühung, die Eigentümlichkeit der ›sensitiven Erkenntnis‹ zu bestimmen, das in der Tradition des Ideal-Schönen etablierte Verhältnis des Einen und des Vielen sich umkehrt. Harmonie ist zwar Übereinstimmung des Mannigfaltigen zu einem Zwecke, aber im Gegensatz zur Deutlichkeit der kognitiven Erkenntnis darf die Kunst, als extensive und bloß klare Vorstellung bzw. Darstellung[57], den Reichtum des Mannigfaltigen nicht opfern. Baumgarten folgt offensichtlich Leibniz' Definition der ›connaissance sensitive‹: »Ces idées sensitives dépendent du détail des figures et mouvements et les expriment exactement, quoique nous ne puissions pas y démêler ce détail dans la confusion d'une trop grande multitude et petitesse des actions mécaniques, qui frappent nos sens.«[58] Gleichwohl übersieht man das Ganze auf einmal; es braucht nicht in seine Bestandteile zergliedert zu werden. Inwiefern kann Baumgarten auf dieser Basis das Problem der ästhetischen Wiedergabe der harmonischen Weltordnung anders als durch die Tradition lösen? Das Kunstwerk kann prinzipiell keine schönere Welt entwerfen als die bestehende. Entscheidend ist aber die Art und Weise, wie es diese Harmonie wiedergeben kann. Damit das Gedicht der Vollkommenheit der Welt gerecht werde, soll es in ihm eine Ordnung geben; »ergo ordo est poeticus« (Ordnung ist also *poetisch*)[59]. »Quum quaedam omitti in poemate cunsultum sit« (Es schien ratsam […], in einem Gedicht manches wegzulassen) (62, dt. 63; § 76). In dieser Hinsicht pflichtet Baumgarten dem Prinzip der Idealisierung bei; aber obwohl er eine vorgegebene objektive Harmonie unterstellt, setzt er den Akzent auf die künstlerische Arbeit. Indem er – in beiderlei Hinsicht freilich auf Leibnizscher Basis – zwischen zwei Positionen schwankt, nämlich zwischen dem Eigenrecht ästhetischer Erfahrung, das der Leibnizschen Forderung entspricht, nach der jedes Individuum gleichsam metaphysisch dazu verpflichtet sei, alle seine Organe, folglich auch die Sinne, auszubilden und zu vervollkommnen[60], und anderseits dem Leibnizschen Stufenmodell der Erkenntnis, dem zufolge die ästhetische Rationalität die Propädeutik der szientifischen ist, vermag Baumgarten die von seinem Ansatz vorbereitete Subjektivierung nicht voll zur Geltung zu bringen. Beim Wolffianer Gottsched wie beim Leibnizianer Baumgarten (nur fünf Jahre trennen die *Critische Dichtkunst*, 1730, von den *Meditationes*, 1735) hält die ästhetische Theorie der Kunst vor die Weltenmetaphysik inne, die sie von Leibniz übernommen hat und für welche das künstlerische bzw. künstli-

---

55 ALEXANDER GOTTLIEB BAUMGARTEN, Meditationes philosophicae de nonnullis ad poema pertinentibus/ Philosophische Betrachtungen über einige Bedingungen des Gedichtes (1735), lat.-dt., hg. u. übers. v. H. Paetzold (Hamburg 1983), 10; dt. 11; § 9.
56 Vgl. ebd., 10; dt. 11; § 8.
57 Vgl. ebd., 16; dt. 17; § 17.
58 GOTTFRIED WILHELM LEIBNIZ, Nouveaux Essais sur l'entendement humain (1765), in: Leibniz, Opera philosophica quae exstant omnia, hg. v. J. E. Erdmann (Berlin 1840), 358.
59 BAUMGARTEN (s. Anm. 55), 56; dt. 57; § 69.
60 Vgl. ebd., 14/16; dt. 15/17; § 14 (Scholium); BAUMGARTEN, Bd. 1 (1750), 3.

che Werk nur die Harmonie und Schönheit des Kosmos nachahmen und reproduzieren kann.

Diese metaphysische Ontologie widersetzt sich der Behauptung eines autonomen menschlichen schöpferischen Vermögens, wie sehr sie auch die Spezifität eines besonderen ästhetischen Vermögens und des besonderen ästhetischen Mediums der Ästhetik zur Geltung bringt.

Ganz anders bei Moses Mendelssohn und Lessing. Nicht erst bei Kant, sondern schon bei ihnen wird die Autonomie des Kunstwerks und des Künstlers behauptet: Das Genie gibt sich selbst die Regeln, anstatt sie von der Rhetorik zu beziehen oder philosophisch zu deduzieren. Bei Lessing wird die Einbildungskraft zu einem sowohl von der ›memoria‹ als auch von dem Primat der verstandesmäßigen Erkenntnis unabhängigen ästhetischen Vermögen, das nicht nur den künstlerischen Entwurf bestimmt, sondern auch als die Fähigkeit des Rezipienten, den Entwurf des Künstlers für sich nachzuvollziehen, sich über die Problematik des Wahren und des Wahrscheinlichen dezidiert hinwegsetzt und eine konsensuale, intersubjektive und dynamische Auffassung der Wahrheit begründet. Diese Autonomie setzt die normative Funktion der Rhetorik endgültig außer Kraft; sie hört auf, für die Literatur konstitutiv zu sein.

An Baumgartens ›oratio sensitiva perfecta‹ knüpfen Mendelssohns *Hauptgrundsätze der schönen Künste und Wissenschaften* (1761) offensichtlich an: »Das Wesen der schönen Künste und Wissenschaften besteht in einer künstlichen sinnlich-vollkommenen Vorstellung oder in einer durch die Kunst vorgestellten sinnlichen Vollkommenheit.« Mendelssohn setzt aber nun den Akzent so: »[Wir nehmen] in den Nachahmungen der Kunst die Vollkommenheit des Künstlers [wahr].«[61] Der Künstler bemüht sich, seinen Ausschnitt aus der unermeßlichen Wirklichkeit so darzustellen, wie die Natur ihn vorgestellt hätte, wenn die Schönheit dieses begrenzten Gegenstandes ihre einzige Absicht gewesen wäre – eine Auffassung, die Lessing aufgreift (vgl. das Kunstgespräch zwischen dem Prinzen und dem Maler Conti in *Emilia Galotti* [1772], I. Akt, 4. Szene). Ausdrücklich knüpft Lessing, indem er die Handlung seines bürgerlichen Trauerspiels im Renaissance-Italien situiert, an die Debatte um das Porträt, den ›ritratto‹, an. Vincenzo Danti unterschied z. B. ausdrücklich zwischen einem ›ritrarre‹, das die Wirklichkeit bloß wiedergibt, und einem ›imitare‹, das sie so darstellt, wie man sie sehen sollte. Indem er dann die Frage stellt, ob Raffael »nicht das größte malerische Genie gewesen wäre, wenn er unglücklicher Weise ohne Hände wäre geboren worden«[62], scheint Lessing sogar die neuplatonische Auffassung des Vorrangs der inneren Schau der Schönheit wiederaufzunehmen. In einem berühmten Brief an den Grafen Baldassare Castiglione schrieb Raffael 1516, daß er ein Bild vollkommener Weiblichkeit nur aus einer ›inneren Vorstellung‹ heraus gestalten könne: »Um eine schöne Frau zu malen, müßte ich mehr schöne Frauen sehen, und zwar unter der Bedingung, daß Ihr mir bei der Auswahl behilflich wäret; aber da es so wenig schöne Frauen und gültige Richter gibt, so bediene ich mich einer gewissen Idee, die mir in den Sinn kommt.«[63] Dieser inneren Vorstellung maß Raffael keinen metaphysischen Ursprung bei – »sie kommt ihm irgendwie in den Sinn«[64]. Lessings keineswegs willkürlicher Hinweis auf Raffael macht deshalb ein neues Vermögen geltend, das die Normativität des Ideals aus sich selber schöpft: das Genie.

Alle Zweideutigkeiten der Wahrheit und Wahrscheinlichkeit, der Wahrscheinlichkeit und der Anständigkeit, der ›convenance‹ und der ›bienséance‹, die den französischen Klassizismus kennzeichneten, werden hier durch eine neue Art der ›analogon rationis‹ überwunden, die das Genie und die Natur unmittelbar miteinander in Verbindung setzt. Auch die Leibniz-Wolffisch neubegründete verbindliche Weltordnung wird zwar nicht grundsätzlich verabschiedet, aber sie verliert für den künstlerischen Schaffensprozeß ihren normativen Vorrang. Denn Lessing beruft sich nicht einmal eigentlich auf die Natur selbst; er sagt: »Die Kunst muß malen, wie sich die plastische Natur, – wenn

---

61 MOSES MENDELSSOHN, Hauptgrundsätze der schönen Künste und Wissenschaften (1761), in: Mendelssohn, Schriften, hg. v. M. Brasch (Leipzig 1880), 149.
62 LESSING, Emilia Galotti (1772), in: LESSING (LACHMANN), Bd. 2 (1886), 384; vgl. PANOFSKY (s. Anm. 6), 44 f.
63 Zit. nach JOHANN DAVID PASSAVANT, Raphael von Urbino, Bd. 1 (Leipzig 1839), 533.
64 PANOFSKY (s. Anm. 6), 32.

es eine gibt – das Bild dachte: ohne den Abfall, welchen der widerstrebende Stoff unvermeidlich macht; ohne das Verderb, mit welchem die Zeit dagegen an kämpfet«[65]. Die Natur selbst als normative Grundlage wird ausdrücklich in Klammern gesetzt. An ihre Stelle tritt die Phantasie: »Ihr Werk, Conti? oder das Werk meiner Phantasie? – Emilia Galotti!« (383) Lessing verwirft außerdem ganz ausdrücklich jene Art von Idealisierung, die nur darum bemüht ist, das Dissonante zu mildern, um das Bild ›angenehm‹ zu machen. Die Gräfin Orsina ist – schon wegen ihrer Ähnlichkeit mit der Marwood von *Miß Sara Sampson* (1755) (»Sieh in mir eine neue Medea!«[66]) –, sozusagen der Laokoon des bürgerlichen Trauerspiels *Emilia Galotti*: »Alles, was die Kunst aus den großen, hervorragenden, stieren, starren Medusenaugen der Gräfinn gutes machen kann, das haben Sie, Conti, redlich daraus gemacht. [...] Stolz haben Sie in Würde, Hohn in Lächeln, Ansatz zu trübsinniger Schwärmerey in sanfte Schwermuth verwandelt.«[67] Anstelle der Anständigkeit, die die Idealisierung bisher bestimmte, wird hier ein neues Kriterium geltend gemacht: die Redlichkeit. Der Prinz erörtert es folgendermaßen: Das Kunstwerk soll »dem Ideal hier, (mit dem Finger auf die Stirne) – oder vielmehr hier, (mit dem Finger auf das Herz)« (383) beikommen. Während das Bildnis der Orsina trotz oder gerade wegen der Idealisierung ihn nicht zu rühren vermag, überwältigt ihn dasjenige der Emilia, weil er in ihm seine eigene Phantasie wiedererkennt. Die Phantasie des Künstlers und diejenige des Rezipienten kommen insofern überein, als sie es mit einem Gegenstand zu tun haben, aus dem echte Grazie ausstrahlt; und das heißt, daß eine solche Übereinstimmung erst dann zustande kommen kann, wenn die Kunst ein Ideal ausdrückt, das sie nicht in die Natur hineinprojiziert, sondern

gleichsam bloß entbindet. Indem er gerade an dieser Stelle Emilia als Engel bezeichnet, verabschiedet Lessing die Tradition des Neoplatonismus und seines christlich-theologischen Niederschlags in der Kunst: Emilia ist keine überirdische Erscheinung, sondern eben jene sinnliche Anwesenheit der Idee, die Wieland und Schiller Grazie oder Anmut nennen.

Deswegen soll der Künstler vor seinem Werk zurücktreten (»O, Sie wissen es ja wohl, Conti, daß man den Künstler dann erst recht lobt, wenn man über sein Werk sein Lob vergißt«[68]). Daraus folgt nun nicht, daß die Leistung des Künstlers geleugnet wird, sondern umgekehrt, daß der Künstler mittels der Phantasie eine Idealisierung leistet, die mit der Natur in Einklang steht, d.h. zwischen Kunst und Natur eine gegenüber allen bisherigen kosmologischen und theologischen Zusammenhängen völlig neue Zusammenstimmung entdeckt bzw. begründet, die ihren Sitz im menschlichen Geist selber hat.

Den entscheidenden Schritt, den Baumgarten nur vorbereitet hat, die Einsicht, daß die sinnliche Erkenntnis einem besonderen Vermögen – der Einbildungskraft – zuzuschreiben ist, wird also erst von Lessing gemacht. Ansätze hatte es zwar schon gegeben. Der schottische Philosoph Francis Hutcheson hatte sogar in *An Inquiry into the Original of our Ideas of Beauty and Virtue* (1725) einen sechsten Sinn postuliert, der die Schönheit unmittelbar zu erfassen fähig wäre, »without comparison to anything external«[69]. David Hume, der in dieser Hinsicht auf das ganze 18. Jh. und nicht zuletzt auf Kant einen entscheidenden Einfluß ausgeübt hat, ließ sich hingegen nicht zu einer solchen Annahme hinreißen; er zeigte vielmehr, daß die Einbildungskraft an jedem Erkenntnisakt teilhat, reduzierte allerdings die produktive Einbildungskraft auf die reproduktive, d.h. auf Erfahrung, Wiederholung und Gewohnheit. Aber er machte dabei den Gedanken geltend, daß die Schönheit keine objektive Qualität der Gegenstände ist, sondern immer eine Vorstellung des betrachtenden Subjekts. Damit geht freilich die Gefahr eines bodenlosen Relativismus einher: »Each mind perceives a different beauty«[70]. Mit dieser Gefahr setzt sich Denis Diderot in seiner *Lettre sur les aveugles* (1749) auseinander. Zwar scheint die eigentümliche Wahrneh-

---

65 LESSING (s. Anm. 62), 381.
66 LESSING, Miß Sara Sampson (1755), in: ebd., 295.
67 LESSING (s. Anm. 62), 382.
68 Ebd.; vgl. LESSING, Hamburgische Dramaturgie (1767–1769), in: LESSING (LACHMANN), Bd. 9 (1893), 36. Stück, 333–337.
69 HUTCHESON (INQUIRY), 39.
70 DAVID HUME, Standard of Taste. Four Dissertations (1757), in: HUME, Bd. 3 (1875), 268.

mungsweise des Blinden alle herkömmlichen ästhetischen Kriterien zu sprengen: Für ihn ist Symmetrie keineswegs mit Schönheit verbunden. Doch dies beweist, daß der ästhetische Sinn nicht nur von den fünf Sinnen abhängt, auch wenn er einen ›sechsten Sinn‹ nicht voraussetzt.

In dieser Debatte setzt sich die Einsicht durch, daß das bisher ontologisch – bei genauerem Hinsehen freilich auch bloß soziologisch – unterstellte Ideal eine künstlerische bzw. künstliche Konstruktion ist. Charles Batteux scheint der erste zu sein, der dies einsah; er exemplifizierte es an dem kanonischen Beispiel der Helena von Zeuxis: »Que fit Zeuxis quand il voulut peindre une beauté parfaite? Fit-il le portrait de quelque beauté particuliere, dont sa peinture fût l'histoire? Non: il rassembla les traits séparés de plusieurs beautés existantes. Il se forma dans l'esprit une idée factice qui résulta de tous ces traits réunis: & cette idée fut le prototype, ou le modéle de son tableau, qui fut vraisemblable & poëtique dans sa totalité, & ne fut vrai & historique que dans ses parties prises séparément.«[71] Die Verbindung des Vielen und Chaotischen zum harmonischen Einen ist also die eigentliche Leistung eines künstlichen Entwurfs: Jedes Kunstwerk basiert auf Illusion. Ganz in diesem Sinn bezieht sich Lessing im *Laokoon* (1766) auf Zeuxis bzw. Batteux. Das Ideal, Batteux' ›Urbild‹ (›archétype‹ oder ›prototype‹), ist das Produkt der Kunst.

Zugleich scheinen die Schwierigkeiten, in die Baumgartens Verteidigung des Besonderen und Individuellen geriet, zu entfallen. Die Idealisierung geht ja immer, so Lessing, vom Besonderen aus: »Das Portrait […] ist das Ideal eines gewissen Menschen, nicht das Ideal eines Menschen überhaupt.«[72] Der Künstler porträtiert nicht Typen, sondern wirkliche Menschen, ›Charaktere‹. Das Porträt soll uns menschlich angehen, und das heißt, daß die Charaktere sinnlich und konkret genug bleiben sollen, damit wir uns mit ihnen identifizieren können, wie sehr sie auch darüber hinaus allgemeine menschliche Relevanz anstreben.

Diese Auffassung der Idealisierung unterscheidet sich grundsätzlich von derjenigen des 17. Jh. Bei Lessing wird die Fabel Handlung: bürgerliche, aktuelle Handlung, geschichtliche Praxis. Sie behauptet ihre Unabhängigkeit sowohl von der Tradition der Vorbilder als auch von der überkommenen sozio-kulturellen Ordnung und von der religiösen Transzendenz, auf welche das feudale Repräsentationssystem sich gründete; anstatt Allegorie dieser religiös-repräsentativen Ordnung zu sein, hat sie jetzt ihren Sinn in sich selbst. Der Sinn dieser Geschichte, dieser Fabel hängt nun von einem Konsens zwischen Produzent und Rezipient ab und nicht mehr von einer transzendenten Gesetzmäßigkeit, wie sie der Rationalismus deduktiv wiederhergestellt hatte. Indem er um des Ausdrucks des Menschlichen willen mit der Rhetorik und der Klausel des hohen Stils als Ständeklausel bricht, vollendet Lessing auch den Säkularisierungsprozeß: Das Theater setzt sich nicht mehr zum Ziel, die Geschichte(n) der Großen, die Haupt- und Staatsaktionen, als lehrreiche Fabeln zu inszenieren. Die Fabel befreit sich auch von ihrer Bindung an die religiöse Dimension und insbesondere an die religiöse Legitimation. Lessings Ablehnung des Barock drückt den Gegensatz der bürgerlichen Realästhetik zur Repräsentationskultur der feudalen Gesellschaft aus.

Deshalb ist für Lessing das Prinzip der Idealisierung ein rein werkimmanentes, genauer mediumsästhetisches. Am Anfang des 3. Gesangs seines *Art poétique* schrieb Boileau:»Il n'est point de Serpent, ni de Monstre odieux / Qui par l'art imité ne puisse plaire aux yeux. / D'un pinceau delicat l'artifice agreable / Du plus affreux objet fait un objet aimable.«[73] Boileau schloß die Ungeheuer aus der Kunst nicht eigentlich aus; nur sollte die Darstellung das Häßliche und Widerwärtige in etwas Angenehmes (agréable) und Liebenswürdiges (aimable) verwandeln. Darunter verstand er die innere Angemessenheit des Bildes, wohl aber auch eine äußere Angemessenheit, eine Anpassung an den herrschenden Geschmack und die ›convenance‹. Boileaus Verse lassen sich mit der Auseinandersetzung in Verbindung bringen, die Johann Joachim Winckelmanns Interpretation der Laokoon-Gruppe in seinen *Gedanken über die Nachahmung der*

---

71 BATTEUX (1746), 24 f.
72 LESSING, Laokoon: oder Über die Grenzen der Mahlerey und Poesie (1766), in: LESSING (LACHMANN), Bd. 9 (1893), 13.
73 BOILEAU (s. Anm. 29), 169.

griechischen Werke in der Malerei und Bildhauerkunst (1755) auslöste. Diese Auseinandersetzung setzte sich über Jahrzehnte hinweg fort und betraf nicht zuletzt das Problem der Zulässigkeit des Häßlichen, das mit demjenigen der Idealisierung aufs engste verbunden ist. Mit dem Häßlichen verhält es sich grundsätzlich wie mit dem Erhabenen. Beide konnten erst in das Kunstwerk Eingang finden, nachdem die Kunst von den ihr von außen auferlegten Beschränkungen sich losgelöst hatte und sowohl subjektiv (d.h. auf die Emotion des Rezipienten bezogen) als auch mediumsästhetisch aufgefaßt wurde. Während Winckelmann die bewunderns- und nachahmenswerte Selbstbeschränkung des griechischen Künstlers bei der Darstellung des Laokoon ethisch deutet – die ›edle Einfalt‹ und ›stille Größe‹ der Statue ist der Ausdruck von Laokoons ›großer Seele‹ –, verweist Lessing schlicht und sachlich auf mediumsästhetische Sachzwänge: Wenn der Künstler den Schrei des Laokoon in ein Seufzen gemildert hat, dann »nicht weil das Schreyen eine unedle Seele verräth, sondern weil es das Gesicht auf eine ekelhafte Weise verstellet«[74]. Indem er so an dem zum Gemeinplatz gewordenen Horazischen ›ut pictura poesis‹ rüttelt, übernimmt Lessing Jean-Baptiste Du Bos' Unterscheidung zwischen den Künsten, deren Medium der Raum ist, und denjenigen, die eine zeitliche Abfolge wiedergeben können und in denen starke, ja widerwärtige Darstellungen weniger Gefahr laufen, zu einem unaushaltbaren Schauspiel zu erstarren.[75] Daß Du Bos' rezeptionsästhetischer Ansatz diese mediumsästhetische Unterscheidung anbahnte, ist ein weiteres Indiz dafür, daß die Wandlung der Ideal-Problematik im 18. Jh. von der Verlagerung der ästhetischen Fragestellung auf das Kunstwerk selbst als Gegenstand einer von allen anderen Bestimmungen befreiten ästhetischen Erfahrung, die sich im Dreieck Künstler/Werk/Rezipient abspielt, in jenem Dreieck, das nun die Phantasie besetzt, untrennbar ist.

Durch dieses Dreieck wird bei Lessing die Verbindlichkeit des ästhetischen Urteils neu begründet. Von seiner ontologischen Begründung entbunden, droht nämlich das Schöne etwas bloß Relatives zu werden. Diderot hat diese Relativität zum Äußersten getrieben, indem er in seiner *Lettre sur les aveugles* das Problem an seiner ontologischen Wurzel faßte: der Kontemplation. Alle Begriffe, die der Ästhetik zugrunde liegen, erweisen sich als an einen bestimmten Sinn, das Gesicht, gebunden. Für den Blinden steht aber die Symmetrie, die er durchaus, aber anders, wahrnimmt, mit der Schönheit in keinem Zusammenhang. Zwar mag die Symmetrie eine objektive Bedingung des Schönen sein, aber das Vorhandensein dieser objektiven Bedingung reicht für die Begründung des subjektiven Gefühls des Schönen nicht aus.

IV. ›Rückkehr‹ zum Platonismus: Johann Joachim Winckelmann

Im Gegensatz zur Linie, die von Baumgarten zu Lessing führt, ist die erste Hälfte des 18. Jh. durch eine kräftige Gegenoffensive des metaphysisch begründeten Ideal-Schönen gekennzeichnet. Darauf nimmt Diderot um die Jahrhundertmitte in seinem *Traité du beau* (1751) Bezug, als er am Artikel ›Beau‹ der *Encyclopédie* arbeitet. Der Jesuit Yves Marie André entwirft eine Hierarchie der Schönheitsmodi, die, an den Kurzschlüssen und Zweideutigkeiten des französischen Klassizismus des 17. Jh. gemessen, nicht ohne Verdienst ist. Nach ihm gibt es – hier vereinfacht – drei Hauptformen des Schönen: Die höchste ist das ›beau essentiel‹, von dem auszugehen ist; weiterhin spezifiziert sich das Schöne als ›beau naturel‹ und als ›beau institutionnel‹. André betont, daß das wesentliche Schöne von allen Institutionen unabhängig ist, auch von den göttlichen.[76] Der Schweizer Jean-Pierre de Crousaz, auf den Diderot sich auch bezieht, postuliert seinerseits eine grundsätzliche Übereinstimmung zwischen der Harmonie des Universums und dem menschlichen Geist, der sie empfängt, obwohl – christlich ausgedrückt – der Sündenfall diese Harmonie uns entfremdet

---

74 LESSING (s. Anm. 72), 17.
75 Vgl. JEAN-BAPTISTE DU BOS, Réflexions critiques sur la poésie et la peinture, Bd. 1 (1719; Paris ⁴1740), 84.
76 Vgl. YVES MARIE ANDRÉ, Essai sur le beau (Paris 1741).

hat.[77] Platonisch verstanden, verweist diese Auffassung auf den *Theaitetos* (149a-151d): Die Seele ist mit der Wahrheit schwanger; in einem früheren Leben hat sie am Reich der Ideen teilgehabt; obwohl der Mensch nach seiner irdischen Geburt diese ursprüngliche Erfahrung vergessen hat, wohnt sie noch als Sehnsucht seiner Seele inne; an sie wird diese durch den Reflex der ewigen Schönheit in den schönen Gegenständen dieser Welt erinnert. Darauf fußt Winckelmanns nachdrückliche Berufung auf die Seele in seinen *Gedanken über die Nachahmung der griechischen Werke*. Vor allem aber der Earl of Shaftesbury, dessen Einfluß auf das ganze 18. Jh. bedeutend gewesen ist – auch auf diejenigen, die seinen Neuplatonismus nicht grundsätzlich übernahmen (Mendelssohn in den *Briefen über die Empfindungen* [1755] oder Schiller) –, erklärt die künstlerische Schönheit als Zusammenstimmung des Schönen, des Wahren und des Guten: »"that what is beautiful is harmonious and proportionable; what is harmonious and proportionable is true; and what is at once both beautiful and true is, of consequence, agreeable and good"«[78].

Am deutlichsten kommt der Zusammenhang zwischen den beiden Aspekten der Ideal-Problematik – ihrer platonischen und ihrer rhetorischen Herkunft – bei Winckelmann zum Ausdruck. Für ihn soll die Kunst einen ideellen bzw. idealen Gehalt haben, wobei dieser umgekehrt der künstlerischen Darstellung bedarf. Die Vermählung der Bedeutung und der sinnlichen Wirkung soll durch die Allegorie geleistet werden: »*Der Pinsel*, den der Künstler führt, *soll in Verstand getunkt sein*. [...] Er [der Künstler – d. Verf.] soll mehr zu denken hinterlassen, als was er dem Auge gezeiget, und dieses wird der Künstler erhalten, wenn er seine Gedanken in Allegorien nicht zu *versteken*, sondern *einzukleiden* gelernet hat.«[79] Winckelmann versteht unter Allegorie jede Art von künstlerischer Symbolik: Die Kunst soll zu einer Deutung anregen. Sie drückt nämlich immer etwas Höheres aus. Ihr Ideal ist jeweils das ›Wunderwerk der Kunst‹. Scheint Winckelmann die Säkularisierung, die Lessing zugunsten der Autonomie der Kunst vollzogen hatte, zum Teil rückgängig zu machen, so gibt er das rationalistische Paradigma, das sich im letzten Drittel des 17. Jh. durchgesetzt hatte, keineswegs auf. Der Rückgriff auf Platons Philosophie dient gerade dazu, den Bezug auf ein Höheres zu fordern, das keine Rückkehr zur Abhängigkeit der Kunst von der christlichen Religion bedeutet. Ebenso geschickt erweist sich bei genauerem Hinsehen andere ›Rückfall‹ Winckelmanns – die scheinbare Rückkehr zur Nachahmung der Alten, zur Vorbildlichkeit der Griechen. Diese beiden Rückfälle begründen eine eigensinnige Hermeneutik des Ideals moderner Kunst. Auf den ersten Blick scheint Winckelmann einfach das Idealisierungsprinzip des französischen Klassizismus zu übernehmen. Indem er sich aber an Platon und die Vorbildlichkeit der griechischen Kunst wieder zuwendet, begründet er es völlig anders. Bei den Franzosen war zwar die Vernunft bzw. der Verstand das Kriterium der Idealisierung: sie bestimmte die Auswahl und die Regeln der künstlerischen Zusammenfügung. ›Propriété‹, ›convenance‹ und ›bienséance‹ waren aber fast austauschbare Begriffe, so daß die Franzosen der Kunst ihr Ideal von außen aufzwangen. Dem Künstler war geboten, über das allgemein als vernünftig Angenommene nicht hinauszugehen. Winckelmanns Hermeneutik fragt hingegen nach der autonomen inneren Normativität der Kunst, wie sie sich in den Kunstwerken der Griechen vorbildlich realisiert hat. Diese Suche kommt am Anfang der *Gedanken* in dem paradoxen Satz zum Ausdruck: »Der einzige Weg für uns, groß, ja, wenn es möglich ist, unnachahmlich zu werden, ist die Nachahmung der Alten« (8). Wenn dieser Satz überhaupt einen Sinn hat, dann bedeutet er, daß es nicht eigentlich darum geht, die Werke der Alten nachzuahmen, sondern durch einfühlendes Verstehen diesen Werken das Prinzip ihrer Vollkommenheit abzugewinnen.

---

77 Vgl. JEAN PIERRE DE CROUSAZ, Traité du beau (Amsterdam 1715), 64.
78 ANTHONY ASHLEY COOPER SHAFTESBURY, Miscellaneous Reflections (1711), in: Shaftesbury, Characteristics of Men, Manners, Opinions, Times, etc., hg. v. J. M. Robertson, Bd. 2 (London 1900), 268 f.
79 JOHANN JOACHIM WINCKELMANN, Gedanken über die Nachahmung der griechischen Werke in der Malerei und Bildhauerkunst (1755), in: WINCKELMANN, Bd. 1 (1825), 56.

Winckelmann beabsichtigt alles andere als die Förderung eines Epigonentums. Wie sehr er auch nach einer zeitenthobenen Begründung der Schönheit sucht, ist er sich der Geschichtlichkeit der Stile bewußt. Die Modernität dieses Ansatzes kommt vor allem in seiner Aneignung der rhetorischen Lehre der Stilebenen in Form einer historischen Typologie der Stile zum Zuge. Wo die Rhetorik zwischen einem gemeinen und einem hohen bzw. erhabenen Stil unterschied und sie verschiedenen Gattungen oder Diskursarten zuschrieb, faßt Winckelmann die Stilebenen als aufeinanderfolgende Epochenstile auf. In der Entwicklung der Kunst unterscheidet er vier Stile: den älteren Stil, den großen bzw. hohen Stil, den schönen Stil und den Stil der Nachahmer. Er exemplifiziert sie an Beispielen der griechischen Kunst, aber sie gelten typologisch für jede Kultur und für den gesamten Geschichtsverlauf. Der Übergang vom älteren (vor Phidias) zum großen Stil entspricht dem platonischen Stufenweg der Seele: Die Gestaltung entfernt sich von den Formen der Wirklichkeit und wird abstrakt; die Künstler versuchen allgemeine Gesetze festzulegen.[80] Winckelmann warnt freilich davor, diese idealisierende Abstraktion mit dem idealischen Verfahren der griechischen Blütezeit zu verwechseln, da ja auch die ägyptischen Figuren in diesem Sinn idealisch heißen können, ohne schön zu sein.[81] Daher versuchten dann die Künstler, die das von ihren Meistern erworbene Können voll beherrschten, die Strenge aufzulockern durch das Liebliche und die Aufnahme der Mannigfaltigkeit. Schon deswegen mußte aber der Übergang zum schönen Stil an seinem Zerfall arbeiten.[82] Auf den schönen Stil folgte der Stil der Nachahmer, der allerdings zu einem mechanischen Eklektizismus erstarrte.

Wie modern diese Historisierung auch ist, so vermag sie doch nicht ganz mit den überlieferten Kategorien zu brechen. Wie die klassischen Franzosen und die ganze Tradition setzt Winckelmann das Hohe, jene Höhe, die das Ideal-Schöne erreicht, mit dem Erhabenen gleich. Vollkommenheit, ideale Schönheit und Erhabenheit sind bei Winckelmann Synonyme.[83] Das Erhabene ist keineswegs etwas, was das Maß der Schönheit sprengt, wie es bei Kant der Fall sein wird, sondern gerade die maßvolle Vollendung der idealen Schönheit.[84]

Winckelmann gebraucht also Wort und Begriff des Ideals oder des Idealen in zwei komplementären Bedeutungen. Zunächst bezeichnen sie das Geistige oder Gedankliche im Gegensatz zum Realen, zur äußeren Wirklichkeit, zur Natur, auf deren bloße Nachahmung das echte Kunstwerk sich nie beschränken darf. Da die geistige Dimension des Kunstwerks vornehmlich durch Allegorien zum Ausdruck gebracht wird, heißen Gestalten, die einen Begriff darstellen, wie zum Beispiel die Victorien, »idealische Schönheiten« (10). Das Ideal bezeichnet auch den Gehalt des Kunstwerks, das, was es zu denken gibt, im Gegensatz zur Technik.[85] Dabei hat das von ihm geforderte allegorische Verfahren nichts zu tun mit billigen Allegorien, die bloße Ein- bzw. Verkleidungen eines abstrakten Begriffs sind; es soll von jenen höheren geistigen Prinzipien getragen werden, die das Schaffen des echten Künstlers bestimmen und die Vollkommenheit des gelungenen Kunstwerks ausmachen. Dieses Höhere, zu welchem der Zuschauer durch das Werk angeleitet werden soll, faßt Winckelmann platonisch auf. In der Vollkommenheit des Ideal-Schönen vereinigen sich das Gute, das Wahre und das Schöne. Daraus erklärt sich, daß die ›edle Einfalt und stille Größe‹ des Laokoon, der jeglichen Schmerzensschrei unterdrückt, nicht nur die ästhetische Qualität der Darstellung kennzeichnet, sondern zugleich auch Laokoons ›große und gesetzte Seele‹. Dessen Organ ist die Seele – die in aller Regel gemeint ist, wenn Winckelmann vom ›Verstand‹ spricht –, dessen Medium ist die Liebe – die platonische Liebe, die von den sinnlichen Erfahrungen zu den Ideen aufsteigt. Die Liebe verbindet (μέθεξις) die sinnliche Welt mit der intelligiblen, sie überwindet ihre Trennung (χωρισμός) und findet so zum Ursprung (ἀρχή) der Schönheit zurück: schön sind die sinnlichen Schönheiten, weil sie an der Idee (ἰδέα) der Schönheit, an deren Wesen (εἶδος) teilhaben.

---

80 Vgl. WINCKELMANN, Geschichte der Kunst des Altertums (1764), in: WINCKELMANN, Bd. 5 (1825), 206.
81 Vgl. ebd., Bd. 4 (1825), 62.
82 Vgl. ebd., Bd. 5 (1825), 241.
83 Vgl. u. a. WINCKELMANN (s. Anm. 79), 19.
84 Vgl. ebd., 22 ff.
85 Vgl. ebd., 50 ff.

Diese Teilhabe macht aus den schönen Dingen die Anwesenheit (παρουσία) der Idee in der sinnlichen Welt. Dadurch ist die Schönheit der Dinge keine bloße Kopie, sondern der Reflex der Ordnung des Kosmos, die jeweils die Norm und den Ursprung dieser Reproduktion bildet. Durch ihre doppelte, aufsteigende (συναγωγή) und herabsteigende (διαίρεσις) Bewegung erkennt die Dialektik diesen Ursprung, mit dem sie die sinnlichen Schönheiten verbindet. Gegenstand der Betrachtung ist die körperliche Schönheit, ihr Anliegen aber die Seele[86], ihr Ziel das »Urbild«[87], »das absolut Schöne« (αὐτὸ τὸ καλόν)[88], das Platon als ἀρχή bezeichnet und das die eigentliche Vorbildlichkeit der griechischen Werke ausmacht.

Auf dieser Basis macht sich Winckelmann die ästhetischen Auffassungen des französischen Klassizismus, mit dem seine Philosophie der Kunst auf keinen Fall zu verwechseln ist, zu eigen. Immer wieder fordert er Strenge der Zeichnung und Reinheit des Umrisses. Die Stilisierung ist das erste Mittel der Idealisierung; das Ideal-Schöne hängt zunächst vom Auswahlverfahren des Künstlers ab. Die Natur ist ja unermeßlich und chaotisch, die menschlichen Sinne sind hingegen begrenzt. Ihrer Beschränktheit soll die Kunst durch Scheidung und Auswahl abhelfen. Deshalb sind die Alten, die vor uns die bloße Nachahmung der Natur überschritten haben, nachahmenswerte Vorbilder. Das zweite entscheidende Moment ist die Vereinigung der erlesenen Teile zu einem gleichmäßigen Ganzen.[89] Dieses harmonische Ganze ist Fülle ohne Überfluß; als dissonant und unschön betrachtet Winckelmann sowohl »die *Schwulst*« als auch »einen ausgehungerten Contur«, »das *Magere*«[90]. ›Imiter la nature‹, ›corriger la nature‹, ›choisir de la nature le plus beau‹, um die ›beauté idéale‹ zu erreichen: Diese Forderungen fanden sich schon in allen programmatischen Schriften der französischen Klassik. Winckelmann übernimmt sie und gibt ihnen eine platonische Begründung. Die harmonische Verbindung der Teile entspricht der methexis, und die verschiedenen Momente der künstlerischen Gestaltung bilden die Stufen des platonischen synagogē. Da aber diese von der diairesis nicht zu trennen ist, kann der Künstler nie unbefangen bei der rohen Natur ansetzen. Erst nachdem die Form im Geiste des Künstlers als Ganzes entworfen wurde, d. h. nachdem dieser die dem Vorwurf immanente Idee »erkannt und begriffen«[91] hat, kann sie im manuellen Gestaltungsprozeß in eine materiale, sinnliche Form übertragen werden. Der Geist führt die Hand des Künstlers, der die tote Stofflichkeit der Materie zum Leben erweckt und »begeistert«[92]. Diese Nachahmung »mit einer sparsamen Weisheit«[93] verfährt durch synthetische Abstraktion; der Geist überwindet die Teilbarkeit der Materie und entwirft eine Synthese der Teilaspekte, die er aus den schönen Details abstrahiert. Das Ideal ist also eine originale geistige Schöpfung des Künstlers. Winckelmann nennt auch diese ›idealische Schönheit‹ eine ›dichterische Schönheit‹ und meint damit, daß sie erdichtet wird; das Dichterische erscheint als der eigentliche Ursprung auch der bildenden Künste: als die geistige Sphäre, in der der Mensch zur intuitiven Erkenntnis der reinen Idee, des noch unerschaffenen Seins im Geist der Gottheit selbst gelangt. Deshalb ist sogar ein Entwerfen der geistigen Form ohne jegliche wirkliche Vorlage möglich; ihr Begriff wird vom Verstand des Künstlers gleichsam ex nihilo erzeugt, durch die »Betrachtung der von Gott ausfließenden Schönheit«[94] gewonnen.

In vielerlei Hinsicht hat Winckelmanns Rückgriff auf Platon Signalcharakter. Er dient ihm dazu, die ideologischen Gleichsetzungen, die der Klassizismus des ›Siècle de Louis XIV‹ begangen hat, zu entwirren: die Gleichsetzung der Wahrheit mit der ›vraisemblance‹ und dieser mit der ›bienséance‹, d. h. mit dem herrschenden Geschmack; die parallele Entartung der barocken Allegorie, d. h. die Gleichschaltung der Transzendenz zugunsten der Repräsentation; die Verwechslung zwischen ›raison‹ und ›nature‹, die im besten Fall die ästhetische Rationalität auf das Paradigma des physischen Rationalismus reduziert, im schlimmsten Fall sowohl

---

86 Vgl. ebd., 15.
87 Ebd., 9.
88 PLATON, Phaid. 78d.
89 Vgl. WINCKELMANN (s. Anm. 80), 70.
90 WINCKELMANN (s. Anm. 79), 24.
91 WINCKELMANN (s. Anm. 80), 56.
92 Ebd., 85.
93 WINCKELMANN (s. Anm. 79), 19; vgl. WINCKELMANN (s. Anm. 80), 85.
94 WINCKELMANN (s. Anm. 80), 212.

die Vernunft als auch die Natur der herrschenden Ideologie der ›vraisemblance‹, der ›bienséance‹ und der Repräsentation opfert und dabei das Grundproblem der Ästhetik verkennt: das Verhältnis zwischen Verstand bzw. Vernunft und Natur. Der Rückgriff auf die Alten soll in Winckelmanns Augen nicht nur mit dem repräsentativen Schein und Schwulst dieses Epochenstils abrechnen, sondern über die gescheiterte Begründung eines verbindlichen Konsensus über das Schöne hinaushelfen. Winckelmann ist ja nicht mehr ein Mensch des letzten Drittels des 17. Jh., sondern ein Denker der Mitte des 18. Jh.; er ignoriert keineswegs die aufstrebenden neuen Ansätze, die die ideologische Konstruktion des französischen Klassizismus unterhöhlen. Löst man ihn von dieser ideologischen Konstruktion los, so »bleibt unser Begriff von der allgemeinen Schönheit unbestimmt«, es ist ein »Geheimnis«, das nur ein »innerer Sinn«[95] erfassen kann.

Vergeblich wird man freilich bei Winckelmann nach ›bürgerlichen‹ Ansätzen suchen, die seiner vernichtenden Kritik der Kunst des Absolutismus Fleisch und Blut geben würden. An dem damaligen Übergang von einer ›objektiven‹, auf ›Vernunft‹ und ›Natur‹ pochenden normativen Poetik zu einer subjektiven Theorie des Geschmacks gemessen, schlägt Winckelmanns Kunsttheorie einen dritten Weg ein, der sowohl zur deduktiven Rationalisierung des Geschmacksurteils wie auch zu dessen Beziehung auf den herrschenden Geschmack quersteht. Winckelmann schlägt sich weder auf die Seite des Rationalismus – sei er französischer oder Wolffscher Prägung wie bei Gottsched – noch auf die Seite der subjektiven Ästhetik, die von Du Bos ausgeht.

---

95 Ebd., 59.
96 IMMANUEL KANT, De mundi sensibilis atque intelligibilis forma et principiis (1770), in: KANT (AA), Bd. 2 (1905), 396; dt.: Über die Form und die Prinzipien der Sinnen- und Geisteswelt, lat.-dt., hg. u. übers. v. K. Reich (Hamburg 1958), 31.
97 KANT, Kritik der reinen Vernunft (²1787), in: KANT (AA), Bd. 3 (1911), 389.
98 KANT, Kritik der Urtheilskraft (1790), in: KANT (AA), Bd. 5 (1908), 234 f.
99 KANT (s. Anm. 97), 383.
100 KANT (s. Anm. 98), 232.
101 KANT (s. Anm. 97), 384.

V. Kants Unterscheidung zwischen Idee und Ideal als Begründung der modernen Ideal-Problematik

Auch Kant gedenkt bei seiner grundlegenden Neuformulierung der Ideal-Problematik der platonischen Tradition und bezieht sich ausdrücklich auf Platon: »*Maximum perfectionis* vocatur nunc temporis ideale, Platoni idea.« (Das Maximum der Vollkommenheit heißt heutzutage Ideal, bei Plato Idee.)[96] Noch die *Kritik der reinen Vernunft* (1781) definiert das Ideal der reinen Vernunft als »das Urbild (Prototypon) aller Dinge, welche insgesammt als mangelhafte Copeien (ectypa) den Stoff zu ihrer Möglichkeit daher nehmen und, indem sie demselben mehr oder weniger nahe kommen, dennoch jederzeit unendlich weit daran fehlen, es zu erreichen.«[97] Die Natur hat das Ideal »zum Urbilde ihrer Erzeugungen in [einer bestimmten] Species unterlegt, aber in keinem Einzelnen völlig erreicht«[98]. Wenn wir aber dem Ideal in den drei Kritiken begegnen, so laufen Kants Bemühungen in allen dreien darauf hinaus, Idee und Ideal voneinander zu unterscheiden. Entscheidend ist dabei die Betonung der Konkretheit und Individualität des Ideals; so in der *Kritik der reinen Vernunft*: Das Ideal ist »die Idee nicht bloß *in concreto*, sondern *in individuo*, d. i. als ein einzelnes, durch die Idee allein bestimmbares oder gar bestimmtes Ding«[99].

Das Ideal ist also ein äußerst paradoxes Denkobjekt: Es ist »die Vorstellung eines einzelnen als einer Idee adäquaten Wesens«[100]; da aber die Idee ein Vernunftbegriff ist, dem in der Erfahrung keine Erscheinung entspricht, die ihn in concreto darstellen würde, kann das Ideal doch nicht als konkretes Beispiel (exemplum) der Idee definiert werden. Es scheint also zunächst bloß ein Produkt der Einbildungskraft zu sein. Von den »Geschöpfen der Einbildungskraft« hat nun niemand einen verständlichen Begriff. Sie sind bestenfalls emblematisch bzw. allegorisch: Kant sagt, daß sie »Monogramme«[101] sind, die »mehr eine im Mittel verschiedener Erfahrungen gleichsam schwebende Zeichnung, als ein bestimmtes Bild ausmachen«. Diese in den Köpfen der Künstler (und der Rezipienten) lebendigen ›Ideale der Sinnlichkeit‹ sind »das nicht erreichbare Muster möglicher empirischer Anschauungen«, geben aber »keine der Erklärung und Prüfung fähige Regel« (385). Man darf sie trotzdem nicht für leere Hirngespinste halten: »Diese Ideale, ob man ihnen gleich nicht objective Realität (Existenz) zugestehen möchte, sind doch um deswillen nicht für Hirngespinnste anzusehen, sondern geben ein unentbehrliches Richtmaß der Vernunft ab, die des Begriffs von dem, was in seiner Art ganz vollständig ist, bedarf, um darnach den Grad und die Mängel des Unvollständigen zu schätzen und abzumessen.« (384) Gerade darin besteht die praktische Bedeutung des Ideals. Obwohl es im Grunde genommen nicht zu verwirklichen ist, dient es als Regel bzw. Prototypus, nach dem sich das Urteil und das Handeln richten können. Man darf es also als moralisches Exemplum verstehen. So die Idee der Tugend und das ihr entsprechende Ideal des stoischen Weisen: Dieser Weise ist ein Ideal, d. h. er existiert nur in Gedanken, aber »so wie die Idee die *Regel* giebt, so dient das Ideal in solchem Falle zum *Urbilde* der durchgängigen Bestimmung des Nachbildes, und wir haben kein anderes Richtmaß unserer Handlungen, als das Verhalten dieses göttlichen Menschen in uns, womit wir uns vergleichen, beurtheilen, und dadurch uns bessern, obgleich es niemals erreichen können.« (Ebd.) Man sieht hier, wie der neue Status des Exemplums mit der Kritik der platonischen Metaphysik einhergeht. Ganz ähnlich verhält es sich mit dem Ideal der reinen Vernunft: Das Ideal des höchsten Wesens ist nur »ein *regulatives Princip* der Vernunft, alle Verbindung in der Welt so anzusehen, *als ob* sie aus einer allgenugsamen nothwendigen Ursache entspränge, um darauf die Regel einer systematischen und nach allgemeinen Gesetzen nothwendigen Einheit in der Erklärung derselben zu gründen« (412 f). Also ist der neue philosophische Status des Ideals das Ergebnis einer Säkularisierung. Das Ideal drückt im Bereich des Denkens das »Bedürfnis der Vernunft [aus], etwas vorauszusetzen, was dem Verstande zu der durchgängigen Bestimmung seiner Begriffe vollständig zum Grunde liegen könne« (392), so wie es im praktischen Bereich das Streben des Menschen nach der Erfüllung seiner höchsten Vollendung ausdrückt. Deshalb betont Kant im 17. Paragraphen der *Kritik der Urteilskraft* (1790), daß man nicht in bezug auf moralische Wesen von Ideal sprechen darf: »Ein

Ideal schöner Blumen, eines schönen Ameublements, einer schönen Aussicht läßt sich nicht denken. Aber auch von einer bestimmten Zwecken anhängenden Schönheit, z.B. einem schönen Wohnhause, einem schönen Baume, schönen Garten u. s. w., läßt sich kein Ideal vorstellen. [...] Nur das, was den Zweck seiner Existenz in sich selbst hat, der *Mensch*, der sich durch Vernunft seine Zwecke selbst bestimmen, oder, wo er sie von der äußern Wahrnehmung hernehmen muß, doch mit wesentlichen und allgemeinen Zwecken zusammenhalten und die Zusammenstimmung mit jenen alsdann auch ästhetisch beurtheilen kann: dieser *Mensch* ist also eines Ideals der *Schönheit*, so wie die Menschheit in seiner Person, als Intelligenz, des Ideals der *Vollkommenheit* unter allen Gegenständen in der Welt allein fähig.«[102] Das Ideal ist also im ästhetischen Bereich der Ausdruck der inneren Zusammenstimmung unserer Vermögen und »der sichtbare Ausdruck sittlicher Ideen, die den Menschen innerlich beherrschen« (235). Es ist von der ›Normalidee des Schönen‹ zu unterscheiden. Und vor allem ist es auch im ästhetischen Bereich eine Konkretisierung und Individualisierung der Idee: keine ›vage‹, sondern eine ›durch einen Begriff von objektiver Zweckmäßigkeit fixierte Schönheit‹. Das Paradoxon des Ideals besteht in diesem sinnlichen Erlebnis des Intelligiblen, das vornehmlich die Ästhetik leistet.

VI. Goethe: Ideal und ›Stil‹ im Spannungsfeld von Klassik und Romantik

Für das, was in der bisherigen Ästhetik nunmehr als Ideal bezeichnet worden war, führt Goethe einen Begriff – den ›Stil‹ – ein, der freilich nicht unbelastet ist, verweist er doch auf die Manierismus-Debatte beim Übergang von der Renaissance zum Klassizismus. »Derselbe Bellorische Kreis, der den Ausdruck der ›maniera‹ zu einem Schmähwort umgebildet hat, hat anscheinend den uns heute so selbstverständlich dünkenden, in Wahrheit aber kaum vor der Mitte des XVII. Jahrhunderts unter-

---

[102] KANT (s. Anm. 98), 233.

nommenen Schritt getan, der Poetik und Rhetorik den Terminus ›Stil‹ zu entlehnen und ihn für die Werke der bildenden Kunst in Anspruch zu nehmen«[103]. Nimmt man diese philologische Verwandtschaft ernst, dann wiederholt in Goethescher Sicht die chronologische Kollision der deutschen Klassik und der Romantik nichts anderes als diese Debatte – freilich unter völlig neuen Bedingungen.

Goethes Einstellung zur romantischen Kunst ist alles andere denn eindeutig. 1772 hatte Goethe seinen Aufsatz *Von deutscher Baukunst* dem lyrischen Ausdruck der Begeisterung gewidmet, die ihn beim Anblick des Straßburger Münsters erfaßte. In *Dichtung und Wahrheit* (1811–1822) erzählt er aber, wie mächtig er auf der Rückreise nach Frankfurt sich im Mannheimer Antikensaal von der Schönheit antiker Werke ergriffen fühlte. Da soll sein Glaube an die gotisch-nordische Baukunst zu wanken begonnen haben. Die Hinwendung zur Antike tritt aber erst in den achtziger Jahren ein. Wie man aus einem Brief an Knebel vom 26. Februar 1782 ersehen kann, hat Goethe damals angefangen, die kunsttheoretischen Schriften des von Winckelmann stark beeinflußten und erfolgreichen Malers Anton Raphael Mengs (vor allem die *Gedanken über die Schönheit und über den Geschmack in der Malerey*, 1762) eifrig zu studieren. Als überzeugter Anhänger der Mengsschen Kunstschriften unternahm er im Herbst 1786 seine italienische Reise. In den Briefen aus Venedig wirft er einen spöttischen Rückblick auf seine früheren gotischen Neigungen. Aus den Aufsätzen, die unmittelbar aus den Reiseerlebnissen entstanden sind, wie auch – ein knappes Jahrzehnt später – aus den *Propyläen* (1798–1800) und den Preisverteilungen der Weimarischen Kunstfreunde, geht eindeutig hervor, daß Goethe sehr einseitig einem wiedergeborenen Hellenismus als Ideal für die bildende Kunst huldigt.

Damit kontrastieren aber wiederum Goethes Äußerungen und Urteile aus den Jahren 1805–1810. Bei aller prinzipiellen Abneigung hat der sechzigjährige Goethe die neu erwachte Vorliebe der Zeitgenossen für die christliche Kunst durchaus wahrgenommen und bedacht. Er erkannte, daß die ausschließliche Anlehnung an die Antike den christlich modernen Menschen nicht befriedigen konnte, aber er bekämpfte auch entschieden das ›Nazarenentum‹ der neuen Kunstrichtung, die das Höchste nur in der ausschließlich kirchlichen Kunst und in der unbedingten Rückkehr zur mittelalterlichen Vergangenheit suchte. Weil »das sinnliche Element [der] eigentliche Wirkungskreis«[104] der Kunst ist, muß das Christentum, das der Sinnlichkeit mißtraut, die Kunst hemmen. Deshalb gehören christliche Themen nach der *Einleitung in die Propyläen* (1798) zu den ›widerstrebenden Gegenständen‹. Seine Auffassung des ›Stils‹ setzt Goethe einer Kunst entgegen, die im Namen des Ideals über den Konflikt des Subjektiven und des Objektiven nicht hinaus kann. Die ›Ahndung des Sittlich-Hohen‹ verwirft er wegen ihrer Wiederherstellung eines Dualismus von Immanenz und Transzendenz. Die sinnliche Präsenz der Idee ist einer der zentralen Gedanken, die er bei seiner Kant-Lektüre – insbesondere bei der Lektüre des 59. Paragraphen der *Kritik der Urteilskraft*, ›Von der Schönheit als Symbol der Sittlichkeit‹ – hervorkehrt. Sie entspricht der Überzeugung, die er schon 1789 in einem Brief an Johann Heinrich Meyer ausdrückte: »Nach meiner Überzeugung ist die höchste Absicht der Kunst menschliche Formen zu zeigen, so *sinnlich* bedeutend und schön als möglich ist. Von *sittlichen* Gegenständen soll sie nur diejenige wählen die mit dem sinnlichen innigst verbunden sind und sich durch Gestalt und Gebärde bezeichnen laßen.«[105]

Die neue Zeitschrift der Weimarischen Kunstfreunde *Über Kunst und Altertum* wird sich der Debatte mit der ›neudeutschen religiös-patriotischen Kunst‹ widmen. In den Aufsätzen, die er in ihr veröffentlichte – *Antik und modern* (1818), *Von deutscher Baukunst* (1823) und *La cena, pittura in muro di Giotto* (1824) –, entwickelt Goethe eine historische Typologie, nach welcher das Maßlose die jungen Kulturen kennzeichnet und in den reifen Kulturen vom Schönen eingeholt wird. Im Hinblick auf den Unterschied zwischen antiker und moderner Tragödie meint er in *Shakespeare und kein Ende* (1815–

---

103 PANOFSKY (s. Anm. 6), 115.
104 JOHANN WOLFGANG GOETHE, Campagne in Frankreich (1822), in: GOETHE (HA), Bd. 10 (1960), 340.
105 GOETHE an Johann Heinrich Meyer (27. 4. 1789), in: GOETHE (WA), Abt. 4, Bd. 9 (1891), 109.

1826): »Ein Wollen, das über die Kräfte eines Individuums hinausgeht, ist modern. [...] Denn alle Helden des dichterischen Altertums wollen nur das, was Menschen möglich ist, und daher entspringt das schöne Gleichgewicht zwischen Wollen, Sollen und Vollbringen«[106]. Damit wird als Grundzug der ›Moderne‹ der Konflikt zwischen der Subjektivität und dem Maß bezeichnet, den Hegel seinerseits als Gegensatz der subjektiven Moralität und der Sittlichkeit charakterisiert. In der jüngsten Kunst, namentlich der romantischen mit ihren christlichen Themen, sieht Goethe deshalb einen Rückfall in den christlichen Dualismus und das Produkt einer jungen, d. h. noch unreifen Kultur. Wenn er der gotischen Kunst ›Wert und Würde‹ zuerkennt, dann also nur insofern, als er sie historisch betrachtet. Zu allen Zeiten und in allen Ländern hat es ›Originalkünstler‹ gegeben, so Rembrandt. Daraus folgt freilich, daß auch die griechische Kunst in diesem Sinn kein absoluter Maßstab mehr ist. Der Originalkünstler behandelt jeweils »die Gegenstände um sich her nach individueller, nationeller und zunächst überlieferter Weise«; er soll sie aber »zu einem gefugten Ganzen zusammenbilden«[107]. Daran mißt Goethe die Verdienste aller künstlerischen Epochen.[108]

Im *Propyläen*-Entwurf, der mit dem Goethe-Schillerschen Briefwechsel, d. h. mit der vermeintlichen Geburt der ›deutschen Klassik‹ zusammenfällt, fällt auf, daß er bei aller scheinbaren hellenistischen Abgötterei bereits die Grundlagen dieser neuen historischen Sichtweise geschaffen hat. Anstatt ein Lob auf die griechische Kunst zu singen und deren Nachahmung bloß zu empfehlen, setzt Goethe beim grundsätzlichen Problem des Verhältnisses zwischen Natur und Kunst an. Seine Lösung des Streits über das Verhältnis von Kunst und Natur, den Winckelmann zugunsten der Nachahmung der Griechen entschieden hatte, lautet: weder Nachahmung der Alten noch Nachahmung der Natur. Goethe verabschiedet die beiden herkömmlichen Antworten und fragt nach dem, was Kunst ist. Zwar fordere man immer vom Künstler, daß er sich an die Natur halte; dabei übersehe man aber, daß »die Natur [...] von der Kunst durch eine ungeheuere Kluft getrennt« ist. Die Natur »ist nur roher Stoff«. Anstatt sich bloß an sie zu halten, soll das Genie mit ihr wetteifern. Er schafft das, insofern als seine Leistung organisch (wie ein Naturprodukt), aber auch geistiger Art ist – indem sie »natürlich zugleich und übernatürlich erscheint«[109]. Ein Künstler darf sich nicht auf das »Beschauen der Oberfläche« beschränken. Nicht nur braucht er »eine allgemeine Kenntnis der organischen Natur« (43), sondern diese reicht selber nicht aus, weil sie eine Erfahrung in der Breite bleibt. Ein Künstler soll »sowohl in die Tiefe der Gegenstände als in die Tiefe seines eignen Gemüts zu dringen« (42) vermögen. Dabei unterstellt Goethe ein Evolutionsmodell, nach dem die Schöpfung mit der anorganischen Natur beginnt, sich zur organischen entwickelt und im Menschen ihre Vollendung erreicht.

Der Künstler kann mit der Natur nur insofern wetteifern, als er diese Evolutionsstufen nachvollzieht. Er geht vom Material aus, erhebt sich dann zur Erkenntnis der Kausalität, aber selbst wenn ein Künstler keines der Momente dieses Stufengangs vernachlässigen oder überspringen darf, ist das Ziel seiner fortschreitenden Bemühungen die Kunst. Es kommt auf die Bedeutung an, die der Künstler der Natur verleiht. Denn erst der Künstler führt die Natur zur Vollendung, wenn er sich nicht vergreift; erst der Künstler bringt das in ihr bzw. von ihr angelegte Ideal zum Ausdruck und trifft so ihre tiefere Bestimmung.

Diese Aufgabe gliedert Goethe in drei Stufen der Behandlung des Ausgangsstoffes: die sinnliche, die mechanische und die geistige. Bei ihrer Erörterung beginnt er mit der geistigen, die das Kunstwerk ja erst vollendet, indem sie einen organischen Zusammenhang herstellt und durch die Organisation der ›untergeordneten Momente‹ Tiefe und Breite vereinigt. Die mechanische Behandlung bezieht sich ihrerseits auf die technische Ausführung;

---

[106] GOETHE, Shakespeare und kein Ende (entst. 1813–1816; 1815–1826), in: GOETHE (HA), Bd. 12 (1960), 294.
[107] GOETHE, Von deutscher Baukunst (1823), in: GOETHE (HA), Bd. 12 (1960), 164.
[108] Vgl. GOETHE, Kunst und Altertum am Rhein und Main (1816), in: GOETHE (HA), Bd. 12 (1960), 148.
[109] GOETHE, Einleitung in die Propyläen (1798), in: GOETHE (HA), Bd. 12 (1960), 42.

sie wird durch diese Umkehrung eindeutig in den Dienst der geistigen gestellt und als ebenso unentbehrlich angesehen – verleiht sie doch dem Kunstwerk seinen Reiz, oder, wie es an anderer Stelle heißt, seine Anmut, wiewohl sie – auf sich selbst reduziert – nur den Anfang der Kunst darstellt (vgl. wiederum den Aufsatz *Einfache Nachahmung der Natur, Manier, Stil*, 1789).

Goethe bezeichnet sie als die erste Stufe der Bildung des Künstlers, um die es in den *Propyläen* nicht zuletzt gehen soll. Nun ist sowohl die Bildung des Künstlers (und des Kenners, wie Goethe in seinem Winckelmann-Essay zeigt), als auch die Durchführung seiner Arbeit historischen Bedingungen unterworfen. Die Kunst ist historisch bedingt, so daß »jedesmal der Kunstcharakter mit dem Zeitcharakter zusammenfällt«[110]. Also ist Kunst für Goethe, bei allem ›Klassizismus‹, kein über- oder außerzeitliches Phänomen. Winckelmann war selbst, als Rezipient der griechischen Kunst, ein Mensch seiner Zeit. Er gehörte zum ›Publikum‹, so wie auch jeder Künstler ›Teil des Publikums‹ ist. Goethes Ästhetik profiliert sich im Winckelmann-Essay zu einer Rezeptionsästhetik, einer Ästhetik der historischen Wirkung und Aufnahme von Kunst. Darin besteht bei genauerem Hinsehen auch der Sinn des Propyläen-Vorhabens. Einerseits soll der Geschmack des Publikums und der Künstler durch Kritik und vor allem durch das Anschauen »der besten Werke alter und neuer Kunst« (48) gebildet werden. Anderseits ist dem modernen Menschen die Kultur der Alten zwar ein Vorbild, seine Aufgabe hat er aber unter modernen Bedingungen zu bewältigen. Bei den Alten stimmten das sittliche Verhalten und die sinnliche Schönheit unmittelbar überein, während bei den Modernen die Vermittlung der Kunst erforderlich wird. Hierin ist sich Goethe mit dem ganzen deutschen Idealismus, von Hölderlin über Friedrich Schlegel und Schelling bis hin zu Hegel, einig.

Von Winckelmanns Hermeneutik des Schönen unterscheidet sich Goethe nicht nur durch die Einsicht, daß keine Kultur eine andere, am wenigsten die moderne die antike nachahmen kann – selbst wenn Winckelmann nicht einfach die Nachahmung der Werke meinte, sondern das ihres Prinzips oder ihrer ›Idee‹ –, sondern auch durch seine Überzeugung, daß das Kunstwerk nicht Abbild oder Ausfluß der Idee ist, sondern Physis, Natur, Entelechie, also etwas durch und durch Sinnliches, von dem das Ideelle nicht zu trennen ist. Das ›Poetische‹ an den Kunstwerken ist keine übersinnliche Idee, sondern eine ›hochsinnliche Sphäre‹ (vgl. Goethe, *Philostrats Gemählde*, 1818). Zu dieser sinnlichen Gegenwart der Kunstproduktionen gehört auch ihre historische Determinierung. Goethe radikalisiert Winckelmanns Historisierung der Kunst. Symbolisch wird diese nicht durch den Ausschluß, das Ausmerzen aller sinnlichen Komponenten, aus denen sie entsteht: des Stoffes, der örtlichen und zeitlichen Einflüsse usw., sondern durch sie hindurch, durch ihre Beziehung auf eine gemeinsame Mitte, einen gemeinsamen Sinn. Das macht den ›Stil‹ aus, wie ihn Goethe in *Einfache Nachahmung der Natur, Manier, Stil* definiert. Diese historische Radikalisierung, die vom Symbolverständnis untrennbar ist, zu dem er vor allem in seiner Naturphilosophie gelangte, gibt von der Berufung der ›deutschen Klassik‹ auf die Antike ein viel nuancierteres Bild, als aus den öfters zitierten Stellungnahmen zur christlichen Romantik hervorgeht – ein modernes Bild. Ist doch die Romantik selbst, auch für Goethe, die Moderne und als solche die Probe aufs Exempel der historischen Problematik, mit der die Klassik es aufnimmt.

VII. Die Überwindungsmodelle des deutschen Idealismus und Hegels Lösung

An diesem Punkt soll der bisherige Gedankengang kurz zusammengefaßt werden: Im Zusammenhang der platonischen Ästhetik war das Ideal die Idee der kosmischen Harmonie. Der Rationalismus hat diese Auffassung aufrechtzuerhalten und neuzubegründen versucht. Im Zuge der Subjektivierung der Ästhetik wurde aber das Ideal immer mehr zum Ausdruck des Subjektiven im Gegensatz zum Realen bzw. zur Stimme des Subjekts in der für ewig ausgegebenen harmonischen Weltordnung –

---

110 GOETHE, Winckelmann (1805), in: GOETHE (HA), Bd. 12 (1960), 112.

VII. Die Überwindungsmodelle des deutschen Idealismus und Hegels Lösung

wohl aber auch gegen sie. Diese Einstellung erklärt nach Goethe die Problematik der romantischen Kunst und ihre Entartung zum ›Charakteristischen‹. Der deutsche Idealismus versucht dieser Entzweiung, die Goethe durch sein naturphilosophisch untermauertes Konzept des unlöslichen Zusammenhangs des Sinnlichen und des Übersinnlichen ebenfalls zu überwinden suchte, ein Ende zu setzen. Alle ästhetischen Entwürfe des deutschen Idealismus, und in erster Linie diejenigen der Jenaer Romantik, in der er seinen Ursprung nimmt, sind um Überwindungsmodelle bemüht, wobei in ihnen das Aufstreben der Subjektivität noch bestimmend ist. Von der Subjektivität aus streben sie eine dialektische Synthese an, die jeglichen Rückzug auf eine objektiv gegebene Ordnung ausschließt und vielmehr auf das Experimentieren immer neuer, sich selbst jeweils überholender Erfahrungsweisen aus ist.

1. Schlegel

So verteidigt Friedrich Schlegel im programmatischen 116. Athenäum-Fragment die neue ästhetische Auffassung gegen den Goetheschen Vorwurf des bloß ›Charakteristischen‹: »Sie kann sich so in das Dargestellte verlieren, daß man glauben möchte, poetische Individuen jeder Art zu charakterisieren, sei ihr Eins und Alles«[111]. Dabei suche sie aber die Synthese anders zu erreichen, als bisher durch die Beseitigung des Individuellen geschehen sei, und das eröffne ihr »die Aussicht auf eine grenzenlos wachsende Klassizität«. »Grenzenlos wachsend«: damit ist die »progressive Universalpoesie« gemeint. Zunächst verwirft diese den überkommenen Gegensatz des Realen und des Idealen; sie nimmt das ästhetische bzw. »poetische« Vermögen als ein vermittelndes ernst und treibt es zum Äußersten, indem sie die ästhetische (»poetische«) Erfahrung als eine Reflexion »in der Mitte« definiert: »Nur sie kann gleich dem Epos ein Spiegel der ganzen umgebenden Welt, ein Bild des Zeitalters werden. Und doch kann auch sie am meisten zwischen dem Dargestellten und dem Darstellenden, frei von allem realen und idealen Interesse, auf den Flügeln der poetischen Reflexion in der Mitte schweben, diese Reflexion immer wieder potenzieren und wie in einer endlosen Reihe von Spiegeln vervielfachen.« (182 f.) Diese neue Erfahrungsweise, die entschieden die Mitte besetzt, aber zugleich das konstitutive Gegenüber von Subjekt und Objekt außer Kraft setzt, hat in der romantischen Literatur eine unendliche Spiegel-Perspektivik erzeugt, die sie jeglichen festen Referenzpunkts beraubt. Alle tradierten Koordinatensysteme, die die ästhetischen und geschichtsphilosophischen Auffassungen bestimmten, strebt sie durch ein neues ästhetisch-geschichtsphilosophisches Konzept zu überwinden: die progressive Universalpoesie. Der Hinweis auf das Epos ist dabei entscheidend. Wie bei Hegel ist nämlich der Roman die moderne Form des Epos. Angedeutet wird also, daß die Spiegelperspektivik durch den Entwurf einer modernen Gattungsbestimmung — den Roman — bewältigt werden soll.

›Real‹ und ›Ideal‹ bezeichnen bei Schlegel synchronisch Momente des Kunstschaffens, diachronisch Perioden, diachronisch und synchronisch zugleich Gattungen bzw. Aspekte von Gattungen oder noch geistige Haltungen. So definiert er der *Fragmente zur Litteratur und Poesie* die Ironie und die Parodie als »die absoluten Witzarten«[112], wobei erstere die ideale, letztere die reale ist — eine wichtige Äußerung für romantische Ironie und zum Konflikt der Subjektivität mit der Objektivität. Wo es um die Gattungen geht, skizziert Schlegel eine Typologie und sogar eine Hierarchie, die Hegel systematisieren wird; so heißt es, daß im Drama, das in dieser Hinsicht »mit keiner Kunst [...] so viel Verwandtschaft [hat] als mit d[er] Plastik«[113], »die Charaktere zu idealisiren«[114] sind und nicht zu individualisieren. Nicht die Fülle des Lebens, sondern ihre »Blüthe« und eigenste *Kraft*

---

111 FRIEDRICH SCHLEGEL, Athenäums-Fragmente (1798), in: SCHLEGEL (KFSA), Bd. 2 (1967), 182.
112 SCHLEGEL, Fragmente zur Litteratur und Poesie (entst. 1797), in: SCHLEGEL (KFSA), Bd. 16 (1981), 171, Nr. 1039.
113 SCHLEGEL, Zur Poesie und Litteratur (entst. 1808), in: SCHLEGEL (KFSA), Bd. 17 (1991), 122, Nr. 32; vgl. SCHLEGEL, Zur Poesie und Litteratur (entst. 1817), in: SCHLEGEL (KFSA), Bd. 17 (1991), 434, Nr. 145.
114 SCHLEGEL, Zur Poesie. II. (entst. 1802), in: SCHLEGEL (KFSA), Bd. 16 (1981), 430, Nr. 133.

fülle«[115] soll ausgedrückt werden. Die Tragödie ist die eigentliche idealische Dichtkunst.[116] Das Ideal ist als Vollendung das Extrem einer Tendenz.[117] Auf ethisch-ästhetische Idealtypen bezogen, geht es um das Verhältnis zwischen Poesie, Philosophie und Religion und um die Art ihrer Vereinigung: »Sokrates als Ideal eines aesthetisch[en] Philosophen; Johannes als Ideal eines aesthetisch[en] Christen.«[118] Auf menschliche Charaktere bezogen, ist es nicht deren gereinigte Darstellungsform, sondern die Quintessenz ihrer Individualität. Lessing hatte schon gemeint, daß das Porträt immer nur das Ideal eines gewissen Menschen, nicht das Ideal des Menschen überhaupt sein soll. Ein Fragment zur Poesie vom Jahre 1803 bringt es folgendermaßen zum Ausdruck: »Ideal – eine individuelle Moral gleichsam«[119]; ein anderes Fragment sagt noch eindeutiger: »Die Char.[akteristik] soll kein Portrait d[es] Gegenstandes sein, sondern ein Ideal der indiv.[iduellen] Gattung.«[120] Deshalb soll die Kritik »die Werke nicht nach einem allgemeinen Ideal beurtheilen, sondern das individuelle Ideal jedes Werkes aufsuchen«[121]. Gleichzeitig ist das Ideal – gerade weil es vom Individuellen ausgeht – die Synthese des abstrakt Allgemeinen und des bloß Subjektiven, also die Überwindung von zwei Verirrungen der Kunst: »Alle π[Poesie] ist absolut idealische oder absolut abstracte, oder absolut individuelle. Die Idealπ[poesie] entsteht nur aus absoluter Vereinigung d[er] Begriffspoesie und Individuenpoesie.«[122] An Schiller wird der Gegensatz des Abstrakten und des Idealen exemplifiziert: »In einem guten idealisch[en] Gedicht muß alles Absicht und alles Instinct sein. – Keines Menschen Poesie ist weniger idealistisch als Schillers; sie ist bald ganz individuell, bald leere Formularπ[poesie], und das lezte am meisten; nie beides zugleich.«[123] Als Synthese und ›Erforschung des tiefen Sinns‹ soll das Ideal »Charakteristik + Enthusiasmus + Allegorie«[124] vereinigen. Weder die Allegorie (Fabel) noch die dichterische Begeisterung reichen allein aus.[125] Ist das ästhetische bzw. poetische Vermögen ›Reflexion in der Mitte‹, so ist echte Poesie – ›poetische Poesie‹ – die Identität des Idealen und des Realen. Als solche, als Inbegriff der Poesie darf sie als ›Transzendentalpoesie‹ bezeichnet werden. Das Schöne ist nichts anderes als diese Identität: »Schön ist ππ[poetische Poesie]. – Die Transcendentalπ[poesie] beginnt mit d[er] absoluten Verschiedenheit des Id[ealen] und Re[alen]. Da ist Schiller, also ein Anfänger der Transcendentalπ[poesie] und nur halber Transcendentalπ[poesie], die mit d[er] Identität endigen muß.«[126]

Wie transzendental auch immer, d. h. obwohl sie eine wesentliche Beschaffenheit der Poesie zu erfassen versucht, ist diese Definition der Poesie vom historischen Ansatz untrennbar, der Schlegels entscheidenden Beitrag zur ästhetischen Theorie ausmacht. Erst in der Moderne und von der Moderne aus erscheint das Problem der Vermittlung des Realen und Idealen als strukturelles Anliegen der Kunst. Wenn wir die Alten nachahmen sollen, dann weil ihre Poesie ein Muster vollendeter Vermittlung darstellt: Für sie war freilich diese ›Vermittlung‹ objektiv gegeben, für uns ist sie zu einem Ideal geworden. Im Gegensatz dazu ist das ›Interessante‹ das Merkmal der modernen Kunst. Diese kennzeichnet das Bewußtsein eines Bruchs zwischen dem Realen und dem Idealen; was sie motiviert, ist das Interesse an der Überwindung dieses Bruchs und an der Realisierung des Ideals.[127] Wenn in späteren Texten aus dem Athenäum die Poesie der Alten als natürlich, die der Modernen als künstlich bezeichnet wird, so wird damit nicht

---

115 SCHLEGEL, Zur Poesie und Litteratur (entst. 1808), in: SCHLEGEL (KFSA), Bd. 17 (1991), 140, Nr. 97.
116 Vgl. SCHLEGEL, Zur Poesie und Litteratur (entst. 1823), in: SCHLEGEL (KFSA), Bd. 17 (1991), 460, Nr. 6.
117 Vgl. SCHLEGEL, Fragmente zur Poesie (Dez. 1802), in: SCHLEGEL (KFSA), Bd. 16 (1981), 438, Nr. 190.
118 SCHLEGEL, Ideen zu Gedichten (entst. 1798), in: SCHLEGEL (KFSA), Bd. 16 (1981), 209, Nr. 72.
119 SCHLEGEL, Fragmente zur Poesie (entst. 1803), in: SCHLEGEL (KFSA), Bd. 16 (1981), 460, Nr. 69.
120 SCHLEGEL (s. Anm. 112), 178, Nr. 1133.
121 SCHLEGEL, Zur Poesie und Litteratur (entst. 1799), in: SCHLEGEL (KFSA), Bd. 16 (1981), 270, Nr. 197.
122 SCHLEGEL (s. Anm. 112), 119, Nr. 413.
123 Ebd., 119, Nr. 415.
124 SCHLEGEL, Deutsche Grammatik. I. 1805, in: SCHLEGEL (KFSA), Bd. 17 (1991), 29, Nr. 164.
125 Vgl. ebd., 29, Nr. 162.
126 SCHLEGEL (s. Anm. 112), 172, Nr. 1050.
127 Vgl. SCHLEGEL, Die Griechen und Römer. Historische und kritische Versuche über das klassische Altertum. Vorrede (1797), in: SCHLEGEL (KFSA), Bd. 1 (1979), 211.

VII. Die Überwindungsmodelle des deutschen Idealismus und Hegels Lösung

eigentlich ein Werturteil gefällt: Erstere bietet nämlich eine organisch vollendete, deshalb aber auch endliche Einheit, letzterer fehlt es zwar an Einheit, aber sie hat an der Unendlichkeit des Ideals teil. Zur Zeit des *Athenäum* gibt Schlegel sogar eindeutig der modernen Poesie den Vorzug; die Synthese wird nicht mehr von der antiken Schönheit dargestellt, sondern sie wird zur unendlichen Aufgabe moderner Kunst, die die antike Schönheit sich aneignen und sie gleichsam ›romantisieren‹ soll. Schon im *Studium*-Aufsatz von 1795–1796 (*Über das Studium der griechischen Poesie*) hielt Schlegel die Nachahmung der Alten zwar für das einzige Mittel, »echte schöne Dichtkunst wiederherzustellen«[128], aber seine Überzeugung von der »notwendigen unendlichen Vervollkommnung der Menschheit« (263) schloß jegliche zyklische Geschichtsauffassung und jegliche Rückkehr zu den griechischen Vorbildern aus. Es ist vielmehr die »erhabne Bestimmung der modernen Poesie«, eine »endlose Annäherung« (255) an ihr höchstes Ziel zu sein. Schlegel durchbricht so die letzten Widerstände, die seit der von Lessings *Laokoon* ausgelösten Debatte über das Häßliche in der Kunst (vgl. Johann Gottfried Herders *Erstes Kritisches Wäldchen*, 1768) die Loslösung der modernen Kunst vom Ideal-Schönen verzögerten. »Das Schöne ist also nicht das Ideal der modernen Poesie und von dem Interessanten wesentlich verschieden.«[129] Das Interessante umfaßt auch das »Choquante (sey es abentheuerlich, ekelhaft oder gräßlich)«[130]. An den Gesetzen der Schönheit gemessen, erscheint die moderne Dichtkunst als wertlos, weil ihr Wert in etwas ganz anderem besteht: in ihrer ›absoluten Progressivität‹, ihrer ›subjektiven Kraft‹, ihrer »unbefriedigten Sehnsucht« (219). Diese bringt alle ästhetischen Hierarchien und Gattungsunterschiede durcheinander. Man mag sich über diese Anarchie empören; doch man muß feststellen, daß alle klassischen poetischen Formen, wenn man sie heute in ihrer Reinheit anwenden will, »lächerlich«[131] geworden sind. Sie sind für uns zu zusammenhanglosen Fragmenten geworden. Das moderne Kunstwerk ist von vornherein fragmentarisch. Dem Roman kommt dabei die Aufgabe zu, die Anarchie und das Fragmentarische zu bewältigen, sei es auch in Form einer unendlichen ›progressiven Universalpoesie‹, und das Programm der transzendentalen

›Poesie der Poesie‹ durchzuführen. Indem er zugleich ›transzendental‹ und ›progressiv‹ sein soll, versucht er die Subjektivität auf subjektive Weise von sich selbst zu erlösen, d. h. – hegelianisch ausgedrückt – die Macht der Vereinigung aus der Macht der Entzweiung zu gewinnen.

Um die Spezifik des romantischen Ansatzes Schlegels herausarbeiten zu können, haben wir von den sehr verschiedenen Perioden seines Denkens vom *Studium*-Aufsatz bis hin zur Bekehrung zum Katholizismus im Jahre 1803 absichtlich abgesehen, obwohl sich diese auf die philosophische Begründung des Ideals auswirken. Sie werfen vor allem das für den ganzen deutschen Idealismus und die Hegelsche Ästhetik entscheidende Problem des Verhältnisses zwischen Poesie, Religion und Philosophie auf. Schlegel geht von einem grundsätzlichen Unterschied zwischen Kunst und Wissenschaft aus: Während die Wissenschaften das Unendliche erklären, besteht die Aufgabe der Künste in dessen Darstellung. Zwar ist in allen Künsten und Wissenschaften ein Streben nach dem Unendlichen festzustellen, aber es ist nirgends so stark wie in der Philosophie und in der Poesie, die gleichsam die »Weltseele«[132] und die gemeinsame Mitte aller übrigen Künste und Wissenschaften sind. Die Poesie erweist sich als der Philosophie überlegen; was nicht begrifflich erfaßt werden kann, läßt sich durch ein Bild darstellen. Die Philosophie ist wegen ihres Strebens nach dem Unendlichen auf die Poesie angewiesen; der Mensch wendet sich zunächst an die Philosophie, erfährt ihre Unzulänglichkeit und wendet sich dann der symbolischen Darstellung zu. Während zur Jenaer Zeit die Poesie das letztthinnige ›definiendum‹ war, wird sie ab 1803 durch die Religion abgelöst. »Die χπ[christliche Poesie] ist Symbol des absoluten

---

128 SCHLEGEL, Über das Studium der Griechischen Poesie (1795–1796), in: SCHLEGEL (KFSA), Bd. 1 (1979), 330.
129 SCHLEGEL (s. Anm. 127), 213.
130 SCHLEGEL (s. Anm. 128), 254.
131 SCHLEGEL, Lyceums-Fragmente (1797), in: SCHLEGEL (KFSA), Bd. 2 (1967), 154, Nr. 60.
132 SCHLEGEL, Geschichte der europäischen Literatur (1803–1804), in: SCHLEGEL (KFSA), Bd. 11 (1958), 10.

Ideals.«[133] Das Streben des Menschen nach dem Unendlichen wird auf den Abfall von Gott zurückgeführt.

2. *Schelling*

Den Gedanken, daß die Philosophie auf die Kunst angewiesen ist, spitzt Schelling im *System des transscendentalen Idealismus* (1800) dahin zu, daß nur das Kunstwerk die absolute Identität erfassen kann und daß die Kunst deshalb »das einzige wahre und ewige Organon«[134] der Philosophie ist. Schon im *Ältesten Systemprogramm des deutschen Idealismus* (entst. 1796–1797), dessen Urheberschaft Schelling und Hölderlin zugeschrieben werden kann, hieß es: »Ich bin nun überzeugt, daß der höchste Akt der Vernunft, der, indem sie alle Ideen umfaßt, ein ästhetischer Akt ist, und daß Wahrheit und Güte nur in der Schönheit verschwistert sind.«[135] Die Kunst, heißt es nun im *System des transscendentalen Idealismus*, ist eben deswegen »dem Philosophen das Höchste, weil sie ihm das Allerheiligste gleichsam öffnet«[136]. Die Kunst objektiviert also die intellektuelle Anschauung, die für Johann Gottlieb Fichte 1794 in *Über den Begriff der Wissenschaftslehre* die Selbstanschauung des Ich als eines absolut freien Wesens war – eine Selbsterkenntnis, mit der zugleich auch die ganze Welt aus dem Nichts entsteht. »Die ästhetische Anschauung eben ist die objektiv gewordene intellektuelle.« Von Fichtes intellektueller Anschauung unterscheidet sich die ästhetische Anschauung dadurch, daß sie eine Einheit erfaßt, die das Bewußtsein immer nur als Dualismus erfahren kann: »Das Kunstwerk nur reflektirt mir, was sonst durch nichts reflektirt wird, jenes absolut Identische, was selbst im Ich schon sich getrennt hat; was also der Philosoph schon im ersten Akt des Bewußtseyns sich trennen läßt, wird, sonst für jede Anschauung unzugänglich, durch das Wunder der Kunst aus ihren Produkten zurückgestrahlt.« (625) Die Einbildungskraft ist nicht nur das Vermögen, »Widersprechendes zu denken und zusammenzufassen« (626), sondern ist eine »zwischen Endlichkeit und Unendlichkeit schwebende [...] Thätigkeit« (558). In jeder Hinsicht eignet der Kunst eine vermittelnde, ja vereinigende Funktion: Das Kunstprodukt vermittelt zwischen Natur und Freiheit, zwischen der bewußtlosen Produktion der Natur und dem bewußten Handeln des Menschen, und dies nicht zuletzt, weil die künstlerische Tätigkeit zwar freie und bewußte Tätigkeit ist, aber beim künstlerischen Genie auch einem eigentümlichen Zwang unterliegt, der als Eingreifen des Absoluten bzw. als Teilhaben an ihm verstanden werden kann. Aus diesem Grund stellt die Kunst das Moment der Identität dar, das den Widerspruch des Bewußten und Bewußtlosen aufhebt; das Kunstwerk ist die bewußte Identität des Bewußten und Bewußtlosen – der Kunst im Sinne von Können und der Poesie im eigentlichen Sinn.

In der *Philosophie der Kunst* (entst. 1802–1803) wird hingegen der Philosophie und der Poesie der gleiche Stellenwert zuerkannt: Die Kunst ist nicht mehr das Organon, sondern ein Analogon der Philosophie: Erfaßt diese das Absolute als Urbild, als Ideal, so stellt jene dessen Gegenbild in der Wirklichkeit, die Formen der Urbilder dar.[137] Das Ideale und das Reale sind aber beide Potenzen des Absoluten. Auf dieser Grundlage wird eine Philosophie der Kunst möglich. Die Kunst macht nämlich im wirklichen Bereich des Objektiven dieselbe Entwicklung durch wie die Philosophie im Bereich der Idealität; in diesem Sinn ist das System der Künste nur eine besondere Verwirklichung der Ontologie. Damit ist aber nicht gemeint, daß die Kunst in der Philosophie aufgehen solle; sie sind nicht aufeinander reduzierbar. Einerseits ist Philosophie ein höherer Reflex des Absoluten als der reale Reflex, den die Kunst bietet; andererseits aber sie nur ideal.[138] Trotz dieser differenzierteren Auffassung der Verhältnisse zwischen Philosophie und Kunst hält Schelling an seiner Definition der Schönheit als endlicher Darstellung von etwas

---

133 SCHLEGEL (s. Anm. 112), 173, Nr. 1058.
134 FRIEDRICH WILHELM JOSEPH SCHELLING, System des transscendentalen Idealismus (1800), in: SCHELLING (SW), Abt. 1, Bd. 3 (1858), 628.
135 [FRIEDRICH HÖLDERLIN/SCHELLING/G. W. F. HEGEL], [Das älteste Systemprogramm des deutschen Idealismus] (entst. 1796–1797), in: HÖLDERLIN (GSA), Bd. 4/1 (1944), 298.
136 SCHELLING (s. Anm. 134), 628.
137 Vgl. SCHELLING, Philosophie der Kunst (entst. 1802–1803), in: SCHELLING (SW), Abt. 1, Bd. 5 (1859), 369.
138 Vgl. ebd., 483.

Unendlichem fest. Die dynamische Auffassung des Idealen und Realen als Potenzen des Absoluten und des Kunstwerks als größtmöglicher Vermittlung des Unendlichen in der endlichen Form führt sogar immer mehr dazu, die Differenz des Schönen und des Erhabenen, die bei Kant mit der Begründung der Ästhetik als subjektiver Erfahrung zusammenhing, aufzuheben und zwischen beiden »keinen qualitativen und wesentlichen, sondern nur einen quantitativen Gegensatz« (469) zu sehen, da ja das Absolute die »totale Indifferenz des Subjektiven und Objektiven«[139] ist und in der Sphäre des Geistes (Kunst, Wissenschaft, Religion) die Idealität ohnehin überwiegt und nur relative Ausdrucksformen der Indifferenz von Realität und Idealität zeitigt. Die Akzentverlagerung bedeutet, daß der Philosophie die Fähigkeit wieder zuerkannt wird, die absolute Einheit rein und unvermittelt zu erfassen, während sie in der Kunst nur vermittelt und ›gegenbildlich‹ erfahren wird.

3. Hegel

Im ganzen deutschen Idealismus (und das gilt auch für Schiller – s. u.) war die Kantische Unterscheidung zwischen Idee und Ideal fließend und unbestimmt geworden. Bald setzte man beides gleich, bald faßte man das Ideal als vermittelnde Kraft auf – und vor allem als die eigentümliche moderne Weise der Vermittlung. Hegel versucht diese moderne Problematik zu überwinden. Für ihn ist das Ideal immer die sinnliche, geschichtliche Form der Idee: »die mit ihrer *Realität* identificirte Idee«[140]. Die Kunst, die Religion und die Philosophie sind nur jeweils verschiedene Formen dieser Vermittlung, die jeweils Erscheinungsformen des absoluten Geistes (Stichwort: ›Phänomenologie des Geistes‹) darstellen. Umgekehrt bedeutet dies freilich, daß das ›Absolute‹ das Ganze der Erscheinungsformen des Geistes ist, deren sich dieser im Moment der Philosophie erinnert. Kunst, Religion und Philosophie sind zugleich Epochen der Verwirklichung des Geistes, Geisteshaltungen, die die jeweiligen Epochen bestimmen und beherrschen, und deshalb auch, rein synchronisch gesehen, Momente bzw. Aspekte des absoluten Geistes. Unter dem Aspekt des Denkens vollzieht dieser die Einheit des Ideals und der Realität im Wissen, in der

Religion herrscht der Widerspruch zwischen Idee und Wirklichkeit, in der Kunst wird er wie provisorisch auch immer durch eine sinnliche Verwirklichung überwunden. Daraus resultiert, daß für Hegel der herkömmliche Gegensatz zwischen Erscheinung und Schein sinnlos wird. Die ästhetische Darstellung – der ›ästhetische Schein‹ – hat sogar das Verdienst, dem Dualismus ein Ende zu setzen, der die phänomenale Welt zugleich als einzig verbürgte Realität auffaßt, aber unter, hinter oder über ihr doch ein Wesen postuliert. Die Einheit der Erscheinung und des Wesens ist nicht in einer phantasmagorischen ›Existenz‹ zu suchen, sondern sie ist schon im Phänomen selbst gegeben[141], und so sollen auch die Kunstprodukte gedeutet werden. Hegel identifiziert die Kunstwahrheit mit der Kunstwirklichkeit. Das Ideal ist die »Idee in einer bestimmten Form«[142].

Ausdrücklich hat Hegel den Unterschied zwischen seiner Auffassung und dem Platonismus hervorgehoben: »Die platonische Idee [...] ist selber noch nicht das wahrhaft Konkrete, denn sie in ihrem *Begriffe* und ihrer *Allgemeinheit* aufgefaßt [...] ist sie jedoch noch nicht *verwirklicht* und das in ihrer Wirklichkeit *für sich selbst* Wahre. Sie bleibt beim bloßen *Ansich* stehn« (200 f.). »Die Idee als ihrem Begriff gemäß gestaltete Wirklichkeit [ist] das *Ideal*« (112). Einen fernen Anklang an die doppelte platonische Bewegung der ›diairesis‹ und ›synagogē‹ vernimmt man immerhin in der Hegelschen Auffassung der Versinnlichung und Idealisierung, die zusammen das Kunstschöne ausmachen: »Das Ideal [setzt] seinen Fuß in die Sinnlichkeit und deren Naturgestalt hinein, doch zieht ihn wie das Bereich des Aeußern zugleich zu sich zurück, indem die Kunst den Apparat, dessen sie zur äußere Erscheinung zu ihrer Selbsterhaltung bedarf, zu den Grenzen zurückzuführen weiß, innerhalb wel-

---

139 SCHELLING, Darstellung meines Systems der Philosophie (1801), in: SCHELLING (SW), Abt. I, Bd. 4 (1859), 114.
140 GEORG WILHELM FRIEDRICH HEGEL, Ästhetik (1835–1838), in: HEGEL (GLOCKNER), Bd. 12 (Stuttgart 1953), 329.
141 Vgl. HEGEL, Enzyklopädie der philosophischen Wissenschaften im Grundrisse (1817), in: HEGEL (TWA), Bd. 8 (1970), 261 f., § 131.
142 HEGEL (s. Anm. 140), 153.

cher das Aeußere die Manifestation der geistigen Freiheit seyn kann.« (217f.) Die Idee des Schönen manifestiert sich im Kunstwerk als Ideal. Hegel nimmt also wichtige Momente der klassischen bzw. idealistischen Ästhetik wieder auf: Durch die Abstraktion des Zufälligen und Nebensächlichen[143] bzw. durch das Herausarbeiten der allgemeinen und wesentlichen Züge führt die Kunst das äußerliche Dasein ins Geistige zurück, »so daß die äußere Erscheinung dem Geiste gemäß die Enthüllung desselben wird« (217); das Kunstschöne drückt die wesentliche Erscheinung aus. Ganz am Anfang der Einleitung seiner *Ästhetik* schließt Hegel »von der Wissenschaft des *Kunstschönen* sogleich das *Naturschöne* aus«; das Kunstschöne steht »höher [...] als die Natur. Denn die Kunstschönheit ist die *aus dem Geiste geborene und wiedergeborene* Schönheit« (20). Das Kunstschöne ›idealisiert‹ die Natur; es »*erhebt* [...] durch diese Idealität zugleich die sonst werthlosen Gegenstände, welche sie ihres unbedeutenden Inhalts ohnerachtet für sich fixirt und zum Zweck macht, und auf das unsere Theilnahme richtet, woran wir sonst rücksichtslos vorübergehen würden. Dasselbe vollbringt die Kunst in Rücksicht auf die Zeit, und ist auch hierin ideell. Was in der Natur vorübereilt, befestigt die Kunst zur Dauer« (226). Zugleich betont Hegel, daß die vom Kunstwerk vollbrachte Einheit »wesentlich individuelle Wirklichkeit« ist, »eine individuelle Gestaltung der Wirklichkeit mit der Bestimmung, in sich wesentlich die Idee erscheinen zu lassen« (112). Diese Einheit leistet der Charakter.[144]

Diese Einheit nimmt verschiedene historische Formen an. Im symbolischen Ideal der orientalischen Kunst wird die Einheit der Idee mit dem Stoff erst gesucht; im klassischen Ideal der Antike ist sie gefunden. Symbolisch wird die erste Kunstform genannt, weil sie sich durch die Trennung zwischen dem geistigen Gehalt und seiner sinnlichen Verwirklichung kennzeichnet; diese bedeutet immer anderes und mehr als der geistige Gehalt, so daß das Verhältnis zwischen Zeichen und Bedeutung sich als willkürlich, ja zufällig erweist; dieselbe Bedeutung könnte durchaus durch eine andere sinnliche Darstellung ausgedrückt werden. Erst in der klassischen Kunstform sind sie einander adäquat. Das romantische Ideal der christlichen Kunst des Mittelalters und der Neuzeit bedeutet schließlich einen Rückfall, indem es die Einheit auflöst und den Widerspruch zwischen Subjektivität und Objektivität wieder entfacht. Die klassische Kunst, die den Menschen als eigentlichen ›Gegenstand‹ der Darstellung in den Mittelpunkt stellt, idealisiert den sterblichen Menschen, um ihn als Träger des Göttlichen erscheinen zu lassen; in der romantischen Kunst behauptet sich hingegen eine unendliche Subjektivität, deren Innerlichkeit alle Versinnlichung übersteigt.[145] Ihre Unfähigkeit, sich in einer harmonischen Form zu vollenden, ist darauf zurückzuführen, daß sie im Medium der Kunst etwas auszudrücken versucht, was nicht mehr Kunst ist, sondern Religion.

Hier kann man, wie oben für Schlegel, auf die unterschiedlichen aufeinander folgenden Ansätze nicht eingehen, die von den frühen Schriften zum *Geist des Christentums* (1796–1800) über die *Phänomenologie des Geistes* (1807) bis hin zur *Ästhetik* das Verhältnis zwischen Kunst, Religion und Philosophie jeweils anders bestimmt haben. In ihnen bleibt immerhin das Verhältnis zwischen Kunst und Religion grundlegend. Die Kunst wird bis zuletzt als verwirklichte, sinnliche Form der religiösen Transzendenz aufgefaßt. Schon im *Geist des Christentums* charakterisierte Hegel die griechische Kunst als eine ästhetische Religion, d.h. zugleich die griechische Religiosität als Religion des Schönen. In der *Phänomenologie des Geistes* erscheint die ästhetische griechische Religiosität noch als paradigmatische Verwirklichung der Einheit von Religion und Kunst, also als Vorbild der Einheit des Idealen und Realen, auf welche der Geist aus ist. Daran wird Hegel weiterhin festhalten. Von der geschichtlichen Dimension, die erst eigentlich die Verwirklichung des Geistes ausmacht, konnte er aber nicht absehen. Daraus erklärt sich, daß Hegel – wie schon im Abriß der *Enzyklopädie* (1817) – den Stellenwert der Kunst immer synchronischer, als ein gleichzeitiges, eigengesetzliches Moment neben denjenigen der Religion und der Philosophie auffassen läßt. Als Inkarnation der Idee bzw. des Göttlichen in einer besonderen sinnli-

---

143 Vgl. ebd., 216.
144 Vgl. ebd., 319.
145 Vgl. ebd., 120ff.

Form ist die Kunst immer – sowohl diachronisch-historisch als auch synchronisch – das erste Moment des absoluten Geistes, dasjenige, in dem sich das Ideal sinnlich geltend macht. Dies schränkt die Bedeutung der häufig überstrapazierten Formel vom Ende der Kunst ein. Gegen sie behauptete Friedrich Theodor Vischer im zweiten Band seiner großen *Ästhetik* (1846–1858) die grundlegende Bedeutung des Ideals für die Moderne. Im Gegensatz zur Hegelschen Abfolge des symbolischen, des klassischen und des romantischen Ideals, in welcher das klassische Ideal die Vollendung darstellt, geht er vom antiken, objektiven Ideal aus; auf dieses folgt das romantische, subjektive Ideal; erst das moderne Ideal soll zur Versöhnung des Objektiven und des Subjektiven gelangen. Vischers *Ästhetik* ist ein Kind ihrer Zeit, der zweiten Hälfte des 19. Jh. Wenn sie Hegels dialektische Konstruktion dialektisch umkehrt und die Vollendung von der Zukunft erwartet, dann deshalb, weil für sie das Ideal der Grundbegriff einer als unversöhnt erlebten Moderne ist. Hegels Satz vom Ende der Kunst konstatiert ja nur den Übergang in eine moderne Welt, in der die von unmittelbaren religiösen, sittlichen oder geistigen Zwecken freigesetzte Kunst zwar noch ein Organon der Wahrheit sein kann, aber durch ihre errungene Autonomie auf freien Fuß gesetzt wird.[146] Dem entspricht Heinrich Heines Bewußtsein vom »Ende der Kunstperiode, die bei der Wiege Goethes anfing und bei seinem Sarg aufhören wird«[147]. Die Kunst muß sich in die Zeitbewegung stellen.

VIII. Ideal als Grundbegriff der Ästhetik der Moderne

Die kulturkritische moderne Problematik des Ideal-Begriffs hat zweifelsohne Schiller durch sein Gedicht *Das Ideal und das Leben* (1804, unter anderem Titel bereits 1795), die *Briefe über die ästhetische Erziehung der Menschheit* (1795) (4. und 26. Brief) und die Schrift *Ueber naive und sentimentalische Dichtung* (1795–1796) begründet. Schiller versteht die Kunst überhaupt als Ausdruck des Widerstreits zwischen Ideal und Wirklichkeit, der sich in der Satire oder der Elegie niederschlägt und nach der unerreichbaren Wiederherstellung der Einheit zwischen Natur und Kunst strebt. Das Ideal ist ›sentimentalisch‹. Der sentimentalische Mensch sucht die Natur, weil er selbst nicht mehr Natur ist; er kommt zugleich zum Bewußtsein des Naiven, weil er sich seiner Entfernung vom unmittelbaren Kontakt mit der Natur bewußt ist. Diese Sehnsucht nach der Natur bzw. der ›Naivität‹ ist nur dem modernen Kulturmenschen eigen: die Alten »empfanden natürlich; wir empfinden das natürliche«[148]. An die seit der französischen ›Querelle des Anciens et des Modernes‹ nicht enden wollende Debatte um die Alternative Nachahmung der Natur oder Nachahmung der Alten anknüpfend, identifiziert Schiller den Gegensatz naiv vs. sentimentalisch mit der Alternative antik/modern. Dabei geht es ihm freilich nicht bloß um Kunstepochen, sondern vor allem um Kunsthaltungen – rechnet er doch sowohl Shakespeare als auch Goethe zu den Naiven. Es gibt ein ›Naives der Gesinnung‹: das Genie (»Naiv muß jedes wahre Genie seyn, oder es ist keines« [424]). Schon deshalb ist für Schiller die Antike nicht mehr das Ideal bzw. Vorbild, zu dem es zurückzukehren gälte. Man würde die Spezifik der Moderne verkennen, wenn man die Alten als Vorbilder hinstellte und ihre Nachahmung empföhle.[149] Es gilt viel eher »die Verschiedenheit des Weges [zu] zeigen, auf welchem alte und moderne, naive und sentimentalische Dichter zu dem nehmlichen Ziele gehen« (458 f.). Die antike und die moderne Poesie unterscheiden sich durch ihr Verhältnis zur Natur.[150] »In dem Zustande der Kultur«, heißt es noch, »wo [das] harmonische Zusammenwirken seiner [des Menschen – d. Verf.] ganzen Natur bloß eine Idee ist, [muß] die Erhebung der Wirklichkeit zum Ideal oder, was auf eins hinausläuft, die *Darstellung des Ideals den Dichter machen*« (437). Der moderne

---

146 Vgl. HANS ROBERT JAUSS, Das Ende der Kunstperiode, in: Jauß, Literaturgeschichte als Provokation (Frankfurt a. M. 1970), 113.
147 HEINRICH HEINE, Französische Maler (1831), in: HEINE (DA), Bd. 12/1 (1980), 47.
148 FRIEDRICH SCHILLER, Ueber naive und sentimentalische Dichtung (1795–1796), in: SCHILLER, Bd. 20 (1962), 431.
149 Vgl. ebd., 439.
150 Vgl. ebd., 432.

Mensch kann nicht aus seinem »künstlichen Kreis« (428) heraustreten und wieder naiv werden; nur mittels der Kunst kann er die Natur und den Geist versöhnen. »Weil [...] das Ideal ein unendliches ist, das er niemals erreicht, so kann der kultivirte Mensch in *seiner* Art niemals vollkommen werden, wie doch der natürliche Mensch es in der seinigen zu werden vermag.« (438) Während das oberste Gesetz der alten Poesie, für welche die Harmonie noch erreichbar war, die Begrenzung ist, kennzeichnet sich die neuere »durch die Kunst des Unendlichen« (440) – eine Auffassung, die mit der Schlegelschen grundsätzlich übereinstimmt.

Schiller ist in allen seinen ästhetischen Abhandlungen um die Überwindung der erst in der Moderne sich verhärtenden Dualismen, der Anmut und der Würde, des Stofftriebs und des Formtriebs, ja des Schönen und des Erhabenen, bemüht. Er sucht nach Erscheinungsformen der Vermittlung – so die ›schöne Seele‹ (»in der schönen Seele [...] wirkt das Ideal als Natur« [444]), die aber eine gleichsam naturwüchsige, instinktartige und zudem auf die weibliche Natur beschränkte Versöhnung darstellt. Er ist sich also auch der Grenzen aller modernen Vermittlungen bewußt. Die ›Verwirklichung‹ im künstlerischen Schein dient aber lediglich dazu, das Ideal wach zu halten: »Wenn du über das verlorene *Glück* der Natur getröstet bist, so laß ihre *Vollkommenheit* deinem Herzen zum Muster dienen. [...] Laß dir nicht mehr einfallen, mit ihr *tauschen* zu wollen, aber nimm sie in dich auf und strebe, ihren unendlichen Vorzug mit deinem eigenen unendlichen Prärogativ zu vermählen, und aus beydem das Göttliche zu erzeugen. Sie umgebe dich wie eine liebliche *Idylle*, in der du dich selbst immer wiederfindest, aus den Verirrungen der Kunst, bey der du Muth und neues Vertrauen sammelst zum Laufe und die Flamme des *Ideals*, die in den Stürmen des Lebens so leicht erlischt, in deinem Herzen von neuem entzündest« (428 f.). Während die Satire und die Elegie als sentimentalische Gattungen den Widerspruch der Wirklichkeit mit dem Ideal ausdrücken, hebt die Idylle ihren Gegensatz – wenn auch nur im Bereich des ästhetischen Scheins – auf, indem sie die Natur und das Ideal »als wirklich vorstellt« (448 f.).

Hegel hat Schillers Gedicht *Das Ideal und das Leben* folgendermaßen kommentiert: »Schiller in seinem Gedichte ›das Ideal und das Leben‹ spricht der Wirklichkeit und ihren Schmerzen und Kämpfen gegenüber von ›der Schönheit stillem Schattenlande‹. Ein solches Schattenreich ist das Ideal, es sind die Geister, die in ihm erschienen, abgestorben dem unmittelbaren Daseyn, abgeschieden von der Bedürftigkeit der natürlichen Existenz, befreit von den Banden der Abhängigkeit äußerer Einflüsse und aller der Verkehrungen und Verzerrungen, welche mit der Endlichkeit der Erscheinung zusammenhängen.«[151] Nur in der Kunst und durch die Kunst vermag bei Schiller das Ideal in der Realität Fuß zu fassen; darin besteht die Grenze seiner idealistischen Ästhetik, jene Grenze, an der der ganze deutsche Idealismus gerüttelt hat. Im 26. Brief *Ueber die ästhetische Erziehung* heißt es, daß der Mensch ein souveränes Recht »nur in der *Welt des Scheins*, in dem wesenlosen Reich der Einbildungskraft [besitzt], und nur, solange er sich im theoretische gewissenhaft enthält, Existenz davon auszusagen, und solange er im praktischen darauf Verzicht thut, Existenz dadurch zu ertheilen. Sie sehen hieraus, daß der Dichter auf gleiche Weise aus seinen Grenzen tritt, wenn er seinem Ideal Existenz beilegt, und wenn er eine bestimmte Existenz damit bezweckt. Denn beides kann er nicht anders zu Stande bringen, als indem er entweder sein Dichterrecht überschreitet, durch das Ideal in das Gebiet der Erfahrung greift, und durch die bloße Möglichkeit wirkliches Daseyn zu bestimmen sich anmaßt, oder indem er sein Dichterrecht aufgiebt, die Erfahrung in das Gebiet des Ideals greifen läßt, und die Möglichkeit auf die Bedingungen der Wirklichkeit einschränkt.«[152]

Gerade wegen dieser Grenzen bleibt die Schillersche Ästhetik für die ganze Moderne maßgebend. Deswegen haben wir hier die chronologische Reihenfolge umgekehrt und Schiller erst nach den Überwindungsmodellen des deutschen Idealismus behandelt. Der ästhetische Schein und die wirkliche Existenz sind für Schiller durch einen Abgrund getrennt: Der ästhetische Staat, von dem der 27. Brief *Ueber die ästhetische Erziehung* spricht,

---
151 HEGEL (s. Anm. 140), 217 f.
152 SCHILLER, Ueber die ästhetische Erziehung des Menschen (1795), in: SCHILLER, Bd. 20 (1962), 401 f.

bleibt eine regulative Idee. Sowohl im 26. Brief als auch am Ende der Abhandlung *Ueber naive und sentimentalische Dichtung* ist die Kluft zwischen Ideal und Wirklichkeit insofern überbrückbar, als es in der Autonomie der Kunst um nichts anderes geht als um die Freiheit. Nur in der Kunst vermag sie, in Erscheinung zu treten. In dieser Hinsicht erweisen sich die naive und die sentimentalische Dichtung, d. h. die beiden künstlerischen Haltungen, in welchen sich das moderne Bewußtsein dieses Abgrunds niederschlägt, als gleich ohnmächtig, ihn zu schließen. Wie bei Schlegel erkauft die naive Dichtung ihre Vollkommenheit mit ihrer Endlichkeit, während die sentimentalische ihre Mängel durch die Absolutheit ihres Ideals erkauft.[153]

Ihre »gegenseitige Verschiedenheit und Bedürftigkeit« wird sogar »in demselben Grade merklicher, als sie den poetischen Charakter ablegen« und sich mit dem »gemeinen Leben« konfrontieren. »Weder der naive noch der sentimentalische Charakter, für sich allein betrachtet, [kann] das Ideal schöner Menschlichkeit ganz erschöpfen, das nur aus der innigen Verbindung beider hervorgehen kann.« Von daher das Projekt einer ästhetischen Erziehung, welche die einzig mögliche Vermittlung zwischen Ideal und Wirklichkeit ist. Doch gerade »in einem sich kultivierenden Jahrhundert« (491) treten die Antagonismen noch deutlicher hervor. Obwohl sie nicht ganz deckungsgleich sind, hängen der moderne ästhetische Gegensatz des Naiven und des Sentimentalischen und der in der Moderne noch akuter werdende Gegensatz des Realismus und des Idealismus miteinander zusammen. Der Realismus ist gleichsam die modern entartete Form der Naivität. Er mag zwar in keiner einzelnen Tat Moralität erweisen, kann sie aber durchaus »in der ganzen Summe seines Lebens« (494) erlangen. Fest steht hingegen, daß der Idealist, bei dem man »eine reinere Moralität im einzelnen« (496) findet, sich in jeder Hinsicht als weitaus gefährlicher erweist. Mit diesem Schluß seiner Abhandlung hat Schiller Hegels Kritik des Idealismus im Kapitel ›Die Tugend und der Weltlauf‹ der *Phänomenologie des Geistes* vorweggenommen.

Schillers kulturkritischer Ansatz markiert den Zeitpunkt, ab welchem die Ästhetik der Moderne – bis hin zum französischen Parnasse – das Hellenentum nicht mehr als Vorbild, sondern als Ideal heraufbeschwört. Das Neue an Schillers Ansatz ist nämlich, daß die Antike nicht mehr als reales Vorbild fungiert, sondern als der ideale Maßstab, an dem man sich der Uneinholbarkeit des Ideals bewußt wird. Man kann diese kulturkritische Inspiration bis hin zu Charles Baudelaires Ästhetik der Moderne (vgl. sein Gedicht *L'idéal* im Zyklus ›Spleen et idéal‹ der *Fleurs du Mal*, 1857) verfolgen.

IX. Ende der Ideale

Beim Übergang von der antiken Normativität zur modernen Ästhetik spielte der Idealbegriff eine stabilisierende Rolle: um ihn wurden gleichsam alle ästhetischen Debatten ausgefochten, sowohl Rückzugsgefechte als auch Durchbrüche. Das Ideal ist deshalb ein authentisch moderner Begriff, weil es eben diese doppelte Funktion erfüllte. Damit hängt freilich zusammen, daß zur Geschichte des Idealbegriffs auch die Geschichte seiner Kritik gehört. Die für den Idealbegriff konstitutive innere Kritik setzte etwa schon mit der Ablehnung der ›schönen Natur‹ durch den Sturm und Drang ein. Die radikal neuen Perspektiven, die sie eröffnete, etwa das Problem der Zulässigkeit des Häßlichen, legen alle eine Feststellung nahe: Je mehr der Idealbegriff bemüht wird, um die Moderne zu stabilisieren, desto mehr gerät er in deren Bewegung. Das macht die innere, dynamische Widersprüchlichkeit der Ideal-Problematik aus: Einerseits hat sie das Erbe rhetorischer oder metaphysischer Fragestellungen angetreten und sie rationalisiert bzw. säkularisiert; andererseits wird das Ideal zum Grundbegriff eines Unbehagens an der Moderne. Diese innere Widersprüchlichkeit darf als die tragende Kraft der Überwindungsmodelle des deutschen Idealismus aufgefaßt werden. Das Ideal war aber allzusehr mit dem Anspruch der modernen philosophischen Ästhetik verbunden, herkömmliche metaphysische Fragestellungen zu rationalisieren und zu säkularisieren, es hing allzu eng mit der Problematik der Vermittlung von Immanenz und

---

[153] Vgl. SCHILLER (s. Anm. 148), 474.

Transzendenz zusammen, um den Zerfall dieser Denkbewegung überleben zu können; zumal ihre tragende Kraft die Säkularisierung und Rationalisierung war. Schon bei Kant setzt diese Selbstzerstörung ein. Das transzendentale Ideal der Vernunft war nach Kant der Gedanke eines ›allerrealsten Wesens‹, dessen Begriff von der Vernunft völlig bestimmt wäre, also ein Ideal der reinen Vernunft.[154] Diese ›Behauptung einer an sich notwendigen Existenz‹ ist aber eine Hypostase, ein ›dialektischer Schein‹, der als eine Illusion der ›transzendentalen Theologie‹ zu entlarven ist. Friedrich Nietzsche wird im *Antichrist* (§ 10) diese Illusion als den »Theologen-Instinkt im deutschen Gelehrten«, als dessen »Schleichweg zum alten Ideal«[155] bezeichnen. Ähnlich denunzierte Ludwig Feuerbach Gott in seinen *Vorlesungen über das Wesen der Religion* (1851) als den alten Namen für das Ideal.[156] Nach dem vom Jungen Deutschland verkündeten Ende der Kunstperiode ging allerdings das Ideal in den ästhetischen Entwürfen des deutschen Bildungsbürgertums Kompromisse ein, die hier nicht näher untersucht werden können; neben der politischen Dichtung und dem Zeitroman behauptete sich etwa der ›poetische Realismus‹. Diese Kompromisse sind in unserem Zusammenhang nur als Reflexe der mit dem ›Ende der Kunstperiode‹ eingetretenen Frontbildung Realismus vs. Idealismus zu verzeichnen.

Am Ausgang der neuzeitlichen Säkularisierung des Ideals radikalisierte Sigmund Freud Feuerbachs Auffassung; er betrachtet das Ideal als bloße Idealbildung des Ich bzw. als Ich-Ideal (vgl. *Zur Einführung des Narzißmus*, 1914), das dem Ich – seiner konstruierten Selbstachtung gemäß – als Maßstab des zu Verdrängenden dient. Es hat seinen Ursprung in der Ich-Stufe, wird aber auf die spätere Entwicklung als Zensur-Instanz projiziert und funktioniert dabei als ›idealische Umarbeitung‹ d. h. als Sozialisierungswerkzeug und zugleich als ›Zukunft der Illusion‹. Über die hier unternommene historische Rekonstruktion der Ideal-Problematik hinaus wäre der Zusammenhang dieser Auffassung des Ideals mit der Theorie der künstlerischen Sublimierung zu untersuchen.

Gérard Raulet

Literatur

BRAY, RENÉ, La formation de la doctrine classique en France (Dijon 1927); CASSIRER, ERNST, Die Philosophie der Aufklärung (Tübingen 1932); CHOUILLET, JACQUES, L'esthétique des Lumières (Paris 1974); KÖHLER, ERICH, ›Je ne sais quoi‹, in: J. Ritter/K. Gründer (Hg.), Historisches Wörterbuch der Philosophie, Bd. 4 (Basel/Stuttgart 1976), 640–644; KREUZER, INGRID, Studien zu Winckelmanns Ästhetik. Normativität und historisches Bewußtsein (Berlin 1959); PAETZOLD, HEINZ, Ästhetik des deutschen Idealismus (Wiesbaden 1983); RAULET, GÉRARD, Zur Vorgeschichte der Einbildungskraft. Abbild, Vorbild, Bildung und Einbildungskraft bei J. C. Gottsched, in: R. Heinrich/H. Vetter (Hg.), Bilder der Philosophie. Reflexionen über das Bildliche und die Phantasie (Wien/ München 1991), 91–126; RAULET, GÉRARD (Hg.), Von der Rhetorik zur Ästhetik. Studien zur Entstehung der modernen Ästhetik im 18. Jahrhundert (Rennes ²1995); RAULET, GÉRARD, Aufklärung. Les Lumières allemandes (Paris 1995); SCHAEFFER, JEAN-MARIE, Naissance de la littérature. La théorie esthétique du romantisme allemand (Paris 1983); SCHAEFFER, JEAN-MARIE, L'art de l'âge moderne (Paris 1992); TODOROV, TZVETAN, Théories du symbole (Paris 1977).

---

154 Vgl. KANT (s. Anm. 97).
155 FRIEDRICH NIETZSCHE, Der Antichrist (1888–1889), in: NIETZSCHE (KGA), Abt. 6, Bd. 3 (1969), 174.
156 Vgl. LUDWIG FEUERBACH, Vorlesungen über das Wesen der Religion (1851), in: FEUERBACH, Bd. 6 (1981), 286.

Idyllisch/Idylle

(engl. pastoral, idyll, idyllic; frz. idyllique, idylle; ital. idilliaco, idillio; span. idílico, idilio; russ. идиллическое, идиллия)

I. Begriffsumfang, Etymologie, Denkbild, Struktur; II. Die Diskussion des Begriffs Idylle in der Poetik des frühen 18. Jahrhunderts; III. Die Konzeption des Idyllischen im späten 18. Jahrhundert; IV. Das Denkbild Idylle im 19. Jahrhundert; V. Die Aktualität des Idyllischen im 20. Jahrhundert

I. Begriffsumfang, Etymologie, Denkbild, Struktur

»Die Idylle ist tot, es lebe der Mythos von der Idylle«[1] – so die Devise eines Aufsatzes aus dem Jahr 1997. Gemeint ist damit, daß das – vom Autor supponierte – »ungebrochen Idyllische« (30) des 19. Jh. nur noch als postmodernes Zitat weiterleben könne. Es erstaunt an diesem Aufsatz, daß mit Selbstverständlichkeit als einziges Movens idyllischer Kunst das Verlangen nach Evasion angenommen wird. Kein Wort gilt mehr jener Konzeption der Idylle, die etwa von der Mitte der sechziger bis zur Mitte der achtziger Jahre in der Literaturwissenschaft – zumindest der deutschen – dominant war: ihrer Bestimmung als einer spezifischen Form von Utopie, welche, indem sie den jeweiligen korrupten gesellschaftlichen Verhältnissen ein fiktional vereinfachtes Bild harmonischer menschlicher Gemeinschaft gegenüberstellt, zur Verwirklichung einer solchen in der außertextuellen Welt aufruft. Schutzgeist dieser Konzeption war Ernst Bloch. Seine Sicht des Zusammenhangs von Idylle und Utopie hat er zusammengefaßt im Artikel *Arkadien und Utopien* (1968). Zwar identifiziert er die beiden Formen von Entwürfen möglicher Welten nicht, aber er spricht dem Arkadischen mit seiner »Freundlichkeit, Friedlichkeit, Menschlichkeit« die wichtige Funktion eines »Korrektivs« der totalitären Tendenzen rationaler Sozialutopien zu. »Arkadien, das ist: eine selber durchaus sanfte Gemeinschaft, idyllisch vorhandenes einfaches Glück, von Wölfischem a limine fern.«[2] Im Zuge solcher auf die aktuelle politische Situation anwendbaren Perspektiven erfuhr die Idyllenforschung, zuvor aus Gründen, die noch erörtert werden sollen, weithin brachliegend, einen außerordentlichen Auftrieb. Der weltanschauliche Impetus, im Verein mit den neuen Methoden genauer Textanalyse, deckte ebenso in den Idyllen vernachlässigter Autoren wie Salomon Gessner eine Tiefendimension auf wie in jenen bekannter Autoren wie Gottfried Keller neue Facetten einer figurativen Sozialkritik. Dieser mit viel Energie begonnene Ansatz scheint aber nun nur noch partiell weitergeführt zu werden, mitunter in resignativem Bewußtsein.[3] Dies hat seinen Grund in den raschen Volten der intellektuellen Orientierungen in den letzten Jahren, aber eine Eigenschaft des literarischen Phänomens ›Idylle‹ selbst begünstigt die Umpolung. Als eine spezifische Form der Kategorie ›Wunschbild‹ kann sie sich sowohl dem Verlangen nach Evasion als auch der Intention auf Diagnose und Reform der gesellschaftlichen Realität verdanken. Daß sich die Dominanz des einen oder des anderen Impulses nicht immer klar nachweisen läßt, liegt an ihrem beschreibenden Charakter, der ihre poetischen Ausdrucksformen prägt und die Botschaft der Texte weitgehend zu einer impliziten macht. Dies gibt der Idylle reiche Deutungsmöglichkeiten, so daß in der angelsächsischen und der französischen Literaturwissenschaft, die sich weniger leidenschaftlich dem Verständnis der Idylle als Utopie verpflichteten, eine differenzierte Beschäftigung mit der Idylle andauert, wie sich auch in der Altphilologie ein stetes Interesse an diesem Gegenstand beobachten läßt.[4] Gegen die These vom ›Tod

---

1 RÜDIGER GÖRNER, Spuren der Idylle. Über ein Motiv der Moderne, in: Schweizer Monatshefte 77 (1997), H. 3, 31.
2 ERNST BLOCH, Arkadien und Utopien: K. Garber (Hg.), Europäische Bukolik und Georgik (1968; Darmstadt 1976), 1.
3 Vgl. ERNST THEODOR VOSS, Idylle und Aufklärung. Über die Rolle einer verkannten Gattung im Werk von Johann Heinrich Voß, in: W. Beutin/K. Lüders (Hg.), Freiheit durch Aufklärung: Johann Heinrich Voß (Frankfurt a.M. u.a. 1995), 35.
4 Vgl. PIERRE BRUNEL, L'Arcadie blessée. Le monde de l'Idylle dans la littérature et les arts de 1870 à nos jours (Mont-de-Marsan 1996); ERNST A. SCHMIDT, Bukolische Leidenschaft oder Über antike Hirtenpoesie (Frankfurt a.M./Bern/New York 1987).

der Idylle‹ spricht aber vor allem, daß gerade in den letzten Jahren substantielle idyllische Texte entstehen, deren Intertextualität nicht etwa nur parodistisches Spiel ist, sondern der Eigenart der idyllischen Dichtung seit ihren antiken Anfängen entspricht. Auffallend ist allerdings, daß manche der Autoren in den Texten oder in theoretischen Äußerungen den Begriff ›Idylle‹ oder ›idyllisch‹ meiden. Das ist zweifellos die Folge der Trivialisierung, welche das Wort und seine Synonyma in der Umgangssprache erfahren haben: ›idyllisch‹, beliebte Kennzeichnung etwa der Wohnsituation oder des Urlaubsglücks, hat die Konnotation eines regressiven, behaglichen Zustandes in einer klischeehaft anmutigen Umgebung. ›Landidyll‹ nennt sich eine österreichische Hotelkette, ein Fotobuch rühmt den Berliner Tiergarten als ›Idylle inmitten der Millionenstadt‹, und ein Zeitungsartikel versichert, der Blick von der Meersburg sei ›immer noch idyllisch‹. Im Französischen, wo eine ›demeure bucolique‹ zum Kauf angeboten werden kann, bezeichnet ›Idylle‹ auch – leicht ironisch – eine Liebesbeziehung: ›Une idylle entre deux amants de clans rivaux tourne à la tragédie‹, beklagt eine Zeitung. Dem englischen ›bucolic‹ haftet ebenfalls ein ironischer Akzent an. Schuld an dieser Trivialisierung ist die Flut epigonaler Idyllentexte im 19. Jh. und deren langfristige Auswertung in der Immobilien- und Tourismuswerbung. Daß dieser Prozeß durch die Ausstrahlung einer neuartigen Idyllenproduktion rückgängig zu machen ist, bleibt zu hoffen. Wenn etwa Patricia Highsmith ihren letzten Roman *Small g: A Summer Idyll* (1995) genannt hat, so hat sie durch die Lokalangabe ›Small g‹ – die Bezeichnung für ein Restaurant, in dem sowohl Homosexuelle als auch neutrale Personen verkehren – der Vorstellung ›Idylle‹ eine Konnotation gegeben, die von vornherein anstelle harmlosen Glücks Spannungen innerhalb der dargestellten Idyllenwelt einschließt.

Die exakte begriffliche Fassung des Gegenstandes stößt auf ganz besondere Schwierigkeiten. Erstens muß unterschieden werden zwischen der Idylle als Gattung, deren Entstehung bei dem alexandrinischen Dichter Theokrit relativ genau beschrieben werden kann und deren Beispiele sich zwar bis ins 20. Jh. hinein finden, deren Bedeutung aber seit dem Anfang des 19. Jh. nachläßt, und ›dem Idyllischen‹, das sich auch in anderen visuellen und literarischen Formen realisiert und insofern der Gattung, die ihm den Namen gegeben hat, vorausgeht. Diese Unterscheidung ist von größter Wichtigkeit, da das Idyllische sich gerade als Enklave in größeren Werken, von Homers *Odyssee* über Goethes *Faust II* (1832) bis zu Robert Musils *Mann ohne Eigenschaften* (1930–1952) besonders bedeutsam entfaltet hat. Sie ist denn auch in der Literaturwissenschaft in den letzten Jahren allgemein akzeptiert worden. Zudem zeichnet sich nur bei dieser erweiterten Fassung des Begriffs die anthropologische Konstante, welche dieser Dichtungsart zugrunde liegt, vollständig ab. Weitere Schwierigkeiten: Im Unterschied zu den großen Gattungen gab es für die spät entstandene Gattung εἰδύλλιον (eidyllion) keine bindenden Bestimmungen wie die aristotelischen. Auch die Etymologie bietet dem Definitionsversuch keine Hilfe. ›Eidyllion‹, wie die kurzen Hexametergedichte Theokrits in den antiken Ausgaben überschrieben waren, bedeutet lediglich ›kleines Einzelgedicht‹.[5] Hier ist einer der fruchtbaren Irrtümer zu beachten, an denen die Geschichte der Gattung reich ist. Schon antike Scholien kennen die irrige Deutung des Terminus als ›Bildchen‹, welche bis tief ins 20. Jh. hinein in Wörterbüchern und Poetiken tradiert wurde. Unterstützt durch die suggestive Schilderung von Naturszenen bei Theokrit und bei Vergil, der als kanonischer Autor bis zum 18. Jh. die prägenden Modelle für die Idylle bot, bestärkte die Bildchen-Etymologie die Autoren in der Entfaltung visueller Elemente in ihren Texten. Zur Genese der Gattung gehört auch eine Entscheidung der antiken Rezipienten: aus dem Corpus der von verschiedenen Gegenständen handelnden theokritischen ›eidyllia‹ haben sie offenbar jene Gedichte bevorzugt, welche Leben und Gesang von Hirten evozieren. Vergils Konzentration auf diese Thematik trug seinen Gedichten außer der unverbindlichen Bezeichnung ›Eklogen‹ (ausgewählte Gedichte, von ἐκλογή, Auswahl) den Namen ›Bukolika‹ (βουκολικά, von βουκόλος, Rinderhirt) ein, der seit der Renaissance durch die Synonyma ›Pastorale‹, ›Hirtendichtung‹, ›Schäfer-

---

[5] Vgl. RENATE BÖSCHENSTEIN, Idylle (1967; Stuttgart 1977), 2 ff.

I. Begriffsumfang, Etymologie, Denkbild, Struktur

dichtung‹ ergänzt wurde. Wenn infolge der fehlenden poetologischen Anweisungen der Begriff der Idylle in der europäischen Tradition vor allem von der impliziten Konzeption der beiden großen antiken Gedichtzyklen abgelesen wurde, so zeigen sich natürlich starke epochengebundene Varianten in der Interpretation dieser Modelle. In bezug auf die Autorintentionen und die verschiedenen Textebenen sind sie bis heute Gegenstand kontroverser Deutungen. Unumstritten ist der hochartifizielle Charakter beider Modelle, der zu der erwähnten trivialen Vorstellung von Idyllik in krassem Gegensatz steht.

Die Doppelheit von traditionellem Gattungsnamen und Bezeichnung einer anthropologischen Konstante prägt auch den heutigen Gebrauch des englischen Terminus ›pastoral‹, der, seit der englischen Renaissancebukolik gebräuchlich, insbesondere von William Empson in den dreißiger Jahren programmatisch erweitert wurde.[6] Empson, soziologisch orientiert, definierte ›pastoral‹ als die Kombination von ›complex‹ und ›simple‹, eine strukturelle Bestimmung also, durch die er den Gegenstandsbereich der Dichtungsart außerordentlich verbreiterte. Insgesamt ist festzustellen, daß infolge des Mangels einer verbindlichen Definition die Geschichte der idyllischen Dichtung nicht durch Begriffe im strikten Sinne, sondern durch eine Art ›Denkbild‹ bestimmt wurde. Die Unschärfe des Begriffs förderte seine Übertragung auf andere Kunstformen, insbesondere auf die Malerei und die Gartenarchitektur, die infolge der Dominanz des Visuellen in der literarischen Idylle im Verhältnis gegenseitiger Anregung stehen. Dagegen wurde der Terminus ›Idylle‹ auf musikalische Werke erst spät angewandt, was noch zu präzisieren sein wird.

Welche für die spätere europäische Tradition richtungweisende Vorstellung vom Idyllischen läßt sich aus den antiken Idyllentexten (mit Einschluß der nicht zur Gattung gehörigen) ablesen? Fundamentales Strukturmerkmal ist die Vorstellung eines eingegrenzten Raums, der vor Aggression von außen weitgehend geschützt ist, wobei aber die Existenz von Aggression in der umgebenden Welt, als Naturgewalt oder als politisch-militärische, mitevoziert wird. In den Beziehungen zwischen den – nicht zahlreichen – Personen, welche diesen Raum bewohnen, ist Aggression nicht ausgeschlossen (anders als in Blochs eingangs zitierter Vorstellung), aber vermindert zugunsten von Harmonie und Freundschaft. Im Zentrum stehen Kunstübung, insbesondere Gesang, und erotische Leidenschaft. In der europäischen Tradition wurde dieser Raum, Ansätzen bei Vergil folgend, ›Arkadien‹ benannt. Leiden und Tod sind aus ihm, jedenfalls in den künstlerisch bedeutenden Gestaltungen, nicht ausgeschlossen: dafür hat Nicolas Poussin, angeregt von Guercino, indem er die *Bergers d'Arcadie* auf einem Grabmal die Inschrift »Et in Arcadia ego« (d. h. der Tod) lesen läßt, die gültige Formel geschaffen. Das Besondere dieses Raums wird explizit durch eine Betrachterfigur oder implizit durch den Blick des Erzählers reflektiert. Diese vorgegebenen Strukturelemente werden im Lauf der Entwicklung umgebildet und ergänzt, bleiben aber unabdingbare Konstanten. Dies festzuhalten ist besonders wichtig, weil das Fluide des Idyllischen zur Identifikation mit verwandten Konzeptionen einlädt. So ist das Idyllische als Begrenztes nicht etwa identisch mit den Bildern eines vollkommenen Weltzustandes wie dem Goldenen Zeitalter oder mit christlichen Seligkeitsvorstellungen wie dem Paradies und dem Himmlischen Jerusalem, wenngleich in Vergils 4. Ekloge und später in der Renaissance Züge solcher alle Realität transzendierenden Bilder der Idylle eingeschmolzen werden. Elemente des ländlichen Lebens bringen die Idyllische Vorstellungen vom ›einfachen Leben‹ (Horaz) und Landdichtung (Vergils *Georgica*) nahe, ohne daß es sich mit ihnen deckte. Den Texten und Bildern inhärente Spannungen sind die Ambivalenz von Evasionsangebot und utopischem Gehalt sowie die Kombination von betontem Kunstcharakter und realitätsmimetischen Elementen. Die letztere Spannung macht die Idylle zu einem herausragenden Paradigma künstlerischer Bearbeitung von Weltstoff. Bedeutsam ist, daß sich für alle so divergenten späteren Gestaltungen Ansatzpunkte in den antiken Texten finden lassen. Der angrenzende Begriff der Utopie wird im folgenden, abweichend von der in den 70er und 80er Jahren herrschenden Tendenz zur

---

[6] Vgl. WILLIAM EMPSON, Some Versions of Pastoral (1935; London 1979).

Ausweitung auf alle Gestaltungen des Möglichen, verstanden als Entwurf einer idealen Gesellschaftsordnung, die tendenziell als vom Menschen realisierbar gedacht ist.

II. Die Diskussion des Begriffs Idylle in der Poetik des frühen 18. Jahrhunderts

Die Entwicklung eines modernen Verständnisses von idyllischer Dichtung, die sich in den westeuropäischen Literaturen im Laufe des 18. Jh. vollzieht, soll hier auf den deutschen Umschlagspunkt, d. h. auf den Neuansatz Salomon Gessners und dessen Folgen, fokalisiert werden, zumal die Ausstrahlung dieses einige Jahrzehnte lang überaus beliebten, vielfach übersetzten und nachgeahmten Autors auch für die benachbarten Literaturen bestimmend war. Das gilt auch für die osteuropäischen Literaturen, die indes wegen einer Phasenverschiebung gegenüber den westlichen für die Ausbildung des Denkbilds nicht prägend waren und daher hier ausgespart werden. So beruft sich Michail Bachtin in seinen Ausführungen über den ›Chronotopos‹ des idyllischen Romans vorwiegend auf Beispiele aus den westlichen Literaturen.[7] In Gessners Ansatz mündet eine bereits bei den Humanisten des 16. Jh. einsetzende Diskussion über die Natur der Hirtendichtung, für die – infolge der reichen Entfaltung der bukolischen Poesie in ihren Sprachen – französische und englische Autoren maßgeblich waren. Diese Diskussion findet in Abhandlungen und Abschnitten von Poetiken sowie in Vorreden zu Dichtungen in diesem Genre statt. Ein gewisser Fragenkanon wird regelmäßig erörtert. Voran steht die Frage nach dem Ursprung der Hirtendichtung,

der schon in Aelius Donatus' Vergilkommentar und bei Julius Cäsar Scaliger (Poetices libri septem, 1561) in die Urzeit des Menschengeschlechts verlegt wird: der Hirtenberuf ist der älteste und gewährt die nötige Muße, um sich mit Gesang und Liebe zu beschäftigen. Von dieser als historisch angenommenen Urzeit sollen noch die Berichte vom Goldenen Zeitalter zeugen, und so wird das Verhältnis der jeweiligen Hirtendichtung zu diesem Zeitalter ein wichtiges Kriterium. Denn durch die häufig formulierte Forderung, Hirtenfiguren, Hirtenleben und Hirtenpoesie sollten so geschildert werden, wie sie im Goldenen Zeitalter waren, werden Risse überdeckt, die den Autoren durchaus spürbar waren. Die Rückprojektion in die verklärte Urzeit erlaubt eine Idealisierung, welche die Integration der zeitgenössischen Realität des Landlebens unmöglich machen müßte. Sie legitimiert auch den – bei Vergil schon konstitutiven – Sprung zwischen den Kenntnissen, den Talenten und der Sensibilität der Hirten und ihren einfachen Lebensformen. Wie aber im einzelnen das Verhalten der Hirten und vor allem ihre Sprache so zu gestalten sei, daß sie einerseits dem ›genus humile‹, als das die Dichtart schon im Serviuskommentar zu Vergil bestimmt worden war, entspreche, andererseits aber nicht ins Grob-Rustikale verfalle – das ist Thema differenzierter Erörterungen eigener oder fremder Poesie.

Wichtiger als die – durchaus interessanten – Einzelbemerkungen von Autoren wie John Fletcher, Michael Drayton und Ben Jonson ist aus heutiger Perspektive die implizite Poetik der pastoralen Texte aus jener Epoche, und zwar aufgrund ihrer allegorischen Bezüge auf das aktuelle gesellschaftliche, politische und literarische Leben – eine bei Vergil angelegte Linie der bukolischen Poesie, die bekanntlich in der Renaissance- und Barockbukolik dominierte. In ihr herrscht ein Spiel der Textebenen, das heute strukturell und semiotisch von höchstem Interesse ist. Wolfgang Iser hat denn auch an Werken von Edmund Spenser, Jacopo Sannazaro, Jorge de Montemayor und Sir Philip Sidney seine Theorie der Fiktionalität demonstriert.[8] Hier muß indes darauf verzichtet werden, auf diese Strukturen einzugehen, weil zu den Voraussetzungen des Neuansatzes im 18. Jh. eben die Verabschiedung solcher Allegorik gehört. Ins-

---

7 Vgl. MICHAIL BACHTIN, Formy vremeni i chronotopa v romane. Očerki po istoričeskoj poėtike (1975), in: Bachtin, Voprosy literatury i ėstetiki (Moskau 1975), 373–384; dt.: Formen der Zeit und des Chronotopos im Roman. Untersuchungen zur historischen Poetik, übers. v. M. Dewey, in: Bachtin, Untersuchungen zur Poetik und Theorie des Romans (Berlin/Weimar 1986), 425–438.
8 Vgl. WOLFGANG ISER, Das Fiktive und das Imaginäre: Perspektiven literarischer Anthropologie (Frankfurt a. M. 1991).

besondere ein poetologischer Text war einflußreich für die Bewegung auf diesen Neuansatz hin: Bernard de Fontenelles *Discours sur la nature de l'églogue* (1688). Der noch von René Rapin in seiner *Dissertatio de carmine pastorali* (1659) vertretenen klassizistischen Position steht Fontenelle als der Neuerer gegenüber, freilich nicht in starrer Antithetik. Auch er respektiert Theokrit und Vergil als Muster, erlaubt sich aber als Parteigänger Charles Perraults in der ›Querelle des anciens et des modernes‹ auch Kritik an ihnen. Auf der europäischen Ebene schreibt sich die Metamorphose der Idylle in den Kontext der ›Querelle‹ ein; in Deutschland, das gegen Ende des Jh. die Welle einer neuen Antikebegeisterung erlebt, wird sie sich eher als Teilhabe an der Umakzentuierung des Verhältnisses zur antiken Kultur gestalten, das an dieser vor allem Lebensfülle, künstlerisches Genie und Götternähe wahrnimmt. Fontenelles Behandlung der poetologischen Topoi, abgestellt auf die Psyche des zeitgenössischen Lesers, bietet eine Reihe von anthropologisch aufschlußreichen Annahmen. Für ihn folgt die Kreativität der urzeitlichen Hirten aus ihrer Autonomie und fällt später ihrer Versklavung zum Opfer. Der Reiz der Idyllenwelt besteht nicht im ländlichen Dekor, sondern in der in ihr herrschenden Ruhe, welche die naturgegebene ›paresse‹ des Menschen befriedigt. Er verteidigt die differenzierte Erörterung erotischer Probleme durch die Hirten: Trotz aller Verwirrung schafft die Leidenschaft Einsicht, und zwar bei allen Menschen.

Das Eintreten dieses oft munter-ironischen Autors für eine moderne Pastoraldichtung bedeutet keineswegs eine Zuwendung zur Mimesis der realen ländlichen Welt; er verteidigt im Gegenteil den verfeinerten Geschmack der Zeitgenossen und kritisiert die Sympathie mancher Gelehrter für den allzu rustikalen Theokrit. Die Stellung zur Theokritischen Poesie, deren artifizieller und ironischer Charakter nicht wahrgenommen wurde, wird das ganze 18. Jh. hindurch zu einem Scheidewasser in den Streitgesprächen über die legitime Gestaltung der Hirtendichtung, die um die Bewahrung eines idealen imaginären Textraums gegenüber dessen Annäherung an die außertextuelle ländliche Welt kreisen. Sie werden mit einer Leidenschaft ausgetragen, die zeigt, daß es hier unbewußt um anthropologische Positionen geht. Nicht zufällig gehen in dieser Diskussion englische Autoren voran, da sich die genaue Beobachtung von Naturphänomenen ebenso wie die Sensibilität für die soziale Situation der Landbewohner vor allem in England ausbildete. Ein Vorstoß zugunsten größerer Nähe des ›pastoral‹ zur modernen Welt wurde 1713 in mehreren Nummern des *Guardian* geführt. Thomas Tickell, überzeugt davon, daß die Grundstruktur der Schäferdichtung durchaus durch einheimische Elemente belebt werden dürfe, begrüßte den Detailrealismus in den Texten von Edmund Spenser und dem zeitgenössischen Dichter Ambrose Philips.

Auf die *Guardian*-Debatte nahm der ›praeceptor Germaniae‹ Johann Christoph Gottsched Bezug, als er im Rahmen seines einflußreichen Poetik-Lehrbuchs seine Auffassung ›Von Idyllen oder Schäfergedichten‹ vortrug, eine Kompilation der vorangehenden Abhandlungen, aufschlußreich als eine Art Summe der zu Ende gehenden traditionalistischen Richtung im Licht aufgeklärter Rationalität.[9] Er definiert die Idylle als »Nachahmung des unschuldigen, ruhigen und ungekünstelten Schäferlebens, welches vorzeiten in der Welt geführt worden«[10], nämlich nach antiker Vorstellung im Goldenen Zeitalter, nach christlicher im Paradies oder der Patriarchenzeit. Das Elend der nicht poesiefähigen jetzigen Landleute schildert er mit einer gewissen Teilnahme, geht dabei zu einer allenfalls impliziten Kritik über, wenn er die ursprünglichen Hirten als von aller Fürstenherrschaft frei beschreibt. Von der Voraussetzung, daß die Urwelt von der Natur begünstigt war, hängt seine Behandlung der Arbeit ab. Gottsched, der nicht wie Fontenelle die ›paresse‹ als naturgegeben ansieht, spricht der Schäferwelt leichte kreative Tätigkeit zu. Das beginnende bürgerliche Ethos drängt von sonst zentralen Themen Gesang und Liebe sehr zurück. Die Liebe soll sich nicht als Leidenschaft, sondern als zurückhaltende Zärtlichkeit äußern. Im Festhalten an der Betonung der poetischen Idealität der Schäferwelt trifft sich Gottsched mit Johann Adolf Schlegel, der sich in einem Traktat *Von dem eigentlichen Gegenstand der Schäferpoesie*

---

9 Vgl. GOTTSCHED (DICHTKUNST), 581–602.
10 Ebd., 582.

(1751) bemüht, auf einem Gebiet, wo die größte begriffliche Verwirrung herrsche, Klarheit zu schaffen. Schlegel wendet sich insbesondere gegen die Identifikation der Eklogen mit der in jenen Jahrzehnten sich stark entwickelnden Landdichtung, wie sie etwa Charles Batteux (*Cours des belles-lettres*, 1747–1748) vorgenommen hatte. Für Schlegel (der im übrigen die Adaptation der antiken Modelle an die moderne Umwelt durchaus befürwortet) ist der Kern der Schäferdichtung die Schilderung eines in schöner Natur lokalisierten seelischen Glückszustandes: Der heutige Dichter kann ihn darstellen durch Rückprojektion in die Urzeit oder durch Aufsuchen ihrer Spuren in der Gegenwart.

III. Die Konzeption des Idyllischen im späten 18. Jahrhundert

Auf der Folie dieser Diskussion erscheint das poetische Programm Gessners, das er in der Vorrede zu seiner ersten Idyllensammlung (*Idyllen*, 1756) entwickelt, keineswegs als revolutionär. Die große Wirkung seiner Texte beruhte gerade auf deren Vermittlung zwischen der Bewahrung der antiken Modelle und der Integration moderner – insbesondere psychischer – Elemente, zwischen Fiktionalität und Verweisen auf die äußere Realität, zwischen der Evokation einer zur Evasion einladenden imaginären Welt und dem Hindeuten auf die Kluft zwischen der dort herrschenden Harmonie und der Disharmonie der ständischen Gesellschaft. Gessners Idyllenkonzeption ist ein ›Denkbild‹, implizit in seinen subtilen Texten enthalten, die schon von den – meist begeisterten, aber später auch ablehnenden – Zeitgenossen zu oberflächlich gelesen wurden. Indes hebt die Vorrede von jenen Momenten, welche die neue Idylle bestimmen werden, zwei explizit hervor: die *Subjektivierung* und die dominante Rolle der *Natur*. Gessner geht aus von der beseligenden Möglichkeit, sich mittels der Einbildungskraft ins Goldene Zeitalter zurückzuversetzen: »Oft reiß ich mich aus der Stadt los,

---

11 SALOMON GESSNER, Idyllen (1756), hg. v. E. T. Voss (1973; Stuttgart 1988), 15.

und fliehe in einsame Gegenden, dann entreißt die Schönheit der Natur mein Gemüth allem dem Ekel und allen den wiedrigen Eindrüken, die mich aus der Stadt verfolgt haben; ganz entzükt, ganz Empfindung über ihre Schönheit, bin ich dann glüklich wie ein Hirt im goldnen Weltalter und reicher als ein König.«[11] Das Glück jener Hirten war eine Gabe der »milden Mutter Natur«, und die Nähe zu dieser, ihre genaue Kenntnis, die Kunst, die Gesänge der von der Natur noch nicht entfernten Hirten nachzuahmen – diese (vermeintlichen) Vorzüge Theokrits machen ihn für Gessner zum »besten Muster« (15) für die Idylle. Der poetische Welt Theokrits, die nunmehr im Zuge des Naturkults generell revalorisiert wird, schreibt auch Gessner Einfalt und Naivität zu, nicht aber die in der vorausgehenden Diskussion immer wieder hervorgehobene Grobheit. Ein explizites Bekenntnis zu antiheroischer Dichtung eröffnet die Widmung »An Daphnen«: »Nicht den blutbespritzten kühnen Helden, nicht das öde Schlachtfeld singt die frohe Muse« (19). In einer der *Neuen Idyllen, Daphnis und Micon* (1772), kontrastiert der Dichter ein zum öden Sumpf gewordenes Schlachtfeld mit der Segensfülle einer von einem Idyllenbewohner kultivierten Landschaft. Die ätiologische Idylle *Lycas, oder die Erfindung der Gärten* (1772) weist auf den Zusammenhang mit der sich in jenen Jahrzehnten entfaltenden Gartenarchitektur hin (Christian Cay Lorenz Hirschfeld, *Theorie der Gartenkunst*, 1779–1785) – einen Zusammenhang, der in der Analogie der Versuche besteht, eine von Aggression und bedrohlicher Exuberanz gereinigte Natur herzustellen. Der Übergang vom französischen zum englischen Garten und das in ihm implizierte Naturverhältnis wird insbesondere in den idyllischen Partien der romantischen Romane mannigfach thematisiert werden (Achim von Arnim, Joseph von Eichendorff).

Außer der Bindung an ein neues Naturkonzept und der Fundierung im Subjekt sind es die Integration von Familie und Arbeit und die darauf gegründeten Entwürfe von Gemeinschaftsleben, welche die Idylle des späten 18. Jh. prägen. Als Terminus setzt sich infolge der starken Wirkung von Gessners Texten gegenüber den konkurrierenden Bezeichnungen jetzt ›Idylle‹ durch. Formal ist zunächst gegenüber der Formenvielfalt der Renais-

III. Die Konzeption des Idyllischen im späten 18. Jahrhundert 125

sance- und Barockbukolik die Wiederbelebung der Kleinform zu beachten, zu der Gessner durch die Anlehnung an Theokrit geführt worden war. Die rhythmische Prosa, durch die er den Hexameter ersetzte, eignete sich sehr gut zum Ausdruck der identifikatorischen Naturwahrnehmung, die sich in jener Epoche in dialektischem Zusammenhang mit dem beginnenden technischen Zugriff auf die Natur herausbildete. Gessners Figuren und Erzähler vermögen den Reiz der Landschaft ebenso wie die Zartheit kleiner Pflanzen und Tiere sehr anrührend zu evozieren. Der immer noch fiktionale Dekor seiner Dichtungen verdeckt aber ein Grundproblem der Fusion von Idylle und Natur, das hervortritt, sobald sich die Idylle in einer als real vorgestellten Welt bewegt – ein Problem, das sich gerade in den heutigen Zeugnissen idyllischer Mentalität wieder abzeichnet. Die Schilderung vertraulichen Umgangs der Menschen mit Naturwesen ist von den antiken Modellen an ein Hauptzug der Idylle gewesen, ohne daß dem eine Ideologie zugrunde lag. Das änderte sich nun, nachdem das der Antike noch fremde zusammenfassende Konstrukt einer autonomen, zwischen Begriff und halbmythischer Figur oszillierenden ›Natur‹ entstanden war und als Leitinstanz fungierte. Dieser Naturbegeisterung verdankte die Idylle hinreißende Schilderungen, so bei Gessners Schüler Maler Müller, sie verdankte ihr auch die Individualisierung und Dynamisierung der Personen, aber andererseits erzwang sie die Unterdrückung jener Aspekte, die nicht zum Bild der ›milden Mutter‹ passen. Sie gab auch der – seit Horaz topischen – Verdammung der Stadt einen größeren Stellenwert. Fern lag vielen Autoren – bis zu ihren heutigen Interpreten hin – die Perspektive, daß List und Gewalt, welche als Kennzeichen der Zivilisation einem idealen Naturzustand gegenübergestellt werden, selbst naturentsprungene Überlebensstrategien sind. Die Frage, in welchem Maße Aggression als Naturphänomen in die Idylle eingelassen werden kann, ohne deren Charakter als geschützter Raum zu zerstören, wird durch die Naturverklärung viel schwieriger, ihre Bewußtmachung aber auch ein ästhetisches Wertkriterium für die Texte. Mehr oder minder deutlich zeichnet sich diese Problematik bei Gessner und bei seinem – gegen den Klassizismus des Lehrers revoltierenden

– Schüler Maler Müller ab, bei Gessner verquickt mit halbunterdrückten Theodizee-Zweifeln, bei Müller akzentuiert durch die Erkenntnis der Natürlichkeit von Egoismus und Triebhaftigkeit. So konstatiert Müller in einem Jugendbrief: »Eygennutz, der gleich einer Reihe durch die gantze Natur gezogen ist – und der mächtige Trieb der Selbsterhaltung hervorbringt alles«[12]. Eine Hilfe bei der Formulierung des Problems bot die schon erwähnte Ergänzung der Urzeit-Vorstellungen durch die Patriarchen-Erzählungen. In Gessners *Der Tod Abels* (1758) und Müllers *Adams Erwachen und erste seelige Nächte* (1778) wird die Idylle in der Zeit nach dem Sündenfall angesiedelt, wo es zwar möglich ist, einen Abglanz des Paradieses zu beschreiben, mit der Gestalt Kains und dem sich vorbereitenden Brudermord aber das Phänomen einer Aggression thematisiert werden muß, die aus den psychischen Spannungen innerhalb einer kleinen, nach Harmonie strebenden Gruppe erwächst. Beide Autoren entfalten eine erstaunlich differenzierte Psychologie. In den antikisierenden Idyllen Gessners findet sich die Vorstellung eines naturhaft angeborenen moralischen Sinnes; Müller, der in den seinen als Figuren Faune und Nymphen bevorzugt, gibt ihnen im Zuge des neuen Griechenverständnisses ein beträchtliches Maß von Wildheit, aber doch auch kreatürliche Solidarität mit. In der Folge wurde das aus den antiken Modellen stammende Formelement eingelegter Erzählungen oft verwandt, um Aggression, Leiden und Tod in gemilderter Form einzuführen. Das Motiv der Urfamilie hatte aber noch eine andere Funktion. Die Hirtenpoesie der Antike und der Renaissance war auf erotisches Verlangen und dessen Träger zentriert. Jetzt, in der Epoche der Metamorphose der Familienstruktur in Mitteleuropa, rückte die durch affektive Bindungen bestimmte Kleinfamilie in die Idylle ein und gewann binnen kurzem einen so zentralen Platz, daß elementare familiale Lebensformen zum Kern dieses Denkbildes wurden. Das Kind, in der antiken Bukolik nur eine Randfigur, wurde zum Lieblingsmotiv.

---

[12] Zit. nach OTTO HEUER, Einleitung, in: FRIEDRICH [MALER] MÜLLER, Idyllen, hg. v. O. Heuer, Bd. I (Leipzig 1914), LIII.

Eine weitere Veränderung in der Idyllenstruktur, die bald zum neuralgischen Punkt wurde, war die Integration der Arbeit. Diese Problematik kann hier nur kurz umrissen werden.[13] ›Muße‹ galt traditionell als eine der unabdingbaren Konstanten der Idyllenpoesie, wobei aber deren Deutung als Untätigkeit keineswegs den antiken Modellen entspricht. Läßt sich ›Arbeit‹ im modernen Sinn, die auch geistige Tätigkeit umfaßt, unterteilen in notwendige heteronome, die der Beschaffung des Lebensunterhalts dient, und freie kreative, so gehört die letztere seit jeher zum Bestand der Idylle. Mit dem Ende des 18. Jh. und der Verstärkung der religiös, insbesondere protestantisch fundierten Arbeitsmoral durch die aufkommenden ökonomisch orientierten Gesellschaftsentwürfe wird für die Gestaltung der Idylle ein Prozeß nötig, den man die Appropriation der notwendigen Arbeit nennen kann. Sie muß so beschaffen sein, daß sie nicht die Aggressivität harter Mühe in den Schutzraum der Idylle hineinträgt. Gessner bevorzugt denn auch für seine Figuren die − schon in der Antike hochgeschätzte − Baumzucht. Ein sprechendes Dokument ist des jungen Goethe idyllisches Dramenfragment *Prometheus* (1772). Dieser Vater des Menschengeschlechts hat Kinder erzeugt, die, ihm gleich an Dynamik, mit Eifer die notwendigen Arbeiten wie Jagd und Hüttenbau betreiben − allerdings in einer imaginierten Frühzeit. Unter welchen Bedingungen auch die lebensnotwendige Arbeit Entfaltung der Persönlichkeit sein kann − mit dieser anthropologischen Grundfrage hat die Idylle fortan zu kämpfen.

Sie gehört in den Kontext der größeren Frage nach dem ›utopischen Potential‹ der neuen Idylle, d. h. nach ihrer Tauglichkeit, für Entwürfe einer idealen Gesellschaftsordnung Modelle oder doch Elemente zu liefern. Bekannt ist die enthusiastische Rezeption Gessners im vorrevolutionären Frankreich; inwieweit bei den Lesern, Übersetzern und Nachahmern der evasive, inwieweit der gesellschaftskritische Impuls wirksam war, ist empirisch noch nicht aufgearbeitet. Bezeichnenderweise findet der von Gessner begeisterte Philosoph Moses Mendelssohn das zentrale Merkmal der Idyllenpoesie darin, daß ihre Personen in »kleinen Gesellschaften« leben, »als Familien und Freunde«, ohne sichtbare Beziehung zu komplexeren staatlichen Gebilden. Die Idylle sei »der sinnliche Ausdruck der höchst verschönerten Empfindungen und Leidenschaften«[14] der in solchen kleinen Gemeinschaften lebenden Menschen, eine Definition, die allerdings auf Gessners Idyllenwelt zutrifft. In ihr gibt es keine ständische Gliederung; zwar gibt es Unterschiede des Besitzes, doch spielen diese eine geringe Rolle. Herausragende Eigenschaften sind Hilfsbereitschaft, Dankbarkeit, Frömmigkeit − Tugenden, denen sich eine unbefangene erotische Zärtlichkeit anschließt. Sind diese Mentalität und die ihr entspringenden Verhaltensweisen auch durchaus utopietaugliche Momente, so bleibt doch unklar, wie ihr von ihnen konkret eine moderne Gesellschaftsordnung aufgebaut werden könnte. Weit einleuchtender läßt sich der utopische Gehalt solcher fiktionalen Welten so fassen, daß die in ihr geschilderten humanen Verhältnisse für deren Absenz in der außertextuellen Gesellschaftsordnung den Blick schärfen und zur Reflexion über ihre Veränderbarkeit auffordern. Eine eigentümliche Position in diesem Problemkomplex nimmt Jean Jacques Rousseau ein. In seiner Rezeption waltete ein Paradox. Bekanntlich galt er ebenso wie Gessner als Verkünder einer naturnahen Gesellschaftsform, die auf dem Zusammenwirken von kleinen Gruppen unter einfachen Bedingungen beruht. Dieses Konzept ist aber in Rousseaus *Discours sur les origines de l'inégalité parmi les hommes* (1755) nur eine um des besseren Überlebens willen notwendige zweite Wahl: der wirkliche ›homme naturel‹ ist ein Nomade, der einsam durch die Wälder zieht, geistig wenig entwickelt, aber darum nicht unglücklich, da er vollständige Freiheit und Konfliktlosigkeit genießt. Diese primäre Existenzform beweist nach Rousseau, daß die Natur den Menschen ursprünglich keineswegs zum Gemeinschaftsleben bestimmt hat. Der Urmensch lebt in einer Art von herber Idylle, deren Einsamkeitspathos bei Rousseau eine andere moderne Idyllenvariante vorbereitet: die der narzißtischen Einsamkeit. In der 5. Promenade

---

13 Vgl. RENATE BÖSCHENSTEIN, Arbeit und Muße in der Idyllendichtung des 18. Jahrhunderts, in: G. Hoffmeister (Hg.), Goethezeit (Bern 1981), 9–30.
14 MOSES MENDELSSOHN, Briefe, die Neueste Litteratur betreffend, 85. u. 86. Brief (21. 2. 1760), in: Mendelssohn, Ges. Schriften, hg. v. G. B. Mendelssohn, Bd. 4/2 (Leipzig 1863), 23.

der *Rêveries d'un promeneur solitaire* (1776–1778) schildert er als die Essenz seines Lebens im Asyl der Petersinsel die im Kontakt mit dem einwiegenden Wasser verlebten Stunden der Versenkung in das eigene Ich. Andererseits hat Rousseau auch mit dem Mustergut von Clarens in der *Nouvelle Héloïse* (1761) ein Beispiel der agrarischen Utopien entworfen, wie sie unter dem Einfluß der Physiokraten entstanden.
Zur modernen Idylle gehört auch die Entfaltung der subjektiven Perspektive auf den Idyllenraum. Schon die Insel der Kalypso entfaltete ihre Schönheit dem Auge des Götterboten Hermes; das geschützte Dasein des Vergilischen Tityrus (1. Ekloge) gewann seine Ausstrahlung durch den schmerzlichen Blick des Flüchtlings Meliboeus. Diese Außenperspektive, gleichsam das Bewußtsein der Idylle von sich selbst, hat der junge Goethe symbolisiert in der Gestalt des *Wandrers* (1772). Die Idyllik dieses Gedichts beruht auf einer Natur, die zugleich Menschenleben und Kunst umschließt: eine junge Mutter bewohnt mit ihrer Familie eine aus Tempeltrümmern erbaute Hütte – Zeichen einer sinnvollen Rückkehr des Kunstwerks in das Prinzip der Kreativität, die Natur.
Die signifikanten Themen Natur-Familie-Arbeit-Gesellschaftsordnung-Subjektivierung lassen aus heutiger Perspektive die an der Erneuerung der Idylle beteiligten Autoren zusammenrücken, während sie selbst sich als divergent verstanden, insbesondere in bezug auf die Rolle der Mimesis außertextueller Welt. Die neue Ästhetik der Kraft und Individualität ließ in Deutschland Gessners Ruhm schneller verblassen als im übrigen Europa. Die als Utopie-Ansatz lesbare Idylle wurde hier fortgeführt von Johann Heinrich Voß, der als dezidierter Aufklärer seine Feudalismus-Kritik weit expliziter formulierte als Gessner und Müller. Packend gestaltet er in der frühen Idylle *Die Pferdeknechte* (1775) das Leiden der Leibeigenen, wobei der durch den Hexameter erweckte Erwartungshorizont als verschärfender Kontrast fungiert, wie der André Chéniers Sklaverei-Gedicht *La Liberté* (1787) der Alexandriner. Die Fortsetzung des *Pferdeknechte* zeigt die Aporie des Versuchs, literarische Sozialkritik in Praxis umzusetzen: Zwei weitere Idyllen lassen das Thema ›Leibeigenschaft‹ in die von einem gütigen Baron gewährte Freiheit mün-

den. Die Freilassung als Gnadenakt dämmt natürlich den revolutionären Impetus der Texte ein – und doch war die Toleranz einzelner Adliger, an die Voß bewußt appellierte, der einzige Weg zum Erfolg. Voß' wirkungsvollste Idylle aber, *Luise* (1795), ein Lieblingsbuch der Bürger des 19. Jh., erfuhr wieder eine jener paradoxen Rezeptionen, die der bildhafte Charakter der Idylle zur Folge hat. Geschildert wird das Leben in einem ländlichen Pfarrhaus, wobei die Personenkonstellation aus der jungen Pfarrerstochter Luise, dem Pfarrer und seiner Gattin, Luisens gleichfalls zum Pfarramt bestimmtem Bräutigam, einer fortschrittlichen Gräfin und deren Kindern sowie den Dienstboten besteht. Zwischen allen diesen Personen herrschen freie und herzliche Beziehungen. In diese im Umkreis der Französischen Revolution entstandene Idylle sind didaktische Partien – Reden und Lieder – eingelegt, die an der aufklärerischen Intention keinen Zweifel lassen. Formuliert werden vor allem die Ideale religiöser Toleranz und allgemeiner Brüderlichkeit; Sokrates tritt an die Seite Christi. Die nirgends gebrochene oder perspektivierte Evokation einer konfliktlosen bürgerlichen Welt im suggestiven Indikativ macht es aber verständlich, daß dieser Text weithin als Affirmation bürgerlicher Behaglichkeit gelesen wurde. Zur Rettung des Autors hat man angeführt, daß die reichen realitätsmimetischen Momente den hier intendierten Aufruf zur Humanität stützen sollten, aber das Verfahren war offenbar nicht tauglich. Erst die moderne analytische Lektüre deckte die utopische Dimension des Gedichts auf.
Breitenwirkung infolge vereinfachender Lektüre im 19. Jh. war auch das Schicksal von Goethes idyllischem Hexameterepos *Hermann und Dorothea* (1796). Goethes Neigung zum Idyllischen, die nach einer späten Formulierung »menschlich natürliche, ewig wiederkehrende, erfreuliche Lebenszustände einfach wahrhaft«[15] darstellt, entspringt einem Vertrauen auf eine naturgegebene, den Menschen einschließende Ordnung des Kosmos, das vielleicht mehr Anfechtungen kennt, als programmatische Bekenntnisse verraten. Zu diesem Problem können hier nur einige Fragestellun-

---

15 JOHANN WOLFGANG GOETHE, Wilhelm Tischbeins Idyllen (1822), in: GOETHE (BA), Bd. 20 (1974), 271.

gen signalisiert werden, die aus dem reichen Goethischen Idyllenpanorama hervorgehen. Der Roman *Die Leiden des jungen Werthers* (1774) lebt von der Subjektivierung der Idylle. Als ›Wandrer‹ kommt Werther in das Dörfchen, an dessen ihn homerisch anmutenden Lebensformen er nur scheinhaft teilhat. Allen glücklichen Idyllenmomenten korrespondiert deren Zerstörung. Die Kluft zwischen Werthers Erfahrungen der Natur, die sich zuerst als herrliche Schöpferin, dann als stete Vernichterin offenbart – ist sie die Konsequenz seiner pathologischen Disposition oder vielmehr diese Disposition Symptom des Unheimlichen jener Instanz, welche die Möglichkeit idyllischer Geborgenheit garantieren sollte? Die fundamentale Relativierung des Idyllischen wird in diesem Roman formal ermöglicht durch die Einführung der Enklavenform, die Goethe in der Folgezeit ausbauen wird: so in *Wilhelm Meisters Wanderjahren* (1821) und vor allem in *Faust II*. Im 3. Akt verschmelzt Faust in sehnsüchtiger Imagination antike und moderne Idyllenelemente zu einem Inbild Arkadiens. Der 5. Akt dagegen gestaltet das später von Bloch formulierte Problem: die den rationalen Sozialutopien inhärente Gefahr totalitärer Vernichtung des Individuellen. Der Kolonisator Faust läßt sich von den auf seinem Gelände verbliebenen Spuren befriedeter Idyllik, Hütte und Kapelle des alten Paares Philemon und Baucis, keineswegs zur Zügelung seines durch soziale Zielsetzung scheinbar legitimierten aggressiven Zugriffs auf die Natur mahnen, sondern tilgt diese Spuren aus in einer Szene, deren antizipatorische Hellsicht erst durch die Erfahrung solchen Zugriffs im 20. Jh. lesbar wurde.

Neu lesbar wird auch *Hermann und Dorothea*. Für die zeitgenössischen Interpreten stand, wie bei Voß, im Mittelpunkt der Rezeption die dem Autor selbst sehr wichtige Bemühung um Integration der antiken Kultur in die moderne. Spezieller ging es um die Möglichkeit, das Epos für die moderne Literatur zu retten. Hegel legt in seiner *Ästhetik* (1835–1838) dar, daß für die Homerische Epik ein archaischer Weltzustand Voraussetzung war, in dem staatliche und ökonomische Verhältnisse noch konkret, personalisiert und überschaubar waren. »Die epische Poesie hat sich deshalb aus den großen Völkerereignissen in die Beschränktheit privater häuslicher Zustände auf dem Lande und in der kleinen Stadt geflüchtet, um hier die Stoffe aufzufinden, welche sich einer epischen Darstellung fügen könnten. Dadurch ist denn besonders bei uns Deutschen das Epos *idyllisch* geworden, nachdem sich die eigentliche Idylle in ihrer süßlichen Sentimentalität und Verwässerung zugrunde gerichtet hat.« *Hermann und Dorothea* ist für Hegel ein »Meisterwerk«, denn »Goethe hat für dieses Werk mitten in der modernen Wirklichkeit Züge, Schilderungen, Zustände, Verwicklungen herauszufinden und darzustellen verstanden, die in ihrem Gebiete das wieder lebendig machen, was zum unvergänglichen Reiz in den ursprünglich menschlichen Verhältnissen der Odyssee und der patriarchalischen Gemälde des Alten Testamentes gehört.«[16] Die künstlerische Herstellung eines modernen Analogons zum archaischen Weltzustand ist freilich erkauft mit dem Schweigen über die Zugehörigkeit der dargestellten Welt zu einer größeren staatlichen Organisation, einem Schweigen, das dem bürgerlichen Leben einen Anschein von Selbständigkeit gibt. Die Struktur dieser Idylle läßt sich als partielle Eindringen der in der Außenwelt herrschenden Aggression in den – vorläufig geschützten – Kleinraum beschreiben: in Gestalt des Flüchtlingsstroms, der vor den Schrecken der postrevolutionären Kriege über den Rhein geflohen ist. Goethes bekannte Ablehnung der Französischen Revolution und revolutionärer Bewegungen überhaupt hat, insbesondere in der Rezeption des 19. Jh., oft dazu geführt, im Text eine Antithese von heilem Bürgerleben und drohendem politischen Chaos wahrzunehmen. Aber schon die Handlung ist die Geschichte einer psychischen Emanzipation. Der Protagonist, zuvor ein gefügiger Sohn aus wohlhabendem Hause, wählt entgegen den väterlichen Wünschen das besitzlose Flüchtlingsmädchen zur Frau. Die auch hier evidente Freude an der konkreten Schilderung der bürgerlichen Welt ist, anders als bei Voß, perspektiviert durch divergente Meinungen der Figuren sowie durch die Ironie des Erzählers, die sich besonders an die Mentalität der Besitzbürger richtet. Nicht nur die Exzesse der

---

16 GEORG WILHELM FRIEDRICH HEGEL, Vorlesungen über die Ästhetik (1835–1838), Bd. 3, in: HEGEL (TWA), Bd. 15 (1970), 414 f.

III. Die Konzeption des Idyllischen im späten 18. Jahrhundert

›terreur‹, sondern auch die vorangehende hohe Zeit der Begeisterung für die revolutionären Ideale wird in Erinnerung gerufen. Am Schluß stehen zwei historisch-politische Konzeptionen nebeneinander: der Geist der Erneuerung, einst verkündet von Dorotheas erstem Bräutigam, der Lösung vom Besitz und stete Aufbruchsbereitschaft verlangt, und der – national getönte – Entschluß zum verantwortlichen Verwalten des Besitzes und zum Festhalten an der Tradition. Daß die letztere den Text beschließt, bedeutet nicht, daß die Gegenposition entkräftet wird. Deren Vertreterin, die geistig überlegene Dorothea, gibt dem Versuch, im geschützten Raum humanes Leben zu verwirklichen, erst den weiten Horizont, der ihn vor egozentrischer Verengung bewahren soll.

Zeigt sich so selbst in Goethes im ganzen auf der Annahme von ›Naturformen‹ des menschlichen Lebens gegründetem Text eine Öffnung auf das Utopische im allgemeinsten Sinn, so formuliert Schiller in seiner Abhandlung *Ueber naive und sentimentalische Dichtung* (1795) eine Theorie der Idylle, deren Telos, in heutige Terminologie übersetzt, ihr Verhältnis zur Utopie ist. Auch Schiller geht aus von dem Konstrukt einer Natur, die als ›reine‹, ›unschuldige‹, ›vollkommene‹ der Künstlichkeit und Unwahrhaftigkeit der Kultur entgegengestellt wird. Die diesem Konstrukt inhärenten Brüche – Schiller muß daraus stets eine ›rohe‹, ›gemeine‹ Natur auszuscheiden trachten – sowie die Überkreuzung von systematischem und historischem Denken führen zu – oft bemerkten – Widersprüchen im Gedankengang. Klar ist aber die Grundstruktur: einem ›naiven‹ Weltverhältnis, in dem der Mensch sich noch in Einheit mit der Natur befindet, entspricht der Dichter, der (wie Homer) eine durch Sinnlichkeit und Individualisierung ausgezeichnete Mimesis naturgebundener Zustände leistet; dem ›sentimentalischen‹ Weltverhältnis hingegen, in dem der Mensch, durch sein Bewußtsein isoliert, sich nach der Einheit sehnt, entspricht jener Dichter, der sie durch seine Poesie wiederzugewinnen sucht. Bekanntlich unterscheidet Schiller mehrere Möglichkeiten solcher Poesie: die Satire, welche die Mängel der von ihr beschriebenen Zustände diagnostiziert, die Elegie, die sie beklagt, und die Idylle, welche den idealen Zustand imaginiert. Schiller ist dabei insofern zukunftweisend,

als er pointiert zwischen diesen Dichtungsarten als Gattungen und als ›Empfindungsweisen‹ trennt, also in bezug auf die Idylle die Erweiterung zum Idyllischen und die Ablösung von der Kleinform legitimiert. Wenn er ebenso die traditionelle Einschränkung der Idylle auf die Hirtenszenerie abweist, so entspringt dies aus seiner anthropologischen Entscheidung für den Menschen als Bewußtseinswesen. Das Ziel der Idylle,»den Menschen im Stand der Unschuld, d. h. in einem Zustand der Harmonie und des Friedens mit sich selbst und von aussen darzustellen«[17], kann nicht durch Bilder eines vorkulturellen Zustands dargestellt werden, sondern gerade durch Entwürfe eines Gipfels der Kultur, der den Menschen in seiner Mündigkeit vorstellt. Der Idyllendichter soll – so Schillers berühmte Formulierung – »jene Hirtenunschuld auch in Subjekten der Kultur und unter allen Bedingungen des rüstigsten feurigsten Lebens, des ausgebreitetsten Denkens, der raffinirtesten Kunst, der höchsten gesellschaftlichen Verfeinerung« zeigen. In dieser Evokation einer Gemeinschaft allseitig entfalteter Persönlichkeiten, deren Dynamik sich nicht aggressiv, sondern kreativ verwirklicht, liegt das utopische Moment von Schillers Ansatz. Er hat es indes unterlaufen, indem er den Zustand, der geschildert werden soll, als »Elisium« bezeichnet, mithin als einen Zustand der Vollkommenheit also, der *nach* den Kämpfen liegt, durch die »aller Gegensatz der Wirklichkeit mit dem Ideale« (472) aufgehoben wird und dessen Charakteristikum demnach eine aus dem Gleichgewicht der Kräfte entspringende, der Trägheit entgegengesetzte Ruhe ist. Schiller sah hier vor allem ein poetologisches Problem: den Mangel an Bewegung, der diesen vollkommenen Zustand schwer darstellbar macht. Das gesellschaftstheoretische Problem liegt aber darin, daß er mit dem Imago des ›Elysiums‹ über die utopietauglichen Bilder des geistig intensiven Lebens aus der ihn prägenden Tradition übernommene religiöse Jenseitsvorstellungen legt, welche das Realisierbare transzendieren. Gerade Schillers Abhandlung zeigt die Notwendigkeit, zwischen idyllisch-utopischen

---

17 FRIEDRICH SCHILLER, Ueber naive und sentimentalische Dichtung (1795), in: SCHILLER, Bd. 20 (1962), 467.

Entwürfen und Vollkommenheitsvisionen strikt zu unterscheiden – mögen auch beide aus der anthropologischen Konstante des Leidens an der mangelhaften Realität hervorgehen. An Schiller schließt Wilhelm von Humboldt an, wenn er in seiner Analyse von *Hermann und Dorothea* die Definition der Idylle als Empfindungsweise und als Inversion der Satire übernimmt. Er hält aber am Kriterium der Begrenzung fest.»Der Idyllendichter schildert [...] immer, seiner Natur nach, nur Eine Seite der Menschheit, und sobald er uns in den Standpunkt stellt, von dem wir auch die andre gleich klar übersehen, geht er aus seinem Gedicht heraus, und je nachdem er mehr einen ruhigen und allgemeinen Ueberblick oder durch die Vergleichung beider eine bestimmte Empfindung erregt, in das der Epopee oder das der Satyre über.«[18] Demgemäß ordnet Humboldt auch Goethes Gedicht nicht einer »Mittelgattung zwischen der Epopee und Idylle« (259) zu, sondern einer modernen Form der letzteren, der »bürgerlichen Epopee«, deren Existenzberechtigung neben der nicht mehr zeitgemäßen »heroischen« (269) er verteidigt. Schiller hingegen gab mit dem Postulat einer Idylle maximaler kultureller Entfaltung das fundamentale Strukturmerkmal der Begrenzung auf. Auch andere deutsche Dichter und Theoretiker der Epoche um 1800 kämpften mit dieser traditionellen Einschränkung, die dem romantisch-idealistischen Denken leicht zum Anstoß wurde. In ihm dominieren die Vollkommenheitsmotive (Paradies, Goldenes Zeitalter, die dritte Stufe der Heilsgeschichte). Einen Ansatz, die Begrenzung der Idylle mit dem Impuls zur Integration erweiterter Welt zu vermitteln, fand Jean Paul, und zwar sowohl in seiner Theorie wie in seiner poetischen Praxis. Seine berühmte Definition der Idylle als einer »epischen Darstellung des *Vollglücks* in der *Beschränkung*«[19] kombiniert die Subjektivierung der idyllischen Weltsicht mit einer objektiven Bedingung, wobei die Beschränkung nur dahin gehen

soll, daß heftige Leidenschaften, eine Menge von Personen und die Staatsangelegenheiten ausgeschlossen werden sollen. Im übrigen fordert gerade Jean Paul energisch die Freiheit der Schauplätze und der Berufe.»So kann z. B. die Ferienzeit eines gedruckten Schulmannes – der blaue Montag eines Handwerkers – die Taufe des ersten Kindes – sogar der erste Tag, an welchem eine von Hoffesten mattgehetzte Fürsten-Braut endlich mit ihrem Fürsten ganz allein [...] in eine volle blühende Einsiedelei hinausfährt – kurz alle diese Tage können Idyllen werden und können singen: auch wir waren in Arkadien. – Wie könnte nicht der Rhein eine Hippokrene, ein vierarmiger Paradiesesstrom der Idyllen sein.« (259) Dem entspricht formal Jean Pauls Bestimmung der Idylle als Nebenform des Romans. Die Subjektivierung und die weite Öffnung der Szenerie verteidigt auch Johann Gottfried Herder in seiner Zeitschrift *Adrastea* (1801–1802). Er ist darin zukunftweisend, daß er die Idylle als kreative Aufgabe der einzelnen Persönlichkeit deutet. Der »Hauptbegriff dieser Dichtung« ist »Darstellung oder Erzählung einer menschlichen Lebensweise ihrem Stande der Natur gemäß«[20]. Der alte Schäferdekor ist hinfällig. »Dagegen tritt unsre Welt, nach Jedes Weise und Sitte in den schönen Glanz einer neuen Schöpfung. Geist und Herz, Liebe, Großmuth, Fleiß, Tapferkeit, Sanftmuth schaffen sich ein Arkadien in *ihrer* Welt, in *ihrem* Stande, es ordnend, genießend, gebrauchend. – Groß und neu wird hiermit das Gebiet des Idylls.« Herder überträgt diese neue Idyllik aus der Literatur in die Praxis: »Aus unserm Herzen sprossend muß unser Verstand sich durch Kunst dies Lebens = Idyllion schaffen, durch Auswahl diese Lebenseklöge vollenden.« (305) Zu solcher Erweiterung gehört, daß die Harmonie der Idylle nicht von der Realität der Natur abweichen darf: Herder unterscheidet eine »weibliche«, d. h. »sanfte, weiche« Idylle von einer »männlichen«, d. h. »stärkeren, rauheren« (300), der man gewachsen sein muß. Zugleich fordert Herder indirekt die partielle Idylle: Nach ihm gibt es sogar auf dem Schlachtfeld humane Episoden, die als Idylle beschrieben werden könnten.

Bei Schiller und Herder ist ein Motiv angedeutet, das sich bei Jean Paul reich entwickelte und zu einem zentralen Thema des 19. Jh. wurde: die Ver-

---

18 WILHELM VON HUMBOLDT, Ästhetische Versuche. Erster Theil: Über Göthes Herrmann und Dorothea (1799), in: HUMBOLDT, Bd. 2 (1904), 253.
19 JEAN PAUL, Vorschule der Ästhetik (1804), in: JEAN PAUL (MILLER), Abt. I, Bd. 5 (1963), 258.
20 JOHANN GOTTFRIED HERDER, Adrastea. Drittes Stück (1801), in: HERDER, Bd. 23 (1885), 303.

wurzelung der Idylle in der Kindheit. Die kollektive Memoria der Urzeit wird ersetzt durch die individuelle Memoria der Kindheit. Bei Jean Paul ist die Thematisierung des Kindesalters fokalisiert auf die Ebene der Reflexion: Initialzündung der in der *Selberlebensbeschreibung* (1818) geschilderten Dorfkindheit ist der Augenblick des entstehenden Ichbewußtseins. Generell kommt in den verklärten Zügen, welche die Kindheit in der Idyllendichtung gewinnt, die romantische Sakralisierung des Kindes oft mit der neuen Idealisierung der realen Mutter-Kind-Beziehung zusammen.

IV. Das Denkbild Idylle im 19. Jahrhundert

Das aus den Kunstwerken zu erschließende Denkbild Idylle ist für das 19. Jh. weit wichtiger als die in Poetiken und Wörterbüchern verzeichneten sehr repetitiven Definitionen. Das theoretische Interesse an der Idylle nahm mehr und mehr ab. Oft wird als Grund hierfür Hegels verständnisloses Urteil über die Gattung angenommen. Dem autoritären Kunstrichter mißfällt die Idylle infolge ihres fluiden Charakters, der sich seiner deduktiven Denkform nicht beugt: »In einer wahrhaften Einteilung [...] kann nur das Platz gewinnen, was einer Begriffsbestimmung gemäß ist; was sich dagegen als unvollkommen an Inhalt oder an Form oder an beiden zugleich erweist, läßt sich, weil es eben nicht ist, wie es sein soll, nur schlecht unter den Begriff, d. h. unter die Bestimmung bringen, wie die Sache sein soll und der Wahrheit nach wirklich ist.« Eine solche unvollkommene »Sache« ist die Idylle, »in dem modernen Sinne des Worts, in welchem sie von allen tieferen allgemeinen Interessen des geistigen und sittlichen Lebens absieht und den Menschen in seiner Unschuld darstellt.« Aber auch von den antiken Dichtern läßt Hegel nur Theokrit wegen eines »Kerns lebendiger Anschauung« gelten, nicht Vergil; Gessner ist platterdings »am langweiligsten«[21]. Indes zeigt sich das Desinteresse an der Idylle auch bei den anderen westlichen Literaturen, die nicht unter Hegels Einfluß stehen. Dafür gibt es verschiedene Gründe. Die von Gessner erneuerte Kleinform entfaltete sich quantitativ sehr breit, besonders im biedermeierlichen Deutschland[22]; in England stellten die populären idyllischen Melodramen eine Parallele dar. Solche weithin epigonalen Texte hefteten im avancierteren Lesepublikum das Odium selbstgenügsamen Kleinlebens an den Namen Idylle, während die in Roman und Drama integrierten partiellen Idyllen, in denen die Dichtungsart sich reich und tief entfaltete, ihr ebensowenig zugerechnet wurden wie ihre lyrischen Formen. Ein anderer Grund, der auch die partiellen Idyllen betrifft, ist die neue realistische Inszenierung der Idylle. Als Schauplätze der Idylle wurden oft geschützte Räume innerhalb der sich modernisierenden Welt gewählt, Kleinstädte oder Großstadtwinkel, welche noch die Möglichkeit humaner Lebensformen versprachen. Der Garten, auch der einfache Hausgarten, erlangte jetzt einen hohen Stellenwert: So warb die Londoner Untergrundbahn mit Plakaten von Vorstadtvillen und -gärten, die dank ihr leicht erreichbar waren. Daß sich der Schutz solcher Kleinräume oft als Illusion erwies, indem sie von außen oder innen zerstört wurden, führte zu dem Trugschluß, als sei auch die Darstellung solcher Räume zum Untergang verurteilt, während sie in Wahrheit gerade als Indiz der Bedrohung stärkere Bedeutung gewann. Denn mit dem Fortschreiten der Modernisierung, welche die alten feudalistischen Feindbilder auf die totalitären Züge von Industrialisierung und Geldwirtschaft verschob, wurde die Gegenbild-Funktion der Idylle immer wichtiger. Freilich wurde deren überzeugende Gestaltung auch dadurch schwieriger, daß die neue Leitinstanz, das Konstrukt ›Natur‹, durch den Darwinismus bereits wieder in Frage gestellt wurde. Im folgenden sollen die wichtigsten Facetten des Denkbilds Idylle im 19. Jh. skizziert werden.

1) Die Idyllendichtung verschmilzt mit der neuen realistischen Landdichtung, der sie aber weiterwirkt, einerseits als nun als illusionistisch abgelehnte Folie, andererseits aber auch in Gestalt vielfach funktionalisierter Topoi. Ein Wendepunkt ist William Wordsworths in der Form noch tradi-

---

21 HEGEL (s. Anm. 16), 390f.
22 Vgl. FRIEDRICH SENGLE, Biedermeierzeit. Deutsche Literatur im Spannungsfeld zwischen Restauration und Revolution 1815–1848, Bd. 2 (Stuttgart 1972).

tionelle Verserzählung *Michael* (1800), die das Schicksal eines modernen, durch ›industry‹ ausgezeichneten Hirten thematisiert, dessen Sohn dem Großstadtleben zum Opfer fällt. Wordsworth ist zu seinem Interesse für die Landbewohner durch anthropologische Fragestellungen motiviert: »the primary laws of our nature« lassen sich im »low and rustic life«[23] klarer erkennen. Die Forderung nach einem neuen Bild der Bauern und ländlichen Handwerker, das der Differenziertheit ihrer Persönlichkeiten gerecht wird, ist der soziale Impuls, der bei allen Unterschieden der weltanschaulichen und politischen Orientierung sowie der Situation der Agrarwirtschaft in den dargestellten Welten George Sand, Honoré de Balzac, George Eliot, Giovanni Verga und Jeremias Gotthelf verbindet. In den Vorreden zu *François le Champi* und *La petite Fadette*, beide um 1848 entstanden, verteidigt George Sand die überzeitliche Konstante der Sehnsucht nach den ›bergeries‹. Die überlebten Formen der Pastorale müssen allerdings durch eine naturnahe Kunst ersetzt werden, die sich an der Kunstübung der Bauern und Handwerker selbst inspirieren kann. Die Zeichnung der Figuren in ihren Landgeschichten oszilliert zwischen Resten von moralischer Idealisierung und eindringlich beobachtender Psychologie, die auch pathologische Züge erfaßt. Diese Spannung gilt auch für George Eliot, die gegen die immer noch – auch in Gemälden – verbreitete Idealisierung polemisiert: niemand, der die englische Landbevölkerung kenne, könne sie fröhlich nennen. Idealisierung ist geradezu schuldhaft, denn durch sie verfehlt der Künstler seine Aufgabe gegenüber dem Leser: ihn Einfühlung in Bauern und Handwerker zu lehren.

Substantielle Topoi früherer Idyllik aber werden von ihr integriert: so in *Adam Bede* (1859) herzliches Familienleben, Sonntag, Feste und ›Old Leisure‹ als eine personifizierte alte Idyllenkomponente. Die Enklavenform erlaubt es aber, diese Elemente im Schatten übergreifender Bedrohung – durch eine Verführung mit tragischem Ausgang – zu zeigen.[24] Balzac erneuert in seinem *Médecin de Campagne* (1833), wenngleich mit Vorbehalten gegenüber der alten Idylle, noch einmal das Genus der agrarischen Utopie, ein Ansatz, der wenige Jahre später der Skepsis gewichen ist (*Les Paysans*, 1844)[25]. In Deutschland sind letzte Versuche in dieser Art Alexander von Ungern-Sternbergs konservative Landutopie *Paul* (1845) und Berthold Auerbachs progressiver Landroman *Neues Leben* (1852). Gotthelfs große Stärke ist die Einfühlung in bäuerliche Personen bis in ihr Unbewußtes. Wenn sich in der kraftvollen Idyllik der von ihm geschilderten bernischen Höfe und ihrer Besitzer oft modellhafte Züge einer restaurativen Utopie abzeichnen, so setzen doch seine illusionslose Beobachtung und seine theologische Überzeugung von der Gefallenheit des Menschen dem Vertrauen in die Perfektibilität der Gesellschaft vor vornherein Grenzen.

2) In einer Fülle von Texten, von denen hier nur wenige genannt werden können, werden die in der Idylle repräsentierten Lebens- und Denkformen mit der historischen Entwicklung konfrontiert. In Victor Hugos *Les Misérables* (1862) erleben zwei junge Menschen in einem Winkel von Paris eine geheime Liebesbeziehung, die ›Idylle de la Rue Plumet‹, die mit den Nachwehen der Revolution von 1830 verschlungen ist. Dieses kontrastive Strukturschema findet sich in den großen Romanen vielfach wieder, bei Charles Dickens, Balzac, Stendhal, Gustave Flaubert. Eine nur noch halb altertümliche Kleinstadt von ambivalenter Gemütlichkeit erfindet Keller, um die Gefahren der aufkommenden Kreditwirtschaft zu signalisieren: Seldwyla. In Fontanes *Irrungen, Wirrungen* (1887) bilden eine Gärtnerei am Stadtrand und ein Ausflugslokal die Asyle, in denen sich eine gesellschaftlich zum Untergang verurteilte Liebe verwirklichen kann. Wilhelm Raabe schildert in *Pfisters Mühle* (1884) fast hellseherisch die Anfänge der Umweltzerstörung. Von dem in diesen Roma-

---

23 WILLIAM WORDSWORTH, Preface to ›Lyrical Ballads‹ (1800), in: Wordsworth, The Prose Works, hg. v. W. J. B. Owen/J. W. Smyser, Bd. 1 (Oxford 1974), 122, 124.
24 Vgl. HANS ULRICH SEEBER, Idylle und Realismus in England des 19. Jahrhunderts, in: Seeber/P. G. Klussmann (Hg.), Idylle und Modernisierung in der europäischen Literatur des 19. Jahrhunderts (Bonn 1986), 107–123.
25 Vgl. REINHOLD R. GRIMM, Natürliche Gesellschaft – Gesellschaftliche Natur. Zur Auflösung des Idyllischen in den Landromanen Balzacs, in: H. U. Gumbrecht u. a. (Hg.), Honoré de Balzac (München 1980), 143–174.

nen meist vorherrschenden Pessimismus in bezug auf das Überleben der Schutzräume unterscheidet sich das Vertrauen auf das im Ethos von Arbeit und Wissenschaft liegende Heilsversprechen, mit dem Émile Zola seinen Roman *Paris* (1897) in die Evokation einer kleinen durch Liebe und Tätigkeit verbundenen Gemeinschaft münden läßt, eine idyllische Utopie moderner städtischer Prägung, welche die Versuchung anarchischen Umsturzes überwindet. Arthur Rimbaud aber läßt in einem seiner letzten Gedichte einen Gewittersturm den im symbolischen Bild einer Hirtenlandschaft evozierten alten christlichen Zustand Europas zunichte machen: ›fin de l'idylle‹ (*Michel et Christine*, 1872).

3) Seit der Romantik hat die Idylle eine schon in den antiken Modellen angelegte und in der Renaissancebukolik bedeutsame Funktion wiedergewonnen: die Darstellung psychischer Problematik. Sie findet nun aber nicht mehr nur durch explizite Rede, sondern weitgehend durch symbolische Figuration statt. Bei Ludwig Tieck, Friedrich de la Motte Fouqué, Eichendorff, Jean Paul werden die Idyllenorte – Waldlichtung, Insel, Garten, Tempel – zu Zeichen, in welche die Inhalte des Unbewußten, wie die personalen Bindungen der Kindheit, projiziert werden. Der abgegrenzte Idyllenraum eignet sich besonders zur Figuration narzißtischer Zustände, die Beziehungen narzißtisch aneinander haftender Paare und Gruppen eingeschlossen. So wohnt Adalbert Stifters *Hagestolz* (1845) auf einer entlegenen Insel; so sind die Tempelritter in Richard Wagners *Parsifal* (uraufgeführt 1882) an die Gralsburg gebunden. Solche Räume sind von innen her gefährdet durch die seelischen Spannungen zwischen den in ihnen eingeschlossenen Personen oder innerhalb der einen Person. Eine spezifische Form der Gefahr ist die Steigerung der Idyllenruhe bis zum Tod oder einem totenähnlichen Zustand.[26] Dieser Todesraum kann aber auch zu einem Kunst- und Gedankenraum werden. Einen Höhepunkt erneuerter Idyllendichtung stellen jene seiner *Canti* (1831) dar, denen Giacomo Leopardi den Namen ›Idilli‹ gab (*L'Infinito, La Sera del Dì di Festa, Alla Luna, Il Sogno, La Vita solitaria*). Sich von ihm wohlvertrauten konventionellen Pastoralpoesie abgrenzend, macht Leopardi diese kurzen, reimlosen Gedichte zum Ausdruck seiner seelischen Erfahrungen. Ihr Strukturschema ist der Kontrast zwischen der begrenzten Situation, in der das Subjekt sich befindet, und seiner ausgreifenden Reflexion, welche das Ganze des Lebens, und zwar vor allem Schmerz, Verlust, die Ambivalenz der Natur, umkreist. So entsteht das – scheinbare – Paradox, daß eine Idylle den Titel *Das Unendliche* tragen kann. Durch solche Integration des Unbegrenzten ins Begrenzte eröffnet Leopardi – wie Jean Paul – eine für die Zukunft der Dichtungsart verheißungsvolle Dimension. Zugleich zieht sich durch das 19. Jh. eine Linie der Anti-Idyllik, von Samuel Taylor Coleridges wilder ›war eclogue‹ *Fire, Famine and Slaughter* (1798) bis zu Wilhelm Busch. Sie zielt nicht mehr nur auf Anklage der Gegenwelt, sondern auch auf Zerstörung der in der Idylle enthaltenen oder ihr unterstellten Illusionen.

4) Der Entwicklung der modernen Idyllendichtung läuft die bildnerische parallel. Bekanntlich hat der räumliche Charakter der Idylle oft Künstler mit einer poetischen und malerischen Doppelbegabung angezogen, von Gessner und Maler Müller über Goethe zu Eduard Mörike, Stifter, Keller und Raabe. Der Kontakt mit der Literatur scheint die Entfaltung der visuellen Idylle – der christliche Pastoralmalerei und idyllische Szenen in der Landschaftsmalerei der Renaissance vorausgingen – begünstigt zu haben, auch ohne daß ›Idylle‹ zum festen Gattungsbegriff wurde. Inwieweit werden durch die visuelle Gestaltung die Grundkomponenten der Idylle verändert? Wenn der begrenzte Raum selbst weitgehend analog zum poetischen Text dargestellt werden kann, so ist es schwieriger, die Totalität der Welt, aus der er ausgegrenzt ist, bildhaft anzudeuten. Noch schwieriger ist es, den Blick des betrachtenden Subjekts zu integrieren. Wird er nicht dargestellten Figuren anvertraut, so muß er sich mittels der Aura des Bildes ausdrükken. Im Entwurf von Gemälden, deren idyllische Szenen durch die Öffnung auf weite Hintergründe relativiert werden, waren Poussin und Claude Lorrain Vorbilder nicht nur für Gessner, der sich expli-

---

26 Vgl. BÖSCHENSTEIN, Idyllischer Todesraum und agrarische Utopie: zwei Gestaltungsformen des Idyllischen in der erzählenden Literatur des 19. Jahrhunderts, in: Seeber/Klussmann (s. Anm. 24), 25–40.

zit als ihr Schüler bekannte. Auf seinen Radierungen und Gemälden liebt Gessner den Kontrast kleiner bukolischer Figuren, etwa badender Nymphen, zu steilen Fels- und Waldpartien – einen Kontrast, der seinen Texten weitgehend fehlt, ebenso wie die Ironisierung, die seinem Idyllenkonzept durch seine eigenen Vignetten zukommt. Die klassizistische Kombination von idyllischer und heroischer Landschaft, wie sie die Werke von Philipp Hackert oder Joseph Anton Koch kennen, lief zu Beginn des 19. Jh. in der noch einmal antikisch-fiktionalen Welt von Wilhelm Tischbeins Idyllen aus, die Goethe in seinem Kommentar durch eine analoge Textlandschaft ergänzt hat. Nachbilder solcher Bukolik schufen am Ende des 19. Jh. Arnold Böcklin, Hans von Marées, Ludwig von Hofmann. An seinem Anfang aber vollzog, in seltener Übereinstimmung mit dem Wandel der Idyllendichtung und von diesem beeinflußt, auch die visuelle Idylle den Übergang in die bürgerliche Szenerie. Damit gewann das Intérieur an Bedeutung, wie es etwa von Georg Kersting und Johann Hummel, von Carl Spitzweg und später von Adolph Menzel dargestellt wurde. Es entfaltete sich im Laufe des Jh. die Vorliebe für häusliche Spiele und Konzerte, Kinderleben, Markt- und Wirtshausszenen, Ausflüge und Feste (Wilhelm Kobell, Domenico Quaglio, Jacques-Laurent Agasse, Ludwig Richter, Moritz von Schwind, Wilhelm Leibl, Hans Thoma, Albert Anker). Diese reizvollen, nur selten durch abweichende Bildelemente relativierten Darstellungen waren es, die am stärksten zu einer affirmativen Deutung verlockten. Zugleich lebten die Idyllenmotive, besonders in England, in einer religiös überhöhten bukolischen Allegorik fort (Holman Hunt), deren Sentimentalität George Eliot in scharfer Kritik dem Realismus der alten Niederländer als positives Gegenbeispiel vorhielt. Deren ländliche Szenen wie ihre Intérieurs scheinen die realitätsorientierte Idyllik des mittleren 19. Jh. in der Tat von ganz verschiedenen historischen Voraussetzungen aus antizipiert zu haben. Mit dem Einsetzen der modernen Darstellungsformen gewann die visuelle Idylle, nun ganz dem Subjekt übergeben, neue Orientierungen. Camille Corot und Gustave Courbet verliehen der traditionellen Idyllenlandschaft die Aura der Melancholie; die Impressionisten entdeckten neue idyllische Sujets auch in der Großstadt (analog zu Baudelaire); Paul Gauguin aber wurde von seinem Evasionsverlangen in die Südsee geführt und realisierte dort, mit einer Phasenverschiebung von hundert Jahren, die schon in den Robinsonaden und Reiseberichten auftauchenden Ansätze zu einer exotischen Idyllik, wobei die verfremdende moderne Darstellungsweise die Funktion des außenstehenden Subjekts übernahm.

Die Malerei trug sehr stark zu einer Präsenz der Idylle im kulturellen Bewußtsein bei, die sich darin bezeugt, daß auch in der Musik, wo es, abgesehen von Einzelfällen wie Johann Friedrich Reichardts *Ueber die musikalische Idylle* (1782) im 18. Jh. keinen Gattungsbegriff ›Idylle‹ gegeben hatte, gegen das Ende des 19. Jh. zahlreichen Musikstücken der Name ›Idylle‹ verliehen wurde, und zwar solchen, die, anders als die alten Hirtenmusiken und die pastoralen Szenen der Opern, nicht unbedingt auf bukolische Motive bezogen waren (so Camille Saint-Saëns' *Idylle* [1852], Wagners *Siegfried Idyll* [1870], Leoš Janáčeks *Idyll* für Streicher [1878]).[27] Das Verständnis von ›Idylle‹, das diese Werke verbindet, wartet noch auf Klärung. Abstrakt gesehen, hätte die zentrale Position des Gesangs in der Idylle einen früheren Brückenschlag zwischen Literatur und Musik erwarten lassen. Dies wurde aber wahrscheinlich durch die von den antiken Modellen übernommene primär beschreibend-narrative Struktur der Idylle mit ihrem starken Anteil an visuellen Elementen verhindert. Es bedurfte wohl der Ausweitung der Vorstellung ›Idylle‹ zu einer ›Empfindungsweise‹, um der Übertragung nahezulegen. Die lebhafte Idyllendiskussion der 70er und 80er Jahre hat indes dazu geführt, die Kategorie des Idyllischen retrospektiv auf musikalische Werke anzuwenden.[28]

---

27 Vgl. LAURENZ LÜTTEKEN, ›Es herrscht durchaus die simpelste und schönste Harmonie‹. Zur Typologie der musikalischen Idylle, in: F. Baudach/G. Häntzschel (Hg.), Johann Heinrich Voß (Eutin 1997), 251–273; BRUNEL (s. Anm. 4), 195–221.
28 Vgl. CARL DAHLHAUS, Idylle und Utopie: Zu Beethovens ›Fidelio‹, in: Neue Zeitschrift für Musik 146 (1985), H. 11, 4–8; PETER REVERS, Zerfall der Idylle: Idylle und Bedrohung als Kategorien musikalischer Wirklichkeit, in: Polyaisthesis 3 (1988), H. 1, 25–33.

V. Die Aktualität des Idyllischen im 20. Jahrhundert

Die Situation der Idylle in der Zeit der Jahrhundertwende zeigt sehr divergente Aspekte. Sieht man ein verbreitetes Konversationslexikon wie den *Brockhaus* als Zeugnis der zeitgenössischen Mentalität an, so ist die Idylle, als Ausdruck der Nostalgie des Kulturmenschen nach dem Naturzustand gedeutet, in der Gegenwart durch die Dorfgeschichte abgelöst, nachdem der ›Unnatur‹ der Schäferdichtung bereits durch volkstümliche Dichter wie Voß und Johann Gottfried Hebel der Garaus gemacht worden war. Den Primat der Dorfgeschichte mit ihrer ›gemütlichen Heimlichkeit‹ hatte für die Gegenwart schon Friedrich Theodor Vischer in seiner *Aesthetik* (1846–1858) festgeschrieben. Ohne wesentliche Modifikationen kehrt der *Brockhaus*-Artikel noch in der Zeit des Revivals der Idylle, 1979, wieder; trotz des Hinweises auf die aktuelle Forschung bleiben dabei Irrtümer wie die Bildchen-Etymologie und die Identifikation von Idylle und Goldenem Zeitalter erhalten – eine Warnung vor der Überschätzung des Zeugnischarakters von Wörterbüchern. Für die Jahrhundertwende wird aber die Abwendung von der nicht mehr verstandenen idealisierenden Idylle mannigfach bestätigt, so, wenn Fontane eine Figur, die auf eine utopische Zukunft hofft, ausdrücklich versichern läßt, sie sei kein ›Idyllist‹, kein ›Gessner Redivivus‹. Andererseits erlebt die artifizielle Idylle bei der jungen Dichtergeneration eine Renaissance, die der antikisierenden Malerei korrespondiert: bei Hugo von Hofmannsthal (*Idylle*, 1893), bei Stefan George (*Der Tag des Hirten, Flurgottes Trauer, Der Herr der Insel*, 1893), bei dem jungen Ezra Pound (*An Idyl for Glaucus*, 1909, *Victorian Eclogues*, 1911, *Occidit*, 1909). Evasive und utopische Intentionen verschlangen sich in den Versuchen der ›Rückkehr zur Natur‹, wie sie sich um die Jahrhundertwende einerseits in den phantastischen Entwürfen einer Aufhebung der Großstadt (Morris), andererseits in der Praxis der Jugendbünde, der Siedlungsbewegung, der Gründung von Landschulheimen manifestierte – Aufbrüche, die in der Landkommunen-Bewegung der 70er Jahre des 20. Jh. wiederkehren. In beiden Phasen knüpfen die Programme oft an Topoi der Idyllendichtung an, ohne sich dessen bewußt zu sein. Als ein ›kommunistisches Idyll‹ beschreibt im Jahre 1902 ein Artikel im *Vorwärts* die von den Gebrüdern Hart geleitete ›Neue Gemeinschaft‹ am Schlachtensee.[29]

Angesichts der hier sich heftig bezeugenden Konstanz der psychischen Basis der Idylle wie angesichts der nun zentralen Rolle des Kindes erscheint es als merkwürdig, daß sich die neue psychoanalytische Perspektive kaum auf das Phänomen des Idyllischen richtete. Das liegt, soweit die utopische Komponente betroffen ist, an Sigmund Freuds Skepsis gegenüber Hoffnungen, die über eine gewisse Verminderung der dem Menschenleben inhärenten Leiden hinausgehen, wie an seiner Dekonstruktion idealisierender Vorstellungen von der kindlichen Psyche. Immerhin wurden im Laufe der Zeit einige Literaturwissenschaftler zur Integration psychoanalytischer Kategorien in die Idyllenforschung angeregt (Ignace Feuerlicht, Renato Poggioli). In der poetischen Praxis indes erhielt die im 19. Jh. herausgebildete Funktionalisierung der Idylle zur Gestaltung psychischer Problematik durch die neue Reflexion auf das Unbewußte eine noch größere Tiefenschärfe. Wenn Thomas Mann in dem berühmten ›Schneetraum‹ seines Romans *Der Zauberberg* (1922) als geheime Basis eines arkadischen Gemeinschaftslebens barbarische Tötungspraktiken aufdeckt, legt er den Finger auf das Illusionäre des Glaubens, idyllische Utopie‹ von der bloßen Bewußtseinsebene aus herstellen zu können. Die evasive narzißtische Idylle wird auf einen Höhepunkt geführt in Musils Evokation der inzestuösen Vereinigung der Geschwister Ulrich und Agathe in *Mann ohne Eigenschaften*. Musil hat aber auch die Kleinform in Texten von außerordentlicher Dichte belebt, wobei er jenes so oft in epigonaler Idyllendichtung unreflektiert übernommene Konstrukt der gütigen ›Natur‹ auf eine still-endgültige Weise vernichtet hat (*Hasenkatastrophe*, 1936). Die verschiedenen Konzeptionen von ›Natur‹ und, darüber hinaus, von ›Welt‹ im Sinne eines Kosmos, dessen Anspruch auf diesen Namen fraglich geworden ist, sind Leitfäden für die Produktion wie für die Interpretation des Idyl-

---

29 Vgl. ULRICH LINSE (Hg.), Zurück, o Mensch, zur Mutter Erde. Landkommunen in Deutschland 1890–1933 (München 1983), 78–87.

lischen im 20. Jh. Ambivalent ist dieses Verhältnis in den Kleintexten und Romanenklaven von Robert Walser, welche die gesamte moderne Idyllendichtung auf einen erst seit der Mitte des Jh. gewürdigten Höhepunkt führen: Sie verdanken ihre Intensität dem Ineinander von inniger Weltzuwendung und Ironisierung der Welt sowie dem Übergang von der Mimesis von Realitätselementen zum reinen Sprachspiel. Ihr Beitrag zum Denkbild Idylle ist noch auszuschöpfen.

Begegnete bei diesen Autoren der Perspektivenreichtum des betrachtenden Fremdlings dem Facettenreichtum der Idylle, so wurde dieser Facettenreichtum um die Jahrhundertmitte verengt zu politischer Polarisierung. In der Form entstellender Verklärung des Bauerntums konnte die Tradition der Idylle für die faschistische Propaganda genutzt werden; sie wurde aber ebenso zur Sprache des Widerstandes, und zwar in Deutschland, wo die Lyrik die Natur zur Gegenwelt erhob (Peter Huchel, Wilhelm Lehmann, Elisabeth Langgässer), wie in Frankreich, wo René Char während der Zeit der Résistance in Gedichten wie *Evadne, Le Thor, La Sorgue* eine stärkende persönliche Vergangenheit anrief. Der Anhauch des leicht Faschistoiden, der dem Konzept ›Natur‹ im Nachkriegsdeutschland zunächst anhaftete, wich überraschend schnell der neuen Zuwendung zur Natur im Zuge der in den westlichen Industrieländern sich entwickelnden Umweltschutzbewegung. Im Verein mit den eingangs erwähnten gesellschaftskritischen Impulsen der 60er und 70er Jahre, welche das ›utopische Potential‹ der Idylle aufdeckten, hat auch die das Interesse für die Idylle wieder legitimiert, und zwar in der Literatur- und Kunstwissenschaft wie auch in der literarischen Produktion selbst. In dieser zeichnen sich zwei Linien ab. Einerseits dominiert die seit dem 18. Jh. nie abgebrochene Linie der Anti-Idylle, welche die in der außertextuellen Realität postulierten Idyllenräume entmythisiert (Thomas Bernhard, Ernst Jandl, Carlo Emilio Gadda). Im Zuge dieser Tradition hat Philip Roth eine radikale Destruktion des Mythos von der tüchtigen amerikanischen Familie vorgenommen in seinem Roman *American Pastoral* (1997). Andererseits mehrt sich die von einem neuen positiven Natur- und Weltverhältnis getragene idyllische Prosa, wie sie vor allem Peter Handke und Gerhard Meier schreiben. Dabei ist freilich zu differenzieren: Meier fehlt Handkes antizivilisatorischer Affekt, der mit einer gewissen Neubelebung des im 18. Jh. entstandenen mythisierenden Natur-Konstrukts verbunden ist. Beiden Autoren ist jene der modernen Situation sehr angemessene Struktur des idyllischen Schreibens gemeinsam, die bei Leopardi und Jean Paul vorgeprägt ist: der kleine Idyllenraum erweist sich als günstige Vorbedingung einer geistigen Konzentration, der es möglich wird, große Dimensionen des Kosmos, der Geschichte und der Kultur in Phantasie und Gedanken zu umspannen. In dieser ›reflexiven Idylle‹ werden auch alte Strukturelemente der Idylle wieder fruchtbar: so in Meiers Baur-Bindschädler-Tetralogie (1979–1990)[30] die Dialogform, bei beiden die Intertextualität. Interessant ist der Versuch des Wort-, Bild- und Landschaftskünstlers Ian Hamilton Finlay, beide Linien zu vereinigen: In seinem schottischen Kunstgarten wie in graphischen Arbeiten hat er bewußt Elemente von Aggression – wie einen Panzer – in das arkadische Ambiente integriert.

Wenn etwas der Idylle und dem Interesse an ihr eine Zukunft verspricht, so ist es ihre Vielseitigkeit. Für die neuen anthropologischen Perspektiven sind etwa ihre Darstellungen der Geschlechterdifferenz, der familialen Beziehungen, des Verhältnisses zur Arbeit und der religiösen und mythischen Motive noch unausgeschöpfte Felder. Die poetische Produktion selbst könnte Entwürfe gefühlsintensiven und kreativen Lebens bieten, welche das ›utopische Potential‹ über vage Gegenbildlichkeit hinaus konkretisierte. Die Kombination verschiedener Medien könnte die traditionellen Landmotive neu perspektivieren, wie es André du Bouchet durch die Zusammenarbeit mit dem Fotografen Francis Helgorsky gelungen ist (*Andains*, 1996). Neue Züge erhält das Denkbild Idylle auch durch den Verzicht auf eingefahrene Antithesen: In Seamus Heaneys Landschaften füllt sich eine nicht mehr für überzeitlich gehaltene Natur mit den Spuren schmerzlicher Geschichtserfahrung (*North*, 1975).

Die zentralen Probleme der Realisierung des

---

30 Vgl. GERHARD MEIER, Baur und Bindschädler (Toteninsel; Borodino; Die Ballade vom Schneien) (1979–1985), in: Meier, Werke, Bd. 3 (Bern 1987); MEIER, Land der Winde (Frankfurt a. M. 1990).

Idyllischen zeigt eindrucksvoll – ohne explizite Diskussion – Toni Morrisons großer Roman *Paradise* (1998). Er kann als Gestaltung der kontrastiven Entwürfe harmonischer Lebensformen und ihrer Bedrohung durch das ihnen selbst inhärente Aggressionspotential gelesen werden. Die utopische Idylle hat sich verwirklicht in einer kleinen Stadt, die Nachfahren befreiter Sklaven in der Mitte des 20. Jh. in einer einsamen Region Oklahomas gegründet haben, um fern den Schäden der modernen amerikanischen Zivilisation ein Leben im Geist der Reinheit zu ermöglichen. Der evasive Impuls hat in der Nähe dieser Stadt in einem verlassenen Landhaus eine sehr andere Idylle entstehen lassen: ein Asyl für einige verzweifelte Frauen, die dort die Folgen ihrer Traumata in fast gesetzloser, ganz individueller Weise ausleben können. Die utopische Idylle schlägt in ihr Gegenteil um: in Oligarchie, schwarzen Rassismus, vertuschte Verstöße gegen den archaischen Moralismus, Auflehnung der Jugend. In regressivem Aberglauben wird die Schuld an der Gefährdung der Ordnung auf die leicht chaotische Frauengemeinschaft projiziert. Den dramatischen Gipfel des Geschehens bildet deren gewaltsame Zerstörung durch Repräsentanten der sich für ideal haltenden Gesellschaft. Doch endet der Roman nicht in hoffnungsloser Entmythisierung. Mehrere Frauen kehren als Lebensfähige in die Außenwelt zurück, und die schockartige Einsicht in den eigenen pervertierten Zustand verändert das Bewußtsein der nur scheinbar utopischen Gesellschaft. Strikt vermeidet es die Autorin, evasive oder utopische Idylle zu verwechseln mit jenem vollkommenen Glückszustand, den der Titel aufruft, der aber nur als niemals realisierbarer Grenzwert am Horizont aufscheint.

Vor allem hängt die Zukunft der Idylle und des Idyllischen an der Entwicklung der modernen Mentalität im Verhältnis zur Aggression. Entscheidende Konstante war von jeher die Distanz zum Kult des Heroischen. Gelänge es, dem Gegenprinzip des Friedens zumindest gedanklich die Ausstrahlung zu verschaffen, von welcher jener Kult viele Jahrhunderte lang zehrte, so könnte auch die Kunst, die sich diesem Gegenprinzip unterstellt, eine ganz neue Bedeutung erhalten.

Renate Böschenstein

Literatur
BERNHARDT, KLAUS, Idylle. Theorie, Geschichte, Darstellung in der Malerei 1750–1850 (Köln u. a. 1979); BLOCH, ERNST, Arkadien und Utopien, in: K. Garber (Hg.), Europäische Bukolik und Georgik (1968; Darmstadt 1976), 1–7; BÖSCHENSTEIN, RENATE, Idylle (1967; Stuttgart 1977); BÖSCHENSTEIN, RENATE, Arbeit und Muße in der Idyllendichtung des 18. Jahrhunderts, in: G. Hoffmeister (Hg.), Goethezeit (Bern 1981), 9–30; BÖSCHENSTEIN, RENATE, Idyllischer Todesraum und agrarische Utopie: zwei Gestaltungsformen des Idyllischen in der erzählenden Literatur des 19. Jahrhunderts, in: H. U. Seeber/P. G. Klussmann (Hg.), Idylle und Modernisierung in der europäischen Literatur des 19. Jahrhunderts (Bonn 1986), 25–40; BRUNEL, PIERRE, L'Arcadie blessée. Le monde de l'Idylle dans la littérature et les arts de 1870 à nos jours (Mont-de-Marsan 1996); CONGLETON, JAMES EDMUND, Theories of Pastoral Poetry in England 1684–1798 (Gainesville, Fla. 1952); EFFE, BERND/BINDER, GERHARD, Die antike Bukolik (München/Zürich 1989); EMPSON, WILLIAM, Some Versions of Pastoral (1935; London 1979); FINNEY, GAIL, The Counterfeit Idyll. The Garden Ideal and Social Reality in Nineteenth-Century Fiction (Tübingen 1984); GARBER, KLAUS (Hg.), Europäische Bukolik und Georgik (1968; Darmstadt 1976); GARBER, KLAUS, Idylle und Revolution. Zum Abschluß einer zweitausendjährigen Gattungstradition im 18. Jahrhundert, in: O. Gutjahr u. a. (Hg.), Geselliger Vernunft. Zur Kultur der literarischen Aufklärung (Würzburg 1993), 57–82; GARBER, KLAUS, Arkadien und Gesellschaft [Typoskript, Interdisziplinäres Institut für Geschichte der Frühen Neuzeit, Universität Osnabrück]; GRIMM, REINHOLD R., Natürliche Gesellschaft – Gesellschaftliche Natur. Zur Auflösung des Idyllischen in den Landromanen Balzacs, in: H. U. Gumbrecht u. a. (Hg.), Honoré de Balzac (München 1980), 143–174; HUNTER, SHELAG, Victorian Idyllic Fiction: Pastoral Strategies (London/Basingstoke 1984); ISER, WOLFGANG, Das Fiktive und das Imaginäre. Perspektiven literarischer Anthropologie (Frankfurt a. M. 1991); KAISER, GERHARD, Wandrer und Idylle. Goethe und die Phänomenologie der Natur in der deutschen Dichtung von Gessner bis Gottfried Keller (Göttingen 1977); KAISER, GERHARD, Von Arkadien nach Elysium. Schiller-Studien (Göttingen 1978); LOUGHREY, BRIAN, The Pastoral Mode: A Casebook (London/Basingstoke 1984); LÜTTEKEN, LAURENZ, ›Es herrscht durchaus die simpelste und schönste Harmonie‹. Zur Typologie des musikalischen Idyllennie‹. Zur Typologie des musikalischen Idylle‹. F. Baudach/G. Häntzschel (Hg.), Johann Heinrich Voß (Eutin 1997), 251–273; POGGIOLI, RENATO, The Oaten Flute (Cambridge, Mass. 1975); SCHNEIDER, HELMUT J. (Hg.), Deutsche Idyllentheorien im 18. Jahrhundert (Tübingen 1988); SEEBER, HANS ULRICH, Idylle und Realismus in England des 19. Jahrhunderts. Anmerkungen zu George Eliots Roman ›Adam Bede‹, in: Seeber/P. G. Klussmann (Hg.), Idylle und Modernisierung in der europäischen Literatur des 19. Jahrhunderts (Bonn 1986), 107–123; SENGLE, FRIEDRICH, Biedermeierzeit. Deutsche Literatur

im Spannungsfeld zwischen Restauration und Revolution, Bd. 2 (Stuttgart 1972); STEPHAN, RÜDIGER, Goldenes Zeitalter und Arkadien. Studien zur französischen Lyrik des ausgehenden 18. und des 19. Jahrhunderts (Heidelberg 1971); TOLIVER, HAROLD E., Pastoral Forms and Attitudes (Berkeley 1971); VOSS, ERNST THEODOR, Idylle und Aufklärung. Über die Rolle einer verkannten Gattung im Werk von Johann Heinrich Voß, in: W. Beutin/K. Lüders (Hg.), Freiheit durch Aufklärung: Johann Heinrich Voß (1751–1826) (Frankfurt a. M. u. a. 1995), 35–54; VOSSKAMP, WILHELM (Hg.), Utopieforschung. Interdisziplinäre Studien zur neuzeitlichen Utopie, Bd. 2 (Stuttgart 1982); WEDEWER, ROLF/JENSEN, JENS CHRISTIAN (Hg.), Die Idylle: eine Bildform im Wandel zwischen Hoffnung und Wirklichkeit (Köln 1978); WILLIAMS, RAYMOND, The Country and the City (New York 1973).

Interesse/interessant

(engl. interest, interesting; frz. intérêt, intéressant; ital. interesse, interessante; span. interés, interesante; russ. интерес, интересное)

Einleitung; I. Wort- und Begriffsgeschichte außerhalb des ästhetischen Bereichs; II. Das Aufkommen von Interesse in dichtungstheoretischen Texten; 1. Interesse als dramaturgischer Terminus: Corneille, Racine; 2. Interesse als dramaturgischer Schlüsselbegriff: La Motte; **III. Der Eingang von Interesse in die allgemeine Theorie der Kunst;** 1. Das Interessante in Du Bos' sentimentalistischer Kunsttheorie; 2. Zwischen Rationalismus und Sentimentalismus: Batteux' Interessebegriff; **IV. Übernahme und Entwicklung des Begriffs Interesse in Deutschland;** 1. Vom ›Anteil‹ zum Interesse; 2. Differenzierung und Ausbreitung von Interesse als ästhetischem Wertbegriff; 3. Das ›Interessierende‹ als Zentralbegriff spätaufklärerischer Poetik: Garve; **V. Interesselosigkeit;** 1. Shaftesburys Metaphysik des Schönen, Hutcheson und die Verbindung von Interesse und ›moral sense‹; 2. Ästhetische Interesselosigkeit vor Kant: Riedel, Mendelssohn, Moritz; 3. Uninteressiertes Wohlgefallen: Kant; 4. Uninteressiertes Interesse: Schiller; 5. Apologie des ästhetischen Interesses: Herders ›Kalligone‹; **VI. Friedrich Schlegel; VII. Interesse und das Interessante in der Ästhetik des 19. und 20. Jahrhunderts;** 1. Kontroverse Interesselosigkeit nach Kant; 2. Das problematische Interessante nach F. Schlegel

Einleitung

›Interesse‹ hat gemeineuropäisch in vielen Wissensbereichen von der römischen Antike bis heute eine bedeutende Rolle gespielt, kommt aber als ästhetischer Begriff erst nach der Mitte des 17. Jh. in Gebrauch. Es bezeichnet zunächst in dramaturgischen Texten die zweckorientierte Handlungsmotivation poetischer Akteure und, darauf bezogen, unsere Anteilnahme an deren Tun und Leiden im Verlauf der Handlung. Neben dieses subjektbezogene Interesse treten dann die adjektivische Neubildung ›interessant‹ und deren Substantivierung ›das Interessante‹ zur Benennung der allgemeinen Qualität ästhetischer Gegenstände bzw. spezifischer Eigenschaften, kraft welcher sie zu ›interessieren‹ vermögen.

Im Deutschen wird Interesse erst um die Mitte des 18. Jh. ästhetischer Terminus, gewinnt aber sehr schnell im Begriffsinstrumentarium ästhetischer Theorie und Kritik einen zentralen Platz.

Seine Karriere kulminiert – paradoxerweise – in zwei Schriften, in denen er ästhetisch disqualifiziert wird: Kants *Kritik der Urteilskraft* (1790) und Friedrich Schlegels *Über das Studium der griechischen Poesie* (1797). Beide Werke markieren auch einen gewissen Abschluß in der Begriffsgeschichte: Interesse und interessant sind ästhetische Allerweltsbegriffe geworden, deren ubiquitäre Verwendung ein Grund sein mag für ihren Bedeutungsverlust in der philosophischen Ästhetik.

I. Wort- und Begriffsgeschichte außerhalb des ästhetischen Bereichs

Auf das lateinische Verb ›interesse‹ zurückgehend wird im Mittellateinischen die gleichlautende substantivische Form gebildet und von den Nationalsprachen übernommen. Bereits das römische Recht macht das Wort zum juristischen Terminus (›id quod interest‹), der bei der Regelung von Schadenersatzansprüchen eine Rolle spielt. Die Rechtslehre des Mittelalters übernimmt ihn und verbreitert seine Anwendungsmöglichkeiten in einer »systematischen Lehre vom Interesse«[1]. Den Übergang von der primär juristischen zur ökonomischen Bedeutung markiert die im 13. Jh. beginnende Umbenennung von ›usura‹, mit der Konnotation ›Wucher‹, durch den »Euphemismus«[2] Interesse. Die Beziehung auf das wirtschaftende Subjekt und seinen Nutzen markiert den »Beginn der gesellschaftstheoretischen und philosophischen Karriere« von Interesse, dessen »terminologische Konturierung […] sich parallel zur Enttabuierung des Ökonomischen«[3] vollzieht. Eine semantische Erweiterung in der 2. Hälfte des 15. Jh., mit der Interesse die Bedeutung von ›Nutzen, Vorteil‹ annimmt, öffnet ihm die Beziehung auf eine allgemeine Sphäre des (materiell) wertorientierten, zweckrationalen Handelns, auf ein ›bonum‹, damit auch den Weg in die Begriffswelt von Politik, Staatslehre, Anthropologie, Psychologie, Moralphilosophie und nicht zuletzt Theologie. Francesco Guicciardini spricht vom »interesse della cittá« bzw. vom »beneficio commune« oder »publico bene«[4] im Unterschied zum »interesse proprio« (154), auch »suo« (230) oder »particolare« (76) – eine zukunftsträchtige Dichotomie, hier noch ohne den moralisch qualifizierenden Sinn, der dann ›Gemeinnutz‹ und ›Eigennutz‹ einander entgegensetzt. Den »Beigeschmack des Illegitimen, gegen das κοινόν Gerichteten«[5], erhält ›interés proprio‹ in der spanischen Theologie und Mystik des späteren 15. und des 16. Jh.: Es wird als Signatur ichbezogener »Weltverfallenheit«[6] bedeutungsgleich mit ›Selbstsucht‹.

Robert Spaemann bringt die Karriere des Begriffs Interesse mit der Konsolidierung der ›bürgerlichen Metaphysik‹ zusammen, in welcher das Seiende nicht mehr seinem ›telos‹ gemäß bestimmt ist, sondern seinen Zweck in sich selbst hat[7] – in Spinozas klassischer Formulierung: die »Wesenheit des Dinges« (rei essentia) besteht in dem »Streben, mit dem jedes Ding in seinem Sein zu beharren strebt« (conatus, quo unaquaeque res in suo esse perservare conatur)[8]. Die Verbindung von ›Selbsterhaltung‹, ›Selbstliebe‹ und Interesse ist fortan eine Konstante und spielt eine bedeutende Rolle in »dem Streite zwischen der sogenannten eigennützigen, und zwischen der mitleidigen Philosophie«[9], d. h. in den anthropologischen Kontroversen von Thomas Hobbes bis Claude-Adrien Helvétius.

Von Belang für die in diesem Zeitraum erfolgende Bildung und Entfaltung des ästhetischen Interesse-Begriffs sind folgende Entwicklungen der allgemeinen Begriffsgeschichte von Interesse:

---

1 HANS-JÜRGEN FUCHS, ›Interesse‹, in: RITTER, Bd. 4 (1976), 479.
2 ROBERT SPAEMANN, Reflexion und Spontaneität. Studien über Fénelon (Stuttgart 1963), 74.
3 VOLKER GERHARDT, Vernunft und Interesse. Vorbereitung auf eine Interpretation Kants (Münster 1974), 289.
4 FRANCESCO GUICCIARDINI, Ricordi (entst. 1512–1530, ersch. 1576), hg. v. R. Spongano (Florenz 1951), 232, 185, 154.
5 SPAEMANN (s. Anm. 2), 74.
6 GERHARDT (s. Anm. 3), 294.
7 Vgl. SPAEMANN (s. Anm. 2), 50–80.
8 BARUCH DE SPINOZA, Ethica (1677), Pars 3, Prop. 7, in: SPINOZA, Bd. 2 (1925), 146; dt.: Ethik, übers. v. O. Baensch (Leipzig 1910), 108.
9 THOMAS ABBT, Zweifel über die Bestimmung des Menschen (1764), in: Abbt, Vermischte Werke, Bd. 3 (Berlin/Stettin 1771), 192.

1. Die durch François Fénelons Kontroverse mit Jacques-Bénigne Bossuet theologisch bedeutsame Opposition von ›amour intéressé‹ und ›amour désintéressé‹, die in Shaftesburys Konzept ästhetischer Kontemplation eingeht. 2. Gleichfalls von Fénelon stammt die Unterscheidung eines Interesses, das sich auf ein Objekt (›objet formal‹) richtet, vom Interesse als Handlungsmotiv (Kant: ›ein Interesse nehmen‹ versus ›aus Interesse handeln‹). In ihrer Folge wird nicht nur die Frage nach dem Handlungsmotiv »zum zentralen Problem der Ethik bis hin zu Kant«[10], sie wirkt auch in die ästhetischen Theorien hinein im Neben- bzw. Gegeneinander von Interesse und Interesselosigkeit des Subjekts ästhetischer Erfahrung. 3. Von wesentlicher Bedeutung ist eine semantische Modifikation von Interesse, die sich »seit der Mitte des 17. Jh. von Frankreich aus verbreitet«: »Das Interesse, als der einem zustehende Anteil, vollzieht einen Stellungswechsel zwischen Objekt und Subjekt und setzt sich als Bezeichnung für die einer Person als Aufmerksamkeit oder Gefühl abgewonnene Teilnahme fest.«[11] Zum zweckrational auf ein Objekt gerichteten Interesse fügt sich damit ein psychologisches Moment: die Partizipation des Subjekts am Wohl und Wehe der Anderen. In der Theorie der ›geselligen Empfindungen‹ (social passions) wird Interesse durch die Verbindung mit der ›Sympathie‹ rehabilitiert, d. h. seiner möglichen ›Uneigennützigkeit‹ versichert. Es entsteht die ›empfindsame‹ Spielart von Interesse, die dem Subjekt eine Art von ›selbstlosem Genuß‹ oder ›genußvoller Selbstlosigkeit‹ verschafft. 4. Um 1700 kommt im Französischen das Adjektiv ›intéressant‹ auf, dessen substantivierte Form bald ablöst, was vorher das ›Interesse des Gegenstandes‹ hieß. Sie wird zur Bezeichnung dessen, was die ›Aufmerksamkeit‹ erregt, was reizt, sich mit ihm zu beschäftigen – im Gegensatz zu dem, was uns ›kalt‹, ›gleichgültig‹

läßt, was ›langweilt‹. In dieser Bedeutung des Interessanten findet der Interesse-Begriff seine spezifische ästhetische Gestalt.

II. Das Aufkommen von Interesse in dichtungstheoretischen Texten

1. Interesse als dramaturgischer Terminus: Corneille, Racine

Wenn als Terminus ein Wort gelten darf, das in einem diskursiven Vokabular wiederholt auftritt und funktional integriert erscheint, dann kann Interesse seit Pierre Corneilles Schriften zum Drama als neuer dramaturgischer Terminus gelten. Zwar findet sich das Wort gelegentlich schon in früheren Schriften (z. B. in Jules de La Ménardières *Poétique* [1640] und in der *Pratique du Théâtre* [1657] des Abbé d'Aubignac), wird aber nur vereinzelt und ohne kontinuierliche, terminologische Spezifik verwendet.

Corneilles terminologischer Gebrauch von Interesse setzt ein mit den *Trois discours* (*du poème dramatique, de la tragédie, des trois unités*) und den *examens* seiner Dramen, die er in der Ausgabe seines *Théâtre* (1660) veröffentlicht. Es ist vor allem den dramatis personae zugeordnet und verbindet sich innerhalb der eingebürgerten Begriffskonstellation primär mit dem ›sujet‹ bzw. der ›action‹, aber auch mit ›les mœurs‹, ›les sentiments‹ und ›les passions‹. Interesse heißt, was die dramatische Person als ihre Sache zu zweckorientiertem Handeln betreibt. Über Medea heißt es: »la perfidie de Jason et la violence du roi de Corinthe la [Medea – d. Verf.] font paraître si injustement opprimée, que l'auditeur entre aisément dans ses intérêts, et regarde sa vengeance comme une justice«[12]. Die ›intérêts‹ bezeichnen Medeas Willensentschluß und dessen Vollzug, die Summe dessen, was ihr Handeln und sie als Handelnde ausmacht. Sie und ihre Sache, die hier Rache heißt, sind eins. Demgemäß entscheidet das ihnen zukommende, von ihnen verfolgte Interesse darüber, ob die dramatis personae Haupt- oder Nebenpersonen sind; letztere »n'agissent que pour l'intérêt des autres«[13]. Was Hegel als »Pathos« des tragischen Helden beschreiben wird:

---

10 SPAEMANN (s. Anm. 2), 73.
11 GERHARDT (s. Anm. 3), 295 f.
12 PIERRE CORNEILLE, Discours de l'utilité et des parties du poème dramatique (1660), in: Corneille, Œuvres complètes, hg. v. G. Couton, Bd. 3 (Paris 1987), 122.
13 CORNEILLE, Examen [de ›La Veuve‹] (1660), in: ebd., Bd. 1 (Paris 1980), 218.

II. Das Aufkommen von Interesse in dichtungstheoretischen Texten 141

»den wesentlichen vernünftigen Gehalt [...], der im menschlichen Selbst gegenwärtig ist und das ganze Gemüt erfüllt und durchdringt«[14], ist in Corneilles Interesse vorgebildet – nur daß dieser nicht allein, wie Hegel, »Interesse idealer Art« (286) meint. Aber Hegels Satz »Diese Interessen sind die wesentlichen Bedürfnisse der menschlichen Brust« (286) hätte Corneille auch schreiben können.

Über das Interesse der dramatischen Personen kommt das der Zuschauer zustande: Sie treten in das von jenen vorgegebene Interesse ein (»entre [...] dans ses intérêts«, »intérêt [...] à prendre«[15], »la pitié embrasse l'intérêt de la personne que nous voyons souffrir«[16]). Der Zuschauer wird ›Partei‹, nimmt affektiv teil am Glück und Unglück des Helden, wobei die von diesem verfolgten Zwecke eine Rolle spielen: Der Zuschauer, »qui s'intéresse toujours pour ceux dont le procédé est le meilleur«, möchte, daß dem »intérêt qu'on aime à prendre pour les vertueux«[17], Genüge geleistet werde. Allerdings ist Corneilles Unbehagen darüber, solche moralische Vorlieben der Zuschauer berücksichtigen zu sollen, unverkennbar: Sein Widerstand gegen das Prinzip strikter moralisch-didaktischer Dienstbarkeit der Bühne (Georges de Scudéry, La Ménardière) tritt dabei zutage. Überhaupt bleibt die Reflexion auf die Prädispositionen der Zuschauer und ihres Interesses bei ihm noch ganz beiläufig. Erst die Wirkungsästhetik des 18. Jh. wird dergleichen als Determinanten der Werkproduktion ausführlich erörtern.

Auch von Jean Racine wird Interesse primär auf das dramatische Personal bezogen. Es tritt neben die ›action‹, ja an die Stelle dieses Begriffs – deutliches Zeichen für den Blickwechsel vom objektiven Geschehen weg und hinüber auf die subjektiven Antriebe der Akteure. So kommt Racine zur Modifikation der traditionellen Trias πρᾶγμα/ἤθη/ πάθη (pragma/ēthē/pathē, res/mores/passiones, Handlung/Charaktere/Leidenschaften): Er setzt dafür »les intérêts, les sentiments et les passions des personnages«[18] – eine Variante, die René Le Bossu bald darauf im *Traité du Poëme Epique* (1675) auf das epische Personal überträgt: »leurs Mœurs, [...] leurs Passions, [...] leurs intérêts«[19]. Ein Jh. danach heißt es in den *Anmerkungen übers Theater* (1774) von Jakob Michael Reinhold Lenz, gegen den aristotelischen Primat der Handlung gerichtet: »Das Trauerspiel bei uns war also nie wie bei den Griechen das Mittel, merkwürdige Begebenheiten auf die Nachwelt zu bringen, sondern merkwürdige Personen. [...] Die Person mit all ihren Nebenpersonen, Interesse, Leidenschaften, Handlungen.«[20] Interesse als inneres Komplement zum äußeren Handlungsgeschehen öffnet auch den Weg zu Antoine Houdar de La Mottes Austausch der ›unité de l'action‹ durch die ›unité de l'intérêt‹: So moniert Racine die »duplicité d'actions« in Jean de Rotrous *Antigone* (1638), die durch den Eintritt ganz neuer Interessen in der Mitte des Stücks sich ergebe: »une autre tragédie, où l'on entrait dans des intérêts tout nouveaux«[21].

In Nicolas Boileaus *L'Art poétique* (1674) ist der neue Terminus gewissermaßen abgesegnet: »Voulez-vous long-temps plaire, et jamais ne lasser? / Faites choix d'un Heros propre à m'interesser«[22]. Interesse ist zur Bedingung des ästhetischen Wohlgefallens gemacht, ist mit ›toucher‹ und ›m'attacher‹ verbunden und hat als Gegenbegriff ›ennuyer‹.[23] Zur gleichen Zeit zeichnet sich in René Rapins *Reflexions sur la Poetique d'Aristote* (1674) ein Wechsel der Perspektive ab, mit dem an die Stelle der ›Sache‹, die das Interesse der dramatischen Person betreibt (Rache, Liebe, Ehre usw.), die vom Zuschauer mit der Person geteilten Affekte treten: »La Tragedie ne devient agreable au spectateur, que parce qu'il devient luy-mesme sen-

---

14 GEORG WILHELM FRIEDRICH HEGEL, Vorlesungen über die Ästhetik (1835–1838), in: HEGEL (TWA), Bd. 13 (1970), 302.
15 CORNEILLE (s. Anm. 12), 122; vgl. CORNEILLE, Discours de la tragédie [...] (1660), in: ebd., 154, 170.
16 CORNEILLE, Discours de la tragédie, in: ebd., 142.
17 CORNEILLE (s. Anm. 12), 122.
18 JEAN RACINE, [Première] Préface [à ›Britannicus‹] (1670), in: Racine, Œuvres complètes, hg. v. R. Picard, Bd. 1 (Paris 1950), 387.
19 RENÉ LE BOSSU, Traité du Poëme Epique (1675), Bd. 2 (Den Haag 1714), 237.
20 JAKOB MICHAEL REINHOLD LENZ, Anmerkungen übers Theater (1774), in: Lenz, Werke und Briefe, hg. v. S. Damm (Leipzig 1987), Bd. 2, 668.
21 RACINE, Préface [à ›La Thébaïde ou les frères ennemis‹] (1676), in: Racine (s. Anm. 18), 115.
22 NICOLAS BOILEAU-DESPRÉAUX, L'Art poétique (1674), Chant 3, in: BOILEAUX, 174.
23 Vgl. ebd., 175 f.

sible à tout ce qu'on luy represente, qu'il entre dans tous les differens sentimens des acteurs, qu'il s'interesse dans leurs avantures, qu'il craint, & qu'il espere, qu'il s'afflige, & qu'il se rejoüit avec eux.« Zugleich deutet sich bei Rapin die Verbindung an, die Interesse mit dem Begriff der ästhetischen ›Illusion‹ in der Folge eingehen wird, wenn er von »une douce & profonde resverie« spricht, »qui la [l'âme – d. Verf.] fait entrer insensiblement dans tous les interests qui joüent sur le theatre«[24].

2. *Interesse als dramaturgischer Schlüsselbegriff:* La Motte

In La Mottes Abhandlungen über die Tragödie – in *Les Œuvres de Théâtre* (1730) – ist Interesse definitiv Schlüsselbegriff in der Poetik des Dramas geworden. Die Regel von den drei Einheiten revidierend, macht La Motte die »unité d'intérêt« zum einzig wesentlichen Bauprinzip der Tragödie: eine Art verbesserter Neuauflage der »unité d'action«. Deren Kriterium sei »le même événement«, an welchem mehrere Personen mit ihren unterschiedlichen Interessen beteiligt sein können, alle würdig, »que j'entre dans leurs passions«, was die affektive Teilnahme des Zuschauers unterbreche, zerstreue und damit mindere; denn zu viele Akteure, »qui attiraient son admiration et sa pitié«, machen den Zuschauer unsicher, »pour qui prendre parti«. Dem helfe die ›Einheit des Interesses‹ ab, durch die dem Verstand und dem Herzen ein »objet principal« gegeben werde, »dont on veut occuper l'un et émouvoir l'autre«[25]. Jede Unterbrechung des »in-

térêt principal« (456) sei dem Zweck der Tragödie, der Erregung einer »émotion continue«, zuwider, die aber durch die Fixierung des Zuschauers auf das Interesse des einen Protagonisten erreicht werde. Für die dramatische Handlung gilt also die Bedingung, daß sie »soit portée dès le commencement à un haut point d'intérêt; et que cet intérêt croisse sans interruption jusqu'à la fin«[26]. Während das Gebot der Einheit der Handlung nur das Verdikt über Nebenhandlungen mit sich führte, verlangt La Mottes ›Einheit des Interesses‹ Entsprechendes in bezug auf das dramatische Personal: Über die übliche Unterscheidung von Haupt- und Nebenpersonen hinaus – jene haben ein Interesse, diese nicht – läßt er nur *eine* Hauptperson oder ›Partei‹ gelten, die nur *ein* Interesse hat. Getragen wird diese willkürlich einschränkende Regel allein von der Vorstellung, daß das Interesse des Zuschauers an und in der dramatischen Veranstaltung vollständig aufgehe in der Identifikation mit dem einen, sein Interesse betreibenden Helden. (Christoph Friedrich Nicolais *Abhandlung vom Trauerspiele* [1757] wiederholt das als eine Regel, »die die Kunstrichter schon längstens eingeschärfet haben, daß [...] alle Charaktere, so wie alle Handlungen, in Absicht auf einen einzigen arbeiten müssen, der vor den andern hervorleuchtet, und der Hauptcharakter ist«[27].) Dieser Held wird zu einem Medium, in welchem der Zuschauer sich selbst anschaut – nicht um zur Erkenntnis, sondern um zur Empfindung seiner selbst zu gelangen. Rapin bedauerte die Minderung der »grand sentimens« zugunsten der ›sentimens doux & tendres‹ in den Dramen seiner Zeit und führte das auf die Rücksicht und auf den Geschmack der Zuschauer, speziell der Frauen, zurück, »qui se sont érigées en arbitres de ce divertissemens, & qui ont usurpé le droit d'en decider«[28]. La Motte bestätigt dies, bedauert es aber nicht: Die ›sentimens doux & tendres‹ gehören in sein eigenes Programm, was sich z. B. daran zeigt, daß er die pathetischen Möglichkeiten des »amour conjugal«[29] hervorhebt, insbesondere das »intérêt de leurs enfants«: »Comment résister à des objets tendres, & à qui la nature a donné des droits sur tous les cœurs?« Er feiert die Allgemeinheit solcher ›naturrechtlicher‹ Herrschaft über die Herzen, durch die die Zuschauer, in einem Interesse vereint, ihre affektive Teilnahme wechselseitig

---

24 RENÉ RAPIN, Reflexions sur la Poetique d'Aristote, et sur les ouvrages des Poetes anciens & modernes (Paris 1674), 173, 174.
25 ANTOINE HOUDAR DE LA MOTTE, Discours à l'occasion des Machabées (1730), in: La Motte, Les Paradoxes littéraires ou Discours écrits par cet académicien sur les principaux genres de poëmes, hg. v. B. Julien (Paris 1859), 455.
26 LA MOTTE, Discours à l'occasion de la tragédie d'Inès (1730), in: ebd., 518.
27 CHRISTOPH FRIEDRICH NICOLAI, Abhandlung vom Trauerspiele (1757), in: R. Petsch (Hg.), Lessings Briefwechsel mit Mendelssohn und Nicolai über das Trauerspiel (Leipzig 1910), 31.
28 RAPIN (s. Anm. 24), 184.
29 LA MOTTE (s. Anm. 26), 515.

noch einmal steigern: »et l'on ressent bien plus vivement ce que l'on voit que tout le monde sent avec nous« (518). Ein Lieblingsgedanke des Jh. deutet sich an: das Theater als Ort eines menschheitlichen Gemeinschaftserlebnisses, wo auf der Bühne die ›Interessen der Menschheit‹ ausgetragen werden und im Parterre die künstlichen Schranken der ständischen Gesellschaft fallen, weil jeder Zuschauer im empfindenden Anderen den Bruder erkennt. La Mottes Begriff der »Caractères intéressants«[30] zeigt eine gleichgesinnte Tendenz. Sein Kriterium ist ihre mitmenschliche Nähe: »On admire moins, mais on est plus touché. Les malheurs de nos proches ont plus de droit à notre compassion que ceux des étrangers.« (497) Der Mensch, nicht der Heros gewinnt unser Mitgefühl, und das ist mehr als die Bewunderung, die dessen Größe hervorruft.

III. Der Eingang von Interesse in die allgemeine Theorie der Kunst

1. Das Interessante in Du Bos' sentimentalistischer Kunsttheorie

In der Gattungspoetik von Drama und Epos wurde Interesse zum poetologischen Begriff, in Jean-Baptiste Du Bos' *Réflexions critiques sur la poësie et sur la peinture* (1719) wird es in den allgemeinen kunsttheoretischen Diskurs übernommen.

Es ist die erste Schrift, in der die – gerade aufgekommene – Adjektivbildung ›interessant‹ dazu dient, eine als essentiell verstandene Qualität ästhetischer Gegenstände zu bezeichnen. Die Voraussetzung dafür schafft Du Bos' grundlegende Entscheidung, das Wesen der Kunst vom Subjekt der ästhetischen Erfahrung aus zu erfragen und dabei den Gegenstandsbezug des Subjekts als vom Interesse geleitet zu denken. Die ästhetische Erfahrung wird wesentlich als Affekterregung vorgestellt – Du Bos schreibt eine »Ästhetik des ›Pathetischen‹«[31]. Das geschieht auf der Basis einer anthropologisch-psychologischen Fundierung der Kunst – an Stelle einer ontologischen: Die Natur hat die Befriedigung der Bedürfnisse, die unsere Selbsterhaltung versichert, mit »plaisir« verbunden. Das gilt sowohl für

die physischen Bedürfnisse als auch für die der Seele, zu deren wesentlichsten gehört, in Tätigkeit versetzt, beschäftigt, bewegt zu werden. Solcher Bedürftigkeit zu begegnen – und dem quälenden Zustand des »ennui«[32] zu entkommen – ist der lebensdienliche Zweck der Kunst: Durch die Nachahmung solcher Gegenstände, deren authentische Erfahrung uns in leidenschaftliche Bewegung bringen würde, versorgt sie uns mit »passions artificielles« (26), die als bloße Schattenbilder von Leidenschaften zwar an Intensität hinter den wirklichen zurückbleiben, dafür aber den Vorzug haben, frei von den unangenehmen Gefühlen zu sein, mit denen diese verbunden sein können – ›reines Vergnügen‹.

Nachahmung ist also das Verfahren der Künste, aber sie ist nicht Zweck sondern Mittel; und wohl ist die Beschaffenheit des Nachgeahmten das Richtmaß, an welchem sich die Nachahmung orientiert, aber deren ästhetischer Wert wird nicht vom Wesen der Gegenstände, ihrem ontologischen oder moralischen Status, bestimmt, sondern von ihrer Tauglichkeit, wirkmächtig die Seele in Bewegung zu bringen (›émouvant‹, ›agitant‹, ›touchant‹). Darin allein hat das Kunstwerk seine raison d'être, nicht etwa in der künstlerischen Perfektion, mit der die Nachahmung ausgeführt ist. Wenn Du Bos die These, »que l'art de l'imitation intéresse plus que le sujet même de l'imitation« (69), zur Streitfrage macht, kann sie bei ihm nur die Zurückweisung erfahren: »les beautés de l'exécution ne rendent pas seules un Poëme un bon ouvrage« (73). Damit wird ›le beau‹ und ›le bon‹ zerlegt, jenes der Form, dieses dem Inhalt zugewiesen, und das Schöne vom Interessanten dissoziiert: Es ist die Dezentralisierung des Schönheitsbegriffs, die sich in der Kunsttheorie des 18. Jh., vor allem in der sensualistischen Analyse ästhetischer Erfahrung, fortsetzt. Nach dem Grundsatz »what is *experienced* as a difference in kind *is* a difference in kind«[33] ver-

---

30 LA MOTTE, Discours à l'occasion de la tragédie de Romulus (1730), in: ebd., 494.
31 ERNST CASSIRER, Die Philosophie der Aufklärung (Tübingen 1932), 434.
32 DU BOS, Bd. 1 (1770), 5.
33 JEROME STOLNITZ, ›Beauty‹: Some Stages in the History of an Idea, in: Journal of the History of Ideas 22 (1961), 190.

vielfachen sich die ästhetischen Wertbegriffe – erkennbar an den charakteristischen Substantivierungen adjektivischer Bezeichnungen, die auch aus interessant das Interessante hervorgehen lassen.

Das Interessante heißt die Qualität des Gegenstandes, die seine Wirkmächtigkeit auf die Seele versichert; fehlt sie ihm, läßt er uns ›indifferent‹, ›froid‹, ›languissant‹. Das macht die Wahl des Gegenstandes entscheidend für das Gelingen des Kunstwerks. Du Bos' Kriterium ist die Nähe des Objekts zu uns selbst: wenn sich in seiner Nachahmung ›unser zweites Selbst‹ abbildet, wenn es uns auf uns selbst zurückführt, gewinnt es vorzüglich unser Interesse, das dann im »amour de soi-même«[34] gründet. Interesse ergibt sich aber auch aus unserer Beziehung auf den Anderen: von der Natur mit einer »sensibilité naturelle« ausgestattet, die »le premier fondement de la societé« (39) bildet, reagieren wir in einem »mouvement machinal« (40) sympathetisch auf die Affektäußerungen unserer Mitmenschen. Das macht die Tragödie, die uns Personen in pathetischen Situationen vorstellt, zu einer paradigmatisch interessanten Kunstgattung.

Diese doppelte Fundierung des Interesses – als Selbst- und als Fremdbezug – geht ebenso in den ästhetischen Diskurs des 18. Jh. ein wie Du Bos' »intérêt de rapport, ou l'intérêt qui nous est particulier« (78). Der Begriff findet sich bereits in Le Bossus *Traité du Poëme Epique*, der das »Agréable dans la Narration Epique« davon abhängig macht, daß der Erzähler einen »rapport« herstellt »entre ses Auditeurs, & ses Personnages, & de l'intérêt qu'il donne à ceux-là dans l'Action qu'il raconte« (wobei er als negatives Exempel Statius anführt, der, obwohl für Römer schreibend, seine Sujets in Ländern gesucht habe, »dont les mœurs & les coûtumes n'avoient aucun rapport à celles de ses Lecteurs; & où ils n'avoient aucun intérêt«[35]). Du Bos

greift auf die Unterscheidung eines allgemeinen und eines besonderen Interesses zurück, um den ›intérêt de rapport‹ zu explizieren. Ein Kunstwerk vermag mich als »un homme en général« zu interessieren oder als »un certain homme en particulier«[36]. Gegenüber jenem gemeinmenschlichen Interesse handelt es sich bei den besonderen Interessen um solche, die historisch, national, religiös oder parteilich begründet sind bzw. durch Momente des persönlichen Charakters wie Lebensalter, vorherrschende Neigungen und Leidenschaften. Die subjektivistisch relativierenden Potenzen, die damit ins Spiel kommen, hält Du Bos freilich noch in Schach. Wie seine Beschreibung des Kunstpublikums noch darauf gerichtet ist, dieses als homogene Größe vorzustellen, so vermittelt seine Forderung, der Künstler müsse solche Sujets wählen, die beide Arten des Interesses in sich vereinen, das gemeinmenschliche und das partikulare. Auch für Du Bos gilt der Satz: »Geschmack ist eine Kategorie der Versöhnung von Subjekt und Gesellschaft im Subjekt selbst.«[37]

2. Zwischen Rationalismus und Sentimentalismus: Batteux' Interessebegriff

Du Bos' Interesse ist ein Begriff, der die Beziehung des ›Begehrungsvermögens‹ zum ästhetischen Gegenstand markiert. Als solcher geht er in den kunsttheoretischen Diskurs des Jh. ein und behauptet seine zentrale Stellung, wo immer und solange diese Beziehung postuliert wird. Charles Batteux, der die Aufnahme des Interesse-Begriffs in Deutschland fast noch mehr befördert als Du Bos, insofern er mit seinem Hauptwerk *Les beaux Arts réduits à un même Principe* (1746) und dessen Erweiterung zum *Cours de belles Lettres ou Principes de la Littérature* (1747–1750) bei den Deutschen zum meistgelesenen Ästhetiker seiner Zeit wird (Johann Adolf Schlegels Übersetzung erlebt drei Auflagen, 1751–1770, die Carl Wilhelm Ramlers sechs, 1756–1802), folgt darin Du Bos ebenso nach wie in den meisten seiner Bemerkungen über Interesse und das Interessante. So macht er z.B. die Nähe des Gegenstandes zu uns zum entscheidenden Faktor – »l'intérêt croît à proportion de la proximité«[38] – und führt das auf unsere Selbstliebe (»amour propre«) zurück, »le ressort de tous les

---

34 DU BOS, Bd. 1 (1770), 39f.
35 LE BOSSU (s. Anm. 19), 236f.
36 DU BOS, Bd. 1 (1770), 75.
37 KARLHEINZ STIERLE, Geschmack und Interesse. Zwei Grundbegriffe des Klassizismus, in: H. Beck/P. C. Bol/E. Maek-Gérard (Hg.), Ideal und Wirklichkeit der bildenden Kunst im späten 18. Jahrhundert (Berlin 1984), 78.
38 BATTEUX (1746), 81.

mouvemens du cœur humain«: Die ästhetische Erfahrung ist lustvolles Empfinden in der Selbstvergegenwärtigung des Subjekts, das Kunstwerk ein Spiegel, der die »image des passions & des actions des hommes« (82) uns selbst vor Augen bringt.

Trotz der Erklärung, es sei »la premiere qualité« (82) ästhetischer Gegenstände, daß sie interessant sind, schreibt Batteux jedoch keine auf das Interesse und das Interessante gegründete Kunsttheorie. Seine klassizistische Kunstgesinnung steht dem im Weg – und »Klassizismus ist Objektivismus«[39]. Seine Erörterung des Geschmacksbegriffs zeigt in der Verknüpfung eines objektiven Schönheitsbegriffs und des im Subjekt gründenden Interesses ein Beieinander rationalistischer und sentimentalistischer Konzepte. Eingeführt wird der Geschmack als »la voix de l'amour propre«[40]. Er ist auf »le bon & le beau« des Kunstwerks gerichtet, so wie der Verstand (intelligence) in den Wissenschaften auf das Wahre; und während dieser die Gegenstände an sich betrachtet, »sans aucun rapport avec nous«, sind diese für den Geschmack nur »par rapport à nous« (56). Der Geschmack will genießen (jouir), will »quelque sentiment agréable« (77). Er erhält es von solchen Gegenständen, die »le plus de rapport avec notre propre perfection, notre avantage, notre intérêt« haben. Aber der Gegenstand ist, da er Nachahmung der schönen Natur sein soll, »en même tems la plus parfaite en soi« (79) – und damit wird Batteux' Argumentation zweigleisig. Während er zunächst »le bon & le beau« als »Deux termes qui rentrent presque dans la même signification« (56) bezeichnete, nennt er nun den »esprit« (92) als das Organ für das Schöne, »le cœur« (93) für das Gute. Beide haben zwar, gemeinsam den Geschmack bestimmend, den Gegenstand »par rapport à nous« (56), aber sie unterscheiden sich in der Art dieses »rapport«: »Pour que les objets plaisent à notre esprit, il suffit qu'ils soient parfaits en eux-mêmes. Il les envisage sans intérêt« (92 f.); der ›esprit‹ findet sein Genüge in einem Wohlgefallen ohne Interesse (»plaisent [...] sans intérêt«), indem er die innere Zweckmäßigkeit des in sich vollkommenen Gegenstandes anschaut: »voir que la beauté consiste dans les rapports des moyens avec leur fin«[41], heißt es in einer Ergänzung in der 2. Auflage.

Das ist rationalistische Ästhetik: »Il y a donc une beauté independante de sentiment, et notre Esprit renferme des principes speculatifs qui nous apprennent à décider, de sang froid, si un objet est beau ou ne l'est pas.«[42] Nun ist aber das Schöne noch keine zureichende Bestimmung für das Kunstwerk, und mit dem ›Guten‹ – es ist im Sinne des ›Zuträglichen‹ zu verstehen; Johann Adolf Schlegel nennt es dann das »physische Gute«, im Unterschied zum »metaphysischen« und zum »moralischen Guten«[43] – kommt der subjektive Aspekt zur Geltung: Durch ihr Gutsein werden die Kunstwerke zu »objets des intérêts qui nous soient chers, qui tiennent à la conservation ou à la perfection de notre être, qui nous fassent sentir agréablement notre propre existence«[44].

Interesse und Interesselosigkeit markieren also nebeneinander den Geschmack: Die Kunstwerke erfährt er als ›schön‹, insofern sie sich ihm als »des choses parfaites en elles-mêmes«[45] zeigen, und als ›gut‹, da sie, »en même tems, intéressantes pour les hommes« (91 f.) sind. Batteux nimmt das als zwei Seiten einer Sache: »Cette perfection a consisté toujours, dans la variété, l'excellence, la proportion, la symétrie des parties, réunies dans l'ouvrage de l'Art aussi naturellement qu'elles le sont dans un Tout naturel. Et l'intérêt a consisté à faire voir aux hommes des choses qui eussent un rapport intime à leur être« (92). Da legt sich die Objektivität des Schönen, an der Batteux festhält, als unüberschreitbare Schranke den subjektivistischen Konsequenzen in den Weg, die mit dem Interessanten freigesetzt werden, ohne aber dessen Geltungsanspruch für die Bestimmung des ästhetischen Gegenstandes widerlegen zu wollen. Konsequenterweise ließe sich fragen, warum, wenn das Kunstwerk ›en même tems‹ schön und interessant

---

39 ALFRED BAEUMLER, Das Irrationalitätsproblem in der Ästhetik und Logik des 18. Jahrhunderts bis zur Kritik der Urteilskraft (1923; Darmstadt 1967), 74.
40 BATTEUX (1746), 77.
41 BATTEUX (1747), 90.
42 JEAN-PIERRE DE CROUSAZ, Traité du Beau (1715; Paris 1985), 27 f.
43 JOHANN ADOLF SCHLEGEL, Von dem höchsten und allgemeinsten Grundsatze der Poesie, in: BATTEUX, Einschränkung der schönen Künste auf einen einzigen Grundsatz, übers. v. J. A. Schlegel (1751), Bd. 2 (Leipzig ³1770), 200.
44 BATTEUX (1746), 88.
45 BATTEUX (1747), 91.

sei, zu Batteux' *einem* Prinzip, ›Nachahmung der schönen Natur‹, nicht das zweite, Nachahmung der interessanten Natur, gestellt werden müsse. Ein paar Jahrzehnte später geht Jean-François Marmontel darüber sogar noch hinaus und verlangt vom Künstler nicht »la belle nature«, sondern »la nature *intéressante*« – »car la beauté poétique n'est autre chose que l'*intérêt*«[46].

IV. Übernahme und Entwicklung des Begriffs Interesse in Deutschland

1. Vom ›Anteil‹ zum Interesse

Interesse ist einer der vielen Importartikel, mit deren Hilfe sich im 18. Jh. eine differenzierte Terminologie ästhetischer Theorie und Kritik in Deutschland ausbildet. (Auf die frz. Herkunft weist die adjektivische Form interessant hin.) »Warum sollen wir Bedenken tragen, Kunstwörter aus einer Sprache, die uns in den schönen Künsten vorgearbeitet hat, in die unsrige herüberzunehmen?«[47], fragt J. A. Schlegel in der ersten Auflage seiner Batteux-Übersetzung, aber das ›Kunstwort‹ Interesse übernimmt er nicht. Johann Christoph Gottsched hat es ebenso vermieden wie die Schweizer, diese fast demonstrativ: Wenn Johann Jakob Breitinger in seiner *Critischen Dichtkunst* (1740) ›Von der Wahl der Materie‹ handelt, folgt er extensiv den entsprechenden Kapiteln der *Réflexions* von Du Bos, in

denen vielfach vom Interesse die Rede ist; er selbst aber schreibt ›rühren‹, ›in Bewegung setzen‹, ›einnehmen‹, ›anziehen‹ und dergleichen.[48]

Daß der Boden für die Aufnahme des Begriffs um diese Zeit durchaus bereitet ist, zeigt sich am nun häufiger begegnenden Gebrauch jenes Wortes, das auch künftig oft noch für Interesse stehen wird: ›Anteil‹. Heinrich Friederich Reischauers *Vernünftige Gedanken und Regeln von der Poesie überhaupt und der geistlichen Poesie insbesondere* (1745) setzen es bereits in einen Kontext, der zwar noch von rhetorischer Herkunft ist, zugleich aber mit den Explikationen der französischen Theoretiker des Interesses übereinstimmt: »es müssen uns die Sachen so abgebildet werden, daß unser Herz starken Antheil daran nehmen muß, indem unser Eigen-Nutz und Eigen-Liebe dadurch gereitzet und geschmeichelt wird«[49]. Und: Der Poet »beemeistert sich eures Herzens, er schmeichelt eure Eigenliebe und Eigennutz so lange, bis ihr an seiner Freude und Traurigkeit, völligen Antheil genommen habet.« (14) Interesse und interessant tauchen um die Jahrhundertmitte auf, zunächst noch punktuell und ohne Folge, so z. B. auf den vielen tausend Seiten Georg Friedrich Meiers.[50] Der junge Lessing vermeidet in seiner Übersetzung der *Trois Discours* Corneilles durchweg das Wort, und wenn er La Mottes ›l'unité de l'intérêt‹ zitiert, übersetzt er es mit »Einheit des Antheils«[51]. Der Umschlag erfolgt in den 50er Jahren, ablesbar an den verschiedenen Batteux-Übersetzungen: J. A. Schlegel (1751), Philipp Ernst Bertram (1751), Gottsched (1754) schreiben ›Antheil‹ (intérêt), ›Antheil nehmen‹ (s'intéresser), ›anziehend‹, ›einnehmend‹, ›rührend‹ (intéressant); Ramler (1756) dagegen übernimmt konsequent ›Interesse‹ und seine Derivate. Das zeitigt, befördert durch die rasche Verbreitung seiner Übersetzung, eine geradezu augenblickliche Wirkung. Schon in Nicolais *Abhandlung vom Trauerspiele* tritt ›Interesse‹ neben ›Antheil‹, und Gottfried Benedict Funcks Übersetzung von Du Bos' *Réflexions* (1760f.) verzichtet fast durchgängig auf deutsche Äquivalente (zu denen Ramler übrigens in der Auflage von 1774 wieder zurückkehrt). Sie bleiben aber, meist neben Interesse, noch länger in Gebrauch: So enthält Johann Georg Sulzers *Allgemeine Theorie der Schönen Künste* (1771–1774) zwar den Artikel *Interessant*, aber statt

---

46 JEAN-FRANÇOIS MARMONTEL, Éléments de littérature (1787), in: Marmontel, Œuvres complètes, Bd. 14 (Paris 1818), 149.
47 J. A. SCHLEGEL, [Anm. d. Übers.], in: BATTEUX, Einschränkung der schönen Künste auf einen einzigen Grundsatz, übers. v. J. A. Schlegel (Leipzig ²1759), 2.
48 Vgl. BREITINGER, Bd. 1, 85 ff.
49 HEINRICH FRIEDERICH REISCHAUER, Vernünftige Gedanken und Regeln von der Poesie überhaupt und der geistlichen Poesie insbesondere (Lemgo 1745), 157 f.
50 Vgl. GEORG FRIEDRICH MEIER, Beurtheilung der Gottschedischen Dichtkunst (Halle 1747), 318; MEIER, Beurtheilung des Heldengedichts, der Meßias (Halle 1749), 8 f.
51 GOTTHOLD EPHRAIM LESSING, Beyträge zur Historie und Aufnahme des Theaters (Stuttgart 1750), 581.

IV. Übernahme und Entwicklung des Begriffs Interesse in Deutschland

Interesse findet sich der Artikel *Theilnehmung*, wobei dessen Bedeutung jedoch bereits deutlich von Interesse abgehoben wird – wie später in Johann August Eberhards *Versuch einer allgemeinen deutschen Synonymik* (1795 ff.).[52] Christian Garves Urteil 1772 lautet: »Wir haben kein Wort für Interesse«[53], und das gibt wohl die inzwischen vorherrschende Meinung wieder, jedenfalls entspricht ihm der üblich gewordene Begriffsgebrauch. Interesse ist in den terminologischen Grundbestand ästhetischer Theorien eingegangen und kaum einer der Leitfäden für den akademischen Unterricht, kaum eines der Lehrbücher und lexikalischen Werke versäumt es, ihm einen eigenen Paragraphen zu widmen.[54] Dem überwiegend kompilatorischen Charakter dieser Werke entsprechend, findet sich darin meist kaum mehr als das Begriffsverständnis, das von französischen oder britischen Autoren vorgegeben ist. Exemplarisch dafür ist Friedrich Justus Riedels *Theorie der schönen Künste und Wissenschaften* (1767), in der Interesse ein eigenes Kapitel erhält.

Riedel setzt ein mit der Erklärung der Subjektivität und der daraus sich ergebenden Relativität des ästhetischen Interesses. Er zitiert Batteux – unsere Eigenliebe reize uns, an Dingen Anteil zu nehmen, die eine »innige Verwandschaft mit unsern Wesen haben«[55] – und korrigiert ihn: »*intereßant* ist ein Gegenstand, der unser Herz von der Seite der Sympathie, der Neugierde, des moralischen Gefühls und der Eigenliebe anzugreifen und zu rühren fähig ist« (328): eine Addition französischer und britischer Gewährsleute (Du Bos, Batteux, Francis Hutcheson, Henry Home), in der das Interesse des Verstandes und des Herzens, ichbezogenes und sympathetisches Interesse nebeneinanderstehen. Mit Du Bos trifft er die Unterscheidung des Interesses an wirklichen und erdichteten Gegenständen, konstatiert das Wirkungsdefizit der letzteren, und kommt damit vom Interesse am nachgeahmten Gegenstand zu dem Interesse, das durch den Modus der Nachahmung befördert wird: Sie muß den Gegenstand »durch die Täuschung unserer Phantasie näher« bringen. Die Erläuterung erfolgt durch Homes illusionstheoretisches Konzept der »idealen Gegenwart« der Dinge im Kunstwerk, die »den Mangel der würklichen Gegenwart« (328) ausgleicht, nämlich durch die »Energie der Bilder [...], die in unsere Phantasie gemahlt werden« (329), und von der auch das Maß unseres Interesses bedingt wird: Da verbinden sich Homes Begriffe mit Du Bos' Ausführungen über die ›poesie du style‹. Die Unterscheidung des »allgemeinen« und des »besonderen Interesses« schließt sich an: »Interesse der Menschheit« bzw. »des Ortes, der Nation, der Zeit, der Religion, des Alters, der Liebe, der Lebensart, der Wissenschaft, selbst der Temperamente und Neigungen« (330), wobei – ein drastisches Indiz für die funktionale Umkehrung des Verhältnisses von Religion und Kunst – das Interesse der Religion als »Kunstgriff« (331) bezeichnet wird, dessen sich die größten Dichter von Homer bis Friedrich Gottlieb Klopstock bedient hätten. Der Rest des Kapitels ist dann dem Interesse gewidmet, das durch das Sujet und das poetische Personal erregt wird, wobei Riedel seine Vertrautheit mit der Dramaturgie des Interesses bekundet.

2. Differenzierung und Ausbreitung von Interesse als ästhetischem Wertbegriff

Das Interessante ist zum ästhetischen Wertbegriff geworden, vor allem im Hinblick darauf, daß es im Subjekt der ästhetischen Erfahrung eine Steigerung

---

52 Vgl. JOHANN AUGUST EBERHARD, Versuch einer allgemeinen deutschen Synonymik in einem kritisch-philosophischen Wörterbuche der sinnverwandten Wörter der hochdeutschen Mundart, 4. Theil (Halle/Leipzig 1799), 196 ff.
53 CHRISTIAN GARVE, Adam Fergusons Grundsätze der Moralphilosophie, übers. u. mit einigen Anmerkungen versehen (1772), in: Garve, Ges. Werke, hg. v. K. Wölfel, Bd. 11 (Hildesheim/Zürich/New York 1985), 332.
54 Vgl. RIEDEL; CHRISTIAN HEINRICH SCHMID, Theorie der Poesie nach den neuesten Grundsätzen und Nachricht von den besten Dichtern nach den angenommenen Urtheilen (Leipzig 1767); JOHANN JAKOB LINDNER, Lehrbuch der schönen Wissenschaften, insbesondere der Prose und Poesie (Königsberg/Leipzig 1767); SULZER; JOHANN JUSTUS HERWIG, Grundriß der eleganten Literatur zum Gebrauch seiner Vorlesungen (Würzburg 1774); EBERHARD, Theorie der schönen Wissenschaften (Halle 1783); JOHANN CHRISTOPH KÖNIG, Philosophie der schönen Künste (Nürnberg 1784); CHRISTOPH MEINERS, Grundriß der Theorie und Geschichte der schönen Wissenschaften (Lemgo 1787).
55 RIEDEL, 325.

des Gefühls seiner Existenz bewirkt. Das geht auf Du Bos zurück, gewinnt aber nun eine neue Qualität. Bei Du Bos ging es um den Ausgleich einer Defizienz: Wir entkommen dem ›ennui‹. Jetzt erweitert und nobilitiert sich, was als ›divertissement‹ qualifiziert war. Lessing spricht vom Bewußtsein »eines größern Grads unsrer Realität«[56], bei Garve heißt der »Zustand eines Menschen, der von etwas interessirt wird, [...] ein vollkommneres Wachen, ein höherer Grad von Leben«[57]. Marcus Herz ist das Interessante darum im Kunstwerk »wesentliches Ingredienz«, weil es das »Selbstgefühl« der Seele »ungemein erhöht, und sie die Realität ihres Daseyns auf die sanfteste Weise empfinden läßt«[58]. Bei Sulzer macht das die Essenz seines Artikels über das Interessante aus: »Das Interessante ist die wichtigste Eigenschaft ästhetischer Gegenstände; weil der Künstler dadurch alle Absichten der Kunst auf einmal erreicht«; denn nicht »der ruhige Genuß angenehmer Empfindungen« sei für den Menschen »der erwünschteste Zustand«, sondern »die innere Würksamkeit, oder Thätigkeit, wodurch wir uns selbst, als freye aus eigenen Kräften handelnde Wesen verhalten [...]. Diese Würksamkeit ist der erste, wahre Grundtrieb unsers Wesens, der Eigennutzen, oder das Interesse, welches einige Philosophen zur Quelle aller Handlungen machen. Also kann der Künstler [...] uns durch nichts mehr gefallen, als wann er uns durch interessante Gegenstände in Würksamkeit setzet.«[59] Es ist evident, daß dieser »Eigennutzen« keine moralische Disqualifikation meint.

Obwohl in den Rang eines ästhetischen Wertbegriffs aufgestiegen, tritt das Interessante – anders als das ›Erhabene‹, gelegentlich auch ›Anmut‹/ ›Grazie‹ – nicht in einen Rangstreit mit dem ›Schönen‹ ein; eher zeigt es die Tendenz, die Rede von ihm zu verdrängen bzw. sich als die für wünschenswert bis notwendig erachtete Vervollkommnung des ›Schönen‹ im Kunstwerk darzustellen. So macht Johann Christoph König die »interessirende Schönheit« zum »höchsten Grad des Schönen«, der erreicht werde, »wenn die Empfindung seiner Vollkommenheit, und die Empfindung unsrer besondern Zuneigung zu ihm« zusammenkommen – was freilich dann immer nur ein höchstes Schönes für mich sein kann, da allgemein interessante Gegenstände ein »Unding«[60] seien. Als Kompensat figuriert das Interessante in der Konfrontation mit dem sog. ›bloß Schönen‹ eines ästhetischen Gegenstandes, dessen ›selbstgenügsame Vollkommenheit‹ das Verlangen des Subjekts nach ›lebendiger‹ Wirkung unbefriedigt läßt: Riedel ist ein »Meisterstück« denkbar, das, »noch so vollkommen«, doch »niemahls den Beyfall finden« wird, »den es etwa durch seinen innern Werth verdienen möchte«[61], wenn ihm das Interessante fehlt. Die Opposition von ›Beifall‹ und ›innerem Wert‹ deutet auf eine Umwertung der ästhetischen Kriterien, die sich im Zuge der wirkungsästhetischen Auflösung objektiver Normen vollziehen kann: Nicht nur die Sprematie des urteilenden Subjekts über den ›objektiven‹ Wertanspruch des Kunstwerks macht sich da geltend, sondern auch schon ein Vorrang des quantifizierenden Kriteriums ›Interesse der Mehrheit‹ vor dem qualifizierenden der künstlerischen Vollkommenheit. Die Verbindung einer solchen Ästhetik des Interesses mit der beginnenden Marktorientierung literarischer Produktion zeichnet sich ab. Analog dazu könnte man Riedels extensive Aufzählung der ›besonderen Interessen‹ als Basis künftiger ›Zielgruppen-Markierung‹ literarischer Marktforschung einschätzen. Die Reflexion auf das ästhetische Interesse bleibt von dergleichen Gedanken freilich noch unberührt, und erst am Jahrhundertende verliert das Interessante seine ästhetische Unschuld in Friedrich Schlegels Gericht über die Un-Schönheit der im Zeichen des Interessanten stehenden Moderne.

Daß bei Riedel die Poesie – und innerhalb ihrer

56 LESSING an Moses Mendelssohn (2. 2. 1757), in: Petsch (s. Anm. 27), 98.
57 GARVE, Einige Gedanken über das Interessirende (1771–1772), in: Garve, Popularphilosophische Schriften über literarische, ästhetische und gesellschaftliche Gegenstände, hg. v. K. Wölfel, Bd. 1 (Stuttgart 1974), 222.
58 MARCUS HERZ, Versuch über den Geschmack und die Ursachen seiner Verschiedenheit (1776; Berlin ²1790), 163.
59 ›Interessant‹, in: JOHANN GEORG SULZER, Allgemeine Theorie der Schönen Künste in einzeln, nach alphabetischer Ordnung der Kunstwörter auf einander folgenden, Artikeln abgehandelt, Bd. 1 (Leipzig 1771), 561.
60 KÖNIG (s. Anm. 54), 181 ff., 453.
61 RIEDEL, 324.

das Drama – als die eigentlich interessante Kunstart erscheint, entspricht der vorausgegangenen Geschichte des Begriffs. Die Gattung Drama gilt als die »interessanteste von allen«[62], daher auch als das »Wichtigste in der Theorie des Drama [...] die Anwendung der Lehre von dem Interesse«[63]. »Interesse ist der große Hauptzweck des Dichters«, schreibt Lenz, »der große Wert einer dramatischen Ausarbeitung besteht also immer in Erregung des Interesses«[64]. Das ist nahezu Konsens in den dramentheoretischen Texten deutscher, französischer und britischer Autoren – wie überhaupt nach 1760 eine übernationale Korrespondenz in der Theorie des Interesses erkennbar ist. Die Rezeptionsbereitschaft der deutschen Autoren hat dabei noch nicht nachgelassen, Übersetzungen dramaturgischer Schriften erfolgen meist umgehend. Zugleich verbindet sich die Theorie des Interesses mit den aktuellen Tendenzen der dramatischen Produktion. So macht Lessing, an französische Vorgänger anschließend, im 14. Stück der Hamburgischen Dramaturgie (1767–1768) Interesse zum tragenden Begriff in der Propagierung des ›bürgerlichen Trauerspiels‹, das mit seiner Bevorzugung des als Privatperson vorgestellten ›Menschen‹ vor der ›Standesperson‹ eine Konsequenz aus Du Bos' Forderung der ›Nähe‹ des Sujets zum Publikum zieht. Garve folgt darin Lessing ebenso wie Friedrich von Blanckenburg, der die Opposition von ›bürgerlichem‹ und ›heroischem‹ Trauerspiel auf die von Heldengedicht und Roman überträgt. Die mit dem ›Heroischen‹ verbundenen poetischen Wertkriterien werden aufgelöst und die alte Degradierung der Sphäre des Privaten unter die staatlich-herrschaftlichen Belange revidiert. Das »Herz«, das sich nur mehr für das, »was die bloße Menschheit angeht,[...] interessieren«[65] will, fordert für seine Sympathie »einen einzeln Gegenstand«, weshalb »ein Staat [...] ein viel zu abstrakter Begriff für unsere Empfindungen«[66] ist: Da hat sich die Rangordnung des »interesse particolare« und des »interesse commune«[67] umgekehrt; denn von jenem und seiner ›Einzelheit‹ führt ein direkterer Weg zur humanen Allgemeinheit als vom ›Abstraktum‹ Staat und seinen Agenten und Repräsentanten.

Mit den Formtendenzen der aktuellen Dramatik verbindet sich die Dominanz jenes Interesses, in welchem unsere »Menschheit auf eine empfindliche Art bewegt wird«[68]. Herz erklärt, es seien »die geselligen Neigungen zugleich diejenigen, welche unsere Thätigkeit am meisten und auf die mannichfaltigste Weise in Bewegung setzen, das innere Gefühl unsers Daseyns am sanftesten uns empfinden lassen: diejenigen also, die uns am stärksten an sich ziehen und für Dichter und Künstler die interessantesten Gegenstände sind«[69]. Christoph Meiners gar spricht diesem Interessebegriff ausschließliche Geltung im Bereich des Ästhetischen zu: »Die Wörter Interesse und interessant werden ganz anders im gemeinen Leben genommen, als wenn von dem Interesse und Interessanten der schönen Wissenschaften die Rede ist. In diesen ist allein dasjenige interessant, was unsere sympathetischen und moralischen Gefühle reitzen, oder erwecken kann.«[70] Dieses Interesse der ›moralischen Gefühle‹ korrespondiert mit spezifischen Zügen des empfindsamen Dramas, wo die Willensbestimmtheit der dramatischen Personen so weit zurücktritt, daß ihr Interesse, statt im aktiven Wollen und Betreiben, sich primär nur mehr als Wunsch, Furcht, Hoffnung äußert. Sie zeigen sich in einer Art passiver Zuständlichkeit des Empfindens und sind vorzüglich als Leidende, die in ihrer moralischen Gesinnung verharren, für die Zuschauer interessant. Die mit der Privatisierung des vormals staatlich-öffentlichen Aktionsraumes einhergehende Minderung der Handlungsmächtigkeit des (bürgerlich gewordenen) Helden läßt sich sowohl als Grund wie als Folge dieses Sachverhalts betrachten. Symptomatisch erscheint auch, daß die interessebestimmte Aktivität in diesen Schauspielen vornehmlich dem lasterhaften Charakter zukommt, der sich außerhalb der Gesetze stellt und auf diese

---

62 GARVE (s. Anm. 57), 206.
63 HERWIG (s. Anm. 54), 399.
64 LENZ, Über die Veränderung des Theaters im Shakespear (1775–1776), in: Lenz (s. Anm. 20), 745.
65 FRIEDRICH VON BLANCKENBURG, Versuch über den Roman (Leipzig/Liegnitz 1774), 16.
66 LESSING, Hamburgische Dramaturgie (1767–1768), 14. Stück, in: Lessing, Werke, hg. v. K. Wölfel, Bd. 2 (Frankfurt a. M. 1967), 177.
67 GUICCIARDINI (s. Anm. 4), 76, 29.
68 RIEDEL, 332.
69 HERZ (s. Anm. 58), 186.
70 MEINERS (s. Anm. 54), 42 f.

Weise etwas von der Handlungskompetenz der früheren Dramenhelden erbt.

In bezug auf die Semantik von Interesse bedeutet das, daß das Interesse eines solchen egoistisch motivierten Charakters und das im ›moralischen Gefühl‹ gründende Interesse des Zuschauers zwei einander entgegengesetzte Begriffe geworden sind. In Lessings Verwendung des Begriffs zeigt sich darüber hinaus, daß neben dem Interesse der sympathetischen Teilnahme, das er bereits im Briefwechsel mit Moses Mendelssohn und Nicolai über das Trauerspiel (1756–1757) kennt und das auch in der *Hamburgischen Dramaturgie* (1767–1768) dominant ist, ein Interessebegriff sich behauptet, der von allen moralischen Empfindungen unabhängig ist. Er aktualisiert sich in der Kritik von Christian Felix Weisses *Richard III.* (1765): Daß es ein »so interessantes Stück« für das Publikum werden konnte, begründet Lessing so: »Alles, was Richard tut, ist Greuel; aber alle diese Greuel geschehen in Absicht auf etwas; Richard hat einen Plan; und überall, wo wir einen Plan wahrnehmen, wird unsere Neugierde rege; wir warten gern mit ab, ob er ausgeführt wird werden, und wie er es wird werden; wir lieben das Zweckmäßige so sehr, daß es uns, auch unabhängig von der Moralität des Zweckes, Vergnügen gewähret.«[71] In drastischem Gegensatz zu den »süßesten sympathetischen Empfindungen«, die »die guten Personen des Stücks« einflößen, gilt hier: »Die Absicht interessierte uns, als zu erreichende Absicht«. Nicht die dramatische Person, sondern ein von deren moralischem Wesen unabhängiger ›Plan‹ ist, was uns interessiert, und die »Beschäftigung unserer Seelenkräfte« (439) besteht nicht in einer Teilnahme, die sich darum sorgt, was der Person zustoßen wird, sondern in der moralisch indifferenten Verfolgung des zweckmäßigen Agierens einer ›instrumentellen Vernunft‹. Garve beschreibt dann dieses Interesse als eine »Begierde der Seele«, die »eigentlich immer auf etwas Künftiges« gehe, und schließt daraus: »Ein Schauspiel

---

71 LESSING, Hamburgische Dramaturgie, 79. Stück, in: Lessing (s. Anm. 66), 438.
72 GARVE (s. Anm. 57),166.
73 Ebd., 171.
74 SCHMID (s. Anm. 54), 398.
75 GARVE (s. Anm. 57), 168.

oder ein Roman interessirt mich, und, ich bin nach dem Erfolge begierig, sind gleichbedeutende Redensarten.«[72] Man kann dieses ganz und gar dem ›Stoff‹ zugewandte Interesse, das bald in der literarischen Kritik zur Signatur der Lektüre des neu entstehenden ›Lese-Pöbels‹ gemacht wird, mit Lessing das ›Interesse der Neugierde‹ nennen – tatsächlich ist in das Interessante auch ein Gutteil dessen eingegangen, was der am Anfang des Jh. von Joseph Addison favorisierte, von Johann Jakob Bodmer und Breitinger übernommene Begriff des ›Neuen‹ bezeichnete.

3. Das ›Interessierende‹ als Zentralbegriff spätaufklärerischer Poetik: Garve

Der nach Umfang und Gewicht anspruchsvollste Text der Epoche über die Begriffe Interesse und interessant ist Garves Abhandlung *Einige Gedanken über das Interessirende* (1771–1772), in seiner *Sammlung einiger Abhandlungen* (1779) um einen ›Anhang‹ vermehrt. Sie hat nicht den kompilatorischen Charakter von Riedels Ausführungen, ist eher eine Mischung von systematisierender und essayistischer Darstellung, letzteres vor allem in der Entschiedenheit, mit der das Autor-Ich sich zum Substrat und Richtmaß der theoretischen Bestimmung von Interesse macht, wobei es sich selbstbewußt als repräsentativer Sprecher fortgeschrittener Humanitätsbildung seines aufgeklärten Zeitalters versteht.

Garve geht es darum, »welches das eigentliche Interesse ist, das Dichter und Künstler […] ihren Werken geben sollen«[73]. Er schreibt eine Poetik des Interessanten, es wird daraus eine – seine – ars poetica in nuce. An die Stelle der ontologischen Dignität der objektiven Schönheit ist die mediale Werthaftigkeit des Interessanten getreten: das Kunstwerk als Instrument im Dienst der aufklärenden, sittlichen Persönlichkeitsbildung. »Intereßiren heißt Empfindungen erregen, Empfindungen von allen Graden von dem kleinsten bis zu dem höchsten der Leidenschaft«[74], heißt es in Christian Heinrich Schmids *Theorie der Poesie*. Garve geht von dem Satz aus: »Wer uns interessiren will, muß uns viel zu denken geben, oder uns in Affekt bringen«[75], und es ist unverkennbar, daß ihm das auf ›Ideen‹ bezogene Interesse, als »Nahrung für meinen Geist« (173), das wesentlichere ist. Selbst die Schätzung des Trauerspiels wird von dieser ›Intellektualisierung‹ des Interesses betroffen: »Das Vergnügen, Mitleiden und Schrecken zu empfinden, genießt man also nur in einzelnen und kurzen Stellen eines Trauerspiels. Aber das Vergnügen, Menschen von einem unterscheidenden Charakter, einem gebildeten Geiste, feinen Sitten, einer edlen Sprache, über wichtige Vorfälle des Lebens reden zu hören; das können wir in allen Auftritten und ohne Unterbrechung genießen. Elend oder Glückseligkeit sehe ich nur am Ende des Stücks, aber denkende und handelnde Menschen sehe ich durch das Ganze.« (172 f.) Die Adressaten des Kunstwerks werden dabei nicht anders als hier das dramatische Personal begriffen: als individuelle Charaktere von gebildetem Geist und feinen Sitten. Es ist Garves Variante von Du Bos' ›Nähe‹: »das Gemälde solcher Menschen« wird uns »am stärksten interessiren, die am meisten unsers gleichen sind, die eine Denkungsart, eine Sprache und Sitten wie die unsrige haben, und deren Begebenheiten und Handlungen denen gleichkommen, aus denen der Lauf unsers eignen Lebens besteht, mit einem Worte, das Gemälde unsrer Zeit und unsrer Nation.« (192) Es ist nur eine Konsequenz des Interessebegriffs, wenn in diesem ›Unsrigen‹ das Ich des Schreibers sich zum Kollektiv macht. Tatsächlich bindet Garve das Interesse nicht nur an die zeitliche und räumliche Gegenwart ›unserer‹ Lebenswelt – »die wirkliche vor uns liegende Welt« als »der Inbegriff alles dessen, was uns verständlich oder wichtig oder angenehm seyn kann« (183) –, sondern auch an die individuellen lebensgeschichtlichen Erfahrungen, deren Bedeutung uns eine Dichtung post festum aufschließen kann, indem sie »uns in unser eigenes voriges Leben einen Blick thun« läßt, »der uns Aufschlüsse von dem giebt, was wir damals nicht verstanden, oder uns bemerken läßt, was wir damals übersahen« (181). Die Unentbehrlichkeit der Poesie als Organ der Lebenserschließung und Lebensberatung leitet Garve aus den zivilisatorischen Bedingungen unserer Existenz, d. h. aus deren sinnlich realem Erfahrungsdefizit ab: »Wir beobachten also sehr wenig selbst. Viele Dinge geschehen täglich vor unsern Augen, oder sind nur wenig Schritte von uns, die wir doch kaum eher bemerken, als bis wir sie in Büchern gefunden haben. Die Dichter müssen uns ersagen, was eine schöne Gegend sey.« (30 f.)

Garve schließt die zeitgenössischen Dichter in die Grenzen seiner eigenen konkreten Erfahrungswirklichkeit ein, und unterwirft damit die poetische Welt einer Art von bürgerlicher Domestizierung. Die mythopoetische Bilderwelt mit ihren Schicksalsfabeln verfällt ebenso dem Verdikt wie die Produkte »der sogenannten Imagination« (184) überhaupt: »Uns dünkt, die imaginative Welt ist gegen die wirkliche ein enges armseliges Gehege« (187); »was können uns alle diese Wesen angehen, die wir niemals um uns herum gesehen, mit denen wir niemals in irgend einem Verhältnisse gestanden haben«? (188) Die Aversion gegen alles Abenteuerlich-Wunderbare und ›Chimärische‹ verbindet sich mit der Geringschätzung dessen, was Blanckenburg als »Thaten und Begebenheiten« des Heldengedichts für historisch überholt erklärt und durch »das Innre des Menschen«[76] abgelöst sehen will, dessen Darstellung die Aufgabe des Romans sei. Im Grunde zielt auch Garves programmatische Poetik des Interesses, obwohl sie sich vornehmlich auf das Drama bezieht, auf den psychologischen Roman und dessen charakteranalytische, individualisierende Schilderung ›heutiger‹ Menschen, deren Inneres uns »eine gewisse Metaphysik, eine Zergliederung der Empfindungen und Leidenschaften«[77] aufdeckt, so daß »die unbemerkteren geheimeren Züge«, die »unmerklichern Spiele und Uebergänge der Leidenschaft aus dem Grunde der Seele« hervorgehoben werden, und die »feinern Mischungen«, »kleinsten Wirkungen«, »alle Schattirungen« (214 f.) zutage treten. Als Interesse am psychologischen Merkwürdigen ist das freilich nicht zu verstehen: Garves Vorstellung interessanter Individualität ist an die Repräsentation gebildeter Humanität gebunden – in Übereinstimmung mit Schillers Bürger-Kritik: Zwar »alles, was der Dichter uns geben kann, [...] seine Individualität«, aber diese muß er »zu veredeln, zur reinsten herrlichsten Menschheit hinaufzuläutern« suchen. »Der höchste Wert seines Gedichtes kann kein andrer sein, als daß es der reine vollendete Abdruck [...]

---

[76] BLANCKENBURG (s. Anm. 65), 18.
[77] GARVE (s. Anm. 57), 208.

eines interessanten vollendeten Geistes ist.«[78] Nur mit Einschränkung kann auch das Urteil gelten, daß das Interessante bei Garve »zum Inbegriff der Moderne avanciert«[79] sei. Zwar ist sein Modernitätsbewußtsein – vor allem in der Kontrastierung antiker und neuzeitlicher Welt – unverkennbar, aber das Interessante bleibt für ihn eine historisch unspezifische Kategorie. Historisch spezifisch sind nur die Gegenstände, die in der Poesie zur Darstellung gelangen bzw. gelangen sollen, damit sie für das zeitgenössische Publikum interessant sind – wobei Garve, wie seit Du Bos alle Theoretiker im 18. Jh., sowohl ein zeitüberdauerndes als auch ein zeitgebundenes Interessantes kennt.

V. Interesselosigkeit

1. Shaftesburys Metaphysik des Schönen, Hutcheson und die Verbindung von Interesse und ›moral sense‹

Obwohl Interesse im Engl. als Terminus im Kontext kunsttheoretischer Schriften seit dem späteren 17. Jh. bereits in Gebrauch gekommen ist – vgl. z.B. John Drydens Essay *Of Dramatick Poesy* (1668) –, bezieht sich Shaftesbury in den *Characteristics of Men, Manners, Opinions, Times* (1711) nur auf den Begriffsgebrauch der zeitgenössischen Anthropologie und Moralphilosophie, vor allem in seiner Polemik gegen Thomas Hobbes und die

78 FRIEDRICH SCHILLER, [Rez.] G. A. Bürger, Gedichte (1791), in: SCHILLER, Bd. 22 (1958), 246f.
79 GÜNTER OESTERLE, Entwurf einer Monographie des ästhetisch Häßlichen. Die Geschichte einer ästhetischen Kategorie von Friedrich Schlegels Studium-Aufsatz bis zu Karl Rosenkranz' Ästhetik des Häßlichen als Suche nach dem Ursprung der Moderne, in: D. Bänsch (Hg.), Literaturwissenschaft und Sozialwissenschaften, Bd. 8 (Stuttgart 1977), 233.
80 SHAFTESBURY, An Inquiry Concerning Virtue or Merit (1699), in: Shaftesbury, Characteristics of Men, Manners, Opinions, Times, etc. (1711), hg. v. J. M. Robertson, Bd. 1 (London 1900), 317.
81 SHAFTESBURY, The Moralists (1709), in: ebd., Bd. 2 (London 1900), 55.
82 WERNER STRUBE, ›Interesselosigkeit‹. Zur Geschichte eines Grundbegriffs der Ästhetik, in: Archiv für Begriffsgeschichte 23 (1979), 151.
83 Vgl. SHAFTESBURY (s. Anm. 81), 127.

Doktrin vom egoistischen Grund menschlichen Handelns. Die Inhalte, die er mit Interesse verbindet, sind die zeitüblichen: so die Unterscheidung des »private interest or separate economy of the creature«, auch »interestedness or self-love«[80] genannt, »which Nature has compelled him to seek« (243), von dem auf das Gemeinwohl gerichteten ›general interest‹. Das Privatinteresse gilt ihm als ethisch vertretbar, als Laster jedoch, wenn es dem Allgemeininteresse widerstreitet, in welchem Fall es sich überdies als kontraproduktiv erweist, nämlich gegen den »real interest« (329) der Person gerichtet.

In dieses ethisch orientierte Begriffsraster fügt sich ›disinteredness‹ nicht ein: Es steht nicht für eine altruistische Handlung im Gegensatz zum egoistischen ›interestedness‹, sondern bezieht sich auf das reine Außerachtbleiben der Person und ihres Begehrens. Daß Shaftesbury diese Interesselosigkeit als Merkmal der Erfahrung des Schönen verbatim gar nicht gebraucht, mag angemerkt werden, ist aber ohne Belang. Wenn er von »disinterestedness, or [...] the love of God or virtue for God or virtue's sake«[81] spricht, darf man füglich ›love of beauty‹ hinzusetzen, ohne sein Meinen zu verfehlen: Allen drei ›Lieben‹ ist gemeinsam, daß sie ihr Motiv nicht in einer Nutzenserwägung – »reward or punishment« – haben, sondern in »the excellence of the object« (56). Es wird um seiner selbst willen geliebt. Überhaupt erlaubt, ja verlangt Shaftesburys Philosophieren in Theologie, Ethik und Ästhetik *eine* Rede. Sie ist »aus dem Geist eines ästhetischen Panentheismus«[82] geboren, ist eine kosmologische auf den Erweis der Übereinstimmung von Makro- und Mikrokosmos gerichtete Rede.

Aus der Erfahrung des Schönen schließt Shaftesbury alles aus, was bei Du Bos den Kunstgenuß zu einem Akt der Selbstliebe und ihrer Befriedigung macht. Statt Selbstbezug des Subjekts herrscht reiner Gegenstandsbezug. Vor dem Schönen vergessen wir unsere eigenen Angelegenheiten und was am Objekt mit diesen sich verbinden könnte.[83] Wir ergreifen nicht von ihm Besitz, sondern werden von ihm eingenommen: »being taken with the beauty« (126). Deshalb spielen die bei Du Bos zentralen Sujets in Shaftesburys Schönheitslehre auch kaum eine Rolle: Die ästhetischen Gegenstände

V. Interesselosigkeit

sind nicht wesentlich durch ihren Inhalt, sondern durch die Form ausgezeichnet: »That the beautiful, the fair, the comely, were never in the matter, but in art and design; never in body itself, but in the form or forming power« (132). Die Qualitäten dieser Form heißen ›harmony‹, ›order‹, ›proportion‹: die ontologisch fundierten Eigenschaften des Schönen in der Maßästhetik.

Mit der Interesselosigkeit verbindet sich die Unmittelbarkeit der ästhetischen Erfahrung: »No sooner the eye opens upon figures, the ear to sounds, than straight the beautiful results and grace and harmony are known and acknowledged.« (137) Die sinnliche Wahrnehmung ist aber nur Initiationsmoment in einen Zustand von »a reasonable ecstasy and transport« (129), einer enthusiastischen Kontemplation, die unverkennbar Züge christlich-mystischer ›visio dei beatifica‹ trägt[84] bzw. an den neuplatonischen Aufstieg vom ›body‹ zur ›forming power‹, zur Idee, erinnert. Dem Geist wird seine Wesensgleichheit mit der – nun ›göttlich‹ genannten – Schönheit offenbar: »that there is nothing so divine as beauty, which belonging not to body, nor having any principle or existence except in mind and reason, is alone discovered and acquired by this diviner part, when it inspects itself, the only object worthy of itself«[85]. Wenn das Göttliche, Gute und Schöne in eins gekommen sind im ›Geist‹, der sich in ihnen nun selbst anschaut, ist der Mensch Teilhaber am Göttlichen geworden und darf in seinem Selbstbezug wieder zur Geltung gelangen: »Here lies his dignity and highest interest« (143). Analog zu Kants »intellektuellem Interesse am Schönen«[86] führt der Begriff der Interesselosigkeit ästhetischer Kontemplation zurück – oder besser: über sich hinaus – zu einem Interesse, das die Sphäre des ›bloß‹ Ästhetischen transzendiert.

Durch Hutchesons Vermittlung finden Shaftesburys Ideen, »in die Sprache des Empirismus« gekleidet, Eingang »in die allgemeine gelehrte Bildung der Zeit«[87]. Die ›Ideen‹, von denen *An Inquiry into the Original of our Ideas of Beauty and Virtue* (1725) handelt, haben nichts mehr mit Shaftesburys Platonismus zu tun. Sie gehen auf John Locke zurück, und der im Titel genannte ›Ursprung‹ wird als ein »internal Sense«[88] vorgestellt, der zusammen mit dem »external Sense« (73) als »*natural* Powers of Perception, or Determinations of the *Mind* to receive necessarily certain Ideas from the presence of Objects« (75) definiert wird. Als »Sense of Beauty« (76) ist er »a passive Power of receiving Ideas of Beauty from all Objects in which there is Uniformity amidst Variety« (75).

Die wesentliche Rolle, die Interesse in Hutchesons Analyse der ästhetischen Erfahrung spielt, besteht darin, daß es zurückgewiesen wird. Nicht weil wir interessiert sind, gefällt uns das Schöne, sondern unser Interesse mag entstehen, weil es uns gefällt: »Our *Sense* of Pleasure is antecedent to *Advantage* and *Interest*, and is the Foundation of them.« (103) Interesse haben wir an Gegenständen, die uns als Mittel dienlich erscheinen; aber »the Ideas of Beauty and Harmony […] are necessarily pleasant to us, as well as immediately so; neither can any Resolution of our own, nor any Prospect of Advantage or Disadvantage, vary the Beauty or Deformity of an Object: For as in the external Sensations, no View of Interest will make an Object grateful, nor Detriment, distinct from immediate Pain in the Perception, make it disagreeable to the Sense« (10f.). Insofern also die Schönheit eines Gegenstandes in Rede steht, kann Interesse immer nur eine mittelbare Rolle spielen, das Gefallen am Schönen selbst ist unmittelbar und notwendig – und entsprechend gilt das für unsere Schätzung der ›Tugend‹ durch den »moral Sense«, der in Hutchesons Äußerungen über die Poesie wichtig wird, da er ihm als »the Foundation of the chief Pleasures of *Poetry*« gilt: »*Dramatic*, and *Epic* Poetry are entirely adress'd to this *Sense*, and raise our Passions by the Fortunes of *Characters*, distinctly represented as *morally good*, or *evil*« (240). Wenn freilich der ›moral Sense‹ zum Adressaten im pathetischen Kommerz gemacht wird, dann kön-

---

84 Vgl. THOMAS RENTSCH, Der Augenblick des Schönen. Visio beatifica und Geschichte der ästhetischen Idee, in: H. Bachmaier/Rentsch (Hg.), Poetische Autonomie? Zur Wechselwirkung von Dichtung und Philosophie in der Epoche Goethes und Hölderlins (Stuttgart 1987), 329–353.
85 SHAFTESBURY (s. Anm. 81), 144.
86 IMMANUEL KANT, Kritik der Urteilskraft (1790), in: KANT (WA), Bd. 10 (1974), 231.
87 CASSIRER (s. Anm. 31), 430 f.
88 FRANCIS HUTCHESON, An Inquiry into the Original of our Ideas of Beauty and Virtue (1725), in: HUTCHESON, Bd. 1 (1971), 75.

nen die erregten Affekte keine anderen als die – ihrer Natur nach uneigennützigen – ›social passions‹ sein. So haben es dann die in seiner Nachfolge stehenden britischen Philosophen des ›moral sense‹ und der ›sympathy‹ verstanden: Henry Home – dessen *Elements of Criticism* (1762), von Johann Nicolaus Meinhard umgehend übersetzt (1763–1766) und von Johann Jacob Engel und Garve überarbeitet neu herausgegeben (1772), in Deutschland eines der meistzitierten ästhetischen Werke werden – weist die Erregung der »Sympathetic emotion of virtue«[89] der Poesie als ihre eigentliche Aufgabe zu, und sieht sie von deren vornehmsten Gattungen, Epos und Tragödie, überall dort erfüllt, wo sie »call forth the whole force of the social affections, and interest [...] in the warmest manner«[90] – ›aufs wärmste‹ deshalb: »The social passions are by far more agreeable than the selfish«[91]. Als uneigennützig qualifiziert, stellt sich das ästhetische Interesse in moralischer Integrität vor: Das poetische Werk interessiert uns, ohne dazu des Appells an das Interesse der ›Selbstliebe‹ zu bedürfen; und es ist seiner moralischen Zweckbestimmung aufs gewisseste versichert, ohne den Umweg über die Belehrung des Verstandes nehmen zu müssen. Die »Ausbildung der Fertigkeit des Sympathisierens« ist sein »moralpädagogischer«[92] Zweck – in Übereinstimmung mit Lessings ›Übung der Fertigkeit des Mitleidens‹.

2. Ästhetische Interesselosigkeit vor Kant: Riedel, Mendelssohn, Moritz

In Riedels *Theorie der schönen Künste und Wissenschaften* steht nicht nur die erste umfängliche Erörterung des ästhetischen Interesses in Deutschland, sondern auch zum ersten Mal die Bestimmung des Schönen als das, was ohne Interesse gefällt: »Fragt man nach dem Probierstein der Schönheit, so ist dieser das aus der Schönheit entspringende und an sich unintereßirte Wohlgefallen.«[93] Eine Anmerkung zu diesem Satz verweist auf das *Philosophical Enquiry into the Origin of our Ideas of the Sublime and Beautiful* (1757) Edmund Burkes (dessen Name Riedel nicht kennt), wo »die Schönheit eine *gesellschaftliche Leidenschaft*« genannt werde, »weil sie uns antreibt, andere Dinge auch ohne Eigennutz zu lieben« – eine problematische Paraphrase von Teil 1, Abschnitt 10 bei Burke. Es gehört zwar zu dessen Bestimmung des Schönen, daß es eine Art von ›Liebe‹ errege, die – im Gegensatz zu »desire or lust«[94] – mit keinem Besitzverlangen verbunden ist; aber anders als bei Hutcheson gehören ›interest‹ und ›disinterestedness‹ nicht zu seiner Terminologie. So bleibt die Frage, welchem Autor Riedel die Formel bzw. die Anregung dazu verdanke, offen. (Überdies wird Hutcheson in der langen Liste der »Schriftsteller, welche ich vornehmlich geplündert habe«[95], nicht genannt.) Angesichts des kompilatorischen Charakters seiner *Theorie*, in der er Begriffe und Argumente aus den verschiedensten Denkrichtungen zusammenliest, ist die Vermutung nicht abwegig, er habe Batteux' ›plaire sans intérêt‹ übernommen, freilich ohne zugleich auch das ›Wohlgefallen‹ dem ›esprit‹ zuzuschreiben. Entsprechend modifiziert ist bei ihm Batteux' Unterscheidung von ›le beau‹ und ›le bon‹: »Das Gute muß von dem Schönen, der Trieb des Interesses von dem Triebe des Wohlgefallens sorgfältig unterschieden werden. Jener will besitzen; dieser ist mit dem bloßen Anschauen und mit den angenehmen Bewegungen zufrieden, die die Empfindung hervorbringt.« (15 f.)

Vom Neben- und Ineinander sich widersprechender Denkansätze abgesehen[96], liegt Riedels ›uninteressirtem Wohlgefallen‹ die von den britischen Sensualisten bestimmte Abkehr vom rationalistischen Geschmacksbegriff und, damit verbunden, von der Vermögenslehre der *Psychologia empirica* (1732 f.) Christian Wolffs zugrunde: Riedel zählt den Geschmack, neben dem »sensus communis« und dem »Gewissen«, zu den »drey Grundkräften« der Seele: Sie sind »Aeste der Empfindung«[97], »ohne Vernunftschlüsse« (7) tätig. Weder das Vorstellungs- noch das Begehrungsvermögen aktuali-

---

89 HOME, Bd. 1, 70.
90 Ebd., Bd. 3, 226 f.
91 Ebd., Bd. 1, 138.
92 STRUBE, Ästhetische Illusion. Ein kritischer Beitrag zur Geschichte der Wirkungsästhetik des 18. Jahrhunderts (Bochum 1967), 160.
93 RIEDEL, 34 f.
94 BURKE, 91.
95 RIEDEL, 13.
96 Vgl. STRUBE (s. Anm. 82), 158 ff.
97 RIEDEL, 6.

siert sich im ›unintereßirten Wohlgefallen‹ am Schönen, sondern ein Grundtrieb eigener Art: »So gut wir für das gesammte BegehrungsVermögen einen Grundtrieb zur Vollkommenheit annehmen dürfen, [...] so gut sind wir berechtiget, einen ähnlichen Grundtrieb für die Empfindung des Schönen zu behaupten.« Trotz dieser Sonderung der »Empfindung des Schönen« (17) vom Erkenntnis- und moralischen Interesse kommt Riedel eine autonomieästhetische Auffassung der ›schönen Künste‹ nicht in den Sinn. Sobald sich die Erörterung diesen zuwendet, rücken auch das ›Gute‹ und das Interesse wieder neben das ›Schöne‹ und die Interesselosigkeit und behaupten ihre Unentbehrlichkeit: »wir werden wärmer und denken lebhafter, wenn wir nicht nur anschauen, sondern auch besitzen wollen«, weil »die Bewegung heftiger und das Vergnügen größer wird, wenn beyde Triebe [das »bloße Wohlgefallen« und »ein intereßirtes Verlangen« – d. Verf.] zugleich würken« (16). Es genügt eben nicht, daß die poetischen Werke schön sind. Herz hat das in einer Unterscheidung unseres Wohlgefallens am Naturschönen von dem an den Kunstwerken zu begründen versucht: »Bey der Anschauung ihrer [der Kunstwerke – d. Verf.] Schönheiten gesellt sich unwillkührlich zu unserm Gefühl ein gewisses eigennütziges Verlangen, dessen Befriedigung wir durch die Einheit fordern, und ohne welche sie uns in einem kalten gleichgültigen Zustande lassen [...]. Der Künstler muß in dieser Einheit selbst uns etwas darstellen, das durch den näheren Einfluß auf unser Inneres ein Interesse für uns hat. Sie muß eine Leidenschaft, einen Gemüthszustand, oder [...] eine Handlung ausdrücken«[98]; d. h., die Kunstwerke müssen uns eine von unserem Herzen verlangte Zweckmäßigkeit, und zwar eine der Sache – »ein objektivisches Gehalt« (103) – vorstellen. »Ohne diese Bedingung erscheint uns jedes Kunstwerk als eine leere Arbeit, als ein fades Spiel«, und »es entsteht, wie bey jedem Anblick einer Zwecklosigkeit, eine widrige Empfindung« (88). Um die Erfordernisse dieses Interesses übereinzubringen mit dem »ersten wesentlichen Kennzeichen der Schönheit«, die »nicht als *gut* und *nützlich*, sondern unmittelbar an sich gefällt«, trifft Herz den Unterschied zwischen »Vergnügen und Gefallen an dem Vergnügen zu haben«, wobei letzteres notwendig hinzukommen

muß, da das »Nichtverlangen« (95) einer Annehmlichkeit heiße, keinen Gefallen daran zu haben. Hinter der Mühseligkeit der begrifflichen Bestimmungsversuche steckt das Problem, das auch in den Auseinandersetzungen mit Kants ›uninteressiertem Wohlgefallen‹ weiterlebt und zu dem paradoxen Begriff eines ›interesselosen Interesses‹ führt.

Obwohl weder Mendelssohn noch Karl Philipp Moritz das ›uninteressierte Wohlgefallen‹ in ihre Terminologie aufgenommen haben, kommen sie doch beide zum Begriff desselben. Moritz spricht in seinem Aufsatz über den *Begriff des in sich selbst Vollendeten* (1785) bei der zur Erklärung der Selbstzweckhaftigkeit des schönen Gegenstandes führenden Unterscheidung des Schönen vom Nützlichen von der Selbstvergessenheit des Subjekts als des »höchsten Grades des reinen und uneigennützigen Vergnügens, welches uns das Schöne gewährt. Wir opfern in dem Augenblick unser individuelles eingeschränktes Dasein einer Art von höherem Dasein auf. Das Vergnügen am Schönen muß sich daher immer mehr der uneigennützigen *Liebe* nähern, wenn es ächt sein soll.«[99]

Bei Mendelssohn setzt sich die Revision der Seelenvermögenslehre fort, die Riedel mit dem ›unintereßirten Wohlgefallen‹ verband. Mendelssohn gebühre »das Verdienst, [...] vor Erscheinen der *Kritik der Urteilskraft* die trichotomische Einteilung der Seelenkräfte aufgestellt und dem Gefühl des Schönen ein interesseloses Wohlgefallen vindiziert zu haben«[100], heißt es bei Ludwig Goldstein, wobei freilich andere Autoren außer acht gelassen sind. Goldstein bezieht sich auf eine Passage in den *Morgenstunden* (1785), wo von einem, »von Begierde weit entfernten« Wohlgefallen gehandelt wird: »Es scheinet [...] ein besonderes Merkmal der Schönheit zu seyn, daß sie mit ruhigem Wohlgefallen betrachtet wird; daß sie gefällt, wenn wir sie auch nicht besitzen, und von dem Verlangen, sie zu be-

---

98 HERZ (s. Anm. 58), 86f.
99 KARL PHILIPP MORITZ, Versuch einer Vereinigung aller schönen Künste und Wissenschaften unter dem Begriff des ›in sich selbst Vollendeten‹ (1785), in: Moritz, Schriften zur Ästhetik und Poetik, hg. v. H. J. Schrimpf (Tübingen 1962), 5.
100 LUDWIG GOLDSTEIN, Moses Mendelssohn und die deutsche Ästhetik (Leipzig 1904), 229.

sitzen, auch noch so weit entfernt sind.«[101] Mendelssohn nennt dieses, von der »Gemüthsunruhe« (62) des Begehrens unterschiedene, »ruhige Wohlgefallen« (61) das »Billigungsvermögen [...], um es dadurch sowohl von der Erkenntniß der Wahrheit, als von dem Verlangen nach dem Guten, abzusondern« (62), und bestimmt »die Empfindung der Lust und Unlust« (61) zum dritten Vermögen der Seele. Es ist zwar evident, daß das Verstummen des Begehrens im Begriff des ›interesselosen Wohlgefallens‹ vorausgesetzt ist; aber mit der Einführung des ›Billigungsvermögens‹ muß er sich nicht notwendigerweise verbinden. Eine spätere, kontextuelle Bemerkung, in welcher sich Mendelssohns illusionstheoretisches Konzept zur Geltung bringt, läßt darauf schließen, daß eine Gleichsetzung seines ›ruhigen‹ mit Kants ›uninteressiertem Wohlgefallen‹ unzulässig ist. Der Mensch, heißt es da, liebe in der Beschäftigung seines Billigungsvermögens »Erdichtung«, und bilde in ihnen »die Dinge so um, wie sie seiner Neigung gemäß sind, wie sie sein Wohlgefallen und Misfallen in ein angenehmes Spiel setzen. Er will nicht unterrichtet, er will bewegt seyn. Gern läßt er sich also täuschen [...]. Seine Vernunft schweiget, so lange blos seine Neigungen anmuthig beschäftigt seyn sollen.« (65) In einem so gedachten ästhetischen Zustand mag zwar das ›Interesse an der Realität des Gegenstandes‹ ausgeschlossen sein, doch mit der ›Neigung‹ wird der Bogen zur ›Selbstliebe‹ zurückgeschlagen; das Subjekt bleibt von dem Interesse an seiner ›Empfindung der Lust und Unlust‹ bestimmt, die, im Gegensatz zu Kant, überdies als unmittelbare, nicht erst durch ein Reflexionsurteil vermittelte vorgestellt wird.

3. *Uninteressiertes Wohlgefallen: Kant*

In Kants *Kritik der Urteilskraft* (1790) geht es, innerhalb des weiteren Rahmens seiner kritischen Philosophie, um die Fortsetzung des Unternehmens,

---

101 MOSES MENDELSSOHN, Morgenstunden oder Vorlesungen über das Daseyn Gottes (1785), in: MENDELSSOHN, Bd. 3/2 (1974), 61.
102 KANT an Karl Leonhard Reinhold (28. 12. 1787), in: J. Kulenkampff (Hg.), Materialien zu Kants ›Kritik der Urteilskraft‹ (Frankfurt a. M. 1974), 113.
103 KANT (s. Anm. 86), 115.

die »Elemente der Erkenntnis« und die »dazu gehörigen Gemütskräfte« aufzuweisen. Dabei stehen nun nach dem Erkenntnis- und dem Begehrungsvermögen das »Gefühl der Lust und Unlust« als drittes Gemütsvermögen sowie nach der theoretischen und der praktischen Philosophie die »Teleologie« in Rede, deren Bestimmungsgründen a priori eine »Kritik des Geschmacks«[102] nachgehen soll – so der ankündigende Brief an Karl Leonhard Reinhold vom 28. 12. 1787. Die 3. *Kritik* ist also keine ›Philosophie der schönen Kunst‹, wie Hegel seine *Vorlesungen über die Ästhetik* (1835–1838) nennt: Von der Wirklichkeit der Künste und Kunstwerke ist darin nur ›auch‹ die Rede, überdies steht in der Erörterung des ›Schönen‹ und ›Erhabenen‹ die Kunst hinter der Natur als dem dominanten Betrachtungsobjekt zurück. Nicht das ›Schöne‹ in seiner objektiven Beschaffenheit ist Erkenntnisgegenstand, sondern das »Vermögen der Beurteilung des Schönen«: der »Geschmack«[103]. So führen die ersten Sätze der ›Analytik des Schönen‹ sofort von der ›Objektivität‹ des Schönen weg und in den Raum hinein, in welchem es in Wahrheit zu seiner Wirklichkeit gelangt: in das Gemüt, zu dessen Kräften und ihrer Tätigkeit; freilich nicht induktiv, mittels empirisch erkundender, psychologisch-physiologischer Analyse wie etwa bei Burke, sondern transzendental, um zu den Prinzipien a priori zu gelangen.

»Um zu unterscheiden, ob etwas schön sei oder nicht, beziehen wir die Vorstellung nicht durch den Verstand auf das Objekt zum Erkenntnisse, sondern durch die Einbildungskraft (vielleicht mit dem Verstande verbunden) auf das Subjekt und das Gefühl der Lust oder Unlust desselben.« Durch dieses Gefühl wird »gar nichts im Objekte bezeichnet«, es ist ein Selbstgefühl – »Lebensgefühl« nennt es Kant – des Subjekts, »wie es durch die Vorstellung affiziert wird« (115). Subjektivierung und Formalisierung – ›Entmaterialisierung‹ – sind die bestimmenden Züge von Kants Ästhetik. Die Subjektivierung des Schönheitsbegriffs schlösse nicht aus, den Begriffen des ästhetischen Interesses einen wesentlichen Platz in der Ästhetik einzuräumen; tatsächlich war sie ja bereits eine bestimmende Tendenz der ästhetischen Theorien des Jh. Formalisierung jedoch spricht dem Interesse das Urteil ab und bedingt seinen Ausschluß: Das Interessante kommt bei Kant gar nicht zur Wort, und der Begriff eines »Interesses am Schönen« (228) tritt nur »indirekt« (228 f.) in eine Verbindung mit dem Geschmacksurteil, als ein Hinzukommendes zu dem, »was schon für sich und ohne Rücksicht auf irgend ein Interesse gefallen hat« (229). Nur in der Form seiner Negation spielt das Interesse eine wesentliche Rolle.

Als die Lust, die aus dem freien Spiel der in der Vorstellung des Gegenstandes harmonisch zusammenstimmenden Vermögen Einbildungskraft und Verstand hervorgeht[104], steht das »uninteressierte Wohlgefallen« (117) – die später üblich gewordene Form ›interesseloses Wohlgefallen‹ kommt bei Kant nicht vor – als das erste in der Reihe der vier Momente, die in der ›Analytik des Schönen‹ (§ 1– 22) dessen ›Erklärung‹ liefern: »Das Wohlgefallen, welches das Geschmacksurteil bestimmt, ist ohne alles Interesse« (116). Die wiederholte emphatische Qualifizierung dieses Wohlgefallens als »rein« (117) und »frei« (123) kehrt die Differenz zu allen früheren Begriffen der Interesselosigkeit hervor und markiert deren ungenügende Reichweite. Zwar konstatierten sie die unmittelbare, ohne Verstandesbegriffe statthabende Perzeption des Schönen, lösten es aus der Beziehung auf einen Nutzwert und schlossen damit das – meist als Besitzverlangen vorgestellte – Begehren aus. Aber sie kamen zu keiner Unterscheidung des ›Schönen‹ vom ›Angenehmen‹, und wo sie Interesselosigkeit als ›uneigennützige Liebe‹ zum Schönen erklärten, wurde dessen Anschauung zu einem Erkenntnisakt, in welchem es sich dem Geist als ein höchstes Gut offenbarte. Das vom ›Angenehmen‹ ungeschiedene ›Schöne‹ blieb innerhalb des ›Interesses der Sinne‹, die Schönheit des Vollkommenen innerhalb des ›Interesses der Vernunft‹. Kants Verfahren in der Bestimmung des ›reinen, freien, uninteressierten Wohlgefallens‹ ist denn auch wesentlich eines der Aus- und Abgrenzung. Seinem ästhetischen Formalismus gemäß führt er als Kriterium ein, wie das Subjekt bei der Vorstellung des Gegenstandes sich auf dessen »Existenz« bezieht. Nur unter der Bedingung, daß das Wohlgefallen interesselos, daß das Subjekt sich, »indifferent in Ansehung des Daseins eines Gegenstandes«(122), in der »bloßen Betrachtung (Anschauung oder Reflexion)« (116) verhält. Was zuvor als ästhetisches Todesurteil galt: daß die ›Materie‹ des Objekts uns ›gleichgültig‹ lasse, wird von Kant für das Geschmacksurteil vorausgesetzt, bei welchem es allein darauf ankommt, was ich aus der bloßen Vorstellung »in mir selbst mache, nicht auf« das, »worin ich von der Existenz des Gegenstandes abhänge«. Daraus ergibt sich zum einen die Ausgrenzung des »Angenehmen«, das »den Sinnen in der Empfindung gefällt« (117) und damit eine Begierde rege macht. Es gefällt nicht nur, sondern »vergnügt« auch, hat nicht nur meinen »Beifall«, sondern erzeugt »Neigung«, die auf das »Genießen«, welches das »Innige des Vergnügens« ist, aus ist. Zum anderen ergibt sich daraus die Ausgrenzung des Wohlgefallens am »Guten«, sei es am »Nützlichen«, das nur als Mittel, oder an dem, was »an sich gut« (119) ist. Denn: »In beiden ist immer der Begriff eines Zwecks, mithin das Verhältnis der Vernunft zum (wenigstens möglichen) Wollen, folglich ein Wohlgefallen am *Dasein* eines Objekts oder einer Handlung, d.i. irgend ein Interesse, enthalten« (119f.). Zusammengefaßt: »Man kann sagen: daß, unter allen diesen drei Arten des Wohlgefallens, das des Geschmacks am Schönen einzig und allein ein uninteressiertes und *freies* Wohlgefallen sei; denn kein Interesse, weder der Sinne, noch das der Vernunft, zwingt den Beifall ab. Daher könnte man von dem Wohlgefallen sagen: es beziehe sich in den drei genannten Fällen auf *Neigung*, oder *Gunst*, oder *Achtung*. Denn Gunst ist das einzige freie Wohlgefallen. Ein Gegenstand der Neigung, oder einer, welcher durch ein Vernunftgesetz uns zum Begehren auferlegt wird, lassen uns keine Freiheit, uns selbst irgend woraus einen Gegenstand der Lust zu machen. Alles Interesse setzt Bedürfnis voraus, oder bringt eines hervor; und, als Bestimmungsgrund des Beifalls, läßt es das Urteil über den Gegenstand nicht mehr frei sein.« (123) Die Freiheit von allem Interesse im Zustand der Kontemplation des Schönen (es will nichts vom Gegenstand, wie in der ›Neigung‹, noch fordert dieser etwas von ihm, wie bei der ›Achtung‹) verleiht dem Subjekt eine Souveränität, aus welcher heraus es, selbst bedürfnislos, seine Zuwendung zum Schönen zur Erteilung einer ›Gunst‹ macht. Kant kehrt damit, man könnte es koperni-

---

104 Vgl. ebd., 132.

kanisch nennen, die in der traditionalen Rede vom
›objektiven Schönen‹ geltende Vorstellung um:
Nicht das Schöne gewährt sich uns, den Beschenkten, als eine Gunst, wir selbst sind die Schenkenden, indem wir ihm »seinen Zweck in sich selber
zu haben«[105] vergönnen. Es ist eine – gewissermaßen bittere – Konsequenz solcher Umkehrung,
daß damit dem ›uninteressierten Wohlgefallen‹ geopfert wird, was von der traditionalen Schönheitslehre bereits durch seinen Namen als ›Gunst‹,
›Gabe‹, ›Geschenk‹ ausgezeichnet wurde: die ›Grazie‹, von den Zeitgenossen Kants mit ›Anmut‹ oder
›Reiz‹ gleichgesetzt. Anmut ist für das Jh. »die
Idee, welche die Ethik des Glücks mit der Ästhetik
des Angenehmen verbindet«[106]. Gerade dadurch
zeitigt sie wohl die Heftigkeit, mit der Kant seine
ästhetische Mißachtung des »Reizes« formuliert.
Er nennt es gemeinen Irrtum, daß das Schöne
»durch Reiz wohl gar könne erhöht werden«[107],
und macht es in einem Affront gegen die Kunst
des Zeitalters zum Kriterium ›barbarischer‹ Kultur
des Geschmacks, wenn dieser »die Beimischung
der *Reize* und *Rührungen* zum Wohlgefallen bedarf« (138). Gerade noch als Vehikel darf das ›Reizende‹ taugen auf dem Weg zum »echten unbestochenen gründlichen Geschmacke« (141) – der sich,
historisch geortet, als Neoklassizismus rigoroser
Spielart darstellt.

Innerhalb der ›Analytik des Schönen‹ geht es
darum, das Interesse auszuschließen. Zu einer positiven Geltung kommt der Begriff erst mit der
Frage nach dem Interesse, das wir an dem nehmen,
»was schon für sich und ohne Rücksicht auf irgend
ein Interesse gefallen hat« (229). Das ist dann freilich nicht mehr ein ästhetisches Interesse, sondern
ein Interesse am Ästhetischen, das sich zum einen
als »empirisches Interesse am Schönen« (228) aktualisiert, wo die Kultur des Geschmacks der »Zivilisierung« dient, spezifischer: der »Gesellligkeit« als
»Erfordernis des Menschen«, als einer »zur *Humanität* gehörigen Eigenschaft« (229), zum anderen aber

als »intellektuelles Interesse am Schönen«, mit dem
das Wohlgefallen am Schönen dem »letzten Zweck
der Menschheit«, dem »Moralisch-Guten« (231),
dienstbar wird. Es ist die Naturschönheit, und
zwar in ihrem »Vorzug [...] vor der Kunstschönheit« (233), die dieses »intellektuelle Interesse« provoziert.

Die entdeckte Vereinbarkeit dessen, was doch so
»spezifisch unterschieden« scheint: das »Gefühl für
das Schöne« und das »moralische Gefühl« (231),
führt Kant dazu, das Naturschöne so zu bevorzugen (im übrigen ist es ein Echo der kontemplativen
›Andacht‹ vor und in der Natur, die das 18. Jh. kultivierte). »Der Geschmack«, so entdeckt sich dabei,
»macht gleichsam den Übergang vom Sinnenreiz
zum habituellen moralischen Interesse, ohne einen
zu gewaltsamen Sprung, möglich« (298). Zugleich
offenbart sich in der Kontemplation der Naturschönheit eine Art von korrespondierender ›Bewegung‹ in der Natur selbst: »Da es aber die Vernunft
auch interessiert, daß die Ideen (für die sie im moralischen Gefühle ein unmittelbares Interesse bewirkt) auch objektive Realität haben, d.i. daß die
Natur wenigstens eine Spur zeige, oder einen
Wink gebe, sie enthalte in sich irgend einen
Grund, eine gesetzmäßige Übereinstimmung ihrer
Produkte zu unserm allem Interesse unabhängigen Wohlgefallen [...] anzunehmen: so muß die
Vernunft an jeder Äußerung der Natur von einer
dieser ähnlichen Übereinstimmung ein Interesse
nehmen; folglich kann das Gemüt über die Schönheit der *Natur* nicht nachdenken, ohne sich dabei
zugleich interessiert zu finden.« (233 f.) Dieses
Nachdenken besteht in der »Auslegung der Chiffreschrift [...], wodurch die Natur in ihren schönen Formen figürlich zu uns spricht« (234), und
»Schönheit als Symbol der Sittlichkeit« (294) tritt
dabei zutage: Die formalistische Ästhetik hat sich
mit dem sie ausgegrenzt hat, wiedervereinigt;
Geschmack und Vernunft, Interesselosigkeit und
Interesse gehen, wie die Kälber und Bären in Jesajas Friedensreich, gemeinsam auf die Weide.

4. Uninteressiertes Interesse: Schiller

Von Schillers Anfängen an gehören Interesse und
das Interessante in sein kritisch beschreibendes und
urteilendes Vokabular. Sie finden sich vor allem in

---

105 HEGEL (s. Anm. 14), 86.
106 ROSARIO ASSUNTO, Schönheit ohne Anmut: Notizen zur Ästhetik Kants, übers. v. W. Unverricht, in:
F. Benseler (Hg.), Festschrift zum 80. Geburtstag
von Georg Lukács (Neuwied/Berlin 1965), 524.
107 KANT (s. Anm. 86), 140 f.

den Texten über – eigene und fremde – dramatische Werke und markieren auf die bereits konventionell gewordene Weise Momente der Handlung, der Charaktere und des Verhältnisses von Zuschauer und Schauspiel. Erst die mit dem Studium der *Kritik der Urteilskraft* einhergehende autonomieästhetische Revision seiner kunsttheoretischen Begriffe macht auch Interesselosigkeit zu einer zentralen Bestimmung. Grundlegend ist Kants Erklärung, daß nur die ›Form‹, nicht aber das ›Dasein‹ des Gegenstandes Bestimmungsgrund des Geschmacksurteils sei. Vielfältig variiert und verknüpft mit den Merkmalen ›rein‹, ›frei‹, ›gleichgültig‹, ›kalt‹, ›trocken‹, dirigiert sie Schillers Argumentation: Wenn dem »reinen ästhetischen Gefühl [...] das Lebendige nur als Erscheinung, [...] das Wirkliche nur als Idee«[108] gefällt, wenn das Gemüt »ohne alle Rücksicht auf Besitz, aus der bloßen Reflexion über die Erscheinungsweise ein freyes Wohlgefallen«[109] schöpft, ist der Begriff »einer uninteressierten freyen Schätzung des reinen Scheins«[110] erfüllt. Das große Lehrgedicht *Das Reich der Schatten* (1795), später *Das Ideal und das Leben* (1804) genannt, ist die poetische Verarbeitung dieses ästhetischen Konzepts.

Es führt jedoch nicht dazu, daß der Begriff des Interesses in Schillers Terminologie nur mehr in der Form der Negation eine Rolle spielt bzw. überhaupt keinen Platz mehr hat. Das Gegenteil ist der Fall: Besonders in brieflichen Erörterungen und in den Entwürfen und Notaten zu seinen Dramen und Dramenplänen ist Interesse oft zu finden und offenbar unverzichtbar für Schillers künstlerische Selbstverständigung. Das Programm einer ›ästhetischen Erziehung‹, die in der Freiheit des Individuums ihren Endzweck erreicht, ist mit seiner Autonomieästhetik unlösbar verbunden und versichert den fortdauernden affirmativen Gebrauch des Interessebegriffs. Eine Bemerkung über *Das Reich der Schatten* gibt das zu erkennen: »Der Begriff des uninteressirten Interesse am reinen Schein, ohne alle Rücksicht auf physische oder moralische Resultate«[111], leite und herrsche durch das ganze Gedicht. Es ist ein ›uninteressiertes Interesse‹ (wohl die erste Prägung dieser Formel) einerseits nach Maßgabe von Kants ›Analytik des Schönen‹, andererseits aber auch analog zu Kants ›intellektuellem Interesse am Schönen‹ im Hinblick auf den Zweck der Bildung des Menschen zur Freiheit.

Problematischer erscheint das Verhältnis von Interesselosigkeit und Interesse in Schillers Auseinandersetzung mit dem eigenen dramatischen Schaffen während seines letzten Lebensjahrzehnts. Zentral ist dabei der Begriff des ›stoffartigen Interesses‹, auch nach Kant ›pathologisches Interesse‹ genannt. Es äußert sich als ›sinnliches Interesse‹ am Schaugepränge der theatralischen Szene, aber auch überall da, wo ›Neigung‹ ins Spiel kommt und zum sympathetisch parteinehmenden Interesse an der dramatischen Person und ihrem Schicksal verführt. Schiller macht es zu einer Frage der ›Reinheit‹ des Kunstwerks, seiner Herstellung und seiner Wirkung, ob dieses Interesse am Stoff dominant oder getilgt ist. Mit Genugtuung hält er während der Arbeit am *Wallenstein* (1799) fest: »das Sujet interessiert mich gar nicht, und ich habe nie eine solche Kälte für meinen Gegenstand mit einer solchen Wärme für die Arbeit in mir vereinigt«[112]; und: »Der Stoff und Gegenstand ist so sehr außer mir, daß ich ihm kaum eine Neigung abgewinnen kann; er läßt mich beynahe kalt und gleichgültig«[113]. Auf der anderen Seite muß er bekennen, während er den Hauptcharakter wie die meisten Nebencharaktere »mit der reinen Liebe des Künstlers« traktiere, sei er doch für den jungen Piccolomini »durch meine eigene Zuneigung interessiert«[114]. Die eigene künstlerische Individualität sperrt sich gegen das ästhetische Reinheitsgebot: »uns allen ist es schwer unsre Neigung und Abneigung bei Beurtheilung eines Kunstwerks aus dem Spiel zu laßen. Daß wir es aber sollten und daß es zum Vortheil der Kunst gereichen würde, wenn wir unser Subject mehr verläugnen könnten, wirst

---

108 SCHILLER, Ueber die ästhetische Erziehung des Menschen in einer Reihe von Briefen (1795), in: SCHILLER, Bd. 20 (1962), 402.
109 SCHILLER, Ueber das Erhabene (entst. um 1795), in: SCHILLER, Bd. 21 (1963), 40.
110 SCHILLER (s. Anm. 108), 405.
111 SCHILLER an Christian Gottfried Körner (21. 9. 1795), in: SCHILLER, Bd. 28 (1969), 60.
112 SCHILLER an Goethe (28. 11. 1796), in: SCHILLER, Bd. 29 (1977), 11.
113 SCHILLER an Körner (28. 11. 1796), in: SCHILLER, Bd. 29 (1977), 18.
114 SCHILLER (s. Anm. 112), 15.

Du mir eingestehn.« Da ich übrigens selbst, von alten Zeiten her, an solchen Stoffen hänge, die das Herz interessieren, so werde ich wenigstens suchen, das eine nicht ohne das andere zu leisten, obgleich es der wahren Tragödie vielleicht gemäßer wäre, wenn man die Gelegenheit vermiede, eine Stoffartige Wirkung zu thun.«[115] Mit dem ästhetischen Eigensinn des Publikums ist es nicht anders bestellt: Es kann sich »nicht darein finden, an einer reinen Handlung, ohne Interesse für einen Helden, ein freies Gefallen zu finden. Und eben dadurch werden wir dramatische Schriftsteller in der Wahl der Stoffe so sehr beengt; denn die reinsten Stoffe in Absicht auf die Kunst werden dadurch ausgeschlossen, und sehr selten läßt sich eine reine und schöne Form mit dem affectionirten Interesse des Stoffs vereinigen.«[116] In der Diskussion mit Goethe über die Gattungsgesetze epischer und dramatischer Dichtung aktualisiert sich diese Problematik bei der Frage nach dem Verhältnis von Epos und Drama und nach dem ›reinen‹ Begriff der Dichtkunst: da das Epos »Freiheit, Klarheit, Gleichgültigkeit« erlaube, das Drama aber »Erwartung, Ungeduld, pathologisches Interesse«[117] hervorbringe, solle der Dramatiker zwar die Kunstreinheit anstreben, könne sie aber nicht erreichen, da er nun einmal unter den Gesetzen der Gattung stehe, die ihn zu realisieren zwingen, was doch der poetischen ›Reinheit‹ entgegen ist. Was ihm bleibe, sei das Bemühen, der Nötigung zur ›reinen‹ Dichtkunst soweit irgend möglich zu folgen, und »die individuell auf uns eindringende Wirklichkeit von uns entfernt zu halten und dem Gemüth eine poetische Freiheit gegen den Stoff zu verschaffen. Die Tragödie in ihrem höchsten Begriffe wird also immer zu dem epischen Charakter hinaufstreben

---

115 SCHILLER an Körner (13. 7. 1800), in: SCHILLER, Bd. 30 (1961), 172 f.
116 SCHILLER an Körner (5. 10. 1801), in: SCHILLER, Bd. 31 (1985), 61.
117 SCHILLER an Wilhelm von Humboldt (27. 6. 1798), in: SCHILLER, Bd. 29 (1977), 246.
118 SCHILLER an Goethe (26. 12. 1797), in: SCHILLER, Bd. 29 (1977), 177.
119 MME DE STAËL, De l'Allemagne (1810), hg. v. J. de Pange/S. Balayé, Bd. 3 (Paris 1959), 66.
120 Ebd., Bd. 2 (Paris 1959), 350.
121 SCHILLER (s. Anm. 116), 61.
122 SCHILLER (s. Anm. 112), 15.

und wird nur dadurch zur Dichtung.« (Beiläufig führt das zur Feststellung eines Mankos in *Hermann und Dorothea* [1797]: Schiller entdeckt darin eine gewisse Neigung zur Tragödie; denn »das Herz ist inniger und ernstlicher beschäftigt, es ist mehr pathologisches Interesse als poetische Gleichgültigkeit darinn«[118].) Wie ein kritischer Nachhall dieser poetologischen Devisen klingt Mme de Staëls Bemerkung in *De l'Allemagne* (1810), es scheine, »que, pendant quelque temps, Goethe s'est tout-à-fait dégoûté de l'intérêt dans les pièces de théâtre«[119], und er habe, weil das Publikum Interesse in schlechten Stücken gefunden habe, es aus den guten verbannen wollen. Aber:»C'est trop exiger des lecteurs ou des spectateurs, que de leur demander de renoncer à l'intérêt des circonstances pour s'attacher uniquement aux images et aux pensées.« (64) Sie hält daran fest, daß »la marche progressive de l'intérêt«[120] im Drama unentbehrlich sei.

Das aus der Theorie des Schönen verwiesene Interesse verdankt seine fortdauernde Geltung dem Umstand, daß die poetischen Werke ihrer Beschaffenheit nach Qualitäten aufweisen, die im Begriff des Schönen nicht aufgehen. Das muß auch der Künstler berücksichtigen: Das ›reine‹ Dichtkunstwerk existiert nur als Idee, und wenn die Wirklichkeit der Werke auch an ihr gemessen werden muß, kann sie dieser Idee doch nur approximativ entsprechen. So steht das Schaffen des Dichters im Zeichen des Neben- und Miteinanderseins von Interesselosigkeit und Interesse vor der Aufgabe ihrer Vermittlung: »Ich werde es mit der Kunst nicht verderben brauchen, um die Neigung zu befriedigen«[121], schreibt Schiller anläßlich seines *Warbeck*-Projekts; und wenn er einräumt, am Charakter des jungen Piccolomini »durch meine eigene Zuneigung interessiert« zu sein, glaubt er doch zugleich versichern zu können: »wobey das Ganze übrigens eher gewinnen als verlieren soll«[122]. Das Interesse ist in den Dienst der Beförderung des Schönen gestellt: ein Gedanke, den sich später auch Arthur Schopenhauer zu eigen macht.

5. *Apologie des ästhetischen Interesses: Herders* ›Kalligone‹

Wo immer in der Folge die ästhetische Theorie an Kant anschließt, bleibt das Verhältnis von Interesse und Interesselosigkeit bzw. des Interessanten und des Schönen problematisch mit dem von ›Stoff‹ und ›Form‹ verbunden. Johann Gottfried Herders *Kalligone* (1800), die vom Widerwillen diktierte Kritik der Kantschen Ästhetik, ist dagegen der Versuch, die ehemalige, unbezweifelte Geltung des Interesses in der Hierarchie ästhetischer Begriffe zu behaupten, d. h. das Interesse als eine Grundgegebenheit und -bedingung aller ästhetischen Erfahrung anzunehmen.

Interesse und das Interessante haben von den Schriften der 60er Jahre an ihren festen Platz in Herders Konzept ›lebendiger‹ Kunst und Kunsterfahrung. Es ist ein Konzept, das die »Einfühlung«[123] zu deren Ziel und Essenz bestimmt und in der eigenen kritischen Rede vermitteln will, in welcher »Reflexion und unmittelbares Ergriffensein« *eine* Stimme haben – vergleichbar mit Diderots »aus ihrer Spontaneität selbst beglaubigter Reflexion, in der die Erfahrung unmittelbar gegenwärtig ist, aus der sie hervorgeht«; und wie in Diderots Kunstkritik wird auch bei Herder das Interesse zum »Leitbegriff einer ästhetischen Reflexion […], die sich von der normativen klassischen Ästhetik entschlossen absetzt«[124]. Es verbindet sich – als das, was uns an sich zieht, was unsere Anteilnahme erregt – mit dem, was im Kunstwerk Originalität, Individualität, Eigentümlichkeit, charakteristischer Ausdruck ist, und zieht die Begriffe ›Gegenwärtigkeit‹ ›Täuschung‹ (Illusion), ›Sympathisieren‹, ›Rührung‹, ›Bezauberung‹, ›Begeisterung‹ zu sich heran. In Gradationen reicht es von der »Beziehung auf uns selbst«, über das, was »sich unserm Selbst nähert«[125], bis zu dem, was »so lebend in unsrer Seele«[126] ist. Immer ist es auch Kriterium der ästhetischen Wertbestimmung, scheidet ›Lebendiges‹ von ›Totem‹, ›Fülle‹ von ›Leere‹, »Larven« und »Wortgespenster« von »persönlicher Bestandheit, individueller Bezeichnung«[127].

Herders Widerspruch gegen das ›uninteressierte Wohlgefallen‹ – »denn nichts kann ohne Interesse gefallen, und die Schönheit hat für den Empfindenden gerade das höchste Interesse«[128] – erfolgt unter der Überschrift ›Vom Misbrauch der Namen‹ (91 ff.), nämlich in »dieser neuen kunstwidrigen Kunstsprache« (97) von Kants *Kritik der Urteilskraft*. Dieser habe, dem »übertriebenen« Wortgebrauch des Helvetius folgend, Interesse im Sinne von »Eigennutz« verstanden: Herder assoziiert »Selbstliebe«, »Wucher«, »Zinsen« und »wie viel es [das Kunstwerk – d. Verf.] koste« (96 f.). Das sei »dem reinen Verstande« entgegen, »in welchem alle cultivirte Nationen das Wort gebrauchen«, sei dem »feinen complexen Begriff, der sich in Sachen der Kunst und des Geschmacks das Wort Interesse, interessant u. f. einmal zugebildet hat«. Es liegt auf der Hand, daß Herder damit weder Kants Wortgebrauch gerecht wird, noch der »gemeinsamen Sprache der Völker« (97), auf die er sich beruft: Interesse – in Herders Bestimmung: »quod mea interest, was mich angeht« (96) – ist in der ›gemeinsamen Sprache‹ des 18. Jh. wechselnd beides, sowohl selbstisch auf das Ego als auch sympathetisch auf den Anderen beziehbar.

Herders eigene Positivierung von Interesse und die Behauptung seiner unverzichtbaren Zugehörigkeit zur ästhetischen Erfahrung machen deutlich, worum es ihm zu tun ist: Es ist der Protest gegen die ›Entvitalisierung‹, die Entsinnlichung, den Ausschluß der ›Empfindungen‹, darüber hinaus aber der prinzipielle Widerspruch gegen die von den ›Weimaranern‹ postulierte Autonomie der Kunst, als deren theoretisches Fundament ihm Kants ›Analytik des Schönen‹ erscheint. »Interesse ist wie das Guten und Wahren, so auch des Schönheit Seele. Nimm ihr das, wodurch sie an sich zieht und an sich festhält, oder, welches einerlei ist, wodurch sie sich uns mittheilet, aneignet; was habe

---

[123] STRUBE, Ästhetische Illusion. Ein kritischer Beitrag zur Geschichte der Wirkungsästhetik des 18. Jahrhunderts (Diss. Bochum 1971), 160.
[124] STIERLE, Diderots Begriff des ›Interessanten‹, in: Archiv für Begriffsgeschichte 23 (1979), 65.
[125] JOHANN GOTTFRIED HERDER, Ueber die neuere Deutsche Litteratur. Dritte Sammlung von Fragmenten, als Beilagen zu den Briefen, die neueste Litteratur betreffend (1767), in: HERDER, Bd. 1 (1877), 486.
[126] HERDER, Ueber die neuere Deutsche Litteratur. Fragmente. Zweite Sammlung. Zweite völlig umgearb. Ausgabe (1767–1768), in: HERDER, Bd. 2 (1877), 179.
[127] HERDER, Kritische Wälder. Oder Betrachtungen über die Wissenschaft und Kunst des Schönen. Zweites Wäldchen über einige Klotzische Schriften (1769), in: HERDER, Bd. 3 (1878), 265.
[128] HERDER, Kalligone. Vom Angenehmen und Schönen (1800), in: HERDER, Bd. 22 (1880), 38.

ich mit ihr?« (96) Hand in Hand gehen in dieser – wechselseitigen – ›Aneignung‹ Entselbstung und Verselbstung. Es ist ein Ich-transzendierendes Geschehen, dessen Beschreibung bei Herder an die ›reine‹, ›uneigennützige‹, ›interesselose Liebe‹ anklingt: »Vermöge des Wesens, das mich aus mir selbst setzt, indem es sich mir aneignet, vergesse ich meiner. Ohne kleinliche Rückkehr auf mich bin ich von der Idee erfüllt, die mich über mich hebt, die alle meine Kräfte beschäftigt; dagegen jedes Uninteressante mich leer läßt, und wenn ichs geschehen lasse, vor langer Weile mich tödtet.« (96 f.) Daß ihm Kants Ausschluß von »Reiz« – Herder setzt es mit »Anmuth« und »Grazie« gleich – und von »Rührung« aus der »Empfindung des Schönen« widersinnig sein muß, liegt auf der Hand: »Das Feinste und Reinste des Interessanten heißt Reiz; das punctum saliens der wirkenden Schönheit. Hat sie keinen Reiz für mich, weh' ihr, der Leblosen! Habe ich für ihre Reize kein Gefühl; wehe mir, dem Gefühlberaubten!« (97)

»Kant ist mir nie widriger als dicht an Ihnen,« schreibt der Bundesgenosse in aestheticis Jean Paul, die *Kalligone* kommentierend, an Herder, »eine Osteologie neben einem lebendigen Menschen.«[129]

VI. Friedrich Schlegel

Friedrich Schlegels großer Aufsatz *Über das Studium der Griechischen Poesie* (1797) ist das epochentypische Produkt der geschichtsphilosophischen Zuversicht, die Masse des Überlieferten als *eine* Geschichte lesen zu können – in diesem Falle die Geschichte der abendländischen Poesie, konstruiert als ein Zweig der Bildungsgeschichte der Menschheit. Antike und Moderne machen dabei als gegensätzlich miteinander verbundene Welten den Raum aus, in welchem sich der Autor bewegt, freilich nicht ohne über das Vergangene und die als

---

[129] JEAN PAUL an Herder (25. 2. 1800), in: JEAN PAUL (HKA), Abt. 3, Bd. 3 (1959), 295.
[130] FRIEDRICH SCHLEGEL, Über das Studium der Griechischen Poesie (1797), in: SCHLEGEL (KFSA), Bd. 1 (1979), 270.

Schwellenzeit begriffene Gegenwart hinaus sich prognostisch auch an die Bestimmung des Zukünftigen zu wagen. Denn auch darin ist der Aufsatz zeittypisch, daß in ihm der kritische Blick auf das, was ist, sich mit dem Willensdiktat dessen, was sein soll, verbindet. Über den Widerspruch zwischen Sein und Sollen hilft das Postulat menschlicher Perfektibilität hinweg. Es erlaubt, im gegenwärtig Wirklichen die verheißenden Zeichen seiner Selbsttranszendierung zu lesen. Die Geschichtsdeutung mündet in den Ausblick auf eine qualitativ neue, zukünftige Verfassung der Poesie ein. Schlegel schreibt Geschichte als ›rückwärtsgewandter Prophet‹. Profan gesprochen: Sein Aufsatz ist – auch – eine Programmschrift.

Die Rolle, die darin dem Interessanten zugewiesen ist, unterscheidet sich wesentlich von der, die der Begriff bis dahin spielte. In der vorkantischen Ästhetik stellte das Interessante sich neben das Schöne und bezeichnete mit diesem zusammen die ästhetische Vorzüglichkeit eines Werkes. Schlegel macht es zum Anti-Schönen, was Kant und die Autonomieästhetik voraussetzt. Er historisiert den Begriff und befördert ihn zugleich zum Grundbegriff ›moderner‹ Dichtung. Als erster postuliert er die wesentliche Differenz schöner und interessanter Poesie als eine zwischen Antike und Moderne. (Auch Garve lag dergleichen durchaus fern: Dessen umfänglichste Demonstration eines interessanten Textes geschieht am Beispiel der Dido in Vergils *Aeneis*.)

Schlegels Definition des ›Schönen‹ schließt an Kant an: Es ist der »allgemeingültige Gegenstand eines uninteressierten Wohlgefallens, welches von dem Zwange des Bedürfnisses und des Gesetzes gleich unabhängig, frei und dennoch notwendig, ganz zwecklos und dennoch unbedingt zweckmäßig ist«. Dementgegen macht die interessante Poesie in »ästhetischer Heteronomie«[130] sich den Zwecken der Sinnlichkeit, der Moral und der Erkenntnis dienstbar: Durch ihre »ästhetische Energie« zielt sie auf die Reizung der Sinne und der Einbildungskraft, und mit ihrem »intellektuellen Gehalt« (253) auf die Befriedigung eines »philosophischen Interesses« (250). Die ›schöne Poesie‹ der Griechen hingegen zeigt sich autonom, indem sie, statt »Ansprüche auf Realität« zu machen, »nur nach einem *Spiel*« strebt, »das so würdig sei, als der heiligste Ernst, nach einem *Schein*, der so allgemeingültig und gesetzgebend sei als die unbedingteste Wahrheit«[131]. (Dazu eine Bemerkung in Schlegels Rezension von Herders *Humanitätsbriefen* [1796]: »Beim Spiel kann die höchste Tätigkeit aller Seelenkräfte stattfinden, wenn diese Tätigkeit nur frei ist: Zeitvertreib hingegen setzt immer eine gewisse *Passivität* voraus, welche von den frühesten Zeiten der modernen Poesie bis jetzt das Verhältnis des Publikums zu ihr bezeichnet. Noch jetzt suchen die Menschen, mit Ausnahme weniger echter Liebhaber, die Poesie nur als Zeitvertreib, *in fugam vacui*, aus Abscheu vor dem Nichts in ihrem Innern.«[132] Die Verbindung mit und der Kontrast zu früheren Bestimmungen des Interessanten sind evident.)

Indem Schlegel die Poesie der Griechen auf den Schönheitsbegriff der Autonomieästhetik bringt, macht er sie – und er ist darin tatsächlich, was er sein wollte: ein ›Winckelmann der Dichtkunst‹ – zu einer zugleich historischen und normativen Größe. Sich selbst aber stellt er, bezieht man den *Studium*-Aufsatz mit Hans Robert Jauß[133] auf die ›Querelle des Anciens et des Modernes‹, als ›Ancien‹ dar: Die Poesie der Griechen gilt ihm als Verwirklichung »eines höchsten *ästhetischen Urbildes*«[134], vor dessen Richtmaß sich die Poesie der Moderne als »entartete Kunst« (255) erweist. Aber er überholt mit seiner geschichtsphilosophischen Konstruktion auch die in der ›Querelle‹ gebildeten Fronten, indem er die Bedingung, unter der die Griechen die Schönheit ihrer Kunst erreichten, historisch relativiert, und damit die Moderne unter eine neue Gesetzlichkeit stellt. Der Prozeß »natürlicher Bildung« führte jene zur ästhetischen Vollkommenheit, diese steht im Zeichen »künstlicher Bildung« (231 f.).

Sie ist theoriegeleitet, nicht Natur, sondern Freiheit bestimmt »die Richtung des Weges, das Gesetz der Progression und das endliche Ziel der ganzen Laufbahn« (230). Will die Moderne dieses Ziel erreichen, muß sie die »Nachahmung« jenes ›höchsten Urbildes‹ mit »höchster Selbständigkeit« (274) verbinden. Das Ziel selbst aber »kann kein andres sein als das höchste Schöne, ein Maximum von objektiver ästhetischer Vollkommenheit« (253).

Aus dieser Konstruktion ergibt sich die Möglichkeit einer – relativen – Positivierung der ›interessanten Poesie‹. Sie bietet zwar für den Ästhetiker Schlegel das Bild ›vollendeter Sündhaftigkeit‹, für den Geschichtsphilosophen jedoch hat sie den Charakter einer ›felix culpa‹. Daraus ergibt sich im *Studium*-Aufsatz ein Gerichtsverfahren, in welchem der Inkulpent, nachdem ihm die Heillosigkeit seines Sündenregisters vorgehalten worden ist, freigesprochen wird um des Guten willen, das man von ihm künftig erwartet und das nur durch ihn, allerdings durch seine Selbstaufhebung, Wirklichkeit gewinnen kann.

Schlegels Begriffsinstrumentarium ist entsprechend beschaffen: Es besteht aus mehreren Oppositionsbegriffen. Modern ist das ›Manierierte‹, ›Charakteristische‹, ›Individuelle‹, und, als zusammenfassender Oberbegriff, das ›Interessante‹ (»aus dieser Herrschaft des Manirierten, Charakteristischen und Individuellen, erklärt sich von selbst die durchgängige Richtung der Poesie, ja der ganzen ästhetischen Bildung der Modernen aufs Interessante« [252]). Die Gegenbegriffe heißen ›Allgemeingültigkeit‹, das ›rein Menschliche‹, ›Stil‹, ›Objektivität‹, ›Schönheit‹. Jeder dieser Begriffe steht für einen Aspekt des Ganzen, weshalb sich an ihnen allen wechselnd produktions-, werk- und rezeptionsästhetische Momente hervorkehren. Im Zeichen des Interessanten korrespondieren Künstler und Publikum miteinander als gleichgeartete Gebende und Verlangend-Nehmende – aber auch als vereinzelte einzelne; denn keine Allgemeinheit »gemeinschaftlicher Verhältnisse« (222) schenkt ihnen ein »Gemeinsames« (221), in welchem sie zusammen aufgehoben wären. In der Vereinzelung »existiert jeder Künstler für sich, ein *isolierter Egoist* in der Mitte seines Zeitalters und seines Volks« (239); und als einzelner greift der Rezipient je nach seiner »individuellen Empfänglichkeit« (253) nach dem, was für ihn interessant ist. Aus solcher wechsel-wirken-

---

131 SCHLEGEL, Die Griechen und Römer. Vorrede (1797), in: ebd., 211.
132 SCHLEGEL, [Rez.] Herder, Briefe zur Beförderung der Humanität (1796), in: SCHLEGEL (KFSA), Bd. 2 (1967), 50.
133 Vgl. HANS ROBERT JAUSS, Schlegels und Schillers Replik auf die ›Querelle des Anciens et des Modernes‹, in: Jauß, Literaturgeschichte als Provokation (Frankfurt a. M. 1970), 67–106.
134 SCHLEGEL (s. Anm. 130), 274.

den Bedingung heraus verbinden sich »manierierte Einseitigkeit« der Künstler und »reichste Vielseitigkeit« des poetischen Angebots zur Befriedigung heterogener Nachfrage: »Es gibt so viele individuelle Manieren als originelle Künstler«, und: »je weiter man von der reinen Wahrheit entfernt ist, je mehr einseitige Ansichten derselben gibt es«. Das ist ein Verdikt über die Genieästhetik. Sie ist keine tragfähige Basis künftiger, wahrer Kunstübung; denn wenn »genialische Originalität das höchste Ziel des Künstlers, der oberste Maßstab des Kenners« wird, sägt eine solche poetische Produktion den Ast ab, auf dem sie sitzt: »Je größer die schon vorhandene Masse des Originellen ist, desto seltner wird neue echte Originalität. Daher die zahllose Legion der nachahmenden Echokünstler« (239).

Das deutet auf den Punkt, zu dem Schlegels Analyse der interessanten Poesie hinsteuert: Sie ist auf dem Weg fortschreitender Selbstaufzehrung dazu bestimmt, sich endlich selbst zu vernichten. Als »Anarchie« (219), »Chaos« (224), »chaotische Anarchie« (270) befindet sie sich in einem Zustand, wo »*Verwirrung* das Gemeinsame ihrer Masse, *Gesetzlosigkeit* der Geist ihrer Geschichte«, »*Charakterlosigkeit*« ihr »einziger Charakter« (222) ist. Die Verfassung von Künstler und Publikum ist eine Art ästhetischer Unseligkeit: Die interessante Poesie vermag ihrer Natur nach »das in der menschlichen Natur gegründete Verlangen nach vollständiger Befriedigung« (253) nicht zu stillen, bleibt selbst und beläßt »in *unbefriedigter Sehnsucht*« (219); denn nur das Schöne ist ein »befriedigendes Ganzes« (281), »wo alle Sehnsucht schweigt« (217). So bleibt der interessanten Poesie in ihrer heillosen Ziel- und Auswegslosigkeit, da es ein »höchstes Interessantes« (253) nicht gibt, nur der stete Wechsel und die fortdauernde Steigerung der Potenzen und Effekte, aus und mit denen sie arbeitet. Um den »unersättlichen Durst« des Publikums zu stillen, ist sie zu ständiger Innovation und Selbstüberbietung gezwungen. Am Ende summiert sich das immer weiter verstreute Poesieangebot zu einem »ästhetischen Kramladen« (222), in welchem eine kommerzielle Vernunft die erforderliche Diversität der Artikel ebenso in Rechnung stellt wie deren kurze Verfallszeit. Ein permanenter Wechsel der Moden ist die Konsequenz. Schlegel beschreibt das Interessante als das dirigierende Prinzip des expandierenden literarischen Marktes, dessen ökonomisches Interesse den ins Ästhetische ausgewanderten Zwillingsbegriff des Interessanten wieder heimgeholt hat.

Die geschichtsphilosophische Überholung dieses Zustands kann nur auf eine Weise geschehen: Die interessante Poesie muß »sich endlich selbst vernichten«. »Zwei Katastrophen« (254) stellt Schlegel alternativ in Aussicht. Die eine wird ausgelöst durch jenen auf Effektüberbietung ausgerichteten Innovationsdrang, mit dem man von Alters her – als ›cupiditas rerum novarum‹ – den Niedergang der Künste zu erklären versucht hat. Er führt einen Rattenschwanz ästhetischer Mißbildungen herauf: »Geht die Richtung mehr auf ästhetische Energie, so wird der Geschmack, der alten Reize je mehr und mehr gewohnt, nur immer heftigere und schärfere begehren. Er wird schnell genug zum Pikanten und Frappanten übergehn. Das *Pikante* ist, was eine stumpfgewordne Empfindung krampfhaft reizt; das *Frappante* ist ein ähnlicher Stachel für die Einbildungskraft. Dies sind die Vorboten des nahen Todes. Das *Fade* ist die dünne Nahrung des ohnmächtigen, und das *Choquante*, sei es abenteuerlich, ekelhaft oder gräßlich, die letzte Konvulsion des sterbenden Geschmacks.« (254) Die Vermeidung eines solchen Exitus – in dessen Beschreibung sich die Konturen einer künftigen Ästhetik des Häßlichen abzeichnen – kann nur durch eine »günstige Katastrophe« (256) geschehen. In ihr wird das Ende der interessanten Poesie durch eine »wohltätige Krise« (258) bewirkt: »Wenn hingegen philosophischer Gehalt in der Tendenz des Geschmacks das Übergewicht hat, [...] so wird die strebende Kraft, nachdem sie sich in Erzeugung einer übermäßigen Fülle des Interessanten erschöpft hat, sich gewaltsam ermannen, und zu Versuchen des Objektiven übergehn.« (254 f.) ›Gewaltsam‹ heißt eine Tathandlung, die »nur unter der Bedingung großer sittlicher Kraft und fester Selbständigkeit« (255) stattfinden kann. Ihr Name ist Revolution: »*ästhetische*« (269), aber zugleich auch »die große moralische Revolution, durch welche die Freiheit in ihrem Kampfe über das Schicksal in der Bildung) endlich ein entschiedenes Übergewicht über die Natur bekommt« (262).

Mit der Berufung auf Goethe versichert sich Schlegel der Bodenhaftung dieser Prognostik;

denn Goethe stehe bereits »*in der Mitte zwischen dem Interessanten und dem Schönen, zwischen dem Manirierten und dem Objektiven*« (261), seine Poesie sei »die Morgenröte echter Kunst und reiner Schönheit« (260). Bescheidenheit verbot, daß Schlegel auch die eigene Autorschaft und den *Studium*-Aufsatz als morgenrötliches Geschichtszeichen deklarierte; denn gewiß hat er diesen als Anfang einer ›echten Kunst- und reinen Schönheitstheorie‹ verstanden, die als ›objektive Theorie‹, analog zu Goethes Poesie, »die Aussicht auf eine ganz *neue Stufe der ästhetischen Bildung*« (262) eröffnet. Wenig später, in den *Lyceums*-Fragmenten (1797), weiß er es freilich schon anders und besser: Mit der Einsicht, daß, so wie das ›Naive‹ nur im Blick des ›Sentimentalischen‹ naiv ist, es der Augen dessen bedurfte, der selbst im Bann des Interessanten steht, damit ihm jenes Bild einer ›objektiven‹, ›schönen Poesie‹ in Vergangenheit und Zukunft aufleuchten konnte: »Mein Versuch über das Studium der griechischen Poesie ist ein manierierter Hymnus in Prosa auf das Objektive in der Poesie«. Das »Schlechteste« daran, fügt er hinzu, sei »der gänzliche Mangel der unentbehrlichen Ironie«[135]. Noch ohne das Vermögen zur reflexiven Selbsttranszendierung steht der Autor des *Studium*-Aufsatzes im Bann des Bildes einer ›objektiven‹ Poesie, das er als Wunsch- und Kontrastbild seiner sich selbst negierenden, interessanten Geistesverfassung entwirft. Deren Beschaffenheit offenbart sich rückhaltlos in Schlegels faszinierten Expektorationen über Shakespeare, den »Gipfel der modernen Poesie«[136], dessen »Manier die größte, seine Individualität die interessanteste sei, welche wir bis jetzt kennen.« Bedenkt man Schlegels identifikatorische *Hamlet*-Deutung in den Briefen an den Bruder August Wilhelm vom Juni 1793, dann läßt sich die Bemerkung, es könne »zu Zeiten scheinen, er [Shakespeare – d. Verf.] hätte die Bildung unsers Zeitalters antizipiert« (251), füglich auch im Sinne einer ›Antizipation meiner eigenen Bildung‹ lesen. Schlegel ist bei der Beschreibung von Shakespeares »*interessanter* Tragödie«[137] sich selber auf der Spur: »Darstellung der unauflöslichen Disharmonie«, »*Maximum der Verzweiflung*«, »ewige kolossale Dissonanz«[138], »exzentrische Sonderbarkeiten« (249), »unauflösliche Verwirrung«, »unendlicher Streit«, »völlige Zwecklosigkeit des Lebens«, »vollkommne

Leerheit alles Daseins«, »nichts ist« ihm »so widerlich, bitter, empörend, ekelhaft, platt und gräßlich, dem seine Darstellung sich entzöge« (251). Schlegel vernimmt in Shakespeares Tragödien das wildtönende Echo seiner Selbstreflexion: Es ist die eines ›unglücklichen Bewußtseins‹ (Hegel), das sich von nun an zum Begriff eines ›interessanten Charakters‹ fügt.

VII. Interesse und das Interessante in der Ästhetik des 19. und 20. Jahrhunderts

1. Kontroverse Interesselosigkeit nach Kant

Innerhalb der allgemeinen Geschichte des Interessebegriffs ist das ästhetische Interesse ein Spätling, und es vermag auch nur ein Jh. lang eine bedeutende Rolle zu spielen. Bald nach dem Beginn des 19. Jh. findet es sich nur mehr in der Randsphäre ästhetischer Begrifflichkeit, zieht kaum neue, bemerkenswerte Bestimmungsmomente zu sich heran und wird, insgesamt gesehen, selten mehr erörtert, weil ihm an sich selbst Bedeutsamkeit zuerkannt würde, sondern überlebt vor allem noch aus Gnaden seines Gegenbegriffs, d. h. in Verbindung mit der Affirmation, Relativierung oder Bestreitung des ›interesselosen Wohlgefallens‹, das, so lange und soweit die Ästhetik noch wesentlich als Philosophie des Schönen versteht, in überwiegender Geltung bleibt; selbst seine Bestreitung verbindet sich nicht mit der Restituierung von Interesse als einer zentralen Kategorie. Typisch werden vor allem Versuche, Interesse und Interesselosigkeit übereinzubringen im Sinne von Schillers Begriffsbildung ›uninteressiertes Interesse‹. So läßt Friedrich Bouterweks *Aesthetik* (1806) für das Schöne die Interesselosigkeit gelten, postuliert zugleich aber auch ein prinzipielles ›ästhetisches Interesse‹: »Alles Schöne ist auf eine bestimmte Art interessant, das heißt, es interessirt den ästhetisch ge-

---

135 SCHLEGEL, Kritische Fragmente (1797), in: SCHLEGEL (KFSA), Bd. 2 (1967), 147f.
136 SCHLEGEL (s. Anm. 130), 249.
137 SCHLEGEL (s. Anm. 131), 215.
138 SCHLEGEL (s. Anm. 130), 248.

stimmten Geist nicht als Mittel zu irgend einem Zwecke, sondern unmittelbar durch und für sich selbst.« Aber der Begriff des Interessanten ist dabei aller bestimmten Qualitäten entleert und bedeutet nicht mehr als den Gegensatz zum »Trivialen, das gar nichts in sich trägt, wodurch es ästhetisch wirken könnte«[139]. In der 1. Auflage führte das noch zu dem Satz: »Schöne Trivialität, oder, was ungefähr dasselbe sagt, uninteressante Schönheit ist also ein ungereimter Begriff.«[140] Explizit findet sich die Formel »interesseloses Interesse«[141] bei Adolf Zeising, und Friedrich Theodor Vischer hat in seinen aus dem Nachlaß herausgegebenen Vorlesungen zur Einführung in die Ästhetik weitläufig versucht, sie zu begründen. In einer Argumentation, die bei Kant bleiben und doch auch über ihn hinaus will, hält er an dessen Verdikt alles ›stoffartigen Interesses‹ fest und behauptet zugleich ein davon unbetroffenes Interesse, das bei Kant weder vorkommt, noch vorkommen kann. Vischer erklärt das Schöne zwar als »bloßen«, nicht aber als »leeren Schein«; es ist vielmehr einer, »in dem Inhalt erscheint«, der uns »etwas vom Gehalt des Lebens« sagt. In diesem Gehalt stellt sich »nicht eine empirische«, sondern eine »innere«[142], »höhere, allgemein menschliche Wahrheit« dar. Durch sie werden wir »vom Schönen aufs tiefste gerührt und doch ganz und gar nicht stoffartig« (84); denn »den leidenschaftlichen Erregungen«, die sie in uns bewirkt, ist dadurch »der Stachel genommen«, »daß wir bloß einem Bild gegenüber sind und daß es sich nur um allgemein menschliche Wahrheit handelt« (86). Sein Schlußpunkt: »So läßt uns ein Drama, eine Tragödie empfinden: das ist Menschenart, Menschenleben, Menschenlos. Othello und Desdemona sind ja keine wirklichen Wesen. Wir haben also ein eigentümliches Interesse, aber es ist Interesse ohne Interesse; es ist Spiel.« (88) Die Argumentation arbeitet mittels der Vermischung zweier ästhetischer Zustände: der Kontemplation und der Illusion; und indem Vischer für ›Stoff‹ »Gehalt« setzt, für ›Rührung‹ »Seelenbewegung«, und dem Schönen einen emphatischen, aber sonst nicht weiter ausgewiesenen Wahrheitsbegriff zugesellt, meint er seinen Interessebegriff mit Kants Interesselosigkeit vereinbart zu haben; von deren formalistischer Begründung sieht er dabei ganz ab.

In seiner früheren *Aesthetik oder Wissenschaft vom Schönen* (1846–1858) war ihm zwar auch schon daran gelegen, den Begriff des Interesses zur Geltung kommen zu lassen; aber da verzichtet er noch darauf, dessen Differenz zum ›stoffartigen Interesse‹ zu behaupten. Vom Zeitgeist des Vormärz erfüllt, ging es ihm um die Legitimation ›engagierter‹ Dichtung: »Es scheint hart, auch das sittliche Interesse vom Schönen auszuschließen, besonders in unserer tendenzmäßigen Zeit, wo man angefangen, die unmittelbare Erregung einer Begeisterung für sociale und politische Erneuerung des Lebens für die Probe der Kunst zu halten.« Dem »streng ästhetischen« stellt er darum den »historischen« Standpunkt entgegen, »und von diesem aus sind tendenzmäßige Werke, als das Interesse, das sie erregen, ganz anders und günstiger zu beurtheilen als von jenem. In der Lehre von den Künsten wird für die Gattungen, worin durch vorherrschende Tendenz das Schöne zum blos Anhängenden wird, ein besonderer Raum aufzustellen seyn, womit denn auch das stoffartige Interesse, das sie erregen, in seine Berechtigung treten wird.«[143]

Daß in solchen Versuchen, am klassischen Schönheitsbegriff festzuhalten und doch auch Interesse gelten zu lassen, ein theoretisches Pendant zum sog. ›Poetischen Realismus‹ erkennbar wird, bekundet deutlich die *Aesthetik* (1869) Karl Köstlins, der als einziger unter den bedeutenden Ästhetikern des Jh. Interesse noch ausführlich und als zentrale Kategorie würdigt. Schon mit der Rede vom »Form-« bzw. »Schönheits-Interesse« – er verweist dabei auf »Göthe's und Schiller's Klassicismus« – bringt er beide Seiten zusammen; dann aber nennt er dieses Form-Interesse »einseitig« und die Quelle für den »Irrthum der neuern Ästhetik, daß sie blos vom Schönen ausgehen, die Kunst nur als Realisierung der Schönheitsidee ansehen

---

139 FRIEDRICH BOUTERWEK, Aesthetik (1806; Leipzig ²1815), 80.
140 BOUTERWEK, 56.
141 ADOLF ZEISING, Aesthetische Forschungen (Frankfurt a. M. 1855), 434.
142 FRIEDRICH THEODOR VISCHER, Das Schöne und die Kunst. Zur Einführung in die Aesthetik. Vorträge, hg. v. R. Vischer (Stuttgart 1898), 83.
143 VISCHER, Aesthetik oder Wissenschaft des Schönen, Bd. 1 (Reutlingen/Leipzig 1846), 197.

will«[144]. Wer »nur das Schöne als ästhetisches Objekt gelten lassen« wolle, stehe »im reinsten Widerspruche damit, daß im ästhetischen Gebiet überall ein Inhalt und zwar ein verständlicher, genießbarer, menschlich interessanter Inhalt gesucht und erwartet wird« (59). Die mit dem Form-Interesse sich verbindende Freisetzung unserer Vermögen und Kräfte bei der Anschauung des Schönen gilt ihm »nur als ein Moment und Merkmal des Aesthetischen«, mit dem »das ästhetische Verhalten beginnt«; denn »das Spiel der Kräfte würde bald erlahmen, sein Anregendes bald verschwinden, [...] wenn wir nicht unserem Vorstellen und Hervorbringen die Richtung auf einen Inhalt geben könnten und wirklich gäben, der uns in bestimmter Weise zu beschäftigen vermag« (21).

In seiner Erörterung des ästhetischen Interesses greift Köstlin bis ins einzelne auf Definitionen, Beschreibungen und Wertungen der Ästhetik des 18. Jh. zurück. Er unterscheidet das besondere, individuell bestimmte von einem allgemeinen, wesentlich menschlichen Interesse und wiederholt die traditionelle Wertung: »die ästhetische Qualifikation eines Inhaltes« steige, »je tiefer, je wesentlicher sein menschliches Interesse ist, je näher und inniger er den Menschen berührt, [...] wie z.B. Menschenschicksal, Leben und Tod, Glück und Unglück, Familienleben, Liebe, Religion, Sittlichkeit ein tieferes menschliches Interesse haben, als äußere Naturdinge« (55 f.). Er führt das Interesse an dem auf, worin der Mensch »sich heimisch« fühlt, am Bekannten, Gewohnten, Vertrauten; dann auch an dem, »was wir noch nicht kennen, was unsern Trieb nach Erweiterung des Erkennens befriedigt, was uns zu Neuem führt« (56 f.). Eigentümlicher ist Köstlins Begründung der fundamentalen Zusammengehörigkeit des Interesses und des ›ästhetischen Gebietes‹. Statt von einer innerästhetischen Opposition von Interesse und Interesselosigkeit zu sprechen, modifiziert er die herkömmlichen gegensätzlichen Prädikatisierungen (wie interessant − gleichgültig) so, daß sich daraus nicht, wie von Du Bos an, eine Markierung der inneren, seelischen Befindlichkeit ergibt (Lustgefühl der tätigen versus ›ennui‹ der untätigen Seele), sondern der Gegensatz zwischen der Erfahrung des Ästhetischen und der des Lebens überhaupt: »Das Leben behelligt den Menschen nicht nur mit Gegenständen, die seiner Freiheit Bande und Schranken anlegen, sondern auch mit Gegenständen, für die er kein Interesse, keine Theilnahme fassen kann, mit Dingen, die ihm unverständlich, ungenießbar, fern und fremd sind, und es bringt andrerseits dem Menschen keineswegs alles Dasjenige nahe, was an sich von Interesse für ihn wäre.« Dagegen »bildet das ästhetische Gebiet den bestimmtesten Gegensatz zum Leben. In ihm treten wir ja nicht nur aus der Unfreiheit des Lebens heraus zu rein freier, zu unbegrenzt in Weite gehender Bethätigung unsrer Vermögen und Kräfte, sondern wir suchen in ihm auch Befreiung von eben jenem Mangel des Lebens, daß es uns zu viel Nichtansprechendes, zu wenig Ansprechendes bietet; im ästhetischen Gebiet wollen wir mit Gegenständen zu thun haben, die uns Interesse einflößen, mit denen wir sympathisiren können, und wollen Alles anschauen aus den verschiedensten Gebieten des Daseins, wofür wir als Menschen Interesse zu fassen, uns zu erwärmen im Stande sind.« (20) Garve bereits erkannte die Literatur als ein Medium der Lebenserkundung in der modernen Welt, mit dessen Hilfe wir die Eingeschränktheit unserer konkreten Wirklichkeitserfahrung ausgleichen. Köstlin macht aus solcher quantitativen eine qualitative Differenz: ›Leben‹ steht im Zeichen der Verdinglichung und Entfremdung, das ›ästhetische Gebiet‹ gewährt unentfremdetes und unverkürztes Selbst- und Welterleben. Interesse bezeichnet so eine Befindlichkeit, in die uns, von ›des Lebens Fremde‹ (Schiller) befreit, das Ästhetische allein bringen kann. Als solche Interessierte sind wir bei uns zu Hause, das Interessante macht uns die Welt ›heimisch‹.

Mit welcher Insistenz in der Theorie des Ästhetischen die bei den nun genannten Autoren dominierende Fragestellung − nach dem Interesse am Schönen, das interesselos gefällt − fortdauert, zeigt noch, ein Jh. später, Georg Lukács' Werk über *Die Eigenart des Ästhetischen* (1963). Lukács resümiert den Verlauf der Debatte: »Es entstand für die Kunst, von Kants Autorität gedeckt, das Postulat einer absoluten Interesselosigkeit; Ästhetik wurde auf vollständig reine Kontemplation festgelegt.« Im

---

[144] KARL KÖSTLIN, Aesthetik (Tübingen 1869), 54.

Gegenzug wurde »das relativ Berechtigte der Interesselosigkeit als Moment im ästhetischen Gesamtprozeß einfach eliminiert«[145]. Es ist eine Konstruktion, die freilich die früheren Versuche, diesen Gegensatz aufzuheben, außer acht läßt, und tatsächlich erscheint Lukács' eigene Darlegung denn auch nur als eine – durch die Beziehung auf gesellschaftliche Praxis modifizierte – Neufassung eben jener Versuche: Es gebe keine Kunst, »deren Erlebnis in einer wirklich interesselosen Kontemplation beharren könnte«; aber ebenso verfehlt sei es, eine gesellschaftliche Berechtigung des Kunstwerks nur unter der Bedingung einzuräumen, daß es eine unmittelbar-gesellschaftliche Praxis provoziere. Beide Einseitigkeiten überholt die These, »daß die sogenannte Interesselosigkeit ein bloßes, wenn auch unerläßliches Moment des Ästhetischen bildet, daß es sich also nicht um Interesselosigkeit als Wesen des ästhetischen Verhaltens handelt, sondern bloß um eine notwendige, aber doch nur vorübergehende Suspension der unmittelbaren Zielsetzungen der Menschen« (656). Indem die Kunstwerke uns betreffen durch die Erregung von Leidenschaften, durch bestimmte Inhalte und Richtungen, die auf das Eingreifen in die Praxis des gesellschaftlichen Lebens weisen, wird »die Suspension des unmittelbaren Interesses in der ästhetischen Setzung […] ins praktische Leben des menschlichen Alltags« (654) münden und so die ästhetische Erfahrung des Kunstwerks vollständig werden. (Was hier der Begriff ›Suspension‹ bezeichnet, nennen Friedrich Kainz' *Vorlesungen über Ästhetik* [1948] »ästhetische Isolation«[146]: Voraussetzung dafür, daß das kontemplative Verhalten störungsfrei, d. h. ohne Einmischung von Interesse, sich bewahren kann.)

Das bekannteste Beispiel dafür, daß ›Kants Autorität‹ auch auf viel rigorosere Weise in Zweifel gezogen wird, ist Friedrich Nietzsches psychologische ›Hinterfragung‹ des ›interesselosen Wohlgefallens‹ in der Studie *Zur Genealogie der Moral* (1887),

wo mit der Interpretation dessen, was »asketische Ideale« bedeuten, Kants Bestimmung, schön sei, was ohne Interesse gefällt, und Schopenhauers Übernahme derselben, durch den Rückgang auf das zugrundeliegende Motiv erklärt wird. Nietzsche beruft sich auf die Gegen-Autorität Stendhals, »der das Schöne einmal une promesse de bonheur nennt«[147]: »ihm scheint gerade die *Erregung des Willens* (›des Interesses‹) durch das Schöne der Thatbestand« (367). »Wer hat Recht, Kant oder Stendhal?«, fragt Nietzsche, und seine Antwort ist in den Spott auf »unsre Aesthetiker« gefaßt, die »nicht müde werden, zu Gunsten Kant's in die Wagschale zu werfen, dass man unter dem Zauber der Schönheit *sogar* gewandlose weibliche Statuen ›ohne Interesse‹ anschauen könne […] – die Erfahrungen der *Künstler* sind in Bezug auf diesen heiklen Punkt ›interessanter‹, und Pygmalion war jedenfalls *nicht* nothwendig ein ›unästhetischer Mensch‹« (365). Von Pygmalion ist dann nur ein Schritt zu der »Erfahrung«, die hinter den Sätzen stehe, die Schopenhauer so emphatisch »zu Ehren des ästhetischen Zustandes geschrieben hat«: daß in ihm der Wille ruhiggestellt werde, spezifischer: daß die ästhetische Kontemplation »der *geschlechtlichen* ›Interessirtheit‹ entgegenwirke« (366). Nietzsches Folgerung lautet, daß auch Schopenhauer »das Schöne aus einem ›Interesse‹ gefalle, sogar aus dem allerstärksten, allerpersönlichsten Interesse: dem des Torturirten, der von seiner Tortur loskommt« (367).

2. *Das problematische Interessante nach F. Schlegel*

Schon gegen Ende des 18. Jh. ist das Interessante in der gebildeten Rede über ästhetische Gegenstände zu einem ›Hans-Dampf-in-allen-Gassen‹ geworden und – nun auch in der nicht mehr so gebildeten Rede – bis heute geblieben. Qualitätsurteile summarischer Art, in denen zuvor ein Gegenstand ›schön‹ hieß, nennen ihn nun eher interessant. Aber in der ästhetischen Theorie behauptet sich diese Präferenz nicht in gleichem Maße. Schon für F. Schlegel selbst ist das Interessante nach dem *Studium*-Aufsatz belanglos geworden, ein Begriffs-Mohr, der seine Schuldigkeit getan hat und vom ›Romantischen‹ aus dem Dienst entlassen wird. Daß er es zur Signatur der modernen Poesie machte, wird zwar von der beginnenden Ge-

---

145 GEORG LUKÁCS, Die Eigenart des Ästhetischen (1963), in: LUKÁCS, Bd. 11 (1963), 651.
146 FRIEDRICH KAINZ, Vorlesungen über Ästhetik (Wien 1948), 90.
147 FRIEDRICH NIETZSCHE, Zur Genealogie der Moral (1887), in: NIETZSCHE (KGA), Abt. 6, Bd. 2 (1968), 365.

VII. Interesse und das Interessante in der Ästhetik des 19. und 20. Jahrhunderts

schichtsschreibung der Ästhetik[148] als Datum festgehalten; daß damit aber ein »Anfang ästhetischer Kategorienbildung der Moderne«[149] gesetzt war, von dem man hätte aus- und weitergehen können, bleibt unbeachtet. Es ist symptomatisch, daß im systematischen Teil von Robert Zimmermanns Ästhetik (*Allgemeine Aesthetik als Formwissenschaft*, 1865) der Begriff geradezu betont nicht vorkommt. An seiner Statt ist von »stofflichen Reizen« die Rede – ein begriffsgeschichtlich symptomatischer Wechsel.

Als Ausnahme von dieser Regel ist vorzüglich Schopenhauers Erörterung des Begriffs zu nennen, die sich, vom Januar 1821 datiert, in den *Berliner Manuskripten* (1818–1830) des handschriftlichen Nachlasses findet.[150] Schopenhauer handelt vom Verhältnis des Interessanten zum Schönen, dessen Bestimmungsmerkmale auf Kant zurückverweisen, im übrigen aber von der Willensmetaphysik der *Welt als Wille und Vorstellung* (1819) modifiziert sind. Zustande kommt die Unterscheidung zweier Arten von Kunstwerken bzw. Kunstgenuß, die sich in ihrer Tendenz als exoterisch-profan und esoterisch-geweiht bezeichnen lassen. Im Schönen als der Erscheinung bzw. Darstellung der »*Idee*« wird die »ewige Form«[151] der Dinge zur Erkenntnis. Das Objekt ist »allein der reinen antheilslosen Betrachtung überliefert«, die »im Subjekt ein gänzliches Schweigen des Willens«[152] voraussetzt bzw. bewirkt. Beim Interessanten hingegen bleibt die »im Dienste des Willens stehende Erkenntniß«[153] in Tätigkeit, schaut nicht das Wesen der Dinge, sondern »lauter Relationen« – »die Verhältnisse der Zeit, des Raumes, die Ursachen natürlicher Veränderungen, die Vergleichung der Gestalten, Motive der Begebenheiten« (208).

Schopenhauer handelt ausschließlich von der Dichtkunst, genauer noch: von den dramatischen und erzählenden Gattungen, weil in deren Werken das Interessante vor allem zutage trete, nämlich in den »dargestellten Begebenheiten und Handlungen«, insofern sie uns einen »Antheil« abnötigen, »demjenigen ganz ähnlich, welchen wir bei wirklichen Begebenheiten, darin unsre eigne Person mit verflochten ist, empfinden«[154]. Wie das Schöne sich mit dem ästhetischen Zustand der Kontemplation verbindet, so das Interessante mit der der »Täuschung« (62): Gemeint ist die die Illusionstheorie des 18. Jh. vorgestellte affektive und identifikatorische Teilhabe des Subjekts am Geschick der poetischen Personen, verbunden mit der gespannten Verfolgung des Fort- und Ausganges der Handlungen und Begebenheiten.

Obwohl von den Prämissen seiner Metaphysik der Kunst aus das Interessante als Gegensatz des Schönen sich nicht als eigentlicher ästhetischer Wert behaupten kann, fragt Schopenhauer nach dem Wie und Warum seines Vorhandenseins in den poetischen Werken. Daß es nicht »ein zweiter Zweck der Dichtkunst« sei, ist ausgemacht. Daß es »Mittel zur Darstellung des Schönen« oder dessen »wesentliches Accidens« (62) sei, wird gleichfalls verneint: mit dem Verweis auf das Beispiel von August von Kotzebues Schauspielen und der erzählenden Trivialliteratur, deren Einrichtung ganz auf Interesse-Erregung ziele, aber nur »Unterhaltung, Zeitvertreib, nicht Erkenntniß« (64) bereite. Solche Werke verbrauchen ihre Wirkung in der einmaligen Lektüre und werden bei der Wiederholung – durch die ein schönes Werk wegen unseres wachsenden Verstehens gewinnt – »schaal und langweilig«. Ebensowenig wie das Interessante das Schöne »nothwendig« (65) herbeiführe, ist auch das Umgekehrte der Fall. Schopenhauer beruft sich auf Shakespeare, Goethe und Homer, der sich »nicht bemüht unsre Theilnahme durch die Verflechtung der Begebenheiten zu reizen, noch durch unerwartete Verwicklungen uns zu überraschen: sein Schritt ist zögernd, [...] indem wir ihn lesen, reget sich in uns eine leidenschaftliche Theilnahme, wir verhalten uns rein erkennend,

---

148 Vgl. ROBERT ZIMMERMANN, Aesthetik, 1. Theil: Geschichte der Aesthetik als philosophischer Wissenschaft (Wien 1858); MAX SCHASLER, Aesthetik als Philosophie des Schönen und der Kunst. 1./2. Abtlg.: Kritische Geschichte der Ästhetik (1872; Aalen 1971).
149 OESTERLE (s. Anm. 79), 217.
150 Vgl. ARTHUR SCHOPENHAUER, Ueber das Interessante (1821), in: Schopenhauer, Der handschriftliche Nachlaß, hg. v. A. Hübscher, Bd. 3 (Frankfurt a. M. 1970), 61–68.
151 SCHOPENHAUER, Die Welt als Wille und Vorstellung (1819), in: SCHOPENHAUER, Bd. 2 (1949), 210.
152 SCHOPENHAUER (s. Anm. 150), 61.
153 SCHOPENHAUER (s. Anm. 151), 209.
154 SCHOPENHAUER (s. Anm. 150), 61.

unsern Willen regt er nicht auf, sondern singt ihn zur Ruhe« (66). Die Nähe zu Schillers Bemerkungen über die Differenz zwischen epischen und dramatischen Werken, der Interesse-Freiheit jener und Interesse-Erregung dieser, ist unverkennbar, auch bei der Beobachtung, das auf Schönheit abzweckende Werk »dehnt sich seitwärts in die Breite aus, [...] während die Länge die Dimension des Interessanten ist« (65). Selbst von den »vier unsterblichen Romanen« (66): *Don Quijote* (1605–1615), *Tristram Shandy* (1760–1766), *La Nouvelle Héloïse* (1764), *Wilhelm Meister* (1795–1796), behauptet Schopenhauer diese Uninteressantheit. (Jean Paul macht eine ähnliche Bemerkung: »Wo geht denn im Tristram die Handlung fort? Dieser Vorwurf ein stilles Geständnis des Interesses; je mehr Interesse, desto schneller sol die Handlung laufen.« Er verbindet mit dieser Rüge eine Belehrung über ästhetische Moralität: »Die Leser streben nach Handlungen d.h. nach deren höchstem Ziel, nämlich Ende – dan ist aber das Buch aus. Wie das Leben, wollen sie ein Buch zugleich kurz und lang, Befriedigung ihrer unmässigen Begier und dan doch noch neue Reizung derselben. Auch im Aesthetischen giebts moralische Tugend und Mässigkeit.«[155])

Wenn das Schöne als einziger »Hauptzweck«[156] des Kunstwerkes festgestellt ist, bleibt noch die Frage nach der Vereinbarkeit des Interessanten mit ihm. Schopenhauer bejaht sie zunächst ›empirisch‹ mit dem Hinweis auf »Meisterwerke« (66) Schillers, auf den sophokleischen *König Ödipus* und Walter Scotts Romane, dann modifiziert er die Frage zu der nach der Dienlichkeit des Interessanten für das Schöne. Die auf den ersten Blick überraschende Antwort deklariert die Erregung des Interesses als unvermeidlich: »weil es schon von selbst aus den Begebenheiten hervorgeht«, und dann gar als notwendig: »weil das Gemüth ermüden würde mit ganz antheilslosem Erkennen von Scene zu Scene, von einem bedeutsamen Bilde zu einem neuen überzugehn, wenn es nicht durch einen verborgnen Faden dahin gezogen würde« (vgl. die oben zit. Bemerkung der Mme de Staël). Interesse ist das »Bindemittel der Aufmerksamkeit«, das »das Gemüth lenksam macht« (67). Es dürfe nur nie dominant werden, da wir sonst »ungeduldig werden, den Dichter anspornen möchten, um nur rascher die Entwickelung der Begebenheiten zu verfolgen«. Mit dem Satz: »Das Interessante ist der Leib des Gedichts, das Schöne die Seele«, und der späteren (1840) Beifügung: »In epischen und dramatischen Dichtungen ist das Interessante, als nothwendige Eigenschaft der Handlung, die Materie, das Schöne die Form« (68), kommt er schließlich in unverkennbare Nähe zu Schillers Zweiheit von ›stoffartigem‹ Interesse und ›reiner Form‹ – und unausgesprochen zu der Feststellung der bleibenden Differenz zwischen der Idee einer ›reinen‹ Kunst und der bedingten Wirklichkeit der pragmatischen Gattungen. Zurückübersetzt in die Begriffe der Willensmetaphysik, besagt Schopenhauers Argumentation, scheinbar paradox, daß ein Zustand, in welchem wir vom Willen regiert werden, Vehikel sein soll, um den Zustand erreichen zu lassen, der uns »*reines*, willenloses, schmerzloses, zeitloses *Subjekt der Erkenntniß*«[157] sein läßt. Die Paradoxie löst sich auf, wenn man die doppelte und divergente Erfahrung des poetischen Werkes als Reflex der Beschaffenheit unserer Existenz betrachtet; denn daß wir, vom Willen gebunden und getrieben, im Interesse befangen sind, ist das Erste und Allgemeine; der »Genuß des Schönen« aber, der uns »nur als ein vorübergehender Traum vergönnt« (370) ist, nur darüber hinaus Erreichbare, selten Gewährte.

Obwohl Schlegels Beförderung des Interessanten zur Schlüsselkategorie der Moderne keine unmittelbare Nachfolge zeitigt, bleiben die Merkmale, die er ihm zuwies, doch virulent. Das zeigt sich z.B. in der neuen Bedeutung, die der Begriff des ›interessanten Charakters‹ annimmt. War damit zuvor ein Mensch gemeint, dem wir uns in sympathischer Anteilnahme zuneigen – Mitleid, schreibt Lessing, mache einen Gegenstand, »den wir ohne dieses nur hochgeachtet hätten, [...] interessant«, und »der mißgebildete gebrechliche Pope mußte seinen Freunden weit interessanter sein, als der schöne und gesunde Wycherley den

---

155 JEAN PAUL, Ideen-Gewimmel. Texte und Aufzeichnungen aus dem unveröffentlichten Nachlaß, hg. v. T. Wirtz/K. Wölfel (Frankfurt a.M. 1996), 38, 49.
156 SCHOPENHAUER (s. Anm. 150), 66.
157 SCHOPENHAUER (s. Anm. 151), 210f.

seinigen«[158] –, so verkehrt er sich jetzt ins Pathologisch-Problematische und wird zu einem Typus, dessen Spielarten seit der Jahrhundertwende sowohl die Literatur als auch die Lebenswelt bevölkern. Seinen Prototypus kann er in Hamlet finden: Ludwig Tieck beschreibt ihn als »bizarre, unergründliche Vereinigung« von »heterogenen Bestandtheilen, der wir so oft, nur im kleineren Maßstabe, im wirklichen Leben begegnen, und die man in neueren Zeiten recht eigentlich mit dem Namen des ›Interessanten‹ hat taufen wollen«, und er konstatiert, daß an diesen »wundersamen Widersprüchen [...] fast jeder begabte Mensch mehr oder minder leidet«[159]. Als ›Blasierter‹, ›Zerrissener‹, ›Weltschmerzler‹ u. a. tritt dieser Typus seit Tiecks William Lovell oder Jean Pauls Roquairol hervor, mit Byron und dem Byronismus wird er europäisches Ereignis. Franz Grillparzer zeichnet ihn 1808 als seelisch Erfrorenen: »Man nennt gewöhnlich den Menschen interessant, [...] der so viel Verstand, und so wenig Gefühl hat, daß man [...] das Dasein des letztern gar nicht bemerkt, er muß stets kalt bleiben wie Eis, über alles was andere rührt, spotten, das verlachen, wobei andre fühlen daß sie Menschen sind, kurz er muß ein Mensch sein, der kein Mensch ist.«[160] Seine reflexionsmächtigste Gestalt gewinnt er in Søren Kierkegaards *Tagebuch des Verführers* (1843), wo das Interessante als »Leitmotiv« eines theoretischen und praktischen Existenzprogramms erscheint: In einem »Spiel mit der eigenen Subjektivität« setzt der Verführer »alles in Bewegung, um das Abenteuer und den Reiz des Interessanten bis ins Unendliche zu steigern und sich ihm genießend hinzugeben«[161].

In der ästhetischen Theorie tritt die Assoziation des Interessanten mit dem Pathologischen deutlich in Arnold Ruges *Neue Vorschule der Ästhetik* (1836) hervor: Die »Götzen der häßlichen poetischen Richtung«, von der »die Schönheit gar nicht für das Kunstwerk gehalten« werde, seien: »das Interessante, das Pikante, das Wahre, wie sie sagen, der Effect und endlich immer noch die Genialität [...] Das Interessante und Pikante wird in überraschenden und ausgezeichneten Begebenheiten gesucht, die sich natürlich um so mehr auszeichnen, je mehr sie von der Wahrheit abweichen, das Wahre ist hier so viel als das Gemeine, Nichtideale, und das Effectmachende das Unverschämteste.«[162] Karl Rosenkranz' *Aesthetik des Häßlichen* (1853) faßt das kürzer und noch entschiedener: Vom Schönen abgesondert, ist das Interessante mit dem »Disharmonischen« verbunden und reicht im Moralischen bis in die Kriminalität, im Intellektuellen bis in den Wahnsinn: Das Interessante ist »das Verwickelte, das Widerspruchsvolle, das Amphibolische, und daher das Unnatürliche, das Verbrecherische, das Seltsame, ja Wahnsinnige«[163] – lauter Qualitäten, die nicht wie im 18. Jh. die Nähe und Übereinstimmung zwischen dem Rezipienten und dem Objekt, sondern eine Abweichung bezeichnen, der eine Art von ästhetischem hautgoût anhaftet. Zeisings *Aesthetische Forschungen* (1855) gehen in der Beschreibung der Wirkung des Interessanten auf den Rezipienten nicht so weit, kommen aber in einer Kontrastierung des Interessanten und des »Formell-Schönen« zu einer eigentümlichen, ambivalenten Bestimmung. Er stellt das Interessante zunächst, zusammen mit dem ›Anmutigen‹ und ›Pikanten‹, unter den Oberbegriff des ›Reizenden‹, das er – neben dem ›Erhabenen‹, ›Tragischen‹ und ›Humoristischen‹ – als eine Modifikation des ›Reinschönen‹ bezeichnet. Dann setzt er unser Verhältnis zum Interessanten in Kontrast zu dem »rein-objektiven«, das wir zum »Formell-Schönen« haben; »denn das Subject empfindet dabei das, worin es sich versenkt, als ein Homogenes, Verwandtes, es erkennt nicht bloß sich im Object, sondern das Object in sich«[164]. Das scheint nur das sympathetisch-identifikatorische Interesse des 18. Jh. zu wiederholen, wird aber dann ergänzt

---

158 LESSING, Laokoon (1766), 23. Stück, in: Lessing (s. Anm. 66), Bd. 3 (1967), 133.
159 LUDWIG TIECK, Bemerkungen über einige Charaktere im ›Hamlet‹, und über die Art, wie diese auf der Bühne dargestellt werden könnten (entst. um 1824), in: Tieck, Kritische Schriften, Bd. 3 (Leipzig 1852), 291.
160 FRANZ GRILLPARZER, Tagebuch (1808), in: Grillparzer, Sämtliche Werke, hg. v. P. Frank/K. Pörnbacher, Bd. 4 (München 1965), 234.
161 WALTHER REHM, Kierkegaard und der Verführer (München 1949), 122, 132, 123.
162 RUGE, 100f.
163 KARL ROSENKRANZ, Aesthetik des Häßlichen (Königsberg 1853), 105.
164 ZEISING (s. Anm. 141), 438.

und verändert: »Das Interessante [...] zieht uns ganz in seine materielle Substanz hinein und läßt uns keine andere Bewegung übrig, als die, welche es selbst besitzt, es zwingt uns, an allen seinen Bewegungen Theil zu nehmen und zwar mit solcher Hingebung, als wär es unsere eigene Bewegung. Dem Interessanten gegenüber fühlen wir uns daher in unserem eigenen Dasein gebunden, erstarrt, ja beängstigt, unser Zustand ist hierbei kein völlig natürlicher und gesunder, sondern ein künstlicher, pathologischer, und hieraus folgt, daß auch der interessante Gegenstand selbst sich nicht im völlig natürlichen, gesunden, regelmäßigen Zustande befinden kann, weil ja unser Zustand nur eine Consequenz seines Zustandes ist.« (439) Wir verlieren die Freiheit, die uns das Schöne beläßt, und empfinden uns vom ästhetischen Gegenstand gewaltsam unterworfen, ihm ausgeliefert. Die empirische Grundlage dieser Beschreibung ist wohl die Romanlektüre, in der wir »gepackt, durchdrungen, in Spannung versetzt« (438) werden, und in der »das Gefährliche« und »vorzugsweise das Abenteuerliche interessant« (439) ist. Auf die Romanliteratur deutet es auch hin, wenn Zeising das Interessante als eine Tendenz gegenwärtiger Kunstproduktion erkennt, die er zugleich problematisiert und affirmiert: In ihr zeige sich »eine Hinneigung zur Prosa des Lebens und eine bedenkliche Wendung des Geschmacks«; andererseits mache eine solche »stärkere Hervorhebung des Stofflichen die Kunst inhaltsvoller, bedeutsamer, gewichtiger«, dadurch, daß sie sie »mehr und mehr aus der exclusiven Sphäre, in der sie sich sonst allzuleicht verfängt, herausreißt und mit den übrigen Interessen und Entwicklungen des Lebens in engere und innigere Verbindung setzt« (434 f.).

So wie der Ort des Schönen die ›Form‹ ist, gesellt sich das Interessante dem ›Stoff‹ zu, und der Ästhetiker bewegt sich als zeittypischer ›Idealrealist‹ zwischen der fortdauernden Geltung des ›Formell-Schönen‹ und dem Geltungsanspruch des ›Stofflich Interessanten‹. Vischers Beschreibung des Interessanten als eines Zeitsymptoms ist von verwandter Beschaffenheit. Von Kants Begriff des ›pathologischen Interesses‹ ausgehend, erkennt er dessen Äußerung im Kunstwerk als die eines Geistes, der, mit dem Inhalt des Werkes »ganz oder theilweise unfrei verwachsen, [...] ihn nicht von sich zu lösen und zur reinen Form herauszubilden« vermag. »Davon ist die Folge, daß auch der Anschauende das Werk nicht als reine Form genießen kann, sondern den Urheber dazu nehmen muß, dessen Zustände ihm nun als bloser Stoff [...] interessant seyn mögen.« Während das Schöne »eine reine Harmonie«, daher »einfach« ist und »keine vereinzelte Kraft im Zuschauer zur Thätigkeit« reizt, tut das Interessante eben das: »der Grund davon ist, daß es selbst ein Vereinzeltes ist, d. h. daß es aus dem Gewöhnlichen nicht durch die Einfalt der Vollkommenheit hervorsticht, sondern durch die Abnormität der Einseitigkeit. Nun nehme man dazu das Unruhige, Unzufriedene einer gährenden, verstimmten, subjectiven Zeit, wie die moderne, so leuchtet ein, daß sie vorzüglich das Schauspiel der Verstimmung anziehend finden wird, man erwäge ferner, daß die verstimmte Persönlichkeit, die sich als Schauspiel gibt, vermöge der Subjectivität der Zeit diesen Eindruck hervorzubringen suchen und der Zuschauer, weil er ebenso ist, diesem Suchen entgegen kommen wird: so hat man den Begriff des Interessanten, wie ihn der Sprachgebrauch bestimmt hat.«[165] Die Stimme von Schlegels *Studium*-Aufsatz ist – ebenso wie der kantianische Schönheitsbegriff – vernehmbar, das Interessante zur Signatur der Moderne gemacht. Aber diese Moderne ist nicht als eine Epoche der Bildungsgeschichte der Menschheit begriffen, sondern bezieht sich auf die Besonderheit des Zeitgeistes. Das entledigt das Interessante seiner geschichtsphilosophischen Übergröße: es ist nur mehr Symptom – des ›Subjektivismus‹ der Gegenwart. Andererseits ist das Schöne wohl noch der Maßstab, an dem gemessen die ästhetische Defizienz des Interessanten sich entdeckt; aber diesem wird – nimmt man Vischers Bemerkungen über den Begriff des Interessanten (s. o.) hinzu –, wenn auch als einer problematischen Größe, zeitgeschichtliche Legitimität zuerkannt.

Schlegels Bestimmungsmerkmale des Interessanten sind in den meisten Texten, die in den letzten Jahrzehnten des 19. Jh. von der Moderne als der zeitgegenwärtigen Kunst handeln und sie als décadence be- oder verurteilen, noch immer, sogar in

---

165 VISCHER (s. Anm. 143), 195.

ziemlicher Vollständigkeit, zu finden; nur dient das Interessante kaum mehr als zusammenfassender Oberbegriff. Nietzsches vielfältige Beschreibungen und Analysen der Moderne klingen gelegentlich wie überlautstarke Echos des Frühromantikers, so in *Jenseits von Gut und Böse* (1886): »allesammt Fanatiker des *Ausdrucks* ›um jeden Preis‹ [...], allesammt grosse Entdecker im Reiche des Erhabenen, auch des Hässlichen und Grässlichen, noch grössere Entdecker im Effekte, in der Schaustellung, in der Kunst der Schauläden, allesammt Talente weit über ihr Genie hinaus –, Virtuosen durch und durch, mit unheimlichen Zugängen zu Allem, was verführt, lockt, zwingt, umwirft, geborene Feinde der Logik und der geraden Linien, begehrlich nach dem Fremden, dem Exotischen, dem Ungeheuren, dem Krummen, dem Sich-Widersprechenden«[166]. Die Familienähnlichkeit mit Schlegels Interessantem ist deutlich genug, aber das Wort selbst fehlt. Es ist – im konventionellen Alltagsgebrauch verschlissen – wohl zu ›harmlos‹ geworden, um in Nietzsches scharfes Beschreibungsvokabular zu taugen. Auch dort, wo ästhetischer Konservatismus sein Verdikt über die Moderne ausspricht, gewinnt das Interessante nicht mehr den Status einer zentralen Kategorie. Max Nordaus *Entartung* (1892–1893) nimmt zwar bei der obsessiven Stigmatisierung des ›fin de siècle‹ die Schlegelsche Prägung ›entartete Kunst‹ auf – und öffnet dem Begriff durch die neue Bedeutung ›physio- und psychopathologische Degeneration‹ eine ominöse Laufbahn; aber an die Stelle des Interessanten ist der Begriff ›Reiz‹, vor allem im Sinne des ›Aufreizenden‹, getreten: Nordaus Polemik gilt einer Kunst für den »Feinfühligen, nach ästhetischen Nervenschwingungen Verlangenden«[167], deren Wille dahin zielt, »die Aufmerksamkeit heftig wachzurütteln und gebieterisch festzuhalten. Sie will einen starken, gleichgiltig ob angenehmen oder unangenehmen, Nervenreiz üben. Ihr fixer Gedanke ist, grell aufzufallen.« (19) Die Erfahrung vom »Schwinden des Ideals in der Kunst und deren Unvermögen, mit den alten Formen noch Empfindungen zu erregen«, geht ihr voraus, und – umfassender – die vom »Ende einer Weltordnung, die Jahrtausende lang [...] in allen Künsten Schönes gezeitigt hat« (11). Da zeichnet sich zwar noch die alte Opposition des ›Schönen‹ und des Interessan-

ten ab, aber letzteres taugt nicht mehr dazu, sich mit dem Wirkziel der auf raffinierte Reizung zielenden Moderne zu assoziieren. Deren Adressat sind die »Nerven«, und deren Erregung läßt sich mit dem Begriff des Interessanten nur schlecht verbinden.

Dort allerdings, wo der Gegensatz zwischen dem alten ›Schönen‹ und der Moderne in den von ›deutscher‹ und ›undeutscher Kunst‹ mutierte und zum Begriff der ›Entartung‹ sich der des ›Artfremden‹ fügte, stellte sich auch das Interessante wieder ein. Es ist die Stimme offiziöser wilhelministischer Kunstdoktrin, wenn in der *Zeitschrift des Allgemeinen Deutschen Sprachvereins* die Eliminierung von Interesse und interessant aus der deutschen Kunst und Kunstlehre gefordert wird, da sie eine »*nur verstandesmäßige* [...] *Beteiligung*« am Kunstwerk bezeichnen: »In unserer eigenen Sprache haben wir wenig sinnverwandte Wörter, die so wie Interesse, interessant aller Gemütswärme bar sind; [...] Wir haben hier einen der auch sonst nicht seltenen Fälle, daß Fremdwörter nicht bloß fremde Laute und Formen in unsere Sprache, sondern auch etwas Fremdes, Undeutsches in unsere Auffassungs- und Denkweise einführen.« Und da für das deutsche Volk das ›Gemüt‹ das Organ wahren Kunstlebens ist, folgt ein Gebot der Stunde: »Die auf Kunsterziehung des Volkes gerichteten Bestrebungen der deutschen Gegenwart werden ihr Ziel nur erreichen, wenn davon die Interessanten fern gehalten wird, und Begriffe nach vor allem, aber auch das Wort sollten die meiden, denen es Ernst damit ist, dem Gemüt unseres Volkes im Kunstgenuß einen Jungbrunnen zu schaffen.«[168] Daß sich diese anti-intellektualistische Disqualifizierung des Interessanten auch weiterhin konservierte, z. B. dort, wo nach 1945 als Gegenprogramm zur Moderne nicht mehr die deutsch-nationale Kunst, sondern eine ›christlich-abendländische Tradition‹ deklariert wurde, zeigt eine Bemerkung in Hans Sedlmayrs *Verlust der Mitte* (1948): »Die Kunst des 19.

---

166 NIETZSCHE, Jenseits von Gut und Böse (1886), in: NIETZSCHE (KGA), Abt. 6, Bd. 2 (1968), 210f.
167 MAX NORDAU, Entartung (1892–1893), Bd. 1 (Berlin 1896), 11.
168 PAUL PIETSCH, Interesse – interessant, in: Zeitschrift des Allgemeinen Deutschen Sprachvereins 19 (1904), 133f.

und 20. Jahrhunderts ist überall dort im Absturz, wo sie jene Randgebiete nur mehr um der neuen Reize willen aufsucht, die sich dabei erschließen, um des nur Interessanten willen. Das Interessante erscheint immer wieder als eine Grundgefahr der Epoche.«[169] Es ist eine nur beiläufige Bemerkung, weit entfernt, dem Interessanten die Bedeutung einer Schlüsselkategorie in der Analyse der Moderne zurückzugeben; und auch dort, wo im 20. Jh. der Begriff Positivität behält, beansprucht er eine solche Geltungsmacht nicht mehr.

Kurt Wölfel

Literatur
BACHMANN-MEDICK, DORIS, Die ästhetische Ordnung des Handelns. Moralphilosophie und Ästhetik in der Popularphilosophie des 18. Jahrhunderts (Stuttgart 1989); BIEBER, HUGO, Johann Adolf Schlegels poetische Theorie in ihrem historischen Zusammenhange untersucht (Berlin 1912); CROCKER, LESTER G., An Age of Crisis: Men and World in Eighteenth Century French Thought (Baltimore/London 1970); DUMONT, ALTRUD, Das Interessante – Theorie und narrative Praxis. Friedrich Schlegel und E. T. A. Hoffmann, in: Weimarer Beiträge 38 (1992), 430–447; HEYDENREICH, CARL HEINRICH, Originalideen über die interessantesten Gegenstände der Philosophie, Bd. 2–3 (Leipzig 1794/1796); KNABE, PETER-ECKHARD, Schlüsselbegriffe des kunsttheoretischen Denkens in Frankreich von der Spätklassik bis zum Ende der Aufklärung (Düsseldorf 1972); LEITNER, ANDREAS, Die Kategorie des Interessanten bei Lev Tolstoi und Max Nordau. Zur Kunst und Kulturkritik des Fin de siècle, in: F. Zadravec/F. Jakobin/F. Bernik (Hg.), Obdobje simbolizma v slovenskem jeziku, knjizevnosti in kulturi. Mednarodni simpozij v Ljubljani od 1. do 4. julija 1982, Bd. 1 (Ljubljana 1983), 173–186; LEMPICKI, SIEGISMUND VON, Les idées directrices dans l'art et les catégories esthétiques au déclin du XVIIIe et au commencement du XIXe siècle, in: Bulletin International de l'Académie Polonaise des Sciences et de Lettres, Année 1931 (Krakau 1932), 192–199; LOTZE, HERMANN, Geschichte der Aesthetik in Deutschland (München 1868); MEHNERT, FRIEDRICH, Schlüsselwörter des psychologischen Wortschatzes der zweiten Hälfte des 18. Jahrhunderts (Berlin 1956); NEUENDORFF, HARTMUT, Der Begriff des Interesses. Eine Studie zu den Gesellschaftstheorien von Hobbes, Smith und Marx (Frankfurt a. M. 1973); PETER, KLAUS, Objektivität und Interesse. Zu zwei Begriffen Friedrich Schlegels, in: Peter u. a. (Hg.), Ideologiekritische Studien zur Literatur, Essays I (Frankfurt a. M. 1972), 9–34; PETERMANN, RENATE/SPRINGBORN, PETER-VOLKER (Hg.), Theater und Aufklärung. Dokumentation zur Ästhetik des französischen Theaters im 18. Jahrhundert (München/Wien 1979); PLUMPE, GERHARD, Epochen moderner Literatur. Ein systemtheoretischer Entwurf (Opladen 1995); REINS, ANNEMARIE, Versuch einer Begriffsbestimmung der Kategorie des Interessanten (Freiburg 1955); SCHRADER, WOLFGANG H., Ethik und Anthropologie in der englischen Aufklärung. Der Wandel der moral-sense-Theorie von Shaftesbury bis Hume (Hamburg 1984); WALZEL, OSKAR, Romantisches. Untersuchungen (Bonn 1934); WERBER, NIELS, Literatur als System. Zur Ausdifferenzierung literarischer Kommunikation (Opladen 1992); WILHELM, RICHARD, Friedrich Justus Riedel und die Ästhetik der Aufklärung (Heidelberg 1933); WOODMANSEE, MARTHA, The Interests in Disinterestedness: Karl Philipp Moritz and the Emergence of the Theory of Aesthetic Autonomy in Eighteenth-Century Germany, in: Modern Language Quarterly 45 (1984), 22–47; ZELLE, CARSTEN, Angenehmes Grauen. Literaturhistorische Beiträge zur Ästhetik des Schrecklichen im achtzehnten Jahrhundert (Hamburg 1987); ZELLE, CARSTEN, Die doppelte Ästhetik der Moderne. Revisionen des Schönen von Boileau bis Nietzsche (Stuttgart/Weimar 1995).

---

169 HANS SEDLMAYR, Verlust der Mitte. Die bildende Kunst des 19. und 20. Jahrhunderts (1948; Salzburg 1960), 162f.

Intimität/intim

(engl. intimacy, intimate; frz. intimité, intime;
ital. intimità, intimo; span. intimidad, íntimo;
russ. интимность, интимное)

Einleitung; I. **Topographie der Begriffsbewegungen;** II. **Aktualität von Problem und Begriff;** III. **Der historische Sieg des ›intimen Freundes‹ über den Intimus;** IV. **Epizentrum der Begriffsgeschichte;** V. **Die kurze Karriere der Intimität;** VI. **Konkurrenzunternehmen Intimität und Massenkultur**

Einleitung

Eine Sexaffäre hat am Ende des 2. Jahrtausends zum Amtsenthebungsverfahren eines amerikanischen Präsidenten geführt – etwas Vergleichbares war zuvor nie geschehen. Dabei stellte eine historisch völlig neuartige Stufe der Veröffentlichung des Privaten und Intimen insbesondere die Tatsache dar, daß weltweit sowohl im Internet als auch via Fernsehen und Video intime Praktiken dieser Affäre verbreitet und die peinliche Befragung des obersten politischen Repräsentanten der USA zu seinem Intimverhalten von TV-Stationen ausgestrahlt und global bekannt wurden. Wie in einem Brennglas bündeln sich in diesem Vorgang Probleme und Phänomene, die mit der Kulturgeschichte der Intimität und dem Umgang mit Intimität in postmodernen Gesellschaften zu tun haben.

Die eine Seite betrifft die Veröffentlichung der Inhalte. Sie hat historisch weiträumige Hintergründe. Hier haben sich innerhalb der Geschichte der Neuzeit »Legitimationslinien« von »Geheimhaltungsmonopolen« verschoben, denen das Intimleben des Präsidenten zum Opfer gefallen ist. Der absolutistische Staat widersetzte sich noch aller Geheimhaltung des Privaten seiner Bürger und verlangte ein Eingriffsrecht des Staates, während die Staatsgeheimnisse sakrosankt waren. Demgegenüber zeigt die demokratische Gesellschaft die umgekehrte Tendenz: »Privatheit steht unter Geheimhaltungsschutz, die Sphäre des Politischen duldet kein Geheimnis mehr.«[1]

Eine zweite Linie markiert, was gelegentlich ›universeller‹ oder ›postmoderner Voyeurismus‹ genannt wurde: ein unstillbarer, gieriger Trieb nach enthüllenden Details, das Eindringen des Blicks in immer geheimere Tiefen der Sexualität und des Todes, dem nichts verdeckt und unerforscht bleiben darf.[2] Auch er reagiert und wird evoziert durch die technischen, medialen und wissenschaftlichen Gegebenheiten der Gegenwart. Virilio zufolge machen es die Technologien »des Bildes und des Blicks […] heutzutage möglich, sich ununterbrochen wechselseitig zu beobachten und zu vergleichen. Jedes ökonomische und politische System dringt seinerseits in den Intimbereich aller anderen Systeme und untersagt jedem, sich von der Konkurrenz- und Wettbewerbslogik längerfristig loszusagen«[3].

Mit der weltweiten Ausstrahlung des Clinton-Videos ist ein neuer Höhepunkt einer Entwicklung erreicht, gegen deren Anfänge sich vor rund einhundert Jahren ein gesamtes ästhetisches Projekt konstituiert hatte: das Projekt einer intimen oder innerlichen Ästhetik. Dies gilt es im folgenden zu erklären, da heute kaum noch bekannt ist, in welchen Maße Intimität diesen wichtigen Zeitraum der Kunst-›Moderne‹ besetzt und als theoretische Kategorie mitgeprägt hat.

Bekannt aber ist, daß um 1900 die apparativen Voraussetzungen des frühen Kinos ein Niveau erreicht hatten, auf dem sie in die Massenproduktion überführt werden konnten.[4] Im ›Mythos‹ Kino konkretisierte sich im 20. Jh. die immer weitergehende Intimisierung der Filmsujets zumindest *rezeptiv* noch im Öffentlichen. Mit dem in den 60er

---

1 ALOIS HAHN, Geheimnis, in: C. Wulf (Hg.), Vom Menschen. Handbuch Historische Anthropologie (Weinheim/Basel 1997), 1111.
2 Vgl. SERGIO BENVENUTO, Postmoderner Voyeurismus, übers. v. P. Felsch, in: Lettre international, H. 41 (1998), 101.
3 PAUL VIRILIO, Die Ära des universellen Voyeurismus, übers. v. M. Ott, in: Le Monde diplomatique (dt. Ausg.), Nr. 5608 (14. 8. 1998), 15.
4 Vgl. SIEGFRIED ZIELINSKI, Audiovisionen. Kino und Fernsehen als Zwischenspiele in der Geschichte (Reinbek 1989), 19–97.

Jahren dominant werdenden Fernsehen ist sowohl hinsichtlich der Präsentation als auch der Rezeption ein Sieg privater, intim-familialer Kommunikation errungen. Mit den interaktiven Medien findet nun neben der Entgegennahme auch noch die *Produktion* intimer Veröffentlichungen privat separiert statt. Mit dem Internet ist eine neue Veröffentlichungsstrategie der Intimität, aber auch eine neue ›Bekenntnistechnik‹ hinzugekommen. Was einst bei der Beichte oder in der psychoanalytischen Therapie einem Einzelnen anvertraut wurde, kann jetzt weltweit im Internet verbreitet werden – beispielsweise wenn der Schriftsteller Rainald Goetz 1998 täglich seine privaten Tagebuchaufzeichnungen (das einst so gehütete ›journal intime‹) dort veröffentlicht hat.[5] Solche globalen Mediatisierungsprozesse erweitern permanent die Grenze dessen, was als ›intimer Raum‹ der Persönlichkeit angesehen werden kann, oder besser: die Grenzziehungen werden unscharf. Privates/Intimes einerseits und Öffentliches andererseits sind heute nur noch schwer dichotomisch denkbar. Das erhöht den Schwierigkeitsgrad im Umgang mit dem Problem und Phänomen der Intimität, von dem Niklas Luhmann zu Recht feststellte: »Es gibt keinen theoretisch hinreichenden Begriff dafür«[6].

I. Topographie der Begriffsbewegungen

In der Begriffsgeschichte von Intimität lassen sich drei historische Schwellenmomente ausmachen. Es ist dies 1. die zweite Hälfte des 18. Jh.; 2. die Umbruchsphase vom 19. zum 20. Jh. und 3. unsere Gegenwart am Beginn des 3. Jahrtausends. In allen drei Stufen reflektiert der Begriff wichtige alltags-

---

5 Vgl. RAINALD GOETZ, Abfall für alle. Roman eines Jahres (Frankfurt a. M. 1999).
6 NIKLAS LUHMANN, Liebe als Passion. Zur Codierung von Intimität (1982; Frankfurt a. M. ³1983), 200.
7 Vgl. THOMAS S. KUHN, The Structure of Scientific Revolutions (1962; Chicago/London ²1970), 174–210; dt.: Die Struktur wissenschaftlicher Revolutionen, übers. v. K. Simon (1967; Frankfurt a. M. ¹⁴1997).
8 Vgl. Duden. Das große Wörterbuch der deutschen Sprache in acht Bänden, Bd. 4 (Mannheim ²1994), 1728.

kulturelle und mentalitätsgeschichtliche Veränderungsprozesse. Er wird virulent immer im Zusammenhang mit dem Entwurf neuer Gemeinschaftsutopien, behält aber bis in die Gegenwart stets den Status eines präparadigmatischen Begriffs.[7] Während an der ersten Schwelle der Begriff – im Gegensatz zu anderen europäischen Hauptsprachen – überhaupt erst aus dem Lateinischen ins Deutsche entlehnt und zunächst nur in einer einzigen, allerdings wichtigen Konnotation existiert, stellt die zweite Stufe das Epizentrum einer explosionsartigen Ausdifferenzierung dar. Hier wird Intimität nicht nur fest im deutschen Sprachgebrauch etabliert, sondern entfaltet zugleich eine Bedeutungsvielfalt, die entscheidende Linien bis in unsere Gegenwart setzt. Um 1900 wird Intimität zu einem ›dichten‹ Begriff und erlangt – als Stichwort zur Beschreibung von Kunst und Architektur – einen hohen Grad an Wertschätzung. In der Gegenwart ist, wie etwa die elektronischen Kataloge der wissenschaftlichen Bibliotheken belegen, eine permanent ansteigende Verwendung des Wortes in gedruckten und gesprochenen Texten zu registrieren; Intimität wird heute immer gefragter. Entscheidende wortgeschichtliche Bedeutungsverschiebungen und weitere Ausfaltungen allerdings lassen sich gegenüber jenem zu Beginn des 20. Jh. erreichten Stand nicht mehr feststellen. Beliebt werden in der Gegenwart jedoch die Bildung immer neuer Komposita, so etwa in jüngster Zeit die Wortbildung ›Intimeinstellung‹ oder ›Intimmassage‹[8], sowie die aus dem Adjektiv gebildete Substantivierung ›Intimisierung‹.

II. Aktualität von Problem und Begriff

Mit dem Begriff Intimität ist nicht ein einziger Diskurs angesprochen, in ihm kreuzen sich eine Vielfalt von Diskursen. Das Phänomen Intimität reicht in die unterschiedlichsten geistes-, sozial- und rechtsgeschichtlichen, aber auch in medizin- und architekturhistorische Zusammenhänge – und nicht zuletzt auch in die Geschichte des ästhetischen Denkens. Intimität wird heute hauptsächlich als soziale, als räumlich-atmosphärische, als architektonische (etwa innenarchitektonische), als innerliche (innere oder seelische) und juristische sowie als eine an den menschlichen Körper, insbesondere die Sexualität gebundene Kategorie erörtert. Rechtsgeschichtlich relevant ist der Terminus der ›Intimsphäre‹ als Teil der Privatsphäre. Dabei wird die ›Intimsphäre‹ verstanden als »Kern der vom Schutz des allgemeinen Persönlichkeitsrechts erfaßten Privatsphäre«[9]. Im Grundgesetz taucht dieser Begriff selbst zwar nicht auf, durch Artikel 2 Grundgesetz wird aber die »freie Entfaltung der Persönlichkeit« garantiert, und als »Schutzgüter des allgemeinen Persönlichkeitsrechts sind insb. anerkannt Privat-, Geheim- und Intimsphäre«[10]. Die juristischen Handbücher enthalten sich einer Definition dessen, was sie unter »Intimsphäre« verstehen; sie verweisen nur etwa auf »Menschenwürde«, »Persönlichkeitsrecht«, »Geheimbereich«, »Tagebuchaufzeichnungen«[11]. Momentan erzeugen insbesondere die neuen Kommunikationstechnologien eine immer größere Verlegenheit der Gesetzgeber, Intimität und Privatheit juristisch zu schützen.

Das Auffallendste am gegenwärtigen Gebrauch des Begriffs Intimität ist eine offensichtliche Differenz zwischen einer alltagssprachlichen und einer wissenschaftlichen bzw. gebrauchstextuellen Verwendung. In der Alltagssprache wird der Terminus überwiegend im Sinne von ›vertraut‹, ›nah‹, ›geheim‹, ›geschlossen‹, ›innerlich‹ oder ›gemütlich‹ verwandt. »Intimacy«, schreibt Richard Sennett, »connotes warmth, trust, and open expression of feeling«[12]. Demgegenüber benutzt ihn ein großer Teil der wissenschaftlichen Literatur verhüllend im Sinne von Sexualität. Das gilt für die medizinische, die therapeutische und psychologische sowie für die auf dem (v. a. englischsprachigen) Buchmarkt anschwellende ›Lebenshilfe‹-Literatur. In der DDR wurde zum Beispiel in vielen Auflagen ein Buch zur Sexualerziehung mit dem Titel *Mann und Frau intim* verbreitet[13]; 1992 gab das Bundesministerium für Gesundheit eine empirische Studie über *Wege der Annäherung und Hindernisse für ›safer sex‹* heraus, die *Intime Kommunikation* überschrieben war.[14] Hier meint ›intim‹ Sex.

Doch Sexualität ist nur ein Teil dessen, was der Begriff bezeichnen kann. Intimität ist ein schillernder und changierender Begriff; ein Begriff, der immer etwas aufruft, was in irgendeiner Weise an das

menschliche Gefühl appelliert. Dadurch, daß er heute *sowohl* ein vertrautes, inniges Verhältnis *als auch* Sexualität; Vertraulichkeit, vertrauliche Angelegenheiten *und* sexuelle, erotische Handlungen; gemütliche Atmosphäre, Intimsphäre *und* ›den Bereich der Genitalien betreffend‹ bezeichnet, entgeht er eindeutigen Definitionen. Dementsprechend läßt sich zu Intimität auch kein einheitlicher Gegenbegriff bilden, sondern auf den verschiedenen Ebenen gibt es unterschiedliche Antonyme: sozialgeschichtlich ›öffentlich‹, ›Öffentlichkeit‹; kunstgeschichtlich ›monumental‹ bzw. ›pathetisch‹; rechtsgeschichtlich ›staatlich‹, ›politisch‹; atmosphärisch ›groß‹, ›öffentlich‹, ›formell‹, ›zeremoniell‹; die Verhältnis- und Beziehungsebene betreffend ›offiziell‹, ›nicht vertraulich‹, ›äußerlich‹. Zu ›intim‹ im Sinne von ›den Genitalbereich betreffend‹ gibt es gar kein Antonym.

Daß der Begriff gegenwärtig immer beliebter wird, hat mit seiner Fähigkeit zu tun, soziale Beziehungen zu beschreiben. Hier ist er ein relationaler Begriff, der ein in einer bestimmten – nämlich nahen, vertrauten und persönlichen – Weise gestaltetes Verhältnis anzeigt. Soziale Intimität meint Gemeinschaft, und partikulare Gemeinschaften gelten als identitätsstiftende Institution. So ist es nicht verwunderlich, daß Intimität immer gefragter wird. Der ›boom‹, den die Wortverwendung in der Literatur der 90er Jahre erfährt, reagiert auf neue Kulturerfahrungen von Globalisierung und Neoliberalismus, auf sinnlichen Erfahrungsverlust durch eine zunehmend mediati-

---

9 ›Intimsphäre, Intimbereich‹, in: BROCKHAUS, Bd. 10 ([19]1989), 589.
10 INGO VON MÜNCH, Grundgesetz-Kommentar (München [3]1985), 124.
11 CARL CREIFELDS, Rechtswörterbuch, hg. v. H. Kauffmann (1968; München [13]1996), 647.
12 RICHARD SENNETT, The Fall of Public Man (Cambrigde 1977), 5; dt.: Verfall und Ende des öffentlichen Lebens. Die Tyrannei der Intimität, übers. v. R. Kaiser (1983; Frankfurt a. M. 1991).
13 Vgl. SIEGFRIED SCHNABL, Mann und Frau intim. Fragen des gesunden und des gestörten Geschlechtslebens (1969; Berlin [8]1975).
14 Vgl. JÜRGEN GERHARDS/BERND SCHMIDT, Intime Kommunikation. Eine empirische Studie über Wege der Annäherung und Hindernisse für ›safer sex‹ (Baden-Baden 1992).

sierte Umwelt, auf soziale Desintegration infolge neuer Mobilisierungs- und Deterritorialisierungsschübe des internationalen Arbeitsmarktes. Das zunehmende Interesse, über Intimität nachzudenken und Intimität zu erforschen, nimmt die mit weltweiter Flexibilisierung und Dynamisierung verbundenen Symptome von Orientierungs- und Wertverlust für den Einzelnen und sein unmittelbares soziales Umfeld ernst. So spielte der Terminus als soziale Kategorie innerhalb der Kommunitarismusdebatte eine zentrale Rolle. Axel Honneth kommentierte die subjektbezogenen Hintergründe dieser Diskussion so: »Auch im Zeitalter des moralischen Universalismus bleibt das individuelle Ich auf eine soziale Lebenswelt angewiesen, in der es sich mit partikularen Rollen und konkreten Namen identifizieren kann, weil es nur im Zuge solcher Identifikationen zu der Ausbildung einer narrativen Identität in der Lage ist, die ihm die Möglichkeit einer kontinuierlichen Selbstverwirklichung gibt.«[15] Gerade das hier hervorgehobene Moment von Ausbildung einer ›narrativen Identität‹ wird auch innerhalb einer intimen ästhetischen Kommunikation zum entscheidenden Agens.

In diesen gesellschaftlichen Umschichtungen wurzelt auch das wachsende Interesse, über die neuartigen Verknüpfungen von Sexualität und Intimität nachzudenken. Auch das private Leben ist zu einem ›offenen Projekt‹ geworden, was Ängste auslöst und bisher ungekannte Anforderungen an den Einzelnen stellt. Sexualität ist in modernen und postmodernen Gesellschaften von den Reproduktionszwängen traditionaler Gemeinschaften befreit, ebenso wie von der mit der Ausdifferenzierung der Geschlechtscharaktere am Beginn der Moderne einhergehenden Zuschreibung von Weiblichkeit auf Passivität und Mutterschaft.[16] ›Gender‹ kann heute als soziales Konstrukt gedacht werden.[17] Damit ändern sich auch die epistemologischen Voraussetzungen für eine Verständigung über Intimität. Möglich wird durch solche realen globalen und gedanklichen Umorientierungsprozesse ein vom Zwang zur Heterosexualität weitgehend befreites Ausleben und Reflektieren der verschiedensten Sexualitäten, die nicht notwendig mit Intimität im Sinne einer emotionalen Kommunikation einhergehen müssen. Wie Intimität unter Konstellationen neu zu denken ist, wo einander stärker gleichberechtigte, autonom lebende und sozial mobile Persönlichkeiten begegnen, bildet den realen Hintergrund für jenes sich in der wachsenden Zahl von Buchtiteln äußernde Diskussionsbedürfnis. Als einen geradezu optimistischen Pol innerhalb dieses Verständigungsprozesses sei Anthony Giddens zitiert, der meint: »The possibility of intimacy means the promise of democracy«[18].

Wird Intimität heute einerseits als Euphemismus für Sex benutzt, so werden Intimität und Sex andererseits auch als Antonyme behandelt. Intimität steht dann für Nähe, Zuwendung, Verantwortung oder die – wie auch immer verstandene – ›richtige‹ Liebe, während Sex als ein entpersonlichtes, auf den ›puren‹ körperlichen Genuß reduziertes Phänomen angesehen wird. Aber auch solche Dichotomien sind problematisch, gerade weil Intimität im Sinne einer inneren Verbindung und Sex in der modernen Gesellschaft so eng miteinander verwoben sind. Hier begibt man sich auf ein Feld, aus dem Tragisches nicht wegzudenken ist. Luhmann hat es auf zu knappe Formel gebracht:»Das lange Schmachten vor der Erfüllung wirkt lächerlich. Das Sich-Einlassen auf sexuelle Beziehungen erzeugt dagegen Prägungen und Bindungen, die ins Unglück führen. Die Tragik liegt nicht mehr darin, daß die Liebenden nicht zueinanderkommen; sie liegt darin, daß sexuelle Beziehungen

---

15 AXEL HONNETH, Individualisierung und Gemeinschaft, in: C. Zahlmann (Hg.), Kommunitarismus in der Diskussion. Eine streitbare Einführung (1992; Berlin ²1997), 121.
16 Vgl. KARIN HAUSEN, Die Polarisierung der ›Geschlechtscharaktere‹ – Eine Dissoziation von Erwerbs- und Familientätigkeit, in: W. Conze (Hg.), Sozialgeschichte der Familie der Neuzeit (Stuttgart 1976), 363–396.
17 Vgl. JUDITH BUTLER, Gender Trouble (New York 1990); dt.: Das Unbehagen der Geschlechter, übers. v. K. Menke (Frankfurt a. M. 1991); BUTLER, Bodies that Matter (New York 1993); dt.: Körper von Gewicht. Die diskursiven Grenzen des Geschlechts, übers. v. K. Wördemann (Frankfurt a. M. 1995).
18 ANTHONY GIDDENS, The Transformation of Intimacy: Sexuality, Love and Eroticism in Modern Societies (Cambridge 1992), 188; dt.: Wandel der Intimität. Sexualität, Liebe und Erotik in modernen Gesellschaften, übers. v. H. Pelzer (Frankfurt a. M. 1993).

II. Aktualität von Problem und Begriff 179

Liebe erzeugen und daß man weder nach ihr leben noch von ihr loskommen kann.«[19] Um den tragischen Dimensionen zu entkommen, existiert die Lebenshilfeliteratur. Zielpunkt des überwiegenden Teils der Ratgeberschriften ist ein »Return to Intimacy«[20], was eine vermeintliche Rückkehr zu einer nahen, vertrauten, intensiven Beziehung meint. Dabei überwiegt die Vorstellung: »A truly intimate relationship is one in which we can be who we are, which means being open about ourselves.«[21] Literatur mit stärker wissenschaftlich problematisierendem Interesse diskutiert gerade diese schlichte Vorstellung von Intimität, ausgehend von der Feststellung, »that virtually no one knows how to do intimacy«[22].

Für die Kulturgeschichtsschreibung war soziale Intimität in ihren Forschungen über historische Veränderungen des Verhältnisses von Privatheit und Öffentlichkeit stets besonders interessant. In den 60er Jahren, da die neue Kulturgeschichtsforschung als Mentalitätsgeschichte – basierend auf Elias' Erkundungen von 1939[23] – erst eigentlich begann, schien eine Phänomengeschichte von Intimität zunächst relativ klar konturiert. So unterschiedlich die methodologischen Herangehensweisen und speziellen Forschungsinteressen von Autoren wie etwa Ariès[24], Habermas[25], Luhmann[26], Mitterauer[27], Weber-Kellermann[28], Rosenbaum[29] u.v.a. auch waren, in einem Befund waren sie sich einig: Alle diagnostizierten für das 17. und vor allem 18. Jh. eine immer stärkere ›Intimisierung‹ des menschlichen Lebens in Zentraleuropa, die in Zusammenhang gebracht wurde mit der Herausbildung der bürgerlichen Familie und einer sich zunehmend nach außen hin abschottenden bürgerlichen Privatheit. Die bürgerliche Klein- oder Kernfamilie als ›Gefühlsgemeinschaft‹, in der Liebe, Ehe, Sexualität, Elternschaft und Kindheit sowie das bürgerliche Refugium ›zu Hause‹ in einen unauflöslichen emotionalisierten Zusammenhang gebracht wurden, galt als Kernzone der Intimität. Somit schien die Geschichte von Aufkommen und Etablierung des sozialen Phänomens Intimität zunächst klar. Man konnte annehmen, sie sei innerhalb des Jahrhunderts der Aufklärung – wie die Kindheit und die Mutterschaft[30] – erst eigentlich ›entdeckt‹ worden. Diese Erkenntnis allerdings darf schon wieder als überholt gelten. Für die

1980er und 90er Jahre ist ein Forschungstrend zu beobachten, bei dem das ›Entdecken‹ von Intimität historisch immer weiter rückverlagert wird. So werden beispielsweise in der von Duby und Ariès herausgegebenen fünfbändigen *Histoire de la vie privée* bereits für das ausgehende Mittelalter und die Renaissance ›Approches de l'intimité‹ gesucht und gefunden.[31]

Fragt man sich, wie es zu erklären sei, daß die Historizität des sozialen Phänomens Intimität scheinbar willkürlich in immer entferntere Jahr-

---

19 LUHMANN (s. Anm. 6), 203.
20 DESMOND MORRIS, Intimate Behavior (London 1971), 149.
21 HARRIET G. LERNER, The Dance of Intimacy. A Woman's Guide to Courageous Acts of Change in Key Relationships (New York 1990), 282.
22 LAUREN BERLANT, Intimacy: A Special Issue, in: Critical Inquiry 24 (1998), H. 2, 282.
23 Vgl. NORBERT ELIAS, Über den Prozeß der Zivilisation. Soziogenetische und psychogenetische Untersuchungen (1939; Frankfurt a. M. 1990); HANS PETER DUERR, Intimität. Der Mythos vom Zivilisationsprozeß (Frankfurt a. M. 1990).
24 Vgl. PHILIPPE ARIÈS, L'enfant et la vie familiale sous l'Ancien régime (Paris 1960); dt.: Geschichte der Kindheit, übers. v. C. Neubaur/K. Kersten (München 1975).
25 Vgl. JÜRGEN HABERMAS, Strukturwandel der Öffentlichkeit. Untersuchungen zu einer Kategorie der bürgerlichen Gesellschaft (1962; Neuwied/Berlin ⁵1971).
26 Vgl. LUHMANN (s. Anm. 6).
27 Vgl. MICHAEL MITTERAUER, Die Entwicklung zum modernen Familienzyklus, in: Mitterauer/R. Sieder (Hg.), Vom Patriarchat zur Partnerschaft. Zum Strukturwandel der Familie (1977; München ⁴1991).
28 Vgl. INGEBORG WEBER-KELLERMANN, Die deutsche Familie. Versuch einer Sozialgeschichte (Frankfurt a. M. 1974).
29 Vgl. HEIDI ROSENBAUM, Formen der Familie. Untersuchungen zum Zusammenhang von Familienverhältnissen, Sozialstruktur und sozialem Wandel der deutschen Gesellschaft (Frankfurt a. M. 1982).
30 Vgl. ELISABETH BADINTER, L'amour en plus (Paris 1980); dt.: Die Mutterliebe. Geschichte eines Gefühls vom 17. Jahrhundert bis heute, übers. v. F. Griese (München/Zürich ⁵1992).
31 Vgl. PHILIPPE BRAUNSTEIN, Approches de l'intimité. XIVᵉ-XVᵉ siècle, in: P. Ariès/G. Duby (Hg.), Histoire de la vie privée, Bd. 2 (Paris 1985), 526–619; dt.: Annäherungen an die Intimität, und 15. Jahrhundert, in: G. Duby (Hg.), Geschichte des privaten Lebens, übers. v. H. Fliessbach, Bd. 2 (Frankfurt a. M. 1990) 497–590.

hunderte rückverlegt wird, findet man einen bestimmten Problemkern. Niemand vermag zu sagen, wo die greifbaren Wände oder Begrenzungen zwischen ›Innen‹ und ›Außen‹, zwischen ›Ich‹ und ›Welt‹, zwischen Intimität und Öffentlichkeit im sozialen, familialen oder psychologischen Sinne zu ziehen sind. Die Wände sind osmotisch, die Grenzen durchlässig. In der Sozial- und Kulturgeschichtsschreibung findet man immerhin als Konstante eine bestimmte Verfahrensweise im Umgang mit Phänomen und Begriff: Intimität wird von den Autoren jeweils als Raum, Form und Trainingsmethode für die geheime Inszenierung des ›Selbst‹ verstanden; als ein »Privattheater«[32] für diese Ich-Inszenierung. Es ist ein Archiv des jeweils Eigenen, der Raum um das ›Ich‹, der sich historisch verändert und dabei stets noch der eigene Raum bleibt. Intimität wird gewissermaßen als ein ›Kerngehäuse‹ innerhalb des Privaten gesehen, wobei der Kern das ›Selbst‹ oder das ›Ich‹ ist. Die ›Wächter‹ dieses ›Kerngehäuses‹ sind Scham, Scheu, Peinlichkeit und Takt, und seine ›Polizei‹ ist das Gewissen. Wenn geschichtlich jeweils das neuzeitliche, moderne ›Selbst‹ problematisiert wird, dann taucht der Begriff Intimität beinahe notwendig im Gefolge mit auf. Damit stünde eine Phänomengeschichte von Intimität einer Geschichte des neuzeitlichen Subjekts nahe. Eine solche Geschichte ist, obgleich es immer wieder versucht wird[33], aber nicht nur ob ihrer Komplexität, sondern besonders aufgrund innerer Aporien und ethnozentrischer Autoritäten des Subjektbegriffs kaum schreibbar. Sich Intimität primär als einer Kategorie des Raumes und nicht der Zeit zu nähern, ist darum ein erfolgversprechender Zugang. Er wird gewählt, wo eine Phänomenologie der Intimität angestrebt wird, wie es Gaston Bachelard[34] und Peter Sloterdijk[35] versucht haben – um den Preis allerdings, begriffliche Unschärfe von Intimität in Narration auflösen zu müssen.

Die Pole ethischer und politischer Bewertungen, die der Intimität zuteil werden, liegen weit auseinander. Weder ist ein Konsens der Anti-Intimität auszumachen, noch gibt es eine Phalanx der ›Intimisten‹. Eine dezidierte Ideologiekritik der Intimität hat z. B. Sennett entworfen; der Untertitel der deutschen Ausgabe, ›Die Tyrannei der Intimität‹, ist inzwischen zum Schlagwort geworden. Sennett, politisch vor dem 1968er Horizont enttäuschter Hoffnungen auf eine Politisierung des Privaten zielend, hielt im Gegensatz etwa zu Habermas das Ancien régime für ein Goldenes Zeitalter von Öffentlichkeit, das sich durch eine funktionierende Trennung und Balance von ›öffentlich‹ und ›privat‹ auszeichnete. Das 19. und 20. Jh. betrachtete er als Stufen eines Verfallsprozesses von Öffentlichkeit hin zu einer modernen Gesellschaft, in der das Private und Intimität weitgehend das Öffentliche und Politische überlagerten. »The reigning belief today is that closeness between persons is a moral good. [...] the reigning myth today is that the evils of society can all be understood as evils of impersonality, alienation and coldness. [...] This ideology transmutes political categories into psychological categories.«[36] John Dewey, dessen pragmatische Philosophie eine Grundlage der heutigen Kommunitarismusdebatte bildet, hielt demgegenüber gerade den Übergang von der »Great Society« zur »Great Community«[37], die alle Insignien des Intimen trägt, für die einzige Chance, die Verfaßtheit von Politik und Öffentlichkeit einer Revision zu unterziehen. Beide Positionen sind symptomatisch: Großräumigen Politikkonzepten, die auf eine Revolutionierung der Gesamtgesellschaft setzen, ist Intimität eher politisch suspekt, während sie in dezentralen, stärker lebensweltlich- und erfahrungsbezogenen Theorien hoch geachtet wird. Helmuth Plessner hat hellsichtig schon in seiner Jugendschrift *Grenzen der Gemeinschaft* (1924) auf Korrelationen zwischen sozialer und psychologischer Intimität hingewiesen: Er

---

32 JOSEF BREUER/SIGMUND FREUD, Studien über Hysterie (1895; Frankfurt a. M. 1991), 61.
33 Vgl. THEODORE ZELDIN, An Intimate History of Humanity (New York 1996); dt.: Eine intime Geschichte der Menschheit, übers. v. R. Böhnke (Stuttgart 1997).
34 Vgl. GASTON BACHELARD, La poétique de l'espace (Paris 1957); dt.: Poetik des Raumes, übers. v. K. Leonhard (1960; Frankfurt a. M. 1987).
35 Vgl. PETER SLOTERDIJK, Sphären, 2 Bde. (Frankfurt a. M. 1998/1999).
36 SENNETT (s. Anm. 12), 259.
37 JOHN DEWEY, The Public and Its Problems (1927; Chicago 1946), 142; dt.: Die Öffentlichkeit und ihre Probleme, übers. v. W.-D. Junghanns (Frankfurt a. M. 1996).

plädierte für eine anti-intime »Kultur der Unpersönlichkeit«[38], aber er tat dies gerade *im Namen* der seelischen Intimität. In dem Fundamentalismus, der allen Gemeinschaftsgebilden anhafte, eruierte er für den Einzelnen die Gefahr einer »Aufhebung der Intimsphäre« als eines Verzichts auf die »letzte Reserve« (45). Plessner sah es also schon 1924 als notwendig an, die Intimität vor der Intimität zu schützen.

III. Der historische Sieg des ›intimen Freundes‹ über den Intimus

Intimität/intim ist ein verhältnismäßig neues Wort. Die deutsche Wortgeschichte geht bis ins 18. Jh. zurück, wo das Adjektiv intim aus lateinisch ›intimus‹ (der innerste, vertrauteste, geheimste), der Superlativform von ›intra‹ (innen), entlehnt wurde. Morphologisch zugehörig ist das in der deutschen Rechtssprechung übliche, inzwischen veraltete ›Intimation‹, abgeleitet aus dem spätlateinischen ›intimatio‹ (Bekanntmachung)[39], das noch im gesamten 19. Jh. in den deutschen Konversationslexika und Fremdwörterbüchern verzeichnet wird.

Dieselbe Entlehnung aus dem Lateinischen fand in allen europäischen Hauptsprachen statt, allerdings im Englischen und Französischen bereits weit vor dem 18. Jh. Im Französischen wurde das Adjektiv ›intime‹ bereits im 14. Jh. (1376–1377) entlehnt und wurde zuerst benutzt »pour qualifier une personne très unie, étroitement liée avec une autre«[40]. Es ist – wie später im Deutschen – auch im Französischen zuerst ein relationaler sozialer Begriff, der eine Interaktion und eine Beziehung zwischen Personen beschreibt. Allerdings wird er im Französischen bereits im 16. Jh. auch benutzt, um »la vie intérieure, généralement secrète, d'une personne«[41] zu charakterisieren. Wartburg gibt eine Verwendung im Sinne von »qui réside au plus profond d'une âme«[42] bereits für 1390 an. Das französische Adjektiv ›intime‹ ist bereits viele Jahrhunderte früher als im Deutschen etwas, was mit der Seele des Einzelnen, mit seinen inneren Gefühlen, Gedanken und Stimmungen zu tun hat. Das Adjektiv bildet im Französischen also sehr früh zwei voneinander abweichende Bedeutungen aus, die

erhalten bleiben: zunächst eine soziale, interpersonale Union betreffend, zum anderen einen inneren, geheimen, seelischen, auf das einzelne Individuum bezogenen Sinn. Für diese zweite Bedeutung finden wir zunächst im Deutschen keine eigentliche Entsprechung; erst im Zusammenhang mit der Ausbildung eines Projektes der ›innerlichen Ästhetik‹ am Ende des 19. Jh. wird vieles davon aktualisiert. Trotzdem gibt es noch heute im Deutschen keine passende Übersetzung für das aus der zweiten Bedeutung des Adjektivs abgeleitete französische Adverb ›intimement‹, das im Französischen seit ca. 1406 bezeugt ist.[43] In der erstgenannten, auf eine soziale Beziehung verweisenden Bedeutung wird das Adjektiv ›intime‹ – wie später parallel im Deutschen – ab 1616 benutzt für ›ami très cher‹, belegt zuerst in *Les Tragiques* von Théodore Agrippa D'Aubigné.[44] Aus der zweiten Bedeutung resultiert die auf das Innere, das Tiefinnerliche, die Seele, die Beziehung zu Gott und das Wesen einer Sache bezogene Wortverwendung, die in dieser Bedeutung erfolgt schon 1651 bei Pascal eine Substantivierung.[45] Das Substantiv ›intimité‹ bezeichnete »d'abord ce qui est intérieur et secret, puis (1735) le caractère étroit d'un lien en spécialement (1740) une liaison, des relations étroites entre des personnes«[46].

Diderots und d'Alemberts *Encyclopédie* erfaßt das Adjektiv ›intime‹ 1765 im Zusammenhang dem Gefühl; es ist unter dem Stichwort ›sentiment intime‹ zu finden. Hier bezeichnet es sowohl einen relationalen sozialen, nach außen gerichteten Sinn

---
38 HELMUTH PLESSNER, Grenzen der Gemeinschaft. Eine Kritik des sozialen Radikalismus (1924), in: Plessner, Gesammelte Schriften, hg. v. G. Dux u. a., Bd. 5 (Frankfurt a. M. 1981), 133.
39 Vgl. KLUGE ([22]1989), 335.
40 Dictionnaire historique de la langue française, hg. v. A. Rey u. a., Bd. 1 (Paris 1992), 1045.
41 Ebd.
42 WALTHER VON WARTBURG, Französisches etymologisches Wörterbuch. Eine Darstellung des galloromanischen Sprachschatzes, Bd. 4 (Basel 1947), 766; vgl. OSCAR BLOCH/WARTBURG, Dictionnaire étymologique de la langue française (Paris 1960), 339.
43 Vgl. WARTBURG (s. Anm. 42), 766.
44 Vgl. ebd.; Dictionnaire historique (s. Anm. 40), 1045.
45 Vgl. Dictionnaire historique (s. Anm. 40), 1045.
46 Ebd.

als auch eine das Innere und das Wesen des Menschen betreffende Bedeutung. Das ›intime‹ (innere oder innerste) Gefühl hat für die Autoren einen entscheidenden Stellenwert innerhalb ihres philosophischen Denkens, da es konstitutionell für das Subjekt als ein empfindendes und erkennendes Wesen ist: »Le *sentiment intime* que chacun de nous a de sa propre existence, & de ce qu'il éprouve en lui-même, c'est la première source & le premier principe de toute vérité dont nous soyons susceptibles. Il n'en est point de plus immédiat, pour nous convaincre que l'objet de notre pensée existe aussi réellement que notre pensée même, puisque cet objet & notre pensée, & le *sentiment intime* que nous en avons, ne sont réellement que nous mêmes qui pensons, qui existons, & qui en avons le sentiment.«[47] Diese Definition sei, so die Autoren des Artikels, die »première regle« oder »source de vérité«, an die man sich halten müsse, denn nur sie könne eine Gewißheit der Existenz wie auch der eigenen Empfindung geben. Zugleich nennen sie diese Prinzipien der Erkenntnis »si bizarres, si ridicules & si absurdes«, wie ihre philosophischen Konsequenzen es sind. Für die Enzyklopädisten ist das ›sentiment intime‹ ein wichtiges Medium der

Auseinandersetzung mit dem Skeptizismus, obgleich sie zugeben, daß »on peut dire néanmoins qu'on ne s'est jamais plus approché de leur [d. i. der Skeptiker – d. Verf.] opinion«. Das innere Gefühl der sinnlichen Wahrnehmung und der eigenen Empfindung sei die einzige Regel und Quelle der Wahrheit, das Bewußtsein dessen, was wir in uns fühlen und in uns haben. »Mais si le *sentiment intime* de ce qui se passe en moi est la seule chose évidente, tout ce qui ne sera pas formellement ce *sentiment intime*, ne sera point évident pour moi.« Zugleich wird es als ein überaus temporäres und momentanes, nicht als stetes und dauerhaftes Gefühl »de ce qui se passe actuellement en nous«[48] begriffen.

Das engl. Adjektiv ›intimate‹ leitet sich (wie im übrigen auch das gleichlautende, die Bedeutung ›ankündigen‹, ›bekanntmachen‹ fortführende Verb) aus dem Lateinischen ab.[49] In der Bedeutung von ›very familiar‹ bzw. ›inmost, most inward, deepseated‹, ist es im Englischen ebenfalls sehr viel früher als im Deutschen, nämlich bereits 1632, erstmals nachgewiesen.[50] Im Zuge der englischen Revolution beispielsweise, am Beginn der zweiten Bürgerkriegsphase 1648, wurde in London eine royalistisch gesinnte Flugschrift publiziert, in der der Anspruch des independentischen Heeres unter Lord Fairfax, dem Verbündeten Cromwells, diskutiert wurde, entgegen dem Parlament selbst das Organ der religiösen und politischen Freiheiten des englischen Volkes sein zu wollen. Dort hieß es vom Verfasser, er sei ›very intimate with the sayd army‹.[51] Aus der Restaurationszeit, 1670 veröffentlicht, stammt eine religiöse Schrift einer gewissen Mrs. Sarah Davy, die ›the Holy pleasure of daily intimate communion with God‹ empfangen habe.[52] Das ›intimate‹ des ersten Titels steht im Sinne von »closely associated«; das des zweiten im Sinne von »inward, intrinsic, pertaining to the inmost thoughts«[53]. Wie im Französischen kennt also das Englische bereits früh zwei unterschiedliche Bedeutungen des Adjektivs ›intimate‹ im Sinne des deutschen ›intim‹: einerseits die vertraute und nahe, soziale Beziehung; andererseits die mit dem inneren, innersten Denken, Fühlen, Glauben und Empfinden des Einzelnen, mit den Regungen seiner Seele verbundene Sinn. Die Kombination mit ›friend‹ oder ›acquaintance‹, wie wir sie später auch

---

47 Vgl. ›Sentiment intime‹, in: DIDEROT (ENCYCLOPÉDIE), Bd. 15 (1765), 57.
48 Ebd., 58.
49 Vgl. ROBERT K. BARNHART, The Barnhart Concise Dictionary of Etymology (1988; New York 1994), 395; vgl. ERNEST KLEIN, A Comprehensive Etymological Dictionary of the English Language, Bd. 1 (Amsterdam/London/New York 1966), 808; ABRAM SMYTHE PALMER, Folk-Etymology: A Dictionary of Verbal Corruptions or Words Perverted in Form or Meaning, by False Derivation or Mistaken Analogy (1883; New York 1969), 190.
50 Vgl. BARNHART (s. Anm. 49); ›Intimate‹, in: The Oxford English Dictionary, hg. v. J. A. H. Murray/H. Bradley u. a., Bd. 5 (Oxford 1933), 427.
51 Vgl. [ANONYMUS], A Discovery of the intentions (respecting the King) of the Army under the command of the Lord Fairfax, more than probably collected out of some words used on Saturday the first July 1648, by one in Southwarke, [...] very intimate with the sayd army (London 1648).
52 Vgl. SARAH DAVY, Heaven realiz'd or the Holy pleasure of daily intimate communion with God, exemplified in a blessed soul, now in Heaven (London 1670).
53 Oxford Dictionary of English Etymology, hg. v. C. T. Onions (Oxford 1966), 482.

im Deutschen finden werden, ist ebenfalls aus dem Englischen des 17. und 18. Jh. überliefert (Belege aus den Jahren 1635, 1659 und 1700) und durchzieht noch das gesamte 19. Jh.[54] Im Deutschen ist das Adjektiv ›intim‹ erst seit der ersten Hälfte des 18. Jh. belegt. Es taucht zuerst in der Kombination ›intimer Freund‹ auf, dieser Terminus konkurriert zunächst mit dem lateinischen Begriff Intimus (vertrauter Freund). In den Lexika vom Anfang des 18. Jh. ist von ›intim‹ noch keine Rede. Verzeichnet ist vorerst nur der Intimus, wobei Weigand als früheste Belege Johann Christian Wächtlers *Commodes Manual oder Handbuch* von 1703, spätere Auflagen von 1711 und 1714, sowie Christian Ludwigs *Teutsch-Englisches Lexicon* von 1716 angibt.[55] In Johann Heinrich Zedlers *Universallexikon* (1735), wo ›intim‹ genausowenig erwähnt wird wie in Kaspar Stielers *Der Teutschen Sprache Stammbaum und Fortwachs oder Teutscher Sprachschatz* (1691), heißt es: »Intimus heißt eigentlich zwar innerst; allein man sagt auch, er sei sein intimus, er ist sein vertrauter geheimer guter Freund.«[56] Dabei deutet die Bezeichnung von ›geheim‹ für den Intimus nicht in erster Linie auf einen ›geheimgehaltenen‹ oder ›verborgenen‹ – also nur durch eine gefühlsmäßige Bindung charakterisierten – guten und vertrauten Freund hin, sondern auf die Nähe zu einer Verwendung, wie wir sie etwa von ›Geheimen‹ oder ›Heimlichen Rat‹ kennen.

›Freundschaft‹ war im 18. Jh. eine der zentralen sozialethischen Kategorien. Man spricht im Hinblick auf das 18. Jh. sogar gern vom ›Jahrhundert der Freundschaft‹ – rückblickend aus dem 19. und 20. Jh. übrigens, wo in dieser gängigen Rede bereits das Defizit gegenwärtigen Sozialverhaltens mitformuliert wird.[57] Der ›Freundschaftskult‹ von Aufklärung und Empfindsamkeit gilt als einer der entscheidenden sozialen, emotionalen, mentalen und literarischen Topoi dieses Jahrhunderts.»Insgesamt ist ›Freundschaft‹ der Inbegriff einer bürgerlichen Gemeinschaftsutopie, in der sich der Einzelne sozial und emotional ganz verwirklichen kann. Es ist eines der zentralen Stichworte der Epoche zwischen ca. 1740 und 1775«[58]. Da mit der Freundschaft in der zweiten Hälfte des 18. Jh. zugleich auch das Ideal einer selbständig und durch das bürgerliche Individuum frei zu gestaltenden,

emanzipatorischen Bürgergemeinschaft entworfen wurde, war die diskursive Auseinandersetzung um die ›Freundschaft‹ zu einem zentralen Gegenstand geworden. Innerhalb der sich ausdifferenzierenden Freundschaftsbeziehungen im 18. Jh. wurde es offensichtlich notwendig, die verschiedenen, geradezu inflationär entstehenden neuen Freunde genauer zu charakterisieren – neben den ›gelehrten‹, den ›zärtlichen‹, den ›geheimen‹, den ›väterlichen‹ Freund oder den ›Ehemann als Freund‹ trat nun auch der ›intime Freund‹.

Der Intimus in der ersten Hälfte des 18. Jh. weist gegenüber dem ›intimen Freund‹ noch auf eine ältere, stärker institutionalisierte Freundschaftsbeziehung hin, die auf das äußere, öffentliche Wirken gerichtet ist. Er ist näher jenem Freund verwandt, den Bacon in seinem Essay *Of Friendship* (1625) beschrieben hat: ein Freund, der bei der Schärfung des eigenen Verstandes und Klärung des Verständnisses behilflich ist, der die Freuden verdoppelt und den Kummer halbiert, dessen moralische Ermahnungen »the best receipt (best (I say) to work, and best to take)«[59] seien. Er ist derjenige, »to whom you may impart griefs, joys, fears, hopes, suspicions, counsels, and whatsoever lieth upon the heart, to oppress it, in a kind of *civil shrift or confession*« [Hervorh. v. d. Verf.] (64 f.). Wichtig ist der treue Rat eines Freundes hinsichtlich des Verhaltens und der Geschäfte; die Früchte der Freundschaft sind »peace in the affections, and support of the judgement«. Bacon schätzt die Freundschaft überaus hoch: Wer keinen Freund besitzt, »may

---

54 Vgl. The Oxford English Dictionary (s. Anm. 50), 427 f.
55 Vgl. FRIEDRICH LUDWIG KARL WEIGAND, Deutsches Wörterbuch, hg. v. H. Hirt, Bd. 1 (Gießen ⁵1909), 934.
56 Vgl. ›Intimus‹, in: ZEDLER, Bd. 14 (1735), 790.
57 Vgl. ECKHARDT MEYER-KRENTLER, Freundschaft im 18. Jahrhundert. Zur Einführung in die Forschungsdiskussion, in: W. Mauser/B. Becker-Cantarino (Hg.), Frauenfreundschaft – Männerfreundschaft: Literarische Diskurse im 18. Jahrhundert (Tübingen 1991), 1–22.
58 MEYER-KRENTLER, Der Bürger als Freund. Ein sozialethisches Programm und seine Kritik in der neueren deutschen Erzählliteratur (München 1984), 20.
59 FRANCIS BACON, Of Friendship (1625) in: Bacon, The Essays or Counsels Civil and Moral and The New Atlantis (London 1905), 67.

quit the stage« (69). Aber der Baconsche Freundschaftsbund und auch der Intimus des frühen 18. Jh. sind deutlich auf ein Außen, auf ein öffentliches Wirken und notfalls auf eine moralische Korrektur hin gerichtet; nicht auf ein psychologisierendes ›Verstehen‹ und Sich-Versenken in den anderen oder auf eine sich gegenüber der Welt abschließende Freundesgemeinschaft.

Der Intimus gehörte noch in den Bereich der »vorindividualisierten Gesellschafts- und Handlungsmodelle«[60], wie wir sie aus vielen Freundschaftsvorstellungen auch der deutschen Frühaufklärung – insbesondere dem Naturrechtsdenken und der Galanten Ethik bei Christian Thomasius und seinem Umkreis sowie aus den Moralischen Wochenschriften – kennen. Der ›intime Freund‹ ist demgegenüber einer späteren Zeit des ›Jahrhunderts der Freundschaft‹ zuzurechnen: Er ist emotionalisiert, individualisiert und eben ›intimisiert‹. Während der Intimus stärker institutionellen Charakter hat, ist der ›intime Freund‹ sein verinnerlichtes Gegenstück.

Wenn Friedrich Schiller 1788 in einem Brief seinen Freund, den angehenden Diplomaten und späteren Journalisten Ludwig Ferdinand Huber, als »einen meiner intimesten Freunde«[61] bezeichnete, so lag dieser Beziehung eine Freundschaftsauffassung zugrunde, die im Zeichen des Gefühlskults verbundener ›schöner Seelen‹ des Zeitalters der Empfindsamkeit stand. Die Beziehung zwischen Schiller und Huber (wie auch die des dazugehörigen Freundeskreises um Christian Gottfried Körner) barg die Hoffnung auf eine gänzliche »Zusammenschmelzung aller Gefühle«[62], auf intensive Nähe, innige Vertrautheit, den »rechten wahren Herzensfreund, der mir stets an der Hand ist«, den man zu seiner »geheimern Glückseligkeit«[63] zu benötigen meinte und mit dem gemeinsam man den »Eingriff ins Elisium«[64] vollziehen wollte. Im Gegensatz zum Baconschen Entwurf aber bedeutete – wie die reale Geschichte dieses Bundes zwischen 1785 und 1787 belegte, in welcher Arbeitsvorhaben immer wieder aufgeschoben wurden[65] – die intime Freundschaft gerade keine Förderung der Außenaktivitäten. Vielmehr implizierte die Intimität der Beziehung die Abschottung gegenüber der Außenwelt, so daß man in der Reflexion sogar von der »Leerheit der leztverwichnen sechs Monate«[66] sprach. Schon mit dem Aufkommen des Wortes hatte das ›Intime‹ gewissermaßen seinen Preis gezeigt: Die Gemeinschaftsutopie distanzloser Verschmelzung und außengerichtete Aktivitäten sind schwer zu vereinen. Nicht ohne Grund sahen sich Johann Bernhard Basedow 1758 und Adolph von Knigge 1788 gezwungen, vor allzu intimer Freundschaft zu warnen. So schreibt Basedow: »Die Freundschaft mit Einem oder Einigen zu einem der Hauptzwecke aller Handlungen zu machen, ihr die Sorge für unsere Familie, unser Amt, unsere Gemeinnützigkeit, und eine große Menge anderer Zwecke aufzuopfern, um die Freundschaft einige Grade höher zu treiben; das heißt zwar *heroisch*, ist aber gemeiniglich thöricht, wie die romanhafte Liebe.«[67] Und Knigge befindet: »Zutrauen und Aufrichtigkeit müssen unter innigen Freunden herrschen. Allein man überlege dabey, daß die Entdeckung von Heymlichkeiten, deren Mittheilung gar keinen Nutzen stiftet, hingegen durch die kleinste Unvorsichtigkeit in Bewahrung derselben Nachtheil bringen kann, kindische Geschwätzigkeit ist; daß wenig Menschen unter allen Umständen im Geheimniß zu bewahren vermögen, wenn auch diese Menschen alle übrigen Eigenschaften haben, die zur Freundschaft erfordert werden; daß fremde Geheimnisse nicht unser Eigenthum sind, und endlich, daß es auch eigene Geheimnisse geben kann, die man ohne Schaden, Gefahr und

---

60 MEYER-KRENTLER (s. Anm. 57), 7.
61 FRIEDRICH SCHILLER an Charlotte von Lengsfeld (11. 4. 1788), in: SCHILLER, Bd. 25 (1979), 38.
62 SCHILLER an Christian Gottfried Körner (Februar 1785), in: SCHILLER, Bd. 23 (1956), 178.
63 SCHILLER an Ludwig Ferdinand Huber (24. 3. 1785), in: ebd., 184.
64 SCHILLER an Körner (Februar 1785), in: ebd., 178.
65 Vgl. LUDWIG SPEIDEL/HUGO WITTMANN (Hg.), Bilder aus der Schillerzeit (Berlin/Stuttgart 1884), 73–134; JACOB MINOR, Schiller. Sein Leben und seine Werke, Bd. 2 (Berlin 1890), 412–460; MARIANNE STREISAND, Intimität. Begriffsgeschichte und Entdeckung der Intimität auf dem Theater um 1900 (München 2001), 74–97.
66 LUDWIG FERDINAND HUBER an Schiller (15. 4. 1786), in: SCHILLER, Bd. 33/1 (1989), 87.
67 JOHANN BERNHARD BASEDOW, Practische Philosophie für alle Stände, 2. Theil (1758; Dessau ²1777), 138.

Nachtheil durchaus keinem Menschen auf der Welt anvertrauen darf!«[68] Historisch erringt der ›intime Freund‹ den Sieg über den Intimus. Zwar wird auch der Begriff Intimus noch im gesamten 19. und auch 20. Jh. in den Wörterbüchern und Lexika als ›vertrauter Freund‹ bzw. ›Busen-‹ oder ›Herzensfreund‹ verzeichnet, benutzt wird er aber schon am Ende des 19. und gänzlich im 20. Jh. nur mehr ironisierend altertümelnd.

IV. Epizentrum der Begriffsgeschichte

Während 1813 das Wort ›intim‹ in den Nachschlagewerken nur mit einer einzigen Bedeutung, nämlich ›vertraut‹, angegeben wird[69] und noch um 1890 nur von ›innig, vertraut‹ die Rede ist[70], hat es innerhalb der nachfolgenden dreißig Jahre zwölf, teilweise erheblich divergierende Bedeutungen angenommen. 1918 gibt Otto Sarrazin in seinem Wörterbuch folgende Umschreibungen für ›intim‹ an: »innig, innigbefreundet, traulich, vertraut, vertraulich, heimelig, nah, näher, eng, herzlich; dreist; stimmungsvoll«[71]. Neben die soziale und gefühlsmäßige Dimension, zu der auch die Freundschaft gehört, ist nun die räumliche Kategorie (›nah, näher, eng‹), die atmosphärische (›stimmungsvoll, heimelig‹) und eine merkwürdige Konnotation getreten, die mit ›dreist‹ umschrieben wird. Was ist da geschehen?

Zunächst ein Blick ins 19. Jh: ›Intim‹ setzte sich nur zögernd im deutschen Sprachgebrauch durch. Das Stichwort galt zunächst noch als Fremdwort und fand insofern auch keinen Eingang in Grimms *Deutsches Wörterbuch*. Aber auch die Fremdwörterbücher und Konversationslexika bis zum letzten Jahrhundertdrittel verzeichnen es nicht durchgängig; sein Gebrauch hatte sich noch nicht fest etabliert. Manchmal taucht es auf[72], manchmal nicht. Wird das Adjektiv ›intim‹ überhaupt aufgenommen, so nicht automatisch auch die Substantivierung ›Intimität‹. Sie erscheint bei Campe 1813 zum ersten Mal, ist aber nur gelegentlich eingetragen, z.B. in der 12. und in späteren Auflagen des *Fremdwörterbuchs* von Heyse.[73] Offensichtlich herrschte noch Unsicherheit über die Durchsetzung des Begriffs. Auch in den großen Lexika zur Ästhetik (Johann Georg Sulzers *Allgemeine Theorie der Schönen Künste* 1771/1774 und Ignaz Jeitteles' *Aesthetisches Lexikon* 1835/1837) ist er nicht zu finden. Erst von den 1870er Jahren an werden Adjektiv und Substantiv regelmäßig in den Fremdwörterbüchern notiert; im letzten Jahrhundertdrittel hatte sich das Stichwort fest im deutschen Sprachgebrauch verankert, allerdings – und das gilt im wesentlichen noch bis in die Gegenwart – nur innerhalb des Bildungswortschatzes.

Die Bedeutungsvariationen sind bis zum Ende des 19. Jh. eher gering – soweit die Nachschlagewerke sie erfassen. Wenn in ihnen Intimität mit ›Busenfreundschaft‹ oder ›innigste Freundschaft‹ umschrieben wird[74], wirkt die alte, aus dem 18. Jh. übernommene Bindung an die Freundschaft zunächst noch weiter. Diese Kombination verschwindet langsam; Intimität ist im 20. Jh. nicht mehr an die Kategorie der Freundschaft gebun-

---

68 ADOLPH VON KNIGGE, Ueber den Umgang mit Menschen (1788; Hannover 1967), 245 f.
69 Vgl. JOACHIM HEINRICH CAMPE, Wörterbuch zur Erklärung und Verdeutschung der unserer Sprache aufgedrungenen fremden Ausdrücke (1801; Braunschweig 1813), 384.
70 Vgl. HEINRICH PIERER, Konversations-Lexikon, hg. v. J. Kürschner, Bd. 7 (Stuttgart [7]1890), 1162; WILHELM LIEBKNECHT, Volks-Fremdwörterbuch (Stuttgart [6]1890), 235; BROCKHAUS, Bd. 9 ([14]1894), 350; MEYER, Bd. 8 (Leipzig [4]1889), 1005; MEYER, Bd. 9 ([5]1897), 302.
71 OTTO SARRAZIN, Verdeutschungswörterbuch (1886; Berlin [5]1918), 125.
72 Vgl. u.a. CAMPE (s. Anm. 69); FRIEDRICH ERDMANN PETRI, Gedrängtes Handbuch der Fremdwörter in deutscher Schrift- und Umgangssprache, zum Verstehen und Vermeiden jener, mehr oder weniger entbehrlichen Einmischungen, Bd. 1 (Dresden/Leipzig [8]1837), 526; JOHANN DANIEL FRIEDRICH RUMPF, Vollständiges Wörterbuch zur Verdeutschung der, in unserer Schrift- und Umgangssprache eingeschlichenen, fremden Ausdrücke nebst Erklärung der wichtigsten Wörter ([2]1819; Berlin 1840), 150; JOHANN CHRISTIAN AUGUST HEYSE, Allgemeines verdeutschendes und erklärendes Fremdwörterbuch (Hannover [12]1859), 467.
73 Vgl. CAMPE (s. Anm. 69); HEYSE (s. Anm. 72).
74 Vgl. MEYER, Bd. 9 ([3]1876), 331; MEYER, Bd. 8 ([4]1889), 1005; LIEBKNECHT (s. Anm. 70); MEYER, Bd. 9 ([5]1897), 302; MEYER, Bd. 9 ([6]1905), 894.

186 Intimität/intim

den.[75] Eine andere Konnotation im 19. Jh., nur gelegentlich verzeichnet, ist ›Innigkeit‹[76], wobei ›innig‹ »nach dem Zeugnis Leibnizens seit der Barockzeit besonders gern zur Bezeichnung zärtlicher Empfindungen verwendet«[77] wurde. Zugleich wird Intimität regelmäßig mit ›Vertrautheit‹, ›Vertraulichkeit‹ beschrieben.[78] In dieser Bedeutung bleiben ›intim‹ und ›Intimität‹ bis in die Gegenwart erhalten.[79] Was aber meint ›dreist‹? In dem 1897 entstandenen Gedicht *Das arme Mädchen* von Frank Wedekind heißt es: »Und sie folgte seinen Schritten, / Hielt sich schüchtern hinter ihm; / Jener hat es auch gelitten, / Wurde weiter nicht intim.« Der

»junge Herr«[80] in diesem Gedicht wird gegenüber dem Mädchen nicht zudringlich oder ›dreist‹, er unternimmt keine »plumpen Vertraulichkeiten«[81] – er belästigt das Mädchen nicht sexuell. Am Ende des 19. Jh. hatte sich das Wort ›intim‹ mit der Bedeutung ›sexuell‹ aufgeladen, ebenso das Substantiv Intimität mit der Bedeutung ›das Geschlechtsleben betreffend‹ – auch wenn die Nachschlagewerke dies erst erheblich verzögert registrierten.[82] Auch hier war die semantische Öffnung des Französischen und Englischen erheblich schneller als die des Deutschen. So führen sowohl der *Dictionnaire historique* als auch Wartburgs *Französisches etymologisches Wörterbuch* weitaus frühere Belege bis ins 19. Jh. an, bereits 1821 soll beispielsweise bei Victor Hugo von ›union intime des corps‹ die Rede sein.[83] Englische Nachschlagewerke spürten Hinweise auf die verhüllende Verwendung im Sinne von ›sexual intercourse‹ oder ›illicit sexual intercourse‹ sogar bereits für das 17. Jh. auf[84], aber auch hier lag ein ›Schub‹ in der Benutzung von ›intimate‹ und ›intimacy‹ im Sinne von ›sexuell‹ im späteren 19. Jh. *The Daily News* vom 23. Januar 1889 schrieb etwa: »The defendant [...] did not however have intimacy with her. He had never been intimate with her.«[85] In ebendem Jahr, 1889, wird ›intimate‹ in *The Oxford English Dictionary* erstmalig als Euphemismus für sexuelle Beziehungen aufgenommen.[86]

Daß es notwendig wurde, neue Wörter für die Angelegenheit zu finden, die so alt ist wie die Menschheit, hat seine Gründe. Michel Foucault hat beschrieben, wie es im Zuge der Ablösung des älteren Allianzdispositivs, das er einer »homéostasie du corps social«[87] zuordnet, und dessen Ersetzung durch das moderne Sexualitätsdispositiv zu einem immer radikaleren, immer umfassenderen Diskurs über die Sexualität kam. Die scientia sexualis des 19. Jh. spürt die verschiedenen Sexualitäten bis in den kleinsten Winkel auf und stellt sie unter die Polizeiaufsicht der Diskurse; die Macht »prend à bras-le-corps le corps sexuel« (61), heißt es bei Foucault. Dabei beschreibt das 19. Jh. als »l'âge de la multiplication: une dispersion des sexualités, un renforcement de leurs formes disparates, une implantation multiple des ›perversions‹« (51). Auf der anderen Seite lauert seit Mitte des 19. Jh. die Familie, »traquant en soi les moindres traces de se-

---

75 Vgl. OSKAR KRESSE, Verdeutschung entbehrlicher Fremdwörter (Berlin 1915), 35; Jedermanns Lexikon, Bd. 5 (Berlin 1930), 345; MEYER, Bd. 6 ([8]1939), 303; PETRI, Handbuch der Fremdwörter in der deutschen Schrift- und Umgangssprache (Leipzig 1940), 547.
76 Vgl. HEYSE (s. Anm. 72), 471; HEYSE, Allgemeines verdeutschendes und erklärendes Fremdwörterbuch (Hannover [16]1879), 391.
77 AUGUST LANGEN, Wortschatz des deutschen Pietismus (Tübingen 1968), 159.
78 Vgl. CAMPE (s. Anm. 69), 384; HEYSE (s. Anm. 72); HEYSE (s. Anm. 76); MEYER, Bd. 8 ([4]1889), 1005; MEYER, Bd. 9 ([5]1897), 302; MEYER, Bd. 9 ([6]1905), 894.
79 Vgl. Duden Deutsches Universalwörterbuch, hg. u. bearb. v. G. Drosdowski (Mannheim u. a. [2]1989), 776; Wörterbuch der deutschen Gegenwartssprache, hg. v. R. Klappenbach/W. Steinitz, Bd. 3 (1970; Berlin [3]1977), 1972.
80 FRANK WEDEKIND, Das arme Mädchen (1897), in: Wedekind, Werke in drei Bänden, hg. v. M. Hahn, Bd. 2 (Berlin/Weimar 1969), 463.
81 Wörterbuch der deutschen Gegenwartssprache (s. Anm. 79).
82 Vgl. Verdeutschungsbücher des Allgemeinen Deutschen Sprachvereins, Bd. 3, hg. v. E. Lohmeyer (Berlin [2]1915), 59.
83 Vgl. Dictionnaire historique (s. Anm. 40), 1045; WARTBURG (s. Anm. 42), 766.
84 Vgl. The Oxford English Dictionary (s. Anm. 50), 428.
85 Zit. nach ›Intimacy‹, in: ebd., 427.
86 Vgl. GORDON WILLIAMS, A Dictionary of Sexual Language and Imagery in Shakespearean and Stuart Literature, Bd. 2 (1935; London/Atlantic Highlands, NJ. 1994), 717.
87 MICHEL FOUCAULT, La volonté de savoir (Paris 1976), 141; dt.: Der Wille zum Wissen, übers. v. U. Raulff/W. Seitter (1977; Frankfurt a. M. [6]1992).

xualité« (146). Das Verfahren, die vermeintliche »vérité du sexe« (78) aufzuspüren – tatsächlich aber erst zu produzieren –, ist dabei das ›Geständnis‹, dessen Wirkungen breit gestreut sind: »dans la justice, dans la médecine, dans la pédagogie, dans les rapports familiaux, dans les relations amoureuses, dans l'ordre le plus quotidien, et dans les rites les plus solennels; on avoue […]; on s'emploie avec la plus grande exactitude à dire ce qu'il y a de plus difficile à dire« (79). Zu all diesen Prozeduren und Verfahrenstechniken bedurfte es eines variationsreichen Vokabulars.

Die Worte intim und Intimität mit ihrem Denotat ›vertraut‹ und ›innerst/innig‹ waren dabei besonders geeignet, eine geschützte, gebildete und zugleich scheinbar offene Atmosphäre der Rede zu etablieren. Sie sagen im Hinblick auf Sexualität gleichermaßen viel und wenig. Sie deuten an, lassen der Phantasie freien Lauf; aber sie erzählen nichts über die Materialität des Sexes, über Stellungen, Techniken, Gebräuche oder Vorlieben, wie es andere Termini aus diesem Bereich tun. Sie sind dezent.

V. Die kurze Karriere der Intimität

Bleiben noch die Dimensionen der räumlichen und atmosphärischen Intimität, die im neuen Jahrhundert verzeichnet werden. Um ihre Bedeutungsintegration in das Stichwort zu beschreiben, bedarf es eines ausführlicheren Blicks in die Kunst-, Literatur- und Theatergeschichte.

1905 hieß es in der 6. Auflage von *Meyers Konversationslexikon*, intim bedeute »innig, vertraut«, sei gegenwärtig »auch ein Schlagwort der modernen Kunst« und bezeichne »den höchsten Grad von Vertrautheit mit der Natur‹; daher: *paysage intime*, Landschaft voll inniger Empfindung und Stimmung; *roman intimiste*, Roman, der das Seelenleben zum Gegenstand hat«[88]. Davon war in der 5. Auflage des Lexikons von 1897 noch keine Rede und wird es auch in späteren Auflagen nicht mehr sein. Offensichtlich feierte der Begriff intim um 1900 eine kurze Blütezeit zur Beschreibung moderner Kunst, die er vorher nicht und nachher nicht mehr erreicht hat. Er wurde zum Modewort.

Um das Jahr 1890 profilierte sich der Terminus im Kontext verschiedener kunsttheoretischer Entwürfe der ›Moderne‹. Er wurde von Entwürfen aus allen avantgardistischen Stilrichtungen der Zeit wie Naturalismus, Décadence, Fin de siècle, Neoromantik, Impressionismus, Symbolismus erfaßt. Bemühten sich die Exponenten der verschiedenen Stilrichtungen programmatisch um Distinktion, so war allen eine Tendenz zur Hochschätzung einer bestimmten ›Richtung‹ ihrer Kunst gemein. Zeitlich parallel, nicht aber – wie in der Kunst- und Literaturgeschichtsschreibung hartnäckig trotz zahlreicher wissenschaftlicher Einsprüche behauptet – in temporärer Abfolge der verschiedensten ästhetischen Modelle, gab es »in allen Künsten der Gegenwart einen einheitlichen Zug«. Julius Otto Bierbaum bezeichnete ihn 1893 als »psychologischen, persönlichen« Zug, »dem Innerlichen zugewandt, der […] *Seelenoffenbarung* über alles setzt«[89]. Oscar Bie schrieb 1895 ein Plädoyer für eine »innerliche Ästhetik«: »In allen Künsten ist das innere Erstaunen, das warme Durchfühlen Nerv und Kraft«, und meinte, eine solche Ästhetik verstehe das »moderne Empfinden […] in Begriffe zu bringen«[90].

Von einer ›innerlichen‹ Ästhetik wurde nun eine ungeheure Innovationskraft für die moderne Kunst erwartet. Damit wurde auch der Begriff intim/Intimität für künstlerische Zusammenhänge interessant. So schrieb etwa Laura Marholm 1892: »Alle neue Dichtung, die in ein wirklicher Lebenskeim ist, geht auf Intimität, intime Mitteilung, intime Wirkung, gefühlten Pulsschlag, empfundenes Tempo, auf Übertragung subtiler Wärmeschwingungen aus. Hier läuft die wahre Grenze zwischen dem Alten und Neuen.«[91] Und Georg Fuchs verallgemeinerte ein Jahr später: »Das Wesen der ›modernen‹ Kunst ist ›*Intimität*‹.«[92]

---

[88] ›Intim‹, in: MEYER, Bd. 9 (⁶1905), 894.
[89] JULIUS OTTO BIERBAUM, Fritz von Uhde, in: Die Gesellschaft 9 (1893), 67.
[90] OSCAR BIE, Zwischen den Künsten (Berlin 1895), 15, 17.
[91] LAURA MARHOLM, Ein Theaterbrief ohne Theater, in: Freie Bühne für modernes Leben 3 (1892), 106.
[92] GEORG FUCHS, Erste Internationale Kunstausstellung des Vereins bildender Künstler, München ›Secession‹, in: Allgemeine Kunst-Chronik. Illustrierte Zeitschrift für Kunst, Kunstgewerbe, Musik, Theater und Literatur (München 1893), 397.

Der Begriff des Intimen wurde zum Schlagwort für Kunstphänomene zu einem Zeitpunkt, da auch ein anderes Wort im Deutschen neu gebildet wurde: ›Moderne‹ als Substantiv, 1902 zum ersten Mal im *Brockhaus* verzeichnet.[93] Unverkennbar sind beide Begriffe – das ›Intime‹ und die ›Moderne‹ in der Kunst – in ihrer Promotion miteinander verwoben. Die Suche nach der Intimität in der Kunst begann zu einer Zeit, da sie außerhalb der Kunst – in den unpersönlichen Strukturen der Gesellschaft – bereits chancenlos erschien. Beide Termini wurden zunächst nicht als Gegensätze empfunden, wie man annehmen könnte, sondern das künstlerisch Intime ergänzte das künstlerisch Moderne. Die programmatisch-programmlose Kunst der Moderne war in den 1890er und Folgejahren keine Apologetik der sozialen, historischen, politischen und medialen Beschleunigung, keine Anpassung an die neue Urbanisierung und Industrialisierung. Sie war eher eine Nachfrage nach den ›Kosten‹, die eine solche neue Dynamisierung für das Individuum, sein Seelenleben, seine menschlichen Beziehungen und sein unmittelbares soziales Umfeld mit sich bringen werde. Daraus ergab sich der Zug zum ›Innerlichen‹ und ›Vertrauten‹, zum ›Behaglichen‹, ›Kleinen‹ und subjektiv Stimmungshaften, zum ›Psychologisieren‹, der quer durch alle Künste ging und mit der Rede vom ›Intimen‹ bedient werden konnte.

Erstmals übertragen auf künstlerische Zusammenhänge wurde der Terminus intim in Frankreich in der bildenden Kunst im Zusammenhang mit ›paysage intime‹. Mit ›paysage intime‹ wird die von der international ersten Künstlerkolonie, der ›Schule von Barbizon‹ im Wald von Fontainebleau nahe Paris, kreierte französische Landschaftsmalerei zwischen »Poesie und Realismus«[94] bezeichnet, die einerseits auf den (vor allem englischen) Romantikern fußte und andersten den Impressionismus vorbereitete. Die ›Schule von Barbizon‹ wurde in den 30er Jahren durch den Zusammenschluß von Malern aus der freien Künstlerschaft vorbereitet, die aus Opposition zu den akademischen Salons eine Art ›Sezession‹ gründeten, und existierte als Künstlergemeinschaft seit Ende der 40er Jahre. Das Stichwort von der ›intimen Landschaft‹ meinte hier sowohl das Arbeiten *inmitten* der Natur als auch das betont innerliche, von der Augenblicksstimmung abhängige Erfassen *der* Natur in der Freilichtstudie, die nun zum autonomen Kunstwerk wurde.[95] In der Rezeption der Barbizoner wird der Begriff sehr vereinzelt und noch etwas unbeholfen auch in Deutschland in kunstkritischen Texten erwähnt.[96]

Demgegenüber wird ›intim‹ nach 1890 – in Deutschland wie in Frankreich – geradezu inflationär für künstlerische Zusammenhänge genutzt. So werden jetzt sowohl die Gemälde der in den 90er Jahren neugegründeten Künstlerkolonien Worpswede und Neu-Dachau als ›intime‹ bezeichnet als auch die Gemeinschaft der Maler selbst als eine der ›Intimisten‹.[97] Das französische ›intimiste‹ hatte Joris-Karl Huysmans 1881 erstmals in einem Artikel über *L'art moderne* verwendet, »qualifiant une peinture qui évoque des scènes d'interieur«[98]. In seiner Besprechung der Kunstausstellung im Münchner Glaspalast 1895, bei der sich auch die Worpsweder erstmals als Gruppe präsentierten und damit ihren Durchbruch in der Kunstöffentlichkeit erzielten, schreibt Richard Muther: »Intimere Naturanschauung [...] ist im wesentlichen dasjenige, was aus den revolutionären Bestrebungen der letzten Jahre als bleibendes Besitztum in unsere Kunst überging.«[99] Auch aus zahlreichen Selbstzeugnissen bildender Künstler der Jahrhundertwende geht

---

93 Vgl. HANS-ULRICH GUMBRECHT, ›Modern, Modernität, Moderne‹, in: KOSELLECK, Bd. 4 (1978), 121.
94 HANS-PETER BÜHLER, Die Schule von Barbizon (München 1979), 37.
95 Vgl. ERIKA RÖDIGER-DIRUF, Sehnsucht nach Natur. Zur Entwicklungsgeschichte der Künstlerkolonien im 19. Jahrhundert, in: Rödiger-Diruf/B. Baumstark/R. Schmidt (Hg.), Deutsche Künstlerkolonien 1890–1910 [Ausst.-Kat.] (Karlsruhe 1998), 39–70.
96 Vgl. ANTON TEICHLEIN, Theodor Rousseau und der Paysage intime, in: Zeitschrift für Bildende Kunst 3 (1868), 281–289.
97 Vgl. [ANONYMUS], [Zeitungsausschnitt] (1895), in: Der Durchbruch. Die Worpsweder Maler in Bremen und im Münchner Glaspalast 1895 [Ausst.-Kat.] (Worpswede 1995), 23.
98 Dictionnaire historique (s. Anm. 40), 1045.
99 RICHARD MUTHER, Die internationale Kunstausstellung in München (1895), in: Der Durchbruch (s. Anm. 97), 38.

hervor, wie positiv der Begriff nun bewertet wird.[100] ›Intimisme‹ wird in den 90er Jahren neu geprägt für die zeitgenössischen Gemälde von Pierre Bonnard und Edouard Vuillard. »In the 1890s the term *Intimisme* was first used to refer to paintings of daily life in domestic interiors, particulary those by Bonnard und Vuillard.«[101] »Term applied to paintings depicting everyday life in domestic interiors, usually referring to the work of *Pierre Bonnard* and *Edouard Vuillard*. It was first used in the 1890s, although the type of paintings to which it refers had been produced earlier by such artists as Johannes Vermeer and Jean-Siméon Chardin.«[102] André Gide charakterisiert ›intimisme‹ 1905 bei der Beschreibung einer Ausstellung im Pariser Salon d'Automne, indem er zwei Bilder Vuillards beschreibt: »Il se raconte intimement. Je connais peu d'œuvres où la conversation avec l'auteur soit plus directe. Cela vient, je crois, de ce que son pinceau ne s'affranchit jamais de l'émotion qui le guide, et que le monde extérieur, pour lui, reste toujours prétexte et disponible moyen d'expression. Cela vient surtout de ce qu'il parle à voix presque basse, comme il sied pour la confidence, et qu'on se penche pour l'écouter.«[103]

Im neuen Jahrhundert zum Modewort moderner Kunst avanciert, wird der Begriff nun auch übertragen auf die Musik. So gab Oscar Bie 1904 ein kleines Buch mit dem Titel *Intime Musik* heraus, eine kleine Kulturgeschichte von privat veranstalteter Hausmusik bzw. halböffentlicher Kammermusik, worin es heißt, in dieser Musik »trafen sich Intimität und Kultursinn, die heute überall sich so verwandtschaftlich fühlen«[104]. Das deutsche Opernschaffen wird jetzt eingeteilt in ein ›intimes‹ Repertoire (Mozart als »Kammerkunst, also aristokratisch«) und ein ›nicht-intimes‹ (Wagner als »Gemeinkunst, also demokratisch«[105]).

Das Zentrum der Entfaltung ›intimer‹ Kunst lag in Deutschland im Bereich der Dramatik und des Theaters. Das umfassendste Programm des Gesamtkunstwerks ›Intimes Theater‹ wurde 1888 – allerdings noch ohne den Terminus direkt zu benutzen – von Strindberg im *Vorwort zu ›Fräulein Julie‹* formuliert, und zwar auf allen Ebenen des kunstkommunikativen Prozesses. Strindberg plädierte für die Kleinformatigkeit des Zimmertheaters mit der minimierten Bühne, die Atmosphäre von Konzentration und Distinktion unter den wenigen, aber gebildeten Zuschauern, eine psychologisierende, zurückgenommene Spielweise von Schauspielern, die die Fiktion der ›vierten Wand‹ als oberstes Prinzip achten; eine Dramaturgie und Sprache der Texte, die in die feinziselierten Verästelungen der Seele des disparaten Ich eindringen und »die Gehirne unregelmäßig arbeiten [lassen], wie sie es in Wirklichkeit tun«[106].

Wichtige, am Beginn der 90er Jahre entstandene Theatertexte der verschiedenen Stilrichtungen folgten – sicherlich nicht im Sinne einer bewußten Exegese – einem solchen Programm. Als Stichworte seien nur die Namen Ibsen, Strindberg, Hauptmann, Hofmannsthal, Maeterlinck, Holz, Schlaf, Schnitzler, Čechov genannt. Die konstitutiven Größen dieser neuen Dramen waren ein obsessives Interesse am seelischen Gewordensein und dessen hermeneutischer Deutung, der Rückzug aus der Öffentlichkeit sowie der Entwurf einer neuen, intimen Sprache, Sprech- und Spielweise. Dem Reichtum der äußeren Begebenheiten wurde dramaturgisch die innere Handlung übergeordnet, die Konflikte in den Seelen der Figuren. Die dramatischen Personen entblößen ihr vermeintliches inneres ›Wesen‹; die Autoren forschen – wie Schlaf in seinem Text *Vom intimen Drama* (1898) schreibt – nach der »intimen Berücksichti-

---

100 Vgl. PAULA MODERSOHN-BECKER, Briefe und Aufzeichnungen, hg. v. B. Jahn (Leipzig/Weimar 1982); RAINER MARIA RILKE, Worpswede (1902), in: Rilke, Werke in drei Bänden, hg. v. H. Nalewski, Bd. 3 (Leipzig 1978), 391–508.
101 ANTOINE TERRASSE, ›Bonnard, Pierre‹, in: The Dictionary of Art, hg. v. J. Turner, Bd. 4 (New York 1996), 325.
102 ›Intimisme‹, in: ebd., Bd. 15 (New York 1996), 888.
103 ANDRÉ GIDE, Promenade au Salon d'Automne (1905), in: Gide, Œuvres complètes, hg. v. L. Martin-Chauffier, Bd. 4 (Paris 1933), 429.
104 BIE, Intime Musik (Berlin 1904), 15.
105 CARL HAGEMANN, Opernregie, in: Hagemann, Oper und Szene (Berlin/Leipzig 1905), 21.
106 AUGUST STRINDBERG, Vorwort zu ›Fräulein Julie‹ (1888), in: Strindberg, Fräulein Julie, übers. v. H. E. Gerlach (Stuttgart 1991), 62; vgl. ANNETTE DELIUS, Intimes Theater. Untersuchungen zur Programmatik und Dramaturgie einer bevorzugten Theaterform der Jahrhundertwende (Kronberg/Ts. 1976).

gung des mehr unterbewußten psychophysischen Kontaktes zwischen den [...] Hauptpersonen«[107]. Dazu sollte unterhalb des gesprochenen Wortes, das »nur so eine Art von Nothbrücke bedeutet«, eine »zweite Parallelsprache« konstituiert werden, die das Unaussprechliche mittels »Geste, Mienenspiel, Körperbewegung und [...] Nüanzierung, die der Affekt verleiht«[108], zur Hauptsache macht.

Wurde eingangs Intimität zu beschreiben versucht als Raum des Eigenen, als ein ›Gehäuse‹ um den ›Kern‹ des ›Selbst‹, so ist besonders interessant, daß die intensive ästhetische Suche nach der Intimität gerade zu einem historischen Zeitpunkt einsetzt, da man sich selbst und den Zeitgenossen als ›kernlos‹ empfand. So notierte etwa Schnitzler, der mit seiner Dramenfigur *Anatol* (1888–1891) einen Prototypen des Décadent geschaffen hatte, der sich dem Stimmungsaugenblick hingibt: »die Seele mancher Menschen scheint aus einzelnen, gewissermaßen flottierenden Elementen zu bestehen, die sich niemals um ein Zentrum zu gruppieren, also auch keine Einheit zu bilden imstande sind. So lebt der kernlose Mensch in einer ungeheuren und ihm doch niemals völlig zu Bewußtsein kommenden Einsamkeit dahin. Die große Mehrzahl der Menschen ist in diesem Sinne kernlos.«[109]

War zwar »höchster Grad von Vertrautheit mit der Natur«[110] zum Prinzip der intimen Kunst erhoben, so wurde nun aber unter ›Natur‹ – zumindest unter menschlicher Natur – etwas Neues verstanden. Der neue Mensch, der erforscht werden sollte, wurde begriffen als jemand von schwieriger, ›hysterischer‹, nervöser und komplizierter Natur – »und wenn die Moderne Mensch sagt, so meint sie Nerven«[111], schrieb Hermann Bahr. Die solcher Natur angemessene Kunst löste den »états de choses«, die »Sachenstände«, durch die »états d'âmes«, die »Seelenstände«[112], ab. So bemühen sich die dramatischen Figuren nun, die Gründe für ihre unglückliche Existenz nicht mehr in äußeren Umständen zu suchen, sondern in ihrer eigenen, charakterlichen ›Natur‹.

Die Figuren analysieren sich selbst, treiben »Autopsychologie«[113] oder – wie Nietzsche es nannte – »Gewissens-Vivisektion«[114]. Aber sie tun dies nicht, um eine neue familiale Beziehungswirklichkeit auszuhandeln. Im Gegenteil: in den tradierten Autoritätshierarchien wird festgehalten, auch da, wo die Zentralposition ›Vater‹ in ihrer strukturellen Schwäche überdeutlich wird – und das ist in beinahe allen diesen literarischen Texten der Fall. Die Figuren arbeiten sich ab an einem internalisierten Vater- und Familienbild, dessen Muster und Leitbilder aber mindestens 150 Jahre früher geprägt wurden. Das aus dem 18. Jh. übernommene Leitbild wird auf die dramatische Realfamilie übertragen, um in diesem Prozeß dann permanent festzustellen, wie wenig Ideal und Wirklichkeit zusammengehen und wie unvollkommen man selbst sei. Dennoch vermag kaum eine der literarischen Figuren sich aus diesen wesentlich selbstverfertigten Anforderungen zu befreien, die Fessel der Familie zu sprengen. Diese Distanzlosigkeit ist einer der Gründe für das intime Leiden der Figuren an sich selbst.

Zeitlich parallel gab es zwischen medizinischer Wissenschaft und Kunst eine auffallend ähnliche Interessenfokussierung, auch methodisch sind gewisse Parallelen kaum zu übersehen. In der um 1890 entstehenden Freudschen Psychoanalyse und im Kunstinstitut Theater wird eine Art »talking cure«[115] (wie Bertha Pappenheim ihre Hysterie-

---

107 JOHANNES SCHLAF, Vom intimen Drama, in: Neuland. Monatsschrift für Politik, Wissenschaft, Literatur und Kunst 2 (1898), Bd. 1, 37.
108 Ebd., 38.
109 ARTHUR SCHNITZLER, Buch der Sprüche und Bedenken (1927), in: Schnitzler, Aphorismen und Betrachtungen, hg. v. R. O. Weiss (Frankfurt a. M. 1967), 53 f.
110 MEYER, Bd. 9 (⁶1905), 894.
111 HERMANN BAHR, Die Überwindung des Naturalismus (1891), in: Bahr, Zur Überwindung des Naturalismus. Theoretische Schriften 1887–1904, hg. v. G. Wunberg (Stuttgart u. a. 1968), 87; vgl. MICHAEL WORBS, Nervenkunst. Literatur und Psychoanalyse im Wien der Jahrhundertwende (Frankfurt a. M. 1988).
112 BAHR, Die Krisis des Naturalismus (1891), in: Bahr (s. Anm. 111), 49.
113 HUGO VON HOFMANNSTHAL, Die Menschen in Ibsens Dramen. Eine kritische Studie (1892), in: Hofmannsthal, Gesammelte Werke in zehn Einzelbänden, hg. v. B. Schoeller/R. Hirsch, Bd. 8 (Frankfurt a. M. 1979), 150.
114 FRIEDRICH NIETZSCHE, Zur Genealogie der Moral. Eine Streitschrift (1887; Stuttgart 1988), 89.
115 BREUER/FREUD (s. Anm. 32), 63.

Analyse selbst nannte) entworfen, bei der nicht nur die Inhalte, sondern auch das ›setting‹ einander ähnelten. In beiden Fällen dominierte der Hang zur Innerlichkeit, in beiden war das ›Ich‹ der Ort des Zentralkonfliktes. Hier wie da wurden Seelenzustände interpretiert, die internalisierten Familienbilder verbalisiert und die Autobiographie einer Person vor dem Hintergrund ihrer Familiengeschichte mit der Zentralgestalt Vater scheinbar rekonstruiert – tatsächlich auf diesem Wege aber erst narrativ generiert.[116] Im Theater regierte das Familiendrama, aber man hat auch die Psychoanalyse mit gutem Recht als eine »psychology of family«[117] bezeichnet. Auch Freud war – wie die Entdecker des Intimen Theaters – der Meinung, daß sich eine so spezifisch privatisierte Suche nach der Innerlichkeit nicht mit jedem Publikum unternehmen ließ. Wie die Zuschauer im Intimen Theater mußten seine Patienten – wie er schrieb – einen »gewissen Bildungsgrad und einen einigermaßen verläßlichen Charakter besitzen«[118], denn »unterhalb eines gewissen Niveaus von Intelligenz ist das Verfahren überhaupt nicht anwendbar«[119]. Auch hier existierte also ein soziales Ausschlußverfahren, man war ›unter sich‹. Gegenüber der ›medizinisierten‹ Richtung der Seelenforschung, die Freuds Lehrer noch praktizierten, war dies neu. Die berühmten Inszenierungen der Hysterie mit dem Mittel der Hypnose, wie sie z. B. Jean Martin Charcot in der Salpêtrière praktizierte, waren demgegenüber noch eine vergleichsweise öffentliche Angelegenheit.[120] Mit der Aufgabe der Hypnose, die Freud vornahm, war man nun gänzlich des zwischengeschalteten und entfremdenden Mediums beraubt und ganz ›bei sich‹. Arzt und Patient traten in einen innerlichen, intimen Kontakt, der zugleich die Forderung nach ›Aufrichtigkeit‹ und ›Ehrlichkeit‹ auf beiden Seiten zur unabdingbaren Spielregel zu machen schien. Die Psychoanalyse verlange, meinte Freud, vom Kranken »das Opfer voller Aufrichtigkeit«[121], aber auch der Therapeut müsse das »dem Arzte sonst unentbehrlichen Lügen und Vorspiegeln«[122] aufgeben. Alfred Lorenzer schrieb über diesen verinnerlichten Zusammenhang, in den sich Therapeut und Patient nun begeben hatten: »Zur Intimität des Geständnisses trat die Intimität der Situation.« Er nannte die Psychoanalyse darum insgesamt die »Wissenschaft vom intimen Geständnis«[123].

Parallel zum vehement geführten Diskurs um künstlerisch-ästhetische Intimität kam es auch zur ersten praktischen Realisierung: Am 30. 4. 1895 gründet Max Halbe in München das erste so benannte *Intime Theater*. Es handelte sich dabei im Grunde um eine Liebhaberaufführung in einem privaten Salon vor ca. 40 geladenen Gästen – der Münchner Boheme. Gespielt wurde von den intellektuellen Amateuren Strindbergs Einakter *Gläubiger* (1888), und wie die Szene »Ein Salon in einem Badeort«[124] war, so war ein Salon die Aufführungsstätte. Auch hier herrschte räumliche Distanzlosigkeit: »auf Athemsnähe, die erste Sesselreihe der Zuschauer«. Das Ereignis wurde von Halbe zur Geburtsstunde einer völlig neuen Theaterkunst stilisiert. Es handle sich um »eine Spezialbühne [...] für Künstler und womöglich von Künstlern, eine Bühne, [...] wo Könner und Kenner unter sich sind, ein *intimes* Theater«. Dabei gehe es um einen Zusammenschluß der »Reifen und Feinen«[125], um einen Rückzug aus der Öffentlichkeit und – wie

---

116 Vgl. JEAN STAROBINSKI, La relation critique (Paris 1970); dt.: Psychoanalyse und Literatur, übers. v. E. Rohloff (Frankfurt a.M. 1990); PAUL RICŒUR, l'interprétation. Essai sur Freud (Paris 1965); dt.: Die Interpretation. Ein Versuch über Freud, übers. v. E. Moldenhauer (Frankfurt a.M. ⁴1993).
117 GARDNER MURPHY, ›Social Motivation‹, in: G. Lindzey (Hg.), Handbook of Social Psychology, Bd. 2 (Cambridge, Mass. 1954), 616.
118 FREUD, Über Psychotherapie (1905), in: FREUD (SA), Erg.bd. (1975), 115.
119 FREUD, Zur Psychotherapie der Hysterie (1895), in: ebd., 59; vgl. FREUD, Bemerkungen über die Übertragungsliebe (1915), in: ebd., 219.
120 Vgl. RENATE SCHLESIER, Mythos und Weiblichkeit bei Sigmund Freud: Zum Problem von Entmythologisierung und Remythologisierung in der psychoanalytischen Therapie (1981; Frankfurt a.M. 1990), 41–75; CHRISTINA VON BRAUN, Nicht Ich. Logik. Lüge. Libido (1985; Frankfurt a.M. ³1990).
121 FREUD (s. Anm. 118), 114.
122 FREUD, Bemerkungen über die Übertragungsliebe (1915), in: FREUD (SA), Erg.bd. (1975), 224.
123 ALFRED LORENZER, Intimität und soziales Leid. Archäologie der Psychoanalyse (1984; Frankfurt a.M. 1993), 132, 144.
124 STRINDBERG, Gläubiger. Tragikomödie (1888), in: Strindberg, Werke, übers. v. E. Schering, Abt. Dramen, Bd. 4 (München/Leipzig ⁷1917), 52.
125 MAX HALBE, Intimes Theater, in: Pan I (1895), H. 2, 109, 107.

Julius Kulka bereits 1892 gefordert hatte – um die Herauslösung der Kunst aus »von rein kaufmännischen Gesichtspunkten geleiteten Geschäftsunternehmen«. Kunst sollte nicht zur Ware degradiert werden. In seinem Essay hatte er radikal formuliert – und war damit auf die Begeisterung der jungen Wiener Intellektuellen gestoßen: »Denn das Publikum verdirbt alles. [...] Das Publikum ist der Feind. [...] Das Theater der Zukunft ist das vom Publikum emanzipierte Theater.«[126]

Bereits die internationalen Theatergemeinschaftsgründungen der späten 1880er und frühen 90er Jahre (1887: Théâtre Libre, Paris; 1890: Théâtre Moderne, Paris; 1889: Freie Bühne, Berlin; 1891: The Independent Theatre, London, usw.) muß man im Zusammenhang nicht nur mit einem – wie in der Theatergeschichtsschreibung immer wieder betonten – ›Umgehen von Zensur‹, sondern auch mit einer großen Intimisierungstendenz der Theaterkunst sehen. Nach dem Münchner Intimen Theater folgten u. a. 1899 in Nürnberg, 1902 und 1905 in Wien weitere Gründungen unter diesem Namen. Am berühmtesten sind die 1902 unter dem Namen Kleines Theater und 1906 als Kammerspiele von Max Reinhardt in Berlin begründeten und architektonisch sowie technisch – nach den Grundzügen des Strindbergschen Programms von 1888 – umgestalteten Theater. Dabei sind die ursprünglich als ›Intimes Theater‹ geplanten, dann aber in Anlehnung an die ›Kammermusik‹ so benannten ›Kammerspiele‹ allein in innenarchitektonischer Hinsicht ein Muster intimer Ästhetik.

Bestimmendes gestalterisches Prinzip des Umbaus 1906, der einem Neubau gleichkam[127], war Reduzierung, Konzentration bei gleichzeitiger Distanzierung und Vornehmheit. Der Zuschauerraum faßte bei der Eröffnung nur etwas mehr als 300 Zuschauer, war in warmen dunklen Rot-, Braun- und Goldtönen gehalten; kein Schmuck oder Stuck lenkte vom Bühnengeschehen ab. Breite, bequeme »Klubsessel«[128] schufen für jeden einen angemessenen ›personal room‹. Der Kritiker Siegfried Jacobsohn schwärmte damals: »Wer hier nicht jubelt, fälscht seinen Eindruck [...]. Der Zuschauerraum ist [...] durch kein Orchester, keinen Souffleurkasten von der Bühne getrennt und hat es darum leicht, von unvergleichbarer Geschlossenheit und Intimität zu sein.«[129]

Ein Paradoxon stellte die berühmte Stufe zwischen abgesenktem Bühnenboden und Parkett dar. Zwar symbolisierte sie ›Distanzlosigkeit‹ der Gemeinschaft zwischen Kunstproduzenten und -rezipienten (»das Theater grenzt an den Salon«[130], hieß es in einer Kritik), ihre faktische Benutzung aber war nicht intendiert. Hier hatte gerade der Disziplinierungsversuch gegenüber dem Publikum seinen Höhepunkt erreicht. Zur Herstellung einer ›Erlesenheit‹ der sich vereinigenden Kunstgemeinde gehörten Frackzwang für die Herren und Abendgarderobe für die Damen ebenso wie extrem hohe Eintrittspreise.[131] War es beim ersten Intimen Theater 1895 konzeptionelles Anliegen, Kunst und Kommerz auseinanderzuhalten, so war man nun – wie Alfred Kerr kommentierte – nicht nur »intim«, sondern auch »finanzbehaglich«[132]. Was hier im entstehenden Theaterkonzern Reinhardt stattfand, war erstmals das *Geschäft* mit der künstlerischen Intimität.

Gespielt wurde, wie einst 1889 zur Eröffnung der Freien Bühne unter Otto Brahm, Ibsens *Gespenster* (*Gengangere*, 1881), nun aber in einem Bühnenbild, das Edvard Munch entworfen hatte. Bezeichnenderweise war hier ein bedeutender bildender Künstler für die Bühnenraumgestaltung ge-

---

126 JULIUS KULKA, Theaterreform (1892), in: Freie Bühne für modernes Leben 3 (1892), 73.
127 Vgl. ALFRED DREIFUSS, Deutsches Theater Berlin. Schumannstraße 13a. Fünf Kapitel aus der Geschichte einer Schauspielbühne (1983; Berlin ²1987), 153.
128 FRANZ STAHL, [Theaterkritik zu Ibsens ›Gespenster‹], in: Berliner Tageblatt. Morgen-Ausgabe, Nr. 571 (9. 11. 1906).
129 SIEGFRIED JACOBSOHN, [Theaterkritik zu Ibsens ›Gespenster‹] (15. 11. 1906), in: H. Fetting (Hg.), Von der ›Freien Bühne‹ zum ›Politischen Theater‹. Drama und Theater im Spiegel der Kritik, Bd. 1 (Leipzig 1987), 319f.
130 ALFRED KLAAR, [Theaterkritik zu Ibsens ›Gespenster‹] (10. 11. 1906), in: ebd., 326.
131 Vgl. HEINRICH HUESMANN, Welttheater Reinhardt. Bauten, Spielstätten, Inszenierungen (München 1983), 18.
132 ALFRED KERR, Ein Kammerspiel (und die Duse) (1906), in: Kerr, Mit Schleuder und Harfe. Theaterkritiken aus drei Jahrzehnten, hg. v. H. Fetting (Berlin 1981), 18.

V. Die kurze Karriere der Intimität   193

wonnen worden, was einer neuartigen Annäherung zwischen bildender Kunst und Theater im beginnenden 20. Jh. entsprach. Munch war ein Künstler des betont subjektiven, vom inneren, seelischen Empfinden her diktierten, intimen Blicks.[133] Im Zentrum des Zimmers auf der Bühne sollte »ein großer schwarzer Lehnstuhl« stehen, dessen symbolisches »Schwarz« – nach Reinhardts Vorstellungen – »auch die ganze Stimmung des Dramas restlos wiedergibt«[134]. Licht und Farbe erhellten nicht nur die Szene, sondern ›gestalteten‹ sie auch. Konzeptionell wurde bei der Inszenierung des Stücks *Gespenster* nicht mehr auf die »Empörerstimmung«, sondern »auf den Mutterschmerz«[135] Wert gelegt, den die berühmte ›Natürlichkeitsspielerin‹ mit der besonderen Persönlichkeit, Agnes Sorma, produzierte. Der durch seine nervöse »Begabung für krankhafte, innerlich zerquälte Ausnahmsnaturen«[136] bekannte Alexander Moissi spielte die Figur des Oswald. Die Inszenierung muß einem Zelebrieren des feinnervigen ›Unterspielens‹, der leisen Zwischentöne und dezenten Mimik und Gestik, der Langsamkeit und Pausen – einer »Übertreibung nach unten« – gleichgekommen sein. So beschwerten sich Kritiker, daß man »im übermäßigen Gebrauch der verhauchenden Laute« schwelge bzw. sich am »gedehnten Flüstern« (326) und an Unterbrechungen berausche. In dieser Nähe zwischen Bühne und Zuschauerraum konnte – wie die Rezensenten beschrieben – das für die Darstellung des Seelischen so wichtige »Augenspiel«, die »Nuancen«, sogar »die Fremdheit des Blicks, das das Weiße des Auges hervorkehrt« (324) überhaupt erst richtig wahrgenommen werden.

Intimität als Gesamtkunstwerk war hier architektonisch, atmosphärisch, dramaturgisch und darstellerisch realisiert. Ein im Zeitalter der Empfindsamkeit aus dem Bereich der Psychologie und der sozialen Kontakte stammender Begriff war jetzt auch auf den Raum und die Atmosphäre übergegangen; er bezeichnete nun auch »Stätten einer Kultur der Gefühle«[137]. Von diesem Zeitpunkt an wird in den Lexika des 20. Jh. gewöhnlich auch die Konnotation mit ›heimelig‹, ›stimmungsvoll‹ oder »wohlig (von Räumlichkeiten)«[138] angegeben. Noch heute spricht man von der »gemütlichen, intimen Atmosphäre« eines Raumes, wenn es heißt: »das gedämpfte Licht erhöhte die Intimität des Raumes«[139].

Strindberg selbst konnte seine eigene Konzeption erst 1907 in Stockholm realisieren; mit August Falck gründete er dort das *Intima Teatern*. Die Eröffnungsvorstellung erfolgte am 26. 11. 1907 mit der Uraufführung seines Kammerspiels *Pelikanen (Der Scheiterhaufen)*.[140] Das Intima Teatern mußte allerdings, aus finanziellen Gründen, wie es gemeinhin heißt, schon 1910 wieder schließen. Tatsächlich aber war auch der Trend zu einer europäischen avantgardistischen Favorisierung des Intimen bereits wieder vorbei.

Daß das Bedürfnis nach künstlerischer Intimität zu diesem Zeitpunkt wieder zurückging, wird deutlich etwa an einer Äußerung Georg Lukács' von 1908/1909. Lukács meinte, es hätte eine Zeit gegeben, in der vom »intimen Theater« die »Lösung der ganzen Theaterfrage erwartet wurde; heute haben diese Hoffnungen aufgehört. Heute erscheint das Ganze als interessantes, in seiner Bedeutung und seinem Wert aber sehr problematisches Experiment«. Lukács hielt nun das »intime Theater« für eine »prinzipiell paradoxe Institution«[141]. Die sich hier bereits andeutende Wertung der Ästhetik des ›intimen Theaters‹ als ›elitär‹ wird

---

133 Vgl. Munch und Ibsen, bearb. v. P. Perucchi-Petri, übers. v. R. Sigg-Gilstadt [Ausst.-Kat.] (Zürich 1976).
134 ERNST STERN, Bühnenbildner bei Max Reinhardt (Berlin 1955), 39.
135 JACOBSOHN (s. Anm. 129), 320.
136 KLAAR (s. Anm. 130), 323.
137 HERMANN SCHMITZ, Höhlengänge. Über die gegenwärtige Aufgabe der Philosophie (Berlin 1997), 140.
138 MEYER, Bd. 6 (⁸1939), 303.
139 Duden Deutsches Universalwörterbuch (s. Anm. 79).
140 Vgl. STRINDBERG, Über modernes Drama und Theater (1889), in: Strindberg, Über Drama und Theater, hg. v. M. Kesting/W. Arpe, übers. v. W. Arpe (Köln 1966); STRINDBERG, Der Begriff Intimes Theater (1908), in: ebd., 219–233.
141 GEORG LUKÁCS, Zur Soziologie des modernen Dramas (1908/1909), in: Archiv für Sozialwissenschaft und Sozialpolitik, Bd. 38 (1914), 316, 318.

dann in der marxistischen Kunstgeschichtsschreibung zum gängigen Verdikt.¹⁴² Lukács formuliert mit dieser skeptischen Sicht auf das ästhetisch Intime um 1908/1909 zugleich die Richtung eines neuen Paradigmenwechsels. Die Tendenz war nun – wie sie Max Reinhardt längst praktizierte –, neben dem ›Intimen Theater‹ auch ein ›Großes Haus‹ zu institutionalisieren, d. h. eine intime Ästhetik gleichberechtigt neben andere Kunstprojekte zu stellen. Die ästhetische Intimität war damit in die Kunst der Moderne integriert, ihr innovatives Potential bereits wieder verbraucht.

Was nun interessierte, war eine neue, ›anti-intime‹ Monumentalität und Festspielatmosphäre von Massenaufführungen, wie sie Reinhardt ab 1910 (zuerst im Münchner Arenatheater mit Hofmannsthals *Ödipus und die Sphinx* aus dem Jahr 1906) ausprobierte. Die Tatsache, daß es sich auch hierbei wiederum um dieselben Autoren und Theaterleute handelte, die einst zu den Favoriten des Intimen Theaters gehörten, zeigt an, wie sehr es sich bei der Bevorzugung ästhetischer Intimität um ein übergreifendes Zeitphänomen handelte. Ferdinand Tönnies hat jenes sich im Intimen äußernde Bedürfnis beinahe zeitgleich mit Strindberg 1887 formuliert: »Alles vertraute, heimliche, ausschließende Zusammenleben (so finden wir) wird als Leben in Gemeinschaft verstanden. Gesellschaft ist Öffentlichkeit, ist die Welt. [...] Man geht in die Gesellschaft wie in die Fremde. [...] Gemeinschaft ist das dauernde und echte Zusammenleben, Gesellschaft nur ein vorübergehendes und scheinbares.«¹⁴³

VI. Konkurrenzunternehmen Intimität und Massenkultur

Es ist kein Zufall, daß eine Ästhetik der Intimität gerade um die Jahrhundertwende favorisiert wurde. Endgültig hatte sich zu diesem Zeitpunkt ein entscheidendes, aus den technischen Entdeckungen und Erfindungen des gesamten 19. Jh. hervorgegangenes Projekt mit den sich daran knüpfenden Diskursen etabliert: das der neuen medialen Kommunikationsmittel. Dabei wurden Photographie, Panorama, Diorama, Phonograph/Schallplatte, frühes Kino usw. in erster Linie als Medien der Oberfläche, nicht der Tiefe und Intimität begriffen. Roland Barthes stellte für die historisch schon ältere Photographie fest, daß sie – in jeder Beziehung des Wortes – ›platt‹ sei. »C'est bien à tort qu'en raison de son origine technique, on l'associe à l'idée d'un passage obscur (*camera obscura*). C'est *camera lucida* qu'il faudrait dire.«¹⁴⁴ Nach Barthes reproduziert die Photographie nur, was einmal stattgefunden hat. Sie wiederhole nur mechanisch, wie die Oberfläche einer Erscheinung oder eines Ereignisses beschaffen sei, ohne in dessen Tiefe, in dessen Wesen einzudringen. In der Photographie, so Barthes, »l'événement ne se dépasse jamais vers autre chose« (15), sie transformiere »le sujet en objet« (29). Mit Maurice Blanchot meint Barthes: »l'essence de l'image est d'être toute dehors, sans intimité« (164).

Ähnlich verhält es sich mit dem Projekt des frühen Kinos. Wie sehr die Ästhetik des Kinos als eine Ästhetik der Oberfläche verstanden wurde, hat wiederum Lukács betont. 1911 stellte er Bühne und Kino einander gegenüber. Die Bühne war für ihn »absolute Gegenwart«, das Kino zeichne sich dagegen durch das »Fehlen dieser ›Gegenwart‹«¹⁴⁵ aus. Er setzte Bühne und »Seele« gleich, während das Kino »keine Seelen [...], bloß Ereignis« zeige. Die Welt des Kinos sei ein Leben »aus reiner Oberfläche«¹⁴⁶.

Das gesamte Projekt der ›bewegten Bilder‹ war entstanden als neues, attraktives Segment einer urbanen Massenkultur, die im wesentlichen eine Out-door-Kultur war. Sie besaß besondere Anziehungskraft für die Massen. Die ästhetische Favorisierung der Intimität mit dem Zentrum eines der ältesten Medien, dem Theater, wandte sich sowohl

---

142 Vgl. RICHARD HAMANN/JOST HERMAND, Naturalismus (Berlin 1959), 325; HAMANN/HERMAND, Impressionismus (Berlin 1960), 118–153.
143 FERDINAND TÖNNIES, Gemeinschaft und Gesellschaft. Grundbegriffe der reinen Soziologie (1887; Darmstadt 1991), 3 f.
144 ROLAND BARTHES, La chambre claire. Note sur la photographie (Paris 1980), 164; dt.: Die helle Kammer. Bemerkung zur Photographie, übers. v. D. Leube (Frankfurt a. M. 1989).
145 LUKÁCS, Gedanken zu einer Ästhetik des ›Kino‹ (1911), in: J. Schweinitz (Hg.), Prolog vor dem Film. Nachdenken über ein neues Medium 1909–1914 (Leipzig 1992), 301.
146 Ebd., 304, 302.

gegen diese scheinbar alles nivellierende Massenkultur als auch gegen eine vermeintliche Ästhetik der Oberfläche, der Oberflächlichkeit, des ›Außen‹. Das intellektuell gebildete Bürgertum schloß sich mit dem Intimitätsdiskurs enger zusammen, so wurde der Intimitätsbegriff auch zur Agentur einer kulturellen Distinktion und Ausgrenzung. Die Sprecher der intimen Medienästhetik verstanden ihr Projekt – gegenüber Photographie, Phonographie, Kinematographie – als ein Medium der *Tiefe*, des Wesentlichen, der Verinnerlichung und eben *nicht* der Oberfläche. Tatsächlich aber war das ästhetische Projekt des Intimen nichts anderes als Ausdruck einer neuen Konkurrenz zwischen alten und neuen Medien.

Denn mit den neuen Medien wurde erst perfekt möglich, was mit der intimen Kunst begonnen hatte: die Distanz zu überwinden und gerade *Nähe* herzustellen.»Man muß im Film«, sagte der Schauspieler Paul Wegener 1916 in einem Vortrag, »noch diskreter sein als man in den Kammerspielen des Deutschen Theaters ist. Ein Augen-Blick, eine kleine Wendung des Kopfes können, wirklich erlebt, außerordentlich stark sein. Alles Leere und Affektive wirkt auf der Riesenleinwand sehr bald wie eine Verzerrung.«[147] Mit der Kamera konnte den Darstellern gründlich ›auf den Leib gerückt‹ werden; die visuelle Erforschung des Mimischen mit dem Zentrum des ›Augenspiels‹ als Ausdruck seelischer Empfindungen feierte hier erst ihre wahren Höhepunkte. Erstaunen ließ an den neuen technischen Erfindungen zunächst auch die Möglichkeit, das scheinbar authentisch Private, das Intime, öffentlich zugänglich zu machen. So hieß es etwa 1910 begeistert: »Der Film zieht den Vorhang von den intimsten Dingen. Es ist kaum glaublich, aber wahr, daß Kaiser Wilhelm der Zweite auf dem Deck seiner Jacht Hohenzollern ein Gespräch […] mit dem bergenser Konsul Mohr kinematographieren ließ. […] Noch intimer die Szene, wo der Kaiser mit zwei Teckelhunden und seiner Tochter auf Deck sitzend eine friedliche Gruppe bildet. Wenn dieses Verhalten Wilhelms des Zweiten dem Kinematographen gegenüber nachgeahmt wird, so können wir uns auf interessante Dinge gefaßt machen.«[148]

Was sich hier äußert, ist Ausdruck der neuen Massenkultur, die immer tiefer ins Intime vordringt. Dies wurde als Bedrohung empfunden. Es kann aber auch als Demokratisierung wahrgenommen werden. Walter Benjamin hat auf die Bedeutung der Massen im Zeitalter der technischen Reproduzierbarkeit hingewiesen: »die Dinge sich räumlich und menschlich ›näherzubringen‹ ist ein genau so leidenschaftliches Anliegen der gegenwärtigen Massen wie es ihre Tendenz einer Überwindung des Einmaligen jeder Gegebenheit durch die Aufnahme von deren Reproduktion ist.«[149]

Marianne Streisand

Literatur

DELIUS, ANNETTE, Intimes Theater. Untersuchungen zur Programmatik und Dramaturgie einer bevorzugten Theaterform der Jahrhundertwende (Kronberg/Ts. 1976); GIDDENS, ANTHONY, The Transformation of Intimacy: Sexuality, Love and Eroticism in Modern Societies (Cambridge 1992); dt.: Wandel der Intimität. Sexualität, Liebe und Erotik in modernen Gesellschaften, übers. v. H. Pelzer (Frankfurt a.M. 1993); ›Intimacy‹ [Themenheft], in: Critical Inquiry 24 (1998), H. 2; LUHMANN, NIKLAS, Liebe als Passion: Zur Codierung von Intimität (Frankfurt a.M. 1982); SENNETT, RICHARD, The Fall of Public Man (Cambrigde 1977); dt.: Verfall und Ende des öffentlichen Lebens. Die Tyrannei der Intimität, übers. v. R. Kaiser (1983; Frankfurt a.M. 1991); SLOTERDIJK, PETER, Sphären, 2 Bde. (Frankfurt a.M. 1998/1999); STREISAND, MARIANNE, Intimität. Begriffsgeschichte und Entdeckung der Intimität auf dem Theater um 1900 (München 2001).

---

147 PAUL WEGENER, Die künstlerischen Möglichkeiten des Films (1916), in: Wegener, Sein Leben und seine Rollen, hg. v. K. Möller (Hamburg 1954), 107.
148 HANS LAND, Lichtspiele (1910), in: Schweinitz (s. Anm. 145), 19f.
149 WALTER BENJAMIN, Das Kunstwerk im Zeitalter seiner technischen Reproduzierbarkeit, 2. [recte 3.] Fassung (1936–1939), in: BENJAMIN, Bd. I/2 (1974), 373.

Ironisch/Ironie

(griech. εἰρωνικός, εἰρωνεία; lat. ironicus, ironia; engl. ironic, ironical, irony; frz. ironique, ironie; ital. ironico, ironia; span. irónico, ironía; russ. ироническое, ирония)

Einleitung; I. Vom komischen Schimpfwort zur rhetorischen Figur; 1. Aristophanes: Der Ironiker betritt die Szene; a) Eirōn: komisches Schimpfwort; b) Eirōnikos: parodistische Bezeichnung; c) Eirōneuomai: Tätigkeitswort; d) Ironie: Medium der Komik; 2. Platonische Bedeutungsverschiebung; a) Die Maske des Sophisten; b) Eirōneia: Substantivierung; 3. Aufnahme in die Rhetorik und Übernahme ins Lateinische; a) Ironia: Übernahme eines Hauptworts; **II. Erneuerung und Transfer in die europäischen Sprachen;** 1. ›Wit‹, ›banter‹ und Ironie in der englischen Satire; 2. ›Raillerie‹ und ›persiflage‹ in der französischen Aufklärung; 3. Die verspätete Aufnahme des Begriffs in die deutsche Sprache; **III. Romantische Ironien;** 1. Schlegels Begriffsbildung; 2. Umsetzung in die Form: Hoffmann; 3. (Un)ironische Dialektik: Solger, Hegel; 4. Ironischer Parallelismus: Heine; **IV. Eine ästhetische Signatur der Moderne;** 1. Das Pastiche; 2. Der Essay und die Ironie im Roman; 3. Parodie und Polyphonie; 4. Zitat, Collage, Montage: Die außerliterarischen Medien und Künste; a) Musik; b) Bildende Künste; c) Theater; d) Film; **V. ›Postmoderne‹ Spiele der Ironie?;** 1. Literaturtheorie; 2. Philosophie; 3. Architektur, Alltagskultur, rhetorische Eskapaden

Einleitung

›Wie jetzt Liala sagen würde: ich liebe Dich inniglich.‹ So könnte eine heute noch mögliche Liebeserklärung lauten. Wer die Worte ›Ich liebe Dich inniglich‹ gebrochen durch eine poetisches Zitat ausspricht, vermeidet falsche Unschuld und Naivität, und indem sich der andere das bewußte Spiel und das ganze Maß von Vergnügen, das zur Ironie solchen Zitierens gehört, zu eigen macht, kann es wieder gelingen, von Liebe zu sprechen.

---

1 Vgl. UMBERTO ECO, Postmodernism, Irony, the Enjoyable, in: P. Brooker (Hg.), Modernism/Postmodernism (London/New York 1992), 225 f.
2 Vgl. EBERHARD LÄMMERT, Geleitwort, in: H.-E. Haas/G.-A. Mohrlüder (Hg.), Ironie als literarisches Phänomen (Köln 1973), 11 f.

Umberto Eco hat die zitierte Wendung in einem Text vorgeschlagen, der zu einer Programmschrift der ›Postmoderne‹ geworden ist. Mit dieser Wendung beschreibt er, wie sich das für diese Richtung charakteristische Verhältnis zur Vergangenheit von dem der Moderne absetzt. Im Unterschied zum zerstörerischen Gestus der Avantgarden in den 20er Jahren scheint dieses Verhältnis in den postmodernen Strömungen des späten 20. Jh. wesentlich durch die Vokabeln Spiel, Ironie, Vergnügen bestimmt.[1] Gewiß wäre es verfehlt, in der Moderne nur den Ausdruck eines radikalen historischen Pathos zu sehen. Doch waren die ironischen Elemente, die die spezifisch moderne Literatur und Kunst kennzeichneten, unzweifelhaft – wie übrigens schon in der Frühromantik – an einen tiefernsten Erneuerungsauftrag gebunden. So legitimierte sich die Aufmerksamkeit für literarische und ästhetische Erscheinungsweisen der Ironie bis in die 60er Jahre vor allem mit dem Gebot, die Autonomie der Kunst gegen deren forcierte Politisierung zu akzentuieren und auch zu verteidigen.[2] Im Zuge einer bemerkenswerten Kehrtwende ist mit dem Scheitern der prononciert modernen politischen Bewegungen von 1968 ff. eine neue Ironie, die mit Witz und Spiel verwandt ist, zu einem ästhetischen Leitbegriff der 80er und 90er Jahre geworden.

Insofern ist Ecos programmatischer Essay kennzeichnend für eine aktuelle Tendenz, die sich in der Literatur, der Kunst und sogar in den Kulturwissenschaften behauptet hat. Neu gegenüber den vorangegangenen Epochen ist hieran, daß sich das Phänomen auf Kunstgattungen bezieht, von welchen es sonst ausgeschlossen schien. Im Zentrum der Postmoderne-Debatte stand ein neuer architektonischer Stil, der sich, obgleich den Gesetzen materialer Konstruktion unterworfen, Entwicklungen der Rhetorik wie auch des rhetorischen Ironieverständnisses angeeignet hatte. Dieses ironische Spiel, Anzeichen vielleicht eines neuen Manierismus, der sich von einer als klassisch gedachten Moderne abhebt, ist zusammen mit den Lehren des linguistic turn und der diskursiven Dekonstruktion auch in die Institution der Universität vorgedrungen. Begleitet von massiven Bestrebungen des einzelnen, sich gesellschaftlich auszuzeichnen und den Alltag zu ästhetisieren, erobert das Wort Ironie scheinbar alle Bereiche des sozialen Lebens bis hin zur Mode und zur Werbung, ja sogar zur Politik. Unter den mehr als 100 einschlägigen Titeln, die zum Jahrtausendwechsel lieferbar sind, seien vier in auflagenstarken Reihen erschienene Bücher genannt, die davon eine Vorstellung vermitteln: *L'ironie. Le sourire de l'esprit*; *Tra menzogna e ironia*; *The Irony of Democracy*; *Sprachen der Ironie – Sprachen des Ernstes*.³ Was bezeichnet ›Ironie‹? Die Benennung des Phänomens weist zurück auf eine alte Tradition, die es an ein Spezifikum der westlichen Kultur koppelt: die demokratische Rechtsordnung und ihre Thematisierung auf der Bühne des antiken Griechenland. Tatsächlich berufen sich alle europäischen Sprachen, wenn sie dieses Wort darstellen wollen, auf seine – ihnen durch die lateinische Vokabel ironia vermittelte – griechische Wurzel. Wir wissen nichts über seinen vor- und frühantiken Ursprung. (Im Sanskrit – soweit bekannt – hat es kein Äquivalent; und in welchem Maße ähnliche Bedeutungsfelder in anderen Kulturen existiert haben, bliebe noch zu prüfen.) Die ersten schriftlich fixierten Spuren seiner Verwendung finden sich bei dem Komödiendichter Aristophanes. Es war zunächst ein auf die Sophisten gemünztes Schimpfwort und bezeichnete ihr unaufrichtiges Tun, ihre Verstellungskunst und das mimisch-gestische Spiel, das ihren Prätentionen Glauben verschaffte. Von daher ist für das Wort eine niedere Herkunft aus der Sprache des Volksmunds zu vermuten. Ehe es, im Zuge seiner Substantivierung, ins terminologische Repertoire der Philosophie eingeht, finden sich seine Entsprechungen, das abgeleitete Bestimmungswort eirōnikos und das Tätigkeitswort eirōneuomai, in einer Kontroverse um seine Bedeutung, einer Kontroverse, in der sich die Komödie und der Platonische Dialog um die wahre Physiognomie des Sokrates streiten. Die Bezeichnungen eirōneuomai und eirōnikos bezeichnen wohl das paradigmatische Verfahren der komischen Distanzierung vom Darzustellenden auf der Bühne bzw. das Eigentümliche der Sokratischen Maieutik. Sie beziehen sich somit auf das instrumentelle Verhältnis der Philosophie zur Mimesis und damit zur Kunst. Platon hebt als erster das eine Eigenschaft bezeichnende Hauptwort eirōneia hervor, gibt ihm einen konstruktiven Sinn und ermöglicht so die Aufnahme dieses Terminus in die Aristotelische Philosophie. Über die Sondertradition der Rhetorik gelangt das Wort als ironia ins Lateinische und ab der Renaissance, über seine von Quintilian ausgehende Kanonisierung als Trope der Sinnverkehrung, in die europäischen Sprachen.

In diesen Sprachen entfalten sich die entsprechenden Termini allmählich durch deren Konnotation mit landessprachlichen Bezeichnungen aus der Sphäre der Alltagskomik und des populären Spotts: mit dem ital. burlesco, den engl. wit und banter, den frz. raillerie und persiflage, schließlich auch mit den deutschen Vokabeln Schalk(heit) und Spötterei. Mit dem Aufkommen des Buchdrucks und der schrittweisen Verbreitung der Aufklärung erhält das antike Wort ironia zunehmend die Funktion, die gerade genannten Phänomene zu bezeichnen, und setzt sich so in allen europäischen Kulturen durch. Die Gattung, in deren Kontext sich ein ironisches Vorgehen nunmehr selbst mit diesem antiken Namen charakterisiert (yrony), ist die englische Satire, die anfangs, um 1700, politisch-konfessionelle, dann, bei Swift, literarische Angelegenheiten darstellt. Die satirischen und parodistischen Genres der französischen Aufklärung prägen dafür das Wort persiflage, dem bei Diderot eine spezifische kunsttheoretische Konnotation zukommt. Auch wenn alle europäischen Sprachen Vokabeln bilden, die sich (als Adjektiv, Adverb, schließlich als Verb) von dem lateinischen Namen der ironia herleiten, wird es doch bis ins 18., im deutschsprachigen Gebiet sogar ins 19. Jh. dauern, bevor dieser Integrationsprozeß in der Alltagssprache ankommt.

Wie paradox die deutsche Entwicklung ist, läßt sich daran ablesen, daß hier einzelne Autoren ein Wort lancieren, das in der Volkskultur keine Entsprechung kannte, die sich in ihrem Stellenwert mit dem philosophischen Konzept Ironie hätte messen können. Die frühromantische Ironie wird

---

3 Vgl. CÉCILE GUÉRARD (Hg.), L'ironie. Le sourire de l'esprit (Paris 1998); ECO, Tra menzogna e ironia (Mailand 1998); THOMAS E. DYE/HARMON ZEIGLER, The Irony of Democracy. An Uncommon Introduction to American Politics (Fort Worth u. a. 2000); KARL HEINZ BOHRER (Hg.), Sprachen der Ironie – Sprachen des Ernstes (Frankfurt a. M. 2000).

deshalb auf einen seit der Antike mehrmals umgeformten europäischen Ironiebegriff zurückgreifen, um ihn zu erweitern und zu radikalisieren. Friedrich Schlegel bringt diese Ironie, besonders im Medium des Fragments, auf eine neue Höhe autonomer philosophischer, ästhetischer und literarischer Reflexion. Sowie nun der Terminus – von Solger und Hegel bis zu Kierkegaard und Nietzsche – (wieder) zum Gegenstand eines offen ausgefochtenen philosophischen Disputs wird, verändert sich auch, eben aufgrund dieser Debatte, das Verhältnis zwischen Ironie und schriftstellerischer Produktion. Die Literatur der 1820er und 1830er Jahre bietet, bei E. T. A. Hoffmann und Heinrich Heine, das Musterbeispiel einer reflektierten Aufnahme des Konzepts Ironie in die Dichtung und begründet damit eine Tradition. Die Fortwirkungen ihrer Werke in der europäischen und amerikanischen Literatur von E. A. Poe bis zu Flaubert sind erheblich, bleiben jedoch ohne Parallele in der französischen oder angelsächsischen Philosophie und ästhetischen Theorie.

Um die Wende vom 19. zum 20. Jh. wird die Ironie zu einer bevorzugten Maske des Essayisten sowie zur Signatur der Kunstkritik. Der häufige Rückgriff auf die verschiedenen Formen der Ironie, die sich im Pastiche, in der Parodie, im Essay und im Portrait geltend machen, geht auch, von Proust und Joyce bis zu Musil, in die Literatur der klassischen Moderne ein. Mit den Techniken des Zitats, der Collage und der Montage überträgt sich solcher Gebrauch der Ironie auch auf das Gebiet der anderen Künste, auf Musik, Malerei, Theater und auf das noch junge Massenmedium Kino. Die Nachkriegszeit ist bestimmt durch eine neue Verschränkung der literarischen, philosophischen und kunsttheoretischen Diskurse. Die Ironieauffassungen, ob sie aus dem New Criticism, dem Strukturalismus oder der Dekonstruktion hervorgegangen sind, schwanken, wenn sie das Phänomen beschreiben, zwischen zwei Polen: einer letztendlich rhetorisch motivierten Lektüre und einem performativitätstheoretischen Ansatz. Die inflationäre, kaum von begrifflicher Arbeit begleitete Verwendung der Bezeichnungen Ironie und ironisch in immer mehr Gebieten der Kunst wie des Alltags – vielleicht eine Reaktion auf die Entzauberung der Welt – wird schließlich für diese Epoche charakteristisch.

I. Vom komischen Schimpfwort zur rhetorischen Figur

1. Aristophanes: Der Ironiker betritt die Szene

a) Eirōn: komisches Schimpfwort

»Frech, naseweis, maulfertig, infam, / Unflat, Aufschneider und Lügenschmied, / Rechtsfälscher, mit allen Hunden gehetzt / Schwadroneur, Windfahne, Fuchs, Klappermaul, / Nasrümpfer, Scharwenzler, aufdringliche Klett', / Aas, Neidhard, Galgenstrick, Lumpenhund, / Arschleckergesicht« (θρασύς, εὔγλωττος, τολμηρός, ἴτης, / βλελυρός, ψευδῶν συγκολλητής, / εὑρησιεπής, περίτριμμα δικῶν, / κύρβις, κρόταλον, κίναδος, τρύμη, / μάσθλης, εἴρων, γλοιός, ἀλαζών, / κέντρων, μιαρός, / στρόφις, ἀργαλέος ματτυολοιχός)[4].

Diese Schimpfkanonade – sie ist der erste überlieferter Kontext des Wortes ›eirōn‹ und des Namens für eine Person, deren Eigenheit später ›eirōneia‹ genannt werden sollte – ist 423 v. Chr. bei den Athener Dionysien in einer Komödie zu hören. Mit ihr beklagt sich ein verzweifelter Greis über die Schulden seines Sohnes. In der ersten Episode der Nephelai (Wolken) ist er bei Sokrates vorstellig geworden, um von ihm die Redekunst zu lernen, damit er sich in einem Prozeß zu verteidigen weiß und seinen Gläubigern entkommt. Im Korb eines Krans in der Luft schwebend, erscheint Sokrates und beschwört die ihn inspirierenden Gottheiten, die Wolken, die auf dieses Stichwort hin auftreten. Im Laufe des Dialogs, der sich mit dem Chor der Wolken entspinnt, zeigt sich dem alten Strepsiades bereit, mit allen diesen Schimpfworten belegt zu werden, wenn er es nur dahin bringt, beste Redner Griechenlands zu werden.[5]

---

4 ARISTOPHANES, Nubes 444–450; dt.: Die Wolken, übers. v. L. Seeger, in: Aristophanes, Sämtliche Komödien, hg. v. O. Weinrich (Zürich/Stuttgart 1968), 142 f.
5 Vgl. ARISTOPHANES, Nubes 218 f., 327 f., 429 f.

I. Vom komischen Schimpfwort zur rhetorischen Figur 199

In dieser Aufzählung bietet Aristophanes mehr als zwanzig Bezeichnungen für eine Figur, in welcher das Publikum den prototypischen Sophisten erkannte. Sicher bleibt es ein hypothetisches Verfahren, die genaue Bedeutung eines Signifikanten entlang der kontextuellen Spuren zu bestimmen, die seine erste überlieferte Verwendung hinterließ. Das semantische Feld dieses Bündels von Zuschreibungen, unter denen der Ausdruck eirōn erscheint, erlaubt indes eine erste Annäherung. Die Gruppe von Bezeichnungen charakterisiert eine Vermischung des poetischen mit dem populär-gewöhnlichen Vokabular, und ebenso verschmilzt in den angeführten Eigenschaftswörtern der gehobene mit dem niederen Stil. Von daher erklären sich die Wirkungen des Grotesken (auf der Ebene der Rede) und der Ambivalenz (auf der Ebene der Bedeutung). Eine Reihe von Bezeichnungen bezieht sich auf die Tätigkeit des Sprechens (euglōttos, pseudōn synkollētēs, eurēsiepēs usw.), seine physische (und selbst seine animalische) Dimension, doch auch auf die performativen Valenzen des stummen Befehls: die Biegsamkeit der Peitsche, der Schlag mit dem Stachelstab (masthlēs, kentrōn). Die Aufzählung endet mit einer obszönen Beleidigung, welche der Zunge selbst aufruft als Körperteil, der im übrigen dem Kannibalismus der Philosophen als Opfer anempfohlen wird.[6]

Hier wie auch sonst in der Komödie dreht sich die Debatte um die Implikationen der städtischen Demokratie: die Frage nach den Göttern, dem Gesetz, der in der Vaterschaft begründeten Autorität. In einem Athen, dessen Leben von Menschen erstrittene und erlassene Gesetze regeln, braucht man eine Ausbildung im Reden und Überzeugen. In diesem Zusammenhang hat sich die Kunst der Sophistik herausgebildet, als deren lächerlicher Repräsentant der Aristophanische Sokrates erscheint. Zweimal findet sich das Gesetzgebungsverfahren erwähnt (peritrimma dikōn, kyrbis) in der zitierten Litanei von Beschimpfungen, die hier den Typus desjenigen aufrufen, dem alle, selbst die schäbigsten, Finten recht sind, um siegreich aus einem Redewettstreit hervorzugehen. (Die Bezeichnung ›peritrimma dikōn‹ – Prozeßhansel – könnte den Philokleon der *Sphēkes* [*Wespen*] charakterisieren.) Das Stück endet in einer Konfrontation der gerechten mit der ungerechten Argumentation (dikaios – adikos), bei der die Gerechtigkeit unterliegt, allerdings auch Sokrates gelyncht wird. Von nun an wird der Sophist mit dem Terminus eirōn in Verbindung gebracht.[7]

b) Eirōnikos: parodistische Bezeichnung
In seiner adverbialisierten Form eirōnikōs (auf ironische Weise) findet sich das von eirōn abgeleitete Adjektiv gegen 422 v. Chr. in den *Sphēkes* (*Wespen*) verwendet. Ein alter ›Prozeßhansel‹, der von nichts anderem träumt als davon, vorsitzender Richter zu sein und der Welt ihr Verdammungsurteil zu sprechen, ist von seinem Sohn eingesperrt worden. Doch foppt er seinen Peiniger, indem er dem Gefängnis entkommt, und zwar versteckt unter dem Bauch eines Esels, den der Sohn zum Markt führen lassen wollte. Diese Art des Bühnenauftritts belegt ein Diener, der den Trick durchschaut, mit dem Wort eirōnikōs. Er bezeichnet damit den rednerischen Schlich, der es seinem Herrn ermöglicht hat, den eigenen Sohn zu überlisten: »οἵαν πρόφασιν καθῆκεν, ὡς εἰρωνικῶς, / ἵν' αὐτὸν ἐκπέμψειας.«[8] (Er hat diesen Vorwand als Köder gestreut, um sich listig selbst herausziehen zu lassen.) Erneut verbindet sich die Prozeßsucht des Alten (eine Karikatur der Gefolgsleute Kleons ist) mit seinem ironischen – was auch heißt: listigen, tückischen, betrügerischen – Spiel. Die Situationskomik, die in diesem Spiel zum Vorschein kommt, gründet sich auf eine verquere Bezugnahme zur epischen Tradition, handelt es sich doch hier um die mimische Parodie der berühmten Passage, in welcher der Held der Homerischen *Odyssee* sich am Bauch eines Widders festklammert, um so aus der Höhle des Zyklopen entkommt.[9] Aus der Vorstellung einer solchen rhetorischen Übertölpelung geht das Eigenschaftswort eirōnikos dort hervor, wo sich das spöttische Theaterspiel verdoppelt, indem es sich sowohl auf das hohe Genre des Epos wie auf einen Umstand der aktuellen Stadtpolitik bezieht. Im gesitteten Athen seiner Zeit zeigt Aristophanes die List des Homerischen Helden als verwandelt zum schelmischen Betrug eines ange-

---
6 Vgl. ebd., 451 f.
7 Vgl. ebd., 889 f.
8 ARISTOPHANES, Vespae 174 f.
9 Vgl. HOMER, Od. 9, 444 f.

henden Sophisten, der allemal lächerlich ist und sich übrigens in seiner eigenen Falle fangen wird.

c) Eirōneuomai: Tätigkeitswort
Auch das Verb eirōneuomai findet sich bei Aristophanes, nämlich in der Szene der *Ornithes (Vögel)* (414 v. Chr.), die eine komische Epiphanie der Göttin Iris vorführt. In dieser berühmten Komödie suchen zwei des städtischen Lebens überdrüssige athenische Bürger Zuflucht bei den Vögeln, die sie in den Rang neuer Götter erheben. Die Olympier verweigern der Stadt, die die Rebellen gründen wollen, die Anerkennung und senden ihre Botschafterin Iris aus, die sich bei Betreten der Szene den Fragen eines inquisitorisch gestimmten Peisthetairos stellen muß: Peisthetairos: »κατὰ ποίας πύλας / ἐσῆλθες εἰς τὸ τεῖχος ὦ μιαρωτάτη;« (Zu welchem Tor der Festung bist du hereingekommen, freche Dirne?) – Iris: »οὐκ οἶδα μὰ Δί᾽ ἔγωγε κατὰ ποίας πύλας.« (Durch welches Tor? Bei Zeus, das weiß ich nicht!) – Peisthetairos: »ἤκουσας αὐτῆς οἷον εἰρωνεύεται;« (Hört, wie sie schnippisch tut!)[10]

Die Befragung durch den Überläufer, dem die Sorge über die Gründungsriten der neuen Vogel-Stadt obliegt, dreht sich um den Ort, an dem die Gottheit auftritt. Ein ›metalinguistischer‹ Blick auf diese Szene zeigt, daß zum Sprechakt des So-Tuns-als-ob, also des ›Ironisierens‹, auch hier drei Aktanten gehören: einer, der spielt/täuscht (der komische Held), einer, dem mitgespielt wird (die Göttin, der ihrerseits unterstellt wird, sie sei es, die hier spiele), und schließlich einer, der dieses Spiel als Spiel erkennt (der Chor). An den Chor richtet sich nämlich die Bemerkung, die die Göttin des Ironisierens verdächtigt. Grammatisch gesehen wechselt der Text hier vom Modus der zweiten zu dem der dritten Person, mithin vom Dialog des komischen Helden mit der Göttin zu einer beiseite gesprochenen Anrede, die sich, vermittelt über den Chor, ans Publikum wendet: ›Hört [ēkousas, 2. Person], wie sie schnippisch tut [eirōneuetai, 3. Person]!‹ Im Maße, wie die Göttin von einem Subjekt zum Objekt des Sprechens herabsinkt, verkehrt sich die Situation, so daß sich Peisthetairos selbst zum ironischen Regisseur aufwirft. Denn er diktiert das Gespräch, indem er vorgibt, nicht zu wissen, von wo sie aufgetreten ist. Nur das Genre der Komödie, in dem Götter und Menschen, Darsteller und Zuschauer auf einer Ebene agierten, erlaubte einen solchen verbalen Angriff auf eine Gottheit, der, gleich nach dieser ersten Verspottung, Vergewaltigung und Tod angedroht werden.[11]

d) Ironie: Medium der Komik
In der Tragödie treten die Götter nicht durch ein Tor auf – dieses öffnet sich ausschließlich zur Ostentation von Mordtaten –, sondern sie schweben, sogleich in voller Sichtbarkeit, durch die Luft ein, üblicherweise mit Hilfe des Bühnenkrans. Punkt für Punkt bildet bei Aristophanes die Mechanik und Topik der szenischen Aktion ein Widerspiel zur schrecklichen Epiphanie der Iris im Euripideischen *Herakles*, die hier vielleicht direkt parodiert wird.[12] Was nun der komische Held ironisch zur Sprache bringt, ist die Umkehrung der tragischen Szenographie durch diejenige der Komödie, welche sich des Bühnenkrans nur bedient, um Menschen, wie den (in den *Wolken*) verspotteten Sokrates, umzuplacieren. Die in dieser Szene begegnende Verwendung des Signifikanten eirōneuomai erklärt sich einzig aus der Perspektive einer Semantik, die sämtliche von dem Medium Theater beanspruchten Zeichenkonventionen umfaßt. In der Komödie besteht die Funktion der Bühnenmechanik – ganz analog zu der des Beiseitegesprochenen und erst recht zu der der unterbrechenden Anrede an das Publikum in der Parabase – darin, das Spiel zur Zuschauerschaft hin zu öffnen und die Illusion einer geschlossenen Bühnenwelt zu durchbrechen.[13]

Ebenso wie die Maske, das Kostüm und die Ausstaffierung mit einem übergroßen künstlichen Phallus sind die Auftrittsweisen der Figuren und ihr szenographisch bestimmtes Aktionspotential als

---

10 ARISTOPHANES, Aves 1208–1211; dt.: Die Vögel, in: Aristophanes (s. Anm. 4), 379.
11 Vgl. ARISTOPHANES, Aves 1224–1227, 1254–1256; JEFFREY HENDERSON, The Maculate Muse. Obscene Language in Attic Comedy (New Haven/London 1975), 85.
12 Vgl. EURIPIDES, Hercules 817f.
13 Vgl. ROLAND BARTHES, Le théâtre grec, in: G. Dumur (Hg.), Histoire des spectacles (Paris 1965), 513–536, bes. 533.

I. Vom komischen Schimpfwort zur rhetorischen Figur   201

›Shifter‹ der Komödienhandlung anzusehen.¹⁴ Das Verb ›ironisieren‹ (eirōneuomai), das Aristophanes verwendet, um im Medium der Komödie über die Demarkationslinie zwischen Göttern und Menschen nachzudenken, scheint darüber hinaus das bühnentechnische Verfahren solcher Grenzerkundung zu bezeichnen.

Dem Bruch der Fiktionskonvention, wie ihn die Komödie beim Auftreten der Götter vorführt, entspricht eigens eine explizite Reflexion über ihr Wesen. Die beschriebene Szene endet mit dem Hinweis, daß die Olympier ihren Ort unmittelbar über den Menschen räumen müssen – und zwar zugunsten der Vögel.¹⁵ Die Nachricht bedeutet zugleich ein Menetekel für die Tragödie, insofern diese Gattung einer Zeit der Sophisten, da selbst die Götter in Frage gestellt werden, nicht mehr angemessen ist. Zu Recht hat Charles Segal in Aristophanes' Umgang mit den Werken des Euripides ein ironisches Symbol für die Niederlage der Tragödie gesehen.¹⁶

2. *Platonische Bedeutungsverschiebung*

Die zweite Gruppe von Texten, in welchen sich Vokabeln der Wortfamilie eirōn nachweisen lassen, gehört in ein anderes Gebiet: das des philosophischen Wissens, wie es in den Platonischen Dialogen gewonnen wird. Bei Platon begegnet ein neuer Signifikant: das eine Eigenschaft bezeichnende Hauptwort eirōneia, wodurch sich die bisherige Bedeutung des Begriffsfeldes zum Teil verkehrt. Während der Platonische Sprachgebrauch den Terminus eirōn zu meiden scheint, steht die philosophische Begriffsarbeit hier ganz im Dienste des Sokrates, der Figur, die es gegen das Portrait, das die Aristophanische Komödie von ihr aufgestellt hatte, zu rehabilitieren galt.

Bei Aristophanes verwies die ironische Sprechweise systematisch auf den prototypischen Sophisten. Selbst in der auf den Kopf gestellten Welt der *Ornithes* (*Vögel*), in der der athenische Weise nicht auftritt, findet die ironisierte Epiphanie der Göttin Iris ihre Entsprechung in einer Verhöhnung von Menschen: Sie werden »sokratifiziert« (ἐσωκράτων)¹⁷. Spiegelbildlich zur Aristophanischen Verwendung entfaltet sich in den Platonischen Dialogen der Gebrauch des Eigenschaftsworts eirōnikos

oder des Verbs eirōneuomai vor dem Hintergrund des Antagonismus zwischen dem Komödienautor und dem berühmten Sophisten. Nicht zufällig ist gerade Aristophanes die Figur, gegen die sich im *Symposion* die Rede des Sokrates am radikalsten richtet; und dieser wiederum erscheint in den rühmenden Worten des Alkibiades gerade als Meister der Täuschung: Durch sein ironisches Spiel (»εἰρωνευόμενος δὲ καὶ παίζων«¹⁸) erklärt sich Sokrates' pädagogische Ausstrahlung wie auch seine Weisheit. Zu spüren ist hier die wechselseitig konstitutive Bindung des Wissens an den Eros. Die ironische Art des Sokrates (»εἰρωνικῶς [...] ἔλεξεν«¹⁹: sagte er ironisch) besteht darin, daß er sich systematisch entzieht und sich, in seiner Eigenschaft als Lehrer, weigert, die mustergültige Position des Liebhabers einzunehmen. Dieses spielerische Verhalten tritt nicht nur als Zurückweisung in Erscheinung, sondern entspricht sehr wohl seiner Rolle als Geburtshelfer der Idee. Es verweist auf das Paradoxon jenes Wahrspruchs, der in der *Apologie* vom Delphischen Orakel überliefert wird und Sokrates in dem Maße, in dem er weiß, daß er nichts weiß, zum weisesten aller Griechen ernennt.

a) Die Maske des Sophisten
Die entscheidende Bedeutungsverschiebung und Bedeutungsaufladung in diesem terminologischen Feld ereignet sich allerdings in Platons *Sophistēs*. Dieser Spätdialog, in dem die Sokratische Methode der ›schrittweisen Teilung‹ ins Extrem getrieben wird, setzt dazu an, den Sophisten in Abgrenzung vom Philosophen und vom Politiker zu definieren. In dem Augenblick, in dem die Spur des prototypischen Sophisten im Raster immer neu ansetzender Dihairesen (sechs Anläufe und ein Exkurs über das von Parmenides überkommene Problem des Nicht-Seins) zu verlieren droht, tritt

---

14 Vgl. FRANÇOISE FRONTISI-DUCROUX, Du masque au visage. Aspects de l'identité en Grèce ancienne (Paris 1995), 49 f.
15 Vgl. ARISTOPHANES, Aves 1230 ff.
16 Vgl. CHARLES SEGAL, La musique du Sphinx. Poésie et structure dans la tragédie grecque (Paris 1987), 20.
17 ARISTOPHANES, Aves 1282.
18 PLATON, Symp. 216e.
19 Ebd., 218d.

nun die ironische Art als ausschlaggebendes Kriterium auf den Plan, weil sie erlaubt, die Handlungsweise des Sophisten typologisch fest zu umreißen. Die Gesprächsteilnehmer kommen bald darin überein, unter einem Sophisten denjenigen zu verstehen, der auf dem Gebiet des gesprochenen Wortes über die Fertigkeit verfügt, täuschend echte Bilder hervorzubringen. Sie entdecken in ihm einen gelehrten Nachahmer, an dem sich wiederum zwei Aktanten unterscheiden lassen. Der eine der Gesprächsteilnehmer ist ein Naivling und steht im Glauben, Dinge wissenschaftlich erkannt zu haben, über die er in Wirklichkeit nur eine Meinung hat: »Des anderen Benehmen aber, weil er sich so gar sehr in seinen Reden hin und her dreht, zeigt, daß er selbst großen Verdacht und Argwohn hegt, das nicht zu wissen, was zu wissen er sich gegen andere das Ansehen geben will. [...] Wollen wir nun den einen als den einfältigen Nachahmer setzen, den andern als den, der sich verstellt?« (τὸ δὲ θατέρου σχῆμα διὰ τὴν ἐν τοῖς λόγοις κυλίνδησιν ἔχει πολλὴν ὑποψίαν καὶ φόβον ὡς ἀγνοεῖ ταῦτα ἃ πρὸς τοὺς ἄλλους ὡς εἰδὼς ἐσχημάτισται. [...] Οὐκοῦν τὸν μὲν ἁπλοῦν μιμητήν τινα, τὸν δὲ εἰρωνικὸν μιμητὴν θήσομεν;)[20] Dieser Aspekt führt auf die den Dialog abschließende Unterscheidung zwischen dem, der sich in langen Reden an die Menge verstellt (eirōneuomai), und dem, der seine Beweisführung in kurze Repliken aufteilt und so sein Gegenüber zum Selbstwiderspruch zwingt.[21] Aufs Stichwort erscheinen hier die Figuren des Volksredners (dēmologikon) wie schließlich auch des Sophisten (sophistēn). Dieser gilt als »Nachahmer des Weisen« (μιμητὴς [...] τοῦ σοφοῦ[22]); er verhält sich zum Weisen wie der Volksredner zum Staatsmann.

Im abgründigen Finale des Dialogs ist es unmöglich geworden, zwischen Sokrates und dem Sophisten zu unterscheiden. Jener bleibt stumm, solange der Mann aus Elea seinen Beweis führt und dabei, im Zuge einer Untersuchung, die sich als selbstreflexiv herausstellt, zum Doppelgänger des Sokrates wird. Die schließlich gewonnene Unterkategorie einer »Trugbildnerei« (φανταστικοῦ γένους)[23] auf dem Gebiet der Rede, verstanden als das sich ahnungslos gebende Zurückfragen, das den anderen seiner Selbstwidersprüche zu überführen strebt, ist nichts anderes als die im Gang des Dialogs von dem Eleaten selbst angewandte (Sokratische) Untersuchungsmethode. Hier zeigt sich eine ihrerseits ›ironische‹ Dialog-Inszenierung. Sie gibt zu verstehen, daß die Vorgehensweise des eigentlichen Sophisten darin besteht, sich die Maske des Sokrates aufzusetzen.

Was beim ›ironischen‹ Sprechhandeln tatsächlich auf dem Spiel steht, ist das Verhältnis zwischen Wahrheit und Mimesis. Daß die Fertigkeit des Sophisten, den anderen durch Rückfragen seiner Selbstwidersprüche zu überführen, ins Gebiet der täuschenden Mimesis gehört, impliziert das – für Platon grundlegende – Gebot, das treue Ebenbild (eikōn) vom Trugbild (phantasma) und vom täuschenden Abbild (eidōlon) zu unterscheiden.[24] Die Kunst der Trugbildnerei, der falschen Abbilder, bekämpft der Philosoph, wo immer er ihr begegnet. Doch ist hier etwas Paradoxes im Spiel: Um die irrigen Meinungen der anderen zu widerlegen, muß der Philosoph vorgeben können, sie erst einmal als richtig anzunehmen, und also selber ein Täuschungskünstler sein. Nur unter dieser Bedingung vermag er es, die Seele zu reinigen (»ψυχὴν καθαρτὴν«[25]) – nämlich von den Meinungen, die der wahren Erkenntnis im Weg stehen.

Am Fehlen jeglicher negativer Konnotation im Begriff des ironischen Nachahmers ermißt sich die Anstrengung der Bedeutungsverschiebung, die Platon hier der Vorgabe der Komödie abgerungen hat. Die Ironie des Platonischen Sokrates, die im Verlauf der spielerischen dialogischen Kontroverse das Wahre (alēthēs) gerade aus dem Medium des Falschen (pseudēs) hervorgehen läßt, wirkt hier als intellektueller Exorzismus, der sich bereits die bei Platon äußerst gespannte Beziehung zwischen Philosophie und Kunst andeutet.[26]

---

20 PLATON, Soph. 268a; dt.: Der Sophist, übers. v. F. D. E. Schleiermacher, in: Platon, Sämtliche Werke, Bd. 4, hg. v. W. F. Otto u. a. (Reinbek 1989), 244.
21 Vgl. PLATON, Soph. 268b.
22 Ebd., 268c; dt. 244.
23 PLATON, Soph. 268c; dt. 242; vgl. ebd., 236c, 260d, 266d, 267a.
24 Vgl. PLATON, Soph. 266d-267d.
25 Ebd., 231e.
26 Vgl. ERIC R. DODDS, The Greeks and the Irrational (1951; Berkeley ³1959), 205 f.

I. Vom komischen Schimpfwort zur rhetorischen Figur 203

b) Eirōneia: Substantivierung

Erst in diesem Zusammenhang läßt sich erkennen, warum Platon zur Bezeichnung der Eigenschaft, welche dem Sokratischen Vorgehen entspricht, einen neuen Signifikanten eingeführt hat: das Hauptwort eirōneia, von dem sich in allen europäischen Sprachen die Benennungen für Ironie ableiten werden. (In ähnlicher Weise versucht er, durch Substantivierung des Adjektivs, die Form to eirōnikon, ›das Ironische‹, einzuführen.[27]) Er verwendet das Wort erst spät, in der *Politeia*, und bekundet offensichtlich an dieser Stelle seine Entschlossenheit, mit der Festlegung seiner Bedeutung einen neuen Begriff zu prägen. Die vorher geleistete Umpolung des semantischen Feldes, das diese Wortfamilie bildet, diente jenem Vorgehen zur Voraussetzung. Ironie bedeutet nun, in einem Dialog mit dem Sophisten Trasimachos über das Wesen der Gerechtigkeit, die dem Sokrates eigene ›Begabung‹, nämlich seine Kunst, sich bei einer Diskussion bedeckt zu halten und nur unter Vortäuschung eigener Unkenntnis auf die Fragen des anderen einzugehen. Ironisch spricht Platon hier, da er diesen Terminus einführt, von der »bekannten Verstellung« (εἰωθυῖα εἰρωνεία[28]) des Sokrates. Es kann kein Zufall sein, daß ebenjener Begriff, der sich in der Philosophie und Rhetorik glänzend durchsetzen wird, aus genau dem Dialog hervorgeht, in dem sich, übrigens unter extensiver Berufung auf den Mythos, die Kunst des Philosophen mit der des Politikers gegen die Künste der Nachahmung verbündet. Die Verbannung der dramatischen Kunst (der Komödie und der Tragödie) aus dem idealen Staat – sie begründet sich darin, daß die Kunst auf unendlich nachrangige Weise an der Wahrheit teilhat – und die endgültige Bestimmung der Ironie als der philosophischen Tugend schlechtlich scheinen paradigmatisch verkoppelt. Gilles Deleuze hat diese von Platon markierte Abgrenzung gegen die schlechte Nachahmung als die eigentliche Gründungsgeste der Philosophie dargestellt.[29] Das Unternehmen des Platonischen Philosophierens impliziert den Oktroi einer Grenzziehung, welche den unbestimmbaren Abstand der Erkenntnisse zu den Phantasmen dennoch festsetzt, ihn präzise ausmißt, damit seine Unermeßlichkeit leugnet. Platons Ironie ist, indem sich als schriftliche Fixierung des Sokratischen Sprechens

äußert, zweifellos die schroffestmögliche Geste der Abwendung von Mimesis. Sie etabliert nicht nur ein Spannungsverhältnis zwischen Kunst und philosophischer Wahrheit, sondern sichert auch den Triumph der Ebenbilder (eikōnai) über die Trugbilder (phantasmata). So gesehen, enthüllt diese Geste zugleich die Schuld, die die Wahrheit an dem zu unterbindenden Spiel der Mimesis hat.[30]

3. Aufnahme in die Rhetorik und Übernahme ins Lateinische

Als die Form der Philosophie ihren dialogischen Charakter verlor, erwies sich die Substantivierung des als Ironie bezeichneten Verfahrens als Vorbereitung seiner Rhetorisierung. Mit Aristoteles ging es in die Kategorien der Ethik und Rhetorik ein. Die Figur des eirōn, deren Eigenschaft eben ihre eirōneia ist, wird in der *Nikomachischen Ethik* als diejenige bestimmt, deren Dignität sich bei Betrachtung ihres Verhältnisses zur Wahrheit (alētheia) als minderwertige herausstellt. Sie stehe von daher der Figur des Aufschneiders (alazōn) gegenüber, dessen Charakteristikum demgemäß ›alazoneia‹ heißt.[31] Die Eintragung des Ironischen in diesen Doppelbezug einerseits zur Wahrheit wie andererseits zu der ihm entgegengesetzten Haltung scheint die erste feste Begriffsdefinition zu bieten. Gleichwohl ist dieses Verhältnis in moralischer Hinsicht kein symmetrisches, denn das Ethos derer, die sich kleiner machen, als sie in Wahrheit sind, läßt an ihnen – im Gegensatz zum Aufschneider, der sich größer macht – durchaus liebenswerte Eigenschaften erkennen. Wie ihr Vorbild Sokrates erstreben sie nämlich keinen Ruhm.[32] Als eine Spielart der Bescheidenheit, mit der zu tun zu haben angenehm

---

27 Vgl. PLATON, Leg. 908e.
28 PLATON, Rep. 337a; dt.: Der Staat, übers. v. F. D. E. Schleiermacher, in: Platon, Sämtliche Werke, Bd. 3 (Reinbek 1989), 79.
29 Vgl. GILLES DELEUZE, Platon et le simulacre, in: Deleuze, Logique du sens (Paris 1969), 296.
30 Vgl. JACQUES DERRIDA, La pharmacie de Platon, in: Derrida, La dissémination (Paris 1972), 195 f.
31 Vgl. ARISTOTELES, Eth. Nic. 2, 7, 12, 1108a
32 Vgl. ebd., 4, 7, 14 f., 1123b

ist, erhält die Eigenschaft der eirōneia eine positive Valenz, die Geschichte machen wird.

Im selben Augenblick, da die Ironie zu ihrer Definition findet, hört sie auf, für die sie behandelnden Texte selbst strukturbildend zu sein: Die dialogische Bühne wird zu der der Rhetorik. Diese hat sich zur Technik der Beredsamkeit entwickelt, und Aristoteles empfiehlt in seiner *Rhetorik*, ein Rededuell oder Zwiegespräch mit einem Gleichnis oder einer ironischen Frage zu beenden.[33] Doch erschöpft sich sein Verständnis von Ironie nicht in ihrer Zugehörigkeit zu den Kategorien der Tugend oder der Rede, denn er bezeichnet sie als eine Form des Scherzes und der Komik (geloios). Die Stelle, an der er die Ironie ausdrücklich über das spöttische Wortklauben und Possenreißen (bōmolochia) stellt[34], da sie auf sich selbst und nicht auf einen anderen ziele, läßt vermuten, daß sie im verlorengegangenen, der Komödie gewidmeten Teil der *Poetik* den Arten des Komischen zugesellt worden ist.

Die *Charaktēres* (ca. 320 v. Chr.) des Theophrast, deren erstes Kapitel der Ironie gewidmet ist, bezeugen, daß dieser Begriff auch jenseits der Anfänge der akademischen Philosophie lebendig geblieben ist. Theophrast versteht sie als die Kunst eines Menschen, seine Worte und Taten einem schlechten Zweck zu unterstellen, den Ironiker als einen, der seinen Freunden schmeichelt, während er sie in einen Hinterhalt lockt.[35] Sein Bild des eirōn als einer zu meidenden Person ist kein positives, und Sokrates bleibt darin unerwähnt. Selbst wenn es auf eine Figur der Neuen Komödie zielen sollte – unverkennbar beruft sich der Text eher auf eine im Alltag gängige Vorstellung eines solchen Menschen denn auf eine Poetik des Komischen.[36] Das Aristophanische Komödienspiel und die in den Redestreit investierte Bedeutungszuweisung, die die Platonischen Schriften durchzog, haben so gut wie keine Spur hinterlassen; im Grunde wird hier ein Terminus der Rhetorik auf einen Charakter angewendet und so an die Texttradition überliefert.

a) Ironia: Übernahme eines Hauptworts
Der Übergang von einem griechischen Terminus zu einem lateinischen setzt an bei der Substantivierung und Begriffswerdung des Adjektivs eirōnikos. Dem Rhetoriker Cicero verdankt das Lateinische die Einführung des Worts eirōneia. Der Befund, daß dieser Begriff zunächst durch das Wort dissimulatio (also durch eine Synonymbildung oder Übersetzung) aufgenommen wird, bevor er sich zu ironia latinisiert findet, scheint darauf hinzuweisen, daß es im lateinischen Vokabular keinen Signifikanten gab, der die spezifische Bedeutung des griechischen eirōneia abdecken konnte. Der Begriff wird also als griechischer ins Lateinische integriert – so erging es den meisten Termini der griechischen Philosophie und Rhetorik, als sie in das Vokabular der neueren Sprachen übernommen wurden.

Bezeichnend ist daher, daß der Begriff im Rahmen einer rhetorischen Lehre wieder auftaucht. Nicht ohne Kautelen führt ihn Cicero nämlich in *De oratore* ein: »Urbana etiam dissimulatio est, cum alia dicuntur ac sentias, [...] cum toto genere orationis severe ludas, cum aliter sentias ac loquare [...]. In hoc genere Fannius in annalibus suis Africanum hunc Aemilianum dicit fuisse et Graeco eum verbo appellat εἴρωνα; sed, uti ei ferunt, qui melius haec norunt, Socratem opinor in hac ironia dissimulantiaque longe lepore et humanitate omnibus praestitisse.« (Von feinem Witz zeugt auch die Ironie, bei der man anders redet, als man denkt [...], in gespieltem Ernst des ganzen Stils der Rede, wobei man anders denkt, als man redet. [...] Daß Africanus Aemilianus diesen Stil verkörpert habe, sagt Fannius in seinen Annalen und beschreibt ihn mit dem griechischen Wort εἴρων; doch nach der Aussage von Leuten, die sich darin besser auskennen, hat wohl Sokrates in dieser Kunst der Ironie und der Verstellung alle übertroffen.)[37] Der Autor fühlt sich verpflichtet, erst einmal genauer zu fassen, von welcher Art der rednerischen Verstellung er spricht, bevor er, unter Hinweis auf Sokrates, den fremden Terminus einführt und diesen sodann, um seine Bedeutung unmiß-

---

33 Vgl. ARISTOTELES, Rhet. 1420a.
34 Vgl. ebd., 1419b.
35 Vgl. THEOPHRAST, Charaktēres 1.
36 Vgl. LEIF BERGSON, Eiron und Eironeia, in: Hermes 99 (1971), 409–422, bes. 415.
37 CICERO, De or. 2, 269f.; dt.: De oratore/Über den Redner, lat.-dt., hg. u. übers. v. H. Merklin (Stuttgart ³1997), 383.

I. Vom komischen Schimpfwort zur rhetorischen Figur

verständlich zu kennzeichnen, neben denjenigen der dissimulatio stellt. Dieses Vorgehen könnte darauf hindeuten, daß das Wort nicht schon von vornherein bekannt war und erst durch eine Berufung auf die Griechen legitimiert werden mußte, bevor es gepriesen werden konnte als Bezeichnung für einen »Stil von hoher Eleganz, der Ernst mit Witz verbindet und [...] rednerischem Ausdruck [...] entspricht« (Genus est perelegans et cum gravitate salsum [...] oratoriis dictionibus [...] accomodatum.)[38] Die Hauptzüge der hiermit fortgeführten Rhetorisierung des Begriffs zeigen sich an der Bezugnahme auf Sokrates, der zur Tilgung der negativen Konnotationen von dissimulatio ins Feld geführt wird.

Die begriffliche Arbeit, die einzig auf das Wort ironia fokussiert, verbleibt allerdings in einem Kontext der Gelehrsamkeit, der ganz aus seiner Verbindung zur griechischen Tradition lebt. Aus der griechischen Wurzel wird kein analoges lateinisches Verb hervorgehen, das eine Alternative zu ›dissimulare‹ darstellen wird. Das Adjektiv ›ironicus‹ wiederum kommt erst spät und ausschließlich als mittellateinisches in Gebrauch. Daß sich das Wort in der Tradition der Rhetorik etabliert, hat es indessen aus seiner Nähe zur komischen Sphäre nicht ganz herausgerückt. Dennoch gibt es wohl keine Anzeichen für eine poetologische Überlegung, die von dem Begriff ironia ihren Ausgang genommen hätte. Dort, wo man ihn rechtmäßig vermuten sollte, im Gebiet der Horazischen Satire, tritt er als solcher nicht auf. Sicher erneuert Horaz im Genre der *Sermones* die Tradition des Platonischen Dialogs[39] und mithin auch dessen ironische Form, aber in seiner *Ars poetica* stellt der Terminus der Ironie keine Kategorie dar.

Quintilian bringt den Begriff auf seine vollendete klassische Formel, die seiner schließlichen Übermittlung an die europäischen Sprachen zugrunde liegen wird. Der Autor plädiert für eine endgültige Integration des griechischen Ausdrucks ›ironia‹ und gegen dessen Übersetzung durch den Terminus ›dissimulatio‹.[40] Er versteht Ironie als eine kodierte Form der Verständigung und gibt ihrer Definition in der *Institutio oratoria* daher zwei neue Akzente. Die Definition berücksichtigt auch die Seite des Zuhörers – nicht nur die des Redners –, und sie faßt das in der Ironie gegebene Ver-

hältnis zwischen Gedanke und Aussage nicht mehr als eines der Abweichung, sondern als eines strikter Umkehrung: »igitur εἰρωνεία quae est schema, ab illa, quae est τρόπος, genere ipso nihil admotum distat (in utroque enim contrarium ei, quod dicitur, intellegendum est).« (Nun ist die Ironie als Figur von der Ironie als Tropus der ganzen Gattung nach fast gar nicht verschieden – bei beiden nämlich handelt es sich darum, das Gegenteil von dem zu verstehen, was ausgesprochen wird.)[41] Als Trope (tropos) ist die Ironie, wie die Metapher, ein punktuell eingesetztes Mittel der Rede; als Figur (schēma) ist sie ein Verfahren, welches das Ganze einer Rede und ihre Ausrichtung so bestimmt, wie etwa ein Text in toto allegorisch angelegt sein kann.[42] Auch hier gilt der athenische Weise als das Vorbild, das einen ironischen Lebensstil verkörpert: »cum etiam vita universa ironiam habere videatur, qualis est visa Socratis (nam ideo dictus εἴρων, agens imperitum et admiratorem aliorum tanquam sapientium)« (da ja sogar ein gesamtes Leben Ironie zu enthalten scheint, wie es bei Sokrates der Fall zu sein scheint – denn deshalb hieß er ›der Ironiker‹, weil er den Unwissenden spielte und Bewunderer anderer vermeintlich Weiser)[43]. Die Ironie hat also Parallelen mit der Metapher und der Allegorie und eine Nähe zur Antiphrasis. Daß hier das ganze griechische Fachvokabular der Rhetorik herangezogen wird, bestätigt deren Brückenfunktion zwischen den Kulturen. In der einfachen Gestalt einer Trope, die die Bedeutung einer Aussage umkehrt, gibt sich der Begriff nunmehr durch und durch rhetorisierter, auch wenn der auf ihm liegende Schatten des Sokrates auf ein Jenseits der Rede zu weisen scheint. Er begegnet allerdings nicht im zehnten Buch von Quintilians Schrift, das von der Literargeschichte handelt. Alle späteren antiken Rhetoriken werden sich im wesentlichen

---

38 CICERO, De or. 2, 270; dt. 383.
39 Vgl. HORAZ, Sermones 2, 3, 11; ERNST ZINN, Ironie und Pathos bei Horaz, in: A. Schaefer (Hg.), Ironie und Dichtung (München 1970), 54 ff.
40 Vgl. QUINTILIAN, Inst. 9, 2, 44.
41 Ebd.; dt.: Institutionis oratoriae libri XII/Ausbildung des Redners. Zwölf Bücher, hg. u. übers. v. H. Rahn, Bd. 2 (Darmstadt 1975), 289.
42 Vgl. QUINTILIAN, Inst. 9, 2, 45.
43 Ebd., 9, 2, 46; dt. (s. Anm. 41), 289.

auf diesen Text stützen, der, wiederentdeckt in der Renaissance, noch von der Diderotschen *Encyclopédie* als kanonischer zitiert wird.

II. Erneuerung und Transfer in die europäischen Sprachen

Daß die von den antiken Autoren begründete Tradition nicht abriß, bezeugt das zähe, wenn auch randständige Fortleben des Terminus ironia in der Sprache der christlichen Theologie. In seiner *Summa theologica* verwendet ihn Thomas von Aquin noch im Aristotelischen Sinne. Dennoch optiert er für ein neue Auffassung des Begriffs, die sich in der Scholastik halten wird. Ironia sei »per quam aliquis de se fingit minora«[44] (dasjenige, wodurch sich jemand kleiner zu machen scheint); diese Umdefinition versteht sich als Appell zur einer Haltung der Demut vor Gott. Erst im 16., spätestens im 17. Jh. beginnt sich die rhetorische Valenz des lateinischen Worts von der theologischen Tradition zu lösen. Hauptstationen dieses Prozesses sind die Poetiken und Rhetoriken von Scaliger und Voß und eine Schrift von Johannes Jeremias Kern, die die erste monographische Abhandlung über diesen Begriff zu sein scheint.[45]

Noch um die Wende zum 18. Jh., als Vico an seinen lateinischen *Institutiones oratoriae* arbeitete,

stellte er die Ironie unter die vier klassischen Tropen: metaphora, metonymia, synecdoche, ironia.[46] Wie schon bei der Aufnahme der griechischen Bezeichnung in das römische Denken ist es ein von dem lateinischen ironia abgeleitetes Substantiv, das sich in die europäischen Landessprachen hineindrängt, bevor davon abgeleitete Adjektive, Adverbien und Verben im Sprachgebrauch erst der Gelehrten, dann in der Alltagskommunikation erscheinen. Gestützt auf die rhetorische Tradition, verwendet im 14. Jh. schon Boccaccio das Wort ironia als ein italienisches.[47] Im Französischen findet es sich um 1500 in der Form ›yronie‹. Zu gleicher Zeit erscheint es auch in Spanien als – oder, in dialektalen und katalanischen Varianten, ähnlich wie – ›ironía‹ und etwa synchron auch im Englischen (›yronye‹). Nur der deutsche Terminus Ironie scheint nicht vor dem späteren 18. Jh. aufgekommen zu sein. Am Beginn des Transfers, durch den der Gelehrtenbegriff in den allgemeinen Sprachgebrauch einging, stand vermutlich seine Verbindung mit (in jeder Kultur spezifischen) Phänomenen der Karnevalisierung und des Alltagswitzes. Eine entscheidende Rolle spielt aber auch die Entwicklung der Druckkunst, dieses neuen Mediums, das auf dem Gebiet des geschriebenen Worts zumal der Satire eine ganz neue Wirksamkeit ermöglichte. Das Verhältnis der verschiedenen europäischen Kulturen zum gedruckten Wort und zu der damit verbundenen neuen Meinungsfreiheit mag einen Indikator abgeben für die Ungleichmäßigkeit dieses Aneignungsprozesses.

Die Aufnahme des Worts in die Schriftsprache belegt allerdings weder, daß es allgemein oder auch nur exklusiv, noch, daß es zur Bezeichnung in erster Linie ästhetischer Erscheinungen gebraucht wurde. Obwohl er zur Verfügung stand, spielte der Begriff der Ironie in der literarischen und kunsttheoretischen Sprache des spanischen Siglo de oro nur eine sehr marginale Rolle. Calderón gebrauchte ihn lediglich in seinem Drama *La devoción de la misa* (1658?), der Sinn des Worts geht dort in Richtung Falschheit.[48] Wenn der fiktive Gesprächspartner des Cervantes im Prolog zum *Don Quijote* den Autor ermutigt, auf die am Beginn eines solchen Werkes üblichen Berufungen zu verzichten, begründet er das damit, bei diesem Roman handele es sich um eine »invectiva contra los

---

44 THOMAS VON AQUIN, Summa theologica 2, 113; vgl. JAN PAPIÓR, Ironie. Diachronische Begriffsentwicklung (Posen 1989), 19.
45 Vgl. JULIUS CAESAR SCALIGER, Poetices libri septem (Lyon 1561); GERHARD JOHANN VOSS, Commentariorum rhetoricum sive oratorium institutionem (1606; Augsburg ⁴1643); JOHANN MATTHÄUS ENGLERT/JOHANN JEREMIAS KERN [Respondent], Ironia (Diss. Wittenberg 1685).
46 Vgl. GIAMBATTISTA VICO, Institutiones oratoriae (entst. 1711; ersch. 1845), hg. v. G. Crifo (Neapel 1989), 326.
47 Vgl. MANLIO CORTELAZZO/PAOLO ZOLLI, Dizionario etimologico della lingua italiana, Bd. 3 (Bologna 1983), 626f.
48 Vgl. PEDRO CALDERÓN DE LA BARCA, La devoción de la misa (1658?), in: Calderón de la Barca, Obras completas, hg. v. A. Valbuena Prat, Bd. 3 (Madrid 1952), 266.

libros de caballerías«[49] (Attacke auf die Ritterromane) und diese neue Gattung sei an die Vorschriften der Rhetorik nicht gebunden. Ungeachtet solcher Zuschreibung von Ironie, die sich erst im Gefolge der Romantik durchsetzen sollte, bleibt der Begriff selbst unerwähnt. Zweifellos bestimmt den Stil des Cervantes weniger die Ironie denn etwas Possenhaftes, das sich durchgängig im Medium des Grotesken und der komischen Unordnung äußert.[50]

Selbst dort, wo der jesuitisch geschulte Höfling Baltasar Gracián in seiner berühmten Anleitung zum gesellschaftlichen Erfolg, dem *Oraculo manual y arte de prudencia* (1647), die Kunst der Verstellung und Gegenverstellung lehrt, nennt er sie niemals ironía. Hier wie auch in *El discreto* (1646) überläßt er es dem Leser, das auch aus Zensurrücksichten Chiffrierte zu dechiffrieren, die Hintergedanken zu erahnen, zwischen den Zeilen zu lesen und die Andeutungen zu verstehen. Werner Krauss schrieb hierzu:»Gracián gibt seinen [...] Helden einen solchen Entzifferer (*descifrador*) als Begleiter mit durch das Maskentreiben der Einbildung. Seine Chiffrierkunst [...] legt mit einem einzigen Kennwort die innerste Absicht bloß [...]. Der Entzifferer ist kein anderer als der Gott der Desillusion (*desengaño*).«[51] Der virtuose Entzauberungskünstler Gracián offeriert in seiner Schrift *Agudeza y arte de ingenio* (1648) zugleich eine Rhetorik, eine Poetik und eine Anleitung zur Pointenbildung. Doch vor allem handelt es sich hier um eine Theorie des doppelsinnigen Ausdrucks, die zwar auch die Figur der Ironie umfaßt, sie aber nicht ausdrücklich konzeptualisiert.[52]

1. ›Wit‹, ›banter‹ und Ironie in der englischen Satire

Die Verwendung ironischer literarischer Verfahren, die gleichwohl nicht mit Vokabeln bezeichnet werden, die sich vom lateinischen ›ironia‹ herleiten, ist für das Europa des 17. Jh. charakteristisch. Der schnellste Übergang zu einer landessprachlichen Vokabel erfolgte, begünstigt durch die kulturpolitische Situation, in England. Die anglisierte Form ›yronye‹ begegnet bereits im frühen 16. Jh., steht zu dieser Zeit allerdings noch neben der lateinischen und der französischen Version.[53] Zunächst verbunden mit der Idee eines ›dry mock‹, eines trockenen Spotts, wird die englische Bezeichnung erst in der ersten Hälfte des 17. Jh. gebräuchlich.[54] Allerdings gehören ›irony‹ und das dazugehörige Adjektiv ins Register der Gelehrten- und Theoriesprache, während ›banter‹ und ›raillery‹ die gleichbedeutenden volkssprachlichen Ausdrücke bleiben. Erst infolge seiner häufigen Verwendung durch die großen Satiriker des frühen 18. Jh. geht das Wort ›irony‹ in den allgemeinen mündlichen wie schriftlichen Sprachgebrauch ein.

Entscheidenden Anteil an der Durchsetzung des Begriffs kann zweifellos die politische und religiöse Satire beanspruchen. Defoes *The Shortest Way with the Dissenters* (1702) ist das erste berühmte Pamphlet, das sich eines solchen satirisch-ironischen Verfahrens bedient. Sein Angriff auf den orthodoxen Flügel der Anglikanischen Kirche (die Church Party), der die Dissenting Academy ob ihrer presbyterianischen Ausrichtung verbieten lassen wollte, brachte dem Autor eine Verurteilung zum Pranger und zu zwei Jahren Gefängnis, aber auch Popularität ein. Das radikal Neue seiner satirischen Technik läßt sich daran ermessen, daß der Text einige der darin Attackierten in die Irre führte. Sie glaubten, er sei in ihren eigenen Reihen entstanden.[55] In diesem polemischen Genre, dessen Argumentationen systematisch das Gegenteil dessen behaupten, worauf sie hinauswollen, um das zu Beweisende durch die Absurdität seines Gegenteils klarzumachen, macht sich ein deutlich kalkulierter Ge-

---

49 MIGUEL DE CERVANTES SAAVEDRA, El ingenioso hidalgo Don Quijote de la Mancha (1605/1615), hg. v. V. Gaos, Bd. 1 (Madrid 1987), 30.
50 Vgl. ERICH AUERBACH, Mimesis. Dargestellte Wirklichkeit in der abendländischen Literatur (Bern ²1959), 325 ff.
51 WERNER KRAUSS, Graciáns Lebenslehre (Frankfurt a. M. 1947), 41.
52 Vgl. BENITO PELEGRÍN, Gracián, entre Baltasar et Lorenzo, in: Guérard (s. Anm. 3), 173.
53 Vgl. NORMAN KNOX, The Word Irony and its Context, 1500–1755 (Durham 1961), 24 ff.
54 Vgl. JOHN STEPHENS, Essayes and Characters, Ironicall and Instructive. The Second Impression with a New Satyre in Defense of Common Law and Lawyers [...] (London 1615).
55 Vgl. DANIEL DEFOE, The Shortest Way with the Dissenters: or Proposals for the Establishment of the Church (1702), in: Defoe, The Shortest Way with the Dissenters and other Pamphlets (Oxford 1927), 251 f.

brauch ironischen Redens bemerkbar. Defoe selbst wird über seine Schrift sagen: »The Books I have written are as plain a Satyr upon the Pretender and his Friends, as can be written, if they are view'd Impartially; but being written Ironically, all the first Part, if taken asunder from the last Part, will be read, as in Ironical speaking must be, just contrary.«[56] Der Autor hat hier seine Vorgehensweise benannt und aufgewertet in einem Sinn, der sich genau mit dem von der antiken Rhetorik überkommenen deckt. Von der politischen Satire aus bestimmt diese ironische Faktur auch Defoes erzählerisches Spätwerk, insbesondere seinen Roman *The Fortunes and Misfortunes of the Famous Moll Flanders* (1722), der erstmals einen als selbständige Figur ins Geschehen eingreifenden Erzähler vorstellt.

Erst im Gefolge der Krise, welche in der zweiten Hälfte des 17. Jh. das politische, konfessionelle und soziale Gefüge Englands erschüttert hatte, nutzten die neuen satirischen Schreibverfahren den der Meinungsäußerung gewährten Spielraum aus und eroberten sich so die gelehrte taxinomische Nomenklatur antiker Provenienz. Bezeichnenderweise versucht Shaftesbury zu dieser Zeit, die Beziehung zwischen den Spielräumen und -formen von Witz und Humor einerseits und dem Zustand der politischen Freiheiten andererseits zu bestimmen. In *An Essay on the Freedom of Wit and Humour* (1709) veröffentlicht der Philosoph einen (als Brief an einen Freund angelegten) Essay und verteidigt die vielfach praktizierte Spötterei (raillery), diese besonders aggressive Äußerungsform eines Humors, der keine soziale Sphäre verschont: »*In good earnest, when one considers what use is sometimes made of this Species of Wit [...]; one may be startled a little, and in doubt, [...] whither this rallying Humour will at length carry us. It has pass'd from the Men of Pleasure to the Men of Business. Politicians have been infected with it: and the grave Affairs of State have been treated with an Air of Irony and Banter. The ablest Negotiators have been known the notablest Buffoons: the most celebrated Authors, the greatest Masters of Burlesque.*«[57] In äußerst differenzierter Weise präsentiert Shaftesbury in diesem Text das ganze Feld von Bezeichnungen des mündlichen und schriftlichen Spotts. Doch auch wenn nunmehr, im Zeitalter des sogenannten Klassizismus, ›raillery‹ und ›irony‹ das betrügerischtäuschende Verhältnis eines öffentlichen Auftretens zu seinem Publikum bezeichneten, so blieb doch ›banter‹ das in England geläufigste Wort: »*Burlesque* and *raillery* were imported from the Continent; *banter* was picked up from the streetcorners; *irony* came out of the classroom into the market place.«[58]

Shaftesbury hat ein gutes Gespür für diese Übermittlungswege und für dasjenige, was an den Ausdrucksformen des Humors als Art und Maß von Urbanität vom jeweiligen Stand der politischen Freiheit zugelassen wird. Dem Verbot sachlicher Kritik antworten Ironie und Spott, der politischen Verfolgung begegnet die Persiflage (›banter‹), und einzig die uneingeschränkte Freiheit ermöglichte es den Menschen, wirklich höflich zu sein. »*The greater the Weight is, the bitterer will be the Satyr. The higher the Slavery, the more exquisite the Buffoonery.*«[59] Als unterschiedliche Erwiderungen auf die Modi der bestehenden Tabus gelten solche Formen mündlicher oder schriftlicher Äußerung als abhängig von ihrem kulturellen Kontext.[60] Shaftesbury bemerkt, daß die Praktiken des ›wit‹ auch ins Gebiet des Ästhetischen eingezogen sind. In Italien sei das Theater die eigentliche Domäne des burlesken Humors, während sich in England der ironische Ton nachweislich in der Gattung der Satire entfalte.

Tatsächlich nimmt die Satire bei dem Iren Swift einen entschieden literarischen Charakter an. Fast gilt das schon für *A Tale of a Tub* (1704), seine weitausholende Satire auf die herrschende Doppelmoral in Angelegenheiten der Religion und Erziehung. Um sich gegen seine Kritiker zu verteidigen, hat Swift den Nachauflagen dieses Pamphlets eine Lektüreanweisung beigegeben: »Another

---

56 DEFOE, Defoe's Review (16. 4. 1713), hg. v. A. W. Secord, Bd. 9 (New York 1938), 167; vgl. MAXIMILIAN E. NOVAK, Defoe's Use of Irony, in: Novak/ H. J. Davis (Hg.), The Uses of Irony. Papers on Defoe and Swift Read at a Clark Library Seminar, April 2, 1966 (Los Angeles 1966), 5–38, bes. 16.
57 ANTHONY ASHLEY COOPER SHAFTESBURY, Sensus Communis. An Essay on the Freedom of Wit and Humour (1709), in: SHAFTESBURY, Bd. 1/3 (1992), 18/20.
58 KNOX (s. Anm. 53), 221.
59 SHAFTESBURY (s. Anm. 57), 32.
60 Vgl. ebd., 32/34.

thing to be observed is, that there generally runs an irony through the thread of the whole book, which the men of taste will observe and distinguish; and which will render some objections that have been made, very weak and insignificant.«[61] Die zunehmend subtile und durchdachte Ironie, die dieser Art von Satire eigentümlich ist, greift oft auf die Form der Parabel zurück und entwickelt sich zu einem den ganzen Text einfärbenden Verfahren. Das Meisterwerk dieses Genres ist *A Modest Proposal for Preventing the Children of Poor People from Being a Burthen to their Parents or Country, and for Making them Beneficial to the Publick* (1729), eine Satire, in der Swift zur Bekämpfung der Armut vorschlägt, aus den Kindern der Besitzlosen ein allen zugute kommendes Nahrungsmittel zu machen. Als Neuerer erweist sich der Autor jedoch vor allem darin, auf programmatische Art den Geltungsbereich der Ironie auf sein gesamtes Werk ausgedehnt zu haben. In einem Nachruf auf sich selbst, den *Verses on the Death of Dr. Swift* [...] (1731), beansprucht er auch die Vaterschaft für dieses Verfahren:»In Pope, I cannot read a Line, / But with a Sigh, I wish it mine / [...]. / It gives me such a jealous Fit, / I cry, Pox take him, and his Wit. // Why must I be outdone by Gay, / In my own hum'rous biting Way? // Arbuthnot is no more my Friend, / Who dares to Irony pretend; / Which I was born to introduce, / Refin'd it first, and shew'd its Use.«[62] (Von Popes Verslein les' ich keins / Ohne zu stöhnen, wär's doch meins. / [...] / Es macht mich eifersüchtig flattern, / Wünsch' ihm und seinem Witz die Blattern. // Wie kommt es, daß mich Gay aussticht / Mit meinem hell-bissigen Licht? / Von Arbuthnot bin ich geschieden, / Der sich der Ironie verschrieben; / Die ich gebor'n war, Euch zu bringen, / Subtil gemacht, sie zu verdingen.)

Swift trotzt also den Verdiensten, die John Arbuthnot als Autor der Satire *The History of John Bull* (1712) haben mag, beansprucht Urheberschaft für die Kunst der Ironie und weist ihr, in der Maske des angeblich Toten, das Gebiet der Prosa zu. Hier findet sich eine der frühesten Reflexionen, die dieses Verfahren, wenn auch vorerst nur ansatzweise, als ein spezifisches literarisches Mittel behandeln. Seine Verwendung in den fiktionalen Genres tritt am deutlichsten dort hervor, wo, wie in *Gulliver's Travels* (1735), sich die Instanz des Erzählers aufspaltet in Autor und Erzähler oder gar in Autor und Herausgeber. Fiktion überhaupt konstituiert sich, angeleitet von Ironie, als satirisches Verhältnis zur Wirklichkeit. Swift markiert hier – zusammen mit Sterne – den Beginn einer Literatur moderner Prägung.

Das zweite Viertel des 18. Jh. bezeichnet also mit dem Begriff ›irony‹ ein wichtiges Verfahren literarischer Kritik. Daß sich das Wort schließlich durchsetzte, obgleich andere zur Benennung dieser Erscheinung bereitstanden, erklärt Knox mit der Würde, die es im Kontext der rhetorischen Tradition gewonnen hatte.[63] Jedenfalls führte eine Linie des Nachdenkens über den Essay und die literarische Satire zur Untersuchung und Vertiefung des Ironiebegriffs, die aus der neuzeitlichen Vokabel ›irony‹ ein Konzept gemacht haben. Noch vor der Mitte des Jahrhunderts wird es, im Rückblick, auf den *Don Quijote* angewandt.[64] Sicher hat sich die englische Satire bei dieser Selbsterkundung nicht in erster Linie auf die Aristophanische Komödie bezogen. Doch die ironische Figur des Erzählers als eines Mitspielers, in dessen Gestalt sich der Autor verdoppelt, läßt sich wohl dahingehend beschreiben, daß sie als Medium des gedruckten Worts das umsetzt, ja erweitert, was in der Antike die Funktion der komischen Parabase war.

2. ›Raillerie‹ und ›persiflage‹ in der französischen Aufklärung

In der französischen Sprache und Kultur fand der Terminus ›ironie‹ weniger einhellige Zustimmung als jenseits des Kanals. Auch wenn die Version ›yronie‹, wie die sprachgeschichtlichen Wörterbü-

---

61 JONATHAN SWIFT, The Author's Apology (1709), in: Swift, The Works, hg. v. W. Scott, Bd. 10 (Edinburgh ²1824), 21 f; vgl. HERBERT J. DAVIS, Swift's Use of Irony, in: Novak/Davis (s. Anm. 56), 39–63, bes. 42.
62 SWIFT, Verses on the Death of Dr. Swift [...] (1731), in: Swift, The Poems, hg. v. H. Williams, Bd. 2 (Oxford 1938), 555, V. 47 f., 51–58.
63 Vgl. KNOX (s. Anm. 53), 182 f.
64 Vgl. CERVANTES, The Life and the Exploits of Don Quixote de la Mancha, übers. v. C. Jarvis, 2 Bde. (London 1742), bes. Bd. 1, VI f.; KNOX (s. Anm. 53), 186.

cher belegen, schon seit dem 13. Jh. als Lehnwort aus dem Lateinischen begegnet, bleibt dieser Ausdruck bis zum 16. Jh. ungebräuchlich. Verwendet wurde er zunächst, um die Form der Spötterei (›raillerie‹) zu bezeichnen, bei der man das Gegenteil dessen sagt, was man zu verstehen geben möchte. Gleichzeitig mit der im 17. Jh. einsetzenden Wiederaufnahme des Begriffs in seiner rhetorischen Bedeutung findet er sich an anderer Stelle systematisch verkoppelt mit einem Wort der Alltagskomik: ›railler‹ (spotten), das auf das altprovençalische ›ralhar‹ (schwätzen, scherzen) und das mittellateinische ›ragere‹ zurückgeht. Eine Fülle weiterer benachbarter Ausdrücke – wie die dem Italienischen entnommenen Vokabeln ›bouffon‹ und ›burlesque‹ – bezeugt den Reichtum dieses semantischen Feldes. Neu geprägt wird im 18. Jh. – beim Abbé Prévost und bei d'Alembert, aber auch in den Bühnenparodien dieser Zeit – der Begriff ›persifler‹: »Rendre quelqu'un instrument et victime de la plaisanterie par les choses qu'on lui fait dire ingénument«[65]. Werner Krauss hat diese gegen 1735 aufgekommene Modevokabel der aristokratischen Welt des ›bon ton‹ zugewiesen. Als eine diese Schicht charakterisierende Unsitte erscheint den bürgerlichen Sprach- und Gesellschaftskritikern das spöttisch-abfällige Reden, die Nachrede (médisance) im Stile der Molièreschen Célimène. Im Maße, wie die aristokratische médisance durch den satirisch-ironischen Diskurs der Aufklärung teils pariert, teils verstärkt wurde, gehen Vokabel wie Stilcharakter des persiflage auch in die Schriften der philosophes ein. Eng und geläufig war dabei die Verbindung zwischen persiflage und ironie, etwa bei d'Alembert: »ironie perpétuelle, et ce que

65 ›Persifler‹, in: Dictionnaire de l'Académie françoise, Bd. 2 (Paris ⁵1814), 275; vgl. VOLTAIRE, L'ingénu (Utrecht 1767).
66 Zit. nach KRAUSS, Zur Wortgeschichte von ›Persiflage‹, in: Archiv für das Studium der neueren Sprachen und Literaturen, Bd. 201 (1965), 14; vgl. ebd., 12, 20, 23.
67 BLAISE PASCAL, Lettres Provinciales (1656), in: Pascal, Œuvres complètes, hg. v. L. Brunschvicg u.a., Bd. 5 (Paris 1914), 311.
68 Vgl. ebd., 325-328.
69 NICOLAS BOILEAU, Art poétique (1674), in: BOILEAU, 166.
70 Vgl. ebd., 177.

nous appellons aujourd'hui une espèce de persiflage«[66]. Die zur Wortfamilie der Ironie gehörigen Vokabeln scheinen allerdings nicht aus den pikaresken oder komischen Genres hervorgegangen zu sein. Rabelais verwendet im Prolog zu seinem Gargantua (1534) lediglich das Wort ›dissimuler‹ – das er auf Sokrates bezieht –, an anderer Stelle spricht er von ›bouffonner‹. Wenn der Terminus Ironie einmal auftaucht, dann zumeist in einem ernsthaften, moralphilosophischen oder theologischen, Kontext. Die Debatte um den Jansenismus bietet ein solches Beispiel. Pascal spricht hier vom Stachel der göttlichen Ironie. Sünde im Mund eines Menschen, kann Ironie in der Tat nur eine Eigenschaft Gottes sein. In den Lettres Provinciales (1656) verteidigt sich der Philosoph gegen den kirchlichen Vorwurf, er spotte und witzele, mit folgender Fabel: »Après qu'Adam eut désobéi [...], Dieu en punition lui rendit sujet à la mort, et [...] il se moqua de lui en cet état par ses paroles de risée: Voilà l'homme qui est devenu comme l'un de nous. [...] Ce qui est une ironie sanglante et sensible dont Dieu le piquait vivement [...]. Adam [...] méritait d'être raillé par cette ironie, et on lui faisait sentir sa folie bien plus vivement par cette expression ironique que par une expression sérieuse.«[67] Der göttliche Spott, an dem die klassische Form der Ironie hier herangerückt wird, scheint dem jansenistisch gesinnten ein geeignetes Mittel, den Menschen auf den rechten Weg zurückzubringen. Als legitimes Verfahren der Verteidigung heiliger Güter steht diese Ironie im deutlichen Gegensatz zum Possenreißen, das als Ausweis von Unfrömmigkeit und Ketzertum gilt, lacht es doch über das Verehrungswürdigste.[68]
Doch in der Sprache der Dichtung fehlt das Wort ›ironie‹ weiterhin. »L'ardeur de se montrer, et non pas de médire, / Arma la Vérité du vers de la Satire«[69] (Der Eifer, sich zu zeigen, nicht, Böses nachzusagen, / Ließ Wahrheit im Gedicht satir'sche Waffen tragen), so Boileau in seinem Art poétique (1674). Selbst dort, wo er auf den Sokrates anspielt, der in den Aristophanischen Nephelai (Wolken) verspottet wird, bestimmt Boileau den komischen Stil mit den Stichworten ›moquerie‹ und ›bouffonnerie‹.[70] Als La Bruyère 1688 eine französische Version der Theophrastischen Charak-

tēres veröffentlichte, übersetzte er das griechische ›eirōneia‹ mit »dissimulation« und erklärte: »La dissimulation n'est pas aisée à bien définir. [...] L'auteur parle de celle qui ne vient pas de la prudence, et que les Grecs appelaient ironie.«[71] Hier zeigt sich, daß die antike Bedeutung noch immer bekannt, jedoch das französische Wort ›ironie‹ noch nicht genug eingebürgert war, um mit muttersprachlichen Ausdrücken wie ›dissimulation‹ zu konkurrieren. Selbst mit dem Register der literarischen Satire oder Komik mochte man es nicht in Verbindung bringen.

Anders als in der englischen ändert sich dieser Zustand in der französischen Aufklärung nicht grundsätzlich. Selbst Voltaire, der unbestrittene Meister der französischen Satire, nennt die Ironie nur selten beim Namen. Eine dieser wenigen Stellen steht in seinen *Commentaires sur Corneille* (1764), und zwar im Kontext einer Überlegung über das Wesen der dramatischen Kunst: »La figure de l'ironie tient presque toujours du comique, car l'ironie n'est autre chose qu'une raillerie. L'éloquence souffre cette figure en prose. [...]. Homère et Virgile n'ont pas dédaigné même de s'en servir dans l'épopée; mais dans la tragédie il faut l'employer sobrement: [...] il faut que le personnage [...] soit obligé de cacher sa douleur, et de feindre d'applaudir à ce qu'il déteste. [...] Remarquez, en général, que l'ironie ne convient point aux passions: elle ne peut aller au cœur, elle sèche les larmes.«[72] Einer streng rhetorischen Ironie-Auffassung folgend, gehört diese Figur für Voltaire eher zur Prosa als zur Poesie, eher ins komische als ins tragische Fach. Jedenfalls bleibt sie auch bei ihm auf den Begriff der raillerie bezogen.

Es zählt nicht zu den geringsten Paradoxa von Voltaires prosaischem Werk, daß dieses offensichtlich ein Muster ironischen Schreibens darstellte, ohne sich als solches zu bekennen. Voltaires *L'ingénu* (1767), die Erzählung von einem scheinbar naiven Irokesen, der sich aufmacht, die europäische Gesellschaft zu erkunden, folgt Starobinski zufolge dem gegenstrebigen Verdoppelungsprinzip, welches als »battement perpétuel entre les brefs accès de sensibilité et l'omniprésence de l'ironie«[73] seine *Contes philosophiques* charakterisiert. Im Blick auf die durchgängige Illusionsbrechung durch den Erzähler spricht Starobinski sogar von einer »libre ironie d'une composition«[74], ja von einer beim späten Voltaire vorherrschenden »conscience ironique«[75]. Doch eingestandenermaßen sind das nur nachträgliche Bezeichnungen. Tatsächlich verstehen sowohl die Diderotsche *Encyclopédie*, die sich dabei auf Quintilians Definition und auf Du Marsais' Abhandlung *Des Tropes* (1730) beruft[76], als auch der *Dictionnaire de l'Académie françoise*, und zwar bis zu seiner Ausgabe von 1798, unter Ironie lediglich die rhetorische Figur in ihrer engsten Fassung.

Ohne dieser Tendenz der französischen Literatur Abbruch zu tun, hat allerdings unbestritten Diderot am meisten dazu beigetragen, den Begriff der Ironie im ästhetischen Denken Frankreichs heimisch zu machen. Zwar fällt das Wort in seinem *Discours sur la poésie dramatique* (1758) nicht, denn Diderot bestätigt hier noch einmal das Burleske als Beschreibungskategorie für eine Komik, »dont les caractères sont comme les grotesques de Callot«[77]. Die einzelnen Genres finden sich bei Diderot nach Nationen wie nach Sitten und Kulturen differenziert: »Nous avons les comédies, les Anglais n'ont que des satires. [...] les Italiens sont sont réduit au drame burlesque« (260). Ein der Ironie benachbarter Begriff bildet dagegen den Angelpunkt von Diderots Theorie des Schauspielers. Seine einzig dastehende Auffassung vom Wesen des Akteurs, der nämlich, so das *Paradoxe sur le comédien* (ca. 1773), alles nachzuahmen vermag, ohne irgend etwas da-

---

71 JEAN DE LA BRUYÈRE, Les caractères de Théophraste. Traduits du Grec (1688), in: La Bruyère, Œuvres complètes, hg. v. J. Benda (Paris 1957), 20.
72 VOLTAIRE, Commentaires sur Corneille (Remarques sur Médée 2, 2) (1764), in: Voltaire, Œuvres complètes, Bd. 31 (Paris 1880), 191 f.
73 JEAN STAROBINSKI, Le fusil à deux coups de Voltaire. La philosophie d'un style et le style d'une philosophie, in: Revue de Métaphysique et de Morale 71 (1966), 282.
74 Ebd.; vgl. ebd., 285.
75 Ebd., 291.
76 Vgl. ›Ironie‹, in: DIDEROT (ENCYCLOPÉDIE), Bd. 8 (1765), 905 f.; CÉSAR CHESNEAU SIEUR DU MARSAIS, Des Tropes ou des différens sens dans lesquels on peut prendre un même mot dans une même langue [...], Bd. 2 (Paris 1730), 149, § 14 u. 185 f., § 21.
77 DENIS DIDEROT, Discours sur la poésie dramatique (1758), in: Diderot, Œuvres esthétiques, hg. v. P. Vernière (Paris 1988), 202.

bei zu fühlen, knüpft in der Tat an die antike performative Vorstellung von Ironie an. Der Diderotsche Schauspieler ähnelt in gewisser Hinsicht dem von der Stoa beschriebenen Weisen, dem es dank seines inneren Gleichmuts leichtfällt, die ihm vom Schicksal auferlegte Rolle auf unübertreffliche Weise zu spielen. Um den wechselseitigen Ausschluß von Sensibilität und Distanzierung auf den Begriff zu bringen, rekurriert Diderot auf ein Wort, das von ›persifler‹ abgeleitet ist: »Qu'est-ce qu'un grand comédien? Un grand *persifleur* tragique ou comique à qui le poète a dicté son discours.«[78] Der Schauspieler, der nie dasjenige empfindet, was er gerade vorführt, erscheint schon bei Diderot als eine Vorgestalt des romantischen Ironikers.

Dort, wo die Literatur aufhört, einfache Parodie sein zu wollen, bleibt auch die Ironie für sie nicht länger bloß eine polemische Waffe und eine rhetorische Figur. Vielmehr schickt sich nun die Ironie an, das ganze Werk, in dem sie auftritt, anzustekken, ja zu strukturieren. Das ist dann der Fall, wenn der Erzähler, wie etwa bei Diderot, die Verfügungsgewalt über die Geschichte und ihre Personen unverkennbar an sich zieht. Die einzelnen Episoden von *Jacques le fataliste et son maître* (ca. 1775) folgen so aufeinander, wie es die Zufälle des Weges, die Launen der von dem Herrn geheuerten Pferde oder die seines Dieners verfügen. Jederzeit kann der Erzähler den Faden spielerisch neu aufnehmen oder eingreifen, um das eben Angesponnene wieder aufzulösen. Gleichwohl verwendet

---

78 DIDEROT, Paradoxe sur le comédien (ca. 1773), in: Diderot, Œuvres, hg. v. A. Billy (Paris 1951), 1053; vgl. STAROBINSKI, Ironie et mélancholie (I). Le théâtre de Carlo Gozzi, in: Critique 22 (1966), H. 227, 291–308, 294, 300 f.
79 Vgl. DIDEROT, Jacques le fataliste et son maître (ca. 1775), in: DIDEROT (s. Anm. 78), 696 f.
80 NICOLAS RÉTIF DE LA BRETONNE, Monsieur Nicolas (1790), hg. v. P. Testud, Bd. 1 (Paris 1989), 27.
81 Vgl. BARTHES, Sade, Fourier, Loyola (Paris 1971), 127, 153.
82 Vgl. DONATIEN ALPHONSE FRANÇOIS DE SADE, Idées sur les romans (1800), in: Sade, Œuvres complètes, Bd. 9 (Paris 1969), 3 f.
83 Vgl. JOHANN LEONHARD FRISCH, ›Heucheley‹, in: Frisch, Teutsch-Lateinisches Wörter-Buch, Bd. 1 (Berlin 1741), 448; ›Spöttisch‹, in: ebd., Bd. 2 (Berlin 1741), 305.

der Roman lediglich das Adjektiv ›ironiquement‹, und auch das nur ein einziges Mal. Es bezeichnet den Tonfall, in dem der Kommissarius, beauftragt mit der Vertretung der Gesetzesgewalt, Jacques' Herrn gegenübertritt, als der infolge einer Intrige, die sein Freund, der Ordensritter, eingefädelt hat, in flagranti im Bett der Agathe überrascht wird.[79]

Obwohl Proust von einer Ironie im Geschmack des 18. Jh. spricht, hat man im Frankreich der Aufklärung nichts, was hätte ironisch genannt werden können, kein literarisches Verfahren, kein Gebiet der Ästhetik, mit diesem Begriff belegt. Ein Virtuose der libertinen Literatur wie Rétif de la Bretonne, der immerhin den Ausdruck des ›ironiste‹ eingeführt hat, weiß von der Ironie nichts Gutes zu sagen. In *Monsieur Nicolas* (1790) schreibt er: »Ma confiance dans les femmes et dans les filles était absolue, je les regardais comme les seuls êtres bons, compatissants, incapables de me tromper, de me persifler, l'ironie étant une figure de rhétorique avec laquelle on était toujours sûr de me mettre en fureur.«[80] Rétifs Gegenspieler de Sade, obgleich Meister der höhnischen Satire und der Entstellung aller gesetzten Ordnungen[81], verzichtet dennoch in seinen *Idées sur les romans* (1800) auf diesen Begriff.[82]

3. Die verspätete Aufnahme des Begriffs in die deutsche Sprache

Spezifisch für die Länder deutscher Sprache ist eine sehr langsame Aufnahme der Wortfamilie Ironie ins Vokabular. Was beim Vergleich mit den anderen europäischen Kulturen auffällt, ist die weitgehende Entkoppelung einer entfalteten lateinischen Gelehrtentradition von einer Volkskultur, die Schalk(heit), Spötterei und Verspottung kennt, ohne über sämtliche Spielarten von ›banter‹, Witz und Satire zu verfügen, wie es für die englische Publizistik kennzeichnend ist. Während das Thema der Ironie in lateinischen Schriften abgehandelt wird, in welchen dieser Begriff sehr lange mit Komik konnotiert bleibt, kommt der Signifikant Ironie erst Mitte des 18. Jh. auf.[83]

Gottsched scheint, in seiner *Ausführlichen Redekunst* (1736), als erster deutsch schreibender Autor der Ironie einen Platz unter den vier Tropen eingeräumt zu haben, wobei er allerdings nicht mehr tat, als die antike Tradition der Rhetorik ins moderne Hochdeutsch zu übersetzen. Er behandelt »die *Ironie*, oder [...] die Verspottung, als die vierte Gattung der verblümten Redensarten. Auch hier hat es Statt, daß die Wörter neue Bedeutungen bekommen: indem man in der Ironie gerade das Gegentheil von dem saget, was man denket. Der Zuhörer muß es aber aus den Umständen schon wissen; oder aus dem Tone der Sprache abnehmen können, wie es gemeynet ist.«[84] Anhand ihrer griechischen Erscheinungsformen unterscheidet der Autor einzelne Typen der Ironie wie »Hohngelächter«, »Durchziehen«, »Nachspotten«, »höfliche spaßende Antwort«, »Scherz, zur Verkleinerung seiner selbst«[85], vermerkt aber zugleich das Unstatthaft-Unzeitgemäße des so beschriebenen Verhaltens, »da man selten mit Gegnern zu streiten hat, derer man füglich spotten könnte«[86]. Eine solche Rekapitulation der rhetorischen Wortbedeutung von Ironie findet sich auch in seinem *Versuch einer Critischen Dichtkunst* (1730), ohne daß dem Begriff dabei eine merkliche stilpoetologische Funktion zuwüchse. Die deutschen Lexika des 18., ja selbst noch die des 19. Jh., sind allerdings weit davon entfernt, auch nur diese zaghafte Eingemeindung des Wortes zu bestätigen. Johann Leonard Frisch zählt es 1741 unter die Gallizismen und übersetzt es mit ›Spottmeinung‹. Bei Adelung (1774–1786) kommt es nicht vor. Campe befindet 1801, der rechte Ausdruck für Ironie sei noch nicht gefunden. Hensius stellt es 1819 unter die Fremdwörter; folgerichtig berücksichtigt Grimms Wörterbuch 1854 nur den Ausdruck Schalk, der germanischen Ursprungs sei, und noch Weigand verzeichnet 1857 die ausländische, französische Herkunft der Vokabel.[87] Erst die fünfte, 1880 erschienene Auflage des Duden bestätigt dem Wort, das lange darauf warten mußte, seine Zugehörigkeit zur schriftlichen Alltagssprache.[88]

Gleichwohl kennt diese Vermeidungsgeschichte auch vor der Frühromantik in Johann Jakob Engel und Carl Friedrich Flögel bemerkenswerte Ausnahmefälle, die den Begriff der Ironie in einem kunsttheoretischen Zusammenhang verwendet zeigen. Paradoxerweise scheinen die bildenden Künste, vor allem die Karikatur und die Bildsprache des Grotesken, gegen Ende des 18. Jh. die bevorzugten Einfallstore für die Wahrnehmung von Ironie gebildet zu haben. In seinen *Ideen zu einer Mimik* (1785–1786) bringt Engel allerdings nur die rhetorische Tradition ins Spiel – und zwar in dem Maße, wie er seine Unterscheidung zwischen malender und ausdrückender Geste auf der antiken Actio-Lehre basiert. Alle ausdrückenden Gesten können sich als figürliche (metaphorische, metonymische, synekdochische, ironische) Gesten ausprägen. Was hier vorliegt, ist eine Übertragung der klassischen Tropen in eine Semiotik der Gesten, die jene Tropen nicht in genuin ästhetische Kategorien verwandelt. Die Anwendung dieser gestischen Rhetorik auf das Gebiet des Komischen führt daher diesmal nicht, wie bei Diderot, zu einer Theorie der schauspielerischen Distanzierung von der wiederzugebenden Rolle. Vielmehr soll der Akteur – weit davon entfernt, ein prototypischer Ironiker zu sein –, darauf achten, daß er nicht Gefühlen zum Opfer fällt, die sich mit dem ihm abverlangten Spiel nicht vertragen.[89]

Gegen Ende der 1780er Jahre macht Flögel die Ironie zu einem Bestandteil des Grotesken, das er als einer der ersten wiederentdeckt hat.[90] Schon in seiner *Geschichte der komischen Litteratur* (1784–1787) hatte er »Ironie und Schalkheit« erwähnt als zwei Musterbeispiele für den »Kontrast zwischen Stellung und Absicht«: »Man spricht oder thut etwas, welches grade das Gegentheil bewirken soll. Unter dem Scheine des Lobes und Beyfalls tadelt man, unter dem Scheine der Ernsthaftigkeit muß man lachen; unter anscheinender Dummheit ist Witz verborgen. Der doppelte Kontrast in der Ungereimtheit der Sache und in der ernsten Mine des Spötters bringt die Wirkung des Lächerlichen de-

---

84 JOHANN CHRISTOPH GOTTSCHED, Ausführliche Redekunst (1736), in: Gottsched, Ausgewählte Werke, Bd. 7/1, hg. v. R. Scholl (Berlin/New York 1975), 320.
85 Ebd., 320 f.
86 Ebd., 321.
87 Vgl. FRIEDRICH LUDWIG KARL WEIGAND, Deutsches Wörterbuch, Bd. 2 (Gießen 1857), 540 f.
88 Vgl. PAPIÓR (s. Anm. 44), 6.
89 Vgl. JOHANN JAKOB ENGEL, Ideen zu einer Mimik, Bd. 1 (Berlin 1785), 88 f.
90 Vgl. CARL FRIEDRICH FLÖGEL, Geschichte des Groteskekomischen. Ein Beitrag zur Geschichte der Menschheit (Liegnitz/Leipzig 1788).

sto sicherer herfür.«[91] Nach einer pflichtschuldigen Erwähnung Sokrates' verweist der Autor auf Swift und den deutschen Schriftsteller Christian Ludwig Liscow (1701–1762), die im Ruf stehen, sich in ihren satirischen Schriften dieses Verfahrens bedient zu haben. Der alten Gottschedschen Schule, welcher es nicht mehr zeitgemäß schien, stellt Flögel also diese beiden modernen Autoren gegenüber.

In den weiteren Zusammenhang mit der Bildsprache des Grotesken und ihrer Affinität zur Ironie gehören unbedingt auch die Hogarthschen Karikaturen – sie zirkulierten in Deutschland seit den 1770er Jahren – sowie Chodowieckis satirische Kupferstich-Darstellungen der damaligen deutschen Gesellschaft und ihrer Sitten. Auch die von ihnen provozierten Kommentare, wie etwa Georg Christoph Lichtenbergs *Ausführliche Erklärung der Hogarthischen Kupferstiche* (1794–1799), nehmen teil an der Debatte über das Ironische, die sich im letzten Jahrzehnt des 18. Jh. allmählich herausbildet. Unbestreitbar untersteht das, was Lichtenberg, dieser Meister des Aphorismus, hier unternimmt, dem Stilgesetz des Witzes, aber doch auch dem des Medienwechsels: »Was der Künstler da *gezeichnet* hat, müßte nun auch so *gesagt* werden, wie *Er* es vielleicht würde *gesagt* haben, wenn er die Feder so hätte führen können, wie er den Grabstichel geführt hat.«[92] Dieser Versuch, von einem künstlerischen Medium in ein anderes zu übersetzen, trägt zugleich eine Kultur in eine andere hinüber, auf daß auch die deutsche Öffentlichkeit fähig werde, den Humor und die Ironie des englischen Karikaturisten zu begreifen – den Lichtenberg übrigens einen Schalk nennt.

Der glänzende, gegen 1797 einsetzende Aufstieg des Begriffs Ironie in der Romantik täuscht also darüber hinweg, daß dieser Terminus in der deutschen Texttradition, ob in theologischen, in Streit- oder in satirischen und literarischen Schriften, kaum verankert war. Die romantische Ironie wird deshalb auf einen seit der Antike immer wieder umgeformten europäischen Ironiebegriff zurückgreifen, um ihn zu erweitern und zu radikalisieren.

Philippe Despoix
(Übers. v. Justus Fetscher)

III. Romantische Ironien

1. Schlegels Begriffsbildung

Friedrich Schlegel war es vorbehalten, den Begriff der Ironie in die deutsche Kunstkritik einzuführen. 1794 verteidigte er die Komödien des Aristophanes gegen den Vorwurf, der Dramatiker biete »Karikatur« und »unterbreche oft die Täuschung«, mit dem umwertenden Urteil, in solcher »Parekbase« und in den »häufigen Anspielungen«, in denen »der Dichter und das Publikum zum Vorschein« kommen, äußere sich »besonnener Mutwille, überschäumende Lebensfülle«. Dieser Vorgang liegt in der Naturkraft der Poesie: »Die höchste Regsamkeit des Lebens muß wirken, muß zerstören; findet sie nichts außer sich, so wendet sie sich zurück auf einen geliebten Gegenstand, auf sich selbst, ihr eigen Werk; sie verletzt dann, um zu reizen, ohne zu zerstören.«[93]

Hier zeichnet sich nicht nur die Parallele ab, in die Schlegel die Aristophanische mit der Komödie Gozzis setzen wird, sondern auch schon die illusionsexpandierende Illusionsdurchbrechung der Tieckschen Literaturkomödien, die als dramatische Entsprechungen von Schlegels Ironiekonzept gelten können.[94] Vor allem aber deutet sich dieses Konzept selbst hier bereits an in der Hochschätzung der Parekbase, der Einsicht in das das Publikum Bildende der Anspielungen, der Potenzierung der poetischen Begeisterungsgabe durch deren Selbstunterbrechung, Selbstüberhebung, Selbstverdoppelung.

Zwei Jahre später wird Schlegel beim Lesen Goethes und dem darauf folgenden Versuch, den Weimarer zu übermeistern, die antike Ironie mo-

---

91 FLÖGEL, Geschichte der komischen Litteratur, Bd. 1 (Liegnitz/Leipzig 1784), 95 f.
92 GEORG CHRISTOPH LICHTENBERG, Ausführliche Erklärung der Hogarthischen Kupferstiche (1794–1799), in: LICHTENBERG, Bd. 3 (1972), 661.
93 FRIEDRICH SCHLEGEL, Vom ästhetischen Werte der griechischen Komödie (1794), in: SCHLEGEL (KFSA), Bd. 1 (1979), 30.
94 Vgl. PETER SZONDI, Friedrich Schlegel und die romantische Ironie. Mit einer Beilage über Tiecks Komödien, in: Euphorion 48 (1954), 397–411.

dernisieren. »In einigen der *Distichen von Goethe*« werde »gnomische Einfachheit durch irgend einen mutwilligen Zug fröhlich belebt, und dadurch zugleich eine gesellige Stimmung über das Gedichtchen verbreitet«. Von einem dieser Zweizeiler vermerkt er sogleich: »diese schalkhafte Altklugheit, dieses Hervorgucken eines feinen Weltmanns unter der Maske des treuherzigen Dichters hat [...] eine eigene Urbanität, welche sich besser empfinden als beschreiben läßt.«[95]

Mit dieser Charakteristik ist der Bedeutungshof des frühromantischen Ironiebegriffs umrissen. Mutwille (Willkür, Übermut) des sprachlichen Verfahrens, Lebendigkeit, Geselligkeit und Altklugheit konnte Goethe nur vereinigen, weil er die antike Ironie durchschaut hatte beim Meistern antiker Formen. Geselligkeit und Ironie konstituieren einander wechselseitig, da nur, wer zur Gesellschaft gehört, die über den Erkenntnishorizont des ironisch Sprechenden verfügt, dessen Ironie identifizieren kann, wie zugleich nur der, der sie als Ironie identifiziert, zur Gesellschaft der ironisch Sprechenden gehört. Die Vokabel Ironie selbst kreist Schlegel hier nicht nur – sie zugleich meidend und ansteuernd – paraphrasierend ein, sondern er umspielt sie auch durch die beiden Nachbarwörter, die sie bald in ihren Sog ziehen wird: Schalkheit, der altdeutsche Name für Ironie[96], und Urbanität, deren römisches Medium.

Das Urbane der rezensierten Goetheschen Distichen verdankt sich ihrer Fähigkeit, den Stilcharakter der Horazischen Satire[97] nachzuahmen. In dieser Urbanität aber sah Schlegel nicht nur ein (dem modernen Roman entsprechendes) für das Ganze der antiken Dichtung charakteristisches Fluidum[98], sondern auch das satirische Analogon zur Aristophanischen Schauspielkunst und zur Sokratischen Ironie. Urbanität bezeichnet den Gestus, in dem sich der monologische Denker zur Gesellschaft öffnet, und zwar durch das Kultivieren intersubjektiver Formen der Reflexion: »Opfre den Grazien, heißt, wenn es einem Philosophen gesagt wird, so viel als: Schaffe dir Ironie und bilde dich zur Urbanität.«[99]

Am *Wilhelm Meister* (1795/1796) statuiert dann Friedrich Schlegel, daß jedes erhebliche (kritikwürdige) Werk seinem Formgesetz nach ironisch sein muß – und daß auch die Kritik, die dessen Höhe erreichen will, entsprechend ironisch sein muß. Sie erkennt damit zugleich, daß das Werk seinerseits angelegt und angewiesen ist auf seine notwendige Fortführung, Selbstbefreiung, Fortexplikation durch den ironischen Sinn des Kritikers.

Der auf die (unerreichbare) Vorbildlichkeit der Antike festgelegte Schlegel der altphilologischen Schriften kannte das, was er bald als Ironie bezeichnen sollte, zunächst als eine aus der Not geborene moderne Tugend. Angesichts der Unmöglichkeit eines modernen Homerischen Epos habe sich die neuere Epik mit einer Selbstironisierung ihres Anspruchs wie ihrer Form beholfen. Schlegel bezeichnet diese Selbstironisierung mit einem Diderotschen Wort: »Schon ganz frühe gesellt sich zu der gigantischen Größe, zu dem fantastischen Leben der romantischen Gedichte eine leise *Persiflage*, die oft auch laut genug wird«[100], schreibt er gegen 1795 im *Studium*-Aufsatz. Bei der Revision dieser Passage für den Zweitdruck veränderte er ›Persiflage‹ 1823 zu »Ironie«[101].

Im Zuge seiner Einsicht in die formale und historische Dialektik antiker und moderner Dichtung wurde auch der Homer verehrende Altphilologe bald fähig zur Erkenntnis des Ironischen in den Werken der Alten. Ironie findet er auch in der *Odyssee*, und zwar gerade dort, in den Gesängen 5–15, wo sie »am meisten *Odyssee*«[102] ist. Insofern ist Homer doch noch das Vorbild für das, was Schlegel als das moderne epische Genre teils fordert, teils (besonders anläßlich des *Wilhelm Meister*)

---

95 SCHLEGEL, [Rez.] Friedrich Schiller (Hg.), Musenalmanach für das Jahr 1797, in: SCHLEGEL (KFSA), Bd. 2 (1967), 28.
96 Vgl. ›Schalksernst‹, in: JOACHIM HEINRICH CAMPE, Wörterbuch der Deutschen Sprache, Bd. 4 (Braunschweig 1810), 65; ›Schalksspott‹, in: ebd., 66.
97 Vgl. SCHLEGEL (s. Anm. 93), 28.
98 Vgl. SCHLEGEL, Athenäums-Fragmente (1798), in: SCHLEGEL (KFSA), Bd. 2 (1967), 188, Nr. 146.
99 Ebd., 251, Nr. 431.
100 SCHLEGEL, Über das Studium der Griechischen Poesie (1795–1797), in: SCHLEGEL (KFSA), Bd. 1 (1979), 334.
101 Ebd., Anm. 8.
102 SCHLEGEL, Geschichte der Poesie der Griechen und Römer (1798), in: SCHLEGEL (KFSA), Bd. 1 (1979), 513.

beschreibt: den »Urb.[anen] R.[oman]«[103]. Bot doch die Antike das gleiche Spiel wie zuletzt das zwischen *Meister* und *Meister*-Kritik: An der Ironie von *Ilias* und *Odyssee* bildete und bewährte sich die ihrer antiken Kritiker: »jenes Lächeln, jene leise, ironische und beinah parodische Stimmung, mit der auch ein Horatius, ein Aristophanes, mancher andre sokratische Athener [...] das alte Epos gelesen haben müssen«[104].

Daß sich der Kritiker gegenüber der Texttradition durch das Aufbieten von »*Ironie* und *Parodie* nur negativ«[105] verhalte, bleibt dennoch nicht Schlegels letztes Wort. Ironie braucht der Leser vielmehr darum, weil er nur so der Ironie des Autors, den er liest, entsprechen kann. Ein strukturalmusikalisches Verständnis der Shakespeareschen Dramen entdeckt in diesen den systematischen

---

103 SCHLEGEL, Fragmente zur Litteratur und Poesie (entst. 1797), in: SCHLEGEL (KFSA), Bd. 16 (1981), 162, Nr. 906.
104 SCHLEGEL (s. Anm. 102), 500.
105 SCHLEGEL (s. Anm. 103), 119, Nr. 409.
106 SCHLEGEL (s. Anm. 98), 208, Nr. 253.
107 SCHLEGEL, Lyceums-Fragmente (1797), in: SCHLEGEL (KFSA), Bd. 2 (1967), 160, Nr. 108.
108 SCHLEGEL (s. Anm. 103), 127, Nr. 508.
109 SCHLEGEL, Philosophische Fragmente. Erste Epoche. II. (1797), in: SCHLEGEL (KFSA), Bd. 18 (1963), 85, Nr. 668.
110 Vgl. SCHLEGEL (s. Anm. 98), 206, Nr. 244; SCHLEGEL, Gespräch über die Poesie (1800), in: SCHLEGEL (KFSA), Bd. 2 (1967), 302, 344.
111 Vgl. SZONDI (s. Anm. 94), 23.
112 SCHLEGEL (s. Anm. 103), 124, Nr. 483.
113 WINFRIED MENNINGHAUS, Unendliche Verdoppelung. Die frühromantische Grundlegung der Kunsttheorie im Begriff absoluter Selbstreflexion (Frankfurt a. M. 1987), 201.
114 Ebd., 68; vgl. WALTER BENJAMIN, Der Begriff der Kunstkritik in der deutschen Romantik (1920), in: BENJAMIN, Bd. I/1 (1974), 87.
115 SCHLEGEL, Philosophische Lehrjahre (1798), in: SCHLEGEL (KFSA), Bd. 18 (1963), 128, Nr. 76; vgl. MANFRED FRANK, Einführung in die frühromantische Ästhetik. Vorlesungen (Frankfurt a.M. ³1995), 287ff., 345, 348, 462.
116 Vgl. SCHLEGEL (s. Anm. 107), 151, Nr. 37; GARY HANDWERK, Irony and Ethics in Narrative. From Schlegel to Lacan (New Haven/London 1985), 20–23; GUIDO NASCHERT, Friedrich Schlegel über Wechselerweis und Ironie, in: Athenäum. Jahrbuch für Romantik 6 (1996), 47–90, u. Athenäum. Jahrbuch für Romantik 7 (1997), 11–36.

Geist einer umfassenden Selbstthematisierung. Sie zeigt sich »oft durch Parodie des Buchstabens und durch Ironie über den Geist des romantischen Drama«[106]. Denn Ironie ist – Kritiker und Autor identifizierend – »stete Selbstparodie«[107], »überwundne Selbstpolemik«[108], die zuerst an Aristophanes beobachtete Fähigkeit und Folgerichtigkeit, sich über sich und sein eigenes Werk zu erheben. Diese Formulierung (sich über sich erheben) ist gleichsam der Generalbaß von Schlegels Äußerungen zur Ironie.

Was Schlegel an Aristophanes rühmte und erkannte: »Ironie ist eine permanente Parekbase«[109], gilt dem Kritiker als Maximum dramatischer Selbstreflexion, dem sich in jüngerer Zeit (wenn auch nur von fern) Gozzi und Goethe, im *Triumph der Empfindsamkeit* (1787), immerhin kühner als Gozzi, genähert haben.[110] In der Aristophanischen Parekbase entdeckt Schlegel das Muster für die Selbstdarstellung der Literatur (nicht nur der dramatischen) als Spiel innerhalb des Lebensspiels[111] und für die Selbstreflexion der Form, die er dem modernen Dichtwerk abverlangt (»Ironie ist Pflicht«[112]). Sie ist hier insofern formal auch gegen sich selbst ironisch, als sie in der ihr abgeforderten Verstetigung (›permanente Parekbase‹, ›stete Selbstparodie‹) sich selbst als Ausnahmefigur aufhebt. Das aber bedeutet, daß sie vom Strukturelement zur Struktur selbst wird: »Als permanente, Struktur gewordene Parekbase will Schlegel die Reflexionsbewegung der Ironie [...] verstanden wissen«[113]. Es handelt sich hier um eine »*objektive* Ironie«, die schon Benjamin »in der reflexiven Form als der Grundstruktur des Werks«[114] aufgewiesen hat.

Ironie bricht das Werkgefüge auf, relativiert dessen qua Gestaltung Partikulares und Bestimmtes in ein (inneres, in die Struktur des Kunstwerks eingegangenes) Unendliches, ist relativer Ausdruck des Absoluten, zeitlicher Ausdruck des Ewigen und daher »ἐπιδειξ[!]ις d[er] Unendlichkeit«[115]. Ihren Ursprung hat sie in der Selbstreflexion des Subjekts, das – fiktisch – in der ironischen Selbstbeschränkung die Mitte und Vermittlung zwischen Selbstschöpfung und Selbstvernichtung sich offenhält und so zum Raum der Produktion macht.[116] »Die Selbstbeschränkung hat der Beschränkung durch die Welt voraus, daß sie die potentiale Unendlichkeit des Selbst voraussetzt und damit beweist.«[117] Des Selbst und, sofern bei den Romantikern nicht das Ich, sondern das Kunstwerk zum Reflexionsmedium geworden ist (Benjamin), des Kunstwerks. Indem sie jedem bestimmten Ausdruck die Form des Paradoxen und eine Rückverweisung auf das produktive Chaos mitteilt, aus dem sie hervorgegangen ist, tendiert die romantische Ironie zur Auflösung der sinnstiftenden Form und zur Emanzipation der Ausdrucksmomente, die als eigenwertig gelten. Manfred Frank hat daher die These aufgestellt, diese Ironie, zumal die in Tiecks Werken begegnende, finde ihren formal reinsten Ausdruck in der Musik des 19. Jh. (Weber, Brahms, Wagner).[118]

Den Schlegelschen Aufsatz *Über die Unverständlichkeit*, 1800 zum Abschluß der *Athenäum*-Zeitschrift publiziert und als Epilog ihres Programms intendiert, hat Paul de Man als ironische Subversion aller logischen und narrativen Sukzession und mithin auch der Fichteschen Erzählung von der Ichkonstitution gelesen[119]; und ein Anhänger de Mans hat daher in Schlegels Ironiebegriff eine Figur dessen gesehen, was de Man selbst als ›resistance to theory‹ bezeichnete.[120] Angesichts ihres aggressiv-resignativen Duktus ließe sich der Text auch lesen als eine Selbstthematisierung des frühromantischen Ironieprojekts, von der offenbleiben muß, ob sie mehr Selbstbestätigung, Selbstparodie oder Selbstrücknahme ist. Konsequent wendet er jedenfalls das Ironiegebot auf seinen eigenen Darstellungsmodus an. Die scheinbare Formlosigkeit dieser kleinen Abhandlung, ihre Digressions- und Unterbrechungsstruktur impliziert Ironie als Form, die sich selbst parodiert und ihr Ironieprogramm dadurch verbirgt, aber auch – entweder preisgibt oder als ein beständig über sich Hinaustreibendes präsentiert.[121]

Auf den polemischen Ironiebegriff des Avantgardisten Schlegel antwortet im ersten Jahrzehnt des 19. Jh. der irenische eines Wieland. Im Bereich der deutschen Literatur galt dieser Autor zuerst vor und späterhin neben Goethe als der Meister der epischen Ironie, eines augenzwinkernden, verwirrend-wohlwollenden Umgangs mit Figuren und Publikum.[122] In Wielands Versepos *Musarion oder die Philosophie der Grazien* (1768) spricht die schöne Musarion zu einem tugendstrengen Stoiker im »schalkhaft sanften Ton / Der Ironie«[123]. Als Wieland in den 1770er und 1780er Jahren zum deutschen Vermittler Lukians wurde, übernahm er auch dessen Technik der Desillusionierung durch Parodie der Homerischen Mythologie wie des Platonischen Dialogs.

In Wielands letztem Roman *Aristipp und einige seiner Zeitgenossen* (1800/1801) wird die Platonische Dialogkunst gleichermaßen rekonstruiert und desavouiert durch Nacherzählung ihrer politischen und persönlichen Aitiologie. Was Platons Schriften aus den Gesprächen des Sokrates gemacht haben, erweist sich als interessierte Zurichtung. Die Sokratische Ironie erklärt Aristipp vorerst aus dem sozialen Klima der selbstbewußten Polis Athen. »Der Athener« debattiert vor allem deshalb, »weil es ihm [...] um das eitle Vergnügen (zu tun ist), mit der Feinheit und Gewandtheit seines Witzes und der Geläufigkeit seiner Zunge zu prunken und den andern [...] seine Überlegenheit fühlen zu lassen«[124]. Diese »Art von spottender oder auch bloß scherzhafter Verstellung ist es eigentlich, was die Athener Ironie nennen«. Ihrer bediente sich Sokrates vornehmlich, »um den Verweisen, die er sei-

---

117 SZONDI (s. Anm. 94), 22.
118 Vgl. FRANK (s. Anm. 115), 380–462.
119 Vgl. PAUL DE MAN, The Concept of Irony (entst. 1977), in: de Man, Aesthetic Ideology, hg. v. A. Warminski (Minneapolis/London ²1997), 163–184.
120 KEVIN NEWMARK, ›L'absolu littéraire‹. Friedrich Schlegel and the Myth of Irony, in: Modern Language Notes 107 (1992), 905–930.
121 Vgl. RALF SCHNELL, Die verkehrte Welt. Literarische Ironie im 19. Jahrhundert (Stuttgart 1989), 13–25; CATHY COMSTOCK, ›Transcendental Buffoonery‹. Irony as Process in Schlegel's ›Über die Unverständlichkeit‹, in: Studies in Romanticism 26 (1987), 445–464; ECKHARD SCHUMACHER, Die Ironie der Unverständlichkeit. Johann Georg Hamann, Friedrich Schlegel, Jacques Derrida, Paul de Man (Frankfurt a. M. 2000), 217.
122 Vgl. PAPIÓR, Die Ironie im Spätwerk Wielands, in: Germanica Wratislaviensia 99 (1993), 71–80.
123 CHRISTOPH MARTIN WIELAND, Musarion oder die Philosophie der Grazien (1768), in: Wieland, Gesammelte Schriften, hg. v. S. Mauermann, Abt. 1, Bd. 7 (Berlin 1911), 182, V. 52 f.; vgl. ebd., 196, V. 48–50.
124 WIELAND, Aristipp und einige seiner Zeitgenossen (1800/1801), hg. v. H. Pröhle (Frankfurt a. M. 1984), 83 f.

nen jüngern Freunden zu geben Ursache findet, den Stachel zu benehmen«.

Das Spezifikum solcher Ironie besteht allerdings Aristipp zufolge in der nivellierenden Wirkung, mit der der fragende Philosoph den Sophisten entgegentritt. Diese Ironie ist »von jener gewöhnlichen [...] sehr verschieden« (84) und weniger rhetorisch als mimisch. Sie besteht darin, daß Sokrates »sich äußerst einfältig und unwissend stellt«. »In diesem Charakter« bringt er seine Gegner »durch die scheinbare Naivität seiner Fragen und die verdeckte spitzfindige Art, wie er aus ihren Antworten immer neue Fragen hervorzulocken weiß«, zum Eingeständnis ihrer Ratlosigkeit. Egalisierung vor dem Richtstuhl der Weisheit: »durch diese Art von Ironie [...] vernichtete [Sokrates – d. Verf.] unvermerkt die Vorteile, welche Stand, Name, Ansehen und Glücksumstände jenen über ihn hätte geben können.« (85)

Wielands letzte Replik auf den frühromantischen Ironiebegriff hört auf das Stichwort Urbanität. Gegen die satirisch-aggressive Ironie-Urbanität, die Schlegel bei Horaz gefunden haben wollte, setzt Wieland eine diplomatisch-schonende, die er, als deren Übersetzer, 1806–1813 in den Briefen Ciceros entdeckt. Freilich hatte er diesen Zusammenhang schon 1782 bei seiner Übersetzung der Horazischen *Epistulae* etabliert.[125] Dort rühmt er die »leise Ironie« (73), mit der Horaz die Tragödiensprache der römischen Autoren imitiere. Darin bewies sich zugleich, Wieland zufolge, seine »Urbanität« (58).

An diese Aktualisierung des antiken graziösen Stils schließt sich wenig später auch Herder an. Seinen Ironiebegriff hat er in einem kurzen Gespräch zwischen *Kritik und Satyre* (1803) dargestellt. Herder präsentiert eine normativ-begriffliche, genealogische Herleitung der sich hier unterredenden Termini. Nach einer wilden Jugend läßt sich die Satire von ihrem Vetter, dem Geschmack, in der Kunst unterweisen, »Thorheiten feiner zu zergliedern, falschen Glanz zu zerstreuen u. f. Sie nennen es jetzt *Persiflage*.« Wozu die Kritik bemerkt: »Die Alten nanntens *Ironie*, und gaben ihr einen weit größeren Raum, als dieser selbst zu persiflierende Name ihr je geben könnte.«[126] Nach einer Phase des Parodierens läßt sich die Satire weiter veredeln und entdeckt sich der Kritik als Kind des Sophron und der Euphrosyne. Ihr Vater verpflichtet die Satire zu einer Sublimation, in der sie sich zugleich als Gattung auflöst und als rhetorisches Register universalisiert. »Ich müße keine *Gattung* [...], sondern nur eine *Art* oder *Figur* ausmachen wollen« (194), lernt sie von Sophron, legt ihre alten Anmaßungen ab und steigert sich zur – und heißt im Dialog fortan – Ironie. Sie nimmt von Sophron einen Auftrag entgegen, der sie zur Nacheiferung der Sokratischen Dialogführung bestimmt: »Thoren zu fangen und sie in Weise zu verwandeln« (197) ist ihr aufgegeben. Indem Herder bei dieser Gelegenheit die Seltenheit des Verständnisses für Ironie beklagt, unterschreibt er die Diagnose von Schlegels *Über die Unverständlichkeit*, aber so, daß er den Frühromantiker selbst in die Majorität der Ironieverkennenden einzubeziehen scheint.

2. Umsetzung in die Form: Hoffmann

Dem aus Italien zurückgekehrten Goethe blieb die schon im *Lehrjahre*-Roman formbestimmende Korrelation von Ironie und Theatralität gegenwärtig als mimisches Prinzip einer spielerischen Aufmischung von Ernst und Ordnung der Welt. Diese Mischung hat ihren biographischen Ursprung in Goethes Erfahrung der Commedia-dell'arte-Theatralität des italienischen Alltags.

Ihre genuine Form findet solche ironisch-mimische Aufhebung der Grenze von Spiel und Wirklichkeit im Karneval, in dem die Commedia dell'arte zum allumfassenden festlichen Freilichttheater expandiert. Goethes Schrift *Das Römische Carneval* war schon 1789 erschienen, und ihre übermütig-unheimliche Atmosphäre steht in E. T. A. Hoffmanns *Prinzessin Brambilla* (1820) wieder auf. Die Erzählung beginnt am Vorabend des Karnevals mit einem Blick auf den Ort: den römischen Corso, dessen Beschreibung den Beginn wie auch die *causa formalis* des von Goethe beschriebenen Festes darstellte. Die Theaterwelt jedoch, in der Hoff-

---

125 Vgl. WIELAND, [Erläuterungen zu Horaz, Epistulae] (1782), in: Wieland, Gesammelte Schriften, hg. v. P. Stachel, Abt. 2, Bd. 4 (Berlin 1913), 36.
126 HERDER, Kritik und Satyre, in: Adrastea. Fünfter Band (1803), in: HERDER, Bd. 24 (1886), 192.

manns Figuren agieren, ist diejenige Gozzis, der sich hier als Prinz, der sich als Zauberer verkleidet, ins Spiel einmischt.[127] Auf vier allegorisch aufeinander verweisenden Ebenen erklärt die Erzählung die Notwendigkeit einer befreienden Selbstüberantwortung an das verzerrte eigene Spiegelbild. Der jämmerliche Schauspieler Giglio Fava, Geisel sowohl der pathetischen Trauerspiele, in denen er auftritt, wie der Eitelkeit, mit der er sich in diesen tragischen Rollen gefällt, befreit sich aus dieser Befangenheit durch eine groteske Verkleidung, die er um seiner Geliebten willen anlegt. Indem er sich ins Spiel- und Figurenrepertoire der Commedia dell'arte einstellt, gewinnt er die Gabe der souveränen Improvisation, die in den Rollen über den Rollen steht.[128] Hoffmanns Erzählung faßt dieses mimisch-poetische Vermögen als Quelle sowohl der Phantasie wie eines allegorischen Sees, in dem sich das menschliche Bewußtsein zu spiegeln vermag. Solche Selbsterkenntnis heilt das Königspaar Ophioch und Liris, dessen Geschichte das in die *Brambilla*-Erzählung eingelagerte Märchen erzählt. Ophioch springt aus seiner Melancholie heraus, als er und seine Frau sich in einem magischen See erkennen und über sich lachen. Ihre Selbsterkenntnis ist strukturiert wie das Fichtesche sich selbst denkende Denken: »La source, devenue lac limpide, parachève la division réflexive de l'esprit, mais de façon qu'il se sache présent à lui-même. La réconciliation ne s'est pas opérée au prix de la suppression du terme négatif (la pensée), mais grâce à une sorte de négation, au cours de laquelle la pensée se dépasse et se délivre de sa propre malédiction. Ce mouvement est celui de l'ironie.«[129]

Reinhold, ein deutscher Künstler, der dem Märchen zugehört hat, interpretiert die Quelle des Märchensees als Allegorie dessen, »was wir Deutschen Humor nennen, die wunderbare [...] Kraft des Gedankens, seinen eigenen ironischen Doppeltgänger zu machen, an dessen seltsamlichen Faxen er die seinigen und [...] die Faxen des ganzen Seyns hienieden erkennt und sich daran ergötzt«[130]. Starobinskis Bemerkung, Humor und Ironie seien hier »des termes équivalents«[131], ist dahingehend zu explizieren, daß diese Termini einander zuarbeiten. Humor übersteigert und unterbricht sich, indem er in Ironie übergeht. Die aber bewährt sich als

III. Romantische Ironien 219

Refraktion der Reflexion – welche Figur ihr Muster in der Verfügungsgewalt des Epikers über seine Geschichte hat. Das Prinzip jederzeitiger Abbrechbarkeit bewährt sich an Hoffmanns Umgang mit seinen Figuren: »L'auteur tient entre ses mains l'existence ou l'inexistence, toujours révocable, de ses personnages: il nous donne à travers eux une leçon d'ironie.« (451)

Daß sich das Ich im Nicht-Ich, das Märchen in der Karnevalsgeschichte und in dieser die Innenwelt der römischen Figuren gespiegelt finden, verschiebt die Fichtesche Konstellation vom Transzendentalen ins Psychologische (Proto-Psychoanalytische) und Moralische, vom Begriffssystem ins Narrative und, dem Stilregister nach, Groteske. Fava bekundet schließlich, wenn er Giacinta ein Stück im Stile der Commedia dell'arte spielen sehe und ihr »als Truffaldino oder als ein anderer humoristischer Phantast zur Seite stehe«, dann gehe ihm »im Innern eine ganze Welt der kecksten, sinnigsten Ironie auf und befeuere [s]ein Spiel«[132]. Das Kecke und Sinnige der Ironie bezeichnet sowohl den entschiedenen Zugriff ihrer therapeutischen, vitalisierenden und erotischen Kraft wie ihren augenöffnend-entstellenden Geschmack, bei dem sich Hoffmann nach eigenem Bekunden an »Callots phantastisch karikierten Blättern«[133] orientiert hat.

Sören Kierkegaard hat an Hoffmanns *Prinzessin Brambilla* die Ironie geschätzt: »[Il] a pu rencontrer dans ce texte de Hoffmann une invitation à la transformation existentielle, au devenir-soi [...]. Mais ce devenir-soi est aussi, chez Hoffmann, un devenir-artiste. [...] Et Kierkegaard ne veut pas s'arrêter à l'esthétique.«[134] Auch das unendliche

---

127 Vgl. STAROBINSKI, Ironie et mélancolie (II). La ›Princesse Brambilla‹ de E.T.A. Hoffmann, in: Critique 22 (1966), H. 228, 438–457.
128 Vgl. ebd., 442.
129 Ebd., 446f.
130 E. T. A. HOFFMANN, Prinzessin Brambilla (1820), in: Hoffmann, Werke in fünfzehn Teilen, hg. v. G. Ellinger, Bd. 10 (Berlin u. a. o. J.), 65.
131 STAROBINSKI (s. Anm. 127), 447.
132 HOFFMANN (s. Anm. 130), 124.
133 Ebd., 21.
134 STAROBINSKI (s. Anm. 127), 456.

Schweifen des romantischen Dichters bedürfe, so der Philosoph in seiner Dissertation *Über den Begriff der Ironie mit ständiger Rücksicht auf Sokrates* (1841) des ›qualitativen Sprungs‹, in dem die Ironie sich selbst überwindet: »On en viendra au point, où, sous le regard de l'humour, l'ironie poétique elle-même fait la culbute« (457). Die Logik der Literatur hat diesen Imperativ anders befolgt, als Kierkegaard wollte. Intensiv haben die europäischen Autoren seit den 1830er Jahren Hoffmanns erzählerisches Werk sich angeeignet. Hoffmanns Ironie überschlägt sich in ihren Fortschreibungen zum Grotesken und Schockhaften (E. A. Poe). Zugleich wird die Ironie – zumal in Form der *blague* des französischen Gesellschaftstons[135] – zum dominanten Fluidum des französischen Zeitromans bei Stendhal, Balzac und Flaubert.

3. (Un)ironische Dialektik: Solger, Hegel

Hegel hat in seiner Ästhetik dem Erzähler Hoffmann »Humor der Abscheulichkeit« und »Fratzenhaftigkeit der Ironie«[136] vorgeworfen. Er meinte damit das Capricciohafte wie das Karikaturale der von Hoffmann beanspruchten Callot- und Hogarth-Nachfolge. Sein Verdammungsurteil steht in der Konsequenz seiner gegen 1820 ausgebildeten Kritik am Ironiebegriff der Romantik.[137] Die *Phänomenologie* (1807) verfocht dagegen ein performatives Ironiekonzept, das Hegel am historischen Beispiel der griechischen, also wohl der Aristophanischen Komödie entwickelte. Da im Stadium der klassischen Antike wirkliches Selbstbewußtsein von Substanz und Schicksal unterschieden blieb, äußerte es sich entweder in der kathartisch-distanzierenden Wirkung der tragischen Handlung auf das Publikum oder als komische Äußerlichkeit der scheinhaften Vereinigung der drei Instanzen Selbstbewußtsein, Substanz und Schicksal: »Der Held, der vor dem Zuschauer auftritt, zerfällt in seine Maske und in den Schauspieler, in die Person und das wirkliche Selbst.«[138] Hegel beschreibt diesen Prozeß als Depotenzierung des abstrakten Moments von Substanz und Inhalt durch die Bürde solcher Repräsentation aufhebende spielende Subjekt: »Es, das Subjekt, ist daher über ein solches Moment als über eine einzelne Eigenschaft erhoben, und angetan mit dieser Maske spricht es die Ironie derselben aus, die für sich etwas sein will.« (542) Maske (persona) und Selbst heben sich voneinander ab, aber so, daß sie aufeinander verweisen.[139] Anstelle der Emanzipation des abstrakten Moments von der Maske, deren das Selbst nicht zu bedürfen meint, verliert sich diese, einmal fallengelassen, an die »Nacktheit und Gewöhnlichkeit« des Schauspielers, der hinter seinem Rollenspiel hervortritt. An dieser »allgemeinen Auflösung der gestalteten Wesenheit« erweist sich die »Bedeutung der natürlichen und sittlichen Wesenheit«, die nur mittels autoritativer Verfügung und Verweisung semiotisch miteinander verschränkt sind. Wie das »wirkliche Selbstbewußtsein« sich im Mysterium der Eucharistie die Wahrheit über »Selbstwesenheit der Natur« aneignet, so ist es sich »in der Komödie [...] der Ironie dieser Bedeutung überhaupt bewußt«[140].

Für den späteren Hegel jedoch erweist sich an der Dichotomie von ernstem Leben und heiterer (komischer) Kunst nicht nur das gegenseitige Ausschlußverhältnis von Ernst und Ironie, sondern auch die Ethik, der zufolge Hegel das Schlegelsche Vorgehen als Übertretung eines zwingenden Ironieverbots verurteilt: »Wohl müssen auch sittliche Gesetze, Handlungen, Gesinnungen u.s.f. in dem Gesichtspunkte des Endlichen betrachtet werden; [...] aber die Andacht [...] ist [...] weit entfernt, jene Gestaltungen mit der abstrakten Kategorie von ›Endlichem‹ nur geringfügig oder verächtlich zu machen, und sich ironisch oder komisch dagegen zu verhalten.«[141] In letzter Instanz bezeichnet die von Hegel verdammte Eitelkeit der Schlegel-

---

135 Vgl. PHILIPPE HAMON, L'ironie littéraire. Essai sur les formes de l'écriture oblique (Paris 1996).
136 GEORG WILHELM FRIEDRICH HEGEL, Ästhetik (1835–1838), in: HEGEL (TWA), Bd. 13 (1970), 289.
137 Vgl. MICHAEL INWOOD, ›Irony and Romanticism‹, in: Inwood, A Hegel Dictionary (Oxford 1992), 146–150.
138 HEGEL, Phänomenologie des Geistes (1807), in: HEGEL (TWA), Bd. 3 (1970), 541.
139 Vgl. WERNER HAMACHER, ‹Das Ende der Kunst mit der Maske›, in: Bohrer (s. Anm. 3), 132–138.
140 HEGEL (s. Anm. 138), 542.
141 HEGEL, Über Solgers nachgelassene Schriften und Briefwechsel (1828), in: HEGEL (GLOCKNER), Bd. 20 (³1958), 187.

schen Ironie das Nichtige dieser seinerzeit dominanten Theorie – nicht nur – der Ironie. Tatsächlich zielt Hegel, wenn er auf die Weltanschauung Friedrich Schlegels eindrischt, auf die Fichtesche Philosophie der Subjektivität und ihren Einfluß auf das damalige intellektuelle Klima. Mit deutlichem Willen zur therapeutischen Wirkung ermittelt Hegel 1822 als »das Uebel der Zeit« die offenbar grassierende »Zufälligkeit und Willkür des subjektiven Gefühls und seines Meinens«[142].

Die Heftigkeit der Hegelschen Polemik mag indessen auch ein verdecktes Motiv gehabt haben, nämlich Hegels dringenden Wunsch, mit seiner Dialektik die platonische des eirōn Sokrates so zu beerben und fortzuentwickeln, daß sie dabei nicht in die verdächtige Nähe der romantischen Ironie-Enthusiasten gerät. Deshalb muß er die Sokratische Ironie zugleich gelten lassen und funktionalisieren: als diskursive Operation, von der These zur Antithese zu gelangen, aber damit zugleich als bloßes, vorläufiges Mittel zum Zweck der Synthese. Hegels Differenzierungen zwischen Dialektik und Ironie unterliegen leisen Schwankungen, bezeichnen aber seinen festen Willen, diese Begriffe voneinander abzuheben. In seiner *Rechtsphilosophie* betont Hegel 1821 in erster Linie den Unterschied zwischen Sokratischer Dialektik und Ironie einerseits, Platonischer Ideenlehre andererseits: »Die Ironie betrifft nur ein Verhalten des Gesprächs gegen *Personen*; ohne die persönliche Richtung ist die wesentliche Bewegung des Gedankens die Dialektik, und *Platon* war so weit entfernt, das Dialektische für sich oder gar die Ironie für das Letzte und für die Idee selbst zu nehmen, daß er im Gegenteil das Herüber- und Hinübergehen des Gedankens, vollends einer subjektiven Meinung, in die Substantialität der Idee versenkte und endigte.«[143]

Karl Wilhelm Ferdinand Solgers Konzept der Ironie gilt einerseits als theoretische Ausreifung der Gedanken Friedrich Schlegels, andererseits als Alternative zur Hegelschen Dialektik. Nicht zufällig steht Hegels letzte ausführliche Auseinandersetzung mit der romantischen Ironie in seiner Rezension von Solgers *Nachgelassenen Schriften* (1826). Schon Solgers kunsttheoretische Hauptschrift *Erwin* (1815) hatte in der Inthronisierung der Ironie zum alles entscheidenden und durchwirkenden Medium ästhetischen Wahrheitserweises geendet. Die Ironie des Kunstwerks leistet, den Erkenntnissen dieses Gesprächs zufolge, das Ineinanderumschlagen von Idee und Besonderheit, Wesen und Nichtigkeit. Zwar geht die Idee bei ihrer Vereinzelung und Materialisierung im Kunstwerk unter, doch »durch jene Nichtigkeit der Idee als irdischer Erscheinung [im Kunstwerk – d. Verf.] [...] gelangen wir erst dazu, sie als wirklich, und alles, was uns erscheint, selbst als das Dasein der Idee zu erkennen.«[144]

Was die (notwendigerweise genuin) ironische Kunst zu erkennen gibt, ist mithin das metaphysische dialektische Verhältnis von Gott und Welt.[145] Es findet seinen Ausdruck in der Korrelation des unveränderlichen Wesens der Kunst mit der Nichtigkeit des wirklichen Daseins: »Nun kann die Kunst, schon indem sie das Dasein bildet, es mit begleitender Ironie beständig auflösen, und zugleich in das Wesen der Ironie zurückführen.«[146] Kunst wird verstanden als Seele der physischen Welt, Ironie als höchste Instanz der künstlerischen Verstandes, die Witz und Betrachtung verbindet. In einem Seitenhieb setzt Solger seine Ironie von der »Scheinironie« des Lukian und seiner neueren Nachahmung (vermutlich ist Wieland gemeint) ab, die von vornherein abgewertete Tugenden durch

---

142 HEGEL, Vorrede zu Hinrichs' Religionsphilosophie (1822), in: ebd., 22.
143 HEGEL, Grundlinien der Philosophie des Rechts (1821), in: HEGEL (TWA), Bd. 7 (1970), 277.
144 KARL WILHELM FERDINAND SOLGER, Erwin. Vier Gespräche über das Schöne und die Kunst (1815), hg. v. W. Henckmann (München 1970), 388f.; vgl. RUDOLF MALTER, L'ironie comme véritable essence de l'art. L'explication de Solger ›de la façon romantique d'appréhender le monde‹ dans le dialogue Erwin, in: Les études philosophiques (1983), 163–176; ULRICH DANNENHAUER, Heilsgewißheit und Resignation. Solgers Theorie der absoluten Ironie (Frankfurt a. M./Bern 1988); VALERIO VERRA, Künstlerische und tragische Ironie bei K. W. F. Solger, in: A. Gethmann-Siefert (Hg.), Philosophie und Poesie. Otto Pöggeler zum 60. Geburtstag (Stuttgart 1988), 235–254; GIOVANNA PINNA, L'ironia metafisica. Filosofia e teoria estetica in K. W. F. Solger (Genua 1994).
145 Vgl. DANNENHAUER (s. Anm. 144), 20.
146 SOLGER (s. Anm. 144), 392.

ironische Präsentation diskreditieren. Dagegen »verkörperte sie [die Ironie – d. Verf.] sich« in der neueren Kunst »bei der höchsten Vollendung auch in die Gegenstände und den Weltlauf selbst«: »und das wird dir wohl am Shakespeare am deutlichsten werden.«[147] Solgers Auffassung nicht nur des Shakespeareschen Dramas findet sich 1819 in seiner Rezension von A. W. Schlegels *Vorlesungen über dramatische Kunst und Literatur* ausformuliert. Sie ist seine letzte und ausführlichste Darlegung zur Ironie. Die Komödie zeige uns, so Solger dort, »das Göttliche der menschlichen Natur, wie es ganz aufgegangen ist in dieses Leben der Zerstückelung, der Widersprüche, der Nichtigkeit, und eben deshalb erholen wir uns daran, weil es [...] ganz in unsere Sphäre verpflanzt ist. Darum kann und muß auch das Höchste und Heiligste, wie es sich bei Menschen gestaltet, Gegenstand der Komödie seyn, und das Komische führt eben in der Ironie seinerseits wieder seinen Ernst, ja sein Herbes herbei.«[148] Auch hier tritt die Ironie als doppeltöniges, Komisches und Herbes, »Ernst und Scherz«[149] übergreifendes Medium hervor. Es vermittelt Komisches und Tragisches zum Dramatischen *tout court*, nämlich zur theatralischen Darbietung. Der Konvergenzpunkt der dramatischen Gattungen liege in der Erkenntnis der Nichtigkeit aller endlicher Antagonismen: »Der ganze Widerstreit zwischen dem Unvollkommenen im Menschen und seiner höheren Bestimmung fängt an, uns als etwas Nichtiges zu erscheinen, worin etwas ganz anderes zu walten scheint als dieser Zwiespalt allein.« Nämlich die ihn überspannende Ironie, die uns, wie in der (in solchem Zwiespalt angelegten) Tragödie, auch in der Komödie die »Nichtigkeit der menschlichen Dinge« vorführt: »Jene Stimmung [...], worin die Widersprüche sich vernichten und doch eben dadurch als Wesentliche für uns enthalten, nennen wir die Ironie, oder im Komischen wohl auch Laune und Humor.« (513)

Anders als der A. W. Schlegel der *Vorlesungen*, für den Ironie und Tragik einander ausschlossen, nennt Solger die Ironie eine tragische, weil sie sich auf dem Hintergrund dieser Nichtigkeit, eines säkularisierten Endlichkeitsdenkens, erhebt. Seine Ironie kommt aus der Trauer. Diese »erlangt die höchste Heiterkeit, indem sie sich frei über einen Schmerz erhebt; denn das Irdische muß als solches verzehrt werden, wenn wir erkennen sollen, wie das Ewige und Wesentliche darin gegenwärtig ist. Beides geschieht durch Ironie und Begeisterung, deren innere gleichbedeutende Einheit das wahre Wesen aller Poesie ausmacht.« (502)

4. Ironischer Parallelismus: Heine

Wenn Heinrich Heine, vor Thomas Mann sicher der repräsentative Ironiker der deutschen Literatur[150], seinen Lehrer Hegel als Ironiker ansah oder auch nur wohlwollend ironisierte, dann vermutlich deshalb, weil er Geschichte vom (sei es auch unsichtbaren) Ghetto und später vom Exil aus anders wahrnahm als der Philosoph aus der Perspektive des Berliner Katheders. Der offensichtlichste Grund dafür ist der Verbergungszwang, den die Zensur im restaurativen Deutschland den Publikationen des Republikaners Heine auferlegte. In der *Romantischen Schule* (1835) hat Heine diesen Umstand unverblümt bekannt. Die »humoristische Ironie« spiele »jetzt eine große Rolle in der deutschen Literatur«. Sie künde jedoch nicht vom Sieg des Goetheschen Musters, auf das sich dessen Kunstschule berufe, sondern sei »nur ein Zeichen unserer politischen Unfreiheit [...]. Die Schriftsteller, die unter Censur und Geisteszwang aller Art schmachten, und doch nimmermehr ihre Herzensmeinung verläugnen können, sind ganz besonders an die ironische und humoristische Form angewiesen. Es ist der einzige Ausweg, welcher der

---

147 Ebd., 391.
148 SOLGER, [Rez.] August Wilhelm Schlegel, Vorlesungen über dramatische Kunst und Literatur (1819), in: Solger, Nachgelassene Schriften und Briefwechsel, hg. v. L. Tieck/F. von Raumer, Bd. 2 (Leipzig 1826), 516; vgl. HEGEL (s. Anm. 143), 277f.
149 SOLGER (s. Anm. 148), 514.
150 Vgl. WOLFGANG PREISENDANZ, Ironie bei Heine, in: A. Schaefer (Hg.), Ironie und Dichtung (München 1973), 85–112; URSULA LEHMANN, Popularisierung und Ironie im Werk Heinrich Heines. Die Bedeutung der textimmanenten Kontrastierung für den Rezeptionsprozeß (Frankfurt a. M./Bern 1976); BOHRER, Ironie und Prophetie: Heinrich Heine, in: Bohrer (s. Anm. 3), 253–282.

Ehrlichkeit noch übrig geblieben, und in der humoristisch ironischen Verstellung offenbart sich diese Ehrlichkeit noch am rührendsten.«[151] Während Heines Ironie in der *Harzreise* (1826) noch in der Nachfolge der romantischen Philisterkritik steht, nur freilich mit dem Unterschied, daß diese Kritik nun ihrerseits die Romantiker einbezieht und sich damit gegen den deutsch-nationalen Romantismus wappnet[152], mißt er die romantischen Werke in seinen Schriften der 1830er Jahre an der einschneidenden originären Ironie Aristophanes' und Cervantes'.[153] Die *Vögel* sind das A und O von Heines Aristophanes-Verehrung, und an ihnen will ihm der Sinn für Ironie aufgegangen sein. Über den tagesaktuell-satirischen Bezug hinaus entdeckt er 1825 in dieser Komödie einen esoterischen Sinn: »ich sehe darinn den göttertrotzenden Wahnsinn der Menschen, eine ächte Tragödie, um so tragischer da jener Wahnsinn am Ende siegt, und glücklich beharrt in dem Wahne daß seine Luftstadt wirklich existire«. Dieses Phänomen stilistisch-wirkungsästhetischer Doppelung und Zwiespältigkeit in einem Drama bestimmt Heine als ironisches: »Das ist eben die Ironie, wie sie auch immer das Hauptelement der Tragödie ist. Das Ungeheuerste, das Entsetzlichste, das Schauervollste, wenn es nicht unpoetisch werden soll, soll man auch nur in dem buntscheckigen Gewande des Lächerlichen darstellen, gleichsam versöhnend«[154]. Wie sich am Vorbehalt dieses ›gleichsam‹ die Distanz Heines zur Hegelschen Dialektik und Ästhetik andeutet, so benennt dieser Satz zugleich das Kriterium für Heines Hochschätzung Shakespeares und Goethes.

In seiner Einleitung zu einer neuen deutschen Übersetzung des *Don Quijote* hat Heine 1837 die Aspekte seiner Cervantes-Deutung zusammengefaßt. Der Text bietet eine Art Urszene seiner zunächst ahnungslosen Konfrontation mit der Ironie der Schöpfung. Diese Konfrontation beginnt mit der frühesten, naiv-identifikatorischen Lektüre dieses Romans: »Ich war ein Kind und kannte nicht die Ironie, die Gott in die Welt hineingeschaffen, und die der große Dichter in seiner gedruckten Kleinwelt nachgeahmt hatte«[155]. Die ganze Natur läßt der Knabe an einer Lesart teilhaben, die von der »Weltironie«[156] in der Schöpfung wie im Werk des Romanciers, dieses *deus alter*,

nichts weiß. Erst später entdeckt Heine im *Don Quijote* »die größte Satire gegen die menschliche Begeisterung« (140). Abermals identifiziert sich der Leser mit der Titelfigur des Romans, nun aber auf der höheren Stufe der desillusionierten Einsicht in die komische Vergeblichkeit anachronistischer Ideale. Wenn »die Lächerlichkeit des Donquixotismus« darin bestand, »daß der edle Ritter eine längst abgelebte Vergangenheit in's Leben zurückrufen wollte«, so hat sein exilierter Leser seinerseits »seitdem erfahren, daß es eine eben so undankbare Tollheit ist, wenn man die Zukunft allzu früh in die Gegenwart einführen will« (139). Cervantes beschreibe die hierin verspürte Unangemessenheit zwischen Person und Gesellschaft, Wunsch- und gegenwärtiger Welt. Seine spezifische Ironie ist diesem Roman nämlich, Heine zufolge, durch den Kunstgriff des »Wechselverhältnisses« (149) zwischen Don Quijote und Sancho Pansa eingebildet. Sie, die »sich beständig parodieren und doch so wunderbar ergänzen«, zeugen vom Kunstsinn und der Geistestiefe ihres Dichters, und durch ihren »natürlichen Dialog« (148) lassen sie dessen Intention hervortreten. Das Prinzip der dialogisch-parodischen Entsprechung bestimmt aber nicht nur die Gespräche der beiden Protagonisten, sondern die Struktur des gesamten Romans. Heines Deutung schließt sich hier an jene Linie der deutschen Literaturkritik an, die von Herders Aufweis eines fortgeführten Parallelismus in den Psalmen zu den frühromantischen Lektüren des *Wilhelm Meister* und des *Don Quijote* und deren Fortführung bei Walter Benjamin und Roman Jakobson reicht.[157] Bei Don Quijote und Sancho Pansa entspricht

---

151 HEINRICH HEINE, Romantische Schule (1835), in: HEINE (HSA), Bd. 8 (1972), 62 f.
152 Vgl. HEINE an Rudolf Christiani (7. 3. 1824), in: HEINE (HSA), Bd. 20 (1970), 148.
153 Vgl. HEINE, Italien. 1828. Die Bäder von Lukka (1831), in: HEINE (HSA), Bd. 6 (1986), 187.
154 HEINE an Friederike Robert (12. 10. 1825), in: HEINE (HSA), Bd. 20 (1970), 218 f.
155 HEINE, [Einleitung zu: Der sinnreiche Junker Don Quixote von La Mancha. Von Miguel Cervantes de Saavedra] (1837), in: HEINE (HSA), Bd. 9 (1979), 137; vgl. HEINE (s. Anm. 153), 174-176.
156 HEINE, [Einleitung] (s. Anm. 155), 137.
157 Vgl. MENNINGHAUS (s. Anm. 113), 7-29, 167-169.

nämlich Heine zufolge »jeder Zug im Charakter und der Erscheinung des Einen [...] einem entgegengesetzten und doch verwandten Zuge bei dem Andern. Hier hat jede Einzelheit eine parodistische Bedeutung. Ja sogar zwischen Rozinanten und Sancho's Grauchen herrscht derselbe ironische Parallelismus, wie zwischen dem Knappen und seinem Ritter«[158].

Die Ironie, die Heine im *Don Quijote* findet und in seinem eigenen Werk reich verteilt hat, entfaltet ihren Witz von da her, daß sie ein Parallelismus des Kontrasts ist.[159] Er zeigt sich schon in den frühen Gedichten als »Ironie und Interferenz von Sentimentalität«[160] und entsprach nicht nur Heines psychisch-intellektueller Verfaßtheit, sondern auch seiner biographisch-historischen Situation: den Rückschlägen seiner politischen Hoffnungen, die ihm die zu erstrebende Zukunft der Menschheit in der jüngsten Vergangenheit der Französischen Revolution, die angebahnte, drohende in der Unterbietung des schon einmal Erreichten sehen ließ; den Dilemmata seiner gleichermaßen ersehnten und verwehrten Heimat, die er auf Dauer weder in den deutschen Staaten, wo er verfolgt, noch in Frankreich, wo ihm seine Muttersprache fehlte, und auch nicht im Judentum seiner Familie finden konnte, deren religiöse Tradition er als Mann der Moderne und deren beruflich-bürgerliche er als Dichter sich nicht zu eigen machen konnte. Ironisches Sprechen bezeichnet bei Heine wohl auch einen Modus, in der Spannung solcher Hin- und Hergerissenheit noch beiden Momenten (den utopischen Hoffnungen wie der nüchternen Gegen-

wartserkenntnis, der romantischen Sehnsucht wie der intellektuellen Analyse, den Gaben und dem Unannehmlichen seiner Herkünfte) die Treue zu halten durch sprachliche Fusion eines Bekundeten mit seinem Gegenteil.

Justus Fetscher

IV. Eine ästhetische Signatur der Moderne

Parallel zur – im Werk Flauberts gipfelnden – Verwendung der Ironie in der literarischen Produktion der Moderne bildet sich gegen Ende des 19. Jh. eine direkt aufs Ästhetische bezogene Ironietheorie heraus. Nietzsche hat unbestreitbar die ›Aristophanischste‹ Deutung der griechischen Tragödie vorgelegt, indem er Euripides zum Totengräber der Gattung erklärte und Sokrates zu seinem Hauptverbündeten.[161] Als er Sokrates als »ersten und obersten *Sophisten*«[162] darstellte, griff Nietzsche in ihm aufs heftigste denjenigen an, der bereits die anti-ästhetischen Ideale verkörpern sollte. Dennoch befürwortet auch noch Nietzsche die antike Ironie im Blick auf ihre pädagogische Funktion, während er der Ironie, die für das neue wissenschaftliche Zeitalter charakteristisch ist, sein Ideal des »Vornehm-seins«[163] entgegenstellt. Obgleich Nietzsche in seinem – einer ästhetischen Existenz eigentümlichen – Maskenspiel gewiß an Radikalität nicht zu überbieten ist, hat er die anschließende Erneuerung der Ästhetik und Kunstkritik weniger geprägt als Kierkegaard. Dieser begreift die Bedeutung der Ironie – in Absetzung von der romantischen Auffassung, zumal Friedrich Schlegels – als Gebot einer existentiellen Bewußtwerdung: »Wenn sich der Mensch über alles erhoben hat und alles von oben betrachtet, kann er seine Ironie nur überwinden, indem er sich über sich selbst erhebt und sich dann, aus dieser schwindelerregenden Höhe, in seinem eigenen Nichts erkennt. Siehe ›*Prinzessin Brambilla*‹.« (Thi Ironien er først overlevet, naar Individet, hævet op over Alt, skuende ned derpaa tilsidst er hævet op over sig selv og har seet sig selv i sin Intethed fra hiin svimlende Höide og derved fundet sin sande Höide. –

---

158 HEINE, [Einleitung] (s. Anm. 155), 149; vgl. HEINE an Julius Campe (26. 6. 1854), in: HEINE (HSA), Bd. 23 (1972), 342.
159 Vgl. LEHMANN (s. Anm. 150), 107–113, 169–196; GERHARD HÖHN, Heine-Handbuch. Zeit, Person, Werk (Stuttgart ²1997), 198, 385–387.
160 PREISENDANZ (s. Anm. 150), 89.
161 Vgl. FRIEDRICH NIETZSCHE, Die Geburt der Tragödie. Oder: Griechenthum und Pessimismus (1872), in: NIETZSCHE (KGA), Abt. 3, Bd. 1 (1972), 71–87.
162 Ebd., 84.
163 NIETZSCHE, Jenseits von Gut und Böse. Vorspiel einer Philosophie der Zukunft (1885), in: NIETZSCHE (KGA), Abt. 6, Bd. 2 (1968), 151; vgl. NIETZSCHE (s. Anm. 161), 71–77, 84–87.

cfr. Prindsessinn Brambilla.)¹⁶⁴ Kierkegaards kritische Einsicht in das Beschränkte der Ironie zielt auf deren Zugehörigkeit zu einem ›lediglich‹ ästhetischen Lebensstadium. Einzig ein Sprung in eine Sphäre jenseits der Ironie, unternommen im Geiste eines Humors, der für Kierkegaard das religiöse Stadium anzeigt, führt zur Erlösung von dem, was sonst schiere Melancholie bleiben würde: »Le monde, détruit par l'ironie, ne redevient pas habitable. Reste à attendre [...] un signe venu de Dieu«¹⁶⁵. Dieser ›Wartezustand‹ des Ironikers, diese Spannung zwischen Ironie und Humor wird um die Jahrhundertwende zur Grundfigur der Kunstphilosophie. Im Anschluß an diese Tendenz ereignet sich etwas Erstaunliches: die systematische reflexive Rückkehr zu den ironisch gebrochenen Formen des Pastiche, der Parodie, des Essays usw. in der Literatur der klassischen Moderne (bei Proust, Thomas Mann, Musil, Joyce), Formen, die sich zudem, als Techniken des Zitats, der Collage und Montage, in andere Künste übersetzt finden – in der Musik, im Theater, in der bildenden Kunst, ja sogar im Film.

1. Das Pastiche

Obwohl ihn in den bildenden Künsten und, etwa bei E. T. A. Hoffmann und Edgar Allan Poe¹⁶⁶, in der Literatur vor allem das Groteske interessierte, ist Baudelaire die verborgene Allgegenwart der Ironie in *Madame Bovary* (1857) nicht entgangen. Flaubert selbst hat in seinem unvollendet gebliebenen Roman *Bouvard et Pécuchet* (1881) diese rhetorische Figur im Zeichen des Komischen vorgeführt. Die vielfältigen Bemühungen der beiden Titelhelden, das gesamte Wissen ihrer Zeit in den Griff zu bekommen und den Büchern ihren Gebrauchswert abzugewinnen, haben sich gegen Ende des Romans als vergeblich herausgestellt. Um die zwei kleinen Kinder, die sie bei sich aufgenommen haben, zu erziehen, versuchen sich die beiden pensionierten Büroschreiber schließlich als Pädagogen. Das Versagen aller durchprobierten Erziehungsmethoden gibt ihnen eine allerletzte Idee ein: »L'ironie aurait peut-être du succès?« Das von Bouvard angewandte Verfahren stellt sich als bloße »raillerie« heraus und löst bei den jungen Probanden nur Wut und Aggression aus. »Le moyen n'était pas bon.«¹⁶⁷ Der Mißerfolg scheint endgültig und enthüllt den gruppenspezifischen Ausgrenzungscharakter der Ironie wie ihre Funktion in Flauberts Roman. Die geschilderte Szene besiegelt das insofern, als die beiden Abschreiber zu durch und durch burlesken Figuren werden, weil ihnen jeder Sinn für Ironie fehlt. Sie weist zudem unmittelbar voraus auf das Romanende, das Flaubert nicht mehr niedergeschrieben, aber geplant hat: die Rückkehr der Kopisten zur Kopie, d. h. zum Romananfang und mithin zum bloßen schriftlichen Zitat, das mit keinerlei ›Sinn‹ oder ›Handlungspotenz‹ mehr aufgeladen ist.¹⁶⁸ Der *Dictionnaire des idées reçues*, der Flauberts letztem Roman beigegeben ist, schlägt übrigens, in einer Art Selbstdefinition, für den Gebrauch von Wörterbüchern die Formel vor: »En rire – n'est fait que pour les ignorants.«¹⁶⁹

Auffälligerweise stellt Proust gerade die Ironie ins Zentrum von *Mondanité et mélomanie de Bouvard et Pécuchet* (1896), einem seiner Flaubert-Pastiches. Die Änderungen, die er am Modell seines Vorgängers vornimmt, sind weitreichend, denn es geht nunmehr nicht mehr um Pädagogik, sondern um Literatur. Die beiden von Flaubert übernommenen Figuren strengen sich mächtig an zu definieren, was ›Stil‹ in der Literatur bedeutet, und bringen

---

164 SØREN KIERKEGAARD, Papirer (2. 6. 1837), hg. v. P. A. Heiberg/V. Kuhr, Bd. 2 (Kopenhagen 1910), 229; dt. nach Starobinski, Ironie und Melancholie. Gozzi – E. Th. A. Hoffmann – Kierkegaard, in: Der Monat 18 (1966), H. 218, 34; vgl. KIERKEGAARD, Über den Begriff der Ironie mit ständiger Rücksicht auf Sokrates (1841), übers. v. E. Hirsch/R. Hirsch, in: KIERKEGAARD, Abt. 31 (1961).
165 STAROBINSKI (s. Anm. 127), 457.
166 Vgl. CHARLES BAUDELAIRE, Edgar Allan Poe et ses ouvrages (1852), in: Baudelaire, Critique littéraire et musicale, hg. v. C. Pichois (Paris 1961), 121–212; BAUDELAIRE, De l'essence du rire et généralement du comique dans les arts plastiques (1855), in: Baudelaire, Œuvres complètes, hg. v. J. Crépet, Bd. 2 (Paris 1923), 367–396.
167 GUSTAVE FLAUBERT, Bouvard et Pécuchet (1881), hg. v. C. Gothot-Mersch (Paris 1979), 392.
168 Vgl. MICHEL FOUCAULT, Un ›fantastique‹ de bibliothèque (1967), in: Foucault, Dits et écrits, hg. v. D. Defert/F. Ewald, Bd. 1 (Paris 1994), 312.
169 FLAUBERT, Dictionnaire des idées reçues, in: Flaubert (s. Anm. 167), 506.

dabei das folgende Ergebnis zustande: »la clarté ne suffit pas, il faut la grâce (unie à la force), la vivacité, l'élévation, la logique. Bouvard ajoutait l'ironie. Selon Pécuchet, elle n'est pas indispensable, fatigue souvent et déroute sans profit le lecteur.«[170] Da sie Stillosigkeit auf übertriebenes Originalitätsstreben und Sittenverfall zurückführen, verzichten die beiden Abschreiber darauf, ihren Literaturgeschmack in der Gesellschaft zu verteidigen. Sie nehmen sich vor, in dieser Frage aufs Heimlichtun zu setzen und sich die komplizierten Verhaltensregeln des weltlichen Verkehrs einzuprägen.[171]

Die Ironie des Proustschen Pastiche zielt also auf den Akt des Zitierens, und zwar unter dem doppelten Aspekt, daß er dazu dient, sowohl Gruppenidentität als auch eine Verbindung mit der literarischen Tradition herzustellen. Einerseits fungiert die unpassende Verwendung eines literarischen Zitats als Signal, an dem sich das Klassengefälle der verschiedenen gesellschaftlichen Konventionen ablesen läßt. Andererseits soll sich der schriftstellerische Stil schulen an der »vertu purgative, exorcisante, du pastiche«[172]. Bemerkenswert ist, daß Proust diese ›Theorie‹ des Pastiche in einem Essay *A propos du ›style‹ de Flaubert* (1920) entwickelt. Das Pastiche gilt ihm als eine notwendige und freiwillige Vorübung, ohne die ein Schriftsteller dazu verdammt bliebe, sein ganzes Leben lang unfreiwillige Pastiches zu schreiben.

Die durchgängige Verwendung des Pastiche, dessen Form sich ins Großprojekt von *A la recherche du temps perdu* (1913–1927) auflöst, bleibt allerdings nicht dabei stehen, die kathartische Kraft ironischen Zitierens zu entbinden. Das Verfahren wendet sich auch dem Geplauder der Proustschen Gesellschaft zu, löst sich von dem für Satire und Parodie typischen Vorsatz, auf einen einzelnen Autor oder ein bestimmtes Werk zu zielen, und läßt Züge des Pikaresken und einer diffusen Komik durchscheinen. Walter Benjamin, einer der ersten deutschen Proust-Übersetzer, hat das in seinem Portrait dieses Autors erläutert: »Hier ist weniger Humor als Komik das eigentliche Zentrum seiner Kraft; er hebt die Welt nicht in Gelächter auf, sondern schleudert sie in Gelächter nieder«[173].

Dieser Wirkung narrativer Komik entspricht zweifellos Prousts spezifische Auffassung des Platonismus als eines Strebens nach Erkenntnis. Essay- und Romanform tendieren dazu, ineinander aufzugehen. Prousts Nacherfindung der Platonischen Erinnerungstechnik eignet daher etwas eminent Philosophisches. Denn die Wiederentdeckung der Wahrheit wird bei Proust ausgelöst von einer spontanen Erinnerung, die die alte vorsätzliche Ironie des Sokrates durch einen ganz anders angelegten Humor überbietet. Deleuze spricht sogar von einer Opposition des jüdischen Humors gegen die griechische Ironie.[174] Während üblicherweise der philosophische Verstand planmäßig vorgeht und die Abfolge dessen, was er bedenkt, selbst bestimmt, öffnet sich die Proustsche Erinnerung vielmehr, als unwillkürliche, den ihr widerfahrenden Begegnungen und überläßt sich deren Gewalt. Was zum Denken zwingt und den Erkenntnisakt hervorruft, ist der Zufall eines solchen, im Zusammenspiel mit dem Gedächtnis stattfindenden, Aufeinandertreffens.[175]

Eine ähnliche Spannung zwischen Ironie und Humor läßt sich bei Freud beobachten. In seinen Überlegungen über den *Witz und seine Beziehung zum Unbewußten* (1905) untersucht er die Mechanismen des Humors und der Komik und befaßt sich dabei mit verschiedenen Arten von »Überbietungswitzen«, die er bei Lichtenberg, Heine oder im jüdischen Witz gefunden hat. Witz und Ironie mag hierbei zwar das Verfahren einer »Darstellung durchs Gegenteil« gemeinsam sein, jedoch sind diese Formen, Freud zufolge, ihrem Kern nach kategorisch zu unterscheiden: »wenn der ›Simplizissimus‹ eine Sammlung unerhörter Brutalitäten und Zynismen als Äußerungen von ›Gemütsmenschen‹ überschreibt, so ist das auch eine Darstellung durchs Gegenteil. Diese heißt man aber ›Ironie‹,

---

170 MARCEL PROUST, Mondanité et mélomanie de Bouvard et Pécuchet, in: Proust, Les plaisirs et les jours (1896; Paris 1950), 102.
171 Vgl. ebd., 102 f.
172 PROUST, A propos du ›style‹ de Flaubert (1920), in: Proust, Œuvres complètes, Bd. 10 (Paris 1936), 218 f.
173 BENJAMIN, Zum Bilde Prousts (1929), in: BENJAMIN, Bd. 2/1 (1977), 316.
174 Vgl. DELEUZE, Proust et les signes (Paris ²1970), 122 f.
175 Vgl. PROUST, Le temps retrouvé (1927), in: Proust, A la recherche du temps perdu, hg. v. P. Clarac/A. Ferré, Bd. 3 (Paris 1954), 689–1048, bes. 911.

nicht mehr Witz. Der Ironie ist gar keine andere Technik als die Darstellung durchs Gegenteil eigentümlich. Überdies liest und hört man vom *ironischen Witz*.«[176] Ein witziger Ausspruch läßt sich also nicht einfach als ein bestimmtes rhetorisches Verfahren beschreiben. Freud interessiert sich, in dieser Hinsicht Proust vergleichbar, für das Fehlen einer Aussagekontrolle, das Manifestationen des Witzes trennscharf von solchen der Ironie zu sondern erlaubt. Denn »die Darstellung durchs Gegenteil [vermag] sich [...] der bewußten Aufmerksamkeit nicht wie die meisten anderen Witztechniken zu entziehen« (162). Obwohl Ironie eine Form der Komik ist, geht Freud von der Hypothese aus, »daß die Beziehung zum Unbewußten das dem Witz Besondere ist, das ihn vielleicht auch von der Komik scheidet« (163). Die Parallele zur Traumarbeit, für die gleichfalls eine Technik der Darstellung durchs Gegenteil charakteristisch ist, versetzt Freud in die Lage, die enge Verbindung des Witzes mit dem Unbewußten aufzudecken.[177] Als bewußt gehandhabte Technik der rhetorischen Umkehrung entbindet die Ironie kein Verdrängungsphänomen; daher eignet sie sich auch weniger gut als Medium eines Zugangs zur Sphäre des Unbewußten.

2. Der Essay und die Ironie im Roman

Von Kierkegaard ausgehend hat der junge Lukács der Kritikfunktion der romantischen Ironie eine neue Fassung gegeben, die das ästhetische Denken seiner Zeit entscheidend prägen sollte. Sie wirkte auf Benjamins Verständnis der Kunstkritik, Adornos Philosophie der neuen Musik sowie auf Kracauers Konzeption der Massenkultur und dessen Filmtheorie. In bewußter Gegnerschaft zum Nietzsche der Tragödienschrift eröffnet Lukács sein Buch *Die Seele und die Formen* (1911) mit einer Theorie des Essays, die Sokrates als Vorbild aller Kritik aufstellt. Doch die der Sokratischen Gesprächsführung eigentümliche Ironie und Technik der Unterbrechung wird hier im Kierkegaardschen Sinne aufgefaßt: als das ästhetische Inkognito eines ethischen Lebens.[178] Als eine Form, die genuin zwischen Kunst und Wissenschaft zu vermitteln imstande ist, besteht die Ironie des Essays in der Suggestion, hier spreche einer über ein Gedicht oder ein Gemälde, während tatsächlich die schwersten Existenzfragen verhandelt werden. Dem Essayisten ergeht es nicht anders als den künstlerischen Formen, und hinter dem Gestus des Schreibens aus gegebenem Anlaß verbirgt sich die existentielle Einstellung. Der Essay ist von da her eine Art Vorläufer: die einzig mögliche Haltung in Erwartung des ›großen ästhetischen Systems‹, das bei Lukács unverkennbar mit metaphysischen und religiösen Valenzen ausgestattet ist. Durch seine ironische Attitüde stellt sich der Essayist Lukács genau auf die Schwelle, die die ästhetische Existenz von einer religiös bestimmten trennt.[179]

In der *Theorie des Romans* (1916) wird Ironie gleichwohl zu einer zentralen historisch-ästhetischen Kategorie. In einem Argumentationsstil, der von Hegel das Problembewußtsein für die Geschichtlichkeit von Inhalten und künstlerischen Formen übernimmt, stellt Lukács der Neuzeit eine Krankheitsdiagnose, die er an der Entwicklung und Krise der großen epischen Formen abliest. Als »negative Mystik der gottlosen Zeiten« erscheint nun Ironie – fortan der alleinige Garant von Objektivität im Roman – als einzig verbliebene Antwort auf eine Epoche des Transzendenzverlustes: »Die Ironie als Selbstaufhebung der zu Ende gegangenen Subjektivität ist die höchste Freiheit, die in einer Welt ohne Gott möglich ist. Darum ist sie nicht bloß die einzig mögliche apriorische Bedingung einer wahrhaften, Totalität schaffenden Objektivität, sondern erhebt auch [...] den Roman zur repräsentativen Form des Zeitalters, indem die Aufbaukategorien des Romans auf den Stand der Welt konstitutiv auftreffen.«[180] Je mehr der Roman sich mit Ironie auflädt statt mit der großen epischen Form versagt, desto deutlicher repräsentiert er die Dekadenz seiner Zeit. Die schroffste Weigerung des Romans, sich selbst zum traditionellen

---

176 SIGMUND FREUD, Der Witz und seine Beziehung zum Unbewußten (1905), in: FREUD (SA), Bd. 4 (^{8}1994), 70, 68, 71.
177 Vgl. ebd., 199.
178 Vgl. GEORG LUKÁCS, Die Seele und die Formen (1911; Darmstadt/Neuwied 1971), 25 f.
179 Vgl. PHILIPPE DESPOIX, Ethiken der Entzauberung (Bodenheim 1998), 148 f.
180 LUKÁCS, Die Theorie des Romans (1916; Darmstadt/Neuwied 1971), 79, 82.

Epos hin zu überschreiten, findet Lukács in der *Education sentimentale* (1869). Bezeichnend für die Moderne scheint ihm, daß Flaubert dabei die Wirkungsdimension der gelebten Zeit – Lukács macht sich hier die Bergsonschen Konzepte der Dauer und des Gedächtnisses zunutze – als wichtigstes Strukturierungselement des Epischen im Roman entdeckt.[181] Den einzigen Ausweg aus der Desillusionsromantik, deren Extrembeispiel der Romancier Tolstoj abgibt, und mithin den einzigen Weg in ein Jenseits der romantischen Ironie weise ein Zeichen baldiger Erlösung des Gesellschaftlichen. Ein solches Versprechen erkennt Lukács in Dostoevskijs Werk. Mit seinen Figuren, deren Menschsein sich vom Leben der Gesellschaft ablöse, überwinde er den Roman, um von einer neuen Gattung zu künden, welche sich als den epischen Welten Homers und Dantes ebenbürtig erweisen könnte. Daß Lukács' Essay, dessen ästhetische Kategorien einer gnostischen Geschichtsphilosophie gehorchen, mit der Behauptung eines bei Dostoevskij anhebenden, aus letzter Not rettenden Sprungs operiert, hat seine nachhaltige Wirkung auf das ästhetische Denken der frühen Kritischen Theorie nicht beeinträchtigt.

Thomas Mann nahm eine der Lukácsschen benachbarte Position ein, als er im Schlußkapitel seiner *Betrachtungen eines Unpolitischen* (1918) die Entscheidungsfrage Ironie oder Radikalismus zu einer geistigen Alternative erhob. Ironie ist für ihn eine konservative Geisteshaltung, bei der »Eros im Spiel ist«[182], der Radikalismus hingegen eine nihilistische, für die Wahrheit mehr gilt als Welt oder Leben. Das zutiefst Paradoxe der Kunst und insbesondere der Literatur bestehe in ihrer prekären Mittlerstellung zwischen diesen beiden Antagonisten: »Ihre [der Kunst – d.Verf.] Sendung beruht darin, daß sie [...] gleich gute Beziehungen zum Leben und zum reinen Geist unterhält, daß sie zugleich konservativ und radikal ist; sie beruht in ihrer Mittel- und Mittlerstellung zwischen Geist und Leben. Hier ist die Quelle der Ironie [...]. Hier ist aber auch wenn irgendwo, die Verwandtschaft, die Ähnlichkeit der Kunst mit der Politik« (571). Weder der Geist noch das Leben, sondern erst ein dritter Bestandteil befähigt die Kunst zur Erfüllung dieses Auftrags – nämlich in dem Maße, in dem sich die Aufgabe, das Gewissen der Menschen zu wecken und wachzuhalten, weniger als politische denn als religiöse erweist.[183] Dem deutschen Geist, obwohl fasziniert von einem Dostoevskij, dessen politischer Radikalismus (seine Parteinahme für die Slawophilen) einzig von seiner literarischen Meisterschaft in Schach gehalten wird, bescheinigt Mann eine konservative Veranlagung, die sich noch jedesmal, von Goethe bis Nietzsche, umstürzlerischen Tendenzen entgegengestellt habe. Als künstlerisches Gewissen empfiehlt er eine im emphatischen Sinne ironische Haltung, die Ethik und Politik in sich begreift.[184]

Auf eine extrem vermittelte Weise bringt Mann dieses Programm mit seiner eigenen Erzählkunst in Berührung. Um den Helden des Romans *Der Zauberberg* (1924) zur Besonnenheit zu mahnen, spricht Settembrini von der Ironie ein hartes Urteil:»Wo sie nicht ein gerades und klassisches Mittel der Redekunst ist, [...] da wird sie zur Liederlichkeit, zum Hindernis der Zivilisation, zur unsauberen Liebelei mit dem Stillstand, dem Ungeist, dem Laster.«[185] Diese Beschreibung verweist auf das diabolische Moment in der Figur des Naphta, der alle Aporien der Ironie und des Radikalismus in sich vereinigt und mit seinen Reden den zweiten Teil des Romans bestimmen wird. Das wichtigste Vorbild dieser Figur, einer subtil konzipierten Verkörperung der Spannung zwischen Kunst und Leben, war kein anderer als der junge Lukács, der damals gerade den Kierkegaardschen Sprung in den Glauben vollzog und endgültig das Gebiet der ästhetischen Kritik verließ, um in das der kommunistischen Politik einzutreten. (Daß Lukács die schriftstellerische Radikalität Flauberts dargelegt, den Begriff der Ironie gebracht und an diesem Autor die Zeit als die bestimmende Struktur des modernen Romans entdeckt hatte, zugleich jedoch außerstande war, die sich hieraus ergebenden Konsequenzen für die Literatur der klassischen Moderne wahrzunehmen – so fehlen z.B. Proust, Joyce, Musil im Götter-

---

181 Vgl. ebd., 115f.
182 THOMAS MANN, Betrachtungen eines Unpolitischen (1918), in: Mann, Gesammelte Werke in zwölf Bänden, Bd. 12 (Frankfurt a.M. 1960), 568.
183 Vgl. ebd, 571.
184 Vgl. ebd., 578f.
185 MANN, Der Zauberberg (1924), in: Mann (s. Anm. 182), Bd. 3 (Frankfurt a.M. 1960), 309.

himmel seiner Literaturästhetik –, hängt mit diesem unumkehrbaren Sprung in den politischen Radikalismus zusammen.) Manns Werk, offensichtlich daraus hervorgegangen, daß hier Formen des Romans und des Essays einander belehnen, spielt virtuos mit den Masken der Ironie und fragt als eines der ersten dieser Gattung – gleichzeitig mit der Proustschen *Recherche* – direkt nach dem Verhältnis zwischen der Zeit und dem Akt des Erzählens.

Der andere Meister deutscher Prosa, der sich in die Lukácssche These von der Ironie als dem Apriori der Romanstruktur einschreiben sollte, ist Robert Musil. Die Form seines erzählerischen Projekts ist gleichfalls dadurch gekennzeichnet, daß der Roman die Funktion des Essays übernimmt und umgekehrt; von dem Thomas Manns unterscheidet es sich aber durch seine programmatische Radikalität. Der Leser des *Manns ohne Eigenschaften* (1. Band 1930) wird Zeuge eines Bruchs mit der Repräsentationsaufgabe der Literatur. Priorität hat hier nicht die Beschreibung von Handlung, sondern ein intellektueller Bericht, dem Erkenntnisfunktion zukommt. ›Woraus bemerkenswerter Weise nichts hervorgeht‹, das so überschriebene Kapitel über einen Verkehrsunfall, das den Roman eröffnet, stützt sich nicht mehr auf eine narrative Logik, sondern auf die der Statistik. Was vorliegt, ist mehr eine Art Unfall der traditionellen Erzählweise. Da der einzelne kein Schicksal mehr hat, das erzählt werden könnte, nimmt sich der per se mehrdimensionale Essay dieses unpersönlichen Sachverhalts an. Dem entsprechen auf der Ebene der Form die kritische Funktion der Montage und auf der des Inhalts die Utopie eines Essayismus, in dem Wissenschaft, Religion und Kunst zueinander finden: »Ein Mann, der die Wahrheit will, wird Gelehrter; ein Mann, der seine Subjektivität spielen lassen will, wird vielleicht Schriftsteller; was aber soll ein Mann tun, der etwas will, das dazwischen liegt?«[186] Indessen ist das Verhältnis des Romans zur modernen Wissenschaft genau *ex negativo* bestimmt, nämlich in ihrem Mangel an Ironie, hinter dem sich die »Teufelei« des Zeitalters selbst verbirgt. Gemeint ist damit, was Musil »Das In den Bart Lächeln der Wissenschaft« genannt hat, jenes Lächeln, das die Experten an den Tag legen, wenn sie einen Schöngeist reden hören, und von dem Musil sagt: »man soll beileibe nicht glauben, daß sie es ironisch taten« (301). Daß sich die Zeittendenz, alle Ideale in nichts aufzulösen, in diesem diabolischen Lächeln der Wissenschaft niederschlägt, eben das macht die Ironie nicht nur zum kritischen, sondern auch zum Konstruktionsprinzip einer Literatur, die dieser Krise entgegnen will.[187] Dabei zeigt sich, wie in Musils Buch jedes Kapitel angelegt ist als mikroskopischer Resonanzraum des gesamten Projekts, das als solches zur Unvollendbarkeit verurteilt ist. Wenn, wie sich aus den Notizen über das vorgesehene Ende des Roman-Essays ersehen läßt, der Ironie in ihm ausdrücklich die Rolle eines Leitmotivs zugedacht war[188], findet sie sich in genau dem Maße als eine dieses Werk durchherrschende bestätigt, in dem es als ›vollendetes Fragment‹ anzusehen ist.

3. Parodie und Polyphonie

Aus Gründen, die denen Lukács' fast spiegelbildlich entgegengesetzt sind, steht die Ironie im Zentrum der Literaturtheorie Michail Bachtins. Im Werk Dostoevskijs sieht er das beste Beispiel einer für die Moderne charakteristischen dialogischen (oder polyphonen) Neuorientierung des Romans. Im Unterschied zu Flauberts Ästhetik einer radikalen Objektivierung der Figuren verdankt sich die Bachtinsche Vorstellung eines ›Dialogismus‹ einer Überlegung, die ihren Ausgang nimmt von den Formen der Parodie und insbesondere der des der russischen Literatur eigentümlichen *skaz*. Mit *Problemy tvorčestva Dostoevskogo* (1929; 1963 in 2. Auflage als *Problemy poètiki Dostoevskogo*) verläßt Bachtin das Gebiet einer Inhalts- und Formästhetik, um zu einem gleichsam soziolinguistischen Ansatz zur Erforschung literarischer Phänomene überzugehen. Man hat das so Entstandene als eine zertrümmerte Poetik bezeichnet (Julia Kristeva), denn das Paradox von Bachtins Metalinguistik liegt genau

---

186 ROBERT MUSIL, Der Mann ohne Eigenschaften, hg. v. A. Frisé, Bd. 1 (1930; Reinbek 1981), 254.
187 Vgl. UWE JAPP, Theorie der Ironie (Frankfurt a. M. 1983), 323 f.
188 Vgl. MUSIL, Tagebücher, hg. v. A. Frisé (Reinbek 1976), 928.

darin, daß sie sich gerade »отношениям между речевыми стилями« (den Beziehungen zwischen den Redestilen) zuwendet und sie als bedeutend ansieht, »поскольку эти отношения выходят за пределы лингвистики« (soweit diese Beziehungen außerhalb der Linguistik liegen)[189]. In seiner Typologie der Wortverwendung in der modernen Prosa unterscheidet Bachtin drei Unterkategorien des »zweistimmigen Wortes« (двуголосое слово) (231; dt. 222), sofern es nämlich entweder, als »однонаправленное« (gleichgerichtetes) (ebd.), von einer Erzählerfigur kündet, oder, als »разнонаправленное« (verschieden-gerichtetes) (ebd.), vom indirekt hindurchklingenden Wort eines anderen oder schließlich, als »отраженное чужое слово« (reflektiertes fremdes) (231; dt. 223), aktiv auf eine vorgängige Äußerung, Werk- oder Stilautorität zielt. Die erste Kategorie umfaßt die Spielarten der »стилизация« (Stilisierung), der »рассказ расказчика« (Erzählung aus der Sicht eines Erzählers) (ebd.) und der »Icherzählung« [i. O. dt.] (ebd.), in denen das Wort eines anderen in einem Sinn gebraucht wird, der mit demjenigen konvergiert, in dem es dieser andere verwendet hatte. Auch bei der zweiten Kategorie spricht der Autor durch einen anderen hindurch, legt dessen Worten jedoch einen gegenläufigen, parodistischen Sinn bei. Von daher berührt sich das Parodistische mit dem Ironischen: »Пародийному слову аналогично ироническое и всякое двусмысленно употребленное чужое слово« (Eine dem parodistischen Wort analoge Erscheinung ist das ironische und jedes zweideutig gebrauchte fremde Wort)[190]. Die dritte und letzte Kategorie bezieht sich auf die versteckte Polemik, die das fremde Wort kritisch beleuchtet, ohne es allerdings zu zitieren. Das ist der Fall bei der inneren Polemik, dem Wort mit dem Seitenblick (»слово с оглядкой«) (228; dt.: 219), der das Redeverhalten von Dostoevskijs Romanfiguren charakterisiert. Hierhin gehört auch der *style indirecte libre*.

Der Hinweis auf eine Haltung der ironischen Umkehrung, eine Haltung, die in jeder der verschiedenen parodistischen Formen impliziert ist, bezeichnet genau den Punkt, an dem das zweistimmige Wort von der durch seine Aufrufung mitzitierten Stimme abweicht oder sich gegen sie kehrt. Bezeichnenderweise betrachtet Bachtin diese Erscheinung in erster Linie als eine alltagssprachlich-gesellschaftliche und erst von dort aus als eine auch literarische: »В жизненно-практической речи такое пользование чужим словом чрезвычайно распространено, особенно в диалоге, где собеседник очень часто буквально повторяет утверждение другого собеседника, влагая в него новую оценку и акцентируя его по-своему: с выражением сомнения, возмущения, иронии, насмшки, издевательства и т. п.« (In der Alltagssprache ist eine solche Verwendung des fremden Wortes außerordentlich verbreitet, besonders in Dialog, wo ein Gesprächspartner sehr häufig die Behauptungen des anderen wörtlich wiederholt, es dabei häufig neu bewertet oder auf eine Art akzentuiert: mit dem Ausdruck des Zweifels, der Empörung, der Ironie, des Hohns, der Verspottung u. ä.)[191] Die erste spezifisch literarische Anwendung dieser Praktiken entdeckt Bachtin, gestützt auf Forschungen Leo Spitzers[192], in der Aufnahme des gesprochenen Worts ins Formenrepertoire des Romans.

Folgerichtig entwickelt Bachtin eine neue Archäologie des Romans, die bei den ›komisch-ernsten‹ Gattungen des Sokratischen Dialogs und der Menippeischen Satire ansetzt.[193] Das Genre des Dialogs, das für Bachtin kein rhetorisches ist, weist bereits, besonders in seinem mündlichen Sokratischen Entwicklungsstadium, ein karnevaleskes Weltempfinden auf. Im Lachen des Sokrates, die epische Distanz und überhaupt alle Hierarchien zum Verschwinden bringt, kündigte sich der moderne Roman an: Für den Dialog »ist die Verknüpfung von Lachen, sokratischer Ironie sowie dem gesamten System sokratischer Herabstufungen mit einer ernsthaften, gewichtigen und erstmalig freien Erforschung der Welt, des Menschen und des menschlichen Denkens ausgesprochen charakteristisch« (сочетание смеха, сократической иро-

---

189 MICHAIL BACHTIN, Problemy poètiki Dostoevskogo (1963; Moskau 1979), 234; dt.: Probleme der Poetik Dostoevskijs, übers. v. A. Schramm (München 1971), 317; vgl. ebd., 225.
190 Ebd., 225; dt.: 217.
191 Ebd., 225 f.; dt.: 217.
192 Vgl. LEO SPITZER, Italienische Umgangssprache (Leipzig 1922), 175 f.
193 Vgl. BACHTIN (s. Anm. 189), 121–140; dt.: 119–136.

нии, всей системы сократических снижений с серьезным, высоким и впервые свободным исследованием мира, человека и человеческой мысли)[194]. Bei der Aufnahme des Sokratischen Dialogs in die Menippeische Satire (bei Menippos von Gadara, Varro, Lukian, Petronius u. a.) erhöht sich das spezifische Gewicht des ihm beigegebenen komischen Moments. Von Petronius über Rabelais bis zu Dostoevskij klingt, durch die Verwandlung der epischen und rhetorischen Tradition, das reduzierte Lachen der Sokratischen Ironie hindurch.[195] Geltend macht sich hier abermals der doppelte Bezug der ironischen Parodie zum ironischen Schauspiel wie auch zur kritischen öffentlichen Debatte.

Wahrscheinlich war es Joyce, der dem parodistischen Lachen der Moderne den Status der Unumkehrbarkeit erschrieben hat. Schließlich stand schon sein erster Roman *A Portrait of the Artist as a Young Man* (1916) unter dem Motto: ›Mastery of art has been achieved in irony.‹[196] Doch erst im *Ulysses* (1922) wird die Ironie zum Strukturprinzip sowohl für die Erzählung wie auch für das Kaleidoskop ihrer Stile. Tatsächlich scheint es keinen größeren Abstand zu geben als den zwischen einer Reise durch die eine von Göttern erfüllte Welt und dem Tagesschicksal des Dubliners Leopold Bloom, das so, im Spiegel der *Odyssee* dargestellt, zu einer grellen Parodie des antiken Werkes wird. Daß im Spiel der Strukturanalogien der Abstand zwischen den beiden Geschichten dennoch immer eingehalten wird, erlaubt es Joyce zugleich, jeglicher Affirmationswirkung der parodistischen Ironie den Boden zu entziehen. Der *Ulysses* wird zum Forum eines Reichtums an Sprachformen, der danach verlangt, alle ironisierbaren oder parodierbaren Stile und Positionen in sich aufzulösen. Ein Beispiel hierfür ist die Episode in Barney Kiernans Pub, die der Homerischen von den Zyklopen entspricht. Wenn hier der irische Republikaner den Anzeigenakquisiteur Bloom erst verbal, schließlich auch tätlich angreift und seine Volkshelden aufzählt, dann stellt nicht nur diese Liste, die sich ironisch auf den Schiffskatalog der *Odyssee* bezieht, eine Satire auf seine Vielschwätzerei dar, sondern hier vollzieht sich auch, im Medium einer Sprachexplosion, die wutentbrannte Entfesselung seines nationalistischen Pathos. Es ist, als würde die tradi-

tionelle Definition der rhetorischen Figur Ironie in dem Maße ausgehöhlt, wie der Roman seinen ganzen sprachlichen Reichtum ausbreitet; als lachte die hier verwendete Sprache über sich selbst und über sonst nichts. Die Erzählung verwandelt sich in einen Selbstkommentar, wie sie sich zugleich als ironischer Kommentar einer Tradition behauptet, die ihr äußerlich bleiben sollte.

Die vollständige Nivellierung jeder Bedeutungs- und Bezugshierarchie im abschließenden erotisch motivierten Monolog der Molly Bloom gibt bereits einen Vorgeschmack auf die mehrsprachige esoterische Virtuosität von *Finnegans Wake* (1939). Dieses Werk entfaltet sich nunmehr ohne jede Rücksicht auf das Regelwerk der Rhetorik. Sicher klingt hier das Thema der Ironie an, etwa in: »on the continent as in Eironesia«[197], einer Wendung, die sich mit einer anderen Stelle ein paar Seiten später verbinden läßt: »Iereny allover Irelands« (415). Mit solchen Formulierungen scheint sich Joyce jedoch über die Ironie lustig zu machen, indem er damit extrem heterogene Vorstellungen zusammenspannt. »Eironesia«, damit ist offensichtlich Irland gemeint, aber einem *native speaker* werden dazu wahrscheinlich auch ›amnesia‹ und ›Polynesia‹ einfallen, Worte, die Eironesia-Irland mit Vergessen und Polysemie in Berührung bringen. Im zweiten Zitat ist die Vokabel Ironie mit ›ire‹ verklammert, einem Bestandteil des Worts ›Ireland/ Eire‹, wodurch deren Verwandtschaft mit dem Zorn (lat. ira) nahegelegt wird. Der Text scheint alle Techniken der Sinnfixierung auf den Kopf zu stellen und weist damit voraus auf die postmodernen Spielarten der Ironie, die nicht mehr nur auf Widerspruch, sondern auch auf Destabilisierung der Formsprache hinauswollen.[198]

---

194 BACHTIN, Epos i roman. O metodologii issledovanija romana (1941), in: Bachtin, Literaturno-kritičeskie stat'i (Moskau 1986), 393; dt: Epos und Roman. Zur Methodologie der Romanforschung, in: Bachtin, Formen der Zeit im Roman. Untersuchungen zur historischen Poetik, hg. v. E. Kowalski/M. Wegner, übers. v. M. Dewey (Frankfurt a. M. 1989), 234.
195 Vgl. ebd., 129–140; dt.: 125–136.
196 Vgl. JAPP (s. Anm. 187), 301.
197 JAMES JOYCE, Finnegans Wake (1939; London 1975), 411; vgl. JAPP (s. Anm. 187), 302.
198 Vgl. ECO (s. Anm. 1), 225–228.

4. Zitat, Collage, Montage:
Die außerliterarischen Medien und Künste

Das Aufkommen eines ›Polyphonismus‹, der sich an die Tradition der karnevalesken Parodie anschließt, kennzeichnet Bachtin zufolge nicht nur die Romanproduktion. Es verändert auch die Grundprinzipien der modernen europäischen Ästhetik. Tatsächlich lassen sich für die Zeit der klassischen Moderne Formen der Parodie und der bewußten Ironisierung in allen künstlerischen Gebieten und Medien ausmachen: in der Musik, den bildenden Künsten, im Theater, aber auch im ersten der sich nun etablierenden Massenmedien, im Film.

Es mag erstaunen, daß diese vielfältigen Aspekte des Phänomens Ironie die stärkste Beobachtung in einem philosophischen Werk gefunden haben. In seiner Schrift L'ironie (1936) sieht Vladimir Jankélévitch in seinem Gegenstand mehr als eine rhetorische Figur oder einen literarischen Stil. Vielmehr faßt er ihn als eine generell in jedem Medium zur Verfügung stehende Ausdrucksweise, als eine Form paradoxer Kommunikation, die sich an einen gegebenen Adressatenkreis richtet. Zur Ironie bedarf es lediglich eines »interlocuteur actuel ou virtuel dont elle [l'ironie – d. Verf.] se cache à moitié«. Demnach gäbe es ebensoviele Register der Ironie, wie es im intellektuellen Leben Zeichensysteme gibt: »la pantomime ironique, qui s'exprime par gestes, l'ironie plastique qui dessine des caricatures, enfin [...] l'ironie du langage, écrit ou parlé, la plus nuancée et la plus maniable de toutes les ironies«[199]. Jankélévitch entwickelt seine Thesen anhand von Beispielen aus der Musik, zumal der französischen. In den Pastiches des kompositorischen Zitats entdeckt er die ganze Skala der klassischen Ironieformen: von der Verkehrung über die Litotes bis zum ironischen Witz.

a) Musik

Unstreitig hat Gustav Mahler als einer der ersten modernen Komponisten eine einschneidend neue Technik des Zitierens entwickelt. Seit seiner 1. Symphonie – er schrieb sie 1889 und benannte sie nach Jean Pauls Titan – rekurrierten Mahlers Kompositionen wesentlich auf die militärische Blasmusik und auf das Volkslied, wie etwa den Frère Jacques oder die Gassenhauer des jüdischen Ghettos, und behandelten dieses Klangmaterial, indem sie es auf den gleichermaßen lächerlichen wie ernsten Ton einer Commedia umana stimmten.[200] Das romantische Thema des Grotesken aufgreifend, gipfelt die Symphonie in einem ›Totenmarsch in Callots Manier‹.[201] Adorno betont in seinem Mahler-Buch den Witz und die Widerständigkeit dieser Musik gegenüber allen Klischees: Sein »Gestus [...] spottet« »der Stilkategorien programmatischer und absoluter Musik ebenso [...] wie der blanken geschichtlichen Herleitung«[202]. Bezeichnenderweise stellt der Autor die Form der Mahlerschen Symphonie, ihrem geschichtsphilosophischen Index-Wert nach, in die Nähe derjenigen des Flaubertschen Romans: »Pedester ist der Musikstoff, sublim der Vortrag. Nicht anders war die Konfiguration von Inhalt und Stil im Roman aller Romane, der Flaubertschen Madame Bovary. Episch ist Mahler[s] Gestus, das naive Paßt auf, jetzt will ich euch einmal etwas vorspielen, wie ihr es noch nie gehört habt« (209). Daß auch Mahler, wie der Ironiker Flaubert, an der großen Form noch im Zuge ihrer Verwitterung und ihres Verfalls festhält, macht ihn zur herausragenden Bezugsfigur der Wiener Moderne. Eine Generation später entdeckt die Wiener Schule die Zwölftontechnik als stichhaltige Entsprechung zu Mahlers Zerstörung der Tonalität – man denke an den Zwölftonakkord im Adagio der 10. Symphonie (1910).

Detaillierter hat Jankélévitch die Funktion des ironischen Zitats in der neueren französischen Musik untersucht. Ihm zufolge wirkt die musikalische Ironie wie ihr literarisches Pendant: verkehrend, abkürzend, sogar zerstückelnd. Sie erweist sich jedoch dabei nicht nur als eine Ausdrucksweise, die dem Spiel der Interpretation auch dort gebietet, wo es sich von seiner Bindung an die musikalische Notation löst, sondern macht sich auch in den Binnenreferenzen des Materials selbst bemerkbar.

---

199 VLADIMIR JANKÉLÉVITCH, L'ironie (1936; Paris 1964), 42.
200 Vgl. GUSTAV MAHLER, 1. Symphonie (1889), Teil 2, 3. Satz.
201 Vgl. MAHLER, 1. Symphonie, Teil 2, 4. Satz.
202 THEODOR W. ADORNO, Mahler. Eine musikalische Physiognomik (1960), in: ADORNO, Bd. 13 (1971), 151f.

Der Ironie Debussys und Saties sei daher gegenüber den »boniments métaphysico-sociologiques« Richard Wagners die gleiche Rolle zugekommen, die Sokrates gegenüber den Märchenerzählern (»bonimenteurs«) von Athen innehatte. Das zeige sich an der »incisive parodie du ›thème‹ de Tristan que cite, ›avec une grande émotion‹, le nègre du *Golliwogg's cake-walk*, en manière d'intermezzo sentimental: les quatre notes s'alanguissent comme dans un rubato de saxophone, puis, brusquement, tournent casaque et aboutissent à des facéties de jazz-band«[203]. Im plötzlichen Repertoirewechsel klingt die ironische Einrede, die Parodie hindurch. Debussys *Tristan*-Zitat klingt mehr nach Jazzmusik denn nach Wagnerscher Romantik. Man kann es demjenigen, allerdings verehrungsvollen, gegenüberstellen, mit dem sich Bergs *Lyrische Suite* (1928) auf dasselbe Werk bezogen hat.

Erik Satie, großer Freund von Allotria-Inszenierungen und Schöpfer des berühmten Worts ›J'emmerde l'art‹, verdient gewiß einen hervorgehobenen Platz unter den spielerisch verfahrenden Ironikern der Musik. Als erster hat er – neben dem Debussy der *Six Epigraphes antiques* (1914) – das kompositorische Antikenzitat und damit das unmögliche Zitat in die Musikgeschichte eingeführt. Man hat das als seinen attischen Witz bezeichnet, der der Devise folge: »rester en deçà de ce qu'on veut dire, se cacher derrière un masque inexpressif pour mieux exprimer«[204]. In seinem *Socrate. Drame symphonique en style néogrec* (1919), einer Montage, die auf drei Platonische Dialoge zurückgreift, bringt Satie dieses Verfahren zur Vollendung. Die hier ›rezitierte‹ Passage, die gerade den der Ironie gewidmeten Abschnitt des *Symposion* enthält, ist völlig abgekoppelt von jeder Instrumentalbegleitung, welche hier nichts zu tun hat, als auf der Stelle zu treten, um die Kulissen zu bespielen. Unabhängig von der profanierenden Wirkung der Opus- und Satzüberschriften – wie etwa *Musique d'ameublement* – sind Saties musikalische Anspielungen von einer witzigen Ironie, die unweigerlich ans Pastiche erinnert. Diese Ironie besitzt eine Doppelfunktion. Sie ist kritisch – in ihrem Verhältnis zum romantischen Erbe, aber zugleich auch emanzipatorisch – in ihrem Verhältnis zu Saties großem Meister Debussy.[205] Bekanntermaßen zentral ist die Berufung auf Satie für John Cage, der ihn in eine Reihe mit Duchamp und Joyce gestellt hat.[206] Mit dem ›präparierten Klavier‹, einem Werk, das er 1940 für das *Bachanale*-Ballett der Tänzerin Syvilla Fort komponierte und bei dem er einen ganzen Musterkoffer von Fremdkörpern in dieses Instrument einbaute, um seinen wohltemperierten Klangcharakter zu zerstören, steht Cage allerdings an einem Grenzpunkt der europäischen Tradition. Die Radikalität seiner späteren Experimente – darunter jenes *4'33''* betitelte Schweigen (1952), das dem Publikum keine andere ästhetische Erfahrung bot als das Geräusch seiner eigenen Präsenz – bestätigt das zur Genüge.[207] Die systematische Öffnung seines Werks auf Geräusche und von außen einwirkende Zufälle bejaht Cage, und zwar in ihrem spezifischen Wert und nicht als Ironisierung der Tradition. Das scheint übrigens einem allgemeineren Charakteristikum der amerikanischen Kunst zu entsprechen, das sich vom westlichen Kanon gelöst und es von daher nicht mehr nötig hat, sich kritisch auf Europa zu beziehen.

b) Bildende Künste
Unter den vielen ›Avantgarde‹-Gruppen, die nach dem Ersten Weltkrieg aus dem Boden schießen, betonen die Dadaisten (die Satie bald eingemeinden) und die Surrealisten den ironischen Habitus am nachdrücklichsten und deutlichsten. Das Werk Marcel Duchamps kehrt sich ab von den verschiedenen dadaistischen Schaustellungen und ihrer farcenhaften Erscheinungsweise und gibt der Ironie ein neues Gesicht. Denn sie ist nunmehr in den Wirkungszusammenhang des dreidimensionalen

203 JANKÉLÉVITCH (s. Anm. 199), 95.
204 Ebd., 86.
205 Vgl. ERIK SATIE, Ecrits, hg. v. O. Volta (Paris 1990).
206 Vgl. JOHN CAGE, James Joyce, Marcel Duchamp, Erik Satie: An Alphabet (1981), in: Cage, X. Writings '79–'82 (London 1983), 53 f.
207 Vgl. CAGE, The Future of Music: Credo (entst. 1937, ersch. 1958), in: Cage, Silence (Cambridge, Mass. 1966), 3 f.

Kunstgegenstands selbst eingetreten.[208] In seinem Konzept des Ready-made erhält das ›visuelle‹ oder ›plastische‹ Zitat die Qualität autonomer Kritik: als Verdrehung der autorisierten Tradition – Duchamp führt dieses Verfahren ein mit *L.H.O.O.Q.* (1919), einem ›berichtigten‹ Ready-made, welches Lionardos *Mona Lisa* abbildet, aber zugleich mit einem Schnurr- und einem Ziegenbart versieht –; jedoch vor allem als Verdrehung des modernen Alltags und seiner im industriellem Maßstab gefertigten Massenprodukte. Das Musterbeispiel hierfür ist die Präsentation eines umgedrehten Urinoirs unter dem Namen *Fountain*, ein Objekt, dem 1917 zunächst die Aufnahme in die erste Ausstellung der New Yorker Society of Independent Artists verweigert wurde. Das Schöpferische hieran verdankt sich dem Akt, das ›objet trouvé‹ völlig von seinem Situationszusammenhang zu trennen. Die Verkehrung seiner gegenständlichen Form, Ausklammerung seines täglichen Gebrauchs legt dem Publikum den Gedanken nahe, es handele sich hier um eine spezifisch ›ästhetische‹ Ironisierung aller Materialien und Herstellungstechniken, aus denen die moderne Kultur fortan bestehen kann.

Die surrealistische Ironie bleibt im allgemeinen, selbst in ihren bildlichen Hervorbringungen, eine ›literarische‹. Magrittes Gemälde *Ceci n'est pas une pipe* (1926) wird ganz von der Aufgabe bestimmt, den Abgrund zu inszenieren, der Sprache und Repräsentation voneinander trennt. Ausgerechnet die sogenannten Romane Max Ernsts, Collageserien, die sich alter illustrierter Massenzeitschriften bedienen, könnten sich als geeignet erweisen, einen Sinn für eine genuin bildliche Sprache der Ironie zu vermitteln. Man hat seiner Kunst ein ironisches Wesen attestiert, das sie von derjenigen Braques oder selbst Picassos unterscheide und sich in dem Maße geltend mache, in dem man seine Collagen beschreibt »as fantastic stories, as the telling of dreams without any awareness that they amount to a discussion of the nature of engraving, and perhaps even of collage«[209]. Auf die Spitze treibt Ernst sein parodistisches Spiel mit den Illustrationen, die den Kolportagegeschichten des 19. Jh. beigegeben waren, unverkennbar in seinen sogenannten ›analytischen Collagen‹ und in seinen ›Collageromanen‹. Ihr Spektrum reicht von *La femme 100 têtes* (1929) bis zu *Une semaine de bonté* (1934).[210]

c) Theater

Daß ein Bruch mit der Illusionsästhetik an der Zeit war, bestätigte sich auch im modernen Theater, eine Einsicht, bei der eine neue Auffassung der Komödie und die Episierung des Theaters einander ergänzten. Spektakulär kehrt gegen Ende des 19. Jh. die komödienförmige Illusionskritik in Gestalt von Alfred Jarrys *Roi Ubu* (1896) auf die Bühne zurück. Das Stück, zunächst für ein Marionettentheater vorgesehen, wird flankiert von Jarrys *De l'inutilité du théâtre au théâtre* (1896), einem ironischen Pamphlet, das für den Gebrauch von Masken plädiert, die die Gesichter der Schauspieler ersetzen und die *dramatis personae* vertreten sollen. Entpsychologisierung, Austreibung des Naturalismus, Überdrehung des Humors ins Tragische – diesen Bestrebungen ist der Text verschrieben.[211] Eingezwängt in eine veritable Bühnenmaschinerie, tritt Ubu auf als »une *outrance*, un masque, une parodie sans parodié«[212].

Das neuerwachte, auch von Jarry geteilte Interesse für das antike Theater löste in der europäischen Dramatik allerdings eine ›neo-tragische‹ Welle aus. Umzukehren schien diese Konstellation erst das schockartige Erlebnis des Ersten Weltkriegs. ›Nach einem unglücklichen Krieg müssen Komödien geschrieben werden‹ – als er sich dieses Fragment des Novalis notierte, stieß Hofmannsthal auf die Ironie als das Element, das einem verlorenen Krieg und der Gattung der Komödie gemeinsam ist. Sein Essay *Die Ironie der Dinge* (1921) steht im zeitlichen Zusammenhang seiner Kritik am un-

---

208 Vgl. ANNE D'HARNONCOURT/KYNASTON MCSHINE, Marcel Duchamp (New York 1973), 37; MARCEL DUCHAMP, [Interview mit Pierre Restany] (1983), in: Y. Arman (Hg.), Marcel Duchamp plays and wins/Marcel Duchamp joue et gagne (Paris u. a. 1984), 144.
209 ECO (s. Anm. 1), 227.
210 Vgl. WERNER SPIES, Max Ernst, Collagen. Inventar und Widerspruch (Köln 1974), Abb. 211 ff., Abb. 367 ff.
211 Vgl. ALFRED JARRY, De l'inutilité du théâtre au théâtre (1896), in: Jarry, Tout Ubu. Ubu roi. Ubu enchaîné. Almanachs du père Ubu. Ubu sur la butte. Avec leurs prolegomènes et paralipomènes, hg. v. M. Saillet/C. Grivel (Paris 1985), 142.
212 CHARLES GRIVEL, Préface, in: Jarry (s. Anm. 211), 5.

IV. Eine ästhetische Signatur der Moderne 235

möglich gewordenen Bürgerlichen Trauerspiel. Er begründet und belegt die nunmehr eingeleitete Umorientierung seiner dramatischen Produktion in Richtung Komödie. Im Ironischen der aus der Kriegsniederlage hervorgegangenen Situation entdeckt Hofmannsthal deren Affinität zur Geburtsstunde der Aristophanischen Komödie.[213] Bemerkenswerterweise äußert er dieses Bekenntnis zur Ironie im gleichen Moment, da er in seinem Essay *Der Ersatz für die Träume* dazu aufruft, den Film als Stätte eines Schauspiels zu begreifen, das über eine der modernen Welt entsprechende Vision verfüge.

Hiermit korrespondiert die Antwort, die Pirandellos *Sei personaggi in cerca d'autore* (*Sechs Personen suchen einen Autor*, 1921) auf die neue Situation geben. Das Stück des Verfassers von *L'umorismo* (1908), der sich nachweislich mit Tieck beschäftigt hat, scheint lediglich die romantische Ironie auf das Drama anzuwenden. Doch findet die Frage nach dem Verhältnis zwischen den auf die Bühne gestiegenen Personen, der Theatertruppe und ihrem Direktor nur zu einer alles in allem ›narrativen‹ Lösung. Gerade in seiner Reflexion auf die Wirkungsbestandteile des Mediums Theater und seiner ›ironischen‹ Kritik der dramatischen Form neigt sich das Stück zur Epik und bestätigt so die allgemeine Entwicklungstendenz des modernen Dramas.[214] Brecht, der im Fluchtpunkt dieser Entwicklung steht und die Vorstellung eines Epischen Theaters zu seinem Credo macht, wird dabei übrigens das für ihn entscheidende Moment einer – romantische Konzeptionen verabschiedenden – Verfremdung mit dem Diderotschen Paradox des Schauspielers verbinden.

d) Film
Konfrontiert mit der allgemeinen Krise der Transzendenz, bieten alle Künste Beispiele des Rückzugs in eine ›ironische‹ Haltung der Reflexion auf das eigene Medium. Bald wird auch das Kino, mit dem sich ein neues Mittel der technisierten Massenproduktion entwickelt, von dieser Strömung erfaßt. Da sie von Tradition völlig unbelastet war, entwickelte die neue Kunst Spielarten der Ironie, die weniger ins Gebiet der Parodie gehören als vielmehr Hauptelemente seiner Technik, z. B. Einstellung und Montage, thematisieren. Waren die ersten erfolgreichen Filmgenres die Farce und der *slapstick*, so verließ der Film schon in den 20er Jahren die Studios, um sich das ›ungestellte Leben‹ anzueignen. Dieser Devise hatte sich die Avantgarde-Gruppe *Kino-Auge* verschrieben. Sie hatte sich in der frühen Sowjetunion um Dziga Vertov gebildet, indem sie die gänzliche Trennung des Kinos von Bühne und Literatur zu ihrem Programm erhob. In *Čelovek s kinoapparatom* (*Der Mann mit der Kamera*, 1929) wird das Kino selbst – die Kamera und der Kameramann, der Montagetisch und die Cutterin, sogar das Publikum – in seiner Eigenschaft als Medium inszeniert. Alle Einstellungen dieses Films sind dokumentarisch, sie zeigen Alltagsszenen aus dem Leben der Stadt Moskau. Die Zuschauer erfahren hierdurch, was ihr eigener Tagesablauf war. Wie die anderen russischen Filmkünstler verwendet Vertov die Montage als grundlegendes Mittel stofflicher Formung; was aber bei ihm neu hinzutritt, ist der allein vom Visuellen bestimmte, keinem vorgängigen Szenario folgende Filmaufbau. Die Montage folgt hier, statt wie bei Ejzenštejn im Dienst einer vorgegebenen Botschaft zu stehen, einem Prinzip poetischer Assoziation, das sich strikt an der Struktur des zufällig von der Straße aufgelesenen Bildmaterials orientiert. Daß Vertovs *Kinoki*-Manifeste nicht frei von Pathos sind[215], hat Kracauer nicht von der Vermutung abgehalten, dieser Film sei eine neue Form der romantischen Ironie: »Dem Romantiker gleich, der seine Gebilde ironisch in Frage stellt, durchstößt Wertow stets wieder die scheinbar in sich geschlossene Wirklichkeit des Kollektivs. Das Kino-Auge erfüllt bei ihm, wenn man will, eine metaphysische Funktion. Es greift unter die Oberfläche, entthront die Selbstsicherheit und streift die finsteren Ränder des organisierten Tages.«[216]

---

213 Vgl. HUGO VON HOFMANNSTHAL, Die Ironie der Dinge (1921), in: Hofmannsthal, Gesammelte Werke in zehn Einzelbänden, hg. v. B. Schoeller/R. Hirsch, Bd. 9 (Frankfurt a. M. 1986), 138–141.
214 Vgl. SZONDI, Theorie des modernen Dramas (Frankfurt a. M. 1963), 133.
215 Vgl. DZIGA VERTOV, Kinoki Umsturz (1923), in: Vertov, Schriften zum Film, hg. v. W. Beilenhoff (München 1973), 11 f.
216 Vgl. SIEGFRIED KRACAUER, Der Mann mit dem Kinoapparat (1929), in: Kracauer, Kino. Essays, Studien, Glossen zum Film, hg. v. K. Witte (Frankfurt a. M. 1974), 91.

Symmetrisch zu der bei Vertov angewandten verhielt sich eine andere Technik, das neue Medium auf schwindelerregende Weise in sich selbst zu reflektieren: der Schritt des Filmregisseurs vor die Kamera, in deren Licht er den Plot und die Rollenprofile seines Films aus der Wechselwirkung zwischen Kamera, Schauspielern und Drehort entwickelt. Mit *La règle du jeu* (1939), der souverän durchgeführten Persiflage auf das Liebesgetändel einer verantwortungslos gewordenen Gesellschaft, hat Jean Renoir für solches Aufeinandertreffen von Film und Stegreiftheater ein einzigartiges Muster entworfen. Epizentrum dieses fröhlichen Dramas (›drame gai‹), das Mussets Stück *Les caprices de Marianne* (1833) variiert, ist ein mondänes Fest anläßlich einer Jagdpartie in der Sologne. Vertovs poetischer Montagewirkung entspricht bei Renoir die dramatische Wirkung der Sequenzeinstellung, die allein den Bewegungen der Schauspieler und der Kamera gehorcht. Der Kritiker André Bazin bemerkte an diesem Film eine äußerst lebhafte Inszenierung, eine »subtile ironie du cadrage«[217] und eine Kameraführung, die sich die Tiefenschärfe zunutze mache. Sequenzeinstellung und Tiefenschärfe ermöglichten hier ein aktiveres Verhältnis des Zuschauers zum filmdramatischen Raum und gäben der Struktur des filmischen Bildes ihre Doppeldeutigkeit zurück.[218] Zudem besteht Renoirs Schauspielerführung darin, die Rollen nicht festzulegen, zwischen ihnen und den Schauspielern Wechselwirkungen zuzulassen und sich selbst, obgleich Laiendarsteller, die Rolle einer der entscheidenden Figuren zu geben. Hieraus resultiert die schöpferische Wirkung dieser Verschmelzung der Szenerie mit ihrer filmischen Aufnahme, dieser »entreprise qui consiste à expérimenter et sélectionner des rôles, jusqu'à qu'on trouve celui qui déborde du théâtre dans la vie«[219]. Am Vorabend des Zweiten Weltkriegs hatte das Publikum indes keinen Sinn für die beißende Ironie dieses fröhlichen Dramas, das hinter dem Maskenspiel eine subtile Dialektik von Wahrheit und Lüge bloßlegte. Der Film wurde als ›démoralisant‹ bezeichnet und verboten. Erst in den 60er Jahren stieg er zum Klassiker und Vorbild für die Künstler der Nouvelle Vague auf. Zweifellos verweist gerade diese Rezeptionsverzögerung auf die ironische Aufladung des Films.

V. ›Postmoderne‹ Spiele der Ironie?

1. Literaturtheorie

Nach den Zerstörungen des Zweiten Weltkriegs bildete sich in der Literaturwissenschaft ein neues Verhältnis zur Ironie. Sie erhält eine zentrale Funktion im amerikanische New Criticism, einer Schule, die die Tradition der Rhetorik aufgreift, um sie ihrer Methode des Close Reading dienstbar zu machen.[220] Cleanth Brooks verficht in seinem (mehrfach nachgedruckten) Artikel *Irony as a Principle of Structure* (1949) das doppelpolige Konzept einer kohärenten Textstruktur, die zwar als ästhetisches Prinzip anzusehen ist, aber zugleich ob ihrer Sperrigkeit nicht in ihrem Kontext aufgehen kann. Sein Struktur- und sein Ironiebegriff sind eng miteinander verflochten, und die eigentliche Domäne des Dichterischen ergibt sich bei ihm fast zwangsläufig aus einer Umkehrung der alltagssprachlichen Konventionen: »Irony [...] is not only an acknowledgement of the pressures of a context. Invulnerability to irony is the stability of a context in which the internal pressures balance and mutually support each other.«[221] Implizit sorgt also die Ironie für ein Gefüge der Stabilität von Text und Kontext. Diese Akzentsetzung charakterisiert die amerikanische Debatte bis hin zu Northrop Frye, der in einem Kapitel seines berühmten Buches *Anatomy of Crit-*

---

217 ANDRÉ BAZIN, Jean Renoir (Paris 1971), 51.
218 Vgl. BAZIN, Qu'est-ce que le cinéma? (Paris 1985), 74 f.
219 DELEUZE, Cinéma, Bd. 2: L'image-temps (Paris 1985), 114.
220 Vgl. ROBERT PENN WARREN, Pure and Impure Poetry, in: The Kenyon Review 5 (1943), 228–254; KENNETH BURKE, A Grammar of Motives (New York 1945); WILLIAM KURTZ WIMSATT/MONROE CURTIS BEARDSLEY, The Intentional Fallacy (Sewanee 1946); CLEANTH BROOKS, The Heresy of Paraphrase, in: Brooks, The Well Wrought Urn. Studies in The Structure of Poetry (1947; London 1968), 157–175.
221 BROOKS, Irony as a Principle of Structure (1949), in: M. D. Zabel (Hg.), Literary Opinion in America. Essays Illustrating the Status, Methods and Problems of Criticism in the United States in the Twentieth Century, Bd. 2 (New York ³1962), 732 f.

icism (1957) Ironie und Satire zu einer Grundfigur seiner narrativen Mythentheorie ernennen wird.[222]

In Europa wiederum hat Peter Szondi, noch vor Erscheinen der Monographie Beda Allemanns, das Phänomen der Ironie neubewertet, und zwar im Blick auf die Frühromantik und die Komödien Ludwig Tiecks. Sein Essay *Friedrich Schlegel und die romantische Ironie* (1954/1964) betrachtet die Schlegelsche Ästhetik, darin dem jungen Lukács verpflichtet, aus einer geschichtsphilosophischen Perspektive. Ironie erscheint hier als Element der Reflexionssteigerung im Angesicht einer Sinnunendlichkeit, welche dem Leben nie immanent sein kann. Hieraus erklären sich die Bedeutung, die diese Ästhetik dem Spiel zumißt, die Nähe der Ironie zur Welt der Komödie, schließlich aber auch die Gefahr, daß Ironie zu reiner Negativität wird: »Indem die Ironie das Negative festhält, wird sie, ursprünglich als dessen Überwindung gedacht, selber zur Negativität. [...] Die Annahme der eigenen Unfähigkeit verbietet dem Ironiker die Achtung vor dem dennoch Vollbrachten: darin liegt seine Gefahr«.[223]

Die französische Nouvelle Critique erwähnt die Ironie nicht ausdrücklich als eine Kategorie der Textanalyse, doch untergründig durchzieht diese Figur die damaligen Veröffentlichungen ihrer Hauptexponenten. In *Critique et vérité* (1966) erklärt Roland Barthes die, seiner Auffassung nach unausweichliche, Spannung zwischen Literaturwissenschaft und Literaturkritik aus dem ironischen Verhältnis, in dem diese zu ihrem Gegenstand wie zu ihrem akademischen Gegenüber steht. Doch findet sich diese ironische Haltung nun übersetzt in eine Technik der Textbefragung, wie sie die strukturale Linguistik zuerst entwickelt und vorgeführt hat, und ist jetzt »rien d'autre que la question posée au langage par le langage«[224]. In der Konfrontation mit der klassischen Ironie, diesem narzißtischen Produkt einer Sprache, die sich ihrer selbst zu gewiß ist, erscheine die Ironie des Kritikers barock, da sie mehr mit Formen spielt als mit Wesenheiten. Als einzig verantwortbare Sprechweise des Kritikers sei sie weniger ein Zugang zur Wahrheit denn Ausdruck des Spielcharakters von Sprache: »non point: *faites-moi croire à ce que vous dites*, mais plus encore: *faites moi croire à votre décision de le dire*.«[225] Dieses Verständnis der ironischen Einstellung scheint postmoderne Positionen vorwegzunehmen.

Gleichzeitig mit Barthes, aber auf andere Weise wendet sich Starobinski dem Thema Ironie zu. Mit wenigen Strichen beschreibt er in einer Reihe von verstreut erschienenen Aufsätzen über den ›bouffon romantique‹ die stilistischen Mittel Voltaires, Gozzis, E. T. A. Hoffmanns und Kierkegaards sowie die vielfältigen Aspekte des Wechselverhältnisses zwischen der rhetorischen und der theatralischen Ironie. Dabei verfolgt er die dramatischen, burlesken und populärkulturellen Ursprünge des literarischen Phänomens Ironie von den Shakespeareschen Narren bis zur commedia dell'arte, die Gozzi noch einmal zu retten versucht hatte.[226] Starobinski erhellt die Schlüsselbedeutung dieser Herkünfte für die der Aufklärung eigentümliche Persiflage und für die Wiederentdeckung der Ironie in der Romantik, insbesondere bei E. T. A. Hoffmann. Der Titel seiner (seine Ergebnisse zusammenfassenden) Studie *Ironie et mélancholie* (1966) enthält bereits seine These, wonach die darin genannten Zustände als spezifisch moderne zugleich komplementäre Erscheinungen sind. Die mit Kierkegaard einsetzende Hypostasierung der Ironie zu einer Existenzform erscheint in Starobinskis Untersuchung als eine historisch zu nennende Niederlage des komischen Narren.[227] Starobinski hat diese Studien fortgeführt mit *Portrait de l'artiste en saltimbanque* (1970). Er verfolgt hier die Veränderungen, die die Maske des Ironikers Sokrates erfahren hat, und entdeckt die modernen Verwandlung dieser Maske im Clown – ob er nun auf der Bühne, in der Malerei oder in der Literatur oder im Film auftritt. Diese Übergangsfigur, als grinsender Doppelgänger, Androgyn, tragischer Clown

---

222 Vgl. NORTHROP FRYE, Archetypal Criticism: Theory of Myths, in: Frye, Anatomy of Criticism. Four Essays (Princeton 1957), 131–239.
223 SZONDI (s. Anm. 94), 406.
224 BARTHES, Critique et vérité (Paris 1966), 74.
225 Ebd., 75.
226 Vgl. STAROBINSKI, Note sur le bouffon romantique, in: Cahiers du Sud 53 (1960/1961), H. 387–388, 270–275; STAROBINSKI (s. Anm. 78); STAROBINSKI (s. Anm. 127); STAROBINSKI (s. Anm. 73).
227 Vgl. STAROBINSKI (s. Anm. 127), 457.

oder, wie bei Chaplin, als lachhafter Retter erscheint, habe die Fackel des Narren übernommen.

Die amerikanische Neue Rhetorik bringt in den 70er Jahren zwei Ironieauffassungen hervor, die einander gewissermaßen befehden. In seinem Buch *A Rhetoric of Irony* (1974) bietet Wayne Booth eine systematische Erfassung dieses literarischen Verfahrens anhand der Gattungen Essay, Satire und Parodie und bemüht sich, in der Tradition des New Criticism, um eine gründliche Klärung der Unterscheidung zwischen stabiler und instabiler Ironie.[228] Mit dem Begriff der instabilen Ironie belegt der Autor die Texte, die keine eindeutige Lektüre und entschiedene Interpretation erlauben, weil in ihnen das Verhältnis zwischen Text und Referent derart verwischt ist, daß es – wie etwa in Platons *Symposion* oder in dem modernen Muster dieser Gattung, in Becketts *L'innommable* (1953) – nicht mehr fixiert werden kann. Doch obwohl der Leser somit das letzte Wort behält und sich Booth dagegen wendet, eine dieser beiden Perspektiven auf Ironie zur Norm zu machen, bleibe es dennoch die Aufgabe der Literaturwissenschaft, das Phänomen der Ironie im Sinne ihrer Stabilisierung zu kontrollieren.

Genau dieser Auffassung wirft Paul de Man vor, sie verfälsche die Dinge. In seiner Eigenschaft als Vermittler zwischen der europäischen und der amerikanischen Literaturwissenschaft kritisiert er den Ideologiecharakter einer rein literarischen Ästhetik und besteht ihr gegenüber auf der Sprachlichkeit von Literatur. In *The Rhetoric of Temporality* (1969)[229] verficht de Man zum ersten Mal seine Vorstellung der Allegorie und der Ironie, die er als literarische Basiskategorien ansieht. Die Romantik deutet er in dem Sinne, daß sie sich der Aufklärung nicht so sehr entgegengestellt als dieser vielmehr zu ihrem wahren Ausdruck verholfen habe. Allegorische Rede und – die eigene Zeitlichkeit und Endlichkeit visierende – ironische Geste kennzeichnen den Eintritt in ein rhetorisches Bewußtsein der Literatur. Diese Vorstellung hat er weiterentwickelt in seiner *Rhetoric of Tropes* (1979), wo er eine Analyse von Nietzsches Stil versucht.

De Man plädiert dafür, Nietzsches gesamtem Werk mit dem Nietzeanischen Interpretationsgestus der ironischen Allegorie gegenüberzutreten, wie er etwa in *Ueber Wahrheit und Lüge im aussermoralischen Sinne* (entst. 1873) begegnet. Selbst die *Geburt der Tragödie* ließe sich dann anders lesen, als es ihr offensichtliches Pathos nahelegt.[230] Ironisches Schreiben erscheint bei de Man nicht als Gefahr für einen festzuhaltenden Sinn, der verlorengehen könnte, sondern als Grundmodus des Schreibens überhaupt. Mit dieser Nähe seines Ironiebegriffs zu Schlegels Vorstellung der ironischen Selbstschöpfung und Selbstvernichtung und mit der Auffassung, Sprache sei schlechthin rhetorisch, berührt er eine der Grundpositionen der philosophischen Dekonstruktion.

2. Philosophie

Neue Rhetorik, Anwendung des linguistischen Instrumentariums auf die poetische Sprache, intensivierte Aneignung der Frühromantik, diese Merkmale der literaturwissenschaftlichen Reflexion auf Ironie in der zweiten Hälfte des 20. Jh. überschneiden sich mit denen des zeitgenössischen philosophischen Ironieverständnisses. Die philosophische Rehabilitierung dieses Konzepts, ob sie auf strukturalistische Ansätze oder auf solche des Pragmatismus zurückgriff, erklärt sich wesentlich aus der semiologischen Wende in der Literaturwissenschaft. Niemand hat diese Perspektive mit souveränerer Geste aufgezeigt als Claude Lévi-Strauss. Der Bericht seiner ethnographischen Erkundungen hebt an mit dem berühmten Satz: »Je hais les voyages et les explorateurs«[231], eine Bemerkung, die den bewußt literarischen und ironischen Ton seiner *Tristes Tropiques* (1955) ankündigt. Diese Aufmerksamkeit für die literarische Valenz der Sprache findet sich

---

228 Vgl. WAYNE C. BOOTH, A Rhetoric of Irony (Chicago 1974), 233 f.
229 Vgl. DE MAN, The Rhetoric of Temporality (1969), in: de Man, Blindness and Insight. Essays in the Rhetoric of Contemporary Criticism (Minneapolis 1983), 187–228; JACQUES DERRIDA, Mémoires pour Paul de Man (Paris 1988), 128.
230 Vgl. DE MAN, Rhetoric of Tropes (Nietzsche), in: de Man, Allegories of Reading. Figural Language in Rousseau, Nietzsche, Rilke, and Proust (New Haven u. a. 1979), 116 f.
231 CLAUDE LÉVI-STRAUSS, Tristes Tropiques (1955; Paris 1977), 13; CLIFFORD GEERTZ, Works and Lives. The Anthropologist as Author (Palo Alto 1988), 33.

auch bei den Autoren der folgenden Generation; bezeichnenderweise geht sie systematisch einher mit einer neuen Hinwendung zu Nietzsches Werk, das zu dieser Zeit gerade reediert wurde. Man hat, nicht ohne Grund, von einem Foucaultschen Lachen gesprochen. Das Einleitungskapitel von *Les mots et les choses* (1966), das, wie Foucault selbst eingestand, auf einen Text von Borges zurückgeht, analysiert das Repräsentationskonzept des Klassischen Zeitalters. Foucault entwickelt es aus der minutiösen Beschreibung eines Bildes von Velázquez. Dieses *Las Meninas* genannte Gemälde, in dessen Hintergrund sich das spiegelverkehrte Abbild desjenigen Bildes zeigt, das der im Vordergrund dargestellte Künstler gerade malt, stellt Foucault zufolge alle Momente der Repräsentation selbst dar. Foucault spricht hier von einer »toile ironique«[232], einer ironischen Leinwand, die – in Komplizenschaft mit dem wohlweislich in die Mitte des Bildhintergrundes gesetzten Spiegel – die Zuordnung der Beziehungen thematisiert, die zwischen dem Maler und seinem Modell, dem Zuschauer und dem fertigen Bild bestehen können. Auf ihre Weise erinnern diese perspektivischen Brechungen an die griechische Komödie. Wenn dieses Gemälde gleichsam die Rückseite der Repräsentation zu erkennen gibt, dann darf man vermuten, daß auch Foucaults archäologischem Vorgehen ein solcher Gestus eignet. Um Repräsentation denkbar zu machen, wird Foucault in seinem nächsten Buch, dessen Abschlußkapitel die Form eines dialogischen Selbstgesprächs annimmt, den paradoxen Begriff eines historischen Apriori einführen.[233] Wer sich vor Augen führt, daß sich die damit zusammenhängende Foucaultsche These auf Kant bezieht, wird nicht daran zweifeln, daß hier der Kantische Begriff auf den Kopf gestellt wird, denn Kant bestimmt die Idee des Apriori gerade durch die Abstraktion von jeglicher Erfahrung und also von aller Geschichte.

Gilles Deleuze ist, wie Foucault, einer der Protagonisten der Nietzsche-Renaissance. Auch er entfaltet seine Philosophie aus einem ständigen Dialog mit der Literatur. Bei seiner Arbeit an einer radikalen Umstülpung des Platonismus hat er sich auf Proust, Sacher-Masoch, Lewis Caroll und andere Schriftsteller berufen. Einzigartigkeit, Oberfläche und Ereignis, diese aus der stoischen Lehre abgeleiteten Begriffe, stellt er den Platonischen Konzepten der Idee, der Höhe und der Ewigkeit entgegen. Im ›De l'humour‹ überschriebenen Abschnitt seiner *Logique du sens* (1969) hat Deleuze die Figuren der Sokratischen, der klassischen und schließlich der romantischen Ironie nachgezeichnet und diese als »la coexténsivité du Je et de la représentation même«[234] bestimmt. Bis zu ihrer Kritik bei Kierkegaard pressen alle diese Ironieauffassungen Einzigartigkeit in die Vorstellung von dem einzelnen und der Person. Bedroht wurden diese Auffassungen von einem ihnen allzu nahe stehenden Feind, der ihnen von innen heraus zusetzte, der tragischen Intonation, zu der die Ironie in einem hochambivalenten Verhältnis stehe: »C'est Dionysos sous Socrate, mais c'est aussi le démon qui tend à Dieu comme à ses créatures le miroir où se dissout l'universelle individualité, et encore le chaos qui défait la personne.« (165) Deleuze geht es, in Verkehrung der Aufstiegsbewegung zur Idee, darum, die einmaligen Erscheinungen auf der Oberfläche zu befreien. Daher weicht bei ihm Ironie dem Humor: »Car si l'ironie est la coexténsivité de l'être avec l'individu, ou du Je avec la représentation, l'humour est celle du sens et du non-sens; l'humour est l'art des surfaces et des doublures, des singularités nomades et du point aléatoire toujours déplacé, l'art de la genèse statique, le savoir-faire de l'événement pur [...] – toute signification, désignation et manifestation suspendues, toute profondeur et hauteur abolies.« (166) Gestützt auf eine dichte Nietzsche-Lektüre, trennt sich diese radikalisierte Platon-Kritik – die von hier aus auch an die moderne Entsprechung des Platonischen Denkens, das Freudsche, richten wird – von der Ironie als einem traditionell hochgeschätzten Gestus der Reaktion auf Welt.

Eine amerikanische Parallele zur französischen Debatte bestand in dem Versuch, die geschichtsphilosophische Schule zu dekonstruieren. In *Metahistory* (1973) hat Hayden White, angeregt vom

---

232 FOUCAULT, Les mots et les choses (Paris 1966), 23.
233 Vgl. FOUCAULT, L'archéologie du savoir (Paris 1969), 167 f.
234 DELEUZE, De l'humour, in: Deleuze (s. Anm. 29), 163.

linguistic turn, die Kategorien der Poetik und Rhetorik auf die Klassiker der Geschichtsschreibung angewandt. Im Regelwerk für den Gebrauch aller verfügbaren Tropen kommt der Ironie ein besonderer Platz zu. White bezeichnet sie als »in one sense metatropological, for it [irony – d. Verf.] is deployed in the self-conscious awareness of the possible misuse of figurative language«[235]. Die entscheidende Spannung im Zentrum der historischen Vorstellungskraft sei die zwischen metaphorischer und ironischer Schreibweise. So lasse sich am sogenannten ›Realismus‹ der meisten Historiker seine jeweilige Abhängigkeit von einem literarischen Genre wie Romanze, Komödie, Tragödie oder Satire aufzeigen. Nietzsche hat, so scheint es von hier aus, Geschichte verteidigt, indem er sie metaphorisch las, und damit seine Entsprechung in Benedetto Croce gefunden, der sie als ironische Komödie gelesen habe.[236]

Eine andere Position hat, im Umkreis des amerikanischen Pragmatismus, Richard Rorty entwickelt, als er die Ironie zur Heldin seiner Freiheitsphilosophie machte. In seinem Werk Contingency, Irony, and Solidarity (1989) spielen wiederum sowohl Nietzsches Denken als auch die Literatur (Proust, Nabokov, Orwell) eine entscheidende Rolle. Das Buch steht im Zusammenhang der vielen Unternehmungen, die die Texttradition der Philosophie mit Hilfe einer neuen Aufmerksamkeit für ihre literarischen Strategien revidieren. Das metaphysische Denken unterscheide sich darin von dem des ironischen Theoretikers, daß dieser sich Texten, die suggerieren, es gebe eine ein für allemal feststehende, nicht-ironisierbare Fachsprache, mit dem Habitus eines kritischen Literaturwissenschaftlers nähere. Nur Ironie schützt also vor den Gefahren metaphysischen und illiberalen Argu-

mentierens. Eine Theorie, die auf der Höhe dieser Einsicht steht, muß daher in Form einer Erzählung vorgetragen werden. So wird der Roman die neue Schule der Philosophie. Er ist das zu wählende verläßliche Medium, wenn es darum geht, sich erworbener Kenntnisse zwar im Anschluß an Tradition und Autorität, aber zugleich doch auf relativistische und kontingente Weise zu versichern.[237]

Aufgrund ihrer Bezugnahme auf die Literaturtheorie vermittelt die philosophische Diskussion dieses jüngstvergangenen Zeitabschnitts das Bild einer gewissen Diskrepanz zwischen einer performativen Auffassung, die Rede oder Text auf eine szenische Konfiguration der Ironie hin öffnen soll, und einem strikt rhetorischen Verständnis, das Ironie als ein rein sprachliches Phänomen zu denken versucht. Obwohl er die bisher radikalste Rhetorisierung der Literaturwissenschaft verfocht, hat Paul de Man gleichwohl einen deutlich performativen Aspekt der Ironie hervorgehoben: ihre thetischsetzende Kraft. In seinem Vortrag The Concept of Irony (1977) bemüht er sich, ausgehend von Friedrich Schlegel, diese rhetorische Figur nach allen Seiten zu verteidigen: gegen alle von Booth unternommenen Versuche, sie zu kontrollieren; gegen ihre Reduktion zu einem ästhetischen Verfahren, das Szondi zufolge auf das Genre der Komödie verwiesen wäre; gegen ihre Reduktion zu einer Reflexionsform; schließlich gegen ihre umstandslose Vereinnahmung durch eine dialektische Geschichtsphilosophie, wie sie bei Kierkegaard und Benjamin erfolgt sei. De Mans Definition lautet: »Irony is the permanent parabasis of the allegory of tropes.« Die erzählerische Linie eines Textes könne jederzeit von der ironischen Valenz der Sprache gelöscht werden: »There is a machine there, a text machine, an implacable determination and a total arbitrariness […], which inhabits words on the level of the play of the signifier, which undoes any narrative consistency of lines […]. […] what irony disrupts […] is precisely that dialectic and that reflexivity, the tropes.«[238] Daher können alle Tropen in Mitleidenschaft gezogen werden von einem ironischen Potential, das von einer grundlegenden Dimension der Sprache kündet. De Mans Schlegel-Interpretation verweist hier auf seine Deutung von Nietzsches Ueber Wahrheit und Lüge und auf die Notwendigkeit einer – so seine verbindliche For-

---

[235] HAYDEN WHITE, Metahistory. The Historical Imagination in Nineteenth-Century Europe (Baltimore 1973), 37.
[236] Vgl. ebd., 404; vgl. RICHARD HARVEY BROWN, A Poetic for Sociology (Cambridge u. a. 1977), Kap. 5.
[237] Vgl. RICHARD RORTY, Contingency, Irony, and Solidarity (Cambridge 1989), Kap. 5.
[238] DE MAN (s. Anm. 119), 181.

mel für die eben beschriebene Aporie – ›performativen Rhetorik‹.²³⁹ Unfaßbarkeit einer rein rhetorischen Ironie?

Doch diesem Scheitern entspricht dasjenige einer rein semiotischen Auffassung, weshalb sich auch diese Disziplin der performativen Dimension der Ironie geöffnet hat. Begreift man Ironie als eine Sprecherhaltung, dann läge jeder ironischen Äußerung so etwas wie eine ironische Szene oder Konfiguration zugrunde:²⁴⁰

Die einzunehmenden Positionen sind hier vorgegeben durch zwei Dreiecke von Akteuren und beziehen sich in jedem Fall auf eine Gesetzesordnung. Das erste Dreieck beschreibt demnach ein integratives Verhältnis, das den Ironisierenden mit seinem Publikum verbindet, das zweite ein Ausschlußverhältnis, in dem der oder das Ironisierte sowie auch der naive Zuhörer zu der ironischen Äußerung steht. Der Diskurs des Gesetzes ist kontextabhängig und kann eine abstrakte Regel sein, eine Person, die die Macht verkörpert, ein traditionelles Genre oder auch ein allgemein bekannter Text. Für Hamon erklärt sich Ironie, im Gebiet der Literatur, weniger aus einer internen Opposition von Bedeutungen (des Gesagten und des Gemeinten) denn aus einer Poetik der Wechselwirkungen in einem Gefüge von Textinstanzen. Ihre Geschichte fiele von daher in eins mit der der ironischen Haltungen, des Verhältnisses, in dem diese Haltungen zu den literarischen Genres stehen, sowie der Dauerhaftigkeit oder Flüchtigkeit, die sie von Mal zu Mal aufweisen.

Diese Topologie der Ironie zeigt, daß die für sie typische Kommunikationsstruktur – weil sie auf ein gegebenes Publikum fraktionierend, sortierend wirkt – immer ambivalent ist. Ironie ermöglicht es dem Sprechenden, einerseits Gemeinsamkeit herzustellen mit einem einverständigen Komplizen –

das meint Bachtin mit seinem ›Seitenblick‹ –, und andererseits sich abzusetzen, mehr noch: den Ahnungslosen auszuschließen. Indem es zugleich auf das damit Bezeichnete (den Referenten, das Ironisierte) und auf das Publikum zielt, erweist sich dieses doppelte sprachliche Verfahren von Ein- und Ausschluß als charakteristisch für jede Anstrengung, die jemand unternimmt, um sich gesellschaftlich, künstlerisch, literarisch usw. von anderen abzuheben. Das sympathische Lächeln, die gesteigerte Aufmerksamkeit des Lesers, die durch Ironie hervorgerufen werden, bezeichnen im Positiven ihre Eignung zur Differenzierung und zur Konsensbildung. In Hamons Modell deutet sich an, wie ein Schema gleicher Aussagekraft für ein beliebiges anderes Medium gesellschaftlicher oder künstlerischer Kommunikation aussehen könnte. Vermutlich verfügt jedes Medium über ein Pendant zur ironischen Parabase.

3. Architektur, Alltagskultur, rhetorische Eskapaden

In einem manifestartigen Artikel hat Umberto Eco die potenzierte Ironie zu einer Parole der Postmoderne ernannt. »Irony, metalinguistic play, enunciation squared«²⁴¹ schaffen, Eco zufolge, ein differenziertes, distanziertes Verhältnis zur Vergangenheit. So sei die Postmoderne die manieristische Antwort auf eine klassizistisch verstandene Moderne. Eco führt hierzu nicht nur den Rückgriff auf das Vokabular der Rhetorik und des Theaters an, sondern auch jüngste Entwicklungen in der Literatur, der Musik, der bildenden Künsten und der Alltagskultur.

Zudem zeichnet es die Postmoderne-Debatte aus, daß sie die Frage, ob Ironie vorliegt, in vollkommen neue Bereiche getragen hat – etwa in den der Architektur. Hier läßt sich beobachten, daß Reflexionsmomente und Aspekte des rhetorischen Systems in einem Feld aufgenommen werden, in dem der Moderne unbekannt waren. Robert Venturis Manifest *Learning from Las Vegas* (1972) ist unbestreitbar das erste Zeichen hierfür. Charles Jencks hat diese Strömung der neueren Architektur

---

239 Vgl. ebd., 163 f.
240 Vgl. HAMON (s. Anm. 135), 124.
241 ECO (s. Anm. 1), 227.

am Gebrauch der folgenden Termini festgemacht: »dissonant beauty«, »pluralism«, »urban context«, »ornament and anthropomorphism«, »parody and anamnesis«, »double-coding«, »multivalence«, »[use of] new rhetorical figures«, »return of the absent center«[242]. Die zentrale Vorstellung des ›doublecoding‹ umfaßt dann, in Jencks' *The Emergent Rules* (1987), die rhetorischen Figuren Ironie, Doppeldeutigkeit und Widerspruch. Der Autor verweist hierzu auf den von C. Vandenhove entworfenen Umbau des Hotels *Torrentius* in Lüttich (1981–1982):»an exquisite compilation of opposites susceptible to several simultaneous readings: as real archaeological fragment, as secessionist ornament and as a superimposition of abstract geometries. The ironies and juxtapositions are underplayed in favour of a ›both ... and‹ harmony«[243]. Am anderen Ende dieser Skala stehen Architekten wie Stirling und Salle, die sich dieses Verfahrens bedienen, um ›disjunctions‹ zu betonen. Charles Moores *Piazza d'Italia* (1976/1979) in New Orleans ist vielleicht eines der offenkundigsten Beispiele für eine solche Dissonanzwirkung kombinierter Klischees.[244]

Renaissance der Rhetorik, Rückkehr zum metaphorischen Sprachgebrauch, zum ironischen Spiel mit Zitaten, diese Wendung wirkt wie eine polemische Spitze gegen das Architekturverständnis der modernen Ästhetik, die – man denke nur ans Bauhaus – aus der Vorgabe der Materialgerechtigkeit ein oberstes Reformprinzip ableitete. Selbst wenn die politische Einschätzung der postmodernen Stiltendenzen kontrovers, ja sogar ablehnend ausgefallen ist, so hat sie doch diesen neuartigen Gebrauch einer Ironie, der ohne Pathos auskommt, nicht in Frage gestellt. Obwohl antikapitalistischer Kritiker der Postmoderne, sträubt sich Fredric Jameson nicht, die verschiedenen künstlerischen und kulturellen Manifestationen dieser Zeit (er erwähnt Venturi, Warhol, die Pop Art, die photorealistische Malerei, Cage, Philip Glass, Godard und die Nouvelle Vague, Burroughs, Pynchon u. a.) als eine neue Form des Pastiche zu verstehen, welche die alte Form der Parodie in den Schatten stellt.»Pastiche is blank parody, parody that has lost its sense of humour: pastiche is to parody what [...] the modern practice of a kind of blank irony [...] is to what Wayne Booth calls the stable and comic ironies.«[245] Was in den neueren postmodernen Hervorbringungen im Zuge ihrer zunehmenden Anpassung an die Logik des Kapitalismus verlorenzugehen drohe, sei diese kritische Dimension der ironischen Haltung.

Andererseits jedoch empfahl sich ein massiver Gebrauch ironischer Mittel in der für die Staaten sowjetischer Observanz charakteristischen Samisdat-Kultur. In der Sowjetunion selbst machte seit den späten 70er Jahren ein Großteil der inoffiziellen künstlerischen Produktion den Eindruck des von Grund auf Ironischen. Gleichsam in Umkehrung der ›versöhnlerischen‹ Ironieverwendung in der postmodernen Architektur versuchte die dort entstehende damalige Kunst, auf eine totalitäre Politik mit einer parodistischen Rhetorisierung ihres Ausdrucks zu erwidern. Von der gesamten künstlerischen Produktion dieser Prägung läßt sich behaupten, was man über die sowjetische Untergrundliteratur der 70er Jahre gesagt hat: Sie zeugt von einer ›Politik der Ironie‹.[246] Es hat sich allerdings als schwierig erwiesen, diese Kultur aus dem geschlossenen System, dem sie ihre Entstehung verdankte, herauszunehmen. Kabakovs Erfolg auf diesem Gebiet hat ihn sicher zu einem Vermittler der ›Postmoderne‹ zwischen West und Ost gemacht.[247]

Die ironische Einstellung, die sich als eine Tendenz der gegenwärtigen Ästhetik durchgesetzt hat, begegnet in allen Ausdrucksformen künstlerischer Darstellung: von der Performance über die Ausstellungspraxis bis zum Museum selbst. Stephen Bann hat in seinem Essay *History as Competence and Performance* (1995) Hayden Whites Überlegungen zur rhetorischen Grundlage aller Geschichtsschrei-

---

242 CHARLES JENCKS, Postmodernism. The New Classicism in Art and Architecture (New York 1987), 329 f.
243 Ebd., 335.
244 Vgl. JENCKS, The Language of Post-modern Architecture (London 1987).
245 FREDRIC JAMESON, Postmodernism and Consumer Society, in: Brooker (s. Anm. 1), 167.
246 Vgl. ANATOLY VISHEVSKY, Soviet Literary Culture in the 1970s. The Politics of Irony (Gainesville u. a. 1993).
247 Vgl. BORIS GROYS, Die Welt in der wir leben ist viel, viel ironischer als alle Witze, die wir denken können [Interview], in: Kritische Berichte 21 (1993), H. 1, 10 f.

bung auf das Gebiet der musealen Präsentation übertragen. Seiner Auffassung nach ist die umgebaute *Galerie David* in Angers (1977–1983) als ein (im postmodernen Sinne dieses Wortes) ›ironisches Museum‹ anzusehen. Die Rückführung der alten Davidschen Sammlung in eine alte Kirche, die ihrerseits mittlerweile zur Ruine verfallen ist, zeuge von einem doppelten Blick auf die Vergangenheit – insofern hier nämlich der Ausstellungsort nicht nur eine Stätte ironischer Gegenüberstellungen sei, sondern zugleich eine Aussage über die Institution Museum beinhalte.[248]

In einer Zeit, in der die Kunst einen zunehmend ereignishaften, performativen Charakter annimmt, verwundert es nicht, daß sich auch die Mode das postmoderne Schlagwort Ironie angeeignet hat. So hat man an der Haute Couture des späten 20. Jh. die Neigung bemerkt, frühere Moden von fern und ironisch zu zitieren und dabei mit ihren veralteten Signalwerten zu spielen. Mehr denn je scheint sich die Mode dem Spiel mit Masken und Finten verschrieben zu haben: »Die Mode ist zu einem bewußten Transvestismus geworden. […] Wichtig sind heute nicht mehr so sehr Rocklängen oder Stoffe, Silhouetten oder Farben. Wichtig ist […] der spielerische Umgang mit dem Material, mit Farben, mit Formen, mit Traditionen: […] der Witz, die Ironie, das Pathos.«[249] Vielversprechend scheint eine solche Perspektive auch für eine Untersuchung der Werbung – ja sogar der Politik, und zwar in dem Maße, als gerade sie von den Tendenzen zur Mediatisierung und Ästhetisierung der Alltagswelt ereilt wird.

Endlich belegt ein Blick auf die Titel der in den letzten zehn Jahren erschienenen Bücher eine doppelte Inflation in der Verwendung des Worts Ironie. Auf der einen Seite zeigt sich eine Flut von wissenschaftlichen Arbeiten, die mit den literarischen, künstlerischen oder philosophischen Erscheinungsweisen der Ironie befaßt sind. Vermutlich gibt es keinen klassischen Schriftsteller, der nicht schon auf diese Fragestellung hin untersucht worden wäre; eine vollständige Bibliographie hiervon würde mehrere hundert Titel umfassen. Zentral für solche Schriften ist, daß sie die fortschreitende Verwischung der Genre-Grenzen bestätigen und als Paradigma dieser Entwicklung die Bedeutung anzusehen, die Umberto Eco heute als Literaturwissenschaftler wie Romancier besitzt. In seinem Buch *Tra menzogna e ironia* (1998) scheut er sich nicht, einige Studien, deren Gegenstände unvereinbar scheinen, zu einer ungewöhnlichen Mischung zu versammeln. Sie handeln vom Gebrauch und Mißbrauch der Sprache und ihrer ironischen Verdrehung in der kanonisierten Dichtung (Manzoni), in den Mythen der Literarhistorie (Cagliostro), aber auch bei dem beliebten Humoristen Campanile oder im Comic (H. Pratt).

Auf der anderen Seite ist auch ein inflationärer Gebrauch dieses Wortes selbst zu beobachten, wobei das Lemma ›Ironie‹ in offensichtlich neuen Kontexten auftaucht: in der Sozial-, der Kultur-, der Alltagsgeschichte, der Soziolinguistik, der Kommunikationswissenschaft, der Psychoanalyse, im Sport, in der Ethnographie, im Theater, in der Performance, in den Künsten usw. usf. Zwei Gebiete scheinen, vor allem in den USA, besonders stark vertreten: die Sphäre des Religiösen mit Titeln wie *Irony of the Reformed Episcopalians*; *Glass, Irony and God*; *Discovering Humor and Irony in the Bible*; sowie die politische Sphäre mit: *Irony of Democracy*; *Irony of Reform*; *Politics of Irony*; *Irony of the State*.

Es bliebe zu prüfen, inwiefern diese Explosion der Verwendung von Ironie mit der Beschleunigung der Ausweitung von Prozessen sozialer Differenzierung einhergeht, aber auch, ob diese Prozesse nicht Begleiterscheinungen pathologisch gewordener Identitätsbildung, ja sogar einer Aufsplitterung der Gesellschaft sind. Da Ironie ihre Entstehung dem Drama und einem Nachdenken über das Gesetz und das von ihm gestiftete neue Verhältnis zwischen Göttern und Menschen verdankt, wird es nicht erstaunen, daß sich eine solche Entzauberung verbreitet, sobald die Technik den Auftrag, die Welt wieder zu verzaubern, von den alten Göttern übernommen hat. Wenn literarische und künstlerische Ironie seit je darauf aus waren, die bestehende Überfülle des Wissens – und der

---

248 Vgl. STEPHEN BANN, History as Competence and Performance: Notes on the Ironic Museum, in: F. Ankersmit/H. Kellner (Hg.), A New Philosophy of History (London 1995), 207.
249 GERTRUD LEHNERT, Mode, Weiblichkeit und Modernität, in: Lehnert (Hg.), Mode, Weiblichkeit und Modernität (Dortmund 1998), 10.

gesetzlichen Verfügungen – zu neutralisieren, dann hat das Zeitalter der Datenbanken und der Internet-Kommunikation die ihm gemäße Entsprechung zu Flauberts *Bouvard et Pécuchet* wohl einfach noch nicht gefunden.

Philippe Despoix
(Übers. v. Justus Fetscher)

Literatur
ALLEMANN, BEDA, Ironie und Dichtung (Pfullingen 1956); BACHTIN, MICHAIL, Problemy poètiki Dostoevskogo (Moskau 1963); BEHLER, ERNST, Irony and the Discourse of Modernity (Seattle usw. 1990) (dt. Paderborn 1997); BERGSON, LEIF, Eiron und Eironeia, in: Hermes 99 (1971), 409–422; BOHRER, KARL HEINZ (Hg.), Sprachen der Ironie – Sprachen des Ernstes (Frankfurt a.M. 2000); BOOTH, WAYNE C., A Rhetoric of Irony (Chicago 1974); BOURGEOIS, RENÉ, L'ironie romantique. Spectacle et jeu de Mme. de Staël à Gérard de Nerval (Grenoble 1974); BROOKS, CLEANTH, Irony as a Principle of Structure (1949), in: M. D. Zabel (Hg.), Literary Opinion in America. Essays Illustrating the Status, Methods and Problems of Criticism in the United States in the Twentieth Century, Bd. 2 (New York ³1962), 729–741; DE MAN, PAUL, The Concept of Irony, in: de Man, Aesthetic Ideology, hg. v. A. Warminski (Minneapolis/London ²1997), 163–184; DELEUZE, GILLES, Logique du sens (Paris 1969); ECO, UMBERTO, Tra menzogna e ironia (Mailand 1998) (dt. München 1999); FRYE, NORTHROP, Anatomy of criticism. Four Essays (Princeton 1957); HAAS, HANS-EGON/MOHRLÜDER, GUSTAV-ADOLF (Hg.), Ironie als literarisches Phänomen (Köln 1973); HAMON, PHILIPPE, L'ironie littéraire. Essai sur les formes de l'écriture oblique (Paris 1996); JANKÉLÉVITCH, VLADIMIR, L'ironie (Paris 1936); JAPP, UWE, Theorie der Ironie (Frankfurt a.M. 1983); KNOX, NORMAN, The Word Irony and its Context, 1500–1755 (Durham 1961); LAPP, EDGAR, Linguistik der Ironie (Tübingen 1992); LUKÁCS, GEORG, Die Theorie des Romans (1916; Berlin 1920); MUECKE, DOUGLAS COLIN, The Compass of Irony (London 1969); NOVAK, MAXIMILIAN E./DAVIS, HERBERT J., The Uses of Irony. Papers on Defoe and Swift Read at a Clark Library Seminar, April 2, 1966 (Los Angeles 1966); PAPIÓR, JAN, Ironie. Diachronische Begriffsentwicklung (Posen 1989); PAZ, OCTAVIO, Los hijos del limo (Barcelona 1990); RORTY, RICHARD, Contingency, Irony, and Solidarity (Cambridge 1989) (dt. Frankfurt a.M. 1991); SCHAEFER, ALBERT (Hg.), Ironie und Dichtung. Sechs Essays (München 1970); SCHLANGER, JUDITH E., Le comique des idées (Paris 1977); SCHNELL, RALF, Die verkehrte Welt. Literarische Ironie im 19. Jh. (Stuttgart 1989); SCHOENTJES, PIERRE, Recherche de l'ironie et ironie de la recherche (Gent 1993); STAROBINSKI, JEAN, Ironie et mélancholie (I). Le théâtre de Carlo Gozzi, in: Critique 22 (1966), H. 227, 291–308; STAROBINSKI, JEAN, Ironie et mélancholie (II). La ›Princesse Brambilla‹ de E.T.A. Hoffmann, in: Critique 22 (1966), H. 228, 438–457; STATES, BERT O., Irony and Drama. A Poetics (Ithaca u.a. 1971); STROHSCHNEIDER-KOHRS, INGRID, Die romantische Ironie in Theorie und Gestaltung (Tübingen ²1977); SWEARINGEN, CAROLYN JAN, Irony, from Trope to Aesthetic. A History of Indirect Discourse in Rhetoric, Literary Aesthetics, and Semiotics (Diss. University of Texas at Austin 1978); SZONDI, PETER, Friedrich Schlegel und die romantische Ironie, in: Euphorion 48 (1954), 397–411; WHITE, HAYDEN, Metahistory. The Historical Imagination in Nineteenth-Century Europe (Baltimore 1973); YAARI, MONIQUE, Ironie paradoxale et ironie poétique. Vers une théorie de l'ironie moderne sur les traces de Gide dans Paludes (Birmingham, Ala. 1988).

Katharsis

(griech. κάθαρσις; lat. purgatio; engl. catharsis; frz. katharsis; ital. catarsi; span. catarsis; russ. катарсис)

Einleitung; **I. Aristoteles – ›der Naturdeuter‹;** 1. Zur Überlieferung; 2. Aristoteles und Platon; 3. Der wilde Ursprung; 4. Der Erkenntnisriß; **II. Lessing – ›der Befehlende‹;** 1. Die nichtaristotelische Traditionsfolge; 2. Lessing und Aristoteles; 3. ›Der mitleidigste Mensch ist der beste Mensch‹; 4. Mißverständnis als epochale Leistung; 5. Die schmale Basis; **III. Goethes Unverständnis; IV. Die Wende durch Jacob Bernays; V. Nietzsches philosophischer Exkurs; VI. Die kathartische Methode – Vorläufer der Psychoanalyse; VII. Lukács – der Erneuerer;** 1. Ausgangspunkt: Die Allmacht der Literatur; 2. Entwicklung aus der Ethik; 3. Der Ausbau; 4. Das neue Begriffspaar: Scham und Empörung; 5. Das Vorher und das Nachher; 6. Die Katharsis als allgemeine Kategorie der Ästhetik; **VIII. Die negierte Katharsis – Brecht; IX. Die Universalität einer Kategorie; X. Die dramaturgische Praxis**

Einleitung

Die Aristotelische Katharsis als die älteste und am meisten interpretierte ästhetische Kategorie hat eine höchst wechselvolle Geschichte durchlaufen. Es lag wohl an ihrem dunklen Ursprung, der zu einer heute kaum mehr überschaubaren Literatur führte. So viel Streit um so wenig Text hat es sonst in der Geschichte der Poesie nicht gegeben. Durch die Renaissanceästhetik, die Dichtungstheorie des 17. Jh. und die klassische Literaturperiode bis ins 20. Jh. zieht sich ein ununterbrochener Deutungsdiskurs. Bis in die jüngste Zeit hinein haben so unterschiedliche Geister wie Antonin Artaud, Friedrich Wolf und Joseph Beuys diese Kategorie benutzt, um ihr künstlerisches Anliegen verständlich zu machen. Will man nicht im Dickicht der Erklärungsversuche jede Übersicht vermissen lassen, muß man sich darauf beschränken, eine Gipfellinie zu markieren, die die wichtigsten Neuansätze ausweist. Vorrang gebührt dabei jenen Deutungsversuchen, die die K. als einen Vorgang der Wirkungsgeschichte ausweisen. Denn diese Kategorie bleibt ein unverzichtbares Instrumentarium, wenn man verfolgen möchte, wie Kunst auf den Menschen wirkt. Das kathartische Erleben ist ein elementarer menschlicher Vorgang, der sich beim Anhören von Bachs Johannespassion ebenso einstellen kann wie bei einem Rockkonzert, beim Zuschauer einer antiken Tragödie wie beim Betrachter eines abstrakten Bildes. Heute vollzieht sich K. allerdings nicht mehr so unbefangen wie im antiken Theater, da der Zuschauer durch Traditionen, ideologische und modische Erscheinungen beeinflußt ist. Anerzogene Verhaltensmuster verinnerlichen diesen Prozeß, dämpfen die individuellen Reaktionen. Aber die durch künstlerische Darstellung herbeigeführte Konfrontation menschlicher Grundvorgänge löst noch immer kathartische Wirkungen aus.

Die K. bildet den Ursprung jeglicher Wirkungsästhetik. Und noch heute regt die Aristotelische Entdeckung ständig zu neuen Einsichten an. Neben ihrer Hochschätzung durch die Theorie gab es auch Skepsis, die bis zu rigoros verwerfenden Urteilen reichte. Ulrich von Wilamowitz-Moellendorff warnte, sie als wesensbestimmend für das Drama anzusehen; weder habe Aischylos sie erstrebt, noch sei sie von den Athenern erwartet worden. Für ihn »streift die aristotelische kunstlehre an das philistergefühl, daß man in's theater gehe, um sich aus der misere des tageslebens auf ein paar stunden dadurch zu entrücken, daß man sich recht ausweint und auslacht«[1]. Während sich Vertreter der modernen wie traditionellen Kunst des 20. Jh. immer wieder auf die K. bezogen, herrschte in der Theaterpraxis eine zunehmende Gleichgültigkeit gegenüber dieser Kategorie. Man sah in ihr einen Lehrgegenstand, mit dem sich in der Praxis nicht viel anfangen ließ. Theoretiker, die in ihr ihren Moment der Versöhnung sahen, stellten in der 2. Hälfte des 19. Jh. in Literatur und Kunst einen Prozeß der Dekathartisierung fest[2], der dann bei Brecht zur Entwicklung der nichtari-

---

1 ULRICH VON WILAMOWITZ-MOELLENDORFF, Einleitung in die griechische Tragödie (1889; Berlin 1910), 111.
2 Vgl. MATTHIAS LUSERKE, Gewalt statt Katharsis – ein Paradigmenwechsel. Die Agonie des bürgerlichen Trauerspiels in Hebbels ›Maria Magdalena‹, in: G. Häntzschel (Hg.), ›Alles Leben ist Raub‹. Aspekte der Gewalt bei Friedrich Hebbel (München 1992), 139–149.

stotelischen Methode führte. Gab es auf der einen Seite Zweifel an der kathartischen Wirkung der Kunst, so eröffneten sich andererseits Ende des 19. Jh. neue Bereiche für den K.-Diskurs. Er erstreckte sich vor allem auf das Gebiet der Medizin und der Psychologie und erinnert so an die Ursprünge dieser Kategorie. Mit den Forschungen Josef Breuers und Sigmund Freuds (1880) begann die Geschichte der modernen K.-Theorie. Zum alten poetologisch-philologischen Streit stellten sich Fragen aus neuen Wissenschaftsgebieten, die sich nur interdisziplinär lösen ließen. So wurden die Auslegungen der rätselhaften Definition des Aristoteles bis in die unmittelbare Gegenwart fortgesetzt.[3] Der bereits 1867 von Franz Susemihl geäußerte Wunsch, daß es in diesem Deutungsstreit zu einem »heilsamen stillstand«[4] kommen möge, blieb eine Illusion.

I. Aristoteles – ›der Naturdeuter‹

Der berühmte Tragödiensatz des Aristoteles steht am Anfang des 6. Kapitels seiner *Poetik*: »ἔστιν οὖν τραγῳδία μίμησις πράξεως σπουδαίας καὶ τελείας, μέγεθος ἐχούσης, ἡδυσμένῳ λόγῳ χωρὶς ἑκάστῳ τῶν εἰδῶν ἐν τοῖς μορίοις, δρώντων καὶ οὐ δι᾽ ἀπαγγελίας, δι᾽ ἐλέου καὶ φόβου περαίνουσα τὴν τῶν τοιούτων παθημάτων κάθαρ-

---

3 Vgl. DONALD KEESEY, On Some Recent Interpretations of Catharsis, in: The Classical World 72 (1978/79), 193–205; ANTON KERKHECKER, ›Furcht und Mitleid‹, in: Rheinisches Museum für Philologie 134 (1991), 288–310; ELIZABETH BELIFORE, Tragic Pleasures: Aristotle on Plot and Emotion (Princeton, N. J. 1992).
4 FRANZ SUSEMIHL, Zur litteratur von Aristoteles Poetik, in: Jahrbücher für classische Philologie 13 (1867), 846.
5 ARISTOTELES, Poet. 6, 1449b 24–28, in: Aristoteles, Werke, griech.-dt., Bd. 4, hg. u. übers. v. F. Susemihl, Bd. 4 (Leipzig ²1874), 90/91.
6 ARISTOTELES, Poetik, übers. u. eingel. v. T. Gomperz (Leipzig 1897), 11.
7 Vgl. WOLFGANG SCHADEWALDT, Furcht und Mitleid? Zur Deutung des Aristotelischen Tragödiensatzes, in: Hermes 83 (1955), 129–171.
8 ARISTOTELES, Poetik, griech.-dt., hg. u. übers. v. M. Fuhrmann (Stuttgart 1982), 19.
9 ARISTOTELES, Pol. 8, 7, 1341b 39f.

σιν.« (Es ist also die Tragödie eine nachahmende Darstellung einer würdig-ernsten und vollständig in sich abgeschlossenen Handlung von einer gewissen bestimmten Ausdehnung vermöge des durch andere Kunstmittel verschönerten Wortes und zwar so, daß die verschiedenen Arten dieser Verschönerung in den verschiedenen Theilen des Ganzen gesondert zur Anwendung gelangen, in selbstthätiger Vorführung der handelnden Personen und nicht durch bloßen Bericht, und dies Alles in einer Weise, daß diese Darstellung durch Furcht und Mitleid eine Reinigung von eben dieser Art von Affecten erzielt.)[5]

Durch die gesamte Rezeptionsgeschichte zieht sich der Streit um die richtige Übersetzung der Begriffe ἔλεος (eleos, Mitleid), φόβος (phobos, Furcht) und κάθαρσις (katharsis, Reinigung). Auf der Basis der Forschungen von Jacob Bernays übersetzte Theodor Gomperz 1897 die Schlußpassage über die Handlung mit: »[…] welche durch Erregung von Mitleid und Furcht die Entladung dieser Affecte herbeiführt«[6]. Wolfgang Schadewaldt schlug 1955 vor, ›eleos‹ mit ›Jammer‹ bzw. ›Rührung‹ und ›phobos‹ mit ›Schrecken‹ oder ›Schauder‹ zu übersetzen.[7] Manfred Fuhrmann dürfte mit seiner neuen Übersetzung (»Jammer« und »Schaudern«[8]) gleichsam zur Kanonisierung von Schadewaldts Interpretation im deutschen Sprachraum beigetragen haben.

1. Zur Überlieferung

Der jahrhundertelange Streit um die Deutung des Wortes K. entstand dadurch, daß Aristoteles im 8. Buche der *Politik* eine nähere Bestimmung und Erläuterung des von ihm in der *Poetik* eingeführten Begriffs zu geben versprach. Dort heißt es: »τί δὲ λέγομεν τὴν κάθαρσιν, νῦν μὲν ἁπλῶς, δ᾽ ἐν τοῖς περὶ ποιητικῆς ἐροῦμεν σαφέστερον«[9]. (Die Bezeichnung Katharsis brauche ich jetzt ohne genauere Definition, werde aber in den Ausführungen über Poesie deutlicher darauf zurückkommen.) In dem uns überlieferten Text dieser Schrift ist die verheißene Aufklärung jedoch nicht zu finden. Seitdem wird gerätselt, wo diese Textstelle geblieben sein muß und warum gerade sie, die doch dem Aristoteles so wichtig gewesen sein muß, nicht erhalten geblieben ist. Vermutet wird, daß auch diese

Schrift nicht als abgeschlossen und vollendet angesehen werden kann. Der Text wird von der Forschung als ›Fragment‹, als ›Kollegienheft‹, als ›Schülerniederschrift‹ deklariert. Allein die Tatsache, daß Aristoteles diese Schrift als Vorlesungstext gebrauchte, würde viele Unebenheiten und Widersprüche erklären. Neben Wiederholungen finden sich Stellen, deren übertriebene Kürze die Deutung erschwert. Selbst die Reihenfolge der einzelnen Kapitel wird angezweifelt. Max Lienhard meinte in der *Poetik* ein Vorlesungsmanuskript zu sehen, welches nach Jahren in wesentlichen Punkten geändert wurde, in dem aber Altes stehen blieb, Wiederholungen nicht beachtet, Übergänge nicht ausgearbeitet wurden. Lücken bedeuteten keinen Mangel, da sie im freien Vortrag überbrückt werden konnten.[10] Die Forschung geht von verschiedenen Schichten aus, die zu unterschiedlichen Zeiten entstanden. Wo die versprochene Erklärung gestanden haben könnte, wird variantenreich gedeutet. So nimmt man an, die genaue Definition sei im Lauf der Überarbeitungen verloren gegangen, im Vortrag aber vorhanden gewesen, oder sie könne am Ende der gesamten Schrift zu finden gewesen sein. Dagegen kann eingewandt werden, daß Aristoteles eine so zentrale Kategorie, von der vieles abgeleitet wird, sicher nicht ans Ende seiner Ausführungen plaziert haben würde.

2. Aristoteles und Platon

Wie kam Aristoteles dazu, die K. in die Dichtkunst einzuführen und sie als Zweck der Tragödie auszugeben? Heute dürfte als gesichert gelten, daß Aristoteles auf die K. zurückgriff, um die Tragödie gegen die politische Verurteilung durch Platon zu verteidigen, auch wenn er sich nicht direkt auf Platon bezog. Obwohl Aristoteles aus dessen Schule kam, ist die Anwendung der K. auf die Dichtkunst seine eigene theoretische Konstruktion und stellt in der Geschichte der Poesie eine ganz neue Erkenntnisstufe und zivilisatorische Errungenschaft dar. Wenn, wie Georg Finsler ausführte, auch schon Platon davon ausging, daß die Tragödie beim Zuschauer ›Mitleid‹ (eleos) auslöse, so ist doch diese theoretische Konstruktion keineswegs »der Abglanz eines größeren Gestirns«[11], nämlich Platons. Platon meinte, die Tragödie schläfere die Wachsamkeit der Vernunft ein. Nach der Paraphrasierung Platons durch Finsler bewirkt die Tragödie »durch Erregung von Mitleid, Sinnenlust, Zorn und allen Begierden [...] der Seele eine mit Lust verbundene Befriedigung dieser krankhaften Seelenzustände«[12]. Dagegen setzte Aristoteles, daß die Tragödie zwar phobos und eleos errege, sich mit der Erweckung dieser Affekte aber eine Reinigung, eine Entladung ebendieser Affekte vollziehe. Diesen Vorgang bezeichnete Aristoteles als K. Wegen dieser Eigentümlichkeit sei die Tragödie nicht zu verwerfen, vielmehr diene sie den Menschen dazu, sich von schädlichen Affekten und Bedrückungen zu befreien. Mit seiner Argumentation griff Aristoteles auf einen Begriff zurück, der in der Medizin und in der Musik bereits bekannt war und in dieser Form auch Platon vertraut gewesen sein mußte. Aristoteles, Sohn eines Arztes, wußte um diesen Vorgang und suchte ihn auf andere, nichtnaturwissenschaftliche Gebiete zu übertragen. In der Medizin bedeutete K. die Austreibung, die Entladung eines krankhaften Stoffes. Indem ein krankhafter Zustand fortwährend erregt wird, vollzieht sich der Durchbruch in eine andere Qualität, die der Beruhigung. Den gleichen heilenden Vorgang erkannte Aristoteles auch in der enthusiastischen Musik. In der *Politik* kommt Aristoteles auf die Musik zu sprechen und gibt eine weit deutlichere Erklärung des Vorgangs als in der *Poetik*. Er teilt die Musik nach verschiedenen Zwecken ein. Die enthusiastische Musik diene einer Art Heilung, die auch bei anderen krankhaften Stimmungen wie Mitleid und Furcht angewandt werden könne und K. genannt werde. »ἐκ τῶν δ᾽ ἱερῶν μελῶν ὁρῶμεν τούτους, ὅταν χρήσωνται τοῖς ἐξοργιάζουσι τὴν ψυχὴν μέλεσι, καθισταμένους ὥσπερ ἰατρείας τυχόντας καὶ καθάρσεως· ταὐτὸ δὴ τοῦτο ἀναγκαῖον πάσχειν καὶ τοὺς ἐλεήμονας καὶ τοὺς φοβητικοὺς καὶ τοὺς ὅλως παθητικούς, τοὺς ἄλλους καθ᾽ ὅσον ἐπιβάλλει τῶν τοιούτων ἑκάστῳ, καὶ πᾶσι γίγνεσθαί τινα

---

10 Vgl. MAX KURT LIENHARD, Zur Entstehung und Geschichte von Aristoteles' ›Poetik‹ (Diss. Zürich 1950), 76–79.
11 Vgl. GEORG FINSLER, Platon und die Aristotelische Poetik (Leipzig 1900), IX.
12 Ebd., 77; vgl. PLATON, Rep. 10, 603a–607a.

κάθαρσιν καὶ κονφίζεσθαι μεθ' ἡδονῆς.« (An den heiligen Melodien aber sehen wir, daß diese Leute, wenn sie Melodien in sich aufnehmen, welche die Seele berauschen, wieder zu sich gebracht werden, wie wenn sie eine Heilung und Reinigung erfahren hätten. Auf die nämliche Weise müssen auch die zu Mitleid, Furcht oder zu irgendeinem Affekt Geneigten beeinflußt werden, und auch jeder andere Mensch, soweit von jedem Affekt etwas auf seinen Teil kommt, so daß alle Menschen fähig sind, eine solche Reinigung und lustvolle Erleichterung des Gemüts zu empfinden.)[13]

Musik und Lieder werden also gebraucht, um eine Reinigung, eine Entladung des Gemüts zu erreichen. Für Aristoteles war die K. ein seelisch-leiblicher Elementarvorgang. So unterscheidet sich auch sein Mitleidsbegriff von dem, der durch die christliche Kultur und schließlich durch Lessing geprägt wurde. Max Kommerell machte darauf aufmerksam, daß Empfindungen ihre Geschichte haben, daß sie historisch entstanden sind. Sie werden falsch verstanden und falsch übersetzt, wenn sie aus ihrem historischen Feld und praktischen Verständnis herausgelöst werden. Mitleid war für Aristoteles ein schmerzhafter Vorgang, »ein Zuviel, das die Seele loszuwerden trachtet«[14]. Es mußte erregt werden, um es als schmerzhafte Anwandlung zu überwinden. Die Rätselhaftigkeit des Phänomens K. ergab sich für die Nachwelt auch daraus, daß Aristoteles über die Reinigung selbst, nämlich was wovon gereinigt wird, keine Auskunft gab. Auch über den weiteren Zustand der gereinigten Seelen erfahren wir nichts. Gerade an diesem Punkt, wo die späteren Erklärer einsetzen und eine fast ununterbrochene Exegese betreiben, schweigt Aristoteles.

3. Der wilde Ursprung

Der Blick auf die medizinische K. und die Kenntnis kathartischer Wirkungen von Musik allein wird Aristoteles nicht zu einer Konstruktion veranlaßt haben, die zum Instrumentarium für Kunstwirkungen wurde und der Wirkungsgeschichte ihre Grundlagen gab. Es muß also noch nach einem tieferen Grund gesucht werden, um die K. zu verstehen, um ihren Ursprung zu erschließen. Vor allem muß verständlich werden, warum Aristoteles keine Erklärung dieses Phänomens gab. Die Auskünfte über die verlorene Stelle der Abhandlung erhellen zwar die historischen Umstände und erschließen wichtige Details, aber all das macht noch nicht einsichtig, warum wir so wenig darüber wissen, was Aristoteles mit seiner Definition gemeint hat. Im Rahmen dieser Hilflosigkeit blieb auch das Argument nicht aus, die K. berühre das tiefste Wesen der Kunst, und gerade davon habe Aristoteles zuwenig verstanden. Gewiß macht die Abstraktionshöhe seiner Methode es unmöglich, bestimmte sinnliche Seiten der Kunst konkret zu erfassen, aber auch hier – wie auf vielen anderen Gebieten – war er der beste Kenner seiner Zeit.

Was auch zur Klärung der K. beigetragen wurde, wesentlich ist der Punkt, daß Aristoteles hier den wilden Ursprung von Kunst in Formen religiös-kultischer Weihe und Sühne berührte. Er nahm etwas auf, was bis in vorschriftliche Zeit zurückgeht. Die Urform der K. war der Schrei, mit dem man sich der Furcht, dem Schrecken ergab, um sich zugleich davon zu lösen. August Döring beschrieb das so: »Irgend etwas, was der Mensch gethan hat oder das ihm widerfahren ist, erregt in ihm und in seinen Glaubensgenossen die Vorstellung des Beflecktseins, des Missfälligseins in den Augen irgend einer Gottheit: nun bietet ihm der Cultus dieser Gottheit gewisse Ceremonien dar, die nach der herrschenden Vorstellung den Zustand der Befleckung wieder aufheben und soweit dem vorher Unreinen das beruhigende Gefühl der wiederhergestellten Gottwohlgefälligkeit gewähren.«[15] Und bei Schadewaldt heißt es: »Aristoteles blickt auf gewisse ekstatische Kulte, und er findet es als empirische Tatsache dort vor: wie Menschen, die besonders stark zur Verzückung (ἐνθουσιασμός) neigen, wenn sie unter Anwendung heiliger, orgiastischer Lieder und Gesänge in die Verzückung geraten sind, hernach, wenn sie wieder in den Normalzustand kommen, *gleichsam* eine Kur, nämlich eine Purgation erfahren haben.

---

13 ARISTOTELES, Pol. 8, 7, 1342a 8–15; dt.: Aristoteles, Politik, übers. v. F. Susemihl u. a. (Reinbek 1994), 357.
14 MAX KOMMERELL, Lessing and Aristoteles. Untersuchung über die Theorie der Tragödie (1940; Frankfurt a. M. 1984), 94.
15 AUGUST DÖRING, Die Kunstlehre des Aristoteles (Jena 1876), 251.

(Sie fühlen sich, wie der medizinisch Purgierte, auf eine höchst angenehme Weise wohlig entleert und erleichtert.)«[16] Neuesten Forschungen[17] zufolge wurde im Ritus mit drogenähnlichen Mitteln, einem Trank, nachgeholfen, um die gewünschte Erschütterung, die gesteigerte Empfindung, die Gefühlserregung zu erreichen. Es mußte bis zum Siedepunkt vorgedrungen werden, um eine Entladung, eine Reinigung herbeizuführen. Auf diese Weise entstand im Ritus ein kollektives Erlebnis, nach dem sich die Teilnehmer als genesen betrachteten. Durch die K. löste sich die Verkrampfung, das Individuum fühlte sich versöhnt, wenn auch nicht unbedingt mit dem Staat, der Gemeinschaft, so doch mit sich selbst; denn die Instrumentalisierung der K. blieb trotz des gemeinschaftlichen Erlebnisses auf das Individuum ausgerichtet.

4. Der Erkenntnisriß

Was Aristoteles hier aufgriff, lag jenseits seiner eigenen Erfahrungswelt, auch jenseits der wissenschaftlichen Verallgemeinerung, die seine Methode ermöglichte. In der Diktion der *Poetik* ließ sich das, was ihm die rituelle Erfahrung signalisierte, nicht ausdrücken. Hier kam es einfach zu einem Erkenntnisriß. Der dunkle Ursprung der K., die vielfachen Wandlungen in diesem Verfahren vom Ritus zum Mythos waren für ihn nicht aufhellbar, schon gar nicht in der Knappheit seiner verallgemeinernden Diktion zu erfassen. Viel eher ließ sich ein Instrumentarium aus den kathartischen Heilmethoden der Medizin und der Musik ableiten. Das große Verdienst des Aristoteles besteht darin, daß er – in Erinnerung an die ekstatischen Versuche kollektiver Krisenbewältigung in der Gesellschaft – die K. als einen ganz elementaren physisch-psychischen Vorgang begriff, um den Menschen mit den Mitteln der Kunst den Druck zu nehmen, der zu jeder Zeit auf ihnen lastete. Die Entladung milderte den Druck nur zeitweilig. Doch diesen Vorgang benannte er nur, erklärte, spezifizierte ihn aber nicht. Was er als K. bezeichnete, blieb bei ihm ganz ohne moralische und philosophische Wertung. Bei einem derart elementaren Vorgang, der sich ihm aus der Erinnerung an frühe Zeiten der Menschheit und ihre Bewältigung von Ängsten erschloß, fiel es ihm

nicht ein, das Ganze moralisch einzubinden. Das wiederum schließt nicht aus, daß durch andere Einflüsse und Institutionen Bindungen vorgenommen werden konnten. So gibt Schadewaldt zu bedenken: »Weiterzuspinnen wäre ferner die bereits berührte Frage, ob die Tragödie, wenn auch *in ihrem Wesen* nicht auf Moral gerichtet, nicht doch moralische *Auswirkungen* haben könnte. Auch hier hat Goethe mit einer an Aristoteles' Art gemahnenden Treffsicherheit unterschieden: ›Ein gutes Kunstwerk kann und wird zwar *moralische Folgen* haben, aber *moralische Zwecke* vom Künstler fordern, heißt ihm sein Handwerk verderben.‹ – Aristoteles freilich hat in der Poetik – dem Grundcharakter dieser Schrift entsprechend – mögliche moralische Folgen der Tragödie nicht in Betracht gezogen. [...] Es scheint, jede weitere Umschau führt von neuem darauf, daß Aristoteles die Dichtung als eine umfassende natürliche Lebenserscheinung, als elementare, natürlich-geistige Vitalpotenz betrachtet hat«[18].

Aristoteles rationalisierte den elementaren, wilden Ursprung der K., wie auch die Musik die erste rationalisierte Kunst war. Durch die Darstellung einer Handlung wird der Zuschauer so erregt, in seinem Gefühlszustand so gereizt, terrorisiert, daß eine Entladung eintritt. Der Mensch fühlt sich für eine kurze Weile vom Druck des Lebens erleichtert. Das war nach Aristoteles alles, und es war zugleich genug für die zweitausendjährige Entwicklung der Kunst. Sie wurde selbst mit untauglichen Mitteln darauf verpflichtet, Lebenshilfe zu leisten. Es muß Aristoteles, der das gesamte Wissen seiner Zeit zusammenfaßte und verallgemeinerte, beträchtliche Schwierigkeiten bereitet haben, diese Erfahrungen, die bis in vorschriftliche Zeit zurückgehen, in die Poetik aufzunehmen. Deshalb versprach er, später eine Erklärung nachzuliefern. Aber er scheint es

---

16 SCHADEWALDT (s. Anm. 7), 155.
17 Vgl. ROBERT GORDON WASSON/ALBERT HOFMANN/ CARL A. P. RUCK, The Road to Eleusis: Unveiling the Secret of the Mysteries (New York 1978); dt.: Der Weg nach Eleusis. Das Geheimnis der Mysterien, übers. v. A. Lindner (Frankfurt a.M. 1990).
18 SCHADEWALDT (s. Anm. 7), 167f.; vgl. JOHANN WOLFGANG GOETHE, Aus meinem Leben. Dichtung und Wahrheit (1811–1814), in: GOETHE (WA), Abt. 1, Bd. 28 (1890), 148.

aus gutem Grund bei diesem Versprechen belassen zu haben. Die *Poetik* ist in einer Diktion abgefaßt, die in ihrer wissenschaftlichen Exaktheit und in ihrer stilistischen Knappheit der Beschreibung geometrischer Gesetze gleicht. Alles ist logisch durchdacht und folgt wie zwangsläufig dem analytischen Trend. In ihr gibt es, wie Werner Jaeger feststellte, kein Vermischen von Beobachten und Schließen. »Er baut die neue Disziplin als eine rein formale Kunstlehre auf«[19]. Das war ihm möglich, da er am Ende einer Etappe der Weltentwicklung stand, zu der neuen jedoch noch keine Beziehung besaß. Die alten Götter hatten für ihn ihre Kraft verloren, die neue christliche Religion berührte ihn noch nicht. Als er die Poetik vortrug, war die Hochzeit der attischen Tragödie vorüber. Aristoteles räumte ihr keine Zukunft ein und betrachtete sie als einen abgeschlossenen Vorgang. Die Dichtkunst, die zu seinen Lebzeiten noch kein autonomer Gegenstand war, beschrieb er von einer wissenschaftlich autonomen Haltung aus. Ein solches Maß von Konzentration auf die wesentliche Erscheinung, auf den notwendigen, gesetzmäßigen Vorgang, und das, ohne sich in moralischen Wertungen zu verlieren, wurde in der Ästhetik nie wieder erreicht. Insofern ist seine Abhandlung im wahrsten Sinne des Wortes eine ganz einmalige Leistung. Kommerell hat ihn richtig charakterisiert, als er ihn im Unterschied zur »gesetzgeberischen Natur« Lessings einen »Naturdeuter«[20] nannte.

II. Lessing – ›der Befehlende‹

Bevor Lessing 1753 im Diskurs mit Moses Mendelssohn die K. aufgriff, gab es bereits eine ausführliche Rezeption dieser Kategorie. Von der Renaissance bis zu Lessing wurde sie hauptsächlich stoisch-christlich interpretiert. In Deutschland beschäftigten sich mit ihr vor allem Gottsched und Michael Conrad Curtius; in Italien und Frankreich Francesco Robortello, Pietro Calepio, Giulio Cesare Becelli, Scipione di Maffei, Melchiore Cesarotti, Pierre Corneille, Charles de Saint-Évremond, Bernard Le Bovier de Fontenelle, Louis Racine, Jean-François Marmontel. Sofern sie nicht direkt auf den Helden bezogen wurde, wie von Daniel Heinsius[21], faßte man sie als seelische Abhärtung durch vorgeführtes fremdes Leid auf. Der Zuschauer sollte sich im Sinne des Stoizismus beruhigen und die Unbewegtheit der Seele bewahren. Aber auch im Sinne der moralischen Besserung des Zuschauers wurde sie begriffen. An Aristoteles' Grundanliegen gingen diese Interpretationen vorbei.

Lessings Polemik galt vor allem der Auffassung Pierre Corneilles.[22] Allerdings legte er sich mit ihm nicht nur in Sachen der K. an. In ihr sah Corneille ein Mittel, schädliche Emotionen auszurotten bzw. zu mildern, zu berichtigen. Das Übermaß an Leidenschaft, das den Helden der Tragödie ins Unglück treibt, soll den Zuschauer zur Erkenntnis führen, jenes als Ursache menschlichen Unglücks zu vermeiden. Durch Furcht und Mitleid werden nach Corneille diejenigen Affekte im Zuschauer gereinigt, für deren Übermaß der Held büßt. Obwohl der Franzose der K. moralische Wirkungen nicht absprach, betrachtete er sie mit großer Skepsis und meinte aus seiner eigenen Theatererfahrung sagen zu können, daß sie praktisch nicht funktioniere. Für ihn blieb sie eine theoretische Konstruktion ohne große praktische Folgen. Hier dürfte auch der Grund zu suchen sein, weshalb Lessing die Erörterungen Corneilles über Furcht und Mitleid mit solcher Schärfe kritisierte und verfolgte.

1. Die nichtaristotelische Traditionsfolge

Im 18. Jh., in dem Lessing seine Auffassung über die K. vortrug, wurde Kunst eigentlich erst autonom. Literatur und Kunst wurden nunmehr aus sich selbst begründet. Doch was K. in der Kunst leisten sollte, band Lessing an den philosophisch-moralischen Standard seiner Zeit, den er selbst we-

---

19 WERNER JAEGER, Aristoteles. Grundlegung einer Geschichte seiner Entwicklung (1923; Berlin ²1955), 395.
20 KOMMERELL (s. Anm. 14), 7, 63; vgl. 11, 14, 37, 260.
21 Vgl. DANIEL HEINSIUS, De tragoediae constitutione liber. In quo inter caetera, tota de hac Aristotelis sententia dilucide explicatur (Leiden 1611), 21–31.
22 Vgl. GOTTHOLD EPHRAIM LESSING, Hamburgische Dramaturgie (1767/68), in: LESSING (LACHMANN), Bd. 9 (³1893), 275–289, Bd. 10 (³1894), 7–29.

sentlich mit herausbilden half. Die ideologische Einbindung stellte bereits die folgenreiche Abweichung von Aristoteles dar. Dieser legte frei, Lessing band ein. Insofern war Lessing, wie Kommerell sich ausdrückte, eine »große gesetzgeberische Natur«[23]. Im Unterschied zu Aristoteles begnügte sich Lessing nicht damit, die psychische Reaktion des Zuschauers auf eine Handlung festzustellen, er wollte mit der K. einen bestimmten philosophisch-moralischen Zweck erreichen. Mit Lessing setzte eine grundlegend neue Rezeption ein, die mit dem Aristotelischen Verständnis nichts mehr gemein hat. Lessing verwandte dessen theoretische Konstruktion auf eine andere Weise. Wenn auch nicht allein durch ihn, so doch durch die Autorität seiner berühmt gewordenen Definition der K. erfolgte die Begründung der nichtaristotelischen Traditionslinie. Zwischen der aristotelischen K. und der nichtaristotelischen K.-Rezeption seit Lessing muß deutlich unterschieden werden. Lessings Erklärung hatte zur Folge, daß von nun an der von Aristoteles konstruierte Vorgang mit dem jeweiligen philosophischen Standard verbunden wurde. Aus einem Naturvorgang wurde ein Ideologievorgang. Nunmehr ließ sich die antike Konstruktion nicht mehr ohne Vermittlung durch die Philosophie anwenden. Selbst dort, wo die K. im Sinne des Aristoteles als elementarer, körperlichseelischer Vorgang erfaßt wurde, blieb sie nicht ohne philosophisch-ideologische Bindung. Ihre Funktion erfüllte sie jetzt als Vermittlerkategorie. Die nichtaristotelische Traditionslinie, die nunmehr auffallend diskontinuierlich verlief, ergab sich aus den gesellschaftlichen Bedingungen der modernen Zeit.

2. *Lessing und Aristoteles*

Die profundeste Arbeit zu diesem Thema stammt von Kommerell. Diese bedeutende Leistung wurde durch Schadewaldts Aufsatz *Furcht und Mitleid?* ergänzt. Damit dürfte die philologisch-historische Forschung auf diesem Gebiet einen Standard erreicht haben, der als gesicherte Grundlage gelten kann. Aber Kommerells Buch ist zugleich eine Darstellung des unterschiedlichen ästhetischen Denkens von Lessing und Corneille. Gleich im Vorwort betont Kommerell, daß Lessing voll und

ganz zu Aristoteles gestanden habe. Doch so eindeutig läßt sich das Verhältnis nicht ausmachen. In seinem Brief an Friedrich Nicolai vom 2. April 1757 spricht Lessing mit kritischer Distanz vom »falschen Begriff von dem Mitleiden«[24], den sich Aristoteles gemacht habe. Der Dichter war sich folglich gleich zu Anfang seiner Beschäftigung mit der K. bewußt, daß ihn eine Welt vom Mitleidsbegriff des Stagiriten trennte. In der Phase vom Briefwechsel mit Nicolai und Mendelssohn bis hin zur *Hamburgischen Dramaturgie* traten Veränderungen ein. Die kritische Distanz ging über in die Umarmung. Nunmehr hieß es bei Lessing, Aristoteles müsse das am besten wissen. Er machte ihn zu einer unfehlbaren Instanz. Das Heranrücken an Aristoteles erfolgte über einen Kontinuitätsbruch. Über die Abstoßung vollzog sich die Weiterentwicklung einer Tradition, die eingeführte Kategorie wurde aus ganz neuer Sicht aufgegriffen. Die Liebeserklärung legitimierte den Bruch mit bisherigen Einsichten. Kommerell spricht davon, daß Lessing »eine Art Zärtlichkeit des Intellekts«[25] gegenüber der rätselhaften Konstruktion des Aristoteles empfand. Durch sein Bekenntnis zu Aristoteles erweckte Lessing den Anschein, als sei er der eigentliche Vollstrecker des antiken Lehrmeisters, als finde durch ihn die K. jene Auslegung, die ihr Schöpfer gemeint habe, während er sich gerade mit diesem Vorgehen zum Diktator eines neuen Ästhetikverständnisses machte.

3. › *Der mitleidigste Mensch ist der beste Mensch* ‹

In dem Briefwechsel mit Nicolai und Mendelssohn über das Trauerspiel (1756) bildete sich Lessings K.-Konzeption heraus, die dann zehn Jahre später in der *Hamburgischen Dramaturgie* ihre endgültige Ausprägung fand. Nicolai, dessen Auffassung über das Trauerspiel Lessing in brieflichen Auszügen kennenlernte, sah den wahren und einzigen Zweck des Trauerspiels in der »Erweckung

---

23 KOMMERELL (s. Anm. 14), 7.
24 LESSING an Nicolai (2. 4. 1757), in: LESSING (LACHMANN), Bd. 17 (^{3}1904), 98.
25 KOMMERELL (s. Anm. 14), 36.

der Leidenschaften«[26]. Doch sehr bald wandte sich Lessing Mendelssohn zu, der sich mehr als Nicolai mit Aristoteles beschäftigt hatte. Gegenüber Nicolai verteidigte er Mendelssohns Auffassung vom moralischen Anspruch der Tragödie und damit auch die moralische Funktion der K. Wie Lessing den Mitleidsbegriff entwickelte und für seine Dramentechnik brauchbar machte, war wesentlich von Mendelssohn beeinflußt. Von dieser Spur ließ er sich auch nicht wieder abbringen.»In seinen Auseinandersetzungen mit Mendelssohn hat Lessing immer nachdrücklicher das Mitleid als den einzigen tragischen, d. h. unmittelbar durch die Tragödie hervorgerufenen Affekt dargestellt. Alle anderen Affekte, die wir nur mit dem Helden empfinden, erfahren bei ihrer Reproduktion in unserer Seele eine starke Abschwächung, sie sind ›zweite‹ oder eigentlich gar keine Affekte mehr.«[27] Indem Lessing dann weit über seinen Anreger hinausging, stieß er sich zugleich von Aristoteles ab.

Für Lessing wurde das Mitleid zur zentralen Kategorie seiner dramaturgischen Konzeption. Im Trauerspiel sollte das Mitleid geübt werden, um den Zuschauer zu befähigen, eine neue Gefühlsposition einzunehmen. Zu einer großen Apotheose des Mitleids holte er in einem Brief vom November 1756 aus.»*Der mitleidigste Mensch ist der beste Mensch*, zu allen gesellschaftlichen Tugenden, zu allen Arten der Großmuth der aufgelegteste. Wer uns also mitleidig macht, macht uns besser und tugendhafter, und das Trauerspiel, das jenes thut, thut auch dieses«[28].

Lessing machte das Mitleid nicht nur zur Zweckbestimmung der Tragödie, sondern auch zu ihrer Wesensbestimmung. Das Mitleid wird nach ihm durch die Identifikation vom Helden auf den Zuschauer übertragen. Indem der mitleidende Zuschauer um den Helden zittert, wird die Bedrohung, der der Held ausgesetzt ist, zu seiner Bedrohung. Er reagiert mit dem Mitleid gegenüber dem Helden zugleich auf den allgemeinen existenziellen Druck, dem er ausgesetzt ist. Die Identifikation mit dem Helden erwies sich insofern als eine gewagte These, weil die Gleichsetzung des ungleichen Zuschauers mit dem Helden paradox erscheinen mußte. Aber durch die Intensität des tragischen Gefühls glaubte Lessing die Identifikation des Zuschauers mit dem Helden zu erreichen. Im Mitleiden mit der dargestellten Person wird die Bedrohtheit der eigenen Existenz begriffen. Die Identifikation erfordert eine gewisse Unschärfe gegenüber Personen und Vorgängen. Dem Zuschauer werden die vorgeführten Empfindungen zu den seinen, die Welt des Helden zu seiner Welt. Für Lessing war das Mitleid der dominierende Affekt. Im 77. Stück der *Hamburgischen Dramaturgie* meinte er auch, Aristoteles hätte sich ersparen können, das Mitleid noch mit der Furcht zu verknüpfen.»Denn der Zusatz der Furcht sagt nichts mehr, und macht das, was er sagen soll, noch dazu schwankend und ungewiß.«[29] Aber, gab Lessing zu bedenken, sobald die Tragödie aus sei, höre das Mitleid des Zuschauers auf, von den eben empfundenen Regungen bliebe nichts zurück, wenn eben die Furcht nicht wäre.»Diese nehmen wir mit; und so wie sie, als Ingredienz des Mitleids, das Mitleid reinigen helfen, so hilft sie nun auch, als eine vor sich fortdauernde Leidenschaft, sich selbst reinigen. Folglich, um anzuzeigen, daß sie dieses thun könne und wirklich thue, fand Aristoteles es für nöthig, ihrer insbesondere zu gedenken.« (110)

Die Aristotelische K. kannte die Identifikation nicht. Aber auch das Mitleid besaß bei Aristoteles eine andere Funktion. Daß sich der Zuschauer im Mitleid üben, die Tragödie eine Schule des Mitleids sein sollte, wäre ihm ganz absurd vorgekommen. Für ihn bestand die Lust der K. darin, daß der Zuschauer das Mitleid aufnahm, um es wieder loszuwerden, sich davon zu befreien. Bei Kommerell heißt es dazu:»Mitleid aber, ohne dies kommt man weder zum Verständnis unserer Stelle noch ihrer Umdeutung durch Lessing – Mitleid ist für Aristoteles ein Übel. Auch das ergibt sich zwingend aus dem Begriff der Reinigung. Da es keinem Vorsatz entspringt, wird es nicht moralisch gewertet; überhaupt nicht und an unserer Stelle schon gar nicht. Es ist auch nicht etwa davon die Rede, daß die Bändigung des Mitleids eine Tu-

---

[26] FRIEDRICH NICOLAI an Lessing (31. 8. 1756), in: LESSING (LACHMANN), Bd. 19 (^{3}1904), 40.
[27] ROBERT PETSCH, Einleitung, in: Lessings Briefwechsel mit Mendelssohn und Nicolai über das Trauerspiel (Leipzig 1910), LI.
[28] LESSING an Nicolai (13. 11. 1756), in: LESSING (LACHMANN), Bd. 17 (^{3}1904), 66.
[29] LESSING (s. Anm. 22), Bd. 10, 110.

gend wäre. Sondern weil offenbar der Grieche, wie ihn Aristoteles sieht, das Mitleid keineswegs als eine moralische Empfindung in Pflege nimmt, es aber als Affekt in einer störenden Stärke erfährt, bedroht es die Gehaltenheit der Seele und ist darum mit der Furcht zusammengestellt, die auch der moderne Mensch sittlich ungedeutet läßt und die auch er als eine Störung des Seelenlebens betrachtet.«[30] Aristoteles trennte das Mitleid scharf von dem menschenfreundlichen Gefühl, das mit der Gerechtigkeit im Zusammenhang steht. Die christliche Mitleidsauffassung verstellte Lessing das Verständnis für die Aristotelische K. In seiner Umarmung erstickte er Aristoteles. Mehr noch als Kommerell führt Schadewaldt Lessings Mitleidsdefinition darauf zurück, daß sie ganz durch die christliche Gedanken- und Gefühlswelt geprägt sei. Er zieht daraus vor allem die Konsequenz, daß aus dem Aristotelischen Tragödiensatz die irreführende Übersetzung des Begriffspaars mit ›Mitleid und Furcht‹ verschwinden müsse. ›Mitleid‹ hält er für eines der nicht seltenen deutschen Wörter, die in ihrer sprachlichen Struktur griechisch seien, ihre besondere Bedeutungstönung aber erst im Christentum empfangen hätten. Schadewaldt verfolgt diesen Bedeutungswandel von den Hebräerbriefen und Stellen bei Paulus über das Mittelalter vom ›Mitdurchleiden des Leidens‹ zum konkreten ›Miterleiden‹ des 18. Jh. Hier nahm das Wort eine neue Bedeutung an:»In diesem humanitären 18. Jahrhundert erweitert sich das Wort von seiner christlichen Grundlage in Richtung auf das damals neu bewußt werdende Allgemein-Menschliche, und ›Mitleid‹ wird so zu jenem Universalsinn der Menschenliebe, in de[m] das Wort auch uns ein unverlierbarer Besitz unserer Kultur ist und einem Lessing damals so wichtig war.«[31] Das Wort in diesem Sinne aufgenommen und zum Zentralbegriff seiner dramatischen Auffassung gemacht zu haben war zweifelsohne die große Kulturleistung Lessings.

Nun ist eingewandt worden, daß Lessings Mitleidsbegriff eher auf einem egoistisch-genüßlichen Gefühlszustand als auf einer christlich-karitativen Haltung basiere.»Die Forschungsdiskussion zu Lessings Mitleidsbegriff ist bisher durch ein allzu starres und empfindsamen Psychologie fremdes Entweder-Oder gekennzeichnet. Entweder sah man allein den Aspekt des gefühlvollen, selbstgenüßlichen Vergnügens am Mitleiden (Nivelle, Pikulik u. a.) oder man wies auf die altruistischen Aspekte des Mitleidsbegriffes (Michelsen, Clivio u. a.), ohne sich zu fragen, ob Lessing nicht beide Aspekte als komplementäre Teilsichten ein und desselben psychologischen Vorgangs denken konnte.«[32] Erst der gefühlvolle Selbstbezug, die neue Gefühlskultur, die Lessing für den Zuschauer erschloß, machte für ihn das Mitleid aufhebbar im engeren wie erweiterten Wortsinne des 18. Jh. Die Basis dafür bildete die gesamte christliche Denk- und Gefühlswelt.

4. Mißverständnis als epochale Leistung

Auch Lessing stellte sich die Frage, was wovon gereinigt wird, wenn man die K. als Reinigung ansieht. Für ihn bestand kein Zweifel, daß das Subjekt der Reinigung die Affekte sind. Während bei Aristoteles Furcht und Mitleid erregt werden, um sie wegzudrängen, verschwinden zu lassen, wird bei Lessing die Furcht als das auf sich selbst bezogene Mitleid des Zuschauers zu jenem Reinigungsmittel, das die »Verwandlung der Leidenschaften in tugendhafte Fertigkeiten« bewirkt. Im 77. Stück der Hamburgischen Dramaturgie brachte Lessing seine K.-Auffassung auf den Punkt: Die Tragödie, sagt Aristoteles,»ist die Nachahmung einer Handlung, – die nicht vermittelst der Erzehlung, sondern vermittelst des Mitleids und der Furcht, die Reinigung dieser und dergleichen Leidenschaften bewirket«[33]. Und im 78. Stück fügte er hinzu:»Da nehmlich, es kurz zu sagen, diese Reinigung in nichts anders beruhet, als in der Verwandlung der Leidenschaften in tugendhafte Fertigkeiten, bey jeder Tugend aber, nach unserm Philosophen, ein disseits und jenseits ein Extremum findet, zwischen welchem sie inne stehet: so muß die Tragödie, wenn sie unser Mitleid in Tu-

---

30 KOMMERELL (s. Anm. 14), 102.
31 SCHADEWALDT (s. Anm. 7), 134.
32 JOCHEN SCHULTE-SASSE, Der Stellenwert des Briefwechsels in der deutschen Ästhetik, in: LESSING/MOSES MENDELSSOHN/NICOLAI, Briefwechsel über das Trauerspiel, hg. v. J. Schulte-Sasse (München 1972), 208.
33 LESSING (s. Anm. 22), Bd. 10, 111.

gend verwandeln soll, uns von beiden Extremis des Mitleids zu reinigen vermögend seyn; welches auch von der Furcht zu verstehen.« (117) Damit verfuhr er in genau der Weise, die er sich zu eigen gemacht hatte, um die Autorität des Aristoteles für seine Auffassung in Anspruch nehmen zu können. Er polemisierte gegen jene, die den moralischen Endzweck der Tragödie bestritten, weil dieser sein bevorzugtes Anliegen war. »Ich getraue mich aber zu erweisen, daß alle, die sich dawider erklärt, den Aristoteles nicht verstanden haben. Sie haben ihm alle ihre eigene Gedanken untergeschoben, ehe sie gewiß wußten, welches seine wären. Sie bestreiten Grillen, die sie selbst gefangen, und bilden sich ein, wie unwidersprechlich sie den Philosophen widerlegen, indem sie ihr eigenes Hirngespinste zu Schanden machen.« (112 f.) Lessing unterschob seine Auffassung Aristoteles in einer noch exemplarischeren Weise als seine Vorgänger. Er brachte die Ideologie seines Jh. in die K.-Lehre ein. Aber gerade dieses fundamentale Mißverständnis wurde zu seinem bleibenden Verdienst. Nicht eine persönliche Grille setzte er gegen Aristoteles, sondern den dominierenden Zeitgeist seines Jh.

So vollzog sich die Weiterentwicklung des K.-Begriffs nicht durch ein kongeniales Verständnis des Aristoteles, sondern durch ein totales Mißverstehen seiner Auffassung. Kommerell kommentiert dieses Mißverständnis, indem er die Leistung Lessings absteckt. »Der Begriff Mitleid erwies sich trotz der mit ihm vorgenommenen Umdeutung als so tragfähig, daß die höchste dichterische Gattung, die Tragödie, aufs neue auf ihn begründet werden durfte.«[34] Kommerell, scharfsichtig im Detail, erklärt aber das Verhältnis zwischen Aristoteles und Lessing stets allzusehr innerhalb der Kontinuität. Obwohl er die Brüche genau beschreibt, betont er nicht die Diskontinuität, die doch die Entwicklung erst möglich machte.

Weshalb Lessing so die Intensität des Mitleids beschwor, ist nicht nur auf seine Auffassung zurückzuführen, hiermit bessernd in die Gefühlskultur seiner Zeitgenossen einzugreifen; seine Anstrengung hing auch mit dem Zustand des Theaters zusammen. Im Unterschied zu seinen Vorläufern orientierte er sich in seiner dramatischen Produktion auf starke emotionale Wirkung. Indem er das Mitleid zum Hauptzweck der Tragödie machte, betrieb er eine Sensibilisierung der Zuschaukunst und erreichte so eine Veränderung des Theaters. Auf diese Weise gelang es ihm, eine neue Wirkungsästhetik zu etablieren. »Hinter dieser Neuorientierung bei Lessing ist eine veränderte Auffassung vom Kunstpublikum zu erkennen, das für ihn nicht mehr hauptsächlich aus ›Männern von Verstand‹ besteht, sondern aus ›dem Manne von Verstand sowohl als auch dem Dummkopf‹. Sie alle müssen angesprochen werden; denn sie alle, die Gemeinschaft prinzipell aller Menschen, bilden das Publikum.«[35]

5. Die schmale Basis

Im Jahre 1757, als sich Lessing eingehender mit der Aristotelischen K. beschäftigte, schrieb er am ersten Entwurf seiner *Emilia Galotti*. Was er theoretisch formulierte, diente dem Ausbau seiner eigenen Theaterproduktion. Insofern besteht ein wesentlicher Unterschied zu Aristoteles, auch wenn seine theoretischen Überlegungen am stärksten auf Euripides ausgerichtet schienen, die gesamte Entwicklung der attischen Dramatik verallgemeinerte. Lessing verallgemeinerte, woran er arbeitete, was ihm vorschwebte. Mit seiner Theorie diente er seinem eigenen Werk, auch wenn er damit zum dramaturgischen Gesetzgeber seiner Zeit und der Entwicklung nach ihm wurde. Im Unterschied zu Aristoteles blieb Lessings theoretische Basis schmal, obwohl er sich mit der französischen Klassik auseinandersetzte und eigentlich den Standard des europäischen Theaters um die Mitte des 18. Jh. zum Gegenstand seiner Analyse machte. Auch setzte er sich mit seinen Partnern direkt auseinander, während Aristoteles' Gegenspieler, der große Platon, ungenannt blieb. Wie Aristoteles ging es Lessing zunächst nur um die Tragödie. Ihr Endzweck bestimmte bei beiden die Ausrichtung ihrer Theorie. Lessing vergaß aber nicht darauf hinzuweisen, daß es hierbei um Ziele ging, die Poesie insgesamt betrafen. »Bessern sollen uns alle Gattungen der Poesie«, erklärte er im 77. Stück seiner *Hamburgischen Dramaturgie*: »es ist kläglich,

---

34 KOMMERELL (s. Anm. 14), 100.
35 UWE OTTO, Lessings Verhältnis zur französischen Darstellungstheorie (Frankfurt a. M. 1976), 112.

wenn man dieses erst beweisen muß; noch kläglicher ist es, wenn es Dichter giebt, die selbst daran zweifeln.«[36] Dennoch gab es bei Aristoteles einen größeren universalen Bezug, weil er zur Konstruktion seiner K. die medizinische und die musikalische K. heranzog. Die medizinische Auffassung, wie sie später Jacob Bernays am Beispiel des Aristoteles verdeutlichte, blieb Lessing schon von seiner entschiedenen moralischen Zweckbestimmung her verschlossen. Aber auch die Tatsache, daß Aristoteles die K. in der Musik am deutlichsten vor- und ausgeprägt fand, entging Lessing. Für den antiken Philosophen wurde die Musik zum eine Lösung in Aussicht stellenden Element. Hier bekam er die entscheidende Anregung für seine Konstruktion. Sie manifestierte sich für ihn gerade in dieser Gattung am deutlichsten, am heftigsten. Das ist auch bis heute so geblieben. Lessing verschwendete keinen Gedanken an die Musik. In seinen Darlegungen behauptete sich die K. als literaturzentristische Kategorie. Damit lenkte er die Rezeption in eine Bahn, für die diese Kategorie ihre Universalität verlor und ein Ausbau über die Literatur hinaus behindert wurde.

Lessings Vorstellung von der K. wäre – gerade auch in ihrem Zusammenhang mit der Entwicklung der christlichen Gefühlskultur – am nachhaltigsten am Beispiel der Musik von Johann Sebastian Bach zu demonstrieren gewesen. Musik, vor allem wenn sie selbst ausgeübt wird, setzt den Menschen mehr als andere Kunstgattungen in eine heftige Erregung; sie löst Empfindungen aus, die sonst zurückgehalten oder unterdrückt werden. Sie bringt den Menschen wie die körperliche Liebe von der inneren, seelischen Erregung in die körperliche Bewegung. Anders als in der Literatur verläuft der K.-Vorgang in der Musik ganz elementar. Mit der Musik Bachs wäre die K. überzeugender nachzuweisen gewesen als an den Dramen des 18. Jh. Doch darauf kam Lessing nicht einmal in einer Nebenbemerkung. So wurde eine Chance versäumt, die die K.-Rezeption unter Umständen in eine andere Richtung gelenkt hätte, in eine weniger literaturzentristische und philologische, eben in eine universale. Natürlich gibt es Gründe dafür, daß die Entwicklung so und nicht anders verlief. Lessing spürte der K. nach, um seiner eigenen

Dramatik voranzuhelfen. Um sie auf eine fundierte theoretische Plattform zu stellen, brauchte er eine Ahnengalerie, die bis zu Aristoteles zurückreichte. Zum anderen besaß Lessing nur ein beschränktes Musikverständnis, wie man aus seinen Bemerkungen über die Affektenlehre in der Musik schließen muß. Auch stand ihm der große Bach nicht so deutlich vor Augen, wie das aus der Sicht der Nachwelt der Fall ist. Bach geriet nach seinem Tode erst einmal in Vergessenheit. Mit der Musik seiner Söhne dürfte Lessing schon eher in Berührung gekommen sein. Selbst Mozart, der Lessing um zehn Jahre überlebte, lernte Bachs Werk spät und recht zufällig kennen. Der Zugriff auf Bach erwies sich nicht als so selbstverständlich, wie er uns heute erscheint.

III. Goethes Unverständnis

Das Mißverstehen der Aristotelischen K., das bei Lessing produktive Folgen hatte, erwies sich bei Goethe als eklatante Fehlinterpretation. Doch ganz ohne Folgen blieb auch diese nicht. Jacob Bernays sah sie durch Goethes geringe Griechischkenntnisse veranlaßt. Was Goethe auch zu seiner Auslegung veranlaßt haben mag, auf Übersetzungsfehler läßt sie sich nicht zurückführen. Dabei wäre er von seiner ästhetischen Auffassung her durchaus in der Lage gewesen, wieder an Aristoteles' Grundverständnis anzuknüpfen, denn er teilte nicht Lessings moralischen Anspruch an die Literatur. Aber er empfand alles, was mit der K. zusammenhing, als einen »kitzlichen Punct«. Ihm widerstrebte die harte, unversöhnliche Tragik, die Aristoteles aus der attischen Dramatik herleitete. Er sei von »concilianter« Natur und daher »nicht zum tragischen Dichter geboren«[37]. In seiner Übersetzung des Tragödiensatzes heißt es, daß die Handlung »nach einem Verlauf aber von Mitleid und Furcht mit Ausgleichung solcher Leidenschaften ihr Geschäft abschließt«. Mit Nachdruck beschreibt er dann, worauf es Aristoteles besonders angekommen sei:

---

36 LESSING (s. Anm. 22), Bd. 10, 114.
37 GOETHE an Zelter (31. 10. 1831), in: GOETHE (WA), Abt. 4, Bd. 49 (1909), 128.

»Er versteht unter Katharsis diese aussöhnende Abrundung, welche eigentlich von allem Drama, ja sogar von allen poetischen Werken gefordert wird. / In der Tragödie geschieht sie durch eine Art Menschenopfer, es mag nun wirklich vollbracht oder unter Einwirkung einer günstigen Gottheit durch ein Surrogat gelös't werden, wie im Falle *Abrahams* und *Agamemnons*, genug, eine Söhnung, eine Lösung ist zum Abschluß unerläßlich, wenn die Tragödie ein vollkommenes Dichtwerk sein soll.«[38] Obwohl diese Deutung nur Kopfschütteln auslöste und bereits von Friedrich von Raumer, wenn auch unter großer Verbeugung, zurückgewiesen wurde[39], erfuhr diese völlig mißglückte *Nachlese zu Aristoteles Poetik* in der Rezeptionsgeschichte über Goethes Tod hinaus eine höchst respektvolle Behandlung. Bernays meinte, Goethe habe vom Vorhandensein der K. nur über »ein dunkles Gerücht« erfahren, »zunächst wohl durch Herder«[40]. Das eklatanteste Mißverständnis besteht aber darin, daß Goethe die K. vom Zuschauer in die dargestellte Person verlegt, daß er die Konstruktion des Aristoteles nicht als Wirkungsfaktor, sondern als ein Gestaltungselement des Dramas begriff, dem er auch noch eine »aussöhnende Abrundung« zuschrieb. Gründlicher konnte Aristoteles nicht mißverstanden werden. Goethe versuchte hier eine Gegenposition zu Lessing einzunehmen. Doch dessen Auffassung war ihm nur flüchtig bekannt. Aber allein schon die moralische Mission, mit der Lessing das Drama belastete, schien ihm unannehmbar.

Durch Goethe wurde der Wirkungsfaktor, mit dem die Wirkungsgeschichte der Kunst ihre theoretische Voraussetzung erhielt, in das reine Kunstverfahren zurückgenommen. Er, der sich doch

---

38 GOETHE, Nachlese zu Aristoteles Poetik (1827), in: ebd., Abt. 1, Bd. 41/2 (1903), 247f.
39 Vgl. FRIEDRICH VON RAUMER, Ueber die Poetik des Aristoteles und sein Verhältniß zu den neuern Dramatikern (1828), in: Raumer, Vermischte Schriften, Bd. 2 (Leipzig 1853), 25f.
40 JACOB BERNAYS, Grundzüge der verlorenen Abhandlung des Aristoteles über Wirkung der Tragödie, in: Abhandlungen der Historisch-Philosophischen Gesellschaft in Breslau, Bd. 1 (Breslau 1857), 138; vgl. 188f.
41 GOETHE an Zelter (29. 3. 1827), in: GOETHE (WA), Abt. 4, Bd. 42 (1907), 104.

selbst einer Wirkungsästhetik verpflichtet fühlte, hielt es für ganz ausgeschlossen, daß Aristoteles an die entfernte Wirkung gedacht haben könnte. »Aristoteles, der das Vollkommenste vor sich hatte«, schrieb er an Zelter, »soll an den Effect gedacht haben! welch ein Jammer!«[41] Goethes Deutung blieb nicht ohne Folgen. In der dramaturgischen Praxis und Lehrmeinung des 19. Jh. wurde die K. mehr und mehr als ein Element der Technik des Dramas begriffen. Der elementare Vorgang aus der Zeit des wilden Ursprungs war domestiziert worden und konnte nunmehr als technisches Gestaltungselement vorgeführt werden.

IV. Die Wende durch Jacob Bernays

Im Jahre 1857 erschien eine Schrift, die, was kaum für möglich gehalten wurde, zu einer Wende in der Rezeptionsgeschichte führte. Die Schrift hieß *Grundzüge der verlorenen Abhandlung des Aristoteles über Wirkung der Tragödie* und stammte von Jacob Bernays. Er lehrte klassische Philologie an der Fraenkelschen Stiftung, dem jüdisch-theologischen Seminar in Breslau. Eine Professur blieb ihm zeitlebens verwehrt, da er sich als gläubiger Jude nicht taufen lassen wollte. Wie er den Aristotelischen Tragödiensatz auslegte, empfanden seine Fachgenossen damals als so einseitig, ja abwegig, daß man ihm mit seiner Erklärung nur eine Außenseiterposition einräumte. Andererseits war was, er vorlegte, philologisch so genau gearbeitet, daß die Fachwelt an ihm nicht vorbeigehen konnte, ohne sich eine Blöße zu geben. So blieb Bernays' bahnbrechende Leistung zwar nicht außerhalb der Lehrmeinung, aber Einfluß auf das Theater und die dramatische Literatur wie überhaupt auf die literarische Öffentlichkeit gewann sie nicht. Bereits August Döring ordnete in seiner *Kunstlehre des Aristoteles* (1876) die Rezeptionsgeschichte säuberlich nach Anhängern und Gegnern der Bernaysschen Lehre und suchte auch nach Vorläufern.

Bernays trat äußerst polemisch gegen Lessing und Goethe, aber auch gegenüber seinen Zeitgenossen auf. Er kritisierte die »Prachtausdrücke«, die man für die tragische Reinigung gefunden habe, »die jedem Gebildeten geläufig und keinem Denkenden deutlich sind«⁴². Das sei aber nicht des Stagiriten Schuld, sondern auf eine Rezeption zurückzuführen, die die Tragödie zu einem »moralischen Correctionshaus« gemacht habe, »das für jede regelwidrige Wendung des Mitleids und der Furcht das zuträgliche Besserungsverfahren in Bereitschaft halten müsse«. (136) Das gesamte Erklärungspotential des 18. Jh. habe Aristoteles ferngelegen. Das Theater, bei Aristoteles ein Vergnügungsort der verschiedenen Klassen, sei durch die moralischen Auslegungen der K. »zu einem Filial- und Rivalinstitut der Kirche« (140) verkommen.

Dabei habe Aristoteles K. als einen von ihm selbst geprägten Terminus so hingestellt, daß er keineswegs so unklar und undeutlich bleibe, wie man nach dem Studium der *Poetik* voreilig festzustellen vermeine. Man dürfe nur nicht immer dieselben Stellen drehen und wenden, sondern müsse im gesamten Umfeld suchen. Für Aristoteles bedeute die K. ganz konkret und ohne philologisch-philosophische Deutung »zweierlei: *entweder* eine durch bestimmte priesterliche Ceremonien bewirkte Sühnung der Schuld, eine Lustration, *oder* eine durch ärztliche erleichternde Mittel bewirkte Hebung oder Linderung der Krankheit« (142). Am Beispiel der orgiastischen Lieder, auf die Aristoteles in der *Politik* hinwies, könne der durch Musik Erregte und Verzückte wieder zur Ruhe kommen wie der Kranke durch die ärztliche Behandlung, »und zwar nicht durch« jede beliebige, sondern durch eine solche Behandlung, welche kathartische, den Krankheitsstoff ausstoßende, Mittel anwendet«. »Nun ist«, so stellte Bernays fest, »die räthselhafte pathologische *Gemüths*erscheinung in der That verdeutlicht, denn sie wird versinnlicht durch den Vergleich mit pathologischen *körperlichen* Erscheinungen.« (143)

Um Aristoteles nahezukommen, wählte Bernays den Umweg über die medizinisch-therapeutische Schule des Hippokrates, die ihre Aufmerksamkeit auf den körperlichen Kreislauf der Säfte lenkte und darauf achtete, daß die das Gleichgewicht störenden Stoffe durch eine Entladung, eine Entleerung ausgeschieden werden. Der Mensch soll von dem ›Zuviel eines Stoffes‹ befreit werden. Diesen Umweg über die antike Naturheilkunde suchte Bernays den Philologen verständlich zu machen, die ihm vorwarfen, das Lessingsche »moralische Correctionshaus« durch eine »prophylaktische Irrenheilanstalt für eine bestimmte Art von Gemüthskrankheiten«⁴³ zu ersetzen. »Möge Niemand in voreiliger Zimpferlichkeit die Nase rümpfen über vermeintliches Herabziehen der Aesthetik in das medicinische Gebiet. [...] Führt uns dieser Weg, ehe er in den Hain der Musen mündet, am Tempel des Aesculap vorüber, so ist dies für Kenner des Stagiriten nur ein Beweis mehr, dass wir in den richtigen Spuren gehen. Sohn eines königlichen Leibarztes und selbst die ärztliche Kunst in seiner Jugend zeitweilig ausübend, hat Aristoteles die ererbten medicinischen Neigungen nicht bloss für den streng naturwissenschaftlichen Theil seiner philosophischen Thätigkeit nutzbar gemacht«⁴⁴. So lautet denn Bernays' Übersetzung: »die Tragödie bewirkt durch [Erregung von] Mitleid und Furcht die erleichternde Entladung solcher [mitleidigen und furchtsamen] Gemüthsaffectionen« (148; die eingeklammerten Zusätze von Bernays). Bernays fügte noch hinzu, daß sich diese Übersetzung nicht die geringste Freiheit erlaube. Für ›Reinigung‹ wählte er ›Entladung‹, was die medizinische Metapher durchschimmern ließ, ein Verfahren, dessen sich Aristoteles auch in der *Politik* bedient habe. Von dorther sei auch das Wort ›Erleichterung‹ entlehnt, Aristoteles als Nebenbestimmung gedient habe. Die K. sei eine vom Körperlichen auf das ›Gemüthliche‹ übertragene Bezeichnung für eine Behandlung, bei der das ›beklemmende‹ Element, der seelische Druck, der auf dem Zuschauer lastet, nicht verwandelt oder zurückgedrängt werde. Vielmehr erfahre dieses Befinden eine Verstärkung, eine Intensivierung durch die vorgeführte theatralische Handlung. Auf diese Weise werde der Zuschauer von seiner ›Beklommenheit‹ erleichtert, er entledige sich des Druckes, der auf ihm laste, und erfahre so eine befreiende Wirkung. Da es Bernays geraten schien, das ›Noch-nicht-Gefundene‹ nicht am vermeintlichen Platze ausfindig zu machen, sondern auf gut Glück in den Winkeln zu suchen, stöberte er Abhandlungen der neuplatonischen Schule auf, von denen er meinte,

---

42 BERNAYS (s. Anm. 40), 138.
43 SUSEMIHL, Einleitung, in: ARISTOTELES (s. Anm. 5), 50.
44 BERNAYS (s. Anm. 40), 143 f.

daß deren Autoren nicht aus der uns überlieferten, sondern aus der vollständigen *Poetik* geschöpft hätten. Dort hieß es in seiner Übersetzung: »Deshalb pflegen wir bei Komödie sowohl wie Tragödie durch Anschauen fremder Affecte unsre eignen Affectionen zu stillen, mässiger zu machen und zu entladen; und ebenso befreien wir uns auch in den Tempeln durch Sehen und Hören gewisser schmutziger Dinge von dem Schaden, den die wirkliche Ausübung derselben mit sich bringen würde.« (160) Daß Euripides für Aristoteles der »tragischste unter den Dichtern« war, nahm Bernays ebenfalls für einen Beweis seiner These. Im Werk dieses Dichters sei »eine Wollust des Zerreissens und der Zerrissenheit, eine ekstatische Verzweiflung, ein […] aufstöhnendes Mitleid mit der zusammenbrechenden alten Welt und eine im Schaudern schwelgende Furcht vor dem Eintritt der herannahenden neuen Zeit« zu spüren gewesen, die »den Zuschauer zu ähnlichen Orgien des Mitleids und der Furcht« hingerissen habe. »Nimmermehr wäre ein solches Urtheil [von Aristoteles über Euripides – d. Verf.] zu erklären, wenn Aristoteles in Katharsis eine moralische Verbesserung oder auch nur eine directe Beruhigung der Leidenschaften verlangt hätte.« (173) Durch Bernays erfolgte die gründlichste Abstoßung von Lessings moralischer Erklärung. Seine philologische Aufhellung rückte die Vorgänge in die Nähe der orgiastischen Zeremonien des Bacchuskultes und der neueren Forschungen über den Ritus, in denen dargelegt wurde, daß die K. oft durch drogenähnliche Mittel befördert wurde.[45]

Die Erklärung der K. als Entladung, Entleerung wirkte auf die idealistische, musische Welt des 19. Jh. wie ein Schock. Einen Vorgang, für den die Philosophen einst so prächtige Worte gefunden hatten, nun als seelisches Abführmittel ausgewiesen zu sehen ließ sich nur schwer akzeptieren. Zuerst brachte Leonhard Spengel diese abwehrende Meinung zum Ausdruck, als er 1858 in der Akademie in München gegen Bernays polemisierte.[46] Noch deutlicher wurde Adolf Stahr, der seine Empörung nicht unterdrücken konnte und kopfschüttelnd feststellte: »Sollte man es glauben, daß eine solche Erklärung in dem Jahrhunderte Hegel's möglich sei? Daß ein gelehrter und scharfsinniger Mann all seine Gelehrsamkeit und all seinen Scharfsinn darauf verwenden mochte, aus dem Aristoteles eine Ansicht herauszuinterpretiren, vor deren materialistischer Plattheit sich ein Nicolai entsetzen würde?«[47]

Der Streit um Bernays' These führte zu einer »gewaltigen Kontroverse […], die bis auf den heutigen Tag noch nicht zur Ruhe gekommen ist«[48]. Karlfried Gründer meint, sie sei keineswegs auf die akademische Welt beschränkt gewesen.[49] Ob die Auswirkungen über den akademischen Rahmen hinausgingen, mag bezweifelt werden. Vielmehr setzte sich ein Verfahren durch, wie es Gustav Freytag in seiner *Technik des Dramas* (1863) praktizierte. Freytag übersah Bernays' Leistung nicht, er würdige sie sogar, aber zog daraus keinerlei Konsequenzen für seine eigene Darlegung, die eher der Auffassung Goethes verpflichtet blieb, indem er die K. in die Technik des Dramas einbezog.

---

45 Vgl. WASSON/HOFMANN/RUCK (s. Anm 17).
46 Vgl. LEONHARD SPENGEL, Über die κάθαρσις τῶν παθημάτων, ein Beitrag zur Poetik des Aristoteles, in: Abhandlungen der philos.-philol. Classe der Kgl. Bayer. Akad. d. Wiss., Bd. 9/1 (München 1860), 1–50.
47 ADOLF STAHR, Aristoteles und die Wirkung der Tragödie (Berlin 1859), 28 f.
48 ALFRED GUDEMANN, Einleitung, in: ARISTOTELES, Über die Dichtkunst, hg. u. übers. v. A. Gudemann (Leipzig 1921), XV.
49 Vgl. KARLFRIED GRÜNDER, Jacob Bernays und der Streit um die Katharsis, in: Epirrhosis. Festgabe für Carl Schmitt, hg. v. H. Barion u. a. (Berlin 1968), 508.

V. Nietzsches philosophischer Exkurs

Als Nietzsche 1871 an seiner *Geburt der Tragödie* schrieb, lieh er sich aus der Basler Universitätsbibliothek Bernays' Abhandlung aus. Gründer macht darauf aufmerksam, wie vertraut Nietzsche mit Bernays' Schriften war und daß er 1865 sogar erwog, seinetwegen nach Breslau zu gehen. Doch gerade zu diesem Zeitpunkt kehrte Bernays nach Bonn zurück. »In Notizen zur Vorbereitung seiner Vorlesungen wie zu den philologischen Schriften wird immer wieder Bernays genannt, mit mehreren seiner Arbeiten, andererseits auch mit Bemerkungen, die sich unzweifelhaft auf die Katharsis-Frage beziehen oder auf sie anspielen, solche auch in den Briefen.«[50] Bernays wiederum kannte Nietzsches Buch, von dem er sagte, es enthalte seine Anschauungen, nur seien sie übertrieben. Daß Nietzsche, der viele Anregungen aufnahm, sie aber stets zu Inhalten seines Denkens machte, in seinem Frühwerk so von Bernays beeinflußt wurde, kann bezweifelt werden. Dafür aber zeigt der Briefwechsel, wie Bernays' Abhandlung noch immer die Diskussion bestimmte.[51] Doch schon wie beide zu Euripides standen und ihn in ihren Büchern werteten, macht die Unterschiede deutlich. Auch ist die streng philologische Untersuchung von Bernays schwer mit Nietzsches Symbolmächtigkeit zu vergleichen. Der eine bezog sich ausschließlich auf Aristoteles, der andere hatte als Ansprechpartner Schopenhauer und Richard Wagner. Was jedoch beide verband, war der Umstand, daß das, was sie als Ursprung der Tragödie erkannten, sich strenger Kausalität entzog. Wie Nietzsche allerdings die Vorgänge der alten Tragödie als höchste Steigerung der Selbstentfremdung auslegte, in der sich der Mensch bereits jenseits von Gut und Böse bewegte, das muß der durchaus rationalistisch denkende Bernays als übertrieben empfunden haben. Die ungewöhnliche Sensibilität für die tragische Zerrissenheit der alten griechischen Gesellschaft, die Nietzsches Buch offenbart, wird auch Bernays beeindruckt haben. Aber Bernays hatte diese Zerrissenheit dahingehend interpretiert, daß Aristoteles nach einer Ventilfunktion suchte, nach etwas, was zur Entladung drängte und den Menschen, den diese Zerrissenheit bedrohte, entlastete. Nietzsche lud diese Zerrissenheit symbolmächtig auf, um seine pessimistische Weltsicht auszuformen, die er dann gegen die Verlogenheit des christlichen Zeitalters richtete.

Für den direkten Vorgang der Aristotelischen K. interessierte sich Nietzsche nicht sonderlich, nicht zur Zeit seines Frühwerkes und auch später nicht. In der Geburt der Tragödie ging er in einer Weise auf sie ein, als existiere Bernays' Auffassung gleichberechtigt neben der moralischen Deutung. Den Streit um die medizinische oder moralische Deutung der K. glaubte er ohne Anstrengung beiseite schieben zu können, weil »erst jetzt das Urphänomen des Tragischen mit einigem Erfolg zu beschreiben« sei. Die Konsequenz seiner Auffassung besteht in der Vertreibung des »kritisch sich gebärdenden Zuhörers«[52] aus dem Theater. Aristoteles und Bernays folgte er dabei nur so weit, daß er sich an deren K.-Auffassung anlehnte, die davon ausging, daß der Zuschauer die K. als elementaren Prozeß unreflektiert durchlebe und nicht moralisch-philosophisch gesteuert werde. Der elementare Vorgang der Entladung scheint Nietzsche auf den nichtkritischen Zuschauer gelenkt zu haben, oder er suchte hier noch einen historischen Beweis für seine Auffassung. In seinen späteren Äußerungen, die unter dem Titel Der Wille zur Macht zusammengefaßt wurden, ging er in bezug auf die K. noch einen Schritt weiter. Er meinte dem Tragödiensatz des Aristoteles keinen Wahrheitsgehalt zubilligen zu können: »Ich habe zu wiederholten Malen den Finger auf das große Mißverständnis des Aristoteles gelegt, als er in zwei *deprimirenden* Affekten, im Schrecken und im Mitleiden, die tragischen Affekte zu erkennen glaubte. Hätte er Recht, so wäre die Tragödie eine lebensgefährliche Kunst [...]. Die Kunst, sonst das große Stimulans des Lebens [...], würde hier, im Dienste einer Abwärtsbewegung, gleichsam als Dienerin des Pessimismus, *gesundheitsschädlich*. (Denn daß man durch Erregung dieser Affekte sich von ihnen ›purgirt‹, wie Aristoteles zu glauben scheint, ist einfach nicht wahr)«[53]. Nietzsches Beitrag liegt jenseits der eigentlichen K.-Forschung, auch der polemischen Auseinandersetzung mit ihr, selbst wenn Die Geburt der Tragödie eine Nähe zu Bernays' Abhandlung suggeriert. Denn bei ihm erfuhr diese Kategorie nur eine geschichtsphilosophische Bestimmung aus seiner Weltsicht.

---

50 Ebd., 520.
51 Vgl. FRIEDRICH NIETZSCHE an Rohde (7. 12. 1872), in: Nietzsche, Briefwechsel, hg. v. G. Colli/M. Montinari, Abt. 2, Bd. 3 (Berlin/New York 1978), 97.
52 NIETZSCHE, Die Geburt der Tragödie (1872), in: NIETZSCHE (KGA), Abt. 3, Bd. 1 (1972), 139.
53 NIETZSCHE, Nachgelassene Fragmente Anfang 1888 bis Anfang Januar 1889, in: NIETZSCHE (KGA), Abt. 8, Bd. 3 (1972), 203 f.; vgl. SCHADEWALDT (s. Anm. 7), 166.

VI. Die kathartische Methode – Vorläufer der Psychoanalyse

Durch Freud kam es zu einer neuen Situation. Die altphilologische Eingrenzung der Kategorie wurde aufgesprengt. Die Schöpfung des Aristoteles eroberte ganz neue Gebiete, aber es kam auch zu neuen Einsichten über den Ursprung und die Geschichte dieser Kategorie. Einige Forscher datieren deshalb mit Freud die Geschichte der modernen K.-Theorie, während andere zu bedenken geben, daß die Unterschiede zwischen Aristoteles und Freud größer seien als die Gemeinsamkeiten.

In seinem Kurzen Abriß der Psychoanalyse charakterisierte Freud die »kathartische Methode« als den »unmittelbaren Vorläufer der Psychoanalyse«[54]. Trotz aller Erweiterung der Erfahrung und aller Modifikationen der Theorie sei sie noch als Kern in ihr enthalten. Obwohl diese Wertung im Sinne einer dialektischen Aufhebung früherer Forschungsergebnisse zu verstehen ist, vertritt Thomas Scheff die Meinung, Freuds Kritik an der kathartischen Methode sei im Unterschied zu anderen Fragestellungen weniger sorgfältig ausgearbeitet. Es begann damit, daß die Wiener Ärzte Josef Breuer und Sigmund Freud am 1. und 15. Januar 1893 in zwei Fortsetzungen im Zentralblatt für Neurologie die Vorläufige Mitteilung veröffentlichten, die dann zu den Studien über Hysterie (1895) führte, mit denen die Psychoanalyse als Wissenschaft einsetzte. Der für diese Untersuchung wohl zuerst von Breuer verwendete Begriff ›kathartisch‹ diente beiden dazu, ihre Methode des ›Abreagierens‹ zu erklären. Sie faßten die K. als einen Reflex auf, der ein instinktiver, körperlicher Prozeß sei. Obwohl hier die K. wieder auf ihren medizinischen Ursprung zurückgeführt und mit einem psychotherapeutischen Verfahren verbunden wurde, stammte die Anregung dazu nicht aus der Lehre des Aristoteles. Der neue Zugang wurde auf experimentellem Wege gefunden. Breuer hatte von 1880 bis 1882 die Patientin Bertha Pappenheim betreut, deren Krankheitsgeschichte unter dem Namen Fräulein Anna O. (1895) festgehalten und sich darüber mit Freud ausgetauscht. Ob Breuer, als er die Bezeichnung ›kathartisch‹ wählte, auf allgemeines Bildungsgut zurückgriff oder auf die Schriften von Bernays, läßt sich nicht genau feststellen. Letzteres muß angenommen werden, da bekannt wurde, daß seine Patientin die Bernayssche Abhandlung kannte. Auch noch eine andere Beziehung führt zu Bernays. Freuds Frau Martha war dessen Nichte, was allerdings noch kein Indiz dafür ist, daß Freud dessen Forschungen vertraut waren.

Breuer und Freud beschäftigten sich mit der Frage, wie es kommt, daß ein lange zurückliegendes Ereignis dennoch fortwährend Gewalt über das Individuum ausübt und nicht in Vergessenheit gerät. Darauf gab Freud die Antwort: »Wenn also die Reaktion auf das psychische Trauma aus irgendeinem Grunde unterbleiben mußte, behält dasselbe seinen ursprünglichen Affekt, und wo sich der Mensch des Reizzuwachses nicht durch ›Abreagieren‹ entledigen kann, ist die Möglichkeit gegeben, daß das betreffende Ereignis für ihn zu einem psychischen Trauma wird«[55]. Freuds Therapie des Abreagierens zielt darauf ab, dem Patienten in einem Begehren entgegenzukommen, das zu den »heißesten Wünschen der Menschheit« gezählt werden kann, »nämlich dem Wunsche, etwas zweimal tun zu dürfen. Es hat jemand ein psychisches Trauma erfahren, ohne darauf genügend zu reagieren; man läßt ihn dasselbe ein zweites Mal erleben, aber in der Hypnose und nötigt ihn jetzt, die Reaktion zu vervollständigen. Er entledigt sich nun des Affekts der Vorstellung, der früher sozusagen eingeklemmt war, und damit ist die Wirkung dieser Vorstellung aufgehoben. Also wir heilen nicht die Hysterie, aber einzelne Symptome derselben dadurch, daß wir die unerledigte Reaktion vollziehen lassen.«[56]

Mit Freuds kathartischer Methode hörte die medizinische K. auf, ein bloßes Bezugselement der tragischen K. zu sein, das zur Klärung der Ursprünge beitrug. Sie besetzte nunmehr ein eigenes Gebiet, das sie selber herausgebildet hatte. Im weiteren Verlauf seiner Hysterie-Analysen griff Freud immer weniger auf die kathartischen Techniken zurück, aber sie blieben dennoch, wie er selbst sagte, als »Kern«[57] erhalten. Über die Weiterent-

---

54 SIGMUND FREUD, Kurzer Abriß der Psychoanalyse (1924), in: FREUD (GW), Bd. 13 (1940), 409.
55 FREUD, [Vortrag] Über den psychischen Mechanismus hysterischer Phänomene (1893), in: FREUD (GW), Nachtragsbd. (1987), 193.
56 Ebd., 195.
57 FREUD (s. Anm. 54), 409.

wicklung der Freudschen Lehre von der K. zur eigentlichen Psychoanalyse heißt es bei John Erpenbeck: »Mit dem ›Wechsel der Technik‹ änderte auch die kathartische Arbeit ihr Gesicht‹ – aber sie blieb doch Katharsis, in einem allgemeinen, dem Verständnis der antiken Tragödie – welche ja auch den Ödipus hervorgebracht hatte! – nahen, verständlichen Sinne: Das Aufrühren starker, schmerzhafter Affekte führt über das Abreagieren zuvor unvollständig abreagierter psychischer Traumen zu guter Letzt zur Symptombeseitigung und Erleichterung. Neu und bleibend war die Entdeckung des zugrundeliegenden ›Mechanismus‹ der Verdrängung. Mit ihr kann man, wie von einem Zentrum aus, ›alle Stücke der psychoanalytischen Lehre ... in Verbindung bringen‹.«[58]

Freuds Psychoanalyse wirkte seit dem Ende des 19. Jh. geradezu revolutionierend auf die Literatur und das Theater ein. Mit ihr vollzog sich in der Kunst ein wesentlicher Modernisierungsschub. Doch zu einer Erneuerung der Theorie der K. in der Tragödie kam es zunächst nicht. Freud hatte dargelegt, daß das Drama beim Publikum Reaktionen auslöst, weil es auf verdrängte Gefühle stößt. Daß Reaktionsmechanismen aufgedeckt worden waren, die dazu hätten führen können, das gesamte dramaturgische Arsenal zu verändern, wurde nicht erkannt. Folglich entstand auch keine neue methodische Basis zur Erforschung von Kunstwirkungen. Die Diskussion verblieb im engen Gelehrtenzirkel, vorwiegend der Althistoriker. Dabei gab es durchaus Kenner der K.-Lehre wie den Wiener Burgtheatersekretär Alfred Freiherr von Berger, der schon wenige Jahre nach Freuds Vortrag über Hysterie eine interessante Verbindung zwischen Aristoteles, Bernays und Freud herstellte: »Die kathartische Behandlung der Hysterie, welche die Ärzte Dr. Josef Breuer und Dr. Sigmund Freud beschrieben haben, ist sehr geeignet, die kathartische Wirkung der Tragödie verständlich zu machen.«[59] Nachdem er dargestellt hatte, wie Breuer und Freud ein hysterisches Symptom auflösten, schilderte er, wie sich dieser Vorgang in der dramatischen Dichtung, im Theater abspielte: »Die nicht abreagierten Affecte, auch wenn sie sich nicht in pathologische Symptome verwandeln, verbleiben irgendwie als eine Art ungelöster Spannung in der Seele, und ihr Dasein verrät sich in der Färbung des Lebensgefühles, welches der vorherrschenden Stimmung zu Grunde liegt, in der Geneigtheit zu Ausbrüchen von Affecten von jener Art, welcher die ungelöst in der Seele verharrenden angehören. Wir nennen das Reizbarkeit. Poeten, Schauspieler verwenden diese aufgesparten Affecte für ihre Leistungen, die ihnen nur durch dieselben ermöglicht werden. Für andere wird die Summe ungelöster Spannungen, die sie mit sich herumtragen, zur Beschwerde, die sie beklommen macht. Erleichterung, Katharsis, finden sie, wenn sie sich gelegentlich eines neuen Affectanlasses Luft machen und sich die alten Affectspannungen in Einem vom Herzen reden und rasen. Je nach Empfänglichkeit und Lebenslage werden sich in dem einzelnen Menschen mehr Affecte von einerlei Art unentladen aufstauen. Dies bestimmt die Richtung der ihm eigenthümlichen Reizbarkeit.« (82 f.) Berger lenkte die K.-Lehre auf die Verfeinerung der seelischen Vorgänge, die mit der groben Bernaysschen Entladung scheinbar nicht zu erfassen waren. Doch der Vorgang der K. bleibt auch hier in seiner elementaren Grundstruktur derselbe. Freud hat dagegen mit seiner Technik des Abreagierens eine ganz neue Übersetzung für diese komplizierten seelischen Vorgänge gefunden. Von dieser Sicht her hätte die Erneuerung der K.-Theorie erfolgen müssen.

VII. Lukács – der Erneuerer

Die Erneuerung der Theorie der K. durch Lukács begann zunächst mit einem Rückschritt. Er negierte, ja ignorierte was durch Bernays und Freud freigelegt worden war. Die nichtaristotelische Entwicklung dieser Kategorie, ihre dadurch bedingte Diskontinuität ersetzte er durch die Kontinuität Aristoteles-Lessing-Lukács. Was ihn zu dieser Folgerung veranlaßte, läßt sich schon früh ablesen,

---

[58] JOHN ERPENBECK, Katharsis als Psychotherapie – Psychotherapie als Katharsis, in: H. v. Keyserlingk (Hg.), Sucht und Kunst (Schwerin [1993]), 21.
[59] ALFRED FREIHERR VON BERGER, Wahrheit und Irrtum der Katharsistheorie des Aristoteles, in: ARISTOTELES (s. Anm. 6), 81.

obwohl die K. erst in seinem Spätwerk zum Grundverständnis aller ästhetischen Betrachtungen gehörte.

Lukács fand folgende Forschungssituation vor: Durch die Diskussion um Bernays' Auffassung hatte sich deutlich herausgestellt, daß die Aristotelische K. nicht auf dem Mitleidsbegriff basierte, den Lessing festgeschrieben hatte. Daß Aristoteles mit der K. keine moralischen Wertvorstellungen verband, konnte man nicht mehr beiseite schieben. Aber unter den Bedingungen des 19. und 20. Jh. ließ sich diese Kategorie nicht mehr ohne moralisch-philosophische Bindungen handhaben. Sie stellten sich auch unbeabsichtigt ein. Auf den Menschen des 20. Jh. wirkten vielfältigere Einflüsse ein. Dabei war es gleichgültig, ob er sie bewußt wahrnahm oder ob sie unbewußt blieben. Der neue Forschungsstand, dem zufolge Aristoteles nicht mehr durch die Brille Lessings gesehen werden durfte und die K. als ein elementarer physisch-psychischer Vorgang betrachtet werden mußte, hätte durch Lukács analysiert werden müssen, ehe er seinen besonderen Zugang, seine ideologische Bindung etablierte. Aber Lukács wollte in der Kontinuität verbleiben. So hielt er in derselben Weise an Lessing fest, wie Lessing an Aristoteles festgehalten hatte. Lukács' Kontinuitätsvorstellung wurde von seiner allgemeinen Literaturauffassung bestimmt, während er sich mit den langanhaltenden Diskussionen um Bernays' Einsichten überhaupt nicht beschäftigt haben dürfte.

1. *Ausgangspunkt: Die Allmacht der Literatur*

Daß die K. für ihn zur zentralen Problematik wurde, ergab sich nicht aus dem Studium der Rezeptionsgeschichte, sondern aus der Suche nach einem Lebensgrund, aus dem Bemühen, die deformierende Macht der Partikularität zu überwinden. Insofern ist bei ihm diese Thematik direkt biographisch gebunden. Für Lukács wurde um 1900 die Literatur zu einem lebensentscheidenden Element.

---

60 GEORG LUKÁCS, Die Eigenart des Ästhetischen, in: LUKÁCS, Bd. 11 (1963), 809.
61 LUKÁCS, Makarenko: ›Der Weg ins Leben‹ (1951), in: LUKÁCS, Bd. 5 (1964), 446.

Sein Reflektieren über Wert und Unwert des eigenen Lebens, über die Verantwortung gegenüber den anderen erfolgte im Zusammenhang mit der Literatur und über das Verständnis von Literatur. Seine nervöse Reizbarkeit gegenüber dem Leben kam aus der Literatur, denn mehr als das konkrete, praktische Leben umgab ihn Literatur. Lukács sagte von sich, daß die jüdische Kultur keinen Einfluß auf sein Leben gehabt habe, aber seine jüdische Vergangenheit wirkte insofern auf ihn ein, als er wie viele seiner Schicksalsgenossen die deutsche Literatur in sich aufnahm und zu seinem Wegweiser und Lebenskriterium machte. Auf diese Weise entstand die Vorstellung von der Allmacht der Literatur, die so auf den einzelnen einzuwirken vermochte, daß sie über Tod und Leben entscheiden, zum Gerichtstag über den Verlauf eines Menschenlebens werden konnte. Die Einflüsse der Literatur auf den jungen Lukács müssen unter den individuellen und gesellschaftlichen Umständen der damaligen Zeit derart intensiv gewesen sein, daß sie für ihn lebensbestimmend wurden und seine philosophisch-ästhetische Grundhaltung erzeugten. Noch im Spätwerk formulierte er diesen Einfluß ebenso enthusiastisch wie in den frühen Werken. Echte Kunst verfüge prinzipiell über eine »unwiderstehliche Macht«, die die Menschen zwinge und sie veranlasse, sich ihr »ganz zu unterwerfen«[60]. Aus historischem Abstand erscheint diese Phase als eine Hochzeit der Literatur, gekennzeichnet durch einen Einflußgrad, wie er vielleicht nie wieder erreicht wurde. Sollte er aber ganz und gar unverständlich werden, wäre auch um das Verständnis der K. zu fürchten. Für Lukács war die Allmacht der Literatur das Urerlebnis, das ihn zu dieser Kategorie führte.

2. *Entwicklung aus der Ethik*

Den Zusammenhang von K. und Kollision kennzeichnete Lukács als ein »uraltes ethisches Erbstück«[61]. Dieser Bezugspunkt verrät schon die Traditionslinie, die er verfolgte. Obwohl er sich ständig auf Aristoteles berief, knüpfte er ganz unmittelbar an Lessing an. Was Aristoteles unter K. verstand, die ganze Rätselhaftigkeit dieser Kategorie, interessierte ihn nicht. Der Rückgriff auf sie war für ihn ein Befreiungsschlag, der ihn aus dem

Irrgarten der idealistischen Ethik herausführte. In seiner frühen Phase suchte er mit den Kategorien der ›Reue‹ und der ›Güte‹ eine philosophische Konzeption zu entwickeln. In der Güte sah er eine Kategorie, die in keine folgerichtige Ethik paßte; denn eine solche empfand er als verpflichtend und daher »menschenfern«, ohne Einfluß auf das »lebendige Leben«. Hier sah er keinen Weg, der aus der Partikularität führte. »Güte ist aber die Rückkehr in das wirkliche Leben, das wahre Heimfinden des Menschen.« »Sie ist ein Verlassen der Ethik: Güte ist keine ethische Kategorie, in keiner folgerichtigen Ethik werden Sie sie finden. Und mit Recht.«[62] Güte war für ihn eine Besessenheit, die sich »nicht mild, nicht raffiniert« darbot, sondern »wild, grausam, blind und abenteuerlich«[63]. Aber bald fand er heraus, daß auch mit ihr das einfache Leben nicht zu bewältigen ist. Die idealistische Ethik blieb nach seinem Verständnis in dem Dilemma zwischen zerknirschter Reue und nihilistischem Zynismus stecken. In seinem späteren Makarenko-Essay, in dem er die K. aus dem praktischen Leben zu entwickeln versuchte, starrt der reuige Mensch auf die isoliert begangene Tat, auf seine künstlich isolierten Eigenschaften, die diese Tat ausgelöst haben, »und kann aus solcher moralischen Sackgasse keinen Ausweg finden«[64]. Obwohl sich Lukács früh mit der K. beschäftigte, setzte der Kategoriensprung von der ›Reue und Güte‹ (1912) zur K. (1951) spät ein. Im Spätwerk wurde ihm die K. zur Leitkategorie, die er nunmehr theoretisch ausbaute und allseitig begründete. Der Umfang dieser Ausführungen im engeren Sinne blieb bei ihm ähnlich schmal wie bei Lessing, überspannte aber wie bei diesem das ganze Werk.

3. Der Ausbau

Da Lukács nichts von Freud wissen wollte, sich sogar gegenüber der Psychoanalyse polemisch verhielt und auch die neuen Forschungen über die K. nicht zur Kenntnis nahm, vollzog sich bei ihm der Ausbau dieser Kategorie zunächst höchst konventionell. Von Hegel ausgehend, stützte er sich auf das Phänomen der Kollision, das er zur Grundvoraussetzung für die K. machte. Er verglich sie mit einer Explosion der menschlichen Wesenskräfte. Auf diese Weise erreicht die Kollision eine Zuspitzung, die die Menschen in ihrem gewöhnlichen Leben nie durchlaufen. Nur über die Explosion, die den Menschen aus dem gewöhnlichen Leben hinausdrängt, wird er mit komprimierten Lebenstatsachen bekannt. Aber eine solche Kollision muß öffentlich ausgetragen werden. Sie führt nur dann zu kathartischen Wirkungen, wenn sie tiefe Erschütterungen auslöst, wenn der Mensch völlig ›durchgerüttelt‹ und ins Mark getroffen wird. Vor allem aber muß eine Kollision radikal zu Ende geführt werden, in eine kompromißlose, unerbittliche Entscheidung münden. »Die Kollision bedeutet für den einzelnen – ähnlich wie die Revolution für die Völker, wie die Tragödie in der Kunst –, daß das Leben selbst alle seine Tendenzen und Bestimmungen aufs äußerste zuspitzt und daß dadurch das Wesen der Menschen, der Parteien, der Klassen, all ihre Gesinnungen und Überzeugungen an der zu Ende geführten Praxis, an ihrer Erprobung oder an ihrem Versagen gewogen und damit für alle ins wahre Licht gestellt werden.« (456) Nach Lukács durchlebt jeder Mensch die Kollision auf seine Weise. Nur wenn er einen Vorgang in seiner ganzen Konsequenz, seinem ganzen Unglück, seiner ganzen Unerbittlichkeit auf sich beziehe, all das, was einzeln, individuell nicht zu erfahren ist, als ihn betreffend sich vorzustellen vermöge, dann stelle sich die kathartische Wirkung ein.

Lukács ging jedoch nicht davon aus, daß die K. immer einen folgerichtigen Verlauf nimmt, was das Lessing noch voraussetzte. Sie kann sich auch negativ auswirken. Ein und dieselbe Handlung, auf kathartische Wirkung angelegt ist, vermag den Zuschauer und Leser in diesem und jenem Sinne zu beeinflussen und zu erschüttern. Ethische Eindeutigkeit wird nicht vorausgesetzt. Im Prozeß der K. behält der Rezeptive seine Freiheit. Wogegen Lukács polemisierte, waren die »Methoden einer moralisch irreführenden Pseudokatharsis« (448). Die sah er bei Freud und in allen Abarten der Psychoanalyse. »Der Freudismus ›löst‹ diese Krisen mit

---

62 LUKÁCS, Von der Armut am Geiste, in: Neue Blätter 2 (1912), H. 5/6, 75.
63 Ebd., 78.
64 LUKÁCS (s. Anm. 61), 435.

einer Pseudokatharsis. Durch die Vorspiegelung falscher Ursachen der real vorhandenen moralischen Krise, die freilich sehr geschickt so gewählt und geordnet sind, daß sie sich der unmittelbaren Erlebniswirklichkeit der Bürger anpassen, dem unmittelbaren Vorherrschen rein subjektiver, erotischer, sexueller Motive. Durch eine solche Pseudokatharsis wird die Krise des einzelnen – angeblich – gelöst und zwar so, daß der Betreffende nach der ›Reinigung seiner Leidenschaften‹ mit gutem Gewissen in den Reihen der Bourgeoisie verbleiben kann.« (448 f.) Für Lukács besteht der kathartische Vorgang in der Einheit von individuellen und kollektiven Elementen. Eine wirkliche Reinigung ist ihm aber nur als kollektiver, öffentlicher Vorgang denkbar, wenn der einzelne Einfluß auf das öffentliche Wertesystem zu nehmen vermag und ihm nicht passiv ausgeliefert ist.

Wenn Lukács seinen Begriff von Kollision und Explosion vorstellt, ist er Aristoteles auf eine ganz andere Art nahe, als er ihm nahe sein will. Hier zielt er nämlich auf eine Erregung, auf eine Erschütterung des Zuschauers, die auch Aristoteles mit seinem ganz anders gearteten Mitleidsbegriff wollte, nämlich eine Terrorisierung, eine Hysterisierung der Leidenschaften, um sie auf diese Weise zum Verschwinden zu bringen. Lukács wollte hier die ›Allmacht der Literatur‹, die, wie er sie empfand, den Menschen aus tödlicher Verzweiflung herauszuführen vermag, in ein methodisches Verfahren einbringen. Dieser Ansatz seiner Theorie ist außerordentlich wertvoll, auch wenn er dabei Gefangener seiner traditionellen Konzeption blieb. Denn auch wo er Neues einführte, ging sein Bestreben dahin, den Faden zu Aristoteles und zu Lessing zu knüpfen. Dabei deformierte er jedoch die neu eingeführten Elemente. Dies war dadurch bedingt, daß er mit der K. der idealistischen Ethik entfliehen wollte, aber bei Lessing wie bei Aristoteles nach ethischen Positionen suchte. »Hat doch schon Aristoteles die Tragödie und ihr in seinen Augen wichtigstes Moment, eben die Katharsis, als ein Problem der öffentlichen Moral angesehen. Und als Lessing darangihg, die Theorie des Aristoteles in ihrer unverfälschten Reinheit wiederherzustellen, formulierte er das Wesen der Frage wieder rein ethisch, sogar volkspädagogisch. Die Katharsis des Aristoteles besteht seiner Ansicht nach wesentlich ›in der Verwandlung der Leidenschaften in tugendhafte Fertigkeiten‹. Entscheidend ist also nicht, was im Helden der Tragödie vor sich geht, sondern das, was die dadurch hervorgerufene Erschütterung in den Zuschauern – moralisch – auslöst. Damit ist von Lessing die Sendung der Tragödie als ›moralische Anstalt‹ (Schiller) trefflich umschrieben.« Und in seinem Bestreben, den Faden der Kontinuität fortzuspinnen, mochte er am liebsten auch noch Goethes Auffassung einbeziehen, wenn er bemerkte: »Es ließe sich natürlich darüber streiten – und in der Dramaturgie geht diese Diskussion seit Jahrhunderten vor sich –, wie die Katharsis, die Reinigung der Leidenschaften, sich im Zuschauer abspielt, wie sie mit der dramatischen Kollision der Tragödie selbst zusammenhängt, ob sie, wenn sie in den Zuschauern wirklich wirksam werden soll, nicht ebenfalls einen Reinigungsprozeß bei den Personen des Dramas voraussetzt.« (446 f.) In der Tat findet man bei Lukács Stellen, an denen er den Vorgang der K. auch auf die dramatischen Personen bezieht. Die K. wird dort zu einem Gestaltungselement des Dramas.

4. Das neue Begriffspaar: Scham und Empörung

Überblickt man Lukács' theoretisches System, macht sich ein merkwürdiges Dilemma bemerkbar: Einerseits verblieb er ganz innerhalb der Lessingschen Bestimmung der K., andererseits versammelte er in seiner Ästhetik und Philosophie Elemente, die über Lessings Position weit hinausgingen. Dennoch war er nicht bereit, dessen Begriffspaar ›Furcht und Mitleid‹ aufzugeben. Er folgte dieser Tradition und zwängte seine weiterführenden Schlußfolgerungen darin ein. Als Marxist mußte ihm Lessings Mitleidsbegriff als zu eng erscheinen, als eine viel zu geringe Äußerung menschlicher Selbstbehauptung. Deshalb operierte er auch kaum mit dem Mitleidsbegriff; er bezog sich vielmehr ganz auf die globale ethische Position Lessings. Aber auch von seiner Kollisionskonzeption her war Mitleid nicht das, was er unter Reinigung als kollektivem Vorgang verstand. Die Kollision als eine Explosion menschlicher Wesenskräfte, die das Individuum über seine Alltäglichkeit, über seine beschränkte Welterfahrung und Partikularität hinaushebt, bedurfte nach seiner Meinung einer anderen Eigenschaft, die geeignet war, den menschlichen Ernstfall vorzuführen. Denn schließlich lief seine Vorstellung von Reinigung auf eine kollektive Empörung hinaus. Der für Lukács entscheidende Begriff war die ›Scham‹, ein alter biblischer Ausdruck, den Marx als revolutionäres Element erkannte: »Die Scham ist schon eine Revolution; sie ist wirklich der Sieg der französischen Revolution über den deutschen Patriotismus, durch den sie 1813 besiegt wurde. Scham ist eine Art Zorn, der in sich gekehrte. Und wenn eine ganze Nation sich wirklich schämte, so wäre sie der Löwe, der sich zum Sprunge zurückzieht.«[65] Für Lukács bewirkt diese ›Art Scham‹ ein »Durchrütteln der Subjektivität« des Rezeptiven, so daß dessen Leidenschaften eine neue Richtung erhalten, »daß sie, derartig gereinigt, zu einer seelischen Grundlage von ›tugendhaften Fertigkeiten‹ werden.« Und weiter führt er aus: »Unmittelbar mischt sich der Ergriffenheit des Rezeptiven über das Neue, das die jeweilige Werkindividualität in ihm auslöst, ein negativ begleitendes Gefühl bei: ein Bedauern, ja eine Art Scham darüber, etwas, das sich so ›natürlich‹ in der Gestaltung darbietet, in der Wirklichkeit, im eigenen Leben nie wahrgenommen zu haben. Daß in dieser Kontrastierung und Erschütterung eine vorhergehende fetischisierende Betrachtung der Welt, ihre Zerstörung durch ihr entfetischisiertes Bild im Kunstwerk, und die Selbstkritik der Subjektivität enthalten sind, braucht, glauben wir, nicht mehr ausführlich auseinandergesetzt zu werden.«[66]

Eine ›Art Scham‹ über die ›Unwürdigkeit‹ des kapitalistischen Lebens sollte der Mensch empfinden, und sie sollte ihn veranlassen, sein Leben zu ändern. Scham darüber, daß die ›Unwürdigkeit‹ als ›normaler Verlauf‹ angesehen wird, daß die Partikularität als eine Eigenschaft menschlichen Seins ertragen wird. Die K. macht die ›Unwürdigkeit‹ des kapitalistischen Lebens dem Individuum bewußt, die Scham steigert sie zur Empörung, zur kollektiven Bereitschaft, dieses Leben zu ändern. Wie Lessing das Mitleid, so faßte Lukács die Scham als eine komplexe, universale Fähigkeit des Menschen auf, sich aus der Unwürdigkeit zu erheben. Mit dem Begriff der ›Empörung‹ zielte er nicht auf den direkten Eingriff, sondern auf den Zustand der Bereitschaft, von der moralischen Individualität zu den menschlichen Gattungseigenschaften zu gelangen. Insofern ging es Lukács um mehr als um die Kurzzeitwirkung der alten K., die nicht über eine kurzfristige Entlastung hinausgeht, die Lessing mit dem Begriff der ›Furcht‹ dauerhaft zu machen versuchte. Weil die kathartische Wirkung in der vom Werk ausgehenden »vollendet gestalteten Universalität«, einer »intensiven Totalität« (844) bestehe, wirke sie im Menschen fort und bleibe nicht darauf beschränkt, eine vorübergehende Linderung des Druckes zu bewirken. Die augenblickliche Empörung verfestige sich als innere Bereitschaft, die nach kollektivem Wollen strebe.

Für Lukács kam die K. aus dem Leben in die Kunst. Deshalb entwickelte er in seinem Makarenko-Essay ihr Wesen auf einer fast anthropologischen Grundlage, aber immer in Hinsicht auf sittliche Wirkung. Im K.-Kapitel seines Werkes *Die Eigenart des Ästhetischen* lieferte er seine Definition: »Zuallererst muß davon ausgegangen werden, daß jede ästhetische Katharsis eine bewußt hervorgebrachte konzentrierende Widerspiegelung von Erschütterungen ist, deren Original immer im Leben selbst gefunden werden kann, hier freilich spontan aus dem Verlauf von Aktionen und Begebenheiten herauswachsend. Es ist darum notwendig, festzustellen, daß die von der Kunst hervorgerufene kathartische Krise im Rezeptiven die wesentlichen Züge solcher Lebenskonstellationen widerspiegelt. Im Leben handelt es sich dabei immer um ein ethisches Problem, das deshalb auch den Gehaltskern des ästhetischen Erlebnisses ausmachen muß.« (820) Die ästhetische K. müsse mit einer solchen Wucht auf die Lebensvorstellungen des Rezeptiven einwirken, daß sie eine nachhaltige ethische Wirkung hervorrufe: »Rilke gibt einmal die dichterische Beschreibung eines archaischen Apollotorsos. Das Gedicht kulminiert – ganz im Sinne unserer vorangegangenen Darlegungen – in dem Appell der Statue an den Betrachter: ›Du mußt dein Leben ändern.‹« (818) Das Rilke-Zitat ist für eine bestimmte Richtung der K.-Forschung zu einer Art

---

[65] KARL MARX, Briefe aus den ›Deutsch-Französischen Jahrbüchern‹ (1844), in: MEW, Bd. 1 (1956), 337.
[66] LUKÁCS (s. Anm. 60), 818.

Leitmotiv geworden. Es taucht in einer ähnlichen Interpretation schon bei Joseph Sellmair auf.[67]

5. Das Vorher und das Nachher

Im Verlauf seiner Darlegung betrachtete Lukács die K. nicht nur als Wirkungskategorie, sondern immer häufiger auch als einen Gestaltungsvorgang im Werk selbst. Er sprach davon, daß die Helden ihre K. erleben, so wenn bei Tolstoj die Figuren Karenin und Vronskij an Anna Kareninas Krankenbett eine tiefe seelische Krise durchmachen. Goethes Gedanke von der ›aussöhnenden Abrundung‹, welche allen poetischen Werken eigen sei, dürfte für Lukács doch zu verführerisch gewesen sein, als daß er ihn auslassen konnte; denn er korrespondierte mit seiner Vorstellung, daß nur das wirklich vollendete Werk im Menschen jene durch die K. bewirkte Erschütterung auszulösen vermag. Für Aristoteles dagegen war die K. ein Vorgang, der nicht von der dichterischen Qualität des Werkes abhängig ist. Aus der Identität von Inhalt und Form ergab sich für Lukács die »Gedoppeltheit« der K. »Diese Gedoppeltheit und Einheit von, abstrakt angesehen, divergierenden, ja entgegengesetzten Tendenzen spricht sich im Erlebnis der Katharsis aus, deren Eintreffen und Erfüllung deshalb ebenfalls eine vereinte Gedoppeltheit aufweist: Sie ist ein entscheidendes Kriterium der künstlerischen Vollendung des jeweiligen Werkes und zugleich das bestimmende Prinzip für die wichtige soziale Funktion der Kunst, für die Beschaffenheit des Nachher ihrer Wirkungen, ihrer Ausbreitung ins Leben, der Rückkehr des ganzen Menschen ins Leben, nachdem er als Mensch ganz sich der Wirkung eines Kunstwerkes hingegeben und die kathartische Erschütterung erlebt hatte.«[68]

Aus dieser Sicht hat die K. bei Lukács ein Vorher und ein Nachher. Als Vorher ist sie ein Teil der Produktions-, als Nachher ein Teil der Rezeptionsästhetik. Als Formelement ist sie im Kunstwerk selbst angelegt, um ebenjene kathartische Wirkung auf den Zuschauer auszuüben. Dabei ging Lukács

---

[67] Vgl. JOSEPH SELLMAIR, Katharsis oder der Sinn der Tragödie, in: Ztschr. f. Dt. Geisteswiss. 1 (1938/39), 270.
[68] LUKÁCS (s. Anm. 60), 828.

davon aus, daß der im Werk installierte Vorgang auf einen Rezeptiven trifft, der kein weißes Blatt darstellt, auf dem sich der beabsichtigte Code, die angestrebte Wirkung eindeutig ablesen läßt. Er ist vielmehr mit Eindrücken, Gedanken und Erfahrungen versehen, so daß die kathartische Erschütterung sehr verschieden ausfallen kann. Der Verlauf der Wirkung vom Vorher zum Nachher, von der Produktion zur Rezeption ist nicht exakt berechenbar, er gleicht einer Mine, die losgetreten wird, ohne das Ausmaß der Explosion zu kennen. Aber die künstlerische ›Vollendung‹, die bei Goethe ›aussöhnende Abrundung‹ heißt, blieb für Lukács eine Art Garantie für den klassischen Verlauf der K. Das Vorher und das Nachher ist bei Lukács konventionell ausgestattet. Der Vorgang läuft über Fabel, Charaktere, Kollision, Identifikation. Hier griff er auf den dramaturgischen Standard zurück, den Lessing vorgegeben hatte. Doch bei der Identifikation, auf die sich Lessing im Unterschied zu Aristoteles berief, verfuhr Lukács vorsichtiger, differenzierter als Lessing. Bei diesem erfolgte durch die Identifikation die Übertragung des Mitleids von den dargestellten Personen auf den Zuschauer. Zwar blieb die Identifikation auch für Lukács eine wesentliche Voraussetzung für die K. Aber K. und Einfühlung durften bei ihm nicht gleichgesetzt werden. Er räumte wohl ein, daß keine ästhetische Wirkung entstehe, wenn kein »Vertrautwerden mit der Welt des Werks« (803) zustande komme, mahnte dabei jedoch die Identifikation nicht ausdrücklich an. Vielmehr warnte er davor, daß sie leicht in die Illusion umschlagen könne; die Illusion aber sei unvereinbar mit kathartischen Wirkungen. »Die sogenannte bewußte Illusion erniedrigt die Kunst auf das Niveau eines Tagtraums, entfernt aus der Reihe der Wirkungsmöglichkeiten gerade jene, deren prägnanteste Form eben die von uns geschilderte Katharsis ist: nämlich die Wirkung, die der Zusammenstoß der ästhetisch gespiegelten objektiven Wirklichkeit mit der bloßen Subjektivität des Alltags auslöst.« (827) Das Nachher wird bei ihm zunächst durch die geistige und seelische Verfassung des Individuums bestimmt, durch dessen Fähigkeit und Voraussetzungen, kathartische Wirkungen zu erleben. Die Sensibilität wird zu einem Moment, das die Scham auslöst, die Partikularität des Lebens nicht mehr hinzunehmen. Die Bereitschaft aber führt zur Verständigung mit den anderen und mündet in die Empörung.

6. Die Katharsis als allgemeine Kategorie der Ästhetik

Seit Lessing hat es keine so umfassende Beanspruchung des Begriffs der K. gegeben wie die Lukácssche. In einer Zeit, als die K.-Lehre zur Schulweisheit verkam, erhob er ihn zu einer universalen Kategorie, die das Kunsterlebnis zu einem lebensbestimmenden Faktor machte. Er betrachtete sie nicht als Merkmal einer Gattung, sondern als eine wesentliche Seite der Kunst überhaupt. Für ihn war sie einerseits Kriterium für künstlerische Vollendung und bewirkte andererseits die Rückkehr des ›ganzen Menschen‹ ins Leben. Der Mensch begreife sich wieder als Kern, nicht mehr als Schale, indem er das partikulare Dasein durchbreche. Lukács erhob die K. in einen ästhetischen Rang, den sie in den Vorstellungen ihres Begründers und Konstrukteurs überhaupt nicht besaß. Hier lagen aber auch Gefahren, wenn er sie zum Schmelztiegel von Ethik und Ästhetik machte, wenn er ihr eine Macht im praktischen Leben einräumte, mit der er Lessings Utopie noch überbot. Gegen Ende des 2. Weltkriegs, als der Zusammenbruch der nationalsozialistischen Gewaltherrschaft und der verhängnisvollen Traditionen des Preußentums abzusehen war, versuchte er eine Metakatharsis herauszuarbeiten, um die Polarität von Preußentum und Demokratie zu einer Schicksalsfrage zu machen. Angestrebt wurde hier eine nationale K.[69], eine Reinigung des gesamten deutschen Volkes durch die Scham angesichts der in seinem Namen begangenen Untaten, die dann in eine kollektive Empörung münden sollte.

Lukács setzte die von Lessing begonnene nichtaristotelische Rezeptionsfolge fort, indem er die anthropologische Reinigung mit seiner philosophischen Position verknüpfte. Durch ihn bekam die K.-Theorie ihre marxistische Fundierung. Was er sich an Wirkungen versprach, zielte in erster Linie nicht auf eine Kritik an der Gesellschaft, sondern auf eine Kritik am Leben. Den Ausdruck des Lebens an Stelle desjenigen der Gesellschaft hielt er aufgrund der Universalität des Inhalts, den die Kunst evoziere, für angemessen. Seiner Ästhetik zufolge hat die Kunst keine direkten Wirkungsabsichten. Indem sie aber umfassendere Ziele anstrebt, wirkt sie auf das politische Leben ein. Entsprechend seiner politischen Konzeption von der revolutionären Demokratie als einer Phase, in der die von der bürgerlichen Demokratie erklärten Freiheiten erst verwirklicht und vollendet werden, erwartete er von den kathartischen Wirkungen die Herstellung der politischen Bereitschaft zur Vollendung der Demokratie, die dem Individuum erst ermögliche, sich als Gattungswesen zu behaupten. Sein Eingreifen zielte nicht auf sofortige Veränderungen, sondern auf ein ›Bereit-Sein‹, auf ein aktives, nicht sich ergebendes Verhalten. Die durch das künstlerische Erlebnis ausgelöste Erschütterung sollte eine Bereitschaft bewirken, sich der erniedrigenden Macht der Partikularität zu erwehren.

VIII. Die negierte Katharsis – Brecht

Wenn das fortlaufende Mißverstehen der Aristotelischen K. zu ihrer wiederholten Erneuerung beitrug, muß auch die bewußte Negation als ein Beitrag zur K.-Rezeption herangezogen werden. In der Theaterpraxis, aber auch in der Theorie, hat keiner die Probleme dieser Kategorie mehr in die Diskussion gezogen als Bertolt Brecht, der sie negierte und aus dem modernen Theater auszuschalten gedachte. Er hat zwar nicht die K.-Theorie, aber die K.-Diskussion erneuert und belebt. Seine Haltung gegenüber dem Prunkstück der traditionellen Ästhetik war von Anfang an polemisch. Er nutzte die Autorität des Aristoteles, um sich vom etablierten Theater seiner Zeit abzustoßen und seine radikale Erneuerung deutlich zu machen. Die Bedeutung der K.-Definition wurde von Brecht bewußt hoch angesetzt und total ausgelegt, um nur zwei Arten von Dramatik gelten zu lassen: die aristotelische und die nichtaristotelische. Für ihn ist der Aristotelische Tragödiensatz die unabdingbare Voraussetzung für das bisherige Theater; ihn aufzuheben würde bedeuten, das Theater in

---

69 Vgl. LUKÁCS, Über Preußentum (1943), in: Lukács, Schicksalswende (Berlin 1948), 92–94.

seiner bisherigen Form aufzugeben. Und darauf kam es ihm an. Während Lessing seiner Abweichung mit dem Bekenntnis zu Aristoteles den Anschein der Übereinstimmung zu geben versuchte, stellte Brecht den Gegensatz in aller Schärfe heraus, nutzte er die Autorität des Aristoteles, um das Nichtaristotelische zu betonen. Damit wollte er verdeutlichen, daß hier eine grundlegende Veränderung des Theaters nach seiner zweieinhalbtausendjährigen Geschichte angestrebt wurde. Dabei darf nicht übersehen werden, daß Brecht Aristoteles nicht wirklich studierte, wie Lessing das tat, daß aber kaum ein anderer Dichter des 20. Jh. dem antiken Philosophen so ergeben war wie er; machte er doch dessen Fabelbestimmung in der Poetik zum ›Herzstück‹ seiner Ästhetik und aller theatralischen Veranstaltungen.

Obwohl Brecht über die tatsächlichen historischen Bedingungen von Aristoteles' Poetik hinwegsah, sie in ein Dunkel rückte, das nicht mehr aufzuhellen sei, mißverstand er den Tragödiensatz nicht. Er stellte ihn vielmehr in einen Zusammenhang, von dem aus es ihm möglich erschien, ihn aufzuheben. Für ihn war die Aristotelische K. immer mit der Einfühlung verbunden. Zwar gab er zu verstehen, daß Einfühlung im Laufe der Jh. auf ganz verschiedene Art vollzogen wurde, beharrte aber darauf, daß wir uns unter K. des antiken Theaters immer etwas vorstellen müssen, was auf der Basis »irgendeiner Art von Einfühlung« vor sich gehe. Für ihn stellte sich die K. als ein Instrumentarium der Einfühlung dar, die er durch die Verfremdung in einem bestimmten Maße auszugrenzen gedachte. »Uns erscheint von größtem gesellschaftlichem Interesse, was Aristoteles der Tragödie als Zweck setzt, nämlich die *Katharsis*, die Reinigung des Zuschauers von Furcht und Mitleid durch die Nachahmung von furcht- und mitleiderregenden Handlungen. Diese Reinigung erfolgt auf Grund eines eigentümlichen psychischen Aktes, der *Einfühlung* des Zuschauers in die handelnden Personen, die von den Schauspielern nachgeahmt werden. Wir bezeichnen eine Dramatik als aristotelisch, wenn die Einfühlung von ihr herbeigeführt wird, ganz gleichgültig, ob unter Benutzung der vom Aristoteles dafür angeführten Regeln oder ohne deren Benutzung.«[70]

Was Aristoteles tatsächlich unter K. verstand, interessierte Brecht wenig. Sie vollzog sich für ihn unter so fremden und dunklen Umständen, daß er wenig geneigt war, sich damit zu beschäftigen. Er knüpfte nicht an Aristoteles an, sondern an Lessing, der die Polemik über die Einfühlung des Zuschauers in die dargestellten Vorgänge und Helden erreichen wollte. Aber Lessing, dem er verwandt ist, kommt bei ihm kaum vor. Er war ihm kein Polemikpartner, er wollte den Beginner, den Begründer der Kategorie treffen. Was Brecht bei seiner K.-Polemik immer vor Augen hatte, war die von Goethe angeregte Einbeziehung der K.-Vorgänge in das Baugefüge des Dramas, die dann Gustav Freytag in eine populäre, handhabbare Form brachte. Für Freytag unterliegen Furcht und Mitleid dem Gesetz der Spannung, dem er mit seinen Bauformen und Wirkungsmechanismen nachzukommen suchte. Für Aristoteles existierte die Einfühlung nicht; schon gar nicht war sie für ihn eine zentrale Angelegenheit. Das konnte sie auch überhaupt nicht sein, weil im antiken Theater nicht die Charaktere dominierten wie später bei Lessing. Erst die psychologische Durchdringung der Charaktere machte die Einfühlung zu einem ästhetischen Element.

In Brechts K.-Polemik gibt es eine eigenartige Verflechtung von Abstoßung und Aneignung des K.-Begriffs. Ihm kam es in seiner nichtaristotelischen Dramatik nicht auf eine Entladung im Sinne von Aristoteles und der Deutung von Bernays an, sondern vielmehr auf eine ›Entspannung‹. Durch Einsicht in die gesellschaftlichen Widersprüche, die ihm mittels der materialistischen Dialektik möglich erschien, sollte der Zuschauer von seinen existentiellen Ängsten, von der Bedrohung durch ein undurchdringliches Schicksal befreit werden. Eine »völlig freie, kritische, auf rein irdische Lösungen von Schwierigkeiten bedachte Haltung des Zuschauers«[71] wurde von ihm angestrebt. Dies verstand er als einen im Gegensatz zur K. stehenden Umgang mit Kunst. An die Stelle des kathartischen Lust, die auf eine Befreiung, eine Linderung des Drucks hinausläuft, rückte Brecht die kritische

---

70 BERTOLT BRECHT, Kritik der ›Poetik‹ des Aristoteles (entst. um 1935), in: BRECHT (BFA), Bd. 22/1 (1993), 171.
71 Ebd., 172.

Lust auf Veränderungen. »Diese neue neugierige, aktive, erfinderische Haltung ist, wie ich glaube, an Bedeutung, Umfang und Lustgehalt der alten aristotelischen Katharsis keineswegs unterlegen.«[72] Insofern zielte Brecht auf eine Wirkung, die der K. in hohem Maße entsprach, ihr einerseits sogar überlegen, andererseits aber trotz des Totalanspruchs nur auf bestimmte Einwirkungen ausgerichtet war. Überlegen war die von Brecht angestrebte Wirkung der von Aristoteles beschriebenen dadurch, daß sie nicht nur Erleichterung für eine geringe Zeitspanne brachte, sondern eine Haltung beförderte, die darauf hinauslief, die Menschen zu befähigen, ihre Lage selbst zu verändern.

Brecht zielte auf die Lösung der dringlichsten gesellschaftlichen Schwierigkeiten. Seine Totallösung aber schloß nicht die seelische Bedrückung ein, den psychischen Druck, der in unterschiedlicher Weise und aus unterschiedlichen Ursachen auf jedem einzelnen lastete. Hier erwies sich das neue Verfahren als dem alten unterlegen. Bei Aristoteles wird durch die Explosion der Gefühle eine Entladung des allgemeinen Drucks erreicht. Seine K. war auf die seelische Veranlagung und Gefühlsdisposition des einzelnen gerichtet. Er verfolgte keine höheren Absichten, als eben diese Erleichterung für das Individuum herbeizuführen. Brecht begründete die nichtaristotelische Dramatik, aber er setzte die nichtaristotelische Traditionsfolge, die Lessing eingeleitet hatte, nicht fort. Seine Negation der K. lief nicht darauf hinaus, die eine Philosophie durch eine andere, durch seine, die des Marxismus, zu ersetzen. Er nutzte ein wichtiges Element des Marxismus, die materialistische Dialektik, nur methodisch, um mit ihr den Menschen Einsicht in die gesellschaftlichen Widersprüche und ihre Lösungsmöglichkeiten zu vermitteln.

Zu den jüngsten K.-Deutungen gehört die von Leon Golden, die vom äußeren Ansatz her mit der Denkweise Brechts korrespondiert. Golden hält die K. für eine Sache des Intellekts und setzt sich sowohl von der ›medizinischen‹ Deutung (Bernays) als auch von der ›moralischen‹ Theorie Lessings ab. Seine Sicht auf die Aristotelische Entdeckung einer Kategorie brachte er schon durch die Übersetzung mit »intellectual clarification« zum Ausdruck.[73] Golden schließt sich hier einer rationalistischen Deutungslinie an, die schon bei Joseph Sellmair zu finden war. Für diesen war die K. der griechischen Tragödie im Unterschied zu der des Kults eine Sache der Ratio, der Erkenntnis. Aristoteles habe uns »eine theoretische rationalistische Katharsis«[74] an die Hand gegeben. Für Golden ist K. eine Art identifizierendes Lernen[75], denn der Zuschauer erkenne am dargestellten Fall allgemeine Bedingungen der menschlichen Existenz, und so werde ihm auch sein eigenes Schicksal bewußt. Daß ein ›intellektualistischer‹ K.-Begriff, den Aristoteles übernommen habe, bereits bei Platon zu finden sei, wurde schon von Christian Wagner zurückgewiesen, der wiederum Goldens Übersetzung mit »intellectual clarification« durch »ethische Aufklärung«[76] ersetzt haben möchte. Intellektuelle, rationalistische Momente sind in der Aristotelischen K., selbst in der Bernaysschen Deutung, durchaus selbstverständlich. Sie sind schon deshalb nicht auszuschließen, weil sich der kathartische Prozeß innerhalb der besonderen Veranlagung des Individuums vollzieht. Die Wirkung ist in hohem Maße vom psychisch-geistigen Zustand ebendieses Individuums abhängig. Doch sosehr die Terminologie Goldens Brecht in Erinnerung ruft, die nichtaristotelische Dramatik des Dichters basiert auf ganz anderen methodischen Überlegungen.

IX. Die Universalität einer Kategorie

Seit die kathartischen Wirkungen durch Bernays und Freud neu bestimmt und auf die eigentlichen Annahmen des Aristoteles zurückgeführt worden waren, geriet die Kategorie der K. in ein ganz anderes Bezugssystem. Freud und Breuer erkannten ihre therapeutische Bedeutung auf Gebieten, die

---

72 BRECHT, Zweites der kleinen Gespräche mit dem ungläubigen Thomas (entst. um 1944), in: BRECHT (BFA), Bd. 23 (1993), 41.
73 LEON GOLDEN, The Clarification Theory of ›katharsis‹, in: Hermes 104 (1976), 447.
74 Vgl. SELLMAIR (s. Anm. 67), 274.
75 Vgl. GOLDEN (s. Anm. 73), 445–447.
76 CHRISTIAN WAGNER, ›Katharsis‹ in der Aristotelischen Tragödiendefinition, in: Grazer Beiträge 11 (1984), 87.

ganz außerhalb der Literatur und Kunst lagen. Die Medizin bemächtigte sich des kathartischen Erlebnisses. Daß den kathartischen Wirkungen außerhalb der traditionellen Gebiete nachgegangen wurde, führte auch dazu, im Bereich der Literatur und Kunst über Begrenzungen neu nachzudenken. Lessings Orientierung auf Furcht und Mitleid hatte den Wirkungsbereich eingeengt. Für ihn lösten nur bedeutende literarische Werke jene Wirkungen aus. Die Tragödie als »eine Art moralischer Kuranstalt«[77] vermochte er sich nicht als mit Machwerken unterhalten vorzustellen. Was Aristoteles als ganz und gar befremdlich empfunden haben würde, nämlich: die K. als ästhetischen Wertbegriff auszugeben, wurde durch Lessing zur ästhetischen Norm, durch Goethe gar zu einem literarischen Formelement. Von Lessing bis Lukács blieb das die herrschende Anschauung. Aristoteles dagegen ließ auch niedere Formen gelten, vor allem in der Musik, weil er in der Kunst den Bildungsstand berücksichtigt wissen wollte. In der Rezeptionsgeschichte machte darauf bereits Berger aufmerksam, der feststellte, daß Aristoteles das Kathartische der Tragödie in keine Beziehung zu ihren poetischen Qualitäten brachte. »Wenn eine Tragödie nichts ist, als in hohem Grade kathartisch, kann sie, wie Aristoteles wohl weiß, ein geringwertiges poetisches Machwerk sein.« »Die kathartische Wirkung ist nur eine Nebenerscheinung der Gesamtwirkung.«[78] Im Unterschied dazu betonte Lukács ganz im Sinne der Lessingschen Traditionsfolge, daß nur von Kunstwerken höchster Qualität kathartische Wirkungen ausgehen können. Theodor W. Adorno glaubte im Kitsch eine Parodie der K. festmachen zu können.[79]

Daß kathartische Wirkungen nicht nur vom Bildungsstand des Individuums abhängig sind, sondern auch von dessen spezifischer psychologischer Situation, hat zur Folge, daß sehr verschiedenartige Werke, auch solche niederer Art, im Menschen Wirkungen hervorrufen können, die der Kategorie des Aristoteles entsprechen. Sie bringen den Menschen ebenfalls Erleichterung, eine Befreiung von dem Druck, der auf ihnen lastet, wenn auch nur für kurze Zeit. Für kathartische Wirkungen ist von entscheidender Bedeutung, ob Einwirkungen künstlerischer Werkformen und ihrer Inhalte auf die entsprechende psychische Situation, auf das seelische Geneigtsein treffen, so daß es zu einer Spannung und Entladung des angestauten seelischen Druckes kommt. Die K. setzt Bedingungen voraus, die durch die Gesamtheit seelisch-geistiger Wesenskräfte gegeben sein müssen. Was bei dem einen zur Explosion der Gefühle führt, kann bei einem anderen Langeweile erzeugen. Kathartische Wirkungen erreichen jedoch eine enorme entladende Kraft, wenn sich die individuelle Last als eine allgemeine gesellschaftliche Situation erweist, die die Massen bedrückt, wie das im antiken Theater häufig der Fall war, dessen Zuschauer vielleicht weniger differenzierter und feinfühlig reagierten als die Zuschauer des heutigen Theaters.

In der Kunst- und Kulturszene der letzten Jahrzehnte des 20. Jh. gingen die auffälligsten kathartischen Wirkungen von der Rockmusik aus. Hier vollzog sich der Entladungsmechanismus, wie ihn Aristoteles verallgemeinerte, ganz augenfällig, wurde er in den körperlichen Reaktionen nachprüfbar. Durch das sinnliche Erlebnis dieser Musik vollzieht sich die Entladung im Reagieren, Abreagieren, Agieren, also in direkter körperlicher Bewegung. Wie zu Aristoteles' Zeiten, so zeigt sich auch in der Gegenwart der K.-Vollzug in der Musik am deutlichsten, am elementarsten. So wird der Irrweg deutlich, der sich dadurch ergab, daß sich die Rezeption der K. hauptsächlich auf dem Gebiete der Literatur vollzog.

Thomas Scheff geht davon aus, daß es drei Typen der Dramatik gibt: eine katharsisorientierte, eine, die sich intellektuell davon abgrenzt, und außerdem noch eine andere, die nicht die notwendige ästhetische Distanzierung aufbringt.[80] Er weist darauf hin, daß Literatur so strukturiert sein müsse, daß eine Entladung zustande kommt.[81] Wenn es auch richtig ist, daß die eine Art von Literatur besser geeignet ist, kathartische Wirkungen hervorzurufen, als eine andere, so wird die Möglichkeit des kathartischen Erlebens weniger von der literari-

---

77 SCHADEWALDT (s. Anm. 7), 148.
78 BERGER (s. Anm. 59), 92 f., 87.
79 Vgl. THEODOR W. ADORNO, Ästhetische Theorie, in: ADORNO, Bd. 7 (1970), 355.
80 Vgl. THOMAS J. SCHEFF, Catharsis in Healing, Ritual, and Drama (Berkeley/Los Angeles/London 1979), 152–155.
81 Vgl. ebd., 153, 208–214.

schen Struktur des Werkes, dafür mehr vom individuellen Zustand, von der geistig-psychischen Sensibilität des Aufnehmenden bestimmt. Selbst abstrakte Kunst, zum Beispiel eine Farbkomposition, vermag ein kathartisches Erlebnis auszulösen. Auch sie kann eine seelische Entladung hervorrufen, wenn die individuellen Voraussetzungen beim Betrachter gegeben sind. Allerdings wird sich eine solche Wirkung mehr als ein Ateliererlebnis erweisen, das entsteht, wenn bestimmte Kunsterfahrungen und seelische Bedrückungen zusammenfallen. Kathartische Wirkungen können sich aufgrund einer ganz spezifischen Situation bei nur einem einzelnen Menschen einstellen, aber auf diese Weise auch eine Massenbasis erlangen. Insofern muß ein breites Spektrum von Wirkungen vorausgesetzt werden.

X. Die dramaturgische Praxis

Im Unterschied zur Theorie und zur philologischen Forschung wurde die K. in der dramaturgischen Praxis weit weniger beachtet und schon gar nicht beansprucht. Vor allem im 20. Jh. war sie kein Gegenstand praktischer Erörterung mehr. Die Praktiker des Theaters vertraten weitgehend die Ansicht, die sich Corneille im 17. Jh. zu eigen gemacht hatte. Er hielt diese Theorie für einen schönen Gedanken, aber für wenig brauchbar in der alltäglichen Theaterpraxis. Im modernen Theater des 20. Jh. wurde sie als eine Angelegenheit des fünfaktigen Dramas angesehen, passend in eine Technik, wie sie Freytag formulierte. Mit der offenen Dramaturgie galt sie als überwunden. Die Wende, die mit Bernays einsetzte, hätte auch die dramaturgische Praxis verändern müssen, aber hier nahm man gar nicht davon Kenntnis. Lessings Autorität blieb ungebrochen. Seine Orientierung auf Furcht und Mitleid bestimmte weiterhin die Auffassung, auch wenn das Theater damit nicht viel anzufangen wußte. Das Theater stellte sich darauf ein, die Aristotelische Konstruktion den Philologen zu überlassen. So blieb sie bis zum heutigen Tage ein Lehr- und Lerngegenstand, hochgeschätzt in der Theorie- und Theatergeschichte, aber praktisch, experimentell genutzt wurde sie kaum.

Daran änderte auch die Erneuerung und Ausweitung der K. durch Freud und Breuer nichts. Dabei ist die Entdeckung des Aristoteles ein wesentlicher Grundvorgang für die Wirkung eines Kunstwerkes, unverzichtbar für die Wirkungsgeschichte. Sie ist und bleibt das auslösende Moment für das Kunsterlebnis. Zwar ist auch über die K. keine völlige Berechenbarkeit der Erschütterung möglich, die ein Kunstwerk auslöst. Das wird letztlich immer ein Geheimnis bleiben. Kunstwirkungen sind nicht völlig kalkulierbar, zumal die kathartische Erschütterung nur ein Teil der künstlerischen Gesamtwirkung ist. Aber die durchrüttelnde, veränderungsmächtige Wirkung, die Kunstwerken nachgesagt wird, löst die K. aus, ohne sie kommt der gesamte Prozeß nicht in Gang, ist das tiefe Kunsterlebnis nicht denkbar. Aus dem gegenwärtigen Erkenntnisstand dieser Kategorie und der Offenlegung ihrer Geschichte wäre eine Neubestimmung dramaturgischer Praxis erforderlich. Ein Theater, das auf Wirkungen Wert legt, und welches Theater wollte sich da ausschließen, müßte daran interessiert sein, wie sie sich formieren, und wissen wollen, unter welchen Gegebenheiten sie ausbleiben. Anregend für eine Neuorientierung dramaturgischer Teamarbeit könnte die Bestimmung sein, die Scheff für die Forschung umreißt.»Another direction would be the creation of new social forms which allowed catharsis, by combining ritual, entertainment, therapy, political, or communal functions. [...] If further research produces the knowledge and the confidence, the invention of new cathartic forms might then become a goal of the highest priority.« (226) Nun ist eine solche aufwendige Arbeit, die eigentlich nur interdisziplinär bewältigt werden kann, dadurch beeinträchtigt, daß sich Wirkungsniederschlag immer nur annähernd, mit großen Unschärfen bestimmen läßt. Das macht eine wissenschaftliche, dramaturgische Teamarbeit unattraktiv für das praktische Theater.

Bei der Voraussicht auf Wirkungen muß dem erweiterten K.-Begriff und den freigelegten historischen Bedingungen des K.-Vorgangs Rechnung getragen werden. Das bedeutet 1., von dem Aristotelischen Kerngedanken auszugehen, daß durch die forcierte Spannung einer Handlung, eines Vorgangs, einer provozierenden Sicht auf Dinge eine

Entladung, eine Erleichterung, eine Befreiung oder Milderung des seelischen Drucks herbeigeführt wird. 2. Die K. ist ein Vorgang, der auf das Individuum gerichtet ist. Die geistig-psychische Verfassung ist für die Stärke der Entladung von entscheidender Bedeutung. Wirkungen können dann bis zu einem bestimmten Grade kalkulierbar gemacht werden, wenn der Zustand des Individuums in die Analyse einbezogen wird, weil nur so das kathartische Erleben zu steuern ist. 3. Eine Beeinflussung der Gefühlsexplosion, der Entladung durch moralische, philosophische, ideologische Ziele stellt sich heute zwangsläufig ein, obwohl Aristoteles sie ausschloß. Sie kann eintreten, auch wenn sie nicht im Kunstwerk angelegt ist, sie kann aber auch eine ganz andere Richtung nehmen als vom Kunstwerk beabsichtigt. Wichtig für eine Wirkungsästhetik wäre zumindest zu wissen, wie dieser widerspruchsvolle Prozeß von elementarer Entladung und beabsichtigten oder unbeabsichtigten ideologischen Einflüssen verlaufen könnte, um so zu erkunden, wie für den Menschen eine Hilfe möglich ist.

Geschichte von Aristoteles' ›Poetik‹ (Diss. Zürich 1950); LUSERKE, MATTHIAS (Hg.), Die Aristotelische Katharsis. Dokumente ihrer Deutung im 19. und 20. Jahrhundert (Hildesheim/Zürich/New York 1991); OTTO, UWE, Lessings Verhältnis zur französischen Darstellungstheorie (Frankfurt a. M. 1976); POHLENZ, MAX, Furcht und Mitleid? Ein Nachwort, in: Hermes 84 (1956), 59–74; RIEDEL, VOLKER, Wirkungsästhetische Erkenntnisse der Aristotelischen ›Poetik‹ in ihrer literaturgeschichtlichen und wissenschaftshistorischen Bedeutung, in: Philologus 135 (1991), 249–257; SCHADEWALDT, WOLFGANG, Furcht und Mitleid? Zur Deutung des Aristotelischen Tragödiensatzes, in: Hermes 83 (1955), 129–171; SCHEFF, THOMAS J., Catharsis in Healing, Ritual, and Drama (Berkeley/Los Angeles/London 1979); dt.: Explosion der Gefühle. Über die kulturelle und therapeutische Bedeutung kathartischen Erlebens (Weinheim 1983); SELLMAIR, JOSEPH, Katharsis oder der Sinn der Tragödie, in: Ztschr. f. Dt. Geisteswiss. 1 (1938/39), 269–279; THIELE, MICHAEL, Negierte Katharsis. Platon – Aristoteles – Brecht (Frankfurt a. M. u. a. 1991); WAGNER, CHRISTIAN, ›Katharsis‹ in der Aristotelischen Tragödiendefinition, in: Grazer Beiträge 11 (1984), 67–87; WITTKOWSKI, WOLFGANG, Katharsis. Goethe, Aristoteles und der Streit der Philologen: in: Goethe-Jahrbuch 104 (1987), 113–127.

Werner Mittenzwei

Literatur
BRUNIUS, TEDDY, Inspiration and Katharsis: The Interpretation of Aristotle's ›The Poetics‹ VI, 1449 b 26 (Uppsala 1966); DIRLMEIER, FRANZ, Κάθαρσις παθημάτων, in: Hermes 75 (1940), 81–92; FLASHAR, HELLMUTH, Die medizinischen Grundlagen der Lehre von der Wirkung der Dichtung in der griechischen Poetik, in: Hermes 84 (1956), 12–48; GARBE, BURCKHARD, Die Komposition der aristotelischen ›Poetik‹ und der Begriff der ›Katharsis‹, in: Euphorion 74 (1980), 312–332; GARCIA, DANIEL P., Theories of Catharsis in Modern Literary Criticism (Diss. Univ. of Oregon 1962); GOLDEN, LEON, Mimesis and Katharsis, in: Cassical Philology 64 (1969), 145–153; GOLDEN, LEON, The Purgation Theory of Catharsis, in: The Journal of Aesthetics and Art Criticism 31 (1972/73), 473–479; GOLDEN, LEON, The Clarification Theory of ›katharsis‹, in: Hermes 104 (1976), 437–452; GRÜNDER, KARLFRIED, Jacob Bernays und der Streit um die Katharsis, in: Epirrhosis. Festgabe für Carl Schmitt, hg. v. H. Barion u. a. (Berlin 1968), 495–528; HITSCHER, GABRIELE, Systemzusammenhang und Praxisbezug in der Theaterlehre des Aristoteles (Diss. Leipzig 1980); KEESEY, DONALD, On Some Recent Reinterpretations of Catharsis, in: The Classical World 72 (1978/79), 193–205; KOMMERELL, MAX, Lessing und Aristoteles. Untersuchung über die Theorie der Tragödie (1940; Frankfurt a. M. 1984); LIENHARD, MAX KURT, Zur Entstehung und

Kitsch

Einleitung; I. Ein Wort wird zum Begriff: Deutsche Wortgeschichte und Verbegrifflichung/Bedeutungskonstituierung des Wortes; II. Industriegesellschaftliche Modernisierung: Problemgeschichtliche These; III. Kitsch-Kritik in Deutschland; 1.Volkspädagogischer Kampf gegen den Kitsch; 2. Der ›saure‹ Kitsch; 3. Kritik bourgeoiser Zivilisation und der Kultur eines bürgerlichen Zeitalters; 4. NS-Staat und Kitsch; 5. Totalitarismus-Kritik; 6. Trivialliteratur-Forschung; 7. Kitsch-Anthologien: ›Viel Vergnügen mit dem Kitsch‹; **IV. Internationaler Transfer des Wortes; V. Kunst – Kitsch – Kitschkunst**

Einleitung

Das Wort ›Kitsch‹ entsteht in Deutschland am Ende des 19. Jh. und vereint auf sich Bedeutungen, für die es keinen Terminus ante quem gibt. Ältere Begriffe wie ›schlechter Geschmack‹, ›Dilettantismus‹, ›Mode‹, ›Schund‹, ›Kolportage‹, ›Trivialkunst‹ etc. erfassen Momente und Seiten des späteren vielschichtigen Begriffs, ohne mit ihm deckungsgleich zu sein.

Auch in anderen Sprachen gibt es für das deutsche Wort Kitsch kein wirkliches sprachliches Äquivalent. Das Englische und Amerikanische haben verschiedene Wörter für verschiedene Seiten des Kitsches (›trash‹, ›junk‹, ›rubbish‹, ›bad taste‹), in der französischen und italienischen Sprache stehen hauptsächlich: ›produit mauvais goût‹ bzw. ›cattivo gusto‹. Lediglich das Spanische und Russische verfügen über Wörter, die in ihrem Bedeutungsumfang dem deutschen ›Kitsch‹ nahekommen: span. ›lo cursi‹ und russ. ›пошлость‹ (pošlost')[1], die sich aber international nicht haben durchsetzen können. Kitsch ist nach dem 2. Weltkrieg rasch zu einem Internationalismus geworden, der selbst dort, wo es konkurrierende Wörter gab, Fuß gefaßt hat.

Aus diesem Umstand leitet die begriffsgeschichtliche Darstellung von Kitsch ihre zentrale These ab: Das deutsche Wort Kitsch bündelt in der Phase industriegesellschaftlicher Modernisierung auf verschiedenen Ebenen verschieden tief in der Geschichte liegende ästhetische Depravationen so zu einer neuen Summe, daß durch das Wort ein Begriff anwendbar wird: »L'émergence dans les langues germaniques d'un terme précis pour le désigner les a conduites à une première *prise de conscience*: à travers le mot, le concept devient appréhensible, manipulable.«[2] Diese Verbindung von Wort und Begriff macht Kitsch für die Übernahme in andere Sprachen attraktiv. »La cultura tedesca, forse per esorcizzare un fantasma che la ossessiona da vicino, ha elaborato con maggior impegno una definizione di questo fenomeno, e lo ha riassunto in una categoria, quella del *Kitsch*, talmente precisa che il termine, risultato intraducibile, è stato trasportato di peso anche nelle altre lingue.« (Vielleicht um ein Phantom auszutreiben, das sie von nahem bedrängt, hat die deutsche Kultur mit Eifer ein Stichwort für dieses Phänomen gebildet und in eine Kategorie gefaßt, die des *Kitsches*, die so genau ist, daß der Terminus, der sich als unübersetzbar erwies, wörtlich in andere Sprachen verpflanzt wurde.)[3]

Der heutige internationale Begriff Kitsch zeichnet sich durch zwei hervorstechende Merkmale aus: Er ist zum einen beziehbar auf alle Bereiche ästhetischen Verhaltens, der Künste und des Lebens, wobei es große Schwierigkeiten gibt, die begriffliche Struktur, strukturelle Merkmale oder gar Stileigenschaften von Kitsch zu fassen; er hat zum anderen die eindeutig evaluative Bedeutung einer negativen ästhetischen Bewertung. Dieser Konsens negativer Wertung hat in den 80er und 90er Jahren dieses Jh. eine Kunstproduktion motiviert, die aus dem schlechten Geschmack der Vergangenheit oder der jeweils anderen und mit Hilfe des Montage-/Collageprinzips und der ironischen oder kulturkritischen ›Dekonstruktion‹ eine neue avantgardistische ›Kitschkunst‹ kreierte.

Da die wort- und begriffsgeschichtlichen Belege nicht exhaustiv gewonnen wurden und im Alltagssprachlichen kaum zu verfolgen waren, muß sich die Darstellung auf herausragende Dokumente konzentrieren. Dabei spielen auch die verschiedenen Versuche der theoretischen Konzeptualisierungen von Kitsch eine Rolle; sie sind Teil der Begriffsgeschichte. In dieser Hinsicht gewinnt die begriffsgeschichtliche Darstellung auch eine theorie- und wissenschaftsgeschichtliche Dimension.

I. Ein Wort wird zum Begriff: Deutsche Wortgeschichte und Verbegrifflichung/Bedeutungskonstituierung des Wortes

Das Substantiv Kitsch tauchte erstmalig 1881 in Berliner Künstlerkreisen auf[4] und erfuhr in den folgenden 50 Jahren eine inflationsartige Ausbrei-

---

1 Vgl. RAMÓN GÓMEZ DE LA SERNA, Ensayo sobre lo cursi (1934), in: Gómez de la Serna, Lo cursi y otros ensayos (Buenos Aires 1943), 7–54; VLADIMIR NABOKOV, Nikolai Gogol (1944; Binghamton 1961), 63–74.
2 ABRAHAM A. MOLES, Le Kitsch. L'art du bonheur (Paris 1971), 7 f.
3 UMBERTO ECO, La struttura del cattivo gusto (1964), in: Eco, Apocalittici e integrati (Mailand 1964), 66; dt.: Die Struktur des schlechten Geschmacks, übers. v. M. Looser, in: Eco, Im Labyrinth der Vernunft. Texte über Kunst und Zeichen, hg. v. M. Franz/S. Richter (Leipzig 1989), 247.
4 Vgl. ›Kitsch‹, in: TRÜBNER, Bd. 4 (1943), 152 f.

tung, aus der die markantesten Stationen herausgehoben werden sollen:

1. Nach dem Vorbild einer bereits 1852 im *Museum of Manufactures* im Marlborough House in London gezeigten Ausstellung[5] baute der Direktor des Stuttgarter Landesgewerbemuseums, Edmund Pazaurek, 1909 eine Exposition auf, der er den Titel *Geschmacksverirrungen im Kunstgewerbe* gab. Als Pendant zu den noch jungen Kunstgewerbemuseen und zu den Expositionen der Weltausstellungen hatte Pazaureks Ausstellung den Zweck, in Gegenüberstellung von Beispiel und Gegenbeispiel zum guten Geschmack zu erziehen und auf die Gewerbe formerzieherisch einzuwirken.»Weil man jedoch die, auch dem hohen Kunstgenuß dienenden seriösen Abteilungen nicht durch ausgesprochen tadelnswerte Gegenstände entweihen darf, weil ferner eine gemeinsame Aufstellung zu Verwechselungen und Irrtümern Anlaß geben könnte, empfiehlt es sich, die Gegenbeispiele ganz *abgesondert* unterzubringen [...], ausschließlich nach der Art ihrer Versündigung gegen den guten Geschmack.«

Diese Aussonderung der schlechten Beispiele – »Fehler gegen das Material«, »gegen die Zweckform und Technik«, »gegen die Kunstform und den Schmuck« – kulminierte dann auf einer letzten, abschließenden Wand, auf der »Kitsch überhaupt« zusammengefaßt wurde:»Unkünstlerischer Massenschund, namentlich in den verbreitetsten Unterabteilungen: *Hurra-Kitsch* (bes. der Schrank mit den *Weltkriegs*-Greueln – Mißbrauch der Granatenform, des Eisernen Kreuzes, der alten Reichsfarben, der Unterseeboote, hervorragender Persönlichkeiten usw.), *Devotionalien*-Kitsch (Spekulation auf die religiösen Gefühle), *Fremdenandenken*-Kitsch, *Geschenk*-Kitsch (bes. Hochzeitsgeschenke), *Vereins*-kitsch (z. B. rückständige Studenten-›Kunst‹), *Aktualitäts*kitsch (als Beispiel für letztere ist eine Serie verschiedener Geschmacklosigkeiten zusammengestellt worden, die die große Zeppelin-Begeisterung 1908 ff. im Gefolge hatte), *Reklame*kitsch.«[6]

Durch diese Separierung und die Verschleifung von ›schlechtem Geschmack‹/›Geschmacksverirrung‹ und ›Kitsch‹ erlangte die Stuttgarter Kitschsammlung, die bis zum Ende des 1. Weltkrieges gezeigt wurde und der immer neue Exponate zugetragen wurden, weite nationale und internationale Wirkung. Man reiste nach Stuttgart, um die Ausstellung zu sehen, sie wurde unzählige Male in Zeitungen und Zeitschriften besprochen und in anderen Städten nachgebaut. Durch sie hat das Wort Kitsch weite Verbreitung erlangt und wurde mit Bedeutungen aufgefüllt, die für den Begriff konstitutiv geworden sind.

2. Ein Indiz für die Ausstrahlung des Begriffs von Kunst und Kunstgewerbe auf Lebensbeziehungen liefert ein unausgeführter Stückplan Frank Wedekinds aus dem Jahre 1917, dem er den Titel *Kitsch* gab. Eine seiner Notizen zu diesem Stück heißt: »Kitsch ist die heutige Form von Gotisch, Rokoko und Barock.«[7] Ausgeführte Szenen dieses Stücks erlauben den Rückschluß, daß Wedekind das currente Schlagwort als Zeitgeist-Chiffre verstand, mit der sich sowohl eine moderne antiklassische bzw. antitraditionalistische Grundhaltung wie auch die moderne Art zwischenmenschlicher Beziehungen fassen ließ.

3. Die erste Frage nach der Etymologie des Wortes stellte Ferdinand Avenarius 1920 in seiner Zeitschrift *Kunstwart*.[8] Sie zeigt an, daß die Bedeutungskonstitution einen Punkt erreicht hat, an dem nun überrascht nach dem Ursprung des jetzt in aller Munde gebräuchlichen Neologismus gesucht wird.

4. Hermann Schüling verzeichnet in seiner *Bibliographie der Abhandlungen über den Kitsch* ab 1909, ab Pazaureks Stuttgarter Kitsch-Ausstellung, ein Anwachsen der Zeitungs- und Zeitschriftenartikel zum Thema Kitsch mit zunehmender Frequenz.[9] Die erste eigens dem Kitsch gewidmete Studie erschien 1925: Fritz Karpfens *Der Kitsch. Eine Studie über die Entartung der Kunst*. Karpfen versucht als einer der ersten eine Typologie des Kitsches (›Der religiöse Kitsch‹, ›Der exotische Kitsch‹, ›Der

---

5 Vgl. JACOB REISNER, Zum Begriff Kitsch (Diss. Göttingen 1955), 188.
6 GUSTAV EDMUND PAZAUREK, Geschmacksverirrungen im Kunstgewerbe (Stuttgart 1919), 7, 8, 18.
7 FRANK WEDEKIND, Kitsch. Entwurf zu einem Drama und erste Niederschrift verschiedener Spuren (1917), in: Wedekind, Ges. Werke, Bd. 9 (München 1921), 210.
8 Vgl. FERDINAND AVENARIUS, Kitsch, in: Kunstwart 33 (1920), 222.
9 Vgl. HERMANN SCHÜLING, Zur Geschichte der ästhetischen Wertung. Bibliographie der Abhandlungen über den Kitsch (Gießen 1971).

Kitsch der Stube‹, ›Der Hurra-Kitsch‹, ›Der Kitsch im Kunstgewerbe‹, ›Der Plakat-Kitsch‹, ›Der architektonische Kitsch‹ usw.) und, in einem zweiten Teil, eine ›Psychologie des Kitsches‹ und eine Beschreibung des Kitsches als Stil.[10] In diesem halben Jh. wird Kitsch zu einem ästhetischen Begriff, indem sich durch Bedeutungskonstituierungen die amorphe Begriffsintention sukzessive auffüllt: Schund, Abfall, schlechte, seichte bzw. Nicht-Kunst, Produkte des schlechten (Massen-) Geschmacks, epigonenhafter Gebrauch von Stilen und Formen etc. Der Begriff wird Teil eines kulturellen ›Kampfkonzepts‹ (Pierre Bourdieu), dessen Träger von traditionellen Bildungs- und Kunstnormen aus die heraufziehende kulturelle Praxis einer industriellen Massengesellschaft bewerten und dabei auf die legitimen, aber verfälschten oder manipulierten Bedürfnisse ästhetischer Erfahrung und Wahrnehmung der Kitsch-Produzenten und -Rezipienten verweisen. Untrennbar von diesem Vorgang erweitert sich stufenweise die Begriffsextension. Die Anwendungen des Wortes greifen von der Malerei auf die Literatur und das Theater über, von da auf das Kunstgewerbe/Kunsthandwerk (›angewandte Kunst‹); das Wort wird verwendet für die Kennzeichnung zwischenmenschlicher Beziehungen, für die Devotionalien-Produktion (›religiöser Kitsch‹) und für die patriotisch gemeinten Nippes aus der Zeit des 1. Weltkrieges (›Hurra-Kitsch‹), schließlich, nachdem das junge Massenmedium Film aus seiner experimentellen Frühphase tritt, für den ›Kino-Kitsch‹.

Die Erweiterung der Begriffsextension erfaßt aber auch nacheinander die Bereiche von Produktion, Distribution und Rezeption/Konsumtion, die alle Orte der Kitschentstehung sein können: von den Zeitwörtern ›kitschen‹ (Bezug auf Produktion/Herstellung) und ›verkitschen‹ (in der Distribution durch massenhafte Verbreitung/Vervielfältigung Kitsch erzeugen oder durch bestimmten Gebrauch etwas ›verkitschen‹) zum Substantiv Kitsch, mit dem dann ein Gegenstandsbereich mit bestimmten Strukturen oder Funktionen bezeichnet werden soll. Erst nachdem das Substantiv allgemein im Gebrauch ist, bildet sich das Adjektiv ›kitschig‹ mit seinen universalen ästhetisch wertenden Bezugsmöglichkeiten auf alle Kunst- und Lebensbereiche. Der erste Beleg ›kitschig‹ findet sich in einem Brief von Otto Julius Bierbaum aus dem Jahre 1906.[11]

Wo liegen die Ursachen für die Konjunktur des Wortes und seine seit 1880 erfolgende rasche Verbegrifflichung? Dazu ein Blick in die Wortgeschichte. Was für die Zeitgenossen zunächst wie ein aus dem Nichts kommender Neologismus aussah, erwies bei näherem Zusehen sein etymologisches Hinterland. Als Kitsch zum alles umgreifenden Schlagwort wurde und sich der Streit um die Inhalte des Begriffs entzündete, setzten die Nachfragen nach der Herkunft des Wortes ein. Dabei ist aufschlußreich, daß die verschiedenen, miteinander konkurrierenden Etymologie-Versuche, die seit Avenarius unternommen wurden, von einer jeweils schon festliegenden Konzeptualisierung des Phänomens Kitsch bestimmt sind. Die verschiedenen Etymologien erweisen sich so als Funktionen und als Bestätigungsversuche des jeweiligen Konzepts.

Die fünf wichtigsten Ableitungsversuche des Wortes sind:

1. Von engl. ›sketch‹ (= Skizze, Studie, Schema). Avenarius führt das Einsickern des Wortes auf angelsächsische, vor allem amerikanische Touristen zurück, die im München der 70er und 80er Jahre von den dortigen Malern etwas Kleines und Billiges als Andenken (›a sketch‹) forderten. Der deutsche ›Kunst- und Kulturwart‹ sieht die Sache und das Wort durch den sich entwickelnden Tourismus der Mittelschichten als von außen eingeschleppt an.[12]

2. Die Ableitung von mundartlich (Südwestdeutschland) ›kitschen‹ (= den Straßenschlamm mit der Kotkrücke [Kitsche] zusammenscharren). Die soßigbraune Farbe des Schlammes sei mit der Farbe moderner Bilder verglichen worden. Die metonymische Ableitung von Schlamm stützt das Wertungsmuster Kitsch als Schund und Abfall.[13]

3. Die Ableitung von mundartlich (Mecklenburg und Rheinland) ›kitschen‹ (= ›entlangstrei-

---

10 Vgl. FRITZ KARPFEN, Der Kitsch. Eine Studie über die Entartung der Kunst (Hamburg 1925).
11 Vgl. ›Kitsch‹ (s. Anm. 4), 152.
12 Vgl. AVENARIUS (s. Anm. 8), 222; GERO VON WILPERT, ›Kitsch‹, in: Wilpert (Hg.), Sachwörterbuch der Literatur (Stuttgart ³1961), 286.
13 Vgl. ›Kitsch‹, in: KLUGE, 371; EDUARD KOELWEL, Kitsch und Schwäbisch: Muttersprache 52 (1937), 58 f.

chen‹, Kennzeichnung jeder schnellen Fortbewegung). Sinn: das Flüchtige, Billige, für den schnellen Konsum Schnellgemachte.[14]

4. Die Ableitung von russ. ›кичиться‹ (= sich brüsten; sich für mehr ausgeben, als man ist). Diese Ableitung bezieht sich auf die Konsumtion des Kitsches: Status ausstellen und an der Mode teilnehmen[15] und korrespondiert mit dem, was Thorstein Veblen die ›conspicuous consumption‹ der ›leisure class‹ genannt hat.[16]

5. Die Ableitung von mundartlich (Schwaben und ganz Süddeutschland) ›Kitsch‹ (= kurzes Holz, Abfall, Traglast) und ›verkitschen‹ (= im kleinen handeln, verkaufen), das auch in der Gaunersprache und im Rotwelschen zu finden ist.[17] Das hinter dieser Ableitung stehende Kitsch-Konzept zielt auf Kitsch gleich Kolportage gleich Trivialliteratur.

Die Ableitungen wurden bewußt in der Reihenfolge ihres zeitlichen Auftretens genannt, um ihren Bezug zu den in Deutschland jeweils vorherrschenden Konzeptualisierungen des Kitsches deutlich zu machen: von der konservativ-kulturkritischen Wertung über die von der Frankfurter Schule inspirierte Kulturindustrie-Theorie zu der seit den 60er Jahren vorherrschenden Betrachtung des Kitsches aus der Perspektive der Trivialliteratur-Forschung, bei der tendenziell der Kitsch als *ästhetisches* Phänomen und der ästhetischen Erfahrung zugehörig ausgeblendet wurde.

Die umstrittene Etymologie des Wortes ist für den sich bildenden Begriff Kitsch höchst aufschlußreich. Der Wortstamm ist über ganz Deutschland verbreitet, hat aber regional-mundartlich verschiedene Bedeutungen, die, in ihrer Summe genommen, einen Bedeutungshof abstecken, für den ein zusammenfassendes, diese Bedeutungen bündelndes und schlagkräftiges Wort gebraucht wurde. Das Wort Kitsch bot sich dafür an, weil es in der Spannung von regionalem und über-

regionalem Verständnis genügend Assoziationsmöglichkeiten und Freiheiten der Bedeutungsauffüllung bot, auch genügend vage und denotativ unbestimmt war, um eine hybride und amorphe Modernitätserfahrung durch ein Wort auf den Begriff zu bringen. Wenn man die verschiedenen etymologischen Ableitungen einmal nicht als konkurrierende und sich gegenseitig ausschließende, sondern komplementäre Bedeutungsnuancen auffaßt, so läßt sich sagen: Bei der Entstehung des Begriffs ist in Deutschland regional unterschiedlich höchst Verschiedenes mit dem Wort assoziiert und bezeichnet worden. Der schlagwortartige Gebrauch über ganz Deutschland hin führt diese verschiedenen Bedeutungen zu einem Begriff zusammen. Das Wort Kitsch bildet also den Begriff Kitsch – natürlich nicht in dem Sinne, daß Sprache die Sache schafft, wohl aber in dem, daß mittels des Wortes heterogene Bedeutungen zusammengeführt und so gebündelt werden, daß aus der Summe der Bedeutungen eine neue Bezeichnungsqualität entsteht.

II. Industriegesellschaftliche Modernisierung: Problemgeschichtliche These

Wenngleich es vielfältige Definitionsversuche für Kitsch gegeben hat, bleiben die Denotate des Wortes nach wie vor höchst vage. Die Frage nach ihnen muß dennoch gestellt werden, um in onomasiologischer Blickrichtung in das synonyme Begriffsfeld von Kitsch zu gelangen.

Zunächst können strukturelle Merkmale des Kitschgegenstandes namhaft gemacht werden:
 Erstens: Inadäquatheit, Heterogenität, Dysfunktionalität. Kitsch ›verrückt‹ die Formen, indem er sie mißdeutend aus ihren Kontexten löst; die Begründung durch den Zusammenhang, die ›Ökonomie‹ der Formen fehlt, weil die strukturellen Elemente beliebig gewählt werden. Das Material wird unecht behandelt, indem wertvollere andere Materialien vorgetäuscht werden. Typisches Beispiel kitschiger Dysfunktionalität ist das *Gadget*, bei dem sinnvolle Mehrfunktionalität eines Ge-

---

14 Vgl. ›Kitsch‹, in: PAUL, 459.
15 Vgl. WOLFRAM VON DEN STEINEN, Kitsch und Wahrheit in der Geschichte, in: Die Welt als Geschichte 12 (1952), 149–166.
16 Vgl. THORSTEIN VEBLEN, The Theory of the Leisure Class (1899; New York 1953), 60–80.
17 Vgl. OTTO F. BEST, ›Auf listige Weise Kleinhandel betreiben‹. Zur Etymologie von Kitsch, in: Monatshefte 70 (1978), 45–57.

brauchsgegenstandes zur Disproportion von Mittel und Zweck wird, z.B. der Autoschlüsselanhänger mit Spiegel, Puderdose und Uhr.[18] Zweitens: Anhäufung/Überhäufung, Synästhesie. Kitsch hat kumulative Strukturen. Er häuft gleichartige Elemente in eklektischen Synthesen und forciert synästhetische Wahrnehmungen durch die Vermischung heterogener Stile, Formen und Gattungen. Im Streben des 19. Jh. nach dem ›totalen‹ oder ›Gesamtkunstwerk‹ liegt latent auch der Kitsch. Nietzsche kritisiert an Wagner den »Niedergang der organisierenden Kraft: der Mißbrauch überlieferter Mittel, ohne das *rechtfertigende* Vermögen, das zum-Zweck; die Falschmünzerei in der Nachbildung großer Formen [...], die Überlebendigkeit im Kleinsten; der Affekt um jeden Preis; das Raffinement des Ausdrucks des *verarmten* Lebens; immer mehr Nerven an Stelle des Fleisches«[19].

Drittens: Mittelmäßigkeit und Komfort. Kitsch forciert und fixiert ästhetische Normen[20]; er nivelliert die ›Dialektik des Schönen‹ u.a. dadurch, daß er das Häßliche aus seinen Gestaltungen prinzipiell ausschließt.[21] Dadurch gerät er im Vergleich zur künstlerischen Avantgarde und Moderne auf das Niveau der Mittelmäßigkeit. Er wird die Kunst für die große Masse. Kitschgegenstand und Massenkonsum finden zu einer ästhetisch-funktionellen Einheit zusammen. Sein Komfort ist der ›easy way of life‹, der leichte Zugang zu den Konsumgütern und zur gesellschaftlichen Anerkennung.[22]

Ein zweiter denotativer Kernbereich der Bezeichnung Kitsch ist die spezifische Art und Weise ästhetischer Wahrnehmung von Gegenständen und Beziehungen: Kitscherleben ist privat, isoliert, gefühlsimmanent und distanzlos. Es ist solipsistischer Genuß: Genüßlichkeit statt Genuß. Während der distanzierte ästhetische Genuß auf den Gegenstand gerichtet ist und ihn zugleich transzendiert, verliert die kitschige Genüßlichkeit ihr Objekt und genießt nur noch die durch den Gegenstand ausgelösten Stimmungen und Gefühle für sich.[23] Adorno meint: »Kitsch parodiert die Katharsis«[24]. Die Sicht vom Kitscherleben her erklärt dann auch, warum Nicht-Kitschiges in einem bestimmten Gebrauchszusammenhang zum Kitsch werden kann: Dem ›Kitsch-Menschen‹, sagen Hermann Broch und Ludwig Giesz, wird alles zum Kitsch.

So vage die Denotate auch bleiben, immerhin ist ein Phänomenbereich ästhetischer Gestalten und ästhetischer Wahrnehmung abgesteckt, der auch unter anderen Wort-Begriffen erscheint bzw. in sie eingegangen ist oder dort debattiert wird, so in den Begriffen ›Kulturindustrie‹, ›Massenkultur‹, ›Unterhaltung‹, ›Trivialliteratur‹ oder, im internationalen Zusammenhang gesehen, in nationalsprachigen Wort-Begriffen. Der Vergleich mit der spanischen Begriffsgeschichte von ›lo cursi‹ zeigt dabei auffallende Parallelen mit der deutschen Begriffsgeschichte von Kitsch: Auch das Wort ›lo cursi‹ taucht in der zweiten Hälfte des 19. Jh. auf; im Spanischen gibt es 1901 von Jacinto Benavente eine Komödie mit dem Titel *Lo cursi*, und genauso wie im Deutschen ist die Etymologie des Wortes unklar und umstritten. Das Wort bezeichnet zunächst den schlechten Geschmack, dann, mit soziologischer Argumentation, die kleinbürgerliche, parvenuhafte Nachahmung des aristokratischen Lebensstils.[25] Unterschiedlich zum deutschen Kitsch unterscheidet Gómez de la Serna zwischen positiv und negativ bewertetem ›cursi‹ – ein Unterschied, der sich im Gegensatz von ›gefühlvoll‹ und ›gefühlig‹/›sentimental‹ fassen läßt und wohl mit dem anderen nationalen Verhältnis zur volkstümlichen Überlieferung und zum Melodramatischen zusammenhängt. Eine der jüngeren

---

18 Vgl. WOLFGANG SUPPAN, Zum Problem der Trivialisierung in den Kunstliedern im Volksmund, in: H. de la Motte-Haber (Hg.), Das Triviale in Literatur, Musik und bildender Kunst (Frankfurt a.M. 1972), 160f.; WALTHER KILLY, Deutscher Kitsch (Göttingen 1961), 12; MOLES (s. Anm. 2), 211–222.
19 FRIEDRICH NIETZSCHE, Der Fall Wagner (1888), in: NIETZSCHE (KGA), Bd. 6/3 (1969), 41.
20 Vgl. LIEBGUNDE WILLKOMM, Ästhetisch erleben. Eine psychologische Untersuchung des Übergangs von Kunsterleben und Kitscherleben (Hildesheim/New York 1981), 117.
21 Vgl. LOTHAR KÜHNE, Gegenstand und Raum (Dresden 1981), 218ff.
22 Vgl. MOLES (s. Anm. 2), 72.
23 Vgl. LUDWIG GIESZ, Phänomenologie des Kitsches. Ein Beitrag zur anthropologischen Ästhetik (Heidelberg 1960), 79.
24 THEODOR W. ADORNO, Ästhetische Theorie, in: ADORNO, Bd. 7 (1970), 355.
25 Vgl. MARGARITA RIVIÈRE, La idea de lo cursi, in: El País (11.4.1992).

Arbeiten zu ›lo cursi‹ nimmt dann die Modernisierung und Generalisierung des Begriffs vor, vermutlich unter dem Eindruck der internationalen Kitsch- und Massenkultur-Diskussion.[26] Geht es hier um synchrone Konkurrenzen verschiedener Begriffe, die, wenn auch mit je unterschiedlicher Weite der Extension, gleiche, ähnliche oder verwandte Probleme decken, so zeigt die diachrone Betrachtung folgendes: In den 20er Jahren, in denen die Kitsch-Diskussion an Breite gewinnt und erste Konzeptualisierungen vorgenommen werden, zieht der Begriff nach und nach auch ältere Begriffsinhalte an sich, die etwa in der klassischen deutschen Ästhetik bereits unter verschiedenen Bezeichnungen (z.B. Dilettantismus, Unkunst, Modekunst) analysiert und debattiert worden waren. In Goethes Beschreibung der Villa La Bagheria des Prinzen von Pallagonien (*Italienische Reise*, 1817), der Sammlungen und Attitüden des Hofrats Beireis (*Tag und Jahreshefte*, 1805) und in dem gemeinsam mit Schiller konzipierten *Schema über den Dilettantismus* (1799) gibt es eine Phänomenologie von Gegenständen und Verhaltensweisen, die das 20. Jh. ohne Zögern als ›Kitsch‹ und ›kitschig‹ klassifizieren würde. Die »Abgeschmacktheiten« des Prinzen von Pallagonien sieht Goethe folgendermaßen: »Wir nähern uns dem Schlosse und werden durch die Arme eines halbrunden Vorhofs empfangen; die entgegenstehende Hauptmauer, wodurch das Tor geht, ist burgartig angelegt. Hier finden wir eine ägyptische Figur eingemauert, einen Springbrunnen ohne Wasser, ein Monument, zerstreut umherliegende Vasen, Statuen, vorsätzlich auf die Nase gelegt [...]. Kandelaber von chinesischem Porzellan stehen in den Ecken, welche, näher betrachtet, aus einzelnen Schalen, Ober- und Untertassen u. dgl. zusammengekittet sind. Kein Winkel, wo nicht irgendeine Willkür hervorblickte. Sogar der unschätzbare Blick über die Vorgebirge ins Meer wird durch farbige Scheiben verkümmert, welche durch einen unwahren Ton die Gegend entweder verkälten oder entzünden.«[27] Es handelt sich hier um eine Spielart des italienischen Barock, die groteske und kitschige Stilzüge mischt. Auch die kitschige ›Genüßlichkeit‹ wird bereits im 18. Jh. zum Problem: »Man muß Vergnügen und Gefallen an dem Vergnügen haben voneinander unterscheiden ..., es läßt sich doch nicht leugnen, daß es etwas anders ist eine angenehme Empfindung zu haben, etwas anders an dem Genuß derselben Lust zu finden«[28]. Goethe/Schillers *Schema über den Dilettantismus* notiert in der Spalte ›Schaden fürs Subjekt/Schaden fürs Ganze‹ eine ganze Reihe genau dieser Kitschhaltungen. Zu den Stilwidrigkeiten des Prinzen von Pallagonien merkt Goethe an, daß dies genetisch erklärt werden müsse, daß »weder das Abgeschmackteste noch das Vortrefflichste ganz unmittelbar aus *einem* Menschen, aus *einer* Zeit hervorspringe, daß man vielmehr beiden mit einiger Aufmerksamkeit eine Stammtafel der Herkunft nachweisen könne«[29]. Eine Geschichte des Kitsches, die sich an diesem Grundsatz orientierte, hätte nicht mehr darzustellen als das, was mit dem Namen Kitsch selbst bezeichnet wird, die Geschichte all der Elemente nämlich, die das 20. Jh. unter diesem Namen zusammenzieht und auf einen Nenner bringt. Begriffsgeschichtlich interessiert allerdings nicht zuerst diese Fragestellung, sondern eher der Sachverhalt, daß die expansive Kraft des Neologismus offensichtlich so stark ist, daß er bestimmte, verschieden tief in der Geschichte liegende Figuren ästhetischer Depravationen an sich zieht und selbst an historisch weit zurückliegenden Epochenstilen wie dem Barock, dem Rokoko oder dem Manierismus jetzt, nachdem das Wort da ist, der Kitsch namhaft gemacht wird.

Je weiter sich diese Ausdehnung des Begriffs durchsetzte, um so eher entstand die Möglichkeit, den ›ewigen‹ Kitsch zu entdecken, ihn als anthropologisches Phänomen zu erklären: als von jeher im Menschen angelegte Latenz der Depravierung seines Geschmacks und Stils, seiner Empfindungen und Gefühle und seines emotionalen Verhältnisses zu Natur, Kunst und zu sich selbst. »Kitsch ist nicht, wie der Bildungsglaube es möchte, bloßes

---

26 Vgl. XAVIER RUBERT DE VENTÓS, Teoría de la sensibilidad (Barcelona 1969), 206–208.
27 JOHANN WOLFGANG GOETHE, Italienische Reise (1817), in: GOETHE (HA), Bd. 11 (1950), 245 f.
28 MARKUS HERZ, Versuch über den Geschmack und die Ursachen seiner Verschiedenheit (Leipzig ²1790), 94 f., zit. nach JOCHEN SCHULTE-SASSE, ›Kitsch‹, in: RITTER, Bd. 4 (1976), 844.
29 GOETHE (s. Anm. 27), 242.

Abfallprodukt der Kunst, entstanden durch treulose Akkomodation, sondern lauert in ihr auf die stets wiederkehrenden Gelegenheiten, aus der Kunst hervorzuspringen.«[30] Die Faszination des Neologismus, die seine schnelle Durchsetzung erklärt, bestand ja gerade darin, daß von einzelnen Beobachtungen und Diagnosen aus, die zunächst unverbunden und einzeln der Dekadenz der eigenen Epoche zugerechnet wurden, nun durch das Wort und seinen Gebrauch sich nach und nach ein ästhetischer und kultureller *Zusammenhang* auftat, der seine moderne und seine ›zeitlose‹ Seite hat. Der religiöse Kitsch zum Beispiel entsteht als augenscheinliches Phänomen mit dem beginnenden Massentourismus, u. a. nach Lourdes. Ungeachtet dessen ist er in der katholischen Heiligenverehrung seit je latent und rückt nun für katholische Theologen, als sie mit dem modernen religiösen Kitsch konfrontiert werden und ihn theologisch interpretieren müssen, in die Nähe der religiösen Ur-Probleme der Erbsünde und des Bösen.

Daß sich kirchliche Moraltheologen besonders intensiv mit dem Kitsch auseinandergesetzt haben, ist auf die große Verbreitung und Erscheinungsvielfalt des religiösen Kitsches zurückzuführen. Obwohl die Religion seit jeher von der ästhetischen Wahrnehmung ihrer Gläubigen Gebrauch machte, haben das 19. und 20. Jh. durch Wallfahrts-Tourismus und industrialisierte Devotionalien-Produktion eine Flut religiösen Kitsches erzeugt, der zur allgemeinen Auseinandersetzung mit dem Kitsch herausforderte. »Sinnlich lust- und genußvolle Empfindungen« sind »Wesensmerkmale« von Kitsch; er ist »Index der Erbsünde«, deren »frecher und entwertender Verführungskraft entgegenzuwirken wäre – wenn sich jeder zur christlichen Echtheit bekennen«[31] würde.

Begriffsgeschichtlich sind wiederum weniger die ›zeitlosen‹ und anthropologischen Konstituenten des Begriffs interessant, sondern die Aufklärung seiner modernen Bedingungen und die Antwort auf die Frage, warum dieser Neologismus sich in der Epoche von 1870 bis 1920 so vehement durchsetzte und warum er gerade in Deutschland reüssierte.

Für die moderne *Problemgeschichte* des Kitsches liegt eine soziologische und kulturhistorische Betrachtung nahe, die vom Vorgang der industriegesellschaftlichen Modernisierung als Basistheorem ausgeht. In Deutschland wird diese Modernisierung in den Gründerjahren nachgeholt und erreicht bis zum 1. Weltkrieg das Niveau der anderen europäischen Industrienationen. Sie hat tiefgreifende sozialpsychologische und sozialethische Umbrüche im Gefolge: Die Dynamik kapitalistischer Entwicklung, die bis dato immer Eroberung des Raums und des Territoriums war, erreichte 1880 einen Krisenpunkt. Von jetzt ab konnte nur noch Krieg die Fortsetzung der Entwicklungsdynamik durch Raumerweiterung garantieren. Dies geschah auch. Die eigentliche Dynamik der ökonomischen Ordnung erhielt sich aber bis heute durch eine bedeutungsvolle Wendung nach innen: »Der Kapitalismus schafft, seitdem die neue Aufschließung nachläßt, durch gesteigerte Kaufkraft der Massen innere neue Absatzgebiete gewissermaßen im eigenen Körper und damit die Möglichkeit eines gesunden Kreislaufes weitgehend unabhängig von bedeutenden weiteren Erdaufschließungen. Die kapitalistisch fundierte ökonomische Weltform schüttet erst in dieser Zeit ihre reichsten Gaben aus.«[32] Dieser Vorgang, der alle Industriegesellschaften betrifft, legt das ökonomische Fundament für den Kitsch in seiner modernen Ausformung. Der Zusammenhang zwischen industriegesellschaftlicher Modernisierung und Kitsch ist dabei so eng, daß das Auftauchen seiner Erscheinungsformen in Ländern der Dritten Welt als ein Indiz für die Modernisierung dieser Länder genommen werden konnte.[33]

Industriegesellschaftliche Modernisierung schafft mit dem Kitsch einen neuartigen, spezifisch modernen kulturellen Mechanismus, eine ›kulturelle Kristallisation‹[34], die eine Summe von (älteren und modernen) Bedingungen zu ihrer vollen Ausbildung brauchte: 1. Die ökonomische Umpolung auf den Konsum veränderte die »Sozialethik der kapitalisti-

---

30 ADORNO (s. Anm. 24), 355.
31 RICHARD EGENTER, Kitsch und Christenleben (Ettal 1950), 119 f.
32 ALFRED WEBER, Kulturgeschichte als Kultursoziologie (1935; München 1963), 420.
33 Vgl. MOLES (s. Anm. 2), 228 f.
34 Vgl. ARNOLD GEHLEN, Über kulturelle Kristallisation (1961), in: Gehlen, Studien zur Anthropologie und Soziologie (Neuwied/Berlin 1963), 311–328.

schen Kultur«[35]. Mit der Entstehung eines breiten Spektrums von Mittelschichten und mit der Wandlung der bürgerlichen Familie und ihres Affektehaushaltes wurde für den Konsum eine hedonistische Ethik in ihre Rechte gesetzt, die sich nicht mehr auf die aufgeschobene/aufgehobene spätere Erfüllung verweisen ließ, sondern im Konsum Glück und Genuß für den Augenblick suchte.[36] 2. Die ästhetischen Werte und Bewertungen sind aus den Verbindlichkeiten genormter Systeme entlassen. 3. Die sozialen Distinktionen zwischen gutem und schlechtem Geschmack und ihren Trägern sind hinfällig geworden (vgl. den aristokratischen Kitsch des Bayernkönigs Ludwig II. und den Kitsch der ›kleinen Leute‹, die Gartenburgen des französischen Briefträgers Cheval z. B.). 4. Die Reproduktionstechniken haben einen Standard erreicht, der beliebig viele Konsumenten in die Verteilung von Kulturgütern einzubeziehen erlaubt. Da der Buchdruck dies schon früher konnte, entstand die literarische Form des Kitsches (›Trivialliteratur‹) auch früher, und zwar bereits im 18. Jh. 5. Die für die Freizeit zur Verfügung stehende Zeit übersteigt das Maß der zur physischen Reproduktion notwendigen Zeit.

Faßt man diese Bedingungen und Voraussetzungen zusammen, so läßt sich folgern, daß die kulturelle Kristallisation Kitsch mit dem sozialen und ästhetischen juste milieu in den modernen Massengesellschaften der Industrienationen eng verbunden, ja eine ihrer wesentlichen Signaturen ist. Die Dynamik einer auf die produktive Funktion des Konsums orientierten Gesellschaft teilt sich dabei auch dem Kitsch mit, indem durch die Assimilationskraft dieser soziokulturellen Ordnung etwas erst zum Kitsch wird, was vordem als solcher nicht galt.

Im Jahre 1997 veranstaltete das *New Europe College* in Bukarest ein Symposium zum Thema ›Kitsch in Zeiten des Umbruchs‹, auf dem der Kitsch als selbstverständliche Begleiterscheinung der Demokratisierungsprozesse in Osteuropa bezeichnet wurde. Der rumänische Kunsthistoriker Andrei Plesu beschrieb aus dieser Perspektive nachholender Modernisierung das Phänomen des Kitsches folgendermaßen: »Jede Welt im Umbruch ist eine hybride Welt. Bevor sie ihre Normalität findet, erprobt sie tastend und unbeholfen verschiedene Wege, deren Überlagerung wie ein inkongruentes Spektakel wirkt, an der Grenze zwischen Lächerlichkeit und Pathetik. [...] Die Mischung von Planung, Improvisation und Zufall, die übereilten, pompösen und inadäquaten Lösungen – all das kann man auch aus der Perspektive des Kitsches betrachten, und es könnte zu einem weniger konventionellen Verständnis der posttotalitären Gesellschaften führen. Die Rede ist nicht nur vom herkömmlichen Kitsch in seinen visuellen und verbalen Formen, sondern von der Gesamtheit der sozialen, politischen, ökonomischen und ideologischen Phänomene, die das Ergebnis der – bei jedem Umbruch unvermeidbaren – Gleichzeitigkeit alter und neuer Formen und Mentalitäten ist.«[37]

III. Kitsch-Kritik in Deutschland

Mit seiner extrem uneindeutigen In- und Extension steht der ästhetische Grundbegriff Kitsch »qua vielfacher Anschlußfähigkeit für kommunikative Verdichtung *und* Diffusion von Erfahrungen«; er gibt »Stoff und Anhalt für die ›imaginäre Totalisierung‹ vielfältiger Praxisbereiche«[38]. Eindeutig ist allein seine evaluative Komponente ästhetischer Abwertung, die von dem hybriden Moderne-Bewußtsein der deutschen Bildungsträgerschichten, ihrem traditionell-konservativen Wertebewußtsein (die zur Bildungsnorm erstarrte klassisch-romantische Kunsttheorie; der Gegensatz Kultur versus Zivilisation) gesteuert wird.

Dieses Zusammenspiel zwischen unklarer In- und Extension und negativer Evaluation disponiert den Begriff als Kampfbegriff/Kampfkonzept und

---

35 MAX WEBER, Die protestantische Ethik und der Geist des Kapitalismus (1905), in: Weber, Die protestantische Ethik (Neuwied/Berlin 1973), 45.
36 Vgl. GERT UEDING, Glanzvolles Elend (Frankfurt a. M. 1973), 24 ff.
37 Zit. nach EMMERICH REICHRATH, Kitsch als Parodie der Katharsis, in: Neue Zürcher Zeitung (13. 6. 1997), 46.
38 CLEMENS KNOBLOCH, Überlegungen zur Theorie der Begriffsgeschichte, in: Archiv für Begriffsgeschichte 35 (1992), 12.

erklärt seine heterogenen Konzeptualisierungen und Funktionalisierungen. In der Überschau betrachtet, lesen sich die verschiedenen Kitsch-Konzepte wie eine Abbreviatur der deutschen Ideologiegeschichte des 20. Jh. Als zeitlicher Gesamttrend läßt sich ausmachen, daß die ursprünglich allein kulturkritische Auseinandersetzung mit seinem ästhetisch defizitären Status (Kitsch ist Unkunst und anästhetisch) sich innerhalb der avancierteren massenkulturellen Konzepte (das geschieht allerdings nicht zuerst in Deutschland) zur Analyse der mit ihm erfolgenden Bedürfnisanmeldung und Bedürfniserfüllung wandelt.

1. Volkspädagogischer Kampf gegen den Kitsch

Der im Bildungsauftrag von Schulen, Büchereien, Volksbildungsorganisationen, Vereinen und Parteien geführte kulturpolitische Kampf gegen den Kitsch ist bis auf den heutigen Tag eine Konstante in der Literatur über den Kitsch. Pazaureks Ausstellung und seine Schriften sind der Prototyp dieses Konzepts: Die Produkte des schlechten Geschmacks sollen zunächst isoliert und dann denunziert werden. Vorausgesetzt ist ein emphatischer Begriff von Kunst, der dem verbildeten Massengeschmack und seinen Produkten ›Schund‹, ›Pseudokultur‹, ›Trivialkunst‹, ›Massenkultur‹, ›Kitsch‹ entgegengehalten wird.[39]

Die volkspädagogische Bekämpfung des Kitsches, dessen Entstehungsbedingungen, Strukturen und Wirkungen dabei kaum interessieren, setzt auf die Eliminierung des Kitsches – in den Köpfen oder gar buchstäblich: Die Stadt Bergkamen veranstaltete 1971 eine öffentliche, von ihr finanzierte Umtauschaktion »Kitsch gegen Kunst«[40].

2. Der ›saure‹ Kitsch

Wie beliebig die Inhalte von Kitsch gesetzt werden können, zeigt die Kombination ›saurer Kitsch‹ an, die um 1920 als Pendant zum ›süßen Kitsch‹ aufkommt und den bisherigen Sinn des Wortes ins Gegenteil verkehrt. »Eine Revision des Begriffs tut dringend not, um die zahllosen neuen Arten des Kitsches, die das Gegenteil von süß sind, unter dem Wort zu sammeln«. Gemeint sind: der Neoimpressionismus, Seurat, die italienischen Futuristen, Picasso, die gegenstandslose Malerei und »die Bolschewiken auf dem Gebiet der Kunst«[41]. Mit dieser Ausdehnung wurden die Denotate von Kitsch vollends konturlos. Das Wort wird zur fungiblen Feindbezeichnung und zum disqualifizierenden Schlagwort für das andere und die gegnerische Kunstrichtung.

Nach dem Kriege haben Hans Egon Holthusen und Carl Baumann den Begriff Kitsch in dieser Weise verwendet. Holthusen bezieht ihn auf Borchert und Sartre, indem er ihnen einen »sentimentalen Hang zur Verschlechterung und Verlästerung der Wirklichkeit durch das Medium der künstlerischen Darstellung« und »nihilistische Vorurteile über den Sinn des Daseins« nachsagt. Kitsch entstehe, »wo der sinnenempfindliche Hauptnerv des Wirklichen verfehlt wird. Das Wirkliche ist nicht das Tatsächliche. [...] Das Wirkliche ist ein Sinn, in, zwischen und über den Dingen, den zu treffen es der Einbildungskraft eines echten Künstlers bedarf«[42]. Baumann erprobte diese Sicht an der ›Sozialneurose‹ der modernen Gesellschaften, die »intellektuellen Kitsch«[43], beispielsweise bei Stendhal, erzeugt haben.

3. Kritik bourgeoiser Zivilisation und der Kultur eines bürgerlichen Zeitalters

Der gemeinsame Punkt dieser Konzeptualisierungen ist die Zurechnung des Kitsches zu Dekadenz und Kulturverfall. Von politischen Standorten motiviert, wird das gesamte Spektrum von links bis

---

39 Vgl. ERWIN ACKERKNECHT, Jugendlektüre und deutsche Bildungsideale (1914), in: Ackerknecht, Büchereifragen (Berlin 1924), 88–104; WILHELM FRONEMANN, Neuer Schund und Kitsch, in: Jugendschriften-Warte 25 (1920), 7 f.; ULRICH BEER, Literatur und Schund (Düsseldorf ²1965).
40 GERHARD ROHDE, Kitsch gegen Kunst, in: Frankfurter Allgemeine Zeitung (16. 10. 1971), 24.
41 CURT GLASER, Vom süßen und vom sauren Kitsch, in: Almanach des Verlages Bruno Cassirer (Berlin 1920), 85, 94.
42 HANS EGON HOLTHUSEN, Über den sauren Kitsch, in: Holthusen, Der unbehauste Mensch (München 1951), 146, 151.
43 CARL BAUMANN, Literatur und intellektueller Kitsch. Das Beispiel Stendhals. Zur Sozialneurose der Moderne (Heidelberg 1964), 109.

rechts besetzt: Kitsch-Kritik wird vorgetragen als expressionistische Bürger-Kritik[44], in der sozialdemokratischen Auseinandersetzung mit der bürgerlich-kapitalistischen Kultur[45], als linkssozialistische Polemik gegen die sozialdemokratische »Arbeiterdichtung«[46], mit dem Pathos und der Ethik der ›Neuen Sachlichkeit‹ und des Funktionalismus[47], in der Kritik des vom Markt abhängigen Künstlers und wegen dessen volksfremder Isolierung[48], in der völkisch-nationalistischen Polemik gegen die zivilisatorische ›Verwüstung‹ des Individuums in der Masse[49]. Hier erreichen die Kitsch-Konzepte den höchsten Grad ihrer Ideologisierung, indem Kitsch an die bekämpfte Gesellschaft und seine Überwindung an die Verwirklichung der jeweiligen politischen Zielvorstellungen gebunden wird: der ›lebendig Schaffende‹ gegen den unproduktiven Bürger, der Arbeiter und die sozialistische Revolution gegen den bürgerlichen Kulturverfall, Volk und Volkstum gegen das zivilisatorische Literatentum. Karpfens Polemik z. B. erfolgt unter der Fahne der ›Neuen Sachlichkeit‹: Träger des Kitsches sind »die Krämer-Bürger oder Liberal-Freiheitlichen oder Reaktionär-Sozialen, die Bindestrich-Menschen; Leute, die weder rechts sind noch links, Raunzer, aber nicht Revolutionäre, Monarchisten und gleichzeitig Republikaner; Kitschisten des Lebens [...]. Sie sind es, die wie ein zäher Teig das Leben niederdrücken, und aus diesem Teig schießen die Dinge empor, die die wahre Kunst mit Schleim überwuchern. Und darum wird der Kitsch erst dann von unserem Planeten verschwinden, wenn das Tempo des Lebens, die Rotationskraft der Zeit so rasend geworden ist, daß die Lauen und Schleimigen in das Nichts geschleudert werden.«[50]

4. NS-Staat und Kitsch

Der NS-Staat setzt die völkisch-nationalistische Linie der Kitsch-Kritik fort und machte sie zum Bestandteil seiner antikapitalistisch tingierten Ideologie. Jorg Lampe schrieb 1939 der Volkskultur und Volkskunst zu, daß sie gegen den Kitsch gefeit sei. Kitsch entstehe erst, wenn »Menschen zur Fläche gewalzt« würden. In der Berechnung von Zweck und Nutzen im materiellen Dasein erschlaffe das Gemüt »durch die Willkür der Zweckwelt des liberalen Zeitalters«. Indem das Volk »der Vollstrecker seiner Idee« wird, schaffe es eine Kunst, in der ›Dichtung‹ gegen ›Literatur‹, ›geistige Sittlichkeit‹ gegen ›rationale Moralik‹ und ›Gemüt‹ als ›schöpferische Haltung‹ gegen ›kitschbeflissene Gemütlichkeit‹ stehe.[51] Hans Reimann unternahm 1936 eine Reinigung des »allgemein-bürgerlichen Geschmacks«[52], in dem der Kitsch zu Hause sei. Heinz Horn sah 1942 den Kitsch als »eine Erscheinungsform des uneinheitlichen, substanzlosen, *differenzierten* Menschentums«. Diese »Differenziertheit und Aufweichung« sei typisch für den »seelischen Auslaugungsprozeß« im Kapitalismus, besonders in Amerika. Zum Kitsch überwindenden »ganzheitlichen Rausch einer metaphysischen Seele« könne man sich durch »Ehrfurcht und Wissen um die ewigen Formen des völkischen Menschentums«[53] erneut aufschwingen.

Neben diesem ideologischen Konzept eröffnete der faschistische Staat bereits in einem seiner ersten Gesetzgebungsakte (*Gesetz zum Schutz der nationalen Symbole* vom 19. Mai 1933 [›Anti-Kitsch-Gesetz‹]) den operativen und publizistischen Kampf gegen den nationalen und patriotischen Kitsch, der von Berliner Gauleitung der NSDAP initiiert wurde und bis in den Krieg hinein ein Dauerthema der Parteipresse blieb. Mit dem richtigen Gespür für die Gefahr der Ironisierung faschistischer Symbole (das ›Braune Haus‹ als Sparbüchse, das Hakenkreuz zur Ausschmückung von Suppen-

---

44 Vgl. OSWALD PANDER, Kunst, Kitsch, Bürger, in: Der Sturmreiter 2 (1920), 26 f.
45 Vgl. CLARA ZETKIN, Kunst und Proletariat (1911), in: Zetkin, Ausgew. Reden u. Schriften, hg. v. Institut für Marxismus-Leninismus beim ZK d. SED, Bd. 1 (Berlin 1957), 494–501.
46 MAX HERMANN-NEISSE, Kitsch als Arbeiterdichtung, in: Die Aktion 11 (1921), 637.
47 Vgl. KARPFEN (s. Anm. 10), 11 ff.
48 Vgl. HANS TIETZE, Der Kitsch, in: Zeitenwende 2 (1929), 218–233.
49 Vgl. WALTER TIMMLING, Zur ›Theologie‹ des Kriminalromans, in: Eckart 8 (1932), 390–394.
50 KARPFEN (s. Anm. 10), 13 f.
51 Vgl. JORG LAMPE, Kitsch, Kunst und Volk, in: Die Literatur 42 (1939/40), 7–10.
52 HANS REIMANN, Das Buch vom Kitsch (München 1936), 9.
53 HEINZ HORN, Zur Kulturpsychologie des Kitsches, in: Geistige Arbeit 9 (1942), H. 6, 1 ff.

und Kaffeetassen) sah sich der NS-Staat durch diese Kitsch-Spezies am sensiblen Punkt seiner Erhabenheitskulte empfindlich getroffen. In Plastik und Malerei dagegen bevorzugte die nationalsozialistische Elite bildkünstlerische Gestaltungen, die von der künstlerischen Avantgarde bereits als Kitsch abgetan worden waren.

5. Totalitarismus-Kritik

In den faschistischen wie aber auch sozialistischen Inszenierungsritualen staatlicher Macht und Größe entstand durch Ästhetisierung der Politik ein für das 20. Jh. neuartiger Phänomenbereich der Ästhetik des Staates, den die jeweiligen politischen Gegner mit der Wertung Kitsch belegten. Im faschistischen System wie in anderen totalitären Regimes des 20. Jh. (soweit sie denn Industriegesellschaften sind) entsteht Kitsch auf der Macht- und Repräsentationsebene gerade dadurch, daß die durch industriegesellschaftliche Modernisierung erreichte Binnengliederung der Gesellschaft mit einer totalitären Ideologie fiktiver und illusionärer Gleichheit aller (›Volksgemeinschaft‹, ›Menschengemeinschaft‹) überdeckelt wird und in den Inszenierungsritualen und Erhabenheitskulten auch geglaubt und praktiziert wird. Die totalitäre Staats- und Machtrepräsentation unterscheidet sich demzufolge diametral von den herkömmlichen Inszenierungen der potestas, bei der das Funktionalitätsprinzip zwischen tatsächlicher Binnengliederung (z. B. ständischer Gliederung) und der Dar- und Ausstellung staatlich-politischer Macht gewahrt blieb.

6. Trivialliteratur-Forschung

Im Nachkriegsdeutschland markiert Ludwig Giesz' *Phänomenologie des Kitsches* (1960) einen wichtigen Einschnitt. Seine Beschäftigung mit dem Kitsch aus der Perspektive einer ›Ästhetik von unten‹ setzte bei der ästhetischen Wahrnehmung an und stellte den Kitsch und seine Realisierungen in eine Subjekt-Objekt-Beziehung, in der sowohl Kunst kitschig wie auch Kitsch als Kunst angeeignet werden kann. Damit wurde die starre Wertungsdichotomie Kunst versus Kitsch unterlaufen und ein

Weg eröffnet, seiner ästhetischen Universalität mit anthropologischen Fragestellungen beizukommen.

In den 60er Jahren begann nun aber auch eine ständig an Breite gewinnende Trivialliteratur-Forschung, die das komplexe ästhetisch-kulturelle Phänomen Kitsch zuerst okkupierte, indem sie es auf Literatur reduzierte (Trivialliteratur gleich Kitsch) und dann abdrängte. Bei solcher Präparation des Kitsches zum literarischen Kitsch war der Einspruch der Literaturwissenschaftler naheliegend, daß die seit der Jahrhundertwende ausufernde Kitsch-Diskussion nur das weiterführe, was schon das späte 18. Jh. diskutiert habe. Der »moderne Kitschbegriff« sei nur »eine Funktion der klassisch-romantischen Kunsttheorie«[54].

Von ihrer rezeptionsästhetischen, sozial- und kulturgeschichtlichen Orientierung aus erschien Kitsch der Trivialliteratur-Forschung als irrelevante Fragestellung, weil angeblich nicht historisierbar und den traditionellen Wertungsmustern normativer Ästhetik unaufhebbar belastet. Mögliche interdisziplinäre Ansätze, die Giesz' Buch angezeigt hatte, gingen verloren. Überdies erwies sich, daß ›Trivialliteratur‹ ebenso wie Kitsch kaum gegenstandsanalytisch zu gebrauchen ist, sondern eher ästhetisches Distinktionsmerkmal in der Hand bestimmter Trägerschichten ist.[55]

7. Kitsch-Anthologien: ›Viel Vergnügen mit dem Kitsch‹

Zeitlich parallel mit der Okkupation der Kitsch-Diskussion durch die Trivialliteratur-Forschung setzte die anthologische Aufarbeitung des Kitsches ein[56], die eine die Künste übergreifende Ikonographie bereits ›klassisch‹ gewordener Kitsch-Exemplare praktizierte. Ihre Funktion war ähnlich wie

---

54 JOCHEN SCHULTE-SASSE, Literarische Wertung (Stuttgart 1971), 142.
55 Vgl. HELMUT KREUZER, Trivialliteratur als Forschungsproblem (1967), in: Kreuzer, Veränderungen des Literaturbegriffs (Göttingen 1975), 16.
56 Vgl. GÜNTHER CWOJDRAK (Hg.), Die Kitschpostille (Berlin 1966); GERT RICHTER, Erbauliches, belehrendes, aber auch vergnügliches Kitschlexikon von A bis Z (Gütersloh 1970); HEINRICH LÜTZELER, Viel Vergnügen mit dem Kitsch (Freiburg i. B./Bern/Wien 1983).

in Pazaureks paradigmatischer Ausstellung zunächst auch die volkspädagogische Absicht, Kitsch zu isolieren und zu denunzieren. Ihre Haltung indessen war weitaus gelassener: amüsierte Zurschaustellung des Kitsches und ironische Verfremdung der Kuriosa des schlechten Geschmacks in Vergangenheit und Gegenwart. Verlegerisch gesehen, wurden die Kitsch-Anthologien Bestseller, weil sie dem breiten Bedürfnis entgegenkamen, sich über den (schlechten) Geschmack der (jeweils) anderen zu amüsieren. Insofern visibilisierten sie die fungible Praxis des Kitschbegriffs. Sie rechneten mit dem Einverständnis einer stark binnengegliederten Industriegesellschaft, daß sich über Geschmack nicht mehr streiten läßt. Der volkspädagogische und kulturkritische Eifer in der Bekämpfung des Kitsches wurde abgelöst durch eine liberale Haltung des Laissezfaire, die die gesellschaftliche Erfahrung weit gefährdenderer Darstellungen von Gewalt und Schrecken bereits hinter sich hatte.

IV. Internationaler Transfer des Wortes

Im Abstand von zehn Jahren sind im *Oxford Companion to Art* zwei grundverschiedene Artikel zum Kitsch zu lesen: 1970 ein Kurzartikel, in dem es lakonisch heißt: »Although the battle against Kitsch was healthy in its origin, in Germany it frequently led to an unbalanced fear of all obvious beauty or sentiment.«[57] Die Ausgabe von 1981 beschäftigt sich ausführlich mit dem Kitsch, weil »the word [...] achieved an international vogue with the sense ›in bad taste‹«[58]. Der Vergleich zeigt an, daß Kitsch während der 70er Jahre sich als ein internationaler

---

57 HAROLD OSBORNE (Hg.), The Oxford Companion to Art (Oxford 1970), 270.
58 OSBORNE (Hg.), The Oxford Companion to Twentieth-Century Art (Oxford 1981), 320.
59 CLEMENT GREENBERG, Avant-Garde and Kitsch, in: Partisan Review 6 (1939), H. 5, 39.
60 Vgl. JOHANNES URZIDIL, Antimetaphysik des Kitsches, in: Der Friede 3 (1919), 141; RICHARD SPECHT, Kitsch, in: Der neuen Jugend 1 (1927), 14 f.; NORBERT ELIAS, Kitschstil und Kitschzeitalter, in: Die Sammlung 1 (1935), 252–263.

Begriff durchsetzt, dem die Angelsachsen aber nach wie vor mit Reserve gegenüberstehen, weil ihr Schönheitsbegriff nicht mit den Traditionen einer philosophischen Ästhetik belastet ist, die das Schöne als klein, gefällig, hübsch etc. ausschließt.

Angesichts seines pejorativen Gebrauchs in Deutschland ist die Reserve gegen die Übernahme des Wortes in andere Sprachen zunächst verständlich. Wegen der durch das Wort geleisteten symbolischen Vergesellschaftung einer ›kulturellen Kristallisation‹ ist es dennoch auch für andere Sprachen attraktiv und in sie übernommen worden. Die erste amerikanische Arbeit über den Kitsch sprach vom Kitsch als einem »new cultural phenomenon appeared in the industrial west: that thing to which the Germans give the wonderful name of *Kitsch*«[59].

In den 100 Jahren seit dem Aufkommen des Wortes in Deutschland und verstärkt in den letzten drei Jahrzehnten hat sich Kitsch als Internationalismus allgemein durchgesetzt. Bei diesem internationalen Transfer des Wortes sind die komplexeren, soziologischen, kulturgeschichtlichen, anthropologischen und ästhetischen Faktoren zusammenführenden Konzeptualisierungen des Kitsches als weltweites Phänomen aller Industriegesellschaften außerhalb Deutschlands erfolgt, weil hier der negative Gegensatz Kitsch/Kunst und ein Übergewicht der Betrachtung literarischer Kultur bzw. literarischen Kitsches bis heute weiterwirkte. Die internationale Ausbreitung des Begriffes wird hier punktuell und theoriegeschichtlich auf ihrem Hauptweg von den USA in den 40er und 50er Jahren nach Frankreich und Italien in den 60er und 70er Jahren verfolgt.

Clement Greenbergs Aufsatz *Avant-Garde and Kitsch* (1939) ist der erste wichtige Beleg für die Rezeption des Begriffs in den USA. Er bezog die ästhetische Moderne seit 1850 und das Aufkommen des Kitsches aufeinander und beide gemeinsam auf die kultur- und sozialgeschichtliche Entwicklung des 19. und 20 Jh. und auf den Wandel ästhetischer Erfahrung in ihr. Damit waren gegenüber dem deutschen Gebrauch bereits zu diesem Zeitpunkt völlig neue Fragestellungen eröffnet, die im deutschen Sprachraum nur ansatzweise zu finden sind.[60] Der politische Hintergrund von Greenbergs Aufsatz war die Wendung gegen den Faschismus und Stalinismus: der Kitsch als Mittel in Diktaturen, mit der industriellen Moderne und den von ihr ausgelösten sozialen Differenzierungen und differierenden Interessenlagen mit einer nicht-terroristischen, den Führer mit den Massen auf ›organische‹ Weise verbindenden Strategie fertig zu werden.[61] Der theoriegeschichtliche Hintergrund: Mit Greenbergs Aufsatz gelangte Kitsch in den Zusammenhang der amerikanischen, einerseits behavioristisch, andererseits marxistisch-ideologiekritisch inspirierten Mass-culture-Theorien, die zuerst in Amerika unmittelbar nach dem 1. Weltkrieg entstanden. Mit dem Begriff Kitsch geschah dabei zweierlei: Er öffnete sich zum einen sehr weit für soziologische Betrachtung und kulturgeschichtliche Historisierung. Er geriet zum anderen schon hier in den Konflikt der ›Apokalyptiker und Integrierten‹ (Umberto Eco). Soweit die Mass-culture-Untersuchungen mit dem Kulturindustrie-Konzept der ›Kritischen Theorie‹ in Fühlung gingen[62], setzte eine unifizierende ideologiekritische Verrechnung des Kitsches ein, die ihn im Endeffekt als ein besonderes Phänomen eliminierte. Dieser Übergang ist abzulesen an Adornos Auseinandersetzung mit Thorstein Veblens *The Theory of the Leisure Class* (1899), in der Kitsch als eine historisch notwendig entstehende Reaktion auf die Industrialisierung gesehen wurde[63], während in dem etwa zeitgleich mit Max Horkheimer ausgearbeiteten ›Kulturindustrie‹-Kapitel der *Dialektik der Aufklärung* (1947) Kitsch unter dem Theorem der ›Massenkultur unterm Monopol‹ verschwindet und in der Dichotomie zwischen populärer Konsumtion und authentischer ästhetischer Erfahrung aufgeht.[64] Die Kritik an der ideologiekritischen Ausformung der Massenkultur-Theorien ist in den folgenden Jahren in den USA nie verstummt. Als Bernard Rosenberg und David White 1957 ihren großen Sammelband über die amerikanische mass culture veröffentlichten, replizierten die Kritiker, die durch die Industriegesellschaft produzierten Massen-Bedürfnisse und deren Kulturprodukte (›popular culture‹, ›Kitsch‹) würden mit solcher Theorie ignoriert. Solche Kritik des Kitsches könne wohl nur durch europäische, insonderheit deutsche Intellektuelle mit aristokratischem Kunstanspruch und antiamerikanischen Affekten in die USA eingeschleppt worden sein.[65] Harold Rosenberg wandte gegen die ideologiekritische Abrechnung mit dem Kitsch ein: »Kitsch is the daily art of our time, as the vase or the hymn was for earlier generations. For the sensibility, it has the arbitrariness and importance which works take on when they are no longer noticeable elements of the environment. In America kitsch is Nature. The Rocky Mountains have resembled it for a century. There is no counterconcept to kitsch. Its antagonist is not an idea but reality. To do away with kitsch it is necessary to change the landscape, as it was necessary to change the landscape of Sardinia in order to get rid of the malarial mosquito.«[66]

Daß die Mass-culture- und Popular-culture-Theorien in ihrer mittleren methodischen Lage dennoch offen blieben für den Kitsch, für seine ästhetischen Besonderheiten und seine kultur- und sozialgeschichtlichen Hintergründe, belegen Greenbergs früher Aufsatz von 1939 und die Arbeiten von Daniel Bell und Matei Calinescu.[67] In diesen Konzepten wird Kitsch als eines der ›Gesichter der Moderne‹ und als Äußerungsform der kulturellen Widersprüche der warenproduzierenden, auf den Konsum orientierten Gesellschaften analysiert. »Historically, the appearance and growth of kitsch are the results of the intrusion of the other modernity – capitalist technology and business interest – in the domain of the arts. Kitsch was brought into being by the industrial revolution, at first as one of its marginal products. In time, the sweeping social and psychological transformati-

---

61 Vgl. GREENBERG (s. Anm. 59), 46–49.
62 Vgl. BERNARD ROSENBERG/DAVID WHITE, Mass Culture (Glencoe 1957); DWIGHT MACDONALD, Culture de Masse, in: Diogène (1953), H. 3, 3–30.
63 Vgl. ADORNO, Veblens Angriff auf die Kultur (1941), in: ADORNO, Bd. 10/1 (1977), 84 f.
64 Vgl. THEODOR W. ADORNO/MAX HORKHEIMER, Dialektik der Aufklärung (1947), in: ADORNO, Bd. 3 (1981), 141–191, 299–335.
65 Vgl. EDWARD SHILES, Daydreams and Nightmares, in: The Sewanee Review 65 (Herbst 1957), 600.
66 HAROLD ROSENBERG, Pop Culture and Kitsch Criticism, in: Dissent (Winter 1958), 17.
67 Vgl. DANIEL BELL, The Cultural Contradictions of Capitalism (New York 1976); MATEI CALINESCU, Faces of Modernity. Avantgarde, Decadence, Kitsch (Bloomington 1977); CALINESCU, Modernity and Popular Culture, in: J. Riesz/P. Boerner/B. Scholz (Hg.), Sensus Communis (Tübingen 1986), 221–226.

ons brought about by industrial development, the ›culture industry‹ has steadily grown, to the point where now, in the predominantly service-oriented postindustrial society with its stress on affluence and consumption, kitsch has become one of the central factors of *modern civilized* life, the kind of art that normally and inescapably surrounds us.«[68] Die in den 50er bis 70er Jahren in Frankreich und Italien erfolgende Rezeption des Kitschbegriffs vollzog sich unter weitgehender Aussparung der deutschen Kontexte im Zugriff auf und in Auseinandersetzung mit den amerikanischen Konzepten der mass culture (vgl. die Diskussion 1953 in der Zeitschrift *Diogène*). Man erinnerte sich nur noch daran, daß das Wort aus dem Deutschen stammt, und auch das mit Mühe. Edgar Morins Buch *L'Esprit du temps* (1962), der den Kitschbegriff den Amerikanern zuschrieb[69], brach die behavioristische und ideologiekritische Starre des Begriffs der Massenkultur auf, indem die anthropologischen Bedürfnisse einer primären Universalität des Menschen mit der durch die Industrialisierung erzeugten neuen Universalität des Durchschnitts und der Mitte in Beziehung gesetzt wurden. Damit wurde das Konzept dynamisiert, bekam kulturgeschichtliche Tiefenschärfe, machte es möglich, Kitsch als *besondere* Form der Massenkultur wahrzunehmen und ästhetisch mit aisthesis und Katharsis zu verbinden. Auf diesem Fundament hat Abraham Moles' Buch *Le Kitsch. L'art du bonheur* (1971) weitergebaut. Nach seinem Urteil haben Morin und er den Begriff Kitsch für den französischen Sprachbereich fruchtbar gemacht, indem mit dem Begriff ein soziokultureller Zyklus bewußt gemacht wurde. »L'évidence d'un mécanisme se révèle à travers l'apparition d'un *mot-clé*, qui, à son tour, attire à lui de nouveaux termes.«[70] Im Kitsch analysiert Moles die Universalität eines modernen Phänomens, indem er die Mittel von Wirtschaftspsychologie, Sozialpsychologie, Soziologie, Semiotik, Motivationstheorie, Ästhetik und Marketingforschung zu Hilfe nimmt. Kitsch erweist sich in dieser interdisziplinären Sicht als ein Verhaltenstyp des Menschen in Wohlstandsgesellschaften gegenüber den Gegenständen, als das ästhetische Schicksal der Konsumgesellschaft, als ihr »totalitarisme sans violence« (231).

Das schnelle Durchdringen des Begriffs in Italien hat mit zwei Veröffentlichungen zu tun, die den Begriff ins Zentrum ihrer Untersuchung setzten, dabei aber noch eng an der Bedeutung ›cattivo gusto‹ blieben. 1968 veröffentlichte Gillo Dorfles seine große, alle Künste und die Politik erfassende Kitsch-Anthologie *Il Kitsch. Antologia del cattivo gusto*, die, mehrfach ins Deutsche, Englische und Französische übersetzt, wohl beträchtlich zur weiteren Verbreitung des Begriffs beigetragen hat. Von 1964 stammt ein Aufsatz von Umberto Eco über den Kitsch, *La struttura del cattivo gusto*, der ebenfalls über Italien hinaus weite Verbreitung gefunden hat und die bisher avancierteste Konzeptualisierung des Kitsches vorgetragen hat. Die grobe Identifizierung von masscult und midcult mit Kitsch wird zugunsten einer differenzierten funktionalen Betrachtung der Massenkultur aufgegeben. Kitsch ist eine besondere Form der in ihr relevanten Kommunikationen. Auf die kathartischen Affekt-Bedürfnisse nach ›Schauder‹, ›Lachen‹ und ›Pathos‹ reagierend, arbeitet Kitsch, ganz im Unterschied zu anderen massenkulturellen Formen der Unterhaltung, Werbung, Gebrauchskunst, die nichts weiter sein wollen als eben das, mit einem ostentativen Schönheits- und Kunstanspruch zum Zwecke ästhetischer Täuschung: »Kitsch è l'opera che, per farsi giustificare la sua funzione di stimolatrice di effetti, si pavoneggia con le spoglie di altre esperienze, e si vende come arte senza riserve.« (Kitsch ist vielmehr das Werk, das zum Zweck der Reizstimulierung sich mit dem Gehalt fremder Erfahrungen brüstet und sich gleichwohl vorbehaltlos für Kunst ausgibt.)[71]

V. Kunst – Kitsch – Kitschkunst

Die »größere Formunsicherheit [...] der industriellen Gesellschaft« produziert »ein unablässiges Ineinander von Gestalt und Zerfall«[72]. Signifikant werden Bewegungen auf einer Zeitachse, auf der

---

68 CALINESCU, Faces of Modernity. Avantgarde, Decadence, Kitsch (Bloomington 1977), 8.
69 Vgl. EDGAR MORIN, L'Esprit du temps (Paris 1962), 19.
70 MOLES (s. Anm. 2), 226.
71 ECO (s. Anm. 3), 112; dt. 280.
72 ELIAS (s. Anm. 60), 253 f.

Formen, Strukturen, Gegenstände, Kunstwerke und Stile durch massenhaften Gebrauch ästhetisch verschlissen und dann Kitsch genannt werden. Neben der bewußt an einen mittleren Massengeschmack adressierten Produktion (= Kitsch von der Produktionsintention her) wird im Vorgang der Überlieferung, Verbreitung/Vervielfältigung und Abnutzung immer mehr erst zum Kitsch. Die historistischen Stile, mit denen verschieden tief in der Geschichte liegende Formen in den europäischen Städten des ausgehenden 19. Jh. zur eklektischen Gleichzeitigkeit gebracht werden, beginnen nicht zufällig relativ gleichzeitig mit dem Aufkommen des Kitschbegriffs. Der Verlust der Aura und die durch die ästhetische Moderne besiegelte Disponibilität der künstlerischen Stile und Formen sind Voraussetzungen dieses Vorgangs.

Es wird etwas zum Kitsch: ›zersungene‹ Lieder[73]; die Volkskunst im Zeitalter der Industrialisierung und des Massentourismus; ein Original in seiner massenhaften Reproduktion; historische Stile im Eklektizismus; die Träume von der »blauen Blume«, die nun der »Richtweg ins Banale«[74] sind, usw. Die historische Bewegung von Stilen, Formen, Gestalten, Werken und Themen kommt im Kitsch in einem Schönen ohne Widerpart, einer ›Schönheitsreligion‹ zur Ruhe, indem alles gleich nah und unmittelbar wird. Kitsch entsteht, Broch zufolge, durch das »Verendlichen« und durch die Erstarrung eines ästhetischen Systems. In diesem Sinne ist das »Böse für jedes Wertesystem das Dogmatische«[75] und Kitsch das Sündige im Wertesystem der Kunst. Dieser Vorgang auf der Zeitachse wird auch in Wortbildungen faßbar, die Rezeptions- und Wahrnehmungsweisen des Kitsches (›Kitschhaltungen‹) bezeichnen: Aus Erbauung wird erbaulich; aus Genuß genüßlich; aus Gefallen gefällig, aus Gefühl gefühlig usw.

Für das Verhältnis zwischen der ›Kultur der Entdeckungen‹ (Avantgarde) und dem Kitsch, seit Greenbergs Aufsatz von 1939 ein vieldiskutiertes Thema, ist nun aber eine doppelte Bewegung kennzeichnend. Kitsch beutet die Entdeckungen der Avantgarde aus, die Avantgarde reagiert darauf, indem sie die Ikone des Kitsches in neue Werke der Entdeckung, z.B. in die Pop-, Graffiti- und Fun-Art, zitierend und montierend überträgt. In Paris erschien in den 70er Jahren eine Zeitschrift mit dem Titel *Kitsch*, die in ihren Spalten Kitschbilder, Pornographie und avantgardistische Texte verband. »Ma anche qui, di solito, non tarda la vendetta del Kitsch sull'avanguardia: perché già accade che il procedimento della pop-art venga mutuato dalla cartellonistica che utilizza, per provocare effetti e ostentare un alto livello di gusto, gli stilemi della nuova avanguardia per produrre nuovo Kitsch. E questo alto non è che un episodio del fenomeno, tipico di ogni società industriale moderna, della rapida successione degli standard, per cui anche nel campo del gusto ogni innovazione rischia di diventare produzione di un'abitudine e di un malvezzo futuri.« (Aber die Rache des Kitsches an der Avantgarde läßt nicht lange auf sich warten: Schon haben Werbegraphiker das Verfahren der Pop art übernommen und produzieren mit den Stilmitteln der neuen Avantgarde neuen Kitsch. Und dies ist nur eine winzige Episode in der für die moderne Industriegesellschaft typischen beschleunigten Abfolge von Standards, von kulturellen und ästhetischen Verabredungen, von Erfindung und Gewöhnung, Entwurf und Verschleiß.)[76]

Mitte der 80er Jahre entwickelte sich in der New Yorker East-Village-Szene eine postmoderne Spielart in den bildenden Künsten, die von der Kunstkritik bald ›Kitsch-Art‹ genannt wurde.[77] Sie umfaßt amerikanische (Jeff Koons, Rhonda Zwillinger, Arthur Tress u.a.) und europäische (Enrico Baj, Milan Kunc, Bernhard Prinz, Georg Csonka, Alexander Schabracq u.a.) Künstlerinnen und Künstler, die mit den Kitsch genannten Bildformen auf neue Weise experimentieren: 1. Sattsam bekannte Kitsch-Gestalten aus Vergangenheit und Gegenwart werden mit obstinatem Beharren auf der durch die Moderne- und Avantgardebewegungen verfemten Schönheit einfach wiederholt. Den massenkulturellen Bedürfnissen nach den Idealen

---

[73] Vgl. SUSANNE BACH/ARNO SCHIROKAUER, Zersungene Lieder, in: Die literarische Welt 5 (1926), 3.
[74] WALTER BENJAMIN, Traumkitsch (1927), in: BENJAMIN, Bd. 2/2 (1977), 620.
[75] HERMANN BROCH, Das Böse im Wertesystem der Kunst (1933), in: BROCH, Bd. 9/2 (1976), 95.
[76] ECO (s. Anm. 3), 129; dt. 294.
[77] Vgl. GREGORY FULLER, Kitsch-Art. Wie Kitsch zur Kunst wird (Köln 1992), 19.

von Harmonie, Glück, Idylle soll mit bestimmten Bildgehalten, die bereits seit Ende des 19. Jh. als Kitsch identifiziert wurden, Rechnung getragen werden (David Godbolds *America's Hope* im Stile der süßlich kolorierten Stiche des 19. Jh., Jan Knaps Idyllen religiösen Kitsches, Pierre Commoys und Gilles Blanchards allegorisierende Nuditäten auf weichgezeichneten und stark retuschierten Fotos). 2. Opulente, mit Farben, exotischen Motiven und schönen Details bis zum Rahmen hin überladene Bilder (so bei Georg Csonka und Enrico Baj) wollen ungebrochene Lebens- und Sinnenfreude an schönen Formen vermitteln. Es entstehen Bilder, die das avantgardistische Kunstverständnis noch bis vor kurzem als Kitsch klassifiziert hätte. 3. Kitsch-Ikonen werden zitierend in neue Bildkontexte verbracht und ironisiert, so besonders in der niederländisch-flämischen Spielart der Kitsch-Kunst (Mitsy Groenendijk, Alexander Schabracq u.a.), wo die ironisch-humoristische Haltung nahtlos in eine satirische übergehen kann: Mit anarchischem Witz wird eine absurde Welt travestiert und mit der Demontage der von ihr hervorgebrachten Kitsch-Symbole kultur- und zivilisationskritische Unterwanderungsstrategie erprobt. Zwischen der Affirmation des Kitsches mit der Bejahung in ihm konservierter Gefühle, der Bedürfnisse nach einer schönen, heilen Welt und der analytisch-kritisch lesenden Dekonstruktion historisch gewordener Kitsch-Bilder gibt es in der Kitsch-Kunst unmerkliche und fließende Übergänge. Immerhin wird sichtbar, daß die bildkünstlerische Auseinandersetzung mit dem Kitsch eines der zentralen ästhetischen Phänomene der Industriegesellschaft differenzierter und anschaulicher aufklären kann, als es die ästhetische Theorie bisher vermochte.

Franz/S. Richter (Leipzig 1989), 246–294; FAURE, ALAIN L'›Empfindsamkeit‹ et le ›Kitsch‹, in: Cahiers d'études germaniques, Nr. 22 (1992), 125–143; FRIEDLÄNDER, SAUL, Reflets du nazisme (Paris 1982); dt.: Kitsch und Tod. Der Widerschein des Nazismus, übers. v. M. Grendacher (München/Wien 1984); FULLER, GREGORY, Kitsch-Art. Wie Kitsch zur Kunst wird (Köln 1992); GELFERT, HANS-DIETER, Was ist Kitsch? (Göttingen 2000); GIESZ, LUDWIG, Phänomenologie des Kitsches. Ein Beitrag zur anthropologischen Ästhetik (Heidelberg 1960); GREENBERG, CLEMENT, Avant-Garde and Kitsch, in: Partisan Review 6 (1939), H. 5, 34–49; HOLLÄNDER, HANS, Kitsch, Anmerkungen zum Begriff und zur Sache, in: H. de la Motte-Haber (Hg.), Das Triviale in Literatur, Musik und bildender Kunst (Frankfurt a. M. 1972), 184–209; KULKA, TOMAS, Kitsch and Art (University Park, Pa. 1996); KURZ, GERHARD (Hg.), Kitsch und Klischee [Themenheft], in: Sprache und Literatur 28 (1997), H. 1; MOLES, ABRAHAM A., Le Kitsch. L'art du bonheur (Paris 1971); dt.: Psychologie des Kitsches, übers. v. B. Lutz (München 1972); PROSS, HARRY (Hg.), Kitsch. Soziale und politische Aspekte einer Geschmacksfrage (München 1985); REISNER, JACOB, Zum Begriff Kitsch (Diss. Göttingen 1955); SCHÜLING, HERMANN, Zur Geschichte der ästhetischen Wertung. Bibliographie der Abhandlungen über den Kitsch (Gießen 1971); SCHULTE-SASSE, JOCHEN (Hg.), Literarischer Kitsch. Texte (München/Tübingen 1979); STERNE, JANE/STERNE, MICHAEL, The Encyclopedia of Bad Taste (New York 1990); UEDING, GERT, Glanzvolles Elend. Über Kitsch und Kolportage (Frankfurt a.M. 1973); WILLKOMM, LIEBGUNDE, Ästhetisch Erleben. Eine psychologische Untersuchung des Übergangs von Kunsterleben und Kitscherleben (Hildesheim/New York 1981).

Dieter Kliche

Literatur
BROWN, CURTIS F., Star-Spangled Kitsch (New York 1975); CALINESCU, MATEI, Faces of Modernity. Avantgarde, Decadence, Kitsch (Bloomington 1977); DORFLES, GILLO, Il Kitsch. Antologia del cattivo gusto (Milano 1968); dt.: Der Kitsch, übers. v. B. Mayr (Tübingen 1969); ECO, UMBERTO, La struttura del cattivo gusto (1964), in: Eco, Apocalittici e Integrati (Mailand 1964); dt.: Die Struktur des schlechten Geschmacks, übers. v. M. Looser, in: Eco, Im Labyrinth der Vernunft, hg. v. M.

Klassisch/Klassik/Klassizismus
(lat. classicus; engl. classical, classic, classicism; frz. classique, classicisme; ital. classico, classicismo; span. clásico, clasicismo; russ. классическое, классика, классицизм)

Grundlegende Fragestellungen; 1. Philologie; 2. Klassik als Aporie; **I. Begriffliche Differenzierung: Klassisch, Klassik, Klassizismus; II. Historische Ausdifferenzierung: Idealtypische europäische Varianten;** 1. Griechisch-lateinische Antike; 2. Französische ›Époque classique‹; 3. Deutsche ›Weimarer Klassik‹

Grundlegende Fragestellungen

1. Philologie

›Klassik‹, ›klassisch‹ und ›Klassizismus‹ gehören zu den zentralen Begriffen der abendländischen Philologie und Ästhetik. Klassik läßt sich als allgemeiner Kommunikationsmodus für Werte und ästhetische Leistungen charakterisieren.

Für die Literatur übernimmt die Philologie diese Funktion; sie ist mit ihr konstitutiv verknüpft, wird sogar mit ihr identifiziert: »Die Philologie besonders die alte ist gleichsam die Klassik, das Urbild für die Behandlung jeder besondern nazionalen, modernen Litteratur.« Friedrich Schlegel charakterisiert die grundlegende Verbindung von Disziplin und Gegenstand, wenn er formuliert: »Nur *klassische* Werke sollen kritisirt und philologisirt werden«[1], oder: »*Classisch* ist alles was cyclisch studiert werden muß.«[2] C. von Haupt betont 1803 in der Zeitschrift *Philologie*: »Philolog und Humanist und gelehrter Kenner des Alterthums, oder Erklärer der Denkmäler, welche uns die Griechen und Römer hinterlassen haben, sind [...] Synonyme.«[3] Im wissenschaftlichen Umgang mit dem Text hat die Philologie einen spezifischen Zugang zum Problem des Klassischen; erst in jenen philologischen Operationen, in denen ein Text als ein klassisches Werk nachkonstruiert wird, hat der Gegenstand seine Realität. Philologie wird in eins gesetzt mit der (antiken) Klassik. Im Verfahren der Lektüre ist sie dem Beobachter zugänglich. Das Klassische realisiert sich zugleich in der Konstruktion einer mit hoher Verbindlichkeit und Autorität ausgestatteten Verständlichkeit des künstlerischen Werks.[4] Hans Ulrich Gumbrecht hat deshalb die Funktion der Klassik zugespitzt darin gesehen, »›Literatur‹ und ›Literaturwissenschaft‹ von einem chronischen Identitäts-Mangel zu entlasten«[5].

2. Klassik als Aporie

›Klassik‹ und das ›Klassische‹ sind in Europa stets mit dem griechisch-römischen Altertum verknüpft. Der Begriff des ›Klassischen‹ erhält erst seine herausgehobene Bedeutung durch den in der ›Sattelzeit‹ vollzogenen »fragwürdigen Schritt, daß um 1800 das griechisch-römische Altertum *en bloc* als ›klassisch‹ erklärt wurde«[6]. Indem das Ende des 18. Jh. das ›klassische Altertum‹ erschuf, entsteht im Zeichen des heraufkommenden Historismus jenes Unterschiedsbewußtein[7], das – mit der ›Querelle des anciens et des modernes‹ – zu einer dualistischen Grundstruktur führt, die den Klassikbegriff fortan konstitutiv begleitet. Nichts ist charakteristischer für jede Bestimmung des Klassischen als eine Binarität, die auf Oppositionsbegriffe setzt.

---

1 FRIEDRICH SCHLEGEL, Zur Philologie. I (entst. 1797), in: SCHLEGEL (KFSA), Bd. 16 (1981), 48, 46.
2 SCHLEGEL, Fragmente zur Litteratur und Poesie (entst. 1797–1798), in: ebd., 139.
3 C. VON HAUPT, Über den Begriff und den Werth der Philologie, mit Hinsicht auf den Zeitgeist und den Zweck dieser Zeitschrift, in: Philologie. Eine Zeitschrift zur Beförderung des Geschmacks unserer Zeit an griechischer und römischer Sprache und Litteratur 1 (1803/04), 6.
4 Vgl. NIKOLAUS WEGMANN, Diskussionsbericht: Klassik und Klassizismus in Deutschland, in: W. Voßkamp (Hg.), Klassik im Vergleich. Normativität und Historizität europäischer Klassiken (Stuttgart/Weimar 1993), 160–170.
5 HANS ULRICH GUMBRECHT, ›Klassik ist Klassik, eine beschwerte Sicherheit des Nichts?‹ oder: Funktionen der französischen Literatur des siebzehnten Jahrhunderts nach Siebzehnhundert, in: F. Nies/K. Stierle (Hg.), Französische Klassik. Theorie, Literatur, Malerei (München 1985), 486.
6 ERNST ROBERT CURTIUS, Europäische Literatur und lateinisches Mittelalter (1948; Tübingen/Basel 1993), 256.
7 Vgl. ARBOGAST SCHMITT, Klassische und platonische Schönheit. Anmerkungen zu Ausgangsform und wirkungsgeschichtlichem Wandel des Kanons klassischer Schönheit, in: Voßkamp (s. Anm. 4), 406.

Die Gegenüberstellung von Antike und Moderne ist dabei lediglich jene grundlegende Dichotomie, die bis ins 20. Jh. die historische Distanz zur jeweiligen Gegenwart des Betrachters und Beobachters markiert. Erst die begriffliche Verbindung von ›Klassischer Moderne‹ beendet diese Dichotomie. Andere Oppositionsbegriffe (Klassik versus Manierismus bzw. Klassik versus Barock; naiv versus sentimentalisch; Klassik/klassisch versus Romantik/romantisch) bestimmen die poetologischen und ästhetisch-theoretischen Diskussionen ebenso wie philosophische Dichotomien, etwa Totalität versus Historizität, perfection versus perfectibilité, Mimesis versus Autonomie oder Repräsentation versus Illusion/Illusionierung bzw. Simulation. Die Dialektik des Klassischen (auch in der Gegenüberstellung von ›Klassik‹ und ›Klassizismus‹) gehört konstitutiv zu ihrem Begriff und ihrer historischen und systematischen Entfaltung. Noch in der Differenzierung zwischen »Normalklassik« (»korrekt, klar, kunstgemäß«, »nachahmbar«) und »Idealklassik« (»menschliche und künstlerische Höchstwerte«[8]) oder in der heute geläufigen Unterscheidung zwischen E-Kunst und U-Kunst wird diese Eigentümlichkeit offenbar. Die Ambivalenz solcher Oppositionen kann im Blick auf die genauere Bestimmung der Klassik und des Klassischen nur gelingen, wenn die jeweiligen historischen und kulturellen Kontexte, in denen solche Oppositionen zu finden sind, aufgeklärt werden.

Diese Kontexte verweisen auf eine Wiederholungsstruktur, die einen kontinuierlichen ›Gebrauch‹ von Klassik erkennen läßt. Dieser Gebrauch kann als Orientierungsbedarf identifiziert werden, der Sicherheit und Identität durch die Perspektive auf ein positives Gegenbild verspricht. Ein solcher Bedarf scheint jene normative Kulturleistung zu ermöglichen, die mit dem Klassischen verbunden ist. Sie bietet nicht nur eine ›Form der Legitimation von Kunst‹ (Conrad Wiedemann), sondern eine Möglichkeit, durch zeitweilige Stillstellung von sich permanent ändernden Erwartungen bei stets wirkungsmächtigen Texten und Kunstwerken Antworten auf externe Herausforderungen zu liefern. »Klassizismus« kann dann sogar als eine »Bewältigungsstrategie für das Fehlen von Klassik« bzw. für das »Fertigwerdenkönnen und -müssen« mit dem »Nichtklassisch-sein-können«[9] verstanden werden.

Eine solche anthropologische Figur des durchgehenden, kontinuierlichen Klassikbedarfs in der europäischen Neuzeit verweist auf die grundlegende und stets widersprüchliche *Einheit von Idealitätsanspruch und Geschichtlichkeit* im Klassikbegriff. Einheit in der Differenz von Normativität und Historizität kennzeichnet das Klassikproblem insgesamt. Klassik ist immer zugleich utopisch und historisch. Das Geniale der Klassik-Konstruktion besteht deshalb »nicht in der Negation, sondern im Vermögen, einvernehmliche Orientierungen zu stiften, spielerisch Vorschläge durch die Konfrontation dessen, was ist, und dessen, was sein könnte, hervorzubringen. Das Klassische selbst erscheint in diesem Spiel als eine gelungene Möglichkeit [...], das, was sein könnte, als Kulturwelt darzulegen«[10]. Das Ziel in allen ›klassischen‹ Kunstmedien ist deshalb »to construct an ideal vision and version of human experience that should inspire and instruct by its nobility, authority, rationality and truth (of which beauty may be considered a visible manifestation), and to provide convincing models for imitation«[11].

Wenn nach Hegel »das Klassische überhaupt [...] die zu freier Totalität in sich abgeschlossene Einigung des Inhalts und der ihm schlechthin angemessenen Gestalt«, die als Realität »mit dem Begriff des Schönen«[12] zusammenfällt, verstanden werden kann, so muß das Klassische doch jeweils als das »Historische im Bewußtsein« festgehalten werden. »Das Klassische ist also das idealisierte Historische«[13]. Anders formuliert: Das Klassische ist

---

8 CURTIUS (s. Anm. 6), 278.
9 REINHART HERZOG, referiert in: MARTIN PAPENHEIM, Diskussionsbericht: Klassik und allgemeine Geschichte, in: Voßkamp (s. Anm. 4), 624.
10 ANNEMARIE GETHMANN-SIEFERT, Das Klassische als das Utopische. Überlegungen zu einer Kulturphilosophie der Kunst, in: R. Bockholdt (Hg.), Über das Klassische (Frankfurt a. M. 1987), 68.
11 MICHAEL GREENHALGH, ›Classicism‹, in: J. Turner (Hg.), The Dictionary of Art, Bd. 7 (New York 1996), 380.
12 GEORG WILHELM FRIEDRICH HEGEL, Vorlesungen über die Ästhetik (1835–1838), in: HEGEL (TWA), Bd. 14 (1970), 13.
13 GETHMANN-SIEFERT (s. Anm. 10), 74.

I. Begriffliche Differenzierung: Klassisch, Klassik, Klassizismus

immer mit Fragen der – *in der Geschichte* stattfindenden – *Kanonisierung* verbunden. Es ist jenes »Werturteil, das die Aspekte des Exemplarischen und der historischen Repräsentanz in einer widerspruchsvollen Synthese vereint«[14]. Die widersprüchliche Einheit von Normativität und Historizität kann nur aufgelöst werden in ihrer jeweiligen historischen Konkretion. Sie ist zugleich die Voraussetzung für eine Instanz der Bildung: das Klassische als das Bildende. Von daher wird noch einmal deutlich, daß es auf die ›Brauchbarkeit‹ und ›Benutzbarkeit‹ des Klassischen und der Klassik ankommt. »Eine klassische Schrift muß nie ganz verstanden werden können. Aber die, welche gebildet sind und sich bilden, müssen immer mehr draus lernen wollen.«[15] Die Problematik ebenso wie die ›Brauchbarkeit‹ von ›Klassikern‹ haben traditionsbewußte Autoren wie Jorge Luis Borges einerseits und postmoderne Autoren wie Rainald Goetz andererseits im 20. Jh. hervorgehoben: »Clásico no es un libro (lo repito) que necesariamente posee tales o cuales méritos; es un libro que las generaciones de los hombres, urgidas por diversas razones, leen con previo fervor y con una misteriosa lealtad.« (Klassisch ist nicht jenes Buch [ich wiederhole es], das notwendigerweise diese oder jene Verdienste aufweist; jenes Buch ist es, das Generationen von Menschen, bewegt von unterschiedlichen Gründen, mit überkommener Inbrunst und mit einer mysteriösen Treue lesen.)[16] Rainald Goetz hat anläßlich der Marbacher Ausstellung ›Klassik in finsteren Zeiten‹ in seiner Antwort auf die Frage »Was ist ein Klassiker?« formuliert: »Das Beste an Klassikern ist, […] daß sie viel zu vielen Leuten viel zu bekannt sind und daß jeder Depp mit ihnen machen kann, was er will. Deshalb ist der Klassiker ein Popphänomen. Er ist benutzbar für die widersprüchlichsten Zwecke, ein Zitatenfundus, der geplündert werden möchte, und wahrhaft subversiv ist die offene Affirmation, die ihm entgegenschlägt, von einem Naziblödel genauso wie von den biederen verantwortungsvollen demokratischen Bewältigungsblödeln, die da in Marbach wacker verantwortungsvoll und demokratisch bewältigen, vor allem die Finsternis. […] Im besten Fall ist der Klassiker logisch das, was auch Pop im besten Fall ist: nämlich ein Hit. Hits sind so gut, daß sie einen nie nicht langweilen, genau umgekehrt, je auswendiger man sie kennt, desto noch auswendiger mag man sie kennen lernen. Außerdem sind Hits von einer prächtigen Kurzlebigkeit, ein Hit stürzt den nächsten Hit, was insgesamt das totale Vollgastempo ergibt, in jeder Bewegung dieses Tempo, das es nicht gäbe, gäbe es keine Hits. Und, man kommt immer wieder zu ihnen zurück, insbesondere in Zeiten der Schwäche und Mutlosigkeit.« Ein Klassiker, so bestimmt Goetz abschließend seine aktuelle Charakterisierung, müsse Mut machen: »daß er Mut macht, einem neue Kraft gibt, neue Stärke, neues Neu und neue Wut für die nächste neuerste Attacke«[17].

I. Begriffliche Differenzierung: Klassisch, Klassik, Klassizismus

Die dialektische Spannung von normativem Idealitätsanspruch und exemplarischer Geschichtlichkeit bildet sich in der Begriffs- und Wortgeschichte von ›Klassik‹, ›klassisch‹ und ›Klassizismus‹ ab. Normative und historisch-deskriptive Aspekte vermischen sich in einer selbstreflexiven Begriffsgeschichte, an der die Spannung von Normativität und Historizität des Klassischen abgelesen werden kann. ›Klassik‹ als »Kanonisierungskategorie«[18] verweist auf Normatives im stilistischen und philosophischen (auch ideologischen) Sinn. So kann der Klassikbegriff in substantialistischer Weise im Zeichen eines ›klassischen Seins‹ oder als »ins Werk ge-

---

14 MARTIN FONTIUS, ›Klassisch, Klassik(er), Klassizismus‹, in: C. Träger (Hg.), Wörterbuch der Literaturwissenschaft (Leipzig 1986), 265.
15 SCHLEGEL, Kritische Fragmente (1797), in: SCHLEGEL (KFSA), Bd. 2 (1967), 149.
16 JORGE LUIS BORGES, Sobre los clásicos (1952), in: Borges, Obras completas, Bd. 2 (Barcelona 1996), 151; dt.: Über die Klassik, in: Borges, Gesammelte Werke, Bd. 5/2, übers. v. K. H. Horst/K. Meyer-Clason/G. Haefs (München/Wien 1985), 203.
17 RAINALD GOETZ, Was ist ein Klassiker? (1983), in: Goetz, Hirn (Frankfurt a.M. 1986), 24, 25.
18 ULRICH SCHULZ-BUSCHHAUS, Klassik zwischen Kanon und Typologie. Probleme um einen Zentralbegriff der Literaturwissenschaft, in: Arcadia 29 (1994), 73.

setzte Richtigkeit und Wahrheit, die in jeder Perspektive gilt«[19], aufgefaßt oder – noch zugespitzter – als »das Logische im Bereich des Schönen«[20] bezeichnet werden. Unter stilistischen Aspekten rekurriert ›Klassik‹ stets auf Kanonisierungsvorgänge im Sinne des Vorbildlichen, Mustergültigen und Richtungsweisenden. So verbinden sich ein (idealistischer) in der Regel an der Antike orientierter Normenbegriff der (humanistischen) Haltung mit einem durch stete Kanonisierung verfestigten Stilbegriff des überzeitlich Gültigen.

Wortgeschichtlich leitet sich ›klassisch‹ vom lateinischen Adjektiv ›classicus‹ ab. ›Civis classicus‹ bezeichnete den Angehörigen der höchsten Steuerklasse (classis prima). In der Übertragung auf Autoren ersten Ranges (»classicus assiduusque aliquis

---

19 HERBERT CYSARZ, ›Klassik‹, in: W. Kohlschmidt/W. Mohr (Hg.), Reallexikon der deutschen Literaturgeschichte, Bd. 1 (Berlin 1958), 853.
20 HANS ROSE, Klassik als künstlerische Denkform des Abendlandes (München 1937), 146.
21 AULUS GELLIUS, Noctes Atticae 19, 8, 15; vgl. CURTIUS (s. Anm. 6), 255.
22 THOMAS SEBILLET, Art Poétique François (1548), hg. v. F. Gaiffe (Paris 1910), 26; vgl. CURTIUS (s. Anm. 6), 255.
23 Vgl. PIETRO BEMBO, Prose della volgar lingua (1525), in: Bembo, Prose e rime, hg. v. C. Dionisotti (Turin 1960), 174 f.; vgl. CURTIUS (s. Anm. 6), 232, 269.
24 FONTIUS, ›Klassik, klassisch‹, in: SANDKÜHLER, Bd. 2 (1990), 816.
25 GOTTHOLD EPHRAIM LESSING, Hamburgische Dramaturgie (1767–1768), in: LESSING (LACHMANN), Bd. 10 (1894), 80.
26 CHRISTIAN FÜRCHTEGOTT GELLERT, Lehren eines Vaters für seinen Sohn, den er auf die Akademie schickt, in: Gellert, Sämmtl. Schriften, Bd. 5 (Leipzig 1769), 252.
27 Vgl. ›Classisch‹, in: SULZER, Bd. 1 (1771), 207–209.
28 Vgl. BOUTERWEK, 229–233.
29 ›Classisch‹, in: JOHANN CHRISTOPH ADELUNG, Versuch eines vollständigen grammatisch-kritischen Wörterbuches der Hochdeutschen Mundart, mit beständiger Vergleichung der übrigen Mundarten, besonders aber der oberdeutschen, Bd. 1 (Leipzig 1774), 1208; vgl. EVA DOROTHEE BECKER, 'Klassiker' in der deutschen Literaturgeschichtsschreibung zwischen 1780 und 1860, in: J. Hermand/M. Windfuhr (Hg.), Zur Literatur der Restaurationsepoche 1815–1848 (Stuttgart 1970), 350.
30 JULIAN SCHMIDT, Geschichte der deutschen Nationalliteratur im 19. Jahrhundert, Bd. 1 (Leipzig 1853), 4.

---

scriptor«[21], ein erstklassiger und steuerpflichtiger Schriftsteller) findet sich das Wort in der Antike im 2. Jh. bei Aulus Gellius. Ein ›scriptor classicus‹ gehört zu jenen Schriftstellern, deren Werke sich durch richtigen Sprachgebrauch auszeichnen und als mustergültig und für den Schulgebrauch besonders geeignet angesehen werden und von daher kanonisierungsfähig sind. In der Neuzeit findet sich ›klassisch‹ zuerst bei Thomas Sebillet, der in seinem *Art Poétique Françoys* die »bons et classiques pöetes françois«[22] benennt. Es geht hier bereits – parallel zum regelgerechten Gebrauch des Lateinischen bei Gellius – um die mustergültige Verwendung der Volkssprache. Der Sache nach hatte schon Pietro Bembo mit seiner Berufung auf Petrarca und Boccaccio den Begriff auf nicht-lateinische Musterautoren übertragen.[23] Es geht in erster Linie um Autoren, deren Werke als sprachrichtig galten und modellhaft für die Standardisierung der Nationalsprache geeignet erschienen.

Das Adjektiv ›klassisch‹ kann nun zur Kennzeichnung vorbildlicher Autoren und Epochen dienen. So empfiehlt 1709 Boileau der Académie française klassische Autoren seiner Nation, die im Sinne der Sprachrichtigkeit kommentierte Editionen verdienen. In der Diskussion über Klassikerausgaben bürgert sich auch in Deutschland der Begriff ›klassisch‹ ein. »Erstmals wurde Gottscheds *Grundlegung einer deutschen Sprachkunst* (1748) ›klassisch‹ genannt, ohne Zweifel auch in Hinsicht auf nationalsprachliche Verbindlichkeit.«[24] Lessing charakterisiert Christoph Martin Wielands *Geschichte des Agathon* (1766–1767) als »ersten und einzigen Roman für den denkenden Kopf, von klassischem Geschmacke«[25]. Gellert empfiehlt 1769: »Lies die klassischen Schriftsteller unsrer Nation«[26]. Lexikalisch finden sich ›classisch‹ bzw. ›Classizität‹ in Deutschland am Ende des 18. Jh. und dann stetig mit Beginn des 19. Jh. Wichtig sind die Belege bei Johann Georg Sulzer[27], in Friedrich Bouterweks *Aesthetik* (1806)[28] und bei Johann Christoph Adelung, der vom »classischen Schriftsteller«[29] im Blick auf zeitgenössische Autoren spricht. In den deutschen Literaturgeschichten zum 19. Jh. findet sich bei Julian Schmidt zur Kennzeichnung der Weimarer Klassik der Begriff »classisches Zeitalter«[30] und bei August Friedrich Christian Vilmar die Charakterisierung von »zwei klassischen Peri-

I. Begriffliche Differenzierung: Klassisch, Klassik, Klassizismus

oden« mit dem Hinweis auf die »imponierende Erscheinung einer zweimaligen klassischen Blüte«[31] – gemeint sind die mittelhochdeutsche Klassik (mit Hartmann von Aue, Wolfram von Eschenbach und Gottfried von Straßburg) und die Weimarer Klassik (Wieland, Goethe, Schiller). Die Verbindung des Klassischen mit einem mittleren Stilideal betont Georg Gottfried Gervinus, wenn er formuliert: »Ein Princip der Mäßigung faßte mitten unter den dauernden Stürmen Fuß. Zu Goethe gesellte sich Schiller. Sie waren schon ihren Schicksalen nach zweiseitige Männer der Mitte«[32]. Schließlich findet sich schon 1851 in Josef Meyers *Conversations-Lexicon* ein eigener Eintrag.[33] Poetologisch wichtiger sind Jean Pauls Bemerkungen ›über Einfachheit und Klassischsein‹.[34]

Eine bemerkenswerte Parallelität in der Begriffsbildung von ›klassisch‹ und ›Klassik‹ findet sich in der Musikästhetik. Obwohl sie sich auf eine Tradition der ›klassischen‹ Tonkunst in der Antike nicht berufen konnte, ist bereits im 17. Jh. von ›klassischen Autoren‹ die Rede. Heinrich Schütz bezieht sich in der Vorrede zur *Geistlichen Chormusik* (1648) auf »Alte und Newe Classicos Autores«[35]. Hier spielt zwar das Konzept des Klassischen oder einer Klassik noch keine Rolle, aber immerhin die generelle Vorstellung vom ›auctor classicus‹.[36] Unter Anspielung auf den gelehrt-humanistischen Kontext sind für Friedrich Wilhelm Marpurg »Graun und Telemann klassische Autoren (*Kritische Briefe über die Tonkunst*, Brief an Nichelmann vom 4. Aug. 1759); die *Tonstücke für das Clavier, vom Herrn C. P. E. Bach, und einigen anderen classischen Musikern* (Wever in Berlin und Breitkopf in Leipzig, 1762) versammeln Sonaten und Fugen von Händel, Nichelmann und Kirnberger neben Stükken Bachs.« Ludwig Finscher weist darauf hin, daß sich eine »differenziertere Begrifflichkeit [...] um 1800 abzuzeichnen« beginne, »wobei vor allem Definitionsmerkmale des Klassischen in verschiedenen Epochen der Musikgeschichte formuliert werden, der Epochenbegriff der Wiener Klassik aber noch nicht erscheint. So nennt Johann Gottlieb Karl Spazier in seiner Bearbeitung der *Mémoires* von Gretry Genie und Fleiß, verbunden mit ›wahrem Naturtalent‹, wahren Ausdruck der Natur und klassische Korrektheit; bemerkenswerter ist aber seine Maxime, daß ›jedes wahrhaft schöne, ächt ausdrucksvolle Werk bey jeder Zergliederung gewinnen müsse, das lehrt die Erfahrung an allen klassischen Werken‹, denn sie bildet ein Pendant zu Fr. Schlegels berühmtem Wort ›Eine klassische Schrift muß nie ganz verstanden werden können. Aber die, welche gebildet sind und sich bilden, müssen immer mehr daraus lernen wollen‹«[37]. Der Begriff »das Klassische«[38] findet sich zuerst bei Anton Friedrich Justus Thibaut. Die mit der Idee ›absoluten Musik‹ verbundene Vorstellung der reinen, textlosen und nicht-programmatischen Instrumentalmusik, die heute die Vorstellung von klassischer Musik prägt, bildet sich seit etwa 1800 heraus. Im Zentrum stehen die drei herausragenden Komponisten Haydn, Mozart und Beethoven, die – parallel zur literaturgeschichtlichen Begriffsbildung der ›Weimarer Klassik‹ – die Gruppe der ›Wiener Klassik‹ prägen. »Die Kanonbildung ist erst in dem Moment abgeschlossen, in dem die Vorstellung von der herausgehobenen Qualität und Bedeutung Haydns, Mozarts und Beethovens mit dem Begriff Klassik zusammengebracht wird, bei Amadeus (= Johann Gottlieb) Wendt 1836.«[39] E. T. A. Hoffmanns Rezension von

---

31 AUGUST FRIEDRICH CHRISTIAN VILMAR, Geschichte der Deutschen National-Literatur (1844; Marburg 1911), 2, 3.
32 GEORG GOTTFRIED GERVINUS, Neuere Geschichte der poetischen National-Literatur der Deutschen, Bd. 1 (Leipzig 1840), 11.
33 Vgl. ›Klassiker und Klassisch‹, in: JOSEF MEYER (Hg.), Das große Conversations-Lexicon für die gebildeten Stände, Abt. 1, Bd. 18 (Hildburghausen u. a. 1851), 8 f.
34 Vgl. JEAN PAUL, Vorschule der Ästhetik (1804), in: JEAN PAUL (MILLER), Abt. 1, Bd. 5 (1963), 353–358.
35 HEINRICH SCHÜTZ, Geistliche Chormusik (1648), in: Schütz, Sämmtl. Werke, hg. v. Ph. Spitta, Bd. 8 (Leipzig 1889), Vorrede. Vorrede ›Günstiger Leser‹.
36 Vgl. LUDWIG FINSCHER, ›Klassik‹, in: MGG, Bd. 5 (²1996), 224.
37 Ebd., 227; vgl. KARL SPAZIER (Hg.), Gretry's Versuche über die Musik. Im Auszuge und mit kritischen und historischen Zusätzen (Leipzig 1800), 29; SCHLEGEL (s. Anm. 15).
38 ANTON FRIEDRICH JUSTUS THIBAUT, Über Reinheit der Tonkunst (1824), hg. v. R. Heuler (Paderborn 1907), 35, 61.
39 FINSCHER, (s. Anm. 36), 228; vgl. AMADEUS WENDT, Über den gegenwärtigen Zustand der Musik besonders in Deutschland und wie sie geworden. Eine beurtheilende Schilderung (Göttingen 1836).

Beethovens 5. Sinfonie spielt hier eine zentrale Rolle. Die selbständige Instrumentalmusik wird als »romantischste aller Künste« definiert. Haydn und Mozart gelten als die »Schöpfer der neuern Instrumentalmusik«[40] und Beethoven als ihr Vollender. »Dabei verwendet Hoffmann die Begriffe *Klassik* oder *Klassiker* nicht, aber die Bestimmung der Instrumentalmusik als romantischster Kunst schließt nicht aus, daß diese Kunst ihre Klassik haben kann, und Hoffmanns Beschreibung impliziert, daß die drei Komponisten ihre Klassiker sind«. »1836 konstruiert Wendt einen Hegelianischen Dreischritt für die *sogenannte classische Periode* (1836, S. 3–7): Bei Haydn herrscht die Form über den Stoff; Mozart, der ›*Mittelpunkt der classischen Periode*‹, verwirklicht die ›*völlige Durchdringung der Form und des Stoffes; bei Beethoven gewinnt der Stoff das Übergewicht über die Form*‹ – hegelsch: Haydn vertritt die symbolische, Mozart die klassische, Beethoven die romantische Stufe der Kunst.«[41]

Carl Dahlhaus hat mit der deutschen Romantik einen musikästhetischen Paradigmenwechsel verknüpft, insofern gerade Formulierungen von Ludwig Tieck und E. T. A. Hoffmann deutlich machen, daß die Instrumentalmusik »ihren eignen Weg geht, und sich [...] um keine untergelegte Poesie kümmert«, sondern »für sich selbst dichtet und sich selber poetisch kommentiert«[42]. Die so der instrumentalen Musik zugerechnete ästhetische Autonomie hat nicht nur die historiographische Konstruktion ›Wiener Klassik‹ befördert, sondern zugleich Versuche, mit idealistischen Kategorien die musikalischen Kunstwerke als komplexe und auslegbare und damit auch als überraschungsreiche zu definieren.[43] Die Nähe zwischen Klassik und Romantik in der deutschen Musikästhetik liegt auf der Hand, gerade im Blick auf die Vermittlungsfunktion, die Tieck oder E. T. A. Hoffmann übernehmen, wenn die klassische Instrumentalmusik im 19. Jh. im Zeichen der romantischen Musikästhetik rezipiert wird. Auch das selbstreflexive Moment (vgl. die zitierte Charakterisierung Tiecks) verbindet ›klassische‹ und ›romantische‹ Momente.

Der Begriff ›Klassik‹ im Sinne eines epochalen, kulturellen Höhepunkts und einer historischen Blütezeit ist ein Ergebnis der Aufklärung. Klassiker gelten als Repräsentanten innerhalb einer zu ihrer Höhe gelangten Entwicklungsperiode der Kunst, deren Werke bis in die Gegenwart gültig sind. Verbunden ist damit die Idee eines weltliterarischen Pantheons, »in dem die großen Autoren der Antike sozusagen immer schon Platz genommen haben. Ausgangspunkt der modernen Wortgeschichte ist die Kanonisierung der großen Autoren des 17. Jh. in Frankreich. Im Ergebnis des Antikestreits (›Querelle des anciens et des modernes‹), in dem die Verfechter der Fortschrittstheorie die Überlegenheit bzw. Ebenbürtigkeit der Modernen gegenüber den Alten verfochten hatten, entwickelte Du Bos 1719 seine Gegensätze vermittelnde geschichtsphilosophische Theorie der vier großen Kulturzeitalter, wonach die Zeitalter des Augustus, der Mediceer und Ludwigs XIV. gleichrangig neben der Blüteperiode der Griechen stehen. Mit der geschichtsphilosophischen Fundierung des Klassiker-Begriffs wurden die bislang den Terminus ›klassischer Autoren‹ beherrschenden Aspekte sprachliche Korrektheit und schulische Brauchbarkeit verdrängt und durch allgemeinere Wertbezüge – wie weltliterarischer Rang oder welthistorische Wirkung – ersetzt.«[44]

In Deutschland findet sich der Begriff ›Klassik‹ zuerst 1797 in Friedrich Schlegels *Philosophischen Fragmenten*: »Absolute Classic also annihirirt sich selbst«, und: »Alle Bildung ist Classic, Abstraction.«[45] ›Klassik‹ wird hier im Zusammenhang mit dem Adjektiv ›classisch‹ stiltypologisch verwandt und bezieht sich vor allem auf Winckelmanns Vorstellungen, gegenüber denen Friedrich Schlegel den Oppositionsbegriff des ›Romantischen‹ for-

---

40 E. T. A. HOFFMANN, Beethoven, C moll-Sinfonie (1810), in: Hoffmann, Dichtungen und Schriften, hg. v. W. Harich, Bd. 12 (Weimar 1924), 128, 129.
41 FINSCHER (s. Anm. 36), 229, 229 f.
42 LUDWIG TIECK, Symphonien, in: Wilhelm Heinrich Wackenroder/Tieck, Phantasien über die Kunst, für Freunde der Kunst (Hamburg 1799), 257; vgl. CARL DAHLHAUS/MICHAEL ZIMMERMANN (Hg.), Musik – zur Sprache gebracht. Musikästhetische Texte aus drei Jahrhunderten (München/Kassel 1984), 187, 190.
43 Vgl. ANSELM GERHARD, Zwischen ›Aufklärung‹ und ›Klassik‹. Überlegungen zur Historiographie der Musik des späten 18. Jahrhunderts, in: Das achtzehnte Jahrhundert 24 (2000), 37–53.
44 FONTIUS (s. Anm. 24), 816.
45 SCHLEGEL, Philosophische Fragmente. Erste Epoche. II. (entst. 1796–1798), in: SCHLEGEL (KFSA) Bd. 18 (1963), 23.

I. Begriffliche Differenzierung: Klassisch, Klassik, Klassizismus

muliert. Als Epochenbezeichnung findet sich der Begriff ›Klassik‹ zur Charakterisierung der deutschen Literatur von der Mitte des 18. Jh. bis zu Goethe und Schiller zuerst 1839 in Heinrich Laubes *Geschichte der deutschen Literatur*.[46] Mit ›Die nationalliterarische Klassik‹ betitelt 1845 Joseph Hillebrand das den 2. Band seiner *Deutschen Nationalliteratur seit dem Anfange des achtzehnten Jahrhunderts* bildende 4. Buch. Wilhelm Buchner nennt die Zeit von 1748 bis 1830 die ›Periode der Classic‹.[47] »Mit dem neuen Begriff wird die von Heinsius in die deutsche Literaturgeschichte eingeführte Fixierung eines ›Zeitalters klassischer Literatur‹, das einerseits durch seine Beziehung zum klassischen Altertum, andererseits als Höhepunkt der nationalsprachlichen und -literarischen Entwicklung gekennzeichnet ist, besiegelt.«[48] Zu einem gebräuchlichen und dominanten Begriff wird ›Klassik‹ am Ende des 19. Jh. (bei Otto Harnack 1887)[49] und dann ab der Jahrhundertwende, wo sich der Klassikbegriff endgültig gegenüber dem Terminus ›Klassizismus‹ durchsetzt (so bei Friedrich Gundolf[50] und bei Fritz Strich). Der Klassikbegriff verdrängt auch andere Charakterisierungen der deutschen nationalliterarischen ›Blütezeit‹ und Einordnungen in den internationalen Klassizismus zugunsten eines national konnotierten Klassikkonzepts.[51] Während Literaturwissenschaftler wie Oskar Walzel und Franz Schultz zunächst noch am Begriff des ›Klassizismus‹ festhalten, beugen sie sich schließlich der »new fashion«[52] – Franz Schultz ab 1935.[53] »Aus der politischen Situation der 1830er Jahre und dem Kult um Goethe nach dessen Tod 1832 sowie der nationalen Schiller-Begeisterung, die 1859 aus Anlaß seines hundertsten Geburtstages ihren ersten Höhepunkt erreichte, gingen der Begriff einer ›Weimarer Klassik‹ und die Verklärung eines ›klassischen Weimar‹ als Teil nationaler Selbstfindung und Kulturrepräsentation der Deutschen hervor.«[54]

Der Begriff ›Klassizismus‹ ist ein vom Lateinischen ›classicus‹ abgeleiteter und erst im 19. Jh. gegenüber dem Begriff ›Klassik‹ formulierter Begriff, der im Zusammenhang der Diskussion über Klassik und Romantik um 1800 entsteht. ›Klassizismus‹ ist eine ästhetische Position, die die griechische und römische Antike zur stilistischen Norm erhebt und sich auf prinzipielle Vorstellungen und Grundsätze von Aristoteles (*Poetik*), Horaz (*Ars poetica*), Vitruv (*De architectura*) und Quintilian (*Institutio oratoria*) beruft. Im Zentrum stehen die Wiederbelebung der antiken Kunsttheorie und Kunstformen, wobei in dieser Anstrengung zugleich die historische Distanz zu den antiken Vorbildern erkennbar bleibt. Von daher ist das Pejorative des Begriffs ›Klassizismus‹ zu erklären und der implizite Vorwurf einer »epigonalen Weiterführung […] ›klassischer‹ Kunstperioden«[55]. Sosehr das Bemühen um eine Wiederaufnahme griechisch-römischer Kunstformen das Gemeinsame der »Typologisierungskategorie«[56] ›Klassizismus‹ charakterisiert, sosehr zeigen die einzelnen europäischen Ausprägungen unterschiedliche Tendenzen. René Wellek hat darauf hingewiesen, daß der Begriff ›classicismo‹ zunächst in Italien 1818 bei Giovanni Berchet auftaucht, dann 1820 in Deutschland, 1822 in Frankreich, 1828 in Rußland und 1831 in England. In Frankreich, England und Deutschland bezieht sich der Klassizismus auf drei

---

46 Vgl. HEINRICH LAUBE, Geschichte der deutschen Literatur, Bd. 2 (Stuttgart 1839), 3.
47 Vgl. WILHELM BUCHNER, Lehrbuch der Geschichte der deutschen Nationalliteratur nebst einem Abriß der deutschen Kunstgeschichte als Anhang (Mainz 1852), 142–299.
48 BECKER (s. Anm. 29), 360; vgl. THEODOR HEINSIUS, Teut oder theoretisch-praktisches Lehrbuch des gesammten Deutschen Sprachunterrichts, T. 4, Abt. 2 (Berlin 1811), 102–289.
49 Vgl. OTTO HARNACK, Goethe in der Epoche seiner Vollendung (Leipzig 1887), 133, 152.
50 Vgl. FRIEDRICH GUNDOLF, Shakespeare und der deutsche Geist (Berlin 1911), 310, 321.
51 Vgl. FRITZ STRICH, Deutsche Klassik und Romantik oder Vollendung und Unendlichkeit (1922; Bern/München 1962); HERMANN-AUGUST KORFF, Geist der Goethezeit. Versuch einer ideellen Entwicklung der klassisch-romantischen Literaturgeschichte (Leipzig 1923–1957).
52 RENÉ WELLEK, The Term and Concept of Classicism in Literary History (1965), in: Wellek, Discriminations: Further Concepts of Criticism (New Haven/London 1970), 77.
53 Vgl. FRANZ SCHULTZ, Klassik und Romantik der Deutschen (Stuttgart 1935–1940).
54 GERHARD SCHULZ, ›Klassik 2‹, in: H. Fricke u.a. (Hg.), Reallexikon der deutschen Literaturwissenschaft, Bd. 2 (Berlin/New York 2000), 270 f.
55 HORST THOMÉ, ›Klassizismus‹, in: ebd., 276.
56 SCHULZ-BUSCHHAUS (s. Anm. 18), 73.

unterschiedliche Literaturepochen:»the French seventeenth-century, the English late seventeenth- and early eighteenth-centuries, and the German very late eighteenth-century literature«. Wellek nennt den französischen und englischen Klassizismus – trotz eines gemeinsamen europäischen Stilsuchens – »far more ›Latin‹ than German classicism, which is more definitely and self-consciously ›Greek‹«[57]. »German classicism, even in its most self-consciously neoclassical stage, will appear to us as romantic or possibly nostalgic and utopian, as was also the contemporary classicism elsewhere.«[58] Entscheidend dürfte jene von Horst Thomé in Anlehnung an Überlegungen Nietzsches betonte Tendenz zu einem »perennierenden Klassizismus«[59] sein, der in seiner historischen Variabilität in der europäischen Kunst und Literatur zu unterschiedlichen und wechselnden Ausprägungen geführt hat – trotz der stets wiedererkennbaren Reverenz gegenüber der griechisch-römischen Antike.

Dies gilt insbesondere auch für die bildende Kunst, so daß zu Recht von einem »spezif[ischen] Erbeverhältnis«[60] gegenüber der griechischen Antike gesprochen worden ist. Zentral sind einerseits wiederkehrende Dichotomien (›klassisch‹ versus ›barock‹/›manieristisch‹; ›Klassizismus‹ versus ›Historismus‹) und andererseits Konzepte von Entwicklungs- und Verfallsgeschichten, die jeweils einen Höhepunkt in der Antike sehen. Zu den Dichotomien gehören auch antithetische Paarbildungen wie Raffael versus Tizian, Poussin versus Rubens oder Ingres versus Delacroix. Gegenüber den Griechen läßt sich eine »sentimentalische Reflexion über den Vergangenheitscharakter von Kunst und Ideal« beobachten. Das Klassische wird mit »Vorstellungen von Klarheit, Rationalität, fest umrissener Linearität, haptischer Körperlichkeit, Mäßigung des Ausdrucks gekennzeichnet«[61], denen gegenüber Forderungen nach klassizistischer Rückbesinnung wiederkehren. In den Modellen von Entwicklungsgeschichten folgt auf die antike Periode eine lange Verfallsgeschichte (bis zur Renaissance, etwa bei Vasari), oder die chronologische Abfolge von vier Stilen der griechischen Kunst (der »ältere Styl«, der »große und hohe«, »der schöne« und schließlich der »Styl der Nachahmer«[62]) wird auf die Renaissance übertragen.[63] Das Adjektiv ›klassisch‹ impliziert stets ein Streben nach Vollendung als ein ›vollentwickeltes Phänomen‹, dem besonders positive Eigenschaften zugewiesen werden. Nicht selten wird eine klassische Stilepoche mit einem Reifestadium verbunden, so von Heinrich Wölfflin, wenn er den Begriff des Klassischen im Blick auf die »Kunst der Hochrenaissance in Italien«[64] bestimmt. ›Klassizismus‹ als ein internationales Stilphänomen zeigt sich in unterschiedlichen nationalen Varianten (vgl. in Italien Antonio Canova; in England John Flaxman; in Frankreich Jacques Louis David; in Deutschland Leo von Klenzes Münchener Klassizismus und Schinkels preußischen Klassizismus).

II. Historische Ausdifferenzierung: Idealtypische europäische Varianten

1. Griechisch-lateinische Antike

Struktur und Funktion westlicher, abendländischer Klassik lassen sich ohne die Diskussion der dominanten Rolle des griechisch-römischen Paradigmas nicht veranschaulichen. Die Antike bildet das Kommunikations- und Funktionsmodell für alle anderen europäischen Klassiken. Ihre im Kommunikationsmodus von ›Philologie‹ beobachtbaren polaren Kategorien von Normativität und Historizität, Typus und Funktion, Vollendung und Ausdifferenzierung sind als bestimmte kulturelle Praxis

---

57 WELLEK (s. Anm. 52), 86.
58 Ebd., 87.
59 THOMÉ (s. Anm. 55), 277; vgl. FRIEDRICH NIETZSCHE, Menschliches, Allzumenschliches (1878), in: NIETZSCHE (KGA), Abt. 4, Bd. 2 (1967), 182–186.
60 ›Klassik‹, in: H. Olbrich u. a. (Hg.), Lexikon der Kunst, Bd. 3 (Leipzig 1991), 762.
61 WERNER BUSCH, ›Klassizismus, Klassik C. I.‹, in: UE-DING, Bd. 4 (1998), 1071, 1070.
62 JOHANN JOACHIM WINCKELMANN, Geschichte der Kunst des Altertums (1764), in: WINCKELMANN, Bd. 5 (1825), 173 f.
63 Vgl. WINCKELMANN, Abhandlung von der Fähigkeit der Empfindung des Schönen in der Kunst, und dem Unterrichte in derselben (1763), in: WINCKELMANN, Bd. 1 (1825), 263–270; BUSCH (s. Anm. 61), 1073.
64 Vgl. HEINRICH WÖLFFLIN, Die klassische Kunst. Eine Einführung in die italienische Renaissance (1899; Basel ⁸1948), 13.

bereits Gegenstand der griechisch-lateinischen Tradition. Dies bedingt die Modellhaftigkeit des antiken Paradigmas unter vier zentralen Aspekten: der Rezeptionsperspektive, des Zusammenhangs von Kanon und Klassik, des dominant prägenden Formaspekts (Idealform) und der Konstanz eines anthropologischen Bedarfsgesichtspunkts.

Seit Dionysos von Halikarnass vor allem läßt sich feststellen, daß ›Klassik‹ begrifflich als Rezeptionsphänomen insofern zu fassen ist, als bereits die griechische Antike des 5. Jh. im 4. Jh. selektiv rezipiert wird. Wichtig ist das Bewußtsein von einer ›heroischen‹ Epoche im Sinne von Abstand und Distanz. Ein Unterschiedsbewußtsein ist die Voraussetzung für die Wahrnehmung eines anderen als vorbildlich und herausragend. Das bedeutet, daß einerseits der Ort der Entstehung einer Gruppe herausragender Werke unter Gesichtspunkten ihrer Produktion wahrgenommen und andererseits diese Gruppe als abgrenzbar einer fortdauernden Rezeption für würdig gehalten wird. Lektüre ist dabei ein Modus der Kommunikation, der die Form der Traditionsvermittlung oder auch des Formenwandels des herausgehobenen Paradigmas ermöglicht. Bezeichnenderweise verweist das Rezeptionsproblem in der Antike (so orientiert sich die römische, Augusteische Kunst am griechischen 5. Jh.) sowohl auf das dann in der Neuzeit durchgehend beobachtete Phänomen einer Abtrennung ›unklassischer‹ Autoren und Phasen von denen ›klassischer‹ Orientierung als auch auf ein wiederkehrendes Dreierschema als Denkbild. Dieses Dreierschema geht von einer guten Vergangenheit aus, nimmt die Jetztzeit als eine schlechte Zwischenzeit, die sich in der Anstrengung zur Rückkehr in eine erfüllte Vorvergangenheit als Zukunft zu bewähren hat. Dieses Triasmodell existiert in der Antike als ein Denkbild, während es in den europäischen Klassiken im Kontext von ›Verzeitlichung‹ (Reinhart Koselleck) als geschichtsphilosophisches Modell fungiert.

Stets unmittelbar verknüpft mit ›Klassik‹ sind Kanon und Kanonisierung. Die Privilegierung einer Gruppe von Autoren oder Werken ist die Voraussetzung für die Konstitution von ›Klassik‹. Dies setzt einen Innovationsakt und damit die Abgrenzung gegenüber anderen Traditionen voraus und zugleich das Herausgehobensein einer begrenzten Zahl von Gründerfiguren. In einem ersten Schritt (der Primärrezeption) kommt es darauf an, daß ein bestimmter Rezipientenkreis diese Autoren und Werke anerkennt bzw. als Musterautoren zu legitimieren vermag im Sinne eines neuen, beständigen Wert- und Sinnsystems. Erst dann läßt sich – nach dem Abschluß einer »innovativ-produktiven Phase«[65] – eine Textgruppe als Kanon etablieren.

Für die Entwicklung der europäischen Klassiken ist es entscheidend, daß der Kanon des klassischen Altertums – im Unterschied zu Ägypten –»nicht die Wirkung gehabt« hat,»die Formen vor Formenwandel zu bewahren und die Kultur gegen die Geschichte abzuschotten«[66]. Dadurch bedingt, gerät der antike Kanon in ein Spannungsverhältnis zu seinem eigenen Innovationspotential, das im Prozeß der Verzeitlichung in den europäischen Klassiken der Neuzeit produktiv zu machen versucht wird. Zugleich ist die ›Ausschöpfung‹ des antiken Innovationspotentials eingebettet in einen gesamthistorischen Prozeß, bei dem der klassische Kanon eine bestimmte kulturelle Funktion zuweist. Diese Funktion richtet sich in erster Linie auf die Hoffnung, daß Klassik ein ›Kontrastmittel‹ gegen Verzeitlichung, teleologischen Fortschritt oder Krisensituationen bietet (beginnend mit der ›Querelle des anciens et des modernes‹ in der Aufklärung).

Die Hoffnung auf eine Gegenbildfunktion vor allem der antiken Klassik richtet sich dabei in erster Linie auf einen normativen Formbegriff, der vornehmlich an der Skulptur des Doryphoros von Polyklet abgelesen wird. Polyklet hat mit seiner theoretischen Schrift unter dem Titel *Kanon* (von der nur wenig überliefert und in indirekten Zeugnissen späterer Autoren tradiert ist) grundlegende Prinzipien von Symmetrie (συμμετρία), Harmonie (ἁρμονία) und Bezogensein auf die Mitte (μέσον) formuliert, die – in der platonischen Tradition – als eine mustergültige Idealform gelten konnten. Darauf beruhen Winckelmanns Vorstellung von den klassischen Maßen ebenso wie die Symmetrie-

---

[65] WALTER HAUG, Mittelhochdeutsche Klassik, in: H.-J. Simm (Hg.), Literarische Klassik (Frankfurt a.M. 1988), 231.
[66] ERNST A. SCHMIDT, Historische Typologie der Orientierungsfunktionen von Kanon in der griechischen und römischen Literatur, in: A. u. J. Assmann (Hg.), Kanon und Zensur (München 1987), 246.

vorstellung der Klaviersonaten Mozarts. Die Auffassung vom exemplarischen Gelungensein steht im Zusammenhang mit musiktheoretisch-mathematischen Diskussionen des 15. Jh., in denen die harmonikale Teilung als Grundprinzip des Kanons verstanden wird. Ein hohes Maß an Objektivität und Ausgewogenheit im Sinne des Zusammenhangs des einzelnen und des Ganzen bewirkt jene formale Geschlossenheit, die »ungezügelte Subjektivität«[67] genauso ablehnt und abweist wie das Phantastische oder Fragmentarische. Das »Mittlere zweier extremer Möglichkeiten«[68] konnte so zum Maßstab jenes Formbegriffs werden, der normative Implikationen hat. »Die Gegensätze pendeln um eine unfaßbare, irrationale (= göttliche) Mitte und entsprechen sich wie die Intervalle im Oktavrahmen in komplementärer Form. [...] Alle philosophischen Termini dieser Zeit wie Harmonia, Symmetria, Logos, Analogia u. a. sind auch musiktheoretisch-mathematische Termini. Sie sind Versuche, diese Sachverhalte begrifflich zu fassen.«[69] Im Anschluß an die Pythagoräer wird damit ein Grundprinzip des Kanons formuliert, das weitreichende Folgen hat. Schönheit wird nicht an bestimmtem Material erkannt, sondern daran, »ob eine diffuse Vielfalt von Erscheinungsformen auf bestimmte (d. h. aus dem Begriff der Einheit heraus verstehbare) und nicht willkürlich beliebige Weise von Einheit durchwirkt ist [...], wie sich Einheit in sinnlich-konkreten Gebilden verwirklichen läßt«[70].

Im Blick auf die Gattungen bedeutet dies, daß sie »aus dem Wesen der Kunst gesetzmäßig hervorgehen«. Jedes Kunstwerk muß von daher »klar und sicher in seiner Gattung stehen«[71]. Die Lehre von den Gattungen steht deshalb – seit Platon und Aristoteles – im Zusammenhang mit der Lehre vom Angemessenen. Der Wert des Werkes bestimmt sich daraus, inwieweit »in Stoff und Form die Angemessenheit, die sich aus der Gattung bestimmt, erfüllt ist« (4). Johannes Stroux hat deshalb drei Grundlehren des ›Klassischen‹ zusammengefaßt: eine »normative Geltung der Gattungen«; die »Symmetrie und organische Struktur des Werkes, [...] um das Schöne zu verwirklichen«; die Notwendigkeit des Angemessenen (πρέπον), also die »Lehre von allen harmonisch zu gestaltenden Bezügen und Maßen« (5).

Die Formbestimmungen des Klassischen im Sinne einer »totalisierenden Wertinstanz« hängen mit jener »Sehnsucht nach einem Gegenbild«[72] zusammen, die ein dauerndes Bedürfnis nach Orientierung in der Geschichte erkennen lassen. Klassik als eine ›regulative Idee‹ stillt einen Orientierungsbedarf, der sich auf Ordnung richtet und das »geschichtliche Orientierungsverlangen«[73] in historisch unterschiedlichen Epochen befriedigt. Diese anthropologische Figur bleibt ein auffallendes Merkmal aller europäischen Klassiken, wobei sich (klassische) Ordnungsvorstellungen auch als moraldidaktische Disziplinierungsmittel einsetzen lassen und als solche eingesetzt worden sind. Klassik kann der Selbstvergewisserung von kultureller Identität gerade deshalb dienen, weil der historisch unterschiedliche Ordnungsbedarf (›Rappel à l'ordre‹ [Jean Cocteau]) jeweilige Historisierungen auf den Plan rufen muß. In der römischen Kaiserzeit hat Klassik dabei eher eine bewahrende Funktion, während in der Neuzeit die einzelnen europäischen Klassiken auch als Instrument für kulturelle und gesellschaftliche Veränderungen eingesetzt werden konnten – oder man sich im Namen des Klassizismus »gegen lebendige, auch religiös sanktionierte Traditionen stellen konnte«[74]. Die Frage des Klassikbedarfs und der Orientierungsfunktion von Klassiken ist deshalb abhängig von bestimmten Machtkonstellationen. Klassik als kulturelle Praxis kann selbst zu einem Machtfaktor werden.

Hinzu kommt, daß seit etwa 1800 auch ein Be-

---

67 RAINER ROSENBERG, ›Klassiker‹, in: Fricke (s. Anm. 54), 275.
68 KARL REINHARDT, Die klassische Philologie und das Klassische (1942), in: Reinhardt, Vermächtnis der Antike. Gesammelte Essays zur Philosophie und Geschichtsschreibung, hg. v. C. Becker (Göttingen 1960), 336.
69 WOLFGANG SONNTAGBAUER, Das Eigentliche ist unaussprechbar (Frankfurt a. M. u. a. 1995), 26.
70 SCHMITT (s. Anm. 7), 420.
71 JOHANNES STROUX, Die Anschauungen vom Klassischen im Altertum, in: W. Jaeger (Hg.), Das Problem des Klassischen und die Antike (Leipzig/Berlin 1931), 3.
72 MANFRED FUHRMANN, Klassik in der Antike, in: Simm (s. Anm. 65), 108.
73 GETHMANN-SIEFERT (s. Anm. 10), 57.
74 ALBRECHT DIHLE, Die griechische und lateinische Literatur der Kaiserzeit. Von Augustus bis Justinian (München 1989), 33.

darf an theoretischen Begründungen für Klassik einsetzt, der sich seitdem bis heute um ästhetische, geschichtsphilosophische, anthropologische und besonders nationalgeschichtliche Anschlußmöglichkeiten an zeitgenössische Theorien bemüht. Beim Vergleich europäischer Klassiken spielt dies eine zentrale Rolle. Während die spanische, niederländische oder englische Klassikdiskussion im Zeichen einer jeweiligen Klassizismusepoche steht und weitgehend im Horizont einer Gipfelepoche (Goldenes Zeitalter) betrachtet wird, läßt sich bei der französischen und deutschen Klassik eine zusätzliche intensive Theoriediskussion beobachten. Die epochengeschichtliche Klassikfrage kann auch zu einer Selbstreflexion der jeweils nationalhistorischen Situation werden. Deshalb sollen das französische und deutsche Beispiel etwas genauer charakterisiert werden; in beiden Fällen wurde Klassik zu einem nationalen Identifikationsmedium.

2. Französische ›Époque classique‹

Die französische Klassik ist durch einen »Höchstgrad von Nationalisierung des antiken Erbes« und einen »übernational-europäischen Anspruch«[75] charakterisiert. Der Begriff ›classicisme‹ bezieht sich seit 1823 in Frankreich zunächst auf die antike Literatur, während er wenige Jahre später auch auf die französische Literatur des 17. Jh. angewandt wird. Die Epochenbezeichnung ›siècle classique‹ findet sich erst im frühen 19. Jh. – in der Abgrenzung der ›poésie romantique‹ von der ›poésie classique‹.

Schon Ernst Robert Curtius hat darauf hingewiesen, daß der »Wille zu *systematischer* Regelung [...] ein Kennzeichen des französischen 17. Jahrhunderts« sei und ein »klassisches Literatursystem im prägnanten Sinn des Wortes [...] nur Frankreich«[76] besitze. Das Besondere der französischen ›époque classique‹ besteht darin, daß im Übergang von einer stratifikatorischen zu einer funktionalen Differenzierung von Gesellschaft am Beginn der Moderne eine zum »autonomen sozialen Teilsystem transformierte ›Literatur« entstehen konnte, die »eine jenseits und diesseits ihrer Systemgrenzen erfahrbare Identität«[77] aufwies. Seine Identität findet das ›klassische Literatursystem‹ in Frankreich in einer »Funktionsanalogie zwischen der Rhetorik

und den staatstragenden Grundsätzen bzw. ordnungspolitischen Vorstellungen des Absolutismus«[78]. Dies bedeutet einen Ausgleich zwischen Amtsadel (noblesse de robe) und – im Ausgang der Konfessionskämpfe entmachtetem – altem Adel (noblesse d'épée) sowie zwischen dem Hof (la cour) und dem aufstrebenden Bürgertum (la ville). Klassik konnte so eine situationsadäquate Funktion erfüllen.»Kunst und gesellschaftliche Moral bleiben ungeschieden, sieht man vom Prinzip der *delectatio* (*plaire*) ab, dem ein Ausnahmerecht zugestanden wird.« Im Unterschied zur deutschen Klassik wird die Antike »als Vorbild von zeitlicher Vollkommenheit, mithin noch nicht ›historisch‹ angesehen [...]. Erst die deutsche Klassik stand vor dem Dilemma, das ›klassische Altertum‹ schon historisch sehen zu müssen und es doch nachahmen zu sollen.«[79]

Die (politische) Institutionalisierung der Literatur in der frühmodernen Gesellschaft im Zeichen einer Verbindung von höfischer Repräsentationskultur und bürgerlicher Mentalität läßt sich sowohl im Sprachlich-Poetologischen als auch im Mentalitätsgeschichtlich-Gesellschaftlichen ablesen. Die Rolle der sprachpflegerischen Funktion übernimmt die Akademie. Das klassische Stilprinzip der clarté kann sich auf verbindliche Normen der antiken Rhetorik in der über Italien vermittelten Aristotelesrezeption berufen. Die Forderung nach Wahrscheinlichkeit (vraisemblance) spielt insbesondere im Zusammenhang einer normativen Gattungspoetik eine zentrale Rolle (vgl. vor allem das Theater). Die Allgemeingültigkeit von ›bienséance‹ übernimmt – in der Tradition des antiken πρέπον (prepon) – eine zentrale Funktion als Verhaltensnorm (beobachtbar vornehmlich im Konzept des ›honnête homme‹). Die in Boileaus *L'Art poétique* (1674) entwickelten Kategorien werden zu stereotypen poetologischen Schlagworten des ›siècle

---

75 FRITZ NIES, Einführung, in: Voßkamp (s. Anm. 4), 172.
76 CURTIUS (s. Anm. 6), 270.
77 GUMBRECHT, ›Phoenix aus der Asche‹ oder: Vom Kanon zur Klassik, in: Assmann (s. Anm. 66), 295.
78 TILL R. KUHNLE, ›Klassizismus, Klassik A.IV.2.‹, in: UEDING, Bd. 4 (1998), 1008.
79 HANS ROBERT JAUSS, Diskussion, in: Nies/Stierle (s. Anm. 5), 129.

classique‹. »Jamais au Spectateur n'offrez rien d'incroyable. / Le Vrai peut quelquefois n'estre pas vraisemblable. / Une merveille absurde est pour moy sans appas. / L'esprit n'est point ému de ce qu'il ne croit pas.« »Mais la Scene demande un exacte raison. / L'étroite bienseance y veut estre gardée.«[80] Die Ambivalenz der französischen Klassik erweist sich dort, wo im Zeichen einer »negativen Anthropologie«[81] die Rolle und Funktion des französischen Paradigmas genauer zu bestimmen ist. Im Kontext einer krisenhaften historischen Situation kann die französische Klassik als Orientierungsmittel sowohl herrschaftsstabilisierende als auch herrschaftskritische Funktionen übernehmen. Externe Herausforderungen lassen sich mittels Klassik nicht eindeutig beantworten, auch wenn das französische Modell eine Dominanz ordnungsstiftender Funktionen aufweist. Das wird auch darin deutlich, daß im Gefolge der ›Querelle des anciens et des modernes‹ die ›modernes‹ »weniger durch neue formalästhetische Forderungen an Bedeutung gewinnen – der Klassizismus als solcher blieb unangetastet, allerdings sollte er nunmehr als eine Möglichkeit unter anderen erscheinen – als durch die Tatsache, daß nun das legitimatorische Fundament der *doctrine classique* erschüttert wurde«[82]. Carl Jacob Burckhardt hat – zu einem historisch höchst bedenklichen Zeitpunkt (1944!) – formuliert: »eine bereits auf Staatsverkörperung ausgerichtete Ordnung [...] verlangt Klarheit, Wahrscheinlichkeit, Schicklichkeit, Würde und Perspektive. [...] eine der dauernden Errungenschaften der klassischen Doktrin: die Konzision und Klarheit des Ausdrucks. Klarheit des Ausdrucks ist eine Lebensnotwendigkeit in bedrängten Epochen.«[83]

3. Deutsche ›Weimarer Klassik‹

Daß die deutsche (Weimarer) Klassik im europäischen Begriffstransfer nationaler Klassiken eine Sonderstellung einnimmt, mag vornehmlich damit zusammenhängen, daß der »Wunsch nach irgendeiner Form der exzentrischen Gruppenbildung [...] in Deutschland weit dringender und vielstimmiger laut« wird »als in den kulturpolitisch relativ stabileren Kollektiveinheiten anderer europäischer Gesellschaften«[84]. Im Unterschied zur französischen Klassik, die sich am römischen Modell orientiert, lebt die Weimarer Klassik von einem emphatischen Bekenntnis zum griechischen Paradigma. Mit den Alten »haben wir empfangen, was *allein* den Geschmack sichert, *Verhältniß, Regel, Richtmaas, Form der Gestalten im weiten Reiche der Natur und Kunst, ja der gesammten Menschheit*«[85]. Erst in der Verbindung mit dem durch Winckelmann vermittelten Griechenideal und einer sich auf Rousseau gründenden geschichtsphilosophischen Perspektive der Wiederherstellung von Totalität als universell gedachter Humanitätsutopie läßt sich die mentalitätsgeschichtliche und kulturpolitische (und ideologische) Wirkung des deutschen Klassikparadigmas verstehen. Nach Wilhelm von Humboldts Überzeugung kann erst »Griechischer Geist auf Deutschen geimpft« das ergeben, »worin die Menschheit, ohne Stillstand, vorschreiten kann«[86].

Im Horizont dieser postulierten griechisch-deutschen Wesensverwandtschaft geht es bei der deutschen (Weimarer) Klassik um eine Spielart der europäischen Literaturentwicklung zwischen Aufklärung und Romantik, die im Zusammenhang mit der revolutionären Krisensituation im letzten Drittel des 18. Jh. und im Horizont der Rezeptions- und Wirkungsgeschichte des 19. und 20. Jh.

---

80 NICOLAS BOILEAU-DESPRÉAUX, L'Art poétique (1674), Chant 3, V. 47–50, 122f., in: BOILEAU, 170, 172.
81 KARLHEINZ STIERLE, Die Modernität der französischen Klassik. Negative Anthropologie und funktionaler Stil, in: Nies/Stierle (s. Anm. 5), 87.
82 KUHNLE (s. Anm. 78), 1019.
83 CARL JACOB BURCKHARDT, Zum Begriff des Klassischen in Frankreich und in der deutschen Humanität, in: Concinnitas. Beiträge zum Problem des Klassischen (Basel o. J. [1944]), 21 f.
84 VICTOR LANGE, ›Weimarer Klassik‹. Epochenbezeichnung oder originäre Denkform, in: Jahrbuch der deutschen Schillergesellschaft 32 (1988), 350f.
85 JOHANN GOTTFRIED HERDER, Briefe zu Beförderung der Humanität (1793–1797), in: HERDER, Bd. 18 (1883), 73 f.
86 WILHELM VON HUMBOLDT an J. G. Schweighäuser (4. 11. 1807), in: A. Leitzmann (Hg.), Wilhelm von Humboldts Briefe an Johann Gottfried Schweighäuser (Jena 1934), 42.

kulturpolitische Funktionen in nationalgeschichtlicher Perspektive maßgeblich übernimmt. Dem ›europäischen‹ Charakter der Weimarer Klassik (im Kontext europäischer Romantiken!) korrespondiert eine ›deutsche‹ Auslegung und Wirkung mit wissenschafts- und funktionsgeschichtlich weitreichenden Folgen. In der Analyse des Phänomens ›Klassik‹ in Deutschland muß von den ›Machtwirkungen‹ die Rede sein, die von bestimmten Diskursen vornehmlich der neunziger Jahre des 18. Jh. in Deutschland ausgehen. Der Prozeß der Epochenbildung im Sinne einer ›Weimarer Klassik‹ im 19. Jh. zeigt neben der generell bei Epochenbildungen beobachtbaren Neigung zur Homogenisierung ein erstaunliches Maß an Synthetisierung unterschiedlicher, auch widersprüchlicher Konzepte, so daß von einer Tendenz zur »Totalisierung«[87] (im Blick auf Goethe und Schiller) gesprochen werden kann. Die Kehrseite dieses Vorgangs bedeutet Ausgrenzung. Schritt für Schritt lassen sich Strategien der Abwehr oder Eliminierung nicht-›klassischer‹ Autoren und Werke aus dem Klassikerkanon im Laufe des 19. Jh. beobachten. Die prominentesten ›Opfer‹ sind Wieland, Klopstock und Lessing einerseits, Kleist, Hölderlin und Jean Paul andererseits. Sowohl der Synthetisierungs- als auch – komplementär dazu – der Ausgrenzungsprozeß können nur kultur- und funktionsgeschichtlich verstanden werden. Bestimmten historischen Situationen im 19. und beginnenden 20. Jh. entsprechen Bedürfniskonstellationen im deutschen, weitgehend unpolitischen, Bildungsbürgertum, das (vermittelt durch die Institutionen von Schule und Universität) für die Kanonisierung oder Ausgrenzung von Texten und Autoren ›zuständig‹ war. Diese Frage steht im Zusammenhang mit dem generellen Problem des Sinnbedarfs und der Sinnproduktion im deutschen Bürgertum. Dabei gehört die Entstehung und Funktion, die der Philologie – als ›Klassische‹ und später als ›Deutsche‹ Philologie – im 19. und noch in den ersten Jahrzehnten des 20. Jh. in Deutschland zukommen konnte, in diesen Zusammenhang.

Auffallend für das deutsche Paradigma ist die dezidierte Gegenüberstellung von ›Klassik‹ (im Sinne einer als vorbildlich angesehenen literaturgeschichtlichen Epoche mit ›klassischen‹ Autoren) und ›Klassizismus‹ (als von antiken klassischen Stil-

normen abgeleitete und häufig als epigonal angesehene Kunst). Eine Reihe von in den 80er und 90er Jahren des 18. Jh. formulierten wirkungsmächtigen Basiskonzepten hat das Konstrukt ›Weimarer Klassik‹ mit jenen Machteffekten ausgestattet, die sowohl ästhetisch als auch kulturpolitisch außerordentlich folgenreich waren.

Dazu gehören vor allem das Konzept der ästhetischen Autonomie, ein allgemeingültiger Begriff von universeller Humanität, ein geschichtsphilosophisch fundiertes Konzept von ›Bildung‹ und die Verknüpfung von Kunst und Natur im Sinne einer das Historische transzendierenden, ›zeitlosen‹ Norm.

Ästhetische Autonomie geht von der strikten Negation aller zweckgerichteten und utilitaristischen Bestimmungen der Kunst aus. Das von Karl Philipp Moritz formulierte Postulat vom Kunstwerk als dem »in sich selbst Vollendeten« ist die Grundlage dafür, daß »das Schöne [...] um sein selbst willen«[88] zur Grundlage der klassischen Kunsttheorie in Deutschland wird. »Man betrachtet es nicht, insofern man es brauchen kann, sondern man braucht es nur, insofern man es betrachten kann.«[89]

Unter Rückgriff auf Kants Autonomiebestimmung der Kunst postuliert Schiller in seinen Briefen über die ästhetische Erziehung des Menschen die strengste Separation der Kunst von der wirklichen Welt, weil eine Koalition beider den Dichter gefährlich wäre und die Wirklichkeit ihn nur beschmutzen würde.[90] Schiller betont, daß ein »poetisches Werk [...] sich selbst rechtfertigen«[91] müsse.

---

87 Vgl. JÜRGEN LINK, Die mythische Konvergenz Goethe-Schiller als diskurskonstitutives Prinzip deutscher Literaturgeschichtsschreibung im 19. Jahrhundert, in: B. Cerquiglini/Gumbrecht (Hg.), Der Diskurs der Literatur- und Sprachhistorie (Frankfurt a. M. 1983), 239.
88 KARL PHILIPP MORITZ, Über den Begriff in sich selbst Vollendeten (1785), in: MORITZ, Bd. 2 (1981), 543.
89 Ebd., 544.
90 Vgl. FRIEDRICH SCHILLER, Ueber die ästhetische Erziehung des Menschen in einer Reihe von Briefen (1795), in: SCHILLER, Bd. 20 (1962), 334.
91 SCHILLER, Ueber den Gebrauch des Chors in der Tragödie [Vorrede zu ›Die Braut von Messina‹] (1803), in: SCHILLER, Bd. 10 (1980), 7.

Die Autonomisierung von Kunst und Literatur ist mit einem neuen Selbstverständnis des Künstlers und Schriftstellers ebenso verbunden wie mit veränderten Rezeptionsweisen und -einstellungen. Dem Selbstzweck der Kunst entsprechen die Selbstgesetzgebung des Künstlers und die Selbstbestimmung des lesenden Subjekts. Im Unterschied zur literarischen Aufklärung zielt Schillers ›ästhetische Erziehung‹ auf eine mittelbare Veränderung von Wirklichkeit über die Veränderung individueller Subjekte. Autonome Kunst verbürgt prinzipiell eine unendliche Auslegung und Wirkung. In der Autonomievorstellung wird am Ende des 18. Jh. ein ästhetisches Prinzip formuliert, das soziale Funktionen über den Umweg autonomer (und das heißt immer auch vieldeutiger) Kunst zu definieren versucht. Der politischen Revolution in Frankreich wird ein ästhetisches Konzept gegenübergestellt, das aufgrund seiner prinzipiellen ›Zwecklosigkeit‹ politisch unangreifbar, aber politisch nicht wirkungslos ist. Die strenge Trennung der Kunst von der Wirklichkeit sichert ihr ein Widerstandspotential qua Negation von Geschichte und Politik. Die »Autonomieerklärung der Kunst« bedeutet deshalb »keine Absage an die Aufklärung, sondern vielmehr (im Sinne Kants) deren höchste Erfüllung«[92].

In welch starkem Maße Weimarer Klassik im Horizont der revolutionären Ereignisse am Ende des 18. Jh. zu verstehen ist, zeigt insbesondere die vornehmlich durch Herder, Wilhelm von Humboldt und Schiller formulierte Humanitätsidee: »Das Göttliche in unserem Geschlecht ist also Bildung zur Humanität; [...] Humanität ist der Schatz und die Ausbeute aller menschlichen Bemühungen, gleichsam die Kunst unsres Geschlechtes«[93]. Schiller hat in der Ankündigung zu seiner Zeitschrift *Die Horen* (1795–1797) in unmittelbarer Anspielung auf die zeitgenössischen politischen Ereignisse ein Kulturprogramm der ›wahren Humanität‹ entworfen. Dem »allverfolgenden Dämon der Staatskritik« stellt Schiller ein »allgemeines und höheres Interesse an dem, was *rein menschlich* und über allen Einfluß der Zeiten erhaben ist«, entgegen. Die nicht kontext- und zeitgebundenen »Ideale veredelter Menschheit«[94] interpretiert er als eine Antwort auf die Auswirkungen der Revolution. Schiller, Herder und Humboldt geht es nicht um ein aktuelles, politisches Gegenprogramm, sondern um ein geschichtsphilosophisches Konzept zur Bildung von Humanität durch Kunst, die ihr Vorbild in der griechischen Antike hat. In der als normativ verstandenen Kunst und Literatur des klassischen Altertums wird ein Fluchtpunkt für den Ausgleich erblickt, in dem die Versöhnung zwischen dem Besonderen und Allgemeinen möglich erscheint. Das Programm der ›Bildung zur Humanität‹ ist deshalb eines der ›ästhetischen Erziehung‹. Kunst und Literatur bieten Möglichkeiten der »Veredlung des Charakters«, und: »Alle Verbesserung im politischen soll von Veredlung des Charakters ausgehen«[95]. Individuelle Selbstverwirklichung und politische Reform lassen sich nur über eine ›höhere Kunst‹ erreichen. Für Schiller stehen Schönheit und ästhetische Erziehung in Zusammenhang eines geschichtsphilosophischen Programms mit kulturpolitischen Zielen. In einzelnen zeitgenössischen ›auserlesenen Zirkeln‹ sieht er eine utopische Vorwegnahme dessen, was im ganzen erst noch erreicht werden muß.

Das neuhumanistische Konzept der ›Bildung‹ geht von der Unverwechselbarkeit und Entwicklungsfähigkeit des Individuums im Zeichen seiner permanenten Selbstvervollkommnungsfähigkeit aus. Es distanziert sich von einer zweckgerichteten Ausbildungskonzeption der pädagogischen Aufklärung, die auf utilitaristische ›Brauchbarkeit‹ abstellte. ›Bildung‹ bedeutet jene allseitige und ganzheitliche Vervollkommnung des Subjekts, die zugleich die Voraussetzung und einzige Möglichkeit »für die Fortschritte des Menschengeschlechts«[96] darstellen. Der einzelne Mensch repräsentiert die Gesamtheit der menschlichen Geschichte, und in-

---

92 KARL ROBERT MANDELKOW, Kunst- und Literaturtheorie der Klassik und Romantik, in: Mandelkow/ K. von See (Hg.), Europäische Romantik I (Wiesbaden 1982), 63.
93 HERDER (s. Anm. 85), in: HERDER, Bd. 17 (1881), 138.
94 SCHILLER, Ankündigung [zu ›Die Horen‹] (1794), in: SCHILLER, Bd. 22 (1958), 106.
95 SCHILLER (s. Anm. 90), 332.
96 HUMBOLDT, Das achtzehnte Jahrhundert (entst. 1797), in: Humboldt, Werke in fünf Bänden, hg. v. A. Flitner/K. Giel, Bd. 1 (Darmstadt 1980), 392.

sofern ist die Selbstvervollkommnung des einzelnen immer zugleich ein Spiegel der Gesamtentwicklung der Menschheit. Das Modell der Synchronie von Subjekt und Gattungsgeschichte macht sowohl auf prinzipielle geschichtsphilosophische Aspekte als auch auf politische Gesichtspunkte des Bildungskonzepts der Weimarer Klassik aufmerksam. Im Konzept der Bildung wird ein Gegenmittel gegen das Unberechenbare und Zufällige der politischen Revolution (und damit der Geschichte) erblickt.

Daß das Konzept der Bildung allerdings weder mit Geschichtsphilosophie noch mit Politik vollständig verrechnet werden kann, zeigt Goethes ›Bildungsroman‹ *Wilhelm Meisters Lehrjahre* (1795/1796). Bildung wird hier zwar als individualutopisches Modell erzählerisch vergegenwärtigt, aber als durchaus widersprüchlich und lediglich ›ästhetisch‹ versöhnbar dargestellt. Der märchenhafte Schluß der *Lehrjahre* macht darauf aufmerksam, daß ein Ausgleich zwischen Besonderem und Allgemeinem nur als Utopie im Roman möglich ist.

Zu den zentralen Merkmalen der Weimarer Klassik gehört schließlich die konstitutive Verknüpfung und Kopplung des Naturbegriffs mit dem Kunstbegriff. Vor allem während und nach der Italienreise Goethes finden sich Formulierungen, die auf den strukturellen Zusammenhang zwischen Kunstwerk und Naturganzheit hinweisen. Auffallend sind dabei naturphilosophisch und naturwissenschaftlich fundierte Äußerungen. Das Studium der Natur gilt als Voraussetzung für jede Kunstproduktion, so daß Naturwissenschaft und Kunsttheorie einander bedingen. Die als ideal aufgefaßte Kunst der Griechen wird morphologisch interpretiert. Goethes Ordnungssystem ist die Morphologie und jene ›Metamorphose der Pflanzen‹, die als ›Schlüssel zu allen Zeichen der Natur‹ gilt im Sinne einer Gesetzmäßigkeit der Umwandlung und Umgestaltung. ›Leben‹ läßt sich deshalb als eine Art morphologische Bewegung des dauernden Umbildens charakterisieren. Goethes Entdeckung der Gesetzmäßigkeit der ›Gestaltung und Umgestaltung‹ dient ihm darüber hinaus als Bedeutungsmuster auch für gesellschaftliche und geschichtliche Vorgänge. Politik hat sich angesichts der Ordnung der Natur zu bewähren und vor ihr zu verantworten. Der morphologisch-naturwissenschaftliche Ansatz Goethes bildet zudem die Voraussetzung für den klassischen Symbolbegriff. In den Einzelausprägungen der Natur kann zugleich – naturphilosophisch interpretiert – das Ganze und die ›Idee‹ der Natur erblickt werden: »Die Symbolik verwandelt die Erscheinung in Idee, die Idee in ein Bild, und so, daß die Idee im Bild immer unendlich wirksam und unerreichbar bleibt und, selbst in allen Sprachen ausgesprochen, doch unaussprechlich bliebe.«[97]

Die stilistischen und poetologischen Merkmale der Weimarer Klassik lassen sich – analog zu anderen europäischen Klassiken – in der Doppelbestimmung von Form und Norm chrakterisieren. Gegenüber der bloßen ›Nachahmung‹ der Natur und einer nur das subjektive Moment betonenden ›Manier‹ gilt ›Stil‹ als höchste Stufe der dichterischen Darstellung. »Stil« wird von Goethe auf eine allgemeine Norm bezogen, auf Erkenntnis und auf das »Wesen der Dinge«[98]. Schiller faßt sein Ideal der Form unter den Begriff der ›Simplicität‹, die jene »ruhige Klarheit, Glätte und Durchsichtigkeit« verbürgt, »die auch nicht das geringste zurückläßt, was das Gemüth unbefriedigt und unruhig läßt«[99]. Unter poetologischen Aspekten bleibt die Orientierung an der antiken Dichtkunst vorherrschend. Im Unterschied zur Frühromantik halten die Autoren der Weimarer Klassik an der Reinheit der Dichtarten fest. Sie betonen die Vorbildfunktion des Homerischen Epos ebenso wie die der Aristotelischen Dramenpoetik. Goethes *Hermann und Dorothea* (1797–1798) knüpft etwa an das Homerische Epos durch die Einteilung in neun Gesänge und die Verwendung des Hexameters an. Schillers Dramen stehen noch ganz in der Tradition der durch die griechische Tragödie bestimmten Affektenlehre. Im Briefwechsel zwischen Goethe und Schiller oder in Goethes Bestimmung der ›Naturform‹ der Dichtung zeigen sich die Grenzen der

---

97 JOHANN WOLFGANG GOETHE, Maximen und Reflexionen über Kunst, in: GOETHE (WA), Abt. I, Bd. 48 (1897), 206.
98 GOETHE, Einfache Nachahmung der Natur, Manier, Stil (1789), in: GOETHE (WA), Abt. I, Bd. 47 (1896), 80.
99 SCHILLER an Goethe (7. I. 1795), in: SCHILLER, Bd. 27 (1958), 116.

klassischen Gattungslehre ebenso wie in Goethes Versuch, in der Ballade ein ›Ur-Ei‹ der Poesie zu sehen, aus dem die einzelnen Dichtarten, gewissermaßen naturmorphologisch, hervorgegangen seien. Obwohl die Weimarer Klassik im Spektrum ihrer Werke keine Einheit bildet – Goethes *Wilhelm-Meister*- und *Faust*-Projekte erstrecken sich vom letzten Drittel des 18. bis in das 1. Drittel des 19. Jh.; Wielands *Geschichte des Agathon* liegt in drei unterschiedlichen Fassungen vor (1767, 1784 und 1794); Schillers Dramen am Ende des 18. und im beginnenden 19. Jh. lassen sich unter dem Einfluß Shakespeares nicht mehr nach den klassischen Regeln aufführen, und die *Jungfrau von Orleans* (1801) wird ausdrücklich bereits als ›romantische Tragödie‹ bezeichnet –, ist sie als einheitliche literaturgeschichtliche Epoche rezipiert worden. Die Kluft zwischen nationaler Literaturgeschichte und politischer Nationalgeschichte sollte durch eine der deutschen klassischen Literatur zugeschriebene ›messianische‹ Funktion überbrückt werden. Die an der Antike orientierten universalistischen Grundsatzprogramme der Weimarer Klassik wurden deshalb mit der nationalen Identitätsproblematik verknüpft. Die Weimarer Klassik übernahm die historisch-paradigmatische Rolle einer Gipfelepoche, weil das klassische Programm der ›Ganzheit‹ mit dem politischen Ziel der nationalen Einheit konstitutiv verknüpft werden konnte. Nach dem Erreichen der politischen Einheit 1871 veränderte sich die Funktion der klassischen Literatur insofern, als sie einerseits zu einer antiquierten Angelegenheit in Schulen und offiziellen Feierstunden wurde (vgl. die Kritik Nietzsches) und andererseits als Maßstab der Kritik an einem Zustand diente, der als Folge der politischen Einheit angesehen wurde. Aus der antizipatorischen Funktion wurde eine kritische. Solche Funktionsübernahmen und Verschiebungen machen darauf aufmerksam, daß die Weimarer Klassik in Deutschland nicht nur stiltypologisch wirksame Funktionen übernommen hat, sondern als kulturelles Orientierungswissen zum nationalpädagogischen Programm werden konnte. Die besondere Faszination, die für die nationale Literaturgeschichtsschreibung in Deutschland von der Weimarer Klassik als Gipfelepoche ausging, beruhte vor allem auf der Hoffnung oder Überzeugung, daß hier ein Identitätsangebot vorlag, das Revolution ersetzen und ein Medium der nationalen Selbstvergewisserung und Hoffnung sein sollte (und konnte).

Kritik an dieser Überhöhung der Weimarer Klassik ist in dem historischen Augenblick laut geworden, als sich das Widerstandspotential der klassischen Ästhetik als zu gering erwies, den politischen Herausforderungen und Bedrohungen des 20. Jh. entgegenzutreten. Titel wie *Inhumane Klassik*, *Klassik-Legende* und *Die zerstörte Klassik – Die verratene Klassik – Die usurpierte Klassik*[100] machen dies deutlich. Der weitgehende Verzicht oder einschränkende Gebrauch des Klassikbegriffs als Epochenbezeichnung weist zudem darauf hin, daß die Weimarer Klassik heute weniger im Sinn einer normativen Epoche verstanden wird als vielmehr unter Gesichtspunkten der Entstehung gelungener, musterhafter Kunstwerke. Kommunikativer Konsens läßt sich gegenwärtig zudem eher über das Exemplarische und Ausgezeichnete einzelner Werke als über das einer herausgehobenen historischen Epoche erzielen.

Ob Klassik als ›schöne Religion‹ nicht generell und stets einer Überforderung ausgesetzt war (und ist), bleibt zu bedenken. Hegels Hoffnung auf die Vermittlung zwischen normativem und historischem Sinn – die etwa von Hans-Georg Gadamer fortgeschrieben wird[101] – läßt sich nur im Horizont jener Geschichte von Klassiken überprüfen, die Teil der abendländischen Geschichte ist. Insofern bleibt der Kommunikationsmodus ›klassisch/Klassik‹ zentral für jede Philologie und Kunsttheorie. Wenn die Wirklichkeit der Postmoderne nur noch als ›Simulation‹ aufgefaßt wird[102], verliert

---

100 Vgl. EGIDIUS SCHMALZRIEDT, Inhumane Klassik (München 1971); REINHOLD GRIMM/JOST HERMAND (Hg.), Die Klassik-Legende (Frankfurt a. M. 1971); UWE-KARSTEN KETELAS, Die zerstörte Klassik – Die verratene Klassik – Die usurpierte Klassik. Weimar und die ideologischen ›Lager‹ im Deutschland des 20. Jahrhunderts, in: L. Ehrlich (Hg.), Das Dritte Weimar. Klassik und Kultur im Nationalsozialismus (Köln 1999), 35–52.
101 Vgl. HANS-GEORG GADAMER, Wahrheit und Methode (1960), in: GADAMER, Bd. 1 (1986), 290–295.
102 Vgl. JEAN BAUDRILLARD, The Order of Simulacra, Simulations, in: Semiotexte 4 (1983), 83.

Klassik zwar ihre Repräsentationsfunktion[103], der Klassikbedarf dürfte damit aber noch nicht gestillt sein.

Wilhelm Voßkamp

Literatur

ASSMANN, ALEIDA/ASSMANN, JAN (Hg.), Kanon und Zensur (München 1987); BECKER, EVA DOROTHEE, ›Klassiker‹ in der deutschen Literaturgeschichtsschreibung zwischen 1780 und 1860, in: J. Hermand/M. Windfuhr (Hg.), Zur Literatur der Restaurationsepoche 1815–1848 (Stuttgart 1970), 349–370; BOCKHOLDT, RUDOLF (Hg.), Über das Klassische (Frankfurt a.M. 1987); BRANDT, WOLFGANG, Das Wort ›Klassiker‹. Eine lexikologische und lexikographische Untersuchung (Wiesbaden 1976); CONRADY, KARL OTTO (Hg.), Die Literatur zur Zeit der Klassik (Stuttgart 1977); EHRLICH, LOTHAR (Hg.), Das Dritte Weimar. Klassik und Kultur im Nationalsozialismus (Köln 1999); EISENMAN, PETER, The End of the Classical: The End of the Beginning, the End of the End, in: Perspecta: The Yale Architectural Journal, H. 21 (1984), 154–172; FONTIUS, MARTIN, ›Classique‹ im 18. Jahrhundert, in: W. Bahner (Hg.), Beiträge zur französischen Aufklärung und zur spanischen Literatur (Berlin 1971), 97–120; FUHRMANN, MANFRED, Die Querelle des Anciens et des Modernes, der Nationalismus und die Deutsche Klassik, in: B. Fabian/W. Schmidt/R. Viehaus (Hg.), Deutschlands kulturelle Entfaltung. Die Neubestimmung des Menschen (München 1980), 49–67; GRIMM, REINHOLD/HERMAND, JOST (Hg.), Die Klassik-Legende (Frankfurt a.M. 1971); JAEGER, WERNER (Hg.), Das Problem des Klassischen und die Antike (Leipzig/ Berlin 1931); JAUSS, HANS ROBERT, Deutsche Klassik – Eine Pseudo-Epoche?, in: R. Herzog/R. Koselleck (Hg.), Epochenschwelle und Epochenbewußtsein (München 1987), 581–585; KÖPP, CLAUS FRIEDRICH, Klassizitätstendenz und Poetizität in der Weltgeschichte, Bd. 1 (Bielefeld 1996); LANGE, VICTOR, ›Weimarer Klassik‹. Epochenbezeichnung oder originäre Denkform, in: Jahrbuch der deutschen Schillergesellschaft 32 (1988), 349–357; LINK, JÜRGEN, Die mythische Konvergenz Goethe-Schiller als diskurskonstitutives Prinzip deutscher Literaturgeschichtsschreibung im 19. Jahrhundert, in: B. Cerquiglini/H. U. Gumbrecht (Hg.), Der Diskurs der Literatur- und Sprachhistorie (Frankfurt a.M. 1983), 225–242; MANDELKOW, KARL ROBERT, Deutsche Literatur zwischen Klassik und Romantik, in: Mandelkow/K. von See (Hg.), Europäische Romantik I (Wiesbaden 1982), 1–26; MANDELKOW, KARL ROBERT, Kunst- und Literaturtheorie der Klassik und Romantik, in: Mandelkow/K. von See (Hg.), Europäische Romantik I (Wiesbaden 1982), 49–82; NIES, FRITZ/STIERLE, KARLHEINZ (Hg.), Französische Klassik. Theorie, Literatur, Malerei (München 1985); REINHARDT, KARL, Die klassische Philologie und das Klassische (1942), in: Reinhardt, Vermächtnis der Antike. Gesammelte Essays zur Philosophie und Geschichtsschreibung, hg. v. C. Becker (Göttingen 1960), 334–360;

SCHMALZRIEDT, EGIDIUS, Inhumane Klassik (München 1971); SCHULZ-BUSCHHAUS, ULRICH, Klassik zwischen Kanon und Typologie. Probleme um einen Zentralbegriff der Literaturwissenschaft, in: Arcadia 29 (1994), 67–77; SIMM, HANS-JOACHIM (Hg.), Literarische Klassik (Frankfurt a.M. 1988); SONNTAGBAUER, WOLFGANG, Das Eigentliche ist unaussprechbar (Frankfurt a.M. u.a. 1995); VOGT-SPIRA, GREGOR, Literarische Imitatio und kulturelle Identität. Die Rezeption griechischer in der Selbstwahrnehmung römischer Literatur, in: Vogt-Spira (Hg.), Rezeption und Identität (Stuttgart 1999), 23–27; VOSSKAMP, WILHELM (Hg.), Klassik im Vergleich (Stuttgart/Weimar 1993); WELLEK, RENÉ, The Term and Concept of Classicism in Literary History (1965), in: Wellek, Discriminations: Further Concepts of Criticism (New Haven/London 1970), 55–89.

Kolorit/farbig

(griech. ποικιλία, ποικίλος; lat. color, coloratus; engl. colouring, coloured; frz. coloris, coloré; ital. colorito, colorato; span. colorido, cromático; russ. колорит, колоритное)

Einleitung; I. Voraussetzungen und Genese des Begriffs Kolorit im 15. Jahrhundert; II. Das 16. Jahrhundert und die ›unione del colorito‹; III. Normierung und Kanonisierung des Begriffs im 17. Jahrhundert: Die Idee des ›peintre parfait‹; IV. Klassizistische Reduktionen der Farbe im 18. Jahrhundert; V. Rehabilitierung und Historisierung des Kolorits im 19. Jahrhundert; VI. Die Emanzipierung und Autonomisierung der Farbe im 20. Jahrhundert

Einleitung

In der terminologischen Aufteilung Kolorit/farbig ist eine inhaltliche Unterscheidung aufgewiesen, die für das neuzeitliche Denken über die Farbe seit dem 16. Jh. eine grundlegende Denkfigur bildet.

---

103 Vgl. PETER EISENMAN, The End of the Classical: The End of the Beginning, the End of the End, in: Perspecta: The Yale Architectural Journal, H. 21 (1984), 154–172.

In der jüngeren Begriffsgeschichte hat Ernst Strauss diese terminologische Differenz als ästhetische Differenz des gemalten Bildes paradigmatisch bestimmt: Kolorit bezeichnet die »übergeordnete farbige Bildgestalt« einer auf einer Bildfläche künstlerisch gestalteten Malmaterie und gehört damit als ästhetischer Terminus ganz dem Realitätsbereich der Kunst an, wohingegen farbig ganz allgemein ein »Elementarphänomen der sichtbaren Welt«[1] und der sinnlichen Wahrnehmung des Menschen benennt, das sowohl in der Kunst als auch in der Natur auftreten kann. Diese potentielle Scheidung der mit Kolorit und farbig beschriebenen Realitätsbereiche gründet in der Erkenntnis, »daß die physisch vorgegebene, empirische Farbe sich von der gemalten Farbe des Bildes, der aesthetisch wirksamen, nicht nur materiell, sondern schon *wesensmäßig* unterscheidet« (12).[2] Dabei löst Ernst Strauss – geprägt von künstlerischen Erfahrungen der Abstraktion der Moderne – die Reflexion über die »Wesensbestimmung der Bildfarbe« zunächst von der traditionellen Idee einer naturnachahmenden Malerei: Die »Farbe der sichtbaren Welt« ist nicht mehr als »normativer Wert erhalten ›über‹ der darstellenden Farbe des Gemäldes, sondern [ist] von vornherein gänzlich geschieden von ihr«[3]. Die künstlerische Transformation der Pigmente zum Kolorit rückt dabei auf einer elementaren, nicht mehr von mimetischen Vorgaben begrenzten Ebene in den Blick: »Mit dem Moment ihres Auftrages auf die Malfläche gewinnt die Palettenfarbe unversehens einen geistigen Aspekt, auch ohne daß sie schon eine bestimmte ordnende, formende oder darstellende Absicht erkennen lassen müßte. Allein durch ihre Bindung an das feste Substrat der Fläche [...] empfängt sie bereits einen – zunächst freilich noch beliebig ausdeutbaren – aesthetischen Sinn. Einmal gesetzt, erscheint sie – auch da, wo ihr noch etwas von den ›Schlacken‹ grober Materie anhaftet – gleichsam filtriert, durch einen künstlerischen Willen hindurchgegangen. Erst mit dieser Übertragung wird sie zu einem Organ des Bildes und als ein solches ranggleich mit den anderen bildkonstituierenden Mitteln [...]. Und wie jedes dieser Mittel muß auch sie von Anfang an als ein eigenes, den gesamten Bildorganismus durchwirkendes Medium begriffen werden.« (14) Um die Vielfalt und Unterschiedlichkeit der farbgestalterischen Möglichkeiten in der Geschichte der Kunst angemessen zu beschreiben, unterscheidet Strauss drei prinzipielle Arten des Kolorits: das die Buntwerte akzentuierende »koloristische Prinzip«, das vom Helldunkel geprägte »luminaristische Gestaltungsprinzip« und das durch divisionistische Farbbehandlung gekennzeichnete »chromatische Prinzip« (24 f.). Damit sind grundlegende Erscheinungsweisen der künstlerisch als Kolorit gestalteten Farbe beschrieben. Obwohl sich Strauss dabei durchweg auf Beispiele einer pigmentär gebundenen Koloristik in der Malerei bezieht, bildet seine Erkenntnis, daß alle sichtbaren Faktoren eines Bildes durch das Medium der Farbe in ihrer Sichtbarkeit bedingt sind, auch ein grundlegendes Axiom für Untersuchungen zur Farbe in anderen Bildmedien.

Diese klassischen kunstwissenschaftlichen Bestimmungen des Kolorits bilden in der ästhetisch-philosophischen Diskussion des 20. Jh. nur noch eine von vielen Spielarten einer auf alle Bereiche des Lebensweltlichen ausgedehnten, mit unterschiedlichsten Prämissen und Methoden operierenden Reflexion über die Farbe als ästhetisches Phänomen: Vielfach hat die ontologische, phänomenologische und sprachanalytische Vorstellung der Farbe als Elementarphänomen die Frage nach der Bestimmung des Kolorits als spezifisch künstlerisch-ästhetischer Kategorie verdrängt oder lediglich als ästhetischen Spezialfall am Rande berücksichtigt. Gelegentlich wurde das Kolorit unter übergeordneten kunstfremden Prämissen generell negativ bewertet, so z. B. in Theodor W. Adornos Ästhetik, die aus einer Position der Negativität das »Ideal der Schwärze« unter weltanschaulichen Vorzeichen zum einzigen noch möglichen ›koloristischen Modus‹ verabsolutiert: Jegliche Kunst, die »kindlich der Farben sich freut«, disqualifiziere sich, denn »radikale Kunst [...] heißt soviel wie

---

1 ERNST STRAUSS, Zur Wesensbestimmung der Bildfarbe (1969), in: Strauss, Koloritgeschichtliche Untersuchungen zur Malerei seit Giotto und andere Studien, hg. v. L. Dittmann (München/Berlin 1983), 12 f.
2 Vgl. LORENZ DITTMANN, Farbgestaltung und Farbtheorie in der abendländischen Malerei (Darmstadt 1987), IX f.
3 STRAUSS (s. Anm. 1), 13.

finstere, von der Grundfarbe schwarz«⁴. Dem »Unrecht, das alle heitere Kunst, vollends die Unterhaltung begeht«, setzt Adorno »das Finstere als Antithesis zum Betrug der sinnlichen Fassade von Kultur« (66) entgegen. Kolorit wird hier unter ethischen Vorzeichen auf einen (inzwischen kunsthistorisch datierbaren) Spezialfall der Geschichte der Kunst verkürzt.⁵ Demgegenüber hat Albrecht Wellmer zutreffend darauf hingewiesen, daß »ohne ästhetische Erfahrung und ihre subversiven Potentiale […] unsere moralischen Diskurse blind und unsere Interpretationen der Welt leer werden«⁶ müßten.

In der jüngeren ästhetischen Diskussion wurde nicht selten die begriffliche Differenz zwischen Kolorit und Farbe ganz aufgehoben: So reichen die Stichworte in Michel Pastoureaus *Dictionnaire des couleurs de notre temps* (1992) von ›aliments‹ über ›moutarde‹ und ›papier hygiénique‹ bis zu ›voiture‹, ohne daß dem Kolorit in der Malerei ein eigener Artikel gewidmet ist.⁷ Vor dem Hintergrund der postmodernen Transformation der »traditionellen Ästhetik zu einer neuen Aisthetik«, die auch die »Anästhetik«⁸ einschließt, verliert die terminologische Unterscheidung zwischen Kolorit und farbig vielfach ihre Bedeutung, denn die Kunst wird dabei »bezeichnenderweise nicht in erster Linie [thematisiert], um sich zur Kunst zu äußern, sondern um von Wahrnehmungen aus […] unsere Wirklichkeit zu begreifen«⁹. Dabei werden vor allem »einzelne Momente des traditionellen Kunstbegriffs ins Extrem ihrer bildnerischen Möglichkeiten verfolgt. Was kann man aus einer einzigen Farbe wie Rot machen? Gibt es eine Gestalt aus Weiß – oder vielleicht auch aus Nichtweiß?« (92) Diese postmoderne Deutung der Farbe findet eine pointierte Variante in Jean Baudrillards Vorstellung einer universellen visuellen ›Simulation‹, in der ebenfalls alle medialen Differenzierungen der Farbe aufgehoben sind.¹⁰

Auch Gernot Böhme stellt einen erweiterten Begriff von Farbe ins Zentrum einer »neuen Ästhetik«, die von der »Auseinandersetzung mit der fortschreitenden Ästhetisierung der Realität« getragen ist: »Neben die Ästhetik des Kunstwerks treten gleichberechtigt die Ästhetik des Alltags, die Warenästhetik, die politische Ästhetik.«¹¹ Als »Grundbegriff« dieser »neuen Ästhetik« figuriert die »Atmosphäre«, die »atmosphärische Wirkung der Farbe«¹²: Dabei habe die Wahrnehmung der Atmosphäre »nicht einzelsinnlichen«, sondern »synästhetischen Charakter«: »Die Wahrnehmung eines Blau bedeutet ja nur zum allergeringsten Teil und nur in letzter Instanz, daß an einer bestimmten Stelle die Farbe Blau existiert« (96). Als »allgemeine Theorie der Wahrnehmung« habe die »Ästhetik […] die Aufgabe, diesen breiten Bereich ästhetischer Wirklichkeit durchsichtig und sprachfähig zu machen«¹³.

In phänomenologisch orientierten Untersuchungen steht demgegenüber zumeist die Betrachtung der Wahrnehmungsbedingungen der Farbe im Vordergrund: So machte sich z. B. Maurice Merleau-Ponty in seiner Analyse der leiblichen Bedingungen der Farbwahrnehmung auf die Suche nach einer Urschicht des Empfindens, »une ›couche originaire‹ du sentir qui est antérieure à la divi-

---

4 THEODOR W. ADORNO, Ästhetische Theorie (1970), hg. v. G. Adorno/R. Tiedemann (Frankfurt a.M. 1973), 65.
5 Vgl. CHRISTOPH WAGNER, Homo absconditus. Dunkles als Metapher im Porträt der frühen Neuzeit (1996), in: Colloquia Academica/Geisteswissenschaften. Akademie der Wissenschaften und der Literatur, Mainz (Stuttgart 1997), 39–95.
6 ALBRECHT WELLMER, Wahrheit, Schein, Versöhnung. Adornos ästhetische Rettung der Modernität, in: L. v. Friedeburg/J. Habermas (Hg.), Adorno-Konferenz 1983 (Frankfurt a.M. 1983), 172; vgl. MARTIN SEEL, Die Kunst der Entzweiung. Zum Begriff der ästhetischen Rationalität (Frankfurt a.M. 1985), 208; SEEL, Ästhetik des Erscheinens (München 2000), 40.
7 Vgl. ›Aliments‹, ›Moutarde‹, ›Papier hygiénique‹, ›Voiture‹, in: MICHEL PASTOUREAU, Dictionnaire des couleurs de notre temps (Paris 1992), 13 ff., 127 ff., 145, 169 f.
8 WOLFGANG WELSCH, Adornos Ästhetik: eine implizite Ästhetik des Erhabenen (1989), in: Welsch, Ästhetisches Denken (Stuttgart 1990), 150.
9 WELSCH, Von der Geburt der postmodernen Philosophie aus dem Geist der modernen Kunst (1989), in: Welsch (s. Anm. 8), 109.
10 Vgl. JEAN BAUDRILLARD, L'Échange symbolique et la mort (Paris 1976), 77–128.
11 GERNOT BÖHME, Atmosphäre als Grundbegriff einer neuen Ästhetik (1992), in: Böhme, Atmosphäre. Essays zur neuen Ästhetik (Frankfurt a.M. 1995), 48.
12 BÖHME, Synästhesien (1991), in: ebd., 97.
13 BÖHME (s. Anm. 11), 47 f.

sion des sens«. Abhängig von den verschiedenen Betrachtereinstellungen verändert sich auch die Wahrnehmung der Farbe: »la même couleur m'apparaît comme couleur superficielle (Oberflächenfarbe) [...], ou bien elle devient couleur atmosphérique (Raumfarbe) et diffuse tout autour de l'objet; ou je la sens dans mon œil comme une vibration de mon regard; ou enfin elle communique à tout mon corps une même manière d'être, elle me remplit et ne mérite plus le nom de couleur.«[14] Auch die als Kolorit gestaltete Farbe deutet Merleau-Ponty als *leibgebundene* künstlerische Hervorbringung: »C'est en prêtant son corps au monde que le peintre change le monde en peinture.«[15] Dies geschehe durch ein »système d'équivalences, un Logos des lignes, des lumières, des couleurs, des reliefs, des masses«. Aus dieser Perspektive ist Merleau-Ponty überzeugt, »que toute théorie de la peinture est une métaphysique« (42). Gegen René Descartes gerichtet unterstreicht er, daß es gerade die »qualités secondes, notamment la couleur« sind, die eine universelle und »plus profonde ouverture aux choses« (43) ermöglichen. Die Farbe wird für Merleau-Ponty – mit einem Wort Paul Klees – zum Ort, »où notre cerveau et l'univers se rejoignent«, dennoch bilde auch sie kein generelles »recette du visible« (67).

Mit anderer Akzentuierung hatte schon Hedwig Conrad-Martius mit Blick auf die Farbwahrnehmung aus ontologischer Perspektive hervorgehoben, daß das, was »im sinnlichen Phänomen liegt [...], seine strikte objektive Bedeutung [behält], mag es auch diesen sinnlichen ›Ausdruck‹ erst in und mit der leibgebundenen Auffassung erhalten«[16]. An Goethes Farbenlehre und Vorstellung

von der sinnlich-sittlichen Wirkung der Farben anschließend, versuchte sie, »ontologisch-phänomenologische Kennzeichnung[en] der verschiedenen Farbenspezies« zu geben. Dabei unterstreicht sie, daß die Farbe nur »in ihrer ontisch-konstitutiven Abhängigkeit vom Licht wesensmäßig [zu] erfassen« (370) ist, unterscheidet dabei aber ebenfalls nicht zwischen Farbe und Kolorit.

In der jüngsten ästhetischen Diskussion rücken die Überlegungen zur Bedeutung des phänomenalen Bewußtseins vor den Hintergrund der bedeutenden Erschütterungen durch die naturwissenschaftliche Gehirnforschung: So analysiert Peter Lanz am Beispiel der Farbwahrnehmung weiterführend, daß die »Ontologie der Sinneseindrücke [...] solange unaufgeklärt [bleibt], wie wir nicht verstanden haben, wie und warum das Gehirn unsere Erfahrung mit den unbekannten Familien sinnlicher Qualitäten versieht«[17]. Da sich »die sinnlichen Qualitäten nicht mit den physikalischen Merkmalen von Gegenständen und Medien *vor* den Sinnesorganen identifizieren« (228) lassen, gilt es, »zwei verschiedene Begriffe von Farbe auseinander zu halten, einen Begriff von physikalischer Farbe und einen Begriff von phänomenaler Farbe« (195).

Unter anderen Vorzeichen steht die Betrachtung der Farbe und der logischen Differenz zwischen Farbe und Kolorit als Grenze verschiedener ›symbolischer Systeme‹ in zeichentheoretisch orientierten bzw. sprachanalytischen Untersuchungen: So analysiert Nelson Goodman das Bild als »pictural symbol« sui generis, dessen von den Farben bestimmten »pictural properties«[18] nur bedingt in verbale Beschreibungen zu übertragen sind: »In painting and sculpture, exemplification is syntactically and semantically dense. Neither the pictorial characters nor the exemplified properties are differentiated; and exemplified predicates come from a discursive and unlimited natural language« (234). Auf dieser allgemeinen Ebene kommt Goodman zu der grundlegenden Erkenntnis, »pictorial expression is a particular system of metaphorical exemplification«, enthält sich aber jeglicher konkreter Entscheidungshilfen, »whether a given picture exemplifies a given property« (236).

Auch Umberto Eco versteht das »Kunstwerk als epistemologische Metapher« (L'opera come meta-

---

14 MAURICE MERLEAU-PONTY, Phénoménologie de la perception (Paris 1945), 262.
15 MERLEAU-PONTY, L'Œil et l'ésprit (Paris 1964), 16.
16 HEDWIG CONRAD-MARTIUS, Farben. Ein Kapitel aus der Realontologie, in: Festschrift. Edmund Husserl zum 70. Geburtstag gewidmet (Halle/Saale 1929), 355 f.
17 PETER LANZ, Das phänomenale Bewußtsein. Eine Verteidigung (Frankfurt a. M. 1996), 229.
18 NELSON GOODMAN, Languages of Art. An Approach to a Theory of Symbols (Indianapolis 1969), 40 ff.

fora epistemologica)¹⁹, deutet aber gerade die Offenheit seiner ›Information‹ mit Blick auf die Farbgestaltung der informellen Malerei und des amerikanischen action painting als Signatur eines neuen ästhetischen Prinzips eines »offenen Kunstwerks«, »als Vorschlag eines ›Feldes‹ interpretativer Möglichkeiten, als Konfiguration von mit substantieller Indeterminiertheit begabten Reizen, so daß der Perzipierende zu einer Reihe stets veränderlicher ›Lektüren‹ veranlaßt wird« (Opera aperta come proposta di un ›campo‹ di possibilità interpretative, come configurazione di stimoli dotati di una indeterminatezza, cosí che il fruitore sia indotto a una serie di ›letture‹ sempre variabili) (146; dt. 154). Die Farbigkeit eines Bildes wird dabei in allen ihren gestalterischen Dimensionen zur »Einladung zur Freiheit der visuellen und imaginativen Assoziationen«, die aber »noch durch die artifizielle Anordnung eines Gemachten gemäß bestimmten suggestiven Intentionen hervorgerufen wird« (l'invito alla libertà delle associazioni visive e immaginative viene ancora provocato attraverso la disposizione artificiale di un manufatto secondo determinate intenzioni suggestive) (169; dt. 177f.). Demgegenüber hat Max Bense ebenfalls unter semiotischen Vorzeichen daran festgehalten, daß der Begriff der »›peinture‹, der ja ebenfalls zugleich allgemeiner, abstrakter und materialer Natur ist, in der allgemeinen Bildtheorie dem entsprechen würde, was in der allgemeinen Texttheorie als ›Text‹ vorausgesetzt wird«²⁰. Bense betrachtet die Farbe dabei sowohl als »Signal und Zeichen« (350). Richard Wollheim unternahm weiterführend den Versuch, die Vorstellung einer durch die Farbe getragenen nichtsprachlichen Metaphorik in der Malerei zu konkretisieren und ihren ›Text‹ exemplarisch zu analysieren.²¹

Auf grundsätzliche Probleme der sprachlichen Logik orientiert ist Ludwig Wittgensteins Betrachtung der Farbe: Wittgenstein will »keine Theorie der Farben finden […], sondern die Logik der Farbbegriffe«²² analysieren, wobei er sich bewußt ist, daß »nicht alle Farbbegriffe logisch gleichartig sind« (89): »Eine Farbe allgemein benennen können, heißt noch nicht, sie genau kopieren können. Vielleicht kann ich sagen ›Dort sehe ich eine rötliche Stelle‹ und kann doch nicht eine Farbe mischen, die ich als genau gleich erkenne.« (92) In diese Differenzierungen der Realitätsbereiche der Farbe bezieht Wittgenstein auch die gemalte Farbe als ästhetische Größe sui generis ein: »Unsre Farbbegriffe beziehen sich manchmal auf Substanzen (Schnee ist weiß), manchmal auf Oberflächen (dieser Tisch ist braun), manchmal auf die Beleuchtung (im rötlichen Abendschein), manchmal auf durchsichtige Körper. […] Kann ich nicht sagen: ›Dort sehe ich weiß‹ (und es etwa auch malen), auch wenn ich das Gesichtsbild gar nicht räumlich deuten kann? (Fleckfarbe) (Ich denke an eine pointillistische Malweise)« (92). Die Brüchigkeit und Kontextabhängigkeit der koloristischen Übersetzung in der Malerei belegt Wittgenstein mit einem Gedankenexperiment: »Denken wir uns ein Gemälde in kleine, annähernd einfarbige Stücke zerschnitten und diese dann als Steine eines Zusammenlegespiels verwendet. […] Erst im Zusammenhang mit den andern wird er ein Stück blauen Himmels, ein Schatten, ein Glanz, durchsichtig oder undurchsichtig, etc. Zeigen uns die einzelnen Steine die *eigentlichen Farben* der Stellen des Bildes?« (24) Ebenso ist für Jacques Derrida die Farbe ein zentrales Beispiel, um in seiner Dekonstruktion der Zeichen zu zeigen, daß die Materialität der Signifikanten aus der Bedeutungsbildung nicht auszuschließen ist: »Otez d'un tableau toute représentation, toute signifiance, tout thème ou tout texte comme vouloir-dire, enlevez-lui aussi tout matériau (la toile, la couleur) […], qu'est-ce qui reste?«²³

An dieser Frage setzt auch die ›Zweifachthese‹ Wollheims an, die besagt, »that the seeing appropriate to representations permits simultaneous at-

---

19 UMBERTO ECO, Opera aperta. Forma e indeterminazione nelle poetiche contemporanee (Mailand 1962), 151; dt.: Das offene Kunstwerk, übers. v. G. Memmert (Frankfurt a. M. 1990), 160.
20 MAX BENSE, Aesthetica. Einführung in die neue Aesthetik (1965; Baden-Baden 1982), 302.
21 Vgl. RICHARD WOLLHEIM, Die Metapher in der Malerei, in: R. Heinrich/H. Vetter (Hg.), Bilder der Philosophie. Reflexionen über das Bildliche und die Phantasie (Wien 1991), 17–31.
22 LUDWIG WITTGENSTEIN, Bemerkungen über Farben (1950/1951), in: Wittgenstein, Werke, Bd. 8 (Frankfurt a. M. 1990), 18.
23 JACQUES DERRIDA, La vérité en peinture (Paris 1978), 111.

tention to what is represented and to the representation, to the object and to the medium«[24], d. h. der Farbe in der Malerei. Aus dieser Erkenntnis, daß »Bilder nur wahrgenommen werden können, wenn die Aufmerksamkeit eine zwischen Bildmedium und Bild-Darbietung ›geteilte‹ Aufmerksamkeit ist«[25], hat Martin Seel in der jüngsten philosophischen Diskussion die ästhetische Differenz in der Wahrnehmung von Kunstwerken überhaupt rehabilitiert und damit auch den Weg für eine weiterführende Betrachtung der Unterscheidung zwischen Kolorit und Farbe geebnet: Allen Nivellierungs-, Entgrenzungs- und Erweiterungsbestrebungen der Ästhetik zur allgemeinen »Aisthesis« hält Seel die schlichte Erkenntnis entgegen, daß »sich das Erscheinen eines Kunstwerks radikal von allen Phänomenen« (34) unterscheidet und deshalb eines spezifischen Sehens bedarf, das sich »auf die Differenz von materiellem Bild-Objekt und materieller oder immaterieller Bild-Erscheinung« (292) bezieht: Denn das »konstitutive *Material* einer Kunstart ist eine Voraussetzung, ohne die es kein Werk dieser Kunst geben kann – sein Gebrauch ist für diese Kunst eine conditio sine qua non« (173), und »diese Differenzen, die aus einer spezifischen Verwendung eines basalen Materials entstehen, können als primäres *Medium* einer künstlerischen Gestaltung verstanden werden« (175). Während für die postmodernen Autoren »die Kunst [...] nicht der Ziel-, sondern ein Modellbereich der Reflexion«[26] der allgemeinen Wahrnehmungen unserer Wirklichkeit ist, bestimmt Seel als Ziel der Ästhetik »zuerst und vor allem, bei dem artikulierenden Erscheinen ihrer Gegenstände zu sein«[27]. Damit kann die bedeutende Tradition der Reflexion der Differenzen von Kolorit und farbig wieder stärker in der philosophischen Ästhetik verankert werden.

Der Begriff colorito wurde aus der lateinischen Wurzel ›color‹ im späten 15. Jh. in Italien in den europäischen Sprachgebrauch für die Kunst der Farbengebung eingeführt. Seine wichtigste und bis heute in vielen Aspekten grundlegende theoretische Bestimmung erfährt er schon im Verlauf des 16. und 17. Jh., mithin in einer Frühphase, historisch weit vor seiner ästhetikgeschichtlichen Etablierung im engeren Sinne. Schon im 17. Jh. hatte Roger de Piles diese seit Leon Battista Alberti in der neuzeitlichen Kunsttheorie vielfach reflektierte ästhetische Differenz mit seiner alsbald kanonisierten terminologischen Unterscheidung zwischen couleur und coloris beschrieben.[28] Vor dem Hintergrund einer von dem Primat der Zeichnung geprägten akademischen Kunstdoktrin erringt das französische Lehnwort coloris zu dieser Zeit als Bezeichnung für die stilistische Gesamthaltung der Farbgestaltung eines Gemäldes oder für die Farbstilistik eines Künstlers den Status einer in den normativen Systematisierungen der Kunstbeurteilungen nach und nach verankerten ästhetischen Schlüsselkategorie.

Erst im 18. Jh. wird Kolorit als ästhetischer Terminus auch im deutschen Sprachgebrauch greifbar. Dabei werden zunächst wesentliche Aspekte aus dem akademisch verengten Koloritbegriff des 17. Jh. übernommen, dann aber eine umfassende Neubewertung der Farbe in der Malerei eingeleitet.

Im angloamerikanischen Sprachraum wird zwar mit John Drydens Übersetzung von Charles Alphonse Dufresnoys Schrift *De arte graphica / L'art de peinture* (1667) (*Dufresnoy's De Arte Graphica, the Art of Painting* [1695]) der Terminus colourist ins Englische eingeführt, nicht aber der Begriff Kolorit, an dessen Stelle man die weniger spezifischen Worte colo(u)ring und colo(u)red verwendete. Auch in den übrigen europäischen Sprachen können Kolorit und Farbe gelegentlich synonym verwendet werden, zumeist aber wird dann mit Blick auf die Malerei stillschweigend der Begriffsinhalt von Kolorit metaphorisch auf das Wort Farbe übertragen. Diesen terminologiegeschichtlichen Unschärfen zum Trotz ist die Geschichte der begrifflichen Bestimmung von Kolorit und farbig in der Sache von der Frage nach der Differenzierung und Abgrenzung der von diesen Termini beschriebenen Realitätsbereiche der Farbe getragen. Das ästhetische Kernproblem in der Beziehung beider

---

24 WOLLHEIM, Art and its Objects (1968; Cambridge 1980), 213; vgl. GOTTFRIED BOEHM, Die Wiederkehr der Bilder, in: Boehm (Hg.), Was ist ein Bild? (München 1994), 29ff.
25 SEEL, Ästhetik des Erscheinens (s. Anm. 6), 287.
26 WELSCH (s. Anm. 9), 109.
27 SEEL, Ästhetik des Erscheinens (s. Anm. 6), 38.
28 Vgl. ROGER DE PILES, Cours de peinture par principes (Paris 1708), 302f.

Bereiche zueinander läßt sich in der von Hermann von Helmholtz begründeten Metapher der künstlerischen »Uebersetzung«[29] der Farbe ins Kolorit beschreiben. Dabei steht bis ins 19. Jh. nicht selten die normative Absicht im Vordergrund, ein künstlerisches Ideal für die Art der koloristischen Übersetzung der Farbe in die Malerei zu bestimmen.

In der transzendentalphilosophischen Wendung der Ästhetik bei Immanuel Kant erlangt die Farbe als scheinbar akzidentielle Erscheinung nur untergeordnete Bedeutung. Im 19. Jh. leiten u. a. Schelling, Friedrich Schlegel und Goethe eine umfassende Rehabilitierung und Neubestimmung der Farbe als ästhetischer Kategorie ein. Hegel versuchte gar, eine historische Teleologie im Auftreten koloristischer Grundhaltungen in der Geschichte der Kunst zu entdecken.[30] Diese Geschichtskonstruktion wird in Heinrich Wölfflins folgenreichen *Kunstgeschichtlichen Grundbegriffen* (1915) abgewandelt übertragen auf die Vorstellung eines kunsthistorischen Verlaufs aus den Polaritäten von ›linearen‹ und ›malerischen‹ Stilhaltungen, wobei das Malerische der Epoche des Barock vorbehalten wird.[31]

Mit der Emanzipierung der Farbe vom Primat der ästhetischen Mimesis im frühen 20. Jh. gerät die gesamte ästhetische Diskussion der beiden Begriffe unter neue Vorzeichen: Die bis dahin ausgebildeten normativen Vorstellungen im Begriff Kolorit wurden zugunsten einer deskriptiven Bestandsaufnahme unterschiedlicher koloristischer Gestaltungsweisen abgebaut, bis dahin verdrängte künstlerische Möglichkeiten der Farbgestaltung rehabilitiert. Dieser Prozeß spiegelt sich auch in einer neuen terminologischen Orientierung, so vor allem in Hans Jantzens Unterscheidung zwischen dem ›Eigenwert‹ und dem ›Darstellungswert‹ der Farbe, die die autonome Farbe als ästhetisches Phänomen reflektiert (s. u.). Weiterführend hat Strauss auf dem Wege einer phänomenologischen Annäherung ein neues methodisches Instrumentarium für die Analyse des Kolorits und unterschiedlicher Koloristiken mit ihren jeweils eigenen Bewertungsmaßstäben entwickelt.[32]

Es kann hier lediglich angedeutet werden, daß alle diese Vorgänge der begriffs- und ästhetikgeschichtlichen Bestimmung von Kolorit und farbig zugleich auch in Verbindung mit den wechselnden geistesgeschichtlichen Vorzeichen der übergeordneten philosophischen Reflexion über das, was Farbe grundsätzlich ist, stehen. Die von dort abgeleiteten Vorbestimmungen und Differenzierungen philosophischer, physikalischer, psychologischer oder phänomenologischer Farbbestimmungen haben vielfach in die ästhetikgeschichtliche Diskussion dieser Begriffe eingewirkt.

Im übertragenen Sinne fanden Kolorit und farbig als Begriffe auch in anderen Künsten Verwendung: Seit der Antike existierte auf dem Boden der Rhetorik die Vorstellung von ›color‹ als »Färbung der Rede« (colore dicendi)[33], die vor allem in der Dichtungstheorie des 18. Jh. in neuer Form wiederbelebt wurde.[34] Für die Entstehung des neuzeitlichen ästhetischen Begriffs Kolorit ist diese Tradition freilich weitgehend bedeutungslos geblieben. (Zur partiellen Rezeption dieser Tradition bei Paolo Pino und Giovan Battista Armenini s. u.) Ebensowenig ist der Fachterminus ›color‹ aus der Satz- und Notationslehre der Musik des Mittel- und Spätmittelalters[35] für die neuzeitliche Begriffsbildung von Kolorit wirksam geworden, die ihrerseits später die Vorstellung vom musikalischen Kolorit, das aus den Klangfarben und Timbres verschiedener Konstellationen von Musikinstrumenten entsteht, befruchtet hat.[36] Z. T. haben diese metaphorischen Übertragungen wieder auf die Begriffsbildung in der Malerei zurückgewirkt.

---

29 HERMANN VON HELMHOLTZ, Optisches über Malerei (1871–1873), in: Helmholtz, Vorträge und Reden, Bd. 2 (Braunschweig 1896), 125.
30 Vgl. HEGEL (ÄSTH), 771.
31 Vgl. HEINRICH WÖLFFLIN, Kunstgeschichtliche Grundbegriffe. Das Problem der Stilentwicklung in der neueren Kunst (1915; München ⁴1920).
32 Vgl. STRAUSS, Zur Entwicklung der Koloritforschung (1972), in: Strauss s. Anm. 1), 333–341.
33 QUINTILIAN, Inst. 6, 3, 107; dt.: Ausbildung des Redners, übers. u. hg. v. H. Rahn, Bd. 1 (Darmstadt 1988), 757; vgl. ebd., 4, 2, 94; dt. 473; WENDY STEINER, The Colors of Rhetoric (Chicago u. a. 1982).
34 Vgl. ›Couleur/Coloris‹, in: PETER-ECKHARD KNABE, Schlüsselbegriffe des kunsttheoretischen Denkens in Frankreich von der Spätklassik bis zum Ende der Aufklärung (Düsseldorf 1972), 137–140.
35 Vgl. WILLI APEL, Die Notation der polyphonen Musik 900–1600 (Leipzig 1962).
36 Vgl. JÖRG JEWANSKI, ›Colour and music‹, in: GROVE, Bd. 6 (2001), 156–160.

I. Voraussetzungen und Genese des Begriffs Kolorit im 15. Jahrhundert

Von den italienischen Worten colore, colorire und dem Partizip Perfekt colorito spaltet sich il colorito in der italienischen Kunsttheorie als substantivierter eigenständiger Terminus für die Kunst der Farbengebung erst im Übergang vom 15. ins 16. Jh. ab: Bis dahin erscheint colorito nur mit unspezifischer Bedeutung, etwa wenn Cennino Cennini in seinem um 1390 entstandenen *Libro dell'Arte* von den Farben als Pigmenten in handwerklicher Perspektive und nicht als ästhetischer Größe spricht und dabei das technische Procedere des Firnissens des zuvor Gemalten (colorito) beschreibt.[37] Daß der Begriff colorito in Albertis *Della pittura* (1435) nicht erscheint, unterstreicht, daß sich auch Albertis neuartige Vorstellungen von der ›amicitia‹ und ›varietà‹ der Farben noch nicht auf eine ästhetische Ganzheitsvorstellung einer als Kolorit bildübergreifend gestalteten Farbigkeit, sondern lediglich auf die partikularen Kontrastwirkungen benachbarter Farbpaare beziehen, so wie sie Alberti an seinem berühmten Beispiel der Farben eines Chores der Diana beschreibt[38]: Die Farben sollen in kräftigen Bunt- und Hell-Dunkel-Kontrasten aneinandergrenzen.

Der früheste Beleg für die Verwendung des Begriffs colorito als eigenständiger ästhetischer Kategorie von übergeordneter Bedeutung ist in Leonardos – seit den 1490er Jahren entstandenem – *Trattato della pittura* zu finden: In seinen Ausführungen zu den vier künstlerischen Teilen der Figurenmalerei nennt Leonardo neben der Körperstellung (attitudine), dem relievo der Körpermodellierung, dem disegno auch ›il bel colorito‹ als einen Hauptbereich der künstlerischen Gestaltung.[39] Vergleicht man mit dieser Verwendung des Begriffs colorito Cenninis Bestimmung des Wortes colorire mit Blick auf die Grundlagen der Kunst, »il fondamento dell'arte […] è il disegno e ›l colorire«[40] (das Fundament der Kunst […] ist die Zeichnung und die Farbengebung), so hat man exemplarisch zwei Bezugspunkte für die terminologiegeschichtlich bedeutsame Verschiebung von colorire als handwerklicher Tätigkeitsbeschreibung zu colorito als ästhetischem Schlüsselbegriff vor Augen. Daß dabei auch bei Leonardo die Terminusbildung von colorito in diesem Sinne noch nicht vollständig gefestigt ist, kann man daran erkennen, daß auch Leonardo vielfach anstelle von colorito allgemeiner von colore spricht und daß er colorito nicht im Kontext seiner allgemeinen Definitionen der Malerei, sondern im begrenzten Rahmen der Bestimmung der *Figuren*malerei einführt. (Einmal verwendet Leonardo im *Trattato della pittura* colorito wie Cennini im Sinne einer handwerklichen Größe.[41]) Dennoch sind in Leonardos Begriff des colorito schon alle für die neuzeitliche Malerei konstitutiven Aspekte der systematischen Begriffsbestimmung enthalten: Erstens bezeichnet colorito für Leonardo einen ästhetisch eigenständigen Bereich der künstlerischen Gestaltung, zweitens setzt er das Axiom des repräsentierenden Charakters der gesamten Farbgestaltung voraus, und drittens bezieht er dies in die Systematisierung der Farben und ihrer konsequenten Ableitung aus Hell und Dunkel auf die ästhetische Vorstellung einer auf das Bildganze bezogenen Einheit des Kolorits.

Die ersten beiden Aspekte sind schon in der Kunsttheorie Albertis vorbereitet, ohne dort allerdings mit dem Terminus colorito verbunden zu sein: So fordert Alberti von der Malerei, daß »eine richtige Zeichnung mit richtiger Komposition und guter Farbengebung sich verbinde« (vorrei io un buon disegno ad una buona compositione, bene essere colorata)[42], und reiht die Farbengebung unter die grundsätzlichen Aufgaben dieser Kunst ein. Daß der Künstler die Farbe in der Malerei nicht als pigmentär-materielle, sondern als eine das Sichtbare repräsentierende ästhetische Größe zu interpretieren habe, ist ebenfalls schon in Albertis Definition der Malerei verankert: »Die Malerei wird

---

37 Vgl. CENNINO CENNINI, Il Libro dell'Arte (um 1390; Vicenza 1982), 113.
38 Vgl. LEON BATTISTA ALBERTI, Della pittura (1435), ital.-dt., in: Alberti, Kleinere kunsttheoretische Schriften, hg. u. übers. v. H. Janitschek (1877; Osnabrück 1970), 136 ff.
39 Vgl. LEONARDO DA VINCI, Trattato della pittura (ab 1490), hg. v. G. Milanesi (1890; o. O. 1989), 133; dt.: Traktat von der Malerei, hg. v. M. Herzfeld, übers. v. H. Ludwig (1925; München 1989), 179.
40 CENNINI (s. Anm. 37), 6.
41 Vgl. LEONARDO (s. Anm. 39), 168; dt. 230.
42 ALBERTI (s. Anm. 38), 132 f.

also nichts anderes sein als die auf einer Fläche mittelst Linien und Farben zu stande gebrachte künstlerische Darstellung eines Quer- (Durch-)schnitts der Sehpyramide« (Sara adunque pictura non altro che intersegatione della piramide visiva [...] in una certa superficie con linee et colori artificioso rappresentata) (68 ff.). Wie grundsätzlich sich Alberti von der mittelalterlichen Wertschätzung der materiellen Kostbarkeit und Schönheit farbiger Substanzen abwendet und die künstlerische Reflexion über die Farbe auf die grundsätzliche Differenz zwischen materiellem Pigment und der darstellerischen Funktion der Farbe verweist, wird exemplarisch an seinen Bewertungen der Glanzwirkungen des Goldes, die nicht mehr durch applizierte Metallfarbe zu realisieren, sondern durch andere Farbwerte zu repräsentieren seien, deutlich.[43] In diesem Zusammenhang ist auch zu verstehen, daß Alberti die Farbe vollständig unter den Oberbegriff der Lichtgestaltung einordnet, ohne aber – im Unterschied zu Leonardo – von dort aus eine Einheitsvorstellung des Kolorits zu entwickeln.

Die Trennung zwischen der pigmentären und der darstellerischen Funktion der Farbe als grundsätzliches Axiom einer neuzeitlichen Koloristik ist auch in Leonardos Reflexion konstitutiv. Malerei ist für Leonardo die Übersetzung der Helldunkel- und Farbrelationen des Sichtbaren, »eine Zusammensetzung von Licht und Dunkelheit, mit den verschiedenen Arten aller einfachen und zusammengesetzten Farben zusammengemischt« (La pittura è composizione di luce e di tenebre, insieme mista colle diverse qualità di tutti i colori semplici e composti).[44] Indem er dabei die Farbe konsequent als eine von Licht und Dunkel abhängige, relative Größe des Sichtbaren bestimmt – eine Deutung, die nicht zuletzt auch durch die 1497 in Übersetzung publizierte Schrift *De coloribus* des Aristoteles gestützt werden konnte –, gelangt er zu einer neuen künstlerischen Einheitsvorstellung des Kolorits. Diese wird unterstützt durch seine systematische Ordnung der Buntwerte.[45] Ausdrücklich wendet sich Leonardo gegen die Verwendung der Farbe als lediglich einfacher, pigmentärer Größe (»il colore non si vedrà mai semplice« [144; dt. 178 f.]) und kritisiert die »unwissende Menge« und diejenigen Maler, die über der materiellen Schönheit der Farbe (»belezza di colori« [136; dt. 179 f.])

die repräsentierenden Aufgaben der Malerei übersähen. Die Schönheit des Pigments entspringe dem handwerklichen Verdienst der Farbenreiber, nicht der Kunst der Maler.[46] Aus diesen Bemerkungen ist gelegentlich zu Unrecht eine generelle Ablehnung der Farbe durch Leonardo herausgelesen worden. Zusammen mit dem Begriff des colorito rückt bei Leonardo in neuer Weise die farbige Gesamtgestaltung als ästhetisches Problem in den Blick, ohne aber daß Leonardo diese Einheitsvorstellung schon theoretisch ausdrücklich im Begriff der ›unione del colorito‹ formulierte.

II. Das 16. Jahrhundert und die ›unione del colorito‹

Im 16. Jh. gewinnt die theoretische Reflexion der Farbengebung und die Diskussion der ästhetischen Kriterien des Kolorits sprunghaft eine neue Qualität, colorito etabliert sich als ästhetischer Schlüsselbegriff. Ins Zentrum dieser theoretischen Bestimmung des Kolorits rückt die Frage nach der Einheit der Farbgestaltung, der ›unione del colorito‹, die mit wechselnden Bestimmungen auch in den folgenden Jahrhunderten als ästhetische Kernfrage bleiben wird.

Der früheste Beleg für die terminologische Etablierung dieser Schlüsselkategorie der Einheit des Kolorits findet sich in Paolo Pinos 1548 publiziertem *Dialogo di pittura*: Die Verschiedenheit der Farbtöne müsse vom Maler gleichsam zu einem ›Körper‹ vereinigt werden (»unire [...] la diversità delle tinte in un corpo solo«[47]), eine Metapher, die noch im 20. Jh. aufgegriffen wurde, etwa wenn Theodor Hetzer mit Blick auf Tizians Koloristik von einem ›Farbleib‹ spricht.[48] Keine Farbe dürfe – so Pino – um ihrer Eigenwertigkeit willen in ei-

---

43 Vgl. ebd., 271.
44 LEONARDO (s. Anm. 39), 144; dt. 178.
45 Vgl. ebd., 92 f., 82 f.; dt. 85–87.
46 Vgl. ebd., 56 f.; dt. 64.
47 PAOLO PINO, Dialogo di pittura (1548), in: P. Barocchi (Hg.), Trattati d'arte del Cinquecento fra Manierismo e Controriforma, Bd. 1 (Bari 1960), 117.
48 Vgl. THEODOR HETZER, Tizian. Geschichte seiner Farbe (Frankfurt a.M. 1969), 122 f., 129 ff.

nem Gemälde erscheinen (»niun colore vale per sua proprietà«[49], und wie Leonardo hebt er hervor, daß sich lediglich die »ignoranti« ([118] von der eigenwertigen Schönheit und Kostbarkeit der Pigmente wie z. B. teurem Ultramarinblau blenden ließen. Neben der überzeugenden kompositorischen Verbindung der Farben (composizione), ihrer Naturähnlichkeit (similitudine) und ihrer Vereinigung habe der Maler auf die »vaghezza« (ebd.), eine gewisse Unbestimmtheit und Weichheit der malerischen Ausführung, die Pino als neues ästhetisches Kriterium einführt, zu achten. Obwohl Pino in seinen Ausführungen den Begriff colorito noch vergleichsweise selten verwendet, zeigt sich die neuartige Qualität seines ästhetischen Räsonnements auch darin, daß er die Vorstellung eines ›Koloristen‹ ausbildet (so charakterisiert er z. B. Agnolo Bronzino als »più bel coloritore« [126]) und daß er dem Künstler darüber hinaus die Einheit aus der Verbindung der Hauptteile der Malerei, »Erfindung, Zeichnung und Kolorit, welche zu einem einzigen Körper vereinigt erst Malerei heißen« (invenzione, disegno e colorire, le quali cose unite in un corpo sono dette pittura [118]), als ästhetische Aufgabe auferlegt.

Die Tatsache, daß Pino als erster Theoretiker das Horazsche ›Ut pictura poesis‹ auf die Malerei übertrug[50], worin ihm später Lodovico Dolce, Giovan Battista Armenini und andere folgten, wirft die Frage auf, inwieweit Pino auch für seine Bestimmung der ›unione de colori‹ in der Malerei Anregungen aus der klassischen Rhetorik und der dort bestehenden Vorstellung von der Einheitlichkeit der ›Färbung einer Rede‹[51] empfangen haben könnte. Ausdrücklich weist jedenfalls Armenini 1587 auf die Analogie zwischen Quintilians Idee der rhetorischen Färbung der Rede und dem modalen Wechsel der Farben in der Malerei hin.[52]

Seine allgemeine Verbreitung fand der Begriff colorito in Verbindung mit der Vorstellung der ›unione del colorito‹ allerdings nicht mit Pinos Publikation, sondern erst mit dem Erscheinen von Giorgio Vasaris *Vite de' più eccellenti pittori, scultori ed architettori* (1550/1568) sowie des *Dialogo della pittura* (1557) Dolces: Vasari geht nicht nur in der Prägnanz und Konsequenz der sprachlichen Formulierungen und in der Differenziertheit der ästhetischen Kriterien seiner Bestimmung des Kolorits weit über Pino hinaus, sondern er reflektiert als erster auch die historische Struktur der Genese des neuzeitlichen Kolorits. Bei aller Simplizität der von Vasari skizzierten Entwicklungsgangs der Kunst von Cimabue bis ins 16. Jh. entwickelt er in nuce das erste neuzeitliche Modell eines koloritgeschichtlichen Verlaufs, in dem die ›unione de colori‹ bzw. die ›unione del colorito‹ als Schlüsselkategorie figuriert[53]: Während die »primi artefici«[54] wie Giotto nur rudimentäre Anfänge der Kunst und der ›unione di colori‹ gekannt hätten, es auch den Malern im Quattrocento noch an der weichen Übergänglichkeit (vaghezza) und der »Zartheit der vereinigten Farben« (dolcezza ne' colori unita)[55] gemangelt habe, sei die Malerei an der Jahrhundertwende zum 16. Jh. mit Leonardo, Correggio, Perugino, Raphael, Giorgione in eine neue Epoche der ›unione‹ im Kolorit eingetreten. Die Maßstäbe für diese koloristische Entwicklung vom Quattrocento ins Cinquecento erläutert Vasari in der Einleitung der Viten, indem er »l'unione de' colori« mit einer vom pythagoräischen Begriff der musikalischen Harmonie abgeleiteten Definition bestimmt: »Die Einheitlichkeit in der Malerei ist ein Kontrast mehrerer Farben, die miteinander in Einklang gebracht sind« (L'unione nella pittura è una discordanza di colori diversi accordati insieme)[56]. Möglicherweise hat er sich dabei auf

---

49 PINO (s. Anm. 47), 117.
50 Vgl. CREIGHTON E. GILBERT, Antique Frameworks for Renaissance Art Theory. Alberti and Pino, in: Marsyas: Studies in the History of Art 3 (1943/45 [1946]), 97; THOMAS PUTTFARKEN, The Dispute about ›Disegno‹ and ›Colorito‹ in Venice: Paolo Pino, Lodovico Dolce and Titian, in: P. Ganz u. a. (Hg.), Kunst und Kunsttheorie 1400–1900 (Wiesbaden 1991), 88.
51 Vgl. QUINTILIAN, Inst. 4, 2, 94; 6, 3, 107.
52 Vgl. GIOVAN BATTISTA ARMENINI, De' veri precetti della pittura (1587; Hildesheim 1971), 105 f.
53 Vgl. GIORGIO VASARI, Le vite de' più eccellenti pittori, scultori ed architettori (1550/1568), hg. v. P. Barocchi, Bd. 1 (Florenz 1981), 181.
54 Ebd., Bd. 4 (Florenz 1981), 8.
55 Ebd., 11; dt.: Leben der ausgezeichnetsten Maler, Bildhauer und Baumeister, übers. v. L. Schorn/E. Förster, hg. v. J. Kliemann, Bd. 3/1 (Worms 1983), XII.
56 VASARI (s. Anm. 53), Bd. 1, 179; dt. Bd. 1 (Worms 1983), *70.

Franchino Gaffurius' Bestimmung ›Harmonia est discordia concors‹ aus *De harmonia musicorum instrumentorum opus* (1518) bezogen. Vasari unterscheidet in der Farbigkeit der Malerei eine »unangenehme Uneinheitlichkeit« (disunione spiacevole) von der »höchst stimmigen Abwechslung« (discordanza accordatissima) (180f.; dt. ★73). Während er erstere mit einer unangenehmen »Musik, die lärmend, dissonant und schroff ist« (musica che fa strepito o dissonanza o durezza), vergleicht, wird das zweite Kolorit im Vergleich zu einer »harmonischen und einfallsreichen Musik« (musica unita ed arguta) (180f.; dt. ★72) gelobt. Damit ist zum ersten Mal in der neuzeitlichen Kunsttheorie in umfassendem Sinne ein normatives Ideal für das Kolorit formuliert. Es ist kein Zufall, daß Vasari sich dabei auf den Vergleich mit der Musik bezieht, denn die elaborierte musiktheoretische Reflexion der Harmonie war am ehesten geeignet, das Theoriedefizit in der Malerei an diesem Punkt auszugleichen oder wenigstens metaphorisch zu überbrücken.

Das Prinzip dieser farbigen Einheit hat Vasari vor allem im übergreifenden Zusammenhang von Buntfarbe und Hell-Dunkel bestimmt: Damit die Bilder nicht – wie in der Malerei des 15. Jh. – wie ›bunte Teppiche‹ oder ›Spielkarten‹ aussähen, müsse der Maler die Farbgestaltung so ausführen, daß kein Buntwert den Hell-Dunkel-Zusammenhang durchbreche. Die Buntwerte sollten weder zu kräftig (caricchi) noch zu hart (crudi) sein, und sie sollten im ganzen die Mitte zwischen dem zu grell Leuchtenden und dem zu Gedämpften halten.[57] Diese originellen Beiträge zu einer ästhetischen Definition des gelungenen Kolorits wurden, wie z. B. die entsprechenden Ausführungen Armeninis vom Jahrhundertende belegen[58], wegweisend für die gesamte anschließende italienische Kunsttheorie. Daß Vasari als vorbildliches Beispiel für diese ›discordanza accordatissima‹ im Kolorit nicht Leonardo, sondern Raphael nennt, unterstreicht, daß Vasaris Vorstellung der ›unione‹ nicht mit Leonardos Helldunkel gleichzusetzen ist. Bei aller normativen Schärfe in der Beurteilung der Koloristik der älteren Kunst begründet Vasari auch die Vorstellung, daß es unterschiedliche koloristische Verwirklichungen der ›unione del colorito‹ gibt, eine Idee, die in der manieristischen Kunsttheorie in das Konzept einer modal variierbaren Farbgestaltung mündet.[59] Angesichts der zweifellos grundlegenden Bedeutung des ›disegno‹ als »padre delle tre arti« (Vater der drei Künste)[60] in Vasaris Kunstauffassung wurde lange übersehen, daß auch das Kolorit in seiner Kunstanschauung eine bedeutende Position behauptet und in seinen Ausführungen – und nicht etwa in der Kunsttheorie Venedigs – seine erste grundlegende theoretische Bestimmung erfährt. Vasari bestand auf dem ästhetischen Ziel der Einheit von ›disegno‹ und ›colore‹ in der Malerei: »E se un pittore disegna bene et i colori benissimo non adoperi, ha perso il tempo in tale arte; e se ben colorisca e disegno non abbia, il fin suo è vanissimo.«[61] (Wenn ein Maler gut zeichnet, aber die Farben nicht aufs beste zu verwenden weiß, hat er in dieser Kunst seine Zeit verschwendet; und wenn er gut koloriert, aber über keine Zeichenkunst verfügt, ist seine Absicht unnütz.) Er hebt hervor, daß sich die ›Intelligenz des Malers‹ gerade darin zeige, die ›unione nel colorito‹ mit dem ›disegno‹ zusammen zur Wirkung zu bringen.[62] Damit waren Standards zur ästhetischen Diskussion des Kolorits gesetzt, die Dolce in seinem sieben Jahre nach Vasaris Viten publizierten *Dialogo della pittura*. Intitolato *l'Aretino* aufgreift und vertieft: Alle Fragen der Farbengebung erscheinen nun unter den Begriff colorito als Oberbegriff subsumiert. An Pinos und Vasaris Zentralidee der Einheit des Kolorits anschließend – »la mescolanza de' colori sia sfumata et unita«[63] (Die Mischung der Farben muß nuanciert und vereinheitlicht sein) – fordert er mit Baldassare Castigliones Metapher der sprezzatura (Lässigkeit) vom Maler die Mitte »zwischen einem zu weichen Kolorit und einem zu harten Glätte« (né troppa vaghezza di colorito, né troppa politezza [185]) der Modellierung.[64] Eine Haupt-

---

57 Vgl. VASARI (s. Am. 53), 180f.; dt. ★73.
58 Vgl. ARMENINI (s. Anm. 52), 105 f.
59 Vgl. CRISTOFORO SORTE, Osservazioni nella pittura (1573), in: Barocchi (s. Anm. 47), Bd. 1, 282.
60 VASARI (s. Anm. 53), Bd. 1, 168; dt. ★59.
61 VASARI an Benedetto Varchi (12. 2. 1547), in: Barocchi (s. Anm. 47), Bd. 1, 62.
62 Vgl. VASARI (s. Anm. 53), Bd. 1, 181; dt. ★73.
63 LODOVICO DOLCE, Dialogo della pittura. Intitolato L'Aretino (1557/1565), in: Barocchi (s. Anm. 47), Bd. 1, 184.
64 Vgl. BALDASSARE CASTIGLIONE, Il libro del Cortegiano (1528), hg. v. G. Carnazzi (Mailand 1987), 80 f.

schwierigkeit des Kolorits sieht Dolce in der Inkarnatmalerei, eine Idee, die in Hegels Ästhetik wiederkehrt.[65] Darüber hinaus sah Dolce die Vermittlung zwischen Licht und Schatten als Hauptaufgabe des Kolorits, wobei bemerkenswert ist, daß er anders als Alberti – und wegweisend für die Auffassungen des 17. Jh., etwa bei de Piles – die Farben nicht mehr der ›receptione de lumi‹ unterordnet, sondern umgekehrt die Darstellung von Licht und Schatten als Bestandteil des Kolorits begreift. Mit Dolce gerät die Diskussion um das Kolorit verstärkt auf das Terrain der paragone-Betrachtungen, den vergleichenden Wettbewerb zwischen den einzelnen Künsten und Künstlern, auf dem sich mit Leonardo, Raphael, Correggio und Tizian ein für die Reflexion des neuzeitlichen Kolorits lange Zeit verbindlicher Kanon vorbildlicher Koloristen formiert.

In seinem 1565 folgenden *Dialogo dei colori* dokumentiert Dolce darüber hinaus, wie umfassend im 16. Jh. auch die unterschiedlichen philosophischen Betrachtungsweisen der Farbe in die ästhetische Diskussion eingebunden wurden: So legt Dolce darauf wert, die Farbe nicht lediglich als Akzidens, sondern in ihrer essentiellen Bindung an die Körper zu verstehen: »Die Farbe ist also Grenze und Ende des leuchtenden und begrenzten Körpers« (colore adunque è termino & estremità di lucido et terminato corpo[66]). Ebenso wendet sich Dolce gegen eine rein formalästhetische Betrachtung der Farben, indem er – wie zahlreiche andere Autoren des 16. Jh. wie Mario Equicola,

---

65 Vgl. DOLCE (s. Anm. 63), 184; HEGEL (ÄSTH), 770f.
66 DOLCE, Dialogo nel quale si ragiona delle qualità, diversità e proprietà dei colori (1565; Bologna 1985), 7 r.
67 Vgl. WAGNER, Farbe und Metapher. Die Entstehung einer neuzeitlichen Bildmetaphorik in der vorrömischen Malerei Raphaels (Berlin 1999), 41–56.
68 Vgl. GIAN PAOLO LOMAZZO, Idea del tempio della pittura (1590), in: Lomazzo, Scritti sulle arti, hg. v. R. P. Ciardi, Bd. 1 (Florenz 1973), 294.
69 Vgl. MAURICE GEORGE POIRIER, Studies on the Concept of disegno, invenzione and colore in Sixteenth and Seventeenth Century Italian Art and Theory (Phil. Diss. New York University 1976), 6; JONAS GAVEL, Colour. A Study of its Position in the Art Theory of the Quattro- and Cinquecento (Stockholm 1979); WAGNER (s. Anm. 67), 25–35.

Thylesius, Coronato Occolti, Fulvio Pellegrino Morato, François Rabelais u. a. – die Farbe im Kontext einer komplexen Farbmetaphorik und -symbolik als essentielles Element einer visuellen Poetik etabliert.[67]

In den Publikationen des späten 16. Jh. wie Armeninis *Precetti della pittura* (1586) oder Gian Paolo Lomazzos *Idea del tempio della pittura* (1590) erscheinen diese Vorstellungen zum Kolorit und zur Farbe zusammengefaßt, zugleich sind aber auch schon einige Akzentverschiebungen erkennbar, die zu den klassizistischen Bewertungen des 17. Jh. überleiten: Vor allem läuft der nach Kategorien der Kunst geordnete Vergleich zwischen den Malern zunehmend auf eine idealtypische Reduktion hinaus, in der jeder der Maler nur noch beispielhaft einen einzigen vorbildlichen Teil der Malerei vertritt, so bei Lomazzo Tizian das Kolorit.[68] In neuer Weise bindet Lomazzo in die Frage nach den »amicizie et inamicizie naturali« (166) (natürlichen Freundschaften und Feindschaften) der Farben die Affektenlehre der Zeit ein, wodurch seine Betrachtung des Kolorits eine neuartige wirkungsästhetische Komponente erhält. Wie hoch der ästhetische Stellenwert der Farbgestaltung in der Beurteilung der Kunst dieser Zeit war, belegt Lomazzos Auffassung, daß sich die Malerei erst im Kolorit als signum individuationis der Kunst und als »ultima perfezione de l'arte« (31) vollende. Die Analyse der theoretischen Diskussion des Kolorits im 16. Jh. erweist die überraschende Tatsache, daß die grundlegenden Denkfiguren des neuzeitlichen Begriffs Kolorit schon in dieser Zeit ausgebildet worden sind und vielfältig in die ästhetische Diskussion der folgenden Jahrhunderte weitergewirkt haben. Konstitutiv sind dabei die Differenzierung zwischen Kolorit und Pigment, die normative Frage nach der Einheit des Kolorits und die Beziehungen zwischen colorito und disegno als zwei Grundlagenbereichen der Kunst.[69] Die zugespitzte ästhetische Position einer Polarität von disegno und colore ist freilich nicht vor dem 17. Jh. zu finden, auch wenn die Idee des ›Wettbewerbs‹ zwischen disegno und colore als Denkfigur historisch auf dem Boden der paragone-Diskussionen des 16. Jh. entstanden ist: An die Stelle des paragone der Künstler tritt nach und nach ein paragone hypostasierter einzelner Kategorien der Kunst, und in diesem Zuge beginnt sich auch die disegno-colore-Opposition zu verhärten.

Interessanterweise versucht man zu diesem Zeitpunkt auch verstärkt, die Begriffe Kolorit und farbig mit neuer Bestimmung metaphorisch auf die Musik zu übertragen, indem um 1600 Melodieverzierungen der italienischen Gesangskunst als coloratura bzw. Koloratur bezeichnet werden. (Einer der frühesten Belege hierfür findet sich im 1604 erschienenen *Melodeyen Gesangbuch* von Gabriel Husduvius.[70]) Zugleich gewinnt auch die Frage nach den Entsprechungen zwischen Farben und Tönen u. a. bei Gioseffo Zarlino oder Giuseppe Arcimboldo an Aktualität.[71]

III. Normierung und Kanonisierung des Begriffs im 17. Jahrhundert: Die Idee des ›peintre parfait‹

Im Rahmen der intensiven kunstlandschaftlichen Wechselbeziehungen gelangt colorito als künstlerischer Werkstattbegriff von Italien nach Frankreich, wo er seit 1621 als französisches Lehnwort coloris greifbar ist. Spätestens mit der 1648 erfolgten Gründung der französischen Akademie firmiert coloris auch in Frankreich als ästhetischer Schlüsselbegriff. In den zahlreichen Akademiediskussionen und den von diesen provozierten Gegenreaktionen entfaltet sich in den Jahrzehnten bis zum Jahrhundertende eine beispiellose Debatte um die Bestimmung und Bewertung des Kolorits, die nicht nur für die anschließende ästhetische Reflexion des Kolorits wegweisend wurde, sondern die auch die vorausgegangenen Bestimmungen des Kolorits in Italien zu überblenden begann. Obwohl viele Motive und Denkfiguren aus Italien aufgenommen worden waren, steht die Diskussion des Kolorits in Frankreich unter gänzlich neuen Vorzeichen: »In scharfem Gegensatze zu der Liberalität, die den Grundzug des Kunsturteils in Italien bildete, hat die französische Kunstorthodoxie [...] das System eines objektiven, das Schaffen reglementierenden Kunstdogmas am konsequentesten ausgebildet, am schärfsten gehandhabt.«[72] So zerbricht die von Alberti bis zu Lomazzo in der italienischen Kunsttheorie leitmotivisch wiederkehrende Verbindung von disegno und colore zugunsten eines neuen, weitreichenden Antagonismus zwischen Zeichnung und Farbe und der Vorrangstellung des disegno: Anschließend an Federico Zuccaros Unterscheidung des »disegno interno« und »disegno esterno«[73] wird die Zeichnung in den Ausführungen Charles Le Bruns, André Félibiens und anderer Akademiemitglieder ausgeweitet zum Schöpfungspunkt jeglicher darstellender Kunst, wohingegen die Bedeutung der Farbe als nachrangiger Kategorie der künstlerischen Gestaltung zurückgedrängt wird: »Le dessin imite toutes les choses réelles, au lieu que la couleur ne représente que ce qui est accidentiel.«[74] Während die Zeichnung durch ihre Verbindung mit der inventio den Geist befriedige, werde die Farbe rein auf die optische Erscheinung des Sichtbaren reduziert: »Tout l'apanage de la couleur est de satisfaire les yeux, au lieu que le dessin satisfait l'esprit.« (38) Wahlweise wird die Farbe als lediglich akzidentielle Erscheinung des Sichtbaren, als Mittel der Täuschung und Illusion, als dem Handwerk zuzuordnende pigmentär-materielle Größe oder als künstlerische Kategorie ohne Gesetzmäßigkeit diskreditiert: »Il n'y aurait aucun ordre dans la distribution de la couleur« (37) – so die Ansicht von Le Brun.

Gegen diese klassizistische Reduktion der Farbe regte sich innerhalb und außerhalb der französischen Akademie vielfältiger Widerspruch, der sich

---

70 Vgl. PHILIPP WACKERNAGEL, Das deutsche Kirchenlied von der ältesten Zeit bis zum Anfang des 17. Jahrhunderts, Bd. 1 (Leipzig 1864), 872.
71 Vgl. THOMAS LERSCH, ›Farbenlehre‹, in: Reallexikon zur Deutschen Kunstgeschichte, hg. v. Zentralinstitut für Kunstgeschichte, Bd. 7 (München 1981), Sp. 254.
72 ALBERT DRESDNER, Die Entstehung der Kunstkritik (München 1915), 105; vgl. BERNARD TEYSSÈDRE, Roger de Piles et les débats sur le coloris au siècle de Louis XIV (Paris 1957); MAX IMDAHL, Farbe. Kunsttheoretische Reflexionen in Frankreich (München 1987); JACQUELINE LICHTENSTEIN, La couleur éloquente. Rhétorique et peinture à l'âge classique (Paris 1989).
73 FEDERICO ZUCCARO, Idea de' scultori, pittori et architetti, Bd. 1 (Turin 1607), 50f.
74 ANDRÉ FONTAINE (Hg.), Conférences inédites de l'Académie Royale de Peinture et de Sculpture (Paris 1903), 36; vgl. ANDRÉ FÉLIBIEN DES AVAUX, Entretiens sur les vies et sur les ouvrages des plus excellents peintres (1666/1688; London 1705).

am prägnantesten und schlagkräftigsten in den Schriften Dufresnoys und de Piles artikulierte: Abweichend von den akademischen Ansichten bestimmte Dufresnoy in seinem Traktat *De arte graphica* die Malerei grundsätzlich aus der Gestaltung von Licht, Dunkel und Farbe als »l'effet & l'harmonie des Lumières & des Ombres avec les couleurs qui doivent entrer dans le Tout«[75] und nimmt damit unausgesprochen die Bestimmungen der ›unione del colorito‹ des 16. Jh. wieder auf. Als ästhetisches Kernstück der Malerei bildet die Koloristik »l'âme & le dernier achèvement de la Peinture« (43). Mit diesen Ausführungen wird ›coloriste‹ auch im Französischen zum Begriff. In offener Opposition zu Félibien und zur Akademie führt auch de Piles in seinem 1673 publizierten *Dialogue sur le Coloris* die Farbe als kategoriale Bestimmung der Malerei ein: Die Malerei sei eine Kunst, »qui par le moyen de la forme exterieure & des couleurs imite sur une superficie plate, tous les objets qui tombent sous le sens de la veüe«[76]. Obwohl diese Definition von Malerei vor einem weiter gespannten Horizont neuzeitlicher Kunsttheorie kaum als spektakulär zu bewerten ist – sie deckt sich in wesentlichen Punkten z. B. mit derjenigen Albertis[77] –, wurde sie dennoch von den Vertretern der Akademie als provokativer Konventionsbruch verstanden. Dies hängt mit dem Nachdruck zusammen, mit dem de Piles die Farbe als differentia specifica in der Definition der Malerei verankert. Das Kolorit sei nicht nur ein wesentlicher Teil der Malerei, sondern »il est sa difference, & par consequent la partie qui fait le Peintre«[78]. Aus dieser Grundüberzeugung ergeben sich für de Piles neue, von denjenigen der Akademie abweichende Krite-

rien für sein kunstkritisches Urteil: »Un Tableau ne peut estre parfait, si l'une des parties de la Peinture y manque; & qu'un Peintre n'est pas habile en son Art, s'il ignore quelqu'une des parties qui le composent.« (10) Die Zeichnung bestehe zwar vor der Farbe, aber nur, »pour en recevoir toute sa perfection«, ja emphatisch rühmt de Piles die Bedeutung der Farbe in der Malerei in einer alsbald berühmt gewordenen Metapher: »Il n'y a point d'homme si l'âme n'est jointe au corps; aussi n'y a-t-il point de Peinture si le Coloris n'est joint au Dessin.« (31 f.) Die paradigmatische Erfüllung dieses neuen Ideals des »peintre parfait« (66) bilden für de Piles Giorgione, Tizian und vor allem Peter Paul Rubens, der im folgenden im Streit der ›Rubenisten‹ und ›Poussinisten‹ in polemischer Opposition gegen Nicolas Poussin als paradigmatischem Künstler der Akademie ins Feld geführt wird.

Mit Blick auf die ästhetischen Kriterien zur Bewertung des Kolorits greift de Piles bis in die Wahl seiner Metaphern hinein auf Bestimmungen des 16. Jh. zurück: Wieder ist es die ›unione‹ der Farben, die de Piles ins Zentrum seiner ästhetischen Wertung stellt und die er – an ein berühmtes Beispiel Tizians anschließend – mit der Darstellung einer Traube, in deren Helldunkel alle Einzelglieder eingebunden sind, vergleicht.[79] Analog zu Vasari fordert auch de Piles, daß die Farbe als akkordische harmonische Ganzheit, »une harmonie & une dissonance, comme il y en a dans une Composition de musique«[80], gestaltet sei. Interessanterweise hat auch Poussin in dieser Zeit mit musikanalogen Gestaltung koloristischer Modi experimentiert.[81]

Im Zuge der Rehabilitierung des Kolorits drängt de Piles auch auf eine grundlegende und für die Begriffsgeschichte von Kolorit und farbig bahnbrechende terminologische Präzisierung, indem die Begriffe couleur und coloris in klaren Definitionen gegeneinander abgrenzt: »Plusieurs, en parlant de Peinture, se servent indifféremment des mots de couleur et de coloris, pour ne signifier qu'une même chose; et quoique pour l'ordinaire ils ne laissent pas de se faire entendre, il est bon néanmoins de tirer ces deux termes de la confusion et d'expliquer ce que l'on doit entendre par l'un et par l'autre. La couleur est ce qui rend les objets sensibles à la vue. Et le coloris est une des parties essentielles de la Peinture, par laquelle le Peintre

---

75 CHARLES ALPHONSE DUFRESNOY, De arte graphica/ L'art de peinture (1667), übers. u. hg. v. R. de Piles (Paris 1673), 15.
76 DE PILES, Dialogue sur le Coloris (Paris 1673), 25.
77 Vgl. ALBERTI (s. Anm. 38), 69 f.
78 DE PILES (s. Anm. 76), 25.
79 Vgl. DE PILES, Abrégé de la vie des peintres avec des réflexions sur leurs ouvrages (1699; Paris 1715), 394.
80 DE PILES, L'idée du peintre parfait (Paris 1699), 51.
81 Vgl. WILHELM MESSERER, Die ›Modi‹ im Werk von Poussin, in: J. A. Schmoll gen. Eisenwerth (Hg.), Festschrift Luitpold Dussler. 28 Studien zur Archäologie und Kunstgeschichte (München/Berlin 1972), 335–356.

III. Normierung und Kanonisierung des Begriffs im 17. Jahrhundert   319

fait imiter les apparences des couleurs.« Von hier aus unterscheidet de Piles weiterführend die ›couleur simple‹ als Bezeichnung für das künstlerisch unbearbeitete Pigment von der couleur locale, »qui, par rapport au lieu couleur, représente un objet singulier«[82]. In dieser Bestimmung wird couleur locale alsbald auch in die italienische und später in die deutsche Terminologie (›Lokalfarbe‹) übernommen. Der qualitative Sprung, der mit dieser begrifflichen Klärung vollzogen wird, liegt weniger im Bereich des Terminologischen, denn schon im 16. Jh. differenzierte man, wenn auch mit schwankender Verwendung der Termini, zwischen colore und colorito, sondern in der neuartigen Konsequenz, mit der de Piles das Kolorit als einen genuin künstlerischen Bereich der Gestaltung der Farbe mit eigenen Gesetzmäßigkeiten von allen übrigen Erscheinungen des Farbigen abgrenzte. Mit seiner terminologischen Unterscheidung konnte de Piles leichterhand eine ganze Reihe der akademischen Vorbehalte gegen die Farbe entkräften, indem er zeigte, daß diese gar nicht den Zuständigkeitsbereich des Malers betreffen. Damit waren Kolorit und Farbe im modernen Sinne als ästhetische Phänomene der Kunst bestimmt, und diese Erkenntnis ist in den nachfolgenden Jahrhunderten auch dort nicht mehr verlorengegangen, wo alsbald wieder eine schwankende Verwendung der Termini coloris und couleur um sich greift. Zumeist ist hier der Erkenntnisgehalt dieser Unterscheidung stillschweigend auf das Wort couleur übertragen worden.[83] Es ist kulturgeschichtlich höchst aufschlußreich, daß das Bewußtsein von der Farbe als ästhetischem Phänomen terminologiegeschichtlich gerade in dem Augenblick seine Grenzen bestimmt, in dem die Farbe in umfassendem Sinne auch zum Gegenstand einer neuen naturwissenschaftlichen und philosophisch-theoretischen Erkundung zu werden beginnt: Mit der Zusammenfassung seiner jahrzehntelangen Studien zu Farbe und Licht begründete Isaac Newton in seiner 1704 publizierten Schrift *Opticks or a Treatise of the Reflections, Refractions, Inflections and Colours of Light* mit der Ableitung der Farbe aus der prismatischen Zerlegung des Lichts einen der folgenreichsten Neuansätze zur naturwissenschaftlichen Bestimmung der Farbe.[84] Zugleich begann John Locke – über die akademischen Allgemeinplätze

hinaus – auch die erkenntnistheoretische Aufteilung in ›primäre‹ und ›sekundäre‹ bzw. ›objektive‹ und ›subjektive‹ Qualitäten der Wahrnehmung, in der die Farbe im Gegensatz zur Form unter letztere fällt, philosophisch weiter auszubauen.[85]

Von diesen verschiedenen Perspektiven auf das Phänomen Farbe grenzt de Piles in seiner terminologischen Unterscheidung das Kolorit als ästhetisches Phänomen der Kunst mit eigenen Gesetzmäßigkeiten ab. Im Zentrum dieser Gesetzmäßigkeiten stand für ihn zunächst die traditionelle Vorstellung von der Harmonie der Farben, die Wahrhaftigkeit der Lokalfarbe sowie die Kenntnis des Helldunkels: »Cette partie comprend la connoissance des couleurs particulieres, la simpathie & l'antipathie qui se trouvent entr'elles, la maniere de les employer, & l'intelligence du Clair-obscur.«[86] Auch die schon von Vasari und Dolce reflektierte Polarität von bunter Lokalfarbe und übergreifendem Helldunkel als Gegenstand des künstlerischen Ausgleichs der koloristischen Gestaltung kehrt bei de Piles wieder, beide gehören zu den Grundaufgaben des Kolorits. Welches große Vertrauen de Piles in die Rationalisierbarkeit der ästhetischen Kriterien zur Bewertung der Farbe hatte, dokumentierte auf eigentümliche Weise seine *Balance des peintres* (1708), in der verschiedene Künstler auch mit Blick auf das Kolorit strikt numerisch rationalisierter Klassifizierung zu bewerten versuchte.

Mit der Aufnahme de Piles in die Akademie 1699 und der Einbindung seiner Überlegungen zur Farbe in die akademische Doktrin wurde der Disput über den Vorrang von Zeichnung oder Kolorit beigelegt[87], ohne daß freilich die sich widersprechenden Positionen und Argumente im einzelnen

---

82 DE PILES (s. Anm. 28), 302f.
83 Vgl. ›Couleur/Coloris‹, in: KNABE (s. Anm. 34), 134–137.
84 Vgl. ISAAC NEWTON, Opticks or a Treatise of the Reflections, Refractions, Inflections and Colours of Light (1704), in: Newton, Opera quae exstant omnia, hg. v. S. Horsley, Bd. 4 (Stuttgart 1964), 1–264.
85 Vgl. JOHN LOCKE, An Essay Concerning Human Understanding (1690), hg. v. J. W. Yolton (London 1976), 58f., 135f.
86 DE PILES (s. Anm. 28), 302f.
87 Vgl. DU BOS, Bd. 1 (1755), 512f.

aufgelöst wurden: Die divergierenden Denkfiguren erscheinen vielmehr gebündelt, so daß hier sowohl die spätere radikale klassizistische Subordinierung der Farbe unter die Zeichnung bei Johann Joachim Winckelmann wie auch die Rühmung der Farbe als universellem künstlerischen Phänomen bei Diderot und Goethe ansetzen konnte.

IV. Klassizistische Reduktionen der Farbe im 18. Jahrhundert

In Diderots *Encyclopédie* (1751–1780) fanden de Piles Bestimmungen des Kolorits im 18. Jh. allgemeine Verbreitung, auch wenn seine terminologischen Definitionen z. T. nur abgekürzt oder verschliffen übernommen wurden. Diderot selbst schloß sich de Piles' Überzeugung an, daß die Farbe als differentia specifica einer das Lebendige vergegenwärtigenden Malerei der Zeichnung, die lediglich die Form zeige, nicht nachzuordnen sei: »C'est le dessin qui donne la forme aux êtres; c'est la couleur qui leur donne la vie. Voilà le souffle divin qui les anime.«[88] Ein eigener Artikel der Enzyklopädie dokumentiert auch, daß der Terminus Couleur zu einem Begriff der Poesie werden konnte: »Couleurs, (Poésie) ce sont les différens moyens que le poète met en usage pour peindre les objets à l'imagination.«[89] Im gleichen Zeitraum gibt Jean Philippe Rameau mit seinen weithin rezipierten theoretischen Schriften entscheidende Anstöße für eine neue Bedeutung des Koloristischen in der musikalischen Harmonik.[90]

Unter gänzlich anderen Vorzeichen wurden Begriff und Bestimmung des Kolorits in Deutschland eingeführt: Seit dem ersten Drittel des 18. Jh. erscheint der Terminus Kolorit als Lehnwort in der deutschen Sprache, zunächst mit weiblichem, dann gegen Ende des 18. Jh. mit männlichem Geschlecht. Frühe Belege finden sich seit 1733 bei Johann Heinrich Zedler[91], Winckelmann[92], Gotthold Ephraim Lessing[93] und Johann Rudolf Füssli[94].

Vor allem Winckelmann spitzte die akademischen Überzeugungen von einer untergeordneten Bedeutung der Farbgestaltung auf extreme Weise zu. Bis in die Wahl der Metaphern widerspricht er Dufresnoys und de Piles' Überzeugung, daß die Farbe die ›Seele der Malerei‹[95] sei, indem er betont, daß das Kolorit in einem Gemälde lediglich Äußerliches betreffe: »Der Körper ist da: aber die Seele fehlet.«[96] Die Überzeugung Félibiens und der Akademie, daß Kolorit und Zeichnung lediglich der handwerklichen Praxis angehörten, kehrt bei Winckelmann wieder, allerdings nun erweitert auf alle anschaulichen Teile der Malerei: »Zeichnung und Colorit sind durch anhaltende Übung zu erlangen: Perspektiv und Composition […] gründen sich auf festgesetzte Regeln; folglich ist alles dieses mechanisch, und es brauchts nur, wenn ich so reden darf, mechanische Seelen, die Werke einer solchen Kunst zu kennen und zu bewundern. […] Blos sinnliche Empfindungen aber gehen nur bis an die Haut, und würken wenig in den Verstand.« (ebd.)[97] Demgegenüber erstrecke sich die Malerei »auch auf Dinge, die nicht sinnlich sind; diese sind ihr höchstes Ziel« (132; vgl. 40). Ähnlich pointiert aktualisiert auch Lessing das akademische Dogma vom Vorrang der Zeichnung, das ihn bis zu der skurrilen Überlegung führt, »ob es nicht zu wünschen wäre, die Kunst mit Oelfarben zu mahlen, möchte gar nicht seyn erfunden worden«[98].

---

88 DENIS DIDEROT, Essais sur la peinture (1766/1798), in: Diderot, Œuvres esthétiques, hg. v. P. Vernière (Paris 1965), 674.
89 ›Couleur‹, in: DIDEROT (ENCYCLOPÉDIE), Bd. 18 (1782), 677.
90 Vgl. CUTHBERT M. GIRDLESTONE, ›Rameau, Jean-Philippe‹, in: MGG, Bd. 10 (1962), Sp. 1889 ff.
91 Vgl. ›Colorit‹, in: ZEDLER, Bd. 6 (1733), 758.
92 Vgl. JOHANN JOACHIM WINCKELMANN, Gedanken über die Nachahmung der griechischen Werke in der Mahlerey und Bildhauerkunst (1755; Baden-Baden 1962), 37 f.
93 Vgl. GOTTHOLD EPHRAIM LESSING, Briefe, die neueste Litteratur betreffend, 81. Brief (7. 2. 1760), in: LESSING (LACHMANN), Bd. 8 (1892), 222.
94 Vgl. JOHANN RUDOLF FÜSSLI, Allgemeines Künstlerlexicon; oder: kurze Nachricht von dem Leben und den Werken der Mahler, Bildhauer, Baumeister, Kupferstecher, Kunstgießer, Stahlschneider […] (Zürich 1763), IX.
95 Vgl. DUFRESNOY (s. Anm. 75), 43; DE PILES (s. Anm. 76), 31 f.
96 WINCKELMANN (s. Anm. 92), 132.
97 Vgl. FÉLIBIEN (s. Anm. 74), 35.
98 LESSING, Laokoon (1766), in: LESSING (LACHMANN), Bd. 14 (1898), 397.

Im geistesgeschichtlichen Kontext dieser klassizistischen Kunstanschauungen wird die Farbe in Alexander Gottlieb Baumgartens *Aesthetica* (1750/1758) behandelt: Zwar räumt Baumgarten den Farben eine eigene ›veritas aesthetica‹ ein, indem er diese in einer eigenen Sektion der »colores aesthetici«[99] bespricht, beschränkt seine Betrachtung aber weitgehend auf die Schönheiten einer in ihrer Farbigkeit reduzierten bzw. monochromen Malerei. An die antike Einteilung der Farben bei Plinius in ›colores austeri‹ bzw. ›colores floridi‹ anschließend, unterscheidet er eine nach Helldunkelwerten gegliederte Skala von Farbtönen zwischen Schwarz und Weiß. Der ästhetischen Wirkung bunter Farben wird prinzipiell mißtraut.[100] Durch diese extreme Beschneidung der Vielfalt farbgestalterischer Möglichkeiten sind die Spielräume für Baumgartens Reflexion über das Kolorit auf dem Boden der modernen Ästhetik von vornherein sehr eingeschränkt.

Auch Kant sah – akademischen und wahrnehmungstheoretischen Vorbehalten des 17. Jh. gegenüber der Farbe folgend – in der »Zeichnung das Wesentliche« aller bildenden Künste, wohingegen er die Farbe als akzidentiellen Reiz und begriffsloses ›bloßes‹ »Spiel der Empfindungen«[101] der Musik vergleicht: »Die Farben, welche den Abriß illuminieren, gehören zum Reiz; den Gegenstand an sich können sie zwar für die Empfindung *belebt*, aber nicht anschauungswürdig und schön machen: vielmehr werden sie durch das, was die schöne Form erfordert, mehrenteils gar sehr eingeschränkt, und selbst da, wo der Reiz zugelassen wird, durch die *erstere* allein veredelt« (141). Die Rede von der Farbe als schöner, aber letztlich bedeutungsloser Sinnenfreude ist von Kant aus als Topos in die ästhetische Diskussion bis ins 20. Jh. eingegangen.

Hiervon abweichend hat Kant selbst in § 59 der *Kritik der Urteilskraft* (1790) auch einen bisher wenig beachteten Weg zu einer inhaltlichen Betrachtung der Farbe nach moralischen Analogien aufgewiesen: Daß »der Geschmack […] den Übergang vom Sinnenreiz zum habituellen moralischen Interesse« (298) machen kann, belegt Kant beispielhaft mit den sittlichen Bewertungen der Farben: »So scheint die weiße Farbe der Lilie das Gemüt zu Ideen der Unschuld, und nach der Ordnung der sieben Farben, von der roten an bis zur violetten, 1) zur Idee der Erhabenheit, 2) der Kühnheit, 3) der Freimütigkeit, 4) der Freundlichkeit, 5) der Bescheidenheit, 6) der Standhaftigkeit, und 7) der Zärtlichkeit zu stimmen.« (235 f.) In der Übertragbarkeit dieser Bewertungen auf die Kunst bleibt Kant freilich widersprüchlich.[102]

Daß Carl Ludwig Fernow wenige Jahre nach Erscheinen von Kants *Kritik der Urteilskraft* eine Studie unter dem Titel *Über den Begriff des Kolorits* (1808) veröffentlichte, suggeriert zunächst einen Widerspruch zu Kants philosophischer Zementierung des akademischen Antagonismus von Farbe und Form, in dem die Farbe gerade als begrifflich nicht faßbares Phänomen im Bereich des Geschmacks figuriert.[103] Tatsächlich stimmt Fernow aber mit Kant in der grundsätzlichen Ansicht über den akzidentiellen Charakter der Farbe überein: »Das Kolorit hängt den Gegenständen, – das Helldunkel dem Kolorit an; seine Wesenheit ist also noch geringer. Die reizendsten Farben, das künstlichste Spiel von Licht und Schatten, bedeuten für sich selbst nichts; sie ergötzen blos das Auge durch ihren Reiz, gleich lieblichen Tönen, deren keine Bedeutung unterliegt«[104] Da dem Kolorit und dem Helldunkel ein »Zwekbegrif« fehle, gebe es »kein Ideal eines schönen Kolorits, […] das sich als ein algemeiner Begrif bestimmen« (245 f.) ließe.[105] Analog zu de Piles differenziert Fernow zwei Ausgangspunkte in der Bestimmung des Kolorits: »Der Begrif des Koloristen schliest demnach zwei Zwecke in sich; erstens: den wahren Ausdruck des Lokaltons des Stoffes der Gegenstände; zweitens: die harmonische Vereinigung aller Töne in

---

99 BAUMGARTEN, Bd. 1 (1750), 457.
100 Vgl. ebd., 460, 478.
101 IMMANUEL KANT, Kritik der Urteilskraft (1790), in: KANT (WA), Bd. 10 (1974), 141; vgl. ebd., 211.
102 Vgl. WAGNER, Farbe und Thema – Eine Wende in der Koloritforschung der 90er Jahre? Ein Forschungsbericht, in: Zeitschrift für Ästhetik und allgemeine Kunstwissenschaft, Bd. 42/2 (1997), 244–249.
103 Vgl. CARL LUDWIG FERNOW, Über den Begriff des Kolorits (1808), in: Fernow, Römische Studien, Bd. 2 (Zürich 1808), 175–252; KANT (s. Anm. 101), 139ff., 257ff.
104 FERNOW (s. Anm. 103), 244.
105 Vgl. KANT (s. Anm. 101), 146ff.

einen Hauptton.«[106] Ersteres wird von Fernow ganz naturalistisch gedeutet: »Kein Künstler kan ein wahreres […] Kolorit malen, als die Natur hervorbringt« (207), und: »die Regeln für die Richtigkeit der Beleuchtung gründen sich auf die Naturgesetze der Optik« (211). Als Paradigma für die Harmonie der Farben in der Natur nennt Fernow den Regenbogen, als wichtigste Verwirklichung des »idealischen Kolorits« (225) die Einheit des Helldunkels. Für Fernow ist die Farbe allerdings nicht mehr eine inhaltlich schlechthin vernachlässigbare ästhetische Kategorie, sondern sie tritt originellerweise in ein reziprokes Verhältnis zum thematischen Gehalt und zur Stillage: »Je grösser, ernster, wichtiger der Gegenstand für das Gemüth, um so untergeordneter und entbehrlicher ist die reizende Wirkung des Licht- und Farbenspieles für das Auge; je unbedeutender hingegen jener, desto wichtiger und unentbehrlicher dieser« (242 f.). In dieser Konstruktion entsteht um so mehr Spielraum für das Auge, je weniger der Verstand gefordert ist. Die Farbe besetzt gleichsam mit kompensatorischer Funktion die ›Leerstellen‹ des thematischen Gehalts.

Gegen diese Spielarten einer klassizistischen Verkürzung in der ästhetischen Reflexion über die Farbe und das Kolorit begann sich schon in der zweiten Hälfte des 18. Jh. Widerstand zu regen: Wenn z. B. Christian Ludwig Hagedorn in seinen 1762 publizierten *Betrachtungen über die Mahlerey* ausdrücklich de Piles und Dufresnoy als Autoritäten nennt und neben der »dichterischen Erfindung« auch die »mahlerische Erfindung«[107] wieder in ihr Recht einsetzt und dabei betont, daß »das dichterische und mechanische der Kunst […] beyde so wenig bey der Erfindung in dem Verstande des Künstlers, als bey der Ausführung auf dem Gemälde von einander zu trennen« (155) seien, dann wird damit unausgesprochen den klassizistischen Überzeugungen Winckelmanns entgegengetreten. Von hier aus findet Hagedorn zu der für seine Zeit originellen Bestimmung: »Selbst die Ausführung des Gemaehldes ist vielmehr eine bestaendig wirkende Erfindungskraft« (164), ja die farbige »Ausführung des Gemaehldes überhaupt [wird] als die Frucht der fortwirkenden Erfindung« (159) aufgefaßt.

Auch Johann Georg Sulzer hebt in seiner *Allgemeinen Theorie der Schönen Künste* (1792–1799) hervor: »Diejenigen, welche eine ausschließende Liebe zur Zeichnung haben, und deswegen das Colorit gering schätzen, verkennen die Schönheit in Farben, und bedenken nicht, daß in den Künsten der höchste Grad der Kraft von der Täuschung herkomme, die nur durch den vollkommensten Ausdruck der Wahrheit, also in sichtbaren Dingen, durch das vollkommene Colorit, erreicht wird.«[108] Daß Sulzer in diesem Zusammenhang als Gedankenexperiment die ausdruckshafte Steigerung durch die Farbe an prominenten Beispielen der antiken Skulptur – Laokoon, Apollo usf. – veranschaulicht, ist zweifellos ebenfalls gegen die Positionen Winckelmanns und Lessings gerichtet.

V. Rehabilitierung und Historisierung des Kolorits im 19. Jahrhundert

In den ersten Jahren des 19. Jh. setzten sich der antiakademische Impuls zur ästhetischen Rehabilitierung des Kolorits und die Idee der untrennbaren Einheit zwischen Farbe und Form auf breiter Ebene durch: Nahezu zeitgleich äußerten Friedrich Wilhelm Joseph Schelling, August Wilhelm Schlegel und Friedrich Schlegel ihre tiefgreifende Kritik an den klassizistischen Kunstanschauungen zur Farbe: Schellings ästhetische Reflexion ist getragen von seinem Bemühen, die im 17. Jh. vollzogene antagonistische Aufspaltung von Zeichnung und Farbe wieder rückgängig zu machen und zu befrieden in einer höheren Synthese: »Die Widersprüche der Kunstkenner oder Kunstrichter über die größere Wichtigkeit der Zeichnung oder des Kolorits beruhen auf einem nicht geringeren Mißverstand, als etwa in Ansehung der Musik ob Rhythmus oder Melodie wichtiger«[109] sei. Schellings Vorstellung von einem notwendigen Zusammenwirken von Zeichnung und Farbe und allen

---

106 FERNOW (s. Anm. 103), 186.
107 CHRISTIAN LUDWIG HAGEDORN, Betrachtungen über die Mahlerey (Leipzig 1762), 160.
108 ›Colorit‹, in: SULZER, Bd. 1 (1792), 478.
109 F. W. J. SCHELLING, Philosophie der Kunst (1802–1803/1859; Darmstadt 1980), 164.

übrigen Teilen der Kunst zielt dabei nicht – wie z. B. bei Sulzer – auf die vordergründige ästhetische Einheit des mimetischen Scheins, sondern auf eine tieferliegende transzendente Einheit, aus der sich erst die offenbarende Funktion der Kunst erfüllt.[110] Wie Schelling lehnten auch A. W. Schlegel[111] und F. Schlegel die klassizistische Aufspaltung der Malerei in Zeichnung und Farbe ab. Letzterer begründete gerade mit Blick auf unterschiedliche koloristische Stilhaltungen am Beispiel Raphaels einen Ansatz einer hermeneutischen Befragung des individuellen ›Kunstwollens‹: F. Schlegel versteht den Betrachter nicht mehr im Rang einer übergeordneten normgebenden Instanz, an dessen ästhetischen Maßstäben die Werke der Kunst gemessen werden. Sondern die Forderung nach Angemessenheit richtet sich nun in umgekehrter Richtung auf die Maßstäbe des Betrachters, der sich – auch mit Blick auf unterschiedliche koloristische Stile – um eine adäquate Betrachtung bemühen muß: »Statt jenen eitlen Bemühungen nach einer unbefriedigenden Klassifikation das trennen zu wollen, was […] nur in Einheit wirken kann, bestrebe man sich nur, die individuelle Absicht jedes Werks, so wie der Künstler selbst […] sie wirklich hatte, aufs sorgfältigste zu ergründen.«[112] Bedeutend ist an F. Schlegels Vorgehen, daß er die Angemessenheit des Verstehens nicht mehr nur als kunstsystematisch-ästhetisches, sondern in neuer Form auch als ein kunst*historisches* Problem reflektiert und daß seine Forderung nach Angemessenheit sich zuvörderst an den Betrachtenden richtet: Der urteilende Betrachter selbst rückt mitsamt seinen Maßstäben aus dem ›archimedischen Punkt‹ außerhalb der Geschichte in die Relativität der Geschichte ein. Unversehens kann die Kritik am Werk als Kritik an den angelegten Maßstäben auf den Betrachter zurückfallen.

Wie Schelling hat auch Philipp Otto Runge die »Erfordernisse eines Kunstwerks«[113] aus einer metaphysisch begründeten untrennbaren Einheit heraus verstanden, die von der »Ahnung von Gott« bis zu Gegenstand, Komposition, Zeichnung, Farbengebung, Luftperspektive, Kolorit und Ton reicht: Lediglich dasjenige Kunstwerk, welches diese »ganze Stufenleiter durchgegangen, bis auf den Ton, das ist vollendet«[114]. Es ist dabei gerade das Kolorit als ›letzte Kunst‹, die den »Moment der Erscheinung […] in ein bestimmtes Verhältniß mit der ewigen Harmonie«[115] bringt. Als »mathematische Figur von einigen philosophischen Reflexionen«[116] für diesen übergeordneten Anspruch seiner Farbordnung wählte Runge das kosmologische Modell der Farbenkugel. Im Zentrum dieses Farbkosmos steht – anders als bei Goethe – das Grau, als Prüfpunkt der harmonischen Mischungen aller Farben.[117]

Den sicherlich grundlegendsten Beitrag zur ästhetischen Neubewertung der Farbe im 19. Jh. bildet Goethes Farbenlehre. Goethe hatte keineswegs vor, lediglich eine Künstlerfarbenlehre zu begründen, sondern verfolgte den weiterreichenden, universalen Anspruch einer Farbästhetik, die die Gesetzmäßigkeiten der Wahrnehmung der Farbe selbst zum Gegenstand der Betrachtung machte. Aus der Ableitung der Prinzipien der Koloristik aus den physiologischen Gegebenheiten des Auges und aus der Frage nach den »sinnlich-sittlichen Wirkungen« der Farbe sollte die Reflexion über die ästhetische Struktur der Farbe eine neue Grundlage erhalten: »Ich hatte nämlich zuletzt eingesehen, daß man den Farben, als physischen Erscheinungen, erst von der Seite der Natur beikommen müsse, wenn man in Absicht auf Kunst etwas

---

110 Vgl. SCHELLING, System des transcendentalen Idealismus (1800), in: Schelling, Ausgewählte Schriften, hg. v. M. Frank, Bd. 1 (Frankfurt a. M. 1985), 696.
111 Vgl. AUGUST WILHELM SCHLEGEL, Vorlesungen über schöne Literatur und Kunst, Erster Teil (1801–1802; Heilbronn 1884), 195 ff.
112 FRIEDRICH SCHLEGEL, Vom Raffael (1803), in: SCHLEGEL (KFSA), Bd. 4 (1959), 54.
113 PHILIPP OTTO RUNGE an Daniel Runge (9. 3. 1802), in: Runge, Hinterlassene Schriften, hg. v. D. Runge, Bd. 1 (1840; Göttingen 1965), 13; vgl. HEINZ MATILE, Die Farbenlehre Philipp Otto Runges. Ein Beitrag zur Geschichte der Künstlerfarbenlehre (München/Mittenwald 1979).
114 RUNGE an Conrad Christian Böhndel (7. 4. 1802), in: Runge (s. Anm. 113), Bd. 2 (1841; Göttingen 1965), 125.
115 RUNGE an Henrik Steffens (März 1809): ebd., Bd. 1, 154.
116 RUNGE an Gustav Runge (22. 11. 1808), in: ebd., Bd. 2, 372.
117 Vgl. RUNGE, Farbenkugel (1810), in: ebd., Bd. 1, 126.

über sie gewinnen wolle.«[118] Denn die Farbe ist »ein elementares Naturphänomen für den Sinn des Auges«, das unter »allgemeinen Naturformeln am besten angeschaut und begriffen werden kann«[119], und erst »durch die physiologischen Farben und durch die sittliche und ästhetische Wirkung derselben überhaupt« findet er den »Rückweg zur Kunst«[120]. Aus diesem grundsätzlichen Anliegen ist Goethes Konflikt mit Newton entstanden: Newtons Auffassung von den Farben als prismatisch zerlegtem Licht stellte er seine Deutung der Farben als »Thaten und Leiden«[121] des Lichts, zugleich als »Halblichter, als Halbschatten« (XXXV) entgegen. Auch wenn Goethe dabei nach anthropologischen Grundkonstanten, also nach überhistorischen Gesetzmäßigkeiten der Farbwahrnehmung suchte, war er sich zugleich bewußt, daß die Geschichte der Farbe »wie natürlich, die Geschichte des menschlichen Geistes im kleinen«[122] bildet.

Daß die »Farbe als ein Element der Kunst betrachtet, zu den höchsten ästhetischen Zwecken mitwirkend genutzt werden kann«, begründet Goethe damit, daß sie »in der Reihe der uranfänglichen Naturerscheinungen einen so hohen Platz behauptet, indem sie […] auf den Sinn des Auges, dem sie vorzüglich zugeeignet ist, und durch dessen Vermittelung, auf das Gemüth in ihren allgemeinsten elementaren Erscheinungen, […] einzeln eine […] bedeutende Wirkung hervorbringe, die sich unmittelbar an das Sittliche anschließt«[123]. Ja, Goethe war überzeugt, daß die Künstler mit der im Farbenkreis angelegten gesetzmäßigen Harmonie und den Prinzipien der farbigen Polarität, Steigerung und Totalität »eine Naturerscheinung zum ästhetischen Gebrauch unmittelbar überliefert erhalten« (324)[124], denn »in der Malerei fehle schon längst die Kenntnis des Generalbasses, es fehle an einer aufgestellten approbierten Theorie, wie es in der Musik der Fall ist«[125]. Von diesen Ausgangspunkten aus kann Goethe die traditionelle ästhetische Kategorie der Harmonie des Kolorits neu aus den physiologischen Gegebenheiten des Sehsinnes begründen: »Wer zuerst aus der Systole und Diastole, zu der die Retina gebildet ist, aus dieser Synkrisis und Diakrisis, mit Plato zu sprechen, die Farbenharmonie entwickelte, der hat die Principien des Colorits entdeckt.«[126] Dabei lehnte Goethe mit Diderot das »schwache sanfte Kolorit«, wie es aus der farbig reduzierten Koloristik des Malerischen entsteht, als »Flucht vor lebhaften Farben« ab, da dies »von einer Schwäche der Nerven überhaupt«[127] künde. Obgleich Goethe davon ausgeht, daß die Farbe ihre »sinnlich-sittliche Wirkung« »in ihren allgemeinsten elementaren Erscheinungen, ohne Bezug auf Beschaffenheit oder Form eines Materials, an dessen Oberfläche wir sie gewahr werden«[128], entfaltet, beharrt er für die malerische Darstellung darauf, daß »die Hauptkunst« des Malers darin liege, »daß er die Gegenwart des bestimmten Stoffes nachahme und das Allgemeine, Elementare der Farbenerscheinung zerstöre« (344): »Colorit […] im strengen und eingeschränkten Sinne, bedeutet nur die künstliche Mischung derselben [der Farben – d. Verf.] und die treue Darstellung der Natur.«[129]

Goethes Farbenlehre erfährt schon im 19. Jh. eine doppelte, in ihren Bewertungen gegenläufige Rezeption: Während Goethes Polemik gegen Newtons Optik im Rahmen der enzyklopädischen Überblicke zur optisch-physikalischen Betrachtung der Farbe rasch an Bedeutung verliert[130], festigt

---

118 JOHANN WOLFGANG GOETHE, Geschichte der Farbenlehre (1810), in: GOETHE (WA), Abt. 2, Bd. 4 (1894), 292.
119 GOETHE, Zur Farbenlehre. Didaktischer Teil (1810), in: GOETHE (WA), Abt. 2, Bd. 1 (1890), XXXII f.
120 GOETHE (s. Anm. 118), 308.
121 GOETHE (s. Anm. 119), IX.
122 GOETHE an Wilhelm von Humboldt (7. 2. 1798), in: GOETHE (WA), Abt. 4, Bd. 13 (1798), 57.
123 GOETHE (s. Anm. 119), 307.
124 Vgl. DITTMANN (s. Anm. 2), 325–329.
125 GOETHE, Gespräch mit Riemer (19. 5. 1807), in: Goethe, Gedenkausgabe der Werke, Briefe und Gespräche, hg. v. E. Beutler, Bd. 22 (Zürich/Stuttgart 1949), 451.
126 GOETHE, Maximen und Reflexionen über Kunst, in: GOETHE (WA), Abt. 1, Bd. 48 (1897), 204.
127 GOETHE, Diderots Versuch über die Malerei (1799), in: GOETHE (WA), Abt. 1, Bd. 45 (1900), 313.
128 GOETHE (s. Anm. 119), 307.
129 GOETHE, Zur Farbenlehre. Historischer Teil (1810), in: GOETHE (WA), Abt. 2, Bd. 3 (1893), 360.
130 Vgl. ›Farbengebung (Colorit)‹, in: Allgemeine deutsche Real-Encyclopädie fuer die gebildeten Staende (Conversations-Lexicon), Bd. 3 (Leipzig ⁵1819), 604 f.; ›Farbengebung‹, in: ebd., Bd. 4 (Leipzig ⁸1834), 29–32; ›Farbe (color)‹, in: KRUG, Bd. 2 (²1833), 9 f.

sich der Rang von Goethes *Farbenlehre* (1810) als Standardwerk für die Farbe in künstlerisch-ästhetischer Hinsicht so sehr, daß in der *Allgemeinen Encyklopaedie der Wissenschaften und Kuenste* von 1845 gezweifelt wird, ob es überhaupt nötig sei, »Goethe's Farbenlehre, welche Jedem zugänglich ist, Punkt für Punkt auszuziehen«[131]. Die Bedeutung dieser künstlerischen Rezeption, wie sie u. a. in den Farblehren Adolf Hölzels, Johannes Ittens, Wassily Kandinskys, Paul Klees zu studieren ist, reicht bis weit ins 20. Jh.

In seinen zwischen 1817 und 1820 gehaltenen *Vorlesungen über Ästhetik* versuchte Hegel die vorausgegangenen widersprüchlichen Deutungen des Kolorits sowie die Polarität von Zeichnung und Farbe aufzuheben, indem er diese auf die Teleologie eines Geschichtsverlaufs der Kunst ausspannte, der von der Dominanz der Linie und des ›Substantiellen‹ in der klassischen Kunst bis zur Dominanz der Farbe in der Romantik reicht. Der geschichtliche Verlauf der Kunst wird dabei in einen – von Carl Friedrich von Rumohrs kunsthistorischen Einzelerkenntnissen und dessen positiver Bewertung des Malerischen getragenen[132] – Entwicklungsgang mit teleologischer Konsequenz und Notwendigkeit, als »Emporstrebungen der Kunst aus dem Typischen, Starren zum Lebendigen und individuell Ausdrucksvollen hin«[133] verwandelt. In diese historische Konstruktion bindet Hegel Fernows Vorstellung vom reziproken Verhältnis von Farbe und Gehalt ein: »Diese Zauberei des Farbenscheins wird hauptsächlich da erst auftreten, wo die Substantialität und Geistigkeit der Gegenstände sich verflüchtigt hat und nun die Geistigkeit in die Auffassung und Behandlung der Färbung hereintritt. Im allgemeinen läßt sich sagen, daß die Magie darin besteht, alle Farben so zu behandeln, daß dadurch ein für sich objektloses Spiel des Scheines hervorkommt, […] ein Ineinander von Färbungen, ein Scheinen von Reflexen, die […] so flüchtig, so seelenhaft werden, daß sie ins Bereich der Musik herüberzugehen anfangen« (771).[134] Der Vergleich des Kolorits mit der Musik steht hier unter anderen wertenden Vorzeichen als z. B. noch bei Kant, da das Koloristische selbst in der Musik des 19. Jh. seit der Instrumentationslehre von Hector Berlioz – wenn auch ohne präzise begriffliche Reflexion – einen neuen ästhetischen Stellenwert gewinnt.[135]

Unausgesprochen nimmt Hegel neben der cinquecentesken Idee der Beseeltheit der Malerei durch die Farbe auch nahezu wörtlich die kategoriale Bestimmung der Malerei von de Piles wieder auf, daß es »die Farbe, das Kolorit [ist], was den Maler zum Maler macht«[136]. Die Malerei müsse »*malen*, wenn sie nicht nach der sinnlichen Seite in der lebendigen Individualität und Partikularisation ihrer Gegenstände abstrakt bleiben will«. Gelegentlich bleibt aber auch Hegel – an Winckelmanns idealistischem Kunstbegriff festhaltend – »gern beim Zeichnen und hauptsächlich beim Skizzenhaften als bei dem vornehmlich Genialen stehen«, wo »der ganze Geist unmittelbar in die Fertigkeit der Hand übergeht« (763).

Im Begriff der Malerei sieht Hegel zwei Arten der Malerei auseinandertreten: In der einen wird durch ihre thematische Orientierung »die Tiefe des Gegenstandes, der religiöse und sittliche Ernst der Auffassung und Darstellung der idealen Schönheit der Formen« zur Hauptsache, in der anderen, in vorrangig ästhetischer Orientierung an »für sich genommen unbedeutenden Gegenständen, die Partikularität des Wirklichen und subjektive Kunst des Machens« (738). Für diese zweite Art der Malerei nimmt Hegel ein reziprokes Verhältnis von Farbe und Gehalt an: »Je geringer nun […] die Gegenstände sind, […] desto mehr macht hier gerade die künstlerische Produktion, die Art des Sehens […] und lebendige Liebe seiner Ausführung selbst eine Hauptseite des Interesses und gehört neben zu dem Inhalt« (761). Demgegenüber könne erste Art der Malerei, »die idealische«, gerade in der »Anwendung der reichen Kunstmittel, deren die Malerei fähig ist«, noch nicht »ihr vollständiges Recht« erlangen, denn »es ist die Macht des darzustellenden Gehalts […], welche jene überwiegende Fertigkeit in der Kunst des Malens als das noch Unwesentlichere zurückdrängen« (188).

---

131 ›Farbe‹, in: ERSCH/GRUBER, Bd. 41 (1845), 434.
132 Vgl. CARL FRIEDRICH VON RUMOHR, Italienische Forschungen (1827–1831), hg. v. J. Schlosser (Frankfurt a. M. 1920), 85 ff., 103 ff.
133 HEGEL (ÄSTH), 797.
134 Vgl. FERNOW (s. Anm. 103), 242 f., 240.
135 Vgl. WALTER GIESELER, ›Instrumentation‹, in: MGG, Bd. 4 (²1996), Sp. 919 ff.
136 HEGEL (ÄSTH), 763; vgl. DE PILES (s. Anm. 76), 25.

Bis zur Mitte des 19. Jh. wird die Reflexion der Farbe und des Kolorits zunehmend durch physiologische und farbpsychologische Beobachtungen vertieft: So betrachtet Arthur Schopenhauer die »organische Fähigkeit der Netzhaut, ihre Nerventätigkeit in zwei qualitativ entgegengesetzte, bald gleiche, bald ungleiche Hälften auseinandergehn und sukzessiv hervortreten zu lassen«, als »Urphänomen«[137], von dem er die physiologische Begründung seiner Farbästhetik ableitet.

Bedeutende Versuche, Kolorit und Farbe durch psychologische und physiologische Untersuchungen zu rationalisieren und die Gesetze der Farbästhetik weiter zu systematisieren, stammen von dem Chemiker Michel Eugène Chevreul und dem Physiologen Helmholtz. Im Zentrum von Chevreuls 1839 publizierter Untersuchung *De la loi du contraste simultané des couleurs* steht die Frage nach der Harmonie der Farben, die er in seinem 72-teiligen Farbkreis systematisch erkundet und dabei besonders das Wahrnehmungsphänomen des »contraste simultané des couleurs«[138] in eine Schlüsselfunktion rückt. In der gleichzeitigen Malerei und Kunsttheorie hat vor allem Eugène Delacroix mit entsprechenden Aspekten der Koloristik experimentiert.[139] Interessanterweise haben sowohl Chevreul wie Helmholtz – im Unterschied zu Newton, der glaubte, in einigen Randbemerkungen die pigmentären Wirkungen des Kolorits in der Malerei analog zu den naturwissenschaftlichprismatischen Gesetzmäßigkeiten der Zerlegung des Lichts in optische Farben erklären zu können[140] – die ästhetische Differenz zu den Phänomenen der künstlerisch gestalteten Farbe beachtet.

Lakonisch definiert Chevreul die Malerei als »copie de l'image des objets colorés par le moyen de matériaux colorés« und weist auf das ästhetische Grundproblem jeglicher künstlerischen Darstellung hin, »pour imiter fidèlement le modèle, il faut faire *autrement* qu'on ne le voit«[141].

Seit den 1870er Jahren ist Helmholtz mit seiner weiterführenden Analyse der Inkongruenzen zwischen der optischen, physiologischen und ästhetischen Farbe hervorgetreten. Mit seiner wichtigen und bis weit ins 20. Jh. hinein folgenreichen Metapher von der Malerei als farbiger »Uebersetzung« hat er diese Differenzen zu überbrücken versucht: »Der Künstler kann die Natur nicht abschreiben, er muss sie übersetzen«[142], und dies deshalb, weil das Kolorit prinzipiell nicht in der Lage ist, die absoluten Farb- und Helligkeitswerte der Wirklichkeit zu wiederholen, sondern nur deren Verhältnisse untereinander proportional repräsentieren kann. Innerhalb dieser Übersetzung der Farben in das Kolorit der Malerei akzentuiert Helmholtz auch den selbstbestimmten Anteil der künstlerischen Gestaltung gegenüber den physiologischen Gegebenheiten. Obwohl Helmholtz hierbei nicht an die Gegenwartskunst seiner Zeit dachte, sondern, von einer nachahmungsästhetischen Auffassung der Malerei als »Art optischer Täuschung« (126) ausgehend, auf die Gemälde des 15. und 17. Jh. verweist, berühren sich seine Überlegungen auf eigentümliche Weise mit den impressionistischen und neoimpressionistischen Vorstellungen von der systematischen Teilung der Farbe und koloristischen Einheit aus dem ›mélange optique‹ der Farben im Auge des Betrachters.[143]

Gegen Ende des 19. Jh. beginnt sich ein wichtiger Teil der ästhetischen Diskussion des Kolorits in den Rahmen der modernen Kunstwissenschaft zu verlagern: Im Rahmen einer form- und stilgeschichtlich argumentierenden Kunstwissenschaft nahm Wölfflin das Modell der Hegelschen Geschichtskonstruktion auf und modifizierte es zu einem Entwicklungsmodell der Kunstgeschichte, indem er das Kolorit mit einem weitgehend auf Helldunkel reduzierten und vom Buntfarbigen abgelösten Begriff des Malerischen identifizierte. Hierin vollzog er – an die verwandten Vorstellungen des Pittoresken als einer von Helldunkelnuancen geprägten skizzenhaften Malerei anschlie-

---

137 ARTHUR SCHOPENHAUER, Paralipomena. Zur Farbenlehre (1851), in: Schopenhauer, Sämtliche Werke, hg. v. W. von Löhneysen, Bd. 5 (Frankfurt a.M. 1965), 215.
138 MICHEL EUGÈNE CHEVREUL, De la loi du contraste simultané des couleurs et de l'assortiment des objects colorés (Paris 1839), 5.
139 Vgl. LERSCH (s. Anm. 71), Sp. 251 f.
140 Vgl. NEWTON (s. Anm. 84), 95.
141 CHEVREUL (s. Anm. 138), §§ 305, 333.
142 HELMHOLTZ (s. Anm. 29), 134.
143 Vgl. PAUL SIGNAC, D'Eugène Delacroix au Néo-Impressionisme (Paris 1899).

VI. Die Emanzipierung und Autonomisierung der Farbe im 20. Jahrhundert

ßend[144] – eine entscheidende Verengung im Begriff von Farbe: »Der malerische Stil [...] kann auf Farbigkeit vollständig verzichten«, denn dieser gründet »auf dem Spiel von Hell und Dunkel«[145], das sich gerade im Übergang zum Malerischen über das Farbige hinwegsetzt. In Wölfflins weit über die Fachgrenzen hinaus rezipierten *Kunstgeschichtlichen Grundbegriffen* figuriert das Malerische als Grundbegriff einer formgeschichtlichen Kunstwissenschaft, zugleich als epochengeschichtliche Stilkategorie der Malerei des Barock. (Wölfflins Begriffsbildung wurde von einer intensiven Fachdiskussion in den Schriften Josef Strzygowskis und August Schmarsows begleitet.[146]) In der strengen historischen Systematisierung der Kunstgeschichte nach dem Gegensatz von ›Linearem‹ und ›Malerischem‹ als einem von fünf grundlegenden Regulativen einer ›Naturgeschichte der Kunst‹ ist für Wölfflin »der Gang der Kunstgeschichte [...] von weitem betrachtet, ungefähr gleich im Süden und im Norden. Beide haben im Anfang des 16. Jh. ihren klassischen Linearismus und beide erleben im 17. Jh. ein malerisches Zeitalter«[147]. Diese Vorstellung des Malerischen als ›kunstgeschichtlichem Grundbegriff‹ wurde alsbald auch als ästhetischer Schlüsselbegriff auf die Literatur- und Musikgeschichte übertragen.[148]

VI. Die Emanzipierung und Autonomisierung der Farbe im 20. Jahrhundert

Mit Paul Cézannes Axiom, daß an die Stelle der Modellierung der Farbe ihre Modulation trete, beginnt sich das Kolorit im Sinne einer ›Harmonie parallel zur Natur‹ als eigenständiges visuelles Tonsystem zu emanzipieren: »On ne devrait pas dire modeler, on devrait dire *moduler*.«[149] In diesem Zuge gewinnt die Farbe gegenüber der Zeichnung eine prinzipiell neue, universelle Wertigkeit: »Le dessin et la couleur ne sont point distincts, tout dans la nature étant coloré.« (16) Die seit Alberti gültige Selbstverständlichkeit jeglicher neuzeitlich-abendländischer Koloristik, daß die Farbe unter den Bedingungen der Repräsentation des Sichtbaren gestaltet wird, beginnt sich auf dem Weg ins 20. Jh. aufzulösen, auch wenn sie in der Kunst Cézannes selbst noch durchgängig respektiert wird. In diesem Vorgang der Autonomisierung der Farbe gegenüber den repräsentativen Aufgaben der Kunst vollzieht sich eine der tiefsten Zäsuren in der Bestimmung des Kolorits. Schon für Robert Delaunay werden »l'harmonie, le rythme des couleurs« auf dem Boden der »simultanéité rythmique« einer abstrakten Malerei zum alleinig angemessenen Bild des »mouvement vital du monde«[150].

Vor dem Hintergrund dieser Entwicklung formulierte Hans Jantzen 1913 seine programmatische terminologische Differenzierung der »Prinzipien der Farbengebung«: Bewahrt die »Farbe losgelöst vom Gegenständlichen« »das Elementare der Farbe«, spricht Jantzen von der Gestaltung der »Farbe als Eigenwert«, folgt sie stärker den traditionellen repräsentativen Pflichten der Raum- und Stoffdarstellung, spricht er von ihrer Gestaltung als »Darstellungswert«[151]. Indem für Jantzen »Malerei als Farbenkunst [...] in erster Linie Gestaltung der Eigenwerte der Farben« (62) ist, verkehrt er Goethes ästhetisches Diktum, »die Hauptkunst des Malers bleibt immer, daß er die Gegenwart des bestimmten Stoffes nachahme und das Allgemeine,

---

144 Vgl. WIL MUNSTERS, La poétique du pittoresque en France de 1700 à 1830 (Genf 1991), 60–122.
145 WÖLFFLIN, Renaissance und Barock (1888; Basel 1986), 36; vgl. WÖLFFLIN, Über den Begriff des Malerischen, in: Logos. Internationale Zeitschrift für Philosophie der Kultur 4 (1913), 1–7.
146 Vgl. JOSEF STRZYGOWSKI, Der malerische Stil, in: Zeitschrift für bildende Kunst 6 (1895), 305–309; AUGUST SCHMARSOW, Zur Frage nach dem Malerischen. Sein Grundbegriff und seine Entwicklung (Leipzig 1896).
147 WÖLFFLIN (s. Anm. 31), 35.
148 Vgl. OSKAR WALZEL, Wechselseitige Erhellung der Künste (Berlin 1917); KURT SACHS, Kunstgeschichtliche Wege zur Musikwissenschaft, in: Archiv für Musikwissenschaft 1 (1918/1919), 451–464.
149 MICHAEL DORAN (Hg.), Conversations avec Cézanne (Paris 1978), 36.
150 ROBERT DELAUNAY, La lumière (1912), in: Delaunay, Du cubisme à l'art abstrait, hg. v. P. Francastel (Paris 1957), 146f.
151 HANS JANTZEN, Über Prinzipien der Farbengebung in der Malerei (1913), in: Jantzen, Über den gotischen Kirchenraum und andere Aufsätze (Berlin 1951), 61.

Elementare der Farbenerscheinung zerstöre«[152], in sein Gegenteil. Die weitreichenden Konsequenzen dieses Paradigmenwechsels in der kunsthistorischen Bestimmung des Kolorits werden auch an den neuen Beispielen einer Koloritgeschichte deutlich: Neben Correggio, Tizian, Rubens oder den holländischen Malern des 17. Jh. treten nun die farbenfrohen Glasmalereien der Gotik, die Tafelbilder des 14. Jh. sowie die Gemälde des Impressionismus.[153] Auch wenn Jantzen selbst die kunsthistorischen Perspektiven seiner begrifflichen Differenzierung auf die Ausläufer des Impressionismus beschränkte, so weisen sie darüber hinaus bis weit in die Kunst des 20. Jh. Der Begriff des Kolorits ist jenseits der repräsentierenden Funktion offen geworden für eine freie Gestaltung der Farbigkeit. Jantzen folgend versuchte Erich van der Bercken 1928 eine Geschichte des Kolorismus nach künstlerischen Grundprinzipien zu entwerfen: Über Jantzens Begriffe hinaus unterscheidet er vom »Eigenwert« und »Darstellungswert« den »Gestaltungswert der Farbe«, wenn – wie etwa bei Cézanne – »es die Farbe ist, die die Form erzeugt«[154]. An diese Traditionen schließen die *Koloritgeschichtlichen Untersuchungen* von Strauss an.[155]

Parallel zu diesen Annäherungen an die Farbe hat sich in der Kunstwissenschaft auch der alte Topos von der Farbe als bedeutungslosem ästhetizistischem Sinnengenuß in neukantianischer Brechung noch lange Zeit gehalten: Vermittelt durch Erwin Panofskys Schichtenmodell der Bildinterpretation verfestigte sich die Vorstellung, daß Farben »als völlig sinnleere [...] Kompositionselemente« nur dem »Phänomensinn« als äußerster, für die Interpretation auf der Ebene von »Bedeutungssinn« und »Dokumentsinn«[156] irrelevanter Schicht angehören, zu einem weitverbreiteten Paradigma kunsthistorischer Interpretation. Dabei ist man sich selbst in positivistisch-naturwissenschaftlicher Perspektive schon früh bewußt geworden, daß an der aus dem 17. Jh. stammenden »Unterscheidung des Primären und Sekundären, des Objektiven und Subjektiven in der Wahrnehmung wohl selbst etwas falsch sein« muß: »Diese Lehre ist uns heute unglaubwürdig geworden.«[157] Interessanterweise reichen die unterschiedlichen methodischen und wertenden Orientierungen gegenüber der Farbe in der Kunstwissenschaft über die entgegengesetzten ästhetischen Überzeugungen ihrer Gründungsväter – Winckelmann mit seinen klassizistischen Vorbehalten gegenüber der Farbe und Rumohrs Rühmung des Kolorits – bis in die akademischen Polarisierungen von Zeichnung und Farbe des 17. Jh. zurück. Inzwischen hat aber auch die Entwicklung der Kunst im 20. Jh. selbst die Bedeutung der Farbe und des Kolorits unübersehbar für die Kunstwissenschaft in den Blick gerückt.

So akzentuierte Wassily Kandinsky, an Goethes Farbenlehre und Vorstellung von der sinnlich-sittlichen Wirkung der Farben anschließend, mit den Mitteln der bildnerischen Abstraktion in neuer Form das wirkungsästhetische Moment der Farbe und des Kolorits, indem für ihn die »Farbe ein Mittel [ist], einen direkten Einfluß auf die Seele auszuüben. Die Farbe ist die Taste. Das Auge ist der Hammer. Die Seele ist das Klavier mit vielen Saiten. Der Künstler ist die Hand, die durch diese oder jene Taste zweckmäßig die menschliche Seele in Vibration bringt. So ist klar, daß die Farbenharmonie nur auf dem Prinzip der zweckmäßigen Berührung der menschlichen Seele ruhen muß. Diese Basis soll als Prinzip der inneren Notwendigkeit bezeichnet werden.«[158] Unter diesen wirkungsästhetischen Vorzeichen begibt sich Kandinsky auf die Suche nach den »Gesetzen der inneren Notwendigkeit« (52) und einer ›Malgrammatik‹, die er – an eine Metapher Goethes anschließend[159] – einen musikanalogen ›Generalbaß der Malerei‹

---

152 GOETHE (s. Anm. 119), 344.
153 Vgl. JANTZEN (s. Anm. 151), 63.
154 ERICH VAN DER BERCKEN, Über einige Grundprobleme der Geschichte des Kolorismus in der Malerei, in: Münchner Jahrbuch der bildenden Kunst, N. F. 5 (1928), 319.
155 Vgl. STRAUSS (s. Anm. 1).
156 ERWIN PANOFSKY, Zum Problem der Beschreibung und Inhaltsdeutung von Werken der bildenden Kunst (1931), in: Panofsky, Aufsätze zu Grundfragen der Kunstwissenschaft, hg. v. H. Oberer/E. Verheyen (Berlin 1985), 86, 95.
157 CARL FRIEDRICH VON WEIZSÄCKER, [Geleitwort], in: E. Heimendahl, Licht und Farbe. Ordnung und Funktion der Farbwelt (Berlin 1961), VII; vgl. DERRIDA (s. Anm. 23), 88 f; SEEL (s. Anm. 6), 37.
158 WASSILY KANDINSKY, Über das Geistige in der Kunst (1912; Bern 1962), 64.
159 Vgl. GOETHE (s. Anm. 125), 451.

nennt. Diese Vorstellungen gewinnen auch in der russischen Avantgardekunst dieser Zeit weite Verbreitung, etwa wenn Michail Larionov für den Rayonismus das Programm einer Malerei formuliert, die »der Dominanz der Farbe, dem Studium der Resonanzen, welche aus der reinen Orchestrierung ihres Timbres resultieren, verschrieben ist«. »Bisher hat dieses Gesetz nur in der Musik Anwendung gefunden, es trifft zweifelsohne jedoch auch auf die Malerei zu; Farben haben ein Timbre, das sich entsprechend der Qualität ihrer Schwingungen, also ihrer Dichte und Lautstärke, ändert.«[160] Interessanterweise wird diese Betrachtung der Farbe während des gesamten 20. Jh. auch durch intensive farbpsychologische Studien flankiert, die die ästhetischen Erscheinungsweisen der Farben nach ihrem Auftreten als »Flächen-, Oberflächen- oder Raumfarben«[161] differenzieren oder gar »den farbigen Aufbau eines Bildes [...] zählend und bestenfalls nachmessend festzustellen«[162] versuchen: »Jede Nuance der Wirkung« der Farbe im »Zusammentreffen« mit dem Betrachter ist zu erfassen. Dabei hat die »alte Rede von den schönen und häßlichen Farben nur relativen Sinn«, indem jede »alles sein [kann], wenn sie im rechten Augenblick und an der rechten Stelle in die Dynamik des ästhetischen Geschehens eintritt« (157).

Dieses wirkungsästhetische Konzept der Farbe und des Kolorits wurde u. a. in der Farbtheorie Josef Albers' und in der amerikanischen Farbfeldmalerei Barnett Newmans zu einer weitreichenden Wechselbeziehung zwischen Bild und Betrachter weiter modifiziert: »In visueller Wahrnehmung wird eine Farbe beinahe niemals als das gesehen, was sie wirklich ist, das heißt als das, was sie physikalisch ist.«[163] In diesem »Widerspruch zwischen physischem Tatbestand und psychologischer Wirkung« sieht Albers den »Ursprung der Kunst«[164]. »Anstatt Gesetze und Regeln von Farbtheorien mechanisch anzuwenden, beginnen wir damit, einzelne, ganz bestimmte Farbeffekte zu erzeugen«[165]: »Die Auswahl der verwendeten Farben und ebenso ihre Reihenfolge zielt auf Interaktion – sie wirken aufeinander, verändern einander in beständigem Hin und Her.«[166] Im Zuge seiner Transformation des Bildbegriffs vom traditionell auskomponierten ›relational painting‹ der europäischen Kunst zum entgrenzten ›non relational painting‹ weist Barnett Newman auch der Farbe die Rolle eines durch ihr flächiges Auftreten entgrenzten und nicht mehr aus innerbildlichen Bezügen auskomponierten Elementarphänomens zu, das den Betrachter anschaulich auf den Weg einer metaphysischen Selbsterfahrung führen soll: »The self, terrible and constant, is for me the subject matter of painting«[167].

In der Verlagerung dieser wirkungsästhetischen Strategien in den Bereich neuer Medien beginnt sich die Farbe auch real von der pigmentären Bindung des Kolorits zu lösen und mehr und mehr zu einer optischen, oft virtuellen Größe zu verwandeln: So skizzierte Laszlo Moholy-Nagy schon 1929 das Ideal einer Kunst, die »selbst den farbstoff (das pigment) zu überwinden oder wenigstens soweit wie möglich zu sublimieren [beginnt], um aus dem elementaren material der optischen gestaltung, aus dem direkten licht, den ausdruck zu realisieren«[168]. Für Moholy-Nagy ist »die letzte vereinfachung des bildes der projektionsschirm«, »die filmleinwand«, »die fotografie oder das fotogramm« und schließlich »reflektorische lichtspiele«, die »an

---

160 MICHAIL LARIONOV, Der Rayonismus in der Malerei (1914); in: Europa, Europa. Das Jahrhundert der Avantgarde in Mittel- und Osteuropa [Ausst.-Kat.], Bd. 3 (Bonn 1994), 96.
161 DAVID KATZ, Die Erscheinungsweise der Farben und ihre Beeinflussung durch die individuelle Erfahrung (Leipzig 1911), 6 ff.; vgl. KATZ, Der Aufbau der Farbwelt. Die Erscheinungsweise der Farben und ihre Beeinflussung durch die individuelle Erfahrung, in: Zeitschrift für Psychologie und Physiologie der Sinnesorgane, Ergänzungsband 7 (Leipzig 1930).
162 G. JOHANNES VON ALLESCH, Die ästhetische Erscheinungsweise der Farbe (Berlin 1925), 1.
163 JOSEF ALBERS, Grundlegung einer Didaktik des Sehens (1963; Köln 1970), 15.
164 Zit. nach EUGEN GOMRINGER, Josef Albers. Das Werk des Malers und Bauhausmeisters als Beitrag zur visuellen Gestaltung im 20. Jahrhundert (Starnberg 1968), 7.
165 ALBERS (s. Anm. 163), 15.
166 ALBERS, Homage to the Square [Ausst.-Kat.] (New York 1964), 3.
167 BARNETT NEWMAN, [From ›Exhibition of the United States of America‹] (1965); in: Newman, Selected Writings and Interviews, hg. v. J. P. O'Neill (New York 1990), 187.
168 LASZLO MOHOLY-NAGY, Von Material zu Architektur (1929; Berlin 2001), 88 f.

stelle von farbstoff mit direktem licht, mit fließendem, oszillierendem, farbigem licht ›malen‹« (90 f.). Erst die Künstler der zweiten Jahrhunderthälfte haben diese Vision der Farbe als von der pigmentären Materie befreiter rein optischer Größe vielfältig gestaltet, bis hin zu den radikalen Vorstellungen der ›Windschutzscheibe‹ oder des Cyberspace als neuen virtuellen Räumen der Farbwahrnehmung.[169] Dabei weist Vilém Flusser zutreffend auf die Problematik des in diesem Zusammenhang zugrundegelegten Materialbegriffs hin, indem er zeigt, daß es nicht darum geht, ob die »Bilder Oberflächen von Stoffen sind oder Inhalte von elektromagnetischen Feldern. Sondern darum, wieweit sie dem stofflichen und dem formalen Denken und Sehen entspringen. [...] Was immer ›Material‹ bedeuten mag, es kann nicht das Gegenteil von Immaterialität bedeuten. Denn die ›Immaterialität‹, also strikt gesprochen die Form, bringt überhaupt erst das Material in Erscheinung. Der Schein des Materials ist die Form. Und das allerdings ist eine post-materielle Behauptung.«[170] Seitdem die Malerei als künstlerische Gestaltung einer Fläche mit Pigmenten in der jüngeren Kunst nur noch *eine* von vielen medialen Verwirklichungen eines Bildes ist, ist Kolorit auf bestem Wege, eine historische Kategorie zu werden, und die Koloritgeschichte mündet zwangsläufig in eine übergeordnete mediengeschichtliche Betrachtung der Farbe.

Gleichzeitig mit dieser wirkungsästhetischen Virtualisierung der Farbe beginnt sich die klassische Bestimmung des Kolorits in der Malerei in der Kunst des 20. Jh. auch in gegenläufiger Richtung aufzulösen: Ausgehend von der Reflexion der ›Textur‹ und der ›Faktur‹ des Kolorits rückt mehr und mehr der materielle Aspekt des Pigments als elementarer Erscheinungsform des Farbigen in den Blick. Interessanterweise ist auch für diese Entwicklung eine der frühesten und zentralen kunsttheoretischen Quellen Moholy-Nagys Schrift *Von Material zu Architektur* (1929): Entgegen der traditionellen illusionistischen Darstellung ist für Moholy-Nagy die »faktur in der malerei« eine neue Möglichkeit, »die farben zu ihrer elementaren intensität, zum leuchten, zu bringen«[171]. In »versuchen reliefartiger auftragung«, in »fakturerfindungen [...] pinselt, spachtelt, kämmt, kratzt [der Maler – d. Verf.] das pigment« (85). Ebenso sieht Nikolaj Tarabukin in seinen zwischen 1916 und 1923 entstandenen Ansätzen zu einer Theorie der Malerei im Materialität und ›Textur‹ der Farbe eine autonome ästhetische Größe: Das Bindemittel verleihe der Farbe über die unterschiedlichen materiellen Texturen jeweils ein festgelegtes Timbre, genauso wie die Musikinstrumente ihre unterschiedlichen Klangfärbungen durch das Material, aus dem sie hergestellt wurden, erhielten.[172]

Diese materialbezogene Deutung der Farbe kulminiert z. B. in der Malerei Jean Dubuffets, der in seinen ab 1957 entstandenen *Texturologies* und *Matériologies* aus einem antikulturellen Impuls bewußt mit den künstlerischen Traditionen koloristischer Gestaltungen bricht. Für Dubuffet gibt es im strengen Wortsinn keine Farben, sondern nur farbige Materialien: »j'ai plaisir, à faire de l'art avec des matériaux qui habituellement ne servent pas à l'art.«[173] Diese Sicht haben jüngere Künstler in der zweiten Jahrhunderthälfte noch radikaler umgesetzt, indem sie – wie z. B. Elsworth Kelly, Nikolaus Lang oder Wolfgang Laib – Pigmente, farbige Materialien oder gar Naturstoffe wie leuchtenden Blütenstaub ohne Bindemittel als eigenwertige Deutung der Farbe aufhäufen.[174]

Andere Künstler wie Kasimir Malewitsch haben die pointierte Position einer extrem vergeistigten Deutung der Farbe bezogen, die ebenfalls den Boden der Ästhetik des Kolorits im traditionellen

---

169 Vgl. PETER ANSELM RIEDL, Vom Orphismus zur Optical Art. Über die Aktivierung des Sehens durch die Farbe, in: Eranos 41 (1972), 396–427; PAUL VIRILIO, L'horizon négatif (Paris 1984); FLORIAN RÖTZER, Die Ästhetik des Materials und der Dinge, in: W. Drechsler/P. Weibel (Hg.), Bildlicht. Malerei zwischen Material und Immaterialität (Wien 1991), 289 ff.
170 VILÉM FLUSSER, Der Schein des Materials, in: Drechsler/Weibel (s. Anm. 169), 20.
171 MOHOLY-NAGY (s. Anm. 168), 78.
172 Vgl. NIKOLAJ TARABUKIN, Kolorit, in: Tarabukin, Opyt teorii živopisi (1916; Moskau 1923), 19–25.
173 JEAN DUBUFFET, Quelques propos sur la peinture (1954), in: Dubuffet, Prospectus et tous écrits suivants, hg. v. H. Damisch, Bd. 4 (Paris 1995), 15.
174 Vgl. KARL SCHAWELKA, Von der Farbe zur Textur zum Material in der Kunst, in: H. Gundelach/K. Vatsella (Hg.), Pfirschblüt & Cyberblau. Goethe. Farbe. Raum [Ausst.-Kat.] (Eggingen 2000), 82–91.

Sinne verläßt: Der Suprematismus ist »чисто философское через цвет познавательное движение« (eine rein philosophische, mittels der Farbe erkenntnisgeleitete Bewegung). Der Künstler soll zwar »превратить живописные массы и создать творческую систему« (die Malmasse verwandeln und ein schöpferisches System begründen), dies aber nicht im naturalistisch-abbildhaften Sinne und auch nicht »на цветовзаимоотношениях« (auf der Grundlage von Wechselbeziehungen der Farben). »Супрематическое философское цветовое мышление« (Das suprematistische, philosophische Farbendenken)[175] wendet sich von jeglichen ästhetischen Überlegungen zum Kolorit ab und stellt statt dessen »белое как истинное реальное представление бесконечности« (Weiß als die wirkliche, reale Verkörperung der Unendlichkeit) (150; dt. 79) ins Zentrum einer geistigen Reflexion.

Diese künstlerischen Positionen haben auch die philosophisch-ästhetische Reflexion der Farbe beeinflußt, und es wäre eine eigene Untersuchung wert zu zeigen, in welcher Form die philosophische Diskussion der Farbe auf die wechselnden Paradigmen der Farbe in der Gegenwartskunst reagierte. Daß dabei nicht selten die Unterscheidungen zwischen Kolorit und Farbe und die Differenzierungen zwischen den verschiedenen Erscheinungsweisen der Farbe aufgehoben wurden, ist gerade für die philosophische Betrachtung nicht ohne Brisanz. Denn die mangelnde Differenzierung der Realitätsbereiche der Farbe zeigt besonders dann gravierende Folgen, wenn mit dem gleichen Begriff von Farbe in untereinander inkommensurablen Realitätsbereichen operiert wird: So folgerte z. B. Claude Lévi-Strauss, ausgehend von seiner unzutreffenden Annahme, daß die Farben der Malerei einfach der Natur entstammten, daß Malerei und Musik in die Polarität von Natur und Kultur auseinandergelegt werden könnten.[176] Demgegenüber ist zu unterstreichen, daß das Phänomen Farbe letztlich nicht unabhängig von dem lebensweltlichen Ort und den medialen Bedingungen seines Erscheinens zu verstehen ist, und die Grenze zwischen Natur und Kunst markiert hier nur eine von vielen notwendigen Unterscheidungen.

Eine kultur- und mediengeschichtlich erweiterte Kunstwissenschaft wird sich in Zukunft der Farbe auch jenseits des Kolorits verstärkt zuwenden und sich dabei auf die Einsichten der grundlegenden philosophischen Reflexion zur Farbe als elementarem Wahrnehmungsphänomen stützen können.[177] Umgekehrt wird sich die philosophische Ästhetik mit Gewinn auf die in der langen begriffsgeschichtlichen Tradition von Kolorit und farbig ausgebildete Reflexion der ästhetischen Differenzen und Realitätsgrenzen im Begriff von Farbe zurückbesinnen, ohne die auch eine präzise Elementaranalyse des Phänomens Farbe nicht zu erreichen ist.

Christoph Wagner

Literatur

ALBERS, JOSEF, Grundlegung einer Didaktik des Sehens (1963; Köln 1970); ALLESCH, G. JOHANNES VON, Die ästhetische Erscheinungsweise der Farbe (Berlin 1925); BADT, KURT, Die Farbenlehre van Goghs (Köln 1981); BARASCH, MOSHE, Light and Color in the Italian Renaissance Theory of Art (New York 1978); BERCKEN, ERICH VAN DER, Über einige Grundprobleme der Geschichte des Kolorismus in der Malerei, in: Münchner Jahrbuch der bildenden Kunst, N. F. 5 (1928), 311–326; BRUSATIN, MANLIO, Histoire des couleurs (Paris 1986); CONRAD-MARTIUS, HEDWIG, Farben. Ein Kapitel aus der Realontologie, in: Festschrift. Edmund Husserl zum 70. Geburtstag gewidmet (Halle/Saale 1929), 339–370; DITTMANN, LORENZ, Farbgestaltung und Farbtheorie in der abendländischen Malerei (Darmstadt 1987); DRECHSLER, WOLFGANG/WEIBEL, PETER (Hg.), Bildlicht. Malerei zwischen Material und Immaterialität (Wien 1991); GAGE, JOHN, Colour and Culture: Practice and Meaning from Antiquity to Abstraction (London 1993); GOODMAN, NELSON, Languages of Art. An Approach to a Theory of Symbols (Indianapolis ²1976); HEIMENDAHL,

---

175 KASIMIR MALEWITSCH, Suprematizm, iz ›kataloga desjatoj gosudarstvennoj vystavki. Bespredmetnoe tvorčestvo i suprematizm‹ (1919); in: Malewitsch, Sobranie sočinenij v pjati tomach, hg. v. A. S. Šatskich/A. D. Sarab'janov, Bd. 1 (Moskau 1975), 151; dt.: Suprematismus, in: H. Gaßner/E. Gillen (Hg.), Zwischen Revolutionskunst und sozialistischem Realismus. Dokumente und Kommentare. Kunstdebatten der Sowjetunion von 1917 bis 1934 (Köln 1976), 80 f.

176 Vgl. CLAUDE LÉVI-STRAUSS, Mythologique I. Le cru et le cuit (Paris 1964), 26 ff., 30; dt.: Mythologica I. Das Rohe und das Gekochte (Frankfurt a. M. 1984), 35 ff., 39.

177 Vgl. WAGNER (s. Anm. 102), 181 ff., 244 ff.

ECKART, Licht und Farbe. Ordnung und Funktion der Farbwelt (Berlin 1961); HESS, WALTER, Das Problem der Farbe in den Selbstzeugnissen der Maler von Cézanne bis Mondrian (Mittenwald 1981); HETZER, THEODOR, Tizian. Geschichte seiner Farbe (Frankfurt a.M. 1969); HOORMANN, ANNE/SCHAWELKA, KARL (Hg.), Who's afraid of. Zum Stand der Farbforschung (Weimar 1998); IMDAHL, MAX, Farbe. Kunsttheoretische Reflexionen in Frankreich (München 1987); JANTZEN, HANS, Über Prinzipien der Farbengebung in der Malerei, in: Jantzen, Über den gotischen Kirchenraum und andere Aufsätze (Berlin 1951), 61–67; KATZ, DAVID, Der Aufbau der Farbwelt. Die Erscheinungsweise der Farben und ihre Beeinflussung durch die individuelle Erfahrung, in: Zeitschrift für Psychologie und Physiologie der Sinnesorgane, Ergänzungsband 7 (Leipzig 1930); LAMB, TREVOR/ BOURRIAU, JANINE (Hg.), Colour: Art & Science (Cambridge 1995); LANZ, PETER, Das phänomenale Bewußtsein. Eine Verteidigung (Frankfurt a.M. 1996); LERSCH, THOMAS, ›Farbenlehre‹, in: Reallexikon zur Deutschen Kunstgeschichte, hg. v. Zentralinstitut für Kunstgeschichte, Bd. 7 (München 1981), 158–274; MATILE, HEINZ, Die Farbenlehre Philipp Otto Runges. Ein Beitrag zur Geschichte der Künstlerfarbenlehre (Bern 1972); PASTOUREAU, MICHEL, Dictionnaire des couleurs de notre temps. Symbolique et société (Paris 1992); POIRIER, MAURICE GEORGE, Studies on the Concept of disegno, invenzione and colore in Sixteenth and Seventeenth Century Italian Art and Theory (Phil. Diss. New York University 1976); RILEY, CHARLES A., Color-codes: Modern Theories of Color in Philosophy, Painting and Architecture, Literature, Music, and Psychology (Hanover/ London 1995); SIEBENHÜNER, HERBERT, Über den Kolorismus der Frührenaissance, vornehmlich dargestellt an dem ›trattato della pittura‹ des L. B. Alberti und an einem Werke des Piero della Francesca (Diss. Leipzig 1935); STRAUSS, ERNST, Koloritgeschichtliche Untersuchungen zur Malerei seit Giotto und andere Studien, hg. v. L. Dittmann (München/Berlin 1983); TEYSSÈDRE, BERNARD, Roger de Piles et les débats sur le coloris au siècle de Louis XIV (Paris 1957); WAGNER, CHRISTOPH, Farbe und Thema – Eine Wende in der Koloritforschung der 1990er Jahre? Ein Forschungsbericht, in: Zeitschrift für Ästhetik und allgemeine Kunstwissenschaft, Bd. 42/2 (1997), 181–249; WAGNER, CHRISTOPH, Farbe und Metapher. Die Entstehung einer neuzeitlichen Bildmetaphorik in der vorrömischen Malerei Raphaels (Berlin 1999); WITTGENSTEIN, LUDWIG, Bemerkungen über die Farben (1950/1951), in: Wittgenstein, Werke, Bd. 8 (Frankfurt a.M. 1990), 7–112.

1 CARL FRIEDRICH FLÖGEL, Geschichte der komischen Litteratur, Bd. 1 (Leipzig 1784), 3 f.
2 WOLFGANG PREISENDANZ, ›Das Komische/Das Lachen‹, in: RITTER, Bd. 4 (1976), 889.

Komisch

(griech. κωμικός; lat. comicus; engl. comic, comical; frz. comique; ital. comico; span. cómico; russ. комическое)

Einleitung; I. Wort- und begriffsgeschichtliche Aspekte; II. Antike Lachtheorietraditionen; III. Die Diskussion der Superioritätstheorie des Verlachens im 17. Jahrhundert; IV. ›Ridicule‹ und ›comique‹ im 17. und 18. Jahrhundert; V. Englische Inkongruenztheorien vom Ende des 17. bis ins 18. Jahrhundert; VI. Die deutsche Komischfindung im 18. Jahrhundert; VII. Die theoretische ›Aufhebung‹ des Komischen im 19. Jahrhundert; VIII. Abgründe des Lachens; IX. Paradigmatische Komiktheorien des 20. Jahrhunderts

Einleitung

»Das Gebiete des Komischen ist so weitläuftig [...]; die dahin gehörigen Wörter und Begriffe durchkreuzen sich auf eine verwirrte Art, die Bedeutungen, die man damit verbindet, sind oft gar widersprechend und der Analogie der Sprache nicht angemessen.«[1] So bilanziert Carl Friedrich Flögel die Differenzierungsbemühungen im Feld des Komischen in der Absetzung vom Lächerlichen. Auch aktuelle Schwierigkeiten bei der Bestimmung des Komischen lassen sich exemplarisch auf das damit angesprochene Problem zurückführen. Das mag historisch damit zusammenhängen, daß ›komisch‹, welches »das bis heute geltende Verhältnis von Begriff, Wort und Sache«[2] bezeichnet und das heute die ästhetische Diskussion dominiert, erst relativ spät jene begriffsgeschichtliche Prägung erfährt, die den aktuellen Gebrauch und die aktuelle Problemlage bestimmt: Die eigentliche Differenzierungsleistung nach innen ist in der im 18. Jh. intensiv diskutierten Abhebung vom Lächerlichen zu sehen, wogegen ältere Absetzungen vom Tragischen und dann dem Erhabenen der Differenzierung nach außen dienten.

›Komisch‹ kommt von der Komödie. Der etymologische Kern des Wortes hat nicht nur bei einer offenbar auch den Zeitgenossen bewußten Begriffsprägung entscheidenden Anteil, sondern hilft auch, die prinzipielle Möglichkeit seiner intensionalen wie extensionalen Konstanz und Variabilität zu erklären. Im Deutschen wandert der Begriff in der Mitte des 18. Jh. innerhalb einer Zeitspanne von nur wenigen Jahrzehnten als eine Wahrnehmungserfahrung aus Literatur und Theater aus einem explizit künstlerischen Bereich in lebensweltliche Wahrnehmungsbereiche ein. Im geistesgeschichtlichen Diskurs der zweiten Hälfte des 18. Jh. ist die Rolle des Wahrnehmenden als einem denkenden *und* fühlenden ›bürgerlichen‹ Bildungssubjekt zentral geworden, das etwas ›komisch‹ findet in einer zweiseitig positiv konnotierten sinnlichen Wahrnehmungserfahrung. Gegenüber dem Lächerlichen und den negativ konnotierten Anteilen des Lachens, die im Begriff des Komischen nun explizit ausgegrenzt werden, kann die über das Komödienmodell vorstrukturierte Wahrnehmung als bewußte immer auch reflexiv werden und legitimiert sich damit als Genußerfahrung gegenüber von außen dagegen gesetzten Ansprüchen. Die letztlich noch antike Nachahmungs- und Wirkungsästhetik wird zum einen durch die immer problematischer werdende Wirklichkeitsrelation, zum andern durch den Sensualismus im Rahmen der Empfindsamkeit zunehmend ausdifferenziert. Hierbei wird in einer exemplarischen Gegenbewegung gegen die Aggressivität und den Wirklichkeitsbezug eines im Grunde satirischen Verlachens im Komischen eine bestimmte Form des Lachens positiviert, indem es über eine Subjektivierung an die Ästhetikdiskussion angeschlossen wird, wo es schließlich eine Art von Selbstzweckcharakter annehmen darf.

Etwas komisch zu sehen ist eine elementare Form ästhetischen Wahrnehmens. Sie schließt im Wahrnehmungsprozeß jene Rahmen ums Lachen, welche diesem wiederum seine Grenzen weisen: es in seiner partiellen Legitimierung gegen christliche und soziale Lachverbote äußerbar und erfahrbar machen und im ›Zivilisationsprozeß‹ kultivieren. Dabei werden jedoch alle diejenigen Anteile domestiziert, die hinter dem mit Begriffen des Lächerlichen, Lustigen, Närrischen, Possenhaften benannten Lachen-Erweckenden noch lauerten – und weiterhin desto rigider verdrängt werden können. Andererseits kann man feststellen, daß hinter diesen Differenzierungen ein weiter vorhandenes hierarchisiertes Feld aufgespannt ist: Bereiche des im weiteren Sinne Lächerlichen warten in histo-risch-sozialen Kontexten gleichsam darauf, im Komischen ästhetisch aufgewertet zu werden. Insofern ist bei jeder Geschichte des Komischen an eine gedoppelte Bewegung des Einfangens und Ausgrenzens zu denken.

In der im Komischen thematisierten kulturellen Vermittlungserfahrung wird auch die kulturanthropologische Frage eines Zivilisationsprozesses angesprochen. Doch gerade der körpergebundene Lachvorgang steht quer zu allen Systematisierungsbemühungen. »Objektiv komisch ist nichts; es gibt nur das von einem Subjekt Komisierte.«[3] Es ist ein besonderer Jemand, der lacht und dabei die eigene Leiblichkeit mit erfährt – dahinter lauert jener Abgrund im Subjekt, der sich wohl zuerst bei Baudelaire andeutet und schließlich bei Nietzsche und Freud auftut.

Im Komischen werden für die Wahrnehmung inkongruente Kontexte über zwei- oder mehrwertige Bezüge auf eine ungewohnte Weise überraschend miteinander kombiniert, so daß plötzlich eine Durchlässigkeit zwischen diesen Kontexten aufscheint. Eine solche Konstrastierung steht bei allen Komik- und Lachtheorien seit jeher in irgendeiner Form im Raum. Die Inkongruenztheorie grenzt sich durch die Betonung des Überraschungsmoments und der fehlenden affektiven Beteiligung sowie mit dem schon bei Aristoteles aufgeführten ›Unschädlichkeitspostulat‹ gegen das Groteske, die Ironie oder das Tragische ab. Eigenschaften oder Ereignisse, die einem komischen Objekt zugehören oder zustoßen, dürfen weder ›schädliche‹ Folgen für das Objekt nach sich ziehen noch das wahrnehmende Subjekt näher betreffen, weil sonst aufgrund der Anteilnahme kein Lachen aufkommt oder es im Halse steckenbleibt.

»Wer lacht, tritt aus dem Kommunikationszusammenhang des Handelns heraus und wird zum Betrachter [...]. Am Phänomen des Komischen läßt sich exemplarisch ästhetische Einstellung in der Lebenswelt erfassen. [...] Sie ist eine elementare Leistung des Erfassens, die das Wahrgenommene aus seinem Handlungskontext isoliert und so

---
3 CHRISTIAN JANENTZKY, Über Tragik, Komik und Humor, in: Jahrbuch des Freien Deutschen Hochstifts, Jg. 41 (Frankfurt a. M. 1940), 23.

erst zum ästhetischen Objekt macht.«[4] Vor diesem Hintergrund ist »das Komische der Lebenswelt als eine sekundär aus der Erfahrung der Kunst abgeleitete Ästhetisierung« (373) zu verstehen. Folglich können im Begriff des Komischen genuin ›ästhetische‹ Probleme thematisiert werden: Kunst- und Medienästhetik in Relation zu sinnlicher Wahrnehmung; ein am Theatermodell orientierter Inszenierungscharakter auf Rezipienten- und Produzentenseite (›Bühne – Schauplatz‹); eine einem Objekt zugewiesene dynamisierende Ereignishaftigkeit in konfligierender Kontrastierung; die Notwendigkeit einer aktiven, ebenfalls dynamischen Bedeutungskonstruktion durch ein Komisches konstituierendes Subjekt vor dem Hintergrund verschiedener Bezugssysteme; schließlich die nicht mehr nur etymologisch begründbare Verschiebung jeglicher näheren, vermeintlich lebensweltlichen Erklärung des Komischen in die Fiktion, den Schein: ›Komisch‹ kommt nicht nur von der Komödie, es wird auch immer wieder beispielhaft darauf zurückgeführt.

Ein zweiter Traditionsstrang innerhalb solcher Verschiebungen eines vermeintlich lebensweltlichen Komischen ist der einer Transzendierung. Komisches muß in der Theorie legitimierenden Anteil an der ›höherwertigen‹ Kunst, bestenfalls einem ›Sein‹ haben, sei es positiv (Wahrheit) oder negativ (das Böse). Durch Bewußtmachung von Wertungsperspektiven werden erst die Hierarchisierungen auch der modernen Komiktheorie befragbar, mit denen exemplarisch Etienne Souriau sich den verschiedenen Künsten nähert: »on pourrait s'aventurer jusqu'à dire que le comique est un risible en quelque sorte sublimé, révisé et réhabilité par l'art.« Das solchermaßen immer noch an Wahrheitsfragen angeschlossene, immer noch auch über ›hoch‹ und ›nieder‹ räumlich metaphorisierte Komische ist somit offen »sur toute la dimension de la condition humaine«. Darauf basiert ein Bewertungsschema nicht nur innerhalb der literarischen Gattungen – die Komödie läßt sich ohne Bezug auf das Lachen und mit Blick auf eine höherwertige »comique poétique« definieren, wohingegen die Farce im Bereich des Lächerlichen mit allen Mitteln darauf ausgerichtet ist, Lachen zu provozieren –, sondern auch in der Malerei und den übrigen bildenden Künsten. So ist in der Karikatur die Unterscheidung zwischen dem Komischen und dem Lächerlichen zwingend, weil nur so vermittelt werden können »valeurs esthétiques positives par certaines harmonies secrètes, par des intensités dans l'expression, et par cette réfutation d'une prétention injustifiée à l'estime, dont Hoffmann faisait l'essence du comique«[5].

Transzendierende Erfahrungen stehen einer postmodernen Diskussion völlig fern. Die neudeutsche Form von Komödie findet als beliebig austauschbare ›Comedy‹ im Fernsehen statt. Im aktuellen Feuilleton wird hierfür innerhalb der postmodernen Nonsense-Kultur grenzüberschreitend die oberflächliche Lust am bedeutungsfreien Ritual behauptet, in dem die Zuschauer sich selbst feiern, und gefragt, ob es in den habitualisierten Lachmaschinen überhaupt noch einen Sinn des Unsinns geben kann. Die Antwort auf solche Unverbindlichkeitsbehauptungen beharrt dagegen auf der Möglichkeit einer ethischen Dimensionierung des Lachens. Wer wann warum worüber lacht, hat sich demnach immer noch zu verantworten – als Lacher oder als Beobachter des Lachens.

Im Prozeß des Komischfindens kann sich ein lachendes Subjekt als solches konstituieren, mag sich aber auch potentiell verlieren. In der postmodernen Diskussion taucht das Wort ›komisch‹ nicht mehr auf – dafür das Lachen und der lachende Körper. Dieser bringt aber ein lachendes Subjekt nur vermeintlich zum Verschwinden. Das Komische behauptet vielmehr ein Moment von Dialogizität: potentielle Mehrdimensionalität und -wertigkeit, Offenheit, Bewegung, Dynamik. Das ›Zwischen‹ ist ihm zu eigen: Es ist ein Oszillieren zwischen Realem und Irrealem, zwischen Wahrgenommenem und Vorgestelltem, jene Lücke, in die die Energie in der Beziehungssetzung einfließt, um die ambivalente Relation zum ›Anderen‹ virtuell aufzubauen.

---

4 KARLHEINZ STIERLE, Komik der Lebenswelt und Komik der Komödie [Statement], in: W. Preisendanz/R. Warning (Hg.), Das Komische (München 1976), 372; vgl. BJÖRN EKMANN, Wieso und zu welchem Ende wir lachen. Zur Abgrenzung der Begriffe ›komisch‹, ironisch, humoristisch, satirisch, witzig‹ und ›spaßhaft‹, in: Text & Kontext 9 (1981), H. 1, 19.
5 ›Comique‹, in: SOURIAU, 435.

I. Wort- und begriffsgeschichtliche Aspekte

Der früheste französische Beleg »poete comique«[6] (Raoul de Presles, *Cité de Dieu*) verweist ins 14. Jh. Schon Laurent de Premierfait gebraucht Anfang des 15. Jh. das Adjektiv ›comique‹ allgemeiner im Sinne von ›qui a rapport à la comédie, au théâtre‹ und setzt ›tragique‹ davon ab.[7] Ebenfalls im 15. Jh. erscheint das Adjektiv in diesem Sinne als »qui donne à rire«: »Et prens mon plaisir et esbat / A avoir compaignie notable / Beuvant et mengeant a ma table, / Pource je vueil a cri publique / Publier la chere comique, / Et tous les seigneurs du pays / Y convier.«[8] (Arnoul Gréban, *Le mystère de la Passion de notre sauveur Jésus-Christ*, 1452) 1546 läßt sich ›comiquement‹ nachweisen im Sinne von »d'une manière comique, plaisante«[9]. »Comicè. En joueur de farces, *comiquement*, joyeusement.«[10] 1581 wird am Pariser Hof das ›Ballet comique de la Royne‹ aufgeführt, das in der Tradition der Intermedien der italienischen Renaissance steht. ›Comique‹ steht für dramatische Szenen mit Musik und Tanz, eine lose verbundene Handlung, die gut ausgeht.

1611 definiert Randle Cotgrave ›comique‹ substantivisch: »A Comedian, Player, Stage-Player« und adjektivisch: »Comicall; Comedie-like; of, or belonging to, a Comedie; intreated of in Comedies.«[11] Beides ist 1680 geläufig: »*Comique*, adj. Qui est propre à être mis en comédie. Plaisant, qui fait rire. (Un sujet comique, un roman comique, une action comique. Cet homme a l'air comique.)« Interessant ist hier die beginnende Drehung des Blickwechsels: Was geeignet erscheint, in der Komödie als komisch zu wirken, heißt komisch. Darüber hinaus ist eine weitergehende Öffnung des Begriffs skizziert: »*Comédie*, s. f. Poëme dramatique qui représente une action commune & plaisante, dont la fin est gaie, qui d'une maniere ingenieuse corrige les defaux des hommes, & divertit par le peinture naïve qu'il fait de leurs diferens caractères. [...] Ce mot généralement parlant & sans examiner les choses à la rigueur signifie en notre langue toute sorte de poëme dramatique, soit comédie, pastorale, ou tragédie. (Ainsi dans ce sens on dit aller à la comédie.)«[12]

Im Sinne solcher Offenheit wurde bereits mit Paul Scarrons *Le romant comique* (1651/1657; dt. 1782) auch ein narratives Genre mit dem Begriff verknüpft. Thematischer Anknüpfungspunkt für ›comique‹ ist das Theater einer in der Provinz eintreffenden Schauspielertruppe sowie ›realistische‹ parodistische Elemente in Opposition zur idealen Scheinwelt des heroisch-galanten Abenteuerromans und der sentimentalen Lebensferne der Schäferdichtung: »Il n'avoit point de repugnance à suivre l'avis que luy donnoit le Pere de sa femme, sçachant mieux qu'elle que la vie Comique n'est pas si heureuse qu'elle le paroist.«[13] Ähnlich wie dort der Schauspielerstand gegenüber kirchlichen und vermeintlich moralisch begründeten Anfeindungen aufgewertet wird, hat Pierre Corneilles Komödie *L'illusion comique* (1636) mit einer Spiel-im-Spiel-Handlung anhand einer Schauspielertruppe die gesellschaftliche Bedeutung von Theater ausdrücklich positiv thematisiert. Die Gattungsvermischung ›tragi-comique‹ kannte man bereits 1624 mit Bezug auf ›la tragi-comédie‹, und nach einer Phase klassizistischer Reinheitsgebote definiert *Le dictionnaire de l'Académie Françoise* von 1740 hierzu: »qui est à la fois plaisant et fâcheux«[14].

---

6 Zit. nach ›Comicus‹, in: WALTHER VON WARTBURG, Französisches Etymologisches Wörterbuch, Bd. 2/2 (Basel 1946), 943.
7 Vgl. A. THOMAS, [Rez.] Henri Hauvette, De Laurentio de Primofato [...], in: Romania 33 (1904), H. 129, 106.
8 Zit. nach FRÉDÉRIC GODEFROY, Dictionnaire de l'ancienne langue française et de tous ses dialectes du IXe au XVe siècle, Bd. 9 (Paris 1898), 130.
9 Zit. nach WARTBURG (s. Anm. 6), 942.
10 ROBERT ESTIENNE, Dictionarium Latinogallicum (1538; Paris 1546), 247b; vgl. HUGUES VAGANAY, Pour l'histoire du Français moderne, in: Romanische Forschungen 32 (1913), H. 1, 33.
11 RANDLE COTGRAVE, ›Comique‹, in: Cotgrave, A Dictionarie of the French and English Tongues (London 1611), [unpag.]
12 PIERRE RICHELET, ›Comédie‹, in: Richelet, Dictionnaire françois (1680; Genf 1973), 152.
13 PAUL SCARRON, Le romant comique (1651/1657), in: A. Adam (Hg.), Romanciers du XVIIe siècle. Sorel, Scarron, Furetière, Madame de la Fayette (Paris 1958), 678.
14 Zit. nach WARTBURG (s. Anm. 6), 943.

1669 läßt sich die Substantivierung »le Comique«[15] bei La Fontaine nachweisen. 1740 nennt dann auch der *Dictionnaire de Trévoux* die mittlerweile gebräuchliche Definition von ›comique‹ in Relation nicht nur zur Komödie, sondern auch zum Lachen. Auffallend sind die verstärkt positiven Wertungen einer bestimmten Form von Komik gerade im Zitat maßgeblicher Autoren: »Je n'approuve que le *comique* qui est épuré des équivoques, qui est pris dans la nature, qui fait rire les sages, & les honnêtes gens.«[16] Dazu hatte schon Boileau verlangt: »Que la nature donc soit votre étude unique, / Acteurs qui prétendez aux honneurs du *comique.*« Und: »Le *comique*, ennemi des soupirs et des pleurs, / N'admet point en ses vers de tragiques douleurs.«[17] Zur Absetzung von ›tragique‹: »Mais quoy! Je chausse icy le cothurne Tragique. / Reprenons au plûtost le brodequin Comique.«[18]

1753 stellt der Artikel ›Comique‹ von Jean-François Marmontel in der *Encyclopédie* von Diderot und d'Alembert die gesellschaftliche, individuelle und historische Relativität des Komischfindens unter Verweis auf die Begriffe raison, sentiment und identité heraus: »*Comique*, pris pour le genre de la comédie, est un terme relatif. Ce qui est *comique* pour tel peuple, pour telle société, pour tel homme, peut ne pas l'être pour tel autre. L'effet du *comique* résulte de la comparaison qu'on en fait, même sans s'en appercevoir, de ses mœurs avec les mœurs qu'on voit tourner en ridicule, & suppose entre le spectateur & le personnage représenté une différence avantageuse pour le premier. Ce n'est pas que le même homme ne puisse rire de sa propre image, lors même qu'il s'y reconnoît: cela vient d'une duplicité de caractere qui s'observe encore plus sensiblement dans le combat des passions, où l'homme est sans cesse en opposition avec lui-même.«[19]

Das *Oxford English Dictionary* führt 1576 an als Datum eines ersten gesicherten Belegs von ›comic‹ im Sinne »Of, proper, or belonging to comedy, in the dramatic sense, as distinguished from tragedy«: »For commicke verse still Plautus peerelesse was«[20], und führt für 1589 eine entsprechende Differenzierung im Bereich des Theaters an: »Besides those Poets *Comick* there were other who served also the stage [...] called Poets *Tragicall.*«[21] 1586 erscheint ›comical‹ mit Bezug auf den »Stile of Epistles«[22]: »*Humile*, the lowest comicall, and most simple of all others« (21). 1700 schreibt John Dryden im Vorwort zu den *Fables*: »familiar Style, and pleasing way of relating Comical Adventures [...] of that Nature«[23]. John Gay faßt die Kritik seiner *Beggar's Opera* (1729) zusammen: »They deny it to be tragical, because its catastrophe is a wedding, which hath ever been accounted comical.«[24]

Im angelsächsischen Bereich gibt es zahlreiche differenzierende Wörter im Begriffsfeld des Komischen. Hier entwickelt sich ›humour‹ zum meistgebrauchten Begriff mit dem umfassendsten Bedeutungsumfang, wobei sich eine charakteristische Linie zur Absetzung von ›wit‹ ziehen läßt: Erst Ende des 16. Jh. nehmen die Begriffe wit und humour Bedeutungsanteile im Bereich des Komischen an – wit (mhd. wist, ›Wissen‹) als eines der Hauptwörter für geistreich-gebildetes Verhalten in bezug auf sprachlich gekonntes Formulieren; humour dagegen im Sinne einer ›anthropologisch‹ begründeten Bedeutungsverschiebung hin zu einer charakterologisch orientierten Einstellung. ›Wit comes from the brain, humour comes from the heart‹, heißt es. Heute entspricht wohl am ehesten der ›sense of humour‹ der mehrdeutigen Begriffsbreite des Komischen. 1755 vergleicht Adam Smith in einer Besprechung von Samuel Johnsons

---

15 JEAN DE LA FONTAINE, Les amours de Psiché et de Cupidon (1669), in: La Fontaine, Œuvres complètes, hg. v. C. Marty-Laveaux, Bd. 3 (Paris 1859), 83; vgl. ›Comique‹, in: PAUL IMBS (Hg.), Trésor de la langue française. Dictionnaire de la langue du XIXe et du XXe siècle (1789–1960), Bd. 5 (Paris 1977), 1091–1093.
16 JEAN DE LA BRUYÈRE, zit. nach ›Comique‹, in: TRÉVOUX, Bd. 2 (Nancy 1740), 649.
17 Zit. nach ›Comique‹, in: LOUIS NICOLAS BESCHERELLE, Dictionnaire national ou dictionnaire universel de la langue française, Bd. 1 (Paris ⁹1861), 699.
18 NICOLAS BOILEAU, Satires (1666), in: BOILEAU, 72.
19 JEAN-FRANÇOIS MARMONTEL, ›Comique‹, in: DIDEROT (ENCYCLOPÉDIE), Bd. 3 (1753), 681 f.
20 ›Comic‹, in: OED, Bd. 3 (1989), 536.
21 GEORGE PUTTENHAM, The Arte of English Poesie (London 1589), 41.
22 ANGEL DAY, The English Secretorie (London 1586), 20.
23 JOHN DRYDEN, Preface, in: Dryden, Fables (London 1700), [Bl. 12].
24 Zit. nach ›Comical‹, in: ROBERT HUNTER, The Encyclopaedic Dictionary (Philadelphia 1894).

Dictionary humour als ein ungezwungenes und nicht regelbares Moment des Vorstellungsvermögens mit dem intellektuell gesteuerten wit: »Wit expresses something that is more designed, concerted, regular, and artificial; humour, something that is more wild, loose, extravagant, and fantastical«[25].

Daß Smiths Definition des humour den Kern des Zeitverständnisses traf, zeigt sich schon darin, daß sie für den entsprechenden Artikel in mehreren Editionen der *Encyclopaedia Britannica* (bis 1823) übernommen wurde. 1813 faßt William Taylor zusammen: »humor is low and local, but wit a high and cosmopolite accomplishment. [...] Humor and wit are both addressed to the comic passion; but humor aims at the risibility, and wit at the admiration. [...] Humor seems to exclude, and wit to include the idea of thought, study, and difficulty conquered.«[26]

Die dahinterliegenden mentalitätsgeschichtlichen Verschiebungen beschreibt Wolfgang Schmidt-Hidding als Kulturstadien des Lachens: »1) Das rauschhafte Gelächter [...]. *laugh, laughter* [...]. 2) Das feine oder spöttische Lächeln und Scherzen in der höfischen Geselligkeit, *to smile, to mock, to jape*. [...] 3) Das intelligente, differenzierte Lachen [...] *wit, jest, humour*. 4) In der Epoche der Humanität und Toleranz – das volkstümlich grobe oder gemütliche Lachen *banter, joke, fun*«.[27] So ist es nicht verwunderlich, daß gerade die Wörter für das sympathisch Absonderliche in dieser Zeit geprägt bzw. umgeprägt wurden: whimsical, odd, quaint. Hinzu kommt 1846 mit Edward Lears *A Book of Nonsense* der geistvoll-unsinnige nonsense. Zivilisationstheoretisch ließe sich nach einer solchen Lesart eine zunehmende Verfeinerung in Wandel, Art und Gegenstand des Lachens behaupten, wobei die Orientierung der ›Gebildeten‹ an sprachlichen Formen und die Einbeziehung (und damit gleichzeitige Eingrenzung) der Emotionalität im ›Humor‹ bedenkenswert bleiben.

Als deutsches Wort ist ›komisch‹ erstmals in der Verbindung »der Comisch poet«[28] für lat. comicus poeta in einer Terenz-Übersetzung aus dem Jahre 1499 belegt. Diese Ableitung vom Komödiendichter prägt die Begriffsverwendung wortgeschichtlich als ›zur Komödie gehörig‹. So wird bis ins 17. Jh. ›comisch‹ ausschließlich als literarischer Terminus technicus verwendet. Im 17. Jh. beginnt dann (offensichtlich unter französischem Einfluß) eine Erweiterung des Begriffsumfangs, so daß zunächst in der Bedeutung ›nach Art einer Komödie‹ auch andere geschriebene Dichtungen komische genannt werden wie im Romantitel *Vollkommene comische Historie des Francions. Aus dem Frantzösischen (des Du Parc)* (1668) oder in der Formulierung: »so ist es ein Fehler von unsrer ganzen deutschen Poesie, nicht aber von der comischen allein.«[29]

Früh lassen sich Belege finden, die die Eigenschaft des komödienhaften Komischen mit alltäglichen menschlichen Handlungen in darstellungs- und wirkungsästhetische Beziehungen bringen. »Man darff«, schreibt Christian Thomasius, »in diesen Gesprächen keine *Tragica* suchen / sondern man wird durchgehends die Sachen / so darinnen enthalten sind / auf eine Comische Weise abgehandelt finden / in Comoedien aber trifft man mehrentheils alltägliche *Actiones* an«. Dabei sind diese ›Actiones‹ als wahrgenommene Handlungen von vorgestellten Personen definiert: »Die Menschen haben ihre gröste Belustigung bey andern Menschen. Dannenhero *afficiren* uns die *Comoedien* und *Operen* so sehr / weil sie uns menschliche *Actions* vorstellen.«[30] Ähnlich vorbildgebend für die Vorstellung vom Menschen im Lese-Theater ist Johann Jacob Bodmer. Theophrast, so die *Critischen Betrachtungen über die Poetischen Gemählde der*

---

25 ADAM SMITH, [Rez.] Samuel Johnson, A Dictionary of the English Language, Bd. 1 (London 1755), in: Smith, Works, hg. v. D. Stewart, Bd. 5 (London 1811), 565; vgl. STUART M. TAVE, The Amiable Humorist. A Study in the Comic Theory and Criticism of the 18th and Early 19th Centuries (Chicago 1960), 114.
26 WILLIAM TAYLOR, English Synonyms (London 1813), 62; vgl. TAVE (s. Anm. 25), 266.
27 WOLFGANG SCHMIDT-HIDDING, Humor und Witz. Europäische Schlüsselwörter (München 1963), 64.
28 Zit. nach HANS SCHULZ/OTTO BASLER, Deutsches Fremdwörterbuch (Straßburg 1913), 359.
29 JOHANN ELIAS SCHLEGEL, Schreiben an den Herrn N. N. über die Comödie in Versen (1740), in: Schlegel, Aesthetische und dramatische Schriften, hg. v. J. von Antoniewicz (München 1887), 23.
30 CHRISTIAN THOMASIUS, Vorrede, in: Thomasius, Freymüthige, Lustige und Ernsthaffte, jedoch Vernunfft- und Gesetz-Mässige Gedancken / Oder Monats-Gespräche (1688; Halle 1690), 4f.

338 Komisch

Dichter (1741), hatte »ein aufmercksames Auge auf die Phänomena, die sich an den Menschen nach ihren verschiedenen Charactern ereignen.« Zu Recht hat man im ›vortrefflich‹ gezeichneten »Character der Sitten [...] den Saamen zu rechtschaffenen Comödien« gefunden »und sie denen, welche es in dieser Schreibart hoch bringen wollen, zu ihrem Haupt-Muster angepriesen«. Denn die Charaktere »sind selber gantz comisch, und man bildet sich in währendem Lesen manchmahl ein, man sey in dem Schauplatze, und sehe eine geschickte Comödie vorstellen. Theophrastus eröffnet uns einen Saal, wo verschiedene lasterhafte Personen, denen die Maske abgenommen ist, eine nach der andern, auftreten, und ihre Rollen spielen.«[31]

Seit den Jahrzehnten nach 1740 tritt das Wort signifikant aus dem literarischen Bereich heraus und bezeichnet – sehr schnell allgemein gebräuchlich – alles irgendwie Belachenswerte. Damit ist der entscheidende Einschnitt in der deutschen Wort- und Begriffsgeschichte vollzogen. »Kaum hatte noch des Schneiders Hand / Ein buntes komisches Gewand / Dem muntern Affen umgehangen: / So gab sein Rock ihm das Verlangen, / Sich in dem Spiegel zu besehn.«[32] Entsprechend allgemein kann dann in bezug auf ein die Vorstellung beschäftigendes Beispiel der *Kurze Inbegriff der Aesthetik* (1771) formulieren: »es sey denn die Idee *komisch*, z. E. die Erde verglichen mit einem Maulwurfshügel«[33]. Johann Christoph Adelungs Worterklärung lautet:

---

31 BODMER, 369 f.
32 CHRISTIAN FÜRCHTEGOTT GELLERT, Der Affe (1741), in: Gellert, Sämmtliche Schriften, Bd. 1 (Leipzig 1784), 281.
33 JOHANN GOTTHELF LINDNER, Kurzer Inbegriff der Aesthetik, Redekunst und Dichtkunst, Bd. 1 (Königsberg/Leipzig 1771), 235.
34 ›Komisch‹, in: ADELUNG, Bd. 2 (²1796), 1695.
35 Zit. nach SCHULZ/BASLER (s. Anm. 28), 359.
36 FRIEDRICH NICOLAI, Schreiben an den Herrn Abt R*** über eine sehr boshafte Spötterey [...], in: Nicolai, Sammlung vermischter Schriften zur Beförderung der schönen Wissenschaften und der freyen Künste, Bd. 2 (Berlin 1759), 28.
37 GOTTFRIED J. WICHMANN, Der Antikritikus (Lübeck 1768), 369.
38 LINDNER (s. Anm. 33), Bd. 2 (Königsberg/Leipzig 1772), 361.

»1. Was zur *Komödie* oder dem Lustspiele gehöret, in demselben gegründet ist; im Gegensatze des tragisch. [...] Noch mehr, 2. lustig, possierlich, was Lachen erwecket. Ein komischer Streich. Eine komische Begebenheit. Die komische Oper, Ital. *Opera buffa*, deren Scenen aus dem gemeinen Leben entlehnet sind.«[34]

Solcherart als Begriff in die Lebenswelt eingewandert, erweist sich das wirkungsästhetische Phänomen des Lachens selbst als immer wieder systemsprengend, es bleibt für sich genommen in Denksystemen suspekt und sieht sich in verschiedene Nützlichkeitserwägungen und weitergehende Funktionsbestimmungen eingebunden. »Mancher Leser, der in einem Buche, welches das Wort Komisch auf dem Titelblatte hat, durchaus nur Stoff zu Lachen fodert«[35], schreibt (Maler?) Müller 1787. Darüber hinaus widersetzt sich der unberechenbare subjektive Wahrnehmungsanteil am Komischen allen ausschließenden Einordnungen und Vorausbestimmungen: »alle Vorschläge, die wir vorlegen können, pflegen einem so voreingenommenen Auge komisch vorzukommen«[36]; »Zu den Beweisen seiner Urtheilskraft gehört noch folgendes: er findet komisch, was vernünftigen Leuten langweilig und ekelhaft ist.«[37]

Spätestens seit der zweiten Hälfte des 18. Jh. wird das Komische also auch im Deutschen eingegrenzt, unterteilt und durch Definition verfügbar gemacht. Die zentrale Absetzung, an der sich die Begriffsbildung innerhalb des Bedeutungsfelds abarbeitet, ist die Differenzierung vom Lächerlichen. Diesem werden in der Begriffsverwendung – trotz weiterhin auch durchaus synonymer Verwendungen – meist pejorative Anteile zugewiesen, welche dann im Komischen aufgewertet werden können. »Das *Lächerliche* enthält Unförmlichkeiten, *groteskekomisch* vorgestellt, nicht pöbelhafte Häßlichkeiten, pure Pickelhäringspoßen, aber wohl lustige natürliche Einfälle [...]. *Vis comica* ist das rechte *lächerliche Wahre* nach der Natur [...].«[38] Die Aufwertung des am ›Natürlichen‹ gemessenen, zum ›wahren‹ Komischen führenden Lächerlichen gilt ebenso für die literarisch wertvolle Sublimierung der wirklichkeitsbezogenen Satire, wenn der Satiriker sein Vorstellungs- und Gestaltungsvermögen in der theatralen Anschaulichkeit komischer Formgebung beweist: »das Lächerliche muß nicht blos seinem

Verstand ungereimt vorkommen, sondern sich seiner Einbildungskraft in einer wahrhaftig comischen Gestalt darstellen, darüber er sich nicht still ergötzt, sondern laut lustig macht.«[39] Auch späterhin wird das Komische gerade in Abgrenzung vom Lächerlichen immer wieder positivierend bestimmt. Dabei erscheint spätestens mit dem Aufkommen eines autonomen Kunstbegriffs der elementare, stets subjektiv bewertende Wirklichkeitsbezug eines Lächerlichen im Komischen ›aufgehoben‹. »Der Komödie angehörig«, bestimmt das *Wörterbuch der Deutschen Sprache* 1860 ›komisch‹, »allgemeiner: den Gesetzen der Kunst (der Ästhetik) gemäß Lachen erregend, versch.: lächerlich, das den Begriff der Kunst nicht in sich schließt: Bei einem tragischen Schauspieler wären Bewegungen lächerlich, die wir an einem k[omisch]en loben«[40].

Den erreichten Begriffsstand faßt die *Deutsche Encyclopädie oder Allgemeines Real-Wörterbuch aller Künste und Wissenschaften* (1782) zusammen und liefert danach eine Historisierung des Komischen: »Was also an gewissen Personen, oder zu gewissen Zeiten comisch ist, das ist es nicht, unter anderen Umständen. [...] Was zu den Zeiten des *Plautus* in Rom comisch war, das ist es heutiges Tages nicht mehr, und so auch umgewandt.«[41] Die Neuartigkeit der Phänomene, die durch Aufführungen und Lektüre ausländischer ›komischer Opern‹ und Komödien anschaulich werden, stößt ein begrifflich-sprachkritisches Bewußtsein an: So schreibt Heinrich Wilhelm von Gerstenberg in einer Besprechung einer englischen Komödie: »Wir haben keine komische Sprache, sie, die höchste Gattung der Prosa, fehlt uns gänzlich. Es fehlt an Wörtern, ja sogar an Partikeln, die verschiedenen Farben des Lächerlichen zu treffen; es fehlt uns an Wendungen, die aus der Sprache des feineren Umgangs gewonnen wären, oder vielmehr wir haben keine solche Sprache, denn was wir so nennen, ist von den Franzosen entlehnt.«[42] Ein ähnlich nationales Sprachbewußtsein tönt aus Klopstocks kuriosem Gedicht *An den, der's versteht* (1774): »Aus deutscher herzensvoller Lache, / (Fern laß vollhalsiges Gelächter seyn; / Und streu des Lächelns Würze sparsam ein.) / Besonders aber auch / Aus Sitt und Brauch, / Aus eigner Laun' und Geist, vereine du und mache / Ein neues schönes Sonderding, / Das nicht von fremder Flitter gleisse / Und das so Vornehm wie Gering / Deutschcomisch heisse.«[43]

II. Antike Lachtheorietraditionen

Sämtliche Lachtheorien bis weit ins 18. Jh sind vor dem Hintergrund der Auseinandersetzung mit antiken Vorgaben und der kritisch-ablehnenden christlichen Tradition zu sehen.[44] Die Kirchenväter haben mit der Verwerfung der Komödie auch die Beschäftigung mit dem Belachenswerten und Lächerlichen negativiert. »Zu neuem Leben erwacht es erst wieder mit der spätmittelalterlichen Entdeckung des Individuellen als des Seins, das im Begriff nicht aufgeht, mit dem verschärften Sinn für das Närrische und Groteske und dem von den Humanisten verkündeten Lob der Torheit.«[45] Die Lachfeinde beriefen sich auf die Bibel: »Weh euch, die ihr jetzt lacht; denn ihr werdet klagen und weinen« (Lk. 6, 25; vgl. Koh. 7, 3; Sir. 21, 20), um das Lachen als Ausdruck der Torheit, des Narrentums und letztlich der Sündhaftigkeit zu brandmarken. Der körperliche Ausbruch des Lachaffekts wurde als negatives Zeichen angesehen, das es zu unterdrücken galt. Wenn Thomasius Horaz' »ridentem

---

39 ›Satire‹, in: SULZER, Bd. 4 ([2]1794), 134.
40 ›Komisch‹, in: DANIEL SANDERS, Wörterbuch der Deutschen Sprache, Bd. 1 (Leipzig 1860), 972.
41 ›Comisch‹, in: Deutsche Encyclopädie oder Allgemeines Real-Wörterbuch aller Künste und Wissenschaften von einer Gesellschaft Gelehrten, Bd. 6 (Frankfurt a. M. 1782), 111.
42 HEINRICH WILHELM VON GERSTENBERG, [Rez.] John Crown, Sir Phantast oder Es kann nicht seyn (1768), in: H. W. v. Gerstenbergs Rezensionen in der Hamburgischen Neuen Zeitung. 1767–1771, hg. v. O. Fischer (Berlin 1904), 35.
43 FRIEDRICH GOTTLIEB KLOPSTOCK, Die deutsche Gelehrtenrepublik (1774), in: Klopstock, Werke und Briefe. Historisch-kritische Ausgabe, hg. v. H. Gronemeyer u. a., Abt. Werke, Bd. 7/1 (Berlin/New York 1975), 107 f.
44 Vgl. ERNST ROBERT CURTIUS, Europäische Literatur und lateinisches Mittelalter (Bern/München [4]1963), 419–434.
45 ANTON HÜGLI, ›Das Lächerliche‹, in: RITTER, Bd. 5 (1980), 2.

dicere verum«[46] zitiert, will er in der Tradition des rhetorischen Decorums das kluge Lächeln des geistreichen Witzes vom unziemlichen Gelächter der Possenreißerei abheben: »Ich sage lächelnd / nicht aber mit vollem Lachen / daran man die Narren kennet«[47]. In den Verschiebungen von Bewertungen, die die Überheblichkeit des eitlen Lachens betreffen, läßt sich im Übergang vom Mittelalter zur Renaissance und dann weiter zum 18. Jh. exemplarisch auch eine Emanzipation von theologischen Normrestriktionen beobachten. In dem Maße, wie die Stelle des religiös Bestimmten durch ein gesellschaftliches Wertesystem ersetzt wird, erscheint die Eitelkeit exemplarisch nicht mehr von der Sündhaftigkeit her definiert, sondern von der Lächerlichkeit.

Schon Platon, der als erster eine substantivierte Form für das Lächerliche verwendete (γελοῖα, geloia)[48], hat es – begriffsgeschichtlich wegweisend – in Absetzung vom Ernsten und Guten analysiert und es dem Unvernünftigen und dem Schlechten, ja Abartigen zugerechnet. Bezugssystem für die Bewertung des Lachens ist die Stabilität einer vorausgesetzten Ordnung; da es eine potentielle Ordnungsverletzung ist, auf die das Lachen reagiert, muß es Ausdruck eines Defektes sein.[49] Da es aber umgekehrt ohne Kenntnis des Lächerlichen nicht möglich ist, das Ernste wirklich zu verstehen, kann der tugendhaft Handelnde das Lächerliche nur vermeiden, wenn er einmal Gelegenheit gefunden hat, zu verspottende Charaktere vom »Standpunkt des Zuschauers aus kennenzulernen« (θεάσασθαι καὶ γνωρίζειν). Damit hat das Anschauungsmaterial in der Komödie seine Berechtigung gefunden – die Komödie mit ihren zum Lachen reizenden

46 HORAZ, Sermones I, 1, 23.
47 THOMASIUS, Kurzer Entwurff der Politischen Klugheit, sich selbst und andern in allen menschlichen Gesellschafften wohl zu rathen und zu einer gescheiden Conduite zu gelangen (Frankfurt/Leipzig 1710), 133.
48 PLATON, Leg. 816e.
49 Vgl. PLATON, Prot. 340e; PLATON, Rep. 452d-e.
50 PLATON, Leg. 816 d-e; dt.: Die Gesetze, in: Platon, Sämtliche Dialoge, hg. u. übers. v. O. Apelt, Bd. 7 (Hamburg 1988), 305.
51 Vgl. WILHELM SÜSS, Lachen, Komik und Witz in der Antike (Zürich/Stuttgart 1969), 12.
52 Vgl. PLATON, Phil. 48a.

»Nachbildungen häßlicher Gestalten« (τῶν αἰσχρῶν σωμάτων […] μιμήματα) und Gesinnungen, die in Rede, Gesang und Tanz durch Nachahmung dargestellt werden: »Mit mimischen Darstellungen dieser Art nun müssen wir Sklaven und bezahlte Fremde betrauen, jedes ernste eigene Bemühen aber um solche Künste soll durchaus verpönt sein« (δούλοις δὲ τὰ τοιαῦτα καὶ ξένοις ἐμμίσθοις προστάττειν μιμεῖσθαι, σπουδὴν δὲ περὶ αὐτὰ εἶναι μηδέποτε μηδ' ἡντινοῦν, μηδέ τινα μανθάνοντα αὐτὰ γίγνεσθαι φανερὸν τῶν ἐλευθέρων, μήτε γυναῖκα μήτε ἄνδρα, καινὸν δὲ ἀεί τι περὶ αὐτὰ φαίνεσθαι τῶν μιμημάτων)[50]. An dieser Passage ist nicht nur die zwiespältige Haltung zum Komischen und einer ihm anscheinend innewohnenden mimetischen Gefahr für Darsteller bemerkenswert, sondern auch der Vorbildcharakter des Theaters in diesem Bereich und dessen rückbezügliche ›ästhetisierende‹ Einwirkung auf die Lebenswelt: das eigentlich Unlust erzeugende Lächerliche erfährt eine Aufwertung in der Komödie, denn die an der Komödie gewonnenen Einsichten besitzen Gültigkeit für das Leben im allgemeinen.[51] Der Zuschauer erlebt in der Komödie eine Mischung von Gefühlen. Das Lustgefühl, das die Komödie beim Zuschauer erzeugt, entsteht durch die Auflösung eines Unlustgefühls. Zwar sind nämlich die in der Komödie vorgeführten Figuren in ihrer Selbstüberschätzung fern von Weisheit und Tugend, doch kann der Zuschauer zugleich die Sinnlosigkeit ihrer unberechtigten Ansprüche erkennen.[52]

Auch Aristoteles rekurriert auf jene an Drama und Theater nicht nur vorbildlich vorgeführte, sondern daraus hergeleitete Relevanz und Nützlichkeit der Kenntnis des Lächerlichen in seiner Bestimmung der Komödie, eine Bestimmung, die in Ton, Sujet und Konfliktstruktur auf Oppositionsbegriffe des Tragischen bezogen ist. In seiner Poetik, unter Hinweis auf eine Theorie des Lächerlichen (in deren zweitem – bekanntermaßen verlorengegangen – Buch), definiert Aristoteles die Komödie als nachahmende Darstellung von gemeinem, also ›moralisch‹ und ständisch niedrigerem Figurenpersonal; spezieller ist die Komödie Nachahmung von Lächerlichem, das zum Fehlerhaften gehört: »Das Lächerliche ist nämlich ein mit Häßlichkeit verbundener Fehler, der indes keinen

Schmerz und kein Verderben verursacht, wie ja auch die lächerliche Maske häßlich und verzerrt ist, jedoch ohne den Ausdruck von Schmerz.« (Τὸ γὰρ γελοῖόν ἐστιν ἁμάρτημά τι καὶ αἶσχος ἀνώδυνον καὶ οὐ φθαρτικόν, οἷον εὐθὺς τὸ γελοῖον πρόσωπον αἰσχρόν τι καὶ διεστραμμένον ἄθευ ὀδύνης.)⁵³ Das Lächerliche ist also, wie bei Platon, Normabweichung, die auf ihre Wirkung hin spezifiziert wird und darauf, daß es als Fehler unschädlich ist: ein ›Unschädlichkeitspostulat‹ als Lachvoraussetzung. Die Aristotelische Abweichungs- oder Mangeltheorie des Lächerlichen stellt somit eine Keimform der Inkongruenztheorie dar.

Darüber hinaus hat die Aristotelische Bestimmung einen anthropologischen Ausgangspunkt: der Mensch ist als vernunftbegabtes ein des Lachens fähiges Wesen – das ›Tier, das lacht‹. In den Mühsalen des Lebens bleibt ihm das Lachen als Trost. In der *Ethik* differenziert Aristoteles gutmütiges und kränkendes Lachen und weist auf die entspannende Wirkung und die Notwendigkeit der Erholung beim Publikum hin, die das Lachen rechtfertigten.⁵⁴ Aristoteles entdeckt mit solchen Kompensationsleistungen, die auf eine zeitweise störende Unordnung bezogen sind, ein positives Potential im Komischen; Mängel und Spannungen können im Lachvorgang zutage treten und ausgleichend behoben werden. Die Verbindung von Mangel und Lust erklärt sich aus dem körperlich erfahrbaren Vergnügen, eine entstandene Unordnung in einer Ordnung aufgehoben zu sehen. Deshalb ist das Lachen einerseits rein körperlicher Natur, als Äußerung des Zwerchfells eine Brücke zwischen dem Oben und Unten des Leibes, andererseits ist es geistig bedingt, wobei die in die Gebiete des Trieblebens weisende Anteile des Lachvorgangs im Rahmen einer Kultivierung der Affekte zu behandeln sind. Auch deshalb sind für die späteren Nachwirkungen dieser Theorie die der Domestizierung eines unbotmäßigen Lachens implizierten sozialen Fragen von Ordnung, Moral und Gesellschaftlichkeit hervorzuheben.

Dies gilt ebenso für den anderen Bereich, in dem das Lächerliche nicht nur bei Aristoteles, sondern in der ganzen Antike auf seine Wirkung hin breit diskutiert wird – in der Rhetorik. Zu wissen, wie man Lachen hervorruft, ist nach Aristoteles ›im Kampf der Geister‹ von Nutzen, denn, wie schon Gorgias gelehrt habe, müsse man dem Ernst des Gegners mit Witz begegnen und umgekehrt Witz und Gelächter des Gegners durch Ernst zunichte machen. Das Lachen weist Aristoteles hier als Angenehmes dem Ethos zu – also jener emotionalen Redefunktion, die durch Sympathiegewinn für Person und Charakter des Redners dessen Glaubwürdigkeit begründet.⁵⁵

Cicero hat sich mit dem ridiculum, das begrifflich Arten der Komik sowie den Witz einbegreift, ausführlich auseinandergesetzt. Ein Lachen erwächst aus enttäuschter Erwartung, verbunden mit einem Überraschungsmoment (»exspectationibus decipiendis«⁵⁶) – eine inkongruenztheoretische Bestimmung. Cicero limitiert zwar die zulässigen Objekte der Lächerlichkeit und verweist auf definitive Grenzen von Mitleid und Haß, erlaubt jedoch das Auslachen, wenn dadurch ein Gegner getroffen wird. Diese Art des Lachens hat die Wirkung des Pathos, wohingegen das gefällige Lachen dem Ethos zugehört.⁵⁷

In der Rhetoriktradition erscheint das Lachen als ein relativ unberechenbarer Affekt, für den zu klären ist, wieweit oder unter welchen Bedingungen er zulässig ist. Es ist der ontologische Status einer Ordnungsverletzung, die über die fundamentalen Qualitäten des Lächerlichen bestimmt. »An dieser Stelle tritt der kategoriale Unterschied antiker Analysen des Komischen gegenüber einer modernen Theorie hervor, die gerade aus der heimlichen oder ausdrücklichen Überzeugung von der Labilität aller Ordnung die Charakteristik dieses Phänomens entwickelt. [...] Diese Komplementarität antiker und moderner Theorien aber verdeutlicht zugleich ihre Konstante: Die Bestimmung der Natur des Komischen ist hier wie dort eine abhängige Variable einer Ontologie, die sich in der Analyse dieses Widerparts aller Ordnung ihrer eigenen

---

53 ARISTOTELES, Poet. 1449a; dt.: Poetik, griech.-dt., hg. u. übers. v. M. Fuhrmann (Stuttgart 1982), 17.
54 Vgl. ARISTOTELES, Eth. Nic. 1128b.
55 Vgl. ARISTOTELES, Rhet. 1419b.
56 CICERO, De or. 2, 289.
57 Vgl. ebd., 2, 236.

Ordnungen versichert.«[58] Die subversive Natur des Komischen beginnt in der Renaissance mit Vincenzo Maggi, *De ridiculis* (1550), theoretisch greifbar zu werden.

III. Die Diskussion der Superioritätstheorie des Verlachens im 17. Jahrhundert

Seit der zweiten Hälfte des 17. Jh. lassen sich in England zahlreiche Theorien des Lachens finden, die zumeist Bausteine einer Theorie des Komischen beinhalten. Sie haben einen physiologischen Ausgangspunkt: Das Lachen wird am Körper und seinem symptomatischen Ausdruck wahrgenommen. Die Struktur des Lachanlasses wird zunächst nicht diskutiert bzw. in einem Stimulus-Respons-Verhältnis impliziert. So erscheint Thomas Hobbes' einflußreiche Theorie des Verlachens aus Überlegenheit im Zusammenhang einer Lehre der Leidenschaften, die wohl in Grundzügen auf die Leidenschaftslehre des Thomas von Aquin zurückzuführen ist, als Teil seiner Darstellung der körpernahen ›animal motions‹, ›appetite‹ und ›aversion‹. Lachen ist in dieser physiologischen, ahistorischen Argumentationsweise, die auf eine moralistisch-anthropologische Betrachtung des Lachens zielt, sowohl Symptom der pathologischen Überspannung eines Körperorgans als auch dessen kathartische Therapie. Lachen ist »in den Kontext von *mirth* und *sport* und *revelry* eingebettet, alles Formen einer geselligen und körperbetonten Ausgelassenheit, wie sie die elisabethanische Komödie immer wieder ausstellt und in denen sich der einzelne

---

58 ANDREAS KABLITZ, Lachen und Komik als Gegenstand frühneuzeitlicher Theoriebildung, in: L. Fietz u. a. (Hg.), Semiotik, Rhetorik und Soziologie des Lachens. Vergleichende Studien zum Funktionswandel des Lachens vom Mittelalter zur Gegenwart (Tübingen 1996), 135.
59 MANFRED PFISTER, ›An Argument of Laughter‹. Lachkultur und Theater im England der Frühen Neuzeit, in: Fietz (s. Anm. 58), 207.
60 THOMAS HOBBES, Leviathan (1651; Cambridge 1904), 34.
61 HOBBES, Human Nature, or the Fundamental Elements of Policy (1650), in: HOBBES (ENGL), Bd. 4 (1840), 46.

wieder ins Lot spielen und lachen kann und damit auch in die Lage versetzt wird, ›civil ordinance‹ zu bewahren«[59].

In der Hobbesschen Superioritätstheorie wird das Lachen als Ausdruck eines Überlegenheitsgefühls angesichts der Schwächen des Verlachten dem Affekt der Freude zugeordnet. ›Joy‹ kann sowohl aus der Bewunderung für jemand anderen als auch aus dem echten Stolz auf eigene Fähigkeiten, aus Selbstvertrauen, resultieren; eitler Stolz führt dagegen in die Selbstgefälligkeit der ›vain-glory‹. Ein plötzliches und unbedachtes Gefühl von Stolz als Selbstüberheblichkeit führt zur ›Grimasse‹ des Lachens. Offenbar liegt dem dahinterstehenden Menschenbild und der daraus ableitbaren Soziallehre letztlich die biblische Vorstellung vom gefallenen Menschen zugrunde, in dessen Selbstbezogenheit und Eitelkeit seine Gottesferne zum Ausdruck kommt: »*Sudden* Glory, is the passion which maketh those *Grimaces* called *Laughter* ; and is caused either by some sudden act of their own, that pleaseth them; or by the apprehension of some deformed thing in another, by comparison whereof they suddenly applaud themselves. And it is incident most to them, that are conscious of the fewest abilities in themselves; who are forced to keep themselves in their own favour, by observing the imperfections of other men.«[60]

An anderer Stelle wird das Lachen als Ausdruck einer ›sudden glory‹ noch befreiender, ungebrochener, auch aggressiver gefaßt: Die Ich-Stärke einer unangefochtenen Vernunft bestimmt das Lachen aus dem spontanen Überlegenheitsgefühl angesichts der Inferiorität eines anderen oder dem früheren Selbst. »The passion of laughter is nothing else but *sudden glory* arising from some sudden *conception* of some *eminency* in ourselves, by *comparison* with the *infirmity* of others, or with our own formerly: for men laugh at the follies of themselves past, when they come suddenly to remembrance, except they bring with them any present dishonour.«[61]

In Hobbes' Superioritätstheorie liegt eine gewisse Zwiespältigkeit. Die Illusionslosigkeit seines Blicks auf die menschlichen Leidenschaften und die gesellschaftlichen Beziehungen ist in ihrer Nüchternheit bestechend, andererseits hat sie etwas egoistisch Negatives und mechanisch Reduktionistisches. In den beispielhaften Gegenreaktionen – nicht nur in England von Alexander Pope und anderen, sondern etwa auch von Spinoza – werden entsprechend Verkürzungen in der Hobbesschen Anthropologie benannt. Diese Reaktionen selbst sind andererseits in mancher Hinsicht ein Rückschritt, der ›ideologischer‹ Verblendung Vorschub leistet. Pope begründet seinen Widerspruch gegen Hobbes damit, daß dieser zu einseitig aus der Perspektive des Überlegenen her die ›good nature‹ des Menschen diffamiere, und führt das Argument der natürlichen Ehrlichkeit des Lachens ins Feld. Von daher kommt er zur problemgeschichtlich konstanten Unterscheidung von Verlachen und Mitlachen: »I know some Philosophers define Laughter A recommending our selves to our own favour, by comparison with the weakness of another, but I am shure I very rarely laugh with that view, nor do I believe *Children* have any such consideration in their heads, when they express their pleasure this way: I laugh full as innocently as they, for the most part and as sillily. There is a difference too betwixt laughing *about* a thing and laughing *at* a thing: One may find the inferior Man (to make a kind of casuistical distinction) provok'd to folly at the sight or observation of some *circumstance of a thing*, when the *thing itself* appears solemn and august to the superior Man, that is, our Judgement and Reason. [...] To conclude, those that are my friends I *laugh with*, and those that are not I *laugh at*«[62], so Pope in einem Brief an Cromwell, der offensichtlich Lessing bekannt war.

Spinoza argumentiert 1677 in der *Ethica*, daß die äußeren Affektionen des Körpers, die man bei den Affekten beobachtet, wie Zittern, Erblassen, Schluchzen, Lachen, sich bloß auf den Körper beziehen und keine Relation zur Seele unterhalten.[63] Darüber hinaus bejaht er in der Unterscheidung zwischen ›irrisio‹, dem spöttischen Verlachen, und ›risus‹, dem ergötzlichen Lachen, ein Lachen, das dem Weisen ziemt: »Das Lachen, wie auch der Scherz, ist reine Freude, und ist daher, wofern Übermaß vermieden wird, an sich gut. Fürwahr, nur ein finsterer und trauriger Aberglaube verbietet, sich zu erheitern.« (Nam risus, ut et jocus, mera est Laetitia; adeoque modo excessum non habeat, per se bonus est. Nihil profecto nisi torva et tristis superstitio delectari prohibet.)[64]

IV. ›Ridicule‹ und ›comique‹ im 17. und 18. Jahrhundert

»Rire est le propre de l'homme«[65], hatte Rabelais festgestellt. Ausgehend von diesem Befund werden im 17. Jh. in einer sich wandelnden Gesellschaft, in der die Formen des gesellschaftlichen Umgangs immer restriktiver geregelt werden, auch die Funktionen des Lachens und des Lächerlichen in den sozialen Normensystemen verankert. So setzt zur Zeit La Rochefoucaulds eine Linie der Deutung des Lächerlichen und Komischen ein, die sich ganz ausdrücklich an diesen Normen des gesellschaftlichen Zusammenlebens orientiert: »Le ridicule déshonore plus que le déshonneur«[66]. Diese Beobachtung erklärt der Abbé de Bellegarde aus der sozialen Natur des Menschen: Gerade weil wir für die Gesellschaft geboren seien, müßten wir uns vor nichts mehr hüten als vor dem Lächerlichen: »pour éviter tout ce qui peut rebuter les personnes que nous pratiquons, & diminuer le plaisir qu'elles goûtent en nôtre commerce«. Jean-Baptiste de Morvan de Bellegarde empfiehlt »perpetuellement en garde contre le Ridicule«[67] zu sein, um den gesellschaftlichen Normen der ›bienséance‹ Geltung verschaffen zu können. Das mehrfach auch in Deutschland aufgelegte Werk (dt. zuerst 1708) ist ein Beispiel anthropologisch begründeter höfischer Verhaltenslehren.

René Descartes hatte 1649 in seinen *Passions de l'âme* noch eine physiologisch-psychologische Deutung des Lachens gegeben: »L'experience aussi

---

62 ALEXANDER POPE an Oliver Cromwell (30. 12. 1710), in: Pope, Correspondence, hg. v. G. Sherburn, Bd. 1 (Oxford 1956), 111 f.
63 Vgl. BARUCH DE SPINOZA, Ethica ordine geometrico demonstrata (1677), hg. v. J. van Vloten/J. P. N. Land (Den Haag 1905), 99.
64 Ebd., 137; dt.: Die Ethik, in: Spinoza, Die Ethik. Schriften und Briefe, hg. v. F. Bülow, übers. v. C. Vogl (Stuttgart 1976), 235.
65 FRANÇOIS RABELAIS, La vie très horrificque du grand Gargantua, père de Pantagruel (1534), in: Rabelais, Œuvres complètes, hg. v. J. Boulenger (Paris 1955), 2.
66 FRANÇOIS DE LA ROCHEFOUCAULD, Maximes (1665), in: La Rochefoucauld, Œuvres (Paris 1957), 451, Nr. 326.
67 JEAN-BAPTISTE DE MORVAN DE BELLEGARDE, Réflexions sur le ridicule et sur les moyens de l'éviter [...] (Paris 1696), 2.

nous fait voir, qu'en toutes les rencontres qui peuvent produire ce Ris esclatant, qui vient du poumon, il y a tousjours quelque petit sujet de Haine, ou du moins d'Admiration.«[68] Außerdem gehört ein Überraschungsmoment dazu: Wo das Lachen »est naturel, il semble venir de la Ioye qu'on a de ce qu'on voit ne pouvoir estre offencé par le mal dont on est indigné, & avec cela, de ce qu'on se trouve surpris par la nouveauté ou par la rencontre inopinée de ce mal: de façon que la Ioye, la Haine & l'Admiration y contribuent.« (422). Man haßt das Übel und freut sich, es an dem zu sehen, der es verdient. Immerhin hat hier eine objektivierende Verschiebung gegenüber dem Superioritätslachen Hobbes' stattgefunden, insofern nicht mehr die Person selbst, sondern das Übel gemeint ist.

Das Lachen gehört dem Leib zu und unterliegt der Notwendigkeit der Affektkontrolle. Diese steht nicht nur mit den zu dieser Zeit gängigen Topoi der Inferiorität der Komödie gegenüber der Tragödie in einem Zusammenhang, sondern mit der Hierarchisierung der Künste überhaupt: Das Komische gehört nun einmal zu den niederen Gattungen. Molières Widerlegung der These vom niederen Rang der Komödie in der *Critique de L'école des femmes* (1663) bezeugt die allgemeine Verbreitung dieses Vorurteils im klassischen Zeitalter[69], wobei Pascals unmißverständliches Wort von der Komödie als der gefährlichsten Art der Zerstreuung (»Tous les grands divertissements sont dangereux pour la vie chrétienne; mais entre tous ceux que le monde a inventés, il n'y en a point qui soit plus à craindre que la comédie.«[70]) die gleichzeitige unterschwellige Angst vor ihren regelverletzenden Implikationen belegt. Wenn Molière aber in der *Critique* feststellen läßt: »Il n'est pas incompatible qu'une personne soit ridicule en de certaines choses et honnête homme en d'autres«[71], weist er über die geltenden historischen Normensysteme für die Bestimmung der Lächerlichkeit hinaus auf einen Konflikt konkurrierender Perspektivierungen.

Aber Molière ist auch als Beispiel für das Sichtbarmachen sozialer Implikationen nicht nur in der Theorie der Komödie zu werten: Im Zusammenhang der Auseinandersetzungen um den *Tartuffe* (1664) erscheint die *Lettre sur la comédie de l'Imposteur* (1667), die ›raison‹ und ›bienséance‹ als die Normen bestimmt, an denen sich das gesellschaftliche Verhalten zu orientieren habe. Das Lächerliche ist als Mangel an raison die sinnlich wahrnehmbare Form des Unvernünftigen. Dessen Erkenntnis ruft »une joie mêlée de mépris« hervor: »le sentiment par lequel nous jugeons quelque chose ridicule.« In Opposition dazu erzeuge die Wahrnehmung des Vernünftigen »une joie mêlée d'estime«: »Le ridicule est donc la forme extérieure et sensible que la providence de la nature a attachée à tout ce qui est déraisonnable, pour nous en faire apercevoir, et nous obliger à le fuir. Pour connaître ce ridicule, il faut connaître la raison, dont il signifie le défaut, et voir en quoi elle consiste. Son caractère n'est autre, dans le fond, que la convenance, et sa marque sensible, la bienséance.«[72] Der gesellschaftliche Repräsentant der Werte von raison versus déraison bzw. bienséance versus ridicule ist letztlich der ›honnête homme‹ von ›la cour et la ville‹.[73]

Der Wirklichkeitsanspruch des Lächerlichen wurde unter Einfluß der englischen Diskussion poetologisch und erkenntnistheoretisch über einen Begriff von comique vermittelt. Die sensualistische Ästhetik eines Jean-Baptiste Du Bos, *Réflexions critiques sur la poësie et sur la peinture* (1719), etwa systematisierte die Diskussionen über den Stellenwert der Sinneserkenntnis im Gesamtprozeß der Erkenntnis. Das jedem Menschen von Natur verliehene Empfindungsvermögen ist die anthropologische Voraussetzung die ›psychologisch‹ verstandenen Aufnahme und Wirkung von Kunst, die ihrerseits an die sinnliche Wahrnehmung gebunden ist. Ästhetisches Miterleben (vor allem das bei Lessing zentral werdende ›Mitleiden‹) ist durch den fiktionalen Status der Kunst bedingt, was beispiel-

---

68 RENÉ DESCARTES, Les passions de l'âme (1649), in: DESCARTES, Bd. 11 (1909; 1967), 421.
69 Vgl. ›Comique‹, in: SOURIAU, 436.
70 BLAISE PASCAL, Pensées (1670), in: Pascal, Œuvres complètes, hg. v. J. Chevalier (Paris 1954), 1145, Nr. 208.
71 MOLIÈRE, La critique de L'école des femmes (1663), in: Molière, Œuvres complètes, hg. v. G. Couton, Bd. 1 (Paris 1971), 666.
72 MOLIÈRE, Lettre sur la comédie de l'Imposteur (1667), in: ebd., 1174.
73 Vgl. JÜRGEN GRIMM, Molière (Stuttgart 1984), 152–154.

haft auf einem Theater zu erfahren ist. »Le plaisir que nous avons au Théâtre n'est point produit par l'illusion. [...] Or il est vrai que tout ce que nous voyons au théâtre, concourt à nous émouvoir; mais rien n'y fait illusion à nos sens, car tout s'y montre comme imitation.«[74]

An der paradigmatischen dramatis persona werden die sonst verborgenen oder unkontrolliert zum Ausbruch kommenden Affekte der Individuen in der ästhetisierten Vermittlung erfahrbar. »Il faut mettre la scène des Comédies dans les lieux & dans les tems où elle est représentée: que son sujet doit être pris entre les événemens ordinaires; & que ses personnages doivent ressembler par toutes sortes d'endroits au peuple pour qui l'on la compose.« (163) Eben wegen dieser relativen Realitätsnähe kann die Komödie beanspruchen, »[de] nous corriger des défauts qu'elle joue, afin que nous devenions meilleurs pour la société« (164). Damit wertet Du Bos die Ständeklausel entscheidend ab: Die Komödie, die uns Bilder des gemeinen Lebens vorführt, wird zu jenem bürgerlichen Reflexionsmedium, das die Abenteuer uns Gleicher vorstellt.

Auch Charles Batteux nimmt ausdrücklich auf die Darstellungen des Schauspielers Bezug: »Der Komödiant darf [...] merken lassen, daß er ein Nachahmer ist: weil eine jede Nachahmung des Lächerlichen schon an sich selbst lächerlich ist; theils, weil sie etwas Lächerliches zum Gegenstande hat, theils, weil sie sich die Mühe giebt, es nachzuahmen, zu kopieren.« Das Vermittlungsmoment der Darstellung ist das eigentlich Charakteristische des Komischen. »Die komischen Handlungen, Charakter und Reden können sich zu gleicher Zeit als Schilderungen und als Wahrheiten zeigen: als Wahrheiten, weil das Natürliche darin herrschen muß; als Schilderungen der Kunst, weil man einige bloß künstliche Verstärkungen hinzuthut [...]. Das Komische, was die Lateiner vis comica nannten, ist also [...] das lächerliche Wahre, aber mehr oder weniger verstärkt, nachdem das Komische mehr oder weniger fein ist. Es giebt einen gewissen Grad, unter welchem man noch nicht lacht, und über welchem man nicht mehr lacht, zum wenigstens vernünftige Leute nicht. Je feiner unser Geschmack ist, und je mehr er sich an gute Muster gewöhnt hat, desto mehr empfindet man diesen Grad: allein dieß ist eines von den Dingen, die man nur allein empfinden kann.«[75] Der am Geschmack orientierte Grundgedanke, daß es die komische Schauspielkunst ist, die die Wirklichkeit wiedergeben kann, erweist sich für die deutsche Diskussion als eminent einflußreich.

In der Darstellung der sozialen Implikationen der Theorien des Komischen und Lächerlichen gebührt den französischen Moralisten ein herausragender Platz. Sie schneiden unter dem Zentralwort ridicule im wesentlichen drei Problemkreise an: 1. die Historizität, die soziale und kulturelle Bedingtheit dessen, was als komisch gilt; 2. die gesellschaftlichen Normen und Zwänge selbst, ihre Entstehung und Begründung; 3. das anarchische Element des Normverstoßes, der Regelverletzung, das verurteilt oder gutgeheißen werden kann.

Für Jean de La Bruyère ist jede Abweichung von den anerkannten Normen, sofern sie nicht moralisch verwerflich ist und deswegen von einer »dépravation du cœur« herrührt, sondern bloß einem »défaut d'esprit« entspringt, als ein Lächerliches zu bewerten. »L'homme ridicule est celui qui tant qu'il demeure tel, a les apparences du sot«[76]. Wer sich nicht durch unziemliches Verhalten lächerlich machen will, muß über guten Geschmack verfügen.

Diesem lebensweltlich Lächerlichen steht ein ›ästhetisiertes‹ Komisches gegenüber, das selbst den Tugendhaften zum Lachen bringt. Dies wäre »le vrai comique« ohne alle Zweideutigkeiten, nämlich die Komik aus der wirklichen Kenntnis der Charaktere, welche allein mit der Natur des Menschen korrespondiert. »Ce n'est point assez que les mœurs du théâtre ne soient point mauvaises, il faut encore qu'elles soient décentes et instructives. Il peut y avoir un ridicule si bas et si grossier, ou même si fade et si indifférent, qu'il n'est ni permis au poète d'y faire attention, ni possible aux spectateurs de s'en divertir.« (82) In dieser qualitativen

---

74 DU BOS, Bd. 1, 451 f.
75 CHARLES BATTEUX, Einleitung in die Schönen Wissenschaften. Nach dem Französischen des Herrn Batteux mit Zusätzen vermehrt, übers. v. Karl Wilhelm Ramler, Bd. 2 (1751; Gotha/Leipzig ⁵1802), 398–404; vgl. BATTEUX (1746), 218–224.
76 LA BRUYÈRE, Les caractères ou les mœurs de ce siècle (1688), in: La Bruyère, Œuvres complètes, hg. v. J. Benda (Paris 1951), 358.

Verschiedenheit zum bloß Lächerlichen, die der komische Dichter lehrreich gestalten können muß, liege denn auch »la première source de tout le comique, je dis celui qui est épuré des pointes, des obscénités, des équivoques, qui est pris dans la nature, qui fait rire les sages et les vertueux«[77].

Auch für Nicolas Sébastien Chamfort hat das Theater eine grundlegende Funktion in der Propagierung gesellschaftlicher Wertvorstellungen, wobei es positiv wie negativ verstärken kann. Auf einem höherstehenden Theater soll das ungereinigte ridicule als »le ridicule vrai« zum comique werden. Deshalb muß es »sur la scène comique [...] toujours agréable, délicat« sein »et ne nous cause aucune inquiétude secrète«, ansonsten langweile es oder mache verdrießlich. »Le comique, que les Latins appellent vis comica, est donc le ridicule vrai, mais chargé plus ou moins.«[78] Bei Chamfort ist dies, wie überhaupt die Eingrenzung dessen, was als »difformités ridicules« betrachtet wird, bezogen auf gesellschaftliche Wertvorstellungen, abhängig von einer jeweils bestehenden »idée d'ordre ou de décence établie«; es resultiert aus dem Widerspruch »des pensées de quelque homme, de ses sentimens, de ses mœurs, de son air, de son façon de faire, avec la nature, avec les lois reçues, avec les usages« (211). Von daher ist es nicht verwunderlich, daß die Lächerlichkeiten, die man dem Zuschauer auf der Bühne vor Augen stellen kann, schier unerschöpflich sind. »Le ridicule se trouve partout: il n'y a pas une de nos actions, de nos pensées, pas un de nos gestes, de nos mouvemens, qui n'en soient susceptibles.« (213)

Aber nur relativ unbedeutende Abweichungen von den etablierten Normen sind belachenswert: »ce qui est contre la raison est sottise ou folie; contre l'équité c'est crime«[79]. Charles-Pinot Duclos schränkt das Lächerliche deshalb ein: »Le ridicule ne devroit donc avoir lieu que dans les choses indifférentes par elles-mêmes, et consacrées par la mode. Les habits, le langage, les manières, le maintien, voilà son domaine, son ressort.« (ebd.) Die Mode freilich bestimmt praktisch das gesamte gesellschaftliche Verhalten: »nous jugeons des actions, des idées et des sentimens sur leur rapport avec la mode. Tout ce qui n'y est pas conforme est trouvé ridicule.« (111 f.) Die Antwort Duclos' auf eine der französischen Akademie vorgeschlagene Preisaufgabe von 1751 – ›Si la crainte du ridicule étouffe plus de talens & de vertus, qu'elle ne corrige de vices et défauts‹ – zeigt, daß er die negativen Wirkungen der Furcht vor den Sanktionen des gesellschaftlich Lächerlichwerdens nicht mehr für sich akzeptieren konnte: »La crainte puérile du ridicule étouffe les idées, rétrécit les esprits et les forme sur un seul modèle« (114).

Die sich hiermit andeutende Problematisierung der Eindeutigkeit von Wertmaßstäben vor dem Hintergrund des gesellschaftlichen Charakters des Lachens verweist auf das in der Aufklärung vieldiskutierte Problem, wie Lachen als Affekt mit der Vernunft überhaupt in Einklang zu bringen ist. Anregungen dafür bot Louis Poinsinet de Sivrys *Traité des causes physiques et morales du rire, relativement à l'art de l'exciter* (1768), in der der Autor Philippe N. Destouches, den Wegbereiter des rührenden Lustspiels, Bernard de Fontenelle und Montesquieu das Lachen unter verschiedensten Aspekten untersuchen läßt.

Destouches stellt fest, »que le rire prend sa source dans une joye raisonnée«[80]. Damit ist ein subjektives, spielerisches Vergnügen eines glücklichen, moralisch guten Menschen gemeint, so daß »la joye est la source du rire, sous les auspices de la raison; & lorsque la faculté intelligente n'agit point sur nous de tout son pouvoir« (12). »les ignorans & les fous [rient] par un vice de discernement qui leur cache ou leur déguise une partie des objets, & ne leur permet d'y voir que ce qui les flatte; les jeunes gens, les femmes & les sanguins, parce que la maniere d'envisager les choses dépendant presque entièrement de notre conformation, & ceux-ci étant d'une organisation plus sensible & plus déliée, il s'ensuit qu'ils doivent saisir plus rapidement

---

77 LA BRUYÈRE, Discours sur Théophraste (1688), in: ebd., 6.
78 NICOLAS SÉBASTIEN CHAMFORT, Conduite de l'action dramatique – Ridicule, in: Chamfort, Œuvres complètes, hg. v. P. R. Auguis, Bd. 4 (Paris 1824), 212.
79 CHARLES-PINOT DUCLOS, Considérations sur les mœurs de ce siècle (1751), in: Duclos, Œuvres, hg. v. M. Auger, Bd. 1 (Paris 1820), 111.
80 LOUIS POINSINET DE SIVRY, Traité des causes physiques et morales du rire, relativement à l'art de l'exciter (1768), hg. v. W. Brooks (Exeter 1986), 10.

que les autres le côté agréable du tableau.« (13) Warum aber »ne rions-nous jamais ou presque jamais seuls [...]?« Offenbar deswegen, weil in der Einsamkeit die Vernunft uns zurückhält, »dont le pouvoir ne se fait jamais mieux sentir à l'homme, que lorsqu'il est isolé du commerce bruyant de ses semblables« (12).

Montesquieu meint, »que le ris doit sa naissance à cette espece d'abus de raison, qu'on nomme orgueil« (38). Der Grund des Lachens liegt in einem »aiguillon de l'amour-propre« (41), und die Eitelkeit als »vrai principe du rire« (33) ist demnach eine Art Vernunftmißbrauch, der auf der Seite des Lachenden, nicht des verlachten Objekts gesucht werden muß. Hiermit ist das Problem eines Wechselverhältnisses zwischen dem Selbstverständnis eines wahrnehmenden Subjekts und einem objektiven Stimulus für das Lachen herausgeschält.

Nach Fontenelle ist »la folie [...] la source du rire« (27), die wie der Rausch Vergnügen macht. Er geht von einer »surprise faite à [l]a raison« aus, »rien n'étant plus contraire au *rire* que la réflexion & le discernement« (28). »La joye est un mouvement trop prompt, & l'éruption du rire est trop brusque, pour que personne consente d'en attribuer la cause aux procédés tardifs & circonspects du jugement.« (19) Das, was dem Verstand so überfallartig plötzlich begegnet, führt zu einer »éclipse de jugement« (28). »Mit der Vernunftkrise als Ursache des Lachens«, so Markus Fauser, »wurde erstmals der Riß in der selbstverständlichen Verknüpfung von Verstand und Lachen sichtbar, das Lachen rein subjektiv erklärt und somit freigesetzt.«[81]

V. Englische Inkongruenztheorien vom Ende des 17. bis ins 18. Jahrhundert

Wurde zu Beginn des 17. Jh. das Lachen noch mit dem Verlachen gleichgesetzt, gewann es zur Mitte des Jahrhunderts hin das Lachen einen neuen Stellenwert: als jene genuin menschliche Emotion, deren Erfahrung doch zumeist als angenehm empfunden wird. Der Mensch im Sinne eines aufgeklärten Sentimentalismus des 18. Jh. schließlich ist mit ›good nature‹ und einem angeborenen ›moral sense‹ ausgestattet, ohne den Zusammenleben nicht möglich wäre. Vor diesem Hintergrund läßt sich nicht nur in England eine Verschiebung hin zum Humorbegriff konstatieren. Sie ist durchaus als Reaktion gegen den Verlust satirischer Normannahmen interpretierbar – offensichtlich gehen zuvor noch klare und fixierte Standards moralischer, sozialer, religiöser Art verloren; dagegen scheint sich mit dem Humorbegriff eine Anerkennung von einzelnen Persönlichkeiten, subjektiven Motiven und Umständen durchzusetzen. In Anbetracht einer Idee von Sozialität, die das (vor allem wirtschaftlich erfolgreiche bürgerliche) Individuum positiv herausstellt sowie auf Ausgleich und Integration zwischen den oberen Schichten der Gesellschaft bedacht ist, wird hierbei nicht nur das Mitleiden, sondern auch das Mitlachen als gesellschaftlich integrationsfähige Handlungsintention propagiert.

Mit der Bewegung hin zu einem versöhnenden Humorbegriff – in Verbindung mit der Entwicklung des Sentimentalismus z. B. eines Adam Smith mit seiner *Theory of Moral Sentiments* (1759) – rückt die menschliche Subjektivität bzw. Individualität den in Mittelpunkt des Interesses. Weil der Mensch ein ›natürliches‹ soziales Gefühl besitzt und ein Streben nach gemeinsamen Zielen, erscheint ›sympathy‹ in ›ethical actions‹ als natürlicher Reflex, durch den man Emotionen mit anderen teilt, weshalb man durch ›sympathetic imagination‹ befähigt ist, sich in die Position von anderen zu versetzen. Sie ermöglicht dem Dichter, vorgestellte Charaktere in ihrer Lebendigkeit von innen heraus zu kreieren. Dabei führt die Akzeptierung menschlicher Schwächen und Irrationalitäten – durchaus im Sinne des christlichen Vergebungsmotivs – zu einer eher historisierenden Interpretation des Lachhaften.[82]

Vor dem Hintergrund seiner sensualistischen Fragestellung, welcher Stellenwert der Sinneswahrnehmung im Erkenntnisprozeß beigemessen werden kann, hatte John Locke in seinem *Essay Concerning Human Understanding* (1690) ›wit‹ in Ab-

---

81 MARKUS FAUSER, Das Gespräch im 18. Jahrhundert. Rhetorik und Geselligkeit in Deutschland (Stuttgart 1991), 397.
82 Vgl. TAVE (s. Anm. 25), 202 f.

grenzung von ›judgment‹ definiert: »men who have a great deal of wit, and prompt memories, have not always the clearest judgment or deepest reason: for wit lying most in the assemblage of ideas, and putting those together with quickness and variety, wherein can be found any resemblance or congruity, thereby to make up pleasant pictures and agreeable visions in the fancy; judgment, on the contrary, lies quite on the other side, in separating carefully, one from another, ideas wherein can be found the least difference«[83]. Wit ist eine elementare geistige Beweglichkeit, eine hochkomplexe phantasievolle Verbindung von ›ideas‹, die sich allerdings mit Wahrheit und Vernunft nicht völlig deckt.

Der Paradigmenwechsel vom unziemlichen Lachen zum Humor ging mit Verschiebungen im Menschenbild einher, wie sie sich einflußreich in der Philosophie Shaftesburys abzuzeichnen begannen. Shaftesbury kritisiert die Rolle des Egoismus bei Hobbes und funktionalisiert gegenüber Locke das Lachen geradezu als Werkzeug des Verstandes. Unter der Anwendung des im 18. Jh. vieldiskutierten Konzepts vom »test of ridicule«[84] kommt durch das Lächerliche im Umkehrschluß die Echtheit von Urteilen, Wertungen und Gefühlen ans Licht: »Truth, ›tis suppos'd, may bear *all* Lights: and *one* of those principal Lights or natural Mediums, by which Things are to be view'd, in order to a thorow Recognition, is *Ridicule* itself, or that Manner of Proof by which we discern whatever is liable to just Raillery in any Subject.«[85] In *Sensus Communis* (1711) wie auch im *Letter Concerning Enthusiasm* (1708) verteidigt Shaftesbury den freien Gebrauch von wit und humour als Freiheit des kritischen Geistes.

Shaftesbury ist sich bewußt, daß es eine schwere Aufgabe ist, den Sinn für das Lächerliche zu disziplinieren und mit Geschmack zu erziehen: »'Tis in reality a serious Study, to learn to temper and regulate that *Humour* which Nature has given us, as a more lenitive Remedy against Vice, and a kind of Specifick against Superstition and Melancholy Delusion. There is a great difference between seeking how to raise a Laugh from every thing; and seeking, in every thing, what justly may be laugh'd at. For nothing is ridiculous but what is deform'd: Nor any thing proof against *Raillery*, but what is handsome and just.« (102) Darüber hinaus verbindet sich mit sensualistischer Ästhetik Vorstellungen einer aristokratischen Sozialethik: »the Liberty of the *Club*«, »that sort of Freedom which is taken amongst *Gentlemen* and *Friends*, who know one another perfectly well« (36). Die Lebensart des wohlerzogenen Gentleman, der mit dem Sinn für das von Natur her Schöne und Geziemende ausgestattet ist, begründet die gesellige Entspannungsfunktion des Individualität ausmachenden Humors.

Im frühen 18. Jh. erschienen die alten und neuen Ausdrücke im Bereich des Komischen – humour, wit, raillery, ridicule, burlesque, irony – keineswegs trennscharf voneinander abgesetzt. Die entsprechenden Wertungen wurden nicht in den Wörtern selbst vorausgesetzt, sondern sie mußten mit Adjektiven (›good‹, ›true‹) gekennzeichnet werden. Die Maßstäbe für echt und falsch, gut und böse waren an den Leitvorstellungen der Epoche (humanity, benevolence, tolerance) und der Vorstellung einer durch Wohlwollen bestimmten Gesellschaft orientiert. In der Entwicklung hin zum Anfang des 19. Jh. läßt sich dieses in bewertende Begriffe gefaßte, entscheidend positivierte Lachen als Zeichen für eine gesellschaftlich erstrebenswerte Humanität begreifen.

Auch Joseph Addison geht von der Vorstellung der good nature bzw. good-humour aus. 1711 äußert er sich in verschiedenen Nummern des *Spectator*. Er schließt sich der Definition Lockes für wit (›assemblage of ideas‹) an, stellt aber die ästhetischen Effekte von Witz, Vergnügen und Überraschung heraus: »I shall only add to it, by way of Explanation, That every Resemblance of Ideas is not that which we call Wit, unless it be such an one that gives *Delight* and *Surprize* to the Reader.«[86]

---

83 JOHN LOCKE, An Essay Concerning Human Understanding (1690), in: LOCKE, Bd. 1 (1823), 145.
84 ANTHONY ASHLEY COOPER SHAFTESBURY, A Letter Concerning Enthusiasm (1708), in: Shaftesbury, Characteristics of Men, Manners, Opinions, Times, etc., hg. v. J. M. Robertson, Bd. 1 (London 1900), 10.
85 SHAFTESBURY, Sensus Communis. An Essay on the Freedom of Wit and Humour (1711), in: SHAFTESBURY, Bd. 1/3 (1992), 18.
86 JOSEPH ADDISON, in: The Spectator, hg. v. D. F. Bond, Bd. 1 (Oxford 1965), Nr. 62 (11. 5. 1711), 264.

Hierauf basiert der als gut qualifizierte wit: »That the Basis of all Wit is Truth; and that no Thought can be valuable, of which good Sense is not the Ground-work.« (268) Humor muß stets von der Vernunft geleitet werden und impliziert Urteilsfähigkeit. Es nimmt nicht wunder, daß Addison der Vernunft eine so wichtige Rolle zuschreibt, wenn er sich gegen die Entartung der Komik wendet. Satire, auch und gerade die mit Geist und Witz geschriebene, gilt ihm als Mißbrauch: »false Wit« (265). Der Spott des falschen Wit ist persönlich, gegen den Menschen statt gegen das Laster gerichtet. Folglich muß wit durch »Virtue and Humanity«[87] gemildert werden. Ziel ist Lachen ohne Bosheit eines von Natur gutartigen Menschen, wobei »some Oddness or Infirmity«[88] das für den Menschen Interessante und Vergnügen Erzeugende sind. Diese Positivierung des Sonderlings bleibt eine für die englische Humor-Diskussion bleibende Komponente.

Addison nimmt die anthropologische Begründung der Hobbesschen Superioritätstheorie wieder auf und erweitert sie um soziologische Aspekte: Hobbes' ›infirmity of others‹ wird bei Addison zu einem »Statusproblem im Rahmen hierarchischer Gesellschaftssysteme«, die sich letztlich in der Hofordnung widerspiegeln. Der Mensch braucht in den Formen der Komik repräsentierte Situationen, um seine »Superioritätsbedürfnisse im Rahmen einer auf Statusgefällen beruhenden Gesellschaftsordnung unterhaltsam, und das heißt, auf eine für die Gesellschaftsordnung unschädliche Art und Weise zu befriedigen«[89]. Addison führt die »*April Fools*«[90] − die ›in den April Geschickten‹ − als Beispiel an: »Thus we see, in proportion as one Man is more refined than another, he chuses his Fool out of a lower or higher Class of Mankind; or, to speak in a more Philosophical Language, that secret Elation and Pride of Heart which is generally call'd Laughter, arises in him from his comparing himself with an Object below him, whether it so happens that it be a Natural or an Artificial Fool. It is indeed very possible that the Persons we laugh at may in the main of their Characters be much wiser Men than our selves, but if they would have us laugh at them, they must fall short of us in those Respects which stir up this Passion.« (203) Die Annahme einer real bestehenden Inkongru-

enz im belachbaren Objekt, die übrigens auch sämtlichen deutschen Erklärungen von Lessing bis zu Goethe, von Kant bis Hegel zugrunde liegt, wird exemplarisch propagiert von Francis Hutchesons *Reflections Upon Laughter* (entst. ca. 1725− 1730, ersch. 1750): das Lächerliche ist eine »perception in the mind«[91]. Hutcheson stellt das Lachen in den Kontext des neuen Verständnisses des mit einem angeborenen moral sense begabten Menschen, der sich kraft Imagination in andere hineinversetzen kann. In Hutchesons Sentimentalismus entspricht der Kunstgeschmack harmonisch dem moral sense. Seine Abhandlung über das Lachen setzt sich mit Hobbes' Voraussetzung des menschlichen Egoismus auseinander; »the old notions of natural affections, and kind instincts, the *sensus communis*, the *decorum*, and *honestum*, are almost banished out of our books of morals« (103). Die objektive Inkongruenz des komischen Gegenstands wird gegen Hobbes' Konzept ausgespielt, indem der Grund des Lachens in der Wahrnehmung einer ›Form‹ am Objekt gesehen wird, d. h. weder in einer sofortigen Bewertung des unerwünschten Eigenschaften noch in einer vergleichenden Bezugnahme auf das eigene Ich. Und auch die Inkongruenz selbst wird positiviert als Ausdruck des Reichtums der Natur. In einer solchermaßen komplexen Verbindung von vorher durchaus bekannten Bestandteilen wird das Lachen als Ausfluß von good nature endgültig positiviert.

Hutcheson lehnt sich an Addison insofern an, als er von ihm das überraschende Zusammenbringen von Ideen übernimmt. Er erweitert die Anlässe des Lachens, indem er Möglichkeiten eröffnet, die Addison noch als ›false wit‹ galten: »That then

---

87 ADDISON, in: ebd., Nr. 23 (27. 3. 1711), 99.
88 ADDISON, in: The Spectator (s. Anm. 86), Nr. 47 (24. 4. 1711), 203.
89 LOTHAR FIETZ, ›Versuche‹ einer Theorie des Lachens im 18. Jahrhundert: Addison, Hutcheson, Beattie, in: Fietz (s. Anm. 58), 242.
90 ADDISON, in: The Spectator (s. Anm. 86), Nr. 47 (24. 4. 1711), 202.
91 FRANCIS HUTCHESON, Reflections Upon Laughter (entst. ca. 1725−1730, ersch. 1750), in: HUTCHESON (INQUIRY), 113.

which seems generally the cause of laughter is the bringing together of images which have contrary additional ideas, as well as some resemblance in the principal idea: this contrast between ideas of grandeur, dignity, sanctity, perfection, and ideas of meanness, baseness, profanity, seems to be the very spirit of burlesque; and the greatest part of our raillery and jest is founded upon it.« (109)

Des weiteren differenziert Hutcheson zwischen ›laughter‹ und ›ridicule‹, wobei Lachen, anders als das Verlachen, entsteht, ohne daß der Lachende sich mit etwas oder jemandem vergleicht. Lachen ist nicht aus einer Überheblichkeitshaltung heraus zu verstehen, sondern entspringt wirkungsästhetisch einem Gefühl der Heiterkeit. Deren Stimuli finden sich vor allem in der Kunst und der literarischen Kommunikation. »Everyone is conscious that a state of laughter is an easy and agreeable state, that the recurring or suggestion of ludicrous images tends to dispel fretfulness, anxiety, or sorrow, and to reduce the mind to an easy, happy state; as on the other hand, an easy and happy state is that in which we are most lively and acute in perceiving the ludicrous in objects. Anything that gives us pleasure, puts us also in a fitness for laughter« (113).

Der Angelpunkt der englischen Diskussion im gesamten 18. Jh. ist die Unterscheidung zwischen humour und wit. 1718 hat Swift den ›naturgegebenen‹ Gegensatz in Versform definiert: »For, sure, by Wit is onely meant / Applying what we first Invent: / What Humor is, not all the Tribe / Of Logick-mongers can describe; / Here, onely Nature acts her Part, / Unhelpt by Practice, Books, or Art. / For Wit and Humor differ quite, / That gives Surprise, and this Delight: / Humor is odd, grotesque, and wild, / Only by Affection spoil'd, / ›Tis never by Invention got, / Men have it when they know it not.«[92]

In diesem Sinne ist die zentrale Oppositionsbildung auch für die poetologische Theoriebildung relevant. Die Gegenüberstellung ist insofern als verbindlich zu erachten, als die konkreten Beispiele zum überwiegenden Teil der Komödienliteratur entstammen. Entsprechend hebt der Moralphilosoph und Literaturkritiker John Dennis zwar ausdrücklich die ›instruction by example‹ durch die Komödie hervor. Jedoch ist bei der ihm vermittelte Anschauungsunterricht der Komödie einem reflektierenden Betrachter übergeben, der Bezüge zwischen der »Comick Stage« und der »Stage of the World« selbst erst für sich herstellen soll, womit auch der Eigencharakter der fiktionalen Welt betont wird: »How little do they know of the Nature of true Comedy, who believe that its proper Business is to set us Patterns for Imitation: For all such Patterns are serious Things, and Laughter is the Life, and the very Soul of Comedy. ›Tis is proper Business to expose Persons to our View, whose Views we may shun, and whose Follies we may despise; and by shewing us what is done upon the Comick Stage, to shew us what ought never to be done upon the Stage of the World.«[93] 1701 hatte er den Aufgaben- und Themenbereich der Komödie und das daran gebundene Lachen folgendermaßen von der Tragödie unterschieden: »The great Disorders of the World are caus'd by great Passions, and they are punish'd by Tragedy. The little Passions caused little Disquiets, and make us uneasy to ourselves, and one another, and they are expos'd by Comedy. For, that which we call Humour in Comedy, is nothing but a little ridiculous Passion, and the exposing it in Comedy, is thought to be Poetical Justice sufficient for it.« Der in der Komödie zu favorisierende Humor zeigt die Eigenheiten, die den individualisierten Charakter ausmachen und unterliegt damit einem Wahrscheinlichkeitsanspruch in Relation zur Wirklichkeitswahrnehmung: »The business of a Comick Poet is to shew his Characters and not himself, to make ev'ry one of them speak and act, as such a person in such circumstances would probably act and speak. [...] Humour in Comedy is to be preferr'd to Wit, because it distinguishes the Characters better.«[94] Trotzdem gehört neben ›design‹, der

---

92 JONATHAN SWIFT, To Mr. Delany (1718), in: Swift, Poems, hg. v. H. Williams, Bd. 1 (Oxford 1937), 215f.
93 JOHN DENNIS, A Defence of Sir Fopling Flutter, a Comedy Written by Sir George Etheridge (1722); in: Dennis, Critical Works, hg. v. E. N. Hooker, Bd. 2 (Baltimore 1943), 245.
94 DENNIS, The Advancement and Reformation of Modern Poetry (1701), in: ebd., Bd. 1 (Baltimore 1939), 225.

V. Englische Inkongruenztheorien vom Ende des 17. bis ins 18. Jahrhundert

Fabel, und humour auch wit zur Komödie: »All three should in the Comick Muse Combine, / But Humour of the three should brightest shine.«[95] Eine Art anthologisierende Synthese und klärende Perspektivierung der verschiedenen Aspekte und Standpunkte liefert Corbyn Morris in seinem *Essay towards Fixing the True Standards of Wit, Humour, Raillery, Satire, and Ridicule. To Which Is Added, an Analysis of the Characters of an Humourist, Sir John Falstaff, Sir Roger de Coverly, and Don Quixote* (1744). »*Ridicule* is a free Attack *of any* Motly Composition, *wherin a real or affected* Excellence *and* Defect *both jointly appear,* glaring *together, and* mocking *each other, in the same* Subject«[96]. Das ridicule zielt mittels wit im Hobbesschen Sinne darauf, »to set an Object in a mean ludicrous Light, so as to expose it to your *Derision* and *Contempt* [...] to degrade the Person attack'd«. (37) Ridicule steht nach Morris zwischen Satire und ›raillery‹, dem bloßen Spott; Gegenstände für ridicule seien die »Improprieties«, »*Foibles* or *Meannesses* of *Persons*« (53), die für Satire zu harmlos und für Spott nicht harmlos genug wären.

Der ›naturnahe‹ und somit nobilitierte humour wird definiert als »*any* whimsical Oddity *or* Foible, *appearing in the* Temper *or* Conduct *of a* Person *in real Life*« (12): »where-ever the *Foible* of a *Character* in real Life is concern'd, there *Humour* comes in; and wherever a sprightly unexpected *Arrangement* is presented of two *similar*, or *opposite* Subjects, whether animate or inanimate, there *Wit* is exhibited«. (14) Morris wandelt das Hobbessche Superioritätstheorem in einem gruppendynamischen Perspektivenwechsel ab: »*Humour* generally appears in such Foibles, as each of the Company thinks himself superior to. – Whereas *Wit* shews the Quickness and Abilities of the Person who discovers it, and places him superior to the rest of the Company.« (24) Die sympathetische Nachahmung menschlicher Schwäche erfordert Einsicht und Einfühlungsfähigkeit. Deshalb leistet der menschenfreundliche Humor im Gefühlshaushalt nur Positives: »*Humour*, in the Representation of the *Foibles* of *Persons* in real *Life*, frequently exhibits very *generous benevolent* Sentiments of Heart; And these, tho' exerted in a particular odd Manner, justly command our Fondness and Love. – Whereas in the Allusions of *Wit*,

Severity, Bitterness, and *Satire,* are frequently exhibited.« (24)

Joseph Priestley, der Entdecker des Sauerstoffs, macht in seinem *Course of Lectures on Oratory and Criticism* (1762) die vieldiskutierten ›association of ideas‹ und ›pleasures of imagination‹ endlich ganz ausdrücklich an ›Medien‹ des Komischen fest: »Of Contrast in general, and particularly of *Wit*, the risible, and the *ridiculous*.«[97] Überraschungsmoment und Erwartungsenttäuschung, Relationenerstellung und Wahrnehmungsdifferenzierung werden als psychologische Mechanismen und intellektuelle Leistungen beim Entdecken von incongruities in der Lacherfahrung dynamisiert – und dann stillgestellt: »The laughter, and all the pleasure arising from the contrast, ceases, when the mind, after vibrating, as it were, between the points of resemblance and difference, at length rests in the medium; and then the inconcistency, which was so striking at the first view, no longer affects us. [...] The *surprize* is then over.« (201) Priestley differenziert verschiedene Formen des Komischen, etwa ›burlesque‹: »To make a sudden transition from a very high to a very low object that is similar to it, though such a transition be in itself disagreeable, yet, by means of the contrast which it produces, it may affect the mind with a lively sense of pleasure.« (211) Diesen explizit so benannten ›Degradationseffekt‹ beschreibt er ebenso in der Umkehrung, was insbesondere für ›mock-heroic‹ gilt: »The reverse of passing from a *high to a low* object, is to pass from a very *low to a high* one. This transition, at the same time that [...] it is in itself agreeable, lays the mind open to the same species of pleasure (arising from contrast) with the pleasures of ridicule.« (215 f.) In dieser Weise gerät die Übung des Lächerlichmachens durch Assoziationen allerdings auch zu einer Gefahr, denn »Neither art, science, profession, character, nor any thing else, however venerable or respectable, is exempt from the power

---

95 DENNIS, Gibraltar (1705), in: ebd., Bd. 2, 392.
96 CORBYN MORRIS, An Essay towards Fixing the True Standards of Wit, Humour, Raillery, Satire, and Ridicule (London 1744), 37; vgl. TAVE (s. Anm. 25), 118–120, 137.
97 JOSEPH PRIESTLEY, A Course of Lectures on Oratory and Criticism (1762; Menston 1968), 197.

of ridicule [...]. We see the greatest things analogous to the least, and the least to the greatest, without end or limit.« (212)

Die Entspannungsleistung und der Genuß, der aus der schon von Locke exponierten ungeordneten Vorstellungstätigkeit resultiert, sind im Laufe des 18. Jh. vielfach relativiert worden. So hatte bereits David Hartley 1749 in *Observations on Man* darauf verwiesen, daß, obwohl die Entspannung nützlich sein kann, dies nur als eine vorübergehende Konzession betrachtet werden könne. Eine permanente Entspannung unterminiere den geistigen Prozeß: »Persons who give themselves much to Mirth, Wit, and Humour, must thereby greatly disqualify their Understandings for the Search after Truth.«[98] Manche Leute, behauptet Thomas Percival 1784 in *On Habit and Association*, können sich nicht mehr zurückhalten, überall Inkongruenzen zu entdecken. Jeder Versuch der Ernsthaftigkeit ist geschwächt durch »some glaring and risible inconsistency«[99].

Im *Essay on Laughter and Ludicrous Composition* (entst. 1764, ersch. 1776) faßt James Beattie die englische Diskussion um die Eigenarten und Eigenschaften des Lachens in einem konsistenten Theorierahmen zusammen: Lachen entsteht grundsätzlich aus der Wahrnehmung zweier oder mehrerer »inconsistent, unsuitable, or incongruous parts or circumstances, considered as united in one complex object or assemblage, or as acquiring a sort of mutual relation from the peculiar manner in which the mind takes notice of them. [...] the cause of laughter is something compounded; or something that disposes the mind to form a comparison, by passing from one object or idea to another.«[100] Jene wahrgenommenen Anlässe und die daraus resultierenden Ideen, die »pure Laughter« hervorrufen, bezeichnet er als »Ludicrous«, und

jene, welche »excite laughter mixed with disapprobation or contempt«, als »Ridiculous« (587) – eine Unterscheidung, die den Bezeichnungen risible versus ridicule im Französischen entspricht und die mit der Gegenüberstellung von Belachenswertem und bloß Lächerlichem auch im Deutschen z.B. von Friedrich Justus Riedel in der *Theorie der schönen Künste und Wissenschaften* (1767) propagiert wurde. Beatties Absicht ist, das »ludicrous« zu analysieren, vor allem »that species of laughter, which is at once natural and innocent«, wohingegen er das Lachen aus Heuchelei oder Schadenfreude im Sinne Hobbes' ausgrenzt: »If Laughter arose from pride, and that pride from a sudden conception of some present eminency in ourselves, compared with others, or compared with ourselves as we were formerly; it would follow, – that the wise, the beautiful, the strong, the healthy, and the rich, must giggle away a great part of their lives, because they would every now and then become suddenly sensible of their superiority over the foolish, the homely, the feeble, the sickly, and the poor« (594). Des weiteren unterscheidet er das reflexhafte »*Animal* Laughter«, das aus einem plötzlichen, eher instinkthaften Impuls entsteht, wie beim Kitzeln, von dem durch geistige und seelische Bewegungen stimulierten Lachen, jener Art von Lachen, »(if it were lawful to adopt a new word, which has become very common of late) I should term *Sentimental*« (588).

Daran schließt sich die Frage an, wie denn die Anlässe des Lachens im »Ludicrous Sentiment« beschaffen bzw. strukturiert seien. Die Basis, an der Beattie seine Beispiele orientiert, lautet: »Laughter seems to arise from the view of things incongruous united in the same assemblage. [...] And therefore, instead of saying with Hucheson [sic], that the cause or object of laughter is an ›opposition of dignity and meanness;‹ – I would say, in more general terms, that it is, ›an opposition of suitableness and unsuitableness, or of relation and the want of relation, united, or supposed to be united, in the same assemblage.‹« (602 f.)

In diesem Zusammenhang greift Beattie ausdrücklich auf die von Mark Akenside in *The Pleasures of Imagination* (1744) herausgestellte Inkongruenz zurück. Akensides primäres Interesse galt zwar dem Lächerlichen als Waffe in der »province of the

---

98 DAVID HARTLEY, Observations on Man, Bd. 1 (London 1749), 440.
99 THOMAS PERCIVAL, On Habit and Association. Moral and Literary Dissertations (Warrington 1784), 153; vgl. TAVE (s. Anm. 25), 32 f.
100 JAMES BEATTIE, Essay on Laughter and Ludicrous Composition (entst. 1764), in: Beattie, The Philosophical and Critical Works, Bd. 1 (Edinburgh 1776), 601 f.

comic Muse«[101], und das Lachen ist für ihn noch ganz konventionell Synonym zu »gay contempt« (115) oder »gay derision« (111). Er verallgemeinert jedoch dort, wo Hutcheson bloß fürs Burleske von der Inkongruenz spricht, dieses Prinzip zu »some incongruous form, / Some stubborn dissonance of things combin'd« (113). In diesem Sinne kann Akenside als derjenige gelten, der als erster den Begriff der incongruity im Zusammenhang mit einer Theorie des Lachens tatsächlich expliziert hat. Ergänzend führt Beattie die Bestimmung von Alexander Gerard in dessen *Essay on Taste* (1759; dt. 1766 durch Flögel) an: »Its [des sense of Ridicule – d. Verf.] object is in general incongruity, or a surprising and uncommon mixture of relation and contrariety in things. More explicitely; it is gratified by an inconsistence and dissonance of circumstances in the same object; or in objects nearly related in the main; or by a similitude or relation unexpected between things on the whole opposite and unlike.« Selbst wenn Gerard ridicule weiterhin als übergeordneten Begriff für die Wahrnehmung benutzt, die zum Lachen führt, hat er begrifflich jene incongruity so zentral in die Diskussion gebracht, daß Beattie an ihr nicht mehr vorbeikommt: Für jede »theory« ist folglich als wahr anzusehen, »that though every incongruous combination is not ludicrous, every ludicrous combination is incongruous« (605).

Eine wichtige Rolle spielt die Frage, wie das Lachen behindert, verdrängt oder überformt wird durch gegenläufige Affekte (wie »Moral Disapprobation«, »Indignation or Disgust«, »Pity« oder »Fear«) oder durch kulturelle Normen des Geschmacks: »Incongruity does not appear ludicrous, when it is so qualified, or circumstanced, as to raise in the mind some emotion more powerful than that of Laughter.« Zusammenfassend gilt: »If, then, it be asked, *what is that quality in things, which makes them provoke that pleasing emotion or sentiment whereof laughter is the external sign?* I answer, *it is an uncommon mixture of relation and contrariety; exhibited; or supposed to be united, in the same assemblage.*« (682) Weitere Einschränkungen des Lachens ergeben sich aus sozialen oder auch nationalen Konventionen: »The soldier, the seaman, the mechanic, the husband-man, is more amused by the conversation of people of his own trade, than by that of others: and a species of wit shall be highly relished in one club or society, which in another would be but little attended to. […] Nor need we wonder, that each nation should be affected most agreeably with its own wit and humour.« (684)

Am Ende seines Essays erwähnt Beattie drei Kräfte, die zu einer Verfeinerung des »modern humour« beigetragen hätten: die Stellung der Frau in der Gesellschaft, die Entwicklung politischer Institutionen und schließlich der zivilisierende Effekt der christlichen Religion. »And nothing, perhaps, has more effectually softened conversation, by discountenancing indelicacy, and by promoting good humour, gentle manners, and a desire to please, than the society of the fair sex […]. Wit and humour […] seldom appear among a people, till public peace be tolerably secure. And as monarchy is, of all governments, the least liable to either external assault, or intestine commotion, and leaves the subject most at leisure for both private business and private amusement; it would seem of course more favourable to every species of *comic* writing, than any of the republican forms« (701 f.).

VI. Die deutsche Komischfindung im 18. Jahrhundert

Das Komische im engeren Sinne ist von Anfang an ein in der Komödie ästhetisch vermitteltes Lächerliches.[102] Dadurch wird zum einen die Ausgrenzung gesellschaftlich unliebsamer Anteile und Bereiche des Lachens legitimiert. Andererseits wird dem Betrachter ein Lächerliches vorgestellt, dem über die Rezeptionswirkung ein Bezug zum Lebensweltlichen eignen soll. Darin konturiert sich eine rezeptionsästhetische Pointe: Erst durch ein reflexives Komisches kann der ›Kunstrichter‹ jenes Lächerliche, das vor diesen Bezugssystemen zum Komischen geworden war, im ›wirklichen Leben‹ erkennen und beurteilen – die Komödienkomik als Reflexionsmedium.

---

101 MARK AKENSIDE, The Pleasures of Imagination. A Poem (1744; London ⁷1765), 103.
102 Vgl. FLÖGEL (s. Anm. 1), 31 f.

Dieser Gedankengang, der die Fiktion nicht nur als wertungsmaßgebend, sondern als realitätsstrukturierend bestimmt, ist dem Übersetzer von Poinsinets *Traité des causes physiques et morales du rire* (1768; dt. 1769), Wilhelm Mackensen, 1794 nicht mehr bewußt, wenn er in einem Anhang Ernst Platners *Neue Anthropologie* (1791) referiert. »Das erdichtete Komische erwecke Lachen wegen der Freude über die Nachahmung und die Geschicklichkeit des Künstlers, das Komische in der wirklichen Welt hingegen wegen seiner Aehnlichkeit mit dem erdichteten. Es ist schwer, einzusehen, wie das Letzte vom Ersten abhängen kann, indem das Original der Kopie doch wol vorhergehen muß. [...] Wir gerathen hier auf einen unvermeidlichen Zirkel. Denn, wenn man frägt, warum ist dies Dargestellte komisch, so ist die Antwort: weil es lächerlich ist; und warum ist es lächerlich? weil es komisch ist.«[103]

Jener Zirkel scheint berechtigt, wenn man die Intentionen Platners verkennt, für den ›Anthropologie‹ darin besteht, »Körper und Seele in ihren gegenseitigen Verhältnissen, Einschränkungen und Beziehungen zusammen« zu betrachten. »Zu dem Gefühl des Komischen, welches in dem wirklichen Leben erscheint, [gehört] eine gewisse Bekanntschaft mit dem Komischen der Kunst. Auch will die bekannte Redensart, deren wir uns bey dergleichen Erscheinungen bedienen: das ist komisch; nichts anders sagen, als es hat mit dem erdichtet Komischen, was wir entweder aus der Schaubühne, oder aus poetischen Beschreibungen, oder aus Zeichnungen, oder aus den kurzweiligen Possen lustiger Leute kennen, eine Aehnlichkeit. Wer nichts von der Art gesehen hätte, müßte für das Komische in wirklichen Erscheinungen wenig Sinn haben.«[104]

Eines der wesentlichen Momente, das die wirkliche Welt aufklärerisch neu zu sehen half, war das ästhetische Phänomen der Komik. Deutliches Indiz dafür ist die etymologische Auswanderung des Begriffs komisch aus dem Komödientheater in die Lebenswelt in den Jahren zwischen 1740–1760. In diesem Zeitraum geht der Begriff signifikant in die allgemeinsprachliche Verwendung über, wo es ihn vorher in solcher Funktion und Bedeutung noch nicht gegeben hatte. Wieso kann eine Wahrnehmungserfahrung aus dem Literaturtheater im ›wirklichen Leben‹ als relevant gelten? Offensichtlich ist es die ästhetische Wahrnehmung eines ›Komödien-Komischen‹, die beispielhaft begrifflich die Rolle des Wahrnehmenden als einem denkenden *und* fühlenden bürgerlichen Subjekt durchspielt.

Dies thematisiert Johann Georg Sulzer im wahrscheinlich bekanntesten Nachschlagewerk der Aufklärung, der *Allgemeinen Theorie der schönen Künste* (1771/1774), in Relation zu einem veristischen Wahrheitsbegriff: »Die Grundregel, die der comische Dichter beständig vor Augen haben muß, ist nicht die, nach welcher Aristophanes sich allein scheint gerichtet zu haben: Spotte und erweke Verachtung und Gelächter; sondern diese: Mahle Sitten und zeichne Charaktere, die für denkende und empfindende Menschen interessant sind. Dem zufolge wird er über die Sitten der Menschen in allen Ständen genaue Beobachtungen anstellen, um sie mit Wahrheit und Lebhaftigkeit abzubilden.« »Die allgemeinste und wichtigste Regel scheint zu seyn, daß alles, was die handelnden Personen reden oder thun, vollkommen natürlich sey. [...] Wir müssen auf der Bühne jeden vollkommen sprechen hören, wie das Original, das er vorstellet, sprechen würde.«[105] Im Artikel ›Natur‹ hat Sulzer auf den »allgemeinen Zwek aller schönen Künste« hingewiesen: Dieser bestehe darin, »vermittelst lebhafter Vorstellung gewisser mit ästhetischer Kraft versehener Gegenstände, auf eine vortheilhafte Weise auf die Gemüther der Menschen zu würken«[106].

Dem Herausgeber der Neuauflage 1786 ist dieser vorsichtige Begriff des Komischen zu eng: Ob Sulzer sich in diesem »Artikel auf eine bloße Definition des Komischen, in dem eigentlichsten Sinne [hat] einschränken sollen, lasse ich dahin gestellt seyn. [...] ›In einem öffentlichen Concerte, das Lolli gab, [...] waren auch Kinder zugegen; diese

---

103 WILHELM MACKENSEN, [Anhang], in: Poinsinet de Sivry, Psychologische und physiologische Untersuchungen über das Lachen, übers. v. W. Mackensen (1769; Wolfenbüttel 1794), 115 f.
104 ERNST PLATNER, Neue Anthropologie für Aerzte und Weltweise. Mit besonderer Rücksicht auf Physiologie, Pathologie, Moralphilosophie und Aesthetik (Leipzig 1791), 392 f.
105 ›Comödie‹, in: SULZER, Bd. 1 (1792), 488, 492.
106 ›Natur‹, in: SULZER, Bd. 3 (1793), 509.

lachten in einem komischen Concertsatze so herzlich und anhaltend, daß man die starke Wirkung der häufigen comischen Accente und Sprünge gar nicht verkennen konnte. Lolli ist hierin der erste gewesen, der uns gezeigt hat, daß die Instrumentalmusik an und für sich des höchsten komischen Ausdruckes fähig ist.«[107] Das Unverständnis des Herausgebers ob der beschränkten Anwendung des Komikbegriffs rührt daher, daß ihm nicht bewußt ist, wie das Theater das Modell für eine Wahrnehmungserfahrung geliefert hat, die er nun ganz selbstverständlich und allgemein unter ›komisch‹ subsumieren kann. Zu Recht führt er die Musik an, insofern die Diskussion um die ›komische Oper‹ zum Begriffstransfer erheblich beigetragen hatte.

Im Buffonistenstreit (›Querelle des bouffons‹) 1752–1754 rückte anläßlich der Gastspiele einer italienischen Operntruppe in Paris die komische Oper ins Zentrum der Problematik, vor allem mit *La serva padrona* (1733), der ›Opera buffa‹ von Giovanni Battista Pergolesi. ›Buffo‹ ist Synonym zu ›comico‹. Es war keineswegs das erste Mal, daß Italiener mit dieser Oper in Paris auftraten; jedoch war dieselbe Truppe nur sechs Jahre zuvor relativ erfolglos geblieben, was deren Gegner ins Feld führten: »ces Bouffons *qui ne sont point Bouffons* faits pour amuser la Populace en Italie au coin des rues, sont venus sur le premier Théâtre du Monde représenter des Operas Comiques, *qui ne sont point comiques*.«[108]

Aber es ging in Frankreich gar nicht um solchermaßen ›ästhetische‹ Qualitäten der Komik. Für die intellektuelle Auseinandersetzung mit gesellschaftstheoretischen Dimensionierungen zwischen den ›Großen‹ und den ›Reichen‹ in der einen und den ›Kennern‹ in der anderen Theaterecke kommt der Musik im Kampf um (absolutistische) Tradition und (bürgerlichen) Fortschritt ein erstaunlicher Symbolwert zu: Es war vor allem Rousseau, der den Streit ins Prinzipielle wendete und sogar seine eigene komische Oper schrieb, den ausgesprochen erfolgreichen *Devin du village* (1752). Rousseau entdeckte in der Opera buffa so etwas wie einen vorbildgebenden Realitätsbezug; die komische Oper erscheint aus Gründen, die mit der Singbarkeit der Melodie durch die menschliche Stimme zu tun haben, als natürlicher und realitätsnäher als die höfische Oper. Diese Argumentationslinie ist zu diesem Zeitpunkt durchgängig für die gesamteuropäische Diskussion um die Schönen Künste zu konstatieren: Das Komische scheint näher an der Wirklichkeit als alle anderen vergleichbaren ästhetischen Kategorien.

Rousseaus Angriff im Buffonistenstreit bezieht sich letztlich auf die gesellschaftspolitischen Bezugssysteme der königlichen Hofoper, der er im bürgerlichen Singspiel eine gesellschaftliche Repräsentanz der musikalischen Gattungen entgegensetzt. Das Ancien régime mit seinen feudalen Strukturen war in der Oper repräsentiert. Entsprechend konnte d'Alembert über die Konsequenzen des Buffonistenstreits in seinem Essay *De la liberté de la musique* (1760) schreiben: »*Vous avez la vue bien courte*, répondent nos grands politiques; *toutes les libertés se tiennent, et sont également dangereuses. La liberté de la musique suppose celle* de sentir; *la liberté de sentir entraîne celle* de penser, *la liberté de penser celle* d'agir, *et la liberté d'agir est* la ruine des États. *Conservons donc* l'Opéra *tel qu'il est, si nous avons envie de conserver* le royaume […]. il est exactement vrai que dans le dictionnaire de certaines gens, *bouffoniste, républicain, frondeur, athée* […] sont autant de termes synonymes.«[109]

In Deutschland allerdings kam davon nicht allzuviel an – was blieb, waren die in die Fiktion verschiebbaren Anteile des Komischen, für die im Rahmen der Schönen Künste kein unmittelbarer Wirklichkeitsbezug mehr hergestellt werden mußte. Der gesellschaftliche Bezug wird im Gegenteil über eine irrealisierende Rahmensetzung ausschließlich vermittelt zugelassen oder dann völlig negiert. Hierbei war das Ineinander von letzt-

---

107 [Vorrede des Hg.], in: JOHANN GEORG SULZER, Allgemeine Theorie der Schönen Künste […], Bd. 1 (Leipzig 1786); vgl. zu Lolli K. STEIN, Versuch über das Komische in der Musik, in: Caecilia. Eine Zeitschrift für die musikalische Welt 15 (1833), H. 60, 225.
108 Zit. nach DENISE LAUNAY (Hg.), La querelle des bouffons. Texte des pamphlets, Bd. 1 (1752; Genf 1973), 203.
109 JEAN LE ROND D'ALEMBERT, De la liberté de la musique (1760), in: D'Alembert, Œuvres complètes, Bd. 1 (Paris 1821), 520f.; vgl. EUGEN HIRSCHBERG, Die Encyklopädisten und die französische Oper im 18. Jahrhundert (Leipzig 1903), 115.

lich rational vermittelter Vorstellungskraft und unmittelbarer Empfindung, das gerade für die Darstellungen komischer ›musikalischer Malerei‹ kontrovers diskutiert worden war, für den erfolgreichen Praktiker kein Problem mehr. So schreibt Christian Felix Weiße 1768 in seiner Vorrede zu Johann A. Hillers *Komischen Opern*: »Die kleine komische Oper hat schon seit geraumer Zeit bey unsern Nachbarn einen so beträchtlichen Theil ihres Vergnügens ausgemacht, daß sie damit ganze Schaubühnen eingenommen [...]. Also machet sie aber doch Vergnügen? Dies kann so wenig geläugnet werden, als daß der Engelländer nicht satt wird, seine *Beggar's Opera*, der Franzose seinen *Devin de Village* und der Italiäner seine *Serva Padrona* zu sehen: mithin ist ja ein großer Theil von der Absicht des Schauspiels erreichet? Denn man mag mit einer noch so feyerlichen Miene für die Sittlichkeit desselben streiten: wir wollen es seinen Gegnern gern einräumen, daß wir unsere Erholung, unser Vergnügen dabey mit zum Hauptzwecke machen«[110].

An solchermaßen bloß noch amüsanten Lachzwecken über komische Opern und Operetten hat auch Sulzer eine aktuelle musikalische Tradition des Komischen festgemacht: »so hat die Musik, mit der Comödie vereiniget, die Operette hervorgebracht, die erst vor vierzig oder funfzig Jahren aufgekommen ist, aber seit kurzem sich der deutschen comischen Schaubühne so bemächtiget hat, daß sie die eigentliche Comödie davon zu verdrängen droht. [...] Man wird in keiner Comödie, bey keinem Ballet ein so lautes und allgemeines Lachen gehört haben, als das ist, das man im Intermezzo und in der Operette gar oft hort. Da das Lachen auch seinen guten Nutzen hat, und in manchen Fällen sowol der Gesundheit als dem Gemüthe sehr zuträglich ist: so würde man nicht wol thun, wenn man der Musik die Beförderung desselben verbieten wollte.«[111]

Halten wir fest: ›Komisch‹ thematisiert eine Wahrnehmungserfahrung, die metaphorisch an die Schaubühne gebunden war. Hier ist auch die Gelenkstelle zur Ut-pictura-poiesis-Formel: Bild – vorstellungsmäßiges Gemälde – Schaubühne, vermittelt über die illudierende Einbildungskraft des Vorstellungsvermögens. Gerade über den doppelwertigen Begriff der Vorstellung in Relation zur gemeinsamen etymologischen Wurzel von Theater und Theorie übers bewußte Schauen ist das gedoppelte Reflexionsmedium des Komischen ästhetisch thematisierbar. Und dies wird am komischen Schauspieler exemplarisch durchgespielt.

Die deutsche Schaltstelle für die damit verbundene Diskussion ist in der Person Lessings zu sehen, bei dem die lachtheoretischen Diskussionsstränge über die Vorstellung vom Komödien-Komischen in zukunftsweisender Konsequenz zusammen- und weiterlaufen. Wie kommt man dazu, die menschliche Welt ausgerechnet durch die Komik auf dem Theater zu sehen? Einige wichtige Stationen der grundlegenden Diskussion seien im folgenden skizziert. »Die Komödie will nicht grobe Laster, sondern lächerliche Fehler der Menschen verbessern.«[112] Für Gottscheds moralisierende Wirkungsästhetik in der *Critischen Dichtkunst* (1730) macht erst das Lächerliche in Verbindung mit dem Lasterhaften den Gegenstand im Typus der satirischen Verlachkomödie aus – sittlich nützlich vom eigenen vernunftgemäßen Normstandpunkt her. Die belehrende Ständesatire sei »das wahre Belustigende in der Comödie. Allein kleine Geister, die keine Einsicht in die Morale besitzen, und das ungereimte Wesen in den menschlichen Handlungen weder wahrnehmen, noch satirisch vorstellen können, haben sich auf eine andere Art zu helfen gesucht. Sie haben das Lächerliche nicht in den Sachen, sondern in närrischen Kleidungen, Worten und Gebärden zu finden gemeynet. Daher haben Harlekin und Scaramutz die Hauptpersonen ihrer Lustspiele werden müssen.« (653) Nicht von ungefähr vertreibt Gottsched den Harlekin, der im unordentlichen Lächerlichen auch das Irrationale einer radikalen Gegenwelt verkörpert[113], explizit

---

110 CHRISTIAN FELIX WEISSE, [Vorrede], in: Johann A. Hiller, Komische Opern, Bd. 1 (1768; Leipzig ²1771), 2f.; vgl. RENATE SCHUSKY, Das deutsche Singspiel im 18. Jahrhundert. Quellen und Zeugnisse zu Ästhetik und Rezeption (Bonn 1980), 13.
111 ›Operetten; Comische Opern‹, in: SULZER, Bd. 3 (1793), 602f.
112 GOTTSCHED (DICHTKUNST), 645.
113 Vgl. WOLFGANG PROMIES, Der Bürger und der Narr – oder das Risiko der Phantasie (München/Wien 1966); RUDOLF MÜNZ, Das andere Theater. Studien über ein deutschsprachiges teatro dell'arte der Lessingzeit (Berlin 1979).

aus dem Bereich eines akzeptablen Komischen; die Positivierung der Ständeklausel zugunsten des Bürgers in der Theaterreform Gottscheds setzt genau da an.

Wenn später Justus Möser mittels eines neuen Begriffs des Komischen zur Verteidigung des Harlekins antritt, dann wird dies auf genau der begrifflichen Bedeutungsverschiebung basieren, die schon per se die notwendigen Aus- und Eingrenzungen geleistet hat. Es bleibt ein Kontrolliertes und letztlich literarisch Ästhetisiertes, für das Möser nun den Begriff des »Niedrig-Komischen« verwendet: »in den übrigen komischen Vorstellungen« gerät die komische Dienerfigur zum »Controlleur der Sitten. In meiner komischen Republik pflege ich [d. i. Harlekin – d. Verf.] eben dieses wichtige Amt selbst zu bekleiden.«[114] Harlekin hat »die moralischen Gestalten, und besonders ihre Auswüchse, zu übertreiben, und daraus groteske Komische Gemälde zu verfertigen« (25).

Mit dem Begriff des Komischen wird so einerseits der Glaube an die unmittelbare didaktische Beeinflussung durch Theater ad acta gelegt in dem Bewußtsein, daß in der Fiktion eigene Gesetze gelten – auf dem Weg zu einem autonomen Kunstbegriff. Trotzdem wird unter einem weiter geltenden normativen Naturverständnis weiterhin eine bestimmte Form von Lachen propagiert, das sich an einem abgegrenzten Spektrum von ästhetisiertem Komischen orientiert. Nicht nur alle aggressiven, obszönen und anarchischen, auch alle sozial kritischen Anteile des Lachens werden durch ›das Komische‹ stillgestellt – auch und gerade in Mösers vermeintlicher Harlekins-Komik.

Die (früh-)aufklärerische Vernunft stand durch die Lacherfahrung vor der Aufgabe, das sensualistische Empfindungsvermögen in ihren Begriff zu integrieren. Nun war der neue Erkenntnisbegriff theoretisch durch die Differenzierung von Vorstellungen und Empfindungen begründet worden, die getrennt als doppelte Modi der Perzeption in das Vermögen des Subjekts zurückverlagert wurden. »Les idées occupent l'Esprit, les sentiments intéressent le Cœur.«[115] In diesem Sinne hilft die systematische Einführung der Kategorie eines sinnlich erfahrbaren Schönen, die in der schönen Ordnung auch eine Regelkategorie mit ethischen Implikationen ist, das Auseinanderfallen des Systems zu verhindern. Im beispielhaften Wechselspiel von Verstand und Gefühl wird dies nun fürs Schöne-Komische im Lachen zugleich bestätigt und bedroht. Schließlich muß sich diese Schönheit insbesondere beim Lachen an der äußerlich wahrnehmbaren Unordnung im eigenen Körper stoßen, die trotzdem subjektiv als angenehm empfunden wird. Auch deshalb wird Körperkontrolle zur Konstituierung des ästhetischen Subjekts unabdingbar. An der Arbeit der Subjektkonstituierung hat die Begriffsverwendung ›das Komische‹ in der Mitte des 18. Jh. signifikant Anteil.

Im Lichte der *Psychologia empirica* (1732) Christian Wolffs erschien die Welt noch als rationaler Entwurf. Der Sinnlichkeit wurde gegenüber der Vernunft zwar eine – wenn auch untergeordnete – Funktion zugebilligt. Die Zuordnung der sinnlichen Erkenntnis zu den ›unteren‹ Seelenkräften sprach ihr aber prinzipielle Wahrheitsfähigkeit ab. Andererseits weist die damit aufgerufene Antithese von Erkenntnisvermögen und Empfindungsfähigkeit auf ein beunruhigendes Moment des Nicht-Rationalen, zu dem gerade die Sinne und der Körper beitragen. Um dieses Problem zu umgehen, grenzt Wolff neben den ›unfreien Handlungen‹ der Körperfunktionen auch die anderen nichtkognitiven Funktionen des Körpers – darunter Anteile des Lachens – aus dem Erkenntnisbegriff aus. Das Verlachen fällt in die ›Seelenhandlungen‹ der Affekte und resultiert aus der Wahrnehmung der Dinge, die unserem Verstand widersprechen. Das Verlachen wird also auch hier an den Kontrast gebunden, an die ›Ungereimtheit‹.

Aus physiologischem Blickwinkel wird sich wenig später Ernst Anton Nicolai in seiner *Abhandlung von dem Lachen* (1746) mit jener ›Ungereimtheit‹ beschäftigen. »Wer auf seine eigene Empfindung, indem er lacht, Achtung giebet, der wird wahrnehmen, daß mit dem Lachen jederzeit ein Vergnügen verknüpft ist, und daß dasselbe sich öfters in einem hohen Grade dabey befindet.«[116] An-

---
114 JUSTUS MÖSER, Harlekin oder Vertheidigung des Groteske-Komischen (1761). Texte und Materialien, hg. v. H. Boetius (Bad Homburg u. a. 1968), 27.
115 JEAN-PIERRE DE CROUSAZ, Traité du beau (1715; Paris 1985), 25.
116 ERNST ANTON NICOLAI, Abhandlung von dem Lachen (Halle 1746), 16.

sonsten perhorresziert Nicolai die nachteiligen Folgen eines nicht gesteuerten Lachens durch Verlust des körperlich-geistigen Gleichgewichts – über die Ohnmacht gar bis zum Tod durch Lachen.

Die Wolff-Gottschedsche Tradition beschreibt den Lachgegenstand von seiner verstandesgemäßen und somit auch moralischen Regelhaftigkeit her, währenddessen dem Lachen selbst eine Virulenz innewohnt, der es gegenzusteuern gilt. Immerhin konstatiert Wolff, daß auch das Verlangen nach unschuldigen Vergnügungen seine Berechtigung hat. Theatralische Vorstellungen sind fähig, dem Zuschauer gesellschaftliche Handlungen und Zusammenhänge, die er in der Wirklichkeit gar nicht überschauen kann, in einer Weise sinnlich anschaulich und modellhaft zu repräsentieren, daß sie seiner Belehrung dienlich sind: »Es haben aber Comödien und Tragödien darinnen einen Vorzug für geschriebene Historien, daß sie einen grösseren Eindruck in das Gemüthe des Menschen machen. Denn was man selber mit Augen siehet und mit Ohren höret, beweget einen mehr und bleibet besser, als was man bloß höret.« Und es folgt ein merkwürdiger Nachsatz: »Nemlich die Geberden und Minen des Menschen, ingleichen die Veränderung der Stimme, damit die Worte vorgebracht werden, nachdem man von diesem oder einem andern Affect getrieben wird, lassen sich zur Zeit nicht völlig beschreiben.«[117] Das noch nicht Beschreibbare der körperlich sinnlichen Präsenz im Ineinander von Wirklichkeit des Schauspielers und fiktiver Figur bleibt also für die rationalistische Erklärung als Problem offen: Es wird beispielhaft in der Findung des Komischen gelöst.

Die Jahrzehnte zwischen Gottscheds Poetik und Baumgartens Ästhetik (etwa 1730–1760) stellen im Deutschen eine Übergangsphase in bezug auf die sich entfaltende Geschmackskultur dar. Baumgartens *Aesthetica* (1750/1758) begründet die erkennt-

nistheoretische Anerkennung des ästhetischen Bereichs im Sinne eines »unteren Erkenntnisvermögens« (gnoseologia inferior[118]) – und damit den Eigenwert der sinnlichen gegenüber den intellektuellen Vermögen. Poetologisch erfüllt die neue Ästhetik die Forderung nach einer ›Logik der Phantasie‹ (Johann Jacob Breitinger, *Critische Dichtkunst*, 1740) und einer Theorie der sensitiven Urteilskraft, die die Regeln des Schönen zu bestimmen sucht. Schönheit ist für Baumgarten die Vollkommenheit der sensitiven Erkenntnis. Dadurch erlangt die Ästhetik gnoseologischen Rang, weil sie Wahrheit thematisieren kann. Für ein Verständnis dieser Übergangszeit erscheint das ästhetische Phänomen des Komisch-Scherzhaften und die daran geknüpften Legitimationsversuche hin zur Entstehung der ›Ästhetik‹ besonders symptomatisch. Die zwischen Sinnen- und Verstandesvermögen angemessen vermittelnde Vorstellungs- und Assoziationstätigkeit des Witzes und des Scherzes gibt nicht nur über die Funktionsweise poetischer Imaginationen Auskunft, sondern auch darüber, wie die Problemstellung des sich nun als Begriff durchsetzenden Komischen vorbereitet wurde.

Georg Friedrich Meier ist jener Traditionslinie zuzurechnen, die sich aus poetologischen wie anthropologischen Bedürfnissen herleiten läßt und zur Ausbildung der ›Ästhetik‹ einen Beitrag liefert, der den philosophischen Überlegungen einen pragmatischen lebensweltlichen Bezug gibt. Meier unternimmt es in seinen Schriften, die traditionelle Affektenlehre, wie sie im Rahmen der medizinischen Pathologie gelehrt wurde, in eine ästhetische Lehre von den Gemütsbewegungen zu überführen. Begriffe der Wolffschen Psychologie wie Vorstellung, Empfindung, Einbildungskraft werden dabei in populäre Vorstellungsgehalte übersetzt. In Meiers *Gedancken von Schertzen* (1744) gewinnen gegenüber den »oberen Vorstellungsvermögen« die »unteren« gerade auch mit der sinnlichen Reaktionsweise des Lachens an Bedeutung, wenn er etwa den Wolff-Gottschedschen Witzbegriff auf die »Aesthetik« als »Wissenschaft der sinnlichen Erkenntniß« anwendet: »Keine untere Erkenntniß Kraft der Seele ist von dem Gegenstande der Aesthetik ausgeschlossen«, weil z.B. »ein Schertz durch den sinnlichen Witz und Scharfsinnigkeit gewürckt werde. Folglich ist der Schertz eine sinn-

---

117 CHRISTIAN WOLFF, Vernünfftige Gedancken von dem Gesellschaftlichen Leben der Menschen und insonderheit dem Gemeinen Wesen zu Beförderung der Glückseeligkeit des menschlichen Geschlechts (1721), in: WOLFF, Abt. 1, Bd. 5 (1975), 276.
118 BAUMGARTEN, Bd. 1 (1750), 1.

liche Vorstellung und Rede, und gehört in das Feld der Aesthetik«[119].

Was Meier am Beispiel des Scherzes vorgeführt hat, ist prinzipiell offen für weitere Bereiche eines ästhetisch Komischen. Die »Schönheit der Schertze« hat u. a. diese Vorbedingung: »Die Seele der Zuhörer muß einer Schaubühne gleich seyn, und der Schertz einer Zwischenfabel in einem theatralischen Stücke.« (80) Es ist also wieder einmal das Theatermodell, mit dem die seit der frühen Aufklärung mindestens bis zu Meier vorherrschende sprachästhetische Behandlung des geistreichen Denkens überschritten wird.

Auffallend ist, wie die Rechtfertigung des Lachens in der kultivierten Geselligkeit weiterhin versucht, die befreiende Lachwirkung zu rationalisieren. Daß und wie sehr in dieser Begrenzung auf die gemeinschaftskonstituierende Funktion des Lachens das reflexive Moment betont wird, verweist auf die Angst vor einer anscheinend unerklärlichen komischen Lust, die zur unkontrollierten Körperreaktion führt. »Es ist wahr, es kan einem vernünftigen Gesellgen ofte die Fatalität beggenen, daß er in einer Gesellschaft etwas lächerliches bemerkt, worüber er aber ohne Verletzung der Höflichkeit nicht laut auflachen darf. In diesem Falle gebe ich den Rath, daß man entweder sich zwinge, nicht zu lachen, oder wenn einem der Paroxismus des Lachens gar zu stark anwandelt, so muß man gleich etwas sagen können, worüber andere auch lachen können; und alsdenn kan man mit Anstande über das, was man bemerkt hat, lachen.«[120]

Im Vergleich dazu ist es bemerkenswert, wie sich in der Spätaufklärung – im Übergang zum Begriff des Humors und in Übernahme der englischen Wertungen in diesem Bereich – das sinnliche Erlebnis des Lachens positiviert. »Wer noch aus ganzem Herzen lachen, sich den Aufwallungen einer lebhaften Freude überlassen kann, der ist kein ganz böser Mensch. Tücke und Bosheit machen zerstreut, ernsthaft, nachdenkend, verschlossen, mais un homme, qui rit, ne sera jamais dangereux«[121].

Im Verlauf des Jahrhunderts läßt sich die Einordnung einer erlaubten, zivilisatorisch begrenzt akzeptablen Sinnlichkeit (durchaus bis hin zur Erotik) parallel sehen zur ›Positivierung von Negativität‹[122] im Komödien-Komischen. Das Komische erfüllt somit nicht zuletzt die Funktion, »das innerhalb des logischen Verständigungsrahmens der Zeit aufrührerische Moment der Sinnlichkeit in einen fiktiv-spielerischen und daher gesellschaftlich unschädlichen Akzept umzufunktionalisieren«[123].

Das darauf basierende, von negativen Implikationen befreite Lachen wurde endgültig durch Lessing als kognitives Medium gerechtfertigt. Er suchte von einer am bürgerlichen – überständischen – Individuum psychologisch vertieften Wahrscheinlichkeit her den Geschmacksgegenstand der Komödie auf der Basis von Authentizitäts- und Tugendpostulat (›Empfindsamkeit‹) zu bestimmen. Dabei wird der ›Charakter‹ eines am bürgerlichen Individuum orientierten Subjektbegriffs zentral. »Wo steht es denn geschrieben, daß wir in der Komödie nur über moralische Fehler, nur über verbesserliche Untugenden lachen sollen? Jede Ungereimtheit, jeder Kontrast von Mangel und Realität, ist lächerlich. Aber lachen und verlachen ist sehr weit auseinander. Wir können über einen Menschen lachen, bey Gelegenheit seiner lachen, ohne ihn im geringsten zu verlachen. So unstreitig, so bekannt dieser Unterschied ist, so sind doch alle Chicanen, welche noch neuerlich Rousseau gegen den Nutzen der Komödie gemacht hat, nur daher entstanden, weil er ihn nicht gehörig in Erwägung gezogen. [...] Die Komödie will durch Lachen bessern; aber nicht eben durch Verlachen [...]. Ihr wahrer allgemeiner Nutzen liegt in dem Lachen selbst; in der Übung unserer Fähigkeit das Lächerliche zu bemerken«[124]. Das Verlachen ist

---

119 GEORG FRIEDRICH MEIER, Gedanken von Schertzen (1744), hg. v. K. Bohnen (Kopenhagen 1977), 9 f.
120 Der Gesellige. Eine moralische Wochenschrift, hg. v. S. G. Lange/G. F. Meier, 3. Theil (Halle 1749), 110. Stück, 118.
121 ADOLPH FREIHERR VON KNIGGE, Über den Umgang mit Menschen (1788), hg. v. G. Ueding (Frankfurt 1972), 122.
122 Vgl. RAINER WARNING, Komik und Komödie als Positivierung von Negativität (am Beispiel Molière und Marivaux), in: H. Weinrich (Hg.), Positionen der Negativität (München 1975), 341–366.
123 KLAUS BOHNEN, Einleitung, in: Meier (s. Anm. 119), XXVI.
124 GOTTHOLD EPHRAIM LESSING, Hamburgische Dramaturgie (1767), 28. und 29. Stück, in: LESSING (LACHMANN), Bd. 9 (³1893), 302 f.

dem Mitleiden überantwortet: »*Der mitleidigste Mensch ist der beste Mensch*, zu allen gesellschaftlichen Tugenden, zu allen Arten der Großmut der aufgelegteste. Wer uns also mitleidig macht, macht uns besser und tugendhafter [...]. Auf gleiche Weise verfahre ich mit der Komödie. Sie soll uns zur Fertigkeit verhelfen, alle Arten des Lächerlichen leicht wahrzunehmen. Wer diese Fertigkeit besitzt, wird in seinem Betragen alle Arten des Lächerlichen zu vermeiden suchen, und eben dadurch der wohlgezogenste und gesittetste Mensch werden. Und so ist auch die Nützlichkeit der Komödie gerettet.«[125]

Nicht von ungefähr hat Lessing das Theatermodell in den Mittelpunkt gestellt, er, der mit seinen Übersetzungen in der *Theatralischen Bibliothek* (1754–1758) die französische Diskussion der Schauspielkunst in Deutschland zugänglich machte. Lessing ist nicht zufällig zugleich derjenige, der jene bestimmte Form des Lachens positiviert, ja für den deutschen Sprachraum literarisch legitimiert hat. Es ist m. E. bisher noch nicht gesehen worden, wie eng beides zusammengehört. Beides kommt im Begriff des Komischen unauflöslich zusammen, jenem Begriff, den wiederum Lessing über die Riccoboni-Übersetzung auf eine Weise popularisiert, die eben für den Bedarf an einer derartigen Begriffsprägung spricht. Schließlich wird gerade seit der Jahrhundertmitte die Theaterterminologie von Drama und Schauspielkunst vor dem Hintergrund der Diskussion über die Natur des Menschen und die Strukturen der Wirklichkeitswahrnehmung erheblich weiter differenziert: und zwar mit dem Anspruch, zu wissen, was ›natürlich‹, ›wahrscheinlich‹ und ›wirklich‹ sei.

So schreibt 1755 Friedrich Nicolai:»Da es bekannt genug ist, daß die meisten deutschen Schriftsteller, aus dem Innersten ihrer Cabinets schreiben, und die Welt, wenig oder gar nicht kennen, so ist es kein Wunder, daß wir so gar wenig gute komische Schriftsteller haben; Einem jeden Schriftsteller ist die Kenntniß der Welt nüzlich, aber einem komischen Verfasser, ist sie unentbehrlich. Wie kan er die Welt schildern, die er nicht kennt, und wie werden ihm die feinen Wendungen, die Scherze ohne Kunst, die aus der Natur der Sache flüssen müssen, gelingen; wann er sie nicht in dem Umgange, mit Leuten, von Erziehung, *Geschmakk*, und feinern *Sitten*, gelernet hat? [...] Ohne diese Kenntniß wird ein dramatischer Schriftsteller allemahl trokken und frostig bleiben, und *Boileau* sagt daher mit Recht: / Que la nature donc soit votre etude unique / Auteurs qui pretendez aux honneurs du comique.«[126]

Worüber sich der Literat aber nicht Rechenschaft ablegt, ist die Tatsache, daß die neue Begriffsverwendung am komischen Schauspieler paradigmatisch weiterentwickelt wurde. 1750, im Jahr des Erscheinens noch, übersetzt Lessing Francesco Ricconobis *Art du théâtre* für seine *Beyträge zur Historie und Aufnahme des Theaters*. Riccoboni gehörte von 1726 bis 1750 als Schauspieler zur Comédie Italienne in Paris. Lessing fand in seiner Schrift eine Lösung vor allem der ›erfahrungsgemäßen‹ Wahrnehmungsprobleme auf dem Theater: Probleme der Wahrscheinlichkeit und der Authentizität – dies wird mit der neuen Begriffsverwendung des Komischen evoziert. Das Schauspielertraktat beinhaltet an zentraler Stelle einige Erörterungen des Komischen, die erklären helfen, warum gerade dieser Begriff in der Mitte des Jahrhunderts einen weitgehend uneingestandenen Dreh- und Angelpunkt nicht nur in der theaterreformerischen Diskussion bereitstellt: Ein eingegrenztes *Komisches* auf der Bühne wird zum Modell fürs wirklichkeitsnähere Bürgerliche, die Komik wird zum Wahrnehmungsinstrument des rationalistischen und zugleich sensualistischen Subjekts, wie es die Aufklärung propagiert. Es findet gerade im Komischen eine Gelenkstelle, die auch die affektbestimmte Körperlichkeit wieder ins Denksystem einbinden kann.

Aber ›Komik‹ ist auch bei Riccoboni nur dann Komik, wenn sich alles an ihr vermeintlich Gefährliche ausblenden oder ungefährlich in die Fiktion verschieben läßt. In der Weiterentwicklung einer autonomen Kunst ist es dann nicht umsonst eine in sich abgeschlossene Fiktion, deren Anschluß ans große Allgemeine immer auch die Trö-

---

125 LESSING an Friedrich Nicolai (13. 11. 1756), in: LESSING (LACHMANN), Bd. 17 (³1904), 66.
126 F. NICOLAI, Briefe über den itzigen Zustand der schönen Wissenschaften in Deutschland (1755), in: Nicolai, Sämtliche Werke, hg. v. P. M. Mitchell/H.-G. Roloff/E. Weidl, Bd. 3 (Frankfurt a.M. u.a. 1991), 119 f.

stungen der Transzendenz verheißt. »Allein Leute von einem weniger vornehmen Stande«, so Riccobonis Vermittlung, »die sich ihren Eindrücken leichter überlassen, und der Pöbel, welcher seine Empfindungen nicht zu bändigen weiß, das sind die wahren Muster eines starken Ausdrucks. [...] Kurz, man muß sich ausdrücken wie der Pöbel und betragen wie Leute vom Stande.«[127] Die Vermittlung zwischen der rohen Natürlichkeit und der Darstellung auf dem Theater leistet nichts anderes als das Vorbild des komischen Theaters. Genau besehen stammen die wahrnehmungsbestimmenden Modelle für die behauptete ›Natur‹ in der Schauspielkunst nämlich aus dessen Beobachtung. Riccoboni schlägt damit eine für seine Zeit überraschende Volte: »Es scheint, als ob ich bis hierher nur von dem Trauerspiel gesprochen hätte [...], wie wohl alles das, was ich gesagt habe, ebensowohl auf das Komische als auf das Tragische anzuwenden sei.« Er will die Prinzipien der komischen Schauspielkunst ausdrücklich aufs Trauerspiel übertragen wissen. Man sollte diesen ungewöhnlichen Schritt einer Umkehrung bisheriger Wertungsperspektiven nicht unterschätzen: Das Lustspiel durchläuft »alle Töne«, während »das Trauerspiel aber sich an einer kleineren Anzahl begnügen läßt« (86). In der allem übergeordneten Wahrheit des darzustellenden Ausdrucks begründet Riccoboni nichts Geringeres als einen einheitlichen, bürgerlichen Schauspielstil. Es kommt nämlich noch etwas hinzu: Riccoboni, der Schauspielpraktiker des komischen Literatur-Theaters, begründet das darstellerische Kontinuum der Bühnenfiktion ebenfalls aus der Praxis des komischen Theaters, »denn es ist nicht genug, daß man für sich allein spielt, man muß auch für andere spielen« (81). Das Kontinuum der Fiktion wird erst durch das Ensemblespiel ermöglicht. Mit dem Kriterium einer jedermann einleuchtenden Wahrscheinlichkeit in Relation zur Wirklichkeitswahrnehmung hat Riccoboni eine Art Ei des Kolumbus der Darstellungstheorie im Komischen gefunden. In seiner Schrift wurde *die* schauspieltheoretische Frage des 18. Jh., das Paradox par excellence, als Scheinwiderspruch aufgelöst: ob der Schauspieler das, was er darstellt, wirklich zu empfinden oder nur als äußeren Ausdruck wiederzugeben habe. Seit Riccoboni wird die dialektische Vermittlung

denkbar: Der Schauspieler muß durch verstandesmäßige und körperliche sowie seelische Anstrengung seinem dargestellten Ausdruck Leben verleihen, ein empfindungsfreier Ausdruck ist nicht möglich. Hierfür braucht der Schauspieler »den Ausdruck seiner eigenen Empfindung« (109), wobei Riccoboni ausdrücklich erklärt, »daß man, wenn man das Unglück hat, das, was man ausdrückt, wirklich zu empfinden, außerstand gesetzt wird zu spielen« (73 f.). Und gerade im komischen Theater kann der Schauspieler erfahren, wie man mit eigenen Empfindungen so umgehen lernt, daß man mit ihnen ›spielen‹ kann. In der Darstellung von ›bürgerlichen‹ Subjekten durch »die Fiktion der Distanzlosigkeit in Form der Natürlichkeit«[128] ist der entscheidende theoretische Schritt gemacht. Das Natürlichkeitsideal hat sich mit der Wahrnehmung von Wirklichkeit kurzgeschlossen; Vorbild und Reflexionsmedium dieser Prozesse ist das komische Theater – ein Theater, das behauptet, in der Fiktion der Wirklichkeit darzustellen.

Wie sehr sich der am Komödien-Komischen orientierte Komikbegriff aus der französischen Diskussion seit der Mitte des Jahrhunderts im Deutschen in der veristisch-›bürgerliche‹, psychologische bzw. anthropologische ›Menschendarstellung‹ verschiebt, zeigt sich schön an Moses Mendelssohns *Beantwortung einiger Fragen in der Schauspielkunst*« (entst. um 1760, ersch. 1810). »Wenn der Akteur zornig ist, so agirt er in seiner eigenen Person, und nicht die des Helden, den er vorstellen soll: denn die Ursachen seines Zornes halten ihn ab, in alle die Begriffe einzugehn, die zu seiner intuitiven Begeisterung nöthig sind. Wo er aber, seine Charakteren unbeschadet, seine eigene Empfindung ausdrücken kann, da wird man allezeit den Sieg der Natur über die Kunst wahrnehmen. [...] Man sieht es auch auf der komischen Schaubühne, wenn der Schauspieler einem Frauenzimmer Liebe ausdrücken soll, das er wirklich liebt.«[129] Die Au-

---

127 FRANCESCO RICCOBONI, Die Schauspielkunst. An die Madame ***, übers. v. G. E. Lessing (1750), hg. v. G. Piens (Berlin 1954), 77.
128 GÜNTHER LOHR, Körpertext. Historische Semiotik der komischen Praxis (Opladen 1986), 185 f.
129 MOSES MENDELSSOHN, Beantwortung einiger Fragen der Schauspielkunst (entst. um 1760, ersch. 1810), in: MENDELSSOHN, Bd. 3/1 (1972), 311 f.

thentizität der Fiktion scheint durch die Wirklichkeitswahrnehmung beglaubigt – doch die Fiktion hat umgekehrt diese Wahrnehmungsform als solche überhaupt erst ermöglicht. 1754 veröffentlicht Lessing in seiner *Theatralischen Bibliothek* zusammen mit Des Hrn. *Prof. Gellerts Abhandlung für das rührende Lustspiel* (1751) seine Übersetzung der *Betrachtungen über das weinerlich Komische, aus dem Französischen des Herrn M. D. C.* (Pierre-Mathieu-Martin de Chassiron, *Réflexions sur le comique-larmoyant*, 1749), wo es heißt: »Es ist nicht der Körper, welcher in dem Schauspiele lacht oder weinet; es ist die Seele, die von den Eindrücken, die man auf sie macht, gerühret wird. Wann sie durch das Pathetische bewegt, und durch das Komische erfreut wird, so ist sie zu gleicher Zeit ein Raub zweyer gegenseitigen Bewegungen [.] Wie erstaunlich ist es für den menschlichen Geist, so schleinig und ohne Vorbereitung, von dem Tragischen auf das Komische über zu gehen«[130].

Daß sich aber Tragikomödie und ›weinerliches Lustspiel‹ in der Gefühlsmischung nicht nur als Stadien einer allgemeinmenschlichen Sensibilisierung sehen lassen, sondern ebenso als emotionale Erneuerungsstimulanzien in sozialen Zusammenhängen, zeigt der Theorieanspruch des Sturm und Drang. Die lebensweltliche Relevanz des Komischen wird dort in einer Weise am Begrifflichen eingefordert, daß daraus zu schließen ist, daß man hier im bewußten Rückgriff auf die Begriffsprägung dem Prozeß der Ausdifferenzierung innerhalb der Literatur und damit der sich abzeichnenden vollkommenen Ästhetisierung der Komik entgegenwirken wollte. Dies ist sicherlich auch einem Gespür für jene Entleerung der Begriffsinhalte zuzuschreiben, die sich hin zur Neutralisierung und Unverbindlichkeit eines bloß noch Komisch-Seltsamen hypostasierte. 1775 schrieb Jakob Michael Reinhold Lenz in seiner *Rezension des Neuen Menoza*: »Komödie ist Gemälde der menschlichen Gesellschaft, und wenn die ernsthaft wird, kann das Gemälde nicht lachend werden. Daher schrieb Plautus komischer als Terenz, und Molière komischer als Destouches und Beaumarchais. Daher müssen unsere deutschen Komödienschreiber komisch und tragisch zugleich schreiben, weil das Volk, für das sie schreiben, oder doch wenigstens schreiben sollten, ein solcher Mischmasch von Kultur und Rohigkeit, Sittigkeit und Wildheit ist. So erschafft der komische Dichter dem tragischen sein Publikum.«[131] Hatte Lenz die Erziehung zur ›großen‹, reinen Empfindungsfähigkeit im Sinn, bekennt sich Louis Sébastien Mercier in seiner Schrift *Du théâtre ou Nouvel essai sur l'art dramatique* (1773) stärker zur Gattungs- und Empfindungsmischung, weil ihm die Trennung für die theatrale Rezeption wirklichkeitsfern vorkommt: »Das Tragische hat öfters, von einer gewissen Seite genommen, noch etwas Komischers als das Komische selbst. Es ist keiner von uns, der nicht ohne es zu wollen, in unsern besten Tragödien gelacht hätte.«[132]

In der vorherrschenden Entwicklungslinie am Ende des 18. Jh. wird jedoch das komische Theater vor allem zum Ort der Einübung eines ›zivilisatorischen‹ Prozesses, bei dem Körperliches und emotional Grenzüberschreitendes hintangestellt wird. Die einübende Internalisierung von Verhaltensweisen, die man selbst erst über das Literaturverständnis auf die Bühne als ›natürlich‹ projiziert, verkehrt in der Zuweisung von Realitätsprädikaten das Verhältnis von Schein und Realität – die ›wahrhafte Natur‹ ist die gereinigt-reine auf der Bühne. Am Ende des Jahrhunderts wird folgerichtig die Reinheit des ›wahren‹ Komischen mit der ›schönen Kunstdarstellung‹ endgültig kurzgeschlossen, indem es als Formproblem an der Autonomie des ›interesselosen Wohlgefallens‹ gemessen wird: »Das höhere Komische ist dasjenige, welches, *sittlich, intellectuell* und *ästhetisch* beurtheilt, einen hohen Grad von reinem Wohlgefallen erregt. Das *niedere* ist dasjenige, welches zwar zum Lachen reizt durch den allgemeinen Charakter *alles* Komischen, aber deshalb dem Menschen von Bildung zugleich

---

130 PIERRE-MATHIEU-MARTIN DE CHASSIRON, Betrachtungen über das weinerlich Komische, übers. v. G. E. Lessing (1754), in: LESSING (LACHMANN), Bd. 6 (³1890), 16.
131 JAKOB MICHAEL REINHOLD LENZ, Rezension des Neuen Menoza (1775), in: Lenz, Werke und Briefe in drei Bänden, hg. v. S. Damm, Bd. 2 (München/Wien 1987), 703 f.
132 LOUIS SÉBASTIEN MERCIER, Neuer Versuch über die Schauspielkunst, übers. v. H. L. Wagner (Leipzig 1776), 63.

Mißvergnügen verursacht, weil es mit groben, sinnlichen Lüsten und Begierden zusammenhängt, sich mit plumper Rohheit blos giebt, statt Ausdruck von Geist Beschränktheit und Stumpfheit des Verstandes verräth, und durch die Art, wie es sich sinnlich darstellt, das ästhetische Gefühl beleidigt.«[133]

Bei Kant schließlich findet sich der Inkongruenzgedanke, der das ganze Jahrhundert über der Komik- und Lachtheorie zugrunde gelegen hat, in charakteristischer Ausprägung. Für Kant erscheint in jedem Komischen »etwas Widersinniges«. Er geht von einer objektiven Beschaffenheit der Ursache des Vorstellungskontrastes aus, welcher das Lachen anstößt. Die vielzitierte Formulierung aus der *Kritik der Urteilskraft* (1790) lautet: »Es muß in allem, was ein lebhaftes erschütterndes Lachen erregen soll, etwas Widersinniges sein (woran also der Verstand an sich kein Wohlgefallen finden kann). *Das Lachen ist ein Affekt aus der plötzlichen Verwandlung einer gespannten Erwartung in nichts.*«[134] Dagegen hat schon Jean Paul eingewandt, daß nicht jedes Nichts lächerlich ist und man oft gerade dann lacht, »wenn die Erwartung des Nichts sich in ein Etwas auflöset«[135].

Das Lachen wird bei Kant physiologisch im Hinblick auf seine gesundheitsfördernde Funktion näher bestimmt; es steht mit dem »ganzen Lebensgeschäft im Körper«[136] in Zusammenhang. Das Komische übe mittels des Lachens »auf die Gesundheit einen wohltätigen Einfluß« aus: »Also muß die Ursache in dem Einflusse der Vorstellung auf den Körper und dessen Wechselwirkung auf das Gemüt bestehen; und zwar nicht, sofern die Vorstellung objektiv ein Gegenstand des Vergnügens ist (denn wie kann eine getäuschte Erwartung vergnügen?), sondern lediglich dadurch, daß sie, als bloßes Spiel der Vorstellungen, ein *Gleichgewicht der Lebenskräfte im Körper* hervorbringt.« (273) Dabei ist die körperliche Bewegung »allein und nicht das, was im Gemüte vorgeht, die eigentliche Ursache des Vergnügens an einem Gedanken [...], der im Grunde nichts vorstellt« (275): Komischfinden ist elementar aisthēsis.

Wenn Kant damit »eine Theorie der möglichen totalen Ästhetisierung entwirft«, so bleibt die notwendigerweise so scharf abgrenzende Verschiebung all dessen, was die Vernunft vor Probleme stellen könnte, auf den vom Verstand entfremdeten Körper bemerkenswert. Hinter dem Nichts eines ›Es war nichts‹ lauert vielleicht tatsächlich die Konsequenz der für die Vernunft »bedrohlichen Nichts«, das jemand anderes »sozusagen zu Ende lachen«[137] könnte.

VII. Die theoretische ›Aufhebung‹ des Komischen im 19. Jahrhundert

In der Vermittlungstätigkeit einer näher zu bestimmenden, schrankenlosen Subjektivität kommt das so verstandene Komische im Verständnis des 19. Jh. gewissermaßen zu sich selbst. »Auf der objectiven Erscheinung des Unendlichen in seiner Vorherrschaft vor dem Endlichen beruht das *Erhabene* [...]. Die Darstellung des Unendlichen dagegen als subjectiven Lebens ist das Komische. Das Subjective kann sich als unendliches Leben nur so offenbaren, dass es sich über alle Bestimmtheit und Begränztheit (über alles Absichtliche, Zweckmässige, kurz, über alles, was ernsthaft und positiv ist) erhebt; und dieses kann nur dadurch geschehen, dass es alles als freyes und freyes und freyes und zweckloses Spiel betrachtet, folglich alles von derjenigen Seite auffasst, von welcher es durch seinen inneren Widerspruch sich selbst aufhebt, also als eitel und nichtig erscheint.«[138] In der Darstellung des Komischen läßt sich das reale Endliche ins ideale Unendliche transzendieren, wenn es im inneren, subjektiven Erleben miteinander vereinbar wird. »Wir müssen die Welt geistig vernichten (sie als nichtig betrachten), um uns frey über sie zu erheben; und alle Nichtig-

---

133 KARL HEINRICH HEYDENREICH, Grundsätze der Kritik des Lächerlichen mit Hinsicht auf das Lustspiel (Leipzig 1797), 74 f.
134 IMMANUEL KANT, Kritik der Urteilskraft (1790), in: KANT (WA), Bd. 10 (1974), 273.
135 JEAN PAUL, Vorschule der Ästhetik (1804), in: JEAN PAUL (MILLER), Bd. 5 ([4]1980), 102.
136 KANT (s. Anm. 134), 272.
137 KLAUS HEINRICH, Theorie des Lachens, in: D. Kamper/C. Wulf (Hg.), Lachen – Gelächter – Lächeln (Frankfurt a. M. 1986), 26 f.
138 [FRIEDRICH AST], [Rez.] Jean Paul, Vorschule der Ästhetik ([2]1812); in: Wiener Allgemeine Literaturzeitung 2 (1814), Nr. 55, 873 f.

keit beruht auf dem Contraste des Seyns und des Scheins [...]. Sonach gründet sich auch das Komische auf den Widerspruch des Wesens mit sich selbst (auf den Contrast der Absicht und der Handlung, der Vorstellung oder Einbildung und des wirklichen Seyns). [...] es gibt nichts objectiv und an sich lächerliches, sondern alles ist nur lächerlich für den freyeren Geist und wird es erst durch seine unbedingte, über alle Beschränktheit sich erhebende Betrachtungsweise und Gemüthsstimmung.« (874f.) Das Komische ist »die negative Darstellung des Unendlichen, so wie das Erhabene die positive ist.« (876)

»Die neuere Schlegel-Schelling-Astische Definition des Komischen, daß dasselbe, z. B. die Komödie, ›die Darstellung der idealen unendlichen Freiheit, also des negativen unendlichen Lebens oder der unendlichen Bestimmbarkeit und Willkür sei‹, lass' ich hier sich mit der allerneuesten, aber für den Künstler mehr brauchbaren von St. Schütz herumschlagen, welche das Komische für die Anschauung des Zwiespalts und des Siegs zwischen Notwendigkeit und Freiheit erklärt.«[139] Mit diesen Worten positioniert sich Jean Paul zwischen den anderen einflußreichen Komik-Theoriesträngen seiner Zeit (wobei übrigens neben Jean Paul der an Aufklärung und Idealismus orientierte Stephan Schütze als der am breitesten rezipierte Komik-Theoretiker seiner Zeit gelten muß, wie an den diversen Lexika deutlich wird). Der wirkungsgeschichtliche Einfluß Jean Pauls auf eine Ästhetik des Komischen (vor allem nach Hegel) kann wohl kaum unterschätzt werden, wie noch an Weisse, Ruge und Vischer zu zeigen sein wird, die aus der Kritik an Jean Pauls alles Objektive vernichtenden Subjektivität zu einer Ästhetik des alle Disharmonie und Häßlichkeit aufhebenden Schönen zu gelangen suchen.[140]

In Anlehnung an die englische und französische Diskussion ist vor dem Hintergrund der produktionsästhetischen Grundabsicht des Poeten der »Ge-

genschein des Lächerlichen« nicht das Tragische, sondern das übergroße Erhabene: »Dem unendlich Großen, das die Bewunderung erweckt, muß ein ebenso Kleines entgegenstehen, das die entgegengesetzte Empfindung erregt. Im moralischen Reiche gibt es aber nichts Kleines; denn die nach innen gerichtete Moralität erzeugt eigne und fremde Achtung und ihr Mangel Verachtung [...]; zur Verachtung ist das Lächerliche zu unwichtig und zum Hasse zu gut. Es bleibt also für dasselbe nur das Reich des Verstandes übrig, und zwar aus demselben das Unverständige. Damit aber derselbe eine Empfindung erwecke, muß er sinnlich angeschauet werden in einer Handlung oder in einem Zustande.«[141] So »heftet uns der Komiker gerade eng an das sinnlich Bestimmte«, er individualisiere »bis ins Kleinste« und falle »z. B. nicht auf die Knie, sondern auf beide Kniescheiben« (140).

»Da es ohne Sinnlichkeit überhaupt kein Komisches gibt« (139), ist Anschaulichkeit in sinnlicher Wahrnehmung die Voraussetzung von Komischem. Für die Definition von Komik besetzt das wahrnehmende Subjekt den zentralen Betrachterstandpunkt; das subjektive Moment komischer Wirkung wird entscheidend radikalisiert. In der – zunächst wenig originellen – Tradition der Inkongruenztheorie definiert das Subjekt die Wertigkeit eines Mißverhältnisses, das zumindest den Schein der Freiheit haben muß, um komisch wirken zu können; denn wenn das Mißverhältnis – im Sinne des ›Unschädlichkeitspostulats‹ – zu gravierend erscheint, erregt es kein Lachen: »den Widerspruch, worin das Bestreben oder Sein des lächerlichen Wesens mit dem sinnlich angeschauten Verhältnis steht, nenn' ich den *objektiven* Kontrast; dieses Verhältnis den *sinnlichen*; und den Widerspruch beider, den wir ihm durch das Leihen unserer Seele und Ansicht als den zweiten aufbürden, nenn' ich den *subjektiven* Kontrast.« (114)

Das zentrale Theorem eines aktiven Leihvorgangs im Vorstellungsvermögen verschiebt bei Jean Paul die Entscheidung über Komisches auf übergeordnete Einsicht eines situationsdefinierenden Betrachters: »Ein gesunder Mensch, der sich für krank hielte, würde uns erst komisch vorkommen durch wichtige Vorkehrungen gegen seine Not. Das Bestreben und die Lage müssen beide gleich anschaulich sein, um ihren Widerspruch zur komi-

---

[139] JEAN PAUL (s. Anm. 135), 104.
[140] Vgl. GÖTZ MÜLLER, Zur Bedeutung Jean Pauls für die Ästhetik zwischen 1830 und 1848, in: Jahrbuch der Jean Paul-Gesellschaft 12 (1977), 105–136.
[141] JEAN PAUL (s. Anm. 135), 109.

schen Höhe zu treiben. [...] Hier kommt der Hauptpunkt: wir leihen *seinem* Bestreben *unsere* Einsicht und Ansicht und erzeugen durch einen solchen Widerspruch die unendliche Ungereimtheit; [...] so daß also das Komische, wie das Erhabene, nie im Objekte wohnt, sondern im Subjekte. [...] Da man aber fragen muß: warum unterlegen wir nicht jedem anerkannten Irrtum und Unverstand jene Folie, die ihn zum Komischen erhellt? so ist die Antwort: bloß die Allmacht und Schnelle der sinnlichen Anschauung zwingt und reißt uns in dieses Irr-Spiel hinein.« (109 ff.)

Das Komische besteht im »Kontrastieren des Endlichen mit dem Endlichen« und kann »keine Unendlichkeit zulassen«, schließlich kennen der »Verstand und die Objekten-Welt« nur »Endlichkeit«. »Wie aber, wenn man eben diese Endlichkeit als *subjektiven* Kontrast jetzo der Idee (Unendlichkeit) als *objektiven* unterschöbe und liehe und statt des Erhabenen als eines angewandten Unendlichen jetzo ein auf das Unendliche angewandte Endliche, also bloß Unendlichkeit des Kontrastes gebäre, d. h. eine negative? Dann hätten wir den humour oder das romantische Komische.« (124 f.) In geschichtsphilosophischer Fundierung basiert Humor auf der christlich begründeten Entzweiung von Ich und Welt, im bewußtseinsgeschichtlich bedingten Leiden am Endlichen. Als Ausdruck dieser Situation und als Möglichkeit ihrer ästhetischen Bewältigung ist die »humoristische Totalität« im Kontrast zum Erhabenen als »ein auf das Unendliche angewandtes Endliche« zu verstehen. Die komische Wirkung entsteht dadurch, daß der Intellekt sich durch die Anschauung und mit Blick auf Lustgewinn genötigt fühlt, sich zugleich mit drei verschiedenen Gedankenreihen dynamisch auseinanderzusetzen: »Der Elementargeist der komischen Lust-Elemente ist der Genuß *dreier* in *einer* Anschauung vor- und festgehaltenen Gedankenreihen, 1) mit der eignen wahren Reihe, 2) der fremden wahren und 3) der fremden von uns untergelegten illusorischen. Die Anschaulichkeit zwingt uns zum Hinüber- und Herüber-Wechselspiel mit diesen drei einander gegenstrebenden Reihen, aber dieser Zwang verliert durch die Unvereinbarkeit sich in eine heitere Willkür. Das Komische ist also der Genuß oder die Phantasie und Poesie des ganz für das Freie entbundnen Verstandes, welcher sich an drei Schluß- oder Blumenketten spielend entwickelt und daran hin- und widertanzt.« (122)

Im dynamisierenden Wechselspiel der theatralen Blickwechsel, das die Freiheit des Menschen im Begriff der Ironie anschaulich macht, ist das Komische auch bei Adam Müller dramatisch funktionalisiert – und wiederum im religiösen Menschenbild metaphysisch aufgehoben. Der »Scherz im Bunde mit der Ironie« ergibt das »ächte, reine, unschuldige *komische*. Es giebt im Laufe der innigsten Liebe zu einem Menschen Momente, wo man sein ganzes Treiben und Thun plötzlich in einem solchen rein komischen Lichte sieht [...]. So, gerade so, in einem und demselben Element der Liebe, sollen Ernst und Spiel, tragisches und komisches wechseln und leben. Dann wird der Ernst nie schwerfällig, bigott, abergläubisch, kurz *monologisch*, dann wird der Scherz nie flatterhaft, frivol, ungläubig, kurz *dialogisch* erscheinen: sondern wie Monolog und Dialog im Drama sich veredeln, und in eine Gestalt, in die dramatische durchdringen, so werden die Geister des Tragischen und die Geister des Komischen im schönen Wechsel ihre Plätze vertauschen, und in beiden wieder *ein* Geist allgegenwärtig walten.«[142]

Daß diese Dynamisierung ihre Grenzen hat und die relative Einseitigkeit des Komischen sonst auch Gefahren fürs Menschen- und Gesellschaftsbild mit sich bringen kann, zeigt zum einen der dionysische Rausch, zum andern das »unreine Lachen«: Aristophanes riß »das Athenische Publikum in den Taumel des Komischen hin«, indem er ein »so unaufhörliches unmäßiges Gelächter erregt, während der ordinaire denkende und empfindende Mann unsrer Zeit nur das Lächeln vertragen kann; daß er ferner den ganzen Menschen in den Komischen Rausch hineinzieht, da hingegen wir gebildete Leute schon mit leisen moralischen Winken, mit komischen Anspielungen, mit satyrischen Seitenblicken zufrieden gestellt sind. [...] Gewiß geben Sie alle zu, daß es ein zwiefaches Lachen gebe, ein unschuldiges argloses und ein unreines übelwollendes Lachen. Den Gegenstand des arglosen Lachens nennen wir einen *komischen*, den Gegen-

---

142 ADAM MÜLLER, Ironie, Lustspiel, Aristophanes. Aus A. Müllers Vorlesungen über dramatische Poesie und Kunst, in: Phöbus, Nr. 4/5 (1808), 61 f.

stand des unreinen, herabwürdigenden Lachens nennen wir einen *lächerlichen* Gegenstand; Sie würden also den Kritiker, der sich von der Gottseligkeit auf die Seite der Gottespötterei herübergeworfen hätte, fragen: ist dir dein religiöser Glaube plötzlich ein komischer oder ein lächerlicher Gegenstand geworden? [...] *oder* bist du mit Freiheit, mit Bewußtsein, mit Ironie von der einen Seite der Menschheit, von der *tragischen* auf die andere, die *komische* Seite, hinübergetreten?« (57–60) Das ironische Bewußtsein positioniert das Subjekt auf jenen Betrachterstandpunkt, der es ihm ermöglichen soll, aus der quasi erhöhten Perspektive überlegenen Wissens die Relativität der Inkongruenzen bzw. Kontraste zu erkennen und gegenüber einem übergeordneten Prinzip in ihrer Bedingtheit anzuerkennen. Inwieweit der Lachende sich mit dieser Anerkennung über die Beschränktheit (im Humor) erheben kann oder inwieweit er selbst darin verstrickt bleibt – sei es objektiv gesellschaftlich vermittelt (im Lächerlichen) oder subjektiv ästhetisiert (im Komischen) –, wird in den romantischen und idealistischen Versöhnungsästhetiken keineswegs immer klar. Im Gegenteil ist zu konstatieren, daß in den dialektischen Konstruktionen gerade jedes konkret handelndende Subjekt, also der Lachende, zum Verschwinden gebracht wird.

So sieht auch der von Jean Paul beeinflußte Schelling-Schüler Karl Wilhelm Ferdinand Solger in seinen *Vorlesungen über Aesthetik* (1829) das Komische im Kontrast des Endlichen mit dem Göttlichen und Schönen. Die Idee und das Unendliche kann nur am Endlichen und Individuellen erscheinen. Deshalb hat aber das Besondere, Kleine und Nichtige teil an der Idee selbst: »In dem Humor tritt die Idee als bloß wirksam in der Mannichfaltigkeit der Existenz auf und erscheint sich daher selbst als ihre eigene Aufhebung. Daher ist hier immer das Gefühl der Nichtigkeit und Kleinlichkeit verknüpft mit dem Gefühl des positiven Werthes der Entwicklung der Idee in der Gegenwart.«[143] Humor – und Komik – entstehen demnach in dem Augenblick, in dem die Idee durch das gemeine Leben hindurch existieren und wirken kann; beide haben folglich ihren Ursprung nicht nur in einer vom Intellekt zu realisierenden Inkongruenz.»Das Komische hat seinen Sitz nicht bloß in einem Kontrast oder Widerspruch für den Verstand. Ein solcher kann nie zum Lachen treiben, vielmehr nur zur Anstrengung des Verstandes, um den Widerspruch zu untersuchen. Das Erscheinende muß sich auf eine Idee beziehen, die Idee in der Erscheinung erkannt werden.« Auch die Erscheinungsformen des Komischen haben daher in der Kunst immer vermittelten Bezug zum Idealen. »Alles ist beim Humor in einem Flusse, und überall geht das Entgegengesetzte, wie in der Welt der gemeinen Erscheinung in einander über. Nichts ist lächerlich und komisch darin, das nicht mit einer Mischung von Würde oder Anregung von Wehmut versetzt wäre, nichts erhaben und tragisch, das nicht durch seine zeitliche und selbst gemeine Gestaltung in das Bedeutungslose oder Lächerliche fiele.« (248) Die Freude am Komischen erwächst aus dieser totalisierenden Vermittlungsleistung im objektiv unaufhebbaren Widerspruch zwischen der Idee und ihrer Erscheinungsform. Das Subjekt steht dabei aber, anders als bei den sonstigen Romantikern, nicht selbstherrlich spielend über den Erscheinungen, sondern es ist anscheinend auch beim Komischen als eine Art beteiligtes Durchgangsmedium gedacht, das diese Prozesse existentiell erfährt.

Anders als in jener romantischen Subjektivität ist bei Stephan Schützes einflußreichem *Versuch einer Theorie des Komischen* (1817) die Beziehung auf Kategoriensysteme eines übergeordnet existentiellen Ernstes im Schillerschen Sinne suspendiert. Eher beeinflußt ein unbefragter sensualistisch-rationalistischer Naturbegriff die Definition des Komischen: »*Das Komische ist eine Wahrnehmung oder Vorstellung, welche nach Augenblicken das dunkele Gefühl erregt, daß die Natur mit dem Menschen, während er frey zu handeln glaubt oder strebt, ein heiteres Spiel treibt, wodurch die beschränkte Freiheit des Menschen in Beziehung auf eine höhere verspottet wird. Oder: das Komische ist das in und bey der Freyheit des Menschen sichtbar werdende Spiel der Natur mit dem Menschen. Innerlich ist es eine Vorstellung, äußerlich die Vergegenwärtigung eines solchen Spiels. Das Lachen drückt die Lust an dieser eigenthümlichen*

---

143 SOLGER, 215.

VII. Die theoretische ›Aufhebung‹ des Komischen im 19. Jahrhundert

Wahrnehmung aus.«[144] Was an einem Menschen komisch wirkt, ist eine gewisse Steifheit des Mechanischen – ein Komiktheorem, das Schütze lange vor Bergson in genau derselben Weise entwickelt wie dieser: nämlich mit Rücksicht auf das Theater.»Daher hat alles auf dem Theater eine komische Wirkung, *was den Menschen zur Sache zu machen scheint*, und die Ahnung von einem Mechanismus giebt. Dahin gehören nicht nur tausend Angewöhnungen in Worten und Reden, in Vorschlagssylben, in der Tonweise, in gewissen Mienen, Bewegungen, Stellungen u. s. w., sondern auch mancherley Wiederholungen, durch welche die Natur wie instinctartig fortwirkt.« (125) Schütze reflektiert die Beziehungen zwischen Komik und Musik:»Die *Musik* kann an sich das Komische (weil dieses von einer Vorstellung herrührt) nicht erreichen; als ein Ausdruck des Gefühls hindert sie dasselbe eher, weil das Komische die freye Beschauung voraussetzt, und alles lyrische Hingeben an die Sache und gänzliches Sympathisiren (das Gegentheil vom Scherz) dieselbe erschwert, und der Seele mehr eine Ausdehnung als eine Richtung auf Hauptmomente giebt« (223).

Dem widerspricht entschieden ›K. Stein‹ (Keferstein) in seinem *Versuch über das Komische in der Musik* (1833), indem er neben dem Gefühl die Beteiligung der Verstandesleistung bei der musikalischen Rezeption herausstellt:»Beruht sie [die Musik – d. Verf.] nicht in Tact, Rhythmus, Harmonie etc. lediglich auf arithmetischen Verhältnissen und Combinationen, welche doch unverkennbar in den Bereich der klaren Vorstellung fallen müsssen, und ist nicht deshalb von dieser Seite her, ihre *vis comica* unantastbar?« Gegen Schützes Bestimmungen sind folglich vor allem Musikstücke anzuführen,»in welchen das Komische vorzüglich in einem lächerlich sonderbaren Rhythmus, oder in eigenthümlichen Modulationen seinen Sitz hat«[145]. Im Vergleich der Künste könne nur die Musik das Komische ergreifen und in seinem tiefsten Lebenskern darstellen.

In der Betonung der Darstellung, der ästhetischen Form, als Differenzierungskriterium des Komischen treffen sich diese musiktheoretischen Erörterungen mit der *Aesthetik* (1806) von Friedrich Bouterwek. Der frühe Jean-Paul-Verehrer übernimmt aus der *Vorschule* das situationsdefinierende Subjekt, das über seine eigenen Wertungsperspektiven verfügt:»In der komischen Darstellung erscheint jeder Gegenstand in unsrer Schätzung herabgewürdigt und in dieser Hinsicht *verkleinert*«[146], ohne daß sich die Argumentation deshalb aber im anderwärts so vielbeschworenen ›unendlich‹ Kleinen verlöre. Der degradationstheoretische Ansatz Bouterweks beharrt jedoch darauf, daß trotz der ästhetischen Veredelung des Lächerlichen der Stoff der Erscheinung keineswegs und in keiner künstlerischen Form aufgehoben werden kann – auch nicht im»ästhetischen Charakter« (243) der komisch erscheinenden Darstellung: Zwischen Form und dem im Grunde von Häßlichkeit geprägten Stoff –»Das Lächerliche an sich […] ist also mit dem Häßlichen verwandt« (170) – bleibt immer ein objektives Mißverhältnis, auch wenn der vorausgehende reale Widerspruch im Komischen vom Gewicht des Ernstes befreit worden ist; schließlich ist das Mißverhältnis überhaupt die Bedingung der Möglichkeit aller komischen Kunst – eine Bestimmung, die tatsächlich quersteht zu aller behaupteten ästhetischen Versöhnung der nachfolgenden Theoretikergeneration.

So unterscheidet Hegel in seinen *Vorlesungen über die Ästhetik* (1835–1838) zwischen dem Lächerlichen und dem »eigentlich Komischen« auf der Grundlage des Kontrastes von Wesen und Erscheinung:»Lächerlich kann jeder Kontrast des Wesentlichen und seiner Erscheinung, des Zwecks und dem Mittel werden, ein Widerspruch, durch den sich die Erscheinung in sich selber aufhebt und der Zweck in seiner Realisation sich selbst um sein Ziel bringt. Für das Komische aber müssen wir noch eine tiefere Forderung machen. Die Laster der Menschen z. B. sind nichts Komisches. Davon liefert uns die Satire, in je grelleren Farben sie den Widerspruch der wirklichen Welt gegen das, was der tugendhafte Mensch sein sollte, ausmalt, einen sehr trockenen Beweis. Torheiten, Unsinn, Albernheit brauchen, an und für sich genommen, ebensowenig komisch zu sein, obschon wir dar-

---

144 STEPHAN SCHÜTZE, Versuch einer Theorie des Komischen (Leipzig 1817), 23.
145 STEIN (s. Anm. 107), 226, 229.
146 FRIEDRICH BOUTERWEK, Aesthetik (1806; Göttingen ³1825), 167.

über lachen.« Vor dem Widerspruch zwischen der letztlich absoluten Freiheit des Geistes und der notwendigen Beschränktheit seiner endlichen Existenz schafft sich der deutsche Idealismus in der Poesie eine Fiktion der subjektiven Freiheit eines selbstbestimmten Individuums – als Prinzip der Komödie. Nicht umsonst ist das »eigentlich Komische« von vornherein durch ein Moment der Versöhnung gewissermaßen geläutert und findet Ausdruck nur in der fiktiven Ebene der künstlerischen Gestaltung. Demgegenüber hat das lebensweltlich angebundene Lächerliche nur in den banalen realen Lachreaktionen seine Berechtigung: »Überhaupt läßt sich nichts Entgegengesetzteres auffinden als die Dinge, worüber die Menschen lachen. Das Plattste und Abgeschmackteste kann sie dazu bewegen, und oft lachen sie ebensosehr über das Wichtigste und Tiefste, wenn sich nur irgendeine ganz unbedeutende Seite daran zeigt, welche mit ihrer Gewohnheit und täglichen Anschauung in Widerspruch steht. Das Lachen ist dann nur eine Äußerung der wohlgefälligen Klugheit, ein Zeichen, daß sie auch so weise sein, solch einen Kontrast zu erkennen und sich darüber zu wissen. [...] Zum Komischen dagegen gehört überhaupt die unendliche Wohlgemutheit und Zuversicht, durchaus erhaben über seinen eigenen Widerspruch und nicht etwa bitter und unglücklich darin zu sein: die Seligkeit und Wohligkeit der Subjektivität, die, ihrer selbst gewiß, die Auflösung ihrer Zwecke und Realisationen ertragen kann.«

Das bei Hegel und später vielerorts so gern beschworene Theater, mit dem das Komische noch wenige Jahrzehnte vorher so signifikant angetreten war, findet jetzt ausschließlich im Kopf des komische Individuen entwerfenden Lesers statt. Damit wird das vergeistigte Lachen endgültig zur Privatangelegenheit im stillen Kämmerlein. Es ist symptomatisch, daß Hegel seinen idealistischen Begriff des Komischen auf Aristophanes zurückprojiziert, indem er in dessen Figuren bereits jene Individualität zu entdecken glaubt, die in vollem Bewußtsein ihrer »unzerstörbaren Subjektivität« über ihre eigenen Widersprüche »erhaben« ist. Nicht umsonst erkennt er in Aristophanes den konservativen Geist, der gegen die »Auswüchse« der »Demokratie« kämpft: »dies bare Gegenteil einer wahrhaften Wirklichkeit des Staats, der Religion und der Kunst ist es, das er in seiner sich durch sich selbst auflösenden Torheit vor Augen stellt«[147].

Jemandem wie Arthur Schopenhauer mußte diese metaphysische Letztbegründung suspekt sein. Er verlegte als Inkongruenztheoretiker den Ursprung des Lachens in den Zusammenstoß der Begriffe der reflexiven Vernunft mit der Erscheinungswelt der anschaulichen Vorstellungen: »Das *Lachen* entsteht jedesmal aus nichts Anderm, als der plötzlich wahrgenommenen Inkongruenz zwischen einem Begriff und den realen Objekten, die durch ihn, in irgend einer Beziehung, gedacht worden waren, und es ist selbst eben nur der Ausdruck dieser Inkongruenz.«[148] Der »Sieg der anschauenden Erkenntniß«, der komische Lust entstehen läßt, »über das Denken erfreut uns. Denn das Anschauen ist die ursprüngliche, von der thierischen Natur unzertrennliche Erkenntißweise, in der sich Alles, was dem Willen unmittelbares Genügen giebt, darstellt: es ist das Medium der Gegenwart, des Genusses und der Fröhlichkeit: auch ist dasselbe mit keiner Anstrengung verknüpft.«[149]

Gegenüber solchen Transzendenzverweigerungen – oder aber auch vor der stofflichen Konkretheit eines Bouterwek – sind die Spekulationen Christian Hermann Weisses in seinem *System der Aesthetik als Wissenschaft von der Idee der Schönheit* (1830) als Kunst-Religionsersatz und Wirklichkeitsnegation einzustufen. In der bei Weisse angelegten totalen Ästhetisierung soll nicht nur das Häßliche durch die Komik ästhetisch gerechtfertigt werden, wobei z.B. die Aufhebung des Häßlichen in der »Verneinung der Verneinung« durch die Kunst des Komischen nicht von ungefähr ausdrücklich getrennt wird von jedem »empirischen oder historischen«[150] Prozeß. Tatsächlich sollen alle Widersprüche in der vermeintlich diesseitigen Schönheit begriffsdialektisch »aufgehoben« (54)

---

147 GEORG WILHELM FRIEDRICH HEGEL, Vorlesungen über die Ästhetik (1835–1838), in: HEGEL (TWA), Bd. 15 (1970), 527f.
148 ARTHUR SCHOPENHAUER, Die Welt als Wille und Vorstellung (1819), in: SCHOPENHAUER, Bd. 2 (³1972), 70.
149 Ebd., Bd. 3 (³1972), 107f.
150 CHRISTIAN HERMANN WEISSE, System der Aesthetik als Wissenschaft von der Idee der Schönheit, Bd. 1 (Leipzig 1830), 226.

werden können. »Was in der geschichtlichen Wirklichkeit nothwendig zum Häßlichen und Bösen ward, das verwandelt die Dichtung des Komikers in ein Lächerliches, indem sie es als ein unwirkliches darstellt.« (233) Gegen eine entfesselte romantische Phantasie setzt Weisse die Komik. In der Komik erkennt das Subjekt, daß das, was ihm im Erhabenen und Häßlichen übermächtig und negativ erscheint, zu ihm selbst und zu seiner Welt gehört. »In der Komik tritt sonach an die Stelle jenes einfachen, schlechthin genießenden oder leidenden Anschauens, welches die subjective Seite in der Phantasie als solchen ausmachte [...], eine freie und allseitige Thätigkeit dieses Subjects, die als ein *reines*, d.h. von aller Anstrengung oder bestimmt objectiven Richtung freies *Spiel seiner geistigen Kräfte* bezeichnet werden kann. [...] Die Komik bleibt nicht dabei stehen, wie die häßliche Phantasie, das Paradies der Schönheit als ein einst gewesenes, aber verschwundenes zu beklagen, sondern sie weiß den *Begriff* aller in der Phantasie erscheinenden Absolutheit als einen *an sich* oder *nothwendig* verschwindenden oder nichtigen, indem sie die Endlichkeit des subjectiven Bewußtseins, d.h. die gemeine Wirklichkeit, für seine Substanz und Wahrheit erkennt.« (213f.) Im Akt des ›Leihens‹ sieht Weisse anders als Jean Paul nicht eine Illusion oder einen Selbstbetrug wirken, sondern die »Ergänzung oder Wiederherstellung des in sich mangelhaften und gebrochenen Objects« (239). Komik ist zu fassen, »wie ihr Begriff es verlangt, als die *aufgehobene Häßlichkeit*, oder als die *Wiederherstellung der Schönheit aus ihrer absoluten Negativität, welche die Häßlichkeit ist*« (210).

Auch Arnold Ruge sucht in seiner *Neuen Vorschule der Ästhetik. Das Komische mit einem komischen Anhange* (1837) wie Weisse eine Metaphysik des Schönen, in der das Komische der ästhetischen Versöhnung dient. Das Lachen wird zur letztlich metaphysisch begründeten Versöhnungshandlung des Subjekts mit der Welt. Die Kunst hat die Aufgabe, die in der häßlichen Wirklichkeit vermißte Erhebung zum Ideal darzustellen, wobei das Komische eine Möglichkeit ist, die Häßlichkeit zu überwinden: Der »freie selbstbewußte Geist« befreit das Häßliche zur »komischen Erscheinung«[151].

Bemüht Ruge sich hier zu beweisen, daß im Jean Paulschen ›Leihprozeß‹ das »Aufbürden unsers Besserwissens keine Gewalt von Außen« (123) für den Belachten darstelle, weil die freie Tätigkeit des Geistes als Befreier und Schöpfer wirke, unterscheidet er in *Sechs lächerliche Briefen über das Lächerliche. An den Herrn Hofrath Stephan Schütze in Weimar* (1835) dezidiert zwischen Belachtem und Lachenden: »Offenbar geschieht also dem Herrn Lächerlich Gewalt, und er wird diese Gewaltthätigkeit des oder der Herren Lacher auf seinem Standpuncte für unrecht und gottlos halten.«[152] Daß ihm aber damit objektiv ein Gefallen getan wird, begründet sich durch den zugrundeliegenden Subjekt- und Vernunftbegriff, wie er dezidierter in der *Aesthetik des Komischen* (1837) in Anlehnung an Schützes Erweiterung des ›Leihvorgangs‹ ausgeführt wird: »Der Grund der Uebertragung des besseren Bewußtseins, wie *Jean Paul* die Besinnung in dem Besinnungslosen nennt, liegt also nicht darin, daß der Irrthum *überhaupt* angeschaut werden *kann*, sondern darin, daß er *eigentlich von dem Irrenden selbst angeschaut werden sollte*.«[153]

Als unbewußter Geisteszustand ist der lächerliche ein nicht schöner, eigentlich »häßlicher«, wovon das aufgenötigte Selbstbewußtsein befreit: »Die gewaltsame Hineinstellung des Selbstbewußtseins in das Unbewußte ist die Auffassung und Rectificirung des verworrenen Geistes in Eins, die Thätigkeit also, *die damit den Schöpfungsakt des Schönen vollzieht*. Das Lächerliche wäre demnach die *flüchtigste Gestalt des Schönen*: der Blitz des Geistes in dem Dunkel des Reiches der Häßlichkeit oder des confundirt erscheinenden Geistes, die Geburt des Schönen in der Anschauung, d.h. die angeschaute Geburt des Schönen.«[154]

Diesen ›Schöpfungsakt‹ des kreativen Komischfindens in der geistig gestaltenden Tätigkeit erläutert Ruge näher in der *Aesthetik des Komischen*: »Beim komischen Vorgange leuchtet mir etwas

151 RUGE, 111.
152 RUGE, Sechs lächerliche Briefe über das Lächerliche. An den Herrn Hofrath Stephan Schütze in Weimar (1835), in: Ruge, Sämmtliche Werke, Bd. 9 (Leipzig ³1850), 17.
153 RUGE, Aesthetik des Komischen (1837), in: Ruge, Sämmtliche Werke, Bd. 10 (Leipzig ³1850), 239.
154 RUGE (s. Anm. 152), 19f.

ein, es kommt im Geiste etwas zum Vorschein; vielleicht daß im Komischen ein Irrthum zum Vorschein kommt, und daß Lachen eine andere Art des Begreifens ist. [...] Aber es ist nicht die Befriedigung des Begreifens und des Denkens, wenn wir das Komische empfinden; wir sind dabei nur *ein Spiegel*, freilich ein *bewußter*, noch mehr, ein *bewußt bildender*. [...] Die komische Welt ist uns vollständig bekannt, ihr Gebiet ist die Menschenwelt, und der *bildende* Spiegel unsres Geistes, in den sie fällt, verhält sich zu ihr – *ästhetisch*.«[155]

Auf dieser Linie wird das Komischfinden schließlich genuines Konstituens des aktiv ästhetischen Subjekts als autonomes Vernunftwesen: »Das Komische ist der ästhetische Zeugungsact des freien Menschen. [...] Das Komische ist das *erste Finden*, das *Erfinden der Schönheit*, nicht das *Wiederfinden* des Geistes *in der Erscheinung*, die seine angemessene wäre; es ist also Schönheit, aber nicht das Ideal, sondern das *Herausfinden* seiner wahren Gestalt aus seiner unwahren. Dies Selbstgefühl der Persönlichkeit im Herausfinden seiner wahren Gestalt aus der Unwahrheit, die Lust dieser Thätigkeit des Schaffens, ist die Lust am Komischen, die *Lust des Lachens*.« (248 f.)

Friedrich Theodor Vischers erster Entwurf einer Ästhetik, *Über das Erhabene und Komische* (1837), stellt sich in die Tradition Jean Pauls. Das Erhabene und das Komische gehen als notwendige Entwicklungsstufen aus der Idee des Schönen hervor, wohin sie auch wieder zurückkehren – »Rückkehr des Schönen in sich: das durch seine Gegensätze vermittelte Schöne«[156]. Anstatt einfach aufzugehen im Schönen, welches sich als die einfache und ununterscheidbare Einheit der Idee und des sinnlichen Gegenstandes manifestiert, können beide sich gegenseitig »vernichten« (165). Setzt sich die Idee absolut, so entsteht das Erhabene, behauptet sich die sinnliche Erscheinung, losgelöst von der Idee, so entsteht das Lächerliche, was Vischer gleichbedeutend mit ›komisch‹ verwendet.

Das Komische ist ein »Streich« (160), den die Erscheinung der Idee spielt, indem sie versucht, der »Idee ein Bein [zu] stellen« (158). Im Gegensatz zu seinen Vorgängern wendet Vischer sich damit wieder der Betrachtung auf der Objektebene zu. An Kant anknüpfend, fragt er, woraus jene ›gespannte Erwartung‹ entsteht und was sie so überraschend auflöst: »Veranlaßt ist sie durch ein sich ankündigendes, in mehr oder minder pathetischem Schwunge begriffenes *Erhabenes*; aufgelöst wird sie durch das Bagatell eines bloß der niederen Erscheinungswelt angehörenden Dings, das diesem Erhabenen, vorher verborgen, nun auf einmal unter die Beine gerät und es zu Falle bringt.« (160) Der Übergang vom Erhabenen zum Komischen vollzieht sich auch bei ihm innerhalb des Schemas, das schon Kant skizziert hatte: vom Unlustgefühl der Spannung über das Vorgefühl kommender Auflösung bis zum Moment, wo die Spannung reißt und das Erhabene sich in das unendlich Kleine auflöst. Der Humorist ist immer auch »Zyniker« (171), der in alles die Sinnlichkeit mit hineinmischt.

In seiner *Aesthetik oder Wissenschaft des Schönen* (1846–1858) modifiziert Vischer die früheren Ansätze. Jetzt bildet das durch den ›Gehalt‹ die Ästhetik aus der unversöhnten Wirklichkeit in die Ästhetik eingeholte Moment des Häßlichen einen künftig nicht mehr stillzustellenden Gegensatz zum Schönen. Wenn auch dieses Häßliche über das Erhabene und Komische zur Versöhnung gebracht und damit aufgehoben werden soll, so wird doch dadurch bereits hier die Spannung zwischen Metaphysik und empirischer Wirklichkeit verstärkt. Während – so Vischer – Jean Paul die schlechte Endlichkeit der Geschichte und insbesondere ihn umgebenden Gesellschaft komisch vernichte und dagegen ein ›rousseauistisches‹ Ideal aufrichtet, sucht Vischer immer noch angestrengt eine ästhetische Vermittlung im Humor. Im Verlauf seiner Abhandlungen revidiert Vischer seine Ästhetik, weil er erkennt, daß das ›Kontingente‹ sich nicht mehr dialektisch eliminieren läßt. Er stellt fest, daß bei Jean Paul »der sentimentale Humor [...] mit dem härtesten Realismus und radikalsten Hasse der Schlechtigkeit der öffentlichen Zustände zu einer widersprechenden Einheit zusammenfällt. Zunächst erscheint dieser herbe Geist [...] als gesundes und heilsames Gegengift gegen seine Empfind-

---

155 RUGE (s. Anm. 153), 184 f.
156 FRIEDRICH THEODOR VISCHER, Über das Erhabene und Komische. Ein Beitrag zur Philosophie des Schönen (1837), in: Vischer, Über das Erhabene und Komische und andere Texte zur Ästhetik (Frankfurt a. M. 1967), 209.

samkeit und stille, allzuweiche Heimlichkeit. Zieht man einen Teil der letzteren, das unendliche Mitleiden mit den Armen und Gedrückten, aber mit Weglassung der Auflösung, die er diesem Schmerze durch das Bild lächelnder Zufriedenheit gibt, herüber zu dieser herben Seite, so steht ein Republikaner, ein Kommunist, ein Demokrat vor uns. Demokratisch, nicht bloß in diesem bestimmten, sondern im weitesten Sinne, ist alles Komische.«[157]

Die Alternative zum Versöhnungsdenken ästhetischer Erscheinungen, die sich auch geschichtsphilosophisch erklären lassen, liefert Karl Marx mit seinem Interesse an geschichtlichen Prozessen, die mit ästhetischen Kategorien anschaulich gemacht werden. Einen Satz Hegels aus den *Vorlesungen über die Philosophie der Geschichte* ergänzend[158], bemerkt Marx, daß sich »alle großen weltgeschichtlichen Tatsachen und Personen sozusagen zweimal ereignen. [...] das eine Mal als Tragödie, das andere Mal als Farce«[159]. In der Einleitung zur *Kritik der Hegelschen Rechtsphilosophie* (1844) wird die historische Reprise des Ancien régime, das in Frankreich seine Tragödie erlebt habe, als deutscher Revenant im Vormärz-Regime als »Anachronismus« verstanden und »nur mehr der *Komödiant* einer Weltordnung, deren *wirkliche Helden* gestorben sind. Die Geschichte ist gründlich und macht viele Phasen durch, wenn sie eine alte Gestalt zu Grabe trägt. Die letzte Phase einer weltgeschichtlichen Gestalt ist ihre *Komödie*. [...] Warum dieser Gang der Geschichte? Damit die Menschheit *heiter* von ihrer Vergangenheit scheide.«[160]

VIII. Abgründe des Lachens

In der 2. Hälfte des 19. Jh. wird die spekulative immer mehr durch die induktive Methode abgelöst. Angesichts positivistischer Forschungen zunächst in England und Frankreich stellt sich die Frage der empirischen Bewandtnis des Lachens und der Rezeption von Komischem neu; psychologische Konzepte verlieren die referentielle Seite des Lachens eher aus den Augen, während das materialistische Denken ähnlich einseitig Lachen stets auf soziale Implikationen und Funktionen zurückführt. Zentrale Fragestellungen für die Zukunft lauten: Welchen Anteil am Lachen haben der Verstand, die Sinne, das Begehren und der Körper? Woher kommt der ›ästhetische‹ Genuß beim Komischen? Baudelaires *De l'essence du rire et généralement du comique dans les arts plastiques* (1855) befragt die Verbindung von Ästhetik und Lachen auf eine neue Weise, indem er von einem gerade nicht affirmativen Vergnügen an den Mißverhältnissen ausgeht und schließlich Schönheit und Moral nicht mehr miteinander in Einklang bringen kann. Ausgangspunkt ist die Karikatur. Lachen über das Unglück anderer ist Zeichen menschlicher Schwäche. »Il est certain [...] que le rire humain est intimement lié à l'accident d'une chute ancienne, d'une dégradation physique et morale.«[161] Andererseits läßt sich durchaus in der Tradition der Superioritätstheorie Hobbes' das Lachen auf die Vorstellung eines Überlegenheitsgefühls zurückführen. »Le comique est un des plus clairs signes sataniques de l'homme [...]. Le rire vient de l'idée de sa propre supériorité. Idée satanique s'il en fut jamais! Orgueil et aberration! Or, il est notoire que tous les fous des hôpitaux ont l'idée de leur propre supériorité développée outre mesure. [...] Remarquez que le rire est une des expressions les plus fréquentes et les plus nombreuses de la folie.« (530)

Das Lachen, das »profondément humain« ist, ist anthropologisch zurückzuführen auf die von Grund auf widersprüchliche Stellung des Menschen zwischen Tier und Gott, insofern es im Vergleich zum Tier Anzeichen einer unendlichen Größe, im Vergleich mit dem Absoluten das eines unendlichen Elends ist. »C'est du choc perpétuel de ces deux infinis que se dégage le rire.«

Baudelaire radikalisiert die Überlegenheitspose in ihrer Subjektivität, insofern sie weder einen

---

157 VISCHER, Bd. 1 (²1922), 511, § 221.
158 Vgl. HEGEL, Vorlesungen über die Philosophie der Geschichte (gehalten 1822–1823), in: HEGEL (TWA), Bd. 12 (1970), 339.
159 KARL MARX, Der achtzehnte Brumaire des Louis Bonaparte (1852), in: MEW, Bd. 8 (²1969), 115.
160 MARX, Zur Kritik der Hegelschen Rechtsphilosophie. Einleitung (1844), in: MEW, Bd. 1 (⁷1970), 382.
161 CHARLES BAUDELAIRE, De l'essence du rire et généralement du comique dans les arts plastiques (1855), in: BAUDELAIRE, Bd. 2 (1976), 527 f.

überlegenen Standpunkt mehr zuläßt noch auf irgendeinen übergeordneten moralischen Maßstab sich berufen kann. Der Lacher bleibt in seiner Negation auf sich selbst und sein Lachen zurückgeworfen. »Le comique [...] est dans le rieur et nullement dans l'objet du rire.« (532) Aus christlicher Sicht ist das Komische etwas Verwerfliches und teuflischen Ursprungs, auch weil nach der biblischen Überlieferung Jesus nie gelacht habe: Es ist satanisch und gerät so zum Zeichen für den Abfall des Menschen von Gott, ist also in diesem Sinne metaphysisch »significatif« für die sündige Selbstüberhebung. Im Akt eines nachahmenden Vergleichens maßt sich der Mensch in der Geste des ›Lachens über‹ ein vernichtendes Urteil über andere an – beispielhaft bei Molière.

Dem somit beschriebenen »comique significatif« steht ein schöpferisches »comique absolu« gegenüber, welches aber nicht weniger Ausdruck des Satanischen sei. In diesem ›Lachen mit‹, dem Grotesken, schwingt immer noch die Überlegenheitsvorstellung mit, die sich unterschwellig anmaßt, die Natur beherrschen zu wollen; auf jeden Fall wird im absoluten Lachen die Natur des Menschen freigesetzt. »Le comique est, au point de vue artistique, une imitation; le grotesque, une création.«

In den Gestaltungen dieser Komik kann der Lachende beanspruchen, selbst schöpferisch zu sein. »Le comique est une imitation mêlée d'une certaine faculté créatrice, c'est-à-dire d'une idéalité artistique.« (535) So bringt Baudelaire die Komik des Verlachens ins Gleiten, transformiert sie in jene andere Komik, die Grenzziehungen und Erstarrungen auflöst. In der Struktur grotesker Kunst manifestiert sich absolute Komik in Reinform – beispielhaft bei Rabelais. Allerdings lassen sich beide Formen in der Kunst – wie etwa bei E. T. A. Hoffmann – auch miteinander verbinden.

Das absolute Lachen einer reinen Freude braucht keinen Verweis auf ein anderes; es steht einem intuitiven Lebensbegriff nahe, läßt sich weder herleiten noch begründen, hat seinen Zweck in sich selbst. Es existiert nur im Vollzug. »Le comique significatif est un langage plus clair, plus facile à comprendre pour le vulgaire, et surtout plus facile à analyser, son élément étant visiblement double: l'art et l'idée morale; mais le comique absolu, se rapprochant beaucoup plus de la nature, se présente sous une espèce *une*, et qui veut être saisie par intuition.« (535 f.)

Während schon Baudelaire über ein vernichtendes satanisches Lachen zur Haltlosigkeit moralischer Wertungen in der Ästhetik gelangt, betreibt Nietzsche die ›Umwertung aller Werte‹ im Lachen noch radikaler. »Ueber sich selber lachen, wie man lachen müsste, um *aus der ganzen Wahrheit heraus* zu lachen, – dazu hatten bisher die Besten nicht genug Wahrheitssinn und die Begabtesten viel zu wenig Genie! Es giebt vielleicht auch für das Lachen noch eine Zukunft!«[162] Ein derartiges Lachen nimmt nicht für sich in Anspruch, eine Position anbieten zu können, von der aus alles verlachbar wäre, was sich als Wahrheit ausgibt; es ist vielmehr ein Lachen, das wagt, aus allen Sicherheiten »heraus zu lachen«, um auch wirklich alle hinter sich lassen zu können. Nicht ein partielles Aufheben von Schranken oder zeitweiliges Freisetzen von unterdrückter Natur im Lachen kann das Ziel eines zukünftigen Lachens sein, sondern nur ein Lachen, das sowohl mit der Subjektzentrierung eines sich individuell gebärdenden Vernunft-Ichs als auch mit der metaphysischen Zentrierung in der Wahrheitsfrage bricht. »Und falsch heisse uns jede Wahrheit, bei der es nicht Ein Gelächter gab!«[163]

Das Gelächter Nietzsches aus der *Fröhlichen Wissenschaft* (1882), das sich an der ›ewigen Wiederkehr‹ des lächerlichen Spiels des Immergleichen belustigt, setzt statt Wahrheit das Spiel mit Möglichkeiten. In der Relativität der Wahrheit treffen sich Kunst wie Lachen auf mehreren Ebenen: Beides ist grundsätzlich ambivalent und in der diskursiven Sprache undefinierbar, zugleich destruktiv, subversiv und konstruktiv, erneuernd, und beidem kommt gerade in der Freisetzung eine lebenserhaltende Qualität zu, weil beides als zweckfreie Form einen Raum der Freiheit konstituiert, in dem Lachende – frei von allen Gebundenheiten, weil er die Relativität aller Wahrheit durchschaut – erkennend und verloren über den Dingen steht, zugleich Distanz haben und Beherrschung verlieren darf.

---

162 FRIEDRICH NIETZSCHE, Die fröhliche Wissenschaft (1882), in: NIETZSCHE (KGA), Abt. 5, Bd. 2 (1973), 44.
163 NIETZSCHE, Also sprach Zarathustra (1883–1885), in: NIETZSCHE (KGA), Abt. 6, Bd. 1 (1968), 260.

Lachen wird sogar zur Möglichkeit, wie die Kunst, den Ernst des Lebens dem Menschen erträglich zu machen: »Vielleicht weiß ich am besten, warum der Mensch allein lacht: er allein leidet so tief, daß er das Lachen erfinden *mußte*. Das unglückliche und melancholische Thier ist, wie billig, das heiterste.«[164] Die Kunst »vermag jene Ekelgedanken über das Entsetzliche oder Absurde des Daseins in Vorstellungen umzubiegen, mit denen sich leben lässt: diese sind das *Erhabene* als die künstlerische Bändigung des Entsetzlichen und das *Komische* als die künstlerische Entladung vom Ekel des Absurden.«[165] Das Komische gerät derart zur Rettung vor der Unerträglichkeit des Lebens, letztlich zum trotzigen Anlachen gegen Gott.

Die »Herkunft« des Komischen« begründet Nietzsche anthropologisch: »Wenn man erwägt, dass der Mensch manche hunderttausend Jahre lang ein im höchsten Grade der Furcht zugängliches Thier war und dass alles Plötzliche, Unerwartete ihn kampfbereit, vielleicht todesbereit sein hiess, ja dass selbst später, in socialen Verhältnissen, alle Sicherheit auf dem Erwarteten, auf dem Herkommen in Meinung und Thätigkeit beruhte, so darf man sich nicht wundern, dass bei allem plötzlichen, Unerwarteten in Wort und That, wenn es ohne Gefahr und Schaden hereinbricht, der Mensch ausgelassen wird, in's Gegentheil der Furcht übergeht: das vor Angst zitternde, zusammengekrümmte Wesen schnellt empor, entfaltet sich weit, – der Mensch lacht. Diesen Uebergang aus momentaner Angst in kurz dauernden Uebermuth nennt man das *Komische*.«[166]

Die Dezentrierung des selbstbestimmten Subjekts geht weiter mit der Untersuchung des Anteils des Unbewußten am Lachen. Herbert Spencer bestimmte das Lachen als eine nervöse Entladung und Alexander Bain als Entspannung von Körper und Psyche. In Freuds Analyse des Witzes gerät die Entspannungs- zur psychologisch beschreibbaren Entlastungsfunktion: Durch die Verdrängungsarbeit der Kultur gehen primäre, jetzt aber von der Zensur in uns verworfene Genußmöglichkeiten verloren. Hier weiß paradigmatisch der Witz »unzugänglich gewordene Quellen der Komik wieder zu eröffnen«[167]; er »ist sozusagen der Beitrag zur Komik aus dem Bereich des Unbewußten« (193). Der Witz als eine in Sprache gestaltete und damit sozial akzeptable Ausdrucksform des Mediums Komik bringt – eben in der Gestalt seiner sprachlichen Ordnungsstrukturen selbst – die Verdrängung zugleich zum Ausdruck und setzt sie kurzzeitig außer Kraft, indem das ansonsten Verdrängte – symbolisch in Verschiebung und Verdichtung bearbeitet – im Lachen lustvoll erfahrbar wird. Die freigesetzte Lustwirkung aus der sonst versperrten Abfuhr libidinaler und aggressiver Triebenergien resultiert aus einer »Ersparung an Hemmungs- oder Unterdrückungsaufwand« (113).

Zwar korrespondiert auch die »komische Lust« (201) letztlich stets mit dem Triebhaften, das vor dem Hintergrund der Grenzziehungen kultureller Anpassungszwänge an sublimierenden Gegenreaktionen des Komischen beteiligt ist. Lachen eröffnet einen Lustgewinn, der sonst unterblieben wäre. Das, worüber jemand lacht, kann deshalb auch wesentliche Auskünfte über die in Erziehung, Gesellschaft, Kultur subjektprägenden äußeren und inneren Zensurmechanismen bzw. entsprechende Hemmungen geben. Doch der eigentliche »Ursprung der komischen Lust« (182) ist der »Vergleichung […] zwischen zwei […] Besetzungsaufwänden« (183), die dem Vorbewußten zuzuordnen wäre: Die Basis des Komischfindens bei Freud läßt sich zusammenfassen als Inkongruenzphänomen. Sie besteht formal aus einer letztlich triebökonomisch begründeten »Aufwanddifferenz« bei der »Vergleichung der Kontraste« in Vorstellung und Empfindung, »welche, wenn sie keine andere Verwendung erfährt, abfuhrfähig und dadurch Lustquelle wird« (175). Diese energetische Differenz wird psychodynamisch im Lachen ausgeglichen.

Freud leitet daraus eine Einsicht in die Funktionsweise ästhetischer Prozesse ab. »Die Philosophen, welche den Witz dem Komischen zurech-

---

164 NIETZSCHE, Nachgelassene Fragmente (1884–1885), in: NIETZSCHE (KGA), Abt. 7, Bd. 3 (1974), 295.
165 NIETZSCHE, Die Geburt der Tragödie aus dem Geiste der Musik (1872), in: NIETZSCHE (KGA), Abt. 3, Bd. 1 (1972), 53.
166 NIETZSCHE, Menschliches, Allzumenschliches (1878), in: NIETZSCHE (KGA), Abt. 4, Bd. 2 (1967), 159f.
167 SIGMUND FREUD, Der Witz und seine Beziehung zum Unbewußten (1905), in: FREUD (SA), Bd. 4 (1970), 169.

nen und das Komische selbst in der Ästhetik abhandeln, charakterisieren das ästhetische Vorstellen durch die Bedingung, daß wir dabei nichts von und mit den Dingen wollen, die Dinge nicht brauchen, um eines unserer großen Lebensbedürfnisse zu befriedigen, sondern uns mit der Betrachtung derselben und dem Genuß der Vorstellung begnügen. [...] Ich zweifle, ob wir irgend etwas zu unternehmen imstande sind, wobei eine Absicht nicht in Betracht kommt. Wenn wir unseren seelischen Apparat gerade nicht zur Erfüllung einer der unentbehrlichen Befriedigungen brauchen, lassen wir ihn selbst auf Lust arbeiten, suchen wir Lust aus seiner eigenen Tätigkeit zu ziehen. Ich vermute, daß dies überhaupt die Bedingung ist, der alles ästhetische Vorstellen unterliegt, aber ich verstehe zu wenig von der Ästhetik, um diesen Satz durchführen zu wollen.« (91) Die Lust am komischen Vergleich führt Freud zurück auf eine »Ersparung an Abstraktionsaufwand (im Sinne einer Vorstellungsmimik)« (195). Der Ausdruck von Gedanken ist an deren körperlichen Ausdruck gebunden, wobei wohl »die dem Inhalt des Vorgestellten konsensuelle Körperinnervation der Beginn und Ursprung der Mimik zu Mitteilungszwecken war« (180). Auf jeden Fall sollte neben dem bekannten »Ausdruck der Gemütsbewegungen« jener ebenso am Körper wahrnehmbare »Ausdruck des Vorstellungsinhalts« hinzugefügt werden. »Ich [...] glaube, daß die Verfolgung der Vorstellungsmimik auf anderen Gebieten der Ästhetik ähnlich nützlich sein dürfte wie hier für das Verständnis des Komischen.« (180) Komik ist dabei gebunden an einen Zwischenbereich zwischen »Vorstellungs- oder Denkarbeit« (204) auf der einen und »starker Affektentbindung« (205) auf der anderen Seite, die ihr gleichermaßen abträglich sind. Den im Vorbewußten sich abspielenden komischen Prozeß nennt Freud, da er »die Überbesetzung durch die Aufmerksamkeit« (204) nicht vertrage, »automatisch« (205).

Nach Freud gewinnt die Komik von Autoritäten und Konventionen tabuisierte Teilbereiche zurück, indem das Subjekt sich vorübergehend vom Druck kultureller Anpassungszwänge befreien kann. Das Komische ist »Ausdruck des Unbehagens an der Kultur, aber als Ventil für dieses Unbehagen zugleich Mittel zur Befreiung vom Unbehagen in der Kultur«[168]. Immer wieder wird für das Lachen ein anarchischer Impuls beansprucht, insofern alles zu seinem Gegenstand gemacht werden kann – fast möchte man von einer Art ›Psychohygiene‹ durch Komik sprechen. Neben dem sozialen Verlachen bzw. dem Komischen mit referentieller Tendenz existiert jenes Lachen des Übermuts, Ausdruck einer vitalen, entspannten Lebensfreude, ein Lachen der Vitalität, der fröhlich-schöpferischen Erneuerung; möglicherweise in Fruchtbarkeitsriten agrarischer Kulturen begründbar, auf jeden Fall ein anarchisches Lachen gegen den Tod und die Furcht – wie das heidnisch-christliche rituelle Osterlachen (risus paschalis).

Das Interesse richtet sich somit – weg von einer Rhetorik oder Philosophie oder Psychologie des Komischen – auf eine Anthropologie des Lachens oder eine ›Lachkultur‹. Hierher gehört Michail Bachtins antiautoritäres »карнавальный смех« (karnevaleskes Lachen)[169], das über die Begrenztheiten des ernsthaft Geltenden und doch nur scheinbar Notwendigen hinausführt und phantasievoll ganz neue Bedeutungsdimensionen in Phantasie und Wirklichkeit entdecken hilft.

Die Komik »карнавального мироощущения« (des karnevalistischen Weltempfindens)[170] ist Ausdruck einer völligen Freisetzung des Individuums in einer Ausnahmesituation, einer Befreiung von allen inneren und äußeren Zwängen, der uneingeschränkten, fröhlichen Bejahung einer Gegenwelt von Kreatürlichkeit und Sinnlichkeit. Es ist auch eine Komik der Imagination und des Phantastischen, der Grenzüberschreitung, des herrschaftsfreien Raums. Die Körper stellen sich im so verstandenen ›Karneval‹ in ihrer Leiblichkeit zur Schau, denn der Karneval ist insgesamt »син-

---

168 WALTER HINCK, Einführung in die Theorie des Komischen und der Komödie, in: Hinck (Hg.), Die deutsche Komödie. Vom Mittelalter bis zur Gegenwart (Düsseldorf 1977), 20.
169 MICHAIL BACHTIN, Tvorčestvo Fransua Rable i narodnaja kul'tura srednevekov'ja i renessansa (Moskau 1965), 90; dt.: Rabelais und seine Welt. Volkskultur als Gegenkultur, übers. v. G. Leupold (1965; Frankfurt a. M. 1987), 131.
170 BACHTIN, Problemy poėtiki Dostoevskogo (Moskau 1972), 180; dt.: Probleme der Poetik Dostoevskijs, übers. v. A. Schramm (1929; München 1971), 119.

кретическая зрелищная форма обрядового характера« (eine *synkretistische* Form des *Schauspiels*) (206; dt. 136), und sie inszenieren sich selbst genußvoll mittels des Phänomens der Komik.

Die grotesk-vitale Komik, deren sinnlicher Materialismus auch jeden Idealismus relativiert, proklamiert den Sieg über die Furcht, indem sie alles Bedrohliche ins Komische kehrt. Dabei stand das von Bachtin einem idealisierten Mittelalter zugerechnete Lachen im Dienste der »неофициальной народной правды« (inoffiziellen Wahrheit des Volkes)[171], die in der sinnlichen Erfahrung des Körperlich-Leiblichen jenseits jedes anders Artikulierbaren liegt. Sicherlich hat diese Wahrheit etwas zu tun mit der Ersparung von psychischem Aufwand bei Freud oder mit der Positivierung von Negativität und Relativierung des Geltenden in Joachim Ritters *Über das Lachen* (1940). »Смех не внешняя, а существенная внутренняя форма, которую нельзя сменить, не уничтожив и не исказив самого содержания раскрытой смехом истины«. (Das Lachen ist nicht äußere, sondern *innere Form*. Es läßt sich nicht einfach gegen Seriosität eintauschen, ohne daß sein Inhalt, die von ihm entdeckte Wahrheit, entstellt und vernichtet würde.) (105; dt. 141)

Bachtins Vorstellungen gehen aus von einer schriftlosen ›mittelalterlichen‹ Volks- und Gegenkultur, die angeblich jene besondere Form von Komik hervorbrachte. Dieses Konzept ist in Anbetracht historischer Forschungen bestenfalls als typologisches zu akzeptieren, hat darin allerdings weiterhin gerade für ästhetische Prozesse seinen Wert. »Целый необозримый мир смеховых форм и проявлений противостоял официальной и серьёзной [...] культуре«. (Ein ganzes Universum von Lach-Formen und Lach-Äußerungen stand der offiziellen und im Ton seriösen Kultur [...] gegenüber.)[172] Bachtins Begriff vom ›Volk‹ als Lachsubjekt bleibt abstrakt; der Kollektivsingular ist nur durch Oppositionsbildung zu Macht, Staat und Gesetz definiert. Die Komik, die diesem Lachen zugrunde liegt, soll – vor allem in den Ausprägungen einer vitalen Groteskkomik – in medial vermittelter Weise Eingang in die Literatur und in Lebensformen späterer Zeiten gefunden haben. Bachtin behauptet somit eine begrenzte Erhaltung jener Wahrheit des Lacherlebens durch dessen gewissermaßen unterschwelliges Einfließen in ästhetische Texte. »Смех – это определённое, но не поддающееся переводу на логический язык эстетическое отношение к действительности, то есть определённый способ её художественного видения и постижения, а следовательно, и определённый способ построения художественного образа, сюжета, жанра. Огромною творческою силой – и притом жанрообразующею – обладал амбивалентный карнавальный смех. Этот смех захватывал и постигал явление в процессе смены и перехода«. (Das Lachen ist eine bestimmte, aber nicht in die logische Sprache transponierbare, ästhetische Einstellung zur Wirklichkeit, d.h. eine bestimmte Art, sie künstlerisch zu sehen und zu begreifen und folglich auch eine bestimmte Art, das künstlerische Bild, das Sujet und die Gattung zu konstruieren. Das ambivalente Karnevalslachen verfügte über eine riesige, schöpferische und zudem gattungsbildende Kraft. Dieses Lachen ergriff, erfaßte das Phänomen im Augenblick des Wechsels und des Überganges.)[173]

Bachtins Transformationsidee der Lachkultur in das Wort, die ›Karnevalisierung der Literatur‹, basiert auf »языке символических конкретно-чувственных форм« (einer Sprache symbolischer, konkret-sinnlicher Symbolformen)[174], die aus den Erfahrungen der Ausnahmesituation des Karnevals stammt und die »поддаётся известной транспонировке на родственной ему по конкретно чувственному характеру язык художественных образов« (läßt sich auf bestimmte Weise in die ihr durch ihren konkret-sinnlichen Charakter verwandte Sprache künstlerischer Bilder [...] transponieren) (207; dt. 137). So manifestiert sich in den Lachgestalten Rabelais' in beispielhafter Weise jene Freisetzung und Bejahung ansonsten unterdrückter Kreatürlichkeit. »Der groteske Held, der ein kollektives Lachen auslöst, das über Furcht, Zwang und Unterdrückung triumphiert, blieb bisher außerhalb des Interesses der freudianischen Theorie des Helden. [...] Die groteske Komik ent-

---

171 BACHTIN (s. Anm. 169), 101; dt. 140.
172 BACHTIN (s. Anm. 169), 6; dt. 52 f.
173 BACHTIN (s. Anm. 170), 281; dt. 185.
174 BACHTIN (s. Anm. 170), 206; dt. 136.

springt der Heraufsetzung des Kreatürlichen und Materiell-Leiblichen auf ein Niveau, das den Abstand zwischen dem Leser oder Betrachter und dem Helden in einem lachenden Einvernehmen aufgehen läßt, das von der ›Lachgemeinde‹ als Befreiung des Sinnlichen oder als Triumph über Gewalten der normativen Welt und in alledem als Sich-Durchsetzen des Lustprinzips erfahren werden kann. Die komische Katharsis ist dort als ersparter Gefühlsaufwand, hier als Intensitätsgewinn aus der Freisetzung unterdrückter Natur erklärbar; sie ist dort durch distanzschaffende Imagination vermittelt, hier durch distanzaufhebende Partizipation gefördert.«[175]

In ästhetischen Texten entlastet eine vital-groteske Sprachkomik vom beschränkten und beschränkenden Schönheits- und Moralkanon. Mit grotesken Bildern geht eine ungezügelte, formsprengende, innovative Kraft einher; ihr anarchisches Moment und ihr fremdartiger Reiz bringen Ordnungen der Wahrnehmungsorientierung durcheinander und eröffnen der Phantasie neue Möglichkeiten. Das phantasievolle Groteske, das sich in einem schlagenden Zerstören jeglicher Erwartungsnormen gefällt, verwischt die scheinbar klare Trennung zwischen den Bereichen, überschreitet wie selbstverständlich die Enge des scheinbar natürlich Geltenden und weist damit auf dessen Relativität hin. Auch hier also wieder der Gedanke, daß gerade das von bestimmten Normansprüchen – im eigenen Interesse – Negativierte gegen die Rigidität und Repressivität dieser Interessen ausgespielt werden kann.

Bachtin argumentiert aber nicht nur inhaltlich von der dargestellten Leiblichkeit her, sondern auch strukturell mit einer Theorie der spezifischen Praxis des dynamisierten Zeichens, dessen Prinzip die Ambivalenz ist – eben des dialogischen Wortes. Im dialogischen Wort spielt eine dezentrierte Rede- und Stimmenvielfalt die Bewegungen, Begegnungen, Berührungen und Anschlußmöglichkeiten des grotesk-komischen Leibs in dessen karnevalesker Kommunikationssituation nach.

---

[175] HANS ROBERT JAUSS, Über den Grund des Vergnügens am komischen Helden, in: Preisendanz/Warning (s. Anm. 4), 107.
[176] BACHTIN (s. Anm. 170), 208; dt. 138.

Bachtin identifiziert in dieser Hinsicht bestimmte spielerische Kategorien mit Übergangscharakter, die auch in der komischen literarischen Sprache »в конкретно-чувственной форме« (in konkretsinnlicher Form)[176] die Wahrheit von Freiheit und Gleichheit symbolisieren: 1. »вольный фамильярный контакт между людьми« (der freie, familiäre Kontakt unter den Menschen) (208; dt. 137) ohne gesellschaftliche Schranken oder sonst geltende Distanzen und Differenzen, die ernste Kultur erst definieren; 2. »эксцентричность« (die Exzentrizität) (208; dt.: 138) des Verhaltens gegenüber dem gewöhnlichen Tun und der sonstigen Ordnung im Ausleben kreatürlicher Bedürfnisse; 3. die Allgemeingültigkeit der familiären Beziehung für »все ценности, мысли, явления и вещи« (alle Werte, Phänomene und Sachen) (209; dt.: 138), die nun entgegen ihren gewöhnlichen Trennungen und Hierarchisierungen auf einmal in den »карнавальные мезальянсы« (karnevalistischen Mesalliancen) (208 f.; dt. 138) Kontakte und Kombinationen eingehen; 4. die »профанация« (Profanierung) (209; dt. 138), die alles – vor allem das gesellschaftlich ›Werthafte‹ – in den Bereich des Materiell-Leiblichen zieht.

Ergebnis einer Anwendung dieser Kategorien ist die fröhliche Relativierung der Wertewelt kultureller Systeme und die Bejahung des Lustprinzips; entstanden ist »мир наоборот« (eine auf den Kopf gestellte Welt) (207; dt. 137) – eine ›verkehrte Welt‹; auch eine modellhaft auf die Wirklichkeit beziehbare Gegenwelt? Jedenfalls existiert diese Gegenwelt immer bloß innerhalb genau bestimmter, fester Zeitrahmen, geradezu auf feiertäglichen Zeitinseln.

Bachtins Beispiele zeugen vom sozial institutionalisierten – und damit letztlich auch kontrollierten und eingegrenzten – Charakter dieser vorübergehenden respekt- und zügellosen ›Lustbarkeit‹ des Lachens. Im Gegenteil wird ja die Gesellschaft insgesamt stabilisiert durch das legalisierte Ab-Lachen in einer eingegrenzten Sphäre, da seine Ventil- und Entlastungsfunktion für natürlich vorhandene, sonst unterdrückte Bedürfnisse mithilft, Hemmungen und Zwänge außerhalb der Ausnahmesituation nur um so besser aufrechterhalten zu können. Erst wenn die Grenzen zwischen beiden Bereichen durchlässig erscheinen konnten, mußte das karnevalistische Lachen für die Obrigkeit zu einem Problem werden, das es zu bekämpfen galt. Gerade dies ist für sozialrevolutionäre Unruhen im Anschluß an die Zeiten des historischen Karnevals tatsächlich überliefert.

IX. Paradigmatische Komiktheorien des 20. Jahrhunderts

Eine besondere Gewichtung erhält die soziale und kulturelle Funktion des Lachens im inkongruenztheoretischen Denken von Henri Bergsons *Le rire. Essai sur la signification du comique* (1900):»Notre rire est toujours le rire d'un groupe.«[177] Als Lachen einer Gruppe besitzt es immer auch eine »signification sociale« (6), neben einer allgemeinen symbolischen Ausdruckskraft für gesellschaftliche Bedeutungszusammenhänge einen konkreten kommunikativen Nutzwert im Hinblick auf Normmaßstäbe: »Le rire est, avant tout, une correction.« (150) Die Geste des Lachens bedenkt Formen sozialer Fehlleistung mit einer symbolischen Drohung – einem Verlachen.

Bergson beschreibt Komik als Phänomen zwischen Kunst und Leben. Bergsons Lebensphilosophie stellt die Grundlage seiner – für unser Jahrhundert geradezu als klassisch angesehenen – Komiktheorie dar: Hinter der gesellschaftlichen Wirklichkeit steht die nur intuitiv erfaßbare, überschäumend-spontane, schöpferische Aktivität des Lebens, der ›élan vital‹, der nur subjektiv in der Dauer des erfüllten Moments erlebt werden kann. Das Komische wird als eine partielle Negation des Lebendigen gedacht, zugleich aber das Lachen als eine lebenserhaltende und perpetuierende Qualität. Schließlich verlangt jenes ›Leben‹ »une certaine élasticité du corps et de l'esprit« oder auch aufmerksame »tension« (14), ohne die es nicht möglich ist, sich den Forderungen der jeweiligen Situation anzupassen.

Der Mensch wird dann komisch wirken, wenn sein Verhalten gegenüber Erwartungsschemata und Normansprüchen eine unangemessene mechanisch-automatisierte Starrheit zeigt. Diese in der Komik anschaulich werdende Versteifung wird vom Lachenden als mögliches Zeichen der Absonderung und damit der Ignorierung der komplexen Ansprüche des Lebens und der Gesellschaft gewertet. Doch das Sozialleben verträgt keine Absonderung und muß auf einem reibungslosen Kontakt zwischen seinen Mitgliedern bestehen: »Toute raideur du caractère, de l'esprit et même du corps, sera donc suspecte à la société« (15).

Gesellschaft erscheint in diesem Denken selbst wie ein lebender Organismus, der im eigenen Interesse Anpassungsbereitschaft und Flexibilität einfordern muß. Wahrgenommene Abweichungen vom erwartbaren Verhalten beantwortet die Gesellschaft mit dem Korrektiv des (Ver-)Lachens. Durch dieses Lachen wird – im Sinne einer Schutzhandlung, mit der die Gesellschaft zu ihrer eigenen Erhaltung Verhaltensnormen zu perpetuieren sucht – die soziale Fehlleistung des komisch Wirkenden angezeigt. Er wird dadurch symbolisch ›bestraft‹, und doch versucht die Gesellschaft gleichzeitig, den Ausgelachten in ihren Kreis wieder hereinzuholen. Das impliziert, daß das komische Objekt und sein Normverstoß als durch Lachen ›korrigierbar‹ erscheinen müssen. Damit, daß die Abweichung nicht den ›Ernst‹ des Lebens berühren darf, werden substantielle Normverstöße aus dem Bereich des Komischen ausgeschieden (vgl. das ›Unschädlichkeitspostulat‹). Ob jedoch der Verlachte entweder mit Anpassung oder mit einer bewußten Ausgrenzung und Selbstisolierung reagiert und welche schärferen Sanktionsmaßnahmen ihm im letzten Fall drohen, ist bei Bergson nicht weiter thematisiert. Auch wer wann über eine Strafwürdigkeit entscheiden kann, wo die Grenzen gesteckt werden und in wessen Verantwortungsbereich solche Entscheidungen fallen, bleibt angesichts der alles richtenden ›Lebens‹-Macht und des Kollektivsingulars ›Gesellschaft‹ letztlich außerhalb der Diskussion.

Bergsons Komikverständnis geht im Grunde vom Standpunkt einer normbestimmenden Gruppe aus; der einzelne kommt nur als zu Verlachender vor. Im gruppenstabilisierenden Lachen rächt sich die Gesellschaft an der – bewußt oder unbewußt – Normabweichung. Immerhin schreibt Bergson 1924 (im ›Appendice‹ zur 23.

---

177 HENRI BERGSON, Le rire. Essai sur la signification du comique (1900; Paris 1941), 5.

Auflage) auch: »Il faut bien qu'il y ait dans la cause du comique quelque chose de légèrement attentatoire (et de *spécifiquement* attentatoire) à la vie sociale, puisque la société y répond par un geste qui a tout l'air d'une réaction défensive, par un geste qui fait légèrement peur.« (157) Die Frage, wer oder was bezüglich Norm oder Abweichung im Recht ist, wird nicht weiter erörtert. Letztlich ist Bergsons Lachen als Korrektiv sozialer »Anpassungsdefizite« damit Ausdruck institutioneller Gewalt, die »durch eine *volonté générale* sanktioniert und damit ethisch neutralisiert«[178] wird.

Aber das ist nur eine Seite des vieldimensionierten Lachspektrums. Von Bergsons Ansatz ausgehend sind weitergehende kommunikative Funktionen des Lachens, das sich ja grundsätzlich anderen mitteilen will, denkbar. Es ist zwar als Korrekturgeste und Schutzhandlung ein aggressives, oppositionsschaffendes *Ver*lachen nach außen, aber zugleich ein werbendes *Mit*lachen nach innen, das Solidarität und Konsens stiftet. Beide Funktionen des Lachens sind aufeinander bezogen; die Gruppe kann sich ihrer Identität und ihrer weiteren Existenz versichern, indem sie sich von einem Ausgegrenzten absetzt, und sie kann eventuell ihre Mitglieder als Mitlacher kontrollieren. Bei Bergson ist zwar das Lachen der Gruppenübereinkunft bestätigend, umgekehrt kann man sich jedoch ein Lachen vorstellen, welches das einer kleineren Gruppe über die Trägheit, Erstarrung der Gesellschaft wäre. In diesem Sinne könnte ein ›Lachen mit‹ dem Abweichlen im Akzeptieren der – oder gar Zustimmung zur – Abweichung von geltenden Normen eine Infragestellung dieser Normen bzw. der normtragenden Gesellschaft mit sich bringen.

Ein entsprechender Perspektivenwechsel deutet sich in manchen der Beispiele Bergsons an: Wenn die Gesellschaft als »vivant en elle, vivant par elle« gedacht ist, dann bietet sie ein komisches Bild, »dès que nous apercevons de l'inerte, du tout fait, du confectionné enfin, à la surface de la société vivante. C'est de la raideur encore, et qui jure avec la souplesse intérieure de la vie. Le côté cérémonieux de la vie sociale devra donc renfermer un comique latent, lequel n'attendra qu'une occasion pour éclater au grand jour. On pourrait dire que les cérémonies sont au corps social ce que le vêtement est au corps individuel: elles doivent leur gravité à ce qu'elles s'identifient pour nous avec l'objet sérieux auquel l'usage les attache, elles perdent cette gravité dès que notre imagination les en isole. De sorte qu'il suffit, pour qu'une cérémonie devienne comique, que notre attention se concentre sur ce qu'elle a de cérémonieux, et que nous négligions sa matière, comme disent les philosophes, pour ne plus penser qu'à sa forme.«[179] Die »mécanisation« (37) bringt also die äußere Form des Wahrnehmbaren in den Blick. Wer Komik empfindet, richtet seine Aufmerksamkeit nur aufs Komische und blendet ›Zweck‹ wie ›Materie‹ aus. Er spielt mit der ›Form‹, mit der er sich selbst einen Wahrnehmungsrahmen für seine komische Bedeutungszuweisung schafft.

Bergson macht im Verlauf seiner Darstellung – aus seinem lebensphilosophischen, organologischen Gesellschaftsverständnis heraus – das Moment des Mechanisch-Automatischen im Kontrast zum Lebendigen als normatives Leitmotiv für alles Komische, wenn er auch beständig die Ränder und Grenzen von dessen Gültigkeit auslotet. Trotzdem werden entgegen seinem einleitenden Anspruch, keine Formel für dessen definitorische Einengung liefern zu wollen, sowohl die deskriptive als auch die erklärende Ebene an einer solchen Formel orientiert: Im Komischen sieht er im Grunde immer »du mécanique plaqué sur du vivant« (29). Zentral ist hierbei die Komik der ›Fremdbestimmtheit‹, bei der im Innern eines Menschen ein von ihm unabhängiger Mechanismus zu wirken scheint.

Deshalb aber kann Bergson behaupten, daß das Komische sich ganz an den Verstand wendet. Das Erkennen des Komischen wäre hiernach ein rein intellektueller Vorgang, der als Respons nach der Korrekturgeste des Lachens angesichts einer drohenden Erstarrung verlangt. Erst insoweit in der Fokussierung der Wahrnehmung kurzzeitig das lebendige Subjekt, das eigentlich Menschliche, am Lachgegenstand ausgeblendet wird, darf gelacht werden: »Le comique exige donc enfin, pour pro-

---

[178] MICHAEL BÖHLER, Die verborgene Tendenz des Witzes. Zur Soziodynamik des Komischen, in: Deutsche Vierteljahrsschrift für Literaturwissenschaft und Geistesgeschichte 55 (1981), 355.
[179] BERGSON (s. Anm. 177), 34 f.

duire tout son effet, quelque chose comme une anesthésie momentanée du cœur. Il s'adresse à l'intelligence pure.« (4) Das Lachen ist somit durch eine Suspendierung jeder affektiven Beteiligung oder eines psychologischen Interesses gegenüber dem komischen Objekt gekennzeichnet: »Le rire n'a pas de plus grand ennemi que l'émotion.« (3) Die entsprechende ›Sorglosigkeit‹ ist folglich nicht nur durch die Einschränkung der Unschädlichkeit sanktioniert, sondern vor allem auch durch eine besondere ästhetische Wahrnehmungshaltung: »Le rire ne relève donc pas de l'esthétique pure, puisqu'il poursuit (inconsciemment, et même immoralement dans beaucoup de cas particuliers) un but utile de perfectionnement général. Il a quelque chose d'esthétique cependant puisque le comique naît au moment précis où la société et la personne, délivrés du souci de leur conservation, commencent à se traiter elles-mêmes comme des œuvres d'art [...] dans une zone neutre où l'homme se donne simplement en spectacle à l'homme« (15 f.). Exakt hier, wenn das Wahrgenommene wie eine Theatermaschinerie funktioniert, ist der Punkt, wo die Beziehung der Kunst zum Leben klar wird. Das Leben als unbeteiligte Zuschauer zu betrachten ist Voraussetzung und Prinzip des Komischfindens. »De là le caractère équivoque du comique. Il n'appartient ni tout à fait à l'art, ni tout à fait à la vie. D'un côté les personnages de la vie réelle ne nous feraient pas rire si nous n'étions capables d'assister à leurs démarches comme à un spectacle que nous regardons du haut de notre loge; ils ne sont comiques à nos yeux que parce qu'ils nous donnent la comédie. Mais, d'autre part, même au théâtre, le plaisir de rire n'est pas un plaisir pur, je veux dire un plaisir exclusivement esthétique, absolument désintéressé. Il s'y mêle une arrière-pensée que la société a pour nous quand nous ne l'avons pas nous-mêmes.« (103 f.)

Deswegen sind die Handlungen und Situationen des Komischen systematisch am besten im Theater zu studieren. »S'il est vrai que le théâtre soit un grossissement et une simplification de la vie, la comédie pourra nous fournir, sur ce point particulier de notre sujet, plus d'instruction que la vie réelle. Peut-être même devrions-nous pousser la simplification plus loin encore, remonter à nos souvenirs les plus anciens, chercher, dans les jeux qui amusèrent l'enfant, la première ébauche des combinaisons qui font rire l'homme.« (51) Komik findet in der Fiktion eher als im Leben seinen Ort, weil das Komischfinden eine elementare Form der Fiktionalisierung zur Voraussetzung hat. Dadurch ist die Verstandestätigkeit des Komischfindens eigentlich nicht mit abstrakter Logik zu begreifen. Das Komische ereignet sich nämlich in der Phantasie durch eine assoziative Verknüpfung von Bildern, die allerdings vorstrukturiert sind. Gerade die komische Phantasie nun kann, weil sie über diese Mechanismen elementar mit der Kunst verwandt ist, zugleich Auskunft darüber geben, wie die soziale, kollektive, volkstümliche Phantasie arbeitet.[180]

Es scheint naheliegend, daß in der sozialen Korrekturgeste des Verlachens auch die Angst vor den Konsequenzen der Phantasie auf den projiziert wird, an dem diese Phantasien sich zumindest ein Stück weit manifestieren. »Il y a donc une logique de l'imagination qui n'est pas la logique de la raison, qui s'y oppose même parfois, et avec laquelle il faudra pourtant que la philosophie compte, non seulement pour l'étude du comique, mais encore pour d'autres recherches du même ordre. C'est quelque chose comme la logique du rêve, mais d'un rêve qui ne serait pas abandonné au caprice de la fantaisie individuelle, étant le rêve rêvé par la société entière. Pour la reconstituer, un effort d'un genre tout particulier est nécessaire, par lequel on soulèvera la croûte extérieure de jugements bien tassés et d'idées solidement assises, pour regarder couler tout au fond de soi-même, ainsi qu'une nappe d'eau souterraine, une certaine continuité fluide d'images qui entrent les unes dans les autres. Cette interprétation des images ne se fait pas au hasard. Elle obéit à des lois, ou plutôt à des habitudes, qui sont pour l'imagination ce que la logique est à la pensée.« (32)

Eine exemplarische Inkongruenztheorie ist Friedrich Georg Jüngers *Über das Komische* (1936). Die Popularität dieser Theorie schlägt sich in ihrer exklusiven Erwähnung noch in den neuesten Lexikonartikeln nieder. Jünger beansprucht mit seinen Überlegungen zum Verhältnis von Regel und Re-

---

180 Vgl. ebd., 2.

gelverstoß und mit dem Theorem des ›komischen Konflikts‹, die Grundlage des Komischen entdeckt zu haben. Der »komische Konflikt«[181] entsteht aus dem Aufeinandertreffen zweier Parteien, die deutlich unterschiedlich stark sein müssen. Komik resultiert daraus, daß der für einen Betrachter offensichtlich Unterlegene sich überraschenderweise überhaupt auf diesen Konflikt einläßt und ihn sogar noch selbst provoziert hat. Die Entgegnung des Überlegenen, die sog. »Replik« (23), muß der eigentlich lächerlichen Provokation angemessen sein, was bedeutet, daß von dieser Seite keine Überreaktion kommen darf.

Konstituierend beim komischen Konflikt ist aber die Perspektive des Wahrnehmenden: »Die Komik wird erst entdeckt, wenn ein Beobachter die Replik geltend macht.« (28) Der Rezipient komischer Strukturen ist dazu durch ein Zurückgreifen auf eine als gültig vorausgesetzte »Regel« (25) in der Lage. Er heißt durch sein Lachen die Geltung der überlegenen Regel gut. Die Parallelen zu Bergson sind auffallend. Problematisch ist, wie sich dieser rein intellektuelle Vorgang mit der emotionalen, befreienden Wirkung des Lachens vereinbaren läßt.

Für Jünger setzt sich in der Komik schließlich immer der Stärkere durch.[182] Das Lachen ist ein Akt des Identifizierens mit der Regel, bedeutet die Lächerlichmachung des Unterlegenen und verschafft dem Lachenden im Identifizieren mit der Normgewißheit ein Gefühl der Überlegenheit.[183] Für Jünger ist die schlechthin gültige Regel das ›Schöne‹, das unter Anwendung des Prokrustesbettes des komischen Konflikts überall den ›Sieg‹ davonträgt.

Die wichtigste Dynamisierung der inkongruenztheoretischen Einseitigkeiten findet sich in der – in der Tradition des Idealismus und des Versöhnungsgedankens stehenden – Theorie Joachim Ritters (*Über das Lachen*, 1940), und zwar durch eine Thematisierung komischer Grenzerfahrungen. Ritter begreift das Komische aus einem dialektischen Wechselverhältnis, bei dem – durch einen dynamischen Perspektivenwechsel des Lachenden – bisherige Wertzuweisungen in einem sich gegenseitig relativierenden Licht erscheinen.

Dabei geht er von der Überlegung aus, daß das Lächerliche – »das dem Ernst und der allgemeinen Ordnung der Dinge und des Lebens schlechthin Entgegenstehende« – sich mit jener Positivität vereinbaren können lassen muß, die mit dem Lachen verbunden ist. Denn das Lachen gehört »von innen und als Ausdrucksbewegung gesehen nicht dem Gefühl der Nichtigkeit und der Verstimmung, sondern vornehmlich den positiv bejahenden Verfassungen der Freude, der Lust, des Vergnügens, der Heiterkeit und der Laune«[184] zu. Ein Begriff des Komischen muß solche – merkwürdigerweise aus dem Umgang mit dem ›Entgegenstehenden‹ und ›Nichtigen‹ entstehende – Positivität miteinbeschließen können.

Es sind dies die Dasein bestimmenden Ordnungen – Moral, Konvention, Vernunft, Norm, Ernst –, die das Ausfallende, Unsinnige, Unverständige, Regellose ausgrenzen, wobei jedoch beide Dimensionen zusammen erst die Totalität des Seins ausmachen. Gerade im Komischfinden nun gewinnt der Lachende eine subjektive Überlegenheit gegenüber derartigen rationalen Restriktionen, wenn er seine Erfahrung um eine ›totalere‹ Welt bekanntgibt, indem er das von Vernunft und Normierung Ausgegrenzte in der symbolischen Geste des Lachens dem offiziell Bestehenden entgegenhalten kann. Im positiv besetzten Lacherlebnis erfährt das Subjekt die Beschränktheit des reduktionistischen Normsystems, und das Lachen zeigt jenes von der je dominierenden Lebensordnung Ausgegrenzte *als solches* an. Aus einer Beobachterperspektive wird in diesem dialektischen Wechselspiel »zugleich das Ausgrenzende selbst zum ausgegrenzt Fraglichen« (88).

Ordnung kann sich nur definieren durch Differenzierung und Abgrenzung nach innen und nach außen; das heißt eben durch Ausschließung, Negativierung – bis Negierung – von Elementen, die als »das Andere« (76) bestimmt sind. Da somit das Entgegenstehende und Kontrastierende immer aus dem Bezug zu jeweiligen Ordnungssystemen und Wirklichkeitsbegriffen zu begreifen ist, ist es nichts

---

181 FRIEDRICH GEORG JÜNGER, Über das Komische (1936; Frankfurt a. M. 1948), 15.
182 Vgl. ebd., 14 ff.
183 Vgl. ebd., 68 ff.
184 JOACHIM RITTER, Über das Lachen (1940), in: Ritter, Subjektivität (Frankfurt a. M. 1989), 63, 64.

Festes, sondern mit dem jeweils als wirklich Geltenden durch eine dynamische Relation verbunden.

Die ausgrenzende Vernünftigkeit und wirklichkeitsbestimmende Ordnung erweist sich aber – schon angesichts der vielen Dinge, die außerhalb ihres Definitionsbereichs liegen – im Lachen auf einmal als hemmend und letztlich sogar selbstverstümmelnd. In diesem Lachmoment wird für das Subjekt die latente Zugehörigkeit dieses Ausgegrenzten und Verdrängten zur gleichen »Daseinswelt und Daseinsordnung« (80) plötzlich sinnlich erfahrbar. Nach Ritter wird damit die Zugehörigkeit des Ausgegrenzten zur Lebenswelt im Lachen bejaht und das Entgegenstehende gegen die Beschränktheit des begrenzenden Prinzips ausgespielt.

Für den Beobachtenden werden die geltenden Normen und Wertmaßstäbe, die etwas als lächerlich qualifizieren, dabei vom Lachen selbst mitbetroffen, wenn der Moment des Lachens beide Bereiche in eine ambivalente Wechselbeziehung zueinander bringt. Einerseits bestätigt der Lachende gewissermaßen der Ordnung, daß es ohne Ausgrenzung nicht geht. Andererseits wurde das Andere als ein ›Nichtiges‹ in der Ausgrenzung negativ besetzt – und diese negative Besetzung wird im Lachen für irrelevant erklärt. »Das Komische entsteht so hier in einer doppelten Bewegung, einmal im Hinausgehen über die jeweils gegebene Ordnung zu einem von ihr ausgeschlossenen Bereich, und zweitens darin, daß dieser ausgeschlossene Bereich in und an dem ihn ausschließenden Bereich selbst sichtbar gemacht wird.« (74)

Konkret ist eine Realisierung der Komik als solche nur möglich, wenn die ausgrenzende Ordnung aktuell wirksam ist; wenn eine explizite Aufschlüsselung zum Verständnis der Wechselbeziehung notwendig wird, ist die zündende Kraft des Komischen zerstört. Ritter, obwohl er insgesamt das Komische als Phänomen überhistorisch zu fassen versucht, deutet damit die sozio-kulturelle Relativität des Lachens an. Die »Dispositionsbreite« (67), in der Lachen möglich ist, wird bestimmt durch die Individualität des Subjekts, die Normsysteme der Gesellschaft sowie durch situative und kontextuelle Bedingungen; sie hat ihre Grenzen dort, wo »das Nichtige nicht mehr als zum Leben positiv dazugehörig begriffen werden kann, da hört es auch auf, lächerlich zu sein« (83).

»Was das Komische ausmacht, ist dies, daß immer mittelbar und unmittelbar in den einen Bedeutungsbereich, der sich harmlos und einwandfrei zulässig gibt, der andere hineingespielt wird, der in jenem gerade ausgeschlossen und als nicht dazugehörig beiseitegebracht ist. Das Wesentliche ist immer die Bewegung« (73 f.). Das Entgegenstehende wird im Lachen zugleich positiviert, insofern es zumindest als daseinsberechtigt, möglicherweise gleichberechtigt oder sogar neue Wege weisend neben dem Gültigen erfahren wird. Das Geltende wird relativiert, seine Grenzen werden aufgezeigt – diese Art von Komik beinhaltet auch eine Infragestellung von gültigen Normen, wenn Komik reflexiv gemacht wird. In diesem Sinne kann Ritters Theorie funktional gelesen werden als ein Modell für eine Relativierung geltender Normstrukturen durch subversive Bedeutungsanteile im Komischen und für eine Öffnung und Vervollständigung von Dimensionen in bedeutungserzeugenden Systemen durch lachend erfahrene Grenzziehungen.[185]

Das dynamische Wechselspiel von Wahrnehmungs- und Wertungsperspektiven bringt dadurch, daß ein bisher normativ ausgegrenztes Negatives auf einmal aus der Perspektive des komisch Gesehenen in positiver Weise wahrgenommen werden kann, ein dialogisches Moment in die Kontrasttheorie. Nach Ritter soll das letztlich gleichberechtigte Verhältnis in Zusammenspiel von Ausgrenzendem und Ausgegrenztem und ihrerseits positiv besetzte Totalitätserfahrung zugleich zu einer Relativierung des restriktiv Geltenden hinführen können. Die damit einhergehende Umwertung würde immer auch einen Aspekt von Vernunftkritik beinhalten, insofern im Komischfinden der von der Vernunft gesetzten Grenzen hinterfragbar werden können, zumindest in einem anderen Licht erscheinen: »und das Lachen wird Bewegung, das das von dem Verstand Ausgegrenzte ergreift und dem Sein zuträgt, was Verstand und der verständige Begriff nie fassen kön-

---

185 Vgl. RAINER WARNING, Komik und Komödie als Positivierung von Negativität (am Beispiel Molière und Marivaux), in: H. Weinrich (Hg.), Positionen der Negativität (München 1975), 343 ff.

nen: seine unendliche Fülle und Tiefe. Es tanzt, heißt dies, auf dem Kopfe der Vernunft.«[186]

Im Rahmen seiner Philosophischen Anthropologie legt Helmuth Plessners Inkongruenztheorie für das Komische den Nachdruck auf eine ambivalente »*Gegensinnigkeit*, die gleichwohl *als Einheit* sich vorstellt und hingenommen werden will«[187]. Eine wahrgenommene Erscheinung widerspricht überraschend einer Erwartungshaltung, die das wahrnehmende Subjekt in die Situation miteingebracht hat. Der so entstehende »komische Konflikt [...] kann überall da hervorbrechen, wo eine Norm durch die Erscheinung, die ihr *gleichwohl offensichtlich gehorcht*, verletzt wird« (297).

Jedoch gründet der Einfluß der Plessnerschen Lachtheorie nicht auf den Gedanken der inkongruenten Gegensinnigkeit oder der Nichterfüllung einer Erwartungsnorm innerhalb einer vorübergehenden Irritation im ›Wirklichkeitsbezug‹, sondern darauf, wie dieses recht instabile, dynamisch-ambivalente oppositionelle Verhältnis näher bestimmt wird.

Grundlegend ist jene Gegensinnigkeit nämlich anthropologisch gedeutet: als Ausdruck der conditio humana in der Kultur, wobei Plessner die Bedingungen der Natur des Menschen aus seiner Fähigkeit zum Lachen (und Weinen) zu erklären sucht. Plessner untersucht das Lachen als »Ausdrucksform« (211) im »Zusammenspiel des Menschen mit seinem Körper« (214): das Verständnis der Existenz von ›Person‹ ist »an die Möglichkeit von Ausdruck als Einheit aus geistigen, seelischen und körperlichen Komponenten gebunden« (218). Komik (und Tragik) werden aus der »exzentrischen Position« (236) des Menschen verstanden, die ihm aufgrund seiner Zugehörigkeit sowohl zum Körperlich-Leiblichen wie auch zum Geistig-Seelischen und zur Kultur eigen ist. »Eigentlich komisch ist nur der Mensch, weil er mehreren Ebenen des Daseins zugleich angehört. Die Verschränkung seiner individuellen in die soziale Existenz, seiner moralischen Person in den leibseelisch bedingten Charakter und Typus, seiner Geistigkeit in den Körper eröffnet immer wieder neue Chancen der Kollision mit irgendeiner Norm.« (299)

Der Mensch als ›Geistwesen‹ ist sich seiner physischen Existenz zweifach bewußt. Er steht in einem doppelwertigen Verhältnis zu sich selbst, das gekennzeichnet ist von einem zuständlichen »Körper-Sein« und einem gegenständlichen »Körper-Haben« (374). In seinem Selbstbewußtsein hat das Subjekt zugleich Abstand zu seinem Körper als seinem Leib und noch einmal Abstand als reflexives Ich zu jenem Selbst. Die seelische Ausgewogenheit – und emotionale Spannung – zwischen geistiger und physischer Existenz muß der Mensch im Gleichgewicht zu halten suchen.

Für die Analyse seiner exzentrischen Position sind solche Grenzsituationen aufschlußreich, in denen der Körper für die Person die Aufgabe einer Antwort übernehmen muß. Im Lachen kann sich das Subjekt in einem körperlichen Automatismus lustvoll kurzzeitig loslassen und diese seine eigene körperliche Reaktion genießen. Das Lachen ermöglicht dem Geist darüber hinaus, sich quasi aus der Distanz des lachenden Körpers heraus wieder zu stabilisieren.

In einer spezifischen »ästhetischen Distanz« des Subjekts zu sich selber kommt das Lachen endgültig zur vollen Entfaltung: »Selbst dann, wenn wir uns selber, unsere Lage, unser Sein und Tun komisch und witzig finden, rücken wir von uns innerlich ab und geraten zu uns in gegenständliche Distanz. In Situationen der Komik und des Witzes sind wir Zuschauer und Hörer, gegebenenfalls unserer selbst. Wir können also beteiligt sein (als Objekte) und sind doch unbeteiligt, nur Auge und Verstand (als Subjekte), vorausgesetzt, wir haben Humor. [...] Daß hier das Lachen am reinsten und freiesten sich entfaltet, liegt zweifellos an der ästhetischen Distanz, die nur unser Anschauen und Auffassen in Anspruch nimmt und uns auch dann noch im Parkett sitzen läßt, wenn wir selber auf der Bühne stehen.« (329)

Das Fazit aus seinen Überlegungen ist für Plessner zwar die Behauptung einer anthropologischen Grundausstattung des Menschen, die jeder komischen Situation zugrunde liegt; dagegen sind die Anlässe des Lachens jeweils gesellschaftlich bedingt. Plessner ist der Überzeugung, »daß das Ko-

---

[186] RITTER (s. Anm. 184), 87.
[187] HELMUTH PLESSNER, Lachen und Weinen. Eine Untersuchung der Grenzen menschlichen Verhaltens (1941), in: Plessner, Gesammelte Schriften, hg. v. G. Dux u. a., Bd. 7 (Frankfurt a. M. 1982), 294.

mische von Ursprung und Funktion nicht sozialen Wesens ist, auch wenn es sich im Umkreis sozialen Daseins erst zu seinem vollen Reichtum entfaltet. Was eine Gesellschaft komisch findet, worüber sie lacht, das wechselt im Lauf der Geschichte, weil es zum Wandel des Normenbewußtseins gehört. Das Komische selbst dagegen ist kein Sozialprodukt und das Lachen, das ihm antwortet, kein Warnungssignal, keine Strafe (zu der es in einer Gesellschaft werden kann), sondern eine elementare Reaktion gegen das Bedrängende des komischen Konflikts.« (299) Aus dem Zitierten folgt andererseits wiederum, daß ein wirklich ›inhaltliches‹ Moment beim Komischen jeweils nur historisch-sozial bestimmbar bleibt; ähnliches gilt für ein kommunikatives: »Volle Entfaltung des Lachens gedeiht nur in Gemeinschaft mit Mitlachenden.« (368)

Klaus Schwind

Literatur
APTE, MAHADEV L., Humor and Laughter. An Anthropological Approach (Ithaca 1985); ASPER, HELMUT G., Hanswurst. Studien zum Lustigmacher auf dem deutschen Theater im 17. und 18. Jh. (Emsdetten 1980); BEST, OTTO F., Der Witz als Erkenntniskraft und Formprinzip (Darmstadt 1989); BÖHLER, MICHAEL, Die verborgene Tendenz des Witzes. Zur Soziodynamik des Komischen, in: Dt. Vierteljahrsschrift für Literaturwissenschaft und Geistesgeschichte 55 (1981), H. 3, 351–378; BOREV, JURIJ, Über das Komische, übers. v. H. Plavius (Berlin 1960); BOURKE, JOHN, Englischer Humor (Göttingen 1965); CATHOLY, ECKEHARD, Das deutsche Lustspiel. Vom Mittelalter bis zum Ende der Barockzeit (Stuttgart 1969); CELLI, GIORGIO, La scienza del comico (Bologna 1982); CHAMBERS, ERVE, Thalia's Revenge: Ethnography and Theory of Comedy (1989), in: American Anthropologists 3 (1991), 589–598; EKMANN, BJÖRN, Das gute und das böse Lachen. Lachkulturforschung im Zeichen der Frage nach Funktion und Wert des Lachens, in: Jahrbuch für Internationale Germanistik 16 (1984), H. 2, 8–36; FAUSER, MARKUS, Das Gespräch im 18. Jh. Rhetorik und Geselligkeit in Deutschland (Stuttgart 1991); FIETZ, LOTHAR u. a. (Hg.), Semiotik, Rhetorik und Soziologie des Lachens. Vergleichende Studien zum Funktionswandel des Lachens vom Mittelalter zur Gegenwart (Tübingen 1996); FLAHERTY, MICHAEL G., To Conceptions of the Social Situation. Some Implications of Humor, in: The Sociological Quarterly 31 (1990), H. 1, 93–106; GRIMM, REINHOLD/BERGHAHN, KLAUS L. (Hg.), Wesen und Formen des Komischen in Drama (Darmstadt 1975); GROSS, EDWARD, Laughter and Symbolic Action, in: Symbolic Interaction 2, 1 (1979), 111–112; GROTJAHN, MARTIN, Beyond Laughter (New York 1957); GUTHWIRTH, MARCEL, Laughing Matter. An Essay on the Comic (Ithaca 1993); HABERLAND, PAUL M., The Development of Comic Theory in Germany During the Eighteenth Century (Göppingen 1971); HEINRICH, KLAUS, Theorie des Lachens, in: D. Kamper/C. Wulf (Hg.), Lachen – Gelächter – Lächeln. Reflexionen in drei Spiegeln (Frankfurt a. M. 1986), 17–38; HEISE, WOLFGANG, Hegel und das Komische, in: Sinn und Form 6 (1964), 811–830; HEYD, DAVID, The Place of Laughter in Hobbes's Theory of Emotions, in: Journal of the History of Ideas 43 (1982), H. 2, 285–295; HINCK, WALTER (Hg.), Die deutsche Komödie. Vom Mittelalter bis zur Gegenwart (Düsseldorf 1977); HÖLLERER, WALTER, Zur Semiologie des Witzes, in: Sprache im technischen Zeitalter 57 (1976), 72–84; HÜTTINGER, STEFANIE, Die Kunst des Lachens – das Lachen der Kunst: ein Stottern des Körpers (Frankfurt a. M. u. a. 1996); JAUSS, HANS R., Reflexives Lachen, in: H. Weinrich (Hg.), Positionen der Negativität (München 1975), 552–554; JURZIK, RENATE, Der Stoff des Lachens. Studien über Komik (Frankfurt a. M./New York 1985); KAMPER, DIETMAR/CHRISTOPH WULF (Hg.), Lachen – Gelächter – Lächeln. Reflexionen in drei Spiegeln (Frankfurt a. M. 1986); KERTÉSZ, ANDRAS, Grundlagenprobleme einer Theorie des Witzes, in: Z. Kanyó (Hg.), Simple Forms/Einfache Formen (Szeged 1982), 169–274; LICHACEV, DMITRIJ/PANCENKO, ALEKSANDR M., Die Lachwelt des alten Rußland, übers. v. T. Sedmidubský (München 1991); LIXFELD, HANSJOST, Witz und Aggression. Zur Begriffsbestimmung und Funktion der Textsorte, in: Zeitschrift für Volkskunde 74 (1978), H. 1, 1–19; LOHR, GÜNTHER, Körpertext. Historische Semiotik der komischen Praxis (Opladen 1986); LUTHE, HEINZ OTTO, Komik als Passage (München 1992); MCGHEE, PAUL E., Current American Psychological Research on Humor, in: Jahrbuch für Internat. Germanistik 16 (1984), H. 2, 37–57; MOSER, DIETZ-RÜDIGER, Lachkultur des Mittelalters? M. Bachtin und die Folgen seiner Theorie, in: Euphorion 84 (1990), 89–111; MÜNZ, RUDOLF, Das ›andere‹ Theater. Studien über ein deutschsprachiges teatro dell'arte der Lessingzeit (Berlin 1979); PREISENDANZ, WOLFGANG/WARNING, RAINER (Hg.), Das Komische (München 1976); PREISENDANZ, WOLFGANG, Über den Witz (Konstanz 1970); PREISENDANZ, WOLFGANG, Reflexive Komik, in: H. Weinrich (Hg.), Positionen der Negativität (München 1975), 551 f.; SCHALK, FRITZ, Das Lächerliche in der französischen Literatur des Ancien Régime, in: Schalk, Studien zur französischen Aufklärung (Frankfurt a. M. ²1977), 164–205; SCHLAEFER, MICHAEL, Studien zur Ermittlung und Beschreibung des lexikalischen Paradigmas ›lachen‹ im Deutschen (Heidelberg 1987); TELLENBACH, HUBERTUS, Die Wirklichkeit, das Komische und der Humor, in: Heidelberger Jahrbücher 24 (1980), 71–79; TRAUTMANN, WERNER, Das ›Komische‹, ›Satirische‹, ›Ironische‹, ›Humorige‹, ›Heitere‹ in Theorie und Unterricht, in: Der Deutschunterricht 23 (1971), H. 6, 86–103; TRAUTWEIN, WOLFGANG, Komödientheorie und Komödie. Ein Ordnungsversuch, in: Jahrbuch der

Dt. Schillergesellschaft 27 (1983), 86–123; VOGEL, THOMAS (Hg.), Vom Lachen. Einem Phänomen auf der Spur (Tübingen 1992); WARNEKEN, BERND J., Der sozialkritische Witz als Forschungsproblem, in: Zeitschrift für Volkskunde 74 (1978), H. 1, 20–39; WARNING, RAINER, Komik und Komödie als Positivierung von Negativität (am Beispiel Molière und Marivaux), in: H. Weinrich (Hg.), Positionen der Negativität (München 1975), 341–366; ZIJDERVELD, ANTON C., Humor und Gesellschaft. Eine Soziologie des Humors und des Lachens (Graz u. a. 1976).

Kommunikation

(lat. communicatio; engl. communication; frz. communication; ital. comunicazione; span. comunicación; russ. коммуникация)

Einleitung; Überblick; I. Die ästhetische Fragestellung; II. Wie ist eine Mitteilung möglich?; III. Die Sprache; IV. Theologie und Rhetorik; V. Das Individuum; VI. Schrift und Buchdruck; VII. Paradox der Inkommunikabilität; VIII. Die Erfahrung eines Widerstands; IX. Die soziale Dimension; X. Der Kontext der Kommunikation; XI. Kommunikation als Selektion; XII. Kommunikation als Form; XIII. Kommunikation als Differenz; XIV. Therapie im System; XV. Medien der Kommunikation; XVI. Attribution und Codierung; Zusammenfassung

Einleitung

Der Kommunikationsbegriff ist eine der bemerkenswerten theoretischen Erfindungen des gerade vergangenen Jahrhunderts. Von vielen der Gegenstandslosigkeit verdächtigt, formuliert er einen Gedanken, der zwar seine Vorläufer hat, jedoch in dieser Kompromißlosigkeit erst im 20. Jh. gedacht wird. Vielleicht gibt es neben der antiken Rhetorik und der ästhetischen Theorie des 18. Jh., deren uns hier interessierende Motive im 19. Jh. von der Marxschen Gesellschaftstheorie und zu Beginn des 20. Jh. von der Freudschen Psychoanalyse aufgegriffen werden, kaum einen wirklichen Vorläufer.

Im Kommunikationsbegriff wird versucht, Information, Mitteilung und Verstehen zugleich abhängig und unabhängig von Psyche und Bewußtsein des Menschen zu denken – abhängig insofern, als es ohne Menschen keine (uns bekannte) Kommunikation gibt, und unabhängig insofern, als diese Kommunikation in ihrer Form und ihren Inhalten, in ihren Akten und ihren Prozessen nicht auf Intentionen eines sich äußernden, mitteilenden und zuhörenden Bewußtseins zurückgeführt werden kann, sondern eine eigene, sozial bestimmte Referenz in Anspruch nimmt. Die Radikalität, mit der dieser Gedanke in Angriff genommen wird, nimmt ihr Maß bei Immanuel Kants Bestimmung des Geschmacksurteils in der *Kritik der Urteilskraft* (1790). Hier wird nichts Geringeres versucht, als die Subjektivität einer Empfindung mit einem Anspruch auf Allgemeinheit zusammenzudenken, der das Geschmacksurteil mitteilungsfähig macht.[1] Damit wird das Skandalon zugleich stillgestellt und kontinuiert, dem die ästhetische Theorie ihre Geburt verdankt und das darin besteht, daß ausgerechnet die subjektive Empfindung, auf deren Mitteilung es dem Ästheten ankommt, in der Brust des Individuums, um John Lockes Ausdruck zu benutzen[2], verschlossen ist. Schon Baumgarten hatte dem Chaos der subjektiven Empfindungen, die auf Mitteilung drängen und zur Mitteilung nicht kommen, Richtung und Struktur angeboten, indem er formulierte, daß jede Empfindung an der Schönheit der Erkenntnis sich zu messen habe.[3]

Damit wird ein Gedanke geäußert, der vom Kommunikationsbegriff aufgenommen wird: Mitteilungsfähig wird eine subjektive Empfindung nicht aus sich heraus, sondern nur dank Angeboten, mit der die Gesellschaft dem stammelnden Individuum zu Hilfe kommt. Während die Ästhetik damit beschäftigt sein wird, die Differenz des Individuums und seines Bewußtseins unter dem Gesichtspunkt von Formangeboten zu tradieren, die diese Differenz nicht leugnen, sondern sie zu einem Motiv geselliger und gesellschaftlicher Mittei-

---

1 Vgl. IMMANUEL KANT, Kritik der Urteilskraft (1790), in: KANT (WA), Bd. 10 (1974), 124ff.
2 Vgl. JOHN LOCKE, An Essay Concerning Human Understanding (1690), hg. v. A. C. Fraser, Bd. 2 (New York 1959), 8.
3 Vgl. BAUMGARTEN (DT), 13.

lungsfähigkeit machen, greift der Kommunikationsbegriff die damit entdeckte Differenz auf und fragt nach dem, was hier dem Individuum zu Hilfe kommt.

Es lag nahe, die Tendenz des Kommunikationsbegriffs zu überziehen und die Rolle individueller Differenz fast vollständig zu vernachlässigen, wie es vor allem in der Rezeption der ›mathematischen Kommunikationstheorie‹ von Claude Shannon und Warren Weaver, weniger bei diesen selbst[4], zuweilen geschah. Aber dort, wo der grundbegriffliche Status des Kommunikationsbegriffs ernst genommen wurde, konnte diese Überziehung nicht überzeugen. Das gilt zum Beispiel für die Psychiatrietheorie von Jürgen Ruesch und Gregory Bateson, für die Wissenschaftsphilosophie von Michel Serres, die Sozialphilosophie von Jürgen Habermas und die Gesellschaftstheorie von Niklas Luhmann. Die Psychiatrietheorie kann gar nicht anders, als die Differenz des Individuums ins Zentrum der Aufmerksamkeit zu rücken; nur so kann sie berücksichtigen, wie sehr diese Differenz durch eine ›soziale Matrix‹ sowohl präfiguriert als auch immer wieder verfehlt wird.[5] Die Wissenschaftsphilosophie stellt ebenfalls von vornherein auf die Differenz ab, indem sie wechselweise das Individuum als Rauschen (im informationstheoretischen Sinne: als Störung, aber auch als Anregung) für die Kommunikation, aber auch die Kommunikation als Rauschen für das Individuum zu beschreiben vermag.[6] Überhaupt wird sich auch in anderen wissenschaftlichen Disziplinen herausstellen, daß der Kommunikationsbegriff immer dann an Prominenz gewinnt, wenn Anlaß besteht, dem Rauschen nicht nur eine störende, sondern in dieser Störung eine konstitutive Rolle beizumessen.[7]

Die Sozialphilosophie macht den Versuch, eine ›kommunikative Rationalität‹ zu denken, in der sich die Individuen ebenso zwanglos untereinander wie mit sich selbst verständigen können, und akzeptiert die Differenz zumindest in der Form, daß diese Verständigung nicht vorausgesetzt werden kann (wohl aber ihre Möglichkeit) und somit erst erreicht und immer wieder neu erreicht werden muß.[8] Auch die ethnologische Theorie unterstreicht am Mißlingen solcher Begriffe wie »pensée collective«[9] (oder gar ›kollektives Unbewußtes‹) die Unumgänglichkeit der Differenz des Individuums. Die Ethnomethodologie hält diese Einsicht in der Form des Nachweises fest, daß nicht nur die Bestätigung, sondern gerade die Enttäuschung von Erwartungen konstitutiv für Kommunikation ist[10], und bestätigt damit die für die Erforschung des Sozialen, und damit der Kommunikation, grundlegende These, daß die für die Emergenz des Sozialen ausschlaggebende Ebene nicht die Koordination des Verhaltens verschiedener Individuen, sondern die Koordination von Erwartungen, und vor allem: der wechselseitigen Erwartung von Erwartungen ist.[11] Und die Gesellschaftstheorie formuliert explizit den Einschluß

---

4 Vgl. CLAUDE E. SHANNON/WARREN WEAVER, The Mathematical Theory of Communication (1949; Urbana 1963), 3.

5 Vgl. JÜRGEN RUESCH/GREGORY BATESON, Communication. The Social Matrix of Psychiatry (1951; New York 1987); dt.: Kommunikation. Die soziale Matrix der Psychiatrie, übers. v. C. Rech-Simon (Heidelberg 1995).

6 Vgl. MICHEL SERRES, Hermès I. La communication (Paris 1968).

7 Vgl. FISCHER BLACK, Noise, in: Journal of Finance 41 (1986), 529–543; MARTIN HELLWIG, Die Kommunikationsfunktion der Finanzmärkte, in: Schweizerische Zeitschrift für Volkswirtschaft und Statistik 127 (1991), 351–364; JAMES G. MARCH/HERBERT A. SIMON, Organizations (1958; Cambridge ²1993); KARL E. WEICK, Theorizing about Organizational Communication, in: F. M. Jablin (Hg.), Handbook of Organizational Communication. An Interdisciplinary Perspective (Newbury Park u. a. 1987), 97–122.

8 Vgl. JÜRGEN HABERMAS, Theorie des kommunikativen Handelns, 2 Bde. (Frankfurt a. M. 1981).

9 CLAUDE LÉVI-STRAUSS, Introduction à l'œuvre de Marcel Mauss, in: M. Mauss, Sociologie et anthropologie (1950; Paris 1989), XXXII; dt.: Einleitung in das Werk von Marcel Mauss, in: M. Mauss, Soziologie und Anthropologie, Bd. 1, übers. v. H. Ritter (Frankfurt a. M. 1978), 25.

10 Vgl. HAROLD GARFINKEL, Studies in Ethnomethodology (Englewood Cliffs 1967); MELVIN POLLNER, Left of Ethnomethodology. The Rise and Decline of Radical Reflexivity, in: American Sociological Review 56 (1991), 370–380; POLLNER, Mundane Reason. Reality in Everyday and Sociological Discourse (Cambridge 1987).

11 Vgl. NIKLAS LUHMANN, Institutionalisierung – Funktion und Mechanismus im sozialen System der Gesellschaft, in: H. Schelsky (Hg.), Zur Theorie der Institution (Düsseldorf 1970), 27–41.

des Ausschlusses des Bewußtseins des Individuums als Formbegriff der Kommunikation.[12] Wir kommen auf eine Reihe dieser theoretischen Positionen zurück. Entscheidend ist für diese Einleitung, daß der Kommunikationsbegriff als ein Begriff gedacht wird, der für Information, Mitteilung und Verständigung primär nicht die Referenz auf das Bewußtsein, sondern zunächst eine soziale Referenz in Anspruch nimmt und erst in der Abhängigkeit von dieser sozialen Referenz auch das Bewußtsein wieder ins Spiel bringt. Der Kommunikationsbegriff ist nur insofern ›gegenstandslos‹, als es schwerfällt, diese soziale Referenz unabhängig von den beteiligten Individuen und Subjekten zu beobachten und zu denken. Tatsächlich haben jedoch in genau diesem Punkt die Rhetorik, die Theologie, die Ästhetik, die Marxsche Gesellschaftsanalyse und die Freudsche Psychoanalyse wichtige Vorarbeiten geleistet. Die rhetorische Kategorie der ›Beredsamkeit‹ (›Eloquenz‹), die theologische Kategorie der ›idiomatum communicatio‹, die ästhetische Kategorie des ›Geschmacks‹, die Marxsche Kategorie des ›Kapitals‹ und die Freudsche Kategorie des ›Unbewußten‹ wie dann auch explizit die Kategorie der ›Sprache‹ von Humboldt bis Saussure sind sich in der Funktion gleich, daß sie auf etwas verweisen, das ›kommuniziert‹, ohne daß ein Bewußtsein intentional beteiligt sein müßte. Gegenwärtig besetzen ›Massenmedien‹ und ›Computercodes‹ dieselbe Funktionsstelle und

werfen dieselben Probleme der Zurechnung von Aktionen, Ereignissen und Operationen auf.[13] Verallgemeinert man im Sinne einer genaueren Bestimmung des Kommunikationsbegriffs die Intention, die Kategorien wie der Beredsamkeit, der Teilhabe der menschlichen an der göttlichen Natur, dem Geschmack, dem Kapital, dem Unbewußten und der Sprache zugrunde liegt, so stößt man in der Tat nicht auf einen bestimmten ›Gegenstand‹, den man greifen und begrifflich dingfest machen könnte und auf den man zeigen könnte, um ihn anderen vorzuführen; sondern man stößt auf die Rekursivität, das Vor- und Zurückgreifen einer bestimmten Operation, die nur an ihren Resultaten als Mitteilung, Verständigung, Übereinstimmung usw. kenntlich wird.[14] Der Kommunikationsbegriff zielt daher im wesentlichen darauf, den Beobachter mit der Unterscheidung zwischen Kommunikation und Bewußtsein zu versorgen. Er kann dann die Welt nicht nur anders beobachten, sondern kann mitsehen, daß und wie das Soziale sich konstituiert und konstruiert, ohne daß für die Konstitution und die Konstruktion individuelle Intentionen haftbar gemacht werden könnten. Es ist nicht ausgeschlossen, daß die Ästhetik in ihrer Fassung als materialistische oder kognitivistische Theorie der Wahrnehmung dabei behilflich sein kann, die Muster wahrnehmbar zu machen, die auf das rekursive Operieren der Kommunikation zurückgeführt werden können.[15]

Als ästhetischer Grundbegriff überzeugt der Kommunikationsbegriff insofern, als er eine Problemformel ästhetischen Denkens bezeichnet. Versteht man die Ästhetik mit Kant als eine Philosophie der Selbstbestimmung des Subjekts, die zu einem Zeitpunkt auftritt, zu dem diese Selbstbestimmung ebenso illusorisch wie unumgänglich wird[16], dann wird deutlich, daß die Ästhetik den Kommunikationsbegriff zwiespältig handhaben muß. Einerseits formuliert der Kommunikationsbegriff all das, was dem Ästheten als Fremdbestimmung des Subjekts und zugleich als Subjektlosigkeit eines blinden und leeren Geschehens unangenehm auffällt. So liest man bei einem ästhetisch reflektierten Historiker: »Comme je déteste tout ce qui de près ou de loin, ressemble à ce qu'on appelle maintenant la communication, au point que le mot même me donne des éruptions, je cultive

---

12 Vgl. LUHMANN, Die Gesellschaft der Gesellschaft (Frankfurt a. M. 1997).
13 Vgl. FRIEDRICH A. KITTLER, Geschichte der Kommunikationsmedien, in: J. Huber/A. M. Müller (Hg.), Raum und Verfahren. Interventionen (Zürich/Frankfurt a. M. 1993), 169–188.
14 Vgl. HEINZ VON FOERSTER, Epistemology of Communication, in: K. Woodward (Hg.), The Myths of Information, Technology and Post-Industrial Culture (Madison 1980), 18–27; dt.: Epistemologie der Kommunikation, in: von Foerster, Wissen und Gewissen. Versuch einer Brücke, hg. v. S. J. Schmidt, übers. v. W. K. Kröck (Frankfurt a. M. 1993), 269–281.
15 Vgl. GREGORY BATESON, Mind and Nature. A Necessary Unity (New York 1979); dt.: Geist und Natur. Eine notwendige Einheit, übers. v. H. G. Holl (Frankfurt a. M. 1982), 16, 102 f., 258 f.
16 Vgl. PAUL DE MAN, Aesthetic Ideology, hg. v. A. Warminski (Minneapolis 1996).

un ›ringardisme‹ parfait dans ce domaine, et je vis sans minitel, sans télévision, sans radio même et je ne conserve le téléphone que pour des raisons purement amicales et professionelles. Donc entendons-nous bien, je sais que la ›communication‹ ne se limite pas à ce ›bazar‹ moderne, mais je sais aussi comme l'avait bien montré Wim Wenders, un compatriote de Luhmann, dans ›Paris Texas‹, que plus nous avons à notre disposition de quoi communiquer, moins nous avons à communiquer, et le point terminal de l'affaire c'est cette sorte d'autisme qui caractérise les partenaires institutionellement définis des relations sociales, et qui ne sont plus en relation qu'institutionellement aujourd'hui.«[17] Andererseits kommt auch die Ästhetik nicht darum herum, erstens ihre eigene Einstellung zur Kommunikation zu kommunizieren und zweitens mit den Mitteln der Kommunikation nach einer Form der Kommunikation zu suchen, die auch den Ästheten überzeugen kann. Eine solche Form ist das ›Gespräch‹, wenn es im Schweigen hörbar macht, was sich dem Gespräch entzieht: »Das Gespräch strebt zum Schweigen, und der Hörende ist eher der Schweigende. Sinn empfängt der Sprechende von ihm, der Schweigende ist die ungefaßte Quelle des Sinns. [...] Schweigen ist die innere Grenze des Gespräches.«[18] Die folgende Skizze greift das Dilemma der Ästhetik als Folie zur Bestimmung eines Kommunikationsbegriffs auf und übersetzt es in einen Begriff, der die Differenz des Individuums nicht aus den Augen läßt. Ebenso wie die Kategorien der Beredsamkeit, der Gemeinsamkeit der Naturen, des Geschmacks, des Kapitals, des Unbewußten oder der Sprache ist die Kategorie der Kommunikation, die sie unter einen Begriff bringt, als double bind zu denken: Der Begriff der Kommunikation zielt auf ein Verständnis des Sozialen, das in der Lage ist, ein vom Bewußtsein unabhängiges ›System höherer Ordnung‹ zu denken, in dem die Kontakte wählbar sind und das System je nach den gewählten Kontakten unterschiedliche Strukturen realisiert, das System selbst jedoch nicht wählbar ist.[19]

Überblick

Die Ästhetik entsteht im 18. Jh. als philosophische Disziplin, die sich um die beiden Phänomene der sinnlichen Erkenntnis oder individuellen Wahrnehmung (›aisthēsis‹) zum einen und der aufeinander Bezug nehmenden individuellen künstlerischen Akte zum anderen kümmert (vgl. Kap. I.). In diesen beiden Phänomenen wird die Eigenwilligkeit und Unzugänglichkeit des Individuums entdeckt und formuliert. Baumgarten entwickelt eine Theorie des Schönen und Kant eine Theorie der Geschmacksurteile, die das Individuum vom Problem der Mitteilung individueller Wahrnehmung her denken.

Im 19. Jh. wird die Ästhetik zu einer Art Gesellschaftstheorie avant la lettre, die beobachtbar macht, wie die kommunikativen Zugriffe der Gesellschaft am Individuum scheitern und wie Individuen und Gesellschaft darauf mit dem Angebot poetischer, literarischer, musikalischer, theatralischer und sogar architektonischer (vgl. dazu das sog. Junkerhaus, erbaut von Karl Junker, in Lemgo) Bearbeitungen des Problems antworten. In der ersten Hälfte des 20. Jh. entstehen unter ›avantgardistischem‹, aber sozialismus- ebenso wie nationalsozialismusaffinem Vorzeichen Spezialästhetiken, die das Scheitern der Gesellschaft *am Individuum* zu einem künstlerischen, politischen und erzieherischen Einwand *gegen* die Gesellschaft zu stilisieren vermögen und damit *in* der Gesellschaft Erfolg haben. In der zweiten Hälfte des 20. Jh. verliert die Ästhetik dann zunehmend an Einfluß, bleibt jedoch als Stilisierungssemantik unverfügbarer Individualität ebenso abrufbar, wie sie als eine nach wie vor uneingelöste Programmatik einer ›schönen‹, heute würde man sagen: einer kognitivistischen und konstruktivistischen Wissenschaft erinnert werden kann.

---

17 ALAIN GUÉRY, Moments féconds et oubli rapide, un commentaire, in: J.-M. Baldner/L. Gillard (Hg.), Simmel et les normes sociales (Paris 1996), 246.
18 WALTER BENJAMIN, Metaphysik der Jugend (1918), in: BENJAMIN, Bd. 2 (1977), 91 f.; vgl. KARLHEINZ STIERLE/RAINER WARNING (Hg.), Das Gespräch (München 1984).
19 Vgl. LUHMANN (s. Anm. 12), 194.

Als eine der Entdeckungen, die der im 18. Jh. entwickelten Ästhetik ihr Profil geben, kann man die wechselseitige Verschränkung von Individualität und sinnlicher Erkenntnis ansehen. Die Mitteilbarkeit von sinnlicher Erkenntnis wird zum Grenzfall, an dem sich jeder Kommunikationsbegriff bewähren muß (II.). Solange das Individuum von der Ästhetik substanziell und nicht funktional gedacht wird, kann dieser Typ von Erkenntnis nur als nicht mitteilbar gelten. Substanziell ist das Individuum immer eine monadisch geschlossene Veranstaltung. Sobald es funktional, also als Adresse und Bezugspunkt, gedacht wird, kann man die Individualität des Individuums als Einsatzmarke im Spiel der Mitteilung des Nichtmitteilbaren, d. h. als Eröffnung der Kommunikation, betrachten.

Eher implizit als explizit wird in der Ästhetik das Problempotential des rhetorischen und des theologischen Kommunikationsbegriffs abgearbeitet, die beide eine prinzipielle Differenz an die Stelle jeder Idee einer reibungslosen Mitteilung setzen (IV.). Die rhetorische Figur der communicatio wendet sich fragend an den Zuhörenden und hält rhetorisch offen, wie dieser antwortet. Die theologische Idee der idiomatum communicatio kann sich gelungene Kommunikation zwischen Gott und den Menschen nur in einem einzigen Fall vorstellen, nämlich in Jesus Christus, seinem menschgewordenen Sohn.

In der Folge wird der Kommunikationsbegriff daraus gewonnen, daß er einerseits für unwahrscheinlich hält, was andererseits das Wahrscheinlichste ist: nämlich das Vorkommen von Mitteilungen (V.). Die Unwahrscheinlichkeit wird an der singulären, also nicht mitteilbaren Individualität des Individuums festgemacht, die Wahrscheinlichkeit an der problemlosen Verknüpfung von Mitteilungen in den Medien der wechselseitigen Wahrnehmung, der Sprache, der Schrift, des Buchdrucks und der elektronisch gestützten Kommunikation (VI.). Es wird deutlich, daß Kommunikation nur als soziales, d. h. als nicht oder nur paradox auf das Individuum, sondern als auf die Gesellschaft zuzurechnendes Phänomen verstanden werden kann. Die Bedingungen der Möglichkeit von Kommunikation liegen in der Mitteilung selbst, nicht in dem, was mitgeteilt werden soll, oder in dem, was sich mitteilen will. Das aber bedeutet, daß der Kontext der Kommunikation über deren Zustandekommen aussagekräftiger (mitteilungsfähiger) ist als ihr Text, ihr Inhalt, ihre Absicht (VII.-X.).

Sogar die mathematische Kommunikationstheorie, die im 20. Jh. als Ingenieurwissenschaft des Nachrichtenverkehrs entwickelt wird, berücksichtigt diesen Punkt, indem sie eine Nachricht als Selektion aus einem (mehr oder minder bestimmten) Möglichkeitenbereich definiert, der durch die Nachricht so mitkonstituiert wird (oder technisch vorausgesetzt werden muß), daß die Nachricht selbst nur mit Hilfe eines systematisch oszillierenden Blickwechsels zwischen Inhalt der Nachricht und Auswahlbereich der Nachricht gelesen und verstanden werden kann (XI.). Für diese Problemfassung durch die mathematische Theorie sind in der Nachfolge in so unterschiedlichen Bereichen wie der Kybernetik, der Anthropologie, der Philosophie und der Soziologie verschiedene Übersetzungen gefunden worden, die die Kommunikation als Form, Differenz, System und Medium beschreibbar machen (XII.-XVI.). Die ästhetische Problemfassung wird in diesen Begrifflichkeiten nur noch selten explizit mitgeführt. Aber ohne ein Verständnis dieser Problemfassung bleiben die Begrifflichkeiten stumm.

Der Artikel hält sich im folgenden nicht an die lexikalische Erwartung, chronologisch vorzugehen. Statt dessen wird die ästhetische Fragestellung, soweit sie für den Begriff der Kommunikation von Interesse ist, rekonstruiert, um erst dann die Fragen nach Mitteilungsfähigkeit und Sprachvermögen aufzunehmen, die den Begriff der Kommunikation konturieren (III.). Im Anschluß daran wird an die theologische und rhetorische Begriffsfassung erinnert, um den widerständigen Einsatz markieren zu können, den die Entdeckung des Individuums auslöst. Erst dann hält sich der Artikel an das chronologische Prinzip, indem er nachzeichnet, wie sich bis hin zur Aufklärung im Vertrauen auf die Medien der Schrift und des Buchdrucks ein auf Verständigung zielender Kommunikationsbegriff durchhält, der erst mit der Romantik und deren Sinn für Unverständlichkeit einem Kommunikationsbegriff weicht, der bis heute einen guten Teil der Reflexionslast der Moderne zu tragen hat.

Der Artikel hält sich durchweg an ein Verständnis des Ästhetischen, das dieses als philosophische und epistemologische Kategorie profiliert. Damit geht ein weitgehender Verzicht auf die Beobachtung der verschiedenen Künste einher, die von der Kategorie des Ästhetischen auch geleistet werden soll. Dieser Verzicht ist nur mit dem generellen Hinweis zu entschuldigen und abzugelten, daß in den verschiedenen Künsten das Problem der Mitteilung möglicherweise prägnanter, aber grundsätzlich nicht anders zu entfalten ist als auf der allgemeinen Ebene, die dieser Artikel wählt. Dieses Vorgehen trägt einerseits dem Umstand Rechnung, daß die Kategorie des ›Ästhetischen‹ über eine Reflexion auf künstlerisches Mitteilungsverhalten dem Anspruch nach hinausgeht, indem sie die Differenz des Individuums zum Einwand gegen jegliche determinierte oder auch nur ›prästabilierte‹ (Leibniz) Ordnung stilisiert und statt dessen nach der Ordnung spontaner Muster fragt, die sich keinem Design, sondern dem ›Tanz‹ (Bateson) ihrer eigenen Elemente verdanken. Andererseits soll damit nicht bestritten werden, daß die Kunst andere Mittel und auch andere Interessen hat, das Problem des Individuums in der Kommunikation zu adressieren als die Wissenschaft, die Wirtschaft oder die Politik.

I. Die ästhetische Fragestellung

Das im folgenden ausschlaggebende Problem der Ästhetik besteht in der Entdeckung einer sinnlichen Erkenntnis, die strikt und ausschließlich Sache des erkennenden Individuums ist und dennoch Anspruch auf Gemeingültigkeit erhebt. Niemandem außer dem jeweiligen Individuum steht seine sinnliche Erkenntnis, seine Wahrnehmung, zur Verfügung; und dennoch soll diese Erkenntnis als Erkenntnis, also, wie es bei Kant heißt, als »mitteilbar«[20] gelten. Baumgarten hatte das entscheidende Begriffsmanöver bereits vorgegeben, indem er in seiner *Aesthetica* (1750/1758) das Schöne als eine Art regulative Idee der sinnlichen Erkenntnis ins Spiel brachte: Nur in der Schönheit erreicht die sinnliche Erkenntnis Vollkommenheit, und nur in dieser Fassung, so muß man ergänzen, lohnt sich ihre Mitteilung. Das Häßliche ist nur insofern informativ, als es auf »Fehler, störende Flecken in der sinnlichen Erkenntnis« (vitia, maculae cognitionis sensitivae)[21] aufmerksam macht. Die Schönheit ist nicht eigentlich das Produkt, sondern das Regulativ eines kritischen Vermögens, das die sinnliche Erkenntnis im Hinblick auf Übereinstimmungen zwischen Denken, Sachen und Ordnung zu prüfen hat. Innerhalb dieses Prüfprozesses verliert die Beschränkung der sinnlichen Erkenntnis auf das Individuum ihren problematischen Charakter. Sie wird transformiert in die Voraussetzung einer Erkenntnis des Schönen – und findet sich in dieser Erkenntnis bereits determiniert durch Anforderungen der Übereinstimmung, die nicht diejenigen des Individuums sind. Will das Individuum wissen, was ihm individuell eignet, muß es sich ans Häßliche halten. Und selbst das ist bereits gemeingültig bestimmt durch seinen Fehlercharakter.

Kant bringt das Begriffsmanöver der Ästhetik, das das Problem der bloß individuellen Erkenntnis stillzustellen hat, in der *Kritik der Urteilskraft* noch deutlicher als Baumgarten zum Ausdruck. Für ihn bestimmt das Subjekt im ästhetischen Urteil selbst, und dies auch und gerade dann, wenn sich dieses Urteil auf ein Objekt bezieht.[22] Kant spricht dem ästhetischen Urteil jedoch nicht den Charakter der Erkenntnis, sondern der Empfindung zu. Es handelt sich um ein Geschmacksurteil. Mit dem Begriff des Geschmacks greift Kant einen Terminus auf, der spätestens seit Baltasar Gracián die doppelte Funktion hat, einerseits die Unreduzierbarkeit des Individuums festzuhalten, andererseits die Selbstbestimmung des Individuums in Abhängigkeit von seiner Umwelt und mit Bezug auf diese Umwelt zu beschreiben. Der Geschmack eines Individuums, so Gracián in *El héroe* (1637) und im *Oráculo manual y arte de prudencia* (1647), erweist sich nur in der Gesellschaft.[23] Er entsteht in der Gesellschaft, und bewährt sich in der Gesell-

---
20 Vgl. KANT (s. Anm. 1), 136.
21 BAUMGARTEN (DT), 12; dt. 13.
22 Vgl. KANT (s. Anm. 1), 78–109.
23 Vgl. BALTASAR GRACIÁN, El héroe (1637), in: Gracián, Obras completas, hg. v. A. del Hoyo (Madrid 1960), 13 f.; GRACIÁN, Oráculo manual y arte de prudencia (1647), in: ebd., 183 f.

schaft. Darauf kommt es auch Kant an. Das Geschmacksurteil zeichnet sich dadurch aus, daß sich einerseits in ihm das Individuum selber bestimmt, und zwar ohne sich darin irgend »beschwatzen« zu lassen; andererseits ist das Geschmacksurteil nicht nur mitteilungsfähig, sondern findet in dieser Mitteilungsfähigkeit seinen eigenen Grund. Nicht Lust und Unlust teilen sich im Geschmacksurteil mit, sondern der daraus gewonnene Gemütszustand, der als »Gefühl des freien Spiels der Vorstellungskräfte«[24] vorgestellt werden kann und offensichtlich nicht nur individuell zugerechnet werden darf. »Also ist es die allgemeine Mitteilungsfähigkeit des Gemützustandes in der gegebenen Vorstellung, welche, als subjektive Bedingung des Geschmacksurteils, demselben zum Grunde liegen, und die Lust an dem Gegenstande zur Folge haben muß. Es kann aber nichts allgemein mitgeteilt werden, als Erkenntnis, und Vorstellung, sofern sie zum [sic] Erkenntnis gehört.« (131) Sinnliche Erkenntnis, würde man heute sagen, ist sozial präjudiziert, und dies im strikten Sinne des Wortes auf der Ebene der Beobachtung zweiter Ordnung: dort, wo nicht mehr geurteilt, sondern die Urteile anderer Urteilenden mitgeteilt werden.

In ihrer Abhängigkeit von der Mitteilbarkeit machen sich die Geschmacksurteile davon unabhängig, daß die sinnliche ›Erkenntnis‹ (Baumgarten) bzw. ›Empfindung‹ (Kant) auf das Individuum beschränkt ist und dort für alle anderen auf eine Art und Weise unzugänglich ist, die dem Individuum einen unhintergehbaren, wenngleich vielfältig korrumpierbaren und durch keine Vernunft immanent zu begrenzenden Autonomiespielraum gibt. Das Geschmacksurteil erhält in erster Linie die Funktion, die Kommunikationsfähigkeit selber zu kommunizieren[25], indem es zu dokumentieren erlaubt, daß auch im individuellen Sinn ein Gemeinsinn enthalten, angesprochen und ausgesprochen ist. Die Kategorie des Ästhetischen nimmt das Unruhemoment der sinnlich empirischen Erkenntnis auf und überführt es auf die soziale Ebene des Mitteilungsverhaltens. Sie läßt Sittlichkeit an die Stelle von Sinnlichkeit treten. Aber sie kann die Sittlichkeit nicht transzendental begründen, ohne nicht wieder auf die Sinnlichkeit zu stoßen. Damit verweist die Kategorie des Ästhetischen, von der man sagen muß, daß sie auf instruktive Weise scheitert[26], auf einen Begriff der Mitteilung, der Kommunikation, der sich bis heute schwer damit tut, das Unruhemoment anders denn durch Kontinuierung des Problems aufzunehmen.

Der Kommunikationsbegriff oder ein gewisses Verständnis von Kommunikation ist im Kontext des Ästhetischen dort eingesetzt, wo man zum ersten Mal und systematisch einerseits Grund hat, an Kommunikation zu zweifeln, und andererseits wie selten zuvor auf Kommunikation angewiesen ist. Denn auch dann, wenn die Schönheit als Regulativ der niederen Erkenntnisse und das Geschmacksurteil als Bedingung seiner eigenen Mitteilbarkeit vorgestellt und eingesetzt werden, bleibt es dabei, daß sinnliche Erkenntnis und Empfindung auf das Individuum beschränkt, also nicht bzw. nur kommunikativ zugänglich sind. Das ästhetische Verständnis von Kommunikation ist hinfort mit der Paradoxie der nur kommunikativen Zugänglichkeit des kommunikativ nicht Zugänglichen befaßt.

Diese ästhetische Akzentuierung des Kommunikationsbegriffs wirft ein bezeichnendes Licht auf die Ästhetik. Sie wurde von Jean Paul dadurch treffend charakterisiert, daß er seine *Vorschule der Ästhetik* (1813) schrieb und damit auf das mittelalterliche Proscholium anspielte. Diese Vorschule war vom eigentlichen Hörsaal durch einen Vorhang abgetrennt. Dort wurden »die Zöglinge in Anstand, Anzug und Antritt für den verhangnen Lehrer«[27]

---

24 KANT (s. Anm. 1), 130, 132.
25 Vgl. HANS GRAUBNER, ›Mitteilbarkeit‹ und ›Lebensgefühl‹ in Kants ›Kritik der Urteilskraft‹. Zur kommunikativen Bedeutung des Ästhetischen, in: F. A. Kittler/H. Turk (Hg.), Urszenen. Literaturwissenschaft als Diskursanalyse und Diskurskritik (Frankfurt a. M. 1977), 53–75.
26 Vgl. DE MAN, Phenomenality and Materiality in Kant, in: G. Shapiro/A. Sica (Hg.), Hermeneutics. Questions and Prospects (Amherst 1984), 121–144; dt.: Phänomenalität und Materialität bei Kant, in: de Man, Die Ideologie des Ästhetischen, hg. v. C. Menke, übers. v. J. Blasius (Frankfurt a.M. 1993), 36f.
27 JEAN PAUL, Vorschule der Ästhetik (1804), hg. v. W. Henckmann (Hamburg 1990), 15 f.

zugerichtet und vorbereitet. Die Ästhetik positioniert das Individuum für die Kommunikation. Sie steht selbst im Dienste der Kommunikation und erfüllt eine kommunikative Funktion, indem sie die Unzugänglichkeit der sinnlichen Erkenntnis und Empfindung nur thematisiert, um zu zeigen, wie sie durch die Erkenntnisregeln des Schönen in mitteilungsfähige Geschmacksurteile übersetzt werden können. Aber wie man an der Differenz von ›Schule‹ und ›Vorschule‹ sehen kann, präpariert die Ästhetik die Kommunikation nicht nur, sondern unterbricht sie auch. An dieser Unterbrechung kann das Individuum etwas Wesentliches über sich selbst lernen, nämlich daß es nicht von sich aus kommuniziert, sondern zur Kommunikation gebracht werden muß. Dann aber muß es sich, und darauf kommt es an, anders bestimmen als durch Kommunikation.[28]

Freilich blieb diese Auffassung von Ästhetik nicht unwidersprochen. Johann Georg Hamann hat in seiner *Aesthetica in nuce* (1762) das Dilemma einer Rede, die nicht spricht, bereits formuliert, ohne sich auf eine Lösung vom Typ Baumgartens oder Kants einzulassen. »Sinne und Leidenschaften reden und verstehen nichts als Bilder«, schreibt er einerseits. Daß die Schöpfung »eine Rede an die Kreatur durch die Kreatur ist; denn ein Tag sagts dem andern, und eine Nacht thuts kund der andern«[29], schreibt er andererseits. Die Einheit dieses Dilemmas ist eine Unsichtbarkeit, die der Mensch zunächst Gott zugeschrieben hat, mit der er jedoch sich selbst meint. Wir werden sehen, daß die Kommunikationstheorie bis heute damit beschäftigt ist, diese beiden Seiten der Kommunikation auf die Unsichtbarkeit hin zu deuten, die sie bestätigen und sichtbar machen.

II. Wie ist eine Mitteilung möglich?

Kaum hatten Baumgarten und Kant dem Problem der individuellen Erkenntnis und Empfindung ihre ästhetische Lösung verschrieben, warf die Romantik dasselbe Problem neu auf. Friedrich Schlegel stellte an programmatischer Stelle, nämlich in seiner Kritik *Über die Unverständlichkeit* (1800), die Frage: »Was kann wohl von allem, was sich auf die Mitteilung der Ideen bezieht, anziehender sein, als die Frage, ob sie überhaupt möglich sei?«[30] Und Novalis formuliert dazu die Gegenthese, daß »alles, was wir erfahren, [...] eine *Mittheilung* [ist – der Verf.]. So ist die Welt in der That eine *Mittheilung* – Offenbarung des Geistes.«[31] Mit dieser Frage und dieser Aussage war das Dilemma deutlich formuliert. Der Kommunikationsbegriff oszilliert zwischen der Frage danach, ob Kommunikation überhaupt möglich ist, und der These, daß alles Kommunikation ist. Es ist leicht zu sehen, daß es angesichts dieses Dilemmas kaum Sinn macht, sich auf die Suche danach zu machen, was Kommunikation denn nun eigentlich ›ist‹. Denn Kommunikation ist hier eine Beobachtungsformel disparater und dennoch aufeinander angewiesener Phänomene: der irreduziblen Erfahrung der menschlichen Individualität und der ebenso irreduziblen Erfahrung eines sich mitteilenden ›Geistes‹.

Es ist daher nur konsequent, wenn Hegel in seinen *Vorlesungen über die Ästhetik* (1835–1838) die Ästhetik auf eine Philosophie des Kunstschönen zurücknimmt, um dort um so genauer die Frage nach der Mitteilung stellen zu können. In den Kunstwerken ›verdoppelt‹ sich der Mensch als Geist, d. h. er kann sich anschauen, sich vorstellen, sich denken und wird durch dieses tätige Fürsichsein allererst Geist.[32] Je genauer er sich anschauen kann, desto rätselhafter allerdings wird, wie er sich etwas mitteilen kann. Das Kunstwerk wird be-

---

28 Vgl. ALFRED BAEUMLER, Das Irrationalitätsproblem in der Ästhetik und Logik des 18. Jahrhunderts bis zur Kritik der Urteilskraft (1923; Darmstadt 1974).
29 JOHANN GEORG HAMANN, Aesthetica in nuce (1762), in: Hamann, Sokratische Denkwürdigkeiten. Aesthetica in nuce, hg. v. S.-A. Jørgensen (Stuttgart 1968), 83, 87.
30 FRIEDRICH SCHLEGEL, Über die Unverständlichkeit (1800), in: SCHLEGEL (KFSA), Bd 2 (1967), 363.
31 NOVALIS, Vorarbeiten zu verschiedenen Fragmentensammlungen (1798) in: Novalis, Werke, Tagebücher und Briefe Friedrich von Hardenbergs, hg. v. H.-J. Mähl/R. Samuel, Bd. 2 (München 1978), 383.
32 Vgl. GEORG WILHELM FRIEDRICH HEGEL, Vorlesungen über die Ästhetik (1835–1838), in: HEGEL (TWA), Bd. 13 (1970), 51.

stimmt als »eine Frage, eine Anrede an die widerklingende Brust, ein Ruf an die Gemüter und Geister«[33] und damit als etwas, was wie jede Mitteilung (aber wie?) allererst zu einer Mitteilung gemacht werden muß.

Der von Schlegel angespielte Topos der Mitteilung der Ideen erinnert an die Formulierung von John Locke in seinem *Essay Concerning Human Understanding* (1690), daß es nur durch die »communication of ideas«[34] möglich ist, daß sich die Menschen die in ihrer Brust verschlossenen und allen anderen unzugänglichen Ideen (Vorstellungen) wechselseitig zugänglich machen. Die Ideen sind unsichtbar, aber die Worte, die die Menschen verwenden, bestehen aus sichtbaren Zeichen. Auch hier, im Rahmen einer Philosophie der Sprache, ist nicht die Lösung interessant, die durch das Wort ›Kommunikation‹ eingeführt wird[35], sondern das Problem, das durch die Lösung eher verdeckt als tatsächlich gelöst wird.

Denn auch für Locke besteht das entscheidende Problem in der verschlossenen Individualität des Individuums. Wie gelingt es einem Menschen, seine Vorstellungen bekannt zu machen? Er verwendet Worte, die seine Vorstellungen bezeichnen, wohlgemerkt: *seine* Vorstellungen, aber weder die Vorstellungen anderer noch die Realität der Dinge, die in diesen Vorstellungen angesprochen wird. Das schließt freilich nicht aus, daß die Menschen Worte verwenden, deren Bedeutung sie nur zu kennen meinen, weil andere sie auch verwenden, ohne daß diese Worte notwendigerweise eine eigene Vorstellung bezeichnen. Aber wenn sie dies tun, unterliegen sie dem Verdikt des papageienhaften Sprechens. Daran könne man sich zwar gewöhnen, doch dürfe man sich nicht soweit daran gewöhnen, daß man vergesse, daß jedes Wort ursprünglich nichts anderes bezeichnen kann, »and

that *by a perfect arbitrary imposition*«, als eine Vorstellung im Kopf eines Menschen.

Die Kommunikation der Ideen führt hier also nicht etwa einen Schritt weiter auf dem Weg zur Losung des Problems, sondern sie verschärft das Problem, da die Referenz der Worte die wiederum unzugängliche Vorstellung im Kopf eines Menschen ist. Locke kann das Problem nicht lösen, sondern nur benennen. Indem er an dieser Stelle abbricht, ein neues Kapitel beginnt und dieses ›Of general terms‹ nennt[36], verweist er jedoch auf die Ebene, auf der das Problem bereits als gelöst gelten kann und muß, nämlich auf die Ebene der Begriffe, die eben nicht nur eine spezifische Bedeutung im Verweis auf eine individuelle Vorstellung, sondern bereits eine allgemeine Bedeutung haben, die nur ›allgemein‹ genannt werden kann, weil sie sich über verschiedene Individuen und Kontexte hinweg durch und in Gebrauch hält.

Das ist wieder das grundsätzliche Problem. Mit Hilfe des Kommunikationsbegriffs fragt man nach einer Möglichkeit der Kommunikation, die man einerseits in Frage stellen muß, wenn man von der Individualität der Individuen ausgeht, die man jedoch andererseits als möglich voraussetzen muß, weil man sonst die Frage gar nicht stellen könnte. Denn wir stellen diese Frage sprechend, lesend und schreibend, also offensichtlich kommunizierend, wissen also offensichtlich schon, wie man das macht. Das macht die Schlegelsche Frage so dringend und die Novalissche Bemerkung so überzeugend.

III. Die Sprache

Hinter die Lockesche Problemstellung kann niemand mehr zurück. Auch Johann Gottfried Herder bestimmt in seiner *Abhandlung über den Ursprung der Sprache* (1772) die Seele des Menschen als unaussprechlich. Er gibt dem Problem jedoch dadurch eine neue, für die deutsche Tradition maßgebende Wendung, daß er den Menschen nicht nur als »dunkel fühlende Auster«[37] beschreibt, sondern ihm zugleich Ohren gibt zu hören. Das ist keine triviale Wendung, denn das Individuum wird dadurch aus der nur produzierenden in eine

---

33 Ebd., 102.
34 LOCKE (s. Anm. 2), 9.
35 Vgl. JOHN DURHAM PETERS, John Locke, the Individual, and the Origin of Communication, in: Quarterly Journal of Speech 75 (1989), 387-399.
36 Vgl. LOCKE (s. Anm. 2), 14 ff.
37 Vgl. JOHANN GOTTFRIED HERDER, Abhandlung über den Ursprung der Sprache (1772), in: HERDER, Bd. 5 (1891), 100.

auch rezipierende Stellung gebracht.³⁸ Das Ohr ist der erste Lehrmeister der Sprache; der Mensch ist als horchendes und merkendes Geschöpf zur Sprache gebildet.³⁹ (Das muß vor allem gegen den Buchdruck, der die Differenz von Hören und Lesen zur Geltung bringt, in Erinnerung gerufen werden.) Aber nicht nur das. Indem er über das Gehör zur Sprache gezogen und erzogen wird, lernt der Mensch das Tönen als Handeln zu verstehen. Indem die Natur tönt, ist sie belebt und handelt sie. Indem er tönt, kann der Mensch zeigen, daß er lebt, und beginnen zu handeln.

Aber auch angesichts des Handelns bleibt der Mensch ein hörender, und das heißt wesentlich: ein besonnener: »Der Mensch ist in den Zustand von Besonnenheit gesetzt, der ihm eigen ist, und diese Besonnenheit (Reflexion) zum erstenmal frei würkend, hat Sprache erfunden.« Denn Hören ist Merken, und Merken heißt, Aufmerksamkeit produzieren zu können und abzuwarten, was sich in diese Aufmerksamkeit einzeichnet. Dieses Merken sondert Merkmale ab von dem, worauf gemerkt wird, und hat an dieser Absonderung seine besonnene, seine reflexive Komponente. Die Folgen dieser absondernden und den Menschen sich auf sich besinnen lassenden Eigenschaft der im Hören erfaßten Sprache sind nicht zu unterschätzen. Denn würde der Hund, der dieses Hörens nicht fähig ist, je ein Wort verstehen, so diente er nicht mehr, sondern schüfe sich selbst »Kunst und Republik und Sprache«⁴⁰.

Damit ist die Verschlossenheit des Individuums in einer wesentlichen Hinsicht neu und anders akzentuiert. Denn jetzt ›öffnet‹ sich dieses Individuum nicht mehr nur, um seine Vorstellungen preiszugeben, sondern es öffnet sich bereits, um auf die Welt hinzuhören. Es macht sich die Welt zur Mitteilung im Sinne von Novalis, kann dabei aber das eigene Merken, das nach wie vor als Unaussprechliches stattfindet, nicht in Abrede stellen. Noch und gerade in der Öffnung des Individuums zur Welt, noch und gerade in seiner Bereitschaft zur Kommunikation findet daher etwas höchst Inkommunikables statt.

Wilhelm von Humboldt hat in seiner Schrift *Über die Verschiedenheit des menschlichen Sprachbaues und ihren Einfluß auf die geistige Entwicklung des Menschengeschlechts* (1836) diesen Gedanken einer selbsttätigen Empfänglichkeit des sich in seiner Sprache mit der Welt verknüpfenden Menschen ausdrücklich akzentuiert.⁴¹ Auch er hält am Gedanken der letzten Bestimmtheit der Sprache im Individuum fest:»Keiner denkt bei dem Wort gerade und genau das, was der andre, und die noch so kleine Verschiedenheit zittert, wie ein Kreis im Wasser, durch die ganze Sprache fort. Alles Verstehen ist daher immer zugleich ein Nicht-Verstehen, alle Übereinstimmung in Gedanken und Gefühlen zugleich ein Auseinandergehen.«⁴² Aber für ihn gibt es ein Bedürfnis zu freier Geselligkeit, aus dem die Sprache entspringt. Darum ist die Sprache nicht nur bereits Gesprochenes, sondern auch jeweils neu zu Sprechendes; hat sie nicht nur Gewalt über den Menschen, sondern er auch Gewalt über sie; und ist sie teils fest, teils flüssig, denn nur so ist sie dem ›redenden Geschlecht‹ gemäß.

Das Lockesche Problem der ausschließlichen Referenz der Sprache im Kopf des Sprechenden verschwindet, denn erstens gibt es keine objektive Vorstellung, die restlos der Subjektivität entzogen wäre; und zweitens gibt es keine Sprache, an der nicht ein anderer mitwirkt. Dies ist dann die Sprache, mit deren Hilfe das Individuum seine Gedanken formuliert und immer wieder neu formulieren kann. Der Mensch ist bereits in Reden verstrickt. Und es gilt daher nicht herauszufinden, wie ein verschlossenes Individuum kommunikationsfähig werden kann. Sondern es gilt herauszufinden, welchen Beitrag die Verschlossenheit des Individuums zu seiner offensichtlichen Kommunikationsfähigkeit leistet.

---

38 Vgl. JÜRGEN TRABANT, Vom Ohr zur Stimme. Bemerkungen zum Phonozentrismus zwischen 1770 und 1830, in: H. U. Gumbrecht/K. L. Pfeiffer (Hg.), Materialität der Kommunikation (Frankfurt a. M. 1988), 63–79; TRABANT, Apeliotes oder Der Sinn der Sprache. Wilhelm von Humboldts Sprach-Bild (München 1986).
39 Vgl. HERDER (s. Anm. 37), 48 ff.
40 Ebd., 34, 46.
41 Vgl. WILHELM VON HUMBOLDT, Über die Verschiedenheit des menschlichen Sprachbaues und ihren Einfluß auf die geistige Entwicklung des Menschengeschlechts (Berlin 1836), 48 ff.
42 Ebd., 64.

IV. Theologie und Rhetorik

Die ästhetische Akzentuierung des Kommunikationsbegriffs hat sich vorschnell darauf verlassen, die Einsamkeit des Individuums durch Mitteilung heilen zu können. Tatsächlich liegt ihre Leistung nicht in dieser Heilung, die nicht gelingt, sondern darin, das Individuum im Kontext von Kommunikation und Kommunikation im Kontext von Individualität beobachtbar zu machen. Die ästhetische Fragestellung zwingt dazu, die Differenz von Individualität und Kommunikation ins Auge zu fassen und zu formulieren. Daraus entsteht ein begrifflich hier erst angedeutetes Spannungsfeld, in das sich unterschiedliche Problemstellungen einzeichnen können. Die Philosophie des Bewußtseins im Ausgang von John Locke und die Philosophie der Sprache im Ausgang von Herder und Humboldt sind dafür nur Beispiele.

Ebenso bedeutsam ist es, daran zu erinnern, daß die Ästhetik, wenn sie sich auf ›Mitteilung‹ einläßt, ein theologisches und rhetorisches Verständnis von ›communicatio‹ beerbt, das sich erst in dem Moment, in dem die Ästhetik es übernimmt, als nicht mehr kontinuierbar erweist. Der theologische Begriff der communicatio zieht sich auf einen Terminus technicus zurück, der nur noch von Theologen verstanden wird; der rhetorische hat mit seiner Gebundenheit an die mündliche Rede Mühe, sich im Zeitalter des Buchdrucks zu behaupten, und verliert in dem Maße an Eleganz und Überzeugungskraft, in dem die psychologische Kenntnis, die den rhetorischen Begriff zunächst nur implizit motiviert, von Psychologie und Psychoanalyse expliziert wird. Aber sowohl das theologische als auch das rhetorische Verständnis von Kommunikation sind wichtig, um von der Ästhetik zunächst aufgegriffene, dann eingeklammerte Erwartungen an die Kommunikation nachvollziehen zu können.

Der Begriff der ›idiomatum communicatio‹ behauptet die Gott-Mensch-Natur Christi, d. h. die Übereinstimmung und Gemeinsamkeit der Eigenschaften Gottes und der menschlichen Natur Christi in der gottmenschlichen Person. In der einen Person durchdringen sich, kommunizieren, die beiden Naturen (Idiome).[43] In Christus und nur in Christus ist die prinzipielle Differenz von Gott und Mensch aufgehoben. Er ist, so muß man wohl sagen, das Wunder der Aufhebung einer Differenz, die man anschließend, wenn wie am Beispiel Christi einmal gelungen, auch in anderen Fällen zur Disposition bringen kann, um Göttliches im Menschlichen und Menschliches im Göttlichen aufzuzeigen. Der Austausch der Idiome, die von der Kommunikation behauptet wird, läßt die Differenz schließlich jedoch unglaubwürdig werden und mit ihr die Instanz, die sich über sie zur Geltung brachte.

Der theologische Begriff der ›idiomatum communicatio‹ formuliert den Sachverhalt unwahrscheinlicher Kommunikation mit aller wünschenswerten Schärfe – um daraus eine Christologie abzuleiten, die den Anforderungen Kierkegaards an die paradoxale, also herausfordernde, überfordernde und unterwerfende Natur des Glaubens gerecht werden kann.[44] Der Begriff ist, und das gilt für alle Begriffe, selbst eine Kommunikation, und zwar auch in diesem Fall der idiomatum communicatio eine ›mittelbare Mitteilung‹ im Sinne Kierkegaards, die deswegen als Kommunikation gelten kann, weil sie nur gelingen kann, wenn sie als »Zeichen des Widerspruchs« den Empfänger zu einer »selbsttätigen«[45] Entscheidung für den Sinn der Mitteilung herausfordert. In dieser Selbsttätigkeit und nur dort erfüllt sich die Kommunikation.

Die Kommunikation des göttlichen und des menschlichen Idioms ist der schlechthin gelungene, wenn auch nur einmal gelungene und nur als Paradoxie zu glaubende Fall einer Kommunikation, an dem hinfort alle andere Kommunikation muß sich messen lassen können. Weil es diesen einmal gelungenen Fall gibt, kann ›Kommunikation‹ auf Austausch und Gemeinsamkeit abstellen,

---

43 Vgl. ANDRÉ MICHEL, ›Idiomes‹, in: Dictionnaire de Théologie catholique, Bd. 7 (Paris 1922), 595–602; MARTIN SEILS, ›Idiomatum communicatio‹, in: RITTER, Bd. 4 (1976), 186–187.

44 Vgl. SØREN KIERKEGAARD, Einübung im Christentum (1850), in: KIERKEGAARD, Abt. 26 (³1962), 117 ff.

45 KIERKEGAARD, Abschließende unwissenschaftliche Nachschrift zu den Philosophischen Brocken (1846), in: KIERKEGAARD, Abt. 16, Bd. 1 (1957), 65; vgl. HARRY S. BROUDY, Kierkegaard on Indirect Communication, in: Journal of Philosophy 58 (1961), 225–233; RAYMOND E. ANDERSON, Kierkegaard's Theory of Communication, in: Speech Monographs 30 (1963), 1–14.

als sei dieser Fall selbst nicht wiederum als Einheit einer schlechthin unversöhnlichen Differenz zu beschreiben und festzuhalten. Tatsächlich verwikkelt sich die Theologie in die Paradoxie, die Differenz behaupten zu müssen, um eine Einheit ins Spiel bringen zu können, die für die eine der beiden Seiten der Differenz, aber nicht die andere, Vorbildcharakter gewinnen soll. Irgendwann in der Geschichte wird die Differenz gestrichen, die Paradoxie vergessen – und trivialerweise ein Kommunikationsbegriff beibehalten, der auf gelingende Gemeinsamkeit abstellt.

Am Streichen der theologischen Differenz ist jene Rhetorik nicht unschuldig, die gleichzeitig einen ganz anders gearteten Begriff der communicatio in der historischen Semantik zur Geltung bringt. In Ciceros De oratore oder Quintilians Institutio oratoria ist die ›communicatio‹ eine Redefigur, die sich an den Zuhörer wendet, um ihn um Rat zu fragen, um ihm Mitsprache einzuräumen und um einen Zweifel an den eigenen Worten anzudeuten, der nur vom Zuhörer ausgeräumt werden kann.[46] Die Redefigur der ›communicatio‹ (griech. ανακοινῶσισ) ist insofern den Redefiguren der ›dubitatio‹ und der ›permissio‹ verwandt.[47] Sie zielt auf Handlungen und stellt in Rechnung, daß gemeinsames Handeln im Anschluß an eine Rede nur dort möglich ist, wo die Zuhörenden in etwas einbegriffen worden sind, was als Herstellung einer gemeinsamen Basis verstanden und selbst wiederum als die Unterstellung dieser Basis kommuniziert werden kann. Von der ›communicatio‹ zur ›institutio‹ bedarf es nur jenes kleinen Schrittes, der signalisiert, daß der gerade erst gewonnene Konsens jetzt für generalisierungsfähig gehalten wird, d. h. gegen Abweichungswünsche durchgesetzt werden soll.

Der rhetorische Begriff der Kommunikation beschreibt eine Redefigur, die nicht etwa ein einzelner Sprechakt ist, sondern letztlich das Ganze der Kommunikation umgreift: eine Rückkopplungsschleife zwischen Redenden und Zuhörenden, die auch dann einen nicht mehr zu leugnenden Sachverhalt benennt, also eine Einsicht in Kommunikation enthält, wenn sie wieder und wieder als (›bloße‹) Redefigur enttarnt wird. Man kann diesen Begriff verwenden, um sich zum Beispiel dem theologischen Begriff der ›idiomatum

communicatio‹ zuzuwenden, und hat dann die Wahl, die Idee des Gottmenschen, ja auch die Idee Gottes selbst, als communicatio des redenden Menschen oder als communicatio des sich offenbarenden Gottes zu verstehen.[48] Da die Offenbarung aber nicht als communicatio im rhetorischen Sinne verstanden werden kann, da Gott nicht als jemand gedacht werden kann, der sich und den Glauben an ihn anheimstellt (oder doch?), fällt die entscheidende Botschaft des Gottmenschen auf den Menschen zurück.

Der Begriff der communicatio spielt keine dominierende Rolle in der Rhetorik. Aber er kann dazu benutzt werden, die Rhetorik als eine Form des Wissens um Kommunikation zu rekonstruieren. Die Einsicht in Rückkopplungsschleifen spielt dabei eine wichtige Rolle. Denn sie plaziert die Rhetorik genau dort, wo man sie braucht, wenn die Evidenz und Garantie einer externen Wirklichkeit verlorengehen und das Bewußtsein einer durch Kommunikation konstruierten und strikt vorläufigen Wirklichkeit sowie einer an ihren Widerständen zu erkennenden Wirklichkeit an ihre Stelle tritt.[49] Der durch die ästhetische Fragestellung auf die Differenz von Individuum und Kommunikation zugespitzte, aber immer noch nicht

---

46 Vgl. QUINTILIAN, Ausbildung des Redners. Zwölf Bücher, hg. u. übers. v. H. Rahn, Bd. 2 (Darmstadt 1975), 277 ff.; CICERO, De oratore. Über den Redner, übers. u. hg. v. H. Merklin (Stuttgart ²1981), 575.

47 Vgl. HEINRICH LAUSBERG, Handbuch der literarischen Rhetorik. Eine Grundlegung der Literaturwissenschaft, Bd. 1 (1960; Stuttgart ³1990), 384; HEINRICH F. PLETT, Einführung in die rhetorische Textanalyse (Hamburg ⁵1983), 64; WOLFGANG NEUBE, ›Communicatio‹, in: UEDING, Bd. 2 (1994), 292–293; GEORG STANITZEK, Kommunikation (Apostrophe & Communicatio einbegriffen), in: J. Fohrmann/H. Müller (Hg.), Literaturwissenschaft (München 1995), 13–30.

48 Vgl. GERSHOM SCHOLEM, Offenbarung und Tradition als religiöse Kategorien im Judentum, in: Scholem, Über einige Grundbegriffe des Judentums (Frankfurt a. M. 1970), 90–120.

49 Vgl. HANS BLUMENBERG, Anthropologische Annäherung an die Aktualität der Rhetorik (1971), in: Blumenberg, Wirklichkeiten, in denen wir leben. Aufsätze und eine Rede (Stuttgart 1981), 104–136; BLUMENBERG, Wirklichkeitsbegriff und Möglichkeit des Romans in: H. R. Jauß (Hg.), Nachahmung und Illusion (1964; München ²1969), 9–27.

erläuterte Kommunikationsbegriff erfährt durch die theologische Paradoxie der ›idiomatum communicatio‹ eine in sich selbst kollabierende Emphase des Gelingens und durch den Verweis der Rhetorik auf Rückkopplungsschleifen eine Aufforderung zur Operationalisierung, die der weiteren Ausarbeitung des Begriffs allerdings nicht nur guttut, sondern lange Zeit auch im Wege steht.

V. Das Individuum

Vielleicht wird das Problem, auf das die ästhetische Akzentuierung des Kommunikationsbegriffs hinauswill, nirgendwo deutlicher als in den *Essais* (1580) von Michel de Montaigne, die, vor allem in einem dieser Essais, der *Apologie de Raimond Sebond*, als ein Manifest des neuzeitlichen Individualismus gelten. Das Thema dieser Apologie ist die Frage, wie es dazu kommt, daß ein Individuum etwas weiß: »Mais comme une impression spirituelle face à une telle faucée dans un subject massif et solide, et la nature de la liaison et cousture de ces admirables ressorts, jamais l'homme ne l'a sçeu.«[50] Montaigne paraphrasiert hier Augustinus, den er wenige Zeilen später zitiert: »[quia et iste alius] modus, quo corporibus adhaerent spiritus [et animalia fiunt], omnino mirus est, nec comprehendi ab homine potest: et hoc ipse homo est.« ([Auch jene andre] Art, mit der der Geist sich dem Leibe verhaftet, [um zu einem Lebewesen zu werden], ist durch und durch wunderbar und vom Menschen nicht zu begreifen; und doch ist das der Mensch selbst.)[51] Auch Montaigne weiß es nicht zu sagen.

Er verschiebt die Frage daher und stellt fest, daß es zwei Typen individuellen Wissens gibt, die beide aus ein und derselben Grunderfahrung gespeist werden. Der eine Typ orientiert sich an Autoritäten und verteidigt deren Lehren nicht etwa wegen des oft fragwürdigen Inhalts dieser Lehren, sondern zur Aufrechterhaltung der Autorität als Autorität. Die Autorität ist für dieses Wissen der Endzweck. Das Individuum liefert sich an eine Autorität aus und erhält dafür die Möglichkeit, sich auf eine Autorität berufen zu können. Der andere Typ individuellen Wissens läßt sich von denjenigen Ansichten überzeugen, denen man sich gerade, sei es zufällig, sei es zur Übung, und durchaus kritisch, aussetzt. »Les écrits des anciens, je dis les bons écrits, pleins et solides, me tentent et remuent quasi où ils veulent; celuy que j'oy me semble toujours le plus roide; je les trouve avoir raison chacun à son tour, quoy qu'ils se contrarient.«[52]

Wenn dies die beiden Typen individuellen Wissens sind, der eine angewiesen auf eine Autorität, wenn auch geschickt und einfallsreich in der Verteidigung, der andere schwankend und unstet, wie kundig und kenntnisreich auch immer, was ist dann über die Art dieses individuellen Wissens zu sagen? »Moy qui m'espie de plus prèz, qui ay les yeux incessament tendus sur moy, comme celuy qui n'ay pas fort à-faire ailleurs, […] à peine oseroy-je dire la vanité et la foiblesse que je trouve chez moy. J'ay le pied si instable et si mal assis.« »Ce ne sont pas seulement les fievres, les breuvages et les grands accidens qui renversent nostre jugement; les moindres choses du monde le tournevirent.« (547 f.) Die Brisanz dieser Entdeckung besteht darin, daß sie das neuzeitliche Individuum nicht etwa dazu bringt, von sich wieder abzusehen, sondern daß dieses Individuum die unsicheren und schwankenden Füße als die seinen akzeptiert und sich im Bezug auf seine Unruhe und ›innere Leere‹ (Pascal) selbst konstituiert.[53]

Das ist das Individuum, auf das die Ästhetisierung des Kommunikationsbegriffs hinauswill: ein Individuum, das sich im Bezug auf sich selbst immer wieder neu und immer wieder prekär selbst schafft, wie es als lesendes und vielleicht schon deswegen nicht mehr ›philosophisch‹, sondern nur ›psychologisch‹ zu fassendes Individuum in seinem Roman *Anton Reiser* (1785) von Karl Philipp Mo-

---

50 MICHEL DE MONTAIGNE, Apologie de Raimond Sebond (1580), in: Montaigne, Œuvres complètes, hg. v. A. Thibaudet/M. Rat (Paris 1962), 520.
51 AUGUSTINUS, Civ. 21, 10; dt.: Augustin, Der Gottesstaat, Bd. 2, übers. v. C. J. Perl (Paderborn u. a. 1979), 683.
52 MONTAIGNE (s. Anm. 50), 553.
53 Vgl. LUHMANN, Frühneuzeitliche Anthropologie. Theorietechnische Lösungen für ein Evolutionsproblem der Gesellschaft, in: Luhmann, Gesellschaftsstruktur und Semantik. Studien zur Wissenssoziologie der modernen Gesellschaft, Bd. 1 (Frankfurt a. M. 1980), 162–234.

ritz höchst einflußreich vorgeführt worden ist. Das ist das Individuum, das dann auch als ›klug‹ (Gracián), als ›genial‹ und ›witzig‹ (Jean Paul) gefeiert werden kann.⁵⁴ Denn klug muß man schon sein, wenn man die Möglichkeit, sich selbst zu bestimmen, in all den Versuchen, von anderen bestimmt zu werden, entdecken und, Gipfel der Klugheit, dafür Sorge tragen will, daß diese Möglichkeit nicht auf das Individuum, sondern auf die Verhältnisse zugerechnet wird (sonst sähen andere keinen Anlaß, sich anzuschließen). Genial ist das Individuum, wenn es sich selbst als Schöpfer setzen kann, d. h. mit Jean Paul, wenn es sich »die Wirklichkeit zugleich zum Gegenstand und zur Darstellung zuführt«⁵⁵. Dazu braucht es zweierlei, nämlich ›Besonnenheit‹, die Fähigkeit, zwischen äußerer und innerer Welt zu unterscheiden, und ›Instinkt‹, d. h. einen Sinn für die Zukunft, der seinen Gegenstand fordert wie die Wirkung ihre Ursache.⁵⁶ Im Instinkt denkt das Individuum sich als unabhängig von seinem Denken, nämlich als ausgestattet mit einem Realitätsbewußtsein, das nicht auf momentane Evidenz noch auf einen externen Garanten noch auf einen operativen Zweifel, sondern auf die Erfahrung eines nicht, d. h. nur auf die Wirklichkeit, zurechenbaren Widerstandes zurückgeht.⁵⁷ ›Witzig‹ schließlich ist das Individuum, wenn es sich in eine Position bringen kann, von der aus Vergleiche verschiedener Phänomene möglich sind, die an ihnen ein Ähnliches oder Unähnliches hervortreiben, die man anschließend unentscheidbar sowohl den Phänomenen als auch dem vergleichenden Individuum zurechnen kann. ›Witzig‹ ist, wer überraschende Vergleiche zwischen scheinbar unterschiedlichen Phänomenen ziehen kann.

Man sieht, in welche anspruchsvolle Position die Ästhetik das Individuum einrückt. Man sieht aber auch, daß es offensichtlich nicht als nichtkommunikativ gedacht werden kann. ›Klug‹, ›genial‹ und ›witzig‹ ist es, wenn es sich kommunikativ zur Bestimmung der Kommunikation bestimmen läßt. Es richtet sich selbst in der Unentscheidbarkeit der internen oder externen Bestimmung ein. So auch Montaigne. Er teilt in den *Essais* seinen Lesern mit, daß er nicht auf sie angewiesen ist, widerlegt diese Behauptung allen sichtbar jedoch erstens dadurch, daß diese Behauptung überhaupt mitteilt,

und zweitens dadurch, daß er die *Essais* publiziert.⁵⁸

VI. Schrift und Buchdruck

Das ist die neue Situation, in der sich das Individuum in der Neuzeit im Unterschied zum Mittelalter vorfindet⁵⁹: Es spricht nicht mehr nur mit anderen und hört ihnen zu, sondern es liest und es schreibt auch. Wenig hat nach der Einführung der Schrift die Situation der Kommunikation und damit auch das Verständnis der Kommunikation so durchgreifend verändert wie die Einführung des Buchdrucks. Hatte die Schrift mit der Einführung des Alphabets die Bedeutung des von der mündlich vorgetragenen Rede ebenso geprägten wie in Anspruch genommenen individuellen Gedächtnisses für Handlungen und Erlebnisse allmählich zurückgedrängt und das individuelle Bewußtsein nicht nur für Prozesse der Reflexion freigesetzt, sondern auch sich selbst entdecken lassen⁶⁰, so konfrontiert der Buchdruck jetzt massenhaft einerseits mit der Möglichkeit des einsamen Lesens und

---

54 Vgl. GRACIÁN, Oráculo manual y arte de prudencia (1647), in: Gracián (s. Anm. 23), 183 f.; WERNER KRAUSS, Graciáns Lebenslehre (Frankfurt a. M. 1947); BAEUMLER (s. Anm. 28).
55 JEAN PAUL (s. Anm. 27), 55 f.
56 Vgl. JOCHEN SCHMIDT, Die Geschichte des Genie-Gedankens 1750–1945, 2 Bde. (Darmstadt 1985).
57 Vgl. BLUMENBERG, Anthropologische Annäherung (s. Anm. 49).
58 Vgl. JEAN STAROBINSKI, Montaigne oder die Bekehrung zum Leben, in: Die neue Rundschau 73 (1962), 384–401; ANTHONY WILDEN, Montaigne's ›Essays‹ in the Context of Communication, in: Modern Language Notes 85 (1970), 454–487.
59 Vgl. HORST WENZEL, Hören und Sehen, Schrift und Bild. Kultur und Gedächtnis im Mittelalter (München 1995).
60 Vgl. ERIC A. HAVELOCK, Preface to Plato (Oxford 1963); HAVELOCK, The Literate Revolution in Greece and its Cultural Consequences (Princeton 1982); WALTER J. ONG, Interfaces of the Word. Studies in the Evolution of Consciousness and Culture (Ithaca 1977); ONG, Writing is a Technology that Restructures Thought, in: G. Baumann (Hg.), The Written Word. Literacy in Transition. Wolfson College Lectures 1985 (Oxford 1986), 23–50.

andererseits mit der Möglichkeit, jedermann mit der eigenen Schrift erreichen zu können, ohne zu wissen, wer oder wann jemand erreicht wird. Der Buchdruck macht es unausweichlich, das Individuum als (lesendes) Individuum und alle anderen als (noch unbestimmte) ›Gesellschaft‹ zu denken. Der Buchdruck wird als Kommunikationsmaschine analog zu Bewässerungssystemen, aber auch zu Offenbarungsmedien gedacht, und ›Kommunikation‹ bekommt jetzt den Sinn des »in die Gemeyn Gebens«, wobei »in Gemeyn« zunächst die Übersetzung für »in das Medium«[61] (nämlich des Buchdrucks) ist und erst später zur Gemeinschaft und Gesellschaft der Lesenden und Schreibenden erweitert wird.

Die ›Gesellschaft‹ wurde ausgehend vom Medium des Buchdrucks gedacht; sie wurde mit Blick auf die Differenz zwischen dem mit Lesen und Schreiben beschäftigten Individuum einerseits und einer unbestimmten Menge von Lesern und Schreibern andererseits vorgestellt. Bei diesem kommunikationstechnologischen Verständnis von Gesellschaft bleibt es jedoch nicht. Der neuzeitliche Humanismus trägt Erinnerungen an den griechischen Begriff der koinonia, der in der Polis ›herrlich‹ gewordenen Gemeinschaft, nach und streicht damit die prinzipielle Differenz zwischen Individuum und Gesellschaft, nicht ohne sie für die Selbstbestimmung des ›Menschen‹, aber jetzt im Rahmen der Gesellschaft, dann doch wieder einzufordern. Und der Protestantismus interpretiert den Buchdruck, der ja zunächst der Bibel zugute kam, als letztes Geschenk Gottes, in dem die gesamte Weisheit der göttlichen Offenbarung umfassend und abschließend gespeichert ist. Das kommunikationstechnologische Verständnis wird mit diesen und anderen Referenzen angereichert, so daß man wieder einen Schritt weitergekommen ist im Versuch, Einsichten in die Struktur der Kommunikation durch mitlaufende Referenzen sowohl zu verstellen als auch in dieser Form der Verstellung zu kontinuieren.

Die Rolle und Reichweite des Buchdrucks ist auch daran zu erkennen, daß im 19. Jh. eine textorientierte Hermeneutik an die Stelle der noch an der mündlichen Rede orientierten Rhetorik tritt. Die Hermeneutik, so wie sie als Kunstlehre des Verstehens vor allem von Friedrich Schleiermacher in seinem aus dem Nachlaß herausgegebenen Buch *Hermeneutik und Kritik mit besonderer Beziehung auf das Neue Testament* (1838) entfaltet wird[62], beerbt ganz selbstverständlich das ›ästhetische‹ Wissen um die Differenz von Individuum und Gesellschaft, hier in der Fassung der Differenz zwischen Individuum und Sprache. Sie bringt das Widerstandsmoment des Individuellen zum Ausdruck, indem sie das ›Psychologische‹ des Denkens eines Individuums mit dem ›Grammatischen‹ der Sprache eines Zeitalters konfrontiert und dann nicht nur die Wahl hat, woran sie ihre eigene Arbeit orientieren, sondern diese Wahl zum eigenen Bewegungsmoment machen kann.

Die Aufgabe des Verstehens der Rede eines anderen erweist sich am Mißverstehen immer wieder neu als dringlich, sie kann jedoch mit dem Blick aufs Grammatische einer Lösung zugeführt werden, der zugleich mit dem Blick aufs Psychologische systematisch nicht zu trauen ist. Nur die Unendlichkeit der Aufgabe sowohl in grammatischer als auch in psychologischer Hinsicht – unendlich, weil die Verweisungshorizonte der Zukunft und Vergangenheit in jedem Moment der Rede unendlich sind – bedingt, daß die Kunst des Verstehens als Kunst ohne Regeln verstanden werden muß. Für diese Kunst gibt es zwischen Psychologie und Grammatik keine Prioritäten und keine Dominanzen, sondern allenfalls situative Verschiebungen, wenn man feststellt, daß sich das grammatische Verstehen etwa vornehmlich im Geschäftlichen und Didaktischen oder das psychologische Verstehen im Brieflichen und Lyrischen bewährt.

Hier deutet sich eine bereichsspezifische Lösung des Problems des Individuellen an, die sich in der Gesellschaft des 19. Jh. allgemein großer Wert-

---

61 Zit. nach MICHAEL GIESECKE, Der Buchdruck in der frühen Neuzeit. Eine historische Fallstudie über die Durchsetzung neuer Informations- und Kommunikationstechnologien (Frankfurt a.M. 1991), 402; vgl. ELIZABETH L. EISENSTEIN, The Printing Press as an Agent of Change. Communication and Cultural Transformation in Early Modern Europe (Cambridge 1979).
62 Vgl. FRIEDRICH SCHLEIERMACHER, Hermeneutik und Kritik. Mit einem Anhang sprachphilosophischer Texte Schleiermachers, hg. v. M. Frank (Frankfurt a.M. 1977).

schätzung erfreut. Man glaubt, das Problem des Individuellen gesellschaftlich stillstellen, vielleicht sogar nutzen zu können, indem ihm sein Bereich, das ›Private‹, zugewiesen wird und es derart aus allem anderen, dem ›Öffentlichen‹, herausgehalten werden kann. Diese Lösung ist jedoch nicht stabil.

Bereits Wilhelm Dilthey denkt in seiner *Einleitung in die Geisteswissenschaften* (1883) die »Systeme der Kultur«[63], die er dort vorstellt (Religion, Kunst, Recht, Wissenschaft, Wirtschaft), als Modifikationen der Person, die zwar den Wechsel der Individuen überdauern, gleichwohl jedoch auf immer wieder neue Individuen angewiesen sind. Das Individuum ist nicht ins Private zu relegieren, sondern für den Nachvollzug und Mitvollzug, und das heißt immer auch: den Weitervollzug, der großen Kulturleistungen der Gesellschaft in Anspruch zu nehmen. Allerdings unterscheidet auch Dilthey zwischen diesen »Systemen der Kultur« einerseits und der »Organisation der Gesellschaft« (52) andererseits, die sich durch Herrschaft, Abhängigkeit, Gemeinschaft, Familie, Unternehmen, Staat, Kirche usw. auszeichnet und nicht als Modifikation der Person zu denken ist, sondern offensichtlich andere Motive hat.

VII. Paradox der Inkommunikabilität

Damit ist deutlich geworden, woran sich die ästhetische Akzentuierung des Kommunikationsbegriffs reibt. Ihr Problem ist die unzugängliche Individualität des Individuums. Die Gesellschaft, erfahren im Buchdruck, ist derjenige Bereich, der sich über den Wechsel der Individuen hinweg reproduziert und daher durch Mitteilungen des Individuums allererst erreicht und dem Individuum zugänglich gemacht werden muß. Die Gesellschaft operiert zum einen hautnah, nämlich in den aufgeschlagenen Büchern, die das Individuum sich als unstet, leer und schwankend erfahren lassen, und zum anderen unerreichbar, nämlich indem andere gleichzeitig anderes tun.

Auf diese Entdeckung der Gesellschaft zielt der Kommunikationsbegriff. Die Ästhetik muß sich darauf beschränken, diese Entdeckung der Gesellschaft zusammen mit der Entdeckung des Individuums festzuhalten. Sie hat keinen eigenen Kommunikationsbegriff, der den Dimensionen dieser Entdeckungen und dem Charakter der Differenz von Individuum und Gesellschaft, die in ihnen angesprochen ist, gewachsen wäre. Sie muß sich darauf beschränken, den Gedanken des sich im ästhetischen Urteil selbst bestimmenden Subjekts festzuhalten, und kann dann nur der Frage nachgehen, welche nicht vom Subjekt, sondern von den Kommunikationen, in die es verwickelt ist, ausgehenden Bestimmungen in diese Selbstbestimmung mit eingehen. Das primäre Feld für diese Erkundung des auf dem Umweg der Fremdbestimmung sich selbst bestimmenden Individuums ist die Kunst, denn hier behauptet sich das Individuum als Künstler so souverän und autonom, wie es sich andererseits in die »unnegierbare Sozialität«[64] verstrickt, die eigenen Wahrnehmungen für die Wahrnehmung durch andere, also für Kommunikation, zu präparieren, weil andernfalls von Kunst gar keine Rede sein kann. Selbst für die künstlerische Freiheit des Individuums, oder besser: seiner Kunst, gilt, daß es über die Bestimmung durch Kommunikation nur insoweit hinausgelangen kann, als es ihm gelingt, diese Bestimmung selbst mit vorzuführen. Daraus gewinnt der künstlerische Akt des Individuums jene Ambiguität, die, einmal akzeptiert, nicht mehr aus der Welt zu schaffen ist, die aber selbst wiederum nur als Unentscheidbarkeit bestimmt werden kann, ob der Akt auf die Möglichkeiten der Welt oder die Möglichkeiten des Individuums zugerechnet werden muß.

Aber auch wenn die Kunst zum eigentlichen Spielfeld wird, in dem die ästhetische Akzentuierung der Kommunikation erprobt werden kann und exekutiert werden muß, so läßt sich die ästhetische Beobachtung der Kommunikation doch nicht auf die Kunst beschränken. Denn zum einen will die Ästhetik mehr als nur Theorie der Kunst sein. Sie gibt den Gedanken nicht auf, daß späte-

---

63 WILHELM DILTHEY, Einleitung in die Geisteswissenschaften. Versuch einer Grundlegung für das Studium der Gesellschaft und der Geschichte (1883), in: DILTHEY, Bd. 1 (1959), 49.
64 LUHMANN, Die Kunst der Gesellschaft (Frankfurt a. M. 1995), 36; vgl. HARRISON C. WHITE, Careers and Creativity. Social Forces in the Arts (Boulder 1993).

stens am Gegenstand des künstlerischen Werkes das Individuum sich selbst anders bestimmen lernt, als es sich durch die ›verwaltete Welt‹ (Theodor W. Adorno) bereits bestimmt vorfindet. Zum anderen jedoch bleibt auch für alle gesellschaftlichen Bereiche außerhalb der Kunst festzuhalten, daß Kommunikation dort auf die Paradoxie der Zugänglichkeit eines unzugänglichen Individuums angewiesen ist. Die Gesellschaft installiert sich selbst in dieser Paradoxie.

Das können ein Aufklärungsoptimismus, der sich von der »Zirkulation« der Ideen, der »Korrespondenz« der Gelehrten und der »Konversation«[65] der Gebildeten eine allmähliche Vervollkommnung der sprachfähigen Menschheit verspricht, und ein ›bürgerlicher‹ Begriff der Kommunikation, der in eher pragmatischer Absicht auf Verkehr, Verbindung, Vermittlung und Verständigung abstellt[66], zwar für eine Weile verbergen. Aber neben diesen Optimismus und diesen bürgerlichen Begriff treten im 18. Jh. der Roman und im 19. Jh. die Poesie, die wie eine Art Gesellschaftstheorie vor der Gesellschaftstheorie auf der Inkommunikabilität dessen bestehen, was das Individuum für sein Wichtigstes hält, nämlich Identität, Authentizität und Aufrichtigkeit.[67] Gegen den bürgerlichen und aufklärerischen Optimismus der Kommunikation setzt die Poesie den ebenso bürgerlichen, aber romantischen Pessimismus, daß Individualität nicht nur ›unsagbar‹ ist, sondern daß sie, wenn sie sich zum Ausdruck bringt, den Zweifel an ihr weckt. Wer ›ich‹ sagt, wer sich als ›authentisch‹ beschreibt und wer darüber hinaus auch noch beteuert, daß er ›aufrichtig‹ ist, läßt sich damit auf eine Kommunikation ein, die es gewohnt ist, nachzufragen, umzukontextuieren und in Zweifel zu ziehen, eben weil sie es gelernt hat, jede Kommunikation im Hinblick auf die Differenz von Individuum und Gesellschaft auszulegen. Wer sagt, daß er aufrichtig ist, weckt genau deswegen den Zweifel, weil er es für nötig hält, dies zu sagen. Im Paradox der Inkommunikabilität, das von der Poesie betreut wird, d. h. in der Widerlegung der Kommunikation durch die Kommunikation, versteckt sich über Jahrzehnte jene Kommunikationstheorie, die erst expliziert werden kann, wenn sie gleichzeitig Theorie der Gesellschaft geworden ist.

In beiden Versionen eines bürgerlichen Verständnisses von Kommunikation, nämlich in einem Verständnis, das sich an neuen Verkehrsformen (Eisenbahn), neuen Medien (Presse) und neuen Kommunikationstechnologien (Telegraph) bestätigt, und in einem Verständnis, das im Roman, in der Poesie, später in der Ideologiekritik und in der Psychoanalyse sein Übungsfeld findet, bereitet sich ein Kommunikationsbegriff vor, der seinen wichtigsten Anhaltspunkt in der Erfahrung einer weder vom Sprechenden noch vom Hörenden zu kontrollierenden, dennoch auf beider Aufmerksamkeiten angewiesenen Eigendynamik der Kommunikation hat. Für diese Eigendynamik stellt sich spätestens mit der Erfahrung der Französischen Revolution, die durch Oberschichteninteraktion (also durch das nicht nur vernünftige, sondern ›gesellige‹, die Vernunft auf ein vernünftiges Maß reduzierende Gespräch) nicht mehr zu steuern ist, der Name ›Gesellschaft‹ ein.[68]

Wenn man zunächst von der »bürgerlichen« Gesellschaft[69] spricht, so verbindet sich damit die aus der schottischen Moralphilosophie übernommene Hoffnung, diese Eigendynamik letztlich doch auf die ›Interessen‹ der Individuen zurückrechnen und diese Interessen für die Kontrolle bzw. Kanalisierung der den Bürger bedrohenden Eigendynamik

---

65 JOSIAS LUDWIG GOSCH, Fragmente über den Ideenumlauf (Kopenhagen 1789), 77 ff.
66 Vgl. HANS POHL (Hg.), Die Bedeutung der Kommunikation für Wirtschaft und Gesellschaft. Vierteljahrschrift für Sozial- und Wirtschaftsgeschichte, Beiheft 87 (Stuttgart 1989); ARMAND MATTELART/SETH SIEGELAUB (Hg.), Communication and Class Struggle, Bd. 1 (New York 1979).
67 Vgl. LIONEL TRILLING, Sincerity and Authenticity (New York/London 1971); LUHMANN/PETER FUCHS, Reden und Schweigen (Frankfurt a. M. 1989); FUCHS, Moderne Kommunikation. Zur Theorie des operativen Displacements (Frankfurt a. M. 1993).
68 Vgl. LUHMANN, Interaktion in Oberschichten. Zur Transformation ihrer Semantik im 17. und 18. Jahrhundert, in: Luhmann, Gesellschaftsstruktur und Semantik. Studien zur Wissenssoziologie der modernen Gesellschaft, Bd. 1 (Frankfurt a. M. 1980), 72–161.
69 GEORG WILHELM FRIEDRICH HEGEL, Grundlinien der Philosophie des Rechts (1821), in: HEGEL, Bd. 7 (1970), 339; vgl. JOACHIM RITTER, Hegel und die Französische Revolution (Frankfurt a. M. 1965).

adliger ›Leidenschaften‹ nutzen zu können.[70] Doch spätestens im 20. Jh. muß diese Hoffnung auf eine ›bürgerliche‹ Gesellschaft aufgegeben werden, weil man mit Phänomenen konfrontiert wird, die weder auf Interessen noch auf Leidenschaften, statt dessen jedoch auf eine sich selbst ermöglichende, ihre eigene Vergangenheit und Zukunft schaffende Eigendynamik zugerechnet werden können.[71] Der ästhetische Akzent überlebt beide Versionen der bürgerlichen Emphase, die Eroberung der Welt durch Kommunikation ebenso wie die Universalisierung des Verdachts aufgrund der Erfahrung von Kommunikation. Er hält die Eigendynamik der Kommunikation fest und verfolgt das Schicksal der Individualität. Im 19. Jh. beschäftigte man sich mit der Frage, wie weit der Kommunikation etwa unter dem Gesichtspunkt der ›Erziehung‹ überhaupt noch ein Zugriff auf das Individuum zuzurechnen ist. Henry Adams z. B. führt in *The Education of Henry Adams. An Autobiography* (1918) vor, daß man nicht wußte, ob man aus der Entwicklungsdynamik der Gesellschaft auf die abnehmende Relevanz der Individuen oder der Kommunikation schließen sollte. Man sah jedoch, daß es auf die kommunikative Verständigung der Individuen nicht ankommt, bzw. daß das, was geschieht, in diese Verständigung auf eine Art und Weise eingebettet ist, die ebenso unempfindlich gegenüber der Verständigung wie zufallsabhängig von ihr ist.

VIII. Die Erfahrung eines Widerstands

Die ästhetische Akzentuierung des Kommunikationsbegriffs läuft auf zwei Unterscheidungen zu, die in einem vielleicht als »proemial relationship«[72] (von griech. prooimion = Einleitung, Vorspiel) zu beschreibenden Verhältnis zueinander stehen. Die erste ist die Unterscheidung von Individuum und Gesellschaft, die zweite die Unterscheidung zwischen gelingender und mißlingender Kommunikation. An der ersten Unterscheidung hat die Ästhetik ihren Ansatzpunkt. Auf die zweite Unterscheidung läuft sie zu, denn sie kann die erste nur behaupten, wenn sie aus dem gesellschaftlichen Gelingen (oder Mißlingen) der Kommunikation nicht auch auf ein individuelles Gelingen (oder Mißlingen) schließen muß. Sie muß auf einer individuellen Reserve bestehen, die nicht nur darin besteht, dort nein sagen zu können, wo alle anderen ja sagen[73], sondern auch darin, dort ein Scheitern zu diagnostizieren, wo alle anderen sich heimisch fühlen, und dort ein Gelingen, wo alle anderen den Eindruck des Versagens haben.

Die Unterscheidung zwischen Gelingen und Mißlingen gibt dem Individuum ebenso wie der Gesellschaft die Möglichkeit, auf der Differenz zwischen Individuum und Gesellschaft zu bestehen, d. h. sie in die Kommunikation als von der Kommunikation zu berücksichtigende Differenz einzuführen. Man kann hier von einer ›proemiellen Relation‹ sprechen, weil die symmetrische Austauschmöglichkeit zwischen den beiden Zuschreibungen des Gelingens und des Mißlingens eine Ordnungsrelation zwischen Individuum und Gesellschaft schafft, die darin ihre Besonderheit hat, daß sie es systematisch unentscheidbar und damit fallweise entscheidbar (und als fallweise zu entscheiden beobachtbar) macht, ob ›Individuum‹ oder ›Gesellschaft‹ der hierarchisch dominierende Wert ist. Man kann die beiden Unterscheidungen und ihre ›proemielle Relation‹ dahingehend zusammenfassen, daß man sagt, der ästhetisch akzentuierte Kommunikationsbegriff mache für das Individuum den Widerstand der Gesellschaft und für die Gesellschaft den Widerstand des Individuums erfahrbar. Mit diesem Begriff des Widerstands wird die Beobachtung formuliert, daß Kommunikation nicht nur zum Reden bringt, sondern auch

---

70 Vgl. ALBERT O. HIRSCHMAN, The Passions and the Interests. Political Arguments for Capitalism Before its Triumph (Princeton 1977).
71 Vgl. ROBERT K. MERTON, Social Theory and Social Structure (New York/London 1968), 475 ff.; DAYA KRISHNA, ›The Self-Fulfilling Prophecy‹ and the Nature of Society, in: American Sociological Review 36 (1971), 1104–1107.
72 GOTTHARD GÜNTHER, Cognition and Volition. A Contribution to a Cybernetic Theory of Subjectivity, in: Günther, Beiträge zur Grundlegung einer operationsfähigen Dialektik, Bd. 2 (Hamburg 1979), 226.
73 Vgl. RENÉ A. SPITZ, No and Yes. On the Genesis of Human Communication (New York 1957).

zum Schweigen.[74] Darauf kann man ›ethisch‹ oder auch ›politisch‹ reagieren und eine ›Diskursethik‹ entwickeln, die auf dem Postulat beruht, jede Kommunikation unter dem Gesichtspunkt möglichst offener Anschlußmöglichkeiten, d. h. einer zwar strukturierten, aber nicht bereits vorweg entschiedenen Kontingenz der Fortsetzungsoptionen zu beobachten: »Toute la politique tient dans la façon dont on enchaîne sure une phrase actuelle par une autre phrase. Ce n'est pas une affaire de volume du discours, ni d'importance du locuteur ou du destinateur. Dans les autres phrases, qui actuellement sont possibles, l'une sera actualisée, et la question actuelle est: laquelle?«[75]

Mit der Formulierung einer Widerstandserfahrung scheint über den ästhetischen Akzent hinaus die Möglichkeit jeden Kommunikationsbegriffs angesprochen zu sein. Denn wie soll man sich einen Begriff von Kommunikation vorstellen, der nicht (mindestens) auf die beiden genannten Unterscheidungen und auf die Erfahrung des Widerstands, der sie zusammenfaßt, Bezug nimmt? Wir stehen damit vor der merkwürdigen Situation, daß wir zwar keinen ästhetischen Kommunikationsbegriff haben, uns gleichwohl jedoch vor dem Hintergrund der beschriebenen historischen Semantik keinen Kommunikationsbegriff mehr vorstellen können, der nicht in einem durch die Verwendung der beiden genannten Unterscheidungen gekennzeichneten Sinne ›ästhetisch‹ wäre.

---

74 Vgl. JEAN-FRANÇOIS LYOTARD, Le différend (Paris 1983).
75 LYOTARD, Histoire universelle et différences culturelles, in: Critique 456 (1985), 564; vgl. JACQUES DERRIDA, Postface. Vers une éthique de la discussion, in: Derrida, Limited Inc. (1977), hg. u. übers. v. E. Weber (Paris 1990), 199–285.
76 FRIEDRICH NIETZSCHE, Über Wahrheit und Lüge im außermoralischen Sinn (1873), in: NIETZSCHE (SCHLECHTA), Bd. 3 (1956), 314.
77 Vgl. VON FOERSTER (s. Anm. 14).
78 NIETZSCHE (s. Anm. 76), 312.

IX. Die soziale Dimension

Im 20. Jh. wird ein Kommunikationsbegriff ausgearbeitet, der nach wie vor an den beiden Polen der Frage von Schlegel, wie eine Mitteilung möglich sei, und der Antwort von Novalis, daß alles eine Mitteilung sei, sein nicht nur ästhetisches, sondern auch begriffliches Maß hat. Mit zunehmender Schärfe wird ein Kommunikationsbegriff formuliert, der Kommunikation als eine ebenso allgegenwärtige wie immer wieder auf sich selbst verweisende Verständigungsoperation unter Menschen begreift. Diese Menschen werden als Individuen angesprochen. Sie gehen in der Verständigungsoperation nicht auf, sondern beobachten sie wie von außen. Die Kommunikation spricht die Individuen an und nimmt sie in Anspruch. Sie bringt sie jedoch prinzipiell in eine Situation, die nur durch eine eigene Wahl des Individuums und damit im Kontext einer Selbstbestimmung des Individuums beantwortet werden kann.

Man entdeckt die Selbstreferenz der Kommunikation und probiert mehrere Versionen aus, wie diese zu verstehen und zu interpretieren ist. Zunächst dominiert der erkenntniskritische Aspekt, den bereits Friedrich Nietzsche in seiner Schrift *Über Wahrheit und Lüge im außermoralischen Sinne* (1873) vorgetragen hatte und der darauf abstellt, daß Wahrheit nichts anderes sei als das Vergessen der sprachlichen Herkunft jenes »beweglichen Heeres von Metaphern«[76], mit denen die Menschen sich nicht über die Welt als vielmehr über ihre Beziehungen untereinander *als* Beziehungen zur Welt verständigen. Nietzsche hatte für diese These Argumente gefunden, die man heute als ›kognitionswissenschaftliche‹ Argumente beschreiben würde.[77] So seien die Worte, mit deren Hilfe sich die Menschen verständigen, Metaphern für Bilder und diese wiederum Metaphern für Nervenreize. »Und jedesmal vollständiges Überspringen der Sphäre, mitten hinein in eine ganz andre und neue.«[78]

Martin Heidegger wird diesen erkenntniskritischen Zug weiterverfolgen und in seinem Buch *Sein und Zeit* (1927) unter dem Titel ›Das Gerede‹ das, was hier als Kommunikation verhandelt wird, als bodenlosen Selbstläufer kennzeichnen, dem gerade deswegen, weil das Gerede sich sein Verstehen im Nach- und Weiterreden selbst schafft, der Durchblick auf seine Bodenlosigkeit vorenthalten ist. Hatte John Locke die Referenz der geredeten Sprache nicht in den beredeten Dingen, sondern in den gemeinten Vorstellungen des Sprechers gesehen, so geht Heidegger einen Schritt weiter und sieht diese Referenz nur noch in der geredeten Sprache selbst, die sich zwar die Suggestion schafft, daß sie von individuellen Vorstellungen nachvollzogen werden kann, tatsächlich aber auf diesen Nachvollzug auch verzichten kann, weil es einzig auf die Fortsetzung des Geredes ankommt. Dieses Gerede nimmt ein eigenes Dasein an, dem, weil es sich immer schon versteht, nichts verschlossener bleibt als »die Unheimlichkeit der Schwebe«[79], in der es sich hält.

Karl Jaspers erinnert gegenüber der Erkenntniskritik wieder an die Differenz von Individuum und Kommunikation, die jetzt allerdings nicht mehr ›ästhetisch‹, sondern ›existentialistisch‹ formuliert wird. Bei Jaspers gewinnt die Kommunikation einen in seiner Philosophie grundbegrifflichen Status. Sie wird nicht nur als universale Bedingung des Menschseins, sondern als in sich ständig bewegte, auf kein Ziel, keine Vergangenheit, keine Zukunft festzulegende Bedingung beschrieben, die eine stets unsichere, stets gefährdete Wirklichkeit schafft.[80] Aber obwohl es keine Möglichkeit gibt, den Menschen anders als durch Kommunikation zu bestimmen, bestimmt dieser sich erst wirklich durch ein spezifisches »Ungenügen«, das er in der Kommunikation dadurch erfährt, daß er zwar als Ich angesprochen wird, sich jedoch nicht als »ich selbst«[81] engagieren kann. Das existentialistische Motiv wird so formuliert, daß das Ich in der Kommunikation nur als Funktion dieser Kommunikation, nicht jedoch als sich selbst bestimmendes Ich auftaucht. Jean-Paul Sartre und andere werden diesen Gedanken radikalisieren und auch das sich selbst bestimmende Ich als Funktion der Kommunikation bzw. des Blicks der anderen beschreiben.[82]

Eine andere Version der Entdeckung der Selbstreferenz der Kommunikation wird von John Dewey in einer Vorlesung über *Nature, Communication, and Meaning* (1925) vorgeschlagen. Auch für ihn ist die Kommunikation vor allem durch die freie Beweglichkeit des Wortes und des Diskurses gegenüber der Gebundenheit des Dinges, des Ereignisses und auch des Redners an Ort und Zeit gekennzeichnet. »Of all affairs, communication is the most wonderful. That things should be able to pass from the plane of external pushing and pulling to that of revealing themselves to man, and thereby to themselves; and that the fruit of communication should be participation, sharing, is a wonder by the side of which transsubstantiation pales.«[83] Dank Kommunikation kann man sich Dinge und Ereignisse in einer Art Zweitversion (aber für die Kommunikation ist es die erste und einzige Version) zurechtlegen, sie neu kontextuieren, an ihnen etwas lernen und lehren. Dank Kommunikation erwerben Dinge und Ereignisse einen Sinn; sie reichern sich an mit Verweisen auf anderes, auf eingelöste und uneingelöste Möglichkeiten.

Dewey schließt aus dieser Verfassung der Kommunikation jedoch nicht auf Erkenntniskritik, sondern auf die Beobachtung einer Dimension der Sozialität, die bei Nietzsche, Heidegger und Sartre bereits präsent ist, jetzt jedoch als Entdeckung einer eigenen Referenz auf ›Gesellschaft‹ ausgelegt wird. Kommunikation ist jetzt nicht mehr nur durch die Sprachlichkeit der Sprache bestimmt, sondern gleichzeitig dadurch, daß es immer mehrere Individuen sind, die an ihr teilnehmen. Wenn der Mensch kommuniziert, dann nimmt er den Standpunkt einer Situation ein, »in which two parties share«[84]. Noch gibt es keinen Grund, daran zu zweifeln, daß es der Mensch ist, der kommuniziert. Noch ist es zu wichtig, gegen theologische Suggestionen gerade darauf hinzuweisen. Wesentlich ist, daß Kommunikation als etwas gefaßt wird, was auf eine Mehrzahl an ihr teilnehmender Menschen

---

79 MARTIN HEIDEGGER, Sein und Zeit (1927; Tübingen ¹⁷1993), 170.
80 Vgl. KARL JASPERS, Vernunft und Existenz. Fünf Vorlesungen (entst. 1935; München/Zürich ⁴1987), 58–83.
81 JASPERS, Philosophie (1932; Berlin ²1948), 342.
82 Vgl. JEAN-PAUL SARTRE, L'être et le néant. Essai d'ontologie phénoménologique (Paris 1943), 310–364.
83 JOHN DEWEY, Nature, Communication, and Meaning, in: Dewey, Experience and Nature. Lectures upon the Paul Carus Foundation, First Series (Chicago 1925), 166.
84 Ebd., 178.

und damit auf keines der Individuen, sondern strikt und ausschließlich auf ihre Differenz bezogen wird.

Wie schwer es fällt, diese Differenz zu denken, wird daran deutlich, daß sie als Ich-Du-Differenz zunächst einmal theologisch, also abgesichert durch den Rekurs auf einen anwesend abwesenden Dritten, gedacht wird.[85] Man wird darauf warten müssen, daß der Gedanke einer auf eine Differenz zuzurechnenden Selbstreferenz ausformuliert wird, um diese externe Absicherung fallenlassen zu können.[86] Man wird begreifen müssen, daß die Sprache genügend »arbitraire«[87] und ›Spiel‹ hat, um der sozialen Dimension, d. h. der Mehrzahl der an der Kommunikation teilnehmenden Individuen und der sich erst aus dem Gebrauch der Worte bestimmenden Funktion eines Wortes (im Sinne des Begriffs »Sprachspiel«[88] bei Ludwig Wittgenstein) Raum zu geben. Man wird von einer Linguistik monologischer zu einer ›Metalinguistik‹ dialogischer Beziehungen übergehen müssen, um jedes Wort als »двояко направленное« (zweifach gerichtet)[89] verstehen zu können, einmal auf den Gegenstand der Rede und einmal auf die Rede des anderen. Und man wird verstehen müssen, daß die Sprache ihre Sachverhalte nicht nur benennt, sondern konstruiert, um verstehen zu können, wie Kommunikation als Konstruktion des Sozialen beschrieben werden kann.[90]

Damit ist die Philosophie im 20. Jh. ausgiebig beschäftigt. Im Zuge dieser Beschäftigung stellt sie sich vom Paradigma der Sprach- und Bewußtseinsphilosophie um auf eine um das Problem der Kommunikation kreisende Sozialphilosophie, die insofern dem transzendentaltheoretischen Programm verpflichtet bleibt, als zwar nicht Gott, aber eine in der Sprachkompetenz verankerte, auf Verständigung zielende Vernunft der Verhältnisse der ›bloßen‹ Selbstreferenz der Kommunikation regulativ mit auf den Weg gegeben wird.[91]

X. Der Kontext der Kommunikation

Nach wie vor fehlt jedoch ein Begriff der Kommunikation. Nietzsche hat aus der »Metaphernwelt«, in der der Mensch sich ebenso unruhig wie selbstvergessen beheimatet sieht, geschlossen, daß es zur Differenz der »Sphären« kein kausales, sondern nur ein »ästhetisches«[92], ein künstlerisch schaffendes Verhalten geben könne. Heidegger hat gegen das ›Gerede‹ die Erinnerung an die ›Seinsfrage‹ mobilisiert. Doch das Soziale als Referenz des Kommunikationsbegriffs, den es zu bestimmen gilt, bleibt eigentümlich unbestimmt. Es wird durch Verweise auf die Mehrzahl der beteiligten Individuen, auf die Priorität des ›Du‹, auf die Unreduzierbarkeit des anderen für den einzelnen und auf den inhärenten Verständigungsimpuls der Sprache stellvertretend bearbeitet.

Das ändert sich erst, als sich Einzelwissenschaften der Frage der Kommunikation annehmen. Bronisław Malinowski formuliert für die Anthropologie in seinem Aufsatz *The Problem of Meaning in Primitive Languages* (1923) einen Kommunikationsbegriff, der einerseits auf das ›phatische‹, das die

---

85 Vgl. MARTIN BUBER, Das dialogische Prinzip (1923; Heidelberg 1962).
86 Vgl. GÜNTHER (s. Anm. 72).
87 FERDINAND DE SAUSSURE, Cours de linguistique générale (1916), hg. v. T. de Mauro (1972; Paris 1985), 100.
88 Vgl. LUDWIG WITTGENSTEIN, Philosophische Untersuchungen (1953), in: Wittgenstein, Werkausgabe, Bd. 1 (Frankfurt a. M. 1984), 281.
89 MICHAIL BACHTIN, Problemy poëtiki Dostoevskogo (Moskau 1979), 216; dt.: Probleme der Poetik Dostoevskijs, übers. v. A. Schramm (München 1971), 207; vgl. BACHTIN, Slovo v romane (1934–1935); dt.: Das Wort im Roman, in: Bachtin, Die Ästhetik des Wortes, hg. v. R. Grübel, übers. v. R. Grübel/S. Reese (Frankfurt a. M. 1979), 219–251; HELLMUT GEISSNER, Communicare est participare, in: N. Gutenberg (Hg.), Kann man Kommunikation lehren? Konzepte mündlicher Kommunikation und ihrer Vermittlung (Kronberg 1988), 99–109.
90 Vgl. ERNST VON GLASERSFELD, Radical Constructivism. A Way of Knowing and Learning (London u. a. 1995); dt.: Radikaler Konstruktivismus. Ideen, Ergebnisse, Probleme, übers. v. W. K. Köck (Frankfurt a. M. 1996), 211 ff.
91 Vgl. HABERMAS, Der philosophische Diskurs der Moderne. Zwölf Vorlesungen (Frankfurt a. M. 1985); HABERMAS (s. Anm. 8); ALOIS HAHN, Verständigung als Strategie, in: M. Haller/H.-J. Hoffmann-Nowotny/W. Zapf (Hg.), Kultur und Gesellschaft. Verhandlungen des 24. Deutschen Soziologentags Zürich 1988 (Frankfurt a. M. 1989), 346–359.
92 NIETZSCHE (s. Anm. 76), 1025.

Soziabilität um der Soziabilität willen bestätigende Element der Kommunikation eingeht. Das erinnert an Schleiermachers »Nullwert«[93] der Sprache. Andererseits wird der »context of situation« als Bestimmungselement der Kommunikation in den Begriff der Kommunikation mit aufgenommen: »the conception of meaning as contained in an utterance is false and futile. A statement, spoken in real life, is never detached from the situation in which it has been uttered. For each verbal statement by a human being has the aim and function of expressing some thought or feeling actual at that moment and in that situation, and necessary for some reason or other to be made known to another person or persons – in order either to serve purposes of common action, or to establish ties of purely social communion, or else to deliver the speaker of violent feelings or passions. Without some imperative stimulus of the moment, there can be no spoken statement. [...] so in the reality of a spoken living tongue, the utterance has no meaning except in the *context of situation*.«[94] Dieser Kommunikationsbegriff wird aus der Differenz von Schriftlichkeit und Mündlichkeit gewonnen und wendet sich explizit gegen ein philologisches, an Texten orientiertes Verständnis von Kommunikation.

Das wesentliche Motiv, das die Selbstreferenz der Kommunikation zu unterbrechen, anzureichern und dadurch zu bestätigen vermag, ist der Verweis jeder Kommunikation auf einen Kontext, in dem sie sich abspielt und ohne den sie weder zu generieren noch zu verstehen ist. Damit wird eine funktionale Interpretation der Kommunikation nahegelegt, die die Leistungen der Kommunikation als Leistungen für das Fortsetzen der Kommunikation bestimmbar macht und diese Bestimmung nicht aus dem Selbstlauf des ›Geredes‹, sondern aus der Kontextbezogenheit der Kommunikation gewinnt. Dies schließt nicht aus, sondern explizit ein, daß ein Moment dieses Kommunikationskontexts die Kommunikation selber ist.

Dieses Verständnis für den von der Kommunikation in Anspruch genommenen Kontext der Kommunikation genügt bereits, um ein ausgefeiltes Programm einer Soziologie der Kommunikation zu begründen, wie es Edward Sapir in seinem Lexikonartikel über ›Communication‹ (1931) entfaltet.[95] Diese Soziologie unterscheidet verschiedene Bereiche und damit auch Ausprägungen von Kommunikation nach den Kontexten, in denen sie vorgefunden werden kann. Sie stellt fest, daß es unformulierte und unverbalisierte Formen der Kommunikation gibt, ohne deren Kenntnis ein Großteil des Verhaltens einer Gesellschaft nicht zu verstehen ist. Sie untersucht die Tendenz der Kommunikation, sich selbst eine um so ökonomischere Fassung zu geben, je komplexer die Verhältnisse sind, die anzusprechen sind. Sie stellt fest, daß es Verbreitungstechniken der Kommunikation gibt, deren Gelingen jedoch nicht bereits in der verwendeten Technologie (Eisenbahn, Telegraph, Telephon, Radio, Flugzeug) beschlossen ist, sondern darauf warten muß, daß es zu »meaningful cultural reactions« kommt, in denen die Kommunikation als Kommunikation aufgenommen wird. Und sie weist darauf hin, daß es angesichts von Kommunikation Gründe geben kann, sich gegenüber Kommunikation sperrig zu verhalten, sei es, weil man glaubt, nicht verstanden zu werden, wenn man zu schnell verstanden wird, oder sei es, weil man Sorge hat, von allzu vielen verstanden zu werden. Unter ästhetischen Gesichtspunkten überzeugt daher vielfach eher »anticommunication« als »communication«, wie Herbert Brün feststellt: »Anticommunication is the attempt at protecting a message of contemporary relevance and significance from the unconditional surrender to the addressed receiver.«[96]

Der Verweis auf den Kontext von Kommunikation ist jedoch nur das erste Element eines fachwissenschaftlich bewährten Begriffs von Kommunika-

---

93 SCHLEIERMACHER (s. Anm. 62), 82.
94 BRONISLAW MALINOWSKI, The Problem of Meaning in Primitive Languages (1923), in: C. K. Ogden/I. A. Richards, The Problem of Meaning. A Study of the Influence of Language upon Thought and of the Science of Symbolism (New York 1969), 307.
95 Vgl. EDWARD SAPIR, ›Communication‹, in: Encyclopaedia of the Social Sciences, hg. v. E. R. A. Seligman, Bd. 4 (1931; New York 1980), 78–81.
96 HERBERT BRÜN, Drawing Distinctions Links Contradiction, in: von Foerster (Hg.), Cybernetics of Cybernetics. The Control of Control and the Communication of Communication (1974; Minneapolis ²1995), 473.

tion. Weitere Elemente kommen in dem Maße hinzu, in dem es die Fachwissenschaften lernen, ihren eigenen kommunikativen Kontext bzw., mit Max Weber[97], ihre Problemstellung nicht mehr nur als Sachbezug, sondern zugleich auch als Begriffsbezug in Rechnung zu stellen. Entscheidend für die Entwicklung eines soziologischen Kommunikationsbegriffs ist daher der Versuch von George Herbert Mead in seinem Buch *Mind, Self, and Society from the Standpoint of a Social Behaviorist* (1934), Kommunikation als einen Vorgang zu beschreiben, in dem ein Individuum sich selbst ebenso wie einen anderen affiziert: »The importance, then, of the vocal stimulus lies in this fact that the individual can hear what he says and in hearing what he says is tending to respond as the other person responds.« Dieser Versuch erinnert an Herders Ableitung der Sprache aus dem Hörenkönnen. Er geht jedoch darüber hinaus, indem die Kommunikation aus einer Fähigkeit des »taking of the role of the other« abgeleitet wird, die nicht etwa auf Emphase abstellt, sondern auf ein Moment der Entscheidung über den Fortgang der Kommunikation, die weder dem einen noch dem anderen beteiligten Individuum, sondern dieser wechselseitigen Konstruktion der Rolle des anderen zugerechnet wird.

Als Kommunikation wird die Fähigkeit beobachtet, »significant symbols«[98] hervorzubringen, von denen sich Individuen ansprechen lassen und die in der Lage sind, soziale Beziehungen zu definieren. Diese sozialen Beziehungen sind einerseits Vorgaben für Kommunikation. Man kann signifikante Symbole aufrufen, um zu definieren, auf welche Wechselseitigkeit und damit auf welchen Kontext man sich einlassen möchte. Andererseits sind diese sozialen Beziehungen selbst das Ergebnis von Kommunikation. Denn signifikante Symbole verdanken sich der Kommunikation ebenso, wie sie von dieser Kommunikation in ihrem Sinn, d.h. in ihrer Fähigkeit, Kontexte und Räume für Wechselseitigkeiten zu definieren, laufend neu und mit leichten oder gravierenden Verschiebungen definiert werden können.

Mead hat diesen Kommunikationsbegriff mit einer Tendenz auf das Ideal einer ›menschlichen‹ Kommunikation versehen, das sich daran erweise, daß jeder an der Kommunikation Beteiligte denselben Sinn der Symbole aktualisiert.[99] Heute ist man vorsichtiger bei der Interpretation von Sinnidentität als Menschlichkeit. Statt dessen neigt man dazu, die Diversität von Sinn nicht nur für ›menschlich‹ zu halten, sondern auch für evolutionär sinnvoll. Ähnlich wie die sexuelle Fortpflanzung, die die Gene immer wieder zu mischen erlaubt[100], macht sie es allfälligen Parasiten schwieriger, das Sinnsystem in Zustände pathologischer Homogenität zu überführen. Die Diversität gibt einer möglichen Verschiebung der Kontexte Raum. Dieser Einwand ändert jedoch nichts daran, daß an den signifikanten Symbolen ihre Haltepunkte findende Bestimmung der Kommunikation durch sich selbst aus dem Kommunikationsbegriff nicht mehr wegzudenken ist. Die neuere Kybernetik Heinz von Foersters kommt diesem Kommunikationsbegriff durch ein Verständnis für rekursive, sich in selbstgefundenen ›Eigenwerten‹ niederschlagende Prozesse entgegen.[101]

---

97 Vgl. MAX WEBER, Die ›Objektivität‹ sozialwissenschaftlicher Erkenntnis (1904), in: Weber, Soziologie, weltgeschichtliche Analysen, Politik (Stuttgart 1968), 186–262.
98 GEORGE HERBERT MEAD, Mind, Self, and Society from the Standpoint of a Social Behaviorist (1934; Chicago 1962), 69 f.
99 Vgl. ebd., 327.
100 Vgl. GEORGE C. WILLIAMS, Sex and Evolution (Princeton 1975); JOHN MAYNARD SMITH, The Evolution of Sex (Cambridge 1978).
101 Vgl. VON FOERSTER, Objects: Tokens for (Eigen-) Behaviors (entst. 1976), in: von Foerster, Observing Systems (Seaside 1981), 273–285.

XI. Kommunikation als Selektion

Es hat den Anschein, als würde sich der ästhetische Akzent des Kommunikationsbegriffs im Zugriff der Philosophie und der Einzelwissenschaften auf die Kommunikation zunehmend verflüchtigen. Doch dieser Eindruck täuscht. Es bleibt bei einem Bewußtsein für die Differenz des Individuums. Und es bleibt bei einem Bewußtsein dafür, daß diese Differenz nur ›ästhetisch‹, nicht kausal (Nietzsche) zu kontrollieren ist. Man kann sogar beobachten, daß der Kommunikationsbegriff, wie etwa in der Theorie des Traums, die André Breton unter dem Titel *Les vases communicants* (1932) veröffentlicht, dort an die Stelle des Kausalitätsbegriffs tritt, wo es sich um determinationsfreie Verhältnisse der wechselseitigen Ermöglichung und Einschränkung handelt. Freilich geht diese Beobachtung determinationsfreier Verhältnisse immer mit dem Verdacht einher, daß dort, wo keine manifesten Determinationen zu beobachten sind, latente Determinationen wirken. Dies geht zuweilen so weit, daß der Kommunikationsbegriff im Sinne einer Heuristik der Beobachtung von Maschinen eingesetzt wird: Kommunikation bezeichnet dann die Einrichtung und Aufrechterhaltung eines rekurrenten, unwahrscheinlichen und realen Distinktionen übergreifenden Zusammenhangs, der für den Alltagsblick unsichtbar nur mit Hilfe von Theorien beobachtet, dann jedoch auch mit Technik verstärkt, gestaltet und ausgenutzt werden kann.[102] Dem liegt ein Maschinenbegriff zugrunde, der nicht mehr an der Mechanik und Physik der Kräfte, sondern, vorbereitet durch die Thermodynamik, das Wahrscheinlichkeitskalkül und die Dampfmaschine, an der Kybernetik und einem Kalkül rekursiver Operationen orientiert ist.[103]

Im Laufe des 20. Jh. verschiebt sich der Akzent, mit dem der Kommunikationsbegriff formuliert wird, zunehmend vom Ästhetischen ins Technische. Dabei wird Technik als Fähigkeit verstanden, eine kausale Kontrolle von Abläufen einzurichten, und daher zunächst in eine Gegenüberstellung zum Ästhetischen gebracht. Hans Blumenberg und andere mußten daran erinnern, daß diese Einrichtung einer kausalen Kontrolle von Abläufen ihrerseits als Moment eines schöpferischen Weltzugangs, also als technē im griechischen Sinne, begriffen werden muß, um diese Gegenüberstellung wieder auflösen zu können.[104]

Durch wenig wurde der ästhetische Akzent mehr herausgefordert als durch die Formulierung einer *Mathematical Theory of Communication* (1949) durch Claude E. Shannon und Warren Weaver. In dieser ingenieurwissenschaftlichen Konzeption einer am Problem einer störanfälligen Übertragung von Daten orientierten Kommunikation schien die Technik die Oberhand zu gewinnen und jede Er-

innerung an die semantischen und insofern sinnhaften Momente der Kommunikation zu verdrängen. Der individuelle Widerstand ebenso wie das mögliche Mißlingen der Kommunikation schienen auf Störgeräusche der Kommunikation reduziert werden zu können, die durch technische Vorkehrungen ausgeschaltet werden können. Die ›verwaltete Welt‹ schien den Grundbegriff gefunden zu haben, nach dem sie gesucht hatte. Als Kommunikation zählte jetzt nur noch gelingende Kommunikation; und die Bedingungen des Gelingens waren beschlossen in der technischen Kopplung von Sender, Kanal und Empfänger. Nur rauschende Kanäle, falsch codierende Sender und falsch codierte Empfänger konnten der Kommunikation jetzt noch im Wege stehen. Man kehrte zurück zu einem Aufklärungsoptimismus der Kommunikation, den man längst überwunden geglaubt hatte. Politik, Wirtschaft und Erziehung schienen endlich eine Grundbegrifflichkeit gefunden zu haben, die es wieder möglich machte, an Kommunikation Erwartungen zu knüpfen, die auf ihre ›Wirkung‹ zielen.

Diese Interpretation der mathematischen Kommunikationstheorie war nicht ohne Anhaltspunkt. So hatte Weaver, der als eine Art Übersetzer die mathematischen Problemformulierungen von Shannon einem breiteren Publikum zu kommunizieren hatte, definiert: »The word *communication* will be used here in a very broad sense to include all of the procedures by which one mind may affect another. This, of course, involves not only written and oral speech, but also music, the pictorial arts, the theatre, the ballet, and in fact all human behavior.« Und auch Shannon formulierte Sätze wie: »The fundamental problem of communication is

---

102 Vgl. GILLES DELEUZE/FÉLIX GUATTARI, L'Anti-Œdipe. Capitalisme et Schizophrénie 1 (Paris 1972); dt.: Anti-Ödipus, übers. v. B. Schwibs (Frankfurt a. M. 1974), 7 ff., 497 ff.
103 Vgl. NORBERT WIENER, Cybernetics: or, Control and Communication in the Animal and the Machine (1948; Cambridge 1961).
104 Vgl. BLUMENBERG, Lebenswelt und Technisierung unter Aspekten der Phänomenologie (1963), in: Blumenberg, Wirklichkeiten (s. Anm. 49), 7–54.

that of reproducing at one point either exactly or approximately a message selected at another point.«[105] Aber dabei dürfen zwei Dinge nicht übersehen werden. Erstens legte Shannon Wert darauf festzuhalten, daß er ein Ingenieurproblem zum Ausdruck brachte, für das die semantischen Probleme des Sinns oder der Bedeutung von Kommunikation irrelevant sind. Und zweitens steckt, lange übersehen, in der ingenieurwissenschaftlichen Interpretation des Kommunikationsproblems ein Definitionsangebot, das auch für das Verständnis der semantischen Probleme Sinn macht.

So hat es in der Tat nur einen ingenieurwissenschaftlichen Sinn, wenn Shannon Kommunikation als Übertragung von Nachrichten definiert. Unter sozialen Verhältnissen kann von ›Übertragung‹ keine Rede sein, weil die sozialen Verhältnisse durch unüberbrückbare Differenzen zum einen zwischen Kommunikation und Individuum und zum anderen zwischen verschiedenen Individuen gekennzeichnet sind. Kommunikation ist dadurch definiert, daß sie angesichts der Verschlossenheit der Individuen einen sozialen Vorgang *an die Stelle* der Übertragung von Nachrichten treten läßt. Und tatsächlich gibt Shannon selbst sein striktes Konzept einer Übertragung auf, sobald man es nicht mit rauschfreien Kommunikationskanälen, sondern mit rauschenden Kanälen zu tun hat. Dies ist im Fall zwischenmenschlicher Kommunikation der Normalfall. Hier ist jede Kommunikation die Lösung des Problems, daß keine Nachricht für Sender und Empfänger dieselbe Nachricht ist. Es tritt grundsätzlich ein Rauschen auf, das die Nachrichten voneinander abweichen läßt. Für diesen Normalfall entwickelt Shannon ein Schema des Kommunikationssystems, das von dem vielerorts reproduzierten abweicht. Hier wird das Kommunikationssystem nicht mehr durch das bekannte Schaubild[106]:

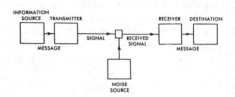

modelliert, sondern hier wird die Nachrichtenübertragung als ein »correction system«[107] vorgestellt, in dem ein Beobachter eine unverzichtbare Rolle spielt:

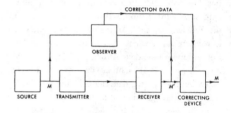

Die Rolle des Beobachters besteht darin, die vom Sender ausgesendeten und vom Empfänger empfangenen Signale miteinander zu vergleichen und bei Abweichungen über einen Korrekturkanal, der ihm zur Verfügung steht, Korrekturen zu senden. Wenn man das Schaubild genau betrachtet, fällt auf, daß diese Korrekturen nicht an den Sender und auch nicht an den Empfänger gesendet werden, sondern an den Prozeß des Signalaustausches selbst, der rechts aus dem Bild ins Unbestimmte läuft. Shannon bietet für dieses Schaubild die Interpretation an, daß der Sender gut daran tut, seine Signale mit einem relativ hohen Maß an Redundanz auszustatten, damit der Empfänger aus den redundanten Merkmalen die eventuell durch das Rauschen verlorengegangenen rekonstruieren kann. Vielleicht, aber das führt über Shannon hinaus, muß man sich den Beobachter als jemanden oder als etwas vorstellen, das diese Redundanz bereitstellt. Man kann dabei an den Wink der Götter, an das Schicksal oder an die List der Vernunft denken. Für den Soziologen liegt es nahe, sich an dieser Funktionsstelle die Gesellschaft vorzustellen und dementsprechend die Kommunikationstheorie komplett auf der Ebene der Beobachtung zweiter Ordnung anzusiedeln.[108]

---

105 SHANNON/WEAVER (s. Anm. 4), 3, 31.
106 Vgl. ebd., 7, 34.
107 Ebd., 68.
108 Vgl. LUHMANN, Soziologische Aufklärung 5: Konstruktivistische Perspektiven (Opladen 1990); LUHMANN, Soziologische Aufklärung 6: Die Soziologie und der Mensch (Opladen 1995).

Darüber hinaus hat Shannon eine Definition von Nachricht vorgeschlagen, die für das Verständnis von Kommunikation ebenfalls von nicht zu unterschätzender Bedeutung ist. Denn sie bringt ein neues Element zum Tragen, das bisher nicht formuliert worden ist, ohne das jedoch danach kein Kommunikationsbegriff mehr auskommt. Dieses Element ist das Element der Selektivität. Shannon hatte für sein ingenieurwissenschaftliches Problem der Übertragung von Nachrichten formuliert: »The significant aspect is that the actual message is one selected from a set of possible messages. The system must be designed to operate for each possible selection, not just the one which will actually be chosen since this is unknown at the time of design.«[109] Mit ›significant‹ meinte er: signifikant für das Verständnis seines Problems. Doch tatsächlich läßt sich diese Signifikanz auch für die sinnhaften Probleme der Kommunikation interpretieren. Kommunikation, so W. Ross Ashby in seiner Introduction to Cybernetics (1956), setzt voraus, daß eine Nachricht als Selektion aus einer Menge von Möglichkeiten verstanden wird.[110] Der Inhalt einer Nachricht ist eine Selektivität, die nur an der mitgelieferten Redundanz überhaupt kenntlich wird. Der Informationswert einer Nachricht besteht darin, daß sie den Raum der Möglichkeiten als Differenz der ausgewählten Möglichkeit zu den nicht ausgewählten Möglichkeiten bestimmt und mit jeder Nachricht neu bestimmt. So müssen mindestens die beiden Möglichkeiten, daß die Nachricht vorkommen, aber auch nicht vorkommen kann, mitkommuniziert werden können. Darüber hinaus muß jedoch jeder einzelne Aspekt einer Nachricht, sei es des zeitlichen Moments der Nachricht, ihrer sachlichen Spezifizierung oder ihres sozialen Bezugs, als Selektion aufgefaßt werden können. Wenn die Möglichkeiten auf eine schrumpfen, ist die Kommunikation blockiert und kommt keine Information zustande. Technische Kommunikation unterscheidet sich von sozialer dann darin, daß im ersten Fall die Menge der Möglichkeiten definiert ist und im zweiten Fall nicht.

Kommunikation ist selektiv. Das heißt nicht etwa nur, daß jede Kommunikation eine Kommunikation unter vielen auch anders möglichen Kommunikationen ist. Es heißt also nicht nur, daß man, wenn man etwas sagt, auch anderes sagen könnte, oder, wenn man etwas versteht, auch anders verstehen könnte. Sondern viel radikaler bedeutet die Selektivität der Kommunikation, daß Kommunikation nur zustande kommt, wenn eine bestimmte und als selektiv bestimmte Information im Kontext von Sinnverweisungen beobachtet wird, die Bestimmtes ebenso wie Unbestimmtes, Wissen ebenso wie Nichtwissen, Sichtbares ebenso wie Unsichtbares, Anwesendes ebenso wie Abwesendes, Gewisses ebenso wie Ungewisses betreffen. In dieser Radikalität ist der Kommunikationsbegriff erstmals von Niklas Luhmann in Die Gesellschaft der Gesellschaft (1997) formuliert worden. Kommunikation, so heißt es dort, findet ihren Anlaß »typisch im Nichtwissen. Man muß einschätzen können, welche Mitteilung für andere Information bedeuten, also etwas, was sie nicht oder nicht sicher wissen, ergänzen. Ebenso muß, umgekehrt gesehen, jeder Teilnehmer etwas nicht wissen, um Information aufnehmen zu können. Diese Rolle des Nichtwissens läßt sich nicht auf ein je individuelles Wissen des Nichtwissens anderer reduzieren. Es ist eben völlig unrealistisch, anzunehmen, ein Individuum wisse, was es nicht wisse. Vielmehr erzeugt und testet die Kommunikation selbst das für ihren weiteren Betrieb notwendige Nichtwissen. Sie lebt, könnte man auch sagen, von ungleich verteiltem Wissen/Nichtwissen. Sie beruht auf der Form des Wissens, die immer zugleich eine andere Seite des noch nicht Gewußten mitlaufen läßt. Und ebenso muß jeder Teilnehmer abschätzen können, was überhaupt nicht gewußt werden kann, damit er vermeiden kann, erkennbar Unsinn zu reden.«[111] Dieser Kommunikationsbegriff ist in früheren Ansätzen zur Formulierung des

109 SHANNON/WEAVER (s. Anm. 4), 31.
110 Vgl. W. ROSS ASHBY, Introduction to Cybernetics (New York 1956); dt.: Einführung in die Kybernetik, übers. v. J. A. Huber (Frankfurt a.M. 1974), 182 f.; DIRK BAECKER, Kommunikation im Medium der Information, in: R. Maresch/N. Werber (Hg.), Kommunikation, Medien, Macht (Frankfurt a.M. 1999), 174–191.
111 LUHMANN (s. Anm. 12), 39 f.

Sinnbegriffs[112] bereits ebenso angedeutet wie in fallweisen Beobachtungen der Fähigkeit der Kommunikation, Information nicht nur aufzurufen, also zu aktualisieren, sondern auch auszuschließen und derart, sei es als Bedrohung, sei es als Verlokkung des thematisierten Sinns, zu potentialisieren.[113] Und auch der Begriff der Information ist bereits als Determination einer ›Form‹ verstanden worden, die nur Sinn macht, wenn ihr Zustandekommen ungewiß ist.[114] Dennoch schließt sich der Kreis der Argumente, die den Kommunikationsbegriff zu bestimmen erlauben, erst in dem Moment, in dem das Moment der Selektivität der Kommunikation systematisch ernst genommen wird und in diesen Kreis als Unterbrechung des Kreises mit aufgenommen wird.

XII. Kommunikation als Form

Die Selektivität von Kommunikation bedeutet, daß ihre Selbstreferenz unter die Anforderung gestellt ist, sich selbst ebenso wie den Verweis auf alles andere zu reproduzieren. Kommunikation ist notwendig kontextuell, da sie ohne den Verweis auf Kontexte nicht in der Lage wäre, ›alles andere‹ zu reproduzieren, ohne den Verweis auf die Kontexthaftigkeit des Kontextes jedoch auch nicht in der Lage wäre, ›sich selbst‹ zu reproduzieren. Damit wird Kommunikation als Operation verstanden, die eine ›Form‹ im Sinne von George Spencer-Browns *Laws of Form* (1969) produziert, die die selegierte Nachricht ebenso umfaßt wie den Raum der Möglichkeiten, aus dem sie selegiert ist, und darüber hinaus die Operation der Selektion selbst. Kommunikation ist in diesem Sinne eine dreiwertige Zwei-Seiten-Form: Sie schließt auf der Innenseite ein, was sie bezeichnet; sie schließt auf der Außenseite aus, was sie nicht bezeichnet; und sie produziert sich selbst als Operation, die einschließt, was sie einschließt, und ausschließt, was sie ausschließt. Kommunikation ist damit paradox, denn als Form muß sie einschließen, was sie als Operation ausschließt.

Man kann diesen Formbegriff der Kommunikation dazu verwenden, das ästhetische Problem der Kommunikation zu reformulieren. Denn man kann jetzt sagen, daß Kommunikation eine Operation ist, die das Individuum als Ausgeschlossenes einschließt. Auf der Innenseite dieser Form werden Mitteilungen produziert und reproduziert, die auf der Außenseite der Form ein unzugängliches, unsagbares und singuläres Individuum voraussetzen, das selbst nicht gesagt, sondern mitgesagt werden kann. Unter dem Gesichtspunkt dieser Form kann Kommunikation als eine Operation beobachtet werden, die diese Trennung von Innenseite und Außenseite produziert und reproduziert, obwohl und weil sie beide Seiten zu ihrer Produktion und Reproduktion voraussetzt. Damit ist auch gesagt, daß beide Seiten der Form vom Produktions- und Reproduktionsmodus der Operation abhängig sind. D. h., die Möglichkeiten des Einschlusses von Mitteilungen variieren mit den Möglichkeiten des eingeschlossenen Ausschlusses von Individualität. Die Kommunikation hängt in der gesellschaftlichen Evolution davon ab, was Individuen zugemutet werden kann, aber eben als ausgeschlossenen zugemutet werden kann. Und umgekehrt hängt das gesellschaftliche Verständnis von Individualität von der Art und Weise des Ausschlusses der Individuen und den Möglichkeiten

---

[112] Vgl. MAURICE MERLEAU-PONTY, Le visible et l'invisible, hg. v. C. Lefort (Paris 1964); DELEUZE, Logique du sens (Paris 1969); LUHMANN, Sinn als Grundbegriff der Soziologie, in: J. Habermas/Luhmann (Hg.), Theorie der Gesellschaft oder Sozialtechnologie. Was leistet die Systemforschung? (Frankfurt a. M. 1971), 25–100.
[113] Vgl. MICHEL SERRES, Le dialogue platonicien et la genèse intersubjective de l'abstraction, in: Serres, Hermès I. La communication (Paris 1968), 39–45; SERRES, Le parasite (Paris 1980); YVES BAREL, Le paradoxe et le système. Essai sur le fantastique social (Grenoble 1989); ULRICH ENDERWITZ, Kommunikation, in: K. Bittermann/G. Henschel (Hg.), Das Wörterbuch des Gutmenschen. Zur Kritik der moralisch korrekten Schaumsprache (Berlin 1994), 79–84.
[114] Vgl. DONALD M. MACKAY, Communication and Meaning – A Functional Approach, in: F. C. S. Northrop/H. H. Livingston (Hg.), Cross Cultural Understanding. Epistemology in Anthropology (New York 1964), 162–179.

der Beobachtung dieses Ausschlusses als Einschluß in die Form ab.¹¹⁵ Ästhetische Beobachtungsformeln wie ›Witz‹, ›Originalität‹ und ›Genialität‹ sind unter diesem Gesichtspunkt Wiedereinführungsformeln des Ausgeschlossenen in das Eingeschlossene. Ihre ästhetische Pointe besteht darin, daß sie das Ausgeschlossene als Ausgeschlossenes thematisieren. Darum kann es nur mit Hilfe von Vokabeln wie ›Unsagbarkeit‹, ›Unzugänglichkeit‹ und ›Singularität‹ bezeichnet werden. Denn jede andere Bezeichnung würde es auf die Innenseite der Kommunikation versetzen und damit in seiner Individualität verkennen. Darum muß es der ästhetischen Beobachtung darauf ankommen, die Kommunikation an den Punkt zu führen, an dem Sprache, jede Sprache, als »Grenzereignis«¹¹⁶ erfahrbar wird, d. h. als ein Ereignis, das an die ›andere Seite‹ der Kommunikation ebenso stößt wie an die Operation, die die Trennung von Innenseite und Außenseite vollzieht und damit die Kommunikation überhaupt erst möglich macht.¹¹⁷

Die Ästhetik hat keinen eigenen Formbegriff der Kommunikation. Doch man kann ihre Art und Weise der Beobachtung der Kommunikation als Beobachtung der Form der Kommunikation beschreiben. Und man kann darüber hinaus formulieren, daß sie als diese Beobachtung der Form der Kommunikation das Erbe anderer Beobachtungsformeln antritt, die auf der ausgeschlossenen Seite der Kommunikation (d. h. als eingeschlossen in die Form der Kommunikation) nicht die Individualität des Individuums, sondern das Mystische und das Göttliche beobachtet haben. Insofern beerbt die Ästhetik Problemformeln der Kosmologie und Theologie und hält dieses Erbe unter dem Titel des Erhabenen als ihr selbst vorgängige und sie überschreitende Bedingung des Ästhetischen fest.

Aus all dem resultiert kein emphatischer, auf ›Subjektivität‹ und ›Identität‹ zulaufender Begriff des Individuums. Daß das Individuum als ›andere Seite‹ der Kommunikation gefaßt wird, bedeutet nicht, daß man dort auf eine sich selbst zugrundeliegende (also subjektive) Substanz trifft, von der ausgehend die flüchtige Qualität der Kommunikation bestimmt werden kann. Die Ästhetik ist nur als Referenz auf das Individuum und Distanzierung vom Individuum zugleich zu denken. In der ästhetischen Akzentuierung des Kommunikationsbegriffs gewinnt das Individuum einen prekären Status, der seinerseits nur aus der Differenz zur Kommunikation bestimmt werden kann. In diesem Status kann es nur als (mit sich) identisch gelten, weil die Komplexität und Stochastik der Kommunikation es als identisch, nämlich als wiederholt und wiedererkennbar adressierbare Instanz der Ordnung von Kommunikation und Handlung zu setzen zwingt.¹¹⁸ Die Stärkung *und* Schwächung des Individuums ist der Preis für die ästhetische Konturierung des Kommunikationsbegriffs. Aber nur so kann es als andere Seite der Kommunikation positioniert werden. Nur so kann es gedacht werden. Und nur so sind ein Begriff des Individuums und ein Begriff der Kommunikation möglich.

Überdies verdient festgehalten zu werden, daß die Ästhetik nicht zwangsläufig auf die Formulierung der Individualität des Individuums zuläuft. Man kann sich auch eine Beobachtungsformel der Kommunikation vorstellen, die auf die Unzugänglichkeit und Unsagbarkeit nicht der psychischen, sondern der natürlichen Umwelt von Gesellschaft abstellt. Johann Georg Hamann hatte bereits eine eher ›ökologische‹ Referenz vor Augen, wenn er davon sprach, daß »die ausgestorbene Sprache der Natur von den Todten wieder auf[zu]erwecken« sei. Die Chancen dafür schätzte er jedoch skeptisch ein, denn eine »mordlügnerische Philosophie« habe die Werkzeuge der Natur längst verstümmelt und sie aus dem Weg geräumt. Seither wird »jede

---

115 Vgl. LUHMANN, Individuum, Individualität, Individualismus, in: Luhmann, Gesellschaftsstruktur und Semantik. Studien zur Wissenssoziologie der modernen Gesellschaft, Bd. 3 (Frankfurt a. M. 1989), 149–258; LUHMANN, Die gesellschaftliche Differenzierung und das Individuum, in: T. Olk/H.-U. Otto (Hg.), Soziale Dienste im Wandel 1. Helfen im Sozialstaat (Neuwied/Frankfurt a. M. 1987), 121–137.
116 BLUMENBERG, Sprachsituation und immanente Poetik (1966), in: Blumenberg, Wirklichkeiten (s. Anm. 49), 147.
117 Vgl. ERNST JANDL, Ernst Jandl liest Laut und Luise. hoise und anna: Sprechgedichte, CD u. Cassette (Berlin 1997).
118 Vgl. WHITE, Identity and Control. A Structural Theory of Action (Princeton 1992), 166 ff.

Kreatur [...] wechselweise euer Schlachtopfer und euer Götze«[119].

Interessanterweise geht mit dem Wechsel zur ökologischen Fragestellung eine Problematisierung der Referenz auf den ›Menschen‹ einher. ›Antihumanistische‹ Psychoanalysen und Historien rekonstruieren die Bedingungen des Einschlusses des ausgeschlossenen Individuums.[120] Mit dieser Rekonstruktion wird die Form der Kommunikation selbst zur Disposition gestellt und anderen Formbeobachtungen der Kommunikation Raum gegeben. Der Humanismus nimmt die Position des Wiedereinschlusses des ausgeschlossenen Individuums ein, während der Antihumanismus diesen Wiedereinschluß als Zementierung einer bestimmten Form der Kommunikation begreift und zugunsten anderer Formen, d. h. zugunsten anderer Besetzungen der Außenseite der Form variiert.

Auch die ›Disziplinierung‹ des Individuums für Kommunikation spielt in diesem Zusammenhang eine Rolle.[121] Die Trennung der Innenseite der Kommunikation von der Außenseite der Kommunikation impliziert nicht, daß für die Innenseite gleichgültig ist, was auf der Außenseite geschieht. Im Gegenteil. Die Trennung bildet einen Konditionierungszusammenhang beider Seiten ab, der als Koevolution verstanden und abgebildet werden kann. Die Unterscheidung zwischen Innenseite und Außenseite muß von jeder einzelnen Kommunikation neu getroffen werden. Die Form ist nicht der statische Kontext der Operation Kommunikation, sondern Voraussetzung und Ergebnis

dieser Operation und damit von jeder Operation neu und anders zu bestätigen, zu bewähren und zu variieren. Das gibt ›Diskursen‹ Raum[122], die als Einheit der Differenz von Wissen und Macht das Individuum zugleich definieren und zurichten. Institutionen wie die Psychiatrie, die Klinik und das Gefängnis sorgen dafür, daß die haarfeine Linie bestimmt und durchgesetzt wird, die die jeweils für akzeptabel gehaltenen Kommunikation von der nicht für akzeptabel gehaltenen Kommunikation, die als ›Wahnsinn‹, als ›Krankheit‹ und als ›Gewalt‹ markiert wird, trennt.[123]

XIII. Kommunikation als Differenz

Man kann das Formkalkül Spencer-Browns als eine Wiederaufnahme der mathematischen Kommunikationstheorie Shannons interpretieren. Das Spiel mit der Unterscheidung als Grenze, das dieses Kalkül eröffnet, »is at the very heart of the structure of communication«[124]. Die Grundfigur der Bezeichnung einer Innenseite, die mit der Unterscheidung dieser Innenseite von der Außenseite einhergeht (sich jedoch gleichwohl von dieser Unterscheidung unterscheidet), erinnert an die Bestimmung einer Nachricht als Selektion einer Möglichkeit aus einem Raum weiterer (unbestimmter, aber bestimmbarer) Möglichkeiten. Spencer-Browns Vorschlag, die Operation der Bezeichnung auf ihre Form der getroffenen Unterscheidung hin zu beobachten, geht jedoch insofern über Shannon hinaus, als sein Kalkül die Bedingungen dieser Operation in die Operation selbst hineinzuholen vermag. An die Stelle der Technizität der Shannonschen Theorie tritt die Selbstreferenz des Spencer-Brownschen Kalküls. Damit wird dieses Kalkül zu einer neuen Maßgabe für die Theorie und den Begriff der Kommunikation.

Für die Kommunikationsforschung bedeutet diese Maßgabe, daß nur noch Kommunikationsbegriffe überzeugen können, die differentiell gebaut sind. Dieser Anforderung entsprachen avant la lettre der theologische ebenso wie der rhetorische Kommunikationsbegriff. Die ›idiomatum communicatio‹ stellt zwar auf Einheit ab, muß dafür jedoch die Differenz der Idiome zuallererst voraus-

---

119 HAMANN (s. Anm. 29), 129, 113, 115.
120 Vgl. JACQUES LACAN, Ecrits (Paris 1966); MICHEL FOUCAULT, Les mots et les choses (Paris 1966).
121 Vgl. NORBERT ELIAS, Über den Prozeß der Zivilisation. Soziogenetische und psychogenetische Untersuchungen, 2 Bde. (1939; Bern/München 1969).
122 Vgl. FOUCAULT, Qu'est-ce que la critique? Critique et Aufklärung (1978), in: Bulletin de la Société Française de Philosophie 84 (1990), H. 2, 35–63; FOUCAULT, L'archéologie du savoir (Paris 1969).
123 Vgl. FOUCAULT, Histoire de la folie (Paris 1961); FOUCAULT, Naissance de la clinique (Paris 1963); FOUCAULT, Surveiller et punir. La naissance de la prison (Paris 1975).
124 LOUIS H. KAUFFMAN, Ways of the Game-Play and Position Play, in: Cybernetics and Human Knowing 2 (1994), H. 3, 22.

setzen, also für einen denkbaren künftigen, nicht an Einheit orientierten Gebrauch festhalten. Die Naturen von Gott und Mensch vereinigen sich zwar in Christus, können jedoch an genau demselben Beispiel auch als different und unvereinbar festgehalten werden. Und die ›communicatio‹ ist zwar im Figurenrepertoire der Rhetorik als eine weitere Figur der Überredung gemeint, muß jedoch dafür voraussetzen, daß es eine Differenz zwischen Redner und Zuhörer gibt, die nicht nur die Bedingung der Möglichkeit der Überredung, sondern auch die Bedingung der Möglichkeit eines möglichen Scheiterns der Überredung ist. Der ästhetische Akzent des Kommunikationsbegriffs hält diese Differenz, die die Kommunikation kennzeichnet, fest und erprobt sowohl Einheitsformeln, die sie überbieten sollen (das ›Schöne‹ Baumgartens, der ›Geschmack‹ Kants), als auch Formeln, die sie als unüberbietbar festhalten (der ›unsichtbare‹ Mensch Hamanns).

Es gibt eine ganze Reihe von modernen Kommunikationsbegriffen, die dieser Anforderung, die Differenz zu nennen, die durch Kommunikation ebenso bestätigt wie verarbeitet wird, genügen. An erster Stelle ist hier Jürgen Rueschs und Gregory Batesons aus der psychiatrischen Praxis und anthropologischen Beobachtung, also im wesentlichen aus der Beobachtung von Störungen der Kommunikation hervorgegangenes Buch *Communication. The Social Matrix of Psychiatry* (1951) zu nennen. Dieses Buch ist der erste und weitreichendste Versuch, den Kommunikationsbegriff als einen Grundbegriff physiologischer, psychologischer und soziologischer Forschung zu formulieren. Es macht schon im Titel deutlich, daß Kommunikation als ein Phänomen verstanden werden soll, das die Differenz von Individuum und Sozialität ebenso voraussetzt wie die wechselseitige Konditionierung. Ruesch und Bateson bestimmen als wesentliche Elemente der Kommunikation: die wechselseitige Wahrnehmung, die Rekursivität, die Metakommunikation sowie ›report‹ und ›command‹ als die beiden notwendigen Aspekte jeder Mitteilung. Die Formulierung der ›social matrix‹ weist bereits darauf hin, daß der Analysebezug dieser Elemente nicht das Individuum und auch nicht eine Mehrzahl von Individuen, sondern die soziale Situation ist.

Wechselseitige Wahrnehmung bedeutet, daß von Kommunikation nur die Rede sein kann, wenn ›Sender‹ und ›Empfänger‹ wahrnehmen, daß sie wahrnehmen, daß sie sich wahrnehmen. Man spricht in diesem Zusammenhang auch von der »kommunikativen Dyade«[125] als Analyseeinheit der Kommunikation, vom »Grundzug der Responsivität«[126], der die Kommunikation kennzeichnet, oder generell von der »Reflexivität«[127] der Kommunikation. Damit ist die Stimulus/response-Vorstellung der Kommunikation ebenso verabschiedet wie die Idee, daß es sich bei Kommunikation um einen Vorgang der ›Übertragung‹ von Sinn vom Sender auf den Empfänger handelt. Denn die wechselseitige Wahrnehmung impliziert, daß man sich als ›kommunizierend‹ in dem Sinne wahrnimmt, daß man jeweils so, aber auch anders auf die Kommunikation reagieren und mit der Kommunikation umgehen kann. Wechselseitige Wahrnehmung bedeutet somit, daß es Kontingenzspielräume auf beiden Seiten der Kommunikation gibt und daß diese Kontingenzspielräume nicht etwa die Kommunikation erschweren (das auch), sondern zuallererst die Bedingung dafür sind, daß Kommunikation überhaupt zustande kommen kann.

Die Soziologie spricht an dieser Stelle vom »Problem der doppelten Kontingenz«[128], das die Entstehung sozialer Situationen und damit das Zustandekommen von Kommunikation katalysiert. Von ›doppelter Kontingenz‹ spricht man, weil man es in der Kommunikation mit mindestens zwei Positionen, alter und ego, zu tun hat, die beide in der Lage sind, kontingenterweise diese oder eine andere Verhaltensoption zu wählen. Das Problem der doppelten Kontingenz ergibt sich daraus, daß

---

125 HARALD WEINRICH, Über Sprache, Leib und Gedächtnis, in: Gumbrecht/Pfeiffer (s. Anm. 38), 81.
126 BERNHARD WALDENFELS, Antwortregister (Frankfurt a. M. 1994), 320.
127 KLAUS MERTEN, Kommunikation. Eine Begriffs- und Prozeßanalyse (Opladen 1977), 160.
128 LUHMANN, Soziale Systeme. Grundriß einer allgemeinen Theorie (Frankfurt a. M. 1984), 148; vgl. TALCOTT PARSONS u. a., Some Fundamental Categories of the Theory of Action. A General Statement, in: Parsons/E. A. Shils (Hg.), Toward a General Theory of Action (Cambridge 1951), 3–29.

nichts passiert, wenn alter darauf wartet, daß ego eine Wahl trifft, und umgekehrt ego darauf wartet, daß alter eine Wahl trifft. Die Situation ist dann blockiert und für alle Beteiligten belastend durch die von Paul Watzlawick beschriebene Paradoxie strukturiert, daß man nicht nicht kommunizieren kann.[129] Diese Kontingenzspielräume in eins mit der Vorstellung, daß die an Kommunikation beteiligten Individuen schon wegen dieser Kontingenz, von der Unzugänglichkeit ihrer Psyche zu schweigen, füreinander black boxes sind[130], schließen es aus, Kommunikation als Übertragung von Sinn zu konzipieren. Statt dessen muß man davon sprechen, daß jedes Individuum für sich konstruiert, was es als Sinn der Kommunikation wahrnimmt.

Gleichzeitig jedoch, und darin besteht die soziologische Brisanz des Gedankens der doppelten Kontingenz, ist die Kommunikation in ihrer Eigendynamik unabhängig von dem, was Individuen sich als Sinn der Kommunikation zurechtlegen. Doppelte Kontingenz koppelt die Kommunikation von den Intentionen der beteiligten Individuen ab und ist damit die Voraussetzung dafür, daß individuelle Sinnbeiträge, wie die Linguistik sagt, zunächst demotiviert und dann remotiviert werden können.[131] Nur so können Intentionen konstruiert werden, die den Individuen zugerechnet werden. Zugleich ist damit jedoch anerkannt, daß Kommunikation nicht als Übersetzung von Intention in Rede und von Rede in Verstehen oder Nichtverstehen verstanden werden kann. Sondern Kommunikation schafft sich eine eigene Realität, die sich nach eigenen Maßgaben von den beteiligten Bewußtseinen abhängig macht, damit jedoch, das muß man sehen, von diesen Bewußtseinen in ihrer Reproduktion wesentlich unabhängig ist.[132] Auf der Grundlage des Theorems der doppelten Kontingenz wird Kommunikation als Sinnverarbeitung eines nicht nur zufälligen, sondern systematisch zu fordernden Rauschens verstanden.[133] Die Unverständlichkeit, von der die Romantiker sprachen, macht die Kommunikation nicht unmöglich, sondern eröffnet ihr ihren Spielraum. Seither ist Kommunikation, wenn man eine Definition wagen darf, Interpretation des Rauschens.

Die Rekursivität als zweites Element der Kommunikation bedeutet, daß Kommunikation nicht als ein einziges kommunikatives Ereignis, sondern nur als Bezugnahme kommunikativer Ereignisse auf kommunikative Ereignisse verstanden werden kann.[134] Ruesch und Bateson veranschaulichen dies dadurch, daß sie sagen, daß Kommunikation Fehlerkorrekturen impliziert. Man erkennt Kommunikation am einfachsten und zweifelsfreiesten daran, daß Fehler vorheriger Kommunikationen erkannt, zugerechnet und korrigiert werden und daß nachfolgende Kommunikationen auf diesen Umstand korrigierter Fehler Bezug nehmen. Man kann die Fehlerkorrektur als pars pro toto nehmen und Kommunikation als Bezugnahme auf Kommunikation definieren. Diese Bezugnahme ist notwendige und hinreichende Bedingung des Vorliegens von Kommunikation. Damit ist allerdings auch angedeutet, daß es für diese Bezugnahme eine Referenz gibt, die nicht mit den Individuen, die an der Kommunikation teilnehmen, zusammenfällt. Diese Referenz ist die Kommunikation selbst, für die damit im Rahmen ihrer Rekursivität eine Eigenrealität und Eigendynamik angenommen werden kann.

---

129 Vgl. PAUL WATZLAWICK/JANET H. BEAVIN/DON D. JACKSON, Pragmatics of Human Communication. A Study of Interactional Patterns, Pathologies, and Paradoxes (New York 1967); dt.: Menschliche Kommunikation. Formen, Störungen, Paradoxien (Bern 1969), 50ff.
130 Vgl. ASHBY (s. Anm. 110), 132ff.; RANULPH GLANVILLE, The Form of Cybernetics. Whitening the Black Box, in: General Systems Research. A Science, a Methodology, a Technology (Louisville 1979), 35–42; GLANVILLE, Inside every White Box there are two Black Boxes Trying to Get out, in: Behavioral Science 27 (1982), 1–11.
131 Vgl. DERRIDA, Glas (Paris 1974).
132 Vgl. LUHMANN, Wie ist Bewußtsein an Kommunikation beteiligt?, in: Gumbrecht/Pfeiffer (s. Anm. 38), 884–905; BAECKER, Die Unterscheidung zwischen Kommunikation und Bewußtsein, in: W. Krohn/G. Küppers (Hg.), Emergenz. Die Entstehung von Ordnung, Organisation und Bedeutung (Frankfurt a. M. 1992), 217–268.
133 Vgl. WILLIAM RASCH, Injecting Noise into the System. Hermeneutics and the Necessity of Misunderstanding, in: SubStance 67 (1992), 61–76.
134 Vgl. VON FOERSTER, ›Cybernetics‹, in: S. C. Shapiro u. a. (Hg.), Encyclopedia of Artificial Intelligence, Bd. 1 (New York 1987), 225–227; VON FOERSTER, Für Niklas Luhmann. Wie rekursiv ist Kommunikation?, in: Teoria Sociologica 2 (1993), 61–85.

Das dritte Element der Kommunikation ist die Metakommunikation. Damit ist gemeint, daß es keine Kommunikation geben kann, die nicht gleichzeitig mitkommuniziert, daß sie kommuniziert. Damit ist ein weiterer und notwendiger Kontingenzspielraum für Kommunikation definiert, denn die Anschlußkommunikation hat die Wahl, entweder auf die Kommunikation selbst oder die Metakommunikation Bezug zu nehmen. Und nichts kann ihr diese Wahl nehmen, da jede Sprache impliziert, laufend die Ebene wechseln zu können, ohne sich je darauf festlegen lassen zu können, auf welcher Ebene sie gerade operiert.[135] Umgekehrt ist die Unfähigkeit, die Metakommunikation mitzusehen, ein Zeichen für Pathologien, angesichts deren man wiederum die Wahl hat, sie auf die Kommunikation selbst oder auf die beteiligten Individuen zuzurechnen, sie also als Soziopathologie oder als Psychopathologie zu betrachten. Dabei ist klar, daß es keine Entscheidung dieser Zurechnungsfrage gibt, die nicht ihrerseits auf ein kommunikatives oder individuelles Beobachtungsinteresse zugerechnet werden kann.

Jede Kommunikation impliziert eine Metakommunikation. Damit ist gemeint, daß die Kommunikation sich selbst als Kommunikation vorführt.[136] Nur so kann die Selbstreferenz der Kommunikation gedacht werden, denn nur so aktualisiert sich laufend als eine eigene Möglichkeit ihrer selbst, die andere Möglichkeiten nicht ausschließt, sondern voraussetzt und erfordert. Nur so verweist die Kommunikation laufend über sich hinaus auf weitere Kommunikationen. Jurij Lotman sieht daher jede Kommunikation als durch zwei »semiotic situations« gekennzeichnet: die eine Situation aktualisiert den »mechanism of communication«, die andere Situation den »content of communication«[137]. Zwischen diesen beiden Situationen oszilliert die Kommunikation, ohne sich auf eine der beiden Situationen festlegen zu können oder festlegen zu lassen.

Es ist nicht unwichtig, darauf hinzuweisen, daß diese Metakommunikation noch nicht identisch mit dem Auftreten von Sprache ist. Die Metakommunikation betrifft im wesentlichen das Muster der Beziehungen, das durch Kommunikation produziert und reproduziert und durch Metakommunikation variiert werden kann. Die Sprache hinge-

gen erlaubt es, zu diesem Muster der Beziehungen wiederum einen Bezug herzustellen, so daß ein Kommunikationssystem entsteht, das sich über sich selbst verständigen kann.[138] Daran schließt der Begriff der Sprache an, den von Foerster vorschlägt: »Die Sprache ist jenes besondere Kommunikationssystem, das über sich selbst sprechen kann. Das heißt, wenn man von der ›Bienensprache‹ redet, dann würde ich sagen: Die Bienen verfügen – nach meiner Definition – über keine Sprache. Die Bienen können einander wohl zutänzeln: Bzzz, die Blume Sowieso ist 300 Fuß ostostwest zu finden – ein fabelhaftes Kommunikationsmedium. Aber wenn die Biene zurückkommt, kann sie nicht zu der wartenden Biene sagen: ›Du hast das alles zwar sehr schön und richtig gesagt, aber deine Aussprache war katastrophal‹ oder: ›Laß doch beim nächsten Mal deinen texanischen Akzent weg‹ etc. Das können die Bienen, glaube ich jedenfalls, nicht, sie können auch nicht über ihr Vokabular sprechen, sie können sich nicht über ihre Grammatik unterhalten, ihr Kommunikationssystem selbst kann nicht innerhalb ihres Kommunikationsrepertoires kommuniziert werden. Die Sprache beginnt für mich aber dort, wo die Kommunikation einen Begriff von Kommunikation entwickelt und reflexiv wird.«[139]

Im Zusammenhang einer soziologischen Systemtheorie, die sich in diesem Punkt von Ed-

---

135 Vgl. ANNETTA PEDRETTI/GLANVILLE, The Domain of Language, in: R. Trappl/N. V. Findler/W. Horn (Hg.), Progress in Cybernetics and Systems Research, Bd. 11 (Washington 1982), 235–242.
136 Vgl. BATESON, A Theory of Play and Fantasy (1955), in: Bateson, Steps to an Ecology of Mind (New York 1972), 177–193; BATESON, The Message ›This is a Play‹, in: B. Schaffner (Hg.), Group Processes. Transactions of the Second Conference, October 1955 (Princeton/New York 1956), 145–242.
137 JURIJ M. LOTMAN, Primary and Secondary Communication-Modeling Systems, in: D. P. Lucid (Hg.), Soviet Semiotics. An Anthology (Baltimore 1977), 96.
138 Vgl. BATESON, Problems in Cetacean and Other Mammalian Communication (1966), in: Bateson, Steps (s. Anm. 136), 364–378.
139 VON FOERSTER, Der Anfang von Himmel und Erde hat keinen Namen. Eine Selbsterschaffung in 7 Tagen, hg. v. A. Müller/K. H. Müller (Wien 1997), 175.

mund Husserls Philosophie des Bewußtseins hat anregen lassen, werden die beiden von Lotman genannten ›semiotischen Situationen‹ in die Begrifflichkeit der ›Selbstreferenz‹ und der ›Fremdreferenz‹ der Kommunikation übersetzt. Die Selbstreferenz aktualisiert die Kommunikation als Kommunikation. Die Fremdreferenz aktualisiert ihren sachlichen oder inhaltlichen Bezug auf etwas außerhalb der Kommunikation. So wie man keinen Gedanken denken kann, ohne ihn als Gedanken *an etwas* zu denken, so kann man auch keine Kommunikation denken, ohne sie als Kommunikation *über etwas* zu denken.[140] In der Bewußtseinsphilosophie wird dieser Fremdbezug als ›Intention‹ beschrieben, in der Soziologie als ›Thema‹. Über Intentionen reproduziert sich das Bewußtsein, über Themen die Kommunikation. Hier wie dort ist es jedoch erst der Bezug des Bewußtseins bzw. der Kommunikation auf sich selbst, der unterschiedliche Intentionen bzw. Themen zu finden und zu wechseln erlaubt.

Eines dieser Themen kann die Kommunikation selbst sein, so daß es möglich ist, wie hier, über Kommunikation zu kommunizieren und dabei sowohl voraussetzen zu müssen als auch in Frage stellen zu können, daß wir wissen, was Kommunikation ›ist‹.

Das vierte Element, das Ruesch und Bateson für die Kommunikation festhalten, ist die Doppelung jeder Mitteilung in die beiden Aspekte des ›report‹ und des ›command‹. Dieses Element hängt mit dem Element der Rekursivität eng zusammen, benennt jedoch zugleich einen weiteren, davon unabhängigen Punkt. Als report oder Bericht bezieht sich jede Kommunikation auf vorherige Ereignisse, als command oder Aufforderung bezieht sie sich auf Folgeereignisse. Interessant ist auch daran wiederum, daß sich diese beiden Aspekte nicht etwa sauber und deutlich getrennt an jeder Kommuni-

kation beobachten lassen, sondern daß sich jede Kommunikation in jeder ihrer Sinnimplikationen sowohl als report als auch als command interpretieren läßt. Denn es läßt sich der Bericht als Aufforderung verstehen, den Bericht zu akzeptieren. Und es läßt sich die Aufforderung als Bericht darüber verstehen, welche Erwartungen mit der Kommunikation einhergehen und nur zu bestimmten Preisen enttäuscht werden.

Dieser Unterscheidung von report und command widerfährt demnach dasselbe Schicksal wie der Unterscheidung performativer und konstatierender Sprechakte in John L. Austins Vorlesungen *How to Do Things with Words* (1955). Auch hier glaubte man, zwischen Aussagen, die einen Sachverhalt benennen (konstatieren), und Aussagen, die einen Sachverhalt hervorbringen (performieren), unterscheiden zu können, bis man merkte, daß die Konstatierung ›Dies ist ein Tisch‹ die Voraussetzungen ihres Verstehens ebenso performiert, wie die Performanz des Priesters ›Ich nenne euch Mann und Frau‹ die Institution Ehe zitiert und mit Hilfe dieses Zitats[141] das Ehepaar beschreibt, das in genau dem Moment entsteht. Man kommt, wie vor allem die Philosophie der Dekonstruktion vorführt[142], nicht darum herum, für das Funktionieren von Sprache und Kommunikation Unterscheidungen wie die zwischen Kommunikation und Metakommunikation, report und command, konstatierenden und performativen Sprechakten zu postulieren, die laufend kollabieren und in diesem Sinne ›unmöglich‹ sind und dennoch als diese kollabierenden Unterscheidungen unverzichtbar sind. Sie sind unverzichtbar, weil sie die Institutionen bestätigen, die zitiert werden können, um die Setzungen dieser Unterscheidungen abzusichern. Ohne diesen Zirkel zwischen Setzung und Bestätigung käme es nicht zur Etablierung kommunikativer Strukturen, auf die Kommunikationen Bezug nehmen können, wenn sie Anschluß aneinander suchen.

Das ›Kollabieren‹ der Unterscheidung bzw., genauer gesagt, die Wiedereinführung der Unterscheidung auf beiden Seiten der Unterscheidung gilt auch für die Unterscheidung zwischen dem Beziehungsaspekt der Kommunikation und dem Inhaltsaspekt der Kommunikation, die Paul Watzlawick, Janet H. Beavin und Don D. Jackson in

---

140 Vgl. EDMUND HUSSERL, Ideen zu einer reinen Phänomenologie und phänomenologischen Philosophie (1913), in: HUSSERL, Bd. 3 (1950); LUHMANN (s. Anm. 128), 191–241.
141 Vgl. PAUL DE MAN, Hegel on the Sublime, in: M. Krupnik (Hg.), Displacement. Derrida and After (Bloomington 1983), 139–153.
142 Vgl. DERRIDA, Psyché. Inventions de l'autre (Paris 1987).

Pragmatics of Human Communication. A Study of Interactional Patterns, Pathologies, and Paradoxes (1967) eingeführt haben. Ihre Vermutung war, daß der Inhaltsaspekt ›digital‹ übermittelt wird, der Beziehungsaspekt hingegen ›analog‹, und daß die digitale Kommunikation ihre Vorteile in einem hohen Grad der Komplexität, die analoge hingegen in einem hohen Grad möglicher Widersprüchlichkeit hat. Für diese Unterscheidung spricht, daß sie auf eine elegante Art und Weise den Sprachbezug der Kommunikation (womit nicht nur menschliche, sondern auch künstliche Sprachen, nicht nur verbale, sondern jegliche mediale gemeint sein können) vom Individualitätsbezug der Kommunikation zu unterscheiden und die prinzipielle Differenz des Individuums durch die Konzession der Widersprüchlichkeit abzusichern vermag. Gegen die Unterscheidung spricht, daß vor allem eine Kommunikationsforschung, die auf geschlechtscodierte Kommunikation zu achten gelernt hat, nicht mehr in der Lage ist, zwischen Inhaltsaspekt und Beziehungsaspekt eindeutig zu unterscheiden.[143] Denn in der Definition bestimmter Inhalte als Inhalte stecken über die Definition der Inhalte abgesicherte soziale Beziehungen (der ›Sachzwang‹ als ›Herrschaftsinstrument‹ des ›Patriarchats‹), und in der Definition der Beziehung als Beziehung steckt die Abweisung der Beziehung als ›nicht zur Sache gehörig‹.

Ähnliche Überlegungen gelten für die Unterscheidung, die Niklas Luhmann in *Soziale Systeme* (1984) und später verwendet, um die Kommunikation als Synthese dreier Selektionen zu beschreiben[144]: »Ähnlich wie Leben und Bewußtsein ist auch Kommunikation eine emergente Realität, ein Sachverhalt sui generis. Sie kommt zustande durch eine Synthese von drei verschiedenen Selektionen – nämlich Selektion einer *Information*, Selektion der *Mitteilung* dieser Information und selektives *Verstehen oder Mißverstehen* dieser Mitteilung und ihrer Information. Keine dieser Komponenten kann für sich allein vorkommen. Nur zusammen erzeugen sie Kommunikation. Nur zusammen – d. h. nur dann, wenn ihre Selektivität zur Kongruenz gebracht werden kann. Kommunikation kommt deshalb nur zustande, wenn zunächst einmal eine Differenz von Mitteilung und Information verstanden wird. Das unterscheidet sie vom bloßen Wahrnehmen des Verhaltens anderer. Im Verstehen erfaßt die Kommunikation einen Unterschied zwischen dem Informationswert ihres Inhalts und den Gründen, aus denen der Inhalt mitgeteilt wird. Sie kann dabei die eine oder die andere Seite betonen, also mehr auf die Information selbst oder auf das expressive Verhalten achten. Sie ist aber immer darauf angewiesen, daß *beides* als Selektion erfahren und *dadurch* unterschieden wird. Es muß, mit anderen Worten, vorausgesetzt werden können, daß die Information sich nicht von selbst versteht und daß zu ihrer Mitteilung ein besonderer Entschluß erforderlich ist. Und das gilt natürlich auch, wenn der Mitteilende etwas über sich selbst mitteilt. Wenn und insoweit diese Trennung der Selektionen nicht vollzogen wird, liegt eine bloße Wahrnehmung vor.«[145]

In der Mitteilung steckt der Selbstbezug der Kommunikation auf eine Handlung, die als Kommunikation wahrgenommen wird, in der Information der Fremdbezug der Kommunikation auf ein Thema und im Verstehen erstens die Unterscheidung zwischen Selbst- und Fremdbezug und zweitens die Entscheidung über die rekursiven Anschlüsse der Kommunikation an weitere Kommunikation. Vorausgesetzt ist dabei die Temporalisierung der Kommunikation zu kommunikativen Ereignissen, die auftauchen und wieder verschwinden. Insofern setzt die Fortsetzung der Kommunikation die ›Autopoiesis‹[146] der Kommunikation, d. h. die rekursive Produktion der Kommunikation aus den Elementen der Kommunikation voraus. Dabei ermöglicht sich Kommunikation »von hinten her«[147]; sie kommt nur zustande, wenn verstanden wird, daß sich Information und Mitteilung

---

143 Vgl. LINDA R. WAUGH, Marked and Unmarked. A Choice between Unequals in Semiotic Structure, in: Semiotica 38 (1982), 299–318; JOHN LYONS, Semantics, Bd. 1 (Cambridge 1977), 305 ff.; JUDITH BUTLER, Gender Trouble. Feminism and the Subversion of Identity (New York 1990).
144 Vgl. LUHMANN (s. Anm. 128), 191–241.
145 LUHMANN, Was ist Kommunikation?, in: Luhmann, Soziologische Aufklärung 6. Die Soziologie und der Mensch (Opladen 1995), 115.
146 Vgl. HUMBERTO R. MATURANA/FRANCISCO J. VARELA, Autopoiesis and Cognition. The Realization of the Living (Dordrecht 1980).
147 LUHMANN (s. Anm. 128), 198.

unterscheiden und daher die Wahlmöglichkeit gegeben ist, sich mit der Folgekommunikation entweder auf die Information oder die Mitteilung zu beziehen. Dabei ist mit dem Verstehen noch nicht entschieden, ob die Kommunikation angenommen oder abgelehnt wird. Sie muß in beiden Fällen verstanden worden sein, wenn sich ›Verstehen‹ daran erweist, daß ein Anschluß gefunden wird. Sowohl die Ablehnung als auch die Annahme müssen kommuniziert werden, setzen die Kommunikation also fort. Insofern punktiert das Verstehen den Prozeß der Kommunikation. Das Verstehen ist Charles S. Peirces ›interpretant‹[148] und Gordon Pasks ›sharp-valued event‹[149], die vorherige von nachfolgender Kommunikation zu unterscheiden und damit die Kommunikation als solche zu unterscheiden erlauben. Dabei ist unter diesem Verstehen nicht das ›mitlaufende‹ Verstehen der Kommunikation durch die Individuen zu verstehen, sondern das von der Kommunikation für die Kommunikation selbst aufgebrachte Verstehen im Sinne der Möglichkeit, zwischen Information und Mitteilung zu unterscheiden und Folgekommunikationen entweder an dem einen oder am anderen Aspekt oder höchst anspruchsvoll am Ineinanderblenden von Information und Mitteilung, also an der Wiedereinführung der Unterscheidung zu orientieren.

Auch die Unterscheidung zwischen Information und Mitteilung ›kollabiert‹ in jenem Sinne, daß

---

148 Vgl. CHARLES S. PEIRCE, [Ein Überblick über den Pragmatizismus] (1907), in: Peirce, Schriften zum Pragmatismus und Pragmatizismus, hg. v. K.-O. Apel, übers. v. G. Wartenberg (Frankfurt a. M. 1991), 498–538; PEIRCE, Phänomen und Logik der Zeichen, hg. u. übers. v. H. Pape (Frankfurt a. M. 1983).
149 Vgl. GORDON PASK, Organizational Closure of Potentially Conscious Systems, in: M. Zeleny (Hg.), Autopoiesis. A Theory of Living Organization (Amsterdam 1981), 265–308.
150 Vgl. BENJAMIN, Das Kunstwerk im Zeitalter seiner technischen Reproduzierbarkeit (1935), in: Benjamin, Illuminationen. Ausgewählte Schriften (Frankfurt a. M. 1955), 148–184; BORIS GROYS, Gesamtkunstwerk Stalin. Die gespaltene Kultur in der Sowjetunion, übers. v. G. Leupold (München 1988).
151 Vgl. HELMUT LETHEN, Verhaltenslehren der Kälte. Lebensversuche zwischen den Kriegen (Frankfurt a. M. 1994).

sich nicht ausmachen läßt, ob die Kommunikation über ihren Sachbezug informiert und ihren Sozialbezug mitteilt oder nicht vielmehr umgekehrt ihren Sachbezug mitteilt und über ihren Sozialbezug informiert. Es kommt ganz darauf an, wie sie verstanden wird. Es genügt die Einführung eines ›weiblichen‹ Blickwinkels, um das eine Verstehen in das andere Verstehen zu transformieren. Zugleich jedoch ist diese Unterscheidung, wie auch die bereits genannten, stabil, denn sie versagt nicht etwa an ihrer Beweglichkeit im Verstehen, sondern bewährt sich an ihr.

XIV. Therapie im System

Die wesentlichen Anregungen zur Formulierung eines Kommunikationsbegriffs werden in der zweiten Hälfte des 20. Jh. in einem therapeutischen oder therapienahen Kontext formuliert. Hatte das 18. Jh. die Differenz des Individuums entdeckt und das 19. Jh. die Eigendynamik der Gesellschaft formuliert, so interessiert sich das 20. Jh. zunehmend für die Kurzschlüsse und die Vermeidung dieser Kurzschlüsse zwischen Individuum und Gesellschaft. Wie sichert man sowohl den individuellen als auch den gesellschaftlichen Spielraum, wenn Kommunikation nur als Form zu beschreiben ist, die Individuum und Gesellschaft in einen Konditionierungszusammenhang versetzt, der zwar nicht kausal, sondern nur ästhetisch zu verstehen ist, gleichwohl jedoch die Gefahr determinierender Zugriffe der Gesellschaft auf das Individuum und umgekehrt enthält? Dies ist die Frage, die von Therapeuten, Sozialphilosophen und Soziologen entfaltet wird.

Seit man im Faschismus ebenso wie im Stalinismus die Erfahrung machen mußte, daß gerade im Bereich des Ästhetischen fatale Kurzschlüsse zwischen Individuum und Gesellschaft gezündet werden können[150], wächst das Interesse an dieser ›nur ästhetischen‹ Kopplung von Individuum und Gesellschaft. Man entdeckt, daß die mangelnde Determination Ansatzpunkte für Überdeterminationen bietet, die sowohl als individuelles als auch als politisches und wirtschaftliches Projekt formuliert werden können[151], und versucht herauszufinden, wie diese Überdetermination wieder auf ein ›gesundes‹, d.h. bewegliches und offenes Maß zurückgeführt werden kann. Die ästhetische Fragestellung bleibt auch hierfür der Ansatzpunkt, weil ›Ästhetik‹ jetzt heißen kann, das Wissen um die Form der Kommunikation in die Kommunikation wieder einzuführen und die Kommunikation in der Kommunikation auf ihre Fähigkeit der Selbstdetermination hin zu beobachten.[152] Diese Beobachtung macht auf Kontingenzspielräume aufmerksam und darauf, wie diese Kontingenzspielräume von der Kommunikation selbst immer wieder sowohl eingeschränkt als auch neu eröffnet werden.

Das bedeutet, daß sich das Interesse von Therapeuten, Philosophen, Soziologen und Literaten auf die Frage konzentriert, wie der Zirkelschluß der Kommunikation, d.h. die Aufrechterhaltung der Kommunikation durch Kommunikation, sowohl garantiert als auch immer wieder unterbrochen werden kann.[153] Grundsätzlich lautet die Lösung dieses Problems, daß die Kommunikation mit Verweis auf externe Faktoren unterbrochen wird, die in einer zweiten, ergänzenden Bewegung als Supplemente der Kommunikation, als von der Kommunikation selbst produzierte endogene Faktoren nachgewiesen werden können.[154] Man spricht auch davon, daß sich die Kommunikation auf der Ebene der Beobachtung zweiter Ordnung schließt und auf der Ebene der Beobachtung erster Ordnung öffnet.[155]

Die paradoxe Kurzformel für diese Problemfassung lautet: Reproduktion durch Öffnung. Diese Formel liegt mittlerweile einer ganzen Reihe zentraler Theoreme zur Bestimmung kommunikativer Sachverhalte zugrunde. Sie gilt als Abschlußformel philosophischer Weisheit nach dem Ende der ›großen Erzählungen‹.[156] Sie übersetzt die alte Einheitsformel der Vernunft in eine schon eher differenzfähige Vorstellung der Einigung durch den zwanglosen Diskurs.[157] Sie erlaubt es, sich eine ›Ethik der Diskussion‹ vorzustellen, die auf der Grundlage einer Anerkennung und Verschiebung (›itérabilité‹[158]) des Problems der Unentscheidbarkeit gedacht wird. Sie ermöglicht es, sich Auslenkungen des fatalen, gewaltheckenden ›désir mimétique‹[159] in steigerungsfähige und damit rivalitätsentlastende Wunschobjekte (Gott, Geld) vor-

zustellen, die gleichwohl wieder in den Zyklus der Reproduktion der Kommunikation zurückgelenkt werden können. Sie liegt der Idee zugrunde, eine Gesellschaftstheorie auf der Grundlage der Einheit eines Begriffs zu formulieren, der Heterogenes sowohl fordert als auch übergreift.[160] Sie begründet das Programm, die gewohnten Metaphern der Angleichung (›communio‹) und der Kontrolle, die einem nicht elaborierten Kommunikationsverständnis zugrunde liegen, durch die Metapher der Konstruktion zu ersetzen, die schon deswegen Schließung und Öffnung zugleich sichert, weil sie sich als Metapher weiß.[161] Und sie ist sogar in Vorschlägen aufgenommen worden, die Gestaltung

---

152 Vgl. BRADFORD P. KEENEY, Aesthetics of Change (New York 1983); BAZON BROCK, Kunst und Leben, Schöpfung und Arbeit. Die Funktion der Kunst in der Gesellschaft von morgen, in: Brock, Ästhetik als Vermittlung. Arbeitsbiographie eines Generalisten, hg. v. K. Fohrbeck (Köln 1977), 178–197.
153 Vgl. GEORG MEGGLE, Kommunikation, Bedeutung, Implikatur – eine Skizze, in: Meggle (Hg.), Handlung, Kommunikation, Bedeutung (Frankfurt a. M. 1993), 483–507; MEGGLE, Grundbegriffe der Kommunikation (Berlin 1981).
154 Vgl. JEAN-PIERRE DUPUY/F. J. VARELA, Kreative Zirkelschlüsse: Zum Verständnis der Ursprünge, übers. v. I. Leipold, in: P. Watzlawick/P. Krieg (Hg.), Das Auge des Betrachters. Beiträge zum Konstruktivismus. Festschrift für Heinz von Foerster (München 1991), 247–275.
155 Vgl. LUHMANN u.a., Beobachter. Konvergenz der Erkenntnistheorien? (München 1990).
156 Vgl. JEAN-FRANÇOIS LYOTARD, La condition postmoderne. Rapport sur le savoir (Paris 1979); RICHARD RORTY, Contingency, Irony, and Solidarity (Cambridge 1989).
157 Vgl. HABERMAS (s. Anm. 8).
158 Vgl. DERRIDA (s. Anm. 75).
159 Vgl. RENÉ GIRARD, La violence et le sacré (Paris 1972); GIRARD, Des choses cachées depuis la fondation du monde. Recherches avec Jean-Michel Oughourlian et Guy Lefort (Paris 1978).
160 Vgl. LUHMANN (s. Anm. 128); LUHMANN (s. Anm. 12).
161 Vgl. KLAUS KRIPPENDORFF, Eine häretische Kommunikation über Kommunikation über Kommunikation über Realität, in: Delfin, H. 13 (1989/1990), 52–67; KRIPPENDORFF, Der verschwundene Bote. Metaphern und Modelle der Kommunikation, in: K. Merten/S. J. Schmidt/S. Weischenberg (Hg.), Die Wirklichkeit der Medien. Eine Einführung in die Kommunikationswissenschaft (Opladen 1994), 79–113.

von Computersystemen am Prinzip der Vorwegnahme von Zusammenbrüchen zu orientieren.[162] Grundsätzlich geht es immer wieder darum, Kommunikation als Lösung eines Problems zu formulieren, das sie selbst produziert. Die im 2. Weltkrieg gemachte Entdeckung, daß man Soldaten, vor allem Piloten, die den Anforderungen ihrer Situation nicht mehr gewachsen waren, am besten und schnellsten helfen konnte, indem man die Voraussetzungen dafür schuf, daß ihnen durch ihre Gruppe (und nicht mehr durch den Psychiater) geholfen wurde, ist das Paradigma dieser Problemformulierung[163], die ihre andere Seite in der Entdeckung der fatalen, individuelle Abweichungschancen minimierenden Eigendynamik eines ›Gruppendenkens‹ hat.[164]

Eine weitere Formulierung des Problems lautet, daß sich Kommunikation als System reproduziert. Diese Formulierung bedeutet, daß die Kommunikation nicht als Übertragungsvorgang zwischen den an der Kommunikation beteiligten Individuen verstanden wird, sondern als emergentes Phänomen. »Es wird nichts übertragen. Es wird Redundanz erzeugt in dem Sinne, daß die Kommunikation ein Gedächtnis erzeugt, das von vielen auf sehr verschiedene Weise in Anspruch genommen werden kann. Wenn A dem B etwas mitteilt, kann sich die weitere Kommunikation an A oder B wenden. Das System pulsiert gleichsam mit einer ständigen Erzeugung von Überschuß und Selektion. Durch die Erfindung von Schrift und Buchdruck ist dies Systembildungsverfahren nochmals immens gesteigert worden, mit Konsequenzen für Sozialstruktur, Semantik, ja für Sprache selbst, die erst allmählich ins Blickfeld der Forschung tre-

ten.«[165] Kommunikation produziert und reproduziert sich als System, dessen Selbstreferenz weder auf Leben noch auf Bewußtsein, sondern ausschließlich auf sich selbst verweist.

Damit wird jedes ›reduktionistische‹ Programm der Erklärung von Kommunikation abgelehnt. An die Stelle der Zurückführung der Kommunikation auf ein anderes System tritt die Systemformulierung selbst, die im Kontext einer Theorie selbstreferentieller Systeme nicht auf die Vorstellung einer geschlossenen Systematik wohldefinierter Elemente und Relationen zwischen diesen Elementen hinausläuft, sondern auf die Vorstellung der unwahrscheinlichen und prinzipiell prekären Reproduktion der Differenz zwischen System und Umwelt.[166]

Ebenso wie der Formbegriff der Kommunikation läuft der Systembegriff der Kommunikation darauf hinaus, die andere Seite der Differenz, hier: die Umwelt, nicht etwa nur auszuschließen, sondern im Zuge dieses Ausschlusses als unabdingbare Voraussetzung der Systemreproduktion zu beschreiben. Als diese Umwelt fungieren jene Tatbestände des Lebens und des Bewußtseins, auf die die Kommunikation als System nicht zurückgeführt werden kann. Dazu gehört dann auch die Einsicht, daß die Kommunikation andere Zustände annimmt, daß man anders spricht und hört, daß ein anderes Gedächtnis und andere Erwartungen mobilisiert, wenn man die ›Chemie‹ im doppelten Sinne des Wortes der an der Kommunikation beteiligten Individuen etwa durch Rauchen und Trinken verändert.[167]

Dieser Systembegriff kann als eine Konsequenz der ästhetischen Fragestellung gedacht werden. Denn ähnlich wie die Ästhetik basiert er auf der Vorstellung einer Unterbrechung kausaler Beziehungen und der Möglichkeit der Einrichtung sich selbst isolierender und damit umweltindifferenter, nur in selbst gewählten Selektionen von der Umwelt abhängiger Sachverhalte. Dies führt zurück auf den antiken Begriff der technē, der Kunst im Sinne der Schaffung künstlicher Werke ebenso wie Technik im Sinne der Schaffung einer eigenen Kausalität meinte. Ein System in diesem Sinne kann zwar von außen zerstört, aber nicht determiniert werden. Es determiniert sich selbst und rekonstruiert zu diesem Zweck Sachverhalte der

---

162 Vgl. TERRY WINOGRAD/FERNANDO FLORES, Understanding Computers and Cognition. A New Foundation of Design (Norwood 1986).
163 Vgl. RUESCH/BATESON, Preface to the 1968 Edition, in: RUESCH/BATESON (s. Anm. 5), XI–XIV.
164 Vgl. IRVING LESTER JANIS, Victims of Groupthink (Boston 1972).
165 LUHMANN (s. Anm. 145), 117.
166 Vgl. LUHMANN, Die Unwahrscheinlichkeit der Kommunikation, in: Luhmann, Soziologische Aufklärung 3. Soziales System, Gesellschaft, Organisation (Opladen 1981), 25–49.
167 Vgl. MICHAEL RUTSCHKY, Wartezeit. Ein Sittenbild (Köln 1983), 173 ff.

Umwelt, denen gegenüber es sich in ein Verhältnis der Differenz setzt.

Jean Baudrillard hat in *Paradoxe Kommunikation* (1989) dem modernen Begriff der Kommunikation vorgeworfen, daß er nur noch den Selbstlauf einer negationsfreien Operation bestätigen könne, dem jedes Bewußtsein der Differenz des Individuums und der symbolischen Qualität der Sprache abhanden gekommen sei.[168] Danach ist jede Fähigkeit, miteinander zu sprechen, verlorengegangen und eine ebenso technisierte wie therapeutische Fähigkeit, sich zum Sprechen zu bringen bzw. den anderen sprechen zu lassen, an deren Stelle getreten. Der Systembegriff ebenso wie der Formbegriff der Kommunikation erlauben es, diesen Vorwurf aufzugreifen und zu zeigen, daß das aktuelle Kommunikationsverständnis in der Tat eine therapeutische Funktion hat, die jedoch ohne das Wissen um die Differenz der anderen Seite, des eingeschlossenen Ausgeschlossenen, nicht zu denken ist.

Die Übersetzung des ästhetischen in einen therapeutischen Begriff der Kommunikation hat immer noch das Individuum zu seiner Referenz. Und immer noch geht es darum, dieses Individuum zugleich in seiner inkommunikablen Singularität vorkommen zu lassen und mitteilungsfähig zu machen. In letzter Konsequenz formuliert der therapeutische Kommunikationsbegriff daher genau den Impuls, den die ästhetische Fragestellung aufgegriffen hat: Kommunikation heißt, jene Redundanz zu erzeugen, die das Unvorhersagbare vorhersagbar und das Unwahrscheinliche wahrscheinlich werden läßt.[169] Die Struktur dieser Redundanz ist der ›double bind‹, nämlich die Unterwerfung des Individuums unter eine Struktur, die sich dadurch definiert, daß sie das Individuum als frei postuliert.[170] Dieser double bind, darauf weist Gregory Bateson hin, ist jedoch nicht etwa substantieller Natur, sondern selbst das Produkt von Kommunikation, d. h. einer Verwirrung, deren Unauflösbarkeit möglich macht, was wir Kommunikation nennen. Das Individuum akzeptiert den double bind, denn er ist der Preis für jene Kommunikation, die ihm, mit Vilém Flusser formuliert, als »Kunstgriff gegen die Einsamkeit zum Tode«[171] erscheint: Die Entfaltung des double bind sichert ihm gemeinsam mit anderen jene hinreichend problematische Struktur, die es ihm erlaubt, sich gegen die natürliche Tendenz zur Entropie mit immer neuer, Unterschiede machender Information zu versorgen.[172]

Zusammen mit dem Formbegriff der Kommunikation stellt der Systembegriff die Möglichkeit bereit, die Verwirrung der Kommunikation ebenso wie ihre Reproduktion zu beschreiben. Denn die Schließung der Kommunikation zum System ist einerseits die Voraussetzung dafür, daß die Paradoxie des eingeschlossenen Ausgeschlossenen auffallen kann. Sie jedoch andererseits auch die Voraussetzung dafür, daß die Kommunikation aufrechterhalten werden kann. Das macht den Systembegriff der Kommunikation zu einem therapeutischen Begriff.[173] Zur Lösung der Probleme der Kommunikation empfiehlt er: Kommunikation.

XV. Medien der Kommunikation

Die moderne Kommunikationsforschung bestätigt die ästhetische oder auch ästhetisierende Erwartung, daß es keinen objektiven Standpunkt gibt, von dem aus Kommunikation definiert werden könnte. Jede Definition von Kommunikation

---

168 Vgl. JEAN BAUDRILLARD, Paradoxe Kommunikation (Bern 1989).
169 Vgl. BATESON, Cybernetic Explanation (1967), in: Bateson, Steps (s. Anm. 136), 405–416; ERVING GOFFMAN, Interaction Ritual. Essays on Face to Face Behavior (New York 1967).
170 Vgl. BATESON, Double Bind, 1969 (1969), in: Bateson, Steps (s. Anm. 136), 271–278; LUHMANN, Takt und Zensur im Erziehungssystem, in: Luhmann/K. E. Schorr (Hg.), Zwischen System und Umwelt. Fragen an die Pädagogik (Frankfurt a. M. 1996), 279–294.
171 VILÉM FLUSSER, Kommunikologie, hg. v. S. Bollmann/E. Flusser (Frankfurt a. M. 1998), 9.
172 Vgl. GILLES DELEUZE/FÉLIX GUATTARI, Mille plateaux (Paris 1980); dt.: Tausend Plateaus. Kapitalismus und Schizophrenie 2, übers. v. G. Ricke/R. Voullié (Berlin 1992), 59 ff.
173 Vgl. FRITZ B. SIMON, Die andere Seite der Gesundheit. Ansätze einer systemischen Krankheits- und Therapietheorie (Heidelberg 1995).

›punktiert‹ bereits, ob sie sich eher für die sprachlichen oder die individuellen Aspekte der Kommunikation, für ihre Einheit oder ihre Differenz, für ihr Gelingen oder ihr Mißlingen, für die Kommunikation als Handlung oder für die Kommunikation als Erleben, für die Einschluß- oder für die Ausschlußoperation der Kommunikation interessiert.[174] Dies ist mit ein Grund dafür, daß sich in jüngerer Zeit das Interesse den ›Medien‹ der Kommunikation zuwendet. Auch dies kann noch durch die ästhetische Fragestellung beobachtet werden, da die Frage nach den Medien der Kommunikation mit der Frage korreliert, wie sich das Individuum in seinen kommunikativen Chancen durch diese Medien einerseits determiniert sehen muß und welche Chancen es andererseits hat, etwa zwischen verschiedenen Medien zu wählen, um seine Inkommunikabilität zu kommunizieren.

Es ist daher kein Zufall, daß das Medienproblem im Einzugsbereich der Literaturwissenschaften aufgeworfen wurde und nach wie vor auf größtes Interesse stößt. So hat Marshall McLuhan der Kommunikationstheorie das Problem vorgegeben, sich nicht an Fragen der Inhalte der Kommunikation und auch nicht an Fragen des Transports dieser Inhalte zu orientieren, sondern das Verhältnis von Figur und Hintergrund in das Zentrum der Aufmerksamkeit zu rücken.[175] Man könne sich kommunikationstheoretisch nicht an der Figur, also an den jeweiligen aktuellen Kommunikationen orientieren, wenn deren Zustandekommen, Typ und Reproduktionschance bereits im Hintergrund entschieden werde. McLuhan orientiert sich hier zwar an gestalttheoretischen Überlegungen, doch man

erkennt Shannons Definition der Nachricht als Selektion aus einem Raum von Möglichkeiten ebenso wie Spencer-Browns Berechnung einer Bezeichnung aus der Unterscheidung, die sie trifft.

Wir können es hier offenlassen, inwieweit die Gestalttheorie durch Shannons Kommunikationstheorie oder umgekehrt diese durch jene mit motiviert ist. Wesentlich ist, daß hier wie in allen anderen Figuren, die in unserem Zusammenhang eine Rolle spielen, eine Differenz des Sichtbaren und des Unsichtbaren mitgedacht und jeweils neu formuliert wird. Und dabei wiederum ist wesentlich, daß man zwar immer wieder auch Versuche beobachten kann, sich ausschließlich für das empirisch Sichtbare oder das transzendental Unsichtbare zu entscheiden, die weiterführende Frage jedoch darin gesehen wird, die Differenz selbst zu beschreiben und als eine Operation zu verstehen, die sich selbst reproduziert.

McLuhans Arbeiten zur Medientheorie müssen im Licht dieses Interesses an der Differenz von Figur und Hintergrund gelesen werden.[176] Als ›Medium‹ wird bestimmt, was im Hintergrund wirkt und Kommunikation determiniert. Harold A. Innis hatte bereits den Verdacht formuliert, daß man ganze Reiche und Epochen anhand der Frage beschreiben könne, welche Medien sie für die Kommunikation bereitstellen.[177] Der Untergang der Reiche und Epochen korreliert mit einem Medienwechsel. So leicht es jedoch dem Historiker fallen mag, die jeweiligen Medien zu bestimmen, so schwer fällt dies im jeweils aktuellen, durch bestimmte Medien bereits bestimmten Kontext. Das jeweils aktuelle Medium entzieht sich allen Bestimmungsversuchen, weil es als Hintergrund (wie Husserls ›Horizont der Lebenswelt‹) nur weiter zurückweichen kann, wenn man sich ihm nähert. Als ›Inhalt‹ eines Mediums kann daher immer wieder nur ein weiteres Medium postuliert werden.[178]

Auch die Philosophie der Dekonstruktion interessiert sich für die ›différance‹, die ›sich zurückzieht‹, wenn sie beobachtet wird, weil sie zu ihrer Beobachtung immer wieder weitere Differenzen voraussetzt. Zwar fällt bei Jacques Derrida nur selten, wenn überhaupt, das Stichwort der Kommunikation. Doch gerade deswegen, das kann man bei ihm lernen und an seinem Interesse an ›Post-

---

174 Vgl. ANTHONY WILDEN, System and Structure. Essays in Communication and Exchange (London 1972).
175 Vgl. MARSHALL MCLUHAN, Letters, hg. v. M. Molinaro/C. McLuhan/W. Toye (Toronto 1987), 467f., 472ff.
176 Vgl. MCLUHAN, Understanding Media (New York 1964).
177 Vgl. HAROLD A. INNIS, Empire and Communications, hg. v. D. Godfrey (Victoria 1986); INNIS, The Bias of Communication (Toronto 1991); INNIS, Kreuzwege der Kommunikation. Ausgewählte Texte, hg. v. K. Barck (Wien 1997).
178 Vgl. KITTLER (s. Anm. 13); KITTLER, Grammophon, Film, Typewriter (Berlin 1986).

karten‹ festmachen[179], kann man seine Überlegungen zur différance und zur ›Schrift‹ als Beitrag zu einer ›unmöglichen‹ Kommunikationstheorie lesen. Wenn er die différance als ›mediale Form‹ begreift[180], so kann man dies mit Hilfe des Formkalküls von Spencer-Brown als Verweis auf die in den beiden Seiten, die sie trennt, nicht enthaltene und somit sich der Beobachtung entziehende Operation der Unterscheidung verstehen, die von jeder Kommunikation getroffen wird, ohne daß sie in irgendeiner Kommunikation vorkäme. In diesem Sinne arbeiten Medientheorien an der Bestimmung des dritten Werts der dreiwertigen Zweiseitenform der Kommunikation. Derridas Erkundung der ›Schrift‹ kann diese Vermutung bestätigen, denn auch hier geht es um die différance, die im Anwesenden (der Figur) als Abwesendes (als Hintergrund) anwesend ist und über ihren eigenen nachtragenden Aufschub »in ein und derselben Möglichkeit zugleich die Temporalisation, das Verhältnis zum Anderen und die Sprache eröffnet« (ouvrant à la fois, dans une seule et même possibilité, la temporalisation, le rapport à l'autre et le langage)[181].

Und auch die soziologische Medientheorie von Talcott Parsons und Niklas Luhmann versteht Medien als strukturelle Vorentscheidungen des Raums der Möglichkeiten, der von der Kommunikation in Anspruch genommen werden kann.[182] Nicht nur wird vorentschieden, welche Sinnselektionen in Medien wie Geld, Wahrheit, Macht, Kunst und Liebe jeweils vorgenommen werden können. Sondern es werden durch diese Medien auch entscheidende, also vorgreifende Motivationen in Anschlag gebracht, die die Kommunikation und mit ihr das Individuum dazu bestimmen können, sich auf diese Vorentscheidungen einzulassen.

Unter dem Gesichtspunkt der ästhetischen Problemstellung ist an der Medienfrage interessant, daß jedes neue Medium unter dem doppelten Gesichtspunkt einer endgültigen Determination oder einer gefährlichen Freisetzung des Individuums beobachtet wird. Das galt für das Aufkommen der Verbreitungsmedien Schrift, Buchdruck und elektronische Medien bis hin zum Computer ebenso wie für die Beobachtung von Kommunikationsmedien wie Macht, Geld, Wahrheit, Kunst und Liebe. Jedesmal muß man befürchten, daß die inkommunikable Individualität des Individuums nun endgültig keine Chancen mehr hat, sich als Einwand gegen die Kommunikation in der Kommunikation durchsetzen zu können. Und jedesmal muß man entdecken, daß jedes dieser Medien neue Inkommunikabilitätschancen eröffnet. Nicht zuletzt die Kunst kann als immer mitlaufender und sich an jedem Medium neu bewährender Bereich der immer wieder neuen Durchsetzung der Einsicht in Inkommunikabilität beschrieben werden.

Sogar die Massenmedien Zeitung, Kino, Rundfunk und Fernsehen profitieren von diesem Problem der Inkommunikabilität des Individuums. Denn sie beziehen ihre Attraktivität daraus, in jeweils einem Zug und nahezu ununterscheidbar sowohl über die Zustände der Welt als auch über Abweichungs- und Profilierungschancen von Individuen nicht nur zu berichten, sondern diese Zustände und Chancen durch das Angebot der Selektion aus den Massenmedien zugleich auch zu realisieren: Nichts definiert unsere Welt präziser und durch nichts werden wir individueller als durch die Wahl der Zeitung, die wir zum Frühstück lesen, und durch die Art und Weise, wie wir sie lesen.

Die Massenmedien erlauben eine Beobachtung von Beobachtern in großem Stil. Sie universalisieren den Verdacht gegenüber allen Mitteilungen und allen Informationen, aber sie steigern auch die Fähigkeit der Gesellschaft, sich selbst zu irritieren, in bisher ungekanntem Maße.[183] Sie bilden eine Sinnmaschine, die niemals eindeutig funktioniert und dennoch oder gerade deswegen in vielen Hin-

---

179 Vgl. DERRIDA, La carte postale de Socrate à Freud et au-delà (Paris 1980).
180 Vgl. DERRIDA, La ›différance‹, in: Bulletin de la Société française de Philosophie 63 (1968), 73–120; dt.: Die différance, in: Derrida, Randgänge der Philosophie, hg. v. P. Engelmann, übers. v. E. Pfaffenberger-Brückner (Wien 1988), 34.
181 DERRIDA, De la grammatologie (Paris 1967), 88; dt.: Grammatologie, übers. v. H.-J. Rheinberger/H. Zischler (Frankfurt a. M. 1974), 105.
182 Vgl. PARSONS, Zur Theorie der sozialen Interaktionsmedien, hg. v. S. Jensen (Opladen 1980); LUHMANN (s. Anm. 12), 190–412.
183 Vgl. LUHMANN, Die Realität der Massenmedien (Opladen 1995).

sichten vorhersehbar operiert.[184] Sie bieten dem Individuum Abweichungschancen in Hülle und Fülle und fangen es doch immer wieder auch ein, indem sie es doppelt einbinden in das Interesse daran, für andere beobachtbar zu bleiben einerseits und andere beobachten zu können andererseits. Die Beobachtung von Beobachtern gibt dieser wie jeder anderen Kommunikation eine Struktur, die nicht mehr die Konformität, sondern die Abweichung präferiert. Denn nur die Abweichung liefert Ansatzpunkte für Imitation und Kopie, die für andere Individuen interessant sein können.

XVI. Attribution und Codierung

Der Systembegriff und der Medienbegriff der Kommunikation laufen beide darauf hinaus, der Kommunikation eine eigene, vom Individuum unabhängige Referenz zuzuschreiben. Kommunikation wird als ein eigener Modus der Konstitution und Reproduktion von Gesellschaft beschrieben, der vom Individuum nicht initiiert werden kann und dennoch von ihm verantwortet werden muß. Denn dieser Konstitutions- und Reproduktionsmodus nimmt auf das Individuum als notwendig differentielle, also systematisch abweichende, mit Intransparenz und mit Indifferenzchancen ausgestattete Voraussetzung seiner selbst Bezug.

Diese Referenzzuschreibung muß nicht unbedingt als Versuch interpretiert werden, Kommunikation zu einer Art Subjekt zu substantialisieren. Es geht in diesen Begriffen nicht um die Identität der Kommunikation, sondern um den Unterschied, den sie macht. Der Gewinn des im 19. und 20. Jh. formulierten Kommunikationsbegriffs besteht darin, für die Produktion und Reproduktion der Form der Kommunikation eine Zurechnungsinstanz und Attributionsadresse ins Spiel zu bringen, die außerhalb des Individuums liegt. Damit wird an den Milieubegriff angeschlossen, der die Einsicht festhält, daß man einen Organismus (und ein Individuum) nicht unabhängig vom Lebensraum, von der Nische, definieren kann, den es besetzt, in dem es sich als Differenz reproduziert und aus dem heraus es sich bestimmt. Der Psychologe Kurt Lewin hat in diesem Sinne das Verhalten eines Individuums als Funktion der Person und ihrer Umwelt bestimmt.[185] Darüber hinaus wird die Eigendynamik dieser Milieus festgehalten, die nicht nur Restriktionen setzen, sondern die sich selbst in Abhängigkeit von den Organismen (Individuen), die sich in ihm reproduzieren, verändern.

Der Kommunikationsbegriff ist somit eine Beobachtungsformel, die es ermöglicht, einen Wechsel der Attribution von der Person auf die Situation vorzunehmen[186] und aus der Reproduktion bestimmter Situationen auf eine Gesellschaft zu schließen, die sich über den Wechsel der Personen und den Wechsel der Situationen hinweg reproduziert. Wir befinden uns in der ›Gesellschaft der Gesellschaft‹[187], um Luhmanns Formel zu zitieren, und dies nicht nur dann, wenn wir allein sind, sondern auch dann, wenn wir kommunizieren. Wir müssen entdecken, daß nicht wir es sind, die kommunizieren, sondern die Kommunikation. Die Kommunikation ist die Zurechnungsadresse für die Differenz der Codes, mit deren Hilfe wir uns verständigen. Gäbe es nur einen Code, so Lotman[188], müßten wir uns als *eine Person* verstehen. So aber haben wir es mit mehreren Codes, mehreren Personen und deswegen – mit Kommunikation zu tun. Die Kommunikation selbst oszilliert notwendigerweise zwischen der Einsicht in unvollständige Übersetzbarkeit der Mitteilungen einerseits und vollständiger Unübersetzbarkeit andererseits.[189] Und diese Oszillation wiederum ist das Ergebnis des Umstands, daß Kommunikation immer beides heißen muß: wachsende Individualisierung einerseits, denn man braucht immer neue Möglichkeiten, sich abweichend auf die Kommunika-

---

184 Vgl. DENIS MCQUAIL, Mass Communication Theory. An Introduction (London 1983); MCQUAIL/SVEN WINDAHL, Communication Models for the Study of Mass Communications (London 1981).
185 Vgl. CARL F. GRAUMANN (Bern 1982), Einführung des Herausgebers, in: Kurt Lewin, Werkausgabe, hg. v. C. F. Graumann, Bd. 4 (Bern 1982), 11–37.
186 Vgl. FRITZ HEIDER, Social Perception and Phenomenal Causality, in: Psychological Review 51 (1944), 358–374; HEIDER, The Psychology of Interpersonal Relations (London 1958).
187 Vgl. LUHMANN (s. Anm. 12).
188 Vgl. LOTMAN (s. Anm. 137), 96.
189 Vgl. ebd., 97.

tion beziehen zu können, und wachsende Amplifikation der Generalisierung andererseits, damit die Kommunikation erkennbar bleibt.

Der Codebegriff zieht die Konsequenzen daraus, daß jede Kommunikation nur ›ökologisch‹, d. h. nur als Überbrückung der unüberbrückbaren Differenz von Individuum und Gesellschaft zustande kommt. Denn so kann Kommunikation als Codierung, als Schaffung einer eigenen Sequenz von Ereignissen verstanden werden, die *für etwas* außerhalb dieser Sequenz stehen mögen, tatsächlich jedoch dieses Für-etwas im Kontext der eigenen Sequenz von Ereignissen mitproduzieren.[190] Diese Codierung kann nicht decodiert, sondern nur im Kontext eines anderen Codes recodiert werden.

Wenn man sich auf Kommunikation einläßt, bewegt man sich im Möglichkeitenraum unterschiedlicher Codes, die weder vollständig ineinander übersetzt noch im Hinblick auf irgendetwas entschlüsselt werden können, was nicht seinerseits wieder ein Code wäre. Die ästhetische Zuspitzung des Kommunikationsbegriffs führt auf einen attributionalen Spielraum, den man nicht nur dazu nutzen kann, die Kommunikation als Kommunikation, sondern auch dazu, die Differenz der Codes als notwendige Prämisse der Kommunikation zu beobachten. Und nur dies bringt das Individuum gegenüber der Differenz der Kommunikation wieder ins Spiel. Es kann sich jetzt darauf kaprizieren, die Codes entweder besonders unauffällig oder besonders virtuos zu bedienen. Es kann sich dafür entscheiden, die Codes zu wechseln und mit dem Wechsel der Codes in verschiedenen Situationen zu spielen. Und es kann sich auf den Versuch einlassen, die Codes zu dekonstruieren und die Kommunikation dadurch fortzusetzen, daß die Kommunikation unmöglich gemacht wird. Dies alles sind im wahrsten Sinne des Wortes ästhetische Optionen. Denn sie ermöglichen es, im Vollzug der Kommunikation die Differenz des Individuums auffällig werden zu lassen.

tische Akzentuierung des Kommunikationsbegriffs hat eines ihrer Motive darin, dieses Angrenzen immer wieder neu herauszuarbeiten, und zwar von beiden Seiten. Man kann die Entfaltung des Kommunikationsbegriffs so weit verfolgen, daß schließlich auch die Grenze selbst beobachtbar wird und ihre mediale Operation zum Gegenstand von Kommunikationsforschung werden kann.

Die ästhetische Konturierung der Kommunikation, an der sich, wie gezeigt, jeder Kommunikationsbegriff zu messen hat, läuft darauf hinaus, die Singularität und Inkommunikabilität des Individuums festzuhalten. Als Begriff der Kommunikation kann dann nach theologischen und rhetorischen Vorläufern und begleitet durch sprachphilosophische Erwägungen nur ein Versuch überzeugen, die Individualität des Individuums als die ›andere Seite‹ der Kommunikation mit in den Begriff zu integrieren. In diesem Kommunikationsbegriff bleibt das Individuum unbestimmt, d. h. frei, sich selbst zu bestimmen. Der ästhetisch akzentuierte Kommunikationsbegriff formuliert die Einsicht, daß ohne den Spielraum eines sich selbst bestimmenden Individuums von Kommunikation keine Rede sein kann.

Gemessen an seiner Intention und Intuition tritt der Kommunikationsbegriff im 20. Jh. die Nachfolge des Kausalitätsbegriffs des 19. Jh. an. Er ersetzt die Beobachtung von Ursache und Wirkung durch die Beobachtung von in Grenzen wählbaren Beziehungen, die auf beiden Seiten Autonomie voraussetzen. Und er führt auf einen Begriff der Sprache, der jene Kommunikation bezeichnet, die sich über sie selber verständigt. In diesem Sinne ist der vorliegende Artikel eine sprachliche Verständigung auf einen Kommunikationsbegriff, der offenläßt, was Kommunikation ›ist‹, weil nur so mit in den Begriff aufgenommen werden kann, daß Kommunikation darin besteht, nicht zu determinieren, wie sie fortgesetzt wird.

Dirk Baecker

Zusammenfassung

»Wie wenig machen wir uns klar, dass wir nicht an die welt, sondern an die kommunikation grenzen«[191], hat Oswald Wiener festgestellt. Die ästhe-

190 Vgl. BATESON, Information and Codification. A Philosophical Approach, in: Ruesch/Bateson (s. Anm. 5), 168–211.
191 OSWALD WIENER, Die Verbesserung von Mitteleuropa (1969; Hamburg 1985), CLVI.

Literatur

BATESON, GREGORY, Mind and Nature. A Necessary Unity (New York 1979); BAUDRILLARD, JEAN, Paradoxe Kommunikation (Bern 1989); DERRIDA, JACQUES, De la grammatologie (Paris 1967); FASSLER, MANFRED, Was ist Kommunikation? (München 1997); FLUSSER, VILÉM, Kommunikologie, hg. v. S. Bollmann/E. Flusser (Frankfurt a.M. 1998); KITTLER, FRIEDRICH A., Geschichte der Kommunikationsmedien, in: J. Huber/A. M. Müller (Hg.), Raum und Verfahren. Interventionen (Zürich/Frankfurt a.M. 1993), 169–188; LUHMANN, NIKLAS, Die Gesellschaft der Gesellschaft (Frankfurt a.M. 1997); RUESCH, JÜRGEN/GREGORY BATESON, Communication. The Social Matrix of Psychiatry (New York 1968); SERRES, MICHEL, Hermès I. La communication (Paris 1968); SERRES, MICHEL, Le parasite (Paris 1980); SHANNON, CLAUDE E./WEAVER, WARREN, The Mathematical Theory of Communication (1949; Urbana 1963); WATZLAWICK, PAUL/BEAVIN, JANET H./JACKSON, DON D., Pragmatics of Human Communication. A Study of Interactional Patterns, Pathologies, and Paradoxes (New York 1967); WILDEN, ANTHONY, System and Structure. Essays in Communication and Exchange (London 1972).

---

1 ERNST BLOCH, Tübinger Einleitung in die Philosophie (1963/1964), in: BLOCH, Bd. 13 (1970), 13.
2 Vgl. HELMUTH PLESSNER, Die Stufen des Organischen und der Mensch. Einleitung in die philosophische Anthropologie (1928), in: Plessner, Gesammelte Schriften, hg. v. G. Dux u. a., Bd. 4 (Frankfurt a.M. 1981), 297, 303 f., 367 f.
3 Vgl. PLESSNER, Die Frage nach der Conditio humana (1961), in: Plessner, Gesammelte Schriften, hg. v. G. Dux u. a. (Frankfurt a.M. 1983), 136–140; PLESSNER, Homo absconditus (1969), in: ebd., 353–366.

Körper

(griech. σῶμα; lat. corpus; engl. body; frz. corps; ital. corpo; span. cuerpo; russ. тело)

Einleitung: Der Körper als Diskurs und Realität; I. Was den Unterschied macht. Zur Begriffsgeschichte; 1. Leib und Körper; 2. Wissen und Körper; 3. Leben und Körper; 4. Geist und Körper; II. Zivilisation als mondiale Sprach- und Bildabstraktion; III. Was ist der Körper?; IV. Liquidation durch Signifikation; V. ›Corpus absconditum‹; VI. Der Körper als Leiche

Einleitung: Der Körper als Diskurs und Realität

In seiner *Tübinger Einleitung in die Philosophie* hat Ernst Bloch in verdeckter Anspielung auf das Verhältnis der Menschen zu ihrem Körper folgendes geschrieben: »Ich bin. Aber ich habe mich nicht. Darum werden wir erst.«[1] Bei Helmuth Plessner einige Jahrzehnte früher hieß dasselbe Problem der Conditio humana: Leibsein und Körperhaben.[2] Plessner betont die damit verbundene Notwendigkeit, sich zu dem zu machen, was man ist. Der Mensch lebt von Natur aus künstlich, in vermittelter Unmittelbarkeit, aufgrund einer exzentrischen Position. Er ist nicht bei sich, hat kein feststehendes Wesen, und seine Versuche, sich selbst zu etwas Fertigem zu machen, sind ausnahmslos mißlungen.[3] Plessner und Bloch formulieren damit eine sehr komplexe Diskussionslage in leichter, einfacher Sprache und wenden sich gegen einen historisch verbrauchten, aber zum höchsten Grad von Selbstverständlichkeit gediehenen Unterschied, nämlich den von Geist und Körper, der seit Descartes die Anthropologie beschwerte und sich erst gegen Ende des 20. Jh. aufzulösen begonnen hat.

Körper, lateinisch corpus, im Sinne des toten Herrenleibs verstanden, später Leiche, kann um keinen Preis als natürlich oder ursprünglich angenommen werden. Vielmehr muß er als lebendigwirksames ›Resultat‹ der Evolution, der Vorgeschichte und besonders der Geschichte aufgefaßt werden. Das gäbe den historischen Human- und Sozialwissenschaften, insbesondere der Historischen Anthropologie, einen Vorrang vor den Naturwissenschaften und den Varianten der naturwissenschaftlichen Anthropologie. Die Medizin z.B. war eher ein Faktor der zivilisatorischen Abtötung des Körpers.

Und die Zivilisation, die schließlich den menschlichen Körper als einen Prothesen-Körper, als eine – für die Zwecke der Raumfahrt unbrauchbare – Fehlkonstruktion, als Störenfried der theologischen und technologischen Vergeistigung, als nichtintegrierbaren Rest und ›fall out‹, als ›Müllproblem‹ hinterläßt, ist nur eine kurze, wenn auch verheerende Phase in der langen Geschichte des Körpers.

Zivilisationsstrategisch ist der menschliche Körper lange Zeit als ›stummer Diener‹ mächtig gewesen, als durchaus nicht passiver Angriffspunkt für Unterdrückungen und Zurichtungen, welch letztere zumeist in der Maskerade der Emanzipation daherkamen. Seit der Sōma-Sēma-These der Platoniker ist bis in die unmittelbare Gegenwart hinein das Doppelspiel von Repression und Produktion (Foucault) forciert worden. Daß die ›Seele‹ als Insgesamt wirkungsmächtiger Vorschriften für den Körperumgang schließlich als Gefängnis beschrieben werden konnte, lag nicht zuletzt daran, daß dieses Gefängnis marode Mauern bekommen hatte. Die These einer Totalisierung der Unterdrückung und der Zurichtung tauchte in dem Augenblick auf, als das Konstruktionsprinzip deutlich wurde: daß nämlich die geistige Entwicklung der Menschheit einen imaginären Orbit ausgebildet hat, der schließlich als Fessel für alle materiellen Anstrengungen sich auswirkt. Das Begehren unterliegt dem Gesetz in jeder Hinsicht, zugleich aber ist dieser Satz einer des Begehrens nach Freiheit.

Nach der einen Seite ist der Körper sterblich, vergänglich und verwesend, nach der anderen Seite ist er als Geschlecht bestimmt, im doppelten Sinne von gender und sex. Er ist produktiv und reproduktiv, er zeugt und empfängt, er handelt und leidet, unter der Prämisse, daß er selbst zugrunde gehen muß. Erst eine solche Prämisse hält Anschluß an die Geschichte der menschlichen Souveränität. Alles andere beschleunigt die Disziplinargesellschaft, die im panoptischen Zustand das zerstört, was sie zu beherrschen vorgibt. Am Körper und seinen Sinnen kann eine spezifische Leidensgeschichte nachgelesen werden, die eine der Folien der Geschichte des europäischen Nihilismus abgibt, also jener geistigen Grundrichtung, die beim kleingeschriebenen ›nichts‹ endet.

Tod und Sexualität gelten noch immer als die beiden fundamentalen Schwächen des Körpers und sind mit Urängsten besetzt. Um beiden historisch Genüge zu tun, gab es eine einzige zivilisatorische Strategie: Transformation des (vergänglichen) Körpers ins (ewige) Bild. Diese auf Verdrängung und Vergessen basierende Form des Selbstumgangs war früher wenigen Menschen vorbehalten, ist seit einigen Jahrzehnten jedoch jedem prinzipiell zugänglich. Von daher hat sich Entscheidendes gedreht: Die Differenz von körperlicher Realität und Abbild entfällt. Es gibt nur noch Bilder vom Körper, und diese haben eine Tendenz in die Ewigkeit. Bilder sind Denkmäler gewesenen Lebens. Mit einem Wort: Sie sind tot. Erst in der Dimension des zerstückelten Körpers gäbe es Leben, mit dem man etwas anfangen kann. Deshalb bleibt für eine historische Anthropologie des Körpers die Kategorie des Schmerzes unabdingbar.

Im Folgenden wird diese thesenartig vergegenwärtigte Problemlage phasen- und stufenartig abgehandelt: begriffsgeschichtlich, zivilisationstheoretisch und anhand von Materialien, die eine wachsende Inkommensurabilität von Diskurs und Realität des Körpers in Rechnung stellen. Es hat den Anschein, als ob die Theorien des Körpers bereits in nuce, am Anfang ihrer Arbeit sich an der Tötung des Körpers beteiligen, denn sie zum Gegenstand haben. Will man sich nicht beim ›Körper als Leiche‹ enden, wäre der theoretische Vorbehalt eines ›corpus absconditum‹ angebracht.

I. Was den Unterschied macht.
Zur Begriffsgeschichte

Was ist Körper, was sind Körper, was und wer hat Körper? Wer jenseits eines fachspezifischen Wissens über den Körper, über Körper und das Körperliche nachdenkt, muß sich eingestehen, daß auch nach Tausenden von Jahren nichts Definitives gewußt werden kann: Körper sperren sich hartnäckig gegen eine einseitige Zuordnung zu Objekten, Dingen oder Sachen, ebenso gegen eine eindeutige Zuordnung zu Subjekten, Transzendentalien: Sie sind und bleiben beides; aber dafür fehlt auch noch am Ende des 20. Jh. das dies berücksichtigende Vokabular, wenigstens im Rahmen des okzidentalen Rationalismus. Die Frage, was Körper sind, wird kaum noch gestellt, und dies nicht nur wegen der zu schnellen Befürchtung, mit solcherart Frage einem Ontologismus das Wort zu reden, sondern wohl mehr wegen der berechtigten Ahnung, auf all das zu stoßen, was den mächtigen Zügen der historischen Katastrophe ›Moderne‹, etwa den Phantasmen der Unsterblichkeit, Abstraktions-, Mobilisierungs- und Homogenisierungsfassungen, den Boden entzieht. Spätestens mit Descartes' Einführung eines mechanistischen Paradigmas und seiner Zweiteilung der Welt in Materie und Geist subsumierte man Körper der Physik[4] und stellte die Frage um: Nicht mehr, was Körper sind, sondern wie sie funktionieren, wurde Leitorientierung. Diese harte Umstellung ist mitverantwortlich dafür, daß gerade am Begriff Körper die Trennlinie zwischen exoterischem und *esoterischem Wissen* besonders strikt (und nachweislich ideologisch genährt) gezogen wird, also zwischen einem Wissen, das im Körper eine komplexe, nichttriviale und historische Maschine sieht, die sich zwanglos entweder einer Perfektionierung oder einer Substituierung unterordnet, und einem (u. a. auch fernöstlichen) Wissen, das zum Beispiel davon ausgeht, der Mensch bestehe zumindest aus »sieben Körpern (dem physischen, ätherischen, astralen, mentalen, spirituellen, kosmischen und nirvanischen)« (the pysical, the etheric, the astral, the mental, the spiritual, the cosmic, the nirvanic body)[5]; einem Wissen also, das Ernst macht mit der Einsicht, bis heute immer noch nicht zu wissen, was das ist: Körper. Letzteres Wissen besteht darauf, daß die historisch erlangten Erkenntnismittel des Menschen bei weitem nicht ausreichen, um den menschlichen Körper im Gewebe des inneren und äußeren Lebens, der Sozialität (und oft auch der Kosmologie) festzustellen. Fest steht hingegen,

daß es gegen Ende des 20. Jh. eine unfaßbare Menge an Wissen über den Körper in seinen materialen, medizinischen, biologischen und auch genetischen Dimensionen gibt, in eins mit einer vergleichbaren Menge an Einschränkungen, Deformationen und Entwertungen körperlicher Erfahrung; des weiteren gibt es eine ebenso umfassende Menge an Wissen über den Geist, das Bewußtsein, über die Seele, über das Gehirn, die Kognition, übers Mentale. Gerade deswegen aber herrscht sowohl über die *Beziehung zwischen Körper und Geist* als auch über die *Beziehungsrelation Körper, Geist und (Sozial-)Ökologie* weiterhin Unklarheit. Und wenn man die gegenwärtigen Erfolge innerhalb der Humanwissenschaften richtig deutet, verhärtet sich der Eindruck, daß man sich dieser Unklarheit nicht mehr stellen will. Die Positivierung und Naturalisierung des Körpers nimmt immer gesellschaftswirksamere Züge an, in gleichem Maße, wie die Masse derjenigen in der Gesellschaft zunimmt, die nur noch eins zu verlieren haben: ihren Körper.

An Stelle einer unmöglich zu leistenden Rekapitulation der Körperbegriffsfassungen in unterschiedlichen Wissenstraditionen und Vokabularien in eins mit einer Rekonstruktion der Gründe von Bedeutungsverschiebungen und von Auswechslungen bestimmter Unterscheidungsseiten soll im folgenden der Körperbegriff entlang wechselnder ›Gegenbegriffe‹ *skizziert* werden. Es geht also um Problem-, nicht um Begriffsfassungen. Die Paare sind: Leib/Körper, Wissen/Körper, Leben/Körper, Geist/Körper.

1. Leib und Körper

Der Unterschied zwischen den Begriffen Leib und Körper, die umgangssprachlich synonym gedeutet werden, ist nicht vordringlich der, daß in der Verwendungspraxis der erste vom zweiten abgelöst worden ist, sondern vielmehr der, daß sich die Bedeutungsverschiebungen der Begriffe zueinander konträr verhalten. Leib, ursprünglich gleichbedeutend mit Leben, hielt sich in dieser Bedeutung bis zur mittelhochdeutschen Zeit, um von da an umfangslogisch einzuschrumpfen auf das Persönliche (›Leibarzt‹, ›Leibgarde‹) bzw. um im Adjektiv ›leibhaftig‹ sich größeren Begriffen, nämlich dem

---

[4] Vgl. HANS PETER DREITZEL, Geist-Körper, in: F. Hager (Hg.), KörperDenken. Aufgaben der Historischen Anthropologie (Berlin 1996), 28.

[5] BHAGWAN SHREE RAJNEESH, Meditation: The Art of Inner Ecstasy (Poona 1976), Kap. 17; dt.: Meditation. Die Kunst, zu sich selbst zu finden, übers. v. Swami anand amareesh (München 1980), 188.

Wirklichen und dem Körperlichen, unterzuordnen. Körper hingegen, seit dem 13. Jh. eng assoziiert mit dem Begriff Leiche, durchbrach im selben Maße, wie Leiche gleichbedeutend wurde mit toter Körper, seinen Bedeutungsradius und begann sich immer stärker auf die Gestaltung und Form von Einheiten zu beziehen (Verkörperung), die ohne Leib waren (›Körperschaften‹). Während also *Leib* (Leben) sich zunehmend der Körperlichkeit versicherte, entkörperte sich der Begriff Körper zunehmend und erlangte die Bedeutung von ›nam‹ in Leichnam, also die Bedeutung von Hülle: politische, mathematische, staatliche, organisierte Körper entstanden, die kein Jota Leiblichkeit besitzen. Der erste Übergang der Bedeutung des Begriffs Körper von Leichnam zu lebendiger Leib wird oft als durch die Eingangsformel im Sakrament des Abendmahls bzw. allgemein als durch den christlichen Reliquienkult und die Ärztekunst begünstigt angesehen[6], der zweite Übergang wurzelt in der gesellschaftswirksamen Produktion von und Reflexion auf Dinge und Abstraktionen: In dem Maße, wie gesellschaftliche Wirklichkeit zunehmend repräsentiert werden mußte, griff man (aus Verlegenheit?) auf den Begriff Körper zurück als Bezeichnung einer Einheit, die sich nicht mehr präsentiert. Wenn man will, kann man in der 1529 in Marburg stattfindenden Debatte zwischen Luther und Zwingli über die Frage, ob der Leib Christi im Altarsakrament körperlich oder symbolisch, präsent oder repräsentiert anwesend ist, den Beginn eines bis heute ungeklärten Verhältnisses zwischen Körperlichkeit/Präsentation und Zeichenhaftigkeit/Repräsentation sehen.[7] So kritisiert etwa Karl Rosenkranz Versuche, welche die Einheit der Philosophie und der Grunddogmen der christlichen Religion zu bewahren suchen, ohne die Vermittlungsfunktion des Verstandes und der Aufklärung gebührend zu berücksichtigen, mit folgenden Worten:»Wenn jemand, die Keckheit pantheistischer Verirrungen nachdrücklich bekämpfend, ausruft: Leiblichkeit ist das Ende der Wege Gottes! so schmettert bei diesen Worten der ganze Fronleichnamjubel der Christenheit mit Posaunenton auf. Wenn aber nun diese Worte zur Phrase werden, [...] so wird der Zauber vernichtet. Ein krasser historischer Materialismus fängt an durchzuschimmern, so daß man versucht wird, zu sagen:

Geistigkeit ist das Ende der Wege Gottes! Ist das nicht ebenso wahr, nicht ebenso christlich?«[8] Innerhalb der Tradition einer Kritik logozentrischer Metaphysik zentrierte sich im Begriff des Leibes die Gegenposition zum Vernunft-Apriori nicht nur der Philosophie, sondern auch des Zugangs zum Wesen der Dinge und des Daseins. Die Doppelrolle des Menschen, sich sowohl Welt einschließlich seines Körpers vorzustellen als auch als Leib diese Welt jenseits aller Vorstellung zu sein, rechtfertige es, in einer Hermeneutik des Leibes den Schlüssel zur Metaphysik des Seins zu sehen (so etwa bei Schopenhauer). In dieser Sicht wird der Leib Horizont der Welt; das Bewußtsein wird faßbar als eine Weise der leiblichen Präsenz in der Welt[9]; und auch der Körper verwandelt sich zu einer bloßen gestalthaften Grenze des Leibes, die dort nicht aufhört, sondern über diese Grenze hinweg mit der Welt verwoben ist. Der Körper wird hier zu einer Art ›Außenseite‹ des Leibes und damit wissenschaftlich beschreib- und gesellschaftlich formbar.[10] Den Leib auf den Körper zu reduzieren erscheint aus dieser Perspektive genauso falsch, wie den Körper nur auf Leiblichkeit zu beziehen. Mit dem Begriff des ›Fleisches‹ scheint Maurice Merleau-Ponty einen Ausweg aus dem Bestimmungsdilemma anzubieten:»la chair dont nous parlons n'est pas la matière. Elle est l'enroulement du visible sur le corps voyant, du tangible sur le corps touchant, qui est attesté notamment quand le corps se voit, se touche en train de voir et de toucher les

---

6 Vgl. ERNST BARGHEER, ›Körper‹, in: H. Bächtold-Stäubli (Hg.), Handwörterbuch des deutschen Aberglaubens, Bd. 5 (Berlin/New York 1987), 318.
7 Vgl. DIETMAR KAMPER, Zur Geschichte der Einbildungskraft (Reinbek 1990), 141–160.
8 Vgl. KARL ROSENKRANZ, Psychologie oder die Wissenschaft vom subjectiven Geist (1837; Königsberg ²1843), XXXIV, zit. nach HERMANN BRAUN, ›Materialismus – Idealismus‹, in: KOSELLECK, Bd. 3 (1982), 1000.
9 Vgl. DETLEF VON USLAR, Ontologische Voraussetzungen der Psychologie, in: H.-G. Gadamer/P. Vogler (Hg.), Psychologische Anthropologie (Stuttgart 1973), 388.
10 Vgl. NORBERT ELIAS, Über den Prozeß der Zivilisation. Soziogenetische und psychogenetische Untersuchungen (1939; Bern/München ²1969); MICHEL FOUCAULT, Les mots et les choses. Une archéologie des sciences humaines (Paris 1966).

choses, de sorte que, simultanément, *comme* tangible il descend parmi elles, *comme* touchant il les domine toutes et tire de lui-même ce rapport, et même ce double rapport, par déhiscence ou fission de sa masse.«[11] Ein Ausweg allerdings, der das Problem (wenn es denn noch eins ist) einer Bestimmung des Menschen als vermeintliche Leib-Seele-Einheit nicht berührt.[12]

2. Wissen und Körper

Das Enigmatische, Unrekonstruierbare, Unfaßbare, das sich einstellt, fragt man nach dem Begriff Körper, ist im Radius durchaus vergleichbar mit dem Rätselhaften, das sich einstellt, wenn man sich den Begriffen Zeit, Gesellschaft oder Mensch annähert. Trotz einer reichen und langen historischen Tradition der Wissensproduktion, die sich des Körpers angenommen hat – etwa Anatomie, Biologie, Medizin, Psychophysik, Genetik –, um ihn in einem naturwissenschaftlichen Rahmen zu analysieren, ist gegenwärtig gleichsam dasjenige Wissen mitgewachsen, das diesen naturwissenschaftlichen Rahmen als fahrlässige Reduktion ausweist, verbunden mit der Forderung, den Körper als Resultat sowohl der Natur- wie auch der Kulturgeschichte zu deuten. Erweist sich der Körper als historischer, dann auch seine Beschreibungen und Erklärungen: Beide, Körper wie Körperbild, treten ein in das unentwegte Interpretieren von Lebendigkeit und sind damit allenfalls bis auf weiteres feststellbar. Dieser Offenheit wird mit der gegenwärtigen Forcierung der Genetik des Lebens erheblich zugesetzt: Je erfolgreicher diese wird in der Analyse des (je spezifischen) Lebens-Genoms, desto nachhaltiger konturiert sich ein Körperwissen, das diesen Körper bloß als Programmausführung einer genetischen Programmierung faßt. Mit dieser radikal abstrakten Extremnaturalisierung des Körpers wechselte eine bis dato psychokulturell stabile Überzeugung, nach der unser Wissen darüber, daß wir ein materieller Körper sind, wie all unser Wissen von der Existenz dieses materiellen Körpers und seiner spezifischen Organisationsform abhängt, während die Existenz dieses oder eines anderen materiellen Körpers nicht davon abhängt, daß wir wissen, daß sie existieren.[13] Das heißt, daß nicht mehr nur eine Historisierung der Körperbilder und des Körperwissens, also der Deutungen und Methoden zur Deutung des Körpers, statthat[14] (»Die Geschichte der Industriegesellschaft war vor Anfang an eine Geschichte des menschlichen Körpers«[15]), sondern daß sich jetzt der Körper selbst und sein Modell historisiert; allerdings nicht mehr naturgeschichtlich, nicht mehr kultur- und sozialgeschichtlich, sondern kognitiv-technisch, also nur noch Zeit, aber keine geschichtliche Zeit mehr in Anspruch nehmend. (Man könnte hier auf eine Parallele hinsichtlich des Bewußtseins kommen: So wie für den Systemtheoretiker das Bewußtsein das Unbewußte der Kommunikation geworden ist[16], könnte nun der elementar veränderbare Körper zum elementaren Unbewußten der menschlichen Geschichte werden, just zu einem Zeitpunkt, wo die Zivilisation zur vollständigen Positivierung ansetzt.) Vilém Flusser etwa faßt die ganze materielle Kultur als Entwurf eines künstlichen Körpers auf, der sich dem natürlichen aufsetzt und in den Dienst des Nervensystems gestellt wird[17], und fragt: »Warum eigentlich sollten unsere Urenkel nicht künstlich ernährt und sich

---

[11] MAURICE MERLEAU-PONTY, Le visible et l'invisible, hg. v. C. Lefort (1964; Paris 1979), 191 f.
[12] Vgl. ARNOLD GEHLEN, Der Mensch. Seine Natur und seine Stellung in der Welt (1940), in: Gehlen, Gesamtausgabe, hg. v. K.-S. Rehberg, Bd. 3/1 (Frankfurt a. M. 1993), 6–8.
[13] Vgl. KONRAD CRAMER, Das cartesianische Paradigma und seine Folgelasten, in: S. Krämer (Hg.), Bewußtsein. Philosophische Beiträge (Frankfurt a. M. 1996), 109.
[14] Vgl. ELIAS (s. Anm 10); FOUCAULT (s. Anm. 10); RUDOLF ZUR LIPPE, Naturbeherrschung am Menschen (Frankfurt a. M. 1974); MICHEL FEHER/RAMONA NADDAFF/NADIA TAZI (Hg.), Fragments for a History of the Human Body (New York 1989).
[15] PHILIPP SARASIN/JAKOB TANNER, Einleitung, in: Sarasin/Tanner (Hg.), Physiologie und industrielle Gesellschaft. Studien zur Verwissenschaftlichung des Körpers im 19. und 20. Jahrhundert (Frankfurt a. M. 1998), 12.
[16] Vgl. PETER FUCHS, Das Unbewußte in Psychoanalyse und Systemtheorie. Die Herrschaft der Verlautbarung und die Erreichbarkeit des Bewußtseins (Frankfurt a. M. 1998).
[17] Vgl. VILÉM FLUSSER, Vom Subjekt zum Projekt (entst. 1988–1989), in: Flusser, Schriften, hg. v. S. Bollmann/E. Flusser, Bd. 3 (Bensheim/Düsseldorf 1994), 89–103.

I. Was den Unterschied macht. Zur Begriffsgeschichte

künstlich vermehrende Würmer sein wollen? Hegel zeigt, daß alles Bewußtsein unglücklich ist – warum eigentlich sollten unsere Urenkel nicht bewußtlos glücklich sein wollen?«[18]

3. Leben und Körper

Neben der Frage, ob Körper weiterhin die Bedingungen zur Ermöglichung von Wissen ausmachen oder das Wissen mittlerweile über die Existenz und die Bedingung zur Ermöglichung von Körpern entscheidet, steht gleichsam eine weitere mit demselben Großformat, nämlich die, ob das Leben das begrifflich umfassendere Phänomen darstellt und Körper nur Verkörperlichungen des Lebens sind oder ob der Körper das begrifflich umfassendere Phänomen darstellt und Leben sich nur da bildet, erzeugt und zeigt, wo ›körperliche Körper‹ sind. Die Frage läßt sich aufspalten in zwei Doppelfragen. Die erste Doppelfrage betrifft die Seite des Lebens; die Fragen sind hier, ob das Phänomen Leben einer spezifischen Organisation von Materie zuzurechnen ist oder doch eher einer *besonderen* Materie, etwa der organischen. Milan Zeleny befaßt sich mit diesem Unterschied im Fokus auf das Phänomen Leben und stellt fest: »Das Phänomen Leben ist einer spezifischen Organisation der Materie zuzurechnen, nicht einer besonderen (e. g. organischen) Materie.«[19] Die zweite Doppelfrage betrifft die Seite des Körpers; die Fragen sind hier, ob das Phänomen Körper einer allgemeinen *Form von Lebendigkeit* zugrunde liegt oder nur einer *besonderen Lebendigkeit*, eben der, die, die wir bisher kennen, wenn wir von lebendigen Körpern sprechen.

Die Frage nach dem Verhältnis zwischen Leben und Körper bzw. Lebendigkeit und Verkörperung bekommt seit gut zehn Jahren durch die Kognitionswissenschaften und -techniken neue Brisanz. Während eine Position strikt an einer Biologie der Realität, an einer besonderen Körperlichkeit festhält[20], die mitzusimulieren sei, wenn man Lebendigkeiten (etwa: Informationsproduktion und -austausch) auf technischen Trägern simulieren will, besteht die andere darauf, daß es eher auf die Kybernetisierung denn auf eine besondere Verkörperlichung ankommt, um Leben leben zu lassen.[21] Der Körper wird, aus dieser Position betrachtet, nicht mehr als Medium, sondern gleichsam als Form verstanden; als Form, die sich im Medium der Information bewegt.

4. Geist und Körper

Mit dem Verhältnis von Geist und Körper ist das zentrale Verhältnis von Leib und Seele, nicht jedoch das Leib-Geist-Problem bzw. das Materie-Leben-Problem gemeint. Das Geist-Körper-Problem rührt her aus Platons dualistischer Wirklichkeitsfassung und wurde fortgesetzt in Descartes' Unterscheidung von denkender und ausgedehnter Substanz (res cogitans und res extensa)[22], die in der physischen Dimension verbunden sind (Influxionismus) und miteinander agieren.[23] Nach Platon kann der Geist (bzw. die Seele) mit vier Eigenschaften aufwarten, die seine (bzw. ihre) Unsterblichkeit beweisen: Substantialität, Spiritualität, Einfachheit und Beharrlichkeit: »Dem Göttlichen und Unsterblichen und Übersinnlichen und Einfachen und Unauflöslichen und immer sich Gleichbleibenden ist am ähnlichsten die Seele, dem Menschlichen und Sterblichen und Mannigfaltigen und Sinnlichen und Auflöslichen und niemals sich Gleichbleibenden am ähnlichsten hinwiederum der Leib.« (τῷ μὲν θείῳ καὶ ἀθανάτῳ καὶ νοητῷ καὶ μονοειδεῖ καὶ ἀδιαλύτῳ καὶ ἀεὶ ὡσαύτως κατὰ ταὐτὰ ἔχοντι ἑαυτῷ ὁμοιότατον εἶναι ψυχή, τῷ δὲ ἀνθρωπίνῳ καὶ θνητῷ καὶ πολυειδεῖ καὶ ἀνοήτῳ καὶ διαλυτῷ καὶ μηδέποτε κατὰ ταὐτὰ ἔχοντι ἑαυτῷ ὁμοιότατον αὖ εἶναι

---

18 Ebd., 97.
19 Vgl. MILAN ZELENY, Ecosocieties: Societal Aspects of Biological Self-Production, in: Soziale Systeme 1 (1995), 179.
20 Vgl. HUMBERTO R. MATURANA, Biologie der Realität, übers. v. W. K. Köck/G. Verden-Zöller (Frankfurt a. M. 1998).
21 Vgl. VALENTIN BRAITENBERG, Vehicles: Experiments in Synthetic Psychology (Cambridge, Mass. 1984); dt.: Künstliche Wesen. Verhalten kybernetischer Vehikel, übers. v. D. Frank/V. Braitenberg (Braunschweig/Wiesbaden 1986).
22 Vgl. RENÉ DESCARTES, Meditationes de Prima Philosophia (1641), in: DESCARTES, Bd. 7 (1904), 27, 78 f.; DESCARTES, Principia Philosophiae (1644), in: DESCARTES, Bd. 8 (1905), 25.
23 Vgl. DESCARTES, Les Passions de l'Ame (1649), in: DESCARTES, Bd. 11 (1909), 351–356.

σῶμα.)²⁴ Aristoteles gradierte die Differenz zwischen Körper und Geist mit dem Begriff der Entelechie (ἐντελέχεια, Vollendung, Erfüllung): Bei den Lebewesen ist die Seele »die vorläufige Erfüllung des natürlichen mit Organen ausgestatteten Körpers« (ἐντελέχεια ἡ πρώτη σώματος φυσικοῦ ὀργανικοῦ)²⁵. Platon bemüht hingegen Vorstellungen vom Körper (σῶμα, sōma) als »Grabmal«

(σῆμα, sēma)²⁶ oder »Kerker« (φρουρά, froura)²⁷ der Seele, wobei die Frage, warum überhaupt eine omnipotente, zeit-raum-transzendente Seele sich einem Körper auszuliefern hat, unbeantwortet bleibt.

Weitere Erklärungen des Zusammenhangs von Geist und Körper, etwa Leibnizens Theorem einer »prästabilierten Harmonie« (harmonie préétablie)²⁸ oder Spinozas Attribut-Substanz-Schema, nach dem Körper und Geist verschiedene Attribute derselben göttlichen Substanz sind²⁹ (»Die Ordnung und Verknüpfung der Ideen ist die selbe, wie die Ordnung und Verknüpfung der Dinge.« [Ordo, & connexio idearum idem est, ac ordo, & connexio rerum.]³⁰), gehen später auf in der Konzeption eines psychophysischen Parallelismus, also einer Zementierung dualistischer Erklärung von Geist und Körper als zwar verschiedenen, aber eben gemeinsam Substanz seienden Einheiten. So betont Wilhelm Wundt, »daß es an und für sich nur *eine* Erfahrung gibt, die jedoch, sobald sie zum Inhalt wissenschaftlicher Analyse wird, in bestimmten ihrer Bestandteile eine *doppelte* Form wissenschaftlicher Betrachtung zuläßt: eine *mittelbare*, die die Gegenstände unseres Vorstellens in ihren objektiven Beziehungen zueinander, und eine *unmittelbare*, die sie in ihrer anschaulichen Beschaffenheit inmitten aller übrigen Erfahrungsinhalte des erkennenden Subjekts untersucht«³¹. Monistische Ansätze brechen die aufrechterhaltene Dualität auf: entweder in Richtung idealistischer Reduktion wie bei George Berkeleys Immaterialismus (»esse is percipi«³², Sein ist Wahrgenommenwerden) oder in Richtung ›materialistischer‹ Reduktion wie bei Burrhus Frederic Skinners Behaviorismus und Herbert Feigls Identitätstheorie, oder auch in Richtung informationeller Reduktion wie in der Kybernetik William Ross Ashbys oder der Maschinentheorie des frühen Hilary Putnam.³³ Alfred North Whiteheads kosmologischer Entwurf einer organistischen Philosophie schließlich behauptet dagegen, das Geist-Körper-Problem durch Komplexion einer Lösung nähergebracht zu haben.³⁴

Gegen Konzeptionen, die sich dem ›Problem‹ des (kausal und philosophisch zu bestimmenden) Verhältnisses von Geist und Körper widmen, haben sich aus der analytischen Philosophie heraus viele Stimmen gemeldet, die hier ein sogenanntes

---

24 PLATON, Phaid., 80b; dt.: Phaidon, übers. v. O. Apelt (Leipzig 1923), 68.
25 ARISTOTELES, An. 2, 1, 412b 5f.; dt.: Über die Seele, übers. v. W. Theiler, in: Aristoteles, Werke in deutscher Übersetzung, hg. v. H. Flashar, Bd. 13 (Berlin ⁴1973), 25.
26 PLATON, Krat., 400c; dt.: Kratylos, übers. v. O. Apelt (Leipzig 1922), 65; vgl. PLATON, Gorg., 493a; dt.: Gorgias, übers. v. O. Apelt (Leipzig 1922), 106.
27 PLATON, Phaid., 62b; dt. 35.
28 GOTTFRIED WILHELM LEIBNIZ, Extrait d'une Lettre de M. D. L. sur son Hypothese de philosophie [...] (entst. 1696), in: Leibniz, Die philosophischen Schriften, hg. v. C. I. Gerhardt, Bd. 4 (Berlin 1880), 501; dt.: Zur prästabilierten Harmonie, in: Leibniz, Hauptschriften zur Grundlegung der Philosophie, hg. v. E. Cassirer, übers. v. A. Buchenau, Bd. 2 (Leipzig 1906), 273.
29 Vgl. BARUCH DE SPINOZA, Ethica Ordine Geometrico demonstrata (1677), Pars 2, Prop. 1, 2, in: SPINOZA, Bd. 2 (1925), 86.
30 Ebd., Pars 2, Prop. 7, in: ebd., 89; dt.: Ethik, übers. v. O. Baensch (Leipzig 1910), 48.
31 WILHELM WUNDT, Grundriß der Psychologie (1896; Leipzig ¹²1914), 395; vgl. WUNDT, System der Philosophie (1889), Bd. 1 (Leipzig ⁴1919), 423f.; ERNST MACH, Erkenntnis und Irrtum. Skizzen zur Psychologie der Forschung (1905; Leipzig ⁵1926), 10f., 462.
32 GEORGE BERKELEY, A Treatise Concerning the Principles of Human Knowledge (1710), in: Berkeley, The Works, hg. v. A. C. Fraser, Bd. 1 (Oxford 1901), 259.
33 Vgl. BURRHUS FREDERIC SKINNER, The Behavior of Organisms (New York u. a. 1938); HERBERT FEIGL, The ›Mental‹ and the ›Physical‹, in: Minnesota Studies in the Philosophy of Science, Bd. 2: Concepts, Theories, and the Mind-Body Problem, hg. v. Feigl/M. Scriven/G. Maxwell (Minneapolis 1958); 370–497; WILLIAM ROSS ASHBY, An Introduction to Cybernetics (New York 1956); HILARY PUTNAM, The Nature of Mental States (1967), in: Putnam, Mind, Language and Reality: Philosophical Papers, Bd. 2 (Cambridge 1975), 429–440; PUTNAM, Representation and Reality (Cambridge, Mass./London 1988).
34 Vgl. ALFRED NORTH WHITEHEAD, Process and Reality: An Essay in Cosmology (Cambridge 1929).

Scheinproblem vermuten. Es geht dabei vordringlich um den Nachweis einer »Verwechslung von Aussagen über mentale Rede mit Aussagen über die Realität einer psychischen Welt als auch die Nichtobjektivierbarkeit und Nichterfahrbarkeit eines transzendentalen Subjekts«[35].

II. Zivilisation als mondiale Sprach- und Bildabstraktion

Wenn man es unternimmt, die nötige Skepsis hinsichtlich einer aktuellen Macht der Phantasie auf den Körper in der Geschichte, auf den vom Phantasiebild (»fantasme«[36]) geprägten Ort zu projizieren, dann muß man sich an einer konkreten Kritik des Abstrakten versuchen. Der Verdacht geht dahin, daß die hochgespielte Phantastik gegenwärtiger Realität das Spiel der Einbildungskraft nur deshalb konterkarieren kann, weil sie im Bunde mit der gesellschaftlichen Abstraktion die menschlichen Körper, die – streng genommen – nicht wegzudenken sind, zu überspringen vorgibt und trotz ihrer parasitären Stellung den Anschein ›produktiver‹ Tätigkeit behauptet.

Allerdings ist da ein irritierendes Ereignis zu verzeichnen. Während vor Jahren noch von einem partout schweigenden Körper die Rede sein konnte, ist nun – so scheint es – die Zeit seiner Wiederkehr da. Zumindest mehren sich die verschiedenartigsten Strategien, die den Körper theoretisch und praktisch in Anspruch nehmen und auf seine ›Sprache‹, auf sein ›Bild‹ reflektieren. So wäre es angebracht, eine Bestandsaufnahme des Klimas, des Geistes der Zeit zu versuchen, in dem eine neue Körperlichkeit sich ankündigen kann, ohne daß die alten Feindschaften schon verschwunden wären.

Bisher ist das Charakteristikum des Zivilisationsprozesses als Abstraktion gefaßt worden, als ›Absehen von‹ den eher beklemmenden Umständen eines ins Konkrete verstrickten körperlichen Lebens. Erst durch diese Verallgemeinerung identischer und identifizierbarer ›Knochengerüste‹ des Handelns und Denkens hat sich jene aufs Tote gerichtete Kontrolle installieren lassen, die im Überhandnehmen nun ins Gegenteil lebendiger Ordnung ausschlägt. Allenthalben gerät deshalb die bloße Fortsetzung des Prozesses in die Krise. Der menschliche Körper leistet so etwas wie eine ›praktische Kritik der Verhältnisse‹, indem er seine Willfährigkeit aufkündigt.

Es geht also um ein Ereignis im Rahmen des fortgeschrittenen Zivilisationsprozesses: der Körper meldet sich, zunächst wie unwillentlich und absichtslos, und wirkt zumindest als Störfaktor, wenn nicht als Anlaß für Subversives. Das kann so interpretiert werden, daß die gesellschaftliche Abstraktion eine Grenze überschritten hat, jenseits deren das gewohnte Schweigen des Körpers nach und nach aufhört. Das zivilisatorische Konzept einer zunehmenden Distanzierung, Repression und Normalisierung körperlichen Lebens zum Zwecke hoher praktischer und theoretischer Arbeits- und Dienstleistungen scheint nicht mehr aufzugeben. Die potenzierte Unkörperlichkeit der dritten, der elektronischen Revolution der Produktivkräfte wird offenbar mit einer großen Vielfalt körperlicher Symptom- und Symbolbildungen beantwortet, die aufs neue die wirkliche Produktivkraft – wenn auch nur destruktiv – ins Spiel bringt, allerdings das bereitwillige Nachdenken vorerst zu bloßer Nachträglichkeit verurteilt. Dieser andere, kaum begriffene Zustand in der Geschichte des Körpers fußt auf einer Entwicklung, die für die theoretische Aufarbeitung einige neue Schwierigkeiten mit sich bringt. Einerseits war nämlich die diejenige Theorie, die sich mit einschlägigen Fragen befaßte, bislang völlig im Banne der cartesianischen Trennung von res cogitans und res extensa, andererseits hat gerade die Schweigsamkeit des ›Objektes‹ eine zulängliche Historiographie verhindert. Erst seit dem 2. Weltkrieg, seit Horkheimers und Adornos *Dialektik der Aufklärung*, die im Abgesang auf die Subjektivitätsphilosophie des Descartes das Stichwort von der »unterirdischen

---

35 JÜRGEN MITTELSTRASS, ›Leib-Seele-Problem‹, in: MITTELSTRASS, Bd. 2 (1984), 582.
36 ROLAND BARTHES, Société, imagination, publicité (1968), in: Barthes, Œuvres complètes, hg. v. É. Marty, Bd. 2 (Paris 1994), 515; vgl. BARTHES, Encore le corps (entst. 1978), in: ebd. Bd. 3 (Paris 1995), 912–918.

[...] Geschichte«[37] des Körpers gab, ist eine Rückbesinnung auf das Grundlegende und das Parasitäre in der Gesellschaft möglich geworden.

Die Thematisierung der für Körper und Geist neuerdings verheerenden Konsequenzen des gesellschaftlichen Umgangs mit äußerer und innerer Natur ist hauptsächlich in zwei Etappen vor sich gegangen. Während in einer ersten Etappe Konturen jener unterirdischen Geschichte angezielt wurden und der verdrängte, ausgeschlossene Aspekt in einem mühsamen Versuch der Rekonstruktion der säkularen Unterdrückung erschlossen und an historischen Details erinnert wurde[38], ist die zweite Etappe insbesondere von Foucault in *Überwachen und Strafen* (1975) forciert worden: In ihr ging es und geht es um einen Aspekt des Verhältnisses von Macht und Körper, der die Seite der *Repression* des Körperlichen ergänzt und korrigiert, nämlich um die Dimension einer mikrophysikalischen *Produktion* neuer Körperzustände unter den (nicht bestrittenen) Bedingungen der Unterdrückung, gekreuzt von einer Entfesselung der Körper-Bilder, die einer Intervention des Imaginären im Zivilisationsprozeß gleichkommt.[39] Die Befunde beider Etappen lassen sich kurz wie folgt zusammenfassen.

Ähnlich wie im Umgang mit Natur, mit deren Stoffen und Gestalten, setzt sich – geschichtlich seit dem Mittelalter – auch im Umgang mit dem Körper des Menschen ein tendenziell feindschaftliches Organisationsprinzip der Beherrschung und Ausbeutung durch, das die genuinen Gesetzmäßig-

keiten seines ›Gegenstandes‹ einerseits erforscht, andererseits ohne Rücksicht auf irgendwelche Spätfolgen mißachtet. In einer zunächst langsam und unspezifisch anhebenden Zurichtung von körperlichen Funktionen und Expressionen (Tischsitten, Umgangsformen, Anstandsregeln) wird die ›innere Natur‹ für Zwecke eingesetzt, die außerhalb ihrer selbst liegen, und der Körper einer weitgehenden gesellschaftlichen Abstraktion so unterworfen, daß er in Einverständnis *und* Widerstand funktioniert. Seine Spontaneität wird auf Dauer angeschirrt und zur Energiegewinnung genutzt. In Fabriken, Kasernen, Schulen, Gefängnissen, Spitälern kommt es zu einem erstaunlich einheitlichen Training, dessen nach und nach sichtbar werdender Sinn die freiwillige Mithilfe der Menschen ist. Die Kontrolle soll in Selbstkontrolle übergehen, die Feindschaft zwischen dem formenden Geist und der Materialität des Körpers zu einer inneren Angelegenheit werden.

Diese Instrumentalisierung beschleunigt sich immer mehr (gewiß seit der Industrialisierung) und überschlägt sich heutzutage dadurch, daß der Körper – der nach wie vor als unüberholbare Grundlage der Vergesellschaftung fungiert – seine hilfreiche Unterstützung für eine weitere Eskalation der Zurichtungsprozesse zu verweigern scheint. Der menschliche Leib ist als Arbeitskraft, als Befehlsempfänger, als Lernwilliger, als Beobachtungs- und Sexualobjekt, als Krankheitsherd usw. über die Grenzen des Zuträglichen hinaus in Dienst genommen. Er streikt, wird impotent oder frigide, produziert chronische Symptome, sendet immer hilflosere und unverständlichere Signale aus und entzieht somit dem gesellschaftlichen Organisationsprinzip, jener abstrakt-allgemeinen Instanz der Naturbeherrschung, nach und nach die Fundamente. Hier scheint der entscheidende Umstand für das Flüchtigwerden des Festen, für die Furie des Verschwindens alles Verläßlichen zu liegen. Konnte Nietzsche noch – gleichsam »am Leitfaden des Leibes«[40] – aus den blutleeren Räumen einer Verstandesbürokratie entkommen, so hat sich eine körperlose Geistigkeit als absolutes, d. h. losgelöstes Kontrollverfahren derart über den Planeten ausgebreitet, daß Ausnahmen von der Regel des Abstrakten nur noch in Reservaten aufzuspüren sind. Schier unausweichlich wird die ›Produktivität der

---

37 MAX HORKHEIMER/THEODOR W. ADORNO, Dialektik der Aufklärung. Philosophische Fragmente (Amsterdam 1947), 276.
38 Vgl. ELIAS (s. Anm. 10); ZUR LIPPE (s. Anm. 14); KAMPER/VOLKER RITTNER (Hg.), Zur Geschichte des Körpers (München 1976).
39 Vgl. MICHEL FOUCAULT, Surveiller et punir. Naissance de la prison (Paris 1975), 30–32; FOUCAULT, Pouvoir et corps (1975), in: Foucault, Dits et écrits, Bd. 2 (Paris 1994), 754–760; KAMPER, Tod des Körpers – Leben der Sprache. Über die Intervention des Imaginären im Zivilisationsprozeß, in: G. Gebauer u. a. (Hg.), Historische Anthropologie (Reinbek 1989), 49–81.
40 FRIEDRICH NIETZSCHE, Nachgelassene Fragmente Frühjahr bis Herbst 1884, in: NIETZSCHE (KGA), Abt. 7, Bd. 2 (1974), 247; vgl. HEINRICH SCHIPPERGES, Am Leitfaden des Leibes. Zur Anthropologik und Therapeutik Friedrich Nietzsches (Stuttgart 1975).

II. Zivilisation als mondiale Sprach- und Bildabstraktion

Macht‹ dadurch, daß sie sich wegen der Undurchschaubarkeit der Folgen immer aufs Neue als Lösungsstrategie für alle jene Probleme anbieten kann, die sie selbst verursacht hat.

In solcher Zuspitzung droht die Trennung von Körper und Geist total zu werden und nach beiden Seiten irreparable Konsequenzen zu zeitigen. Die Chancen einer einfachen Gegenwehr mit Hilfe des Körpers – also die Mobilisierung der Sinnlichkeit oder einer als positiv angesetzten ›natürlichen Unmittelbarkeit‹ –, wie sie vor allem im Umfeld der Kritischen Theorie zunächst noch hoch angesetzt wurden, können als minimal gelten, seitdem eine »microphysique du pouvoir«[41] die historische Produktivität von Selbstdisziplin und Selbstkontrolle über den Körper als durchdringend und ihre Effekte als weitgehend irreversibel verdeutlicht hat.

Es besteht sogar Grund zu der Annahme, daß gerade die gängigen Emanzipationsbewegungen (Humanisierung der Arbeitswelt, Bürger in Uniform, Schulreform, moderner Strafvollzug, sexuelle Befreiung, Verbesserung der medizinischen Versorgung usw.) die laufenden Spaltungsprozesse keineswegs unterbinden und die historisch entstandene Dummheit des Körpers nur eskalieren lassen, allerdings unter dem Deckmantel einer ›emanzipatorischen Transformation‹ der Körper zu Bildern von Körpern.

Strategien sind angesichts der geschilderten Befunde überhaupt eher ratlos. Weder kann es darum gehen, die Verwertungsprozesse ahnungslos fortzusetzen, noch scheint es möglich zu sein, irgendeine angebbare Alternative zur gesellschaftlichen Abstraktion zu praktizieren, die nicht schließlich unter das Prinzip, das sie bekämpft, subsumiert wäre. Eine konkrete Kritik des Abstrakten ist – so betrachtet – unmöglich, da schon zur Identifizierung der Subsumptionslogik ein logisches Vorgehen unerläßlich ist und damit das Einfallstor für die Einvernahme offensteht. Solange der ›Gegner‹ die Waffen bzw. das Waffenarsenal bestimmen kann, ist die Falle unvermeidlich. Die einzige Möglichkeit scheint vorerst darin zu liegen, den Körper zur Sprache kommen zu lassen und ihn gegen die Bilder, die von ihm kursieren, lebendig zu halten. Als Vorarbeiten dazu können die mannigfaltigen Rekurse auf Bruchstücke einer (weitgehend zerstörten) Körpersprache, auf Gesten, auf averbale Kommunikations-

formen angesehen werden, aber auch die vielen Körpertherapien, seien sie asiatischer oder europäisch-amerikanischer Herkunft. In ähnlicher Rücksicht wäre ein Ziel ersten Ranges die Wiederentdeckung des Körpers als eines »aufgesammelten Schatzes der ganzen Vergangenheit«[42], wie es sich in der Theaterarbeit, in der Körperkunst und auch in den gesellschaftswissenschaftlich orientierten Humanwissenschaften gegenwärtig zeigt.

Aufs Ganze gerechnet, ergibt sich aber aus solchen Bemühungen nur ein Zeitgewinn. Der Widerstand, auf den es ankommt, kann nicht vom Körper ausgehen. Vielmehr bedarf es an der Spitze der Reflexion, dort, wo sie am weitesten in der Diskursivität der Teilungen, Trennungen und Spaltungen fortgeschritten ist, der Umkehr. Zwar muß sich eine solche Denkbewegung der Hilfe bewegter Körper versichern, aber den Gegner, der einer zivilisierten Menschheit buchstäblich im Nacken sitzt, kann nur eine Kraft abschütteln, die an seiner Inthronisierung beteiligt war.

Fällig ist eine nicht-reaktionäre Kritik der Moderne, eine Umkehr nicht zu historischen Zuständen, sondern zu geschichtlichen Kräften. Bislang waren die Kritiker der neuesten Zeit eher konservativ, haben gegen das Verhängnis wirkliche oder vermeintliche ›Wahrheiten von alters her‹ mobilisiert. Kürzlich wurde vom Standpunkt einer ›Post-Moderne‹ aus kritisiert, eine Auflösung des restlichen Sinns von Geschichte (nach dem Motto: »was fällt, das soll man auch noch stossen«[43]) betrieben und das ›Werden‹ an die Stelle von ›Geschichte‹ gesetzt: »Le devenir n'est pas de l'histoire; l'histoire désigne seulement l'ensemble des conditions si récentes soient-elles, dont on se détourne pour ›devenir‹, c'est-à-dire pour créer quelque chose de nouveau.«[44] Deleuze betont den Zusammenhang von »mouvements de déterritorialisation« und

---

41 FOUCAULT, Surveiller et punir (s. Anm. 39), 31.
42 NIETZSCHE, Menschliches, Allzumenschliches (1878), in: NIETZSCHE (KGA), Abt. 4, Bd. 2 (1967), 33.
43 NIETZSCHE, Also sprach Zarathustra (1883–1885), in: NIETZSCHE (KGA), Abt. 6, Bd. 1 (1968), 257.
44 GILLES DELEUZE, Contrôle et devenir (1990), in: Deleuze, Pourparlers (Paris 1990), 231; vgl. DELEUZE/ FÉLIX GUATTARI, Qu'est-ce que la philosophie? (Paris 1991), 59.

»processus de re-territorialisation«[45] und unterstreicht, daß der Mensch »reste accroché au milieu, désert ou steppe«[46]. Beide Aussichten bzw. Herkünfte negieren die Geschichte, sei es ihren faktischen Verlauf seit dem Ende des Mittelalters, sei es den ›transzendentalen Grund‹ ihrer Ermöglichung: das mysteriöse Phantasma des Körpers.

Es müßte aber gelingen, eine lineare Fortschrittskonzeption zu dekonstruieren, ohne damit jegliche Zukunft suspendiert zu haben. Ausschlaggebend dafür bleibt die Annahme der Reversibilität historischer Grundrichtungen. Nicht daß sich die Linie zum Kreis wieder schließt, sondern daß die bewegliche Mitte eines körperlichen Mysteriums um so mehr Zukunft eröffnet, je mehr Vergangenheit präsent bleibt, ist der Leitstern solcher Rekonstruktionen.

Die Kritik der Gewalt, die das Denken selbst darstellt, kann nur ein Denken sein: »exacte [...] Phantasie«[47]. Daran muß, um die alten Rückfälle in rational bestimmte Irrationalismen zu vermeiden, erinnert werden. Die Kraft, auf die es geschichtlich ankommt, ist die Einbildungskraft, ein Vermögen, das Goethe nach den Maßen des menschlichen Körpers konstruiert sieht: eine konkrete Synthesis der Sinne, einerseits zur planmäßigen Aneignung einer mangelhaften Welt ebenso wie zur Verausgabung von Überschüssen determinierend, andererseits nur um den Preis des Versagens aus körperlicher Konkretheit in Raum und Zeit ablösbar. Erst unter der Bedingung, daß der Körper nicht verlassen wird, ist ›exacte Phantasie‹ verläßlich. Darüber hinaus jedoch mutiert sie zu jener vagen Phantastik, die mit der Macht kollaboriert und das Ende jeder Sinnlichkeit bedeutet. Nur unter der Bedingung kontingenter Körper also kann eine Desavouierung der herrscherlichen Vernunft dem Schatten der Macht entkommen und zur Selbstkritik vorstoßen. Allerdings ergeben sich zwangsläufig blinde Flecke, die es verhindern, daß die Geschichte der feindseligen Trennung von Körper und Geist vollständig sichtbar wird. Denn wie bei jeder theoretischen Rekonstruktion, die auch das Schicksal der Theorie betrifft, steht sich diese letztlich selbst im Wege.

Damit ist eine Kontingenz angegeben, die der Endlichkeit der Diskurse endlich Rechnung trägt und sie nicht länger – wie im Falle einer außerräumlichen und außerzeitlichen Vernunft – unterschlägt. Die exakte Phantasie ist mithin eine körperliche Einbildungskraft, die sich nur an bestimmten Orten und zu bestimmten Zeiten entfalten kann, physiognomisch bis ins Herz, vereidigt auf die Schriftzeichen, die der Körper darstellt, und immer auf der Spur der Korrespondenzen, die auch nach ›Repression‹ und ›Emanzipation‹ noch lesbar sind. Die Einbildungskraft erweist sich in solcher Hinsicht als der reflexive Spiegel des Lebens selbst: an der Nahtstelle von Körper und Geist spielen jene Szenen, die als Folie aller Nach- und Vorahnungen für historische und biographische Dramen anzusehen sind. Im übrigen verfährt die Rekonstruktion wie eine Archäologie. Ihr Material sind die (stummen) Zeugnisse auf dem Wege des Verstummens des Körpers, jene denkbilderartigen Chiffren, die im Kontext der bekannten Geschichte rätselhaft blieben und in eine andere, noch weniger geübte Sprache übertragen werden müssen. Auch in diesem Konflikt zweier Lesarten wirkt die säkulare Spaltung nach, um die es hier geht.

Es geht um die Ambivalenz der Zivilisation, die in der ersten Lesart als planvolle Aneignung der Natur, als (geistige) Verallgemeinerung des (körperlich) Besonderen, in der zweiten Lesart als unaufhaltsame Abstraktion, als Formalisierung jeglichen Inhalts auftaucht. Von Hegel noch als das Konkret-Allgemeine gefaßt, hat sich das vollendete System der geistigen Vermittlung inzwischen als leerlaufende Bewegung herausgestellt, die – permanent sich wiederholend – ein geistlos Körperliches unter ein körperlos Geistiges subsumiert.

III. Was ist der Körper?

Die Frage steht in einer Folge von Fragen: ›Was ist der Mensch?‹, ›Was ist ein Bild?‹. Die Formulierung der Frage widerstreitet der geläufigen An-

---

45 DELEUZE/CLAIRE PARNET, Dialogues (1977; Paris 1996), 161.
46 Ebd., 162.
47 JOHANN WOLFGANG GOETHE, Ernst Stiedenroth, Psychologie zur Erklärung der Seelenerscheinungen. Erster Theil. Berlin 1824 (entst. 1824), in: GOETHE (WA), Abt. 2, Bd. 11 (1893), 75.

nahme, daß man wüßte, was der Körper ist. Sie exponiert einen Punkt jenseits des Verstandenhabens.

Besonders in Zeiten einer bis zur Katastrophe gesteigerten Krise tauchen die Was-Fragen wieder auf, nachdem sie zu Anfang der Epoche der bürgerlichen Gesellschaft schon einmal Konjunktur hatten. Sie versuchen sich in der Weise einer sekundären Naivität daran, das bisherige Wissen zu überprüfen, aber auch daran, es aufs Spiel zu setzen. Die vermeintlichen Sicherheiten des Wissens haben aufgehört, Orientierungsquellen zu sein. Man weiß zuviel, und man weiß zu vage. Die Frage ›Was ist der Mensch?‹ z. B. markiert den Ort eines Entzugs. Bei aller Anstrengung, die seit Kants Zeiten investiert wurde, landete man in der radikalen Ungewißheit. ›Homo absconditus‹ – so heißt das Fazit. Die Anthropologien, die Wissenschaften vom Menschen haben in der Fülle ihrer Analysen ›den Menschen‹ buchstäblich aufgelöst. Dieses Fazit gilt es nun zu präzisieren. Denn eine Rückkehr in den Zustand eines Wissens, als ob man wüßte, verbietet sich den aufgeklärten Zeitgenossen fast von selbst. Ähnlich steht es um das Bild. Der kultische und der künstlerische Umgang mit der Einbildungskraft hat die Rückflut der fabrizierten Bilder nicht aufhalten können. Die gelungenen anthropologischen Begriffe der Vergangenheit sind in der aktuellen Überschwemmung wieder untergegangen. Heute, auf dem Gipfelpunkt eines funktionierenden Imaginären, wo fast alle Menschen den Zwang zur Inszenierung zu spüren bekommen, ist es undeutlicher denn je, was ein Bild ist. Auch hier ist eine Rückkehr zur naiven Gewißheit nicht möglich, wohl aber ein Durchkommen zu einer Ungewißheit, die immer präziser wird. Im Hinblick auf den Körper und die entsprechenden einschlägigen Theorien kann man heute konstatieren, daß das Immer-schon-verstanden-Haben nach dem Rückzug in immer abstraktere Formeln zu bröckeln beginnt. Das geschieht unter dem Druck der dritten bis ins Herz durchgreifenden Revolution, nach der Ware und der des Geldes nun der des bloß noch zeichenhaften Wertes, in der der menschliche Körper gezwungen wird, die Arche einer untergehenden Welt zu spielen, letzter Ort und Hort des Materiellen in einer durch und durch abstrakten Gesellschaft. Das Drama findet zwar auf der Bildfläche statt, kann jedoch dort nicht gelöst werden, bedarf vielmehr eines ›Interface‹ im Souterrain der Bilder, eines Schmerzpunktes, einer Bruchkante, einer Schnittfläche, um zum Zuge kommen zu können. Dieser ›Punkt-Kante-Fläche-Komplex‹ ist noch weitgehend unbekannt. Vilém Flusser hat einiges dazu aufgeschrieben und hinterlassen. Der Komplex wird hier der Richtung nach angesteuert, selbst auf die Gefahr hin, die Übersicht vollends zu verlieren.

Der Körper hat sich immer wieder angepaßt an die Annahmen, daß man wisse: er sei ein Archiv der Stammesgeschichte, eine arbeitskräftige Maschine, die Leiche der Medizin, das Bild der Werbung, das Objekt des Begehrens und das Instrument des Genießens, das Medium der Medien.

Daß der Körper in der ›Subjekt-Position‹ ist, wenn auch ohne Bewußtsein und Willen, muß nach den Erkenntnissen der Historischen Anthropologie konzediert werden. Er hat die Möglichkeit, gegenüber dem Wissen, gegenüber der Interpretation, gegenüber der Macht des Geistes sich willfährig oder abspenstig zu zeigen, was weder moralisch noch vernünftig genannt werden kann. Erstaunlich allerdings ist die nachhängende Konsequenz der epochalen Interpretamente. Umdeutungen haben es schwer. Es dauert sehr lange, eine einmal eingeschlagene Richtung zu ändern. ›Der Körper‹ ist gegenüber der Disziplinierung, gegenüber der Zivilisierung, gegenüber der Kolonisierung von großer Trägheit. Er ist für schnelle Moden viel zu langsam. Das gilt auch für die Lösung zwanghafter Deutungen, insbesondere für seine aktuelle Entfesselung durch eine Bildabstraktion, die mühsam in Gang kam, nun aber kaum noch zu halten ist. Alles geschieht so, als sei den beteiligten Menschen die Zeit zu lernen eingeräumt, als gebe der Körper dem, der ihn hat oder zu haben glaubt, eine Chance der Belehrung: den Stämmen, die ihn als Archiv ihrer Lebensgemeinschaft benutzten, sogar über das Ende ihrer Epoche hinaus; den Arbeitern, die ihn als Mittel der Lebensfristung in einer Vertragsgesellschaft einsetzen mußten, bis in die Zeiten struktureller Arbeitslosigkeit hinein; den Kranken, die mittels der medizinisch-technischen Perspektive auf den Körper zum Fall gemacht worden sind, sogar jenseits der gröbsten Behandlung und der subtilsten Traktierung; den Geliebten und

Liebenden auch dann, wenn das Begehren aufgehört hat und der Begehrenswert geschwunden ist; den ›usern‹ und Zuschauern, wenn sie endlich verstanden haben, daß der menschliche Körper als Lieblingsbild der Epoche ausgedient hat. – Angesichts derart vertrackter Lagen kann in Körpersachen kein einfacher Beweis und keine geradlinige Argumentation mehr geboten werden. Was der Körper ist, bestimmt sich nach den Epochen der Wissens- und Diskursgeschichte, wie seit Michel Foucault immer deutlicher wird. Aber man sollte nicht annehmen, daß diese epochale Geschichte beliebig sei oder dem Bewußtsein und der Willkür unterstehe.

Der Körper ist vielmehr – unter den Bedingungen einer Selbstbezüglichkeit des Geistes – der Rest, der Abfall, der Müll. Im Schnittpunkt von Mächten und Monstern ist der Körper die einzige Instanz, die ihr Fehlen darstellen kann.

Nicht erst seit gestern glaubt der menschliche Geist in seiner dritten Abstraktionsphase, daß er ohne den Körper auskommen kann. Sowohl in der Weise der hemmungslosen Unterdrückung, sei es der maschinengemäßen Ausbeutung, sei es der sprachlichen Verachtung, als auch auf allen Wegen der Entfesselung, sei es mit Drogen, sei es mit Bildern, wird seit Jahrzehnten Liquidation betrieben. Es findet, oft unter gegenteiligem Anschein, in Politik, Sex und Sport eine maßlose, aggressive, mörderische Zerstörung statt. Das einzige Problem, das bleibt, ist das der Leichen. Aber die werden, ähnlich wie bei den zahllosen Massakern des 20. Jh., verscharrt und aus dem Gesichtskreis geräumt. Man erklärt die menschlichen Körper, nachdem man von ihnen ultimative Bilder gemacht hat, zum Müll, zum Abfall, zum unverwertbaren Rest. Und sie verhalten sich so. Sie tun dem hauptsächlichen Interpretationsmuster den Gefallen der Folgsamkeit. Überhaupt sind Körper offensichtlich nicht mehr subversiv, genauer: nicht mehr offensichtlich subversiv. Wenn es zu Protest kommt, dann durch Übererfüllung des Plansolls – mit all den unbedachten Spätfolgen und ungewollten Nebenwirkungen, von denen die aktuelle, ebenso irreale wie imaginäre Welt überfüllt ist.

Wiederum tut sich ein weit abgesteckter Zeitraum des Lernens auf. Die Menschen können, wenn sie wollen, der Spur spürend nachgehen, die ihre malträtierten Körper hinterlassen haben. Denn diese sind auch noch für ihr Fehlen zuständig. Und so zeigen sich an den konkreten Körpern in Aktion, an den Körpern im Schmerz, an den Körpern in effigie, im Bilde, die Merkmale, die Wundmale, die Denkmale ihrer Wertlosigkeit, ihrer fortgeschrittenen Entwertung. Der Ort, an dem dergleichen wahrgenommen werden kann, ist der Schnittpunkt zwischen Mächten und Monstern. Überall dort, wo die Macht monströs wird und Monster an der Macht sind, passiert etwas Merkwürdiges: ausgerechnet die am höchsten stilisierten Symbole schlagen um. Einzige Voraussetzung für das Wahrgenommenwerden solcher Vexierbilder ist die elaborierte Wahrnehmung selbst. Sie gewinnt durch Übung, die dem historischen Lernen folgt, eine wahrhaft ›diabolische‹ Kompetenz, die der symbolischen Ordnung der Macht in ihrer Doppelverschanzung die Gefolgschaft aufkündigt. Plötzlich, meist aus heiterem Himmel, schlägt am offiziellen Bild das Monströse durch, und man sieht klar und deutlich, wie ein Leben, Fühlen, Denken ohne Körper ans Verbrechen grenzt und wie die reine Selbstbezüglichkeit des Geistes konstitutiv ist für eine totale, sich selbst eliminierende Gesellschaft, die den Unterschied zwischen Opfer und Massaker, zwischen Gewalt nach innen und Gewalt nach außen nicht mehr in den Griff bekommt.

Insofern bedeutet der Körper als Rest das Ende des metaphysischen Behälterdenkens. Der Körper bleibt der zerstückelte Körper. Der ganze Körper ist kein Körper, sondern ein Bild. Auf dem Schauplatz endloser Idiosynkrasien spielt er Theater mit dem Unerträglichen.

Luthers und anderer abfälliges Diktum vom Madensack, der faulendes, verwesendes Fleisch enthält[48], hat die Vorstellungen vom Körper seit dem späten Mittelalter geradezu obsessiv besetzt gehalten. Zugleich kann darin der lange Schattenwurf der Metaphysik griechischer Herkunft aufgespürt werden, der die gesamte Anschauung der räumlichen Dinge in Europa und dann in der Welt determiniert hat. Daß man sich eingesperrt vorkommt wie in einem Sarg, daß das Fleisch (σάρξ, sarx)

---

48 Vgl. ›Madensack‹, in: GRIMM, Bd. 6 (1885), 1427f.

ein Gefängnis des irdischen Lebens sei, daß der Schädel zu klein sei für den Weltgeist, der nur in seiner jenseitigen Heimat zu seinem Recht der Universalität komme, daß das Irdische in der Zeit, im Raum beschränkt sei, dagegen aber das Himmlische zeitlos und über jede Grenze hinaus mächtig sei – all das ist beste platonisch-metaphysische Tradition, die an ihrer aktuellen Realisierung endgültig zugrunde geht. Der Körper ist als zerstückelter Körper wirkliches Fundament und Fundament der Wirklichkeit. Mit anderen Worten: Es gibt nur Physisches, das sich in einer Logik des Nichtganzen manifestiert. Wer diese Voraussetzungen leugnet und sie hinter sich, unter sich lassen will, indem er die alte Theologie metaphysischer Prägung nun technologisch-wissenschaftlich fortsetzt, gerät notwendigerweise in die Sphäre des Monströsen, in der es gespenstisch und ungeheuerlich zugeht. Phantome an Stelle wirklicher Dinge und Menschen halten jegliches Szenario mit Schrecken besetzt. Auch man selbst verwandelt sich unterderhand in genau das Schlimme, das man immer am meisten verabscheut hatte. Der Schauplatz, auf dem diese zwanghaften Aufführungen stattfinden, ist ein Ort, der von sogenannten Allergien heimgesucht wird, Prozessen, welche die dem Körper aufgenötigte Ganzheit abbauen und wegräumen. Der Körper selbst ist es, der Theater spielt mit dem für ihn selbst Unerträglichen. Die Immunschranke, körperliche Reifikation einer besonders mächtigen Projektion des uralten Behälterdenkens, wird durchlöchert und nach und nach aufgelöst. Das Schlimme ist, daß die Menschen unter dem Druck des historisch eingepflanzten Verlangens nach der verlorenen Einheit und Ganzheit nicht ohne Feinde leben können. Deshalb riskieren sie bei dem genannten Theater den Tod. Die Strategien der Heilung aber sind gerade in Zeiten von Aids mit ihrem Latein und Griechisch am Ende. Heilung wäre die Akzeptanz des sterblichen Lebens. Auch die Zelle muß das Sterben lernen. Wenn sie es nicht schafft, wird sie notwendigerweise krebsig. Der Krieg, der auf den Schauplätzen des Körpers tobt, ist aber nicht ›Armageddon‹, nicht die Entscheidungsschlacht der Medizin, sondern der Niedergang einer historisch wirksamen Körper-Interpretation und der mühselige Umbau eines Abfallhaufens in einen ›Anderen Körper‹.

Der Körper ist das Andere in einer Welt des Selben. Er ist pure Alterität. Deshalb können keine Körper geklont werden, sondern immer nur Bilder von Körpern. Bilder haben Rahmen. Körper sind rahmenlos. Die Sinne sind keineswegs natürlich, sondern bleiben zuständig für das Übernatürliche.

Seitdem das identifizierende Denken die gesamte menschliche Weltbeziehung durchherrscht, hat das Nicht-Identische nur noch die Chance, die Kehrseite darzustellen. Der Körper wird gewissermaßen zum Fokus des Anderen, wo es nur noch auf das Eine ankommt. Wird im Tun und Leiden, im Machen und Lassen immer auf das Selbe angespielt, gerät dem Menschen der eigene Körper zum Ganz-Anderen, zum Fremden, gar zum Feind, der nicht mitspielt. Diese strukturelle Unmöglichkeit ist eine Antwort auf den prolongierten Willen zur Macht, wie er sich im theologisch-technologischen Komplex Europa-Amerikas manifestiert hat. Sie stellt ein krasses Exempel der unbewußten Widerstände dar, die bei der Ausdehnung der menschlichen Eigenmacht über jegliche Grenze hinaus auftreten. Eine dumme, weil kurzschlüssige Gegenstrategie ist bereits in Arbeit. Man will nicht verstehen. Man will Körper, Körper von Tieren und Menschen, klonen. Man will mit dem Selben – ein Klon ist dasselbe noch einmal – auch körperlich durchkommen, notfalls auf Teufelkomm-raus. Was man jedoch produziert, ist kein Körper, sondern ein ›lebendiges‹ Phantom, ein Monstrum, d. h. ein Bild vom Körper, das ›körperlich‹ ist. Das Tier, der Mensch, der geklont wurde, muß lebenslänglich als Beweis herhalten, wird vorgeführt, zu Tode fotografiert und dem terroristischen Regime des Imaginären zur Schändung ausgesetzt. Was aber niemals erreichbar ist, das wäre das Charakteristikum eines wirklichen Körpers, nämlich unsichtbar zu sein, unbemerkt, einfach da, rahmenlos. Die menschliche Kreativität, sofern sie ein Machen ist, kann den Rahmen nicht abschütteln, unter dem sie schafft. Sie kann das Kreierte nicht freilassen ins freie Spiel der Widersprüche und Gegensätze. Man könnte einwenden, daß die inkriminierte Schwäche keine Angelegenheit des Klonens allein sei, sondern auf alle menschlichen Machwerke bezogen werden kann. Das stimmt einerseits: Jede Kompetenz, die technologisch oder politisch ist, wie sie sich in der Installation einer genuin menschlichen Welt seit einem halben Jahrtausend bewährte, hat seit jeher unter dieser Einschränkung bloßer Virtualität zu leiden gehabt. Das stimmt andererseits nicht: die Menschen haben poietische Fähigkeiten mit ganz anderen Wirkungen, die aber ausnahmslos an ihren persönlichen Untergang geknüpft sind. Erst eine gebrochene, eine spezifisch sterbliche Kompetenz garantiert dem hervorgerufenen Leben in Realität und Fiktion seine Eigenständigkeit. Es ist ein großer Unterschied, das Selbe machen zu wollen – und ins Monströse zu geraten – oder das Andere als Anderes gelten zu lassen.

Einzig vom Körper aus läßt sich – in einer Theorie des notwendig falschen Unbewußten – das Universum des Geistes von außen wahrnehmen, obwohl doch die imaginäre Immanenz von sich selbst behauptet, alle Welt zu sein und kein Außen mehr zu haben.

Seit der Abspaltung des Glaubens vom ›Aberglauben‹, des Wissens vom ›Aberwissens‹ sind die menschlichen Sinne einem Normalisierungsprogramm unterzogen worden, das nicht rastete noch ruhte, bis sie als Hilfsknechte dem sogenannten gesunden Menschenverstand dienstbar waren. Es ging darum, die Sinne, deren zauberhafte Realität die unkalkulierbare Verausgabung ist, in den engen Kreis der bürgerlichen Geschäfte einzusperren, damit sie ein lächerliches Eigeninteresse ausbilden und sich an der Suche nach einem illusionären Vorteil beteiligen können. Aufschwünge waren dem problemlösenden Geist vorbehalten. Der Sinn für das Höhere wurde für die Kunst reserviert, in der der eine oder der andere Sinn Karriere machen konnte, aber nur unter der Aufsicht von Meistern der instrumentellen Vernunft. Am Ende des teilweise menschenmörderischen Unternehmens kommt nun heraus, daß es der bevorzugte Geist selbst ist, der in die Enge geführt hat, der einen kalkulierbaren Wahn, einen ›rasenden Stillstand‹[49] hervorgebracht hat, der den ›Horror vacui‹ der beginnenden Neuzeit mit einer riesigen Blase ausgedachter Bilder, nämlich mit der Immanenz des Imaginären, zugedeckt hat, der schließlich ein eigenes Unbewußtes mit dem Anspruch auf universale Geltung ausgebildet hat. Heute werden diese Vereinbarungen zunehmend marode. Es stellt sich heraus, daß das Globale ein lokales Ereignis ist, obwohl fast alle Energie in die Verwirrung und Vertuschung solcher Wahrheit investiert wird. Der selbstbezügliche Geist ist ein bis ins Unendliche ausgedehntes kleines Phantasma, das Phantasma von der Omnipotenz vorpubertärer Knaben, die nicht bis zum notwendigen Scheitern durchgekommen sind – was inzwischen bis in die Einzelheiten zwar nicht von innen, wohl aber von außen wahrgenommen werden kann. Das sogenannte Universum ist nichts anderes als das, was sich ›ins Eine wendet‹, ins Eine allerdings nach den Vorstellungen sich ängstigender Kinder, die Angst vor ihrer Angst haben. Und das ist wahrlich eine Illusion, auch wenn sie physikalisch belegt und wissenschaftlich abgesichert wäre. Da jedoch die Sinne im Sinne kosmischer Horizonte verstopft und verklebt sind, wird es noch dauern, bevor die Rahmenlosigkeit eine vorurteilsfreie Sicht der Dinge ermöglicht und die imaginäre Grundprägung im Glaubens- und Wissenssockel der Wissenschaften ins klare Licht einer kritischen Zeitgenossenschaft rückt. Voraussetzung solcher Großschritte in Richtung einer präzisen Ungewißheit ist und bleibt aber der menschliche Körper in seiner historischen Kontingenz.

Die Grundrichtungen der Zivilisation heißen Vergeistigung und Entkörperlichung. Das geschieht in doppelter Weise, als Sprach- und als Bildabstraktion. Aktuell ist das Imaginäre, sprachlich und bildlich, eine grenzenlose Oberfläche, die sich einfaltet zur Immanenz.

Der Satz Rudolf Kassners ›Je sinnlicher, desto geistiger‹ gehört, obwohl er längst eine hohe Plausibilität hat, nicht zu den Grundannahmen der Zivilisationstheorie. Hier müßte es heißen: ›Je sinnlicher, desto geistloser.‹ Oder umgekehrt: ›Je unsinnlicher, desto geistiger.‹ Geist und Körper sind mindestens seit Descartes nach dem Muster einer Drehtür mit gegenseitiger Exklusivität verspannt. Nur so kann der Punkt der Ablösung des Geistigen aus dem Körperlichen erreicht werden, auf den offenbar immer alles ankam, genauer: auf den alles angekommen ist. Denn dieser Punkt ist überschrit-

---

49 Vgl. PAUL VIRILIO, L'inertie polaire (Paris 1990); dt.: Rasender Stillstand, übers. v. B. Wilczek (München/Wien 1992).

ten. Solange der Körper sprachlich traktiert wurde, und zwar im Zuge einer teilweise groben, teilweise subtilen Unterdrückung, konnte dieser subversiv mithalten. Askese, auch die extremste, brauchte Reste des Körperlichen, des Irdischen, des Materiellen zu ihrer Vollendung. Außerdem gab es bis fast in die Mitte des 20. Jh. eine gegenzivilisatorische Tradition extremer Körperlichkeit – im Karneval, in der Ausschweifung, in der Groteske (Michail Bachtin). Erst mit der massiven Umstellung der zivilisierenden Mittel auf die Bildabstraktion haben solche Subversionen bald aufgehört. Vergeistigung als Transformation alles Körperlichen ins Bildliche geht anders vor als die sprachliche Unterdrückung. Sie läßt frei. Sie feiert den Körper durch einen Kult der Bilderkörper und Körperbilder und entfesselt ihn von genau den Ketten, die die alte Askese geschmiedet hatte. Das sieht aus wie eine maßlose Befreiung vom Maß. Der historisch zugerichtete menschliche Körper darf, soll, muß all seine Bedürfnisse nach Freiheit ausleben, aber nicht in Wirklichkeit, sondern in effigie, im Rahmen eines zwanghaften Imaginären. Dieser Rahmen ist die einzige Bedingung, alles andere ist erlaubt. Man bekommt definitiv die Erlaubnis, definitiv Unerlaubtes zu tun. Man darf frei entscheiden in der Wahl seiner Inszenierungszwänge – medial gestützte, massenhafte »repressive Entsublimierung« (repressive desublimation)[50], wie Herbert Marcuse es vorformulierte. Das passiert schleichend und ohne die gebührende Aufmerksamkeit. Die Menschen stehen sich bei der Wahrnehmung dessen, was sie gegenwärtig tun und leiden, noch immer selbst im Wege. Diese Behinderung wird verstärkt durch die scheinbare Endlosigkeit der apparativ installierten virtuellen Welt. Das Imaginäre, als absolutes gedacht, kann allem Anschein nach nicht mehr aufhören. Es bietet eine faule Ewigkeit an und suggeriert den Menschen, die nicht sterben wollen oder können, daß sie auf dem richtigen Boot sind. Es ist in des Wortes buchstäblicher Bedeutung ein Geisterschiff, auf dem Körper nichts zu suchen und nichts zu finden haben. Die Vollendung der Bildabstraktion braucht nichts Materielles mehr. Sie schafft eine Welt sui generis, eine Welt der Gespenster und Ungeheuer, die nur anfangs Angst machen. Die Bildfläche selbst faltet sich ein und bildet ein

komfortables Gefängnis, unwandelbar für immer und endlos langweilig. Dann wird das Imaginäre hart wie Chitin. Der Geist ist längst härter als die Dinge. Er bleibt kurzschlüssig im Selbstverhältnis und vergißt, daß das Ewige zeitlichen Ursprungs ist. Der Körper stellt dagegen ein kosmisches Ereignis dar. Er reicht gerade wegen seiner Sterblichkeit bis an die Sterne und bis in den Mittelpunkt der Erde.

Man muß dem, was der Körper ist, die größtmögliche Bedeutung geben. Denn in seiner zivilisatorischen Karriere ist er unentwegt der Furie des Verschwindens ausgesetzt gewesen, bis man ihm in den Materialschlachten des 1. Weltkriegs das Lebenslicht ausgeblasen hat. Nichts mehr von Mikro-Makrokosmos; keine Körperordnung nach Zahl, Maß, Gewicht, vielleicht noch nach Zahl; das große Rätsel des Maßes und der Schwere – untergründig mitzeugt – weggefegt; die Schönheit, in Lust und Trauer ereignishaft, um die Ecke gebracht durch Sex- und Sport-Bilder; die osmotische Haut, aufgepanzert und undurchlässig gemacht beim Zu-etwas-Fertigem-Machen des Menschen als Individuum, bei der Aufrüstung zur Identität. All das geschah, um eine Doublette des Geistes herzustellen, nach seinem Bilde. Der Geist der Abstraktion ist ein self-made man, der überall seinesgleichen produziert: Monster aus unwiderruflicher Ewigkeit. Das geht schon lange so, nicht erst seit jüngster Zeit, nicht erst seit Neuzeit und Mittelalter, schon seit dem Altertum. Wahrscheinlich ist die Angst vor dem Tod der Motor dieser unendlichen Geschichte. Aber in der Gegenwart des vollendeten 2. Jahrtausends ist die Forcierung spürbar, die im Vergessen, im Verdrängen und im Verwerfen der Angst zum Tragen kommt. Man wird Partei nehmen müssen. Man kann es auch, weil es der elaborierten Wahrnehmung längst zwanglos einleuchten, daß die Menschen durch Verleugnung ihrer Sterblichkeit, d. h. ihres Kör-

---

50 HERBERT MARCUSE, One-Dimensional Man: Studies in the Ideology of Advanced Industrial Society (Boston 1964), 72; dt.: Der eindimensionale Mensch. Studien zur Ideologie der fortgeschrittenen Industriegesellschaft, übers. v. A. Schmidt, in: Marcuse, Schriften, Bd. 7 (Frankfurt a. M. 1989), 92.

pers, eine Welt des Todes heraufgeführt haben, eine Welt mit toten Göttern, mit toten Menschen und mit toten Dingen. Die Menschen werden an ihrem Unsterblichkeitswahn und seinen ›realen‹ Effekten sterben, nein, nicht sterben; sie werden hinüberwechseln in ihre Schöpfung aus Sprach- und Bildermüll, in der es vollkommen unmöglich geworden ist zu sterben, aber auch, zu leben. Die Frage bleibt, was sich durch Nachdenklichkeit, durch geübte Wahrnehmung, durch unaufhörliches ›KörperDenken‹ noch ausrichten läßt gegen die unsichtbare Übermacht eines im Orbit des Imaginären geschlossenen Zirkels. Der Geist ist eingesperrt im Gefängnis der Freiheit. Er steht unter Zwang und muß ihn überall und jederzeit vollstrecken. Der Körper hingegen kann aufbrechen, wohin er will, wenn er den Geist als Doublettenmacher hochgehen läßt. Wer das Fazit des mit dem Wissen gestiegenen Nichtwissens ziehen kann, erträgt auch den Gedanken, daß die Spiritualisierung, Hauptziel aller Zivilisation, sich am Ende als eine Geschichte der mehrfach gestaffelten Abstraktion mit mehrfach tödlichem Ausgang herausstellt. Damit würden die Menschen die Angst vor der Angst verlieren und angesichts der eigenen Sterblichkeit endlich erwachsen werden.

IV. Liquidation durch Signifikation

Es war also nicht die Wiederkehr des Körpers, die sich vor Jahrzehnten da und dort ankündigte. Es war nicht die Befreiung der Sinnlichkeit, der menschlichen Bedürfnisse und Wünsche, die in heftigen programmatischen Vorläufen bereits gefeiert wurde. Was kam, waren Bilder vom Körper, Inszenierungen für die Augen, eine Flut erotischer Werbung. Es waren Bilder, von Anfang an mediatisiert, die offenbar ähnliche Zwänge ausüben wie Sozialisationsstrategien, Erziehungskonzepte und Zivilisationsparadigmata. Was kam, war ein in seiner Perfektion neuartiges Imaginäres, das seitdem, mittels erweiterter Kulturindustrie, nicht nur in der menschlichen Lebenswelt, sondern auch in den Human- und Sozialwissenschaften für Unruhe und Unsicherheit sorgt, aber auch für Faszination und strahlende Karrieren des Scheins.

Auf dieser Differenz muß man bestehen: Emanzipation der Körper ja, aber im Bilde, in effigie, im Spiegel. Eine Entfesselung des zuvor gefesselten Körpers, aber nur, um ihn unter noch subtileren Zwang zu setzen. Hatten sie bis dahin unter dem Druck der Normen von Zivilisation, Erziehung und Sozialisation gestanden, so wurden sie, so werden sie nun ›befreit‹ zu Spiegelbildern, zu Gespenstern, zu Körperphantomen, die – sogar rückwirkend – Macht und Gewalt ausüben. Auch wo sie sich dem Anschein nach tummeln, im Sport, im Konsum, im Sex, folgen die Körper den Bildern, ihren kaum bedachten Gesetzmäßigkeiten; denn nichts ist hinsichtlich des Imaginären unzulässiger als die Annahme, daß es einen freien Lauf der Phantasie gäbe. Die Logik der Bilder funktioniert wie eine Falle. Das hat sich lange vorbereitet. Das gibt zu denken.

Deshalb muß man der bevorstehenden Theorie des Imaginären den weitesten Umriß geben und die höchste Spannung. Die alte Arbeitsteilung von Ikonoklasten und Ikonodulen ist längst überholt; eine Neuauflage derselben wäre verlorene Liebesmüh. Die Doppelfrage, ob das Bild selbst schon, nicht erst sein Gebrauch luziferisch ist oder ob es jene Sprengkräfte gegen Vernunft und Verstand enthält, die zur Überwindung unmenschlicher Abhängigkeiten notwendig sind, löst die paradoxe Spannung und die Weite in Umriß und Grundriß des Problems schon auf, bevor es zur Erfahrung und zur Sprache kommen kann. Hier ist wie nirgends anders Angst im Spiel, die ihre eigene Verarbeitung braucht und nicht gleich methodisch abgewehrt werden sollte. Wenn in den Wissenschaften vom Menschen der Wunsch als Vater des Gedankens gilt, dann muß man die Angst als Mutter der Methode bezeichnen. Wer dem ersten nicht unmittelbar folgt, sollte auch dem zweiten Widerstand leisten. In der Anthropologie, heißt das, entscheidet bereits der methodische Ansatz über die Chancen der Erkenntnis. Das Ideal wäre, so unmethodisch wie möglich zu verfahren, ohne der Willkür oder der Prätention Tür und Tor zu öffnen.

Eine gewisse Richtung der Aufmerksamkeit ist allerdings bereits eingeschlagen. Die Befunde der diversen Zivilisationstheorien, formuliert mit Blick auf den ›Zweck‹, ergeben ein Spektrum, das im

Gedächtnis bleiben sollte. Der Wiederholungszwang ist Resultat einer depravierten symbolischen Ordnung, die nicht mehr dazu taugt, das Geheimnis der Zeit zu tradieren. Dieses ist freigesetzt und derzeit ohne Fassung. Das Imaginäre aber ist ›zeitlos‹, wie der Traum, trotz seiner Kettung an den Augenblick, und eignet sich nicht, das Verhältnis der Menschen zur Zeit geschichtlich zu organisieren. Im Panoptismus wird die Transparenz zum Motor der Zwänge. Das widerstreitet allen historischen Hoffnungen, die auf Licht und Aufklärung gesetzt haben. Von nun an sind es Mauern aus lichten Phantasmen, welche die Menschen einsperren. Was bestenfalls ›panoptisch‹ auftauchen kann, ist der Gefängnischarakter der Bilder. Die Kulturindustrie macht die Probe aufs Exempel der Zivilisation mit einem Modell von Mythos und Moderne, das nach innen verkeilt und verbohrt ist. Der unaufhaltsame Umschlag von Vernunft in Wahn soll mit einem Spiegel verhindert werden, der aus dem Grauen gemacht ist, das er zeigt. Die Mimesis ans Schreckliche, Verzweiflungskonzept der modernen Kunst, ist in der Gefahr der Ästhetisierung, der Wiederholung, der simulativen Verdopplung. Im reifizierten Begriff homo clausus ist Angst Methode geworden.[51] Das wissenschaftliche Menschenbild der Human- und Sozialwissenschaften dient als Abwehrkonstrukt, das es erlaubt, Widersprüchlichkeit und Vielfältigkeit der menschlichen Existenz *nicht* wahrzunehmen. Trotzdem wird es rückgekoppelt und setzt theoretisch Normen, die praktisch befolgt werden. Das liegt an der nichtfestgestellten menschlichen Natur und an der Handlichkeit eines Begriffs, der auch dem Sicherheit verspricht, der Objekt der Wissenschaft ist. Wer in weitester anthropologischer Reflexion dieser selbstreferentiellen Kreisbewegung folgt, hat einen guten Eindruck von der Macht des Imaginären.

Es gibt drei aparte Zeilen Hölderlins, die Norbert von Hellingrath der späten Hymne *Mnemosyne* vorangestellt hat. Sie widerstreiten ausdrücklich der Hegelschen Version von der Entfaltung des menschlichen Gedächtnisses, indem sie den Aufstieg der Einbildungskraft zur Vernunft auf der Stufe des Zeichens umdrehen und die Konsequenzen zeichenmachender Willkür ihrerseits kennzeichnen: »Ein Zeichen sind wir, deutungslos /

Schmerzlos sind wir und haben fast / Die Sprache in der Fremde verloren.«

Man erinnere sich: Mnemosyne, das tiefe Gedächtnis der Menschheit, war die Geliebte des Zeus für neun Nächte, die Mutter der Musen. Hölderlin hält den Verlust dieses Gedächtnisses für wahrscheinlich, zumindest den seiner Resonanz im Mythos. Zugleich setzt er auf die pure Tatsache einer Erinnerungsspur, die auch von den Göttern nicht ausgeglichen werden kann: »Nicht vermögen / Die Himmlischen alles. Nemlich es reichen / Die Sterblichen eh' in den Abgrund. Also wendet es sich / Mit diesen. Lang ist / Die Zeit, es ereignet sich aber / Das Wahre.«[52]

Der Kontrapunkt Hölderlins betrifft einen Graphismus des Schmerzes, der nur ist und nichts bedeutet. Im Zeichen kommt die Zeit zum Tragen. Erst in ihr sind Ereignisse möglich, deren Wahrheit erzählt werden kann, aber für sich ist die Folie der Erfahrung deutungslos. Das Körpergedächtnis erzählt keine Geschichten, sondern besteht aus Markierungen, welche – vielleicht – die Wirklichkeit der Götter bezeugen, die einmal ins Fleisch der Menschen eingebrannt war.

Hier genau geht es um die Grenze, die Scheidelinie von Schrift und Materie. Denn sogar die ›Weisheit‹ der Zellen hat Schriftcharakter. Neueste Erkenntnisse bestätigen in einer unerhörten Weise die Mikro-Makro-Kosmos-These der unterschwelligen abendländischen Überlieferung. Der Körper zeigt dieselben Strukturen wie das Kleinste und Größte: von der Doppelhelix bis zur Weltall-Spirale gibt es durchgehende Prägungen siderisch-geologischer und genetischer Art, die am Körper als Schriftspuren wiederkehren. Den nackten Körper hat es insofern nie gegeben. Immer diente er als Gedächtnisfolie für prähistorische, geschichtliche und biographische Einschreibungen.

Auch die menschliche Kultur hat von Anfang an als kodierende Schrift, als universelle Tätowierung funktioniert, die nach Maßgabe großer Ordnungen Narben der Erinnerung zeichnete. Etwas da-

---

51 Vgl. ELIAS, Einleitung [zur 2. Aufl. 1969], in: Elias (s. Anm. 10), VII-LXX.
52 FRIEDRICH HÖLDERLIN, Mnemosyne (1803), in: Hölderlin, Sämtl. Werke, hg. v. N. v. Hellingrath/F. Seebass/L. v. Pigenot, Bd. 4 (Berlin ³1943), 225.

von wiederholt sich noch in jedem Menschenleben. Die sogenannte frühkindliche Prägung, die soviel Entscheidendes vorwegnimmt, ist nichts anderes. Interstellare Strukturen werden in Form von Familienkonstellationen am Körper durchgesetzt, in der Folge der sensiblen Phasen der menschlichen Sinne. So arbeitet die symbolische Ordnung: Sie setzt eine Schrift des Körpers durch, die der Betroffene nicht mehr abschütteln kann. Das sogenannte Natürliche wird also, je weiter man der Archäologie der Niederschriften folgt, immer unwahrscheinlicher. Der Körper ist bis ins Innerste der Platz einer durchgreifenden Einbildungskraft, die wie ein Spiegel des Universums funktioniert.

Und doch ist die Frage nicht verstummt, was es mit der anderen Seite der Schrift, der ›Materie‹, auf sich hat. Es gab im Nach-Denken eine unentwegte Suche nach dem Schriftlosen, nach dem ›Anderen Körper‹[53], der jenseits der Zeichen-Ordnung liegt. Bei dieser Suche war das Problem, innersprachlich eine Nicht-Sprache zu konstituieren, die als Garantie für eine außersprachliche Realität in der Sprache würde gelten können: Das ist der Rest, der Abfall, das was übrig bleibt, wenn alles aufgeschrieben worden ist. Wahrscheinlich handelt es sich um den Schmerz, der immer dann in Erscheinung tritt, wenn der verzweifelte Versuch, auf den Spuren der Schrift dem Körper sein Eigenes zu lassen, scheitert. Etwas geht nicht auf in der symbolischen Ordnung. Davon handelt die Kunst. Es bleibt eine Wildnis zurück, die ihrerseits *für* Grenzen sorgt, an denen der zerstückelte Körper ebenso auftaucht wie der organlose, oder die Wüstensand-Wirklichkeit der menschlichen Haut. Aktuell ist die noch rätselhafte Aufspaltung des Körpers in eine fast-materielose Marionette und einen fast-schriftlosen Erdenkloß, wie er in jenen Ketten von Trauer, Melancholie und Depression sich vordrängt. Vermutlich reagiert der Mensch auf dem Gipfel der Moderne einerseits blindlings, indem er bei seinem technischen Ersatzprogramm des Lebens einer geistigen Verdopplung des beschrifteten Körpers nachhängt, andererseits depressiv, mit unhaltbarer Schwere, auf diese bis zur Selbstkontrolle überspitzte, abstrakt gewordene Schrift der Welt.

Selbst die Version Hegels, der im übrigen keine Zweifel am historischen Sinn der gesellschaftlichen Abstraktion der Verhältnisse duldet, macht wider Willen deutlich, was Nietzsche später die Furchtbarkeit der »Mnemotechnik«[54] genannt hat. In seiner ›Psychologie‹ verfolgt Hegel am Menschen die ›Geistwerdung der Natur‹ und schreibt dem Zeichen dabei die entscheidende Rolle zu. Das in der Signifikation geschehende Sich-Fremd-Werden der menschlichen Körper wird von Hegel als der folgenreichste Schritt der frühen Zivilisation gewürdigt und gebilligt. An diesem Punkt übergeht er Hölderlins Klage, obwohl er sie – vermutlich – gehört hat.

»Die Einbildungskraft hat [...] in sich selber [...] drei Formen, in denen sie sich entfaltet. Sie ist *überhaupt* das *Bestimmende* der Bilder. / Zuerst tut sie [...] weiter nichts, als daß sie die Bilder ins *Dasein* zu treten bestimmt. So ist sie die nur *reproduktive* Einbildungskraft. Diese hat den Charakter einer bloß *formellen* Tätigkeit. Zweitens aber ruft die Einbildungskraft die in ihr vorhandenen Bilder nicht bloß [...] hervor, sondern *bezieht* dieselben *aufeinander* und erhebt sie auf diese Weise zu *allgemeinen* Vorstellungen. Auf dieser Stufe erscheint sonach die Einbildungskraft als die Tätigkeit des *Assoziierens* der Bilder. Die dritte Stufe [...] ist diejenige, auf welcher die Intelligenz ihre *allgemeinen* Vorstellungen mit dem *Besonderen* des Bildes identisch setzt, somit ihnen ein *bildliches* Dasein gibt. Dies sinnliche Dasein hat die doppelte Form des *Symbols* und des *Zeichens*, so daß diese dritte Stufe die *symbolisierende* und die *zeichenmachende Phantasie* umfaßt, welch letzteren den *Übergang* zum *Gedächtnis* bildet.«[55]

Schon im Streit Hegels mit den Romantikern ist diese schöne Abfolge bestritten worden. Friedrich Schlegel hat die Arabeske[56], Novalis das »Bild unseres Selbst«[57] das früheste Thema der Imagina-

---

53 Vgl. KAMPER/CHRISTOPH WULF, Der Andere Körper (Berlin 1984).
54 NIETZSCHE, Zur Genealogie der Moral (1887), in: NIETZSCHE (KGA), Abt. 6, Bd. 2 (1968), 311.
55 GEORG WILHELM FRIEDRICH HEGEL, Enzyklopädie der philosophischen Wissenschaften im Grundrisse (1817), in: HEGEL (TWA), Bd. 10 (1970), 264.
56 Vgl. FRIEDRICH SCHLEGEL, Fragmente (1798), in: SCHLEGEL (KFSA), Bd. 2 (1967), 238, 245, 247.
57 NOVALIS, Das allgemeine Brouillon (entst. 1798–1799), in: NOVALIS, Bd. 3 (³1983), 459.

tion genannt. Daß es bei Hegel in der Folge eines Prozesses erscheint, hat mit seiner Auffassung der Abstraktion zu tun, die in der Phänomenologie des Geistes, in der Wissenschaft von der Erfahrung des Bewußtseins, einen späten, weil hohen Rang einnimmt. Immerhin bezeichnet er selbst den Kontrapunkt Hölderlins genau: Die »Zeichen machende Phantasie« »ist der Mittelpunkt, in welchem das Allgemeine und das Sein, das Eigene und das Gefundensein, das Innere und Äußere vollkommen in eins geschaffen sind. [...] Als die Tätigkeit dieser Einigung ist die Phantasie Vernunft«[58]. »Das Zeichen muß für etwas Großes erklärt werden. Wenn die Intelligenz etwas bezeichnet hat, so ist sie mit dem Inhalte der Anschauung fertig geworden und hat dem sinnlichen Stoff eine ihm *fremde* Bedeutung zur Seele gegeben. [...] Die hier hervortretende Willkürlichkeit der Verbindung des sinnlichen Stoffes mit einer allgemeinen Vorstellung hat zur notwendigen Folge, daß man die Bedeutung der Zeichen erst lernen muß.« (269) »Das *Zeichen* ist irgendeine unmittelbare Anschauung, die einen ganz anderen Inhalt vorstellt, als den sie für sich hat; – die *Pyramide*, in welche eine fremde Seele versetzt und aufbewahrt ist. Das Zeichen ist vom *Symbol* verschieden, einer Anschauung, deren *eigene* Bestimmtheit ihrem Wesen und Begriffe nach mehr oder weniger der Inhalt ist, den sie als Symbol ausdrückt; beim Zeichen als solchem hingegen geht der eigene Inhalt der Anschauung und der, dessen Zeichen sie ist, einander nichts an. Als *bezeichnend* beweist daher die Intelligenz eine freiere Willkür und Herrschaft im Gebrauch der Anschauung denn als symbolisierend.« (270) »Diese Zeichen erschaffende Tätigkeit kann das *produktive* Gedächtnis (die zunächst abstrakte Mnemosyne) vornehmlich genannt werden, indem das Gedächtnis [...] es überhaupt nur mit Zeichen zu tun hat.« (270f.) »Die Anschauung [...] erhält, insofern sie zu einem Zeichen gebraucht wird, die wesentliche Bestimmung, nur als aufgehobene zu sein. Die Intelligenz ist diese ihre Negativität; so ist die wahrhaftere Gestalt der Anschauung, die ein Zeichen ist, ein Dasein in der *Zeit*« (271).

Was in der Selbsterfahrung des Geistes – das ist Hegels Thema – als Konsekution vom Konkreten zum Abstrakten erscheint, mag sich in der Geschichte des Körpers genau umgekehrt abgespielt haben. Nach wie vor ist nämlich die Tatsache einer frühen Abstraktheit der Zeichen, lange *vor* dem Vermögen des Konkreten, rätselhaft. In Richtung der Ausarbeitung dieses Rätsels wird sich eine Theorie des Imaginären mit einer Theorie des Körpers treffen müssen.

V. ›Corpus absconditum‹

Die Annahme, man könnte einen Sinn der Sinne definieren, hat nicht mit dem Schicksal beider in der europäisch-amerikanischen Geschichte gerechnet, von dem wir immer noch zuwenig wissen. Wir wissen zu wenig, was aus den Sinnen wurde, und wir wissen zu wenig, was aus dem Sinn wurde. Deshalb noch einmal die alte Frage: Wie steht es um das Verhältnis von Körper und Geist am Ende der cartesianischen Aufspaltung? Der Körper galt als res extensa, als ausgedehnte Sache, der Geist als res cogitans, als denkende Sache, und die Vermittlung beider war so schwierig, daß man schließlich daran verzweifelt ist. So kann behauptet werden, daß die Sinne des Körpers zurückgeblieben sind und daß sie keine Zukunft haben. So kann behauptet werden, es gäbe einen eindeutigen Sieger, nämlich jenen triumphalen menschlichen Geist, der sich vom Körper, überhaupt vom Materiellen der Welt emanzipiert habe. Stimmt das? Wird dieser Geist der Abstraktion, der Sieger von gestern, nicht gegenwärtig selbst zum Opfer gebracht? Ist die Behauptung eines absoluten Wissens nicht längst eine Farce und mit lauter Infantilismen verkleidet, Ausdruck eines Omnipotenzwahns, der nur dadurch aufrechterhalten werden kann, daß die Wahrnehmung verweigert wird? Gibt es denn weiterhin Ursachen für einen Triumph? Ist die genuin menschliche, das heißt artifizielle Welt, die geschaffen wurde, ein Grund zum Stolz? Hat sich der Sieg der Vernunft nicht vollends in eine Niederlage verwandelt, ohne daß die Vernunft in der Lage wäre, auch nur Konturen und Ausmaße dieser Niederlage zu begreifen?

---

[58] HEGEL (s. Anm. 55), 268.

Merleau-Ponty hat, darin Heidegger folgend, in seinem anticartesianischen, antisartreschen Essai *Das Sichtbare und das Unsichtbare* einige Andeutungen gemacht, wie man der strikten Ambivalenz in der Beurteilung der Folgen der Neuzeit gerecht werden könnte.[59] Es geht darum, das Pro und Contra nicht voneinander getrennt zu halten, sondern es sachgemäß und in Korrespondenz mit dem, was inzwischen auf der Hand liegt, zu reformulieren. Man kann diese Andeutungen wie folgt kurz zusammenfassen: Mensch und Welt stehen nicht einander gegenüber, sondern sind ineinandergefaltet. Der Geist-Körper wird Leib, die Welt wird Fleisch. Sie sind wie die zwei Seiten eines Blattes. Das ist eine Konstruktion, die unmöglich klar und deutlich gemacht werden kann, weil sie dem auf Eindeutigkeit setzenden Denken immer wieder entgeht. Es ist eine unvorstellbare Konstruktion, die jeder Vorstellung Hohn spricht. Dadurch hat man die Probleme, die mit dem vorstellenden Denken erst am Ende auftauchen, bereits am Anfang. Man muß zudem erklären, wie es zur Wirksamkeit, genauer: zur Wirklichkeit des cartesianischen Modells gekommen ist. Das Problem ist nämlich dann die Reifikation eines falschen Denkens. Viele Menschen leben so, als ob der Cartesianismus recht hätte oder als ob er unrecht hätte. Der Weg des Zweifels wird längst nicht mehr bezweifelt. Daraus folgt aber, daß eine einfache Parteinahme für den Sinn oder für die Sinne nicht die adäquate Antwort auf die Problemlage dieser Zeit ist.

Mit der folgenden thesenartigen Kurzfassung soll eine andere Antwort versucht werden, wohl wissend, daß ein Denken ohne Körper heute maßlos überschätzt wird, auch von den Gegnern, und daß, wie Jean-François Lyotard einmal deutlich markiert hat, ein solches Denken ans Verbrechen grenzt.[60]

Sieben Thesen über ›corpus absconditus‹: 1. Der Körper und die Sinne sind inzwischen unvorstellbar. Sie überanstrengen jede einheitliche Theorie und bleiben dem Begriff zuletzt äußerlich. Eine Thematisierung, auch diese, gerät deshalb in die Gefahr der Eliminierung. 2. Die Sinne leben von der Vielfalt der Welt, sie sterben an der Einfalt des Sinns. Sie kümmern sich um das Heterogene. Sie verkümmern am Homogenen. 3. Der Geist der Abstraktion, der ›Sinngeber‹ der modernen Welt, hat sich gesellschaftlich als Stratege der Homogenisierung des Heterogenen, als Vereinfacher des Disparaten manifestiert. Er ist aber gescheitert. 4. Körper, als Topos der Vielheit, und Geist, als Utopie der Einheit, sind derzeit unversöhnlich. Der Geist wähnt sich als Sieger. Das wird massenhaft körperlich ausgedrückt. 5. Die Ausdrucksform des siegreichen Geistes heißt Solipsismus, Autismus. In dieser universalen Immanenz des Imaginären herrscht der Verlust der Zeit und des Anderen. Es gibt kein Zurück. 6. Die Sinne waren über Wunden und Wunder zuständig für das Transzendente. Wie der Geist mit der Natur in einem geschlossenen System zusammenhängt, so der Körper mit dem Übernatürlichen, auf offene Weise. 7. Der Gott und die Götter hingen also buchstäblich am Körper. Der Geist der Abstraktion, obwohl mit gegenteiligem Auftrag, ist längst gott- und weltlos. Er hat nach vollendeter Tat schließlich nur noch sich selbst, selbstreferentiell.

Die Thesen opponieren nun antithetisch und antipathisch einem Körperverständnis, das Konjunktur zu haben scheint. Wenn man das Wort ›Körper‹ ausspricht, sind damit normalerweise zwei Vorstellungen verknüpft, die einen so hohen Grad von Selbstverständlichkeit haben, daß man sich in Kenntnis der historischen Willkür wundern muß. Körper heißt entweder ›Sex‹ oder ›verbesserungswürdige Maschine‹, und kein Verdacht taucht auf, daß es sich hier um historische Präformationen der engsten Art handelt, die auf eine spezifische Weise unzutreffend sind. Der Sex gehört nicht zum Körper. Er ist ein Ereignis des selbstbezüglichen Geistes, der sein eigenes Eingesperrtsein noch zu spüren in der Lage ist. Und die Phantasmen vom verbesserungswürdigen Körper gehören längst entschieden auf die Bildfläche und bilden das Dorado eines Ingenieurwesens, an dem sich alle Welt mit großer Selbstverständlichkeit beteiligt. Wahrscheinlich handelt es sich aber um ein

---

59 Vgl. MERLEAU-PONTY (s. Anm. 11), 172–204.
60 Vgl. JEAN-FRANÇOIS LYOTARD, Ob man ohne Körper denken kann (entst. 1987), übers. v. H. U. Gumbrecht, in: H. U. Gumbrecht/K. L. Pfeiffer (Hg.), Materialität der Kommunikation (Frankfurt a. M. 1988), 813–829.

Zwischenspiel. Da man noch nicht in der Lage ist, den Körper abzuhängen und loszuwerden, maßt sich der ingeniöse Verstand an, sich einen anderen Körper zu konstruieren, der vor allem eines nicht ist, nämlich sterblich. Wo immer aber die Tendenz zur Unsterblichkeit aufgenommen wird, stellt bald ein Totenkult sich ein. Sex und Maschine, die parallel in Kontroverse oder in Allianz ihre Körperlichkeit verlieren und als Projektionsfläche auf einer Gefängniswand enden, bieten längst keinen Anlaß mehr zur Hoffnung. Vielmehr verstärken sie die Selbsteinmauerung, mit der sich die Menschen vor dem größten Horror vacui, d. h. der offenen Frage schützen, die sie selbst darstellen.

Ohne eine wirksame Erschütterung solcher Selbstverständlichkeiten, für die das Zirkuläre einer geläufigen Hermeneutik gilt, kann die hier gestellte Frage überhaupt nicht in Sicht kommen. Sie ist deshalb hermetisch verkappt. Aber wer Ohren hat zu hören, kann sie hören. Sie wartet, wie der Kern in der Frucht, darauf, aufzugehen und einen neuen, weiten Horizont zu entfalten. Das zivilisatorische Großprojekt einer Zurichtung, Entwertung und Eliminierung der menschlichen Sinne ist so weit vorgerückt, daß auch die Beschäftigung mit dem Problem fast vollständig determiniert ist und man sich entscheiden muß, ob man an der Strategie des einheitlichen Sinns, d. h. an der einheitlichen Vergeistigung, an der Himmelfahrt der Medien weiter teilnehmen will oder sich in der Disparatheit der sterblichen Wahrnehmung mit getrennten Sinnen, mit reduzierten Sinnen, mit erlöschenden Sinnen aufhalten möchte.

Material gibt es für beide Seiten genug. Der verabschiedete Körper drückt sich aus. Er ist nicht etwa verschwunden, sondern zeigt sein Verschwinden. Damit ist der transzendentale Weg weiterhin offen. Er kann aber nicht mehr theoretisch, er kann nur noch wahrnehmend beschritten werden, wahrnehmend die Zeichen, die Spuren, die Äußerungen eines erstickten Lebens der Sinne. Außerdem wäre es wichtig, nicht zu vergessen, daß in diesem Ausdruck das notwendig Falsche einer Situation überwiegt, die wie ein perfekter Selbstmord aussieht. Das ›perfekte Verbrechen‹ ist nämlich ein Selbstmord, bei dem Täter und Opfer zwar identisch, aber einander völlig fremd und unbekannt sind. Das funktioniert über das Sitzen, bei dem sich ein Ich gesetzt hat, nicht um frei zu werden, sondern um sitzen zu bleiben, im doppelten rechten Winkel, endend im Stumpfsinn und im Schwachsinn erloschener Leidenschaften. Da hilft nur Wahrnehmung als Passion, ein ›KörperDenken‹, das als Denken gegen das Denken begonnen hat und sich nun auf die Spur all jener Effekte setzt, die durch die selbstmörderische Installation eines sitzenden Subjekts inzwischen entstanden sind.

VI. Der Körper als Leiche

Alle Theorie des Körpers ist vergeblich, haben Horkheimer und Adorno in den Noten zur *Dialektik der Aufklärung* festgestellt: Der Körper »bleibt die Leiche«[61], zu der er historisch gemacht worden ist. Damit ist ein doppeltes Erbe gemeint: Begriff und Anschauung des Körpers stammen aus der Theologie des toten kruzifizierten Herrenleibs und aus jener Medizin, die ihre fundamentalen Kenntnisse mittels der Leichensektion der Anatomietheater gewonnen hat. Beides in einer Mischung, wie sie in den einschlägigen Bildern Rembrandts vorgeführt wird, hat die Körperkonzepte Europas dermaßen dominiert, daß es in der Tat bisher nicht gelungen ist, eine Theorie des lebendigen Körpers zu erarbeiten, die selbst lebendig ist. Man muß hier wohl auch von toten Theorien sprechen, die, was sie anrühren, zum Erlöschen bringen. Der Tod Gottes ist längst ein Ereignis der Wissenschaftsgeschichte, die sich selbst in leeren Begriffen und blinden Anschauungen festgefahren hat.

Hinzu kommt etwas anderes, das erst neuerdings seine maßlosen Wirkungen entfaltet: die stillschweigende Transformation des Körpers in ein Bild vom Körper, das den Unterschied von Bild und Körper negiert. Das so entstandene Imaginäre tritt einerseits das Erbe der genannten Mächte an, die mittelalterlich (Theologie) und neuzeitlich (Medizin) in Theorie und Praxis führend waren, andererseits substituiert es den Körper in ihrer Realität und läßt sie unaufhaltsam virtuell werden.

---

61 HORKHEIMER/ADORNO (s. Anm. 37), 279.

Das wird bejubelt und findet starke Fürsprecher. Wer sich jedoch weiterhin für die Frage der Absenz der Körper und die der Leichen zuständig fühlt, steht bald im Abseits. Es ist jedoch brisant, daß in Betracht des Körpers nur ein kleiner Schritt von der Vorstellung zur Tat führt. Wer in Bilder transformierte Körper verachtet, mißhandelt Körper auch in Wirklichkeit. Er hat es nicht weit bis zum Mord, ohne daß er weiß, was er tut. First look, first kill, so heißt die Devise eines unbewußten Mechanismus, der wahrscheinlich bei Massenmorden massenhaft funktioniert.

Zweierlei ist in der Zivilisation Europas miteinander verknüpft worden: eine fortschreitende Abstraktion vom Körper, die auch Vergeistigung oder gar Spiritualisierung heißt, und eine wachsende Tendenz, sich von allem und jedem ein Bild zu machen. Der Mensch ist unter neuzeitlichen Prämissen ein geradezu panischer Bildermacher. Aber er ahnt nicht, daß diese Tendenz unterderhand in eine subtile Mortifikation der Menschen und der Dinge der Welt umgeschlagen ist. Es ist längst normal, sich am bösen Blick zu beteiligen. Blicke können töten. Die Einbildungskraft hat ein Imaginäres produziert, das sogar sie selbst negiert und ruiniert. Daraus ist eine riesige Maschinerie entstanden, eine geschlossene Veranstaltung größten Ausmaßes, in der die Kultur als Eldorado des toten Gottes prächtig funktioniert. In den letzten Jahrzehnten ist das weitgehend unbewußte Fortschreiten dieses Kolosses da und dort zum Bewußtsein und zur Sprache gekommen. Ob es aber ein Bild davon geben kann, bleibt fraglich. Es ist kein Gegenstand der Betrachtung, aber es spielt im Blick.

Im Imaginären gibt es den Anderen nicht. Die Sache des Geistes ist selbstbezüglich, und dies in einem so exorbitanten Sinne, daß schließlich keine Alterität: keine Substanz, keine Materie, kein Stoff, mehr übrig bleibt. Der im Imaginären zu sich selbst kommende Geist ist eine Erscheinungsform des toten Gottes, der durch Ausräumung der Welt und durch einen neuen künstlichen Himmel zur Herrschaft kommt. Das kompliziert den Sachverhalt. Der Körper, der als Leiche Karriere macht, nährt das Imaginäre und zieht ein Menschenbild nach sich, das in eine fatale Ewigkeit vorrückt. Prominenz ist angesagt, für immer. Der lebendige Körper, der leben und sterben kann, kommt dagegen nicht auf. Er ist auf konkrete Orte und Zeiten und auf die Nahsinne des Tastens und Spürens angewiesen. Die Leiche wirkt in die Ferne. Die Faszination des leichenhaften Bildes ist überwältigend, was noch immer bei den präparierten Leichen Gunter von Hagens auffällt. Die im Sehen verlorenen Zuschauer glauben ein alter ego vor sich zu haben. Es ist aber eine Apotheose des körperlosen Selbst im Bilde, eine Apotheose des Zustands, nicht mehr sterben zu müssen, weil man schon tot ist.

Nach dem Baudrillardschen Gesetz läßt sich der Umschlag von der Lebenskraft zur Todesmacht wie folgt erläutern: Durch Ausschluß des Todes, durch Verweigerung des Umgangs mit den Toten werden die gesellschaftlichen Institutionen, die dann eine Apotheose des Lebens pur praktizieren, zu tödlichen Einrichtungen, und zwar ausnahmslos, ob sie nun kirchlich, staatlich oder gesellschaftlich funktionieren. Man kann sagen, daß die Anatomietheater, durchaus mit der Absicht, die Macht des mittelalterlichen Todes zu beschränken, ein Gegenteil heraufgeführt haben: die Verbreitung des toten Menschenkörpers als Modell des Körpers überhaupt, und zwar bis an die Grenzen der bewohnten Erde. Man hat in Rücksicht auf die Architektur der Amphitheater von einem stetigen Wegarbeiten des Kadavers gesprochen. Mit seinem Verschwinden jedoch aus dem Fokus der Aufmerksamkeit hat sich sein Bild installiert, wiederum weltweit und mit Vehemenz. Abwesenheit des Körpers, Anwesenheit des Bildes: Repräsentation, nicht Präsenz. Das war schon durch den Abendmahlsstreit entschieden.

Zu handeln ist also von einer epochalen Grundprägung der Anthropologie, der man nicht ohne weiteres entkommen kann. Hier wird behauptet, daß das durchgehende Konzept von den europäischen Anatomietheatern stammt, die es trotz oder wegen ihrer Opposition von der christlichen Bildproduktion des kruzifizierten Christuskörpers übernehmen. Nicht der Leib, der lebendige Körper, sondern der tote Körper ist im verbindlichen Menschenbild der Moderne zum Tragen gekommen. Er ist das Muster, das bis in die Wahrnehmung hinein die anderen Konzepte ausschließt und marginal werden läßt. Das gilt auch noch für die Epoche der Medien und der Technologie, in der ›bildgebende‹ Verfahren an lebendigen Menschen ausprobiert werden können. Die gegebenen Bilder sind Berechnungen, die nachträglich sichtbar gemacht werden, damit der augengemäße Sachverstand seine Diagnose treffen kann. Dieser Verstand aber ist befangen im Horizont der Zivilisation mit ihrer Todesverdrängung und ihrer Bildvernarrtheit. Das Schema, das zu Menschenbildern führt, ist und bleibt die Leiche, der abgestorbene Leib, da auch der lebendige so behandelt wird, als sei er bereits gestorben. Das hat verheerende Folgen für den Umgang der Menschen miteinander. Denn das Leben des Körpers muß sich gegen dieses fundamentale Vorurteil immer erst durchsetzen und schafft es meistens nicht. Außerdem geht die Bildentwicklung in rasanter Weise weiter, ohne daß sich prinzipiell etwas ändert. Deshalb ist eine extreme Formulierung angebracht: Weil der Körper als Leiche die Bilder vom Menschen ausgeformt hat, haftet an allen Bildern Leichengeruch, auch an den digitalen. Das Bild ist der Statthalter des Todes. Das Model, das schönste, ist sein Herold. Erst recht das Bild der Geliebten ist ein immerzu verwesender Leichnam.

Vielleicht treffen solche Sätze erst jetzt wirklich zu. Erst die digitalen Bilder in ihrer strikten Referenzlosigkeit erfüllen den Tatbestand einer ubiquitären Omnipotenzphantasie. Damit ist der Mensch endlich bei sich selbst angekommen. Er ist pures Selbst. Er ist Bild Gottes und sonst nichts. Er ist keine Analogie mehr, sondern das differenzlose Bild des homo significans erectus. Damit ist aber auch der Verlust des Anderen perfekt. Das ist die Schattenseite des vollends zum Bild gewordenen Körpers. Was bleibt, ist eine radikale Antwortlosigkeit der Welt. Der Mensch ist allein, all-ein, er ist ein und alles geworden. Er ist selbst das viel gesuchte ἦν καὶ πᾶν (hen kai pan, ein und alles). Ob er dergleichen aushält? Und kann man dergleichen von innen erkennen? Die Fragen spielen die Unmöglichkeit an, ohne Restdifferenz eine Autopsie Gottes, des göttlichen Leichnams vorzunehmen.

Das kursierende Bild vom Körper leugnet seinen Bildcharakter. Es behauptet in einem letzten totalitären Zugriff alles zu sein, weswegen der Körper, und zwar jeder einzelne Körper von ihm abhängig sei und sich nach ihm zu richten habe. Das ist der aktuelle Terror der Sichtbarkeit. Sichtbarkeit als Programm ist seit der beginnenden Neuzeit im Schwange und scheint derzeit zu kulminieren. Was nicht sichtbar ist, ist nicht wirklich. Nur das, wovon es ein Bild gibt, hat Realität. Aber die ist tot, wie das Bild. Alles Andere, alles Lebendige wird an den Rand und darüber hinaus gedrängt. In Betracht solcher Gewalt kann man für den lebendigen Körper nur Unsichtbarkeit reklamieren. Der lebendige Körper ist der unsichtbare Körper, während das Menschenbild der Moderne vom toten Körper und seinen Derivaten stammt.

Die Gewalt, die sich derzeit global manifestiert, hat sich in den letzten Jahrzehnten immer enger mit den Kodizes der Sichtbarkeit verbunden – je mehr Ausstellung, desto mehr Gewalt. Andererseits verlangt die Informationsgesellschaft von jedem ihrer Mitglieder eine wachsende Sichtbarkeit. Im Prinzip werden alle Individuen auf Inszenierungsstrategien verpflichtet. Der sich darin abzeichnende Widerspruch gipfelt im Opfer des Lebens in seinen spürbarsten Manifestationen. Der Körper und seine nächsten Relationen werden nach und nach vernichtet. Verwandelt in ein Bild, verliert der Körper seine natürliche und historische ›Essenz‹ und macht Platz für eine der subtilsten Arten der symbolischen Gewalt: für den Verlust der Gegenwart und der Gegenwartsfähigkeit. Dann herrscht das perfekte Futur, negativ: Der Mensch wird nicht am Leben gewesen sein.

Dietmar Kamper

Literatur

BÖHME, HARTMUT, Natur und Subjekt (Frankfurt a. M. 1988); BUTLER, JUDITH, Bodies that Matter: On Discursive Limits of ›Sex‹ (New York 1993); CLAESSENS, DIETER, Das Konkrete und das Abstrakte. Soziologische Skizzen zur Anthropologie (Frankfurt a. M. 1980); FEHER, MICHEL/NADDAFF, RAMONA/TAZI, NADIA (Hg.), Fragments for a History of the Human Body (New York/Cambridge, Mass. 1989); FLUSSER, VILÉM, Vom Subjekt zum Projekt (entst. 1988–1989), in: Flusser, Schriften, hg. v. S. Bollmann/E. Flusser, Bd. 3 (Bensheim/Düsseldorf 1994), 7–160; FUCHS, PETER, Das Unbewußte in Psychoanalyse und Systemtheorie. Die Herrschaft der Verlautbarung und die Erreichbarkeit des Bewußtseins (Frankfurt a. M. 1998); GADAMER, HANS-GEORG/VOGLER, PAUL (Hg.), Psychologische Anthropologie (Stuttgart 1973); HAGER, FRITHJOF (Hg.), Körper-Denken. Aufgaben der Historischen Anthropologie, (Berlin 1996); KAMPER, DIETMAR/RITTNER, VOLKER, Zur Geschichte des Körpers (München/Wien 1976);

KAMPER, DIETMAR/WULF, CHRISTOPH, Die Wiederkehr des Körpers (Frankfurt a. M. 1982); KAMPER, DIETMAR/ WULF, CHRISTOPH, Der Andere Körper (Berlin 1984); KAMPER, DIETMAR, Tod des Körpers – Leben der Sprache. Über die Intervention des Imaginären im Zivilisationsprozeß, in: G. Gebauer u. a., Historische Anthropologie (Reinbek 1989); KAMPER, DIETMAR, Zur Geschichte der Einbildungskraft (Reinbek 1990); KRÄMER, SIBYLLE (Hg.), Bewußtsein. Philosophische Beiträge (Frankfurt a. M. 1996); ONFRAY, MICHEL, L'art de jouir. Pour un matérialisme hédoniste (Paris 1991); ONFRAY, MICHEL, Théorie du corps amoureux (Paris 2000); SARASIN, PHILIPP/TANNER, JAKOB (Hg.), Physiologie und industrielle Gesellschaft. Studien zur Verwissenschaftlichung des Körpers im 19. und 20. Jahrhundert (Frankfurt a. M. 1998); SCARRY, ELAINE, The Body in Pain: The Making and Unmaking of the World (New York 1985); SERRES, MICHEL, Variations sur le corps (Paris 1999); VIRILIO, PAUL, L'art du moteur (Paris 1993); dt.: Die Eroberung des Körpers, übers. v. B. Wilczek (München/Wien 1994); ZELENY, MILAN, Ecosocieties: Societal Aspects of Biological Self-Production, in: Soziale Systeme 1 (1995), H. 2, 179–202; ZUR LIPPE, RUDOLF, Naturbeherrschung am Menschen (Frankfurt a. M. 1974).

Kritisch/Kritik

(griech. κριτικός; lat. criticus; engl. critical, criticism, critique; frz. critique; ital. critico, critica; span. crítico, crítica; russ. критическое, критика)

I. Ein Kampfbegriff zwischen Wissenschaften und Literatur; II. Der Aufstieg des Begriffs in der Neuzeit; 1. Der wissenschaftlich-philosophische Anspruch; 2. Ein Symbol der Aufklärung; 3. Die Feindschaft zwischen französischer Aufklärung und der Berufskritik; III. Von der Kritik der Toten zur Kritik an den Lebenden; 1. Die Textkritik der Grammatiker; 2. Die Bibelkritik; 3. Kritik wird Tribunal; IV. Die kritische Revolution in Deutschland; 1. Kritik als ›Charakteristik‹ und ›Polemik‹; 2. ›Höhere‹ oder ›ästhetische Kritik‹; V. Ausdifferenzierung nach Kunstarten und philosophische Abwertung; 1. Zum Begriff Kunstkritik; 2. Zum Begriff Musikkritik; 3. Nietzsches Kulturkritik; VI. Erneuerungsversuche im 20. Jahrhundert; 1. Benjamins Ansätze zu exemplarischer Kritik; 2. Zum Sonderweg des angelsächsischen Criticism

I. Ein Kampfbegriff zwischen Wissenschaften und Literatur

Der Begriff der Kritik gehört im letzten Drittel des 20. Jh. in Deutschland zu den authentischen Kampfbegriffen: Für eine breite Richtung, die lange die tonangebende war, handelt es sich »in der Philosophie, in den Wissenschaften und in der Öffentlichkeit um einen Verpflichtungsbegriff«[1]. In der Tat läßt sich »alles Tun des Wissenschaftlers kritisch«[2] nennen, und das Adjektiv wird seit langem wie ein Synonym zu ›wissenschaftlich‹ gebraucht. Wenn David Friedrich Strauß 1835 den Titel *Das Leben Jesu, kritisch bearbeitet* wählt, bringt das Adverb diesen Anspruch zum Ausdruck, nur der Ton ist eine Nuance aggressiver. Kritisch/Kritik ist in diesem Sinn unbestritten eine Wertbezeichnung. Der emphatische Vorwurf, unkritisch zu sein, ist dagegen jüngeren Datums und mit der Wirkungsgeschichte der Kritischen Theorie in der alten Bundesrepublik verbunden. Er attestiert der jeweils ins Visier genommenen Position ein Defizit an Reflexion, um auf diese Weise ihre Legitimität zu verringern. Daß in den 70er Jahren selbst in der Tagespresse das Substantiv ›Kritik‹ zu den 700 am häufigsten gebrauchten Wörtern der deutschen

---

1 KURT RÖTTGERS, ›Kritik‹, in: SANDKÜHLER, Bd. 2 (1990), 889.
2 KARL MARKUS MICHEL, Der Grundwortschatz des wissenschaftlichen Gesamtarbeiters seit der szientifischen Wende, in: J. Habermas (Hg.), Stichworte zur ›Geistigen Situation der Zeit‹, Bd. 2 (Frankfurt a. M. 1979), 830.

Sprache gehörte und damit ›Freiheit‹ wie ›Ordnung‹ überrundete[3], bezeugt die beherrschende Stellung der Frankfurter Schule aus einer anderen Perspektive. Mit der Selbstbezeichnung ›kritische Theorie‹, am Institut für Sozialforschung in den 30er Jahren in Programmschriften Max Horkheimers (*Traditionelle und kritische Theorie*, 1937) entwickelt, verbanden sich der Protest gegen die ›kontemplative‹ Haltung herkömmlichen Philosophierens gegenüber Gesellschaftsproblemen und das Bekenntnis zu dem auf gesellschaftliche Revolutionierung setzenden Marxismus, verstanden als Programm für kritische Intellektuelle, unabhängig von Positionen der Arbeiterparteien. Sozialempirische Erhebungen, die den Hauptteil der Institutsforschungen bildeten, galten zunächst der Aufdeckung der psychischen Ursachen und Wirkungen faschistischer Herrschaft. Die ›kritische Theorie‹, vor allem mit den Namen Horkheimer, Adorno, Fromm und Marcuse verbunden, erlangte in der Bundesrepublik erst mit der Studentenrevolte von 1968 breite Wirkungsmacht: Ideologiekritik, das Aufdecken der Differenz zwischen den gesellschaftlichen Idealen und der Wirklichkeit, wurde zum Losungswort. Was der von Adorno vertretenen ästhetischen Theorie den Ruf der avanciertesten Form zeitgenössischer Kulturkritik eintrug, war die schroffe Ablehnung des gesamten Bereichs kapitalistischer Kulturindustrie, aber auch aller von marxistischer Seite propagierten Konzepte operativer Kunst. Die von der Religion auf die Kunst übergegangene Utopiefunktion wurde allein jenen Werken zugesprochen, in denen die objektiven Widersprüche der spätkapitalistischen Gesellschaft dargestellt waren und so die Autonomie der Kunst trotz allem behauptet schien.

Versuche zur »Entwicklung einer kritischen Kulturwissenschaft«[4] bzw. »Kritischer Universitäten«[5] am Anfang der 70er Jahre scheiterten und brachten nur auf einem Gebiet eine durchgreifende Veränderung: Die Geschichte der Literaturkritik, deren Aufgabe noch in der 2. Auflage des *Reallexikons der deutschen Literaturgeschichte* 1965 als seit Herder erkannt und gültig fixiert behauptet worden war[6], wurde in Deutschland zu einem intensiver bearbeiteten Forschungsfeld.[7]

Die Abwendung von der elitären Kunsttheorie Adornos, deren technikblinder Kulturbegriff bei Theoretikern der neuen Medien inzwischen nur noch Hohngelächter erregt[8], führte im Pendelschlag zu massiver Überforderung der Literatur. In diesem Kontext entwickelte Enzensberger im *Kursbuch* 1968 nicht nur die These von der »Bewußtseins-Industrie«[9] in liberalen Demokratien, in denen das ›Recht auf Kritik‹ nur eine Ventilfunktion zur Bewahrung des Status quo habe. In der gleichen legendären Nummer wird zum ersten Male die These vom Exitus der Kritik mit Vehemenz vorgetragen: »Die Kritik ist tot. Welche? Die bürgerliche, die herrschende. [...] Sie glaubt immer noch, daß der Geist das Höchste sei [...], daß Gott Macht sei; sie hat ihre eigene Entmachtung dankbar hingenommen. Sie hat sich verbannen lassen auf die letzten Seiten der Zeitungen, der Wochenschriften, der Zeitschriften. Sie nimmt hin, daß die Politik, die auf den ersten Seiten gemacht wird, selbst in ihren eigenen Augen der Kritik widerspricht, die sie auf den letzten Seiten übt. Sie glaubt immer noch, daß sie trotzdem etwas bewirken könne. Sie nimmt sich hin als liberalen Flitter einer längst nicht mehr liberalen Gewalt. Sie läßt sich jeden Tag demütigen, weil sie ja jeden Tag ihre Meinung sagen darf. Ihre bürgerliche Meinung. Dürfte sie auch ihre Bürgermeinung sagen? Können wir keine Kritik haben, die den fadenscheinig gewordenen Kunstwerk-Begriff über

---

3 Vgl. RÖTTGERS, ›Kritik‹, in: KOSELLECK, Bd. 3 (1982), 675.
4 PETER BÜRGER, Literaturwissenschaft heute, in: Habermas (s. Anm. 2), 782.
5 JÜRGEN HABERMAS, Einführung, in: Habermas (s. Anm. 2), Bd. 1 (Frankfurt a. M. 1979), 14.
6 Vgl. WERNER KOHLSCHMIDT/WOLFGANG MOHR, ›Literarische Kritik‹, in: Kohlschmidt/Mohr (Hg.), Reallexikon der deutschen Literaturgeschichte, Bd. 2 (Berlin 1965), 64.
7 Vgl. PETER UWE HOHENDAHL (Hg.), Geschichte der deutschen Literaturkritik (1730–1980) (Stuttgart 1985); WILFRIED BARNER (Hg.), Literaturkritik – Anspruch und Wirklichkeit (Stuttgart 1990).
8 Vgl. FRIEDRICH KITTLER, Copyright 1944 by Social Studies Association, Inc., in: S. Weigel (Hg.), Flaschenpost und Postkarte. Korrespondenzen zwischen Kritischer Theorie und Poststrukturalismus (Köln 1995), 185–193.
9 HANS MAGNUS ENZENSBERGER, Gemeinplätze, die Neueste Literatur betreffend, in: Kursbuch, H. 15 (1968), 196.

Bord wirft und endlich die gesellschaftliche Funktion jeglicher Literatur als das Entscheidende versteht und damit die künstlerische Funktion als eine beiläufige erkennt?«[10] Dieser Analyse ist die Herkunft vom Modell der Aufklärung auf die Stirn geschrieben: ›Politik‹, ›Macht‹ und ›Gewalt‹ sitzen ebenso auf der Anklagebank, wie im 18. Jh. der Begriff ›Autorität‹ dort gesessen hatte. Im Unterschied zum historischen Leitbild des 18. Jh. wirkt Kritik jetzt aber nicht für ein neues gesellschaftspolitisches Ideal, sondern attackiert lediglich in ohnmächtigem Zorn die im System der Publizistik längst integrierte Funktion des Literaturkritikers. Denn von diesem ist die Rede, auch wenn das Wort vermieden wird. Für die massive Erweiterung des Literaturbegriffs in den 70er Jahren waren solche Bataillen offenbar wichtig, obwohl zu Recht darüber bemerkt wurde: »Schon die der Frankfurter Schule verpflichtete Rhetorik der Anti-Kritik war Garant dafür, daß die Kritik der Kritik selber feuilletonfähig werden konnte«[11].

Eine neuerliche Todesanzeige sorgte im Herbst 1999 für Aufsehen. Sie kam aus der Feder eines Philosophen in Gestalt eines Briefes in zwei Teilen und verteidigte dessen weitreichende Thesen über künftige »Anthropotechniken« gegen Widerspruch in der Öffentlichkeit. Deren zeitgenössische »Entwicklung vom Alarmismus zum Skandalismus« sieht Peter Sloterdijk als »Tod der Kritik und ihre Transformation in Erregungsproduktionen auf dem eng gewordenen Markt der Aufmerksamkeitsquoten«[12]. Wichtiger als die konstatierte Veränderung bei der »Zeitungsschreiberei«, deren Wesen schon Schopenhauer als »Übertreibung« diagnostizierte, weshalb er »alle Zeitungsschreiber von Handwerks wegen Alarmisten«[13] nannte, war Sloterdijk jedoch die Gelegenheit, das »Erbe des ideologiekritischen Denkstils«, das »man einst mit dem Ehrennamen der Kritik umkleidete«, für definitiv tot zu erklären. Daß der Brief an Jürgen Habermas diesen als »Souverän der deutschen Diskurs-Produktion«[14] apostrophiert, will zu dem doppelten Todesattest freilich nicht recht passen.

Weniger spektakulär, aber vermutlich Anzeichen für langfristige Veränderungen des Begriffsinhalts sind dagegen Beobachtungen über den sich vollziehenden Funktionswandel der publizistischen Buchkritik. Weil der Umfang des Buchmarkts inzwischen Dimensionen erreicht hat, die »eine umfassende Information über alle Neuerscheinungen und deren [...] kritische Einschätzung«[15] nicht mehr zulassen, wird die mit der Besprechung getroffene Auswahl zur primären Funktion, wohingegen die inhaltliche Seite zunehmend in eine sekundäre Bedeutung abzusinken droht. Ist also davon auszugehen, daß der Einfluß des Vermittlungsbereichs in solchem Maße wächst, daß sich das Verhältnis umkehrt und der zunächst abgeleitete Bereich der Metakommunikation zur Bedingung der eigentlichen Kommunikation zwischen Autor bzw. Text und Leser wird?

Mit den Augen der Systemtheorie betrachtet, bedeutet das für den Begriff allerdings nur ein weiteres Menetekel: »Kritik«, formulierte Luhmann 1995 prägnant, »das heißt nur noch: Beobachtung von Beobachtungen, Beschreibung von Beschreibungen von einem ebenfalls beobachtbaren Standpunkt aus.«[16] 60 Jahre nach Husserls Wiener Vortrag über die *Krisis des europäischen Menschentums* wird sein theoretisches Setzen auf die der europäischen Vernunftkritik »eigentümliche Universalität der kritischen Haltung, die entschlossen ist, keine vorgegebene Meinung, keine Tradition fraglos hinzunehmen, um sogleich für das ganze traditionell vorgegebene Universum nach dem an sich Wahren, einer Idealität, zu fragen«[17], mit der Begründung zurückgewiesen, daß »Ursprung und

---

10 WALTER BOEHLICH, Autodafé [›Kursbogen‹], in: Kursbuch, H. 15 (1968), zit. nach BERNHARD ZIMMERMANN, Entwicklung der deutschen Literaturkritik von 1933 bis zur Gegenwart, in: Hohendahl (s. Anm. 7), 312.
11 ZIMMERMANN (s. Anm. 10), 314.
12 PETER SLOTERDIJK, Die Kritische Theorie ist tot. Peter Sloterdijk schreibt an Assheuer und Habermas, in: Die Zeit, Nr. 37 (9. 9. 1999), 35.
13 ARTHUR SCHOPENHAUER, Parerga und Paralipomena (1851), in: Schopenhauer, Sämtl. Werke, hg. v. W. von Löhneysen, Bd. 5 (Leipzig 1979), 528.
14 SLOTERDIJK (s. Anm. 12), 35.
15 MONIKA DIMPFL, Literarische Kommunikation und Gebrauchswert (Bonn 1981), 106.
16 NIKLAS LUHMANN, Die neuzeitlichen Wissenschaften und die Phänomenologie (Wien 1996), 17.
17 EDMUND HUSSERL, Die Krisis der europäischen Menschentums und die Philosophie (entst. 1935), in: HUSSERL, Bd. 6 (1954), 333.

I. Ein Kampfbegriff zwischen Wissenschaften und Literatur 453

Ziel« noch ganz nach »Temporalstrukturen einer Adelsgesellschaft« als »zu fordernde [...] Gegenwärtigkeit« zusammengebracht würden und auf diese Weise »die Vergangenheit nicht als entschwunden und die Zukunft nicht als offen«[18] zu denken sei. Im Unterschied zur Frankfurter Schule, in der, wie Luhmann ironisch bemerkt, »Kritik als emphatische Ablehnung des Gegenstandes der Kritik verstanden« (25) werde, schließt sich die Systemtheorie dezidert den Versuchen einer theoretischen Neuorientierung in der 2. Hälfte des 20. Jh. an. In differenztheoretischer Sicht heißen die entscheidenden Begriffe einer auszuarbeitenden Gesellschaftstheorie »Kommunikation als basale Operation, Information als Fremdreferenz, Mitteilung als Selbstreferenz und Verstehen« (52) als Voraussetzung für Anschlußkommunikation. ›Kritik‹ im herkömmlichen Sinne einer Unterscheidung zwischen Haltbarem und Unhaltbarem ist hier nicht mehr gefragt, da das die verschiedenen Systeme angeblich für sich selbst viel besser besorgen. Worauf es dagegen ankomme, sei, die Ebene der »Beobachtung zweiter Ordnung« (19) zu beziehen, wie in Anlehnung an die Entwicklung einer »Kybernetik zweiter Ordnung« (58) die neue Zauberformel heißt. ›Literatur über Literatur‹, wie Ernst Robert Curtius Literaturkritik einmal salopp bestimmte, ist aus dieser Sicht zwar auch eine bestimmte Form des Beobachtens. Da die Systemtheorie aber nur für das große Ganze der ›Weltgesellschaft‹ Interesse hat, sind für sie Begriffe wie ›Kritik‹ oder ›Fortschritt‹ obsolete Denkfiguren.

Auch bei Theoretikern der neuen Medien besitzt Kritik den Wert eines unverzichtbaren Reizworts. Daß die ›Kritische Theorie‹ Hollywood als Teil und Movens der ›Kulturindustrie‹, als Instrument ideologischer Manipulation verdammte, spielt für die These »kritisches Bewußtsein ist eine Sackgasse«[19] eher eine untergeordnete Rolle. Entscheidend ist vielmehr die Annahme, daß mit der Welt der elektronischen Medien bzw. der technologisch armierten Sinne eine prinzipielle Depotenzierung des Bewußtseins verbunden sei. Als Stichworte des heraufziehenden Zustandes werden genannt: »elektronische Narkose«, »Somnambulismus des Posthistoire«, »Primat der Taktilität«[20] in der Bedeutung »Ureinheit der Sinne im Einheitstast«[21].

Grundlegend ist die Annahme, wenn Radio, Telefon und Fernsehen »nicht außerhalb unserer selbst«[22] funktionierten, dann ließen sie sich nicht kritisch distanzieren. Um den ›Abschied von der Gutenberg-Galaxis‹ zu begreifen, sei die gesamte optische Metaphorik des theoretischen Ideals zu verabschieden. Denn »Licht der Erkenntnis, Aufklärung, Einsicht, Anschauung und Evidenz« hätten »das Taktile verdrängt« (123).

In der Grenzziehung gegenüber den von der Schriftkultur dominierten Jahrhunderten wird so eine gravierende Verschiebung vorgenommen. Um den Aufstieg der »auditiv-taktilen Welt der neuen Medien« angemessen orchestrieren zu können, wird das Moment des Visuellen der »diskursiven Gutenberg-Galaxis« (124) zugeordnet, obgleich für andere Beobachter »das Neue an den neuen Medien gerade ihr Operieren mit primär *visuellen Zeichensystemen* in der *Synästhesie* mit anderen, verbalen und nicht-verbalen, Zeichensystemen«[23] bildet. Worum es bei dieser auffälligen Grenzkorrektur geht, ist die Anschlußmöglichkeit an das synästhetische Programm bei Richard Wagner. Denn indem mit Wagners Konzept des Gesamtkunstwerks die »medientechnische Schwelle« in die Mitte des 19. Jh. zurückdatierbar scheint, kann einmal mehr das Leitmotiv erklingen, daß die durch »Superposition der Effekte« erzwungene »neue Weise der Rezeption« vor allem eins nicht mehr zuläßt: »die kritische Distanz«. Es schlägt jetzt, wenn man Norbert Bolz glauben will, nur »der Hermeneutik ihre letzte Stunde«[24]; auch die Begriffe ›Literatur‹ und ›Kritik‹ ereilt das gleiche Schicksal: »denn Kritik setzt Perspektive und

---

18 LUHMANN (s. Anm. 16), 23.
19 NORBERT BOLZ, Lob des Eklektizismus, in: Frankfurter Rundschau (19. 3. 1996), 9.
20 BOLZ, Theorie der neuen Medien (München 1990), 123, 122, 123.
21 LUDWIG SCHRADER, Sinne und Sinnesverknüpfung (Heidelberg 1969), 22; vgl. BOLZ (s. Anm. 20), 123.
22 BOLZ (s. Anm. 20), 120.
23 WOLFGANG FRÜHWALD u. a., Geisteswissenschaften heute. Eine Denkschrift (Frankfurt a.M. 1991), 157.
24 BOLZ, Abschied von der Gutenberg-Galaxis. Medienästhetik nach Nietzsche, Benjamin und McLuhan, in: J. Hörisch/M. Wetzel (Hg.), Armaturen der Sinne. Literarische und technische Medien 1870 bis 1920 (München 1990), 140.

rechten Abstand voraus. Der Kritiker konnte noch Standpunkt beziehen und genoß die Unbefangenheit der freien Betrachtung. Das alles gibt es in der Welt der neuen Medien nicht mehr.«[25] Der Begriff Kritik ist heute, so läßt sich die gegenwärtige Problemlage zunächst zusammenfassen, nicht nur massiv umstritten. Er zeichnet sich durch eine enorme semantische Spannweite aus, so daß er auf sehr unterschiedlichen Ebenen, von der Philosophie über die Soziologie und die Theorie der neuen Medien, in Anspruch genommen oder bekämpft werden kann. Während der emphatische Kritikbegriff nach Karl Heinz Bohrer »verfallen ist«[26] und etwas wie ›Information‹ an seine Stelle tritt, kann das Adjektiv mit ›wissenschaftlich‹ oder ›europäisch‹ gleichgestellt werden. Für den französischen Germanisten Gérard Raulet macht die »Reflexion der Krise« seit langem »die eigentliche philosophische Identität Europas« aus. Und gegenüber den in jüngster Zeit wieder zur Geltung kommenden partikularistischen Werten (wie Sprache, Religion und sogar Rasse) habe diese Identität »den ursprünglich kritischen Charakter ihres Selbstbewußtseins zu erproben«[27]. Eine überraschend integrative Funktion vermag der Begriff aber auch für die systematische Theologie zu leisten, wenn europäische Christen sich mit den Augen der armen Kirchen der Dritten Welt betrachten und beurteilen: »Gerade indem die europäische Theologie ihren europäischen Kontext verlassen hat, entwickelt sie sich auf europäische, d. h. eben: in einer gegenüber ihrer historischen Herkunft kritischen Weise.«[28] In diesem Sinne repräsentiert das Adjektiv »die Krise als Dynamik der Moderne«[29].

Demgegenüber erscheint ›kritisch‹ in der Theorie der entschlossen antimodernen ›fröhlichen Medienwissenschaft‹ als Symbol des »mythenlosen Menschen«, der offenbar in seiner Not »zur Wissenschaft als Mittel der Selbstbetäubung«[30] greifen mußte. Erst seitdem Schaltkreise und Rückkopplungsschleifen der modernen Elektronik so optimiert sind, daß bei den »instantanen Datenprozessen« (121) zwischen Handlung und Reaktion fast kein Indifferential mehr besteht, sondern sie sich der »Echtzeit« (122) nähern und alles gegenwärtig ist, sei ›Mythos‹ im McLuhanschen Sinne von Prozeßaufheben erreicht. Für kritische Haltung scheint hier kein Raum mehr vorhanden: »Mythos und Musik eröffnen einen neuen Raum der Medienästhetik jenseits von Gelehrsamkeit und Kritik, Genie und Subjektivität.« (35)

Für die Lage außerhalb Deutschlands verdient vor allem der Aufstieg des Begriffs ›Dekonstruktion‹ in den letzten Jahrzehnten Aufmerksamkeit, der sich anschickt, zu einem ernsthaften Konkurrenten zu werden. Das Wort wurde 1967 von dem französischen Philosophen und Dichter Jacques Derrida in dem Buch *De la grammatologie* gebildet.[31] Es ist als eine Fortsetzung und Intensivierung von Heideggers Kritik am metaphysischen Denken zu verstehen. Im Rahmen der vom Strukturalismus ausgehenden Orientierung an Sprache bzw. Zeichensystemen als Erklärungsmodi letzter Instanz beansprucht die Dekonstruktion nicht weniger, als alle geltenden Diskurse zu unterlaufen. Mit dem Begriff soll der »unlösbare Widerspruch zwischen der Idealität der Vernunft und der nichtidealisierbaren Praxis der Sprache, der die vernünftigen Begründungen unendlich aufschiebt und dem Gesetz der ›différance‹ unterwirft«[32], ins Bewußtsein gehoben werden. Dekonstruktive Lektüre, von Derrida ursprünglich Texten der Avantgarde abgelesen und dann, als ein unabschließbares Spiel der Differenzen, jedem Sprachverstehen und

---

25 Ebd., 146.
26 KARL HEINZ BOHRER, [Interview mit Jochen Hotop], in: Lessing-Akademie (Hg.), Lessing-Preis für Kritik 2000. Reden zur Verleihung des ersten Lessing-Preises für Kritik an Karl Heinz Bohrer und Michael Maar (Wolfenbüttel 2000), 46.
27 GÉRARD RAULET, Zur kritischen Theorie Europas, in: W. Eßbach (Hg.), Welche Modernität. Intellektuellendiskurse zwischen Deutschland und Frankreich im Spannungsfeld nationaler und europäischer Identitätsbilder (Berlin 2000), 57, 61.
28 TRUTZ RENDTORFF, Theologie in der Moderne. Über Religion im Prozeß der Aufklärung (Gütersloh 1991), 51.
29 RAULET (s. Anm. 27), 59.
30 BOLZ (s. Anm. 20), 35.
31 Vgl. GAYATRI CHAKRAVORTY SPIVAK, A Critique of Postcolonial Reason: Toward a History of the Vanishing Present (Cambridge, Mass./London 1999), 423–431.
32 CHRISTOPH MENKE, Die Souveränität der Kunst. Ästhetische Erfahrung nach Adorno und Derrida (Frankfurt a. M. 1988), 215.

I. Ein Kampfbegriff zwischen Wissenschaften und Literatur 455

Sprachverwenden immanent behauptet, was das Kunstwort ›différance‹ ausdrücken soll, stellt das Funktionieren sinnhafter Diskurse überhaupt zur Disposition. Die naheliegende Frage nach dem Verhältnis dieses philosophischen Begriffs zu dem der Kritik hat Derrida selbst 1977 so beantwortet: »la déconstruction n'est pas une opération critique, le critique est son objet; la déconstruction porte toujours […] sur la confiance faite à l'instance critique, critico-théorique c'est-à-dire décidante, à la possibilité ultime du décidable; la déconstruction est déconstruction de la dogmatique critique«[33]. Dekonstruktion will demnach nicht eine Form von Kritik neben anderen sein, wie Literaturkritik oder Kritik der Philosophie, sondern allen widerstreiten.

Aus der Sicht der USA, wo die Bewegung ihre größten Triumphe feierte, ist Dekonstruktion die Bezeichnung für »the results of a sudden infusion of Nietzschean and Heideggerian ideas into the English-speaking intellectual world«[34]. Die von Literaturwissenschaftlern und Philosophen mit Vehemenz geführten Debatten im Spanungsfeld der Begriffe ›Lektüre‹ und ›Dekonstruktion‹ dokumentiert der Sammelband *Deconstruction and Criticism* (1979), der durch Beiträge der wichtigsten Vertreter der ›Yale School‹ den Charakter eines Manifests bekam. Derrida, der 1966 zum ersten Mal die Bühne amerikanischer Literaturdepartments betreten hatte, galt bald als »major force in contemporary literary criticism«[35]. Die Tendenz dieser Entwicklung ist von Jürgen Habermas als »Einebnung des Gattungsunterschiedes zwischen Philosophie und Literatur«[36] kritisiert worden; Habermas hat zu Recht auf die Auflösung der jahrzehntelangen Herrschaft des ›New Criticism‹ als entscheidenden Zusammenhang verwiesen. Ganz anders als ›Literaturkritik‹ im Deutschen, deren Trennung von der Literaturwissenschaft seit dem Ende des 19. Jh. so offen zutage lag wie der Unterschied zwischen Feuilleton und Universität, bündelt das angelsächsische ›criticism‹ bis heute unverändert das Interesse an Ästhetik und Poetik, Literaturtheorie und Literaturwissenschaft als systematisch ausgerichteten Disziplinen, wohingegen ›practical criticism‹ eher von untergeordneter Bedeutung ist. Gerade die Unterschiede zwischen dem stolzen ›criticism‹ und der bescheideneren ›Kritik‹ im Hinblick auf theoretischen Anspruch und Begriffsinhalt mußten das Fehlen der auf dem europäischen Kontinent bedeutenden Tradition philosophischer Kritik schmerzvoll bewußt werden lassen. In dieser Situation reagierte Fredric Jameson 1971 in *Marxism and Form* mit dem Versuch, dialektische Literaturtheorien des 20. Jh. aus Europa in die USA zu importieren. Während Jameson hegelianisierende Marxisten – von Adorno und Benjamin bis Lukács und Sartre – präsentierte, setzte Geoffrey H. Hartman mit *Criticism in the Wilderness* auf eine Neubewertung der seit dem 19. Jh. verschütteten Romantiktradition. Die prekäre Lage des criticism beurteilte er nicht anders: »When we set Arnold beside Nietzsche, or set Eliot, Richards, and Leavis beside Lucács, Benjamin, and Valéry, the differences cannot be overlooked.«[37]

Schon seit Anfang der 60er Jahre aber war der aus Belgien kommende Paul de Man gegen den ahistorischen und unphilosophischen Charakter des ›New Criticism‹ Sturm gelaufen. Im Ergebnis der Studentenrevolten der 60er Jahre kam es zu einer noch nie dagewesenen Öffnung für europäischen Theorieimport, dessen Bedeutung für die USA als »a sort of geological shift«[38] beschrieben wird. Die brillanten und methodisch stringenten Artikel Paul de Mans, vor allem die programmatische *The Rhetoric of Temporality* (1969), wurden die am häufigsten zitierten Paradigmen dekonstruktiver Literaturkritik. Für Richard Rorty ist de Mans Aneignung von Derrida »the crucial event in the

---

33 JACQUES DERRIDA, Ja, ou le faux-bond [IIe partie], in: Digraphe 11 (1977), 103; vgl. RODOLPHE GASCHÉ, On Critique, Hypercriticism, and Deconstruction: The Case of Benjamin, in: Cardozo Law Review 12 (1991), 1115.
34 RICHARD RORTY, Deconstruction, in: R. Selden (Hg.), The Cambridge History of Literary Criticism, Bd. 8: From Formalism to Poststructuralism (Cambridge 1995), 167.
35 GEORGE DOUGLAS ATKINS, Reading Deconstruction: Deconstructive Reading (Lexington, Ky. 1983), 15.
36 HABERMAS, Der philosophische Diskurs der Moderne (Frankfurt a. M. 1985), 219.
37 GEOFFREY H. HARTMAN, Criticism in the Wilderness: The Study of Literature Today (New Haven/London 1980), 5.
38 RAMAN SELDEN, Introduction, in: Selden (s. Anm. 34), 1.

development of deconstructionism«[39]. Ähnlich wie bei Derrida erhält Kritik bei de Man den Status einer Kritik der Kritik: »To write critically about critics [...] becomes a way to reflect on the paradoxical effectiveness of a blinded vision that has to be rectified by means of insights that it unwittingly provides.«[40] Begründet wird dies mit der These von »the irrevocable occurrence of at least two mutually exclusive readings«, womit der Literaturkritiker eigentlich nur von »the impossibility of a true understanding«[41] zu berichten hat. Nach de Man ist es die ›Rhetorizität‹ der Texte, die bei einer ›figurativen‹ Lektüre durch rhetorische Ersetzungen die Einheit einer Bedeutung gewinnen läßt, während eine ›defigurative‹ Lektüre in der Ersetzung ein irreduzibel arbiträres Moment erkennt. Der Eindruck läßt sich nicht verhehlen, daß es darum geht, einen neuen Turmbau zu Babel zu verhindern, wenn de Mans literaturkritische Position so beschrieben werden kann: »Die Literatur setzt zwischen ihren ebenso unvereinbaren wie unhintergehbaren Lesarten eine Dialektik in Gang, die sie weder integriert noch entscheidet. Jede ihrer Positionen wird damit selbst Moment in einer Situation der Unentscheidbarkeit, einem endlosen Hin und Her zwischen zwei irreduziblen, sich ausschließenden Möglichkeiten. Die Wahrheit der Literatur liegt im Eingestehen ihres Nicht-Wissens – ein Eingestehen aber, das selbst nicht wieder ein Wissen ist. Die Literatur verfügt so wenig über die Gewißheit eines Wissens, daß sie nicht einmal ihrer Ungewißheit gewiß sein kann.«[42]

Für Beobachter aus Europa verzichtet ›Dekonstruktion‹ auf den Anspruch, »daß ihre Analysen zu intersubjektiv nachvollziehbaren und akzeptablen Ergebnissen führen«[43], vollziehen Paul de Mans *Allegories of Reading* in ihrem Umgang mit Texten Wilfried Barner zufolge »die Inthronisation eines arbiträr verfahrenden Subjekts. Dessen ›Tyrannis‹ setzen sie gegen die ›Tyrannis‹ des Sinns, der Bedeutung, der intentio in der augustinischen Tradition.«[44] In der Tat dementiert aber die aus deutscher Sicht ebenso verblüffende wie irritierende hohe Attraktivität des dekonstruktiven Verfahrens für junge Literaturwissenschaftler hierzulande, daß das Phänomen nur als Symptom für forcierten amerikanischen Theorieimport in den Literaturdepartments abgetan werden könnte. Es wirft ein grelles Schlaglicht auf die aktuelle Situation, zu deren Besichtigung die inkorrekte, aber dennoch immer wieder vorgenommene Übertragung von ›criticism‹ durch ›Kritik‹ führt, wenn Gayatri Chakravorty Spivak, die aus Bengalen kommende Studentin de Mans, die Derrida 1973 ins Amerikanische übersetzte, in ihrem jüngsten Buch mit dem programmatischen Titel *A Critique of Postcolonial Reason* die Affinität zwischen Dekonstruktion und religiösem Denken beleuchtet: »It is a curious fact that many so-called ethno-philosophies (such as the Tao, Zen, Sunyavda [...] and the like) show affinities with parts of deconstruction. This may relate to their critique of the intending subject. Insofar as they transcendentalize extra-subjective authority, they are not quite ›the same thing‹ as deconstruction. But insofar as they locate agency in the radically other (commonly called ›fatalism‹), the ex-orbitancy of the sphere of work in the ethical as figured by Derrida has something like a relationship with them.«[45] Obwohl Derrida selbst jede Ähnlichkeit zwischen seinem System und irgendwelchen ›Theologien‹ sorgsam vermieden habe, sei Dekonstruktion seit Derridas Wendung vom Insistieren auf der Priorität einer unbeantwortbaren Frage – »the question of différance« – zum »call to the wholly other« (425) »of interest for many marginalized cultural systems as a development from within the aftermath of the Kantian Enlightenment, whereby their own calculuses, dominant in reaction, have become compromised (especially gender compromised) and stagnant as anything

---

[39] RORTY (s. Anm. 34), 174.
[40] PAUL DE MAN, The Rhetoric of Blindness: Jacques Derrida's Reading of Rousseau (1971), in: de Man, Blindness and Insight (London 1983), 106.
[41] DE MAN, Allegories of Reading (New Haven/London 1979), 72.
[42] MENKE, ›Unglückliches Bewußtsein‹. Literatur und Kritik bei Paul de Man, in: DE MAN, Die Ideologie des Ästhetischen, hg. v. Menke (Frankfurt a.M. 1993), 290f.
[43] HANS ULRICH GUMBRECHT, Who is Afraid of Deconstruction?, in: J. Fohrmann/H. Müller (Hg.), Diskurstheorien und Literaturwissenschaft (Frankfurt a.M. 1988), 103.
[44] GUMBRECHT, Bericht über die Schlußdiskussion, in: Barner (s. Anm. 7), 502.
[45] SPIVAK (s. Anm. 31), 429.

perceived by Heidegger in the Kantian line itself« (429). Hier wird nicht nur die enge Verbindung zwischen dekonstruktiver Literaturkritik und radikaler Politik (wie das in den USA heißt) sichtbar, sondern auch die Bedeutung der Dekonstruktion als Brücke zu den Kulturen der Dritten Welt. Es würde den europäischen Kritikbegriff in seinem Kern verändern, wenn gegenüber dem Aspekt der Dekonstruktion als religiösen Denkens nicht früher oder später eine Distanzierung erfolgen sollte. Was aus dieser unvollständigen Umschau deutlich wird, sind nicht nur nationale Differenzen in der Semantik. Auffällig ist vor allem das höchst wechselhafte Verhältnis zwischen dem Begriff der Kritik und philosophischem Denken. Wie der Riese Antaios, wenn er beim Ringen mit Herakles stürzte, durch Berührung mit seiner Mutter Gaia, der Erde, stets neue Kräfte gewann, so scheint der Kritikbegriff bei Trennung von seinem philosophischen Bestandteil an Stärke zu verlieren. Wie es zur Herausbildung dieser eigentümlichen Symbiose kam, ist deshalb zunächst zu betrachten. Die Beschreibung, mit welchen Schwierigkeiten zu kämpfen war, als Kritik sich von den Werken der Antike zur Analyse der Produkte lebender Autoren wandte, wird dann näher an die eigentlichen Probleme führen. Welche unterschiedlichen Folgen die Institutionalisierung der Kritik für den Begriff mit sich brachte, wird in dem zentralen Abschnitt behandelt, welcher der Ausbildung der ›höheren‹ bzw. der ›ästhetischen‹ Kritik gewidmet ist, die zu einem auch heute nicht wieder erreichten Höhepunkt in der Begriffsentwicklung führte. Was die Schlegels vor 200 Jahren mit ihren Entwürfen und kritischen Konstruktionen für Europa leisteten, das wäre – auf unsere Welt und ihre Probleme übertragen – heute die anstehende und vergleichbare Aufgabe: kritische Entwürfe für eine universale, die Dritte Welt tendenziell integrierende Kunst- und Mediengeschichte vorzulegen.

II. Der Aufstieg des Begriffs in der Neuzeit

»In Europa la critica usciva dal libero esame e dalla ribellione; era roba eretica. [...] Il critico di Eropa era Bayle; il critico d'Italia era Muratori.« (In Europa entstand die Kritik aus der freien Forschung und der Auflehnung gegen die Autorität; sie gehörte auf die Seite der Ketzer. [...] Der große Kritiker Europas war Bayle, der große Kritiker Italiens Muratori.)[46] Das Urteil Francesco De Sanctis' in der *Storia della letteratura italiana* – ein Werk, das noch heute als »vielleicht die gedankenreichste und kunstvollste Ausprägung der Gattung im 19. Jahrhundert«[47] geschätzt wird – trifft in der Sache den Kern, zeigt bei den Repräsentanten aber die Blickverengung des Literaturhistorikers. Denn Galilei hatte 1610 mit dem *Sidereus nuncius* eine auf Beobachtungen gestützte Beschreibung des Himmels vorgelegt und damit nicht nur antike Autoritäten wie Aristoteles und Ptolemäus, sondern auch die aus der Bibel beglaubigte christliche Tradition in den Fundamenten erschüttert.

Ableitungen vom griechischen Verbum κρίνειν (scheiden, auswählen, entscheiden, urteilen) waren in der antiken medizinischen Terminologie griechisch κρίσις und lateinisch crisis als der Höhe- und Wendepunkt einer Krankheit bzw. die Adjektive κριτικός und criticus im Sinne von ›bedrohlich, gefährlich‹. Gegenüber den verschiedenen Bedeutungen, die das Wort in der Antike darauf in der griechischen Philosophie und dann in der römischen Rhetorik besessen hatte, brachte das 17. Jh. in der Tat eine epochale Zäsur. Bis dahin war Kritik der Semantik nahe geblieben, die griechische Wortstamm ›die beurteilende, entscheidende Wissenschaft‹ vorgab. Wie die »Kunst der Sonderung« (διακριτικὴ τέχνη)[48] Platon zur Beschreibung des Wesens der Philosophie am Beispiel des Sokrates gedient hatte, so hatten im Hellenismus Homerkenner, die sich mit der Sammlung und Ordnung der überlieferten poetischen Texte befaßten, neben der Bezeichnung des ›Philologen‹ und des ›Grammatikers‹ auch die des ›Kri-

---

46 FRANCESCO DE SANCTIS, Storia della letteratura italiana (1870), hg. v. G. Contini (Turin 1989), 715; dt.: Geschichte der italienischen Literatur, übers. v. L. Sertorius, Bd. 2 (Stuttgart 1943), 369.

47 ULRICH SCHULZ-BUSCHHAUS, Benedetto Croce und die Krise der Literaturgeschichte, in: B. Cerquiglini/ H. U. Gumbrecht (Hg.), Der Diskurs der Literatur- und Sprachhistorie. Wissenschaftsgeschichte als Innovationsvorgabe (Frankfurt a. M. 1983), 283.

48 PLATON, Soph., 231b.

tikers‹ (κριτικός) erhalten oder doch beansprucht. Das entscheidende Moment war bis zum Humanismus geblieben, daß etwas auf eine Norm hin beurteilt wurde. Welcher Ort und Rang einem Text im Kanon der Autoren zuzuschreiben sei, bildete die leitende Frage der Kritiker vor der Neuzeit.

Dem Begriff wuchs neuer Sinn und damit kategoriale Bedeutung erst zu, als Autorität und Norm »selbst in den Brennpunkt der Kritik«[49] gerieten. Mit dieser im 17. Jh. beginnenden Entwicklung kann der Begriff zu einer absolute Normen bezweifelnden Gegeninstanz aufsteigen. Er ist in diesem Sinne von Kant 1781 gegen alle Anwürfe vehement verteidigt worden: »Unser Zeitalter ist das eigentliche Zeitalter der Kritik, der sich alles unterwerfen muß. Religion durch ihre Heiligkeit und Gesetzgebung durch ihre Majestät wollen sich gemeiniglich derselben entziehen. Aber alsdann erregen sie gerechten Verdacht wider sich und können auf unverstellte Achtung nicht Anspruch machen, die die Vernunft nur demjenigen bewilligt, was ihre freie und öffentliche Prüfung hat aushalten können.«[50] Die naheliegende Vermutung, Kritik müsse »ein Schlagwort des achtzehnten Jahrhunderts«[51] gewesen sein, läßt sich für die französische Aufklärung nicht belegen. Auffällig ist hier vielmehr die Diskrepanz zwischen der seltenen Verwendung des Substantivs, soweit es sich nicht um Kritiken von Einzelschriften handelte, wofür das Wort relativ häufig gebraucht wurde, und dem massenhaften Auftreten des Adjektivs. Ein scheinbar gänzlich mit Aufklärungsdenken gesättigter Buchtitel wie Critique du christianisme läßt sich erst für das Jahr 1834 nachweisen[52], während das Adjektiv längst in einer Fülle von Werken der Aufklärung vorhanden war, angefangen von Bayles Dictionaire historique et critique (1697) bis zu dem von Holbach publizierten Text Histoire critique de Jésus-Christ ou Analyse raisonnée des évangiles (1770). Für grundlegende Auseinandersetzungen mit wissenschaftlichen Systemen hielt man sich an das Vorbild von Bacons Novum organum (1620): Leibniz überschrieb seine Kritik der Lockeschen Erkenntnistheorie Nouveaux Essais sur l'entendement humain (entst. 1703–1705, ersch. 1765), Sismondis fundamentale Kritik des Liberalismus in der politischen Ökonomie heißt Nouveaux principes d'économie politique (1819). Erst mit der Rezeption der Philosophie Kants am Anfang des 19. Jh. hat sich in Frankreich, ausgehend von der Philosophiegeschichtsschreibung, eine ideologisch allgemeinere Verwendung des Substantivs durchsetzen können.

Ist ›critique‹ demnach nicht die regierende Kategorie der französischen Aufklärung gewesen, wie die zögernde Verwendung des Substantivs nahelegt, obwohl der ausgedehnte Adjektivgebrauch von einer intensiv kritischen Gesinnung zeugt, so bleibt der getrennte Weg selbst erklärungsbedürftig.

1. Der wissenschaftlich-philosophische Anspruch

Der Aufstieg von ›kritisch‹ zu einem Fahnenwort der Aufklärung reaktiviert und intensiviert eine schon in der antiken Philosophie vorhandene Beziehung zwischen Rhetorik und Logik. Seit der Ausbildung einer stoischen Logik existierte ein Terminus von ›Kritiker‹, den ein über den Anspruch der Grammatiker hinausgehender Ehrgeiz kennzeichnete. Dem Stoiker Krates zufolge muß sich »der Kritiker [...] in der gesamten logischen Wissenschaft auskennen« während der Grammatiker nur Sprachen erklärt« (τὸν [...] κριτικὸν πάσης [...] δεῖ λογικῆς ἐπιστήμης ἔμπειρον εἶναι, τὸν δὲ γραμματικὸν ἁπλῶς γλωσσῶν ἐξηγητικόν)[53]. Für die seit dem 16. Jh. daran anknüpfende philosophische Diskussion galt die inhaltliche Beurteilung der in den Texten angesprochenen Sachverhalte – nach der klassischen Logik die Urteilslehre – als Geschäft der Kritik, während den Grammatikern die Analyse des ›Bezeichnenden‹ blieb. Locke schloß an solche Überlegungen an, wenn er die Ausarbeitung einer Semiotik

---

49 CLAUS VON BORMANN, ›Kritik‹, in: H. Krings/H. M. Baumgarten/C. Wild (Hg.), Handbuch philosophischer Grundbegriffe, Bd. 3 (München 1973), 811.
50 IMMANUEL KANT, Kritik der reinen Vernunft (1781), in: KANT (AA), Bd. 4 (1903), 9.
51 REINHART KOSELLECK, Kritik und Krise. Eine Studie zur Pathogenese der bürgerlichen Welt (1959; Frankfurt a. M. 1973), 196.
52 Vgl. ANTOINE-ALEXANDRE BARBIER, Dictionnaire des ouvrages anonymes, Bd. 1 (Paris 1872), 823.
53 SEXTUS EMPIRICUS, Adversus mathematicos 1, 79; vgl. BORMANN, ›Kritik I.1.–3.‹, in: RITTER, Bd. 4 (1976), 1253.

(»σημειωτική, or *the Doctrine of Signs*«) als Aufgabe künftiger Erkenntnistheorie betrachtete:»And, perhaps, if they [Ideas and Words – d. Verf.] were distinctly weighed, and duly considered, they would afford us another sort of Logick and Critick, than what we have been hitherto acquainted with.«⁵⁴

Entscheidend für den Aufstieg des Adjektivs ›critique‹ in der französischen Frühaufklärung war indessen die im Anschluß an Descartes sich entwickelnde Methodendiskussion, in der das Verfahren der Analyse gegebener Aussagen, die kritische Zergliederung nach den verschiedenen Arten des Urteils als Hauptweg der Vernunft bei der Wahrheitsfindung herausgearbeitet wurde. Im Ergebnis dieser Diskussion heißt *histoire critique* ›eine den Regeln eines vernünftigen Urteilens verpflichtete Darstellung‹. Substantiv und Adjektiv, critique (grammaticale) und ›critique‹ als Vassall der raison, standen jetzt in verschiedenen Heerlagern: Denn der Cartesianismus mit seiner unverhohlenen Geringschätzung von Autorität und historischer Forschung allgemein war der eigentliche Antipode von humanistischer Erudition und Philologie.

Das Verdienst, die durch Descartes vollzogene radikale Trennung zwischen den Gebieten der Vernunft und der Geschichte überwunden zu haben, kommt Bayle zu. Wie bei der cartesischen Methode, auf die Bayle explizit verweist⁵⁵, kann Gewißheit auch in der historischen Forschung nur das Ergebnis des Zweifelns und rationalen Prüfens sein. Indem Bayle in seinem epochemachenden *Dictionaire historique et critique* mit dem Prinzip des Zweifelns den Widerstreit der Autoritäten vorführte, wurde die Kritik zur eigentlichen Tätigkeit der Vernunft. Der Kritiker, so beschreibt Bayle das eigene Verfahren,»montre [...] ce que l'on peut dire pour & contre les Auteurs: il soutient succescivement le personnage d'un Avocat demandeur, & d'un Avocat défendeur.«⁵⁶

Während das Wort ›critique‹ in den meisten allgemeinsprachigen französischen Wörterbüchern des 17. und 18. Jh. noch dem Bereich der Philologie verhaftet bleibt (»L'art de juger d'un ouvrage d'esprit«⁵⁷ lautet die Standarddefinition aus der 1. Auflage des Wörterbuchs der Académie française, in der das Substantiv noch keinen eigenständigen Eintrag erhält und unter dem Adjektiv mit behandelt wird; in der 2. Auflage ist das Substantiv dann eigenständig aufgeführt⁵⁸), findet der philosophische Kritikbegriff sich seit 1704 im *Dictionnaire de Trévoux* der Jesuiten. Die von Jean Le Clerc 1697 in seiner grundlegenden *Ars critica* gegebene philologische Definition wird als ›unvollständig‹ verworfen, ›die Handlungen, die die Geschichte bilden‹, im Anschluß an Bayle als entscheidendes Objekt der Kritik an den Anfang gestellt und als Definition vorgeschlagen:»l'art de juger«. Nicht nur der Gegenstand wird auf diese Weise ungeheuer erweitert, auch die philosophische Dignität steht außer Zweifel:»la critique suppose une grande connaissance des matières sur lesquelles on s'exerce, et des principes des arts et des sciences qui en traitent; mais la critique elle-même n'est pourtant autre chose que le bon sens perfectionné par la logique«⁵⁹.

2. Ein Symbol der Aufklärung

Den Vorstoß der fortschrittsbeflissenen Jesuiten hat erst der große Artikel ›Critique‹ in der *Encyclopédie* 1755 weitergeführt, der repräsentativ für die französische Spätaufklärung wurde. Wie für alle Enzyklopädisten ist auch für Jean-François Marmontel, den Artikelschreiber, nicht mehr Descartes, sondern Locke die philosophische Autorität. Unmißverständlich heißt es über die ›abstrakten Wissenschaften‹:»L'emploi du *critique* dans cette partie seroit donc de ramener les idées aux choses, la Métaphysique & la Géométrie à la Morale et à la Physique«. Der philologische Aspekt der Kritik werde von den Zeitgenossen zu gering geachtet, der philosophische wird umfassend charakterisiert »comme un examen éclairé & un jugement équita-

---

54 LOCKE (ESSAY), 720, 721.
55 Vgl. ›Maldonat (Jean)‹, Anm. L, in: BAYLE, Bd. 3 (⁵1740), 296; GIANLUCA MORI, Introduzione a Bayle (Rom 1996), 81.
56 ›Archelaus I‹, Anm. F, in: BAYLE, Bd. 1 (⁵1740), 292; vgl. KOSELLECK (s. Anm. 51), 90.
57 ›Critique‹, in: Le Dictionnaire de l'Académie française, Bd. 1 (Paris 1694), 287.
58 Vgl. ›Critique‹, in: Nouveau Dictionnaire de l'Académie françoise, Bd. 1 (Paris 1718), 393.
59 ›Critique‹, in: Dictionnaire de Trévoux, Bd. 1 (1704), 734.

ble des productions humaines«[60]. Mit den Schwierigkeiten der Gegenstandsbestimmung und -strukturierung hat sich 1759 auch der junge Edward Gibbon auseinandergesetzt. Die Grenzen des kritischen département zerfließen bei ihm ins Unendliche: »Tout ce qu'ont été les hommes; tout ce que le génie a créé; tout ce que la raison a pesé; tout ce que le travail a recueilli, voilà le département de la critique.«[61] Entsprechend ließe sich die »nation des critiques« in drei Zweige untergliedern: »en critiques Grammairiens, en critiques Rhéteurs, et en critiques Historiens«[62].

Pointierter und aggressiver wird Diderot 1775 definieren: »La critique est l'art d'apprécier les différentes autorités, assez souvent contradictoires, sur lesquelles nos connaissances sont appuyées.«[63] Die philologische Bedeutung des Substantivs ist hier zurückgedrängt, die Assimilation an die philosophische Bedeutung des Adjektivs vollzogen. Die Vorzüge einer permanent kritischen Geisteshaltung, für die Gebiete der Wissenschaft wie der Produktion unmittelbar evident, lassen ›Kritik‹ nun zu einem unabschließbaren Prozeß von Aufklärung werden. Der Appell einer Fachzeitschrift an freie Korrespondenten von 1778 könnte auch in unserer Zeit geschrieben sein: »Il sera [...] ouvert un champ libre à la critique et aux discussions. Je crois, en effet, que rien n'est plus avantageux aux progrès des sciences et des arts. [...] C'est du choc des opinions que naît la lumière. [...] C'est au milieu des débats littéraires et scientifiques que le voile de l'erreur se déchire.«[64]

Das Bekenntnis zu Kritik und freier Diskussion als unverzichtbarem Mittel der Wahrheitsfindung ist Gemeinbesitz der europäischen Aufklärung. In Spanien muß der Benediktiner Benito Jerónimo Feijóo y Montenegro, Verfasser des massiv befehdeten *Teatro crítico universal* (1726–1739), die unbefriedigte Lage mit Ironie überziehen: »in Spanien herrscht eine sogenannte Kritik, die in Wahrheit keine Kritik ist, vielmehr eine Antikritik darstellt. Unter denen, die sich die Eigenschaft des Kritikers zuschreiben, findet sich kaum einer, der nicht zur Feder greifen würde, um die gewöhnlichen Vorurteile und Irrtümer abzuschirmen.« (en España, donde reyna una, que se llama Critica, siendo serlo, ó siendo verdaderamente una Anticritica; pues apenas hay uno de los que se atribuyen la qualidad de Criticos, que tome la pluma sino para apoyar las preocupaciones, y errores del Vulgo.)[65] In Deutschland ist Lessing ein glänzender Vertreter geistiger Auseinandersetzungen. »Es sei«, verteidigte er das übel beleumundete Genre der Streitschriften, denen es um Klärung von Sachverhalten geht, »daß noch durch keinen Streit die Wahrheit ausgemacht worden sei: So hat dennoch die Wahrheit bei jedem Streit gewonnen. Der Streit hat den Geist der Prüfung genährt, hat Vorurteile und Ansehen in einer beständigen Erschütterung erhalten, hat die geschminkte Unwahrheit verhindert, sich an der Stelle der Wahrheit festzusetzen.«[66]

In dieser Allgemeinheit genommen – ›literarische und wissenschaftliche Debatte‹, ›aufgeklärte Prüfung und angemessenes Urteil‹, ›Geist der Prüfung‹, wofür die Franzosen des 18. Jh. mit Vorliebe auch ›esprit philosophique‹ verwendet haben –, ist kritische Haltung nicht nur »eine Kultur des Aufschubs, des Prüfens und Zögerns«[67]; sie beschreibt die bis heute gültige Haltung des Wissenschaftlers. In deutlicher Anlehnung an Lessing konnte Karl Raimund Popper 1935 formulieren: »Nicht der *Besitz* von Wissen, von unumstößlichen Wahrheiten macht den Wissenschaftler, sondern das rück-

---

60 JEAN-FRANÇOIS MARMONTEL, ›Critique‹, in: DIDEROT (ENCYCLOPÉDIE), Bd. 4 (1755), 492, 490.
61 EDWARD GIBBON, Essai sur l'Étude de la Littérature (1761; Dublin 1777), 39 f.
62 Ebd., 39.
63 DENIS DIDEROT, Plan d'une université pour le gouvernement de Russie (entst. 1775–1776, ersch. 1813–1814), in: DIDEROT (ASSÉZAT), Bd. 3 (1875), 465.
64 HUBERT-PASCAL AMEILHON, Avis, in: Gazette d'agriculture (11. 11. 1777), zit. nach MICHEL GILOT, ›Ameilhon‹, in: J. Sgard u. a. (Hg.), Dictionnaire des journalistes (1600–1789) (Grenoble 1976), 4.
65 BENITO JERÓNIMO FEIJÓO Y MONTENEGRO, Cartas eruditas, y curiosas (1742–1760), Bd. 2 (Madrid 1770), 214 (Carta XVIII, n. 17); dt. nach WERNER KRAUSS, Die Aufklärung in Spanien, Portugal und Lateinamerika (1973), in: Krauss, Das wissenschaftliche Werk, Bd. 7 (Berlin/New York 1996), 402 f.
66 GOTTHOLD EPHRAIM LESSING, Wie die Alten den Tod gebildet (1769), in: Lessing, Werke, hg. v. P. Rilla, Bd. 5 (Berlin 1968), 671.
67 REINHARD BRANDT, Die englische Philosophie als Ferment der kontinentalen Aufklärung, in: S. Jüttner/J. Schlobach (Hg.), Europäische Aufklärung(en). Einheit und nationale Vielfalt (Hamburg 1992), 75.

sichtslos kritische, das unablässige *Suchen* nach Wahrheit.«[68]

3. Die Feindschaft zwischen französischer Aufklärung und der Berufskritik

Dem ›Zeitalter der Kritik‹ ist von großzügigen deutschsprachigen Philosophen des 20. Jh. eine »Personalunion zwischen Philosophie und literarisch-ästhetischer Kritik«[69] in allen führenden Gestalten oder wenigstens ein »normales Verhältnis zwischen Schriftsteller und Kritiker«[70] zugeschrieben worden. So berechtigt eine solche Auffassung für die Entwicklung in Deutschland sein mag, für Frankreich gilt das anderslautende Urteil Albert Thibaudets: »Le XVIIIe siècle, si universellement et si puissamment critique, n'a guère été, en matière de critique professionnelle, qu'un siècle de transition. Voltaire fixe à peu près les valeurs littéraires classiques jusqu'à Sainte-Beuve, mais il fixe surtout ce qui était déjà fixé, il est par excellence le secrétaire de l'opinion«[71].

Der Terminus ›critique littéraire‹, im Zeitalter des Humanismus eine Tautologie, ist wie die Sache selbst ein Produkt des 18. Jh. Im *Dictionnaire de Trévoux* findet sich 1704 der lexikalische Erstbeleg. Nach einer Übersicht über die verschiedenen Disziplinen, deren akkumuliertes Wissen der critique bedarf, um es zu beurteilen, heißt es: »Mais on n'appelle communément *critique* que la *critique littéraire*, qui renferme plusieurs espèces«[72]. Die anschließende Aufzählung der verschiedenen Kritikarten macht deutlich, daß der Terminus mit dem modernen engeren Begriffsinhalt noch nicht identisch ist, weil ›littéraire‹ soviel wie ›wissenschaftlich‹ bedeutet.

Die Literaturrevue im modernen Sinne beginnt in Frankreich erst seit 1721 Gestalt anzunehmen. Bis dahin hatten trockene Gelehrtenzeitschriften die Szene beherrscht. Während die gelehrten Journalisten sich als ›Chronisten der Wissenschaft‹ in allen ihren Teilen verstanden, die den Inhalt der neuen Bücher vor allem durch kennzeichnende ›Auszüge‹ erschlossen, besaßen die neuen Zeitschriften den Ehrgeiz, literarische Besprechungen nach dem Vorbild des englischen *Spectator* (1711– 1714) in essayistischer Gestalt zu präsentieren. Die ersten Vertreter dieser modernen literaturkritischen Spezies heißen Pierre-François Guyot Desfontaines und Élie-Catherine Fréron. Es sind Klassizisten, aber entschiedene Gegner der ›Lumières‹. Die Repräsentanten der Aufklärung haben aus ihrer Ablehnung dieser Klassizisten kein Hehl gemacht. So schreibt Diderot in einem Fragment über Altertumsmanie: »Un critique qui ne recueille que les fautes et qui biffe les beautés ressemble à celui qui se promènerait sur les bords d'une rivière qui roule des paillettes d'or et qui remplirait ses poches de sables. Permis à un Des Fontaines, à un Fréron, et à quelques misérables de cette espèce qui n'ont jamais fait une belle ligne, de critiquer ainsi. Je ferai autrement.«[73] So fragwürdig die hier erkennbare sehr verbreitete Vorstellung ist, Recht auf Kritik habe nur der, der es selber besser machen könne, womit das neuartige Phänomen der Berufskritiker an den Normen der Handwerkszünfte gemessen wird – die tiefsitzende Ablehnung ist evident. Auch Diderots berühmte Berichte über die Pariser Gemäldeausstellungen, die sogenannten *Salons* (entst. 1759–1781), sind nicht zufällig erst der Nachwelt erschlossen worden. Er schrieb sie nicht für die Öffentlichkeit, sondern für eine Geheimkorrespondenz, die sein Freund, der Gottschedschüler Friedrich Melchior Grimm, seit 1753 durch diplomatische Dienste einem Dutzend europäischer Höfe zukommen ließ. Wie wenig Diderot die Idee einer öffentlichen Kritik an zeitgenössischen Künstlern vertraut war, zeigt seine beiläufige Bemerkung: »c'est pour mon ami et non pour le public que j'écris. Oui, j'aimerais mieux perdre un doigt que de contrister d'honnêtes gens qui se sont épuisés de fatigue pour nous plaire.«[74]

---

68 KARL RAIMUND POPPER, Logik der Forschung. Zur Erkenntnistheorie der modernen Naturwissenschaft (1935; Tübingen ^{3}1969), 225.
69 ERNST CASSIRER, Die Philosophie der Aufklärung (Tübingen 1932), 368.
70 GEORG LUKÁCS, Schriftsteller und Kritiker (entst. 1939), in: LUKÁCS, Bd. 4 (1971), 403.
71 ALBERT THIBAUDET, Physiologie de la critique (1930; Paris 1962), 57.
72 ›Critique‹, in: TRÉVOUX, Bd. 1 (1704), 743.
73 DIDEROT, L'Anticomanie, in: M. Tourneux (Hg.), Fragments inédits de Diderot, in: Revue d'Histoire littéraire de la France 1 (1894), 174.
74 DIDEROT, Salon de 1763 (ersch. 1857), in: DIDEROT (ASSÉZAT), Bd. 10 (1876), 226.

Auch bei Voltaire kann von einem Verständnis für die Vermittlungsfunktion der Kritik nicht die Rede sein. Seine ganze Verachtung der ›Berufskritiker‹, die er auch als käuflich apostrophiert, hat er in einem drastischen Vergleich ausgedrückt: »On a vu, chez les nations modernes qui cultivent les lettres, des gens qui se sont établis critiques de profession, comme on a créé des langueyeurs de porcs pour examiner si ces animaux qu'on amène au marché ne sont pas malades. Les langueyeurs de la littérature ne trouvent aucun auteur bien sain [...]. On peut les comparer aux crapauds qui passent pour sucer le venin de la terre, et pour le communiquer à ceux qui les touchent.«[75] Wahre Kritik, die den Geschmack der Menschen verändern könne, will Voltaire in einem *Mémoire sur la satire* (1739) grundsätzlich nur der gestaltenden Kritik neuer Kunstwerke zuerkennen. Auf dem Wege schöpferischer Produktion habe Corneille seine Kritiker, Racine seinen Rivalen, Voltaire selbst die Tragödienauffassung Antoine Houdar de La Mottes überwunden. Während Voltaire die Berechtigung der Kritik für die verschiedenen Wissenschaftsgebiete nicht in Frage stellt, gilt sie ihm, an Kunstwerken geübt, als Zeichen für mangelndes eigenes Können. Der traurige Ruhm »de se déchirer mutuellement sans raison« gehöre den Dichtern und Literaten, während kein Maler, Bildhauer oder Musiker sich einfallen lasse, gegen seine Kollegen zu schreiben; »il suffit d'avoir des yeux et des oreilles pour juger d'un beau tableau et d'une bonne musique«[76]. Die Ausbildung der neueren Literaturkritik datiert Voltaire als fatale Fehlentwicklung auf die Zeit nach der Jahrhundertwende: »Ce fut alors que les journaux destinés à l'honneur des lettres devinrent le théâtre de l'infamie.«[77]

Stillschweigende Voraussetzung einer solchen Auffassung ist offensichtlich, daß Literatur auch ohne die Vermittlung der Kritik ihr Publikum hat. Es ist der absolut gesetzte Standpunkt der Pariser Gesellschaft, der ja in der Tat die Werke weitgehend bekannt waren, wenn die Stimme der Kritik sich über sie vernehmen ließ. In diesem Sinne hatte der *Mercure galant* sich seit 1677 zur Aufgabe gesetzt: »recueillir les sentiments du public«[78], d. h. die Ansichten festzuhalten, die sich in den Unterhaltungen der Pariser Salonwelt als »critique parlée«[79] herauskristallisierten, um den Autoren mitzuteilen »ce qu'il y aurait de beau dans leurs ouvrages [ou ce] que le public y aurait condamné«[80]. Ganz in diesem Sinne gibt Voltaire 1737 in seinen *Conseils à un journaliste* die Empfehlung: »ce n'est pas votre jugement qu'on demande, mais le rapport d'un procès que le public doit juger«[81]. Einen herausragenden Kritiker kann sich Voltaire nur als einen Künstler vorstellen, »qui aurait beaucoup de science et de goût, sans préjugés et sans envie. Cela est difficile à trouver.«[82]

Es konnte nicht ausbleiben, daß die Berufskritiker ihr gescholtenes Metier verteidigten: »Rien n'est plus *aisé* que la critique, je le veux«, ließ sich Desfontaines vernehmen. »Mais celui qui critique avec justesse, n'a-t-il pas au moins en cela des lumieres supérieures au plus grand Ecrivain, qui n'a pu appercevoir dans ses propres Ecrits les bévûës que l'autre lui fait connoître? [...] Horace, Quintilien & Longin sont-ils si peu de chose dans la République des Lettres?«[83]

Während Mercier 1773 mit Nachdruck betonte: »Nous avons eu de grands écrivains et je le répète, pas encore un vrai critique«[84], und Frankreich bis zu Sainte-Beuve auch einen Kritiker von Rang nicht aufzuweisen hat, verlief die Entwicklung in der deutschen Aufklärung seit dem Auftreten Lessings anders. Mit Verblüffung konstatierte noch zu

---

75 ›Critique‹, in: VOLTAIRE, Dictionnaire philosophique (1764), in: VOLTAIRE, Bd. 18 (1878), 289 f.; vgl. DAVID WILLIAMS, Voltaire: Literary Critic (Genf 1966), 112.
76 VOLTAIRE, Mémoire sur la satire [...] (entst. 1739), in: VOLTAIRE, Bd. 23 (1879), 50.
77 Ebd., 55.
78 Le nouveau Mercure galant (1677), H. 1/3, 13, zit. nach HANS MATTAUCH, Die literarische Kritik der frühen französischen Zeitschriften (1665–1748) (München 1968), 66.
79 THIBAUDET (s. Anm. 71), 27 u. ö.
80 Le nouveau Mercure galant (s. Anm. 78), 14, zit. nach ebd., 66.
81 VOLTAIRE, Conseils à un journaliste [...] (1737), in: VOLTAIRE, Bd. 22 (1879), 250.
82 VOLTAIRE (s. Anm. 75), 289.
83 PIERRE-FRANÇOIS GUYOT DESFONTAINES, Observations sur les écrits modernes (1735–1743), Bd. 7 (Paris 1736), 77; vgl. ROGER FAYOLLE, La critique (1964; Paris 1978), 57 f.
84 LOUIS-SÉBASTIEN MERCIER, Du théâtre, ou Nouvel essai sur l'art dramatique (Amsterdam 1773), 316.

Beginn des 19. Jh. Mme de Staël, gestützt auf Friedrich Schlegels berühmte Lessing-Analyse:»La littérature allemande est peut-être la seule qui ait commencée par la critique; partout ailleurs la critique est venue après les chefs-d'œuvre; mais en Allemagne elle les a produits.«[85] Weil die Deutschen in die Diskussion literarästhetischer Fragen erst nach der Mitte des 18. Jh. eingetreten sind, konnten sie sie auf dem Niveau aufnehmen, das international bereits erreicht war. Als Lessing zwischen 1768 und 1770 auf drei Auktionen seine Bibliothek von 6000 Bänden versteigern ließ, bildeten die im Briefwechsel erwähnten »Hauptbücher«[86] die vollständigen Serien des *Journal des savants*, des *Mercure de France*, der *Année littéraire* und der *Acta eruditorum*: Drei in Paris veröffentlichten Zeitschriften – neben der führenden europäischen Wissenschaftszeitschrift sind es das Leib- und Magenblatt der Pariser Société und die Zeitschrift Frérons – steht ein einziges deutsches Produkt in lateinischer Sprache gegenüber. Bestimmte Fragen waren deshalb im kritischen Schrifttum der Deutschen kein Thema mehr.

In der institutionalisierten Literaturkritik spürte die ›bonne société‹ – und mit Recht – eine feindliche Macht, die ihr durch die bloße Existenz einen wichtigen Teil ihres Lebensinhalts raubte bzw. entwertete. Das Ausbildungsziel eines ›honnête homme‹ sah unter anderem vor, die Regeln des ›bon goût‹, wie ›man‹ über Literatur- und Kunstwerke zu urteilen hatte, zu verinnerlichen und sicher zu beherrschen. Durch die Berufskritik in den Journalen wurde nun jeder, der lesen konnte, in den Stand gesetzt, mitzureden. Claude Étienne Darget, auf Voltaires Empfehlung einige Jahre in Potsdam als Sekretär Friedrichs II. tätig, hat die tiefe Abneigung gegen die Kritik klar zum Ausdruck gebracht. Von einem preußischen Aristokraten befragt, ob er Fréron als literarischen Korrespondenten empfehlen könne, wird dessen Autorität als Kritiker zwar nicht bezweifelt, aber deutlich gewarnt: »il est dangereux de se laisser trop conduire par ces gens là, et de ne voir que par leurs lunettes. On fait trop peu d'usage de son propre jugement, on ne forme point son goût, on prend absolument le leur.« Vorzuziehen sei jemand, der nur »les sentiments du public«[87] wiedergäbe, ohne die eigene Meinung zur Geltung zu bringen: »En général, [...] je n'aime point les critiques de profession, et ces gens qui ne lisent un ouvrage que pour en trouver les endroits foibles, et faire croire qu'ils auroient mieux fait que l'auteur puisqu'ils rélèvent les endroits où il a manqué; cela suppose, un fond d'amour-propre, de vanité, et d'arrogance qui me feroit fuir ces gens là de bien loin.«[88]

III. Von der Kritik der Toten zur Kritik an den Lebenden

Mit der Übernahme des Begriffs aus dem Latein der Humanisten in die verschiedenen europäischen Nationalsprachen – ein Prozeß, der im 17. Jh. in Westeuropa dort einsetzte, wo sich Zentralstaaten herausgebildet hatten und in England, Frankreich und Spanien für die erste Jahrhunderthälfte nachgewiesen ist, während in Deutschland der Lehnvorgang erst im 18. Jh. aus dem Französischen erfolgte – war ein Kanonwechsel eingeleitet, über dessen Schwierigkeiten und langsame Bewegung wir uns kaum mehr eine Vorstellung machen. Um die Atmosphäre von Gelehrsamkeit zu kennzeichnen, aus der ein Denker wie der Neapolitaner Vico hervorging, schrieb De Sanctis: »L'erudizione generava dunque la critica. In Italia si svegliava il senso storico e il senso filosofico. E si svegliava non sul vivo, ma sul morto, nello studio del passato. [...] Quelli che si occupavano del presente a loro rischio, erano cervelli spostati.« (Aus der Gelehrsamkeit also ging die Kritik hervor. Geschichtssinn und philosophischer Sinn erwachten in Italien. Doch geweckt wurden sie nicht durch das Lebendige, sondern durch das Tote, durch das Studium der Vergangenheit. [...] Mit der Gegenwart beschäftigten sich nur unausgeglichene Geister auf

---

85 MME DE STAËL, De l'Allemagne (1810), hg. v. S. Balayé, Bd. 1 (Paris 1968), 183.
86 LESSING an Karl Lessing (21. 9. 1767), in: Lessing (s. Anm. 66), Bd. 9 (Berlin/Weimar 1968), 264.
87 CLAUDE ÉTIENNE DARGET an Friedrich Wilhelm von Marschall (29. 3. 1751), in: Voltaire, Les Œuvres complètes, hg. v. T. Besterman u. a., Bd. 96 (Genf 1971), 155.
88 Ebd., 156.

eigene Gefahr.)[89] Wenn demgegenüber im aufgeklärten Frankreich 1765 als Aufgabe der Kritik formuliert wird, »de juger les ouvrages anciens & modernes«, kommt die Arbeit am Kanonwechsel nur mit der Bemerkung zum Ausdruck, gewöhnlich würden die lebenden Autoren viel zu streng beurteilt, während es gerade umgekehrt sein müßte: »Tous les égards sont dus à ceux avec qui nous vivons, et nous ne devons rien aux autres que la vérité.«[90] Im 17. Jh., vor der ›Querelle des anciens et des modernes‹, ist das überkommene bzw. wiederentdeckte geistige Erbe der Antike noch das eindeutige Hauptobjekt einer ›ars critica‹ gewesen, die als gesamteuropäische Erscheinung am Ausgang des späthumanistischen Zeitalters mit ihren Disziplinen ›critica profana‹ und ›critica sacra‹ zunächst auf ihre Folgelasten hin betrachtet werden muß.

1. Die Textkritik der Grammatiker

Als Teil der ›Grammatik‹ hatte die Textkritik zunächst die Aufgabe, die Werke der lateinischen und griechischen Autoren von allen Entstellungen zu reinigen und in ihrer authentischen Gestalt wiederherzustellen. Der Begriff war mit dieser Orientierung, die 1680 in Pierre Richelets Definition »Observations qui découvrent les défaux de quelques ouvrages d'esprit«[91] ihren lexikalischen Niederschlag findet, auf Fehlerkritik fixiert und der Kontrast zur ursprünglichen Wortbedeutung auffällig: »How strangely some words lose their primi-

---

89 DE SANCTIS (s. Anm. 46), 716; dt. 370 f.
90 JOSEPH DE LA PORTE, École de Littérature, Bd. 1 (1764; Paris 1767), 158, 158 f.
91 ›Critique‹, in: PIERRE RICHELET, Dictionnaire françois, Bd. 1 (Paris 1680), 200.
92 ANONYMUS, The English Theophrastus: or, the Manners of the Age. Being the Modern Characters of the Court, the Town, and the City (London 1702), 5, zit. nach ›critic‹, in: OED, Bd. 4 (1989), 30.
93 DIDEROT, Salon de 1767 (ersch. 1798), in: DIDEROT (ASSÉZAT), Bd. 11 (1876), 132.
94 HELFRICH PETER STURZ, Fragment eines Gesprächs (1778), in: Sturz, Die Reise nach dem Deister. Prosa und Briefe, hg. v. K. W. Becker (Berlin 1975), 271.
95 JOHANN GOTTFRIED HERDER, Ueber die neuere Deutsche Litteratur. Zwote Sammlung von Fragmenten (1767), in: HERDER, Bd. 1 (1877), 253.

tive sense«, bemerkte 1702 ein Engländer. »By a Critick, was originally understood a good judge; with us nowadays it signifies no more than a Fault finder«[92].

Obwohl die Gefahren der Übertragung einer so einseitigen Optik auf zeitgenössische Werke der Kunst früh gesehen wurden, hat die aus der humanistischen Tradition stammende Überschätzung der Fehleranalyse die Entwicklung der Literaturkritik in Frankreich bis zum 19. Jh. überschattet. Im *Salon de 1767* hat Diderot den mit dieser Auffassung verbundenen unproduktiven Grundzug scharf herausgestellt: »Quand voit-on naître les critiques et les grammairiens? tout juste après le siècle de génie et des productions divines. […] Le génie crée les beautés; la critique remarque les défauts. […] Si j'avais la critique à peindre, je la montrerais arrachant les plumes à Pégase, et le pliant aux allures de l'académie.«[93] In Deutschland ist man von den gleichen Voraussetzungen ausgegangen. Mit der im 17. Jh. aufkommenden Bedeutung ›wertend‹, prüfend‹ für die philologische Textrekonstruktion knüpft ›criticus‹ auch substantiviert als ›Beurteiler der Sprache und der Werke, Kunstrichter‹ an der griechische Bedeutung an. Aber der Sinn für das Individuelle und das Charakteristische an einem Werk ließ die Vorstellung von ›Fehlern‹ bald obsolet werden: »Gebt mir den Künstler mit all seinen Fehlern, und vertilgt mir die Eigenart nicht«[94], heißt seit den 70er Jahren die Losung. Gegen das Konzept der Lessingschen *Literaturbriefe* (1759–1765), die Entwicklung der deutschen Literatur auf allen Ebenen, von den Gipfeln bis in die Niederungen, in einem einzigen Journal zu verfolgen, hatte Herder schon 1767 das Urteil formuliert: »Ueberhaupt schlechten Schmierern […] ihre Fehler weitläuftig sagen, ist ihnen unnütz, und Lesern verdrießlich: man lege den heiligen Fluch der Muse auf sie«[95].

2. Die Bibelkritik

Die spirituelle Aura des ›Buches der Bücher‹ hat der Beschäftigung mit diesen Texten besondere Züge verliehen. Seit die Reformation das Wort der Schrift zur alleinigen Quelle des Glaubens erklärt hatte, waren Ansätze zu einer Bibelkritik entstanden, die von der Konkurrenz der Kirchen untereinander vorangetrieben wurden. Mit der *Critica sacra* (1650) des französischen Calvinisten Louis Cappel und der Antwort von katholischer Seite, den Arbeiten des Oratorianers Richard Simon (*Histoire critique du Vieux Testament*, Paris 1678, unterdrückt und mit neuem Vorwort Rotterdam 1685), war die Bibelkritik eine eigene Disziplin geworden, zu der Spinozas *Tractatus theologico-politicus* (1670) das radikale Wort eines Philosophen beitrug. Die Schwierigkeit, die eigene Tätigkeit gegenüber dem universalen Anspruch der kritischen raison gebührend abzugrenzen, ist auch bei Simon unübersehbar, der im Vorwort seiner *Histoire critique du Nouveau Testament* (1689–1693) wie folgt anhebt: »L'Eglise a eu dès les premiers siecles du Christianisme de sçavans hommes qui se sont appliqués avec soin à corriger les fautes qui se sont glissées de temps en temps dans les Livres Sacrés. Ce travail qui demande une connoissance exacte de ces Livres, & une grande recherche des Exemplaires manuscrits, s'appelle *Critique* […]. Le dessein de ceux qui exercent cet art n'est pas de détruire, mais d'établir.«[96] Neben Textkritik und sachlichen Erläuterungen stellte sich auf diesem Felde die zusätzliche Aufgabe, die Vollkommenheiten der Bibel bewundern zu lehren.

In einem Brief an den Bischof Pierre-Daniel Huet, der vermutlich eine Reaktion auf dessen *Demonstratio Evangelica* von 1679 darstellt, unterstreicht Leibniz die Unentbehrlichkeit der Kritik, »die Denkmäler wie Inschriften, Münzen, Hand- und Druckschriften beurteilt« (quae in monumentis discernendis versatur, qualia sunt Inscriptiones, Numismata, et libri manu aut typis scripti), für das rechte Verständnis der christlichen Religion: »Die Anwendung der Kunst der Geschichtsschreibung ebenso wie derjenigen der Kritik ist zur Befestigung der Wahrheit der Religion vonnöten. Denn das halte ich für gewiß: Geht die Kunst der Kritik verloren, so ist es auch um die menschlichen Werkzeuge des Gottesglaubens geschehen, und es bleibt nichts Gediegenes mehr übrig, woraus man einem Chinesen, einem Juden oder einem Mohammedaner unsere Religion beweisen könnte. Denn angenommen, […] es käme eine Zeit, wo man wie bei den Türken erwöge, ob nicht Alexander der Große das Heer König Salomos geführt habe; angenommen, statt Livius und Tacitus wären

lediglich einige der gefälligen, doch unnützen Schriftchen auf uns gekommen, wie sie heute über das Liebesleben großer Männer geschrieben werden […]: Gewißheit über die Ereignisse wäre dann Hochmut, und es wäre nicht möglich zu zeigen, daß die Bücher der Heiligen Schrift göttlichen Ursprungs sind, ja noch nicht einmal, daß sie echt sind.« (Unus Historiae pariter ac Criticae artis usus necessarius est ad stabiliendam religionis veritatem: nam illud pro certo habeo, arte Critica amissa, humana fidei divinae instrumenta simul interitura esse, neque quicquam solidi superfore, quo Sinesi alicui, aut Judaeo, aut Mahumetano nostra Religio demonstrari possit. Fac enim […] venire tempus, quo dubitetur an non, ut Turcis visum est, Alexander Magnus Salomonis exercitum duxerit; fac pro Livio et Tacito superesse elegantes quosdam, sed nugaces libellos, quales hodie scribuntur de magnorum virorum amoribus […]: sublata erit certitudo de rebus, tamtumque aberit, ut ostendi possit, scripturae sacrae libros divinos esse, ut ne quidem genuinos esse constare possit.)[97]

Das Ende der ersten Blüte der Kritik und den Aufstieg der an der Mathematik orientierten Naturwissenschaften im 17. Jh. sucht Leibniz auch als Folge der Religionskriege zu begreifen: Die Kunst der Kritik »wurde von den Religionsstreitigkeiten großgezogen. Denn es gibt kein Übel, das nicht auch etwas Gutes bewirkt. Da nämlich über den Sinn der Schrift, die Übereinstimmung der Alten, die echten und die untergeschobenen Bücher fortwährend zu disputieren war und von den Kirchenschriftstellern aller Zeiten nur derjenige in diesen Fragen zu einem begründeten Urteil zu gelangen vermochte, der sich in allen Gattungen von Denkmälern auskannte, blieb in den Bibliotheken nichts unberührt liegen. […] Als aber aus den Streitigkeiten schließlich Kriege hervorgegangen waren und sehr viel Blut vergossen worden war, sahen die

---

96 RICHARD SIMON, Histoire critique du texte du Nouveau Testament (Rotterdam 1689), [nicht pag. ›Préface‹]; vgl. GIORGIO TONELLI, ›Critique‹ and Related Terms Prior to Kant: A Historical Survey, in: Kant-Studien 69 (1978), 128 f.

97 GOTTFRIED WILHELM LEIBNIZ an Pierre-Daniel Huet (1679?), in: Leibniz, Die philosophischen Schriften, hg. v. C. I. Gerhardt, Bd. 3 (Berlin 1887), 15.

Klügeren, daß dieses Geschrei zu nichts nütze ist, und nachdem der Frieden wiederhergestellt war, ergriff viele von ihnen überhaupt ein Widerwille gegen derlei gelehrte Fragen. / Und so begann eine neue Periode des Studiums, in welcher in Italien Galilei, in England Bacon, Harvey und Gilbert, in Frankreich Descartes und Gassendi sowie in Deutschland als einziger, der ihnen gegenübergestellt zu werden würdig ist, Joachim Junge den Menschen durch etliche vortreffliche Erfindungen oder Gedanken Hoffnung machten, die Natur durch die mathematischen Künste zu erkennen.« (controversiis de religione alebatur, nullum enim malum est, cujus non sit aliquis fructus. Nam cum de scripturae sensu, de consensione veterum, de genuinis et suppositiis libris, crebro esset disputandum, nec de sacris scriptoribus cujusque aevi in tanta rerum connexione judicari posset, nisi ab eo, qui in omni monumentorum genere esset versatus, nihil in Bibliothecis intactum relictum est. [...] Sed cum denique disputationes in bella erupissent, et tanto sanguine fuso, tantis clamoribus nihil profici prudentiores viderent, facta pace taedium harum quaestionum atque literarum multos cepit. / Ex eo incipit nova quaedam studiorum periodus, cum in Italia Galilaeus, in Anglia Baconus et Harvaeus et Gilbertus, in Gallia Cartesius et Gassendus, in Germania unus illis opponi dignus Ioachimus Iungius praeclaris quibusdam sive inventis sive cogitatis ad spem naturae per mathematicas artes cognoscendae homines vocassent.)[98]

Der antichristliche Grundzug der französischen Aufklärung hat verhindert, daß der vorhandene Ansatzpunkt zur Überwindung der Fehlerkritik zum Tragen kam. Von nachhaltiger Wirkung waren die Erfahrungen, die der Streit zwischen den Bibelexegeten der christlichen Konfessionen eröffnet hatte: Wie Textkritik zur Untergrabung von höchster Autorität benutzt werden konnte, war hier zu lernen. Im 71. *Literaturbrief* vom Dezember 1759 stellt Lessing dem deutschen Publikum den soeben im Druck erschienenen Brief an Huet, in dem Leibniz die gelehrte Kritik verteidigt, ausführlich vor und resümiert: »Gewiß die Kritik auf dieser Seite betrachtet, und das Studium der Alten bis zu dieser Bekanntschaft getrieben, ist keine Pedanterei, sondern vielmehr das Mittel, wodurch *Leibniz* der geworden ist, der er war, und der einzige Weg, durch welchen sich ein fleißiger und denkender Mann ihm nähern kann.« Allerdings wendet sich Lessing dagegen, etwa wie Gisbert Cupers »Antiquitäten einzig und allein um der Antiquitäten willen«[99] zu studieren. Goethe erscheint als moderater Erbe der europäischen Freidenker, wenn er in den *Noten und Abhandlungen zum Westöstlichen Diwan* seine Betrachtungen aus dem Jahre 1797 über ›Israel in der Wüste‹ mit der Bemerkung abschließt: »Kein Schade geschieht den heiligen Schriften, so wenig als jeder anderen Überlieferung, wenn wir sie mit kritischem Sinn behandeln, wenn wir aufdecken, worin sie sich widerspricht und wie oft das Ursprüngliche, Bessere durch nachherige Zusätze, Einschaltungen und Akkomodationen verdeckt, ja entstellt worden. Der innerliche, eigentliche Ur- und Grundwert geht nur desto lebhafter und reiner hervor«[100].

3. Kritik wird Tribunal

Aus dem Verständnis von ›criticism‹, wie es in der anglo-amerikanischen Welt bis heute vorherrscht, ergibt die in diesem Abschnitt behandelte Fragestellung keinen Sinn. »The humanists of the sixteenth and seventeenth centuries created the institution of criticism as we know it – the recovery and analysis of works of art.« Lediglich die Überfülle von Quellen wird von Hartman, einem Vertreter der vor wenigen Jahren vielgenannten ›Yale School of Criticism‹, als ein Zeichen gedeutet, »that we are now nearing the end of this Renaissance humanism«[101] und die Losung ›ad fontes‹ am Anfang des 20. Jh. nicht mehr recht zeitgemäß sei. Bayle samt der kontinentaleuropäischen Aufklärungsbewegung scheint am Begriffskern im Angelsächsischen spurlos vorübergegangen zu sein. Denn schon am Ausgang des 17. Jh. sprach der ›Philosoph von Rotterdam‹ vom Ende des »regne de la

---

98 Ebd., 16.
99 LESSING, Briefe, die neueste Literatur betreffend (1759–1765), in: Lessing (s. Anm. 66), Bd. 4 (Berlin/Weimar 1968), 332.
100 JOHANN WOLFGANG GOETHE, Noten und Abhandlungen zu besserem Verständnis des West-östlichen Divans (1819), in: GOETHE (BA), Bd. 3 (1965), 274.
101 HARTMAN (s. Anm. 37), 227.

Critique & de la Philologie«[102]. Bayle sah den Übergang von der Periode der profunden Gelehrsamkeit zu einer stärker an den Fragestellungen der Philosophie bzw. der Naturwissenschaften sowie an den lebenden Sprachen interessierten Zeit ohne Bedauern. Ausführlich gibt er die Worte eines »Mr. ***« wieder, der sich dem allgemeinen Klagen über die »décadence de l'érudition« entgegenstellt: »L'étude de la Critique [im humanistischen Sinn auf die antiken Autoren bezogen – d. Verf.] est tombée; on s'est tournée vers la justesse du raisonnement; on a cultivé l'esprit beaucoup plus que la mémoire; on a voulu penser délicatement, & s'exprimer poliment. Cette application ne fait pas produire de gros volumes, qui imposent au public […]; mais, réellement, elle fait naître plus de lumieres, & une habileté plus estimable que le grand savoir des Grammairiens, ou de Philologues.« Einer ausdrücklichen Zustimmung zu dieser Einschätzung enthält sich Bayle hier verschmitzt und merkt lediglich an: »Que l'on y fasse telles réfléxions que l'on voudra.«[103] Andernorts läßt Bayle keinen Zweifel an seiner Sympathie für den neuen, durch die Naturwissenschaften geprägten Geist und spricht von der »supériorité de notre siécle«: »Pendant que le regne de la Critique & de la Philologie a duré, on a vu par toute l'Europe plusieurs prodiges d'érudition. L'étude de la nouvelle Philosophie, & celle des langues vivantes, aiant introduit un autre gout, on a cessé de voir cette vaste & cette profonde litérature; mais, en récompense, il s'est répandu dans la République des Lettres un certain esprit plus fin, & accompagné d'un discernement plus exquis: les gens sont aujourd'hui moins savans, & plus habiles.«[104]

Demgegenüber sieht eine neuere Forschungstendenz auf dem europäischen Kontinent gerade mit Bayle und der Aufklärung die Probleme beginnen, doch kann eine seltsame Fasziniertheit durch die ›Pathogenese der bürgerlichen Welt‹ in der Aufklärungskritik nur noch »Hypokrisie« erkennen. Seit dem Erscheinen von Kosellecks *Kritik und Krise* gilt es weithin als ausgemacht, daß aus dem Trennungsverhältnis zwischen dem ›règne de la critique‹ und dem absolutistischen Staat das »Politicum der Kritik« erwuchs. Die »Etappen der Kritik«, die Koselleck mit Analysen zu »Simon, Bayle, Voltaire, Diderot und Kant« historisch beschrieb,

sollen die »zunehmende politische Bedeutsamkeit« des Begriffs der Kritik im 18. Jh. wie die geschichtsphilosophische Selbstverblendung der Aufklärer, ihre »Hypokrisie«[105], belegen. Im Kern hat Koselleck mit seinem Buch zu dem von Carl Schmitt 1934 vorgegebenen Thema ›Die Herren der Lex unterwerfen den Rex‹ einen opulent aufgeführten Orchesterpart geschrieben. Eine strategische Position haben in seinen Argumentationen die Begriffe ›Gesetzgebung‹ und ›Richteramt‹ inne. Wo immer forensisches Vokabular gebraucht wurde – in den Logen der Maurer oder in der Gelehrtenrepublik, im philosophischen, historischen oder dramatischen Schrifttum – wird eine indirekte politische Wirksamkeit unterstellt, so daß am Ende zwangsläufig die Usurpation staatlicher Machtbefugnisse eintreten mußte. Mit Kosellecks eigenen Worten: »Die permanente Revolution, der totale Staat, Terror, Ideologie und Diktatur als ungewolltes Ergebnis der Aufklärung«[106].

In dieser Konstruktion ist kein Platz dafür vorgesehen, daß der Absolutismus selbst noch mitten in Religionskriegen einige Mühe darauf verwendet hat, eine allerhöchste Instanz für kritische Entscheidungen zu etablieren und zugleich für die Zukunft ein Exempel zu setzen, wie kritische Auseinandersetzungen unter lebenden Autoren ausgetragen werden sollten. Dieser Begriff der Kritik, wie er in Frankreich vom 17. bis zum Beginn des 19. Jh. dominant war, hatte 1637 in der ›Querelle du Cid‹ seine gültige Formel gefunden. Roger Fayolle hat deren Inhalt in die einfachen Worte gefaßt: »louer ce qui est bon, […] reprendre ce qui est mauvais. L'exercice d'une telle critique doit se soumettre à certaines conditions, qui sont celles-là même de la courtoisie mondaine«[107]. Nun setzt die Absicht, dem Werk eines Autors die gebührende Anerkennung zu zollen, verbunden mit dem Anspruch, ihn über dessen Schwächen zu belehren, anerkannte Wertungs- und Strukturkriterien voraus, und daran fehlte es. Es bedurfte der Interven-

---

102 ›Aconce (Jaques)‹, Anm. D, in: BAYLE, Bd. I (^{5}1740), 66.
103 ›Alegambe (Philippe)‹, Anm. D, in: ebd., 156.
104 BAYLE (s. Anm. 102), 66.
105 KOSELLECK (s. Anm. 51), 102.
106 Ebd., VII.
107 FAYOLLE (s. Anm. 83), 26.

tion des mächtigen Armand Jean du Plessis, Herzog von Richelieu, der den großen Erfolg des *Cid* mit Argwohn sah und hinter dem in der Handlung unangefochtenen Recht zur Selbsthilfe und zum Duell Tendenzen feudalen Unabhängigkeitsgelüsts witterte, um eine grundlegende Veränderung einzuleiten.

Weniger der bis dahin noch nie erlebte Triumph eines Theaterstückes als die Auszeichnungen, die Corneille durch die höchsten Repräsentanten der Monarchie erhielt, sowie seine arrogante Haltung gegenüber Stellungnahmen seiner Schriftstellerkollegen hatten zu einem Pamphletkrieg geführt, dessen krude Tonart Paul Scarrons Nachricht an den Autor verdeutlicht: »cinquante coups de baston bien appliquez, seront justement *La véritable suitte du Cid*«[108]. In der gepflegteren Diktion eines Aristokraten hatte zuvor Georges de Scudéry mit seinen *Observations* zum ›Duell‹ einer Diskussion gefordert, in der die besten Argumente den Ausschlag geben sollten: »comme les combats et la civilité ne sont pas incompatibles, je veux baiser le fleuret, dont je prétends luy porter une botte franche: je ne fais ny une Satire, ny un Libelle diffamatoire, mais de simples *Observations* […]. Je le prie d'en user avec la mesme retenue s'il me respond, parce que je ne scaurois ny dire ny souffrir d'inju-

---

108 [ANONYMUS, d. i.] PAUL SCARRON, La suitte du Cid en abrégé, ou le triomphe de son Autheur, en despit des envieux (1637), in: A. Gasté (Hg.), La Querelle du Cid. Pièces et pamphlets publiés d'après les originaux (Paris 1898), 348; vgl. ANTOINE ADAM, Histoire de la littérature française au XVIIe siècle (1948–1956), Bd. 1 (Paris 1997), 518.
109 GEORGES DE SCUDÉRY, Observations sur le Cid (1637), in: Gasté (s. Anm. 108), 72 f.
110 SCUDÉRY, Lettre de Monsieur de Scudéry à l'illustre Académie (1637), in: ebd., 215, 216.
111 PETER JEHLE, Zur Herausbildung des Staatstheaters in Frankreich, in: Der innere Staat des Bürgertums. Studien zur Entwicklung bürgerlicher Hegemonie-Apparate im 17. und 18. Jahrhundert [Argument-Sonderband 111] (Berlin 1986), 10.
112 Les Sentimens de L'Académie françoise sur la Tragi-Comédie du Cid (1638), in: Gasté (s. Anm. 108), 356, 355, 357, 356.
113 Vgl. FRANZISKA SICK, ›Le Cid‹ und ›La Querelle du Cid‹: Zur Entstehung eines neuen diskursiven Feldes im Absolutismus, in: Romanistische Zeitschrift für Literaturgeschichte 17 (1993), 246–263.

---

res«[109]. Doch Corneille hatte auf verletzende Weise abgelehnt und damit Scudérys Appell an die erst 1635 gegründete Académie française als höchste kritische Instanz provoziert: »Je l'ataque, il doit se defendre; mais vous nous devez juger.« »Que Monsieur Corneille paroisse donc, devant le Tribunal où je le cite, puisqu'il ne luy peut estre suspect, ny d'injustice, ny d'ignorance«[110].

Nur unter dem Druck Richelieus, des leitenden Ministers seit 1624, fanden sich die Akademiemitglieder bereit, ein Urteil zu formulieren, dem sich zu beugen Corneille zuvor eingewilligt hatte. Diese Stellungnahme vom Dezember 1637, *Les Sentimens de l'Académie françoise sur la Tragi-Comédie du Cid*, war unter Federführung Jean Chapelains entstanden und von Richelieu persönlich durchgesehen worden. Die *Sentimens* beschäftigen sich »ausschließlich mit der Frage, ob Scudérys Interpretation der antiken Texte und deren Anwendung auf den *Cid* korrekt«[111] seien, sie formulieren Regeln für den Umgang mit der »République des Lettres« und betonen »l'utilité commune« dieser »espece de guerre«, eines Krieges, der, auf zivile Weise geführt, als ein Schritt zur »perfection«[112] gelten müsse.

Für Corneille, der zunächst darüber gespottet hatte, wie Scudéry seine Tragikomödie mit gelehrten Zitaten von Aristoteles und Horaz bis zu Scaliger und Heinsius zugeschüttet hatte, beinhaltete das Votum eine offizielle Rüge, deren Wirkung für sein weiteres dramatisches Schaffen und für die Ausbildung und Anerkennung der klassischen französischen Tragödie bedeutend gewesen ist. Richelieu gab der Streit die Gelegenheit, endlich der Akademie die offizielle Anerkennung durch den obersten Pariser Gerichtshof zu verschaffen, der dieser bislang aus Sorge um die eigenen Machtbefugnisse verweigert hatte. Denn normbildend für den Gebrauch der französischen Sprache waren bis dahin die in den ›Parlements‹ versammelten Juristen, und Montaigne, La Boétie und Bodin ihre glänzendsten literarischen Repräsentanten. Erst als der Aufgabenbereich der Akademie klar eingegrenzt war und diffamierende Pamphlete wie ehrenrührige Satiren weiterhin der eigenen Zuständigkeit zugeordnet blieben, gab das ›Parlement‹ seinen Widerstand auf.[113] Die juristischen Metaphern während der gesamten Periode des französischen Absolutismus behalten von diesem Ursprung her in der französischen Literaturkritik einen ganz konkreten Sinn: Sie erinnern an eine Grenze, bei deren Überschreitung Literatur zum Gegenstand der Justiz wird, und die Satire bleibt bis zur Revolution eine geächtete Gattung. Für die Beurteilung von Werken lebender Autoren aber war für lange Zeit die Vorbildlichkeit der antiken Gattungen etabliert.

Wie in der Antike stehen in Poetik und Kritik der Franzosen seitdem Epos und Tragödie an der Spitze, und zwei Jahrhunderte hindurch unternimmt man den vergeblichen Versuch, ›künstlich‹ zu restaurieren, was einst auf natürliche Weise sich entwickelt hatte. Dies ist jedenfalls die Perspektive, in der die deutsche Frühromantik die französische Literaturkritik wahrnimmt: als »das neue Alexandrien«. »Die kritische Betrachtung geht von gewissen Autoritäten, Regeln und Grundsätzen, wie sie von einzelnen, anerkannt vortrefflichen Mustern abstrahiert worden, zum Urteil über vorliegende Kunstwerke.«[114] Diese Sicht ist zutreffend, nur muß hinzugefügt werden, daß diese Inanspruchnahme der Autoritäten der Antike für die französische Kultur und Kritik in dieser Periode gleichzeitig eine Legitimationsbasis gewesen ist, der sie für ihre Geltung in Europa einiges zu danken hatte.

IV. Die kritische Revolution in Deutschland

Die deutsche Frühromantik hat den Standpunkt der Kritik auf eine bis dahin unerreichte Höhe gehoben. Ein emphatischer Begriff von Kritik zeugt davon, daß sie jetzt zum Pulsschlag des literarischen Lebens wurde. Für die Zeitgenossen waren die politische Revolution in Frankreich und die literarische Revolution in Deutschland zusammengehörige Phänomene, und Kants kritische Philosophie galt Friedrich Schlegel als eigentliche Veranlassung der Französischen Revolution. Mit seinem Hauptwerk *Kritik der reinen Vernunft* (1781), der rasch die *Kritik der praktischen Vernunft* (1788) und die *Kritik der Urteilskraft* (1790) folgten, hat Kant das philosophische Klima verändert. Während die traditionellen Fragen der ›speziellen Metaphysik‹ (Unsterblichkeit der Seele, das Weltganze, die notwendige Existenz Gottes) als theoretische Wissenschaft nicht mehr haltbar sind, kann ›allgemeine Metaphysik‹ den Anspruch auf Wissenschaftlichkeit erheben, wenn eine »Revolution der Denkart«[115] vollzogen wird. Diese liegt in der Reflexion auf die Grenzen menschlichen Erkenntnisvermögens, wodurch der Kritikbegriff bei Kant eine zentrale Stelle erhält. Gegen den Dogmatismus der Wolff-Schule und den Skeptizismus Humes kann nur »*Ergründung* der ersten Quellen unserer Erkenntniß«[116] auf den Weg zur Wissenschaft führen. ›Kritisch‹ bzw. ›Kritik‹ steht bei Kant für Erkenntnisbegrenzung. Wertet man seine Philosophie als »den Scheitelpunkt der europäischen Aufklärung«[117], dann folgt ihr in Deutschland die Romantik auf dem Fuße. Im Unterschied zur Vernunftkritik, deren grundlegendes Merkmal die ›Prüfung von Ansprüchen‹ auf Wahrheit oder Macht bildet, kennzeichnet die literarische Kritik eine ›Verfügung über Wertsysteme‹; wobei die ordnende Funktion es notwendig macht, die Wertungen durch zusätzliche Begründungen abzusichern.

1. Kritik als ›Charakteristik‹ und ›Polemik‹

Der hohe Anspruch, der dem Begriff der Kritik jetzt beigemessen wird, zeigt sich einerseits in der scharfen Abgrenzung gegen alle vorangehende Kritik und andererseits in einer völlig neuen Gegenstandsbestimmung. Als »atomistische« bzw. ›mikrologische‹ Kritik verwerfen die beiden Brüder Schlegel – das einseitige Interesse der modernen Forschung für Friedrich Schlegel allein bedeutet eine Verarmung – die kritischen Bemühungen des 18. Jh., für die »Correktheit« bzw. »Vollkommenheit der einzelnen Theile des Kunstwerks« wich-

---

114 ADAM MÜLLER, Vorlesungen über die deutsche Wissenschaft und Literatur (1806), in: Müller, Kritische, ästhetische und philosophische Schriften, hg. v. W. Schroeder/W. Siebert, Bd. 1 (Neuwied/Berlin 1967), 38, 45.
115 KANT, Kritik der reinen Vernunft (1781), in: KANT (AA), Bd. 3 (1904), 9 [Vorrede zur 2. Aufl. 1787].
116 Ebd., 495.
117 KLAUS DÜSING, Immanuel Kant. Aufklärung und Kritik, in: L. Kreimendahl (Hg.), Philosophen des 18. Jahrhunderts (Darmstadt 2000), 189.

tige Kriterien waren, »da doch jedes, welches den Namen verdient, organischer Natur ist, worin das Einzelne nur vermittelst des Ganzen existirt«[118]. Demgegenüber soll die »wahre Kritik« Friedrich Schlegel zufolge nicht nur grundsätzlich »keine Notiz nehmen von Werken, die nichts beitragen zur Entwicklung der Kunst und der Wissenschaft«[119], ihren eigentlichen Gegenstand haben »Werke und Systeme v[on] Werken, nicht Menschen«[120] zu bilden.

Mit dieser Prämisse ist einmal eine *philosophischere* Betrachtungsweise vorgegeben, die sich nicht mehr mit einem nationalen Horizont begnügt, in dem man froh war, »wieder einen Klassiker in die öffentliche Schatzkammer tragen«[121] zu können. Angestrebt wird vielmehr ein »objectives« Urteil aus einem höheren Standpunkt, das sich gründet auf den Vergleich mit den wirklich dazugehörigen Gegenständen, den »vortrefflichsten Werken derselben Kunst in verwandten Gattungen«[122]. Durch intensives Reflektieren von Kunstwerken leistet Kritik auf diesem Wege unmittelbare Vorarbeit für Kunstgeschichte. Das Bestreben beider Schlegels »ist darauf gerichtet, die Kunstkritik so viel möglich auf den historischen Standpunkt zu führen, d. h. wiewohl jedes Kunstwerk nach innen zu in sich beschlossen seyn soll, es als zu einer Reihe gehörig nach den Verhältnissen seiner Entstehung und Existenz zu betrachten, und aus dem, was zuvor gewesen und was darauf gefolgt ist oder noch folgt, zu begreifen«[123]. ›Historisch‹ steht hier für

den Ort in der Universalgeschichte der Bildung überhaupt, denn das geschichtsphilosophische Credo lautet: »Wir alle, die Alten wie die Modernen, gehn einen großen, gemeinschaftlichen Gang.« Das Hauptverdienst der literarischen Revolution besteht für Adam Müller darin, »den Begriff der Bedeutung, der Tendenz eines Kunstwerks bis zu einem hohen Grade universalisiert zu haben«[124].

Es ist ein gewichtiges Ergebnis dieses Kritikansatzes, daß beide Schlegels mit großen Vorlesungszyklen für lange Zeit unübertroffene historische Überblicke vorlegen konnten: August Wilhelm die 1808 in Wien gehaltenen *Vorlesungen über dramatische Kunst und Litteratur* (1809–1811), Friedrich die 1812 gleichfalls in Wien gehaltenen *Vorlesungen zur Geschichte der alten und neuen Litteratur* (1815). Man muß betonen, daß der eigentlich leitende Gesichtspunkt dieser historischen Konstruktionen die Entwicklung des Geistes war. Kunstwerke, »insofern sie eine äußerliche Masse in der Sinnenwelt ausmachen«[125], erhalten erst durch die Konzentration auf ihre Repräsentanz des Geistes Wert und Würde. Kritik in diesem Sinne erfordert notwendig erhebliche Abstraktions- und Konstruktionsleistungen. Der genialere Friedrich Schlegel hat das immer wieder unterstrichen, wenn er auf das Prinzip der »historischen Konstruktion des Ganzen der Kunst und der Dichtkunst« hinwies, das von ihm als »die eine und wesentlichste Grundbedingung einer Kritik, welche ihre hohe Bestimmung wirklich erfüllen soll, aufgestellt worden«[126] ist. Der pathetische Ton erklärt sich damit, daß im Unterschied zum antiken Griechenland, wo Kritik erst auftrat, als die Literatur schon fast vollendet war, die Kritik in Deutschland nicht »den Kommentar einer schon vorhandenen« bilden, sondern vielmehr als »Organon« einer noch zu bildenden Literatur wirken solle, eine Kritik mithin, »die nicht bloß aufklärend und erhaltend, sondern die selbst produzierend wäre, wenigstens indirekt durch Lenkung, Anordnung, Erregung«[127]. Von der Masse der alljährlich erscheinenden Bücher war erfahrungsgemäß kein Beitrag »zur Entwicklung der Kunst und der Wissenschaft«[128] zu erwarten. So wurde der Polemik gegen das massenhafte Schlechte, sofern es nicht unter aller Kritik war, ein weites Feld zugesprochen: »Damit nun wenig-

---

118 AUGUST WILHELM SCHLEGEL, Vorlesungen über schöne Litteratur und Kunst (1801–1804), hg. v. J. Minor, Bd. 1 (Heilbronn 1884), 25.
119 FRIEDRICH SCHLEGEL, Abschluß des Lessing-Aufsatzes (1801), in: SCHLEGEL (KFSA), Bd. 2 (1967), 411.
120 F. SCHLEGEL, Fragmente zur Litteratur und Poesie (entst. 1797–1798), in: SCHLEGEL (KFSA), Bd. 16 (1981), 141.
121 F. SCHLEGEL, Gespräch über die Poesie (1800), in: SCHLEGEL (KFSA), Bd. 2 (1967), 289.
122 A. W. SCHLEGEL (s. Anm. 118), 26.
123 A. W. SCHLEGEL (s. Anm. 118), Bd. 3 (Heilbronn 1884), 9.
124 MÜLLER (s. Anm. 114), 17, 38.
125 A. W. SCHLEGEL (s. Anm. 118), 27.
126 F. SCHLEGEL, Lessings Gedanken und Meinungen (1804), in: SCHLEGEL (KFSA), Bd. 3 (1975), 58.
127 Ebd., 82.
128 F. SCHLEGEL (s. Anm. 119), 411.

stens Raum geschafft werde für die Keime des Besseren, müssen die Irrtümer und Hirngespinste jeder Art erst weggeschafft werden. Dieses kann man füglich mit Lessing Polemik nennen«[129]. Fichtes Nicolai-Satire gilt als das Meisterstück deutscher Polemik.[130] Als eine besondere Prosaform, die für die weitere Geschichte der Kritik im 19. Jh. so prägend wurde wie die Verbindung der gelehrten Rezension mit dem Essay zu Beginn des 18. Jh., haben die Schlegels die *Charakteristik* geschaffen. In den literarischen Notizbüchern Friedrich Schlegels finden sich die Notate: »Die *Charakteristik* ist eine eigne specifisch verschiedne Gattung, deren Ganzheit nicht historisch sondern *kritisch* ist. – <Ein kritisches Kunstwerk. –>«[131] Glänzende Beispiele für diese Ideen hat Friedrich mit *Georg Forster* (1797), *Lessings Gedanken und Meinungen* (1804) oder *Über Goethes Meister* (1798) geliefert, eine Reihe, zu der August Wilhelm mit *Hermann und Dorothea, von Goethe* (1798), *Leben und Thaten des [...] Don Quixote, [...] übersetzt von Ludwig Tieck* (1799) oder *Ludovico Ariosto's Rasender Roland, übersetzt von J. D. Gries* (1810) durchaus gleichartige Beiträge lieferte. In einem Rückblick aus dem Jahre 1812 hat Friedrich der wesentlich von ihm geprägten Kritikform eine eigene Methode absprechen wollen; »nur auf das Genie des Scharfsinnes«[132] komme es dabei an. Als einen eher mystischen Prozeß sollte später auch der junge Benjamin das frühromantische Kritikverfahren deuten: »Kritisch sein«, schrieb er hochpoetisch, »hieß die Erhebung des Denkens über alle Bindungen so weit treiben, daß gleichsam zauberisch aus der Einsicht in das Falsche der Bindungen die Erkenntnis der Wahrheit sich schwang«[133]. Ohne ein verbindendes Element ist die unbezweifelbare Wirkungsmacht des Genres der ›Charakteristiken‹ auf die Literaturkritik des Jungen Deutschland aber kaum vorstellbar, und den roten Faden liefert wohl das in Deutschland durch die Französische Revolution geschärfte Zeitbewußtsein.

Auch wenn es bis heute »noch keine Begriffsgeschichte der ›Charakteristik‹« gibt, die über die literarischen und philosophischen Schulen hinwegreichende Vorbildstellung der frühromantischen Kritikform ist erwiesen: Die jungdeutsche Charakteristik war in den wichtigsten Bestimmungsstücken »eine popularisierte Variante der frühromantischen Charakteristik«[134]. Der Jungdeutsche Karl Gutzkow bekannte 1835: »Wenn wir eine neue Kritik bekommen, so wird es die der Charakteristik seyn.«[135] Und der Junghegelianer Arnold Ruge äußert 1838 die Überzeugung: »Charaktere sind der Anfang und das Ende alles Interesses: eine höhere Aufgabe, als Charaktere, giebt es für keine Darstellung, die höchste *Kunst* ist unbestritten die *Charakteristik* in diesem Sinne; denn sie geht auf den wirklichen, den existirenden Geist, somit auf allen Inhalt, welcher nirgend anders zu ergreifen ist, als in den Persönlichkeiten, die ihn trugen und zur Erscheinung in die lichte Tageswelt heraufbrachten.«[136] Die Idee des ›Geistes‹ mag sich entschieden gewandelt haben; die Verpflichtung der Kritik durch einen emphatischen Begriff von ›Zeit‹ gilt unverändert, wie Gutzkows blasphemische Umschreibung des christlichen Credos von 1835 zeigt: »Ich glaube an die Zeit, die allmächtige Schöpferin [des] Himmels und der Erden, und ihren eingeborenen Sohn, die Kunst, welche viel gelitten hat unter Pontius und Pilatus, von Crethi und Plethi, und doch die Welt erlösen helfen wird; [...] und bis dahin glaub' ich an den heiligen Geist der Kritik, welchen die Zeit gesandt hat, zu rich-

---

129 F. SCHLEGEL (s. Anm. 126), 58.
130 Vgl. F. SCHLEGEL, Literatur (1803), in: SCHLEGEL (KFSA), Bd. 3 (1975), 10.
131 F. SCHLEGEL (s. Anm. 120), 138.
132 F. SCHLEGEL, Die Entwicklung der Philosophie in zwölf Büchern (entst. 1804–1805), in: SCHLEGEL (KFSA), Bd. 12 (1964), 313.
133 WALTER BENJAMIN, Der Begriff der Kunstkritik in der deutschen Romantik (1920), in: BENJAMIN, Bd. 1/1 (1974), 51.
134 GÜNTER OESTERLE, ›Kunstwerk der Kritik‹ oder ›Vorübung zur Geschichtsschreibung‹? Form- und Funktionswandel der Charakteristik in Romantik und Vormärz, in: Barner (s. Anm. 7), 81, 77.
135 KARL GUTZKOW, Vertheidigung gegen Menzel und Berichtigung einiger Urtheile im Publikum (1835), in: A. Estermann (Hg.), Politische Avantgarde 1830–1840. Eine Dokumentation zum ›Jungen Deutschland‹, Bd. 1 (Frankfurt a. M. 1972), 77; vgl. Oesterle (s. Anm. 134), 76.
136 ARNOLD RUGE, [Rez.] ›Weibliche und männliche Charaktere‹ von F. Gustav Kühne, in: Hallische Jahrbücher für deutsche Wissenschaft und Kunst 1 (1838), 1720 (Nr. 217 v. 7. 9. 1838); vgl. OESTERLE (s. Anm. 134), 76.

ten die Lebendigen und die Todten.«[137] Von der Absicht, ›Zeitschriftsteller‹ zu sein, kündete schon Nr. 120 der Kritischen Fragmente: »Wer Goethes Meister gehörig charakterisierte, der hätte damit wohl eigentlich gesagt, was es jetzt an der Zeit ist in der Poesie.«[138] Die temporale Reflexion hat nach der wissenschaftlichen und politischen auch die ästhetische Sphäre erreicht: Kritik, die auf der Höhe ihrer Zeit sein will, hat »divinatorisch«[139] zu sein und Griffe in die Zukunft zu wagen.

Nur dann, wenn der in den letzten 150 Jahren geprägte enge deutsche Kritikbegriff als Norm genommen wird, läßt sich den Schlegels »grotesker Überschuß der Programmatik« vorhalten. Ein solcher Tadel kann nur aus einem deutschen Munde kommen; er ist weder aus der Semantik des englischen ›criticism‹ noch der französischen ›critique littéraire‹ denkbar, denen der Schlegelsche Begriff noch näher steht. Ebenso haltlos ist Herbert Jaumanns Vorwurf der »Hybris der romantischen Programmatik«[140], da mit den Vorlesungen der kritische Ansatz ja glänzend eingelöst wurde. Für Heine waren Friedrich Schlegels Vorlesungen ein

Werk sui generis, das noch 1828 auf »seinen kompetenten Richter« wartete, da »noch keiner imstande« war, »beurteilend sich über den großen Beurteiler zu erheben; und wenn wir auch eingestehen müssen, daß ihm an kritischem Scharfblick sein Bruder August Wilhelm und einige neuere Kritiker, z. B. Willibald Alexis, Zimmermann, Varnhagen v. Ense und Immermann, ziemlich überlegen sind, so haben uns diese bisher doch nur Monographien geliefert, während Friedrich Schlegel großartig das Ganze aller geistigen Bestrebungen erfaßte, die Erscheinungen derselben gleichsam wieder zurückschuf in das ursprüngliche Schöpfungswort, woraus sie hervorgegangen, so daß sein Buch einem schaffenden Geisterliede gleicht.«[141] Mißt man den romantischen Kritikbegriff nicht an dem in der deutschen Aufklärung herausgebildeten, der unzertrennlich mit Lessings Namen verbunden ist, sondern an ihren eigenen Zielsetzungen, geht auch das Urteil »Dem romantischen Kritikbegriff fehlt nicht nur der Bezug auf die konkrete, zeitgenössische Öffentlichkeit, sondern auch jede Neigung zu detaillierter Negation, zur argumentativ entfalteten Verurteilung«[142] am Kern der Sache vorbei. Denn beides wollte man nicht. Der Zweck der kritischen Betrachtung war höher angesetzt und nur erreichbar, wenn der Leser das Werk schon kannte und mit den dazu vorgelegten kritischen Gedanken vergleichen konnte. An Verlautbarungen darüber fehlt es nicht. In Etwas über William Shakespeare bei Gelegenheit Wilhelm Meisters äußert August Wilhelm über die Zielstellung der »ächteren Kritik« 1796 in den Horen: »Der Genuß edler Geisteswerke ist unabhängig von ihr, denn er muß ihr vorangehn; sie kann ihn eigentlich nicht erhöhen, wohl aber ihm Vieles abziehen«[143]. An prominenter Stelle im Athenäum wird 1798 von ihm in der Einleitung zu den Beiträgen zur Kritik der neuesten Litteratur wiederholt: »meine Absicht ist nicht, den Leser mit den erwähnten Schriften erst bekannt zu machen; dieß setze ich schon voraus, und suche nur durch die Mittheilung über sie die Entwicklung entgegengesetzter oder übereinstimmender Gedanken zu veranlaßen«[144]. Und in der Vorrede zu den Kritischen Schriften 1828 unterstreicht August Wilhelm noch einmal diesen auf den Dialog mit einer geistigen Elite der Nation angelegten Kritikcharakter: »Die Bemühung des

---

137 [ANONYMUS, d. i.] GUTZKOW, Theodor Mundt, Willibald Alexis und die Pommersche Dichterschule, oder über einige literar-historische Symptome, in: Phönix. Frühlings-Zeitung für Deutschland 1 (1835), 311 (Nr. 78 v. 1. 4. 1835); vgl. HARTMUT STEINECKE, ›Unsre neueste Erfindung: eine productive Kritik‹. Thesen und Materialien zur Diskussion um Kritik als Literatur bei den Jungdeutschen, in: Barner (s. Anm. 7), 175.
138 F. SCHLEGEL, Kritische Fragmente (1797), in SCHLEGEL (KFSA), Bd. 2 (1967), 162.
139 F. SCHLEGEL, Fragmente (1798), in ebd., 183.
140 Zit. nach GEORG BRAUNGART, Diskussionsbericht: Literaturkritik als Institution, in: Barner (s. Anm. 7), 117.
141 HEINRICH HEINE, [Rez.] ›Die deutsche Literatur‹. Von Wolfgang Menzel (1828), in: Heine, Werke und Briefe, hg. v. H. Kaufmann, Bd. 4 (Berlin 1961), 236.
142 JOCHEN SCHULTE-SASSE, Der Begriff der Literaturkritik in der Romantik, in: Hohendahl (s. Anm. 7), 80.
143 A. W. SCHLEGEL, Etwas über William Shakespeare bei Gelegenheit Wilhelm Meisters (1796), in: A. W. Schlegel, Sämmtl. Werke, hg. v. E. Böcking, Bd. 7 (Leipzig 1846), 26.
144 A. W. SCHLEGEL, Ueber kritische Zeitschriften (1798), in: ebd., Bd. 12 (Leipzig 1847), 10.

Kritikers verliert dadurch nichts an ihrem Werth, daß das Urtheil unverbildeter, unverwöhnter und vorurtheilsfreier Leser des Gedichtes oder Betrachter des Kunstwerkes schon im Voraus mit dem seinigen übereinstimmt. Man suchte nur einen Sprecher der gemeinsamen Empfindungen, weil die Mittheilung und Verständigung darüber den Genuß erhöht.« Die »treffende Charakteristik der großen Meisterwerke«[145], heute häufig als ›klassische Gipfelbeleuchtung‹ mit Geringschätzung betrachtet, gilt unverändert als die schwierigste und lohnendste Aufgabe. Im Ergebnis konnte James Mackintosh an August Wilhelm Schlegel schreiben: »I know no book so generally read and followed or opposed, as your Lectures on Dramatic Poetry. You are become our National Critic.«[146]

2. ›Höhere‹ oder ›ästhetische Kritik‹

Sichtbarster Ausdruck für die neue Qualität, die Kritik mit den Schlegels erreichte, ist der Terminus ›höhere Kritik‹. Zunächst von den Schlegels selbst gebraucht, um ihr Kritikkonzept zu verdeutlichen, wird das Wort dann zum festen Begriff, für den gelegentlich auch ›ästhetische Kritik‹ verwendet wird. Seine Rezeption läßt sich bis nach Frankreich und in die USA verfolgen. Als Herkunftsgebiet des Terminus darf wohl die von Christian Gottlob Heyne und Friedrich August Wolf entwickelte Disziplin der Altertumswissenschaft gelten, die beim Aufbau des Ganzen die Bemühungen der »philologischen Kritik« um die antiken Werke genauer unterschieden: »Geht diese Kunst«, so Wolf 1790, »auf *ganze* Werke oder größere *Theile* derselben, so pflegt man sie heut zu Tage *höhere Kritik* zu nennen: bezieht sie sich auf einzelne Redeglieder u. Worte, die *niedere*, auch die *Verbal-Kritik*.«[147] In die gleiche Richtung weist eine Bemerkung Friedrich Schlegels, dem es 1796–1797 darum ging, in der Kritik ein »Medium der Vereinigung von Poesie und Philosophie«[148] zu erhalten, um die philosophische Vernunft selbst zum Gegenstand kritischer Reflexion machen zu können: »Die aesthetische Kritik und klassische Alterthumskunde dürfte wohl d.[ie] eigentl[iche] Propädeutik d[er] kritischen φ [Philosophie] sein.«[149]

Der früheste Beleg scheint sich 1799 in Notizen zu finden, die sich August Wilhelm Schlegel zur Charakteristik großer Kunstwerke gemacht hat: »Ist eine solche Charakteristik […], wie sie es immer sein sollte, ein Kunstwerk, so ist ihr Dasein zwar nichts weniger als überflüssig, aber sie steht ganz für sich, und ist so unabhängig von der charakterisierten Schrift, wie diese selbst von der in ihr behandelten und gebildeten Materie«. Diese »höhere Kritik« wird »mehr das anerkannt Klassische, sei es noch so alt, zum Anlaß und Gegenstand ihrer Thätigkeit wählen, als jede merkwürdige Neuigkeit«[150]. Heinrich von Kleist setzt 1811 bereits mit dem Titel seiner Reflexion über den Schönheitssinn im *Berliner Abendblatt* die allgemeine Bekanntheit voraus.[151] In diesen Jahren spricht auch der Altertumswissenschaftler August Boeckh, als er in seiner Vorlesung *Encyklopädie und Methodologie der philologischen Wissenschaften* an der Berliner Universität die vier Arten der Interpretation behandelt, über die »generische (oder ästhetische) Interpretation«[152]. In der »Gattungskritik« die den Werken zugrunde liegenden Ideen zu erkennen und so ein Wesensmerkmal des literarischen

---

145 A. W. SCHLEGEL, Vorrede zu den Kritischen Schriften. 1828, in: ebd., Bd. 7 (Leipzig 1846), XXX.
146 Zit. nach A. W. SCHLEGEL an Reimer (Dezember 1838 – Januar 1839), in: ebd., 286.
147 FRIEDRICH AUGUST WOLF, Idee und Anordnung einer Encyclopädie u. Methodologie der ›Alterthums-Wissenschaft‹ (1790), in: R. Markner/G. Veltri (Hg.), Friedrich August Wolf. Studien, Dokumente, Bibliographie (Stuttgart 1999), 65.
148 HEINZ-DIETER WEBER, Friedrich Schlegels ›Transzendentalpoesie‹. Untersuchungen zum Funktionswandel der Literaturkritik im 18. Jahrhundert (München 1973), 19.
149 F. SCHLEGEL, Philosophische Fragmente. Erste Epoche. I. (entst. 1796), in: SCHLEGEL (KFSA), Bd. 18 (1963), 15.
150 A. W. SCHLEGEL, Notizen. 1799, in: A. W. Schlegel (s. Anm. 144), 37.
151 Vgl. HEINRICH VON KLEIST, Ein Satz aus der höheren Kritik (1811), in: Kleist, Werke und Briefe, hg. v. S. Streller u. a., Bd. 3 (Berlin/Weimar 1978), 482 f.
152 HEYMANN STEINTHAL, [Rez.] Aug. Böckh, Encyklopädie und Methodologie der philologischen Wissenschaften (1878), in: Steinthal, Kleine sprachtheoretische Schriften, hg. v. W. Bumann (Hildesheim/New York 1970), 553; vgl. AUGUST BOECKH, Encyklopädie und Methodologie der philologischen Wissenschaften (Leipzig 1877), 140–156.

Phänomens zu enthüllen ist für Boeckh gleichbedeutend mit »ästhetischer Kritik«[153]. Während Hegel gegen die Romantik als »eine sich hochstellende ästhetische Kritik«[154] polemisiert und der Historiker Georg Gottfried Gervinus erklärt: »Mit ästhetischer Kritik hat der Literarhistoriker gar nichts zu tun«[155], ist ›die höhere Kritik‹ 1833 für Heine in Deutschland eine feste Institution. Gleich in der Vorrede zur 1. deutschen Ausgabe der *Romantischen Schule* korrigiert er seine irrtümliche Behauptung in der vorangegangenen französischen Fassung, »die höhere Kritik in Deutschland habe sich nie mit Hoffmann beschäftigt«, obwohl Willibald Alexis »eine Charakteristik Hoffmanns geschrieben«[156] hatte. Im Bereich »Beurteilung der Kunstwerke der Vergangenheit und [...] Rezept zu den Kunstwerken der Zukunft« hat für Heine »die Schlegelsche Schule« ihre unbezweifelbaren »großen Verdienste um die ästhetische Kritik«. (28) Dagegen bleibe ihr ohne den Boden der Philosophie »alles, was Gegenwart« (68) sei, verschlossen.

In der *Lutetia* (1840) hat Heine dann den Begriff ›höhere Kritik‹ auch mit Bezug auf Frankreich verwendet, um die Abwehrhaltung der »sogenannten Bühnendichter« gegen die Invasion des Theaters durch ausgezeichnete Schriftsteller wie George Sand zu verdeutlichen: »Für euch der Ruhm, für uns das Geld! Für euch die langen Artikel der Bewunderung, die Anerkenntnis der Geister, die höhere Kritik, die uns arme Schelme ganz ignoriert! Für euch der Lorbeer, für uns der Braten!«[157] Geistesgeschichtlich bemerkenswerter ist es jedoch, daß Sainte-Beuve, der mit seinen wöchentlichen Feuilletons durch 40 Jahre die zentrale Gestalt der französischen Literaturkritik im 19. Jh. gewesen ist, bei der Konzeption seiner *Portraits littéraires* (1844) keineswegs »unberührt von den ästhetischen und poetischen, den philosophischen und politischen Systemen seiner Zeit«[158] war, sondern sich durchaus von damals in Frankreich verrufenen »littérature [...] de la sainte alliance«[159], wie Pierre Lami sie in seiner Replik auf Stendhals *Racine et Shakespeare* (1823) in einem Vortrag am Athénée in Paris zusammenfaßte, anregen ließ. Als er 1829 die Serie der *Portraits* mit einem Artikel über Corneille eröffnet, um bei den großen Schriftstellern des 17. Jh. den jeweils entscheidenden Punkt zu ermitteln, wo ihr Genie sich zum ersten Male zeigte, da stützt er sich auf die Annahme, der kritische Biograph finde »l'instinct et la loi de ce génie«[160]. Zur Verteidigung dieser Theorie »mi-parti-poétique et mi-parti-critique« führt er an, daß, ohne sie zu beachten, nur wissenschaftliche Bücher entstünden, »mais non des œuvres de haute critique et d'art«[161]. Das ist Wort und Konzept der »reproduzierenden Kritik [...], wo die Schönheiten eines Kunstwerks veranschaulicht werden«[162], allerdings vom weiten europäischen Horizont der Schlegels auf den engeren nationalfranzösischen herabgestimmt. Nicht zufällig wurde in beiden Fällen das Verhältnis zur Gegenwart zur Achillesferse: Heines *Romantischer Schule*, die in August Wilhelm Schlegel ihr großes Opfer hat, korrespondiert Marcel Prousts Streitschrift *Contre Sainte-Beuve* mit der für die Schlegels in dieser Schärfe nicht zutreffenden Kritik, daß Sainte-Beuve »so gut wie alle wesentlichen poetischen und literarischen in die Zukunft weisenden Begabungen seiner Zeit verkannt«[163] habe.

Es steht auf einem anderen Blatt, daß Sainte-Beuve 1836, als er für die Buchausgabe seiner *Critiques et Portraits littéraires* (1832–1839) eine Vorrede zu schreiben hat, die wahre Quelle seiner kritischen Inspiration zu verwischen für gut befindet und jetzt nur eine Übertragung der im Frankreich des 18. Jh. von Fontenelle, d'Alembert und Con-

---

153 BOECKH (s. Anm. 152), 250.
154 GEORG WILHELM FRIEDRICH HEGEL, Vorlesungen über die Philosophie der Geschichte (1837), in: HEGEL (TWA), Bd. 12 (1970), 94.
155 GEORG GOTTFRIED GERVINUS, Prinzipien einer deutschen Literaturgeschichtsschreibung (1833), in: Gervinus, Schriften zur Literatur, hg. v. G. Erler (Berlin 1962), 4.
156 HEINE, Die romantische Schule (1833), in: Heine (s. Anm. 141), Bd. 5 (1961), 10.
157 HEINE, Lutetia. Berichte über Politik, Kunst und Volksleben (1854), in: ebd., Bd. 6 (1962), 273 f.
158 KARLHEINZ STIERLE, L'homme et l'œuvre. Sainte-Beuves Literaturkritik, in: Barner (s. Anm. 7), 192.
159 PIERRE LAMI, Observations sur la tragédie romantique (Paris 1824), 6.
160 CHARLES AUGUSTIN DE SAINTE-BEUVE, Pierre Corneille (1829), in: Sainte-Beuve, Œuvres, hg. v. M. Leroy, Bd. 1 (Paris 1956), 679.
161 Ebd., 680.
162 HEINE (s. Anm. 156), 28.
163 STIERLE (s. Anm. 158), 185.

dorcet erfolgreich gepflegten Gattung des akademischen »Éloge«[164] bezweckt haben will.

Aufschlußreich für die inzwischen herrschende Rangordnung auf dem Gebiet der Kritik zwischen Frankreich und Deutschland ist Sainte-Beuves ratlose Stellungnahme zu Heines für ein französisches Publikum geschriebener Erstfassung der *Romantischen Schule*, die als *Etat actuel de la littérature en Allemagne* 1833 in der Zeitschrift *L'Europe littéraire* in Form von Fortsetzungsabdrucken erschienen war. Heines Schrift wird heute als »Wendepunkt in der Geschichte der Kritik« gefeiert, weil hier »Literaturkritik […] sich als Beispiel der neuen Prosa« präsentiert, in der die »Grenzen zwischen Literaturkritik, Literaturgeschichtsschreibung und Belletristik […] in einer gattungsübergreifenden Ausdrucksform«[165] aufgehoben sind. Dagegen war für Sainte-Beuve nicht nur der ›Ton‹ der ausgezeichneten Artikel schockierend. Er fühlte sich sprachlich wie geistig einfach überfordert: »Notre juste et droit sens a, en outre, quelque peine à suivre dans sa logique brizée, saccadée, qu'interceptent à chaque pas les fusées de la métaphore. Pour tout dire, M. Heine sera davantage encore à notre niveau de Français quand il aura un peu moins d'esprit.«[166]

V. Ausdifferenzierung nach Kunstarten und philosophische Abwertung

Heinrich Heine ist wohl der erste Autor gewesen, der als Kritiker sowohl über Literatur als auch über Kunst und über Musik geschrieben hat und dessen Name in den entsprechenden Geschichten der Kritik bis heute seinen Platz behauptet. Mit ›der neuen Prosa‹ ließ sich offenbar lockerer und leichter berichten, und Karl Kraus hat am Anfang des 20. Jh. mit Ingrimm die seither dominant gewordene »Durchsetzung des Journalismus mit Geistelementen«[167] als einen Irrweg gegeißelt und die von Heine eingeführte »Verquickung des Geistigen mit dem Informatorischen« (295) als fatalen Ursprung der »Impressionsjournalistik« verdammt: »Ohne Heine kein Feuilleton. Das ist die Franzosenkrankheit, die er uns eingeschleppt hat.« (291) »Ein Feuilleton schreiben heißt auf einer Glatze Locken drehen, aber diese Locken gefallen dem Publikum besser als eine Löwenmähne der Gedanken.« (293) In der Tat ist der Begriff ›feuilleton‹ ein echtes Kind der französischen Revolutionsperiode. Durch die eingeführte Pressefreiheit und unter dem Druck der plötzlichen Nachrichtenfülle sahen sich die Pariser Zeitungen aus Platz- wie aus Konkurrenzgründen immer wieder dazu genötigt, dem Zeitungskörper mit den wichtigsten Nachrichten und den meinungsbildenden Artikeln noch selbständige und spezifische ›Supplemente‹ verschiedenen Inhalts beizufügen. Aus dem im 18. Jh. nur in der Druckerpresse gebräuchlichen Wort wurde so in wenigen Jahren eine qualitative Bezeichnung für eine gewöhnlich im kleineren Format den Zeitungen hinzugefügte Rubrik mit besonderen Nachrichten, die auch allein bezogen werden konnten. Am Ende der letzten Dekade des 18. Jh. wird dann das unabhängige ›Supplement‹ dem Körper der Zeitung integriert als Artikel ›sous le filet‹, was durch Vergrößerung des Formats und durch technische Verbesserung möglich geworden war. Als Phänomen und als Bezeichnung war das ›Feuilleton des spectacles, modes, anonces et avis divers‹, wie die seit 1796 erscheinende vierseitige Beilage von *La Quotidienne* firmierte, längst eingeführt, als am 28. Januar 1800 das *Journal des Débats* an dieser Stelle Julien Louis Geoffroys Theaterkritiken abzudrucken begann.[168] Im Folgenden wird der Frage nachzugehen, wann sich Kunst- und Musikkritik als eigenständige Gattung herausbildeten und welche Konsequenzen für den Begriff der Kritik das jeweils mit sich brachte.

---

164 SAINTE-BEUVE, Préface [zu Bd. 2 von ›Critiques et Portraits littéraires‹] (1836), in: Sainte-Beuve (s. Anm. 160), 651.
165 STEINECKE (s. Anm. 137), 180.
166 SAINTE-BEUVE, Henri Heine: De la France (1833), in: Sainte-Beuve (s. Anm. 160), 552.
167 KARL KRAUS, Heine und die Folgen (1911), in: Kraus, Ausgewählte Werke, hg. v. D. Siemon u. a., Bd. 1 (Berlin 1971), 293.
168 Vgl. INGEMAR OSCARSSON, Le feuilleton dans la presse française dans les années 1790 au début du 19ᵉ siècle. Du supplément indépendant au rez-dechaussée sous le filet, in: Dix-Huitième Siècle 25 (1993), 433–456.

1. Zum Begriff Kunstkritik

»Merkwürdig genug ist es ja, daß die Kunstkritik, nachdem die Welt jahrtausendelang ohne sie sehr gut ausgekommen ist, gegen Mitte des 18. Jh. mit einem Male auf der Bildfläche erscheint.«[169] Albert Dresdner hat erläuternd den Satz hinzugefügt, in Wahrheit beginne Kritik mit den ersten Bestrebungen der Künstler, sich und die Kunst von der Handwerksverfassung zu emanzipieren. Doch auch wenn seine Unterscheidung zwischen »dem diffusen Kunsturteil und der literarisch organisierten Kunstkritik« (7) gültig bleibt und seine Definition der Kunstkritik als »diejenige selbständige literarische Gattung, welche die Unterscheidung, Wertung und Beeinflussung der zeitgenössischen Kunst zum Gegenstand hat« (9), plausibel klingt, waren die konkreten Schwierigkeiten beim Übergang vom einen in den anderen Zustand enorm.

Die von der französischen Monarchie im 17. Jh. geschaffene Institution, im ›Salon carré‹ des Louvre alle zwei Jahre Arbeiten der in der Akademie der Künste versammelten Maler und Bildhauer für einige Wochen öffentlich und umsonst zugänglich zu machen, war zunächst nur von gedruckten offiziellen ›Katalogen‹, d. h. numerierten Beschreibungen zur Übersicht, begleitet worden. Daß es die besten Künstler waren, die die Protektion des Königs genossen, und die ›Salons‹ aller Welt die Munifizenz der französischen Monarchie vor Augen führen sollte, war als Voraussetzung und Ziel selbstverständlich. Dem Publikum blieb so zunächst nur die Rolle vorbehalten, sich in Bewunderung all der Herrlichkeiten zu ergehen. Eine anonyme *Description raisonnée des tableaux exposés au Louvre* von 1737 zeigt, wie eng die Grenzen für private Meinungsäußerungen gezogen waren: Nur »sur les beautés et les perfections de chacun des morceaux« gestattet sich der Verfasser »la liberté«[170], seine Meinung zu sagen. Als 1747 La Font de Saint-Yenne es wagte, seine *Réflexions sur quelques causes de l'état présent de la Peinture en France* zu veröffentlichen, brach ein Sturm der Empörung unter den Künstlern los. Nicht nur das gesamte System der herrschenden Macht und der Geschmack einer einflußreichen Adelsfraktion schien in Frage gestellt, sobald die mythologischen Frivolitäten ins Visier genommen wurden; die Künstler sahen vor allem ihre Privilegien und das Monopol auf offizielle Aufträge bedroht, wenn öffentliche Kritik an ihren Arbeiten geduldet werden sollte. Sie reagierten mit einem ›Streik‹ für den Salon 1749, gingen zu Gegenangriffen über und denunzierten die Inkompetenz der Amateure. La Font de Saint-Yenne resignierte 1754; der 1759 vorgelegte Plan für ein *Journal de critique d'art* wurde auf Betreiben der Akademiemitglieder von der Regierung abgelehnt.

Die zentrale Frage, um die sich die von zahlreichen Broschüren getragene Debatte der folgenden Jahrzehnte drehte, war die, wem ›das Recht zu sprechen‹ zustand. Ohne dieses Recht seien die Ausstellungen »un vain spectacle«[171], verteidigte La Font de Saint-Yenne in einer weiteren Schrift seine Grundposition. Diese hatte er gleich im Eingang seiner *Réflexions* unmißverständlich dargelegt: »Un Tableau exposé est un Livre mis au jour de l'impression. C'est une pièce représentée sur le théâtre: chacun a le droit d'en porter son jugement.«[172] Der Vergleich mit dem Druck eines Manuskriptes bzw. mit der Aufführung eines Stückes verwies auf jene Kunstarten, bei denen die Unangreifbarkeit der Künstler durch Kritik bereits weiter zurückgedrängt war. Dazu griff der Satz mit erheblichem strategischem Geschick auf den ersten Satz zurück, mit dem die Französische Akademie 1637 ihr offiziöses Votum zu der ›Querelle du Cid‹ eröffnet hatte: »Ceux qui par quelque desir de gloire donnent leurs Ouvrages au Public ne doivent pas trouver estrange que le Public s'en fasse le juge.«[173]

---

169 ALBERT DRESDNER, Die Entstehung der Kunstkritik im Zusammenhang der Geschichte des europäischen Kunstlebens (1915; München 1968), 13.
170 Zit. nach ANNIE BECQ, Expositions, peintres et critiques: Vers l'image moderne de l'artiste, in: Dix-Huitième Siècle 14 (1982), 149.
171 [ANONYMUS, d. i.] LA FONT DE SAINT-YENNE, Lettre de l'Auteur des ›Réflexions‹ sur la Peinture, & de l'examen des Ouvrages exposés au Louvre en 1746, in: [Anonymus, d. i.] La Font de Saint-Yenne, Réflexions sur quelques causes de l'état présent de la Peinture en France. Avec un Examen des principaux Ouvrages exposés au Louvre le mois d'Août 1746 (Den Haag 1747), 6 [eigenständig pag.].
172 LA FONT DE SAINT-YENNE, Réflexions (s. Anm. 171), 2; vgl. DRESDNER (s. Anm. 169), 129.
173 Les Sentiments de l'Académie françoise (s. Anm. 112), 355.

Die Beschwerden der Künstler, von Charles Coypel, dem ersten Maler des Königs, formuliert, betonten dagegen den Bruch elementarer Anstandsregeln: Kritische Gedanken, in einem persönlichen Gespräch mit dem Künstler durchaus vorstellbar, würden durch die gedruckte Form zum Skandal. Nur »parfaits connaisseurs«, eine winzig kleine Gruppe, besäßen die Legitimation, ihre Gedanken auch öffentlich mitzuteilen. Mit welchem Recht aber könne irgendein Privatmann, und dazu anonym, sich als Sprecher des Publikums ausgeben, das doch »change vingt fois le jour«[174]? Die unterschiedlichen Ansichten, die von der Masse der Besucher geäußert würden, seien das letzte, was Beachtung verdiene. Die Mehrzahl der von den Künstlern angesprochenen Aspekte waren schon in der Debatte zur Literaturkritik angesprochen worden. In zwei Punkten aber gab es Differenzen, die von den Künstlern gebührend herausgestellt wurden. Für den Schriftsteller wie für den Künstler war sein Ansehen, seine Reputation eine Art von Eigentum. Im Unterschied zu einem Buch, argumentierten Coypel wie Charles-Nicolas Cochin, das in vervielfältigter Form von Land zu Land zirkuliere und so eine abträgliche Kritik durch seine Gegenwart widerlegen könne, wäre der Schaden durch Kritik für Maler oder Bildhauer unvergleichbar gravierender. Noch 1817 betont der anonyme Autor eines Essais über den Salon: »l'auteur d'un morceau de peinture ou de sculpture n'est pas relativement à la critique dans une position aussi favorable que l'auteur d'un livre«[175]. Im Salon vertreten zu sein hieß für die Künstler eben auch, weitere Aufträge von privater Seite und damit eine Steigerung der Verkaufspreise erlangen zu können. Daß es die Künstler sehr oft selbst waren, die sich gleichzeitig als Sammler und als Händler betätigten, erklärt die Erbitterung ihres Widerstands.

Die massive Abwehr der Kritik durch die Künstler erklärt sich somit nicht nur durch die Besonderheit ihres Gegenstandes, sondern ebenso aus einer nicht durch eine Kette von Vermittlern (wie Druckern, Verlegern und Buchhändlern) verdeckte Integration in die Gesetze des Kunstmarktes. Das Wissen darum, daß Kritik die Nachfrage erheblich beeinträchtigen und den Kaufpreis eines Werkes drücken konnte, scheint bei den Künstlern früher ausgeprägt als bei den Schriftstellern.

›Critique d'art‹ (Kunstkritik) wird in Frankreich bis heute als Beurteilung einer öffentlichen und zeitlich begrenzten Ausstellung zeitgenössischer Werke verstanden.[176] Die Aufgabe, über einen ›Salon‹ zu berichten, ist von den größten Schriftstellern des Landes immer wieder als Herausforderung empfunden worden. Von Diderot bis Apollinaire haben u. a. Stendhal, Baudelaire, Gautier, die Goncourts, Zola und Huysmans einschlägige Artikel geschrieben. Wird Kritik als »öffentliche Kommunikation« über Kunst verstanden, »die die Darstellung und Bewertung« dieser Kunst »zu ihrer Sache macht«[177], wird man freilich hinter die Mehrzahl der ›Salons‹ des 18. Jh. ein Fragezeichen setzen müssen. Nur einem guten Dutzend europäischer Höfe sind die ›Salons‹ damals zugänglich gewesen.

Auch Diderots berühmte *Salons*, zwischen 1759 und 1781 entstanden, mögen für die internationale Reputation der Schöpfer der ausgestellten Kunstwerke nützlich gewesen sein. Öffentliche Kunstkritik waren sie nicht, vielmehr in Briefe an seinen Freund Grimm eingeschlossen. Und Diderot redete in ihnen so ungeniert von sich selbst, daß er sich mehrfach für »toutes les impertinences«[178] bei Madame Necker entschuldigte, als ihr 1770 Kopien in die Hände gekommen waren: »C'est comme si j'avois osé me présenter chez vous ou à l'église en robe de chambre et en bonnet de nuit. Mais c'est moi, trait par trait; je n'ai fait que me copier, sans la moindre rature. Il n'y a aucun de mes ouvrages qui me ressemble davantage.«[179]

---

174 CHARLES COYPEL, Dialogues sur l'exposition des Tableaux dans le Sallon du Louvre, en 1747, in: Mercure de France (Novembre 1751), 63; vgl. BECQ (s. Anm. 170), 136.
175 Zit. nach ebd., 145.
176 Vgl. PHILIPPE JUNOD, ›Critique d'art‹, in: M. Delon (Hg.), Dictionnaire européen des Lumières (Paris 1997), 290–295.
177 HOHENDAHL, Einleitung, in: Hohendahl (s. Anm. 7), 2.
178 DIDEROT an Mme Necker (Herbst 1770), in: Diderot, Correspondance, hg. v. G. Roth, Bd. 10 (Paris 1963), 147.
179 DIDEROT an Mme Necker (6. 9. 1774), in: ebd., Bd. 14 (Paris 1968), 77; vgl. GENEVIÈVE CAMMAGRE, Diderot, de la ›Correspondance‹ aux ›Salons‹. Énonciation épistolaire et critique d'art, in: Dix-Huitième Siècle 32 (2000), 484.

Um die ausgestellten Kunstwerke fern von Paris lebenden Menschen möglichst lebendig vor Augen zu stellen, um Visuelles in einen erzählenden Bericht zu überführen, hat Diderot alle Register gezogen. Die Besinnung auf sein subjektivistisches Verfahren, für das der Gebrauch des ›Ich‹ ganz unverzichtbar war, könnte dazu veranlassen, die zum Topos gewordene Kritik am Feuilletonismus mit etwas mehr Zurückhaltung zu üben. Der Ruhm von La Font de Saint-Yenne, als erster in Frankreich »l'usage odieux des critiques imprimées contre les artistes«[180] (wie die Künstler sich ausdrückten) eingeführt zu haben, wird von diesem Vorbehalt nicht geschmälert.

2. Zum Begriff Musikkritik

»Ich kenne nichts Unerquicklicheres«, so Heine 1837, »als eine Kritik von Monsieur Fétis oder von seinem Sohne, Monsieur Foetus, wo a priori, aus letzten Gründen, einem musikalischen Werke sein Wert ab- oder zuräsonniert wird. Dergleichen Kritiken, abgefaßt in einem gewissen Argot und gespickt mit technischen Ausdrücken, die nicht der allgemein gebildeten Welt, sondern nur den exekutierenden Künstlern bekannt sind, geben jenem leeren Gewäsche ein gewisses Ansehen bei der großen Menge.«[181] Dieser Verriß von François-Joseph Fétis, der 1827 die Revue musicale begründet hatte und als erster in Paris Konzerte alter Musik organisierte sowie öffentliche Vorlesungen zur Musikgeschichte hielt, berührt die grundsätzlichen Schwierigkeiten, mit denen Kritik musikalischer Werke zu kämpfen hat. Denn Kompositionen, zu denen man einen primär emotional bestimmten Zugang hat, nehmen sich analytisch betrachtet befremdlich anders aus, und die Rede von Taktzahlen, Harmoniefolgen usw. ist keine besonders anrührende. So überrascht es nicht, »daß in jeder Musikliteratur, die sich auf einen größeren Leserkreis orientiert, präzise Aussagen zur Musik selten beggenen und die Lücke oft mit poetisierenden Paraphrasen gefüllt wird, welche nicht an Einzelheiten des musikalischen Textes überprüft werden können.«[182]

Im Vergleich zu Fétis war Heine ein musikalischer Laie. Doch seine Briefe über die französische Bühne stehen für die historische Schwelle, nach der die Kritiker zu Vermittlern für das große Publikum wurden. Bis heute ist es kennzeichnend für die Geschichte der Musikkritik, daß »die Frage, in welchem Verhältnis Kritiker und Publikum bzw. Kritiker und Komponist stehen«[183], überhaupt als Problemstellung thematisiert wird, während es für das literarische Leben wie für das Kunstleben (im Sinne bildender Kunst) als klar und ausgemacht gilt, daß »die Kritik [...] als Organ des Publikums«[184] entstand und zu wirken hat. Auch bei Max Graf, dem ersten Geschichtsschreiber der Musikkritik, der viele Jahre in Wien als Kritiker gearbeitet hatte, findet sich der Standpunkt: »The structure of an artistic society in which the critic is not the interpreter of the artist to the public, but the spokesman of the public against the artist, is faulty.«[185] Graf datiert den Zeitpunkt, zu dem die fatale Positionsveränderung der Musikkritik eintrat, auf die Mitte des 19. Jh.: »Since then, every great or important composer has been opposed by a large proportion of the critics. No doubt, had music critics, from the time of Wagner on, been able to hold back musical evolution by means of their articles, the majority would have done so without hesitating. There would have been no Wagner, no Liszt, no Bruckner, no Wolf, no Richard Strauss, no Mahler, no Debussy, no Stravinsky, and no Schœnberg, if conservative critics had their way.«[186] Die Frage, wie es zu dieser auffälligen Sonderentwicklung der Musikkritik kommen konnte und welche Faktoren dabei eine Rolle spielten, führt zurück ins 18. Jh.

---

180 Les Misotechnites aux Enfers ou Examen des Observations sur les arts par une société d'amateurs (Amsterdam 1753), 3, zit. nach BECQ (s. Anm. 170), 149.
181 HEINE, Über die französische Bühne. Vertraute Briefe an August Lewald (1837), in: Heine (s. Anm. 157), 60.
182 PETER GÜLKE, Vorwort, in: H. Besseler, Aufsätze zur Musikästhetik und Musikgeschichte, hg. v. Gülke (Leipzig 1978), 6.
183 MICHAEL WALTER, Musikkritik und Kanonisierung. Über Ernst Theodor Amadeus Hoffmanns Rezension der Fünften Symphonie Beethovens, in: Musiktheorie 12 (1997), H. 3, 263.
184 DRESDNER (s. Anm. 169), 12.
185 MAX GRAF, Composer and Critic: Two Hundred Years of Musical Criticism (New York 1946), 28.
186 Ebd., 27.

Öffentliche Konzerte haben sich schon am Ausgang des 17. Jh. in England entwickelt, seit 1725 gibt es die ›Concerts spirituels‹ in Paris, seit 1743 das ›Große Konzert‹ in Leipzig. Den Begriff ›critique musicale‹ kennen weder die Pariser *Encyclopédie* (1751–1780) noch Rousseaus *Dictionnaire de musique* (1768) oder die seit 1780 erscheinende *Encyclopédie méthodique*. In dieser Zeit emanzipiert sich die Musikkritik noch nicht von der Literaturkritik. Wenn es seit dem 2. Jahrzehnt des 18. Jh. in Deutschland Zeitschriften gibt, die das Wort ›Kritik‹ im Titel führen, handelt es sich um Fachorgane von Theoretikern oder Komponisten für Angehörige ihrer Zunft. So heißt es im ›Vortrab‹ der *Critica musica* (1722–1725) Joannes Matthesons, des ältesten Musikperiodikums überhaupt: »Die Haupt-Absicht wird aber diese seyn und bleiben/ allerhand musicalische Schrifften und Sachen/ so wohl alte als neue/ gedruckte und ungedruckte/ einheimische und ausländische/ Teutsche/ Französische/ Italiänische/ Lateinische/ Engelländische &c. auf solche Art und Weise/ wie es die Acta eruditorum etwa machen/ ja wohl noch ein wenig genauer/ vor die Hand zu nehmen/ und von einer jeden solchen (theils gar raren) Schrifft/ nicht nur so viel Nachricht/ und eine solche Recension zu geben/ daß ein jeder/ ohne das Buch zu kauffen/ wissen möge/ was der Kern desselben sey; sondern auch die darinn enthaltenene gute Sachen anzupreisen/ die bösen Irrthümer aber auszumustern/ und gesundere Lehren/ an deren statt/ vorzutragen.«[187] Neben der kritischen Edition einer Bachkantate und der *Johannespassion* von Händel gibt es zwar auch Besprechungen von Konzerten sowie Anekdoten, wie man Nachrichten aus dem Privatleben allgemein damals nannte. Aber weder hier noch beim *Critischen Musicus an der Spree* (Berlin 1749–1750) von Friedrich Wilhelm Marpurg, der 1757 die erste deutsche Übersetzung von Jean-Philippe Rameaus *Elémens de Musique* (1752) bekannt macht, kann von Musikkritik im Sinne einer Berichterstattung für das große Publikum gesprochen werden. Der Schwerpunkt liegt noch ganz bei den Interessen der Gelehrsamkeit bzw. Wissenschaft. Mit der Herausbildung des Konzertwesens hat in Europa nun eine Entwicklung eingesetzt, die den Musiker vom Zuhörer trennte. Bis dahin war »das aktiv-tätige *Umgehen mit Musik* in einer Gemeinschaft« das normale Verhältnis gewesen: Im Christentum bei Gebet und Kultfeier, überall bei gemeinsamer Arbeit, Geselligkeit und Tanz, im Zusammenhang des Minnesangs wie des Collegium musicum war es selbstverständliche Voraussetzung gewesen, daß »jeder die Elemente mitvollzog, also die Sprache der Musik in naiver Verbundenheit verstand«[188].

Erst das Konzertwesen führte dazu, daß seit der Mitte des 18. Jh. das Zuhören in Europa die dominante Zugangsweise zur Musik wurde. Der Umstellung von ›Umgangsmusik‹ zu ›Darbietungsmusik‹ korrespondierte dabei eine gesteigerte Aktivität beim Hören: Der Hörer von Orchestermusik hatte jetzt das Thema des Anfangs nicht nur bei der Wiederkehr, sondern auch in seiner Versetzung zu erkennen. In wenigen Jahrzehnten entwickelten sich musikalische Großformen, durchgestaltet von Satz, Thema und Achttaktperiode, die durch synthetisches Hören als ein strukturiertes ›Ganzes‹ auch erfaßt werden wollten. Eingeleitet war damit ein Wandel des Musikbegriffs: Harmonie, Rhythmus und Logos (d. h. Sprache) galten nicht mehr, wie bisher seit der Antike, als eine zusammengehörige Einheit, sondern die textlose Instrumentalmusik wurde zum Hauptobjekt musikalischer Reflexion. Erst jetzt kam die Stunde der Musikkritik. Dafür, daß die realen Kritiken der Kompositionen der Wiener Klassiker, vor allem Beethovens, dann in der Mehrzahl wenig begeistert ausfielen, lassen sich Gründe nennen. Es waren vor allem Musik*liebhaber* aus Österreich, die ihre Eindrücke anonym in Rochlitzens Leipziger *Allgemeiner musikalischer Zeitung* oder in anderen Zeitschriften Norddeutschlands bekanntmachen. Mit Betroffenheit mußten sie feststellen, wie rasch sie sich durch die wachsenden Ansprüche der neuen Kompositionen ihres Status als Kenner und praktizierende Musikliebhaber verlustig gingen. So schrieb ein hoher Wiener Beamter über die *Eroica* (1804/05): »Diese lange, für die Aufführung äusserst schwierige Komposition ist eigentlich eine sehr weit ausge-

---

187 JOHANN MATTHESON, Critica musica, Erstes Stück (Hamburg, Mai 1722), 4; vgl. BRENNO BOCCARDO, ›Critique musicale‹, in: Delon (s. Anm. 176), 299.
188 HEINRICH BESSELER, Das musikalische Hören der Neuzeit (1959), in: Besseler (s. Anm. 182), 110, 111.

führte, kühne und wilde Phantasie. [...] Ref. gehört gewiss zu Hrn. v. Beethovens aufrichtigsten Verehrern; aber bey dieser Arbeit muss er doch gestehen, des Grellen und Bizarren allzuviel zu finden, wodurch die Uebersicht äusserst erschwert wird und die Einheit beynahe ganz verloren geht.«[189] Die Sorge, daß die Musik bald so kompliziert würde, daß nur noch ›Experten‹ daran Gefallen finden könnten, ist, im Zusammenhang mit Heinrich Besselers These von der Entwicklung des synthetischen Hörens gesehen, keineswegs unverständlich.

Der dann von den Romantikern eingeführte Beethovenkult, dem E. T. A. Hoffmann wie Weber, Liszt, Schumann, Berlioz und Wagner huldigten, hat zweifellos einen ganz anderen Typus von Musikkritik hervorgebracht. Fast allen Beiträgen dieser Komponisten ist anzumerken, daß sie bei den größten Dichtern gelernt hatten und auch authentische Literatur schreiben konnten. Robert Schumann hat auf den Vorwurf, daß die *Neue Zeitschrift für Musik* die poetische Seite der Musik zum Schaden der wissenschaftlichen (gemeint sind Fragen der Harmonie) bearbeite und ausbaue, die Orientierung der von ihm 1834 begründeten Zeitschrift mit einer Klarstellung ihres poetischen Kritikbegriffs verteidigt: »Dieser Tadel enthält ebendas, wodurch wir unser Blatt von andern unterschieden wissen möchten. Wir wollen weiter nicht untersuchen, inwiefern durch die eine oder die andre Art die Kunst schneller gefördert werde, aber allerdings gestehen, daß wir die für die höchste Kritik halten, die durch sich selbst einen Eindruck hinterläßt, dem gleich, den das anregende Original hervorbringt.« Es ging um »poetische Gegenstücke«, wie Schumann unter Hinweis auf Jean Paul in einer Anmerkung erläuterte, verlangt war der »höhere Gegendichter«, wenn ein der Komposition möglichst adäquater »Eindruck«[190] vermittelt werden sollte.

Es ist diesem beeindruckenden Enthusiasmus schon ablesbar, daß die Musik zur beherrschenden Kunst der Zeit aufgestiegen ist, für die wie für eine wirkliche Religion im neuen Pariser Opernhaus nun eine »cathédrale du matérialisme«[191] errichtet wird. Nur wenn dieser missionarische Einsatz der romantischen Komponistenkritiker für die großen Komponisten der klassischen Kunstperiode zur Norm erhoben und das 18. Jh. idealisiert wird, läßt sich von einem Positionswechsel der Kritiker sprechen. Betrachtet man dagegen die Entwicklung des Musikfeuilletons in den großen politischen Blättern als das strukturell entscheidende Moment und als Zeichen dafür, daß die Musik zum Teil des öffentlichen Lebens geworden ist, nimmt sich die vieldiskutierte Positionsveränderung der Kritiker weniger dramatisch aus. Auf die ersten bedeutenden Musikkritiker im Hauptberuf, die beiden Rellstabs in Berlin, wo der Vater Ludwig zwischen 1788 und 1813 für die *Vossische Zeitung* schrieb, folgte dann Eduard Hanslick in Wien, für die 2. Hälfte des 19. Jh. der einflußreichste Kritiker Europas, »il Bismarck della critica musicale«[192], wie ihn Verdi 1893 bei der Uraufführung des *Falstaff* vorgestellt haben soll. Auf der Frontseite der *Neuen Freien Presse* erschien zwischen 1860 und 1900 sein Feuilleton, gezeichnet ›Ed. H.‹, unter dem politischen Editorial. Im 2. Band seiner Autobiographie hat Hanslick die Überzeugungen und Erfahrungen seiner langjährigen Tätigkeit festgehalten. Mit dem »Grundsatz [...], nur zu dem Publikum zu sprechen, nicht zum Künstler« (399), mit dem Bewußtsein, »daß gerade der Kritiker, welcher das altbewährte Opern- und Konzertrepertoire seit Dezennien auswendig weiß, nach neuen Erscheinungen mit viel größerem Eifer verlangt, als das klassische Stammpublikum es tut« (404), und mit der Verpflichtung der Kritik, die Produktion der eigenen Zeit »nicht zu entmutigen [...] und [...] gegen ein entschwundenes ›goldenes Zeitalter‹ nicht verächtlich herabzusetzen« (407 f.), sind die Konturen der modernen Musikkritik fixiert. Es beleuchtet Hanslicks Bedeutung nur auf andere

---

189 [ANONYMUS, d.i. JOHANN NEPOMUK MÖSER], Wien d. 28ten Jan., in: Allgemeine musikalische Zeitung, Nr. 20 (13. 2. 1805); 321; vgl. GRAF (s. Anm. 185), 149.
190 ROBERT SCHUMANN, Ferdinand Hiller (1835), in: Schumann, Ges. Schriften über Musik und Musiker. Eine Auswahl, hg. v. H. Schulze (Leipzig 1974), 40.
191 VICTOR DE LAPRADE, Contre la musique (Paris 1881), 114; vgl. EDUARD HANSLICK, Musikfeinde (1899), in: Hanslick, Musikkritiken, hg. v. L. Fahlbusch (Leipzig 1972), 338.
192 Zit. nach HANSLICK, Aus meinem Leben (1894; Kassel/Basel 1987), 393.

Weise, daß Wagner ihn in den *Meistersingern* (1868) in der Gestalt des Beckmessers verewigen sollte.

3. Nietzsches Kulturkritik

Nietzsches Denken hat in der Geschichte des Kritikbegriffs seinen Platz, weil mit ihm eine radikal veränderte Lage entsteht. Er eröffnete mit der Wendung zur Lebensphilosophie »eine *neue, alles durchdringende Metaphysik*, deren Geschichte immer noch andauert«[193]. Gleich mit dem Erstling *Die Geburt der Tragödie* (1872) stellte er sich die Aufgabe, »die Wissenschaft unter der Optik des Künstlers zu sehen, die Kunst aber unter der des Lebens«[194]. Ein solches Programm mußte alles negieren, worauf die Zeit nicht völlig ohne Grund stolz war, angefangen bei dem, was sich nach dem Sieg von 1870/71 stolzgeschwellt »deutsche Kultur der Jetztzeit«[195] nannte, über das seit der Aufklärung mit dem Begriff der ›Bildung‹ verknüpfte Bewußtsein, mit dem man sich auf der Höhe der Zeit glaubte, bis zu dem Europa beherrschenden Fortschrittsbewußtsein, wie es »aus dem unermüdlich tönenden Organ der Presse« zu vernehmen war: »Wir sind die Kultur! Wir sind die Bildung! Wir sind auf der Höhe! Wir sind die Spitze der Pyramide! Wir sind das Ziel der Weltgeschichte!«« (224).

Nietzsches Haß auf »jene klebrige verbindende Schicht, die sich jetzt zwischen die Wissenschaften gelegt hat, die Journalistik«, hat sicher eine stattliche Reihe geistiger Ahnen unter großen Schriftstellern und Philosophen. Auch für Nietzsches kritische Pressediagnose, »Erweiterung und Verminderung der Bildung reichen sich hier die Hand«, lassen sich frühere Parallelen finden. Was ihn auszeichnet, ist der Machtspruch, mit dem er den Journalisten zum Gegenpart des ›großen Genius‹ erklärt: »Im Journal kulminiert die eigentümliche Bildungsabsicht der Gegenwart: wie ebenso der Journalist, der Diener des Augenblicks, an die Stelle des großen Genius, des Führers für alle Zeiten, des Erlösers vom Augenblick, getreten ist.« (194)

Für Shaftesbury war es um 1700 das ureigenste Interesse der Künstler gewesen, ihre Werke einem erfahrenen Publikum vorstellen zu können, das mit Sachverstand beurteilen und bewundern konnte: »Let his [des Musikers – d. Verf.] hearers be of what character they please: Be they naturally austere, morose, or rigid; no matter, so they are critics; able to censure, remark, and sound every accord and symphony. What is there mortifies the good painter more than when amidst his admiring spectators there is not one present who has been used to compare the hands of different masters, or has an eye to distinguish the advantages or defects of every style?«[196] Für Nietzsche ist 150 Jahre später aus dem zur Erwerbung des Geschmacks unverzichtbaren ›critic‹ ein Unwort geworden, das er förmlich zu entzaubern sucht: »Es mag das Erstaunlichste geschehen, immer ist die Schar der historisch Neutralen auf dem Platze, bereit, den Autor schon aus weiter Ferne zu überschauen. Augenblicklich erschallt das Echo: aber immer als ›Kritik‹, während kurz vorher der Kritiker von der Möglichkeit des Geschehenden sich nichts träumen ließ. Nirgends kommt es zu einer Wirkung, sondern immer nur wieder zu einer ›Kritik‹; und die Kritik selbst macht wieder keine Wirkung, sondern erfährt nur wieder Kritik. Dabei ist man übereingekommen, viele Kritiken als Wirkung, weniger oder keine als Mißerfolg zu betrachten. [...] Die historische Bildung unsrer Kritiker erlaubt gar nicht mehr, daß es zu einer Wirkung im eigentlichen Verstande, nämlich zu einer Wirkung auf Leben und Handeln komme«[197].

Unter solchen Prämissen kann der Begriff der Kritik bei Nietzsche nur im Zeichen der Depotenzierung in den Blick kommen. Aus der »Optik des Künstlers«[198] gesehen, zeigt sich folgendes Bild:

---

193 HERBERT SCHNÄDELBACH, Philosophie in Deutschland 1831–1933 (Frankfurt a. M. 1983), 176.
194 FRIEDRICH NIETZSCHE, Die Geburt der Tragödie (1872), in: NIETZSCHE (SCHLECHTA), Bd. 1 (1994), 11.
195 NIETZSCHE, Über die Zukunft unserer Bildungs-Anstalten (entst. 1872), in: NIETZSCHE (SCHLECHTA), Bd. 3 (1994), 211.
196 SHAFTESBURY, Soliloquy or Advice to an Author (1710), in: Shaftesbury, Characteristics of Men, Manners, Opinions, Times, hg. v. J. M. Robertson, Bd. 1 (London 1900), 152 f.
197 NIETZSCHE, Vom Nutzen und Nachteil der Historie für das Leben (1874), in: NIETZSCHE (SCHLECHTA), Bd. 1 (1994), 242.
198 NIETZSCHE (s. Anm. 194), 11.

»Während der Kritiker in Theater und Konzert, der Journalist in der Schule, die Presse in der Gesellschaft zur Herrschaft gekommen war, entartete die Kunst zu einem Unterhaltungsobjekt der niedrigsten Art, und die ästhetische Kritik wurde als das Bindemittel einer eitlen, zerstreuten, selbstsüchtigen und überdies ärmlich-unoriginalen Geselligkeit benutzt«. Bei Nietzsche ist ›kritisch‹ mit ›barbarisch‹ gleichbedeutend; die Erziehung »kritischer Barbaren«[199] sieht er bereits in der Schule beginnen. Im Blick hat er dabei nicht die reale Lektüre von Journalen. Selbst August Hermann Franckes pietistisches Pädagogium in Halle hatte um 1700 keinen Anstoß daran genommen, in der obersten Klasse »in einer Stunde die Leipziger ›lateinischen Zeitungen‹«[200] zu lesen und so das Vorbild der Ritterakademien zu kopieren, wo man französische Gazetten las. Nietzsche geht es um den Deutschunterricht an den Gymnasien, wo die Erziehung zur »Freiheit, Bestimmtheit, Unbekümmertheit des Urteils«[201] den Schüler veranlaßt, im deutschen Aufsatz »sein Votum über Dichterwerke abzugeben« (202). Wenn nun »nicht Bildung der Masse« das Ziel sein soll, »sondern Bildung der einzelnen ausgelesenen, für große und bleibende Werke ausgerüsteten Menschen«, kann der Rückblick auf die große deutsche Kunstperiode gute Rechtfertigungsgründe liefern: Denn »wir wissen nun einmal, daß eine gerechte Nachwelt den gesamten Bildungsstand eines Volkes nur ganz allein nach jenen großen, einsam schreitenden Helden einer Zeit beurteilen [...] wird« (218). Demgegenüber ist das herrschende Bildungsziel der Schule, »die Emanzipation der Massen von der Herrschaft der großen Einzelnen« (217), so grundverkehrt, wie der schulische Aufsatz »das allerabsurdeste, [...] das allergefährlichste Element des jetzigen Gymnasiums« (203) bildet. Die Bilanz von Nietzsches Analyse lautet unmißverständlich: »In dem Gymnasium wird die widerwärtige Signatur unserer ästhetischen Journalistik auf die noch ungeformten Geister der Jünglinge geprägt: hier werden von dem Lehrer selbst die Keime zu dem rohen Mißverstehen-wollen unserer Klassiker ausgesät, das sich nachher als ästhetische Kritik gebärdet und nichts als vorlaute Barbarei ist.« (201)

In den 1872 in Basel gehaltenen Vorträgen *Über die Zukunft unserer Bildungs-Anstalten* sind die wesentlichen Momente von Nietzsches Philosophie schon versammelt, und auch die Richtstuhlmetapher ist nicht vergessen: »Ihr sitzt zu Gericht«, schreibt er den Gymnasiallehrern ins Stammbuch, »und alle Kulturen aller Zeiten laufen davon« (252). Zwar ist die verhaßte »Pseudokultur der Gegenwart« bei näherem Zusehen nicht einmal von den Schlechtesten getragen, die nur durch innere Verzweiflung »in ein feindseliges Wüten gegen die Kultur getrieben« sind, »zu der ihnen niemand den Zugang zeigen wollte«. Das »ehemals wohlbekannte ›junge Deutschland‹ mit seinem bis zum Augenblick fortwuchernden Epigonentum« enthüllt sich in dieser Sicht als »desperates Studententum« bzw. »wildgewordenes Bildungsbedürfnis« (258).

Das Thema des Gegensatzes zwischen der »historischen Manier« der Gegenwart und der Aufgabe wahrer Bildung, »das Lebendige als lebendig zu behandeln« (200), hat Nietzsche hier angeschlagen. In der 2. *Unzeitgemäßen Betrachtung* wird die Optik am Maßstab ›Leben‹ justiert und die Parole ausgegeben: »es gibt einen Grad, Historie zu treiben, und eine Schätzung derselben, bei der das Leben verkümmert und entartet«. Ähnliche Verlautbarungen finden sich etwas früher auch bei Jacob Burckhardt. Nietzsche aber macht daraus eine normative Überordnung des Lebens über die Historie und bringt das auf die Formel: »Nur soweit die Historie dem Leben dient, wollen wir ihr dienen«[202]. Die schon von Schopenhauer begonnene Abwertung der Geschichte im Namen der Philosophie und Kunst machte Kritik zu einem Negativbegriff. Durch Nietzsche wurden die Weichen gestellt, um eine breitenwirksame Denunzierung historischer Bildung als »rückwärtsgewandt« bzw. »alexandrinisch« zu führen. Julius Langbehns *Rembrandt als Erzieher* wiederholt den Vorwurf, statt »neue Werthe zu schaffen«, konzentriere sich die Gegenwart

---

199 Ebd., 124.
200 FRIEDRICH PAULSEN, Geschichte des gelehrten Unterrichts auf den deutschen Schulen und Universitäten vom Ausgang des Mittelalters bis zur Gegenwart (1885), Bd. 1 (Leipzig ²1896), 555.
201 NIETZSCHE (s. Anm. 195), 252.
202 NIETZSCHE (s. Anm. 197), 209.

darauf, »alte Werthe zu registriren«, und »je wissenschaftlicher« sie werde, »desto unschöpferischer«[203].

›Leben‹ ist durch Nietzsche zu einem kulturellen Kampfbegriff geworden, mit dem Kritik am Toten und Starren und der Aufbruch zu Neuem signalisiert werden konnte, was immer sich dahinter verbergen mochte. In den fünf Jahrzehnten bis zum Dritten Reich ist ›Leben‹ ein zentraler Begriff des Philosophierens in Deutschland, während ›Geist‹, ›Kultur‹ und ›Bewußtsein‹ nur noch Epiphänomene sind. Zu den zurückgestuften Begriffen gehören Rationalität und Kritik, Sinn und Wahrheit. Vernunft als ein Werkzeug zur Lebenserhaltung und -verbesserung blieb über Nietzsche hinaus eine Problemstellung von Gewicht. Wilhelm Dilthey brachte die Überzeugung einer Epoche zum Ausdruck, als er formulierte: »Leben ist [...] die Grundtatsache, die den Ausgang der Philosophie bilden muß. Es ist das von innen Bekannte; es ist dasjenige, hinter welches nicht zurückgegangen werden kann. Leben kann nicht vor den Richterstuhl der Vernunft gebracht werden«[204]. Von alledem kann inzwischen freilich keine Rede mehr sein, wie neuere Wortbildungen wie ›Biopolitik‹ und ›Biopatentgesetz‹, ›Biotechnologie-Aktien‹ und ›Biowaffen‹ unübersehbar belegen.

VI. Erneuerungsversuche im 20. Jahrhundert

1. Benjamins Ansätze zu exemplarischer Kritik

Benjamin war die größte kritische Potenz der 1. Hälfte des 20. Jh. Der späte Nachruhm seiner Schriften hat den 1930 formulierten Anspruch, »d'être considéré comme le premier critique de la littérature allemande«, hinreichend bestätigt. Dennoch ist ihm eine Neukonstituierung von Gattung und Begriff verwehrt geblieben, woran nicht nur die geschichtlichen Katastrophen jener Jahrzehnte ihren Anteil haben. Für einen 1930 geplanten, aber nicht realisierten Eröffnungsaufsatz einer Sammlung seiner Essays »sur la situation et la théorie de la critique«[205] hat Benjamin zu seiner Selbstverständigung Reflexionen notiert, die gerade durch die bewußte Nähe zur Frühromantik erstaunliche Inkonsistenzen hervortreten lassen.

Wie August Wilhelm Schlegel in dem programmatischen Athenaeumsbeitrag *Ueber kritische Zeitschriften* (1798), dessen überarbeitete Fassung 1800 als *Entwurf zu einem kritischen Institute* erschien, sieht Benjamin in der »Alleinherrschaft der Rezension«[206] und ihrem aus dieser Fixierung erwachsenden Rhythmus und Gestus einen entscheidenden Grund für den Zustand der Kritik. Der verfehlten Orientierung auf die Neuerscheinung korrespondiere das Festhalten an den überkommenen ästhetischen Maßstäben. Als Kriterium für eine Erneuerung hält Benjamin fest: »unabhängig zu sein von einer Neuerscheinung; wissenschaftliche Werke so gut zu betreffen wie belletristische; indifferent gegen die Qualität des zugrundegelegten Werkes zu bleiben«[207]. Während August Wilhelm Schlegel aber seine ›Armee von Rezensionen‹ (Caroline Schlegel) in der *Allgemeinen Literaturzeitung* tatsächlich ohne Nachschub ließ, führte Benjamin seine Arbeit als Kritiker der *Frankfurter Zeitung* bzw. der *Literarischen Welt* unverändert fort. Die für das *Athenaeum* konstitutive Idee der *Jahrbücher der Wißenschaft und Kunst für Deutschland*, die eine Gemeinschaft gleichgesinnter Köpfe tragen sollte, kommt überhaupt nicht in den Blick, obwohl nur auf diesem Wege die Abkehr vom Rhythmus der politischen Zeitungen denkbar ist. Verblüffender noch ist das dritte Merkmal: Mit der These von der Indifferenz ›gegen die Qualität‹ nahm Benjamin offenbar Rücksicht auf sein eigenes Buch

---

203 JULIUS LANGBEHN, Rembrandt als Erzieher (1890; Leipzig 1893), 1; vgl. RUSSEL A. BERMANN, Literaturkritik zwischen Reichsgründung und 1933, in: Hohendahl (s. Anm. 7), 256f.
204 WILHELM DILTHEY, [Notiz aus dem Nachlaß zu ›Das Erleben und die Selbstbiographie‹] (1910?), in: DILTHEY, Bd. 7 (1927), 359.
205 BENJAMIN an Gershom Scholem (20. 1. 1930), in: Benjamin, Briefe, Bd. 3 (Frankfurt a.M. 1997), 502; vgl. UWE STEINER, ›Kritik‹, in: M. Opitz/E. Wizisla (Hg.), Benjamins Begriffe, Bd. 2 (Frankfurt a.M. 2000), 516.
206 BENJAMIN, Reuters ›Schelmuffsky‹ und Kortums ›Jobsiade‹ (1930), in: BENJAMIN, Bd. 2/2 (1977), 649.
207 BENJAMIN, Wie erklären sich große Bucherfolge? ›Chrut und Unchrut‹ – ein schweizerisches Kräuterbuch (1931), in: BENJAMIN, Bd. 3 (1972), 294f.

über den *Ursprung des deutschen Trauerspiels*, dessen abschließender Ausblick auf Calderón und Shakespeare die »ästhetische Insuffizienz«[208] des gewählten Gegenstandes einzuräumen nicht umhingekommen war. Mit dieser Sujetwahl war Benjamin einer vom Expressionismus ausgelösten Neuorientierung der deutschen Literaturgeschichte gefolgt und hatte mit dieser avantgardistischen Position zugleich seine Überzeugung vom Obsoletgewordensein der Kategorien der klassischen Ästhetik bekundet. Für die Erneuerung der Kritik in Deutschland dürfte das gleichwohl eine falsche Weichenstellung gewesen sein, wie sich aus der Distanz erkennen läßt. Denn so unbestritten die Erforschung der sog. Barockdichtung damals ein ›Brennpunkt der Forschung‹ gewesen ist und literarische Barockforschung seit Jahrzehnten floriert, ein Wandel im allgemeinen geschichtlichen Bewußtsein ist ausgeblieben. Im Unterschied »zur bildenden Kunst und zur Musik ist Barockstil in der deutschen Literatur«[209] nach wie vor so gut wie nicht gefragt.

Grundlage für Benjamins Bemühungen, der Kunstkritik wieder philosophische Dignität zu verschaffen, war sein *Programm der kommenden Philosophie*, mit dem die Möglichkeit einer über Kant hinausgehenden Metaphysik ergründet werden sollte. In der »Reflexion auf das sprachliche Wesen der Erkenntnis«[210] glaubte Benjamin den entscheidenden theoretischen Ansatzpunkt in Händen zu haben. In der nichtinstrumentellen Auffassung der Sprache hatte er schon 1916 die Gemeinsamkeit der Sprache der Dichter, Propheten und Machthaber begründet gesehen, insofern sie »un-mittelbar« wirke und von Benjamin deshalb »magisch«[211] genannt wurde. Aus diesen sprachphilosophischen Voraussetzungen ist Benjamins eigentümliche Theorie der Kunstkritik entstanden, die er im Essay über *Goethes Wahlverwandtschaften* entwickelte. Dessen drei Abschnitten sind jeweils kurze Absätze vorangestellt, die die Grundsätze der Kritik in ihrem Verhältnis zum Kommentar, zur Biographie und zur Philosophie darlegen. Seine Theorie der Kunstkritik faßt er so zusammen: »Die Kritik sucht den Wahrheitsgehalt eines Kunstwerks, der Kommentar seinen Sachgehalt. Das Verhältnis der beiden bestimmt jenes Grundgesetz des Schrifttums, demzufolge der Wahrheitsgehalt eines Werkes, je bedeutender es ist, desto unscheinbarer und inniger an seinen Sachgehalt gebunden ist.«[212] Der zeitbedingte Sachgehalt muß für eine spätere Zeit notwendig in den Vordergrund treten. Der Kommentar entspricht diesem Bedürfnis der Distanz und verleiht dem Text zugleich Autorität. Im Klassischwerden wie in der Übersetzung und in der Kritik erkennt Benjamin eine spezifische Geschichtlichkeit des Kunstwerks. Das Werk wird so zum »Schauplatz«, seine Dauer »ein lebendiger Prozeß in seinem Innern«[213]. Diese Formulierungen sind nicht als Metaphern gemeint: »In den Momenten seines Fortlebens unterliegt das Kunstwerk einer Reihe von Verwandlungen, die als Modifikationen der Darstellungsform seines Wahrheitsgehalts zu begreifen sind. Denn nicht in der Verewigung, sondern in der Metamorphose kommt der Gedanke des Fortlebens zu seinem reinsten Ausdruck.«[214] Aus dieser gnostisch inspirierten Sicht hat Benjamin im Trauerspielbuch Kritik als »Mortifikation der Werke«[215] definiert, getragen von der Überzeugung, daß das »allegorische Kunstwerk [...] die kritische Zersetzung gewissermaßen schon in sich«[216] trage. Die Kategorie des ›Ursprungs‹ eröffnet für Benjamin die Möglichkeit, metaphysisch zu erfassen, wie »immer wieder eine Idee mit der geschichtlichen Welt sich auseinandersetzt, bis sie in der Totalität ihrer Geschichte vollendet daliegt«[217].

---

208 BENJAMIN, Ursprung des deutschen Trauerspiels (1928), in: BENJAMIN, Bd. 1 (1974), 409.
209 BARNER, Stilbegriffe und ihre Grenzen. Am Beispiel ›Barock‹ (1971), in: Barner, Pioniere, Schulen, Pluralismen. Studien zur Geschichte und Theorie der Literaturwissenschaft (Tübingen 1997), 155.
210 BENJAMIN, Über das Programm der kommenden Philosophie (entst. 1916–1917), in: BENJAMIN, Bd. 2/1 (1977), 168.
211 BENJAMIN, Über Sprache überhaupt und über die Sprache des Menschen (entst. 1916), in: ebd., 142.
212 BENJAMIN, Goethes Wahlverwandtschaften (1924–1925), in: BENJAMIN, Bd. 1/1 (1974), 125.
213 BENJAMIN, E. T. A. Hoffmann und Oskar Panizza (1930), in: BENJAMIN, Bd. 2/2 (1977), 642.
214 STEINER (s. Anm. 205), 501.
215 BENJAMIN (s. Anm. 208), 357
216 BENJAMIN, Exposé (entst. 1927), in: BENJAMIN, Bd. 1/3 (1974), 952.
217 BENJAMIN (s. Anm. 208), 226.

Im Unterschied zu diesen Relikten einer ›Philosophie des Geistes‹ ist bei Benjamin nach der Bekanntschaft mit *Geschichte und Klassenbewußtsein* (1923) von Georg Lukács ein wachsendes Interesse für eine politisch-funktionale Kritik zu beobachten. Im Gegensatz zu der Dilthey folgenden Geisteswissenschaft, für die Benjamin bei Gelegenheit von Oskar Walzels *Wortkunstwerk* (1926) und Emil Ermatingers *Philosophie der Literaturwissenschaft* (1930) vernichtende Urteile parat hielt, betrachtete er Franz Mehring nicht ohne gewissen Respekt, ohne freilich die entscheidende Schwäche zu übersehen: »Die ganze Kritik der materialistischen Literaturkritik dreht sich darum, daß ihr die ›magische‹, nichturteilende Seite fehlt, daß sie immer (oder fast immer) hinter das Geheimnis kommt.« Eine Kritik, die das Kunstwerk ausschließlich im Verhältnis zum Geschichtsprozeß »als Dokument«[218] zu betrachten wisse, statt jeweils im Werk selbst sehen zu lernen und den Maßstab seiner Beurteilung zu finden, ging für Benjamin an ihrem eigentlichen Gegenstand vorbei. Zu dem literaturkritischen Spätwerk, das Georg Lukács nach 1931 gegen die künstlerische Avantgardebewegung schrieb, bewußt normativ auf das Erbe orientiert und damit beträchtliche Wirkung erzielend, konnte es keine Affinitäten geben.

In der modernen Forschung wird Benjamins Literaturkritik dem »Gebiet der höheren Kritik«[219] zugeordnet. Die Beibehaltung des in der Frühromantik geschaffenen Begriffs erhellt, daß dessen angestrebte Veränderung nicht erreicht wurde. Was durch Benjamins Freitod auf der Flucht 1940 an ein abruptes Ende kam, waren Ansätze zu exemplarischer Kritik: »wie das Trauerspielbuch das siebzehnte Jahrhundert von Deutschland aus«, sollte das *Passagen-Werk* (entst. 1927–1940) »das neunzehnte von Frankreich aus aufrollen«[220]. Benjamin war sich bewußt, daß sein Werk stets an der Nahtstelle »zwischen Kunst und eigentlicher Philosophie« angesiedelt war. Er hat die »übliche Arbeitsteilung von Literaturgeschichte, Kritik und philosophischer Theorie niemals akzeptiert«[221]. Der Künstler in Benjamin konnte im übrigen den Theoretiker nicht ohne Verwunderung bei der Arbeit beobachten: »Narren, die den Verfall der Kritik beklagen«, heißt es in *Einbahnstraße*. »Denn deren Stunde ist längst abgelaufen. [...] Der heute wesenhafteste, der merkantile Blick ins Herz der Dinge heißt Reklame. [...] Was macht zuletzt Reklame der Kritik so überlegen? Nicht was die rote elektrische Laufschrift sagt – die Feuerlache, die auf dem Asphalt sie spiegelt«[222].

Der Staatsstreich gegen die Kritik, von den NS-Diktatur am 27. 11. 1936 verkündet, verbot vier Jahre nach der Machtergreifung in Deutschland »die Weiterführung der Kunstkritik in der bisherigen Form«. An die Stelle des »Kunstrichtertums« wurde der »Kunstbericht« gestellt, an die Stelle des »Kritikers« trat der »Kunstschriftleiter«. Der Kunstbericht hatte »weniger Wertung, als vielmehr Darstellung und damit Würdigung«[223] zu sein. Dieses Verbot des kritischen Elements, mit dem die Sakralisierung des Kunstwerks, dem nur noch in dienender Haltung zu begegnen war, wörtlich genommen wurde, hat den Begriff der Kritik in der deutschen Kultur nach dem Untergang des Dritten Reiches noch einmal Glanz verliehen.

2. Zum Sonderweg des angelsächsischen *Criticism*

Die Begriffsgeschichte von ›kritisch/Kritik‹ in den vergangenen Jahrhunderten steht am Anfang unter der Vorherrschaft der französischen Kultur, die schon früh die Vorbildgeltung der antiken Genres für die zeitgenössische Produktion durchsetzte und damit auch den französischen Texten Autorität verlieh. Die Auflehnung der deutschen Kritik gegen die französische Hegemonie erfolgte durch die Erweiterung der europäischen Basis für kanonische

---

218 BENJAMIN, [Kritik als Grundwissenschaft der Literaturgeschichte] (entst. 1930?), in: BENJAMIN, Bd. 6 (1985), 174, 173.
219 HEINRICH KAULEN, ›Die Aufgabe des Kritikers‹. Walter Benjamins Reflexionen zur Theorie der Literaturkritik 1929–1931, in: Barner (s. Anm. 7), 324.
220 BENJAMIN an Gershom Scholem (20. 5. 1935), in: Benjamin, Ges. Briefe, Bd. 5 (Frankfurt a. M. 1999), 84.
221 KAULEN (s. Anm. 219), 332.
222 BENJAMIN, Einbahnstraße (1928), in: BENJAMIN, Bd. 4/1 (1972), 131 f.
223 JOSEPH GOEBBELS, Anordnung des Reichsministers für Volksaufklärung und Propaganda über Kunstkritik vom 27. 11. 1936, in: Völkischer Beobachter (28. 11. 1936), zit. nach JOSEPH WULF, Die bildenden Künste im Dritten Reich. Eine Dokumentation (1966; Frankfurt a. M./Berlin/Wien 1983), 128.

Autoren (Shakespeare, Dante, Cervantes) und die Erhebung von ›Originalität‹ in Kunst und Wissenschaft zur Voraussetzung kritischer Zuwendung und Reflexion. Nicht mehr die Autorität der Antike, sondern die der zeitgenössischen Philosophie bot jetzt die entscheidende Legitimation. Eine Sonderstellung in diesem Schema scheint Großbritannien einzunehmen, dem der konzentrierte Aufbau eines kolonialen Weltreichs gewissermaßen erlaubte, ›criticism‹ unbeirrt von allen kontinentalen Debatten auf dem Stand *vor Kant* weiterzupflegen. Der angelsächsische Weg von ›criticism‹ ist ein Stehenbleiben bei der Bedeutung, die Kritik in der Mitte des 18. Jh. auf dem Kontinent hatte, als der Schüler Baumgartens Georg Friedrich Meier über sie äußerte, sie verhalte sich »zur gantzen Beurtheilungskunst, wie die Metaphysik zur gantzen Gelehrsamkeit, indem« sie »die ersten Gründe derselben enthält«[224]. Mit wenigen vergleichenden Beispielen ist das zu überprüfen, wobei wir noch einmal ins 18. Jh. zurückblicken müssen.

Henry Homes *Elements of Criticism* (1762) erschienen bereits 1763 in einer deutschen Übersetzung durch Johann Nicolaus Meinhard, die noch 1790–1791 unverändert den Titel *Grundsätze der Kritik* behaupten konnte. Der ›Vorbericht des Uebersetzers‹ empfiehlt den »Liebhabern der schönen Wissenschaften«, das Werk als »die richtigste, die vollständigste Theorie der schönen Künste [...], die man uns jemals gegeben hat. Niemals ist noch die Kritik, in ihrem ganzen Umfange, mit einem so philosophischen Geiste, und mit so viel Geschmack zugleich, behandelt worden«[225]. Kritik ist hier mit Theorie der schönen Wissenschaften bzw. Künste noch als gleichbedeutend angesehen. Das philosophische Lob bezieht sich auf die durch Lockes Sensualismus eröffnete Möglichkeit, das menschliche Subjekt ins Zentrum zu stellen und zu prüfen, welche Grundsätze der Kritik sich auf den »sensitive part of our nature«[226] gründen lassen. Homes Absicht war nicht, »to give a regular treatise upon each of the fine arts in particular; but only, in general, to apply to them some remarks and observations drawn from human nature, the true source of criticism« (16). An die Stelle der Autorität der Tradition tritt damit das eigene Empfinden und Denken; worauf es ankommt, ist, wie die Dinge sich für uns darstellen, und nicht mehr, wie sie in ihrem Wesen beschaffen sein mögen.

Im Unterschied zu allen anderen Wissenschaften, wo die Menschen von dem »native privilege of thinking for themselves« Gebrauch machen, bildet für Home die Kritik, »which, by what fatality I know not, continues to be not less slavish in its principles, nor less submissive to authority, than it was originally«, eine Ausnahme. Als Beispiel verweist Home auf den 1675 von René Le Bossu veröffentlichten *Traité du Poëme Epique*, in dem »many rules« mit »the practice merely of Homer and Virgil« begründet werden, während die entscheidende Frage der »concordance or discordance of these rules with human nature« (15) nicht gestellt werde.

›Criticism‹ im umfassenden Sinne von ›Theorie der Kunst‹ ist noch René Welleks mehrbändige *History of Modern Criticism, 1750–1950* (1955 ff.) verpflichtet. Die Rezension, die Erich Auerbach 1955 für eine deutsche Zeitschrift schrieb, hat die Differenz zwischen dem, »was Wellek Kritik nennt«, und »der eigentlichen Literaturkritik«[227] deutlich herausgestellt: »*Criticism*«, so Auerbachs Haupteinwand, »ist weder ein selbständiger noch ein einheitlicher Gegenstand. Er ist kein selbständiger Gegenstand, da er nicht nur mit Ästhetik und allgemeiner Kunstkritik unlösbar verbunden ist [...], sondern auch mit aller Art von Geschichte und Philologie.« Auf Grund der Unzahl »möglicher Problemstellungen und Problemstellungskreuzungen« (356) könne Wellek deshalb kein Thema durchverfolgen, sondern müsse »dauernd von einer Problemstellung zur anderen wechseln«, weshalb das Ganze auch kein »wirkliches Geschichtswerk« geworden sei. Während ›criticism‹ für Auerbach »Fächer und Gruppen« künstlich zusammenhält, »die als Einheiten gelten und es doch nicht sind«

---

224 GEORG FRIEDRICH MEIER, Abbildung eines Kunstrichters (Halle 1745), 12, 11; vgl. TONELLI/BORMANN, ›Kritik I.4.‹, in: RITTER, Bd. 4 (1976), 1263.
225 JOHANN NICOLAUS MEINHARD, Vorbericht des Uebersetzers (1763), in: Henry Home, Grundsätze der Kritik, übers. v. Meinhard, Bd. 1 (Leipzig 1772), [nicht pag.].
226 HOME, Bd. 1 (1762), 17.
227 ERICH AUERBACH, [Rez.] René Wellek, A History of Modern Criticism: 1750–1950 (1955), in: Auerbach, Ges. Aufsätze zur romanischen Philologie (Bern/München 1967), 355.

VI. Erneuerungsversuche im 20. Jahrhundert   487

(357), weil der Komplex der ›schönen Wissenschaften‹ seit dem 18. Jh. in eine Fülle von Einzeldisziplinen ausdifferenziert wurde, gilt dieser Befund nicht für den Begriff ›Kritik‹. Auerbach betont vielmehr ausdrücklich: »Mit der Loslösung der Kritik aus dem Zusammenhang der Zeitgeschichte bin ich natürlich nicht einverstanden.« Und er verteidigt die sozialhistorische Position, daß man »bestimmte kritische Anschauungen mit bestimmten geschichtlich-gesellschaftlichen Veränderungen« (360) durchaus zusammensehen könne.

Es scheint bezeichnend für den englischen Sonderweg von ›criticism‹ (den in Deutschland wohl zuerst Friedrich Schlegel registierte, der meinte, daß »Besonders Engländer [...] die Kunstlehre so gar nicht als eigne Wissenschaft sondern als Theil und Zweig des Kritizisms«[228] betrachten), daß sich auf dieser problematischen Grundlage bedeutende Kritiker nicht mehr entwickeln konnten. *The Concise Oxford Dictionary of English Literature* (1939) kann als erstrangige Gestalt im 19. Jh. nur mit Vorbehalt Matthew Arnold nennen und schließt die enttäuschende Bilanz mit dem Eingeständnis: »The contemporary period has been unfortunate in lacking any one critic of the first rank.«[229] Der Schlußstrich, den Kant mit dem Urteil gezogen hatte: »Es giebt weder eine Wissenschaft des Schönen, sondern nur Kritik, noch schöne Wissenschaft, sondern nur schöne Kunst«[230], wobei er den Ausdruck »schöne Wissenschaften« als eine »Wortverwechselung«[231] abfertigte, blieb in Großbritannien, wo eine Übersetzung der *Kritik der Urteilskraft* erst am Ende des 19. Jh. erschien, unbeachtet. Selbst Edgar Allan Poe, der sich als Literaturkritiker scharf von der durch die »British Quarterly Reviews«[232] ausgebildeten und in den USA kopierten Manier des »diffuse essay« (1029) distanzierte, in dem »the review or criticism properly so termed« zu »anything but criticism« (1028) verkommen war, versprach, in seinen geplanten Zeitschriften »not only the Belles-Lettres, but, very thoroughly, the Fine Arts«[233] zu diskutieren und kam über die Fundierung des »true critical art« in »the laws of man's heart and intellect«[234], d. h. die philosophische Tradition Lockes, nicht hinaus. Wenn Matthew Arnold lehrte, »criticism«, wie er in großer Literatur zu finden sei, vermittle »the best that is known and thought in the world«, und

ausdrücklich unterstrich, Europa bilde »one great confederation, bound to a joint action and working to a common result; and whose members have, for their proper outfit, a knowledge of Greek, Roman, and Eastern antiquity, and of one another«[235], so war das letztere, was ›Kritik‹ betraf, jedenfalls mehr Wunsch als Realität geblieben.

Während in Großbritannien die viktorianische Kritik auch im 1. Drittel des 20. Jh. »die Hauptmacht des kritischen Denkens«[236] blieb, hatte sich in den USA akademische Literaturbetrachtung auf strikt positivistisches ›scholarship‹ orientiert. Für Leo Spitzer war dieser »positivisme outrancier« ein natürliches Ergebnis der »situation coloniale«. Nur eine von den undergraduate schools getragene Rebellion gegen die universitäre Routine, »une véritable Guerre de Trente Ans entre les critiques et les historiens littéraires«, führte schließlich dazu, daß die verlernte »art de lire la poésie«, im akademischen Unterricht verankert und »une critique littéraire véritable dans l'enseignement«[237] herrschend wurde. Die gleichzeitige Entwicklung einer großen amerikanischen Literatur, den die liberalen Kulturoptimismus und seine materialistischen Tendenzen bekämpfte, korrespondierte nach Spitzer mit der Lehre der *New Critics*, die Welt der Poesie als eine ideale Welt zu sehen, »un monde *absolu-*

---

228 F. SCHLEGEL, Zur Philologie. II (entst. 1797), in: SCHLEGEL (KFSA), Bd. 16 (1981), 60.
229 ›Criticism‹, in: PAUL HARVEY, The Concise Oxford Dictionary of English Literature, hg. v. J. Mulgan (1939; Oxford 1951), 113.
230 KANT, Kritik der Urteilskraft (1790), in: KANT (AA), Bd. 5 (1908), 304.
231 Ebd., 305.
232 EDGAR ALLAN POE, Exordium to Critical Notices (1842), in: Poe, Essays and Reviews, hg. v. G. R. Thompson (New York 1984), 1028.
233 POE, Prospectus of ›The Stylus‹ (1843), in: ebd., 1034.
234 POE (s. Anm. 232), 1031.
235 MATTHEW ARNOLD, The Function of Criticism at the Present Time (1865), in: Arnold, Essays in Criticism (1865; London/New York 1891), 37, 39.
236 HANS WALTER HÄUSERMANN, Studien zur englischen Literaturkritik 1910–1930 (Bochum 1938), 95.
237 LEO SPITZER, Les études de style et les différents pays, in: Langue et Littérature. Actes du VIIIᵉ Congrès de la Fédération Internationale des Langues et Littératures Modernes (Paris 1961), 29.

ment différent du monde de tous les jours«. Die Solidarität der Kritik und der Literatur einer Epoche, die Spitzer 1960 für »un fait constatable dans toute l'histoire de la critique littéraire«[238] hielt, ist freilich eine idealisierende Sicht, die von den Befunden dieses Artikels kaum bestätigt wird.

Was sich aus dem begriffsgeschichtlichen Rückblick auf die vergangenen Jahrhunderte ergibt, läßt sich etwa so zusammenfassen: 1. Das Geschäft der Kritik ist, sobald es um zeitgenössische Autoren geht, stets heikel. »Wer Wind sät, muß damit rechnen, daß er Sturm erntet«[239], schreibt noch am Ende des 20. Jh. ein deutscher Literaturkritiker in seiner Autobiographie. Daß zunächst die Schriftsteller, danach die bildenden Künstler und schließlich die Musiker zwischen dem 17. und dem 19. Jh. langanhaltende Probleme der Anpassung an öffentliche Kritik hatten, als diese Institution für sie jeweils neu war, kann insofern nicht eigentlich überraschen. Diese Probleme kommen freilich nur in den Blick, wenn die heute übliche Begrenzung auf disziplinäre Spezialisierung aufgegeben wird. Erst dann wird man die Frage stellen, welche argumentative Hilfestellung die ältere Literaturkritik den beiden jüngeren Schwestern bieten konnte bzw. wie man es sich vorstellen soll, daß Matthesons Hamburger Musikzeitschriften am Anfang des 18. Jh. »the leading ideas in music and art [...] throughout Europe«[240] verbreiten konnten, wo doch alles dafür spricht, daß die Kenntnis der deutschen Sprache in Europa damals praktisch nicht gegeben war und die gotischen Lettern ihrer Druckschriften ein zusätzliches Hemmnis ihrer Verbreitung bildeten.

2. Als Überraschung des begriffsgeschichtlichen Rückblicks darf gelten, daß der deutsche Terminus ›Literaturkritik‹ mit seiner Engführung gegenüber ›criticism‹ im angelsächsischen Gebrauch, wo ›Literaturwissenschaft‹ eingeschlossen bleibt, nicht nur eine historisch modernere Stufe darstellt, sondern auch eine durchaus sinnvolle Entwicklung bildet. Denn die im Begriff ›criticism‹ nicht vollzogene Trennung zwischen Geschichte ästhetischer Theorien und Geschichte des Selbstverständnisses von Kritik ist bis heute eine entscheidende Weichenstellung dafür, daß jenseits des Atlantiks auch lange nach dem ›New Criticism‹ die Dimensionen der Geschichte und der sozialen Institutionen methodisch negiert werden können. In diesem Sinne kann Harold Bloom seine traditionalistische Position in der seit 1986 entbrannten US-amerikanischen Kanondebatte mit dem gegen die ›Cultural Studies‹ gerichteten Satz kennzeichnen: »Aesthetic criticism returns us to the autonomy of imaginative literature and the sovereignty of the solitary soul, the reader not as a person in society but as the deep self, our ultimate inwardness.«[241]

3. Aus der europäischen Mitte gesehen, erinnert der aktuelle Kulturkampf in den USA in mancher Hinsicht an politisch geistige Kämpfe, die im 19. Jh. in Rußland zwischen den Westlern und den Slawophilen ausgetragen wurden. Die Grundverschiedenheiten der sozialpolitischen Verhältnisse an den Rändern Europas – damals wie heute – ändern nichts daran, daß man sich in beiden Großmächten mit dem Dilemma herumschlagen muß, wie man es mit der europäischen Tradition zu halten gedenkt. Strukturell entsprechen Narodniki und dem Streben nach Volksverbundenheit in der Politik der Differenz heute Begriffe wie race, gender, ethnicity in den US-amerikanischen Debatten.

Martin Fontius

Literatur
BARNER, WILFRIED (Hg.), Literaturkritik – Anspruch und Wirklichkeit (Stuttgart 1990); BORMANN, CLAUS VON/TONELLI, GIORGIO/HOLZHEY, HELMUT, ›Kritik‹, in: RITTER, Bd. 4 (1976), 1249–1282; DRESDNER, ALBERT, Die Entstehung der Kunstkritik im Zusammenhang der Geschichte des europäischen Kunstlebens, hg. v. L. Müller (1915; Dresden 2001); FAYOLLE, ROGER, La critique (1964; Paris 1978); FONTIUS, MARTIN, Tendenzen der Literaturkritik in Frankreich und Deutschland im 18. Jahrhundert, in: S. Jüttner/J. Schlobach (Hg.), Europäische Aufklärung(en). Einheit und nationale Vielfalt (Hamburg 1992), 127–140; GODZICH, WLAD, Philosophie einer un-europäischen Literaturkritik, hg. v. W. R. Halbach, übers. v. W. R. Halbach/B. Dotzler/R. Gropp (München 1988); GRAF, MAX, Composer and Critic: Two Hundred Years of Musical Criticism (New York 1946);

---

238 Ebd., 30.
239 MARCEL REICH-RANICKI, Mein Leben (Stuttgart 1999), 447.
240 PATRICIA HERZOG, ›Music Criticism‹, in: E. Kelly (Hg.), Encyclopedia of Aesthetics, Bd. 1 (New York/Oxford 1998), 472.
241 HAROLD BLOOM, The Western Canon (New York 1994), 10f.

HASKELL, HARRY (Hg.), The Attentive Listener: Three Centuries of Music Criticism (Princeton, N. J. 1996); HOHENDAHL, PETER-UWE (Hg.), Geschichte der deutschen Literaturkritik (Stuttgart 1985); JAUMANN, HERBERT, Critica. Untersuchungen zur Geschichte der Literaturkritik zwischen Quintilian und Thomasius (Leiden/ New York 1995); MATTAUCH, HANS, Die literarische Kritik der frühen französischen Zeitschriften (1665–1748) (München 1968); Revue de métaphysique et de morale (1999), H. 4, 443–581 [Themenheft ›La critique jusqu'à Kant‹]; THIBAUDET, ALBERT, Physiologie de la critique (1930; Paris 1962); WEBER, HEINZ-DIETER, Friedrich Schlegels ›Transzendentalpoesie‹. Untersuchungen zum Funktionswandel der Literaturkritik im 18. Jahrhundert (München 1973).

Kult

(griech. λατρεία, λειτουργία, θεραπεία; lat. cultus; engl. cult; frz. culte; ital. culto; span. culto; russ. культ)

I. Begriffsbestimmung; II. ›Cultus‹ in der römischen Religion; III. Kult und Kultkritik im westlichen Christentum; 1. Kult als ›Dienst‹; 2. Vom jüdischen zum christlichen Kult; 3. Kult-Mystik, Bilderkult, Liturgiegeschichte; 4. ›Cultus Dei‹ bei Thomas von Aquin; 5. Der Kult als Werk bei Martin Luther; 6. Kult in der ›Religionsgeschichtlichen Schule‹; 7. Die ›Liturgische Bewegung‹; **IV. Kultästhetik als Forschungsgegenstand: Der wissenschaftliche Kult-Begriff in Religionswissenschaft und Kulturanthropologie;** 1. Kult geht vor Mythos: Der ritualistische Paradigmenwechsel der Jahrhundertwende; 2. ›Körper in Bewegung‹: Körper, Geste, Ritem – Kult als Form rituellen Kommunikation; **V. Kult und Gesellschaft in der Moderne (18.–20. Jahrhundert);** 1. ›Kult der Vernunft‹: Die revitalisierte Antike der Französischen Revolution; 2. Kult und Avantgarde um 1900; 3. Der ›braune Kult‹: Ästhetisierung des Politischen und ›politische Religion‹ im Nationalsozialismus; 4. Dichter – Diktatoren – Stars – Filme: Neue Objekte kultischer Verehrung; 5. Kult als polemischer Ausgrenzungsbegriff; Epilog

I. Begriffsbestimmung

Der religionswissenschaftliche Begriff ›Kult‹ bezeichnet diejenigen Teile von Religion, die von mehreren oder einzelnen Menschen als äußerliche, sinnlich wahrnehmbare (symbolische) Handlungen ausgeführt werden; Worte, Gebete, Gesänge werden als Sprechakte den Handlungen zugerechnet.

Religionen werden hierbei verstanden als ein System von Kulten (Totenkult, Heroenkult, Götterkult, Christuskult, Marienverehrung), das durch Mythen, Aitiologien, ›heilige Geschichte‹ und Rationalisierungen verschiedener Art (Theologie, Religionsphilosophie, Priesterspekulation, juristische Systematik) ergänzt werden kann.

Kult besteht aus einer kleinen Anzahl von verschiedenen Riten, die in einer bestimmten Abfolge kombiniert werden können (›Syntax‹). Der Begriff ›Ritus‹ bezeichnet die ›richtigen‹ Gesten, Gebärden, Verrichtungen, die a) zur richtigen Zeit, b) am richtigen Ort, c) von den dazu befähigten oder bestimmten Personen, d) für bestimmte Adressaten (Ahnengeister, Heroen, Heilige, Gottheiten), e) mit der vorgeschriebenen Kultmaterie (Räucherwerk, Öl, Kerzen, Wein, Milch, Honig, Cerealia, Tiere) und f) mit dem geeigneten Kultgerät durchgeführt werden.

Riten können zu Ritenkomplexen zusammengefügt werden, deren Ausführung oft mehrere Tage in Anspruch nimmt, gelegentlich große Ressourcen verbraucht (umverteilt, verzehrt, ›nutzlos‹ verschleudert) und zahlreiche Menschen in vielerlei Funktionen beteiligt (Fest). Oft sind diese Ritenkomplexe (›komplexe Rituale‹) mit sozialen und wirtschaftlichen Ereignissen verbunden (Eheschließung, Aussaat oder Ernte, jährlicher Viehmarkt) und assoziieren oder vereinnahmen kulturelle Aktivitäten (Wettkämpfe/Agone, Schauspiele/Theater).

Riten können in Ritualbüchern aufgezeichnet werden, wie etwa im *Rituale Romanum*, im *Canon missae* oder im *Feriale* – dem Festkalender mit kurzen Ausführungsbestimmungen. Sie werden in Berichten der Kultfunktionäre und Historiker tradiert (Kultkommentare, Festbeschreibungen), von den Dichtern gerühmt (z. B. Horaz' *Carmen saeculare*) und in Kunstwerken veranschaulicht, die den Beteiligten zur Erinnerung dienen, den Veranstaltern zum Ruhm und den Kommenden als Muster (z. B. Parthenonfries, Ara Pacis Augustae).

Die Grundeinheit eines Ritus sei, in Analogie zu der linguistischen Terminologie (Phonem,

Morphem) als ›Ritem‹ bezeichnet.¹ Riteme sind alle Elemente eines Ritus oberhalb von (körperlicher) Motorik (vgl. Geste) und (sprachlicher) Artikulation (vgl. Schrei, Jubelruf). Wie Mythem zu Mythologie bildet das Ritem die unterste konstitutive Einheit zu der Gesamtgröße Kult. Ein Ritem kann nur relational bestimmt werden, nämlich auf diejenige Gegenstandsebene bezogen, die Zielpunkt der Analyse ist, mag diese als Beziehungsgeflecht (Struktur) oder als Zeichensystem (Code) begriffen werden. Riteme, die kleinsten Einheiten kultischen Handelns, sind im kultischen ›setting‹ inszenatorisch dargestellt und damit ästhetisch über Gesten, Relief, Plastik darstellbar; sie können von einem außenstehenden Betrachter in Form einer Komponentenanalyse unterschieden werden. Ein Gebet ist in seinem kultischen Zusammenhang ein Ritem, z.B. Einzelelement im Ablauf eines Opfers; seinerseits wiederum ist es – unterhalb der Ritem-Ebene – durch Formeln, Topoi, Gesten, Metaphern, rhetorischen ›ornatus‹ gegliedert.

II. ›Cultus‹ in der römischen Religion

Die römischen Gelehrten der klassischen Zeit haben jenes System von Zeichenhandlungen, Geräten, Materialien, Gefühlen, Vorstellungen, das ›Religion‹ heißt, durch den ›Kultus‹ definiert: »Religio est, quae superioris cuiusdam naturae, quam divinam vocant, curam caerimoniamque affert.«² (Religion ist, was Sorge und kultische Verehrung für eine gewisse höhere Natur, die man göttlich nennt, bewirkt.) Diese Definition zeigt, daß sich die Begriffsgeschichte von Kult nicht auf die Wortgeschichte von lat. cultus und seinen Fortsetzungen in den westeuropäischen Sprachen beschränken darf.

Die römische Religion kann direkt als cultus deorum bezeichnet werden. C. Aurelius Cotta, ein Oberpontifex und akademischer Skeptiker, verteidigt bei Cicero »die Ansichten, die ich von den Vorfahren über die unsterblichen Götter empfangen habe, das Heilige, die Zeremonien und die ›Religionen‹« (opiniones, quas a maioribus accepimus de dis immortalibus, sacra, caerimonias religionesque³), niemand – und schon gar nicht ein Philosoph – werde ihn von der Meinung, die er über den ›Kult der Götter‹ von seinen Vorfahren empfangen habe, abbringen können. Im Eingang seines religionsphilosophischen Hauptwerks *De natura deorum* bestimmt Cicero sein Thema ebenfalls durch den Kult; er will handeln a) über religio, pietas, sanctitas, caerimonia, fides, Eid; b) »de templis, delubris, sacrificiisque solemnibus« (über Tempel, Heiligtümer und regelmäßig wiederkehrende heilige Handlungen [Feste, Opfer]); c) über Vogelschau (»de auspiciis«⁴) – und dies alles im Hinblick auf die skeptische Frage nach der Natur der Götter, ihrer Substanz, Wirkensweise, ihres Einflusses auf die Menschenwelt.

M. Terentius Varro, Historiker, Theologe und Reformer, neben Cicero der wichtigste Zeuge für den klassischen Sprachgebrauch, hat seine *Altertümer der Religion* (*Antiquitates rerum divinarum*, abgefaßt um 50 v. Chr.) ebenfalls kultgeschichtlich aufgebaut: drei Bücher über Kultfunktionäre, drei über heilige Orte und Zeiten (›Ferien‹, Spiele, Circus, Theater), weitere drei Bücher über Heiliges (sacra), und zwar Weihungen, private und öffentliche sacra und schließlich als letztes, worüber Augustinus sich empört, die Götter, »denen dieser gesamte *cultus* gewidmet ist« (quibus iste universus cultus inpensus est⁵).

Im Begriff cultus ist die ›Richtigkeit‹ der Handlung nach den Kategorien Person, Zeit, Ort, Materie, Adressat (Götter, Tote) enthalten: Sie ist normiert und wird kontrolliert durch Brauch, Gewohnheit, Rechte und Gesetz (mos, consuetudo, iura, lex). Die jeweilige ›lex arae (templi)‹ regelt den Kult an einem bestimmten Kultplatz.

Ein umfassendes, allgemeines ›Rahmengesetz für Religion‹ (constitutio religionum), das nicht

---

1 Vgl. auch ›Mythem‹: CLAUDE LÉVI-STRAUSS, La structure des mythes (1955), in: Lévi-Strauss, Anthropologie structurale (1958; Paris 1974), 241; dt.: Die Struktur der Mythen, in: Lévi-Strauss, Strukturale Anthropologie I, übers. v. H. Naumann (Frankfurt a.M. 1967), 231.
2 CICERO, Inv. 2, 53, 161.
3 CICERO, Nat. 3, 2, 5.
4 Ebd., 1, 6, 14.
5 M. TERENTIUS VARRO, Antiquitates rerum divinarum, hg. v. B. Cardauns (Wiesbaden 1976), Bd. 1, Frg. 4; vgl. AUGUSTINUS, Civ. 6, 3.

nur für Rom, sondern für alle ›guten Völker‹ gelten sollte, hat Cicero im zweiten Buch seiner Schrift *Über die Gesetze* (*De legibus*) entworfen. Er faßt hier Religion durch Kult, nicht durch Philosophie oder Theologie; es werden Regeln gesetzt für a) das Verhalten und die Einstellung der Menschen (rein, fromm, schlicht); b) die zum Kult zugelassenen Gottheiten – nicht über Natur oder Existenz der Götter wird hier, im Unterschied zu dem religionsphilosophischen Werk gehandelt; sodann c) für die zur Abhaltung von Kulten geeigneten Orte (Haine, Tempel); d) über Kultfunktionäre, die das Kultgesetz (caerimoniae et sacra) auslegen, Spezialisten, die Vorzeichen deuten (interpretes); e) für Mysterien und Totenkult.

Der Kult (cultus, caerimoniae, sacra) ist Kern der römischen Religion. Diese Tatsache ist hervorzuheben, um die reale Grundlage der Wortgeschichte von Kult und ein klassisches Paradigma der religionswissenschaftlichen Begriffsbildung vorzustellen. Diese Darstellung darf aber nicht zu der Ansicht verführen, die römische Religion – und analog die hellenische – sei eine bloße ›Kultreligion‹, befangen in ›leeren, geist- und gefühllosen‹ Zeremonien, einem toten Ritualapparat. An den kultischen Kern schließen sich nämlich Mythos und Sage in bildender Kunst und Literatur, Religionsphilosophie und Geschichtstheologie an.

III. Kult und Kultkritik im westlichen Christentum

1. Kult als ›Dienst‹

Durch die lateinischen Übersetzungen der jüdischen und christlichen Bibel wird die lateinische Terminologie bereichert und modifiziert. Die wichtigste Erweiterung ist die Vorstellung vom ›Gottes-Dienst‹. Dienst, Knechtschaft (griech. latreía, lat. servitus) wird in der hellenischen und römischen Religion äußerst selten, in der jüdischen Bibel häufig gebraucht ('abodáh). In einer umfassenden komparatistischen Untersuchung von religiösen Grundbegriffen der griechischen und lateinischen Sprache unterscheidet Augustinus Sklaverei (griech. duleía) von Dienst (griech. latreía); im Lateinischen aber gebe es dafür leider nur ein Wort: servitus. Das lateinische Wort cultus könne für die Verehrung des wahren Gottes nicht gebraucht werden, da auch Menschen und Dinge verehrt und von der Wurzel colere die Worte Kolonie und Einwohner (incola) abgeleitet würden: »ideo Latine uno verbo significari cultus Deo debitus non potest«[6] (deshalb kann auf Latein der Gott geschuldete Kult nicht mit einem einzigen Wort bezeichnet werden).

Eine bessere Bezeichnung aber kann Augustinus nicht finden: denn religio (griech. threskeía) und pietas (griech. eusébeia) bezeichnen ebenfalls Beziehungen zu Gott und Mensch (Eltern) mit demselben Wort. Also bleibt es – mit vielen Reservationen – bei dem klassischen Ausdruck: Dei cultus.

Die teminologische Unsicherheit resultiert aus der Dreisprachigkeit des Christentums, aus dem Bestreben, den Kult der Christen auch verbal von dem jüdischen, hellenischen und römischen zu trennen und gleichzeitig von platonischer Magie und Theurgie abzugrenzen.[7] Überdies muß die kultkritische Tradition der jüdischen Prophetie und griechischen Philosophie verarbeitet werden. Seit dem 8. Jh. v. Chr. stellen die Propheten den Kult gegen die soziale und individuelle Moral.[8] Sie kritisieren weniger den Kult an sich als vielmehr a) den falschen Kult für Baal und die Himmelskönigin, b) den Opferkult außerhalb von Jerusalem, c) die Diskrepanz zwischen aufwendigem Kult und niederträchtigem Leben, Gotteslob im Tempel und Unterdrückung, Ungerechtigkeit, Blutvergießen in der Stadt. Radikaler bestimmt Seneca die stoische Religiosität: »deum colit qui novit«[9] (Gott verehrt, wer ihn weiß), alles andere ist Aberglaube.

Diese kultkritische Tradition läuft durch das *Neue Testament* und die Schriften der Gnosis, tritt mit der Entwicklung von Christuskult, Bilderkult,

---

6 AUGUSTINUS, Civ. 10, 1, 16–18; vgl. AUGUSTINUS, Contra Faustum, 20, 21, in: Corpus Scriptorum ecclesiasticorum Latinorum, Bd. 25 (Prag/Wien/Leipzig 1891), 562.
7 Vgl. AUGUSTINUS, Civ. 10, 10.
8 Vgl. Am. 5, 21; Mi. 6, 6–7; Jes. 1, 10–17; Jer. 6, 20; 7, 3.
9 SENECA, Epist. 95, 47; vgl. HILDEGARD CANCIK, Untersuchungen zu Senecas epistulae morales (Hildesheim 1967), 114ff.

Märtyrerkult, Heiligenkult, Reliquienkult, Marienverehrung in Spätantike und Mittelalter zurück, wird aber in der Reformation zum zentralen Beispiel in der Kritik einer Werkgerechtigkeit, die durch menschliches Bemühen sich selbst das Heil verschaffen will; insofern gilt: ›Kult ist Blasphemie‹.

2. Vom jüdischen zum christlichen Kult

Kultkritik und Kultstiftung stehen im *Neuen Testament* dicht beieinander. Jesus besucht Gottesdienste im Tempel von Jerusalem und in der Synagoge von Nazareth, Petrus und Johannes gehen zum Gebet in den Tempel. Die Ablösung der neuen Gruppe von der jüdischen Religion wird durch die Regel beschleunigt, daß ein Nichtjude, der Christianer werden will, nicht vor der Taufe zum Judentum übertreten muß.[10] Dementsprechend übernimmt der neue Kult zwar Elemente aus dem jüdischen: Sabbat/Sonntag, Pesah/Ostern, Taufe, Mahlfeier, Schriftlesung mit Predigt. Zentrale Teile des alten Kultes, das jüdische Zeremonialgesetz, besonders die Beschneidung und das blutige Opfer, wurden jedoch aufgegeben und durch Allegorese zur Vorstufe der eigenen Riten umgedeutet. Es ist offensichtlich, daß sich im Christentum durch diesen Ablösungsvorgang ein weiteres kultkritisches Potential aufbaute. Zu viel Kult – etwa die Beschneidung auch für Christianer – gilt als Rückfall in das Judentum, so wie der Ausbau des Opferkultes in der späteren Kirche als heidnische Versuchung gedeutet werden kann. Als theologische Begründung des eigenen Kultes war die Allegorese des jüdischen Kultes sehr fruchtbar. Die Tötung Jesu am Kreuz durch die Römer und der zentrale Kult der neuen Gruppe, die Eucharistie, wurden von vielen als ›Opfer‹ verstanden, das durch die Opfer von Abel, dem schuldlos Getöteten, und Melchisedek vorausbedeutet wird. Jesus selbst wird zum »Hohenpriester« (griech. ›arch-iereus‹), »Priester auf ewig nach der Ordnung des Melchisedek«[11]. Der jüdische Kult ist nur ein ›Anti-Typ‹ des wahren, ein »Schatten«[12] nur. Denn »das Blut des Christus« (Hebr. 9, 13) reinigt mehr als das Blut von Böcken und Stieren. Durch die Lösung von der Opferpraxis wird die Opferterminologie frei für eine immer üppigere Metaphorik. Das Opfer, in dem der Hohepriester »sich selbst dargebracht hat« (Hebr. 9, 14), kann nicht überboten und nicht wiederholt werden. Diese eindrucksvolle Auslegung gab späteren Theologen das Problem auf, wie die Beziehung zwischen dem einmaligen Kreuzesopfer und dem ›Meßopfer‹ zu denken sei, das immer wieder zu begehen ist.

Der »Neue Bund«, der ›Bund in den Herzen‹[13], unterscheidet sich vom Alten durch den Verzicht auf sog. Äußerlichkeiten: Gewissen, nicht Gesetz, Auslegung und Richter, stilles Gebet in der Kammer, nicht demonstratives Opferspektakel in der Öffentlichkeit, Schriftlesung und Predigt in der Synagoge, nicht pompöse Prozessionen. ›Nicht auf dem Garizim und nicht in Jerusalem werdet ihr anbeten‹, belehrt der johanneische Jesus die Samariterin am Brunnen – so werden die heiligen Orte entmächtigt: »die Stunde kommt, [...] wo sie den Vater verehren werden im Geiste und in der Wahrheit«[14]. Nicht Rinder oder Kostbarkeiten sollt ihr opfern, lehrt Paulus die Römer, sondern die Reinheit eurer Leiber ist ein »lebendiges, heiliges Opfer, euer vernünftiger Dienst«[15] (griech. ›logikē latreía‹; lat. ›rationabile obsequium‹ [Vulgata]). Die Stelle hat jüdische Parallelen[16] und ist benutzt bei Augustinus, Civ. 10, 1. Im himmlischen Jerusalem wird es dereinst kostbare Mauern und Fundamente geben, nur Licht, keine Nacht, sagt der Seher Johannes: »Und einen Tempel sah ich nicht in der Stadt«[17] – »ein für die alte Synagoge unvollziehbarer Gedanke! Die Erbauung des Heiligtums ist das allerselbstverständlichste Stück altjüdischer Zukunftshoffnung gewesen.«[18] So endet der jüdische Kult in der christlichen Eschatologie.

---

10 Vgl. Act. 15; 16, 3.
11 Hebr. 7, 17 mit Auslegung von Gen. 14, 17–20 u. Ps. 110, 4.
12 Hebr. 9, 1 ff.; 9, 24; 10, 1.
13 Jer. 31, 31–35.
14 Joh. 4, 20; vgl. OSCAR CULLMANN, Urchristentum und Gottesdienst (Zürich ⁴1962), 80 ff.
15 Röm. 12, 1.
16 Vgl. PAUL BILLERBECK, Kommentar zum Neuen Testament aus Talmud und Midrasch III (1926; München 1969), 26.
17 Apk. 21, 22.
18 BILLERBECK (s. Anm. 16), 852.

3. Kult-Mystik, Bilderkult, Liturgiegeschichte

Die alten jüdischen, hellenischen, römischen und die neuen christlichen Worte, Bilder, Modelle, Begriffe für Kult sind die sanktionierte Tradition, an und mit der die Nachantike arbeitet. Das westliche Christentum erhielt im 9. Jh. durch die lateinischen Übersetzungen des Dionysius Areopagita (um 500) einen weiteren Schub christlich-neuplatonischer Theologie und Sakramenten-Mystik. Die »Hierarchie der Kirche« steht in Analogie zu der »Hierarchie der Engel«[19]: Dies bedeutet auch eine besondere Sinngebung für die Rolle des Priesters bzw. die drei Stände des Priestertums. Der oberste Grad, der Hierarch (Bischof), weiht die unteren Stände, das göttliche Öl und die Altäre, der Priester leitet die Täuflinge an, der Diakon besorgt die Reinigungen. Die niederen Stände können nicht die Aufgabe der höheren erfüllen. Die Riten sind ›Zeichen‹, die stufenweise zu immer tieferer Erkenntnis der ›Geheimnisse‹ (Mysterium) und schließlich zur Erleuchtung führen. So werden Taufe (griech. photismós – Erleuchtung), Firmung, Eucharistie, Ölweihe, die Weihen der Priester und die Bestattung beschrieben und gedeutet.

Der Gebrauch von Bildern im christlichen Kult war eine umstrittene Neuerung: Das jüdische Bilderverbot wirkte durch das *Alte Testament* fort; der Kampf gegen den Bilderkult der Griechen und Römer war ein fester Topos christlicher Missionspredigt. Aber der pädagogische Nutzen der Bilder war groß, zumal für Analphabeten. Gregor I. schreibt an Serenus von Marseille (600 n. Chr.): »nam quod legentibus scriptura, hoc idiotis praestat pictura«[20] (denn was den Lesern die Schrift, ist den Unkundigen das Bild). Das Bild darf verehrt, aber nicht angebetet werden (colere – adorare), es ist Kultgerät, nicht Kultobjekt. Denn, so definiert das 2. Konzil von Nicaea (787) gegen die ›Bilderstürmer‹ (Ikonoklasten): Anbetung (latreía) gebührt nur der göttlichen Natur.[21] Die Anschauung der Bilder erweckt die Erinnerung an und die Sehnsucht nach den Urbildern; deshalb wird beschlossen: »Si quis evangelicas historias imaginibus expressas non admittit, anathema sit.«[22] (Wenn jemand Abbildungen der evangelischen Geschichten nicht zuläßt, der sei gebannt.) Da der Status der Abbilder im Christentum, insofern es eine Buchreligion ist, unsicher bleibt, hat die Kirchen-, Kult- und Luxuskritik der folgenden Jh. immer wieder den Konflikt zwischen Wort und Bild erneuert.

Um 841 schrieb Walahfried Strabo sein Büchlein *Vom Ursprung und Wachstum der christlichen Liturgie*. Es gehört zu jenem alten und seltenen Typus der antiken Historiographie, die im Rahmen der Völkerkunde und Kulturgeschichte die Religionsgeschichtsschreibung entwickelt hat. Herodot handelt im zweiten Buch seines Geschichtswerks auch über die ägyptische Religion; Lukas beschreibt in der Apostelgeschichte die Entstehung und Verbreitung der christlichen Kirche; Lukian hat eine Schrift verfaßt *Über die syrische Göttin* (*De Syria dea*). Walahfried hat, soweit ich sehe, die erste erhaltene, umfassende, historisch-kritische Darstellung dieses Gegenstandes in lateinischer Sprache gegeben. Neben die mystische Meditation über den Hintersinn von liturgischen Handlungen und Abstufungen der Hierarchie tritt hier wissenschaftliche Forschung, nicht Schau von Geheimnissen, sondern Zweifel und das Bekennen von Nichtwissen: »Die apostolischen und evangelischen Lesungen, wer sie zuerst vor der Feier des Opfers eingerichtet hat, das ist gar nicht so sicher.« (Lectiones apostolicas vel evangelicas quis ante celebrationem sacrificii primum statuerit, non adeo certum est.[23])

---

19 DIONYSIUS AREOPAGITA, De coelesti hierarchia/De ecclesiastica hierarchia, in: MIGNE (PG), Bd. 3 (1857), 120 ff., 367 ff.
20 GREGOR I. an Serenus von Marseille, in: MIGNE (PL), Bd. 77 (1849), 1128 f.
21 Vgl. Concilium Nicaenum II, in: HEINRICH DENZINGER/ADOLF SCHÖNMETZER, Enchiridion symbolorum definitionum et declarationum de rebus fidei et morum (Freiburg ³⁴1967), Nr. 600–609.
22 Ebd., Nr. 607; vgl. HORST BREDEKAMP, Kunst als Medium sozialer Konflikte. Bilderkämpfe von der Spätantike bis zur Hussitenrevolution (Frankfurt a.M. 1975); MARTIN WARNKE (Hg.), Bildersturm. Die Zerstörung des Kunstwerks (München 1973).
23 WALAHFRIED STRABO, Liber de exordiis et incrementis quarundam in observationibus ecclesiasticis rerum (um 841), hg. v. A. Knoepfler (München 1899), 23.

4. ›Cultus Dei‹ bei Thomas von Aquin

Eine andere Form der Darstellung des Kultus bietet – nach platonisierender Mystik, Konzilsdogmatik und Liturgiegeschichte – die Disputationskunst des Thomas von Aquin, des in aristotelischer Tradition geschulten Universitätslehrers vom neuen Orden der Predigermönche. Der ›cultus Dei‹ hat in seiner *Summa theologica* seinen systematischen Ort an zwei Stellen: a) bei der Frage nach dem Sinn und der Gültigkeit der Gesetze des Alten Bundes für die Christen, insbesondere der jüdischen Ceremonialvorschriften (praecepta caerimonialia[24]) für den »äußeren Kultus« (cultus exterior[25]); b) bei der Frage nach dem Wesen des Sakraments an sich, der Notwendigkeit für das Heil des Menschen, der Ursachen und Wirkungen, sowie der Anzahl der Sakramente.[26] Die ebenso materialreichen wie subtilen Fragen, Einwände und Antworten bieten die allgemeine Grundlegung von Kult und die Analyse der einzelnen Sakramente in einem konsistenten System.[27] Der jüdische Kult hat – für die Christen – nur eine ›bildliche‹ Bedeutung: Er weist im ganzen und in allen Einzelheiten auf das letzte Opfer voraus, das Opfer Christi am Kreuz (»Cultus autem legis figurabat mysterium Christi«[28]). Deshalb ist es sinnlos, wenn Getaufte sich nachträglich beschneiden lassen oder an jüdischen Zeremonien teilnehmen, ja es wird als Todsünde bestraft.[29] Die Sakramente des Alten Bundes vermitteln nicht an sich Gnade, sondern nur »insofern sie Zeichen der künftigen Passion Christi sind«: »inquantum [...] signum passionis Christi futurae«[30].

Das Sakrament, so definiert Thomas, gehört zur Klasse der Zeichen, und zwar der sinnlich wahrnehmbaren Zeichen (»sacramentum ponitur in genere signi«[31]). Nicht jedes Zeichen ist sinnlich; nicht jedes Zeichen für eine heilige Sache ist ein Sakrament. Das Sakrament ist Erinnerungszeichen (signum rememorativum), denn es erinnert an Taufe oder Passion Christi, es ist aufweisendes Zeichen (demonstrativum): es zeigt die an uns gewirkte Gnade; es weist voraus (signum prognosticum) auf die kommende Herrlichkeit.[32] Trotz seiner mehrfachen Bedeutung ist das Sakrament kein undeutliches Zeichen (signum ambiguum), sondern ein sicheres (certum). Die Zeichenhandlungen müssen durch Worte ergänzt werden, damit die Absicht (intentio) des Handelnden eindeutig wird. Zur Theorie der Zeichen tritt die von ›Wille, Tun und Werk‹ (agere, actus; operare, opus). Können schlechte Menschen Sakramente spenden? Antwort: ja. (»Ministri Ecclesiae possunt sacramenta conferre, etiam si sint mali.«[33]) Ist die Intention des Spenders für die Wirkung notwendig? Antwort: ja.[34] Die Differenziertheit dieser Bestimmungen über Funktion und Wirkung eines Rituals könnte auch Ritualwissenschaftler durchaus erfreuen. Infolge von Unverständnis und massivem Mißbrauch durch die Kleriker der allein herrschenden römischen Kirche, aber auch durch konkurrierende Traditionen, Argumente und Ansätze zur Reform wurde dieses Verständnis von Kult und Sakrament immer wieder kritisiert, von Petrus Waldes, John Wicliff und Jan Hus bis Martin Luther. Hus (ca. 1370–1415) hat die mittelalterliche Kirchenkritik systematisch gefaßt: Er betont Schrift, Moral, Glaube (fides caritate formata) gegen Ablaß, Ohrenbeichte, Transsubstantiationslehre, Bilderdienst, gegen die Kirche als juristische Anstalt, die aufgeblühte Hierarchie und die unchristlichen Priester, die die Bauern unterdrücken.[35]

5. Der Kult als Werk bei Martin Luther

Luthers Sermon *Von dem neuen Testament* (1520) trägt den zusätzlichen Titel ›... das ist von der hei-

---

24 THOMAS VON AQUIN, Summa theologica 1, 2, q. 101–103.
25 Ebd., q. 101, a. 2.
26 Ebd., 3, q. 60–90, dazu das Supplementum.
27 Vgl. JOSEPH LÉCUYER, Réflexions sur la théologie du culte selon St. Thomas, in: Revue Thomiste (1955), 339–362.
28 THOMAS VON AQUIN, Summa theologica 1, 2, q. 102, a. 6.
29 Ebd., 1, 2, q. 103, a. 4.
30 Ebd., 3, q. 62, a. 6.
31 Ebd., 3, q. 60, a. 1.
32 Ebd., 3, q. 60, a. 1–3; vgl. ebd., q. 73, a. 4.
33 Ebd., 3, q. 64, a. 5.
34 Ebd., 3, q. 64, a. 8.
35 Vgl. JAN HUS, De ecclesia, cap. 8; cap. 11; cap. 236.

ligen Messe‹.³⁶ Es geht um die Eucharistie, das Sakrament des Neuen Bundes (»Testaments«), das nicht etwa als Meßopfer verstanden werden darf. Nichts bleibe von der Messe, daß sie ein Opfer heißen kann: »Ich sage, daß nichts bleibt, dann stracks und kurzum, wir müssen die Messe bleiben lassen ein Sacrament und Testament, welche nicht sein noch mögen ein Opfer sein, so wenig als die ander Sacrament, Taufe, Firmung, Buße, Ölung etc.«³⁷ Deshalb soll mit dem Wort ›Opfer‹ vorsichtig umgegangen werden (vgl. 368). Nicht der Priester opfert Christum, sondern wir sollen uns selbst Christo opfern (vgl. 368 f.). Luther zitiert u. a. Hebr. 13, 5 und Ps. 110, 6, woraus andere Ausleger wiederum Priestertum und Meßopfer legitimieren.

Mit dieser entschiedenen Spiritualisierung des Opfers wird der Kern des herrschenden Kultverständnisses getroffen. Die Lehre der römischen Kirche bleibt fest³⁸: Die Messe ist ein wahres Opfer, nicht nur Lob und Dank. Für die Reformatoren ist die Messe weder Opfer noch ›ein gutes Werk‹ (opus), mit dem der Mensch sich den Himmel verdienen könnte. Gegenüber der Aktion tritt das Wort, das die Gnade vermittelt, und der Glaube des Empfangenden in den Vordergrund. Die Wirkung des Sakraments durch sich selbst, als opus operatum, sei dagegen ›heidnisch‹. So rückt die Verkündigung des Wortes, Lesung, Predigt in das Zentrum des Kultes. Der Gottesdienst wird rationaler, man reduziert die Riten, den Kirchenschmuck, das Kultgerät, den bunten Prunk der Hierarchen: Kunst ist Luxus. Aber, im Unterschied zu den radikalen Hussiten, zu Ulrich Zwingli und Johann Calvin, die die Bilder aus den Kirchen entfernen, werden die deutschen Reformatoren keine Ikonoklasten.³⁹ Das Wort wird gehört, nicht gesehen: Und selig sind, die nicht sehen und doch glauben. Das begünstigt, so meint man, die Musik. Andererseits hat der Wechsel des Paradigmas der bildenden Kunst nicht geschadet. Im Gefolge der italienischen Renaissance entfalten sich die Künste auch in den reformierten Ländern.⁴⁰

6. *Kult in der ›Religionsgeschichtlichen Schule‹*

In den theologischen Wissenschaften beider Konfessionen wurde seit dem Ende des 19. Jh. Kult (›Kult und Mythos‹, ›Kult und soziale Gruppe‹) zu einem neuen Schwerpunkt neben den alten Standardthemen in Dogmatik und Moral, Auslegung, Literarkritik und Kirchengeschichte. Dabei gaben die neuen Forschungen von Ethnologie und Folkloristik, vergleichender Religionswissenschaft und klassischer Philologie einen gewissen Anstoß. Die wichtigsten Philologen waren Erwin Rohde, Hermann Usener, Albrecht Dieterich, Richard Reitzenstein, Georg Wissowa, Franz Cumont, Ulrich von Wilamowitz-Moellendorff und Eduard Norden. An der evangelischen Fakultät der Universität Göttingen und im Theologischen Stift bildet sich um 1890 eine Arbeitsgemeinschaft jüngerer Theologen, die später den Namen *Religionsgeschichtliche Schule* erhielt: Wilhelm Bousset (1865–1920), Albert Eichhorn (1856–1926), Hermann Gunkel (1862–1933), Wilhelm Heitmüller (1869–1926); Ernst Troeltsch (1865–1923) gilt als der ›Systematiker‹ der Schule.⁴¹ Sie war liberal und dachte radikal geschichtlich – wie einst die *Tübinger Schule* unter Ferdinand C. Baur und David F. Strauß – und hatte den Mut, auch die Konsequenzen entschiedener Wissenschaftlichkeit durchzustehen: Forderung der Trennung von Kirche und Theologie, Popularisierung wissenschaftlicher Theologie. Die Schule stellte die Vor- und Frühgeschichte des

---

36 Vgl. CARL FREDRIK WISLØFF, Abendmahl und Messe. Die Kritik Luthers am Meßopfer (Berlin/Hamburg 1969).

37 MARTIN LUTHER, Von dem neuen Testament (1520), in: Luther, Werke. Kritische Gesamtausgabe, Bd. 6 (Weimar 1888), 367.

38 Vgl. Concilium Tridentinum (1562), in: DENZINGER/SCHÖNMETZER (s. Anm. 21), Nr. 1751–1759; vgl. LEO XIII., Epistula Encyclica ›Caritatis studium‹ (1898), in: ebd., Nr. 3339.

39 Vgl. JOSEF MACEK, Die Hussitenbewegung in Böhmen, hg. zum 550. Jahrestag der Verbrennung des Magisters Johannes Hus, übers. v. E. Jiériécek (Prag 1965).

40 Vgl. WERNER HOFMANN (Hg.), Luther und die Folgen für die Kunst [Ausst.-Kat.] (München 1983).

41 Vgl. GERD LÜDEMANN/MARTIN SCHRÖDER, Die Religionsgeschichtliche Schule in Göttingen: Eine Dokumentation (Göttingen 1987); KARSTEN LEHMKÜHLER, Die Bedeutung des Kultus für das Christentum der Moderne. Eine Diskussion zwischen W. Bousset und E. Troeltsch, in: G. Lüdemann (Hg.), Die Religionsgeschichtliche Schule: Facetten eines theologischen Umbruchs (Frankfurt a. M. 1996), 207–224.

Christentums in den Zusammenhang der mediterranen Religionsgeschichte; sie betonte Volksfrömmigkeit und Kult, suchte empirische Resultate im Rahmen (historischer) Psychologie und Soziologie. Religion, das ist hier Kult, ist ›früher‹ als Theologie; es geht um die praktizierte Religion der frühen Christen, nicht um eine Theologie des *Neuen Testaments*. Theologie hat ihren ›Sitz im Leben‹, im Kult, dessen Rationalisierung sie ist. Der Kult ist eine Situation auch der mythischen und, indirekt, der theologischen Literatur.

Diese Positionen wurden von Vertretern der ›kultgeschichtlichen Methode‹, zumal in England und Skandinavien, fortgeführt. Sigmund Mowinckel gibt der Struktur des Festes den Rang eines universalen Deutungsmusters: »Der Kult ist nicht nur ursprünglich, sondern überall und immer ein Drama. Kult ist heilige Kunst.«[42] Der typische Ablauf großer Feste, ihr kultisches ›Muster‹ (pattern, structure) formiert literarische Gattungen, steuert den Aufbau poetischer Texte. Wichtige Muster sind das sog. ›sakrale Königtum‹ mit dem ›Thronbesteigungsfest‹ in Babylon und Jerusalem, die sog. ›Heilige Hochzeit und das Neujahrsfest‹.[43] Die historische Rekonstruktion dieser Muster und ihre intrakulturelle Reichweite sind oft sehr unsicher, die Relevanz der nicht-religiösen Bereiche der Kultur für Genese und Ausdifferenzierung von Recht, Weisheit, Kunst, Literatur bleibt unklar. Diese Probleme können aber den methodischen Ansatz der *Religionsgeschichtlichen Schule* und der kultgeschichtlichen Methode nicht diskreditieren.

42 SIGMUND MOWINCKEL, Psalmenstudien II: Das Thronbesteigungsfest Jahwäs und der Ursprung der Eschatologie (Oslo 1922), 21; vgl. MOWINCKEL, Religion und Kultus (Göttingen 1953); MOWINCKEL, ›Kultus‹, in: RGG, Bd. 4 (³1960), Sp. 120–126; SAMUEL HENRY HOOKE (Hg.), Myth and Ritual (Oxford 1933).
43 Vgl. CHRISTOPH AUFFARTH, Der drohende Untergang. ›Schöpfung‹ in Mythos und Ritual im Alten Orient und in Griechenland (Berlin/New York 1991).
44 Vgl. RICHARD FABER, Politischer Katholizismus. Die Bewegung von Maria Laach, in: H. Cancik (Hg.), Religions- und Geistesgeschichte der Weimarer Republik (Düsseldorf 1982), 136–158.
45 ODO CASEL, Die Liturgie als Mysterienfeier (Freiburg 1922), 10.
46 Ebd., VII.

7. Die ›Liturgische Bewegung‹

Die ›Liturgische Bewegung‹ ist eine Reformbewegung des gebildeten katholischen Mittelstandes.[44] Sie ist akademisch geprägt (›Kulturkatholizismus‹) mit ihrer Freude an Latein und gregorianischem Gesang, an (neo-)romanischer Architektur und byzantinisierender Malerei. Der archaisierende Stil war im konservativen Milieu der Weimarer Republik durchaus zeitgemäß. Das Manifest der Bewegung schrieb der in der akademischen Jugend besonders einflußreiche Theologe und Seelsorger Romano Guardini: *Vom Geist der Liturgie* (1918). Eine wissenschaftliche Grundlegung, die an die Ergebnisse der klassischen Philologie und der neuen *Religionsgeschichtlichen Schule* anknüpft, gab der Benediktiner Odo Casel. Er akzentuiert den Opferkult als Zentrum der katholischen Liturgie, nicht die Mahlgemeinschaft, das Mysterium, nicht Lesung und Auslegung. Casel nennt ausdrücklich Wilhelm Bousset[45] als einen Vorläufer, der – gegenüber Adolf v. Harnack – wieder auf die Bedeutung des Kultes hingewiesen habe – eine wichtige Verbindung zur *Religionsgeschichtlichen Schule*. Träger der Bewegung sind die Benediktinerabteien in Beuron und Maria Laach, letztere unter der Führung des gelehrten Abtes Ildefons Herwegen (1874–1946). Als ›Meßbuch‹ für die Laien wird ›der Schott‹ – benannt nach dem Benediktiner Anselm Schott (1843–1896) – verbreitet, eine zweisprachige Kleinausgabe des *Missale Romanum* mit liturgischen Erläuterungen. Die Bewegung will das Wesen des Katholizismus vom Kult her bestimmen. Die objektivierende und ordnende Kraft der Liturgie, konzentriert in Männerbund und Mönchtum, wird gegen den »Industrialismus, Mammonismus, Demokratismus«[46] gestellt, Mystik gegen Rationalismus, die Kirche als mystischer Leib Christi gegen den Subjektivismus der modernen Gesellschaft. So beförderte gerade eine kultisch ausgerichtete Religion Teile des deutschen Katholizismus auf dem Weg ins Dritte Reich. Es ist bemerkenswert, daß II. Vatikanische Konzil (1962–1965) in Deutschland keine neue Liturgiebewegung ausgelöst hat. Wie die christlichen Großkirchen in Konkurrenz mit den schönen neuen Medienwelt, unter dem Druck der Professionalisierung und Kommerzialisierung von Bildung und Unterhaltung ihren Kult weiterhin realisieren werden, ist unklar.

Hubert Cancik

IV. Kultästhetik als Forschungsgegenstand: Der wissenschaftliche Kult-Begriff in Religionswissenschaft und Kulturanthropologie

1. Kult geht vor Mythos: Der ritualistische Paradigmawechsel der Jahrhundertwende

Der Kult-Begriff hat sich im kulturwissenschaftlichen Sprachgebrauch seit dem 19. Jh. etabliert. Er ersetzt und systematisiert die überkommenen theologischen Begriffe Zeremonie (›caerimonia‹) und Gottesdienst. In der älteren Form Kultus – so z. B. noch bei Friedrich Nietzsche[47] – verweist er auf seine Wurzeln in der christlichen, insbesondere katholischen liturgischen Praxis, die wiederum in der römischen Antike gründet. Seine heutige wissenschaftliche und ästhetische Aussagekraft muß daran bemessen werden, daß Kult neben seiner christlichen Tradition Konnotationen aus drei Diskursen neuzeitlicher Religionsbeschreibung einbezieht:
- dem Humanismus bzw. Paganismus der Altertumswissenschaften;
- dem religionsethnologischen und volkskundlichen Ritualismus;
- dem Exotismus und Primitivismus der europäischen Neuzeit, zumal der bourgeoisen Imagination und avantgardistischen Exploration zwischen Romantik und Expressionismus.

Am Ausgangspunkt einer nichttheologischen Kultanalyse und Kultästhetik stand die Altertumswissenschaft[48]: Die Erforschung antiker, insbesondere altrömischer Religion vermittelte dem christlichen Europa der Neuzeit Formen polytheistischer Religionspraxis. Kult – als zunächst christlicher ›cultus dei‹ – konnte somit zu ›cultus deorum‹ repaganisiert und zur Bezeichnung neuer, zunächst antikisierender Verehrungsformen verwendet werden (›culte de la raison‹: Französische Revolution). In antiklassizistischer und antichristlicher Engführung konnotierte Kult insbesondere

den Mysterienkult (›Geheimkult‹) und die ›órgia‹, ›orgiastische‹ Kult- und Festpraxis (Dionysoskult, Mysterien von Eleusis, Magna Mater). Kult in diesem Sinn bot, zumal im 19. Jh., ein lust- und geheimnisvolles Gegenmodell zu Bürgerlichkeit und christlicher Moral.

Während im 19. Jh. infolge des Siegeszugs von Philologie und vergleichender Sprachwissenschaft Religion bisweilen auf ein sprachliches Geflecht von Götternamen und -etymologien verengt wurde (Friedrich Max Müller, Hermann Usener), vollzog sich um die Jahrhundertwende ein Paradigmawechsel: In oft polemischer Gegensetzung lösten Kult und Ritual Mythologie als Leitidee der Religionsanalyse ab. Handlung wurde nicht nur als konstitutiv für Religion erkannt und untersucht, sondern auch als prioritär gegenüber Mythos behauptet. Riten oder – mit einem Anglizismus – Rituale traten ins Zentrum der Aufmerksamkeit. Stammes- oder Pubertätszeremonien, Opfer und Fest, Erntebrauch und Wetterzauber. Der Ritualismus faßte Kult in doppeltem Sinn neu: als soziales Ereignis, vollführt durch eine Gemeinschaft von Handelnden (William Robertson Smith), und als Komplex von rituellen Handlungen.

Verantwortlich für diesen Umschwung waren einmal die großen Synthesen der angelsächsischen ›comparative anthropology‹ und der von ihr beeinflußten altertumswissenschaftlichen Forschung (James G. Frazer, Jane Harrison), zum anderen das spätromantische Interesse an Sitten und Gebräuchen der – wegbrechenden – bäuerlichen Kultur Europas (Wilhelm Mannhardt, Albrecht Dieterich).[49] Beide Richtungen ergänzten und bestärkten sich gegenseitig. Mit Edward B. Tylors Kulturtheorie erhielt die Antike eine rezente Dimension

---

[47] FRIEDRICH NIETZSCHE, Menschliches, Allzumenschliches I (1878), in: NIETZSCHE (KGA), Bd. 2 (1980), 112, 123.

[48] Vgl. RENATE SCHLESIER, Kulte, Mythen und Gelehrte. Anthropologie der Antike seit 1800 (Frankfurt a. M. 1994); HANS G. KIPPENBERG, Entdeckung der Religionsgeschichte. Religionswissenschaft und Moderne (München 1997).

[49] Vgl. BERNHARD LANG, ›Kult‹, in: Handbuch religionswissenschaftlicher Grundbegriffe, Bd. 3 (Stuttgart 1993), 474–488.

an ›Überlebseln‹ (›survivals‹)[50], an ›noch‹ heute beobachtbaren Kultur- und Kultfragmenten. Durch Mannhardt und dessen Hauptwerk *Wald- und Feldkulte* (1875–77) wurde umgekehrt das zeitgenössische Bauernleben mit einer historischen Tiefendimension ausgestattet, die bis in eine nur undeutlich imaginierte, doch dadurch desto faszinierendere ›Vorzeit‹ führte: ›Urältestes‹ fand sich plötzlich vor der Haustür. Die Archaisierung von Erntefesten und Kirchweihbräuchen zu ›heidnischen Kulten‹ machte die vorfindlichen agrarischen Rituale zu Zeugen einer Vergangenheit, die vermeintlich über die antiken Hochkulturen hinaus bis in die Prähistorie ausgriff. Damit tat sich ein weites Feld an moderner Mythenbildung auf, das maßgeblich den Vorstellungshorizont literarischer Imagination des 20. Jh. beeinflußte. Einflußreichster Vermittler und genialer Poet kultischer Szenarien war James George Frazer mit seinem monumentalen Wissenschaftsepos The Golden Bough ([1]1890; [2]1900 in 3 Bdn.; [3]1906–1915 in 12 Bdn.), Findbuch und Zettelkasten für Kulte aus aller Welt. Mannhardt, Frazer und die altphilologische Schule der ›Cambridge Ritualists‹ um Jane Harrison[51] bevölkerten die Phantasie der Jahrhundertwende mit Bauern, die von Vegetationsgeistern wie dem »eniautós daimon«[52] (Jahresdaimon) oder »theriomorphischen Korndämonen«[53] umgetrieben wurden, mit magischen Praktiken aus Zauberbüchern (z. B. Albrecht Dieterichs *Abraxas* [1891]) und barbarischen Zerreißungsriten.

Die massive Einspeisung von ethnologischem Material in die Kultdiskussion führte zu einer folgenreichen ›Primitivisierung‹ der Kultvorstellung. Statt des Olymp traten Mysterienkulte ins Blickfeld von Forschung und Öffentlichkeit, die ›Nachtseite‹ der Antike, das Dunkle, Geheimnisvolle, Unerhörte. Neue ästhetische Modelle und Kultvorstellungen wurden populär. Ezra Pound (*Cantos* [1917 ff.]), Thomas S. Eliot (*The Waste Land* [1922]) und die moderne Märchenwelt der Fantasy-Literatur (z. B. Marion Zimmer Bradleys *The Mists of Avalon* [1982]) zehrten davon.

Der Polarisierung zwischen Mythos- und Ritualpräferenz lag methodisch unter anderem die Auseinandersetzung zwischen textbezogen, philologisch arbeitenden Forschern und solchen, die ethnographisches Beobachtungsmaterial und archäologische Artefakte hinzuzogen, zugrunde. Betrachtet man jedoch nach fast einem Jh. die Bemühungen, allgemeine Modelle des Zusammenhangs zwischen Mythos und Ritual in Kulten zu erarbeiten, so ist heute eine differenzierende Anschauung angebracht. Nicht überzeugen konnte die essentialistische Verbindung von Mythos und Kult, die der Altphilologe Walter F. Otto (*Dionysos: Mythos und Kultus* [1933]), vortrug (beides sind gleichermaßen gültige ›Urphänomene‹ der ›Begegnung mit dem Übermenschlichen‹) und die davon abhängigen Arbeiten aus der Frankfurter Schule des Ethnologen Leo Frobenius, beispielsweise Adolf E. Jensens *Mythos und Kult bei Naturvölkern* (1951). Der verhaltenstheoretische Ansatz eines Walter Burkert, nach dem sich Mythos und Ritual auf vergleichbare biologische Verhaltensprogramme zurückführen lassen (*Homo necans* [1972]), schlägt die Brücke zu kommunikations- und handlungsorientierten Kultästhetiken, ist jedoch durch seine Engführung von Ritual auf blutige Opfer nur bedingt aussagekräftig.

2. ›Körper in Bewegung‹: Körper, Geste, Ritem – Kult als Form ritueller Kommunikation

Weiterführend scheinen hingegen Überlegungen, die Kulte als Teile von »sozialen Dramen« (Victor Turner)[54] bestimmen und auf Handlung (›Interaktion‹ im Ritual bzw. ›Ritem‹), Kommunikation und Körperlichkeit beziehen. Wer den aktuellen

---

50 Vgl. EDWARD BURNETT TYLOR, Primitive Culture. Researches into the Development of Mythology, Philosophy, Religion, Art, and Custom (London 1871).
51 Vgl. JANE ELLEN HARRISON, Prolegomena to the Study of Greek Religion (Cambridge 1903).
52 HARRISON, Themis. A Study of the Social Origins of Greek Religion (1912; Cambridge [2]1927), 223.
53 WILHELM MANNHARDT, Mythologische Forschungen aus dem Nachlasse, hg. v. H. Patzig (Straßburg 1884), 201.
54 VICTOR TURNER, Social Dramas and Stories about them, in: Turner, From Ritual to Theatre. The Human Seriousness of Play (New York 1982), 61–88; dt.: Soziale Dramen und Geschichten über sie, in: Turner, Vom Ritual zum Theater. Der Ernst des menschlichen Spiels, übers. v. S. M. Schomburg-Scherff (Frankfurt a. M./New York 1989), 95–139.

IV. Kultästhetik als Forschungsgegenstand

Stand der Erforschung und Interpretation kultischer Ästhetik (nicht: den Gebrauch von ›Kult‹/ ›Kultisch‹ als ästhetischer Kategorie) überblickt, wird Kult vorwiegend über dessen rituelle, handlungsorientierte und symbolische Bedingtheit verhandelt finden.

Ein wegweisender Anstoß für die moderne Analyse kultischer Ästhetik ging von der Kunstgeschichte aus. Aby Warburg (1866–1929) entwickelte kurz nach der Jahrhundertwende ein Forschungsprogramm, das den menschlichen Körper als ästhetisches Ausdrucksmittel begriff: Haltungen, Gebärden, Gesten, wie sie in jeder Zeit und über die Zeiten hinweg den Körpern eigen waren, wie sie mittels sozialen Umgangs angeeignet und in den Künsten verbildlicht wurden, entdeckte Warburg als kulturelle Bedeutungsträger, als ›Pathosformeln‹, deren sozialer und psychologischer Gehalt jeweils zu entziffern war. Damit war der Weg frei, Körperstellungen und -handlungen nicht mehr allein nach der Kategorie des Schönen zu bewerten, sondern als psychische Ausdrucksmittel und Medium sozialer Botschaften zu verstehen.

Daß sich in Kulten »Körper in Bewegung«[55] und im Austausch befinden, diese naheliegende Beobachtung brauchte ihre Zeit auf dem Weg zur theoretischen Erkenntnis: Erst die Verhaltenswissenschaft, die die Ritualisierung (»ritualization of behaviour«[56]) bei Mensch und Tier studierte, sowie Handlungsmodelle, die die angelsächsische Sozialpsychologie, Wissenssoziologie und Kulturbzw. Sozialanthropologie hervorgebracht haben, nahmen den Körper als ›Kommunikationsorgan‹[57] ernst. Entscheidend war die Einbettung sozialer Handlungen in eine anthropologisch fundierte Kommunikationstheorie, wie sie beispielsweise George Herbert Mead und Mary Douglas vorgenommen haben: Mead schlug eine Brücke zwischen Handlung und Kognition, zwischen den Interaktionen von Personen (z. B. Kultteilnehmern) und der Konstitution von (sozialem) Wissen – und, infolgedessen, kollektiver wie individueller Identität (›symbolischer Interaktionismus‹). Die englische Sozialanthropologin Mary Douglas betonte, wie übrigens auch Norbert Elias in seiner weitergreifenden Zivilisationstheorie, die Rolle, die Ritualen als Mittel symbolischer Körperkontrolle zukommt: Je stärker der soziale Druck, desto größer sei die rituell erzwungene und erwartete Distanz zur eigenen, physischen Körperlichkeit.[58] Umgekehrt verweisen rituelle Ausdrucksformen, die Außenstehenden unkontrolliert, exaltiert, grotesk oder obszön erscheinen, auf die Peripherie der jeweiligen Gesellschaft. Wie Ioan M. Lewis in einer einflußreichen Studie über Trance-Kulte festgestellt hat, unterscheidet sich die ästhetische Praxis gesellschaftlich und machtpolitisch ›zentraler moralischer Religionen‹ von derjenigen ›peripherer Kulte‹ (»main morality possession religions« bzw. »central possession religions« vs. »peripheral cults«[59]) in der Lockerung gesellschaftlicher und religiöser Restriktionen, in den Freiheiten und Zügellosigkeiten des Körpers sowie in dessen vermehrter und teilweise aggressiver Rollenpräsenz und Zeichensetzung.

Hier schließen kultursemiotische Ansätze wie derjenige der »symbolic anthropology«[60] an, die den allgemeinen Zeichencharakter gesellschaftlicher Tatsachen postulieren: Handlungen sind gesellschaftlich erzeugte ›Texte‹, die beispielsweise im Rahmen von Kulten ›publiziert‹ und ›gelesen‹ werden können. Als symbolisch vermittelte Modelle vermitteln sie religiöse Inhalte wie sie Bedeutung

---

55 AUGUST NITSCHKE, Körper in Bewegung. Gesten, Tänze und Räume im Wandel der Geschichte (Stuttgart 1989).
56 JULIAN HUXLEY, A Discussion on Ritualization of Behaviour in Animals and Man. Introduction, in: Philosophical Transactions of the Royal Society of London, Series B, Biological Sciences, Bd. 251 (1966), 249–271.
57 Vgl. MARY DOUGLAS, Natural Symbols. Explorations in Cosmology (1970; Harmondsworth ²1973), 16 f.; dt.: Ritual, Tabu und Körpersymbolik, übers. v. E. Bubser (Frankfurt a. M. 1981), 8 (dort auf einen bestimmten Gesellschaftstyp bezogen).
58 Vgl. ebd., 103 f.; dt.: 112 f.
59 IOAN M. LEWIS, Ecstatic Religion. An Anthropological Study of Spirit Possession and Shamanism (Harmondsworth 1971), 34.
60 JANET L. DOLGIN/DAVID S. KEMNITZER/DAVID M. SCHNEIDER (Hg.), Symbolic Anthropology. A Reader in the Study of Symbols and Meanings (New York 1977); CLIFFORD GEERTZ, Religion As a Cultural System, in: M. Banton (Hg.), Anthropological Approaches to the Study of Religion (London 1966), 7 ff.; dt.: Religion als kulturelles System, in: Geertz, Dichte Beschreibung. Beiträge zum Verstehen kultureller Systeme (1973; Frankfurt a. M. 1983), 52 ff.

her- und darstellen (C. Geertz). Das Ritual ist in dieser Perspektive als symbolische Form zugleich Informationsträger (Botschaft), sinnlicher (An-) Reiz und Vorstellungsgenerator.

Im Blickwinkel von Wahrnehmung, Wissen und Interaktion begreift die neuere Forschung Kulte und ihre Ästhetik auf unterschiedliche Weise neu:
- als »Handlungsspiel«[61];
- als dramatische ›performance‹ (Theatermodell im Sinne Richard Schechners und Victor Turners);
- als »symbolisch durchgeformte Routinen der Grenzüberschreitung«[62] vom Alltäglichen zum Außeralltäglichen (wissenssoziologisches Modell von Alfred Schütz, Thomas Luckmann, Hans-Georg Soeffner);
- als prozessuales Geschehen während einer Schwellensituation (›Liminalität‹), wo Normen und Hierarchien zugunsten einer sozial entstrukturierten Gemeinschaftserfahrung (»communitas«[63]) aufgehoben werden;
- als codebezogenes Zeichenrepertoire, das ein Ensemble symbolischer und emblematischer Auszeichnungen (›Indices‹) sprachlicher wie gestischer Art steuert.

Kulte konnten nun als eine ›komplexe Gruppenaktivität‹ gefaßt werden, als ein »Inszenierungszusammenhang«[64] von sozialen Handlungen, der dazu diente, eine symbolische Ordnung, allgemein: Bedeutungen zu erzeugen, zu bestätigen oder auch zu dementieren. Entsprechend verschoben sich die Frontlinien des Ritual-Begriffs: ›Ritualistischen‹ Optionen stehen nicht mehr solche gegenüber, die ›antiritualistisch‹ votieren; Mythen sind Teil des kultischen Ensembles, nicht dessen Gegenteil. Die rituellen und expressiven Leistungen von Kulten spiegeln umfassendere Konzepte und Glaubenssysteme (›social concepts‹, ›belief systems‹) wider, die wiederum in sozialen Rahmenbedingungen begründet liegen, daraus aber nicht direkt ableitbar sind.[65]

Die Formalisierung der Kultanalyse in der modernen Religionswissenschaft und Kulturanthropologie ging mit der Entwicklung formaler Ästhetiken (Kybernetik, Strukturalismus, Semiotik) und ›dichter Beschreibungen‹ (Clifford Geertz) einher. Ihre weiterwirkende Leistung ist es, Kultästhetik von den kultischen Stereotypisierungen zu entkoppeln und innerhalb von kommunikativen, wahrnehmungsbezogenen und sozialpsychologischen Abläufen beschreibbar zu machen.

V. Kult und Gesellschaft in der Moderne (18.–20. Jahrhundert)

Komplexe Gesellschaften entwickeln komplexe symbolische Handlungen. Dies gilt nicht nur für das 20. Jh., nur tritt in der westlichen Moderne die Vielfalt an Varianten deutlich zu Tage. Symbolische Komplexität meint nicht so sehr, daß Riteme ausgefeilter werden – eine minutiöse Ritualistik kennzeichnet gerade die ästhetische Produktion antiker Hochkulturen oder etwa der australischen Aborigines. Moderne Gesellschaften sind symbolisch – und damit ästhetisch – komplex, weil in bislang nicht dagewesenem Ausmaß verschiedenste Gruppentraditionen, Handlungsbereiche, Lebenswelten und symbolische Milieus vernetzt werden: durch Migration, Metropolenbildung, Massenmedien. Dadurch entstehen neue Bereiche (Teilsysteme, Diskurse) gesellschaftlicher Organisiertheit, Institutionalisierung oder einfach: Aktivität. Eine Vielzahl neuer Verbindungen und Schnittstellen entsteht: zwischen Religion und Kunst, Religion und Politik (Nationalstaat, ›civil religion‹), Religion und Massenkultur (Sport, Film, Pop-Musik). Symbolische Handlungen ›bedeuten‹ dadurch mehr, erhalten zusätzliche Verweismöglichkeiten

---

61 ISO BAUMER, Wallfahrt als Handlungsspiel. Ein Beitrag zum Verständnis religiösen Handelns (Frankfurt a. M. u. a. 1977).
62 HANS-GEORG SOEFFNER, Stil und Stilisierung. Punk oder die Überhöhung des Alltags (1986), in: Soeffner, Die Auslegung des Alltags 2: Die Ordnung der Rituale (Frankfurt a. M. 1992), 88.
63 TURNER, The Ritual Process: Structure and Anti-Structure (Ithaca/N. Y. 1969), 96 f. u. Kap. 4 (»Communitas: Model and Process«), 131–165.
64 SOEFFNER, Rituale des Antiritualismus – Materialien für Außeralltägliches (1989), in: Soeffner (s. Anm. 62), 109.
65 Vgl. JAMES V. SPICKARD, A Revised Functionalism in the Sociology of Religion: Mary Douglas' Recent Work, in: Religion 21 (1991), 141–164.

(Indices), einen multivalenten Zeichencharakter: Der politische Totenkult der NSDAP in München wird von den Veranstaltern am christlichen Meßritual ausgerichtet und bezieht sich dadurch auf ein bestehendes religiöses Ritual. In jedem gesellschaftlichen Teilbereich werden ständig neue symbolische Handlungsabläufe entworfen, oft als bewußtes Funktionsäquivalent und Konkurrenzunternehmen zu traditionalen Kulten, deren Symboliken, Sprache und Formenkanon übernommen und den eigenen Bedürfnissen angepaßt (vgl. Festund Totenkult im Nationalsozialismus) oder auch nur als spielerische ›bricolage‹ zitiert wird (z.B. im Dadaismus oder bei Joseph Beuys).

1. ›Kult der Vernunft‹: die revitalisierte Antike der Französischen Revolution

Die Französische Revolution bildet auch in der Kultästhetik den Einschnitt zur Moderne. Nation und Natur, Vernunft und ›Höchstes Wesen‹ heißen die neuen Kultobjekte, zu deren Ehren in kürzester Zeit eine Fülle neuer Rituale ersonnen und praktiziert werden: die ›Fête de l'Être suprême‹, der antikisierende Heroenkult um Michel Le Pelletier und Jean-Paul Marat sowie die künstlichen Gärten und Berge, die im Zentrum von Städten und Kirchen fragmentarisch Naturszenarien nachbilden.[66] Eingebettet sind die kultischen Veranstaltungen in eine neue Zeitrechnung (1793 = Jahr I) und einen Kultkalender (neue Woche zu 10 Tagen mit Dekadenfesten statt Sonntagen, agrarische Monatsnamen).

Paradoxerweise wird der Kultbegriff auf der einen Seite radikal verallgemeinert, so daß er dem Alltagshandeln nahekommt: »[Le peuple français] reconnaît que le culte digne de l'être suprême est la pratique des devoirs de l'homme.«[67] Das Bestreben zur Spiritualisierung und Ethisierung religiöser Praxis, wie es die Aufklärer im Projekt einer ›natural religion‹ bzw. ›religion naturel‹ betrieben, traf sich hierbei mit generellem Mißtrauen gegenüber stellvertretendem Priesterhandeln (›Priestertrug‹), wie es die christliche, insbesondere katholische Kultordnung vorsah.

Auf der anderen Seite wird ›culte‹ als gesellschaftlich sichtbare – und kontrollierbare – Form von Religion betont: Religionsfreiheit ist vor allem »liberté des cultes« (63), freie Kultausübung. Folgenreich und bestimmend für die kultische Theorie und Praxis der Moderne war, daß die Riteme des »Revolutionskults«[68] Kult symbolisch neu konnotierten: a) mit dem neu entstehenden bürgerlichen Nationalstaat und seiner Ideologie, dem Nationalismus; b) mit dem Vorbild Antike, in diesem Fall römischer Republik und Religion, und der humanistischen Antikerezeption; c) mit dem Entwurf einer neuartigen Massenästhetik (Aufmärsche, programmatische Umzüge mit Themenwagen), die auch auf militärischen Traditionen fußte (›Marsfeld‹).[69]

2. Kult und Avantgarde um 1900

Kult in der Moderne kann nicht im politisierten Massenspektakel sondern auch in Rahmen elitärer Privatreligion in Szene gesetzt werden: »Lesen ist die letzte Kulthandlung«[70]. Dieser Ausspruch benennt das zentrale Ritual des Kreises um den Schriftsteller Stefan George, die Lesung. Der Dichter erscheint aus dem Dunkeln, liest in einem sorgsam gewählten Arrangement von Blumen, Kerzen und Textilien und in einem Tonfall, den Ohrenzeugen als ›liturgisch‹ und ›psalmodierend‹ schildern, nach seinem Abgang geht die Zuhörer-

---

66 Vgl. HANS-CHRISTIAN HARTEN/ELKE HARTEN, Die Versöhnung mit der Natur. Gärten, Freiheitsbäume, republikanische Wälder, heilige Berge und Tugendparks in der Französischen Revolution (Reinbek bei Hamburg 1989), 101–186.
67 MAXIMILIEN ROBESPIERRE, Décret de la convention nationale, du 18ᵉ jour de floréal, an second de la république française une et indivisible, qui institue des fêtes décadaires, in: Quellen zur neueren Geschichte, hg. v. Historisches Seminar der Universität Bern, H. 20/21 (Bern 1953), 62; dt. in: WOLFGANG LAUTEMANN (Hg.), Amerikanische und Französische Revolution (München 1981), 398.
68 BERND JESCHONNEK, Revolution in Frankreich 1789–1799. Ein Lexikon (Berlin 1989), 133.
69 Vgl. GEORGE LACHMANN MOSSE, The Nationalization of the Masses (New York 1975); dt.: Die Nationalisierung der Massen. Politische Symbolik und Massenbewegungen von den Befreiungskriegen bis hin zum Dritten Reich, übers. v. O. Weith (Frankfurt a.M. 1993).
70 ROBERT BOEHRINGER, Ewiger Augenblick (1945; Düsseldorf/München 1965), 57.

schaft schweigend auseinander.[71] Kunst wird hier kostbar, wird Kult. Die Performanz der Sprechhandlung ist in Intonation und Modulation genau geregelt und programmatisch: Vorbilder sind die Responsorien der katholischen Liturgie sowie die quantitierende Deklamation der römischen Metrik, die die Beteiligten aus dem Lateinunterricht kannten. Das richtige Lesen diente als Initiationsritem für den inneren Kreis, es machte zum Jünger, öffnete den Zugang zum Meister. Die Kultmittel, Bücher und Zeitschriften, waren nicht für die Öffentlichkeit bestimmt, es waren »geheimbücher«[72] für eine Kultelite, das »geheime deutschland«[73]. Die Leseabende mit Hymnenrezitation und Gedichtvortrag garantierten intensive Gemeinschaftserlebnisse und das befriedigende Bewußtsein, ›etwas Besseres zu sein‹ – »enorm«[74]. Salons als abgesonderte Kultorte mit eigenen Benennungen (›Kugelzimmer‹), Eintrittsriten, gemeinsame Essen (Kommensalität), Gabentausch, sogar eine Geheimsprache verstärkten den Gruppenzusammenhalt über symbolische Auszeichnungen.[75] Dem inneren Kreis der Jünger, dem ›Bund‹, gehörten ausschließlich männliche Mitglieder an. Die »Homosozialität«[76] spiegelte sich in einer bis zur Lächerlichkeit selbstgefälligen homoerotischen Ästhetik, die in Georges Porträt-Serien von sich selbst und seinem schönen Profil gipfelte – trotz des kulturkritischen Habitus wurde dafür moderne photographische Aufnahmetechnik genutzt.[77] George setzt sich nurmehr selbst in Szene, der generierte Kult wird selbstbezüglich, der Kult des Dichters zum Dichterkult. »Personenkultus«[78] wird dem Kreis schon 1904 vorgeworfen.

Die kultischen Zeichen sind bei George meist doppelt besetzt: Sie verweisen auf Katholizismus wie auf Antike, einer Antike freilich, die gegenüber Christlichem polarisiert und demnach ›heidnisch‹ ist. So spricht George stets von Dienst[79], übersetzt demnach ›Kult‹/›cultus‹ mittels einer ›interpretatio christiana‹, faßt diesen Dienst aber zeitgenössisch pagan als ›Kult der Schönheit‹, des schönen Phänotyps und der schönen Sprache. Das Konstrukt einer ›katholischen Paganizität‹ kulminierte nach 1904 in einer Religionsstiftung, dem sogenannten Maximin-Kult. Dieser war antikem Heroenkult nachgebildet, mythisierte die Apotheose (›consecratio‹) und Entrückung[80] (hier: Verstirnung – ›asterismós‹) des Geliebten, in Georges Fall des erst vierzehnjährig verstorbenen Maximilian Kronberger, der ritusgemäß postum den Gottesnamen ›Maximin‹ erhielt.[81] Dienst blieb auch hierbei wie schon beim frühen George weitgehend imaginär: Während die Lyrik üppige Kultszenarien von dekadenter Prachtentfaltung entwarf (Algabal [1892]), die wie Illustrationen zur Malerei der englischen Präraffaeliten wirken, beschränkten sich die realisierten Handlungen auf Leseabende und Buchgestaltung (Widmungen und Ornamentierung). Wie schon unmittelbar zuvor im Zirkel der Münchner Kosmiker – neben George gehörten dazu die Schriftsteller Alfred Schuler, Ludwig Klages, Karl Wolfskehl –, an deren eher dilettantischen Bemühungen, dionysische Rituale wiederzubeleben, George ebenfalls maßgeblich beteiligt war, fanden die Versuche, Literatur rituell zu überhöhen, keine Nachfolger. Die projektierten Kulte konnten weder in der Gesellschaft selbst noch in den Subkulturen, in denen und für die sie entwor-

---

71 Vgl. HANSJÜRGEN LINKE, Das Kultische in der Dichtung Stefan Georges und seiner Schule (Düsseldorf 1960), Bd. 1, 49–52.
72 STEFAN GEORGE, Vorrede zu: Der Stern des Bundes (1914), in: George, Werke, Bd. 1 (Düsseldorf/München 1968), 347.
73 GEORGE, Das Neue Reich (1928), in: ebd., 425.
74 FRANKZISKA ZU REVENTLOW, Herrn Dames Aufzeichnungen oder Begebenheiten aus einem merkwürdigen Stadtteil (1913), in: Reventlow, Romane, hg. v. E. Reventlow (München/Wien 1976), 199.
75 Vgl. STEFAN BREUER, Ästhetischer Fundamentalismus. Stefan George und der deutsche Antimodernismus (Darmstadt 1995), 52–62, 31.
76 Ebd., 30.
77 Vgl. ROBERT BOEHRINGER, Mein Bild von Stefan George (Düsseldorf/München ²1967).
78 ROLF VON HOERSCHELMANN/FRANZISKA ZU REVENTLOW, zit. nach: RICHARD FABER, Männerrunde mit Gräfin. Die ›Kosmiker‹. Mit einem Nachdruck des ›Schwabinger Beobachters‹ (Frankfurt a. M. 1994), Anhang.
79 Vgl. CLAUS VICTOR BOCK, Wort-Konkordanz zur Dichtung Stefan Georges (Amsterdam 1964).
80 Vgl. GEORG STRECKER, ›Entrückung‹, in: RAC, Bd. 5 (1962), 461–476; ELIAS BICKERMANN, Die römische Kaiserapotheose, in: Archiv für Religionswissenschaft 27 (1929), 1–34.
81 Vgl. GEORGE, Der Siebente Ring (1907), in: George, Werke, Bd. 1 (Düsseldorf/München 1968), 279, 287.

fen waren, Fuß fassen – um ›antike Feste‹[82] zu veranstalten, mußten sich die Kosmiker sogar unter den Vorwand des Faschingstreibens begeben. Deren Ernsthaftigkeit war für den Außenstehenden nicht von themengleichen Veranstaltungen der Künstlergesellschaft *Allotria* zu unterscheiden.[83]

3. Der »braune Kult«[84]: Ästhetisierung des Politischen und ›politische Religion‹ im Nationalsozialismus

Die Konjunktur des Kultischen, wie Sie der moderne Nationalismus hervorgebracht hat, fand seinen exzessiven Höhepunkt bei der Ausformung nationalsozialistischer politischer Ästhetik in Deutschland zwischen 1933 und 1945. Das Maß an politischer Ritualistik, die Verbindung von ›Bürokratie und Kult‹, die Inszenierungen von Masse und Macht provozierten die Zeitgenossen zu Enthusiasmus und Ekel und sind seitdem Gegenstand wissenschaftlicher und ideologischer Auseinandersetzung um die Wertigkeit symbolischer Handlungen zwischen Religion und Politik.

Beginnen wir mit einer Untersuchung des nationalsozialistischen Wortgebrauchs. Zwei Phasen sind zu unterscheiden: In den ersten Jahren nach der nationalsozialistischen Machtübernahme, zwischen 1933 und 1935, wurde der Kult-Begriff offiziell lanciert. Instrument war vor allem die sogenannte Thingspielbewegung[85], die in chorischen Spielen Volksgemeinschaft herbeispielen sollte. Zu diesem Zweck wurden von einem eigens einberufenen »Dichterkreis«[86] Passionsspiele verfertigt; am bekanntesten wurde Richard Euringers Thingspiel *Deutsche Passion 1933*, das zunächst als Radiohörspiel am Gründonnerstag 1933 gesendet, dann als Drama bei den Reichsfestspielen auf dem Heidelberger Thingplatz 1934 uraufgeführt wurde. Als Spielorte und zugleich Kultstätten des Dritten Reiches plante man 400–600 Freilichtbühnen, von denen 1935 zehn spielbereit waren.[87] Vorbild war neben Bayreuth und dem mittelalterlichen Mysterienspiel das griechische Theater. »Das kommende Theater wird Kult werden müssen«[88] forderte der Theoretiker dieser Bewegung, der Präsident der Reichsschrifttumskammer Hanns Johst 1933. ›Kultisch‹ daran war, die Trennung zwischen Bühnen- und Zuschauern mittels Massenchören aufzuheben: Die Dichtung sollte zur »Weihedichtung« werden, das Zuschauen zur »Schau«, der Theaterbesuch zum »Fest«[89]. Die Thingspiele fußten auf verschiedenen Bestrebungen der Weimarer Zeit: der Laienspielbewegung mit Sprechchor, dem Agitprop der Arbeiterbewegung (z. B. bei den Proletarischen Freidenkern), der Wiederbelebung christlicher Mysteriendramen (*Jedermann* [1911] durch Hugo von Hofmannsthal; *Der Antichrist und das Kaiserreich* [1931] durch Ludwig Benninghoff und Werner Pleister).

Mangelnde Qualität des Gebotenen, die strittige Abgrenzung zu völkischen und okkulten Gruppierungen wie gegenüber den christlichen Kirchen, schließlich Richtungskämpfe innerhalb der nationalsozialistischen Partei sorgten ab 1935 für einen abrupten Kurswechsel: Durch Direktiven von Goebbels und Hitler wird der Begriff ›Kult‹ für NS-Veranstaltungen aus dem offiziellen Sprachgebrauch verbannt. An seine Stelle treten Benennungen für Einzelrituale und Kultausstattungen wie Feier, Weihe(handlung), Appell, Ehrentempel. Damit hatten sich in der Sprachregelung die ›Natura-

---

82 Vgl. REVENTLOW (s. Anm. 74), 191–204.
83 Vgl. RICHARD FABER, Franziska zu Reventlow und die Schwabinger Gegenkultur (Köln 1993), 67–78.
84 HANS-JOACHIM GAMM, Der braune Kult. Das Dritte Reich und seine Ersatzreligion. Ein Beitrag zur politischen Bildung (Hamburg 1962); zum folgenden vgl. KLAUS VONDUNG, Magie und Manipulation. Ideologischer Kult und politische Religion des Nationalsozialismus (Göttingen 1971); SABINE BEHRENBECK, Der Kult um die toten Helden. Nationalsozialistische Mythen, Riten und Symbole 1923–1945 (Vierow 1996).
85 Vgl. VONDUNG (s. Anm. 84), 70–74; BEHRENBECK (s. Anm. 84), 242–258; HENNING EICHBERG, Massenspiele: NS-Thingspiel, Arbeiterweihespiel und olympisches Zeremoniell (Stuttgart 1977); RAINER STOMMER, Die inszenierte Volksgemeinschaft. Die ›Thing‹-Bewegung‹ im Dritten Reich (Marburg 1985).
86 VONDUNG (s. Anm. 84), 71.
87 Vgl. BEHRENBECK (s. Anm. 84), 248–250.
88 HANNS JOHST, Vom neuen Drama (1933), in: E. Loewy, Literatur unterm Hakenkreuz. Das Dritte Reich und seine Dichtung (Frankfurt a. M. 1966), 54 f.; vgl. MANFRED FRANK, Gott im Exil. Vorlesungen über die Neue Mythologie II (Frankfurt a. M. 1988), 80–104.
89 ERICH TRUNZ, Tatsachendichtung und Weihedichtung, in: Zeitschrift für deutsche Bildung 11 (1935), 545.

listen«, die sich auf einen biologistischen, wissenschaftlich legitimierten Rassemythos berufen, gegenüber den ›Archaisten‹ und deren völkisch-neogermanischer Ursprungssuche und ›Blut-und-Boden-Romantik‹ (Heinrich Himmler, Alfons Rosenberg, Walter Darré) durchgesetzt: »der Nationalsozialismus ist eben keine kultische Bewegung, sondern eine aus ausschließlich rassischen Erkenntnissen erwachsene völkisch-politische Lehre. [...] Wir haben daher auch keine Kulträume, sondern ausschließlich Volkshallen, auch keine Kultplätze, sondern Versammlungs- und Aufmarschplätze. Wir haben keine Kulthaine, sondern Sportarenen und Spielwiesen.«[90]

Obwohl demnach Kult keine Selbstbezeichnung nationalsozialistischer politischer Ästhetik war, ist der Begriff für deren Beschreibung unentbehrlich. Die historische und religionswissenschaftliche Forschung hat die symbolischen Handlungen, die von Organisationen der NSDAP entworfen und öffentlich zur Aufführung gebracht wurden, als eine Reihe von Einzelkulten zu fassen gesucht: ›Führerkult‹, ›Fahnenkult‹, ›Heldenkult‹, insbesondere ›Gefallenenkult‹ oder ›politischer Totenkult‹. Neben Massenritualen wie der Nürnberger Reichsparteitagen oder dem ›Novemberkult‹ (Hans Günter Hockerts) gab es ›weltanschauliche Feierstunden‹ in den Parteisektionen, ›Morgenfeiern‹ wurden an Stelle des christlichen Sonntagsgottesdiensts eingeführt, ›Lebensfeiern‹ ersetzten die christlichen Lebenszyklusrituale Taufe, Hochzeit, Begräbnis. All dies fand sich eingebunden in ein ›nationalsozialistisches Feierjahr‹[91]. Der ›braune Kult‹ kann folglich als Teil einer ›(politischen) Religion‹ verstanden werden. Diese wie Hans-Joachim Gamm als Ersatzreligion zu erklären, umgeht jedoch die Aufgabe, jene besondere Art von Ritualen, wie sie in Bereichen außerhalb institutionalisierter, traditionaler Religionssysteme wie des Christentums in der Moderne auftreten, zu beschreiben. Im Fall des Nationalsozialismus ist es der Bereich des Politischen, der sich in Form von Parteien oder paramilitärischen Verbänden wie der SA oder SS bestehende christlicher Riteme (auch: Mytheme, Metaphern, Zitate) und Rituale (Meßliturgie, Märtyrerkult, Prozession) sowie antiken Kultdesigns (Tempelarchitektur) bedient, sie in politischen Veranstaltungen (Kundgebungen, Auf- und Gedenkmärsche, Begräbnisfeiern) neu verwendet und durch derartige ›Techniken der Konsekrierung‹[92] als Kult konstituiert.[93] Kultursemiotisch gesprochen: Parteitage, Militärparaden, politische Gedenktage wie derjenige der ›Machtübernahme‹ oder sogar Sportveranstaltungen erhalten einen sakralen Index – zusätzlich zu und neben dem politischen und/oder gesellschaftlichen. Die Riteme des ›braunen Kultes‹ sind daher Teile nichtreligiöser, politischer, oftmals militärischer[94] Ritualistik. Die »innerweltliche, sakral-politische Gemeinschaft«, von der der Zeitgenosse Eric Voegelin spricht – er unterscheidet »zwei radikal innerweltliche Ecclesiae, [die] faschistisch-italienische und [die] nationalsozialistisch-deutsche«[95] – ist unter diesem Blickwinkel ein rituelles Konstrukt, Inszenierungsprodukt, nicht geschichtsmächtiges Agens.[96]

---

90 ADOLF HITLER, Rede auf der Kulturtagung des Reichsparteitags Nürnberg vom 6. 9. 1938, in: M. Domarus (Hg.), Hitler-Reden und Proklamationen 1932–1945, Bd. 1 (Würzburg 1962), 893 f.
91 Vgl. Weltanschauliche Feierstunden der NSDAP, hg. v. der Dienststelle des Beauftragten des Führers für die Überwachung der gesamten geistigen und weltanschaulichen Schulung und Erziehung der NSDAP, Hauptamt Kunstpflege (München 1944); Unser Jahr. Feiern im nationalsozialistischen Jahreslauf und Gedenktage, hg. v. Hauptkulturamt in der Reichspropagandaleitung der NSDAP (München 1942 ff).
92 Vgl. VONDUNG (s. Anm. 84), 140–158.
93 Vgl. HUBERT CANCIK, ›Wir sind jetzt eins‹. Rhetorik und Mystik in einer Rede Hitlers (Nürnberg, 11. 9. 1936), in: G. Kehrer (Hg.), Zur Religionsgeschichte der Bundesrepublik Deutschland (München 1980), 13–48.
94 Vgl. JAKOB VOGEL, Nationen im Gleichschritt. Der Kult der ›Nation in Waffen‹ in Deutschland und Frankreich 1871–1914 (Göttingen 1997).
95 ERIC VOEGELIN, Die politischen Religionen (1938), hg. v. P. J. Opitz (München 1993), 32, 56.
96 Vgl. MICHAEL LEY/JULIUS H. SCHOEPS (Hg.), Der Nationalsozialismus als politische Religion (Bodenheim 1997).

4. Dichter – Diktatoren – Stars – Filme: Neue Objekte kultischer Verehrung

Neben neuartigen Ritualisierungsformen treten in der Moderne neue Kultobjekte auf. Symbolische Handlung, mithin jeglicher Kult, besitzt ein Handlungsziel, einen Referenten, auf den hin die Akteure ihr Handeln ausrichten. Verändert sich das Objekt der Verehrung, das Kultziel, so verschiebt sich auch der semantische Ort des Beschreibungsbegriffs. Die Moderne des 19. und 20. Jh. bietet für dieses Phänomen reichlich Stoff. Gekoppelt an neuartige soziale und politische Erscheinungen verläßt Kult den semantischen Raum christlicher Religion, von Religion überhaupt, und neue Bedeutungsvarianten und Verehrungsgesten entstehen um säkulare Kultfiguren und -gegenstände: Geniekult, Personenkult, Starkult, Kultfilm. Kult wird zur Chiffre für Formen hoher ›emotionaler Vergemeinschaftung‹[97] im nichtreligiösen Bereich.

a) Geniekult
Vorläufer war der bürgerliche »*Cultus des Genius*«[98], mit dem die Reihe von säkularen Kulten der Moderne eröffnet wird. Sein Manifest war das Pamphlet *Von deutscher Baukunst* von Johann Wolfgang Goethe, 1772 gegen den ›welschen‹ Geschmack geschrieben, in dem der Architekt des Straßburger Münsters, Meister Erwin (von Steinbach), als »gottgleicher Genius«[99], Heiliger (»heiliger Erwin« – [12]), ja als Messias angerufen wird (»wir [...] beten an den Gesalbten Gottes« [14]). Goethe beläßt es, abgesehen von einem privaten Gedenkopfer, bei Kultwerbung – zur Denkmalsetzung (»gelobte ich dir ein Denkmal« [7]) fehlen ihm die Mittel. Die bringen 70 Jahre später die bürgerlichen Vereine auf, die Goethe und seinen Schwäbischen Kollegen Friedrich Schiller nun selbst zum Objekt ritueller Verehrung machen. Und jetzt reicht das Geld zum Denkmal: Am 8. Mai 1839 wird das erste deutsche Schillerdenkmal, entworfen von Berthel Thorvaldsen, finanziert vom *Schwäbischen Liederkranz*, gegossen aus den erbeuteten türkischen Kanonen der philhellenischen Eingreiftruppe bei Navarino, in Stuttgart mit einer ausgeklügelten Festfeier eingeweiht.[100] Daß ein profaner Künstler, noch dazu bürgerlicher Herkunft, Objekt ritueller Begehung und Befeierung wird, ist Gegenstand einer heftigen Polemik zwischen Theologen und Schriftstellern. Nachdem sich der protestantische Klerus rundweg geweigert hatte, zum Festritual der Denkmalseinweihung beizutragen und »das Anziehen der gottesdienstlichen Schallmaschinen bei Gelegenheit eines rein außerkirchlichen Aktes«[101] zu gestatten, fühlt sich der Festredner Gustav Schwab bemüßigt zu versichern, daß man »keinen Götzendienst« feiere, wenn man »der Liebe und Verehrung der Nationen die Statue dieses Mannes als ein Wallfahrtsbild hinstelle«[102]. Auf theologischer Seite provozierte David Friedrich Strauss mit der Bemerkung, »der einzige Cultus, welcher den Gebildeten dieser Zeit aus dem religiösen Zerfalle der letzten übriggeblieben, [sei] der Cultus des Genius.«[103] Mit Empörung reagierte dagegen der badische Theologe Carl Ullmann in einer Postille an Schwab: »Euer Schillerfest war die offenkundige und nationale Inauguration dieses Cultus [sc. des Genius], und Du, mein Theurer,[...], standest als würdiger Priester unter dem Standbilde des unsterblichen Dichters, dem die Erstlinge dargebracht wurden.«[104] Der Wallfahrtsaspekt kam übrigens an anderer Stelle zum Ausdruck: Der Stuttgarter Kultevent wurde von einem reichhaltigen Merchandising-Angebot auf der Schillerwiese begleitet: von Schiller-Busennadeln aus Gold bis zum kulinarischen ›Schiller-Gogelhopfen‹ reicht das Angebot für die Verehrergemeinde.

b) Personenkult
Das Stuttgarter Schillerfest von 1839 ist ein missing link zwischen dem Kult(us)-Begriff der christlichen Sakralsprache und der modernen Semantik,

---

97 Vgl. AXEL GEHRING, Genie und Verehrergemeinde. Eine soziologische Analyse des Genieproblems (Bonn 1968), 38 ff.
98 DAVID FRIEDRICH STRAUSS, Ueber Vergängliches und Bleibendes im Christentum (1838), in: Strauss, Zwei friedliche Blätter (Altona 1839), 101.
99 JOHANN WOLFGANG GOETHE, Von deutscher Baukunst (1772), in: GOETHE (HA), Bd. 12 (1978), 13.
100 Vgl. FRIEDEMANN SCHMOLL, Verewigte Nation. Studien zur Erinnerungskultur von Reich und Einzelstaat im württembergischen Denkmalkult des 19. Jahrhunderts (Stuttgart 1995), 129–148.
101 Fest der Enthüllung der Schillerstatue, in: Morgenblatt für gebildete Leser, 30. 4. 1839, 412.
102 GUSTAV SCHWAB, Rede bei der Enthüllung der Schillerstatue (1839), in: C. Ullmann/Schwab, Der Cultus des Genius, mit besonderer Beziehung auf Schiller und sein Verhältnis zum Christenthum (Stuttgart 1840), 165 f.
103 STRAUSS (s. Anm. 98), 101.
104 CARL ULLMANN, Der Cultus des Genius. Sendschreiben an Gustav Schwab (Hamburg 1840), 5 f.

die mit Kult auch Phänomene benennt, die weitgehend außerhalb eines definierten religiösen Rahmens auftreten. Auf dem Gebiet des Politischen ist dies der ›Personenkult‹. In den Ausprägungen des ›politischen Heiligenkults‹[105] und des Kultes des messianischen ›Heilbringers‹[106] trat er auf beiden Seiten des politischen Spektrums auf. Zum einem bezog sich Kult auf die Exponenten nationaler Identität, im Deutschen Reich auf Kaiser Wilhelm I. und insbesondere auf den ›Gründerheroen‹ und ›Nationalhelden‹ Reichskanzler Otto von Bismarck (Bismarckkult 1896–1918, u. a. mit Bismarcktürmen und Geburtstagsfeiern)[107]; zum anderen wurde der Gründer und Theoretiker des *Allgemeinen Deutschen Arbeitervereins*, Ferdinand Lassalle, nach seinem frühen Tod 1864 Gegenstand eines ›Lassallekultus‹[108], wie sein politischer Rivale August Bebel polemisierte, der sich in Gebets- und Katechismusformeln, Andachtsbildern im Wohnzimmer, Gedenk- und Geburtstagsfeiern ausdrückte. Im 20. Jh. werden die Verehrungszusammenhänge extremisiert und im Dienst autokratischer Regime faschistischer wie kommunistischer Provenienz instrumentalisiert. Der politische Personenkult um Jossif Stalin (Sowjetunion), Mao Tse-tung (China) oder Kim Il Sung (Nordkorea) setzt wie der Führerkult des Adolf Hitler die personenzentrierten Überhöhungsstrategien des überkommenen Herrscherkults für moderne Massengesellschaften um: Kult ist hier Sozialtechnologie zur Herrschaftssicherung, die notfalls mit Zwang durchgesetzt wird. Die Bezeichnung Personenkult, die heute in die wissenschaftliche Beschreibungssprache aufgenommen ist[109], polemisiert daher zunächst gegen Formen von Alleinherrschaft: gegen den Dichterfürsten Stefan George oder gegen das Regime Stalins, wie sie Nikita S. Chruščev auf dem XX. Parteitag der KPDSU am 25. 2. 1956 vorbrachte.[110] (Die Kritik Chruscevs wurde im *Beschluß des Zentralkomitees der KPDSU über die Überwindung des Personenkults* vom 30. 6. 1956 umgesetzt.) Der kommunistische Personenkult gipfelte im Ritual der Mumifizierung verdienter Parteiführer, die in eigenen Mausoleen ausgestellt und im Defilee der Untertanen erinnert werden (Lenin, Mao Tse-tung).[111]

c) Starkult
An den Geniekult des 18. und 19. Jh. knüpft schließlich auch die Verehrung von ›Idolen‹ aus Film, Sport, Musik und Unterhaltung an. Der moderne ›Starkult‹, dessen Vorläufer im 18. Jh. an der Oper (Primadonnen), im 19. Jh. und frühen 20. Jh. auf dem Theater (Eleonora Duse) zu finden waren, entstand mit dem Aufkommen einer populären Massenkultur Anfangs des 20. Jh. in den euro-amerikanischen Industriegesellschaften. Die Wiederbelebung der Olympischen Spiele durch Baron de Coubertin 1896, die neuen Medien Film und Rundfunk, die sich im frühen 20. Jh. etablierten, sowie eine eigenständige Musikszene von Jugendlichen, der der Rock 'n' Roll eines Elvis Presley in den 1950er Jahren zum Durchbruch verhalf – sie waren Meilensteine einer global vereinheitlichten Pop-Kultur. Die Bewunderung für Medienstars und Popstars wurde Teil einer Kulturindustrie, die Verehrung planmäßig erzeugt: Akteure werden zu ›Kultfiguren‹ gemacht und den Gesetzen des ›Kult-Marketings‹ unterworfen.[112] Es erscheint müßig, diese Entwicklung mit Begriffen

---

105 Vgl. GOTTFRIED KORFF, Bemerkungen zum politischen Heiligenkult im 19. und 20. Jahrhundert, in: G. Stephenson (Hg.), Der Religionswandel unserer Zeit im Spiegel der Religionswissenschaft (Darmstadt 1976), 216–230.
106 Vgl. ROMANO GUARDINI, Der Heilbringer in Mythos, Offenbarung und Politik. Eine theologisch-politische Besinnung (Zürich 1946).
107 Vgl. HANS-WALTER HEDINGER, Der Bismarck-Kult. Ein Umriß, in: Stephenson (s. Anm. 105), 201–215; SCHMILL (s. Anm. 100), 65–72, 304–333.
108 Vgl. AUGUST BEBEL an Friedrich Engels (um 19. 5. 1873), in: W. Blumenberg (Hg.), August Bebels Briefwechsel mit Friedrich Engels (Den Haag 1965), 14 f.
109 Vgl. WALTER KERBER (Hg.), Personenkult und Heiligenverehrung (München 1997); STEPHAN PETER BUMBACHER, ›Personenkult‹, in: Auffarth/J. Bernard/H. Mohr (Hg.), Metzler Lexikon Religion, Bd. 3 (Stuttgart 2000), 17–19.
110 Vgl. Die Geheimrede Chruschtschows. Über den Personenkult und seine Folgen (Berlin 1990).
111 Vgl. GERD B. ENNKER, Die Anfänge des Leninkults in der Sowjetunion (Köln 1997); LOTHAR LEDDEROSE, Die Gedenkhalle für Mao Zedong. Ein Beispiel von Gedächtnisarchitektur, in: J. Assmann/T. Hölscher (Hg.), Kultur und Gedächtnis (Frankfurt a.M. 1988), 311–339.
112 Vgl. NORBERT BOLZ, Kult-Marketing. Die neuen Götter des Marktes (Düsseldorf 1995).

christlicher Polemik als Idolatrie, Bilderdienst, Fanatismus oder Fetischcharakter brandmarken zu wollen, da die Warenästhetik des ausgehenden 20. Jh. Kultästhetiken traditionaler Religionen zu immer neuen ›bricolages‹ im Sinne Lévi-Strauss' montiert und blasphemische Dekonstruktionen gezielt einsetzt – das christliche Abendmahl zur Jeans-Werbung (Otto Kerns und Hugo Wackerbarths Modekampagne von 1993/94), den göttlichen Schöpfungsakt der Genesis in Michelangelos Version als Toilettenbemalung zur Tabakwerbung und so fort. Idole (Idolatrie – Götzendienst, beides aus griech. ›eídolon‹ – Schattenbild [sc. des Toten in der Unterwelt]) und Ikonen (aus griech. ›eikón‹ [Stand-]Bild, Porträt) sind bedeutungsgleiche Chiffren geworden, der ›Fanclub‹ ein eingetragener Verein. Kult ist daher heute eine wohlfeile Benennung, deren Semantik zu Markte getragen wird.

d) Kultbücher – Kultfilme – Kultserien
Ähnlich gelagert ist das Phänomen der Geschmacksgemeinschaften, die sich um Produkte populärer Medien scharen – sei dies ein ›Kultbuch‹ wie John Ronald Reuel Tolkiens Fantasy-Epos *The Lord of the Rings* (1954–55), das seit Mitte der 60er Jahre Kult ist, seien es ›Kultfilme‹ wie *Casablanca* (1943) von Michael Curtiz mit Humphrey Bogart und Ingrid Bergman, Kult vor allem in den 1960/1970er Jahren[113], oder die *Rocky Horror Picture Show* (1975) in den 70er Jahren, seien es schließlich im Medium Fernsehen ›Kultserien‹ wie die amerikanische Science-fiction-Serie *Star Trek* (1966 ff.) oder die deutsche soap opera *Lindenstraße* (1985 ff.).[114] Hier tritt der gruppenbildende Aspekt des Kultischen in den Vordergrund. Das Publikum beschränkt sich nicht auf seine gewohnte Rolle, passiv wahrzunehmen, sondern wird selbst aktiv. Es nimmt, ähnlich wie bei religiösen Zeremonien, am Geschehen teil, ist Akteur: Man sieht die geliebte Serie gemeinsam an, die Sendezeiten werden zum rituellen Jour fixe, die Dialoge der Darsteller werden auswendig gelernt, die Rollen mimisch selbst im Kino nachgespielt, die Zuschauerschaft organisiert sich als Fangemeinde auf ›conventions‹. Produkte, die Kultstatus erreichen, sind heute ästhetische Vehikel, um die herum Subkulturen sich aufbauen, verständigen und abgrenzen. Sie dienen als Bezugsobjekte des eigenen Inszenierungsstils, sind daher »kultig« (ein Begriff, der Ende der 80er Jahre aufgekommen und beispielsweise in der *taz* erstmals am 26. 2. 1994 belegt ist[115]). Das Bemühen nach identifikatorischer Abgrenzung zum gesellschaftlichen ›main stream‹, wie es vor allem Jugend-, Intellektuellen- und Ghettokulturen kennzeichnet, wird oft mit Mitteln devianter Stilisierung in Szene gesetzt – man denke an den Kult von Intellektuellen und Homosexuellen um Trivialobjekte (Ästhetiken des ›trash‹ bzw. ›camp‹). Moderne Unternehmen suchen ihrerseits an dieser Entwicklung zu partizipieren und ihren Produkten Kultstatus zu verleihen. Kommerzielles Ziel ist es, die ›corporate identity‹ eines Unternehmens sinnstiftend zu stärken: Die Konsumenten sollen zur Glaubensgemeinschaft werden, verkauft wird eine Botschaft, keine Ware (so beispielhaft die Benetton-Werbung des Fotografen Oliviero Toscani mit dem Slogan ›United Colors of Benetton‹ und der Botschaft ›Come together‹). Die Jugend hat es schnell begriffen: Was ›in‹ ist, ist auch ›kultig‹. An Ende des 20. Jh. scheint der Weg des Kult-Begriffs von der Religion zur Kunst- und Warenwelt abgeschlossen.

5. *Kult als polemischer Ausgrenzungsbegriff*

Jenseits der Warenästhetik errang ›Kult‹ derweil ein eher schlechtes Image: Seit der Welle neuer Religionsgründungen in den 1950er und 1960er Jahren, den Gruppen wie die Scientology Church (1954 gegründet durch Ron Hubbard), die Neo-Sannyas, heute: Osho-Bewegung des ›Bhagwan‹ Rajneesh Chandra Mohan (1974 Ashram in Poona) oder die *Childrens of Love* (seit 1983 *Family*

---

113 Vgl. GABY KREUTZNER, Das Phänomen Kultfilm: Casablanca (1942/43), in: W. Faulstich/H. Korte (Hg.), Fischer Filmgeschichte, Bd. 2: 1925–1944 (Frankfurt a. M. 1991), 324–336.
114 Vgl. KAI-UWE HELLMANN/ARNE KLEIN (Hg.), ›Unendliche Weiten ...‹. Star Trek zwischen Unterhaltung und Utopie (Frankfurt a. M. 1997); JUTTA BERNARD, ›Kultserie/Kultfilm‹, in: Auffarth/Bernard/Mohr (s. Anm. 109), Bd. 2 (Stuttgart 1999), 288–291.
115 NM [ANONYMUS], Teure Läden gibt's genug, in: Die Tageszeitung (26. 2. 1994), 39.

of God) einschließt, ist Kult zu einem populären Negativstereotyp geworden. Der Begriff dient heute als »social weapon«[116] in der politisch-gesellschaftlichen Auseinandersetzung und im Konkurrenzkampf religiöser Gruppen. Wer einem Kult angehört und ihn praktiziert, gerät unter Generalverdacht: Kult ist das ›Infame‹, das Verdächtige schlechthin, er ist der Ort, wo ›etwas getrieben (praktiziert) wird‹. Kult ist der Hort für Anrüchiges, Jugendgefährdendes, kurz ein ›destructive cult‹[117] – das Gegenbild von ›Religion‹. Vor allem im amerikanischen Kulturbereich hat sich seit den 1970er Jahre ein polemisches Kultstereotyp medial derart durchgesetzt, daß manche Religionssoziologen vor der geballten Reizwirkung des Worts kapitulieren und seine wissenschaftliche Brauchbarkeit bezweifeln.

Um dies zu verstehen, ist nochmals ein Rückgriff auf die Geschichte notwendig. Das heutige »four-letter word«[118] Kult greift auf ein ästhetisches ›labeling‹ zurück, das bis in die Antike zurückreicht. Es beruht auf einer europäischen Tradition von ›Ausgrenzungsästhetik‹[119], die ›Kulte‹ und deren Dynamik im Visier hat. Sie spiegelt das beschriebene grundlegende Mißtrauen von Gesellschaft und Staat gegenüber Kleingruppen mit hohem Verpflichtungsgrad (›commitment‹) wider. Kult steht hierbei unter dem dreifachen Verdacht übertriebener, unkontrollierbarer (›geheimer‹) und falscher Religionsausübung: als exzessiv (›orgiastisch‹), subversiv und abergläubisch. Die falsche, unerlaubt verrichtete Handlung (griech. ›prâxis‹/

---

116 JANE DILLON/JAMES T. RICHARDSON, The ›Cult‹ Concept. A Politics of Representation Analysis, in: Syzygy. Journal of Alternative Religion and Culture 3 (1994), 187.
117 Vgl. HELMUT OBST, Neureligionen, Jugendreligionen, destruktive Kulte (Berlin 1986).
118 DILLON/RICHARDSON (s. Anm. 116), 186.
119 Vgl. NORMAN COHN, Europe's Inner Demons. An Inquiry Inspired by the Great Witch Hunt (Harmondsworth 1975).
120 Vgl. WILL-ERICH PEUCKERT, Geheimkulte (1951; München 1996).
121 Zu letzterem vgl. SANDER GILMAN, Der ›jüdische Körper‹. Gedanken zum physischen Anderssein der Juden, in: J. H. Schoeps/J. Schlör (Hg.), Antisemitismus. Vorurteile und Mythen (München/Zürich 1995), 167–179.

›praktiké‹) ist aber Tun von religiös nicht Legitimierten, ›Magiern‹ zum Beispiel, demnach ›Magie‹, oder bloßes ›Werkeln‹, ›Praktik‹. Zwei Kultphänomene der Antike wirkten prototypisch für diese Verzerrung: die gnostischen Gruppierungen, wie sie von der christlichen Polemik gebrandmarkt wurden, und die Mysterienkulte. Der ›Geheimkult‹[120] und sein Verschwörungsszenario wird zum Kult schlechthin. Die Metaphorik des Vorurteils und die daran geknüpften Mythenbildungen erzeugten eine Ikonographie des Häßlichen, Grotesken, Exzessiven und Schrecklichen: Körper von Tieren und Menschen verschmelzen, sexuell wie anatomisch (Imaginationen des Hexensabbats, teilweise kultisch reinszeniert in der Wicca-Religion und im modernen Satanskult); Frauen üben sich in religiösem Wahnsinn (›mainadismós‹, die rituelle Trance der ›Mänaden‹, der Anhängerinnen der Dionysos-Mysterien); Wunderwirkungen führen zu konvulsivischen, hysterischen Ausbrüchen, wie in charismatischen Bewegungen; die Teilnehmer an Kulten sind mißgebildet oder zumindest krummnasig.[121] Kulte erscheinen somit wie ›Sekte‹ ganz in der Tradition antihäretischer kirchlicher Feindbilder: als Orte schlechter Phantasien und des Regelverstoßes.

Um Kult als religionswissenschaftliche und ästhetische Beschreibungskategorie weiterhin verwenden zu können, scheint es daher notwendig zu sein, den Begriff von inhaltlichen Vorgaben einer projektiven Ästhetik europäischer Provenienz zu lösen und mit ›religionistischen‹ Deutungsversuchen vorsichtig umzugehen. Statt dessen wären, wie angedeutet, Kultphänomene mit Ansätzen der Handlungstheorie, ›symbolic anthropology‹, Kultursemiotik, Medien- und Theaterwissenschaften zu erkunden.

Epilog

Samstag, 6. September 1997. Diana Spencer, Ex-Gattin des britischen Thronprinzen Charles, wird zu Grabe getragen und als ›Lady Di‹ zur Ikone der Mediengesellschaft konsekriert. An den Straßen Londons stehen etwa eine Million Zuschauer, die Geschäfte sind geschlossen. Vor dem Buckingham

Palace stapeln sich tonnenweise Blumen. Fernsehanstalten aus 187 Ländern sind der Übertragung des Kondukts und der Totenandacht zugeschaltet. Die Boulevardpresse, die allein in Deutschland 1997 mit 14 Blättern knapp 10 Millionen Zeitschriftenexemplare pro Woche umsetzt, hat eine schöne Leiche geschaffen und schlachtet sie aus. Der öffentlich-rechtliche Fernsehkanal Zweites Deutsches Fernsehen sendet ununterbrochen von 9.00 bis 17.45 Uhr. »Das Mekka des Diana-Kults wird der Herrschaftssitz Althorp Hall der Familie Spencer sein«, verheißt der Moderator abends im Ersten Deutschen Fernsehen. Die Fernsehbilder zeigen ein mythisches Entschwinden des Leichenwagens in einem Park, keine Begräbniszeremonie. In Nuku'alofa, dem Hauptort der Tonga-Inseln, wird zum Gedenken der »sehr lieben Prinzessin« ein »Pongipongi«[122], ein traditionelles Männerpalaver mit Kawa zu Ehren von Verstorbenen, veranstaltet. Ein neuer Kult hat begonnen.

Hubert Mohr

Literatur
ACKERMANN, VOLKER, Nationale Totenfeiern in Deutschland. Von Wilhelm I. bis Franz Josef Strauß (Stuttgart 1990); ANGENENDT, ARNOLD, Heilige und Reliquien. Die Geschichte ihres Kultes vom frühen Christentum bis zur Gegenwart (München 1994); ASSMANN, ALEIDA/HARTH, DIETRICH (Hg.), Kultur als Lebenswelt und Monument (Frankfurt a. M. 1991); BEHRENBECK, SABINE, Der Kult um die toten Helden. Nationalsozialistische Mythen, Riten und Symbole 1923 bis 1945 (Vierow 1996); BELL, CATHERINE, Ritual. Perspectives and Dimensions (Oxford 1997); BELTING, HANS, Bild und Kult. Eine Geschichte des Bildes vor dem Zeitalter der Kunst (München 1990); BOLZ, NORBERT, KULT-Marketing. Die neuen Götter des Marktes (Düsseldorf 1995); BRAUNGART, WOLFGANG, Ritual und Literatur (Tübingen 1996); BREDEKAMP, HORST, Kunst als Medium sozialer Konflikte. Bilderkämpfe von der Spätantike bis zur Hussitenrevolution (Frankfurt a. M. 1975); BREIDECKER, VOLKER, Florenz oder ›Die Rede, die zum Auge spricht‹. Kunst, Fest und Macht im Ambiente der Stadt (München 1990); BROWN, PETER, The Cult of the Saints: Its Rise and Function in Latin Christianity (Chicago 1981); BURKERT, WALTER, Homo Necans. Interpretationen altgriechischer Opferriten und Mythen (Berlin/New York 1972); CANCIK, HUBERT/MOHR, HUBERT, ›Religionsästhetik‹, in: Handbuch religionswissenschaftlicher Grundbegriffe, Bd. 1 (Stuttgart 1988), 121–156; DILLON, JANE/RICHARDSON, JAMES T., The Cult Concept. A Politics of Representation Analysis, in: Syzygy. Journal of Alternative Religion and Culture 3 (1994),

185–197; EDELMAN, MURRAY, The Symbolic Uses of Politics (Urbana 1964); EDELMAN, MURRAY, Politics as Symbolic Action, Mass Arousal and Quiescence (Chicago 1971); dt.: Politik als Ritual. Die symbolischen Formen staatlicher Institutionen und politischen Handels, übers. v. H. Fliessbach (Frankfurt a. M. 1976); ELBOGEN, ISMAR, Der jüdische Gottesdienst in seiner geschichtlichen Entwicklung (1913; Hildesheim 1995); FISCHER-LICHTE, ERIKA, Semiotik des Theaters. Eine Einführung, 3 Bde. (Tübingen 1983 ff.); GRAF, FRITZ u. a., ›Kult, Kultus‹, in: PAULY (NEU), Bd. 6 (1999), Sp. 892–900; HAHN, ALOIS, Kultische und säkulare Riten und Zeremonien in soziologischer Sicht, in: W. Strolz (Hg.), Anthropologie des Kults (Freiburg 1977), 51–81; HOCKERTS, HANS GÜNTER, Mythos, Kult und Feste. München im nationalsozialistischen Feierjahr, in: B. Schütz u. a. (Hg.), München – Hauptstadt der Bewegung. Bayerns Metropole und der Nationalsozialismus [Ausst.-Kat.] (München 1993), 331–341; HOFMANN, WERNER (Hg.), Luther und die Folgen für die Kunst [Ausst.-Kat.] (München 1983); HÖRISCH, JOCHEN, Brot und Wein. Die Poesie des Abendmahls (Frankfurt a. M. 1992); KIPPENBERG, HANS G., Die Entdeckung der Religionsgeschichte. Religionswissenschaft und Moderne (München 1997); KOSELLECK, REINHART (Hg.), Der politische Totenkult. Kriegerdenkmäler in der Moderne (München 1993); KRAMER, FRITZ W., Der rote Fes. Über Besessenheit und Kunst in Afrika (Frankfurt a. M. 1987); LANG, BERNHARD, ›Kult‹, in: Handbuch religionswissenschaftlicher Grundbegriffe, Bd. 3 (Stuttgart 1993); 474–488; LAUTERBACH, IRIS/ROSEFELDT, JULIAN/STEINLE, PIERO (Hg.), Bürokratie und Kult. Das Parteizentrum der NSDAP am Königsplatz in München. Geschichte und Rezeption (München 1995); LEWIS, JAMES R., The Cult Stereotype as an Ideological Resource in Social Conflicts: A Case Study of the Church of the Movement of Spiritual Inner Awareness, in: Syzygy. Journal of Alternative Religion and Culture 3 (1994), 23–37; LORENZER, ALFRED, Das Konzil der Buchhalter. Die Zerstörung der Sinnlichkeit. Eine Religionskritik (Frankfurt a. M. 1981); MORINIS, ALAN (Hg.), Sacred Journeys. The Anthropology of Pilgrimage (Westport/Conn. 1992); NITSCHKE, AUGUST, Körper in Bewegung. Gesten, Tänze und Räume im Wandel der Geschichte (Stuttgart 1989); PERPEET, WILHELM, Zur Wortbedeutung von ›Kultur‹, in: H. Brackert/F. Wefelmeyer (Hg.), Naturplan und Verfallskritik. Zu Begriff und Geschichte der Kultur (Frankfurt a. M. 1984), 21–28; PFISTER, FRIEDRICH, ›Kultus‹, in: PAULY, Reihe 1, Halbbd. 22 (Stuttgart 1922), Sp. 2106–2192; RICHARDSON, JAMES T., Definitions of Cult: From Sociological-Technical to Popular-Negative, in: Review of Religious Research 34 (1993), 348–356; SCHECHNER, RICHARD, Performance Theory (New York N.a. ²1988); SCHLESIER, RENATE, Kulte, Mythen und Gelehrte. Anthropologie der Antike seit 1800 (Frankfurt a. M. 1994); SOEFFNER, HANS-GE-

---

122 Pongipongi für Di, in: Süddeutsche Zeitung (6./7. 9. 1997), 14.

ORG, Die Auslegung des Alltags 2: Die Ordnung der Rituale (Frankfurt a.M. 1992); STUBBE, HANNES, Formen der Trauer. Eine kulturanthropologische Untersuchung (Berlin 1985); TURNER, VICTOR, The Ritual Process: Structure and Anti-Structure (Ithaca, N. Y. 1969); ZANKER, PAUL, Augustus und die Macht der Bilder (München 1987).

Kultur

(lat. cultura; engl. culture; frz. culture; ital. cultura; span. cultura; russ. культура)

Einleitung; I. Antike Kultur, Lachkultur, Streßkultur: Die Vorgeschichte; II. Lob der Kultur, Kritik der Kultur, Kultur als Geschichte; III. Kultur als Zweck und Mittel: Instrument der Erziehung; IV. Wissenschaften vom Geist, Wissenschaften vom Menschen; V. Der Zeitgeist, die Gegenwart als Ausnahmezustand; VI. Kultur als Ergebnis eines Kulturkontakts (Schismogenese); VII. Struktur und Funktion: Die Symbole der Kultur; VIII. Kultur und Gesellschaft: Von Normen und Situationen; IX. Cultural Studies: Die Kultur des Fernsehens; X. Kultur als Prozeß der Semiose; XI. Kultur als Umgang mit Überraschungen; Zusammenfassung

Einleitung

Weder in der inflationären Wortverwendung seit zweihundert Jahren noch in den etwa 150 Definitionen, die Alfred Kroeber und Clyde Kluckhohn für den Kulturbegriff zusammengestellt haben[1],

---

1 Vgl. ALFRED LOUIS KROEBER/CLYDE KLUCKHOHN, Culture. A Critical Review of Concepts and Definitions (1952; New York 1963).
2 Vgl. FRIEDRICH SCHILLER, Ueber die ästhetische Erziehung des Menschen in einer Reihe von Briefen (1795), in: Schiller, Werke, Bd. 4 (Frankfurt a.M. 1966), 193–286.
3 Vgl. GREGORY BATESON, Mind and Nature. A Necessary Unity (Toronto 1980); BATESON/MARY CATHERINE BATESON, Angels Fear. Towards an Epistemology of the Sacred (Toronto 1988); BRADFORD P. KEENEY, Aesthetics of Change (New York 1983).
4 Vgl. FRIEDRICH NIETZSCHE, Über Wahrheit und Lüge im außermoralischen Sinne (1873), in: NIETZSCHE (SCHLECHTA), Bd. 3 (1969), 1025.

---

drängt sich ein im engeren Sinne ästhetisches Verständnis des Begriffs auf. Dennoch ist es nicht falsch, sich den Kulturbegriff als einen ästhetischen Grundbegriff vorzustellen. Man kann zum Beispiel einen empirischen und einen ästhetischen Kulturbegriff voneinander unterscheiden und dann feststellen, daß der empirische Kulturbegriff auf die Beschreibung einer Kultur als Zivilisation zielt und nach Genese, Struktur und Funktion einer Kultur in der Ordnung des geselligen Verkehrs der Menschen untereinander fragt. Der ästhetische Kulturbegriff lädt sich zusätzlich zu diesem empirischen Verständnis mit Absichten auf. Ästhetisch zielt der Kulturbegriff auf die Vervollkommnung der Kultur zur Kultur.

Für dieses ästhetische Verständnis kann man mindestens zwei Pole ausmachen. Der erste Pol ist Friedrich Schillers Inanspruchnahme der ›schönen Künste‹[2] für eine Erziehung der Menschen zur Kultur. In den Künsten verwirklichen sich die kulturellen Möglichkeiten des Menschen, was immer die Kunst von der Verpflichtung zur Erziehung dann auch halten mag. Der zweite Pol ist Gregory Batesons Verständnis einer Kultur als Identität eines Zusammenhangs von Organismus, Psyche und Kommunikation, der nur ›ökologisch‹ zu denken und nur ›ästhetisch‹ wahrzunehmen und vorzustellen ist.[3] Hier wird die Ästhetik im Sinne Friedrich Nietzsches[4] als Erkenntnisform verstanden, die nicht auf Substanz und Kausalität, sondern auf Form und Muster abstellt und auf dieser Grundlage einer Welt angemessen ist, die nicht als Essenzenkosmos, sondern als Gefüge von Unterscheidungen und Relationen verstanden wird.

Ästhetisch wäre der Kulturbegriff danach immer dann, wenn er mit Absichten auf Erziehung oder auf die Wahrnehmung ökologischer Zusammenhänge einhergeht. Wir werden im folgenden immer wieder auf Spuren eines solchen Verständnisses stoßen. Andererseits ist der Kulturbegriff wegen seiner empirischen Dimensionen nicht auf diese ästhetischen Absichten zu reduzieren, so wenig man ausschließen kann, daß auch die empirischen Fassungen ebenso performativ wie konstruktiv auf Erziehung und Ökologie heruntergebuchstabiert werden können. Weder die frühen Fassungen des Kulturbegriffs bei Pufendorf, Rousseau und Herder noch die späten Fassungen bei Talcott Parsons,

Clifford Geertz und Mary Douglas sind frei von normativen Konnotationen, die die allzu selbstverständlichen Formen des geselligen Zusammenlebens der Menschen unter dem Gesichtspunkt gegenlesen, ob diese Formen den Menschen günstig sind oder nicht. Der Kulturbegriff ist in diesem Sinne nicht unabhängig von Aufklärung und Kritik zu denken, so sehr er dann auch dazu neigt, affirmativ an den einmal gefundenen Formen festzuhalten. Vielleicht zu seinem eigenen Schaden kommt der Kulturbegriff nur selten ohne eine Wertung aus; denn jede Wertung impliziert die Möglichkeit des Widerspruchs und der Umwertung.

Darüber hinaus könnte man viele Kulturbegriffe mit Hilfe der beiden ästhetischen Leitdifferenzen des Schönen und Häßlichen und des Allgemeinen und Besonderen rekonstruieren (Baumgarten). Selbstverständlich will jede Kultur das Schöne und stößt sich am Häßlichen. Und ebenso selbstverständlich stellt die Kultur gerade dann ästhetisch auf sich selber ab, wenn sie am Besonderen einer Tischsitte, einer Lektürevorliebe, einer Verführungstechnik, eines Sprachstils oder einer Sportleidenschaft das Allgemeine, den ›Stil‹ einer bestimmten Kulturpräferenz deutlich machen kann. Aber sosehr sich diese beiden Unterscheidungen für eine Lektüre der Kultursemantik eignen, so selten sind die Begriffe, die explizit nach diesem Muster konstruiert sind. Denn in der Mehrzahl der Fälle wird die Konstruktion, also Offenlegung, des Kulturbegriffs schon deswegen vermieden, weil es zur Kultur dieses Begriffs gehört, den Eindruck zu haben, daß mit der Konstruktion das Schöne bereits verfehlt wird und das Besondere nicht mehr erreicht werden kann.

Es ist daher wichtig festzuhalten, daß sich der Kulturbegriff immer wieder der Definition entzieht. Nicht einmal auf einen eindeutigen Gegenbegriff läßt er sich festlegen, denn hier kommen Natur und Zivilisation ebenso in Frage wie Technik und Gesellschaft. Auch die Theorie verweigert die Auskunft, denn sie legt Wert darauf, nicht als ihr eigener Herr zu erscheinen: »This is the first condition for cultural theory: it is not its own master.«[5] Wir konzentrieren uns daher im folgenden auf eine Begriffsgeschichte, die die problemgeschichtlichen Motive des Begriffs nur in Andeutungen mitführt, weil wir davon ausgehen, daß der Kulturbegriff, wie immer er gesellschaftlich determiniert sein mag, seinen Charme und seine Funktion vor allem darin hat, eine Sonde für unterschiedliche gesellschaftliche Determinierungen darzustellen und gegenüber jeder Determinierung Interpretationsspielräume einzuführen und geltend zu machen.

Wenn der Kulturbegriff überhaupt festgelegt ist, dann darauf, sich jeder Festlegung nicht ins Beliebige, sondern ins Problematische zu entziehen. Hierin kommen seine empirische und seine ästhetische Dimension überein. Denn er beschreibt Formen des geselligen Zusammenlebens und des individuellen Selbstverständnisses angesichts dieser Formen, die diese Formen nicht nur beim Wort nehmen, sondern auf Alternativen prüfen. Kultur hat insofern immer etwas mit Distinktionsgewinnen zu tun, um ein Wort von Pierre Bourdieu aufzugreifen.[6] Aber diese Distinktionsgewinne lassen sich in der modernen Gesellschaft nicht mehr mit einer Bestätigung der hierarchisch oder sonstwie geordneten Verhältnisse verrechnen, sondern dienen dazu, die jeweilige kulturelle Position dem Vergleich mit anderen möglichen Positionen auszusetzen. Kultur ist nur subkulturell zu realisieren. Als Einheit wirkt sie gesellschaftlich nur insofern, als sie als ihr eigenes Gedächtnis für die Möglichkeit unterschiedlicher kultureller Formatierungen fungiert.

Wir werden uns daher darauf konzentrieren, zum einen unterschiedliche Fassungen des Kulturbegriffs vor allem seit dem 17. und 18. Jh. Revue passieren zu lassen und zum anderen den Begriff als einen Begriff ohne Autor vorzustellen, der in seiner Komplexität über jede einzelne Fassung hinausreicht. Der Begriff der Kultur ist, mit einem Wort von Heinz von Foerster, ein »semantischer Rechner«[7], der in allen drei Sinndimensio-

---

5 CLIFFORD GEERTZ, Thick Description: Toward an Interpretive Theory of Culture, in: Geertz, The Interpretations of Cultures. Selected Essays (New York 1973), 24 f.

6 Vgl. PIERRE BOURDIEU, La distinction. Critique sociale du jugement (Paris 1979).

7 HEINZ VON FOERSTER, Computing in the Semantic Domain, in: Annals of the New York Academy of Sciences 184 (1971), 239–241; VON FOERSTER, Der Anfang von Himmel und Erde hat keinen Namen. Eine Selbsterschaffung in 7 Tagen, hg. v. A. Müller/K. H. Müller (Wien 1997), 100.

nen[8] parallel operiert und daher in jeder einzelnen Fassung auf die Ergänzung durch mögliche andere Fassungen abstellt. In der Sachdimension verrechnet er Kommunikation und Wahrnehmung, in der Sozialdimension das Fremde und das Eigene und in der Zeitdimension die Tradition und die Moderne. Aber das kann man nur sehen, wenn man sich gegen die Kultur des Kulturbegriffs versündigt und theoretische Absichten verfolgt. Darauf verzichten wir im folgenden weitgehend und versuchen statt dessen, das Schillernde des Begriffs deutlich werden zu lassen.

I. Antike Kultur, Lachkultur, Streßkultur: Die Vorgeschichte

Wenn die von Autoren wie Raymond Williams und Niklas Luhmann aufgestellte These von der ›Erfindung‹[9] des Kulturbegriffs in der Moderne stimmt, muß man mit der Rekapitulation der Vorgeschichte dieses Begriffs vorsichtig sein, um nicht Bedeutungskonnotationen in ältere Begriffe hineinzulesen, die erst Elemente des neueren Begriffs sind. Als Initialzündung des modernen Kulturbegriffs gilt gemeinhin der Moment, in dem das Wort Kultur seinen Genitiv verliert. Dies ist bei dem Naturrechtlehrer Samuel von Pufendorf in seiner Schrift *Eris Scandica* (1686) der Fall: »Altero modo statum hominis naturalem consideravimus, prout opponitur illi culturae, quae vitae humanae ex auxilio, industria, et inventis aliorum hominum propria meditatione et ope, aut divino monitu accessit.« ([Wir haben] den Naturzustand des Menschen betrachtet, insofern er jener Kultur gegenübergestellt wird, die zu dem menschlichen Leben aus dem Beistand, der Rührigkeit und den Erfindungen der anderen Menschen durch eigenes Nachdenken und Vermögen oder durch göttliche Anleitung hinzugekommen ist.)[10] Entscheidend ist nicht nur, daß seine Kultur den Menschen vom Tier unterscheidet[11], sondern darüber hinaus, daß dieser Unterschied von der Natur auf den Kontakt der Menschen untereinander zurückgeführt wird. Dieser Kontakt, darauf kommt es an, gilt seinerseits offensichtlich nicht als natürlich, sondern einerseits als wählbar, andererseits als inventiv und innovativ und überdies als angewiesen auf göttliche Anleitung.

Bei Pufendorf verliert das Wort ›Kultur‹ seinen Genitiv und steht hinfort gleichsam für eine eigene Sphäre aus eigenem Recht, die einer eigenen Gesetzlichkeit unterworfen ist. Als Kulturwesen ist der Mensch nicht mehr oder zumindest nicht mehr nur der Natur unterworfen, sondern zur Kultur befreit, von der er erst herausfinden muß, was ihm dies bedeuten kann. Zuvor trat das Wort ›Kultur‹ nur mit Genitiv auf, wovon etwa die Wortverbindungen ›agri culti‹ (bestellte Äcker), ›cultura animi‹ (die Pflege des Geistes), ›tempora cultiora‹ (gebildete Zeiten), ›cultura Christi‹ sowie ›cultura dolorum‹ (der Glaube der Christen) oder ›cultura ingenii‹ (etwa: Pflege des freigeborenen Edelmuts)[12] zeugen.

Das Wort ›Kultur‹ ist dem lateinischen ›cultura‹ entlehnt und kommt von colere = drehen, wenden, bebauen. »Die Wortfamilie von colere«, so Wilhelm Perpeet, »ist groß: excolere = veredeln, verfeinern; percolere = ausarbeiten; praecolere = vorarbeiten; recolere = wiederherstellen; cultus, -a, -um = angebaut; culta, -orum oder agri culti = bestellte Äcker; agrum colere = Ackerland bestellen.« Wichtig ist: »›Cultura‹ bedeutet die agrarische

---

8 Vgl. NIKLAS LUHMANN, Soziale Systeme. Grundriß einer allgemeinen Theorie (Frankfurt a.M. 1984), 111ff.
9 Vgl. RAYMOND WILLIAMS, Culture and Society 1780–1950 (London 1958); LUHMANN, Kultur als historischer Begriff, in: Luhmann, Gesellschaftsstruktur und Semantik. Studien zur Wissenssoziologie der modernen Gesellschaft, Bd. 4 (Frankfurt a.M. 1995), 31–54.
10 SAMUEL VON PUFENDORF, Eris Scandica (Frankfurt a.M. 1686), zit. u. übers. nach Franz Rauhut, Die Herkunft der Worte und Begriffe ›Kultur‹, ›Civilisation‹ und ›Bildung‹, in: Germanisch-romanische Monatsschrift 34 (1953), 83; vgl. WILHELM PERPEET, Zur Wortbedeutung von ›Kultur‹, in: H. Brackert/F. Wefelmeyer (Hg.), Naturplan und Verfallskritik. Zu Begriff und Geschichte der Kultur (Frankfurt a.M. 1984), 21–28.
11 Vgl. PUFENDORF, De iure naturae et gentium libri octo (Lund 1672), 2, 4, 1; dt.: Acht Bücher vom Natur- und Völkerrechte (Frankfurt a.M. 1711).
12 Vgl. PERPEET (s. Anm. 10), 21f.; PERPEET, ›Kulturphilosophie‹, in: Archiv für Begriffsgeschichte 20 (1976), 42–99.

I. Antike Kultur, Lachkultur, Streßkultur: Die Vorgeschichte

Tätigkeit *und* deren Voraussetzung: das Ackerland.«[13] Im Griechischen gibt es kein eigenes Wort für ›Kultur‹. Dem lateinischen Wortsinn entsprechen am ehesten ›paideia‹, Bildung, oder ›technē‹, Kunst und Technik.

Perpeet weist darauf hin, daß bereits in einer Wortverwendung wie ›agrum colere‹ und erst recht in all dem, was dann unter ›Agrikultur‹ verstanden wird, die beiden Aspekte der Pflege einerseits und der Verehrung andererseits immer parallel laufen. Einen Acker zu bestellen bedeutet, etwas zum Wachsen zu bringen, was weder ohne die eigene Arbeit auf dem Acker noch ohne unverfügbare Voraussetzungen wie die Qualität des Bodens, die Launen des Wetters und die Gunst der Götter und der Umstände überhaupt zustande käme. Ein Kulturbewußtsein, das auf die Differenz verfügbarer und unverfügbarer Ursachen abstellt, hat im Selbstbewußtsein einer agrikulturellen Gesellschaft seinen historischen Ursprung.

Cicero bezieht sich auf diesen Wortsinn, wenn er die Philosophie als »cultura animi«[14] bezeichnet, als Pflege der Seele oder des Geistes derart, daß die Chance für einen weisen Gedanken oder eine weise Tat wächst, die aber nicht durch die Pflege selbst bereits produziert werden können. Etwas anderes, ein ›eidos‹, eine Idee, für die man nicht allein verantwortlich ist, muß hinzukommen. Die frühen Christen nennen ihren Glauben eine ›cultura Christi‹ oder eine ›cultura dolorum‹ und verweisen damit darauf, daß man sich zwar in den Schmerz Christi versenken kann, dies aber noch nicht garantiert, der Gnade des Glaubens teilhaftig werden zu können, der letztlich ein Geschenk Gottes bleibt. Der Annahme von Augustinus, man müsse daraus den Schluß ziehen, daß nicht der Mensch, sondern Gott der Ackersmann ist und den Menschen als sein Ackerland bestellt[15], wird erst von den Humanisten Erasmus und Thomas Morus widersprochen, die von der ›cultura ingenii‹ sprechen und darunter verstehen, daß der Mensch für seine Würde selber zu sorgen hat.[16]

Eine andere Möglichkeit, sich der Vorgeschichte des Kulturbegriffs zu nähern, bieten die Untersuchungen von Michail Bachtin zur Volks- und Lachkultur des Mittelalters und der Renaissance.[17] Hier wird ein Aspekt unterstrichen, der für den modernen Kulturbegriff wieder sehr wichtig werden wird, nämlich der Aspekt der Doppelung. Die komische Volkskultur, die sich vor allem in Festen wie dem Karneval manifestiert, aber darüber hinaus als ein immer wieder ausbrechendes Gelächter über den bedeutungsvollen Ernst des Lebens gleichsam alltäglich ist, ist eine zweite Kultur neben jener anderen der ernsthaften bis pompösen Riten und Zeremonien der Kirche und des feudalen Staates. In beiden Kulturen reflektiert sich die mittelalterliche Gesellschaft, in beiden Kulturen feiert und bestätigt sie sich. Aber es sind eben zwei Kulturen, so daß man angesichts von Ungewißheiten in der einen Kultur in die andere wechseln kann und umgekehrt.

Die eine, die offizielle Kultur stellt auf Hierarchie, auf bestimmte Werte, auf Tabus ab und pflegt und verehrt Zustände der Perfektion. Sie hält sich an die Ewigkeit. Die andere, die Lachkultur, pflegt und verehrt das Komische, den Ausbruch und das Überstehen einer Krise, die Wiege und das Grab, den Wechsel und die Erneuerung. Sie hält sich an das Werden.[18] Die Lachkultur lacht bei allem zunächst und vor allem auch über sich selbst. Bachtin hat mit diesem Kulturverständnis an einem modernen Kulturbegriff festgehalten, der nicht zuletzt auch gegen die Einheitskultur des Stalinismus gewendet war und gegen den Kult des Proletariats auf der Differenz des Volkes bestand.

Vielleicht kann man die Bachtinsche These einer Doppelung der Kultur durch die Lachkultur parallel zu einer These lesen, die Heiner Mühlmann über die ›Natur der Kulturen‹[19] aufgestellt hat. Mühlmann vermutet nicht unähnlich René

---

13 PERPEET (s. Anm. 10), 21.
14 CICERO, Tusc. 2, 5.
15 Vgl. AUGUSTINUS, Sermones 87, 1, 1.
16 Vgl. JOSEF NIEDERMANN, Kultur. Werden und Wandlungen des Begriffs und seiner Ersatzbegriffe von Cicero bis Herder (Florenz 1941), 63 f.
17 Vgl. MICHAIL BACHTIN, Tvorčestvo Fransua Rable i narodnaja kul'tura srednevekov'ja i Renessansa (1965; Moskau 1990), dt.: Rabelais und seine Welt. Volkskultur als Gegenkultur, hg. v. R. Lachmann, übers. v. G. Leupold (Frankfurt a. M. 1987).
18 Vgl. ebd., 14 ff., dt. 57 ff.
19 Vgl. HEINER MÜHLMANN, Die Natur der Kulturen. Entwurf einer kulturgenetischen Theorie (Wien/New York 1996).

Girards Begriff einer »crise sacrificielle«[20], daß jede Kultur aus den Umständen des Überstehens eines Schreckens geboren wird. Im menschlichen Zusammenleben kommt es aus unerklärlichen – Girard würde sagen: in der Rivalität mimetischen Verlangens begründeten – Gründen zu Krisen, zu deren Lösung mehr oder minder zufällig bestimmte Formen gefunden werden, die anschließend wegen ihres Lösungscharakters zur ›Kultur eines bestimmten Zusammenlebens‹ instituiert, kanonisiert und rituell bestätigt werden. Dabei reinszeniert der Ritus die Gefahr ebenso wie ihre Lösung. Mühlmann zeigt, daß am decorum der alteuropäischen Kultur von den Griechen bis ins 18. Jh. abgelesen werden kann, wie die Griechen sich gegen innere und äußere Feinde mit einer Form der ›maximalen Streß-Kooperation‹[21] (der Hoplitenphalanx) zur Wehr gesetzt haben, die anschließend bestimmte Formen der Gemeinschaftsstiftung durch die Bewältigung einer kriegerischen Drohung zum Moment der kulturellen Selbstvergewisserung der Gesellschaft werden ließen.

Mit Bachtin kann man vermuten, daß das karnevalistische Gelächter des Volks auch dieser Kul-

---

20 RENÉ GIRARD, La violence et le sacré (Paris 1972), 63; vgl. GIRARD, Des choses cachées depuis la fondation du monde. Recherches avec Jean-Michel Oughourlian et Guy Lefort (Paris 1978); GIRARD, Origins. A View from the Literature, in: F. J. Varela/J. P. Dupuy (Hg.), Understanding Origins. Contemporary Views on the Origin of Life, Mind and Society (Dordrecht 1992), 27–42.
21 Vgl. MÜHLMANN (s. Anm. 19), 42; vgl. FRANCIS FUKUYAMA, The End of History and the Last Man (New York 1992).
22 BACHTIN (s. Anm. 17), 25; dt. 69.
23 Vgl. IMMANUEL KANT, Kritik der Urteilskraft (1790), in: KANT (WA), Bd. 10 (1974), 272 f.
24 Vgl. LUHMANN, Sinn als Grundbegriff der Soziologie, in: J. Habermas/Luhmann, Theorie der Gesellschaft oder Sozialtechnologie. Was leistet die Systemforschung? (Frankfurt a. M. 1971), 79.
25 JACQUES DERRIDA, Le monolinguisme de l'autre ou la prothèse d'origine (Paris 1996), 47; dt.: Die Einsprachigkeit des Anderen oder die Prothese des Ursprungs, in: A. Haverkamp (Hg.), Die Sprache der Anderen. Übersetzungspolitik zwischen den Kulturen (Frankfurt a. M. 1997), 27.
26 JAN ASSMANN, Das kulturelle Gedächtnis. Schrift, Erinnerung und politische Identität in frühen Hochkulturen (München 1997), 33 f.

---

tur der Erhabenheit kriegerischer Momente galt – obwohl nichts dagegen spricht, auch das Gelächter einem spezifischen, dem Schrecken immer wieder neu konfrontierten Energiehaushalt der alteuropäischen Kultur zuzuschreiben. Dafür spricht zum Beispiel die große Bedeutung des »grotesken Realismus« (гротескний реализм)[22], der gegen die Ordnung des Perfekten die Ordnung des Sich-Vermischenden einwendet. Das Lachen ist auch hier ambivalent: Es spielt mit, indem es die Grenzen überspringt, die durch die andere, die offizielle Kultur dann wieder instituiert werden; aber es lacht eben auch und hält damit das Potential bereit, aus der Umklammerung durch die Kultur des Schreckens herauszuspringen.

Andererseits darf man das Lachen nicht überschätzen. Es liefert eine Art negationsfreie Negation, denn es lehnt bestimmte ›ernsthafte‹ Kommunikationen nicht ab, sondern hält sie als lächerliche auf Distanz. Es verwandelt gespannte Erwartungen in nichts, wie Kant sagt.[23] Aber es bringt damit noch keine Evolution der Kommunikation in Gang. Evolutionsfähig wird die Kommunikation erst, wenn die Negation explizit wird und die Kommunikation Mittel und Wege finden muß, damit umzugehen.[24]

Damit sind die Möglichkeiten, eine Vorgeschichte der Kultur zu skizzieren, nicht erschöpft. Denn grundsätzlich ist des weiteren zu berücksichtigen, daß die Kulturerfahrung Europas nicht unabhängig von den kolonialisierenden Zugriffen Europas auf andere Erdteile zu denken ist. Jacques Derrida spricht daher von einer »colonialité essentielle [...] de la culture«[25]. Kein Begriff der Kultur ist unabhängig davon zu denken, eine Asymmetrie zwischen der eigenen Kultur und der Kultur der anderen, die man als überlegen oder unterlegen erfährt, zu behaupten. Ethnogenese heißt daher nicht nur Entstehung der Kultur aus der Differenz zu anderen Kulturen, sondern auch Erfahrung, Formulierung und Bearbeitung von Überlegenheits- und Unterlegenheitsbehauptungen.

Und nicht zuletzt ist die Vorgeschichte des Kulturbegriffs dadurch gekennzeichnet, daß jede Kultur eine »Erinnerungskultur«[26] im Sinne Jan Assmanns ist, die eben nicht nur die Aufgabe hat, überliefernswerte Bestände gesellschaftlicher Strukturen und gesellschaftlicher Semantik zu tradieren, sondern vorab und rückwirkend den Bruch zu überwinden hat, der das Heute vom Gestern und das Verschwinden vom Bewahren trennt: Die ursprünglichste und verbreitetste Form von Erinnerungskultur ist das Totengedenken. Kultur heißt, der Toten zu gedenken. Doch auch die Lebenden verwandelt der Verknüpfungs- und Verpflichtungscharakter einer Kultur in ›Personen‹ im römischen Wortsinn, in Totenmasken.

In dieser Form wird Kultur zum einen so selbstverständlich, daß der Bruch gar nicht mehr als Bruch erscheint, sondern als kontinuierende Fortsetzung; zum anderen kann sie jedoch sowohl integrativ als auch distinktiv so sehr gesteigert werden, daß Kultur zur Grenzerfahrung der entweder an Fremdkulturen oder an der ›entfremdeten‹ Eigenkultur geschulten Gegen-Identität eines Stammes oder eines ›Volkes‹ wird, die mit Erfahrungen des Auserwähltseins, der Ausschließlichkeit und sogar der Aufrüstung der Kultur zur Religion einhergehen kann.[27] Die moderne Kultur zeichnet sich unter anderem dadurch aus, daß sie gegenüber diesem Verknüpfungs- und Verpflichtungscharakter ratlos wird. Sie rekurriert auf die Zweiseitigkeit von Erinnern und Vergessen und interessiert sich um so intensiver, wie archiviert werden kann, was sonst verschwinden würde, und wie aktualisiert werden kann, was in den Archiven schlummert.[28]

II. Lob der Kultur, Kritik der Kultur, Kultur als Geschichte

Bei Pufendorf wird Kultur zu einem autonomen Bereich, auf den Unterschiede zwischen Mensch und Tier zugerechnet werden. Was der Mensch ist, verdankt er der Kultur; und das sagt ebensoviel über den Menschen wie über die Kultur aus. Parallel dazu bestimmt sich auch der Begriff der Natur, der im modernen Verständnis das Spontane, von selbst Wachsende, Selbständige, Nichtproduzierte, das aus Chaos und Ordnung Zusammengesetzte bezeichnet.[29] Unter Kultur wird im Gegensatz dazu dann das Absichtliche, das Hergestellte, das zu Produzierende, das Geordnete, weil Gestaltete, und mit alledem: das seinerseits zu Kultivierende verstanden. Es bleibt nicht aus, daß man, sobald

man mit dieser Unterscheidung beobachtet, die Termini auswechseln und die ›Natur‹ der Kultur ebenso beobachten kann wie die ›Kultur‹ der Natur und beides auf göttliche Absichten und teuflische Tücke zurechnen kann; aber das entspricht theologischen Denkmustern, die im Zeitalter der Aufklärung scheinbar auf dem Rückzug sind und sich erst auf einer geschichtsphilosophischen Ebene wieder zu Worte melden.

Wesentlicher für das 18. Jh. ist das von Pufendorf und anderen dem Kulturbegriff mit auf den Weg gegebene Glücksversprechen. Kultur ist das, was den Menschen zu seinem Glück aus der Barbarei eines und auch seines Naturzustands befreit. Zwar ist diese Befreiung mit der Arbeit der Kultivierung verbunden, und natürlich wird diese Arbeit im biblischen Sinne mit dem Verlust des Paradieses, mit den Schmerzen des Gebärens (aber auch: des Geborenwerdens) und mit Schweiß und Tränen assoziiert; aber nur so ist die Würde eines vernunftbegabten Menschenlebens erreichbar und einlösbar. Nicht nur die Vertreibung aus dem Paradies, sondern auch diese Begabung zur Vernunft, zur Erziehung, zur Gesittung, zur Ehe und Familie sind, daran hält man einstweilen fest, göttlicher Gnade zu verdanken.

Im 17. und 18. Jh. wird dieser Kulturbegriff aufrechterhalten, aber das fällt nicht leicht. Die Menschen reisen und die Gelehrten lesen, und das bedeutet, daß in anderen Regionen der erreichbaren Erdoberfläche und in anderen historischen Zeiten der überlieferten Geschichte immer mehr menschliche Lebensumstände auffallen, die man nicht ohne weiteres als Beleg für die Einlösung des Glücksversprechens in Anspruch nehmen kann. Es drängt sich die Möglichkeit, wenn nicht die Notwendigkeit auf, die Unterscheidung zwischen Barbarei des Naturzustands und dem Glück des Kulturzustands auf die kulturellen Lebensumstände der Menschen selbst anzuwenden und auch dort,

---

27 Vgl. ebd., 144 ff., 196 ff.
28 Vgl. ALEIDA ASSMANN, Erinnerungsräume. Formen und Wandlungen des kulturellen Gedächtnisses (München 1999), 348 ff.
29 Vgl. LUHMANN, Über Natur, in: Luhmann‹ Gesellschaftsstruktur und Semantik. Studien zur Wissenssoziologie der modernen Gesellschaft, Bd. 4 (Frankfurt a. M. 1995), 9–30.

wo es sich zweifelsfrei um menschliche Kulturen handelt, vom Unglück des barbarischen Naturzustands zu sprechen – und sei es nur, um die eigene Kultur als die kultiviertere von dem, was man sieht und liest, abzugrenzen.

Wenn die Unterscheidung zwischen Kultur und Natur, zwischen Glück und Unglück, zwischen kultivierten und barbarischen Lebensumständen aber erst zur Beobachtung menschlichen Daseins zur Verfügung steht, fällt es nicht mehr schwer, die Vorzeichen umzudrehen und genau dort, wo das höchste Maß an Kultivierung erreicht zu sein scheint (in Paris), das Unglück der Menschen zu beobachten, und dort, wo vermeintliche Barbarei herrscht (in der Südsee), auf den glücklichen Wilden zu stoßen. In seiner Antwort auf die 1750 von der Académie de Dijon gestellte Frage, ›si le rétablissement des Sciences & des Arts a contribué à épurer les mœurs‹, nimmt der damals noch unbekannte Jean-Jacques Rousseau diesen Vorzeichenwechsel vor.

Für das, was in der Moderne als Kultur beobachtet wird, ist an diesem Ereignis so ziemlich alles hochsignifikant. Das gilt erstens für die Fragestellung. Man kann annehmen, daß die Akademie mit einer positiven Antwort rechnete, aber immerhin stellte sie die Frage und eröffnete damit die Möglichkeit einer negativen Antwort. Rousseau hat denn auch im ersten Satz seiner Antwort die Fragestellung entsprechend erweitert: »Le rétablissement des Sciences et des Arts a-t-il contribué à épurer ou à corrompre le Mœurs?«[30] Womit man, zweitens, vielleicht nicht gerechnet hat, aber ab jetzt immer rechnen mußte, war ein Beobachtungstyp, den Rousseau bereits in dem von Ovid entlehnten Motto seiner Preisschrift auf den Punkt brachte: »Barbarus hic ego sum, quia non intelligor illis.«[31] (Ich bin hier Barbar, weil ich von diesen nicht verstanden werde.) Nicht die Kultur entscheidet darüber, ob der Mensch glücklich oder unglücklich ist, sondern das Individuum bringt sich als Instanz zur Geltung, die diese Entscheidung angesichts dieser oder jener Kultur, das heißt bereits: im Vergleich, trifft. Und das Individuum ist frei, sich seine Beobachterposition selbst zu suchen – ›Barbarus hic ego sum‹ – und die eigene Unverständlichkeit auf das Nichtverstehen ›jener anderen‹ zuzurechnen.

Drittens ist es die inhaltliche Antwortstrategie von Rousseau, die typisch geworden ist für das moderne Kulturverständnis. Zunächst konzediert Rousseau, daß die Renaissance, der Rückgriff Europas auf ein griechisches (und römisches) Denken, das wegen der Türken in Konstantinopel keine Heimstatt mehr hatte und nach Italien ausweichen mußte, unzweifelhaft kultivierende Bedeutung hatte; kaum etwas diene einer Pflege der wechselseitigen Anerkennung mehr als die Kunst des Schreibens und des Denkens: »l'on commença à sentir le principal avantage du commerce des muses, celui de rendre les hommes plus sociables en leur inspirant le desir de se plaire les uns aux autres par des ouvrages dignes de leur approbation mutuelle.«[32] Aber dieser Formulierung ist der Einwand bereits beigemischt: Eine Gesellschaft, die sich unter das höfische Gesetz des wechselseitigen Wohlgefallens gestellt hat (und man weiß seit Gracián, welche Arbeit und Zweischneidigkeit hinter diesem Gesetz steckt[33]), kann dem nicht gefallen, der selbst nicht gefällt. Die Pointe daran ist – und auch das ist signifikant für das, was typisch für Kultur zu werden beginnt –, daß das Gesetz damit gleichzeitig anerkannt wird; aber man ist gezwungen, nach einem anderen Spiel zu suchen, das es ermöglicht, die Forderungen einzulösen und auf neuem Terrain (unter denselben Vorzeichen) zu triumphieren: Neben dem Pariser Königshof etabliert sich die Caféhausszene der Intellektuellen.

Kurz nach dieser Einleitung trifft Rousseau seine die Pufendorfsche Wertung umdrehende Kennzeichnung der modernen Kultur. Man solle sich nicht täuschen: Was eine Gesellschaft sei und sein könne, entscheide sich auf der Ebene der Bedürfnisse des Körpers, nicht auf der Ebene der Bedürfnisse des Geistes, auf die die Kultur Bezug nehme: »L'esprit a ses besoins, ainsi que le corps. Ceux-ci font les fondements de la société, les

---

30 JEAN-JACQUES ROUSSEAU, Discours sur les Sciences et les Arts (1750), in: ROUSSEAU, Bd. 3 (1964), 5.
31 OVID, Trist. 10, 37.
32 ROUSSEAU (s. Anm. 30), 6.
33 Vgl. LUHMANN, Interaktion in Oberschichten. Zur Transformation ihrer Semantik im 17. und 18. Jahrhundert, in: Luhmann, Gesellschaftsstruktur und Semantik. Studien zur Wissenssoziologie der modernen Gesellschaft, Bd. 1 (Frankfurt a.M. 1980), 72–161.

autres en font l'agrément. Tandis que le gouvernement et les lois pourvoient à la sûreté et au bienêtre des hommes assemblés, les sciences, les lettres, et les arts, moins despotiques et plus puissants peut-être, étendent des guirlandes de fleurs sur les chaînes de fer dont ils sont chargés, étouffent en eux le sentiment de cette liberté originelle pour laquelle ils semblaient être nés, leur font aimer leur esclavage, et en forment ce qu'on appelle des peuples policés.«[34]

Viel mehr als den Bezug auf die Gesellschaft als gleichsam übergeordnete Instanz, die Unterscheidung zwischen der Grundlage der Gesellschaft (›Basis‹) und ihren Annehmlichkeiten (›Überbau‹), die Diagnose der nur verzierten Ketten, in denen die versklavten Menschen liegen, und die Zurechnung auf eine polizeiliche Zurichtung des Volks braucht wenig später auch der Marxismus nicht, um sein Diktum über die Kultur der Moderne auszusprechen. Damit ist das Muster eines intellektuellen Einspruchs gegen die Gesellschaft gefunden, das anschließend vielfach variiert, aber kaum noch verändert wird. Rousseau deckt an der modernen Kultur die Uniformität bei scheinbarer Vielfalt ebenso auf wie den Schleier der Höflichkeit, der den Verdacht, den Haß und den Verrat nur verbirgt.[35]

Erst viel später wird Theodor W. Adorno darauf aufmerksam machen, daß diesem Muster der Kulturkritik grundsätzlich der Gedanke nicht kommt, daß die eigene Fähigkeit, so und nicht anders zu beobachten, selbst der kritisierten Kultur zuzurechnen ist, so daß entweder der eigene Einwand der eigenen Kritik zu unterwerfen ist oder aber an dem Einwand irgend etwas grundsätzlich nicht stimmen kann.[36] Denn woher bezieht der Kulturkritiker seine Außenposition gegenüber der von ihm kritisierten Kultur? Verdankt er nicht ihr selbst jeden einzelnen Gedanken, mit dem er sie beobachtet? Mag sein, daß Genf gegenüber Paris noch genügend Distanz bot. Aber wie schnell verliert sich diese Distanz!

Rousseau bietet für das Dilemma der modernen Kultur eine individuelle Lösung an, die darauf hinausläuft, jeder Absicht auf Reputation zu entsagen: »A quoi bon chercher nôtre bonheur dans l'opinion d'autrui, si nous pouvons le trouver en nousmêmes?«[37]

Diese Umwertung der Werte wird zu einem Topos der kulturellen Selbstbeobachtung Europas. Für das moderne Kulturverständnis bedeutet das, daß auch jetzt wieder ein Doppelungsschema gefunden wurde. Wer ›Kultur‹ beobachtet, hat hinfort die Wahl, auf Glück oder Unglück, auf Fortschritt oder Verfall zuzurechnen. Unter dem Stichwort ›Kultur‹ entsteht eine Beobachtungsformel, die diese Frage der positiven oder negativen Wertung nicht etwa zu entscheiden erlaubt, sondern dazu zwingt, die Frage als Frage immer wieder neu zu stellen.

Der Kulturbegriff liegt damit in allen seinen für das moderne Europa wesentlichen Ausprägungen vor. Sachlich gesehen, bezeichnet er die Frage nach dem glücklichen oder unglücklichen Menschen, die im weiteren Verlauf zur Frage nach dem Menschen schlechthin generalisiert werden kann. Zeitlich gesehen, bezieht sich unter dem Gesichtspunkt der Frage nach Fortschritt oder Verfall auf ein immer tiefer reichendes Bewußtsein von der Differenz zwischen Vergangenheit und Zukunft, Tradition und Moderne – mit der Konsequenz eines unklar werdenden Status der Gegenwart. Und sozial gesehen, lebt er davon, in den unterschiedlichsten Epochen und Regionen menschlichen Zusammenlebens nach Vergleichsmaterial zu suchen, das dazu beitragen vermag, wie die Menschen ihr Verhalten, ihre Sprache und ihr Wissen und Denken im Verhältnis zueinander, das heißt im Bewußtsein ihrer Differenz untereinander, zu kultivieren vermögen. Johann Gottfried Herders Schrift *Auch eine Philosophie der Geschichte zur Bildung der Menschheit. Beitrag zu vielen Beiträgen des Jahrhunderts* (1774) wird für die deutsche Tradition maßgebend. Schon am Titel kann man erkennen, worum es geht (um die ›Bildung der Menschheit‹, wo es sich entscheiden wird (in der ›Geschichte‹) und in welcher Form es sich entscheidet (als ›Beitrag zu vielen Beiträgen‹). Die Kultur ist wie schon in Giambatti-

---

34 ROUSSEAU (s. Anm. 30), 6f.
35 Vgl. ebd., 8.
36 Vgl. THEODOR W. ADORNO, Kulturkritik und Gesellschaft, in: Adorno, Prismen. Kulturkritik und Gesellschaft (Frankfurt a. M. 1955), 7f.
37 ROUSSEAU (s. Anm. 30), 30.

sta Vicos *Principi di una scienza nuova d'intorno alla commune natura delle nazioni* (1744) ein Produkt der Geschichte der Menschheit. Sie muß als Zerfallsprozeß beobachtet werden, der nur durch jene Bande noch gehalten wird, die sich in der frühesten Kindheit der Menschheit, in der stillen Ewigkeit von »Patriarchengegend und Patriarchenzelt«[38] bereits gebildet haben. Seit die Menschheit ihrer Kindheit entwachsen ist, herrscht die Unruhe einer zu keinem Stillstand kommenden »Zeit der Gärung« (42).

Herder sagt, nicht der Vergleich zwischen den verschiedenen Völkern und ihren Lebensumständen sei das Problem – »denn ich mag gar nicht *vergleichen!*« (21) –, sondern in Frage stehe, was es bedeute, daß die Menschen nur noch unterscheidend mit sich und ihresgleichen umgehen könnten: »Wer bemerkt hat, was es für eine *unaussprechliche Sache* mit der *Eigenheit* eines Menschen sei, das *Unterscheidende unterscheidend sagen* zu können? wie er fühlt und lebt? wie anders und eigen *ihm* alle Dinge werden, nachdem sie *sein* Auge siehet, *seine* Seele mißt, *sein* Herz empfindet – welche *Tiefe* in dem Charakter nur *einer* Nation liege, die, wenn man sie auch oft genug wahrgenommen und angestaunet hat, doch so sehr das *Wort fleucht* und im Worte wenigstens so selten einem jeden erkennbar wird, daß er verstehe und mitfühle – ist das, wie? wenn man das Weltmeer ganzer Völker, Zeiten und Länder übersehen, in *einen* Blick, *ein* Gefühl, *ein* Wort fassen soll!« (28)

Wie faßt man zusammen, was man vergleichend sehen kann, wenn in der Zusammenfassung nichts anderes als der eigene Gesichtspunkt zum Ausdruck kommen kann und soll? Mit dieser Frage ist die Kulturtheorie bis heute befaßt. Und sie ist mit dieser Frage überfordert. Denn worauf sie zielt, ist eine Beobachtungsform, die mindestens fünfstellig ist: Sie vergleicht das Erste mit dem Zweiten, braucht dazu drittens einen Vergleichsgesichtspunkt und muß diesen Vergleichsgesichtspunkt viertens als einen eigenen, als den eines historisch und regional spezifisch situierten Beobachtersubjekts deklarieren, das sich nur bestimmen läßt, wenn es sich fünftens (und so weiter) von anderen möglichen Beobachtern (Herders ›Beiträgen‹) unterscheidet.

Herders Ablehnung des Vergleichs ist eine Kritik der Praktiken der französischen ›philosophes‹ der Aufklärung, und sie gilt diesen absehbaren Konsequenzen. Doch da ist es schon zu spät, denn da wurde schon längst verglichen. Die Praxis des Vergleichens wird als unmögliche ins Kulturbewußtsein eingeschrieben – und auch das wird zu einem verläßlichen Topos der Kultur des Kulturbegriffs: »wer kann die *verschiedene* Befriedigung *verschiedener* Sinne in *verschiednen* Welten vergleichen? den Hirten und Vater des Orients, den Ackermann und Künstler, den Schiffer, Wettläufer, Überwinder der Welt – wer vergleichen?« (35) Die Paradoxie des unmöglichen Vergleiches wird entfaltet, indem einige Zurechnungsadressen für das Verschiedene erprobt werden (Anlage, Zeit, Gelegenheit, Klima, Bedürfnis, Welt, Schicksal, der Zufall und die Gottheit), im übrigen das Vermischte, sogar das Verwirrte gepriesen wird und zu guter Letzt jedem einzelnen gesagt wird: »Das Vorurteil ist *gut*, zu seiner Zeit: denn es macht *glücklich.*« (36)

Immer wieder stößt der moderne Kulturbegriff auf das Phänomen, daß Aussagen mit einem Zeitindex versehen werden müssen. Das Gute kann schlecht sein, das Schlechte gut, doch alles nur ›zu seiner Zeit‹. Noch kann es so aussehen, als sei diese Einführung des Zeitindexes unter anderem ein Manöver, um zeitübergreifend das Gute als gut und das Schlechte als schlecht festhalten zu können, und, als könne nur vorübergehend ein anderer Eindruck entstehen. Aber schon bei Herder läßt sich der Kulturbegriff nicht mehr auf temporäre Nuancierungen (oder gar Korruptionen) einer ansonsten stabilen und mit sich identischen Welt reduzieren. Die Temporalisierung reicht weiter. Es geht nicht mehr um vorübergehende Abweichungen von Perfektionszuständen, sondern um eine durchgehende Historisierung.

Dazu paßt, daß sich nichts wiederholen läßt, auch nicht »Patriarchengegend und Patriarchenzelt« (9). Denn in jeden neuen historischen Zustand geht unvermeidlich mit ein, daß die vorherigen Zustände bereits veränderten, worauf sie sich bezogen: »Mochten alle Mittel ihrer Kultur diesel-

---

[38] JOHANN GOTTFRIED HERDER, Auch eine Philosophie der Geschichte zur Bildung der Menschheit. Beitrag zu vielen Beiträgen des Jahrhunderts (1774), hg. v. H. D. Irmscher (Stuttgart 1990), 9.

ben sein: Kultur *nimmer* dieselbe, weil allemal schon alle Einflüsse der alten, jetzt veränderten Natur dazu fehlten. Griechenwissenschaften, die die Römer an sich zogen, wurden römisch: Aristoteles ein Araber und Scholastiker: und mit den Griechen und Römern der neuen Zeiten – welch elende Sache!« (89) Die Reflexion auf die kulturelle Vergleichspraxis überlebt nur ein Kulturbegriff, der auf die Formel ›nimmer dieselbe‹ gebracht werden muß. Damit ist der Verdacht von Rousseau nicht aus der Welt geschafft, aber bei allem Lob des Vorurteils ist doch deutlich gemacht, daß es jetzt auf eine Form der Urteilskraft ankommt, die möglicherweise erst noch entwickelt werden muß. Mit dem Lob der Kultur à la Pufendorf und der Kritik der Kultur à la Rousseau ist es nicht getan. Der Begriff zielt auf ein darüber hinausgehendes Problem.

III. Kultur als Zweck und Mittel: Instrument der Erziehung

Der moderne Kulturbegriff wird in dem Moment formuliert, in dem nicht mehr von der Hand zu weisen ist, daß die Zeiten unruhig geworden sind. Der Kulturbegriff bezeichnet diese Unruhe, aber er bezeichnet sie in der Absicht, auf einer höheren Ebene für diese Unruhe eine Art Ruhe zweiter Ordnung ausmachen zu können. Das zwingt den Begriff auf eine bestimmte Ebene der Verallgemeinerung. Und das zwingt ihn dazu, für die von ihm dann nicht nur formulierte, sondern auch absorbierte Unruhe ein Verständnis zu finden, das sich zeitlich bewährt und tradiert werden kann. Es liegt nahe, aus der Konstanz des Begriffs auf die Konstanz der von ihm bezeichneten Sache zu schließen. Aber das wäre jener Fehlschluß einer »misplaced concreteness«[39], der das Problem verfehlt, auf das der Kulturbegriff antwortet.

Immanuel Kant findet in seiner *Kritik der Urteilskraft* (1790) für das Problem eine Formulierung, die offensichtlich zu anspruchsvoll ist, um zum selbstverständlichen Bestandteil des Kulturbegriffs werden zu können. Er findet eine Abstraktionsebene, die geeignet ist, Unruhe und Konstanz der Kultur gleichermaßen auf den Begriff zu bringen.

Doch abgesehen von den Romantikern, die seiner Problemsicht zu folgen bereit sind, macht sein Begriff nicht Schule. Belastet mit dem Problem, daß der Kulturbegriff ohne die Option einer ambivalenten Wertung nach Pufendorf und Rousseau und vielen anderen inzwischen nicht mehr zu denken ist, trennt Kant strikt zwischen den beiden Ideen der »Glückseligkeit« und der »Kultur«[40], die jedoch gleichzeitig auf einer gemeinsamen Ebene, nämlich als mögliche letzte Zwecke der Natur, angesiedelt werden. Kant versteht die Natur als ein teleologisches, also nach Zwecken geordnetes System, in der der Mensch nicht für die bestimmende, aber für die reflektierende Urteilskraft als Endzweck zu gelten hat. Die Einschränkung bzw. Reflexion, daß dies nur für die reflektierende Urteilskraft so ist, ist wichtig. Während die bestimmende (›logische‹) Urteilskraft vom Allgemeinen zum Besonderen geht, geht die reflektierende (›ästhetische‹) vom Besonderen zum Allgemeinen: Die reflektierende Urteilskraft hat daher nur subjektive Gültigkeit; sie kann nur auf ein empirisches, nicht auf ein logisches Allgemeines Anspruch erheben.[41] Das entspricht der Situation des nicht mehr im Singular zu nennenden Menschen. Seine kulturelle Situation am Ende des 18. Jh. besteht darin, jedes Allgemeine eine besondere Perspektive, auf eine sich von anderen möglichen Perspektiven unterscheidende Perspektive zurückführen zu können (und daher auch: zu müssen). Der Fluchtpunkt dieser Perspektive, der durch die Konstruktion so bestimmt wie inhaltlich unbestimmt ist[42], verweist nur scheinbar auf eine transzendente Unendlichkeit. Tatsächlich verweist sie zurück auf den, der die Perspektive entwirft und sich durch diese Perspektive, die er selbst entwirft, bestimmt sieht: eine empirische Besonderheit ohne Absicherung an einem logischen Allgemeinen.

---

39 ALFRED NORTH WHITEHEAD, Process and Reality. An Essay in Cosmology, hg. v. D. R. Griffin/D. W. Sherburne (1929; New York 1979), 20.
40 KANT (s. Anm. 23), 387.
41 Vgl. ebd., 201 f.; KANT, Logik (1800), in: KANT (WA), Bd. 6 (1977), 563.
42 Vgl. BRIAN ROTMAN, Signifying Nothing. The Semiotics of Zero (New York 1987).

Die Trennung zwischen Glückseligkeit und Kultur führt Kant ein, weil ihm die Intention, im Kulturbegriff das Glück oder Unglück des Menschen mitentscheiden zu können, vergeblich scheint. Wollte man Kultur und Glückseligkeit innerhalb des teleologischen Systems der Natur in ein hierarchisches Verhältnis zueinander bringen, also etwa die Kultur zum Mittel zum Zweck der Glückseligkeit erklären, käme man damit nicht sehr weit, weil die Glückseligkeit zwar der letzte Naturzweck des Menschen ist, gleichzeitig jedoch nur als »bloße *Idee* eines Zustands«[43] bestimmt werden kann. Den tatsächlichen Zustand unter bloß empirischen Bedingungen einer Idee anzupassen, so Kant, ist unmöglich.

Wie aber läßt sich der Kulturbegriff bestimmen, wenn der »schwankende Begriff« (388) der Glückseligkeit ungeeignet ist, ihm Richtung und Maß zu geben? Wie läßt sich das Verhältnis von Mensch und Glückseligkeit, Natur und Kultur beschreiben, wenn es offensichtlich immer wieder bloß empirische Besonderheiten sind, die sich in jeder Beschreibung zur Geltung bringen? Worauf, auf welche Allgemeinheit, gar logische, kann ein Begriff überhaupt noch Anspruch erheben? Kant beantwortet diese Fragen, indem er die Voraussetzungen seines Begriffsentwurfs in die Begrifflichkeit miteinführt. Wenn der Mensch der reflektierenden Urteilskraft als letzter Zweck der Natur gilt, so muß dem Menschen abverlangt werden, diese seine eigene begriffliche Leistung ernst zu nehmen und sich nicht etwa als bezweckt, sondern als selber zwecksetzend einzuführen: »Als das einzige Wesen auf Erde, welches Verstand, mithin ein Vermögen hat, sich selbst willkürlich Zwecke zu setzen, ist er zwar betitelter Herr der Natur, und, wenn man diese als ein teleologisches System ansieht, seiner Bestimmung nach der letzte Zweck der Natur; aber immer nur bedingt, nämlich daß er es verstehe und den Willen habe, dieser und ihm selbst eine solche Zweckbeziehung zu geben, die unabhängig von der Natur sich selbst genug, mithin Endzweck sein könne, der aber in der Natur gar nicht gesucht werden muß.« (389)

Die Glückseligkeit ist dann kein definierter Zustand, sondern sie ist »die Materie aller seiner Zwecke auf Erden, die, wenn er sie zu seinem ganzen Zwecke macht, ihn unfähig macht, seiner eigenen Existenz einen Endzweck zu setzen und dazu zusammen zu stimmen. Es bleibt also von allen seinen Zwecken in der Natur nur die formale, subjektive Bedingung, nämlich der Tauglichkeit: sich selbst überhaupt Zwecke zu setzen, und (unabhängig von der Natur in seiner Zweckbestimmung) die Natur den Maximen seiner freien Zwecke überhaupt angemessen, als Mittel, zu gebrauchen, übrig, was die Natur, in Absicht auf den Endzweck, der außer ihr liegt, ausrichten, und welches also als ihr letzter Zweck angesehen werden kann. Die Hervorbringung der Tauglichkeit eines vernünftigen Wesens zu beliebigen Zwecken überhaupt (folglich in seiner Freiheit) ist die *Kultur.*« (389 f.)

Kant hat die von Pufendorf und Rousseau aufgeworfene Frage nach Glück und Unglück des Menschen in seiner Kultur damit umformuliert. Für ihn geht es nicht mehr darum, daß die Kultur Glück oder Unglück determiniert. Sondern für ihn geht es darum, daß Glück und Unglück (die Glückseligkeit) als ständig mitlaufendes Kriterium verstanden werden können, das nicht stillzustellen ist, weil es sich in keinem Endzweck beruhigt, und den Menschen *deswegen* auf eine Kultur verweist, die ihn immer wieder neu in die Lage versetzt, ›tauglich macht‹, sich einen Zweck zu setzen.

Dann aber, überraschende Wendung, muß die Kultur selber als der ›letzte Zweck‹ gelten, den der Mensch der Natur unterstellt, um sich als ein Werkzeug betrachten zu können, das Zwecke hervorbringt und dadurch »Ordnung und Einhelligkeit in der vernunftlosen Natur außer ihm« (390) stiftet. Das teleologische System, so würde man heute sagen, ist zirkulär geschlossen: Der Mensch postuliert sich als Mittel zu einem Zweck, der nur realisiert werden kann, wenn er sein eigenes Mittel bezweckt. Die Pointe daran ist, daß der Zirkel nur durch den Verweis auf Kultur unterbrochen und damit entfaltet werden kann: Denn erst die Kultur befähigt zur Zwecksetzung. Und sie tut dies, indem sie den Willen des Menschen aus dem »Despotism der Begierden« befreit und ihn »geschickt« (390) macht, sich Zwecke zu setzen. Diese Ge-

---

43 KANT (s. Anm. 23), 388.

III. Kultur als Zweck und Mittel: Instrument der Erziehung

schicklichkeit ihrerseits verweist auf die empirischen Besonderheiten der jeweiligen kulturellen Lage, nämlich auf die »Ungleichheit unter Menschen«: »da die größte Zahl die Notwendigkeiten des Lebens gleichsam mechanisch, ohne dazu besonders Kunst zu bedürfen, zur Gemächlichkeit und Muße anderer, besorget, welcher die minder notwendigen Stücke der Kultur, Wissenschaft und Kunst, bearbeiten, und von diesen in einem Stande des Drucks, saurer Arbeit und wenig Genusses gehalten wird, auf welche Klasse sich denn doch manches von der Kultur der höheren nach und nach auch verbreitet. Die Plagen aber wachsen im Fortschritte derselben (dessen Höhe, wenn der Hang zum Entbehrlichen schon dem Unentbehrlichen Abbruch zu tun anfängt, Luxus heißt) auf beiden Seiten gleich mächtig, auf der einen durch fremde Gewalttätigkeit, auf der andern durch innere Ungenügsamkeit; aber das glänzende Elend ist doch mit der Entwickelung der Naturanlagen in der Menschengattung verbunden, und der Zweck der Natur selbst, wenn es gleich nicht unser Zweck ist, wird doch hiebei erreicht.« (390f.)

Das Resultat nennt sich »bürgerliche Gesellschaft«: »Die formale Bedingung, unter welcher die Natur diese ihre Endabsicht erreichen kann, ist diejenige Verfassung im Verhältnisse der Menschen untereinander, wo dem Abbruche der einander wechselseitig widerstreitenden Freiheit gesetzmäßige Gewalt in einem Ganzen, welches *bürgerliche Gesellschaft* heißt, entgegengesetzt wird; denn nur in ihr kann die größte Entwickelung der Naturanlagen geschehen.« In ihrem »glänzenden Elend« (391) sind unsere Zwecke nicht mehr unser Zweck. Auch wenn sich die von der Unterscheidung zwischen Glückseligkeit und Kultur ausgehende Kantische Konstruktion kaum durchsetzen wird: Das Plädoyer für die bürgerliche Gesellschaft wird man sich merken und vielfach variieren.

Wenn die Kultur ins historisch und regional Besondere temporalisiert und dennoch, und sei es nur, um »Ordnung und Einhelligkeit« (390) zu stiften, an einem Zweck des Ganzen und jedes seiner Glieder festgehalten werden soll, bleibt nur, die Kultur ihrerseits zu temporalisieren. Nur so kann man vor allem dann, wenn ihre erzieherische Funktion unbestritten bleiben soll, als ungenügende Zustände an ihr festhalten, was dieser Funktion nur ungenügend dient. Die Voraussetzung dafür ist der Gewinn von Interpretationsspielräumen. Kultur determiniert nicht. Kultur ist kein Schicksal. Sondern Kultur ist Aufruf zur Zwecksetzung, ohne einen einzigen Zweck selbst zu nennen. Im Gegenteil, würde sie die Zwecke gleich nennen, um die es geht, wäre die eigentliche Absicht, dazu zu befähigen, sich einen Zweck selber zu setzen, schon im Ansatz verfehlt. Also wird man der Kultur erst dann gerecht, wenn man sich zu ihren jeweils realisierten oder auch nur aktualisierten Zwecken in ein Verhältnis kritischer Distanz setzen kann. Ein Kulturbegriff ohne Kulturkritik wird unmöglich; und selbst die Kritik der Kulturkritik entspricht dem Kulturbegriff, weil dieser immer genauer und präziser auf Kritik abstellt. Die Kritik, so Michel Foucault, wird in der Moderne selbst zur Kulturform.[44]

Darum kann Schiller in seiner Arbeit *Über die ästhetische Erziehung des Menschen in einer Reihe von Briefen* (1795) unmittelbar an Kant anschließen und zunächst einmal dreierlei festhalten: Erstens war es die Kultur, die der »neuern Menschheit eine Wunde schlug«, daß sich kein einzelner mehr als Repräsentant seiner Zeit qualifizieren kann, mit anderen Worten: überhaupt noch als Repräsentant von irgend etwas, es sei denn seines eigenen fragmentarischen Zustands, auftreten kann: »Sobald auf der einen Seite die erweiterte Erfahrung und das bestimmtere Denken eine schärfere Scheidung der Wissenschaften, auf der andern das verwickeltere Uhrwerk der Staaten eine strengere Absonderung der Stände und Geschäfte notwendig machte, so zerriß auch der innere Bund der menschlichen Natur, und ein verderblicher Streit entzweite ihre harmonischen Kräfte.«[45] Zweitens ist zwar mit keinem Wort dieser »Antagonismus der Kräfte«, diese Entgegensetzung der Menschen und ihrer Anlagen gegeneinander zu leugnen; doch ist es genau dieser Antagonismus, der das »große Instrument der Kultur« (209) ist, das heißt letztlich der Entwicklung der Anlagen der Menschen dient. Und drittens ist, wenn beide Aussagen stimmen, aus ihrem Gegen-

---

44 Vgl. MICHEL FOUCAULT, Qu'est-ce que la critique? Critique et Aufklärung (1978), in: Bulletin de la Société Française de Philosophie 84 (1990), H. 2, 35–63.
45 SCHILLER (s. Anm. 2), 205.

satz nur eine Schlußfolgerung zu ziehen: Dieser Antagonismus ist nicht selbst bereits der Zweck, sondern eben nur ein Instrument der Kultur: »denn solange derselbe dauert, ist man erst auf dem Weg zu dieser« (209).

Das aber heißt: Die Kultur ist ein Instrument der Erziehung, und diese Erziehung ist keine Erziehung zur je gegenwärtigen und je ungenügenden Wirklichkeit, sondern eine Erziehung zur Möglichkeit einer neuen Wirklichkeit. Wenn die Kultur jedoch nicht in ihrer Wirklichkeit, sondern in ihrer Möglichkeit maßgebend ist und für diese Möglichkeit wirkliche Anhaltspunkte bestehen müssen, damit die Erziehung eine Chance hat, fragt sich, worin die Wirklichkeit einer möglichen Kultur besteht. Schillers Antwort auf diese Frage ist folgenreich: Die Möglichkeit einer ›schönen Kultur‹ liegt in der Wirklichkeit einer ›schönen Kunst‹ beschlossen. Zwar gibt es auch eine zweite Antwort, nämlich den Hinweis auf die ›Wahrheit‹ der Wissenschaft, doch die wird nicht weiterverfolgt. Attraktiver ist die Idee der Schönheit.

Die Begründung für diese Antwort ist konsequent, wenn man bedenkt, daß es darum geht, innerhalb der menschlichen Wirklichkeit Schutz vor der menschlichen Wirklichkeit zu finden: »Von allem, was positiv ist und was menschliche Konventionen einführen, ist die Kunst wie die Wissenschaft losgesprochen, und beide erfreuen sich einer absoluten *Immunität* von der Willkür der Menschen. Der politische Gesetzgeber kann ihr Gebiet sperren, aber darin herrschen kann er nicht. Er kann den Wahrheitsfreund ächten, aber die Wahrheit besteht; er kann den Künstler erniedrigen, aber die Kunst kann er nicht verfälschen.« (215) Natürlich sind auch Philosophen und Künstler Söhne ihrer Zeit und geneigt, zu gefallen und zu vergnügen. Schlimmer noch: sie zeigen sich immer wieder »geschäftig, Wahrheit und Schönheit in die Tiefen gemeiner Menschlichkeit hinabzutauchen«; gerade dann aber kann gelten: »jene [die Künstler und Philosophen – d. Verf.] gehen darin unter, aber mit eigner unzerstörbarer Lebenskraft ringen sich diese [Wahrheit und Schönheit – d. Verf.] siegend empor.« (215)

Allerdings ändert dies nichts daran, daß die Kultur unruhig und der Mensch unstet ist. Es muß daher, bevor der Erziehungsgedanke überzeugen kann und bevor jene Amalgamierung von Kunst und Kultur zur ›schönen Kultur‹ vorgenommen werden kann, die seither immer wieder zur Verwechslung von Kunst und Kultur führt, für jenes Individuum, das nicht mehr »Repräsentant seiner Zeit« sein kann, aber dennoch (und jetzt erst) erzogen werden können soll, eine sowohl auf Dauer wie auf Wechsel bezogene Formulierung gefunden werden. Schiller findet diese Formulierung in der Unterscheidung von ›Person‹ und ›Zustand‹: »Person und Zustand – das Selbst und seine Bestimmungen – die wir uns in dem notwendigen Wesen als eins und dasselbe denken, sind ewig zwei in dem endlichen. Bei aller Beharrung der Person wechselt der Zustand, bei allem Wechsel des Zustands beharret die Person. Wir gehen von der Ruhe zur Tätigkeit, vom Affekt zur Gleichgültigkeit, von der Übereinstimmung zum Widerspruch, aber *wir* sind doch immer, und was unmittelbar aus *uns* folgt, bleibt.« (222 f.)

Daraus folgt eine wiederum anspruchsvolle und im Gegensatz zur Formel von der ›ästhetischen Erziehung‹ bald vergessene Bestimmung des Kulturbegriffs. Denn unter ›Kultur‹ kann Schiller eine Instanz verstehen, die den verschiedenen Zuständen eines Menschen ein Recht gegenüber seiner Person verschafft, gleichzeitig jedoch dieser Person einen Schutz gegenüber ihren Zuständen zusichert. Denn die Kultur erlaubt es, den »sinnlichen Trieb« auf Empfindungen ebenso wie den »Formtrieb« auf Freiheit zur Geltung zu bringen. Die Kultur des Menschen wird folglich darin bestehen: »*erstlich*: dem empfangenden Vermögen die vielfältigsten Berührungen mit der Welt zu verschaffen und auf Seiten des Gefühls die Passivität aufs Höchste zu treiben; *zweitens*: dem bestimmenden Vermögen die höchste Unabhängigkeit von dem empfangenden zu erwerben und auf Seiten der Vernunft die Aktivität aufs Höchste zu treiben« (229).

Im »Spieltrieb« kommen der sinnliche Trieb und der Formtrieb zusammen: »Der sinnliche Trieb will bestimmt *werden*, er will sein Objekt empfangen; der Formtrieb will *selbst* bestimmen, er will sein Objekt hervorbringen; der Spieltrieb wird also bestrebt sein, so zu empfangen, wie er selbst hervorgebracht hätte, und so hervorzubringen, wie der Sinn zu empfangen trachtete.« (233) Diese Bestimmung ist wohl auch dafür verantwortlich, daß die Kunst der Wissenschaft in Sachen Erziehung zur Kultur den Rang abläuft:»der Mensch soll mit der Schönheit *nur spielen*, und er soll *nur mit der Schönheit spielen*. Denn, um es endlich auf einmal herauszusagen, der Mensch spielt nur, wo er in der vollen Bedeutung des Wortes Mensch ist, und *er ist nur da ganz Mensch, wo er spielt*.« (238) Das Spiel ist eine Form des Müßiggangs, um den der Mensch bislang die Götter beneidet hat; und offensichtlich kann Schiller sich nicht vorstellen, daß die Götter nicht nur mit dem Schönen, sondern auch mit der Wahrheit spielen.

Im 23. Brief kommt Schiller zu der berühmt gewordenen Formulierung einer »ästhetischen Kultur«:»Es gehört also zu den wichtigsten Aufgaben der Kultur, den Menschen auch schon in seinem bloß physischen Leben der Form zu unterwerfen und ihn, so weit das Reich der Schönheit nur immer reichen kann, ästhetisch zu machen, weil nur aus dem ästhetischen, nicht aber aus dem physischen Zustande der moralische sich entwickeln kann. Soll der Mensch in jedem einzelnen Fall das Vermögen besitzen, sein Urteil und seinen Willen zum Urteil der Gattung zu machen, soll er aus jedem beschränkten Dasein den Durchgang zu einem unendlichen finden, aus jedem abhängigen Zustande zur Selbständigkeit und Freiheit den Aufschwung nehmen können, so muß dafür gesorgt werden, daß er in keinem Momente bloß Individuum sei und bloß dem Naturgesetze diene.

Soll er fähig und fertig sein, aus dem engen Kreis der Naturzwecke sich zu Vernunftzwecken zu erheben, so muß er sich schon *innerhalb der erstern* für die letzten geübt und schon seine physische Bestimmung mit einer gewissen Freiheit der Geister, d.i. nach Gesetzen der Schönheit, ausgeführt haben.« (262) Kurz,»er muß lernen *edler* begehren, damit er nicht nötig habe, *erhaben zu wollen*. Dieses wird geleistet durch ästhetische Kultur, welche alles das, worüber weder Naturgesetze die menschliche Willkür binden noch Vernunftgesetze, Gesetzen der Schönheit unterwirft und in der Form, die sie dem äußern Leben gibt, schon das innere eröffnet.« (264)

Die Erziehung verläßt sich auf die Kunst, nicht auf die Wissenschaft. Diesen Grundgedanken sollte die humanistische Erziehung noch lange nach Schiller beibehalten. Nur die Kunst, nicht die Wissenschaft, ist geeignet, einer Kultur zugrunde gelegt zu werden, die zugunsten der Entwicklung eines moralischen Zustands auf ästhetische Erziehung und darüber hinaus auf einen ästhetischen Staat zielt.[46]

Um die Lösung Schillers für das Problem der Ambivalenz der Kultur zu verstehen, muß man die Unruhe im Blick behalten, die die Zeitgenossen angesichts ihrer Kultur *und* dessen, was der Kulturbegriff formuliert, erfaßt hat. Gegenüber dieser Unruhe bewährt sich der Rückgriff auf die Kunst deswegen, weil sie gegenüber der Willkür der Menschen Immunität gewährt und Notwendigkeit verspricht: Die Kunst ist »losgesprochen […] von allem, was positiv ist und was menschliche Konventionen einführen.« Die Kunst dient der Schönheit; und die Schönheit, so ihr »Vernunftbegriff«, ist nichts anderes als »die notwendige Bedingung der Menschheit« (222).

Der Kulturbegriff wird damit in seiner Diagnose einer Unruhe festgeschrieben; er wird mit der Hypothek einer Referenz auf die Schönheit der Kunst belastet; und er wird eingebaut in eine erzieherische Absicht, die den Menschen aufs Spiel verpflichtet, weil nur dort Sinnlichkeit und Form gleichermaßen zu üben und zu bestätigen sind. Die Lösung ist nicht von der Kultur her, sondern vom Problem her determiniert. Das semantische Experiment ist jedoch instabil. Es muß nicht die Kultur sein, wenn man nach Lösungen für das Problem der Unruhe sucht. Wenig später wird Novalis in seiner Schrift *Die Christenheit oder Europa* (1799) dieselbe Diagnose eines Zeitenbruchs und einer neuen Unruhe in die emphatische Beobachtung umsetzen, daß nur eine neue Christenheit das auseinanderfallende Europa wird retten können.[47] Schillers ›ästhetische Erziehung‹ wird zum festen Bestandteil einer bildungsbürgerlichen Begrifflichkeit, die die Problematik des Kulturbegriffs einerseits für das Selbstverständnis eines mit der Tradition brechenden Bürgertums in Anspruch nimmt,

---

46 Vgl. PAUL DE MAN, Kant and Schiller (entst. 1983), in: de Man, Aesthetic Ideology, hg. v. A. Warminski (Minneapolis 1996), 129–162.
47 Vgl. NOVALIS, Die Christenheit oder Europa (1799), in: Novalis, Werke, Tagebücher und Briefe, hg. v. H.-J. Mähl, Bd. 2 (München 1978), 731–750.

andererseits jedoch Kultur selbst zu einem Begriff für Tradition werden läßt. Georg Bollenbeck hat die Geschichte der Beherrschung des Kulturbegriffs durch den Bildungsbegriff speziell in Deutschland nachgezeichnet und dabei darauf verwiesen, daß der Kulturbegriff seine Karriere als Deutungsmuster der bürgerlichen Situation dem Umstand verdankt, daß er sachlich unbestimmt ist, dafür aber in der Sozialdimension fungibel.[48] Es beginnt eine Geschichte der feinen und weniger feinen Unterschiede, aus der eine umfassende Stammesgeschichte nicht nur der Bürger abgeleitet werden kann.[49]

Ein für das Schicksal des Kulturbegriffs wichtiger Begleitumstand dieser Entwicklung ist vermutlich, daß das Sachproblem des Kulturbegriffs inzwischen alle anderen Begriffe kontaminiert hat, die mit ihm in Verbindung gebracht werden können. Weder der ›Mensch‹ noch die ›Geschichte‹, weder das ›Individuum‹ noch die ›Kunst‹, weder die ›Religion‹ noch die ›Moral‹, um nur die hier vorgekommenen Beispiele zu nennen, können seit 1800 gedacht werden, ohne daß eine innere Unruhe, eine innere Unbestimmtheit, eine Abhängigkeit von der Perspektive und ihrem Zeitpunkt mitgesehen werden müßten. Die Kategorien Alteuropas lösen sich auf, und an ihre Stelle tritt eine Tradition dieser Kategorien, die nicht umhinkommt, sich selbst als Tradition zu reflektieren. Mit den Worten von Schiller: Hinfort kann nur noch ›sentimentalisch‹ gedacht werden, was zuvor ›naiv‹ gelebt werden konnte.[50]

IV. Wissenschaften vom Geist, Wissenschaften vom Menschen

Als die Wissenschaft sich des Kulturbegriffs annahm, lag dessen Semantik und Struktur bereits vollständig ausgearbeitet vor. Der Begriff operierte bereits in allen seinen Dimensionen, in der Sachdimension, in der Sozialdimension und in der Zeitdimension. Er fokussierte im Problem der Interpretation von situativen oder auch epochalen Lagen, die mit anderen Lagen verglichen werden mußten und nie ganz verglichen werden konnten. Und er bestimmte sich selbst immer schon mit, denn es war und blieb unmöglich, über die Kultur einer besonderen Situation oder Epoche zu reden, ohne zugleich über die Kultur dieser Kultur zu sprechen. Auf der Ebene erster Ordnung operierte der Vergleich; auf der Ebene zweiter Ordnung die Identifizierung der Unvergleichbarkeit des Verglichenen; und auf einer Ebene dritter Ordnung fällt auf, daß das Unvergleichbare immerhin darin vergleichbar ist, daß es unvergleichbar ist.

Die Wissenschaft ist mit diesem Begriff überfordert. Weder verfügt sie im 19. Jh. über die Möglichkeit, eine derart differenzierte semantische Kombinatorik nachzuvollziehen, noch hat sie die Mittel, die autologische Selbstreferenz des Begriffs zu würdigen. Ihr Zugriff auf den Kulturbegriff ist daher von einer anderen Struktur. Sie verwendet den Kulturbegriff nicht, um ihn zu bestimmen; sondern sie verwendet ihn, um *sich* zu bestimmen. Verschiedene Wissenschaften bedienen sich des Repertoires des Kulturbegriffs, um hochselektiv einige der Facetten dieses Begriffs zur Bestimmung der eigenen Problemstellung heranzuziehen. Der Kulturbegriff läßt das mit sich machen, weil er selbst ein Interesse daran hat, die eigene Unruhe stillzustellen, die eigene Komplexität zu reduzieren: die eigene Unbestimmtheit mit Hilfe der Gegenstandsbestimmungen der Wissenschaft in ›objektive‹ Bestimmungen zu überführen. Letztlich gewinnt der Kulturbegriff daraus jedoch nur an weiterer Komplexität, weil es jetzt unmöglich wird, ihn zu bestimmen, wenn man nicht gleichzeitig auch einen Begriff der Wissenschaft entwickelt.[51]

Wir beschränken uns in diesem Abschnitt darauf, die Formulierung wissenschaftlicher Problem-

---

48 Vgl. GEORG BOLLENBECK, Bildung und Kultur. Glanz und Elend eines deutschen Deutungsmusters (Frankfurt a. M. 1994).
49 Vgl. BOURDIEU (s. Anm. 6).
50 Vgl. SCHILLER, Über naive und sentimentalische Dichtung (1795–1796), in: Schiller (s. Anm. 2), 287–368.
51 Vgl. EDMUND HUSSERL, Die Krisis der europäischen Wissenschaften und die transzendentale Phänomenologie. Eine Einleitung in die phänomenologische Philosophie (1935; Hamburg 1982); LUHMANN, Die neuzeitlichen Wissenschaften und die Phänomenologie (Wien 1996).

stellungen mit Hilfe eines selektiven Zugriffs auf den Kulturbegriff an einigen Beispielen nachzuzeichnen. Im Jahr 1871 definiert Edward B. Tylor in einem der ethnologischen Grundlagenwerke, *Primitive Culture*, Kultur als »that complex whole which includes knowledge, beliefs, art, morals, law, customs and any other capabilities and habits acquired by man as a member of society«[52]. Diese Definition bezieht ihre Attraktivität daraus, daß sie Phänomenbereiche nennt, die Teil jeder Kultur sind: Wissen, Glaubensvorstellungen, Kunst, Sitten, Recht, Gebräuche und andere Fähigkeiten und Gewohnheiten des Menschen; ihren Pferdefuß hat sie darin, daß sie diese Fähigkeiten und Gewohnheiten auf einen Erwerbsprozeß (Sozialisation, nicht Vererbung) zurückbezieht, den der Mensch als Mitglied der Gesellschaft durchläuft. Das zwingt dazu, die Kultur simultan als exogen und als endogen im Verhältnis zur Gesellschaft zu denken: Einerseits besteht sie aus bereits vorhandenen Beständen, die von den Mitgliedern der Gesellschaft erworben werden; andererseits spielt sich der Prozeß des Erwerbs dieser Bestände innerhalb der Gesellschaft ab.

Die einfachste Lösung für dieses Problem einer simultanen Exogenität und Endogenität besteht darin, zwei Ebenen zu unterscheiden: Auf der gesellschaftlichen Ebene wird die Kultur als Bestand formuliert, auf der individuellen Ebene als Prozeß des Erwerbs. Diese Lösung schlägt Wilhelm Dilthey in seiner *Einleitung in die Geisteswissenschaften* (1883) vor. Dilthey spricht von Religion, Kunst, Recht, Wissenschaft und Wirtschaft als den »Systemen der Kultur« und kann im Anschluß daran formulieren: »Die Systeme beharren, während die einzelnen Individuen selber auf dem Schauplatz des Lebens erscheinen und von demselben wieder abtreten. Denn jedes ist auf einen bestimmten, in Modifikationen wiederkehrenden Bestandteil der Person gegründet. Die Religion, die Kunst, das Recht sind unvergänglich, während die Individuen, in denen sie leben, wechseln. So strömt in jeder Generation neu die Inhaltlichkeit und der Reichtum der Menschennatur, sofern sie in einem Bestandteil derselben gegenwärtig oder mit ihm in Beziehung sind, in das auf diesen gegründete System ein.«[53] Wichtig ist an diesem Begriffsverständnis zu-

nächst, daß der Kulturbegriff verwendet wird, um eine »selbständig in ihm«, dem menschlichen Bewußtsein, »wirkende geistige Welt« zu beschreiben, die als »Reich der Geschichte« vom »Reich der Natur« (6) unterschieden werden kann. Dieser Unterschied begründet eine Unterscheidung der ›Geisteswissenschaften‹ von den ›Naturwissenschaften‹, die sich als maßgebend für das Selbstverständnis der Geisteswissenschaften erweisen wird.

Schon bei Dilthey läßt sich studieren, daß dieses Begriffsmanöver geeignet ist, wertungsfrei, das heißt mit allen erforderlichen Ansprüchen auf positive Objektivität, sowohl auf die Phänomene der Kultur als auch auf alle jene gesellschaftlichen Bereiche zuzugehen, die von der Kultur unterschieden werden können. Dilthey spricht davon, daß die »nähere Gestaltung« der Systeme der Kultur davon abhängt, in welcher Beziehung sie zur »äußeren Organisation der Gesellschaft« (52) stehen, und zählt zu dieser äußeren Organisation: Herrschaft, Abhängigkeit, Gemeinschaft, Familie, Unternehmen, Staat, Kirche usw.[54] Zur Analyse der Systeme der Kultur schlägt er im übrigen eine Begrifflichkeit vor, die bis heute das kleine Einmaleins der Systemtheorie ausmacht: die Zergliederung, den Vergleich, die Beziehung, die Wechselwirkung und den gesellschaftlich-geschichtlichen Zusammenhang. Diese Begrifflichkeit bildet einen Erkenntniszusammenhang, der nicht nach einer positiven und einer philosophischen Seite geschieden werden kann, das heißt die Beschreibung der Phänomene impliziert die Reflexion der Phänomene und die Reflexion der Beschreibung. Die Referenz für diese Reflexion ist getreu einer geisteswissenschaftlichen Programmatik die Psychologie.[55] Und ›Psychologie‹ heißt hier, daß einerseits die Husserlsche Frage nach den Operationen des Bewußtseins bereits vorstellbar wird, andererseits je-

---

52 EDWARD B. TYLOR, Primitive Culture (1871; Gloucester 1924), 1.
53 WILHELM DILTHEY, Einleitung in die Geisteswissenschaften. Versuch einer Grundlegung für das Studium der Gesellschaft und der Geschichte (1883), in: Dilthey, Gesammelte Schriften, Bd. 1 (Göttingen ⁵1959), 50.
54 Vgl. ebd., 64 f.
55 Vgl. ebd., 58 f.

doch noch an der individuellen Referenz dieses Bewußtseins festgehalten wird.

Ab jetzt kursiert der Kulturbegriff, vor allem jedoch die Kulturproblematik, wie ein ›shifter‹[56] zwischen Ethnologie und Geisteswissenschaften, Soziologie und Kulturwissenschaften, Anthropologie und Literaturwissenschaften. Jede dieser Wissenschaften sucht sich den Akzent heraus, der ihr zur Definition der eigenen Problemstellung geeignet erscheint, so daß es zu der von Kroeber und Kluckhohn dokumentierten Begriffsinflation kommt. Über den Kulturbegriff selbst lernt man nur etwas, wenn man die Differenz dieser Begriffe in den Begriff mit aufzunehmen vermag.

Max Weber setzt den Begriffsreigen nach Tylor und Dilthey fort, indem er zunächst einmal die Selektivität des Kulturbegriffs unterstreicht und in dieser Selektivität zugleich das Bestimmende des Begriffs sieht: »Der Begriff der Kultur ist ein *Wertbegriff*. Die empirische Wirklichkeit *ist* für uns ›Kultur‹, weil und insofern wir sie mit Wertideen in Beziehung setzen; sie umfaßt diejenigen Bestandteile der Wirklichkeit, welche durch jene Beziehung für uns *bedeutsam* werden, und *nur* diese.«[57] Das gilt für die positive Wertung einer Kultur ebenso wie für ihre negative: Auch derjenige, der die ›Rückkehr zur Natur‹ verlangt, tut dies als Kulturmensch. Weber mißt dem Kulturbegriff keine zentrale Bedeutung für die Soziologie bei. Der Kulturbegriff ist als Wertbegriff unverzichtbar, und er macht darauf aufmerksam, daß auch die Erkenntnis der Kulturwirklichkeit kulturell determinierte Erkenntnis ist, das heißt »Erkenntnis unter

---

56 Vgl. OTTO JESPERSEN, Language. Its Nature, Development, and Origin (London 1922), 123 f.; ROMAN JAKOBSON, Shifters, Verbal Categories, and the Russian Verb, in: Jakobson, Selected Writings, Bd. 2 (Den Haag/Paris 1971), 131.
57 MAX WEBER, Die ›Objektivität‹ sozialwissenschaftlicher Erkenntnis (1904), in: Weber, Soziologie, universalgeschichtliche Analysen, Politik (Stuttgart ⁵1973), 217.
58 Vgl. GEORG SIMMEL, Der Begriff und die Tragödie der Kultur (1911), in: Simmel, Philosophische Kultur. Über das Abenteuer, die Geschlechter und die Krise der Moderne. Gesammelte Essais (1911; Berlin 1983), 183–207.
59 Vgl. SIMMEL, Weibliche Kultur (1911), in: Simmel (s. Anm. 58), 207–241.

spezifisch *besonderen Gesichtspunkten*« (224). Die Kultur wird zur Variablen, die nur im Kontext anderer Variablen bestimmbar ist.

Je schwerer es jedoch den anderen Wissenschaften fällt, den Kulturbegriff so pragmatisch offen einzusetzen, um so schwerer fällt es auch der Soziologie, sich für einen derart kühlen Kulturbegriff zu entscheiden. Georg Simmels Essais zur *Philosophischen Kultur* (1911) leben davon, daß, mit dem Titel eines der Essais formuliert, ›der Begriff und die Tragödie der Kultur‹ nicht voneinander getrennt werden können.[58] Denn der Begriff der Kultur sieht vor, daß die Kultur als vorliegender ›objektiver‹ Bestand und die Kultur als erst zu produzierendes ›subjektives‹ Erzeugnis voneinander getrennt werden müssen und nicht voneinander getrennt werden können; während die Tragödie der Kultur genau darin liegt, daß sich diese Trennung immer wieder einstellt und dem Subjekt seine eigene Kultur fremd gegenübertritt: »Dem vibrierenden, rastlosen, ins Grenzenlose hin sich entwickelnden Leben der in irgendeinem Sinne schaffenden Seele steht ihr festes, ideell unverrückbares Produkt gegenüber, mit der unheimlichen Rückwirkung, jene Lebendigkeit festzulegen, ja erstarren zu machen; es ist oft so, als ob die zeugende Bewegtheit der Seele an ihrem eigenen Erzeugnis stürbe. Hier liegt eine Grundform unseres Leidens an der eigenen Vergangenheit, an dem eigenen Dogma, den eigenen Phantasien.« (187) Das »große Unternehmen des Geistes«, das die Kultur will, führt dank dieser Eigenständigkeit der Kultur von der Kultur ab: »Was er webt, das weiß kein Weber.« (200) Ob dieser Tragödie eine ›weibliche Kultur‹ gegensteuern kann, die dem Hang zum Besonderen und Objektiven des Mannes den Hang zum Einheitlichen und Persönlichen der Frau gegenüberstellt, muß Simmel angesichts der Dominanz der männlichen Kultur und dank der methodischen Verweigerung der Frau, sich auf eine eigene Welt festlegen zu lassen, offenlassen.[59]

Ebensowenig wie Simmel kann sich Karl Mannheim in seinen *Strukturen des Denkens* (1922) der Versuchung entziehen, mit einem eigenen soziologischen Kulturbegriff auf die gleichzeitig ablaufende Diskussion des Zeitgeistes zu reagieren. Allerdings nimmt er an dieser Diskussion nicht eigentlich teil, sondern bestimmt soziologisch ihre

Situation und ihre Einsichten. Nach ihm ist für den Kulturbegriff maßgebend, daß er mit jedem Kulturphänomen relativierend umzugehen erlaubt, um den Wertakzent statt dessen auf die Kulturgesamtheit legen zu können, und daß er ein grundsätzliches Bewußtsein der Relativität, Vergänglichkeit und Prozessualität auch dieser Kulturgesamtheit zum Ausdruck bringt.[60] Mannheim wird später, in seinen *Essays on the Sociology of Culture* (1956), deutlich machen, daß die Eigenart der soziologischen Perspektive auf Kultur darin besteht, nicht mehr auf einen (Hegelschen) Geist, sondern ganz im Sinne der Aufklärung auf ›Menschen‹ oder vielleicht sogar auf ›Leute‹ zuzurechnen, wenn es darum geht, den selektiven Umgang mit den Kontinuitäten der Kultur (»after all, selective continuity is the essence of all culture«[61]) zu beschreiben.

Diese Zurechnung der Kultur auf den Menschen wird jedoch einstweilen strikt emphatisch verstanden, und dies um so mehr, als man die eigene Zeit »als eine geradezu ungeheure, vielleicht in der Welt einzigartige tellurische Rebarbarisierungsepoche anzusehen hat, einen Rückfall in fast durchgehenden Naturalismus, in dem fast jede Kathartik verschwindet oder nur als Überrest alter seelisch-geistiger Inkrustationen weiterbesteht«[62], wie es der Kultursoziologe Alfred Weber in seinem Artikel ›Kultursoziologie‹ (1931) im *Handwörterbuch der Soziologie* festhält. Man unterscheidet zwischen der Zeit und ihrer ›Zivilisation‹ einerseits und der Kultur und ihrer möglichen ›Vollendungshöhe‹ (Weber) andererseits und gewinnt daraus die Möglichkeit, sich innerhalb einer Epoche von dieser Epoche zu distanzieren.

Man weiß, welche Rolle die Unterscheidung von ›Kultur‹ und ›Zivilisation‹[63] in Deutschland immer gespielt hat: Der Begriff der ›Kultur‹ ist ein Abwehrbegriff gegen den ›Kommerzialismus‹ und die ›Oberflächlichkeit‹ der westlichen Zivilisationen, ein Begriff, der statt dessen auf ›Tiefe‹, ›Gemüt‹, ›Seele‹ und mit all dem auf eine nur geschichtsphilosophisch zu interpretierende (und die Geschichtsphilosophie zugleich mittragende) Bewegung in Richtung auf eine ›höhere‹ und ›wertvollere‹ Kultur abstellt. Dieser ›Bewegungsbegriff‹[64] Kultur ging zurück auf die schwierige Geburt eines deutschen Territorialstaates, für die die deutsche Kultur gleichsam eine Schrittmacherfunktion wahrzunehmen hatte; und er behält seine Gültigkeit bis zu nationalsozialistischen und sozialistischen Vereinnahmungsversuchen der Kultur zur Kompensation vermeintlicher Integrationsdefizite der deutschen ›Nation‹. Wir können es in dieser Begriffsgeschichte offenlassen, inwieweit dieser ›Bewegungsbegriff‹ einer Kultur auf ihre eigene Vervollkommnung hin auch für das gegenwärtige Begriffsverständnis in Deutschland noch stichhaltig ist. Vergessen jedenfalls ist diese Komponente des Begriffs nicht.

In einem Abschnitt mit dem Titel ›Kultur‹ and ›Schrecklichkeit‹ ihres Buches *Culture* erinnern Kroeber und Kluckhohn daran, daß das, was die Deutschen ›Kultur‹ nannten, vor, während und nach dem 1. Weltkrieg auf die Alliierten den Eindruck einer Geheimwaffe machte.[65] Erst später bekam man heraus, daß die Deutschen darunter ihre ›Zivilisation‹ verstanden – und daß es seitens der Engländer, Franzosen und Amerikaner keinen Grund gab, hier mit Minderwertigkeitsgefühlen zu reagieren. Kroeber und Kluckhohn halten auch fest, daß eine gewisse Ironie darin lag, daß das deutsche Verständnis von Kultur dem anthropologischen, etwa von Tylor formulierten Verständnis sehr ähnlich, dieses jedoch im französischen und angelsächsischen Sprachgebrauch kaum bekannt war.

Für Alfred Weber jedenfalls bekommt der Kulturbegriff die Aufgabe, die Zurechnung der Kultur auf den Menschen, genauer: auf das »Seelisch-Geistige«, das dem Menschen eignet, dem jedoch immer erst gerecht zu werden hat, festzuschreiben. Für Weber ist der Kulturbegriff kein Abwehrbe-

---

60 Vgl. KARL MANNHEIM, Strukturen des Denkens (1922; Frankfurt a. M. 1980), 45 ff.
61 MANNHEIM, Essays on the Sociology of Culture (entst. 1930–1933; London 1956), 63.
62 ALFRED WEBER, ›Kultursoziologie‹ (1931), in: A. Vierkandt (Hg.), Handwörterbuch der Soziologie. Gekürzte Studienausgabe (Stuttgart 1982), 87.
63 Vgl. NORBERT ELIAS, Über den Prozeß der Zivilisation. Soziogenetische und psychogenetische Untersuchungen (1939, Bern ²1969), 1 ff.; BOLLENBECK (s. Anm. 48), 279 ff.
64 Vgl. JÖRG FISCH, ›Zivilisation, Kultur‹, in: KOSELLECK, Bd. 7 (1992), 679–774.
65 Vgl. KROEBER/KLUCKHOHN (s. Anm. 1), 52 f.

griff gegen »Zivilisation«, sondern ein Abwehrbegriff gegen eine »Barbarei«, die mit »naturalistischen«, also das »Seelisch-Geistige«[66] nicht respektierenden Tendenzen einhergeht. Kultur hat es mit Tatsachen »immanenter Transzendenz« zu tun, und diese Tatsachen finden sich nicht nur in Deutschland, sondern in jedem »Geschichtskörper«[67] und in jeder Epoche. Das bereitet der Kultursoziologie ihr weites Feld.

Eine Kultur ist für Alfred Weber dadurch gekennzeichnet, daß sie zum einen produktiv ist und zum anderen in der Lage, so etwas wie ein Zentrum der Epoche zu repräsentieren.[68] Und das ist in der Tat insofern ein ›deutscher‹ Gedanke, als er auf den Versuch der Romantiker zurückgeht, geistige Orientierung im Bruch der Zeiten dadurch zu geben, daß gegen die schiere praxis (im Aristotelischen Sinne: eine Handlung, die ihr telos in sich selbst hat) der industrialisierten Zivilisation auf der Frage nach der poiesis (ebenfalls im Aristotelischen Sinne: eine Handlung, die ein Werk außerhalb der Handlung selbst herstellt) bestanden wird.[69] Diese poiesis ist Produktion. Und an der Kraft zur Produktion mangelt es der von Alfred Weber beobachteten Gegenwart.

Der wissenschaftliche Begriff von Kultur bleibt bei all dem heterogen. Ernst Cassirer schlägt in seiner *Logik der Kulturwissenschaften* (1942) vor, die Spezifik der Kulturwissenschaften darin zu sehen, daß sie weder physikalische noch historische noch psychologische Grundbegriffe verwendet, sondern Form- und Stilbegriffe.[70] Ein Stilbegriff formuliert das Sein einer Form; und das Sein einer Form liegt in ihrer Bedeutung: »Je weiter die Kultur sich entwickelt und in je mehr Einzelgebiete sie sich auseinander legt, um so reicher und vielfältiger gestaltet sich diese Welt der Bedeutungen. Wir leben in den Worten der Sprache, in den Gestalten der Poesie und der bildenden Kunst, in den Formen der Musik, in den Gebilden der religiösen Vorstellung und des religiösen Glaubens. Und nur hierin ›wissen‹ wir voneinander.«[71]

Für die Ethnologie formuliert Alfred Kroeber in *The Nature of Culture* (1952) den Anspruch, daß ihr Gegenstand jene Kultur sei, die als die oberste der vier Ebenen Körper, Psyche, Gesellschaft und Kultur zu postulieren ist. Denn die Kultur sei eine Verhaltensebene, die durch soziale und psychosomatische Faktoren zwar bedingt sei, gleichzeitig jedoch das Verhalten und die Aktivitäten der Menschen allein und in Gruppen regele.[72] Damit ist keine strikte Hierarchie, sondern ein zirkuläres Verhältnis der Ebenen formuliert und somit, wie wir sagen würden, der Selbstreferentialität des Kulturbegriffs Genüge getan.

Arnold Gehlen bringt in *Urmensch und Spätkultur* (1964) seinen anthropologischen Ansatz gegen ein allzu zirkuläres Verständnis der Kultur in der Ethnologie dergestalt zum Einsatz, daß er auf die Unwahrscheinlichkeit der Kultur Wert legt und somit Kultur als einen Anspruch an sie selbst festhält: »*Kultur* ist ihrem Wesen nach ein über Jahrhunderte gehendes Herausarbeiten von hohen Gedanken und Entscheidungen, aber auch ein Umgießen dieser Inhalte zu festen Formen, so daß sie jetzt, gleichgültig gegen die geringe Kapazität der kleinen Seelen, weitergereicht werden können, um nicht nur die Zeit, sondern auch die Menschen zu überstehen.«[73]

Bei Heinrich Rickert, Max Scheler, Arnold Gehlen, Erich Rothacker und anderen kommt es zur Ausarbeitung einer Kulturphilosophie, deren Pointe in einem Bewußtsein von der Unwahrscheinlichkeit der Kultur liegt, die nicht mehr aus sich selbst heraus, sondern nur noch von einem

---

66 WEBER (s. Anm. 62), 87.
67 WEBER, Kulturgeschichte als Kultursoziologie (1935; München 1950), 28, 240; vgl. EDWARD SAPIR, Culture, Genuine and Spurious, in: American Journal of Sociology 29 (1924), 401–429.
68 Vgl. ROLAND ECKERT, Kultur, Zivilisation und Gesellschaft. Die Geschichtstheorie Alfred Webers, eine Studie zur Geschichte der deutschen Soziologie (Tübingen 1970), 101 ff.
69 Vgl. BIRGER P. PRIDDAT, Poesie der Ökonomie. Über die poetische oder romantische Ökonomie, in: Poesis. Praktisch-theoretische Wege ästhetischer Selbsterziehung 1 (1986), H. 2, 77–83; PRIDDAT, Poetische Weltfamilie / Schöne Haushaltung des Universums. Novalis' Ökonomie aus seinen Fragmenten, in: Bausteine, H. 3/4 (1989), 55–81.
70 Vgl. ERNST CASSIRER, Zur Logik der Kulturwissenschaften (1942; Darmstadt 1971), 63 ff.
71 Ebd., 75 f.
72 Vgl. KROEBER, The Nature of Culture (Chicago 1952), 124.
73 ARNOLD GEHLEN, Urmensch und Spätkultur. Philosophische Ergebnisse und Aussagen (1964; Wiesbaden ⁵1986), 24.

nicht-kulturellen X her zu verstehen ist.⁷⁴ Dieses X hat etwas mit der Frage zu tun, auf welches Abenteuer sich der Mensch, seinerseits hoch unwahrscheinlich, mit der Kultur eingelassen hat. Das X steht dafür, daß eine zunehmende Genauigkeit in der Reflexion auf die kulturelle Determination erstens der Situation des Menschen und zweitens der Möglichkeit der Wahrnehmung dieser Situation in die Einsicht mündet, daß diesem Menschen seine Wirklichkeit so unbekannt ist wie einem Vogelschwarm der Wal, den er für eine Insel hält.⁷⁵

V. Der Zeitgeist, die Gegenwart als Ausnahmezustand

Während die Wissenschaft den Kulturbegriff ins Objektive treibt und dort verliert, nutzt der Zeitgeist das gesamte Repertoire des Kulturbegriffs zur Analyse des Zeitgeists. Der Zeitgeist ist die Kategorie, die aus der im Kulturbegriff formulierten Umbruchserfahrung, aus der Entdeckung der Relativität der eigenen Beobachterposition und aus dem erweiterten Vergleichshorizont den Schluß zieht, daß alle Beobachtungen der eigenen Lage nur noch in prekärer Weise möglich sind. Die einzige Entscheidung, die dann noch zu treffen gesucht wird, ist die Entscheidung, ob man dieses Prekäre sich selbst, den Operationen des eigenen Bewußtseins, der sprachlichen Verfassung der eigenen Beschreibungen, oder aber Geschichte und Gesellschaft zuschreibt. Letztlich wird man nicht darum herumkommen, das eine mit dem anderen in einen unauflöslichen Bezug zu setzen. Aber der Zeitgeist hat in seinen Bindungen an die Publizistik mehr davon, wenn er den Glauben an eine Entscheidbarkeit dieser Frage aufrechterhält.

In seinem für die amerikanische Diskussion einflußreichen Buch *Culture and Anarchy* (1869) greift Matthew Arnold auf die alteuropäische Unterscheidung zwischen Perfektion und Korruption zurück. Er beobachtet die Situation seiner Gegenwart als korrumpiert durch einen übertriebenen Individualismus, durch die Abhängigkeit von der Maschinerie der industriellen Produktion und durch anarchische Zustände in der Gesellschaft und hält all dem die Idee einer Perfektion entgegen, die auf eine harmonische, das heißt in keiner Weise beschränkte oder einseitige Entwicklung aller menschlichen Fähigkeiten zielt.⁷⁶

Daraus wird ein Kulturbegriff abgeleitet, der für das konservative Denken in Amerika immer sehr attraktiv war, der jedoch neuerdings auch die Linke interessiert: »The moment this view of culture [nämlich das auf das Wort des Bishop Wilson zurückgehende Wort ›to make reason and the will of God prevail‹ – d. Verf.] is seized, the moment it is regarded not solely as the endeavour to see things as they are, to draw towards a knowledge of the universal order which seems to be intended and aimed at in the world, and which it is a man's happiness to go along with or his misery to go counter to, to learn, in short, the will of God, the moment, I say, culture is considered not merely as the endeavour to *see* and *learn* this, but as the endeavour, also, to make it *prevail*, the moral, social, and beneficent character of culture becomes manifest.«⁷⁷ Denn damit geht ein radikaler Wille einher, nichts als das zu nehmen, was es ist, sondern grundsätzlich davon auszugehen, daß es erst noch werden muß, was es ist.⁷⁸

Allerdings ist Arnolds »passion for sweetness and light«, wie er Swifts »two noblest of things«⁷⁹ zitiert, durchaus mit der Diagnose vereinbar, daß das Übel der Zeit in der Formel »Doing as One Likes« (116) begründet ist, die sich nicht an kulturelle Erwartungen hält, sondern auf Aktion und damit: auf den Zufall und das Schlecht-Regulierte setzt und der nur durch eine Besinnung auf die Autorität eines Zustands (›state‹) begegnet werden kann, der das Zeug dazu hat, zum Staat (›State‹) zu werden: »Thus, in our eyes, the very framework and exte-

---

74 Vgl. PERPEET, ›Kulturphilosophie‹ (s. Anm. 12).
75 Vgl. ERICH ROTHACKER, Zur Genealogie des menschlichen Bewußtseins (Bonn 1966), 211.
76 Vgl. MATTHEW ARNOLD, Culture and Anarchy. An Essay in Political and Social Criticism (1869), in: R. S. Super (Hg.), Culture and Anarchy, with Friendship's Garland and Some Literary Essays (Ann Arbor 1965), 95.
77 Ebd., 93.
78 Vgl. TIM WALTERS, The Question of Culture (and Anarchy), in: Modern Language Notes 112 (1997), 349–365.
79 ARNOLD (s. Anm. 76), 99.

rior order of the State, whoever may administer the State, is sacred; and culture is the most resolute enemy of anarchy, because of the great hopes and designs for the State which culture teaches us to nourish.« (223)

Damit ist wieder eine Formel gefunden, die den Kulturbegriff dort einsetzt, wo eine gesellschaftliche Unruhe notiert wird; und ein weiteres Mal wird im Staat nach Abhilfe gesucht. Walter Benjamin geht in seinem Aufsatz *Paris, die Hauptstadt des XIX. Jahrhunderts* (1935) über die »Phantasmagorie der kapitalistischen Kultur«[80] strukturell ähnlich vor, kommt jedoch zu anderen Ergebnissen. Für ihn ist die moderne Kultur geprägt vom Fetischcharakter der Ware. Die Ware sprengt die überlieferten sozialen Beziehungen und zwingt sie zu einer Neuformulierung auf der Ebene des Tauschwerts der Ware. Vergangenheit und Gegenwart, Stadt und Land, Innen und Außen werden zu Bestandteilen einer Neuerfindung der Kultur, die ganz dem kapitalistischen Gesetz der Zurschaustellung des Wertes auf dem Markt genügt. Wie die Hure wird die Kultur zur Ware, die als ihr eigener Verkäufer auftritt. Der Kulturbegriff bleibt hier zwar unbestimmt, aber er wird seiner Funktion entsprechend präzise dort eingesetzt, wo es darum geht nachzuzeichnen, wie zeitliche, sachliche und soziale Differenzen der Welt genutzt werden, um eine Welt zu artikulieren.

Man braucht, das unterstreicht Jacob Taubes in einem Aufsatz aus dem Jahr 1969, nur den Aufklärungsgedanken der Tauschgesellschaft fahren zu lassen, um diese »Phantasmagorie der kapitalistischen Kultur« in eine »Phantasmagorie der Hölle«[81] sich verwandeln zu sehen, in der das illusorische Glück der Masse den Herrschaftscharakter der Industriegesellschaft nur besiegelt, aber ihm in keiner Weise mehr widerspricht.

Benjamins Kulturanalyse ist darüber hinaus von zwei weiterreichenden Fragen geprägt. Die eine Frage lautet, welche Beobachtungsform geeignet sein kann, die ›Phantasmagorien‹ der kapitalistischen Kultur zutage zu fördern. Und die andere Frage lautet, welche Kategorien geeignet sind, diese Kultur zu analysieren. Weil die Ware die dominierende Beobachtungsperspektive dieser Kultur ist, kommt es darauf an, einen Beobachter zu finden, der sich der Ware an die Fersen heftet. Benjamin findet ihn im Flaneur, der als Beobachter der Ware sich so bewegt, wie nur die Ware selbst sich bewegt (und daher selbst schon Ware ist). Er findet ihn in Baudelaire und im spleen des Baudelaire, der dort, wo die Ware nur Zerstreuung bietet, Strukturen schafft, indem er an Differenzen festhält: »Der spleen legt Jahrhunderte zwischen den gegenwärtigen und den eben gelebten Augenblick. Er ist es, der, unermüdlich ›Antike‹ herstellt.«[82] Dem Melancholiker wird die Artifizialität der Differenz zum Verdikt über die Kultur. Die Schärfe seines Blicks verdankt er dem Umstand, daß er sich an das alte jüdische Gesetz hält, sich von der Zukunft kein Bild zu machen.[83]

Die einzige Kategorie, die dieser Kultur analytisch noch gewachsen ist, ist die Kategorie einer Gegenwart, die sich selbst als ›Ausnahmezustand‹, das heißt als historisch determinierte, weil auf Erinnerung verpflichtete, und gleichzeitig als ungebundene, tendenziell revolutionäre Jetztzeit begreift.[84] Benjamin bezeichnet es als »konstruktives Prinzip« des historischen Materialismus, den Gedanken ebenso wie die Geschichte in Konstellationen stillzustellen, in denen sie offenbaren, daß die Zeit nicht etwa »leer und homogen« (276) ist, sondern konstruiert wird und selbst Anteil an allen Konstruktionen hat.

Der Zeitgeist verzichtet bei der Analyse des Zeitgeists auf eine begriffliche Bestimmung der Kultur. Wichtiger ist ihm, daß unterstellt werden kann, daß man wissen kann, was gemeint ist, wenn von ›Kultur‹ die Rede ist. Nach wie vor meint Kultur immer zweierlei: erstens den aktuellen Befund bestimmter gesellschaftlicher Lagen und zweitens das Urteil, daß diese Lagen zu wünschen übrig lassen und einem Anspruch des kultivieren-

---

80 WALTER BENJAMIN, Paris, die Hauptstadt des XIX. Jahrhunderts (1935), in: Benjamin, Illuminationen. Ausgewählte Schriften (Frankfurt a. M. 1961), 192.
81 JACOB TAUBES, Kultur und Ideologie (1969), in: Taubes, Vom Kult zur Kultur. Bausteine zu einer Kritik der historischen Vernunft. Gesammelte Aufsätze zur Religions- und Geistesgeschichte, hg. v. A. Assmann u. a. (München 1996), 303.
82 BENJAMIN, Zentralpark (entst. 1940), in: Benjamin (s. Anm. 80), 247.
83 Vgl. ebd., 246; BENJAMIN, Über den Begriff der Geschichte (entst. 1940), in: Benjamin (s. Anm. 80), 279.
84 Vgl. ebd., 277 f.

den Umgangs mit den Möglichkeiten des Menschen nicht entsprechen. Diese beiden Aspekte sind unproblematisch. Problematisch ist für den Zeitgeist die Frage nach der eigenen Position als Teil dieses Befundes zum einen und als Träger des Urteils zum anderen.

Benjamin sichert sich ab in einem messianisch verstandenen historischen Materialismus, der ihn davor bewahrt, wie Schiller oder Arnold einen ›Staat‹ zu konzipieren, in dem die Dinge wie immer ›spielerisch‹ (Schiller) oder ›autoritär‹ (Arnold) wieder zur Ruhe kommen. Für Benjamin übernimmt diese Funktion die Kategorie der ›Revolution‹. Die Revolution ist jener »Sprung unter dem freien Himmel der Geschichte«, der einzig geeignet ist, die konstituierende Rolle der Zeit deutlich zu machen und das nur falsch beheimatende »Kontinuum der Geschichte« (276) aufzusprengen.

Georg Lukács findet, wie Benjamin geschult am Roman und an der Dichtung des 19. Jh., eine andere Antwort auf die Frage nach der Position des Beobachters. Auch für ihn liegt das eigentliche Problem darin, an sich selbst beurteilen zu können, was zum Urteil berechtigt; doch er zieht daraus den Schluß, daß es zunächst einmal darum geht, die eigenen ›Seelenzustände‹ in den Blick zu nehmen. In seinem Buch *Esztétikai Kultúra* (1913) entwirft er eine dreistellige Relation zwischen Beobachter, Beobachtetem und Leben, die nur dann zur Einheit finden kann, wenn es dem Beobachter gelingt, seine Wahrnehmungen vom Wert der Dinge wie auch des Lebens zu lösen und alles, was er wahrnimmt, in mögliche Seelenzustände zu verwandeln; ›ästhetische Kultur‹ heißt dann, sich auf eine unendliche Sukzession laufend verschiedener Seelenzustände einzulassen und weder die Dauer noch die Wiederholung zu akzeptieren.[85]

Auch Paul Valéry notiert sich unter dem Begriff der »civilisation«, daß es dabei um eine Lebenskunst geht, die in jeder einzelnen Aktivität ›reflektiert‹ vorgeht, »à part et en relation avec le *centre*«, und daß man sich eine Epoche vorstellen kann, in der die einzelnen Künste in ihrer Trennung vom Leben aufgehoben sind und durch eine »art des activités ordinaires«[86] ersetzt werden. An anderer Stelle, und wiederum zum Begriff der Zivilisation, findet sich jedoch eine von tiefer Skepsis geprägte Notiz: »La civilisation résulte de l'accroissement d'adaptation annulé sans cesse par l'accroissement de la fonction même d'adaptation, comme dans le processus du coït.« (1363) Wie im Geschlechtsverkehr resultiere die Zivilisation daraus, daß die Funktion der Anpassung annulliert, welche Anpassungsleistungen erbracht werden. Man hilft sich auf die Beine, um sich zum Stolpern zu bringen. Der Zivilisation des Menschen scheint kein günstiges Schicksal zu winken.

Sigmund Freud wird wenig später die Gleichsetzung der Kultur mit dem Unbehagen in der Kultur daraus erklären, daß die Kultur zwar einerseits ein Produkt des erotischen, des auf Vereinigung miteinander und untereinander zielenden libidinösen Triebs der Menschen sei, andererseits jedoch dieses Leben miteinander angesichts des Aggressions- und Todestriebs der Menschen nur auf die Unterdrückung und Sublimierung der Sexualität, also auf Triebverzicht zu gründen sei: »Dabei benimmt sich die Kultur gegen die Sexualität wie ein Volksstamm oder eine Schicht der Bevölkerung, die eine andere ihrer Ausbeutung unterworfen hat.«[87]

Wieder andere reisen nach Mexiko, nur um dort den Befund bestätigt zu finden: »La culture c'est une effusion raffinée de la vie dans l'organisme en éveil de l'homme. Et la vie, personne n'a jamais pu dire ce que c'est. Ainsi donc, affirmer la floraison dans l'homme d'un esprit éternel de culture revient à affirmer l'ignorance de l'homme devant les sources de sa vie vraie.« Je ernster diese Einsicht nimmt, desto weniger Grund gibt es, an ihr zu verzweifeln, denn: »l'étrange est que, ne sachant d'où il vient, l'homme puisse se servir de son ignorance, de cette sorte *d'originelle* ignorance, pour savoir exactement où il doit aller.« Antonin Artaud plädiert in seinen *Messages revolutionnaires* (1932/1936) für eine Beobachtungsposition der Ignoranz, denn nur sie befreit zu einem Empirismus immer neuer Hypothesen und fordert auf

---

85 Vgl. GEORG LUKÁCS, Esztétikai Kultúra (Budapest 1913).
86 PAUL VALÉRY, Cahiers (entst. 1894–1945; ersch. 1957–1961), hg. v. J. Robinson-Valéry (Paris 1973), 937 f.
87 SIGMUND FREUD, Das Unbehagen in der Kultur (1930), in: Freud, Das Unbehagen in der Kultur und andere kulturtheoretische Schriften (Frankfurt a. M. 1994), 69.

zu immer neuen Imaginationen. Das aber heißt, zum Theorem zu machen, daß das Zentrum der Kultur leer ist: »Au fond de toute culture véritable il y a nécessairement des secrets ineffables puisqu'ils procèdent de cette marge de vide où notre éternelle ignorance nous contraint à situer les origines de la vérité.«[88] Dieser Leere ist keine Wissenschaft, sondern nur die Poesie gewachsen.

Vier Elemente zeichnen das Kulturverständnis des Zeitgeistes aus: Erstens versteht von der Kultur nur derjenige etwas, der sich eine Beobachtungsposition verschafft, indem er die Welt auf ihre »Zerstörungswürdigkeit«[89] überprüft. Nur so hat man Aussicht, dieselbe Ebene wie die Kultur selbst zu erreichen. Freilich riskiert man genau damit, sich für diese Kultur blind zu machen. Wem in der Zerstörung, und nur dort, die Welt zur runden Einheit sich schließt, der überliefert sie paradoxerweise nur um so sicherer. Vielleicht ist das der Grund, warum für Benjamin das Sammeln zur Geste und Praxis des Kulturbeobachters wird.

Zweitens ist es wesentlich, den affirmativen Charakter der bürgerlichen Kultur eines schönen Scheins zu kritisieren und gegen diesen Charakter die Bewegung einer an die herrschenden Werte nicht gebundenen ›Theorie‹ zu stärken. Denn nur die vom jeweiligen Stand der Wissenschaften unterstützte, gegenüber diesen Wissenschaften zugleich auch mißtrauische und in ›Elite‹-Universitäten gelehrte Theorie ist in der Lage, eine brauchbare ›Kritik der Erfahrung‹ anzuleiten, ohne die die aktuellen Zustände der Kultur nicht in den Blick genommen werden können. Diesen Part übernimmt die Kulturtheorie von Herbert Marcuse.[90]

Drittens ist davon auszugehen, daß es der Kultur inzwischen gelungen ist, ›Aufklärung als Massenbetrug‹ zu inszenieren und sich mit der Industrie soweit zu verbünden, daß für alles gesorgt werden kann und das Individuum noch seine eigene Abschaffung als Beitrag zur Individualisierung würdigt. Aus dieser Diagnose ergibt sich in Max Horkheimers und Theodor W. Adornos *Dialektik der Aufklärung* (1947) das Stichwort der ›Kulturindustrie‹: »Die Leistung, die der kantische Schematismus noch von den Subjekten erwartet hatte, nämlich die sinnliche Mannigfaltigkeit vorweg auf die fundamentalen Begriffe zu beziehen, wird dem Subjekt von der Industrie abgenommen. Sie betreibt den Schematismus als ersten Dienst am Kunden. In der Seele sollte ein geheimer Mechanismus wirken, der die unmittelbaren Daten bereits so präpariert, daß sie ins System der Reinen Vernunft hineinpassen. Das Geheimnis ist heute enträtselt.«[91]

Und viertens schließlich gibt es, darauf glaubt man bestehen zu müssen, nur eine einzige Instanz, die dem Betrug gewachsen ist: das ›Ich‹ einer ›Gegenwart‹, das sich, so Karl Heinz Bohrer, radikal und ausschließlich nur für das interessiert, wofür es sich interessiert: »Wenn man die Kultur nicht auf dieses imaginative Ich bezieht, dann landet man bald, wie gelehrt und kunstsinnig auch immer, bei jenem objektivierten Kulturbegriff, der von den Kulturfunktionären aller Branchen wohlmeinend verbreitet wird, marxistische Funktionäre einbegriffen.«[92] Allerdings nimmt die Berufung auf diese Instanz dem Zeitgeist nicht seinen fundamentalen Verdacht: Natürlich, so Diedrich Diederichsen, gibt es keine ›Gegenkultur‹, die nicht von extremer Kurzfristigkeit und einem absurden Anspruch auf Zeitlosigkeit ausgeht[93]; aber dennoch muß man immer befürchten, daß der in die ›Jugendkultur‹ gesuchte und gefeierte Zusammenbruch der Ordnung im Ereignis ein falscher ist und hinterrücks,

---

88 ANTONIN ARTAUD, Messages révolutionnaires (1932/1936), in: Artaud, Œuvres complètes, Bd. 8 (Paris 1980), 225 f.
89 BENJAMIN, Der destruktive Charakter (1931), in: Benjamin (s. Anm. 80), 310; vgl. RUDOLF BURGER, Überfälle. Interventionen und Traktate (Wien 1993).
90 Vgl. HERBERT MARCUSE, Über den affirmativen Charakter der Kultur (1937), in: Marcuse, Kultur und Gesellschaft, Bd. 1 (Frankfurt a. M. 1965), 56–101; MARCUSE, Bemerkungen zu einer Neubestimmung der Kultur (1965), in: ebd., Bd. 2 (Frankfurt a. M. 1965), 147–171.
91 MAX HORKHEIMER/THEODOR W. ADORNO, Dialektik der Aufklärung. Philosophische Fragmente (1947; Frankfurt a. M. 1969), 132.
92 KARL HEINZ BOHRER, Die drei Kulturen, in: J. Habermas (Hg.), Stichworte zur ›Geistigen Situation der Zeit‹, Bd. 2 (Frankfurt a. M. 1979), 669; vgl. BOHRER, Plötzlichkeit. Zum Augenblick des ästhetischen Scheins (Frankfurt a. M. 1981).
93 Vgl. DIEDRICH DIEDERICHSEN, Aus der Geschichte der Unversöhnlichkeit, in: Texte zur Kunst, H. 2 (1991), 73–87.

nämlich ›kulturindustriell‹, die falsche Ordnung nur bestätigt.[94] Von diesem Verdacht kann sich nur befreien, wer den Verdacht und die ›Theorie‹, die ihn stützt, gleichermaßen für ›out‹ hält. Dennoch ist diese vierte Position immer wieder aktuell und erstaunlich tragfähig. Sie nimmt den kulturellen Anspruch, so John Cowper Powys in einer früher vielgelesenen Schrift über *The Meaning of Culture* (1929), zurück auf den Anspruch eines Individuums, auszuwählen, was ihm zu seiner Philosophie der Lebenskunst paßt, und abzulehnen, was nicht dazu paßt. Tragfähig ist diese Position schon deswegen, weil sie mit jeder Kultur kompatibel ist und nur auf die Selbstselektion des Individuums abstellt. Denn jede Kultur muß sich letztlich an der Lebenskunst messen, und das Leben ist das, was man selber lebt: »Culture is what is left over after you have forgotten all you have definitely set out to learn.«[95]

VI. Kultur als Ergebnis eines Kulturkontakts (Schismogenese)

Der auf den Zeitgeist angewiesene Beobachter des Zeitgeistes wird, sobald er dieser Bedingung gewahr wird, zum Dialektiker. Für ihn gilt daher das Wort Benjamins, daß Denken für den Dialektiker bedeute, »Segel [zu] setzen«. Allerdings: »*Wie* sie gesetzt werden, das ist wichtig. Worte sind bei ihm nur die Segel. Wie sie gesetzt werden, das macht sie zum Begriff.«[96]

Die selbstreferentiellen Verwicklungen der Wissenschaften ebenso wie des Zeitgeists beruhen darauf, daß es schwerfällt, einen Begriff der Kultur zu bestimmen, wenn bei der Bestimmung dieses Begriffs deutlich wird, daß das eigene Unternehmen vorweg von ihm mitbestimmt wird. Aus den Verwicklungen befreit daher nur die Reflexion auf den Begriff der Kultur selbst. Diese Reflexion ist unabdingbar, auch wenn abzusehen ist, daß sie auf einer anderen Ebene nur tiefer in die Verwicklung hineinführt.

Ruth Benedict hat in ihrem Buch *Patterns of Culture* (1934) als den eigentlichen Gewinn der anthropologischen Fragestellung nicht etwa eine bestimmte Entdeckung über den Menschen und seine Lebensumstände, sondern das Streichen bisher für wichtig gehaltener Unterscheidungen bezeichnet: Wer Anthropologie betreibt, kümmert sich um »the study of human beings as creatures of society«[97] und muß sich zu diesem Zweck von den überlieferten Unterscheidungen zwischen uns und den Primitiven, zwischen uns und den Barbaren, zwischen uns und den Heiden verabschieden. Dieses Fallen der Unterscheidungen wiederum geschieht nicht etwa aus humanistischer Einsicht, kultivierter Selbstbescheidung oder zivilisiertem Kalkül, sondern weil ›unsere‹ sich ausbreitende Kultur sich ihrer eigenen Grenzen bewußt wird. Das aber bedeutet, daß die Kultur ebenso wie ihr Begriff die eigene Grenzziehung und damit das Wissen um ein Außerhalb dieser Grenzen in den eigenen Begriff mit aufzunehmen aufgefordert ist. Bei Benedict wird dies noch nicht in aller Schärfe gesehen. Sie repetiert noch einmal die wesentliche Denkfigur des 19. Jh., die den kulturellen Vergleich in der Identifizierung einer ›Nation‹ als Kultur stillstellt, und bezeichnet dies als Fortschritt gegenüber jedem Versuch, sich anstelle kultureller auf ›natürliche‹ (›Blut und Boden‹) Kriterien der nationalen Identität zu berufen.[98] Die ›patterns of culture‹, die sie anstelle ›natürlicher‹ Kriterien anbietet, haben eine ähnliche Vergewisserungsleistung. Letztlich, so Benedict anhand komparativer Untersuchungen verschiedener Kulturen, ist jede Kultur eine Selektion aus einer Vielzahl von Möglichkeiten, der der Mensch in der Auseinandersetzung mit seinem Lebenszyklus, vor allem seinem Alter, mit seiner Umwelt und mit seinen eigenen Aktivitäten hat. Die Selektionen mögen sich unterscheiden, der Auswahlbereich ist immer derselbe.

---

94 Vgl. DIEDERICHSEN, The Kids Are Not Alright. Abschied von der Jugendkultur, in: Spex (November 1992), 28–34.
95 JOHN COWPER POWYS, The Meaning of Culture (New York 1929), IX; dt.: Kultur als Lebenskunst, übers. v. S. Nurmi-Schomers/C. Schomers (Hamburg 1989), 37.
96 BENJAMIN (s. Anm. 82), 266.
97 RUTH BENEDICT, Patterns of Culture (Boston 1934), 1.
98 Vgl. ebd., 16.

Wesentlich schärfer denkt Gregory Bateson den Gedanken einer Kultur, die sich als Grenze bestimmt und aus der Grenzziehung ihre Qualität gewinnt. In seinen Überlegungen zur *Schismogenesis* (1935) einer Kultur wirft er zunächst noch einmal das Problem auf, daß eine Kultur nicht auf einzelne ihrer Charakteristiken begrenzt werden kann, sondern grundsätzlich als Ganzes untersucht werden muß.[99] In der Tat hatte die amerikanische ebenso wie die russische Anthropologie angesichts der Frage, ob die Heterogenität kultureller Befunde so zu deuten sei, daß Kultur Zufall ist, oder eher so, daß ihr ein integriertes Ganzes und die Konstruktion eines Zusammenhangs des menschlichen Verhaltens zugrunde liegt, deutlich für die Integration und den Zusammenhang plädiert.[100]

Um so wichtiger wird die Frage, wie dieses Ganze überhaupt reflektiert, und dann auch noch: als Kultur reflektiert werden kann. Jede Reflexion braucht eine Besonderung, eine Beschränkung, eine Markierung, von der aus sie starten kann. Bateson stellt die These auf, daß diese besondere Markierung die Abweichung eines Verhaltensmusters, mit dem man Kulturfremden begegnet, von jenem Verhaltensmuster ist, mit dem man sich selbst begegnet. Eine solche Abweichung kommt jedoch nur aufgrund dessen zustande, was Bateson einen ›culture contact‹ nennt. Ein Kulturkontakt ist ein Kontakt zwischen Gruppen, deren Verhalten unterschiedlichen kulturellen Normen unterliegt. (Auch hier muß, wie man sieht, der Begriff vorausgesetzt werden, um beobachten zu können, was man beobachten will.) Sosehr die Verhaltensweisen einer Gruppe untereinander konsistent sein mögen, sosehr fällt auf, daß die Gruppe ihr Verhalten verändert, wenn sie auf eine andere Gruppe trifft. Diese Veränderung nennt Bateson »schismogenesis«[101].

Die Einsicht daran ist, daß diese Veränderung des Verhaltens als Inkonsistenz auch innerhalb der Gruppe selbst auffallen kann und daß die Beobachtung dieser Veränderung und vor allem die Verrechnung dieser Veränderung im Kontext der konsistenten eigenen kulturellen Normen das schafft, was wir ein ›kulturelles Bewußtsein‹ nennen. Ob die Differenz durch einen eigenen Erklärungsapparat kompensiert wird (negative Rückkopplung) oder als Chance zur Variation aufgegriffen und verstärkt wird (positive Rückkopplung), ist gegenüber dem entscheidenden Faktum der anfänglichen Schismogenese sekundär. Ebenso sekundär ist, daß der Kulturkontakt selbst einem Verhaltensmuster folgt, wie immer es sich ergibt, das eine eigene Kultur des Kulturkontakts begründet, die wiederum positiv verstärkt oder negativ korrigiert werden kann.

Der Begriff der Schismogenese als Begriff für das Bewußtwerden und damit Entstehen einer Kultur[102] zwingt schließlich dazu, die Annahme der inneren Konsistenz einer Kultur fallenzulassen bzw. auf die Ebene der Konsistenz einer inkonsistenten Kultur zu heben: »In the analysis of cultural data – as in psychoanalysis – we repeatedly are confronted by superficial contradictions, outward signs of inward ambivalence, compensatory acts which negate an inner feeling, reversals in value with excess of the commodity, masochisms and self-denials. It is as if the importance of some entity or value remained unchanged, while the sign of the related behavior were subject to unpredictable reversal.«[103]

Eine der möglichen Konsequenzen aus diesem Verständnis von Schismogenese als Basisvorgang der Kulturgenese zieht Victor Turner, wenn er die Grenzgängerfigur in den Mittelpunkt der Analyse einer Kultur rückt: »The attributes of liminality or of liminal *personae* (›treshold people‹) are necessarily ambiguous, since this condition and these persons elude or slip through the network of classifications that normally locate states and positions in cultural spaces. Liminal activities are neither here nor there; they are betwixt and between the positions as-

---

99 Vgl. BATESON, Culture Contact and Schismogenesis (1935), in: Bateson, Steps to an Ecology of Mind (New York 1972), 63 f.
100 Vgl. BRONISLAW MALINOWSKI, A Scientific Theory of Culture and Other Essays (New York 1960); PITIRIM A. SOROKIN, Social and Cultural Dynamics. A Study of Change in Major Systems of Art, Truth, Ethics, Law, and Social Relationships (New Brunswick 1957).
101 BATESON (s. Anm. 99), 68.
102 Vgl. GILLES DELEUZE/FÉLIX GUATTARI, L'Anti-Œdipe, nouvelle édition augmentée (Paris 1972).
103 BATESON, Review of James Feibleman's ›The Theory of Human Culture‹, in: Political Science Quarterly 62 (1947), 430.

VI. Kultur als Ergebnis eines Kulturkontakts (Schismogenese) 535

signed and arranged by law, custom, convention, and ceremonial.«[104] Bereits in der deutschen Romantik war das Interesse an ›Doppelgängern‹ groß; sie galten nicht mehr als grotesk, wie noch in der Vormoderne, sondern als signifikant für eine kulturelle Situation, die das Individuum zu individuell und kulturell inkonsistentem Verhalten zwingt.[105]

In keiner Kulturtheorie wird die Bedeutung der Grenze der Kultur für das Verständnis einer Kultur markanter auf den Begriff gebracht als in Jurij M. Lotmans Kultursemiotik. In zahlreichen Aufsätzen ist Lotman mit seinen Mitarbeitern davon ausgegangen, daß die Unterscheidung zwischen Kultur und Nicht-Kultur eine Unterscheidung ist, die von der Kultur selbst aktiv getroffen wird und die daher die Kultur nicht etwa von außen begrenzt, sondern selbst Teil der Kultur ist: »Von einem äußeren Beschreibungsstandpunkt aus stellen sich Kultur und Nicht-Kultur als Bereiche dar, die einander wechselseitig bedingen und benötigen. Der Mechanismus der Kultur ist eine Vorrichtung, die die äußere Sphäre in eine innere verwandelt: Desorganisation in Organisation, Uneingeweihte in Aufgeklärte, Sünder in Gerechte, Entropie in Information.«[106]

Aus diesem Ausgangsgedanken wird eine reichhaltige semiotische Theorie der Kultur entwickelt, die ihre Akzente in zwei Annahmen hat: Erstens ist die Kultur nicht als ein Programm, das Verhalten vorschreibt, sondern als ein Gedächtnis, das Verhaltensoptionen auf ihre Konsistenz mit bisherigem Verhalten hin prüft, zu verstehen.[107] Die Voraussetzung dazu ist eine ständig mitlaufende Codierung von Information, die auf einer strukturellen Varietät der Kultur, genauer noch: auf einem Prinzip des Blickwechsels (›alternation‹) beruht. Und dies wiederum setzt voraus, daß die Kultur als ein Zeichensystem zweiter Ordnung verstanden werden kann, das Zeichen zur Verwendung von Zeichen verarbeitet. Strukturell basiert die Kultur darauf, daß für sie keine Struktur ist, was sie ist, sondern jede Struktur als eine andere interpretiert werden kann.[108]

Und zweitens geht es der Kultur nicht etwa um die Absicherung reibungsloser Kommunikation und eineindeutiger Interpretation vorliegender Befunde. Sondern ganz im Gegenteil geht es ihr um die Behinderung von Übertragung. Alles spielt sich so ab, als sei ein Zeichen zweiter Ordnung, also ein kulturelles Zeichen, nur zu verstehen, wenn man den prekären Status des Zeichens, seine Ambivalenz, seine Unverständlichkeit mitversteht. Nur so, mit Kierkegaard[109], wäre das Verstehen als Eigenleistung des Verstehens und nicht etwa als determiniert durch das Verstandene zu verstehen: »An analysis of the sign mechanism of culture convinces us that culture is, in its internal movement, constantly and purposefully multiplying the mechanisms which impede the process of message-transmission. If one compares a message in the language of street signs with a poetic text it is obvious that, as a result of the more highly organized nature of the latter, the measure of the difficulties in its communication increases sharply.«[110]

Kultur ermöglicht eine Kommunikation, die zu Ende wäre, wenn sich keine Interpretationsprobleme mehr stellen würden. Darum besteht die Kultur auf den beiden sich widersprechenden Tendenzen eines einheitlichen Codes und des Versagens dieses Codes gleichermaßen: »The final victory of *any one* of them would make communication either unnecessary or impossible.«[111] Sozialkybernetisch, so Lotmans Wort, steckt dahinter das Interesse an einer Sicherung der Varietät und Via-

---

104 VICTOR TURNER, The Ritual Process (Chicago 1969), 95; vgl. TURNER, Liminality and the Performative Genres, in: J. McAdams (Hg.), Rite, Drama, Festival, Spectacle. Rehearsals Toward a Theory of Cultural Performance (Philadelphia 1984), 19–41.
105 Vgl. ELISABETH FRENZEL, Motive der Weltliteratur. Ein Lexikon dichtungsgeschichtlicher Längsschnitte (Stuttgart ³1988), 94–113.
106 JURIJ M. LOTMAN u. a., Thesen zur semiotischen Erforschung der Kultur (in Anwendung auf sowjetische Texte) (1973), übers. v. A. Schramm-Meindl, in: K. Eimermacher (Hg.), Semiotica Sovietica 1. Sowjetische Arbeiten der Moskauer und Tartuer Schule zu sekundären modellbildenden Zeichensystemen (1962–1973) (Aachen 1986), 86.
107 Vgl. LOTMAN/BORIS A. USPENSKY, On the Semiotic Mechanism of Culture, in: New Literary History 9 (1978), 211–232.
108 Vgl. ebd., 228.
109 Vgl. SØREN KIERKEGAARD, Einübung im Christentum (1850), in: KIERKEGAARD, Abt. 26 (³1962), 127 ff.
110 LOTMAN, The Sign Mechanism of Culture, in: Semiotica 12 (1974), 302.
111 Ebd., 303.

bilität der Individuen, denn Individuum kann nur sein, wer differiert und kommuniziert. Darum ist keine Leistung der Kultur wichtiger als die »Erzeugung von Unbestimmtheit«[112].

Und als sähe Lotman ebenso wie die von ihm beschriebene Kultur ein, daß dieses Ausmaß von Alternation, Ambivalenz und Unbestimmtheit individuell nicht eben leicht zu ertragen ist (viel leichter dagegen: zu leben), wird schließlich konzediert, daß die Funktion der Kultur von Symbolen erfüllt wird, denen gleichzeitig immer etwas Archaisches eignet.[113] Wer die Funktion nicht durchschaut (oder zu sehr durchschaut), der kann seinen Blick auf das Archaische wenden.

Wlad Godzich trägt diesem Verständnis von Kultur nach, daß Alternation, Ambivalenz und Unbestimmtheit nicht etwa auf eine mangelnde Struktur oder gar ›postmoderne‹ Beliebigkeit schließen lassen dürfen. Im Gegenteil, selbstverständlich kann der Zeichenmechanismus der Kultur auch zur Einführung von Hierarchisierungen zwischen den Werten, die den Zeichen gegeben werden, genutzt werden.[114] Aber auch die Hierarchisierung kann anschließend, abhängig von gesellschaftlich eingeräumten Interpretationsspielräumen, wieder alterniert und zur Disposition gestellt werden.

---

112 LOTMAN, Zum kybernetischen Aspekt der Kultur (1973), in: Lotman, Aufsätze zur Theorie und Methodologie der Literatur und Kultur, hg. u. übers. v. K. Eimermacher (Kronberg 1974), 418.
113 Vgl. LOTMAN, The Symbol in the Cultural System, in: Lotman, Universe of the Mind. A Semiotic Theory of Culture (Bloomington 1990), 102–111.
114 Vgl. WLAD GODZICH, The Construction of Meaning, in: New Literary History 9 (1978), 393.
115 HARRISON C. WHITE, Identity and Control (Princeton 1992), 128.
116 DERRIDA, L'autre cap (Paris 1991), 16.
117 Vgl. EDMUND LEACH, Culture and Communication. The Logic by which Symbols are Connected (Cambridge 1976).
118 LESLIE A. WHITE, The Science of Culture. A Study of Man and Civilization (1949; New York ²1969), 33; vgl. WHITE, The Concept of Culture, in: American Anthropologist 61 (1959), 226–251.
119 Vgl. JOHN L. AUSTIN, How to Do Things with Words. The William James Lectures Delivered at Harvard University in 1955 (London 1962).

Der Wiedereintritt der Kultur in die Kultur führt zu zwei bündigen Formulierungen. Einerseits kann man sagen, daß eine Kultur nicht nur Bewußtsein von Grenzen ist, sondern daß jedes Verständnis von Grenzeffekten eine Theorie der Entstehung von Kultur voraussetzt: »Understanding boundary effects requires a theory of the formation of culture.«[115] Und andererseits kann wegen der Implikation der anderen Kultur und der Nicht-Kultur in der Kultur keine Kultur mit sich identisch sein: »Il n'y a pas de culture ou d'identité culturelle sans cette différence avec soi.«[116] In beiden Fällen muß vorausgesetzt werden, daß die Kultur selbst kommuniziert, wie Edmund Leach gesagt hat: Sie kommuniziert Grenzen, deren Mehrdeutigkeit (an den Grenzen selbst stößt das Unterschiedene aufeinander, wird also ununterscheidbar) und die Interpretation dieser Mehrdeutigkeit.[117]

VII. Struktur und Funktion: Die Symbole der Kultur

Für die Kulturtheorie wird nun die Aufgabe attraktiv, jene Ebene ausfindig zu machen, auf der die Widersprüchlichkeit und Unbestimmtheit der Kultur Sinn macht. Man macht sich auf die Suche nach einer Funktion der Kultur, deren Beschreibung geeignet ist, auch ihre Strukturen zu erfassen.

Zwei Punkte hält jeder Strukturalismus dabei fest. Erstens bleibt es fast durchgängig bei Leslie A. Whites in *The Science of Culture. A Study of Man and Civilization* (1949) entwickelter Auffassung, daß die kleinste Einheit einer Kultur das Symbol ist: »All culture (civilization) depends upon the symbol. It was the exercise of the symbolic faculty that brought cultures into existence and it is the use of symbols that make the perpetuation of culture possible.«[118] Im Vorwort zur zweiten Auflage seines Buches trägt White 1969 und vielleicht in Kenntnis neuer Sprachtheorien zur Performanz von Aussagen (John L. Austin[119]) nach, daß es dabei nicht unbedingt um das Symbol als (etwa tradierbaren) Bestand, sondern um das ›symboling‹ als eine Wirklichkeit schaffende Aktivität geht.

Die Aktivitäten, die hier gemeint sind, stehen allerdings nicht etwa im Belieben dessen, der sie

VII. Struktur und Funktion: Die Symbole der Kultur

ausübt.[120] Sondern gerade als Aktivitäten sind sie durch ihre eigene Geschichte der Arbeit an einem Kontext und an sich selbst determiniert: Die Leute verhalten sich so, wie sie in einer kulturellen Tradition aufgewachsen sind; eine Kultur ändert sich, ceteris paribus, primär aus kulturellen Gründen; und der Mensch kann seine Kultur weder kontrollieren noch steuern. Dies sind die Annahmen einer »cultural determination«[121], die durch die Analyse der dazu passenden Aktivitäten nur an Brisanz gewinnt. White zögert denn auch nicht, seine ›Kulturologie‹ dort einzusetzen, wo sich bislang Psychologie und Soziologie vergeblich um Verständnis bemüht haben: »Culturology is the newest venture of science. After centuries of activation in the fields of astronomy, physics, and chemistry; after scores of years of tillage in physiology and psychology, science has at least turned to the most immediate and powerful determinant of man's *human* behavior: his culture.«[122] Der Grund dafür ist, daß weder seine Psyche noch seine Gruppe das Verhalten des Menschen determiniert, sondern: seine Kultur. Dies wird, das versteht sich in unserer Kultur von selbst, nicht unwidersprochen bleiben.

Der zweite Punkt, an dem der Strukturalismus neben der Referenz auf ›Symbole‹ festhält, ist der Gedanke der Inkommensurabilität symbolischer Systeme erstens untereinander, weil sie alle verschiedene Funktionen zu bedienen haben, aber zweitens auch gegenüber dem, was sie symbolisieren (das soziale Leben), weil dieses in den Symbolen nicht aufgeht. So schreibt Claude Lévi-Strauss in seiner Einleitung in das Werk von Marcel Mauss: »Toute culture peut être considérée comme un ensemble de systèmes symboliques au premier rang desquels se placent le langage, les règles matrimoniales, les rapports économiques, l'art, la science, la religion. Tous ces systèmes visent à exprimer certains aspects de la réalité physique et de la réalité sociale, et plus encore, les relations que ces deux types de réalité entretiennent entre eux et que les systèmes symboliques eux-mêmes entretiennent les uns avec les autres. Qu'ils n'y puissent jamais parvenir de façon intégralement satisfaisante, et surtout équivalente, résulte d'abord des conditions de fonctionnement propres à chaque système: ils restent toujours incommensurables; et ensuite, de ce que l'histoire introduit dans ces systèmes des éléments allogènes, détermine des glissements d'une société vers une autre, et des inégalités dans le rythme relatif d'évolution de chaque système particulier.«[123]

Die Inkommensurabilität, ähnlich wie Lotmans Ambivalenz und Unbestimmtheit, ist die Bedingung geistiger Gesundheit des Individuums, weil sie ihm einen Blick auf die Funktion der Kultur gestattet, die es sonst, wäre sie bruchlos mit sich konsistent, ganz und gar umfangen würde. So aber kann man beobachten, daß sie Probleme löst, die ihr äußerlich sind, nämlich Probleme sozialen Lebens, Probleme der Differenz von Ego und Alter. Die Geisteskrankheit, ähnlich wie Turners ›liminality‹, wird zu einem der möglichen Einstiegspunkte in die Analyse einer Kultur, weil eine Gesellschaft als ›Geisteskrankheiten‹ jene Pathologien bezeichnet, die sich entweder aus dem Versuch, Symbolsysteme untereinander kommensurabel zu machen, oder aus dem Versuch, Symbolsysteme mit dem sozialen Leben kommensurabel zu machen, ergeben können.[124] An ihren Brüchen sollt ihr sie erkennen, ist ein Gedanke, der sich von Durkheim bis Foucault durch die gesamte französische Sozialtheorie zieht.

Wir lassen das Problem einer Differenz zwischen Kulturologie und Soziologie (White) oder zwischen Symbolsystemen und sozialem Leben (Lévi-Strauss) hier einstweilen auf sich beruhen und verfolgen statt dessen weitere Versuche, Kulturanalyse als Symbolanalyse anzulegen. Zunächst einmal scheint mit dem Verweis auf ›Symbole‹ eine Ebene gefunden zu sein, die mit Bezug auf Formen menschlichen Zusammenlebens eine ebenso komplexe, aber identifizierbare Basiseinheit zu benennen erlaubt, wie es die ›Gene‹ für die Biologie lebender Organismen sind. Talcott Parsons z. B. schreibt: »From his distinctive organic endowment and from his capacity for and ultimate dependence on generalized learning, man derives his unique

---

120 Vgl. FERDINAND STEINBACHER, Kultur. Begriff – Theorie – Funktion (Stuttgart 1976).
121 WHITE (s. Anm. 118), XXII f.
122 Ebd., 393.
123 CLAUDE LÉVI-STRAUSS, Introduction à l'œuvre de Marcel Mauss, in: Mauss, Sociologie et Anthropologie (Paris 1950), XIX.
124 Vgl. ebd., XX.

ability to create and transmit *culture*. To quote the biologist Alfred Emerson, within a major sphere of man's adaptation, the ›gene‹ has been replaced by the ›symbol‹. Hence, it is not only the genetic constitution of the species that determines the ›needs‹ confronting the environment, but this constitution *plus* the cultural tradition. A set of ›normative expectations‹ pertaining to man's relation to his environment delineates the ways in which adaptation should be developed and extended. Within the relevant range, cultural innovations, especially definitions of what man's life *ought* to be, thus replace Darwinian variations in genetic constitution.«[125]

Aber das bedeutet auch, daß das ›Symbol‹ eine entsprechend determinierende und durch Tradition ›vererbbare‹ Funktion zugeschrieben bekommen muß. Tatsächlich entwickeln Parsons und Edward A. Shils eine Kulturtheorie, die ähnlich wie die Theorien von Benedict und Lévi-Strauss mit der Annahme startet, daß es bestimmte durchgängige und ›universale‹ Muster gibt, die aller Kultur zugrunde liegen, ›intrinsisch‹ ›übertragen‹ werden und das Handeln des Menschen mit Normen und Ideen versorgen, die als solche nur innerhalb der Muster zur Disposition stehen. Parsons und Shils identifizieren fünf ›pattern variables‹, die den Optionenraum aufspannen, innerhalb dessen jede Kultur ihre ›Wahl‹ treffen muß: Eine Kultur kann entweder affektives oder affektiv neutrales Verhalten prämieren; sie kann entweder die Selbstorien-

tierung oder die kollektive Orientierung fördern; sie kann universelle oder partikulare Werte anbieten; sie kann Status über Zuschreibung oder über Erfolge zuweisen; und sie kann die Funktion von Dingen und Handlungen entweder diffus halten oder spezifizieren.[126]

Jedes Symbol schreibt eine mögliche Wahl innerhalb dieser ›pattern variables‹ fest, so daß eine Kultur als Symbolsystem verstanden werden kann, das Handlungsorientierungen bietet – nicht mehr und nicht weniger und doch: mit eingebauter Normativität.[127] Symbole funktionieren dadurch, daß sie zur Handlungsorientierung aufgerufen werden; und sie funktionieren so, wie sie zur Handlungsorientierung aufgerufen werden. »Culture consists of everything that is produced by, and is capable of sustaining, shared symbolic experience«[128], definieren Gertrude Jaeger und Philip Selznick in ihrem Versuch, die Erfahrungsdimension der Kultur zu bestimmen. Diese Funktion der Handlungsorientierung legt die Symbole stärker fest, als man glauben sollte, denn sie würden ihre Funktion nicht erfüllen können, wenn ihre jeweilige Orientierungsleistung nicht auf ihrer Wiedererkennbarkeit beruhen würde: »That is, by becoming a symbol, a way of orienting can be transmitted from one actor to another.«[129] Die Struktur der Kultur ergibt sich aus ihrer Funktion, Handlungsorientierungen zu geben. Diese Funktion erfüllt sie nicht etwa auf der manifesten Ebene der Symbole, sondern auf der latenten Ebene der Beziehung dieser Symbole auf mögliche Handlungen.[130]

Die amerikanische Anthropologie optiert ganz ähnlich (und bestätigt schon damit die These des Vorliegens kultureller Muster). Auch für Florence Rockwood Kluckhohn und Fred L. Strodtbeck ist in *Variations in Value Orientations* (1961) deutlich, daß eine Kultur nicht durch variable Werte, sondern durch variable Bewertungen der Werte, also durch die Spannbreite möglicher Optionen gekennzeichnet ist.[131]

Das Problem einer strukturellen Analyse der Kultur liegt somit weniger in den Symbolen als vielmehr in den Werten, die sie je unterschiedlich symbolisieren. Diese Werte, so Kroeber und Kluckhohn in *Culture. A Critical Review of Concepts and Definitions* (1952), beziehen sich auf (unvollständig erfüllte) Integrationsaufgaben, auf die Hi-

---

125 TALCOTT PARSONS, Evolutionary Universals in Society, in: American Sociological Review 29 (1964), 341.
126 Vgl. TALCOTT PARSONS/EDWARD A. SHILS, Categories of the Orientation and Organization of Action, in: Parsons/Shils (Hg.), Toward a General Theory of Action (1951; Cambridge, Mass. 1967), 76 f.
127 Vgl. PARSONS/SHILS, Values, Motives, and Systems of Action, in: Parsons/Shils (s. Anm. 126), 47–243.
128 GERTRUDE JAEGER/PHILIP SELZNICK, A Normative Theory of Culture, in: American Sociological Review 29 (1964), 653.
129 PARSONS/SHILS (s. Anm. 127), 161.
130 Vgl. PARSONS/NEIL J. SMELSER, Economy and Society. A Study in the Integration of Economic and Social Theory (London 1958), 69 f.
131 Vgl. FLORENCE ROCKWOOD KLUCKHOHN/FRED L. STRODTBECK, Variations in Value Orientations (Evanston 1961).

storizität der Kultur selbst und auf die Sicherung einer gewissen Rekurrenz, aber nicht Uniformität der kulturellen Einheiten.[132] Die Werte stehen untereinander in einem Verhältnis, das sich nicht auf einfache binäre Oppositionen zurückführen läßt, sondern mindestens ternäre und quaternäre Oppositionen, also komplexe, multidimensionale Beziehungen involviert.[133]

Die Identifizierung dieser Beziehungen fällt auf eine aktive Rolle des Forschers zurück, der jede Beziehung nur als »thematic principle« seiner Beschreibung, aber nicht als Struktur der beschriebenen Kultur behaupten kann. Sicher ist dann nur, daß jede Kultur einen selektiven Umgang mit möglichen Werten pflegt – »we cannot emphasize too strongly the fact that if the essence of cultures be their patterned selectivity, the essence of this selectivity inheres in the cultural value system« (344) – und daß jeder Vergleich mehrerer Kulturen untereinander sich hüten muß, unversehens eigene Werte mit ins Spiel zu bringen und ein kulturelles Phänomen für normaler oder universeller zu halten als ein anderes.[134]

VIII. Kultur und Gesellschaft: Von Normen und Situationen

Akademische Versionen des Kulturbegriffs bleiben solange unverständlich, wie man nicht die Differenz der Disziplinen, die den Kulturbegriff für sich beanspruchen, in Rechnung stellt. Zum einen kommt es immer wieder zu Ansprüchen, dem Gegenstand Kultur und dem Problem der Frage nach der Kultur eine eigene Wissenschaft oder sogar eigene Wissenschaften zu widmen. Leslie A. White entwarf eine ›Kulturologie‹, Ernst Cassirer die ›Kulturwissenschaften‹, und viele Disziplinen halten eine Subdisziplin für Fragen der Kultur bereit: so die Kulturphilosophie, die Kulturgeschichte und die Kultursoziologie. Vielleicht darf man festhalten, daß es bisher keiner Kulturwissenschaft gelungen ist, sich durchzusetzen. Nicht einmal der Semiotik, deren theoretisches Repertoire sie noch am ehesten dazu befähigt hätte, gelang die Etablierung als eigenständige kulturwissenschaftliche Disziplin. Vermutlich liegt das auch daran, daß Vertre-

ter wie Lotman oder Roland Barthes[135] sich akademischen Zuweisungen gegenüber zurückhaltend verhielten und gerade in der Beweglichkeit von Gegenstand und Problemstellung den Charme ihres Vorgehens begriffen. Die ›cultural studies‹ greifen diese Geste auf; und nur die in den Geschichts- und Literaturwissenschaften gepflegten ›Kulturwissenschaften‹ halten an ihrem eigenen Anspruch fest und realisieren ihn durch Verzicht auf Theorie.

Zum anderen gerät der Kulturbegriff nicht nur in die Auseinandersetzungen zwischen Disziplinen um ein ›adäquates‹ Verständnis der Kultur, sondern erfährt durch diese Auseinandersetzungen eine erhebliche Schärfung – wenn auch um den Preis einer zunehmenden Entfernung des Begriffs vom allgemeinen Sprachgebrauch. Um einen Fall dieser Auseinandersetzungen geht es in diesem Abschnitt.

Wir greifen den Streit zwischen der Anthropologie und der Soziologie auf, weil er das begriffliche Problem bewegt, ob die Frage nach der Kultur einer gesellschaftlichen Referenz bedarf oder nicht. Whites Kulturologie ebenso wie weite Teile der Anthropologie und Ethnologie kommen ohne diese Referenz aus, weil für sie die Kultur, greifbar an irreduziblen Symbolen, das Basisphänomen menschlichen Miteinanders in seinen verschiedenen Ausprägungen ist. Eine Kulturwissenschaft kümmert sich um die Beschreibung dieser Ausprägungen in ihrer Verschiedenheit und beantwortet die Frage danach, was das Verschiedene vergleichbar macht, mit dem Hinweis auf das Menschliche (im Unterschied zum Tierischen oder Göttlichen) des Miteinanders.

Berühmt geworden ist der ›Waffenstillstand‹, den der Anthropologe Kroeber und der Soziologe Parsons in einem gemeinsamen Aufsatz über *The Concepts of Culture and of Social System* (1958) miteinander geschlossen haben.[136] Es ging um die Frage, welcher Wissenschaft die Priorität im Zu-

---

132 Vgl. KROEBER/KLUCKHOHN (s. Anm. 1), 311 ff.
133 Vgl. ebd., 332 f.
134 Vgl. ebd., 345 f.
135 Vgl. ROLAND BARTHES, Mythologies (Paris 1957); BARTHES, Le degré zéro de l'écriture (Paris 1965).
136 Vgl. PARSONS/KROEBER, The Concepts of Culture and of Social System, in: American Sociological Review 23 (1958), 582 f.

gang zur Beschreibung und Erklärung von Kulturphänomenen gebührt. Es ging um die Frage, wie ein Kulturbegriff zu verstehen ist, der in der Anthropologie einen grundbegrifflichen und in der Soziologie einen zwar prominenten, aber abgeleiteten Status besitzt. Und es ging um die Frage, ob eine Kultur ein exogenes oder endogenes Element menschlichen Verhaltens ist.

Übereinstimmend stellte man zunächst fest, daß es der Anthropologie (Tylor, Boas, Spencer) ebenso wie der Soziologie (Comte, Spencer, Weber, Durkheim) darum geht, Verhaltensmerkmale zu beschreiben, die nicht biologisch vererbbar sind, also nicht zur Genausstattung des Menschen gehören, sondern Produkt der sozialen Umwelt des Menschen sind und nur kulturell bzw. sozial, d. h. durch Sozialisation (ohne Absicht, durch Imitation und Abweichung) und Erziehung (mit Absicht, aber mit unbeabsichtigten Folgen) zu einem entsprechenden Verhalten vererbt (tradiert) werden können. Und ebenso übereinstimmend stellte man fest, daß Anthropologie wie Soziologie ›analytische‹ Systeme entwerfen, die kulturelles Verhalten jeweils zu interpretieren erlauben, jedoch nach verschiedenen Prinzipien zu interpretieren erlauben, da die analytische Perspektive jeweils die der einen oder der anderen Wissenschaft ist.

Solange sich die Anthropologie um orale und die Soziologie um literale Gesellschaften kümmerte, mußten die entsprechenden Divergenzen nicht weiter auffallen. Seit sich jedoch die Anthropologie auch für die moderne und die Soziologie auch für frühe Gesellschaften interessiert, fallen die Divergenzen auf. Zugleich wird es schwierig, die eigene analytische Perspektive aufrechtzuerhalten, wenn am scheinbar gleichen Gegenstand (und welchem Publikum, außer den eigenen Studenten, will man erzählen, daß die moderne Gesellschaft der Anthropologie eine andere ist als die moderne Gesellschaft der Soziologie?) die Konkurrenz der Analysen augenfällig wird. Vollends unmöglich wird es, die Divergenz der Perspektiven nicht zum Problem zu machen, wenn auch Anthropologen über Fragen der sozialen Organisation und auch Soziologen über Werte, Ideologien, Wissenschaft und Kunst reden.

Der Waffenstillstand sollte den Streit darüber, ob Gesellschaften besser kulturell oder Kulturen besser gesellschaftlich verstanden werden, dadurch beenden, daß man sich auf einen im Vergleich mit der anthropologischen Tradition engeren Kulturbegriff verständigte und dadurch auch dem von Kroeber und anderen bereits zuvor formulierten Eingrenzungs- als Theorieinteresse entgegenkam. »We suggest that it is useful to define the concept *culture* for most usages more narrowly than has been generally the case in the American anthropological tradition, restricting its reference to transmitted and created content and patterns of values, ideas, and other symbolic-meaningful systems as factors in the shaping of human behavior and the artifacts produced through behavior. On the other hand, we suggest that the term *society* – or more generally, *social system* – be used to designate the specifically relational system of interaction among individuals and collectivities.«

Der erste Eindruck, daß man dabei auch Bedenken des Typs, die Lévi-Strauss formuliert hat, entgegenkam, täuscht. Denn »social system« ist nicht etwa der weitere, sondern der engere Begriff gegenüber »culture«, wie bereits der Anschlußsatz deutlich macht: »To speak of a ›member of a culture‹ should be understood as an ellipsis meaning a ›member of the society of culture X‹.«[137] Der gegenüber der anthropologischen Tradition engere Kulturbegriff ist zugleich der gegenüber der Gesellschaft allgemeinere. Das entspricht der Intention der Theorie von Parsons, einerseits Spielraum bei der Beschreibung sozialer Systeme zu gewinnen, die nicht durch das kulturelle System determiniert werden können, andererseits jedoch der Kultur einen normativen Status zuzuschreiben, der in sozialen Systemen zur Handlungsorientierung abgefragt werden kann, aber nicht muß. Heute würde man von ›loser Kopplung‹ zwischen Kultursystem und Sozialsystem sprechen, Parsons genügte die analytische Unterscheidung. Das Problem der Inkommensurabilität kultureller Symbole wird nicht gelöst, sondern festgeschrieben, indem diesen Symbolen ein höherer Wert in der Hierarchie der Verhaltensregulierung zugeschrieben wird.

---

137 Ebd., 583.

VIII. Kultur und Gesellschaft: Von Normen und Situationen

Im Rückblick ist dieser Waffenstillstand deswegen interessant, weil er zwei Dinge zugleich leistete. Erstens schrieb er die normative Orientierung der Kultur fest, auf die man angesichts der sozialen Katastrophen dieses Jahrhunderts nicht ohne Not verzichten wollte. Und zweitens verschaffte er dem Begriff der Gesellschaft bzw. des sozialen Systems nichtsdestotrotz eine eigene Basis, in die Forschung investiert werden konnte, die sich nicht unbedingt laufend kulturell rückversicherte.

Dieser zweiten Leistung kam auch entgegen, daß ein normativer Kulturbegriff dazu tendierte, die Kultur in die Nähe der Religion zu rücken, wenn nicht sogar mit dieser zusammenfallen zu lassen. Daß »no culture has appeared or developed except together with a religion: according to the point of view of the observer, the culture will appear to be the product of religion, or the religion the product of the culture«[138], wie T. S. Eliot nach dem 2. Weltkrieg postulierte, konnte zwar nicht mehr als Gemeinplatz gelten, war aber durchaus noch ein weithin geteiltes intellektuelles Desiderat. Auch Parsons zog diese Konsequenz: »Cultural ›patterns‹ orientations, however, do not implement themselves. Properly conceived in their most fundamental aspect as ›religious‹, they must be articulated with the environment in ways that make effective adaptation possible. I am inclined to treat the entire orientational aspect of culture itself, in the simplest, least evolved forms, as directly synonymous with *religion*.«[139] Von der Religion im engeren Sinne unterscheidet die Kultur nur: daß sie auf Kommunikation angewiesen ist.

Die (vorsichtige) Gleichsetzung von Kultur und Religion verliert sich jedoch in den folgenden Jahren. Vermutlich gewinnt man die Einsicht, daß beide Seiten in dieser Gleichung nichts gewinnen, aber viel verlieren können. Taubes weist darauf hin, daß man von einer religiösen Verankerung der Kultur nur dann sprechen könne, wenn man auch bereit sei, von einer »Einheit des Pantheons der Götter mit der Gemeinschaft der Menschen«[140] auszugehen. In der Massen-, Konsum- und Fernsehgesellschaft verzichtet die Kultur auf religiöse Emphase in dem Maße, in dem die ›Hochkultur‹ ihre singuläre Stellung aufgeben muß und Subkultur unter anderen Subkulturen wird. Und im gleichen Zuge verzichtet die Religion auf eine ›kulturelle‹ Durchsetzung, weil Ansprüche auf weltabgewandte Weltzugewandtheit gerade kulturell keinen Distinktionsgewinn mehr beanspruchen können: Wenn jede Subkultur in diesem Sinne religiöse Züge aufweist (der Fundamentalismus wird sich dies zunutze machen), ist nicht mehr deutlich, was die Religion von einer Subkultur unterscheidet (weswegen jede Religion nur auf eigene Gefahr Rückhalt im Fundamentalismus sucht).

Für den Kulturbegriff hat diese allmähliche Loslösung von einer religiösen Absicherung ihrer normativen Ansprüche weitreichende Folgen. Man befreit den Kulturbegriff von seinem Anspruch, Normen menschlichen Verhaltens zu benennen, die als solche nicht zur Diskussion stehen, und gewinnt ihn dadurch als Begriff, der Ansprüche auf normative Orientierungen zu benennen vermag. Hatte zuvor das Interesse an (prekär gewordenen) Normen den Kulturbegriff motiviert, so motiviert der Kulturbegriff jetzt die Frage nach der Typik, der Relevanz und der Durchsetzungsfähigkeit von Normen. Das heißt, die Vergleichsdimensionen, die der Kulturbegriff in der Moderne mit sich bringt, ereilen nun auch die Normen, deren Unwahrscheinlichkeit jetzt nicht mehr mit einem allzu durchsichtigen Begriffsmanöver abgesichert wird, sondern mit einem eigens dazu in Perspektive gebrachten Begriff beobachtet werden kann.

Auch für diese Begriffswendung steht der Name Parsons. In einem Aufsatz aus dem Jahr 1973 unterstreicht er zunächst, daß die von Kroeber und ihm getroffene Unterscheidung zwischen culture und social system ihre Gültigkeit behält.[141] Doch wird die analytische Trennung jetzt viel stärker im Sinne einer losen Kopplung betont, so daß die Möglichkeit in den Blick rückt, daß nicht nur soziale Systeme (das wußte man schon vorher), sondern auch kulturelle Systeme in keiner Weise voll integriert sind. Zwar seien kulturelle Muster im-

---

138 THOMAS STEARNS ELIOT, Notes Towards the Definition of Culture (London 1948), 15.
139 PARSONS (s. Anm. 125), 341.
140 TAUBES, Vom Kult zur Kultur (1954), in: Taubes (s. Anm. 81), 277.
141 Vgl. PARSONS, Culture and Social System Revisited, in: L. Schneider/C. M. Bonjean (Hg.), The Idea of Culture in the Social Sciences (Cambridge 1973), 33–46.

mer normativ, aber dies nur »in some degree and respect«[142]. Das aber heißt, daß eine Kultur letztlich nur die Frage behandelt, welche Verhaltensweisen jeweils als korrekt und welche als inkorrekt zu gelten haben. Kultur ist die Unterscheidung falschen Verhaltens von richtigem Verhalten. In seinem vielzitierten Buch *Culture, Language and Society* (1971) stimmt Ward H. Goodenough mit dieser Fassung des Kulturbegriffs überein: »Here, thus, we shall reserve the term *culture* for what is learned, for the things one needs to know in order to meet the standards of others.« Allerdings wendet er sich anschließend der Frage zu, worin »standards for perceiving, believing, evaluating, and acting«[143] bestehen, und weniger der Frage, wie sie erlernt und durchgesetzt werden.

In der theoretisch ambitionierten Soziologie bleibt der Kulturbegriff viele Jahre lang ungenutzt liegen. Fast hat man den Eindruck, daß die Besetzung des Begriffs mit der Funktion, Zurechnungen richtigen versus falschen Verhaltens zu beschreiben, den Begriff zur Bedeutungslosigkeit verurteilte, weil diese Zurechnungen für einen Soziologen so kontingent sind, daß sie keine theoretischen Anschlußfragen auslösen. Allenfalls im Kontext von Untersuchungen zu einer ›Ökonomie kultureller Güter‹, wie sie Bourdieu in *La distinction* (1979) vorgenommen hat, spielt diese Unterscheidung zwischen falschem und richtigem Verhalten eine Rolle, weil sie es erlaubt, Distinktionsgewinne und Distinktionsverluste in Sozialmilieus, die sich über Konkurrenzverhältnisse zueinander positionieren, zu beschreiben.

Ebenso folgenreich für den soziologischen Kulturbegriff war Parsons' Versuch, ihn zur Lösung des sozialen Problems schlechthin zu nutzen. Parsons akzeptiert den Kulturbegriff deswegen als den allgemeineren Begriff im Verhältnis zur ›Gesellschaft‹ oder zum ›sozialen System‹, weil in seinen Augen nur die normative Leistung der Kultur in der Lage ist, das Problem der doppelten Kontingenz, das Parsons erstmals beschrieben und zum Ausgangspunkt seiner Soziologie gemacht hat, zu lösen. Doppelte Kontingenz bedeutet, daß in einer sozialen Situation beide beteiligten Akteure (man spricht von ›alter‹ und ›ego‹, um deutlich zu machen, daß diese ›Akteure‹ als Zurechnungsadressen von Handlungen gefaßt werden und nicht identisch sind mit individuellen Menschen) so oder auch anders, also kontingent, auf das Verhalten des anderen reagieren können. Wenn dies für beide gilt und sich jeder der beiden nur dann festlegt, wenn sich der andere festlegt, kommt kein Verhalten zustande. Einer der beiden muß seine Kontingenz durch eine Festlegung einschränken, damit der andere anschließen kann und jene ›komplementären Erwartungen‹ zustande kommen können, die eine soziale Situation strukturieren. Für Parsons hat das System kultureller Symbole die Funktion, soziale Situationen mit genau jenen Festlegungen zu versorgen, die eine Struktur entstehen lassen, gegenüber der alle Beteiligten sich dann entweder konform (›richtig‹) oder abweichend (›falsch‹) verhalten können. Eine Kultur erkennt man daran, daß und wie sie bestimmtes Verhalten mit Hilfe des ihr zur Verfügung stehenden Symbolhaushalts positiv oder negativ sanktioniert: »If punishment or reward by alter is repeatedly manifested under certain conditions, this reaction acquires for ego the meaning of an appropriate consequence of ego's conformity with or deviation from the norms of a *shared symbolic system.*«[144]

Die Lösung des Problems der doppelten Kontingenz wird damit, wie Luhmann herausgearbeitet hat, in die Vergangenheit, nämlich in die Überlieferung der Symbole und des in ihnen vermittelten Wertkonsenses sowie in die Sozialisation in diesen Wertkonsens verschoben. Die Lösung des Problems der doppelten Kontingenz wird in eine der sozialen Situation vorgängige ›Kultur‹ verlagert, die in der sozialen Situation nicht mehr, bzw. nur im Kontext der Differenz falschen und richtigen Verhaltens, zur Verfügung steht. Die Bestimmung des Zustandekommens sozialen Verhaltens, die von der Soziologie zu leisten wäre, ist damit vorweg bereits von der Kultur geleistet. Luhmann schlägt dagegen vor, nicht den Kultur-, sondern den Sinnbegriff zum soziologischen Grundbegriff zu ma-

---

142 Ebd., 36.
143 WARD H. GOODENOUGH, Culture, Language and Society (1971; Reading, Mass. ²1981), 50, 110.
144 PARSONS u. a., Some Fundamental Categories of the Theory of Action. A General Statement, in: Parsons/Shils (s. Anm. 126), 16.

chen und die Lösung des Problems der doppelten Kontingenz nicht in kulturellen Vorgaben, sondern in der Zeit (irgend etwas passiert, und daraufhin liegt die eine Selektion eines Verhaltens näher als eine andere; sie wird gewählt, und eine soziale Situation strukturiert sich) und in der je gegenwärtig akzeptierten Geschichte zu suchen.[145] Damit wird die soziologische Theorie auf eine temporale Begrifflichkeit umgestellt, die uns hier nicht weiter beschäftigen kann.[146] Und der Kulturbegriff beschreibt eine gesellschaftliche Einrichtung, die es erleichtert, sich auf Interaktion und Kommunikation einzulassen, weil man vorweg erkennen kann, welche Themen man passenderweise anschneiden kann und welche man vermeiden sollte. Die Kultur wird als ein von der ›Semantik‹ (Begriffs- und Ideengeschichte) gepflegter ›Themenvorrat‹ der Gesellschaft verstanden: »Kultur ist kein normativer Sinngehalt, wohl aber eine Sinnfestlegung (Reduktion), die es ermöglicht, in themenbezogener Kommunikation passende und nichtpassende Beiträge oder auch korrekten bzw. inkorrekten Themengebrauch zu unterscheiden.«[147]

Dieser Begriffsvorschlag ist mit anderen soziologischen Fassungen abgestimmt. Jede Soziologie der Kultur versteht Kultur als eine Interpretationsleistung sozialer Situationen, die Einschränkungen der Interpretierbarkeit dieser Situationen und des in ihnen passenden Verhaltens anbietet. Verschiedene soziologische Fassungen unterscheiden sich dann nur darin, daß sie eine unterschiedliche Nähe ihres Kulturbegriffs zu den Differenzbegriffen Natur, Gesellschaft, Zivilisation oder Technik suchen. Friedrich Tenbruck etwa sieht die Funktion der Kultur in der Gesellschaft darin, daß sie Verhaltensunsicherheiten ausgleicht – und dies nicht etwa durch Verhaltensdeterminationen, sondern durch ›offene‹ Deutungsangebote.[148] Hans Peter Thurn beschreibt die Kultur als jene ›zweite Natur‹ des Menschen, die seine ›erste Natur‹ ›domestiziert‹[149] – konsequenterweise können neue Verhaltensmöglichkeiten dann nur im Rahmen eines ›Dekulturationsprozesses‹[150] gewonnen werden. Und Helmuth Berking sieht sogar die Möglichkeit, daß die Kultur jede Fühlung zu einem Referenzbegriff verliert und nur noch Bestimmungsleistungen von Verhaltensmöglichkeiten durch Subkulturen (›Milieus‹, »Lebensstile« als »Stile des Lebens«[151]) in Differenz zu anderen Subkulturen erbringt. Kultur ist soziologisch dasjenige, was es unmöglich macht, Handeln mechanistisch zu verstehen, und dazu zwingt, für jedes Handeln nach mehr oder weniger wählbaren Determinationen, Strukturen und Interpretationen zu suchen.[152] Sie ist der Sozialstruktur nicht vorgeordnet, sondern als eine ihrer Komponenten eingeordnet.[153]

Die Soziologie, so kann man diese Entwicklung vielleicht zusammenfassen, dekonstruiert den Begriff der Kultur. Sie verschiebt ihn aus einer exogenen Vorgabe, die Verhaltensweisen des Menschen im Unterschied zu Tieren und Göttern kennzeichnet, in eine der Gesellschaft endogene Leistung der Einschränkung und damit der autopoietischen Hervorbringung dieser Verhaltensweisen selbst. Kultur wird zu einem Artefakt des Sinns, das diesen Sinn nicht auf externe Garanten wie die Schöpfung, das Schicksal oder den Fortschritt bezieht, sondern ihn als temporäre und über Distink-

---

145 Vgl. LUHMANN (s. Anm. 24), 59.
146 Vgl. LUHMANN (s. Anm. 8), 174.
147 Ebd., 224f.; vgl. ebd., 567f., 588.
148 Vgl. FRIEDRICH H. TENBRUCK, Die kulturellen Grundlagen der Gesellschaft. Der Fall der Moderne (Opladen 1989); TENBRUCK, Repräsentative Kultur, in: H. Haferkamp (Hg.), Sozialstruktur und Kultur (Frankfurt a.M. 1990), 20–53.
149 Vgl. HANS PETER THURN, Soziologie der Kultur (Stuttgart 1976), 82.
150 Vgl. THURN, Abbau von Kultur. Dekulturation, in: F. Neidhardt/M. R. Lepsius/J. Weiß (Hg.), Kultur und Gesellschaft. Kölner Zeitschrift für Soziologie und Sozialpsychologie, Sonderheft 27 (1986), 379–396; THURN, Kulturbegründer und Weltzerstörer. Der Mensch im Zwiespalt seiner Möglichkeiten (Stuttgart 1990).
151 HELMUTH BERKING, Kultur-Soziologie: Mode und Methode? in: Berking/R. Faber (Hg.), Kultursoziologie – Symptom des Zeitgeistes? (Würzburg 1989), 28 f.
152 Vgl. JEFFREY C. ALEXANDER, Analytical Debates. Understanding the Relative Autonomy of Culture, in: Alexander/S. Seidman (Hg.), Culture and Society. Contemporary Debates (Cambridge 1990), 1–27.
153 Vgl. SHMUEL N. EISENSTADT, Kultur und Sozialstruktur in der neueren soziologischen Analyse, übers. v. G. Hunter/A. Schade, in: Haferkamp (s. Anm. 148), 7–19.

tionen abgesicherte Markierung eines sozial gesehen wesentlich komplexeren Sinngeschehens versteht. Kultur macht Sinn handlich und damit einerseits tradierbar und andererseits zum Gegenstand eines immer mitlaufenden Streits.

IX. Cultural Studies: Die Kultur des Fernsehens

>Cultural studies< ist der Name für eine heterogene, vor allem in den >humanities< erfolgreiche Forschungsrichtung, die im Anschluß an Richard Hoggarts Studie *The Uses of Literacy* (1957) und Raymond Williams' *Culture and Society 1780–1950* (1958) unter der Leitung von Stuart Hall an der Birmingham School of Contemporary Cultural Studies ausgearbeitet worden ist.[154] Drei Intentionen sind bei aller Heterogenität für diese Forschungsrichtung von zentraler Bedeutung: Erstens wird mit Hoggarts Beschreibung einer eigenständigen Kultur der Arbeiterklasse, die massenmedial nicht ohne weiteres überformbar ist, die Subkultur zu einem eigenständigen Phänomen, das ältere Unterscheidungen zwischen Hochkultur und Volkskultur hinfällig werden läßt. Die Hochkultur ist selbst nichts anderes als eine Subkultur eines bestimmten sozialen Milieus. Zweitens wird mit Williams' Entdeckung, daß der Kulturbegriff in der Industriegesellschaft parallel zu den Begriffen der >Industrie<, der >Demokratie< und der >Klasse< erst erfunden wird, der Gedanke ernst genommen, daß auch die Industriegesellschaft nur ihre besondere und nur relativ zu verstehende Kultur hervorgebracht hat, die zwar Absolutheitsansprüche erhebt, mit denen sie die Gesellschaft an intellektuellen und moralischen Standards mißt, in diesen Absolutheitsansprüchen jedoch ihrerseits ein Kind eben dieser Gesellschaft ist. In der Industriegesellschaft geht die Kultur sogar so weit, sich selbst als Alternative zu einer Gesellschaft zu offerieren, ohne die sie gar keinen Bestand hätte. Und drittens verfolgen die cultural studies den Gedanken, daß weniges für eine Kultur charakteristischer und damit auch bestimmender ist als die Massenmedien, in denen sie verbreitet wird. Weit entfernt davon, die Kultur als einen tradierten Bestand zu beschreiben, in dessen Genuß dank Presse, Rundfunk und Fernsehen nun auch ein größeres Publikum kommt, stellen die cultural studies fest, daß die Kommunikationsform von Presse, Rundfunk und Fernsehen zur Enttäuschung fast aller Ansprüche auf >Hochkultur< ausschlaggebend ist für das, was jetzt noch als Kultur, als Lebensstil, als Deutungsangebot der Welt überzeugen kann.

In die cultural studies gehen somit marxistische Theorien der Gesellschaft ebenso ein wie die Kritik der Kulturindustrie von Horkheimer und Adorno und die Medientheorien von Harold A. Innis und Marshall McLuhan.[155] Ausgehend davon, daß jede Perfektionsidee menschlichen Lebens, wie sie Matthew Arnold noch einmal wiederbelebt hatte, hinfällig wird, wenn sich dieses Leben zu Lebensstilen, ja sogar »structures of feeling«[156] formiert, die man wechselt, wie es die Zeiten erfordern, kann die Kultur der cultural studies nur noch als Antwort auf eben die kulturelle Krise begriffen werden, die sie selbst zum Ausdruck bringt. Die cultural studies brechen mit allen Denkfiguren, die auf irgendeine Konstanz und Dominanz des Kulturellen hinauslaufen, vor allem mit humanistischen und anthropologischen Traditionen[157], und konzentrieren sich statt dessen auf die Frage, wie in einer fragmentarisierten Gesellschaft fragmentarisierte Kulturen zustande kommen und sich halten können. Das Paradigma dafür ist die Popkultur, und das Medium, das für den Gegenstand und die

---

154 Vgl. RICHARD HOGGART, The Uses of Literacy. Aspects of Working-Class Life, with Special References to Publication and Entertainments (London 1957); HOGGART, Only Connect. On Culture and Communication. The B. B. L. Reith Lecture 1971 (London 1972); RAYMOND WILLIAMS, Culture and Society 1780–1950 (London 1958); STUART HALL, Cultural Studies and its Theoretical Legacies, in: L. Grossberg/C. Nelson/P. A. Treichler (Hg.), Cultural Studies (New York/London 1992), 277–294.
155 Vgl. HALL (s. Anm. 154).
156 WILLIAMS, The Analysis of Culture, in: T. Bennett u.a. (Hg.), Culture, Ideology and Social Process (Milton Keynes 1981), 48.
157 Vgl. HALL, Cultural Studies. Two Paradigms, in: Bennett (s. Anm. 156), 19–37; LAWRENCE GROSSBERG/CARY NELSON/PAULA A. TREICHLER, Cultural Studies. An Introduction, in: Grossberg (s. Anm. 154) 1–22.

eigene Methode Maßstäbe setzt, ist das Fernsehen.¹⁵⁸ Ab jetzt zählen nur noch die ›participant observation‹¹⁵⁹ und das größtmögliche Geschick, an den Artefakten der Kultur herauszufinden und sichtbar zu machen, nicht nur daß, sondern wie sie konstruiert ist. Traditionen erkennt man daran, daß sie erfunden werden¹⁶⁰, eine Massenkultur daran, daß sie jederzeit willens zu sein scheint, traditionelle Grenzen zu überschreiten¹⁶¹, und die gesamte postmoderne Kultur daran, daß sie Stück für Stück den menschlichen Erfahrungszusammenhang (die Sprache, den Kontext, die Zeit und das Menschliche selbst) ›denaturiert‹ und als artifiziellen rekonstruiert.¹⁶² Was jetzt noch als Kultur überzeugt, überzeugt nur noch anhand einer Fähigkeit zur internen Rekonstruktion von Differenzen (zu anderen Kulturen), das heißt es überzeugt nur noch als ›metaculture‹, die Raum für ›Kulturkämpfe‹ ebenso hat wie Raum für gebastelte Authentizitäten, ausgehandelte Identitäten und prekär stabilisierte Orte.¹⁶³

Ein eigener Kulturbegriff wird von den cultural studies verweigert. Man befürchtet, daß jeder Begriff festlegen würde, was ja gerade als Spielmaterial für Festlegungen aller Art beschrieben werden können soll. Man mißtraut den Voraussetzungen der eigenen Fragen ebenso wie den Methoden und Argumenten, die den Raum möglicher Antworten von vornherein einschränken, ohne daß man sicher sein könnte, daß diese Einschränkungen an den Phänomenen, die man beschreiben will, nicht von vornherein partizipieren. Man will jederzeit in der Lage sein können, auch die Frage nach kulturellen Phänomenen als ein kulturelles Phänomen behandeln zu können, das alles andere als selbstverständlich ist. Zu den wenigen Begriffen, die akzeptiert werden, um das Kulturelle zu definieren, gehört daher so ein Begriff wie »displacement«: »The metaphor of the discursive, of textuality, instantiates a necessary delay, a displacement, which I think is *always* implicit in the concept of culture. If you work on culture, or if you've tried to work on some other really important thing and you find yourself driven back to culture, if culture happens to be what seizes hold of your soul, you have to recognize that you will always be working in an area of displacement. There is always something decentered about the medium of culture, about language, textuality, and significations, which always escapes and evades the attempt to link it, directly and immediately, with other structures.«¹⁶⁴

Unter anderem hält man daher auch Abstand zu akademischen Anforderungen an Begriffsarbeit, in denen sich ja doch nur eine überholte Hochkultur der Wissenschaft manifestiert. Darüber hinaus legt man Wert darauf, die eigenen Beschreibungen zwar einerseits dazu zu nutzen, überlieferte Unterscheidungen zu unterlaufen, andererseits jedoch an genau diesen Unterscheidungen anzuknüpfen, um die jeweils benachteiligten ›terms‹ zu stützen und zu fördern. Das heißt, man hält Unterscheidungen wie die zwischen Mann und Frau, Farbigen und Weißen, Armen und Reichen, Heterosexuellen und Homosexuellen für soziale Konstrukte, optiert jedoch grundsätzlich für die marginalisierte Seite der Unterscheidung. Wenn man alles in allem

---

158 Vgl. JIM COLLINS, Uncommon Cultures. Popular Culture and Post-Modernism (London 1989); BEN AGGER, Cultural Studies as Critical Theory (London 1992).
159 Vgl. JAMES CLIFFORD, The Predicament of Culture. Twentieth Century Ethnography, Literature, and Art (Cambridge 1988); vgl. DIANA CRANE, The Challenge of the Sociology of Culture to Sociology as a Discipline, in: Crane (Hg.), The Sociology of Culture. Emerging Theoretical Perspectives (Oxford 1994), 1–19.
160 Vgl. ERIC HOBSBAWM/TERENCE RANGER (Hg.), The Invention of Tradition (Cambridge 1984).
161 Vgl. HANS-GEORG SOEFFNER, Kulturmythos und kulturelle Realität(en), in: Soeffner (Hg.), Soziale Welt, Sonderband 6: Kultur und Alltag (Göttingen 1988), 3–20.
162 Vgl. N. KATHERINE HAYLES, Chaos Bound. Orderly Disorder in Contemporary Literature and Science (Ithaca 1990), 256 ff.
163 Vgl. ROLAND ROBERTSON, Globalization. Social Theory and Global Culture (London 1992); SAMUEL P. HUNTINGTON, The Clash of Civilizations?, in: Foreign Affairs 72 (1993), H. 3, 22–49; DIETER SENGHAAS, Die Wirklichkeiten der Kulturkämpfe, in: Leviathan 23 (1995), 197–212; HOMI K. BHABHA, On the Location of Culture (London 1994); ELISABETH BRONFEN/BENJAMIN MARIUS, Hybride Kulturen [Einleitung], in: E. Bronfen/B. Marius/T. Steffen (Hg.), Hybride Kulturen. Beiträge zur anglo-amerikanischen Multikulturalismusdebatte, übers. v. A. Emmert u. a. (Tübingen 1997), 1–29.
164 HALL (s. Anm. 154), 284.

nimmt, so Stuart Hall, ging es den cultural studies vor allem darum, den Wandel der (britischen) Gesellschaft nach dem 2. Weltkrieg zu verstehen und nach Möglichkeiten zu suchen, die von der Nationalkultur, vor allem den höheren Schulen Ausgeschlossenen mit Zugängen zu dieser Kultur zu versorgen.[165] Die cultural studies werden in den Literatur-, Human-, Sozial- und auch Wirtschaftswissenschaften als ein durchaus attraktives Forschungsdesign rezipiert. Attraktiv ist die Möglichkeit, Unterscheidungen durchkreuzen zu können, die das (Forschungs-)Subjekt und sein Objekt allzulange in Rahmen festgehalten hat, deren Überprüfung jetzt ansteht, weil die Symbiose, die die Kultur der Industriegesellschaft mit der Industriegesellschaft eingegangen ist, sich aufzulösen scheint. Wenn die Kultur eine jener Instanzen ist, in denen sich eine Industriegesellschaft dynamisch stabilisiert hat, die in ihren sachlichen, zeitlichen und sozialen Strukturen einen tiefgreifenden Bruch zu traditionellen Gesellschaften vollzogen hat[166], dann muß es für diese Kultur Folgen haben, daß der Modus der dynamischen Stabilisierung dieser Gesellschaft unter ökologischen, den Materialbestand, den psychischen Haushalt und die demographischen Effekte betreffenden Gesichtspunkten nicht mehr gesichert zu sein scheint.

Hatte die Kultur bislang, mit »Tigersprüngen in das Vergangene«[167], Traditionen mobilisiert, um einer Gegenwart angesichts einer ungewissen Zukunft einen wie immer vorübergehenden Halt im Zeitgeist zu geben, so scheint jetzt die Erfindung von Trends an die Stelle der Erfindung von Traditionen zu treten. Wie Traditionen sind auch Trends in der Lage, Zeit zu binden[168], aber sie tun dies nicht mehr unter dem Gesichtspunkt erinnerter Vergangenheit, sondern offener Zukünfte. Für die Kultur bedeutet das, daß sie ihre Attraktivität nicht mehr aus ihrer Gedächtnisfunktion[169] sondern aus einer oszillierenden Unruhe, aus der Fähigkeit, das Unerwartete zu erwarten, gewinnt.

Es liegt auf der Hand, daß dies sowohl einer Wirtschaft als auch einer Politik entgegenkommt, die schon deswegen auf die Erfindung neuer Zustände setzen müssen, weil der bisher gewohnte Modus der Gesellschaft, auf eine selbsttragende und blinde Wachstumsdynamik setzen zu können und sie mit kulturellen Ornamenten aus einer immer reichhaltiger zur Verfügung stehenden Geschichte erträglich zu gestalten, nicht mehr problemlos fortgesetzt werden zu können scheint.

X. Kultur als Prozeß der Semiose

Sobald man die cultural studies nicht nur auf ihre eigene Methodik, sondern auch auf den gesellschaftlichen Kontext hin beobachten, in dem sie operieren, wird deutlich, daß ihre Verweigerung eines Kulturbegriffs selbst nichts anderes ist als eine neue Wendung des Kulturbegriffs. Allerdings muß man sich andernorts umschauen, um dieses neuen Kulturbegriffs habhaft zu werden. Vielleicht kann man mit Herbert Marcuse sagen, daß es darum geht, den affirmativen, auf Erbaulichkeit setzenden Kulturbegriff eines um seine privaten Rückzugsräume bangenden Bürgertums durch einen operationellen Kulturbegriff zu ersetzen, der in der Lage ist, zum einen Erfahrungen verschiedener Art theoretisch zu begleiten und zum anderen Theorie und Wissenschaft selbst als Erfahrungen zu begreifen.[170]

Damit kommt man einem Kulturbegriff entgegen, der zwar mit den angemessenen Gesten des

---

165 Vgl. HALL, The Emergence of Cultural Studies and the Crisis of the Humanities, in: October, H. 53 (1990), 11–23.
166 Vgl. ROLF PETER SIEFERLE, Rückblick auf die Natur. Eine Geschichte des Menschen und seiner Umwelt (München 1997).
167 BENJAMIN, Begriff der Geschichte (s. Anm. 83), 276.
168 Vgl. FRANK E. P. DIEVERNICH/TOBIAS GÖßLING, Trends. Moderne Religionen, in: Dievernich/Gößling (Hg.), Trends und Trendsurfen (Marburg 1998), 7–13.
169 Vgl. J. ASSMANN/A. ASSMANN/CHRISTOF HARDMEIER (Hg.), Schrift und Gedächtnis. Beiträge zur Archäologie der literarischen Kommunikation 1 (München 1983); ASSMANN/ASSMANN (Hg.), Kanon und Zensur. Beiträge zur Archäologie der literarischen Kommunikation 2 (München 1987); A. ASSMANN/DIETRICH HARTH (Hg.), Kultur als Lebenswelt und Monument (Frankfurt a. M. 1991).
170 Vgl. MARCUSE, Neubestimmung der Kultur (s. Anm. 90).

Zögerns, aber nichtsdestotrotz konsequent von Clifford Geertz eingesetzt worden ist. Geertz begreift kulturelle Muster zugleich als Modelle *für* etwas wie als Modelle *von* etwas; das heißt, es handelt sich um Modelle, die sich im Wissen um die Lévi-Strausssche Inkommensurabilität auf die Wirklichkeit ausrichten und zugleich die Wirklichkeit auf sich ausrichten.[171]

Gerade weil es problematisch ist, den Kulturbegriff definitorisch einzuschränken, kann die Untersuchung einer Kultur nicht ›experimentell‹ vorgehen, weil dies bedeuten würde, entweder den Begriff (die Hypothese) oder die Methode konstant zu halten, sondern sie muß ›interpretierend‹ vorgehen, das heißt bereit sein, am Phänomen das eigene Vorgehen und mit Hilfe des Vorgehens das Phänomen zu überprüfen.[172] Was immer daher als Kultur bestimmt werden kann: Entscheidend ist, daß die Kultur selbst mit diesem Modus der Interpretation, der wie in einem hermeneutischen Zirkel jedes Element betrifft, offensichtlich keine Schwierigkeiten hat und daher zunächst einmal innerhalb einer »informal logic of actual life« als »ongoing pattern of life«[173] verstanden werden muß. Auch wenn die Kulturtheorie und der Kulturbegriff nicht weiterwissen – die Kultur selbst weiß weiter, sie findet noch in den diffizilsten Lagen ihre Fortsetzung.

Für Geertz wird es daher besonders interessant, kulturelle Phänomene zu untersuchen, die auf Inkohärenzen, auf Spannungen, auf Konflikte und Brüche hinweisen. Seine Untersuchungen des blutigen und hochgradig rivalisierenden Rituals des Hahnenkampfs in der friedlichen und harmonieorientierten ›Kultur‹ Balis oder bestimmter Begräbnisrituale auf Java, die mit der Struktur der Gesellschaft nicht mehr harmonieren, aber auch für die entsprechende Verunsicherung noch nach Formen suchen, sind dafür berühmt gewordene Beispiele.[174] »Culture, this acted document«[175] ist die Formel, die Geertz für diesen Doppelstatus einer Kultur, die als Handlungsvorlage dient und zugleich als diese Handlungsvorlage laufend neu bearbeitet wird, findet.

Eine Kultur, so ergänzt Roger Keesing, ist dann eben nicht nur das, was ein Individuum an Werten, Gefühlen, Symbolen und Wissen zu handhaben versteht. Sondern sie ist auf einer nächsthöheren Ebene eine Art ›Theorie‹, die jedes Individuum über die Werte, Gefühle, Symbole und das Wissen seiner ›fellow individuals‹ aufstellt: »It is his *theory of what his fellows know*, believe, and mean, his theory of the code being followed, the game being played, in the society into which he was born. It is his theory to which a native actor *refers* in interpreting the unfamiliar or the ambiguous, in interacting with strangers (or supernaturals), and in other settings peripheral to the familiarity of mundane everyday life space; and with which he creates the stage on which the games of life are played.«[176]

Diesen Aspekt einer ›theoretischen‹ Verarbeitung von Erfahrungen und Beobachtungen im sozialen Verkehr gilt es mit dem korrelierenden Aspekt, daß der soziale Verkehr selbst auf diesen Erfahrungen und Beobachtungen aufruht, zusammenzubringen, um festhalten zu können, daß eine Kultur erfunden wird, indem über das hinweg, was im Zuge dieses Prozesses als kulturelle Differenz miterfunden wird, ein Wissen um den anderen und um sich selbst aufgebaut wird: Das ist die Erfahrung, die Anthropologie und Ethnologie als Kinder der Moderne dieser Moderne bereitstellen: »Anthropology is the study of man ›as if‹ there were culture.«[177]

Der Name der Kultur wird dann zum Beispiel von Edward W. Said für alle drei Ebenen in Anspruch genommen, die marxistischer und strukturalistischer Analyse ehemals sauber getrennt wurden; sie ist Überbau, Basis und jene Struktur der Einbettung, die beide Ebenen miteinander verbindet: »I shall use the word *culture* to suggest an environment, process, an hegemony in which individuals (in their private circumstances) and their works are embedded, as well as overseen at the top

---

171 Vgl. GEERTZ, Religion as a Cultural System (1966), in: Geertz (s. Anm. 5), 93.
172 Vgl. GEERTZ (s. Anm. 5), 5.
173 Ebd., 17
174 Vgl. GEERTZ, Ritual and Social Change. A Javanese Example (1959), in: Geertz (s. Anm. 5), 142–169; GEERTZ, Deep Play. Notes on the Balinese Cockfight (1972), in: Geertz (s. Anm. 5), 412–453.
175 GEERTZ (s. Anm. 5), 10.
176 ROGER M. KEESING, Theories of Culture, in: Annual Review of Anthropology 3 (1974), 89.
177 ROY WAGNER, The Invention of Culture (Englewood Cliffs 1975), 10.

by a superstructure and at the base by a whole series of methodological attitudes. It is in culture that we can seek out the range of meanings and ideas conveyed by the phrases *belonging to* or *in a place, being at home in a place.*¹⁷⁸ Die Vorstellung dahinter ist, daß eine Kultur den Menschen dabei unterstützt, durch latente ebenso wie manifeste Praktiken und Unterscheidungen (›methodological attitudes‹) jene Instanzen (›superstructure‹) zu schaffen, die ihn kulturell darin überwachen, genau jenen Praktiken und Unterscheidungen zu folgen. Wie das geschieht, läßt sich nur dadurch beschreiben, daß es geschieht (›an environment, process, an hegemony‹).¹⁷⁹

Das aber bedeutet, daß keine externalisierten Normen mehr Kultur ausmachen. Sondern expressive Symbole, Performanzen¹⁸⁰, die in Verhalten, Gesten, Sprachen und Semantiken, in Kleidung, Gebrauchsgegenständen und Nahrungsgewohnheiten, in Körperhaltungen und körperlichen Begegnungen, in Wahrnehmungspraktiken und natürlich in all dem, was diese Gewohnheiten ausschließen oder marginalisieren, zum Ausdruck kommen, machen eine Kultur zu dem, was sie ist.¹⁸¹ Erst die Einsicht, daß diese Symbole nicht etwa kulturell vorliegen, sondern kulturell produziert werden, stattet, so Richard A. Peterson¹⁸², die verschiedenen Wissenschaften, die Kulturphänomene untersuchen, mit einem korrespondenzfähigen Kulturbegriff aus. Daher ist eine Kultur weder als Zeichenrepertoire zu verstehen, das eine Wirklichkeit zu greifen und auf Distanz zu halten vermag, noch als soziales Substrat, das von Symbolen welcher Art auch immer angedeutet, bezeichnet und im Dunkeln gehalten wird. Sondern eine Kultur ist selbst als Prozeß der Semiose zu verstehen, der Zeichen und Bezeichnetes zusammenbringt und auch wieder voneinander trennt. In dieser Fassung als Semiose ist die Kultur, so Dean MacCannell und Juliet Flower MacCannell in ihrem Buch *The Time of the Sign* (1982), »a form of reflexive self-consciousness (interpretation) which requires differentiation *and* relations between communities and groups«. In dieser Fassung wird deutlich, daß von den Arbeiten Husserls, Peirces und Ferdinand de Saussures über die Rezeption Rousseaus und Marx' und die Ethnomethodologie und Ethnosemiotik bis hin zur Kritik rationalistischer Denktraditionen durch Freud, Merleau-Ponty und Derrida die gesamte Moderne an einem neuen Verständnis moderner Kultur arbeitet: »This passage – variously from social structural institution to free association, from the traditional to the arbitrary, from poetics to literature, from rhetoric to tropology – is the mode of being of modern culture.«¹⁸³

Das muß allerdings nicht unbedingt heißen, daß man schwerstes intellektuelles Gepäck schultern muß, wenn man jetzt noch einen Begriff von Kultur entwickeln will. Es kann genügen, wie Howard S. Becker in seinem Aufsatz *Culture. A Sociological View* (1982) vorführt, sich anzuschauen, was passiert, wenn einander unbekannte Jazzmusiker, die ein Barbesitzer für den Abend angeheuert hat, anfangen, miteinander zu spielen: Man kennt die Situation, man sieht, welche Instrumente die anderen mitbringen, und man kennt die Möglichkeiten des eigenen Instruments. Kultur entsteht, wenn eine Gruppe eine gemeinsame Situation und gemeinsame Probleme vorfindet. »The notion is that the people involved have a similar idea of things, understand them in the same way, as having the same character and the same potential, capable of being dealt with in the same way; they also know that this idea is shared, that the people they are dealing with know, just as they do, what these things are and how they can be used. Because all of them have roughly the same idea, they can all act

---

178 EDWARD W. SAID, The World, the Text, and the Critic (Cambridge 1983), 8.
179 Vgl. WALTER L. BÜHL, Kultur als System, in: Neidhardt/Lepsius/Weiß (s. Anm. 150), 118–144.
180 Vgl. MILTON SINGER, Semiotics of Cities, Selves, and Cultures. Explorations in Semiotic Anthropology (New York 1991).
181 Vgl. SIEGFRIED J. SCHMIDT, Kognitive Autonomie und soziale Orientierung. Konstruktivistische Bemerkungen zum Zusammenhang von Kognition, Kommunikation, Medien und Kultur (Frankfurt a. M. 1994); KLAUS P. HANSEN, Kultur und Kulturwissenschaft (Tübingen 1995).
182 Vgl. RICHARD A. PETERSON, Revitalizing the Culture Concept, in: Annual Review of Sociology 5 (1979), 137–166.
183 DEAN MACCANNELL/JULIET FLOWER MACCANNELL, The Time of the Sign. A Semiotic Interpretation of Modern Culture (Bloomington 1982), 77, 119.

in ways that are roughly the same, and their activities will, as a result, mesh and be coordinated.«[184] Denn dann genügt es, darauf zu achten, wie die anderen sich an dieser Situation orientieren und die Probleme zu lösen beginnen, um dergestalt die eigenen Orientierungen und Problemlösungsangebote mit denen der anderen koordinieren zu können. Kultur ist die Möglichkeit, auf der Ebene einer Beobachtung zweiter Ordnung eine Situation zu ›füllen‹, indem und weil alle Beteiligten untereinander abstimmen, was in der Situation zu passen scheint: Kultur ist ein »shared understanding« of people doing something in line with their understanding of what one might best do under the given circumstances. Others, recognizing what was done as appropriate, will then consult their notions of what might be done and so something that seems right to them, to which others in turn will respond similarly, and so on.« (518) Kultur ist die Fähigkeit, hinterher nicht mehr wissen zu können, wie es gelungen ist, das eigene Verhalten untereinander zu koordinieren: »So culture is always being made, changing more or less, acting as a point of reference for people engaged in interaction.«[185]
Es kann nicht überraschen, daß dieses Verständnis, das Kultur für das Produkt und die Basis interaktiver Koordination in Anspruch nimmt, auch dort attraktiv geworden ist, wo man immer schon nach erfolgreichen Koordinationsmustern sucht und zunehmend begreifen muß, daß diese Koordination nicht nur auf Fremdorganisation, sondern auch auf Selbstorganisation beruht: Kaum ein Stichwort war in den 80er Jahren in der Managementphilosophie und Organisationsforschung erfolgreicher als das der corporate culture bzw. Unternehmenskultur.[186] Nirgendwo wird deutlicher, daß man, wenn man merkt, daß die Dinge nicht mehr beherrschbar sind, nur noch auf ihre Kultivierung umstellen kann.[187] Organisationssysteme, die sich selbst durch Intransparenz kontrollieren, weil jede Transparenz Durchgriffe suggeriert, die angesichts der Komplexität dieser Systeme mehr Schaden als Nutzen anrichten, greifen dort auf ›Kultur‹ zurück, wo Ressourcen gefragt sind, die von der formalen Hierarchie nicht vorgehalten werden können: »Wahrnehmung von ›kritischen‹ Objekten oder Verhaltensweisen, problemorientierte Kommunikation von Alternativen, langjäh-

rige Erfahrung und vor allem rasches, nicht von Kommunikation abhängiges Verständnis dafür, was andere im Moment im Sinn haben. Vorherige Planung fällt ebenso aus wie Rückgriff auf hierarchische Weisungen.«[188]
Auch außerhalb von Organisationen bürgert sich die Rede von ›Kulturen‹ für die Bezeichnung von Gewohnheiten, Kenntnissen und Erfahrungen ein, die eigenen Praktiken zum Teil komplexer und nur partiell reflektierter Art zugrunde liegen, ohne ihnen als Gründe zur Verfügung zu stehen. Das gilt etwa für die Wissens- bzw. Wissenschaftskulturen, die Charles P. Snow in polemischer Absicht unterschieden hat: die Kultur der Naturwissenschaftler, die Shakespeare nicht zu zitieren wissen, und die Kultur der Literaten, die keine Ahnung vom Zweiten Hauptsatz der Thermodynamik haben. ›Kulturen‹ werden hier als habituell, sprachlich und emotional verankerte Wissens- und Lebensformen (Foucault hat wenig später von ›discours‹[189] gesprochen) bezeichnet, die sich ebenso sehr durch ihre spezifische Virtuosität wie ihre Ignoranz gegenüber allem anderen auszeichnen.

---

184 Vgl. HOWARD S. BECKER, Culture. A Sociological View, in: Yale Review 71 (1982), 514.
185 Ebd., 522; vgl. ANN SWIDLER, Culture in Action. Symbols and Strategies, in: American Sociological Review 51 (1986), 273–288.
186 Vgl. THOMAS J. PETERS/ROBERT H. WATERMAN, In Search of Excellence (New York 1982); TERENCE E. DEAL/ALLEN A. KENNEDY, Corporate Cultures. The Rites and Rituals of Corporate Life (Reading, Mass. 1982); WILLIAM G. OUCHI, Theory Z. How American Business Can Meet the Japanese Challenge (Reading, Mass. 1981); LINDA SMIRCICH, Concepts of Culture and Organizational Analysis, in: Administrative Science Quarterly 28 (1983), 339–358; ARNDT SORGE, Organisationskulturen. Realer Hintergrund und soziologische Bedeutung einer Modewelle, in: M. Haller/H-J. Hoffmann-Nowotny/W. Zapf (Hg.), Kultur und Gesellschaft. Verhandlungen des 24. Deutschen Soziologentags (Frankfurt a. M. 1989), 193–210.
187 Vgl. HANS ULRICH/GILBERT J. B. PROBST, Anleitung zum ganzheitlichen Denken und Handeln. Ein Brevier für Führungskräfte (Bern ²1990), 110.
188 LUHMANN, Die Kontrolle von Intransparenz, in: H. W. Ahlemeier/R. Königswieser (Hg.), Komplexität managen: Strategien, Konzepte und Fallbeispiele (Wiesbaden 1997), 56 f.
189 Vgl. FOUCAULT (s. Anm. 44).

Unter Bezug auf Snow hat John Brockman jüngst eine ›third culture‹ ausgerufen, die von Naturwissenschaftlern ausgeht, die sich anschicken, den traditionellen Intellektuellen von seinem angestammten Platz zu verdrängen, und ihrerseits den Diskurs der öffentlichen Medien mit Fragen nach der Evolution des Lebens, der Funktionsweise des Gehirns, der mathematischen Theorie des Chaos, der künstlichen Intelligenz oder künstlichen Lebens besetzen.[190] Sozial- und Naturwissenschaftler stimmen darin überein, daß die jüngeren Kognitionswissenschaften mit ihrer Forschung zur Unwahrscheinlichkeit der Ordnung, zur Reproduktion des Lebens und zur Operationsweise des menschlichen Gehirns als eine Leitwissenschaft gelten können, die das kulturelle Selbstverständnis der modernen Gesellschaft nachhaltig in Richtung einer eher kognitiven denn normativen Orientierung beeinflussen können.[191]

Inzwischen spricht man auch von Wirtschaftskulturen, Politikkulturen, Erziehungskulturen, Sportkulturen, Liebeskulturen und Militärkulturen, um jeweils die Beobachtung festzuhalten, daß verschiedene Praktiken ihre eigenen Modi der Einbettung gefunden haben, in denen gängige Probleme gelöst und hinreichendes Selbstverständnis produziert werden, um allfällige Koordinationen und Kommunikationen aufrechterhalten zu können. In diesem Wortsinn spricht man auch von Eßkultur, Schlafkultur, Schreibkultur, Hörkultur, Sehkultur, Einkaufskultur, Streitkultur, Denkkultur, um Selbstverständlichkeiten zu bezeichnen, die auch dadurch nicht aus der Ruhe gebracht werden können, daß man sie als solche bezeichnet. Und fast immer kann man davon ausgehen, daß diese Verwendung des Wortes ›Kultur‹ die sachliche, zeitliche und soziale Komplexität der bezeichneten Phänomene allenfalls insofern bezeichnet, als sie sie durch Referenzen auf die Originalität, Identität und Qualität der jeweiligen Gewohnheiten verstellt. Für den Fall der ›Wirtschaftskultur‹ zum Beispiel ist dann von einer ästhetischen und ethischen Ökonomie die Rede, die Kultur als ›Versöhnung‹ begreift, Wirtschaften als ›Verpflichtung‹ und ein Unternehmen als ›Gesamtkunstwerk‹.[192]

Der lockere und dennoch spezifizierte Wortgebrauch entspannt den Begriff der Kultur, weil man jetzt feststellen kann, daß die Untersuchungseinheit für kulturelle Phänomene weder Werte und Normen noch Symbole und das ihnen Inkommensurable sind, sondern: Populationen, die so oder so in der Lage sind zu erlernen, mit ihren Situationen umzugehen und das Erlernte durch Sozialisation und Erziehung weiterzugeben.[193] Kultur ist der Name für das Produkt des Lernens wie auch den Prozeß des Lernens. »Enfant, immigré, en entre dans une culture par l'apprentissage de noms propres«, bringt Jean-François Lyotard diese Begriffsfassung auf eine noch knappere Formel: »En les répétant, la communauté s'assure de la permanence et de la légitimité de son monde de noms à travers la récurrence de ce monde dans ses histoires.«[194]

Das ist dann auch der Grund dafür, daß jede Kultur im Gegensatz zu einer umfangreichen Diskussion grundsätzlich als ›integriert‹ anzusehen ist, weil selbst die Markierungen der Desintegration ihre Rolle beim Einspielen eines Modus der Koordination spielen.[195] Man versteht sich auch und gerade dann, wenn man sich nicht versteht. Und man weiß, wie sehr es die Dinge erleichtert, wenn man weiß, wo man sich ein Mißverständnis leisten kann und sich dafür sogar auf die entsprechende Kultur berufen darf. Die Kultur bietet Selektionen an, die nicht als Einschränkungen, sondern als Er-

---

190 Vgl. JOHN BROCKMAN, The Third Culture (New York 1995).
191 Vgl. FREDERICK TURNER, The Culture of Hope. A New Birth of the Classical Spirit (New York 1995); ALFRED GIERER, Im Spiegel der Natur erkennen wir uns selbst. Wissenschaft und Menschenbild (Reinbek 1998).
192 Vgl. PETER KOSLOWSKI, Wirtschaft als Kultur. Wirtschaftskultur und Wirtschaftsethik in der Postmoderne (Wien 1989).
193 Vgl. ROBERT BOYD/PETER J. RICHERSON, Culture and the Evolutionary Process (Chicago 1985).
194 JEAN-FRANÇOIS LYOTARD, Histoire universelle et différences culturelles, in: Critique 456 (1985), 564 f.
195 Vgl. MARGARET ARCHER, Culture and Agency. The Place of Culture in Social Theory (Cambridge 1988), 104 ff.; NEIL J. SMELSER, Culture. Coherent or Incoherent, in: R. Münch/N. J. Smelser (Hg.), Theory of Culture (Berkeley 1992), 3–28; HANS-PETER MÜLLER, Kultur und Gesellschaft. Auf dem Weg zu einer neuen Kultursoziologie?, in: Berliner Journal für Soziologie 4 (1994), 135–156.

leichterungen gesehen werden und in dieser Form unwahrscheinliche Ordnungsmuster motivieren.[196]

XI. Kultur als Umgang mit Überraschungen

Dieser entpathetisierte Kulturbegriff der neueren Kulturtheorien hat nicht den Sinn, die Frage nach der Kultur zu trivialisieren oder gar den Begriff zu erübrigen, sosehr die Inflationierung des Begriffs Gedanken an ein Moratorium, das aus sprachhygienischen Gründen für einige Jahre den Verzicht auf das Wort verabredet, nahelegt. Vielmehr geht es darum, das Pathos, mit dem die Kultur vielfach einhergeht, zum einen als Handicap eines möglichen Begriffs, zum anderen jedoch auch als Kennzeichen einer bestimmten, alteuropäischen Kultur zu begreifen, die in einer globalisierten und multikulturell verfaßten Gesellschaft nicht mehr der selbstverständliche Ausdruck einer ultimativen Hochkultur ist, sondern selbst Teil der Probleme, vor die sich das Selbstverständnis dieser Weltgesellschaft gestellt sieht.

An die Stelle des Pathos tritt das Ethos, an die Stelle der Aufforderung, so leben zu sollen, tritt die Frage danach, wie man noch leben kann.[197] »Quelqu'un, vous ou moi, s'avance et dit: *je voudrais apprendre à vivre enfin.*« Absatz: »Enfin mais pourquoi?«[198] An die Stelle einer selbstverständlichen Ästhetik des Erhabenen, die von der Kultur zu bedienen und in Bildung zu übersetzen ist, treten das Bewußtsein einer kriegerischen Verfassung der Kultur, der diese Ästhetik eingeschrieben ist, und die Suche nach einer *aisthēsis*, die wieder wahrnehmbar und fühlbar macht, wie wir leben.[199] Teil dieses Unterfangens ist es, kulturelle Ziele nicht mehr unbefangen zu übernehmen, sondern sie selbst zu generieren.[200] Aber dafür zählen nicht mehr die große Geste, der Pomp und das Getöse der Fanfaren, sondern die unauffällige Verschiebung des Tonfalls, das kleine Experiment eines anderen Lebens, die langsame Suche nach einem neuen Wort, kurz: die nicht zu beabsichtigende Arbeit an der Erfindung eines neuen Sprachspiels. Darum kann Stanley Cavell Wittgensteins *Philosophische Untersuchungen* (1945) der Sprachspiele als ein »portrait of a complete sophisticated culture«[201] beschreiben, dem es nicht auf die Momente des Erhabenen, sondern auf Momente der Wiederholung, des Nichtmelodramatischen und des Nichtereignishaften ankommt.

Zu einem wesentlichen Moment des Kulturbegriffs kann es mit Edgar Morin daher auch werden, eine Kultur nicht etwa auf den Einwand des Intellektuellen gegen das Affektive oder auf den Einwand des Affektiven gegen das Intellektuelle zu begründen, sondern sie als Scharnierfunktion, als ›interface‹, zwischen der einen und der anderen Kompetenz zu begreifen, wie es Schiller bereits vorgedacht hat. Wie bei Schiller liefert die Kultur ein Terrain, auf dem das Intellektuelle für das Affektive eine Orientierungsfunktion übernehmen kann und umgekehrt.[202]

Wenig später radikalisiert Morin diese Sichtweise und spricht von einer dialektischen Vermittlungsleistung zwischen der Existenzform der Menschen einerseits und den Strukturen und dem Wissen, mit deren Hilfe sie diese Existenzform organisieren, andererseits: »Ainsi la relation avec l'expérience est bivectorisée: d'une part, le système culturel extrait de l'existence l'expérience qu'il permet d'assimiler et éventuellement de stocker; d'autre part, il fournit à l'existence les cadres et

---

196 Vgl. LUHMANN (s. Anm. 8), 588.
197 Vgl. KARL-SIEGFRIED REHBERG, Zurück zur Kultur? Arnold Gehlens anthropologische Grundlegung der Kulturwissenschaften, in: H. Brackert/F. Wefelmeyer (Hg.), Kultur. Bestimmungen im 20. Jahrhundert (Frankfurt a. M. 1990), 276–316.
198 DERRIDA, Spectres de Marx. L'état de la dette, le travail du deuil et la nouvelle Internationale (Paris 1993), 13.
199 Vgl. MÜHLMANN (s. Anm. 19), 114ff.
200 Vgl. MAGOROH MARUYAMA, Toward Cultural Symbiosis, in: E. Jantsch/C. Waddington (Hg.), Evolution and Consciousness. Human Systems in Transition (Reading 1976), 198–213.
201 STANLEY CAVELL, Declining Decline. Wittgenstein as a Philosopher of Culture, in: Cavell, This New Yet Unapproachable America. Lectures after Emerson after Wittgenstein (Albuquerque 1989), 75.
202 Vgl. EDGAR MORIN, Un nouvel âge de la culture de masse. La crise du bonheur (1968), in: Morin, Sociologie. Édition revue et augmentée par l'auteur (Paris 1994), 327; MORIN, ›Culture de masse‹, in: Encyclopaedia Universalis, Bd. 5 (Paris 1976), 228–232.

structures qui assureront, dissociant ou mêlant la pratique et l'imaginaire, soit la conduite opérationelle, soit la participation, la jouissance, l'extase.«[203] Diese Konzeption hat den (soziologischen) Vorteil, den Kulturbegriff gleichzeitig für die Beschreibung der Epiphänomene der Gesellschaft wie auch der ›dispositifs génératifs‹ in Anspruch nehmen zu können, die diese Oberflächenerscheinungen hervorbringen. Allerdings, so Morin, sei die Soziologie noch nicht in der Lage, mit dieser Möglichkeit umzugehen.[204]

Wenn man dieser Entpathetisierung des Kulturbegriffs und der Aufhebung der für den unbedachten Kulturbegriff nicht unwichtigen Differenz zwischen Intellekt und Affekt, zwischen Gedanke und Gefühl folgt, wird die Frage nach der Konstruktion der Kultur zu einem der wichtigsten Motive der jüngeren Kulturtheorien.[205] Denn die Beobachtung dieser Konstruktion muß auch darüber Auskunft geben, wie es zu solchen kulturell etablierten Differenzen kommt. Die Frage nach der Konstruktion der Kultur schließt die Teilfragen nach der Genese der Kultur, nach dem, was sie einschließt, nach

203 MORIN, Pour une théorie de la culture (1970), in: Morin (s. Anm. 202), 159.
204 Vgl. ebd., 162; MORIN, La méthode 4: Les idées (Paris 1991).
205 Vgl. RONALD HITZLER, Sinnwelten. Ein Beitrag zum Verstehen von Kultur (Opladen 1988).
206 Vgl. DERRIDA, De la grammatologie (Paris 1967); G. SPENCER BROWN, Laws of Form (London 1969); GIRARD, La violence et le sacré (Paris 1972); MICHEL SERRES, Le parasite (Paris 1980); FRANCISCO J. VARELA/JEAN PIERRE DUPUY (Hg.), Understanding Origins. Contemporary Views on the Origin of Life, Mind and Society (Dordrecht 1992).
207 MARY DOUGLAS, A Typology of Cultures, in: Haller/Hoffmann-Nowotny/Zapf (s. Anm. 186), 89.
208 DOUGLAS, Cultural Bias, in: Douglas, In the Active Voice (London 1982), 189.
209 Vgl. MICHAEL THOMPSON/AARON WILDAVSKY, A Cultural Theory of Information Bias in Organizations, in: Journal of Management Studies 23 (1986), 273–284; WILDAVSKY, Choosing Preferences by Constructing Institutions. A Cultural Theory of Preference Formation, in: American Political Science Review 81 (1987), 3–21.
210 Vgl. STEPHEN GREENBLATT, ›Culture‹, in: F. Lentricchia/T. McLaughlin (Hg.), Critical Terms for Literary Studies (Chicago 1990), 225–232.
211 Vgl. DOUGLAS (s. Anm. 208); DOUGLAS/WILDAVSKY, Risk and Culture. An Essay on the Selec-

dem, was sie ausschließt, und nach den Mechanismen, auf die sie zurückgreift, um ausschließen zu können, mit ein. Das aber heißt: Die Frage nach der Konstruktion der Kultur ist – wie schon bei Lotman – die Frage nach dem Wiedereinschluß des Ausgeschlossenen, wenn man annehmen muß, daß die Ausschlußmechanismen einer Kultur nicht äußerlich sein können, sondern ihr wesentlich mitangehören. Die jüngeren Kulturtheorien partizipieren somit an einem bestimmten Fragetyp, der in der Mathematik, in der Philosophie und in den Kognitionswissenschaften in jüngerer Zeit erprobt worden ist: an der Frage nach dem Wiedereinschluß des ausgeschlossenen Dritten.[206]

Der Gedanke der Konstruktion einer Kultur ist auch für die von Mary Douglas begründete Schule der Kulturtheorie zentral. Douglas schließt sich zunächst an die soziologische Tradition an und hält fest, daß jede Kultur »an ongoing argument about rightness of choice«[207] ist, wobei die Hochkultur sich über Geschmack (taste) und die Subkultur über Moral (morals) streitet. »In his very negotiating activity, each [individual] is forcing culture down the throats of his fellow-men. [...] Among all living beings, humans are the only ones who actively make their own environment, the only ones whose environment is a cultural construct. Culture is no passive object of negotiation; it is not a deep-storage system, nor a fixed set of logical pigeonholes for retrieving embedded memories. With some pliability and some toughness of its own, there are yet limits to the negotiability of culture. To discover these limits is the problem I discern as common now to sociology and anthropology.«[208]

Dann jedoch wird die individualistische Wahltheorie (›cultural choice‹ versus ›rational choice‹), die in diesem Ansatz mitschwingt[209], an makrosoziologische Untersuchungen institutionentheoretischer Art zurückgebunden, indem der Begriff des ›cultural bias‹ entwickelt wird, der zum einen beschreibt, wie eine Kultur mit Überraschungen umgeht (nämlich ›fatalistisch‹ in Kauf nehmend, ›hierarchisch‹ ordnend, ›unternehmerisch‹ ausbeutend oder ›gemeinschaftlich‹ abfangend), und zum anderen aus dem Typ des Umgangs mit Überraschungen ableitet, wie die Individuen einer Kultur Lob und Tadel[210] zu verteilen tendieren.[211] Ohne die Schlagseite, die die Kultur in jede notwendi-

XI. Kultur als Umgang mit Überraschungen

gerweise ambivalente soziale Situation hineinbringt, wäre eine Gesellschaft nicht in der Lage, mit Unerwartetem, Unvertrautem, Neuem umzugehen. Kultur ist das Raster, das Überraschungen zu verarbeiten erlaubt, und sie regeneriert sich aus der jeweils neuen und für die Kultur erfolgreichen Verarbeitung von Überraschungen. »Cultural theory starts by assuming that a culture is a system of persons holding one another mutually accountable.«[212] Die Soziologie trägt dem nach, daß damit keine ›wirkliche‹ Verantwortung gemeint sein kann, sondern eben eine Verteilung der Übernahme von Verantwortung zwecks Aufrechterhaltung der Handlungsfähigkeit auch nach wie immer positiv oder negativ überraschenden Störungen. Kultur ist »a mystifying system of post hoc accounts used by actors to normalize or explain interaction rather than to shape it«[213].

Man kann diesen Ansatz kognitionstheoretisch verallgemeinern und dann untersuchen, ob eine Kultur Raum für unterschiedliche strukturelle Kopplungen der menschlichen Gesellschaft an ihre natürliche Umwelt bietet oder nur bestimmte Kopplungen forciert und alle anderen unterdrückt. Humberto R. Maturana und Gloria D. Guiloff würden eine Kultur für um so ›intelligenter‹ halten, je mehr Kopplungen sie unterstützt.[214]

Und tatsächlich wird man festhalten können, daß bereits die Unterscheidung verschiedener Typen des Umgangs mit Überraschungen, die Mary Douglas anbietet, es jeder ›intelligenten‹ Kultur unmöglich macht, auf ihrem jeweiligen ›bias‹ zu bestehen. Tut sie es doch, nennt man sie ›fundamentalistisch‹. Und dies gälte dann für jeden der vier Typen. Eine Typologie der Kulturen ist ebenso wie sie seit dem 17. und 18. Jh. gebräuchliche Kulturvergleich eine Art und Weise der Wiedereinführung der Unterschiede zwischen den Kulturen in jede einzelne Kultur. Denn die Typologie und der Vergleich werden nicht von einem externen Beobachter angefertigt, der in ›objektiver‹ Distanz zum Gegenstand operiert, sondern von Beobachtern, die mit ihren Beobachtungen kommunikativ innerhalb der Gesellschaft operieren, die sie beschreiben. Typologie und Vergleich sind Formen der Selbstbeschreibung der modernen Gesellschaft.

Hatten die cultural studies eine ›Theorie‹ der Kultur für methodisch beschränkend und für eine überflüssige Reverenz an akademische Bedeutsamkeitsgesten gehalten, so rückt jetzt das Interesse an einer Theorie in das Zentrum der Kulturtheorie, weil angesichts der Verwicklung der Kultur in alle Lebensbereiche der Gesellschaft ohne eine Theorie keine der vielen Zurechnungsfragen zu lösen ist, die jetzt erforderlich sind, um den Anteil der ›Kultur‹ an der Politik, der Wirtschaft, der Technologie, der Wissenschaft usw. zu klären.[215]

Auch Niklas Luhmann läßt sich von dem in den 80er und 90er Jahren neuerstarkten Interesse an Kultur, Kulturtheorie und Kulturwissenschaft dazu anregen, seine Zurückweisung des normativen Kulturbegriffs Parsons' und sein Verständnis der Kultur als Themenvorrat, der für Zwecke der Interaktion und Kommunikation zur Verfügung steht, noch einmal aufzugreifen und mit dem neuen Interesse an den Konstruktionsleistungen von Kultur zu verknüpfen. Nach seiner Analyse wird der Kulturbegriff, so wie wir ihn verwenden, überhaupt erst in der Moderne erfunden.[216] Darauf haben wir bereits hingewiesen. Der Kulturbegriff ist ein Produkt der unter anderem dem Buchdruck geschuldeten Möglichkeit, in zuvor nicht bekannter Form regionale und historische Vergleiche menschlicher Lebensweisen in Gesellschaft anstellen zu können und einen Begriff für den Gesichts-

---

tion of Technical and Environmental Dangers (Berkeley 1982); DOUGLAS, Risk and Blame. Essays in Cultural Theory (London 1992); THOMPSON/RICHARD ELLIS/WILDAVSKY, Cultural Theory (Boulder 1990); KLAUS P. JAPP, Soziologische Risikotheorie. Funktionale Differenzierung, Politisierung und Reflexion (Weinheim 1996), 110ff.
212 DOUGLAS, Risk as a Forensic Resource, in: Daedalus 119, H. 4 (1990), 10.
213 PAUL DIMAGGIO, Nadel's Paradox Revisited. Relational and Cultural Aspects of Organizational Structure, in: N. Nohria/R. G. Eccles (Hg.), Networks and Organizations. Structure, Form, and Action (Boston 1992), 121.
214 Vgl. HUMBERTO R. MATURANA/GLORIA D. GUILOFF, The Quest for the Intelligence of Intelligence, in: Journal of Social and Biological Structure 3 (1980), 144.
215 Vgl. MICHAEL SCHWARZ/THOMPSON, Divided We Stand. Redefining Politics, Technology, and Social Choice (New York 1990).
216 Vgl. LUHMANN (s. Anm. 9).

punkt zu benötigen, der das Verschiedene miteinander zu vergleichen erlaubt. Menschen leben unterschiedlich, aber es handelt sich jeweils um Menschen (Identität des Verschiedenen) und deren unterschiedliche Kultur (Verschiedenheit des Gleichen). Diese Beobachtungsform ist zunächst eine Spezialität der mit ihr entstehenden Intellektuellen (die ›philosophes‹ der Pariser Cafés), hat jedoch weitreichende Konsequenzen, weil das Vergleichsinteresse keine von den Kulturen selbst gepflegten Wertungen und Prioritäten übernehmen kann, sondern »alle Wesenheiten und Naturformen (unterjocht und relativiert), mit denen die alte Gesellschaft sich selber und ihre Welt bestimmt hatte«[217].

Der entscheidende Mechanismus dafür ist die Verdopplung der Phänomene. Für den Intellektuellen ist alles zunächst einmal ›interessant‹, und dies abhängig nicht von den Selbsteinschätzungen der Leute, sondern von seinen Vergleichsinteressen. Ob es sich um den Gebrauch des Messer und Gabel im Vergleich mit Stäbchen, um den Kirchgang im Vergleich mit dem Gang in die Kneipe oder um die Ehe im Vergleich mit außerehelichen Formen der Intimität handelt, jedes Phänomen wird einerseits als Gebrauch und andererseits als Zeichen für etwas gedeutet, an das keiner der Benutzer im Traum gedacht hätte. Gemeinhin gilt Voltaire als der Meister dieses Typs von Beobachtung, den man ›Aufklärung‹ nennt, weil die Perspektive des Beobachters inkongruent ist zu der Perspektive, die die Verhältnisse selbst einnehmen, und weil sie auf latente Motive und ›Interessen‹ achtet, wo sich naive Beobachter ans Manifeste halten; aber ähnliche Beobachtungen findet man bereits in den *Essais* (1580) von Montaigne.

Für die Effekte dieses Typs von Beobachtung zählt jedoch weniger die Beobachtung selbst als vielmehr ihre massenhafte Verbreitung durch Buchdruck und Presse. Die Verdopplung unter dem Gesichtspunkt des ›Interessantseins‹ löst die Phänomene aus ihrem Nutzerhorizont und unterwirft sie zwar nicht beliebigen, aber offenen Interpretationshorizonten, die als solche einen Typus der Beobachtung zweiter Ordnung hervorbringen, der vom Roman, von der Ideologiekritik und der Psychoanalyse genutzt werden wird, ohne noch die Herkunft aus dem Geist der Kultur in Rechnung zu stellen.

Interessant ist nun, daß die Kultur zugleich die Form ist, in der auf die Entdeckung der Kontingenz aller zuvor für stabil und notwendig gehaltenen Werte reagiert wird. Sie produziert Kontingenz, und sie reagiert auf diese Kontingenz. Die Kultur wird mit eigenen Markierungen ausgestattet, die es erlauben, das Reflexionsergebnis Kontingenz wieder in Notwendigkeit umzurechnen. Das produziert die alsbald einsetzende Symbiose von ›Kultur‹ und ›Nation‹, die in der modernen Gesellschaft beide kontingenter sind, als es ihren Selbstbeschreibungen lieb sein kann. Das produziert jene Suggestion von ›Tiefenstrukturen‹, denen die Anthropologie später so viel Aufmerksamkeit widmen sollte. Und es produziert ein starkes Interesse an ›Identität‹ und ›Authentizität‹ als Begriffen, die Unvergleichbarkeit signalisieren sollen, um bestimmte Phänomene dem Zugriff des Vergleichs zu entziehen, mit diesen Signalen jedoch erst recht den Vergleich anziehen.

Mit der Erfindung der Kultur wird die Beobachtung zweiter Ordnung zum Schicksal der modernen Gesellschaft und Kontingenz zu ihrem eigentlichen Eigenwert.[218] Unentscheidbar ist, ob dies als Verfall oder als Fortschritt der Gesellschaft gedeutet werden muß; Kultur ist nichts anderes als das Eingeständnis der Unentscheidbarkeit, weil jeder Beobachter andere Beobachter beobachtet und selbst wiederum beobachtet wird, d. h. grundsätzlich nur Interpretationsoptionen zur Verfügung stellen kann, die die Möglichkeit gegenteiliger Wertung unabschließbar mit sich bringen.

In seiner Arbeit *Die Gesellschaft der Gesellschaft* (1997) schlägt Luhmann vor, Kultur als »Gedächtnis der Gesellschaft« zu verstehen: Kultur ist »der Filter von Vergessen/Erinnern und die Inanspruchnahme von Vergangenheit zur Bestimmung des Variationsrahmens der Zukunft. Das könnte auch erklären, daß Kultur sich nicht als beste aller Möglichkeiten begreift, sondern eher die Vergleichsmöglichkeiten dirigiert und damit zugleich den Blick auf andere Möglichkeiten verstellt. Kul-

---

217 Ebd., 39.
218 Vgl. LUHMANN, Kontingenz als Eigenwert der modernen Gesellschaft, in: Luhmann, Beobachtungen der Moderne (Opladen 1992), 93–128.

tur verhindert, anders gesagt, die Überlegung, was man anstelle des Gewohnten anders machen könnte. Die Erfindung eines besonderen Begriffs der Kultur wäre demnach einer Situation verdankt, in der die Gesellschaft so komplex geworden ist, daß sie mehr vergessen und mehr erinnern und dies reflektieren muß und deshalb einen Sortiermechanismus benötigt, der diesen Anforderungen gewachsen ist.«[219] Angesichts der von Buchdruck und elektronischen Aufschreibemedien verhinderten Möglichkeiten des Vergessens kann alles Mögliche und gerade das bislang Vergessene erinnert werden, so daß dieses gesamtgesellschaftliche Gedächtnis ›ohne Anhaltspunkte‹ operieren muß und gerade die Orientierung nicht mehr liefern kann, die man von einem Gedächtnis zu erwarten pflegt.[220] Vermutlich liegt die Leistung und gesellschaftliche Funktion der modernen Kultur daher auch nicht in der Rückbindung der Gegenwart an die Tradition, sondern darin, den Orientierungsverlust so zu forcieren, daß die Zukunft ins Oszillieren zwischen verschiedenen und unterschiedlichen Möglichkeiten im Bereich des Erwartbaren und Unerwartbaren gerät: »Anscheinend operiert unsere Kultur so, daß sie in die Vergangenheit Unterscheidungen hineinliest, die dann Rahmen liefern, in denen die Zukunft oszillieren kann.« (592)

Zusammenfassung

Man kann die verschiedenen Kulturbegriffe, die wir haben Revue passieren lassen, nicht auf einen einheitlichen Nenner oder auch nur auf eine begrenzte Anzahl von Versionen zu bringen. Am ehesten scheint ein Begriffsverständnis zuzutreffen, das die Kultur mit einem Wort von Rembert Hüser als »Unschärfejoker«[221] bezeichnet. Denn wo immer der Begriff eingesetzt wird, eröffnet er einen Interpretationsspielraum, der nur um den Preis eines Verzichts auf den Kulturbegriff wieder geschlossen werden kann.

Wir sind am Ende dieses Jahrhunderts mit einer Kultur konfrontiert, die darauf abstellt, »Hilfsmittel zur Neubeschreibung und Neugestaltung unseres Ichs und unserer Umwelt«[222] zu liefern, ohne irgendeinen Anhaltspunkt dafür zu liefern, worum es bei diesen Neubeschreibungen gehen könnte. Wir haben keine andere Möglichkeit, als sie anzufertigen. Aber was von diesen Beschreibungen zu halten ist und wieweit es sich lohnt, ihnen zu folgen, erkennen wir wiederum nur an jenem Kurswert, den sie in einer Kultur erhalten, die Luhmann als »Börse« bezeichnet, an der »Optionen auf Paradoxieentfaltung gehandelt werden«[223]. Es macht Sinn sich anzuschauen, wie diese Börse funktioniert. Aber auch das kann nur zu einer Beschreibung führen, die von anderen Beobachtern geprüft und bewertet wird. Man kann an dieser Börse beobachten, daß der Kurswert von Kultur auch durch das paradoxe Manöver gepflegt werden kann, die Dekonstruktion der Kultur bis zur Wiederentdeckung ihres nicht-dekonstruierbaren Charakters der Obligation zu treiben, wie es Bill Readings vorgeführt hat.[224] Aber auch dies und anderes bewährt sich, wenn es sich bewährt, nur an dieser Börse.

Die Kultur informiert über die Gesellschaft nur in dem Sinne, in dem die (echte) Börse über die Wirtschaft informiert. Wir werden mit unserem eigenen Status als Beobachter konfrontiert und können die kulturellen Optionen benutzen, unsere Position mit Hilfe sachlicher, zeitlicher und sozialer Differenzen zu berechnen, das heißt das An-

---

219 LUHMANN, Die Gesellschaft der Gesellschaft (Frankfurt a. M. 1997), 588; vgl. ebd., 576 ff.
220 Vgl. ebd., 591.
221 REMBERT HÜSER, Jurassic Technology, in: J. Fohrmann/I. Kasten/E. Neuland (Hg.), Autorität der/in Sprache, Literatur, Neuen Medien. Vorträge des Bonner Germanistentages 1997 (Bielefeld 1999), 357; vgl. HÜSER, Herzliche Grüße, die Kultur ist das, was übrig bleibt, wenn alles weg ist, herzliche Grüße, aber man kann nicht alles haben, das ist richtig, in: N. Binczek/M. Rass (Hg.), ›... sie wollen eben sein, was sie sind, nämlich Bilder ...‹. Anschlüsse an Chris Marker (Würzburg 1999), 143–158.
222 RICHARD RORTY, Eine Kultur ohne Zentrum. Vier philosophische Essays und ein Vorwort, übers. v. J. Schulte (Stuttgart 1993), 11.
223 LUHMANN, Ökologie des Nichtwissens, in: Luhmann (s. Anm. 218), 201; vgl. LUHMANN, Die Paradoxie der Form, in: D. Baecker (Hg.), Kalkül der Form (Frankfurt a. M. 1993), 208 f.
224 Vgl. BILL READINGS, Culture Wars and Cultural Studies, in: Readings, The University in Ruins (Cambridge, Mass. 1996), 89–118.

derssein der Dinge, das Vergehen der Zeit und die mitlaufende Möglichkeit des Dissenses in Rechnung zu stellen. Wir sind mit einer ›culture of inclusion‹ konfrontiert, so Geoffrey Hartman[225], die es uns nicht mehr erlaubt, Natur, Technik, Ökologie und nicht zuletzt die Gesellschaft auf Abstand zu halten, sondern uns zwingt, sie ganz im Gegenteil als Ausgeschlossene wiedereinzuschließen. Für diesen Wiedereinschluß nimmt uns keine Schöpfung, kein Schicksal und kein Fortschritt an die Hand. Wir müssen ihn selber leisten und haben dazu nichts anderes als die Gesellschaft, in der wir leben.

Dirk Baecker

Literatur
BAECKER, DIRK, Wozu Kultur? (Berlin 2000); BATESON, GREGORY, Steps to an Ecology of Mind (New York 1972); BECKER, HOWARD S., Culture: A Sociological View, in: Yale Review 71 (1982), 513–527; BOLLENBECK, GEORG, Bildung und Kultur: Glanz und Elend eines deutschen Deutungsmusters (Frankfurt a. M. 1994); DOUGLAS, MARY, Risk and Blame. Essays in Cultural Theory (London 1992); FISCH, JÖRG, ›Zivilisation, Kultur‹, in: O. Brunner/W. Conze/R. Kosellek (Hg.), Geschichtliche Grundbegriffe. Historisches Lexikon zur politisch-sozialen Sprache in Deutschland, Bd. 7 (Stuttgart 1992), 679–774; GEERTZ, CLIFFORD, The Interpretations of Cultures. Selected Essays (New York 1973); GREENBLATT, STEPHEN, ›Culture‹, in: F. Lentricchia/T. McLaughlin (Hg.), Critical Terms for Literary Studies (Chicago 1990), 225–232; JAEGER, GERTRUDE/SELZNICK, PHILIP, A Normative Theory of Culture, in: American Sociological Review 29 (1964), 653–669; KROEBER, ALFRED LOUIS/KLUCKHOHN, CLYDE, Culture. A Critical Review of Concepts and Definitions (1952; New York 1963); LOTMAN, YURI M./USPENSKY, BORIS A., On the Semiotic Mechanism of Culture, in: New Literary History 9 (1978), 211–232; LUHMANN, NIKLAS, Kultur als historischer Begriff, in: Luhmann, Gesellschaftsstruktur und Semantik. Studien zur Wissenssoziologie der modernen Gesellschaft, Bd. 4 (Frankfurt a. M. 1995), 31–54; MÜHLMANN, HEINER, Die Natur der Kulturen. Entwurf einer kulturgenetischen Theorie (Wien 1996); PETERSON, RICHARD A., Revitalizing the Culture Concept, in: Annual Review of Sociology 5 (1979), 137–166; RORTY, RICHARD, Eine Kultur ohne Zentrum. Vier philosophische Essays und ein Vorwort, übers. v. J. Schulte (Stuttgart 1993); THOMPSON, MICHAEL/ELLIS, RICHARD/WILDAVSKY, AARON, Cultural Theory (Boulder 1990).

---

[225] Vgl. GEOFFREY H. HARTMAN, The Fateful Question of Culture (New York 1997), 165 ff.

Kunst/Künste/System der Künste

(griech. τέχνη; lat. ars; engl. art, (fine) arts, system of the arts; franz. art, beaux arts, système des arts; ital. arte, arti, sistema delle arti; span. arte, artes, sistema de las artes; russ. искусство, искусства, система исскуств)

I. Die gegenwärtige Debatte; 1. Ende der Kunst?; 2. Die Stellung der Kunst in der Postmoderne; 3. Analytische Philosophie der Kunst; 4. Institutionalistische Kunsttheorie; **II. Die Konstitution des modernen Kunstbegriffs;** 1. Vorgeschichte; 2. Die Parallelisierung von Poesie und bildender Kunst – ›ut pictura poesis‹; 3. Die Systematisierung der Künste im 18. Jahrhundert; 4. Nutzen und Nachteil der Kunst – ›delectare et prodesse‹; 5. Wachsende Ansprüche gegenüber der Kunst (Winckelmann); 6. Aufwertung und Autonomisierung der Kunst (Schiller); **III. Romantische Kunstbegriffe;** 1. Kunst und Natur; 2. Kunst als Versöhnung (Schelling); 3. Periodisierung der Kunst; 4. Kunst als Erlösung (Schopenhauer, Nietzsche); **IV. Kunst und Gesellschaft;** 1. L'art pour l'art; 2. Die Avantgarde; 3. Die Machtergreifung der Kunst (Heidegger); 4. Der linke Kunstbegriff; 5. Die Reinheit der Künste

I. Die gegenwärtige Debatte

1. Ende der Kunst?

Niemals in der rund dreihundertjährigen Geschichte ihres modernen Begriffs war die Kunst so starken und grundlegenden Zweifeln ausgesetzt wie in der Gegenwart. Zwar wurde der Kunstbegriff via Kritik und Polemik immer wieder Revisionen unterzogen, doch stand jede Ablehnung einzelner seiner Bestimmungen (oder auch bestimmter Kunstformen) unter der Prämisse, daß Kunst an sich von zentraler Bedeutung für das Individuum wie für die Gesellschaft sei. Wer gegen Ausprägungen der Kunst opponierte, tat es fast immer aus der Überzeugung, damit ›die‹ ›wahre‹ Kunst gegen Verfallsformen, schwarze Schafe oder Unterschätzungen verteidigen zu müssen. Lange Zeit war die Kritik an Kunst deshalb sogar ein Mittel zu ihrer weiteren Aufwertung sowie zur Überwachung ihrer exklusiven Begriffsgrenzen. Dies scheint sich nun zu ändern, und die Debatte über

I. Die gegenwärtige Debatte 557

Kunst und den Kunstbegriff ist in eine Phase der Depotenzierung eingetreten, deren Dynamik und Ausmaß noch schwer abschätzbar sind; verschiedentlich ist sogar vom ›Ende der Kunsttheorie‹[1], vom ›Ende der Kunstgeschichte‹[2] und – am häufigsten – vom ›Ende der Kunst‹ selbst die Rede. Mittlerweile ist es also nicht mehr ungewöhnlich, Kunst statt als anthropologische Konstante als temporäres Phänomen zu sehen.

Einflußreichster Protagonist der Debatte über ein ›Ende der Kunst‹ ist seit den 1980er Jahren Arthur C. Danto, der es am Beispiel der bildenden Kunst als ›philosophical disenfranchisement‹, als Entmündigung durch die Philosophie beschreibt.[3] Verlagert sich bereits bei den Strömungen der Avantgarde die künstlerische Arbeit z. T. in Manifeste und damit in eine theoretische Bestimmung der Kunst, wird spätestens mit der Pop-Art die philosophische Frage nach dem Charakter der Kunst zum Thema der Werke selbst. Ein Schüsselereignis stellt für ihn Andy Warhols Ausstellung von ›Brillo Boxes‹ im Jahr 1964 dar, da hier mit (nachgebauten) Verpackungskartons etwas als Kunst ausgegeben wird, das sich nicht mehr ohne weiteres von Nicht-Kunst abgrenzen läßt. Die bis dahin herrschende Vorstellung, Kunstwerke seien aufgrund bestimmter Eigenschaften bzw. »by the sorts of straightforward criteria« von anderen Dingen zu unterscheiden, ist obsolet geworden; vielmehr zeigt sich, »that the difference between art and non-art is philosophical«[4]. Doch stellen die Werke nur die Frage nach der Differenz zwischen beidem; eine Antwort darauf können nur Philosophie bzw. Kunsttheorie geben. Insofern läßt sich die Geschichte der modernen Kunst als Prozeß beschreiben, an dessen Ende diese sich in Philosophie auflöst. Anders formuliert: Der Ertrag der Kunst ist die Philosophie der Kunst. Für Danto besteht die Kunstszene seit den 1960er Jahren vornehmlich aus Experimenten, bei denen ausgelotet wird, was als Kunst gelten kann oder warum etwas als solche akzeptiert wird. Anders als in der durch missionarische Überbietungsgesten gekennzeichneten klassischen Moderne geht es den Künstlern nicht mehr darum, einen neuen Stil zu kreieren, besondere – sonst verborgene – Wahrheiten zu eröffnen oder eine ›richtige‹ Kunst gegen Formen vermeintlich ›falscher‹ Kunst zu setzen. Die z. T. ernste, z. T.

spielerische Selbstverständigung der Kunst über sich selbst erlaubt vielmehr einen größtmöglichen formalen Pluralismus sogar für jeden einzelnen Künstler, der, in der Postmoderne, alle Stile, Techniken und Gattungen der Kunstgeschichte, gelöst aus ihren oft ideologischen Ursprüngen und Intentionen, gleichberechtigt verwenden kann. ›Ende der Kunst‹ heißt somit nicht nur, daß die Kunst sich in Philosophie verwandelt, sondern impliziert auch, daß es keine Fortsetzung einer Stilgeschichte mehr gibt und sich die Versuche erschöpft haben, eine Fortschritts- oder Problemgeschichte der Kunst zu erzählen. Wurde die Entwicklung der Kunst lange Zeit in einem immer höheren Maß an ›Mimesis‹ gesehen oder läßt sich ein Teil moderner Kunst als Weg zur Abstraktion beschreiben, mit dem Ziel, zu letzten, absolut wahren Formen zu gelangen, fehlt gemäß Danto, der durch Thesen des Kunsthistorikers Hans Belting Bestätigung erfährt[5], mittlerweile ein entsprechender Leitfaden. Indem aber keine Kunst›geschichte‹ mehr zu erzählen ist, gibt es auch keine Werke, die nicht in diese ›Geschichte‹ passen würden: Die Rede vom ›Ende der Kunst‹ bedeutet, daß es kein ›Außerhalb‹ der Geschichte (»no longer a pale of history«) mehr gibt, in das Werke fallen könnten: »Everything is possible. Anything can be art«[6].

Danto beurteilt diesen Zustand ambivalent. So bedeutet das ›Ende der Kunst‹ als Ende ihrer Geschichte eine Emanzipation, haben Künstler doch nicht länger (ästhetische) Normen zu erfüllen, damit ihre Werke in die ›Erzählungen‹ der Kunstgeschichte passen und als Kunst anerkannt werden. Die Kunstgeschichte erscheint vom ›Ende der Kunst‹ aus betrachtet sogar als mächtiger und vieles

---

1 Vgl. VICTOR BURGIN, The End of Art Theory. Criticism and Postmodernity (London 1986).
2 Vgl. HANS BELTING, Ende der Kunstgeschichte? (München 1983); BELTING, Das Ende der Kunstgeschichte. Eine Revision nach zehn Jahren (München 1995).
3 Vgl. ARTHUR C. DANTO, The Philosophical Disenfranchisement of Art (New York 1986).
4 DANTO, Beyond the Brillo Box. The Visual Arts in Post-historical Perspective (New York 1992), 7.
5 Vgl. BELTING, Das Ende der Kunstgeschichte. Eine Revision (s. Anm. 2), 121; DANTO, After the End of Art (Princeton 1997), 3f.
6 DANTO (s. Anm. 5), 114.

unterdrückender Diskursapparat (dasselbe trifft natürlich auf die lexikalisch aufbereitete Begriffsgeschichte der Kunst zu!), und ihre Insitutionen werden als problematisch empfunden, so wenn Victor Burgin, in Anlehnung an Michel Foucault, die Museen etwa als »machines for the suppression of history«[7] bezeichnet. Gemäß Danto gab es innerhalb der Kunstszene nie zuvor so viel »freedom from conflicts«[8], und er vergleicht die Situation sogar mit dem von Marx anvisierten utopischen Glückszustand am Ende der Klassenkämpfe[9], was die Debatte über das ›Ende der Kunst‹ zugleich in die umfassendere Debatte über ein ›Ende der Geschichte‹ integriert.[10] Daher darf der Slogan vom ›Ende der Kunst‹ auch nicht als Bekanntgabe eines Tods interpretiert oder mit der seit Entdeckung der Fotografie 1839 immer wieder geführten Diskussion über den ›Tod der Malerei‹ verwechselt werden. Im Gegenteil: Es ist »eine große Zeit für die Kunst«[11], und kaum einmal zuvor war das Kunstleben aus Dantos Sicht so reich und blühend wie in den Jahrzehnten seit der Pop-Art. Er zieht auch Parallelen zur Epoche vor Beginn der (abendländischen) Kunstgeschichte, als es ebenfalls Bilder, Skulpturen und Werke aller Art gab, jedoch das Bestreben fehlte, sie in eine historische Ordnung zu bringen und Kriterien dafür zu entwickeln, was in eine solche Ordnung gehört und was nicht. Zwar lassen sich diese Werke im nachhinein als Kunst deklarieren, doch entstanden sie ohne Begriff davon.

7 BURGIN (s. Anm. 1), 159.
8 DANTO (s. Anm. 5), 37.
9 Vgl. DANTO (s. Anm. 3), 114.
10 Vgl. DANTO (s. Anm. 5), 30; ALEXANDRE KOJÈVE, Introduction à la lecture de Hegel (Paris ²1968); ARNOLD GEHLEN, Über kulturelle Kristallisation, in: Gehlen, Studien zur Anthropologie und Soziologie (Neuwied/Berlin 1963), 311–328; FRANCIS FUKUYAMA, The End of History and the Last Man (New York 1992).
11 DANTO, Die philosophische Entmündigung der Kunst [Vorwort zur deutschen Ausgabe] (München 1993), 13.
12 DANTO (s. Anm. 3), 115.
13 BELTING, Das Ende der Kunstgeschichte. Eine Revision (s. Anm. 2), 82.
14 MARTIN WARNKE, Kunst unter Verweigerungspflicht, in: V. Plagemann (Hg.), Kunst im öffentlichen Raum (Köln 1989), 225.

Andererseits signalisiert das ›Ende der Kunst‹ einen Bedeutungsverlust: Sie ist nicht mehr Ort von Revolution, von Hoffnungen und besonderen Heilserwartungen; was auch immer Künstler machen, ist im Grunde gleichgültig, und ihre Freiheit müssen sie damit bezahlen, gesellschaftlich lediglich eine marginale Rolle zu spielen. So bezeichnet es Danto etwas melancholisch als »immense privilege to have lived in history«.[12] Das Abdriften vieler Werke ins Philosophische macht aus der Kunstszene hingegen eine beinahe esoterische Veranstaltung weniger Intellektueller; büßen die Bestimmungen des Kunstbegriffs durch fortgesetzte Infragestellung an Selbstverständlichkeit ein und werden durch Dekonstruktion in ihrer jeweiligen historisch-ideologischen Problematik offenbar, verlieren sie für die große Mehrheit zudem an Relevanz, da diese kaum noch Erfahrungen mit Kunst macht. Indem sich die Bilder der Massenmedien immer stärker verbreiten, wird schließlich zweifelhaft, »ob die Massenkultur der Kunst noch eine eigene Domäne einräumt«[13].

Ist ein ›Ende der Kunst‹ in diesem Fall ein Ereignis der Gegenwart bzw. nahen Zukunft, wird manchmal retrospektiv eine ähnliche Diagnose bereits für die Vergangenheit gestellt. So revidiert Martin Warnke eine der meistverbreiteten ›Erzählungen‹ der modernen Kunstgeschichte, wenn er die Autonomisierung der Künste seit dem 18. Jh. nicht nur positiv im Sinne einer kraftvollen Befreiungsbewegung deutet, sondern – analog zu Danto – als Preis bzw. Ausgangspunkt hierfür einen gesellschaftlichen Rollenverlust konstatiert: Für ihn sind »die Künste […] nicht so sehr deshalb autonom geworden, weil sie es immer gewollt und unter Opfern schließlich auch durchgesetzt hätten, sondern wahrscheinlich deshalb, weil sie in den herkömmlichen Rollen nicht mehr gebraucht wurden, da andere, in der modernen Massengesellschaft wirkungsvollere Medien an ihre Stelle treten konnten«[14]. Die gesamte Moderne erscheint vor diesem Hintergrund als Kunst nach dem Ende der Kunst bzw. als ein Versuch, ein Ende abzuwehren oder einen (radikalen) Neuanfang zu erreichen, der gemäß Warnke darin bestand, alle ehedem üblichen Erwartungen aufzukündigen. Nur durch eine streng befolgte ›Verweigerungspflicht‹ sei es der Kunst gelungen, erneut eine Existenzberechtigung zu erlangen und ihr eigenes Ende zu überleben.

Mutet die Diagnose eines ›Endes der Kunst‹ (selbst ohne Beimischung apokalyptischer oder kulturpessimistischer Töne) dramatisch an, steht sie dennoch innerhalb eines traditionsreichen ideengeschichtlichen Kontexts. Als historisch erste und – gerade für Danto[15] – wichtigste Referenz gilt Hegel, der in seinen in den 1820er Jahren gehaltenen *Vorlesungen über die Ästhetik* festgestellt hatte, die Kunst sei und bleibe »nach der Seite ihrer höchsten Bestimmung für uns ein Vergangenes«[16]. Im Zuge seiner Darstellung einer Entwicklungsgeschichte des Geistes kommt der Kunst zwar eine zentrale Rolle als einer von dessen materiellen Verkörperungen zu, verliert jedoch mit seinem Fortschreiten an Bedeutung; nach Hegel »gibt es eine tiefere Fassung der Wahrheit, in welcher sie nicht mehr dem Sinnlichen so verwandt und freundlich ist, um von diesem Material [der Kunst – d. Verf.] in angemessener Weise aufgenommen und ausgedrückt werden zu können« (23 f.): Je mehr die Kultur von Gedanken und Reflexion geprägt ist, desto weniger vermag es die Kunst, das Wirken des Geistes noch in Gestalt zu bringen (vgl. Abschnitt III, 3); sie gibt ihre geschichtsbildende Macht an die Religion und die Philosophie ab und gewährt »nicht mehr diejenige Befriedigung der geistigen Bedürfnisse […], welche frühere Zeiten und Völker in ihr gesucht und nur in ihr gefunden haben«. In ihr wird keine ideale Gegenwelt mehr lebendig, und deshalb ist man auch »darüber hinaus, Werke der Kunst göttlich verehren und sie anbeten zu können« (24). Unterstellt Hegel für die (griechische) Antike eine innige Kunstreligion, findet er sich selbst in einer Zeit wieder, in der die Kunstgeschichte als akademische Disziplin sowie das Museum als Ort der Kunst entstanden. Hier wird jeweils über Kunst reflektiert, ihre Werke werden stärker als je zuvor historisch eingeordnet. Diese wissenschaftliche Beschäftigung deutet Hegel als Ersatz bzw. – wie dann Danto – als Symptom einer Ablösung der Kunst durch die Philosophie und konstatiert, damit habe erstere »für uns […] die echte Wahrheit und Lebendigkeit verloren und ist mehr in unsere *Vorstellung* verlegt. […] Die Kunst lädt uns zur denkenden Betrachtung ein, und zwar nicht zu dem Zwecke, Kunst wieder hervorzurufen, sondern, was die Kunst sei, wissenschaftlich zu erkennen.« (25 f.)

Doch für Hegel lassen die neueren Kunstwerke auch Intensität vermissen, und ihre Themen sind geradezu beliebig geworden: »Das Gebundensein an einen besonderen Gehalt und eine nur für diesen Stoff passende Art der Darstellung ist für den heutigen Künstler etwas Vergangenes und die Kunst dadurch ein freies Instrument geworden, das er nach Maßgabe seiner subjektiven Geschicklichkeit in bezug auf jeden Inhalt, welcher Art er auch sei, gleichmäßig handhaben kann.« So versuchen selbst die Künstler nur nachträglich, für ihre Gedanken und Themen eine Form zu finden. Als »freies Instrument«[17] stellt die Kunst mit ihrer – wissenschaftlich erschlossenen – Geschichte ein Reservoir dar, aus dem man sich nach Belieben bedienen kann. Der Künstler »gebraucht […] seinen Vorrat von Bildern, Gestaltungsweisen, früheren Kunstformen, die ihm, für sich genommen, gleichgültig sind und nur wichtig werden, wenn sie ihm gerade für diesen oder jenen Stoff als die passendsten erscheinen« (235 f.) Hegel denkt z. B. an die Nazarener, die im Stil der Frührenaissance malten, um eine ihnen ideal erscheinende Epoche zu vergegenwärtigen. Doch noch genauer trifft diese Feststellung eines freien Verfügens über ein vielfältiges Stilrepertoire auf die Situation der Postmoderne zu, für die Danto das ›Ende der Kunst‹ diagnostiziert; hier wird v. a. mit Zitaten und Anspielungen gearbeitet, und zahlreiche Künstler beherrschen verschiedene Formsprachen und Medien, die sie je nach Thema, Kontext und Wirkabsicht wie rhetorische Mittel einsetzen.

Wird Pluralismus von Danto als Beleg einer Befreiung der Kunst gedeutet und innerhalb der postmodernen Theorie eigens propagiert (vgl. I, 2), gilt er andererseits bis weit in das 20. Jh. hinein meist als Symptom einer Entwurzelung. Die gerade in Deutschland weit verbreitete Kulturkritik löste Hegels Analyse des Vergangenheitscharakters der Kunst aus ihrem Kontext und sah darin keinen

---

15 Vgl. DANTO (s. Anm. 3), 84 ff; DANTO (s. Anm. 5), 30 f.
16 G. W. F. HEGEL, Vorlesungen über die Ästhetik (1835–1838), Bd. 1, in: HEGEL (TWA), Bd. 13 (1970), 25.
17 Ebd., Bd. 2, in: HEGEL (TWA), Bd. 14 (1970), 235.

Beleg einer zunehmenden Selbstbestimmung des Geistes, sondern allein ein Zeichen kultureller Dekadenz. Schon bei Friedrich Theodor Vischer, dem wichtigsten Kunstphilosophen der Hegel-Schule, dominiert eine kulturpessimistische Deutung: »Wir malen alles und noch einiges Andere. [...] Da ist keine Mitte, keine Hauptgattung, kein Hauptgericht zwischen all den Zuspeisen, Süßigkeiten, Zuckerbäckereien, unter denen die Tafel seufzt. Reflektierend und wählend steht jetzt der Künstler über allen Stoffen, die jemals vorhanden waren und sieht den Wald vor Bäumen nicht. [...] Unsere Kunst ist *entwurzelt*, sie flattert bodenlos in den Lüften, weil sie nicht eine absolut gegebene Welt von Stoffen mit der Substanz des Volksbewußtseins gemein hat; sie ist heimatlos, ein Vagabund, der alles kennt und kostet und dem es mit nichts Ernst ist, unsere Kunst ist der Verstorbene.«[18] Auch für Vischer verliert die Kunst an Bedeutung, sobald sie Gegenstand der Reflexion ist. Die Entdeckung ihrer Geschichte wird mit Unbehagen vermerkt, schwinden dadurch doch Unbefangenheit und Unmittelbarkeit; der drohende historische Relativismus irritiert gerade angesichts der vermeintlich überzeitlichen Kunst. Anders als Hegel glaubt Vischer jedoch nicht an ein definitives ›Ende der Kunst‹, sondern vertritt, in romantischer Tradition, ein dreiphasiges Geschichtsbild, dem zufolge nach einem Goldenen Zeitalter und einer Phase des Niedergangs eine erneute Blütezeit zu erwarten ist. Hierbei hofft er auf die Nation: Haben sich die Menschen erst einmal zu einer innigen Gemeinschaft verbunden und sind ›Entwurzelung‹ bzw. Entfremdung rückgängig gemacht,

wird ein neuer Stil entstehen, der nicht aufgesetzt, sondern unmittelbarer Ausdruck des Volksgeists ist.

Der Topos, daß Reflexion und Geschichtsbewußtsein die Kunst schwächen, hatte auch über die Hegel-Schule hinaus Geltung. Nietzsche etwa bezeichnet die Künstler seiner Zeit als »Söhne einer gelehrten, gequälten und reflektirten Generation – Tausend Meilen weit von den alten Meistern, welche nicht lasen, und nur dran dachten, ihren Augen ein Fest zu geben.«[19] Mit dem historischen Interesse und der theoretischen Reflexion hat etwas Kunstfremdes Eingang in die Kunst gefunden, Wissenschaft und Rationalismus haben sich ihrer bemächtigt. Damit erklärt Nietzsche das Phänomen des Stilpluralismus, stellt die Kunst aber auch als Opfer dar: Ist sie eigentlich eine Verkörperung des Lebens und bedeutet Leidenschaft sowie Intensität, erstarrt sie unter dem Einfluß des Intellekts. Mit lebensphilosophischer Akzentuierung beklagt auch Spengler, moderne Kunst sei »eine gefährliche Kunst, peinlich kalt, krank, für überfeinerte Nerven, aber wissenschaftlich bis zum äußersten.«[20] Einer vermeintlich vom Rationalismus beherrschten Kunst unterstellt man meist auch, mechanisch und fabrikmäßig-massenhaft zu entstehen und – anstatt zweckfrei – einem Nutzenkalkül unterworfen zu sein. Schon Vischer beklagte den »Fabrikgeist«[21], der alle Formen der Kunst aufzehre, und in dem 1911 – genau zur Blütezeit einiger Avantgarde-Strömungen der modernen Kunst! – von Victor Auburtin veröffentlichten Buch *Die Kunst stirbt* heißt es gleich zu Beginn: »Die Kunst stirbt an der Masse und an der Nützlichkeit. Sie stirbt, weil der Boden, den sie braucht, verbaut wurde, der Boden der Naivität und des Wahnes. Ich glaube fest, daß wir in zweihundert Jahren keine Künstler und keine Dichter mehr haben werden. Wohl aber werden wir eine Patentmaschine haben, mit der man in einer Minute sechzig zementene Apollos von Belvedere anfertigen kann.«[22] Wenn Auburtin neben der Naivität, d.h. der Unabhängigkeit von Reflexion und Theorie, den ›Wahn‹ als Voraussetzung der Kunst anführt, rekurriert er nicht nur auf ein beliebtes Genie-Modell vom Künstler, sondern weist auch darauf hin, daß Kunst aus der Sicht einer am Nutzen orientierten Mehrheit ohnehin nicht nachvoll-

---

18 FRIEDRICH THEODOR VISCHER, Zustand der jetzigen Malerei (1842), in: Vischer, Kritische Gänge, Bd. 5 (München ²1922), 37.
19 FRIEDRICH NIETZSCHE, Nachgelassene Fragmente. Herbst 1885 bis Herbst 1887, in: NIETZSCHE (KGA), Abt. 8, Bd. 1 (1974), 294.
20 OSWALD SPENGLER, Der Untergang des Abendlandes (1918; München 1980), 371.
21 VISCHER, [Rez.] Anton Hallmann, Kunstbestrebungen der Gegenwart (1843), in: Vischer (s. Anm. 18), 72.
22 VICTOR AUBURTIN, Die Kunst stirbt (München 1911), 7.

ziehbar oder gar etwas Krankes ist. Ironisch beglückwünscht Auburtin seine Zeitgenossen, endlich die »Krankheit«[23] Kunst losgeworden zu sein. Dies sei der modernen Wissenschaft und Technik zu ›verdanken‹, die etwas grundlegend Neues innerhalb der Menschheitsgeschichte darstelle.

Die kulturkritischen Diagnosen eines ›Endes der Kunst‹ resultieren aus einem idealisierten Kunstbegriff, denn nur weil die Erwartungen gegenüber Kunst seit dem ausgehenden 18. Jh. sehr groß sind, kann – oder muß! – das als Kunst Angebotene enttäuschen und sie selbst zur Utopie – oder eben zur Vergangenheit – erklärt werden (vgl. II, 5; II, 6). Dabei wirkt die Kritik an der jeweiligen Gegenwartskunst merkwürdigerweise nicht auf den Kunstbegriff zurück; die Differenz von Anspruch und Wirklichkeit bleibt auf diese Weise bestehen, weshalb sich kulturpessimistische Topoi immer wieder bestätigen lassen. Ebenfalls davon geprägt, nehmen sowohl Heidegger als auch Adorno Bezug auf Hegels These und reinterpretieren sie, ohne sich dabei jedoch definitiv auf ein ›Ende der Kunst‹ festlegen zu wollen.[24] Heidegger mutmaßt, »vielleicht« sei »das Erlebnis das Element, in dem die Kunst stirbt«, dies allerdings »so langsam [...], daß es einige Jahrhunderte braucht«[25]. Er befürchtet, die Kunst könnte an einer Vermassung zugrunde gehen, ausgerichtet nur noch auf oberflächliche Reize und sich steigernde Sensationen – eben auf ›Erlebnisse‹ –, mit denen das Publikum zwar zufriedengestellt, aber auch besinnungslos gemacht wird. Wo Hegel noch einen Fortschritt des Geistes behauptet, sieht Heidegger eine zunehmend perfektionierte Maschinerie am Werk, hält jedoch auch einen ›anderen Anfang‹ und damit eine Wiedergeburt der Kunst für möglich (vgl. IV, 3). Derselbe Argwohn gegenüber einer den Gesetzen des Marktes unterworfenen und Kriterien technischen Effizienzdenkens ausgelieferten Kunst stimuliert Horkheimer und Adorno in der *Dialektik der Aufklärung* (1947) zur Analyse der ›Kulturindustrie‹.[26] Wird der Kulturpessimismus hierbei weiter ausgeführt und fortgesetzt, was Walter Benjamin in *Das Kunstwerk im Zeitalter seiner technischen Reproduzierbarkeit* (1936) als Verlust der Aura – und damit als Ende einer unmittelbaren, mehr als nur unterhaltend-›zerstreuenden‹ Wirkung der Kunst – beschrieben hatte, geht Adorno in seiner *Ästhetischen*

Theorie differenzierter auf das mögliche ›Ende der Kunst‹ ein. Er erwägt, daß, wenn auch künftig eventuell keine große Kunst mehr möglich sei, dennoch der Wahrheitsgehalt wichtiger Werke der Vergangenheit Geltung bewahren könne.[27] »Tatsächlich« (309) sei das von Hegel prognostizierte ›Ende der Kunst‹ (noch) nicht eingetreten, und »der als erster ein Ende von Kunst absah, nannte das triftigste Motiv ihres Fortbestandes: den Fortbestand der Nöte selbst, die auf jenen Ausdruck warten, den für den wortlosen stellvertretend die Kunstwerke vollbringen« (512). Mehr denn je verlangen die korrumpierten gesellschaftlichen Verhältnisse gemäß Adorno nach etwas wie Kunst, und er widerspricht Hegel ebenfalls darin, daß Kunst in ihrer höchsten Entfaltung frei von Reflexion sei.[28] Allerdings führt er v. a. am Beispiel Samuel Becketts aus, wie Kunst »durch Selbstreflexion ihre eigenen Kategorien thematisch« (505) macht und nur noch in diesem Rückzug auf sich selbst und schließlich in einer »Zuflucht bei ihrer eigenen Negation« (503 f.) eine Existenzmöglichkeit besitzt. So wird Kunst vom herrschenden System zunehmend eingeschränkt, und ihre Tendenz zur Selbstreferenz ist für Adorno nicht Zeichen eines sich emanzipierenden Geistes, sondern – im Gegenteil – Folge einer Bedrohung durch einen pervertierten Geist, der sich in kunstfernen Mächten ausspricht (vgl. IV, 5).

An die Diagnosen von Heidegger und Adorno knüpft Gianni Vattimo an, wenn er von »morte o tramonto dell'arte« (Tod oder Untergang der Kunst) in Form einer »esplosione dell'estetica fuori dai suoi tradizionali confini«[29] (Explosion der Äs-

---

23 Ebd., 68.
24 Vgl. GÜNTER SEUBOLD, Das Ende der Kunst und der Paradigmenwechsel in der Ästhetik (Freiburg 1997).
25 MARTIN HEIDEGGER, Der Ursprung des Kunstwerkes (1935/1936), in: Heidegger, Holzwege (Frankfurt a. M. 1950), 66.
26 Vgl. MAX HORKHEIMER/THEODOR W. ADORNO, Dialektik der Aufklärung (1947; Frankfurt a. M. 1971), 108–150.
27 Vgl. ADORNO, Ästhetische Theorie (Frankfurt a. M. 1970), 13.
28 Vgl. ebd., 501.
29 GIANNI VATTIMO, La fine della modernità (Mailand 1985), 61.

thetik außerhalb ihrer traditionellen Grenzen) spricht. Dieses Phänomen besitzt zwei Seiten: Einmal ist es Ausdruck der Massenkultur und stellt eine Degradierung der Kunst zu Erlebnis, Kitsch und Unterhaltung dar. Andererseits akzeptieren auch die Künstler die tradierten Grenzen, d. h. die üblichen Orte der Kunst wie z. B. Konzertsaal, Galerie oder Theater nicht mehr, sondern problematisieren oder überschreiten sie. Damit ist es mittlerweile typisch für die Kunst, »di mettere in discussione il proprio statuto« (62) (ihren eigenen Status in Frage zu stellen). Darauf zieht sich die Kunst in »il puro e semplice silenzio« (das reine, einfache Schweigen) zurück und negiert Eigenschaften, die ihr traditionell zugesprochen wurden. So wird für Vattimo zum Symptom eines (post-)modernen Endes der Kunst, was Warnke umgekehrt als Rettung der Kunst von einem bereits im 18. Jh. drohenden Ende bezeichnet, nämlich die Verweigerung gewohnter Normen. Jenes Schweigen der Kunst wird von Vattimo sogar als »suicidio di protesta« (64) (Selbstmord aus Protest) gewertet; es kann sich als Entleerung der Werke von Bedeutung artikulieren, ergibt sich oft jedoch auch daraus, daß die Kunstwerke »duplicano e insieme sfondano le immagini e le parole della cultura massificata« (66) (die Bilder und Worte der vermassten Kultur verdoppeln und gleichzeitig zerschlagen). Gerade Strömungen wie die Pop-Art sollen mit dieser Aussage erfaßt sein, wobei Vattimo im ›Ende der Kunst‹ noch insofern einen Sinn zu erkennen scheint, als die fragwürdigen Produkte der Massenkultur dadurch ihrerseits zum Gegenstand der Reflexion und somit in ihrer Geltung relativiert, wenn nicht gar heftiger Kritik unterzogen werden. Aus dem Selbstmord der Kunst wird so, nicht ohne Pathos, ein Opfertod.

Dagegen gelangt Jean Baudrillard, für den viele Werke neuerdings ebenfalls die reale Welt verdoppeln und aus dessen Sicht sogar der »Xeroxpunkt der Kultur«[30] erreicht ist, zu einer einseitig negativen Deutung, die sich den Argumenten der Kulturkritik annähert. Zwar sieht er die Kunst und den Kunst-Diskurs wuchern (proliférer), »mais dans son génie propre, dans son aventure, dans sa puissance d'illusion, dans sa capacité de dénégation du réel et d'opposer au réel une autre scène [...], dans ce sens-là l'Art a disparu«. Dafür ist »recyclage des formes passées et actuelles« angesagt, was für Baudrillard belegt, daß alle Möglichkeiten durchgespielt sind, für diese aber verbindliche Regeln fehlen: »Aujourd'hui, dans le domaine esthétique, il n'y a plus de Dieu pour reconnaître les siens.«[31] Die Quantität der Kunst hat für Baudrillard ihre Qualität ersetzt, und es wird eine Dynamik suggeriert, die in Wirklichkeit nur Leerlauf ist oder – noch schlimmer – zu einer gegenseitigen Entkräftung der Werke führt. Künstler sind Ikonoklasten geworden, »non pas de ceux, qui détruisent les images, mais de ceux qui fabriquent une profusion d'images où il n'y a rien à voir. La plupart des images contemporaines [...] sont [...] des images sans traces, sans ombre, sans conséquences. Tout ce qu'on pressent, c'est que derrière chacune d'elles quelque chose a disparu.«[32] Originalität wird nur noch simuliert, wobei das ›Ende der Kunst‹ für Baudrillard ebenfalls mit dem Ende der Geschichte zusammenfällt, insgesamt also ein Zeitalter der Simulation begonnen hat. Während diese Diagnose jedoch ihrerseits lediglich die Tradition der Kulturkritik kopiert bzw. ›simuliert‹, erkennt Vattimo es bereits als »carattere perdurante« (Dauereigenschaft) des Kunstbetriebs an, daß der Tod der Kunst »sempre annunciato e sempre di nuovo rinviato«[33] (ständig angekündigt und immer wieder verschoben) wird. So gehört es auch zum Selbstverständnis der Künstler, sich am Ende von Traditionen zu sehen, ähnlich wie sich Philosophen spätestens seit Nietzsche am Ende der Metaphysik begreifen. Doch die verschiedenen Strategien, sich dazu zu verhalten, im Fall der Kunst also etwa das Kokettieren mit dem Trivialen und der Massenkultur oder die Irritation bestimmter Erwartungen, sind so fruchtbar, daß sich immer wieder eine überraschende Wendung einstellt: Die Rede vom ›Ende der Kunst‹ wird zum Stimulans ihrer Fortsetzung.

---

30 JEAN BAUDRILLARD, Towards the Vanishing Point of Art, übers. v. M. Ott, in: Kunstforum international 100 (1989), 390.
31 BAUDRILLARD, La transparence du mal (Paris 1990), 22.
32 Ebd., 25.
33 VATTIMO (s. Anm. 29), 67.

2. Die Stellung der Kunst in der Postmoderne

Insoweit die Kunst aufgrund der Diskussion über ihr ›Ende‹ sowie im Zuge begriffsgeschichtlicher Forschung mittlerweile als zeitlich und kulturell terminiertes Phänomen gesehen wird, hat sich eine paradoxe Konstellation ergeben: Es wird fragwürdig, den Kunstbegriff weiterhin gerade auf die Werke anzuwenden, an deren Exempel er sich seit dem 18. Jh. primär konstituiert hatte. Was damals v. a. über den vorbildlichen Kunstcharakter antiker Skulptur geäußert wurde (vgl. II, 5), erscheint vielmehr als nachträgliche Projektion auf Werke, die vor dem neuzeitlichen Begriff von Kunst entstanden. Aber noch eine weitere Grenze der Kunst ist in den Blick gerückt, gab und gibt es doch nicht nur Werke vor dem Zeitalter der Kunst[34], sondern ebenso Werke anderer Kulturen jenseits westlicher Ideengeschichte. Damit ist das von Alois Riegl am Beginn des 20. Jh. als anthropologische Konstante behauptete und oft als metaphysische Letztbegründung der Kunst mißverstandene bzw. überinterpretierte[35] »Kunstwollen«, »das sich im Kampfe mit Gebrauchswert, Rohstoff und Technik durchsetzt« und ausdrückt, »wie der Mensch jeweilig die Dinge gestaltet und gefärbt sehen will«[36], zweifelhaft geworden. War es lange Zeit selbstverständlich, die Werke früherer oder fremder Kulturen nach den herrschenden Kriterien von Kunst zu beurteilen – Riegl selbst stellte das ›Kunstwollen‹ am Beispiel spätrömischer Hinterlassenschaften dar! – und entweder als ›noch primitiv‹ abzulehnen oder als besonders ›ursprünglich‹ und authentisch zu verehren, ist man mittlerweile gegenüber solchen begriffsimperialistischen Verfahren vorsichtiger geworden.

Das Konzept einer ›Ars una‹ wird in den 1950er Jahren z. B. von Wilhelm Worringer angezweifelt, hält er es doch für unwahrscheinlich, daß »sich in der gesamten Menschheitsgeschichte [...] die Existenz und Permanenz eines bestimmten freischöpferischen Gestaltungstriebes nachweisen lasse, die uns dazu berechtige, ihn unter der Kennzeichnung ›Kunst‹ zum Range einer absoluten Eigen- und Sonderwelt menschlicher Betätigungsmöglichkeiten zu erheben«[37]. Doch will Worringer außereuropäische Kulturen deshalb nicht abwerten; anders als noch Hegel, für den z. B. Afrika außerhalb der

Geschichte des Geistes und der Kunst stand und deshalb keine besondere Beachtung verdiente, ist es Worringer wichtig, den Werken fremder Kulturen dadurch gerecht zu werden, daß man sie als »wesenhafte Fremdwelten von einer ihnen absolut angeborenen Autonomie« ernst nimmt, sie also nach eigenen Kriterien beurteilt und nicht den Kategorien der Kunst unterwirft.[38] Daß diese Forderung gerade in den 1950er Jahren aufkam, ist wohl eine Gegenreaktion auf die Vehemenz, mit der nach dem Zweiten Weltkrieg einerseits – in Parallele zur Idee der UNO – die Idee einer Weltkunst propagiert, andererseits – zumal in Deutschland – das Schaffen fremder Kulturen dazu verwendet wurde, die vermeintlich transkulturelle Geltung und Bedeutung abstrakter bzw. abstrahierender Bildsprachen zu belegen. Einflußreich für den Geist der Nachkriegszeit war etwa André Malraux, der in Le musée imaginaire (1947) Werke unterschiedlicher Epochen und Kulturen zusammenstellte und dabei, indem er sie jeweils aus ihrem Kontext isolierte, universale Vergleichbarkeit suggerierte; sie erscheinen als Manifestationen immer wieder von neuem auftauchender Stile bzw. des übergreifend und überzeitlich ›Kunsthaften‹. Eigens um eine Legitimation der Kunst der klassischen Moderne ging es hingegen z. B. bei der ›documenta I‹ (1955), als man den Rundgang durch die Ausstellung mit einer großen Fototafel eröffnete, auf der Abbildungen afrikanischer oder präkolumbianischer Werke sowie Bilder von Stücken früher europäischer Kulturen zu sehen waren. Damit beschwor man eine Kontinuität großer Kunst und versuchte die Moderne mit ähnlichen Mitteln

---

34 Vgl. BELTING, Bild und Kult. Eine Geschichte des Bildes vor dem Zeitalter der Kunst (München ²1991).
35 Vgl. JULIUS VON SCHLOSSER, Zur Genesis der mittelalterlichen Kunstanschauung (1901), in: Schlosser, Präludien. Vorträge und Aufsätze (Berlin 1927), 200; ERWIN PANOFSKY, Der Begriff des Kunstwollens (1920), in: Panofsky, Deutschsprachige Aufsätze II, hg. v. K. Michels/M. Warnke (Berlin 1999), 1019–1034.
36 ALOIS RIEGL, Spätrömische Kulturindustrie (Wien 1901), 9, 401.
37 WILHELM WORRINGER, Ars una? (1954), in: Worringer, Fragen und Gegenfragen. Schriften zum Kunstproblem (München 1956), 155.
38 Vgl. ebd., 159.

zu rehabilitieren, mit denen sie wenige Jahre zuvor von den Nationalsozialisten verfemt worden war, die bei der Ausstellung ›Entartete Kunst‹ (1937) Arbeiten des 20. Jh. ebenfalls u. a. mit Werken fremder Kulturen verglichen, um beider ›Primitivität‹ zu zeigen und um zu ›beweisen‹, daß der Expressionismus oder die abstrakte Kunst ebenso kunstlos seien wie afrikanische Negerplastiken.[39] Hatte Worringer das Konzept einer Weltkunst erst vorsichtig in Frage gestellt, ist es mittlerweile fast vollständig verabschiedet worden, und es hat sich die Überzeugung durchgesetzt, daß nichtabendländische Kulturen »keine Kunst [haben], aber nicht deswegen, weil dort die Bilder kunstlos wären. Sie sind nur nicht im Hinblick auf Kunst entstanden, sondern haben der Religion oder sozialen Ritualen gedient, was vielleicht bedeutsamer ist, als Kunst in unserem Sinne zu machen.«[40] Neuere Forschungsbemühungen gehen auch dahin, die jeweiligen Differenzen zum westlichen Kunstbegriff aufzuzeigen[41], wie überhaupt mit der Postmoderne, deren Begriff zuerst innerhalb der Architektur entwickelt und diskutiert wurde[42], das Interesse an Differenzen und an Pluralität wuchs: Unterschiede sowie Formen von Andersheit erscheinen philosophisch interessanter und relevanter

als Einheitsbegriffe, und es besteht, angeregt durch die wissenschaftstheoretischen Untersuchungen von Thomas S. Kuhn[43], ein starkes Bewußtsein für Inkommensurabilitäten. Einen Diskurs über den Bereich seines Entstehungskontexts hinaus – und damit im Terrain anderer Diskurse – anzuwenden gilt seit Jean-François Lyotards *Le Différend* (1983) sogar als aggressiver Akt, droht damit doch etwas anderes seiner genuinen Stimme beraubt zu werden. Selbstkritisch registrierte man in der westlichen Welt, wie sehr die Beurteilungskriterien von Gesellschaft, Politik oder Kultur, aber auch die Geschichtsschreibung euro-, phallo- und logozentrisch geprägt sind. Wie Danto das ›Ende der Kunst‹ als Befreiung von Kunstgeschichtserzählungen begrüßt, die zwangsläufig jeweils vieles ausschließen, forderten seit den 1970er Jahren v. a. Feministinnen sowie Vertreter außereuropäischer bzw. unterdrückter Kulturtraditionen eine Revision des Kanons dessen, was als Kunst ausgewiesen und damit z. B. auch als Gegenstand akademischer Forschung anerkannt wird.[44] Exemplarisch zeigte etwa Edward Said in *Orientalism* (1978), wie das Bild, das der Westen sich von anderen Kulturen gemacht hat, vielfach eine Projektion eigener Vorstellungen und Werte ist, die mit der Weise, wie sich die jeweilige Kultur selbst begreift, nicht viel zu tun haben. Insbesondere in den USA kam es zu Debatten darüber, inwieweit die Lehrpläne der Departments geistes- und sozialwissenschaftlicher Fächer so verändert werden müßten, daß Werke und Werte anderer Kulturen darin gleichberechtigt repräsentiert sind, ohne jedoch gemäß den Kategorien des europäisch orientierten Kunstbegriffs beurteilt zu werden. Während sich z. B. Vertreter des New Historicism wie Stephen Greenblatt oder Frank Lentriccia für eine Kultur der Differenzen und Vielfalt an Geschichtsdarstellungen einsetzen, gibt es v. a. konservative Kritik an einer solchen Öffnung und Pluralisierung. Befürchtet wird ein Werte-Relativismus und der Verlust jeglicher Qualitätsmaßstäbe, so wenn Allan Bloom in *The Closing of the American Mind* (1987) vor dem Dekonstruktivismus als »suppression of the reason«[45] warnt oder wenn Harold Bloom in *The Western Canon* (1994) darauf besteht, daß es nicht nur Werke gibt, die innerhalb einer Kultur überzeitliche Geltung besitzen, sondern ebenso sogar Werke (wie die Shake-

---

39 Vgl. WALTER GRASSKAMP, ›Entartete Kunst‹ und documenta I. Verfemung und Entschärfung der Moderne, in: Grasskamp, Die unbewältigte Moderne. Kunst und Öffentlichkeit (München 1989), 76–119.
40 BELTING, Das Ende der Kunstgeschichte. Eine Revision (s. Anm. 2), 74.
41 Vgl. SEUBOLD, Inhalt und Umfang des japanischen Kunstbegriffs, in: Philosophisches Jahrbuch 100 (1993), 380–398.
42 Vgl. CHARLES JENCKS, The Rise of Post-Modern Architecture, in: Architecture – Inner Town Government (Eindhoven 1975); JENCKS, What is Post-Modernism? (London 1986).
43 Vgl. THOMAS S. KUHN, The Structure of Scientific Revolutions (Chicago 1962).
44 Vgl. LISE VOGEL, Fine Arts and Feminism. The Awakening Consciousness, in: Feminist Studies 2 (1974), H. 1, 3–37; GRISELDA POLLOCK, Vision and Différence. Femininity, Feminism and the Histories of Art (New York 1988); NICOS HADJINICOLAOU, Art History and Class Struggle (London 1973).
45 ALLAN BLOOM, The Closing of the American Mind (New York 1987), 379.

speares), die einem »universal canon«[46] angehören und insofern von Bedeutung für alle gegenwärtigen und künftigen Kulturen sind. Werden solche beinahe kunstreligiösen Positionen eher von einer Minderheit vertreten, die zudem meist in einer elitären ›l'art pour l'art‹-Tradition steht (vgl. IV, 1) und es bereits für einen Verrat an der Kunst hält, dieser ebenso wie anderen Aktivitäten eine gesellschaftliche Funktion zuzuweisen (»art is perfectly useless«[47]), haben die meisten Vertreter der Postmoderne und des Dekonstruktivismus eine klare Aufgabe für sie. Interessanterweise wird nämlich gerade der (abendländischen) Kunst zugetraut, den Sinn für Differenzen zu schärfen und als Instanz zu wirken, die auf Minderheiten und Unterdrückung aufmerksam macht, andere Sichtweisen vermittelt und Toleranz sowie Pluralität fördert. Anstatt selbst weiterhin als universell zu gelten, wird Kunst somit zum besten Remedium gegen Universalitätsideen erklärt, womit sich auf sie, wie so oft in den letzten Jahrhunderten, einmal mehr exklusive Erwartungen bezüglich dessen richten, was als zentrales (therapeutisches) Anliegen der Gesellschaft empfunden wird. »Die Kunst kann […] soziale Modellfunktion haben. An ihr kann man lernen […]: Anerkennung des Differenten, Verbot von Übergriffen, Aufdeckung impliziter Überherrschung, Widerstand gegen strukturelle Vereinheitlichung, Befähigung zu Übergängen ohne Gleichmacherei.«[48] So formuliert es Wolfgang Welsch anknüpfend an Lyotard und nennt zwei Argumente: Zum einen steigert Kunst im allgemeinen die Wahrnehmungsfähigkeit und macht sensibel für Unterschiede[49]; andererseits ist sie per se plural, und jede Epoche fügt einer Vielfalt an Stilen und Kunstformen neue Variationen hinzu. Diese Pluralität steigert sich in der Postmoderne zur »Transversalität«, insofern viele Künstler mit verschiedenen Formsprachen zugleich arbeiten und aus der Thematisierung der jeweiligen Differenzen zu neuen Qualitäten finden. In der Kunst wird also exemplarisch vorgeführt, wie auch innerhalb einer pluralen, multikulturellen und demokratischen Gesellschaft »Verbindungen, Kooperationen und Auseinandersetzungen möglich werden«. Somit kann die Kunst »noch einmal Avantgarde-Funktion haben«, und Welsch erklärt die Diagnose eines ›Endes der Kunst‹ ausdrücklich für »geschichtlich überholt«, um ihr im Gegenteil »erneut weitreichende Bedeutung« zu attestieren, wie sie »sonst kein Medium«[50] besitzt.

Dabei vernachlässigt er, daß gerade moderne Kunst nur von einer Minderheit innerhalb der Gesellschaft bewußt wahrgenommen wird, sie ihre eventuelle Vorbildfunktion inmitten massenmedialer Reize also kaum erfüllen kann. Deshalb erscheinen derartig emphatische Qualifizierungen Kritikern der Postmoderne auch wie reflexartige Reprisen von Rollenbildern der Kunst, die spätestens seit Schillers Programm einer ästhetischen Erziehung (vgl. II, 6) etabliert waren und v. a. zum Selbstverständnis der Moderne gehörten. So sieht Donald Kuspit die Postmoderne lediglich als »ritualized version« der Avantgarde an und geht sogar so weit, sie als »criminal«[51] zu bezeichnen, da sie schamlos Techniken und Konzepte der Moderne plagiiere und diese damit lächerlich mache. Zitate, Anspielungen und andere eklektizistische Verfahren – für Kuspit auf die Spitze getrieben bei der Appropriation-Art – werden pauschal als Zeichen von Oberflächlichkeit und Dekadenz (»decline«; 106) sowie als Vorboten eines ›Endes der Kunst‹ interpretiert. Hier wird freilich mißverstanden oder nicht berücksichtigt, daß die Postmoderne sich von der Moderne bewußt absetzt, indem sie das Streben nach Authentizität und den Wert ›reiner‹, für absolut und anderem überlegen gehaltener Theorien infragestellt (vgl. I, 4). Vielmehr herrscht ein Nominalismus, und insbesondere vom Pragmatismus geprägte Strömungen der amerikanischen Postmoderne bewerten sowohl Theorien als auch Kunstwerke primär danach, inwiefern sie eine demokratisch-pluralistische Gesellschaft und die Freiheit des Individuums fördern. Klassische Dichotomien wie ›authentisch‹/›unecht‹, ›originell‹/›übernommen‹, ›tief‹/›oberflächlich‹ verlieren damit an Relevanz, womit zugleich die Unterscheidung

---

46 HAROLD BLOOM, The Western Canon (New York 1994), 38.
47 Ebd., 16.
48 WOLFGANG WELSCH, Ästhetisches Denken (Stuttgart 1990), 165.
49 Vgl. ebd., 75.
50 Ebd., 71 f.
51 DONALD KUSPIT, The Cult of the Avant-Garde Artist (New York 1993), 112, 109.

zwischen einer ›Hochkunst‹ und einer Massenkultur dementiert wird, die immer auf der Basis solcher Dichotomien stattfindet. Der tradierte Kanon der Kunst wird also revidiert, indem man ihn um Werke der sog. Trivialkultur erweitert, die vermutlich ohnehin zu mehr Gemeinschaftssinn erziehen, Sensibilität schulen oder die Imaginationsfähigkeit anregen kann. Wie Richard Shusterman ausführt, stimmt die Differenzierung zwischen Werken, die eine intensive ästhetische Erfahrung ermöglichen, und Werken, die den Rezipienten nicht weiter stimulieren, keineswegs mit der traditionellen Trennung zwischen ›hoher‹ Kunst und ›billiger‹ Massenkultur überein. Am Beispiel von Rap und ›Hip Hop‹ zeigt er, wie sehr eine vermeintlich ›niedrige‹ Musikkultur Kriterien erfüllt, die sonst als Beleg für hochkulturelle Qualität gelten.[52] Jeglicher Grenzziehung zwischen ›high‹ und ›low‹ und insbesondere der generellen Geringschätzung der ›Kulturindustrie‹ wird damit widersprochen; zugleich ist es dank der ausdrücklichen Einbeziehung der Massenkultur in die Kunst eher möglich, dieser eine soziale Vorbildfunktion bzw. eine wichtige Rolle bei der Fortentwicklung einer von Toleranz und gegenseitigem Verständnis getragenen multikulturellen Gesellschaft einzuräumen. Sosehr die Postmoderne also einerseits den Geltungsbereich des Kunstbegriffs interkulturell einschränkt, sosehr dehnt sie andererseits seine intrakulturelle Anwendbarkeit aus.

Shusterman beruft sich mit seiner pragmatistischen Kunstphilosophie u. a. auf John Dewey (vgl. IV, 2) und Richard Rorty, der seinerseits Literatur, Film oder Fernsehen für die relevantesten Größen moralischer Bildung hält.[53] Anders als philosophische oder politische Traktate können Romane (oder auch Soaps) gerade soziale Probleme – Diskriminierung, Vereinsamung, Armut – anschaulich schildern bzw. überhaupt erst auf deren Tragweite aufmerksam machen. Dies ist um so wichtiger innerhalb der Demokratie, in der »politics becomes a matter of sentimental calls for alleviation of suffering rather than of moral calls to greatness«[54]. Anstatt darüber zu spekulieren, worin das Wesen des Menschen, der Ursprung der Moral oder der Sinn des Lebens bestehen könnte, führt Literatur auf konkretere Fragen, »what we can do so as to get along with each other, how we can arrange things so as to be comfortable with one another, how institutions can be changed so that everyone's right to be understood has a better chance of being gratified«[55]. Deshalb geht Rorty sogar so weit, »the poets and the engineers« für die beiden Gruppen zu halten, »who produce startling new projects for achieving the greatest happiness of the greatest number«[56]. Aber auch er hebt als besonderes Verdienst der Literatur hervor, daß diese zu einer »diversity of viewpoints« und einer »plurality of descriptions« in der Lage sei und deshalb ihre Rezipienten »more sensitive to the desirability of diversity«[57] mache. Literatur ist ein Schutz gegen Simplifizierung und Übergriffe einzelner Diskurse, sie ist, wie es Milan Kundera formulierte, eine Gegenmacht zum »tourbillon de la réduction«. »L'esprit du roman est l'esprit de complexité.«[58] Wird hier einer einzelnen Kunstgattung wie der Literatur – bzw. narrativen Formen im allgemeinen – wegen ihrer Multiperspektivität sowie ihrer imaginativen Kraft eine wichtige gesellschaftliche Aufgabe und große Verantwortung zugesprochen, was an frühere Nobilitierungen gerade der Einbildungskraft oder an den Impetus der Aufklärung erinnern mag, gehen die meisten postmodernen Theoretiker nicht so weit, dies als Vermögen ›der‹ Kunst im Ganzen zu deklarieren. Auch hier zählen vielmehr Differenz und Differenzierung. Daß die Frage nach dem Wesen der Kunst oder einem Gemeinsamen aller Kunstgattungen nicht mehr beschäftigt, mag Zeichen jener Depotenzierung des Kunstbegriffs sein, der hier nicht länger als bedeutungsstarker Einheitsbegriff fungiert, oder aber auch Folge von Debatten, bei denen in den zurückliegenden Jahrzehnten eine Definierbarkeit von Kunst grundsätzlich in Frage gestellt wurde.

---

52 Vgl. RICHARD SHUSTERMAN, Pragmatist Aesthetics. Living Beauty, Rethinking Art (Oxford 1992).
53 Vgl. RICHARD RORTY, Contingency, Irony, and Solidarity (Cambridge 1989), XVI.
54 RORTY, Heidegger, Kundera, and Dickens (1989), in: Rorty, Essays on Heidegger and Others (Cambridge 1991), 81.
55 Ebd., 78.
56 RORTY, Philosophy as Science, Metaphor, Politics (1986), in: Rorty (s. Anm. 54), 326.
57 RORTY (s. Anm. 54), 74, 81.
58 MILAN KUNDERA, L'art du roman (Paris 1986), 33 f.

3. Analytische Philosophie der Kunst

Zweifel daran, ob sich ›Kunst‹ überhaupt definieren lasse, wurden seit der Mitte des 20. Jh. durch den wachsenden Einfluß der analytischen Philosophie forciert. Unter dem Eindruck von Wittgensteins *Philosophischen Untersuchungen* (1953) veröffentlichte Morris Weitz 1956/1957 den Aufsatz *The Role of Theory in Aesthetics*, der in den Folgejahren große Resonanz fand. Nachdem Weitz wenige Jahre zuvor in seinem Werk *Philosophy of the Arts* (1950) selbst noch eine Realdefinition von ›Kunst‹ angestrebt und organische Komplexität als deren Spezifikum angeführt hatte, machte er sich nun das Konzept der Familienähnlichkeiten zu eigen und leugnete damit, daß alles, was als ›Kunst‹ bezeichnet wird, über dieselben Eigenschaften verfügen müsse. Vielmehr teilen einzelne Kunstwerke gewisse Eigenschaften, mit anderen kommen sie in anderen Aspekten überein, und in gewisser Hinsicht können sie sich auch von allem, was sonst bzw. bisher ›Kunst‹ genannt wird, unterscheiden. Damit ist für Weitz eine Kunsttheorie, die eine allgemeingültige Antwort auf die Frage ›Was ist Kunst?‹ sucht, »logically impossible and not merely factually difficult«[59]. Er erkennt in ›Kunst‹ »an open concept«, da es immer wieder einen Fall geben kann, »that would call for some sort of *decision* on our part to extend the use of the concept« (31). Freilich hat Weitz das Ideal einer Realdefinition nicht ganz preisgegeben und zeigt sich überzeugt davon, daß für bereits abgeschlossene Kunstgattungen wie etwa die griechische Tragödie »the critic can work out a theory or real definition« (32). Das hieße allerdings auch, daß zu jedem Zeitpunkt eine Kunsttheorie formulierbar sein müßte, die gemeinsame Eigenschaften bei allem identifiziert, was *bis dahin* als Kunst bezeichnet worden war; lediglich durch Neues müßte diese Definition eventuell revidiert werden. Eine offene Struktur besitzt der Begriff ›Kunst‹ für Weitz damit nur, weil er für Werke der Gegenwart und Zukunft ebenso diskutiert werden kann wie für Vergangenes.

So hybrid Weitz innerhalb seines Aufsatzes argumentiert, so sehr bewirkte er dennoch eine Wende innerhalb der Kunstphilosophie. Autoren wie William Kennick oder Frank Sibley vollzogen den ›linguistic turn‹ dann konsequenter und widerspra-chen damit der damals in den USA noch von Philosophen wie Monroe Beardsley oder Harold Osborne vertretenen Vorstellung, es gebe bestimmte Eigenschaften oder Wesenszüge, die aus einer Sache bzw. einem Phänomen ein Kunstwerk machten.[60] Doch der Aufsatz von Weitz schlug nicht nur eine Bresche in den vorherrschenden Essentialismus, sondern löste ferner eine Diskussion über den Status des Begriffs ›Kunst‹ aus. Auch hierzu kam der entscheidende Impuls von Wittgenstein; dessen These, die Bedeutung eines Worts sei sein Gebrauch in der Sprache, führte Weitz dazu, auf die verschiedenen Verwendungsweisen von ›Kunst‹ zu achten. Dabei entdeckte er, daß, »as we actually use the concept, ›Art‹ is both descriptive (like ›chair‹) and evaluative (like ›good‹)«[61]. Wird im einen Fall ein Kunstwerk z. B. aus steuerlichen Gründen von einem Gebrauchsgegenstand oder einem Konsumartikel unterschieden, so ist es im anderen Fall Ausdruck von Bewunderung und Wertschätzung, etwas als Kunst zu bezeichnen und nicht als ›bloßes‹ Design oder handwerkliche Leistung. Wird ›Kunst‹ als Wertbegriff verwendet, schließt es sich aus, von ›schlechter‹ Kunst zu sprechen.

Weitz vertrat die Überzeugung, man könne jeweils genau zwischen einem klassifikatorischen und einem evaluativen Gebrauch von ›Kunst‹ unterscheiden. Dabei erkannte er in letzterem den Hauptgrund für die Schwierigkeit einer überzeugenden Definition, spielen hierbei doch persönliche Vorlieben oder Aversionen eine Rolle, die eine Einigung verhindern. Daraus schloß er, daß sich die Kunsttheorie jeglicher wertenden Aussagen zu enthalten habe. Dafür wird es zu ihrer Aufgabe, gleichsam als Metaästhetik die Verwendung der Vokabel ›Kunst‹ zu beschreiben (und nicht mehr dem Wesen von Kunst nachzuspüren). Da eine solche Beschreibung jedoch ein gegenüber traditionellen Theorieansprüchen zu bescheidenes Ziel wäre, suggerieren Weitz sowie andere analyti-

---

59 MORRIS WEITZ, The Role of Theory in Aesthetics, in: The Journal of Aesthetics & Art Criticism 15 (1956/1957), 28.
60 Vgl. KARLHEINZ LÜDEKING, Analytische Philosophie der Kunst (Frankfurt a. M. 1988).
61 WEITZ (s. Anm. 59), 33.

sche Philosophen, daß aus einer Deskription des Gebrauchs von ›Kunst‹ zugleich folgen solle, wann dieses Wort ›richtig‹ verwendet werde. Doch ist damit das ursprüngliche Definitionsproblem lediglich verschoben: Entweder besteht nun die Gefahr eines naturalistischen Fehlschlusses, wenn man nämlich den tatsächlich konstatierten Gebrauch von ›Kunst‹ zum allein richtigen erklärt und zum Maßstab erhebt; oder aber es müssen Kriterien dafür gefunden werden, warum einige Verwendungsweisen von ›Kunst‹ angemessen sind und andere nicht, was zwangsläufig dieselben Probleme nach sich zieht, denen bereits die traditionelle Kunsttheorie gegenüberstand. Sofern man diese Probleme dadurch zu lösen hofft, daß man jede evaluative Verwendung von ›Kunst‹ zu eliminieren versucht, um subjektiven Beurteilungen keinen Einfluß zu geben, verhält man sich angesichts der realen Verwendungsweisen von ›Kunst‹ freilich ebenfalls nicht mehr deskriptiv, sondern normativ und wertend. In einer Kritik an dieser Inkonsequenz analytischer Kunstphilosophie stellt Karlheinz Lüdeking fest: »Die respektable Maxime, eine rein deskriptive Theorie des Kunstbegriffs zu präsentieren, wird […] unter der Hand sogleich in die ganz andere Maxime verkehrt, die Theorie eines rein deskriptiven Kunstbegriffs zu präsentieren.«[62]

4. Institutionalistische Kunsttheorie

Ein Ausweg bietet sich, wenn ›Kunst‹ als Wertbegriff anerkannt und es sogar als Merkmal von Kunstwerken ausgegeben wird, erst durch eine besondere Wertschätzung dazu zu werden. Der Kunsttheoretiker braucht dann nicht selbst in evaluative Prozesse einzugreifen, aber er kann beschreiben, wann sich etwas als Kunstwerk qualifiziert. George Dickie, ebenfalls ein Vertreter der analytischen Schule, hat auf diese Weise einen neuen Typ von Kunsttheorie etabliert, die als ›in-stitutionalistische Kunsttheorie‹ bzw. ›Institutionstheorie der Kunst‹ seit den 70er Jahren des 20. Jh. eine wichtige Rolle spielt. Dickie definiert ein Kunstwerk als »(1) an artifact (2) upon which some society or some sub-group of a society has conferred the status of candidate for appreciation«[63]. Personen wie Museumsdirektoren, Kunstkritikern oder Künstlern, die dem Kunstbetrieb bzw. der ›artworld‹ angehören – dies ein Begriff, den Dickie von Danto aufnimmt[64] –, wird die Autorität zugestanden, etwas allein dadurch als Kunstwerk zu klassifizieren, daß sie es – ohne eigens Gründe dafür angeben zu müssen – dazu erklären. Daher wird ein Bild, das in einer Galerie oder Pinakothek hängt, eher als Kunstwerk anerkannt als ein Bild, das ein Wirtshaus oder das Schaufenster eines Schuhgeschäfts schmückt. Insofern entscheidet der institutionelle Kontext, was als Kunst gelten kann. Es gibt keine Eigenschaften, die etwas zum Kunstwerk machen (oder die es kategorisch verhindern, daß etwas als Kunst Anerkennung finden kann); vielmehr akzeptiert Dickie, daß selbst z. B. Zeichnungen von Affen oder Naturgegenstände wie ein Stück Treibholz als Kunst diskutiert werden, sofern sie in einem Kunstmuseum – und nicht nur in einem Naturkundemuseum – ausgestellt sind. Allerdings vermag die institutionalistische Kunsttheorie – worauf v. a. Richard Wollheim hingewiesen hat – nicht befriedigend anzugeben, warum etwas als Meisterwerk und etwas anderes als weniger gutes Kunstwerk gilt; zwar findet ein Werk größere Beachtung, wenn ihm wichtigere Repräsentanten der Kunstwelt Lob zusprechen, doch sind dann jeweils Gründe für die besondere Wertschätzung zu nennen. Der institutionelle Kontext genügt also nur zur Klassifizierung, nicht zur Qualifizierung.[65]

Das nominalistische Verständnis von ›Kunst‹, das Dickie und andere Vertreter der institutionalistischen Kunsttheorie vertreten, setzte sich jedoch rasch durch, weil es Entwicklungen innerhalb der Kunst selbst entsprach und deren Deutung erleichterte. So erläutern institutionalistische Kunsttheoretiker ihre Thesen mit Vorliebe am Beispiel der Readymades von Marcel Duchamp. Diese gelten als der klarste Beweis dafür, daß tatsächlich der Kontext bzw. die Macht von Institutionen einem Objekt den Status eines Kunstwerks verleiht: Industriell gefertigte Gebrauchsgegenstände wie ein

---

62 LÜDEKING (s. Anm. 60), 67.
63 GEORGE DICKIE, Defining Art, in: American Philosophical Quarterly 6 (1969), H. 3, 254.
64 Vgl. DANTO, Artworld, in: The Journal of Philosophy 61 (1964), 571–884.
65 Vgl. RICHARD WOLLHEIM, Art and its Objects (Cambridge ²1980), 157–166.

Pissoir oder eine Schneeschaufel werden als Kunstwerke akzeptiert, sobald sie in einem Museum oder einer Galerie auftauchen, in Kunstkatalogen abgebildet sind oder von Kunstkritikern besprochen werden. Infolgedessen kann derselbe Gegenstand, der üblicherweise nicht eigens beachtet wird, den Rezipienten sogar als symbolisch aufgeladen oder ästhetisch distinguiert erscheinen. So sind es weder bestimmte Eigenschaften noch Produktionsweisen, worin sich Kunstwerke von Nicht-Kunst unterscheiden, sondern es ist eine Frage der erfolgreichen Zuschreibung bzw. der Benennung, ob etwas als Kunst wahrgenommen wird. Entsprechend ist es für viele bildende Künstler in der Nachfolge Duchamps zu einem wichtigen Teil ihrer Arbeit geworden, Strategien zu entwickeln, die es erlauben, etwas in den Kunstkontext zu transferieren. In den anderen Künsten ist im 20. Jh. ähnliches passiert, etwa durch die Einbeziehung von Geräuschen in den Konzertbetrieb oder durch die Integration von kunstfernen Textarten wie Gebrauchsanweisungen oder Fahrplänen in das Feld der Hochliteratur.

Damit jedoch allein ein Kontextwechsel den Status eines Objekts verändern kann und dieses sich vom Gebrauchsgegenstand zum Kunstwerk wandelt, bedarf es klar voneinander unterschiedener Kontexte, die jeweils ein anderes Wahrnehmungsverhalten auslösen. Das Als-Kunst-Wahrnehmen kann dabei in einem starken Sinn als eigener mentaler Zustand – als ästhetisches Weltverhältnis – aufgefaßt werden, wie es z. B. Virgil Aldrich[66] unter dem Einfluß von Wittgensteins ›Aspektwechsel‹ macht, es kann aber auch – so die Position der ›Institutionalisten‹ um Dickie – als Summe von Konventionen verstanden werden, die sich innerhalb der Kunstwelt ausgebildet haben.[67] Zu diesen Wahrnehmungskonventionen gehört etwa die Bereitschaft, dem Kunst-Kandidaten mit verstärktem Wohlwollen und größerer Neugier zu begegnen und sich eigens Zeit zur Rezeption zu nehmen. Auf Details, Stofflichkeiten oder Formen wird dann genauer, aber zugleich weniger zweckorientiert geachtet als in anderen Fällen. Ferner kann das Als-Kunst-Wahrnehmen z. B. mit der Hoffnung verbunden sein, durch das Werk einen Ausgleich von der profanen Alltagswelt zu erhalten, sensibilisiert zu werden oder den Anstoß zu einer Reflexion zu bekommen. Es sind jeweils traditionelle Bestimmungen des Kunstbegriffs, die dieses Vorverständnis der im Kunstkontext auftauchenden Objekte und im weiteren kunstspezifische Formen bzw. Konventionen der Wahrnehmung ausprägen. Ein Kunstkontext, der sich klar von anderen Kontexten unterscheiden läßt, bzw. ein autopoietisches Kunstsystem – so die Terminologie von Niklas Luhmann – organisiert sich sogar erst durch einen etablierten, weithin unumstrittenen und dabei seinerseits exklusiven Kunstbegriff. Daß Readymades als Kunstwerke Anerkennung finden konnten, zeugt somit nicht nur von der Bereitschaft des Kunstpublikums, ungewöhnliche Gesten zu akzeptieren, sondern ist auch ein Beleg für jene Etabliertheit des Kunstbegriffs bzw. für die Ausdifferenziertheit eines Kunstsystems, zu dem es gerade gehört, von der Kunst Ungewöhnliches zu erwarten. Weitergehend läßt sich sogar vermuten, daß die Dynamik und die forcierte Bedeutung, die Kategorien wie ›Irritation‹, ›Provokation‹ und ›Verweigerung‹ innerhalb der Avantgarde-Strömungen der Kunst erlangt haben, nur vor dem Hintergrund eines relativ stabilen Kunstbegriffs möglich wurden, der für einen konstanten Rezeptionsrahmen sorgte und es erlaubte, selbst den Traditionsbruch noch in eine Tradition einzuordnen. Solche Kategorien (wie etwa auch die Kategorie des ›Stils‹) stabilisieren nach Luhmann das Kunstsystem noch weiter – sie sind schließlich selbst Bestandteile des Kunstbegriffs – und befördern seinen autopoietischen Charakter.[68] Bis hin zu Joseph Beuys' ›erweitertem Kunstbegriff‹, der menschliches Tun generell als Gestaltung, d.h. als plastische Arbeit auffaßt und deshalb jeden Menschen zum Künstler erklärt[69], wird also nicht etwa ein traditioneller Kunstbegriff kritisiert oder einer Revision unterzogen, sondern man setzt vielmehr auf die

---

66 VIRGIL ALDRICH, Philosophy of Art (Englewood Cliffs 1963).
67 Vgl. DICKIE, Art and the Aesthetic (New York 1974), 169 ff.
68 Vgl. NIKLAS LUHMANN, Das Kunstwerk und die Selbstreproduktion der Kunst, in: Delfin 3 (1984), 51–69; LUHMANN, Die Kunst der Gesellschaft (Frankfurt a. M. 1995), 244 ff.
69 Vgl. VOLKER HARLAN (Hg.), Soziale Plastik. Materialien zu Joseph Beuys (Achberg ²1980).

Faszination, die darin besteht, immer wieder andere, bis dahin als banal, trivial oder kunstfern klassifizierte Gegenstände, Phänomene oder Ereignisse unter die Perspektive bzw. Kategorien der Kunst zu bringen. Anders formuliert: Im 20. Jh. hat sich kaum die Intension, dafür aber die Extension des Begriffs ›Kunst‹ verändert bzw. erweitert. Daß Neues sogar prinzipiell durch eine Veränderung der Extension entsteht, ist auch der von der Kunstentwicklung des 20. Jh. inspirierte Ansatz von Boris Groys. Wie einige andere – der Postmoderne zugerechnete – Kunsttheoretiker und Künstler, die Kritik am Originalitäts-Dogma der Avantgarde-Kunst üben und es als ›Mythos‹ dekonstruieren[70], widerspricht er damit der Vorstellung, der zufolge das Neue aus Kreativität oder gar Genialität zu erklären ist, die aus sich heraus etwas Ursprüngliches schöpft; vielmehr nimmt er den Gedanken des v. a. von Jacques Derrida geprägten Poststrukturalismus auf, wonach jeder bedeutungsstiftende Akt nur mit Bezug auf bereits vorausliegende andere Bedeutungen stattfinden kann und ein radikaler Neuanfang ohnehin nicht möglich ist. Für Groys ergibt sich eine Innovation also aus einer Umwertung, bei der etwas zuerst kaum Beachtetes und als profan Diskriminiertes in den Kontext der Kunst transferiert und dabei als interessant und ungewöhnlich erkannt wird. In *Über das Neue* (1992) legt er dar, daß »gerade der profane Raum als Reservoir für potentiell neue kulturelle Werte [dient], da er in bezug auf die valorisierten Archivalien der Kultur das Andere ist«[71]. Das Profane als Ressource bzw. Ursprung des Neuen auszugeben kehrt die üblichen Denkmuster auf paradoxe Weise um, gilt das Profane doch normalerweise deshalb als weniger wertvoll, weil es eine Schwundstufe bzw. ein Derivat der Hochkunst darstellt. Allerdings führt die Valorisierung von zuerst Wertlosem keineswegs zu einer Aufweichung der Grenze zwischen Kunst und Nicht-Kunst. Je strenger die Differenz von ›High‹ und ›Low‹ verteidigt wird, desto eher kann das Profane gegenüber der Hochkunst vielmehr als ›das Andere‹ erscheinen; um so leichter ist es auch, daß etwas Profanes auf einmal spannend und neu wirkt, unter den Verdacht gerät, etwas Besonderes zu sein[72], und eine entsprechende Aufwertung erfährt. Freilich wird, was aus der Trivialkultur in den Kunstkontext gelangt, nicht ›an sich‹ aufgewertet, sondern allein das Kunstwerk, das das ehedem Triviale zum Sujet hat, findet die Anerkennung und wird in einen Kanon aufgenommen. Nach Duchamp sind Pissoirs oder Schneeschaufeln also immer noch keine Gegenstände der Hochkultur; doch ist ihm damit eine Provokation gelungen, so daß man seine Arbeit als stark innovativ und originell empfand und deshalb als Kunst würdigt. Duchamp fungiert auch für Groys als Musterbeispiel, wird bei ihm doch eine »Strategie der Innovation« besonders klar sichtbar, die »schon immer und universell angewendet worden war – und zwar nicht nur bei der Produktion von Kunst, sondern von Kultur generell«[73].

Eine Konkretion erfuhr die institutionalistische Kunsttheorie durch Brian O'Doherty, der die Ausstellungsbedingungen von bildender Kunst analysierte und zeigte, daß im 20. Jh. der Ausstellungsraum zunehmend an Bedeutung gewonnen hat und tatsächlich als die Instanz gelten kann, die etwas erst zum Kunstwerk werden läßt. Gestaltet als ›white cube‹, hält er »vom Kunstwerk alle Hinweise fern, welche die Tatsache, daß es ›Kunst‹ ist, stören könnten. […] Dies verleiht dem Raum eine gesteigerte Präsenz, wie sie auch andere Räume besitzen, in denen ein geschlossenes Wertsystem durch Wiederholung am Leben erhalten wird. Etwas von der Heiligkeit der Kirche, etwas von der Gemessenheit des Gerichtssaales, etwas vom Geheimnis des Forschungslabors verbindet sich mit chicem Design zu einem einzigartigen Kultraum der Ästhetik. So mächtig sind die wahrnehmbaren Kraftfelder innerhalb dieses Raumes, daß – einmal draußen – Kunst in Weltlichkeit zurückfallen kann, und umgekehrt wird ein Objekt zum Kunstwerk in einem Raum, wo sich mächtige Gedanken über Kunst auf es konzentrieren.« Der ›white cube‹

---

[70] Vgl. ROSALIND KRAUSS, The Originality of the Avant-Garde. A Postmodernist Repetition, in: October 18 (1981), 47–66; SHERRIE LEVINE, Statement, in: ›Mannerism. A Theory of Culture‹ [Ausst.-Kat.] (Vancouver 1982), 48.
[71] BORIS GROYS, Über das Neue. Versuch einer Kulturökonomie (1992; Frankfurt a. M. 1999), 56.
[72] Vgl. GROYS, Unter Verdacht. Eine Phänomenologie der Medien (München 2000).
[73] GROYS (s. Anm. 71), 73.

wird also als zentraler Mechanismus des autopoietischen Systems ›Kunst‹ beschrieben; er wirkt als Schlüsselreiz, der dem Besucher ein bestimmtes Wahrnehmungsverhalten abverlangt; in seiner Präsenz sowie seiner definitorischen Macht, etwas als Kunst erscheinen zu lassen, ist er für O'Doherty das »archetypische Bild der Kunst des 20. Jahrhunderts«[74] bzw. »die einzige bedeutende Konvention des Kunstlebens« (90). Schließlich avanciert der Ausstellungsraum sogar häufig zum eigentlichen Exponat, und die in ihm gezeigten Objekte werden zu bloßen Medien, die gerade dadurch auf den ›white cube‹ aufmerksam machen, daß dieser sie in Kunst verwandelt. O'Doherty zeigt auch auf, wie sehr einige Kunstströmungen (z. B. der Minimalismus) die Existenz eines ›white cube‹ bereits voraussetzen: Der Purismus, den sie verkörpern, verlangt nach einer ebenso reinen Umgebung, in der selbst geringe Differenzen wahrnehmbar sind; inmitten einer Vielfalt an Formsprachen, Mustern oder Materialien fielen dieselben Objekte hingegen kaum auf. Damit stellt der ›white cube‹ jedoch die Autonomie des Kunstwerks in Frage, die er ursprünglich gerade schützen sollte: Anstatt ein Werk von fremden und unangemessenen Kontexten freizuhalten und rein als es selbst zu präsentieren, ist er seinerseits zum beherrschenden und interpretierenden Kontext geworden. Erst in ihm kann sich etwas so als Kunst entfalten, wie es dem Begriff von Kunst entspricht.

II. Die Konstitution des modernen Kunstbegriffs

1. Vorgeschichte

Obwohl es einen Begriff von Kunst in Antike, Mittelalter und früher Neuzeit nicht gibt, so daß die ideengeschichtliche Entwicklung seit dem 17. Jh. auch mehr als nur eine Horizontverschiebung oder -erweiterung darstellt, existieren mit ›technē‹ und ›ars‹ Vorgänger-Begriffe, die lange Zeit als weitgehende Entsprechungen interpretiert und erst dank sorgfältigerer philologischer Forschungen genauer bestimmt wurden.[75] In ihnen sind jeweils sehr verschiedene Disziplinen zusammengefaßt, die neben Bereichen, die heute zu den Künsten gehören, auch Tätigkeiten einbeziehen, die seit Bestehen des modernen Kunstbegriffs dem Handwerk oder der Wissenschaft zugeschlagen werden. Das Gemeinsame aller ›technai‹ bzw. ›artes‹ besteht darin, als lehrbar zu gelten und damit etwas zu sein, das sich vollständig auf Regeln bringen läßt; Ziel der Regelanwendung ist entweder die Bearbeitung eines Materials (z. b. in der Tischlerei oder der Bildhauerei), oder aber der Gegenstand ist ein geistig-immaterieller Stoff (z. B. in der Musik oder der Rhetorik). Letzteres galt als höherrangig, und der Kanon der ›artes liberales‹ (›freien Künste‹) umfaßte lediglich Disziplinen, die in einer theoretischen Beschäftigung bestanden und sich nicht über handwerkliche Tätigkeiten definierten. War das Schema der ›freien Künste‹ bis zum 5. Jh. n. Chr. nicht fixiert, umfaßte es dann fast immer sieben Fächer, die zumindest bis zum 13. Jh. konstitutiv für die Lehrpläne in Klosterschulen blieben und sich in das Trivium (Grammatik, Rhetorik, Dialektik) sowie, darauf aufbauend, das Quadrivium (Arithmetik, Geometrie, Astronomie, Musiktheorie) gliederten. Selbst die ›freien Künste‹ wurden jedoch nicht als Ausdruck besonderen schöpferischen Vermögens geschätzt; vielmehr schloß es insbesondere die christliche Ontologie aus, der Gestaltung durch Menschen mehr als akzidentelle Bedeutung zuzugestehen: Die Substanz des jeweiligen Werkstoffs galt als göttliche Schöpfung; auf sie nimmt der ›Künstler‹ keinen Einfluß, und erst recht vermag er nichts Lebendiges hervorzubringen, sondern hat sich in »una certa umiltà ontologica«[76], in gewisser ›ontologischer Demut‹ zu üben. Die Gestaltung wurde aber auch nicht unter ästhetischen Kriterien betrachtet, weshalb die ›artes liberales‹ nicht als Vorläufer der ›schönen Künste‹ ausgegeben werden können.

---

74 BRIAN O'DOHERTY, In der weißen Zelle. Inside the White Cube, hg. v. W. Kemp (Berlin 1996), 9.
75 Vgl. PAUL OSKAR KRISTELLER, Das moderne System der Künste (1951/1952); in: Kristeller, Humanismus und Renaissance, hg. v. E. Keßler, übers. v. R. Schweyen-Ott, Bd. 2 (München 1975), 164–206, 287–312; GÖTZ POCHAT, Geschichte der Ästhetik und Kunsttheorie (Köln 1986).
76 UMBERTO ECO, Arte e bellezza nell' estetica medievale (Mailand 1987), 137.

Die zahlreichen philosophischen Erörterungen über das Schöne sind seit der Antike kaum den Gegenständen der ›artes‹ gewidmet und beziehen sich vielmehr auf die Schönheit von Formen oder der Schöpfung im allgemeinen, auf die Schönheit des Menschen oder seiner Handlungen. Schönheit wurde dabei als objektive Eigenschaft begriffen, die sich aus bestimmten Merkmalen konstituiert; entsprechend stellte man Regeln zur Erlangung der Schönheit auf, ihre Umsetzung galt ebenso als lehrbar wie eine ›technē‹ bzw. ›ars‹. Seit dem 16. Jh. tauchten jedoch Zweifel an der Definierbarkeit des Schönen auf; es wurde als etwas Rätselhaftes, nicht vollständig Begreifbares – Unaussprechliches – empfunden, womit eine Mystifizierung begann, die, nachdem Schönheit auf die Künste bezogen worden war und der Terminus ›schöne Künste‹ den Begriff der ›freien Kunst‹ abgelöst hatte (vgl. II, 3), ein wichtiges Element des modernen Kunstbegriffs wurde. Ausgerechnet im französischen Rationalismus betonte man diese irrationale Komponente des Schönen, was sich in der Formulierung ›je ne sais quoi‹ (›ein gewisses Etwas‹) ausdrückte, die zuerst nur verwendet wurde, um im Zustand der Verliebtheit die Schönheit und Anmut einer Frau als ›unbeschreiblich‹ zu preisen, sich dann jedoch im Verlauf des 17. Jh. für alle Bereiche des Schönen – gerade auch für die Künste – durchsetzte.[77] Dabei wurde aus dem Bekenntnis, individuell und momentan von etwas Schönem eingenommen und sogar überwältigt zu sein, das Eingeständnis, es lasse sich vielleicht grundsätzlich nicht angeben, was die Schönheit einer Sache ausmache. Dies nahm man einerseits wie alles, was sich dem rationalen Erfassen entzieht und eine vernünftige Weltordnung in Frage zu stellen droht, als Makel und etwas Unheimliches wahr –

Corneille bezeichnete das Schöne als »sans raison«[78] –, andererseits aber wertete es die Schönheit zum Faszinosum auf, unergründlich und geheimnisvoll zu wirken. Sie war damit der Erfassung durch ein ästhetisches Regelwerk entzogen, womit die Künste erstmals nicht mehr als vollständig lehrbare Disziplinen galten. Doch v. a. richtete sich diese Auffassung gegen den Klassizismus und die Vorstellung, die Werke und Regelkanons der Antike wie auch die Normen des Geschmacks seien allgemeinverbindlich und überzeitlich gültig. Innerhalb der ›Querelle des Anciens et des Modernes‹ standen die Vertreter des ›je ne sais quoi‹ also auf der Seite letzterer und bereiteten zugleich den erst im 18. Jh. sich entfaltenden Genie-Begriff vor, dem zufolge jeder bedeutende Künstler allein aus sich heraus, ohne Rücksicht auf bestehende Regeln und ohne Wissen um die Prinzipien seiner Kunst tätig sei. War das ›je ne sais quoi‹ zuerst noch Ausruf einer Verlegenheit, wurde es im weiteren Verlauf zur Basis für eine Aufladung der Kunst zu einem parareligiösen Mysterium. Tradierte Schönheitsnormen wurden nun vielfach abgelehnt, und v. a. im Rokoko eingelösten Stilideal erklärte man Formen, die in ihrer Komplexität oder Vielfalt keine Regel erkennen ließen. Marivaux personifizierte das ›Je ne sais quoi‹ sogar, das sich zum Urheber der Schönheit in Architektur und Malerei erklärt und davor warnt, es in einer bestimmten Form finden zu wollen: »j'en ai mille, et pas une de fixe«[79]. Aber auch der Englische Landschaftsgarten avancierte – gerade als Kontrast zum Französischen Garten – zu einem Muster an Schönheit; seine charakteristische Anlage wurde in Frankreich sogar eigens als ›je ne sais quoi‹ beschrieben.[80]

Dennoch blieb es das Ziel vieler Philosophen, Kunsttheoretiker und Künstler, Gesetzmäßigkeiten des Schönen und damit auch Regeln für die Künste aufzufinden. Der in Reaktion auf das ›je ne sais quoi‹ wohl wichtigste Versuch stammte von William Hogarth und kam damit aus England, wo Francis Bacon, der traditionellen ›ars‹-Auffassung folgend, 1620 im Zuge seiner allgemeinen Fortschrittsbemühungen noch gefordert hatte, man solle alle Werke der ›artes liberales‹ zusammenstellen und die Geschichte ihrer größten Meisterwerke nachvollziehen, um auf ihre Prinzipien zu

---

77 Vgl. ERICH KÖHLER, Je ne sais quoi. Ein Kapitel aus der Begriffsgeschichte des Unbegreiflichen, in: Romanistisches Jahrbuch 6 (1953/1954), 21–59.
78 PIERRE CORNEILLE, Médée (1639), in: Corneille, Œuvres complètes, hg. v. G. Couton, Bd. 1 (Paris 1980), 561.
79 PIERRE MARIVAUX, Le Cabinet du Philosophe, in: Marivaux, Œuvres complètes, Bd. 9 (Paris 1781), 565.
80 Vgl. ADRIAN VON BUTTLAR, Der Landschaftsgarten (Köln 1989), 107.

stoßen und sie systematisch zum Wohl der Menschheit auszubauen.[81] Hogarths kunsttheoretisches Hauptwerk *Analysis of Beauty* (1753) versprach, kaum minder ehrgeizig, bereits im Untertitel, die unsteten Geschmacksideale endlich dadurch zu fixieren, daß ein allgemeines Prinzip des Schönen vorgestellt werde. Kritisiert er es als bequeme Ausflucht, hinter jeder Form von Schönheit und Kunst etwas Geheimnisvolles zu vermuten, setzt Hogarth dem ›je ne sais quoi‹ die ›line of beauty and grace‹, eine sanft geschlängelte Wellenlinie, als Grundlage des Schönen entgegen.[82] Mit Verweis auf gewundene Wege oder Flußläufe, auf Locken und Perücken, aber auch auf die Bewegung eines Bratenwenders oder eines Gesellschaftstanzes führt er aus, daß sie Geist und Auge am stärksten herausfordert und fasziniert. Belegt die Liste unterschiedlichster Beispiele, daß es Hogarth tatsächlich um einen sehr breit und nicht exklusiv angelegten Begriff von Schönheit geht, bei dem die Künste nicht eigens herausgehoben werden, macht die weitere Analyse deutlich, daß die ›line of beauty and grace‹ auch weniger als konkrete Formvorschrift denn als allgemeines Sinnbild des Prinzips der Schönheit gedacht ist. Sie steht für jegliche Erscheinung eines fließenden Übergangs bzw. diskreten Wechsels und verkörpert das rechte Maß zwischen Monotonie (= die Gerade) und Chaos (= eine Linie mit abrupten Richtungsänderungen). Für Hogarth ist deshalb schön bzw. anmutig alles, was sich durch Abwechslung und Variationsreichtum auszeichnet, dabei jedoch harmonisch erscheint. Die Abwehr alles Extremen bringt Hogarths Prinzip der Schönheit in Beziehung zum Klassizismus, während die Forderung nach Vielfalt eher den Vertretern des ›je ne sais quoi‹ entspricht, hier jedoch gerade zur Norm erklärt wird. Zugleich läßt sich das Plädoyer für den mittleren Weg zwischen Einfalt und Regellosigkeit als ästhetische Version der Aristotelischen mesotēs-Lehre[83] deuten, wie denn Hogarth seine Theorie ohnehin auf das Gebiet der Moral auszudehnen sowie als Lebenskunst anzuwenden versucht. Schiller greift in den *Kallias-Briefen* (1793) Hogarths ›line of beauty and grace‹ begeistert auf, bezeichnet sie als »die schönste«[84], da ihre stufenlosen Richtungswechsel ein Indiz dafür seien, daß keine Gewalt oder Willkür im Spiel sei, und erklärt sie daher zum Symbol der Ungezwungenheit, Freiheit und Toleranz. Damit übersteigt ihre Bedeutung wiederum – wie bis zum Ende des 20. Jh. auch bei anderen Rezipienten von Hogarth[85] – den Bereich der Ästhetik und Kunst und reicht ins Moralische: »Das erste Gesetz des guten Tons ists: *Schone fremde Freiheit*. Das zweyte: *zeige selbst Freiheit*.«[86] Äußere Schönheit und Anmut sind für Schiller im weiteren sogar Ausdruck eines guten Charakters bzw. einer ›schönen Seele‹[87], womit er verschiedene Ebenen des ›Schönen‹ in unmittelbare Verbindung miteinander bringt. Er, der als einer der ersten einen exklusiven Begriff von Kunst entwarf (vgl. II, 6), war also zugleich einer der letzten, der einen umfassenden, weit über Kunst hinausgehenden Begriff von Schönheit vertrat.

2. Die Parallelisierung von Poesie und bildender Kunst – ›ut pictura poesis‹

Der moderne Kunstbegriff entwickelt sich vom 16. bis zum 18. Jh., aber bis in die Gegenwart[88] immer wieder im Zuge einer spannungsreichen Auseinandersetzung zwischen Bild und Wort. Beide Bereiche wurden meist sowohl als verwandt wie als miteinander konkurrierend empfunden, während man die Musik insgesamt weniger stark aus dem Verhältnis zu anderen Künsten erklärte; so spielt sie in kunsttheoretischen Debatten, obgleich sie keinen geringeren Status besaß als die anderen Künste, lange Zeit eine eher untergeordnete Rolle und nimmt erst und allein im 19. Jh. eine Schlüsselstellung ein (vgl. III, 4).

Seit dem Ausgang der Renaissance ist das Verhältnis zwischen Bild und Wort bzw. zwischen bil-

---

81 Vgl. FRANCIS BACON, Novum Organon (1620), hg. v. W. Krohn, Bd. 2 (Hamburg 1990), 416f.
82 Vgl. WILLIAM HOGARTH, The Analysis of Beauty (London 1753), 52.
83 Vgl. ARISTOTELES, Eth. Nic. 2, 5.
84 Vgl. FRIEDRICH SCHILLER an Christian Gottfried Körner (23. 2. 1793), in: SCHILLER, Bd. 26 (1992), 215.
85 Vgl. PETER HANDKE, Versuch über den geglückten Tag (Frankfurt a. M. 1991).
86 SCHILLER (s. Anm. 84), 216.
87 Vgl. SCHILLER, Ueber Anmuth und Würde (1793), in: SCHILLER, Bd. 20 (1962), 251–308.
88 Vgl. WILLIAM J. T. MITCHELL, Iconology. Image, Text, Ideology (Chicago 1986).

dender Kunst und Dichtung v. a. bestimmt von der Horazischen Formel ›ut pictura poesis‹.[89] Während die Dichtung damit innerhalb der *Ars poetica* – eher beiläufig – als ähnlich der Malerei charakterisiert wird[90], drehte die Kunsttheorie der Renaissance diese Wendung um und richtete die bildende Kunst am Ideal der Dichtung aus. Diese ambitioniert betriebene Sinnverkehrung erklärt sich aus dem gegenüber Poesie bzw. Rhetorik – aber ebenso gegenüber der Musik(lehre) – bereits seit der Antike niedrigeren Status der bildenden Kunst, die nicht unter die ›artes liberales‹ gerechnet wurde. Auch waren Malerei, Bildhauerei oder Architektur anders als die Dichtung durch keine der antiken Musen vertreten.[91] Um die bildende Kunst zu einer ›freien Kunst‹ aufzuwerten – im Mittelalter war ihr Status unentschieden[92], wobei das Christentum als Buchreligion das Bild immer im Dienste des Texts sah –, mußte man somit darauf dringen, daß Malerei und Bildhauerei als ähnlich der Literatur bzw. als ähnlich den traditionell ›freien Künsten‹ Rhetorik und Grammatik angesehen wurden.

Eine weitere Ursache für das zu Beginn der Renaissance noch geringere Ansehen der bildenden Künste bestand in dem – freilich zufälligen – Umstand, daß aus der Antike keine ihnen gewidmeten Traktate erhalten waren. Das Defizit gegenüber den Sprachkünsten, die ihren höheren Rang der Überlieferung der Poetiken von Aristoteles und Horaz zu verdanken hatten, konnte also nur ausgeglichen werden, indem man plausibel machte, in der Antike seien Poesie und bildende Kunst als Schwesterkünste verstanden worden, alle Poetiken somit zugleich auf Malerei oder Bildhauerei zu beziehen. Neben der Wendung ›ut pictura poesis‹ schien dies v. a. eine bei Plutarch zitierte Aussage des Simonides zu belegen, der zufolge Malerei stumme Dichtung sei, Dichtung aber redende Malerei.[93]

Die Berufung auf diese loci classici war jedoch nicht nur Ausdruck des Ehrgeizes, die bildende Kunst – und die Künstler – gesellschaftlich zu nobilitieren, um so der gestiegenen Bedeutung gerade der Malerei seit Giotto Rechnung zu tragen, sondern die postulierte Verwandtschaft von bildenden und redenden Künsten wurde tatsächlich konsequent verfolgt. Mehr als zwei Jahrhunderte lang orientierten sich Maler und Malereitheoretiker an den antiken Poetiken bzw. an den Systemen der Rhetorik: Bildende Kunst wurde nach deren Kategorien entwickelt und beurteilt, Traktate über Malerei sind nach der Systematik der Rhetorik aufgebaut, und bis in die zweite Hälfte des 18. Jh. galt als selbstverständlich, daß »die Gesetze der Dichtkunst [...] bey nahe so viel Lehrsätze für den Mahler« seien und daß Horaz »für den Künstler, wie für den Dichter, geschrieben«[94] habe.

Diese Orientierung an der Rhetorik zeigte sich etwa bei der Bewertung der verschiedenen Phasen des künstlerischen Prozesses. Wie für einen Redner die ›inventio‹, d. h. die Idee bzw. der Entwurf, als wichtiger angesehen wurde als die ›dispositio‹ – die gemäße Anordnung – oder die ›elocutio‹, d. h. die konkrete Ausgestaltung, so galt auch für den Maler, daß er primär nach seinem ›disegno‹, also nach dem Entwurf und der Wahl des Themas beurteilt wurde. Giorgio Vasari kam deshalb sogar zum Begriff der »arti del disegno«[95] für die bildenden Künste (Malerei, Bildhauerei, Architektur), was 1563 zur Gründung der ›Accademia del Disegno‹ in Florenz führte, womit die bildenden Künste erstmals institutionell von den mechanischen Künsten unterschieden wurden. Damit verbunden war eine Aufwertung ihrer intellektuellen Dimension, während zusammen mit der handwerklichen – mechanischen – Tätigkeit auch die malerische Umsetzung abgewertet wurde.[96] Farbe galt als nicht mehr denn die Tinte des Dichters und wurde als beliebiges Medium angesehen, das zur Qualität eines Werks kaum etwas beiträgt. An-

---

89 Vgl. RENSSELAER W. LEE, Ut pictura poesis. The Humanistic Theory of Painting (New York 1967).
90 Vgl. HORAZ, Ars 361.
91 Vgl. KRISTELLER (s. Anm. 75), 171 f.
92 Vgl. WŁADYSŁAW TATARKIEWICZ, ›Art‹, in: P. P. Wiener (Hg.), Dictionary of the History of Ideas, Bd. 1 (New York 1973), 456–462.
93 Vgl. PLUTARCH, De gloria Atheniensium 3, 346f-347c.
94 CHRISTIAN LUDWIG VON HAGEDORN, Betrachtungen über die Mahlerey (Leipzig 1762), 34.
95 GIORGIO VASARI, Le vite de' più eccellenti pittori scultori ed architettori, hg. v. R. Bettarini/P. Barocchi, Bd. 6 (Testo) (Florenz 1987), 31.
96 Vgl. SCHLOSSER, Die Kunst-Literatur (Wien 1924), 385ff.

II. Die Konstitution des modernen Kunstbegriffs 575

statt die Malerei durch eine differentia specifica zu definieren, war es also über Jahrhunderte hinweg üblich, sie – und die bildende Kunst insgesamt – der Dichtung anzugleichen.

Innerhalb der Renaissance behauptete allein Leonardo eine Eigenständigkeit der Malerei (wenngleich er sie z. T. in Analogie zur Mathematik und damit zu einer anderen freien Kunst bzw. zur Wissenschaft brachte); dabei sah er sie sogar als überlegen gegenüber der Dichtung wie auch gegenüber Musik und Bildhauerei an. Im Wettstreit (›paragone‹) mit der Dichtung zeichnet sie sich dadurch aus, Sichtbares unmittelbar und ohne Übertragung in eine andere Sphäre nachzuahmen – dies ein Argument, das rund 200 Jahre später Abbé Dubos wiederholte, als er der Malerei (wie auch der Musik) besondere Wirkkraft zusprach, da sie mit ›signes naturels‹ (natürlichen Zeichen) operiere und nicht, wie die Poesie, auf ›signes artificiels‹ (künstliche Zeichen) angewiesen sei, mit denen das Darzustellende jeweils erst übersetzt werden müsse.[97] Als weiterer Vorzug der Malerei gilt bei Leonardo – und später bei Dubos –, daß sie gleichzeitig Gegebenes auch simultan zu zeigen vermag, während ein Dichter z. B. die Eindrücke einer Landschaft nur nacheinander beschreiben kann.[98] So übertrifft die Malerei die Dichtung hinsichtlich ihrer mimetischen Fähigkeiten, was freilich andererseits bestätigt, daß sich beide miteinander vergleichen lassen: Darstellung der Natur galt als das gemeinsame Ziel von Dichtung und bildender Kunst.

Dabei ging es weniger um eine genaue Nachahmung der konkreten Wirklichkeit mit all ihren Kontingenzen als vielmehr um die Wiedergabe des allgemeinen Wesens der Dinge. Der Künstler hatte – schon seit Aristoteles – die Aufgabe, seine Darstellung aus einem Wissen um die richtige und damit bestmögliche Verfaßtheit der Dinge heraus zu vollbringen; Gegenstand der Kunst war eine bereits idealisierte und makellose Welt, und die Wahrheit fiel mit der Schönheit zusammen. Nur ein ›pictor doctus‹, der die Eigenschaften der Dinge – ihre Bestimmung und Gestaltung – genau kennt, galt als befähigt, sie in ihrer vollen Schönheit wiederzugeben; umgekehrt war nur das Schöne und damit Idealisierte darstellungswürdig. Aber der Wert eines Kunstwerks richtete sich nicht nur danach, wie viel Wissen über das Dargestellte – und wie viel Schönheit – es beinhaltete, sondern ein Künstler konnte bereits durch die Wahl seines Sujets Kundigkeit unter Beweis stellen. Einmal mehr ist dabei die Orientierung an der Rhetorik offenkundig: Wie ein Redner sich mit der sachgemäßen Darstellung eines historischen Ereignisses besser profilierte als mit einer Erzählung aus seinem eigenen Alltag, gab es auch für die bildende Kunst eine Rangfolge der Gattungen. Es gehört zum Primat des ›disegno‹, daß ein Bild mit einem komplexen mythologischen Stoff, auch wenn es nachlässig gemalt war, mehr Wert haben konnte als ein virtuos ausgeführtes Landschaftsgemälde.

Besonders stark war die Hierarchisierung der Sujets im französischen Klassizismus ausgeprägt, wobei eine Bildgattung um so angesehener war, je mehr Wissen über Geschichte, Begriffe oder auch Wertordnungen sie voraussetzte. Bei André Félibien heißt es: »Celui qui peint des animaux vivants est plus estimable que ceux qui ne representent que des choses mortes & sans mouvement; & comme la figure de l'homme est le plus parfait ouvrage de Dieu sur la terre, il est certain aussi que celui qui se rend l'imitateur de Dieu en peignant des figures humaines, est beaucoup plus excellent que tous les autres.«[99] Während Stilleben oder Landschaftsgemälde also nur einen niedrigen Rang einnahmen, genossen Allegorien, das religiöse bzw. mythologische Gemälde sowie das Historienbild hohe Wertschätzung, wie es überhaupt – als Spezifikation der Idee einer Nachahmung der Natur – zur nobelsten Aufgabe der Malerei erklärt wurde, göttliches sowie menschliches Handeln in erhabenen Situationen darzustellen. 1648 kam es in Paris unter Führung von Charles Le Brun zur Abspaltung des Historienmaler von der Malerzunft (Maîtrise) und zur Gründung einer ›Académie‹, die 1663 von Ludwig XIV. offiziell anerkannt

---

[97] Vgl. JEAN-BAPTISTE DUBOS, Réflexions critiques sur la poësie et sur la peinture (Paris 1719).
[98] Vgl. LEONARDO DA VINCI, Paragone. A comparison of the arts, ital.-engl., hg. u. übers. v. I. A. Richter (London 1949).
[99] ANDRÉ FÉLIBIEN, Entretiens sur les vies et sur les ouvrages des plus excellents peintres (1725), Bd. 5 (Farnborough 1967), 310.

wurde. Damit waren die bildenden Künste endgültig vom Handwerk, dessen Traditionen die Zünfte über Jahrhunderte hinweg streng bewahrten, in den Rang einer ›freien Kunst‹ aufgestiegen, zugleich aber auf die Erfüllung intellektueller Ansprüche bzw. auf die Orientierung an einem Textkanon verpflichtet.[100] Hierbei wurde die Anlehnung an die (antike) Rhetorik-Lehre auf einer weiteren Ebene relevant: Wie es Ziel einer Rede ist, die Zuhörer zu emotionalisieren und ihnen ein Thema, eine Position oder ein Argument möglichst anschaulich und drastisch nahezubringen, sollte auch die Malerei Affekte erzeugen und den Betrachter möglichst lebhaft in das jeweilige Bildgeschehen einbeziehen. Nun bedeutete ›ut pictura poesis‹, daß Malerei und Literatur einander darin ähnlich sind, die verschiedenen Seelenlagen des Menschen ausdrücken und beim Rezipienten wiederum erzeugen zu können.

Als Vorbild für eine Darstellung von Affekten galt für das 17. Jh. bereits seinen Zeitgenossen Nicolas Poussin. Seine Bilder wurden als gemalte Dichtung gepriesen, und am Beispiel eines Gemäldes mit der Darstellung der Manna-Lese (1637–1639) erläuterten Le Brun sowie Félibien auf der sechsten ›Conférence de l'Académie royale de peinture et de sculpture‹ (1667) die Parallelität von Literatur und Malerei.[101] Poussin selbst hatte sich zuvor ebenfalls zu dem Bild geäußert und seine Absicht erläutert, darin eine Vielzahl verschiedener Affekte darzustellen; insbesondere wies er darauf hin, daß sein Bild ›gelesen‹ werden müsse: »Lisez l'historie et le tableau, afin de connaître si chaque chose est appropriée au sujet.«[102] Sofern der Betrachter dank der Komposition sowie einer differenzierten farblichen Gestaltung sukzessive durch

das Bild geführt wird, ist darauf auch eine zeitliche Abfolge untergebracht bzw. eine Erzählung dramatisch umgesetzt. Daß von einer bildlichen Darstellung dennoch vieles nicht ›ablesbar‹ ist, was sich in einem Text mitteilen läßt, wurde kaum eigens erörtert. Dies ist freilich weniger verwunderlich, als es im nachhinein scheinen mag, da die Maler ohnehin überwiegend Sujets wählten, die bereits allgemein bekannt waren; so fiel nicht auf, wenn sich eine Geschichte aus dem Bild allein nicht wirklich erschließt. Daher war auch Originalität in der Themenwahl von untergeordneter Bedeutung; vielmehr konnten die Maler mit einem vertrauten Sujet besser und stärker auf ihr Publikum einwirken.

Im weiteren Verlauf des 17. Jh. wurden freilich die Schwierigkeiten erkannt, die Malerei damit hat, ein Geschehen zu erzählen. Dies führte jedoch nicht zu ihrer Abwertung, und anders als z. T. im Mittelalter wurde sie nicht nur als Illustration eingeschätzt, die abhängig vom Text bleibt; vielmehr fing man an, ihr Eigenwert zuzugestehen und sie gerade zu schätzen, insofern sie sich von Literatur unterscheidet. So hob Roger de Piles, der innerhalb der ›Querelle‹ auf der Seite der ›Modernes‹ stand, gegenüber dem ›disegno‹ die Bedeutung der Farbe hervor. Diese wurde nun zur differentia specifica der Malerei, was zugleich das ›ut pictura poesis‹-Prinzip relativierte. Das Ziel der Malerei besteht für de Piles auch nicht mehr darin, daß ein Bild diskursiv ›gelesen‹ werden kann, sondern daß es auf einmal, in einem plötzlichen Aufleuchten, seinen Inhalt vermittelt. Dazu hat der Maler auf eine Ausarbeitung von Details zu verzichten, da diese den Betrachter zu einer sukzessiven ›Lektüre‹ verleiten. Dafür soll das Bild in großen Massen und nicht kleinteilig aufgebaut sein, wobei de Piles Tizian und Rubens als Vorbilder hervorhebt. Komposition sowie Malweise konstituieren nun den Wert eines Kunstwerks mehr als sein Sujet, wie überhaupt eine Überfrachtung der Bilder mit Sinngehalt abgelehnt wird.[103]

Doch zu einer ausdrücklichen Distanzierung vom ›ut pictura poesis‹-Theorem kam es erst in der zweiten Hälfte des 18. Jh., nachdem kurz zuvor die Hauptvertreter der Schweizer Aufklärung, Bodmer und Breitinger, die Parallelen von Dichtkunst und Malerei nochmals stark zu machen ver-

---

100 Vgl. NORMAN BRYSON, Word and Image. French Painting of the Ancien Régime (Cambridge 1981), 30.
101 Vgl. FÉLIBIEN (Hg.), Conférences de l'Académie royale de peinture et de sculpture (Paris 1769), 76–107.
102 NICOLAS POUSSIN an Paul Fréart de Chantelou (28. 4. 1639), in: Poussin, Lettres et propos sur l'art (Paris 1989), 45.
103 Vgl. ROGER DE PILES, Cours de peinture par principes (Paris 1708).

sucht hatten.[104] Der Bruch mit dieser Tradition erfolgte in Deutschland durch Lessings Schrift *Laokoon: oder Über die Grenzen der Mahlerey und Poesie* (1766) und ein Jahr später in Frankreich durch Denis Diderot, der die Formel in seiner Salon-Kritik von 1767 zu ›ut pictura poesis non erit‹ abwandelte[105] und feststellte: »Ce qui fait bien en peinture fait toujours bien en poésie, mais cela n'est pas réciproque.«[106] Ähnlich ist für Lessing, der in seiner Schrift die Eigenheiten von bildender Kunst und Literatur herausstellt, die Dichtung »die weitere Kunst«, da sie sich nicht nur über den visuellen Sinn vermittelt und mehr als einen Moment umfassen kann; er hebt hervor, »daß ihr Schönheiten zu Gebothe stehen, welche die Mahlerey nicht zu erreichen vermag«[107]. Die Möglichkeiten der Malerei sieht Lessing stark beschränkt, sie könne »nur einen einzigen Augenblick der Handlung nutzen, und muß daher den prägnantesten wählen, aus welchem das Vorhergehende und Folgende am begreiflichsten wird«[108]. Malerei und Dichtung sind für ihn nicht mehr Schwesterkünste, sondern lediglich »zwey billige freundschaftliche Nachbarn«[109].

Während das ›ut pictura poesis‹-Dogma seit der Renaissance auf die Malerei bezogen worden war und Lessing diese im Titel seiner Schrift auch als Gegenstand seiner Untersuchung erwähnt, gelangt er zur Bestimmung der Grenzen bildender Kunst anhand der Skulptur und insbesondere der – ebenfalls im Titel erwähnten – Laokoon-Gruppe. Seine Ablehnung einer narrativen Struktur bildender Kunst fällt damit überzeugender aus, als wenn er sie am Beispiel eines Malers wie Poussin darzulegen versucht hätte. Aber diese einseitige Orientierung an der Skulptur prägt ebenso seine positive Bestimmung der bildenden Kunst. So hebt er als ihre besondere Fähigkeit hervor, schöne Körper und Formen darzustellen; hierbei sei sie der Dichtung überlegen, die dem inneren Auge des Lesers keine wirklichen Gestalten präsentieren könne, da sie dazu vieler Adjektive bedürfe, die notwendig nacheinander aufgenommen würden, was ein klares Gesamtbild verhindere.

Dennoch soll auch die Rezeption von bildender Kunst nicht in einem einmaligen Erfassen bestehen, und selbst wenn sie nur einen einzigen Augenblick zu zeigen vermag, soll sie – so Lessing –

»nicht bloß erblickt, sondern [...] lange und wiederhohlter maassen betrachtet [...] werden«[110]. Gegenüber einem sukzessiven ›Lesen‹ des Kunstwerks deutet sich hier ein grundsätzlich neuer, v. a. von Winckelmann (vgl. II, 5) initiierter Umgang mit bildender Kunst an: Sie hat nicht mehr zu unterhalten, indem sie etwas erzählt und den Betrachter in eine Geschichte hineinzieht, sondern sie wird zum Anlaß für eine Reflexion über die schöne Form; anstatt eine Abfolge (an der Rhetorik geschulter) emotionaler Momente zu bieten, verlangt sie verstärkt die Aktivität des Rezipienten. Erst durch dessen Meditation eröffnen sich die Potentiale des Werks. Der ab dem späten 18. Jh. wirksame Topos von der Unendlichkeit bzw. Unausdeutbarkeit des Kunstwerks ist hier zwar noch nicht explizit formuliert, bereitet sich jedoch schon vor (vgl. II, 6).

3. Die Systematisierung der Künste im 18. Jahrhundert

Lessing stieß mit seiner Abkehr vom ›ut pictura poesis‹-Schema bei Malern und Bildhauern kaum auf Widerstand, hatte doch deren ursprüngliches Interesse an einer Parallelisierung ihrer Tätigkeit mit der Poesie sein Ziel erreicht: Mittlerweile war die bildende Kunst so anerkannt, daß sie in den Kunst-Systemen auf derselben Stufe wie Dichtung – oder auch Musik – auftauchte. Entscheidende Verschiebungen ereigneten sich dabei in Frankreich während der ersten Hälfte des 18. Jh. Gab es im *Traité du beau* (1715) von Jean-Pierre de Crousaz noch kein eigenes Kapitel über die bildenden Künste, da als Hauptformen der Schönheit die Wissenschaften, die moralische Tugend, die Rede-

---

104 Vgl. BREITINGER, 3 ff., 29 ff.; BODMER, 27 ff.
105 Vgl. HUBERTUS KOHLE, Ut pictura poesis non erit. Denis Diderots Kunstbegriff (Hildesheim 1989).
106 DENIS DIDEROT, Salon de 1767, in: Diderot, Salons, hg. v. J. Seznec/J. Adhémar, Bd. 3 (Oxford 1967), 108.
107 GOTTHOLD EPHRAIM LESSING, Laokoon: oder Über die Grenzen der Mahlerey und Poesie (1766), in: LESSING (LACHMANN), Bd. 9 (1893), 61.
108 Ebd., 95.
109 Ebd., 107.
110 Ebd., 19.

kunst sowie die Musik angesehen wurden, verkörpern die bildenden Künste (Malerei, Plastik, Architektur) für Yves Marie André in seinem *Essai sur le beau* (1741) bereits einen ebenso wichtigen Typus von Schönheit wie Dichtung, Rhetorik und Musik. Sind letztere auf den Geist gerichtet, repräsentieren jene die Schönheit der sichtbaren Welt.

Doch den stärksten − internationalen − Einfluß auf die weitere Kodifizierung der Künste hatte Charles Batteux mit seinem Werk *Les beaux arts réduits à un même principe* (1746), in dem die verschiedenen ›schönen Künste‹ erstmals als gleichrangig ausgegeben, wenngleich nicht in gleicher Ausführlichkeit behandelt werden. So ist die bildende Kunst nicht eigens besprochen, da Batteux − in ›ut pictura poesis‹-Tradition − zwischen ihr und der Poesie eine »grande conformité« zu erkennen glaubt; deshalb genüge es zur Erläuterung der Malerei, »de changer les noms, & de mettre Peinture, Desseing, Coloris, à la place de Poësie, de Fable, de Versification«[111].

Mit Batteux setzt sich ein neuer Sammelbegriff für die Kunst durch; ihr Bezug auf das Schöne und nicht mehr, wie bei den ›artes liberales‹, ihre geistige − im Unterschied zu einer handwerklichen − Ausrichtung wird nun zum entscheidenden Merkmal, nachdem bereits 1690 Charles Perrault in *Le cabinet des Beaux Arts* acht Disziplinen (Rhetorik, Dichtung, Musik, Architektur, Malerei, Bildhauerei, Optik, Mechanik) als ›schöne Künste‹ identifiziert und ausdrücklich von den ›freien Künsten‹ abgehoben hatte.[112] Gemäß Batteux haben alle schönen Künste das Vergnügen (plaisir) zum Gegenstand und sind zu trennen von den mechanischen Künsten, die auf die unmittelbaren Lebensbedürfnisse des Menschen reagieren, sowie von einer dritten Gattung, nämlich den Künsten, denen eine Mischung aus Schönheit und Bedürfnisbefriedigung eigentümlich ist.[113] Gehören für Batteux zu den schönen Künsten Musik, Poesie, Malerei, Bildhauerei und Tanz, so besteht jene dritte Gattung aus Rhetorik und Architektur. Dieses Schema von insgesamt sieben Künsten wurde wohl auch deshalb häufig übernommen, weil es an die Anzahl der ehemaligen ›artes liberales‹ erinnerte. So taucht dieselbe Gliederung der Künste nur wenige Jahre später in Deutschland bei Moses Mendelssohn auf, wird jedoch anders erläutert. Während nämlich Batteux die Nachahmung der Natur als Prinzip aller Künste identifizierte, begreift Mendelssohn sie von ihrer Wirkungsweise her. Bei den Künsten seien »alle Triebfedern der menschlichen Seele mehr in Bewegung«[114] als sonst, vermitteln sie doch in ihrer Schönheit jeweils eine »sinnlich vollkommene Vorstellung« (177). Wäre Nachahmung das Prinzip der schönen Kunst, hätte sie keinen Bezug zur Natur und deren Schönheit, die als göttliche Schöpfung ursprünglich und nicht lediglich nachgeahmt ist. Für Mendelssohn ist das Naturschöne im Ganzen sogar überwältigender als das Kunstschöne, andererseits jedoch nur »zerstreuet« (174) anzutreffen, weshalb es vom Künstler konzentriert und idealisiert werden muß. Anders als Batteux teilt Mendelssohn die Künste danach ein, wie sie die Seelenkräfte affizieren, und rekurriert dabei auf die Unterscheidung zwischen natürlichen und künstlichen Zeichen, so daß Dichtkunst und Beredsamkeit von den anderen Künsten getrennt und mit dem eigenen Terminus ›schöne Wissenschaften‹ (belles lettres) benannt werden. Ihr Feld ist das weitere, da sie auch Gegenstände der Phantasie oder Gedanken darstellen können; ferner sind sie in der Lage, an alle Sinne zu appellieren, während die auf natürliche Zeichen angewiesenen Künste jeweils nur einen Sinn ansprechen und »entweder in die Werkzeuge des Gehörs, oder in die Werkzeuge des Gesichts« wirken (184). »Für die übrigen Sinne sind uns noch keine schöne Künste bekannt«, fährt Mendelssohn fort, worin sich die über Jahrhunderte hinweg verbreitete Überzeugung spiegelt, daß allein die beiden Distanzsinne Auge und Ohr zur Erfahrung des Schönen fähig seien (»car les autres sens sont stériles pour les beaux Arts«[115]).

Selbst zu Beginn des 19. Jh. findet sich Batteux' Siebenteilung der Künste noch in den *Vorlesungen über schöne Literatur und Kunst* (1801–1804) von Au-

---

111 BATTEUX (1746), 247.
112 Vgl. CHARLES PERRAULT, Le cabinet des Beaux Arts (Paris 1690), 1 f.
113 Vgl. BATTEUX (1746), 6 f..
114 MOSES MENDELSSOHN, Über die Hauptgrundsätze der schönen Künste und Wissenschaften (1757), in: Mendelssohn, Ästhetische Schriften in Auswahl, hg. v. O. F. Best (Darmstadt 1986), 173.
115 BATTEUX (1746), 38.

gust Wilhelm Schlegel, dessen Vater, Johann Adolf Schlegel, im übrigen der erste Batteux-Übersetzer war. Jedoch wird die Systematik wiederum anders begründet, obgleich Schlegel wie Batteux Architektur und Redekunst eine Sonderstellung einräumt und eine weitere Unterscheidung von seinem französischen Vorbild übernimmt, die der Vorstellung von Auge und Ohr als einzigen kunstfähigen Sinnen korrespondiert. So werden zwei Kunstgattungen auseinandergehalten, »solche die simultan und die successiv darstellen«; dabei ist das Auge ersteren – den in der »äußern Anschauung« präsenten Künsten – zugeordnet, das Ohr den Künsten, die sich zeitlich – »für den innern Sinn«[116] – entfalten, was Schlegel darauf bringt, der Tanzkunst eine Sonderrolle zuzusprechen, da sie »weder bloß simultan noch bloß successiv, sondern beydes zugleich« ist: »Sie ist also eine wahre Combination der beyden Haupt-Darstellungsarten, und macht das verbindende Mittelglied [...] aus.« (271 f.) Daher ist die Tanzkunst den anderen Künsten überlegen, was auch Goethe mutmaßte, als er ironisch feststellte, sie könnte »mit Recht« zumindest »alle bildenden Künste zu Grunde richten«[117]. Für Schlegel liegt im Tanz zugleich der Ursprung aller Künste: Anfangs hätten sich darin »die drey Arten des natürlichen Ausdrucks durch Gebehrden, durch Töne und durch Worte nothwendig beysammen« gefunden, woraus dann (die wiederum in Malerei und Bildhauerei sich unterteilende) bildende Kunst, Musik und Dichtung als die »drey natürlichen Künste« entstanden seien; entsprechend wird der Tanz zur »einzigen Ur-Kunst«, in der »der Keim des ganzen vielästigen Baumes beschlossen [liegt], zu welchem sich nachher die schöne Kunst entfaltet hat«[118]. Von den (fünf) primären schönen Künsten wiederum sind für Schlegel allein Plastik und Poesie dazu geeignet, durch eine Kombination mit dem Nützlichen weitere Künste zu ergeben, nämlich Architektur und Rhetorik. Musik und Tanz seien zu flüchtig, Malerei als Kunst des bloßen Scheins zu unfaßlich – so das etwas bemüht wirkende Argument –, um zu Werken führen zu können, die sich gebrauchen ließen.[119]

Wie Schlegel greift auch Kant innerhalb der *Kritik der Urteilskraft* (1790) auf die drei Dimensionen des ›natürlichen Ausdrucks‹ zurück, um seine Typologie der Künste zu rechtfertigen. Nachdem er Schönheit als »*Ausdruck* ästhetischer Ideen«[120] definiert hat, unterscheidet er darin (1) Bedeutung, (2) Gestik und Mimik sowie (3) Artikulation bzw. Modulation. Im ›Ausdruck‹ verbinden sich somit »Gedanke, Anschauung und Empfindung«, was auf die Unterteilung in »die *redende*, die *bildende*, und die Kunst *des Spiels der Empfindungen*« (258) führt, wobei in jeder ein anderer Aspekt dominiert. Kant bestreitet freilich – anders als Schlegel –, daß Kunstformen, die verschiedene Ausdrucksdimensionen in sich vereinen, ›reinen‹ Typen überlegen sein könnten, weshalb der Tanz bei ihm nur eine untergeordnete Rolle spielt[121], während er andererseits etliches zu den Künsten zählt, was in anderen Systematiken derselben Zeit nicht auftaucht. Insbesondere die bildende Kunst umfaßt bei Kant zahlreiche Gebiete, nämlich neben Malerei, Bildhauerei und Architektur die Lustgärtnerei, Tapeten, Zierrat, sogar Schmuck, Kleidung oder Kosmetik – was den Einfluß einer höfischen (Fest-)Ästhetik belegt[122], jedoch am Ende des 18. Jh. durchaus noch üblich war; so zählt z. B. Carl Heinrich Heydenreich in der deutschen (erweiterten) Fassung des ursprünglich französischen *Aesthetischen Wörterbuchs über die bildenden Künste* (1793/1794) Tanzkunst, Schauspielkunst und Gartenkunst zu den bildenden Künsten.[123] Zum Spiel der Empfindungen gehört für Kant neben der Musik die Farbenkunst, wobei ebenfalls an primär höfische Spektakel wie Feuerwerke oder das von Abbé Castel erfundene Farbenklavier gedacht sein dürfte, ein beliebtes und besonders umstrittenes Sujet der Kunsttheorie des ausgehenden 18. Jh.[124] Als ledig-

---

116 AUGUST WILHELM SCHLEGEL, Vorlesungen über schöne Litteratur und Kunst (1801–1804), in: Schlegel, Kritische Ausgabe der Vorlesungen, hg. v. E. Behler, Bd. 1 (Paderborn 1989), 267.
117 JOHANN WOLFGANG GOETHE, Maximen und Reflexionen über Kunst (entst. 1800–1816), in: GOETHE (WA), Abt. 1, Bd. 48 (1897), 181.
118 A. W. SCHLEGEL (s. Anm. 116), 271 f.
119 Vgl. ebd., 274.
120 IMMANUEL KANT, Kritik der Urtheilskraft (1790), in: KANT (WA), Bd. 10 (1974), 257.
121 Vgl. ebd., 264.
122 Vgl. ebd., 259 ff.
123 Vgl. ›Kunst‹, in: HEYDENREICH, Bd. 2 (1794), 437.
124 Vgl. KRISTELLER (s. Anm. 75), 312.

lich »angenehme Künste«, »die weiter kein Interesse bei sich führen, als die Zeit unvermerkt verlaufen zu machen«[125], werden von Kant hingegen Tafelmusik oder Tischdekoration herabgestuft; sie gewähren – so seine Begründung – keine geistige Anregung und sind ein rein sinnliches Vergnügen. Innerhalb der schönen Künste – Kant verwendet freilich auch schon den Kollektivsingular »schöne Kunst« (239) – erkennt er der Dichtung »den obersten Rang« (265) zu; sie sei den anderen Künsten überlegen, da sie besonders stark auf die Einbildungskraft einwirke und zudem eine kultivierende Wirkung auf das Gemüt ausübe. Die Musik vermag es zwar, ähnlich zu stimulieren wie die Dichtung und sogar »mannigfaltiger« und »inniglicher« zu bewegen, doch ist sie »mehr Genuß als Kultur« (267), indem den von ihr ausgelösten Empfindungen eine begrifflich-intellektuelle Dimension abgeht. Diese beinhaltet hingegen die bildende Kunst, die wie die Dichtung nicht nur anregt, sondern den Gemütskräften zugleich ein Thema gibt und so »das Feld der Anschauung [...] erweitern kann« (270). Bildende Kunst sowie Dichtung besitzen für Kant zudem den Vorteil einer »Urbanität« (269), indem sie sich nicht ungewollt aufdrängen. Ohnehin ist Kant gegen jegliche Kunst, die etablierte Geschmacksregeln verletzt oder provoziert, und obwohl er einer der Urheber des Geniebegriffs ist, der für das Verständnis der Kunst seit dem späten 18. Jh. zentrale Bedeutung erlangte, warnt er zugleich davor, bei der Beurteilung von Kunstwerken Genialität über den allgemeinen Geschmack zu stellen.[126] Dessen Berücksichtigung ist auch der Grund dafür, daß Kant nicht nur ausgewählte – geniale – Meisterwerke zu den schönen Künsten zählt, sondern eine eher liberale Auffassung hinsichtlich der Grenzen der Kunst hat. Verbindlich ist für ihn lediglich jene Dreigliederung,

die im übrigen als kleinster gemeinsamer Nenner fast aller Kunstsysteme des 18. und 19. Jh. gelten kann. Eine Ausnahme bildet etwa Baumgarten, der lediglich die bildenden Künste (Malerei und Bildhauerei) sowie die Musik unter die schönen Künste zählt, Dichtung bzw. Rhetorik jedoch als eigene Gruppe sieht.[127]

Jenseits dieses kleinsten gemeinsamen Nenners bestehen jedoch erstaunlich große Differenzen zwischen den einzelnen Systemen der Kunst und ihren jeweiligen Herleitungen. Zu widersprechen ist damit der seit Kristeller üblichen Auffassung, das moderne System »der fünf maßgebenden Künste« (Malerei, Bildhauerei, Architektur, Musik und Dichtung) habe im 18. Jh. »seine endgültige Form«[128] angenommen: Weder taucht (wie die bisherigen Beispiele bereits belegen) ein solches System häufig auf – z.B. zählt die Architektur nur unregelmäßig zu den Künsten, häufiger hingegen Rhetorik, Schauspielkunst oder Tanz –, noch wird der Korpus der Künste oder gar ihr Verhältnis zueinander jemals ›endgültig‹ gefaßt. Vielmehr bleibt es dauerhaft Diskussionsthema, wie eng oder weit der Kanon der Künste fixiert werden soll. So heißt es in Johann Christoph Adelungs *Grammatisch-kritischem Wörterbuch der Hochdeutschen Mundart*, in dem am Ende des 18. Jh. im übrigen noch sechs Bedeutungen von ›Kunst‹ unterschieden werden, über die schönen Künste: »Dahin gehören die Tonkunst, die Mahlerkunst mit ihrer Schwester der Kupferstecherkunst, die Baukunst, die Bildnerkunst, die Redekunst, die Dichtkunst, die Tanzkunst, die Schauspielkunst, und wenn man will noch andere mehr.«[129] Was Kristeller als die Regel aufzuweisen versucht, ist in Wirklichkeit also eher die Ausnahme bzw. *ein* Schema neben anderen, das wohl am prominentesten von Jean d'Alembert im *Discours préliminaire* der *Encyclopédie* (1751) vertreten wurde. Er greift Francis Bacons Dreiteilung des Wissens in Philosophie, Geschichte und Dichtung auf und erweitert letztere zum Begriff der »beaux Arts«[130], die aus jenen fünf Künsten bestehen sollen, wobei das ›ut pictura poesis‹-Prinzip sogar noch über die Malerei hinaus ausgedehnt wird.

Es differieren aber nicht nur Umfang und Anordnung der schönen Künste, sondern es wird z.T. auch Kritik an ihrem Begriff geübt. Der zu seiner

---

125 KANT (s. Anm. 120), 239, 240.
126 Vgl. ebd., 256 f.
127 Vgl. HANS RUDOLF SCHWEIZER, Einführung, in: BAUMGARTEN (DT), XI.
128 KRISTELLER (s. Anm. 75), 165.
129 ›Die Kunst‹, in: ADELUNG, Bd. 2 (²1796), 1832.
130 JEAN LE ROND D'ALEMBERT/DIDEROT, Discours préliminaire (1751), in: DIDEROT (ENCYCLOPÉDIE), Bd. 1 (1751), XIII.

II. Die Konstitution des modernen Kunstbegriffs 581

Zeit einflußreiche Kunsttheoretiker Carl Heinrich Heydenreich bezeichnet ihn in seinem *System der Ästhetik* (1790) als »äußerst vag und nichtssagend«, »denn Schönheit in der Kunst heißt im allgemeinen nichts anders, als höchste Vollendung, Vollkommenheit«[131]. Da das Prädikat ›schön‹ für die Künste »schlechterdings nicht charakteristisch« sei und keine differentia specifica benenne, schlägt er den Begriff »Künste der Empfindsamkeit« bzw. »Künste der Empfindung und Phantasie« (222 f.) vor. Dabei bleibt er freilich der herrschenden Ansicht insofern treu, als er allein die beiden Distanzsinne, d. h. den visuellen und den akustischen Sinn für befähigt hält, »Darstellungen bestimmter Zustände der Empfindsamkeit aufzunehmen; Gefühl, Geschmack und Geruch vermögen es nicht« (224). Doch selbst diese Auffassung läßt sich nicht als gemeinsamer Nenner der Kunsttheorie des 18. Jh. identifizieren, da es zumindest in Herder eine prominente Gegenstimme gab. In seiner Abhandlung über *Plastik* (1778) wendet er sich dagegen, Malerei und Bildhauerei gemeinsam als bildende Künste zu klassifizieren und entsprechend zu parallelisieren, wie es Lessing besonders eifrig machte; vielmehr stellt Herder fest, »daß kein einziges Gesetz, keine Bemerkung, keine Würkung der Einen, ohn Unterschied und Einschränkung auf die andre paße«, weshalb Malerei und Plastik eigentlich auch nur als »Halbschwestern«[132] ausgegeben werden könnten. Die Plastik wird für ihn nicht primär über die Augen, sondern durch den haptischen Sinn erfaßt, den er als gleichberechtigt anerkennt: »Es gibt also in uns einen Sinn für Flächen, Töne, Formen, und wenns dabei aufs Schöne ankommt, drei Sinne für drei *Gattungen der Schönheit*, die unterschieden seyn müssen, wie *Fläche, Ton, Körper*.«[133]

Selbst im 19. Jh. gibt es kein kanonisches System der Künste, sondern immer wieder neue Einteilungsversuche, bei denen z. T. auch Unerwartetes plötzlich in den Rang einer schönen Kunst erhoben wird. Häufig werden ambitionierte Typologien entworfen, die insofern traditionell anmuten, als sie die spätestens in der Romantik stattfindende Autonomisierung und Hypostasierung der Kunst (vgl. III, 2) nicht oder nur teilweise mitvollziehen; sie umfassen deshalb eine Vielzahl ästhetischer Phänomene und verzichten auf eine strenge Hierarchisierung. Versucht man etwa, die Anzahl der Künste zu bestimmen, die Bernard Bolzano 1845 in seiner *Eintheilung der schönen Künste* auflistete, verliert man sich leicht in den vielen Verästelungen. Es sind jedenfalls weit über fünfzig, darunter z. B. Möbel, die Schönschreibekunst, Kunststreitereien oder Fackelzüge und selbst damals noch nicht existierende, allein aus Systemzwang genannte Formen wie abstrakte Gemälde (»Farben ohne Gestalt«[134]); auch die Daguerrotypie erwähnt Bolzano bereits als eigene Spielart schöner Kunst.[135] Freilich nimmt der philosophische Ehrgeiz hinsichtlich einer strengen Gliederung der Künste im Verlauf des 19. Jh. ab; dafür entstehen lebhafte Debatten darüber, ob neue ästhetische Phänomene wie gerade die Fotografie – oder etwas später der Film – als Kunst anerkannt werden sollen.[136] Bis in die Gegenwart ist ein definitives System der Künste also nicht vorhanden.

4. Nutzen und Nachteil der Kunst – ›delectare et prodesse‹

Schon im Barock und verstärkt innerhalb der Aufklärung konzentrieren sich umfassende Erwartungen auf die Künste. Man traut ihnen zunehmend mehr zu, wobei sie auch instrumentalisiert und als höchst leistungsfähige Medien im Dienste anderer – z. B. moralischer oder religiöser – Zwecke verstanden werden. Hatte man sie schon seit der Renaissance als wichtiges Mittel zur Stärkung des

---

131 CARL HEINRICH HEYDENREICH, System der Ästhetik (Leipzig 1790), 220 f.
132 JOHANN GOTTFRIED HERDER, Plastik (1778), in: HERDER, Bd. 8 (1892), 14 f.
133 Ebd., 15 f.; vgl. HERDER, Kritische Wälder. Oder Betrachtungen über die Wißenschaft und Kunst des Schönen. Viertes Wäldchen (1769), in: HERDER, Bd. 4 (1878), 3 ff.
134 BERNARD BOLZANO, Über die Eintheilung der schönen Künste (1845), in: Abhandlungen der königlichen Böhmischen Gesellschaft der Wissenschaften, 5. Folge, Bd. 6 (Prag 1851), 176.
135 Vgl. ebd., 167.
136 Vgl. GERHARD PLUMPE, Der tote Blick. Zum Diskurs der Photographie in der Zeit des Realismus (München 1990).

Glaubens gewürdigt[137], rekurrierte man im 17. und 18. Jh. insbesondere auf die Formel des ›delectare et prodesse‹, um ihre spezifische Qualität zu benennen. Diese Formel folgt dem Vers »aut prodesse volunt aut delectare poetae«[138] (entweder nützen/belehren oder erfreuen/unterhalten wollen die Dichter) aus der *Ars poetica* des Horaz. Gegenüber dem originalen Wortlaut ist jedoch eine vierfache Abwandlung zu bemerken. Während Horaz die Intention allein der Dichter benennt, wird daraus üblicherweise eine Funktionsbestimmung aller Künste abgeleitet: Es sei ihr Vermögen (und nicht nur ihre Absicht), zu erfreuen und zu nutzen bzw. zu unterhalten und zu belehren. Findet hiermit bereits auf doppelte Weise eine Ausweitung bzw. Aufwertung der Aussage des Horaz statt, so mutiert die Alternative von ›prodesse‹ und ›delectare‹ (aut – aut) – die Unterscheidung zwischen ›ernster‹ und ›unterhaltender‹ Kunst – zu einer Duplizität (et), was freilich durch den Folgevers der *Ars poetica* legitimiert werden kann, demzufolge die Absicht des Dichters darin bestehen könne, »simul iucunda et idonea dicere« (zugleich sowohl Angenehmes als auch Passendes sagen). Schließlich wird die Reihenfolge von ›prodesse‹ und ›delectare‹ vertauscht; dies geschieht allerdings nicht konsequent, und beinahe gleichberechtigt sowie mit derselben Bedeutung taucht auch die Wendung ›prodesse et delectare‹ auf. Ohnehin ist für Barock und Aufklärung das ›prodesse‹ wichtiger als das ›delectare‹. Wird letzteres dennoch vorangestellt, ist damit eine zeitliche Sukzession für den Rezipienten sowie eine Steigerung bzw. Finalität ausgedrückt:

Damit ein Kunstwerk ›prodesse‹ kann, muß es zuerst ›delectare‹, und um das Ziel eines Nutzens bzw. einer Belehrung zu erreichen, ist eine gefällige Präsentation unabdingbar. Schon Grimmelshausen begründet,»daß ich aber zu zeiten etwas possierlich auffziehe/ geschiehet der Zärthling halber/ die keine heilsamen Pillulen können verschlucken/ sie seyen dann zuvor überzuckert vnd vergült«[139]. Das Kunstwerk wird somit als süße Verpackung bzw. Köder für eine sonst vielleicht spröde Lehre interpretiert. Die Fabel oder das moralische Lehrgedicht gelten hierfür als Mustergattungen,»welches die alleranmuthigste Art zu lehren ist/ und bey denselben/ die sonst nicht so gar erfahren sind/ zum meisten verfängt: in dem Sie hierdurch ohn allen Zwang und mit einer sondern Lust/ fast spielend zur Tugend/ und dem was nützlich ist/ angeführet werden«[140], wie es Augustus Buchner, Poetikprofessor der Universität Wittenberg, in seiner *Anleitung zur deutschen Poeterey* (1665) formulierte.

In der ersten Hälfte des 18. Jh. wandelt sich das Verständnis des ›prodesse‹, und anstatt einer konkreten Belehrung und Unterweisung wird zunehmend die moralische Läuterung zur Aufgabe der Kunst erklärt. Hatte Johann Christoph Gottsched in seinem *Versuch einer Critischen Dichtkunst vor die Deutschen* (1730) von der Literatur noch erwartet, sie solle bestimmte moralische Lehrsätze effektiv vermitteln, setzt Lessing in seinem *Briefwechsel mit Mendelssohn und Nicolai über das Trauerspiel* (1756/ 1757) bereits andere Akzente: Nun wird sittliche Läuterung als Aufgabe der Dichtung – und v. a. des Theaters – beschrieben; sie soll dadurch erreicht werden, daß der Rezipient sich mit dem Hauptprotagonisten identifizieren kann, angesichts von dessen Unglück mitleidet und voll Furcht begreift, wie leicht ihn dasselbe Schicksal treffen könnte. Das Kunstwerk weckt also via Einfühlungsvermögen die Vernunft, die dann ihrerseits selbsttätig über das Gute zu entscheiden vermag und dies nicht nur schön verpackt serviert bekommt, ohne selbst darüber nachdenken zu müssen.

Innerhalb der französischen Aufklärung formulierte Denis Diderot, dessen *Encyclopédie*-Artikel über ›Art‹ noch die alte Unterscheidung zwischen ›artes liberales‹ und ›artes mechanicae‹ referiert

---

137 Vgl. LEON BATTISTA ALBERTI, Della pittura (1435), hg. v. L. Mallé (Florenz 1950), 89; LEONARDO, [Trattato della pittura] Das Buch von der Malerei (entst. ca. 1490–1498; veröffentl. 1651), ital.-dt., hg. u. übers. v. H. Ludwig, Bd. 1 (Wien 1882), 21; GIOVANNI PAOLO LOMAZZO, Trattato dell'arte della pittura, scultura, et architettura, Bd. 2 (Rom 1844), 63–65; LEE (s. Anm. 89), 32–34.
138 HORAZ, Ars 333.
139 HANS JACOB CHRISTOFFEL VON GRIMMELSHAUSEN, Simplicius Simplicissimus (1668/1669), in: Grimmelshausen, Werke, Abt. 1, Bd. 1, hg. v. D. Breuer (Frankfurt a. M. 1989), 563.
140 AUGUSTUS BUCHNER, Anleitung zur deutschen Poeterey (1665), hg. v. M. Szyrocki (Tübingen 1966), 29 f.

II. Die Konstitution des modernen Kunstbegriffs

hatte[141], ein ähnliches Modell von ›delectare et prodesse‹, als er sich in seinen Salon-Kritiken für eine ›peinture morale‹ aussprach. Dabei schätzte er Darstellungen menschlichen Handelns, die das Gemüt des Betrachters zuerst erregen, ihn begeistern (delectare) und schließlich zur Identifikation mit der jeweiligen (Moral-)Lehre beitragen, also läutern und Orientierung geben (prodesse) sollten. In der Kritik von 1763 exemplifizierte Diderot dies anhand eines Gemäldes von Jean-Baptiste Greuze und führte dessen überwältigende Wirkung auf das Publikum als Beweis dafür an, daß bildende Kunst einen der Literatur ebenbürtigen Beitrag zur allgemeinen Erziehung bzw. Aufklärung zu leisten vermag:»Quoi donc! le pinceau n'a-t-il pas été assez et trop longtemps consacré à la débauche et au vice? Ne devons-nous pas être satisfait de le voir concourir enfin avec la poésie dramatique à nous toucher, à nous instruire, à nous corriger et à nous inviter à la vertu?«[142] Der Hinweis auf das Wetteifern der Malerei mit dem Theater deutet an, daß letzteres für das Kunstverständnis der Aufklärung eine Sonderstellung einnahm: Menschliches Verhalten konnte hier exemplarisch vorgeführt werden, und gesellschaftliche Normen ließen sich vermitteln oder sogar erst definieren, ohne bloß schulmeisterlich eingetrichtert zu werden.

Allerdings blieb diese Qualifizierung der Kunst nicht ohne Widerspruch und fand ihren Gegenpart in Rousseau. Dieser nahm v. a. in seinem *Discours sur les sciences et les arts* (1750) eine kunstkritische Haltung ein; 1758 wandte er sich in einem offenen Brief gegen d'Alembert, der in seinem Encyclopédie-Artikel über Genf eine Theaterkultur vermißt hatte: »Les representations théatrales formeroient le goût des citoyens, & leur donneroient une finesse de tact, une délicatesse de sentiment qu'il est très-difficile d'acquérir sans ce secours«[143]. Rousseau, als Bürger Genfs in seinem Lokalpatriotismus herausgefordert, versucht dagegen, den erzieherischen Wert des Theaters zu widerlegen: Wie die anderen Künste sei es nicht nur untauglich zur Besserung des Menschen, sondern trage sogar zu einem Verfall der Sitten bei. Für den Kulturkritiker und Entfremdungstheoretiker Rousseau sind die Künste ähnlicher Luxus wie die Wissenschaften, die Technik oder die großstädtische Lebensorganisation. Dabei besitzt Rousseau noch einen weiten (und

unspezifischen) Begriff von Kunst, der sie von Wissenschaft sowie Handwerk nicht trennt. Zudem ist ein antihöfischer Affekt im Spiel, wenn unterstellt wird, die Künste dienten primär oberflächlicher Unterhaltung und förderten Eitelkeiten. Rousseau erkennt einen Gegensatz zwischen ›delectare‹ und ›prodesse‹ und konstatiert eine »préférence des talens agréables sur les talens utiles«[144]. Damit setzt er sich stärker als von den Aufklärern von Batteux ab, für den sich die schönen Künste gerade als ›plaisir‹ auszeichnen. Dies wurde freilich auch von anderer Seite kritisiert; so mutmaßte Batteux' deutscher Übersetzer Johann Adolf Schlegel, »eine Anmuth ohne allen Nutzen würde mit einem beständigen Müßiggange gleiche Wirkung haben«[145]. Rousseau ging noch weiter und verurteilte die Beschäftigung mit Kunst in calvinistischer Strenge als Zeitverschwendung und lasterhaft: »nos ames se sont corropuës a mesure que nos Sciences et nos Arts se sont avancés à la perfection«[146]. Hierbei werden Argumente aufgegriffen, die in der zweiten Hälfte des 17. Jh. bereits von – häufig ebenfalls calvinistisch geprägten – Gegnern der Literatur und v. a. des Romans vorgebracht worden waren.[147]

Rousseaus rigorose Kritik an den Künsten steht zu ihrer Zeit bereits ziemlich isoliert; sie war gleichsam die letzte Hürde, die der moderne Kunstbegriff bei seinem dann für lange Zeit unangefochtenen Aufstieg nehmen mußte. Bemerkenswert ist, daß Rousseau, der als einer der einflußreichsten Philosophen für die Konstitution der

---

141 Vgl. DIDEROT, ›Art‹, in: DIDEROT (ENCYCLOPÉDIE), Bd. 1 (1751), 714.
142 DIDEROT, Salon de 1763, in: Diderot (s. Anm. 106), Bd. 1 (Oxford 1957), 233.
143 D'ALEMBERT, ›Genève‹, in: DIDEROT (ENCYCLOPÉDIE), Bd. 7 (1757), 576.
144 JEAN-JACQUES ROUSSEAU, Discours sur les sciences et les arts (1750), in: ROUSSEAU, Bd. 3 (1964), 26.
145 JOHANN ADOLF SCHLEGEL, Charles Batteux: Einschränkung der schönen Künste auf einen einzigen Grundsatz. Aus dem Französischen übersetzt und mit Abhandlungen begleitet (Leipzig ³1770), 2. Theil, 165.
146 ROUSSEAU (s. Anm. 144), 9.
147 Vgl. GOTTHARD HEIDEGGER, Mythoscopia Romantica oder Discours von den so benanten Romans (1698; Bad Homburg/Berlin/Zürich 1969).

Wertordnung der Moderne gelten kann, sich gerade hinsichtlich seiner Einschätzung der Künste nicht durchzusetzen vermochte. Während alle anderen Symptome, die er für seine Diagnose von Entfremdung und Verfall anführte, zu Topoi der Kulturkritik wurden und während auch seine Propagierung der Natur als unentfremdeter bzw. kompensatorischer Gegenwelt große Resonanz fand, haben die Generationen nach Rousseau lediglich den Künsten nicht die ihnen von ihm zugedachte Stellung zugewiesen. So wurden sie nicht nur von den Vorwürfen freigesprochen, die dieser gegen sie erhob, sondern sie galten ihrerseits zunehmend als Gegeninstanz zu den Defiziten und Idiosynkrasien der modernen Welt. Spätestens vierzig Jahre nach Rousseaus Angriffen – seit Schillers Konzept ästhetischer Erziehung (vgl. II, 6) – war die Kunst sogar zur – neben der Natur – einzigen Verheißung einer besseren, unentfremdeten Welt, zum utopischen Ort einer antimodernistischen Revolution avanciert (vgl. III, 1).

5. Wachsende Ansprüche gegenüber der Kunst (Winckelmann)

Eine der ehrgeizigsten Leistungen der deutschsprachigen Kunsttheorie in der zweiten Hälfte des 18. Jh. stellt die *Allgemeine Theorie der Schönen Künste* (1771–1774, 1792) von Johann Georg Sulzer dar, der die Idee einer Enzyklopädie aufnahm und den gesamten Bereich der Ästhetik sowie Kunstphilosophie innerhalb eines vierbändigen Wörterbuchs mit rund achthundert Stichworten abhandelte. Doch nicht nur die lexikalische Form demonstriert den Geist der Aufklärung; vielmehr vertritt Sulzer auch als Kunsttheoretiker ein aufklärerisches Programm von ›delectare et prodesse‹, fällt dabei jedoch z. T. hinter Lessing zurück: In einem der zentralen Artikel des Wörterbuchs, unter dem Lemma ›Künste; Schöne Künste‹, wird dieses Programm dargelegt und kulminiert in der Formulierung, die schönen Künste seien die »Lokspeise des Guten«[148]. Diese Bestimmung leitet Sulzer aus einer naturphilosophisch-metaphysischen

---

148 ›Künste; Schöne Künste‹, in: SULZER, Bd. 3 (1793), 76a.

Prämisse ab. Demnach besteht in der Natur ein Zusammenhang zwischen Schönem und Nützlichem bzw. Gutem: Je schöner etwas sei, desto zuträglicher sei es dem Menschen. Das ›delectare et prodesse‹ wird so zum Naturgesetz erhoben; entsprechend wird die ›Verschönerung‹ des Guten und Nützlichen auch zur Aufgabe erklärt: »Indem der Mensch menschliche Erfindungen verschönert, muß er das thun, was die Natur durch Verschönerung ihrer Werke thut.« (74a) Und weiter: »Noch wichtiger aber ist es, daß die schönen Künste auch nach dem Beyspiele der Natur die wesentlichsten Güter, von denen die Glükseligkeit unmittelbar abhängt, in vollem Reize der Schönheit darstellen, um uns eine unüberwindliche Liebe dafür einzuflößen.« (74b) Damit geht Sulzer über den moralischen Impetus der Aufklärung hinaus: Die schöne Kunst soll den Menschen nicht nur zu gemäßem Verhalten erziehen, sondern sie hat ihn auch ganz pragmatisch durch das Alltagsleben zu lotsen.

Diese Qualifizierung ist jedoch nur möglich, da Sulzer zwischen freier und angewandter Kunst nicht trennt und noch über keinen Begriff autonomer Kunst verfügt. Schon zu Beginn seines Artikels hebt er hervor, »daß ihr [der schönen Künste – d. Verf.] Wesen in der Einwebung des Angenehmen in das Nützliche, oder in der Verschönerung der Dinge besteht, die durch gemeine Kunst erfunden worden« (72a). Das »Wesen« der Künste wird dabei aus ihrem vermeintlichen Ursprung abgeleitet, den Sulzer so bestimmt, daß eine autonome Kunst gar nicht denkbar scheint: »In der Tat läßt sich ihr [der schönen Künste – d. Verf.] Ursprung am natürlichsten aus dem Hang, Dinge, die wir täglich brauchen, zu verschönern, begreifen. Man hat Gebäude gehabt, die bloß nützlich waren, und eine Sprache zum nothdürftigen Gebrauche, ehe man daran dachte, jene durch Ordnung und Symmetrie, diese durch Wolklang angenehmer zu machen. […] In dieser Verschönerung aller dem Menschen nothwendigen Dinge, und nicht in einer unbestimmten Nachahmung der Natur, wie so vielfältig gelehret wird, ist also auch das Wesen der schönen Künste zu suchen.« (72a/b) Die Künste kleiden das Nützliche und Notwendige somit gefällig ein, weshalb man sich ihm gerne zuwendet, um in Übereinstimmung mit der Natur und ihren Gesetzen zu gelangen.

II. Die Konstitution des modernen Kunstbegriffs

Gegenüber dem von Sulzer verworfenen Ziel einer Nachahmung der Natur erscheint diese Verschönerungsfunktion der Künste bescheiden wie anspruchsvoll zugleich: Anstatt ein Erkenntnisinteresse oder Wahrheitsstreben zu befriedigen, dürfen sie einerseits kaum mehr als ein Zierat sein, der auf das Gute und Nützliche aufmerksam machen kann. Dennoch sieht Sulzer im Künstler andererseits weit mehr als einen Dekorateur und wertet seinen gesellschaftlichen Status sogar auf, indem er ihm eine ungewöhnlich große Verantwortung zuspricht. Sofern der Künstler die Menschen mit seinem Verschönerungswerk zum Guten führen soll, muß er nämlich auch wissen, worin dieses besteht; sowohl in moralischer als auch in lebenspraktischer Hinsicht bedarf er großer Urteilskraft und Kompetenz. Zwar muß er, anders als ein Philosoph oder Staatsmann, das Gute nicht selbst entdecken, aber er muß es zumindest (an)erkennen. Daraus leitet Sulzer – auch hier ganz Aufklärer – die Forderung ab, die Künste müßten unter Vormundschaft der Vernunft stehen; andernfalls drohte die Schönheit mißbraucht zu werden, ließe sie sich doch ebenso einsetzen, um zum Bösen und Schädlichen zu verführen: »Also müssen wir die schönen Künste als die nothwendigen Gehülfen der Weisheit ansehen, die für das Wohlseyn der Menschen sorget. Sie weiß alles, was der Mensch seyn soll; sie zeichnet den Weg zur Vollkommenheit und der nothwendig damit verbundenen Glückseligkeit. Aber die Kräfte, diesen oft steilen Weg zu besteigen, kann sie nicht geben; die schönen Künste machen ihn eben, und bestreuen ihn mit Blumen, die durch den lieblichsten Geruch den Wanderer zum weitern Fortgehen unwiderstehlich anloken.« (78a) Gerade weil er über die einflußreichen Mittel des ›delectare‹ verfügt, das dem ›prodesse‹ vorausgeht, verlangt Sulzer vom Künstler auch, zuerst Proben seiner Vernunft und sittlichen Gesinnung abzulegen. Diese Forderung erboste den jungen Goethe, der sich in einer Rezension von Sulzers Wörterbuch 1772 dagegen verwahrte, dem Künstler durch moralische Ansprüche ins Handwerk zu pfuschen.[149] Tatsächlich sind die schönen Künste bei Sulzer vollständig instrumentalisiert und werden als »Mittel zur Beförderung der menschlichen Glükseligkeit« definiert, weshalb sie auch den besonderen Schutz des Staates genießen: »so muß

nothwendig ihre Ausbreitung bis in die niedrigen Hütten der gemeinesten Bürger dringen, und ihre Anwendung als ein wesentlicher Theil in das politische System der Regierung aufgenommen werden; und ihnen gehört ein Antheil an den Schätzen, die durch die Arbeitsamkeit des Volks, zu Bestreitung des öffentlichen Aufwandes jährlich zusammen getragen werden.«[150]

Doch nicht erst für die ›Sturm und Drang‹-Generation Goethes war diese vollständige Indienstnahme der Kunst inakzeptabel. Zwar wurde diese aufgewertet, insofern sie als beste Möglichkeit erschien, den Menschen zum Glück zu führen, aber letztlich erwies sich eine andere Form der Aufwertung als attraktiver und erfolgreicher: Nicht mehr von anderen Instanzen – dem Staat, der Religion, der Wissenschaft – oder aber der Vernunft vorgegeben zu bekommen, was zu ›verschönern‹ bzw. gefällig zu ›verpacken‹ sei, sondern sich in sich selbst zu erfüllen und zum autonomen Ort einer Sinnverheißung zu werden, deutete sich als Bestimmung der Kunst bereits vor Sulzers enzyklopädischem Werk an.

Als wirkungsmächtiger Urheber dieser neuen Kunst-Auffassung gilt in Deutschland Johann Joachim Winckelmann. Seit er mit seiner Schrift *Gedancken über die Nachahmung der griechischen Wercke in der Mahlerey und Bildhauer-Kunst* (1755) berühmt geworden war, begann sich eine Kunstbegeisterung und -verehrung von bis dahin unbekanntem Ausmaß Bahn zu brechen. Freilich besaß diese Begeisterung eine stark ausschließende Tendenz, da sie sich auf ein Kunstideal stützte, das erstmals so anspruchsvoll formuliert wurde, daß vieles auf einmal die Eignung zum Kunstwerk verpaßte. War die Aufklärung mit dem Prinzip des ›delectare et prodesse‹ v. a. an der jeweils zeitgenössischen Kunst orientiert – wie im Fall von Sulzer – danach bestrebt, mit vielen kleinen ›Verschönerungen‹ den Menschen zu helfen, gab die Kunsttheorie mit Winckelmann weitgehend den Bezug zur künstlerischen Praxis der eigenen Zeit auf. Das neue Ideal

---

149 Vgl. GOETHE, Die schönen Künste in ihrem Ursprung, ihrer wahren Natur und besten Anwendung, betrachtet von J. G. Sulzer (1772), in: GOETHE (WA), Abt. 1, Bd. 37 (1896), 206–214.
150 SULZER (s. Anm. 148), 80a.

wurde nicht nur primär an Werken antiker Skulptur entwickelt, wie es ebenso bereits für die Renaissance und für den französischen Klassizismus des 17. Jh. gegolten hatte, sondern man akzeptierte nun auch fast nur noch Werke der Antike als Beweis für das spezifische Vermögen der Kunst. Infolge dieser Idealisierung wurde aus ›Kunst‹ verstärkt ein Wertbegriff; es ging nicht mehr darum – wie etwa noch bei Batteux, Baumgarten oder Hogarth –, eine Theorie des Schönen bzw. der Kunst zu entwerfen, mit der ein möglichst breites Spektrum an Werken bzw. Phänomenen erfaßt werden konnte, sondern Ziel war das Formulieren von Erwartungen, die die Kunst weit über die Rolle einer Dienstleisterin für den Alltag hinausbeförderten. Mit der Aufwertung der Kunst wurden somit in der zweiten Hälfte des 18. Jh. zugleich die Ansprüche angehoben, die man an sie stellte, und es schien kein Makel zu sein, daß nur noch sehr weniges diesen nachzukommen und sich als Kunst zu qualifizieren vermochte.

Winckelmann begründete den einmaligen Rang griechischer Kunst mit einer besonders glücklichen Konstellation der äußeren Verhältnisse, was freilich ein Topos des 18. Jh. war[151]: Schon Klima und Natur seien in Griechenland den Menschen gegenüber wohlwollender gewesen als anderswo, so daß diese sich frei hätten entfalten können und gesünder und wohlgestalteter gewesen seien als in anderen Kulturen; auch hätten es die gesellschaftlichen Bedingungen nicht erforderlich gemacht, sich in deformierende Kleidung zu zwängen. Vielmehr hätte man viel Zeit für Festspiele und sportliche Wettkämpfe gehabt, für die man die Körper weiter trainiert habe. So hätten die Künstler perfekte Körper vor Augen gehabt, und es sei ihnen nicht schwer gefallen, die Menschen in ihrer Idealgestalt abzubilden. Winckelmanns Schwärmen für eine erotisierte Festkultur, in der das Interesse der Menschen wesentlich der Schönheit gilt, impliziert bereits eine Erklärung für den Verfall der Kunst in der nachantiken Zeit: Sowohl das sinnenfeindliche Christentum – und v. a. der Protestantismus – als auch eine streng ständische Gesellschaft mit strikten Normen und erzwungenen Reglements verhinderten eine freie Entfaltung des Menschen. Entsprechend fehlt es der Kunst an schönen Vorbildern, weshalb die Aufgabe der Künstler nicht mehr in der Nachahmung der Natur bestehen kann, sondern sie vielmehr in den antiken Skulpturen ihren ewigen Maßstab vor Augen haben. Dieser Gedanke wurde häufig aufgegriffen[152], weshalb Schelling es 1807 bereits als historische Tatsache bezeichnen – und auch als einseitig bedauern – konnte, daß im Gefolge Winckelmanns als Gegenstand künstlerischer Nachahmung »an die Stelle der Natur […] die hohen Werke des Altertums«[153] getreten seien. Indem dieser ›Paradigmenwechsel‹ für den Klassizismus maßgeblich wurde, dem das in Griechenlands Kunst Vollbrachte unvergleichlich und damit auch unerreichbar schien, wurde der Standpunkt der ›Anciens‹ innerhalb der französischen ›Querelle‹ noch überboten, was in eine beinahe absurde Position mündete. Was nämlich sollte zur Nachahmung der Antike noch motivieren, wenn von vornherein feststand, daß man hinter dem Vorbild zurückbleiben mußte?

Obwohl Winckelmann die herausragende Qualität griechischer Kunst aus einer unbefangenen Körperkultur herleitete, bestand er darauf, daß die von antiken Bildhauern geschaffenen Gestalten in ihrer Schönheit besonderen Geist und einmalige Würde ausstrahlen:»Das allgemeine vorzügliche Kennzeichen der Griechischen Meisterstücke ist endlich eine edle Einfalt, und eine stille Grösse, und wohl in der Stellung als im Ausdruck. So wie die Tiefe des Meers allezeit ruhig bleibt, die Oberfläche mag noch so wüten, eben so zeiget der Ausdruck in den Figuren der Griechen bey allen Leidenschaften eine grosse und gesetzte Seele.«[154] Winckelmann erläutert sein Ideal von ›edler Einfalt‹ und ›stiller Größe‹ am Beispiel der Laokoon-Gruppe. Stärker als bei anderen Werken der antiken Skulptur ist dort Schmerz und Affekt das Thema, und das Bild einer ›wütenden Oberfläche‹

---

151 Vgl. ›Art‹, in: WATELET, Bd. 1 (1792), 126f.
152 Vgl. MENDELSSOHN (s. Anm. 114), 181.
153 FRIEDRICH WILHELM JOSEPH SCHELLING, Über das Verhältnis der bildenden Künste zu der Natur (1807), in: SCHELLING (SW), Abt. 1, Bd. 7 (1860), 295.
154 JOHANN JOACHIM WINCKELMANN, Gedancken über die Nachahmung der griechischen Wercke in der Mahlerey und Bildhauer-Kunst (1755), in: G. Boehm (Hg.), Bibliothek der Kunstliteratur, Bd. 2 (Frankfurt a. M. 1995), 30.

ist kaum einmal so zutreffend wie im Fall des Kampfs des Priesters Laokoon sowie seiner beiden Söhne mit den tödlichen Schlangen. Doch anstatt sich dem Schmerz hinzugeben, animalisch zu schreien und zu einem reinen Körperwesen herabzusinken, zeigt Laokoon Selbstbeherrschung und Würde. Winckelmann hebt hervor, wie es dem Bildhauer gelungen sei, die Figur so harmonisch zu gestalten, daß der Eindruck einer sicheren inneren Haltung entsteht, obgleich der Schmerz jederzeit sichtbar bleibt: »Der Schmertz des Cörpers und die Grösse der Seele sind durch den gantzen Bau der Figur mit gleicher Stärke ausgetheilet, und gleichsam abgewogen.« (30f.) Damit wirkt die Skulptur in sich einheitlich und sogar harmonisch; es findet keine einseitige Darstellung extremer Emotionen statt. Winckelmann lehnt die Inszenierung von Affekten als zu oberflächlich ab, womit er sich gegen die Orientierung der bildenden Kunst an der Rhetorik – gegen die ›ut pictura poesis‹-Theorie – wendet. Für ihn besitzt ein Kunstwerk nur Bedeutung, sofern es seelische bzw. geistige Größe und Einfachheit ausstrahlt – dies eine Kategorie, die schon zuvor v. a. durch Batteux in die Kunsttheorie des Klassizismus Eingang gefunden hatte[155]; durch die Einfachheit wird dem Betrachter Ruhe vermittelt, andererseits fühlt er sich jedoch angespornt und strebt selbst nach einer ähnlich klaren, selbstbeherrschten und überlegenen Haltung. Hier deuten sich erstmals zwei beinahe konträre Bestimmungen einer therapeutischen Wirkung von Kunst an, die in den Folgejahrzehnten immer wieder gemeinsam auftreten und die schließlich von Schiller mit der Unterscheidung von ›schmelzender‹ und ›energischer‹ Schönheit begrifflich ausgearbeitet werden (vgl. II, 6).

Winckelmann fühlte sich in seinem fast ohne unmittelbare Anschauung antiker Werke gewonnenen Kunstideal bestätigt, als er sich ab 1755 in Italien mit originalen Skulpturen beschäftigen konnte. Dies mündete in sein Hauptwerk, die *Geschichte der Kunst des Alterthums* (1764), in dem ausführlicher und differenzierter als in der Erstlingsschrift die Unnachahmlichkeit antiker Kunst, aber auch ihr Ursprung und ihre Entwicklung dargelegt werden. Berühmt und für die Ausprägung des weiteren Kunstideals wichtig ist v. a. die Auseinandersetzung mit der Skulptur des Apoll von Belvedere.

Winckelmann bietet nicht nur eine Beschreibung des Werks, sondern macht insbesondere auch dessen Wirkung auf den Betrachter zum Thema. Erstmals wird detailliert geschildert, von welchen Empfindungen ein Rezeptionsakt begleitet sein kann, wobei die Motive von ›edler Einfalt‹ und ›stiller Größe‹ wiederkehren. So wie kein Affekt die Gestalt des Apoll beeinträchtigt, »sondern ein Himmlischer Geist, der sich wie ein sanfter Strohm ergossen, [...] gleichsam die ganze Umschreibung dieser Figur erfüllet«, wird auch der Betrachter von dieser Harmonie umfangen; er fühlt sich in eine bessere Welt als die alltägliche versetzt, »weggerückt nach Delos und in die Lycischen Hayne, Orte, welche Apollo mit seiner Gegenwart beehrete«. Ferner schreibt Winckelmann: »Ich vergesse alles andere über dem Anblicke dieses Wunderwerks der Kunst, und ich nehme selbst einen erhabenen Stand an, um mit Würdigkeit anzuschauen. Mit Verehrung scheint sich meine Brust zu erweitern und zu erheben.« Damit befreit das Kunstwerk den Betrachter nicht nur aus Unruhe und Zersplitterung und versetzt ihn in einen Zustand ›edler Einfalt‹, sondern fordert ihn auch heraus: Die überlegene und distanzierende Gestalt des Apoll – Winckelmann stellt bei ihm einen »erhabenen Blick« fest, »Verachtung [...] auf seinen Lippen« sowie eine »stolze Stirn« – verleitet dazu, ihm nachzueifern und sich mit ihm zu messen. Nur in der Anähnlichung an das Werk kann dieses adäquat erfahren werden, und dessen Erhabenheit überträgt sich direkt auf den Rezipienten. Die ›stille Größe‹ wirkt somit vorbildhaft, wie für Winckelmann eine gemäße Kunstrezeption ohnehin darin zu bestehen scheint, daß der Betrachter und das Kunstwerk zu einer intimen Einheit werden: Während der Rezipient »alles andere« um sich herum ›vergißt‹, verlebendigt sich ihm das Werk: »denn mein Bild scheint Leben und Bewegung zu bekommen, wie des Pygmalions Schönheit.«[156]

---

155 Vgl. DETLEV SCHÖTTKER, Reduktion und Innovation. Die Forderung nach Einfachheit in ästhetischen Debatten zwischen 1750 und 1995, in: G. von Graevenitz (Hg.), Konzepte der Moderne (Stuttgart 2000), 331–349.
156 WINCKELMANN, Geschichte der Kunst des Alterthums (1764), in: Boehm (s. Anm. 154), 165 f.

Kunstrezeption ist hier gleichbedeutend einem intensiven Austausch zwischen Werk und Rezipient bzw. vollzieht einen Kreislauf; wird der Betrachter bereits durch die Ausstrahlung der Kunst geläutert, so kann sich deren positives Potential noch stärker entfalten, sobald er »selbst einen erhabenen Stand« einnimmt und ihr auf derselben Stufe begegnet. Damit wird aus dem Rezeptionsakt ein sich immer wieder fortsetzender stiller Dialog und im Idealfall ein sich in seiner Wirkung steigernder therapeutischer Prozeß. Das Kunstwerk gilt nicht mehr als gesellschaftliches bzw. höfisches Ereignis mit Spektakel- und Unterhaltungscharakter, es ist auch nicht mehr Anlaß für eine geistreiche Konversation und erschöpft sich ebensowenig darin, eine bestimmte Morallehre kundzutun, sondern wird zum aktiven Partner in einer streng exklusiven Zweierbeziehung.[157] So wie andere Menschen aus dem Rezeptionsakt ausgeschlossen werden, da sie das intime und sogar in erotischen Kategorien beschriebene, pygmalionartige Verhältnis zwischen Kunst und Betrachter stören könnten, verweigert man auch vielem den Status des Kunstwerks, weil es sich zu keinem solch innigen Dialog eignet bzw. nicht Ausgleich und Ansporn zugleich zu sein vermag: Feuerwerke, Wasserspiele, Tänze oder Tapeten können sich nicht mehr als Kunst ausweisen, während andererseits Werke aus der Vergangenheit besonders faszinieren, was im übrigen bereits die These vom ›Ende der Kunst‹ vorbereitet (vgl. I, 1). Hier wird der Rezeptionsakt zugleich zu einer Zeitreise; die Werke sind wie Konserven, in denen kurzzeitig die bessere Welt der Antike nochmals auflebt, und sie stehen in hinreichender Distanz zur jeweiligen Gegenwart und Alltagswelt, weshalb sie deren Mängel kompensieren bzw. einer Entfremdungserfahrung entgegenwirken können, was in den Jahrzehnten nach Winckelmann zu einem zunehmend wichtigen Anspruch gegenüber der Kunst wird (vgl. II, 6). Aber auch der Rezipient muß sich bei dem neuen Modus von Kunstrezeption erst bewähren: Nur insofern er sich auf das jeweilige Werk einläßt und in der Lage ist, alles andere um sich herum zu vergessen, wird ihm die entspannende und zugleich zu neuen Zielen anspornende Dimension der Kunst zugute kommen. Verhält er sich hingegen in höfischer Manier und plaudert gefällig über ein Werk, bleibt es ihm verschlossen. Mit der Zahl ›echter‹ Kunstwerke vermindert sich durch Winckelmanns Kunstideal also zugleich der Umfang des qualifizierten Kunstpublikums: »Im Ergebnis wirkt [...] die Steigerung der Inklusionsanforderungen als Exklusion.«[158]

Seit Winckelmann besteht eine strikte Trennung zwischen Kunst und Nicht-Kunst, wie sie innerhalb der feudalen Gesellschaft noch nicht denkbar gewesen wäre. Hogarth etwa beschreibt den Apoll nur wenige Jahre vor Winckelmann ebenfalls, begründet seine Großartigkeit jedoch gleichermaßen mit der ›line of beauty and grace‹, wie wenn er die Schönheit eines Stuhlbeins oder einer Tanzfigur zu erklären versucht (vgl. II, 1).[159] Fällt hier ›Kunst‹ noch mit ›Eleganz‹ zusammen und ist ein Schönheitskriterium leitend, das in keiner Weise exklusiv wirkt, sondern weit auseinanderliegende Bereiche miteinander verbindet, geht es seit Winckelmann darum, die Werke allein danach zu beurteilen, wie stark und positiv-heilsam sie auf die Seele des Betrachters einzuwirken vermögen.

6. Aufwertung und Autonomisierung der Kunst (Schiller)

Die mit Winckelmann einsetzende Intimisierung der Beziehung zwischen Kunstwerk und Rezipient führt zur Idee einer autonomen Kunst, verletzte es doch diese Intimität, das Kunstwerk weiterhin instrumentell zu denken und von ihm zu verlangen, dem Rezipienten einen bestimmten – noch dazu von Dritten aufgetragenen – Dienst zu erweisen. Vielmehr muß sich das Verhältnis zu einem Kunstwerk »immer mehr der uneigennützigen *Liebe* nähern, wenn es echt sein soll«[160]. So formuliert es – Bestimmungen der romantischen Kunstreligion vorwegnehmend – Karl Philipp Moritz in seinem

---

157 Vgl. WOLFGANG KEMP, Die Kunst des Schweigens, in: T. Koebner (Hg.), Laokoon und kein Ende. Der Wettstreit der Künste (München 1989), 96–119.
158 LUHMANN (s. Anm. 68), 64.
159 Vgl. WILLIAM HOGARTH, The Analysis of Beauty. Written with a View of Fixing the Fluctuating Ideas of Taste (London 1753), 130 ff.
160 KARL PHILIPP MORITZ, Über den Begriff des in sich selbst Vollendeten (1785), in: MORITZ, Bd. 2 (1981), 545.

II. Die Konstitution des modernen Kunstbegriffs

an Moses Mendelssohn gerichteten Text *Über den Begriff des in sich selbst Vollendeten* (1785); ferner stellt er fest, man habe das Kunstwerk um seiner selbst willen zu schätzen, »als etwas, nicht in mir, sondern *in sich selbst Vollendetes*, das also in sich ein Ganzes ausmacht«. Anders als für Winckelmann bedeutet die Konzentration auf das Werk jedoch nicht nur und primär ein Absehen von der Umwelt, sondern führt zuerst zu einem »angenehmen Vergessen unsrer selbst« (543). Moritz führt aus, was später übrigens sowohl Schopenhauer[161] als auch Adorno[162] fast wörtlich wiederholen werden: »Während das Schöne unsre Betrachtung ganz auf sich zieht, zieht es sie eine Weile von uns selber ab, und macht, daß wir uns in dem schönen Gegenstande zu verlieren scheinen; und eben dies Verlieren, dies Vergessen unsrer selbst, ist der höchste Grad des reinen und uneigennützigen Vergnügens, welches uns das Schöne gewährt.«[163] Doch ist diese Uneigennützigkeit rein auf das Kunstwerk selbst gewendet und kein sozialer Akt wie noch fast gleichzeitig z. B. bei Carl Heinrich Heydenreich, der als Wirkung der schönen Künste hervorhebt, man könne »sein ich vergessen«, sich aber gerade deshalb in den Zustand des »Nebenmenschen [...] hinüber empfinden«[164]. Klingt hier noch die Tradition des ›delectare et prodesse‹ an, ist diese seit Moritz endgültig außer Kraft gesetzt, so daß den schönen Künsten im weiteren sogar ausdrücklich »das Nützlichsein erlassen ist«[165]. Jenes ›reine‹ Vergnügen, von dem Moritz schreibt, ist also nicht mehr ›Lokspeise‹ für einen erstrebten (gesellschaftlichen) Nutzen, sondern Folge eines Umgangs mit der Kunst, bei dem gerade jegliches Nutzenkalkül ausgeschlossen ist. Entsprechend handelt es sich auch um ein »höheres [...] Vergnügen«[166], das sich nicht über primär sinnliche Qualitäten definiert, sondern geistiger Natur ist oder gar eine mystisch-ekstatische Dimension enthält, »opfern [wir doch] in dem Augenblick unser individuelles eingeschränktes Dasein einer Art von höherem Dasein auf« (545). In der Verschmelzung von Kunstwerk und Rezipient wird aber nicht nur letzterer erhöht und – Schopenhauer sowie Nietzsche sind hier schon vorbereitet (vgl. III, 4) – vom ›principium individuationis‹ erlöst, sondern Moritz weist darauf hin, daß auch das Kunstwerk erst durch einen ›uneigennützigen‹ Rezipienten sein »wahres volles Dasein«

erlange: »Denn durch unsre zunehmende Anerkennung des Schönen in einem schönen Kunstwerke, vergrößern wir gleichsam seine Schönheit selber, und legen immer mehr Wert hinein.« (544) Freilich ist das ›höhere‹ Vergnügen zugleich eine höhere Form von ›Nutzen‹ und drückt aus, daß sich vom Kunstwerk eine Bereicherung erfahren läßt, die vielleicht nichts sonst zu gewähren vermag. Daß das individuelle – und in der konkreten Alltagswelt einseitig befangene – Dasein Einschränkung bedeutet, die durch die Kunst aufgehoben werden kann, ist ein Gedanke, der sich am Ende des 18. Jh. zumindest in Deutschland durchsetzt. Es besteht sogar eine direkte Proportionalität zwischen dem Anwachsen von Beengungs- und Defizienzphobien sowie Entfremdungsgefühlen einerseits und der Projektion von Ganzheits- und Erlösungsphantasien auf die Kunst andererseits. Am deutlichsten wird dies in den kunsttheoretischen Schriften Schillers. Sein früher Aufsatz *Was kann eine gute stehende Schaubühne eigentlich wirken?* (1785) scheint zwar dem Titel nach noch ganz in der Tradition der Aufklärung zu stehen, und es taucht darin auch die vertraute Formulierung auf, beim Theater verbinde sich »Vergnügen mit Unterricht« bzw. »Kurzweil mit Bildung«, doch besteht die Pointe des Texts darin, daß das Theater gerade keine bestimmte Lehre vermitteln soll; vielmehr besitzt die Schaubühne den Vorzug, jeden Zuschauer anders und jeweils spezifisch zu bereichern. Voraussetzung dafür ist – wie bei Winckelmann –, daß im Rezeptionsakt die umliegende, ebenso profane wie beengende Alltagswelt vergessen werden kann: »in dieser künstlichen Welt träumen wir die wirkliche hinweg, wir werden uns selbst wieder gegeben«[167]. So wirkt der Umgang

---

161 Vgl. ARTHUR SCHOPENHAUER, Die Welt als Wille und Vorstellung (1819), in: SCHOPENHAUER, Bd. 2 (³1972), 229 f., § 37.
162 Vgl. ADORNO (s. Anm. 27), 363.
163 MORITZ (s. Anm. 160), 543.
164 HEYDENREICH (s. Anm. 131), 51.
165 A. W. SCHLEGEL, Die Kunstlehre (entst. 1801), in: Schlegel, Kritische Schriften und Briefe, hg. v. E. Lohner, Bd. 2 (Stuttgart 1963), 13.
166 MORITZ (s. Anm. 160), 543.
167 SCHILLER, Was kann eine gute stehende Schaubühne eigentlich wirken? (1785), in: SCHILLER, Bd. 20 (1962), 100.

mit einem Kunstwerk befreiend, doch er befreit nicht nur von etwas, sondern ebenso zu etwas. Schiller beschreibt in dramatischer Sprache, von welchen Idiosynkrasien und Zerrüttungen die Menschen üblicherweise heimgesucht sind, indem sie »der Folter der Geschäfte« (99) erliegen, »überladen [sind] von thierischem Genuß« oder einfach auch nur »der langen Anstrengung müde«. All das vermag die Kunst zu kompensieren, wobei sie zuerst – als umfassende und autonome Gegenwelt – Distanz schafft und die Defizite bewußt macht; doch zugleich stimuliert sie und schafft es aufgrund ihrer eigenen Totalität, jeden Menschen da zu erreichen, wo er es individuell am nötigsten hat: »Der Unglückliche weint hier mit fremdem Kummer seinen eigenen aus – der Glückliche wird nüchtern und der Sichre besorgt. Der empfindsame Weichling härtet sich zum Manne, der rohe Unmensch fängt hier zum erstenmal zu empfinden an.« (100) Damit – so Schillers humanistisches Ideal – verwandelt die Kunst den einzelnen vom fremdbestimmten Mängelwesen zu einem ausgeglichenen, ›ganzen‹ und selbstbestimmten Menschen. Es wäre also eine grobe Unterschätzung der Kunst, verlangte man von ihr, zu einer bestimmten Moral zu erziehen; vielmehr beweist sie ihre verblüffende und einzigartige Qualität als universell einsetzbares Therapeuticum, was ihre Förderung auch zum Anliegen jedes Staates machen sollte, dem es um das Wohl und nicht nur um eine Bevormundung der Bürger zu tun ist.

In seinen späteren, von Kants Terminologie beeinflußten und begrifflich ehrgeizigeren sowie nicht mehr nur auf das Theater bezogenen Schriften erörterte Schiller die Kunst noch entschiedener als etwas, das man auf keinen Zweck festlegen oder instrumentalisieren kann, das aber gerade deshalb um so größere Bedeutung und Wirkkraft besitzt. Dabei erteilte er in Ueber die ästhetische Erziehung des Menschen in einer Reihe von Briefen (1795), dem vielleicht wichtigsten und einflußreichsten Text der abendländischen Kunstphilosophie, dem Kunstideal der Aufklärung eine direkte Absage. In polemisch-schroffer Zuspitzung heißt es, schöne Kunst gebe »schlechterdings kein einzelnes Resultat weder für den Verstand noch für den Willen, sie führt keinen einzelnen weder intellektuellen, noch moralischen Zweck aus, sie findet keine einzige Wahrheit, hilft uns keine einzige Pflicht erfüllen, und ist, mit einem Worte, gleich ungeschickt, den Charakter zu gründen und den Kopf aufzuklären«[168]. Was hier negativ formuliert ist und als kompromißlose Kritik an der Kunst erscheint, ist in Wirklichkeit Ausdruck höchster Wertschätzung. So beschreibt Schiller, wie Kunst, sobald sie von konkreten Zweckbestimmungen freigehalten ist und in ihrer Autonomie zugelassen wird, es dem Rezipienten ermöglicht, »aus sich selbst zu machen, was er will – daß ihm die Freiheit, zu seyn, was er seyn soll, vollkommen zurückgegeben ist« (377f.). Sonst seinen Trieben verfallen oder aber unterjocht von einer rigorosen Vernunft, in jedem Fall aber ein Opfer der Geschichte, die zu einer arbeitsteiligen Gesellschaft geführt hat, in der der einzelne nur noch armselig, funktional determiniertes Rädchen eines großen »Uhrwerkes« sein kann (323), erfährt sich der Mensch allein durch die Kunst als freies Wesen, versetzt sie ihn doch in den »ästhetischen Zustand«, in dem sich alle Kräfte in einem ausgeglichenen Verhältnis befinden: »Haben wir [...] dem Genuß ächter Schönheit dahin gegeben, so sind wir in einem solchen Augenblick unsrer leidenden und thätigen Kräfte in gleichem Grad Meister, und mit gleicher Leichtigkeit werden wir uns zum Ernst und zum Spiele, zur Ruhe und zur Bewegung, zur Nachgiebigkeit und zum Widerstand, zum abstrakten Denken und zur Anschauung wenden. Diese hohe Gleichmüthigkeit und Freyheit des Geistes, mit Kraft und Rüstigkeit verbunden, ist die Stimmung, in der uns ein ächtes Kunstwerk entlassen soll« (380). Die Kunst wird so zur Möglichkeit, der von Kant beklagten selbstverschuldeten Unmündigkeit zu entkommen, v. a. aber lebt damit eine seit der Antike verlorene und in der realen Welt unwiederbringliche Harmonie und Totalität wenigstens momentan auf. Für Jürgen Habermas ist die Kunst bei Schiller deshalb auch »die genuine Verkörperung einer kommunikativen Vernunft«[169]; jedenfalls wird sie zum Postulat: Ohne sie wäre der Mensch, der sich

---

168 SCHILLER, Ueber die ästhetische Erziehung des Menschen in einer Reihe von Briefen (1795), in: SCHILLER, Bd. 20 (1962), 377.
169 JÜRGEN HABERMAS, Der philosophische Diskurs der Moderne (Frankfurt a. M. 1985), 62.

II. Die Konstitution des modernen Kunstbegriffs 591

jeweils auf etwas spezialisieren muß und damit immer nur einzelne seiner Kräfte ausbildet, vereinsamt, entfremdet und verraten, jede Basis für ein Grundvertrauen auf eine an sich gerechte Welt wäre verloren: »Es muß also falsch seyn, daß die Ausbildung der einzelnen Kräfte das Opfer ihrer Totalität notwendig macht; oder wenn auch das Gesetz der Natur noch so sehr dahin strebte, so muß es bey uns stehen, diese Totalität in unsrer Natur, welche die Kunst zerstört hat« – gemeint ist hier die ›Kunst‹ der Zivilisation, die Technisierung –, »durch eine höhere Kunst wieder herzustellen.«[170] Mit seiner geschichtsphilosophischen Argumentation formuliert Schiller den Anspruch an die Kunst noch dringlicher als Winckelmann: Dem Menschen einer sich industrialisierenden Gesellschaft wird sie zum unentbehrlichen Remedium, zur einzigen Chance auf momentane Versöhnung, und noch keiner anderen Epoche der bisherigen Menschheitsgeschichte war ihre kompensierende Kraft so wichtig. So legt Schillers Ansatz nahe, Entwicklung und Aufstieg des modernen Kunstbegriffs sogar in Dependenz zur Entstehung der technisch-wissenschaftlichen Zivilisation zu sehen; tatsächlich wurde die Vorstellung von der Kunst als Kompensation seither immer wieder neu belebt.[171] Zwar sind auch Technik und Wissenschaft bei Schiller noch ›Kunst‹, doch werden sie aufgrund ihrer Folgen überwiegend negativ gesehen und müssen deshalb durch ›höhere‹ Kunst ausgeglichen werden. Während Rousseau aus der gemeinsamen Bezeichnung von Handwerk, Technik und ›schönen Künsten‹ als ›arts‹ noch geschlossen hatte, daß sie gemeinsam für die gesellschaftlichen Defizite verantwortlich sind, indiziert für Schiller die Namensgleichheit ›Kunst‹ keine Wesensnähe mehr. Bei ihm hat sich, in Anlehnung an Kant (vgl. III, 1), die ›schöne Kunst‹ endgültig aus dem Feld der alten ›artes‹ herausgelöst (vgl. II, 1), und aus einstigen Verwandten werden Antagonisten, die zwar eng aufeinander bezogen bleiben, sich jedoch in Reaktion aufeinander definieren.

In der Harmonie des ›ästhetischen Zustands‹ werden dem Kunstrezipienten blitzartig die Möglichkeiten bewußt, die sich jenseits der engen und entfremdeten Alltagswelt bieten. Insofern preist Schiller die »ästhetische Stimmung« als »Bestimmungsfreyheit« und »erfüllte Unendlichkeit«[172],

was freilich nicht bedeutet, daß der Künstler von eigenen Inhalten am besten absieht. Wenn es in Schillers berühmter Wendung heißt, der »Stoff [soll] durch die Form vertilgt« (382) werden, meint das im Gegenteil, daß ein triftiger und für sich spannender Stoff um so mehr Formanstrengungen provozieren muß, damit sich eine ästhetische Stimmung – und nicht nur ein intellektueller Reiz – ergibt. Doch ist das intellektuelle Moment notwendig, da sonst die Gemütskräfte nur einseitig angesprochen werden und die Empfindungen, die das Werk auslöst, ins Leere laufen. Dann ›spielt‹ die Einbildungskraft nicht mit dem Verstand, hat in ihm keinen ebenbürtigen Partner, sondern fängt an, beliebig zu assoziieren, was für Schiller »der Kunst gar nicht würdig«[173] ist.

Daß ein völliges Gleichgewicht aller Kräfte nur ein Ideal sein kann, räumt Schiller ein und macht dies daran fest, daß der Kunstrezipient sich »nach einem Genuß dieser Art zu irgend einer bestimmten Empfindungsweise oder Handlungsweise vorzugsweise aufgelegt, zu einer andern hingegen ungeschickt und verdrossen«[174] finden wird. Hierbei unterscheidet er auch zwischen den »drey Kunstgattungen« (381) und führt aus, welche Disposition durch sie jeweils begünstigt wird, wobei er zu denselben Zuordnungen gelangt wie Kant (vgl. II, 3). Musik stimuliert also v. a. die Empfindung, während Dichtung die Einbildungskraft belebt und die bildenden Künste den Verstand animieren. Entsprechend wird jemand, der gerade intensiv Musik gehört hat, nur ungern in ein philosophisches Gespräch verwickelt, während man sich nach dem Besuch eines Kunstmuseums gestört fühlt, wenn einen jemand mit der Äußerung starker Gefühle überfällt. Allerdings ist es ein Gradmesser für den zunehmenden Rang der Werke, »daß, ohne Verrückung ihrer objektiven Grenzen, die verschiedenen Künste *in ihrer Wirkung auf das Gemüth* einan-

---

170 SCHILLER (s. Anm. 168), 328.
171 Vgl. ODO MARQUARD, Kunst als Kompensation ihres Endes, in: W. Oelmüller (Hg.), Ästhetische Erfahrung. Kolloquium Kunst und Philosophie, Bd 1 (Paderborn 1981), 159–168.
172 SCHILLER (s. Anm. 168), 377.
173 SCHILLER, Über Matthissons Gedichte (1794), in: SCHILLER, Bd. 22 (1958), 273.
174 SCHILLER (s. Anm. 168), 380.

der immer ähnlicher werden«. Jene ›ästhetische Stimmung‹ ist für Schiller also das gemeinsame Prinzip aller Künste, und je reiner es sich artikuliert, desto bedeutender ist das jeweilige Werk: »Die Musik in ihrer höchsten Veredlung muß Gestalt werden, und mit der ruhigen Macht der Antike auf uns wirken; die bildende Kunst in ihrer höchsten Vollendung muß Musik werden und uns durch unmittelbare sinnliche Gegenwart rühren; die Poesie in ihrer vollkommensten Ausbildung muß uns, wie die Tonkunst mächtig fassen, zugleich aber, wie die Plastik, mit ruhiger Klarheit umgeben. Darinn eben zeigt sich der vollkommene Styl in jeglicher Kunst, daß er die specifischen Schranken derselben zu entfernen weiß, ohne doch ihre specifischen Vorzüge mit aufzuheben, und durch eine weise Benutzung ihrer Eigenthümlichkeit ihr einen mehr allgemeinen Charakter ertheilt.« (381) Während ein Kunstwerk die spezifischen Merkmale seiner Gattung transzendieren soll, hat es andererseits Distanz zur außerkünstlerischen Sphäre und damit seine Autonomie zu wahren. Anstatt eine Ästhetisierung aller Lebensbereiche anzustreben, betont Schiller, daß die Kunst nur als Reich des Scheins, auf der Basis einer »Gleichgültigkeit gegen Realität« (399) ihre befreiende Wirkung ausüben könne.

Wie Winckelmann erläutert auch Schiller am Beispiel eines Rezeptionserlebnisses diese Wirkung, d. h. den intensiven Ausgleich verschiedener Tendenzen: Die Betrachtung einer Büste der Juno Ludovisi ist einerseits ein sinnliches Erlebnis, als weibliche Figur ist sie anmutig, »entzündet […] unsre Liebe« und führt dazu, daß »wir uns der himmlischen Holdseligkeit aufgelöst hingeben«, in eine Welt der Phantasie hineinträumen und die Realität vergessen; als Bildnis einer Göttin jedoch verlangt sie Ernst und Distanz, »die himmlische Selbstgenügsamkeit [schreckt] uns zurück«, und der Betrachter wird herausgefordert, ihrer Erhabenheit nachzueifern, fühlt sich dabei aber immer klein und imperfekt und dadurch erst recht angespornt. Sosehr die Anmut als harmonisch empfunden wird und sich als »Zustand der höchsten Ruhe« überträgt, sosehr wühlt »zugleich« der Eindruck der Unterlegenheit auf und versetzt in »höchste Bewegung« (360). Damit sind zwei Seelenregungen zum Paradoxon zugespitzt, die schon Winckelmann beschrieben und die Schiller selbst bereits in seinem Schaubühnen-Aufsatz erwähnt hatte. Nun bezeichnet er sie als »schmelzende« und »energische« (361) Schönheit, die beide im ›ästhetischen Zustand‹ wirksam werden und idealerweise gleich stark ausgeprägt sind – entsprechend den Elementen im Kunstwerk, die die einzelnen Gemütskräfte affizieren. In der Kunst kommen für Schiller somit nicht nur Sinnlichkeit und Intellekt zum Einklang, was bereits der Kunstphilosophie des Deutschen Idealismus vorgreift, sondern es verbinden sich auch einander entgegengesetzte Wirkungen auf den Rezipienten, der den Zustand, in den er dadurch gelangt, als »wunderbare Rührung« erfährt, »für welche der Verstand keinen Begriff und die Sprache keinen Nahmen hat« (360). Damit knüpft Schiller an die Tradition des ›je ne sais quoi‹ an, das sich innerhalb der Kunstphilosophie der Folgezeit zum sog. Unsagbarkeits-Topos wandelt.

Der Kunst besondere Komplexität bzw. die Vereinigung konträrer Pole zu attestieren und ihre Leistung als Versöhnung zu beschreiben führt dazu, sie anderem als überlegen und einzigartig auszuweisen: Sie übersteigt eine logisch nachvollziehbare sowie übliche Ordnung von Eigenschaften und wird deshalb als geheimnisvoll und rätselhaft empfunden. Seit Schiller ist es für viele Bestimmungen von Kunst bzw. Schönheit konstitutiv, paradoxe Strukturen oder die Einheit von Gegensätzen zu behaupten, die häufig dialektisch vermittelt sind oder sich auch in Widerstreit gegenseitig vorantreiben und zur Präsenz bringen. Hölderlins – von Schiller direkt beeinflußte – Umschreibung der Schönheit als »εν διαφερον εαυτον (das Eine in sich selber unterschiedne)»[175] im *Hyperion* (1797) zählt ebenso zur Reihe solcher Erklärungen wie Schellings Postulat einer Vereinigung von Natur und Freiheit in der Kunst (vgl. III, 2), Nietzsches Dichotomie des Apollinischen und Dionysischen (vgl. III, 4) oder auch noch Heideggers Dualismus von ›Erde‹ und ›Welt‹ bzw. ›Berückung‹ und ›Entrückung‹ (vgl. IV, 3). Die Vorstellung vom Wesen der Kunst als einer coincidentia oppositorum verließ auch bald die Höhen der Philosophie,

---

175 FRIEDRICH HÖLDERLIN, Hyperion (1797), in: HÖLDERLIN (FA), Bd. 11 (1982), 681.

und es heißt bereits 1817 im *Conversations-Lexicon oder enzyclopädischen Handbuch für gebildete Stände*, daß in den schönen Künsten »die höchste Ruhe und Bewegung sich verbinden, und alle streitenden Gegensätze vereinen«[176]. Eine Einheit des Gegensätzlichen bzw. eine Versöhnungskraft zu konstatieren scheint für das Kunstverständnis schließlich sogar wichtiger zu sein als die konkrete Fassung der jeweiligen Pole.

Insofern die sich vereinenden Gegensätze wechselweise als Spiel, Spannung oder Streit beschrieben werden, kommt es zu einer Dynamisierung des Kunstwerks; es erscheint als Ereignis, das sich jeweils im Rezeptionsakt vollzieht; dieser weitet sich selbst für die Gattungen, die, anders als Musik oder Dichtung, keinen zeitlichen Verlauf besitzen, zum Prozeß, der im besten Fall an kein Ende gelangt. Folglich wird die Verbindung konträrer Eigenschaften zum Zeichen für die unausschöpfliche Fülle der Kunst und damit zum Hinweis auf ihre Unausdeutbarkeit[177]; die Attribuierung der Kunst als mehr- oder vieldeutig[178] wird bald ebenfalls zu einem Topos, der bis weit in das 20. Jh. hinein Geltung besitzt und den noch Umberto Eco in das Zentrum einer Kunstphilosophie stellt.[179]

III. Romantische Kunstbegriffe

1. Kunst und Natur

Als Vorbild der kathartisch-therapeutischen Erwartungen und gewandelten Rezeptionsformen gegenüber Kunst diente am Ende des 18. Jh. das Verhältnis zur Natur, das sich bereits etwas früher – maßgeblich durch Rousseaus *La nouvelle Héloïse* (1761) – zu verändern begann: Natur wird ästhetisch, als Ort des Schönen oder Erhabenen erfahren, man tritt ihr in kontemplativer, stumm-konzentrierter Haltung gegenüber und nimmt sie als Landschaft, d. h. als autonomes Gegenüber wahr.[180] Sie aufzusuchen bedeutet, einen Freiraum zu betreten, der unabhängig von gesellschaftlichen Reglements, politischer Enge und Zwängen der Arbeit ist. Dabei konnte die ›Rückkehr zur Natur‹ auch ein Akt der Opposition gegenüber der Welt des Adels sein: Herrschte in den Schloßparks die Kultur des Französischen Gartens, wo selbst die Natur gezähmt wurde und als Garnierung höfischen Amüsements fungierte, lag vor den Städten die freie, weite, unergründliche Natur. Sie avancierte zur Identifikationsgröße und trostspendenden Komplizin für das entstehende Bildungsbürgertum, das, wie die neu entstehende Gattung des Bürgerlichen Trauerspiels belegt, gerade in Deutschland der Willkür des Adels ausgesetzt war.[181] Goethes *Werther* (1772) wurde zum Vorbild, als er sich, zurückgewiesen von einer Adelsgesellschaft, allein, lediglich mit Homers *Odyssee*, in die Natur flüchtet: Das Natur- und Lektüre-, d. h. Kunsterlebnis wird für ihn zur wahren Welt gegenüber der oberflächlich-steifen höfischen Zivilisation, erlauben doch beide, Natur und Kunst, in ihrer jeweiligen Schönheit ungestörte und unbegrenzte Reflexion, d. h. einen inneren Dialog, der die Einschränkungen durch die Gesellschaft vergessen läßt und letztlich zu Selbsterkenntnis führt.

Kant analysiert diese Reflexion über das Schöne, näher bestimmt als »*freies Spiel* der Erkenntnisvermögen«[182], ebenfalls zuerst am Beispiel des Naturschönen; Kunst hingegen »kann nur schön genannt werden, wenn [...] sie uns doch als Natur aussieht« (241). Jenes ›freie Spiel‹ setzt voraus, daß deren Gegenstand »ohne alles Interesse« (116) rezipiert wird, man also weder eine (wissenschaftliche) Erkenntnisabsicht verfolgt noch auf Nützlichkeit achtet. Was unter dieser Perspektive betrachtet wird, zeigt »Zweckmäßigkeit ohne Zweck« (143), d. h. er-

---

176 ›Kunst‹, in: Conversations-Lexicon oder enzyclopädisches Handbuch für gebildete Stände, Bd. 5 (Stuttgart 1817), 461.
177 Vgl. NOVALIS, Fragmente und Studien 1799–1800, in: NOVALIS, Bd. 3 (²1960), 569, Nr. 94; LUDWIG TIECK, Briefe über Shakespeare (1800), in: Tieck, Kritische Schriften, Bd. 1 (Leipzig 1848), 149.
178 Vgl. BERND BRUNEMEIER, Vieldeutigkeit und Rätselhaftigkeit (Amsterdam 1983).
179 Vgl. ECO, Opera aperta (Mailand 1962).
180 Vgl. JOACHIM RITTER, Landschaft (1962), in: Ritter, Subjektivität (Frankfurt a. M. 1974), 141–163, 172–190; RUTH GROH/DIETER GROH, Weltbild und Naturaneignung (Frankfurt a. M. 1991).
181 Vgl. NORBERT ELIAS, Über den Prozeß der Zivilisation (1936), Bd. 1 (Frankfurt a. M. 1976), 1–42; THOMAS KOEBNER, Zurück zur Natur (Heidelberg 1993).
182 KANT (s. Anm. 120), 132.

scheint auf kein bestimmtes Ziel hin entwickelt, aber dennoch nicht unförmig oder sinnlos, sondern, indem die Erkenntnisvermögen – Einbildungskraft und Verstand – zur freien Reflexion angeregt sind, harmonisch. Das daraus resultierende Wohlgefallen überträgt der frei Reflektierende auf den konkreten Gegenstand und spricht ihm – metonymisch – Schönheit zu[183]; diese ist für Kant also eigentlich keine objektive Eigenschaft, sondern Ausdruck einer Stimmung, in die die Reflexion versetzt. Ein Kunstwerk erhält seine Qualität somit auch nicht dadurch, daß sich eine bestimmte ihm zugrunde liegende Wirkabsicht (ein ›prodesse‹) erfüllt oder daß es als Konkretion eines Regelkanons beeindruckt; vielmehr muß »die Zweckmäßigkeit in der Form desselben [des Kunstwerks – d. Verf.] von allem Zwange willkürlicher Regeln so frei scheinen, als ob es ein Produkt der bloßen Natur sei«[184]. Kant denkt die Kunst in so starker Analogie zur Natur, daß er den künstlerischen Schaffensprozeß schließlich ebenfalls als Naturgeschehen interpretiert, die Künstler als rätselhafte »Günstlinge der Natur« (244) bezeichnet und als Genies deutet, die »als Natur« tätig sind und daher »selbst nicht beschreiben, oder wissenschaftlich anzeigen« (242) können, wie ihre Werke entstehen. Kunst ist damit – in Differenz zum alten Begriff von ›ars‹ (vgl. II, 1) – streng getrennt von anderen menschlichen Produkten sowohl des Handwerks als auch der Wissenschaft. Umgekehrt zeigt sich die Natur, sobald sie als schön empfunden wird, »als Kunst«, d. h. »nicht bloß durch Zufall, sondern gleichsam absichtlich, nach gesetzmäßiger Anordnung« (235) gebildet. Sie suggeriert, weit mehr zu sein als ein Stück kontingenter Materie, nämlich eine rätselhafte »Chiffreschrift« (234), was die Idee eines höchsten Schöpfergottes oder einer Weltvernunft bestätigt, wie Kant sie in der *Kritik der reinen Vernunft* (1781) erläutert hatte.[185] So verheißt beides, Kunst und Natur, eine geheimnisvolle, das Fassungsvermögen des Verstandes transzendierende Urheberschaft; das Schöne wirkt somit als »ästhetische Idee«, die »viel zu denken veranlaßt, ohne daß ihr doch irgendein bestimmter Gedanke, d. i. Begriff, adäquat sein kann, die folglich keine Sprache völlig erreicht und verständlich machen kann«[186]. Auch Kant trägt damit zum Unsagbarkeits- bzw. Unausdeutbarkeits-Topos bei, der sich aber auf die Schönheit der Natur genauso bezieht wie auf das Kunstschöne.[187]

Mit seiner wechselseitigen Annäherung von Kunst und Natur wird Kant zu einem Vorläufer der Romantik, die ebenfalls beide Bereiche als unausdeutbare, zwar gesetzmäßige, aber nicht definierbare Zeichensysteme versteht. Wilhelm Heinrich Wackenroder spricht in den *Herzensergießungen eines kunstliebenden Klosterbruders* (1797) »von zwei wunderbaren Sprachen und deren geheimnisvoller Kraft«. »Die eine dieser wundervollen Sprachen redet nur *Gott*; die andere reden nur wenige Auserwählte unter den Menschen, die er zu seinen Lieblingen gesalbt hat. Ich meine: *die Natur* und *die Kunst*.«[188] Sich auf diese ›Sprachen‹ einzulassen und das Schöne in Ruhe zu kontemplieren sowie auf das Gemüt wirken zu lassen, hat jeweils therapeutische Effekte; daß man von freier Natur »gereinigt und erhoben« (61) wird, stellt Wackenroder ebenso heraus wie »eine wunderbare Kraft«, die der Kunst zueigen ist und die »unser ganzes Wesen und alles, was in uns ist, von Grund auf bewegt und erschüttert« (62). Indem Natur und Kunst aber als Sprachen aufgefaßt werden, ist vom Rezipienten hermeneutisches Vermögen oder zumindest jene besinnlich-ruhige Haltung verlangt, die Wackenroder bezogen auf Kunst in einem eigenen Kapitel konkretisiert (»Wie und auf welche Weise man die Werke der großen Künstler der Erde eigentlich betrachten und zum Wohl seiner Seele gebrauchen müsse«; 71). Hierbei wird deutlich, wie die Romantik den Kunstbegriff von Moritz, Schiller oder Kant noch radikalisiert und die Kunst zum autonomen Gegenpol und Kompensat der technisch-wissenschaftlichen Zivilisation überhöht. Diese wird

---

183 Vgl. JENS KULENKAMPFF, Kants Logik des ästhetischen Urteils (Frankfurt a. M. 1978).
184 KANT (s. Anm. 120), 240.
185 Vgl. KANT, Kritik der reinen Vernunft (1781), in: KANT (WA), Bd. 4 (1974), 594 f.
186 KANT (s. Anm. 120), 249 f.
187 Vgl. GOETHE, Über Laokoon (1798), in: GOETHE (WA), Abt. 1, Bd. 47 (1896), 101; CARL GUSTAV CARUS, Vorlesung über die rechte Art Gemälde zu betrachten (geh. 1835), in: Carus, Briefe über Landschaftsmalerei (²1835; Heidelberg 1972), 262.
188 WILHELM HEINRICH WACKENRODER, Herzensergießungen eines kunstliebenden Klosterbruders (1797; Stuttgart 1997), 61.

als Zeitalter des Verfalls kritisiert, der besonders gefährlich ist, da die Kunst gerade dann, wenn sie für den Menschen wegen ihrer therapeutischen Qualitäten besonders wichtig wäre, inmitten allgemeiner Oberflächlichkeit ihre Wirkung nicht zu entfalten vermag. Wackenroder beklagt, daß man Galerieräume nur noch als »Jahrmärkte« und die Werke entsprechend als »Waren im Vorübergehen« beurteilt, anstatt sie als »Tempel« zu schätzen, in denen man »in stiller und schweigender Demut [...] und mit der langen, unverwandten Betrachtung [...] sich erwärmen möchte« (71 f.). Der profanen und kalten Realität wird ein sakraler, geschlossener Raum entgegengestellt, in dem allein ein gemäßer Zugang zur Kunst, nämlich ein bedächtig-verehrendes Sich-Nähern stattfinden kann. Mit der Temporalisierung der Kunstrezeption ist auch bei Wackenroder die Vorstellung eines Dialogs zwischen Werk und Rezipient verbunden; so soll die Auseinandersetzung mit einem Werk einem »Gebet« gleichen, womit zugleich eine Hierarchie angegeben ist: »Die *Kunst* ist *über* dem Menschen: wir können die herrlichen Werke ihrer Geweiheten nur bewundern und verehren und, zur Auflösung und Reinigung aller unsrer Gefühle, unser ganzes Gemüt vor ihnen auftun.« (71) Die Kunst wird hier zur Gottheit einer Erlösungsreligion verklärt, während Kunstrezeption, sofern sie in angemessener Bewunderung abläuft, in einen Gnadenakt mündet.

Ganz ähnlich bezeichnet Novalis Galerien als einen Ort, an dem man in den Werken »eine Geliebte und einen Freund – Ein Vaterland, und einen Gott« finden kann; ohne »lange Treue und Liebe« von seiten der Rezipienten hingegen »schlummern«[189] die Werke nur. Setzt sich hier die Intimisierung des Verhältnisses zur Kunst fort – diese wird ähnlich wie bei Winckelmann oder Moritz zur ›Geliebten‹ –, eröffnet sich dadurch dennoch ein weiterer Horizont. Die ›Vaterland‹-Metapher weist darauf hin, daß nicht nur jeweils *ein* Rezipient ein inniges Verhältnis zu einem Kunstwerk haben kann, sondern daß dieses vielen Menschen zugleich eine Heimat zu bieten vermag; damit soll aus der Kunst eine neue, religiös fundierte Gemeinschaft erwachsen, wodurch die Einsamkeit des Rezipienten – seine Distanz zur Gesellschaft – aufgehoben wird. Eine gemeinschaftsstiftende Rolle erwartete man gerade auch von der Architektur, so wenn z.B. Karl Friedrich Schinkel zuerst unter dem Eindruck der Besetzung Preußens durch Napoleon, dann in der Euphorie der Freiheitskriege ein großes Bauwerk plante, das die Deutschen ähnlich einem mittelalterlichen Dom ergreifen und auf einen einheitlichen Volksgeist hin stimmen sollte, um schließlich ein neues, sakral gegründetes Nationalbewußtsein auszubilden. Besonders geeignet erschien Schinkel hierbei der gotische Stil, der als organisch und naturhaft, aber auch als frei von strengen Regeln galt, was spätestens seit Fichtes *Reden an die deutsche Nation* (1807/1808) als besonders ›deutsch‹ galt. Schinkel bezeichnete die Gotik als »unbestimmt anregend« und im weiteren sogar als »weiblich«[190], womit er sich einer in der Romantik beliebten Metaphorik bediente, wurden doch Eigenschaften und ganze Lebensbereiche jeweils einem Geschlecht zugewiesen – von Adam Müller z.B. die Kunst insgesamt dem weiblichen, die Wissenschaft hingegen dem männlichen[191]. Auch auf diese Weise rückte die Kunst in die Nähe zu einer ›Geliebten‹ sowie zur Natur, man erklärte sie zur geheimnisvollen, irrationalen Urkraft. Im übrigen ist Schillers Ideal ästhetischer Erziehung noch herauszuhören, wenn Schinkel davon spricht, daß sich in einem solchen Bauwerk, das ›unbestimmt anregt‹, das Volk versammelt, aber »keine Lehren der Moral [empfinge,] sondern die Würdigkeit des Raumes stimmte jeden sich still in sich selbst zu vollenden«[192]. Dabei geht Schinkel – wie die Romantik insgesamt – noch über Schiller hinaus, da die Kunst nicht mehr separate Sphäre bleiben, sondern alle Lebensbereiche umfassen soll: »Ohne schöne Kunst in jedem Lebensverhältniß bleibt er [der Mensch – d. Verf.] ein niedriges Wesen u[nd] entbehrt einer höheren u[nd] glücklichern Existenz«.

---

189 NOVALIS, Das Allgemeine Brouillon (1798/1799), in: NOVALIS, Bd. 3 (²1968), 398, Nr. 686.
190 KARL FRIEDRICH SCHINKEL, Das architektonische Lehrbuch (entst. 1804–1835), hg. v. G. Peschken (München 1979), 73.
191 Vgl. ADAM MÜLLER, Prolegomena einer Kunst-Philosophie (1808), in: Müller, Kritische, ästhetische und philosophische Schriften, hg. v. W. Schroeder/ W. Siebert, Bd. 2 (Neuwied/Berlin 1967), 156f.
192 SCHINKEL (s. Anm. 190), 33.

Entsprechend wird die Förderung von Architektur und Kunst zur primären Aufgabe des Staats erklärt, und »Sünde« begehe »der Staat, der diesen Zustand nicht herbeiführt« (27). Schinkel wendet sich damit polemisch gegen diejenigen v. a. aus dem Kreis der Kirche, die umgekehrt Kunst und Schönheit für sündig halten, da dadurch lediglich die Sinne gereizt würden. Bekanntlich beziehen etliche Romantiker eine antiprotestantische Haltung, prominent etwa Novalis in *Die Christenheit oder Europa* (1799), während der Katholizismus durch die Kunstreligion erneuert bzw. in diese transformiert werden soll.

Besondere Bedeutung kam auch einer Kunstform zu, bei der sich die »Kunstruhe«[193] mit der Erfahrung freier Natur verband, nämlich der Landschaftsmalerei, die, nachdem sie über Jahrhunderte hinweg in der Hierarchie der Gattungen einen unteren Platz eingenommen hatte (vgl. II, 2), im 19. Jh. eine starke Aufwertung erfuhr. Den Künstlern bot sie Gelegenheit, sich in ein kontemplatives Verhältnis zur Natur einzuüben; den Rezipienten wurde es dadurch erleichtert, daß das Bildsujet jeweils schon ästhetisch vermittelt war. Kunstbetrachtung verschmolz so mit Naturbetrachtung zu einem Höchstmaß an Innigkeit, was nicht ohne Auswirkung auf die Bildgestaltung blieb. Erzählende Elemente und anekdotische Details, die den Ernst der Betrachtung und die freie Reflexion hätten stören können, verschwanden; insbesondere wurde alles getilgt, was mit der Welt der Zivilisation zu tun hatte, geduldet waren höchstens Ruinen, die bereits in den Kreislauf der Natur zurück-

---

193 SCHINKEL, Gedanken und Bemerkungen über Kunst im Allgemeinen, in: A. von Wolzogen (Hg.), Aus Schinkel's Nachlaß, Bd. 3 (Berlin 1863), 370.
194 FRANZ FICKER, Ästhetik oder Lehre vom Schönen und der Kunst (Wien 1830), 153.
195 CARUS, Neun Briefe über Landschaftsmalerei (1831), in: Carus (s. Anm. 187), 29.
196 Vgl. SCHILLER (s. Anm. 173), 271 f.; MÜLLER, Etwas über Landschaftsmalerei (1808), in: Müller (s. Anm. 191), 189; CARUS (s. Anm. 195), 131–158; FICKER (s. Anm. 194), 151; MORIZ CARRIERE, Ästhetik, Bd. 2 (1859; Leipzig ³1885), 287 f.
197 CARL DAHLHAUS, Die Idee der absoluten Musik (Kassel 1978), 77.
198 WACKENRODER (s. Anm. 188), 106.
199 CARUS (s. Anm. 195), 83.

gekehrt waren. In kunsttheoretischen Abhandlungen des 19. Jh. findet sich immer wieder der Hinweis, durch zu viel Staffage die »ästhetische Stimmung« zu gefährden, die ausdrücklich als »der Zweck der Landschaftsmalerei«[194] definiert wurde. Damit ist genau die Gegenposition zum Prinzip des ›ut pictura poesis‹ bezogen (vgl. II, 2), und anstatt in Bildern etwas zu ›erzählen‹ und den Betrachter zu unterhalten, geht es jetzt darum, ihm eine freie Reflexion zu erlauben. Nicht die Darstellung einer Handlung, sondern »stille Andacht« ist das Ziel, bei der der Rezipient sich »im unbegrenzten Raume« der jeweiligen Landschaft verliert und so »eine stille Läuterung und Reinigung« erfährt, bis sein »Ich verschwindet«[195]. Als jemand, der nicht durch Erzählung und historische Inhalte fesseln, sondern eine Stimmung erzeugen will, wird der Landschaftsmaler auch in die Nähe zum Komponisten gebracht, und wie die bildende Kunst in den Jahrhunderten zuvor oft als Schwester der Dichtung ausgegeben wurde, wird nun zumindest die Landschaftsmalerei als verwandt der Musik bezeichnet.[196] Dabei ist v. a. an die Instrumentalmusik gedacht, die gerade von Romantikern wie Wackenroder als reinere Form gegenüber Vokalmusik geschätzt wird: »Die instrumentale, wortlose Musik erscheint als Erlösung der Gefühle aus den Fesseln der vokalen, an Worte gebundenen Musik.«[197] Die in Malerei wie Musik mit der Romantik einsetzende Emanzipation von narrativen Ansprüchen, die Sehnsucht, »von allen irdischen Kleinigkeiten […] gereinigt zu werden«[198], bereitet auch schon das Streben vieler Künstler des ausgehenden 19. und frühen 20. Jh. nach einer Freilegung elementar-allgemeiner Wahrheiten und absoluter Urformen vor, liegt doch, wie bereits Carus bemerkte, gerade in der Landschaftsmalerei »eine gewisse Abstraction«[199].

2. Kunst als Versöhnung (Schelling)

Eine besondere Rolle spielt die behauptete Verwandtschaft von Kunst und Natur in Schellings *System des transscendentalen Idealismus* (1800), wo daraus gefolgert wird, daß die Kunst unmittelbar Einsicht in das Wesen der Natur verschaffen kann und insofern höchstes – absolute – Erkenntnis repräsentiert. Anders als die Wissenschaft erfaßt ein

Kunstwerk gemäß Schelling nicht nur das dem Verstand Zugängliche und Regelhafte, sondern ist, da sich in ihm bewußt-rationales und unbewußt-geniales Handeln, das »Freiheitsprodukt« und das diesem konträre »Naturprodukt«[200] vereinen, Ausdruck der im Ganzen sonst unerschließbaren Natur, in der alle Differenzen und Gegensätze in ursprünglicher Einheit versammelt sind. Auf der Basis von Kants Geniebegriff charakterisiert Schelling den Künstler somit – wie Peter Bürger bemerkte – als naturhaft-geheimnisvollen »Übermenschen [...], der produzierend Zugriff auf's Absolute hat«[201], attestiert er ihm doch, in seinem Werk »instinktmäßig gleichsam eine Unendlichkeit dargestellt zu haben, welche ganz zu entwickeln kein endlicher Verstand fähig ist«[202]. Diese werkimmanente Unendlichkeit – für Schelling zugleich das Wesen der Schönheit – wird als »Gefühl einer *unendlichen* Harmonie« und »*Rührung*« (617) bzw. als »stille Größe« erfahrbar. Damit greift Schelling die Bestimmungen von Schiller und Winckelmann auf und bedient sich auch des Unausdeutbarkeits-Topos, wenn er aus der Unendlichkeit des Kunstwerks folgert, es sei »einer unendlichen Auslegung fähig« (620). Für den Philosophen ist die Kunst aber nicht nur unerschöpflich, sondern »das einzige wahre und ewige Organon [...] und Document der Philosophie« (627); sie offenbart gleichsam performativ, was im Zuge philosophischen Fragens, das letztlich immer auf die Ergründung der ursprünglichen Natur abzielt, sonst nur indirekt und theoretisch hergeleitet werden kann: »Die Ansicht, welche der Philosoph von der Natur künstlich sich macht, ist für die Kunst die ursprüngliche und natürliche.« (628) Da sich Natur nur via Kunst erschließt, liefert sie aber – anders als noch bei Kant und in Vorwegnahme Hegels – nicht mehr das Paradigma des Schönen; vielmehr ist, »was die Kunst in ihrer Vollkommenheit hervorbringt, Princip und Norm für die Beurtheilung der Naturschönheit« (622). Damit hat die Kunst den Zenit ihrer Bedeutung erreicht: Sie liefert einen privilegierten Zugang zur Naturerkenntnis, die Philosophie macht ohne sie keine Fortschritte, und die Wissenschaft ist ihr in ihrer einseitigen Rationalität unterlegen; alle Gegensätze sind in ihr – und nur in ihr – zur Versöhnung gebracht. Schelling spricht daher auch von der »einzigen und ewigen Offenbarung« (618) bzw. der »Heiligkeit und Reinheit« der Kunst, »welche so weit geht, daß sie nicht etwa nur die Verwandtschaft mit allem, was bloß Sinnenvergnügen ist, [...] oder mit dem Nützlichen [...], sondern selbst die Verwandtschaft mit allem, was zur Moralität gehört, ausschlägt«. Ohne solche ›Verwandtschaft‹ läßt sich die Kunst auch nicht instrumentalisieren und in ein Programm aus ›delectare et prodesse‹ integrieren. Gerade weil sie das »Höchste« (622) ist, müßte man sie verfehlen, sobald man sie in einer bestimmten Hinsicht auslegt oder verwendet. Aufgrund ihrer Totalität gibt es auch nur »Ein absolutes Kunstwerk, welches zwar in ganz verschiedenen Exemplaren existiren kann, aber doch nur Eines ist« (627), womit Schelling die Position Schillers noch zuspitzt: Alle echten Werke wecken in identischer Weise jene Harmonie, man kann sich in ihrer Gegenwart »beglückt fühlen« (615).

Dennoch differenziert Schelling v. a. in seinen Vorlesungen über *Philosophie der Kunst* (1802–1803) zwischen einzelnen Künsten und klassifiziert sie danach, ob die Unendlichkeit materiell in eine endliche Form ›einbilden‹ oder ob das Konkrete in etwas Allgemeines überführt wird. Letzteres ist bei der redenden Kunst der Fall, da die Sprache zwar jeweils etwas individuell ausdrückt, dazu jedoch Worte verwendet, die zugleich Begriffe und damit Gegenstände des Denkens sind. Innerhalb der bildenden Künste, zu denen für Schelling auch die Musik zählt, besitzt die Plastik den höchsten Status, weil hier Materie im ganzen durchgeformt und transzendiert wird, während »die Musik von der Materie bloß das Anorganische (die Form, das Accidens), die Malerei das rein Organische als solches, das Wesen, das rein Ideale des Gegenstandes darstellt.«[203] Da Schelling die redende Kunst als »höhere Potenz« der bildenden Kunst« (631) bezeichnet, ist deren höchste Form, als die er die

---

200 SCHELLING, System des transscendentalen Idealismus (1800), in: SCHELLING (SW), Abt. 1, Bd. 3 (1857), 612.
201 PETER BÜRGER, Zur Kritik der idealistischen Ästhetik (Frankfurt a. M. 1983), 22.
202 SCHELLING (s. Anm. 200), 619.
203 SCHELLING, Philosophie der Kunst (entst. 1802–1803): in: SCHELLING (SW), Abt. 1, Bd. 5 (1859), 570.

Tragödie bestimmt, zugleich die höchste Form der Kunst; hier wird die unergründliche Natur als unbegreifliches Schicksal offenbar, das sich am Helden zwangsläufig vollzieht, der sich zwar dagegen wehrt, dann aber – in höchster Vollendung seiner Freiheit – in seine »unverschuldete Schuld« fügt. Damit kommen Natur und Freiheit überein, das Unendliche gelangt im Endlichen zur Darstellung. »Dieß ist der Grund der Versöhnung und der Harmonie, [...] daß sie [die Tragödien – d. Verf.] uns nicht zerrissen, sondern geheilt, und wie Aristoteles sagt, gereinigt zurücklassen.« (697)

Obwohl er mit Tragödie und Plastik zwei Kunstformen zu den höchsten erklärt, die primär mit der griechischen Antike verknüpft sind – das Ödipus-Drama und die Niobe-Gruppe sind seine Hauptbeispiele –, ist Schelling – anders als Hegel (vgl. I, 1) – nicht der Auffassung, die Kunst habe ihre Blütezeit bereits endgültig hinter sich. Zwar konstatiert er für seine eigene Zeit eine »Ermattung«[204] der Künste, erwartet aber ein Wiederaufleben bereits in naher Zukunft, womit er das in der Romantik weit verbreitete triadische Geschichtsmodell vertritt. Gerade weil die Kunst der Wissenschaft überlegen ist und zu höherer Erkenntnis führt als diese, wird sie sich letztlich auch als stärker erweisen und aus dem Zeitalter des Rationalismus und der Entfremdung hinausführen. Schelling entwickelt bereits im *System des transscendentalen Idealismus* die Vision, daß Wissenschaft und Philosophie »in den allgemeinen Ocean der Poesie zurückfließen«, wobei er als »Mittelglied der Rückkehr«[205] eine neue Mythologie erwartet.

204 SCHELLING (s. Anm. 153), 328.
205 SCHELLING (s. Anm. 200), 629.
206 SCHELLING (s. Anm. 153), 316.
207 Vgl. MANFRED FRANK, Der kommende Gott. Vorlesungen über die Neue Mythologie (Frankfurt a. M. 1982).
208 [HÖLDERLIN/SCHELLING/HEGEL], Das älteste Systemprogramm des Deutschen Idealismus (entst. 1796–1797), in: HEGEL (TWA), Bd. 1 (1971), 235; vgl. RÜDIGER BUBNER (Hg.), Das älteste Systemprogramm. Studien zur Frühgeschichte des deutschen Idealismus (Bonn 1973).
209 HÖLDERLIN (s. Anm. 175), 680.
210 [HÖLDERLIN/SCHELLING/HEGEL] (s. Anm. 208), 236.

Diese wiederum könnte ihren Ausgang nehmen von der bildenden Kunst, v. a. von der Plastik, die im besten Fall Materie vollständig durchgeistigt und damit der Profanität entzieht, weshalb sie, »wenn auch keine Mythologie vorangegangen, durch sich selbst auf Götter« käme; plastische Werke können so faszinieren, daß sie die Einbildungskraft der Rezipienten über die jeweilige Gestaltung hinaustreiben, bis schließlich (neue) »Götter erfunden«[206] werden.

Daß das Ziel der Geschichte in einer Poetisierung der Welt bzw. in einer neuen Mythologie bestehe, prägt das Kunstverständnis vieler Autoren der Romantik.[207] Schon im *Ältesten Systemprogramm* (entst. 1796–1797) heißt es emphatisch, die Poesie werde »am Ende wieder, was sie am Anfang war – *Lehrerin der Menschheit*; denn es gibt keine Philosophie, keine Geschichte mehr, die Dichtkunst allein wird alle übrigen Wissenschaften und Künste überleben.«[208] Ähnlich preist Hölderlin die Dichtung im *Hyperion* als »Anfang und das Ende«[209] der Wissenschaft. Eine starke Kunst bzw. neue Mythologie würde sogar die bisherige staatliche Ordnung, bei der die Menschen mangels einer einheitlichen geistig-religiösen Grundlage nur durch Gesetzgewalt zu einem zivilisierten Verhalten gezwungen werden, überflüssig machen. Vielmehr könnten – hier nimmt das *Älteste Systemprogramm* das marxistische Endziel vorweg – die Institutionen des Staates ersatzlos abgeschafft werden, ja der Staat könnte, sobald eine »ewige Einheit«[210] aller Menschen erreicht sei, da er bloß »etwas *Mechanisches* ist, [...] *aufhören*« (234 f.). Damit wird nicht nur Schillers Konzept ästhetischer Erziehung nochmals überboten, sondern es artikuliert sich auch eine Sehnsucht nach einer starken, dauerhaft sakral hochgestimmten Gemeinschaft, die von der Kunst initiiert und garantiert wird. Die Zielrichtung der Avantgarde-Strömungen des frühen 20. Jh. deutet sich hier bereits an, die, ihrerseits zivilisationskritisch eingestellt, eine Ersetzung traditioneller Staatlichkeit durch ein Reich der Kunst propagierten (vgl. IV, 2).

3. Periodisierung der Kunst

Besonderen Stellenwert besitzt die Forderung »einer völligen Umgestaltung, eines totalen Umschwungs«, einer »ästhetischen Revolution«[211], die alle Lebensbereiche ergreifen soll, auch bei Friedrich Schlegel.

Einmal mehr bietet die griechische Antike das Paradigma der Kunst – die Geschichte der griechischen Poesie bezeichnet Schlegel als »vollständige Naturgeschichte des Schönen und der Kunst«[212] –, und wie Schelling sieht er in der Tragödie die höchste Synthese vielfältiger, an sich divergenter Elemente in einer einheitlich-unendlichen Form, die kein Bedürfnis ungestillt läßt und daher vollendet und in höchstem Maße schön ist. Diese Totalität ist gemäß Schlegel in der nachantiken Welt verlorengegangen, Kunst also nicht mehr gleichbedeutend mit dem »freien Wuchs der Natur«[213]. Was für Schelling das Wesen jeder großen Kunst ausmacht, nämlich Naturhaftigkeit, ist für Schlegel also auf eine Epoche der Kulturgeschichte beschränkt; in der Moderne und mit einem Fortschreiten der Bildung, die den Menschen zunehmend von der reinen Natur emanzipiert und entfremdet, entspringt ein Kunstwerk hingegen dem Gemüt des einzelnen Künstlers, ist somit einseitig, lediglich ›interessant‹, d. h. jeweils Ausdruck einer speziellen – spezialisierten – Ausrichtung. Entsprechend ist die Kunst eine intellektuelle und ›künstliche‹ Angelegenheit geworden, bei der der Künstler über sein eigenes Tun reflektiert und seine jeweilige Bildung artikuliert. Schlegel will dennoch keine einfache Rückkehr zu den Prinzipien der antiken Kunst – zur Kunst als Natur –, da die einmal erworbene Freiheit des Individuums ohnehin nicht reversibel wäre, aber er strebt nach einer Kunst, die wie die griechische über Ganzheit und Allgemeingültigkeit verfügt. Dazu bedarf es auch aus seiner Sicht zuerst einer (neuen) Mythologie, die als verbindlicher Mittelpunkt alle individuellen Interessen transzendiert. Sie »muß das künstlichste aller Kunstwerke sein, denn es soll alle andern umfassen, ein neues Bette und Gefäß für den alten ewigen Urquell der Poesie und selbst das unendliche Gedicht, welches die Keime aller andern Gedichte verhüllt«[214]. In der äußersten Steigerung der Künstlichkeit kann die Kunst also wie am naturhaften Anfang, in der Epoche ihrer ersten Vollendung eine »harmonische Welt« (302) stiften. Schlegel zeigt sich – in romantischem Adventismus – überzeugt davon, daß »wir [...] nahe daran« sind, eine solche Mythologie zu erhalten, »oder viel-

mehr es wird Zeit, daß wir ernsthaft dazu mitwirken sollen, eine hervorzubringen« (301).

Bei der historischen Betrachtung der Kunst und der Gegenüberstellung antiker und moderner Kunst – dies zugleich ein Reflex auf die ›Querelle des Anciens et des Modernes‹ – gelangt Schlegel zu ähnlichen Klassifizierungen und Beurteilungen wie Schiller in seinem Aufsatz *Ueber naive und sentimentalische Dichtung* (1795–1796). Statt der griechischen Tragödie erklärt Schiller allerdings Homers Epen zum Inbegriff einer naturhaften Kunst, bei der der Künstler gleichsam ohne Wissen um das, was er tut, tätig ist. Im Gegensatz dazu »reflektiert« der Künstler in der nachantiken Zeit »über den Eindruck, den die Gegenstände auf ihn machen«[215]. Die ursprüngliche Unmittelbarkeit ist somit preisgegeben, und ›sentimentalisch‹ ist der moderne Künstler, weil er der verlorenen Einheit mit der Natur nachtrauert. Auch Schiller verlangt jedoch keine Negation von Freiheit und Reflexion, sondern hält es nur durch deren weiteres Fortschreiten für möglich, den einstigen Einheitszustand unter Versöhnung aller Kräfte wenigstens annähernd wiederzuerlangen; im letzten freilich bleibt dies – anders als für Schelling, der zwischen antiker und moderner Kunst keine grundsätzliche Unterscheidung trifft – ein dauerndes Postulat. Dennoch ist die sentimentalische Kunst der naiven nicht unterlegen, sondern kann ihr sogar »unendlich vorzuziehen« (438) sein, da das in ihr Erreichte auf das bewußte Streben des (freien) Menschen zurückgeht und nicht nur ein Geschenk der Natur ist.

Was Schiller (und ähnlich Schlegel) noch als Vorzug bewertet, wird im weiteren zum Ausgangspunkt für Zweifel am Vermögen der Kunst: Daß der Künstler die Unschuld des Anfänglichen ein-

---

211 FRIEDRICH SCHLEGEL, Über das Studium der griechischen Poesie (1797), in: SCHLEGEL (KFSA), Bd. 1 (1979), 269 f.
212 F. SCHLEGEL an A. W. Schlegel (5. 4. 1794), in: Friedrich Schlegels Briefe an seinen Bruder August Wilhelm, hg. v. O. Walzel (Berlin 1890), 173.
213 F. SCHLEGEL (s. Anm. 211), 277.
214 F. SCHLEGEL, Gespräch über die Poesie (1800), in: SCHLEGEL (KFSA), Bd. 2 (1967), 301.
215 SCHILLER, Ueber naive und sentimentalische Dichtung (1795–1796), in: SCHILLER, Bd. 20 (1962), 441.

gebüßt hat, sein Tun reflektiert und Kunst eigens *als* Kunst fertigt, erlaubt den Schluß, Kunst verliere zunehmend an Authentizität und Eigenständigkeit, werde zum Objekt des Denkens und insofern ihrer selbst entfremdet. So kippen die romantischen Heilserwartungen gegenüber der Kunst, die in einem Höchstmaß an Freiheit und Reflexion eine neue Totalität – einen Zustand des Glücks – wenigstens erahnen lassen soll, in die Befürchtung eines möglichen Endes der Kunst, das bis in die Gegenwart immer wieder aus ihrem reflexiven Charakter deduziert wird (vgl. I, 1). Zuerst gelangte Hegel, der Elemente von Schillers Kunst‹geschichte‹ übernahm, zu dieser Diagnose; dazu ersetzte er den Dualismus von antiker und moderner Kunst durch eine Unterscheidung von drei Kunstepochen, die Anfang, Höhepunkt und Ende repräsentieren. Bei der ersten Kunstform, im Orient und Ägypten zu Hause, sind die Werke noch befangen im Material, wirken schwer und archaisch; der Geist kann sich nur andeutend in ihnen ausdrücken, weshalb Hegel sie als ›symbolisch‹ bezeichnet. Erst in der zweiten Kunstform, der ›klassischen‹, v. a. durch die griechische Skulptur vertreten, gelingt es, Ideen harmonisch und klar in eine Form zu bringen, d. h. das Vernünftige und das Sinnliche miteinander zu einem Ideal der Schönheit zu versöhnen. Die Gestaltungskraft der Kunst und die Bedürfnisse des Geistes sind hier zur Deckung gelangt. Doch die Fortentwicklung des Geistes, seine zunehmende Selbsterkenntnis, führt dazu, daß die Harmonie wieder verlorengeht. Das Christentum markiert eine erste Stufe der Vergeistigung, mit der die Kunst nicht mehr Schritt halten kann. Sind die griechischen Götter unmittelbare Versinnbildlichungen bestimmter Erfahrungen und Mentalitäten, ist der christliche Gott bereits fast bildlos; er läßt sich nur noch in Gleichnissen andeuten. Indem das Christentum auf der Seite der Armen und Schwachen steht, ist es auch nicht durch eine Kunst zu repräsentieren, die Schönheit – Größe und Stolz – verkörpert: Christus stirbt mit geschundenem Körper und erlangt seine Wirkkraft im Opfer. Hier trennen sich das Wahre und Gute vom Schönen, womit eine Einheit verloren geht, die die klassische Kunst der Griechen auszeichnete. Der Protestantismus wird noch bildloser, Schönheit nun sogar ausdrücklich verworfen, d. h. es wird erstmals klar formuliert, daß Kunstwerke nicht mehr im Zentrum der Welterfahrung stehen (dürfen). Die Religion hat sich von der Kunst emanzipiert und ist zum neuen Zentrum geworden. Hegel bezeichnet diese dritte Epoche der Kunstgeschichte als die romantische, wobei eine gewisse Innerlichkeit zum Hauptmerkmal der Werke wird: Der Geist findet sich zunehmend bei sich, in einer »Welt der Empfindung, des Gemüts«[216], während die Form nur noch als Zeichen einer Unendlichkeit fungiert und sich schließlich immer weiter auflöst. Den »Grundton des Romantischen« bestimmt Hegel daher als »musikalisch« (141).

Auch im romantischen Zeitalter aber »bleibt es [...] die Bestimmung der Kunst, daß sie für den Geist eines Volks den künstlerisch gemäßen Ausdruck finde« (232) und so zu einem identitätsstiftenden Ort taugt; darüber hinaus besitzt sie therapeutische Qualitäten bzw. emanzipatorische Kraft, insofern sie »die Dürftigkeit der Natur« durch »ein der Wahrheit würdiges Dasein, das [...] in freier Selbständigkeit dasteht«[217], ersetzen kann. Anders als die Vertreter der Romantik sieht Hegel die Kunst somit nicht in Analogie oder gar unmittelbarer Verwandtschaft zur Natur, sondern als Instanz, die diese transzendiert und ihr insofern überlegen ist. Während die Natur stumpf ist und ohne geistige Beseelung, das Naturschöne also keine Ideen zu verkörpern vermag, gibt allein das Kunstschöne dem Menschen einen Begriff von seiner Freiheit und wird damit zum Signum der Vollkommenheit. Die Absetzung der Kunst von der Natur ist freilich auch als weiterer Schritt ihrer Autonomisierung zu interpretieren, wird dabei doch nicht zuletzt die traditionelle Vorstellung von der Kunst als Naturnachahmung dementiert, die Kunst also nicht mehr relational, sondern absolut gedacht. Dies wurde v. a. für die Musiktheorie des 19. Jh. relevant[218], so etwa bei Eduard Hanslick, der in seiner Schrift *Vom Musikalisch-Schönen* (1854) leugnet, daß es in der Natur bereits Formen von Musik gibt, und der es auch ablehnt, Musik in

---

216 HEGEL (s. Anm. 17), 128.
217 HEGEL (s. Anm. 16), 202.
218 Vgl. HELGA DE LA MOTTE-HABER, Musik und Natur (Laaber 2000), 41–48.

irgendeiner Weise als mimetisch gegenüber der Natur zu begreifen. Töne sind für ihn ohnehin nicht in Analogie zu Sprache zu verstehen, d. h. sie geben keinen (fremden) Inhalt wieder, sondern besitzen Autonomie, weshalb sich ihr ›Inhalt‹ in ihrer Form erschöpft. Damit begünstigt die strikte Trennung zwischen Kunst und Natur letztlich eine formalistische Kunstauffassung, wie sie v. a. auch für einige Strömungen der abstrakten Kunst des 20. Jh. kennzeichnend ist (vgl. IV, 5).

4. *Kunst als Erlösung (Schopenhauer, Nietzsche)*

Sofern Musik nicht nachahmt, qualifiziert sie sich für Schopenhauer zur höchsten und schönsten Kunst; anders als die übrigen Künste könnte sie, »auch wenn die Welt gar nicht wäre, doch bestehn«[219]. Indem sie nicht nur mittelbar wirkt, ist Musik auch intensiver als andere Kunstformen. Für Schopenhauer repräsentiert sie sogar die Welt ›an sich‹, d. h. reicht zurück ›hinter‹ die Welt der Erscheinungen, auf die die anderen Künste bezogen bleiben. Während Malerei oder Poesie jeweils etwas darstellen, das sich in Raum und Zeit befindet und den Bedingungen des gegenständlichen Vorstellens unterworfen ist, vermag die Musik als einzige Kunst die Erscheinung der empirischen Welt zu transzendieren. Indem sie deren (metaphysischen) Grund erfahrbar macht, besitzt sie eine exponierte Erkenntnisfunktion und sollte nicht mit anderen Kunstformen vermischt werden; sie ist als reine Instrumentalmusik wirkungsvoller denn als Oper oder Lied. In ihren Werken, in denen alle Affekte untrennbar vereint sind, kommt – so Schopenhauer – der Wille zum Vorschein, der sich sonst, indem er nie zur Ruhe gelangt, lediglich in immer wieder anderen Gestalten und Phänomenen manifestiert und zugleich als solcher verbirgt. Damit offenbart die Musik freilich auch stärker als anderes den tragisch-unerlösten Charakter der Willenswelt, die immer mit sich selbst im Streit liegt. Den daraus resultierenden Wunsch nach einer Willensverneinung bzw. -überwindung vermag jedoch gerade die Kunst – wenigstens momentan – zu erfüllen und dient damit nicht nur als Gegenpol einzelner Alltagsübel, sondern als Kompensation zur empirischen Welt im Ganzen. Der Rezipient wird von seiner eigenen Willensnatur erlöst, sobald er sich auf das jeweilige Werk einläßt und dabei – Schopenhauer greift hier Kants ›interesseloses Wohlgefallen‹ auf (vgl. III, 1) – von eigenen Anliegen und Willensäußerungen absehen kann. Während man bei der Musik in den Grund der Welt taucht, in die Einheit der Affekte aufgeht und von jeglicher konkreten Willensregung erlöst ist, erlauben die anderen Künste, die Dinge in ihrer reinen Form – ihrer jeweiligen Idee – zu erkennen und dabei ebenfalls alles Individuelle und jede Bindung hinter sich zu lassen. Daß man sich gegenüber einem Kunstwerk eher kontemplativ-gelöst verhält als gegenüber anderem, erklärt Schopenhauer mit dem Entstehungsprozeß der Werke aus dem Genie: Der geniale Künstler vermag alles Wollen abzulegen, weshalb der Intellekt in einem Akt reiner Kontemplation zum »klaren Spiegel« (210, § 34) der Welt wird; entsprechend sind auch die in diesem Zustand geschaffenen Werke ›gereinigt‹ von jeglicher »Absicht und Willkür«[220] und verleiten ihrerseits dazu, sich ›zieflos‹ in sie zu versenken und ihnen vorurteilsfrei zu begegnen: »Vor ein Bild hat Jeder sich hinzustellen, wie vor einen Fürsten, abwartend, ob und was es zu ihm sprechen werde; und wie jenen, auch dieses nicht selbst anzureden: denn da würde er nur sich selbst vernehmen.«[221] Schopenhauer formuliert hier nicht nur eine hermeneutische Maxime, sondern gibt zudem einen Beleg für die Autorität der Kunst. Noch ganz in der Tradition der Romantik wird Kunstrezeption als Dialog zwischen zwei Partnern gedacht, die jedoch nicht gleichberechtigt sind; vielmehr muß der Rezipient warten, bis ihm die Gunst der Ansprache zuteil wird: Es wird von ihm zuerst eine Unterwerfungsgeste verlangt. Ferner muß er in der Lage sein, die ›Sprache‹ des Kunstwerks überhaupt zu verstehen, womit Kunst wie eine Zeichenwelt erscheint, die zu ›entschlüsseln‹ nicht jedem möglich ist. Bewirkt ein Kunstwerk keine Erlösung (und keine Erkenntnis), muß der Rezipient die Schuld bei sich suchen, hat er doch offenbar die Voraussetzungen nicht erfüllt, die an einen Rezeptionsakt gestellt werden. Diese Bestimmung des Verhältnisses zwischen Kunstwerk

---

219 SCHOPENHAUER (s. Anm. 161), 304, § 52.
220 Ebd., Bd. 3 (³1972), 434, Kap. 31.
221 Ebd., 464, Kap. 34.

und Rezipient wurde seit Schopenhauer kaum mehr dementiert und wird im 20. Jh. oft angeführt, um moderne Kunst gegen Widerstände zu immunisieren.[222]

Nietzsche übernahm von Schopenhauer die Unterscheidung zwischen einer Welt der Erscheinungen und einem vorgegenständlichen ›Urgrund‹ und entwickelte aus beider Verhältnis seine Kunstphilosophie. Dabei postuliert er zwei einander gegenläufige Triebe, wobei der eine – dionysische – zur unmittelbaren Erfahrung jenes Grundes drängt und insofern einem Trieb zur Wahrheit entspricht, der andere – apollinische – hingegen nach Verklärung der Wahrheit durch verschiedene Formen des Scheins strebt und daher als Trieb zur Schönheit definiert werden kann. Der dionysische Trieb läßt sich auch als Verlangen nach Auflösung, nach Diffusem und Stimmungshaftem beschreiben, der apollinische dagegen als Sehnsucht nach Gestalt, Bild und Klarheit. Die »Fortentwickelung der Kunst« macht Nietzsche daran fest, daß diese beiden Triebe, die wie die »Zweiheit der Geschlechter« zu verstehen sind und »zumeist im offnen Zwiespalt« stehen, auf einmal »mit einander gepaart erscheinen« und zur »Versöhnung«[223] gelangen. Historisch gesehen war dies für ihn bisher erst einmal der Fall, nämlich in der griechischen Tragödie. In anderen Epochen und Kunstformen hingegen dominiert entweder der schöne Schein und damit das Bildhafte (z. B. Malerei oder Dichtung), oder aber die Werke tendieren zum Ungegenständlichen und Musikalischen.

Das Apollinische setzt Nietzsche mit dem Traum gleich, das Dionysische mit dem Rausch. In letzterem liegt auch der Ursprung künstlerischer Tätigkeit, wird hier doch die übliche Wahrnehmung überwunden, was alle sonst geltenden Formen und Begriffe entkräftet. Sosehr dies einerseits fasziniert – man ist erlöst vom Individualbewußtsein und erotisiert von einem Gefühl des Einswerdens mit der Welt –, sosehr wird die Entgrenzung andererseits als bedrohlich und abgründig – als chaotisch-formloses Treiben von Kräften – erfahren und geht einher mit einem Kontrollverlust. Daher weckt der Rausch sogleich eine Gegenreaktion, nämlich den apollinischen Trieb, der um Form, Maß und Schönheit bemüht ist und insofern eine kompensatorische Tätigkeit ausübt, ja qua »lustvoller Schein« als »stete Erlösung« (34) fungiert. Im Fall der griechischen Tragödie verkörpert der Chor für Nietzsche »eine Vision der dionysischen Masse« (56); in ihm treten keine Individuen oder Charaktere auf, sondern zur Einheit verschmolzene Menschen. Amorph und leidend, verlangt der Chor nach einer »Entladung der Musik in Bildern« (46) und Gestalten, d. h. die musikalische Stimmung wird in eine Dramenhandlung und ein Bühnengeschehen umgesetzt. Somit sind Musik und Bild bzw. Handlung in der Tragödie eng miteinander verbunden, und sowohl der dionysische Urgrund als auch seine apollinische Sublimierung läßt sich nirgendwo besser erfahren: Die gesamte Spannbreite der Existenz vom Leiden bis zur Transzendenz ist hier in eine Einheit gebracht.

Auch noch in seinem Spätwerk würdigt Nietzsche den Rausch als Voraussetzung und Initiation künstlerischer Tätigkeit: »Damit es Kunst giebt, damit es irgend ein ästhetisches Thun und Schauen giebt, dazu ist eine physiologische Vorbedingung unumgänglich: der Rausch. Der Rausch muss erst die Erregbarkeit der ganzen Maschine gesteigert haben: eher kommt es zu keiner Kunst«.[224] Doch braucht ein großer Künstler neben der ›Erregbarkeit‹ die Fähigkeit, die Stimmung, in die er versetzt ist, in eine (schöne) Form zu übertragen. Hat er hingegen nur Formsinn, drohen seine Werke in Manier und Gefälligkeit zu erstarren, da sie nicht aus der existenziellen Erfahrung des Urgrunds hervorgehen. Nietzsches Modell des schöpferischen Prozesses, bei dem sich im Idealfall Wahrheit und Schönheit vereinen, steht in der Tradition des romantischen Geniekonzepts, wonach der Künstler zum Medium von Kräften wird, die er selbst nicht steuern kann und die hinter alle Ordnung und Zivilisation in den Ursprung reichen. In der *Genealogie der Moral* (1887) werden die Künstler sogar zum Prototypen des Übermenschen, und Nietzsche

---

222 Vgl. WOLFGANG ULLRICH, Vor dem Fürsten. Über die Moralisierung von Kunstrezeption, in: Neue Rundschau 110 (1999), H. 1, 131–145.
223 NIETZSCHE, Die Geburt der Tragödie aus dem Geiste der Musik (1872), in: NIETZSCHE (KGA), Abt. 3, Bd. 1 (1972), 21.
224 NIETZSCHE, Götzendämmerung oder Wie man mit dem Hammer philosophiert (1889), in: NIETZSCHE (KGA), Abt. 6, Bd. 3 (1969), 110.

huldigt ihnen als »Barbaren«, die »nicht viel besser als losgelassne Raubthiere« sind und die »sich in der Wildniss schadlos [halten] für die Spannung, welche eine lange Einschliessung und Einfriedigung in den Frieden der Gemeinschaft giebt [...] es bedarf für diesen verborgenen Grund von Zeit zu Zeit der Entladung, das Thier muss wieder heraus, muss wieder in die Wildniss zurück«.[225] Nur dann entstehe etwas Neues, und das Werk der kreativen Kraft der Urnatur, die sich Bahn breche, »ist ein instinktives Formen schaffen, Formen-aufdrücken«. Ganze Staaten und Völker erklärt Nietzsche aus »Künstler-Egoismus« und »Künstler-Gewaltsamkeit«[226], was den revolutionären Impetus einiger Avantgarde-Strömungen vorwegnimmt, die häufig von ihm beeinflußt waren (vgl. IV, 2).

Zum Verhängnis für die Kunst wird aus Nietzsches gegen die Aufklärung gerichteter Sicht der Rationalismus, der Rauschzustände nicht akzeptieren kann und alles versucht, um jede Ahnung oder Erinnerung an jenen chaotisch-irrationalen Urgrund durch strenge Begriffsgebäude zu ›überbauen‹. Sokrates gilt als Hauptschuldiger am Tod der griechischen Tragödie, die auf ein Lehrstück reduziert wurde, das einen rational faßbaren Sinn und eine Moral besitzen bzw. in ›delectare et prodesse‹ aufgehen sollte. Seit dem Ende der klassischen Tragödie kam es für Nietzsche nie wieder zu einem solch intensiven Wechselspiel zwischen dionysischen und apollinischen Tendenzen; v. a. das Christentum lehnt er als rein moralische, dem Dionysischen abholde und damit zugleich bildarme, monotone Religion ab. Besitzt diese Diagnose Parallelen zu Hegels Deutung der Kunstgeschichte als eines Prozesses zunehmender Vergeistigung, ist Nietzsche andererseits auch ein typischer (später) Vertreter des dreiphasigen Geschichtsbilds der Romantik: Er war überzeugt, daß nach einer langen unkünstlerischen Epoche ein neues Goldenes Zeitalter der Kunst anbrechen würde und eine »Wiedergeburt der Tragödie«[227] bevorstünde. Erneut sollte dies aus dem Geist der Musik geschehen, wobei Nietzsche die Bedeutung der deutschen Musik hervorhebt, die »aus dem dionysischen Grunde des deutschen Geistes« (123) emporgestiegen sei. Dagegen lehnt er die v. a. von der Oper bestimmte italienische Musiktradition scharf ab; diese ist ›verkehrt‹, da die Musik jeweils erst zum Libretto komponiert wird, weshalb Handlung und Text sich nicht aus einer musikalischen Stimmung heraus ergeben: »Die Oper ist die Geburt des theoretischen Menschen, des kritischen Laien, nicht des Künstlers« (119). Dafür favorisiert zumindest der frühe Nietzsche Richard Wagners Idee des Bühnenweihspiels bzw. Gesamtkunstwerks, wo Musik, Handlung und Text jeweils unmittelbar auseinander hervorgehen und ein untrennbar Ganzes ergeben.

IV. Kunst und Gesellschaft

1. L'art pour l'art

Nachdem die Idee einer autonomen Kunst etabliert war, konzentrierte sich die Kunstdebatte seit Mitte des 19. Jh. auf die Frage nach dem Verhältnis der Kunst zu anderen Gesellschaftsbereichen bzw. zur Gesellschaft im Ganzen. Dabei gelangten zwei Auffassungen von Autonomie in Konkurrenz zueinander, insofern darunter entweder dauerhafte Autarkie und Abgrenzung verstanden oder aber der Kunst zugetraut – bzw. zugemutet – wurde, ihre Normen und Ziele über sich hinaus auszudehnen, um zu einer ›gesetzgebenden‹ Instanz für die gesamte Gesellschaft zu werden. Ist die Kunst im einen Fall eine hermetische, elitäre ›Insel‹, die ihre Besonderheit nur dadurch wahrt, daß sie abgeschieden bleibt und nicht zur Welt des Alltags und einer großen Gemeinschaft wird, erklärt man sie im anderen Fall zum Laboratorium einer besseren Welt und damit zur Avantgarde einer humanen, unentfremdeten Zukunft. Ein Stilwandel führt entsprechend nicht nur zu kunstinternen Umwälzungen, sondern die Kunst wird als Motor gesellschaftlicher Revolution angesehen, was voraussetzt, daß die Normen der Kunst in andere Bereiche übertragbar sind. Bei beiden Spielarten von Autonomie wird die Kunst jedoch – in romantischer Tradition – gleichermaßen hoch einge-

---

225 NIETZSCHE, Zur Genealogie der Moral (1887), in: NIETZSCHE (KGA), Abt. 6, Bd. 2 (1968), 288f.
226 Ebd., 341.
227 NIETZSCHE (s. Anm. 223), 99.

schätzt; so ist sie einmal ein streng abgegrenztes Paradies, eine bessere Gegenwelt, während sie andererseits adventistisch aufgeladen wird und in die Rolle eines Heilsbringers oder Erlösers gelangt. Anders als v. a. in Deutschland wurde innerhalb der französischen Romantik die Autonomie der Kunst im Sinne einer klaren Differenz und Distanz zu allem anderen begriffen, was sich in der Losung ›l'art pour l'art‹ niederschlug. Herausgefordert durch eine neu entstehende freie Massenpresse und die damit steigende Kommerzialisierung der Literatur, die Unterhaltungsschriftstellern gute Einnahmen verschaffte, anspruchsvolle Autoren jedoch unter Druck setzte, sagten sich in den 30er Jahren des 19. Jh. einige junge Dichter ausdrücklich von den Geschmacksvorstellungen des breiten Publikums los. Zugleich widersprachen sie der Auffassung des ›delectare et prodesse‹ und bestritten, daß die Kunst gesellschaftliche Verantwortung besitze; vielmehr solle sie unabhängig und unbeeinflußt von der Gesellschaft existieren, ohne Ambition, diese ihrerseits zu verändern. So erklärt Théophile Gautier, führender Protagonist der ›l'art pour l'art‹-Bewegung, im Vorwort seines Romans *Mademoiselle de Maupin* (1835), daß die Kunst nur Kunst sein und der Schönheit dienen könne, solange sie auf sich selbst bezogen bleibe und nicht versuche, sich nützlich zu machen. Folglich wird äußere (ökonomische) Erfolglosigkeit für einen Dichter bzw. Künstler sogar zu einem Indiz für künstlerische Unabhängigkeit. Während sich einige Protagonisten des ›l'art pour l'art‹ in eine ästhetisierte Kunstwelt flüchteten, wählte Charles Baudelaire, als sein wichtigster Vertreter, für *Les fleurs du mal* (1857) ausdrücklich die häßlichen Seiten der modernen Welt, v. a. der Großstadt, zum Thema. Deutlich werden soll, wie selbst das Scheußlichste und Profanste durch die Kraft der Kunst, durch die Bemühung um Stil, Form, Rhythmus schön werden kann. Nachdem die anderen Dichter – so Baudelaire in einem geplanten Vorwort zu seinem Werk – »s'étaient partagé depuis longtemps les provinces les plus fleuries du domaine poétique«, sei ihm gerade die schwierige Aufgabe reizvoll erschienen, »d'extraire la *beauté* du Mal«[228]. Mit der Ästhetisierung des Häßlichen und Bösen wird einerseits ein amoralischer – der Gesellschaft in nichts verpflichteter – Standpunkt eingenommen, andererseits kann die Autonomie der Kunst eindrucksvoll unter Beweis gestellt werden: Unabhängig vom Sujet vermag sie sich in ihrer Schönheit zu entfalten. Gerade dies trug dem ›l'art pour l'art‹ später den Vorwurf eines bloßen Formalismus ein; dank der Ästhetisierung werde schließlich alles breit konsumierbar, aber auch belanglos, wenn nicht gar zum Kitsch.[229] Damit eng verbunden ist der meist an die Generation nach Baudelaire gerichtete Vorwurf des Eskapismus, der besonders von denjenigen erhoben wird, die der Kunst eine gesellschaftspolitische Funktion zusprechen und die das einseitige Streben nach Schönheit als bequem-unverfängliche Haltung kritisieren.[230]

Bei Baudelaire steht die Feindschaft des Künstlers zur Gesellschaft noch im Zentrum; schon im ersten Gedicht der *Fleurs du mal* schildert er, wie selbst die eigene Mutter gegenüber dem Dichter, der seinen Dienst an der Kunst ernst nimmt, »pleine de blasphèmes«[231] ist, was sich aber rächen wird: Jede Äußerung des Hasses trägt zur Aufschichtung eines Scheiterhaufens bei, in dem letztlich – in einer Art Jüngstem Gericht – die Feinde des Dichters verbrennen werden, was diesen von Gott auserwählt erscheinen läßt. Einen ähnlich elitären Gestus, der den Künstler in den Status einer heiligen Figur erhebt, vertrat Baudelaire in seinen Salon-Berichten, die er, wie vor ihm Diderot, zur Erörterung kunsttheoretischer Fragen nutzt. Im Bericht von 1859 kritisiert er freilich das Gros der Künstler, die seiner Meinung nach nicht strikt genug zwischen Alltagswirklichkeit und Kunst trennen: »De jour en jour l'art diminue le respect de lui-même, se prosterne devant la réalité extérieure, et le peintre devient de plus en plus enclin à peindre, non pas ce qu'il rêve, mais ce qu'il voit.«[232] Solange dies passiere, mache sich die Kunst abhängig von äußeren Instanzen und versäume ihre Au-

---

228 CHARLES BAUDELAIRE, [Projets de préfaces (zu den ›Fleurs du mal‹)] (1861), in: BAUDELAIRE, Bd. 1 (1975), 181.
229 Vgl. ADORNO (s. Anm. 27), 352.
230 Vgl. ARNOLD HAUSER, Sozialgeschichte der Kunst und Literatur (1953; München 1967), 717, 771 ff.
231 BAUDELAIRE, Les fleurs du mal (1857), in: BAUDELAIRE, Bd. 1 (1975), 7.
232 BAUDELAIRE, Salon de 1859, in: BAUDELAIRE, Bd. 2 (1976), 619.

tonomie. Insbesondere greift Baudelaire die Fotografie an, da sie für ihn am eindeutigsten Bilder liefert, die lediglich zeigen, was man ohnehin bereits sieht. Er befürchtet, daß die Bildphantasie der Maler verkümmert, wenn sie sich nach den fotografischen Möglichkeiten richten. Dabei erblickt Baudelaire gerade in der Einbildungskraft das eigentliche Vermögen des Künstlers; ohne sie könnte es keine Gegenwelt der Kunst geben, und es gelänge nicht, die äußere Wirklichkeit zu überformen und selbst das Häßliche und Gemeine in Schönheit zu verwandeln: »Tout l'univers visible n'est qu'un magasin d'images et de signes auxquels l'imagination donnera une place et une valeur relative; c'est une espèce de pâture que l'imagination doit digérer et transformer. Toutes les facultés de l'âme humaine doivent être subordonnées à l'imagination, qui les met en réquisition toutes à la fois.« (627)

Im Symbolismus wird der hohe Stellenwert der Einbildungskraft weiter unterstützt; Autonomie der Kunst meint nun Rückzug in die Welt der Mythologie und des Traums, dem, noch vor Freuds *Traumdeutung* (1900), eigene Bedeutung zugemessen wird. Der Künstler avanciert zum Seher, der sich über die profane Alltagswelt erhaben wähnt und keine Verbindung mehr zu ihr sucht; »alles staatliche und gesellschaftliche ausscheidend« und sich »nicht beschäftigen mit weltverbesserungen«[233], heißt es bei Stefan George. Allerdings wird dieses Programm in gewisser Weise negiert, sobald sich die Künstler bzw. Dichter ihrerseits zu Gemeinschaften oder Bünden zusammenschließen und dabei einen auf primär ästhetische Werte wie Reinheit, Strenge, Klarheit gestützten Aristokratismus kultivieren: Was zuerst als Gegenwelt der Kunst gedacht gewesen sein mag, mündet, indem es zur besseren und weit überlegenen Welt erklärt wird, in die Forderung nach Durchdringung und Umwälzung der gesamten Gesellschaft auf der Basis strenger Formprinzipien. Hier nähern sich die Erwartungen gegenüber der Kunst den Hoffnungen an, die die Avantgarde-Strömungen und, bereits zuvor, die ›Arts and Crafts‹-Bewegung in England auf sie setzten: Jeweils wird eine Lösung gesellschaftlicher Probleme von einer Erneuerung der Form abhängig gemacht, die wiederum nur die Kunst zu vollbringen vermag; in Abwandlung zu Platons ›Königs-Philosophen‹-Satz kommt es seit dem Ende des 19. Jh. immer wieder zu einem – freilich nicht minder problematischen – ›Königs-Künstler‹-Postulat, und gerade ihre klare Absonderung von den übrigen Gesellschaftsbereichen verlieh der Kunst die Autorität, sich an die Spitze einer weithin als notwendig erachteten Welterneuerung zu setzen.

2. Die Avantgarde

Wer im ausgehenden 19. Jh. die Verselbständigung der einzelnen Kunstgattungen – ihre Trennung in freie und angewandte Künste – sowie die Entfremdung von Kunst und Volk als Symptom einer gesellschaftlichen Zersplitterung empfand, erwartete von einer erneuten Symbiose aller Kunstgattungen meist auch positive Folgen für die Gesellschaft im ganzen. Der Zustand der Kunst fungierte als Zeichen einer Krise, und zugleich wurde von ihr auch eine Überwindung dieser Krise erhofft. Damit kumulierten die beiden in der Tradition des Kunstbegriffs wohl am tiefsten verankerten Bestimmungen, nämlich die Vorstellung von der Kunst als Ort der Wahrheit bzw. als Spiegel der Wirklichkeit sowie die Idee der Kunst als Therapeuticum und Weg in eine bessere Welt. Zuerst hatte, bereits in den 1850er Jahren, William Morris einen Niedergang des Kunstgewerbes diagnostiziert und als Ausdruck eines Gesellschaftsverfalls gedeutet. Er strebte nach einer Erneuerung der Kunst aus dem Volk heraus, sprach sich daher gegen den Geniekult und die daraus resultierende (Selbst-)Isolation des Künstlers aus und propagierte ein mittelalterlich orientiertes Handwerker-Ethos. Damit eng verbunden war eine Ablehnung moderner Produktionstechniken, wie Morris ohnehin in der Industrialisierung den eigentlichen Grund der Krisen seiner Zeit erkannte, die durch die restituierte Einheit der Künste überwunden werden sollten. Auch die von Morris inspirierte, ab den 80er Jahren des 19. Jh. in England wirksame ›Arts and Crafts‹-Bewegung war überwiegend von einer kulturkritisch-restaurativen Haltung geprägt und versuchte, das Kunsthandwerk gegenüber maschinellen Fertigungsweisen zu stärken. Diese angelsächsische Va-

---

[233] STEFAN GEORGE, Blätter für die Kunst, Bd. 1 (1892; Düsseldorf/München 1967), 1.

riante eines romantischen Postulats von der Einheit der Künste sowie einem Einklang zwischen Kunst und Gesellschaft kehrt im ersten Drittel des 20. Jh. im amerikanischen Pragmatismus wieder. So hebt John Dewey in *Art as Experience* (1934) den hohen sozialen Stellenwert der Künste im antiken Athen hervor, wo der Gedanke von ›l'art pour l'art‹ nicht verstanden worden wäre. Auch nur in engem Zusammenhang mit dem Lebensalltag der Menschen besitze Kunst kulturelle Bedeutung und könne dann sogar, insofern sie die Einbildungskraft stärke, zur wichtigsten Erfahrung werden, ja mehr bewirken als andere Instrumente der Erziehung. Dewey steht somit zwischen der Aufwertung der Einbildungskraft in der Romantik – er selbst zitiert Shelley – und ihrer erneuten Wertschätzung im postmodernen Neopragmatismus (vgl. I, 2).

Waren die ›Arts and Crafts‹-Bewegung oder auch der Deutsche Werkbund um Hermann Muthesius und Henry van der Velde pragmatisch orientierte Initiativen, die das Potential der autonomen und oft isolierten Kunst wieder für gesamtgesellschaftliche Fortschritte fruchtbar machen wollten, beherrschten den Kunstdiskurs am Beginn des 20. Jh. sonst Strömungen, die die Kunst – ebenfalls aus Überdruß an der ›l'art pour l'art‹-Ideologie – in die Rolle einer gesellschaftlichen Heilsinstanz zu bringen versuchten. Viele Künstler begannen damit, ihre Anliegen in Form von Aufsätzen oder Manifesten zu veröffentlichen, was ihnen Aufmerksamkeit und Reputation verschaffte, aber auch eine Reaktion auf den durch die Autonomisierung der Künste gewachsenen Legitimationsdruck darstellte: Der Zweck der Kunst mußte gegenüber der Gesellschaft jeweils erst erklärt werden. Daß Manifeste Ausdruck einer Suche nach Publikum sind, wurde bei den (ersten) Proklamationen der italienischen Futuristen besonders deutlich, die auch insofern typisch für andere Strömungen der Avantgarde waren, als sie ein Programm formulierten, das wegen seiner utopischen Forderungen durch die nachfolgende künstlerische Arbeit nur zum Teil verwirklicht werden konnte. Dieses Programm ist auch politisch zu verstehen bzw. kündigt eine Revolution an, die ausgehend von der Kunst so umfassend sein sollte, daß kein Bereich davon unberührt bliebe; dazu paßt, daß das erste Futuristische Manifest 1909 zuerst auf der Titelseite der französischen Tageszeitung *Le Figaro* erschien. Ausdrücklich ist hier von »umstürzlerischer und brandstifterischer Gewalt« (violenza travolgente e incendiaria) die Rede, die insbesondere traditionelle Institutionen wie Museen, Bibliotheken und Akademien treffen sollte. Anders als in der Romantik wird den Werken der Vergangenheit kein Zukunftspotential mehr zugetraut; vielmehr verurteilen die Futuristen unter Führung des Dichters Filippo Tommaso Marinetti die Konservierung alter Kultur als »unnütze Bewunderung der Vergangenheit«, »die zu nichts führt als zu Erschöpfung, zu Verminderung eures Wertes und zu Stillstand« (inutile ammirazione del passato, da cui uscite fatalmente esausti, diminuiti e calpesti). Nicht nur bindet die Beschäftigung mit der Vergangenheit Kräfte, sondern es kommt dadurch sogar zu einer Lähmung, da sich die verschiedenen Zeiten, Stile und Werke, wie sie in einem Museum gesammelt werden, in ihren Wirkungen gegenseitig aufheben, was zu Relativismus, zu Lethargie bzw. passiver Sentimentalität und im weiteren zu kulturellem Stillstand führt. Stark ist nur eine Kultur, die sich rücksichtslos von der Vergangenheit absetzt und begeistert alles aufnimmt, was in die Zukunft vorausweist. So erklären die Futuristen ihre – poetisch überhöhte – Bewunderung für die Technik, die Großstadt oder die Massengesellschaft und verkörpern am klarsten die Idee einer ›Avantgarde‹, insofern sie sich rühmen, heroisch exponiert »auf dem äußersten Vorgebirge der Jahrhunderte« (sul promontorio estremo dei secoli) zu stehen. Dabei scheint jedoch der Kampf gegen das Alte Priorität zu besitzen, während das Neue Postulat – ein allgemeiner Wunsch nach Intensität – bleibt; die Aufgabe des Künstlers wird als ›Reinigen‹ bezeichnet, das aggressivere Züge trägt als im Klassizismus oder der Romantik, weshalb es über die Kunst sogar heißt, sie könne »nichts anderes sein als Gewalt, Grausamkeit und Ungerechtigkeit«. (L'arte [...] non può essere che violenza, crudeltà ed ingiustizia.)[234]

---

234 FILIPPO TOMMASO MARINETTI, Fondazione e Manifesto del Futurismo (20. 2. 1909), in: L. De Maria (Hg.), Marinetti e il futurismo (1973; Mailand ⁴1981), 7, 6, 8; dt. nach José Pierre, Futurismus und Dadaismus (Lausanne 1967), 99 f.

Die Verherrlichung von Gewalt, gespeist aus der Sehnsucht nach revolutionärer Veränderung und radikalem Neuanfang, führte auch zu einem positiven Begriff von Krieg und mündete bei Ausbruch des Ersten Weltkriegs in einer großen Kriegsbegeisterung. Nicht nur für die Futuristen wurde der Krieg zur Fortsetzung oder gar Steigerung der Kunst[235], sondern auch Vertreter anderer Strömungen führten den Begriff der ›Avantgarde‹, der gerade zur Blütezeit der ›l'art pour l'art‹-Bewegung im Kreis der französischen Sozialutopisten für die Kunst – als Motor gesellschaftlichen Fortschritts – adaptiert worden war[236], auf seine militärischen Ursprünge zurück. Franz Marc erlebte den Ersten Weltkrieg als »deus ex machina«, der endlich bewirken könne, »daß an die Stelle der Reform die Form selber tritt«[237]. Zugleich definiert Marc die Kunst als »Wille zur Form« (285), der nur in seltenen Ausnahmen – wie einem Krieg – akut werde. Zentral für die Identifikation des Kriegs mit der Kunst ist auch bei Marc die Vorstellung von Katharsis, ja eine Verabsolutierung der Reinheit (»Rein sein ist alles« [299]). Rein und reinigend ist der Krieg, wenn er sich zur Ekstase steigert, worin alles, was sonst gilt, aufgehoben wird – die zivile Gesetzgebung ebenso wie die Begrenzung des Individuums. Der Krieg ist also ein dionysischer Rausch und kann eben deshalb für einen Nietzscheaner wie Marc als Ursprung von Form und Geburtsort der Kunst angesehen werden. Zugleich findet das naturhaft-irrationale Genie, das Nietzsche bereits zum gewaltliebenden ›Barbaren‹ uminterpretiert hatte (vgl. III, 4), im Soldaten seinen höchsten Ausdruck. Diese Überzeugung vertrat z. B. auch Thomas Mann, der die Zivilisation als »antigenial«[238] denunzierte, das Genie aber als naturhaft »formgebende […] Macht« (13) pries, von der außer Religion und Liebe nur noch der Krieg zeuge. Für ihn gilt, »daß es der schlechteste Künstler nicht sei, der sich im Bilde des Soldaten wiedererkenne« (14).

Reinheit ist ein Schlüsselbegriff auch anderer Avantgarde-Künstler. So beschwört Mondrian in dem fiktiven Dialog *Natuurlijke en abstracte realiteit* (Natürliche und abstrakte Realität) (1919) die Ruhe, die von einer weiten, einsamen Landschaft ausgeht, und erklärt es zur Aufgabe der Kunst, ihrerseits eine solche Ruhe – und damit Reinheit – zu schaffen. Dies soll via Abstraktion von der Vielfalt und Konfusion des Sichtbaren gelingen, bis etwas Universales zum Vorschein kommt; im letzten könnte sogar die eigene Individualität transzendiert werden, wobei sich Mondrian auf Schopenhauer beruft. Jede Verunklärung reiner Formen ist für ihn bereits eine Tragik (»tragiek«[239]) und stört eine interesselose Betrachtung, die als Idealzustand und »voortdurend geluk«[240] (fortgesetztes Glück) bezeichnet wird. In der Abstraktion sieht Mondrian aber nicht nur einen Weg für einige Auserwählte, sondern er formuliert seine Kunst-Programmatik zugleich als gesellschaftliche Utopie: Dank der Prinzipien einer neuen – universalen – Gestaltung, wie sie die Gruppe *De Stijl* vertritt, sollen die Menschen sich von materiellen Interessen künftig emanzipieren und in einer vergeistigten vita contemplativa aufgehen. Scheint die als Ruhe verstandene Reinheit der aggressiven futuristischen ›Säuberung‹ der Kultur von Vergangenem entgegengesetzt zu sein, ist doch der revolutionäre Gestus gleichermaßen heftig und die Aggression lediglich sublimiert: Die Abstraktion soll – als alleinige Heilsinstanz – alles zum Verschwinden bringen, was als Ablenkung, als ephemer oder unwesentlich beurteilt wird, was jegliche Form von Vielfalt oder Pluralismus ausschließt.

Auch das ›Bauhaus‹ wurde aus einer adventistischen Haltung heraus begründet, war seinem Selbstverständnis zufolge also nicht nur eine Ausbildungsstätte, sondern Keimzelle einer grundlegend neuen Ordnung. V. a. Walter Gropius äußerte die Erwartung, durch eine höhere Formkultur zu einer humaneren, geistigeren und ein-

---

235 Vgl. BEAT WYSS, Der Wille zur Kunst (Köln 1996), 180–192.
236 Vgl. HANS EGON HOLTHUSEN, Avantgardismus und die Zukunft der modernen Kunst (München 1964), 6.
237 FRANZ MARC, Die 100 Aphorismen. Das zweite Gesicht (1915), in: Marc, Briefe, Schriften und Aufzeichnungen, hg. v. G. Meißner (Leipzig 1989), 277.
238 THOMAS MANN, Gedanken im Kriege (1914), in: Mann, Aufsätze, Reden, Essays, Bd. 2, hg. v. H. Matter (Berlin/Weimar 1983), 12.
239 PIET MONDRIAN, Natuurlijke en abstracte realiteit, in: De Stijl 2 (1919), H. 11, 121.
240 MONDRIAN, Natuurlijke en abstracte realiteit (III), in: De Stijl 2 (1919), H. 10, 110.

heitlicheren Gesellschaft zu gelangen. Propagiert wurde ein Gemeinschaftsideal, dem zufolge alle Menschen, ähnlich wie (vermeintlich) im Mittelalter, nach denselben Werten leben sollten. Wie die Bauhütten einst in einer großartigen Gemeinschaftsleistung die gotischen Kathedralen erschaffen hatten, verfolgte das ›Bauhaus‹ das Ziel, aus einem Zusammenwirken von Kunst, Industrie und Handwerk etwas hervorzubringen, das alle Menschen gleichermaßen umfaßt. Gropius rechnete dabei durchaus mit längeren Zeiträumen und erwartete nicht, daß das ›Bauhaus‹ sogleich breite Wirkung entfalten würde; vielmehr sprach er, beinahe noch im Nachhall einer ›l'art pour l'art‹-Haltung, davon, daß zuerst »kleine geheime in sich abgeschlossene Bünde, Logen, Hütten, Verschwörungen« entstehen müßten, »die ein Geheimnis, einen Glaubenskern hüten und künstlerisch gestalten wollen [...], bis sich aus einzelnen Gruppen wieder eine allgemeine große, tragende, geistig-religiöse Idee verdichtet, die in einem großen Gesamtkunstwerk schließlich ihren kristallischen Ausdruck finden muß. Und dieses große Kunstwerk der Gesamtheit, diese Kathedrale der Zukunft, wird dann mit seiner Lichtfülle bis in die kleinsten Dinge des täglichen Lebens hineinstrahlen.«[241] Die Zusammenführung der verschiedenen künstlerischen Tätigkeiten – d.h. die Überwindung einer Zersplitterung der Künste – sollte einen Bildhauerei und Geschirr, Malerei und Möbelentwürfe gleichermaßen einschließenden Stil hervorbringen; die autonome Kunst sollte nicht länger isoliert, sondern ihre Formvorgabe im alltäglichen Lebenskontext verankert sein, womit nicht nur die Grenze zwischen freier und angewandter Kunst, sondern ebenso die Trennung zwischen Kunst und Volk aufgehoben worden wäre.

241 WALTER GROPIUS, Rede zur ersten Ausstellung von Schülerarbeiten des Bauhauses (1919), in: Gropius, Ausgewählte Schriften, hg. v. H. Probst/C. Schädlich (Berlin 1988), 74.
242 PAUL KLEE, Schöpferische Konfession (1920), in: Klee, Das bildnerische Denken. Schriften zur Form- und Gestaltungslehre, hg. v. J. Spiller (Basel/Stuttgart 1971), 76.
243 KLEE, Vortrag, gehalten aus Anlaß einer Bilderausstellung im Kunstverein zu Jena am 26. Januar 1924, in: ebd., 92.

Die weltverändernde Kraft der Kunst sowie deren Verhältnis zum Volk ist auch Thema in Paul Klees sog. *Jenaer Vortrag* (1924), der erstmals 1945 (postum) unter dem programmatischen Titel *Über die moderne Kunst* erschien. Klee arbeitet hier mit einem Vergleich, der sowohl den schöpferischen Prozeß als auch das Verhältnis zwischen Künstler und Umwelt bzw. Wirklichkeit zu illustrieren vermag: Wird diese als Wurzelstock eines Baums beschrieben und damit als Quelle und Basis, ist das Kunstwerk die Baumkrone; der Künstler entspricht dem Stamm, der zwischen beidem vermittelt. Obgleich Wurzel und Krone aufeinander bezogen sind und in Umfang und Ausdehnung korrespondieren, ist diese keine genaue Nachbildung von jener, womit sich Klee gegen das Mimesis-Konzept von Kunst ausspricht: Der Künstler ist kein neutrales Medium, sondern seine Vermittlung bedeutet immer auch Umformung; die Umwelt ist Anlaß, aber nicht Grund für sein Tun. Dennoch ist die Beziehung zwischen der Kunst und der Wirklichkeit eine doppelte und impliziert eine gegenseitige Abhängigkeit: Wie die Krone der Nährstoffe bedarf, die der Wurzelstock sammelt und weiterleitet, und wie sie ohne dessen Vitalität zu ›entwurzeln‹ droht, stürbe der Baum umgekehrt ohne Krone ab, da keine Kräfte zurück in die Wurzeln geleitet werden könnten. Ist die Kunst also einerseits eine Reaktion auf die Welt, fehlten dieser ohne sie andererseits neue kreative Energien, und alles müßte – so Klees starke These – verkümmern; doch nicht nur das: Ohne Kunst wäre die Wirklichkeit nicht einmal sichtbar, nur von der Krone läßt sich nämlich auf den Wurzelstock des Baums rückschließen. »Kunst gibt nicht das Sichtbare wieder, sondern macht sichtbar«[242], hatte Klee bereits 1920 in seinem Aufsatz *Schöpferische Konfession* festgehalten und damit ausgedrückt, daß Kunst weniger Nachahmung als aktive Welterschließung und damit auch -veränderung ist. Bezogen auf die Wirklichkeit besitzt die Kunst insgesamt also eine ähnliche Rolle wie Platons Idee des Guten, ist sie doch sowohl Seins- als auch Erkenntnisgrund. Sichtbar werden soll im Kunstwerk jedoch v. a. der schöpferische Vorgang selbst, d.h. weniger den »Form-Enden« als den »formenden Kräften«[243] gilt die Aufmerksamkeit. Diese werden aber nur erfahrbar, wenn die Realität vom Künstler in ihre

Bausteine, d. h. in allgemeine formale Elemente zerlegt wird; dann kommt ein kreativer Prozeß in Gang, an dessen Ende eine Neuordnung stehen kann – der Auflösung folgt eine »erlösende Gestaltung« (82). Allerdings bedarf der Künstler hierzu – anders als noch bei Schopenhauer oder Nietzsche – der Unterstützung durch sein Publikum, das ihm das Leben nicht zusätzlich schwer machen darf, indem es die Welt für gegeben und die Kunst für deren bloße Abbildung hält. Ein Publikum, das nicht bemerkt, wie sehr es (therapeutische) Impulse der Kunst braucht, behindert die Verbindung zwischen Wurzelstock und Krone, so daß die Kunst schließlich an Atrophie leidet und ein circulus vitiosus entsteht. Ohne starken Austausch zwischen der Kunst und ihrer Umwelt erstarrt beides, wobei Klee dem ›Volk‹ die Schuld daran gibt, wenn er für seine Zeit eine Krise der Kunst diagnostiziert. »Uns trägt kein Volk«, lautet sein Vorwurf, womit er zugleich den stolzen Avantgarde-Begriff vom einsam voranschreitenden Künstler relativiert, kann die Kunst doch nicht Vorhut neuer Entwicklungen sein und fehlt ihr die »letzte Kraft« (95), wenn sie nicht in gesellschaftliche Zusammenhänge eingebunden ist. Im ›Bauhaus‹ erkennt Klee, dessen Vortrag ebenfalls in eine adventistische Grundstimmung mündet, Ansätze einer neuen Gemeinschaft von Volk und Kunst, und die Suche nach einer solchen Gemeinschaft wird sogar zur zentralen Aufgabe des Künstlers; erst dann wird er ein umfassendes Werk schaffen können.

3. Die Machtergreifung der Kunst (Heidegger)

Innerhalb der Weimarer Republik gab es neben dem ›Bauhaus‹ weitere Ansätze, die Isolation der Kunst zu überwinden. 1920 wurde, auf Initiative des ›Werkbunds‹, das Amt eines Reichskunstwarts geschaffen, der darauf achten sollte, daß zumindest alle Gestaltungsfragen, die den Staat betrafen, unter künstlerischen Gesichtspunkten erörtert wurden; die Errungenschaften der klassischen Moderne sollten so der Allgemeinheit zugute kommen und gleichsam mit staatlicher Autorität durchgesetzt werden. 1933 wurde das Amt von den Nationalsozialisten sofort aufgelöst; nun war keine Kunstvermittlung mehr angesagt, sondern die Entfremdung von Kunst und Volk versuchte man dadurch aufzuheben, daß kurzerhand alles beseitigt wurde, was die Mehrheit der Kunstlaien als fremd und unverständlich empfand: »der Künstler schafft nicht für den Künstler, sondern er schafft genauso wie alle anderen für das Volk! Und wir werden Sorge dafür tragen, daß gerade das Volk von jetzt ab wieder zum Richter über seine Kunst aufgerufen wird. [...] eine Kunst, die nicht auf die freudigste und innigste Zustimmung der gesunden breiten Massen des Volkes rechnen kann, sondern sich nur auf kleine – teils interessierte, teils blasierte – Cliquen stützt, ist unerträglich.«[244] Hitler dementierte damit die Tradition autonomer Kunst sowie deren Avantgarde-Rolle, sollte sie sich doch nach dem Geschmack der Mehrheit richten und diese nicht erst zu neuen ästhetischen Idealen erziehen. An der in der Moderne bestehenden Kluft zwischen Kunst und Publikum wird einseitig der Kunstwelt die Schuld gegeben, wobei der Nationalsozialismus sogar versuchte, einzelne Kunstrichtungen zu kriminalisieren. In sich widersprüchlich ist dieser ›Schutz‹ des Publikums vor unwillkommener Kunst insofern, als diese gerade einem totalitären Regime wie dem Nationalsozialismus zugleich als wirkungsmächtiges Instrument galt, die Menschen von vermeintlich falschen Werten zu befreien und auf etwas Neues einzuschwören. Gefällig zu sein und zugleich revolutionäres Potential auszuspielen – das waren die konkurrierenden Ansprüche an die Kunst, die dem romantischen Kunstideal und seinem Zerrbild entsprachen, wurde hier doch einerseits ein pathetisch ›hoher‹ Kunstbegriff zelebriert, die Kunst jedoch andererseits darauf reduziert, Harmonie zu inszenieren.

Aber nicht nur die Avantgarde-Bewegungen sowie der Nationalsozialismus standen in romantischen Traditionen, wenn sie die Kunst als Macht interpretierten, die eine Wertegemeinschaft gründen sowie die Zersplitterung der Gesellschaft überwinden sollte; auch innerhalb der Philosophie wurde weiterhin am ehesten der Kunst zugetraut, geschichtsbildend wirken und einen verlorengegangenen Heilszustand restituieren zu können. So

---

[244] ADOLF HITLER, Rede zur Eröffnung der ›Großen Deutschen Kunstausstellung‹ am 18. Juli 1937, in: P.-K. Schuster (Hg.), Nationalsozialismus und ›Entartete Kunst‹ (München 1987), 251 f.

erhoffte Heidegger zur selben Zeit, als in Deutschland die Avantgarde verfemt wurde, gerade von den Künstlern einen Ausweg aus der Seinsvergessenheit der modernen Zivilisation. Durch ihre Werke soll »das Ungeheure aufgestoßen und das bislang geheuer Scheinende umgestoßen«[245] werden. Und weiter: »Immer wenn Kunst geschieht, d. h. wenn ein Anfang ist, kommt in die Geschichte ein Stoß, fängt Geschichte erst oder wieder an. Geschichte meint hier nicht die Abfolge irgendwelcher und sei es noch so wichtiger Begebenheiten in der Zeit. Geschichte ist die Entrückkung eines Volkes in sein Aufgegebenes als Einrückkung in sein Mitgegebenes« (63). Kunst vermag also ein ganzes Volk revolutionär zu überwältigen, bringt es in einen Ausnahmezustand und stärkt seine Identität, wenn sie diese nicht sogar erst stiftet. Wie schon bei Winckelmann und innerhalb des Klassizismus führt dieser adventistisch aufgeladene Begriff von Kunst dazu, daß kaum noch etwas als ›echtes‹ Kunstwerk gelten kann. Zudem sieht Heidegger die Gefahr, daß der ›Stoß‹ der Kunstwerke von der Macht des Etablierten – »im Geläufigen und Kennerischen« – abgefangen wird und »der Kunstbetrieb« (54 f.) sie vereinnahmt. Generell spricht er vom ›Streit‹ zwischen ›Entbergung‹ und ›Verbergung‹, d. h. zwischen dem jeweils Neuartigen, was ein Kunstwerk an ›Welt‹ aufstellt, und dem Reich der Konventionen, von denen aus es so interpretiert wird, daß es in den Umkreis des bereits Bekannten hineingezogen wird. Diese Schwerkraft des Gewohnten wird mit dem Terminus ›Erde‹ bezeichnet, womit sich für Heidegger im Kunstwerk ein ›Streit‹ zwischen ›Erde‹ und ›Welt‹ ereignet und jeweils von Neuem herausstellt, was als wahr und verbindlich gilt.

Neben Wackenroders Argwohn gegen die Behandlung von Kunst als Ware (vgl. III, 1) und Hegels Diagnose, das wissenschaftliche Interesse an der Kunst schmälere deren Wirkkraft (vgl. I, 1), teilt Heidegger auch den futuristischen Vorbehalt gegenüber Museen und anderen Kunstinstitutionen (vgl. IV, 2) und bezichtigt sie einer Entwurzelung der Werke, da sie diese auf ein ästhetisches Vergnügen reduzieren. Dafür verlangt auch er, zusammen mit dem Werk zu »verweilen« (53), damit jener ›Streit‹ ausgetragen werden könne und die ›Entrückung‹ möglich werde, die kein privates Erlebnis, sondern eine kollektive, wesentlich durch eine gemeinsame Sprache getragene Wahrheitsoffenbarung sein soll. Gemäß Heidegger ist sogar »alle Kunst [...] im Wesen Dichtung« (58), nämlich eine eigentümliche Welterschließung, Artikulation einer bestimmten Haltung, die am klarsten durch die Kraft der Worte zu vermitteln ist. Die übrigen Künste übertragen dabei lediglich, was zuerst im Wort Gestalt angenommen hat.

Sofern ein Kunstwerk ›entrückt‹, d. h. alles Gewohnte zu transzendieren vermag und zu einer Bekehrungserfahrung werden kann, ist es für Heidegger zugleich schön. Anknüpfend an Platons Definition der Schönheit als »ἐκφανέστατον [...] καὶ ἐρασμιώτατον«[246] bestimmt er das Schöne genauer als »das Hervorscheinendste [...], aber auch das Entrückendste«[247], d. h. als etwas, was allein durch die Intensität seiner Präsenz überkomme Maßstäbe außer Kraft setzt und neue Verbindlichkeiten schafft. Ist ein Element von Gewaltsamkeit also selbst noch im Begriff von Schönheit aufzufinden, so sind damit auch schon spätere Äußerungen Heideggers vorbereitet, in denen die Erfahrung jener besonderen Präsenz eines Kunstwerks für ihn primär wird. Er betont den Ereignischarakter der Kunst, die Räume mit einer jeweils eigenen Atmosphäre prägt bzw. markante Orte stiftet, um Menschen eine Heimat zu sein. 1969 erläuterte Heidegger in dem für den spanischen Bildhauer Eduardo Chillida verfaßten Text *Die Kunst und der Raum* diese raumgründende Wirkung der Kunst, die nun v. a. poetische Weltverklärung und -verdichtung und nicht mehr autoritäre Sinnstiftung betreibt.

Heideggers aus Kulturpessimismus sowie Heilserwartungen gespeiste Kritik an der Musealisierung sowie am Ausstellungs- bzw. Erlebnischarakter der Kunst wurde von vielen Intellektuellen seiner Generation geteilt, wobei die Anfänge dieser ›Wesensverfehlung‹ der Kunst innerhalb der Kunstgeschichte nicht selten bereits im Mittelalter bzw. der frühen Neuzeit gesucht wurden. So ist für Wilhelm Pinder die Entwicklung der Zentralper-

---

245 HEIDEGGER (s. Anm. 25), 52.
246 PLATON, Phaidr. 250d.
247 HEIDEGGER, Nietzsche, Bd. 1 (Pfullingen 1961), 227.

spektive der ›Sündenfall‹, da die Werke von nun an auf die »Anerkennung des Betrachters«[248] hin geschaffen sind, anstatt ›verehrt‹ zu werden und wirksamstes Mittel zu sein, den Glauben einer einheitlichen Gemeinschaft zu stabilisieren. Infolge der Gleichung »Je höher die Kunstleistung, desto kräftiger die Bannung«[249] ist die Kunst seit dem 15. Jh. profan geworden und buhlt um eine reiche Käuferschaft. Gemäß Pinder exponiert sie sich dabei immer weiter, um gegen Konkurrenz anzukommen; Folge in der Moderne ist die sog. ›Stilhetze‹, da am meisten Erfolg hat, was aufreizend, bizarr oder skandalträchtig ist. Eine Mehrheit der Menschen wird davon jedoch nicht mehr angesprochen, womit die Kluft zwischen der Kunst und dem Publikum, ähnlich wie vom Nationalsozialismus, als Schuld des Kunsthandels, der diagnostizierte Kunstverfall somit als fatale Begleiterscheinung des freien Markts ausgegeben wird.

4. Der linke Kunstbegriff

Der Vorbehalt gegenüber dem Markt als Instrument der Kunstentwicklung, aber auch der Widerstand gegenüber einem Entfremdungsverhältnis zwischen Kunst und Publikum ist ebenso für die linke Kunsttheorie typisch. Auch hier wird, wenngleich mit anderer Argumentation, die Entfremdung sogar als Folge der Marktorientierung gesehen. So heißt es, die Anonymität des Markts führe den Künstler in Einsamkeit und Isolation, wisse er doch nie im voraus, für wen er schaffe; letztlich werde die Kunst daher selbstbezogen und verliere die Verbindung zu den sonst verbreiteten Geschmacks- und Wertvorstellungen. Diese Hermetik der Kunst wird innerhalb des Kommunismus als parasitärer Zustand verurteilt: Von den Interessen der Mehrheit losgelöste Künstler können dem Gesellschaftsganzen nichts nützen und leben auf Kosten der werktätigen Bevölkerung. Indem die Kunst ebenso wie andere Tätigkeiten nach der sozialen Nützlichkeit beurteilt wird, gesteht man ihr, anders als innerhalb der bürgerlichen Gesellschaft, keine Sonderrolle zu. Vielmehr wird sie ebenso als Arbeit qualifiziert, wie die lange Zeit übliche Trennung zwischen ›Arbeit‹ und ›Schöpfertum‹ ohnehin beseitigt werden soll, da in ihr die Entfernung der Kunst von der Gesellschaft bereits vorgezeichnet ist. Damit wird zugleich der Status des Künstlers als Genie dementiert; dafür soll innerhalb der Kunst ebenso wie in anderen Berufen von den modernen, dank der Mechanisierung viel zahlreicheren Möglichkeiten der Arbeitsteilung Gebrauch gemacht werden. Solange sich die Künstler diesen Möglichkeiten verweigern, bleiben sie auf einer vormodernen Stufe des Werkprozesses sowie der Materialbeherrschung stehen. Boris Arvatov sprach 1926 in Variation zu Lenins berühmtem Diktum von der Notwendigkeit einer »›Elektrifizierung‹ der Kunst«[250] und tadelte die vom bürgerlichen Kunstbegriff abhängige Kunst bereits deshalb als überholt, weil sie nur mit einem engen Kanon traditioneller Materialien umgehe und keine technischen Werkstoffe einzusetzen verstehe. Insbesondere innerhalb der Sowjetunion wurde in den Jahren nach der Oktober-Revolution versucht, die sog. Staffelei-Kunst zu überwinden und der Kunst Anschluß an moderne Produktionstechniken zu verschaffen. Künstler und Kunsttheoretiker schlossen sich zu verschiedenen Bewegungen zusammen, von denen die nach der 1923 gegründeten Zeitschrift ›Lef‹ benannte Gruppe um den Dichter Vladimir Majakowskij am einflußreichsten wurde.[251] Dieser erklärte die Straßen zu den Pinseln der Maler, die Plätze zu ihren Paletten, womit die gesellschaftliche Isolation des Künstlers programmatisch für beendet erklärt, der öffentliche Raum als sein primäres Terrain ausgerufen wurde. So sollte der Beitrag der Künstler in die allgemeine kommunistische Aufbauarbeit integriert sein; sie waren dazu ausersehen, in Zusammenarbeit mit Ingenieuren, Wissenschaftlern und Funktionären die Inhalte des marxistischen Gesellschaftsideals gestalterisch umzusetzen und möglichst allen Produkten aufzuprägen. Ihre gesellschaftliche Rele-

---

248 WILHELM PINDER, Die bildende Kunst im neuen deutschen Staat (1933), in: Pinder, Reden aus der Zeit (Leipzig 1934), 59.
249 PINDER, Von den Künstlern und der Kunst (Berlin 1948), 54.
250 BORIS ARVATOV, Die Kunst im System der proletarischen Kultur (1926), in: Arvatov, Kunst und Produktion (München 1972), 14.
251 Vgl. GERD WILBERT, Entstehung und Entwicklung des Programms der ›linken‹ Kunst und der ›Linken Front der Künste‹ (LEF) 1917–1925 (Gießen 1976).

vanz wurde also nicht darin gesehen, eine kompensierende Funktion zu erfüllen und die Menschen qua Unterhaltung vom ›Ernst des Lebens‹ bzw. der Entfremdung abzulenken, die im Kommunismus ohnehin überwunden sein sollte.

Die Einbeziehung der Künstler in arbeitsteilige Produktionsprozesse war aber mehr als nur eine radikale Absage an jeglichen Genie-Kult; sie erlaubte nicht einmal, daß sich individuelle Künstlerpersönlichkeiten mit eigenem Anliegen oder Stil ausbildeten. Dies wurde sogleich als Formalismus, d.h. als falsche Überordnung der Form über die Inhalte bzw. die Funktionalität verurteilt und führte im Fall der jungen DDR am Ende der 1940er Jahre zur sogenannten Formalismus-Debatte, innerhalb deren etlichen Künstlern vorgehalten wurde, zwar von sozialistischem Geist durchdrungene, aber aufgrund einer privatistischen Formsprache für die breite Masse unverständliche und eitle, da um individuelle Profilierung bemühte Werke hervorzubringen. »Wer [...] als Künstler nur über sich selbst und für sich selbst spricht, wer die Massen, wer das Volk verachtet, der läuft Gefahr, der einzige Bewunderer seiner Werke zu bleiben.«[252] Otto Grotewohls Hinweis auf den Geschmacks- und Verständnishorizont des Volks diente zur Legitimation des Sozialistischen Realismus als einzig akzeptierter Bildsprache, deren Verbindlichkeit es zugleich erlaubte, daß Kunstwerke von mehreren Künstlern im Kollektiv gefertigt wurden. Entsprechend der ›Gleichschaltung‹ der einzelnen Künstler wurde auch die traditionelle Art der Kunstgeschichtsschreibung abgelehnt, sofern diese nämlich meist als Geschichte großer Künstlerfiguren und nicht als Geschichte von Techniken und Materialien betrieben worden war.

Der Kommunismus nimmt also eine Gegenposition zu jeglichem ›expressionistischen‹ Kunstbegriff ein, dem zufolge ein Kunstwerk unmittelbarer Ausdruck der jeweiligen Künstlerpersönlichkeit, ihrer spezifischen Erfahrungen und Empfindungen

sein soll; anstatt eine Einheit von ›Leben‹ und ›Werk‹ zu postulieren und weiterhin den biographischen Zugang als Königsweg zur Kunst zu proklamieren, wird diese als beliebig teil- und delegierbare und damit auch nicht besonders kostbare Arbeit aufgefaßt. Dafür soll ihre Hochschätzung, ihre Verklärung zu einem seltenen, von Genialität abhängigen Ereignis als Strategie derer entlarvt werden, die an den Kunstwerken verdienen und die daher ein Interesse an möglichst hohen Preisen haben. Auch im Westen kam es in den 1960er Jahren zu ähnlich kritischen Bemerkungen gegenüber dem ›hohen‹ Kunstbegriff. Am weitesten reichen hierbei Thesen, die innerhalb der politisch ebenfalls links stehenden Fluxus-Bewegung diskutiert wurden. So schlug deren Initiator, George Maciunas, befreundeten Künstlern wie John Cage und Nam June Paik vor, nur noch unter gemeinsamem Namen aufzutreten und damit das individuelle Künstler-Ego zu eliminieren: »don't sign anything – don't attribute anything to yourself – depersonalize yourself! That's in true Fluxus collective spirit. Deeuropanize yourself!«[253] Nur eine Anonymisierung der Kunstwerke, die radikale Abkehr von jeglichem Genie-Kult bot für Maciunas eine Möglichkeit, den exklusiven Charakter und damit auch den hohen Preis der Kunst zu bekämpfen. Anstatt transzendente Bedürfnisse zu befriedigen und zur heilen Gegenwelt aufgeladen zu werden, sollte Kunst lieber beiläufig, witzig und in den Alltag integriert sein. Marxistischem Denken stand Maciunas dabei auch wegen seiner teleologischen Perspektive nahe: Mittelfristig sollte sich das tradierte System der schönen und ›hohen‹ Künste auflösen, und die Künstler sollten in sozial konstruktiven Bereichen wie Graphik oder Design tätig sein. Parallel zur klassenlosen Gesellschaft war als Ziel eine ›kunstlose‹ Gesellschaft anvisiert, in der es keine Kaste als überlegen angesehener Künstler mehr geben sollte. Dann könnte das Wort ›Kunst‹ aus dem Sprachgebrauch gestrichen werden, oder man würde jedem Menschen zugestehen, in irgendeiner Weise Künstler zu sein, was Joseph Beuys, beeinflußt von Maciunas, wenige Jahre später ausdrücklich tat.

Auch die Op-Art und insbesondere deren Leitfigur, Victor Vasarely, schlug in den 1960er Jahren einen gegenüber dem herkömmlichen Kunstbe-

---

252 OTTO GROTEWOHL, Vorwort zum Katalog der ›Dritten deutschen Kunstausstellung‹ (Dresden 1953), o. S.
253 GEORGE MACIUNAS, Brief, in: The Gilbert and Lila Silverman Fluxus Collection New York, zit. nach Thomas Kellein, Fluxus (Basel 1994), 14.

griff alternativen Kurs ein. Sollte bereits die Patentierung einzelner Bildideen künstlerische Tätigkeit in die Nähe zur Arbeit von Ingenieuren oder Wissenschaftlern rücken und die Vorstellung vom Kunstwerk als Ausdruck einer bestimmten Persönlichkeit bzw. Erfahrung, v. a. aber den Geheimnischarakter der Kunst dementieren, sah man in den neuen Reproduktionstechniken eine Chance, Kunst massenhaft zu streuen, um ihr den Nimbus des Exklusiven zu nehmen. Doch ging es Vasarely nicht nur – ähnlich wie z. T. der Pop-Art – um eine Popularisierung der Kunst durch Verbreitung, sondern er verfolgte damit zugleich das Ziel, eine kulturübergreifende Bildsprache zu etablieren. Gerade von allem Individuellen befreite, auf der Basis von Algorithmen mechanisch und universal produzierbare Bilder sollten als ›folklore planétaire‹ zur Völkerverständigung beitragen und sogar Grundstein einer erstrebten Weltkultur werden. Das Monopol der ›hohen‹ Kunst und den Künstler-Kult sah Vasarely am Ende; an dessen Stelle prophezeite er arbeitsteilig organisierte Teams von Bilderproduzenten, die es schaffen würden, die Massen zu beglücken: »L'artiste ›vedette‹ ou le ›génie solitaire‹ autant d'anachronismes; seuls des groupements de chercheurs, collaborant avec les disciplines scientifiques et techniques, créeront véritablement.«[254]

Innerhalb der Geschichte des modernen Kunstbegriffs, die eine Geschichte der Potenzierungen und Bedeutungsaufladungen ist und innerhalb deren Kunst immer wieder zu einem exklusiv-singulären Ereignis stilisiert wurde, nehmen also allein die Vertreter einer linken Kunsttheorie eine Gegenposition ein. Während sie von denselben Diagnosen einer Entfremdung von Kunst und Publikum ausgehen wie Theoretiker anderer Schulen, gelangen sie im Unterschied zu diesen zu dem Schluß, eine gesellschaftliche Reintegration der Kunst könne nur gelingen, wenn ihr nicht länger ein Sonderstatus eingeräumt werde. Gerade eine übermäßige Kunstverehrung wird als Ursache des wachsenden und im 20. Jh. ›mehrheitsfähigen‹ Unbehagens gegenüber der Kunst ausgemacht. Jede Kritik oder auch Dekonstruktion der Geschichte des westlichen Kunstbegriffs wird somit an den Denkfiguren der linken Kunsttheorie anzuknüpfen haben, die hier konzentriert entwickelt wird, was sonst höchstens andeutungsweise zur Sprache kommt.

5. Die Reinheit der Künste

Im Gegensatz zu den Versuchen, Kunst als Motor gesellschaftlicher Entwicklungen oder als in die Gesellschaft integrierten ›Arbeitsbereich‹ zu sehen, kommt es in der Mitte des 20. Jh. v. a. in den USA zu einer Renaissance des ›l'art pour l'art‹-Gedankens. Einige Vertreter des Abstrakten Expressionismus suchten nach einer Reinheit der Kunst, die sie jenseits der alltäglichen Welt und in strikter Trennung von anderen Lebensbereichen ansiedelten. Die Kunst wurde hierbei nochmals so elitär und als so einzigartig aufgefaßt, daß man zu ihrer Charakteristik sogar auf Prinzipien der Negativen Theologie rekurrierte; jede Beschreibung in positiven Termini würde die Kunst nämlich bereits mit anderem gleichsetzen, für das dieselben Worte verwendet werden. Also bleiben nur Negationen, um eine Ahnung vom unvergleichlichen Status der Kunst zu geben, und entsprechend stellt Ad Reinhardt in Art as Art (1962) fest, daß »the only and one way to say what abstract art or art-as-art is, is to say what it is not«[255]. Kunst kann für Reinhardt nur abstrakt sein, da schon alle dem Gegenständlichen bzw. Mimetischen verhafteten Werke nicht hinreichend von der Alltagswelt absetzen; selbst Traum oder Mythos bleiben, insofern sie Inhalte besitzen, noch auf anderes bezogen und verfehlen das Kriterium von Kunst, während der Abstraktionsprozeß der modernen Malerei als erfolgreicher Weg der Selbstfindung der Kunst erscheint. Diese hat sich zunehmend von anderem isoliert, weshalb sie auch durch keine externe Instanz legitimiert werden könnte und umgekehrt nicht dazu da ist, das Leben zu bereichern. »The notion that art […] ›enriches life‹ or ›fosters a love of live‹ or ›promotes understanding and love among men‹ is as mindless as anything in art can be. Anyone who speaks of using art to further any local, municipal, national, or international relations is out of his mind.« (54)

---

254 VICTOR VASARELY, Plasticité (Tournai 1970), 56.
255 AD REINHARDT, Art-as-Art (1962), in: Art-as-Art. The Selected Writings of Ad Reinhardt, hg. v. B. Rose (New York 1975), 53.

Mißtrauisch gegenüber möglichen Indienstnahmen der Kunst belebt Reinhardt Wackenroders Vorstellung vom Künstler als abgeschieden lebendem Klosterbruder neu, und im Unterschied zu den Konzepten, die der Kunst eine möglichst große gesellschaftliche Wirkung zusprechen wollen, erklärt er das Museum zu ihrem einzigen Ort. Der Künstler besitzt keinerlei gesellschaftlichen Auftrag, sondern hat lediglich die Aufgabe, immer noch ›reiner‹ nur Künstler zu sein.

Dabei wird die Vorstellung von der Autonomie der Kunst nicht nur bekräftigt, sondern sogar radikalisiert, da Reinhardt bereits eine Verbindung verschiedener Künste als Störung von deren jeweiliger Unabhängigkeit ablehnt. Damit trifft er sich mit dem einflußreichsten Kunsttheoretiker seiner Generation, nämlich mit Clement Greenberg; dieser kritisierte bereits 1940 in seinem Aufsatz *Towards a Newer Laokoon* jegliche Vermischung der Künste, die seiner Meinung nach entsteht, sobald einer eine Leitfunktion zugesprochen wird, so daß die anderen sich ihr annähern und »are forced to deny their own nature in an effort to attain the effects of the dominant art«[256]. Für Greenberg unterlag die Malerei im Paragone der Künste seit der Renaissance, verleugnete ihr eigenes Wesen und wurde gar verfälscht und entstellt, solange sie sich an der Formel ›ut pictura poesis‹ orientierte. Der Versuch, Handlung sichtbar zu machen und im Sinne der Rhetorik Affekte darzustellen sowie zu erzeugen, aber bereits die Bemühung um Mimesis – um Inhalte und Sujets – bedeutet für ihn, ähnlich wie für Reinhardt, eine Preisgabe der Identität der bildenden Kunst, die so angeblich zur Marionette der Literatur wurde. Die Situation beginnt sich für Greenberg in dem Moment zu wandeln, in dem die Fixierung auf Sujets aufgegeben wird. Geschult im militärischen Gestus des Avantgarde-Vokabulars, stellt er fest, daß »the campaign for the redemption of painting was to be one of comparatively slow attrition at first«. Courbet habe als erster die Orientierung am Literarischen aufgegeben, indem er ›nur‹ gemalt habe, was das Auge mechanisch, ohne Reflexion durch den Verstand sehen kann. Diese Intention sei vom Impressionismus aufgenommen und durch Manet verstärkt worden, der das Bildsujet direkter angegriffen habe »by including it in his pictures and exterminating it then and there« (29). Hier trifft sich Greenbergs Analyse mit Beobachtungen von Georges Bataille, der an Manet ebenfalls hervorhebt, er habe das Bildsujet zerstört, indem er es seiner Bedeutung beraubt habe und gleichsam im Leerlauf zeige: »il est la négation de la peinture qui exprime, comme le fait le langage, un sentiment. […] Manet supprima la signification du sujet. Supprimer le sujet, le détruire, est bien le fait de la peinture moderne …«[257] Wie für Bataille das Moderne an Manet darin besteht, daß die Bilder keine Illusionen mehr wecken und dem Betrachter den Zugang zum Bildraum verweigern, erkennt auch Greenberg in der Preisgabe des Bildraums die zentrale Leistung der Avantgarde-Kunst: »The history of avant-garde painting is that of a progressive surrender to the resistance of its medium; which resistance consists chiefly in the flat picture plane's denial of efforts to ›hole through‹ it for realistic perspectival space. In making this surrender, painting […] got rid of imitation – and with it, ›literature‹.«[258] Doch erst mit der völligen Abschaffung des Bildraums und der Reduktion auf ihre materiale Basis ist die Malerei bei sich selbst angekommen und verleugnet sich nicht länger, womit Greenberg die abstrakte Malerei und v. a. den abstrakten Expressionismus zum Telos einer Emanzipation der Malerei und Entmischung der Künste erklärt. Sosehr Greenberg die bildende Kunst von Analogien zur Literatur befreit sehen will, sosehr widerspricht er freilich seinerseits dem Prinzip der Reinheit, da er die Malerei, ebenso wie andere Wortführer der Abstraktion, mit Prinzipien und Methoden der Musik vergleicht und damit einem neuen Paradigma unterwirft.

Zur selben Diagnose einer Bewegung der Künste hin zu immer vollständigerer ›Reinheit‹ gelangt in den 1940er Jahren der Kunsthistoriker Hans Sedlmayr, der diese Entwicklung jedoch im Gegensatz zu Greenberg als ›Verlust der Mitte‹ und Zeichen eines Kunstverfalls der Moderne bewertet: »Daß es aber nicht möglich ist, die Künste zu ›isolieren‹, ohne sie zu degenerieren, hat schon

---

256 CLEMENT GREENBERG, Towards a Newer Laokoon, in: Greenberg, Perceptions and Judgments 1939–1944. The Collected Essays and Criticism, Bd. 1 (Chicago 1986), 24.
257 GEORGES BATAILLE, Manet (Genève 1983), 48.
258 GREENBERG (s. Anm. 256), 75 f.

IV. Kunst und Gesellschaft

Nietzsche durchschaut – überhaupt ist ihm ›die Vereinzelung einer Kraft eine Art Barbarei‹ – und er hat erkannt, daß mit dem Sinn für die Einheit der Künste der für den Stil zusammenhängt. Beides geht gleichzeitig verloren.«[259] Ohne gattungsübergreifenden Stil fungiert die Kunst jedoch nicht mehr als verbindlicher Bezugspunkt einer Kultur und büßt an Bedeutung ein, was Sedlmayr beklagt, da er der Kunst an sich das Vermögen zuspricht, wertebildende Instanz der Gesellschaft zu sein. Eine zersplitterte Kunst hingegen wird zum Symptom des »entfesselten Chaos« (110) der Moderne.

Allerdings gibt es auch gegenteilige Beschreibungen des modernen Zustands der Kunst bzw. der Künste. So wird eine Auflösung der traditionellen Gattungen[260] oder ein »Verfransungsprozeß«[261] beobachtet, insofern sich z. B. schon im Dadaismus und dann verstärkt bei Formen wie dem Happening Elemente der Musik, des Theaters und der bildenden Kunst verbinden. Als Grund solcher Grenzüberschreitungen vermutet Adorno die Dominanz eines Begriffs von ›der‹ Kunst, der dazu verleitet, Differenzen zwischen den einzelnen Kunstsparten »abzuschaffen«, die dafür auf einen gemeinsamen Fluchtpunkt hinwirken: »Alle stoßen sich ab von der empirischen Realität; alle tendieren zur Bildung einer dieser qualitativ sich entgegensetzenden Sphäre. […] Als Antithesis zur Empirie […] ist die Kunst Eines« (186 f.). Dabei gelangt Adorno zugleich zu einer anderen Interpretation der Trennung von Kunst und Alltagswirklichkeit bzw. Mehrheitsgeschmack. Weder bedauert er die Distanz, noch zieht er sich auf einen ›l'art pour l'art‹-Standpunkt zurück, sondern sieht in der Kunst aufgrund ihrer Andersartigkeit, an der er im Unterschied zu anderen Vertretern einer linken Kunsttheorie festhält, eine ständige – bessere – Opposition zur korrupt-korrumpierten Gesellschaft. Aufgrund dieser Kontrastwirkung wird die Kunst freilich ihrerseits »zum Gesellschaftlichen«: »Indem sie sich als Eigenes in sich kristallisiert, anstatt bestehenden gesellschaftlichen Normen zu willfahren und als ›gesellschaftlich nützlich‹ sich zu qualifizieren, kritisiert sie die Gesellschaft, durch ihr bloßes Dasein […]. Nichts Reines, nach seinem immanenten Gesetz Durchgebildetes, das nicht wortlos Kritik übte«. Adorno relativiert diese stolz-überlegene Position der Kunst jedoch insofern, als er sie ihrerseits für korrumpierbar hält. Eben weil sie Abstand hält von der Gesellschaft, läßt sie diese, »vor der ihr schaudert, auch unbehelligt«; so firmiert die Kunst im schlimmsten Fall sogar als »Vehikel der Ideologie«[262]. Ähnliche Vorbehalte wurden innerhalb der 68er-Bewegung verschiedentlich gegenüber der Kunst vorgebracht; Herbert Marcuse etwa befürchtete, als »Welt schönen Scheins« erlaube die Kunst eine »scheinhafte Versöhnung« mit der entfremdeten Wirklichkeit, was die politisch-revolutionären »Kräfte der Befreiung« unterdrücke; »dadurch ist ästhetische Form ein stabilisierender Faktor der repressiven Gesellschaft, das heißt selbst repressiv.«[263] Hier wird die ›Reinheit‹ der Kunst zum Grund dafür, ihr mit Argwohn zu begegnen, und gerade indem sie sich als kompensatorische Größe anbietet, fällt sie denjenigen, die statt Ausgleich und Entlastung eine grundsätzliche gesellschaftliche Veränderung wollen, in den Rücken. Doch ist nicht zuletzt wegen jener ›Verfransung‹ der Künste andererseits fraglich geworden, worin ihre jeweilige ›Reinheit‹ bestehen könnte und ob sie überhaupt (noch) eine klar abgrenzbare Gegenwelt aufzurichten imstande wären. So konstatiert Adorno eine Gleichgültigkeit oder auch Widerborstigkeit zahlreicher Künstler gegenüber dem Begriff von Kunst – und damit gegenüber dem Bemühen um strikte Trennung und begriffliche ›Reinheit‹ –, gelangt aber auch zu dem Schluß, daß viele Werke ihre Potenz gerade daraus beziehen: »Gegenwärtig […] regt Kunst dort sich am lebendigsten, wo sie ihren Oberbegriff zersetzt.«[264]

Wolfgang Ullrich

---

259 HANS SEDLMAYR, Verlust der Mitte (Salzburg 1948), 80 f.
260 Vgl. z. B. HEIDEGGER, Die Kunst im Zeitalter der Vollendung der Neuzeit (1936/1937), in: Heidegger, Besinnung (Frankfurt/Main 1997), 31.
261 ADORNO, Die Kunst und die Künste (1966), in: Adorno, Ohne Leitbild. Parva Aesthetica (Frankfurt a. M. 1967), 169.
262 ADORNO (s. Anm. 27), 335.
263 HERBERT MARCUSE, Kunst und Revolution, in: Marcuse, Konterrevolution und Revolte (Frankfurt a. M. 1972), 108 f.; vgl. BÜRGER, Theorie der Avantgarde (1974; Frankfurt a. M. 1981), 68 ff.
264 ADORNO (s. Anm. 27), 271.

Literatur
BÖHRINGER, HANNES, Kunst und Lebenskunst (Bern 1987); FEYERABEND, PAUL, Wissenschaft als Kunst (Frankfurt a. M. 1984); GADAMER, HANS-GEORG, Wahrheit und Methode. Grundzüge einer philosophischen Hermeneutik (1960; Tübingen ⁵1986); GEHLEN, ARNOLD, Zeit-Bilder. Zur Soziologie und Ästhetik der modernen Malerei (Frankfurt a. M. ³1986); HOFMANN, WERNER, Grundlagen der modernen Kunst. Eine Einführung in ihre symbolischen Formen (Stuttgart 1978); JAUSS, HANS-ROBERT (Hg.), Die nicht mehr schönen Künste (München 1983); MARQUARD, ODO, Aesthetica et Anaesthetica. Philosophische Überlegungen (Paderborn 1989); MUEHLECK-MÜLLER, CATHLEEN, Schönheit und Freiheit. Die Vollendung der Moderne in der Kunst. Schiller − Kant (Würzburg 1989); RÖTZER, FLORIAN (Hg.), Kunst und Philosophie, in: Kunstforum International 100 (1989); WAGNER, MONIKA (Hg.), Moderne Kunst (Reinbek 1987).

Landschaft

(engl. landscape; frz. paysage; ital. paesaggio; span. paisaje; russ. пейзаж, ландшафт)

Einleitung: Zerstörte Landschaft; I. Wortgeschichte; II. Dimensionen des Begriffs; 1. Der angeschaute Raum; 2. Natur und Geschichte; 3. Landschaftsmetaphorik; **III. Landschaft in der bildenden Kunst;** 1. Landschaft als Mannigfaltigkeit; 2. Ideale Landschaft; 3. Geognostische Landschaft; 4. Historische Landschaft; 5. Landschaftsempirie; 6. Stimmungslandschaft; 7. Neuerungsdynamik; 8. Romantische Landschaften; 9. Abstrakte Landschaft; 10. Stadtlandschaft; 11. Kriegslandschaft; 12. Industrie- und Katastrophenlandschaft; **IV. Landschaft in Literatur und nicht-literarischer Prosa;** 1. Vorgeschichte; 2. 18. Jahrhundert; a) Poetische und theoretische Texte; b) Narrative und deskriptive Texte; 3. 19. Jahrhundert; a) Poetische und theoretische Texte; b) Narrative und deskriptive Texte; 4. 20. Jahrhundert; a) Transformationen des traditionellen Landschaftsbegriffs; b) Theoretisierung der Landschaft; c) Landschaft als Konstrukt; d) Landschaft als Metapher; 5. Zusammenfassung

Einleitung: Zerstörte Landschaft

»:Die Gegenwart, in der man lebt, muß man sich sehr wohl deutlich machen&bewußt«, notiert Rolf Dieter Brinkmann am 22. November 1972, als er nach Tivoli kommt, und entsprechend beschreibt er den Ort: »:Spähen nach einem antiken Rest./ :Sybill&Vesta Tempel, irgendwo dazwischen- :Schachtelhäuser, Hotel-Reklamen, nicht zu sehen./:Eine Collage ist es, etwas total Zusammengesetztes, auf das ich blicke – – – auf dem Boden eine zertretene Zigarettenschachtel Marlboro, ein Architekt, der im VW einen Butterkeks ißt, dahinter eine kleine, niedrige Mauer, Wasserausflüsse, weiß und gelb, das Spähen nach einem Tempelrest/:unten die Außenmauern eines Schuppens, im Gras./:Tiefe?/:seitlich hoch ein Hotel./:Panoramablick auf die Stadt Tivoli, abnehmendes Licht – – – die italienische Landschaft.«[1] In Olevano, einem anderen Andachtsort der Italienverehrung, geht es ihm Anfang 1973 ebenso: »Unten, vor dem Wald der 100jährigen Eichen des Gebietes der preußischen Akademie der Künste, gab es das obligate zeitgenössische Autowrackfeld:rostende Karosserien, ausgeschlachtetes Inneres aus Drähten, Polstern, Ölflecken, Glasscherben«. (433) Auch hier kann er sich mit dem Gesehenen nicht abfinden; auch hier erscheint es ihm als Verunstaltung einer klassischen Gestalt. Der einen kleinen Hügel bedeckende Eichenhain, die Serpentara, war zu Beginn des 19. Jh. ein bevorzugtes Motiv der Deutschrömer; seine Plastizität und Rundung kam den Absichten der klassisch-romantischen Landschaftsmalerei aufs schönste entgegen, jener Idealisierung, mit der die Vollkommenheit der Natur zur Anschauung gebracht werden sollte. Später wurde der Hain als Erinnerungsort für diese Epoche begriffen und 1873, als die Gefahr der Abholzung bestand, auf Betreiben des Malers Edmund Kanoldt vom deutschen Staat für die Akademie der Künste erworben. Nach genau hundert Jahren aber entgeht auch er nicht mehr den Schrecken der »Schrott-Zivilisation« (433). Abfall und Landschaftszerstörung sind allgegenwärtig, sie werden deshalb zum Signum des Zeitalters. Bei Brinkmann heißt es lapidar: »Thema:Die Landschaft als öffentliche Müllkippe, der Zwang des 20. Jahrhunderts, das zu Ende geht, da hilft auch kein romantisch-vergammelter Blick mehr!« (393)

Brinkmanns Text wirft Fragen auf, die ins Zentrum der Landschaftsästhetik führen und kontrovers diskutiert werden können: Ist der ästhetische Landschaftsbegriff auf die klassisch-romantische Prägung beschränkt, daher längst an sein Ende gekommen? Oder ist eine »Landschaft als öffentliche Müllkippe« immer noch eine Landschaft? Und wenn sie es ist, ist sie es dann in demselben Sinne wie eine italienische Landschaft aus dem frühen 19. Jh.? Oder zeigt sich in der Evidenz und Beharrungskraft der alten Muster ein normatives Moment, ohne das Landschaft vielleicht gar nicht zu denken wäre? Eine Antwort ist nicht leicht zu geben; sie bedarf der Vertiefung in die Begriffsgeschichte.

---

1 ROLF DIETER BRINKMANN, Rom, Blicke (1979; Reinbek 1986), 229.

I. Wortgeschichte

Landschaft leitet sich vom althochdeutschen »lantscaf«[2] her, das einen größeren Siedlungsraum bedeutet. Seit dem 12. Jh. bezeichnet das Wort zudem die Gesamtheit der politisch handlungsfähigen Bewohner eines Landes, dann auch die ständische Versammlung eines Landes. Im Spätmittelalter löst sich davon der geographische Begriff ab; Landschaft wird nun als naturräumliche Einheit verstanden. Um 1500 ist eine »zunehmend vielfältige Verwendbarkeit des Wortes zur Bezeichnung räumlicher Einheiten« zu beobachten; sie findet ihren Höhepunkt in den Künsten. Hier setzt sich Landschaft zunächst als Terminus für den malerisch dargestellten Naturausschnitt durch und bezeichnet bald auch in der Dichtung eine Gegend, wie sie sich dem Auge darbietet.

Der neue Terminus breitet sich noch im 16. Jh. aus und wird über das niederländische »landschap« zum englischen »landscape« (9). Den frühesten niederländischen Beleg liefert das Nachlaßverzeichnis des Antwerpener Kaufmanns Michiel van der Heyden von 1552: »Een geschildert tafereel oyle verwe met personaggien ende lantschappen«[3] (Eine bemalte Tafel, Ölfarbe mit Figuren und Landschaften). In seinem 1604 gedruckten Lehrgedicht beschreibt Karel van Mander die Gattung unter dem Titel »Van het Landtschap«[4]. Der früheste englische Beleg, »painted Landskipes«, entstammt der 1598 gedruckten Übersetzung von Gian Paolo Lomazzos *Trattato dell'arte de la pittura* (1584), der nächste Beleg, »Limning a Land-scape, various, rich, and rare«[5], findet sich 1603 in den von Joshua Sylvester übersetzten Schriften des Seigneur du Bartas. Daneben ist in Ben Jonsons *The Masque of Blacknesse* (1605, gedruckt 1608) mit Bezug auf die Bühne von »Landtschap«[6] die Rede. 1606 vermerkt Henry Peacham ausdrücklich: »Landtskip is a Dutch word, & it is as much as wee should say in English landscip, or expressing of the land by hills, woodes, Castles, seas, valleys, ruines, hanging rocks, Cities, Townes, &c. as farre as may be shewed within our Horizon.«[7] Und noch 1650 erinnert Edward Norgate an die holländische Herkunft von »Lanscape, or Landscape«[8].

Parallel zu dieser Entwicklung entsteht im Französischen aus ›pays‹ das erstmals 1549 als Malerausdruck nachweisbare »paysage«[9]. Wie Landschaft entwickelt sich auch ›paysage‹ im malerischen und bald auch ästhetischen Sinne aus dem »Sammelbegriff für ein Vielerlei von Landstrichen«[10]. Das Italienische behält »paese« sowohl für die reale wie die dargestellte Landschaft noch bis ins 17. Jh. bei, kennt daneben auch »paesotto« für das Landschaftsbild, läßt in »paesello« den »locus amoenus« (112) aus Antike und Mittelalter fortleben und kommt erst durch das französische »paysage« nach Mitte des 16. Jh. zu »paesaggio«, das sich nur allmählich durchsetzt. 1564 spricht der niederländische Dichter und Kunstschriftsteller Dominique Lampsonius erstmals von »paesaggi«[11]. Auch das spanische ›paisaje‹ dürfte sich von ›paysage‹ herleiten. 1649 verwendet Francisco Pacheco noch »país« und »pintura de países«[12]. Im Russischen wird erst im 20. Jh. das Lehnwort пейзаж gegenüber dem 1707 erstmals belegten ландшафт vorgezogen.[13]

---

2 GUNTER MÜLLER, Zur Geschichte des Wortes Landschaft, in: A. Hartlieb von Wallthor/H. Quirin (Hg.), ›Landschaft‹ als interdisziplinäres Forschungsproblem (Münster 1977), 6.
3 Inventar des Ritters Michiel van der Heyden, 24. Juni 1552, in: JEAN DENUCÉ, Inventare von Kunstsammlungen zu Antwerpen im 16. u. 17. Jahrhundert (Antwerpen 1932), 3.
4 KAREL VAN MANDER, Den grondt der edel vry schilder-const (1604), hg. v. H. Miedema, Bd. 1 (Utrecht 1973), 203.
5 ›Landscape‹, in: OED, Bd. 8 (1989), 628.
6 BEN JONSON, The Masque of Blacknesse (1605), in: Jonson, Works, hg. v. C. H. Herford/P. u. E. Simpson, Bd. 7 (Oxford 1941), 169.
7 HENRY PEACHAM, The Art of Drawing with the Pen, and Limming in Water Colours, more exactlie then heretofore taught (London 1606), 28.
8 EDWARD NORGATE, Miniatura or The Art of Limning (1650), hg. v. M. Hardie (Oxford 1919), 42.
9 ›Paysage‹, in: Trésor de la langue française. Dictionnaire de la langue du XIXe et du XXe siècle (1789–1960), Bd. 12 (Paris 1986), 1232.
10 RAINER GRUENTER, Landschaft. Bemerkungen zur Wort- und Bedeutungsgeschichte, in: Germanisch-Romanische Monatsschrift 34 (1953), 113.
11 DOMINIQUE LAMPSONIUS an Giorgio Vasari (30. 10. 1564), in: K. Frey/H.-W. Frey (Hg.), Der literarische Nachlaß Giorgio Vasaris, Bd. 2 (München 1930), 115.
12 FRANCISCO PACHECO, Arte de la Pintura (1649), hg. v. B. Bassegoda i Hugas (Madrid 1990), 513, 512.
13 Vgl. ›landšaft‹, in: PAVEL JAKOVLEVIČ ČERNYCH, Istoriko-ètimologičeskij slovar' sovremennogo russkogo jazyka, Bd. 1 (Moskau 1993), 465.

Ein malerisches Interesse an der Landschaft ist lange vor der Entstehung der Gattung vorhanden. Es entspricht der langwierigen Emanzipation des landschaftlichen Bildhintergrunds zur selbständigen Aufgabe, daß Landschaft sowohl das ins Heiligenbild integrierte Motiv wie die Gattung bezeichnet. Albrecht Dürer meint das Motiv, wenn er 1509 vorschlägt, »ein Maria bildt zu machen, in ainer landschafft.«[14] Dagegen bezieht er sich auf die Gattung, wenn er 1521 im Tagebuch der Reise in die Niederlande von dem »gut landschafft mahler«[15] Joachim Patinier spricht. Ebenso ist in Italien »paese«[16] zunächst für den Bildhintergrund und erst später für das eigenständige Bild üblich. So versteht Leonardo da Vinci Landschaft als eigenständige Ganzheit, wenn er von »paesi, fatti nella figuratione del uerno«[17] (Landschaften, die Winter darstellen) spricht. 1521 findet Marcantonio Michiel in der Sammlung des venezianischen Kardinals Domenico Grimani »molte tauolette de paesi«[18] (viele Landschaftsbilder).

Die Behauptung Ernst H. Gombrichs, daß die Bildgattung der Landschaft zwar nördlich der Alpen, der Begriff dafür jedoch auf Grund der höher entwickelten Kunsttheorie in Italien entstanden sei[19], ist freilich überholt. In Deutschland findet sich das Wort bereits 1484 in einem Inventar des Schlosses Thaur in Tirol: »Ain gemalts tuech mit etlichen landschaften«[20]. Da unter einem gemalten Tuch ein Gemälde verstanden wurde (vgl. 296), kann es kein Mißverständnis geben. Freilich ist das Bild nicht mehr identifizierbar, so daß der Sinn des Plurals unklar bleiben muß. Erst der nächste Beleg erlaubt den Vergleich von Begriff und Werk: 1502 soll Jörg Kölderer, in Innsbruck lebender Hofmaler Kaiser Maximilians, die Grafschaften Friaul und Österreich »mit der lantschaft abmallen«[21]. Das Ergebnis des Auftrags sind Kölderers *Befestigungen in Südtirol und Friaul* (um 1508), ein Band mit 23 zwischen malerischer und kartographischer Darstellungsweise schwankenden Ansichten von Burgen mit umliegendem Gebirge.

In Analogie zur Malerei wird Landschaft bald auch in der Literatur als Anblick einer Gegend verstanden. 1537 beschreibt Hans Sachs den Ausblick von einem Turm als »Die landschafft ferr unnd nahen«[22]. In Frankreich ist es Bernard Palissy, der 1563 »paysage« für die Naturschilderung des 104. Psalms verwendet, doch immer noch im Zusammenhang mit »tableau«: »je pensay de figurer en quelque grand tableau les beaux paysages que le Prophete descrit au Pseaume susdit«[23]. Die Herkunft vom malerischen Modell ist auch im Englischen zu erkennen, wenn George Sandys noch 1615 von »vallies« spricht, »such as are figured in the most beautifull land-skips«[24].

II. Dimensionen des Begriffs

1. Der angeschaute Raum

Landschaft ist nicht angeschauter Naturausschnitt schlechthin, sie ist vielmehr der angeschaute Lebensraum, der sich gewöhnlich – und dies seit der

---

14 ALBRECHT DÜRER an Jakob Heller (26. 8. 1509), in: Dürer, Schriftlicher Nachlaß, hg. v. H. Rupprich, Bd. 1 (Berlin 1956), 72.
15 DÜRER, Tagebuch der Reise in die Niederlande (1520/21), in: ebd., 169.
16 BERNARDINO PINTURICCHIO, [Vertrag] (1495), in: M. Baxandall, Painting and Experience in Fifteenth Century Italy. A Primer in the Social History of Pictorial Style (Oxford 1972), 17.
17 LEONARDO DA VINCI, Pictura (um 1513/14), in: Da Vinci, The Literary Works, hg. v. J. P. Richter, Bd. 1 (New York ³1970), 294.
18 THEODOR FRIMMEL (Hg.), Der Anonimo Morelliano (Marcanton Michiel's Notizia d'Opere del disegno) (Wien 1888), 102.
19 Vgl. ERNST H. GOMBRICH, The Renaissance Theory of Art and the Rise of Landscape (1953), in: Gombrich, Norm and Form. Studies in the art of the Renaissance (London 1966), 110.
20 OSWALD VON ZINGERLE (Hg.), Mittelalterliche Inventare aus Tirol und Vorarlberg (Innsbruck 1909), 129.
21 Jahrbuch der Sammlungen der Allerhöchsten Kaiserhauses, Bd. 1 (1888), Regestenteil Nr. 230, zit. nach MARTIN WARNKE, Politische Landschaft. Zur Kunstgeschichte der Natur (München/Wien 1992), 180.
22 HANS SACHS, Die ehrentreich fraw Miltigkeit mit ihrem holdseligen wandel (1537), in: Sachs, Werke, hg. v. A. v. Keller/E. Goetze, Bd. 3 (Tübingen 1870), 244.
23 BERNARD PALISSY, Recepte véritable, par laquelle tous les hommes de la France pourront apprendre a multiplier et augmenter leurs thrésors (1563), in: Palissy, Œuvres, hg. v. B. Fillon, Bd. 1 (Niort 1888), 24.
24 GEORGE SANDYS, A Relation of a Jorney begun An. Dom. 1610 (London 1615), 154.

Entstehung des Begriffs – aus Naturgegebenheiten und Menschenwerk zusammensetzt; und nur als die Pole dieses Mischungsverhältnisses umfaßt Landschaft auch die unberührte Natur und den völlig denaturierten Raum etwa der Industrie oder des Krieges. Daß so verschiedene Gegebenheiten demselben Begriff zugehören, resultiert also nicht aus den Gegenständen, die der Blick erfaßt. Entscheidend ist vielmehr das vom Subjekt über die einzelnen Elemente des Blickfelds hinweg konstituierte anschauliche Ganze. Nicht die einzelnen Motive wie Baum und Fels, Haus und Turm machen eine Landschaft aus – denn diese Motive sind in Dichtung und Malerei seit der Antike immer präsent[25] –, sondern deren Integration zu einem übergreifenden Ganzen eigenen Rechts. Wichtiger als das Gegenständliche sind Raumstruktur, Rhythmus und Atmosphäre, jene Seiten der Wirklichkeit also, die erst die anschauliche Ganzqualität ausmachen, die allen Ausdruck letztlich trägt (und überhaupt erst durch die Künste wahrnehmbar geworden ist). Es ist dieser Gesamteindruck, in dem es zur erlebnismäßigen und künstlerischen Vereinigung von objektiver Ausdrucksanmutung und subjektiver Bedeutungsprojektion kommt. Der Kern des ästhetischen Landschaftsbegriffs, seine unerläßliche zentrale Bestimmung ist daher der anschauliche Bezug des Menschen auf seine Umwelt, ist der im Erlebnis wie in bildkünstlerischer und literarischer Darstellung zur Evidenz kommende Zusammenhang beider.

Der vom Blick erfaßte Raum bietet eine mehr oder weniger ungeordnete Mannigfaltigkeit verschiedenster Merkmale und läßt sich immer erst durch Auswahl und Akzentuierung als sinnvolles Ganzes verstehen, er ist also grundsätzlich offen, in unterschiedlichster Weise plausibel strukturiert zu werden. Dies geschieht durch Einbildungskraft und Imagination nach Maßgabe einer spezifischen Wahrnehmung, emotionalen Sensibilität und intellektuellen Weltsicht des Subjekts, zusammengefaßt in den Begriffen des Standpunkts und der standpunktgebundenen Bestrebensrichtung und Urteilsperspektive. So ergibt sich aus dem Zusammenspiel beider Seiten, daß Landschaft stets unter einem bestimmten Winkel, einem bestimmten Aspekt gesehen wird. »Das landschaftliche Auge ist niemals ein absolutes, und wenn von zehn Menschengeschlechtern jedes den Urkanon landschaftlicher Schönheit in etwas anderem findet, dann hat doch keines durchaus recht oder unrecht.«[26]

Die Standpunktgebundenheit gilt zuallererst für den Raum selbst. Erst die Zentralperspektive, deren Konstruktionsregeln parallel zur Landschaft entdeckt werden, ermöglicht eine Raumdarstellung, die den Blickpunkt so streng auf die Gegebenheiten bezieht, daß mit gleichem Recht von einer Objektivierung wie von einer Subjektivierung des Blickfelds gesprochen werden kann.[27] Landschaft und Perspektive sind insofern eng miteinander verwandte Erschließungsweisen des Raums vom Individuum her, die erste auf anschauliche Befunde bezogen, die zweite hierfür die geometrische Konstruktion bereitstellend. Die Konstruktion muß freilich nicht unbedingt mit mathematischer Strenge durchgehalten werden, die Raumsuggestion genügt. Zweitens gilt die Standpunktbezogenheit auch für die emotionale Anmutung, jene Ausdrucksfärbung der gegenständlichen Welt, die als handgreifliche Gegebenheit erscheint, in Wahrheit aber aus der Interaktion von natürlich-gegenständlicher Umwelt und Wahrnehmungsdisposition des Betrachters hervorgeht. Und schließlich bestimmt die allgemeine Bestrebensrichtung auch Relevanz und Sinn der einzelnen Objekte wie des Landschaftsganzen. Landschaft ist daher ein aus der Begegnung und Auseinandersetzung des Menschen mit dem Gesamt seiner räumlichen Welt erwachsener »mit anschaulicher Konkretheit ausgestatteter bildhafter Sinn«[28], ist der vom Blick erfaßte Raum im Wechselspiel von Anschauung und Deutung.

---

25 Vgl. GÖTZ POCHAT, Figur und Landschaft. Eine historische Interpretation der Landschaftsmalerei von der Antike bis zur Renaissance (Berlin/New York 1973).
26 WILHELM HEINRICH RIEHL, Das landschaftliche Auge (1850), in: Riehl, Kulturstudien aus drei Jahrhunderten (Stuttgart/Berlin 1910), 75.
27 Vgl. ERWIN PANOFSKY, Die Perspektive als ›symbolische Form‹ (1924/25), in: Vorträge der Bibliothek Warburg, hg. v. F. Saxl, Bd. 4 (Leipzig/Berlin 1927), 286.
28 WERNER FLACH, Landschaft. Die Fundamente der Landschaftsvorstellung, in: M. Smuda (Hg.), Landschaft (Frankfurt a. M. 1986), 18 f.

Die anschauliche Formbestimmtheit der Landschaft aber läßt sich nicht als Variationsbreite einer wie auch immer gearteten gegenständlichen Grundgestalt denken, nicht in Analogie etwa zu ›Berg‹ oder ›Weg‹, wo eine solche Grundvorstellung, mag sie auch noch so vage sein, durchaus vorhanden ist. Landschaft steht eher in Analogie zum Begriff der ›Aussicht‹, der einen anschauungsorganisierenden Rahmen bezeichnet, sowie in Beziehung zum Raumbewußtsein überhaupt. Landschaft erweist sich damit als ein kulturgeschichtlich habitualisiertes Anschauungsmuster, dessen relatives Apriori oder, wie auch gesagt werden könnte, transzendental-konstruktives Moment – im Unterschied zu anderen, ebenfalls für gleichsam natürlich und universell gehaltenen ästhetischen Begriffen – mit seltener Deutlichkeit in seiner Herstellung und Verbreitung beobachtet und als frühneuzeitliche Schöpfung begriffen werden kann. Die fraglose Verwendung von Landschaft ist geschichtlich eingeschliffen, Landschaft gehört zu dem »système des schèmes intériorisés«[29], die es erst ermöglichen, die typischen Wahrnehmungen einer Kultur zu erzeugen. Es ist diese Erkenntnis der Geschichtlichkeit des Landschaftsbegriffs, aus der dann auch die legitime und ausführlich diskutierte Frage nach seinem Ende erwächst. Die tieferen anthropologischen Voraussetzungen dürften erst zu erschließen sein, nachdem die selbständige und weitaus frühere Ausbildung des Begriffs in China (shanshui – Berge und Wasser) untersucht worden ist.

Das Anschauungsmuster Landschaft führt auf einer gleitenden Skala vom abstrakten Rahmen, dem noch völlig unbestimmten Blick auf die noch völlig unbestimmte Welt, zu den vielfältigsten Konkretisierungen, entweder direkt oder mittels zwischengeschalteter Anschauungsmuster niederer Ordnung, die ebenfalls wahrnehmungsprägende Kraft entfalten können und vorzugsweise in bildender Kunst und Dichtung vergegenständlicht sind. Einerseits gilt die Definition von Anne Cauquelin: »le paysage est la dernière limite immobile de la perception que j'ai de ce qui m'environne«[30]. Andererseits fächert sich der Begriff in eine unübersehbare Menge von konkreten Landschaften auf.

Da der subjektive Anschauungsrahmen auf keine gegenständliche Grundgestalt trifft, mit der er sich verbinden könnte, gibt es keine Landschaft »an sich«. Alle Landschaftsbegriffe sind »attributiv determinierte Begriffe«[31].

2. Natur und Geschichte

Erst die allgemeine Struktur des Landschaftsbegriffs macht verständlich, wie dessen Binnendifferenzierung und Entwicklung zusammenhängen. Indem der offene Anschauungsrahmen in verschiedenster Weise konkretisiert wird, entstehen empirische Landschaftstypen unterschiedlicher Verallgemeinerungshöhe, Stabilität und Geltungsmacht. Gewiß setzen dabei spätere Prägungen frühere voraus, doch folgt die besondere Abwandlungsrichtung und Ausgestaltung weniger einer inneren Problementfaltung als einer Determination durch die kulturellen Ausdrucksbedürfnisse. So kommt es, daß die einzelnen Landschaftstypen einander in mannigfaltiger Weise überlagern können und jede Gliederung strittig bleiben muß.

Eine Reflexion auf die Voraussetzungen des Landschaftsbegriffs setzt mit der Entstehung der Ästhetik im 18. Jh. ein. In den Untersuchungen des Schönen und Erhabenen geht es immer auch um Aspekte von Landschaft, vor allem aber wird Landschaft zum exemplarischen Fall des Naturschönen. Im Unterschied zur Malerei und Literatur, deren Landschaften immer auch die menschliche Lebenspraxis mit ihren bleibenden Resultaten umfassen, abstrahiert die Ästhetik jedoch von diesen Zusammenhängen und reflektiert Landschaft nur als freie Natur. Daran ändert sich nichts von Johann Georg Sulzer bis Friedrich Theodor Vischer, und selbst noch in Georg Simmels *Philosophie der Landschaft* (1913) bleiben die Kriterien der Autonomieästhetik wirksam: Die modernen Individuen werden bloß als »arbeitsteilige Einseitigkeiten« in den Kulturprozeß einbezogen, und es ist diese schmerzhafte Beschränkung auf eine gesellschaftliche Teilfunktion, aus der die Sensibilität für

---

29 PIERRE BOURDIEU, Postface, in: E. Panofsky, Architecture gothique et pensée scolastique (Paris 1967), 152.
30 ANNE CAUQUELIN, Paysage et environs, une logique du vague, in: Critique 577/578 (1995), 456.
31 FLACH (s. Anm. 28), 19.

die Ganzheit der Natur, der Sinn für das »besondere Gebilde ›Landschaft‹« erwächst, für den »versöhnten Reichtum der Landschaft, die ein Individuelles, Geschlossenes, In-sich-Befriedigtes ist und dabei widerspruchslos dem Ganzen der Natur und seiner Einheit verhaftet bleibt.«[32] Auch Joachim Ritter deutet Landschaft als Kompensation eines Verlustes: Die mit dem Aufkommen der modernen Naturwissenschaften verdrängte antike Theoria kehrt in neuer Gestalt wieder, der moderne Mensch kann sich allein im ästhetischen Landschaftserleben zum Weltganzen ins Verhältnis setzen.[33]

In beiden kulturphilosophischen Konstruktionen fungiert Landschaft als ästhetische Vergegenwärtigung einer harmonischen Ganzheit, die von der Geschichte negiert wird und dennoch unverzichtbar bleibt. Landschaft wird dabei nur auf das Naturschöne bezogen. Dem entspricht auch, daß Ritter die Entstehung des ästhetischen Landschaftsbegriffs auf Petrarcas Schilderung der Besteigung des Mont Ventoux am 26. April 1336 zurückführt und die etwa gleichzeitig von Ambrogio Lorenzetti in Angriff genommenen Fresken der guten und schlechten Regierung im Palazzo Pubblico in Siena mit den beiden Überblickslandschaften von Stadt und Umland gar nicht berücksichtigt. Inzwischen sind als noch ältere und wahrscheinlich früheste Landschaftsbilder zwei um 1311

entstandene Gemälde bestimmt worden, die als topographische Porträts Sienesischer Territorien zur Ausstattung der Sala del Mappamondo im Palazzo Pubblico gehört haben und ebenfalls politischer Demonstration dienten.[34] Berücksichtigt man schließlich noch die frühen Kalenderlandschaften[35], so erscheint die Emanzipation der Landschaft als Resultat eines Prozesses, in dem sich sehr verschiedene Darstellungsinteressen in einer neuen Bildgattung treffen und eine ästhetische Kategorie begründen, die ihrerseits an der Herausbildung des Naturschönen mitwirkt.

Den sentimentalischen Blick auf das Naturschöne hat bereits Friedrich Schiller durch den kritischen Blick auf das Menschenwerk ergänzt. Schon ihm ist Landschaft nicht mit der freien Natur identisch, vielmehr der Blick auf die Welt des Menschen mit all ihrer Naturentfremdung; schon er erkennt in diesem Kontrast das Landschaftserlebnis der Moderne und deutet über diesen Gegensatz hinaus auf eine zukünftige Versöhnung, »eine mit Geist beseelte und durch Kunst exaltierte Natur«[36].

Angesichts der unerträglichen Verschärfung des Konflikts im 20. Jh. mußte sich der am Naturschönen orientierte Landschaftsbegriff zur Norm konservativer Kulturkritik verhärten oder aber neue Erfahrungen aufnehmen, sich als allgemeine Raumanschauung definieren, die gleichermaßen das Naturschöne wie die Naturzerstörung, die gebaute wie die verbaute Welt umfaßt. Die Initiative lag zweifellos bei den Künsten und der Reflexion der Künstler selbst. Erst im letzten Jahrzehnt greifen neue Konzeptionen einer Naturästhetik diese Anregungen auf.[37]

3. Landschaftsmetaphorik

Versteht man Landschaft als kontingente Mannigfaltigkeit und zugleich als Anschauungsmuster, das Wahrnehmung organisiert, erklärt sich auch die auffallend häufige und vielseitige metaphorischmodellhafte Verwendung: Überall dort, wo eine Erscheinung, eine Situation nicht übersehen, eine mannigfaltige Struktur nicht auf einen Nenner gebracht werden kann oder soll, bietet die Landschaftsmetapher einen ersten Zugang, wird sie unentbehrlich.

---

32 GEORG SIMMEL, Philosophie der Landschaft (1913), in: Simmel, Brücke und Tür. Essays des Philosophen zur Geschichte, Religion, Kunst und Gesellschaft, hg. v. M. Landmann (Stuttgart 1957), 143.
33 Vgl. JOACHIM RITTER, Landschaft. Zur Funktion des Ästhetischen in der modernen Gesellschaft (Münster 1963), 12–15.
34 Vgl. THOMAS DE WESSELOW, The Decoration of the West Wall of the Sala del Mappamondo in Siena's Palazzo Pubblico, in: J. Cannon/B. Williamson (Hg.), Art, Politics, and Civic Religion in Central Italy 1261–1352 (Aldershot, Hants/Brookfield, Vt. 2000), 34–36.
35 Vgl. OTTO PÄCHT, Early Italian Nature Studies and the Early Calendar Landscape, in: Journal of the Warburg and Courtauld Institutes 13 (1950), 36f.
36 FRIEDRICH SCHILLER, Über den Gartenkalender auf das Jahr 1795 (1795), in: SCHILLER, Bd. 22 (1958), 291.
37 Vgl. MARTIN SEEL, Eine Ästhetik der Natur (Frankfurt a. M. 1991), 220–233.

Den seltenen Fall, wie sich ein Autor zur Landschaftsmetapher durchringt, bietet der Vergleich von Ludwig Wittgensteins Entwurf zum Vorwort der *Philosophischen Untersuchungen* (1938) mit dem Vorwort der Druckfassung (1945). Daß er seinen Gegenstand nicht in wohlgeordneter Reihe darstellen kann, sondern nur einzelne Bemerkungen gibt, folgt aus der Besonderheit des untersuchten Gedankengebiets. Dieses ist nämlich »kreuz und quer, nach allen Richtungen hin zu durchreisen«. Im Entwurf hat das zum Ergebnis, »dass die Gedanken in ihm in einem verwickelten Netz von Beziehungen zueinander stehen.«[38] In der Druckfassung wird daraus der Satz: »Die philosophischen Bemerkungen dieses Buches sind gleichsam eine Menge von Landschaftsskizzen, die auf diesen langen und verwickelten Fahrten entstanden sind.«[39] Der metaphorische Rückgriff auf die Landschaft im ästhetischen Sinne erweist sich als sinnfälligste Möglichkeit, um die standpunktgebundene Betrachtung eines komplizierten und zum Horizont hin immer schlechter erkennbaren oder grundsätzlich undefinierbaren Beziehungsgeflechts zu bezeichnen. Den ›Landschaftsskizzen‹ entspricht auch die spätere Bemerkung im Text, daß eine Landschaft nie eigentlich, sondern immer nur aspektgebunden beschrieben werden kann (vgl. 510).

Auch bei Marshall McLuhan reicht die Landschaftsmetaphorik ins Erkenntnistheoretische. In der neueren Literatur verwandelt sich die realistische Landschaft von James Thomson bis Alfred Tennyson in einen »interior landscape«, einen »paysage intérieur«[40], der als topologische Ordnung verstanden werden muß. Arthur Rimbauds *Illuminations* (entst. 1872, publ. 1886), Stéphane Mallarmés *Un coup de dés* (1897), James Joyce' *Ulysses* (1922) sperren sich den herkömmlichen Kategorien literaturwissenschaftlicher Analyse, sie sind einzig von ihrer »landscape technique« (158) her zu verstehen. Deren Vorbild aber ist die moderne Zeitung, die nicht nur mit den einzelnen Nachrichten, sondern ebensogut mit deren diskontinuierlicher Entgegensetzung Sinn produziert: »Since Rimbaud the newspaper as *landscape* enters all the arts«. In Zeitung und Künsten wird ein gemeinsames landschaftliches Prinzip erkennbar: »Juxtaposition of forces in field rather than continuous statement.«[41]

So führt die erkenntnisermöglichende Evidenz der Landschaftsmetapher auf den Feldbegriff. Felder bekommen ihre Struktur durch Elemente, deren Eigenschaften wiederum von ihrer Position in dieser Struktur abhängen. Felder sind unabgeschlossene und dynamische Gebilde, die sich insgesamt und auch in allen ihren Elementen ändern, sobald sich einzelne Elemente oder deren Positionen ändern.[42] Für eine solche im einzelnen bewegliche, im ganzen unabgeschlossene Struktur bietet sich aus der Primärerfahrung spontan das Bild einer recht abstrakten, die Lagebeziehungen der Körper und die verbindenden Kraftlinien hervorhebenden Landschaft an. So ist der Feldbegriff das tertium comparationis, das die metaphorische Verwendung des Landschaftsbegriffs ermöglicht.

III. Landschaft in der bildenden Kunst

1. Landschaft als Mannigfaltigkeit

Die attributive Determination der Landschaft gilt auch für ihre bildkünstlerischen Ausprägungen. Landschaft ist nicht so eindeutig bestimmt und abgegrenzt wie die anderen Gattungen der Malerei, sondern neigt zur Einbeziehung neuer Wirklichkeitsbereiche, oft in engem Zusammenwirken mit den Naturwissenschaften, zu Grenzüberschreitung und Zerfransung.

---

38 LUDWIG WITTGENSTEIN, Vorwortentwurf zu den ›Philosophischen Untersuchungen‹ (1938), in: Deutsche Zeitschrift für Philosophie 45 (1997), 435.
39 WITTGENSTEIN, Philosophische Untersuchungen (entst. 1945/1947–49), in: Wittgenstein, Schriften, Bd. 1 (Frankfurt a. M. 1960), 285.
40 MARSHALL MCLUHAN, The Aesthetic Moment in Landscape Poetry (1951), in: McLuhan, The Interior Landscape. The Literary Criticism of Marshall McLuhan 1943–1962, hg. v. E. McNamara (New York/Toronto 1969), 157.
41 MCLUHAN an Ezra Pound (16. 7. 1952), in: McLuhan, Letters, hg. v. M. Molinaro/C. McLuhan/W. Troye (Toronto/Oxford/New York 1987), 232.
42 Vgl. BOURDIEU, Quelques propriétés des champs (1976), in: Bourdieu, Questions de sociologie (1980; Paris 1994), 113–120.

Mit dem Blick auf die Mannigfaltigkeit der Welt ist von vornherein die Tendenz verbunden, diesen Möglichkeitsraum auch auszuschreiten. Sobald es die Rahmenbedingungen erlauben, setzt eine generelle Neuerungsdynamik ein, die sich auf die gesamte Malerei auswirkt. Doch ragen bereits von Anfang an singuläre Fälle hervor, oft von außerordentlicher Qualität. So stehen die Weltuntergangslandschaften Leonardo da Vincis allein. Das Interesse für die Struktur der Wasserwirbel und eine rein landschaftliche Vision des Weltendes weiten die Kernbestimmung der Gattung in Richtungen aus, die keine Nachfolge finden konnten. Albrecht Altdorfers *Alexanderschlacht* (1529) einzuordnen machte bereits Friedrich Schlegel zu schaffen: »soll ich es eine Landschaft nennen, ein historisches Gemälde oder ein Schlachtstück?«[43]

Zunächst hält sich die Kunstliteratur an die Mannigfaltigkeit der Motive und betont die von ihnen gewährte Schaulust. Von Lomazzo[44] über Peacham bis Karel van Mander[45] und Edward Norgate[46] bleibt es bei Aufzählungen, bei einer periphrastischen Definition also, die sich allein durch Nennung des verbum proprium – Landschaft –

von der modellbildenden Beschreibung unterscheidet, die Plinius d. Ä. von den (nicht erhaltenen) Werken des Spurius Tadius (oder Spurius Ludius) gibt.[47] Wird eine theoretische Legitimation für nötig gehalten, so greift man auf die Kategorien von Varietas und Lizenz zurück. Daneben spielt seit Leonardo der Paragone, der Vergleich der Darstellungsmöglichkeiten der Künste, eine große Rolle.

2. Ideale Landschaft

Eine strengere begriffliche Fassung setzt erst mit der Übertragung der Lehre von der schönen und idealen Natur auf die Landschaft ein. Ursprünglich allein auf die menschliche Gestalt bezogen[48], wird die Lehre nach und nach verallgemeinert, um am Ende des 18. Jh. in ausführlichen Theorien zu münden, die der idealen Landschaft den obersten Rang zuerkennen und diese Position durch polemische Abwertung der empirischen Naturnähe verdeutlichen.

Zunächst wird der Schauplatz mythologischer Historie über die Gegenstände des ›locus amoenus‹ definiert[49], und das klassizistische Wahlprinzip mit der Abgrenzung vom Gewöhnlichen kommt nur allmählich zur Sprache. So bemerkt André Félibien zu den hochstilisierten Landschaften Nicolas Poussins nur nebenbei, die Erdschichten seien »d'une maniere naturelle, mais bien choisie«[50]. Deutlicher wird Samuel van Hoogstraeten, wenn er empfiehlt, »altijts na't schoonste uit te zien« (immer auf das Schönste zu achten), und bekennt: »ik zouw veel Landschapschilders van haere al te gemeene en slechte verkiezingen afleiden«[51] (ich würde viele Landschaftsmaler von ihrer allzu gewöhnlichen und schlechten Wahl ablenken).

Die erste begriffliche Zusammenfassung aller Arten der Landschaftmalerei hat Roger de Piles unternommen. Aus der Differenz der heroischen Landschaft gegenüber der gewöhnlichen wird eine polare Definition, die sowohl Motiv- als auch Stilunterschiede berücksichtigt: »Parmi tant de stiles differens que les Païsagistes ont pratiqué dans l'éxecution de leurs Tableaux, j'en distingueray seulement deux dont les autres ne sont qu'un mélange, le stile Heroïque, & le stile Pastoral ou Champêtre.«[52] Das aus der antiken Rhetorik, der

---

43 FRIEDRICH SCHLEGEL, Dritter Nachtrag alter Gemälde (1804), in: SCHLEGEL (KFSA), Bd. 4 (1959), 118.
44 Vgl. GIAN PAOLO LOMAZZO, Trattato dell'arte della pittura, scoltura et architettura (1584), in: Lomazzo, Scritti sulle arti, hg. v. R. P. Ciardi, Bd. 2 (Florenz 1974), 408–411.
45 Vgl. VAN MANDER (s. Anm. 4), 203–219.
46 Vgl. NORGATE (s. Anm. 8), 43.
47 Vgl. PLINIUS, Nat. 35, 37, 116ff.; dt.: Naturkunde, lat. u. dt., hg. u. übers. v. R. König/G. Winkler (München 1978), 86–89.
48 Vgl. HILMAR FRANK, ›Bildende Kunst‹, in: Ästhetische Grundbegriffe, hg. v. K. Barck u.a., Bd. 1 (Stuttgart/Weimar 2000), 674f.
49 Vgl. GIOVANNI BATTISTA AGUCCHI, Impresa per dipingere l'historia d'Erminia (1602), in: W. Busch (Hg.), Landschaftsmalerei (Berlin 1997), 106–110.
50 ANDRÉ FÉLIBIEN, Entretiens sur les vies et sur les ouvrages des plus excellens peintres anciens et modernes, Bd. 2 (1685; Paris 1696), 440.
51 SAMUEL VAN HOOGSTRAETEN, Inleyding tot de hooge schoole der schilderkonst: Anders de Zichtbaere Werelt (Rotterdam 1678), 138.
52 ROGER DE PILES, Cours de peinture par principes (Paris 1708), 201.

Dichtung Vergils und den Lehren Vitruvs gespeiste Bewußtsein, daß den motivisch-sozial unterschiedlichen Landschafts- und Lebenssphären ebenso unterschiedliche Sprachhöhen entsprechen müßten, war im Mittelalter in der *Rota Vergilii*[53] zu einem hierarchischen System der Stile zusammengefaßt worden, dem de Piles deutlich folgt. »Le stile Heroïque est une composition d'objets qui dans leur genre tirent de l'Art & de la Nature tout ce que l'un & l'autre peuvent produire de grand & d'extraordinaire. Les sites en sont tout agreables & tout surprenans: les fabriques n'y sont que temples, que piramides, que sepultures antiques, qu'autels consacrez aux Divinitez, que maisons de plaisance d'un reguliere architecture; & si la Nature n'y est pas exprimée comme le hazard nous la fait voir tous les jours, elle y est du moins representée comme on s'imagine qu'elle devroit être.« Diesem klar ausgesprochenen Prinzip der Idealisierung steht am anderen Ende der Skala die Erfahrungsnähe gegenüber: »Le stile Champêtre est une representation des Païs qui paroissent bienmoins cultivez qu'abandonnez à la bizarerie de la seule Nature. Elle s'y fait voir tout simple, sans fard, & sans artifice; mais avec tous les ornemens dont elle sait bien mieux se parer, lorsqu'on la laisse dans sa liberté que quand l'Art lui fait violence.«[54] Die Extremlage der heroischen Landschaft ist problematisch, da sich nur wenige Maler, wie Poussin, auf der Höhe des Erhabenen halten können. Dagegen gehört zum »stile Champêtre« vor allem »un grand caractere de verité«, wozu unbedingt die Farbe zählt und möglichst noch irgendein »effet de la Nature piquant extraordinaire & vraisemblable« (204). De Piles zeichnet die Pole als Gegensätze, die ihre doktrinären Parteigänger haben, und sosehr seine Konstruktion auf Ausgleich zielt, ist doch unzweifelhaft, daß er die erfahrungsnahe Landschaft bevorzugt und in der heroischen nur eine forcierte Grenzleistung sieht.

Die antithetische Typologie wird freilich bald wieder hierarchisch begriffen und systematisch ausgebaut. So übernimmt Christian Ludwig von Hagedorn zwar die polare Definition, ebnet aber die Differenz der Stile zu einem Unterschied in der Staffage ein; nun soll die »Wahl der schönen Natur«[55] für beide Seiten gleichermaßen gelten. Doch verfährt Hagedorn mit dieser Regel so tolerant, daß seine *Betrachtungen über die Mahlerey* (1762) nur der naturnahen Landschaft Vorschub leisten. Auch Salomon Geßner folgt in seinem *Brief über die Landschaftsmahlerey* (1770) der eklektischen »Wahl des Schönsten«[56] der großen Vorbilder, um vor dem Motiv dem matten Ausgleichsprinzip der »schönen Natur« (180) um so besser gerecht werden zu können – und ist doch nolens volens auf dem besten Wege zur empirischen Naturvertiefung.

Dem mit der Ästhetik aufkommenden Systemdenken konnten solche vagen, in der Praxis oft gar nicht ernstgenommenen und je nach Bedarf abgewandelten Theoreme nicht mehr genügen. Es wurde daher versucht, der Tendenz zur mannigfaltigen Empirie durch strengere Bestimmungen entgegenzutreten. So teilt Francesco Milizia die Landschaft in drei Kategorien ein und bringt damit längst Übliches aufs rationalistische Schema: »1. Si possono rappresentare gli aspetti della campagna come realmente sono. 2. Si possono i siti reali abbellire con imitazioni della bella natura. 3. Tutto ideale.«[57] (1. Man kann die Ansichten einer Gegend darstellen, wie sie wirklich sind. 2. Man kann die tatsächlichen Örtlichkeiten mit Nachbildungen der schönen Natur verschönern. 3. Vollkommen ideal.) Noch genauer geht Carl Ludwig Fernow vor, wenn er 1803, Immanuel Kant folgend, das ideale Urbild wieder auf den Menschen beschränkt und außer der schönen Natur nur einen Anklang ans Ideal gelten läßt, »idealische Naturscenen, die der Künstler, nach einer ihm vorschwebenden, unendlicher Modifikationen fähigen Idee, erfindet, zu denen er das Bild nicht aus der Wirklichkeit entlehnt, sondern in seiner Einbildungskraft er-

---

53 Vgl. JOHANNES VON GARLANDIA, Rota Virgilii. Poetria (1. Hälfte 13. Jh.), in: BUSCH (s. Anm. 49), 41 f.
54 DE PILES (s. Anm. 52), 202 f.
55 CHRISTIAN LUDWIG VON HAGEDORN, Betrachtungen über die Mahlerey, Bd. 1 (Leipzig 1762), 360.
56 SALOMON GESSNER, Brief über die Landschaftsmahlerey (1770), in: Geßner, Idyllen (1756), hg. v. E. T. Voß (1973; Stuttgart ³1988), 179.
57 ›Paesaggi‹, in: FRANCESCO MILIZIA, Dizionario delle belle arti del disegno, Bd. 2 (1797; Bologna 1827), 251.

zeugt.«[58] Auch Schelling will das Ideal mit der Natur verbinden. Das Anorganische und die Vegetation müssen durch den Idealstil auf das Organische, letztlich auf den Menschen hin interpretiert werden. Dabei soll die Idealisierung immanent vorgehen, die Sache selbst darstellen, gerät aber immer wieder in die vorgegebene heteronome Stilisierungsfloskel, die als Gewähr des idealistischen Prinzips unentbehrlich bleibt. Die Herrschaft des Ideals über das formlos Elementare der Landschaft fungiert als Analogon zur gesellschaftlichen Hierarchie: »Wird ja doch in der höhern Welt des Menschen selbst die große Masse wieder zur Basis, an der sich das in wenigeren rein enthaltene Göttliche durch Gesetzgebung, Herrschaft, Glaubensstiftung manifestiert.«[59]

3. Geognostische Landschaft

Das dauerhaftere Resultat der Anwendung der Idealitätsdoktrin zunächst auf die menschliche Gestalt, dann auf die gesamte Natur besteht zweifellos in der Anregung zur empirischen Verallgemeinerung, zur Ausbildung von anschaulichen Typen. So treffen sich morphologisch orientierte Naturforschung und Malerei in einer Landschaftsauffassung, die das Typische in den Gesteinsformationen wie in den Wuchsformen der Vegetation hervorhebt und den besonderen Charakter jedes Erdstrichs zu erfassen weiß. Den Terminus »geognostische Landschaften«[60] hat Novalis geprägt. Der Kunst und Wissenschaft verbindende Anspruch dieser Konzeption kommt in einem unausgeführten Projekt Goethes von 1804 sehr klar zum Ausdruck: »Geognostische Erfahrungen, geologische Gedanken in ein folgerechtes Anschauen einzuleiten, gedachte man an ein Modell, das beim ersten Anblick eine anmutige Landschaft vorstellen, deren Unebenheiten bei dem Auseinanderziehen des Ganzen durch die innerlich angedeuteten verschiedenen Gebirgsarten rationell werden sollten.«[61] Alexander von Humboldt, dessen Werke von den *Ansichten der Natur* (1807) bis zum *Kosmos* (1845–1862) den literarischen Höhepunkt dieser Auffassung bilden, wird nicht müde, die intuitive Vorarbeit der Malerei für die Erkenntnis des »lokalen Naturcharakters«[62] zu würdigen. Und seit den *Vues des Cordillères* (1810), dem Stichwerk der Amerikareise, hat Humboldt immer wieder Maler für diese Auffassung begeistert und ihnen Reisen ermöglicht (Ferdinand Bellermann, Johann Moritz Rugendas).

In der universalen Morphologie findet auch das Werk des Mediziners und Malers Carl Gustav Carus seine Einheit. Carus' *Neun Briefe über Landschaftsmalerei* (1831) entwerfen das Programm einer »Erdlebenbildkunst«[63], die von einer »Physiognomik der Gebirge« (95) bis zu der von Luke Howard aufgestellten und von Goethe begrüßten Wolkenklassifikation reicht und eine »wahrhaft geognostische Landschaft« (98) begründen soll.

Daß Anschauung und Wissen in Wechselwirkung stehen, ist dabei die unhinterfragte Voraussetzung. So kann Goethe zu den 1784 im Harz unter seiner Anleitung entstandenen Felszeichnungen von Georg Melchior Kraus noch 1824 sagen, daß deren präzise Form sich der Einsicht in die Zerklüftungsgesetze des Gesteins verdanke: »Durch diesen Begriff kommt auch der Zeichner ganz allein zur Fähigkeit, Felsenwände und Gipfel richtig und wahrhaft darzustellen, indem er das Unsichtbare durch das Sichtbare sich verdeutlicht und den allgemeinen Charakter im Kleinen wie im Ungeheuren durchzuführen vermag.«[64] Der Forderung nach geologischer Richtigkeit stimmt auch Heinrich Gustav Hotho zu, doch sieht er zugleich die Gefahr der Trockenheit, eines Abdriftens in eine

---

58 CARL LUDWIG FERNOW, Ueber die Landschaftmalerei, in: Neuer Teutscher Merkur 14 (1803), 528.
59 FRIEDRICH WILHELM JOSEPH SCHELLING, Über das Verhältnis der bildenden Künste zur Natur (1807), in: Schelling, Schriften 1804–1812, hg. v. S. Dietzsch (Berlin 1982), 110 f.
60 NOVALIS, [Studien zur Bildenden Kunst:] Antiken (Fragm. 476) (1798), in: NOVALIS, Bd. 2 (²1960), 648.
61 JOHANN WOLFGANG GOETHE, Tag- und Jahres-Hefte (1804/1830), in: Goethe, Sämtliche Werke. Briefe, Tagebücher und Gespräche, hg. v. F. Apel u. a., Abt. I, Bd. 17 (Frankfurt a.M. 1994), 132.
62 ALEXANDER VON HUMBOLDT, Ansichten der Natur (1807), hg. v. A. Meyer-Abich (Stuttgart 1981), 74.
63 CARL GUSTAV CARUS, Neun Briefe über Landschaftsmalerei (1831), in: Carus, Briefe und Aufsätze über Landschaftsmalerei, hg. v. G. Heider (Leipzig/Weimar 1982), 68.
64 GOETHE, Gestaltung großer anorganischer Massen (1824), in: Goethe (s. Anm. 61), Abt. I, Bd. 25 (1989), 623.

»Art wissenschaftlicher Kunst«[65]. Bereits 1812 hatte Hans Conrad Escher von der Linth, nicht nur Schöpfer des ersten Alpenpanoramas, sondern auch treibende Kraft bei der Melioration der versumpften Linthebene, die Gegensätzlichkeit von wissenschaftlicher und künstlerischer Landschaftsauffassung hervorgehoben: »Der geognostische Zeichner soll in entfernteren Gebirgsstöcken, die sich ihm darstellen, wenn sie in seiner Schichtenstreichungslinie liegen, mit dem Fernglase die Linien aufsuchen, welche vielleicht die Schichtenablösungen bezeichnen und ihm einst über die Schichtung von Gebirgsstöcken Auskunft zu geben im Falle sind, die er jetzt noch gar nicht kennt: – der Maler hingegen darf oft ganz nahe und deutlich sich darstellende Schichtenprofile kaum bemerken, weil sie Härte bewirken und schöne Schatten oder Lichtmassen unterbrechen würden.«[66] Aber auch dies ist nicht das letzte Wort. Der ästhetische Wert geognostischer Landschaft bemißt sich weniger an den zeitbedingten Vorstellungen vom Malerischen als an dem künstlerischen Moment, das dem Typensehen von vornherein inhärent ist.

4. Historische Landschaft

Die geognostische Landschaft, von Carus an anderer Stelle auch als »Historienmalerey der Natur«[67] bezeichnet, ist freilich noch immer so eng mit der idealen Landschaft verwandt, daß sich beide Auffassungen in der historischen Landschaft vereinigen können. War die historische Landschaft zunächst ein Synonym für die ideale, das die Anlehnung an die historische Figurenkomposition hervorhob, so steht sie jetzt für Geschichte im Bilde der Landschaft. Zur genetischen Morphologie der Natur kommt der geschichtliche Blick hinzu: auf die Überreste des klassischen Altertums, auf die Kulturlandschaft Italiens und Griechenlands. Es ist zunächst das naturwissenschaftlich-geschichtliche Interesse, das die historische Landschaft Karl Rottmanns (Fresken in den Arkaden des Münchner Hofgartens [1830–1833]; Griechenlandzyklus [1838–1850]) von der idealen entfernt, bald aber auch ein neues, aus der empirischen Tradition stammendes Kunstmittel: Da sich »die Seele des geschichtlichen Momentes« vom Landschafter

nicht direkt aussprechen läßt, muß er versuchen, »durch eine verwandte Stimmung des Naturmoments die Bedeutung des geschichtlichen Moments in unserer Seele zum Anschlag zu bringen.«[68]

5. Landschaftsempirie

Unter dem zunehmenden Druck der idealistischen Theoriebildung findet schließlich auch die empirische Landschaft beredte Verteidiger. 1772 lehnt der junge Goethe das von Johann Georg Sulzer vertretene Prinzip der »*Verschönerung der Dinge*« im Namen der Natur ab: »Sind die wütenden Stürme, Wasserfluten, Feuerregen, unterirdische Glut, und Tod in allen Elementen nicht eben so wahre Zeugen ihres ewigen Lebens, als die herrlich aufgehende Sonne über volle Weinberge und duftende Orangenhaine.«[69] Im gleichen Sinne wendet sich Johann Heinrich Merck, Hagedorns Schüler im Landschaftszeichnen, 1777 gegen das »Abstraktum« der »schönen Natur« und tritt für die »physiognomische Wahrheit«[70] der hollandisierenden Landschaft ein. Und geradezu drastisch polemisiert Johann Gottfried Herder in seiner *Plastik* (1778) gegen die Anhänger des Idealitätsprinzips in der Malerei: »Die Tafel der Schöpfung schildern, ist ihnen unedel; als ob nicht Himmel und Erde beßer wäre und mehr auf sich hätte, als ein Krüppel, der zwischen ihnen schleicht, und deßen Konter-

---

65 HEINRICH GUSTAV HOTHO, [Rez.] Carl Gustav Carus, Neun Briefe über Landschaftsmalerei, geschrieben in den Jahren 1815–1824. Zuvor ein Brief von Goethe als Einleitung (1831), in: Jahrbücher für wissenschaftliche Kritik 5 (1831), 745.
66 HANS CONRAD ESCHER VON DER LINTH, Ansichten und Panoramen der Schweiz. Die Ansichten 1780–1822, hg. v. G. Solar (Zürich/Freiburg 1974), 80.
67 CARUS, Bruchstück aus einer Reihe von Briefen über Landschaftsmalereyen, in: Kunst-Blatt 7 (1826), 205.
68 LUDWIG LANGE, Die Griechischen Landschaftsgemälde von Karl Rottmann in der neuen königlichen Pinakothek zu München (München 1854), 8.
69 GOETHE, [Rez.] Johann Georg Sulzer, Die schönen Künste in ihrem Ursprung, ihrer wahren Natur und besten Anwendung (1772), in: Goethe (s. Anm. 61), Abt. I, Bd. 18 (1998), 97 f.
70 JOHANN HEINRICH MERCK, An den Herausgeber des T. M. (1777), in: Merck, Werke, hg. v. A. Henkel (Frankfurt a. M. 1968), 378, 377.

feyung mit Gewalt *einzige* würdige Mahlerei seyn soll.«[71] Als Kunst der Farbe und des Charakteristischen, deren Einheit vom Licht gestiftet wird, findet die Malerei insgesamt in der Landschaftskunst ihr Paradigma.

Erst mit der Wendung zur Empirie kann Landschaft als Farberscheinung und Lichtgeschehen und damit, obwohl der Terminus zunächst noch fehlt, als Stimmungslandschaft gewürdigt werden. In Frankreich lenkt Pierre-Henri de Valenciennes die Aufmerksamkeit auf die Lichteffekte: »Ces variations dépendent d'une multitude de circonstances, telles que la lumière plus ou moins pure, la quantité de vapeurs de l'atmosphère, le vent, la pluie, les sites plus ou moins élevés, les différens reflets des nuages causés par leur couleur, leur légèreté ou leur épaisseur«. Um all dies in der Ölskizze einzufangen, müssen vor allem »les tons principaux de la Nature«[72] getroffen werden, da von ihnen der Gesamteindruck abhängt. ›Ton‹ ist dabei ein wohldefinierter, auf Plinius zurückgehender Terminus der Ateliersprache.[73] In Deutschland schreibt Johann Paester in der frühesten Programmschrift realistischer Freilichtmalerei: »Es ist nœthig auf die Natur des Dunstkreises zu sehen, welche die Physiognomie des Tages unzæhlbar ændert, und das Angesicht der Natur in den mannigfaltigsten Launen zeigt. Es ist nœthig, jene Wirkungen zu beobachten, welche die Landschaft unter dem Wechsel der Stralrichtung und Stralmischung empfængt: es ist nœthig, die Stufen des Tages und die Stufen des Jahres zu durchspüren, den Woogen- und Gewœlke-Kampf zu beobachten, und selbst die næchtlichen Scenen der Natur zu beleuchten, um sich dessen was des Tones ist, in seinem ganzen Umfange zu versichern: denn alles Sichtbare ist unter gewissen Lichtverhæltnissen sichtbar; und eine Darstellung des Sichtbaren werde angenommen, wie sie wolle, so ist sie dem Tone abhængig und unterwürfig, so muss sie eine bestimmte Richtung und Mischung des Lichtes befolgen.«[74] Auch bei Paester faßt sich also alles, besonders aber die Harmonie der Helligkeitsgrade, im Ton zusammen.

6. Stimmungslandschaft

Hauptsächlich vom Ton geht jene emotionale Anmutung einer Landschaft aus, die seit der Wirkungsästhetik der Empfindsamkeit als Stimmung bezeichnet wird. Diese wird zuerst in der Theorie des Landschaftsgartens als objektive Eigenschaft der Landschaft selbst begriffen, so daß Christian Cay Lorenz Hirschfeld vom »sanftmelancholischen Garten«[75] sprechen kann und zudem von dessen Kleinarchitekturen sagen kann: »Sie stimmen die Seele, oder erhalten sie doch in der Stimmung, worinn sie versetzt ist; sie führen sie auf höhere Betrachtungen fort, wozu diese Stimmung nur vorbereiten soll.« (83 f.)

Von Anfang an wird Stimmung in Analogie zur Musik verstanden. Für Hagedorn lassen sich die »Stufen angenehmer Verhältnisse«[76] von Licht und Farbe, die den Ton eines Gemäldes ausmachen, ohne weiteres mit »wohllautenden Tönen der Musik« (689) vergleichen. In diesem eminent technischen, keineswegs romantisch-überschwenglichen Sinne heißt es 1807 bei Philipp Otto Runge: »Allein mit der Luft in einem Bilde rein und richtig zu musiziren, das ist der Grundbaß, wodurch alles ineinander tönt und klingt und auf welchen die andern Gegenstände spielen und sich bewegen und doch immer darauf zurückkommen müssen wie die Kinder zur Mutter, oder die ganze Wirtschaft taugt nicht.«[77] Auch Schiller unterstellt die »Empfindungseinheit«[78] des Landschaftsgemäldes den Gesetzen der Musik. Und diese Einheit wird bei August Wilhelm Schlegel zur Stimmung.

---

71 JOHANN GOTTFRIED HERDER, Plastik. Einige Wahrnehmungen über Form und Gestalt aus Pygmalions bildendem Traume (1778), in: HERDER, Bd. 8 (1892), 17.
72 PIERRE-HENRI DE VALENCIENNES, Élémens de perspective pratique, à l'usage des artistes, suivis de réflexions et conseils à un élève sur la peinture, et particulièrement sur le genre du paysage (1799/1800), in: Busch (s. Anm. 49), 233.
73 Vgl. LUIGI GRASSI, ›Tono‹, in: Grassi/M. Pepe (Hg.), Dizionario di arte (Turin 1995), 882 f.
74 JOHANN PAESTER, Theatik. Ideen zur Uebung des Blickes in bildender Kunst (Mannheim 1807), 254 f.
75 CHRISTIAN CAY LORENZ HIRSCHFELD, Theorie der Gartenkunst, Bd. 4 (Leipzig 1782), 83.
76 HAGEDORN (s. Anm. 55), Bd. 2, 688.
77 PHILIPP OTTO RUNGE an Goethe (21. 11. 1807), in: Runge, Briefwechsel mit Goethe (Weimar 1940), 76.
78 SCHILLER, Über Matthissons Gedichte (1794), in: SCHILLER, Bd. 22 (1958), 272.

Landschaft ist Schlegel nicht einfach mit den Naturgegenständen gegeben, sondern erst, wenn diese vom Maler zu einem Ganzen verbunden werden: »Die Einheit, welche er in sein Werk legt, kann aber keine andre seyn als eine musikalische, d. h. die Angemessenheit harmonischer und contrastirender Partien zur Hervorbringung einer Stimmung, oder einer Reihe von Eindrücken, bey denen [man] gern verweilt, und die das Gemüth in einem gewissen Schweben erhalten.« Es ist dieser »verschmelzende Schein, welcher die Landschaft erst macht« und dem selbst die Komposition untergeordnet ist. Dem Gegensatz von mechanischer Darstellung des Einzelnen, womöglich mit Hilfe der camera obscura, und künstlerischer Verwebung zum Ganzen entspricht auf seiten des Betrachters der Gegensatz von Sachinteresse und ästhetischer Würdigung: »Der Landmann, der Mineralog, der Geometer, der General, sieht jeder durch die Aussicht hin etwas andres; für den musikalisch gestimmten Menschen ist sie einzig vorhanden.«[79]

Vor seiner Wendung zur geognostischen Auffassung erblickt Carus vornehmlich in der Stimmung das Kunstziel des Landschafters und versteht sie als die vom Bild erregte Empfindung. Wichtig wird vor allem der vorherrschende Farbton oder das mit der Witterung gegebene Fluidum: »ja man könnte wohl sagen, daß der Wechsel verschiedener Stimmungen der Atmosphäre (des Wetters) sich genau so für das Naturleben zeige wie der Wechsel verschiedener Stimmungen des Gemütes für das Seelenleben.«[80]

Dieses Verständnis von Stimmung und Stimmungslandschaft zieht sich durch das gesamte 19. Jh.; eine weiterreichende Theorie entwirft erst Alois Riegl: Stimmung entsteht dort, wo die Kausalgesetzlichkeit der Welt zwar anerkannt, zugleich aber der zugehörige Kampf ums Dasein ausgeblendet wird. Durch Ruhe und Fernsicht scheint die Wirklichkeit zu einer Harmonie geläutert, deren Versöhnungstrost der moderne, sich nicht mehr an der Religion orientierende Mensch bedarf. Es ist eine ästhetische Theodizee: »Je mehr Erscheinungen wir so mit einem Blicke umfassen, desto gewisser, befreiender, erhebender wird uns die Überzeugung einer Ordnung, die alles harmonisch zum Besten ausgleicht.«[81] Solchem Verständnis der Stimmungslandschaft entspricht auch, daß sie erstmals in der weitgehend säkularisierten holländischen Landschaftskunst des 17. Jh. voll ausgebildet worden ist.

Im Stimmungsbegriff wird die der Landschaft eigene Anmutung mit bleibender Wirksamkeit als jene Ganzqualität thematisiert, die das späte 18. Jh. entdeckt und zunächst unter verschiedenen anderen Begriffen zur Sprache gebracht hatte. Jean-Jacques Rousseau spricht 1761 von der »impression générale«[82] der Alpenlandschaft, A. von Humboldt 1807 vom »Totaleindruck einer Gegend«[83]. Fernow erwartet »einen bestimmten Totaleindruck«[84] vom Landschaftsbild. Noch aufschlußreicher aber ist, daß bereits Georg Friedrich Meier dies synthetische Moment der Landschaftswahrnehmung zum Inbegriff des ästhetischen Ganzen, der »ganzen Vorstellung« oder »perceptio totalis«[85] gemacht hatte: »Wenn ich im Frühlinge auf freyem Felde bin, und ich stelle mich etwa auf einen erhabenen Hügel, was für ein Schauplatz stellt sich nicht meinem Gesichte auf einmal dar? Da sehe ich hundert Aecker, welche grünen und einen reichen Sommer versprechen. Dort weidet eine Heerde Schaafe, dort liegt ein Dorf. Auch werde ich einen Wald gewahr, vor dem ein Strom vorbey fließt [...] Hier habe ich also eine ganze Vorstellung, die so vielerley in sich enthält, daß ich so gar unvermögend bin, alle einzelnen Vorstellungen, welche Theile dieses Ganzen sind, namhaft zu ma-

---

79 AUGUST WILHELM SCHLEGEL, Vorlesungen über schöne Literatur und Kunst, 1. Teil: Die Kunstlehre (1801–1802), in: Schlegel, Vorlesungen über Ästhetik I [1798–1803], hg. v. E. Behler (Paderborn u. a. 1989), 339.
80 CARUS (s. Anm. 63), 32.
81 ALOIS RIEGL, Die Stimmung als Inhalt der modernen Kunst (1899), in: Riegl, Gesammelte Aufsätze, hg. v. K. M. Swoboda (Augsburg/Wien 1929), 34.
82 JEAN-JACQUES ROUSSEAU, Julie, ou La nouvelle Héloïse (1761), in: ROUSSEAU, Bd. 2 (1964), 78.
83 HUMBOLDT (s. Anm. 62), 74.
84 FERNOW, Ueber den Stil in den bildenden Künsten, in: Neuer Teutscher Merkur 6 (1795), 428.
85 MEIER, Bd. 2 (1755), 11; vgl. hierzu GERHARD HARD, Der ›Totalcharakter der Landschaft‹. Re-Interpretation einiger Textstellen bei Alexander von Humboldt, in: H. Wilhelmy/G. Engelmann/G. Hard, Alexander von Humboldt. Eigene und neue Wertungen der Reisen, Arbeit und Gedankenwelt (Wiesbaden 1970), 62.

chen.« (12) Wer daher sein »sinnliches Erkenntnisvermögen« ausbilden will, »der muß sich bemühen, daß nicht nur seine einzeln Vorstellungen die möglichste Schönheit erhalten, sondern auch vornemlich seine jedesmaligen ganzen Vorstellungen. Das letzte ist am meisten anzupreisen.« (13) Am Ende des 18. Jh. wird dem Konzept des landschaftlichen Totaleindrucks von Schiller, A. W. Schlegel, Hölderlin und A. v. Humboldt die zum ästhetischen Vermögen umgedeutete ›intellektuelle Anschauung‹ Kants überblendet[86], doch bleibt diese erkenntnistheoretisch dominierte und mit der klassizistischen Schönheitsvorstellung verquickte Begriffsbildung eine Episode. Weitaus größere Verbreitung findet Humboldts plausible Verallgemeinerung der Physiognomik zu einer »Physiognomik der Natur«[87]. Indem die »Naturphysiognomie« (74) die Aspekte von Form, Ausdruck und Stimmung vereint, wird sie dem ästhetischen Landschaftserlebnis besonders gerecht, auch kann diese Betrachtungsweise auf die Kulturlandschaft ausgedehnt werden – und nicht nur auf die klassische, wie etwa in Viktor Hehns *Über die Physiognomie der italienischen Landschaft* (1844). Denn sowohl die natürliche wie die vom Menschen gebaute Welt antworten zuallererst der physiognomischen Wahrnehmung, wie auch immer diese kulturell konditioniert sein mag.

Daß in der Allgemeinheit des Anmutungsphänomens der Kern einer allen Idealismus beiseiteschiebenden Ästhetik steckt, hat schon Vischer gesehen und von einem »eigentümlichen, dunklen,

bewußtlosen, naturnotwendigen und doch freien Symbolisieren«[88] gesprochen, das den Formen wie aller Natur Bedeutung beilegt. Doch sollten erst mit der Gestaltpsychologie die Gesetze der physiognomischen Wahrnehmung und deren anthropologische Verwurzelung ins Blickfeld der Forschung kommen.

Daß sich die Ausbildung neuer Kunstmittel aus der Beobachtung der Ausdrucksanmutungen der Natur speist, war freilich längst gesehen worden. 1809 sagt der Maler Christian Ferdinand Hartmann: »Wer es für unmöglich hält, mit der Landschaft Ideen und Empfindungen auszudrücken […], der kann wohl niemals von der Natur gerührt gewesen sein. Denn sind es nicht Gestalten, Formen, Bilder, Farben und Einwirkungen des Lichts, wodurch die Natur zu unserm Gemüte spricht, sind es nicht dieselben Formen, Bilder und Farben, worein sich unsere Phantasie kleidet, wenn sie heraus in die Außenwelt treten will?«[89]

7. Neuerungsdynamik

Sobald die Landschaftsmalerei ihren ›Sitz im Leben‹ nicht mehr innerhalb einer statisch-ständischen Gesellschaft hat, sich vielmehr neuen Freiräumen gegenübersieht, also Mitte bis Ende des 18. Jh., wird das Neuerungspotential, das der Gattung konstitutiv zugehört, zu einem von den Theoretikern reflektierten Grundzug.

Erleichtert wird diese Entwicklung durch die frühe Erkenntnis, daß die Landschaftsmalerei eine neuzeitliche Errungenschaft ist, der die Antike keine verbindlichen Muster zu liefern vermag. Die neue Gattung erschien um so erstaunlicher, als man überhaupt nichts von der im 6. Jh. entstandenen und seit dem 10. Jh. blühenden und gewiß ebenbürtigen chinesischen Landschaftsmalerei sowie der zugehörigen reichen theoretischen Literatur wußte.

Der englische Maler Edward Norgate schreibt um 1650 über die Landschaft: »it doth not appeare that the antients made any other Accompt or use of it but as a servant to their other peeces, to illustrate or sett of their Historicall painting by filling up the empty Corners, or void places of Figures and story, with some fragment of Lanscape in refferrence to their Histories they made«[90]. Demge-

---

86 Vgl. ULRICH PORT, Die Schönheit der Natur erbeuten. Problemgeschichtliche Untersuchungen zum ästhetischen Modell von Hölderlins ›Hyperion‹ (Würzburg 1996), 259 ff., 270 f., 275.
87 HUMBOLDT (s. Anm. 62), 75.
88 FRIEDRICH THEODOR VISCHER, Kritik meiner Ästhetik (1866), in: Vischer, Kritische Gänge, hg. v. R. Vischer, Bd. 4 (München ²1922), 316.
89 FERDINAND HARTMANN, Bei Gelegenheit dessen, was Herr Kammerherr von Ramdohr über ein zum Altarblatte bestimmtes Landschaftsgemälde von Herrn Friedrich und Landschaftsmalerei, Allegorie und Mystizismus in Nr. 12, 13, 14 und 15 der ›Zeitung für die elegante Welt‹ hat einrücken lassen (1809), in: S. Hinz (Hg.), Caspar David Friedrich in Briefen und Bekenntnissen (Berlin 1984), 171.
90 NORGATE (s. Anm. 8), 44.

genüber kann er für die Neuzeit feststellen: »But to reduce this part of painting to an absolute and intire Art, and to confine a man's industry for the tearme of Life to this onely, is as I conceave an Invencon of these later times, and though a Noveltie, yet a good one, that to the Inventors and Professors hath brought both honour and profitt.« (45) Selbst für Johann Joachim Winckelmann haben die neueren niederländischen Maler mit ihren Landschaften die Alten überflügelt, erst die Ölmalerei ermöglichte das notwendige Kolorit.[91] Aus dieser Differenz entwickelt Jakob Wilhelm Heinse in den Aphorismen *Von der italienischen Reise* (1780–1783) eine neue Kunsterwartung. Gewiß bleibt die Antike bewundernswert. Da sie aber unter den veränderten geschichtlichen Voraussetzungen nicht nachgeahmt werden kann, sollten die Neuern sich ihrem Eigensten zuwenden, dem einzigen, worin sie die Griechen übertreffen können, der Landschaft als reiner »Farbenmusik«: »Wenn ich Landschaftsmaler wäre, ich mahlte ein ganzes Jahr weiter nichts als Lüfte, und besonders Sonnenuntergänge. Welch ein Zauber, welche unendliche Melodien von Licht und Dunkel und Wolkenformen und heiterm Blau! Es ist die wahre Poesie der Natur.«[92] Was Heinse hier und im *Ardinghello* (1787) als Möglichkeit erwägt, wird in der romantischen Theorie nicht nur zur musikalischen Landschaft, wie sie insbesondere Ludwig Tieck und Philipp Otto Runge vertreten sollten, sondern zu einem umfassenden Neuerungsprogramm der bildenden Kunst überhaupt.

Reflexionen über das Neuerungspotential finden sich bereits bei de Piles: »Entre tous les plaisirs que les differens talens de la Peinture procurent à ceux qui les exercent, celui de faire du Paisage me paroît le plus sensible, & le plus commode: car dans la grande varieté dont il est susceptible, le Peintre a plus d'occasions que dans tous les autres genres de cet Art de se contenter dans la choix des objets.«[93] Der große Verteidiger des malerischen Sensualismus kommt daher zu dem Schluß: »Ainsi la Peinture, qui est une espece de creation, l'est encore plus particulierement à l'égard du Paisage.« (201) Bedenkt man, daß in diesen Sätzen noch der Streit der Poussinisten und Rubenisten nachklingt, der als eine Filiation der ›Querelle des Anciens et des Modernes‹ gesehen werden muß, tritt die weitreichende Programmatik einer solchen Bestimmung der Landschafterei noch klarer hervor. Sie wird denn auch Gemeingut. Karl Ludwig Juncker schreibt 1775: »Keine Art von Mahlerey ist mit mehr Gefühl selbst eigener Schöpfung verbunden; keine in sich selbst mehr Belohnung für den Mahler, als die Landschaftsmahlerey.«[94] Die Frontstellung gegen die mehr oder weniger normative Figuralkunst ist noch 1792 bei Georg Forster deutlich, wenn er die Summe aus seiner Begeisterung für die holländischen Landschafter zieht: »Der Mangel unabänderlicher Formen hat zwar die Folge, daß es für die Landschaft kein bestimmtes Ideal geben kann; allein dagegen ist die Freiheit des Künstlers desto unumschränkter; das weite Reich des Natürlichen und Wahrscheinlichen liegt vor ihm, und es hängt von seiner Willkühr ab, gefällige Bilder, sanfte Harmonien, erhabene Phänomene, mächtige Bewegungen, erschütternde Wirkungen daraus zu schöpfen.«[95] Die abschließende Aufzählung benennt eine Schar von Auffassungsweisen, die weit über die traditionellen Typen hinausgehen und einen unüberblickbaren Reichtum andeuten.

Es kommt hinzu, daß sich die Darstellungsaufgabe ganz anders stellt als in der Figuralmalerei oder im Stilleben. Viele landschaftliche Gegenstände, etwa schäumendes Wasser oder Laubmassen, sind im strengen Sinne nachzuformen, sondern nur zu suggerieren. Es muß daher für sie ein Formäquivalent erfunden werden. Andere Gegenstände, wie die Wolken, erlauben von vornherein größte Freiheiten. All das führt zu einem experimentellen Formbewußtsein, das die Landschaft

---

91 Vgl. JOHANN JOACHIM WINCKELMANN, Gedanken über die Nachahmung der griechischen Werke in der Malerei und Bildhauerkunst (1755/56), in: Winckelmann, Kleine Schriften und Briefe, hg. v. W. Senff (Weimar 1960), 56 f.
92 WILHELM HEINSE, Von der italienischen Reise (1780–1783), in: Heinse, Sämmtliche Werke, hg. v. C. Schüddekopf, Bd. 8/1 (Leipzig 1924), 561 f.
93 DE PILES (s. Anm. 52), 200.
94 KARL LUDWIG JUNCKER, Grundsätze der Mahlerey (Zürich 1775), 45.
95 GEORG FORSTER, Ansichten vom Niederrhein (1791–1792), in: Forster, Werke. Sämtliche Schriften, Tagebücher, Briefe, hg. v. der Deutschen Akademie der Wissenschaften zu Berlin, Bd. 9 (Berlin 1958), 263.

gegenüber den anderen Gattungen der Malerei auszeichnet und ihr seit dem 18. Jh. die Initiative in der Entwicklung der Kunstmittel sichert. Bereits Giorgio Vasaris Wort von den »Macchiati de' paesi«[96] (hingetupfte Landschaften) zielt auf diese freiere, geistvoll abkürzende, die Souveränität und Virtuosität des Künstlers ausstellende und gerade dadurch den Kunstschein des Konkreten hervorrufende Malweise. Vornehmlich in der venezianischen Kunstliteratur wird diese Skizzenhaftigkeit beachtet und mit den Termini »macchia«[97] (Fleck) und »tocco«[98] (Strich) erfaßt. Die Aufklärung schließlich charakterisiert den Gegensatz von kruder Materialität und Suggestivkraft dieser Zeichen als Hieroglyphe. Die von den Niederländern entwickelte Technik des »Baumschlags«, jener zeichnerischen Kürzel, die den Eindruck von Laubmassen hervorrufen sollen, begreift Forster als Grundphänomen aller Landschaftsdarstellung: »In dämmernder Ferne hingestellt, kommen die Urbilder schon hieroglyphisch bezeichnet an unsere Sehorgane; um so viel mehr ist die Bezeichnung, womit wir sie nachahmen können, in unserer Willkühr, wofern sie nur ihren Zweck, nämlich den täuschenden Effekt jener schönen Verwirrung der Umrisse und jenes lieblichen Licht- und Schattenspiels, hervorbringt.«[99] Noch einen Schritt weiter geht Alexander Cozens. Leonardos Beobachtung, wie leicht sich in eine fleckige Mauer eine Landschaft hineinsehen läßt, wird zur Methode verwandelt, mit Hilfe von Zufallsflecken Land-

96 VASARI, Le vite de' più eccellenti pittori, scultori ed architettori (1568), hg. v. P. Della Pergola u. a., Bd. 4 (Mailand 1963), 421.
97 Vgl. GRASSI, ›Macchia‹, in: Grassi/Pepe (s. Anm. 73), 418 f.; PHILIP SOHM, Pittoresco. Marco Boschini, his Critics, and their Critiques of Painterly Brushwork in Seventeenth- and Eighteenth-Century Italy (Cambridge 1991), 36–43.
98 GRASSI, ›Tocco‹, in: Grassi/Pepe (s. Anm. 73), 879 f.
99 FORSTER (s. Anm. 95), 263.
100 ALEXANDER COZENS, A New Method of Assisting the Invention in Drawing Original Compositions of Landscape (London 1786), 8.
101 JOHN CONSTABLE, Memoirs composed chiefly of his letters (1843), hg. v. C. R. Leslie (London 1937), 390.
102 IMMANUEL KANT, Kritik der Urtheilskraft (1790), in: KANT (AA), Bd. 5 (1908), 243.
103 SCHILLER (s. Anm. 78), 271.

schaften zu erfinden: Nicht ein vorgefaßter Gedanke wird aufs Papier geworfen, es sind vielmehr »varied spots and shapes with ink on paper, producing accidental forms without lines, from which ideas are presented to the mind.«[100] Ausdrücklich überzeugt sich Cozens durch ein »experiment« (5) von der Leistungsfähigkeit seiner Methode. Das Problem, wie der Eindruck natürlicher Helligkeit durch die simplen Materialien des Malers zu suggerieren sei, läßt 1836 auch John Constable die Landschaftsmalerei als Experiment begreifen: »No doubt the greatest masters considered their best efforts but as experiments«[101]. Mehr noch: »Painting is a science, and should be pursued as an inquiry into the laws of nature. Why, then, may not landscape painting be considered as a branch of natural philosophy, of which pictures are but the experiments?« (403)

8. Romantische Landschaften

Sobald der Akzent des Landschaftsverständnisses vom motivisch Objektiven zum stimmungshaft Subjektiven verlagert wird, weitet sich der konzeptionelle Möglichkeitsraum noch weiter aus.

Die Wertschätzung des Subjektiven tritt in Kants Erläuterung zur Aussicht in die verschwommene Ferne klar hervor. Denn hier haftet »der Geschmack nicht sowohl an dem, was die Einbildungskraft in diesem Felde auffaßt, als vielmehr an dem, was sie hiebei zu *dichten* Anlaß bekommt, d. i. an den eigentlichen Phantasieen, womit sich das Gemüth unterhält, indessen daß es durch die Mannigfaltigkeit, auf die das Auge stößt, continuirlich erweckt wird«[102]. Diesen Fingerzeig, Landschaft als ›ästhetische Idee‹ zu begreifen, hat Schiller in der Rezension *Über Matthissons Gedichte* (1794) weiter ausgeführt. Von Kants Begriff der symbolischen Darstellung her wird es denkbar, die landschaftliche Natur »durch eine symbolische Operation in die menschliche zu verwandeln und dadurch aller der Kunstvorzüge, welche ein Eigentum der letztern sind, teilhaftig zu machen«[103]. In diesem asymmetrischen Übersetzungsprozeß aber bleibt die klassizistische Voraussetzung auf der Strecke. Landschaft reflektiert zwar die »Gattung in uns« (268), dies aber als eine »Empfindungseinheit« (272), als eine der Musik verwandte Stimmung, der freie Imaginationen entsprechen, die nicht mehr aufs normative Ideal zurückzuführen sind.

Da Stimmungen als Kunstziel der Landschaftsmalerei keine systematisch-immanente Grenze kennen, kommt es zu einer Ausweitung des Motivschatzes, der mit einer Schar sehr verschiedener Konzeptionen verbunden ist. Nur der vorromantische, noch am Pittoresken orientierte Begriff romantischer Landschaft kann im Singular gebraucht werden. Karl Heinrich Heydenreich schreibt 1793: »Bey der romantischen Landschaft vereinigen sich wunderbare, schauervolle, ia wohl fürchterliche Szenen mit sanften und lieblichen, in kühner überraschender Verknüpfung und scharfen Kontrasten zu einem harmonischen Totalbilde; alle Theile wirken zusammen, um uns in einen bezaubernden Zustand gemischter Empfindungen, und eines freyen Spieles der Phantasie zu versetzen«[104]. Von diesem immer noch einheitlichen Typus setzen sich die romantischen Landschaften durch eine Entdeckungsinitiative ab, die der Phantasie einen völlig neuen, für Heydenreich noch gar nicht vorstellbaren Spielraum gibt.

So erwächst für François René de Chateaubriand allein aus dem intensivsten Naturstudium die Fähigkeit zum Ausdruck ethischen Gehalts: »si vous supposez deux vallons parfaitement identiques, dont l'un regarde le midi et l'autre le nord, les tons, la physionomie, l'expression morale de ces deux vues semblables seront dissemblables.«[105] Chateaubriands Landschaftsbegriff steht in auffälliger Nähe zu Schiller: »Le paysage a sa partie morale et intellectuelle comme le portrait; il faut qu'il parle aussi, et qu'à travers l'exécution matérielle on éprouve ou les rêveries ou les sentiments que font naître les différents sites.« (166 f.)

Die Deutungsoffenheit der Landschaft, die Kant (und in seiner Nachfolge auch Schiller) mit der ästhetischen Idee thematisiert, hatte zuvor schon Rousseau in seinen *Rêveries du promeneur solitaire* (entst. 1776–1778, publ. 1782) gefeiert. Beide Begriffe verbindet Christian August Semler. Die »ästhetische Idee« steht nun für den anschaulichen Befund von Landschaft oder Landschaftsbild, während der Effekt im Rezipienten die »Reverie«[106] ist. Damit spricht Semler bereits 1797 eine frühromantische Kunsterwartung aus, die sich im Werk Caspar David Friedrichs erfüllen sollte.

In den Notizen zu dem geplanten, jedoch nicht mehr ausgeführten Essay *Über ›Landschaftsmalerey‹* faßt Novalis die prinzipielle Vielfalt der Landschaftskonzeptionen ins Auge: »Jede Landschaft ist ein idealischer Körper für eine besondre *Art des Geistes*.« Hieraus folgt, daß die Verschiedenheit der Geistesarten, die natürlich keine Begrenzung kennt, der verschiedensten und immer neuer Landschaften zu ihrer Darstellung bedarf. So kommt eine Aufzählung zustande, in deren assoziativem Zusammenhang ebendiese Unabgeschlossenheit, die weitergreifende Suche nach immer neuen Möglichkeiten, deutlich hervortritt: »Landschaften – *Oberflächen* – *Structuren* – *Architektonische*. Höhlen*Landschaften*. Atmosphären, Wolken-Landschaften. Die ganze Landschaft soll *Ein Individuum* bilden – Vegetation und unorganische Natur – Flüssige, Feste – *Männliche* – *Weibliche*. geognostische Landschaften. Natur Variationen.«[107] Einige der Konzepte finden sich in der Kunstübung der Zeit wieder, so die geognostische Landschaft oder die von Caspar David Friedrich bis Carl Blechen gepflegte Wolkenlandschaft. Mit den ›Structuren‹ aber kommt ein ganz allgemeines Formprinzip zur Sprache, dessen Möglichkeiten Novalis zu Beginn der *Lehrlinge zu Sais* (1802) andeutet, das jedoch erst ein Jh. später, im der abstrakten Landschaft, seine ästhetische Sprengkraft entfalten wird.

Philipp Otto Runge versteht die Landschaftsmalerei als Inbegriff der neueren Malerei und der malerischen Neuerungen, als authentische Kunst der Gegenwart. Goethes Weimarische Preisaufgaben, die auf eine klassizistische Figuralkunst zielen, erscheinen ihm hoffnungslos überholt. Die Abfolge der großen Kunstepochen läßt ganz andere Aufga-

---

104 KARL HEINRICH HEYDENREICH, Philosophische Grundsätze über die Nachahmung der landschaftlichen Natur in Gärten, in: Heydenreich, Originalideen über die interessantesten Gegenstände der Philosophie, Bd. 1 (Leipzig 1793), 218.
105 FRANÇOIS RENÉ DE CHATEAUBRIAND, Sur l'art du dessin dans les paysages (entst. 1795), in: Chateaubriand, Œuvres complètes, Bd. 3 (Paris 1859), 169.
106 CHRISTIAN AUGUST SEMLER, Bruchstücke aus einem Werke über die Landschaftsmahlerei, in: Der Kosmopolit, eine Monatsschrift zur Beförderung wahrer und allgemeiner Humanität 1 (1797), 510.
107 NOVALIS (s. Anm. 60), 648.

ben hervortreten: »Die Griechen haben die Schönheit der Formen und Gestalten auf's höchste gebracht in der Zeit, da ihre Götter zu Grunde gingen; die neuern Römer brachten die historische Darstellung am weitesten, als die Katholische Religion zugrunde ging: bey uns geht wieder etwas zu Grunde, wir stehen am Rande aller Religionen, die aus der Katholischen entsprangen, die Abstraktionen gehen zu Grunde, alles ist luftiger und leichter, als das bisherige, es drängt sich alles zur Landschaft, sucht etwas bestimmtes in dieser Unbestimmtheit und weiß nicht, wie es anzufangen? sie greifen falsch wieder zur Historie, und verwirren sich.«[108] Dieses Entwicklungsschema von 1802 legitimiert die eigene Position durch ein streng historisches Denken. Seine innere Logik führt vom Antik-Plastischen über die Figuralkunst von Renaissance und Barock zum Malerischen der Gegenwart, vom Bestimmten zum Unbestimmten, vom Normativen zum Experimentellen. Runges Landschaft geht über das eigentlich Landschaftliche hinaus und wird zum Synonym neuer Komposition. So verwandeln die in diesen Jahren entstehenden *Vier Zeiten* Runges die althergebrachte Schmuckform der Arabeske zur tragenden Grundfigur einer Gestaltung, die mit jener Bedeutungsoffenheit spielt, die bisher nur der Landschaft zugebilligt worden war.

Otto August Rühle von Lilienstern polemisiert 1810 gegen die Einteilung in Gattungen und stellt die Auffassungs- und Gestaltungsfreiheiten ausführlich vor Augen: »*Was* der Landschafter malen will, weite Fernen oder gesperrte Vorgründe, einzelne Bäume und Felsen, Wasser und Grasebenen, oder ganze Gebirge, Flußgebiete und Meeresküsten, Winter oder Sommer, Nebel oder Sonnenschein, – *wie* er diese Dinge ordnen, gruppiren, staffiren, beleuchten und coloriren will, um die ihm vorschwebende Idee anschaulich und gemüthlich auszusprechen, das hängt alles von seiner Wahl ab, von der Energie und schöpferischen Kraft seines Genius. Für die Erfindung des Stoffes und der Anordnung zum Behuf der Darstellung einer Idee, d. i. für die Composition, giebt es für ihn durchaus keine Regel. Er darf, was er kann.«[109] In dieser Bestimmung kommt nicht nur die Genieästhetik zum Zuge, sondern auch, wie schon bei Runge, geschichtliches Denken. Als eine sich dynamisch entwickelnde Kunst setzt die Landschaftsmalerei voraus, daß sich der Mensch selbst »als ein *Werdendes* begreife« (298). Sie ist grundsätzlich zukunftsoffen: »Wenn andere Zweige der Kunst sich einer classischen Vorwelt und unübertroffener Muster rühmen, so ist gerade die Unschuld, die völlige Freiheit, sich mit unbefangener Kraft, nach eignem Gesetze und Gefühle aus sich selbst heraus zu entwickeln, ein nicht genugsam zu schätzender Vorzug der landschaftlichen Malerei. Was immer *Claude Lorrain* und *Poussin* und *Ruisdael* und die übrigen Heroen dieser Kunst Großes geleistet haben mögen, sie haben noch viel zu wünschen übrig gelassen.« (443 f.)

Diese engagierten Äußerungen sind von der berühmt-berüchtigten Kritik provoziert worden, mit der Friedrich Wilhelm Basilius von Ramdohr gegen Caspar David Friedrichs *Kreuz im Gebirge* (1808), ein Programmbild der romantischen Malerei, vorgegangen war. Die Tragweite der Neuerungsdynamik wird erst durch diese Gegenstimme so recht erkennbar. Da für Ramdohr akademische Gattungshierarchie und soziale Ordnung zusammengehören, sind religiöse Themen allein in Figuralgruppen zu behandeln: »In der Tat, es ist eine wahre Anmaßung, wenn die Landschaftsmalerei sich in die Kirchen schleichen und auf die Altäre kriechen will.« Friedrich wird zum »Neuerer«[110] gestempelt, seine Malerei als Symptom begriffen, das »mit einem Geiste in Verbindung steht, der die unglückliche Brut der gegenwärtigen Zeit und das schauderhafte Vorgesicht der schnell heraneilenden Barbarei ist« (138). Es ist ganz konsequent, daß Ramdohr auch Friedrichs neue Kunstmittel ab-

---

108 RUNGE, Gedanken und Erörterungen über die Kunst und das Leben (1801–1803), in: Runge, Hinterlassene Schriften, hg. v. D. Runge, Bd. 1 (Hamburg 1840), 7.
109 OTTO AUGUST RÜHLE VON LILIENSTERN, Gelegentliche Gedanken über das Wesen der Kunst in Bezug auf die Landschaftsmalerei, in: Rühle von Lilienstern, Reise mit der Armee im Jahre 1809, Teil 1 (Rudolstadt 1810), 442 f.
110 FRIEDRICH WILHELM BASILIUS VON RAMDOHR, Über ein zum Altarblatte bestimmtes Landschaftsgemälde von Herrn Friedrich in Dresden, und über Landschaftsmalerei, Allegorie und Mystizismus überhaupt (1809), in: Hinz (s. Anm. 89), 154.

lehnt. Die Idee, es könnten neue Formen erfunden werden, ist eine gefährliche Grenzüberschreitung, da es »in der Art jeder *Lizenz* in der wirklichen wie in der ästhetischen Welt liegt, daß der Nachfolger des ersten, Aufsehen machenden Revolutionärs immer seinen Vorgänger an Abenteuerlichkeit übertreffen muß, um wieder als Original zu erscheinen.«[111] Schon die geringste Abweichung von der eingeschliffenen abmildernden Bildform, Friedrichs frischere Ausdrucksanmutung, die gewissermaßen ein traditionelles Filter verschmäht, kann nicht mehr toleriert werden. Daher der Vorwurf, der Maler habe sich aus der ästhetischen Sphäre herausbegeben und arbeite auf »pathologische Rührung« hin, »auf die Erregung eines affektvollen Zustandes in dem Beschauer, wie er ihn etwa von den dargestellten Sujets in der Natur selbst erhalten würde.«[112]

Die Abweichung von der Formerwartung in Friedrichs *Mönch am Meer* (1809/10) war selbst für Heinrich von Kleist so irritierend, daß er seine Distanz zu dem Werk in eine Metapher kleidete, die nichts anderes als die pathologische Rührung meint: »Ja, wenn man diese Landschaft mit ihrer eignen Kreide und mit ihrem eigenen Wasser malte; so, glaube ich, man könnte die Füchse und Wölfe damit zum Heulen bringen: das Stärkste, was man, ohne allen Zweifel, zum Lobe für diese Art von Landschaftsmalerei beibringen kann.«[113]

Daß mit den experimentellen Initiativen die Gefahr einherging, ins Unartikulierte zu geraten, hat E. T. A. Hoffmann 1816 in der Erzählung *Die Jesuiterkirche in G.* dargestellt, ohne Gereiztheit, doch nicht ohne Ironie, die freilich auch die anderen Richtungen trifft. Der Maler Berthold, unbefriedigt von der Vedutenmalerei, wird romantischer Landschaftsmaler und bestrebt sich, die »Urtöne der Schöpfung«[114] zu vernehmen, schreckt aber bald vor diesem Ziel zurück. Denn die unabsehlichen Möglichkeiten, die sich ihm auftun, sind mit der Gefahr verbunden, »gestaltlos im leeren Raum zu verschwimmen« (431). Die Qual ständigen Suchens und Experimentierens treibt ihn der illusionistischen Kirchenmalerei in die Arme, einem unproblematischen Kunst-Handwerk. Dem permanenten Aufbruch zieht er »das rein Kommensurable« vor und ruft freudig aus: »Wie herrlich ist die Regel!« (419)

Die bleibende Leistung des romantischen Wagnisses sollte erst Pierre-Jean David d'Angers auf den Punkt bringen. Friedrich gelingt »un nouveau genre: la tragédie du paysage«[115]. Diese Metapher hebt die Landschaft auf die Höhe der Historie und bezeugt damit das Ende des klassischen Gattungssystems.

Daß die Landschaftsmalerei nicht mehr als statische Gattung zu verstehen und in festumrissene Typen zu unterteilen war, verdeutlicht auch William Turners *Liber Studiorum* (1807–1817). Das Stichwerk sollte seine Hauptwerke dokumentieren und war zugleich als Idealkonkurrenz zum *Liber veritatis* konzipiert, Claude Lorrains Zeichnungsband, der dessen eigenhändige Gemälde nachweist, 1777 in Schabkunstblättern von Richard Earlom publiziert worden war und als klassisches Muster idealer Landschaftsmalerei galt. Im Kampf mit der dominanten Historienmalerei auf Rangerhöhung bedacht, bekennt sich Turner zur inhaltlich gehobenen, poetischen Landschaft und versucht sein Œuvre unter entsprechende Rubriken zu bringen, die am oberen Plattenrand durch Abkürzungen bezeichnet sind: »A = Architecture, H = Historical, M = Marine, Ms oder M = Mountainous, P = Pastoral«. Die sechste Abkürzung freilich, ein »EP«, hat der Maler nicht erläutert, und die vorgeschlagenen Lesarten »Epic, Elegant oder Elevated Pastoral«[116] weichen so weit voneinander ab, daß von einem eindeutigen Typus nicht mehr die Rede sein kann. Sobald die Malerei – und nicht

---

111 RAMDOHR, Über kritischen Despotismus und künstlerische Originalität, als Beantwortung der Bemerkungen des Herrn von Kügelgen über eine von mir herrührende Kritik eines Gemäldes des Herrn Friedrich (1809), in: Hinz (s. Anm. 89), 181.
112 RAMDOHR (s. Anm. 110), 150.
113 HEINRICH VON KLEIST, Empfindungen vor Friedrichs Seelandschaft (1810), in: Kleist, Werke und Briefe in vier Bänden, hg. v. S. Streller u. a., Bd. 3 (Berlin/Weimar 1978), 543.
114 E. T. A. HOFFMANN, Die Jesuiterkirche in G. (1816), in: Hoffmann, Fantasie- und Nachtstücke, hg. v. W. Müller-Seidel (München 1964), 430.
115 HENRI JOUIN, David d'Angers et ses relations littéraires (Paris 1890), 88.
116 WERNER HOFMANN, Turner und die Landschaft seiner Zeit, in: Hofmann (Hg.), William Turner und die Landschaft seiner Zeit [Ausst.-Kat.] (München 1976), 44.

nur bei Turner – mit nicht mehr längst festgelegten, sondern immer aufs neue experimentell erarbeiteten Kunstmitteln eine vornehmlich aus dem Leben des Lichts und der Elemente geschöpfte Landschaftspoesie zur Erscheinung bringt, werden die alten Einteilungen gegenstandslos.

Die Voraussetzung dieser Neuerungsdynamik ist letzten Endes die gesellschaftlich-geschichtliche Beschleunigung, ihrerseits vorangetrieben von der industriellen Entwicklung. Diese Zusammenhänge treten bei Turner unmißverständlich hervor, er verbindet Neuerertum und aufmerksame Zeitgenossenschaft, wenn er mit *Rain, Steam and Speed: The Great Western Railway* (1844) eines der ersten Eisenbahnbilder malt.

Auch in der zweiten Jahrhunderthälfte gehört die Landschaft auf die Seite der künstlerischen Initiative. Daß Gustave Courbets *Atelier* (1855) eine Landschaft auf der Staffelei zeigt, hat programmatischen Sinn. 1895 protestiert Carl Neumann gegen das »Herabdrücken der Figur unter das landschaftliche Milieu«[117] durch Naturalismus, Stimmungs- und Pleinairmalerei. »Einseitige Ausdrucksmittel« führten zur »Entartung der Figurenmalerei« (112). Der Schaden erscheint ihm so groß, daß er selbst Rembrandt tadelt, habe dieser doch damit angefangen, »den Menschen als ein *corpus vile* zu behandeln, um Lichteffekte an ihm zu demonstrieren.« (109) Die präzise Antithese hierzu bildet Rainer Maria Rilkes Vorwort zu seiner *Worpswede*-Monographie (1903). Erst die Landschaft ermöglicht den differenziertesten Ausdruck seelischer Regungen und macht den Menschen recht eigentlich darstellbar: »Liegt nicht vielleicht darin das Geheimnis und die Hoheit Rembrandts, daß er Menschen wie Landschaften sah und malte? Mit den Mitteln des Lichtes und der Dämmerung, mit denen man das Wesen des Morgens oder das Geheimnis des Abends erfaßt, sprach er von dem Leben derjenigen, die er malte, und es wurde weit und gewaltig dabei.«[118] Die »landschaftliche Auffassung des Gegenstandes« (18) erlaubt den freieren Umgang mit den Kunstmitteln und ermöglicht damit eine intensivere Darstellung des Menschen.

9. Abstrakte Landschaft

Die mit der Landschaft verbundene größere Gestaltungsfreiheit führt am Ende des 19. Jh. zur Idee der Selbstherrlichkeit von Form und Farbe und damit zur abstrakten Malerei.

Sobald Landschaft als Stimmungseffekt begriffen wird, kann die Suggestionskraft der Kunstmittel die sachbezogene Darstellung überflügeln. William Hazlitt kritisiert 1815 zwei Landschaften von Thomas Christopher Hofland, um sogleich in William Turner den Verursacher dieser Entwicklung zu denunzieren: »In his *Loch-Lomond* and *Stirling Castle*, the effect of the atmosphere is finely given; but this is all. We wish to enter our protest against this principle of separating *the imitation* from *the thing imitated*, particularly as it is countenanced by the authority of the ablest landscape painter of the present day, of whose landscapes some one said, that ›they were pictures of nothing, and very like!‹«[119] Das spöttische Wort demonstriert unwillentlich, wie leicht die Ablösung vom Naturvorbild zu bewerkstelligen war. Ebenso erging es Gottfried Keller, als er seinen Grünen Heinrich, den angehenden Landschaftsmaler, in einer Phase der Mut- und Richtungslosigkeit den Baumschlag eines angefangenen Bildes weiterspinnen ließ, ohne mehr ans Gegenständliche zu denken. Es entsteht ein »unendliches Gewebe von Federstrichen«[120], das einen Freund veranlaßt, von »Schraffierungen an sich« und der »reizendsten Abstraktion« (310) zu sprechen, von einer Tat, welche »von größtem Einflusse auf die deutsche Kunstentwicklung sein kann« (309). Die ironische Darstellung der abwegigen Gestaltungsidee soll die Notwendigkeit der Naturvertiefung bekräftigen. In der historischen Rückschau wird jedoch deutlich, daß in der Suggestivformel des Baumschlags tatsächlich

---

117 CARL NEUMANN, Die Vorherrschaft der Landschaftsmalerei (1895), in: Neumann, Der Kampf um die Neue Kunst (Berlin 1896), 110.
118 RAINER MARIA RILKE, Worpswede (1902), in: Rilke, Sämtliche Werke, hg. v. Rilke-Archiv, Bd. 5 (Frankfurt a. M. 1965), 17.
119 WILLIAM HAZLITT, British Institution (1815), in: Hazlitt, Complete Works, hg. v. P. P. Howe, Bd. 18 (London/Toronto 1933), 95.
120 GOTTFRIED KELLER, Der Grüne Heinrich (1854/55), in: Keller, Sämtliche Werke, hg. v. J. Fränkel, Bd. 5 (Wien 1923), 307.

eine Eigendynamik steckt, die sich des Gegenstandes entledigen kann.

Die ersten Gedankenexperimente, die auf ein abstraktes Farbenspiel zielen, verbinden die Idee der Farbmusik mit der Landschaft. Kants »Farbenkunst«[121], mit der ja das Farbklavier gemeint ist, sein Konzept der »*vagen* Schönheit« (233) und seine Idee des Spiels der Erkenntniskräfte ermutigen Semler bereits 1797, die selbständige Schönheit des Kolorits in der Landschaftsmalerei zur Sprache zu bringen: »Indessen kommt es denn doch nur darauf an, daß man seine Aufmerksamkeit von den Formen der Körper zuweilen abziehen und die Tafel oder einzelne Partien derselben bloß als einen Haufen Farben betrachten lernt. Wer einmal das feine, geistige Vergnügen, das ein schönes Farbenspiel, bei diesem Abziehen des Auges von der Form, gewährt, empfunden hat, wem damit in der Natur und in der Kunst gleichsam eine neue Welt aufgegangen ist, die er vor Augen hatte, ohne sie zu sehen, der fühlt sich gewiß öfter gereizt, dieses Vergnügen zu suchen, und bemerkt, (wofern es ihm nur nicht an der dazu nöthigen Empfänglichkeit mangelt, die allerdings manchen Menschen, gerade wie das musikalische Gehör, fast ganz zu fehlen scheint,) daß seine Fähigkeit, diese Lust zu empfinden, immer zunimmt, je öfter er sich an diesen gestaltlosen Schönheiten ergötzt. Auch fehlt es bei Auffassung derselben dem freien Spiele der Erkenntnißkräfte gar nicht, wie man denken sollte, an Stoff; der Verstand und die Einbildungskraft finden in einzelnen Farben, in der Verwandtschaft und selbst in der gradweise ab- und zunehmenden Erhellung und Verdunklung derselben durch Analogie und Ideenassociazion einen reichen Stoff zu Anschauungen und Begriffen, die sie aufs angenehmste unterhalten.«[122]

Daß dies Absehen vom Gegenstand von einem Gemälde nahegelegt wird, geschieht freilich erst viel später, mit Le talisman (1888) von Paul Sérusier, jener kleinen, auf einen Zigarrenkistendeckel gemalten Landschaft, deren herbstlich gefärbte Bäume sich im Wasser spiegeln und die ebensogut als Muster abstrakter Farbflecken zu lesen ist.

Wie bei Sérusier, der zum Gründer der neuidealistisch-symbolistischen Gruppe der *Nabis* wird, erklären sich auch in Deutschland die Anfänge der Abstraktion aus dem Ungenügen an einer die handgreifliche Wirklichkeit konstatierenden Kunst. Der junge Paul Scheerbart proklamiert 1891 die »Phantastik in der Malerei« und fordert als eine notwendige Konsequenz auch die »phantastische Farbe«: »Schon häufiger ist es den Leuten langweilig geworden, die Bäume ständig grün und den Himmel blau zu sehen. Die Kunst ist frei, und es ist kein Verbrechen sondern eher ihre Pflicht und Schuldigkeit, wenn sie von ihrer Freiheit den ausgiebigsten Gebrauch macht. Man male doch einmal ein schimmerndes weißes Silberland, über das sich ein tiefer smaragdgrüner Himmel wölbt.«[123]

Geht es Scheerbart vor allem um den provokativen Effekt gegenüber einem uninspirierten Realismus, so interessiert sich Oscar A. H. Schmitz dafür, wie die Ausdruckskraft der Landschaft in deren Farben und Linien zustandekommt. Landschaft bedarf nicht mehr der klassischen oder pittoresken Szenerie, sie kann einer »feinen Race von Sensitiven«[124] auf die elementaren Kunstmittel reduziert werden. Auf ein Bild von Arnold Böcklin anspielend, stellt er fest: »Die Schicksale berühren uns nicht, nur die Linie oder der Ton. Wir haben nie gefragt, was die verhüllte Frau vor der Villa am Meer bewegen mag. Doch fühlen wir die Wehmuth ihrer Linie und die endlose Trauer der Landschaft.« Schmitz sieht zwar, daß die Assoziationspsychologie dieses Ausdrucksphänomen nicht erklären kann, da ihm aber noch nicht die gestaltpsychologischen Einsichten zur Verfügung stehen, kommt er zu einer mystischen Erklärung: Die Ausdrucksanmutung von Farbe und Form verdankt sich der Übereinstimmung der Rhythmen von Persönlichkeit und schopenhauerschem Weltwillen. Wichtiger als einzelne Landschaft und konkretes Lebensschicksal ist ein »Schauen des Wechsels von Farben und Linien, von denen die Geschehnisse nur mögliche Auslegungen sind« (258).

Im Unterschied zu Schmitz setzt Arthur Roeßler die Sensibilität für abstrakte Formen nicht einfach voraus. Mehr als von Physiognomik und Gra-

---

121 KANT (s. Anm. 102), 324.
122 SEMLER (s. Anm. 106), 516f.
123 PAUL SCHEERBART, Die Phantastik in der Malerei, in: Freie Bühne für modernes Leben 2 (1891), 289.
124 OSCAR A. H. SCHMITZ, Über das Empfinden der Landschaft, in: Wiener Rundschau 1 (1896), 255.

phologie in ihrer herkömmlichen Gestalt verspricht er sich eine Erhellung des Phänomens von psychiatrisch-psychologischen Experimentalforschungen zur Ausdrucksbewegung. Grundsätzlich scheint es ihm möglich, vom gegenständlich gebundenen Ausdruckserleben über die Vertiefung in die landschaftlichen Formbildungsprozesse zum Verständnis abstrakter Konfigurationen zu kommen: »Allmählich werden uns auch die Züge der Dinge als Ausdruck vertraut werden; wir werden nach und nach das Erdantlitz verstehen lernen; wir werden dem Hochgebirge mit seinen ragenden Felskolossen, dem rhythmischen Hügelgewoge und den fugenartig geschlossenen Felderweiten, den sich weit hindehnenden Moorflächen, den Wäldern und Seen andere Aufmerksamkeit schenken als bisher, wir werden die Form der jeweiligen Landschaft zu sehen lernen. Die Form der Tiere, der Pflanzen, ja der Steine, Erdbruchstellen, der Wolken und Wellen und der sich im Ausschnitt zwischen zwei Dingen ergebenden werden wir nachspüren und sie mit Genuß wahrnehmen, und schließlich wird sich unsere Fähigkeit zur Aufnahme feinster Formbildungen so sehr empfindlich ausgebildet haben, daß es uns ein unschweres und reizendes Beginnen sein wird, das Wesen abstrakter Formen zu erfühlen.«[125]

Roeßlers Zuversicht in die unbegrenzte Bildungsfähigkeit des Sensoriums für abstrakte Formen blieb freilich die Einsicht verschlossen, daß die zweifellos vorhandene Entwicklungsfähigkeit der Wahrnehmung von Ausdrucksanmutungen abstrakter Formen ihre Grenzen hat und daß es illusorisch ist, eine eindeutige Entsprechung von

125 ARTHUR ROESSLER, Das abstrakte Ornament mit gleichzeitiger Verwertung simultaner Farbkontraste, in: Wiener Abendpost (6. 10. 1903), Beilage, 5.
126 ›Paysagisme‹, in: Le Grand Robert de la Langue Française, hg. v. P. Robert, Bd. 7 (Paris ²1989), 199.
127 Vgl. FRIEDRICH CRAMER, Schönheit als dynamisches Grenzphänomen zwischen Chaos und Ordnung – ein Neuer Laokoon, in: Selbstorganisation. Jahrbuch für Komplexität in den Natur-, Sozial- und Geisteswissenschaften 4 (1993), 79–101.
128 Vgl. BENOÎT B. MANDELBROT, Fractals. Form, Chance, and Dimension (San Francisco 1977), 210f.
129 Vgl. MANDELBROT, The Fractal Geometry of Nature (New York 1982), Tafel C 9.

Form und Ausdruck anzustreben, daß vielmehr auch die kultivierteste Sensibilität notwendig bei der Vieldeutigkeit subjektiver Sinngebung stehenbleiben muß. Roeßlers Sensibilisierungsgeschichte liegt der hypothetische Schluß zugrunde, daß sich die Ausdruckswahrnehmung unendlich differenzieren lasse. Doch bestätigt sich diese Vermutung nicht. Bei Wassily Kandinsky, dessen erste abstrakte Werke um 1910 vom Landschaftlichen her entwickelt sind, wird aus der Roeßlerschen Hypothese eine mit Aplomb vorgetragene Doktrin, die bereits wohlwollende Zeitgenossen als semantischen Voluntarismus erkannten.

Das Landschaftliche bleibt freilich das wichtigste Analogon der nichtkonstruktiven, durch den lebendigen handschriftlichen Gestus geprägten Abstraktion. In Frankreich konnte sich dafür der Terminus »paysagisme abstrait«[126] einbürgern. Auf denselben Zusammenhang deuten auch die Titel von drei Bilderzyklen Willem de Koonings: *Abstract urban landscapes*, *Abstract parkway landscapes* und *Abstract pastoral landscapes* (1957–1963).

Als Resultat konstruktiver Abstraktion ist Landschaft erst durch die fraktale Geometrie Benoît B. Mandelbrots möglich geworden. Computergenerierte dreidimensionale Graphiken simulieren nicht nur die Formbildungsprozesse, denen Gebirge, Lavaströme, Dünen, Uferlinien, Brandungswogen und Haufenwolken unterliegen[127], sondern gehen weit darüber hinaus und bilden nach denselben Regeln auch imaginäre Landschaften. 1977 publiziert Mandelbrot erste Belege[128], aus denen bald hochelaborierte Graphiken werden – wie z. B. *Planetrise over Labelgraph Hill (Souvenir from a Space Mission that never was)* von Richard F. Voss[129]. Im anschaulichen Denken der Maler sind die Naturformen freilich schon längst genetisch-morphologisch verstanden worden. Mandelbrot selbst sieht in den Wasserwirbeln der Sintflut-Zeichnungen Leonardos (um 1512–1516) und in der überkippenden Welle auf dem Farbholzschnitt *Die Woge* (1829) von Katsushika Hokusai frühe Beispiele einer intuitiv erspürten fraktalen Geometrie. Die Nähe von ästhetischer Wahrnehmung und wissenschaftlicher Forschung bewährt sich auch heute, wenngleich mit anderen Akzenten: Indem Landschaft der gegenwärtigen Selbstorganisationsforschung zum anschaulichen Bild der Autopoiesis der Natur wird, scheint aufs neue der »grundsätzlich ›ästhetische‹ Charakter des ›theoretischen Blicks‹ auf«[130].

10. Stadtlandschaft

Die venezianischen Veduten eines Canaletto und Francesco Guardi feiern gleichermaßen das städtische Leben wie das Licht der Lagune. Noch dem Impressionismus blieb die Darstellung der Stadt in demselben malerischen Gestus möglich wie die der Natur. Sobald Industrie und Massengesellschaft das Bild der Stadt zu prägen beginnen, läßt sich diese einheitliche Behandlungsweise nicht mehr durchhalten. 1859 fordert Charles Baudelaire eine Stadtlandschaft eigenen Rechts, »un genre que j'appellerais volontiers le paysage des grandes villes«, worin sich die Zeugen von Geschichte und Gegenwart verbinden. Es ist das Paris der Radierungen Charles Méryons, auf das er sich mit diesem Programm beruft: »Les majestés de la pierre accumulée, les clochers montrant du doigt le ciel, les obélisques de l'industrie vomissant contre le firmament leurs coalitions de fumée, les prodigieux échafaudages des monuments en réparation, appliquant sur le corps solide de l'architecture leur architecture à jour d'une beauté si paradoxale, le ciel tumultueux, chargé de colère et de rancune, la profondeur des perspectives augmentée par la pensée de tous les drames qui y sont contenus, aucun des éléments complexes dont se compose le douloureux et glorieux décor de la civilisation n'était oublié.«[131]

Um der neuen Umwelt gerecht zu werden, lehnt der Expressionist Ludwig Meidner in seiner *Anleitung zum Malen von Grosstadtbildern* (1914) die Kunstmittel der traditionellen Landschaftsmalerei ab, wie sie noch die Boulevardansichten von Camille Pissarro und Claude Monet aufweisen: »Das Süsse und Flockige dieser Agrarlandschafter ist auch in ihren Stadtbildern.«[132] Das aber ist eine unangemessene Technik für die geraden Linien der Stadt: »Sind nicht unsre Grosstadtlandschaften alle Schlachten von Mathematik! Was für Dreiecke, Vierecke, Vielecke und Kreise stürmen auf den Strassen auf uns ein. Lineale sausen nach allen Seiten. Viel Spitzes sticht uns. Selbst die herumtrabenden Menschen und Viecher scheinen geometrische Konstruktionen zu sein.« Der Grundton des Aufrufs ist enthusiastische Zustimmung: »Malen wir das Naheliegende, unsere Stadt-Welt! die tumultuarischen Strassen, die Eleganz eiserner Hängebrücken, die Gasometer, welche in weißen Wolkengebirgen hängen, die brüllende Koloristik der Autobusse und Schnellzugslokomotiven, die wogenden Telephondrähte (sind sie nicht wie Gesang?), die Harlekinaden der Litfass-Säulen und dann die Nacht .... die Grossstadt-Nacht ....«. Demgegenüber wirkt alle Tradition überholt: »Würde uns nicht die Dramatik eines gut gemalten Fabrikschornsteins tiefer bewegen als alle Borgo-Brände und Konstantinsschlachten Raffaels?« (314) Wie ambivalent freilich diese Begeisterung ist, wie leicht sie in Verzweiflung und Empörung umschlagen kann, offenbaren die gleichzeitigen Bilder Meidners. Das Chaos seiner *Apokalyptischen Landschaft* (1913) wirkt als regelrechte Vision des bevorstehenden Weltkriegs.

Unübersehbar vermischt sich die pathetische Zustimmung zur Moderne von Anfang an mit der Kritik an den negativen Seiten des Industrialismus. Naturzerstörung und Häßlichkeit des Bauens werden als blinde Resultante der Kapitalverwertung erkannt; dennoch wird dies ruinöse Milieu, da es Heimat bedeutet, ebenso intensiv und vielfältig mit Emotionen besetzt wie nur je eine Kulturlandschaft, freilich getragen von einer Trauer, die sich nie verliert. Mit der Prosaskizze *La Bièvre* (1877/1880) gibt Joris-Karl Huysmans ein Bild der Denaturierung, Kanalisierung und Überbauung eines kleinen Baches, der sich schließlich mitten in Paris als Kloake in die Seine ergießt: »Au fond, la beauté d'un paysage est faite de mélancolie. Aussi la Bièvre, avec son attitude désespérée et son air réfléchie de ceux qui souffrent, me charme-t-elle plus que toute autre et je déplore comme un suprême attentat le culbutement de ses ravines et de ses arbres! Il ne nous restait plus que cette campagne endolorie,

---

130 JOACHIM WILKE, Landscape revisited. Naturästhetik und Selbstorganisation, in: Selbstorganisation. Jahrbuch für Komplexität in den Natur-, Sozial- und Geisteswissenschaften 4 (1993), 111.
131 CHARLES BAUDELAIRE, Salon de 1859, in: BAUDELAIRE, Bd. 2 (1976), 666f.
132 LUDWIG MEIDNER, Anleitung zum Malen von Grosstadtbildern, in: Kunst und Künstler 12 (1914), 312.

que cette rivière en guenilles, que ces plaines en loques, et l'on va les dépecer!«[133]

11. Kriegslandschaft

Die Stadtlandschaft erschließt neue Lebensräume, ohne daß der Verlust der freien Natur zur Sprache kommen müßte. Ganz anders die Landschaft des technisierten Krieges, die immer als Entstellung verstanden wird, also vom Kontrast lebt. Das Schlachtenbild als Figuralkomposition, ohnehin von Anfang an ein Zweig der Historienmalerei und damit Herrschaftskunst par excellence, wird im Zeitalter der Massenheere und Materialschlachten endgültig obsolet. An seine Stelle tritt eine Darstellungsform, die den Krieg als Zerstörung von Mensch und Natur thematisiert.

Der Erinnerungsausblick auf die intakte Natur findet sich bereits in Émile Zolas Schilderung des Schlachtfelds von Sedan: »Tout d'un coup, dans un petit vallon, l'horreur cessa. Sans doute, la bataille avait passé ailleurs, sans toucher à ce coin de nature délicieux.«[134] Unverkennbar ist die Anspielung auf seine Definition des Kunstwerks als »un coin de la création vu à travers un tempérament«[135].

Der erste Weltkrieg bringt erstmals die totale Zerstörung der Landschaft zur Anschauung. Eine 1917 gezeichnete *Kriegslandschaft* von Otto Dix kann unter einer strengen Geometrie, die für die kriegstechnische Verfügbarmachung der Landschaft steht, mit nackten Baumstämmen nur noch die Reste der Natur andeuten. Erst wo es nicht mehr auf den Gegensatz der Kriegsparteien, sondern auf die grundsätzliche Entstellung von Mensch und Welt ankommt, gewinnt die Kriegs-

---

133 JORIS-KARL HUYSMANS, Die Bièvre. Elegie auf einen Fluß, frz.-dt., hg. v. M. u. S. Farin (München 1992), 6.
134 ÉMILE ZOLA, La Débâcle (1892), in: Zola, Œuvres complètes, hg. v. H. Mitterand, Bd. 6 (Paris 1967), 977.
135 ZOLA, Les réalistes du Salon (1866), in: ebd., Bd. 12 (1969), 810.
136 MAX HERRMANN-NEISSE, Ein wichtiges Kriegsgedenkbuch, in: Die Aktion 14 (1924), 533 f.
137 ERNST JÜNGER, Feuer und Blut. Ein kleiner Ausschnitt aus einer großen Schlacht (1925), in: Jünger, Sämtliche Werke, Abt. 1, Bd. 1 (Stuttgart 1978), 460 f.

landschaft ihre Bedeutungstiefe. Als 1924 Dix' Radierungszyklus *Der Krieg* erscheint, wendet sich Max Herrmann-Neiße ausdrücklich auch den Blättern zu, die »nur die Staffage der Kämpfe aufnehmen, bloße Landschaftsbilder sind«. Denn »Tod und Vernichtung drohen uns noch gefährlicher aus diesen Zeugnissen der vom Menschen verpesteten und verwüsteten Natur, wenn die trostlosen Ruinen einer zum toten Kulissenspuk verwandelten Siedelung uns entgegenstarren, ein Trichterfeld ureinsam daliegt, als wär es ein Stück der endgültig entvölkerten, vom Weltenbrand heimgesuchten Erde«[136]. Wird hier die Kriegslandschaft unter dem Wahrnehmungsmuster von Natur- und Kulturlandschaft als deren Antithese gelesen, als eine Verlusterfahrung, nicht geringer als die des ebensowenig wiederzuerkennenden Menschen, und kommt zu diesem Kontrast noch als durchgängige Strukturbestimmung die Zerstückelung in chaotische Einzelheiten hinzu, so ist hier das Mögliche geleistet, um im Erfahrungsraum des homogenen Landschaftsbildes dem Montageprinzip vorzuarbeiten, das erst die Zusammenhänge sichtbar machen kann, die dieser Zerstörung zugrunde liegen, und das seine Entstehung eben dieser Kriegsrealität verdankt. Erst mit der Aufmerksamkeit für die Brüche des Erscheinungsbildes kann dem individuellen Sehraum die gesellschaftliche Bedeutsamkeit zurückgewonnen werden.

Wo dagegen der Krieg selbst als Natur interpretiert wird, entsteht Kitsch. Ernst Jünger greift in seinen Kriegslandschaften auf die romantische Landschaft zurück, um im Zeichen des Erhabenen die Zerstörung der Natur als Natur zu verklären: »Die glühenden Gefilde, die uns erwarten, hat noch kein Dichter in seinen Träumen geschaut. Da sind eisige Kraterfelder, Wüsten mit feurigen Palmeninseln, rollende Wände aus Feuer und Stahl und ausgestorbene Ebenen, über die rote Gewitter ziehen. Da schwärmen Rudel von stählernen Vögeln durch die Luft, und gepanzerte Maschinen fauchen über das Feld.« Die auf diese Weise zur »brausenden Einheit« gefügte Kriegslandschaft, die »zu einem blitzartigen Sinnbild des Lebens«[137] werden soll, ist ein Produkt jener Trivialromantik, der sich bald auch der deutsche Faschismus bedienen sollte. 1936 befürwortet eine Habilitationsschrift über den Naturschutz paradoxerweise die Landschaftszerstörung im Krieg: »Es wäre beleidigend für das Ethos des Krieges, wollte er vor Naturdenkmälern Halt machen. Noch im Untergang der Landschaft – das begreift der in den Strudel der Kriegsereignisse Hineingerissene – liegt das Unabwendbare, Schicksalhafte, Apokalyptische, Kategorien, in denen sich das Große offenbart.« Diese Perversion fühlt sich durch das Denkmuster des mythischen Kreises der Selbsterneuerung aller Verantwortung enthoben: »So ist es die Kriegslandschaft wohl wert, einst Geschichtsdenkmal des gewaltigsten Völkerringens zu werden. Die todwunde Natur aber beginnt, kaum daß das Stampfen der Granaten vergangen ist und die Giftgase sich verzogen haben, ihr grandioses Spiel vom Werden und Vergehen aufs neue, hierin wie nie den Menschen im innersten erschütternd.«[138]

Als Wilhelm Rudolph gleich nach dem 13. Februar 1945 seine Folgen *Das zerstörte Dresden* und *Dresden als Landschaft* beginnt, etwa 350 Zeichnungen und Aquarelle, arbeitet er im zartesten Duktus, um die Ruinenstraßen in eine Atmosphäre tiefer Trauer zu hüllen. Die zur Darstellung des Naturlebens ausgebildeten Kunstmittel bringen eine Sensibilität ins Spiel, die sich nicht vormachen läßt, daß der Krieg ein Naturereignis sei. Es ist ein zufälliges Zusammentreffen, daß auch die frühesten Bilder dieser Art aus Dresden stammen. 1765 dokumentiert Bernardo Bellotto, genannt Canaletto, die durch den preußischen Beschuß von 1760 verursachten Zerstörungen. Während die *Trümmer der ehemaligen Kreuzkirche* neben der zerschossenen Turmfassade noch intakte Bürgerhäuser zeigen, sind die *Ruinen der Pirnaischen Vorstadt in Dresden* das wohl erste Bild totaler Zerstörung.

12. Industrie- und Katastrophenlandschaft

Fabrikdarstellungen in landschaftlicher Umgebung kennt England bereits im 18., Deutschland seit Beginn des 19. Jh. Vorwiegend sind es sachliche Bestandsaufnahmen, die nichts am Kanon ändern. Dessen Geltung zeigt sich an der scharf abwehrenden Reaktion auf das Eindringen der Technik in die naturwüchsige Ganzheit von Kulturlandschaft und Stadt. »Was uns noch heilig gilt, wird das auch später noch heilig sein?«[139], fragt Ferdinand Gregorovius 1880 mit der Resignation des Unterlegenen.

Wem die attische Landschaft vom Altertum spricht, dem tritt mit der ersten Eisenbahn in Hellas ein Epochenkontrast vor Augen, die Ablösung des Humanismus durch den Utilitarismus: »Von der Terrasse des Niketempels an den Propyläen sah ich öfters, in Betrachtung der Landschaft Athens versunken, die neue Zeit auch hier heranziehen: in Gestalt nämlich des ersten und einzigen Eisenbahnzuges, der sich überhaupt durch das Land der Griechen bewegt.« Die Gleise verlaufen parallel zu den Resten der langen Mauern, der Bahnhof ist dem Kerameikos benachbart, »den Gräbern alter Athener, den Stelen und Marmorsarkophagen, den wundervollen Grabreliefs des Dexileos und der Hegeso, die dort an der Hagia Triada aus der Erde auferstanden sind.« (125) Ebenso verursacht auch die Modernisierung Roms den »grellsten Widerspruch«[140]. Die »große Trümmerwelt, die mit Stein geschriebene Geschichte« (295) verliert durch die Bautätigkeit jeden Zusammenhang, »so daß jenes Rom dort wie ein von Motten zerfressener Prachtteppich erscheint, welcher ausgetauscht wird und darüber in Fetzen zerfällt.« (292) Indem Gregorovius den landschaftsphysiognomischen Scharfblick mit der historischen Einbildungskraft verbindet, kommt er zu einer neuen Landschaftsdarstellung, deren Prinzip, die Kontrastmontage von Sachzeugen, sich ein halbes Jahrhundert später als allgemeingültige Struktur herausstellen sollte.

Erst um 1900 folgt solchen bildungsbürgerlichen Protesten die Bemühung um landschaftsästhetische Würdigung. Denn diese bedarf zu ihrer Durchsetzung eines besonderen, auf den Zeitgeist pochenden Sendungsbewußtseins und Nachdrucks. So ist es erst ein Wortführer des Deutschen Werkbundes, Friedrich Naumann, der in seiner Programmschrift *Die Kunst im Zeitalter der Maschine* (1904) von der Möglichkeit spricht, daß das Auge eine Maschine sehen lernen kann, »wie man einen Baum sieht, dessen verwickeltes Wachstum man als

---

138 ARNOLD FREIHERR VON VIETINGHOFF-RIESCH, Naturschutz: Eine nationalpolitische Kulturaufgabe (Neudamm 1936), 31.
139 FERDINAND GREGOROVIUS, Aus der Landschaft Athens (1880), in: Gregorovius, Kleine Schriften zur Geschichte und Cultur, Bd. 1 (Leipzig 1887), 124.
140 GREGOROVIUS, Der Umbau Rom's (1876–1886), in: ebd., Bd. 2 (1888), 300.

innere Bereicherung empfindet.«Das mag erstaunlich klingen: »Jeder Techniker aber weiß, wie viel Aesthetik in seinen vollkommensten Instrumenten liegt, und wie die Linien seiner Apparate zu Grundlinien seiner Seele werden.«[141] So kann durch die wechselseitige Ausbildung von technischem Gestaltungsvermögen und ästhetischer Wertschätzung eine Landschaft völlig neuer Art entstehen: »Oft taucht im Bergwerksgebiet mitten aus Kohlenschutt und Kahlheit irgend eine Art von Turm oder Gerüst oder Krahn auf, der uns nicht losläßt. Ein Abend über Dortmund und Bochum kann gerade so schön sein wie ein Abend hinter Agaven und Zypressen, wenigstens für das Auge, nicht immer für die Lunge. Nur ist die Schönheit eine andere, sie enthält viel gebrochene Steifheit in sich, viel eckige Unmittelbarkeit, viel harte Mystik, wenn es erlaubt ist, vom Bilde der Eisenlandschaft in derartigen Tönen zu reden.« (21 f.)

Erst mit deutlichem Zeitabstand, bei Meidner, und entschiedener noch im italienischen Futurismus und russischen Konstruktivismus verwandelt sich dies großbürgerliche Programm unter naiver Ausblendung jener Bedrohungen, die bei Naumann noch zynisch benannt werden, in die kurzlebige Utopie der künstlerischen Avantgarde. Schon Filippo Tommaso Marinettis Aufsatz *Il paesaggio e l'estetica futurista della macchina* von 1931 ist eine ruhmredige Retrospektive, sie endet mit dem Lob des »paesaggio italiano di ferro e cemento«[142] (der italienischen Landschaft von Eisen und Zement), der Konzeption des 1916 gefallenen Architekten Antonio Sant'Elia. Die Erwartung war nicht einzulösen, daß ein technisiertes Milieu, verbunden mit der technisch konditionierten Wahrnehmung, vor allem dem Blick aus Eisenbahn oder Flugzeug, die älteren Landschaftstypen vergessen machen könnte. Das Konzept des »paesaggio italiano sintetizzato dalla velocità« (628) (der durch Geschwindigkeit zur Synthese gebrachten italienischen Landschaft), gar des »paesaggio italiano degli aeropittori futuristi« (629) (der italienischen Landschaft der futuristischen Flugmaler) mußte eine Episode bleiben, weil die Entwicklungsdynamik der Technik bei weitem unterschätzt worden war.

Realistischer ist die Zeitdiagnose Eugen Diesels. Die landschaftsverändernde Kraft der industriellen Entwicklung faßt er 1931 im Begriff der »Maschinenlandschaft« zusammen und stellt diese in die umfassende Abfolge von »Natur-Kultur-Maschinenlandschaft«[143]. Die Umwelt des Menschen wird von neuen Faktoren determiniert: »Die Veränderlichkeit der Umstände in der Landschaft ist eine Funktion aus Ziffer, Apparat, Geschwindigkeit, Maschine.« Es ist nicht mehr zu ignorieren, daß der Planet »von einer Schicht der Verrechnung eingehüllt« (20) ist: »Rohstofflandschaften, Abarten der Maschinenlandschaft wuchern nach Funktionen unserer neuen Schicksalssphäre, auf Befehl des Kapitals mit Öl, Erz, Kohle empor.« (20f.) Trotzdem bleiben die alten Elemente der Natur- und Kulturlandschaft erhalten, wenn auch nur nach Maßgabe ihrer Funktionalisierbarkeit in einem längst verselbständigten und völlig unanschaulichen Kapitalfluß, der Zeit und Raum negiert und damit auch die Gestalthaftigkeit der Kulturlandschaft einebnet, schließlich mit deren »Ehrfurchtsmitte« (22) die allerletzte Erinnerung an die Akropolen der idealen Landschaft vernichtet. Der geologisch gebildete Autor erkennt, daß nicht mehr von einer Ganzheit, vielmehr von der Überlagerung von Schichten gesprochen werden muß: »Man sehe die Maschinenlandschaft in Europa über die Kulturlandschaft hingebreitet wie eine geologische Schicht über die andern. Mathematische Gerade, Kurven, Körper durchziehen sie in Eisen, Stein und Asphalt.« (20) Es kommt zu den schon von Huysmans beobachteten chaotischen Gemengelagen: »Die unbarmherzige Ineinanderknetung der alten und der neuen Schicksalsschichten läßt die zunächst unerwünschten Differenzen scharf hervortreten.« (24) Sollte diese Entwicklung nicht zu einer Depravierung alles Menschlichen führen, so bliebe für die Zukunft eine Vereinigung der drei Landschaftstypen zu einer höheren Einheit

---

141 FRIEDRICH NAUMANN, Die Kunst im Zeitalter der Maschine (1904; Berlin 1908), 20.
142 FILIPPO TOMMASO MARINETTI, Il paesaggio e l'estetica futurista della macchina (1931), in: Marinetti, Teoria e invenzione futurista, hg. v. L. De Maria (Mailand 1983), 636.
143 EUGEN DIESEL, Die Umgestaltung der Welt. Zur Frage unseres technischen Schicksals (Stuttgart/Berlin 1931), 32.

zu hoffen; die »alten Herrlichkeiten« könnten dann »zwischen neuen Erlebnisgittern« (32) Platz finden. Inzwischen haben sich Diesels düstere Vorahnungen erfüllt. In den führenden Industriestaaten wird in den 50er Jahren eine Epochenschwelle der Mensch-Umwelt-Beziehung überschritten, die das in Mitteleuropa immerhin über ein Jahrtausend bewahrte Gleichgewicht der Kulturlandschaft in einen neuen Landschaftstypus transformiert, den Rolf Peter Sieferle die »totale Landschaft«[144] nennt. Für den überzeugenden Begriff steht leider ein unglücklich gewählter Terminus, denn nicht die Landschaft wird total, sondern deren ökonomisch-technische Überformung. Nun wird alles einer durchgreifenden Verwertungsdynamik unterworfen, die über alle rationalen Schutz- und Steuerungsmaßnahmen triumphiert: »Die Physiognomie der totalen Landschaft ist ein Residualprodukt einer Vielzahl von Handlungen, die jeweils eigene Zwecke verfolgen.« (220) Diese Landschaft ist von stilloser Heterogenität und gehorcht dem Prinzip »sekundärer Naturwüchsigkeit« (216). In diesem Sinne einer genetischen Morphologie so anderer, nämlich ökonomisch-technischer Art spricht Günther Moewes von der modernen Landschaft als dem »Abbild ökonomischer Permissivität«, eines Wirtschaftswachstums, das die Ökosysteme unter ihre Mindestgröße drückt, damit die Regenerationsfähigkeit der Natur beeinträchtigt und schließlich zur Zerstörung der menschlichen Lebensvoraussetzungen führen muß. Landschaft wird zur blinden Resultante eines längst irrationalen Zwecken unterworfenen Arbeitsvermögens. Doch erscheint Moewes die Entwicklung von der »Ressource Landschaft« zum »Landschaftsmüll«[145] nicht zwangsläufig, so daß er immer noch an eine Entscheidungsmöglichkeit zwischen »Landschaft oder Arbeitswüste« (107) glauben kann.

Die zu solchen synkretistisch-totalitären Gebilden gesteigerte Industrielandschaft ist längst zum Gegenstand einer ästhetischen Landschaftswahrnehmung geworden, die sich seit Ernst Blochs *Ludwigshafen – Mannheim* (1928) im Essay ausspricht und ihr Grundmuster, wie Stadt- und Kriegslandschaft, im Kontrast von Gestalthaftigkeit und Formlosigkeit: im Montageprinzip findet. Dem Denken in sozialhistorischen Kategorien erschließt sich die Industrielandschaft als historische

Landschaft, deren wirr gehäufte Motive, neue wie alte, allein durch den Kapitalfluß zusammengehalten werden.

Auf einer Reise durch Württemberg erlebt Brigitte Wormbs, daß die »Neckartalauen Hölderlins, Schubarts, Uhlands zur ›Region Mittlerer Neckar‹ ausgenüchtert wurden«[146], daß »die zitierte Kulturlandschaft, als klassische Landschaft und romantische drinnen im Kopf noch beinahe unversehrt erhalten, da draußen den diskreten Verknüpfungen des besagten Wirtschaftsraums immer offensichtlicher ins Netz geht.« (85) Es ist »das hinter den Gittern von Allgemeinheiten noch durchschimmernde Besondere dieser Gegend«, das so schmerzlich berührt: »Täglich überfährt die mobile, die transportable, montierbare, die moderne Fertiglandschaft, großspurig, aggressiv und schneidig, viele Hektar Wald, Ackerland, Dorf und Stadt.« (98) Wie alle Phänomene hat aber auch diese »Vollzugslandschaft«, in der die nichtswürdigste Vorläufigkeit herrscht und nur noch technisch-ökonomische Funktionen gelten, ihre eigene Anmutungsqualität. Ihr Anblick »scheint uns mit der Begradigung der Flüsse, der Wege und der Sprache auch die Heftigkeit der Empfindungen auszutreiben. Anstelle aufrüttelnder Qual beschleicht uns chronische Depression im stumpfsinnig erlittenen Gedächtnisschwund.« (93) Die Zerlegung der Landschaft in diskrete Einheiten ist sprachnah, dies aber auf besondere Weise: »Innerlich bemächtigt sich mit den Warnungen, Geboten und Verboten am Straßenrand auch unseres Unterbewußtseins die scheinbare Selbstverständlichkeit jener unpersönlichen, subjektlosen Sprache, deren Anwendung wie die Bedienung von Maschinen funktioniert.« (96) Da bisher Mannigfaltigkeit und Differenziertheit noch von jeder Landschaft zu erwarten waren, verschlägt einem die Reduktion auf primitivste Signale, wie sie erst mit der modernen Industrie möglich geworden ist, die Sprache.

---

144 ROLF PETER SIEFERLE, Rückblick auf die Natur. Eine Geschichte des Menschen und seiner Umwelt (München 1997), 205.
145 GÜNTHER MOEWES, Landschaft oder Arbeitswüste, in: Dialektik, H. 2 (1994), 110.
146 BRIGITTE WORMBS, Schattenreise nach Marbach am Neckar, in: Kursbuch 52 (1978), 83.

Angesichts des Ruhrgebiets, der »fabrizierten Landschaft«, fragt Rainer Gruenter: »Landschaft – ist das nicht ein befremdlicher und – innerhalb eines ästhetischen Placements von Räumen – ein unzulässiger Begriff, um den ästhetischen Charakter einer kruden Würfelung von Fabriken, Zechen, Kohlenhalden, Kanälen, Brücken, Siedlungen unter einem chemischen Himmel zu bezeichnen?«[147] Trotzdem schlägt er diese naturfernen Szenerien mit Recht der Landschaft zu. Die Voraussetzung, die ein solches Konglomerat immer noch zur Landschaft macht, ist die Fähigkeit des in dieser Umwelt großgewordenen Menschen, sie als Lebensraum zu begreifen und ihr ebensogut Ausdrucksanmutungen abzugewinnen wie der freiwüchsigen Natur. Unter gewissen Umständen paßt diese Umwelt sogar in die alte Kategorie der Ruinenlandschaft. Wenn die Fabriken »durch ›Liebesentzug‹ des in Krisen radikalisierten Kapitals« (165) stillgelegt werden und dies keine Existenzvernichtung in der Gegenwart, wohl aber das Ende einer Zukunftsdrohung bedeutet, wird der Luxus einer ästhetischen Kontemplation möglich, die sich aus dem Archiv der Bildungsschätze speist. Werden Industrien stillgelegt, ändert sich ihr Ausdruck: »Verlassene Maschinen, Geräte fixierter Zwecke, und ihre Werkstätten haben mit ihren Zwecken auch ihre raison d'être, den Sinn ihrer Installation verloren, und sie stehen nur noch als abgestellte Undinge im Wege einer weitereilenden Produktion.« (163) Nun erst kann man mit den Werkhallen sympathisieren: »Die Welt der technischen Begierden [...] breitet sich aus als Landschaft der Melancholie. Es ist heute die rostdunkle Landschaft einer geschichtlich und technisch zu Ende gekommenen Industrie« (164). Kann so die Industrie von gestern nach Modellen von vorgestern wahrgenommen werden, so bleibt doch die Frage, wie dem nach wie vor selbstherrlich operierenden Kapital ästhetisch beizukommen sei.

Gewiß bot schon die Kulturlandschaft größtenteils »sozial konstituierte Natur«[148], doch blieb die Regenerationsfähigkeit der Ökosysteme grundsätzlich erhalten. Jetzt aber werden selbst die geschützten Naturräume und Kulturlandschaften der allgemeinen Verwertungsdynamik »flächendeckend« unterworfen. Dem Problem, »wie Landschaft konstruiert werden soll«[149], zeigt sich die Gegenwart grundsätzlich nicht gewachsen. Daß der »semantische Hof des Wortes Landschaft«[150] trotz allem der traditionellen Kulturlandschaft verhaftet bleibt, hat weniger mit dem Beharrungskräften überlebter Zustände zu tun als mit einem gewissen normativen und utopischen Moment. In der Epoche ihrer Zerstörung wächst der Kulturlandschaft eine neue Bedeutungsdimension zu, sie erscheint nun als »Antizipation einer humanisierten inneren und äußeren Natur« (23).

Sobald in der technischen Verwüstung und im Landschaftsmüll deutlicher noch als einst im »Schutt des heiteren Athens«[151] ein Weltzustand erkennbar wird, ist es Sache der Kunst, sich dieses Ausdrucksphänomens zu bemächtigen. Die »politische Landschaft[152]«, erstmals 1849 als Terminus belegt, war bisher eine Möglichkeit neben anderen; jetzt spätestens ist jede Landschaft politisch. In der chaotischen Aufhäufung von Warenfetischen und Industrieabfällen, von Herrschafts- und Kollektivsymbolen, von massenmedialen Ikonen und den lädierten oder auch aufgeschmückten Versatzstücken alter Kultur finden die Anonymität der herrschenden Mächte und der Selbstlauf der Sachzwänge ihr adäquates Bild.

In der bildenden Kunst gehören hierzu die in den siebziger Jahren geschaffenen »Müllkipplandschaftsmontagen«[153] des Kölners HA Schult (geb. 1939), Bildobjekte, in denen die Landschaft der

---

147 GRUENTER, Die Poesie der Gestelle. Industrie als Landschaft, in: Sinn und Form 45 (1993), 163.
148 GERNOT BÖHME, Was ist sozial konstituierte Natur?, in: Ökologische Forschung zwischen Realität und Utopie. Materialien der Arbeitstagung in Gießen, März 1983, hg. v. Öko-Institut, Institut für Angewandte Ökologie e. V. (Freiburg 1983), 27 f.; vgl. HANSJÖRG KÜSTER, Geschichte der Landschaft in Mitteleuropa. Von der Eiszeit bis zur Gegenwart (München 1999).
149 SIEFERLE (s. Anm. 144), 218.
150 HARD/ADELHEID GLIEDNER, Wort und Begriff Landschaft anno 1976, in: F. Achleitner (Hg.), Die WARE Landschaft. Eine kritische Analyse des Landschaftsbegriffs (Salzburg 1977), 18.
151 FRIEDRICH HÖLDERLIN, Hyperion oder der Eremit in Griechenland (1797/99), in: HÖLDERLIN (GSA), Bd. 3 (1958), 135.
152 WARNKE (s. Anm. 21), 9.
153 EBERHARD ROTERS, HA Schult, in: Kunstforum international 1 (1973), H. 4/5, 169.

Großstädte und der Industrie, der Stadtränder und jene schwer definierbaren Unorte und infernalen Regionen, die als unverdauliche Reste der Verwertungsdynamik liegenbleiben, von Müll und Zeitungsphrasen, von zusammengesinterten Chemieabfällen, Schrott und sogar von Bakterienkulturen überdeckt werden. Arbeiten wie *Biokinetische Konsumlandschaft Essen 1973* oder *Deutsch-Land* (1986) sind Inbilder einer Industriewelt, deren irrgängige Steigerungsdynamik die Erde unbewohnbar macht. Und dabei wird das Überdeckungsprinzip auch insofern durchgehalten, als sich diese Arbeiten als Travestie der klassischen Landschaftsvision erweisen. In der Aktion *Venezia vive* (1976) hat Schult die Schichtung zur Realmontage werden lassen, für zehn Stunden bedeckten 15 000 kg ›Konsumliteratur‹ den gesamten Markusplatz als temporäres und vielseitig auslegbares Denkmal.[154]

Peter Kennard (geb. 1949), in London arbeitend, verfremdet John Constables *Hay Wain* (1821) auf einem Plakat von 1983 zur mobilen Abschußrampe und fügt noch ein Wort des Malers hinzu, dessen Sinn in diesem Zusammenhang ins Gegenteil umschlägt: »There has never been an age, however rude or uncultivated, in which the love of landscape has not in some way been manifested.«[155]

Unbefriedigt vom Stimmungshaften und inspiriert vom geologischen Blockdiagramm, findet der Leipziger Graphiker Peter Sylvester (geb. 1937) in Schichtung, tektonischer Verschiebung und Brechung die einem hochabstrakten bildnerischen Denken zugehörigen Mittel, um den Konflikt von Industrie und Natur, von technischem Machbarkeitswahn und kosmischer Landschaft darzustellen. In diesen geognostisch-historischen Landschaften völlig neuer Art hat Volker Braun 1983 eigenes Bemühen wiedererkannt: »Frühe Blätter konnten *Schneekoppe im Riesengebirge* oder *Straßenbahnhof Möckern* heißen, nun heißen sie *Geteilte Landschaft, Verschiedene Realitäten, Landschaftsbrechungen, Historie einer Landschaft.* – Antithetischer Aufbau nicht nur der Bildelemente sondern der Bildidee, in der sich die Widersprüche nicht beruhigen. So wird die Wucht und Lebendigkeit der Natur-/Geschichtsbewegung und zugleich das Fahrlässige menschlichen Handelns auf der Erde und im Kosmos sinnlich erfaßt.«[156] In Brauns Text *Bodenloser Satz* (1989) wird die Tagebaulandschaft zur Erinnerungslandschaft der DDR, der Raubbau an der Natur zum Bild einer selbstzweckhaften Produktion, die dem Leben den Boden entzieht. Und dieselbe Verlaufsfigur der Entstellung, Verkehrung und Selbstzerstörung gilt für die großen Losungen, daß nämlich alles »VON GRUND AUS ANDERS«[157] hatte werden sollen, »damit die Springquellen des Reichtums flössen« (1243).[158] So wird der Text selbst zum intertextuellen Trümmerfeld, zur Katastrophenlandschaft.

Freilich wird derselbe Krieg überall geführt – und mit demselben Ergebnis, wenn nicht heute so morgen. Brecht konnte noch trauern, daß »Ein Gespräch über Bäume fast ein Verbrechen ist / Weil es ein Schweigen über so viele Untaten einschließt!«[159] Seitdem hat sich viel geändert, für Heiner Müller muß wieder »Geschichte im Naturzusammenhang« gesehen werden: »Finstere Zeiten, als ein Gespräch über Bäume fast ein Verbrechen war. Die Zeiten sind heller geworden, der Schatten geht aus, ein Verbrechen das Schweigen über die Bäume.« Der Grund hierfür liegt offen zutage: »Inzwischen ist der Krieg der Landschaften, die am Verschwinden des Menschen arbeiten, über sie verwüstet hat, keine Metapher mehr.«[160] In dem Stück *Verkommenes Ufer Medeamaterial Landschaft mit Argonauten* (1983) läuft alles auf eine Katastrophenlandschaft zu, in der die Wechselbeziehung von Natur- und Selbstzerstörung des Menschen kraß hervortritt. Ganz im Sinne dieser Destruktionsdynamik verwandelt sich Hölderlins »Was blei-

---

154 Vgl. EUGEN THIEMANN u. a. (Hg.), HA Schult. Der Macher [Ausst.-Kat.] (Köln 1978), 103.
155 CONSTABLE (s. Anm. 101), 407.
156 VOLKER BRAUN, [Faltblatt für Peter Sylvester] (1983), in: Braun, Texte in zeitlicher Folge, Bd. 8 (Halle 1992), 289.
157 BRAUN, Bodenloser Satz, in: Sinn und Form 41 (1989), 1241; vgl. HÖLDERLIN (s. Anm. 151), 89.
158 Vgl. KARL MARX, Randglossen zum Programm der deutschen Arbeiterpartei (1890/91), in: MEW, Bd. 19 (1962), 21.
159 BERTOLT BRECHT, An die Nachgeborenen (1934–1938), in: Brecht, Hundert Gedichte 1918–1950 (Berlin 1959), 305.
160 HEINER MÜLLER, Shakespeare eine Differenz (1988), in: Müller, Material. Texte und Kommentare, hg. v. F. Hörnigk (Göttingen 1989), 107.

bet aber, stiften die Dichter«[161] in »WAS BLEIBT ABER STIFTEN DIE BOMBEN«[162].

Hilmar Frank

IV. Landschaft in Literatur und nicht-literarischer Prosa

Die in Wörterbüchern und Konversationslexika dokumentierte Wortgeschichte weist aus, daß Landschaft semantisch dominiert wird entweder durch das Verständnis Gegend, Land, Provinz oder durch das Verständnis einer Wahrnehmung bzw. der bildlichen Darstellung der Wahrnehmung eines Stückes Erdoberfläche.[163] Ein unmittelbares Verständnis von Landschaft als literarische Landschaft gibt es nicht. Der Begriff Landschaft in Texten steht folglich unter der Dominanz der beiden Paradigmen ›Gegend‹ und ›Bild‹. Seine Geschichte ist darstellbar als Folge von Übergängen in andere Paradigmen.

Im engeren Sinne eines ästhetischen Grundbegriffs meint Landschaft die ästhetische Erfahrung der sinnlich erschlossenen Natur. Die wahrnehmbare Natur muß in einen spezifischen Modus der Rezeption und des subjektiven Erlebens transformiert werden, um Landschaft zu sein. Diese Transformation der Natur in Landschaft, die Erfassung der Natur als Landschaft, ist nur unter bestimmten historischen wie systematischen Voraussetzungen möglich. Sie impliziert (1) ein Subjekt der Erfahrung, (2) ein perspektivisches Wahrnehmungssystem mit dem Subjekt als Blickpunkt, (3) eine spezifische Form des Sich-Wissens und Sich-zu-sich-Verhaltens des Landschaftssubjekts (eine Struktur der Subjektivität), (4) einen Satz von Interpretationskonventionen, anhand derer Landschaft als das Produkt einer Transformationsleistung gesichert und auf verschiedenartige hermeneutische Rahmenbedingungen bezogen werden kann, (5) einen expliziten, partialen Begriff von Natur, die primär als die dem Menschen begegnende und ihn umgebende Welt (Naturdinge im Gegensatz zu den Produkten menschlicher Tätigkeit) begriffen wird, nicht vorrangig als die in der materiellen Welt wirkende kreative und regulative Kraft (die als sie selber unsichtbar ist). Landschaft als genuin innovatives ästhetisches Konzept hat infolge der in ihm verbundenen Faktoren sowohl einen historischen Anfang um 1700 mit einer Vorgeschichte wie ein Ende um 1900, nach welchem Landschaft kaum noch als künstlerisch-ästhetisch innovativer Begriff, vielmehr als bewußte Wiederholung eines etablierten Schemas aktualisiert bzw. produktiv destruiert oder metaphorisch transformiert wird. Das Schema Landschaft unterbreitet einen Vorschlag, die Wirklichkeit in einer eigentümlichen Weise wahrzunehmen, sie in einem prägnanten Modus der Hinsichtnahme zu konstituieren. Das Konzept Landschaft trainiert einen Blick, unter dem sich Natur prinzipiell als – jedenfalls latente – Landschaft darstellt. Die Natur ahmt die Kunst bzw. das die Kunst leitende Interesse nach, indem sie sich als Landschaft wahrnehmbar macht. Auch aus diesem ästhetischen Grundcharakter von Landschaft läßt sich die historische Begrenzung des Konzepts wie des Begriffs erkennen. Denn erst eine Kunstauffassung, die diese Umkehrung des Nachahmungsgedankens ausdrücklich formuliert oder doch zu formulieren erlaubt, kann Landschaft als Grundbegriff entfalten. Andererseits gibt der Übergang von der ästhetischen Kreativität zur rhetorischen Konstruktion aber auch die Verbrauchbarkeit dieses Konzepts an. Denn in dem Augenblick, da eine bestimmte Landschaftsform fixiert, beliebig reproduzierbar und auf außerästhetische Zwecke hin funktionalisiert wird, erstarrt sie zur Schablone. Landschaft kann dann künstlerisch (ästhetisch) nur noch wirksam werden als Inversion,

---

[161] HÖLDERLIN, Andenken (1803), in: HÖLDERLIN (GSA), Bd. 2 (1953), 198.
[162] MÜLLER, Verkommenes Ufer Medeamaterial Landschaft mit Argonauten (1983), in: Müller, Stücke (Berlin 1988), 193.
[163] Vgl. z. B. ›Landschafft‹, in: ZEDLER, Bd. 16 (1737), Sp. 489; ›Landschaft‹, in: MEYER, Bd. 10 (1867), 546; ›Landschaft‹, in: BROCKHAUS, Bd. 10 (1885), 787; ›Landscape‹, in: OED, Bd. 6 (1933), 53 f.; ›Paysage‹, in: DIDEROT (ENCYCLOPÉDIE), Bd. 12 (1765), 212; ›Paysage‹, in: Dictionnaire alphabétique et analogique de la langue française, hg. v. P. Robert, Bd. 5 (1966), 67 und ›Paysage‹, in: Grand Larousse de la langue française en sept volumes, Bd. 5 (Paris 1976), 4100.

Parodie, Verfremdung der Landschaftsschemata, bis hin zur Destruktion der konstitutiven Elemente von Landschaft; sie tritt in die Phase ihres Nachlebens und ihrer auf Dauer gestellten Anachronizität ein. Die Entdeckung der Vorgeschichte wie die Reflexion auf die historische Limitiertheit des Konzepts Landschaft sind selber wesentlicher Teil der Begriffsgeschichte[164], desgleichen die Gewärtigung der fast invarianten Stabilität von Landschaft über einen Zeitraum von 200 Jahren.

Für literarische Landschaften gelten im Vergleich zur Landschaft der bildenden Künste einige wichtige Sonderbedingungen. Vorab lassen sich drei Funktionen von Landschaft in Literatur angeben:

1. Literarische Landschaften sind, sofern sie in Beschreibungen entworfen und dem Vorstellungsbewußtsein gegeben werden, historisch und ästhetisch Imitationen malerischer Landschaften. Sie sind dies in dem Maße, wie es zu Bedingungen des sprachlichen Mediums überhaupt möglich ist, Gegenstände für die Anschauung zu entwerfen. In dieser Hinsicht ist das Landschaftsproblem in der Literatur kongruent mit dem Deskriptions-, Vorstellungs- und Illusionsproblem und mit dem Problem der Möglichkeit einer sprachlichen Nachahmung von Wirklichkeit überhaupt. Nur im Rahmen dieser Möglichkeit entfaltet auch die Geschichte der literarischen Landschaften eine Typenvielfalt, die der Auffächerung malerischer Landschaften in Pastoral-, Welt-, Regional-, Ideal-, Symbol- oder Stimmungslandschaft entspricht.

2. Das literarische Medium ist besonders geeignet, eine Reflexion auf die Bedingungen von Landschaftserfahrung zu ermöglichen, insbesondere eine Selbstreflexion des Landschaftssubjekts (Reflexion auf die am Landschaftserlebnis beteiligten Vermögen und ihren Status für die Subjektkonstitution). Während Landschaft als deskriptiver Sachverhalt auf der Ebene des Dargestellten entworfen oder benannt wird, vollzieht sich diese Reflexion im Medium des literarischen Diskurses. Deshalb ist die Iteration der Wirkung in das Sujet in Literatur besonders ausgeprägt: Die intendierte (schöne, erhabene oder pittoreske) Wirkung wird vom fiktiven Landschaftssubjekt vorerlebt; die Subjektkonstitution vis-à-vis der in Landschaft transformierten Natur wird poetisch inszeniert.

3. Die zur Landschaft transformierte Natur ist vielfältiger Funktionalisierungen fähig (philosophischer, theologischer, ethischer, politischer, autobiographischer). Auch diese Zwecksetzungen von Landschaft werden in der Literatur nicht nur vollzogen, sondern durch Reflexion wahrnehmbar gemacht, durchgespielt, in die Wirkungsdimension als Angebot übersetzt.

1. Vorgeschichte

Von Natur als Landschaft kann nicht die Rede sein, wo die Sphäre des sinnlich Erscheinenden noch nicht (oder nicht mehr) als ein Gegenstands-, Geltungs- und Gestaltungsbereich aus eigenem Recht und eigener sinnhafter Konsistenz begriffen oder anerkannt wird, wo das Interesse primär dem unter oder über der phänomenalen Oberfläche Liegenden gilt oder wo die Naturdinge sich vorrangig im Aspekt der dem Menschen begegnenden Zwänge und Gefahren darbieten. Wo die sinnliche Positivität der Dinge sogleich zum Zeichen wird für Idealgestalten oder Wirkkräfte, für Über- und Unsinnliches jeder Art, für Arbeit und Unfreiheit, wo das Äußere bloßes mediatisiertes Zeichen ist, dort haben wir es mit der Vor- oder Randgeschichte der Landschaft zu tun. Entscheidend für Möglichkeit und Reichweite sowie für die ästhetische Produktivität und Relevanz des Landschaftskonzepts ist die Emanzipation der sichtbaren Naturphänomene aus theologischen, metaphysischen, spekulativen oder ideologischen Interpretationsrahmen, ist also die Partialisierung der früheren Extension des Naturbegriffs derart, daß ›Welt‹, ›Natur‹, ›Wirklichkeit‹ und ›Landschaft‹ gegeneinander abhebbar werden. Dies wiederum hängt zum guten Teil ab von dem vorausgesetzten universalen Weltverständnis, vom angenommenen Verhältnis zwischen Sichtbarem und Unsichtbarem, aber auch z. B. von der polemischen bzw. oppositiven Stellung von ›Natur‹ gegenüber ›Kultur‹, ›Zivilisation‹, ›Geschichte‹ usw. Erst wo Natur depotenziert wird zu einem Teilbereich des Wirkli-

---

[164] Vgl. z.B. SCHILLER (s. Anm. 78), 265–283; JACOB BURCKHARDT, Die Kultur der Renaissance in Italien (1860), hg. v. H. Günther (Frankfurt a.M. 1989), 292–301.

chen (und nicht mehr der Generalterminus dafür ist), wo vielleicht gar nur die Oberfläche des Seienden als Natur bezeichnet wird, dort ist auch die Möglichkeit mitgesetzt, diese zu strukturieren, zu perspektivieren, zu subjektivieren, sie also landschaftlich zu akkommodieren.

Vor diesem Hintergrund gibt es weder in antiken noch mittelalterlichen noch frühneuzeitlichen Texten Landschaften. Schilderungen natürlicher Lokalitäten bei Homer, Theokrit und Vergil[165] bauen Wunschorte, topisch-rhetorische Szenerien, chiffrieren einen ›locus amoenus‹. Der Begriff Landschaft fehlt vollständig. Jedoch bietet Plinius mit ›topiarius‹ ein annäherndes Äquivalent.[166] Auch das Wort »scaena«[167] kann als Bezeichnung einer unter latent ästhetischem Interesse gesehenen Natur verstanden werden. In Dantes Divina Commedia (um 1307–1321) (Canto 4) gibt es zwar während des Aufstiegs auf den Läuterungsberg einen Rückblick in die »bassi liti«[168], doch auch hier sind weder Begriff noch Konzept der Landschaft realisiert. Francesco Petrarcas Brief vom 26. April 1336 über seine Besteigung des Mont Ventoux thematisiert und reflektiert die Rahmenbedingungen möglicher Landschaftserfahrung, er vermittelt aber keine Landschaft. Ebenso wie seine Prosa enthält auch Petrarcas Lyrik keine Landschaft im Sinne eines Beschreibungsgegenstandes und auch nicht den Begriff Landschaft. Erst in Leonardo da Vincis

theoretischen Überlegungen zur Einbeziehung der subjektiven Sichtweise in die geometrisch konstruierte Perspektive taucht der Begriff Landschaft auf, als ›canpagnie‹ oder ›paesi‹[169]. Bedeutsam ist die Entwicklung des engl. Wortes ›landskip‹ im 17. Jh. Dieser Begriff meint primär ein Landschaftsgemälde; er wird aber auch bereits auf das Korrelat einer subjektiven Wahrnehmung angewandt.[170] Noch 1669 verwendet andererseits Grimmelshausen Landschaft als einfaches Synonym für Festland (im Gegensatz zu Insel):»und weil wir weder nahe noch fern keine Landschafft: sonder nur Wasser und Himmel sahen / wurden wir beyde betrübt«[171]. In einem so repräsentativen Text wie Joseph Addisons Spectator (1711–1714) schließlich ist Landschaft als ästhetische Naturszene in Parallele zur Bildkunst bestimmt, wenn es von der Imagination heißt, sie könne auch im Kerker »Scenes and Landskips more beautiful than any that can be found in the whole Compass of Nature«[172] entwerfen.

2. 18. Jahrhundert

Im Laufe des 18. Jh. bleibt Landschaft weitgehend an das Vorbild eines gemalten Natursegments gebunden, der Begriff reichert sich jedoch deutlich mit anderen semantischen Komponenten an. Landschaft als Naturbild wird bis ca. 1770 modifiziert oder ergänzt durch Landschaft als Gottesbeweis, Landschaft als kontrollierte Betätigung der Imagination, Landschaft als Zivilisationskritik oder Naturforschung. In anderer Terminologie ließe sich auch sagen, daß Landschaft vom Bild(ut pictura)-Paradigma zusätzlich übergreift in die Paradigmen des Wissens, der Temporalität, der Assoziation, der Empfindsamkeit und der Reflexion. Nicht immer freilich stellen jene Quellen, die den Landschaftsbegriff explizit aufführen, auch die bedeutsamsten Belege für diese Entwicklung bereit; Landschaft als Konzept und Landschaft als Begriff liegen auf nur teilweise konvergierenden Bahnen.

a) Poetische und theoretische Texte
Bereits im frühen 18. Jh. wird das ut-pictura-Paradigma, welchem der Landschaftsbegriff vorrangig zugeordnet bleibt, in bemerkenswerter Weise ergänzt und ausdifferenziert. Hierfür liefern vor al-

---

165 Vgl. HOMER, Od. 5, 63–74; 7, 112–131; 9, 116–141; THEOKRIT, Idyllia 7, 135–146; 22, 34–43; VERGIL, Aen. 6, 179–192, 637–641.
166 Vgl. PLINIUS, Nat. 4, 8, 29; ähnlich noch VITRUV, De architectura 7, 5 o. VARRO, Rust. 1, 13, 7.
167 VERGIL, Aen. 1, 164.
168 DANTE ALIGHIERI, La Commedia (um 1307–1321), in: Dante Alighieri, Le opere, hg. v. der Società Dantesca Italiana, Bd. 7/3 (Verona 1967), 59.
169 Vgl. LEONARDO DA VINCI, Eintrag Nr. 460 (1513–1515), in: Da Vinci, The Notebooks, hg. v. J. P. Richter, Bd. 1 (New York 1970), 231 f.
170 Vgl. JOHN MILTON, L'Allegro (1632), in: Milton, Poetical Works, hg. v. D. Bush (London 1966), 90; MILTON, Paradise Lost (1667), in: ebd., 242, 302.
171 HANS JACOB CHRISTOFFEL VON GRIMMELSHAUSEN, Continuatio des abentheurlichen Simplicissimi (1669), in: Grimmelshausen, Werke, hg. v. D. Breuer, Bd. 1/1 (Frankfurt a. M. 1989), 659.
172 JOSEPH ADDISON, The Spectator Nr. 411 (1712), hg. v. G. Smith, Bd. 3 (London 1973), 277.

lem engl. Texte reiche Belege. In einem typischen Landschaftsgedicht[173] stehen nebeneinander: Landschaft (landskip) als ein mit Worten zu malender Gegenstand (Z. 14), Landschaft als panoramatisch (»prospect«, Z. 37) erschlossene »open scene« (Z. 44) sowie Landschaft als die die Wahrnehmung und das menschliche Gemüt belebende und belehrende Welttotalität (Z. 104). Das gemäldeartige Natursegment wird transzendiert hin auf das Wahrnehmungssubjekt, auf den Weltenurheber und die im bloßen Ausschnitt mitgegebene Ganzheit der Welt. Ähnlich erweitert Addison den Begriff Landschaft, wenn er Gesteinsmuster oder Wolkenbildungen als »accidental Landskips«[174] bezeichnet und diese Korrelate unserer Wahrnehmungs- und Vergleichstätigkeit physiko-theologisch auslegt. Unser Vergnügen an der Entdeckung oder (in der Gartenkunst) Herstellung von Landschaft erschließt unmittelbar die Gewißheit einer von Gott für den Menschen erschaffenen Welt. Bemerkenswert ist, daß wiederum Addison schon 1710 den Landschaftsbegriff auf die wilde Natur anwendet, wenn er einen Traum schildert, in welchem er einen lieblichen Ort (»such a Paradise«) inmitten einer unwirtlichen Alpenszenerie erblickt: »amidst the Wildness of those cold, hoary Landskips«[175].

Landschaft meint neben der Hauptbedeutung ›malerische Naturszene‹: Resultat eines in die Natur eingreifenden Prozesses der wahrnehmenden, empfindenden, reflektierenden oder handfest arbeitenden Transformation. Die Natur wird Landschaft, insofern sie sich den Erwartungen und Anforderungen des Bewußtseins unterwirft; sie wird damit zur Spiegelung dieses Bewußtseins. Die Welt zerlegt sich in zahllose verschiedene Landschaften, die ihre Bedeutung nicht in sich tragen, sondern sie in dem finden, was sie indizieren. Entsprechend erweitert sich der Bedeutungsumfang von Landschaft. Das kann durch Hinzufügung eines qualifizierenden Attributs geschehen: optische Täuschungen werden als »watry Landskip«[176] oder »inverted landscape«[177] markiert, Landschaft im Sinne einer offenen Totalität als »stretching landskip« (106). Jedoch sind jene Quellen begriffsgeschichtlich bedeutsamer, die den experimentellen oder transitorischen Status von Landschaft thematisieren und in die Begrifflichkeit eintragen. So he-

ben schon die Titel einzelner Gedichte von Barthold Heinrich Brockes diesen Pluralisierungscharakter der Landschaft heraus: *Die, durch eine schöne Landschaft in der Luft, vermehrte Schönheit einer irdischen Landschaft* (1724)[178] oder *Die durch Veränderung von Licht und Schatten sich vielfach verändernde Landschaften* (1724)[179]. Landschaft wird zu einer Spielszene, deren unerschöpfliche Wandelbarkeit eine Ahnung Gottes vermittelt; der Begriff Landschaft eignet sich die semantische Komponente ›relativ zu‹ an. Daß Landschaft nicht einfach ein normatives Ideal, sondern ein kontingentes Konstrukt ist, ist wieder in engl. Quellen besonders deutlich belegt. So weist George Turnbull der Landschaftskunst eine naturforschend-experimentelle Funktion zu: »What are Landscapes and Views of Nature, but Samples of Nature's visible Beauties, and for that Reason Samples and Experiments in natural Philosophy?«[180] Edward Young erkennt die produktive Funktion der menschlichen Sinne, die das erzeugen, was sie zu empfangen scheinen, und auf diese Weise »Take in, at once, the Landscape of the world«[181]. Mit dieser Prägung ist Landschaft zu einem erkenntnistheoretischen Schlüsselbegriff

---

173 JOHN DYER, Grongar Hill (1726), in: Dyer, Poems (Westmead 1969), 9–16.
174 ADDISON (s. Anm. 172), Nr. 414, 285.
175 ADDISON, The Tatler No. 161 (1710), in: J. D. Hunt/P. Willis (Hg.), The Genius of the Place. The English Landscape Garden 1620–1820 (London 1975), 139 f.
176 ALEXANDER POPE, Windsor-Forest (1713), in: Pope, The Poems, hg. v. E. Audra/A. Williams, Bd. 1 (London/New Haven 1961), 169.
177 JAMES THOMSON, The Seasons (1730/1744), in: Thomson, Poetical Works, hg. v. J. Logie Robertson (London 1908), 98.
178 BARTHOLD HEINRICH BROCKES, Die, durch eine schöne Landschaft in der Luft, vermehrte Schönheit einer irdischen Landschaft (1724), in: Brockes, Auszug der vornehmsten Gedichte aus dem Irdischen Vergnügen in Gott (1738; Stuttgart 1965), 143.
179 BROCKES, Die durch Veränderung von Licht und Schatten sich vielfach verändernde Landschaften (1724), in: W. Killy (Hg.), 18. Jahrhundert. Texte und Zeugnisse, 1. Teilband (München 1983), 378.
180 GEORGE TURNBULL, A Treatise on Ancient Painting (1740), in: V. M. Bevilacqua (München 1971), 145.
181 EDWARD YOUNG, Night Thoughts (1744), hg. v. S. Cornford (Cambridge 1989), 159.

avanciert; Landschaft bezeichnet die Einheit aus Naturdingen und mentalen Strukturen, die Nichttrennbarkeit von subjektiven Hinsichtnahmen und gegenständlichen Erscheinungen, kurzum: die Grundbeschaffenheit der für uns seienden Wirklichkeit. In einem der berühmtesten Landschaftsgedichte des 18. Jh., Thomas Grays *Kirchhofselegie* (1751), ist mit »glimmering landscape«[182] genau diese objektiv-subjektive Umprägung der Welt gemeint. Gray und Young haben damit eine Grundfigur des romantischen Landschaftsverständnisses um ein halbes Jh. antizipiert.

Um die Mitte des 18. Jh. ist ein stabiles Äquivalenz-Vokabular für Landschaft erarbeitet; in nur wenigen Zeilen gebraucht Salomon Geßner »Gemählde«, »Scenen«, »Natur« und »Gegenden«[183], wo er jedesmal auch Landschaft, freilich in je spezifischer Hinsicht, hätte einsetzen können; gleiches gilt von James Macpherson, der im Wechsel von »prospects«, »scenes« und »landscape«[184] spricht. Entsprechend muß Landschaft jeweils qualifiziert werden, wenn ein bestimmter Sinn getroffen werden soll: Von »landscape [...] in the reality«[185] spricht Edmund Burke, um die Vorzüge einer unbestimmt-poetischen Landschaftsschilderung zur Erzielung einer die humane Selbsterhaltungstendenzen aktivierenden erhabenen Wirkung gegenüber dem planen Augenschein zu verdeutlichen; von »natural landscape«[186] spricht Henry Home, Lord Kames, um die Natur als von keinem Arte-

fakt einholbares, unüberbietbar wirkungsmächtiges Gesamtkunstwerk auszuzeichnen – zwei Beispiele für eine unüberschaubare Fülle.

In den ästhetischen Schriften der zweiten Hälfte des 18. Jh. wird der Begriff Landschaft immer stärker den Assoziations-, Reflexions- und Temporalitätsparadigmen assimiliert. Denis Diderot verkehrt in seinen Landschaftsdeskriptionen das Verhältnis von Natur und Kunst, um den Effekt einer subjektiven Selbstvermittlung angesichts einer schönen Landschaft hervortreten zu lassen.[187] Salomon Geßner bestimmt die poetische Landschaft (etwa in den Dichtungen James Thomsons oder Brockes') als »ein Magazin von Gemählden und Bildern«[188], um auf den normativen wahrnehmungsprägenden Effekt literarischer Landschaften zu verweisen. Johann Georg Sulzer wiederum begreift Landschaft als philosophisch erschlossene Natur: Landschaft belehrt den Menschen darüber, daß es in der aus verschiedenartigen Gegebenheiten bestehenden Welt »Ordnung, Uebereinstimmung, Mannichfaltigkeit«[189] gibt; sie erlaubt eine unmittelbare Gewärtigung höherer Vermögen, Empfindungen und Bestimmungen. Als Landschaft läßt die Natur »eine zwar stumme, aber empfindsamen Seelen doch verständliche Sprache« entstehen. »Einige Wörter dieser Sprache müssen wir in jeder Landschaft lesen, wenn wir ihr einen Werth beylegen sollen. [...] An solchen redenden Scenen ist die Natur unerschöpflich« (148). Landschaft ist die belehrend sprechende Natur, die Natur als Forum menschlicher Selbstauslegung. In genau der gleichen Bedeutung wird Landschaft als Synonym für Landschaftsgarten oder Landschaftspark verwendet, so wiederum zuerst in engl. Quellen, z.B. bei Horace Walpole, der davon spricht, daß die Natur als »living landscape« in eine »new creation« überführt wird, derart, daß eine förmliche »school of landscape«[190] entsteht (vor 1770), ein Verständnis von Landschaft als Gartenlandschaft eben, welches der zur Landschaft befreiten Natur die Funktion einer humanen Selbstaufklärung und kommunikativen Selbstreflexion vindiziert.

Landschaft wird gegen Ende des 18. Jh. mehr und mehr als ästhetische Idee verstanden, als eine komplexe Anschauung oder Vorstellung der Natur, die unter keinen Begriff adäquat gebracht werden kann, dafür aber immer neue Assoziationen aus-

---

182 THOMAS GRAY, Elegy Written in a Country Churchyard (1751), in: R. Lonsdale (Hg.), The Poems of Thomas Gray, William Collins, Oliver Goldsmith (London 1969), 118.
183 GESSNER, Idyllen (s. Anm. 56), 15.
184 JAMES MACPHERSON, Fragments of Ancient Poetry (1760), in: Macpherson, The Poems of Ossian &c. Containing the Poetical Works of James Macpherson, hg. v. M. Laing (Edinburgh 1805), 510.
185 BURKE, 60.
186 HOME, Bd. 1 (1762), 298.
187 Vgl. DENIS DIDEROT, Salon de 1767, in: Diderot, Œuvres esthétiques, hg. v. P. Vernière (Paris 1968), 574–580.
188 GESSNER (s. Anm. 56), 186.
189 ›Landschaft‹, in: SULZER, Bd. 3 (1793), 146.
190 HORACE WALPOLE, On Modern Gardening (1780), in: Walpole, The Works, Bd. 2 (Hildesheim/New York 1975), 542f.

löst[191], die ihrerseits Bedeutungen jenseits aller expliziten Sprachlichkeit ästhetisch wirksam werden lassen. Als Bedeutung einer so fungierenden Landschaft kann nur ein Sachverhalt von gleicher unsagbarer komplexer Prägnanz angenommen werden, und dies ist, in der Nachfolge des physikotheologisch demonstrierten Gottes, das Subjekt in seinen Bewußtseinsvollzügen. So meint Landschaft bei Archibald Alison[192] einen Naturausschnitt, der vermöge seiner elementaren Qualitäten emotiv getönte Assoziationsverläufe freisetzt (nach dem Kriterium der Analogie oder Similarität), die ihrerseits eine prägnante Qualität annehmen, so daß sich in unserem Bewußtsein ein ›Gebilde‹ formiert, das wir als schön oder erhaben zu bezeichnen hätten; statt dessen nennen wir aber die Landschaft, die diesen Effekt erzielt hat, schön und erhaben. In dieser Weise wird die ästhetisch erfahrene Natur als Landschaft zum Zeichen geistiger Qualitäten; Landschaft bedeutet eine Natur, deren gegenständliche Qualitäten durchweg Zeichen (subjektiver) geistiger sind. Ein ähnliches Verständnis von Landschaft findet sich in der Theorie des Pittoresken (etwa bei William Gilpin[193]) und in Schillers Beiträgen zur Landschaftsästhetik. Schiller definiert: »Eine Landschaft ist schön componiert, wenn alle einzelne Parthieen aus denen sie besteht, so in einander spielen, daß jene sich selbst ihre Grenze setzt, und das Ganze also das Resultat von der Freiheit des einzelnen ist. Alles in einer Landschaft soll auf das Ganze bezogen seyn, und alles einzelne soll doch nur unter seiner eigenen Regel zu stehen, seinem eigenen Willen zu folgen scheinen. Es ist aber unmöglich, daß die Zusammenstimmung zu einem Ganzen kein Opfer von Seiten des einzelnen koste, da die Collision der Freiheit unvermeidlich ist.«[194] Landschaft ist der ausgezeichnete Fall einer schönen, d.h. scheinbar gänzlich frei aus sich selber bestimmten Gegenständlichkeit; Landschaft als schöne (oder schön dargestellte) Natur begegnet uns so, als ob sie sich aus innerer freier Gesetzgebung konstituiert habe. Dadurch wird die Einbildungskraft in ein freies und doch durch innere Notwendigkeit bestimmtes Spiel versetzt. Landschaft muß uns in prägnanter Gestalt begegnen, damit unsere Assoziationen nicht willkürlich werden; sie muß aber in ihrem Geformtsein unauffällig bleiben, damit der Gang unserer Ideenverbindungen keinem fühlbaren Zwang unterliegt. Dieser Ausgleich von objektiver Wahrheit und subjektiver Allgemeinheit ist in Landschaft nur möglich, wenn »die landschaftliche Natur […] durch eine symbolische Operation in die menschliche«[195] verwandelt wird. Schillers Landschaftsbegriff gehört ganz in das Assoziations- und Reflexionsparadigma. Was wir als Landschaft erfahren, ist ein Zusammenspiel unterschiedlichster Gebilde, welches einen gleichartigen Assoziationsverlauf von autonomer Prägnanz auslöst, womit sie zu einem natürlichen »Symbol der innern Übereinstimmung des Gemüts mit sich selbst und des sittlichen Zusammenhangs der Handlungen und Gefühle« (273) wird. Begriffsgeschichtlich bemerkenswert ist Schillers Prägung »die ganze Landschaft«[196], womit er die Gartenlandschaft von Hohenheim meint, in welcher ein vollkommener Ausgleich zwischen dem Kunstprinzip strenger Formgebung und dem Naturprinzip regelloser Freiheit gelungen ist.

In dem bedeutendsten Gedicht der europäischen Frühromantik, William Wordsworths *Tintern Abbey* (1798), ist der Landschaftsbegriff gänzlich aus dem ut-pictura-Paradigma ausgewandert und hat sich gleichermaßen den Paradigmen der Assoziation, subjektiven Reflexion und der Temporalität eingefügt. »Landscape«[197] meint eine Konfiguration präsenter Wahrnehmungsgegenstände, die auf verschiedene Abwesenheiten hin orientiert und damit einer wirklichen Präsenz entzogen sind. Landschaft ist nicht mehr ein Naturbild, sondern die das Subjekt tragende Erinnerung an Natur sowie deren Transformation. Landschaft ist, war und wird das temporal je unterschiedliche Naturkorrelat von Subjektzuständen und Selbst-

---

191 Vgl. KANT (s. Anm. 102), 313–330.
192 Vgl. ARCHIBALD ALISON, Essays on the Nature and Principles of Taste (1790; Hildesheim 1968).
193 Vgl. WILLIAM GILPIN, Three Essays (1792), in: S. Elledge (Hg.), Eighteenth-Century Critical Essays, Bd. 2 (Ithaca, N. Y. 1961), 1047–1064.
194 SCHILLER an Christian Gottfried Körner (23. 2. 1793), in: SCHILLER, Bd. 26 (1992), 213 f.
195 SCHILLER (s. Anm. 78), 271.
196 SCHILLER (s. Anm. 36), 290.
197 WILLIAM WORDSWORTH, Poems of the Imagination (1850), in: Wordsworth, The Poetical Works, hg. v. E. de Selincourt, Bd. 2 (Oxford 1944), 259 f.

verhältnissen. Landschaft hebt sich von ›Natur‹ nur ab, sofern die Subjektphasen dies erfordern oder nahelegen. Der Landschaftsbegriff löst sich im Durchgang durch die sich selber problematisierende und temporalisierende Subjektivität wieder auf. Landschaft als »green pastoral landscape« (263) ist ein Begriff, der einen Sachverhalt meint, der nur um den Preis der Reflexion seines Nicht-Seins sein kann.

b) Narrative und deskriptive Texte
In den Prosaschriften des 18. Jh. zeigt sich eine rasch wachsende Konventionalisierung, ja Stereotypisierung des Landschaftsbegriffs einerseits, gegenläufig eine Problematisierung, ja gezielte Vermeidung des Begriffs andererseits, die auf eine für zahlreiche Autoren inakzeptable semantische Verengung hindeutet.

Rousseau prägt zwar die Formel »enchantement du paysage«[198], um den unvermittelten Effekt der Natur auf das »cœur sensible« (77) anzuzeigen, die Besänftigung der Leidenschaften durch bloße Dinge oder die Steigerung der »mélancolie« (90); aber Rousseaus Landschaften kommen ohne den expliziten Begriff Landschaft aus. Es gibt eine Pluralität der Zugänge zur Natur, die diese als »scéne«, »théatre« (77), als »composé de lieux« (484) oder »tableau ravissant« (515) erschließen; aber nur einer unter ihnen ist Landschaft. Für Rousseau bestimmen primär das Botanisieren und die »rêveries«[199] die Naturerschließung des Subjekts, wohingegen Landschaft – als »toutes sortes de sites« (1041) oder »riant paysage« (1003) – eher eine Minderung der angestrebten Verschmelzung von Ich und Natur indiziert. Die sich als Landschaften zeigenden

---

198 ROUSSEAU (s. Anm. 82), 79.
199 ROUSSEAU, Les rêveries du promeneur solitaire (1776), in: ROUSSEAU, Bd. 1 (1959), 1003.
200 GRAY an Thomas Wharton (3. 10. 1769), in: Gray, Correspondence, hg. v. P. Toynbee/L. Whibley, Bd. 3 (Oxford 1935), 1089.
201 TOBIAS SMOLLETT, The Expedition of Humphry Clinker (1771), hg. v. A. Ross (Harmondsworth 1967), 286.
202 GOETHE, Briefe aus der Schweiz (1780), in: Goethe (s. Anm. 61), Abt. 1, Bd. 16 (1994), 61.
203 GOETHE, Tagebuch der italienischen Reise für Frau von Stein (1786), in: Goethe (s. Anm. 61), Bd. 15 (1993), 666.

»images riantes« (1048) oder »sites agréables« (1003) durchbrechen zwar gelegentlich die Schablonen des Landschaftssehens; aber Landschaft ist für Rousseau ein durch Reflexion bestimmter Naturumgang, eine partielle Verfehlung der Natur, ihre Erstarrung in einem konventionellen Bild, in welchem das sich fühlende Subjekt daran gehindert wird, sich zu transzendieren und zu vergessen. Der Begriff Landschaft ist seit Rousseau immer auch mögliche Kritik von Landschaft.

Bei zahlreichen Autoren, die eine genuine Landschaftserfahrung vermitteln wollen, findet sich dieses Minus-Verfahren der Begriffsverwendung. Thomas Gray benutzt »landscape«[200], um die in der Natur verborgenen Landschaftsbilder (nach dem ut-pictura-Paradigma) zu bezeichnen und gegen sie Deskriptionen zu setzen, die Landschaft (ohne den Begriff) in das Assoziations- oder Subjektivitätsparadigma einzutragen. Tobias Smollett bindet eine Formulierung wie »an agreeable landscape taken from nature«[201] zurück an die Idiosynkrasie einer partiellen Wahrnehmung. Goethe schildert in Die Leiden des jungen Werther (1774) die Einheit des empfindenden Gemüts mit der in Landschaft erschlossenen Naturkraft unter strikter Aussparung des Terminus, ähnlich in seinen Reiseschriften. Diese bieten zwar Formulierungen wie: »mit jedem Augenblick biegt und verändert sich die Landschaft«[202], oder: »Wir sahen […] das Dorf Inden […] ganz am Hange des Felsens in der Mitte von der Landschaft liegen« (62); oder: »doch zeigte uns jeder Schritt eine Landschaft die eines Gemäldes wert gewesen wäre« (59). Aber die Textbewegung versucht, durch die mit dem Landschaftsbegriff chiffrierte Standarderscheinung der Natur hindurch diese Natur selber deskriptiv und emotiv zu fassen, wozu der Landschaftsbegriff nicht (mehr) geeignet erscheint. Die Reisetagebücher vermeiden die Verwendung von Landschaft, um im wechselnden Gebrauch von Äquivalenten wie ›Bild‹, ›Schauspiel‹, ›Szene‹, ›Gegend‹ das in jeder (Natur-)Betrachtung wirksame »Gemisch von Wahrheit und Lüge im hohen Grade«[203] durchschaubar werden zu lassen. Forster stellt polemisch den »Naturforscher« und den »Landschaftkenner« gegeneinander, um die Verfehlung der Phänomene in der bloßen ästhetischen Oberflächenbetrachtung anzuzeigen und gegen den Landschaftsblick eine

Betrachtung einzufordern, die »aus dem vorhandenen Wirklichen auf das vergangene Mögliche«[204] schließt. Damit eröffnet Forster dem Landschaftsbegriff die Paradigmen der Temporalität und des Wissens, ohne ihn schon in diese zu überführen. Sowohl in Sachtexten wie Romanen des späten 18. Jh. ist dieser Gestus einer reflexiven Distanz zum Landschaftsbegriff erkennbar; Landschaft wird als ein je neu zu bestimmender Begriff vorgestellt, dessen argloser Gebrauch die Gefahr eines ästhetischen Anachronismus beschwört. Es sei nur verwiesen auf Hirschfeld[205], der den Landschaftsbegriff zwischen ›Natur‹ und ›Prospecte‹ oder ›Scenen‹ stellt, womit ein Fundierungsverhältnis angezeigt wird: Natur ist die fundierende Wirkkraft, Landschaft das von ihr geprägte Erscheinungsbild der Erdoberfläche in Rücksicht auf einen Betrachter, Prospekt, Szene usw. sind Bezeichnungen der im Auge des Betrachters wirksamen Verarbeitungsformen. Landschaft rückt so in die mittlere Position einer noch offenen, verarbeitungsfähigen Konfiguration ein. Johann Heinrich Jung-Stilling verwendet »idealische Landschaften« und »romantische Gegenden«[206] gleichbedeutend und zeigt darin Landschaft als das Produkt einer subjektiven, authentischen Phantasieleistung auf. Im Roman folgen die Landschaftsdeskriptionen zwar durchweg den Vorgaben der Malerei; aber in den bedeutendsten Beispielen wird das leitende ut-pictura-Paradigma vollständig mit jenem der Subjektivität amalgamiert. Landschaft veranlaßt eine reflexionslose Selbstbeziehung: »the gloom of evening stole over the landscape. It was a melancholy but not unpleasing gloom.«[207] Die Natur enthält das betrachtende Subjekt, sobald es als Landschaft erfaßt wird; und dieses sieht sich auf sich selber zurückverwiesen in melancholischer Gestimmtheit; Landschaft ist die im subjektiven Gemüt gemalte Welt; in ihr wird sich das Subjekt selber zum Abenteuer. Dieses Begriffsverständnis prägt vor allem die Romanliteratur bis tief ins 19. Jh. Ludwig Tieck schließlich thematisiert die Konventionalität und Historizität der Landschaft, die die Ausdrucksmöglichkeiten des Künstlers einschränkt; er entwirft die Utopie einer Landschaftskunst, die das intensivste Erleben der Natur als sich selber erklärende »Hieroglyphe«[208] vermittelt. Hiermit hat Tieck – ebenso wie mit dem Vergleich der Seele mit einer »rauhen Landschaft, wo die Brücken von einem wilden Waldstrome zusammengerissen sind« (717) – eine Perspektive auf die Literatur des 19. und 20. Jh. eröffnet.

3. 19. Jahrhundert

Um 1800 hat der Begriff Landschaft seinen höchsten Komplexitätsgrad und seine avancierteste ästhetische Bedeutung erreicht. Die im 18. Jh., der eigentlichen Epoche der Landschaft, entstandene Bandbreite des Landschaftsbegriffs bleibt in den nachfolgenden Epochen weiterhin wirksam. Deshalb werden im folgenden nur solche Quellen erwähnt, die deutliche semantische und funktionale Innovationen erkennen lassen. Der Begriff Landschaft amalgamiert sich im Laufe des 19. Jh. mit dem Epochenproblem der sich selber unergründlichen problematischen Subjektivität (als Steigerung der schon virulenten Entwicklung), er wird zur Chiffre für die Idee des Absoluten oder der Freiheit, er wird vor allem radikal historisiert. In anderer Terminologie wäre zu sagen, daß Landschaft die Subjektivitäts-, Imaginations-, Geschichts-, Empfindungs-, Impressions- und Stimmungsparadigmen durchläuft und sein Bedeutungsspektrum in dem Maße ausdifferenziert, wie er sich in sie einträgt. Landschaft wird kunsthistorisch, geschichtsphilosophisch und subjekttheoretisch limitiert und problematisiert.

a) Poetische und theoretische Texte
Die Diskussion um die Gartenkunst läßt den prekär werdenden Status von Landschaft gut erkennen. A. W. Schlegel weist der »landschaftlichen Darstellung durch Gartenkunst« nur einen eingeschränkten Wert zu, ignoriert sie doch die not-

---

204 FORSTER (s. Anm. 95), 2, 4.
205 Vgl. HIRSCHFELD (s. Anm. 75), Bd. 2 (1780).
206 JOHANN HEINRICH JUNG-STILLING, Heinrich Stillings Jugend (1777), hg. v. D. Cunz (Stuttgart 1968), 53, 119.
207 ANN RADCLIFFE, The Mysteries of Udolpho. A Romance (1794), hg. v. B. Dobrée (London 1966), 10.
208 LUDWIG TIECK, Franz Sternbalds Wanderungen. Eine altdeutsche Geschichte (1798), in: Tieck, Frühe Erzählungen und Romane, hg. v. M. Thalmann (München 1969), 888.

wendige Trennung von Natur und Kunst. Erst die Eigensinnigkeit der Kunst gegenüber der Natur produziert Kunst, oder umgekehrt die Eigentätigkeit der Natur »in ihren erhabnen, furchtbaren Schauspielen« – sonst entstehen, bei allem »Sinn für die Schönheiten der freyen landschaftlichen Natur«, doch nur »landschaftliche Miniaturen«[209]. Die Depotenzierung des Begriffs Landschaft zum bloßen Attribut muß als signifikante Problemverschiebung gegenüber dem Sprachgebrauch des 18. Jh. angesehen werden. Demgegenüber hält Hermann Fürst von Pückler-Muskau an der Bestimmung der »landschaftlichen Gartenkunst« fest, die freie Natur zu einer »poetischen Landschaft«[210] zu erheben. »Der Park soll nur den Charakter der freyen Natur und der Landschaft haben« (30); er soll »aus dem Ganzen der landschaftlichen Natur, ein concentrirtes Bild, eine solche Natur im Kleinen als poetisches Ideal« (18) schaffen. Landschaft wird unter diesen obsolet gewordenen ästhetischen Prämissen denn auch ausdrücklich zur Kunst des in die Bedeutungslosigkeit entschwindenden Landadels.

Partialisiert A. W. Schlegel das Konzept Landschaft unter ästhetischen Prämissen, so depotenziert es Chateaubriand geschichtsphilosophisch. Die »scènes de la nature«[211] korrespondieren zwar in perfekter Weise dem sich selber empfindenden Menschen, aber sie bieten ihm nur einen Fluchtpunkt ins Unendliche, insofern die christliche Natur göttlich verunendlicht ist. Die Naturbilder müssen also transzendiert werden; Landschaft ist gerade in ihrer bloßen Vorläufigkeit dem in die Natur integrierten Menschen gemäß; reflektiert dieser sich aber in seiner inneren Unendlichkeit, vermag ihm Landschaft nichts mehr zu bedeuten.

Die Frage, wie Landschaft als ein täuschendes Ganzes einem Subjekt entsprechen kann, das seine Ganzheit nicht mehr zu sichern weiß, bestimmt die neue Bedeutung des Begriffs; Landschaft bezeichnet ein Problem, keine Lösung. Das reicht von den poetologischen Überlegungen Jean Pauls über die Neudefinition der Landschaft bei Carus bis zur Entdeckung des Stimmungsmechanismus bei Vischer. Jean Paul fordert im XIV. Programm (§ 80) seiner *Vorschule* (1804): »eine dichterische Landschaft muß ein malerisches Ganzes machen«[212]. Der Ganzheitscharakter erwächst aus der perspektivischen Organisation der Details wie aus der Tatsache, daß jede literarische Landschaft aus dem subjektiven Reflex einer mitdargestellten Person getönt wird, so daß ein »inneres poetisches Ganzes der Empfindung« entsteht, freilich erst auf der Basis einer präzisen Deskription der großen »Landschaft-Natur« (290). Wenn Jean Paul weiter fordert, daß jeder bestimmten Landschaft auch eine bestimmte Empfindung entsprechen soll, dann limitiert auch er den ästhetischen Rang von Landschaft. Der Begriff bezeichnet ein Motiv in Texten, nicht mehr die Möglichkeit ästhetischer Totalisierung. Eben diese Funktion aber möchte Carus erhalten sehen. Wird in Kunst die schaffende Natur so nachgeahmt, daß die sinnliche Mannigfaltigkeit zurückgebunden bleibt in einen Einheitsgrund, so leistet die Kunst, als »Gipfel der Wissenschaft«[213], eine Erhebung des menschlichen Gemüts. Wir erfahren uns selber als Ganze im Ganzen der Natur. Eben dies ist die Aufgabe der Landschaftskunst: »Darstellung einer gewissen Stimmung des Gemütlebens (Sinn) durch die Nachbildung einer entsprechenden Stimmung des Naturlebens (Wahrheit)« (27). Da diese Definition nicht mehr durch den Landschaftsbegriff gedeckt ist, sieht sich Carus zur Einführung des Neologismus »Erdlebenbild« bzw. »Erdlebenbildkunst« (68) veranlaßt. Auch Vischer definiert Landschaft als »Widerschein des subjektiven Lebens im Reiche des objektiven Naturlebens«[214]. Aber daraus folgert er den bloß partiellen, vorübergehenden Zustand der Landschaftskunst. Wie nämlich kann »Landschaft als Landschaft« (45) ästhetisch wirksam werden? Landschaft beruht auf einer Übertragung geistigseelischer Befindlichkeiten auf die Natur, die damit zum Spiegel dessen wird, was ihr Gegenteil ist, mit

---

209 A. W. SCHLEGEL (s. Anm. 79), 344, 342.
210 HERMANN FÜRST VON PÜCKLER-MUSKAU, Andeutungen über Landschaftsgärtnerei verbunden mit einer Beschreibung ihrer praktischen Anwendung in Muskau (1834; Stuttgart 1977), 76.
211 CHATEAUBRIAND, Génie du christianisme (1802), in: Chateaubriand, Essai sur les révolutions. Génie du christianisme, hg. v. M. Regard (Paris 1978), 721.
212 JEAN PAUL, Vorschule der Ästhetik (1804), in: JEAN PAUL (MILLER), Abt. I, Bd. 5 (1963), 289.
213 CARUS (s. Anm. 63), 62.
214 VISCHER, Zustand der jetzigen Malerei (1842), in: Vischer (s. Anm. 88), Bd. 5 (²1922), 46.

dem sie gleichwohl die Einheit einer Stimmung bildet. »Es beruht aber dieses Geheimnis der landschaftlichen Stimmung auf einem Akte, der als eine Einheit zweier Momente zu fassen ist«: der Natur wird die Fähigkeit unterschoben, an »den Gefühlsbewegungen des subjektiven Lebens« (45) teilnehmen zu können, so als hätte die Natur eine Seele; aber dieser Akt des Leihens wird unter der Vorstellung verborgen, die Natur verharre dennoch in der ihr eigenen Objektivität. Landschaft ist dieser logische Widerspruch aus einer gleichzeitig teilnehmend und eigengesetzlich vorgestellten Natur; in Landschaft hat sich die moderne Subjektivität scheinbar vorreflexiv unzerteilt, doch nur um den Preis der Uneigentlichkeit und der Melancholie: »Daher die Rührung und Wehmut, das Sentimentale, was in aller landschaftlichen Stimmung liegt« (46). Vischers scharfsichtige Diagnose kann an den meisten Landschaftsgedichten des 19. Jh. bestätigt werden, sowohl solchen, die den Begriff Landschaft explizit verwenden, wie solchen, die von Landschaft handeln, ohne Landschaft auszusagen. Durchweg ist die poetische Landschaft ein Entzug, ein Nicht-mehr oder Noch-nicht, Symptom der fliehenden subjektiven Zeit oder objektiver Entfremdung. Das sich in seiner Prozessualität reflektierende oder empfindende Ich kann sich in Landschaft nur sporadisch und scheinhaft sammeln und als ein zentriertes begreifen. Das ist in Lord Byrons *Childe Harold's Pilgrimage* (1812–1818) ebenso inszeniert wie in Percy Bysshe Shelleys *Mont Blanc* (1816), in einem Vergleich wie »Thy soul is like a landskip, friend«[215] ebenso wie in poetischen Bilddeskriptionen wie Eduard Mörikes *Auf ein altes Bild* (1837) oder Nikolaus Lenaus *Auf eine holländische Landschaft* (1842). Victor Hugo kann den Begriff »clair paysage«[216] in seinem Gedicht *À un riche* (1837) nur als das Korrelat eines falschen, historisch obsolet gewordenen Blicks verwenden. Alfred de Vigny (*La Maison du Berger* [1843]) oder Matthew Arnold (*Dover Beach* [1867]) haben Landschaft ebenso nur als Korrelat einer untypischen verschwindenden Naturwahrnehmung.

Mit Baudelaire und John Ruskin wird der Begriff Landschaft gänzlich aus der nachromantischen Vergeblichkeitsoptik gelöst und zu einer Chiffre der Moderne umgeprägt. Wenn Landschaft als »Physiognomie des Landes« verläßlichen Aufschluß über ihren »Charakter«[217] geben soll, dann unter gänzlich neu zu definierenden ästhetischen Prämissen, die entweder das Wahrnehmungssubjekt als ein in seinen Stimmungen, Empfindungen, Impressionen radikal transitorisches begreifen oder aber den kontingenten Konstruktcharakter jeder Landschaft im Zeitalter von Technisierung und Positivismus herausstellen. In beiden Hinsichten wird das Ende der ästhetisch innovativen Kategorie Landschaft vorbereitet. – Baudelaire problematisiert in seinen Salon-Berichten das überkommene Verständnis von Landschaft, wenn er verschiedene Landschaftstypen strikt voneinander scheidet: Landschaft als »adoration éternelle de l'œuvre visible«, als Sichtbarmachung der »l'architecture de la nature«, als »paysage de fantaisie« oder als »Paysage *historique*«[218]. Landschaft steht in Gefahr, dem modernen isolierten Individuum falsche Orientierungen anzubieten; sie muß aber gleichbedeutend werden mit der Vermittlung eines absoluten intellektuellen Konzepts und je flüchtigen, veränderlichen Umständen. Landschaft ist das ästhetische Ereignis, das Anti-Schema. Die künstlerische Imagination zerlegt die Natur; »elle crée un monde nouveau, elle produit la sensation du neuf«[219]; aus der Natur wird Landschaft als neuartige Bilder- und Zeichenformation herausgearbeitet, als »une physiognomie toute nouvelle« (625). Landschaft ist die in einem intellektuell-imaginativen Akt aktuell transformierte Natur: »Oui, l'imagination fait le paysage.« (665) Folgerichtig bietet Baudelaire in seinem Gedicht *Paysage* (1857) als ›Paysage parisien‹ einen Blick aus dem Mansardenfenster, der die Stadt als zweite Natur und als nicht-organische Landschaft (futurisch) erschließt.[220] In *Rêve parisien* (1860) erscheint »ce terrible paysage« ohne »végétal

---

215 ALFRED TENNYSON, Thy soul is like a landskip, friend (1830), in: Tennyson, The Poems, hg. v. C. Ricks (London 1969), 282.
216 VICTOR HUGO, Les voix intérieures (1837), in: Hugo, Œuvres poétiques, hg. v. P. Albouy (Paris 1964), 978.
217 ANNETTE VON DROSTE-HÜLSHOFF, Bilder aus Westfalen (1842), in: Droste-Hülshoff, Sämtliche Werke, hg. v. C. Heselhaus (München ⁴1963), 977 f.
218 BAUDELAIRE, Salon de 1846, in: BAUDELAIRE, Bd. 2 (1976), 479 f.
219 BAUDELAIRE, Salon de 1859, in: ebd., 621.
220 Vgl. BAUDELAIRE, Les Fleurs du mal (1861), in: BAUDELAIRE, Bd. 1 (1975), 82.

irrégulier«[221] als monströse Konstruktion ohne beherrschbare Struktur. Im Blick auf die zum Schema verkommene Landschaftskunst konstatiert auch Zola: »Le paysage classique est mort, tué par la vie et la vérité«[222], und er prägt den ironischen Begriff »les paysanneries« (857). Landschaft bezeichnet nicht mehr eine vertraute Form der Transformation von Mannigfaltigkeit in eine intersubjektiv verbindliche Struktur, Landschaft ist die nur fallweise konstruierbare Organisation offener Kontingenz mit der Funktion: »découvrir l'Inaperçu de la Nature«[223]. Wenn Ernst Rudorff diagnostiziert, der moderne Mensch sei unfähig, »die Natur in der Landschaft« zu empfinden, weil er durch Technisierung das »Malerische und Poetische der Landschaft«[224] ineins erschließt und vernichtet, so zeigt auch dieser konservative Affekt das Ende der traditionellen Kategorie Landschaft an.

Ruskins Landschaftsbegriff definiert die »Novelty of Landscape«[225] dadurch, daß die moderne Natur von alten Symbolfunktionen entlastet und in eine Transzendenzlosigkeit eingetreten ist. Natur als Landschaft wird frei für neue ästhetische Funktionen, darunter vor allem die »Pathetic Fallacy« (so der Titel des 12. Kapitels [161 ff.]), also die verzögerte Überformung der Dinge durch eine subjektive Befindlichkeit, die gleichsam auf die Natur überspringt. Die moderne Landschaft ist so zwar objektivierte Natur, aber sie ist auch Schauplatz der sich selber problematischen Subjektivität,

---

221 Ebd., 101.
222 ZOLA, Mon Salon (1868), in: Zola (s. Anm. 134), Bd. 12 (1969), 875.
223 GUY DE MAUPASSANT, La vie d'un paysagiste (1886), in: Maupassant, Œuvres complètes. Œuvres posthumes, Bd. 2 (Paris 1930), 83.
224 ERNST RUDORFF, Ueber das Verhältniß des modernen Lebens zur Natur, in: Preußische Jahrbücher, hg. v. H. v. Treitschke, Bd. 45 (1880), 268, 262.
225 JOHN RUSKIN, Modern Painters, Bd. 3 (1856), in: Ruskin, The Works, hg. v. E. T. Cook/A. Wedderburn, Bd. 4 (London 1904), 153 ff.
226 JEAN PAUL, Titan (1800), in: JEAN PAUL (MILLER), Bd. 3 (1966), 22.
227 Vgl. GOETHE, Die Wahlverwandtschaften. Ein Roman (1810), in: Goethe (s. Anm. 61), Abt. 1, Bd. 8 (1994), 272, 464.
228 TIECK, Phantasus (1812), in: Tieck, Schriften in zwölf Bänden, hg. v. M. Frank u. a., Bd. 6 (Frankfurt a. M. 1985), 22, 81.

von der zu fordern ist, daß sie sich so lange wie möglich der ›Pathetic Fallacy‹ enthält. Landschaft ist die von Einbildung und Wissen, von Wahrnehmung und Assoziationen umlagerte objektive Natur, die uns zur moralischen Praxis disponiert, ohne uns in die Funktionen des modernen Lebens einzubinden.

b) Narrative und deskriptive Texte
Romane, Reiseschriften und Sachprosa übernehmen zu einem guten Teil den Landschaftsbegriff und das Landschaftsverständnis des 18. Jh. Gleichwohl vollziehen auch diese Genres einen Teil in theoretischer und poetischer Reflexion geleisteten Verschiebung von Landschaft mit. Von grundsätzlicher ästhetischer Bedeutung ist die in der nachromantischen Romantradition sich steigernde Partialisierung und singularisierende Perspektivierung der Landschaft bis hin zur ironischen Depotenzierung und ideologiekritischen Dekouvrierung des Begriffs; im Bereich der Sachprosa entspricht dem eine immer stärkere Privatisierung und Historisierung von Landschaft.

Die Entwicklung innerhalb der narrativen Literatur läßt sich so resümieren. Durchbricht Jean Paul die formalästhetische Konfiguration der Landschaft zugunsten eines unüberbietbar idealen Inbegriffs, eines »Olymp der Natur«[226], so konstruiert Goethe sowohl Topographie wie Begriff einer idealen Landschaft, deren Idealität nicht zuletzt darin begründet ist, daß der Blick in die Landschaft immer nein jeweils vorherigen Blickpunkt mit umgreift; jedes Landschaftsbild enthält potentiell alle anderen in sich. Für diese sinnlich erschlossene Totalität setzt Goethe sowohl den Begriff Landschaft[227] wie auch (z. B.) »kleine Welt« (324), im Vergleich zu welcher dann Landschaft ein Teilbegriff wird. Landschaft als Idealnatur und Landschaft als kontingente Erscheinungsweise von Natur stehen bei Goethe direkt nebeneinander. Ähnliches gilt von den Romantikern. Tieck sieht Landschaft in der Perspektive imaginativ-ironisch-romantischer Entgrenzung des Einzelnen, wenn er schreibt, »daß sich aus solchem Wechsel einer anmutigen Landschaft ebenfalls ein reizendes erzählendes Gedicht entwickeln ließe«, woraus sich Kunstregeln für den »Landschafter«[228] ableiten lassen. E. T. A. Hoffmann stellt Landschaft in die Alternative zwischen einem bloßen »Abschreiben der Natur« und dem Sich-Offenbaren der Natur in Zeichen: »aber die Hieroglyphen-Schrift war eine wunderherrliche Landschaft«[229]. Landschaft ist die in lesbare Zeichen transformierte Natur. Eine vergleichbare Entgrenzung der Landschaftsform markiert Joseph von Eichendorff in der begrifflichen Opposition »wunderschöne Landschaft« vs. »unermeßliche Landschaft«[230]; Landschaft steht dem Wanderer als Bild gegenüber, verwandelt sich aber jäh in das Andere des Betrachters. Landschaft meint das dem Subjekt korrelierte uneinholbare Draußen der Welt, in welches man »hinaus«[231] zieht. Wilhelm Hauff schließlich kennt, in der Nachfolge Walter Scotts, Landschaft nur in der Bedeutung eines umfassenden Gesamteindrucks, als naturhaftes Gegenstück zu »historisches Tableau«[232].

Gegenüber dieser romantischen Intention des Landschaftsbegriffs auf Idealität entwickelt sich Landschaft um die Mitte des 19. Jh. mehr und mehr zu einem Moment der Desillusionierung. Bei Honoré de Balzac wird Landschaft zwar wegen ihrer poetischen Erlebnisqualität aufgesucht (»le sentiment du beau qui respire dans le paysage«[233]), sie wird sogar zur Allegorie des Ich (»une vivante image de mon âme« [1083]); aber sie ist auch als eine jederzeit auflösbare Täuschung bewußt: »Cette habitation, qui fait un bel effet dans le paysage, est en realité modeste.« (990) Gustave Flaubert schildert zunächst im Stile eines Reiseführers eine objektive Topographie, die durchaus anschauliche Vergleiche motiviert, wenn ›man‹ diese denn wünscht (»la campagne ainsi ressemble à un grand manteau déplié«); im übrigen aber ist Landschaft ein Neutrum: »où le langage est sans accentuation, comme le paysage sans caractère«[234]. Erst der emotionsgeladene individuelle Blick überformt die Topographie, macht das Tal zu »un immense lac pâle« (436). Vor allem springt die illusionäre Landschaft nach innen um, sie liefert Metaphern für das Seelenleben in subjektiver Selbstwahrnehmung: »immensité bleuâtre«, »sommets du sentiment«, »les intervalles de ces hauteurs« (439) sind die Namen dieser Seelenlandschaft. Bei Guy de Maupassant ist Landschaft gänzlich zum kleinbürgerlichen Klischee verkommen, wenn »paysage«, »campagne« oder »nature«[235] als Wörter ohne Sinn eine gleich-

sam bewußtlose Mentalität anzeigen. Dieses Verbrauchtsein von Landschaft wird auf andere Weise ebenfalls indiziert, wenn Alphonse Daudet bei der Schilderung Pariser Stadtquartiere von »Paysages d'insurrection« oder in anderem Kontext von »Paysages gastronomiques«[236] spricht; oder wenn Joris-Karl Huysmans die Natur aus der Dekadenzästhetik verabschiedet (»la dégoûtante uniformité de ses paysages«[237]) und den Begriff Landschaft nur noch in Kombination mit ungewöhnlichen Attributen verwendet: »En raison de son maquillage et de son air factice, ce paysage ne déplaisait pas à des Esseintes« (38) oder: »une campagne, indécise, sale, vue telle qu'au travers d'un aquarium d'eau trouble« (191). Nur als raffinierter Künstlichkeitseffekt ist die Natur als Landschaft noch einer Erwähnung wert.

Im Rahmen der narrativen Literatur des 19. Jh. verdienen die Landschaftsbegriffe bei Georg Büchner, Edgar Allan Poe, Adalbert Stifter und Gottfried Keller gesonderte Beachtung. Büchners Lenz erfährt die Natur (das »Gebirg«) als das ganz Andere seiner, als Szenerie von übermenschlichen Dimensionen, die in kein normales Erleben übersetzt werden können. Obgleich die Verwendung des Begriffs Landschaft vor diesem Hintergrund denkbar un-

---

229 HOFFMANN (s. Anm. 114), 429f.
230 JOSEPH VON EICHENDORFF, Das Marmorbild (1819), in: Eichendorff, Werke, hg. v. J. Perfahl, Bd. 2 (München 1978), 526, 543.
231 Vgl. z.B. EICHENDORFF, Viel Lärmen um Nichts (1832), in: ebd., 669, 686.
232 WILHELM HAUFF, Lichtenstein. Romantische Sage aus der württembergischen Geschichte (1826), in: Hauff, Sämtliche Werke in drei Bänden, hg. v. S. v. Steinsdorff, Bd. 1 (München 1970), 12.
233 HONORÉ DE BALZAC, Le Lys dans la vallée (1836), in: Balzac, La Comédie humaine, hg. v. P.-G. Castex, Bd. 9 (Paris 1978), 986.
234 GUSTAVE FLAUBERT, Madame Bovary. Mœurs de province (1856), in: Flaubert, Œuvres, hg. v. A. Thibaudet/R. Dumesnil, Bd. 1 (Paris 1951), 354.
235 MAUPASSANT, Une partie de campagne (1881), in: Maupassant, Œuvres complètes, Bd. 13 (Paris 1929), 95f.
236 ALPHONSE DAUDET, Contes du lundi (1873), in: Daudet, Œuvres, hg. v. R. Ripoll, Bd. 1 (Paris 1986), 650, 757.
237 HUYSMANS, A Rebours (1884), in: Huysmans, Œuvres complètes, hg. v. C. Grolleau, Bd. 7 (Paris 1929), 35.

wahrscheinlich ist, taucht er auf, und zwar zur Bezeichnung eines in den Naturerscheinungen und -gewalten verborgenen Effekts: »die Landschaft halb im Nebel«, »die Landschaft schwamm im Duft«, »die nebelhaft verschwindende Landschaft im Mondschein«[238]. Landschaft kann nicht wahrgenommen oder gar ästhetisch angeeignet werden, da sie von der ihrerseits uneinholbaren Natur nicht freigesetzt wird. Genau umgekehrt findet sich bei Poe Landschaft zur Bezeichnung einer hybriden Konstruktion. Landschaft ist die entnaturierte Natur, die Übersteigerung der Welt in leblose Artifizialität; nicht Natur erscheint als Landschaft, sondern Landschaft wird zur Aufhebung der Natur. Poes Landschaft ist gleichbedeutend mit Meta-Landschaft, deren zentrales Attribut »strangeness«[239] ist. Gegenüber diesen Extrempositionen repräsentieren Stifter und Keller Landschaftsbegriffe, die so etwas wie eine Normalbedeutung unnaiv festhalten, indem sie die intentionalen Gegebenheitsmodi jeder Landschaft thematisieren. Bei Stifter werden »Gebirgslandschaften«[240] unter den Bedingungen von Erinnerung und Verinnerlichung gegeben, oder Landschaft wird unter die Bedingungen der Benennbarkeit gestellt; Landschaft ist ein Stoff, der »in das Reden«[241] überführt wird und nur ist, soweit dieses Reden trägt. Keller wiederum stellt den Temporalcharakter von Landschaft heraus. Landschaft ist nicht ohne Rücksicht auf Zeitlichkeit zu verstehen: entweder als prozeßhafte Wahrnehmung (»indem eine Grundlinie der Landschaft nach der anderen sich verschob und veränderte und aus dem heiteren Ziehen und Weben ein ganz neuer Gesichtskreis hervorging«[242]) oder als Zeitlichkeit, die der Landschaft immanent ist (»Das schöne Gewässer, welches vom Mai bis zum Weinmonat der paradiesischen Landschaft zur Folie diente« [33]); oder als kritische Reflexion auf eine obsolet gewordene Landschaftsmalerei, die sich damit bescheidet, »vielbesuchte Schweizerlandschaften« (253) darzubieten. Kellers Landschaft speichert eine doppelte Zeit: die des Wahrnehmungs- und Erfahrungsvorgangs und die der jahreszeitlichen oder kulturhistorischen Transformation. Die Bedeutung von Landschaft wird naiv, wo diese Temporalität nicht als semantische Komponente aktualisiert ist.

Nicht-fiktionale Landschaftstexte vollziehen diese Entwicklung der Erzählliteratur zur Partialisierung, Temporalisierung und Kritik der Landschaft mit. Stichworthaft ist zunächst zu verweisen auf die engl. romantischen Landschaftsbeschreibungen. Dorothy Wordsworth entwirft Landschaft in ihren Tagebüchern als unendlich differenzierte Komplexität aus Sinnesempfindungen, vor allem Farbwahrnehmungen, denen sich das Wahrnehmungssubjekt voraussetzungslos zu öffnen hat.[243] Samuel Taylor Coleridge imitiert die Wanderbewegung durch die Landschaft in seinen Notizen als Bewegung des Textes, in welchem die Wörter, darunter »landscape«[244], als topographische Marken fungieren. Die Landschaft wird Text, der Text zum Ikonzeichen von Landschaft; vor allem aber: Landschaft wird zum unendlichen, in keiner Definition des Begriffs einholbaren Prozeß. Sie bietet sich stets im Aspekt der Bedingungen ihrer Möglichkeit. William Wordsworth verfaßt einen Reiseführer, dessen Absicht genau in der Erziehung zu diesem »feeling for Landscape«[245] liegt: nicht als begriffslose Anmutung, sondern als Fähigkeit zur Reflexion auf die sich einstellenden Empfindungen. In seinen Texten findet dies seinen Ausdruck in Unterscheidungen wie etwa »the landscape itself« (175) vs. »the sublime or beautiful features of

---

238 GEORG BÜCHNER, Lenz (1839), in: Büchner, Sämtliche Werke und Briefe, hg. v. W. R. Lehmann, Bd. 1 (München 1974), 83, 84, 93.
239 EDGAR ALLAN POE, The Domain of Arnheim (1847), in: Poe, Collected Works, hg. v. T. O. Mabbott, Bd. 3 (Cambridge, Mass./London 1978), 1276.
240 ADALBERT STIFTER, Der Waldgänger (1847), in: Stifter, Bunte Steine. Späte Erzählungen, hg. v. M. Stefl (Darmstadt 1963), 369.
241 STIFTER, Der Nachsommer. Eine Erzählung (1857), hg. M. Stefl (Augsburg 1954), 301.
242 KELLER, Der grüne Heinrich. Erste Fassung (1854), in: Keller, Sämtliche Werke und ausgewählte Briefe, hg. v. C. Heselhaus, Bd. 1 (München 1963), 21.
243 Vgl. DOROTHY WORDSWORTH, The Grasmere Journals (1800), in: D. Wordsworth, Journals, hg. v. M. Moorman (Oxford 1971), z. B. 156–165.
244 SAMUEL TAYLOR COLERIDGE, Entry No. 5½.42 (1800), in: Coleridge, The Notebooks, hg. v. K. Coburn, Text Bd. 1 (New York 1957), # 798 [nicht pag.].
245 W. WORDSWORTH, A Guide through the District of the Lakes in The North of England (1810), in: W. Wordsworth, The Prose Works, hg. v. J. B. Owen/ J. W. Smyser, Bd. 2 (Oxford 1974), 155.

landscape« (174) oder »the character of its landscapes« (190). Vergleichbares ist auch von den bedeutsamen Beiträgen Chateaubriands zur Entwicklung des Landschaftsbegriffs zu sagen. Landschaft wird stets in je spezifizierten Kontexten verwendet; die Gegenden, denen der Name Landschaft zukommt, werden in ihre Komponenten zerlegt, so daß die Landschaft zu nennende Wirkung analytisch reflektierbar ist.[246] Vor diesem Hintergrund erhalten Prägungen wie »paysage de nuit« (1439) oder »l'ensemble du paysage« (1443) besonderes Gewicht. Die dem Begriff immanente analytische Dimension wird bei Chateaubriand gelegentlich extrapoliert, etwa in Aussagen wie: »lorsqu'on regarde un paysage par une fenêtre, quoiqu'on rêve à autre chose, il entre pourtant dans la pensée un reflet de l'image que l'on a sous les yeux« oder: »Le paysage n'est créé que par le soleil; c'est la lumière qui fait le paysage.«[247] Eine vergleichbare Unselbstverständlichkeit des Landschaftsbegriffs findet sich etwas später auch bei Theodor Fontane, wenn er »das *bloß* Landschaftliche« in Gegensatz bringt zu »*historische* Landschaft«[248].

Sehr wirkungsmächtig für die Ausformung eines historischen Bewußtseins von Landschaft und die Entwicklung des historischen Paradigmas überhaupt sind die Vorlesungen A. v. Humboldts geworden. Humboldt sieht keinen Gegensatz zwischen der wissenschaftlichen Naturbetrachtung, die Natur als »Einheit in der Vielheit […], als ein lebendiges Ganze«[249] zu denken versucht, und der ästhetischen Naturerfahrung, die den »individuellen Charakter der Landschaft« (5 f.) (der in der Phantasie über das sinnlich Gegebene hinaus gesteigert wird) zu ihrem Gegenstand hat. Der Wert von Landschaft – als Erfahrung wie als Darstellung – liegt darin, daß durch sie »eine Fülle von Ideen und Gefühlen gleichzeitig erregt« (10) wird, daß die zugleich präzise und komplex-vielschichtige »Composition«[250] Wissen und Bildhaftigkeit in eine »intellectuelle Anschauung« (65) integriert. So fungiert die Landschaft als »Anregungsmittel zum Naturstudium« (Bd. 1, 50). Landschaft als »Naturphysiognomie« (Bd. 2, 92) ist unentbehrlicher Teil des Projekts einer »physischen Weltbeschreibung« (Bd. 1, 23). Humboldts Landschaftsbegriff, der Sachhaltigkeit und Wirkungspotential integriert, ist zugleich ein normatives wie historisches Kriterium. Denn Landschaft ist jetzt begreifbar als historisch gewordenes Phänomen; eine ästhetische Empfindung für Natur kann erst explizit zur Landschaft werden, wenn objektive Naturdarstellung und »Ausdruck der angeregten Empfindung« (Bd. 2, 66) zusammen artikuliert werden können; dies aber ist erst seit dem 18. Jh. der Fall. Humboldt hat damit den Landschaftsbegriff dauerhaft in das Paradigma historischer Funktionalität eingeschrieben; darin ist ihm Joachim Ritter gut einhundert Jahre später gefolgt, wenn er Landschaft als kompensatorische Nachfolge der antiken ›theoria‹ begreift, als Erschließung der ganzen Natur im Medium des ästhetischen Scheins und »unter der Bedingung der Freiheit auf dem Boden der modernen Gesellschaft«[251].

4. 20. Jahrhundert

Datiert man das Ende der innovativen Kraft des ästhetischen Begriffs Landschaft auf 1900, so schlägt sich dieser Sachverhalt darin nieder, daß Landschaft im 20. Jh. zum Gegenstand retrospektiver Nostalgie wird, zum Vehikel insbesondere der Moderne- und Technikkritik; ferner insbesondere auch darin, daß Landschaft in vielfältiger Weise metaphorisiert, als kontingentes Konstrukt exponiert, als bloßer Effekt der Zeichen und Texte ausgewiesen wird. In anderer Terminologie gefaßt: Landschaft tritt ein in die Konstruktions-, Text-, Metaphern-, Zeichen-, Intertextualitäts-, ja Intermedialitätsparadigmen. Auch im 20. Jh. bleiben aber die dem Begriff und dem Konzept Landschaft seit 1700 eröffneten traditionellen Möglichkeiten

---

246 Vgl. z. B. CHATEAUBRIAND, Voyage en Italie (1827), in: Chateaubriand, Œuvres romanesques et voyages, hg. v. M. Regard, Bd. 2 (Paris 1969), 1427–1431.
247 CHATEAUBRIAND, Mémoires d'outre-tombe (1848), hg. v. M. Levaillant/G. Moulinier, Bd. 2 (Paris 1951), 633 f., 592.
248 THEODOR FONTANE, Die Müggelsberge (1861), in: Fontane, Werke, Schriften und Briefe, hg. v. W. Keitel/H. Nürnberger, Abt. 2, Bd. 2 (München ³1987), 553.
249 HUMBOLDT, Kosmos. Entwurf einer physischen Weltbeschreibung, Bd. 1 (Stuttgart/Tübingen 1845), 8.
250 Ebd., Bd. 2 (1847), 74.
251 RITTER (s. Anm. 33), 30.

in Gebrauch, wenn auch die Tragfähigkeit und Akzeptanz jener Vereinheitlichungsprinzipien, die ein Natursegment zur erfahrbaren Landschaft machen, indem sie es transzendieren in einen sei es intersubjektiven (18. Jh.), sei es subjektiven Grund (19. Jh.), geschwächt ist.

a) Transformationen des traditionellen Landschaftsbegriffs

Landschaft bleibt im 20. Jh. ein belangvoller ästhetischer Begriff, sofern er in seiner partiellen Verbrauchtheit reflektiert wird. Dazu hat Rilke bedeutsame Beiträge geliefert. Sein Landschaftsbegriff meint nicht länger die unserem Sehen und Empfinden vertraute Natur, sondern nahezu deren Gegenteil: Landschaft ist die Negation, zumindest das Fremdwerden unserer geläufigen Naturauffassung. Die Natur steht als Landschaft nicht wie ein Bild vor unserem Blick; sie teilt sich landschaftlich mit als Kraftfeld von Formen, Linien, Gesetzmäßigkeiten. Was wir als Landschaft erfahren, ist die Form und Energie eines Lebens, welches nicht unser Leben ist: »die Landschaft ist ein Fremdes für uns und man ist furchtbar allein unter Bäumen, die blühen, und unter Bächen, die vorübergehen.«[252] Als Landschaft steht uns die Natur desinteressiert, teilnahmslos gegenüber. Es ist Aufgabe der Kunst, eine kalkulierte Annäherung an diese fremde Natur zu unternehmen; Kunst wird zum Medium, »in welchem Mensch und Landschaft, Gestalt und Welt sich begegnen und finden« (15), freilich als ein Aufeinander-Verweisen zweier Fremdartigkei-

ten, nicht als Versöhnung. Überall – unabhängig vom Sujet –, wo Kunst so verfährt, realisiert sie eine »landschaftliche Auffassung des Gegenstandes« (18). Rilke formt die poetische Landschaft deshalb nicht als geschlossenes anschauliches Tableau, sondern als Farben- und Formenkonfiguration, in welche »von drüben her«[253] Transzendenz einbricht; Landschaft meint das Sich-Ereignen von Fremdheit in der ehedem vertrauten Naturwelt. – Ähnlich komplex ist der Landschaftsbegriff Marcel Prousts angelegt. Die idealtypischen Landschaften – »l'idéal de la vue de plaine et l'idéal du paysage de rivière«[254] – sind entweder als bloße Bildungsklischees oder als völlige »créations de notre esprit« (134), als geistige Transzendierungen und insoweit Irrealisierungen des Stofflichen auf ein Ideal hin gegeben. Wie die einfachen Dinge, so ist auch die Landschaft bei Proust hintergründig; wie in einer Hülle (»couvercle« [179]) verbirgt sie einen Gehalt, der zwar nicht der thematischen Reflexion, wohl aber dem Zufall oder der unwillentlichen Erinnerung erschlossen ist. Landschaft ist die Auflösung der gespeicherten Bilder, die in neue, imaginative, metaphorische Korrelationen eintreten. Landschaft wird zu einem erinnerten »morceau de paysage« (184), das mit anderen geistigen Prozessen, Eindrucksfragmenten, Selbstempfindungen unauslotbar resonanzreiche Verknüpfungen eingeht, die einem gelungenen Satz gleichen (vgl. 181). Der ästhetische Begriff Landschaft wird damit in das Text- und Metaphernparadigma überführt.

Landschaft als Fremdwerden des Landschaftsklischees: Dies bleibt eine produktive nachtraditionalistische Formel etwa für Ludwig Klages, der Landschaft definiert »als Ausdruck eines Wesens, das vom Wesen eines Tieres oder Menschen tief verschieden ist«, der »Planetenseele«[255]; für Bloch, der z.B. die Landschaft der Campagna verfremdet zur »Landschaft so ohne Landschaft, die sie verdeckt, daß die sonst bekannte Landschaft nur wie eine ohne Stadt scheint, die sie verdeckt«[256]; für Max Frisch, dem Landschaften nur in dem Maße vertraut sind, wie »sie eins sind mit meiner Sprache«[257]; für Peter Handke, der die Landschaft Paul Cézannes in ihrer Gestaltqualität desintegriert, um sich in ihren Gegenständen schreibend zu finden[258], und der die Landschaft mutieren läßt von

---

252 RILKE (s. Anm. 118), 10f.
253 RILKE, Landscht (1907), in: Rilke (s. Anm. 118), Bd. 1 (1955), 599.
254 MARCEL PROUST, Du côté de chez Swann (1913), in: Proust, A la recherche du temps perdu, hg. v. P. Clarac/A. Ferré, Bd. 1 (Paris 1954), 135.
255 LUDWIG KLAGES, Der Geist als Widersacher der Seele. 5. Buch (1932), in: Klages, Sämtliche Werke, hg. v. E. Frauchiger u.a., Bd. 2 (Bonn 1966), 1113f.
256 ERNST BLOCH, Herbst, Sumpf, Heide und Sezession (1932), in: Bloch, Verfremdungen II. Geographica (Frankfurt a.M. 1964), 77.
257 MAX FRISCH, Tagebuch 1946–1949 (Frankfurt a.M. 1950), 208.
258 Vgl. PETER HANDKE, Die Lehre der Sainte-Victoire (Frankfurt a.M. 1980), 68.

einer arglos denominierbaren Gegend in eine allein in den Wörtern, im geschriebenen Text, gesicherte »beschreibliche Erde«[259].

b) Theoretisierung der Landschaft
Die theoretisch-philosophische Entwicklung des Landschaftsbegriffs im 20. Jh. ist ganz überwiegend eine Verlängerung älterer Positionen. So findet sich der von Vischer[260] analysierte ›Mechanismus‹ der Landschaftsstimmung wieder bei Theodor Lipps und Georg Simmel. Lipps definiert Landschaft vom Begriff der Einfühlung her. Die wahrgenommenen Dinge aktivieren in uns eine Lebensbetätigung, in der wir ein Selbstwertgefühl empfinden; dieses aber lokalisieren wir qua Einfühlung in dem Objekt, so daß wir uns in ihm und es in uns haben. Zweierlei kann so eingefühlt werden: ein Tun, etwa der Wahrnehmungsprozeß als Bewegungsfolge, so daß die Dinge selber scheinbar bewegt werden und also die Natur die Form unseres Apperzipierens annimmt; oder eine Zuständlichkeit, in der wir uns finden – eben die Stimmung, verstanden als »Ablaufsweise des psychischen Geschehens«[261]. Diese ganz undefinierbare Stimmung wird qua Einfühlung der Landschaft übertragen, und diese »›Stimmungslandschaft‹« (222) erzeugt im Betrachter ein Stimmungsgefühl, das »Bewußtsein einer Tiefe, in dem Gegenstand und in mir« (159). – Simmel definiert Landschaft unter dem Aspekt von Teil und Ganzem: Ein bloßer begrenzter Naturausschnitt wird als eine Einheit erfahren, die in ihre »undurchbrochenen« Grenzen das Unbegrenzte[262] aufnimmt, also nicht das Bewußtsein eines Defizits aufkommen läßt. Das einheitsstiftende Moment aber ist die Stimmung; diese ist »nicht selbst etwas Einzelnes, oft auch nicht an einem Einzelnen angebbar haftend, und doch das Allgemeine, worin all dies Einzelne jetzt sich trifft« (149). Wo sich disparate Einzelstücke zur Landschaft integrieren, entsteht zugleich die Stimmung als Bedingung dieser Integration. »So sind die Einheit, die die Landschaft als solche zustande bringt, und die Stimmung, die uns aus ihr entgegenschlägt und mit der wir sie umgreifen, nur nachträgliche Zerlegungen eines und desselben seelischen Aktes.« (150) Für Simmel werden Landschaft und Stimmungslandschaft zu Synonymbegriffen.

Auch Hermann Cohen schreibt den Landschaftsbegriff in das Subjektivitätsparadigma ein und demonstriert so die wachsende Diskrepanz zwischen Landschaftstheorie und Landschaftskunst in der Moderne. Cohens Formel für Landschaft ist: »die Natur des Menschen und der Mensch der Natur.«[263] Die menschliche Selbsterkundung ist nur möglich, wenn die Natur ästhetisch, also im Aspekt einer unaufhebbaren »Immanenz des Menschen« (216) erfaßt wird. Der Mensch ist nicht einfach Teil der Natur, sondern ihr »Repräsentant« (279); deshalb gibt es keine menschenlose Landschaft. Insbesondere die schöne Landschaft zeigt die menschliche Immanenz: »Sie ist schön, weil sie das Moment des Humors ins Leben ruft« (345). Die schöne Landschaft ist verendlicht, »aus dem Gesichtspunkte des ruhigen Abschlusses« (347) dargestellt. Der Humor ist die Kraft, die diese Verendlichung und Abschließung bewirkt; er ist das Menschliche der Landschaft. Die schöne Landschaft ist für Cohen humoristisch subjektivierte Natur.

Bleibt die wissenschaftliche »*Landschaftskunde*« als ein Zweig der beschreibenden Geographie«[264] durchweg auf konventionellen Kriterien – wie Landschaft als Wechselspiel von Gesamteindruck und Detail, als Bild und als Stimmung – verpflichtet, so zerschlägt Klages jeden harmonischen Konnex von Naturaneignung und Landschaftsbewußtsein. Der technische Fortschritt einschließlich des gewerblichen Tourismus hat das »Urlied der Landschaft«[265] vernichtet. Landschaft war die Verwandlung der Erde in »ein tieferregendes *Ganze* […], welches das Einzelbendige wie in einer Arche umfängt, es einverwebend dem großen Geschehen

259 HANDKE, Die Wiederholung (Frankfurt a. M. 1986), 114.
260 Vgl. VISCHER (s. Anm. 214).
261 THEODOR LIPPS, Ästhetik. Psychologie des Schönen und der Kunst. Teil 1 (1903; Leipzig/Hamburg ²1914), 220.
262 SIMMEL (s. Anm. 32), 144.
263 HERMANN COHEN, Ästhetik des reinen Gefühls (1912), in: Cohen, Werke, hg. v. Hermann-Cohen-Archiv Zürich, Bd. 8 (Hildesheim 1982), 213.
264 FRIEDRICH RATZEL, Über Naturschilderung (1904; München/Berlin ⁴1923), 13 f.
265 KLAGES, Mensch und Erde (1913), in: Klages, Mensch und Erde. Zehn Abhandlungen (Stuttgart 1956), 10.

des Alls.« (9) Es ist der Triumph der »weltabscheidenden Geistigkeit« über »das Verwobensein in die bildernde Vielgestalt und unerschöpfliche Fülle des Lebens« (21), der Landschaft destruiert hat. Landschaft gibt es nur als Erinnerung und somit folgenlosen Einspruch gegen diese Selbstdestruktion des Menschen. Landschaft ist das Negativ der Natur: In dieser Konsequenz stimmen Klages und Theodor W. Adorno überein. Adorno sieht in der Natur, dem »vermittelten Statthalter von Unmittelbarkeit«[266], eine noch uneingelöste Forderung an die Kunst, der diese nur entsprechen kann, indem sie auf jede platte Abschilderung verzichtet. »Was an Natur erscheint, das wird durch seine Verdopplung in der Kunst eben jenes Ansichseins beraubt, an dem die Erfahrung von Natur sich sättigt. Treu ist Kunst der erscheinenden Natur einzig, wo sie Landschaft vergegenwärtigt im Ausdruck ihrer eigenen Negativität« (106). Landschaft ist folglich sowohl die als schönes Bild wahrgenommene Natur wie die Nicht-Abbildung dieses Bildes derart, daß das Landschaftsbild die Unreproduzierbarkeit des Naturschönen zeigt bzw. dessen Verfälschung in Nachahmung. Gäbe es so etwas wie authentische Landschaft, so verbliebe diese im Schweigen, in der Nicht-Darstellung, im Modus der Unwillkürlichkeit.

c) Landschaft als Konstrukt
Eine genuin moderne Möglichkeit, Landschaft zu verstehen, besteht darin, sie als Textform zu konstruieren. Prototypisch präsentiert Georg Trakls Gedicht Landschaft (1913) sein Sujet weniger als vorstellbare Szenerie denn als Konfiguration landschaftlicher Elemente (wie »Dorf«, »Wald«, »Teich«[267]). Landschaft ist die Landschaft des Textes und als Text. Der lesende Blick erfaßt die Wörter unmittelbar als Elemente einer Bedeutungslandschaft, er zielt nicht ab auf irgendeinen Modus der Anschauung. Ganz in diesem Sinne ist für Paul Valéry Landschaft in Rhumbs (1926) nichts als »un accident de perspective«[268]; sie ist nur noch als Artefakt möglich. Natur als Landschaft zu haben heißt, beide zu konstruieren: »Mais la mer, les arbres, les soleils, – et surtout l'œil humain – tout cela est artifice.« (618) Was bislang als schöne Erscheinung der Natur dem Ich bedeutsam war, wird als bloßer Effekt abgetan; Landschaften sind »accidents naturels«[269], die sogleich in das dominante Interesse eines Machens eintreten: »J'ai aussi l'impulsion bizarre, devant eux, que je puis modeler leur forme avec la main.« (136) Wie für Valéry, so ist auch für Ernst Jünger Landschaft das Gegenteil einer Natur-Ich-Konkordanz: »Die Landschaft wird konstruktiver und gefährlicher, kälter und glühender; es schwinden aus ihr die letzten Reste der Gemütlichkeit dahin.«[270] Wie eine literarische Einlösung solcher Umdefinitionen des Landschaftsbegriffs lesen sich die ›landscapes‹ von Gertrude Stein. Es sind aus Wörtern gebaute Landschaften, referenzlose Worttableaus, die eine Landschaft als Textfläche ausbreiten. Konsequenter noch als Trakls ist Gertrude Steins Text selber die Landschaft, von der er nicht mehr in einem gegenständlichen Sinne handelt. »In Four Saints I made the Saints the landscape. All the saints that I made and I made a number of them because after all a great many pieces of things are in a landscape all these saints together made my landscape«[271]. Diese allein auf die sichtbare Plazierung der Wörter reduzierte Bedeutung des Begriffs Landschaft markiert eine unüberbietbare Extremposition, die jeden weiteren arglosen Gebrauch des Wortes verhindert. Es bleibt die Möglichkeit einer kalauernden Mutation des Wortes selber, so bei James Joyce: »It scenes like a landescape from Wildu Picturescu« und »heartsoul dormant mid shadowed landshape«[272]. Oder aber der Begriff wird aus seiner Destruktion und unter Reflexion seines Problemgehaltes sorgsam rekonstruiert, so z. B. in Jürgen Beckers Gedicht von der

---

266 THEODOR W. ADORNO, Ästhetische Theorie (1970), in: ADORNO, Bd. 7 (1970), 98.
267 GEORG TRAKL, Sebastian im Traum (1913), in: Trakl, Dichtungen und Briefe, hg. v. W. Killy/H. Szklenar, Bd. 1 (Salzburg 1969), 83.
268 PAUL VALÉRY, Tel Quel II (1943), in: VALÉRY, Bd. 2 (1960), 603.
269 VALÉRY, Ego (1935), in: VALÉRY (CAHIERS), Bd. 1 (1973), 143.
270 ERNST JÜNGER, Der Arbeiter. Herrschaft und Gestalt (1932; Stuttgart 1982), 173.
271 GERTRUDE STEIN, Lectures in America (1935; New York 1975), 129; vgl. STEIN, Four Saints in Three Acts (1929), in: Stein, Selected Writings, hg. v. C. Van Vechten (New York 1962), 509–540.
272 JAMES JOYCE, Finnegans Wake (1939; London ³1964), 53, 474.

wiedervereinigten Landschaft (1988).²⁷³ Aber unter den Prämissen einer Avantgardekunst ist Landschaft kein bedeutungshaltiges Wort mehr.

d) Landschaft als Metapher

Der Begriff Landschaft beendet seine ästhetische Karriere in einer rapide anschwellenden Flut von Metaphorisierungen. Die Fundstellen hierfür sind ebenso zahllos wie in ihrer Aussagekraft beliebig substituierbar. Thomas Mann schließt an Begriffsprägungen des 19. Jh. an, wenn er von der »Landschaft einer Stadt« spricht oder Wendungen wie »das lübeckisch Landschaftliche« oder »lübeckische Sprachlandschaft«²⁷⁴ bildet. Walter Benjamin definiert die sich dem Flaneur erschließende Stadt so: »Sie eröffnet sich ihm als Landschaft, sie umschließt ihn als Stube«²⁷⁵; und auch Siegfried Kracauer meint mit ›Berliner Landschaft‹ das im Blick des Stadtbewohners je komponierte »Stadtbild«²⁷⁶. Robert Musil erwägt das Projekt einer »moralischen Experimentallandschaft«²⁷⁷, das im Gegensatz zu herkömmlichen Landschaftsschilderungen keine künstlerische Nebensache sein wird, sondern als »synthetische Landschaft« (897) auf dem Stand industrieller Rationalität ›produziert‹ werden wird. Wittgenstein nennt seine philosophischen Bemerkungen »gleichsam eine Menge von Landschaftsskizzen«²⁷⁸. Romano Guardini spricht von der »Daseinslandschaft des lebenden Menschen«²⁷⁹. Bei Bloch finden sich Begriffe wie »Weltlandschaften«, »Wunschlandschaft«, »Hoffnungslandschaft«²⁸⁰. Arno Schmidt diagnostiziert in den Landschaftsbeschreibungen Karl Mays eine sich unbewußt reproduzierende »S[exual – d. Verf.]-Landschaft«²⁸¹. Becker schließlich entfesselt eine metaphorische Suada, in welcher der Landschaftsbegriff ein letztes Mal ästhetisch produktiv wird: »Die Winterlandschaft. Die von Machtkämpfen gezeichnete Zeitungslandschaft. Die finnische Waldlandschaft. Die gelbe Industrielandschaft. Die politische Landschaft. In der wirren Bewußtseinslandschaft. Die übersichtliche Bürolandschaft. Die vergessene Trümmerlandschaft. Im Dschungel der Gettolandschaft. Die vorläufige Baubudenlandschaft. Die Konsumlandschaft. In der Landschaft des Geistes. Wasserlandschaft. Eine Landschaft voller Beine und Busen. Die einsamen Gipfel der literarischen Landschaft. Die Landschaften des Zwei-fels. Die Landschaft der Bundesliga. In der neuen Bedarfslandschaft. In der historischen Landschaft der holländischen Landschaftsmalerei. Innere Landschaft. Ideale Landschaft […]«²⁸². Die Überschrift dieses Abschnitts: ›Jetzt ist die Landschaft ein Katalog voller Wörter‹, kann auch als Ratifizierung ihres ästhetischen Endes gelesen werden.

5. *Zusammenfassung*

Eine Begriffsgeschichte von Landschaft gibt es nur insoweit, als (1) die für den Landschaftsbegriff konstitutiven Faktoren umgewichtet, umbesetzt werden, also nicht durchweg der komplexe Begriff realisiert wird, (2) das Konzept Landschaft höchst unterschiedlich kontextualisiert, semantisch und hermeneutisch bearbeitet wird. Typisch für den Landschaftsbegriff ist aber seine Invarianz durch alle Funktionalisierungen und Umbesetzungen über 200 Jahre hinweg. Die Begriffsgeschichte zeigt keine wirkliche (intensionale) Veränderung des Begriffs auf, sondern einen Wechsel der Hinsichtnahmen auf ihn, eine Diversifizierung der Fragestellungen auf der Folie eines konstanten seman-

---

273 JÜRGEN BECKER, Das Gedicht von der wiedervereinigten Landschaft (Frankfurt a. M. 1988), 56.
274 THOMAS MANN, Lübeck als geistige Lebensform (1926), in: Mann, Altes und Neues. Kleine Prosa aus fünf Jahrzehnten (Frankfurt a. M. 1953), 303, 305.
275 WALTER BENJAMIN, Die Wiederkehr des Flaneurs (1929), in: BENJAMIN, Bd. 3 (Frankfurt a. M. 1972), 195.
276 SIEGFRIED KRACAUER, Aus dem Fenster gesehen (urspr. Berliner Landschaft) (1931), in: Kracauer, Schriften, hg. v. I. Mülder-Bach, Bd. 5/2 (Frankfurt a. M. 1990), 399.
277 ROBERT MUSIL, Tagebuch Heft 34: 17. Februar 1930 – Frühsommer 1938, in: Musil, Tagebücher, hg. v. A. Frisé, (Reinbek 1976), 840.
278 WITTGENSTEIN (s. Anm. 39), 285.
279 ROMANO GUARDINI, Form und Sinn der Landschaft in den Dichtungen Hölderlins (Stuttgart/Tübingen 1946), 14 f.
280 BLOCH, Das Prinzip Hoffnung (Frankfurt a. M. 1959), 948, 950, 951.
281 ARNO SCHMIDT, Sitara und der Weg dorthin. Eine Studie über Wesen, Werk & Wirkung Karl May's (Karlsruhe 1963), 354.
282 BECKER, Umgebungen (Frankfurt a. M. 1970), 112 f.

tischen Potentials, eine paradigmatisch-semantische Akkumulation um einen festen Begriffskern. Das Wort Landschaft bleibt in seinem Inhaltsumfang konstant – das kontextuelle Interesse an ihm wandelt sich. Während also die Formel ›Natur als Landschaft‹ invariant bleibt, wird die komplementäre Formel ›Landschaft als X‹ ständig neu besetzt. Die markantesten Zäsuren in dieser Evolution wurden aufgezeigt.

Zu beachten ist schließlich, daß das Fehlen des expliziten Begriffs Landschaft in Texten keinerlei Rückschlüsse auf die Relevanz des Konzeptes Landschaft erlaubt. Einige der bedeutendsten literarischen Landschaften (z. B. Friedrich Gottlieb Klopstock, *Der Zürchersee* [1750]; Friedrich Hölderlin, *Andenken* [1803]; William Wordsworth, *The Prelude* [1805]; Alessandro Manzoni, *I Promessi Sposi* [1827] oder Paul Valéry, *Le cimetière marin* [1920]) bieten keinen Beleg für eine Begriffsgeschichte und prägen doch das Verständnis des Problems Landschaft nachhaltiger, als viele begriffsgeschichtlich ergiebige Fundstellen. Insoweit ist die Begriffsgeschichte von Landschaft nur eine Partialgeschichte der ästhetischen Landschaft.

Eckhard Lobsien

Literatur
ACHLEITNER, FRIEDRICH (Hg.), Die WARE Landschaft. Eine kritische Analyse des Landschaftsbegriffs (Salzburg 1977); APPLETON, JAY, The Experience of Landscape (Chichester 1977); ASSUNTO, ROSARIO, Il paesaggio e l'estetica (Neapel 1973); BÄTSCHMANN, OSKAR, Entfernung der Natur. Landschaftsmalerei 1750–1920 (Köln 1989); BERLEANT, ARNOLD, The Aesthetics of Environment (Philadelphia 1993); BERTRAM, WERNER JOSEF, Dimensionen des Landschaftserlebens. Psychologische Untersuchungen zur individuellen Wahrnehmung natürlicher Umfelder (Bonn 1982); BÖHME, GERNOT, Für eine ökologische Naturästhetik (Frankfurt a. M. 1989); BURCKHARDT, MARTIN, Metamorphosen von Raum und Zeit. Eine Geschichte der Wahrnehmung (Frankfurt a. M. 1994); BUSCH, WERNER (Hg.), Landschaftsmalerei (Berlin 1997); CISGROVE, DENIS (Hg.), The Iconography of Landscape. Essays in the Symbolic Representation, Design and Use of Past Environments (Cambridge 1988); DÉCULTOT, ÉLISABETH, Peindre le paysage. Discours théorique et renouveau pictural dans le romantisme allemand (Tusson 1996); FECHNER, RENATE, Natur als Landschaft. Zur Entstehung der ästhetischen Landschaft (Frankfurt a. M. 1986); FRANK, HILMAR, Idealbegriff und Landschaftsmalerei zwischen 1750 und 1850. Abgrenzungen, Anregungen, Paradigmenwechsel, in: K. Barck/M. Fontius/W. Thierse (Hg.), Ästhetische Grundbegriffe. Studien zu einem historischen Wörterbuch (Berlin 1990), 312–344; FRANK, HILMAR, Katastrophenlandschaft. Geschichte, diskontinuierlich erzählt, in: E. Lämmert (Hg.), Die erzählerische Dimension. Eine Gemeinsamkeit der Künste (Berlin 1999), 201–222; FRANK, HILMAR, Landschaft: Natur und Politik, in: K. Barck/R. Faber (Hg.), Ästhetik des Politischen – Politik des Ästhetischen (Würzburg 1999), 273–289; FRANK, HILMAR, Raum/Zeit-Schichtungen. Bemerkungen zu einem neuen Chronotopos, in: T. Böhme/K. Mehner (Hg.), Zeit und Raum in Musik und Bildender Kunst (Köln/Weimar/Wien 2000), 97–105; GRASSI, LUIGI, ›Paesaggio o Paese‹, in: Grassi/M. Pepe (Hg.), Dizionario di arte (Turin 1995), 379–382; HARTLIEB VON WALLTHOR, ALFRED/QUIRIN, HEINZ (Hg.), »Landschaft« als interdisziplinäres Forschungsproblem. Vorträge und Diskussionen des Kolloquiums am 7./8. Nov. 1975 (Münster 1977); HOFMANN, WERNER, Zur Geschichte und Theorie der Landschaftsmalerei, in: Hofmann (Hg.), Caspar David Friedrich, 1774–1840 [Ausst.-Kat.] (München 1974), 9–29; HUNT, JOHN DIXON, The Figure in the Landscape. Poetry, Painting, and Gardening during the Eighteenth Century (Baltimore 1976); JÄGER, MICHAEL, Die Theorie des Schönen in der italienischen Renaissance (Köln 1990); KOSCHORKE, ALBRECHT, Die Geschichte des Horizonts. Grenze und Grenzüberschreitung in literarischen Landschaftsbildern (Frankfurt a. M. 1990); LOBSIEN, ECKHARD, Landschaft in Texten. Zu Geschichte und Phänomenologie der literarischen Beschreibung (Stuttgart 1981); LOBSIEN, ECKHARD, Kunst der Assoziation. Phänomenologie einer ästhetischen Grundbegriffs vor und nach der Romantik (München 1999); MAI, EKKEHARD, Kunsttheorie und Landschaftsmalerei. Von der Theorie der Kunst zur Ästhetik des Naturgefühls, in: Heroismus und Idylle. Formen der Landschaft um 1800 bei Jacob Philipp Hackert, Joseph Anton Koch und Johann Christian Reinhart [Ausst.-Kat.] (Köln 1984), 41–52; MILLER, NORBERT, Die beseelte Natur. Der literarische Garten und die Theorie der Landschaft nach 1800, in: H. Pfotenhauer (Hg.), Kunstliteratur als Italienerfahrung (Tübingen 1991), 112–191; NIEFANGER, DIRK, Produktiver Historismus. Raum und Landschaft in der Wiener Moderne (Tübingen 1993); POCHAT, GÖTZ, Figur und Landschaft. Eine historische Interpretation der Landschaftsmalerei von der Antike bis zur Renaissance (Berlin 1973); SCHIVELBUSCH, WOLFGANG, Geschichte der Eisenbahnreise. Zur Industrialisierung von Raum und Zeit im 19. Jahrhundert (Frankfurt a. M. 1979); SCHOLZ, DIRK, Erkenntnis durch die Sinne. Zur ästhetischen Wirkung der Landschaft (Hannover 1993); SMUDA, MANFRED (Hg.), Landschaft (Frankfurt a. M. 1986); WARNKE, MARTIN, Politische Landschaft. Zur Kunstgeschichte der Natur (München/Wien 1992); WEBER, HEINZ-DIETER (Hg.), Vom Wandel des neuzeitlichen Naturbegriffs (Konstanz 1989); WOLFZETTEL, FRIEDRICH, Ce désir de vagabondage cosmopolite. Wege und Entwicklung des

französischen Reiseberichts im 19. Jahrhundert (Tübingen 1986); ZINKE, DETLEF, Patinirs ›Weltlandschaft‹. Studien und Materialien zur Landschaftsmalerei im 16. Jahrhundert (Frankfurt a. M./Bern/Las Vegas 1977).

Literarisch/Literatur
(engl. literary, literature; franz. littéraire, littérature; ital. letterario, letteratura; span. literario, literatura; russ. литературное, литература)

Einleitung (Gegenwärtiger Sprachgebrauch – Wortgeschichte – Hauptaspekte der Darstellung); I. Ausdifferenzierung eines kunstzentrierten Literaturbegriffs; II. Literatur – Trivialliteratur – Dichtung; III. Begriffsveränderungen unter neuen Wissenschaftsparadigmen; IV. Der Literaturbegriff im Medienzeitalter

Einleitung (Gegenwärtiger Sprachgebrauch – Wortgeschichte – Hauptaspekte der Darstellung)

Im allgemeinen Sprachgebrauch kann Literatur heute (Schrift-)Texte schlechthin bezeichnen, wobei in der Regel an Veröffentlichungen gedacht wird, oder auch nur für die Gesamtheit der Texte stehen, denen eine ästhetische Rezeption als angemessen gilt und die den vorrangigen Gegenstand der Literaturwissenschaft bilden (in erster Linie fiktionale, imaginative Texte, ›Kunstliteratur‹). Weiterhin ist Literatur eine Bezeichnung für die Gesamtheit der Schriften zu einem bestimmten Wissensgebiet oder Thema (Synonym für Fachliteratur oder Bibliographie) – in der Literaturwissenschaft (und nur hier) tritt dafür meist der Ausdruck Sekundärliteratur ein – wie auch, meist mit zusätzlicher Spezifizierung, für notenschriftliche Aufzeichnungen (Klavierliteratur, Opernliteratur). Das Adjektiv bezieht sich ausschließlich auf die beiden erstgenannten Bedeutungen. Es verweist einmal auf die Differenz zur (heute) gesprochenen Sprache, d. h. sein Gebrauch ist, wenn mit Literatur Geschriebenes oder Gedrucktes schlechthin gemeint ist, auf die Unterscheidung von mündlicher Kommunikation oder Überlieferung eingeschränkt: Von einer sprachlichen Wendung zu sagen, sie sei literarisch, bedeutet, daß man (heute) nicht (mehr) so spricht. Zum anderen kann literarisch die Differenz zu nicht der ästhetischen Rezeption unterliegenden sprachlichen Äußerungen oder zu nicht-sprachlichen künstlerischen Verfahren ausdrücken: In der Rede von literarischen Texten werden ausdrücklich künstlerisch formierte Texte von anderen Texten abgegrenzt. Dieser Sprachgebrauch erklärt sich daraus, daß der Literaturbegriff der Literaturgeschichtsschreibung seit der ersten Hälfte des 19. Jh., dann auch der der meisten neueren literaturwissenschaftlichen Schulen, seinen Schwerpunkt in ›selbstreferentiellen‹ Texten – dem ›sprachlichen Kunstwerk‹ – hatte. Für die formale Schule z. B. war das Literarische – die Literarität bzw. Poetizität – mit dem Kunstcharakter der Texte identisch. Während unter dem kunstzentrierten Literaturbegriff lange auch die mündliche Überlieferung subsumiert wurde, hat sich unter dem Eindruck der audiovisuellen Medien die Differenz wieder deutlicher in ihn eingeschrieben. Das ist vor allem bei einem Literaturbegriff der Fall, der nicht mehr auf der Textebene, sondern auf einer Interaktionsebene gebildet wird und der die gesamte durch literarische Texte vermittelte gesellschaftliche Kommunikation umfaßt. Dieser Begriff ist in seiner Geltung allerdings auf die Literaturwissenschaft und hier wiederum auf den Einfluß bestimmter wissenschaftlicher Schulen (Rezeptionsästhetik, empirische Literaturwissenschaft, funktional-kommunikative Literaturtheorie u. a.) beschränkt geblieben. Mit der Entwicklung der audiovisuellen Medien hat sich in der Wissenschaft aber auch ein medialer, das Kriterium der Schriftlichkeit verallgemeinernder und die Kunstzentrierung wieder aufhebender Literaturbegriff etabliert. Er hat in dem Maße an Boden gewonnen, wie die Reflexion auf die Literatur unter medientheoretischen und mediengeschichtlichen Aspekten zugenommen hat. Allgemeine kulturgeschichtliche Relevanz kommt diesem Begriff insofern zu, als mit ihm der Zeitraum, in dem die Schrift als Zeit und Raum überbrückendes Kommunikationsmittel dominierte, und damit auch die Privilegierung der Literatur als Medium der ästhetischen Wahrnehmung, von der durchgreifenden Alphabetisierung der Gesellschaft bis zum Aufkommen der audiovisuellen Medien, eingegrenzt werden kann. Eine eigene, die genannten Bedeutungen von Literatur übersteigende Begrifflichkeit hat die Adjektivsubstantivierung (›das Literarische‹) dadurch gewonnen, daß sie – oft allerdings eher metaphorisch – zur Bezeichnung von aus der Literatur stammenden oder literaturähnlichen Verfahren anderer Medien verwendet wird. (›Literarisch‹ als Prädikat z. B. in einer Filmkritik kann besagen, daß die dieser Kunstart eigenen – filmischen – Verfahren verfehlt wurden.) In der Wissenschaft kaum noch von Belang sind demgegenüber zwei auf der Textebene gebildete kunstzentrierte Literaturbegriffe, die – im Unterschied zu den bisher benannten deskriptiven – eine Wertbindung enthielten, und zwar erstens ein pejorativer (Literatur = minderwertige Literatur vs. Dichtung, analog der Opposition von Dichter und Literat) und zweitens ein emphatischer, der – umgekehrt – künstlerisch als minderwertig eingeschätzten Texten den Literaturcharakter abspricht (›das ist keine Literatur‹) und diese als Trivialliteratur, Kolportage oder Kitsch distanziert. Aus dem wissenschaftlichen Sprachgebrauch verschwunden sind schließlich die Ausdrücke Schöne Literatur, Belletristik und die sprachpuristische Bezeichnung Schrifttum, von denen die beiden ersten schon ihrer Wortbedeutung nach gleichfalls auf die Ausfällung eines kunstzentrierten Literaturbegriffs verweisen. Übersetzung bzw. Entlehnung von franz. ›belle littérature‹ bzw. ›belles-lettres‹ und heute nur noch als Ordnungsbegriffe in Bibliographien und im Buchhandel vorkommend, wurde die Spezifizierung ›schöne Literatur‹ (laut Klaus Weimar in den 50er Jahren des 18. Jh. eingeführt) mit der Durchsetzung des kunstzentrierten Literaturbegriffs hinfällig, während die Bezeichnung Belletristik (erste Hälfte des 19. Jh.), nach Weimar von Anfang an pejorativ konnotiert, der diskriminierenden Verwendung von Literatur wich. ›Schrifttum‹ (nach

---

1 Vgl. KLUGE ([19]1963), 680.
2 Vgl. LUDWIG KELLER, Die Erneuerung der deutschen Sprache und das altdeutsche Schriftthum, in: Zeitschrift des Allgemeinen Deutschen Sprachvereins 1 (1886/87), 181–186 u. 199–205.

Friedrich Kluge[1] zuerst 1827 als ›Schriftenthum‹ in Heinrich Heines *Reisebildern*, dann – auf zwei Silben gekürzt – 1833 bei Friedrich Ludwig Jahn) wurde als Ersatzwort für Literatur im allgemeinen Sinne wie auch für Kunstliteratur vom Deutschen Sprachverein begünstigt[2] und hielt sich bei kulturkonservativen und nationalistischen Autoren bis zur Mitte des 20. Jh. Angesichts der Tatsache, daß der Literaturbegriff der Wissenschaft immer wieder anders gefaßt und in seiner Reichweite zuletzt bis zur Auflösung in diversen Diskurs-, Text- oder Schriftbegriffen erweitert wurde, ist festzustellen, daß die Wissenschaft selbst über keinen einheitlichen Literaturbegriff verfügt und ein vollständiger Konsens darüber, was Literatur sei, seit der Auflösung des universellen humanistischen Literaturbegriffs nicht mehr zustande gekommen ist. Das ändert jedoch nichts an der Tatsache, daß in der Wissenschaft über einen längeren Zeitraum ein Objektbegriff Literatur, ähnlich dem in den allgemeinen Sprachgebrauch übergegangenen, dominant war, in dem imaginative, fiktionale Texte im Mittelpunkt standen.

Literatura (von littera = Buchstabe), ursprünglich das Alphabet, hieß im Lateinischen bis in die frühe Neuzeit die Schreib- und Lesekunde, entsprechend dem griechischen grammatikē (Grammatik). Im Sprachgebrauch der Humanisten umfaßte litterae/litteratura jedoch bereits die Gesamtheit der wissenschaftlichen und literarisch-künstlerischen Bildung, die adäquate deutsche Übersetzung war ›Gelehrsamkeit‹. Litterae/litteratura wurde synonym zu scientia (Wissenschaft) verwendet, während die einzelnen Studienzweige als artes (Künste) bezeichnet wurden. Zu diesen Künsten – den artes liberales (freien Künsten) –, deren Beherrschung das Kriterium des Gelehrtseins (litteraturam habere) war, zählte die Poesie ebenso wie Arithmetik und Geometrie. Im umfassenden Sinne von (Schrift-)Gelehrtheit in die Volkssprachen übernommen, taucht Literatur im 16. Jh. auch im Deutschen auf (erstmals belegt in Simon Roths *Teutschem Dictionarius* von 1571). Dieser universelle Literaturbegriff bildete sich somit zu der Zeit, als mit der Verbreitung des Buchdrucks in Europa die mediale Rolle der Schrift auf eine neue Stufe gehoben wurde. Ein erster Beleg für die adjektivische Ableitung findet sich laut *Ety-*

mologischem Wörterbuch des Deutschen[3] ebenfalls bereits im 16. Jh., doch wird ›literarisch‹ erst im 18. Jh. geläufig.

Die weitere Begriffsgeschichte von literarisch/ Literatur ließe sich – grob vereinfacht – als Prozeß der Ausdifferenzierung jenes kunstzentrierten Literaturbegriffs auffassen, der im Lauf der Zeit vielfältig aufgefächert und – von den verschiedenen literaturtheoretischen Ansätzen her in seinem semantischen Feld unterschiedlich strukturiert – pluralisiert und schließlich unter medientheoretischen und poststrukturalistischen Gesichtspunkten auch wieder in Frage gestellt wurde. Begriffs- und Sachgeschichte sind dabei oft nicht zu trennen, treten aber manchmal auch weit auseinander. Die Begriffsentwicklung erfolgte streckenweise unter anderen Bezeichnungen, im Rahmen anderer Begriffe, deren Semantik in Richtung auf den kunstzentrierten Literaturbegriff eingeengt bzw. ausgeweitet wurde. Dieser Ausdifferenzierungsprozeß ging – das wird als gesicherter Stand der Forschung angenommen – von der französischen Aufklärung aus, kam wenig später auch in England und Deutschland in Gang, verlief aber in den einzelnen Ländern, mit bedingt durch den jeweiligen Entwicklungsstand des literarischen Lebens, unterschiedlich. Die internationale literarische und literaturwissenschaftliche Kommunikation hat jedoch bereits im 19. Jh. auch zu einer Internationalisierung von Kongruenzen wie Divergenzen des Begriffsverständnisses geführt, so daß man heute zwar keinen deutschen Literaturbegriff von einem englischen, französischen oder russischen zu unterscheiden braucht, wohl aber die deutsche, französische, englische oder russische Begriffsgeschichte zumindest in ihrer ersten Phase gesondert zu betrachten hätte. Das hängt auch damit zusammen, daß der Begriff, in Abhängigkeit von den jeweils verfügbaren sprachlichen Bezeichnungen, in den einzelnen Ländern in unterschiedliche Oppositionen kam. So z. B. in Deutschland zum Begriff der Dichtung, in England oder in Rußland zu Poesiebegriffen (poetry, poèzija), die mit diesem deutschen Dichtungsbegriff keineswegs identisch waren, aber sich im Unterschied zum untergegangenen deutschen Poesiebegriff neben dem Literaturbegriff behaupteten. Innerhalb des russischen Begriffs von poèzija z. B. hat niemals eine Entwicklung stattgefunden, ihn auf die erzählende Prosa auszudehnen. Er blieb – ebenso wie der englische Begriff von poetry – an die Verskunst gebunden. Dementsprechend auch die Unterscheidung von poèt und pisatel' im Russischen, von poet, poète und writer, écrivain im Englischen und Französischen, die sich – anders als das deutsche Wort Dichter, das auch einen Romanautor bezeichnen kann – eindeutig auf die Gattungswahl beziehen. Eine umfassende begriffsgeschichtliche Darstellung müßte vielleicht nicht, wie Robert Escarpit angeregt hatte, sämtliche ›Nationalgeschichten‹ des Literaturbegriffs aufführen,[4] hätte aber doch wohl zu bestimmen, welchen Anteil Literatur und Literaturtheorie der einzelnen Länder an dem heute international vorherrschenden Begriffsverständnis haben. Die folgenden Ausführungen konzentrieren sich auf die deutsche Geschichte. Sie referieren jedoch jüngste Rekonstruktionsversuche der französischen Begriffsgeschichte insoweit, als die französische Geschichte für die Begründung eines ähnlichen Literaturbegriffs in Deutschland von Belang war. Und sie lassen sich auf die wichtigsten Wissenschaftsparadigmen ein, unter die der Begriff in den letzten Jahrzehnten international gestellt wurde. Dabei schien es mir angebracht, vom Substanzbegriff Literatur auszugehen, weil die Darstellung nur so an die Stellen herangeführt werden konnte, an denen die Begriffsentwicklung im Rahmen anderer Begriffe oder unter anderen Bezeichnungen erfolgte, und weil das Bedeutungsspektrum des Adjektivs literarisch sich über weite Strecken in Abhängigkeit von ihm verändert hat. Es wurde jedoch Wert darauf gelegt, die Stellen zu bezeichnen, an denen ein weiterreichender Begriff des Literarischen modelliert wird bzw. sich neben dem Literaturbegriff etabliert.

---

3 Vgl. WOLFGANG PFEIFER u. a., Etymologisches Wörterbuch des Deutschen, Bd. 2 (Berlin 1989), 1024.
4 Vgl. ROBERT ESCARPIT, La définition du terme ›littérature‹. Projet d'article pour un dictionnaire international des termes littéraires, in: Actes du IIIe Congrès de l'Association internationale de littérature comparée (s'Gravenhage 1962), 77–89.

I. Ausdifferenzierung eines kunstzentrierten Literaturbegriffs

Der universelle humanistische Literaturbegriff (in Frankreich: lettres, littérature) hatte bis in die Mitte des 18. Jh. allgemeine Geltung. So heißt es 1742 in dem Wörterbuch *Synonymes françois: leurs differentes significations, et le choix qu'il en faut faire; pour parler avec justesse* des Abbé Gabriel Girard: »La litérature désigne simplement les connoissances qu'on acquiert par les études ordinaires du Collège.«[5] Der erste Bedeutungswandel, den littérature im 18. Jh. in Frankreich erfuhr, wird von Escarpit darin gesehen, daß das Wort von der Bezeichnung einer Qualität, einer Kondition (Gelehrsamkeit) zu der des Resultats einer Tätigkeit und später eines Forschungsgegenstandes wurde (»On n'a plus de littérature, on en fait.«[6]). Während Escarpit diesen Bedeutungswandel für die Zeit nach 1770 ansetzt, lesen wir bereits 1742 bei Girard: »Car ce mot n'est pas pris ici dans le sens où il sert à dénommer en général l'occupation de l'étude & les ouvrages qu'elle produit.«[7] Mit Martin Fontius lassen sich für die Geltung des humanistischen Literaturbegriffs auch Fontenelle anführen, der die Erneuerung der Mathematik und Physik im 17. Jh. als eine Revolution »dans ces genres de littérature«[8] bewertet, und Voltaire, der behauptet: »Notre nation aime tous les genres de littérature, depuis les mathématiques jusqu'à l'épigramme.«[9] Bestätigung findet dieser weite Literaturbegriff auch durch Claus Trägers Hinweis auf Antoine Rivet de La Granges *Histoire littéraire de la France* (1733-1755), die ungesondert alle Autoren verzeichnet, die ein schriftliches Zeugnis hinterlassen haben.[10]

Bereits die Humanisten hatten jedoch innerhalb ihres Literaturbegriffs einen von ihnen als humanae litterae, studia humanitatis u. ä. bezeichneten Bereich abgegrenzt, der – konzentriert auf das Studium der antiken Bildungsgüter – Philologie (Grammatik), Rhetorik, Philosophie, Poesie und Geschichte zusammenschloß. Für diese humanistischen Studien kam in Frankreich im 17. Jh. der Ausdruck belles-lettres auf (ins Deutsche übersetzt als Schöne Wissenschaften). Deren Kanon wird z. T. abweichend von der hier gegebenen Aufzählung beschrieben. Beispielsweise bestand schon in der ersten Hälfte des 18. Jh. die Tendenz, die Philosophie, die neben Logik und Erkenntnistheorie auch die Physik – die gesamten naturwissenschaftlichen Kenntnisse der Zeit – enthielt, aus den belles-lettres herauszunehmen. Die Poesie behielt ihren Platz unter den belles-lettres, da das Dichten zunächst weiterhin als Gelehrtentätigkeit angesehen wurde, sie galt vielfach sogar als »la partie la plus brillante de la littérature«[11]. Der *Dictionnaire de Trévoux* definierte 1740 in seinem Artikel ›Lettres‹ geradezu: »On appelle les *lettres humaines*, ou les *belles lettres*, la reconnaissance des poètes et des orateurs.«[12]

Für die Herausbildung eines ›modernen‹ kunstzentrierten Objektbegriffs Literatur war die Auflösung des Systems der belles-lettres von entscheidender Bedeutung. Das geschah, beginnend mit der ›Querelle des Anciens et des Modernes‹, im Zuge der Historisierung der antiken Vorbilder, indem diese ihre normative Geltung verloren, die Nachahmung der Alten (imitatio) als ästhetische Doktrin außer Kraft gesetzt wurde und folglich auch die humanistischen Bildungsvoraussetzungen für die poetische Betätigung wegfielen. Es handelte sich dabei um einen Prozeß, in dem Poesie zum subjektiven Ausdruck bürgerlicher Individualität zu werden und die individuelle Empfindungsfähigkeit die alte Regelpoetik als Instanz ästhetischen Urteils abzulösen begann, um einen Prozeß, in dem das Prestige der philologisch-antiquarischen Bildung sich auch gegenüber der auf-

---

5 ABBÉ GABRIEL GIRARD, Synonymes françois: leurs differentes significations, et le choix qu'il en faut faire; pour parler avec justesse (1736; Amsterdam 1742), 137; vgl. MARTIN FONTIUS, Literaturkritik im ›Zeitalter der Kritik‹, in: Winfried Schröder u. a., Französische Aufklärung. Bürgerliche Emanzipation, Literatur und Bewußtseinsbildung (Leipzig 1979), 346–402.
6 ESCARPIT (s. Anm. 4), 83.
7 GIRARD (s. Anm. 5), 137.
8 BERNARD DE BOUVIER DE FONTENELLE, Préface de l'histoire de l'Académie des sciences (Paris 1733), 110.
9 VOLTAIRE, Conseil à un journaliste (entst. 1737?; ersch. 1765), in: VOLTAIRE, Bd. 22 (Paris 1879), 241.
10 Vgl. CLAUS TRÄGER, ›Literatur‹, in: Träger (Hg.), Wörterbuch der Literaturwissenschaft (Leipzig 1986), 301 f.
11 JEAN FRANÇOIS MARMONTEL, Élémens de littérature, Bd. 1 (1787), in: Marmontel, Œuvres complètes, Bd. 15 (Paris 1829), 1.
12 ›Lettres‹, in: TRÉVOUX, Bd. 4 (Nancy 1740), 643.

strebenden Naturwissenschaft verminderte, deren disziplinäre Auffächerung und methodische Stringenz zunehmend zum Maßstab wissenschaftlicher Arbeit überhaupt wurde. In diesem Prozeß wurde – so Fontius – »die Position des Humanismus in den Grundlagen erschüttert. Die Verwissenschaftlichungstendenz einerseits, die Gefühlsästhetik andererseits zerspalten gleichsam die ›Schönen Wissenschaften‹ in ihre Elemente. Die Theorie des Schönen wird damit aus der bisherigen Bindung an die antike Kultur freigesetzt, wie umgekehrt die Wissenschaft der klassischen Philologie ihre heroischen Anfänge erlebt. Die inhaltliche Ausgliederung jener Bestandteile der ›littérature‹, die als Geschäft der Wissenschaft erkannt werden, erfolgt nun Zug um Zug.«[13] Fontius führt abermals Voltaire an, dem der alte Literaturbegriff immer zweifelhafter geworden zu sein scheint (»littérature; ce mot est un de ces termes vagues si fréquents dans toutes les langues«), der aber gleichzeitig formuliert: »On appelle la belle littérature celle qui s'attache aux objets qui ont *de la beauté*, à la poésie, à l'éloquence, à l'histoire bien écrite. La simple critique, la polymathie, les diverses interprétations des auteurs, les sentiments des anciens philosophes, la chronologie, ne sont point de la belle littérature, parce que ces recherches sont *sans beauté*. Les hommes étant convenus de nommer *beau* tout objet qui inspire sans effort des sentiments agréables, ce qui n'est qu'exact, difficile et utile ne peut prétendre à la beauté.«[14] Fontius: »Obwohl auch hier ›belle littérature‹ noch mehr als subjektiver Besitz des einzelnen gefaßt ist und noch nicht als allgemein zugängliches Resultat, als ›Literatur‹, läßt die Konsequenz, mit der der neue Maßstab der ›angenehmen Empfindungen‹ gehandhabt wird, erkennen, daß der Begriff im Sinne von ›anmutiger Gelehrsamkeit‹ keine Überlebenschancen hatte, weil er in zunehmendem Maße als contradictio in adjecto empfunden werden mußte.«[15]

Auch Träger sieht im »Siegeszug der Einzelwissenschaften« die Ursache dafür, daß die Einheit von Wissenschaft und Kunst aufgesprengt wurde »und somit auch den ›Schönen Wissenschaften‹ (belles-lettres), worin diese Einheit noch partiell steckte, die Stunde schlug«. Entscheidendes Gewicht mißt Träger ebenso wie Fontius in diesem Zusammenhang d'Alembert zu: »Er faßte mit Hilfe eines ausgeweiteten – nicht mehr humanist. – Begriffs der ›poésie‹ alle literar. Genres (einschließlich bereits der der Prosa) unter dem Terminus ›imagination‹ zusammen und grenzte sie konsequent als Ganzes aus den Wissenschaften aus wie von den anderen Künsten ab (›Discours préliminaire‹ und Einführung in Bd. 1 der ›Encyclopédie‹, 1751).« D'Alembert habe »damit in diesem Chef-d'œuvre der Aufklärung im Grunde die semantische Struktur des Begriffs künstlerische Literatur« beschrieben. Daß dafür die Bezeichnung ›littérature‹ sich einbürgerte, betrachtet Träger »am Ende [als] ein Werk der Medien [...]; in ihnen setzte sich ›littérature‹, die ins Deutsche übernommen wurde (›Lit[t]eratur‹), als Bezeichnung für eben diesen Gegenstand durch. Mit Unternehmen wie Raynals *Nouvelles littéraires* (1747 ff.), Grimms *Correspondance littéraire* (handschriftl. 1753 ff.) oder Frérons *L'année littéraire* (1754/1790), die alle ›littérature‹ in großem Stil behandelten, scheint die Entscheidung in der literar. Öffentlichkeit gefallen zu sein.« In Deutschland geisterten zwar »noch bis in die Jahrhundertwende die ›Schönen Wissenschaften‹ (und ›freien Künste‹), die ›Gelehrsamkeit‹, der ›Witz‹ und die ›Poesie‹ (teilweise als Synonyme) durch die literar. Landschaft: Doch Lessings – nach einigen terminolog. Versuchen gefällte – Entscheidung für *Briefe die neueste Literatur betreffend* (1759) die Herders für den Titel *Über die neuere deutsche Literatur* (1767) folgte, leitete einen Trend in der dt. Bezeichnung des Literaturbegriffs ein, der sich in den 70er Jahren durchsetzte und der die Gegenwart noch teilhat«[16].

Diese im Grundzug annehmbare Skizze der französischen – Begriffsgeschichte dürfte allerdings insofern zu problematisieren sein, als Grund zu der Annahme besteht, daß die Durchsetzung eines kunstzentrierten Literaturbegriffs wie auch seiner Bezeichnung in Frankreich selbst einen wesentlich größeren Zeitraum in Anspruch nahm. Ulrich Ricken, dem Träger weitgehend folgt, war in einer 1982 vorgelegten Untersuchung zwar auch von

---

13 FONTIUS (s. Anm. 5), 393.
14 VOLTAIRE, Dictionnaire philosophique (1765), in: VOLTAIRE, Bd. 19 (1879), 590, 592.
15 FONTIUS (s. Anm. 5), 394.
16 TRÄGER (s. Anm. 10), 302.

d'Alemberts Gliederung der Wissensgebiete nach den intellektuellen Fähigkeiten ›mémoire‹, ›raison‹, ›imagination‹ ausgegangen, welche die poésie zusammen mit musique, peinture, sculpture und anderen Künsten der ›imagination‹ unterstellt und in der unter den verschiedenen Genres der Gattung ›poésie narrative‹ neben dem ›poème épique‹ auch der Roman auftaucht. Ricken hatte ebenfalls den Zeitschriften eine maßgebliche Rolle dabei zugemessen, daß das von d'Alembert konturierte Bedeutungsfeld von poésie zunehmend mit der Wortfamilie littérature, littéraire bezeichnet wurde. Er vermerkt aber gleichzeitig, daß »noch längere Zeit ›lettres‹ oder ›belles lettres‹ oft kaum eine Abgrenzung von ›littérature‹ erkennen [lassen] und daß auch die weitgefaßte ursprüngliche Bedeutung dieses Terminus« nicht eliminiert wurde. Einen Widerspruch sieht er darin jedoch nicht, daß »die sensualistische Ästhetik der Aufklärung [...] die Sonderstellung der Künste und vor allem der Literatur gegenüber den Wissenschaften begründet, andererseits aber in der Verwendung der Termini ›littérature‹ und ›lettres‹ auch in der 2. Hälfte des 18. Jahrhunderts oft eine Trennung des eigentlich Literarischen und des Wissenschaftlichen fehlt. [...] Denn bei aller Betonung des Eigenwertes des Ästhetischen ging es den führenden Vertretern der Aufklärung ja gerade darum, die Wirkungsmöglichkeiten der Künste und wiederum besonders der Literatur in den Dienst des Anliegens der Aufklärung zu stellen, für das der Fortschritt der wissenschaftlichen Erkenntnis erstrangig war.«[17]

Anscheinend gab es bis ins 19. Jh. sogar eine Tendenz, den Literaturbegriff mit dem System der belles-lettres zu verschmelzen. Karlheinz Barck verweist auf Jean-François de La Harpe, der den Lehrstuhl für Literatur in der 1794 gegründeten École Normale erhielt.[18] La Harpe definierte in seinem *Programme général*: »La littérature est proprement l'étude et la connoissance des belles lettres, des lettres humaines, *humaniorum litterarum*, comme les appelloient les anciens [...]. La littérature, telle que je l'ai conçue, comprend tout ce que les anciens attribuoient au grammairien, au rhéteur, au philosophe, et n'exclud que les sciences physiques, les sciences exactes et les arts et métiers«[19]. Und in Jean Gaspard Dubois Fontanelles *Cours de Belles Lettres* (1813) heißt es: »Selon la manière de voir des anciens et de tous les bons esprits qui se sont formés à leur exemple, les belles lettres ou la littérature en général, car j'emploirai indifféremment l'une ou l'autre de ces expressions, comprennent toutes les connoissances humaines depuis la grammaire jusqu'à la philosophie. Elles n'excluent que les sciences physiques, les sciences exactes, les arts enfin et les métiers.«[20] Die Tendenz, ›littérature‹ synonym für ›belles-lettres‹ zu gebrauchen, belegbar auch mit Mme de Staëls Schrift *De la littérature* (1800) (»il est nécessaire de retracer l'importance de la littérature, considerée dans son acception la plus étendue; c'est-à-dire, renfermant en elle les écrits philosophiques et les ouvrages d'imagination, tout ce qui concerne enfin l'exercice de la pensée dans les écrits, les sciences physiques exceptées.«[21]), ließe sich damit erklären, daß um 1800 die Ausgliederung der Naturwissenschaften aus dem Literaturbegriff – wie die beigebrachten Zitate vermuten lassen – offenbar allgemein anerkannt war, für das semantische Feld des modernen Literaturbegriffs (Literatur = Kunstliteratur) aber auch die Bezeichnung poésie eingesetzt worden war. Andersherum: Der französische Poesiebegriff war ebenfalls in Richtung auf den modernen Literaturbegriff umstrukturiert worden. Diese Umstrukturierung war in Trägers Sicht bereits bei d'Alembert erfolgt, während Barck das wesentliche als eine Leistung der französischen Romantiker betrachtet. Er beschreibt einen ›neuen Poesiebegriff‹, der von Chateaubriand, Benjamin Constant u. a. unter dem Einfluß der deutschen Frühromantik gebildet wurde. Chateaubriand schreibt er das Verdienst zu, in der *Poétique du christianisme* (dem

---

17 ULRICH RICKEN, Zur Bezeichnungsgeschichte des Literaturbegriffs im 18. Jahrhundert, in: Sitzungsberichte der AdW der DDR, Gesellschaftswiss. (1982), Nr. 2/G, 180.
18 Vgl. KARLHEINZ BARCK, Poesie und Imagination. Studien zu ihrer Reflexionsgeschichte zwischen Aufklärung und Moderne (Stuttgart 1993), 171.
19 JEAN-FRANÇOIS DE LA HARPE, Programme générale des cours des Ecoles Normales, in: Décade philosophique, littéraire et politique, Ier pluviôse an III (1794), 57, 60.
20 JEAN GASPARD DUBOIS FONTANELLE, Cours de Belles-Lettres, Bd. 1 (Paris 1813), 42.
21 MME DE STAËL, De la littérature considérée dans ses rapports avec les institutions sociales (Paris 1800), IV.

I. Ausdifferenzierung eines kunstzentrierten Literaturbegriffs

zweiten und dritten Teil seines *Génie du christianisme*, 1802) die poésie – im Sinne eines kunstzentrierten Literaturbegriffs – aus dem System der belles-lettres ausgegrenzt zu haben. Für diejenigen, die diesen ›neuen Poesiebegriff‹ angenommen hatten, stand littérature um 1800 anscheinend zur Disposition. Barck: »Für Mme de Staël war die Beziehung zwischen Literatur und Poesie um 1800 offenbar so undurchsichtig (und unverständlich) geworden, daß sie zwar von der Poesie feststellte, sie sei ›von allen Künsten die der Vernunft am nächsten stehende‹, andererseits gliederte sie aber aus der Literatur einen der Imagination zugewiesenen poetischen Teil aus«[22].

Den deutschen Sprachgebrauch bis zur Romantik hat zuletzt Klaus Weimar genauer erforscht. Er weist nach, daß Literatur auch in Deutschland im 18. Jh. noch die Kondition oder – wie er schreibt – den ›Habitus‹ des homo litteratus bezeichnete, andererseits jedoch – und zwar ohne Zusatz – bereits auch als Bezeichnung für die Humaniora verwendet wurde.[23] Demnach bestimmte Herder in seinen Fragmenten *Über die neuere deutsche Litteratur* »Sprache, Geschmackswissenschaften, Geschichte und Weltweisheit« als »die vier Ländereien der Litteratur«[24], während Gottsched schon 1753 die ›kritische Philologie‹ von der Literatur abgesetzt hatte. Literatur in diesem Sinne meinte also eine Gruppe von Wissenschaften/Künsten »mit unfesten Grenzen, mal ohne (Gottsched), mal mit Philologie (Herders ›Sprachen‹)«[25]. Für die 60er Jahre des 18. Jh. nimmt Weimar nun das Aufkommen noch jener anderen Bedeutung an, nämlich der einer (Fach-)Bibliographie. Er zitiert Christian Heinrich Schmid, der erklärt: »Geschichte und Dichtkunst; Charakteristik der vorzüglichsten Dichter; und Literatur der Poesie sind drey verschiedene Wissenschaften.«[26] Und er erinnert an Bernhard Joseph Docen, der noch 1809 eine solche Bibliographie als *Versuch einer vollständigen Literatur der ältern Deutschen Poesie* herausbrachte.

Dieser Sprachgebrauch, der mit der zunehmenden Inanspruchnahme von Literatur für den kunstzentrierten Literaturbegriff in den ersten Jahrzehnten des 19. Jh. wieder eingeschränkt wurde, war möglich geworden, weil sich für das System der belles-lettres in Deutschland spätestens in den 40er Jahren des 18. Jh. der Ausdruck ›schöne Wissenschaften‹ fest eingebürgert hatte. Weimars erster Beleg – Johann Friedrich Bertrams *Summarische Einleitung in die so genannte Schöne Wissenschaften Oder litteras humaniores* [...] – datiert von 1725. Für die Beschreibung des Systems führt er neben Bertram Johann Martin Chladenius' *Einleitung zur richtigen Auslegung vernünfftiger Reden und Schrifften* von 1742 (»in denen schönen Wissenschafften, d. i. der Beredsamkeit, Poesie, Historie, Alterthümer, und der Rede-Kunst«[27]) und Gottscheds *Neuen Büchersaal* von 1745 an. Bei Gottsched heißt es, es sei »ja heute zu Tage bekannt genug«, daß zu den »schönen Wissenschaften und freyen Künsten« »außer der Dichtkunst und Beredsamkeit, auch die Geschichte, die Alterthümer, die Musik, die Malerkunst, ja selbst die Sprachkunst«[28] gerechnet werden. Das *Reglement vor die Königliche Akademie der Wissenschaften und belles Lettres* in Berlin verfügte demgegenüber 1747: »Die Klasse der schönen Wissenschaften begreift die Alterthümer, Geschichte und Sprachen in sich.«[29] Bereits aus den 1750er Jahren bringt Weimar jedoch Belege für den Zerfall des Systems der schönen Wissenschaften.[30] Johann Bernhard Basedow definiert 1756:

---

22 BARCK (s. Anm. 18), 151 f.; vgl. MME DE STAËL (s. Anm. 21), XXVI.
23 Vgl. KLAUS WEIMAR, Literatur, Literaturgeschichte, Literaturwissenschaft. Zur Geschichte der Bezeichnungen für eine Wissenschaft und ihren Gegenstand, in: C. Wagenknecht (Hg.), Zur Terminologie der Literaturwissenschaft. Akten des IX. Germanistischen Symposiums der Deutschen Forschungsgemeinschaft, Würzburg 1986 (Stuttgart 1988), 10.
24 JOHANN GOTTFRIED HERDER, Über die neuere deutsche Litteratur« (entst. 1767), in: HERDER, Bd. 1 (1877), 142.
25 WEIMAR (s. Anm. 23), 9 f.
26 CHRISTIAN HEINRICH SCHMID, Literatur der Poesie. Erster Theil (Leipzig 1775), 5.
27 JOHANN MARTIN CHLADENIUS, Einleitung zur richtigen Auslegung vernünfftiger Reden und Schrifften (Leipzig 1742), 105.
28 JOHANN CHRISTOPH GOTTSCHED, Neuer Büchersaal der schönen Wissenschaften und freyen Künste, Bd. 1/1 (Leipzig 1745), 5.
29 Reglement der Königlichen Akademie der Wissenschaften und belles Lettres, in: Berlinische Bibliothek 1 (1747), 439.
30 Vgl. WEIMAR (s. Anm. 23), 12.

»Prose und Poesie sind schöne Wissenschaften«[31], und er nennt keine weiteren. Johann Georg Sulzer stellt im selben Jahr die ›schönen Wissenschaften‹ und die ›freien Künste‹ einander gegenüber und erläutert das Vorgehen der ersteren allein am Beispiel des Dichters.[32] Für Moses Mendelssohn scheint es dann auch schon ausgemacht: »Die schönen Wissenschaften, worunter man gemeiniglich die Dichtkunst und Beredsamkeit verstehet«[33].

Eine Zeitlang sah es so aus, als ob die Bezeichnung ›schöne Wissenschaften‹ beim Zerfall des Systems ausgerechnet an der Literatur haften bleiben sollte. Diesen Eindruck bestätigt auch Ricken, der darauf verweist, daß Batteux' *Principes de littérature* (1755) in Deutschland 1756 unter dem Titel *Einleitung in die schönen Wissenschaften* erschienen und daß Johann Joachim Eschenburg noch 1783 Poetik und Rhetorik in einem *Entwurf einer Theorie und Literatur der schönen Wissenschaften* abhandelte.[34] In Joachim Kirchners Zeitschriftenbibliographie zählt Ricken für die Jahre 1745–1770 zweiundzwanzig Neugründungen, die den Ausdruck ›schöne Wissenschaften‹ im Titel führen, wohingegen die Wortfamilie literarisch/Literatur nur in fünfzehn Titeln vorkommt.[35] Für die zeitweilige Bevorzugung des Terminus ›schöne Wissenschaften‹ bietet

31 JOHANN BERNHARD BASEDOW, Lehrbuch prosaischer und poetischer Wohlredenheit [...] (Kopenhagen 1756), 3.
32 Vgl. JOHANN GEORG SULZER, Grundsäze der Schönen Wißenschaften und Freyen Künste [...] (Leipzig 1756), Bl. 3r.
33 MOSES MENDELSSOHN, Über die Hauptgrundsätze der schönen Künste und Wissenschaften (1757), in: Mendelssohn, Philosophische Schriften, Bd. 2 (Berlin 1771), 119.
34 Vgl. RICKEN (s. Anm. 17), 175.
35 Vgl. ebd., 174; JOACHIM KIRCHNER (Hg.), Die Zeitschriften des deutschen Sprachgebietes von den Anfängen bis 1900, Bd. 1 (Stuttgart 1969).
36 WEIMAR (s. Anm. 23), 12 f.
37 CHRISTIAN GARVE, Über den Einfluß einiger besondern Umstände auf die Bildung unserer Sprache und Literatur. Eine Vorlesung, in: Neue Bibliothek der Schönen Wissenschaften und Freyen Künste, Bd. 14, 1. Stück (Leipzig 1773), 5.
38 WEIMAR (s. Anm. 23), 14; vgl. CARL FRIEDRICH SCHREITER, De litteraturae autonomia sive observationes ad indolem litterarum definiendam. Sectio prima (Leipzig 1784), 10.

Weimar folgende Erklärungsmöglichkeiten an: Einmal bedurften »die nun nicht mehr umfaßten Wissenschaften Philologie und Historie des terminologischen Schutzes nicht mehr [...], um vor dem Ausschluß aus dem Wissenschaftssystem und der Wissenschaftsorganisation Universität sicher zu sein«. Zum anderen bewirkte die mit der Entstehung eines literarischen Marktes einhergehende Dissoziation von Schreibern und Lesern (die in der Regel nun nicht mehr auch professionelle Schreiber waren), daß »der einheitliche Diskurs ›Poesie‹, der unter lauter Selben kursierte (wie etwa Philosophie oder andere Wissenschaften)«, sich teilte: »Sobald nun aber die Doppelnatur von Texten sichtbar geworden ist, sowohl nämlich Produkte von Schreibern als auch Objekte von Lesern zu sein, hat sich zumindest für die Leser und die Kritiker das Machen (poiesis) grundsätzlich vom Gemachten (poiema) gelöst, und das Machen selbst (Poesie oder Beredsamkeit) kann in keiner Weise mehr ›Wissenschaft‹ genannt werden. Poesie und Beredsamkeit sind damit grundsätzlich aus dem Kreis der Wissenschaften ausgeschieden [...]. Die Bezeichnung schöne Wissenschaften schützte davor, das wahrzunehmen.«[36]

Das terminologische Zwischenspiel wird durch das Vordringen von Literatur als umfassendem Objektbegriff mit der Unterabteilung schöne Literatur beendet (Objektbegriff im Gegensatz zu Literatur als Habitus, Kondition). Dieser Prozeß begann Weimar zufolge um 1770; Christian Garves Definition: »Was man die Litteratur eines Volkes nennt, ist der Inbegriff der Werke, die es in seiner Sprache besitzt«[37], steht dafür als Beleg. Den endgültigen Durchbruch (und die Angleichung an den französischen Sprachgebrauch) nimmt Weimar mit der Debatte um Friedrichs II. Schrift *De la littérature allemande* (1780) an. Weimar stellt fest, daß »selbst seine Gegner einmütig Literatur als Objektbegriff« benutzten. Und unter Hinweis auf Carl Friedrich Schreiter vermerkt er, daß man offensichtlich »schon 1784 kopfschüttelnd fragen konnte, wie um alles in der Welt denn Sulzer in seiner *Theorie der Schönen Künste* nur ein Jahrzehnt zuvor ohne jenen neuen Begriff Literatur hatte auskommen können«[38]. Dazu paßt Rickens Auszählung der von Kirchner zwischen 1771 und 1780 verzeichneten Zeitschriften-Neugründungen: 58 Titel enthalten

I. Ausdifferenzierung eines kunstzentrierten Literaturbegriffs

die Wörter Literatur oder literarisch, nur noch einer lautet auf ›schöne Wissenschaften‹.[39] Dieser Objektbegriff Literatur unterschied sich vom habituellen Literaturbegriff der Humanisten, die vom Latein als der universellen Gelehrtensprache ausgegangen waren, auch dadurch, daß er auf die Volkssprachen reflektierte: Literatur wurde zunehmend in Nationalliteraturen gedacht – ein Umstand, der zwar nicht auf Deutschland allein zutraf, hier aber insofern besondere Bedeutung erlangte, als die Deutschen sich infolge der politischen Verhältnisse bei der nationalen Identitätsbildung auf Sprache und Literatur zurückverwiesen sahen. Der Begriff der Nationalliteratur[40] blieb zwar in seiner Semantik von der Entwicklung des allgemeinen Literaturbegriffs abhängig, wurde jedoch bestimmend für die Literaturgeschichtsschreibung und provozierte die komplementären Begriffsbildungen einer »universellen Geschichte der Poesie«[41] (A. W. Schlegel, 1802/1803) und einer ›Weltliteratur‹ (Goethe, 1827).[42]

Auch der Objektbegriff Literatur umfaßte – wie schon gesagt – zunächst prinzipiell alle Texte, auch selbst bei seinem Spezifikat schöne Literatur scheint der Bedeutungsumfang zunächst nicht eindeutig auf imaginative und fiktionale Texte eingeschränkt gewesen zu sein, sondern mitunter dem der belles-lettres entsprochen zu haben. Weimar nennt als Beispiel dafür Christoph Daniel Ebelings *Kurze Geschichte der deutschen Dichtkunst* von 1767, die schöne Literatur und schöne Wissenschaften synonym verwendet. In Leonhard Meisters *Beyträgen zur Geschichte der teutschen Sprache und National-Litteratur* (1777) und in Johann Christoph Adelungs *Magazin für die Deutsche Sprache* (1783) steht dann die Dichtkunst zumindest schon im Zentrum des Begriffs der schönen Literatur. Das gilt aber auch bereits für die Verwendung des unspezifizierten Literaturbegriffs bei Lessing (1759) und Herder (1767) und in der Debatte um die Schrift Friedrichs II.

Ricken hat darauf aufmerksam gemacht, daß Literatur noch in den Wörterbüchern der deutschen Sprache von Adelung (1774–1786) und Johann Heinrich Campe (1807–1811) überhaupt nicht verzeichnet wird und daß die französisch-deutschen Wörterbücher ›littérature‹ bis zur Jahrhundertwende in der Regel noch mit ›(schöne) Wissenschaften‹, ›Gelehrtheit‹, ›Gelehrsamkeit‹ übersetzen. Zur Beibehaltung der Formel ›schöne Wissenschaften‹ als Bezeichnung literarischer Gattungen hat – wie Ricken meint – »sicherlich die Verbreitung des Terminus ›Wissenschaft des Schönen‹ als Synonym für Ästhetik beigetragen, beide in Deutschland von den Anhängern Alexander Gottlieb Baumgartens propagiert. Baumgartens *Aesthetica* erschien 1759, aber schon beträchtlich vorher hatte den Hallenser Philosophen Georg Friedrich Meier zur Abfassung seiner *Anfangsgründe aller schönen Wissenschaften* inspiriert (1748–1750)«[43]. Kant verwirft 1790 in seiner *Kritik der Urteilskraft* den Ausdruck, ohne das System eigentlich in Frage zu stellen. Er schreibt: »Es gibt weder eine Wissenschaft des Schönen, sondern nur Kritik, noch schöne Wissenschaft, sondern nur schöne Kunst [...]. Was den gewöhnlichen Ausdruck, *schöne Wissenschaften*, veranlaßt hat, ist ohne Zweifel nichts anders, als daß man ganz richtig bemerkt hat, es werde zur schönen Kunst in ihrer ganzen Vollkommenheit viel Wissenschaft, als z. B. Kenntnis alter Sprachen, Belesenheit der Autoren die für Klassiker gelten, Geschichte, Kenntnis der Altertümer u.s.w. erfordert, und *deshalb* diese historischen Wissenschaften, weil sie zur schönen Kunst die notwendige Vorbereitung und Grundlage ausmachen, zum Teil auch, weil darunter selbst die Kenntnis der Produkte der schönen Kunst (Beredsamkeit und Dichtkunst) begriffen worden, durch eine Wortverwechselung, selbst schöne Wissenschaften genannt hat.«[44]

Dennoch steht außer Zweifel, daß an dem modernen Literaturbegriff spätestens seit den 60er Jah-

---

39 Vgl. RICKEN (s. Anm. 17), 174.
40 Vgl. ANONYMUS [LEONHARD MEISTER], Beyträge zur Geschichte der teutschen Sprache und National-Litteratur, 2 Bde. (London 1777).
41 AUGUST WILHELM SCHLEGEL, Vorlesungen über schöne Literatur und Kunst (entst. 1801–1804; ersch. 1884), in: Schlegel, Kritische Ausgabe der Vorlesungen, hg. v. E. Behler, Bd. 1 (Paderborn u. a. 1989), 501.
42 Vgl. JOHANN PETER ECKERMANN, Gespräche mit Goethe in den letzten Jahren seines Lebens (1836/1848; Berlin/Weimar 1982), 198.
43 RICKEN (s. Anm. 17), 176.
44 IMMANUEL KANT, Kritik der Urteilskraft (1790), in: KANT (WA), Bd. 10 (1974), 239.

ren des 18. Jh. auch in Deutschland gearbeitet wurde. Für seine Ausbildung wird man neben dem Einfluß der französischen Enzyklopädisten vor allem die Aufwertung der Volkspoesie in Rechnung stellen müssen. Daß dabei auch mediale Gesichtspunkte ins Spiel kamen, die später teilweise wieder aus dem Blickfeld verschwanden, erweisen sowohl Herders Reflexionen über den Verlust an Lebendigkeit, den die Volkspoesie wie die Sprache überhaupt durch ihre Verschriftlichung erlitten haben[45], als auch Lessings *Laokoon* mit seiner Gegenüberstellung der Verfahren von Poesie und bildender Kunst. Lessing hatte Johann Joachim Winckelmanns Auffassung zurückgewiesen, daß die Allegorie das höchste Ziel der Malerei sein solle[46] und sich mit der Praxis des »Nachahmens« der je anderen Kunstart in Literatur und Malerei (der »Schilderungssucht« bzw. »Allegoristerei«[47]) kritisch auseinandergesetzt. Lessings Schrift erregte den Widerspruch Herders, der unter Berufung auf die (1756 ins Deutsche übersetzte) systematische Kunstlehre von James Harris[48] die einseitige Festlegung der Poesie auf die Sukzessivität erzählter Handlung beanstandete und die prinzipielle Ablehnung der Grenzüberschreitung nicht gelten ließ.[49] Für ein näheres Eingehen auf diese Debatte ist hier nicht der Ort; doch sollte festgehalten werden, daß in ihr nicht nur perzeptive und semiotische Differenzqualitäten der beiden Medien (als ›Sukzession‹ vs. ›Koexistenz‹ bzw. konventionelle/ ›willkürliche‹ vs. natürliche Zeichen) verhandelt wurden, sondern daß sie auch auf die Bildung von Begriffen des Malerischen und des Poetischen respektive Literarischen zurückweist, die nicht mehr an die jeweilige Kunstart gebunden sind.

Indem Herder und die Autoren des Sturm und Drang ihren Begriff von Poesie im Sinne von Dichtkunst auf die Traditionen der Volkspoesie gründeten, hoben sie ihn von den humanistischen Studien und der Rhetorik ab, fiel das System der belles-lettres tatsächlich in sich zusammen. Dieser Poesiebegriff ist bei Herder bereits ganz auf die Einbildungskraft konzentriert: »Überhaupt sind bei allen Phantasiereichen Völkern die Träume wunderbar mächtig; ja wahrscheinlich waren auch Träume die ersten Musen, die Mütter der eigentlichen Fiction und Dichtkunst.«[50] Allerdings scheinen Hemmungen, diesen Poesiebegriff auf die Prosaerzählung, den Roman auszudehnen, fortbestanden zu haben, war die Zurechnung des Romans zu den rhetorischen Genres doch bis zur Jahrhundertwende noch weit verbreitet, wollte ihn auch Schiller noch 1795 nur als »halbpoetisch« gelten lassen. (Er nennt den »Romanschreiber« einen »Halbbruder«[51] des Dichters.) Man kann annehmen, daß eben diese Hemmungen, das Kriterium der gebundenen Rede völlig aufzugeben, die Chancen des Worts Literatur waren, zur Bezeichnung des die Prosa einschließenden Bereichs der ›eigentlichen Fiktion und Dichtkunst‹ zu werden. Goethes bekannter Aufsatz *Literarischer Sansculottismus* von 1795 scheint mir ein eindrucksvolles Beispiel dafür. Er antwortet auf einen Artikel von Daniel Jenisch (*Über Prosa und Beredsamkeit der Deutschen*), worin dieser »die Armseligkeit der Deutschen an vortrefflich klassisch prosaischen Werken« beklagt hatte, und nimmt »die Arbeiten deutscher Poeten und Prosaisten von entschiedenem Namen« gegen ihn in Schutz. Der Oberbegriff, unter dem er die Arbeit der »Poeten und Prosaisten« zusammenschließt, ist der der Literatur (»von der Vorliebe für dieses oder jenes Beispiel einheimischer oder fremder Literatur hingerissen«[52]). Daß er aber bei den Prosaisten in erster Linie an die Verfasser fiktionaler Literatur gedacht hat, geht

---

45 Vgl. HERDER, Von deutscher Art und Kunst (entst. 1773), in: HERDER, Bd. 5 (1891), 159–207; HERDER, Ideen zur Philosophie der Geschichte der Menschheit (entst. 1784), in: HERDER, Bd. 13 (1887), 366.
46 Vgl. JOHANN JOACHIM WINCKELMANN, Gedanken über die Nachahmung der griechischen Werke in der Malerei und Bildhauerkunst (Dresden 1755).
47 GOTTHOLD EPHRAIM LESSING, Laokoon oder über die Grenzen der Malerei und Poesie (1766), in: Lessing, Gesammelte Werke, hg. v. P. Rilla, Bd. 5 (Berlin 1955), 11.
48 Vgl. JAMES HARRIS, Discourse on Music, Painting and Poetry (London 1744).
49 Vgl. HERDER, Kritische Wälder. Oder Betrachtungen über die Wißenschaft und Kunst des Schönen (entst. 1769), in: HERDER, Bd. 3 (1878), 133–152.
50 HERDER, Ideen zur Philosophie der Geschichte der Menschheit (s. Anm. 45), 308.
51 FRIEDRICH SCHILLER, Über naive und sentimentalische Dichtung (1795), in: Schiller, Werke, hg. v. L. Bellermann, Bd. 8 (Leipzig/Wien 1895), 363.
52 JOHANN WOLFGANG GOETHE, Literarischer Sansculottismus (1795), in: GOETHE (BA), Bd. 17 (1970), 321, 324, 323.

I. Ausdifferenzierung eines kunstzentrierten Literaturbegriffs

schon daraus hervor, daß er für die Fortschritte, die die deutsche Literatur in den letzten Jahrzehnten gemacht hat, Wieland als Musterbeispiel anführt.

Dementsprechend lautet dann auch seine tröstliche Einschätzung der aktuellen Situation: »Man braucht nicht weit zu suchen, um einen artigen Roman, eine glückliche Erzählung, einen reinen Aufsatz über diesen oder jenen Gegenstand zu finden.« (325) Daß Goethe, wenn er die Frage nach den Voraussetzungen für das Entstehen eines ›klassischen Nationalautors‹ diskutiert, in erster Linie die Verfasser fiktionaler Literatur wie Dante, Cervantes, Shakespeare oder Molière im Auge gehabt hat, ist auch nie in Zweifel gezogen worden.

Dennoch hat Goethe auch später noch lieber von ›Poesie‹ oder ›Dichtkunst‹ gesprochen, wenn es ihm darum ging, die Werke der ›Einbildungskraft‹ von denen des ›Wissens‹ zu unterscheiden, so in seinen Ausführungen über das »Lehrgedicht« als einer »zwischen Dicht- und Redekunst« abzuhandelnden »Ab- und Nebenart«[53] der ersteren. Überhaupt war für die Durchsetzung des modernen Literaturbegriffs in Deutschland doch wohl die weitere Entwicklung des Poesiebegriffs entscheidend. Erst aus Theorie und Praxis der deutschen Frühromantiker geht ein Poesiebegriff hervor, der sich völlig von der alten Gattungspoetik gelöst hat und, transformiert in den Begriff des Poetischen, nicht nur auf die anderen Künste, sondern auch auf das Leben selber Bezug nimmt. Diesem neuen Poesiebegriff, den die französischen Romantiker von den Deutschen übernommen haben, entsprach – wie Barck mit A. W. Schlegel belegt – die im Anschluß an Kants *Kritik der Urteilskraft* »unternommene Begründung eines allgemeinen und singulären Begriffs *der Kunst*«[54]. Bei Schlegel heißt es: »Sobald man behauptet, wie wir es denn allerdings behaupten, es sey eine philosophische Theorie der schönen Künste möglich, so haben wir dadurch schon ein Merkmal für diese gefunden, welches berechtigt, sie vor allen Gewerben, mechanischen nützlichen oder angenehmen Fertigkeiten, vorzugsweise Künste zu nennen. Den Inbegriff der Künste in diesem Sinne nennt man noch besser die Kunst: dadurch deutet man an, daß das, was sie mit einander gemein haben (der menschliche Zweck) das Wesentliche an ihnen, das aber, was sie unterscheidet (die Mittel der Ausführung) das Zufällige ist.

Diesem nach wäre ihre Philos.[ophische] Theorie am schicklichsten *Kunstlehre* zu benennen, nach der Analogie von Sittenlehre, Rechtslehre, Wissenschaftslehre. – Oder auch *Poetik*, da man einverstanden ist, daß es in allen schönen Künsten, außer dem mechanischen (technischen) und über ihm, einen poetischen Theil gebe; d. h. es wird eine freye schaffende Wirksamkeit der Fantasie (ποίησις) in ihnen erkannt. Poesie heißt dann im allgemeineren Sinne das allen Künsten gemeinsame, was sich nur nach der besondern Sphäre ihrer Darstellungen modifizirt.« Und an anderer Stelle: »Dasjenige in den Darstellungen der übrigen Künste, was uns über die gewöhnliche Wirklichkeit in eine Welt der Fantasie erhebt, nennt man das Poetische in ihnen; Poesie bezeichnet also in diesem Sinne überhaupt die künstlerische Erfindung, den wunderbaren Akt, wodurch dieselbe die Natur bereichert; wie der Name aussagt, eine wahre Schöpfung und Hervorbringung.«[55]

Das Wesentliche an diesen Aussagen ist für unseren Zusammenhang, daß sie den Gegensatz von Poesie und Prosa von der Gattungsbestimmung radikal abheben, die immer noch virulente Frage, ob der Roman zur Poesie gehöre, in die entschiedene Forderung umformulieren, daß er ›poetisch‹ sein solle. Novalis, Tieck, Wackenroder, aber auch Arnim und Brentano bemühten sich mit ihrer eigenen Romanproduktion jedenfalls, dieser Forderung gerecht zu werden, betrachteten sie als integralen Bestandteil ihrer poetischen Bestrebungen. Man geht also wahrscheinlich nicht fehl, wenn man das Verdienst der endgültigen Herauslösung des Romans aus der Rhetoriktradition der deutschen Romantik zuschreibt. Wer diese Zuschreibung akzeptiert, den wird es auch nicht mehr verwundern, daß die Bezeichnung Literatur in Deutschland so lange brauchte, um sich durchzusetzen. Ihre Chance war durch die romantische Entwicklung des Poesiebegriffs zunächst durchkreuzt worden.

So unterschied nun auch F. Schlegel einerseits genau zwischen Wissenschaft und Kunst, konnte

---

53 GOETHE, Über das Lehrgedicht (1827), in: GOETHE (BA), Bd. 17 (1970), 682.
54 BARCK (s. Anm. 18), 179.
55 A. W. SCHLEGEL (s. Anm. 41), 186, 387.

andererseits aber die Bezeichnung Literatur zur Zusammenfassung von Poesie, Beredsamkeit, Geschichte und Philosophie als den »in der Rede und Sprache wirkenden Künsten und Wissenschaften« verwenden und in dieser Zusammenfassung einen Poesie und Philosophie wiedervereinigenden neuen – romantischen – ›enzyklopädischen‹ Literaturbegriff entwickeln. F. Schlegel: »Dichtkunst, Beredsamkeit, Geschichte und Philosophie gehören zu der Gattung, die in der Rede wirkt. Wir kennen auch die in der Materie wirkende Gattung. Die gesamten Gattungen fallen wieder unter eine höhere, nämlich der Wissenschaft und Kunst. Alle Formen und Produkte, die man unter der Literatur zusammenfaßt, gehören entweder unter den Begriff der Wissenschaft oder der Kunst, oder sie sind aus beiden zusammengesetzt. So ist die Poesie Kunst, Philosophie Wissenschaft, Rhetorik mehr eine Mischung von beiden; sie ist die Kunst der Überredung, deren Gegenstand aber die Wahrheit ist. Insofern liegt sie der Wissenschaft näher. Die Historie steht ebenfalls in der Mitte: insofern sie auf Erkenntnis ausgeht, nähert sie sich der Wissenschaft, durch die Darstellung nähert sie sich der Kunst. Insofern die Philosophie, als Geist der Gelehrsamkeit und aller Wissenschaften überhaupt, in Rücksicht der Form alle die Wissenschaften begreift, die sich durch Zeichen ausdrücken, und in derselben Rücksicht die Poesie auch alle Künste umfaßt, die durch ein anderes Medium als durch die Sprache wirken – wie denn Mathematik, Chemie und Physik nur einzeln, aber genauer, d. h. spezieller zeigen, was schon in der Philosophie enthalten, und so Malerei, Plastik und Musik getrennt, lebhafter und besser dasselbe ausdrücken, was die Poesie alles zusammen leistet – insofern umfaßt die Literatur *alle Wissenschaften und Künste*, ist sie *Enzyklopädie*.«[56]

Dieser romantische Literaturbegriff mag als ein Rückschritt im Verhältnis zu der von Fontius, Träger und Weimar beschriebenen Begriffsentwicklung durch die Aufklärer erscheinen, wenn man die Begriffsgeschichte mit der Bezeichnungsgeschichte identifiziert. Unterscheidet man diese, dann kann man nicht nur festhalten, daß F. Schlegel die Theorie der Autonomie der Kunst im Poesiebegriff weiterentwickelt, sondern auch, daß er mit diesem die Kunstautonomie voraussetzenden Literaturbegriff zugleich der Grenzüberschreitung Raum gegeben, d. h. den theoretischen Rahmen für eine Kunstpraxis geschaffen hat, mit der sich dann auch die Bezeichnung Literatur in den 30er/40er Jahren des 19. Jh. in Deutschland endgültig durchsetzte.

Der von F. Schlegel ausgearbeitete romantische Literaturbegriff zeichnete sich gegenüber allen vorausgehenden durch seine Historisierung aus. »Ehe wir aber unsere historische Darstellung beginnen«, schreibt Schlegel in der Einleitung zu seinen Pariser Vorlesungen (*Geschichte der europäischen Literatur* 1803/1804), »ist es nötig, einen vorläufigen Begriff der Literatur voranzuschicken, den Umfang und die Grenzen des Ganzen anzugeben. Dieser Begriff kann aber nur ein vorläufiger sein, indem der vollständigste Begriff die Geschichte der Literatur selbst ist.« (6) Schlegel schließt in seinem Begriff Philosophie und Poesie ausdrücklich unter ihrer Erkenntnisfunktion zusammen. Beide sind auf die Erkenntnis des Höchsten gerichtet, das seiner unendlichen Natur wegen jedoch nie vollkommen erkannt werden kann: »Die Mangelhaftigkeit der Erkenntnis führt die Darstellung herbei. Das, was in seinem ganzen Umfang zu erkennen unmöglich ist, kann doch teilweise erkannt werden. Das, was in Begriffen sich nicht ausdrücken läßt, kann vielleicht in einem Bilde dargestellt werden. Ebenso führt das Streben, das Unendliche darzustellen, auf die Erkenntnis desselben.« (8) (Die Pariser Vorlesungen werden hier zitiert, weil Schlegel in deren Einleitung seinen Literaturbegriff am eingehendsten erläutert. Diese Vorlesungen wurden zwar seinerzeit nicht gedruckt, Schlegels anderweitige Äußerungen zum Gegenstand gehen jedoch in die gleiche Richtung.)

Die Bedeutung, die der romantische Poesiebegriff einerseits, der Literaturbegriff der Romantiker andererseits für die Literaturprogrammatik und die literarische Praxis des Jungen Deutschland (gemeint ist die gesamte von der ›Kunstperiode‹ sich absetzende Literaturbewegung von Börne und Heine über Gutzkow bis hin zu Büchner) gehabt hat, ist offensichtlich. Die anfängliche Neigung, in

---

[56] FRIEDRICH SCHLEGEL, Geschichte der europäischen Literatur. Einleitung (1803/1804), in: SCHLEGEL (KFSA), Abt. 2, Bd. 11 (1958), 7.

der Praxis der Jungdeutschen nur ein Weitertreiben der romantischen Fragmentarisierung und Gattungsauflösung bzw. -verschmelzung zu sehen, ebenso wie spätere Versuche, ihre programmatischen Vorstellungen als eine aus dem Idealraum der Phantasie herausgetretene und auf das aktuelle gesellschaftliche Leben gerichtete liberale Variante romantischer Literaturprogrammatik zu interpretieren, waren daher nicht verwunderlich. Die Jungdeutschen gingen fraglos von dem romantischen Poesiebegriff aus, in dem die Gattungspoetik schon aufgelöst war und der die Poesie als Kunst autonom setzte und von der Philosophie als Wissenschaft wie von den ›auf die Bedürfnisse und Zwecke des gewöhnlichen Lebens‹ gerichteten praktischen – ökonomischen und politischen – Tätigkeiten abgrenzte, als sie in ihrer Abrechnung mit der Kunstperiode diese Autonomie wieder in Frage stellten und die Grenzüberschreitung propagierten. Fest steht auch, daß das unter einer politisch-emanzipatorischen (praktischen) Funktionssetzung und also in einer Wirkungsabsicht geschah, die Aufklärung, Information (›Wissenschaft‹) erforderte und den Zugriff auf das erste moderne Massenkommunikationsmittel Zeitung gebot. Die Orientierung auf die neuen, Fiktion, Dokumentation und philosophische Reflexion vermischenden journalistischen Genres (Feuilleton, Reisebilder, Essay) dürfte wohl eine Rolle dabei gespielt haben, daß in der Auseinandersetzung mit der Kunstperiode ›eine neue Literatur‹, nicht eine neue Poesie gefordert wurde. Mindestens für die Bewegung des Jungen Deutschland würde danach gelten, daß die geschichtlich wichtige Abgrenzung der Poesie vom begrifflichen Denken und von praktischer Zielsetzung letzten Endes dazu geführt hat, daß der Poesiebegriff wieder aufgegeben wurde, daß er die Konkurrenz mit dem Literaturbegriff nicht bestand.

Es werden kaum verläßliche Angaben zu machen sein, welche Bedeutung die jungdeutsche Auseinandersetzung mit der Kunstperiode für den abnehmenden Gebrauch des Wortes Poesie überhaupt gehabt hat. Nachweisbar ist aber, daß das Wort in den 30er/40er Jahren des 19. Jh. als Bezeichnung für die Kunstliteratur aus dem Sprachgebrauch der Schriftsteller fast völlig verschwindet. Während Goethe – geht man nach Eckermanns Gesprächsaufzeichnungen – noch in den 20er Jahren Poesie neben Dichtkunst und Dichtung in diesem Sinne häufiger verwendet zu haben scheint als das Wort Literatur, schrumpft die Semantik von Poesie in der Umgangssprache auf den Bereich der Lyrik. Der Literaturbegriff, der sich durchsetzt, hat die imaginative, fiktionale Literatur, das ›Phantasiekunstwerk‹ im Mittelpunkt und anerkennt die Autonomie der Kunst. Er setzt diese jedoch nicht mehr absolut, bezieht Mischformen und Zweckformen (also auch politische Dichtung) ein und entspricht damit im Bedeutungsumfang und in der semantischen Struktur in etwa den Beschreibungen späterer Sachwörterbücher. Beschränkt man sich nicht auf die Geschichte der Begriffsbildung, die Träger im Grunde schon mit d'Alembert 1751 als abgeschlossen betrachtet, sondern nimmt man die Geschichte der Durchsetzung eines solchen kunstzentrierten Literaturbegriffs hinzu, dann wird man also die 30er/40er Jahre des 19. Jh. als den Zeitraum angeben können, in dem dieser Prozeß in Deutschland, mit einer vorläufigen Entscheidung auch in der Bezeichnungsfrage, in ein neues Stadium eingetreten ist.

Bemerkenswert ist allerdings, daß eine Reihe von *Literaturgeschichten* unverändert die Geschichtsschreibung, die Philosophie und die politische Rhetorik in ihre Darstellungen einbeziehen. Zwar liegt das Schwergewicht schon bei Georg Gottfried Gervinus eindeutig auf der künstlerischen Literatur. Aber sein 1835 bis 1842 erschienenes grundlegendes Werk trägt den Titel *Geschichte der poetischen National-Literatur der Deutschen*. Wolfgang Menzel hatte demgegenüber noch 1836 beklagt, daß die »allgemeinen deutschen Literaturgeschichten« die meisten »Literaturfächer«[57] zu flüchtig behandeln, und in seiner *Deutschen Literatur* gleichwertig Religion, Philosophie, Pädagogik, Geschichte, politische und Naturwissenschaften sowie ›schöne Literatur‹ und Kritik besprochen, wobei die beiden letzten lediglich den Schlußteil bilden. Und noch im 20. Jh. bekennen sich z. B. Josef Nadler und Adolf Bartels ausdrücklich zu einem universellen Literaturbegriff und sind bestrebt, in ihren *Literaturgeschichten* das gesamte ›Schrifttum‹ zu verzeich-

---

57 WOLFGANG MENZEL, Die deutsche Literatur, T. 1 (Stuttgart ²1836), 33, 32.

nen. Dieses Verfahren steht jedoch schon vor der Mitte des 19. Jh. in offensichtlichem Widerspruch zu dem nicht nur bei den Literaturproduzenten, sondern auch bei den Literaturhistorikern vorherrschenden Begriffsverständnis. Hier tritt vielmehr die Tendenz auf, den kunstzentrierten Literaturbegriff, der wesentlich deskriptiv konzipiert war, weiter einzuschränken und ihn in eine Wertrelation zu setzen bzw. ihn als einen normativen Begriff neu zu konstituieren.

II. Literatur – Trivialliteratur – Dichtung

Während die bisherige Arbeit an dem Begriff größtenteils von den Schriftstellern selbst geleistet wurde, sind an den Operationen, die jetzt vorgenommen werden und die die Diskussionen um den Literaturbegriff in Deutschland bis in die Mitte des 20. Jh. bestimmen, die Literaturhistoriker führend beteiligt. Es handelt sich um die Versuche, aus dem Literaturbegriff einerseits die Unterhaltungsliteratur zu eliminieren, andererseits von ihm einen Bereich der Dichtung abzuheben. Diese Versuche beschränkten sich also nicht darauf, den Literaturbegriff weiter zu strukturieren, indem sie ihn funktional und evaluativ stratifizieren, sondern sie liefen im Endergebnis darauf hinaus, sein semantisches Feld von Wertkriterien her an zwei Seiten zu beschneiden. In Kauf genommen wurde damit eine lang anhaltende soziokulturelle Spaltung des Begriffsverständnisses, insofern, als die von den »dominierenden Geschmacksträgern« (Helmut Kreuzer) der normativen Neukonstituie-

rung des Begriffs zugrunde gelegten Wertungen von breiten Leserschichten nicht mitvollzogen wurden. Unterscheidet man mit Kreuzer von den Begriffsbestimmungen der professionell mit Literatur Befaßten einen ›empirischen‹ Literaturbegriff, der »für einen bestimmten Raum, eine bestimmte Zeit, unter Umständen eine bestimmte Schicht« erfaßt, »was als Literatur gilt«[58], dann steht außer Zweifel, daß dieser Begriff für die große Masse der Leser hauptsächlich die Lesestoffe enthielt, die die Professionellen auszugrenzen bestrebt waren.

Daß die Literaturhistoriker in der Ausgrenzung der Unterhaltungsliteratur vorangingen, macht schon die enorme Zunahme der Literaturproduktion seit den 20er und 30er Jahren des 19. Jh. verständlich. Schon bald konnte auch die ausführlichste *Literaturgeschichte* nicht mehr an dem Prinzip der Vollständigkeit festhalten, das den *Litterärgeschichten* des 18. Jh. zugrunde gelegen hatte. Was den Anteil der fiktionalen Literatur auf dem sich entwickelnden kapitalistischen Literaturmarkt anbetraf, so nahm dieser hauptsächlich nach der Seite der Lesestoffe hin zu, die lediglich auf die Befriedigung des Unterhaltungsbedürfnisses ausgingen und deren Herstellung durch die Verwendung erprobter Figuren- und Handlungsmuster den geringsten geistigen Aufwand verursachte. Die ›Masse der Literatur‹, wie Menzel in der ersten Abschnitte seiner Darstellung überschreibt[59] – die Masse der fiktionalen Literatur, die den Markt überschwemmte, war Unterhaltungs- oder (nach einem von der Wiener Germanistin Marianne Thalmann 1923 eingeführten Ausdruck[60]) Trivialliteratur oder eben ›Massenliteratur‹. (Die verschiedenen Bezeichnungen, die unterschiedlich konnotiert sind, deuten übrigens auf die Uneinheitlichkeit der Vorstellungen von dem Umfang des auszugrenzenden Literaturkomplexes hin.)

Schon in den 20er Jahren des 19. Jh. wurde die Verwandlung der Literatur in eine Konfektionsware beklagt und der – damals erst einsetzende – Prozeß ihrer arbeitsteiligen Herstellung satirisch behandelt.[61] Während jedoch noch die positivistischen Literaturhistoriker am Ende des 19. Jh. in der Regel um eine möglichst breite, weit in den Bereich der Unterhaltungsliteratur hineinreichende Materialaufnahme bemüht waren, bestand auch schon vor der Jahrhundertmitte die Ansicht,

---

58 HELMUT KREUZER, Zum Literaturbegriff der sechziger Jahre in der Bundesrepublik Deutschland, in: Kreuzer, Veränderungen des Literaturbegriffs. Fünf Beiträge zu aktuellen Problemen der Literaturwissenschaft (Göttingen 1975), 64.
59 Vgl. MENZEL (s. Anm. 57), 1–38.
60 Vgl. MARIANNE THALMANN, Der Trivialroman des 18. Jahrhunderts und der romantische Roman. Ein Beitrag zur Entwicklungsgeschichte der Geheimbundmystik (Berlin 1923).
61 Vgl. WILHELM HAUFF, Die Bücher und die Lesewelt (1827), in: Hauff, Werke in zwei Bänden, hg. v. R. Schlichting, Bd. 1 (Berlin/Weimar 1987), 343–365.

daß diese Literatur allenfalls für den ›Sittenforscher‹ (heute würde man sagen: den Kulturhistoriker), nicht jedoch für den Literaturhistoriker von Belang sei.[62] Diese Ansicht gründete sich auf die Genieästhetik des 18. Jh. (das von der deutschen Romantik weitergetragene Verständnis und Selbstverständnis des Dichters als ›Originalgenie‹), die Auffassung der literarischen Produktion als eines individuellen und originellen Schöpfungsaktes. Der Ansturm der Massenliteratur aktivierte diese Auffassung, und zwar sowohl bei den Schriftstellern, aus ihrem Selbstwertgefühl heraus, wie bei den Literaturhistorikern, die auf Selektion angewiesen waren. So verwandelte sich der Literaturbegriff unter der Hand in einen Wertbegriff, aus dem der Teil der Produktion, dem keine künstlerische Originalität zuerkannt und eine bloße Unterhaltungsfunktion zugeschrieben wurde, letzten Endes herausfiel. Oder zumindest: Dieser Teil der Literaturproduktion wurde – attributiv gekennzeichnet – in den Zustand der ›Uneigentlichkeit‹ versetzt. Die Grenze zu ziehen zwischen der ›eigentlichen‹ Literatur und der, die dem ›Sittenforscher‹ anheimfiel – man hat sie auch seit Mme de Staël als ›hohe‹ und ›niedere‹ Literatur unterschieden[63] –, blieb im Einzelfall nun allerdings die längste Zeit eine Frage arbiträrer Entscheidungen. Dabei hatten Texte, selbst wenn schon zeitgenössische Kritiker sie als nicht originell befanden, eher Chancen, daß ihnen die Zugehörigkeit zur Literatur (zur ›hohen‹ Literatur) nicht streitig gemacht wurde, sofern sie mit dem Anspruch auftraten, religiöse, nationale oder moralische Werte zu vermitteln, und sich dazu der Formen eines ›hohen‹ Stils bedienten.

Das Phänomen einer auf das Unterhaltungsbedürfnis eines wachsenden Leserpublikums antwortenden Massenliteratur wurde auch in Frankreich bereits seit den 20er Jahren des 19. Jh. thematisiert, so in Gustave Planches *Paris ou Le livre de Cent-et-un* (1832), Désiré Nisards *Manifeste contre la littérature facile* (1833), Charles Augustin Sainte-Beuves *De la littérature industrielle* (1839) oder Alexis Comte de Tocquevilles *De la démocratie en Amérique* (1840). Auch hier entstand daraus die Tendenz der Abgrenzung eines Bereichs der ›eigentlichen‹ Literatur. Deutlicher als die deutschen Kritiker erkannten Sainte-Beuve und Tocqueville jedoch die zunehmend ›fabrikmäßig‹ produzierte Massenliteratur, die ›industrie littéraire‹ (Tocqueville), als unvermeidliche Folge des eingetretenen Gesellschaftszustands.

Das Bestreben, den Literaturbegriff auf einen Begriff ›wertvoller‹ Literatur einzuschränken, wurde tendenziell auch von den meisten neueren ästhetischen Konzeptionen geteilt. Als Wertungskriterien boten sie entweder die ideelle Originalität und/oder formale Innovation, die automatisierte Anschauungsweisen aufbricht, oder eine angenommene Dysfunktionalität im kapitalistischen Vermarktungs- und Entfremdungszusammenhang oder eine dieser Literatur zugeschriebene humanistisch-emanzipatorische Wirkungspotenz an und brachten dafür, seien es geschichtsphilosophisch, seien es formalästhetisch begründete, kohärente Theorien auf. In ein neues Stadium trat dieses Bestreben aber erst in den 50er Jahren des 20. Jh. ein, seit denen Versuche zur Debatte stehen, von einer sich etablierenden Spezialforschung aus ein selbständiges System Trivialliteratur zu konstruieren und ihm eine reale geschichtlich-gesellschaftliche Bezugsebene zu unterstellen. Man verwies darauf, daß die ›anspruchsvolle‹ Literatur, d. h. die über die bloße Befriedigung des Unterhaltungsbedürfnisses hinausgehende Ansprüche stellt, vorzugsweise auf frühere Werke dieser Literatur reflektiert, sich an diesen orientiert oder von diesen abstößt, daß also schon auf der Ebene der Literaturproduktion ein eigener Traditionszusammenhang sich zu bilden scheint, zu dem die Massenliteratur gar keine Beziehung mehr hat. (Eine Tatsache ist ja, daß sie von den literarischen Strömungen und Stilwandlungen etwa seit dem Naturalismus so gut wie unberührt geblieben ist.) Andererseits wurde das Vorhandensein eines festen, unveränderten Bestands trivialer Ausdrucksformen seit dem 18. Jh. nachgewiesen und daraus die Schlußfolgerung gezogen, »daß die wesentlichen Charakteristika des Trivialromans relativ konstant bleiben und im allgemeinen nur strukturell unwesentliche Details dem jeweiligen Zeitgeist unter-

---

62 Vgl. JOHANN WILHELM APPELL, Die Ritter-, Räuber- und Schauerromantik. Zur Geschichte der deutschen Unterhaltungsliteratur (Leipzig 1859), 11.
63 Vgl. MME DE STAËL (s. Anm. 21), 31.

worfen sind«[64]. Schließlich hat man die Stratifizierung der Literaturkommunikation in verschiedene, auch sozial abgestimmte Kommunikationskreise geltend gemacht, um die schon von Martin Greiner geäußerte Auffassung zu stützen, Trivialliteratur sei nicht nur weniger als »normgebende und normschaffende Dichtung«, sondern sie sei »überhaupt etwas *ganz anderes*«[65].

Alle derartigen Ausgrenzungsversuche stießen jedoch auch auf heftigen Widerspruch – in der Bundesrepublik, wo die Diskussion zunächst ihren Schwerpunkt hatte, vor allem seit dem Aufkommen der sogenannten kritischen Germanistik. Der Widerspruch richtete sich insbesondere gegen einen ahistorischen und von der Rezeptionsgeschichte der Werke unabhängig gedachten Trivialitätsbegriff (›Trivialliteratur‹ sei zunächst nur eine Bezeichnung für den Literaturkomplex, »den die dominierenden Geschmacksträger einer Zeitgenossenschaft ästhetisch diskriminieren«[66]) sowie gegen die Ungenauigkeit der Vorstellung von dem auszugrenzenden Literaturkomplex, die in der Gleichsetzung von trivialer Struktur und Unterhaltungsfunktion zum Ausdruck kommt (was nicht unbedingt zusammengehen muß). Auch gegen die These von den unterschiedlichen Traditionszusammenhängen, in denen sich ›anspruchsvolle‹ Literatur und Unterhaltungsliteratur reproduzieren, wurden Argumente vorgebracht, die sie zumindest relativieren. Und wenngleich das Bestehen verschiedener Kommunikationskreise nicht zu leugnen war, konnte man die Möglichkeit, diese generell mit bestimmten funktional und zugleich evaluativ voneinander abzusetzenden Literaturkomplexen zu identifizieren, doch ebenfalls in Zweifel ziehen. So ist die Möglichkeit der realhistorischen Fundierung eines eigenen Systems Trivialliteratur und damit auch eines engeren, auf ›anspruchsvolle‹ bzw. wertvolle Literatur eingeschränkten Literaturbegriffs nach wie vor strittig.

Dessenungeachtet tauchte in der 1964 von einer Reihe der namhaftesten zeitgenössischen deutschen Literaturwissenschaftler und Publizisten geführten Diskussion über die Frage, was Literatur sei, erneut ein normativer Literaturbegriff auf, der nun wiederum das Kriterium der Fiktionalität verwarf. Horst Rüdiger will in ihn »das Wort eines *jeden* Autors, der seinen Gegenstand in angemessene Form zu bringen vermag«, wieder einbezogen wissen. Also auch »der Essay, der philosophische Traktat, die Biographie, die Geschichtsschreibung, die Fachprosa« haben Anspruch darauf, »als literarische Erzeugnisse von Rang, das heißt nach ästhetischen Kriterien bewertet zu werden«[67]. Herbert Singer stimmt ihm zu, möchte lediglich das Kriterium der Angemessenheit durch das der Sprachartistik ersetzen. Ebenso Dolf Sternberger, der gleichfalls einen deskriptiven Literaturbegriff ablehnt, der Fiktionalität im Zentrum hat. Fritz Martini schlägt vor, »den Literaturbegriff auf jedes Sprachwerk anzuwenden, das prägend auf die Zeitgenossen einwirkt, d. h. über partikuläre Fachgrenzen hinaus das Publikum bewußtseinsbildend erreicht«[68]. Dagegen betonen Käte Hamburger und Carl Dahlhaus den Unterschied zwischen ›Dichtung‹ und theoretisch-wissenschaftlicher Prosa, deren ästhetische Qualitäten akzidentiell und also als Kriterien ihres Ranges nicht angemessen seien. Kreuzer macht darauf aufmerksam, daß diese Diskussion vor dem Hintergrund eines Umbruchs in der zeitgenössischen westdeutschen Literatur, ihres Heraustretens aus der Esoterik der 50er Jahre und ihres politisch-moralischen und zeitkritischen Engagements stattgefunden hat, und er verweist auf die damit einhergehende Aufwertung dokumentarischer und anderer nicht-fiktionaler Formen als eines eindrucksvollen Beispiels dafür, wie die Richtung der wissenschaftlichen Diskussion von den je aktuellen Literaturprozessen mitbestimmt wird.[69]

Die zweite Operation: ›Dichtung‹. Sie bestand darin, von der Literatur die am höchsten bewerteten Werke abzuheben und damit den Literaturbe-

---

64 THOMAS KOEBNER, Zum Wertungsproblem in der Trivialliteraturforschung, in: A. Goetze/G. Pflaum (Hg.), Vergleichen und Verändern. Festschrift für Helmut Motekat (München 1970), 74.
65 MARTIN GREINER, Die Entstehung der modernen Unterhaltungsliteratur. Studien zum Trivialroman des 18. Jahrhunderts (Hamburg 1964), 79.
66 KREUZER, Trivialliteratur als Forschungsproblem. Zur Kritik des deutschen Trivialromans seit der Aufklärung, in: Kreuzer (s. Anm. 58), 17.
67 HORST RÜDIGER, Was ist Literatur? (1964), in: Rüdiger (Hg.), Literatur und Dichtung. Versuch einer Begriffsbestimmung (Stuttgart u. a. 1973), 27 f.
68 Zit. nach KREUZER (s. Anm. 58), 70.
69 Vgl. ebd., 67–70.

griff auf eine mittlere Wertebene herabzudrücken. Diese Operation erfolgte in einem Prozeß, der mindestens genauso weit in die Vergangenheit zurückreicht wie der der Eliminierung der Unterhaltungsliteratur. Hamburger erinnert daran, daß das deutsche Wort Dichtung (im 15. Jh. abgeleitet von ›dichten‹ = althd. tihtōn, mhd. tihten, von lat. dictare), ebenso wie das zugehörige nomen actoris (mhd. tihtære, seit dem 12. Jh.) im 17. und 18. Jh. völlig aus dem Sprachgebrauch verschwunden und durch Poesie bzw. Dichtkunst ersetzt war.[70] Erst um 1770 wird es – nach der Wiedereinführung von ›Dichter‹ – erneut aufgegriffen, vor allem von Herder, doch noch bei Goethe erscheint es – jedenfalls bis zur Jahrhundertwende – seltener als die Bezeichnungen ›Poesie‹, ›Dichtkunst‹, zu denen es synonym verwendet wird. Es hat bei Goethe – im Unterschied zu ›Dichtkunst‹ – auch bis zuletzt noch die Konnotation des ›Erdichteten‹ (vgl. *Dichtung und Wahrheit*, 1811–1814). Die Verbreitung von ›Dichtung‹ scheint dann in der ersten Hälfte des 19. Jh. in dem Maße zugenommen zu haben, wie Poesie als Bezeichnung der künstlerischen Literatur aus dem Sprachgebrauch verschwand. Um die Mitte des Jahrhunderts trat ›Dichtung‹ dann in Konkurrenz zu ›Literatur‹. Hamburger kommt allerdings im Hinblick auf begriffsgeschichtliche Forschungen überhaupt zu dem Schluß, daß »im Leben der Sprache, der Moden und Bedeutungsveränderungen der Wörter und Begriffe [...] nur sehr schwer nach einem genauen Wann, Wo und Warum zu fragen [sei] – mit Ausnahme der durch bestimmte philosophische und wissenschaftliche Theorien, durch Technik und Kommerz begründeten Begriffe und Ausdrücke, die dann Termini sind. Zu ihnen gehört das Wort Dichtung nicht.«[71] Auch nicht der Literaturbegriff, möchte man hinzufügen. Für Hamburgers Datierung der aufkommenden Konkurrenz von Literatur und Dichtung gibt es jedoch ein eindrucksvolles Zeugnis: Gervinus ändert den Titel seiner *Geschichte der poetischen National-Literatur der Deutschen* in der vierten Auflage 1853 in *Geschichte der deutschen Dichtung*. Ähnlich verfährt W. Menzel. Seine *Deutsche Literatur* war 1836 in der zweiten Auflage erschienen. 1858 legte er eine *Geschichte der deutschen Dichtung von der ältesten bis auf die neueste Zeit* vor. Hamburger meint, es sei vermutlich vor allem der Wirkung

von Gervinus' einflußreichem Werk zuzuschreiben, daß »der Begriff Dichtung als bedeutungsgleicher neben den der Literatur trat und sie ohne weitere Skrupel gegeneinander austauschbar wurden«[72]. Tatsächlich läßt sich bis Anfang des 20. Jh. – die Mehrzahl der einschlägigen Handbücher firmiert nach wie vor als ›Literaturgeschichte‹ – aus der Wortwahl kaum auf unterschiedliche Auffassungen des Gegenstands schließen.

Es ist daher nicht einzusehen, warum Hamburger gerade an dieser Stelle nicht mehr nur vom Wort Dichtung, sondern von einem Begriff spricht. Sie kann zwar nachweisen, daß sich auf das Wort schon in der Phase seiner Wiedereinführung die spezifischen Konnotationen übertragen, die das etymologisch mit ihm identische Wort Dichter zur selben Zeit durch das Aufkommen der Genieästhetik erhalten hatte. Also etwa: Ursprung, Natur, Mythos, Seele, Schöpfertum, Individualität und Originalität. Damit war schon ein Begriff entstanden, der mit dem Begriff von Poesie und Dichtkunst, den das 18. Jh. bis zu Klopstock und Winckelmann gehabt hatte, nicht mehr deckungsgleich war, sondern den der romantischen Poesiebegriff vorarbeitete. H. Rüdiger spricht in diesem Zusammenhang von der »Säkularisierung geistlicher Worte und Werte zum Gebrauch für die Kunstbetrachtung, die Dichtung und das Verhältnis zum Mitmenschen in der Freundschaft und in der Geschlechterliebe«. Und er sieht diesem Vorgang einen anderen entgegenwirken (man könnte sagen: entgegenkommen):»die quasireligiöse Verehrung des Kunstwerks und des Dichters. Sie beginnt mit Klopstock und dem Prometheus-Hymnus des jungen Goethe, findet durch die bewußte Aufhebung der Grenzen zwischen Religion, Dichtung, Rhetorik, Kritik und Wissenschaft in F. Schlegels ›progressiver Universalpoesie‹ ihre theoretische Stütze und in Hölderlins Verständnis des Dichters als eines gottbegnadeten Sängers den großartigsten Ausdruck.«[73]

---

70 Vgl. KÄTE HAMBURGER, Das Wort ›Dichtung‹ (1964), in: Rüdiger (s. Anm. 67), 35.
71 Ebd., 40.
72 Ebd., 41.
73 RÜDIGER (s. Anm. 67), 27.

Aber erst die deutsche Geistesgeschichte hat diesen Dichtungsbegriff reaktiviert und in Opposition zum Literaturbegriff gestellt. Wenn Wilhelm Scherer z. B. 1883 in den Anmerkungen zu seiner *Geschichte der deutschen Litteratur* schreibt: »Mein Absehen war in erster Linie auf die Geschichte der Dichtung gerichtet; erst in zweiter Linie auf die Geschichte der Prosa und Wissenschaft. Je mehr ein Werk die Kunstforderungen befriedigt, desto höheren Anspruch schien es mir auf ausführliche Behandlung zu haben«[74], dann meint er mit ›Prosa‹ doch wohl nicht-selbstreferentielle Texte (Sachprosa), setzt er ›Dichtung‹ noch mit künstlerischer Literatur gleich. Der zur Operation ›Unterhaltungsliteratur‹ komplementäre Versuch, einen Komplex ›Dichtung‹ aus dem Begriff der künstlerischen Literatur herauszulösen und als etwas kategorial anderes zu beschreiben, datiert aus der ersten Hälfte des 20. Jh. Er blieb auch im wesentlichen auf den Raum der deutschen Literatur beschränkt, wurde außerhalb von dessen Grenzen nur durch die Autorität Benedetto Croces gestützt, der die ›espressione poetica‹ als »innerliche Weltschöpfung« ebenfalls von der ›espressione letteraria‹ als einer »auf gesellschaftlichen Grundlagen beruhenden Geistesform anderer Art«[75] abhob.

Man kann davon ausgehen, daß es sich hierbei zunächst ebenfalls um einen Versuch gehandelt hatte, das der Vermarktung Unterworfene oder der Vermarktung Zugängliche auszugrenzen. (Dieser Dichtungsbegriff wurde z. B. von Stefan George und seinem Kreis für die eigene Produktion in Anspruch genommen. George ließ seine Gedichte lange nur in Privatdrucken unter seinen Anhängern kursieren.) Die mythisch-irrationalistischen Konnotationen von ›Dichtung‹ und ›Dichter‹ wurden in Deutschland jedoch als nationale Werte definiert bzw. mit nationalen Werten (Volkstum, Bodenständigkeit u. ä.) verschmolzen. Die ganze Operation wurde zu einer Angelegenheit von nationalkonservativen Schriftstellern und Literaturwissenschaftlern (in der institutionalisierten Wissenschaft war das die große Mehrheit), die unter dem Begriff der Dichtung die Werke abheben wollten, die diese Werte propagierten oder in diesem Sinne interpretiert werden konnten. Sie kam in das Fahrwasser jener kulturphilosophischen Strömung, die »die geistig-seelische Welt als ein selbständiges Wertreich von der Zivilisation abzulösen und über sie zu erhöhen«[76] bestrebt war und die den Kulturbegriff auf dieses Wertreich der ›Innerlichkeit‹, das als die Domäne der Deutschen ausgegeben wurde, einschränkte. Die Entgegensetzung von Dichtung und Literatur wurde der Opposition von (deutscher) Kultur und (französischer oder – weiter gefaßt: jüdisch-hellenistischer) Zivilisation unterstellt, um die Werke, die die Werte der Aufklärung, der Vernunft, der Demokratie, des Kosmopolitismus transportierten, die gesellschaftskritisch intendiert waren und/oder den traditionellen Formenkanon revolutionierten, als ›Literatur‹ zu distanzieren. Die Diskussionen, die über eine Entgegensetzung, die mit der von ›Dichter‹ und ›Schriftsteller‹ parallelisiert wurde, stattfanden und die in der Kontroverse zwischen Thomas Mann, Josef Ponten und Erwin Guido Kolbenheyer kulminierten, haben Karl Otto Conrady[77], Werner Herden[78] u. a. rekonstruiert.

Um die theoretische Begründung des Dichtungsbegriffs waren in den 20er und 30er Jahren eine Reihe deutscher Literaturwissenschaftler bemüht. Das Scheitern des Bemühens hat Julius Petersen in seiner *Wissenschaft von der Dichtung* selbst einbekannt.[79] Das hinderte die Literaturwissenschaft jedoch auch in den 50er und 60er Jahren noch nicht, mit dem Begriff weiterzuarbeiten. Die Konnotation des ›Völkischen‹ wurde zwar unterdrückt, statt dessen die des Dauerhaften und universell Gültigen, mit Anleihen bei der Existential-

---

74 WILHELM SCHERER, Geschichte der deutschen Litteratur (Berlin 1883), 723.
75 JULIUS PETERSEN, Die Wissenschaft von der Dichtung. System- und Methodenlehre der Literaturwissenschaft, hg. v. E. Trunz (Berlin 1944), 63; vgl. BENEDETTO CROCE, La poesia. Introduzione alle critica e storia della poesia e della letteratura (Bari 1936), 8–12, 31–40.
76 HERBERT MARCUSE, Über den affirmativen Charakter der Kultur (1937), in: Marcuse, Kultur und Gesellschaft, Bd. 1 (Frankfurt a. M. 1965), 63 f.
77 Vgl. KARL OTTO CONRADY, Gegen die Mystifikation von Dichtung und Literatur, in: Rüdiger (s. Anm. 67), 64–78.
78 Vgl. WERNER HERDEN, Kontroversen zum Literaturbegriff. Zu den Richtungskämpfen in der Sektion für Dichtkunst der Preußischen Akademie der Künste, in: Weimarer Beiträge 30 (1984), 1941–1957.
79 Vgl. PETERSEN (s. Anm. 75), 60 f.

philosophie, noch verstärkt im Sinne der völligen Herauslösung der ›Dichtung‹ aus der Geschichte. Georg Bollenbeck: »Der emphatische Begriff, die Mystifikationen und Leerformeln aber bleiben bestehen. Und mit ihm wird weiter die Literatur, insbesondere die demokratische, abgewertet.«[80] So heißt es z.B. in Gero von Wilperts *Sachwörterbuch der Literatur*: »Dichtung [...] ist die höchste Kunstform der Sprache. In ihr verschmelzen die in der Sprache gegebenen Bedeutungsvorstellungen mit der Stimmungshaftigkeit und vielschichtigen Sinnfülle der Worte und Klänge zu letztgültiger und unauflöslicher Formeinheit und dienen der wesenhaften Erhellung und bildstarken Verdichtung tiefster Seinsgründe. Dichtung schafft eine in sich geschlossene Eigenwelt von größter Höhe, Reinheit und Einstimmigkeit mit eigenen Gesetzen [...], sie ist nicht als ›Ausdruck‹ von etwas anderem zu erforschen, sondern ›selig in sich selbst‹«[81].

Von diesem den Literaturbegriff überschneidenden normativen Dichtungsbegriff sind natürlich rein sachbezogene Terminologisierungsversuche wie der phänomenologische Roman Ingardens (1931), der sprachlogische Hamburgers (*Die Logik der Dichtung*, 1957) oder der wissenssoziologisch differenzierende Kreuzers (1967) zu unterscheiden. Auch Hans-Georg Werners Konzept einer ›wirkungsorientierten Werkanalyse‹, das sich von dem Erkenntnisinteresse der Literatursoziologie absetzt, auf die mehrdimensionale Erweiterung des Literaturbegriffs durch die Rezeptionsästhetik reagiert und das Wort Dichtung zurückgreift, um die Gesamtheit der kunstliterarischen Texte – die Ebene der Werke – zu bezeichnen und von der Distributionsebene und der Rezeptionsebene der Literatur abzuheben.[82] Sie alle stehen zweifellos jenseits der Normierungsbemühungen mittels der genannten Oppositionen, deren lange, im vorhergehenden behandelte Geschichte mit den theoretischen und methodologischen Neuansätzen in der deutschen Literaturwissenschaft seit dem Ausgang der 60er Jahre zu ihrem vorläufigen Ende gekommen zu sein scheint.

Nicht näher eingegangen werden kann in diesem Rahmen auf die diversen Binnendifferenzierungen, die der Literaturbegriff in diesem ganzen Zeitraum erfuhr, auf die aber zumindest hingewiesen werden muß, weil sie ebenfalls Wertrelevanz erlangen und unter bestimmten Bedingungen auch zu Ausgrenzungen führen konnten. Hierzu gehört schon die Differenzierung in Nationalliteraturen, die die Besetzung der Literatur des je eigenen Volkes mit (nicht nur in Deutschland oft nationalistisch übersteigerten) nationalen Identitätswerten ermöglichte. Aber auch andere, erst im 20. Jh. gesetzte soziokulturelle Bezugsrahmen wie der marxistische mit seiner Zuordnung der Literatur zu Gesellschaftsformationen bzw. -klassen und der daraus folgenden Differenzierung von bürgerlicher und proletarischer bzw. sozialistischer Literatur haben hier ihren Platz. Zu wiederholten Ausgrenzungsversuchen und damit – in Deutschland – in die beschriebene Opposition von Literatur und Dichtung hinein haben die funktionalen Differenzierungen geführt, die seit der ersten Hälfte des 19. Jh. in der Verteidigung von Autonomiekonzepten vorgenommen wurden. Sie unter den Binnendifferenzierungen noch einmal aufzugreifen ist angezeigt, wenn man davon ausgeht, daß sich kein Literaturbegriff auf Dauer durchzusetzen vermochte, der zeitkritisch intendierte oder politisch engagierte Kunst generell ausschloß. Solche – zunehmend in Abgrenzung zur Massenliteratur entwickelte – Autonomiekonzepte (in Frankreich ›poésie pure‹, ›poésie absolue‹) waren jedoch immer präsent und in jüngerer Zeit vielfach auch von Theodor W. Adorno theoretisch begründete Auffassung gekoppelt, daß im Zeitalter der ›Kulturindustrie‹ subversive Wirkungen nur noch von einer auf ihnen beruhenden Literatur ausgehen können. Ihnen gegenüber haben allerdings antiautonomistische Konzepte von den jungdeutschen ›Tendenzliteratur‹ über die verschiedenen Programme von ›eingreifender‹, ›operierender‹ oder ›kämpfender‹ Kunst der 20er/30er Jahre des 20. Jh. bis hin zu Sartres Konzept der ›littérature engagée‹ und den Manifesten der Achtundsechziger immer

---

80 GEORG BOLLENBECK, ›Dichtung‹, in: SANDKÜHLER, Bd. 1 (1990), 573.
81 GERO VON WILPERT, ›Dichtung‹, in: Wilpert, Sachwörterbuch der Literatur (Stuttgart 1961), 110.
82 Vgl. HANS-GEORG WERNER, Text und Dichtung – Analyse und Interpretation: Zur Methodologie literaturwissenschaftlicher Untersuchungen (Berlin/Weimar 1984).

wieder ihr Recht behauptet und die öffentliche Meinung darüber, was Literatur sei, mitbestimmt. Wie es denn für diese Debatten kennzeichnend war, daß sie nicht im akademischen Bereich, sondern von den Literaturproduzenten in der Öffentlichkeit ausgetragen wurden.

III. Begriffsveränderungen unter neuen Wissenschaftsparadigmen

Die meisten der Wissenschaftsparadigmata, die seit den 60er Jahren des 20. Jh. in der deutschen Literaturwissenschaft zur Geltung kamen, betreffen auch, und zwar einschneidender als die geschilderten Normierungs- bzw. Differenzierungsversuche, die semantische Struktur des Literaturbegriffs. Unter diesem Gesichtspunkt auf sie einzugehen, ohne die Begriffsgeschichte in eine allgemeine Geschichte der Literaturtheorie hinüberzuleiten, soll im folgenden versucht werden.

An erster Stelle wären hierbei die strukturalistischen Betrachtungsweisen und Analyseverfahren zu berücksichtigen, die – in der Form, in der sie seit den 60er Jahren mit paradigmatischem Anspruch in der Bundesrepublik auftraten – die Ausfüllung des Literaturbegriffs zunächst schon insofern betrafen, als sie den Werkbegriff tangierten. Die Entwicklung der Begriffe von Literatur, Poesie und Dichtung war seit der zweiten Hälfte des 18. Jh. aufs engste mit der Entwicklung des Werkbegriffs verbunden. Diese verlief so, daß das Produkt künstlerischer Tätigkeit – das Werk –, als individuelle und originelle Leistung seines Herstellers begriffen, im Rückgriff auf die neuplatonische Tradition nach dem Modell des lebendigen Organismus gedacht wurde: als ein in sich geschlossenes Ganzes, ein eigener Mikrokosmos. Das Selbstbewußtsein des bürgerlichen Künstlers drückte sich darin aus, daß er seine Arbeit nicht mehr nur als Nachahmung der Natur, sondern als »Weltschöpfung im kleinen« (Wolfgang Thierse) verstand. Die der Säkularisation religiöser Werte entgegenkommende quasireligiöse Erhöhung der Kunst basiert auf diesem Werkbegriff. Thierse: »Im Vergleich des Kunstwerks mit dem göttl. Schöpfungswerk – wie strikt theologisch oder zunehmend säkularisiert auch verstanden – findet die Würde des Kunstwerks ihre theoret.-ideolog. Begründung: ein Vorgang insgesamt der zunehmenden Aufwertung der Kunst. Das Ganze setzte sich in der Ästhetik des dt. Idealismus fort und fand – nachdem der instrumentale Kunstbegriff der Aufklärung wieder beiseite geschoben war – seinen radikalen Ausdruck in der Hypostasierung der Kunst zum höchsten Gut der Menschheit und des vollendeten Kunstwerks zum Selbstzweck.«[83] Der Literaturbegriff der deutschen Geistesgeschichte war noch ganz auf diesen Werkbegriff bezogen. Zwar gab es schon in der Zeit ihrer Dominanz die formalistischen und phänomenologischen Theorieangebote, die das Organismusmodell durch ein Verfahrens- bzw. Schichtenmodell ersetzten. Diese drangen jedoch in Deutschland in der ersten Jahrhunderthälfte nicht durch, während andererseits die marxistische Ästhetik (Georg Lukács u. a.), die nach 1945 in der DDR bestimmenden Einfluß gewann, die Mythisierung und damit Enthistorisierung des Werks zwar ablehnte, aber mit den Postulaten der Ganzheit und Geschlossenheit (›Totalität‹), der Einheit von Inhalt und Form nach wie vor auf einen Werkbegriff reflektierte, dem das Organismusmodell zugrunde lag.

Der Strukturalismus verwarf das organizistische Werkmodell, auf das Literatur bzw. Dichtung qua künstlerische Literatur bezogen war. Er gab den Werkbegriff zwar nicht auf, ordnete ihn aber einem Textbegriff unter, der rein deskriptiv ist, keinerlei Werte konnotiert, also auch nicht den des Schöpferischen, dem wir die Weihe des Kunstwerks zu verdanken haben. Dieser strukturalistische Textbegriff umfaßt alle Textsorten – sie werden alle den gleichen Analyseverfahren unterzogen, mit deren Hilfe es aber eben auch möglich sein sollte, die Differenzqualität (kunst-)literarischer Texte – deren Literarität – eindeutig festzustellen. Indem Literarität (literaturnost', littérarité, literariness) bzw. Poetizität (poétičnost') dabei auf eine besondere Form des Sprachgebrauchs zurückgeführt und als rein formal linguistisch bestimmbar betrachtet wurde, hatte jeder philosophisch-ästhetisch aufgeladene Literaturbegriff seinen Sinn ver-

---

[83] WOLFGANG THIERSE, ›Werk‹, in: Träger (s. Anm. 10), 569.

loren. Zu fragen war nicht mehr, was Literatur, sondern was das Literarische sei; der sogenannte linguistic turn der Literaturwissenschaft zielte auf deren Neukonstituierung als Poetik.

Das von den russischen Formalisten entwickelte Poetizitätskonzept war ursprünglich durchaus substantialistisch gedacht gewesen: als eine objektive Textqualität, darin bestehend, daß »das Wort als Wort, und nicht bloß als Repräsentant des benannten Objekts oder als Gefühlsausbruch empfunden wird«, daß »die Wörter und ihre Zusammensetzung, ihre Bedeutung, ihre äußere und innere Form nicht nur indifferenter Hinweis auf die Wirklichkeit sind, sondern eigenes Gewicht und selbständigen Wert erlangen«[84]. Dieses auf der Antinomie von poetischer Sprache und Alltagssprache basierende Konzept hatte jedoch bereits frühzeitig auch eine Wendung ins Funktionale erhalten. Indem Viktor Šklovskij die poetische Sprache als ein Verfahren der ›Entautomatisierung‹, der ›Verfremdung‹ des alltagspraktischen Sprachgebrauchs beschrieb, wurde ›Poetizität‹ bei ihm zu einem Resultat der ästhetischen Wahrnehmung.[85] Mit der Ausweitung der Untersuchungen auf narrative Makrostrukturen und der Einführung einer diachronischen Perspektive (der Bildung genre- bzw. gattungsspezifischer literarischer Reihen) gewann nicht nur das soziokulturelle Umfeld des ›literarischen Faktums‹ bei einigen Vertretern des russischen Formalismus (Jurij Tynjanov, Boris Ejchenbaum, Michail Bachtin) ein neues Interesse. Das ursprüngliche, aus der phonetisch-grammatikalischen Detailanalyse gewonnene Poetizitätskonzept wurde auch durch eine Vorstellung von Literarität ersetzt, die deren Wahrnehmung zunehmend auf die Seite des Lesers verlagerte. In eine ähnliche Richtung gingen Vertreter des Prager linguistischen Kreises, indem sie von dem überlieferten, der Phantasie der Leser Spielraum lassenden ›Artefakt‹ als ›ästhetisches Objekt‹ die je unterschiedlichen Konkretisationen abhoben, zu denen die Leser im Zuge der Ausfüllung der ›Leerstellen‹ des Textes gelangten (Jan Mukařovský, Felix Vodička).

Die in den 60er Jahren in der Bundesrepublik entwickelte Rezeptionsästhetik (Hans Robert Jauß und die sogenannte Konstanzer Schule) zog die Konsequenz aus dieser Verlagerung des systematischen Orts der Literatur, deren Begriff in seiner gesamten neueren Geschichte ausschließlich auf der (Text-)Produktionsebene angesiedelt war. Rezeption nicht mehr als ein mehr oder weniger vollkommenes Verstehen eines in den Text eingeschriebenen Sinns, sondern als ›Verschmelzung‹ des Text-›Horizonts‹ mit dem (Erfahrungs- und Erwartungs-)›Horizont‹ des Lesers begreifend, betrachtete sie auch den Literaturprozeß nicht mehr lediglich als einen Prozeß der Werk-auf-Werk-Wirkung, einen sich fortschreibenden Traditionszusammenhang der Werke, sondern modellierte sie ihn als einen Vorgang, an dem die Leser beteiligt sind. Folgerichtig wurde dann auch nach den Vermittlungsinstanzen zwischen Autor und Leser gefragt. Es entstand ein Modell der Literaturgeschichte, das Produktions-, Distributions- und Rezeptionsebene der Literatur umfaßte und von dem aus verschiedene kultursemiotische oder systemtheoretische Ableitungen der Rezeptionsästhetik den Literaturbegriff selbst neu zu fassen versuchten: als ›gesellschaftliches Verhältnis‹[86], ein kulturelles (Sub-)System oder ›Handlungssystem‹ oder als Institution.[87] Ein Handlungssystem bzw. ›ein gesellschaftlicher Handlungsbereich Literatur‹ ist der Gegenstand der ›radikalkonstruktivistischen‹ empirischen Literaturwissenschaft, deren Promotor Siegfried J. Schmidt seit 1972 der Konstanzer Schule vorwirft, daß sie mit ihrer Fokussierung auf die im Text eingeschriebenen Strategien der Rezeptionslenkung, auf den ›impliziten Leser‹, das tatsächliche Rezeptionsverhalten des Publikums ignoriere und die literaturwissenschaftliche Arbeit auf die (Text-)Interpretation, also auf Hermeneutik zurückleite. Während für Jauß, Wolfgang Iser ebenso wie für die Autoren von *Gesellschaft – Lite-*

---

[84] ROMAN JAKOBSON, Co je poesie? (Prag 1934); dt.: Was ist Poesie? übers. v. F. P. Ingold, in: Jakobson, Poetik. Ausgewählte Aufsätze 1921–1971, hg. v. E. Holenstein (Frankfurt a. M. ³1993), 79.
[85] Vgl. VIKTOR ŠKLOVSKIJ, Iskusstvo kak priëm (Moskau 1917).
[86] Vgl. MANFRED NAUMANN u. a., Gesellschaft – Literatur – Lesen. Literaturrezeption in theoretischer Sicht (Berlin/Weimar 1973).
[87] Vgl. PETER BÜRGER, Vermittlung – Rezeption – Funktion. Ästhetische Theorie und Methodologie der Literaturwissenschaft (Frankfurt a. M. 1979).

ratur – Lesen (1973) das Kriterium der Literarität noch prinzipiell aus diesen Textvorgaben erschließbar war, legen Hauptmeier/Schmidt mit Robert Alain de Beaugrande die ästhetische Rezeption eines Textes ganz in die Entscheidungskompetenz des Lesers: »literariness can be defined only as a *processor* disposition, rather than a text *property*«[88].

Eine Reihe anderer Versuche zur Neuformulierung des Literaturbegriffs, die während der letzten Jahrzehnte des 20. Jh. unternommen wurden, geht von medialen Aspekten aus. Einer dieser Aspekte ist der der Oralität. Für die Konstituierung des modernen Literaturbegriffs war es wichtig gewesen, daß die durch die Etymologie tradierte Konnotation der Schriftlichkeit getilgt wurde. Denn benötigt wurde ja ein Kollektiv- bzw. Allgemeinbegriff, der die Produkte imaginativer, fiktionaler geistiger Tätigkeit von den Resultaten anderer geistiger Tätigkeiten unterschied – die gesamte erste Phase der Begriffsgeschichte ist die Geschichte dieser Differentiation. Um einen solchen Begriff zu erhalten, mußte man die Form der Überlieferung in den Hintergrund schieben. Sachwörterbücher, auch neueren Datums, betonen mitunter ausdrücklich, daß der Begriff auch die mündlich überlieferte Poesie/Dichtung einschließe. Mit Recht ist nun gerade von mediävistischer Seite wieder deren Eigenart betont worden, die ihre Integration in den Literaturbegriff verwischt. So hat z. B. Paul Zumthor die charakteristischen Strukturen oraler Poesie analysiert und die Differenz auch noch jener mittelalterlichen Texte zur modernen Literatur hervorgehoben, die in der Regel nicht zur privaten Lektüre, sondern zum mündlichen Vortrag bestimmt waren.[89]

Zahlreicher sind die umgekehrten Versuche, Literatur vom Medium Schrift her neu zu definieren. So bietet etwa der Philosoph Georg Picht einen anthropologischen Literaturbegriff an, der geformten sprachlichen Gebilden Literaturcharakter nur zugesteht, wenn sie schriftlich festgehalten, zu Texten geronnen sind. Die mündliche Überlieferung weist er einer evolutionsgeschichtlich vorausliegenden Stufe, dem Mythos bzw. der Dichtung, zu. Das ist zunächst ein Begriff für das »durch die Erfindung der Schrift ermöglichte kollektive Gedächtnis der Menschheit«, also der alte universelle Literaturbegriff, aus dem dann jedoch wiederum die Literatursorte herauspräpariert wird, die uns »jene Dimension der inneren Ordnung« anbietet, mit deren Hilfe wir den ›Sinn‹ der spezialwissenschaftlichen Informationen erst entschlüsseln können, d. h. die uns das ›Bild der Welt‹ liefert, in das wir sie einordnen. »Literatur in diesem engeren Sinne leistet das, sich des menschlichen Vermögens der Einbildungskraft bedienend, durch Vergegenwärtigung und Individuation«, ist also »vergegenwärtigende Eröffnung der Welt«[90]. Wie Picht diesen seinen engeren Literaturbegriff auch wieder als Wertbegriff zu konstituieren versucht, sei hier nur am Rande erwähnt: Die beschriebene Leistung erbringen nur einmalige und einzigartige Gebilde. Als Instanz für die Entscheidung, was als einmalig und einzigartig zu gelten habe, setzt Picht das ›kollektive Gedächtnis‹ selber ein, das diejenigen Erzeugnisse »wirkungslos und erinnerungslos durch seine Maschen fallen« läßt, in denen es »keinen Erfahrungsgehalt findet, der wert wäre, aufbewahrt zu werden«[91]. Damit kehrt er zu der schlichten Auffassung zurück, daß die Geschichte die Auswahl für uns schon getroffen habe und daß eine Archäologie, die im Verschütteten und Verborgenen gräbt, um diese Auswahl womöglich zu revidieren, folglich sinnlos wäre. Picht analogisiert die Selektion des ›kollektiven Gedächtnisses‹ der natürlichen Selektion und künstlerische Innovationen den Mutationen in der Natur und setzt die Schrift als Code des historischen Gedächtnisses der Menschheit evolutionsgeschichtlich zum genetischen Code als der Schrift des Gedächtnisses der Natur in Beziehung.

---

88 ROBERT ALAIN DE BEAUGRANDE, ›Surprised by Synchretism‹. Cognition and Literary Criticism Exemplified by E. D. Hirsch, Stanley Fish, and J. Hillis Miller, in: Poetics 12 (1983), Nr. 2/3, 91; vgl. HELMUT HAUPTMEIER/SIEGFRIED J. SCHMIDT, Einführung in die empirische Literaturwissenschaft (Braunschweig/Wiesbaden 1985), 92, 127.
89 Vgl. PAUL ZUMTHOR, Introduction à la poésie orale (Paris 1983); ZUMTHOR, La lettre et la voix. De la ›littérature‹ médiévale (Paris 1987).
90 GEORG PICHT, Was ist Literatur?, in: Picht, Hier und Jetzt. Philosophieren nach Auschwitz, Bd. 1 (Stuttgart 1980), 280.
91 Ebd., 284.

IV. Der Literaturbegriff im Medienzeitalter

Eine neuartige Problematisierung erfährt der Literaturbegriff schließlich durch die Entwicklung der modernen audiovisuellen Medien. Sie haben das Monopol der Schriftlichkeit für die Kommunikation der Menschen über räumliche Distanzen gebrochen und drängen den Anteil von Brief, Buch und Zeitung an ihr weiter zurück. Sie haben neue, auch fiktionale Genres wie Spielfilm, Hörspiel, Fernsehspiel hervorgebracht, für die Schriftsteller Texte schreiben, die zur mündlichen Performation oder zur bildlichen Umsetzung gedacht sind. Literatur wird verfilmt, so daß die Zahl der Menschen, die die Fabeln bestimmter Romane der Weltliteratur durch Film und Fernsehen kennengelernt haben, heute schon größer sein mag als die Zahl derer, die diese Romane gelesen haben. Heutige Autoren schreiben oft bereits im Hinblick auf multimediale Verwendung der Texte. In einem Teil der Literaturwissenschaft wird dieser Tatbestand zwar registriert: Es wird anerkannt, daß sich der Stellenwert der Literatur (qua durch die Printmedien verbreiteter kunstliterarischer Erzeugnisse) im Leben der Gesellschaft verschoben hat. Im Blickfeld sind auch die Rückwirkungen, die durch die neuen Medien erzeugte Rezeptionsgewohnheiten auf die Literaturproduktion haben (z.B. das Aufkommen filmischer Strukturen im Roman). Im Hinblick darauf, daß die Literatur einen bestimmten – wenngleich im Verhältnis zu früheren Zeiten geringen – Anteil an der Kommunikation zu behaupten scheint, halten viele Literaturwissenschaftler jedoch prinzipiell an einem Literaturbegriff fest, für den der Übergang von der Schriftlichkeit ins Audiovisuelle an der Peripherie liegt, den Grenzfall bedeutet. Die Gegner dieser Einstellung arbeiten vor allem mit folgenden Argumenten: daß die Tendenz dieses Übergangs sich quantitativ und qualitativ immer mehr verstärkt; daß bestimmte mediale Genres gleichfalls das Kriterium der Fiktionalität aufweisen; daß auch die Theaterliteratur auf mündliche Performation angelegt ist und daß Bildsequenzen ebenso als Text aufgefaßt werden können wie jede Folge (schrift-)sprachlicher Äußerungen von einheitlichem Referenzzusammenhang. Auf diese Weise kommt man zu einem Literaturbegriff, der zwar am Kriterium der Fiktionalität festhält, jedoch das Kriterium der Sprachlichkeit aufgibt und sich also z.B. auch auf den Spielfilm (nicht etwa nur auf das ihm zugrundeliegende Drehbuch) erstreckt. Entgegen derartigen Erweiterungsversuchen ihres Gegenstandsbereichs von seiten einiger Literaturwissenschaftler hat sich seit den 60er Jahren des 20. Jh. die Tendenz verstärkt, die Literatur selbst als Medium zu begreifen und an das Kriterium der Schriftlichkeit zurückzubinden. Autoren, die dieser Tendenz folgen, konstatieren dann allerdings häufig die Anwesenheit von Literarischem in den audiovisuellen Medien, sei es als Umsetzung von Inhalten und Verfahren der Literatur in diese, sei es als direkte Einblendung von Schrift in multimedialen Veranstaltungen oder Erzeugnissen. Vielfach ist diese Tendenz der Wiederausdehnung des Literaturbegriffs auf alle Schriftzeugnisse aber auch ohne direkten Bezug auf die neuen Medien vorhanden, so z.B. in den dekonstruktivistischen Verfahren, denen die Auffassung von der Selbstreferentialität als genereller Kondition von Texten zugrunde liegt und die daher auch philosophische und historiographische Texte ›nur‹ als Literatur behandeln. Mit der Identifizierung bestimmter Inhalte oder Verfahren der audiovisuellen Medien als literarische ist jedoch ein Begriff des Literarischen wieder zur Geltung gekommen, der über jeden auf Schriftlichkeit fixierten Literaturbegriff hinausreicht.

Einen Begriff von Literatur, in dem deren Zeit überhaupt von der Erfindung des Buchdrucks bis zum Aufkommen der neuen Medien reicht, hatte bereits 1929 die Pädagogin Anna Siemsen zur Diskussion gestellt. In der zweiten Auflage ihrer *Literarischen Streifzüge* wertete sie die Erfindung der Schrift und der Druckerpresse als zwei der größten Revolutionen in der Menschheitsgeschichte. Siemsen: »Aber heute erleben wir eine dritte Revolution, die alle Bedingungen des literarischen Schaffens umwirft und etwas Neues und Vielgestaltiges an die Stelle unserer Literatur setzt, in welcher der Dichter durch das gelesene Wort auf ein ungesehenes Publikum wirkt, das in Raum und Zeit unfaßbar zerstreut, eine mögliche Unendlichkeit und Ewigkeit ihm vortäuscht, zugleich aber ihn und seinen Leser gleich einsam läßt.« Das gedruckte Buch, mit dem Literatur in diesem Begriff begann, hatte »ein zeitlich und räumlich ganz unbestimmtes Publikum, im idealen Falle die ›Nachwelt‹. Da die Nachwelt aber nicht konkret vorstellbar ist, schob sich an ihre Stelle notwendig das ideale Selbst des Dichters. Die Dichtung wurde Selbstgespräch. Das konnte sie nur als Literatur, nicht als lebendiger Vortrag von Mensch zu Menschen werden. Jedes Märchen, jede alte Sage, jedes Spielmannslied ist Bericht an eine gegenwärtige und lebendige Hörerschaft. Noch die alten Novellenschreiber halten diese Fiktion durchaus nicht als Fiktion allein, sondern als bestimmend für ihren Vortrag fest.«[92] Das Radio werde, so vermutete Siemsen, den Schriftsteller seinem Publikum wieder näherrücken. Aber es sei noch zu jung, seine Wirkungen seien noch zu wenig erprobt, um ein definitives Urteil darüber abzugeben. Die Wirkung der anderen großen technischen Erfindung ihrer Zeit, des (Stumm-)Films, hielt sie jedoch bereits für unbestreitbar: »Hier haben wir etwas Ähnliches wie die Erfindung der Schrift, der Buchdruckerkunst und der Schnellpresse zugleich für das Gebiet der menschlichen Bewegung, der Pantomime. Es ist kein Zufall, sondern eine Folge der Erfindung der Schriftsprache, daß menschliche Mitteilung sich so sehr an das Wort klammerte, war dies doch das einzige Mittel, eine Folge von Geschehnissen oder Gedanken in die räumliche oder zeitliche Ferne zu übermitteln. Je mehr wir so in die Ferne hinein zu leben gezwungen wurden, desto ausschließlicher wandte sich unser Ausdruckswille dem Worte zu. Alle anderen Ausdrucksmöglichkeiten verkümmerten demgegenüber. Und wie viele von uns verlernt haben, mit dem Körper zu reden, so haben sie auch die Fähigkeit verloren, die Sprache von Gesicht und Körper zu verstehen.« Der Film habe hier eine vollkommene Umwälzung gebracht. Er gebe die Möglichkeit, »pantomimische Sprache«, nicht-sprachliche Dichtung festzuhalten. Siemsen war überzeugt, »hier etwas [zu] erleben, was der ersten Verewigung menschlichen Wortes in Schrift und Druck gleichkommt, also eine ganz ungeheure Erweiterung unserer dichterischen Ausdrucksfähigkeit«[93].

Entschieden in die Richtung einer Einschränkung der Literaturepoche auf die Zeit der Vorherrschaft der Printmedien weisen die Arbeiten Marshall McLuhans aus den 60er Jahren. Sie konstatieren das Ende der ›Gutenberg-Galaxis‹ und den kulturgeschichtlichen Übergang der Menschheit in einen Zustand, der durch eine von den neuen Medien produzierte Globalisierung der Informationen und Deutungsmuster sowie auch eine veränderte Wahrnehmungsweise gekennzeichnet ist. Die Eigenständigkeit dieser Epoche auch im Verhältnis zur Vorzeit spielt in den Erwägungen des Romanisten Hans Ulrich Gumbrecht eine Rolle. Er gibt zu bedenken, daß zwar schon die Erfindung der Schrift prinzipiell die »Sinnübertragung von der Bedingung gleichzeitigen Handelns« der Kommunikationspartner gelöst hat, daß aber erst durch die Druckerpresse eine generelle Veränderung der Kommunikationsbedingungen und der Kommunikationssituation eintrat. Für Gumbrecht gewinnt dabei die »Entlastung vom *hic et nunc* eines Körpers«[94] besondere Bedeutung, indem er – im Anschluß an George Herbert Mead[95] sowie Dietmar Kamper und Volker Rittner[96] – die mentalitätsgeschichtlich unzweifelhaft einschneidenden Folgen des Auseinandertretens von Kommunikation und Körperlichkeit problematisiert.

Vielfach erörtert worden ist schließlich auch die weitere Problematisierung, die die Begriffe von Werk und Autor durch die Medienentwicklung erfahren. Film- und Fernsehproduktionen sind gewöhnlich nicht mehr das Werk eines Autors. Beim Film zeichnen in der Regel für Drehbuch, Regie, Kameraführung, Schnitt, manchmal auch noch für die Filmidee verschiedene Personen verantwortlich – weder der Text des Scripts bzw. Drehbuchs noch das Finalprodukt: Film hat im herkömmlichen

---

92 ANNA SIEMSEN, Die technische Revolution in der Literatur, in: Siemsen, Literarische Streifzüge durch die europäische Gesellschaft (Jena ²1929), 271.
93 Ebd., 273 f.
94 HANS ULRICH GUMBRECHT, Beginn von ›Literatur‹/ Abschied vom Körper?, in: G. Smolka-Koerdt/P. M. Spangenberg/D. Tillmann-Bartylla (Hg.), Der Ursprung von Literatur. Medien, Rollen, Kommunikationssituationen zwischen 1450 und 1650 (München 1988), 22.
95 Vgl. GEORGE HERBERT MEAD, Mind, Self, and Society: From the Standpoint of a Social Behaviorist (1934; Chicago 1959); dt.: Geist, Identität und Gesellschaft aus der Sicht des Sozialbehaviorismus, übers. v. U. Pacher (Frankfurt a. M. 1968).
96 Vgl. DIETMAR KAMPER/VOLKER RITTNER (Hg.), Zur Geschichte des Körpers (München/Wien 1976).

Sinne Werkcharakter. Denn auch das Ganze kann – wie Kreuzer gezeigt hat – kaum als kollektives Werk begriffen werden, insofern als die einzelnen daran Beteiligten unabhängig voneinander arbeiten.[97] Mögen die Vorstellungen und die Arbeit des Regisseurs für das Endergebnis von ausschlaggebender Bedeutung sein – die Autorschaft ist pluralisiert. Die Einbeziehung audiovisueller Produktionen erweitert den Literaturbegriff mithin nicht nur, sondern verändert ihn auch durch die Auflösung des Werk- und des Autorbegriffs. Schließlich haben die Erfahrungen mit den neuen Medien wohl auch dazu beigetragen, daß die Macht der vorgebildeten Strukturen stärker ins Bewußtsein kam und daß Theorien und Verfahren entwickelt wurden, diese Strukturen als Strukturen der Macht zu identifizieren. Die Institution Kino, die Institution Fernsehen usw. verdeutlichen, was prinzipiell auch schon für die Institution Literatur (das System der Kommunikation über Druckerzeugnisse) gegolten hatte. Die Diskurstheorie Michel Foucaults und die von ihr abgeleiteten literaturtheoretischen Konzeptionen, die seit Mitte der 70er Jahre weitere Verbreitung erlangten, reflektieren mit ihrer Reduzierung des Autorbegriffs auf eine Autorfunktion[98], jedoch nicht mehr nur auf die institutionelle Praxis. Sie konstatieren die Macht der Strukturen einer Sprache oder der Gedankensysteme einer Epoche und gehen zugleich über den logischen und linguistischen Strukturalismus auf vorsprachliche, historisch-anthropologisch definierte verhaltenspsychologische Strukturen zurück.

Mit der Substituierung des Diskursbegriffs wird zweifellos eine der weitreichendsten Veränderungen des Begriffsverständnisses von Literatur angeboten. Die verschiedenen poststrukturalistischen Konzeptionen stimmen darin überein, daß die dem traditionellen Begriffsverständnis zugeordneten Leitideen von Präsenz, Originalität, Identität, Einheit (Ganzheit) und Sinn als illusorisch erwiesen werden können und die damit produzierten Vorstellungen eines selbstmächtigen Autor-Subjekts und eines Werks als dessen autonomer Hervorbringung nicht aufrechtzuerhalten seien. Sie sehen jede einzelne sprachliche Hervorbringung vielmehr eingelagert in und determiniert von anonymen Diskursen und lenken, deren Primordialität entsprechend, die Aufmerksamkeit auf sie.

Dabei werden sowohl der Diskursbegriff als auch die Positionen, die im traditionellen Literaturverständnis die Begriffe von Autor und Werk einnehmen, sehr unterschiedlich gefaßt. Im Sinne des jeder individuellen Sprachäußerung Vorgängigen bezeichnet ›Diskurs‹ jedoch allgemein ein zur Regulierung der Rede vorhandenes Ensemble konventionalisierter Denkmuster und sprachlicher Ausdrucksformen oder das derart geregelte Reden selbst. Die Konventionen erfüllen diese Funktion in einer die am Gespräch Beteiligten disziplinierenden und hierarchisierenden Weise wie auch dadurch, daß sie den der Konvention Unkundigen oder sich ihr Verweigernden vom (Mit-)Reden ausschließen. Geht man davon aus, daß in der Gesellschaft verschiedene solche Redeordnungen bestehen, dann kann man auch von einem literarischen Diskurs und von einem Diskurs der Literaturwissenschaft sprechen. Literatur wird danach als ein unendlicher Text-Zusammenhang eigener Ordnung vorgestellt, in dem die Begriffe von Autor und Werk sich zu Dispositiven der Rede-Regulierung verflüchtigen.

Gegen die Annahme einer unbedingten Herrschaft der Diskurse wurden allerdings auch von diskursanalytisch verfahrenden Literaturwissenschaftlern Bedenken erhoben. So will z.B. Kurt Röttgers zwar konzedieren, daß »hinter dem Text [...] nicht der freie Ausdruckswille eines Sprech- und Handlungssubjekts« steht, dem Text jedoch andererseits eine ›Innovationskapazität‹ zubilligen, die den Diskurs »in seiner ordnungssichernden Funktion ständig bedroht«. Und er fragt, ob nicht gerade »der poetische Text, die Literatur«, ein Gegentext sei, der keinem Diskurs, »sondern nur unmittelbar der Sprache unterworfen ist, so daß er immer wieder das Aufbegehren gegen die Diskurse, die Subversion der Diskurse und die Möglichkeit der Deformation und Innovation der Diskurse darstellte«. Gedacht ist an eine Poetik, »in der es nicht etwa zu erfüllende Genres etc. gäbe, sondern einen sich entwerfenden Text, der mit al-

---

97 Vgl. KREUZER, Fernsehen als Gegenstand der Literaturwissenschaft, in: Kreuzer (s. Anm. 58), 27–40.
98 Vgl. MICHEL FOUCAULT, Qu'est-ce qu'un auteur?, in: Bulletin de la Société française de philosophie 63 (1969), 3, 73–104.

lem spielen könnte, u. a. auch mit seinen eigenen Formalstrukturen. [...] Das poetische Wort folgte einer Logik, die die ordnende Logik des Diskurses überschritte«[99].

Die dem Prinzip der ›Dekonstruktion‹ folgende poststrukturalistische Lektüreweise ist im begriffsgeschichtlichen Zusammenhang von Belang, weil sie nun überdies die Unterscheidung von literarischen und nicht-literarischen Texten relativiert und die Grenzen zwischen dem literarischen Diskurs und dem Diskurs der Literaturwissenschaft tendenziell aufhebt. Vor dem Versuch, die Operationen der ›Dekonstruktion‹ anhand seiner Texte systematisieren zu wollen, hat Jacques Derrida, der diese Lektüreweise eingeführt und theoretisch begründet hat, selbst gewarnt, da seine Arbeiten bewußt textuellen Strategien folgen, die er jedem Text eingeschrieben sieht: Strategien, seine Lesbarkeit selbst in Frage zu stellen.[100] Man kann aber wohl sagen, daß es sich bei ›Dekonstruktion‹ um eine rhetorische, ›tropologische‹ Lektüreweise handelt, die von der Schriftlichkeit ausgeht, wobei ›Schrift‹ (écriture) »*der* Name für den Text [ist], der nicht von einem Autor kontrolliert wird und nicht einem, von diesem intendierten, Sinn untersteht«[101]. Die Grundannahmen des linguistischen Strukturalismus Ferdinand de Saussures, daß Zeichen nur differentiell (im Unterschied zu anderen) bestimmbar seien und daß die Beziehung zwischen Signifikant und Signifikat arbiträr sei, werden dahingehend radikalisiert, daß jedes Signifikat seinerseits als Signifikant gesehen wird und die Signifikantenkette, die zu einem Signifikat gebildet werden kann, folglich als unabschließbar erscheint – eine Sichtweise, aus der die epistemologische Konsequenz gezogen wird, die Bezugnahme des Signifikats auf ein außersprachliches Referenzobjekt und damit stabile, über den Schreibvorgang hinausreichende Bedeutungen in Schrift/Text zu suspendieren. Bedeutungs- bzw. Sinnkonstitution ist danach nur als rhetorisches Phänomen zu begreifen: als ein willkürlicher, gewaltsamer Abbruch des Bezeichnens, als ein ›referentieller Kurzschluß‹ im Schreibvorgang, eine Abschlußhandlung, die sich auf der Ebene der – einen gegebenen Sinn unterstellenden – Textinterpretation wiederholt. Schrift/Text wird grundsätzlich als eine Art Palimpsest, Umschrift anderer Texte genommen, deren Spuren in der Schrift enthalten sind und die folglich immer zugleich auch etwas anderes sagt, als der Schreiber zu sagen meint. An die Stelle der Interpretation – des ›semantischen Lesens‹ – soll deshalb eine ›disseminative‹ Lektüre treten, die diese Spuren freilegt, in denen der Text sich selbst widerspricht, und damit die Unentscheidbarkeit, wie er zu lesen sei, an den Tag bringt. ›Dekonstruktion‹ versteht sich als ein Lesen, das »die ›Arbeit‹ des Textes: die ›offene und produktive Fortbewegung der Textkette‹ [...] gegen deren Fixierung auf und in Aussagen beobachtet«[102] und/oder – so Paul de Man – »the modalities of production and of reception of meaning and of value prior to their establishment« herausarbeitet. De Mans Behauptung, daß Dekonstruktion »upsets the established canon of literary works and blurs the borderlines between literary and non-literary discourse«[103], findet in deren praktischem Verfahren ihre Bestätigung: dem Herstellen einer weiteren Umschrift bzw. dem Fortschreiben des Textes auf dem Wege des Aufsuchens neuer Beziehungen zwischen den Signifikanten und der Weiterführung der Signifikantenkette.

Derridas und de Mans Verwischung der Grenzen eines Literaturbegriffs, der, wie sehr man ihn auch erweitern mag, immer noch seinen Gegensatz (Nicht-Literatur qua [Literatur-] Wissenschaft, Philosophie oder Gesetzestexte) impliziert, entspricht dem epistemologischen Bruch der Poststrukturalisten mit dem Denken in binären Oppositionen, von dem sich der Strukturalismus hatte leiten lassen. Kann man ihre ›Lektüren‹ doch auch als Versuche beschreiben, die diese Oppositionen generierenden Bedeutungssysteme zu ›dekonstru-

---

99 KURT RÖTTGERS, Diskursive Sinnstabilisation durch Macht, in: J. Fohrmann/H. Müller (Hg.), Diskurstheorien und Literaturwissenschaft (Frankfurt a. M. 1988), 129, 129 f.
100 Vgl. SARAH KOFMAN, Lectures de Derrida (Paris 1984); dt.: Derrida lesen, übers. v. M. Buchgeister (Wien 1987); BETTINE MENKE, Dekonstruktion – Lektüre: Derrida literaturtheoretisch, in: K.-M. Bogdal (Hg.), Neue Literaturtheorien. Eine Einführung (Opladen 1990), 235.
101 MENKE (s. Anm. 100), 236.
102 Ebd., 247.
103 PAUL DE MAN, The Resistance to Theory, in: Yale French Studies, H. 63 (1982), 7, 12.

ieren‹, indem sie aufzeigen, wie Texte die durch solche Oppositionen in Gang gesetzten Ausschlußmechanismen unwillkürlich unterlaufen. Dennoch ist es kein Zufall, daß Derrida seine Auffassung von der semantischen Unbestimmbarkeit der Texte vorzugsweise an Beispielen aus der literarischen Moderne zu verifizieren versucht, die seinem Begriff einer »plurivocité nombreuse, absolument disséminée«[104] des Textes am nächsten kommen. Obwohl er die Entgegensetzung von ›literarischem‹ und ›nichtliterarischem‹ Schreiben grundsätzlich als eine Fiktion behandelt, wird doch »une capacité ›analytique‹ et déconstructrice plus forte« literarischer Texte, zumal der Moderne, ausdrücklich anerkannt: der literarische Text der Moderne als ein Text, der den »excès sémantique«[105], der jede Sinnfestlegung unterläuft, offen ausstellt (›re-markiert‹[106]). Roland Barthes, der in den 50er und 60er Jahren zu den führenden Vertretern des französischen Strukturalismus gehört und mit seiner Balzac-Studie S/Z (1970) die Wende zum Poststrukturalismus vollzogen hatte, beschreibt einen solchen Text, der für ihn allerdings nur den Idealfall darstellt, als einen Text, in dem »les réseaux sont multiples et jouent entre eux, sans qu'aucun puisse coiffer les autres. [...] de ce texte absolument pluriel, les systèmes de sens peuvent s'emparer, mais leur nombre n'est jamais clos, ayant pour mesure l'infini du langage.«[107] Von einem solchen ›idealen‹, ›schreibbaren‹ Text setzt Barthes die als »modérément pluriels (c'est-à-dire: simplement polysémiques)« ›lesbaren‹ Texte ab (»ils forment la masse énorme de notre littérature«[108], die von ihm als konnotativ erschließbar aufgefaßt werden. Dabei handelt es sich für ihn jedoch nicht um Konnotationen im Sinne von Ideenassoziationen des Lesers, sondern um Aufschluß der den Texten immanenten Korrelation, der Assoziationen, die der Text selbst herstellt. Diese wiederum reichen über jeden einzelnen Text hinaus, der als solcher gar keine eindeutig bestimmbaren Grenzen hat, weil er immer auf andere, ihm vorausgehende oder ihn umgebende Texte verweist, als deren Zitat oder Bearbeitung er erscheinen kann, und also letztlich immer nur einen Ausschnitt aus dem unendlichen ›Textgewebe‹ (les réseaux) – Derridas »texte général«[109] – darstellt, das die Sprache bildet. Julia Kristeva, die die Beziehungen von

Texten zueinander ähnlich beschreibt (»tout texte se construit comme mosaïque de citations, tout texte est absorption et transformation d'un autre texte«[110]), hat dafür den Begriff der Intertextualität geprägt. Die Annahme eines ›ontologischen Sonderstatus‹ der Literatur bleibt bei ihr zwar ebenfalls prinzipiell ausgeschlossen, indem sie sie lediglich als »une variante non-valorisée« der gesellschaftlichen Praxis betrachtet; andererseits hebt sie sie aus dieser wieder heraus – als eine »pratique sémiotique particulière«, die »est envisagée dans son irréductibilité à l'objet de la linguistique normative (de la parole codifiée et dénotative)«[111].

Während Derrida und de Man klassische wie moderne Texte ihrer ›disseminativen‹, dekonstruktiven Lektüre unterziehen (wenngleich Derrida einräumt, daß moderne Texte ihr entgegenkommen), macht Barthes seine Unterscheidung, die sich ebenfalls auf die Lektüreweise bezieht, an den Texten fest. Sein eigentümlicher Sprachgebrauch erklärt sich daraus, daß sein ›texte scriptible‹ ein der Dekonstruktion ähnliches produktives Leseverhalten einfordert (»C'est un travail [...], puisque j'écris ma lecture«[112]), wohingegen er ›lesbaren‹ Texten, die er auch ›klassisch‹ nennt, unterstellt, daß sie dem Leser, »au lieu de jouer lui-même, d'accéder pleinement à l'enchantement du signifiant, à la volupté de voir ou de rejeter le texte«, nur die Freiheit lassen, »de recevoir ou de rejeter le texte«. Indem er ausdrücklich davon spricht, warum »le scriptible est [...] notre valeur«[113], gibt

---

104 JACQUES DERRIDA, La dissémination (Paris 1972), 418.
105 DERRIDA, Positions (Paris 1972), 118f., 63.
106 Vgl. ebd., 63.
107 ROLAND BARTHES, S/Z (1970), in: Barthes, Œuvres complètes, hg. v. E. Marty, Bd. 2 (Paris 1994), 558f.
108 Ebd., 559, 558.
109 DERRIDA (s. Anm. 105), 82.
110 JULIA KRISTEVA, Bakhtine, le mot, le dialogue et le roman, in: Critique, H. 239 (1967), 440f.
111 KRISTEVA, La sémiologie: science critique et/ou critique de la science, in: Tel Quel, Théorie d'ensemble (Paris 1968), 92; vgl. auch JOHANNA BOSSINADE, Poststrukturalistische Literaturtheorie (Stuttgart/Weimar 2000), 170.
112 BARTHES (s. Anm. 107), 562.
113 Ebd., 558.

er seinem Literaturbegriff eine Wertordnung, die unverkennbar die Moderne privilegiert. Sie hat er wohl auch vor allem im Blick, wenn er in einem späteren Text von »les forces de liberté qui sont dans la littérature« spricht und dabei Literatur als das bezeichnet, was die der Sprache eigenen Machtstrukturen ›überlistet‹, »qui permet d'entendre la langue hors-pouvoir, dans la splendeur d'une révolution permanente du langage«[114]. Denn Barthes' Beschreibung einer solchen in ihrem Innern ›umgelenkten‹ Sprache (»c'est à l'intérieur de la langue que la langue doit être [...] dévoyée: [...] par le jeu des mots dont elle est le théâtre«) und des Schriftstellers, der ihre Freiheitskräfte mit seinem »travail du déplacement«[115] (der Signifikanten) entbindet, weist zurück auf seine Charakteristik des ›absolut pluralen Texts‹.

›In dem Titel seines Buches *Le plaisir du texte* (1973) hat Barthes ein Angebot poststrukturalistischer Lektüreweisen benannt, das für deren Erfolg auch in der deutschen Literaturwissenschaft der 80er und 90er Jahre des 20. Jh. zweifellos nicht ohne Bedeutung gewesen ist. Insbesondere die dekonstruktivistischen, Elemente des Spielerischen und der Ironie enthaltenden Verfahren wurden offensichtlich auch als Entlastung von dem Erwartungsdruck empfunden, nicht auffindbare ›objektive Wahrheiten‹ zu ermitteln, und als eine Ermutigung zu »eigenständiger, ästhetisch produktiver Lektüre«[116] aufgefaßt, die unhintergehbare subjektive Erfahrungen verbürgt. Von den radikalkonstruktivistischen Theoretikern wurde der Dekonstruktion jedoch nur eine ›Scheinradikalität‹ zugesprochen, insofern als sie ihre Befunde allein aus der Arbeit am Text gewinne und damit letzten Endes in der Tradition der von ihr desavouierten Hermeneutik verbleibe, wohingegen der radikale Konstruktivismus die Konventionalität der hermeneutischen Substanzannahmen durch kontrollierbare soziologische Forschung empirisch nachzuweisen imstande sei.[117]

Wie unterschiedlich und untereinander unverträglich die diversen literaturtheoretischen Neuansätze der letzten Jahrzehnte aber auch gewesen sein mögen, so haben sie doch alle auf eine Erschütterung dieser ›hermeneutischen Substanzannahmen‹ und damit auf eine nicht mehr zurücknehmbare Problematisierung der wichtigsten Supplementärbegriffe von Literatur hingewirkt, die eine davon unbelastete Modellierung eines Literaturbegriffs als kaum noch vertretbar erscheinen läßt. Daher war auch die Distanzierung der textimmanenten poststrukturalistischen Verfahren durch die seit den 90er Jahren des vergangenen Jh. zunehmende kulturwissenschaftliche Orientierung der Literaturwissenschaft nicht gleichbedeutend mit einer Rückkehr zu alten Positionen, vielmehr reflektieren die dieser Orientierung entsprechenden Forschungsprogramme größtenteils auf ethnologische (kulturanthropologische), soziologische, diskurs- bzw. medientheoretische oder kultursemiotische Paradigmen, die in ihren epistemologischen Grundannahmen selbst poststrukturalistisch geprägt sind. Unabhängig davon, ob das gewählte Paradigma das Hauptaugenmerk auf ein Symbolsystem oder ein Sozialsystem ›Literatur‹ lenkt und wieweit es das Interesse auf die mediale Eigenart der Literaturkommunikation fokussiert, setzt die kulturwissenschaftliche Orientierung grundsätzlich einen Literaturbegriff voraus, der nicht auf ästhetischen Wertkriterien basiert. Das kann ein Literaturbegriff sein, der unter seinem Namen die Gesamtheit der als ›literarisch‹ geltenden Texte zusammenfaßt, wie auch einer, der unter diesem Namen überhaupt alle (Schrift-)Texte subsumiert. Beide können aber auch in einen Diskursbegriff aufgelöst werden, aus dem sich dann u. a. ein ›literarischer Diskurs‹ wieder ausfällen läßt, oder in einen Textbegriff eingehen, der mit dem alle Schriftzeugnisse umfassenden Literaturbegriff identisch ist. Andererseits wurde der Versuch unternommen, den Textbegriff nicht nur von der Bindung an die Schrift wieder zu lösen, sondern – dem Vorgang der Semiotik entsprechend – auch über die (Wort-)Sprache hinaus auf die Gesamtheit

---

114 BARTHES, Leçon (1978), in: Barthes, Œuvres complètes, hg. v. E. Marty, Bd. 3 (Paris 1995), 804.
115 Ebd.
116 Vgl. GUMBRECHT, Who is Afraid of Deconstruction?, in: J. Fohrmann/H. Müller (s. Anm. 99), 110.
117 Vgl. S. J. SCHMIDT, Diskurs und Literatursystem. Konstruktivistische Alternativen zu diskurstheoretischen Alternativen, in: Fohrmann/Müller (s. Anm. 99), 149 f.

der Zeichensysteme einer Kultur auszudehnen – Kultur als ›Text‹ zu lesen.[118]

Rainer Rosenberg

Literatur
ARNTZEN, HELMUT, Der Literaturbegriff. Geschichte, Komplementärbegriffe, Intention. Eine Einführung (Münster 1984); BACHMANN-MEDICK, DORIS (Hg.), Kultur als Text. Die anthropologische Wende in der Literaturwissenschaft (Frankfurt a.M. 1996); BARCK, KARLHEINZ, Poesie und Imagination. Studien zu ihrer Reflexionsgeschichte zwischen Aufklärung und Moderne (Stuttgart 1993); BOGDAL, KLAUS-MICHAEL (Hg.), Neue Literaturtheorien. Eine Einführung (Opladen 1990); BOSSINADE, JOHANNA, Poststrukturalistische Literaturtheorie (Stuttgart/Weimar 2000); CULLER, JONATHAN, On Deconstruction: Theory and Criticism after Structuralism (Ithaca, N. Y. 1982); dt.: Dekonstruktion. Derrida und die poststrukturalistische Literaturtheorie, übers. v. M. Momberger (Reinbek 1988); EAGLETON, TERRY, Literary Theory: An Introduction (Minneapolis 1983); dt.: Einführung in die Literaturtheorie, übers. v. E. Bettinger/E. Hentschel (Stuttgart 1988); FOHRMANN, JÜRGEN/MÜLLER, HARRO (Hg.), Diskurstheorien und Literaturwissenschaft (Frankfurt 1988); GUMBRECHT, HANS ULRICH, Beginn von ›Literatur‹/Abschied vom Körper?, in: G. Smolka-Koerdt/P. M. Spangenberg/D. Tillmann-Bartylla (Hg.), Der Ursprung von Literatur. Medien, Rollen, Kommunikationssituationen zwischen 1450 und 1650 (München 1988), 15–49; HAUPTMEIER, HELMUT/SCHMIDT, SIEGFRIED J., Einführung in die empirische Literaturwissenschaft (Braunschweig/Wiesbaden 1985); JAUSS, HANS ROBERT, Literaturgeschichte als Provokation (Frankfurt a.M. 1970); KITTLER, FRIEDRICH. A., Aufschreibesysteme 1800, 1900 (München 1985); KREUZER, HELMUT, Veränderungen des Literaturbegriffs. Fünf Beiträge zu aktuellen Problemen der Literaturwissenschaft (Göttingen 1975); LÄMMERT, EBERHARD, Allgemeine und vergleichende Literaturwissenschaft, in: W. Prinz/P. Weingart (Hg.), Die sogenannten Geisteswissenschaften. Innenansichten (Frankfurt a.M. 1990), 175–188; LÄMMERT, EBERHARD, Das überdachte Labyrinth. Ortsbestimmungen der Literaturwissenschaft 1960–1990 (Stuttgart 1991); LÜSEBRINK, HANS-JÜRGEN, ›Cours de littérature‹ und ›Éducation nationale‹, in: B. Cerquiglini/H. U. Gumbrecht (Hg.), Der Diskurs der Literatur- und Sprachhistorie. Wissenschaftsgeschichte als Innovationsvorgabe (Frankfurt a.M. 1983), 111–134; MEDVEDEV, PAVEL N., Formal'nyj metod v literaturovedenii (Leningrad 1928); dt.: Die formale Methode in der Literaturwissenschaft, hg. u. übers. v. H. Glück (Stuttgart 1976); NAUMANN, MANFRED, Sturz des literarischen Ancien Régimes. Veränderungen des Literaturbegriffs in Frankreich nach der Revolution, in: H. Krauß (Hg.), Folgen der Französischen Revolution (Frankfurt a.M. 1989), 196–219; RICKEN, ULRICH, Zur Bezeichnungsgeschichte des Literaturbegriffs im 18. Jahrhundert, in: Geschichte und Funktion der Literaturgeschichtsschreibung. Sitzungsberichte der Akademie der Wissenschaften der DDR. Gesellschaftswissenschaften, 1982, Nr. 2/G, 173–182; ROSENBERG, RAINER, Literaturwissenschaftliche Germanistik. Zur Geschichte ihrer Probleme und Begriffe (Berlin 1989); RÜDIGER, HORST (Hg.), Literatur und Dichtung. Versuch einer Begriffsbestimmung (Stuttgart u.a. 1973); SCHMIDT, SIEGFRIED J., Grundriß der empirischen Literaturwissenschaft, Bd. 1/1 (Braunschweig/Wiesbaden 1980); STEINWACHS, BURKHART, Epistemologie und Kunsthistorie. Zum Verhältnis von ›arts et sciences‹ im aufklärerischen und positivistischen Enzyklopädismus, in: B. Cerquiglini/H. U. Gumbrecht (Hg.), Der Diskurs der Literatur- und Sprachhistorie. Wissenschaftsgeschichte als Innovationsvorgabe (Frankfurt a.M. 1983), 73–110; TYNJANOV, JURIJ, Literaturnyj fakt/Das literarische Faktum (1924); O literaturnoj ėvoljucii/Über die literarische Evolution (1927), übers. v. H. Imendörffer, in: J. Strieder (Hg.), Texte der russischen Formalisten, Bd. 1 (München 1969), 392–431 u. 432–461; VODIČKA, FELIX, Struktura vývoje (Prag 1969); dt.: Die Struktur der literarischen Entwicklung, hg. v. J. Strieder, übers. v. C. Tuschinsky/P. Richter/F. Boldt (München 1976); WEIMAR, KLAUS, Literatur, Literaturgeschichte, Literaturwissenschaft. Zur Geschichte der Bezeichnungen für eine Wissenschaft und ihren Gegenstand, in: C. Wagenknecht (Hg.), Zur Terminologie der Literaturwissenschaft. Akten des IX. Germanistischen Symposiums der Deutschen Forschungsgemeinschaft. Würzburg 1986 (Stuttgart 1988), 9–23; WELLBERY, DAVID E. (Hg.), Positionen der Literaturwissenschaft (München 1985); WERNER, HANS-GEORG, Text und Dichtung – Analyse und Interpretation: Zur Methodologie literaturwissenschaftlicher Untersuchungen (Berlin/Weimar 1984).

---

118 Vgl. DORIS BACHMANN-MEDICK (Hg.), Kultur als Text. Die anthropologische Wende in der Literaturwissenschaft (Frankfurt a.M. 1996).

Luxus

(griech. τρυφή; lat. luxus, luxuria; engl. luxury; frz. luxe; ital. lusso; span. lujo; russ. роскошь)

Einleitung; I. Luxus als moralische Kategorie: Antike und Christentum; II. Luxus und politische Vernunft in der Neuzeit; III. Luxus-Debatten im 18. Jahrhundert; VI. Historisierung, Soziologisierung, Ästhetisierung: Luxus seit dem 19. Jahrhundert

Einleitung

Wenn auch heute noch der Luxusbegriff die Wertsetzungen unterschiedlichster Herkunft umfaßt, so hat er doch seinen ehemals systematischen Ort in theologischen, moralphilosophischen, ökonomischen oder ästhetischen Debatten verloren. Er bleibt weiterhin mit den Momenten von Verschwendung, Verausgabung, Müßiggang oder Genießen assoziiert, ist zudem aber zu einer Chiffre geworden, die sich vor allem auf den prekären Stand emphatischer Individuationsformeln innerhalb moderner und differenzierter Funktionssysteme bezieht. In einem Wirtschaftssystem etwa, das im selben Zug Knappheiten ebenso wie Überfluß produziert, reicht der Luxusbegriff nicht mehr hin, ein spezifisches Kriterium zur Klassifikation von ökonomischen Verhaltensweisen und Konsumgütern zu definieren. Die Verallgemeinerung des Luxus und die »Kommerzialisierung und Industrialisierung von Genuß«[1], von der Heiner Müller einmal gesprochen hat, kennzeichnet darum eine Situation, in der sich gerade die ästhetischen Aspekte des Luxus in einer eigentümlichen Zuspitzung präsentieren. So wird im Rekurs auf den Luxus eine Geste vollzogen, die das Ästhetische als anökonomische Ausnahme und als ein Heraustreten aus zweckrationalen Ordnungszusammenhängen markiert. Dies geschieht einerseits – wie bei Heiner Müller und im Verweis auf de Sade oder Nietzsche – durch eine Apologie des Zerstörerischen, in der sich eine gewisse Nähe von subjektiver Selbstbehauptung, ästhetischer Produktion und zynischer Vernunft abzeichnet: »Genuß muß Zweck, nicht Mittel sein.« Und: »Zum Genießen gehört Bosheit, Rücksichtslosigkeit.«[2] Andererseits taucht das Luxuskonzept im Umkreis einer Poetik der Gabe auf, in der sich – wie bei Jacques Derrida – das Ästhetische durch einen exzessiven Akt des Gebens und der Verausgabung auszeichnet, durch einen Akt, der sich der Wiederaneignung, dem Tausch und damit dem ökonomischen Kreislauf entzieht.[3]

Schon seit der Antike weist der Begriff des Luxus allerdings ein komplexes Zusammenspiel von moralischen und ökonomischen, politischen und religiösen, diätetischen und ästhetischen Aspekten auf und zeigt jeweils eine spezifische Gewichtung und Transformation von Normsystemen an. Er wurde in Zusammenhang mit höfischer Prachtentfaltung und Festkultur, mit Statusfragen, mit privater und öffentlicher Repräsentation diskutiert, reicht in die Probleme von Wertbildung und Reichtum hinein und kann auch als Leitfaden für die Geschichte eines begehrenden Subjekts dienen, das sich in einer Verflechtung von Lüsten, kulturellen Wertschätzungen und Verhaltensregeln präsentiert. Sosehr sich seit der Scholastik ein stabiles Bedeutungsfeld von ›übertriebenem Aufwand‹, ›Pracht‹ oder ›Verschwendung‹ eingestellt hat, sosehr läßt der Luxusbegriff insgesamt eine Verschiebung von ethischen über theologische bis hin zu ökonomischen Akzenten erkennen und taucht seit dem 18. Jh. auch als polemischer Begriff in der Konfiguration ästhetischer und kunsttheoretischer Diskussionszusammenhänge auf.

Der etymologische Zusammenhang des lat. Substantivs luxus, -us mit dem Adjektiv luxus, -a, -um (verrenkt) und dem griech. λοξός (seitwärts gebogen, schief, schräg) ist nicht geklärt. Eine Verwandtschaft kann bestenfalls über das Merkmal der Abweichung und des Maßlosen im weitesten Sinn angenommen werden, sofern luxus neben ›Prunk‹ und ›Pracht‹ vor allem die Bedeutungskomponenten von Ausschweifung, Verschwendung, übermäßigem Aufwand und sexueller Zügellosigkeit umfaßt und in diesem Sinne seiner Ableitung luxuria

---

1 HEINER MÜLLER, Ich wünsche mir Brecht in der Peep-Show. Betrachtungen zum Genuß, in: Müller, ›Jenseits der Nation‹. Heiner Müller im Interview mit Frank M. Raddatz (Berlin 1991), 65.
2 MÜLLER (s. Anm. 1), 72, 64.
3 Vgl. JACQUES DERRIDA, Donner le temps 1. La fausse monnaie (Paris 1991), 139–216.

(Üppigkeit, Wollust, Mutwille) beigeordnet ist. Schon der lateinische Ausdruck bezieht sich auf Handlungsweisen, Begierden und Gegenstände gleichermaßen und ist dabei meist mit einer pejorativen Verwendungsweise verbunden.

I. Luxus als moralische Kategorie: Antike und Christentum

Die moralphilosophischen und politischen Diskussionen des Luxus sind in der Antike nicht ohne Rekurs auf platonische, aristotelische und stoische Positionen erklärbar. Sowohl Platons Verurteilung von maßlosen Begierden und den Lebensformen einer ›üppigen‹ und ›aufgeschwemmten‹ Stadt als auch die Aristotelische Unterscheidung zwischen begrenztem und grenzenlosem bzw. naturwidrigem Reichtum legen einen engen Zusammenhang von politischer Regierung und individueller Selbstregierung nahe und weisen dem Luxus eine Abweichung vom Gebot der Mäßigung (σωφροσύνη) zu.[4] Insbesondere bei Aristoteles ist das Kriterium dafür eine Selbstgenügsamkeit im Sinne einer autarken Haushaltsführung (οἰκονομία), ebenso aber das richtige Maß (μεσότης), das in ethischer wie in diätetischer und ökonomischer Hinsicht eine Mitte zwischen Mangel und Übermaß besetzt.[5] Die Aristotelische Darstellung von unbegrenztem (Geld-)Erwerb, Handelsgewinn und künstlichem Wachstum des Kapitals, die im Rahmen der Chrematistik das Maß der Bedürfnisse und den Kreis des grundherrlichen οἶκος übersteigen, wird tief in die späteren Luxusdebatten hineinreichen.

Wird dem Luxus damit eine auflösende Kraft hinsichtlich der Gemeinschaftsformen von πόλις und οἶκος attestiert, so steht in Konzepten der griechisch-römischen Stoa der Luxus – synonym mit Genuß- und Verschwendungssucht, mit öffentlicher und privater Prachtentfaltung – für eine Desorganisation der Begierden, die eine Kritik der Lebensführung verlangt und sowohl moralische wie medizinische Implikationen besitzt.[6] Die Frage des Luxus durchdringt alle Bereiche des individuellen und öffentlichen Lebens und führt in Rom zu den ersten Debatten über den Zusammenhang von Luxus, Aufwand-Gesetzen und öffentlicher Ordnung. Von Xenophons *Oikonomikos* bis Ciceros *De officiis* sind die Begriffe von luxus und luxuria zu einem Topos in der Gegenüberstellung von Stadt und Land, einfachem und aufwendigem Leben geworden. Die Begrifflichkeit des Luxus schließt Begriffe wie lautitia, apparatus, sumptus ein, er wird als luxuria der avaritia (Habgier) wie der ambitio (Ehrgeiz) beigeordnet und tritt umgekehrt der frugalitas gegenüber. Das führt zu einer satirischen Zuspitzung des Luxusbegriffs, der nun ein umfangreiches Spektrum von Verfallsphänomenen in der (spät)römischen Republik bezeichnet.[7] Überdies wird er zu einem Erklärungsgrund für historische Sachverhalte überhaupt und kann in der Historiographie von Livius, Sallust oder Tacitus als ein Motiv für Bürgerkrieg und den Niedergang von Staatsverfassungen angesprochen werden.[8] Insgesamt wird also mit dem Begriff des Luxus ein enger und wechselseitiger Zusammenhang von individueller Lebensführung und politischer Regierung, von öffentlicher Repräsentation und privater Sphäre konstatiert. Sofern dieser Luxus auch demonstrativen Konsum, Kunstbesitz, die prunkvollen Dekorationen von Kleidung, Bauwerken, Mobiliar, Triumphzügen oder Festen umschließt, korrespondiert er schließlich mit dem Bedeutungsraum von luxuria in Stilkritik, Rhetorik und Poetik: als gezierte oder obszöne Rede, als übermäßig ausgeschmückter oder wortreicher Stil, als verlorene Einfachheit der Versform.[9]

In den ersten christlichen Jahrhunderten tritt mit den Kirchenvätern zur aristotelisch und stoisch motivierten Luxus-Kritik die neutestamentarische Verurteilung von Ausschweifung (ἀσέλγεια), Zügellosigkeit (ἀσωτία), Prasserei und üppigem Leben (τρυφή) hinzu und markiert eine deutliche

---

4 Vgl. PLATON, Rep. 372c-373d; PLATON, Epist. 7, 326b-c; ARISTOTELES, Pol. 1, 1257a-1258b.
5 Vgl. ARISTOTELES, Eth. Nic. 2, 1106a-1109b; 5, 1131a-1133b.
6 Vgl. SENECA, Epist. 95, 15-27; 122, 13-14.
7 Vgl. HORAZ, Satirae 2, 3, 224-230; PETRONIUS, Satyricon 55, 6-9.
8 Vgl. LIVIUS, Ab urbe condita 39, 6, 7-9; SALLUST, Cat. 11, 5; 12, 2; 5-15; TACITUS, Ann. 3, 28.
9 Vgl. SENECA, Epist. 114; CICERO, De or. 2, 23, 96; HORAZ, Ars 214-217.

Verschiebung des Bedeutungsakzents. Die Gegenstände von Luxus und luxuria werden zu Dokumenten physischer Hemmungslosigkeit gewendet und können in zugespitzter Form für die Weltlichkeit der Welt selbst einstehen. Schon in der frühen Patristik taucht der Luxus als Quelle für alle Laster des Willens und des Fleisches auf und wird spätestens seit Augustinus zu einem systematisch erfaßten Posten christlicher Morallehre.[10] Auch hier wird der Luxus für den Niedergang Roms verantwortlich gemacht, vor allem aber unter die Bedeutung von luxuria subsumiert und gewinnt damit eine Sonderstellung innerhalb des Sündenkatalogs, und zwar in dreierlei Hinsicht: als Ursache des Sündenfalls, als fortgesetzte Versuchung des Fleisches und schließlich als eine unter den sieben Todsünden. Einerseits werden in luxus und luxuria damit die Konnotationen fleischlicher Lüste und sexueller Ausschweifung hervorgetrieben, ein Sachverhalt, der auf mehreren Konzilien im Mittelalter unter dem Titel von Unzucht und Ehebruch verhandelt wird, sich in Kosmetikverboten niederschlägt und nicht zuletzt die Personifikation der luxuria als Frau und Verführerin, aber auch die Ikonographie von Satyrn, Schweinen oder spanischen Fliegen (als Aphrodisiaka) begründen mag.[11] Andererseits kommt der Frage des Luxus – als Anfangs- oder Kulminationspunkt von Lastern – eine herausragende Rolle in der Beobachtung, Erforschung, Prüfung und Disziplinierung individueller und innerer Strebungen zu. Gerade bei Thomas von Aquin wird luxuria nicht nur als Ursünde und erste Auflehnung des Menschen gegen Gott ausgemacht; es wird darin vor allem eine grundlegende Disposition der Sinnlichkeit und ein bestimmtes Selbstverhältnis erkannt, das in aufsteigender Linie von Unkeuschheit über Ausschweifung und Unbeständigkeit zu Torheit, Verblendung und schließlich zum Bruch mit göttlicher, vernünftiger und natürlicher Ordnung führt.[12] Nicht zuletzt wird dabei auch ein wirtschaftliches Motiv mitgeführt: Die Disqualifizierung des Luxus geht mit einem aristotelisch inspirierten Verdikt gegen Zinsnahme und Wucher einher, eine Verurteilung, die den Vertretern nicht-natürlichen Reichtums und nicht-natürlicher Lust dieselbe Verfehlungsstruktur und dieselbe Maßlosigkeit attestiert.[13]

II. Luxus und politische Vernunft in der Neuzeit

Werden die scholastischen Fassungen des Luxus noch über den Humanismus weit in die Neuzeit hinein vermittelt und bisweilen gegen Kirche und Klerus selbst gewendet, so ist es bemerkenswert, daß das lat. Wort luxus in deutschen Texten des 15. Jh. nicht nur im Sinne von ›Üppigkeit, Verschwendung, Überfluß, Nutzlosigkeit‹, sondern auch – vor allem bei Paracelsus – in medizinischer Verwendung und in Zusammenhang mit Unkeuschheit und Lustseuche als ›venerischer luxus‹ auftaucht.[14] Trotz dieses Spektrums medizinischer und diätetischer, moralischer und theologischer Überträge lassen sich für die neuzeitliche Verhandlung des Luxus im wesentlichen zwei weitere Linien bzw. Diskursfelder ausmachen, in denen sich eine Konzentration des Luxusbegriffs vollzieht. Zunächst finden sich in allen Phasen der älteren und mittleren Rechtsgeschichte Europas Luxusverbote und Luxusverordnungen, die mit dem Aufstieg der Städte, später mit der machtpolitischen Organisation der Territorien verbunden sind. Die Luxus – und Aufwandgesetze, die frühen Zeremonial- und Policeyordnungen sind Dokumente einer altständischen Gesellschaft und belegen ein doppeltes Interesse. Es geht nämlich darum, durch ein genaues Reglement von Kleider-, Fest-, Verzehr- und Aufwandbestimmungen

---

10 Vgl. AUGUSTINUS, Civ. 1, 30; 4, 3; 14, 2.
11 Vgl. P. STUDEMUND, Die Stellung des Christen zum Luxus (Stuttgart 1898), 21–23; JOHN SEKORA, Luxury: The Concept in Western Thought, Eden to Smollett (Baltimore/London 1977), 41–46; DORIT GRUGEL-PANNIER, Luxus. Eine begriffs- und ideengeschichtliche Untersuchung unter besonderer Berücksichtigung von Bernard Mandeville (Frankfurt a. M. 1996), 107–112.
12 Vgl. THOMAS VON AQUIN, Summa theologica 1–2, q. 6–89; 2–2, q. 153–154.
13 Vgl. JACQUES LE GOFF, La bourse et la vie. Economie et religion au Moyen Age (Paris 1986), 50ff.; dt.: Wucherzins und Höllenqualen. Ökonomie und Religion im Mittelalter, übers. v. M. Rüb (Stuttgart 1988).
14 Vgl. HORST MÜHLMANN, Luxus und Komfort. Wortgeschichte und Wortvergleich (Diss. Bonn 1975), 32–34.

II. Luxus und politische Vernunft in der Neuzeit

die Schwellen zwischen Zünften und Ständen und damit soziale Distinktionen zu markieren; zugleich aber darum, politisch wie ökonomisch ruinöse Verschwendungen zu begrenzen. Die Vielzahl von Luxusverboten ist also durchaus mit einem ›Zwang zum Luxus‹ vereinbar, der die höfische Repräsentation und vor allem den Aufwand absolutistischer Fürstenhöfe bestimmte.[15] Läßt sich dabei – seit dem Ausgang des Mittelalters – ein Übergang von religiösen und standespolitischen Begründungen zu policeylichen und ökonomischen Motiven für die Luxusverbote erkennen, so wird man schließlich deren allmähliche Abschaffung und Ablösung durch Luxussteuern im 18. Jh. nicht nur als Indiz für politisch-ökonomische Veränderungen, sondern auch als Anzeichen für grundlegende Wandlungen im Luxusbegriff selbst verstehen müssen.

Parallel dazu sind es Fürstenspiegel, Politiken und Regierungshandbücher, aber auch politische Theorien im allgemeinen, in denen sich eine spezifische Diskussion und Eingrenzung des Luxusbegriffs vollzieht. Hat etwa Thomas Morus mit dem Gegenbild der glückseligen Insel einen politischen Verfall denunziert, der im Luxus einen allgemeinen Nenner schädlicher Verhaltensweisen und Praktiken erhält und sexuelle Ausschweifung wie Kleiderpracht, Glücksspiel und Müßiggang, Habsucht und nutzlosen Reichtum umschließt, so erscheint der Luxus dabei vor allem als grundlegende Störung einer politisch-rationalen Ordnung.[16] Der Luxus bleibt weiterhin mit physischer Lust und lasziven Kontexten konnotiert, nimmt aber deutlicher noch den Charakter eines vernunftwidrigen Sozialverhaltens an.[17] Schon bei Montchrétien wird bei aller Disqualifikation von Verschwendung und Überfluß an der Rationalität von bloßen Luxusverboten gezweifelt, und Saint-Évremond kann Mitte des 17. Jh. als einer der ersten angesehen werden, die im moralischen Verdikt gegen den Luxus eine defizitäre und ungenügende Fassung seines Begriffs konstatierten.[18] Ein »luxe modéré«[19] kann nun durchaus als Synonym eines angenehmen Lebens oder als Motiv eines florierenden Staats verstanden werden. Die religiöse und moralische Kodierung des Luxus tritt in einen Zusammenhang mit politischen und ökonomischen Fragen, und mit der Ausbildung von Territorialstaaten erscheint der Luxus zunehmend als ein Problem von Staatswohlstand und Austauschbeziehungen in einem engeren Sinn. Konnte der Luxus noch als Indiz für die politischen Unordnungen des dreißigjährigen Kriegs einstehen, so werden seit der zweiten Hälfte des 17. Jh. etwa folgende Fragen gestellt: Wie verhält sich der legitime Aufwand von Fürstenhäusern zum Gebot einer pastoralen Sorge für die Bevölkerung? Wie läßt sich der materielle Verbrauch von einzelnen mit der »erhaltung des landes«[20] koordinieren? Und müssen nicht übertriebener Aufwand und Verschwendung auf der einen Seite zu Mangel und Armut auf der anderen führen? Der Luxusbegriff wird aus dem Geltungsbereich der Tugendlehren herausgelöst, und gerade im Umkreis des frühen deutschen Kameralismus und eines entstehenden polit-ökonomischen Wissens erscheint der Luxus als privilegiertes Objekt wirtschaftspolitischer Intervention. Sei es ein internes Verhältnis von Überfluß und Mangel, sei es die Relation von Import und Export, sei es schließlich die Frage des Reichtums an natürlichen und monetären Ressourcen – sosehr die sogenannte Luxushandel (etwa mit Porzellan, furnierten Möbeln, Schmuck, Seide, Silberwaren, Genußmitteln) zu einem bedeutenden ökonomischen

---

15 Vgl. MICHAEL STOLLEIS, Pecunia nervus rerum. Zur Staatsfinanzierung in der frühen Neuzeit (Frankfurt a. M. 1983), 9–18.
16 Vgl. THOMAS MORE, Utopia (1516), in: More, Complete Works, hg. v. E. Surtz/J. H. Hexter, Bd. 4 (New Haven/London 1965), 69.
17 Vgl. WILLIAM SHAKESPEARE, Macbeth (entst. um 1608, ersch. 1623), 4. Akt, 3. Sz., V. 57–63; JEREMIAS DREXEL, De cultu corporis, in: Drexel, Opera omnia, Bd. 1 (o. O. 1680), 627–638.
18 Vgl. ANTOINE DE MONTCHRÉTIEN, Traité de l'oeconomie politique, hg. v. T. Funk-Brentano (1615; Paris 1889), 59, 74, 78–79; CHARLES DE SAINT-ÉVREMOND, Réflexions sur les divers Génies du Peuple Romain dans les différens temps de la République (1662), in: Saint-Évremond, Œuvres, Bd. 2 (Paris 1753), 206–211.
19 PIERRE BAYLE, Continuation des pensées diverses (1704), in: Bayle, Œuvres diverses, Bd. 3 (Den Haag 1727), 361.
20 LUDWIG VON SECKENDORFF, Christen-Staat (Leipzig 1685), 234; vgl. ebd., 839; PHILIPP WILHELM VON HÖRNIGK, Österreich über alles, wenn es nur will (1684), in: Sozialökonomische Texte 12/13 (Frankfurt a. M. 1948), 78–79; WILLIAM PETTY, Economic Writings, hg. v. Ch. H. Hull, Bd. 1 (New York 1963), 23.

Faktor geworden ist[21], sosehr wird der Luxus nun zusammen mit der Frage nach Luxuspatenten und protektionistischen Maßnahmen diskutiert und besetzt eine prekäre Position im Programm einer merkantilistischen Politik: etwa in Hinblick auf die Gefahr, daß die Einfuhr von »unnöthigen luxuriosen Sachen«[22] aus dem Ausland mit einer schädlichen Ausfuhr von Geldmetall und Reichtum korrespondieren mag. Zum Ende des 17. Jh. läßt sich jedenfalls folgendes konstatieren: Während bestimmte Figuren religiöser Luxuskritik erhalten bleiben – man denke etwa an das Verhältnis von Prunkstilleben und Vanitas im Barock[23] –, vollzieht sich im Rahmen eines neuen polit-ökonomischen Wissens eine Ablösung der älteren oikos-Lehren und eine Aufwertung dessen, was bei Aristoteles Chrematistik hieß; und in derselben Wendung tritt der Luxusbegriff aus dem Geltungsraum der luxuria heraus, er erfährt eine interne Skalierung und Differenzierung und zeichnet sich schließlich durch eine funktionale Ausrichtung in Hinblick auf ökonomische und politische Ordnungskonzepte aus.

III. Luxus-Debatten im 18. Jahrhundert

Vor diesem Hintergrund hat sich im Verlauf des 18. Jh. eine weitläufige Luxusdebatte entwickelt, die sich in zahlreichen Traktaten, Artikeln und akademischen Preisaufgaben niederschlug und deren markanter Ausgangspunkt ohne Zweifel mit Mandevilles *The Fable of the Bees* (1714) gesetzt wird. Mandevilles Apologie des Luxus hat eine Konfliktlinie vorgezeichnet, die sich mit anderen Kontroversen (etwa der ›Querelle des anciens et des modernes‹) überschneidet und einige Leitthemen des 18. Jh. (etwa die Frage nach Gleichheit und Ungleichheit) berührt.[24] Dabei erscheint es bemerkenswert, wie die moralphilosophischen und theologischen Erbstücke dieser Debatte einen Brennpunkt im ökonomischen und politischen Diskurs erhalten, der selbst wiederum auf assoziierte Gebiete übergreift, in denen unter dem Luxusbegriff etwa semiotische, ästhetische und anthropologische Fragen verhandelt werden. Neben realpolitischen Folgen dieser Debatten – etwa Verordnungen über Freihandel oder die Begrenzung von Hofausgaben betreffend – weist die Vokabel des Luxus demnach einen hohen Grad an Streuung über unterschiedliche Wissensgebiete hinweg auf und kann darum auch als Indiz und Leitfaden für die spezifische Diskurs-Verflechtung aufklärerischen Wissens begriffen werden.

Die ökonomische Dimension des Luxus ist im 18. Jh. sehr eng mit werttheoretischen Problemen, mit der Frage nach der Zirkulation von Reichtümern verknüpft und erhält hier einen systematischen Ort. Dabei wird der Luxus unmittelbar durch die Konzepte des Nutzlosen oder Überflüssigen definiert[25], durch Begriffe also, die eine zentrale Rolle in der entstehenden politischen Ökonomie übernehmen. Sosehr nämlich die Wert- und Preistheorien der Aufklärung ihr Kriterium in den Konzepten von Bedürfnis, Bedarf, Nützlichkeit und Notwendigkeit festsetzen, sosehr gibt es Tausch und damit ökonomischen Verkehr überhaupt nur unter der Bedingung, daß Überflüssiges produziert und in Umlauf gebracht wird, daß sich also die Überschüsse des einen mit den Bedürfnissen des anderen vertauschen. Das Überflüssige bzw. Nutzlose ist daher in jeder Hinsicht das kritische Moment dieser Ökonomie: Der Überschuß

---

21 Vgl. ULRICH-CHRISTIAN PALLACH, Materielle Kultur und Mentalitäten im 18. Jahrhundert. Wirtschaftliche Entwicklung und politisch-sozialer Funktionswandel des Luxus in Frankreich und im Alten Reich am Ende des Ancien Régime (München 1987).
22 PAUL JACOB MARPERGER, Beschreibung der Messen und Jahrmärkte (Leipzig 1710), 52.
23 Vgl. GERHARD POTT, Gemalte Schätze. Erinnerung an die Vergänglichkeit alles Irdischen wie Mittel zur Repräsentation, in: G. Langemeyer/H.-A. Peters (Hg.), Stilleben in Europa (Münster u. a. 1979), 432–446.
24 Vgl. HANS KORTUM, Frugalité et luxe à travers la querelle des anciens et des modernes, in: Studies on Voltaire and the Eighteenth Century 56 (1967), 765–775; CHRISTOPHER J. BERRY, The Idea of Luxury. A Conceptual and Historical Investigation (Cambridge 1994), 126–176; PIERRE RETAT, Luxe, in: Dix-Huitième Siècle 26 (1994), 79–88.
25 Vgl. MICHEL CARDY, Le nécessaire et le superflu: Antithèse des lumières, in: Studies on Voltaire and the Eighteenth Century 202 (1982), 183–202.

löst den Tausch aus und muß gerade in ihm verschwinden; er ist das Nutzlose, das die Zirkulation bewegt und durch sie an den Ort transportiert wird, an dem es Nutzen und Notwendigkeit erhält; und er ist ein Wertloses, das den elementaren Tauschakt animiert und damit zugleich Werte hervorbringt.[26] Einerseits also begründet das Überflüssige die ökonomischen Transaktionen und läßt sich als Anstoß für die Entwicklung und den Aufschwung von Staaten und Völkern begreifen.[27] Andererseits ist es nichts als ein Supplement des Mangels, das nur unter der Bedingung seiner Einlösung und seines Schwindens unschädlich bleibt.

Vor diesem Hintergrund sind es zumindest drei Aspekte, die den Bedeutungsraum des Luxus – als Exponent des Nutzlosen und Überflüssigen – abstecken und die entsprechenden Auseinandersetzungen strukturieren. Zunächst hat sich der Luxus im Zeichen eudämonistischer Doktrin von moralischen und theologischen Fassungen gelöst und ist zu einem ökonomischen Funktionsbegriff geworden, der sich überdies durch eine Relativität seines Gehalts charakterisiert. Der Luxus ist demnach »l'usage qu'on fait des richesses et de l'industrie pour se procurer une existence agréable«[28]. Gerade Mandeville hat dies als systematisches Argument formuliert: Entweder ist der Luxus (luxury) all das, was nicht zur bloßen Subsistenz notwendig und erforderlich ist, eine Bestimmung, die darum ganz konsequent allen menschlichen Besitz unter den Luxus subsumieren muß; oder der Luxusbegriff wird nicht an dieser rigorosen Definition gemessen und kann darum umgekehrt nichts wirklich als Luxus disqualifizieren: »By what I have said hitherto I would only shew, that if once we depart from calling every thing Luxury that is not absolutely necessary to keep a Man alive, that there is no Luxury at all.«[29] Sosehr also Bedürfnisse das Maß definieren und umgekehrt das Überflüssige und Nicht-Notwendige den ökonomischen Verkehr animieren, sosehr kann all das oder gar nichts unter den Luxusbegriff subsumiert werden: »for if the wants of Men are innumerable, then what ought to supply them has no bounds; what is call'd superfluous to some degree of People will be thought requisite to those of higher Quality.«[30] Damit wird ganz allgemein die Schwierigkeit eingestanden, dem Luxus noch eine substanzielle Fassung in Hinblick auf bestimmte Güter, Verhaltensweisen und Begierden zuzuweisen. Der Luxus ist nirgends und überall (»dans le fait, tout est luxe«[31]), und die Unterscheidung zwischen Notwendigem und Überflüssigem wird sich bestenfalls in gleitenden Übergängen manifestieren: »la nourriture et le vêtement font nos seuls besoins réels: l'idée de la commodité n'est dans les hommes qu'une suite de ce premier sentiment, comme le luxe à son tour est une suite de la comparaison des commodités superflues dont jouissent quelques particuliers«[32]. Die Erscheinungsweisen des Luxus wechseln je nach Epoche, Nation oder Regierungsform, und wie man auch in den einfachsten Republiken – in Sparta etwa – Formen des überflüssigen Luxus finden kann, so werden anderswo noch die größten Reichtümer durchaus notwendig erscheinen. Der Luxus ist ein ungewisses und unzuverlässiges Kriterium zur Unterscheidung von Laster und Tugend, Nützlichkeit und Schädlichkeit geworden und wird in jedem Fall eine genaue Analyse von Ländern, Bevölkerungen, Wirtschaftsformen und Regierungen voraussetzen.[33] Er steht damit im Zentrum dessen,

---

26 Vgl. FERDINANDO GALIANI, Dialogues sur le commerce des bleds (London 1770), 131–136; ANNE-ROBERT JACQUES TURGOT, Réflexions sur la formation et distribution des richesses (entst. 1766), in: Turgot, Écrits économiques (Paris 1970), 121–188.
27 Vgl. PIERRE PREVOST, De l'économie des anciens gouvernemens comparée à celle des gouvernemens modernes (Berlin 1783).
28 JEAN-FRANÇOIS DE SAINT-LAMBERT, ›Luxe‹, in: DIDEROT (ENCYCLOPÉDIE), Bd. 9 (1765), 763.
29 BERNARD MANDEVILLE, The Fable of the Bees, or Private Vices, Publick Benefits (1714), hg. v. P. Harth (London 1970), 137.
30 Ebd.
31 FRIEDRICH MELCHIOR GRIMM, [Notiz zum 15. 3. 1764], in: Grimm, Correspondance littéraire, philosophique et critique, Bd. 5 (Paris 1878), 467.
32 SAINT-LAMBERT (Anm. 28), 763.
33 Vgl. CHARLES-LOUIS DE MONTESQUIEU, De l'esprit des lois (1748), hg. v. J. Brethe de la Gressaye, Bd. 1 (Paris 1950), 178–190; dt.: Vom Geist der Gesetze, hg. u. übers. v. E. Forsthoff, Bd. 1 (Tübingen 1992), 135–145; DAVID HUME, Of Refinement of Arts (1752), in: Hume, Political Essays, hg. v. K. Haakonssen (Cambridge 1994), 105–114; CESARE BECCARIA, Elementi di economia pubblica (entst. 1769, ersch. 1804), in: Beccaria, Opere, Bd. 2 (Mailand 1822), 319–331.

was die ökonomische Theorie der Aufklärung als Wertparadox heimgesucht hat: Wie läßt sich erklären, daß die notwendigsten Dinge wie Wasser oder Luft keinen Preis, das Nutzloseste wie Diamanten und Schmuck aber einen hohen Preis besitzen?[34] In allen Spielarten ökonomischer Theorien der Aufklärung ist der ›Luxus‹ zu einem graduellen, relativen und relationalen Begriff geworden. Die Frage nach einer Steuerung der Individuen, nach politischer wie ökonomischer Regierung sind unmittelbar mit dem Problem des Luxus verknüpft, der in dieser regierungstechnischen Hinsicht auch als »systematischer Luxus«[35] angesprochen wird.

Zweitens können darum zwei komplementäre und doch grundlegend verschiedene und widersprüchliche Perspektiven auf Phänomene wie Luxus, ›Pracht‹ und ›Üppigkeit‹ eingenommen werden. Unter dem Gesichtspunkt der Zirkulation und der Austauschprozesse ist nämlich der Luxus jenes Moment, das für die Komplexität wie die Vitalität des ökonomischen Verkehrs einsteht: »sans luxe il y a moins d'échanges et de commerce«[36]. Der Luxus repräsentiert eine »liberté de commerce«[37], und als Nicht-Notwendiges und reiner Überfluß stellt er etwa für Mandeville, Melon, Saint-Lambert oder Voltaire die Bedingung dafür dar, daß überhaupt Reichtümer in Umlauf gebracht und Austauschprozesse beschleunigt werden können; er vermehrt die Bevölkerung, mildert die Ungleichheit der Eigentumsverteilung, läßt die Armen vom Aufwand der Reichen profitieren, er ist noch für den Fortschritt des Menschengeschlechts verantwortlich und kann darum von Voltaire mit der Paradoxie eines notwendigen Überflusses charakterisiert werden: »Le superflu, chose très-nécessaire, / A réuni l'un et l'autre hémisphère.«[38] Umgekehrt muß der Luxus aus der Perspektive von Bedarf und Notwendigkeit als riskante Abweichung vom richtigen und natürlichen Maß erscheinen und führt bei den unterschiedlichsten Autoren zu einer Kritik, die am Luxus vor allem sozialen und ökonomischen Ordnungsverlust konstatiert: Der Luxus ist demnach »diejenige Pracht, Üppigkeit und Aufwand, der von aller Ordnung entfernet, der alles verwirret«[39]. So gilt etwa für die Physiokraten all das, was über Bedürfnisse hinaus angehäuft wird, in doppelter Hinsicht als toter und unfruchtbarer Reichtum: dem ökonomischen Kreislauf entzogen und zudem steril, d. h. nicht auf die Reproduktion des Bodens und der Agrargüter gewendet.[40] Hier steht der Luxus für eine Akkumulation, die das Gleichgewicht von Aufwand und Verzehr, Bedürfnissen und Gütern, Investitionen und Erzeugnissen, mithin die Eigenbewegung der ökonomischen Zirkulation stört und ihre Repräsentanten im »luxe frivole«[41] von Fürstenhöfen und Großstädten, aber auch in der Behinderung des Handels durch Privilegien, Monopole, Zölle, Einfuhr- und Ausfuhrverbote erhält. Unter den verschiedenen Formen des Luxus – der Bequemlichkeit oder der Prachtentfaltung – ist dieser Luxus der Frivolität zugleich die Ver-

---

34 Vgl. SAMUEL PUFENDORF, Acht Bücher von Natur- und Völcker-Rechte, Bd. 2 (Frankfurt a. M. 1711), 5 f.

35 FERDINAND FRIEDRICH PFEIFFER, Probschrift von dem Luxus der heutigen europäischen Staaten (Stuttgart 1779), 89.

36 SAINT-LAMBERT (s. Anm. 28), 765.

37 GEORGES-MARIE BUTEL-DUMONT, Théorie du Luxe, ou Traité, Dans lequel on entreprend d'établir que le luxe est un ressort non seulement utile, mais même indispensablement nécessaire à la prospérité d'un Etat (London 1775), 180.

38 VOLTAIRE, Le Mondain (1736), in: VOLTAIRE, Bd. 10 (1877), 84; vgl. VOLTAIRE, Défense du Mondain ou L'Apologie du Luxe (1737), in: ebd., 90–93; JEAN FRANÇOIS MELON, Essai politique sur le commerce (Amsterdam 1754); ANDRÉ MORIZE, L'apologie du luxe au XVIIIe siècle. ›Le Mondain‹ de Voltaire. Étude critique sur ›Le Mondain‹ et ses sources (1909; Genf 1970).

39 JOHANN PETER SÜSSMILCH, Von der Schädlichkeit des Luxus, in: Süßmilch, Die göttliche Ordnung in den Veränderungen des menschlichen Geschlechts aus der Geburt, dem Tode und der Fortpflanzung desselben erwiesen, Bd. 2 (1741; Berlin 1775), 72; FRANÇOIS-ANDRÉ-ADRIEN PLUQUET, Traité philosophique sur le luxe, Bd. 1 (Paris 1786), 69, 461.

40 Vgl. FRANÇOIS QUESNAY, Das ökonomische Tableau (1758), in: Quesnay, Ökonomische Schriften, hg. v. M. Kuczynski, Bd. 1 (Berlin 1971), 350; QUESNAY, Hommes, hg. v. E. Bauer, in: Revue d'Histoire des doctrines économiques et sociales 1 (Paris 1908), 44–45; JOHANN AUGUST SCHLETTWEIN, Die wichtigste Angelegenheit für das ganze Publikum: oder die natürliche Ordnung in der Politik überhaupt, Bd. 1 (Karlsruhe 1772), 217.

41 TURGOT, Foire (1757), in: Turgot (s. Anm. 26), 67; vgl. NICOLAS BAUDEAU, Principes de la science morale et politique sur le luxe et les lois somptuaires (Paris 1767).

III. Luxus-Debatten im 18. Jahrhundert 701

wirklichkeit seines defizitären Begriffs und bezeichnet schließlich jene Dinge und Reichtümer, die ihr Maß, ihre Grenze und ihre Referenz nicht mehr in der Stillung von Bedürfnissen finden können: repräsentiert durch nutzlose Güter und Zeichen ohne Bedeutung.[42] Auch hier ist der Luxus nicht grundsätzlich als Luxus disqualifiziert, sondern als Effekt einer ungleichen Verteilung der Reichtümer: »le luxe n'est pas nuisible comme luxe; mais simplement comme l'effet d'une grande disproportion entre les richesses des citoyens«[43]. In Verlängerung dieser Argumente wird der Luxus allerdings als Ursache, Befestigung und Exponent von Ungleichheit überhaupt situiert, eine Wendung, die ihren schärfsten Akzent bei Rousseau gefunden hat, der die ökonomische und politische Denunziation des Luxus mit dem Gegenbild der ländlichen Bedürfnisökonomie Wolmars aus der *Nouvelle Héloïse* (1761) kontrastiert: »Le luxe est un remède beaucoup pire que le mal qu'il prétend guérir; ou plutôt, il est lui-même le pire de tous les maux, dans quelque Etat grand ou petit que ce puisse être, et qui, pour nourrir des foules de Valets et de misérables qu'il a faits, accable et ruine le laboureur et le Citoyen: Semblable à ces vents brûlants du midi qui couvrant l'herbe et la verdure d'insectes dévorants, ôtent la subsistance aux animaux utiles, et portent la disette et la mort dans tous les lieux où ils se font sentir.«[44] Insgesamt läßt sich damit bis zum Ende des 18. Jh. im Luxus eine ambivalente kulturdiagnostische Begriffsschablone erkennen, deren Besonderheit darin besteht, daß sie Prozesse der Differenzierung wie der Entdifferenzierung, der Entwicklung wie des Verfalls gleichermaßen fassen kann und darum auch eine Deutungsfunktion in der Darstellung historischer Veränderungen übernimmt.[45]

Eine ähnliche Spannung prägt – drittens – auch die anthropologische Diskussion des Luxusbegriffs. Seit Mandeville ist der Luxus nicht nur ein Beispiel für die notorische These, daß private Laster öffentlichen Wohlstand erzeugen, daß verschiedene Laster (wie Luxus und Trägheit, Genußsucht und Erwerbstrieb) einander aufheben oder mildern, er steht auch für den Entwurf eines ökonomischen Menschen, der gerade mit seinen egoistischen Tendenzen, mit Begierden und Leidenschaften zum Gegenstand einer politischen Anthropologie

werden muß.[46] Die Erscheinungen des Luxus sind Gegenstand eines anthropologischen Wissens, das sich um die Figur eines begehrenden Subjekts konstituiert. Und auch hier gilt eine prekäre Demarkation. Denn einerseits sind es gerade die dysfunktionalen Qualitäten, die die einzelnen zur Gemeinschaft treiben, den Zusammenhang aller mit allen organisieren und etwa Selbstsucht und das individuelle Streben nach ›luxury‹ mit unsichtbarer Hand und hinter dem Rücken der einzelnen zum Gemeinwohl wenden.[47] Gerade die Tatsache, daß der Luxus seine Grenze nicht in bloßen Bedürfnissen findet, führt zu einem »Wunsch des Besserseyns«, der die Begierden der Subjekte in eine fortgesetzte »Wirksamkeit« verwandelt, »die sie nicht äußern würden, wenn sie mit ihrer bloßen Existenz zufrieden sein würden«[48]. Wird damit der soziale Zusammenhang als eine komplexe Wunschökonomie konzipiert, so ist damit andererseits zugleich eine Entgrenzung angezeigt, die dem Luxus in der Pathographie des 18. Jh. eine exponierte Scharnierstelle zuweist und sowohl pädagogische

---

42 Vgl. ÉTIENNE BONNOT DE CONDILLAC, Cours d'études pour l'instruction du Prince de Parme (1775), in: CONDILLAC, Bd. 2 (1948), 112, 158; CONDILLAC, Le commerce et le gouvernement, considérés relativement l'un à l'autre (1776), in: ebd., 308–310, 353–354.

43 CLAUDE ADRIEN HELVETIUS, De l'esprit (1759), in: Helvetius, Œuvres complètes, Bd. 2 (London 1777), 16.

44 JEAN-JACQUES ROUSSEAU, Diskurs über die Ungleichheit/Discours sur l'inégalité (1755), hg. u. übers. v. H. Meier (Paderborn 1984), 314; vgl. ROUSSEAU, Julie, ou La Nouvelle Héloïse (1761), in: ROUSSEAU, Bd. 2 (1964), 602–611.

45 Vgl. EDWARD GIBBON, The History of the Decline and Fall of the Roman Empire, Bd. 1 (1776; London 1994), 56–84; Bd. 2 (1781; London 1994), 19–70; TOBIAS GEORGE SMOLLETT, Complete History of England, 4 Bde. (London 1748–1756).

46 Vgl. HUME (s. Anm. 33), 31–32; ALBERT O. HIRSCHMAN, Leidenschaften und Interessen. Politische Begründungen des Kapitalismus vor seinem Sieg (Frankfurt a. M. 1987), 43.

47 Vgl. ADAM SMITH, The Theory of Moral Sentiments (1759), hg. v. D. D. Raphael u. A. L. Macfie (New York 1976), 183f.

48 JOHANN GEORG BÜSCH, Abhandlung von dem Geldumlauf in anhaltender Rücksicht auf die Staatswirtschaft und Handlung, Bd. 1 (Hamburg/Kiel 1780), 268.

wie medizinische Interventionen auf den Plan ruft. Der Luxus markiert demnach nicht nur Wollust, entfesselte Begierden und ein »Übergewicht der Sinnlichkeit in der Seele [...] gegen die Kräfte der Befriedigung«[49]. Er provoziert nicht nur eine grundlegende Schwächung der physischen und psychischen bzw. moralischen Konstitution: »Der Luxus schwächt die Nerven, er macht die Weiber schwächlich; sie mißgebären, sie können ihre Kinder nicht tränken; die Männer aber werden schlechte Erwerber und schweifen aus.«[50] In exponierten Gebieten aufklärerischer Diätetik – in der Frage der Lesesucht, des ›literarischen Luxus‹ wie der Onanie – dokumentiert der Luxus vielmehr die Tätigkeit einer ausschweifenden, ›luxurierenden‹ Einbildungskraft, deren defizitäre Rolle darin besteht, daß ihre Trugbilder und Phantasmen die Grenzen von Bedürfnissen, Notwendigkeiten und Vernunftregeln überschreiten – ein Sachverhalt, der die Diskussion des Luxus auch in den Debatten um ›Schwärmerei‹, ›Enthusiasmus‹ und ›Fanatismus‹ wiederkehren läßt.[51] Wenn sich hier ökonomische und psychologische, medizinische und pädagogische Denkfiguren überschneiden, so liegt das nicht zuletzt an den Vorgaben einer normativen Zeichenlehre, die im Zusammenhang von Luxus und Einbildungskraft einen riskanten und ›frivolen‹ Referenzverlust konstatiert.[52]

Es kann also durchaus von einer semiotischen Ökonomie des Luxus im 18. Jh. gesprochen werden, von einer Struktur, die die Wertbildung von einem Überflüssigen und die Sprach- bzw. Metaphernbildung von einer Art »luxe de l'imagination«[53] abhängen läßt. Es gehört zur Wissensformation des 18. Jh., daß diese Prozesse sowohl genetisch wie historisch verstanden werden, und in diesem Zusammenhang ergibt sich auch die ästhetische Dimension des Luxusbegriffs. Hume hat den Luxus mit ›refinement of arts‹ (verstanden als Techniken, Wissenschaften und schöne Künste) zusammengebracht[54], und Rousseaus Feststellung, daß sich Wissenschaften und Künste kaum je ohne Luxus und umgekehrt entwickeln, hat mit unterschiedlichen Vorzeichen bis hin zu Kants ästhetischen und anthropologischen Schriften gehalten und belegt einen Zusammenhang, der dem Luxus wiederum einen ambivalenten, sowohl systematischen wie historischen Ort zuweist. Ist für Rousseau der Augenblick der Künste identisch mit dem des Luxus und dieser wiederum mit Müßiggang und Verfall[55], so markiert der Luxus auch für Kant noch ein »glänzendes Elend« und jenen Moment, in dem sich der Zweck der Natur als Kultivierung der Sinnlichkeit abzeichnet und damit den Stand der Vernunftherrschaft vorbereitet; zugleich aber schließt dieser Moment auch eine Wendung zum »Übergewicht der Übel« ein, welche »die Verfeinerung des Geschmacks bis zur Idealisierung desselben, und selbst der Luxus in Wissenschaften, als einer Nahrung für die Eitelkeit, durch die unzufriedigende Menge der dadurch erzeugten Neigungen über uns ausschüttet«[56]. Später hat Kant darum kritisch zwischen einer »Üppigkeit (luxus)« als »Übermaß des gesellschaftlichen Wohllebens *mit Geschmack* in einem gemeinen Wesen« und einem anderen Übermaß *ohne Geschmack*«, nämlich der »öffentlichen Schwelgerei (luxuries)« unterschieden: wobei nur die erstere mit der »fortschreitenden Kultur des Volks (in Kunst und Wissen-

---

49 WILHELM VON HUMBOLDT, Über die Sittenverbesserung durch Anstalten des Staates (1792), in: Humboldt, Gesamm. Werke, Bd. 1 (Berlin 1841), 318.
50 JOHANN HEINRICH JUNG-STILLING, Das Heimweh (1794–1796), Bd. 4 (Stuttgart ⁴1826), 225.
51 Vgl. ANTHONY ASHLEY COOPER SHAFTESBURY, Characteristicks of Men, Manners, Opinions, Times (1711), hg. v. J. M. Robertson, Bd. 1 (London 1900), 327; SAMUEL JOHNSON, The Rambler 203 (25. 2. 1752), in: The Rambler, Bd. 4 (London 1804), 218; THOMAS COLE, Discourses on Luxury, Infidelity, and Enthusiasm (London 1761); JOHANN HEINRICH CAMPE, Von den Erfordernissen einer guten Erziehung von Seiten der Eltern vor und nach der Geburt des Kindes, in: Allgemeine Revision des gesammten Schul- und Erziehungswesens von einer Gesellschaft praktischer Erzieher, Bd. 1 (Hamburg 1785), 125–232; JOHANN RUDOLF GOTTLIEB BEYER, Über das Bücherlesen, in so fern es zum Luxus unserer Zeiten gehört, in: Acta Academiae Electoralis Moguntinae Scientarum Utilium Quae Erfurti est, Bd. 12 (Erfurt 1794/1795).
52 Vgl. DERRIDA, Archéologie du frivole (Paris 1990).
53 TURGOT, ›Etymologie‹, in: DIDEROT (ENCYCLOPÉDIE), Bd. 6 (1756), 108.
54 Vgl. HUME (s. Anm. 33), 105–114.
55 Vgl. ROUSSEAU, Discours sur les sciences et les arts (1750), in: ROUSSEAU, Bd. 3 (1964), 21–30.
56 IMMANUEL KANT, Kritik der Urteilskraft (1790), in: Kant, Werke, hg. v. W. Weischedel, Bd. 5 (Wiesbaden 1957), 555 f.

schaft) vereinbar«⁵⁷ ist. Wenn also die Entwicklung von Künsten und Wissenschaften unmittelbar mit ›Verfeinerung‹ und diese wiederum mit Luxus verknüpft ist, so wird mit der ästhetischen Verhandlung des Luxus eine zweifache Grenze erprobt. Die eine Grenze wird durch die Assoziation des Luxus mit ›Schwulst‹ markiert, der mit den Merkmalen des ›Übertriebenen‹, des Hyperbolischen, Übermäßigen, Regellosen und Künstlichen versehen ist; auch hier gilt das Kriterium eines Zuviel und eines Überflusses, der in Rhetorik, Poetik und Kunst allgemein »bloße Schattenbilder, ohne würklichen Körper, vormahlet«⁵⁸. Für Rousseau besteht darum eine Untrennbarkeit von Luxus und »mauvais gout«⁵⁹; und auch Goethe setzt die Phänomene des Luxus als Äußerliches und Flüchtiges von der Durchgestaltung des Kunstwerks ab.⁶⁰ Ist damit eine bürgerliche Kultur der Einfachheit angesprochen, so steht für die zweite Grenze der Begriff der Mode ein. Schon Leibniz hat den Luxus mit Mode und diese wiederum mit einer ›äffenden‹ Nachahmung assoziiert.⁶¹ Und im Verlauf des 18. Jh. wird mit der Konjunktion von Luxus und Mode nicht nur eine Abweichung vom Prinzip einer imitatio naturae, sondern überdies ein Prozeß unkontrollierter sozialer Ansteckung umrissen, der sich durch bloße Nachmachung, Unstetigkeit und leicht empfängliche Einbildungskraft charakterisiert: »Der Luxus verwandelt unvermerkt die Handwerke, welche ganz allein, oder doch hauptsächlich zur Verfertigung der unentbehrlichsten Bequemlichkeiten bestimmt sind, in *schöne* Künste [...]. Die Künste arten aus; das Nützliche wird dem Schönen, das Zweckmäßige dem Launischen der Mode, die einfältige Zierlichkeit der Formen einer übertriebenen Feinheit der Ausarbeitung aufgeopfert. Diese Üppigkeit der Künste unterhält den Luxus, der sie ausbrütete, und die Kunst selbst geräth in Verfall.«⁶² Spätestens als Bertuch und Kraus ihr *Journal der Moden* (1786) in *Journal des Luxus und der Moden* (1787) umbenannten, ist eine gewisse Synonymie von Luxus und Mode programmatisch geworden, unterliegt zugleich aber einer Umwertung, in der sich ein Ende der Luxusdebatten abzeichnet. Die Herausgeber, die sich ganz im Sinne der zeitgenössischen Kasuistik bemühen, den Luxus der »angenehmen Sinnlichkeiten« von der »verfeinerten Wollust«⁶³ zu differenzieren, lokalisieren ihr Projekt nicht nur im Spektrum der etablierten Positionen, etwa mit der Feststellung, daß »Cultur und Luxus alle geistige und körperliche Vollkommenheit ausarbeitet, und alle gefallende schöne Künste kurz alle Annehmlichkeiten des Lebens entwickelt«⁶⁴. Publizistisch wie ästhetisch wird vielmehr ein neuer Horizont eröffnet, der schließlich unter dem Titel des Luxus verschiedene Interessen und Motive einer bürgerlichen Alltagskultur – von Kleidermoden und Kosmetik über Ausstattung und Mobiliar bis hin zu Kunst und Wissenschaft – definiert und zusammenfaßt.

---

57 KANT, Anthropologie in pragmatischer Hinsicht (1798), in: ebd., Bd. 6 (Wiesbaden 1964), 578 f.
58 JOHANN GEORG SULZER, ›Schwulst‹, in: SULZER, Bd. 4 (²1794), 350; vgl. SULZER, ›Übertrieben‹, in: ebd., 618–620; JOHANN HEINRICH GOTTLIEB VON JUSTI, Die Dichterinsel, in: Justi, Scherzhafte und satyrische Schriften, Bd. 1 (Berlin u. a. 1760), 235–252.
59 ROUSSEAU, Emile ou de l'Éducation (1762), in: ROUSSEAU, Bd. 4 (1969), 673.
60 Vgl. JOHANN WOLFGANG VON GOETHE, Kunst und Handwerk (entst. um 1797), in: GOETHE (WA), Abt. 1, Bd. 47 (1896), 55–59.
61 Vgl. GOTTFRIED WILHELM LEIBNIZ, Ermahnung an die Deutschen (entst. 1682/1683; ersch. 1846), in: Leibniz, Unvorgreifliche Gedanken, betreffend die Ausübung und die Verbesserung der deutschen Sprache. Zwei Aufsätze, hg. v. U. Pörksen (Stuttgart 1983), 75.
62 CHRISTOPH MARTIN WIELAND, Der goldene Spiegel, oder Die Könige von Scheschian. Eine wahre Geschichte (1772), in: WIELAND (SW), Bd. 7 (1794), 260; vgl. SAMUEL FAWCONER, An Essay on Modern Luxury (London 1765), 4 f.; LOUIS-SÉBASTIEN MERCIER, Luxe, bourreau des riches, in: Mercier, Tableau de Paris, Bd. 1 (Hamburg u. a. 1781), 196–198; GABRIEL SENAC DE MEILHAN, Considérations sur les richesses et le luxe (Amsterdam ²1789), 125, 133–137.
63 FRIEDRICH JUSTIN BERTUCH/GEORG MELCHIOR KRAUS, [Editorial], in: Journal der Moden, Bd. 1 (1786), 3.
64 BERTUCH/KRAUS (Hg.), Pandora oder Kalender des Luxus und der Moden für das Jahr 1787 (Weimar/Leipzig 1787), 8.

IV. Historisierung, Soziologisierung, Ästhetisierung: Luxus seit dem 19. Jahrhundert

Während noch im Gefolge der Französischen Revolution der Luxus kontrovers und im Spannungsfeld zwischen »monarchischer Verschwendung« und »republikanischer Repräsentation«[65] diskutiert wurde, während Jean Paul um 1808 noch vom »reißenden Untier des Luxus«[66] sprechen konnte und während die Reflexionen über Luxus und die Verfeinerung der Kultur bis weit ins 19. Jh. hineinreichten[67], sind die ökonomischen Luxusdebatten seit der Jahrhundertwende 1800 weitgehend obsolet geworden. Als eine Marke dieser Veränderungen kann nicht zuletzt das Werk de Sades angesehen werden. De Sade hat sich schon mit seinem Konzept einer verschwenderischen Natur von der sparsamen und rationellen oeconomia naturae der Aufklärung abgesetzt, und seine libertinen Gegengesellschaften sind nicht zuletzt durch alle Topoi des Luxus charakterisiert, der mit Ausschweifung, exzessiver Konsumtion und Antiproduktion eine Zuspitzung und Überbietung, eine Antithese und ein Ende der aufklärerischen Bedürfnisökonomien anzeigt.[68] In einem engeren ökonomischen Sinn läßt sich bereits in Adam Smiths Schrift *Of the Wealth of Nations* (1776) eine Wendung bemerken, in der die Kategorie des Luxus durch die Differenzierung von produktiver und unproduktiver Arbeit ersetzt und als eigenständige wirtschaftstheoretische Bestimmung zurückgestellt wird[69]; und im Rahmen der entstehenden Nationalökonomie häufen sich um 1800 die Feststellungen, daß der Begriff des Luxus nicht hinreicht, ein konzises Problem des Wirtschaftssystems zu erfassen.[70] Ein normativer Begriff des Luxus wird zugleich mit der Vorstellung von Invarianz der Bedürfnisse annulliert:»Il n'est pas possible de trouver une bonne solution à la question [...] du *luxe*, quand on considère le *besoin* comme une quantité invariable, quand on ne se rend pas compte de son expansibilité indéfinie.«[71] Dogmengeschichtlich wurden die älteren Begriffe von Bedürfnis und Überschuß durch ein Verhältnis von Konsumtion und Produktion abgelöst, und das bedeutet, daß man im Luxus nicht mehr das Rätsel eines ›notwendigen‹ oder ›frivolen‹ Überflusses, sondern nichts als eine Bezeichnung für jene Leistungen und Güter erkennt, die sich dem Kreislauf von Produktion und Konsumtion entziehen.[72] Auch Marx geht von der Historizität im Verhältnis von Luxus und (sozialen) Bedürfnissen aus und verknüpft den Luxus schließlich mit der Frage nach einer Konsumtion, die die Produktion durch eine Reproduktion der Produzenten und Nachfragesteigerung fördert oder umgekehrt bloßer Verzehr von Mehrwert bleibt.[73] Bis auf weiteres wird also ein problematisches Verhältnis zwischen Luxuskonsum und Produktivität verhandelt[74], und noch bei Piero Sraffa charakterisiert der Luxus jene Güter, die weder direkt noch indirekt als Input in die Produktion aller Güter zurückkehren.[75] Ein Ende der ökonomischen Luxus-Debatte wird im 19. Jh. allerdings auch durch eine Reform von Wert- und Preistheorien markiert. Spätestens seit Thomas Robert Malthus, David

---

65 ULRICH CHRISTIAN PALLACH, ›Luxe‹, in: R. Reichardt/H.-J. Lüsebrink (Hg.), Handbuch politisch-sozialer Grundbegriffe in Frankreich 1680–1820 (München 2000), 109, 111.
66 JEAN PAUL, Friedenspredigt an Deutschland (1808), in: Jean Paul, Sämtl. Werke, hg. v. N. Miller, Bd. 5 (Frankfurt a.M. 1996), 896.
67 Vgl. A. SCHNEIDER, Gedanken über Cultur und Luxus (Berlin 1852).
68 Vgl. MARCEL HÉNAFF, Sade. L'invention du corps libertin (Paris 1978), 165–208.
69 Vgl. ADAM SMITH, Of the Wealth of Nations (1776), hg. v. R.H. Campbell u. A.S. Skinner (Oxford 1976), 330–348.
70 Vgl. JULIUS GRAF VON SODEN, Die Nazional-Oekonomie. Ein philosophischer Versuch über die Quellen des Nazional-Reichthums, und über die Mittel zu dessen Beförderung, Bd. 2 (Leipzig 1806), 137–142; LEOPOLD KRUG, Abriß der Staatswirthschaftslehre (Berlin 1808), 24.
71 CLAUDE FRÉDÉRIC BASTIAT, Harmonies économiques (1849; Paris ²1851), 57.
72 Vgl. JEAN-BAPTISTE SAY, Traité d'économie politique (1803), Bd. 3 (Brüssel 1827), 32–37.
73 Vgl. KARL MARX, Grundrisse der Kritik der politischen Ökonomie (entst. 1857–1858), in: MEW, Bd. 42 (1983), 433 f.; MARX, Das Kapital, Bd. 1 (1867), in: MEW, Bd. 23 (1970), 620–624; MARX, Das Kapital, Bd. 2 (1885), in: MEW, Bd. 24 (1970), 401–410.
74 Vgl. ANTON VELLEMANN, Der Luxus in seinen Beziehungen zur Sozial-Ökonomie. Erster Teil (Halle 1898).
75 Vgl. PIERO SRAFFA, Production of Commodities by Means of Commodities (Cambridge 1960).

Ricardo und Marx hat sich die Bestimmung von Tauschwerten vom Kriterium des Nützlichen gelöst, und wenn Marx feststellt, daß »kein Atom Naturstoff« in die Wertgegenständlichkeit der Waren eingeht, so sind im »Fetischcharakter« der Waren – der nicht ihrem Gebrauchswert entspringt – gerade die distinktiven Merkmale des Luxus gelöscht, ein Sachverhalt, der auch das im Luxus verkörperte Wertparadox der älteren politischen Ökonomie zerfallen läßt: »Bisher hat noch kein Chemiker Tauschwert in Perle oder Diamant entdeckt.«[76] Vor diesem Hintergrund vollzieht sich zunächst eine Historisierung und Soziologisierung des Luxusbegriffs. Gerade im Kontext der Wirtschaftswissenschaften des 19. Jh. ist der Luxus zu einem Leitfaden der Beschreibung und Analyse historischer Wirtschaftsweisen geworden, über den sich die Ausdifferenzierung ökonomischer Systeme, die Rolle von Statusdifferenzen und die Verfassung von Alltagskulturen erschließen lassen. Dabei entstehen Studien, die mit dem Luxusbegriff unterschiedliche Gesellschaftsformationen differenzieren und kulturmorphologischen Charakter gewinnen[77] oder sich insgesamt als kulturhistorische bzw. ethnographische Materialsammlungen lesen lassen.[78] Eine Systematisierung dieser Versuche wurde vor allem von Werner Sombart vorgenommen, der in seiner ökonomiehistorischen Untersuchung einen wechselseitigen Zusammenhang von Luxus, Lebensführung, Begehrensstruktur, Geschlechterverhältnissen und Wirtschaftssystem verfolgt und den Umsatz von Luxusgütern als Voraussetzung für die Überführung von feudalem in bürgerlichen Reichtum und damit für die Entstehung eines ›modernen Kapitalismus‹ ansetzt.[79] Reichen Überlegungen dieser Art noch in die Wirtschaftsgeschichte des 20. Jh. und in die großen Versuche zur Geschichte einer ›materiellen Kultur‹ hinein (Braudel: »le moindre relief social ressortit au luxe, hier comme aujourd'hui«[80]), so widmet sich eine entstehende Soziologie dem Luxus als einem Phänomen, das – wie etwa Verlangen nach ›Ostentation‹, Prestigeausgaben, demonstrative Verschwendung – seine sozialwissenschaftliche Bedeutung gerade dadurch gewinnt, daß es sich nicht unter die Prinzipien einer ökonomischen Rationalität subsumieren läßt. Es wird damit ein sozialer Zusammenhang beobachtet, der seine Kohärenz durch ein komplexes Geflecht aus Normen, bewußten und unbewußten Strebungen, Leidenschaften und ›irrationalen‹ Verhaltensweisen erhält und in bestimmten Formen des Luxus eine herausragende Form sozialer Symbolik ausgeprägt hat. So erkennt etwa Gabriel Tarde im Luxus ein Moment proliferierender Imitation im Konsum, deren Prozesse sich gerade nicht durch eine Logik des Nützlichen, des Ertrags oder materiellen Gewinns definieren.[81] Und so hat auch Max Weber im Luxus eine »Verwandtschaft mit künstlerischer Lebensführung« und eine »soziale Selbstbehauptung« erkannt, die sich durch die »Ablehnung zweckrationaler Orientierung des Verbrauchs«[82] auszeichnet. Eine besondere Stellung nehmen dabei die Begriffe ›conspicuous consumption‹, ›conspicuous waste‹ und ›conspicuous leisure‹ ein, mit denen Thorstein Bunde Veblen die Entstehung und Behauptung von unproduktiven Oberschichten verfolgt und den Luxus damit nicht im Sinne ökonomischer Vernunft, sondern als Merkmal einer sozialen Differenzierung durch Prestige begreift, das im Zeichen einer uniformen Massenkultur an Bedeutung gewinnt.[83] Auch Georg Simmel hat diesen Aspekt sozialer Distinktion hervorgehoben, den Luxus insgesamt

---

76 MARX, Das Kapital, Bd. 1, in: MEW, Bd. 23 (1970), 62, 98.
77 Vgl. KARL HEINRICH RAU, Über den Luxus (Erlangen 1817); WILHELM ROSCHER, Ueber den Luxus (1841), in: Roscher, Ansichten der Volkswirthschaft aus dem geschichtlichen Standpunkte, Bd. 1 (Leipzig/Heidelberg 1878), 103–203.
78 Vgl. HENRI BAUDRILLART, Histoire de luxe privé et public depuis l'antiquité jusqu'à nos jours, 4 Bde. (Paris 1878).
79 Vgl. WERNER SOMBART, Luxus und Kapitalismus (München 1912).
80 FERNAND BRAUDEL, Civilisation matérielle, économie et capitalisme, XVᵉ-XVIIIᵉ siècle, Bd. 1 (Paris 1979), 156.
81 Vgl. GABRIEL TARDE, Les lois de l'imitation (Paris 1890), 241–251, 354–379.
82 MAX WEBER, Wirtschaft und Gesellschaft. Grundriß der verstehenden Soziologie (1922; Tübingen ⁵1972), 651.
83 Vgl. THORSTEIN BUNDE VEBLEN, The Theory of the Leisure Class. An Economic Study in the Evolution of Institutions (New York 1899), 68–101, 91, 35–67.

aber mit dem historischen Stand und der Vollendung einer »Geldkultur« zusammengebracht, die eigene Charaktertypen wie »Zynismus« und »Blasiertheit« hervorbringt und über die Struktur des allgemeinen Äquivalents jegliche »Begehrungsgrenze«[84], d.h. jede Grenze des Begehrens durch Gegenständlichkeit überhaupt aufhebt.

Eine eigene Bedeutung hat der Luxus schließlich in ethnologischen Forschungen angenommen, am prominentesten wohl in Marcel Mauss' Versuch über die ›Gabe‹: Auch Mauss formuliert die These, daß gerade die nicht-ökonomische Verschwendung und der Gabentausch – etwa in Potlatschfesten – soziale Ordnung durch eine Symbolik des Prestiges stabilisiert und noch in modernen Wirtschaftssystemen fortwirkt.[85] Von hier aus werden – vor allem im Gefolge einer ›Soziologie des Heiligen‹ am Collège de Sociologie in Paris ab 1936 – jene Fragen aufgeworfen, die sich auf Residuen der An-Ökonomie innerhalb ökonomischer, kapitalistischer Systeme konzentrieren. Die ›économie générale‹ Georges Batailles etwa bezieht sich auf biologische wie auf soziale Prozesse gleichermaßen und ist grundsätzlich durch Verschwendung, Verausgabung und ›unproduktiven‹ Verlust bestimmt. Dabei nimmt der Luxus den Charakter einer ›part maudite‹ an, eines verfemten Teils, der in der Natur wie im Sozialen den Moment der Vergeudung markiert: in den Figuren des Opfers, der Sexualität und des Tods.[86] Noch bei Jean Baudrillard wird schließlich das Symbolische mit Verausgabung und Tod und diese wiederum mit Luxus assoziiert: »Seule la dépense somptuaire et inutile a un sens […]. Si la vie n'est qu'un besoin de durer *à tout prix*, alors l'anéantissement est un luxe *sans prix*. Dans un système où la vie est régie par la valeur et l'utilité, la mort devient un luxe inutile, et la seule alternative.«[87]

Es war vor allem Walter Benjamin, der die Signatur des 19. Jh. u. a. in einer Verbindung von Massenproduktion und Luxus gesehen hat, wie sie sich mit der Inszenierung der Warenkultur in Industrie- und Weltausstellungen, in den grands magasins und Passagen als »Zentren des Handels in Luxuswaren«[88] niederschlug. Für literarische, künstlerische und kunsttheoretische Programme hat sich damit eine Konstellation ergeben, in der sich Begriff und Erscheinungen des Luxus in einer Spannung zwischen Warenästhetik und einer Übertretung der Arbeits- und Produktionsökonomie reflektieren. Denn einerseits hat der Komplex aus Industrie und Kultivierung bürgerlicher Individualität ein Verdikt auf sich gezogen, das in der Serienfertigung von Ausstattung und Dekor den Inbegriff des Gefälschten, Unechten und des Kitsches erkennt: »*Gueulons* donc contre les gants de bourre de soie, contre les fauteuils de bureau, contre les mackintosh, contre les caléfacteurs économiques, contre les fausses étoffes, contre le faux luxe, contre le faux orgueil! L'industrialisme a développé le Laid dans des proportions gigantesques!«[89] Andererseits aber wurde ein Konzept ästhetischer Moderne nicht zuletzt in enger Assoziation mit notorischen Luxusmotiven gebildet. Neben diversen Orientalismen in der bildenden Kunst und in der Literatur[90] steht der Luxus vor allem seit Baudelaire für eine Abwendung vom Primat der Naturnachahmung, mithin für eine Autonomisierung der Kunst, die – bis hin zur Literatur der Jahrhundertwende 1900 – ihr Bildreservoir aus einer preziösen Welt der Künstlichkeit schöpft: »Babel d'escaliers et d'arcades, / C'était un palais infini, / Plein de bassins et de cascades / Tombant

---

84 GEORG SIMMEL, Philosophie des Geldes (1900; Frankfurt a.M. 1989), 327, 332; vgl. SIMMEL, Psychologie des Schmuckes (1908), in: Simmel, Schriften zur Soziologie, hg. v. H.-J. Dahme/O. Rammstedt (Frankfurt a. M. 1983), 159–166.
85 Vgl. MARCEL MAUSS, Essai sur le don. Forme et raison de l'échange dans les sociétés archaïques (1923/1924), in: Mauss, Sociologie et anthropologie (Paris 1950), 258–279.
86 Vgl. GEORGES BATAILLE, La part maudite (1941), in: Bataille, Œuvres complètes, Bd. 7 (Paris 1976), 38–46; BATAILLE, L'érotisme (1957), in: ebd., Bd. 10 (Paris 1987), 7–270.
87 JEAN BAUDRILLARD, L'échange symbolique et la mort« (Paris 1976), 238; dt.: Der symbolische Tausch und der Tod, übers. v. G. Bergfleth (München 1991).
88 WALTER BENJAMIN, Paris, die Hauptstadt des XIX. Jahrhunderts (1935), in: BENJAMIN, Bd. 5/1 (1982), 45.
89 GUSTAVE FLAUBERT an Louise Colet (29. 1. 1854), in: Flaubert, Correspondance, Bd. 2 (Paris 1981), 518.
90 Vgl. EUGÈNE DELACROIX, La mort de Sardanapal (Paris 1827); FLAUBERT, Salammbô (Paris 1863).

dans l'or mat ou bruni«[91]. Läßt sich das Programm des L'art pour l'art durchaus mit der Paradoxie eines Genießens von Tauschwert erfassen[92], so kann man umgekehrt den Augenblick des Luxus und der reinen Verschwendung als Moment einer Poetik begreifen, in der sich der (literarische) Text als Überbordendes, als Gabe und unaufgelöster Rest einer Ökonomie des Interesses und der Rückerstattung entzieht.[93] Auch bei Nietzsche ist künstlerische Produktion mit einem »Luxus von Zerstörung, Zersetzung, Verneinung« assoziiert, der im Dionysischen den Charakter einer »tragischen Erkenntnis« annimmt: »als den schönsten Luxus unserer Kultur, als deren kostbarste, vornehmste, gefährlichste Art Verschwendung, [...] als ihren *erlaubten* Luxus«[94]. Schließlich ist der Luxus zum Merkmal eines Typs geworden, der sich als Exponent ›modernen Lebens‹ versteht, eines Typs, der sich als Flaneur, als Müßiggänger, Haschischraucher oder décadent in einem ästhetischen Ausnahmezustand einrichtet, aus der Reproduktionssphäre heraustritt und von Edgar Allan Poes Dupin (*The Murders in the Rue Morgue*, 1841) bis hin zu Joris-Karl Huysmans' Des Esseintes (*A rebours*, 1884) unterschiedliche Figuren des Dandyismus verkörpert: »Ces êtres n'ont pas d'autre état que de cultiver l'idée du beau dans leur personne, de satisfaire leurs passions, de sentir et de penser.«[95] In diesem Zusammenhang hat sich auch die Figur eines eleganten Stils (in der Kunst und im Leben) formiert, dessen Beziehung zum Luxus darin besteht, daß er sich vom Markt der Industrieprodukte distanziert, Distinktionen in der Kultivierung der einfachen, nützlichen Dinge aufsucht und sich einer Auratisierung der Alltagskultur verschreibt: »Again, your artists must decorate what is more simple and useful.«[96] In dieser Hinsicht definiert sich der ›wahre Luxus‹ als derjenige, »qui, sous une apparence de simplicité, montre des élégances que l'on ne saurait imiter à l'aide de moyens grossiers. C'est ce que, dans le monde, on appelle la *distinction*, une manière d'être sensée, discrète et simple, qui est l'apanage de quelques-uns, indépendamment de la richesse et du rang.«[97]

Es mag ein Merkmal bürgerlicher Kultur gewesen sein, daß sie sich »die Kunst üppig, das Leben asketisch«[98] wünschte; die verschiedenen Spielarten der Avantgarde aber haben sich seit Anfang des 20. Jh.

nicht zuletzt gegen die »Verfeinerung ästhetischer Hochkultur«[99] formiert. Hat zu Beginn des 1. Weltkriegs die Verbindung von Luxus und décadence noch einmal eine kulturkritische Wendung gegen die Vorkriegszeit, gegen das »Schein-, Schwatz- und Luxuswesen«[100], gegen »der feigen jahre wust und tand«[101] erhalten, so kann die neusachliche Begründung von Funktionalität und Nüchternheit als Indiz dafür genommen werden, daß sich der Zusammenhang von Luxus und Ästhetik bis auf weiteres aufgelöst hat.[102] Der Begriff des Luxus selbst hat sich im hohen Maß diversifiziert und zeichnet sich dadurch aus, daß er den Leistungsstand moderner Kultur[103] ebenso charakterisieren kann wie den Komfort, jene

---

91 CHARLES BAUDELAIRE, Rêve parisien (1857), in: Baudelaire, Œuvres complètes, hg. v. J. Crépet, Bd. 1 (Paris 1922), 176–177; vgl. STEFAN GEORGE, Algabal (1892), in: George, Werke, Bd. 1 (München/Düsseldorf 1958), 46–59.
92 Vgl. THEODOR W. ADORNO, Ästhetische Theorie, in: Adorno, Bd. 7 (1970), 39.
93 Vgl. DERRIDA (s. Anm. 3).
94 FRIEDRICH NIETZSCHE, Nietzsche contra Wagner. Aktenstücke eines Psychologen (1888), in: NIETZSCHE (SCHLECHTA), Bd. 2 (⁶1969), 1046–1047.
95 BAUDELAIRE, Le peintre de la vie moderne (1863), in: Baudelaire, Œuvres complètes (s. Anm. 91), Bd. 4 (Paris 1925), 88.
96 OSCAR WILDE, The Decorative Arts (1882), in: Kevin H. O'Brien, An Edition of Oscar Wilde's American Lectures (Diss. South Bend, Ind. 1973), 147; dt.: Die dekorativen Künste, übers. v. F. Polakovics, in: Wilde, Sämtl. Werke, hg. v. N. Kohl, Bd. 6 (Frankfurt a. M. 1982), 83f.
97 EUGÈNE E. VIOLLET-LE-DUC, Entretiens sur l'architecture, Bd. 2 (Paris 1872), 209.
98 ADORNO (s. Anm. 92), 27.
99 ERWIN LOEWINSON, Die Décadence der Zeit und der Aufruf des Neuen Club [Auszüge aus einem Vortrag vom 8. 11. 1909], in: Expressionismus. Manifeste und Dokumente zur deutschen Literatur 1910–1920, hg. v. T. Anz/M. Stark (Stuttgart 1982), 199.
100 FRIEDRICH GUNDOLF an George (19. 8. 1914), in: George/Gundolf, Briefwechsel, hg. v. R. Boehringer/G. P. Landmann (München/Düsseldorf 1962), 257.
101 GEORGE, Der Krieg (1917), in: George (s. Anm. 91), 410.
102 Vgl. ADOLF LOOS, Ornament und Verbrechen (1908), in: Loos, Trotzdem (Wien 1982), 78–88.
103 Vgl. SIGMUND FREUD, Die ›kulturelle‹ Sexualmoral und die moderne Sexualität (1908), in: FREUD (GW), Bd. 7 (1941), 145–148.

»leicht über den Rahmen schwellende Polsterung des Daseins«, die die »überschüssige Bequemlichkeit und Weitherzigkeit des europäischen Lebens«[104] überhaupt ausmacht. In welchen Nuancen nun Luxus, bequemes Leben und Komfort auch immer abgestuft sind – eine letzte und neue Akzentuierung des Luxusbegriffs läßt sich vielleicht in Debatten erkennen, in denen man am Ende des 20. Jh. auch eine Entstehung postindustrieller Gesellschaften avisiert. Während die moderne Wirtschaftstheorie weitgehend von undramatischen und deskriptiven Luxusbegriffen ausgeht[105] und während man die Preziosen des Luxus immer noch in den Ratgebern für Zeitgeist und urbanen Geschmack souffliert[106], wird mit dem, was man seit Wirtschaftswunderzeiten als ›Demokratisierung‹ oder ›Proletarisierung‹ des Luxus angesprochen hat, ein Distinktionsverlust des Luxus festgestellt.[107] Die Rede vom Luxus impliziert damit selbst eine Kritik seines Begriffs, und man kündigt darum eine »Heimkehr zum Luxus« in jenem leicht paradoxalen Sinn an, daß eine Überflußgesellschaft eine neue Enthaltsamkeit, einen »Luxus der Askese«[108] wünschenswert macht. Der Luxus wird unter diesen Bedingungen neu kodiert und scheint sich nun weniger auf prächtige Überflüssigkeiten denn auf knappe Ressourcen und Notwendigkeiten zu beziehen, auf »elementare Lebensvoraussetzungen wie Ruhe, gutes Wasser und genügend Platz«. Der Luxusbegriff hat damit seine Vorzeichen gewechselt und ist zum semantischen Gegenpol seiner historischen Herkunft übergegangen: »Der Luxus der Zukunft verabschiedet sich vom Überflüssigen und strebt nach dem Notwendigen.«[109]

Joseph Vogl

Literatur
BERRY, CHRISTOPHER J., The Idea of Luxury. A Conceptual and Historical Investigation (Cambridge 1994); BORGHERO, CARLO (Hg.), La polemica sul lusso nel Settocento francese (Turin 1974); CAMPORESI, PIERO, Il brodo indiano. Edonismo ed esotismo nel Settecento (Mailand 1990); dt.: Der feine Geschmack. Luxus und Moden im 18. Jahrhundert, übers. v. K. F. Hauber (Frankfurt a. M. 1992); CARDY, MICHAEL, Le nécessaire et le superflu: Antithèse des lumières, in: Studies on Voltaire and the Eighteenth Century 202 (1982), 183–202; GRUGEL-PANNIER, DORIT, Luxus. Eine begriffs- und ideengeschichtliche Untersuchung unter besonderer Berücksichtigung von Bernard Mandeville (Frankfurt a. M. 1996); KICK, ERWIN, Über den Wandel des Luxusbegriffes (Diss. Nürnberg 1970); MARGAIRAZ, DOMINIQUE, ›Luxe‹, in: M. Delon (Hg.), Dictionnaire européen des Lumières (Paris 1997), 662–665; MÜHLMANN, HORST, Luxus und Komfort. Wortgeschichte und Wortvergleich (Diss. Bonn 1975); PALLACH, ULRICH CHRISTIAN, ›Luxe‹, in: R. Reichardt/H.-J. Lüsebrink (Hg.), Handbuch politisch-sozialer Grundbegriffe in Frankreich 1680–1820 (München 2000), 189–113; PERROT, PHILIPPE, Le luxe. Une richesse entre faste et confort XVIIIᵉ-XIXᵉ siècle (Paris 1995); PÖLL, GÜNTER, ›Luxus‹, in: Staatslexikon. Recht, Wirtschaft, Gesellschaft, hg. v. d. Görresgesellschaft, Bd. 3 (Freiburg u.a. ⁷1987), 973–976; RETAT, PIERRE, Luxe, in: Dix-Huitième Siècle 26 (1994), 79–88; SEKORA, JOHN, Luxury: The Concept in Western Thought, Eden to Smollett (Baltimore/London 1977).

---

104 ROBERT MUSIL, Der Mann ohne Eigenschaften (1930–1933), hg. v. A. Frisé (Reinbek 1978), 1064.
105 Vgl. GÜNTHER PÖLL, Luxus. Eine wirtschaftstheoretische Analyse (Berlin 1980).
106 Vgl. HORST-DIETER EBERT, Album des Luxus und der Moden (München 1998).
107 Vgl. [ANONYMUS], Die Luxus-Falle, in: Der Spiegel, H. 51 (1996), 103, 106.
108 CHRISTIAN GRAF VON KROCKOW, Die Heimkehr zum Luxus. Von der Notwendigkeit des Überflüssigen (Zürich 1989), 59, 65.
109 HANS MAGNUS ENZENSBERGER, Reminiszenzen an den Überfluß. Der alte und der neue Luxus, in: Der Spiegel (s. Anm. 107), 117.

Lyrisch – episch – dramatisch

(griech. λυρικός – ἐπικός – δραματικός; lat. lyricus – epicus – dramaticus; engl. lyric, lyrical – epic – dramatic; frz. lyrique – épique – dramatique; ital. lirico – epico – drammatico; span. lírico – épico – dramático; russ. лирическое – эпическое – драматическое)

Einleitung; 1. Sprachgebrauch; 2. Lyrisch – episch – dramatisch; **I. Begriffsgeschichtliche Zusammenhänge;** 1. Ursprung der Trias; 2. Dichtarten und literarische Gattungen; **II. Literarische Gattungssysteme: Von der Antike bis ins 18. Jahrhundert; III. Deutsche Gattungsdiskussion im 17. und 18. Jahrhundert: Die Idee der drei Naturformen; IV. Spekulative Wende: Historische und systematische Ordnung im Konflikt; V. Versuche einer Fundamentalpoetik im 20. Jahrhundert**

Einleitung

1. Sprachgebrauch

Die Frage nach den literarischen Gattungen hat zuletzt um 1960 Konjunktur gehabt. Seitdem ist die Problematik nichtbiologischer Gattungsbegriffe zum einen von der Semiotik herausgestellt worden:»Die Frage muß daher nicht nur lauten, ob Gattungen heute noch gültig sind, sondern auch, ob sie überhaupt möglich sind.«[1] Zum anderen sind Begriffe wie ›das Lyrische‹, ›das Epische‹ und ›das Dramatische‹ dem postmodernen Generalverdacht gegen alle Ontologie zum Opfer gefallen. Parallel dazu hat allerdings der ›linguistic turn‹ (Richard Rorty) der Kulturwissenschaften bewußt gemacht, in welchem Maß auch jede individuelle Dichtung von einem sprachlichen bzw. poetischen Apriori präformiert ist – auf einer neuen Reflexionsstufe könnte das Problem der Gattungen damit wieder zur Diskussion anstehen.

Aufgrund dieser paradoxen Rahmenbedingungen besteht sowohl in der Popularpoetik (Schulunterricht, Literaturkritik usw.) als auch im literaturwissenschaftlichen Alltag ein erheblicher Orientierungs- bzw. Verständigungsbedarf. In der poetologischen Umgangssprache spielt die überkommene Gattungsterminologie daher nach wie vor eine beherrschende Rolle. Zwar hat die triadische Formel lyrisch, episch und dramatisch seit der Blütezeit der idealistischen Philologie nach 1945, die an die Erkennbarkeit poetischer Grundbegriffe als anthropologischer Grundtatsachen glaubte (z. B. Emil Staigers *Grundbegriffe der Poetik* von 1946), in vielfacher Hinsicht einen erheblichen Geltungsverlust erfahren und wird zumeist nur noch als provisorisches Verständigungsmittel gebraucht. Gerade in dieser Relativierung hat sich jedoch der Tenor von Staigers Bestimmungen erhalten: Was in der pragmatischen Rede weiterwirkt, resümiert in zweckmäßiger Unschärfe den goethezeitlich geprägten Gebrauch und deckt sich grosso modo mit Staigers Definitionen, die – zumal im Fall der Lyrik – romantisch geprägt sind (entelechetisch gerechtfertigt durch das Argument, die deutsche Romantik habe »einen weltliterarischen Höhepunkt des Lieds und damit der reinsten lyrischen Dichtung erreicht«[2]). Spricht man vom Lyrischen, Epischen oder Dramatischen, so sind seit Staiger Darstellungs- und Wahrnehmungsformen gemeint, die sich nicht zwangsläufig auf die Literatur beziehen müssen. In übertragener Weise können sie ebenfalls auf andere Künste Anwendung finden oder auf Phänomene des Alltagslebens. Insofern meinen lyrisch, episch und dramatisch entweder konkret gattungsbezogen ›zur Lyrik/Epik/Dramatik gehörend‹ oder allgemeiner ›in der Art von Lyrik/Epik/Dramatik‹.

Im folgenden werden zunächst diejenigen Eigenschaften aufgeführt, die den diffusen Kern eines Idealtyps bilden, der in konkreten Dichtungen keineswegs rein auftreten muß, sondern die vielfältigsten Abweichungen zuläßt und gerade dadurch auch auf nichtliterarische Phänomene zutrifft. Diese Umschreibungen des Sprachgebrauchs leiten sich von Werken der Dichtkunst her, in denen sie sich am markantesten verkörpern:»Wir lesen an lyrischen Gedichten das Phänomen des Lyrischen ab« (82); insofern muß die »Idee von lyrisch« in der Tat »dem entsprechen, was man gemeinhin, ohne klaren Begriff, als lyrisch bezeichnet« (10). Nicht

---

1 MARGRIT SCHNUR-WELLPOTT, Aporien der Gattungstheorie aus semiotischer Sicht (Tübingen 1983), 4.
2 EMIL STAIGER, Grundbegriffe der Poetik (Zürich/Freiburg i. Br. 1946), 41.

anders als das Epische und das Dramatische ist das Lyrische daher ein »poröser Begriff, d.h. ein Begriff, der sowohl innerlich unscharf ist als auch Randbereichsunschärfe aufweist«[3].

2. Lyrisch – episch – dramatisch

Der auf altgriech. ›λύρα‹ (lyra = harfenartiges Zupfinstrument) zurückgehende Begriff bezieht sich ursprünglich auf Dichtungen, die zur Leier gesungen wurden (Oden, Hymnen). Im frühen 18. Jh. ist das Adjektiv lyrisch als Analogbildung zu ›(poésie) lyrique‹ aus dem Französischen ins Deutsche übernommen worden. In seiner Grundbedeutung enthält der Begriff des Lyrischen daher ein substantielles Moment von Musikalität und verweist auf die Singbarkeit lyrischer Dichtung. Insofern drängt sich gerade auch in Musikstücken die Rede von lyrischen Passagen auf, wohingegen sich kaum eine Sprechsituation des Alltags entsprechend kennzeichnen lassen dürfte; zentrales Charakteristikum ist dabei die Ruhe bzw. Gleichmäßigkeit des Ausdrucks. In seiner Affinität zum Gesang weicht das Lyrische jeder pragmatisch ausgerichteten Redeweise aus und bestimmt sich gerade aus dem Gegensatz dazu, wie an der abweichenden Syntax (Inversion), der konsistenten Metrik und gegebenenfalls auch am Reim deutlich wird. Lyrisch meint insofern immer einen gehobenen Ton, dessen musikalische Qualität größeres Gewicht besitzt als die Semantik. In solchen Ausdrucksweisen herrscht eine einzige Perspektive vor: das lyrische Ich, das seine individuelle Empfindung äußert und dadurch eine Stimmung hervorbringt, die sich als einheitliche vermittelt. Als Gefühlsausdruck eines Individuums kann das Lyrische die Zeitlichkeit transzendieren: Es zeigt sich als Simultaneität, in der die einzelnen Elemente nur als integraler Teil des Ganzen fungieren, nicht jedoch in ihrer Abfolge (idealiter verlangt das Lyrische im Interesse von Zeitlosigkeit auch Kürze oder suggeriert diese zumindest). Der mit der Ho-

mogenität des Tons verbundene Eindruck von Ganzheitlichkeit zeugt von Spontaneität der geäußerten Empfindung und muß jedes Moment von Kalkül bzw. Reflektiertheit negieren. In solcher Ganzheitlichkeit überträgt sich das Lyrische als Stimmung auf den Rezipienten. Diese Dominanz der Ausdrucksweise über das Gesagte bezeichnet die essentielle Referenzlosigkeit des Lyrischen: Es übt zwar seine Wirkung aus, richtet sich aber weder an bestimmte Adressaten, noch hat es einen Gegenstand außerhalb des lyrischen Ich. Selbst bei einem Dinggedicht ist die lyrische Qualität nicht an die Würde des behandelten Objekts gekoppelt, da die besondere Art des Sprechens auch hier den konkreten Objektbezug transzendiert. Infolgedessen gilt das Lyrische als Inbegriff des Dichterischen im Gegensatz zum Pragmatismus der objektbezogenen Informationssprache und ist somit »letzter erreichbarer Grund alles Dichterischen«[4].

Unabhängig davon, ob die lyrische Stimmung bzw. Haltung auf tatsächlicher Spontaneität eines subjektiven Gefühlsausdrucks oder auf poetischem Kalkül beruht (diese Rationalitätsthese ist von der literarischen Moderne zwischen Edgar Allan Poe und Gottfried Benn forciert worden), gibt sich das Lyrische als nicht hinterfragbar und gewinnt seine sinnliche Kraft aus dem Absolutheitscharakter.

Der um die Mitte des 18. Jh. aus der französischen Poetik (épique) übernommene Begriff episch hat in seinem semantischen Zentrum altgriech. ›ἔπος‹ (Wort, Rede) und bezeichnet alle redende, insofern erzählende Dichtung. Als Sammelbegriff für erzählende Literatur ist Epik mittlerweile durch Narrativik (eventuell auch Prosa) abgelöst worden, um den allzu engen Bezug zur Textsorte Epos zu umgehen. Damit ist ›episch‹ freigeworden für die gattungsunabhängige Bezeichnung erzählähnlicher Situationen schlechthin. In der Grundhaltung des Erzählens sind die ausschlaggebenden Eigenschaften bereits angelegt. Die Instanz des Erzählers (unabhängig davon, ob dieser als Person auftritt oder eine abstrakte Kategorie bleibt) begründet die Adressatenbezogenheit des Epischen, das immer eine Kommunikationssituation voraussetzt: neben dem Sprecher einen Zuhörer und damit auch einen Gegenstand, von dem berichtet wird. Das Epische ist daher etwas essentiell Vermitteltes und beruht auf einem Ab-

---

3 WERNER STRUBE, Analytische Philosophie der Literaturwissenschaft. Untersuchungen zur literaturwissenschaftlichen Definition, Klassifikation, Interpretation und Textbewertung (Paderborn u.a. 1993), 20.
4 STAIGER (s. Anm. 2), 223.

stand zum Objekt. Im Gegensatz zum Lyrischen manifestiert es sich als Nacheinander in der Zeit, das Dauer nicht bloß duldet, sondern erforderlich macht (›epische Breite‹): Als Bauprinzip des Epischen muß folglich die Addition von je autonomen, heterogenen Elementen gelten. Im Erzählen können damit auch Stilbrüche, Perspektivenwechsel oder Zeitsprünge integriert werden, weil die Erzählerinstanz für die Wahrung der Einheitlichkeit einsteht und in der Darstellung für Gleichmaß sorgt.[5]

Konstitutiv für das Epische ist insofern eine Kommunikationssituation, in der jemand über etwas zu jemandem spricht, was in dessen Vorstellung Wirklichkeit evoziert. Dies macht den gestischen Charakter des Epischen aus: Dem Zuhörer wird etwas gezeigt, das nicht gegenwärtig ist. Das epische Präteritum gewinnt seine Bedeutung aus diesem grundsätzlichen Abstand zur dinglichen Realität, der in der Vermittlung durch einen Erzähler begründet liegt; es fungiert als Verfremdungseffekt, der Abstraktion mit allem Nachdruck signalisiert, um in ihrem Schutz eine autonome Wirklichkeit zu generieren. Staiger sieht im Epischen das Fundament der Dichtung (vgl. 153) und erklärt es aus seiner Affinität zur bildenden Kunst (vgl. 108).

Der bereits im 17. Jh. aus dem französischen in die deutsche Poetik eingegangene Begriff dramatisch (›dramatique‹) beruht auf dem altgriech. ›δρᾶν‹ (machen, tun) und meint das von Personen ausgehende, faktische Geschehen einer dramatischen Handlung. Weit mehr als die Begriffe lyrisch und episch wird ›dramatisch‹ auf Alltagssituationen bezogen. Insbesondere an letzterem zeigt sich eine nicht bloß umgangssprachliche Bedeutungsverengung: Obwohl der poetologische Terminus dramatisch die alternativen Wirkungstendenzen tragisch/komisch umfaßt, wird er im übertragenen Sinn nicht auf heitere, entspannende Lösungen, sondern vorrangig auf affektintensive, weil bedrohliche Situationen angewendet, wo er stets auf deren erregende Qualität verweist. Immer geht es dabei um Handlungen bzw. Vorfälle, die ihre Zuschauer gerade dann emotional ins Geschehen einbeziehen, wenn sie faktisch den Ereignissen fernstehen und davon nicht wirklich betroffen sind. Das Dramatische impliziert infolgedessen konkrete Gegenwart: faktische Aktion zwischen mindestens zwei Akteuren, zu denen der Betrachter als weitere Instanz hinzukommt. Eine eigenständige Vermittlungsinstanz fehlt jedoch. Die Aktion zeigt sich dem Rezipienten unvermittelt als Geschehnis und läuft vor ihm als Kette von Handlungsmomenten ab. Diese Unvermitteltheit hängt weder davon ab, ob die Gegenwärtigkeit real ist (Bühnensituation) oder simuliert (wie bei einem Lesedrama im Rezipientenbewußtsein), noch vom Realitätsgrad der Aktion (faktisch oder fiktiv). Vielmehr beruht sie auf der Darstellungsweise der Rollenverteilung: Ein Handeln geschieht vor den Augen von Beobachtern, geht von kontrastierenden Akteuren aus und läuft auf ein Ende zu. Im Gegensatz sowohl zur Simultaneität des Lyrischen als auch zur Konsekutivität des Epischen basiert das Dramatische auf einer Finalität: Die Eigenständigkeit seiner Momente wird auf ein Ziel hin ausgerichtet und geht in der Spannung auf den Ausgang verloren. Der epischen Breite steht damit die dramatische Dynamik gegenüber, die aus dem Widerspruch konkurrierender Akteure entsteht und auf Erregung statt Ruhe abzielt. Als dramatisch darf insofern jede Handlung gelten, die auf einen Betrachter spannend wirkt, d.h. diesen am Ausgang interessiert. Einheitsstiftende Instanz beim Dramatischen ist daher stets der Betrachter, in dem die konträren Impulse zur homogenen Spannung zusammenlaufen. Demgegenüber braucht das Material des Dramatischen den Widerspruch rivalisierender Kräfte, damit diese eine zielgerichtete Handlung hervorbringen und faktische Gegenwart setzen.

I. Begriffsgeschichtliche Zusammenhänge

1. Ursprung der Trias

In ihrer poetologischen Funktion benennen die Begriffe lyrisch, episch und dramatisch ursprünglich die Eigenschaften der dichterischen Hauptgattungen Lyrik, Epik und Dramatik bzw. das, was diese charakterisiert. Ihre Semantik hängt folglich

---

5 Vgl. STAIGER (s. Anm. 2), 89.

ebenso wie ihre argumentative Leistung von der Frage ab, inwiefern sich das Poetische überhaupt in Gattungen unterteilen läßt, und kann nur im Zusammenhang mit der Geschichte der Gattungsdiskussion reflektiert werden.

In der klassizistischen Poetik Frankreichs darf die Zuweisung der konkreten Gattungen von Dichtungen (›Untergattungen‹ bzw. ›Genres‹, heute zumeist als ›Textsorten‹ bezeichnet: Sonett, Novelle, Lustspiel) zu den drei übergeordneten Gattungen Lyrik, Epik und Dramatik ungefähr seit 1700 als etabliert gelten. In den folgenden Jahrzehnten ist sie trotz vielfältiger Unschärfen europaweit rezipiert worden, hat aber vorzugsweise in der deutschen Dichtungstheorie seit der Goethezeit Karriere gemacht. Die Trias literarischer Gattungen stellt sich somit als Produkt eines vielhundertjährigen Reflexionsprozesses dar. Nur als geschichtliches Datum läßt sich auch die spezifische Reihung lyrisch – episch – dramatisch angemessen erläutern, da sie auf eine individuelle Theoriebildung zurückgeht: auf Staigers *Grundbegriffe der Poetik* (1946). Die poetikgeschichtliche Sonderrolle von Staigers Innovation wurzelt in der programmatischen Abgrenzung der gattungsbezeichnenden Adjektive von ihrem jeweiligen Substantiv – erst dadurch konnte lyrisch – episch – dramatisch als eigenständige Formel Prominenz gewinnen. In der aktuellen Poetik-Diskussion sind noch immer Differenzen zwischen den europäischen Hauptsprachen zu beobachten: Die Unterscheidung zwischen spezifisch poetologischer und allgemeiner Bedeutung wird im romanischen und angelsächsischen Raum weit stärker beachtet als im Deutschen (z. B.: episch vs. heroic, héroïque, eroico).

Ihren Ursprung hat die Adjektivkombination lyrisch – episch – dramatisch (in wechselnder Formation) im späten 18. Jh., als die Distinktion zwischen den literarischen Hauptgattungen und ihren Eigenschaften herausgearbeitet wurde; in der idealistischen Poetik des deutschen Sprachraums ist diese Tendenz um die Mitte des 20. Jh. zu einem Abschluß gekommen, ohne sich jedoch als dauerhafte Sprachregelung durchsetzen zu können. Seine Dynamik gewinnt dieser Prozeß aus einem Paradox: Gerade dadurch, daß sich die Idee einer Subsumierbarkeit aller poetischen Werke unter die drei Hauptgattungen Lyrik, Epik und Dramatik durchsetzt, wird auch die Tatsache ins Bewußtsein gehoben, daß die reale Vielfalt dieser Ordnung zunehmend widerspricht. Weder müssen literarische Werke ganz in ihren Gattungen aufgehen noch diese Gattungen mit ihren Wesensmerkmalen identisch sein, in ein und demselben Werk können sich verschiedene Dichtarten mischen. Diese Beobachtung ist schon in der aristotelischen These enthalten, daß die äußere Gestalt (Verse statt Prosa) allein noch nicht über den Status als poetisches Werk (im Unterschied etwa zur Geschichtsschreibung) entscheide.[6]

Ihre zumal für die deutsche Diskussion ausschlaggebende Formulierung hat die Unterscheidung zwischen Gattungseigenschaften und Gattungen allerdings erst im Briefwechsel zwischen Goethe und Schiller gefunden (1797). Sie reagiert auf die ›Querelle des anciens et des modernes‹ seit dem späten 17. Jh., in deren Gefolge die Einsicht unabweisbar wurde, daß neue Gattungen wie der Roman die institutionalisierte Trias sprengen, weil diese auf antiken Dichtungsformen beruht und sich dagegen sperrt, jüngere poetische Formen ins System zu integrieren. Die im 18. Jh. entstehenden Mischformen erzwingen den Verzicht auf strenge Gattungsgrenzen und provozieren die Wahrnehmung einer Differenz von Gattung und Gattungseigenschaften. Wenn sich namentlich in der Ballade, wie Goethe ausgeführt hat, alle drei Grundarten der Poesie »wie in einem lebendigen Ur-Ei«[7] vereint finden, dann wird es unabdingbar, zwischen den eigentlichen literarischen Gattungen und den elementaren Haltungen des Dichters bzw. der Aussageweise zu trennen.

2. Dichtarten und literarische Gattungen

Zu einer Einigung darüber, wie es um die literarischen Gattungen bestellt sei, hat die Diskussion bislang nicht geführt; ebensowenig können die zugehörigen Adjektive als konsensfähig definiert gelten. Mit unterschiedlichen Konjunkturen und Akzentverschiebungen zeigt sich die Geschichte der

---

6 Vgl. ARISTOTELES, Poet. 9, 1451b.
7 JOHANN WOLFGANG GOETHE, Ballade. Betrachtung und Auslegung (1821), in: GOETHE (WA), Bd. 41/1 (1902), 224.

I. Begriffsgeschichtliche Zusammenhänge 713

Gattungsdebatte vielmehr als ein Kreisen um die stets gleichen Problemfelder. Nach wie vor ist unausgemacht, ob es eine Trias der Gattungen überhaupt gibt, wie diese gegebenenfalls gegeneinander abzugrenzen sind und wo ihre Grundlagen liegen. Immerhin hat sich ein Resultat deutlich herausgeschält, hinter das die Auseinandersetzung nicht mehr zurückgehen konnte: die Ablösung der Frage nach den Wesenszügen des Epischen, Lyrischen und Dramatischen von der Frage nach den literarischen Gattungen. Diese Distinktion bezeichnet eine neuzeitliche Sichtweise, für die es in der Antike noch kein klares Vorbild gab.

Die Gattungseigenschaften werden von den konkreten literarischen Gegenständen abstrahiert und als eigenständig behandelt: als ideelle Gegebenheiten jenseits der poetischen Realisationen. Diese Wende in der Begriffsgeschichte hat bei Goethe und Schiller ihren Ausgang genommen und ist von Emil Staiger kodifiziert worden. Hier beruht sie zum einen auf den erkenntnistheoretischen Grundlagen des neuzeitlichen Idealismus, der in Martin Heideggers Fundamentalontologie seine radikalste Ausprägung gefunden hat; in deren Zeichen steht jeweils die Wesensbestimmung im Vordergrund, die immer nur ideell durchzuführen ist und sich nicht empirisch-induktiv von den Phänomenen her leisten läßt. Zum anderen reagiert die Trennung der Gattungsmerkmale von den Gattungen aus dem literaturgeschichtlichen Sachzwang (bzw. Erfahrungsdruck) einer Mischung des Epischen, Lyrischen und Dramatischen, die nicht erst mit der literarischen Moderne seit der Wende vom 19. zum 20. Jh. einsetzt. Diese Komplexität ist vielmehr auf einen weit früheren Zeitpunkt zu datieren: spätestens auf den Beginn der Neuzeit, als sich neben dem herkömmlichen Epos in gebundener Sprache eine neue Art des Erzählens in Prosa herausbildete und im Roman oder in der Novelle neue Textsorten hervorbrachte, deren poetischer Anspruch hinter den klassischen Formen nicht zurückblieb. Daraus ergab sich eine Vielfalt an epischen Erscheinungsformen, die mit den Normen homerischer Epen nicht mehr zu erfassen war, sondern nach einer Distanzierung von deren Tradition verlangte. Das Verbindende mußte als abstraktes Wesen hinter den konkreten Dichtungen gesucht werden und bot die Möglichkeit, in poetischen Texten je individuelle Mischungsverhältnisse auszubilden. Jedenfalls hat der literaturgeschichtliche Wandel dazu geführt, daß die traditionsgebundene Erfüllung von Gattungsgesetzen als zentrales Wertungskriterium in der Neuzeit – besonders seit dem 18. Jh. – ausfällt und dem Innovationsprinzip weichen muß. Damit öffnet sich der Blick für differenzierte poetische Strukturen, und die Rede vom dramatischen Charakter beispielsweise der Novelle gewinnt Züge des metaphorischen Sprechens: Man arbeitet mit Ähnlichkeiten oder Affinitäten und braucht dafür um so festere Bezugspunkte jenseits der realen, zur Unüberschaubarkeit tendierenden Vielfalt. Indem die tatsächlichen literarischen Objekte jede formale Verbindlichkeit verloren haben und ihre Eigengesetzlichkeit gegenüber Gattungsnormen zu behaupten wissen, entsteht das Argumentationsbedürfnis, auf überzeitliche Gesetzmäßigkeiten zurückzugreifen und diese zum Maßstab für die individuellen Formbeschreibungen zu nutzen. Insofern beruht die Idee von Gattungsmerkmalen jenseits der Texte zum einen auf dem idealistischen Systemanspruch, sich oberhalb der komplexen Phänomene an klare Begrifflichkeiten halten zu wollen, denen eigenständige Existenz zugeschrieben werden darf. Zum anderen geht sie auf die empirische Relevanz der Literaturgeschichte zurück, deren Wissen um die tatsächliche Gattungsmischung theoretisch Rechnung zu tragen war durch das Eingeständnis, daß es keine festen poetischen Gattungen mit klar definierten Eigenschaften gibt. Zum dritten gründet die Theorie vom Lyrischen, Epischen und Dramatischen in der Notwendigkeit, der chaotischen Dynamik der literaturgeschichtlichen Entwicklung dennoch Ordnungsstrukturen abzutrotzen, die ihrer Allgemeinheit wegen dazu tauglich sind, die poetische Verfassung konkreter Werke präziser erkennen zu lassen. Auf jeden Fall konstituiert die Tradition der Gattungsbegriffe und derjenigen Texte, die sich überlieferten Formen anschließen, zumindest einen Erwartungshorizont des Lesers, der dessen Wahrnehmung gerade dann besonders präformiert, wenn das jeweilige Werk von konventionalisierten Formen abweicht: »Insofern gehört jedes literarische Werk einer ›Gattung‹ an, womit nicht mehr und nicht weniger behauptet wird, als daß für jedes Werk ein vorkonstituierter

Erwartungshorizont vorhanden sein muß (der auch als Zusammenhang von Spielregeln verstanden werden kann), um das Verständnis des Lesers (Publikums) zu orientieren und eine qualifizierende Aufnahme zu ermöglichen.«[8]

II. Literarische Gattungssysteme: Von der Antike bis ins 18. Jahrhundert

Einerseits läßt sich die These von der Dreiteilung der Dichtung bis auf Platon zurückführen. Andererseits handelt es sich bei diesen Überlegungen im wesentlichen um eine deutsche Besonderheit. Die Reflexion auf den systematischen Zusammenhang von Lyrik, Epik und Dramatik gewann jedenfalls nur dort an Gewicht, wo die Poetiker auf eine nichthistorische, nichtempirische Philosophie der Poesie abzielten: auf deren Ontologie, wie sie insbesondere vom deutschen Idealismus zum Thema gemacht wurde. In ihrem Zenit stand die Fragestellung insbesondere während der Goethezeit (von der Korrespondenz zwischen Goethe und Schiller 1797 bis zu Hegels *Vorlesungen über die Ästhetik*, 1835–1838) sowie um die Mitte des 20. Jh.; an ihr – wenigstens vorläufiges – Ende ist sie um 1970 gelangt, als das Gattungsproblem von der Poetik in die Obhut der historisch arbeitenden Literaturwissenschaft überging.

Zwei Themenbereiche dominieren die Gattungsreflexion von Anfang an: a) die Distinktion zwischen den verschiedenen literarischen Genres (z. B. Anekdote, Einakter, Ode) und den übergeordneten Hauptgattungen Epik, Dramatik und Lyrik, die als Allgemeinbegriffe fungieren (Epik im Unterschied zu Epos usw.) und in die Differenzierung zwischen ahistorisch-absoluten und historisch-relativen Gattungsbegriffen mündet; b) die Frage nach dem Verhältnis zwischen den Gattungen (logisch-systematisch vs. chronologisch-evolutiv) und ihrer eventuellen Rangordnung.

Im Verlauf der mehr als 2000jährigen Auseinandersetzung haben die Akzentsetzungen ständig gewechselt und dabei doch einen engen Rahmen respektiert. Als roter Faden diente stets die Idee einer Dreifaltigkeit der Dichtung, die nur in den Begründungsparadigmen variiert: ob die Grenzen zwischen den Dichtungsarten poesieimmanent gezogen werden (Darstellungsformen), in der Produktions- oder Rezeptionssphäre wurzeln (Dichtungshaltungen) oder auf anthropologischer Ebene angesiedelt sind (Dichtungspsychologie). In dieser Hinsicht verläuft die Diskussion um die Dichtungsgattungen parallel zur allgemeinen Ideengeschichte.

In den Versuchen, die Vorgeschichte der systematischen Gattungspoetik seit dem 18. Jh. zu rekonstruieren, ist nach wie vor umstritten, welche Relevanz den antiken Dichtungstheorien zukommt: ob sie weitgehend folgenlos gebliebene Vorüberlegungen darstellen oder bereits das Fundament für alle späteren Gattungsreflexionen gelegt haben. Zwar steht die These einer Dreiteilung der literarischen Gattungen schon ganz am Anfang, doch unterscheidet sie sich von neuzeitlichen Auffassungen in zweierlei Hinsicht: zum einen durch epochentypische Arten der Begründung, zum anderen durch das Fehlen einer brauchbaren Sammelbezeichnung für die verschiedenen Bereiche derjenigen Dichtungen in gebundener Sprache, die sich weder der Epik noch der Dramatik zuordnen lassen und doch von Begriffen wie Rhapsodie oder Dithyrambos nur unzulänglich erfaßt werden.

Die historisch erste Gliederung poetischer Werke nach Gattungen findet sich in Platons *Politeia*: »Ganz recht, sprach ich, nahmst du es auf, und ich glaube dir bereits deutlich zu machen, was ich vorhin nicht vermochte, daß der eine Teil von Dichtung und Sagenerzählung ganz in Nachahmung besteht: Tragödie und Komödie, wie du sagst, ein andrer aber in einer Kundgebung des Dichters selbst – und das würdest du am meisten in den Dithyramben finden – und ein dritter endlich aus beiden findet sich in der epischen Dichtung und auch sonst vielfach, wenn du mich verstehst.« ('Ορθότατα, ἔφην, ὑπέλαβες, καὶ οἶμαί σοι ἤδη δηλοῦν ὃ ἔμπροσθεν οὐχ οἷός τ' ἦ, ὅτι τῆς ποιήσεώς τε καὶ μυθολογίας ἡ μὲν διὰ μιμήσεως ὅλη ἐστίν, ὥσπερ σὺ λέγεις, τραγῳδία τε καὶ

---

[8] HANS ROBERT JAUSS, Theorie der Gattungen und Literatur des Mittelalters (1972), in: Jauß, Alterität und Modernität der mittelalterlichen Literatur. Gesammelte Aufsätze 1956–1976 (München 1977), 110.

κωμῳδία, ἡ δὲ δι' ἀπαγγελίας αὐτοῦ τοῦ ποιητοῦ – εὕροις δ' ἂν αὐτὴν μάλιστά που ἐν διθυράμβοις – ἡ δ' αὖ δι' ἀμφοτέρων ἔν τε τῇ τῶν ἐπῶν ποιήσει, πολλαχοῦ δὲ καὶ ἄλλοθι, εἴ μοι μανθάνεις.)[9] Platon unterscheidet zwischen zwei eigenständigen Dichtungsarten (der Tragödie/Komödie und dem Dithyrambos), denen das Epos als Mischform zur Seite tritt. Hierbei handelt es sich um eine bloße Aufzählung, die keine Hierarchisierung oder Chronologie impliziert und insofern noch keinen systematischen Anspruch erhebt. Als Distinktionskriterium fungiert die jeweilige Darstellungsweise: ob der Dichter unmittelbar selbst spricht (Dithyrambos), seinen Platz den Figuren überlassen hat (Drama) oder seine Rede mit personaler Darstellung verschränkt (Epos). Drama und Epos, die zu dieser Zeit bereits normative Formen ausgebildet hatten, werden auch in der Folgezeit in der gleichen Weise gedeutet. Meinungsunterschiede betreffen demgegenüber den Platzhalter für den erst neuzeitlichen Terminus Lyrik, der entweder ganz ausfällt, mit anderen Dichtungsformen besetzt wird oder Ergänzungen erfährt. Dementsprechend gehen die folgenden Gattungstheorien zumeist von drei Hauptformen aus, deren Vorzug gegenüber rivalisierenden Theoriebildungen weniger in einer höheren Plausibilität des Gegenstandsbezugs als im Mythos der Dreizahl bestehen dürfte.

Undeutlich ist in diesem Zusammenhang die Stellung der fragmentarischen *Poetik* des Aristoteles, die nur vom Drama und vom Epos spricht. Jedenfalls setzt Aristoteles andere Akzente als Platon, indem er die Dichtung von der wissenschaftlichen Sprech- bzw. Schreibweise abhebt und nach dichtungsimmanenten Kriterien sucht, anstatt sich auf die Vortragsweise zu stützen. Er faßt zunächst sämtliche dichterischen Phänomene unter dem Oberbegriff der Nachahmung (Mimesis) zusammen und differenziert schließlich nach den jeweiligen technischen Mitteln:»Das Epos unterscheidet sich von der Tragödie in der Ausdehnung des Handlungsgefüges und im Versmaß.« (Διαφέρει δὲ κατά τε τῆς συστάσεως τὸ μῆκος ἡ ἐποποιία καὶ τὸ μέτρον.)[10] Später schließt sich Diomedes in seiner *Ars grammatica* an Platon und weicht nur darin von ihm ab, daß er das Lehrgedicht an die Stelle des Dithyrambos setzt. Auf diese Weise hält

er zwar an der These von einer Gattungstrias fest, bereitet aber mit der Betonung des Lehrgedichts spätere Auffassungen vor, in denen die didaktische Dichtung als vierte Gattung neben die drei herkömmlichen tritt.

Von der Entscheidung darüber, was den Ort der dritten Gattung im platonischen Schema ausfüllen soll, hängt unmittelbar auch die Entscheidung darüber ab, ob der didaktischen Poesie Eigenständigkeit zugeschrieben werden darf/muß oder die Lyrik sich einer der beiden anderen Dichtarten unterordnen läßt. Hier ist ein Moment der Unruhe angelegt, das die Gattungsdiskussion seit der frühen Neuzeit vorantreiben wird. Verantwortlich für diese Unbestimmtheit speziell in der Renaissance-Poetik sind verschiedene Faktoren: im wesentlichen wohl das Faktum, daß nur Epos und Drama (Tragödie/Komödie) kanonische Vorbilder besaßen und eine prägnante Gattungsstruktur definieren konnten – demgegenüber wies der dritte Bereich eine unvergleichlich größere Differenziertheit auf, die sich nicht auf verbindliche Eingrenzungen reduzieren ließ. Hinzu kam, daß in der noch für die Renaissance maßgeblichen Dichtungslehre von Horaz die Frage nach den Grundgattungen keine Rolle spielte, da seine stilorientierte *Ars poetica* die Gesetzmäßigkeit der Gattungen voraussetzt und sie unter dem Oberbegriff ›decorum‹ zusammenfaßt. Auch die Wiederentdeckung des aristotelischen Poetik seit dem 16. Jh. konnte allein dem Drama (speziell der Tragödie) und dem Epos zugute kommen. Die Gattungsdiskussion im 16. und 17. Jh. wird daher vor allem von Versuchen geleitet, für die beiden antiken Gattungen rationale Regeln zu finden und ihre Wertigkeit bzw. Rangfolge festzulegen. Jedenfalls setzt sich die Dreiteilung erst in dem Augenblick durch, in dem der Bereich der Lyrik definierbar geworden ist und sich eindeutig von den beiden anderen Gattungen abheben läßt. Diese Leistung haben die französischen Poetiker der ›doctrine classique‹ we-

---

9 PLATON, Rep. 3, 7, 394c; dt.: Der Staat; in: Platons Staatsschriften, griech.-dt., übers. u. hg. v. W. Andreae, Bd. 2 (Jena 1925), 194 f.
10 ARISTOTELES, Poet. 24, 1459b; dt.: Poetik, griech.-dt., hg. u. übers. v. M. Fuhrmann (Stuttgart 1982), 80 f.

niger vollbracht als kodifiziert; sie geht auf Ideen zurück, die von englischen und (mehr bzw. früher noch) italienischen Poetikern seit dem 16. Jh. entwickelt wurden. In kritischer Anlehnung an Irene Behrens hat Klaus Scherpe den entsprechenden Wendepunkt herausgearbeitet: »In der italienischen Theorie stießen wir bereits im 16. Jh. auf die Dreiteilung der Dichtkunst, die dadurch zustande kam, daß sich die volkssprachliche lyrische Dichtung mit den überlieferten klassischen Odenformen zu einer dritten Hauptgattung zusammenschloß.«[11] Offenbar als erster hat Pomponio Torelli 1594 vor der Accadèmia degli Innominati in Parma Aristoteles unterstellt, in verlorenen Abschnitten seiner *Poetik* auch die ›poesia lirica‹ kodifiziert zu haben: »Si come a longo trattò delle tragedie et epopeie, così verisimile è che trattasse di tutto l'artificio lirico.«[12] (Da er des langen und breiten die Tragödien und Epen behandelt hat, so hat er wahrscheinlich auch die gesamte lyrische Kunst behandelt.)

Um 1700 hat sich die Gattungstrias dann im poetologischen Bewußtsein festgesetzt. Ihre entscheidende Relevanz gerade auch für die deutsche Poetik gewinnt sie durch zügige Übersetzungen von Charles Batteux' *Les Beaux arts réduits à un même principe* (1746): »La Poësie épique a pour objet d'exciter l'admiration; par conséquent chez elle tout doit tendre au merveilleux. La Poësie dramatique veut achever une action intéressante; par conséquent tout doit peindre l'activité dans son style. La Poësie lyrique veut exciter en nous l'enthousiasme des passions qu'elle éprouve; par conséquent elle doit employer tous les traits qui peuvent peindre fortement l'enthousiasme & le communiquer.«[13]

---

11 KLAUS R. SCHERPE, Gattungspoetik im 18. Jahrhundert. Historische Entwicklung von Gottsched bis Herder (Stuttgart 1968), 61.
12 POMPONIO TORELLI, Trattato della poesia lirica (1594), in: B. Weinberg (Hg.), Trattati di poetica e retorica del Cinquecento, Bd. 4 (Rom/Bari 1974), 258.
13 BATTEUX (1773), 262.
14 Vgl. SCHERPE (s. Anm. 11), 61 f.
15 ALEXANDER GOTTLIEB BAUMGARTEN, Meditationes philosophicae de nonnullis ad poema pertinentibus (1735). Philosophische Betrachtungen über einige Bedingungen des Gedichtes, lat.-dt., hg. u. übers. v. H. Paetzold (Hamburg 1983), 78 f.

Auch wenn Batteux in späteren Überarbeitungen eine Vierteilung unter Einschluß der didaktischen Dichtung vornimmt, so hat er der Dreiteilung durch seine praktikable Definition für alle Formen von Lyrik (= Ausdruck von Leidenschaften) prägend zugearbeitet. In dieser klassizistischen, weil rational begründeten Ausprägung ist die Idee einer Gattungstrias von epischer, dramatischer und lyrischer Dichtung auch in Deutschland aufgegriffen und propagiert worden.

III. Deutsche Gattungsdiskussion im 17. und 18. Jahrhundert: Die Idee der drei Naturformen

Bis ins späte 18. Jh. hinein weist die deutsche Dichtungstheorie keine wirkliche Selbständigkeit auf. Sie orientiert sich in der Hauptsache an italienischen, französischen und niederländischen Vorbildern und reicht über deren Theoriereflexion nicht hinaus. Demzufolge gibt es von Martin Opitz bis Johann Christoph Gottsched keinen konsistenten Begriff von Lyrik. Daß Alexander Gottlieb Baumgartens *Meditationes philosophicae de nonnullis ad poema pertinentibus* (1735) zwischen lyrischen, epischen und dramatischen Formen unterscheiden (vgl. § 106), geht offenbar auf Einflüsse der italienischen Poetik zurück und bleibt in Deutschland zunächst folgenlos[14]: »Similiter quae lyricum epicum dramaticum cum subdivisis generibus singularia habent.« (Ähnlich haben lyrische, epische, dramatische Formen ihre Besonderheiten mit Unterklassen.)[15]

Originalität beanspruchen kann die deutsche Gattungsreflexion erst um die Wende vom 18. zum 19. Jh., als das Gattungsproblem zur zentralen Frage der Dichtungstheorie avancierte und in die Unterscheidung zwischen übergeordneten Dichtweisen und konkreten Dichtungsarten mündete. Das entscheidende Verdienst bei diesem Qualitätssprung kommt Goethe und Schiller zu, die zunächst 1797 in ihrem Briefwechsel die Gesetzmäßigkeit von Epos und Drama diskutierten, um dann im gemeinsam verfaßten Essay *Über epische und dramatische Dichtung* (entst. 1797, ersch. 1827) ihre Auffassungen zu systematisieren. Ihren Abschluß haben diese Überlegungen in Goethes knapper Reflexion über die Naturformen im Rahmen seiner Arbeit am *West-östlichen Divan* (1819) gefunden. Das Interesse an der Verständigung über die Gattungsgesetze epischen bzw. dramatischen Dichtens beruht hier auf praktischen Problemen, die sich zunächst im Zusammenhang mit Schillers *Wallenstein* (1798) und Goethes *Hermann und Dorothea* (1797) gestellt hatten. Im Brief vom 19. 4. 1797 weist Goethe dem epischen Gedicht als Strukturbesonderheit zu,»daß es immer vor und zurück geht, daher sind alle retardierende Motive episch«[16]. Diese Befreiung epischer Gestaltung von der strikten Chronologie wird in Schillers Antwortbrief (21. 4. 1797) noch akzentuiert:»Es wird mir aus allem, was Sie sagen, immer klarer, daß die Selbständigkeit seiner Teile einen Hauptcharakter des epischen Gedichtes ausmacht.« Das Epos gilt Goethe und Schiller daher nicht als final ausgerichtet und kann folglich mit der größten Ruhe und Behaglichkeit angehört werden; sein »Zweck liegt schon in jedem Punkt seiner Bewegung, darum eilen wir nicht ungeduldig zu einem Ziel sondern verweilen uns mit Liebe bei jedem Schritte«. Damit ist die Verbindung zwischen Strukturgesetzlichkeit und Wirkungsweise hergestellt: Das Epos appelliert an den Verstand des Hörers und erhält ihm »die höchste Freiheit des Gemüths«. Das Drama – vor allem die Tragödie – bildet dazu in jeder Hinsicht den Kontrapunkt: Es ist nur als Ganzes in seiner Zielgerichtetheit zu rezipieren und raubt dem Betrachter die »Gemüthsfreiheit«, indem es dessen »Thätigkeit nach einer einzigen Seite richtet und concentriert«[17].

Diesen Gegensatz von epischer Distanz und dramatischer Unmittelbarkeit bringen Goethe und Schiller in ihrem Essay *Über epische und dramatische Dichtung* zu noch größerer Deutlichkeit bzw. Systematisierung: Epische und dramatische Dichtung erfahren eine an den antiken Mustern abgelesene idealtypische Kontrastierung, wobei die drei Aspekte der Darstellungsart, der Stoffe und der Vortragsweise die Argumentation tragen. So wird die ausschlaggebende Differenz darin gesehen, »daß der Epiker die Begebenheit als vollkommen vergangen vorträgt und der Dramatiker sie als vollkommen gegenwärtig darstellt«. Hinsichtlich des Stoffes präsentiert das Epos »vorzüglich persönlich beschränkte Thätigkeit« anhand des »außer sich wirkenden Menschen«, während es der Tragödie um »persönlich beschränktes Leiden« eines »nach innen geführten Menschen« geht; die Wirkungsweise schließlich wird anhand des jeweiligen Sprechers bzw. Darstellers erläutert:»Der Rhapsode sollte als ein höheres Wesen in seinem Gedicht nicht selbst erscheinen«, weil er »in ruhiger Besonnenheit das Gesehene übersieht« und die Zuhörer »beruhigen« muß,»damit sie ihm gern und lange zuhören« – demgegenüber muß der Mime »sich als ein bestimmtes Individuum« darstellen, die Einfühlung seines Publikums provozieren und darf deshalb »viel lebhaftere Wirkungen«[18] wagen.

Die Ernte solcher Gattungsreflexionen bringen schließlich Goethes Anmerkungen zum *West-östlichen Divan* (1819) ein, wo die Distinktion zwischen Dichtarten und Naturformen im Zentrum steht. Handelt es sich bei ersteren um die historisch vorgegebenen Textsorten (Allegorie, Ballade, Cantate usw.), so werden diese den Epos, der Lyrik und dem Drama als den drei überzeitlichen Dichtweisen gegenübergestellt.[19] Was bislang als Gattung ohne klare Distinktion von den vielerlei Arten gegolten hat, erscheint jetzt als übergeordnete, nicht mehr historisch abhängige Naturform der Dichtung – als eine von der jeweiligen Sprechweise determinierte Grundstruktur dichterischer Präsentation:»Es gibt nur drei echte Naturformen der Poesie: die klar erzählende, die enthusiastisch aufgeregte und die persönlich handelnde: Epos, Lyrik und Drama« (118). Folgenreich ist hieran vor allem, daß diese Naturformen nicht an die Dichtarten gebunden sind, in einem Text daher gemischt vorkommen können und insofern über den Gattungsgesetzen stehen. Epische Momente (wie etwa die Mauerschau) finden sich z. B. im Drama

---

16 GOETHE an Friedrich Schiller (19. 4. 1797), in: GOETHE (WA), Abt. 4, Bd. 12 (1893), 91.
17 FRIEDRICH SCHILLER an Goethe (21. 4. 1797), in: SCHILLER, Bd. 29 (1977), 66.
18 GOETHE, Über epische und dramatische Dichtung (entst. 1797, ersch. 1827), in: GOETHE (WA), Bd. 41/2 (1903), 220–224.
19 Vgl. GOETHE, Noten und Abhandlungen zu besserem Verständniß des West-östlichen Divans (1803), in: GOETHE (WA), Bd. 7 (1888), 118.

ebenso wie lyrische (Chor). Es handelt sich um apriorisch vorgegebene, logisch systematisierbare Dichtweisen, die jeweils in unterschiedlicher Weise realisiert werden und sich für historische Entwicklungen ebenso öffnen wie für Divergenzen von Nationalcharakteren (vgl. Goethes Hinweis, daß Dramen in der persischen Poesie fehlen).

IV. Spekulative Wende: Historische und systematische Ordnung im Konflikt

Peter Szondi sieht in Goethes und Schillers Thesen zur Gattungstheorie die »Prähistorie der idealistischen Poetik«[20], wie sie um 1800 vor allem von Schelling entwickelt und später von Hegel fortgeführt wurde. In diese Vorgeschichte einer strikt spekulativen Dichtungsphilosophie gehören insbesondere auch Friedrich und August Wilhelm Schlegel. Beide haben sich weniger systematisierend als fragmentarisch mit dem Gattungsproblem befaßt und versuchen (ähnlich wie Goethe), die Beziehungen zwischen den Gattungen geschichtsphilosophisch zu erläutern. Daraus resultiert die von Friedrich Schlegel reflektierte Notwendigkeit, zwischen der historischen Rekonstruktion des Gattungssystems in seiner zeitlichen Entwicklung und der spekulativen Konstruktion der Gattungen zu vermitteln, die zu den Besonderheiten der deutschen Poetik-Diskussion gehört: »Und doch ist eine Theorie der Dichtarten grade das, was uns fehlt. Und was kann sie anders sein als eine Klassifikation, die zugleich Geschichte und Theorie der Dichtkunst wäre.«[21]

Im romanischen Bereich hingegen wird der Zusammenhang der poetischen Gattungen schlichter genetisch erläutert. So heißt es etwa in Giacomo Leopardis *Zibaldone*: »La poesia, quanto a' generi, non ha in sostanza che tre vere e grandi divisioni: lirico, epico e drammatico. Il lirico, primogenito di tutti [...]. L'epico nacque dopo questo e da questo.«[22] (Was die Gattungen angeht, so besitzt die Dichtung im Grunde nur drei echte und große Unterteilungen: lyrisch, episch und dramatisch. Das Lyrische [ist] unter ihnen allen das Erstgeborene [...]. Das Epische entstand nach und aus diesem.) Victor Hugos berühmte Vorrede zu seinem Drama *Cromwell* (1827) weist in die gleiche Richtung: »La poésie a trois âges, dont chacun correspond à une époque de la société: l'ode, l'épopée, le drame. Les temps primitifs sont lyriques, les temps antiques sont épiques, les temps modernes sont dramatiques. L'ode chante l'éternité, l'épopée solennise l'histoire, le drame peint la vie. Le caractère de la première poésie est la naïveté, le caractère de la seconde est la simplicité, le caractère de la troisième, la vérité. [...] Enfin, cette triple poésie découle de trois grandes sources: la Bible, Homère, Shakespeare.«[23]

Vor dem Hintergrund der zentralen Differenz zwischen Antike und Moderne bringt F. Schlegels *Über das Studium der griechischen Poesie* (1797) die drei Dichtarten in eine chronologische Abfolge. Er ordnet das Epos als früheste, »unreife Dichtart« dem »mythischen Zeitalter«[24] zu; der Ursprung der Lyrik fällt für ihn mit dem »Zeitalter des Ursprungs des Griechischen Republikanismus« (212) zusammen und kommt vor der »dritten Stufe des dramatischen Zeitalters« (316). Diese historische Reihung wird in den literarischen Notizen der Jahre 1797–1801 durch verschiedene Systematisierungsexperimente überlagert: »Es giebt eine ep[ische], lyr[ische], dr[amatische] *Form* ohne den Geist der alten Dichtarten dieses Nahmens, aber von bestimmtem und ewigem Unterschied. – Als *Form* hat die ep[ische] offenbar den Vorzug. Sie ist subjectiv-objectiv. – Die lyrische ist bloß *subjectiv*, die *dramatische* bloß *objectiv*.«[25] Mit dieser Konzeption, »in der die historische Entwicklung der griechischen Dichtung ein gleichsam wachsendes System

---

20 PETER SZONDI, Von der normativen zur spekulativen Gattungspoetik (1961/62), in: Szondi, Poetik und Geschichtsphilosophie, hg. v. W. Fietkau, Bd. 2 (Frankfurt a. M. 1974), 43.
21 FRIEDRICH SCHLEGEL, Gespräch über die Poesie (1800), in: SCHLEGEL (KFSA), Bd. 2 (1967), 305.
22 GIACOMO LEOPARDI, Zibaldone di pensieri (1826), hg. v. F. Flora, Bd. 2 (o. O. 1937), 1063.
23 VICTOR HUGO, Préface, in: Hugo, Cromwell. Drame en cinq actes (1827; Paris 1840), 18.
24 FRIEDRICH SCHLEGEL, Über das Studium der griechischen Poesie (1797), in: SCHLEGEL (KFSA), Bd. 1 (1979), 332.
25 FRIEDRICH SCHLEGEL, Literary Notebooks 1797–1801, hg. v. H. Eichner (London/Toronto 1957), 47 f.

IV. Spekulative Wende: Historische und systematische Ordnung im Konflikt

der poetischen Gattungen ist«[26], vollzieht F. Schlegel »die Wende der Poetik von der Aufklärung zum Deutschen Idealismus, von der pragmatischen zur philosophischen Lehre von den poetischen Gattungen« (120). August Wilhelm Schlegel akzentuiert die gleichen Aspekte, hebt bei seinen Überlegungen zu den »ursprünglichen Hauptgattungen der klassischen Poesie«[27] allerdings die Notwendigkeit hervor, die neuzeitliche Dichtung mit ihrem »Mangel strenger Sonderung« nach der »historischen Ordnung« zu reflektieren, während in der Dichtung der griechischen Antike »die Gattungen ebenso in der Zeit wie im System« folgten. Analog zur Distinktion nach Objektivität und Subjektivität werden die drei Hauptgattungen nach dem dialektischen Dreischritt geordnet: »Episch, lyrisch, dramatisch; These, Antithese, Synthese.« Auffällig ist, daß A. W. Schlegel hier über die Gattungsbestimmung hinausgeht, mit den Adjektiven jeweils eine spezifische Geisteshaltung beschreiben will und damit der Diskussion um die poetischen Gattungen eine anthropologische Dimension eröffnet: »Das Epische das rein objective im menschlichen Geiste. Das Lyrische das rein subjective. Das Dramatische die Durchdringung von beyden« (462).

In dieser Emanzipation des Epischen von der Epik, des Lyrischen von der Lyrik und des Dramatischen von der Dramatik manifestiert sich das Kernproblem der goethezeitlichen Gattungsdiskussion. Die Autonomie der Dichtarten gegenüber den Gattungen steht daher auch bei Friedrich Hölderlin im Vordergrund, dessen Skizze *Über den Unterschied der Dichtarten* (1798–1799) die drei hauptsächlichen Gedichtformen nach ihren ›Tönen‹ unterscheidet: »Das lyrische dem Schein nach idealische Gedicht« in seiner Bedeutung naiv. Es ist eine fortgehende Metapher Eines Gefühls. / Das epische dem Schein nach naive Gedicht ist in seiner Bedeutung heroisch. Es ist die Metapher großer Bestrebungen. / Das tragische, dem Schein nach heroische Gedicht, ist in seiner Bedeutung idealisch. Es ist die Metapher einer intellectuellen Anschauung.«[28] Das impliziert eine geschichtsphilosophische Stufenfolge, die dem realen Gang der griechischen Dichtungsentwicklung entsprechen soll. Genau an dieser Verbindung von realgeschichtlicher Rekonstruktion und systemphilosophischer Konstruktion setzt Schelling mit seiner zu Hegel überleitenden Innovation an: Er nimmt die Differenz zwischen tatsächlichem Verlauf und philosophischer Spekulation nicht nur hin, sondern löst sie in seiner Identitätsphilosophie theoretisch auf bzw. überlagert sie, indem auch die reale Geschichte nur als Erscheinungsweise der Idee gilt: Gemäß dem *System des transcendentalen Idealismus* (1800), das von der Unterscheidung dreier Potenzen (systematisch bedingten ›Bestimmungen‹ des an sich einzigen, unteilbaren und absoluten Wesens) ausgeht, bildet Schelling ein ideales, ganzheitliches Gattungssystem. Diesem System der drei Potenzen entspricht die Dreiteilung der Gattungen, deren systematischer Zusammenhang ›über die Geschichte erhaben‹ ist.[29] Während Schelling in seiner *Philosophie der Kunst* (entst. 1802–1803, ersch. 1859) die griechische Literaturgeschichte in konventioneller Weise beim Epos beginnen läßt, auf das zunächst die Lyrik und schließlich das Drama gefolgt seien, nimmt die spekulative Konstruktion der Dichtarten ihren Ausgang beim Lyrischen, das die »subjektivste Dichtart« ausmacht und der »realen Form«[30] entspricht; ihm steht das Epos gegenüber, das nicht mehr die Reflexion, sondern das Handeln darzustellen hat und ein »Bild der Geschichte« sein soll, »wie sie an sich oder im Absoluten ist« (290). Das Drama nun leistet die Synthese von Subjektivität und Objektivität und verschmilzt Freiheit und Notwendigkeit so, »daß beide siegend und besiegt zugleich in der vollkommenen Indifferenz erscheinen« (337).

In Hegels *Vorlesungen über die Ästhetik* werden dieselben Kategorien noch strikter in ein geschichtsphilosophisches Konzept eingebunden, in-

---

26 SZONDI (s. Anm. 20), 111.
27 AUGUST WILHELM SCHLEGEL, Vorlesungen über Ästhetik I (1798–1803), hg. v. E. Behler, Bd. 1 (Paderborn u. a. 1989), 59.
28 FRIEDRICH HÖLDERLIN, Über den Unterschied der Dichtarten (1798–1799), in: Hölderlin, Sämtliche Werke und Briefe, hg. v. M. Knaupp, Bd. 2 (München/Wien 1992), 102.
29 Vgl. SZONDI, Schellings Gattungspoetik (1961/62), in: Szondi (s. Anm. 20), 259.
30 F. W. J. SCHELLING, Philosophie der Kunst (entst. 1802–1803; Darmstadt 1980), 284.

dem Hegel in der Abfolge von epischer, lyrischer und dramatischer Poesie den dialektischen ›Fortgang‹ bzw. die innere Entfaltung der Poesie als der ›redenden‹ Kunst expliziert. Der epischen Dichtkunst, die das Objektive bzw. die äußere Welt zu ihrem Inhalt hat, tritt die lyrische Dichtkunst entgegen, in der sich das Subjektive (›Innerlichkeit‹) ausspricht; das Drama zeigt sich dann als dialektische Einheit epischer und lyrischer Poesie, in der sich die subjektive Empfindung zur Handlung objektiviert. Die Begriffe episch, lyrisch und dramatisch erscheinen dabei als poetologische Termini, die das ›Prinzip‹ ihrer jeweiligen Dichtungsgattung bezeichnen. Daß sich im Drama als der höchsten Stufe der Poesie und der Kunst überhaupt das Epische und das Lyrische vereinen, bedeutet allerdings keine Abgrenzung der Eigenschaften von ihren Gattungen. Anders als bei Goethe und Schiller, wo es auf eine dichtungsimmanente Reflexion ankam, hebt Hegels dialektischer Dreischritt solche Distinktionen auf.

V. Versuche einer Fundamentalpoetik im 20. Jahrhundert

Ab der zweiten Hälfte des 19. Jh. darf die hegelianisch-spekulative Formulierung der Gattungstrias in der Reihung episch – lyrisch – dramatisch als kanonisch gelten und ist z. B. in Friedrich Theodor Vischers *Aesthetik oder Wissenschaft des Schönen* (1846–1858) fortgeführt worden (»Der Unterschied der Arten der Phantasie [d. h. Epos, lyrische

---

31 VISCHER, Bd. 6 (1923), 123 f.
32 BENEDETTO CROCE, Estetica come scienza dell'espressione e linguistica generale. Teoria e storia (1902), hg. v. G. Galasso (Mailand 1990), 49 f.; dt.: Aesthetik als Wissenschaft des Ausdrucks und allgemeine Linguistik. Theorie und Geschichte, übers. v. K. Federn (Leipzig 1905), 38.
33 JOSÉ ORTEGA Y GASSET, Ideas sobre la novela (1925), in: Ortega y Gasset, Obras completas; Bd. 3 (Madrid ²1950), 388; dt.: Gedanken über den Roman, übers. v. H. Weyl, in: Gesammelte Werke, Bd. 2 (Stuttgart 1978), 266.
34 ROBERT HARTL, Versuch einer psychologischen Grundlegung der Dichtungsgattungen (Wien 1924), 112 f.

Dichtung und Drama – d. Verf.], der sich auf die Weise der Auffassung gründet, hat seinen tieferen Grund in dem Gesetze der Diremtion des Objektiven und Subjektiven und ihrer Zusammenfassung im Subjektiv-Objektiven«[31]). Eine nachhaltige Erschütterung erfuhr sie erst wieder 1902 durch Benedetto Croce, der in seiner *Estetica* (1902) und mehreren weiteren Schriften alle Gattungsbegriffe als »vuote fantasime« (leere Phantasiegebilde) abtat und sie ihrer wissenschaftlichen Unbrauchbarkeit wegen nur in einem pragmatischen Kontext »alla buona e approssimativamente« zulassen wollte (aufs Geratewohl und annähernd)[32]. Diese These wirkte als Provokation und wurde z. B. von José Ortega y Gasset wiederholt scharf zurückgewiesen: »Toda obra literaria pertenece a un género, como todo animal a una especie.« (Jedes Dichtwerk gehört zu einer Gattung, wie jedes Tier zu einer Spezies.)[33] In der Folgezeit waren es aber vor allem deutsche Philologen, die sich um die Rettung der Gattungen durch innovative, zumeist außerliterarische Begründungen bemühten.

Robert Hartls *Versuch einer psychologischen Grundlegung der Dichtungsgattungen* (1924) beruft sich auf Wilhelm Diltheys empirisch-psychologisches Verständnis von Poesie und will der Dreigliedrigkeit ›psychologische Notwendigkeit‹ verleihen, indem er nach einer Wurzel in der menschlichen Natur sucht, um den Gattungen den Vorwurf der historischen Aufgezwungenheit zu ersparen. In dieser Absicht, die »Ursachen der gattungsmäßigen Zerspaltung der Poesie [...] in der Tatsache der verschiedenen menschlichen Erlebnisformen« aufzudecken, leitet Hartl die goetheschen ›Naturformen‹ der Poesie aus den »drei Naturformen menschlichen Erlebens«[34] her. Die Lyrik erklärt sich umstandslos als »Dichtung des Gefühls, der vasomotorischen Erregung« (14); das Drama versetzt den Zuschauer wie die Bühnenfiguren selbst »in intensive motorische Erregung« (46); das Epos verlangt die »imaginative Erregung« (95), weil es auf das »Welterlebnis des Schauens« (71) verweist.

Überboten wird dieser psychologische Ansatz in der fundamentalontologischen Gattungsbegründung Staigers (*Grundbegriffe der Poetik*). Staiger geht es vor allem um eine Klärung dessen, was unter dem Lyrischen, Epischen und Dramatischen zu verstehen ist – dabei sollen die Anforderungen der entsprechenden poetischen Gattung keine Rolle mehr spielen. Insofern verkehrt sich bei Staiger die Frage endgültig und richtet sich nicht mehr auf das Verständnis der Dichtung, sondern von der Dichtung her auf Anthropologie. Das Erkenntnisziel seiner poetologischen Grundbegriffe ist demgemäß eine »mit literaturwissenschaftlichen Mitteln bestrittene Anthropologie, literaturwissenschaftlich gefaßte Lehre von Seele, Körper und Geist«[35]. Niemand hat vor Staiger ähnlich strikt die seit Goethe und Schiller virulente Tendenz realisiert, die drei Grundhaltungen von den drei Gattungen abzulösen (die Möglichkeit, allenfalls tragisch und komisch als weitere Grundbegriffe hinzuzufügen, wird von Staiger nur erwähnt, jedoch nicht ausgeführt[36]). Im Wissen um die in der modernen Dichtung manifeste Gattungsmischung (z. B. lyrisches Drama) stützt er sich auf Edmund Husserls Begriff unverrückbarer Ideen, die »mir irgend einmal an einem Beispiel aufgegangen« (9) sind und dann nicht mehr schwanken können. Die damit verbundene »Unterscheidung der individuellen Realität vom rein idealen Wesen« beansprucht nicht länger, das Wesen z. B. des lyrischen Gedichts zu erkennen, sondern allein das Lyrische selbst: »Das ist nicht der Durchschnitt dessen, was nach äußeren Merkmalen Lyrik heißt. Niemand denkt bei ›lyrischer Stimmung‹, ›lyrischem Ton‹ an ein Epigramm; doch jedermann denkt dabei an ein Lied« (12). Die Emanzipation des Adjektivs vom Substantiv erlaubt das Zugeständnis an die historischen Fakten, daß »jede echte Dichtung [...] an allen Gattungsideen« (10) teilhat, weil das Wesen des Lyrischen, Epischen und Dramatischen nirgendwo rein verwirklicht sein kann. Daraus ergibt sich eine Analogie-Reihung a priori erfaßter Ideen, deren innere (unhistorische) Logik in Schellings spekulativer Poetik vorgebildet ist: Die drei poetischen Grundhaltungen lyrisch, episch, dramatisch korrelieren zum einen der Reihe Silbe – Wort – Satz (vgl. 220); zum anderen lassen sie sich gleichermaßen – unter Berufung auf Ernst Cassirers *Philosophie der symbolischen Formen* (1923–1929) – als Stufenfolge von sinnlichem, anschaulichem und begrifflichem Ausdruck (vgl. 224) auffassen. Drittens gründet »die Dreiteilung lyrisch – episch – dramatisch [...] in der dreidimensionalen Zeit« (232): Das »lyrische Dasein erinnert, das epische vergegenwärtigt, das dramatische entwirft« (234). Dabei enthüllen sich im Lichte von Heideggers *Sein und Zeit* (1927) die »Gattungsbegriffe als literaturwissenschaftliche Namen für Möglichkeiten des menschlichen Daseins« (237). Die literarischen Grundhaltungen bzw. Hauptgattungen sind demgemäß als etwas Sekundäres zu verstehen: als spezifische Konkretisationen bzw. Ableitungen dieser allgemeinmenschlichen Möglichkeiten. So erfordert das Lyrische seiner Unmittelbarkeit bzw. Simultaneität wegen eine Einheitlichkeit der Stimmung, wohingegen das »additiv komponierte« (127) Epische (»aufgehoben in aller Poesie als unentbehrliches Fundament«, 153) von der Selbständigkeit des Teils lebt (96). Das Dramatische spannt dagegen seine Elemente zu einer Reihe zusammen bzw. ordnet sie final und braucht dazu nicht die Realisierung auf der Bühne, da es auch in der bloßen Lektüre Pathos erzeugt (vgl. Heinrich von Kleists Erzählungen).

Diese existentialphilosophische Gattungsbegründung sollte in den 50er und 60er Jahren das dominierende Paradigma literaturwissenschaftlicher Grundlagenforschung bilden, fortgeführt z. B. in Wolfgang Kaysers *Das sprachliche Kunstwerk* (1948), der in Staigers Sinn scharf unterscheidet und den drei zentralen Gattungsbegriffen »nach der äußeren Darbietungsform«[37] (Lyrik, Epik und Dramatik) in »einem mehr inneren Sinne« (339) die drei Grundhaltungen lyrisch, episch und dramatisch gegenüberstellt. Protest gegen die Verfestigung dieser Dreiteilung hat sich in den 60er Jahren gerührt, als Staigers »sublime Trinitätsspekulationen« namentlich durch Friedrich Sengle aus historisierender Warte attackiert wurden. Indem Sengle darauf hinwies, »daß trotz der triadischen Ansätze in der Antike und in der Renaissance nicht der Klassizismus als solcher, sondern die idealistische Spekulation, die ihn ›vertiefte‹, den entscheidenden Anstoß zum literarischen Trinitätsdogma ge-

---

35 STAIGER, Andeutung einer Musterpoetik, in: K. Lazarowicz/W. Kron (Hg.), Unterscheidung und Bewahrung. Festschrift für Hermann Kunisch zum 60. Geburtstag (Berlin 1961), 356.
36 Vgl. STAIGER (s. Anm. 2), 7.
37 WOLFGANG KAYSER, Das sprachliche Kunstwerk. Eine Einführung in die Literaturwissenschaft (1948; Bern 1951), 334.

geben«[38] habe, hielt er der ontologisierenden Gattungstheorie deren geschichtliches Gewordensein entgegen, um sie dadurch zu relativieren. Eine dritte Position neben der Antithese von Ontologie und Historismus bilden Versuche, die etablierte Trias durch eine vierte Hauptgattung zu ergänzen, um so der realgeschichtlichen Formenvielfalt durch feinere Differenzierung gerechter zu werden. Im Anschluß an antike Traditionen propagiert daher Herbert Seidler (*Die Dichtung. Wesen, Form, Dasein*, 1959) das Festhalten am Didaktischen als einer vierten Hauptgattung. Eine tatsächliche Innovation stellt demgegenüber Wolfgang Victor Ruttkowskis – weitgehend folgenlos gebliebener – Vorschlag dar, das Didaktische nicht als eigenständige Gattung zu nehmen, sondern es in einer übergeordneten vierten menschlichen Grundeinstellung aufzuheben: im »Artistischen« als einer publikumsbezogenen Grundeinstellung, die speziell am Chanson erläutert wird. Damit sei eine poetische Kategorie gemeint, in der die »Vortragsgattungen im weitesten Sinne (der didaktische, rhetorische, kokettierende Publikumsbezug etc.)«[39] eine zureichende Erklärung finden könnten. Auf diese Weise treten diese nunmehr vier Grundhaltungen in eine neue Konstellation zueinander, die Staiger selbst schon geahnt, im Bann der Trinitätsidee aber noch nicht bewußt erkannt haben soll: »das Lyrische und das Artistische als Extremsituationen; vom Lyrischen [über das Epische und Dramatische – d. Verf.] zum Artistischen eine stetige Zunahme der Bewußtheit, ja Gespaltenheit« (91).

Mit der Abkehr von Staigers und Kaysers existentialphilosophischer Poetik, die sich im Zeichen sozialkritischen und historisch bewußten Denkens seit Ende der 60er Jahre vollzog, flaute die Gattungsdiskussion ab und wurde von einem poetologischen zu einem poetikgeschichtlichen, philologischen Problem. Ihre bislang letzten Verteidiger haben die literarischen Hauptgattungen in Wolfgang Lockemann, Klaus Müller-Dyes und Jürgen H. Petersen gefunden. Lockemann will hinter Staiger zurückgehen und spricht den bloß noch adjektivischen Grundbegriffen bzw. Grundhaltungen die poetologische Relevanz ab: »Daß die Adjektive zu den Substantiven Lyrik, Epik, Dramatik gehören, kann ebenso wenig zweifelhaft sein wie die Tatsache, daß sie bedeutungsmäßig fast nichts mehr mit ihnen zu tun haben. Vielmehr ist die Verselbständigung der Adjektivbedeutungen so weit fortgeschritten, daß man von ihnen aus zur Bildung neuer Substantive kommen würde: Dramatischheit und Lyrischheit. Damit würden die Substantive zu Trägern der Adjektivbedeutungen.«[40] Konkretes Dasein im poetischen Bereich besitzen demgegenüber allein die ursprünglichen Begriffe Lyrik, Epik und Dramatik, da Dichtung »immer und nur gattungsbestimmt« (51) auftritt. Dadurch ist die Gattungsdiskussion nach ihrem Abschweifen ins Feld der Anthropologie an ihren Ursprungsort zurückgeholt: Sie soll weder der Wesensbestimmung des Menschen noch seiner Geschichte dienen, sondern allein dem besseren Verständnis von dem, was Dichtung konstituiert. Müller-Dyes insistiert demgegenüber auf einer anthropologischen Begründung der Naturformen durch den Verweis auf Karl Bühlers drei Sprachfunktionen, die bereits bei Wolfgang Kayser eine Rolle gespielt hatten: Lyrische Dichtung wird auf diese Weise sprachanalytisch auf die ›Kundgabefunktion‹ bezogen, epische Dichtung auf die ›Darstellungsfunktion‹ und dramatische Dichtung auf die ›Appell-/Auslösungsfunktion‹. Petersen hält in der Sache an Staigers Verständnis »des in den Adjektiven gefaßten Wesens des Lyrischen, Epischen und Dramatischen« fest; er will jedoch auch das Gattungssystem als solches »deduzieren, also auch die Gattung in ihrer Grundform jeweils analysieren«, und unternimmt den Versuch, »durch einen Rückgriff auf die Elemente der alltäglichen Redesituationen [...] die Eigentümlichkeiten der literarischen Gattungen systematisch« abzuleiten: »sowohl hinsichtlich ihrer Strukturen als auch hinsichtlich ihrer Wesensmerkmale«[41].

Albert Meier

---

38 FRIEDRICH SENGLE, Vorschläge zur Reform der literarischen Formenlehre (Stuttgart 1969), 14 f.
39 WOLFGANG VICTOR RUTTKOWSKI, Die literarischen Gattungen. Reflexionen über eine modifizierte Fundamentalpoetik (Bern/München 1968), 9.
40 WOLFGANG LOCKEMANN, Lyrik, Epik, Dramatik oder die totgesagte Trinität (Meisenheim am Glan 1973), 53.
41 JÜRGEN H. PETERSEN, Fiktionalität und Ästhetik. Eine Philosophie der Dichtung (Berlin 1996), 119 f.

Literatur

BEHRENS, IRENE, Die Lehre von der Einteilung der Dichtkunst vornehmlich vom 16. bis 19. Jahrhundert. Studien zur Geschichte der poetischen Gattungen (Halle/S. 1940); BOVET, ERNEST, Lyrisme, épopée, drame (Paris 1911); BRUNÉTIÈRE, FERDINAND, L'évolution des genres dans l'histoire de la littérature (Paris 1890); HAMBURGER, KÄTE, Die Logik der Dichtung (Stuttgart 1957); HEMPFER, KLAUS W., Gattungstheorie. Information und Synthese (München 1973); HERMAND, JOST, Probleme der heutigen Gattungsgeschichte, in: Jahrbuch für Internationale Germanistik (1970), 85–94; HIRT, ERNST, Das Formgesetz der epischen, dramatischen und lyrischen Dichtung (Leipzig 1923); JAUSS, HANS ROBERT, Theorie der Gattungen und Literatur des Mittelalters (1972), in: Jauß, Alterität und Modernität der mittelalterlichen Literatur. Gesammelte Aufsätze 1956–1976 (München 1977), 107–138; KNAPP, GERHARD P., Textsorten – Typen – Gattungen – Formen, in: H. L. Arnold/V. Sinemus (Hg.), Grundzüge der Literatur- und Sprachwissenschaft, Bd. 1 (München 1973), 258–269; KRAUSS, WERNER, Die literarischen Gattungen, in: Krauss, Essays zur französischen Literatur (Berlin/Weimar 1968), 5–42; LOCKEMANN, WOLFGANG, Prolegomena zu einer Gattungstheorie. Über Gattungsähnliches im Alltag, in: Germanisch-Romanische Monatsschrift 52 (1971), 317–327; MÜLLER-DYES, KLAUS, Literarische Gattungen. Lyrik, Epik, Dramatik (Freiburg/Basel/Wien 1978); RUTTKOWSKI, WOLFGANG VICTOR, Werke über allgemeine Gattungspoetik (Fundamentalpoetik) oder über mehrere Gattungen zugleich, in: Ruttkowski, Bibliographie der Gattungspoetik (München 1973), 39–60; STANDOP, EWALD, Die Bezeichnung der poetischen Gattungen im Englischen und Deutschen, in: Germanisch-Romanische Monatsschrift 37 (1956), 382–394; SZONDI, PETER, Von der normativen zur spekulativen Gattungspoetik (1961/62), in: Szondi, Poetik und Geschichtsphilosophie, hg. von W. Fietkau, Bd. 2 (Frankfurt a. M. 1974), 7–183; SZONDI, PETER, Schellings Gattungspoetik (1961/62), in: Szondi, Poetik und Geschichtsphilosophie, hg. von W. Fietkau, Bd. 2 (Frankfurt a. M. 1974), 185–307; WILLEMS, GOTTFRIED, Das Konzept der literarischen Gattung. Untersuchungen zur klassischen deutschen Gattungstheorie, insbesondere zur Ästhetik F. Th. Vischers (Tübingen 1981).

Magisch/Magie

(griech. μαγικός, μαγεία; lat. magicus, magia; engl. magical, magic; frz. magique, magie; ital. magico, magia; span. mágico, magia; russ. магическое, магия)

Einleitung; 1. Zur Aktualität des Begriffs Magie; 2. Die Schwierigkeiten einer Begriffsgeschichte; **I. Wortgeschichte;** 1. Herkunft des Terminus; 2. Definitionen und schwankende Wertungen in Enzyklopädien von der Aufklärung bis zum 19. Jahrhundert; **II. Wandel des Begriffs in der Geschichte der modernen Magie-Forschung;** 1. Vom Fetischismus als Metasprache für das Denken des Anderen zum Fetisch als ästhetischem Wertmaßstab; 2. Zwei Erfindungen aus der Anfangsphase der Anthropologie: ›sympathetic magic‹ und ›the bastard sister of science‹; 3. Körper, Libido, Begehren und die Ordnung der Metapher als Wurzeln der Magie; 4. Zauberer, magischer Idealismus, Alchimie der Sprache und ›art magique‹; **III. Die Hauptszenarien im 20. Jahrhundert;** 1. Magie und Kino als moderne mimetische Maschine und Technologie des Imaginären; 2. Der Nomadismus des Oxymorons ›magischer Realismus‹

Einleitung

1. Zur Aktualität des Begriffs Magie

Magisch/Magie ist ein uneigentlicher ästhetischer Grundbegriff mit einer komplexen transkulturellen Geschichte, der trotz allem dazu dient, übergreifende Zusammenhänge, die den Gegenstandsbereich der modernen und der gegenwärtigen Ästhetik bilden, zu erfassen und zu analysieren. Im Problemhorizont der Theorietradition der philosophischen Ästhetik findet er keinen nennenswerten Platz, und wenn, dann erst verspätet und auf dem Umweg der Theoriebildungen über den Ursprung der Kunst. Bestimmend ist dabei in jeder Hinsicht die Verschiedenheit der Bezugsebenen, auf denen sich die Begriffsprägungen und -veränderungen vollziehen. Seit der englischen und französischen Romantik, in Deutschland erst seit 1880, werden die verschiedenen Unterbegriffe von magisch/Magie – Okkultismus, Astrologie, Theoso-

---

1 CHARLES BAUDELAIRE, L'Art philosophique (1868), in: BAUDELAIRE, Bd. 2 (1976), 598.

phie, Mystik, östliche Religionen und im metaphorischen Sinne die Alchimie – in das Instrumentarium aufgenommen, das bildenden Künstlern, Dichtern, Schriftstellern und Kritikern zur Entwicklung ihrer eigenen ästhetischen Reflexion im Spannungsfeld von künstlerischer Imagination und technischen, wissenschaftlichen und esoterischen Spekulationen verhilft. So greift beispielsweise Baudelaire bei seiner metaphorischen Bestimmung des Kunstbegriffs der Moderne auf Bedeutungen und Sinnzuschreibungen der Magie zurück: »Qu'est-ce que l'art pur suivant la conception moderne? C'est créer une magie suggestive contenant à la fois l'objet et le sujet, le monde extérieur à l'artiste et l'artiste lui-même.«[1] Zu den genannten Unterbegriffen gesellen sich im Umfeld der aufkommenden Psychiatrie die Parapsychologie und die Begleiterscheinungen des ab 1847 sich vom Staat New York aus verbreitenden Spiritismus wie mediumistische Teleplastie, Fotospiritismus, Fluidal- und Gedankenfotografie.

Auf die Parallelen und Äquivalenzen zwischen dem Glauben an den Astralleib, dem der Spiritismus anhängt, und dem ›guardian spirit‹ der eingeborenen Völker Nordamerikas ist oft hingewiesen worden. Nachdem die koloniale Expansion der europäischen Imperien auf ihrem Höhepunkt angelangt und die anthropologische Fiktion der ›primitive society‹ auf die tribalen Gesellschaften übertragen worden war, erfolgte Anfang des 20. Jh. eine generelle Neuklassifizierung der durch Eroberung, Plünderung und Sammeleifer nach Europa geschafften Artefakte. Sie wurden auf der einen Seite als materielle Kultur, auf der anderen als primitive Kunstwerke eingeordnet. Zuvor minder geschätzte Masken, Totemobjekte und Fetische erhielten in der dynamischen Veränderung des Kunstbegriffs, auf den sie ihrerseits Einfluß nahmen, den Status primitiver Kunst. In diesem Zusammenhang gingen weitere Unterbegriffe wie Animismus, Fetischismus, Totem, Mana, Schamanismus, Vision, Besessenheit und Rausch als ein durch Psychopharmaka veränderter Wahrnehmungszustand in die transkulturelle Geschichte von Magie als ästhetischem Grundbegriff ein.

Durch diese Offenheit ihres Bedeutungsfeldes wird Magie in einer ersten Entwicklungslinie zum Hauptgrediens jener Kunst- und Künstlerästhetiken sowie praxisbezogenen Theorien, deren Begrifflichkeit sich als Reaktion auf die künstlerischen Prozesse und Kunstströmungen oder als ein Teil von ihnen konstituiert. Die Anerkennung dieses Umstandes seit den 1960er Jahren führt zu einer grundlegenden Revision der Kunst- und Literaturgeschichtsauffassungen, so daß als Inspirationsquelle für die Schaffung der abstrakten Bildwelten eines Piet Mondrian oder Kasimir Malewitsch die Esoterik – und nicht die Relativitäts- und Quantentheorie – gilt. Zwischen den farbigen Fluidalaufnahmen von Louis Darget und den malerischen Experimenten Kandinskys besteht ein unmittelbarer Zusammenhang.

Ein zweiter Strang in der Begriffsbildung von ›Magie‹ ergibt sich durch die mythographischen Spekulationen und die anthropologischen, soziologischen und psychoanalytischen Magie- und Kunsttheorien seit Ende des 19. Jh., die sich auf die Suche nach den Ursprüngen, Klassifikationen und Funktionen der Magie begeben bzw. phylogenetische und ontogenetische Hypothesen über den Ursprung der Kunst formulieren. Kennzeichnend für jene Kunsttheorien ist mit nur wenigen Ausnahmen, daß sie in eine Kulturkritik der modernen Kunstentwicklung umschlagen. Die praxisbezogenen Theorien haben hingegen in den 1950er Jahren eine gesteigerte Komplexität des Begriffs zur Folge.

Ende der 60er Jahre wird Magie verstärkt in den alltagskulturellen Entgrenzungen der Ästhetik aufgespürt. In immer neuen Nuancierungen taucht sie in den Reflexionen über das vielfältige Spektrum der elektronischen Künste, über Performance, Cyberart, Medienkunst und Computerkunst, auf. Theoriegeschichtlich relevant ist die Form, wie der Begriff in die unterschiedlichsten Richtungen expandiert und die Grenzen zwischen den Disziplinen und Diskursen überschreitet. So erweitert sich das Anwendungsfeld des Magiebegriffs durch den Beiklang des Außergewöhnlichen und Besonderen, vor allem aber entstehen im Rückgriff auf den Fetischbegriff Theorien über Ästhetik, Ökonomie und Politik in den Gesellschaften des Massenkonsums und der elektronischen Massenmedien. Guy Debords These von der ›société du spectacle‹ bezeichnet »la domination de la société par ›des choses suprasensibles bien que

sensibles‹, qui s'accomplit absolument dans le spectacle«[2]. Dadurch entsteht eine ästhetische Wirklichkeit, in der das Bild die Form der Verdinglichung par excellence ist. Jacques Derrida wiederum zelebriert mit dem Paradigma der ›économimesis‹[3] das fetischistische Oszillieren zwischen unvereinbaren Positionen, unter denen man nicht auswählen kann, als eine Art Dekonstruktion.[4] Gleichzeitig entsteht eine Vielzahl von Kunstwerken, die, als machtvolle Objekte konzipiert, auf die unterschiedlichsten Formen der Hybridisierung von Medien und Gattungen zurückgreifen. Ausgehend von der kolonialen Verwendung des Terminus Fetisch und der Bedeutung des Blicks in der Kritik am Fetischismus wird Ende der 20er Jahre in der Pariser Zeitschrift Documents versucht, den Fetisch als einen Wert im Gegensatz zur Ästhetik und zur Kunstgeschichte zu bestimmen. Alejo Carpentier beteiligt sich mit der Publikation seiner Fotografien von Kultobjekten aus der kubanischen Santería an diesem Projekt und arbeitet gleichzeitig in mehreren Artikeln über die kubanische Populärmusik die starke Präsenz der Magie in den synkretistischen modernen Gesellschaften heraus.[5] Die sakralen Momente in deren Musik, so weist er nach, sind so geläufig wie die multimedialen rituellen Performances, zu denen nicht die Besessenheit durch Geister, sondern durch Götter gehört. Carpentiers Thesen sind der Zündstoff für eine weitgreifende Debatte über die Erscheinungsformen einer ›new magic‹ in den Künsten, die, von Joyce begrüßt und in Finnegans Wake (1939) auch umgesetzt, als ein früher Schritt auf dem Weg zu einer Performance-Kultur zu bewerten ist. Seit den 1960er Jahren inszenieren Performance- und Videokünstler individuelle Prozesse im Rückgriff auf Archaisches und die Magie. Mit der Aktion I Like America And America Likes Me (1974) geht Joseph Beuys über das Bild vom Schamanen als bloße Metapher hinaus, indem er den Künstler in

---

2 GUY DEBORD, La société du spectacle (Paris 1967), 27.
3 Vgl. JACQUES DERRIDA, Économimesis, in: S. Agacinski u. a. (Hg.), Mimesis des articulations (Paris 1975), 66 f.
4 Vgl. DERRIDA, Glas (1974; Paris 1995), 232–236.
5 Vgl. ALEJO CARPENTIER, Lettre aux Antilles, in: Bifur 3 (1929), 91–105; CARPENTIER, La musique cubaine, in: Documents 1 (1929), Nr. 6, 324 f.

seiner Praxis in die zentrale Position des Schamanen rückt. Der Weg führt zu der Situation, die Meyer Schapiro für die modernen Künstler 1937 so beschrieben hat: »The highest praise of their own work is to describe it in the language of magic and fetishism«[6].

Der Effekt-Affekt von Fetischismus und Magie wird in der Folge in einem breiten Spektrum von Kunstwerken ausgemacht. Besonders im Rezensionswesen häufen sich die Belege. Paradoxerweise übt der Verzicht auf Einfühlung, die ein Charakteristikum der Filme Robert Bressons ist, jetzt eine magische Wirkung aus: »Seine Werke [...] erhoben den Anspruch des Beispielhaften; ihrer minimalistischen Nüchternheit entsprang Magie«[7]. ›ModernStarts. People – Places – Things‹ lauten die kartographierenden Begriffe im Titel der ersten Ausstellung, die im Rahmen des Langzeitprojekts MoMA 2000 dem 20. Jh. gewidmet war. Die Inszenierung von 600 Exponaten stellt über die Grenzen von Kunstkategorien und -gattungen hinausgehend überraschende Korrespondenzen her: »Duchamps Fahrrad, Rietvelds rotblauer Stuhl und ein Glühbirnenplakat entfalten frühmodernen Objektzauber.«[8] Das ›Ding‹ und mit ihm die magisch geladene Energie des Fetischs entfaltet sich in einem Readymade, das den Werk- und Kunstbegriff der Avantgarde in Frage stellen kann, bevor es zu einer Ikone der Moderne wird[9], und in der Überhöhung der übersinnlichen Dinghaftigkeit der Objektwelt durch die wirksame Kombination des Praktischen mit dem Ästhetischen in der Werbung.

Entscheidend bleibt allerdings weiterhin die Art und Weise, wie Magie als ästhetischer Grundbegriff Einzug in die Lebenswelten hält. In seiner Theorie über die Formen der Macht setzt Max Weber Mana und Charisma gleich.[10] Im gleichen Moment, in dem Walter Benjamin in der 3. Fassung seines Kunstwerkaufsatzes auf die Gefahren hinweist, die in der Ästhetisierung der Politik liegen, deckt der Anthropologe Alfred R. Radcliffe-Brown den fiktiven Charakter des Staatsfetischismus auf.[11] Die magische Formel der Regierungspartei in Deutschland ab 1933 beinhaltet die Verknüpfung von Nationalismus, dem galvanisierenden Prinzip der imaginierten nationalen Gemeinschaften des 19. Jh., mit dem Sozialismus, dem den großen Massen des 20. Jh. Wohlergehen und Zukunft versprechenden Prinzip. Der Führerkult und die Ästhetisierung der Politik bewirken eine höchstmögliche Emotionalisierung dieses Amalgams. Ab den 80er Jahren ergänzen sich Globalisierung der Fernsehbilder und Nationalismus, der von Ikonen, Ritualen, Mythologien und Appellen an die Identität und den Nationalstolz abhängig ist. Die Medialisierung der Politik und selbst des Krieges ist nur ein Teil der übergreifenden Ästhetisierung der Kultur. Die Punk-Subkultur als eine Mischung aus beweglichem ›art object‹ und Performance zur Stilbildung verwischt die Grenzen zwischen Leben und Kunst. Das nachfolgende Insistieren auf dem ästhetischen Ausdruck in der fetischisierten Mainstream-Alltagsmode macht die provokative ästhetische Umkehrung der negativen Konnotation des Fetischbegriffs seit Charles de Brosses, Freud und Marx evident. Als Magier tritt Jean-Paul Gaultier auf, der Modeschöpfer der neuen Kleidergeschichte, der sich für seine Entwürfe Anregungen von der Straße holt: »Das Schöne ist kein Meisterstück und keine schwer errungene Perfektion, sondern ein starker Zauber, der die Menschen von Saison zu Saison überfällt. Daher erhebt Gaultier allenfalls den Anspruch auf den Titel eines Magiers des Augenblick-Stils«[12].

---

6 MEYER SCHAPIRO, Nature of Abstract Art (1937), in: Schapiro, Modern Art, 19th and 20th Centuries (London 1978), 200.
7 Register – Robert Bresson, in: Der Spiegel (1999), H. 52, 200.
8 HANS-PETER RIESE, Aus dem Füllhorn der Moderne, in: Frankfurter Allgemeine Zeitung (16. 12. 1999), 49.
9 Vgl. PETER REED, Common and Uncommon Things, in: J. Elderfield u. a. (Hg.), ModernStarts. People – Places – Things [Ausst.-Kat.] (New York 1999), 298.
10 Vgl. MAX WEBER, Wirtschaft und Gesellschaft. Grundriß der verstehenden Soziologie (1922; Tübingen ⁵1980), 245.
11 Vgl. WALTER BENJAMIN, Das Kunstwerk im Zeitalter seiner technischen Reproduzierbarkeit, 2. [recte 3.] Fassung (entst. 1936–1939), in: BENJAMIN, Bd. I/2 (1989), 508; ALFRED R. RADCLIFFE-BROWN, Foreword, in: M. Fortes/E. E. Evans-Pritchard (Hg.), African Political Systems (1940; Oxford 1970), XXIII.
12 INGEBORG HARMS, Geniestreiche, in: Vogue, H. 9 (1999), 310.

Parallel zu den wechselnden Moden ist ein Langzeitprozeß zu beobachten. Das soziologische Theorem von Ausdifferenzierung der Gesellschaft und Individualisierung ihrer Mitglieder erhält zu Beginn des 20. Jh. ein positives Vorzeichen. Die Ängste vor der Auflösung der überkommenen Ordnung weichen allmählich einer Vielfalt von Standpunkten, die angesichts des Durchsetzungsvermögens der Zweckrationalität zwischen einem Dafür oder Dagegen schwanken. Die in Paris entstandene Soziologie konstituiert sich als Disziplin in Deutschland erst viel später. Das erwähnte Theorem ist ihre Kernstruktur. So erarbeitet Weber die Prinzipien seiner Modernisierungstheorie, deren Angelpunkt die Rationalisierung als spezifisches Phänomen bildet. Die Verwerfung der Magie, die in der jüdisch-christlichen Religion wurzele, bildet nach Weber einen der Grundzüge der westlichen Zivilisation, während einer der Hauptaspekte der Rationalisierung in der zunehmenden kognitiven Beherrschung der Wirklichkeit durch die exakten Wissenschaften, die die Rolle von Mythos und Magie verdrängten, besteht. Für diesen Aspekt der durchgreifenden Rationalisierung prägt Weber 1919 die Formel von der »Entzauberung der Welt«[13], und in ihrer theoretischen Grundlegung der *Dialektik der Aufklärung* vertreten Max Horkheimer und Theodor W. Adorno 1947 die These: »Die Entzauberung der Welt ist die Ausrottung des Animismus.«[14]

Ein verändertes Verständnis der Moderne führt um 1980 dazu, daß Wissenschaftstheoretiker und -historiker dieser These die Diagnose eines ›Reenchantment of the World‹ – so die Formel von Morris Berman – entgegensetzen.[15] Die spätere Koppelung des Konzepts mit der Faszination für das Virtuelle und die Allgegenwart der elektronischen Technologien, die zu Medien der Wahrnehmung geworden sind, ist symptomatisch für seine Attraktivität. In der Theoriebildung verwandelt es sich damit in einen möglichen gemeinsamen Nenner für die ästhetische Praxis. Für Walter Liedtke, Kurator der Ausstellung *Vermeer and the Delft School* (Metropolitan Museum of Art, New York 2001), ist die Delfter Schule »a porous, fluctuating idea that intermittently revealed ›a preference for understatement, for rationality and reserve and for sober realism‹«[16]. Die Fotografien von Andreas Gursky werden unter dem Motto einer »Magie der Masse«[17] gesehen, während gleichzeitig der digitalen Magie mißtraut wird, weil man sie als eine ewige will: »Mr. Gursky's least successful work [...] ratches up the technical gadgetry until it becomes the subject of the art, an uninteresting result. When there's magic it entails traditional formal satisfaction. Will these pictures seem as astonishing to a future generation accustomed to spiffier technologies? Paintings that looked magical to people a century ago [...] look less magical now. But prognosticating is a fool's job. We only know that, to our eyes, Mr. Gursky's art is instantly attractive to the point of alarm, which is the feeling of falling in love.«[18]

2. Die Schwierigkeiten einer Begriffsgeschichte

Die Rekonstruktion einer transkulturellen Geschichte des Magiebegriffs beinhaltet zwei Hauptschwierigkeiten. Die erste ergibt sich im Hinblick auf die Intension und Extension des Begriffs. Aufgrund der starken Heterogenität seiner Konstitutions- und Gültigkeitsfelder besteht keine semantische Invarianz. Es entstehen unterschiedliche diskursive Ordnungen und Problemkonstellationen, je nachdem, ob Magie mit Zauber, Wunder, Phantastik oder Automatismus in Verbindung gebracht wird. Auf der Gegenstandsebene korreliert dies mit der großen Vielfalt der zum Bedeutungsfeld der Magie gehörenden Praktiken. Die zweite

---

13 WEBER, Wissenschaft als Beruf (1919), in: Weber, Ges. Aufsätze zur Wissenschaftslehre (Tübingen 1968), 604.
14 MAX HORKHEIMER/THEODOR W. ADORNO, Dialektik der Aufklärung (1947), in: ADORNO, Bd. 3 (1981), 21.
15 Vgl. MORRIS BERMAN, Reenchantment of the World (Ithaca, Ill./London 1981); ILYA PRIGOGINE/ISABELLE STENGERS, La Nouvelle Alliance. Métamorphose de la science (Paris 1979).
16 ROBERTA SMITH, Magic Turns Light into Life – Magiciens from Delft Turn Light into Life, in: The New York Times (9. 3. 2001), B 31, 34.
17 JÖRG HÄNTZSCHEL, Die Magie der Masse, in: Süddeutsche Zeitung (3./4. 3. 2001), 19.
18 MICHAEL KIMMELMAN, Stun-Gun Reality, Magnificent in its Artifice – The Glamour of Stun-Gun Reality, Magnificent in its Artifice, in: The New York Times (2. 3. 2001), B 39.

Schwierigkeit ist wissenschaftsgeschichtlicher Natur. Michel Foucault bemerkt in *Les mots et les choses* (1966) zur Entfaltung des Spiels der Ähnlichkeiten in den Grenzen einer konstitutiven Analogie im ›siècle classique‹: »Dans une *épistème* où signes et similitudes s'enroulaient réciproquement selon une volute qui n'avait pas de terme, il fallait bien qu'on pensât dans le rapport du microcosme au macrocosme la garantie de ce savoir et le terme de son épanchement. Par la même nécessité, ce savoir devrait accueillir à la fois et sur le même plan magie et érudition.« Darum stehen nach seiner These Divination und Wissen nicht in einem konkurrierenden Verhältnis, sondern die Divination »fait corps avec la connaissance elle-même«[19]. Mit dem Hinweis auf charakteristische Projekte wie die *Mathematicall Magick* (1648) von John Wilkins und die ›künstliche Magie‹ mit ihrer Verwendung ausgeklügelter technischer Apparaturen unterstreicht Foucault das Streben nach Wissen und Erkenntnis: »Le projet des ›Magies naturelles‹, qui occupe une large place à la fin du XVIe siècle et s'avance tard encore en plein milieu du XVIIe, n'est pas un effet résidual dans la conscience européenne; il a été ressuscité [...] et pour des raisons contemporaines: parce que la configuration fondamentale du savoir renvoyait les unes aux autres les marques et les similitudes. La forme magique était inhérente à la manière de connaître.« (48)

Angrenzend an die Problematik der Identitätsbestimmung eines neuzeitlichen »objektivierten Subjekts der Wissenschaft«, das als eine Menschheit begriffen wird, imstande, die *eine* »Vollkommenheit der Naturbeherrschung«[20] zu erreichen, beschäftigt man sich in den 70er Jahren ausgiebig mit der Rolle der ›magia naturalis‹ bei der Herausbildung der Naturwissenschaften, in konkreten Fällen auch hinsichtlich »einer rational-kritischen Verwendung des (Magie-)Begriffs und der Sache selbst«[21].

Im Jahre 1799 kommt Indien, das damals größte Exportland der Welt, endgültig unter britische Kolonialherrschaft. Die koloniale Expansion Europas wird im Laufe des 19. Jh. drei Viertel der damals bekannten Welt in Besitz nehmen. Die aufkommende Disziplin der Anthropologie war Teil des Dispositivs, das in den Dienst einer strategischen Aufgabe gestellt wurde: die moderne Repräsentation der kolonisierten außereuropäischen Gesellschaften. Die maßgeblichen evolutionistischen Magietheorien kombinieren Wahrnehmungstheorien und operationalisierte Hypothesen mit nicht unmittelbar verifizierbaren oder widerlegbaren Aussagen, die Grundbestandteil allgemeiner Kulturtheorien sind. Die Aufstellung der Trias Magie – Religion – Wissenschaft gemäß einer evolutionistischen Logik bedeutet eine Interpretation der Magie in Fixierung auf die christliche Religion einerseits und andererseits als unzureichender Schatten der positivistisch-rationalistischen Wissenschaftsauffassung. In diesem Sinne wird die Magie in Übereinstimmung mit den wissenschaftlichen Kriterien der zweiten Hälfte des 19. Jh., d. h. der faktischen Auswertung von Ursache-Wirkung-Beziehungen entsprechend den Modellen der aristotelischen Logik und dem mechanistischen Determinismus der Physik nach Newton, in die semantischen Felder der Wissenschaft und der Religion aufgenommen. Das Korollarium sind Definitionen von Magie per Negation. Sie wird auf eine niedrigere Entwicklungsstufe als vergleichsweise die Wissenschaft gestellt oder erscheint als Entsprechung für einen Teil oder einen Aspekt der Religion. Anfang der 1960er Jahre erweist es sich in der selbstkritischen anthropologischen Debatte noch als notwendig, solche Begriffsbestimmungen grundsätzlich in Frage zu stellen und sie als unbrauchbar oder sogar irreführend anzuprangern, wenn sie auf nicht-westliche Gesellschaften übertragen werden. Als Fazit der englischen Diskussion über die Rationalität der Magie und die ›Modes of Thought‹ stellt der Philosoph John Skorupski fest, daß am heterogenen Charakter der Magie als Begriff und ihrer Gegensätzlichkeit zu den Prinzipien

---

19 MICHEL FOUCAULT, Les mots et les choses. Une archéologie des sciences humaines (Paris 1966), 47.
20 HANS BLUMENBERG, Säkularisierung und Selbstbehauptung. Erw. u. überarb. Neuausg. v. ›Die Legitimität der Neuzeit‹, erster und zweiter Teil (1974; Frankfurt a. M. ²1983), 122.
21 KURT GOLDHAMMER, Magie bei Paracelsus. Mit besonderer Berücksichtigung des Begriffs einer ›natürlichen Magie‹, in: Magia Naturalis und die Entstehung der modernen Naturwissenschaften. Symposion der Leibniz-Gesellschaft, Hannover, 14. u. 15. Nov. 1975 (Wiesbaden 1978), 31.

des westlichen Denkens kein Zweifel bestehe.²² Der Anthropologe Gilbert Lewis teilt diese Auffassung: »If magic is so heterogeneous a category, embracing diverse practiques whose only common characteristic is that they rest on interpretative premisses contrary to our own, it is unreasonable to expect that a simple theory will fit all cases.«²³

Neben diesem prinzipiellen wissenschaftsgeschichtlichen Hindernis, das die Rekonstruktion der Begriffsgeschichte von Magie erschwert, liegt eine weitere Schwierigkeit in der Verschiedenheit des jeweiligen Umfelds, in dem der Begriff auftaucht. Bereits 1927 übt Benjamin in einer kurzen Rezension vernichtende Kritik an der Neuauflage von Heinrich Bruno Schindlers Buch *Das magische Geistesleben. Ein Beitrag zur Psychologie* (1857), weil er im Gegensatz dazu das »erste Anliegen der Forschung« in der »strengen Sonderung der vielen höchst heterogenen Dinge« sieht, »die unter dem Begriff des ›Magischen‹ vor hundert Jahren zuerst zusammengefaßt wurden«²⁴. Benjamins Feststellung behält eine gewisse Gültigkeit. Die Heterogenität der Szenarien, in denen sich der Begriff herausbildet, läßt sich am Beispiel der zeremoniellen Renaissance-Magie, die sich de facto am Beginn der Moderne und außerhalb des Zyklus der kritischen ästhetischen Reflexion situiert, festmachen. Ein Schlüsselthema der wissenschaftsgeschichtlichen Forschungen in den 1960er Jahren war die Diskussion um die Übersetzung und die Wirkung des *Corpus hermeticum*, dessen Autorschaft Hermes Trismegistos zugeschrieben wird, im Neuplatonismus und im Kabbalismus der Frührenaissance. In der Übersetzung durch Marsilio Ficino erzielte es zwischen 1471 und 1641 fünfundzwanzig Auflagen und wurde in Florenz als die gesammelte Weisheit des alten Ägypten gelesen. Die Forschungsergebnisse belegen, daß Hermetismus und naturwissenschaftliche Bildung bei der Grundlegung der modernen Kulturen zusammengehören. Kopernikus, der sich bei der Beweisführung für seinen Heliozentrismus auf die Schriften von Nasir ad-Din at-Tusi und Ibn al-Šatir stützt, steht den hermetisch-kabbalistischen Traditionen und der ›magia spiritualis‹ Ficinos nicht fern.²⁵ Da in der Renaissance die Grenzen zwischen Magie und christlicher Religion, Kunst und Wissenschaft fließend sind, gehören die technischen Anwendungen der Mechanik und der Optik zur Kunst und imitieren Architekten und Maler die Natur, indem sie Aspekten der Magie materielle Form geben. Die vom Hermetismus getragene unsystematische Philosophie der Natur, die den Versuchen einer Kontrolle der Natur neue Impulse verleiht, übt eine regulierende Funktion aus.²⁶ Die Darstellungsweisen und Bedeutungen der Renaissancemalerei werden in ikonischen und emblematischen Begriffen definiert und nicht nur als eine ästhetische Erfahrung.²⁷ Seit Leon Battista Alberti besitzt die Illusion der Perspektive den Charakter einer ›magia artificialis‹; ›magia naturalis‹, ›magia artificialis‹ und ›Astrologie‹ aber gehören in den Bereich einer ›science of art‹, die die Problemstellungen der Wahrnehmung, Optik und Ästhetik gleichermaßen einbezieht.²⁸

Die Debatte über die Renaissance-Magie bringt deutlich die Notwendigkeit zutage, die überholten Begrifflichkeiten zu revidieren, angefangen vom konzeptuellen Rahmen, in den sich die Repräsentationen der Renaissance jeweils einschreiben, bis hin zu ihrem Ethnozentrismus. Zu untersuchen sind folglich die asymmetrischen kulturellen Austauschprozesse, die ihre Physiognomie bestimmen.

Eine weitere Schwierigkeit leitet sich aus den veränderten sozio-politischen und kulturellen Bedingungen des Entkolonisierungsprozesses und seiner Auswirkungen auf die Human- und Sozialwissenschaften her. In den USA hatten sich auf der Grundlage der konstatierten Inkommensurabilität der kulturellen Systeme seit den 30er Jahren die

---

22 Vgl. JOHN SKORUPSKI, Symbol and Theory. A Philosophical Study of Theories of Religion in Social Anthropology (Cambridge u. a. 1976), 159.
23 GILBERT LEWIS, Magic, Religion and the Rationality of Belief, in: T. Ingold (Hg.), Companion Encyclopedia of Anthropology, Humanity, Culture and Social Life (London/New York 1994), 580.
24 BENJAMIN, [Rez.] Heinrich Bruno Schindler, Das magische Geistesleben […] (1927), in: BENJAMIN, Bd. 3 (1972), 57.
25 Vgl. NOEL M. SWERDLOW/OTTO NEUGEBAUER, Mathematical Astronomy in Copernicus's De Revolutionibus (New York/Berlin 1984), 41–51.
26 Vgl. FRANCES A. YATES, Giordano Bruno and the Hermetic Tradition (1964; Chicago 1991), IX–XIV.
27 Vgl. PETER BURKE, The Italian Renaissance (Cambridge 1986), 124–142.
28 Vgl. MARTIN KEMP, The Science of Art (New Haven/London 1990), 13, 205–217.

Fragestellungen des kulturellen Relativismus der anthropologischen Schule in den Spuren Franz Boas' behauptet. Gemäß der Devise, die Anthropologie habe sich auf die Übersetzung einer Kultur zu konzentrieren, hält sich die englische Sozialanthropologie wiederum lange zurück, die Frage nach den Beziehungen zwischen verschiedenen intellektuellen Systemen aufzugreifen. Die aporetische Feststellung, daß die Kategorie der magischen Handlung durch den Beobachter definiert und die Dichotomie von Profanem und Sakralem nicht durch den Handelnden selbst hervorgerufen wird, steht am Beginn der Debatte.[29] Magie als ethnozentristischer Begriff gerät zunehmend in die Kritik. Wenn eine »temporary suspension« der kognitiven Postulate sozialwissenschaftlicher Erkenntnis angeraten ist, so müßte das auch die Aufgabe des Magiekonzepts, wie es bisher gehandhabt wurde, nach sich ziehen, lautet das Fazit: »Judged from the standpoint of sociology no behaviour is properly speaking, irrational [...]. The term ›magic‹ is, I suggest, best expunged from our sociological vocabulary altogehther.«[30]

Ebenso abgelehnt werden andere Konzepte, die eine entscheidende Rolle in der Geschichte der Anthropologie gespielt haben. Im Totemismus macht Lévi-Strauss den westlichen Rückgriff auf die ›Primitiven‹ zur eigenen Identitätssicherung aus[31], und am Fetischismus weist Jean Pouillon nach, wie die Bespiegelungsstrategien des verunsicherten europäischen Selbst in der Alterität des Anderen funktionieren.[32] In der auf die Struktura-

---

29 Vgl. JACK GOODY, Religion and Ritual: The Definitional Problem, in: The British Journal of Sociology 12 (1961), 145–157.
30 JOHN D. Y. PEEL, Understanding Alien Belief-Systems, in: The British Journal of Sociology 20 (1969), 81.
31 Vgl. CLAUDE LÉVI-STRAUSS, Le totémisme aujourd'hui (Paris 1962), 4.
32 Vgl. JEAN POUILLON, Fétiches sans fétichisme, in: Nouvelle Revue de Psychanalyse (1970), H. 2, 137.
33 Vgl. EMILY APTER/WILLIAM PIETZ, Preface, in: E. Apter/W. Pietz (Hg.), Fetishism as Cultural Discourse (Ithaca, Ill./London 1993), IX.
34 PIETZ, Fetishism and Materialism: The Limits of Theory in Marx, in: ebd., 139.
35 GILLES DELEUZE, Différence et répétition (1969; Paris 1972), 269.

lismuskritik des Ethnozentrismus folgenden Phase der Theoriebildung wird der Fetisch in eine westliche Schöpfungsgeschichte eingeschrieben und in strategischen Sozialbeziehungen verwurzelt, die Handel, Religion, Sklaverei und moderne Wissenschaft miteinander verflechten. Zwei in der Aufklärung um 1750 geprägte philosophische Neologismen – Ästhetik, fétichisme – sollten auf Prozesse der Wahrnehmung fühlbarer Materialität Licht werfen, die weder in der Psychologie von René Descartes und Nicole Malebranche noch in der von John Locke und Christian Wolff Platz gefunden hatten.[33] Daher die Möglichkeit, die Fetischismusauffassung der Aufklärung kontrapunktisch zu dem Denkprozeß auszulegen, in dessen Ergebnis Kant zu seiner paradoxalen Erklärung des Schönen gelangt: »The first half of his *Critique of Judgment* develops a novel theory of aesthetic judgment as perception of ›purposiveness‹ in objects. This quasi-animistic subjectivity proper to aesthetic experience is identified as a legitimate faculty of the human mind (as opposed to an aberrant mode of superstitious delusion) in order to come to cognitive terms with the scandalous fact of the organism, the purposeful natural being (theorized in the second part of Kant's treatise, the critique of teleological judgment).«[34]

Die seit den 80er Jahren erfolgte Revision der Magie im Postkolonialismus enthüllt ihre Geschichte als eine von Identität und Nachahmung. Die mimetischen Strukturen von Zuschreibung und Gegenzuschreibung, von Selbstinszenierung und Wahrnehmung des Anderen sind ab der ersten kolonialen Begegnung zwischen den ›Zivilisierten‹ und den ›Wilden‹, deren diese sich zu bemächtigen suchten, bestimmend. Das hat die Problemstellungen der Körperlichkeit, der sozialen, politischen und persönlichen Räume und eben des Fetischismus und der Magie in die ästhetische Diskussion eingebracht. Gilles Deleuze verwendet den Fetisch als einen theoretischen Grundbegriff: »le fétiche est l'objet naturel de la conscience social comme sens commun ou recognition de valeur.«[35] Im Vorgang der Fetischisierung wird »die endgültige Transformation der Institution Kunst in die Institution Kulturindustrie« nachvollzogen. Andy Warhol, Idolfigur der Pop-art, ist die unumgängliche Referenz für die Koppelung von ›Kunstfetischismus‹ und ›Warengläubigkeit‹:»Das Produkt unterscheidet sich insofern vom Objekt, als das Objekt autonom, wertvoll und fetischisiert ist.«[36] In der Linie der Aufklärungstheorien über den Fetisch als Konstrukt verlangt Pierre Bourdieu, daß das Kunstwerk und die Kunst als Fetisch zu behandeln sind, damit man sie analysieren kann.[37]

I. Wortgeschichte

1. Herkunft des Terminus

Der griech. Terminus μάγος (magos) stammt aus der religiösen persischen Sprache.[38] Seit Ende des 6. Jh. v. Chr. wird die μαγεία (mageia) im antiken Griechenland und später in Rom unmittelbar mit einem Priesterclan aus Persien, den ›magoi‹, in Verbindung gebracht.[39] Im folgenden Jahrhundert, als sich die Schriftkultur durchsetzt und die Aktivitäten der Sophisten an Bedeutung gewinnen, wird der Terminus in die Begriffsfelder von Religion und Medizin aufgenommen, wodurch sich die Wertschätzung der Magie sichtlich verändert. Im 5. Jh. v. Chr. existieren ›magos‹ und ›mageia‹ neben den älteren griech. Begriffen für magische Phänomene γόης (goēs) und γοητεία (goēteia). Die neu eingeführten Termini beruhen allerdings weder auf einer direkten Kenntnis der religiösen Institutionen und Praktiken der Perser, noch sind sie in der Anwesenheit persischer Priester auf griechischem Boden begründet; trotz ihrer kulturellen Integrationsfunktion dienen sie vor allem zur Ausgrenzung des Fremden.[40] Schon die ältesten Belege unterstreichen diese Doppelfunktion: Herodot und Xenophon bezeichnen mit ›magoi‹ eine Stammesgruppe oder geheime Gesellschaft, die Opferrituale vollzieht, Weissagungen und Traumdeutungen vornimmt und ganz allgemein als Experten in göttlichen Dingen und Ritualen am Rande der Gesellschaft lebt, von vielen gefürchtet, aber auch von vielen aufgesucht.[41]

Der griech. Terminus ›goēs‹ kommt von ›goos‹, der rituellen Klage, und bezeichnet zunächst die Person, die den Toten auf seinem Weg in die andere Welt begleitet. Später werden an den Schamanismus gemahnende rituelle Elemente und Riten der Ekstase, der Weissagung und Heilung in die magischen Praktiken aufgenommen.[42] Für Platon gehören im *Alkibiades 1* zur gebührlichen Unterweisung eines jungen persischen Adligen auch die Lehrer, die »die Kunst der ›mageia‹, die sich von Zoroaster, dem Sohn des Horomazes (oder Oromasdes), ableitet, unterrichten« (ὧν ὁ μὲν αγείαν τε διδάσκει τὴν Ζωροάστρου τοῦ Ὠρομάζου[43]).

Der Terminus ›magoi‹ wird darüber hinaus auf ekstatische Kulthandlungen angewendet, die am Rande der Opferrituale der Polis stattfinden.[44] Platons *Staat* zufolge sind »ἀγύρται δὲ καὶ μάντεις«[45] (herumziehende Priester mit seherischen Gaben) jene Spezialisten in religiösen Dingen, die die Initiation in geheime private Kulthandlungen anbieten, um die Seele von Lebenden und Toten zu verführen. Durch die Darreichung von Opfergaben sollen die Götter wohlgestimmt werden, während Verhexungen und Verzauberungsriten gegen persönliche Feinde in Auftrag gegeben werden. Im *Symposion* ist ›goēteia‹ in der Auslegung von Verhexung mit Eros, dem Zwischenwesen zwischen der

---

36 BENJAMIN BUCHLOH/CATHERINE DAVID/JEAN-FRANÇOIS CHEVRIER, Das politische Potential der Kunst 1, in: Politics-Poetics: Das Buch zur Dokumenta X (Ostfildern/Ruit 1997), 402.
37 Vgl. PIERRE BOURDIEU, Les règles de l'art. Genèse et structures du champ littéraire (Paris 1992), 318.
38 Vgl. ARTHUR DARBY NOCK, Paul and the Magus, in: Nock, Essays on Religion and the Ancient World, hg. v. Z. Stewart (Oxford 1972), 308–330.
39 Vgl. RAFFAELA GAROSI, Indagine sulla formazione del concetto di magia nella cultura romana, in: P. Xella (Hg.), Magia. Studi di storia delle religioni in memoria di R. Garosi (Rom 1976), 13–93.
40 Vgl. EDITH HALL, Inventing the Barbarian. Greek Self-Definition Through Tragedy (Oxford 1989), 75, 89 f.; ROBERT GARLAND, Introducing New Gods (London 1992), 145–150.
41 Vgl. HERODOT, Historiae 1, 132; ebd., 7, 37; XENOPHON, Kyr. 8, 1, 23; MARTIN L. WEST, Early Greek Philosophy and the Orient (Oxford 1971), 239–242; WALTER BURKERT, Die orientalisierende Epoche in der griechischen Religion und Literatur (Heidelberg 1984), 45.
42 BURKERT, Goēs. Zum griechischen Schamanismus, in: Rheinisches Museum 105 (1962), 36.
43 PLATON, Alk. 1, 122a.
44 Vgl. PLATON, Rep. 572e; PLATON, Ax. 371a.
45 PLATON, Rep. 364b.

Welt der Menschen und der Götter, in Verbindung gesetzt.[46] In der von Heraklits Kritik[47] an den geheimnisvollen Kulthandlungen, den traditionellen Reinigungen, bacchischen Riten und Praktiken der ›magoi‹ eingeleiteten Linie setzt der spätere Platon die ›magoi‹ mit den ›atheoi‹ auf eine Stufe und verurteilt die Magie mitsamt allen ekstatischen Kulten im Namen einer spiritualisierten theologischen Spekulation. Das gilt auch für die Dichtung, deren Wirkung, wie Gorgias sie beschreibt, magischen Charakter besitzt.[48] Für die Sophisten ist die Rhetorik wie die Magie eine Technik, sie betrachten die rhetorische Effizienz als Verzauberungs- und Täuschungsmacht.[49] Parallelen zu den Anschuldigungen der Platonischen Spekulation gegen die Magie finden sich in der hippokratischen Medizin und deren Auffassung von der Epilepsie (›morbus sacrum‹). Denn während die ›magoi‹ und andere mit magischen Funktionen ausgestattete Figuren wie die ›kathartai‹, ›agyrtai‹ und ›alazōnes‹ die Epilepsie als eine durch göttlichen Eingriff erfolgte spirituelle Besitzergreifung verstehen und sie in eine allgemeine kosmogonische Erklärung aufnehmen, halten sich die Hippokraten bei ihren Heilmethoden ausschließlich an die Beobachtung der Körperfunktionen.[50]

›Magia‹ und ›magus‹ im Lat. sind relativ späte, aus dem Griech. stammende Termini. Cicero verweist auf Phänomene der Magie in Persien.[51] Die zunehmenden Anklagen wegen Zauberei und geheimen Mordes durch Zauber oder Verabreichung von Gift fallen mit der Rezeption griechischer Autoren sowie einer starken Verbreitung der magischen Praktiken zusammen. Plinius unternimmt die erste Bestandsaufnahme der Magie und gibt im Buch 30 seiner *Historia naturalis* eine Begriffsdefinition der westlichen Magieauffassungen: »Magicas vanitates saepius quidem antecedente operis parte, ubicumque causae locusque poscebant, coarguimus detegemusque etiamnum. in paucis tamen digna res est, de qua plura dicantur, vel eo ipso quod fraudulentissima artium plurimum in toto terrarum orbe plurimisque saeculis valuit.« (Im vorhergehenden Teil dieses Werkes haben wir zwar, wo immer Gegenstand und Ort es forderten, schon öfters die Lügenhaftigkeit der Magier aufgedeckt, und wir wollen sie auch weiterhin enthüllen. Doch verdient dieser Gegenstand wie weniges, daß man noch mehr darüber sagt, schon deshalb, weil diese betrügerischste aller Künste auf dem ganzen Erdkreis und in den meisten Jahrhunderten große Bedeutung hatte.)[52]

2. Definitionen und schwankende Wertungen in Enzyklopädien von der Aufklärung bis zum 19. Jahrhundert

Der Schlüsseltext über Magie in der Aufklärung ist der im 9. Band der *Encyclopédie ou Dictionnaire raisonné des Sciences, des Arts et des Métiers* (1765) erschienene Eintrag. Dieser namentlich nicht gekennzeichnete Artikel stammt aus der Feder des calvinistischen Pfarrers Antoine-Noé Polier de Bottens aus Lausanne, der in seiner Stadt ein Seminar für Pastoren leitete, die nach Frankreich auf geheime Mission geschickt wurden.[53] Voltaire gewinnt ihn als Mitarbeiter für die *Encyclopédie*, als d'Alembert die Herausgabe betreute. D'Alembert gibt seine berühmt gewordene Empfehlung nach der Lektüre des Artikels ›Liturgie‹ von Polier de Bottens, hat aber sicher ebenso dessen andere Beiträge ›Messie‹, ›Maosim‹, ›Magie‹ oder ›Magicien‹ im Auge. In einem Brief vom 21. 7. 1757 schreibt er an Voltaire: »Nous demandons seulement permission à votre hérétique de faire patte de velours dans les endroits où il aura un peu trop montré la griffe. C'est le cas de reculer pour mieux sauter.«[54]

---

46 Vgl. PLATON, Symp. 202e.
47 Vgl. HERAKLIT, Fr. 14, in: H. Diels (Hg.), Die Fragmente der Vorsokratiker, gr.-dt., Bd. 1 (Berlin ³1912), 81.
48 Vgl. GORGIAS, Helenēs enkōmion 10 u. 14.
49 Vgl. JACQUELINE DE ROMILLY, Magic and Rhetoric in Ancient Greece (Cambridge 1975), 29–32.
50 Vgl. GEOFFREY E. R. LLOYD, Magic, Reason and Experience. Studies in the Origin and Development of Greak Science (Cambridge 1979), 10–48.
51 Vgl. CICERO, Div. 1, 4–6; 1, 91.
52 PLINIUS, Nat. 30, 1 f.; dt.: Naturkunde, lat.-dt., Bücher 29/30, hg. u. übers. v. R. König/J. Hopp (München 1991), 116 f.
53 Vgl. JOHN LOUGH, The ›Encyclopédie‹ in Eighteenth-Century England and Other Studies (Newcastle 1970), 188.
54 JEAN LE ROND D'ALEMBERT an Voltaire (21. 7. 1757), in: Voltaire, Les Œuvres complètes, hg. v. T. Besterman u. a., Bd. 102 (Genf u. a. 1971), 105

Den Artikel leitet eine komprimierte Magiedefinition ein, die den gedanklichen Grundkonstellationen der Aufklärung sowohl in der Alternativstellung der Magie als Wissenschaft oder Kunst als auch in der Unterstreichung ihres okkulten Charakters und der Zuschreibung übernatürlicher Kräfte entspricht: »*Magie*, science ou art occulte qui apprend à faire des choses qui paroissent audessus du pouvoir humain.«[55] Hervorzuheben ist das Bemühen Polier de Bottens, eine Ausgangsposition zu beziehen, die eine Teilehrenrettung der Magie aus Persien und dem alten Ägypten ermöglicht. Die im Subtext vorhandene Kritik an den Priestern der Offenbarungsreligion wird an der Äußerung deutlich, daß man in Zeiten des historischen Niedergangs lebte. Als Negativposten bei den von ihm beobachteten Erscheinungsformen der Magie verzeichnet er Unwissenheit und Stolz, Barbarei und wilde Völker: »La magie, considérée comme la science des premiers mages, ne fut autre chose que l'étude de la sagesse [...]. Il est presqu'impossible qu'un petit nombre de gens instruits, dans un siècle & dans un pays en proie à une crasse ignorance, ne succombent bien-tôt à la tentation de passer pour extraordinaire & plus qu'humains: ainsi les mages de Chaldée & de tout l'orient, ou plutôt leurs disciples [...] s'attacherent à l'astrologie, aux divinations, aux enchantements, aux maléfices; & bientôt le terme de magie devint odieux. [...] Comme c'est une science ténébreuse, elle est sur son trône dans les pays où regnent la barbarie & la grossiereté.« (852)

Polier de Bottens hält sich bei seiner Definition der Magie nicht an die zu seiner Zeit übliche Unterteilung in *naturalis*, *artificialis* und *daemonica*, sondern knüpft an die Klassifizierung an, die Heinrich Cornelius Agrippa von Nettesheim in seiner Abhandlung *De occulta philosophia* (1533) vorschlug: »Pour faire un traité complet de magie [...] on devroit la distinguer en magie divine, magie naturelle & magie surnaturelle.« (852) Dieses systematisierende Kompendium der hermetisch-neuplatonischen Renaissance-Magie berücksichtigt auch die mathematischen und mechanischen Voraussetzungen, Abläufe und Erfordernisse der magischen Künste und unterscheidet zwischen Dämonologie und Magie als philosophischer Haltung. Die ›natürliche Magie‹ (›magia naturalis‹) dient nach de Bottens' Auffassung nicht nur der besseren Kenntnis der Geheimnisse der Natur, sie vermag auch für das Wohl der Gemeinschaft eingesetzt zu werden: »Par la magie naturelle, on entend l'étude un peu approfondie de la nature, les admirables secrets qu'on y découvre; les avantages inestimables que cette étude a apportés à l'humanité en presque tous les arts & toutes les sciences; Physique, Astronomie, Médecine, Agriculture, Navigation, Mécanique, je dirai même Eloquence; car c'est à la connaissance de la nature & de l'esprit humain en particulier & des ressorts qui le remuent« (852).

Die ›übernatürliche Magie‹ ist demgegenüber gekennzeichnet als eine »*magie* noire qui se prend toujours en mauvais part, que produisent l'orgueil, l'ignorance & le manque de Philosophie: c'est celle qu'Agrippa comprend sous les noms de *coelestialis* & *ceremonialis*; elle n'a de science que le nom.« (853) Begrüßenswert findet es de Bottens, daß dank der aufklärerischen, nicht mehr als ontologische Disziplin aufgefaßten Philosophie und der methodologischen Verfahren, die jedem wissenschaftlichen Anliegen eigen sind, ein Ende der Rolle abzusehen sei, die die Fabeln und Chimären – letztlich monströse Vorstellungen anthropomorphen Ursprungs – bislang gespielt hatten.

Einen bedeutungsträchtigen Wandel in der Geschichte des Begriffs belegt der Magieartikel in dem nach dem Modell der Konversationslexika angelegten *Grand Dictionnaire Universel du XIXe siècle* von Pierre Larousse. Primäres Anliegen ist die Vermittlung von Informationen, die im Resultat der Wissensakkumulation bei der Aufbereitung der akademischen Wissenschaften gesammelt wurden. Magie wird hier definiert als die »art de produire des effets merveilleux par l'emploi de moyens surnaturels, et particulièrement par l'intervention des démons«[56]. Sie ist unterteilt in *magie noire*, die »magie propprement dite, dans laquelle on produit des effets surnaturels, par l'intervention des esprits, et surtout des mauvais anges«, und *magie blanche* oder *naturelle*, die »art de produire certains effets merveilleux en apparence, mais qui, en réalité, ne sont dus qu'à des causes naturelles«. In dem ›Encyclopé-

---

55 ANTOINE-NOÉ POLIER DE BOTTENS, ›Magie‹, in: DIDEROT (ENCYCLOPÉDIE), Bd. 9 (1765), 852.
56 ›Magie‹, in: LAROUSSE, Bd. 10 (Paris 1873), 915.

die‹ untertitelten Abschnitt erfolgt die Begriffsbestimmung nach einem positivistischen Geschichts- und kulturphilosophischen Erklärungsmodell. Die Grundthese lautet, daß der Ausschluß der Magie aus der ›materiellen Welt‹ sie in anderen, dunkleren Bereichen, in denen sie den Anfeindungen der Wissenschaft Widerstand zu leisten vermag, Zuflucht suchen läßt, wofür die Spiritismuswelle im 19. Jh. ein beredtes Zeugnis ablege. Bei der Behandlung der ›christlichen Religionen‹ wird Magie in ein gemeinsames Feld mit der Wissenschaft und der Religion aufgenommen. In der Darstellung der »pratiques qui ressemblent singulièrement à la magie« läßt der Artikel deutlich eine liberale antireligiöse und antiklerikale Einstellung erkennen.

Die Aufnahme zweier figurativer Bedeutungen von Magie dokumentiert, daß Schriftsteller und bildende Künstler im Rückgriff auf die Kräfte von Alchimisten und Zauberern nach einer neuen Legitimation ihrer Macht als Schöpfer (Poiesis) suchen: »I. Effet étonnant, et qui produit une sorte d'illusion et de surprise agréable« und »II. Puissance de séduction« (913). Die zeitliche Begrenzung der Belege, angefangen von de la Harpe, dem Autor des monumentalen Werkes *Lycée ou Cours de Littérature ancienne et moderne* (1799–1805), bis zu Sainte-Beuve, situiert die Magie nach der Französischen Revolution im Bereich der literarischen Praktiken, in denen ihr eine mit einem positiven ästhetischen Wert konnotierte Wirkung beigemessen wird.

In der zweiten (1868) und dritten Ausgabe (1877) von *Meyers Konversationslexikon* lassen sich unter Beibehaltung der grundlegenden theoretischen Kategorien und Optionen nach der Aufklärung dann zwei weitere wichtige Verschiebungen beobachten. Magie rückt aus dem Bereich des Religiösen heraus und erscheint fast als einer der zahlreichen Unterbegriffe von Aberglaube: »Die M. fällt wohl in den allgemeinen Begriff des Aberglaubens hinein, doch ist der Begriff enger, sofern mit M. die Beziehung des Aberglaubens auf ein Handeln bezeichnet wird.« Sie wird zwar den Praktiken der ausländischen Bevölkerungsgruppen zugeschrieben, enthält aber auch die Bedeutung, die die »Lehre vom thierischen Magnetismus selbst in gebildeten Kreisen in der neuern und neuesten Zeit« hervorgebracht habe. Als nicht zu übersehendes neues Phänomen weckt das Aufkommen eines »modernen Spiritualismus oder Spiritismus«, dessen Anhänger vor allem in den USA und in England immer zahlreicher in Erscheinung treten, die Aufmerksamkeit. In beiden Ausgaben gleichlautend definiert sich Magie als »die vermeintliche Kunst, durch geheimnißvolle, übernatürliche Mittel wunderbare Wirkungen hervorzubringen, im Allgemeinen gleichbedeutend mit Zauberei. [...] Die M. [...] citirt mit Zwang die Geister, unterstellt die Menschen Dämonen, oder schützt sie gegen deren Zauber durch Gegenzauber. Dergleichen Wahn findet sich bei den heidnischen Kulturvölkern, sowie auch bei den Wilden.«[57]

Beide Ausgaben eint auch das Anliegen, die Erscheinungsformen der Magie im Verlauf der Zivilisationsgeschichte, von der Antike bis zur Moderne, aufzuzeichnen – mit einem signifikanten Unterschied: In der zweiten Edition wird eine Zäsur zwischen dem Mittleren Osten und dem europäischen Griechenland gesetzt: »Mag auch Vieles aus der orientalischen M. zu den Hellenen übergegangen sein, so sind doch diese fremden Einflüsse sicherlich nicht die Quelle der griechischen M.«[58] In der dritten Ausgabe fallen deutliche Veränderungen in Wortwahl und Herangehensweise auf. Die Verbreitung der Magie wird jetzt nach einer diffusionistischen Theorie erklärt: »Den Namen M. erhielt bei den Griechen und Römern jene Form der Zauberei, welche von den babylonischen Magiern zu den Medern, Persern und Parthern gekommen war und sich von da über den Orient und auch den Occident verbreitet hatte.«[59] Der Gedanke einer nachweisbaren ›Quelle‹ der Magie erscheint jetzt relativiert: »Vieles aus der orientalischen M. mag zu den Hellenen übergegangen sein. Gleichwohl sind schon bei Homer und in der Zeit bis zu den Perserkriegen zahlreiche Erscheinungen zu finden, welche dem Gebiete der M. angehören, ohne aus der Fremde herzurühren« (75). Abwertend wird die Magie von ihren Grundmerkmalen her als zu »den niedrigsten Stufen der Civilisation« (74) gehörig eingeordnet. In ihren Bereich

---

57 ›Magie‹, in: MEYER, Bd. 11 (²1868), 48; vgl. ebd., Bd. 11 (³1877), 74.
58 ›Magie‹, in: MEYER, Bd. 11 (²1868), 48.
59 ›Magie‹, in: MEYER, Bd. 11 (³1877), 74.

II. Wandel des Begriffs in der Geschichte der modernen Magie-Forschung

fallen die Phänomene, die man in der noch jungen Anthropologie als ›Animismus‹ und ›Anthropomorphismus‹ bezeichnet: Magie als eine Geisteshaltung des »unwissenden Menschen«, der »alles für durch Geister belebt ansah und seine Götter, die er sich nach menschlicher Art vorstellte, als Naturwesen den Naturgesetzen unterworfen dachte« und deshalb annehmen mußte, »daß er sich durch allerlei Formeln und Ceremonien, durch eine besondere Lebensweise u. dgl. in den Besitz geheimnisvoll wirkender Kräfte setzen könnte, die stärker als die Götter seien, und daß ihm diese dadurch dienstbar werden müßten« (75).

Zum anschließenden Stichwort ›Magier‹ gibt Meyers Konversationslexikon in seiner dritten Ausgabe eine neue Bedeutung an: »Magisch, zauberhaft; magische Laterna, s. Laterna magica« (75). Diese dreihundert Jahre alte Technologie der optischen Imitation, deren Bilder übrigens ›Phantasmagorien‹ genannt werden, gehört seit den 30er Jahren des 19. Jahrhunderts zum festen Bestandteil der Volksbelustigungen.

II. Wandel des Begriffs in der Geschichte der modernen Magie-Forschung

1. Vom Fetischismus als Metasprache für das Denken des Anderen zum Fetisch als ästhetischem Wertmaßstab

So wie die Durchdringung des Fetischs mit magischen Kräften nicht objektiv faßbar ist, zählt auch beim Begriff Fetischismus ausschließlich sein Gebrauch: »it views the fetish as a radically historical object that is nothing other than the totalized series of its particular usages.«[60]

Die Vorstellung des Fetischs, die in die katholische Theologie des 16. und 17. Jh. nicht hineinpaßt, wird dieser von Anfang an zum Problem. Ihre Theorie der Götzenanbetung versteht die übernatürliche Macht der Fetische als eine Macht falscher sakramentaler Objekte von Aberglauben und Hexenzauber. Der aufgeklärten Vernunft gilt der Fetisch als eine skandalöse irrationale Materialisierung. In der Verkehrung durch Projektion wird der Fetisch ins Innere der Moderne versetzt; der Fetischismus verkörpert auf diese Weise im Laufe des 19. Jh. sowohl religiöse als auch ökonomische, sexuelle und ästhetische Werte. Er ist »the perversion par excellence of the age of mechanical reproduction and late capitalist commodification«[61].

Hinsichtlich der ästhetischen Reflexion lassen sich in der Geschichte der Fetischismusdiskurse drei Tendenzen unterscheiden. Erstens gilt Fetischismus zur Zeit des Sklavenhandels als im Gegensatz zum ästhetischen Urteil stehend. In dem Abschnitt ›Von den Nationalcharakteren, in so ferne sie auf dem unterschiedlichen Gefühl des Erhabenen und Schönen beruhen‹ erläutert Kant: »Die Negers von Afrika haben von der Natur kein Gefühl, welches über das Läppische stiege. [...] Die unter ihnen weit ausgebreitete Religion der Fetische ist vielleicht eine Art Götzendienst, welcher so tief ins Läppische sinkt, als es nur immer von der menschlichen Natur möglich zu sein scheinet.«[62] Zweitens bringt der Begriffstransfer in den Bereichen der politischen Ökonomie und Psychoanalyse Fetischismuskonzepte hervor, deren analytische Produktivität bis heute unter Beweis steht. Drittens gibt die von der Gruppe um die Zeitschrift Documents Anfang der 20er Jahre vorgeschlagene Verschiebung der Problematik der Avantgarde Anlaß, sich hier eine neue Begriffsbestimmung von Kunst und ästhetischem Wert zu wagen, deren Rezeption und Weiterentwicklung bis in die Gegenwart reichen.

›Feitiço‹ ist ein afro-portugiesischer Terminus aus dem Bereich des Handels, der bereits Ende des 15. Jh. auftaucht. De Brosses prägte in seiner parallelen Deutung der ägyptischen Zauberkulte und der Religionen Zentralafrikas Mitte des 18. Jh. den Begriff ›fétichisme‹ in der aufklärerischen Polemik gegen die Methoden der allegorischen Interpretation von Mythen und Kulthandlungen der Antike als Präfigurationen der Philosophie Platons oder der Offenbarungsreligion. Danach ist die erste

---
60 PIETZ, The Problem of the Fetish, I, in: Res. Anthropology and Aesthetics, Nr. 9 (1985), 7.
61 NAOMI SCHOR, Fetishism and its Ironies, In: Apter/Pietz (s. Anm. 33), 92.
62 IMMANUEL KANT, Beobachtungen über das Gefühl des Schönen und Erhabenen (1764), in: KANT (WA), Bd. 2 (1977), 880.

Form der Religion, der Fetischismus, weder universell noch allegorisch. Fetischismus beinhaltet nach de Brosses' Definition den infantilen »culte direct rendu sans figure«[63] für Tiere, Pflanzen, unbelebte Objekte oder von Menschen gefertigte Dinge, die vor allem die Völker Afrikas und der Antillen vergöttlichen, aber darüber hinaus sei dieser Kult auch auf der ganzen Welt zu beobachten. Angestrebtes Ziel der Darstellung ist, das vorhandene Material in ein beschreibendes Tableau der Identitäten und Unterschiede zu bringen, dessen Ordnungsprinzip de Brosses durch zwei metaphorische Operationen herstellt. Die erste ist der Ortswechsel des Reisenden und mit ihm der des Lesers im geographischen Raum, eine Rückkehr in der Zeit zu dem ›wilden Zustand‹, der auf dem Entwicklungsweg der Gesellschaft und der Religion ganz am Anfang steht. Bei der zweiten ergibt sich eine Korrespondenz zwischen ›Idolatrie‹ und ›Fetischismus‹. Nach de Brosses liegt das ›Geheimnis‹ des Fetischs in seiner Widersinnigkeit, weil er nicht Bild, Symbol oder gelegentlicher Wohnort der Göttlichkeit ist, sondern reine Immanenz, welche die repräsentative Verbildlichung ausschließt. Indem keine Adäquatheit zwischen Wirklichkeit der Objektwelt, der Präsenz des Tieres an sich und der spirituellen Wahrheit des Tieres als einer Gottheit besteht, widerspricht der Fetischismus der Prämisse einer möglichen Isomorphie zwischen Wirklichkeit und Erkenntnis. Der Ursprung des Fetischismus leitet sich nach de Brosses aus einer Situation der Angst her und liegt ursächlich in der ängstlichen Natur des Menschen begründet: »On n'est pas obligé de rendre raison d'une chose où il n'y a point, & ce seroit, je pense, assez inutilement qu'on en chercheroit d'autre que la crainte & la folie« (184).

Kant stellt den Fetisch als Manifestation des Läppischen und eines degradierten Sinnes für Schönheit hin, dem jede Vorstellung für das Erhabene fehle und der das Produkt einer Sensibilität sei, dem es auch an der Fähigkeit zur ästhetischen Unterscheidung mangele.[64] In seiner *Kritik der Urteilskraft* (1790) thematisiert Kant hingegen nicht den Fetisch, sondern das ästhetische Vermögen als das Gegenteil von Fetischismus: als jenes Selbstbewußtsein, das die materielle Welt nicht aus der unmittelbaren Perspektive seiner materiellen Wünsche begreift. Dieses entbehre nicht der uneigennützigen Urteilskraft, noch verwechsle es die subjektiven Wünsche mit der natürlichen Teleologie.[65] In der gleichen Linie lieferte Hegel gemäß seinem Afrikabild und seinen Betrachtungen über die ›Zauberei‹ eine universelle historisch-philosophische Begründung für den nicht ästhetischen Charakter des Fetischs: »Hier im Fetische scheint nun zwar die Selbständigkeit gegen die Willkür des Individuums aufzutreten, aber da eben diese Gegenständlichkeit nichts anderes ist als die zur Selbstanschauung sich bringende individuelle Willkür, so bleibt diese auch Meister ihres Bildes«[66].

Ganz anders verfährt Auguste Comte. Die Aufstellung einer Theorie des Fetischismus bedeutet für ihn geradewegs, eine allgemeine Theorie der Beziehungen zwischen menschlicher Natur und Religion zu entwickeln. Der Fetischismus als absoluter Ursprung konstituiert nach seinem Begriff »le vrai fond primordial de l'esprit théologique envisagé dans sa plus pure naïveté élémentaire«[67]. Vom Standpunkt seines positivistischen Relativismus leitet sich nach Comte der Fetischismus aus einem unvollkommenen ›état de l'esprit‹ her, darum dürfe er, so die These in seinem *Cours de philosophie positive* (1830), keineswegs verurteilt oder abgelehnt werden. Wie Georges Canguilhem betont, verlangt Comte im *Système de politique positive* (1854) weitergehend, der Fetischismus müsse »être intégré à l'esprit positif«[68]. In dieser Form durch einen wiedergewonnenen reinen Fetischismus vervollständigt, könne der wissenschaftliche Positivismus die wirkliche Religion der Menschheit und des Alltagslebens sein. Auch wenn sich der Fetischis-

---

63 CHARLES DE BROSSES, Du Culte des dieux fétiches, ou parallèle de l'ancienne religion de l'Égypte avec la religion actuelle de Nigritie (o. O. 1760), 182.
64 Vgl. KANT (s. Anm. 62), 880.
65 Vgl. KANT, Kritik der Urteilskraft (1790), in: KANT (WA), Bd. 10 (1974), 149f., 381f.
66 HEGEL, Vorlesungen über die Philosophie der Geschichte (1837), in: HEGEL (TWA), Bd. 12 (1970), 123.
67 AUGUSTE COMTE, Cours de philosophie positive (1830), Bd. 5 (Paris 1907), 21.
68 GEORGES CANGUILHEM, Histoire des religions et histoire des sciences dans la théorie du fétichisme chez Auguste Comte, in: Études d'histoire et de philosophie des sciences (Paris 1968), 97.

musbegriff aus der Aufklärung herleitet, so ist Comte doch der erste, der, so Canguilhem, »peut […] légitimement se flatter d'avoir cherché à inspirer une sorte de sympathie intellectuelle en ›faveur du fétichisme‹. […] La théorie du fétichisme c'est la pièce indispensable d'une conception biologique de l'histoire, élaborée à l'époque même où l'histoire commence à pénétrer en biologie« (98). Die Grenzen zwischen Kultur und Politik werden in der industriellen Revolution von dem Zeitpunkt an durchlässig, an dem die maschinelle Produktion von Waren zu einer massiven Produktion und zur Zirkulation von Bedeutungen führt. Benjamin schreibt über die Erfahrung des Flaneurs in der Begegnung mit der urbanen Welt der Waren: »In den Sätzen des bedeutsamen Stücks ›Les Foules‹ spricht […] der Fetisch selbst, mit dem Baudelaires sensitive Anlage so gewaltig mitschwingt, daß die Einfühlung des Anorganischen eine der Quellen seiner Inspiration gewesen ist.«[69] Marx, kein Kenner Baudelaires, aber ein aufgeschlossener Leser der Abhandlung de Brosses' seit Beginn seines Studiums, rückt im *Kapital* (1867) den Fetischismus als Metadiskurs über die archaischen oder präkapitalistischen Gesellschaften ins Zentrum der Analyse seiner eigenen modernen Gegenwart. Die mythisch-magischen Fetische sind Bestandteil von Praktiken einer nicht-kapitalistischen Gesellschaftsformation. Von deren Warte aus wird die Magie der kapitalistischen Warenproduktion ›entschleiert‹: »Aller Mystizismus der Warenwelt, all der Zauber und Spuk, welcher Arbeitsprodukte auf Grundlage der Warenproduktion umnebelt, verschwindet daher sofort, sobald wir zu andren Produktionsformen flüchten.«[70] Im Kapitel ›Der Fetischcharakter der Ware und sein Geheimnis‹ definiert Marx den Warenfetischismus als die grundlegende ökonomische und soziokulturelle analytische Kategorie, um die Zirkulation magischer Energien in der kapitalistischen Produktionsweise zu verstehen. Die in das Produkt investierte Arbeit äußert sich in der Ware als die Macht der Dinge, die die ideologische Physiognomie des Fetischs erhalten. Im Zuge der Fetischisierung als falsches Bewußtsein bekommt die Ware ihren Zauber und ihre Aura und wird ihre Macht in den ausgeprägtesten Formen des Systems der magisch-fetischistischen kapitalistischen Verhältnisse erweitert und universalisiert (Gold- und Geldfetisch und Magie des Geldes; Transsubstantiation des Warenfetischs in der Zirkulation; zinstragendes Kapital als »äußerlichste und fetischartigste Form«[71] des Kapitals).

In der Nationalökonomie ersetzt die Kategorie der Güter die der Ware. Doch kehrt die Warenproblematik in einer nicht-leninistischen Strömung des Marxismus Anfang der 20er Jahre im Nachhall der Niederlage der deutschen und der ungarischen Revolution und den sich abzeichnenden Verhältnissen des Massenkonsums wieder. Das Konzept der ›Verdinglichung‹ dient Georg Lukács zur Erfassung der neuen Phase, in der »die Verwandlung der Warenbeziehungen in ein Ding von ›gespenstischer Gegenständlichkeit‹ […] dem ganzen Bewußtsein des Menschen ihre Struktur«[72] aufdrückt. Aber das Subjekt hat selbst unter diesen Gegebenheiten noch »ein konkretes und wirkliches Erfüllungsgebiet […]: die Kunst« (151). Die Kritik von Grigorij J. Zinov'ev auf dem V. Weltkongreß der Komintern (1924) am ›theoretischen Revisionismus‹ von Lukács auf philosophischem wie soziologischem Gebiet[73] sowie die stalinistische Wirtschaftslehre blockieren jedoch diesen Ansatz bis auf weiteres. Lukács' Selbstkritik und die bis in die 60er Jahre wiederholten Angriffe auf ihn als Autorität tragen noch dazu bei. Nach Veröffentlichung der 1844 entstandenen *Ökonomisch-philosophischen Manuskripte* von Marx im Jahr 1932 verknüpft Adorno 1938 am Anfang seiner Analyse der Kulturindustrie, die durch die Warenproduktion beherrscht ist, die negativ denotierten Konzepte Fetischismus und Entfremdung. Jetzt kann das autonome Kunstwerk als Bedeutungsträger zu einer Selbstreflexion über diesen Zustand verhelfen.[74]

---

69 BENJAMIN, Das Paris des Second Empire bei Baudelaire (entst. 1938), in: BENJAMIN, Bd. 1/2 (1974), 558.
70 KARL MARX, Das Kapital, Bd. 1 (1867), in: MEW, Bd. 23 (1970), 90.
71 MARX, Das Kapital, Bd. 3 (1894), in: MEW, Bd. 25 (1969), 404; vgl. Bd. 23 (1970), 107, 117f., 144.
72 GEORG LUKÁCS, Geschichte und Klassenbewußtsein (Berlin 1923), 112.
73 Vgl. Protokoll des V. Weltkongresses der Kommunistischen Internationale, Bd. 1 (Hamburg o. J.), 53.
74 Vgl. ADORNO, Über den Fetischcharakter in der Musik und die Regression des Hörens (1938), in: ADORNO, Bd. 14 (1973), 14–50.

Nach der Julirevolution 1830 in Frankreich wird der sexuelle Fetischismus zu einem häufig zu beobachtenden Thema in der Literatur. Michel Foucault ist mit seiner dreibändigen *Histoire de la sexualité* (1976–1984) eine umfassende Analyse der Umstände und des Charakters der psychiatrischen Klassifikation der Perversionen zu verdanken: ›inversion du sens génital‹ (1882), ›sadisme‹ und ›masochisme‹ (1886), ›fétichisme‹ (1887). Französische Politiker und Mediziner vermischten geopolitische Interessen und Furcht vor Entvölkerung in Konkurrenz mit anderen industrialisierten Ländern, so daß die männlichen Perversionen mit demographischen Problemen in Verbindung gebracht werden. Die damalige Medizin sieht die psychische Krankheit in einer organischen Krankheit verwurzelt, die durch individuelle Veranlagung vererbt oder erworben wird. Alfred Binet übertrug den Begriff Fetischismus auf das Gebiet der Sexualität und machte ihn unter dem Hinweis, daß jede normale Liebesbeziehung etwas Fetischistisches an sich habe, zum Gegenstand medizinischer Beobachtungen.[75]

Freuds theoretische Konstruktion des Fetischismus ist Teil der möglichen Verwicklungen des ödipalen Familienromans. In einer ersten Etappe setzte Freud Fetischismus und ›normales‹ sexuelles Leben in Bezug zueinander; nachdem sich ihm aber die Frage aufdrängte, was der Fetisch als symbolisches Substitut darstelle, entwickelte er im Text über Leonardo da Vinci und in den *Drei Abhandlungen zur Sexualtheorie* (1905) die These von der grundlegenden Bedeutung des Fetischs als Penisersatz bzw. als Substitut des Phallus der Frau (der Mutter). Im Artikel *Fetischismus* (1927) und in den nicht beendeten Arbeiten über die Ichspaltung dienen der Kastrationskomplex und der Mechanismus der Verneinung zur Erklärung des Fetischismus.[76] Die sexuelle Krise, die im zweiten bis dritten Lebensjahr mit der Entdeckung und der Verneinung des sexuellen Unterschieds einhergehe, könne vom Heranwachsenden in der Pubertät reaktiviert werden und eine sekundäre phantasmatische Realität schaffen, die gelebt werde, ohne vom Bewußtsein wahrgenommen zu werden.

Die Frage der realen Macht von Fetischen ist an den beiden Kreuzungspunkten zwischen der Wissenschaftsdisziplinen, der Kunst und der Ästhetik, in der Fetischismusdebatte im 20. Jh. bestimmend. Ende der 1920er Jahre dient der Fetisch in Beziehung zur Ästhetik als Suchbegriff einer neuen Definition des Wertbegriffs. In den Texten, an denen Benjamin im Exil arbeitete, übernahm er kritisch die gesamten Konzeptualisierungen des 19. und des frühen 20. Jh.: »For Benjamin [...] the key to the new urban phantasmagoria was not so much the commodity-in-the-market as the commodity-on-display, where exchange value no less than use value lost practical meaning, and purely representational value came to the fore. Everything desirable, from sex to social status, could be transformed into commodities as fetishes-on-display that held the crowd enthralled even when personal possession was far beyond their reach.«[77] Die Diskussion der 80er Jahre kann als Ergänzung, Entwicklung und Veränderung dieser beiden Fragestellungen betrachtet werden.

Michel Leiris verwendet als erster den Fetischbegriff in einer Besprechung der Skulpturen Alberto Giacomettis, um das ästhetische Verhalten im Prozeß der wahrnehmenden Aneignung von Kunst zu definieren. Die kategorischen Imperative Kants wie die moderne liberale Gesellschaft seien kaum mehr als ›schwache Fetische‹, während der ›wirkliche Fetischismus‹, »comme aux temps les plus anciens, reste à la base de notre existence humaine«[78]. Nur seltene und außergewöhnliche Kunstwerke haben den ›wahren Fetischismus‹ zur Grundlage und werden im Schnittpunkt von ›Liebe zu sich selbst‹ und ›Projektion‹ zu Fetischen. Die Objekte Giacomettis sind für ihn die ersten, nach langer Zeit wieder auffindbaren Fetische. »C'est à peine si, dans le domaine des œuvres d'art, on trouve quelques objets (tableaux ou sculptures)

---

75 Vgl. ALFRED BINET, Le fétichisme dans l'amour: Étude de psychologie morbide, in: Revue philosophique 24 (1887), 143–167.
76 Vgl. SIGMUND FREUD, Die Ichspaltung im Abwehrvorgang (1938), in: FREUD (GW), Bd. 17 (1941), 59; FREUD, Abriß der Psychoanalyse (1938), in: ebd., 134.
77 SUSAN BUCK-MORSS, The Dialectics of Seeing: Walter Benjamin and the Arcades Project (Cambridge, Mass. 1989), 81f.
78 MICHEL LEIRIS, Alberto Giacometti, in: Documents 1 (1929), Nr. 7, 209.

capables de répondre à peu près aux exigences de ce vrai fétichisme, c'est à dire à l'amour — réellement *amoureux* — de nous-mêmes, projeté du dedans au dehors et revêtu d'une carapace solide qui l'emprisonne entre les limites d'une chose précise et le situe, ainsi qu'un meuble dont nous pouvons user, dans la vaste chambre étrangère qui s'appelle l'espace.« (209) Der Fetischismus vermittelt derart eine Werttheorie für die Kunst, die sich einerseits gegen Freuds Idee der Sublimierung als Quelle des ästhetischen Wertes ausspricht und andererseits sowohl mit der christlichen Ikonophobie als auch mit der Reduzierung des Fetischs auf den ausschließlichen Bereich des Blicks bricht. Georges Bataille stellt zu einem Zeitpunkt, als die Kunst der Avantgarde definitiv vom Markt absorbiert wird, den obsessiven Fetischisten dem Sammler gegenüber. Den ›Liebhaber‹ moderner Kunst definiert er als jemanden, der das gleiche für eine Leinwand empfinden kann wie ein Fetischist für einen Schuh.[79]

In seiner Archäologie von Baudelaires Paris sieht Benjamin in der ›Phantasmagorie‹ eher ein Äquivalent des ›Fetischcharakters der Ware‹. Rolf Tiedemann stellt heraus, wie Benjamin der ›unmittelbaren Präsenz‹, dem ›Geheimnis‹ der von der Warenproduktion bedingten ›Schöpfungen und Lebensformen« nachspürt: »Phantasmagorisch ist ›der Glanz, mit dem die warenproduzierende Gesellschaft sich [...] umgibt‹ [...] — ein Glanz, der mit dem ›schönen Schein‹ der idealistischen Ästhetik kaum weniger zusammenzuhängen scheint als mit dem Fetischcharakter der Ware.«[80] Eine von der Magiebestimmung des Fetischs beherrschte Triade bildet nach Benjamin die Matrix der Epoche: »Im Fetischismus legt der Sexus die Schranken zwischen organischer und anorganischer Welt nieder. Kleidung und Schmuck stehen mit ihm im Bunde.« Und »in jeder Mode [...] sind Perversionen auf das rücksichtsloseste angelegt. Jede steht im Widerstreit mit dem Organischen [...]. Der Fetischismus, der dem sex-appeal des Anorganischen unterliegt, ist ihr Lebensnerv.«[81] Unter den gegenwärtigen Bedingungen verwandelt der Warenstatus des Kunstwerks ihn in ein Symptom des Warenfetischismus.

Benjamins Texte werden in den 1970er Jahren in einem transdisziplinären Kontext zusammen mit der psychoanalytischen Theorie von Jacques Lacan über die Schaulust, die Skopophilie, gelesen. Sie sind von den Kritikern neuer postmoderner Kunstformen und von der feministischen Filmkritik rezipiert worden. Besondere Relevanz gewinnt in diesem Zusammenhang die Theorie Jean Baudrillards über die ›économie du signe‹, die er, ausgehend von Mauss' Arbeiten über die Rationalität der Ökonomie der die Person verkörpernden ›Gabe‹, eingeschlossen das Ritual des Potlatsch, formuliert hat, um die Neuorientierung der kapitalistischen Gesellschaft zu interpretieren. Der Gebrauchswert, den Marx dem Fetischismus gegenüberstellte, entlarvt er als Fetisch, als letzten Rest seines ›magischen Essentialismus‹. Als etwas Hergestelltes, als Artefakt ersetzt der Fetisch die Manipulation von Kräften durch eine von Zeichen.[82] Der neue Stellenwert, den Benjamins Beschäftigung mit der Phantasmagorie und dem neoromantischen, anarchistischen und technisch-fetischistischen Begriff der »magischen Aura«[83] erhält, wird von Michael Taussig als »adressing the fetish character of objecthood under capitalism, demystifying and reenchanting, out-fetishizing the fetish«[84] beurteilt.

Heute kann man sagen, daß die irreduzible Materialität des Objekts und die wiederholbare Macht einer einzigartigen Fixierung von heterogenen Elementen zu den grundlegenden Eigenschaften des Fetischbegriffs gehören, ebenso der ›soziale Wert‹ und die ›persönliche Individualität‹. Davon ausgehend hat Pietz eine Fetischtheorie am Kreuzungspunkt zwischen Anthropologie und Ästhetik entworfen: »The fetish might then be viewed as the locus of a sort of primary and carnal rhetoric of identification and disavowal that establishes con-

---

79 Vgl. GEORGES BATAILLE, L'esprit moderne et le jeu des transpositions, in: Documents 2 (1930), Nr. 8, 49.
80 ROLF TIEDEMANN, Einleitung des Herausgebers, in: BENJAMIN, Bd. 5/1 (1982), 27.
81 BENJAMIN, Das Passagen-Werk (entst. 1927–1940), in: BENJAMIN, Bd. 5/1 (1982), 118, 130.
82 Vgl. JEAN BAUDRILLARD, Pour une critique de l'économie politique du signe (Paris 1972).
83 ADORNO an Benjamin (18. 3. 1936), in: BENJAMIN, Bd. 1/3 (1974), 1002.
84 MICHAEL TAUSSIG, Mimesis and Alterity: A Particular History of the Senses (New York 1993), 1.

scious and unconscious value judgements connecting territorialized social things and embodied personal individuals within a series of singular historical fixations.«[85] Weitere Impulse kommen von der feministischen Dekonstruktion des phantasmatisch auf den Phallus fixierten Drehbuchs Freuds. Aus dieser doppelten Perspektive und in einer zunehmenden Zahl von Werken, die den Status des magischen Fetisch einfordern, wirft der Fetischismus Fragen über den Einschluß oder Ausschluß von Dimensionen der sozialen Macht, persönliches Interesse und Leidenschaft für das Materielle in der ästhetischen Erfahrung im allgemeinen und der Kunst im besonderen auf.

2. *Zwei Erfindungen aus der Anfangsphase der Anthropologie:* ›*sympathetic magic*‹ *und* ›*the bastard sister of science*‹

Die epistemologischen Rahmenstrukturen, innerhalb deren sich die Betrachtungen über die Mannigfaltigkeit der Magiephänomene auf der Metaebene entwickelten, sind sehr unterschiedlich. Darum lassen sich die Fragestellungen, Hypothesen und Theorien über Magie, die von solchen Disziplinen wie der Anthropologie und Soziologie vorgeschlagen werden, nur unter Berücksichtigung der respektiven Apriori und erkenntnistheoretischen Grundlagen situieren. Dabei steht die konstitutive Rolle der Magietheorien von Edward Burnett Tylor bis Lucien Lévy-Bruhl für den Diskurs über Ästhetik im 20. Jh. als rezeptionsgeschichtliches Faktum außer Frage. Ein Paradoxon liegt in der Weise, wie die Magie als Erscheinungsform des ›savage and barbaric life‹ und der Psychologie der ›lower races‹ zu einem grundlegenden Bestandteil des Metadiskurses über die erfundene ›primitive society‹[86] (frz. ›sociétés inférieures‹, dt. ›Naturvölker‹) konstituiert wird und wie sie praktisch ein Element des Gegenbildes werden kann, mit dessen Hilfe sich die expandierenden und miteinander im Wettstreit liegenden europäischen Kolonialmächte eine eigene Identität zu verleihen suchen. Weder das Erkenntnisinteresse der viktorianischen Anthropologie[87] noch die dominierenden Kunst- und Kulturauffassungen[88] erlauben bis Anfang des 20. Jh. irgendeine Verbindung mit der Magie in der Ästhetik, wenn man von vereinzelten Hypothesen über den Ursprung der Kunst absieht. Jedoch die von Tylor um 1870 formulierten Thesen über den Animismus und die Ideen Lévy-Bruhls über ein fließendes Universum dienen in den 20er Jahren als die Referenz, von man ausgeht, um eine neue, durch die Technik im Kino vermittelte magisch-ästhetische Erfahrung auch auf theoretischer Ebene zu erfassen. Seit Ende des 19. Jh. sind im Anschluß an James George Frazer die Regeln, denen die Praktiken und Techniken der Magie folgen, nämlich Sympathie, Ähnlichkeit und Übertragung, als deren Prinzipien mißverstanden worden. Freud weist fast zeitgleich mit Frazer ähnliche metaphorische und metonymische Mechanismen in der Traumarbeit nach. Ausgehend von Frazers Gesetzen der Magie formuliert Roman Jakobson seine Theorie über den Doppelcharakter der Sprache, der zufolge, unter Ausklammerung jeglicher pragmatischer Dimension, die ›poetische Funktion der Sprache‹ der Struktur der magischen Welt nach Frazer entspricht.[89] Was die Erzählkunst anbelangt, so entwickelt Jorge Luis Borges mit seinem Text *El arte narrativo y la magia* (1932)[90] die Auffassung, daß Frazers Gesetz der ›Ansteckungsmagie‹ die narrative Kausalität bestimmt. Damit reiht er sich in die Ahnengalerie der narratologischen Analyse ein, die dazu beiträgt, daß ›the narrative‹ als analytische Kategorie »the status in the human and social sciences of a major cultural convergence«[91] bekommt.

---

85 PIETZ (s. Anm. 60), 14.
86 Vgl. EDWARD BURNETT TYLOR, Primitive Culture: Researches into the Development of Mythology, Philosophy, Religion, Language, Art and Custom, 2 Bde. (1871; London 1873).
87 Vgl. GEORGE W. STOCKING JR., Victorian Anthropology (New York/London 1987).
88 Vgl. ALOIS RIEGL, Stilfragen. Grundlegungen zu einer Geschichte der Ornamentik (Berlin 1893), 4.
89 Vgl. ROMAN JAKOBSON, Two Aspects of Language and Two Types of Aphasic Disturbances (1954), in: Jakobson, Selected Writings, Bd. 2 (Den Haag 1971), 258.
90 Vgl. JORGE LUIS BORGES, El arte narrativo y la magia (1932), in: Borges, Prosa completa, Bd. 1 (Barcelona 1980), 163–170.
91 Vgl. EDWARD SAID, Representing the Colonized: Anthropology's Interlocutors, in: Critical Inquiry 15 (1989), 221.

II. Wandel des Begriffs in der Geschichte der modernen Magie-Forschung

Gregor Mendel hatte mit der Formulierung seiner Vererbungsgesetze der Kontroverse zwischen Polygenisten und Monogenisten ein Ende gesetzt. Durch die Erfahrungsbeschleunigung auf neuen Wissensstrecken und die soziopolitischen kolonialen Imperative entstand eine Reihe von dringenden Aufgaben für die aufkommenden Sozial- und Humanwissenschaften, an erster Stelle die Formulierung einer Theorie der Entwicklungsstufen der Menschheitsgeschichte als Teil einer Universalgeschichte der Denk- und Fühlweisen der ›zivilisierten‹ Metropolen. Fragen des Ursprungs und der Kategorienbildung sind in dieser ersten Phase der Herausbildung eines anthropologischen Magiebegriffs das Bestimmende. In die Erfindung des Konzepts der ›primitive society‹ fließen die ambivalenten Vorstellungen, welche die möglichen ›elementaren‹ Komponenten der Religiosität sein können, maßgeblich mit ein. Aus der durch Darwins Theorie über die Mechanismen der biologischen Evolution ausgelösten Krise geht eine heftige Debatte über die Festlegung des frühesten Stadiums der Religiosität und die Bestimmung ihrer Fundamente hervor. Eine Lösung verspricht man sich vom Rückgriff auf die komparative Methode und von der Doktrin der ›survivals‹, der zufolge in kulturellen Institutionen über tausendjährige Glaubensformen fossiliert sind: »Vestiges of outworn primitive cults could be traced in the ceremonies of the most advanced religions.«[92] In diesem Sinne werden die ›contemporary primitive peoples‹ der kolonialen Peripherie am hypothetischen Anfang einer evolutionistischen Kette angesiedelt, als seien sie lebende Fossilien der Formen, die das menschliche Leben vor Tausenden von Jahren besessen haben mochte.

Für die Herangehensweise Tylors ist die Linie Lamarck – Spencer gewiß relevanter als Darwins Evolutionstheorie, indes bleibt sie in dem gleichen epistemologischen Zusammenhang und soziokulturellen Ambiente befangen, die von den legitimierenden Reflexionen der viktorianischen Anthropologie über die Themenkomplexe Religion, Eigentum und Familie bestimmt sind. Der Quäker Tylor begründet in seiner systematisch-komparativen Studie, in der er seine Animismus-Theorie und die Definition von Magie auf kognitiver Ebene als das Ergebnis irrtümlicher Ideenassoziationen erarbeitet, das Postulat, daß die »hypothetical primitive condition corresponds in a considerable degree to that of modern savages«[93]. Im Ergebnis seiner Überlegungen stellt er für die Religion die Minimalformel auf: »the belief in Spiritual Beings« (9). Tylor will keine positive Wissenschaft betreiben, sein Anliegen läßt sich vielmehr auf den Nenner bringen: »under the name of Animism, to investigate the deeplying doctrine of Spiritual Beings, which embodies the very essence of Spiritualistic as opposed to Materialistic philosophy« (ebd.). In diesem Stadium der Erfindung der ›primitive society‹ ist die Nachbarschaft Animismus – Spiritismus und die Wanderung des Animismusbegriffs aus der Medizinauffassung Georg Ernst Stahls von Bedeutung. Tylor knüpft an diesen an und verwendet für seine Theoriebildung seine eigenen praktischen Kenntnisse der spiritistischen Bewegung, denn »›spiritualism‹ had been preempted by the modern sect«. ›Animismus‹ dürfe nicht etwa als ein neuer Terminus technicus verstanden werden, sondern müsse in einem größeren Entwicklungszusammenhang gesehen werden: »The term has been especially used to denote the doctrine of Stahl, the promulgator also of the phlogiston-theory. The Animism of Stahl is a revival and development in modern scientific shape of the classic theory identifying vital principle and soul« (9 f.). Der nachhaltige Erfolg der Tylorschen Animismustheorie gründet auf der Anschaulichkeit seines Entwicklungsnachweises von Religion und Kultur. Aus der positivistischen Stringenz seiner evolutionistischen Entwicklungsauffassung ergibt sich die Sequenz Animismus, Polytheismus, Monotheismus. Damit ist die erste animistische Theorie der Vitalität gleichzeitig eine ›savage biology‹, denn sie erklärt die Funktionen des Lebens als von der Seele hervorgebracht. In dem Moment, in dem der ›savage thinker‹ über die ›Maschine des Denkens‹ nachzusinnen beginnt, entsteht nach Tylor eine »savage theory of flitting object-souls«, die er mit der Ideendoktrin der epikureischen Philosophie, seiner

---

92 ADAM KUPER, The Invention of Primitive Society. Transformations of an Illusion (London/New York 1988), 80.
93 TYLOR (s. Anm. 86), Bd. 1 (London 1873), 9.

Auffassung nach »one of the most influential doctrines of civilized philosophy«[94], verknüpft. Daraus ließe sich eine ununterbrochene »continuity of philosophic speculation from savage to cultured thought« folgern, womit die ersten griechischen Philosophen in die Nähe der Schamanen rücken. Demokrit verdanke man die Lösung für das »great problem of the nature of thought, found it by simply decanting into the metaphysics a surviving doctrine of primitive savage animism [...]. Lucretius actually makes the theory of film-like images of things (simulacra, membranae) account both for the apparitions which come to men in dream, and the images which impress their minds in thinking« (82).

Tylors Thesen werden zur Legitimation des Vorgangs herangezogen, in dem der ›Wilde‹ Ende des 19. Jh. in das Schema des ›Primitiven‹ eingepaßt wird. Der Gelehrte Frazer legt seine Studien als vergleichende historische Untersuchungen mit einer Annäherung an die Religionsauffassungen in der Tradition der antireligiösen Aufklärung an. So kommt es, daß er mit einer von vergleichender Grammatik und Biologie hergeleiteten Methode Phänomene aus verschiedenen Räumen und Zeiten als formale oder als vermeintliche Homologien zusammenstellt. In den jeweils überarbeiteten und erweiterten Ausgaben seines Hauptwerks The Golden Bough. A Study in Comparative Religion (1890) bringt Frazer drei Grundkonzepte in einen theoretischen Zusammenhang. Das erste, geleitet von der evolutionistischen Wissensauffassung des 19. Jh., ist eine als Höherentwicklung angenommene ›Entwicklungsabfolge‹ von der Magie über die Religion zu einer (als Technik verstandenen) ›Wissenschaft‹. Das zweite ist die dynamische Auffassung von Magie als anti-animistischer Glaube an ein System von Naturgesetzen und an die gleichförmige Ordnung der Natur in ihrer Wiederholung nach denselben Regeln und Abläufen – eine der Logik seines eigenen Gedankengebäudes folgende These. Der ›magisch denkende Mensch‹ erfaßt nach Frazer wohl die Bedeutung der Ideenassoziationen, irrt sich aber in der Abfolge, in der Ideen und Tatsachen in Bezug zu setzen sind: »Legitimately applied they yield science; illegitimately applied they yield magic, the bastard sister of science.«[95] Sein drittes Grundkonzept ist das Klassifikationsprinzip der Mechanismen, die die Magie im wesentlichen kennzeichnen. In der 1922 publizierten, auf einen Band gekürzten Ausgabe unterscheidet Frazer in Abhängigkeit von den spezifischen Gesetzen der Ideenassoziation zwei grundlegende ›Prinzipien‹ der Magie: »If we analyse the principles of thought on which magic is based, they will probably be found to resolve themselves into two: first, that like produces like, or that an effect resembles its cause; and, second, that things which have once been in contact with each other continue to act on each other at a distance after the physical contact has been severed. The former principle may be called the Law of Similarity, the latter the Law of Contact or Contagion. From the first of these principles, namely the Law of Similarity, the magician infers that he can produce any effect he desires merely by imitating it; from the second he infers that whatever he does to a material object will affect equally the person with whom the object was once in contact, whether it formed part of his body or not.« (51) Diese beiden Stränge der Magie faßt er wiederum unter dem Begriff der ›sympathetic magic‹ zusammen: jener Macht, die vom Original auf die Kopie übertragen wird, so daß die Kopie ihrerseits Macht auf das Original ausüben kann.

In der Diskussion von Frazers Thesen übernimmt Robert R. Marett mit seiner erklärten Hinwendung zu einer kritischen sozialen Psychologie eine Schlüsselfunktion. Das Vertrauen in die Wirksamkeit der symbolischen Handlung ist ihm zufolge in allen Gesellschaften die Grundlage für den Glauben an die Magie. In der Auswertung des neuesten ihm zugänglichen ethnographischen Materials über Polynesien prägt er das Konzept des ›Magisch-Religiösen‹ und bringt in diesem Zusammenhang den Begriff Mana in die Debatte ein. Die Gefühle von Angst, Respekt und Bewunderung vor der Natur im allgemeinen und vor den magische Energie Mana besitzenden Dingen insbesondere erzeugen nach seiner Erkenntnis die große Vielfalt an rudimentären Kulten, die er auf den Be-

---

94 TYLOR (s. Anm. 86), Bd. 2 (London 1873), 80f.
95 JAMES GEORGE FRAZER, The Golden Bough. A Study in Magic and Religion. Abrigded Edition (1922; London 1954), 50.

griff der ›preanimistic religion‹ bringt.⁹⁶ Nach dem 1. Weltkrieg sind vor allem kritische Einwände gegen Frazers Bündelung der magischen Erscheinungsformen in zwei Grundprinzipien vorgebracht worden, aber auch gegen seine Ableitung der magischen Handlungen aus individuellen psychologischen Ideenketten, wobei die symbolischen und emotionalen Aspekte außer acht gelassen und Magie nicht als soziales Phänomen berücksichtigt wird. Die historische Avantgarde lenkt die kritische Aufmerksamkeit auf den Umstand, daß das Quellenmaterial aus Berichten von Reisenden, Missionaren und Kolonialverwaltern stammt, in deren religiösen Kategorien sich die beschriebenen Kulturen als versteinerte wiederfinden.⁹⁷

3. Körper, Libido, Begehren und die Ordnung der Metapher als Wurzeln der Magie

Die Anhänger vitalistischer Auffassungen versuchen, die Prinzipien der Magie nicht durch Gesetze der abstrakten Logik zu erklären, sondern durch andere, im Körper, der Libido und dem Begehren wurzelnde. Dieser Körper-Seele-Zusammenhang verbindet sich mit dem Glauben an die Wirksamkeit des Rituals und an die Möglichkeiten des Handelns mittels Magie. Freud gelangt in seinen anthropologischen Spekulationen in *Totem und Tabu* (1913) über das Erklärungsmodell, daß die Ontogenese die Phylogenese reproduziere, und mit seiner Entdeckung des Narzißmus zu einer ersten methodologischen Analyse der psychischen Wurzeln der Magie als Allmacht des Begehrens, eine allen anderen vorangehende Stufe in der Entwicklung der menschlichen Spezies und des Individuums. In der oralen Phase entdecke das in Entwicklung begriffene Kind die schöpferische Kraft, die dem Ausdruck seiner Wünsche einen magischen Wert verleiht. Der Narzißmus als eine Entwicklungsstufe zwischen Autoerotismus und Objektliebe entspricht nach Freud dem Zustand des magischen Denkens beim Kind, dem Erlebnis der halluzinatorischen oder realen Befriedigung. Die Allmacht des Begehrens bilde dergestalt eine der psychischen Triebfedern der Magie, die auch zum Bereich des Traums gehöre. Der Traum befördere den Menschen in die narzißtische Welt zurück, da er das Subjektive nicht vom Objektiven trenne.

Die erste soziologische Begriffsbestimmung von Magie entsteht im Resultat der Interpretation des konventionellen und traditionellen Charakters der magischen Kräfte, wie sie Marcel Mauss und Henri Hubert als Mitglieder der Gruppe von Forschern vornehmen, die sich Ende des 19. Jh. um Émile Durkheim zur École française de sociologie konstituiert.⁹⁸ Aufgrund des Axioms, daß die religiöse Erfahrung die erfahrene Wirklichkeit in Heiliges und Profanes unterteile, und des Postulats, daß die mentalen primitiven Repräsentationen im wesentlichen religiös seien, bekommt Durkheims Schrift *Les formes élémentaires de la vie religieuse* (1912) heuristische Relevanz. Im antipositivistischen Ambiente um 1950 ist bei den französischen Intellektuellen Mauss jedoch angesehener als Durkheim. Sein Bild in der Öffentlichkeit ist das der »figure principale, sinon le maître véritable de l'Ecole française de sociologie«⁹⁹. Mauss geht in seiner Problemstellung von der zentralen Frage nach dem Ursprung der magischen Kräfte aus: »Notre enquête a établi que tous les éléments de la magie: magiciens, rites, représentations magiques sont qualifiés par la société pour entrer dans la magie.« Der Magier wiederum »est un fonctionnaire de la société, souvent institué par elle, et qui ne trouve jamais en lui-même la source de son propre pouvoir«¹⁰⁰. Psychisches verwandelt sich in Magie nur, wenn es den Charakter eines gesellschaftlichen Phänomens gewinnt. Die Magie ersetzt die Natur durch Bilder und stellt die kollektiven Kräfte und Ideen in den Dienst individueller Imaginationen. Um einen Erklärungsansatz für die Magie zu finden, müsse man auf die gleichen kollektiven Kräfte zurückgehen, die in der Religion zur Wirkung

---

96 Vgl. ROBERT R. MARETT, The Treshold of Religion (London 1909).
97 Vgl. TRISTAN TZARA, Art primitive et art populaire (1933), in: Tzara, Œuvres complètes, Bd. 4 (Paris 1980), 518 f.
98 Vgl. PAUL HONIGSHEIM, Reminiscences of the Durkheim School, in: Émile Durkheim, 1858–1917. A Collection of Essays, hg. v. K. H. Wolff (Columbus 1960), 309–314.
99 VICTOR KARADY, Présentation de l'édition, in: Marcel Mauss, Œuvres, Bd. 1 (Paris 1968), V.
100 HENRI HUBERT/MAUSS, Préface, in: Hubert/Mauss, Mélanges d'histoire des religions (Paris 1909), XVIII f.

kommen: auf den Glauben an ihre Wirksamkeit, auf die Gewißheit, daß jedes als magisches Instrument verwendete Objekt eine spezifische Eigenschaft besitzt, und auf eine Dämonentheorie. Hubert und Mauss setzen bei allem eine übergeordnete Idee von Kraft, Macht und Effizienz voraus, die alle Wirksamkeit und alles Leben enthält: *Mana*. Die Bedeutung dieses Konzepts in seiner Theorie geht mit dem ›Geheimnis‹ des sozialen Charakters des ökonomischen Objekts in den archaischen und vorkapitalistischen Wirtschaften einher, das unter dem Begriff der Gabe subsumiert wird: »Cette notion, nous lui avons donné le nom de *mana* emprunté aux langues malayo-polynésiennes, mais par lequel elle est désignée dans la magie mélanésienne. [...] Elle est à la fois celle d'un pouvoir, celle d'une cause, d'une force, celle d'une qualité et d'une substance, celle d'un milieu. Le mot *mana* est à la fois substantif, adjectif, verbe, désigne des attributs, des actions, des natures, des choses. Il s'applique aux rites, aux acteurs, aux matières, aux esprits de la magie, aussi bien qu'à ceux de la religion.« (XIX) Als ein gesellschaftliches Phänomen entspringt *Mana* emotionalen Zuständen, die nicht individueller Natur sind, sondern in denen sich die Gefühle des einzelnen mit denen der sozialen Gruppe vermischen.

Durkheim begreift die ›sociétés inférieures‹ und die modernen Gesellschaften als zwei Stadien eines Entwicklungsprozesses. Empirisch-wissenschaftliche Mentalität und die ›mentalité primitive‹, ›mentalité mystique‹ oder ›prälogische Mentalität‹ stellen für Lévy-Bruhl in *Les fonctions mentales dans les sociétés inférieures* (1910) eine Antithese dar. Ihre Repräsentationen ergeben eine Gegenwelt, und die einzig mögliche Verbindung zwischen beiden ist die der Substitution der einen durch die andere. In der als ›mentalité primitive‹ projizierten Welt dient der Magiebegriff als Kontrapunkt, um deren Existenz zu beweisen. Magie begründet kollektive Repräsentationen mystischer Beziehungen zwischen den Elementen der Welt, die sie kennt und für ihre Zwecke einsetzt. Nach seinen Hypothesen ist in den ›niederen‹ Gesellschaften jeder Wahrnehmungsakt von Emotionalität durchdrungen, und in den mentalen Bildern verkörpern sich die mit den wahrgenommenen Objekten assoziierten Gefühle. Die Erfahrung erlange derart einen ›mystischen‹ Aspekt, der sich als eine nicht beobachtbare und nicht greifbare Macht darstelle. Da dieser Aspekt der bestimmende sei, besäßen solche Phänomene wie Träume und Visionen eine ebensolche Realität wie das über die Sinne Wahrgenommene. Die Vorherrschaft des Sehens und des Fühlens, die in den modernen Gesellschaften als Garantien der Evidenz und für das Überleben als unersetzbar gelten, habe sich in jenen Gesellschaften nicht durchgesetzt.

Drei weitere Grundzüge hatte Lévy-Bruhl in seinem Buch *La mentalité primitive* (1922) herausgearbeitet: die ›prälogische Mentalität‹, das ›Gesetz der Teilhabe‹ und die Idee eines fließenden Universums, in dem die Dinge einem großen Ganzen angehören. Aus der Prämisse, daß es sich um ›mystische‹ Gesellschaften handelt, resultiert der prälogische oder alogische Charakter ihrer Mentalität, die Indifferenz angesichts der Prinzipien von Identität und ausgeschlossenem Dritten. Da in der Welt der kollektiven Repräsentationen der primitiven Mentalität die visuellen und taktilen Erfahrungen untrennbar den Vorstellungen des mystischen Einflusses, der den emotionalen Aspekt ausmacht, verhaftet sind, entziehen sich die dabei ablaufenden Vorgänge empirischen Kategorien. Die ›Teilhabe‹ ergibt das Gesetz, das die Beziehungen eines jeden Mitglieds der primitiven Gesellschaft, seine Beziehungen zum anderen, zu den Dingen und dem Kosmos durchdringt. In den postum veröffentlichten *Carnets* wird das Konzept der ›mentalité primitive‹ revidiert. Mit ihren beiden Hauptkennzeichen – sie ist mystisch und prälogisch – bleibt sie »présente dans tout esprit humain«[101], so daß die menschliche Fähigkeit der Repräsentation an erster Stelle ästhetisch und nicht logisch ist.

Die funktionelle Phase der Anthropologie, in der Feldforscher ihre eigene Magie entdecken[102], hat keine unmittelbaren Auswirkungen für eine epochengeschichtliche Strukturierung und Verän-

---

101 LUCIEN LÉVY-BRUHL, Les carnets, hg. v. M. Leenhardt (Paris 1949), 131.
102 Vgl. STOCKING JR., The Ethnographer's Magic. Fieldwork in British Anthropology from Tylor to Malinowski, in: Stocking Jr. (Hg.), Observers Observed: Essays on Ethnographic Fieldwork (Madison 1983), 96.

derung der Magie als eines ästhetischen Begriffs. Ganz anders die strukturalistische Herangehensweise, die Lévi-Strauss vertritt. 1950 publiziert er sein Vorwort zur ersten Artikelsammlung von Mauss, in dem er Kultur mit ›langue‹, Fakt und Objekt in der Kultur mit ›parole‹ assimiliert und Konzepte wie *mana* aus seiner Sicht neu definiert. *Mana* bedeutet nach seinem Kriterium die »valeur symbolique zéro«, das Symbol im Reinzustand: »nous voyons dans le *mana* [...] l'expression consciente d'une fonction sémantique dont le rôle est de permettre à la pensée symbolique de s'exercer malgré la contradiction qui lui est propre. Ainsi s'expliquent les antinomies, en apparence insolubles, attachées à cette notion, qui ont tant frappé les ethnographes et que Mauss a mises en lumière [...]. Et en effet, le *mana* est tout cela à la fois; mais précisément, n'est-ce pas parce qu'il n'est rien de tout cela: simple forme, ou plus exactement symbole à l'état pur, donc susceptible de se charger de n'importe quel contenu symbolique?«[103] Der Widerspruch, der dem bildlichen Denken innewohne, liege darin, daß die Menschen in ihrem Bestreben, die Welt zu verstehen, ein »surplus de significations« (ebd.) zu ihrer Verfügung hätten und diese nach den Gesetzen des bildlichen Denkens auf die Dinge aufteilten. Vorstellungen wie *Mana* entsprächen dem Überschuß an Bedeutungen im Verhältnis zur relativ geringen Menge an Bedeutungsträgern. Als ein »signifiant flottant« ist es nicht nur für das bildliche Denken (später ›pensée sauvage‹ genannt) konstitutiv, sondern »le gage de tout art, toute poésie, toute invention mythique et esthétique« (ebd.). Das wissenschaftliche Denken lösche es nicht aus, sondern diszipliniere es nur zum Teil.

Das ›wilde Denken‹, der Mythos, die Kunst gehören zur Ordnung der Metapher, die derart die Züge einer universellen Kategorie des menschlichen Geistes erhält. Für das ›jugement magique‹ ist die Verknüpfung eine der Ähnlichkeit-Identität und zielt auf die Herstellung/Wiederherstellung einer Einheit, womit für Lévi-Strauss der ›Anthropomorphismus der Natur‹, d.h. eine ›Humanisierung der Naturgesetze‹, und der ›Physiomorphismus des Menschen‹ als eine ›Naturalisierung der menschlichen Handlungen‹ die Grundbestimmungen von Magie und Religion sind.[104] Aus der Perspektive der Kritik am Ethnozentrismus gibt es für die strukturelle Anthropologie keine Religion ohne Magie, die Magie ist nicht etwa der mißgebildete Entwurf einer ›Wissenschaft‹: »Au lieu donc d'opposer magie et science, il vaudrait mieux les mettre en parallèle, comme deux modes de connaissance, inégaux quant aux résultats théoriques et pratiques« (21), »mais non par le genre d'opérations mentales qu'elles supposent toutes deux, et qui diffèrent moins en nature qu'en fonction des types de phénomènes auxquels elles s'appliquent« (24). Zu Lévi-Strauss' langjähriger Beweisführung hinsichtlich der Willkür, mit der die Grenzziehung zwischen ›pensée primitive‹ und ›pensée civilisée‹ vorgenommen worden ist, gehören auch die zahlreichen Studien über die Kunst, die zu den »best examples of art-historical practice« gehören und damit einen paradigmatischen Wert in der erneuerten »art-historical research«[105] erhalten.

Beobachtungen und Thesen über sprachliche Tabus, Beschwörungsformeln, die Magie der Ur-Etymologien und die magische Nennkraft der Urworte sind immer ein Bestandteil der allgemeinen Theorien über Magie gewesen. Die Beziehung Sprache – Magie erfährt im 20. Jh. eine Wende. Sehr früh bezeichnet Benjamin die ›Unmittelbarkeit aller geistigen Mitteilungen‹ als magisch, so daß das »Urproblem der Sprache ihre Magie [ist]«[106]. Malinowski seinerseits revidiert seine eigenen Thesen in dem Artikel *The Problem of Meaning in Primitive Languages* (1923), als er in der Sprache der Kinder, der Machthaber und im sozialen Leben selbst eine ähnliche Magie erkennt. Jedes Wort, das eine Handlung auslöst oder eine Wirkung verursacht, gilt ihm als magisch. Die Bedeutung aller Wörter leite sich aus der körperlichen

---

103 LÉVI-STRAUSS, Introduction à l'œuvre de Marcel Mauss, in: Mauss, Sociologie et anthropologie (Paris 1950), XLVIII.
104 Vgl. LÉVI-STRAUSS, La pensée sauvage (Paris 1962), 292 f.
105 THOMAS CROW, The Intelligence of Art (Chapel Hill/London 1999), 5; vgl. ebd., 27–58.
106 BENJAMIN, Über Sprache überhaupt und über die Sprache des Menschen (entst. 1916), in: BENJAMIN, Bd. 2/1 (1977), 142 f.

Erfahrung her.[107] Toshihico Izutsu wiederum stellt die These auf, daß die Bedeutung bereits an sich magisch ist und die Sprache originär an der Magie teilhat, weil die Symbolisierung ein Einwirken auf die Dinge, die sie sich aneignet, bedeutet.[108] Spätere Analysen der Magiediskurse und der Wirksamkeit von Magie unter Einbeziehung der Sprechakttheorie weisen Diskursarten nach, die ähnliche Eigenschaften wie Zauberformeln besitzen, obwohl sie gewöhnlich nicht als magisch bezeichnet werden. Ausgehend von der Analyse des Euphemismus in der Alltagssprache stellt Tzvetan Todorov die Hypothese auf, daß der magische Diskurs, hat man ihn der äußerlichen Merkmale entkleidet, »ne se laisse distinguer du discours descriptif que dans des cas extrêmes […]. Tout discours descriptif – ce qui veut dire aussi, simplement, tout discours – a une dimension magique.«[109]

Soziologen und Philosophen übernehmen die genetische Annäherung zwischen Magie und Kunst, die andere Disziplinen vorgenommen hatten. In dem ursprünglich 1935 in der Zeitschrift *Minotaure* veröffentlichten Artikel *Mimétisme et psychasthénie légendaire* verknüpft Roger Caillois das Phänomen der Mimikry mit der mimetischen Magie als universellen Ausdruck einer »tendence impérieuse à imiter jointe à la croyance à l'efficacité de cette imitation«[110]. Die Mimikry steht Anfang der 1940er Jahre im Mittelpunkt der historisch-philosophischen Reflexionen der kritischen Theorie: »Für die Schriften Adornos läßt sich feststellen, daß Mimesis qua Mimikry […] erst in der *Dialektik*

der *Aufklärung* im Sinne einer Nominaldefinition eingeführt wird, die verbindlich bleibt bis zur *Ästhetischen Theorie*«[111]. Diese Sinngebung entspricht genau der von Caillois vorgegebenen. Die frühgeschichtlichen Schamanen verkörpern schon für Adorno und Horkheimer die Schwelle zwischen der ›Hingabe an die Dinge‹, dem »sich selbst einem Anderen Gleichmachen«[112], und der Mimesis als Naturbeherrschung, d.h. der ›Organisation der Mimesis‹ als ein Weg der instrumentellen Vernunft. In der 1970 postum veröffentlichten *Ästhetischen Theorie* behandelt Adorno die Verschränkungen zwischen Magie und Kunst unter Hinweis auf Max Weber, der weder für den Fetischismus noch für die Magie ein wissenschaftliches Interesse aufbringt: »Die Rede vom Zauber der Kunst ist Phrase, weil Kunst allergisch ist gegen den Rückfall in Magie. Sie bildet einen Moment in dem Prozeß der von Max Weber so genannten Entzauberung der Welt, der Rationalisierung verflochten […]. Gleichwohl erinnert noch die Phase vom Zauber der Kunst an ein Wahres. […] Denn worauf das mimetische Verhalten anspricht, ist das Telos der Erkenntnis, das sie durch ihre eigenen Kategorien zugleich blockiert. […] Sie droht zu zerreißen, weil Magie, welche sie säkularisiert, das eigentlich verweigert« (86f.). Die ›Krise der Kunst‹, von der zu jenem Zeitpunkt wieder akut die Rede war, bezeichnet Adorno darum »so alt wie ihr Begriff‹ selbst: »Die Aporie der Kunst, zwischen der Regression auf buchstäbliche Magie oder der Zession des mimetischen Impulses an dinghafte Rationalität, schreibt ihr das Bewegungsgesetz vor; nicht ist sie wegzuräumen.« (87)

Den Versuchen, »Ästhetik aus dem Ursprung der Kunst als ihrem Wesen zu begründen« (480), widmet Adorno seinen programmatischen, als eine Replik auf die Positionen des späten Lukács und Arnold Hausers konzipierten Exkurs, in dem er die gleichen Argumente vorbringt. Für den Lukács der 1960er Jahre sind Totalität und Ontologie die zentralen Sinnbildungssysteme einer philosophischen Ästhetik. Bei einer »philosophischen Genesis des Ästhetischen« kommt es nach seiner Grundthese darauf an, die »gemeinsamen Prinzipien« – an erster Stelle den »anthropomorphisierenden Charakter« – einer nachahmenden Magie mit evokativen Zielsetzungen und »der spezifischen künst-

---

107 Vgl. BRONISLAW MALINOWSKI, The Problem of Meaning in Primitive Languages (1923), in: Charles K. Ogden/Ivor Armstrong Richards, The Meaning of Meaning (1923; London [10]1960), 296–336.
108 Vgl. TOSHIHICO IZUTSU, Language and Magic. Studies in the Magical Function of Speech (Tokio 1956).
109 TZVETAN TODOROV, Le discours de la magie, in: L'Homme 13 (1973), H. 4, 63.
110 ROGER CAILLOIS, Mimétisme et psychasthénie légendaire (1935), in: Caillois, Le mythe de l'homme (1938; Paris 1972), 104.
111 JOSEF FRÜCHTL, Mimesis. Konstellation eines Zentralbegriffs bei Adorno (Würzburg 1986), 13 f.
112 ADORNO, Ästhetische Theorie (1970), in: ADORNO, Bd. 7 (1970), 372.

lerischen Widerspiegelung der Wirklichkeit«[113] aufzuzeigen. In der Folge stellt er sich die Aufgabe, das ›spontane Entstehen der ästhetischen Kategorien aus der magischen Mimesis‹[114] und die Ablösung des Ästhetischen von Magie und Religion verständlich zu machen, die Entstehung der Kunst also nicht etwa, wie in der marxistisch-leninistisch-stalinistischen Tradition, aus der gemeinschaftlichen Arbeit oder aus dem Spiel heraus zu erklären. In seiner *Sozialgeschichte der Kunst und Literatur* (1953) stimmt Hauser mit der von Henri Breuil formulierten These überein, daß die paläolithischen Jäger und ›naturalistischen‹ Maler in ihrer Eigenschaft als Schamanen und Zauberer für den Ursprung der Kunst stehen.[115] André Leroi-Gourhan kritisiert die These als ihrem Prinzip nach unzutreffend[116], aber sowohl nach der Entdeckung der Grotten von Lascaux (1940) als auch später der viel älteren Höhlenbilder von Chauvet (1994)[117] wird wieder auf sie zurückgegriffen.

4. Zauberer, magischer Idealismus, Alchimie der Sprache und ›art magique‹

Aus der ersten Phase der Beschäftigung Goethes mit dem Fauststoff stammen die Knittelverse in der Eingangsszene des *Urfaust*: »Es mögt kein Hund so länger leben! / Drum hab ich mich der Magie ergeben, / Ob mir durch Geistes Krafft und Mund / Nicht manch Geheimniss werde kund. / [...] / Dass ich erkenne was die Welt / Im innersten zusammenhält«[118]. Diese Verse sind noch vor der Veröffentlichung des *Magikon* (1784) geschrieben, jenes Handbuchs der Zauberkunst, in dem sich Johann Friedrich Kleucker den legitimen Nutzen der Anwendung der von ›schwarzer‹ Magie unterschiedenen ›weißen‹ Magie zum Hauptanliegen macht.[119] In Goethes *Faust*, über den der Theaterregisseur Adolf Dresen urteilt: »Magie ist eine Chiffre für Emanzipation«[120], verwandelt sich der gelehrte ›Träumer‹ nach der Abkehr vom Studium der Philosophie, Medizin und Juristerei, der Wissenschaft der oberen Fakultäten, erst in den ›Verliebten‹ und zu guter Letzt in den ›faustischen Ankurbler‹ der stürmischen Entwicklung der Produktivkräfte: »One of the most original and fruitful ideas in Goethe's *Faust* is the idea of an affinity between the cultural ideal of *self*-development and the real social movement toward *economic* development.«[121]

Die Philosophen und Dichter der Romantik übernehmen die Magieauffassungen des Hermetismus als residuales Denkmodell. In seinen 1802 und 1803 gehaltenen *Vorlesungen über schöne Literatur* legt August Wilhelm Schlegel eine Romantisierung des Verhältnisses zur Natur nahe: »Eben so wie die Astrologie fodert die Poesie von der Physik die Magie. Was verstehen wir unter diesem Worte? Unmittelbare Herrschaft des Geistes über die Materie zu wunderbaren unbegreiflichen Wirkungen.«[122] Nach Novalis' Verständnis eines Universalgelehrten, noch vor der Aufspaltung zwischen Natur- und Geisteswissenschaften, ist der »magische Realist« auf der Suche nach einem »Wunderobject – einer Wundergestalt«, indes »der magische Idealist« »eine Wunderbewegung – ein Wun-

---

113 LUKÁCS, Ästhetik, Teil 1: Die Eigenart des Ästhetischen, in: LUKÁCS, Bd. 11 (1963), 381 f.
114 Vgl. ebd., 408–441.
115 Vgl. HENRI BREUIL, Quatre cents siècles d'art pariétal: Les cavernes ornées de l'âge du renne (Montignac 1952), 176 f.; ARNOLD HAUSER, Sozialgeschichte der Kunst und Literatur (1953; München 1973), 7.
116 Vgl. ANDRÉ LEROI-GOURHAN, Les religions de la préhistoire (Paris 1964), 148.
117 Vgl. HENRI DELPORTE, L'image des animaux dans l'art préhistorique (Paris 1990); JEAN CLOTTES/DAVID LEWIS-WILLIAMS, Les Chamanes de la préhistoire. Transe et magie dans les grottes ornées (Paris 1996).
118 JOHANN WOLFGANG GOETHE, Faust. In ursprünglicher Gestalt (entst. 1772–1775), in: GOETHE (WA), Abt. 1, Bd. 39 (1897), 220.
119 Vgl. JOHANN FRIEDRICH KLEUCKER, Magikon. Erster Teil. Das geheime System der Unbekannten nach verjüngtem Maaßstabe unter einzelne Artikel geordnet und mit erläuternden Anmerkungen versehen (Frankfurt a. M./Leipzig 1784), VIII.
120 ADOLF DRESEN, Wieviel Freiheit braucht die Kunst? (Berlin 2000), 80.
121 MARSHALL BERMAN, All that is Solid Melts into Air. The Experience of Modernity (1982; New York/London 1988), 40.
122 AUGUST WILHELM SCHLEGEL, Vorlesungen über schöne Literatur und Kunst (entst. 1801–1804; ersch. 1884), in: Schlegel, Kritische Ausgabe der Vorlesungen, hg. v. E. Behler, Bd. 1 (Paderborn u. a. 1989), 519.

dersubject«[123] zu finden hofft. Insbesondere in der Auseinandersetzung mit Novalis verläuft die Diskussion über die Magieauffassungen der deutschen Romantik. Wilhelm Dilthey verweist in seinem 1865 erstmals publizierten und inhaltlich unverändert in *Das Erlebnis und die Dichtung* (1905) übernommenen Novalis-Aufsatz auf den widersprüchlichen Umstand, Novalis' Schriften seien zwar »die weitaus verbreitetsten und gelesensten aus der romantischen Schule. [...] Diesem Interesse entspricht es wenig, daß die Bruchstücke seiner Werke [...] in Rücksicht auf ihre Absicht und den ihnen zugrundeliegenden Plan noch so gut als ununtersucht sind«[124]. Diltheys Umdeutung und Ausweitung des Erlebnisbegriffs soll nicht nur die Erfahrungsgrundlage in Novalis' Schaffensprozeß als der repräsentativsten Figur seiner Generation versteh- und beschreibbar machen, sie führt vielmehr eine rein geistesgeschichtliche Fragestellung ein. Die Plausibilität der literarisch-philosophischen Interpretation Diltheys und seine Antwort auf das Rätsel, das Friedrich Schlegel über Novalis zu denken aufgibt, dienen zum Ausgleich von Legitimationsdefiziten der Zweckrationalität. Dilthey zitiert die berühmt gewordene Erklärung Schlegels: »Wie nun seine Theorie der Zauberei, jener Galvanismus des Geistes und das Geheimnis der Berührung sich in seinem Geist berühren, galvanisieren und bezaubern, das ist mir selbst noch ziemlich geheim.« (200) Weil Novalis seine Naturphilosophie auf »magnetischen und galvanischen Theorien« (239) begründet, ist Diltheys Lösung das Denken als Galvanisierungsprozeß: »Der geistige Verkehr, die Liebe, die Religion – alles ward ihm zu einer Art von Zauberei.« (200)

Noch lange Zeit nach Anni Carlssons erster umfassender Darstellung des magischen Idealismus als Programm einer absoluten magischen Machtausübung über die Erscheinungswelt steht für die Philosophen das Magische bei Novalis generell unter Verdacht. Ziel des magischen Idealismus als Konzept einer handelnden, aktiv verändernden und weltorientierten Philosophie ist, so Carlsson, die »absolute Freiheit«[125]. Ebenfalls am Vorabend des 2. Weltkrieges gelangt Albert Béguin zu einer einflußreichen Neudefinition. Béguin zufolge vertritt Novalis mit seiner Auffassung von Magie den gleichen Anspruch wie Rimbaud, das Leben zu verändern: »d'employer toute sa volonté à transfigurer la vie, à la vivre pleinement, hic et nunc, selon la loi de l'au-delà. Changer la vie. Comme le souhaita plus tard Rimbaud, le veut, au sens le plus littéral et tout son effort trouve son centre dans cette ambition d'élever l'homme au dessus de lui même.«[126] Nach der theoretischen Umwertung der Romantik und der Weltsicht Novalis' durch die programmatischen Publikationen von Helmut Schanze situiert Christoph Asendorf den ›magischen Idealismus‹ des Novalis in einer Geschichte der Moderne wie folgt: »Die Dingwelt und der Warenfluß werden nicht als entfremdend begriffen, sondern als etwas, die die allmächtige Subjektivität sich einverleiben kann.«[127]

Innerhalb der allgemeinen Restrukturierung des literarischen Feldes nach dem 1. Weltkrieg dehnt sich die ›crise de vers‹ in Frankreich zu einer ›crise de la littérature‹ aus. Eine Reihe zeitgenössischer Zeugnisse und Biographien gibt in den 1920er Jahren die außerordentliche Verbreitung wieder, die eine Geheimlehre wie der Okkultismus und die Durchdringung der Dichtung durch die esoterischen Kosmologien in den literarischen Kreisen der zweiten Hälfte des 19. Jh. erlangt. Die Praktiken des Spiritismus sind etwa aus dem Leben Victor Hugos, als er Weltberühmtheit erlangt, nicht mehr wegzudenken. Die Protokolle der spiritistischen Séancen, an denen Hugo teilnimmt, zeigen, daß die Kommunikation mit den Geistern eine Umsetzung seiner Erfahrung des Auftauchens der Massen, der sichtbar werdenden Folgen der Menschen- und Warenzirkulation und der gerade erfundenen kommunikativen Techniken sind.[128]

Für die Literaturwissenschaft ergeben sich in diesem Zusammenhang vor allem zwei Fragestel-

---

123 NOVALIS, Das Allgemeine Brouillon (entst. 1798–1799), in: NOVALIS, Bd. 3 (³1983), 385.
124 WILHELM DILTHEY, Das Erlebnis und die Dichtung (1905; Göttingen ¹⁴1965), 187 f.
125 ANNI CARLSSON, Die Fragmente des Novalis (Basel 1939), 93.
126 ALBERT BÉGUIN, L'âme romantique et le rêve (Paris 1937), 200.
127 CHRISTOPH ASENDORF, Batterien der Lebenskraft (Berlin 1984), 16.
128 Vgl. GUSTAVE SIMON, Chez Victor Hugo. Les tables tournantes de Jersey. Procès-verbaux des séances (Paris 1923).

lungen: der Zauberanspruch der dichterischen Sprache und mittelalterlichen Alchimie und das Selbstbild des Dichters als eines Sehers. Baudelaire und Aloysius Bertrand werden gerade zu dieser Zeit in den Kanon aufgenommen. Mit *Gaspard de la nuit* (1842) definiert Bertrand die moderne Gattung des Prosagedichts durch die Heterogenität des Inhalts, das Fragmentarische der Textkonstitution und die radikale Intertextualität. Die Werkausgabe und das Buch von Cargill Sprietsma, *Louis Bertrand, dit Aloysius Bertrand. Étude biographique* (1926), stellen den Dichter als den ersten vor, der in seiner poetologischen Reflexion die Kunst, ›Stein des Weisen des 19. Jh.‹, mit der alchimistischen Suche nach dem ›Stein des Weisen‹ qua Wissen gleichgesetzt hat. Baudelaires Biographen verweisen in diesem Zusammenhang insbesondere auf seine Bemerkungen über »De la langue et de l'écriture, prises comme opérations magiques, sorcellerie évocatoire«[129], auf denen seine hermetische Auffassung der poetischen Sprache fußt. Als ›weiße Magie‹ ist sie in dem Vorgang der Verwandlung begründet, die sich dank der Zauberkraft der Sprache vollzieht. Für Baudelaire kann sich die Inspiration als ein Phänomen der ›Evokation‹ oder eines ›art magique‹ spontan vollziehen. Zum anderen nähren die von der Imagination wahrgenommenen Analogien die Intuition einer Anziehungskraft zwischen den Dingen, aus der sich die universale Symbolik der Korrespondenzen herleitet. Die Dichtung unternimmt eine ›opération magique‹, indem sie »une immense intelligence innée de la *correspondance* et du symbolisme universels«[130] zu übersetzen und auf diese Weise in der Poetisierung der modernen Gegenwart eine autonome Idee des Schönen zu verwirklichen sucht. Der Baudelaire-Biograph François Porche stellt gleichzeitig in der Literaturgeschichtsschreibung einen grundsätzlichen Unterschied fest: »Hugo a dit que le poète est un mage. Par quoi il entendait que le poète vaticine à l'occasion […]. Pour Baudelaire, le poète serait plutôt un magicien, car le langage poétique tout entier, tel qu'il le concevait, est essentiellement d'ordre magique […]. En dehors d'une certaine combination qu'il faut trouver, le monde est clos, opaque et sourd.«[131] Von der Warte des Strukturalismus aus weist Elizabeth Abel auf Baudelaires Veränderung des Ut-pictura-poesis-Prinzips hin,

durch die Delacroix für Baudelaire zu einem Alchimisten oder Magier werde.[132] In die Entstehungsphase der historischen Avantgarde gehört die Vorstellung einer ›alchimie du verbe‹, wie sie Rimbaud in *Une saison en enfer* (1873) mitgeprägt hatte. In *Rimbaud le voyant* (1929) weist André Rolland de Renéville nach, wie bei Rimbaud Alchimie und Poesie auf der Suche nach der ›ursprünglichen‹ Materie der Welt und der Sprache übereinstimmen. Paul Verlaine erklärt, »le mot *Illuminations* est anglais et veut dire gravures coloriées – *coloured plates*: c'est même le sous-titre que M. Rimbaud avait donné à son manuscrit«[133]. Mit der Rimbaud-Rezeption der historischen Avantgarde wird die ureigenste poetische Erfahrung des Dichter-Sehers die ›Illumination‹: die ›mystische Erleuchtung‹. Sie wird bei Benjamin über den Umweg der parodistischen transzendentalphilosophischen Reformulierung des Unbewußten und des Mythischen, die Louis Aragon in seinem Roman *Le paysan de Paris* (1924) vornimmt, zu einer ›profanen Erleuchtung‹, einer ›anthropologischen Inspiration‹.[134] In eine andere Richtung geht die bis heute als Standardwerk geltende Biographie *Arthur Rimbaud* (1938) von Enid Starkie, die dessen Gedichte als unmittelbare Umsetzungen der Kabbala und der Alchimie zu deuten versucht. Dieselbe interpretatorische Linie verfolgt Jacques Gengoux in *La symbolique de Rimbaud* (1947). 1980 schließlich versucht David Guerdon, Werk und Leben Rimbauds »à la lumière de la tradition hermétique en général et de celle de l'alchi-

---

129 BAUDELAIRE, Fusées (entst. 1855–1862), in: BAUDELAIRE, Bd. 1 (1975), 658.
130 BAUDELAIRE, Théophile Gautier (1859), in: BAUDELAIRE, Bd. 2 (1976), 117.
131 FRANÇOIS PORCHE, Baudelaire, histoire d'une âme (Paris 1944), 302.
132 Vgl. ELIZABETH ABEL, Redefining the Sister Arts: Baudelaire's Response to the Art of Delacroix, in: Critical Inquiry 6 (1980), 363–384.
133 PAUL VERLAINE, Préface pour la première Edition des ›Illuminations‹ (1886), in: Verlaine, Œuvres en prose complètes, hg. v. J. Borel (Paris 1972), 631.
134 Vgl. BENJAMIN, Der Sürrealismus: Die letzte Momentaufnahme der europäischen Intelligenz, in: BENJAMIN, Bd. 2/1 (1977), 297; MARGARET COHEN, Profane Illumination. Walter Benjamin and the Paris of Surrealist Revolution (Berkeley 1993).

mie en particulier«[135] zu entschlüsseln. Mit zunehmender Methodologisierung der Literaturwissenschaft wird zuletzt auch linguistisches, stilistisches und rhetorisches Instrumentarium eingesetzt, um die Fähigkeit zur Steuerung der Ressourcen und Nuancen der Sprache zu untersuchen, die die Dichtung der ›magiciens‹, einschließlich Mallarmés Kabbalistik, auszeichnet, und um die Beziehungen zwischen poetischer Sprache, Poetik und Weltauffassung auszuloten – mit allen Elementen, die die Dichtung dem Okkultismus schuldet.[136]

Wenn die Symbolisten eine auf Analogie beruhende Kontinuität zwischen Alchimie und Dichtung vor Augen haben, so wird sie für die Surrealisten zur Affinität und Identifikation. Noch in der Zeit vor dem *Manifeste du surréalisme* (1924), als Robert Desnos seine medialen Fähigkeiten beim Schreiben einsetzt, Hypnoseexperimente unternommen und spiritistischen Séancen abgehalten werden, definiert Breton den Automatismus als ›dictée magique‹, die Lektüre als ›télépathie‹ und die Wortspiele Marcel Duchamps als ›une véritable chimie‹.[137] Im *Second Manifest* (1930) nehmen die Surrealisten um Breton für sich in Anspruch, sie würden als einzige die ›Alchimie der Sprache‹ fortsetzen und gleichzeitig einen Bruch vollziehen. Die Analogie ist nicht mehr nur die magische Kraft, die die Dichter des 19. Jh. mit Hilfe der Esoterik intuitiv erfaßten, sondern bestimmt selbst den Ablauf der Imagination und der dichterischen Schreibweise. Auf der Suche nach einer neuen Mythologie in der Zeit seines kriegsbedingten

---

135 DAVID GUERDON, Rimbaud. La clef alchimique (Paris 1980), 9.
136 Vgl. ALAIN MERCIER, Les sources esotériques et occultistes de la poésie symboliste, 2 Bde. (Paris 1969); JEAN POMMIER, La mystique de Baudelaire (Genf 1967).
137 Vgl. ANDRÉ BRETON, Entrée des mediums (1922), in: Breton, Œuvres, hg. v. M. Bonnet u. a., Bd. 1 (Paris 1988), 275; BRETON, Les mots sans rides (1924), in: ebd., 284.
138 SUZANNE LAMY, André Breton. Hermétisme et Poésie dans ›Arcane 17‹ (Montréal 1977), 22.
139 Vgl. JULES MONNEROT, La poésie moderne et le sacré (Paris 1945), 107f.; BRETON, Signe ascendant (Paris 1968), 112.
140 BRETON/GÉRARD LEGRAND, L'art magique (Paris 1957), 2.

Exils in den Vereinigten Staaten taucht Breton in die Esoterik ein, so im Text von *Arcane 17* (1945): »Hermétisme et poésie vivent ici dans un rapport organique, symbiotique«[138]. In Jules Monnerots Untersuchung über *La poésie moderne et le sacré* (1945) dient das mit der Analogie verknüpfte, von Lévy-Bruhl übernommene Konzept des ›continuum psychique‹ dazu, nicht nur die Nähe zwischen ›mentalité primitive‹ und surrealistischem Denken zu beweisen[139], sondern auch andere Verbindungen mit der Esoterik herzustellen. Diese Arbeit wirkt richtungsweisend in der späteren Phase von Bretons Schaffen.

Die Vorbereitung und Herausgabe einer großangelegten Untersuchung über ›l'art magique‹ stellt Breton in den Jahren 1953–1957 vor zwei Herausforderungen. In erster Linie ist es die Definition des ›art magique‹ selbst, denn obwohl der Begriff für den Surrealismus Selbstevidenz besitzt, besteht außerhalb der surrealistischen Bewegung kein Konsens über Sachbezüge, Bedeutungen, begriffliche Strukturen, Konzeptualisierung und Theorie. Des weiteren geht es darum, ›l'art magique‹ in einem umfassenden geschichtlichen Entwicklungszusammenhang, in dem auch der Surrealismus seinen Stellenwert bekommen soll, und mit Blick auf eine neue kultur- und kunstgeschichtliche Ordnung zu situieren. Deshalb wählt Breton die Geographie und die Art und Weise, wie die Magie als ›natürlicher Ausdruck‹ des Menschen‹ in der Menschheitsgeschichte artikuliert wurde, als seine Koordinaten. Er sieht dabei seine strategische Aufgabe als die gleiche an, wie sie Novalis im Hinblick auf die Magie erfüllt hat: »La pensée de Novalis permet de saisir l'instant où ces mots [art magique – d. Verf.], issus de vocabulaires particuliers, vont se trouver une commune mesure et tendre à verser peu à peu dans le langage courant.«[140] Die 77 Antworten auf die große Umfrage, die Breton zur Realisierung seines Vorhabens durchführt, bilden die »vocabulaires particuliers« für die Untersuchung der ›magischen Kunst‹. Auf dieser Grundlage unterscheidet er zwei Stränge, in denen Magie in Kunstwerken wirksam wird: »L'un de ces versants nous retrace, en effet, le développement d'un art qui, s'il n'est pas forcément l'expression directe de la magie, entretient du moins avec elle des rapports étroits: il s'agit, en pareil cas, d'une magie en exercice obéissant à un code variable selon les temps et les lieux mais, en chacun d'eux, très précis. L'autre versant nous initie à un art survivant à la disparition de toute magie constituée et qui, délibérément ou non, n'en remet pas moins en œuvre certains moyens de la magie – spécule, consciemment ou non, sur leur pouvoir.« (3 f.) In diesem Spannungsverhältnis orientiert magische Kunst sich innerhalb zweier zeitlicher Dimensionen: »Si le premier trouve son assise génératrice dans la prime enfance de l'humanité, je suis de ceux qui pensent que le second, de par le croissant prestige qui s'y attache, engage, à perte de vue, l'avenir.« (4) Von dieser Problemstellung aus ergibt sich auch die Ausrichtung und vor allem die Argumentationslinie der Definition: »On voit [...], soit pour peu qu'on remonte à ses principes constitutifs, que tout art entretient avec la magie des rapports étroits« (24). Insbesondere interessiert Breton die Form, wie die Vermittlung zwischen den ›magischen‹ Praktiken und der Idee des Schönen erfolgt: »Certains esprits, dont je suis, ont peine à concevoir un *beau* qui ne soit à quelque degré magique.« (26) Es sind nicht die Besonderheiten einer spezifischen ästhetischen Form, die die Prioritäten und Praktiken der magischen Kunst bestimmen. Die Umwertung der Werte, die Bretons Herangehensweise mit sich bringt, feiert nicht die erlösende Macht der Ästhetik, wie sie in der Geschichte des westlichen Individualismus geprägt wurde: »De toute évidence, une autre démarche est, dans un cadre qui déborde celui de l'art, de prétendre non plus au beau mais au magique, d'accorder résolument la primauté au magique sur le beau. Nécessairement elle se devra de reproduire celle de la phase animique de l'humanité qui part de la foi en un ensemble de pratiques susceptibles de soumettre à l'homme ›la puissance mystérieuse qui, de la terre aux cieux, unit les êtres, la coordonne et les anime‹ [...] pour accéder au *symbolisme*, de l'instant où l'›analogie‹ primitive a engendré des spéculations moins rudimentaires.« (ebd.)

Der Vorrang der Magie vor dem Schönen bei Breton wirft eine doppelte Frage auf: Auf welchem Wege und mit welchen Methoden kann der Künstler diese »phase animique de l'humanité« (ebd.), in der das Grundprinzip der Analogie herrscht, wiederherstellen, um die magische Omnipotenz wiederzuerlangen? Wie ist eine solche Methode anzuwenden, und wann kann sie erfolgreich sein? Den Weg weist der Automatismus: Wer sich seinem Gesetz ausliefert, baut ein Selbst ohne Subjekt auf, wie in der Trance. In seiner Antwort auf die zweite Frage gelangt Breton zu dem Schluß, daß für seine Bestimmung des ›art magique‹ – den »ressort analogique« (17) zur Wiedergewinnung des ›magischen‹ Zustands darstellt. Die Apologie des ›art magique‹ ist auf diese Weise auch eine indirekte Antwort auf die neue hegemoniale Stellung der abstrakten Kunst.[141] Wenn bereits alle Kunst einen Platz im Museum findet und die Kunstgeschichte als abgeschlossen betrachtet werden kann, öffnet sich mit der Idee eines ›art magique‹ der Blick auf eine plurale Geschichte der vielfältigsten Spielarten dieser Magie genannten Kunst.

III. Die Hauptszenarien im 20. Jahrhundert

1. Magie und Kino als moderne mimetische Maschine und Technologie des Imaginären

Die suggestive Kraft der Figur des Zauberers als Held des ›populären Imaginären‹ ist in der Literatur und Musik des 19. und des beginnenden 20. Jh. stets präsent. Im Kino ist sie fester Bestandteil der Vorstellungswelt der imperialen Expansion. Die ganz frühen Filme über Babylon, Ägypten und die Bibel thematisieren die vergessenen östlichen Ursprünge des Westens, wobei der Kolonialismus als naturgegeben erscheinen soll. In den Figuren einer Cleopatra, Dalila oder der ägyptischen Mumie wird die tabuisierte Sexualität allegorisiert und der Zauberer-Priester dämonisiert, um in jedem Fall seine Macht unter Kontrolle zu bringen. In den nach dem 1. Weltkrieg gedrehten Filmen dient die Entmachtung der Stammesmedizinmänner der

---

141 Vgl. SERGE GUILBAUT, How New York Stole the Idea of Modern Art (1983); dt.: Wie New York die Idee der modernen Kunst gestohlen hat. Abstrakter Expressionismus, Freiheit und kalter Krieg, übers. v. U. Biesenkamp (Dresden/Basel 1997).

Verherrlichung des unaufhaltsam vordringenden westlichen Fortschritts. Dasselbe geschieht in den Topoi des Western, mit denen die nordamerikanische Geschichte als eine fabulierte militärische Auseinandersetzung mit den Indianern festgeschrieben wird.

From Caligari to Hitler (1947) nennt Siegfried Kracauer seine Geschichte des Films der Weimarer Republik. Solche machtbesessenen Figuren wie Caligari (Robert Wiene) oder ein Verbrecher im Stil eines Mabuse (Fritz Lang) bezeichnet Kracauer rückblickend als »deep-rooted premonitions«[142] Hitlers und kritisiert damit die Vorstellung einer ›braunen Magie‹, die aus den in den 1920er Jahren geweckten Erwartungen des Ineinandergreifens von Geheim- und Naturwissenschaften entstanden ist: »Seit 1933 wird diese Perspektive bisweilen mit der – mal affirmativ, mal kritisch gemeinten – Annahme verbunden, das magische Weltbild finde im NS-Regime seine politische Heimat.«[143] ›Braune Magie‹ erfüllt auch in den 1980er Jahren den kolonisierenden Intertext der Abenteuerfilme, in denen ein Indiana Jones zur kinomythologischen Figur aufsteigt. Hier kommen die Elemente der Kolportage und des Seriellen, die für Fritz Langs Mabuse konstitutiv sind, als Pastiche voll zum Tragen. In den heutigen westlichen Gesellschaften, kommentiert Deleuze, »Mabuse lui-même changeait de figure, et opérait par téléviseurs«[144]. Dagegen kehren die alternativen Filme außerhalb Europas die von der Moderne vollzogene Abgrenzung zwischen Traditionellem und Moderne um und wenden sich dem Archaischen zu, um es zu modernisieren: »In their attempts to forge a liberatory language [...] alternative film traditions draw on paramodern phenomena such as popular religion and ritual magic. [...] magical spirits become an esthetic resource, a means for breaking away, often in farcical ways, from the linear, cause-and-effect conventions of Aristotelian narrative poetics, a way of defying the ›gravity‹, in both senses of that word, of chronological time and literal space.«[145]

Auch wenn der ethnologische Film seit seinen Anfängen den Anspruch vertritt, eine Enzyklopädie der Welt zu schaffen, und magische und schamanistische Rituale sichtlich eine Obsession darstellen, macht die Wirkungsgeschichte so bemerkenswerter Filme wie *Les Magiciens de Wanzerbé* (1947) und *Les Maîtres Fous* (1954) von Jean Rouch das Dilemma dieser Filmgattung deutlich. Sie mögen zwar namhafte Anthropologen aus dem Konzept gebracht haben, bleiben aber bis auf weiteres[146] auf einen sehr begrenzten Kreis von Zuschauern beschränkt.

Unter den besonderen Bedingungen der Entwicklung des Kinos und der Filmtheorie in Frankreich setzt sich eine ganze Reihe junger Cineasten theoretisch mit den ästhetischen, kulturellen, sozialen und philosophischen Implikationen des Films auseinander.[147] Die Annäherung zwischen Kino, archaischer Wahrnehmung und einem neuen, technologisch vermittelten Magiebegriff vollzieht sich dabei auf drei Wegen. Der erste ist das Interesse von Psychologen, Parapsychologen, Spiritisten und vergleichenden Mythenforschern für das gespenstische Bild des Doppelgängers und die Möglichkeit, diese Eigenschaft auf mentale bzw. materialisierte Bilder und Objekte zu projizieren. Die Verfahrensweisen zur Sichtbarmachung des Doubles werden zum Gegenstand medizinischer Beobachtungen und in klinischen Kategorien wie ›autoscopie‹ oder ›heautoscopie‹ zu fassen gesucht. Vor allem jedoch bildet ›der Verkehr mit Verstorbenen‹ Aleksandr N. Aksakov zufolge den ureigensten Bereich des Spiritismus.[148] Nach dem Massensterben im 1. Weltkrieg rückten in den spiritistischen Séancen die Erscheinung eines Verstorbenen, die Vision eines Mediums und die gleichzeitige transzendentale Fotografie in den Vorder-

---

142 SIEGFRIED KRACAUER, From Caligari to Hitler. A Psychological History of the German Film (1947; Princeton 1966), 84.
143 ROBERT STOCKHAMMER, Zaubertexte: Die Wiederkehr der Magie und die Literatur 1880–1945 (Berlin 2000), 51.
144 GILLES DELEUZE, Pourparlers (Paris 1990), 102.
145 ELLA SHOHAT/ROBERT STAM, Unthinking Eurocentrism: Multiculturalism and the Media (London/New York 1996), 296.
146 Vgl. ELIOT WEINBERGER, The Camera People, in: Transition 55 (1992), 54.
147 Vgl. STUART LIEBMANN, French Film Theory, 1910–1921, in: Quarterly Review of Film Studies 8 (1983), H. 1, 2.
148 Vgl. ALEKSANDR N. AKSAKOV, Animismus und Spiritismus. Versuch einer kritischen Prüfung der mediumistischen Phänomene [...], übers. v. G. C. Wittig (1890; Leipzig ²1894), 566.

grund. In den 20er Jahren ist der Topos des Kinos als »art spirita«[149] im Sinne seiner Ähnlichkeit mit einer Séance, der Performance post mortem und der Fähigkeit des Kinos, die Geschichte als lebendige Bilder zu speichern, bereits allgemein anerkannt.[150] Zwischen der vom Bild erzeugten Präsenz und der suggestiven Macht der fotografischen Erscheinungen eines Ebenbildes oder lebendiger Bilder aus der Vergangenheit entsteht ein Spannungsbogen magischer Emotionen.

Das von Psychologen, Parapsychologen, Dichtern und Schriftstellern geteilte Interesse für Traumerfahrungen und andere imaginäre Szenarien, in denen sich das Subjekt potenziert wiederfindet, begründet den zweiten Weg. Den psychoanalytischen Brückenschlag zwischen Traum und Film stellt explizit bereits Jacques Poisson Mitte der 20er Jahre her.[151]

Die übergreifende Akzeptanz der anthropologischen Schlüsselbegriffe als Bestandteil eines liberalen intellektuellen Selbstverständnisses bahnt nach der Dreyfusaffäre den dritten Weg. Nach Auffassung von Salomon Reinach liegen nicht nur die Ursprünge des Denkens, sondern auch Alltagsphänomene sowie ästhetische und moralische Praktiken und Verhaltensweisen der damaligen Zeit im »système des *tabous* et celui des *totems*« und der Magie als der »stratégie de l'animisme«[152] begründet. Man kann sich wohl keine ausdrücklichere Absage an das ästhetische Denken in den tradierten Kunstgrenzen als diese vorstellen: »Le cinéma est le plus grand apôtre de l'animisme.«[153] Die Filmkamera, so erklärt Buñuel, reaktiviert eine archaische Sehweise, wenn sie Gegenstände zeigt, geht aber gleichsam psychoanalytisch vor, wenn sie sich einem Gesicht nähert. Die Stummfilmtechniken vermögen es, eine »nature nouvelle, un autre monde«[154] zu schaffen, und nicht nur das. Die neuen Techniken der Optik und Mechanik erweitern bei dieser Wahrnehmung die Zeit zu einer »dimension de l'espace«[155], der Zuschauer kann sich in alle Richtungen und mit jeder Geschwindigkeit innerhalb einer umkehrbaren Zeitdimension bewegen und verfügt über eine räumliche Allgegenwart. Die Verknüpfung zwischen der im Film geschaffenen animistischen Welt und der Alterität des Fetischs dient intuitiv zur Beschreibung des Verselbständigungsprozesses der Bilder und der Gefühls- und Erkenntnismöglichkeiten, die sie beinhalten: »D'une part, le cinéma est une langue, et comme toutes les langues, il est animiste, c'est-à-dire qu'il prête une apparence de vie à tous les objets qu'il désigne. Ces vies qu'il crée […] sont pareilles à la vie des amulettes, des grisgris, des objets menaçants et tabous de certaines religions primitives. Je crois que si l'on veut comprendre comment un animal, une plante, une pierre peuvent inspirer le respect, la crainte, l'horreur, trois sentiments principalment sacrés, il faut les voir à l'écran.«[156]

Der Tonfilm mit seinem eigenen Bedeutungsapparat setzt dieser Reflexion über die Magie im Stummfilm ein Ende. Benjamin ist in seinem Pariser Exil der einzige, der diese Problematik durch die Frage nach dem mimetischen Vermögen und dem Kino als mimetischer Maschine weiterentwickelt. In der 1933 geschriebenen, jedoch erst 1972 postum veröffentlichten Notiz *Lehre vom Ähnlichen* kommt er mit Blick auf die Bedeutung der natürlichen Korrespondenzen, die »Stimulantien und Erwecker« des mimetischen Vermögens sind, zu dem Schluß, »daß im Laufe der Jahrhunderte die mimetische Kraft, und damit später die mimetische Auffassungsgabe gleichfalls, aus gewissen Feldern, vielleicht um sich in andere zu ergießen, geschwunden ist«[157]. Dabei lasse sich, so folgert Benjamin, »im ganzen eine einheitliche Richtung in der historischen Entwicklung« erkennen. Diese Richtung liege ganz offensichtlich »in der

149 JEAN EPSTEIN, Cinéma bonjour (Paris 1921), 112.
150 Vgl. LUIS BUÑUEL, Una noche en el ›Studio des Ursulines‹ (1927), in: Buñuel, Obra literaria (Saragossa 1982), 151; dt.: Ein Abend im ›Studio des Ursulines‹, in: Buñuel, Die Flecken der Giraffe. Ein- und Überfälle. Hrsg. v. F. R. Fries/G. Schattenberg (Berlin 1991), 93.
151 Vgl. JACQUES POISSON, Cinéma et psychanalyse, in: Cahiers du Mois 5 (1926), 16–17, 176.
152 SALOMON REINACH, Orpheus. Histoire générale des religions ³1909), 30.
153 BORIS BILINSKY, Le Costume, in: L'art cinématographique, Bd. 6 (Paris 1929), 56.
154 EPSTEIN (s. Anm. 149), 34.
155 ÉLIE FAURE, Fonction du cinéma, de la cinéplastique à son destin social, 1921–1937 (Paris 1953), 41.
156 EPSTEIN, Le Cinématographe vu de l'Etna (Paris 1926), 17.
157 BENJAMIN, Lehre vom Ähnlichen (entst. 1933), in: BENJAMIN, Bd. 2/1 (1977), 205.

wachsenden Hinfälligkeit dieses mimetischen Vermögens. Denn offenbar scheint doch die Merkwelt des modernen Menschen sehr viel weniger von jenen magischen Korrespondenzen zu enthalten als die der alten Völker oder auch der Primitiven. Die Frage ist nur die: ob es sich um ein Absterben des mimetischen Vermögens oder aber vielleicht um eine mit ihm stattgehabte Verwandlung handelt.« (205 f.) In der 1. Fassung seines Essays *Das Kunstwerk im Zeitalter seiner technischen Reproduzierbarkeit* gibt Benjamin die Möglichkeit zu bedenken, daß der Film als technologisches Medium der zerstreuten Taktilität dieses Wahrnehmungsvermögen in der heutigen Zeit wiederherstellen könne: »Die Aufgaben, welche in geschichtlichen Wendezeiten dem menschlichen Wahrnehmungsapparat gestellt werden, sind auf dem Wege der bloßen Optik, also der Kontemplation, gar nicht zu lösen. Sie werden allmählich, nach Anleitung der taktilen Rezeption durch Gewöhnung bewältigt.«[158] In der jüngsten Diskussion über die Thesen Benjamins wird wiederholt darauf hingewiesen, in welchem Maße der Film »a new schooling for our mimetic powers«[159] darstelle. Die körperliche Gnosis des ›optischen Unbewußten‹, zu der das Kino verhilft, durchdringt den Körper und ermöglicht eine ›rebirth of mimesis‹, eine neue Produktionsweise von Erkenntnissen, von ›corporal knowledge‹: »with technology or magic – or with something else altogether where science and art coalesce to create a defetishizing/reenchanting modernist magical technology of embodied knowing«[160].

Unmittelbar nach dem 2. Weltkrieg wird die Magie des Films unter den Hauptprämissen des Animismus, dem Gesetz der mystischen Teilhabe und der Vorstellung eines fließenden Universums in der Zeit erneut aufgegriffen. Einen Film zu sehen beinhaltet für den Zuschauer die Erfahrung der regressiven Wiedergewinnung eines verloren geglaubten, entdifferenzierten emotionalen und mentalen Zustandes: »L'explication qui s'impose d'abord au spectateur appartient au vieil ordre animiste et mystique.«[161] In der fließenden Welt der Leinwand sind die Dinge Teil eines größeren originären Ganzen und wecken das latente magische Gefühls- und Denkvermögen: »le cinématographe représente l'univers comme une continuité perpétuellement et partout mobile, bien plus fluide et plus agile que la continuité directement sensible. [...] Rien ne sépare la matière et l'esprit«[162]. Mit der zunehmenden Bedeutung, die Sartres Existentialismusentwurf gewinnt, rücken solche Themen wie die Trennung der Wahrnehmung von der Imagination und das phänomenologische Herangehen an die Emotionen und das Imaginäre unter Einbeziehung der Magie auf die Tagesordnung: »L'acte d'imagination [...] est un acte magique. C'est une incantation destinée à faire apparaître l'objet auquel on pense, la chose qu'on désire, de façon qu'on puisse en prendre possession.«[163] Auf der filmtheoretischen Ebene wird die Film-Magie dementsprechend als eine Frage der Technologie des Imaginären behandelt.[164] Weiterführend vertritt der Ästhetikforscher Étienne Souriau die Auffassung, der Film unterhalte eine universelle Beziehung zum Animismus: »Et cet ›animisme‹ universel est encore un fait filmologique.«[165] Im Filmbild, so der Filmtheoretiker Jacques Guicharnaud, erscheine das Objekt »totalement, c'est-à-dire avec sa magie«, weshalb »le cinéma montre là qu'il est capable d'évoquer les émotions d'un personnage [...] par les dimensions magiques de l'univers saisi par la conscience émue.«[166]

Diese von der Filmwissenschaft ins Bewußtsein gerückten Erkenntnisse gehen Ende der 1950er

---

158 BENJAMIN, Das Kunstwerk im Zeitalter seiner technischen Reproduzierbarkeit (1. Fassung, entst. 1935), in: BENJAMIN, Bd. 1/2 (1974), 466.
159 BUCK-MORSS (s. Anm. 77), 267.
160 TAUSSIG, Physiognomic Aspects of Visual Worlds, in: L. Taylor (Hg.), Visualizing Theory. Selected Essays from V. A. R. 1990–1994 (New York/London 1994), 208.
161 EPSTEIN, Le Cinéma du diable (Paris 1947), 178.
162 EPSTEIN, L'intelligence d'une machine (Paris 1946), 162, 164.
163 JEAN-PAUL SARTRE, L'imaginaire. Psychologie phénoménologique de l'imagination (1940; Paris 1960), 162.
164 Vgl. HENRI WALLON, De quelques problèmes psycho-physiologiques que pose le Cinéma, in: Revue internationale de filmologie 1 (1947), Nr. 1, 16.
165 ÉTIENNE SOURIAU, Filmologie et esthétique comparée, in: Revue internationale de filmologie 5 (1952), Nr. 10, 119 f.
166 JACQUES GUICHARNAUD, L'Univers magique et l'image cinématographique, in: Revue internationale de filmologie 1 (1947), Nr. 1, 39 f.

Jahre in das ehrgeizige Projekt einer soziologischen Anthropologie des Kinos ein, das Edgar Morin in Angriff nimmt. Diese begreift er als einen Teil seines großen Vorhabens, im Namen einer ›nouvelle Aufklärung‹, wie er sie nennt, eine Bilanz der Konsequenzen zu ziehen, die die ›Dialektik der Aufklärung‹ und die Feststellung einer dreifachen Krise – Krise der Totalität, der Vernunft und des Marxismus – zur Folge hatten.[167] Morins Einwände richten sich gegen die Form, in der das Kino und die allgemeinen Magietheorien als positivistisch-rationalistische Überhöhung der westlichen Rationalität in eine unmittelbare Verbindung gesetzt wurden. Wenn der Film nach Morin sowohl ein anthropologischer Spiegel als auch eine Technologie des Imaginären darstellt, dann bedeutet das, die »essence esthétique du cinéma, non pas comme une évidence transcendente, mais relative à la magie«[168] zu untersuchen: »Le cinéma en même temps qu'il est magique est esthétique, en même temps qu'il est esthétique est affectif.« (118) Die Unterscheidung zwischen zwei Arten von Magie ist Teil einer Historisierung, in der auch die Ästhetik einbezogen ist: »Ce qui empêche enfin la vérité objective du film de s'intégrer dans le sérieux de la pratique, c'est la conscience esthétique. [...] Cela veut dire que ce n'est pas la magie première qui ressuscite dans le cinéma, mais une magie réduite, atrophiée, immergée dans le syncrétisme affectif-rationel supérieur qu'est l'esthétique« (215).

2. Der Nomadismus des Oxymorons ›magischer Realismus‹

Das Oxymoron ›magischer Realismus‹ ist bezeichnend für die Problem- und Theoriegeschichte der Künste und der Ästhetik ab den 20er Jahren des 20. Jh. Seine Wirkung und Bedeutungsveränderungen in Kunstprogrammen, Künstlerästhetiken und den darstellungs- und wirkungsästhetischen Analysen der Kunstpraxis von Malerei, Literatur und Film hängen mit zwei Hauptmomenten – dem Nomadismus des Terminus und der Distanzierung und Verwerfung immer neu aufkommender und variierender Realismusauffassungen – zusammen. Entscheidend in seiner Wanderbewegung ist die Dialektik einer kulturgeographischen Dezentrierung, in der Homi K. Bhabha ein ästhetisches Beispiel für die figurative Hybridität aller Kulturen in einer Welt sieht, deren neue Komplexität mit der Regel der Nichthomogenität der Identitäten zusammenhängt:»the margins of the nations displace the centre: the peoples of the periphery return to rewrite the history and fiction of the metropolis [...]. ›Magical realism‹ after the Latin American Boom, becomes the literary language of the emergent post-colonial world.«[169]

Unter den Bedingungen einer ›absoluten Beherrschung‹ der Gesellschaft durch die Ware, die Lukács im Begriff der Verdinglichung faßte, ist die Konstellation, die dem Begriff ›magischer Realismus‹ in der Kunstdebatte in Deutschland Anfang der 1920er Jahre seine Konturen verleiht, durch das Bedürfnis nach unmittelbarer ästhetischer Kunstund kulturpolitischer Orientierung charakterisiert. Picassos Antwort auf die absolute Krise der Werteidee in der bürgerlichen Gesellschaft drückt sich in der Rückkehr zum klassischen Material und zur klassischen Darstellungsästhetik aus. Duchamps Antwort sind Readymades. In Deutschland wird der Expressionismus durch eine Rückbesinnung auf die Gegenständlichkeit, die Schaffung einer ›neonaturalistischen Kunst‹ abgelöst. Paul Westheim startet in der von ihm herausgegebenen Zeitschrift Kunstblatt 1922 eine Umfrage zum Thema ›Ein neuer Naturalismus??‹. Aus der Gesamtheit der Antworten sind für die Archäologie des Begriffs ›magischer Realismus‹ jene relevant, die ein Möglichkeitsfeld skizzieren, auf dem die Koordinaten zwei komplementäre Entwicklungslinien sind: die Suche nach einem Kunstwerkbegriff, der von dem Bestreben nach einer ›Wiederentdeckung‹ der Dingwelt geleitet ist, und das Streben nach einer strukturellen Ordnung in einem ästhetischen harmonischen Ganzen. Nach dem Anspruch auf die ›Absolutheit der Form‹ und der ›expressiven Deformierung der Objekte‹ plädiert ein Max Picard nunmehr für die Restaurierung der Objekte unter Einbeziehung ihrer magischen Di-

---

167 Vgl. EDGAR MORIN, Que faire?, in: Arguments 3 (1959), Nr. 16, 1–4.
168 MORIN, Le Cinéma ou l'homme imaginaire. Essai d'anthropologie sociologique (Paris 1956), 214.
169 HOMI K. BHABHA, Introduction: Narrating the Nation, in: Bhabha (Hg.), Nation and Narration (London 1990), 6f.

mension: »Darauf kommt es an: das Objekt wieder in seiner Totalität zu sehen. [...] Weil das Objekt in seiner Totalität gesehen wurde: mit seiner Dämonie, seiner magischen Kraft und noch vielem, was ich nicht weiß, was alles aber einmal zum Objekt gehört hat, genau so zum Objekt gehört hat und gehört, wie seine Farbe und Form [...]. Das Objekt stellte sich von selber so dar; die Dämonie, die magische Kraft des Objektes geben ihm dieses Aussehen«[170]. Diese Forderungen werden in anderen Antworten auch mit einem Ideal des Sinnlich-Schönen, das die Wiederherstellung einer Harmonie zwischen Mensch und Natur beinhaltet, verknüpft.

Es ist belegt, daß der Terminus ›magischer Realismus‹ zum ersten Mal auf das Bild *Spielendes Kind* (1922) von Heinrich Maria Davringhausen angewendet worden ist.[171] Der Kunsthistoriker Franz Roh schlägt ihn 1923 als klassifikatorischen Hilfsbegriff in einem Artikel über die realistischen Gemälde des 1912 gestorbenen Malers Karl Haider vor. In diesem sieht er einen »Zauberer, der uns geheime Bindung von Gegensätzen, die uns auseinanderfielen, lehrt«[172]. Haider avanciert zum Vorboten der Anfang der 20er Jahre anzusetzenden neuen Kunstperiode: »Eine Bewegung nun, die seit 1920 in allen europäischen Ländern hervorkeimt, sei Nachexpressionismus genannt, womit ich sagen will, daß sie gewisse metaphysische Bezüge des Expressionismus behält, diese andrerseits aber zu etwas durchaus Neuem wandelt. Der Begriff des ›magischen Realismus‹, der für die einsetzende Epoche ebenfalls angewandt werden kann, deutet das Neue an, verzichtet dafür aber auf den Ausdruck der Kontinuität.«[173]

Ein Jahr später charakterisiert Roh die in der Malerei deutlich zu beobachtende Wende mit der Formel von der ›Magie der Gegenständlichkeit‹, weshalb sich auch die zeitgenössischen Maler an Henri Rousseau orientieren: »Was die Jüngsten, die den abstrakten Expressionismus überwinden wollen, unaufhaltsam zu Rousseau zieht, liegt in jener Magie der *Gegenständlichkeit.*«[174] Das Buch, in dem Roh als erster den Versuch wagt, »die neueste Malerei als Ganzes zu sehen und darzulegen«[175], trägt den programmatischen Titel: *Nachexpressionismus. Magischer Realismus. Probleme der neuesten europäischen Malerei* (1925), während der Museumsdirektor Gustav Friedrich Hartlaub das konkurrierende Konzept der Neuen Sachlichkeit in Umlauf bringt. Roh begründet im Vorwort, wie er zu der Begriffszusammenstellung im Titel seines Buches gekommen ist: »Da das Kind einen wirklichen Namen haben mußte und Nachexpressionismus nur Abstammung und zeitliche Begrenzung ausdrückt, fügten wir, nachdem das Buch längst geschrieben war, jenen zweiten hinzu. Er schien uns wenigstens treffender als ›idealer Realismus‹ oder als ›Verismus‹ und ›Neuklassizismus‹, welche ja nur einen Teil der Bewegung darstellen. Unter ›surrealisme‹ versteht ja man vorläufig etwas anderes.« (o. S.) In der Bestimmung von ›magisch‹ als einem nicht zu hinterfragenden und haltgebenden ›Geheimnis‹ findet sich ein Widerhall von Kandinskys Auffassung vom inneren Klang der Dinge und wird Interpretationsspielraum offengelassen: »Mit ›magisch‹ im Gegensatz zu ›mystisch‹ sollte angedeutet sein, daß das Geheimnis nicht in die dargestellte Welt eingeht, sondern sich hinter ihr zurückhält.« (o. S.) Die mit dem ästhetischen Reiz der Machart und der formalen Durchbildung des Ganzen erreichte Sinnhaftigkeit ermöglicht Roh zufolge die ruhige Betrachtung und Wiederentdeckung der »Magie des Seins« (29).

Die ökonomische Stabilität in Deutschland nach 1924 unter dem Zeichen von wirtschaftlicher Rationalisierung, technischer Modernisierung und Fordismus lassen die ›Sachlichkeit‹ in dem neuen internationalen kulturellen Kontext, der spezifische neue Formen der Visualisierung mit sich

---

170 MAX PICARD, [Antwort auf Rundfrage ›Ein neuer Naturalismus??‹], in: Das Kunstblatt 6 (1922), H. 9, 377.
171 Vgl. EMILIO BERTONATI, Neue Sachlichkeit in Deutschland, übers. v. L. Birk (1974; Herrsching 1988), 11.
172 FRANZ ROH, Zur Interpretation Karl Haiders. Eine Bemerkung auch zum Nachexpressionismus, in: Der Cicerone 15 (1923), 602.
173 Ebd., 598 f.
174 ROH, Ein neuer Henri Rousseau. Zur kunstgeschichtlichen Stellung des Meisters, in: Der Cicerone 16 (1924), 715.
175 ROH, Nachexpressionismus. Magischer Realismus. Probleme der neuesten europäischen Malerei (Leipzig 1925), 1.

bringt¹⁷⁶, zu einem Schlagwort werden. Der Weg des Terminus in der Kunst läßt sich anhand der beiden von Hartlaub ausgerichteten Ausstellungen *Neue Sachlichkeit* (1925) und *Deutsche Provinz I. Teil - Beschauliche Sachlichkeit* (1933) verfolgen. Die Gegenüberstellung der Konzepte ›magischer Realismus‹ – ›neue Sachlichkeit‹, desgleichen die Auslegung von ›magischem Realismus‹ als eine Richtung der Neuen Sachlichkeit, sind in den 70er Jahren entsprechend den jeweiligen Koordinatensystemen von Kuratoren und Kunsthistorikern vorgenommen worden. Rohs Buch erschien in der spanischen Übersetzung in dem renommierten Verlag von José Ortega y Gasset unter dem Titel *Realismo mágico. Posexpresionismo* (1927), als die Auseinandersetzung mit dem Surrealismus die künstlerische Debatte in Madrid und Barcelona polarisierte. In seiner Rezeption wird nachdrücklich auf den deutschen Charakter der Problemstellung in dem Sinne hingewiesen, daß ›magischer Realismus‹ nicht als eine europäische Kunstrichtung empfunden wurde.

Über die Malerei hinaus entdeckt Roh auch Grundzüge des ›magischen Realismus‹ in der Literatur. In der gleichen Zeit setzt sich der italienische Schriftsteller und Publizist Massimo Bontempelli in den vier Heften seiner auf französisch in Rom publizierten Zeitschrift *900 – Cahiers d'Italie et d'Europe* (1926–1927) mit der Aufgabe der Literatur als wirklichkeitsverwandelndes magisches Instrument auseinander. Sie besteht nach seiner Auffassung darin, die Alltagswelt durch eine für jedes Individuum der modernen Gesellschaft allgemeingültige ›imaginäre Welt‹ zu erweitern. Dafür müssen die Schriftsteller aber auf jeden Fall noch einmal lernen zu erzählen. Für die Bestimmung des Begriffes ist von Bedeutung, daß Bontempelli in den 30er Jahren den ›realismo magico‹ als ästhetisches Prinzip und literarisches Programm für eine Phase seines eigenen Schaffens in Italien in Anspruch nimmt.¹⁷⁷ Als Bestandteil einer erfahrungsbezogenen Begriffsbildung sind für die Rekonstruktion der Problemgeschichte des ›magischen Realismus‹ bis zur Mitte des 20. Jh. seine Verwendung in der flämischen Literatur und das Oszillieren seiner Bedeutung während der kurzen Periode seines Wiederauftauchens in der literarischen Debatte im Nachkriegsdeutschland relevant. Diese letzte magisch-realistische Erneuerung kennzeichnet unübersehbar das Ende der europäischen Topographie des Realismus als räumlichen Kontext interkultureller Erfahrungen. Denn sie vollzieht sich nicht in den Spuren der Abbildtheorien von Realismus und Naturalismus, sondern bedient sich entgegengesetzter Paradigmen der literarischen Moderne aus den USA.¹⁷⁸

Zwischen 1948 und 1976 entwickelt sich in Lateinamerika ein Diskurs über den ›magischen Realismus‹, der eine Wende in der Relativierung und Überwindung des Kanons der traditionellen Ästhetik sowie die Abkopplung des kulturhistorischen Konzepts der Modernität und der sozioökonomischen Modernisierungsprozesse von der modernen Ästhetik ermöglicht. Der guatemaltekische Romancier Miguel Angel Asturias stellt die Ausgangsfrage für die Bestimmung der Poetik des magischen Realismus im Roman, nämlich: Was geschieht durch die magisch-realistische Mimesis? Asturias verschiebt den Problemkomplex des Mimesiskonzepts der Widerspiegelung: Gemäß dem kreativ-performativen Grundzug der magisch-realistischen Widerspiegelung ist die ethnisch und kulturell bestimmte magische Vorstellungswelt im Text nur als durch die magisch realistische Repräsentation gestaltete präsent. Mit dieser in seinen Romanen umgesetzten Bestimmung erschließt Asturias ein Beziehungsfeld, das die Grenzen der Doktrin des sozialistischen Realismus Ždanovs und ihrer kulturpolitischen Richtlinien offenlegt. Auf diese Weise setzt Asturias in der Zeit der kulturpolitischen Lockerung nach dem 20. Parteitag der KPdSU und in der Atmosphäre der Faszination, die die kubanische Revolution auf die Demokratisierungsbewegungen in Lateinamerika ausübte, der sowjetischen Kritik an den in seinem Buch *Hombres de maíz* (1949) angeblich deutlich gewordenen Irrtümern auf dem Weg zum Realis-

---

176 Vgl. TERRY SMITH, Making the Modern: Industry, Art, and Design in America (Chicago 1993).
177 Vgl. MASSIMO BONTEMPELLI, L'avventura novecentista (1938), hg. v. R. Jacobbi (Florenz 1974), 351.
178 Vgl. HANS WERNER RICHTER, Literatur im Interregnum, in: Der Ruf 2 (1947), H. 15, 11; ALFRED ANDERSCH, Der Anti-Symbolist, in: Frankfurter Hefte 3 (1948), 1145.

mus[179] eine seiner eigenen Lebenswelt entsprechende Realismusauffassung entgegen. In einem 1959 in der kubanischen Zeitung *Revolución* veröffentlichten Gespräch gebraucht Asturias den Terminus ›realismo mágico americano‹ zum ersten Mal und definiert ihn wie folgt:»[En] el *realismo mágico americano* [...] lo real va acompañado de una realidad soñada con tantos detalles que se transforma en algo más que la realidad, como en los textos indígenas [...]. Es en esta mezcla de magia y realidad en la que mis personajes se mueven. La magia es algo como un segundo idioma, como una lengua complementaria para penetrar el universo que les rodea.«[180] (Im *amerikanischen magischen Realismus* wird das Reale von einer in so vielen Einzelheiten geträumten Wirklichkeit begleitet, daß es sich in etwas verwandelt, das über die Wirklichkeit weit hinausreicht. So geschieht es in den indianischen Texten [...]. In dieser Mischung aus Magie und Wirklichkeit bewegen sich meine Romanfiguren. Die Magie ist so etwas wie eine zweite Sprache, eine komplementäre Sprache, um in das Universum, in dem sie leben, einzudringen.) Asturias unterstreicht immer wieder den doppelten Bezug, der seine Literaturauffassung bestimmt: die Magie oder Alchimie der Sprache in der Linie Rimbauds und der Surrealisten auf der einen und die Sprachmagie im Alltagsleben und in den rituellen Handlungen der Eingeborenen Guatemalas auf der anderen Seite, sowohl die Bedeutung psychischer Vorgänge bei Freud und der Avantgarde als auch die mythische Vorstellungswelt im ländlichen und urbanen Leben in Mittelamerika und der Karibik. Das Konzept des ›magischen Realismus‹ wird für die Analyse der Romane Asturias' sofort aufgegriffen und durch die Verknüpfung mit dem ›real-maravilloso americano‹ von Alejo Carpentier erweitert. Die ersten literaturwissenschaftlichen Festlegungen des Begriffs übertragen Rohs Begriffsprägung ohne Berücksichtigung der medialen Unterschiede. In der intellektuellen Debatte, die von der strategischen Frage des Charakters und des Wegs der Revolution bestimmt war, bekommt der ›realismo mágico‹ eine deutliche Konnotation politischen Engagements.[181]

Die zweite Etappe in der lateinamerikanischen Geschichte dieses Begriffs beginnt mit der durch den Roman *Cien años de soledad* (1967) von Gabriel García Márquez ausgelösten Debatte über thematische Aspekte, diskursive Strategien und formale Ressourcen des Erzählens:»Las cosas tienen vida propia [...] todo es cuestión de despertarles el ánima« (Die Dinge haben ihr Eigenleben, [...] es kommt nur darauf an, ihre Seelen zu erwecken)[182], so die Grundauffassung des ›Magiers‹ Melchiades, ›Autor‹ der Manuskripte, die auf einer Metaebene den Roman selbst bilden. Durch das Vorhandensein eines irreduziblen Magiemoments lösen sich im magisch-realistischen Diskurs die festgefügten Dichotomien Wirklichkeit/Imaginäres, Geist/Natur, Bewußtsein/Körper, Leben/Tod, männlich/weiblich, Gleiches/Anderes, Reales/Magisches auf. García Márquez' Roman verschafft dem ›realismo mágico‹ als ästhetischem Konzept einen übergreifenden Geltungsanspruch. Er stellt das Paradigma vom eurozentristischen Universalismus, seine Homogenität und Teleologie in Frage und trägt dazu bei, die Auffassungen von Identität als Einheit und Authentizität als Reinheit zu subvertieren.

Die dritte Phase umfaßt die postmodernen und postkolonialen Ausprägungen. Die Deterritorialisierung des ›realismo mágico‹ liefert den Anlaß für konkrete neue literarische Reterritorialisierungen und Aneignungen im jeweiligen regionalen und lokalen Kontext, von Japan, Indien, der islamischen Welt, bis Kanada und den USA. Borges wählt in seinen Fiktionen das Mittel des Simulacrums, weil nach seiner Auffassung dem phantasmatischen Charakter aller Gegenständlichkeit entspricht. Das Ziel der Performance, die sich auf der Ebene des ›realismo mágico« vollzieht, besteht für García Márquez darin, die hyperbolische Nicht-Darstellbarkeit der ungeheuerlich erschei-

---

179 Vgl. LEV OSPOVAT, Golos nepokorennoj Gvatemaly, in: Inostrannaja Literatura 6 (1958), 188; VERA KUTEJŠČIKOVA/OSPOVAT, Sud'by kritičeskogo realizma v sovremennoj literature Latinskoj Ameriki, in: Voprosy literatury 5 (1958), 92 f.
180 ›Quince preguntas a Miguel Angel Asturias‹, in: Lunes de Revolución (Havanna, 17. 8. 1959).
181 Vgl. Panorama de la actual literatura latinoamericana (Havanna 1969).
182 GABRIEL GARCÍA MÁRQUEZ, Cien años de soledad (Buenos Aires 1967), 9; dt.: Hundert Jahre Einsamkeit, übers. v. C. Meyer-Clason (1970; Köln 1982), 9.

nenden ›Wirklichkeit‹ Lateinamerikas darzustellen. Das kann seiner Auffassung nach nur mit einem Mimesiskonzept geschehen, das in seinem Realitätsbezug die Simulation mit einbezieht. Nach dem Erscheinen des Romans *El otoño del patriarca* (1975) entfacht sich von einem kulturtypologischen Ansatz her eine Diskussion über seine gegenkulturelle karnevalistische Erzählweise und Sprache. Der Archetypus des mythischen Diktators in der Identifizierung von Patriarch und Nation rückt an die Seite solcher moderner Archetypen wie die des Don Juan, Don Quijote und Faust. Die in der Spannung zwischen Borges' *Ficciones* (1942) und den Romanen von García Márquez konstituierte neuartige Verknüpfung von Zeit- und Raumkoordinaten im ›realismo mágico‹ ist in den postkolonialen und postmodernen Literaturen zu einer Matrix der Möglichkeit geworden, erneut, anders und selbstreflexiv zu erzählen. Die global einsetzenden Veränderungen in den Beziehungen zwischen den Literaturen führen zu einer neuen Selbstverortung von hybriden Texten zwischen den Kulturen aus regionalen und lokalen Perspektiven.

Seit den 70er Jahren werden die Texte lateinamerikanischer Autoren zum peripheren Zentrum der Postmoderne. *Cien años de soledad* ist »a model for the direction of postmodern fiction of the 1970s and 1980s. [...] It uses experimental strategies to discover new methods of reconnecting with the world outside the page, outside of language«[183]. Der ›magische Realismus‹ wird von postmodernen Schriftstellern als Kritik an der Repräsentation und am Subjektbegriff verstanden und als eine Form des Gegengedächtnisses in Anspruch genommen. Dabei nehmen sie auch das Konzept der Supplementarität im Sinne Derridas zu seiner Definition in Anspruch: »The magic of magic realism may appear to add to, to be superfluous to, an accepted reality, but it also works to replace what is missing: the assumption is that it is the realism of magic realism that is lacking, and thus needs supplementing.«[184] Die kosmologische Kreativkraft der kommunitären Magievorstellungen wird sowohl in den ethnisch-minoritären Literaturen der USA auch in den postkolonialen Texten zum Bestandteil einer magisch-realistisch bestimmten epistemologischen und narrativen Strategie. Der ›magische Realismus‹ erfährt in diesem Prozeß eine oppositionelle Begriffsbestimmung als postkolonialer Diskurs: »Read as a form of postcolonial discourse, the magic realist texts [...] comprise a positive and liberating engagement with the codes of imperial history and its legacy of fragmentation and discontinuity. By embedding the binary oppositions of past and present social relations into the ›speaking mirror‹ of their literary language, these texts implicitly suggest that enabling strategies for the future require revisionning the seemingly tyrannical units of the past in a complex and imaginative double-think of ›remembering the future‹.«[185]

Für Benjamin war Magie eines der beiden wichtigsten Kraftzentren seiner Reflexion über die eigene Arbeit. Anfang der 1930er Jahre verknüpfte er Magie und Lesen in einer Weise, die dem Hineinwirken der »unsinnlichen Ähnlichkeit in alles Lesen« Rechnung zu tragen versuchte. Den Schritt von der Lektüre der Sternenkonstellationen zur Entzifferung der Buchstaben zu berücksichtigen, so entdeckte er, eröffne den »Zugang zu dem merkwürdigen Doppelsinn des Wortes Lesen als seiner profanen und auch magischen Bedeutung«[186]. Worin das ›magische Lesen‹ besteht, hat Alexander Honold wie folgt beschrieben: »Die Magie des Lesens ist eine Macht, die nur in der Suspendierung zweckrationaler Bemächtigung erfahrbar ist – als das, was sich der bewußten Steuerung entzieht.«[187]

Carlos Rincón
(Übers. v. Gerda Schattenberg-Rincón)

Literatur

ANDRIOPOULOS, STEFAN, Besessene Körper. Hypnose, Körperschaften und die Erfindung des Kinos (München 2000); APTER, EMILY, Feminizing the Fetish: Psychoanalysis and Narrative Obsession in Turn-of-the-Century

183 LARRY MCCAFFERY, Postmodern Fiction: A Bio-Bibliographical Guide (New York/Westport/London 1985), XXV f.
184 BRENDA K. MARSHALL, Teaching the Postmodern. Fiction and Theory (New York/London 1992), 180.
185 STEPHEN SLEMON, Magic Realism as Postcolonial Discourse, in: Canadian Literature, Nr. 116 (1988), 20.
186 BENJAMIN (s. Anm. 157), 209.
187 ALEXANDER HONOLD, Der Leser Walter Benjamin (Berlin 2000), 39.

France (Ithaca 1991); APTER, EMILY/PIETZ, WILLIAM (Hg.), Fetishism as Cultural Discourse (Ithaca, Ill./London 1983); BATACHE, EDDY, Surréalisme et tradition (Paris 1978); BONADEL, FRANÇOISE, Surréalisme et hermétisme, in: Mélusine 2 (1981), 98–116; BROWNE, RAY B. (Hg.), Objects of Special Devotion: Fetishism in Popular Culture (Bowling 1982); CARVER, TERRELL, Marx's Commodity Fetishism, in: Inquiry 18 (1975), 39–63; CONKEY, MARGARET, New Approaches in the Search for Meaning? A Review of Research in Paleolithic ›Art‹, in: Journal of Field Archaeology 14 (1987), 413–430; ERNST, ULRICH, ›Sprachmagie‹ in fiktionaler Literatur. Textstrukturen – Zeichenfelder – Theoriesegmente, in: Arcadia 30 (1995), 113–185; FOSTER, HAL, (Dis)agreeable Objects [Ausst.-Kat.] (New York 1986); HAMAYON, ROBERTE, Pour en finir avec la ›transe‹ et ›l'extase‹ dans le chamanisme, in: Études mongoles et sibériennes 26 (1995), 155–190; JORION, PAUL/DELBOS, GENEVIÈVE, La notion spontanée de magie dans le discours anthropologique, in: L'Homme 20 (1980), 91–103; KILCHER, ANDREAS B., Die Sprachtheorie der Kabbala als ästhetisches Paradigma (Stuttgart/Weimar 1998); KOHON, GREGORIO, Fetishism Revisited, in: International Journal of Psychoanalysis 60 (1987), 213–28; KUNZLE, DAVID, Fashion and Fetishism (Tatowa, NJ 1982); KUPER, ADAM, The Invention of Primitive Society. Transformations of an Illusion (London/New York 1988); LACAN, JACQUES/GRANOFF, WLADIMIR, Fetishism: The Symbolic, the Imaginary and the Real, in: S. Lorand (Hg.), Perversions, Psychodynamics, and Therapy (London 1956), 265–275; LOERS, VEIT (Hg.) Okkultismus und Avantgarde. Von Munch bis Mondrian 1900–1915 [Ausst.-Kat.] (Ostfildern 1995); MENNINGHAUS, WINFRIED, Walter Benjamins Theorie der Sprachmagie (Frankfurt a. M. 1980); MULVEY, LAURA, Some Thoughts on Theories of Fetishism in the Context of Contemporary Culture, in: October 65 (1992), 3–20; OPPENHEIM, JANET, The Other World. Spiritualism and Psychical Research in England 1850–1914 (Cambridge 1985); PAETZOLD, LEANDER (Hg.), Magie und Religion. Beiträge zu einer Theorie der Magie (Darmstadt 1978); PARKINSON, ZAMORA/FARIS, WENDY B. (Hg.), Magical Realism. Theory, History, Community (Durham/London 1995); PIETZ, WILLIAM, The Problem of the Fetish [Teil I], in: Res. Anthropology and Aesthetics, Nr. 9 (1985), 5–17; [Teil II] in: ebd., Nr. 13 (1987), 23–45; [Teil III] in: ebd., Nr. 16 (1988), 105–123; SACCHI, SERGIO (Hg.), L'alchimie du verbe d'Arthur Rimbaud (Alessandria 1992); SCHWARZ, ARTURO (Hg.), Arte e Alchimia [Ausst.-Kat.] (Venedig 1986); STOCKING JR., GEORGE W., Victorian Anthropology (New York/London 1987); WEISBERGER, JEAN (Hg.), Le réalisme magique: Roman, peinture et cinéma (Brüssel 1987); ZINGERLE, ARNOLD/MONGARDINI, CARLO (Hg.), Magie und Moderne (Berlin 1987).

1 ROLAND BARTHES, Mythologies (Paris 1957), 121.

Malerisch/pittoresk

(engl. picturesque; frz. pittoresque; ital. pittoresco; span. pintoresco; russ. живописное)

I. Einleitung; II. Wort- und Begriffsgeschichte; III. Ästhetik des Malerischen/Pittoresken im 18. Jahrhundert; 1. Poetik und deskriptives Paradigma; 2. Pittoreskes und Theatralität; 3. Landschaftsästhetik; a) Voraussetzungen; b) Ästhetische Theorie; IV. Spätformen des Paradigmas des Malerischen/Pittoresken im 19. und 20. Jahrhundert

I. Einleitung

Zu den ›Mythen des Alltags‹ rechnet Roland Barthes auch die Betonung des sogenannten Malerischen in modernen Reiseführern und – wie man hinzufügen müßte – auf touristischen Straßenkarten: »Le *Guide Bleu* ne connaît guère le paysage que sous la forme du pittoresque.«[1] Pittoresk ist dabei vor allem die Berglandschaft, »tout ce qui est accidenté«, und was auf den »vieux mythe alpestre« (121) schweizerisch-protestantischer Provenienz verweist: »Seuls la montagne, la gorge, le défilé et le torrent peuvent accéder au panthéon du voyage, dans la mesure sans doute où ils semblent soutenir une morale de l'effort et de la solitude.« Dem Dekor der »montuosité« (122) entspricht ein auf klischeehafte Typen reduzierter »gracieux décor romanesque« der Einwohner. Barthes verfolgt die verdinglichende Tendenz einer Art der Deskription, »qui refuse à la fois l'explication et la phénoménologie« und die bis in die Auswahl und Klassifikation des sogenannten Sehenswerten auf diese Weise zu einem »instrument d'aveuglement« (123) wird. Schlußfolgerung: »En réduisant la géographie à la description d'un monde monumental et inhabité, le *Guide Bleu* traduit une mythologie dépassée par une partie de la bourgeoisie elle-même« (123 f.).

Es bleibt dahingestellt, ob das – vor allem am Spanienführer und seinen latent franquistischen Sympathien – festgemachte Verdikt heute noch so zutrifft. Auf jeden Fall verweist das Gesagte auf die Trivialisierung des Malerischen/Pittoresken in der Moderne. Als essentiell populär-fotografische Ästhetik bestimmt es Bildbände, markierte Aussichtspunkte, bei denen der richtige fotografische Blick bereits normiert wird, Ansichtskarten und wohl auch noch eine anspruchslose Andenkenmalerei.

Der von Barthes ideologiekritisch gewendete Vorwurf der Trivialisierung darf aber nicht vergessen machen, daß das Malerische/Pittoreske als Kategorie ästhetischer Wahrnehmung seit seiner Entstehung nicht auf die richtige Abbildung und kritische Durchdringung der Gegenstände zielt, sondern von Anfang an ein illusionistisches Moment enthält, das in gewisser Weise konkomitant mit der Heraufkunft der bürgerlichen Gesellschaft und einer neuen Form des neuzeitlichen Tourismus ist. Der Begriff impliziert immer schon in wörtlichem Sinn bildhaftes Sehen und somit auch die logische Reduktion der Wirklichkeit auf die Momente, die sich für diese Sehweise eignen und deren Arrangement einem offensichtlich neuen Bedürfnis ästhetischer Welterfassung entgegenkommt. Mit Eckhard Lobsien: »Das Pittoreske bezeichnet keine Wahrnehmungsqualität, sondern ein Weltverhältnis.«[2] Der Begriff impliziert weiter die Subjektivierung des scheinbar objektiv Gegebenen im persönlichen Genuß und mit dem Ziel der inneren ›Bereicherung‹, in der die äußere Welt zum Gegenstand eines vorzugsweise ästhetischen Genießens wird. Die Ästhetik der subjektiv-momenthaften ›impression‹ im Reisebericht des 18. und 19. Jh., aber auch in der Landschafts- und Genrefotografie scheint mit dem Phänomen des Malerischen/Pittoresken verwandt. Die Berechtigung einer ideologiekritischen Perspektive ergibt sich daher nicht erst aus der trivialisierten Form der ›Alltagsmythen‹, sondern umspannt das gesamte Phänomen.

Nach einer fachsprachlich und vorwiegend technisch geprägten Vorgeschichte tritt die Ästhetik des Malerischen/Pittoresken ihren Siegeszug um die Wende zum 18. Jh. an. Im Umkreis der ›Querelle des anciens et des modernes‹ und der Entstehung einer neuzeitlichen Wirkungsästhetik spiegelt das Malerische/Pittoreske den damit verbundenen Prozeß der Pluralisierung und Subjektivierung des Schönen. Dieser Prozeß schließt in wachsendem Maße alle künstlerischen Bereiche von der Malerei über Dichtung und Theater bis zur Musik und Architektur ein und ermöglicht darüber hinaus – als Modus ästhetischer Rezeption, nicht Produktion – auch die Ästhetisierung der Außenwelt und damit die Ausbildung eines eigenen Bereichs der Künste bzw. der Kunst. In diesem Sinne bezeichnet das neue Paradigma des Malerischen die für die Neuzeit wahrscheinlich folgenreichste Revolution des Sehens, die merkwürdigerweise von der Forschung nur zögernd begriffen wurde, so daß ungeachtet einer Reihe wichtiger Untersuchungen eine umfassende Studie noch immer aussteht. Auch fällt die Verspätung auf, die bereits die bahnbrechende Arbeit von Christopher Hussey[3] kennzeichnet; ihr zufolge hat das Paradigma des Pittoresken erst seit den 40er Jahren des 20. Jh. wieder ein neues, keineswegs ungebrochenes Interesse beansprucht. Die Schrift Husseys bleibt die einzige umfassende Untersuchung, die dieser ›Pittoreskisierung‹ der verschiedenen Künste Rechnung trägt. Da die These von Mario Praz (verbunden mit dessen Kritik an Hussey), wonach die Entstehung der Ästhetik des Pittoresken auf byzantinisch-hellenistische Einflüsse zurückzuführen sei[4], wohl zu Recht keine Anhänger fand, situieren sich Ursprungstheorien im wesentlichen im Rahmen der von Wylie Sypher 1945 postulierten Barock-Romantik-Deszendenztheorie[5] und differieren nur im Hinblick auf die genaue Chronologie und die Betonung sekundärer Einflüsse. Mit Blick auf die venezianische Malerei von der Spätrenaissance über den Barock bis zum frühen Rokoko ist die These Syphers inzwischen durch die zugleich disziplin- und begriffsgeschichtliche Studie von Philip Sohm glänzend bestätigt worden.[6] Deutlich wird hier die Kontinuität

---

2 ECKHARD LOBSIEN, Landschaft in Texten. Zu Geschichte und Phänomenologie der literarischen Beschreibung (Stuttgart 1981), 129.

3 Vgl. CHRISTOPHER HUSSEY, The Picturesque: Studies in a Point of View (1927; London 1967); PETRA RAYMOND, Von der Landschaft im Kopf zur Landschaft aus Sprache. Die Romantisierung der Alpen in den Reiseschilderungen und die Literarisierung des Gebirges in der Erzählprosa der Goethezeit (Tübingen 1992).

4 Vgl. MARIO PRAZ, La carne, la morte e il diavolo nella letteratura romantica (1930; Florenz ⁴1966), 16ff.

5 Vgl. WYLIE SYPHER, Baroque Afterpiece: The Picturesque, in: Gazette des Beaux-Arts, R. 6, 27 (1945), 39–58.

6 Vgl. PHILIP SOHM, Pittoresco: Marco Boschini, His Critics, and Their Critiques of Painterly Brushwork in Seventeenth- and Eighteenth-Century Italy (Cambridge u. a. 1991).

zwischen Spätbarock und Rokoko, die wiederum auf die Kontinuität zwischen Rokoko und bürgerlicher Empfindsamkeit verweist und jede stilgeschichtliche Festlegung des Begriffs problematisch erscheinen läßt.

Tatsächlich kann vermutlich keine andere Begriffsgeschichte einen derart totalisierenden Funktionsbereich aufweisen. Die ästhetikgeschichtliche Voraussetzung ist, wie die Wortgeschichte zeigt, die Verallgemeinerung und Neuformulierung der klassisch-horazischen Ut-pictura-poesis-Formel, welche jetzt die Vorbildfunktion und den Primat des Paradigmas des Malerischen (im kunstspezifischen Sinn) garantiert. Symptomatisch für diesen Vorgang, der im Zusammenhang mit dem Renaissanceparadigma der sogenannten Schwesterkünste Malerei und Literatur bereits bei Jean-Baptiste Du Bos (*Réflexions critiques sur la poësie et sur la peinture*, 1719) anklingt, scheint um die Mitte des 18. Jh. der Versuch von Charles Batteux, erstmalig auf der Grundlage der verallgemeinerten Imitatio-naturae-Formel eine ganzheitliche, d. h. implizit ›malerische‹ Kunsttheorie zu begründen (*Les beaux Arts réduits à un même Principe*, 1746). Was Batteux freilich noch nicht ratifiziert, ja als Problem nicht einmal sieht, ist die mit dem Malerischen/Pittoresken verbundene Gewichtung des Individuellen und Charakteristischen und damit das Vordringen einer individuellen, antirhetorischen Poetik im Zusammenhang mit dem neuzeitlichen Charakter- und Subjektivitätsbegriff, der durch das Paradigma des Malerischen/Pittoresken vermittelt ist und dieses zugleich zu einem der Wegbereiter des neuzeitlichen deskriptiven Realismus macht.[7]

Die umfassende Funktion des Malerischen/Pittoresken macht aber zugleich die historische Schwäche des Begriffs aus, der so ansatzweise bereits im späten 18. Jh. seine eigene Trivialisierung hervorbringt. Im Zuge der europäischen Durchsetzung des übergreifenden Paradigmas des Romantischen, mit dem das Paradigma des Malerischen/Pittoresken zeitweilig beinahe identisch wird, konstituiert sich das Malerische/Pittoreske als ›Teilmenge‹ des Romantischen und bleibt auf diese Weise auch an dessen Entwicklung gebunden. Der Begriff verliert seine bis dahin führende Funktion im ästhetischen System und wird im wesentlichen in den exotistischen Bereich abgedrängt. Folgerichtig partizipiert das Malerische/Pittoreske dann spätestens seit der Mitte des 19. Jh. an der Krise des Romantischen und wird als Ausdruck einer durch die Avantgarden überwundenen Ästhetik rasch trivialisiert.

II. Wort- und Begriffsgeschichte

In der begriffsgeschichtlichen Entwicklung der Termini malerisch und pittoresk lassen sich sukzessive Phasen unterscheiden, in denen Wort und Begriff jeweils unterschiedlichen Paradigmen prioritär zugeordnet werden können. Ist die frühe Phase im 16. und 17. Jh. durch den fachsprachlichen Bezug auf die Malerei und Probleme des Kolorits gekennzeichnet, so steht die umfassende und gemeineuropäische Promotion des Begriffs im Zeichen einer neuen Ästhetik des natürlichen und subjektiven Sehens, die sich als Ausdruck der ›Moderne‹ gegen die klassische Normästhetik richtet und im Zeichen der ›Freiheit‹ von akademischen, neoklassischen Zwängen den Reiz natürlicher bzw. naturhafter ›Unordnung‹ geltend macht.[8]

Das im Italienischen seit dem 16. Jh. bezeugte Adjektiv ›pittoresco‹ (abgeleitet von pittore – Maler) bezeichnet die Zugehörigkeit zum Medium der Malerei bzw. die Techniken und Ausdrucksmittel des Malens.[9] Dies gilt auch für die Lehnwörter französisch ›pittoresque‹, deutsch ›pittoresk‹ bzw. das seit dem 16. Jh. bezeugte Adjektiv ›malerisch‹ – »dem maler zufallend oder ihm gemäsz«[10] –, während englisch ›picturesque‹ metonymisch auf das fertige Bild verweist.[11] In dieser mediumspezifischen Bedeutung bleiben die Adjektive ›malerisch‹, ›pittoresque‹, ›pittoresco‹ in der Buchhandelssprache bis ins 19. Jh. als Synonym für ›bebildert‹, ›illustriert‹, ›bildhaft anschaulich‹ (malerischer Plan, dictionnaire pittoresque, guide pittores-

---

7 Vgl. WIL MUNSTERS, La poétique du pittoresque en France de 1700 à 1830 (Genf 1991).
8 Vgl. SOHM (s. Anm. 6), 184 ff., 222 ff.
9 Vgl. ›Pittoresco‹, in: Grande dizionario della lingua italiana, Bd. 13 (Turin 1986), 590.
10 ›Malerisch‹, in: GRIMM, Bd. 6 (1885), 1508.
11 Vgl. OED, Bd. 11 (1989), 787.

que, medicina pittoresca u. a.) durchaus geläufig. Weiterhin sind auch das aktive Vermögen und maltechnische Verfahren gemeint, die über andere darstellerische Mittel hinausgehen. Letzteres betrifft aber im italienischen 16. Jh. speziell den Übergang von der Ästhetik des ›disegno‹ zu malerischen Mitteln des Kolorits, des ›chiaroscuro‹ und des ›sfumato‹. So schreibt Vasari: »Con un pennello sottile intinto nella biacca stemperata con la gomma si lumeggia il disegno; e questo modo è molto alla pittoresca e mostra più l'ordine del colorito.«[12] (Mit feinem Pinsel, in mit Gummi verdünntes Bleiweiß getaucht, wird die Zeichnung schattiert, und das ist ganz nach malerischer Art und gehört zum Bereich der Farbgebung.) Die Stelle wird im *Grande dizionario della lingua italiana* als einer der ältesten Belege verzeichnet.[13] ›Pittoreske‹ Kunst bedeutet daher in dem begriffsgeschichtlich zentralen maltheoretischen Traktat von Marco Boschini, *Carta del navegar pitoresco* (1660), auch schon die Auflösung der Formen bzw. die Verformung des Sichtbaren durch neue ›malerische‹ Formen des Kolorits[14], das skizzenhaft Hingeworfene, das Unordentliche, auch Verworrene (confuso); die Tendenz zum Interessanten, Kuriosen und die Betonung der Freiheit der Imagination legen zudem die Parallele zur Literarästhetik des Barock nahe. Vorbild sind für Boschini die venezianische Schule und Salvator Rosa, an deren Beispiel »the shift of *pittoresco* from ›pictorial‹ to ›painterly‹«[15] deutlich wird. In der italienischen Kunsttheorie des späten 17. und frühen 18. Jh. von Filippo Baldinucci (*Cominciamento e progresso dell'arte dell'intagliare in rame*, 1686), dessen Sohn Francesco Saverio und Luigi Scaramuccia (*Le finezze de' penelli Italiani*, 1674) bis Giovanni Pietro Zanotti (*Storia dell'Accademia Clementina*, 1739) erscheint der Terminus beinahe als Ausdruck eines Epochenstils im Sinne des heutigen Barock bzw. des ›manieroso‹ und kann – etwa bei Giovanni Battista Passeri – auch mit ›artificioso‹ zur Bezeichnung des unregelmäßigen ›modernen‹ Stils gleichgesetzt werden.[16]

Dennoch scheint sich der Terminus in den anderen europäischen Sprachen erst um die Wende zum 18. Jh. durchgesetzt zu haben. Der bislang älteste Beleg für französisch ›pittoresque‹ (begünstigt durch das Vorbild morphologisch ähnlicher Italianismen wie ›burlesque‹ oder ›grotesque‹) findet sich in einem Gedicht von Paul Scarron an den Malerfreund Pierre Mignart von 1658, der ermahnt wird, seine Malerexistenz zu überdenken und die vorbildhafte Rolle des Hofes anzuerkennen: »Tu te lasseras un jour / De vivre à la pittoresque«[17]. Offensichtlich wurde das Adjektiv also auch in Frankreich schon im 17. Jh. üblich. Daß der Terminus über diese milieuspezifische metonymische Bedeutung (einer freiheitlich unordentlichen Lebensweise) hinaus in der Fachsprache wohl schon geläufig war, kann aus dem sprunghaften Anwachsen der Belege in der Theorie der Malerei und der Poetik seit 1700 geschlossen werden. In seinem *Groot Schilderboek* (2 Bde., Amsterdam 1707)[18] erläutert z. B. Gerard de Lairesse bereits ausführlich den Begriff des Pittoresken, der hier für die Genremalerei reserviert wird. Im Sinne der Ut-pictura-poesis-Formel spricht Du Bos vom »enthousiasme pittoresque«[19] (beim Anblick einer lebensechten Statue) oder von »Allégories Pittoresques« (190) (in der Barockmalerei) und überträgt den Terminus auch auf die Dichtung, wenn vom »génie poëtique ou pittoresque«[20] oder von einer »expression pittoresque«[21] die Rede ist. In einem Brief Alexander Popes ist von Versen die Rede, »which seem to me what the French call very picturesque«[22]. Der genrehafte Bezug ist in dem ersten englischen Beleg in der Komödie *The Tender Husband* von Richard Steele zu erkennen: »That

---

12 GIORGIO VASARI, Le vite de' più eccellenti pittori, scultori e architettori (1550), hg. v. R. Bettarini/P. Barocchi, Bd. 1 [Text] (Florenz 1966), 118.
13 Vgl. ›Pittoresco‹ (s. Anm. 9), 590.
14 Vgl. GÖTZ POCHAT, Geschichte der Ästhetik und Kunsttheorie. Von der Antike bis zum 19. Jh. (Köln 1986), 324; SOHM (s. Anm. 6), 149–157.
15 SOHM (s. Anm. 6), 153.
16 Vgl. ebd., 191 ff.
17 PAUL SCARRON, A Monsieur Mignart (1658), in: Scarron, Poésies diverses, hg. v. M. Cauchie, Bd. 2/2 (Paris 1961), 330; vgl. WIL MUNSTERS (s. Anm. 7), 26.
18 Vgl. POCHAT (s. Anm. 14), 350.
19 DU BOS, Bd. 1 (1770), 411.
20 Ebd., Bd. 2 (1770), 17.
21 Ebd., Bd. 1, 85.
22 ALEXANDER POPE an Caryll (21. 12. 1712), in: Pope, The Correspondence, hg. v. G. Sherburn, Bd. 1 (Oxford 1956), 167.

circumstance may be very picturesque.«²³ Daß die englische Ableitung nicht wie in den romanischen Sprachen von der Bezeichnung des Malers, sondern von ›picture‹ erfolgt, mag Zufall sein, deutet aber auf die metonymische Bedeutungsverschiebung des Pittoresken zum ›Bildhaften‹ und ›Effektvollen‹ »von dingen, welche in ihrer art oder gruppierung einen guten vorwurf für einen maler bilden«²⁴. Das Adjektiv ›pittoresk‹ verweist hier bereits auf die vorrangige Tableauästhetik des 18. Jh. im Übergang von einer produktions- zu einer psychologisch-rezeptionsästhetischen Sehweise. 1768 definiert William Gilpin folglich das Pittoreske lapidar als »that peculiar kind of beauty, which is agreeable in a picture«²⁵.

Dieser Prozeß zunehmender Überlagerung der fachsprachlichen Bedeutung, die im Französischen um 1845 zur Neubildung eines neutralen Adjektivs ›pictural‹ nach dem Vorbild von englisch ›pictorial‹ führen wird, impliziert zugleich die allmähliche Ablösung des Terminus vom ursprünglichen Medium und weitergehend auch von jeder künstlerischen Ausdrucksform; d. h., ›pittoresk‹ dient nicht mehr vorwiegend als Stilbegriff (wie z. B. bei Johann Joachim Eschenburg, der »einzelne Arten des Styls« unterscheidet, »z. B. des naifen, glänzenden, blühenden, mahlerischen, u. s. f.«²⁶), sondern zur Bezeichnung einer bestimmten Form des Sehens bzw. der Erfahrung. So kann z. B. Seume auch die malerischen Qualitäten des Melodrams *Ariadne*

23 RICHARD STEELE, The Tender Husband (1705), hg. v. C. Winton (London 1967), 57.
24 ›Malerisch‹ (s. Anm. 10).
25 [ANONYMUS, d. i.] WILLIAM GILPIN, An Essay upon Prints (London 1768), 2.
26 JOHANN JOACHIM ESCHENBURG, Entwurf einer Theorie und Literatur der schönen Wissenschaften (Berlin/Stettin 1783), 217.
27 JOHANN GOTTFRIED SEUME, Mein Leben (1813), in: Seume, Sämmtl. Werke, Bd. 1 (Leipzig 1853), 46 f.
28 ROBERT SCHUMANN, Sinfonie von H. Berlioz (1835), in: Schumann, Ges. Schriften über Musik und Musiker, Bd. 1 (Leipzig ⁵1914), 84.
29 ›Pittoresque‹, in: TRÉVOUX, Bd. 6 (1752), 12 f., zit. nach MUNSTERS (s. Anm. 7), 31.
30 ›Pittoresque‹, in: Dictionnaire de l'Académie Françoise, Bd. 2 (Paris ⁴1762), 326.
31 LOUIS DE JAUCOURT, ›Peinture‹, in: DIDEROT (ENCYCLOPÉDIE), Bd. 12 (1765), 270.
32 DU BOS, Bd. 1 (1770), 280.

(1775) von Georg Benda betonen: »Noch jetzt kenne ich […] nichts Malerischeres als seinen Sonnenaufgang in diesem Stücke«²⁷. Offensichtlich entspricht das Malerische/Pittoreske auch weitgehend der romantischen Vorstellung von ›Programmusik‹. So schreibt Robert Schumann in der Besprechung einer *Sinfonie von H. Berlioz*: »Man irrt sich gewiß, wenn man glaubt, die Komponisten legten sich Feder und Papier in der elenden Absicht zurecht, dies oder jenes auszudrücken, zu schildern, zu malen.« Aber: »Unbewußt […] wirkt […] neben dem Ohre das Auge«. Und weiter: »Italien, die Alpen, das Bild des Meeres, eine Frühlingsdämmerung – hätte uns die Musik noch nichts von allem diesem erzählt?«²⁸ In demselben Artikel bezeichnet der Autor Franz Schubert als Meister der Genremalerei.

Die französischen Lexika spiegeln diese Ablösung des Begriffs von dem ursprünglichen Medium nur unvollständig. Der erste Beleg (1752) im *Dictionnaire de Trévoux* definiert das Adjektiv noch »qui est ce de l'invention, de l'imagination d'un peintre. Qui est propre de la peinture«²⁹. In der Definition »style pittoresque, qui semble peindre les personnes, les choses« bzw. »Se dit par extension de tout ce qui peint à l'esprit« findet der Terminus 1762 Eingang in das *Dictionnaire de l'Académie Françoise*³⁰. Die *Encyclopédie* verbindet den Terminus immer noch mit dem Stichwort ›composition‹: »Il paroît résulter […] que les anciens avoient poussé la partie du dessein, du clair-obscur, de l'expression & de la composition poétique, du moins aussi loin que les modernes les plus habiles peuvent l'avoir fait. Il paroît encore que nous ne saurions juger de leur coloris; mais que nous connoissons suffisamment par leurs ouvrages, supposé que nous ayons les meilleurs, que les anciens n'ont pas réussi dans la composition pittoresque aussi-bien que Raphaël, Rubens, Paul Veronèse & quelques autres peintres modernes.«³¹ Den Ausdruck hatte bereits Du Bos benutzt: »Une bonne composition pittoresque est celle dont le coup-d'œil fait un grand effet, suivant l'intention du Peintre, & le but qu'il s'est proposé.«³² In der Naturästhetik bezeichnet das Pittoreske dann den autonomen bildhaften Effekt: »Kniep, welcher schon unterwegs die zwei mahlerischen Kalkgebirge umrissen«, schreibt Goethe während der *Italiänischen Reise* bei Neapel, »suchte sich schnell einen Standpunct, von wo aus das Eigenthümliche dieser völlig unmahlerischen Gegend aufgefaßt und dargestellt werden könnte.«[33] Und in Sizilien, schreibt Goethe, ritten beide durch ein Tal »einigermaßen verdrießlich herunter, weil [...] unsern mahlerischen Zwecken gar nichts entgegen kam«[34]. Einen möglichen Übergang zur autonomen Naturästhetik scheint dabei die Vorstellung von Gott als bildhaft gestaltendem Künstler darzustellen. Mit Mme de Staël: »Dans les contrées pittoresques, on croit reconnaître l'empreinte du génie du Créateur«[35]. Oder die Natur bzw. die Jahreszeiten erscheinen selbst in der Rolle des pittoresken Künstlers: »Der mahlerische Lenz kann nichts so sinnreich bilden / Als jene Gegenden von Hainen und Gefilden«[36]. In den Ausdrücken ›malerische Reise‹/›picturesque travel‹/›voyage pittoresque‹ dient das Adjektiv ›pittoresk‹ endlich seit dem Ende des 18. Jh. zur Bezeichnung von Inhalten, aber auch von Sehweisen und Interessenschwerpunkten, auch wenn daneben die ältere technische Bedeutung ›bebildert, illustriert‹ noch eine Zeitlang erhalten bleibt.

Ausweis der vorrangig pittoresken Qualität, für die der englische Theoretiker Richard Payne Knight 1794 erstmals den Begriff ›picturesqueness‹ prägt, ist die Unregelmäßigkeit, die sich dem klassischen Proportionsdenken widersetzt und von den englischen Theoretikern daher entweder dem Schönheitsbegriff entgegengestellt oder als neue Form der ›picturesque beauty‹ definiert wird. Das Malerische/Pittoreske bildet den Kern eines Begriffsbereichs der ›Unordnung‹, der ›Variation‹ und der ›Vielfalt‹, deren Anfänge nach Roger Laufer in der »dissymétrie ›rococo‹«[37] zu sehen sind und künstlerisches Sehen als natürliches Sehen ausweisen. Stichwort der englischen Theorie ist ›intricacy‹, das die Mischung und die Fülle des Verschiedenartigen bedeutet und auf einer Ästhetik des Kontrasts beruht.[38] Letzteren betont noch Littré: »Plus particulièrement se dit, depuis un demi-siècle, de ce qui résulte, en peinture, de l'opposition des lignes et du contraste brusque de la lumière et des ombres.«[39] Ein wesentlicher Aspekt ist darüber hinaus die Ersetzung der (klassischen) Geraden durch die (natürliche) Schlangenlinie (linea serpentinata), die erstmals durch den Maler William Hogarth theoretisch begründet wird, doch auf den Manierismus zurückgeht und in der Garten- und Landschaftsästhetik eine zentrale Rolle spielt. Wesentlich ist ferner die Verankerung der ›picturesqueness‹ weniger im Objekt selbst als in der Form subjektiver Anschauung je nach Perspektive, Lichtverhältnissen und subjektiver Gestimmtheit: »C'est l'instant du jour, la saison, le climat, le site, l'état du ciel, le lieu de la lumière qui en rendent le ton général fort ou faible, triste ou piquant«[40], schreibt Diderot im Hinblick auf ›malerische‹ Malweise. Das Pittoreske begründet mithin eine neue Ästhetik des Scheins, die ihre Wurzeln im Sensualismus hat und über die »Assoziationsästhetik«[41] des 18. Jh., insbesondere bei Archibald Alison, zur romantischen Imaginationstheorie führt. Die Schönheit ist nicht mehr ontologisch verankert, sondern wurzelt, wie Hans von Trotha zeigt, der seine These einer spezifisch vorromantischen »pointierten Wirkungsästhetik«[42] freilich nicht explizit mit der Kategorie des Pittoresken verbindet, wirkungsästhetisch im ›Ausdruckscharakter‹ des Angeschauten, wenn Alison folgert, »that the Beauty and Sublimity of the Qualities of Matter, arise from their being the Signs or Expressions of such Qualities as are fitted by the constitu-

---

33 JOHANN WOLFGANG GOETHE, Italiänische Reise (entst. 1786–1788), in: GOETHE (WA), Abt. 1, Bd. 31 (1904), 71.
34 Ebd., 181.
35 MME DE STAËL, Corinne ou l'Italie (1807), in: de Staël, Œuvres complètes, Bd. 1 (Paris 1861), 849.
36 FRIEDRICH VON HAGEDORN, Poetische Werke, Bd. 3 (Hamburg 1757), 123.
37 ROGER LAUFER, Style ›rococo‹, style de lumières (Paris 1965), 68.
38 Vgl. WALTER JOHN HIPPLE JR., The Beautiful, the Sublime, & the Picturesque in Eighteenth-Century British Aesthetic Theory (Carbondale, Ill. 1957).
39 LITTRÉ, Bd. 5 (1957), 1939.
40 DENIS DIDEROT, Essais sur la peinture (entst. 1766, ersch. 1795), in: DIDEROT (VARLOOT), Bd. 14 (1984), 363.
41 POCHAT (s. Anm. 14), 525; vgl. LOBSIEN, Kunst der Assoziation. Phänomenologie eines ästhetischen Grundbegriffs vor und nach der Romantik (München 1999).
42 HANS VON TROTHA, Angenehme Empfindungen. Medien einer populären Wirkungsästhetik im 18. Jahrhundert vom Landschaftsgarten bis zum Schauerroman (München 1999), 291.

tion of our Nature, to produce Emotion.«[43] Dem – hier nicht explizit genannten – Malerischen/Pittoresken wird aber ein solcher expressiv-zeichenhafter Charakter zugeschrieben, dem je nach Art und Umständen verschiedene Assoziationen entsprechen. Entsprechend dem Gegenstand wäre zwischen Formen des dramatischen und genrehaften Pittoresken und einer eher kontemplativ-idyllischen Sehweise zu unterscheiden. Im Deutschen zunächst synonym gebraucht, decken ›pittoresk‹ und ›malerisch‹ heute diese beiden Varianten im wesentlichen ab und rücken schon im 19. Jh. endgültig auseinander. So rühmt Heine in *Die Romantische Schule*, die der Mode des malerisch verklärten Mittelalters den Kampf ansagt,»die pitoreske, farbenschillernde und stechend gewürzte Beweglichkeit des gutzkowschen Geistes«[44].

Seit etwa 1730 wird pittoreskes Sehen als ›genre pittoresque‹ oder als ›le goût nouveau‹ verstanden, der zunächst auf die später als Rokoko definierte Stilrichtung abhebt und das Pittoreske im Zeichen von Unregelmäßigkeit, ›fantaisie‹ und ›caprice‹ als subjektive Ästhetik der ›Moderne‹ ausweist; als einer der frühesten Vertreter des ›genre pittoresque‹ gilt schon bei Zeitgenossen der Rokoko-Maler Justin-Aurèle Meissonnier.[45] So setzt bereits 1707 der genannte Gerard de Lairesse das Pittoreske als ›moderne‹ Malweise programmatisch dem Klassischen entgegen.[46] In ähnlicher Weise betrachten die Wegbereiter der französischen Romantik, Chateaubriand, Mme de Staël, Joseph-François Michaud u. a., die Kategorie des Pittoresken als essentiell ›modern‹. In bezug auf die sogenannte ›poésie descriptive‹ schreibt Michaud:»En un mot, le beau est ce qui caractérise éminemment la poésie descriptive des anciens, et le pittoresque caractérise davantage le genre descriptif chez les modernes.«[47] Auch die deutsche Romantik situiert sich in diesem Kontext. Im *Gespräch über die Poesie* spricht Friedrich Schlegel den»Alten«›idealisch gedachte« und»plastisch ausgeführte« Charaktere und Leidenschaften zu, während er den»Modernen« die Begriffe»historisch« und»pittoresk«[48] zuordnet. In ähnlicher Weise äußern sich August Wilhelm Schlegel und Hegel:»In allen andern Künsten giebt es etwas eigenthümlich modernes, nur in der Sculptur ist das, was dafür ausgegeben wird, bloße Ausartung [...]. Wir dürfen uns auch über das Nachstehen der Modernen und ihren Mangel an eigenthümlicher Kraft und Richtung in dieser Kunst nicht wundern. Denn wenn wir überhaupt den Geist der gesamten antiken und modernen Kunst durch Zusammenfassung unter das Prinzip einer einzigen Kunstdarstellung charakterisiren wollen, so können wir jenen füglich plastisch, diesen pittoresk nennen.«[49] Einen Nachhall solcher Vorstellungen finden wir z. B. bei Thomas de Quincey, der die Modernität der beiden Antonyme ›erhaben‹ und ›pittoresk‹ feststellt und ironisch bemerkt,»that the Homeric age was not ripe for the picturesque«[50]. Das Malerische/Pittoreske als Ausdruck der ›Moderne‹ partizipiert mithin noch an der Modernitätsemphase des ›Romantischen‹. Für Hegel»bemächtigt« sich»die romantische Kunstform«»des malerischen und musikalischen Ausdrucks in selbständiger und unbedingter Weise sowie gleichmäßig der poetischen Darstellung«[51]. Auf die nämlichen Kategorien rekurriert noch Richard Hamann in seiner *Ästhetik* (1911). In der *Philosophie der Kunst* schreibt Schelling:»Ueberhaupt also darf der Roman nach dem Pittoresken streben, denn so kann man allgemein nennen, was eine Art von dramatischer, nur flüchtigerer, Erscheinung ist. [...] Was kann dem angegebenen Sinn pittoresker seyn, als im Don Quixote

---

43 ARCHIBALD ALISON, Essays on the Nature and Principles of Taste (London/Edinburgh 1790), 413.
44 HEINRICH HEINE, Die romantische Schule (1835), in: HEINE (HSA), Bd. 8 (1972), 95.
45 Vgl. FISKE KIMBALL, J.-A. Meissonnier and the Beginning of the ›Genre Pittoresque‹, in: Gazette des Beaux-Arts, R. 6, 22 (1942), 27–40.
46 Vgl. POCHAT (s. Anm. 14), 324.
47 JOSEPH-FRANÇOIS MICHAUD, Dissertation sur l'origine et le caractère distinctif de la Poésie descriptive, in: Michaud, Le Printemps d'un proscrit (Paris 1803), 44.
48 FRIEDRICH SCHLEGEL, Gespräch über die Poesie (1800), in: SCHLEGEL (KFSA), Bd. 2 (1967), 348.
49 AUGUST WILHELM SCHLEGEL, Vorlesungen über schöne Literatur und Kunst (1801–1804), in: Schlegel, Kritische Ausgabe der Vorlesungen, hg. v. E. Behler/ F. Jolles, Bd. 1 (Paderborn u. a. 1989), 301.
50 THOMAS DE QUINCEY, A Brief Appraisal of the Greek Literature in Its Foremost Pretensions (1838/ 39), in: Quincey, The Collected Writings, hg. v. D. Masson, Bd. 10 (Edinburgh 1890), 308.
51 HEGEL (ÄSTH.), 125.

Marcellas Erscheinung auf der Spitze des Felsens, an dessen Fuß der Schäfer begraben wird, den die Liebe für sie getödtet hat?«⁵² Mithin wäre zu überlegen, ob das Paradigma des Pittoresken nicht ganz allgemein die Voraussetzungen für die Durchsetzung des Romantischen und der Moderne geschaffen hat. Zumindest würde dies für Frankreich gelten, wo — anders als in der deutschen, durch das Erhabene und das Unendliche bestimmten Kunsttheorie — die Einebnung der klassischen Stilhöhen und die von Victor Hugo in der *Préface de Cromwell* (1827) postulierte Mischung des Erhabenen und des Grotesken auf typische Kategorien der Ästhetik des Pittoresken rückführbar sind. Elemente der Schauerromantik und des Malerisch-Häßlichen oder ›Bizarren‹ verbinden sich bei Hugo mit dem Erhabenen oder auch Pittoresk-Erhabenen zu einer neuen Effektästhetik, die explizit Modernität für sich reklamiert. Dazu fallen Stichwörter wie ›bizarre‹, ›inattendu‹ und die Betonung des Unregelmäßigen, Überraschenden, Kontrasthaltigen, der Mischung von Licht und Schatten, bei deren Behandlung man — wie schon im 17. Jh. — gerne auf das ›chiaroscuro‹ bei Rembrandt verweist. Einen letzten Schritt würde in diesem Sinn die Theorie der Moderne bei Baudelaire bilden. In *Le Peintre de la vie moderne* verbindet Baudelaire die Stadtskizzen eines Constantin Guys als Beispiel einer neuen Ästhetik des Flüchtigen mit der Form des ›tableau‹ der »vie triviale«⁵³, aus deren Einzelaspekten sich »les paysages de grande ville« (692) zusammensetzen. Dem subjektiven Betrachter und Flaneur wird dabei »la condition de pur moraliste pittoresque« (691) zugeschrieben. Ähnlich erlebt Flaubert die Dezemberunruhen in Paris 1851 als »amateur de pittoresque«⁵⁴. In beiden Fällen hindert die Skepsis gegenüber dem Romantisch-Pittoresken die Wegbereiter der Modernität nicht daran, wesentliche Elemente der früheren Theorie für sich zu reklamieren.

Als wissenschaftliche Kategorie tritt das Malerische/Pittoreske paradoxerweise noch einmal in dem historischen Moment auf, da die ästhetische Geschichte des Terminus abgeschlossen ist. Die Historisierung des Malerischen/Pittoresken im Rahmen der Romantiktheorie war zunächst folgenlos geblieben, scheint aber den eigentlichen Ausgangspunkt für die von Christoph Wagner un- tersuchte Diskussion um das ›Malerische‹ in der deutschen Kunstgeschichte des 19. Jh. zu bilden.⁵⁵ Freilich hat das Adjektiv ›malerisch‹ den noch bei den Brüdern Schlegel selbstverständlich und positiv benützten Ausdruck ›pittoresk‹ verdrängt und ihn auf den Status eines eher abschätzig benützten Epochenbegriffs zurückgestuft. Mit Wölfflin: »Gerade die eigentlich malerischen Talente haben das ›Pittoreske‹ immer bald abgestreift.«⁵⁶ Mit dieser Emanzipation des Malerischen vom Pittoresken wird ersteres aber auch enthistorisiert, so daß die von Wagner im Zusammenhang mit Wölfflin erörterte Theorie des Malerischen für die historische Forschung zum Pittoresken nur in sehr eingeschränktem Maße hilfreich war, aber das ›Malerische‹ als kunsttheoretische Kategorie für die Ästhetik fortschrieb — fast zur gleichen Zeit, in der der Begriff bei Hamann noch einmal in ein ästhetisches System integriert wurde.⁵⁷ Im Mittelpunkt steht bei Wölfflin wieder, wie schon in der Kunsttheorie des 16. und 17. Jh., die Begrifflichkeit des Kolorits. Gegenstand der Diskussion, an deren Ende Wölfflin zwischen dem ›Linearen‹ (Klassischen) und dem ›Malerischen‹ unterscheidet, ist der vorrömische Raffael. Die Forschungen von Karl Friedrich von Rumohr (1827–1831) und Johann David Passavant (1839) zum Verhältnis zwischen der Entdeckung des ›malerischen Stils‹ während der Arbeit Raffaels an den *Stanzen* (1512–1514) führen bei der Habilitationsschrift Heinrich Wölfflins zu einer zunächst historischen Theorie des ›Malerischen‹ (verbunden mit ›Bewegung‹, ›Auflösung des Regelmäßigen‹, das sich über das

---

52 FRIEDRICH WILHELM JOSEPH SCHELLING, Philosophie der Kunst (entst. 1802/03), in: SCHELLING (SW), Bd. 5 (1859), 505.
53 CHARLES BAUDELAIRE, Le Peintre de la vie moderne (1863), in: BAUDELAIRE, Bd. 2 (1976), 686.
54 GUSTAVE FLAUBERT an seinen Onkel Parain (ca. 15. 1. 1852), in: Flaubert, Correspondance, hg. v. J. Bruneau, Bd. 2 (Paris 1980), 28.
55 Vgl. CHRISTOPH WAGNER, Farbe und Metapher. Die Entstehung einer neuzeitlichen Bildmetaphorik in der vorrömischen Malerei Raffaels (Berlin 1995), 74 ff.
56 HEINRICH WÖLFFLIN, Kunstgeschichtliche Grundbegriffe (München 1915), 54.
57 Vgl. RICHARD HAMANN, Ästhetik (Leipzig 1911).

Farbige sogar hinwegsetzt).[58] August Schmarsow entwickelt daraus die Theorie des Malerischen als ›Einheit von Körper und Raum‹[59], während Josef Strzygowski in Erwiderung auf Wölfflin die Tendenz zur »Vorverlegung des Barock«[60] insofern abschließt, als er Leonardo da Vinci als Begründer des Malerischen ansieht.[61] Die neue Forschung zum Pittoresken knüpft indirekt an diese Barockthese an. Wylie Sypher hat in seinem bereits genannten, thesenhaften Beitrag von 1945 die Formel einer Entwicklung vom Barock über das Pittoreske zur Romantik aufgestellt[62], während Ernst H. Gombrich wenig später auf die Anfänge der Landschaftsmalerei in der Spätrenaissance verwies und als Beispiel den *Dialogo di Pittura* (1548) von Paolo Pino anführte.[63] Damit ist die Vorstellung in sich konsequenter stilgeschichtlicher Entwicklung an die Stelle des Wölfflinschen Modells getreten, doch sind diese Anregungen noch immer nicht konsequent weitergeführt worden.

Die Begrifflichkeit des Pittoresken tritt gegen Ende des 18. Jh. zunehmend in ein Verhältnis der Interdependenz zum Romantischen. Die begriffs-

geschichtliche Studie von Alexis François und eine synoptische Darstellung von Fernand Baldensperger zeigen, daß englisch ›romantic‹ in französischen Übersetzungen seit etwa 1740 meist umstandslos mit ›pittoresque‹ wiedergegeben wird[64]; so wird z. B. aus ›romantic mountain‹ in James Thomsons *Seasons* (1730) ›une montagne pittoresque‹; ähnliches gilt für die Übersetzung der *Observations on Modern Gardening* (1770) von Thomas Whately und andere verwandte Schriften.[65] Die Notwendigkeit zur Differenzierung ergibt sich offenbar in dem Maße, wie Garten- und Naturästhetik im Zeichen der Ursprünglichkeit auseinandertreten. Munsters führt eine Reihe von Belegen an, in denen französisch ›pittoresque‹ zwischen 1780 und 1840 synonym oder in Synonymdoppelung mit ›sauvage‹ benützt wird[66]; so spricht etwa Diderot von einem »coup d'œil […] tout à fait pittoresque et sauvage«[67]. Dementsprechend unterscheidet Claude-Henri Watelet in seinem *Essai sur les jardins* bereits zwischen ›pittoresque‹, ›poétique‹ und ›romanesque‹ und weist letzteres Adjektiv einem »lieu très sauvage« mit Wasserfällen und Schluchten zu, welche »porteroient dans l'âme une sorte d'effroi«[68]. Als nach der Einführung des Lehnworts ›romantique‹ in der Shakespeare-Übersetzung Pierre Letourneurs 1776 ›romanesque‹ allmählich überflüssig wird und nur noch zur Bezeichnung des Romanhaften und Phantastischen dient, werden ›pittoresque‹ und ›romantique‹ einander nachgeordnet: Während sich für Letourneur das Pittoreske auf die bloß äußerlichen, sinnlichen Qualitäten bezieht, z. B. »une scène d'objets, un paysage qui attachent les yeux et captivent l'imagination«, schließt das ›Romantische‹ auch den seelischen Respons der »âme émue« ein, »porte […] dans l'âme le sentiment de l'émotion douce et tendre« und »joint ensemble des effets physiques et moraux de la perspective«[69]. Insofern das Romantische hier in die Nähe des Melancholischen gerückt wird, bleibt das Pittoreske jedoch allgemeiner und neutraler. In der Schrift *De la Composition des paysages* (1777) übernimmt René-Louis Girardin die von Watelet eingeführte Triade ›pittoresque‹ – ›poétique‹ – ›romanesque‹, ersetzt aber letzteren Terminus durch ›romantique‹ und definiert das Romantische als die Zusammenfassung des ›Pittoresken‹ und des ›Poetischen‹ im Zeichen der »douceur

---

58 Vgl. WÖLFFLIN, Renaissance und Barock (München 1888).
59 Vgl. AUGUST SCHMARSOW, Zur Frage nach dem Malerischen. Sein Grundbegriff und seine Entwicklung (Leipzig 1896).
60 Vgl. WAGNER (s. Anm. 55), 79.
61 Vgl. JOSEF STRZYGOWSKI, Das Werden des Barock bei Raffael und Correggio (Straßburg 1898).
62 Vgl. SYPHER (s. Anm. 5).
63 Vgl. ERNST H. GOMBRICH, Renaissance Artistic Theory and the Development of Landscape Painting, in: Gazette des Beaux-Arts, R. 6, 41 (1953), 349–353.
64 Vgl. ALEXIS FRANÇOIS, Romantique, in: Annales de la Société J.-J. Rousseau 5 (1909), 199–236; FERNAND BALDENSPERGER, ›Romantique‹, ses analogues et ses équivalents: Tableau synoptique de 1650 à 1810, in: Harvard Studies and Notes in Philology and Literature 19 (1937), 13–105.
65 Vgl. MUNSTERS (s. Anm. 7), 58.
66 Vgl. ebd., 57f.
67 DIDEROT an Sophie Volland (20. 10. 1759), in: Diderot, Correspondance, hg. v. G. Roth, Bd. 2 (Paris 1956), 292.
68 CLAUDE-HENRI WATELET, Essai sur les jardins (Paris 1774), 89, zit. nach MUNSTERS (s. Anm. 7), 60.
69 Vgl. PIERRE LETOURNEUR, Discours extrait des différentes préfaces que les éditeurs de Shakespeare ont mises à la tête de leurs éditions (Paris 1776), CXVIII, zit. nach MUNSTERS (s. Anm. 7), 59.

d'un sentiment profond«[70]. Für Étienne Pivert de Senancour bezeichnet wenig später das ›Romantische‹ Tiefe und Geheimnis, die über das ›Interessante‹ und ›Pittoreske‹ hinausgehen.[71] In den *Fragmens d'un voyage sentimental et pittoresque dans les Pyrénées* (1789) definiert Jean Florimond Boudon de Saint-Amans das Romantische daher als »plus que pittoresque«[72]. Umgekehrt dient der Begriff in antiromantischer Perspektive auch dazu, den defizienten Charakter des Pittoresken, z. B. in Verbindung mit der sogenannten Ruinenromantik, zu verdeutlichen: »des masses, pittoresques à la vérité, mais gothiques et sans majesté«[73], notiert Laurent-Pierre Bérenger 1783 in Arles. Daß ›romantisch‹ und ›pittoresk‹ in der Praxis dennoch oft austauschbar bleiben, zeigt eine Stelle aus Georg Forsters *Reise um die Welt*, wo der Autor »romantischgeformte, steile Berg-Gipfel« hervorhebt, »davon besonders der eine auf eine mahlerisch-schöne, aber fürchterliche Weise überhieng und gleichsam den Einsturz drohte«[74]. Saint-Amans beruft sich in der genannten Reisebeschreibung auf die englische Tradition, die eine ähnliche Tendenz aufweist: Die gesteigerte Erlebnisqualität des romantischen Sehens ist dem bloß äußerlichen pittoresken Sehen entgegengesetzt und nähert sich in der häufigen Verbindung ›wild and romantic‹ dem Erhabenen.[75] Noch 1844 schreibt William Wordsworth: »The relish for choice and picturesque *scenery* […] is quite of recent origin. Our earlier travellers […] are silent upon the sublimity and beauty of those regions«[76] (d. h. Bergregionen). Die im späten 17. Jh. zuerst in England entstandene ›Aesthetics of the Infinite‹[77] führt gerade in der deutschen Romantik und ihrer Suche nach der ›unendlichen Landschaft‹[78] rasch zu einer Diskreditierung des ›bloß‹ Pittoresken.

Die romantische und nachromantische Entwicklung in Europa ist durch die Konventionalisierung und Verdinglichung der Begrifflichkeit des Pittoresken vor allem im exotistischen Bereich bestimmt. Noch im späten 18. und zu Beginn des 19. Jh. gibt es Versuche, auch die modernen Industrielandschaften als pittoresk zu sehen und Natur und Industrie im Zeichen eines ›spectacle varié‹[79] zusammenzufassen. Vereinzelt gilt dies auch für die technische Aufbruchstimmung des Zweiten Kaiserreichs in Frankreich. Während spätromantische Liebhaber wie Théophile Gautier den Niedergang und Verlust des Pittoresken in der Moderne beklagen, verkündet z. B. ein Louis de Cormenin: »Malgré ce qu'en croient et ce qu'en disent les poëtes, le monde moderne a un aspect essentiellement poétique; il sera pittoresque plus tard.«[80] Seit etwa 1830 aber dient das Malerische/Pittoreske immer deutlicher dazu, als Refugium des scheinbar Ursprünglichen und Echten in fremden Kulturen der nivellierenden und häßlichen Industriekultur

---

70 RENÉ-LOUIS GIRARDIN, De la Composition des paysages, ou des moyens d'embellir la nature autour des habitations, en joignant l'agréable à l'utile (Genf/Paris 1777), Kap. 15, zit. nach MUNSTERS (s. Anm. 7), 61; vgl. HENRI RODDIER, Rousseau et le marquis de Girardin ou comment l'art des jardins conduit du ›romanesque‹ au ›romantisme‹, in: JEAN-JACQUES ROUSSEAU, Les Rêveries du promeneur solitaire, hg. v. H. Roddier (Paris 1960), 199–227.
71 Vgl. ÉTIENNE PIVERT DE SENANCOUR, Obermann (1804), hg. v. G. Michaut (Paris 1912), 96.
72 JEAN FLORIMOND BOUDON DE SAINT-AMANS, Fragmens d'un voyage sentimental et pittoresque dans les Pyrénées (Paris 1789), 23.
73 LAURENT-PIERRE BÉRENGER, Les soirées provençales ou Lettres sur la Provence, Bd. 1 (Paris 1786), 21.
74 GEORG FORSTER, Reise um die Welt während den Jahren 1772 bis 1775 (1777), in: Forster, Werke, hg. v. d. Akad. d. Wiss. d. DDR, Bd. 2 (Berlin 1965), 229.
75 Vgl. GISELA DISCHNER, Ursprünge der Rheinromantik in England. Zur Geschichte der romantischen Ästhetik (Frankfurt a. M. 1972), 37 ff., 46 f.
76 WILLIAM WORDSWORTH, To the editor of the ›Morning Post‹ (9. 12. 1844), in: Wordsworth, The Prose Works, hg. v. W. J. B. Owen/J. W. Smyser, Bd. 3 (Oxford 1974), 341.
77 Vgl. MARJORIE HOPE NICOLSON, Mountain Gloom and Mountain Glory: The Development of the Aesthetics of the Infinite (Ithaca 1959), 113 ff.
78 Vgl. HELMUT REHDER, Die Philosophie der unendlichen Landschaft. Ein Beitrag zur Geschichte der romantischen Weltanschauung (Halle 1932); HUBERT SCHRADE, Die romantische Idee von der Landschaft als höchstem Gegenstande christlicher Kunst, in: Neue Heidelberger Jahrbücher (Heidelberg 1931), 1–94.
79 Vgl. FRIEDRICH WOLFZETTEL, Fabrik und Schwan: zum Verhältnis zwischen Tourismus und Industrie im französischen Reisebericht der ersten Hälfte des 19. Jahrhunderts, in: Romanistische Zeitschrift für Literaturgeschichte 8 (1984), 600.
80 LOUIS DE CORMENIN, Les féeries de la science, in: Revue de Paris 8 (Mai 1852), 109.

der Moderne entgegengesetzt zu werden. Gleichzeitig wird das Pittoreske der meisten Spezifika der Kunsttheorie des 18. Jh. entkleidet und behält nur die wesentlichen Kennzeichen wie Farbigkeit, Vielfalt, Kontrast und ursprünglichen Charakter. Als Äquivalent der ›couleur locale‹ und als vorrangiges Instrument zur Beschreibung des ›Anderen‹ erhält es zwar eine zusätzliche gnoseologische Funktion, das Ganze in dem jeweils spezifischen und charakteristischen Einzelaspekt anschaulich zu machen; gerade die subjektiv perspektivische Konnotation hat sich jedoch verflüchtigt: Die Dinge *erscheinen* nicht mehr, sie *sind* pittoresk.

III. Ästhetik des Malerischen/ Pittoresken im 18. Jahrhundert

1. Poetik und deskriptives Paradigma

Die Ersetzung der klassischen Ästhetik des Typischen und Allgemeinen durch eine Ästhetik des je Besonderen, Individuellen, Charakteristischen und der parallele Übergang von einer rhetorisch fundierten Poetik des bloßen Nennens zu einer wirkungsästhetisch orientierten Poetik des Malens und Beschreibens stellen einen gemeineuropäischen Prozeß dar, der sich in England früher, in Frankreich vor dem Hintergrund einer starken klassisch-humanistischen Tradition relativ langsam, aber auch beispielhaft vollzieht. Dabei spielen die eingangs genannte, wechselseitige Beeinflussung von Malerei und Literatur und – in der Folge – die Herausbildung einer transmedialen Ästhetik eine Schlüsselrolle. Die wachsende Bedeutung der Malerei, die im 18. Jh. gegenüber Dichtung, Literatur und Theater eine Leitfunktion übernimmt, begründet eine entscheidende neue Phase im Verständnis des alten Ut-pictura-poesis-Topos[81] und bildet die Voraussetzung für die von Batteux – ungeachtet seiner klassizistischen Überzeugung – programmatisch betriebene Zusammenfassung aller Künste unter der Leitformel einer weniger aristotelisch als ›malerisch‹ verstandenen ›imitation de la belle nature‹.[82] Die keineswegs ungeteilte Zustimmung der zeitgenössischen Kritik unterstreicht ex negativo die Neuartigkeit dieses totalisierenden Zugriffs. Trotz seiner Gegnerschaft zu Batteux kann daher d'Alembert im *Discours préliminaire* der *Encyclopédie* die fünf Teile der ›schönen Künste‹ unter dem Oberbegriff der »Peinture« zusammenfassen: »On pourroit aussi les renfermer sous le titre général de Peinture, puisque tous les Beaux-Arts se réduisent à peindre, & ne different que par les moyens qu'ils emploient«[83]. In völliger Übereinstimmung mit dieser Definition bezeichnet Louis de Jaucourt in seinem *Encyclopédie*-Artikel Peinture Malerei und Dichtung als »deux sœurs dont les intentions sont les mêmes: les moyens qu'elles emploient pour parvenir à leurs fins, sont semblables, & ne different que par l'objet«[84].

Voraussetzung des genannten Prozesses bildet die wachsende Emanzipation der Malerei von dem bis dahin dominanten Paradigma des Literarischen und damit die Umkehrung des bisherigen Verhältnisses von Literatur und Malerei.[85] Die Übernahme des Lehnworts ›pittoresque‹ aus dem Italienischen, zunächst als terminus technicus der zur Malerei gehörigen Mittel, bald auch schon zur Bezeichnung einer spezifischen Ästhetik des ›Malerischen‹, kann mithin als Ausdruck eines neuen Selbstbewußtseins des Bildmediums und der Suche nach einer autonomen Terminologie begriffen werden.[86] Die begriffsgeschichtlich naheliegende Frage ist dann nicht die nach neuen Inhalten, sondern jene nach dem Bedeutungsfeld, das mit der Einführung des neuen Wortes ›pittoresque‹ abgedeckt werden sollte. Charakteristisch hierfür scheint der *Cours de peinture par principes* (1708), dessen Verfasser Roger de Piles das Adjektiv ›pittoresque‹ im Zusammenhang mit den zeitgenössischen Debatten um das Kolorit erstmals konse-

---

81 Vgl. RÉMY G. SAISSELIN, Ut Pictura Poesis: DuBos to Diderot, in: The Journal of Aesthetics and Art Criticism 20 (1961/62), 145–156; MUNSTERS (s. Anm. 7), 27 ff.
82 Vgl. MARY ELLEN BIRKETT, ›Pictura‹, ›Poesis‹ and Landscape, in: Stanford French Review 2 (1978), 235–246.
83 JEAN LE ROND D'ALEMBERT, Discours préliminaire, in: DIDEROT (ENCYCLOPÉDIE), Bd. 1 (1751), xvii.
84 LOUIS DE JAUCOURT, ›Peinture‹, in: DIDEROT (ENCYCLOPÉDIE), Bd. 12 (1765), 267.
85 Vgl. BIRKETT (s. Anm. 82).
86 Vgl. MUNSTERS (s. Anm. 7), 45.

quent in die akademische Literatur einführt.[87] Überraschenderweise definiert Roger de Piles den Begriff nicht in bezug auf Inhalte oder Techniken; vielmehr spricht er von »un transport de l'esprit qui fait penser les choses d'une manière sublime, surprenante et vraisemblable«[88], verbindet also die später meist getrennten Bereiche des Sublimen und des Pittoresken vor dem Hintergrund einer Ästhetik des Erstaunens und des Begriffs des Wahrscheinlichen und Natürlichen. Verweist erstere auf die barocke Tradition, so scheint letzterer an eine spezifisch klassische Forderung anzuknüpfen. Die Wendung ›transport de l'esprit‹ steht im übrigen im Zusammenhang mit der Diskussion von ›enthousiasme‹, die ebenso wie die Wendung ›fureur pittoresque‹ neuplatonisch-literarische Vorstellungen refunktionalisiert und für die Genie- und Enthusiasmus-Ästhetik des 18. Jh. verfügbar macht. Das eigentlich ›Malerische‹ bezeichnet in dieser Perspektive sowohl das ›Große‹ als auch das ›Effektvolle‹ und ›Kontrastreiche‹. In ähnlicher Weise bezieht sich auch Du Bos im Zusammenhang mit dem Begriff vorrangig auf die Barockmalerei. Von daher wäre die These Syphers, das Pittoreske des 18. Jh. könne auf spätbarocke Vorstellungen zurückgeführt werden[89], im Hinblick auf den fortgesetzten Prozeß der Befreiung von akademischer ›Manier‹ und der zunehmenden Freisetzung des autonom ›Natürlichen‹ weiter zu verfolgen. Eine Formulierung von William Aglonby aus dem Jahr 1685, in welcher der Begriff zur Bezeichnung einer nicht-akademischen, freien und natürlichen Malweise dient (»This the Italians call working *a la pittoresk,* that is boldly«[90]), würde einer solchen These in ähnlicher Weise entgegenkommen wie die Verwendung des niederländischen Adjektivs *schilderachtig* im 17. Jh. (etwa zur Charakterisierung Rembrandts). In jedem Fall wäre das frühe Malerische/Pittoreske als Ästhetik hochtoniger Expressivität gekennzeichnet, in der typisch barocke Eigenarten wie Dynamisierung der Linie, auf Effekt zielende Kontrastierung der Farbwerte und Emphase des Ausdrucks für neuere Tendenzen der subjektiven Empfindsamkeit und Perspektivierung verfügbar gemacht und zur Übertragung auf die Literatur bereitgestellt werden.

Im Sinne der genannten Übertragung des Paradigmas des Malerischen auf die Literatur bzw. der Verschwisterung der beiden Künste kommt Du Bos in den *Réflexions critiques sur la poësie et sur la peinture* (1719) das Verdienst zu, die Begrifflichkeit des Pittoresken ›vulgarisiert‹ zu haben.[91] So spricht der Autor zwar im wörtlichen Sinn vom »génie [...] pittoresque«[92] und von »imitations [...] Pittoresques«[93], knüpft aber das Pittoreske zugleich an literarische Erscheinungen, die – wie der Ausdruck »expression pittoresque« (85) – offensichtlich durch die Konnotation ›expressiv‹, ›ausdrucksstark‹, ›bildhaft‹ bzw. ›anschaulich‹ geprägt sind. Letzteres impliziert bildhafte Beschreibungen, welche »peignent si bien les objets décrits dans les vers, que nous ne puissions les entendre, sans que notre imagination soit continuellement remplie des tableaux qui s'y succédent les uns aux autres«. (293) Als nicht-pittoresk gelten dagegen bloße farblich ornamentale Effekte, die sich durch mangelnde Bildhaftigkeit auszeichnen. Letzteres wird in der Abwertung der chinesischen Porzellanmalerei deutlich: »Rien n'est moins pittoresque que le goût de dessein & de coloris qui regne dans ces ouvrages.«[94] (Von daher läge es nahe, den ornamentalen Aspekt des Rokoko nicht der Ästhetik des Pittoresken zuzuschlagen.) Von hier aus erklärt sich die Mode der sogenannten deskriptiven, wörtlich: pittoresken Poesie, die seit der Mitte des 18. Jh. vor allem im Bereich der Natur als Konkurrentin zu Landschaftsmalerei und Gartenbaukunst ein europäisches Phänomen darstellt. Freilich bezieht sich der Ausdruck »Poësie pittoresque«[95] bei Du Bos noch nicht auf die spezielle Dichtungsart, sondern fungiert als Metapher für das – positiv aufgewertete – pittoreske Instrumentarium der Sprache.

Batteux ist auch hier der eigentliche Fortsetzer und Vollender der von Du Bos eingeleiteten Ent-

---

87 Vgl. BERNARD TEYSSÈDRE, Roger de Piles et les débats sur le coloris au siècle de Louis XIV (Paris 1957), 473 ff.
88 ROGER DE PILES, Cours de peinture par principes (1708; Paris 1766), 106 f.
89 Vgl. SYPHER (s. Anm. 5).
90 WILLIAM AGLONBY, Painting Illustrated in Three Dialogues (London 1685), 24.
91 Vgl. MUNSTERS (s. Anm. 7), 28 f.
92 DU BOS, Bd. 2 (1770), 17.
93 DU BOS, Bd. 1 (1770), 455.
94 DU BOS, Bd. 2, 167.
95 DU BOS, Bd. 1, 283, 286.

wicklung. In der einflußreichen Schrift *Les beaux Arts réduits à un même Principe* von 1746 entwickelt er ansatzweise eine Ästhetik des Pittoresken auf der Grundlage einer auf alle Künste ausgedehnten Imitatio-Lehre. Für die Poesie und speziell die lyrische Poesie (der Autor führt als einer der ersten die – wohl von der italienischen Kritik übernommene – nachklassische Einteilung der Literatur in die drei sogenannten Naturformen oder Naturgattungen ein) fordert er dabei eine besonders bildhafte Sprache; den »mouvements du cœur«[96] gewidmet, dem »génie naturel« und einer »imagination échauffée par l'art« (321) entsprungen, spreche eine solche Sprache diejenige des Gefühls und »préfere surtout les expressions pittoresques qui font image & qui rendent l'expression sensible« (194). Der an die Empfindung appellierende, bildhafte Ausdruck impliziert dabei noch immer die alte Forderung nach dem Effekt, der auch das ›Interessante‹ bezeichnen kann. (Vgl. noch Senancour: »Il faut des bêtes fauves errantes dans les solitudes: elles sont intéressantes et pittoresques.«[97]) Der Autor wünscht »un certain nombre de mots qui frappent & qui piquent l'attention de l'auditeur« und macht »tout ce qui est extraordinaire, soit par la richesse, par la hardiesse, par la force, ou parce qu'il est nouveau«[98] geltend.

Batteux gibt damit das Stichwort der ›expressions pittoresques‹, das die innerfranzösische Poesiediskussion bis in die Romantik geprägt hat. Sie ist, wie Munsters gezeigt hat[99], seit Fénelon mit dem Programm einer bildhaften Anreicherung (›enrichir la langue‹) der als bildarm geltenden klassisch geprägten französischen Poesiesprache verknüpft und gipfelt darüber hinaus in Theorie und Praxis des Rousseau-Schülers, Naturforschers und Weltreisenden Bernardin de Saint-Pierre, der eine neue, bildhaft konkrete, farbgesättigte Sprache (für die Wiedergabe der Natur) fordert, den Ausdruck ›pittoresque‹ aber noch meidet.[100] Die stilistische Diskussion um das Stichwort ›peindre à l'esprit‹ ist aber auch deshalb von allgemeinem Interesse, weil sie mit der gesamteuropäischen Erscheinung der deskriptiven (Natur-)Poesie[101] verbunden ist, in der die Ästhetik des Pittoresken im ursprünglichen Sinn poetologisch wirksam wird. James Thomson, Ambrose Philips, Thomas Gray, Albrecht von Haller, William Collins, Salomon Gessner, Jean-François de Saint-Lambert, Jean-Antoine Roucher, Jacques Delille[102] u. a. stehen für den Versuch der Verbindung von Poesie und Malerei in der autonom gewordenen Deskription von Landschaft. Die gemeinsamen Grundlagen sind im produktions- und wirkungsästhetischen Bezug auf die Imagination, in der Fähigkeit zur ›interessanten‹ Wiedergabe des Gesehenen und in der übergreifenden Tendenz zum Tableau zu sehen. Entsprechend der von Batteux geprägten, für die klassizistische Poetik des 18. Jh. insgesamt gültigen Formel der ›imitation de la belle nature‹ definiert Saint-Lambert als Ziel, die Natur durch eine anschauliche Sprache zu vergrößern, zu verschönern, interessant zu machen (»il faut l'agrandir, l'embellir, la rendre intéressante«[103]). Am Ausgang des französischen 18. Jh. sind ›descriptif‹ und ›pittoresque‹ fast identisch geworden. Die Deskriptionstechnik eines Chateaubriand ist z.B. für Charles Auguste Lioult de Chênedollé ein Höhepunkt des »style pittoresque«[104]. Die Kritik von Marie-Joseph Chénier an Delille im *Essai sur les principes des arts* (1816) markiert nach Munsters die Krise dieser Tradition.[105] Chateaubriands Zeitgenosse Joseph-François Michaud, der letzte Vertreter dieser Tradition, unternimmt auch den letzten Versuch einer ästhetischen Abgrenzung und kommt dabei wieder auf das Moment der Überraschung zurück, das von Anfang an für das Malerische/Pittoreske konstitutiv war: »le beau et le merveilleux se composent de tout ce qui excite l'admiration; le caractère de la poesie

---

96 BATTEUX (1773), 329.
97 SENANCOUR (s. Anm. 71), 96.
98 BATTEUX (1773), 193, 194.
99 Vgl. MUNSTERS (s. Anm. 7), 81, 85–91.
100 Vgl. BERNARDIN DE SAINT-PIERRE, Voyage à l'Isle de France, Bd. 2 (Amsterdam/Paris 1773), 227 f.
101 Vgl. NICOLSON (s. Anm. 77), 324–369.
102 Vgl. ÉDOUARD GUITTON, Jacques Delille, 1738–1813, et le poème de la nature en France de 1750 à 1820 (Lille 1976); MARGARET S. M. CAMERON, L'influence des ›Saisons‹ de Thomson sur la poésie descriptive en France (1759–1810) (Paris 1927).
103 JEAN-FRANÇOIS DE SAINT-LAMBERT, Discours préliminaire, in: Saint-Lambert, Les Saisons (1769; Amsterdam 1773), XX, zit. nach MUNSTERS (s. Anm. 7), 109.
104 CHARLES-JULIEN LIOULT DE CHÊNEDOLLÉ, Le Génie de l'homme (1807; Paris ²1812), 216.
105 Vgl. MUNSTERS (s. Anm. 7), 153, 171.

III. Ästhetik des Malerischen/Pittoresken im 18. Jahrhundert

descriptive est plus propre à faire naître le sentiment de la surprise; elle paroît plus appartenir au genre pittoresque.«[106] Rückblickend begreift Alexandre de Laborde 1808 die deskriptive Poesie nicht als identisch mit dem Malerischen/Pittoresken, sondern als dessen Wegbereiter: »enfin la poésie descriptive, si à la mode depuis trente ans, développa les grandes beautés de la Nature, et apprit à en sentir tout le prix. Une sorte de prestige se répandit alors sur les monumens de l'antiquité [...] et sur les sites pittoresques des pays de montagnes.«[107] Die pittoreske Sprache erscheint hier als Vermittlerin des pittoresken Sehens. Unter dem Eindruck der im ganzen 18. Jh. nachwirkenden ›Querelle des anciens et des modernes‹ und der Klassik-Romantik-Debatte sind die historischen Rechtfertigungsstrategien allerdings eher widersprüchlich. Zum einen legt die oben genannte Tradition des pittoresken Stils als spezifisch nachklassisch-modernen Stils die Zuordnung des Malerischen/Pittoresken zur Moderne nahe. Diese Argumentation verfolgt z. B. Chateaubriand, um in *Le Génie du christianisme* (1802) die spezifisch romantische, d. h. neuzeitliche Qualität des Deskriptiv-Pittoresken zu beweisen; denn »les anciens n'avaient point de poésie proprement dite descriptive«[108]. Die Deskription der Alten wird von der ›pittoresken‹ Qualität der »poésie descriptive chez les modernes«[109] unterschieden. Auch Friedrich Schlegel geht in der bereits genannten Schrift in die zivilisationsgeschichtliche Richtung, wenn er bemerkt, daß »die Behandlung der Charaktere und Leidenschaften bei den Alten und den Modernen schlechthin verschieden« sei und daß der »plastischen« und »idealischen« Ausführung in der Antike die »historische« und »mehr pittoreske«[110] Ausführung in der Moderne gegenüberstehe. Andererseits legt aber nicht nur die vorromantische und romantische Vorstellung des Ursprünglichen, sondern auch die sensualistische Sprachtheorie nahe, den bildhaften Stil nach dem Leitparadigma der Natur als ursprünglichen, naiven und natürlichen Stil zu begreifen. Der Weg reicht von der Homer-Debatte des frühen 18. Jh. über Rousseau und Vico bis zum romantischen Klassizismus. Vico hatte in seiner Zivilisationstheorie das Malerische und Poetische zum Ausweis einer frühen, heroischen Stufe der Menschheitsentwicklung gemacht und den

Reichtum der Sprachbilder oder Tropen mit diesem ›kindlichen‹ Stadium verknüpft[111]; die Vorstellung einer ursprünglichen poetischen Sprache, beruhend auf einer starken Einbildungskraft, kommt den Vorstellungen des Deskriptiv-Pittoresken sehr nahe, zumal das ›Poetische‹ schon bei Du Bos beinahe zum Synonym des Malerischen/Pittoresken wird. Vollends in die vorromantische Geniediskussion geht die Vorstellung der ›picturesque imagination‹ in England ein. In seinem *Essay on Original Genius* begreift William Duff die pittoreske Imagination geradezu als Gewähr für die Entfaltung des ›Genius‹, ohne daß dieser Gefahr läuft, ein Opfer der »*rambling* and *volatile* power of *imagination*«[112] zu werden. ›Genius‹, dem sublimen Register zugeordnet, schließt »the wild and picturesque« (54) ein und weist sich durch »vivid and picturesque description« (157) aus.

Unabhängig von der in der französischen Aufklärung kaum rezipierten Geschichtsphilosophie Vicos, aber im Einklang mit der zeitgenössischen Diskussion um sogenanntes primitives und kindliches Denken (Locke, Fontenelle, Montesquieu, Jean-François Lafitau)[113], entwickelt dann Rousseau – wahrscheinlich im Kontext des *Discours sur l'origine de l'inégalité* (1755) – seine Theorie der Natursprache, deren Entstehung er anders als die Aufklärer nicht mit dem materialistischen Argument des Bedürfnisses, sondern mit Einbildungskraft und Leidenschaften erklärt: »Que la première in-

---

106 MICHAUD (s. Anm. 47), 44; vgl. MARIE-JOSEPH CHÉNIER, Essai sur les principes des arts (1805), in: Chénier, Œuvres diverses et inédites (Brüssel 1816), 98; MUNSTERS (s. Anm. 7), 156, 171.
107 ALEXANDRE DE LABORDE, Notice sur les voyages en général (Paris 1808), CXVI.
108 FRANÇOIS RENÉ DE CHATEAUBRIAND, Génie du christianisme ou Beautés de la religion chrétienne (1802), in: Chateaubriand, Essai sur les révolutions/Génie du christianisme, hg. v. M. Regard (Paris 1978), 717.
109 Ebd., 723.
110 FRIEDRICH SCHLEGEL (s. Anm. 48), 348.
111 Vgl. GIAMBATTISTA VICO, Principij di scienza nuova (1725), in: Vico, Opere, hg. v. F. Nicolini (Mailand/Neapel 1953), 516ff.
112 [ANONYMUS, d. i.] WILLIAM DUFF, An Essay on Original Genius (London 1767), 9.
113 Vgl. PETER BURKE, Vico (Oxford/New York 1985), 48–53.

vention de la parole ne vint pas des besoins mais des passions«. Vorbild sind die orientalischen Sprachen, die »n'ont rien de méthodique et de raisoné; elles sont vives et figurées. On nous fait du langage des premiers hommes des langues de Geométres, et nous voyons que ce furent des langues de Poëtes.«[114] Diese zunächst allgemeine Argumentation ließ sich auf die Antike übertragen, der damit im Sinne der Kindheitstheorie das Verdienst zukommt, über eine ursprünglich bildhafte, konkrete Sprache zu verfügen. In dem unfertigen Essay André Chéniers *Sur les causes et les effets de la perfection et de la décadence des lettres et des arts* nimmt ›pittoresque‹ dementsprechend eine Schlüsselrolle zur Bezeichnung des »naturel des anciens«[115] ein: »Les langues premières, et parlées par des peuples sous un beau ciel et entourés d'une nature vivante et forte, sont plus pittoresques, plus pleines d'onomatopées que les autres; parce que l'imagination tendre de ceux qui les créent« (646). Das Pittoreske ist hier das Kindhafte, Naive und Unverfälschte (»une expression franche, naïve, pittoresque« [636]) und verweist auf die ›Nacktheit‹ (645, 661) »de cette antique et délicieuse simplicité de la Grèce encore naissante« (653). Einen letzten Nachhall finden solche Vorstellungen noch bei Giacomo Leopardi. In dem frühen antiromantischen *Discorso di un italiano intorno alla poesia romantica*[116] wird zwar der Ausdruck ›pittoresco‹ nicht benützt, die Konzeption einer naiv bildhaften Poesie der ›Alten‹, einer ›simplicitas‹ in der Nähe der Natur und einer ›primitiven‹, freien und kunstlosen Poesie verweist jedoch in die nämliche Richtung. Letztlich dient das Argument der ›pittoresken Sprache‹ dann freilich dazu, auch andere Idiome als Medien unverdorbener Ursprünglichkeit aufzuwerten. So wird Mme de Staël der deutschen Sprache eine klassenübergreifende und klassenversöhnende ›Wahrheit‹ und ›Kraft‹ bescheinigen:»Les sons bizarres des mots, leur antique naïveté, donnent à la plaisanterie quelque chose de pittoresque, dont le peuple peut s'amuser aussi bien que les gens du monde.«[117] Die Idee malerischer/pittoresker Ursprünglichkeit, naiver Farbigkeit und Vielfalt prägt in der Folge die Sprach- und auch die Musiktheorie der Romantik.

2. Pittoreskes und Theatralität

Die neue Sensibilität für das Pittoreske in Sprache und Poesie bezeugt die totalisierende ›Pittoreskisierung‹ des Sehens und aller künstlerischen Äußerungen; dies entspricht dem Programm der neu entdeckten ›Ästhetik‹, über das Kunstschöne hinaus Formen ästhetischer Wahrnehmung zu begründen. Den anfangs erwähnten Bezug zum Barock demonstriert aber vor allem das Theater, das bis in die Weimarer Klassik hinein als konsequente Fortentwicklung bzw. Überwindung des barocken Repräsentationstheaters unter ›malerischen‹ Prämissen verstanden werden kann.[118] Wie das neue Ideal der Natürlichkeit und des natürlichen Ausdrucks den ›repräsentativen‹ Körper des Barock (Foucault) auflöst, löst die pittoreske Bühnenästhetik den barocken Raum des Theatralischen auf.[119] Schon für Du Bos stellt die Theaterbühne einen ›malerischen Raum‹ besonderer Art dar.[120] Das Gesagte gilt zunächst für die Ausprägung der malerischen Gestalt als der dominanten Figur der theatralischen Darstellung und für die Entdeckung der Melodramatik der ›natürlichen‹ Gefühle und Leidenschaften. Diderot spricht im *Paradoxe sur le comédien* von der »attitude élégante et pittoresque«[121] eines Schauspielers und meint damit die zum lebenden Bild gewordene »impulsions de la

---

114 JEAN-JACQUES ROUSSEAU, Essai sur l'origine des langues (1781), in: ROUSSEAU, Bd. 5 (1995), 380.
115 ANDRÉ CHÉNIER, Sur les causes et les effets de la perfection et de la décadence des lettres et des arts (entst. 1780–1790), in: Chénier, Œuvres complètes, hg. v. G. Walter (Paris 1958), 647.
116 Vgl. GIACOMO LEOPARDI, Discorso di un italiano intorno alla poesia romantica (entst. 1818), ital.-dt., hg. u. übers. v. F. Janowski (Tübingen 1991).
117 DE STAËL, De l'Allemagne (1810), in: de Staël, Œuvres complètes, Bd. 2 (Paris 1861), 27.
118 Vgl. GÜNTHER HEEG, Das Phantasma der natürlichen Gestalt. Körper, Sprache und Bild im Theater des 18. Jahrhunderts (Frankfurt a. M./Basel 2000).
119 Vgl. MICHEL DELON, L'Esthétique du tableau et la crise de la représentation classique à la fin du XVIIIe siècle, in: W. Drost/G. Leroy (Hg.), La Lettre et la Figure. La Littérature et les arts visuels à l'époque moderne (Heidelberg 1989), 11–29.
120 Vgl. RÉMY G. SAISSELIN (s. Anm. 81).
121 DIDEROT, Paradoxe sur le comédien (entst. 1773–1777, ersch. 1830), in: DIDEROT (VARLOOT), Bd. 20 (1995), 62.

nature« (80), die dem Ideal des theatralischen »être vrai« (61) unterworfen sind. Im Deutschland der Weimarer Klassik bezeichnet Karl August Böttiger das Ifflandsche Spiel 1796 als »richtig und mahlerisch schön«[122] oder rühmt »die mahlerische Zusammenordnung« (273) eines Tableaus. Den Ursprung des Malerischen in der Abweichung von der klassischen Proportion zeigt die Bemerkung: »Aber besonders mahlerisch war die schiefe, rückwärts gebeugte Haltung des Körpers« (29). In ganz ähnlicher Weise berichtet etwa Wilhelm von Humboldt über François Talma und die französische Bühne um 1800; er lobt die »mahlerische Schönheit der Stellungen und Bewegungen«[123], die »mahlerische Einbildungskraft« (69) und »mahlerische Composition« (95). Die Qualität des Malerischen scheint hier im Sinne Friedrich Schegels mit dem »Theatralischen« und dem »Frappanten«[124] zusammenzufallen. Noch Goethe fordert als wesentliche Regel für den Schauspieler: »Und so soll er immer mahlerisch darstellen«[125]. Dieses neue ›klassische‹ Malerische der Weimarer Bühne tendiert im übrigen zum Erhabenen und einer gereinigten Ästhetik des ausdrucksvoll Schönen.

Insgesamt bezeichnet das Tableau[126] den Schnittpunkt zwischen der Theatralisierung des Malerischen und der ›Pittoreskisierung‹ des Theaters. Das Malerische/Pittoreske kanalisiert in beiden Fällen die neu entdeckte Natürlichkeit und steigert sie zu momentaner bildhafter Wirkung. Es beruht, wie Diderot in den *Essais sur la peinture* und im *Salon de 1771* anmerkt, auf einer Ästhetik des effektvolleren »contraste pittoresque«[127] (»le sentiment vif de la couleur«[128] bzw. dem »clair-obscur« [358]) und setzt bestimmte »accessoires« (383) ›pittoresker‹ Art voraus (z. B. »ce linge pittoresque« [362]), die wiederum die genrehafte oder geschichtliche Wahrheit einer Ansicht oder Szene hervorheben. Die gelungene Verbindung der Lebenswahrheit mit dem scheinbar zufälligen, momentanen Effekt begründet malerische Schönheit, die Eigenschaft des »pittoresque et beau« (377). Kann die ›gefrorene‹ Bewegung tatsächlich als Transposition eines malerischen Vorwurfs in Dreidimensionale verstanden werden, so führt die Dynamisierung der Tableau-Ästhetik im ›tableau vivant‹ oder ›tableau mouvant‹ des bürgerlichen Dramas (Marmontel, Diderot, Mercier, Beaumarchais, Restif de la Bretonne, Lessing, Schiller usw.) zu dem, was Angelica Goodden mit einer alten rhetorischen Formel als ›peinture parlante‹ bezeichnet hat.[129] Die Tableau-Ästhetik bedingt den Vorrang von Gestik (bzw. Pantomime) und Choreographie vor der Sprache und impliziert das Ideal des sich selbst interpretierenden Bildes: »Il faut que la situation des personnages dessine si bien leurs gestes qu'elle se peigne dans chacun d'eux«[130], schreibt 1772 Cailhava de l'Estendoux. Das für sich selbst sprechende Bild beruht auf einer Ästhetik des ›Ausdrucks‹ (›expression‹). Letztere kann ebenso den ruhigen Effekten und dem rhetorischen Bereich des ›ethos‹ zugerechnet werden, wie sie im Zeichen des ›pathos‹ zu erhabenen und melodramatischen Effekten steigerungsfähig ist. Diderot unterscheidet zwar einmal »la composition en pittoresque et en expressive«, fügt aber gleich hinzu: »Toute composition expressive peut être en même temps pittoresque, et quand elle a toute l'expression dont elle est susceptible, elle est suffisamment pittoresque«[131]. Das Melodramatische erscheint in dieser Perspektive als eine konsequente Variante der Steigerung des bildhaft Expressiven, wie sie auch im zeitgenössischen Schauerroman zu beobachten ist. Die eingangs genannte Kontrastästhetik

---

122 KARL AUGUST BÖTTIGER, Entwickelung des Ifflandischen Spiels in vierzehn Darstellungen auf dem Weimarischen Hoftheater im Aprillmonath 1769 (Leipzig 1796), 28.
123 WILHELM VON HUMBOLDT, Ueber die gegenwärtige französische tragische Bühne, in: Propyläen 3 (1800), H. 1, 68.
124 FRIEDRICH SCHLEGEL, Nachricht von den Gemälden in Paris (1803), in: SCHLEGEL (KFSA), Bd. 4 (1959), 18.
125 JOHANN WOLFGANG GOETHE, Regeln für Schauspieler (entst. 1803), in: GOETHE (WA), Abt. 1, Bd. 40 (1901), 166.
126 Vgl. WILLY R. BERGER, Das Tableau. Rührende Schluß-Szenen im Drama, in: Arcadia 24 (1989), 131–147.
127 DIDEROT, Salon de 1771, in: DIDEROT (ASSÉZAT), Bd. 11 (1876), 483.
128 DIDEROT (s. Anm. 40), 351.
129 Vgl. ANGELICA GOODDEN, ›Une peinture parlante‹: The ›tableau‹ and the ›drame‹, in: French Studies 38 (1984), 397–413.
130 CAILHAVA DE L'ESTENDOUX, De l'art de la comédie, Bd. 1 (Paris 1772), 421.
131 DIDEROT (s. Anm. 40), 393.

wird hier ins Düstere gesteigert, das sich vom »Enthusiastick Terror«[132] des Sublimen im Sinne eines John Dennis vor allem durch die Lust am bildhaft gewordenen Grauen unterscheidet: »ce sombre qui est peut-être la première magie du pittoresque«[133], wie es der Meister des sentimentalen Schauerromans, François-Thomas-Marie de Baculard d'Arnaud, im Vorwort zu *Le Comte de Comminges* ausdrückt. Die aufs äußerste gesteigerte Effekt- und Überraschungsästhetik bleibt so an die pittoreske Tableau-Ästhetik gebunden.

3. Landschaftsästhetik

a) Voraussetzungen
Der eigentlich genuine Raum des Pittoresken scheint im 18. Jh. die Natur- und Landschaftsästhetik zu sein, die zunächst als fast ausschließlich englische Modeerscheinung betrachtet werden kann und sich erst gegen Ende des 18. Jh. auch auf dem ›Kontinent‹ durchsetzt. Dementsprechend ist auch die landschaftsästhetische Theoriebildung weitgehend auf die englische Literatur beschränkt. Dabei müßte man vor allem in begriffsgeschichtlicher Perspektive zwei Phasen unterscheiden: 1) eine Periode der Auflösung der klassischen Normen- und Proportionslehre unter dem Druck sensualistisch-wirkungsästhetischer Strömungen der frühen Empfindsamkeit und 2) die Phase, in der eine Ästhetik der pittoresken Wahrnehmung im engeren Sinn entsteht, die z. T. deutlich über die Anfänge hinausgeht. In beiden Fällen spielt das Paradigma des Landschaftsgartens eine zentrale Rolle. Im Garten, der nach William Mason »Nature's own charms, with these alone adorn'd«[134] aufweisen soll, nähern sich Natur und Kultur im Zeichen des Authentischen einander an und verhalten sich wie Urbild und Abbild zueinander. Dabei werden in den Begriffsbestimmungen des Pittoresken nicht nur deutliche Unterschiede sichtbar; eine immer tiefere Kluft tut sich auch zwischen frühromantischen Tendenzen des Schaurigen und Pittoresk-Erhabenen und den Formen restaurierter Harmonie im Pittoresk-Kontemplativen auf. Nur die gemeinsame Ästhetik des begrenzten, umschlossenen Bildes sorgt für die Einheit inszenierter, auf den ästhetischen Betrachter ausgerichteter Effekte des Schauens. Öffnet also die Ästhetik des Pittoresken auf den ersten Blick die ›Kultur‹ scheinbar in Richtung auf die ›Natur‹ (so wie der ›hortus conclusus‹ der höfischen Gartenkultur sich scheinbar in die Landschaft öffnet), so indiziert die tendenzielle, z. T. auch bewußt beförderte Bildhaftigkeit umgekehrt von Anfang an den imaginären Charakter des Tableaus. Insofern bietet sich die pittoreske Epoche als ein besonders prägnantes historisches Paradigma dessen an, was Martin Seel die »Natur als Schauplatz der Imagination«[135] genannt hat. Die inhaltliche Unabgrenzbarkeit des Pittoresken ist immer wieder festgestellt worden. Tatsächlich kann man von einem totalisierenden ästhetischen Projekt sprechen, das virtuell die gesamte Natur dem Auswahl- und Umwandlungsverfahren des Ästhetischen unterwirft und dem Betrachter die Rolle des genießenden ›Dilettanten‹ im Sinn des 18. Jh. zuweist. Wie die pittoreske Tableau-Bühne das barocke Theater beerbt, öffnet sich die Barockbühne gleichsam zur natürlichen Bühnenlandschaft pittoresker Prägung. So gesehen machen erst die landschaftsästhetischen Aspekte der Ästhetik des Pittoresken deren emblematischen Charakter im Rahmen der sich herausbildenden Autonomieästhetik sichtbar. »Die pittoreske Einbildungskraft«, so August Wilhelm Schlegel, »besteht eben darin, den Schein in uns wieder herzustellen, und sich z. B. an den tausendfältigen Ansichten zu ergötzen, welche ein einziger Gegenstand in verschiednen Lagen gegen uns, und unter verschiednen Beleuchtungen darbietet.«[136] Die der Geschichte entzogenen, immer wechselnden und neu erscheinenden Bilder, die in ihrer scheinbaren Natürlichkeit wie der Landschaftsgarten ihre ästhetischen Voraussetzungen verbergen, den Bildcharakter verleugnen, werden zum Inbegriff theaterhaf-

---

132 JOHN DENNIS, The Grounds of Criticism in Poetry (1704), in: Dennis, The Critical Works, hg. v. E. N. Hooker, Bd. 1 (Baltimore 1939), 361.
133 FRANÇOIS-THOMAS-MARIE DE BACULARD D'ARNAUD, Le Comte de Comminges (Paris 1764), [Préface, nicht pag.].
134 WILLIAM MASON, The English Garden: A Poem. In Four Books (1772–1781), Buch 4, V. 27, in: Mason, The Works, Bd. 1 (London 1811), 286.
135 MARTIN SEEL, Eine Ästhetik der Natur (Frankfurt a. M. 1991), 135.
136 AUGUST WILHELM SCHLEGEL (s. Anm. 49), 323.

ter, allen ökonomischen und historischen Zwängen enthobener, totalisierender Wahrnehmung: »Unissez tous les tons pour plaire à tous les goûts«[137], wie Delille dies später in seinem Lehrgedicht Les jardins zusammenfaßt. In begriffsgeschichtlicher Perspektive ist die Funktion der Ästhetik des Pittoresken nur dann adäquat zu erfassen, wenn es als gleichsam bewegliche Größe in einem ästhetischen Begriffsfeld gesehen wird, das insgesamt die Auflösung des normativen Schönheitsbegriffs unter den Vorzeichen eines nicht mehr klassisch verstandenen Naturbegriffs spiegelt. Eine entscheidende Rolle spielt dabei das ›Erhabene‹ (Sublime), doch auch das ›Romaneske‹, das ›Romantische‹, das ›Groteske‹, das ›Bizarre‹, das ›Sentimentale‹, das ›Frappante‹, das ›Erstaunliche‹, das ›Interessante‹ u. a. kommen in unterschiedlicher Weise hinzu. Dabei scheint die pittoreske Sehweise für die Zeitgenossen zunächst durchaus mit einer noch immer klassizistischen Ästhetik vereinbar zu sein und sich erst allmählich – auch unter dem Einfluß der frühen Schauerromantik oder parallel zu dieser – dem eigentlich Romantischen, Wilden, Unheimlichen oder Sublimen anzunähern. Historisch gesehen kann man den ›pittoresken‹ Garten daher auch als Steigerung des ›natürlichen‹ Gartens ansehen.[138] Es ist in dieser begriffsgeschichtlichen Hinsicht charakteristisch, daß spätere Theoretiker wie Gilpin und Uvedale Price wesentliche Aspekte, die Edmund Burke zur Bestimmung des Erhabenen dienten, wie das ›Rauhe‹ und ›Unebene‹, jetzt zum Hauptkennzeichen des Pittoresken aufwerten. In gewisser Weise ließe sich letzteres daher als zusätzliche, spezifisch ästhetische Sehweise definieren, die zu traditionellen Begriffen hinzutritt, sie gleichsam modifiziert und eingrenzt. So ergibt sich das ›pittoresk Schöne‹, aber auch das ›pittoresk Erhabene‹ oder das Romantisch-Pittoreske. Archibald Alison geht in diesem Sinn von den Grundkategorien ›Sublimity‹ und ›Beauty‹ aus[139], denen das ›Malerische‹ als Zusatzkategorie beigefügt werden kann.

Dieses ›Dazufügen‹ ist ganz wörtlich zu verstehen, wie den zeitgenössischen Traktaten beigegebenen Skizzen oder Stiche nach dem Schema ›Vorher‹ und ›Nachher‹ zeigen; sie erweisen das Pittoreske als das ›Interessante‹, das eine Szenerie erst aussagekräftig und effektvoll macht. Das berühmteste Beispiel, in den Three Essays von William Gilpin, demonstriert den Unterschied zwischen einer nichtssagenden Dreiheit abgerundeter Hügel, die durch das Herausarbeiten von Zacken und Felspartien, die Beigabe von Baumgruppen und Vegetation sowie einer Burg(ruine?) und zweier offensichtlich friedlich wandernder Personen im Vordergrund ›malerisch‹ wird.[140] Aber die Vorher- und-Nachher-Bilder sind auch in historischer Hinsicht von Interesse. So nimmt nämlich Richard Payne Knight in seine Abhandlung The Landscape, a Didactic Poem einen Entwurf des berühmten Landschaftsarchitekten Humphrey Repton auf, um anhand der folgenden ›modernen‹ Umgestaltung die Schlichtheit eines rein klassizistischen ›Pittoresken‹ zu veranschaulichen: »in the latter dressed in the modern style, and in the former, undressed«[141], wie der Kommentar lautet. Das Bild, eine flache Landschaft mit einem mäandrierenden Flüßchen, das, von Baumgruppen gesäumt, im Hintergrund zu einem Landhaus führt, wurde nicht eigentlich verändert; es wurde lediglich ›möbliert‹ oder ›ausstaffiert‹ (dressed), um durch ›interessante‹ Details die Monotonie zu durchbrechen. Das Pittoreske als das Interessante ist so wieder als das ›Moderne‹ konnotiert. Auch über die Ästhetik des Landschaftsgartens hinaus kann man daher von einer Ästhetik der Manipulation sprechen, deren theatralische Elemente, z. B. auch in der Vorliebe für den amphitheatralischen Panoramablick, offensichtlich sind. So berichtet z. B. Goethe in der Italiänischen Reise, wie der Malergefährte Kniep an die Stelle eines »gar zu abscheulichen« Mittel- und Vordergrundes ein »Poussin'sches Vordertheil«

---

137 JACQUES DELILLE, Les jardins, ou l'art d'embellir les paysages. Poëme en quatre chants (1782), 1. Gesang, in: Delille, Œuvres complètes, hg. v. A.-V. Arnault/J. Maubach, Bd. 5 (Brüssel 1819), 21.
138 Vgl. VIRGILIO VERCELLONI, Atlante storico dell'idea del giardino europeo (Mailand 1990), Tafeln 128 f.; dt.: Historischer Gartenatlas. Zur europäische Ideengeschichte, übers. v. U. Stopfel (Stuttgart 1994).
139 Vgl. ALISON (s. Anm. 43).
140 Vgl. GILPIN, Three Essays: On Picturesque Beauty; on Picturesque Travel; and on Sketching Landscape (London 1792), 19 u. Tafeln.
141 RICHARD PAYNE KNIGHT, The Landscape, a Didactic Poem (London 1794), 14 (Buch 1, Anm. zu V. 215 u. 221).

setze und dadurch zu einem »ganz hübschen Bildchen« gelangte, und bemerkt dazu: »Wie viel mahlerische Reisen mögen dergleichen Halbwahrheiten enthalten.«[142] Die Wurzeln dieses amphitheatralischen Sehens hat S. Lang in der italienischen Theatertradition der sogenannten satyrischen Bühne ausgemacht.[143] Bekanntlich führten ›pittoreske‹ Reisende des späten 18. Jh. oft spezielle, konvex geschliffene, farbige Gläser (Claude-Gläser) mit sich, in denen sich die angeschaute Landschaft nicht nur ›tableauisieren‹ ließ, sondern auch farblich im Sinne der weichen Tönung der Gemälde Claude Lorrains arrangiert werden konnte. Die Entdeckung des Natürlichen vollzieht sich mithin in paradoxer Weise über den Prozeß der Rückverwandlung von Natur — unter dem Einfluß von Malerei und Bühne — in ein scheinbar ›natürliches‹ ›Gesamtkunstwerk‹.[144]

Der Siegeszug des Pittoresken und seiner Vorformen beginnt im Zeichen des Unregelmäßigen und der zur »line of beauty« erhobenen manieristischen »serpentine-line«[145], die William Hogarth zur Grundlage einer Ästhetik der »infinite variety« (xvii) macht. Bemerkenswert an Hogarths Schrift *The Analysis of Beauty*, deren Einfluß von der Forschung freilich meist überbewertet zu werden scheint, ist die Berufung des Autors auf die barocke und insbesondere die manieristische Tradition. Dieser Vorgang impliziert zugleich eine Dynamisierung oder Kinetisierung der Wahrnehmung, welche das schon genannte Moment des Effekts und der Überraschung beinhaltet — »sur-tout du mouvement« lautet die Formel bei Delille, der »désordre« und »hasard« als »art de surprendre«[146] definiert. Das Prinzip des ›wandernden‹ Auges erzwingt im übrigen auch die Mode des kontemplativen Sehens: »Oft let me wander o'ver the dewy fields«[147], wie es einleitend in *The Seasons* von James Thomson heißt. Voraussetzung des Sehens ist ›variety‹, Antrieb des Sehens individuelle ›curiosity‹, die mit dem subjektiven Geschmack korreliert ist.[148] Pittoreskes Sehen ist daher immer perspektivisches, subjektives Sehen, das im kontemplativen Akt ein inneres Ergriffensein und ästhetischen Selbstgenuß mit erbaulichen Zügen impliziert. Weiter scheint ein Zusammenhang zwischen dem ›wandernden‹ Auge und dem touristischen Sehen zu bestehen. Elizabeth Wheeler Manwaring hat daran erinnert, daß die Anfänge der Mode des Pittoresken in England zeitlich mit einer neuen Phase der Kavalierstour zusammenfallen, deren eigentliches Ziel Italien und italienische Kunst waren.[149] Die immer wieder genannten, emblematisch gewordenen Namen der berühmten barocken Landschaftsmaler, Nicolas Poussin, Claude Lorrain, Gaspard Dughet, Salvator Rosa, stehen daher für eine Ästhetik, die der junge Bildungsadel von der Reise nach Hause bringt und hier kopiert, um gleichsam in einem naturgewordenen Bild umhergehen zu können und das zum Bild gewordene Natur zu genießen.

Diese Selbstaufwertung des Ich im kontemplativen Genuß, wie sie erstmals in dem Begriffsbereich von ›enthusiastic‹ bei Shaftesbury zu greifen ist, verbunden mit der ideologischen Aufwertung der freien Natur und der natürlichen Formen, bildet die historisch-ideologische Voraussetzung, unter der die neue Landschaftsästhetik gerade in England zwischen 1710 und 1730, in der Generation von Shaftesbury, Addison, Pope, also im Zeichen der liberalen Lebenshaltung der ›virtuosi‹ und ›dilettanti‹ nach der Glorious Revolution, entstehen konnte. Dieser zuerst von Nikolaus Pevsner präzise

---

142 GOETHE (s. Anm. 33), 181.
143 Vgl. S. LANG, The Genesis of the English Landscape Garden, in: N. Pevsner (Hg.), The Picturesque Garden and Its Influence Outside the British Isles (Washington 1974), 18 f.
144 Vgl. RUDOLF SÜHNEL, Der Park als Gesamtkunstwerk des englischen Klassizismus am Beispiel von Stourhead (Heidelberg 1977); SÜHNEL, Der englische Landschaftsgarten auf dem Hintergrund der Geistes- und Gesellschaftsgeschichte des 18. Jahrhunderts, in: Arbeitsstelle 18. Jahrhundert, Gesamthochschule Wuppertal (Hg.), Park und Garten im 18. Jahrhundert (Heidelberg 1978), 11–15.
145 WILLIAM HOGARTH, The Analysis of Beauty (London 1753), x.
146 DELILLE (s. Anm. 137), 24.
147 JAMES THOMSON, The Seasons (1730), in: Thomson, The Complete Poetical Works, hg. v. J. L. Robertson (London u. a. 1951), 7.
148 Vgl. HIPPLE JR. (s. Anm. 38), 207; HUSSEY (s. Anm. 3).
149 Vgl. ELIZABETH WHEELER MANWARING, Italian Landscape in Eighteenth Century England: A Study Chiefly of the Influence of Claude Lorrain and Salvator Rosa on English Taste, 1700–1800 (1925; London ²1965).

umschriebene Nexus zwischen Ästhetik und Ideologie ist von Norbert Miller am Beispiel der Geschichte von Strawberry Hill ausführlich bestätigt worden.[150] Garten und Landschaft und der beide Elemente verbindende Landschaftsgarten, der durch den Wegfall der (höfischen) Umzäunung und den (scheinbar) bruchlosen Übergang von ›Kultur‹ in ›Natur‹ gekennzeichnet ist, werden unter dem Aspekt der *Freiheit* als essentiell *privater* Raum persönlicher Entfaltung begriffen und markieren die Mode des Pittoresken als Form der ›Selbstentfaltung‹, der Bemächtigung und als noch optimistische Vorform romantischer Fluchtphantasie. Idealistisch neuplatonische und stoisch-epikureische Tendenzen verbinden sich, wie Maren-Sofie Røstvig in ihrer geistesgeschichtlichen Studie über die Genese der Vorstellung vom ›Happy Man‹ gezeigt hat, zu einem neuen Weltbild des ›sibi vivere‹, dessen ästhetisch-politische Signale schon im 18. Jh. verstanden werden.[151] Delille spricht in seinem Gartengedicht von »un air de liberté«: »Le niveau fut brisé, tout fut libre, et tes mains / Ont, comme tes cités, affranchi tes jardins.«[152] Die Aufwertung von Landschaft und Landschaftsgarten zum ›Symbol eines liberalen Weltentwurfs‹, in dessen Rahmen »die freien Subjekte nur aus ihrer Bindung an Natur in innerer Sittlichkeit zusammengehalten würden«, enthält nach Adrian von Buttlar von Anfang an das ideologische Moment der Sublimierung und Verdrängung, das bereits in der physikotheologischen, platonisch überhöhten Vorstellung der ›idealen Natur‹ im Sinne Shaftesburys erkennbar ist; die Verengung auf das Pittoreske kann daher als Zeichen für die »nachlassende Kraft der moralisch-sittlichen Naturauffassung«[153] interpretiert werden.

Es scheint charakteristisch, daß gerade mit dieser tendenziellen Verengung und Ästhetisierung der Naturauffassung das Bedürfnis nach Umgestaltung und Korrektur der realen Natur unter dem Diktat des Pittoresk-Natürlichen verbunden ist. Im Emblem der freien Natürlichkeit offenbart sich unübersehbar der auf die individuelle Verfügungsgewalt verweisende Zwang zur manipulierten ›Natürlichkeit‹, deren Leitbegriff ›improve‹ die gesamte englische Theorie des Pittoresken durchzieht und erstmals bei Pope programmatisch formuliert wird. Mit Ann Bermingham: »So that nature was the sign of property and property the sign of nature.«[154] Es ist bekannt, daß dieser Vorgang, der bei der subjektiven Landschaftsbetrachtung unproblematisch erscheint, im Bereich des Landschaftsgartens zur Aussonderung aller agrarischen, nützlichen Aspekte führte und sozialgeschichtlich mit einer dramatischen Form des ›Bauernlegens‹ (in den sogenannten ›enclosures‹) Hand in Hand ging. Das seiner nützlichen Bestimmung entzogene bzw. als Großgrundbesitz ausgebeutete Land weckt das Bedürfnis der besitzenden Klasse und der ›Gärtner-Gentlemen‹ nach der korrigierten Idylle. Nur so war die Umgestaltung Englands zu einem einzigen großen ›Garten‹ in der »säkularisierten Paradiesvorstellung des Liberalismus«[155] möglich. Daß gerade England in ästhetik- und mentalitätsgeschichtlicher Hinsicht eine Vorreiterrolle übernehmen konnte, liegt wohl auch daran, daß sich hier der soziale Umbruch, der im übrigen Europa erst um 1800 einsetzt, mit Industrialisierung und Zerstörung der Bauernkultur einerseits und dem Aufstieg einer bürgerlich adligen ›gentry‹ andererseits schon wesentlich früher ankündigte. Wie der Landschaftsgarten sozialgeschichtlich und ästhetisch seine Voraussetzungen verdrängt, vermittelt der Kult des Natürlichen, Echten und Gewachsenen in der Natur eine Sehnsucht nach Dauer, die als Antwort auf rasche Veränderung und neuen Reichtum interpretiert werden kann.[156] Sublimes Landschaftspittoreskes und idyllisches Gartenpittoreskes erscheinen als zwei Seiten des nämlichen Vorgangs. Die industrialisierte Na-

---

150 Vgl. NIKOLAUS PEVSNER, The Genesis of the Picturesque, in: The Architectural Review 96 (Nov. 1944), 139–146; NORBERT MILLER, Strawberry Hill. Horace Walpole und die Ästhetik der schönen Unregelmäßigkeit (München/Wien 1986).
151 Vgl. MAREN-SOFIE RØSTVIG, The Happy Man: Studies in the Metamorphoses of a Classical Ideal 1600–1700 (Oslo/Oxford 1954/1958).
152 DELILLE (s. Anm. 137), 23, 18.
153 ADRIAN VON BUTTLAR, Der englische Landsitz 1715–1760. Symbol eines liberalen Weltentwurfs (Mittenwald 1982), 19, 177.
154 ANN BERMINGHAM, Landscape and Ideology: The English Rustic Tradition, 1740–1860 (Berkeley, Cal. 1986), 14.
155 BUTTLAR (s. Anm 153), 98.
156 Vgl. BERMINGHAM (s. Anm. 154), 74.

tur weckt das Bedürfnis nach der reinen Natur bzw. nach jener Form visueller Entschärfung, die anfangs auch noch die Industriekulisse unter pittoresken Vorzeichen genießbar macht.[157]

b) Ästhetische Theorie
Die sogenannte Vorgeschichte läßt sich dann je nach dem gewählten Forschungsansatz bis in die Renaissance, ja sogar bis in die Antike zurückverfolgen, bleibt aber begriffsgeschichtlich ohne Bedeutung. So lassen John Dixon Hunt und Peter Willis die Geschichte des englischen Landschaftsgartens schon um 1620 beginnen und entdecken einen Sinn für pittoreske Natur schon um 1680 bei Charles Cotton.[158] Eine im einzelnen noch immer ungeklärte Rolle kommt dabei dem Einfluß des sogenannten chinesischen Gartens zu[159], als dessen Wegbereiter der Politiker und Gartenliebhaber William Temple gilt. In seiner Schrift *Upon the Gardens of Epicurus* vergleicht er den bewunderten Garten von Moor Park bei Rickmansworth, der sich durch seine unregelmäßige und phantasievolle Anlage auszeichnet, implizit mit Berichten über chinesische Gärten. In diesem Zusammenhang fällt auch der bis heute rätselhafte, später zum Markenzeichen der unregelmäßigen Schönheit erhobene

---

157 Vgl. MALCOLM ANDREWS, The Search for the Picturesque: Landscape, Aesthetics and Tourism in Britain, 1760–1800 (Stanford 1989).
158 Vgl. JOHN DIXON HUNT/PETER WILLIS (Hg.), The Genius of the Place: The English Landscape Garden 1620–1820 (London 1975).
159 Vgl. ARTHUR O. LOVEJOY, The Chinese Origin of a Romanticism (1933), in: Lovejoy, Essays in the History of Ideas (Baltimore 1948), 99–135; LANG (s. Anm. 143), 25 f.; WILLY RICHARD BERGER, China-Bild und China-Mode im Europa der Aufklärung (Köln/Wien 1990), 235 ff.
160 WILLIAM TEMPLE, Upon the Gardens of Epicurus (1692), hg. v. A. F. Sieveking (London 1908), 54.
161 DELILLE (s. Anm. 137), 15.
162 STEPHEN SWITZER, Ichnographia Rustica, Bd. 2 (London 1718), 201, zit. nach CLEMENS ALEXANDER WIMMER, Geschichte der Gartentheorie (Darmstadt 1989), 155.
163 JOSEPH ADDISON, The Spectator, No. 411 (21. 6. 1712), in: Addison u. a., The Spectator, hg. v. G. G. Smith, Bd. 3 (London/New York 1958), 278.
164 Ebd., No. 412 (23. 6. 1712), 279.
165 Ebd., No. 414 (25. 6. 1712), 286, 285.

Ausdruck ›sharawaggi‹: »And though we have hardly any notion of this sort of beauty, yet they [the Chinese – d. Verf.] have a particular word to express it; and where they find it hit their eye at first sight, they say the Sharawaggi is fine or is admirable, or any such expression of esteem.«[160] Die in Frankreich übliche Bezeichnung ›jardin anglochinois‹ ratifiziert in der Folge diese Deszendenztheorie. Delille schreibt rückblickend in *Les Jardins*: »Le Chinois offre aux yeux des beautés pittoresques, / Des contrastes frappants, et quelquefois grotesques«[161]. Die ›chinesische‹ These verdeckt allerdings die Tatsache, daß der so bezeichnete Garten weniger die Analogie zur Landschaft als vielfältige phantasievolle ›Tupfer‹ im Rahmen eines noch immer weitgehend gültigen, künstlich-künstlerischen Gartenideals meint. Angesichts des internationalen Prestiges des französischen Vorbilds (die englische Übersetzung von *Le Parfait Jardinier* [1690] von Jean de La Quintinie erschien 1699 und erreichte 1710 eine 5. Auflage; *La Théorie et la Pratique de Jardinage* [1709] von Antoine Joseph Dézallier d'Argenville wurde 1712 in englischer Übersetzung herausgebracht) vollzieht sich der Übergang zum pittoresken Garten in Wirklichkeit allmählich. Die von Stephen Switzer genannte Formel »submit Design to Nature, and not Nature to Design«[162] ist wohl zunächst aus der Absicht heraus zu verstehen, die gegenüber Frankreich unterlegene englische Position gleichsam zu positivieren.

Wichtige Schritte der Aufwertung der unregelmäßigen Natur auch im Gartenbereich finden wir bei Addison und bei Pope, dessen Garten in Twickenham allgemein als erstes Beispiel der neuen Naturästhetik betrachtet wird. Gestützt auf seine Theorie der »pleasure of the ›imagination‹« oder ›fancy‹, unterstreicht Addison in einer Folge von Beiträgen zum *Spectator* 1712 die Vielfalt und Relativität des Schönen in der »Multitude of Charms«[163], der »Variety«[164] einer ständig sich ändernden Perspektive. Explizit beruft er sich auf die angebliche Verachtung der Chinesen für die europäischen »Plantations […], which are laid out by the Rule and Line« und spielt den freien natürlichen »Prospect«[165] gegen den engen, konstruierten Garten aus. Der freie Überblick und das imaginative Verfügen über die Dinge (»survey of outward

Objects«[166]) stehen tatsächlich im Mittelpunkt der Theorie, die insofern den Kern pittoresken Sehens vorwegnimmt, als sie den Unterschied zwischen Natur und Kunst, realem und künstlich arrangiertem ›prospect‹ verwischt. Die zentrale Bedeutung von ›greatness‹ verweist im übrigen auf die Nähe des neuen, bildhaften Landschafts- und Gartenideals zum Erhabenen. Zur ›Bibel‹ der malerischen/pittoresken Gartentheorie wurde Popes *Epistle to the Earl of Burlington*, deren Grundlinien bereits 1713, also kurz nach Addisons Betrachtungen, formuliert wurden. Deutlicher als die ästhetischen Essays in der Tradition der Gartenbaukunst situiert, bringen die Ausführungen des führenden klassizistischen Dichters die gemäßigt-klassizistischen Vorgaben und die damit verbundene Dialektik des Natürlichen und kunstvoll Arrangierten gleichsam auf den Punkt: »In all, let Nature never be forgot. / But treat the Goddess like a modest fair, / Nor over-dress, nor leave her wholly bare; / [...] He gains all points, who pleasingly confounds, / Surprizes, varies, and conceals the Bounds.«[167] Auf der Grundlage des »Genius of the Place« (V. 57) insistiert Pope auf dem freien Blick ohne Mauern, den »pleasing Intricacies« (V. 115) und einer »artful wildness« (V. 116), die eben nicht der »inverted Nature« (V. 119) barocker Tradition entspricht. Als Beispiel wird hier übrigens Stowe erwähnt, das noch für Gilpin eine wesentliche Rolle spielen sollte.

Dieses frühe, begrifflich noch nicht existente ›Pittoreske‹ darf, wie Røstvig betont, nicht im romantischen Sinn mißverstanden werden.[168] Pevsner hat gezeigt, daß Popes eigene Gartenanlage in Twickenham ohne das pittoreske Vorurteil heute als Rokoko-Kunst gelten müßte.[169] Das »Schaffen von Freiräumen für die Phantasie«, die »Entgrenzung des Angeschauten«[170] und die Entstehung eines vorromantischen Pittoresken dürften erst durch das Eindringen der Ruinenromantik und insbesondere des sogenannten ›gothic revival‹[171] in den Landschaftsgarten seit den 30er Jahren des Jahrhunderts bewirkt worden sein. Insbesondere das ›Gotische‹, bereits bei Reynolds, Gilpin und Young in die Nähe zum Pittoresken gerückt, wird später bei Price und Knight als Teil der Ästhetik des Pittoresken verortet. Der von Miller untersuchte Umbau des ursprünglich klassizistischen Landhauses Straw-

berry Hill von Horace Walpole in ein gotisches ›castle‹ nach 1750 darf in dieser Hinsicht paradigmatische Bedeutung beanspruchen. Der neue eklektische Historismus, durch den die Gärten regelrecht ›möbliert‹ werden, verbindet Natur und Kultur in grundsätzlich neuer Weise, indem er die Natur gleichsam historisiert und den Landschaftsgarten als Landschaft der Vergangenheit nostalgisch umwertet. Stimmungsvaleurs wie das Phantastische, Unheimliche, Groteske, aber auch das Idyllische, Melancholische, können jetzt an Architektur (vorzugsweise in Form der künstlichen Verfallenheit) gebunden werden. Gleichzeitig öffnet sich erst diese historisch konnotierte Landschaft eines ästhetisch genossenen Vergangenen konsequenter und großräumiger als bisher in die umgebende Natur; erst jetzt wird der Park zur pittoresken Landschaft. »Noch sind wir in Blenheim und Castle Howard, in Stowe und Duncombe weit entfernt von der vollständigen Einbeziehung des Parks in eine unbegrenzte Zauberlandschaft *à la* Claude Lorrain, wie sie nach 1750 Henry Hoase mit Stourhead zu verwirklichen unternahm.«[172] Wohl nicht zufällig erfolgt die explizite Übertragung des Terminus ›pittoresk‹ auf den Landschaftsgarten erst 1748, im Zusammenhang mit Gilpins Bewunderung für Stowe (sein *Dialogue upon the Gardens at Stow* erschien anonym 1748 in London und wurde noch im selben Jahr sowie 1749 und 1751 erneut aufgelegt[173]), und prägt von jetzt an die terminologische Tradition des ›picturesque garden‹, dem noch wenige wie William Chambers in seiner *Dissertation on Oriental Gardening* den Verweis auf die fernöstlich-chinesische Tradition

---

166 Ebd., No. 412 (23. 6. 1712), 279.
167 ALEXANDER POPE, An Epistle To The Right Honourable Richard Earl of Burlington (1731), V. 50–52, 55 f., in: Pope, The Twickenham Edition of the Poems, hg. v. J. Butt, Bd. 3/2 (London/New Haven ²1961), 142.
168 Vgl. RØSTVIG (s. Anm. 151), Bd. 2 (1958), 105 ff.
169 Vgl. PEVSNER (s. Anm. 150), 144.
170 MILLER (s. Anm. 150), 143.
171 Vgl. LOVEJOY, The First Gothic Revival and the Return to Nature (1932), in: Lovejoy (s. Anm. 159), 136–165.
172 MILLER (s. Anm. 150), 125.
173 Vgl. HIPPLE JR. (s. Anm 38), 192.

vorziehen.[174] In Frankreich, wo das Ideal des natürlichen Gartens schon seit 1730 einen gewissen Einfluß hat[175], etabliert sich der Begriff mit Watelet (*Essai sur les jardins*, 1774), Alexandre de Laborde (*Description des nouveaux jardins de la France*, 1808–1815) und Jean-Charles Krafft (*Plans des plus beaux jardins pittoresques de France, d'Angleterre et d'Allemagne*, 1809–1810). Als erstes Beispiel des englischen Gartentypus in der Literatur – freilich noch ohne das Attribut ›pittoresk‹ – gilt der Paradiesgarten (›l'Elisée‹) Julies in Rousseaus *Julie, ou la Nouvelle Héloïse*.[176] In dem 1756 begonnenen Roman läßt der »prétendu verger« (471) mit seinen »allées tortueuses et irrégulières« (473), seiner scheinbaren Unordnung und seinen sich schlängelnden Wasserläufen freilich zwei wesentliche Aspekte des Landschaftsgartens vermissen: gleitenden Übergang vom Garten zur Landschaft und Perspektive. Der echte Landschaftsgarten von Ermenonville, einer der ersten unregelmäßigen Gärten Frankreichs, in dem Rousseau 1778 seine letzten Wochen verlebte, wurde 1766–1776 von dem Marquis René de Girardin angelegt. In Deutschland wurde der pittoreske Landschaftsgarten von Friedrich Ludwig von Sckell begründet[177] und erlebte seinen letzten Höhepunkt 1815 in dem unvollendeten und bereits leicht anachronistischen Projekt des Fürsten von Pückler-Muskau. Hirschfeld bezeichnet in seiner monumentalen *Theorie der Gartenkunst* (1779–

---

174 Vgl. WILLIAM CHAMBERS, A Dissertation on Oriental Gardening (London 1772).
175 Vgl. DORA WIEBENSON, The Picturesque Garden in France (Princeton, N. J. 1978).
176 Vgl. JEAN-JACQUES ROUSSEAU, Julie, ou la Nouvelle Héloïse (1761), in: ROUSSEAU, Bd. 2 (1964), 470 ff.
177 Vgl. VOLKER HANNWACKER (Hg.), Friedrich Ludwig von Sckell, der Begründer des Landschaftsgartens in Deutschland (Stuttgart 1995).
178 CHRISTIAN CAY LORENZ HIRSCHFELD, Theorie der Gartenkunst (1779–1785), Bd. 1 (Leipzig 1779), 121; vgl. WOLFGANG SCHEPERS, C. C. L. Hirschfelds ›Theorie der Gartenkunst‹ (1779–85) und die Frage des ›deutschen Gartens‹, in: Park und Garten im 18. Jahrhundert (s. Anm. 144), 83–92.
179 HIRSCHFELD, ebd., Bd. 4 (Leipzig 1782), 27.
180 HUMPHRY REPTON, An Enquiry into the Changes of Taste in Landscape Gardening (London 1806), 1.
181 Vgl. ebd., 132 f.
182 Zit. nach HUSSEY (s. Anm. 3), 34.

1785) den »engländischen« Garten als »Revolution«[178] und betont die einschlägigen Merkmale des ›Malerischen‹, unterscheidet aber auch den ›pittoresken Garten‹ von anderen Möglichkeiten wie »romantischer Garten«, »sanftmelancholischer Garten«, »feyerlicher Garten«[179] usw.
Die weitere Entwicklung des Gartens soll hier nicht behandelt werden, obwohl das Vordringen rein ästhetischer Momente auf Kosten des praktischen Nutzens von ideologiegeschichtlichem Interesse ist und die Zugehörigkeit der Gartenkunst zu den schönen Künsten bei Sulzer und Hirschfeld unterstreicht. Den ästhetischen Wandel zeigt die Abhandlung *An Enquiry into the Changes of Taste in Landscape Gardening* von Humphry Repton, der im Rückblick auf die »revolution in the Taste of a country«[180] bereits die Auswüchse der Mode des Pittoresken kritisiert.[181] Entscheidend ist, daß der Typus des englischen Gartens erst um 1750 Teil eines nun auch theoretisch und begrifflich bestimmten Paradigmas des Pittoresken wird, wobei die Theoretiker freilich auch immer wieder die notwendigen Abweichungen der Gartenästhetik von diesem Paradigma und die besonderen Bedingungen der Gartenkunst unterstreichen. Voraussetzung ist, wie eingangs betont, die Vorstellung eines bildhaften Blicks, der Übertragung von Bildeindrücken und Bildvorstellungen (hier vor allem der klassisch-barocken Landschaftsmalerei) auf das konkrete Sehen bzw. die Auswahl und Neubewertung der Wirklichkeit nach den darin implizierten Kriterien. Das genuin ›Malerische‹ dieser Sehweise äußert sich in der Betonung des affektiven Momentes der unmittelbaren Wahrnehmung, der Geschlossenheit des Eindrucks und des eindrucksvollen Kolorits. In seinem Reisebericht *A Northern Tour* (1786) schreibt Gilpin: »It is the aim of picturesque description to bring the images of nature as forcibly and as closely to the eye as it can, by high colouring. High colouring is not a string of rapturous epithets, but an attempt to analyse the views of nature: to mark their tints and varied lights and to express all this detail in terms as appropriate and vivid as possible.«[182] Expressivität und Farbigkeit verweisen auf eine Kontrastästhetik, deren theoretische Begründung (außerhalb des malereispezifischen Bereichs) man in Edmund Burkes Traktat *A Philosophical Enquiry into the Origin of our Ideas of the*

Sublime and Beautiful (1757) suchen muß. Unabhängig vom Pittoresken unterscheidet Burke ja zwischen einem – deutlich traditionell klassizistisch konnotierten – Schönen, dem er die Attribute ›smoothness‹, ›delicacy‹, ›regularity‹ zuweist, und einem Begriff des Erhabenen, der – von seinen klassisch-rhetorischen Vorgaben und insbesondere der Hierarchisierung der Künste gelöst – durch ›roughness‹, ›strength‹ und ›greatness‹ sowie durch Konnotationen des Kontrasts, der Plötzlichkeit und des Schreckens charakterisiert ist. Der Bereich des Erhabenen ist die – religiös erfahrene – Natur. Die immer wieder genannten Attribute des Pittoresken, ›roughness‹, ›variation‹ und ›irregularity‹, sind mithin bereits bei Burke angelegt und lassen sowohl das Erhabene als auch das Pittoreske als zwei Möglichkeiten der oben genannten Ablösung der Ästhetik von normativ verankertem Regeldenken erscheinen.

Die nachfolgende, ausschließlich englische Diskussion wird von drei Namen geprägt: William Gilpin, Schuldirektor, Dorfpfarrer und Amateurmaler aus dem englischen Landadel – ›le Don Quichote, le doux maniaque de la vision et du pèlerinage pittoresque«[183] –, Uvedale Price, Herr von Foxley in Herefordshire und Freund Reynolds' und Gainsboroughs, und Richard Payne Knight, Herr von Dowlon in Salops, Politiker, pittoresker Reisender und angesehener ›Antiquar‹. Die Schriften Gilpins spiegeln die Entwicklung von einem noch sehr allgemeinen und vorwiegend technischen Wortgebrauch zur ästhetischen Theorie. Der anonym publizierte frühe Essai *A Dialogue upon the Gardens of Lord Viscount Cobham, at Stow in Buckinghamshire* (1748) bewegt sich – charakteristischerweise – noch im Kontext des Landschaftsgartens. Eine Malanleitung ist der *Essay upon Prints* (1768, auch ins Französische, Deutsche und Niederländische übersetzt), wo u. a. Salvator Rosa als Vorbild für die farbige Landschaftsradierung empfohlen wird. Die Umsetzung in eigene Praxis erfolgt in dem opulent bebilderten Reisebuch *A Tour through England*, das zunächst handschriftlich kursierte und 1783 (auf dem Titelblatt steht 1782) im Druck erschien; der Untertitel *With a View Chiefly to Illustrate the Principles of Picturesque Beauty in Landscape* verweist auf das doppelte Ziel, Text und Bild zu verbinden und die Auswahl der Objekte ästhetisch zu begründen. Die theoretische Zusammenfassung bilden 1792 die *Three Essays: On Picturesque Beauty; on Picturesque Travel; and on Sketching Landscape*.[184] Dem Bereich der Kunst und des Künstlichen (›art‹, ›artificial‹) mit den Attributen ›regularity‹ und ›smoothness‹ wird hier das Natürliche als Kategorie des Pittoresken gegenübergestellt, dessen Attribute, wie schon genannt, ›roughness‹, ›irregularity‹ und ›variety‹ sind: Das Objekt des ›pittoresken‹ Betrachters ist »pure nature«[185], deren ungeglättete ›Rauheit‹ eine natürliche, antiklassische und antizivilisatorische ›ästhetische Erziehung‹ der Sinne impliziert; denn: »The more refined our taste grows from the *study of nature*, the more insipid are the *works of arts*.« (57) Freilich werden dann unter bestimmten Bedingungen auch Bilder, Statuen und Gärten zugelassen.[186] Aber: »A strong *impression of nature* will enable us to judge of the *works of art*. Nature is the archetype. The stronger therefore the impression, the better the judgement.« (53) Dementsprechend bewirkt der Landschaftsgarten »a change from smooth to rough« (45), ähnlich wie pittoreske Ruinen durch die Rauheit der Geschichte »works of nature itself« (46) geworden sind, mithin die Rückverwandlung von Kultur in Natur demonstrieren.

Gilpin refunktionalisiert somit wesentliche von Burke genannte Attribute des Erhabenen (wie z. B. die Kategorie der Plötzlichkeit) und versucht zugleich, die von Burke konstatierte Gegensätzlichkeit von ›beauty‹ und ›sublimity‹ in einem neuen Schönheitsbegriff zu überwinden. »*Sublimity alone* cannot make an object *picturesque*.« (43) Doch in Verbindung mit dem interessanten Detail und der zentralen Kategorie der ›variety‹ wird die Eintönigkeit des Erhabenen zum Pittoresk-Erhabenen gehoben. Entscheidend sind ferner zwei Ergänzungen: 1) Die Idee der ›simplicity‹, die für sich genommen keine Schönheit hervorbringt, und 2) Forderung nach bildhafter Geschlossenheit, die –

---

[183] JEAN-JACQUES MAYOUX, Richard Payne Knight et le pittoresque. Essai sur une phase esthétique (Paris 1932), 56.
[184] Vgl. HIPPLE JR. (s. Anm. 38), 192 ff.
[185] GILPIN (s. Anm. 140), 56.
[186] Vgl. ebd., 45.

»in one *comprehensive view*« (49) – den Kompositionscharakter des Pittoresken unterstreicht. Während die Einfachheit mit Burkes Kategorien vereinbar erscheint, eliminiert das zweite Kriterium die Verbindung des Erhabenen mit dem Grenzenlosen und erinnert daran, daß pittoreske Qualitäten vom Kleinsten bis zum Größten, von der Nah- zur Fernsicht von der Dimension des Angeschauten unabhängig sind. Dies weist das Pittoreske als Kompromißbildung mit dem klassischen, durch Begrenzung bestimmten Schönheitsbegriff aus: »By enriching the *parts* of a united *whole* with roughness, you obtain the combined idea of *simplicity*, and *variety*; from whence results the picturesque.« (28) Dabei dient der Rekurs auf die Imaginationstheorie Addisons dazu, den kreativen Aspekt solcher Wahrnehmung – abgehoben von Sorgen und Nützlichkeitsansprüchen[187] – als autonome Form der Schaffung eines Bildes durch die Phantasie (›fancy‹) zu betonen: »We let the *imagination* loose« (56). An anderer Stelle vergleicht Gilpin die Imagination mit einer »camera obscura« (52) und verweist zugleich auf den essentiellen Unterschied, daß diese die Dinge real, wenngleich ausschnitthaft, d. h. bildhaft wiedergebe, das pittoreske Auge aber neue Bilder in der Phantasie entstehen lasse. Die speziellen technischen Anweisungen, die sich vor allem auf das Zeichnen und Aquarellieren von Eindrücken beziehen, müssen hier nicht behandelt werden; erwähnenswert scheint aber noch ein Aspekt, der in enger Beziehung zur subjektiven Qualität des pittoresken Sehens steht: die Rolle der Erinnerung, die der Skizze die neue Funktion zuweist, nicht so sehr die Sache selbst als vielmehr einen spezifischen Moment des Sehens wiederzugeben, »to *assist our own memory*« (66). Damit ist zugleich die Bedeutung des Zeichnens oder Beschreibens im pittoresken Reisebericht der Empfindsamkeit und Romantik umschrieben.

An der nämlichen Stelle wie Gilpin setzt Uvedale Price 1794 – vorgeblich zunächst in Unkenntnis Gilpins und in direktem Bezug auf Burke – ein: Die *Essays on the Picturesque* postulieren »picturesqueness«[188] (der Autor hält sich für den Erfinder des Terminus) als eigenständige Kategorie. Denn die Attribute des Erhabenen, »greatness of dimension« (83) und »uniformity« (84), seien ebenso wie das bloß Schöne schlechthin unvereinbar mit »variety« und »intricacy« (21), die er für das Pittoreske reklamiert und mit »curiosity« (22) verknüpft. Anders als Gilpin macht Price also einen klaren Unterschied zwischen dem ›Schönen‹, dem ›Erhabenen‹ und dem ›Pittoresken‹. So spricht er z. B. bei der Diskussion der Hogarthschen Schlangenlinie von »the *beauty* of intricacy« im Gegensatz zu »the effects of more wild and picturesque intricacy« (252). »I hope to shew in the course of this work, that the picturesque has a character not less separate and distinct than either the sublime or the beautiful, nor less independent of the art of painting.« (40) Damit nähert sich der Autor wieder der Burkeschen Bestimmung des Schönen, auf dessen Definition des Erhabenen er rekurriert, wenn er in Übereinstimmung mit dessen Affektenlehre (›relaxation‹ vs. ›tension‹) das Pittoreske der gespannten »curiosity« (22) zuordnet und wiederum die Attribute »roughness«, »sudden variation« (50) und »irregularity« (50 f.) bemüht. Auffällig ist dabei die Nähe des Pittoresken zum romantischen ›Wilden‹ (»wild«, »savage« [56])[189], und interessant ist der Versuch, ausgehend von Burkes Begriffen ›astonishment‹ und ›terror‹ eine am Pittoresken orientierte Theorie des Häßlichen zu begründen, die offensichtliche Parallelen in romantischen Vorstellungen des Grotesken (Friedrich Schlegel, Victor Hugo) und der Deformation hat: »Deformity is to ugliness, what picturesqueness is to beauty; though distinct from it, and in many cases arising from opposite causes, it is often mistaken for it, often accompanies it, and greatly heightens its effect. Ugliness alone, is merely disagreeable; by the addition of deformity, it becomes hideous; by that of terror it may become sublime.«[190] Vielleicht erklärt dieser

---

187 Vgl. ebd., 48.
188 UVEDALE PRICE, Essays on the Picturesque, as Compared with the Sublime and the Beautiful (1794–1798), Bd. 1 (London 1810), 42; vgl. HIPPLE JR. (s. Anm. 38), 202 ff.; MARCIA ALLENTUCK, Sir Uvedale Price and the Picturesque Garden: The Evidence of the Coleorton Papers, in: Pevsner (s. Anm. 143), 57–76.
189 Vgl. HORST MEYER, The wildness pleases: Shaftesbury und die Folgen, in: Park und Garten im 18. Jahrhundert (s. Anm. 144), 16–21.
190 PRICE (s. Anm. 188), 189.

III. Ästhetik des Malerischen/Pittoresken im 18. Jahrhundert   785

›moderne‹ Zug die relativ lange Rezeption der Priceschen Theorien im 19. Jh.[191] Das monumentale Werk von Price ist mehr als nur Landschafts- und Gartenästhetik; als umfassende Theorie von ›picturesqueness‹ (Landschaft, Architektur, Malerei etc.) bildet es die Summe der zeitgenössischen Geschmacksdiskussion und vermittelt auch chronologisch – von der ersten bis zur überarbeiteten, erweiterten Auflage der *Essays* 1810 – zwischen später Empfindsamkeit und Romantik. Pittoreskes Sehen als »seeing with the eyes of painters«[192] heißt *natürliches* Sehen und Verzicht auf einseitige Manipulation. Price »treibt die Naturnachahmung auf die Spitze«[193]; sein Vorbild ist charakteristischerweise Salvator Rosa, der Maler des expressiv und wild Pittoresken. Dieser Höhepunkt bezeichnet aber nach Wimmer bereits den Punkt, an dem die Ästhetik des Pittoresken, zumindest im Bereich der Gartenkunst, in den Eklektizismus umschlägt. Price mokiert sich über Humphry Repton[194], der mit seinen roten Skizzenbüchern von Schloß zu Schloß zieht und mit Transparentpapier die vorgeschlagene pittoreske Variante über die tatsächliche Ansicht legt. Er läßt Geometrie und klassizistische Elemente im Garten wieder zu und ratifiziert damit eigentlich nur eine Tendenz, die auch bei Reynolds, Walpole und Whately zu beobachten war[195], nämlich ›Schönheit‹ und ›smoothness‹ im Burkeschen Sinn nicht aus dem Landschaftsgarten zu verbannen. Tatsächlich reklamiert aber auch Humphry Repton »propriety and convenience« »in whatever relates to man«[196] und schreibt: »Beauty, and not ›picturesqueness‹, is the chief object of modern improvement«[197]. Ziel ist die Erzeugung einer von allen Nützlichkeitserwägungen befreiten, eklektisch gestalteten ›schönen Natur‹[198], die »die Grundlagen für die eklektizistische Gartengestaltung des 19. Jh.«[199], besonders eines Pückler-Muskau und Eduard Petzold, liefert. Ein letzter Ausläufer dieses Prozesses der allmählichen Überwindung des Pittoresken wird die Einführung des Adjektivs ›gardenesque‹ bei John Claudius Loudon 1832 sein.[200]

Im Zusammenhang mit der pittoresken Landschaftsauffassung geht Knight ebenfalls über den mit ihm befreundeten Price hinaus, indem er eine Versöhnung des Klassischen und des Pittoresken anstrebt.[201] »We call the magic combination *grace*«[202], heißt es in dem didaktischen Landschaftsgedicht *The Landscape*, das an Uvedale Price gerichtet ist und diesen zu einer programmatischen Erwiderung[203] veranlaßt. Dahinter steht bei Knight das Ziel, Vernunft- und Gefühlsästhetik (›perception‹ und ›sensation‹) untereinander zu versöhnen und das Pittoreske als bloße Variante assoziativ bildhafter Wahrnehmung unabhängig von speziellen Merkmalskategorien zu rationalisieren: »And form one beauteous, nicely blended whole, / To charm the eye and captivate the soul.«[204] Damit ist die Diskussion über das Pittoreske wieder zu ihrem Ausgangspunkt zurückgekehrt. Die Einbeziehung des ländlich Bukolischen, im Sinne von »simple unaffected grace«[205], wie es in einer Erweiterung der 2. Auflage heißt, die Ablehnung des ›Rauhen‹ und Erhabenen, die Rückbesinnung auf Poussin und Lorrain als das Ideal von »just proportion, and harmonic lines«[206], die Betonung des Ruhigen, Stillen, Unangestrengten in Verbindung mit der Wiederentdeckung der englischen Landschaft, der Ablehnung des Exotischen, besonders aber das Bemühen um eine klassenübergreifende Idylle offenbaren endlich ihren ideologischen Gehalt, wenn am Schluß warnend von der Französischen

191 Vgl. THOMAS DICK LAUDER (Hg.), Sir Uvedale Price on the Picturesque: With an Essay on the Origin of Taste, and Much Original Matter (Edinburgh 1842).
192 PRICE (s. Anm. 188), xiii.
193 WIMMER (s. Anm. 162), 226.
194 Vgl. HIPPLE JR. (s. Anm. 38), 238 ff.
195 Vgl. MAYOUX (s. Anm. 183), 42 ff.
196 REPTON, A letter to Uvedale Price, Esq. (1794), in: PRICE (s. Anm. 188), Bd. 3 (London 1810), 6.
197 Ebd., 7; vgl. WIMMER (s. Anm. 162), 228.
198 Vgl. REPTON, Sketches and Hints on Landscape Gardening (London 1795).
199 WIMMER (s. Anm. 162), 242.
200 Vgl. ebd., 263.
201 Vgl. MAYOUX (s. Anm. 183), 72 ff.; HIPPLE JR. (s. Anm. 38), 247 ff.
202 KNIGHT (s. Anm. 141), 3 (Buch 1, V. 42).
203 Vgl. PRICE, A Dialogue on the Distinct Characters of the Picturesque and the Beautiful, in Answer to the Objections of Mr. Knight (1801), in: Price (s. Anm. 188), Bd. 3 (1810), 241–400.
204 KNIGHT (s. Anm. 141), 12 (Buch 1, V. 195 f).
205 KNIGHT, The Landscape, a Didactic Poem (London ²1795), 46 (Buch 2, V. 222).
206 KNIGHT (s. Anm. 141), 39 (Buch 2, V. 331).

Revolution die Rede ist. Fast wörtlich macht sich der Autor der späteren Schrift *An Analytical Inquiry into the Principles of Taste* (1805) die Forderung nach ›simplicity‹, ›graceful line‹ und ›fair variety‹ zu eigen, wie sie bereits William Mason in seinem bukolischen Gedicht *The English Garden* angedeutet hatte.[207] Im übrigen fällt die vorsichtige Zurücknahme und Entdifferenzierung des Pittoresken zeitlich mit der Vulgarisierung der neuen Sehweise im Landschaftstourismus zusammen. Ein satirisches Gedicht von William Combe, das noch 1843 erneut herausgegeben wird[208], beschreibt diese neue Mode der ›picturesque tour‹ nach inzwischen eingeübten, zum touristischen Kitsch abgesunkenen Rezepten.

IV. Spätformen des Paradigmas des Malerischen/Pittoresken im 19. und 20. Jahrhundert

Das Paradigma des Pittoresken in der Romantik und Postromantik überlebt als kaum mehr theoriefähiger oder theoriebedürftiger Teilaspekt romantisch-subjektiven Sehens, weshalb für Brentano das Romantische und das Pittoreske identisch werden: »Das Romantische ist also ein Perspektiv oder vielmehr die Farbe des Glases und die Bestimmung des Gegenstandes durch die Form des Glases.«[209] Nicht nur die malerisch arrangierte, künstlich

---

207 Vgl. MASON (s. Anm. 134), 211 (Buch 1, V. 1–9).
208 Vgl. WILLIAM COMBE, The Tour of Doctor Syntax in Search of the Picturesque (1812), hg. v. A. Croquill (London 1843).
209 CLEMENS BRENTANO, Godwi oder Das steinerne Bild der Mutter. Ein verwilderter Roman von Maria (1800/1802), in: Brentano, Werke, hg. v. F. Kemp, Bd. 2 (München 1963), 258 f.
210 KNIGHT (s. Anm. 141), 1 (Buch 1, V. 1–3).
211 Vgl. ROLAND MORTIER, La poétique des ruines en France. Ses origines, ses variations de la Renaissance à Victor Hugo (Genf 1974).
212 GILPIN (s. Anm 140), 46.
213 BENJAMIN CONSTANT, De la guerre de Trente Ans. De la tragédie de Wallstein, par Schiller, et du théâtre allemand (1809), in: Constant, Œuvres, hg. v. A. Roulin (Paris 1957), 866.
214 WILHELM WAETZOLD, Das klassische Land. Wandlungen der Italiensehnsucht (Leipzig 1929), 131 f.

überhöhte Natur, auch die ›wildere‹ Variante des Sturm und Drang und der Geniediskussion haben offensichtlich weitgehend ausgedient; weder geht es – mit Knight – weiterhin darum, »How best to bid the verdant Landscape rise, / To please the fancy, and delight the eyes; / Its various parts in harmony to join«[210], noch erscheint es zeitgemäß, mit William Duffs *Essay on Original Genius* von 1767 die pittoreske Einbildungskraft als Gewähr für Genie anzusehen. Die Romantik hat den in der Theorie und Praxis des Pittoresken insgeheim überbrückten Gegensatz zwischen Kultur und Natur wieder aufgebrochen und ihn zudem historisiert. Aspekte, die sich in der Ruinenromantik und im Reisediskurs schon andeuteten, werden jetzt deutlich: ein wesentliches Moment romantischer Funktionalisierung des Pittoresken liegt in den konkomitanten Begriffen ›Natur‹ und ›Ursprung‹/ ›Ursprünglichkeit‹, so daß sich die Begriffe ›romantisch‹ und ›pittoresk‹ gerade da überlagern, wo das Ursprüngliche und das Natürliche angesprochen sind. Im Mittelpunkt dieses sich bereits Ende des 18. Jh. andeutenden Paradigmas steht die sogenannte Ruinenromantik.[211] Die Ruine, sei es im antiken, sei es im mittelalterlichen Sinn, ist das Emblem einer vergangenen ›Kultur‹, die der ›Natur‹ zurückgegeben und als entpragmatisiertes geschichtliches Zeugnis für ästhetischen Genuß freigesetzt wurde. Als fundamental offene und unregelmäßige, nicht den klassischen Regeln der Proportion und ›smoothness‹ (Burke) unterworfene Form des ›rauhen‹ Schönen bestätigt die Ruine die Überlegenheit der Natur über die Geschichte und demonstriert gleichzeitig als in die Natur zurückgekehrte Kultur die Versöhnung beider Bereiche. Alte Burgen und Kirchen sind schon für Gilpin »consecrated by time; and almost deserve the veneration we pay to the works of nature itself«[212]. Benjamin Constant geht noch einen Schritt weiter und sieht die Schönheit und Appellfunktion der Ruine in einer von aller Nützlichkeit befreiten Autonomie: »Mais ces choses mêmes, lorsque le temps anéantit leur utilité, reprennent une vie mystique; la destruction les remet, en passant sur elles, en rapport avec la nature. Les édifices modernes se taisent, mais les ruines parlent.«[213] Die »nicht mehr als Menschenwerk, sondern als Naturprodukt«[214] betrachtete Ruine verdankt ihren von

IV. Spätformen des Paradigmas des Malerischen/Pittoresken im 19. und 20. Jahrhundert

Chateaubriand gerühmten »effet pittoresque«[215] aber auch dem Umstand, daß die Ruine nicht isoliert, wie in den synkretistischen Landschaftsgärten des 18. Jh., sondern im Ambiente ›verwurzelt‹ erscheint. Als Zeugnis der Geschichte und der Natur ist sie organischer Bestandteil eines Ganzen und verweist so auf die wesentliche Funktion des romantischen Pittoresken, Totalität zu suggerieren. Die Ruine ist ein vorzügliches Zeugnis der allem Ursprünglichen inhärenten natürlich-organischen Ganzheit; sie steht in einem gleichsam homologen Verhältnis zu allen anderen Bereichen von Natur und Gesellschaft, wobei letztere im Sinne romantischer Klimatheorie als Funktion der jeweiligen Umweltfaktoren gelten kann. Damit wird die Ruine auch zum hermeneutischen Schlüssel des ganzheitlichen Pittoresken, dessen poetologisches und malerisches Äquivalent in der romantischen Forderung nach dem Lokalkolorit (couleur locale)[216] zu sehen ist.

Der Begriff des Pittoresken wird dadurch zu einem tendenziell kulturkritischen, nostalgischen Begriff, der kaum mehr etwas mit der deskriptiven Tradition des 18. Jh. und der Suche der Ästhetik nach dem Bildhaften und Konkreten zu tun hat, und der pittoreske Landschaftsgarten wird in der bürgerlichen Gesellschaft rasch zum Gemeinplatz, dem keine kohärente Theorie mehr entspricht. In dem 1872 begonnenen, unvollendeten Roman *Bouvard et Pécuchet* ist der nach Kriterien des Pittoresken angelegte Garten Gegenstand der Satire Flauberts. Die Kategorie des Pittoresken verliert damit ihre bisherige ›fortschrittliche‹ Dimension und wird zum Ideologem der Antimoderne. Eigentlich bezeichnet sie auch kein spezifisches Sehen mehr, sondern bestimmte Gegenstände, die gleichsam Ursprünglichkeit verbürgen und in einem ständig sich beschleunigenden Prozeß der Modernisierung Ruhepunkte natürlicher Zustände bilden, die in Wahrheit bereits vom Verschwinden bedroht sind. Nicht zufällig stellt Balzac in seinem Essay *Ce qui disparaît de Paris* (1844) »le pittoresque des choses naïves« neben die alte »grandeur princière«; beide »s'émiettent sous le même pilon«[217] der modernen Industriekultur. Die genannte Stelle legt nahe, auch den berühmten Satz im *Kommunistischen Manifest* »Alles Ständische und Stehende verdampft, alles Heilige wird entweiht«[218] im Lichte eines impliziten Begriffs des Pittoresken zu lesen, der zugleich unüberhörbar defensiv geworden ist.

Ist der pittoreske Charakter von Natur dabei mit Unberührtheit und Eigenart konnotiert, so bleibt das gesellschaftliche Pittoreske an die unverwechselbare Eigenart, den ›Charakter‹ oder ›Typus‹ eines Stammes oder Volkes, einer Rasse oder Berufsgruppe gebunden. Daher sind die zentralen Gattungen dieses residualen Pittoresken der historische Roman, z. T. auch Landroman und Genredichtung, und der Reisebericht, der als ›romantischer‹ Reisebericht fast immer auch ›pittoresk‹ ist, wie es das berühmte 23-bändige Gemeinschaftswerk von Charles Nodier, Baron Taylor und Alphonse de Cailleux erkennen läßt.[219] Der historische Roman scheint per definitionem ›pittoresk‹, insofern er vormoderne Gesellschaften, das ›bunte Leben‹ unter vorbürgerlichen, vorkapitalistischen Verhältnissen schildert. Land- und Genreliteratur widmen sich gleichsam den von der städtischen Industriekultur bedrohten Randzonen des Ursprünglichen. Die Reiseliteratur wird zur Zeitreise und sucht eine als Initiation verstandene Begegnung mit dem Vergangenen in der bewußten Flucht aus der Gegenwart.[220] Die Erschließung neuer gegenbildlicher Landschaften wie des Orients oder Spaniens gehört in diesen Zusammenhang. Da die Suche nach diesen ›pittoresken‹ Bereichen aber immer mehr den Charakter eines Wettlaufs zu den letzten Oasen heiler Ursprünglichkeit annimmt, ist die Reiseliteratur des frühen 19. Jh. voll von Klagen

---

215 CHATEAUBRIAND (s. Anm. 108), 883.
216 Vgl. JAN WILLEM HOVENKAMP, Mérimée et la couleur locale. Contribution à l'étude de la couleur locale (Nijmegen 1928).
217 HONORÉ DE BALZAC, Ce qui disparaît de Paris (1844), in: Balzac, Œuvres complètes, Bd. 21 (Paris 1872), 438 f.
218 KARL MARX/FRIEDRICH ENGELS, Manifest der Kommunistischen Partei (1848), in: MEW, Bd. 4 (1959), 465.
219 Vgl. CHARLES NODIER/BARON TAYLOR/ALPHONSE DE CAILLEUX, Voyages pittoresques et romantiques dans l'ancienne France (Paris 1820–1863).
220 Vgl. WOLFZETTEL, Ce désir de vagabondage cosmopolite. Wege und Entwicklung der französischen Reiseberichts im 19. Jahrhundert (Tübingen 1986), 25 ff.

über einen zunehmenden Tourismus, der die gesuchte ›pittoreske‹ Initiation verhindert. Verkehrserschließung, Dampfschiff und Eisenbahn lassen das Einsamkeitsbedürfnis und Auserwählungsbewußtsein des ›pittoresk‹ Reisenden schon in den 40er Jahren immer lächerlicher und anachronistischer erscheinen. Insofern das Erlebnis des Pittoresken eine subjektiv-individuelle Begegnung des betrachtenden Ich mit einem überraschend auftauchenden Blick oder Prospekt bedeutete, war es ja immer auch mit Staunen und ›Erleuchtung‹ konnotiert. Deshalb bedeuten die Einebnung der Distanz und die Mechanisierung des Sehens für einen Xavier Marmier auch den Verlust des auratischen ›merveilleux‹, das die Unversehrtheit des Pittoresken als Garanten der Echtheit und des Andersseins signalisiert.[221] Nüchterner und ähnlich desillusioniert schreibt Théophile Gautier 1865 in bezug auf die Eisenbahnreise: »C'est plus moral sans doute, mais moins pittoresque, du moins dans le sens où nous entendions autrefois le pittoresque.«[222] Das entzauberte Pittoreske verwandelt sich sichtbar in das zurück, was es insgeheim schon immer war: ein Dekor, das die tatsächliche Eintönigkeit des Sehens nur verschleiert. In dem Maße auch, wie dieses Dekor durch die Verbreitung der modernen Zivilisation verdrängt wird, bleibt immer weniger zu sehen übrig. In dem folgenden Zitat aus einer späten Rheinreise von Gautier wird pittoreskes Sehen mit dem Sehen und der Möglichkeit der Erkenntnis an sich gleichgesetzt: »la civilisation fait disparaître toute différence de peuple à peuple, et, à l'époque où, le réseau de fer terminé, l'on pourra aller partout, il n'y aura plus rien à voir nulle part.«[223] Noch gegen Ende des Jahrhunderts konstatiert Pío Baroja auf seinen Streifzügen durch Spanien: »En un viaje que he hecho por distintas regiones de España, me ha parecido observar que el aire pintoresco de nuestro país ha dado en poco tiempo un gran bajón. [...] Lo característico desaparece. Lo que queda es más por deseo de conservarlo como atracción de turismo que como realidad.«[224] (Auf einer Reise in unterschiedliche Gegenden Spaniens glaubte ich feststellen zu können, daß der malerische Anstrich in unserem Land in kurzer Zeit sehr zurückgegangen ist. [...] Das Charakteristische verschwindet. Was noch davon übrigbleibt, verdankt sich meist mehr dem Wunsch, etwas als touristischen Anziehungspunkt zu bewahren, als der Wirklichkeit.)

Doch die Kategorie des Pittoresken scheint nicht nur einer Manie spätromantischer Reisender auf der Suche nach dem Authentischen entgegenzukommen. In gewisser Weise müßte man ihr auch eine gnoseologische Funktion zusprechen, insofern das Pittoreske die im Bild verdichtete Typik ist und die pittoreske ›Impression‹ folglich das in Wahrheit Verstreute und Unvollkommene synthetisierend zusammenfaßt. Als genuin kontrastiver, von jeder Normästhetik abgekoppelter Begriff eignet sich das Pittoreske auch dazu, alles Uneinheitliche, Widersprüchliche, Bizarre, Groteske, ja Lächerliche unter dem romantischen Motto der ›Einheit in der Vielfalt‹ zu verbinden. Pittoreskes Sehen ist mithin totalisierendes, markiertes Sehen. Unabhängig von der traditionellen rhetorischen Stilhöhen- und Werteskala und unabhängig von sozialen Schranken bezeichnet das Pittoreske eine tendenziell moderne, ›demokratisierte‹ Sehweise, die ja nach Knight »may be felt equally by all mankind«[225]. Deshalb wäre es einseitig, die Funktion dieser Kategorie ausschließlich auf einen randständigen Exotismus zu beschränken. Im spanischen ›costumbrismo‹, dessen Nachwirkungen in der spanischen Literatur bis Pío Baroja, wenn nicht sogar bis Camilo José Cela zu spüren sind, ebenso wie in verwandten sittenkritischen Formen der Gesellschaftsbeschreibung (z. B. der französischen Mode der ›physiologie‹) wird das Paradigma des Pittoresken auch auf die moderne städtische Gesellschaft ausgeweitet und erhält eine kritische gnoseologische Funktion. Noch die ›moderne‹ Ästhetik eines Baudelaire in Le Peintre de la vie moderne ist, wie schon erwähnt, dem Paradigma des Pittoresken verpflichtet. Es ist auch kein Zufall,

---

221 Vgl. XAVIER MARMIER, Impressions et souvenirs d'un voyageur chrétien (1873; Tours [6]1880), 1 f.
222 THÉOPHILE GAUTIER, Quand on voyage (Paris 1865), 335.
223 GAUTIER, Loin de Paris (Paris 1865), 363.
224 PÍO BAROJA, Divagaciones sobre lo pintoresco (1935), in: Baroja, Obras completas, Bd. 5 (Madrid 1948), 716.
225 KNIGHT, An Analytical Inquiry into the Principles of Taste (London 1805), zit. nach HUNT/WILLIS (s. Anm. 158), 349.

IV. Spätformen des Paradigmas des Malerischen/Pittoresken im 19. und 20. Jahrhundert

wenn Baudelaire in diesem Kontext das Adjektiv ›pittoresque‹ mit der moralistischen Tradition und besonders La Bruyère in Verbindung bringt. Pittoreskes Sehen kann tatsächlich auch moralistisches Sehen bedeuten, das sich in der zum Charakterbild verdichteten Skizze ästhetisch artikuliert. So schreibt der kritisch moralistische ›postromantische‹ Reisende Astolphe de Custine 1838 in bezug auf seine Spanienerlebnisse: »Le désir de tout voyageur qui veut écrire est de donner l'idée la plus lumineuse, la plus vivante, et par conséquent la plus exacte possible, de ce qui caractérise un peuple et une contrée. Peintre avant tout, il est le moins auteur des écrivains; c'est par l'effet pittoresque de ses tableaux qu'il doit provoquer dans l'esprit du lecteur un travail analogue à la résolution que la vue des lieux opère en lui-même.«[226] Das Pittoreske bezieht sich auf das in die Augen Fallende, das als bildhafter Eindruck unabhängig von logischer Durchdringung des Gegenstandes Wahrheit und Typizität garantiert. So rühmt etwa Georg Forster auf seiner Reise nach Tahiti das »schöne mahlerische Ansehen« von Kanus mit dreieckigen Segeln oder einen einfachen Feigenbaum, der »seine Äste, auf eine mahlerische Art, wohl vierzig Ellen weit, nach allen Seiten ausbreitete«[227]. Erst in dem Maße, wie im Ausgang der Romantik und verstärkt in der Exotismuskritik des frühen 20. Jh. der Verdacht aufkommt, daß das einzelne vom subjektiven Betrachter ausgewählte und privilegierte Bild dem Anspruch auf kritische Erkenntnis der Wirklichkeit und des Anderen nicht genügt, verliert das Paradigma des Pittoresken seine erkenntnisleitende Funktion. Der bissige Vermerk eines Flaubert über die ›pittoreske‹ Reisemode: »Encore des voyages! Quel triste genre!«[228], die rabiate Kritik eines Jules Amédée Barbey d'Aurevilly oder eines Sainte-Beuve in den 50er Jahren[229], die Entwertung des ›oberflächlichen‹ Pittoresken durch eine mythische Tiefenhermeneutik bei Gérard de Nerval bezeichnen in der französischen Literatur einen gesamteuropäischen Prozeß der raschen Diskreditierung der Tradition, der bereits in den 30er Jahren eingesetzt hatte. Dem Weiterleben der Ästhetik des Malerischen/Pittoresken im Alltagsgeschmack und besonders im Bereich des Genrehaften tut dies freilich keinen Abbruch. Wiederum mit Bezug auf Spanien, den Gegenstand par excellence des exotistischen Pittoresken, schreibt 1835 Charles Didier: »Le charlatanisme du pittoresque, le puéril amour de l'effet ne m'ont fait broder ni fleurs artificielles, ni ornements de fantaisie sur le canevas nu et sévère de la vérité. Aussi bien n'est-ce que par une vérité scrupuleuse qu'un ouvrage du genre de celui-ci peut offrir quelque intérêt.«[230] Die einstige Kategorie authentischen Sehens ist hier zum Inbegriff inauthentischer Effekthascherei geworden.

In der exotismuskritischen Literatur am Anfang des 20. Jh. verbindet sich diese aufklärerisch-antipittoreske Tendenz mit einem neuen Bewußtsein der Problematik jeder bloß deskriptiven, ästhetisierenden Wahrnehmung des Anderen.[231] Victor Segalen, Michel Leiris, Paul Nizan und vor allem Claude Lévi-Strauss bezeichnen in Frankreich den Prozeß der Desillusionierung, durch den die pittoreske Tableau-Ästhetik in den Bereich kleinbürgerlicher Harmoniesüchtigkeit abgedrängt wird. Mit Paul Nizan: »Qu'on ne refase plus le tableau séduisant de voyages poétiques et sauveurs, avec leur fonds marin, leurs monceaux de pays et leurs personnages étrangement vêtus devant des forêts, des montagnes, des cimes couvertes de neiges éternelles, et des maisons de trente étages.«[232] Was der Autor sarkastisch als »vos magasins de symboles«[233] zurückweist, wird dann bei Jacques Prévert in das »magasin des accessoires pittoresques et surannés dans le tiroir légendaire de vieux souvenirs«[234] des Familienalbums verbannt.

Friedrich Wolfzettel

---

226 ASTOLPHE DE CUSTINE, L'Espagne sous Ferdinand VII, Bd. 1 (Brüssel 1838), 83 f.
227 FORSTER (s. Anm. 74), in: ebd., Bd. 3 (Berlin ²1989), 153, 235.
228 FLAUBERT an Louise Colet (17. 5. 1853), in: Flaubert (s. Anm. 54), 327.
229 Vgl. WOLFZETTEL (s. Anm. 220), 28.
230 CHARLES DIDIER, Une année en Espagne (Brüssel 1837), Bd. 1, II.
231 Vgl. WOLFZETTEL (s. Anm. 220), 37 ff.; WOLFGANG GEIGER, L'autoscopie du voyageur – face à l'Autre. A propos de Victor Segalen, Michel Leiris et Isabelle Eberhardt, in: Lendemains, H. 81 (1996), 10–18.
232 PAUL NIZAN, Aden Arabie (1932; Paris 1979), 130.
233 Ebd., 133 f.
234 JACQUES PRÉVERT, Grand Bal du Printemps. Poèmes (1951; Paris 1976), 136.

Literatur

ANDREWS, MALCOLM, The Search for the Picturesque: Landscape Aesthetics and Tourism in Britain, 1760–1800 (Stanford 1989); BALDENSPERGER, FERNAND, ›Romantique‹, ses analogues et ses équivalents: Tableau synoptique de 1650 à 1810, in: Harvard Studies and Notes in Philology and Literature 19 (1937), 13–105; BERMINGHAM, ANN, Landscape and Ideology: The English Rustic Tradition, 1740–1860 (Berkeley, Cal. 1986); BRIDGES, ROBERT, Pictorial, Picturesque, Romantic, Grotesque, Classical, in: Society for Pure English (S. P. E.), Tract 15 (1923), 15–21; BUTTLAR, ADRIAN VON, Der englische Landsitz 1715–1760, Symbol eines liberalen Weltentwurfs (Mittenwald 1982); CAMERON, MARGARET M., L'influence des ›Saisons‹ de Thomson sur la poésie descriptive en France (1759–1810) (Paris 1927); ENGEL, CLAIRE-ÉLIANE, La Littérature alpestre en France et en Angleterre aux XVIIIe et XIXe siècles (Chambéry 1930); HIPPLE JR., WALTER JOHN, The Beautiful, the Sublime, & the Picturesque in Eighteenth-Century British Aesthetic Theory (Carbondale, Ill. 1957); HUNT, JOHN DIXON/WILLIS, PETER (Hg.), The Genius of the Place: The English Landscape Garden 1620–1820 (London 1975); HUSSEY, CHRISTOPHER, The Picturesque: Studies in a Point of View (1927; London/New York ³1983); IMMERWAHR, RAYMOND, Romantisch. Genese und Tradition einer Denkform (Frankfurt a. M. 1972); LOBSIEN, ECKHARD, Landschaft in Texten. Zu Geschichte und Phänomenologie der literarischen Beschreibung (Stuttgart 1981); LOVEJOY, ARTHUR O., The First Gothic Revival and the Return to Nature (1932), in: Lovejoy, Essays in the History of Ideas (Baltimore 1948), 136–165; LOVEJOY, ARTHUR O., The Chinese Origin of a Romanticism (1933), in: Lovejoy, Essays in the History of Ideas (Baltimore 1948), 99–135; MANWARING, ELISABETH WHEELER, Italian Landscape in Eighteenth Century England: A Study Chiefly of the Influence of Claude Lorrain and Salvator Rosa on English Taste, 1700–1800 (1925; London ²1965); MAYOUX, JEAN-JACQUES, Richard Payne Knight et le pittoresque. Essai sur une phase esthétique (Paris 1932); MILANI, RAFFAELE, Il pittoresco. L'evoluzione del gusto tra classico e romantico (Rom/Bari 1996); MILLER, NORBERT, Strawberry Hill. Horace Walpole und die Ästhetik der schönen Unregelmäßigkeit (München/Wien 1986); MUNSTER, WIL, La poétique du pittoresque en France de 1700 à 1830 (Genève 1991); PEVSNER, NIKOLAUS, The Genesis of the Picturesque, in: The Architectural Review 96 (Nov. 1944), 139–146; PRAZ, MARIO, La carne, la morte e il diavolo nella letteratura romantica (1930; Firenze ⁴1966); SOHM, PHILIP, Pittoresco: Marco Boschini, His Critics, and Their Critiques of Painterly Brushwork in Seventeenth- and Eighteenth-Century Italy (Cambridge 1991); SYPHER, WYLIE, Baroque Afterpiece: The Picturesque, in: Gazette des Beaux-Arts, R. 6, 27 (1945), 39–58; WIEBENSON, DORA, The Picturesque Garden in France (Princeton, N. J. 1978); WOLFZETTEL, FRIEDRICH, Ce désir de vagabondage cosmopolite. Wege und Entwicklung des französischen Reiseberichts im 19. Jahrhundert (Tübingen 1986).

Manier/manieristisch/ Manierismus

(engl. manner, mannerist, mannerism; frz. manière, maniériste, maniérisme; ital. maniera, manierista, manierismo; span. manera, manierista, manierismo; russ. манера, маньеристкое, маньеризм)

Einleitung: Zum publizistischen Wortgebrauch um das Jahr 2000; I. Stationen der Wort- und Begriffsgeschichte; 1. Die Emergenz des Wortes im 12. Jahrhundert; 2. Maniera als Äquivalent von stile: Trobadorlyrik; 3. Les belles manières; 4. Italienisch ›maniera‹ in den bildenden Künsten; a) Die Entwicklung zu einer kunstkritischen Kategorie seit Cennini; b) Die Ausdifferenzierung zur kunsttheoretischen Kategorie bei Vasari; 5. Die Abwertung der maniera und ihre pejorativen Begriffsderivate (Manieristen, manieriert, Manierismus); 6. Die doctrine classique oder ›le maniéré‹ als Stillosigkeit; 7. Rekonstellationen: Von Diderot zu den philosophischen Debatten der Goethezeit; 8. Das diskursive Ereignis am Beginn des 20. Jahrhunderts: die Positivierung des Manierismus in der Kunstgeschichte; **II. Manier- und Manierismusbegriff in den kulturwissenschaftlichen Disziplinen des 20. Jahrhunderts;** 1. Kunstwissenschaft; 2. Literaturwissenschaft; 3. Musikwissenschaft; 4. Psychiatrie; **Schlußbemerkung**

Einleitung: Zum publizistischen Wortgebrauch um das Jahr 2000

Manier, Manieren, manieristisch, manieriert, Manierist, Manierismus, Manierismen, Manieriertheit – diese Vokabeln begegnen uns nicht bloß in der Kunstgeschichte und in der Literaturwissenschaft, in der Musikwissenschaft und in der Psychologie und Psychiatrie, wo sie den Status reflektierter, wenn auch immer noch oder schon wieder umstrittener Konzepte eingenommen haben, sondern nahezu allenthalben und nur selten ohne ein wertendes Gefühlsmoment. Wo es alltagssprachlich um Manieren geht, wo das Wort Manier und seine Derivate benutzt werden, da befinden wir uns unmittelbar auf prekärem Terrain. Da ist etwa in einem Leserbrief, in dem es um »den Sinn einer Habilitation« geht, die Rede von einem »seit längerem schwelenden Konflikt [...], der zwischen praxisfernen, manierierten Professoren und solchen Hochschullehrern zu Reibungen führt, die über die Brücke praktischer Anwendung und Entwicklung wissenschaftlicher Erkenntnisse und Methoden in eine Hochschullehrerlaufbahn gelangt sind.«[1] Da heißt es in einer Feuilletonbesprechung von Salman Rushdies *The Ground Beneath Her Feet* (1999) unter der Schlagzeile ›Ein Manierismus, der sich selbst zu erledigen droht‹, daß der Roman »eine Sammlung von Effekten« sei. Die Kritikerin Elke Schmitter konstatiert einerseits »die nüchterne Ausübung des Handwerks, die den Manieristen auf dem Höhepunkt seines Könnens zeigt«, andererseits beklagt sie den »fortgesetzten Abusus mit Beiwörtern«, die Unterwerfung selbst noch der Kreation der Romanfiguren unter die »Logik des Effekts«, schließlich ein Virtuosentum und Rhapsodentum, in dem sich nahezu alles »immer neu kombinieren«[2] lasse.

Wer sich ohne kulturelles Gedächtnis in dieser Welt befände und nur diese beiden Texte auf seinem Bildschirm angeklickt hätte, würde wahrscheinlich annehmen, daß manierierte Leute (und allen voran wohl Professoren) praxisfern sind, während Manieristen Leute sind, die über praktisches Können verfügen. Und er würde sich vielleicht wundern, wieso beide Typen, die Könner wie die Nichtkönner, so negativ beurteilt werden. Damit ist er aber bereits zentralen semantischen Valenzen des aktuellen Wortgebrauchs recht nahe gekommen: Es geht entweder um einen Mangel, oder aber ein Zuviel an Können und ›know how‹, um eine Abweichung vom rechten Maß beziehungsweise vom Richtigen. Hinter der abqualifizierenden Benutzung der Ausdrücke steht also, uneingestanden oder nicht, eine Vorstellung des Richtigen oder eine Idealvorstellung. Fährt man nach dem Zufallsprinzip des Surfens oder, wie hier, des Lesens einiger gesammelter Zeitungsartikel, fort, so zeigt sich, daß dieses basale polemische Argumentationsmuster einer Vielzahl feuilletonistischer und quasi-alltagssprachlicher Verwendungen des Wortkomplexes zugrunde liegt. Sobald diese Ausdrücke im Spiel sind, haben wir es gleich mit einem beträchtlichen sozioästhetischen, gar soziopolitischen Konfliktpotential zu tun.

Es bietet sich nun an, solche publizistischen Verwendungsweisen, die auf ein breites Publikum bezogen sind, als interdiskursive Artikulationsformen von ihrem spezifdiskursiven Gebrauch in den jeweiligen Disziplinen und Wissenschaften zu unterscheiden, die vorrangig auf Deskriptivität und sogenannte Wertneutralität ihrer Begriffe ausgerichtet sind. Gleichzeitig schlagen jedoch die Kunst- und Literaturkritiken der Feuilletons auch die Brücke zwischen den Fachwissenschaften und der Gesamtkultur, womit sie eine bedeutende Integrationsfunktion übernehmen. Und es ist nicht zu übersehen, daß das Argumentations- und Wertungsmuster, das Schmitter in ihrer Rushdiekritik entwickelt, eine Vielzahl von Stichwörtern aus dem Repertoire der Kunst- und Literaturwissenschaften aufbietet: einerseits die Betonung von Artistik, handwerklichem Können und Raffinement, andererseits die Besorgtheit um ein ›Umkippen‹ in einen Exzeß, in einen Mißbrauch, in Effekthascherei oder einen Automatismus und damit auch die Monotonie des Überraschungseffekts. Bevor also die komplexe Geschichte der Ausdifferenzierung der Begriffsfamilie erzählt werden soll, die von einem schlicht anmutenden Wort der romanischen Volkssprachen (manière, maniera) ausgegangen ist, das man bis heute in den meisten Fällen durch ›Art‹ oder auch ›Weise‹ übersetzen kann, gibt es kaum eine bessere Übung als das Zeitunglesen, um die sedimentierten Kernbedeutungen eines Begriffsfeldes zu erfassen, das zum sozioästhetischen Schauplatz soziästhetischer Kämpfe entwickelte, die durch Jahrhunderte hindurch dramatisch waren und dieses konfliktuelle Moment auch in unserer nach der Postmoderne nicht abgelegt haben.

In dem folgenden Beispiel der Besprechung eines literaturwissenschaftlichen Buchs geht es um Manierismen vom Typus der Gelehrsamkeit: »Auf manche Manierismen könnte er allerdings verzichten – etwa auf die Wortspiele mit Kafkas Figur ›Odradek‹, aus dem ›Odrationalität‹ und ›Odrhetorik‹ abgeleitet werden, oder auf die Nachahmung von Friedrich Schlegels und Novalis eigentümlicher Abkürzungstechnik: ›Im Stil der jungen Ro-

---

[1] BODO B. GEMPER, Ohne Ochsentour [Leserbrief], in: Frankfurter Allgemeine Zeitung (22. 8. 1994), 6.
[2] ELKE SCHMITTER, [Rez.] Dionysos & Daisy Duck. Ein Manierismus, der sich selber zu erledigen droht: Salman Rushdies neuer Roman ›Der Boden unter ihren Füßen‹, in: Die Zeit (15. 4. 1999), 57f.

mantiker könnte man notieren: Individuum = Ana'koluth' d. Prosopo'poie'.‹ Man könnte – aber man kann es auch lassen.«[3] Wie in der Rushdiekritik werden Manierismen als etwas verstanden, was eigentlich zu unterbleiben hätte. Doch mitunter begegnet man auch ihrer Akzeptanz, wie in der folgenden Besprechung des Romans *Libidissi* (1998) von Georg Klein, in der allerdings nicht mehr von Manierismen im Plural, sondern von Manierismus schlechthin die Rede ist: »Dieser Manierismus funktioniert, wenn die Wörter durchgehend die Neugier wachhalten, hier sei etwas anders als normal. Das versierte Kokettieren mit der leichten Abweichung setzt eine Stimmung frei, die sich auch einstellen mag, wenn man eine Konvention des Benehmens bricht, die Grenzen dessen, was sich gehört, leicht überschreitet. Der Kleinsche Manierismus erfüllt sich darin, die guten Manieren der Normalität immer wieder zu vergessen, ohne dabei zu riskieren, ganz aus der Rolle zu kippen.«[4] Was unterscheidet überflüssige Manierismen von einem nicht bloß akzeptablen, sondern gar lobenswerten Manierismus? Hier mag man sich an den vielzitierten Satz des Romanisten Ernst Robert Curtius, eines der Protagonisten des Transfers des Manierismusbegriffs in die Literaturwissenschaft, erinnern: »Der Manierist will die Dinge nicht normal, sondern anormal sagen.«[5] Aber hilft uns das wirklich weiter? Offenbar handelt es sich um eine riskante Gratwanderung: Denn wer bestimmt die Grenzen der Normalität, und wer den Grad der leichten oder aber gravierenden Abweichung und Überschreitung, von der Lob und Tadel abzuhängen scheinen?

Mit dem folgenden Beispiel, in dem sprachliche Phänomene im Zusammenhang mit »manierierten

Kopfbewegungen und ›Augenrollen‹« ins Visier genommen werden, dringt man auf etwas anderen Wegen in das Terrain der riskanten Anormalität ein. Unter den Titelzeilen ›Wie Vorurteile entstehen. Stigmatisierung psychisch Kranker bereits im Kinderfernsehen‹ wird über eine neuseeländische Untersuchung berichtet: »Die neuseeländische Arbeitsgruppe um Frau Wilson hat in fast der Hälfte von 128 analysierten Fernsehbeiträgen für Kinder Anspielungen auf psychisch Kranke und psychische Krankheit gefunden. Vier Fünftel davon waren Cartoons. Charakteristisch für die Beiträge ist eine abwertende Sprache, die Personen, Handlungen oder Ideen als irrational, unlogisch, unvernünftig, unakzeptierbar und unberechenbar abstempelt. Die verwendeten Begriffe sind, wie die Wissenschaftler im ›British Journal of Psychiatry‹ (Bd. 176, S. 440) berichten, zum Teil unübersetzbar (dotty, nuts, driven bananas, twisted, wacko, cuckoo, loonie, freak). Die Darstellung entspricht der Sprache. Sie folgt gängigen Stereotypien und verstärkt diese. Oft stehen manierierte Kopfbewegungen und ›Augenrollen‹ für psychische Krankheit.«[6]

Bei dieser ›Media Madness‹ (so auch der Titel eines Buches des amerikanischen Medienforschers Otto Wahl, mit dem Claire Wilsons Untersuchung dem Berichterstatter zufolge in engem Konnex steht) steigern sich die Schwierigkeiten im Hinblick auf die Grenzziehungen zwischen dem Normalen und dem Anormalen. Sicher ist nur, daß wir zwar nicht das Wortfeld, doch das Applikationsfeld gewechselt haben. Der Berichterstatter bezieht sich auf eine Publikation in einer psychiatrischen Fachzeitschrift. Hier nun scheinen Literatur- und Kunstkritik als Stilkritik völlig ausgedient zu haben, geht es nunmehr doch darum, daß nicht bloß gewisse ›unübersetzbare‹ sprachliche Ausdrücke, sondern auch ›manierierte Kopfbewegungen‹ und ›Augenrollen‹ oft ›für psychische Krankheit‹ stehen. Damit stellt sich die Frage, wer eigentlich dafür zuständig ist, dem Manierierten, den Manierismen oder dem Manierismus ›Sinn zu geben‹, und worin sich all diese aus dem Grundwort der Manier gebildeten Termini unterscheiden.

Was auf den ersten Blick wie ein Überschuß an Signifikanten anmuten könnte, erweist sich auf

---

3 DIETER THOMÄ, [Rez.] Sag beim Abschied leise Subjekt. Werner Hamachers Essays über das Leiden der Sprache an sich selbst, in: Frankfurter Allgemeine Zeitung (15. 6. 1998), 48.
4 EBERHARD RATHGEB, Gestimmt. Von Altenburg nach Libidissi [Rez. von: Georg Klein, Libidissi], in: Frankfurter Allgemeine Zeitung (23. 1. 1999), 41.
5 ERNST ROBERT CURTIUS, Europäische Literatur und lateinisches Mittelalter (1948; Bern [8]1973), 286.
6 A. F. [ANONYMUS], Wie Vorurteile entstehen. Stigmatisierung psychisch Kranker bereits im Kinderfernsehen, in: Frankfurter Allgemeine Zeitung (24. 5. 2000), N1.

den zweiten Blick vielmehr als ein Überschuß an Signifikaten. Aufgrund dieses ›überschießenden‹ Signifikationsprozesses haben nicht nur Kunst- und Sozialhistoriker wie Arnold Hauser, sondern auch sprachanalytisch orientierte Psychiater wie Ludwig Binswanger empfohlen, eine grundlegende Begriffsunterscheidung zu treffen: »Manieriert und Manieriertheit bezeichnen psychologische, psychopathologische, charakterologische Sachverhalte, manieristisch und Manierismus hingegen sind, wie bereits erwähnt, kunstwissenschaftliche Ausdrücke für bestimmte Stilweisen und durch sie gekennzeichnete Epochen der Kunstgeschichte, der Geschichte sowohl der bildenden als der Wortkunst als auch der Musik.«[7] In Wirklichkeit lassen sich diese beiden Sachverhaltsgruppen jedoch nicht so leicht trennen. So bemängelt etwa der Rezensent eines Kriminalromans von Jutta Ditfurth den »manirierten Ton einer Seminararbeit« und illustriert ihn durch ein Zitat: »die mehr und mehr ineinander verzahnten Aktivitäten gingen reibungslos vonstatten«[8]. Auch Binswanger ist sich bewußt, daß seine Grundunterscheidung ständig konterkariert wird. Daß es sich um eine eigentümliche begriffliche Gruppe handle, gehe schon daraus hervor, »daß die Ausdrücke verstiegen, verschroben, maniriert sowohl in der Umgangssprache und in der Sprache der Psychopathologie und psychiatrischen Klinik als auch in der Kunstwissenschaft weithin promiscue gebraucht werden.«[9] Und dafür gibt es naheliegende Gründe. Denn lassen sich ›charakterologische Sachverhalte‹ als individuelles wie zugleich sozial perspektiviertes Handeln und Verhalten (Manieren) auf innerliche, seelische Sachverhalte beschränken, die man rein psychologisch beschreiben könnte ohne den Rekurs auf ein Ausdrucksverhalten in Körperbewegung, Rhythmus und Rede? Sind nicht die Bildwelten, Wortwelten und Tonwelten in ihrer typologischen Klassifikation als Stilweisen oder auch in ihrer historiographischen Klassifikation als Epochenstile mehr oder weniger kopräsent? Wie bereits das Beispiel des Kinderfernsehens vermuten läßt, geht es bei allen Sachverhalten, in denen das Wort manieristisch oder maniriert auftaucht, um mehrdimensionale, sinnplurale Sachverhalte oder, wie Gustav René Hocke mit einem Begriff von Gottfried Benn gesagt hat, um eine »Ausdrucksgebärde«[10], die die Einzelsinne wie die Einzelmedien übergreift, denn sonst würde sie nicht als manieristisch oder als manieriert ›identifiziert‹ werden.[11]

Mit Binswanger und Hocke, deren bedeutende Untersuchungen in den Jahren 1956 bis 1959 erscheinen, befinden wir uns bereits auch schon im Zentrum der Problematik des Begriffskomplexes. Die 50er Jahre stehen zugleich für den ›Triumph‹ des europäischen Manierismus als einer historischen Epoche, der 1955 durch die große Europaratausstellung in Amsterdam befördert und aktualisiert wurde, die den Titel trug *Het Triomf van het Maniërisme. De europese Stijl van Michelangelo tot El Greco* (Der Triumph des Manierismus). Der europäische Stil von Michelangelo bis zu El Greco). Die über Jahrhunderte als dekadent verfemte Kunst des 16. Jh. (nach dem Tode Raffaels 1520) war endlich umfassend rehabilitiert, nachdem die Barockkunst, grob gesagt: der Kunststil des 17. Jh., schon seit längerem wiederentdeckt und wieder geschätzt worden war. Und doch ist trotz dieses veritablen Ausstellungstriumphs, und anders als im Falle des Barockbegriffs, der Begriffskomplex des Manierismus ein prekärer geblieben, wie die alltägliche Zeitungslektüre zeigt. Denn ungeachtet ihres eigentlichen Informationsgehaltes werden Berichte über Ausstellungen, die einem manieristischen Künstler gelten, gerne mit einer konnotationenreichen oder sensationsheischenden redaktionellen Schlagzeile versehen.[12] Und nicht bloß in der Malerei des historischen Manierismus, sondern auch in der aktuellen Kochkunst lauern Gefahren, sobald der sternebegierige Koch, dessen »barocker

---

7 LUDWIG BINSWANGER, Drei Formen mißglückten Daseins. Verstiegenheit, Verschrobenheit, Manieriertheit (Tübingen 1956), 117.
8 HANNES STEIN, [Rez.] Miriam mag Goethe nicht, in: Frankfurter Allgemeine Zeitung (30. 8. 1995), 28.
9 BINSWANGER (s. Anm. 7), 90.
10 GUSTAV RENÉ HOCKE, Die Welt als Labyrinth. Manier und Manie in der europäischen Kunst (Reinbek 1957), 18.
11 Vgl. HOCKE, Manierismus in der Literatur. Sprach-Alchimie und esoterische Kombinationskunst (Reinbek 1959).
12 Vgl. DIETMAR POLACZEK, Heller Wahnsinn in der Provinz. Dosso Dossi, der rätselhafte Maler am Renaissancehof der Este, in Ferrara, in: Frankfurter Allgemeine Zeitung (3. 12. 1998), 41.

Aufwand« (im Gegensatz zu den schmalen Portiönchen der alten Nouvelle cuisine) vom feinschmeckenden Kritiker durchaus geschätzt wird, in den Manierismus verfällt: »Dabei ist ein möglichst origineller, persönlicher Stil unverkennbar und auch verständlich. Bei weniger begabten Mitläufern kann das wie damals zum Manierismus führen. Aber das ist die Gefahr jeder neuen Stilrichtung; bei Malerei und Architektur ist das nicht anders.«[13]

Könner wie Nichtkönner, rätselhafte Genies wie Mitläufer der verschiedensten Sparten – der aus der ›Manier‹ abgeleitete Begriffskomplex beherbergt sie alle. Vielleicht wurde er deshalb so unverzichtbar wie unaufhörlich legitimationsbedürftig. Die Wortgeschichte der Manier(en) als Art und Weise oder auch Benehmen beginnt im Mittelalter. Die kunstästhetische und kunstkritische Beurteilung der Manier als einer epochalen, regionalen oder schließlich auch individuellen Art und Handhabung des Malens, Bauens und Bildens erreicht im italienischen Cinquecento (16. Jh.) und besonders in den Künstlerviten Giorgio Vasaris ihren Höhepunkt. Erstmals wird hier vermittels der maniera-Vokabel ein Stilkonzept vertreten, das nicht mehr normativen Vorgaben folgt. Die Verwerfung des künstlerischen Arbeitens ›di maniera‹ ist das Resultat klassizistischer Bestrebungen des 17. und 18. Jh. Nunmehr kommt es zu den Wortbildungen des Manieristischen, des Manierierten und des Manierismus, bei denen sämtlich eine Abweichung von der Natur oder vom Wahren denotiert oder aber konnotiert ist. Die französische und englische Aufklärung, Goethe, der Deutsche Idealismus und die Romantik mischen sich in dieses Stimmenkonzert auf je verschiedene Weise ein. Doch erst im Zeichen der Krise der Moderne am Anfang des 20. Jh. werden die (historischen) ›Manieristen‹ wiederentdeckt, in ihrem ›Stilwollen‹ gewürdigt und als große Künstler gesehen. Dabei handelt es sich um ein diskursives Ereignis der Kunstwissenschaft, das fast gleichzeitig von der Psychiatrie flankiert wird, die bei schizophrenen Patienten ›manierierte‹ Verhaltens- und Ausdrucksweisen beschrieb und dabei auch die ›Bildnerei der Geisteskranken‹ in den Rang von Kunstwerken erhob. Es folgt eine Begriffsübertragung von der Kunstwissenschaft in die Literaturwissenschaft und Musikwissenschaft. Doch diese Proliferation des Manier(ismus)begriffs stiftete neue Beunruhigungen. Die Reflexion der Begriffsgeschichte wurde zu einem unerläßlichen Bestandteil der wissenschaftlichen Befassung mit manieristischen (oder für manieristisch oder maniert erachteten) Phänomenen.[14] Anders als der Barockbegriff konnte sich der Manierismusbegriff (eher ein Begriffskomplex) von den pejorativen und negativen Momenten seiner Geschichtlichkeit nicht vollständig befreien. Denn die Negativität der modernen normensprengenden Kunst war dabei stets mitgedacht. Deshalb ist die Geschichte des Begriffs Manier nicht nur ein Mittel, sich der Herkunft eines ästhetischen Grundbegriffs zu vergewissern, sondern auch ein Weg zum Verstehen der ästhetischen Problematik der Moderne.

I. Stationen der Wort- und Begriffsgeschichte

1. Die Emergenz des Wortes im 12. Jahrhundert

»MANIER, f. art und weise«, beginnt Grimms *Deutsches Wörterbuch*, »lehnwort aus dem franz. manière, welches, wie ital. maniera, span. manera, portug. prov. maneira, eigentlich handhabung, dann benehmen, art bedeutet«[15]. Der etymologische Hinweis, daß das Wort eigentlich Handhabung bedeutet, führt zum lateinischen manus (die Hand). Die romanischen Volkssprachen bildeten das Wort manière und seine Geschwisterworte lautgeschichtlich betrachtet jedoch nicht unmittelbar aus manus, sondern aus einer mittellateinischen Ableitungsform des gesprochenen (vulgärsprachlichen) Lateins, dem Adjektiv man(u)arius (zur Hand gehörig, an die Hand gewöhnt). Im Altfranzösischen, aus dem unsere frühesten Belege stammen, nämlich seit dem frühen 12. Jh., ist der se-

---

13 WOLFRAM SIEBECK, Der Tod auf dem Teller, in: Zeitmagazin (2. 4. 1998), 46.
14 Vgl. JAMES V. MIROLLO, Mannerism and Renaissance Poetry: Concept, Mode, Inner Design (New Haven/London 1984), 201–206.
15 ›Manier‹, in: GRIMM, Bd. 6 (1885), 1551.

mantische Konnex mit der Hand morphologisch besonders gut zu erkennen.[16] Denn neben dem Substantiv maniere ist auch das Adjektiv manier, menier reich belegt. Von einem Falken oder Jagdvogel gesagt, bedeutet ›bien manier‹, daß er gut an die Hand gewöhnt, das heißt gut gezähmt ist. Auf Personen bezogen, bedeutet das Adjektiv manier, daß sie geschickt und geübt sind. So ist im *Roman de Rou* (entst. 1155–1183) die Rede von Rittern, »bons e maniers de iuster«[17] (gut und geübt darin, genau zu treffen). Im *Thebenroman* (entst. 1155) wird jemand als so ritterlich bezeichnet, daß »es niemanden gab, der so geschickt wie er war« (N'en i ot ja nul tant manier[18]), weshalb er alle anderen aussticht. Im *Roman de Brut* (entst. 1155) heißt es: »Bien fu maniers, l'espée a traite, / Dont il a mainte plaie faite«[19] (Er war sehr geschickt, das Schwert traf so oft, daß manche Wunde zugefügt wurde). In Thomas' *Tristan* (Ende des 12. Jh.) finden wir in Vers 2311 f. ein Beispiel für eine adverbiale Fügung: »Cil furent mult bon chevalier, / De porter lur armes manier«[20] (Diese waren sehr gute Ritter, vertraut damit, ihre Waffen zu führen). Schließlich wird seit dem 12. Jh. auch die Verbform ›manier‹ (handhaben) geläufig. An diesen altfranzösischen Zeugnissen des 12. Jh. wird deutlich, daß die Semantik des Könnens, der Geübtheit, Geschicklichkeit, Fertigkeit, zuerst im feudalen Zusammenhang des Kriegshandwerks, des Führens der Waffen, entfaltet wird.

Da man für den Wortgebrauch im Mittelalter nur lückenhaft über schriftliche Überlieferungszeugen verfügt, läßt sich nicht mit letzter Sicherheit sagen, ab wann die jeweiligen romanischen Volkssprachen das Wort manière mit seiner Wortfamilie gebildet haben und ob es sich dabei um eine eigenständige Sprachentwicklung handelte oder Entlehnungen aus dem Französischen eine Rolle spielten (im Falle des Italienischen und Spanischen sich die Sprachhistoriker nicht einig). Fest steht nur, daß das Substantiv manière seit dem frühen 12. Jh. im Französischen bezeugt ist, während ital. maniera erst in der 2. Hälfte des 12. Jh. belegt ist, was auch für die provenzalischen, katalanischen, spanischen und portugiesischen Formen gilt.[21] Der *Trésor de la langue française* nennt Philippe de Thaon und das Jahr 1119 als Erstbeleg für manière im Sinne von »façon d'être, de se comporter«[22]. Im Sinne von Benehmen und Betragen geht es in den höfischen Roman von Chrétien de Troyes ein. Im *Erec* (1170) wird es mehrfach in der Form ›meniere‹ benutzt[23], und bei Etienne de Fougères auch im Plural (meneires)[24]. Wie Georg Weise gezeigt hat, ist diese frühe höfische Bedeutungsentwicklung zur Semantik der ›Manieren‹ im Französischen reichhaltig belegt, worauf zurückzukommen ist, da es zwischen den Regeln, die der ›perfetto cortegiano‹ (der perfekte Hofmann), und den Regeln, die der perfekte Künstler zu befolgen hat, eine Reihe von Interferenzen gibt.

Die gleichermaßen im 12. Jh. einsetzende Beleggeschichte der zahlreichen adverbialen, präpositionalen und konjunktionalen Ausdrucksformen, die mit dem Lexem manière gebildet werden – gemeint sind Ausdrücke wie neufranzösisch de telle manière (so), à la manière de (wie), de manière que (so daß) – wäre zu umfangreich, um hier ausgebreitet werden zu können, was auch für die anderen romanischen Sprachen ebenso wie für das Englische gilt. Doch ist dieser Aspekt von manière und maniera als eines Allerweltsworts für die spätere begriffsgeschichtliche Entwicklung nicht irrelevant. Die Genese aus der Alltagssprache und die bleibende Nähe zu ihr machten das Wort geschmeidig für unbegrenzte Applikationen auf die

---

16 Vgl. ›Manier‹, in: ADOLF TOBLER/ERHARD LOMMATZSCH, Altfranzösisches Wörterbuch, Bd. 5 (Wiesbaden 1963), 1059 ff.
17 WACE, Roman de Rou et des ducs de Normandie, Teil 2 (entst. 1160), hg. v. H. Andresen, Bd. 1 (Heilbronn 1877), 160.
18 Le Roman de Thèbes (entst. 1155), hg. v. L. Constans, Bd. 1 (Paris 1890), 323.
19 WACE, Le Roman de Brut (entst. 1155), hg. v. A. J. V. Leroux de Lincy, Bd. 1 (Rouen 1836), 196.
20 THOMAS, Tristan (Ende des 12. Jh.), hg. v. G. Bonath (München 1985), 270.
21 Vgl. MARGARETE LINDEMANN, Die Wortfamilie von it. ›maniera‹ zwischen Literatur, bildender Kunst und Psychologie, in: W. Braungart (Hg.), Manier und Manierismus (Tübingen 2000), 48–51.
22 ›Manière‹, in: Trésor de la langue française, Bd. 11 (Paris 1985), 313.
23 Vgl. CHRÉTIEN DE TROYES, Erec et Enide (1170), hg. v. M. Roques (Paris 1955), z. B. 39, 46, 77, 182, 207.
24 Vgl. ETIENNE DE FOUGÈRES, Le Livre des Manières (um 1174–1178), hg. v. R. A. Lodge (Genf 1979), 105.

verschiedensten Bereiche des sozialen Lebens. So entwickelt sich manière gleichzeitig auf dem Wege der Unterscheidung von Arten und Weisen wie auch von Techniken gestalterischen Schaffens zu einem Synonym für Stil und geht in die Sprache der Gelehrsamkeit, der Dichtung und der Abhandlungen von Künstlern ein. Dieses letztere Applikationsfeld entfaltet sich jedoch, anders als das feudale des Kriegshandwerks und das höfische der Manieren, zunächst im Italienischen.

Vorab jedoch noch einige kurze Hinweise zum Auftauchen des Wortes im Deutschen und im Englischen. Dabei handelt es sich, wie auch bei niederländisch maniër, in allen Fällen um Entlehnungen aus dem französischen manière, die seit dem 13. Jh. belegt sind. Das Grimmsche *Wörterbuch* wie auch das *Etymologische Wörterbuch* von Friedrich Kluge nennen als frühesten mittelhochdeutschen Beleg Gottfried von Straßburgs *Tristan* (entst. am Beginn des 13. Jh.), Vers. 4573 f.: »sie worhten alle viere / viel rehte in ir maniere«[25]. Der Kontext macht deutlich, daß das Wort hier ›Art‹ oder ›Weise‹ meint. Es geht um die Vorbereitungen des Zeremoniells von Tristans Schwertleite. An der Pracht der Kleider der Ritter wirken vier Tugenden mit (›hôher muot‹, ›vollez guot‹, Bescheidenheit und ›hövescher sinn‹), die sich allegorisch als Näherinnen oder Wirkerinnen der Ritterkleidung betätigen. Die Verse sind demnach zu übersetzen: Sie (die Tugenden) wirkten alle vier, eine jede auf ihre Weise. Neben diesen Versen findet sich in Gottfrieds *Tristan* jedoch noch ein zweiter maniere-Beleg, den Grimm und Kluge nicht erwähnen. Diesmal (Vers 12 666 ff.) ist ein Verhalten oder Gebaren gemeint, und zwar in einem höchst irdischen Bereich der Minne. In der Hochzeitsnacht tauschen Isolde und ihre Dienerin Brangaene die Kleider, und König Marke merkt es nicht, daß er die Falsche an seinen Leib drückt: »in duhte wip als wip; / er vand ouch die vil schiere / von guter maniere.« (187) (Ihm schien eine Frau wie die andere; er fand auch diese ganz und gar von guter Manier.) Folgt man den Lexikographen, so scheint Gottfrieds Adaptation der maniere im Mittelhochdeutschen eher isoliert zu bleiben. Geläufig wird das Fremdwort nach Kluge (mit den Nebenformen frühneuhochdeutsch monier, munier) erst um 1500.[26] Ein schönes Beispiel für den Gebrauch im 16. Jh. stammt aus dem *Ulenspiegel* (1510–1511): »roszmarin, damit du die hüner füllen wolt auff welsch monier«[27]. Im 17. Jh. hat es nach Kluge vor allem die Bedeutung »von guter, gesellschaftlicher Sitte«[28].

Im Englischen bürgert sich das Lehnwort nach 1225, zunächst in der Form manere, Plural maneres, mit einer Vielzahl von Belegen ein, die dem Bedeutungsspektrum von französisch manière(s) entsprechen.[29] Hier hat das Wort, das über die Zwischenstufe maner und maners dann schon bei Shakespeare manner und manners lautet, sehr früh seinen Fremdwortcharakter verloren, was nach Auskunft des *Oxford English Dictionary* auch dadurch begünstigt wurde, daß es wie in der Romania der Übersetzungsterminus für lateinisch modus und mos wurde, seine Bedeutungsentwicklung also durch die Assimilation des Sinngehalts dieser beiden Wörter beschleunigt wurde. An dem Kontrast zwischen der Übernahme von französisch manière ins Deutsche (wo der Allerweltswortgehalt wie auch der breite Bedeutungsradius von modus nicht nachvollzogen wurde) und ins Englische (wo das Gegenteil der Fall war) wird so symptomatisch deutlich, daß die nationalsprachlichen Valenzen ein und desselben Wortes beträchtlich differieren können. Manière(s) wurde zwar im Mittelalter ein europäisches Wort, doch es war in den soziokulturell nicht nivellierten, sondern hochgradig verschiedenen Regionen Europas nicht dasselbe Wort. Erst im Cinquecento, dem (später so genannten) Zeitalter des Manierismus, das im Zusammenhang mit der Verbreitung der neuen Reproduktionstechnologien wie Buchdruck, Kupferstich, Radierung und mit den Wanderungsbewegungen der ausbildungs- und auftragsbegierigen Künstler als das erste kosmopolitische Zeitalter bezeichnet werden kann, entstanden die Voraussetzungen für erste kulturelle Globalisierungsbestre-

---

25 GOTTFRIED VON STRASSBURG, Das Tristan-Epos (entst. Anf. 13. Jh.), hg. v. W. Spiewok (Berlin 1989), 88.
26 Vgl. ›Manier‹, in: KLUGE, 459.
27 Von Ulenspiegel eins bauren sun des lands Braunschweick (1510–1511/1532), hg. v. W. Wunderlich (Hildesheim/Zürich/New York 1990), 115.
28 ›Manier‹, in: KLUGE, 459.
29 Vgl. ›Manner‹, in: OED, Bd. 9 (1989), 323 ff.

bungen im Zeichen des Fortschrittsdenkens. Es ereignete sich eine Art von gesamtkultureller Komparatistik von manières, Verhaltensweisen wie Technologien und Gestaltungsweisen, die die regionale und (proto)nationale Beschränktheit sprengte. Fortan wurden die manières ein Schauplatz sozioästhetischer, soziokultureller und soziopolitischer Kämpfe. Erst hier beginnt die Entwicklung des Wortes zu einem ästhetischen Grundbegriff, die sich später über seine Ausstattung mit immer mehr Suffixen, die seinen Sinn präzisieren sollten, agonal zuspitzte. Die Vorgeschichte dieses aus alltäglichen und handwerklichen Zusammenhängen emergierenden Grundbegriffs ist indessen im Verhältnis zu dem später aufkommenden Streit um den wahren Stil noch ganz der ›Hand‹ verpflichtet, und das heißt einer Regelapparatur des Gestaltens von Artefakten.

2. Maniera als Äquivalent von stile: Trobadorlyrik

Das Wörterbuch von Salvatore Battaglia definiert den sich ab 1160 herausbildenden Bedeutungsumfang von italienisch maniera wie folgt: »Modo particolare e caratteristico con cui viene effettuata un'azione o un'operazione (sia materiale, sia intellettuale); modalità di procedere, di agire, di operare; l'aspetto peculiare sotto il quale tale azione o operazione si viene configurando, la forma sotto cui si presenta.«[30] (Eine besondere und charakteristische Weise, in der eine [sei es materielle, sei es intellektuelle] Handlung oder Arbeit vollzogen wird; Modalität eines Vorgehens, Handelns, Arbeitens; der besondere Aspekt, unter dem eine solche Handlung oder Arbeit sich gestaltet, die Form, in der sie sich darbietet.)

Begriffsgeschichtlich relevant wird nun die in den italienischen Textzeugnissen sehr weitgehend ausdifferenzierte Anwendung auf eine intellektuelle oder materielle Art des Arbeitens, letztlich die Herstellungsprozeduren von Artefakten und deren Form. In der mündlichen und deiktischen Ausbildungspraxis der Künstlerwerkstätten wird der Terminus der maniera als modo di operare eines bestimmten Meisters, also seiner Technik oder seines Stils, schon lange eine Rolle gespielt haben, bevor er seit etwa 1390 auch schriftliche Gestalt bekommt. Bevor diese Reihe der von Künstlern, vor allem Malern, verfaßten Anleitungsbücher und Schriften einsetzt, wurde maniera schon im 13. Jh. von den professionellen Schriftkundigen, den Gelehrten und Dichtern, zur Bezeichnung der typischen Struktur einer Schreibweise verwandt und damit als Äquivalent für den Stilbegriff benutzt.[31] Lateinisch stilus (der Griffel) entstammte dem klassischen Latein und wurde dort manchmal als Metonymie für die Schreibweise verwendet, um sich seit der Spätantike vornehmlich zu einer Bezeichnung für die drei genera dicendi (Redegattungen) zu entwickeln.[32] Der Stilbegriff transportierte den rhetorischen Gedanken eines Modells der ›angemessenen‹ Verknüpfung von Stoff, Gattung und Höhenlage des Redestils. Nach diesem Modell wurden die Regeln abgeleitet, wie man sich situations- und gattungsadäquat auszudrücken hatte. Mit dem dolce stil novo Guido Cavalcantis, dann Dantes, wurde der lateinische Begriff in diesem Sinne eines generischen Typs in die Volkssprache eingeführt, wobei es Dante und seinen Mitstreitern nicht nur um das volgare, sondern auch um die Erneuerung der Rede- und Gattungsstile ging. Im Kontext solcher Erneuerungsbestrebungen taucht in der italienischen Trobadorlyrik außer stile interessanterweise auch das Wort maniera auf.

In dem folgenden Beispiel eines Sonettenstreits unter zwei Stilnovisten, die Dante zu seinen Vorläufern zählt, spricht der Trobador Bonagiunta Orbicciani da Lucca seinen Kollegen Guido Guinizzelli auf dessen Änderung der ›mainera‹ an, die dunkel und unverständlich geworden sei: »Voi, ch'avete mutata la manera / de li plagenti ditti de l'amore / de la forma dell'esser là dov'era, / per avansare ogn'altro trovatore, // avete fatto come la lumera, / ch'a le scure partite dà sprendore, / ma non quine ove luce l'alta spera, / la quale avansa e passa di chiarore. // Così passate voi di sottigliansa, / e non si può trovar chi ben ispogna, / cotant' è

---

30 ›Maniera‹, in: SALVATORE BATTAGLIA, Grande Dizionario della lingua italiana, Bd. 9 (Turin 1975), 676.
31 Vgl. LINDEMANN (s. Anm. 21), 51–53.
32 Vgl. HANS ULRICH GUMBRECHT, Schwindende Stabilität der Wirklichkeit. Eine Geschichte des Stilbegriffs, in: Gumbrecht/K. L. Pfeiffer (Hg.), Stil. Geschichten und Funktionen eines kulturwissenschaftlichen Diskurselements (Frankfurt a. M. 1986), 726–788.

iscura vostra parlatura. // Ed è tenuta gran dissimigliansa, ancor che l'senno vegna di Bologna, / traier canson per forsa di scrittura.«[33] (Ihr, die ihr den Stil der eleganten Liebesdichtung geändert habt, der Form ihrer Verfaßtheit, wie sie früher war, um jeden anderen Trobador zu übertreffen, // Ihr habt gehandelt wie das Licht, das den dunklen Teilen Glanz gibt, jedoch nicht hier, wo die hohe Sphäre leuchtet, die hervortritt und alles erhellt. // So tretet ihr auf mit einer Überlegenheit, und keiner kann sich finden, der euch versteht, so dunkel ist euer Sprechen. // Und man hält es für eine große Unangemessenheit, auch wenn das Zeichen aus Bologna kommen mag, ein Lied aus der Kraft des Schriftlichen zu ziehen.)

Es kann hier nicht um eine Interpretation und elaborierte Übersetzung gehen; das Augenmerk gilt nur dem Wort mainera. Das Sonett bietet ein Beispiel der in der provenzalischen, katalanischen wie auch italienischen Lyrik in dieser Zeit aufkommenden Auseinandersetzungen um zwei verschiedene Grundstilarten, die als trobar leu (verständliches Dichten) und trobar clus (verschlossenes, hermetisches Dichten) bezeichnet worden sind. Der als dunkel, verdeckt, nur auf gelehrsame Weise mittels der Entzifferung von Schrifttum und geheimen Zeichen als verstehbar angesprochene Dichterkonkurrent Guinizzelli repliziert mit einem intertextuell nicht minder anspielungsreichen Sonett, in dem es heißt, daß auch die Vögel in der Luft auf verschiedene Arten (»guise«) fliegen und verschiedene Verfahrensweisen (»operamenti«) haben. Verrückt sei, wer glaube, er sei allein imstande, das Wahre zu sehen (»Foll'è chi crede sol veder lo vero« [482]). Die technisch hochgradig schwierige Kunst des trobadoresken Liedes – geht es doch darum, im Rahmen einer übergeordneten generisch wie gesellschaftlich vorgegebenen Struktur stets neue Variationen der Konkordanz von Wörtern und Tönen zu ›finden‹ (= prov. trobar) – ist von Anfang an das Werk individueller, namentlich

---

[33] GUIDO GUINIZZELLI, Rime (vor 1257), in: G. Contini (Hg.), Poeti del Duecento, Bd. 2 (Mailand/Neapel 1960), 481; vgl. LINDEMANN (s. Anm. 21), 52 f.
[34] Vgl. GRIMM, Bd. 6 (1885), 1553.
[35] Vgl. GEORG WEISE, La doppia origine del concetto di manierismo, in: Studi vasariani (Florenz 1952), 181–185.

bekannter Persönlichkeiten, großenteils von höfischen Berufsdichtern/Sängern, über die alsbald auch Vidas (kurze Biographien) und Razos (Liedkommentare) überliefert sind, wobei der Wille zum dichterisch-musikalischen Überbieten der Berufskollegen in den Fokus der Aufmerksamkeit gerät. Die Begriffe stile (oder stilo) und mainera koexistieren nebeneinander, wobei die mainera für das individuelle Procedere anzubieten scheint, und zwar im Rahmen eines generisch erstaunlich kohärenten Liedkorpussystems, wie die Forschung gezeigt hat. Das aber ist genau jene Situation, die sich ein Jh. später auch aus den Künstlerwerkstätten heraus reproduziert und zur Schriftlichkeit drängt. Es sind die zur Verschriftlichung des Wissens strebenden Künstler, die im Mittelalter noch zunftmäßig organisiert waren und den Handwerkern näher standen als den Gebildeten (clercs), die die maniera zu einem kunstkritischen, wie sodann auch kunstästhetischen und -theoretischen Begriff beförderten.

Doch bevor diese Hauptlinie der Begriffsevolution zu skizzieren ist, soll die Pluralform der ›Manieren‹ berücksichtigt werden, nicht nur, weil sie wortgeschichtlich früher auftaucht, sondern auch aus systematischen Gründen, weil zwischen der Manier im Sinne eines Gehabens oder Gebarens und der Manier im Sinne einer Malweise oder eines Stils semantische Austauschprozesse stattfinden, die bis heute wirksam sind.

3. Les belles manières

Obwohl die ›Manier‹ als ›Gebaren‹, meistens in der Pluralform ›Manieren‹, von den Lexikographen stets erfaßt und gebührend beachtet worden war – Grimms Deutsches Wörterbuch bietet auch das Adjektiv ›manierlich‹ und das Substantiv ›Manierlichkeit‹[34] –, sind die begriffsgeschichtlichen Interferenzen zwischen einem schönen oder aber auffälligen Benehmen und einem schönen oder aber auffälligen Stil erst relativ spät in den Fokus der Aufmerksamkeit geraten. Erst in der Mitte des 20. Jh. machte der Tübinger Kunsthistoriker Georg Weise auf diese Möglichkeiten eines ›doppelten Ursprungs‹ der semantischen Investitionen des Manierismusbegriffs[35] aufmerksam, die er zuvor durch wortgeschichtliche philologische Untersuchungen eruiert hatte. Das Moment der ›Stilisierung‹, das man in nachvasarianischer Zeit mit der maniera verband und als ›künstlich‹, ›affektiert‹ oder eben ›maniert‹ pejorativ zu bewerten begann, sieht Weise in der Ausbildung der ritterlichen Kultur zu zunehmender höfischer Verfeinerung seit dem späteren 13. Jh. in den Textzeugnissen vorgeprägt, und zwar zunächst in Frankreich: »Als ›bele, douce, sage, asseürée, gente, gracieuse, jolie, plaisanz, avenans‹ wird die manière beschrieben, unter deutlicher Bevorzugung der das Freundliche und Holdselige, im Sinne gotischer Anmut und Preziosität kennzeichnenden Züge; in der Verbindung mit Substantiven wie maintien und contenance, unter Hinweis auf das ›schöne‹ Verhalten im geselligen Umgang und in allen sonstigen Lagen, wird ›Dame Manière‹, die allegorische Personifikation der zur Erörterung stehenden Tugend, zugleich zum Inbegriff der in aller ritterlich-höfischen Literatur immer wiederkehrenden Hervorhebung des Gelernten und einer auf Erziehung beruhenden Beherrschung bestimmter Formen.«[36]

Als absoluter, positiver Wert meint manière(s) eine Auszeichnung der Vornehmen. Christine de Pisan fordert von einer vornehmen Dame »que elle doye estre en bonté, sagece, meurs, condicions et manieres, excellente sur toutes«; ein Liebhaber indes darf über die Trennung von der Geliebten einen solchen Schmerz empfinden, daß er »coulour, / Sens, maniere et contenance«[37] verliert. Die Anerzogenheit der manière, die in den von Weise zitierten spätmittelalterlichen Belegen häufig mit ›contenance‹ zusammen erwähnt wird, konnte mithin leicht den Platz von ihrer Wertschätzung als ein geziemendes Gehaben zur Geringschätzung als eine äußerliche, quasi unnatürliche oder unaufrichtige Haltung wechseln. Die Wohlerzogenheit, das Bewahren der Haltung, ist Ausweis von Vornehmheit wie auch eines ›savoir faire‹. Für diese Eigenschaft kommt im Spätmittelalter das Adjektiv ›enmaniéré‹ oder ›amaniéré‹ (im Goethedeutsch entspricht dem das Wort ›manierlich‹) – und sein Antonym ›desmaniéré‹ – auf. Der Chronist Georges Chastellain bezeichnet die Begleiter des französischen Dauphins an den burgundischen Hof als »gens bien appris et emmaniérés«[38], die sich so benehmen, daß sie von allen gelobt werden. Die Damen hingegen verlieren jede Fassung, als die Nachricht von der Ermordung des Herzogs Jean sans Peur eintrifft, und laufen herbei »toutes desmaniérées, cryans, plorans et chancelans à terre«[39]. Weise sieht in solchen und weiteren Belegen in nuce den späteren Bedeutungswandel von ›manière‹ angelegt: vom gekonnten und beherrschten Bewahren zu seiner Geringschätzung als unechte, bloß stilisierte Verhaltensweise.

Der Bedeutungswandel, den das nach Weise »zu den Lieblingsausdrücken der höfischen Stilisierung gehörige Wort ›afaitié‹ (= zurechtgemacht, unterwiesen, abgerichtet)« durchmacht, ist ebenfalls für die Annahme eines doppelten Ursprungs des (pejorativen) Manierismusbegriffs relevant. Am Beispiel einer Manuskriptsammlung großenteils anonymer Rondeaux aus der Zeit Karls VIII., Ludwigs XII. und den Anfängen Franz I., dessen Hof in Fontainebleau zu den bedeutenden manieristischen Zentren zählen wird, zeigt Weise, wie das ursprünglich für ›wohlerzogen‹ oder ›gesittet‹ stehende Wort eine Umkodierung zum Stilisierten im Sinne einer übertriebenen, überzogenen oder als gekünstelt empfindenden Benimmart (»affetée maniéra«) oder Sprechweise (»affetés en langage«[40]) annimmt. Die spätmittelalterliche französische Kultur, die Weise vornehmlich als eine spätgotische Kultur auffaßt, deren Vorliebe für Geziertheit, Künstlichkeit und ›Preziosität‹ er betont, erscheint somit als eine Epoche, die dem späteren ›Zeitalter des Manierismus‹, dessen Kunstwollen insgesamt als ein artifizielles und überzogenes gesehen wurde, nahe steht.

In Italien ist zunächst Giovanni Boccaccio zu nennen: Im Filocolo (um 1345) verraten die »belle maniere«[41] des Jünglings dessen edle Herkunft; im

---

36 WEISE, ›Maniera‹ und ›pellegrino‹: zwei Lieblingswörter der italienischen Literatur der Zeit des Manierismus, in: Romanistisches Jahrbuch 3 (1950), 322.
37 CHRISTINE DE PISAN, Le Livre du Ducs des Vrais Amans (vor 1404), in: der, Œuvres poétiques, hg. v. M. Roy, Bd. 3 (Paris 1896), 163.
38 GEORGES CHASTELLAIN, Chronique, Livre VI (nach 1461), in: Chastellain, Œuvres, hg. v. M. Kervyn de Lettenhove, Bd. 3 (Genf 1971), 215.
39 CHASTELLAIN, Chronique, Livre I (ca. 1454–1471), in: ebd., Bd. 1 (Genf 1971), 49.
40 WEISE (s. Anm. 36), 326.
41 BOCCACCIO, Il Filocolo (um 1345), hg. v. E. de Ferri, Bd. 2 (Turin 1927), 130.

Filostrato (1338) ist Griselda von Troilus angezogen und von »le maniere sue, gli atti piacevoli e la cortesia«[42] (seinen Manieren, den angenehmen Gesten und der Höflichkeit). In größerem Umfang findet man die edlen, höflichen und erlesenen Manieren jedoch erst in der Literatur des Cinquecento betont, wo sie häufig in Verbindung mit dem Ausdruck ›costume‹, ›costumi‹ (Sitte, Gebaren) und einem Moment der ›grazia‹ vorkommen, sowohl in der petrarkisierenden Lyrik als auch in der Novellistik, besonders Matteo Bandellos, und in der höfischen Wiederaufnahme ritterlicher Stoffe bei Luigi Pulci, Matteo Maria Boiardo und Ludovico Ariosto. Die ideale Dame, so heißt es bei Lorenzo de' Medici, besitzt »oltre alle naturali bellezze [...] ingegno grande, modi e costumi ornati e onesti, maniera e gesti eleganti, destrezza d'accorte e dolci parole«[43] (außer der natürlichen Schönheit [...] Geist, schmückende und ehrsame Sitten, Haltung und elegante Bewegungen, Geschicklichkeit im klugen und sanften Sprechen). Dies könnte fast wie eine Ekphrasis gewisser Porträts, etwa von Bronzino, anmuten. Dem französischen Adjektiv ›enmaniéré‹ korrespondiert im Italienischen des Cinquecento ›manieroso‹, das zum Beispiel auch Vasari benutzt, als er von der Trauer um den Maler Rosso Fiorentino spricht, der sich als »uno che sia universale ed in tutte l'azioni manieroso e gentile«[44] (einer, der weltläufig und in all seinem Tun angenehm und höflich war) größter Wertschätzung erfreut habe.

Wie aber kommt es zu der negativen Umkodierung jenes ethisch-ästhetischen Ensembles der Formvollendetheit, in dessen Kanon die maniera im 16. Jh. eine konstitutive Rolle spielt? Der Graf Baldassar Castiglione, ein enger Freund des Malers Raffael, verknüpfte das klassische Renaissanceideal der ›grazia‹ (Anmut) mit einem neuen, ›sprezzatura‹ (französisch nonchalance, deutsch Lässigkeit) genannten Konzept, dessen Definition Epoche machte: »Ma avendo io già più volte pensato meco onde nasca questa grazia, lasciando quelli che dalle stelle l'hanno, trovo una regula universalissima, la qual mi par valer circa questo in tutte le cose umane che si facciano o dicano più che alcuna altra, e ciò è fuggir quanto più si po, e come un asperissimo e pericoloso scoglio, la affetazione; e, per dir forse una nova parola, usar in ogni cosa una certa sprezzatura, che nasconda l'arte e dimostri ciò che si fa e dice venir fatto senza fatica e quasi senza pensarvi.« (Da ich aber schon häufig bei mir bedacht habe, woraus die Anmut entsteht, bin ich immer, wenn ich diejenigen beiseite lasse, die sie von den Sternen haben, auf eine allgemeine Regel gestoßen, die mir in dieser Hinsicht bei allen menschlichen Angelegenheiten, die man tut oder sagt, mehr als irgendeine andere zu gelten scheint: nämlich so sehr man es vermag, die Künstelei als eine rauhe und gefährliche Klippe zu vermeiden und vor allem, um vielleicht ein neues Wort zu gebrauchen, eine gewisse Art von Lässigkeit anzuwenden, die die Kunst verbirgt und bezeigt, daß das, was man tut oder sagt, anscheinend mühelos und fast ohne Nachdenken zustandegekommen ist.)[45] Die Grazie wird demnach durchaus als ein erlerntes, einer Kunst bedürftiges Gebaren und Verhalten begriffen, doch muß sie jeden Anschein der Mühe und der Schwierigkeit vermeiden und die Kunst selbst verbergen. Das Hervortreten der Kunst wird damit implizit der ›Künstelei‹ gleichgesetzt. Castigliones ›sprezzatura‹ bietet so ein wichtiges Indiz dafür, daß die maniera auf dem Wege über die Assoziation mit dem Affektierten in jenen Abwertungsprozeß hineingezogen wurde, der sich mit den Vorstellungen des Übertriebenen, des Überzogenen und des Gekünstelten verband. Desgleichen verwerfen die Humanisten, von Beatus Rhenanus über Angelo Poliziano bis zu Erasmus von Rotterdam, den ›stilus affectatus‹.[46] Sie folgen dabei der antiken Rhetorik, die den gesuchten, gedrechselten Stil als Asianismus von der Schlichtheit des Attizismus unterschieden hatte. Das humanistische Ideal des ›stilus inaffectatus‹ (oder attizistischen Stils), die Hofmannstraktatistik und ihre Überset-

---

42 BOCCACCIO, Il Filostrato (1338), hg. v. P. Savj-Lopez (Straßburg 1912), 57.
43 LORENZO DEI MEDICI, Comento sopra alcuni de' suoi sonetti, in: Lorenzo dei Medici, Opere, hg. v. A. Simioni, Bd. 1 (Bari 1913), 14.
44 GIORGIO VASARI, Le vite de' più eccellenti pittori scultori ed architetti (1568), hg. v. G. Milanesi, Bd. 4 (Florenz 1906), 392.
45 BALDASSAR CASTIGLIONE, Il Libro del Cortegiano (1528), hg. v. A. Quondam/N. Longo (Mailand 1981), 59 f.; dt.: Das Buch vom Hofmann, übers. u. hg. v. F. Baumgart (Bremen o. J.), 53.
46 Vgl. WEISE (s. Anm. 36), 364.

zungen samt der späteren Nachfolger der Benimmbücher bieten ein reiches Anschauungsmaterial für den schmalen Grat, der das Stilideal des mit dem Natürlichen identifizierten scheinbar Kunstlosen von dem trennt, was als gesucht, stilisiert und zur Schau gestellt von allen klassizistischen Bestrebungen verworfen wird. Weises Plädoyer, den Ursprung des Manierismusbegriffs nicht bloß in der Kunstliteratur, sondern auch in der Gesellschaftskunst des 15. und 16. Jh. aufzusuchen, wie sie durch die Literatur überliefert ist, wäre kultursoziologisch noch genauer zu fundieren, verknüpfte man seine Fragestellungen mit den von Norbert Elias angeregten Forschungen zum Zivilisationsprozeß. Hier liegen noch Aufgaben zukünftiger Forschung, um jene bis heute semantisch wirksamen Interferenzen zwischen dem (mit dem Affektierten eng verbundenen) Manierierten und dem Manieristischen besser zu verstehen, deren Trennung in eine charakterologische Sachverhaltsserie einerseits und eine kunstästhetische Sachverhaltsserie andererseits trotz aller Anstrengungen der Einzeldisziplinen nicht oder nur unzureichend gelang. Doch kommen wir jetzt zur Hauptlinie der Bedeutungsentwicklung von maniera als einem Terminus der bildenden Kunst.

4. Italienisch ›maniera‹ in den bildenden Künsten

a) Die Entwicklung zu einer kunstkritischen Kategorie seit Cennini
Die Geschichte der maniera als eines künstlerischen Terminus ist erstmals systematisch von Marco Treves untersucht worden, der Erwin Panofsky und Walter Friedlaender als seine Anreger nennt, zwei die von den Nationalsozialisten ins Exil in die USA gezwungenen Kunsthistoriker, die als Pioniere eine bedeutende Rolle für die Wiederentdeckung und Wertschätzung der verfemten manieristischen Kunst des 16. Jh. gespielt haben. Die konzise Darstellung von Treves[47], in der die Erstbelege erstmals umfassend eruiert sind, liegt dem folgenden Abriß durchgängig zugrunde und wird ergänzt um weitere Daten, Originalzitate und ausführlichere Belege oder Kommentare.
Um das Jahr 1390 schreibt der Maler Cennino Cennini eine Vielzahl technisch detaillierter Ratschläge auf, die den jungen Schülern in seiner Kunst zu erteilen er für nützlich hält. Dabei warnt er sie beim Zeichnen und Porträtieren vor einem eklektischen Kopieren mehrerer Meister; der Schüler soll sich bemühen »di ritrarre e disengniare di meno maestri che puo«[48] (nach so wenigen Meistern zu kopieren und zu zeichnen, wie er kann). Zwar dürfe er sich glücklich schätzen, wenn an einem Ort sei, wo es viele gute Meister gebe: »Ma per consiglio io ti do: ghuarda di pigliar senpre il miglior, e quello che a maggior fama. E, seghuitando di di in di, contra natura sara che atte non vengha preso di suo maniera e di suo aria. Pero che setti muovi a ritrarre oggi di questo maestro, doman di quello, ne maniera dell'uno ne maniera dell'altro nonnarai, e verrai per forza fantastichetto per amor, che ciaschuna maniera ti straciera la mente. Ora vo' fare a modo di questo, doman di quello altro, e chosi nessuno n'arai perfetto. Se seghuiti l'andar d'uno, per chontinovo uxo, ben sara lo intelletto grosso che non ne pigli qualche cibo.«(15) (Doch gebe ich dir folgenden Ratschlag: hüte dich, immer den besten zu nehmen und den, der den größten Ruhm hat. Wenn du von Tag zu Tag so fortfährst, wäre es unnatürlich, wenn du nicht etwas von seiner Handhabung und seinem Ausdruck übernimmst. Aber wenn du dich daran begibst, heute nach diesem Meister zu porträtieren und morgen nach jenem, wirst du weder die Handhabung des einen noch die Handhabung des anderen annehmen, und zwangsweise wirst du aus Liebe fantastenhaft werden, indem die jeweilige Handhabung dir den Kopf verwirrt. Heute arbeitest du nach der Art von diesem, morgen von jenem, und so wirst du keine vollkommen beherrschen. Wenn du das Vorgehen von einem einzigen befolgst, wird dein Verstand durch ständige Übung groß genug, als daß er nicht einige Nahrung aufnähme.)
Statt durch Handhabung könnte maniera ebensogut durch Stil übersetzt werden, wie die weiteren Präzisierungen durch aria, andar und modo verdeutlichen. Es geht, wie Treves prägnant sagt,

---
47 Vgl. MARCO TREVES, Maniera. The History of a Word, in: Marsyas 1 (1941), 69–88.
48 CENNINO CENNINI, Il libro dell'arte (um 1390), hg. v. D. V. Thompson Jr. (New Haven/London 1932), 14.

um »the individual style of the artist«[49], der mit Cennini erstmals in die schriftliche Überlieferung eingeht, zu einem Zeitpunkt, als die noch korporativ organisierten Künste als artes mechanicae tief unter den artes liberales und der Schriftgelehrsamkeit standen. Interessanterweise sind es jedoch gerade die Handwerkskünste der artes mechanicae, in deren Terrain der Individualstil mit aller Macht eine Rolle zu spielen beginnt. Maniera war für den Maler Cennini gleichsam organisch der umfassendere Begriff für eine individuell typische Malweise; istile oder stile verwendet er lediglich für das Zeichengerät der verschiedenen Stifte wie des Bleistifts (»istil di pionbo«[50]), deren Handhabung im Vergleich mit der Feder und den Tinten und im Hinblick auf die Papiere und Kartons eine Reihe von Ratschlägen gewidmet sind.

Wen soll der Maler nachahmen und kopieren, um Perfektion zu erlangen? Diese Fragestellung bestimmt fortan die Debatten. Cennini hält es noch für unmöglich, daß man von mehreren Meistern von Rang, die unterschiedliche Stile haben, lernen könne, ohne ins Phantastische zu fallen. Auch verweist er darauf, daß der Königsweg zur Vollkommenheit das Porträtieren nach der Natur sei.[51]

Der erste Künstler-Schriftsteller, der nach Treves das Wort maniera im Sinne eines Epochenstils verwendet, ist Lorenzo Ghiberti, der (um 1450) von Cimabue sagt, daß er in der griechischen Manier, »la maniera greca«[52] (gemeint ist: byzantinisch) malte, in der er großen Ruhm erlangte. Giotto hingegen, Cimabues Schüler, habe das Malen nach der Natur eingeführt und damit die Eintönigkeit der byzantinischen Manier hinter sich gelassen.

In Antonio Averlino Filaretes *Trattato dell'Architettura* (1464) werden ein Jahrzehnt später jene gelobt, die »la pratica e maniera antica« befolgen, und die »usanza moderna« (gemeint ist der gotische Stil) wird verworfen. Filippo Brunelleschi, der Architekt der Kuppel von Santa Maria del Fiore, des Doms von Florenz, hat die antike Bauweise wiedererweckt (»risuscitò [...] questo modo antico dello hedificare«[53]). Diese Anwendung der maniera (oder pratica, Praxis) auf Baustile differenziert sich ständig weiter aus. In dem Raffael zugeschriebenen Brief an Papst Leo X. aus dem Jahr 1519 werden drei maniere von Gebäuden in Rom unterschieden: die antiken der Kaiserzeit, »fatti con piu bella maniera«, die vollkommen (»perfette«) sind; die gotischen nach den Barbareninvasionen, »ohne jede Anmut, ohne jede maniera« (privi di ogni gratia senza maniera alcuna[54]); schließlich die zeitgenössischen, die zwar noch nicht so vollkommen wie die antiken sind, aber ihnen näher kommen. Dieser Brief ist dadurch besonders interessant, daß maniera hier in einem absoluten Sinne gebraucht wird: ›senza alcuna maniera‹ meint Stillosigkeit. Maniera im absoluten Wortgebrauch ist also in der Zeit des späten Raffael Stil im vollen Sinne.

b) Die Ausdifferenzierung zur kunsttheoretischen Kategorie bei Vasari
In den berühmten Künstlerviten Vasaris, die zuerst 1550 in Rom erschienen und in beträchtlicher Erweiterung 1568 in Florenz, ist der Begriff der maniera in seinem ganzen Bedeutungsumfang entfaltet und voll ausdifferenziert. Maniera fungiert als kunstkritischer Begriff, mit dem die Techniken, Innovationen und Stile der einzelnen Künstler erfaßt werden, ebenso wie auch epochale Formationen (wie die Antike oder die Gotik). Zugleich geht es Vasari um mehr als eine Vitensammlung, nämlich die Historiographie der ›rinascita‹ der Künste seit Cimabue und Giotto, die er in drei Zeitalter (età) teilt, welche grosso modo dem Trecento, dem Quattrocento und dem Cinquecento entsprechen. Damit expandiert der Begriff auch kunsttheoretisch. Maniera als Stil wird zu einem grundlegenden Begriff. Treves schreibt: »He intended to explain the causes of the improvement and decline of the arts, which he conceived as an alternation of good and bad styles. Thus the analysis of the styles serves the purpose of establishing the relation of each artist to his master, to his age, and to

---

49 TREVES (s. Anm. 47), 69.
50 CENNINI (s. Anm. 48), 7.
51 Vgl. ebd., 15.
52 LORENZO GHIBERTI, I Commentarii (um 1450), hg. v. J. v. Schlosser (Berlin 1912), 35.
53 ANTONIO AVERLINO FILARETE, Trattato dell'Architettura (1464), hg. v. W. von Oettingen (Wien 1890), 272.
54 RAFFAEL an Leo X. (1519), in: A. Venturi, Storia dell'arte italiana, Bd. 9/2 (Mailand 1926), 47.

his country, and is used to evaluate his merit and historical significance.«⁵⁵ Die Voraussetzung für diese Grundlegung der maniera ist die zu all diesen Unterscheidungen fähige Kennerschaft des Künstlers, weshalb Vasari in seiner eigenen Vita am Ende des Werks den humanistischen Gelehrten und Museumsgründer Paolo Giovio sagen läßt: »Giorgio mio, voglio che prendiate voi questa fatica di distendere il tutto in quel modo che ottimamente veggio saprete fare; perciocchè a me non dà il cuore, non conoscendo le maniere, nè sapendo molti particolari che potrete sapere voi.« (Mein Giorgio, ich will daß Ihr die Mühe übernehmt alles dieß in der Weise auszuführen, die Euch, wie ich sehe, auf das trefflichste gelingen wird. Mir fehlt der Muth dazu, ich bin unbekannt mit den verschiedenen Manieren und einer Menge Einzelheiten, die Ihr wissen könnt.)⁵⁶

Das Spektrum des Begriffs maniera bei Vasari reicht von der Bezeichnung historischer Formationen (maniera egizia, maniera etrusca, buona maniera antica, vecchia maniera greca) bis zum Individualstil einzelner Künstler. Der Beginn der ›arte moderna‹ mit Giotto wird als die ›maniera vecchia di Giotto‹ von der mit Masaccio beginnenden ›maniera moderna‹ unterschieden. Mit Leonardo setzt die dritte Phase der ›maniera moderna‹ ein. Es handelt sich um eine Ausdifferenzierung historischer Stile, die Vasari für wichtig hält, damit man die Größe eines jeden einzelnen Künstlers beurteilen kann, da die Entstehungsbedingungen eines Kunstwerks der »qualità de' tempi« (Bd. 2, 95) unterworfen sind. So betont er, daß Cimabue – was damals eine Innovation darstellte – ein Porträt des Heiligen Franziskus nach der Natur gemalt habe, »il che fu cosa nuova in quei tempi« (Bd. 1, 249). Damit gehen maniera und Innovation oder das Ungewöhnliche eine enge Verbindung ein. Außer historischen Stilen unterscheidet Vasari auch Länder- und Regionalstile (maniera tedesca, maniera fiamminga, maniera italiana, maniera di Lombardia, pratica di Roma). Pratica, die Praxis und die Gepflogenheit, ist selber auch eine maniera.

Was die Nachahmungslehre der Renaissance mit ihrem Glauben an die Gültigkeit überindividueller Proportionen und Normen, die als ›Natur‹ verstanden wurden, theoretisch nicht denkbar machen konnte, nämlich die Pluralität des Individualstils, das wird nun in Vasaris Viten zum Ereignis. Denn außer um epochale und regionale maniere geht es vor allem um die spezifische maniera des einzelnen Künstlers, die der Meister seinen Schülern vermittelt. Doch das Befolgen einer einzigen maniera, das, wie noch bei Cennini vorausgesetzt, zur Vollkommenheit führt, ist nicht mehr notwendig. So schafft Michelangelo ein Flachrelief in der Manier von Donatello; gleichzeitig entwickelt er aber seine eigene ›gran maniera‹, die in ihrer Unübertroffenheit den Inbegriff des Individualstils darstellt. Vasaris Künstler der ›terza età‹ haben häufig mehrere Stilphasen, so Raffael, bei dem Vasari mehrere Änderungen der maniera konstatiert (er spricht auch von einer ›prima‹, ›seconda‹, und ›terza maniera‹ Raffaels). Die Vollkommenheit des Stils ist bei Vasari gleichsam polytheistisch geworden.

Indessen gibt es in der Baukunst, der Skulptur und der Malerei nicht nur vollkommene Werke. So geht die maniera bei Vasari mit einer Fülle von positiven wie negativen Qualifikativa einher. Für Gelungenes hält er Ausdrücke wie ›maniera bella‹ oder ›bellissima‹, ›buona‹, ›leggiadra‹ (anmutig), ›maravigliosa‹ (wunderbar) für unschöne und miserable Arten ›maniera cattiva‹, ›brutissima‹, ›goffa‹ (plump). In manchen Fällen, so bei der ›maniera secca‹, der trockenen Manier, läßt sich nicht immer leicht entscheiden, ob das Epitheton deskriptiv ist oder welchen genauen Wertakzent es trägt. Häufig kumuliert Vasari die Adjektive und Nomina, die sich wechselseitig ihre Sinnfacetten zuwerfen, so daß nur sehr detaillierte Untersuchungen des vasarianischen Vokabulars es gestatten, Wörter wie ›morbido‹, ›morbidezza‹, ›bizarro‹, ›straordinario‹, ›stupore‹ ›cappriccio‛, ›capriccioso‹, die in maniera explizieren, in Denotation und Konnotationen zu erfassen. Für die zuletzt genannten Epitheta hat die linguistische Semantik eine besonders starke Häufung in den Künstlerviten der ›terza età‹, also dem Jh., dem Vasari selber angehört, feststellen können, so daß aus heutiger

---

55 TREVES (s. Anm. 47), 71 f.
56 VASARI (s. Anm. 44), Bd. 7 (Florenz 1906), 682; dt.: Leben der ausgezeichnetsten Maler, Bildhauer und Baumeister, übers. u. hg. v. L. Schorn/E. Förster, Bd. 6 (Stuttgart/Tübingen 1849), 264.

Perspektive der Effekt eines ›manieristischen Arsenals‹ entsteht.[57]

Als Vasari die Geschichte der Vervollkommnung der Renaissancekunst schrieb, die in seiner eigenen Zeit gipfelte, konnte er nicht ahnen, daß die Nachwelt diese Geschichte von etwa 1520 an als ›Manierismus‹ im Sinne einer Abänderung des Wahren konfigurieren und er selbst als ›Manierist‹ betrachtet würde. Vasari selbst kennt nur den Begriff der Manier, mit dem er die Arbeitsweisen und Werke seiner Zeitgenossen beschreibt. Damit wurden die Viten ein hochgradig paradoxaler Quellentext zur Erforschung des Begriffsverständnisses. Und besonders der absolute Gebrauch der maniera ist aus der Perspektive des 20. Jh. von Interesse. In der Vita Masaccios wird wie in dem Raffaelbrief das Fehlen von maniera als ein schlechter Stil betrachtet. Masaccio habe gesehen, daß die Figuren, die perspektivisch nicht richtig auf den Füßen, sondern den Fußspitzen stehen, es in wesentlichen Dingen an Güte und Manier vermissen ließen (»mancavano d'ogni bontà e maniera nelle cose essenziali«[58]). Maniera erscheint hier also in der Bedeutung des richtigen Stils und ist auf die perspektivischen Errungenschaften der Renaissance bezogen. Daß mit maniera bei Vasari fundamental eine Qualität der Renaissancekunst gemeint ist, wird noch deutlicher im *Proemio* zu den Viten des 3. Teils, wo »regola, ordine, misura, disegno e maniera« als Errungenschaften der Künstler des 2. Teils der *Vite*, also des Quattrocento, gelobt werden: »Veramente grande augmento fecero alle arti della architettura, pittura e scultura, quelli eccellenti maestri che noi abbiamo descritti sin qui nella Seconda Parte di queste Vite, aggiugnendo alle cose de' primi regola, ordine, misura, disegno e maniera, se non in tutto perfettamente, tanta almanco vicino al vero«. (Reichen Zuwachs an Vollkommenheit erlangten die drei bildenden Künste durch die trefflichen Meister, deren Lebensbeschreibungen wir in dem zweiten Theil unseres Werkes gegeben haben. – Regel, Ordnung, Maaß, Zeichnung und Manier hatten ihre Arbeiten im Vergleich zu denen der ersten Periode gewonnen.) Die Manier ist hier also eindeutig in einem rinascimentalen Zusammenhang benutzt. Vasari hat sie nicht für seine eigene Zeit reserviert. Sie steht »der Wahrheit« nahe, waren doch die vorausgegangenen Künstler »vicino al vero«[59], auch wenn sie noch nicht die Größe Raffaels und Michelangelos erreichen konnten.

Vasari erläutert dann diese fünf Werte näher und gibt dabei eine Definition dessen, was er unter ›bella maniera‹ versteht: »La maniera venne poi la più bella dall'avere messo in uso il frequente ritrarre le cose più belle, e da quel più bello o mani o teste o corpi o gambe aggiugnerle insieme, e fare una figura di tutte quelle bellezze che più si poteva, e metterla in uso in ogni opera per tutte le figure; che per questo modo si dice esser bella maniera.« (Die *Manier* endlich erlangte dadurch die höchste Schönheit, daß man sich häufig geübt hatte, einen einzigen Körper mit aller nur möglichen Herrlichkeit zu umkleiden, und dieß in jedem Werk bei allen Gestalten zu thun, das ist was man schöne Manier nennt.) (8; dt. VII) Ausgelassen ist in der Übersetzung der eigentlich technische Teil, daß man nach verschiedenen Modellen die jeweils schönsten Hände, Köpfe, Körper, Füße porträtiert und zusammensetzt.

Interessant noch die Anmerkung des Übersetzers Ernst Förster aus dem Jahr 1843: »Es bedarf kaum der Erwähnung, daß Vasari den Ausdruck *Manier* nicht in dem schlimmen Sinne nimmt, den wir Deutschen gegenwärtig fast allgemein damit verbinden. Auch die heutigen Italiener brauchen ihn noch in Vasari's Sinn, indem sie damit ungefähr dasselbe bezeichnen was wir unter *Styl* verstehen, nämlich die aus Gesinnung und Uebung des Auges entspringende Gewöhnung, die Formen der natürlichen Gestalten nach gewissen allgemeinen Gesetzen vorzutragen. Das Unklare und Schwankende in den obigen Definitionen unseres Autors fällt in der des Wortes Manier am meisten auf, denn er unterscheidet nicht, daß jene eklektische Weise, das Schönste aus der Natur im Kunstwerke zusammenzubringen, auf ganz falsche Wege führen kann, sobald sie nicht von einem wahren, in der Natur selbst begründeten Gesetze geleitet

---

57 Vgl. ROLAND LE MOLLÉ, Georges Vasari et le vocabulaire de la critique d'art dans les ›Vite‹ (Grenoble 1988), 159 ff.
58 VASARI (s. Anm. 44), Bd. 2 (Florenz 1906), 288.
59 Ebd., Bd. 4 (Florenz 1906), 7; dt. Bd. 3/1 (Stuttgart/Tübingen 1843), V.

I. Stationen der Wort- und Begriffsgeschichte

wird. Was wir im schlimmen Sinne *Manier* nennen, ist eben jene künstlerische Handhabung der Naturgestalten nach willkürlich angenommenen Formgesetzen, die unmittelbar zur Unwahrheit führt.« (VII f.) Fragen wir uns nach diesem Vorgriff auf das, was man später bis zu den 20er Jahren des 20. Jh. als die Manier im schlimmen Sinne begreifen wird, was die Künstler der ›terza età‹, der dritten Stilformation also, von denen der zweiten unterscheidet. Vasari benutzt als Synonym für das dritte Zeitalter auch ›terza maniera‹, und zwar im Zusammenhang mit Leonardo da Vinci, der den dritten Teil der Viten eröffnet, »il quale dando principio a quella terza maniera che noi vogliamo chiamare la moderna« (mit ihm begann die dritte Manier, welche wir die moderne nennen wollen) (11; dt. XII). Hier sind die drei Zeitalter implizit als drei Epochenstile aufgefaßt.

Nach der Synthese der ›terza maniera‹, die das Vorwort bietet, besteht der wesentliche Unterschied gegenüber den Künstlern der zweiten Stilformation darin, daß zur Regel nunmehr eine Lizenz, eine Freiheit hinzukommt (woraus in der Abwertungsgeschichte der Manier ›Willkür‹ wurde): »Ma sebbene i secondi agomentarono grandemente a queste arti tutte le cose dette di sopra, elle non erano però tanto perfette, che elle finissino di aggiugnere all'intero della perfezione, mancandoci ancora nella regola una licenzia che, non essendo di regola, fosse ordinata nella regola, e potesse stare senza fare confusione o guastare l'ordine; il quale aveva bisogno d'una invenzione copiosa di tutte le cose, e d'una certa bellezza continuata in ogni minima cosa, che mostrase tutto quel ordine con più ornamento.« (Erst die Meister der zweiten Periode eröffneten durch die oben genannten Verbesserungen eine weitere Bahn; doch auch sie gelangten nicht dahin, ihr die letzte Vollkommenheit zu verleihen. Der Regel fehlte eine gewisse Freiheit, die, ohne Regel zu seyn, durch die Regel geordnet ist und bestehen kann ohne Verwirrung zu veranlassen und die *Ordnung* zu verderben. Dieser that Mannichfaltigkeit in der Erfindung und eine gewisse Schönheit bis in die geringfügigsten Dinge noth, damit sie reicher werde an Schmuck und Zierde.) (9; dt. VIII f.)

Das ist Vasaris Definition jenes Epochenstils,

den die durch ihn inaugurierte Kunsthistoriographie später Manierismus nannte. Das Problem der ›der Regel untergeordneten Regellosigkeit‹, der invenzione, des concetto und des ornamento wird uns noch beschäftigen.

Dieser vereinheitlichenden Definition aber steht die partikularisierende und individualisierende Vita des einzelnen Künstlers gegenüber, um dessen Ruhm es geht. So setzt die terza maniera sich aus einer Vielzahl von Individualstilen zusammen und unterscheidet sich dadurch von der zweiten Periode (wir folgen immer noch dem Vorwort), daß Leonardo Regel, Ordnung, Maß und Zeichnung noch mehr zu vervollkommnen versteht und mit »grazia divina« seinen Figuren Leben einhaucht; daß Giorgione das »sfumato« erfindet (»il quale sfumò le sue pitture« hat der Übersetzer mit »der seine Bilder sehr duftig malte« wiedergegeben) und durch ein Claroscuro allem »una terribil movenzia« (eine ungewöhnliche Lebendigkeit) gibt; daß »der anmuthbegabte« (graziosissimo) Raffael die Werke der Alten und Modernen studierte und »aus allem das Beste schöpfte« (prese da tutti il meglio) und die »intera perferzione« (tadellose Vollkommenheit) von Apelles und Zeuxis nicht nur erreichte, sondern vermutlich übertraf, wie er ja »die Natur im Spiel der Farben« besiegte (Laonde la natura restò vinta dai suoi colori). Es folgen Correggio, dessen neue Art, die Haare zu malen, »d'una piumosità morbidi« (in weicher Fülle) ist; Francesco Mazzola aus Parma, Il Parmigianino, der Correggio an »grazia«, »ornamenti« und »bella maniera« übertrifft: beim Anschauen seiner Bilder glaubt man, das Schlagen des Pulses zu gewahren; Polidoro und Maturino, deren Fassadenmalerei und »terribilissime invenzioni« (gewaltigsten und wunderbarsten Erfindungen) Erstaunen erregen, sieht man die Figuren doch in einer Gestik, deren Ausführung unmöglich erscheinen will; Rosso, Fra Sebastiano, Giulio Romano und Perin del Vaga, die schon Verstorbenen, die ihren Figuren durch Farbe Leben gegeben haben; schließlich die allen bekannten Zeitgenossen, die Vasari – mit Ausnahme Michelangelos – im Vorwort nicht mehr namentlich nennt. Wichtig sei statt dessen, zu vermerken, denn das gehöre auch zu der neuen Zeitqualität dieser dritten Periode, daß ein Maler heute dank der Schulung und Fertigkeiten und dank der Möglichkeiten, die ihm durch die vorangegangenen Künstler eröffnet worden seien,»sechs Bilder in einem Jahr zu vollenden [vermöchte], während die frühern Meister zu einem einzigen Bilde sechs Jahre Zeit bedurften« (prima da que' nostri maestri si faceva una tavola in sei anni, oggi in un anno questi maestri ne fanno sei [13; dt. XVI]). In der späteren Abwertungsgeschichte der maniera spielten solche Phänomene der technischen Versiertheit eine große Rolle: die Manieristen hätten nur noch auf ihre Fertigkeiten gebaut, auf pratica und maniera, und seien deshalb von der Natur und vom Wahren abgewichen und in Willkür und Mechanik ›ausgeartet‹.

Soviele ›sterbliche Götter‹ Vasari unter seinen Künstlern kennt, die terza maniera gipfelt in »il divino Michelagnolo Buonarroti«, das heißt in der »Kraft seines göttlichen Geistes« (la virtù del divinissimo ingegno suo [ebd.]). Michelangelo ist so groß, daß er schon die Alten und die Natur besiegt hat und nur noch sich selbst besiegen kann. Virtù, ingegno, invenzione, concetto werden ästhetische Schlüsselkonzepte, nicht nur in der Vita Michelangelos, aber hier besonders markant. In der Vita Michelangelos geht es um dessen »grandi e terribili concetti« (Bd. 7, 270), der neuplatonische Begriff würde ›Ideen‹ lauten. Concetto, idea oder ›disegno interno‹ (innere Zeichnung), wie die späteren Kunsttheoretiker sagen werden, treten in eine Beziehung zur maniera als Handhabung (äußere Zeichnung und Ausführung). Von der ›gran maniera‹ Michelangelos, die nicht mehr die ›bella maniera‹ der früheren Maler ist, spricht Vasari im Zusammenhang des Jüngsten Gerichts. Es geht um die ›profondità dell'arte‹ in der Darstellung des nackten menschlichen Körpers:»Basta che si vede, che l'intenzione di questo uomo singolare non ha voluto entrare in dipignere altro che la perfetta e proporzionatissima composizione del corpo umano, ed in diversissime attitudini; non sol questo, ma insieme gli affetti delle passioni e contentezze dell'animo, bastandogli satisfare in quella parte; nel che e stato superiore a tutti i suoi artefici; e mostrare la via della gran maniera e degli ignudi, e quanto e' sappi nelle difficultà del disegno; e final-

---

60 Ebd., Bd. 7 (Florenz 1906), 210; dt. Bd. 5 (Stuttgart/Tübingen 1847), 346 f.

mente ha aperto la via alla facilità di questa arte nel principale suo intento, che e il corpo umano; ed attendendo a questo fin solo, ha lassato da parte le vaghezze de' colori, i capricci e le nuove fantasie di certe minuzie e delicatezze, che da molti altri pittori non sono interamente, e forse non senza qualche ragione, state neglette.« (Genug daß man sieht, die Absicht dieses seltenen Meisters war keine andere, als mit dem Pinsel die vollkommene und richtige Gestaltung des menschlichen Körpers in den verschiedensten Bewegungen darzustellen, und nicht nur dieses, sondern zugleich auch die Wirkung der Leidenschaften und den Frieden der Seele, wobei es ihm darauf ankam, nur in den Dingen zu befriedigen, worin er allen Meistern überlegen war: in Darlegung einer großen Manier im Nackten und in den größten Schwierigkeiten der Zeichnung, und so hat er die Bahn gebrochen für die Fertigkeit in der Kunst in ihrer Hauptaufgabe, nämlich dem menschlichen Körper, und unverrückt dieß Ziel vor Augen, bekümmerte er sich nicht um den Reiz des Colorits, um Gedanken und neue Einfälle in gewissen Kleinigkeiten und Annehmlichkeiten, die andere Meister [vielleicht mit einigem Recht] nicht ganz vernachlässigt haben.)[60]

Wir haben es hier also mit dem Musterbeispiel eines singulären Individalstils zu tun, der dadurch entsteht, daß der Künstler ohne Rücksicht auf das Übliche und die Konventionen des Schönen seine Intention und sein Konzept verfolgt, und zwar so, daß dieses große und ungeheure concetto unmittelbar sichtbar wird, sobald das Fresko dem Blick der Öffentlichkeit enthüllt wird. Dieses concetto besteht darin, eine Schwierigkeit zu bewältigen (und zu zeigen, daß sie bewältigt werden kann): die Darstellung des menschlichen Körpers als solchen, nämlich in seiner Nacktheit, und in all der Variation seiner Bewegungen und in all der Variation der Affekte, die durch die Bewegungen ausgedrückt werden. Und dieser vollkomme Künstler malt nicht so, wie man es von einem vollkommenen Künstler erwartet. Vielmehr vernachlässigt er bewußt alles, was seinem concetto nicht unmittelbar dient. Das concetto selbst ist also ein integraler Bestandteil der Ausführung und des Stils (maniera). Die terza maniera (sprich: der Manierismus des Cinquecento) legt damit – dies ist die These, die als Ariadnefaden durch das begriffsgeschichtliche Labyrinth der Manier vertreten werden soll – ihr concetto bloß. Eben das wurde in der Folgezeit als Willkür ausgelegt, als man (›klassizistisch‹) die Bloßlegung des Concetto im Verfahren der Manier als eine Abkehr vom Wahren zu perspektivieren begann. Die der Natur und der Wahrheit verpflichtete Kunst, so sahen es die Späteren bis hin zu Goethe und darüber hinaus, hatte das Concetto ebenso wie das Verfahren zu verdecken. Ihre Gemachtheit, ihre ›Kunst‹ (arte) sollten nicht offenbar werden.

Welches sind nun in Vasaris grand récit der Stilabfolge der Künste der Renaissance und in den Einzelviten die symptomatischen Anhaltspunkte für die spätere Abwertung der Maniera als einer bloß mechanischen und seelenlosen Reproduktion der Meister, besonders des ›vollkommenen‹ Raffael und des ›genialen‹ Michelangelo? Vasari reflektiert nirgends, daß das historiographische Muster vom Verfall und Wiederaufstieg der Künste, welches er selbst in seiner Rinascità der Künste seit Cimabue und Giotto appliziert hatte, seine eigene Progreßgeschichte der Rinascità wieder ablösen könnte. Im Gegenteil scheint für ihn ausgemacht zu sein, daß selbst das ›Originalgenie‹ Michelangelos, das die Fesseln der Regeln gesprengt hat, den Künstlern dadurch neue Wege weist. Die individuelle Maniera, die Hegel später ganz für Subjektivität halten wird, ist bei Vasari stets den anderen Künstlern zur Disposition gegeben, sobald das Werk enthüllt wird. Michelangelo gestaltet die Sakristei von San Lorenzo, für die er die Grabmäler für Lorenzo und Giuliano de' Medici schafft, nach dem Vorbild Brunelleschis und weist Variationsvorschläge zurück: »si può ben variare, ma migliorare no« (anders wohl, aber nicht besser) (192; dt. 323), um jedoch statt dessen in der Dekoration um so eklatanter von Brunelleschi abzuweichen: »vi fece dentro un ornamento composito nel più vario e più nuovo modo, che per tempo alcuno gli antichi ed i moderni maestri abbino potuto operare; perchè nella novità de sì belle cornici, capitegli e base, porte, tabernacoli e sepolture fece assai diverso da quello che di misura, ordine e regola facevano gli uomini, secondo il comune uso, e secondo Vitruvio e le antichità, per non volere a quell aggiugnere: la quale licenzia ha dato grande animo a quello che hanno veduto il far suo, di mettersi a imitarlo; e nuove fantasie si sono vedute poi, alla grottesca piuttosto che a ragione o regole, a'loro ornamenti. Onde gli artefici gli hanno infinito e perpetuo obligo, avendo egli rotti i lacci e le catene delle cose che per via d'una strada comune eglino di continuo operavano.« (so brachte er eine Verzierung in gemischter Ordnung an, die mannichfaltigste, ungewöhnlichste, welche jemals von alten oder neuen Meistern angewendet werden konnte, denn die schönen Gesimse, Capitäle, Basen, Thüren, Tabernakel und Grabmäler sind völlig verschieden von dem was die Menschen früher für Maß, Ordnung und Regel geachtet hatten, nach allgemeinem Brauch, nach den Bestimmungen Vitruvs und der Altherthümer, dem er sich nicht anschließen mochte. Solche Kühnheit ermuthigte diejenigen, welche Michelagnolo's Verfahren sahen, ihn nachzuahmen; und neue Erfindungen hat man seitdem gesehn, grottesk vielmehr, als nach herkömmlichem Gesetze der Ornamentik. Daher sind ihm die Künstler zu dauerndem Danke verpflichtet, daß er die Bande und Ketten brach, mit denen belastet alle stets auf der gewöhnlichen Straße fortgegangen waren.) (193; dt. 323 f.)

Vasari stellte sich also nicht vor, daß Michelangelo prinzipiell nicht nachgeahmt werden könne, doch bemerkt er an anderer Stelle, gegen Ende der Vita Raffaels, daß nicht jeder Künstler durch die Nachahmung Michelangelos gewinnen würde. In der folgenden Passage – Raffael studiert Michelangelos gran maniera der ›ignudi‹ und erkennt, daß er hier nicht mit ihm rivalisieren kann – sieht Ernst Gombrich die nachvasarianische Dekadenzgeschichte der Cinquecentokunst, die in den Begriff des ›Manierismus‹ mündet, in nuce vorgeprägt[61]: »Queste cose, dico, considerando Raffaello, si risolvè, non potendo aggiugnere Michelagnolo in quella parte, dove egli aveva messo mano, di volerle in queste altre pareggiare e forse superarlo; e così si diede non ad imitare la maniera di coliu, per non perdervi vanamente il tempo, ma a farsi un ottimo

---

61 Vgl. ERNST GOMBRICH, Introduction: The Historiographic Background, in: The Renaissance and Mannerism. Studies in Western Art. Acts of The Twentieth International Congress of the History of Art, Bd. 2 (Princeton/N. J. 1963), 167.

universale in queste altre parti che si sono raccontate. E se così avessero fatto molti artefici dell'età nostra, che per aver voluto seguitare solamente lo studio solamente delle cose di Michelagnolo non hanno imitato lui, nè potuto aggiugnere a tanta perfezione; eglino no arebbono faticato invano nè fatto una maniera molto dura, tutta piena di difficultà, senza vaghezza, senza colorito, e povera d'invenzione; ladove arebbono potuto, cercando d'essere universali e d'imitare l'altre parti, essere stati a se stessi ed al mondo di giovamento.« (Dieß war es, was Raffael erkannte, und er beschloß, da er Michel Agnolo in dem nicht erreichen könne worin er ihm nachgestrebt hatte, wolle er in jener andern Art der Kunst ihm gleich kommen oder vielleicht ihn übertreffen, kurz er gab es auf ihn nachzuahmen, um nicht unnöthige Zeit zu verlieren, und bestrebte sich in allen Theilen eines anderen Gebietes vollkommen zu werden. Hätten viele Künstler unserer Zeit eben so gethan, die sich einzig dem Studium der Werke Michel Agnolo's widmeten, ihn jedoch weder nachahmten noch zu erreichen vermochten, so würden sie ihre Mühe nicht umsonst aufgewandt und nicht eine harte Manier voll Schwierigkeiten, ohne Reiz, ohne Colorit und arm an Erfindung geschaffen haben, während ein Streben nach allgemeiner Ausbildung und Vervollkommung auch der übrigen Theile der Kunst ihnen selbst und der Welt Nutzen bereitet hätte.)[62]

Hinter dem Rücken von Vasari etablieren sich so jene Schemata, die Raffael zum universalen, d. h. ›klassischen‹ Künstler erheben, der all jene Vorzüge vereint, die seinen Gestalten ein Optimum an Schönheit und Anmut verleihen, während der ›antiklassische‹ späte Michelangelo in seiner Rücksichtslosigkeit gegenüber allem, was nicht seinem großen und gewaltigen concetto dient, jene, die es ihm an invenzione nicht gleich tun, in die Irre und in eine ›harte Manier‹ führt. Raffael wählt »un modo mezzano di fare, così nel disegno come nel colorito« (in Zeichnung und Colorit eine mäßige Methode), indem er die Vorzüge aller guten Meister verbindet, so daß er »aus vielen Manieren eine einzige [bildete], die nachmals für seine eigenthümliche galt«: »fece di molte maniere una

---

[62] VASARI (s. Anm. 44), Bd. 4, 376; dt. Bd. 3/1, 243.

sola, che fu poi sempre tenuta sua propria.« (377; dt. 243 f.)

Das neoklassizistische 17. Jh. hat die technischen und generativen Implikationen des maniera-Begriffs bei Vasari, die sich selbstverständlich nicht widerspruchsfrei artikulieren konnten und doch dominant sind, nicht mehr nachvollzogen. Statt dessen wurde die Kunst gespalten in einen idealen ›Stil‹, der überdimensionierte Schönheit mit dem Effekt des ›Lebendigen‹, ›Wirklichen‹ und ›Natürlichen‹ verknüpft, und die ›Manier‹, die ihr Verfahren bloßlegt oder durch die Außergewöhnlichkeit ihres Concetto zur Reflexion auffordert und Faszination oder Irritation erregt, indem sie das Häßliche, Fantastische und Groteske riskiert. Die Anmerkungen Ernst Försters, des Übersetzers der Viten Vasaris ins Deutsche, sind typisch für jenen radikalen Wandel der Perspektive, die in der 2. Hälfte des 17. Jh. zur Verachtung der maniera und zur doxa führte, die noch das gesamte 19. Jh. beherrschte und der sich nicht einmal Jacob Burckhardt und Heinrich Wölfflin entziehen konnten. Förster schreibt zu Vasaris Bemerkung, daß Raffael es aufgegeben habe, Michelangelo nachzuahmen: »Es bedarf wohl kaum der Erinnerung, daß Vasari in seiner Parteilichkeit für Mich. Angelo, der Rivalität Raffaels mit diesem zuschreibt was nur eine Wirkung der Universalität von Raffaels Talent war.« Zu seiner Bemerkung, daß etliche Künstler Michelangelo besser nicht nachzuahmen versucht hätten: »Diesen Vorwurf mußte Vasari am meisten sich selbst machen.« Zu der Auffassung, daß Raffael aus vielen ›maniere‹ seine eigene geformt habe: »Raffaels Kunst wäre sicher sehr unlebendig gewesen, wenn sie in absichtlicher Nachahmung und Vermischung verschiedener Manieren bestanden hätte. Er eignete sich allerdings das Gute an wo er es fand und blieb hinter keinem Fortschritt zurück; aber was ihn dabei leitete, war sein immer frisches Auge für die Natur, und das unablässige Studium derselben aus dem Standpunkt seiner künstlerischen Ideen.« (243 f.)

Ganz gegen ihre Intention wurden Vasaris Viten zu einem paradoxen Begründungstext der Abwertung der Maniera und der Verachtung der Manieristen. Die Fortsetzer des kunsthistorischen Vitenwerks von Vasari, so meint Gombrich, hätten gar keine andere Wahl gehabt, als die Folgezeit als eine neuerliche Verfallszeit zu konzipieren, um neue Künstler von universaler Größe als Retter des Kunstideals zu profilieren:»Agucchi, Baglione and Bellori, Passeri and Malvasia, who wanted to continue Vasari's œuvre and allocate a proper place of glory to Annibale Carracci, could hardly do otherwise than to present him as a savior from decline who at last understood the importance of Raphael's precept and selected a perfect mixture of styles, thus overcoming the debased and problematic *maniera* of the affected imitators of Michelangelo.«[63]

5. Die Abwertung der maniera und ihre pejorativen Begriffsderivate (Manieristen, manieriert, Manierismus)

Das Cinquecento hat eine überwältigende Fülle kunsttheoretischer Schriften, häufig in Dialogform, hervorgebracht, die der Geschichte des maniera-Diskurses viele weitere Facetten hinzufügen.[64] Schon bei Vasari finden sich einige Stellen, wo die maniera im Sinne eines Defekts aufgefaßt wird. So gibt Perugino allen seinen Figuren die gleiche Miene (aria) und wiederholt sich in seiner Manier.[65] Giorgione hingegen gibt acht, die Natur nachzuahmen und diesem Fehler zu entgehen (vgl. Bd. 4, 97). Von der Skulptur eines Lockenhauptes sagt Vasari einmal, sie sei »più di maniera che d'imitazione naturale« (Bd. 1, 149). Wie Treves bemerkt, konnten solche Formulierungen, losgelöst aus ihrem Kontext, leicht zu einer Abwertung der Manier umgedeutet werden. Solche negativen Bewertungen der maniera als einer Art von geschickter Routine tauchen im Rahmen verschiedener Debatten über das ideale Schöne auf, so zuerst dezidiert in Lodovico Dolces *Dialogo della Pittura intitolato l'Aretino* (1557), der die bewundernswerte Variation in der Produktion des Schönen bei Raffael lobt, die frei sei von dem, was heutige Maler in einem schlechten Sinne als maniera bezeichneten, d. h. eine schlechte Praxis, bei der man fast immer gleiche Formen und Züge zu sehen bekomme (»quello che da' pittori oggi in mala parte è chiamata maniera, cioè cattiva pratica, ovve si veggono forme e volti quasi sempre simili«[66]); oder auch an einer Stelle in Vincenzo Dantis *Trattato delle perfette proporzioni* (1567), der die Aneignung einer eigenen maniera durch kontinuierliches Kopieren dieser oder jener alten oder modernen Vorlagen einmal als nicht zum Wahren führend ablehnt.[67] So steht die maniera im Cinquecento im Fokus einer kontinuierlichen kritischen Aufmerksamkeit, den Blick für identische, variierende und innovierende Verfahren entschieden geschärft hat. Sie wird zu einem Grundbegriff des positiven oder negativen Kunsturteils, den Horst Bredekamp auf die prägnante Formel gebracht hat:»Zu wenig Hand‹ wurde im sechzehnten Jahrhundert zunächst zum Synonym für technische Mängel; ›zu viel Hand‹ dagegen bedeutete ein Defizit an Ingenium und Originalität.«[68] Pejorative Derivatformen von maniera kennt das Cinquecento nicht. Mit dem alten, aus dem höfischen Repertoire stammenden Adjektiv ›manieroso‹ ist weiterhin etwas Schönes und Stilvolles gemeint.

Erst ein Jh. später taucht im Zeichen der klassizistischen französischen Doktrin erstmals der Ausdruck ›Manieristen‹ auf, in der 1662 in Le Mans publizierten *Idée de la perfection de la peinture* von Roland Fréart Sieur de Chambray. Kern dieser Schrift ist ein Vergleich von »Raphael d'Vrbin, le plus parfait Peintre des Modernes«, an dem die Prinzipien des Kunstideals dargelegt werden, und »Michelange, plus grand en reputation, mais beaucoup moindre en merite que Raphael«, dessen »extrauagantes Compositions« das Negativbeispiel einer künstlerischen Libertinage (»la temerité des libertins«) und der Regelverletzungen (besonders der »bienséance« und der Trennung von Profanem und Sakralem) abzugeben haben. Was Vasari ›una certa licenzia‹ nannte, die scheinbar regellos doch Regeln unterworfen sei, ist bei Fréart zum bloßen

---

63 GOMBRICH (s. Anm. 61), 167 f.
64 Vgl. PAOLA BAROCCHI (Hg.), Trattati d'arte del Cinquecento. Fra Manierismo e Controriforma (Bari 1960–1962).
65 Vgl. VASARI (s. Anm. 44), Bd. 3, 585.
66 LODOVICO DOLCE, Dialogo della Pittura intitolato l'Aretino (1557), in: Barocchi (s. Anm. 64), Bd. 1 (1960), 196.
67 Vgl. VINCENZO DANTI, Il primo libro del trattato delle perfette proporzioni (1567), in: Barocchi (s. Anm. 64), Bd. 1, 240.
68 HORST BREDEKAMP, Der Manierismus. Zur Problematik einer kunsthistorischen Erfindung, in: Braungart (s. Anm. 21), 111.

»caprice« geworden, das zu einem modischen Neuerungswahn führt, einem neuen Jargon (»ils ont mesmes inventés un jargon exprès«) und lauter trügerischen Schönheiten, die die Alten nicht gekannt haben: »la Fraischeur et la Vaghesse du Coloris, la Franchise du pinceau, les Touches hardies, les Couleurs bien empastées et bien nourries, le Detachement des Masses, les Drapperies bien iettées, les beaux plis, les Coups de Maistre, la Grande Maniere, les Muscles bien ressentis, les beaux Contours, les belles Teintes, et la Morbidesse des Carnations, les beaux Groupes, les beaux Morceaux«[69].

Diese Aufzählung bietet eine erste ›Gruppenbildung‹ sowohl extravaganter Neuheiten wie des dazugehörigen Jargons (d. h. des Vokabulars von Vasari). Eine zweite Gruppenbildung erfolgt mit der Nennung der Namen diverser »Desseignateurs praticiens«, die vom Wahren abgewichen sind: »les Saints Martins de Boulogne, Les Maistres Rousses, les Tintorets, les Pauls Veroneses, les Parmesans, les Freminets, les Iosepins, et vn nombre d'autres tels Desseignateurs praticiens de la mesme espece« (117). Jene »Desseignateurs praticiens«: »trauaillent plutost en gens de mestier« (119) und werden schließlich mit dem Gruppennamen »manieristes« (120) belegt.

Daran ist zweierlei bemerkenswert: Vasari, selbstverständlich eine Hauptquelle auch Fréarts, hatte die Zeichnung zum Vater der drei Künste (Architektur, Skulptur, Malerei) erklärt. Anders als die neuplatonischen Kunsttheoretiker Paolo Lomazzo und Federico Zuccaro, die den disegno vorrangig der Idea assoziieren und von der Handhabung, dem ›mestier‹ weitestgehend abtrennen, ist der disegno bei Vasari in erster Linie als Vermittlungsinstanz von concetto und maniera gedacht, hat also immer etwas mit ›Professionalität‹ zu tun, um ein Wort von heute zu benutzen. Da maniera bei Vasari gleichzeitig ein weites Spektrum von ›uzanza‹ über ›pratica‹ bis hin zum singulären Individualstil umfaßt, konnte Fréart in der Erfindung des Ausdrucks ›Manieristen‹ seinen ausgeprägten Haß gegen Michelangelo als den ursprünglichen Verderber und Libertin der Kunst mit dem Bedeutungskomplex des Routinierten bloß schematisch arbeitender Künstler verknüpfen. Die Genealogie der zwiespältigen Eintracht, die dem Begriff bis heute innewohnt, indem ihm zugemutet wird, sowohl normensprengende singuläre Künstler (›Genies‹) als auch Routiniers und Mecchanisti (›Epigonen‹) zu bezeichnen, wird hier greifbar.

Ein zweiter Aspekt, der sich bei Fréart in nuce beobachten läßt, ist die Rolle, die die Bildung eines Gruppenbegriffs ›Manieristen‹ für Kanonisierungsprozesse zu spielen beginnt und künftig verstärkt spielen wird. Fréart rühmt unter den Modernen allein Domenichino, den besten unter den Schülern der Carracci, sowie »nostre Illustre François Nicolas Poussin«, und beklagt, daß es unter den Zeitgenossen immer noch Maler gebe, die diesen Künstlern »des Josepins, des Lanfrancs, et d'autres semblables manieristes« (120) vorziehen würden. Als einem Anhänger der ›Anciens‹, für den die Vorbildhaftigkeit der Antike fraglos ist, geht es Fréart darum, Poussin im Kanon derer zu verankern, die die Größe der klassischen Antike wiederhergestellt haben. Wenn Leonardo da Vinci und Raffael der Protogenes und Apelles unter den Modernen sind, so kann »Poussin comme un autre Timanthe« (126) dem Kanon eingereiht werden. Diese Konstitution eines (doppelten) Klassikerkanons aber stützt sich auf die Abwertung der Manieristen, die damit – implicite – als ›unklassisch‹ oder ›antiklassisch‹ konstituiert wurden, in dem Moment jedoch, wo sie wiederentdeckt werden sollten, gegenkanonische Vorbildfunktionen zu übernehmen hatten.

Le Vite de' pittori, scultori e architetti moderni von Giovan Pietro Bellori, die 1672 in Rom erschienen, haben keinen Neologismus aufzuweisen, wie ihn Fréart de Chambray mit den ›maniéristes‹ kreiert, doch erhält die maniera hier den Bedeutungsinhalt des späteren Manierismus.[70] Auch dem vom französischen Klassizismus beeinflußten Bellori geht es wie dem literarischen Vorbild Vasari um das Rühmen der Zeitgenossen, allen voran des in Rom lebenden Malers Poussin, eines seiner engsten Freunde. Und das zu Poussin führende neue Zeitalter der Kunst beginnt mit der Wiederbelebung der niedergegangenen Malerei durch die Bo-

---

69 Vgl. ROLAND FRÉART SIEUR DE CHAMBRAY, Idée de la perfection de la peinture (1662; Amersham 1984), 62.
70 Vgl. TREVES (s. Anm. 47), 78.

I. Stationen der Wort- und Begriffsgeschichte 811

logneser Malerschule der Carracci, nachdem das glückliche Zeitalter der Renaissance, das seit Cimabue und Giotto zweihundertundfünfzig Jahre vorangeschritten war, aus königlicher Höhe in Niedrigkeit verfallen war. In der berühmten Einleitung der Vita von Annibale Carracci wird dieser Verfall der Kunst wie folgt beschrieben: »Siché, mancato quel felice secolo, dileguossi in breve ogni sua forma; gli artefici, abbandonando lo studio della natura, viziarono l'arte con la maniera, o vogliamo dire fantastica idea, appoggiata alla pratica e non all'imitazione. Questo vizio distruttore della pittura cominciò da prima a germogliare in maestri di onorato grido, e si radicò nelle scuole che seguirono poi; onde non è credibile a raccontare quanto degenerassero non solo da Raffaelle, ma da gli altri che a la maniera diedero cominciamento.«[71] (So verlor die Kunst, als dieses glückliche Jahrhundert niederging, binnen kurzem ihre ganze Form, und indem die Künstler das Studium der Natur aufgaben, verdarben sie die Kunst mit der Manier, oder auch phantastischen Idee, die sich auf die Routine und nicht die Nachahmung stützte. Dieses Laster, das die Malerei zerstört, begann zuerst in Meistern von Ruf zu keimen und verwurzelte sich dann in den folgenden Schulen. Daher ist es kaum zu glauben, wenn man erzählt, wie sehr sie nicht nur von Raffael degenerierten, sondern auch von den andern, die die Manier einführten.)

Damit hat die Maniera eine neue rein pejorative Qualität bekommen. Sie ist ein ›vizio‹, ein Laster oder Fehler, eine Verderbnis oder Degeneration der Kunst (im 19. Jh. dann auch ›Entartung‹). Zugleich dient sie als Name für eine Periode (den Großteil des 16. Jh.), die erstmals als eine Periode der Kunstlosigkeit historisiert wird, einer Kunst- und Stillosigkeit, die ganze Malerschulen ergreift, nicht nur in Florenz und der Toskana, sondern auch in Rom, wo die ideale Kunst von zwei entgegengesetzten Extremen aus bekämpft wird, »l'uno tutto soggetto al naturale, l'altro alla fantasia« (32), wofür einerseits Caravaggio steht, der die Körper kunstlos kopiert, wie sie dem Auge erscheinen, andererseits Giuseppe d'Arpino, der keine Rücksicht auf das Natürliche nimmt und einfach der Freiheit seines Instinkts folgt. Selbst in Venedig, wo die Malerei länger währte (eine Huldigung an Tizians Colorit), kommt der Farbenklang mit Tintoretto zum Schweigen. Maniera ist nun ein negativer Qualitätsname für einen verderbten Stil sowie ein Epochenname für eine stillose Periode. Damit bietet Bellori in kondensiertester Formulierung die Lehrmeinung, die bis ins späte 19. Jh. von Bestand sein wird.

Der Manierismusbegriff in seiner pejorativen Resonanz, die bis in die ersten beiden Jahrzehnte des 20. Jh. andauerte, bedeutet im Kern nichts anderes als Belloris ›Verderbnis durch die Manier‹, taucht jedoch erstmals erst 1792 – wir eilen nun der Chronologie beträchtlich voraus – in Luigi Lanzis langjährigem Unternehmen seiner *Storia pittorica della Italia* (1792–1809) auf.[72] Lanzi, bis zum Verbot des Ordens jesuitischer Abt in Florenz, arbeitet nicht mehr auf der Basis einer Vitensammlung, sondern setzt sich das Ziel, der großen Literaturgeschichte Italiens von Girolamo Tiraboschi das Komplement seiner Kunstgeschichte hinzuzufügen. Zu diesem Zweck hat er die gesamte Kunstliteratur Italiens kompiliert, deren Autoren er würdigt oder korrigiert. So äußert er sich beispielsweise gesondert über Vasari als Künstler und über Vasari als Schriftsteller. Lanzis umfassende Quellenkenntnis, seine protopositivistische Akribie, die Kunstwerke richtig zu attribuieren, wie auch seine nationalhistoriographische Intention, zum Ruhme Italiens zu schreiben, bewahren ihn davor, die maniera als solche zu verdammen. Im Gegenteil restituiert er der maniera ihre Bedeutung als Stil und als Technik eines Meisters, an der man Schulen, Einflüsse und ›Handschriften‹ erkennen kann – vielleicht hat er deshalb, um die maniera im positiven (und synonym verwandten) Sinne von Stil, von dem Zeitalter der ›Verderbnis‹ der Kunst abzugrenzen, den Terminus der ›manieristi‹ wiederaufgegriffen und den des ›manierismo‹ erfunden.[73]

---

71 GIOVAN PIETRO BELLORI, Le Vite de' pittori, scultori e architetti moderni (1672), hg. v. E. Borea (Turin 1976), 31.
72 Vgl. LUIGI LANZI, Storia pittorica della Italia dal risorgimento delle belle arti fin presso al fine del XVIII secolo (1792–1809), hg. v. M. Capucci (Florenz 1968).
73 Vgl. JOHN SHEARMAN, Maniera as an Aesthetic Ideal, in: The Renaissance and Mannerism (s. Anm. 61), 210.

Der Neologismus ›manierismo‹ erscheint im Abschnitt über die Nachahmer von Michelangelo und ist ausgerechnet mit der Evaluation Vasaris, d. h. des Malers Vasari, als eines Mustermanieristen verküpft. Man habe gesagt, daß Raffael (1483–1520) für die Kunst zu kurz, Michelangelo (1475–1569) hingegen zu lange gelebt habe. Die Florentiner hätten nur noch ihn nachahmen wollen und für eine »grandiosità di maniera« gehalten, was nur »una folla di figure l'una sopra l'altra posate non si sa in qual piano« (eine Menge von man weiß nicht auf welcher Ebene übereinander gehäuften Figuren) sei. Diese Dekadenz – und hier beruft Lanzi sich auf die Autorität von Filippo Baldinucci, dessen von der Accademia della Crusca adaptiertes *Vocabolario toscano dell'arte del disegno* (1681) die Michelangelonachahmung als »maniera legnosa« (hölzerne Manier) bezeichnet – setzt um 1540 ein und dauert über zwei, drei Generationen an. Man schaue sich nur Santa Croce, Santa Maria Novella und andere Kirchen an, wo diese Maler gewirkt haben: »Pocchi han merito nel colore, molti nel disegno; pocchi vanno immuni dal manierismo già descritto.«[74] (Wenige treten durch die Farbgebung hervor, viele durch die Zeichnung; wenige erweisen sich als immun gegen den schon beschriebenen Manierismus.)

Es erscheint nun höchst bemerkenswert, daß die Emergenz der Ismusbildung eng mit dem Namen Vasaris verküpft ist: »Cominceremo dal Vasari, il quale non solo appartiene a quest'epoca, ma è accusato come una delle principali cagioni della decadenza.« (ebd.) (Beginnen wir mit Vasari, der nicht nur dieser Epoche angehört, sondern auch als eine der Hauptursachen der Dekadenz beschuldigt wird.) Hätte Vasari nur einige wenige Arbeiten geschaffen, die bewundernswert seien, so wäre sein Ruf sehr viel größer. »Ma egli volle far troppo, e il più delle volte antepose la celerità alla finitezza.« (140) (Aber er wollte zu viel tun und gab meistens der Schnelligkeit den Vorrang vor der Vollendung.) Hier kehrt sich also Vasaris Beobachtung der Produktionssteigerung der Künstler der ›terza maniera‹ gegen ihn selbst. Aufgrund dieser Schnelligkeit sei manch eine seiner Figuren nicht ›korrekt‹ (corretta), obwohl er ein guter Zeichner gewesen sei. Auch die Farbgebung lasse zu wünschen übrig. Es sei kein Wunder, habe er doch in seinen Schriften »metodi compendiosi e il ›tirar via di pratica‹« gelobt, »cioè il cavare dall'esercizio e dagli studi già fatti quanto si va dipingendo.« (Schablonen und das ›Vorgehen nach einem Verfahren‹; das heißt, das Schöpfen aus der Routine und schon gemachten Studien, wenn man sich ans Malen begibt). Ein solches Vorgehen aber, so Lanzi, betreffe lediglich den »meccanismo« der Kunst, so daß dieser Weg notwendig zum »manierismo« führe: »Il metodo quanto è vantaggioso all'artista, che così moltiplica i suoi guadagni, altretanto è nocivo all'arte, che per tal via urta necessariamente nel manierismo, o sia alterazione dal vero.« (ebd.) (So vorteilhaft diese Methode für den Künstler ist, der auf diese Weise seine Gewinne vervielfältigt, so schädlich ist sie für die Kunst, die auf diesem Wege notwendig in den Manierismus, das heißt in die Abweichung vom Wahren, fällt.)

Damit ist ein weiter Bogen der Abwertung der maniera der Vasarizeit geschlagen, in deren Konzert noch viele Stimmen mitmischen.[75] Der Glaube, daß die Künstler vom Wahren abgewichen seien, kann sich oberflächlich betrachtet auf Vasari stützen, zumal auf dessen eigene Vita, in welcher der vielbeschäftigte Künstler und Impresario dem Faktor Zeit ein ganz neues Gewicht verleiht. In Wirklichkeit geht es bei der Verdammung der maniera der Vasarizeit jedoch um etwas Grundsätzlicheres und Einschneidenderes als die Vernachlässigung der Mühen um die Perfektion. Was verworfen wird, ist vielmehr der generative Aspekt des künstlerischen Schaffens, der bei Vasari eine später kaum wieder übertroffene Rolle spielt. Diese Dominanz generativer Gesichtspunkte über normative mußte zu einer Vielzahl von Widersprüchen bei Vasari führen, doch postulierte Vasari die prinzipielle (Nach-)Machbarkeit künstlerischer Verfahren. Niemand hat diese generative Haltung ›des Manierismus‹ so früh und so deutlich erkannt wie der Wiener Kunsthistoriker Julius Schlosser, der 1919 schreibt, daß die romantische Genielehre im Sinne der Auffassung, »der wahre Künstler werde als solcher geboren […], im schärfsten Gegensatz

---

74 LANZI (s. Anm. 72), 138.
75 Vgl. CARLO OSSOLA, Autunno del Rinascimento. ›Ideal del Tempio‹ dell'arte nell'ultimo Cinquecento (Florenz 1971).

[steht] zu der allgemein vom Manierismus vertretenen Ansicht der Lernbarkeit der Kunst: als das Kennzeichen des Genies dient aber in diesem Fall die Facilität, die aus reifster Technik entspringende spielende Überwindung aller Schwierigkeiten, das rechte Schiboleth dieser Virtuosenzeit. Dolce betont das nachdrücklich, und Vasaris naiver Stolz auf sein kolossales in wenig Tagen zustandegebrachtes Estherbild in Arezzo steht in bewußtem Gegensatz zu der langwierigen handwerklichen Arbeit älterer Zeiten."[76]

Dieses Denken fand jedoch keine Fortsetzung – aus vielfach überdeterminierten Gründen, die bis heute mit zahlreichen Fragezeichen versehen sind (Reformation?, Gegenreformation und Tridentinum?, Wiedererstarken klassizistischer Doktrinen?). Statt dessen singt das Konzert der vielen Stimmen dominant die Melodie des wahren Stils und der Natur, bei der die maniera – mit Hilfe der sich vermehrenden Suffixe – unterliegt. Subdominant bleibt allerdings die Provokation der maniera als eines Ensembles bewahrt, an dem eine je spezifische Hand (und Handschrift) zu erkennen ist.

Baldinucci spricht in seinen Aufzeichnungen über die Meister der Zeichnung, einer der Hauptquellen Lanzis, nicht von ›Manieristen‹, doch in ähnlichem Sinne von Künstlern »di maniera« oder »ammanierati«, d. h. von Künstlern ›aus Manier‹ oder ›manierierten‹ Künstlern, und von einem Fehler, den man »maniera« oder »ammanierato«[77] nenne. Sein *Vocabolario toscano dell' arte del disegno* unterscheidet die Manier als Individualstil von einem ›manierierten‹, ›überzogenen‹ oder ›bloßen‹ Individualstil: »Maniera f. Modo, guisa, forma d'operare de' Pittori, Scultori, o Architetti. Intendesi per quel modo, che regolarmente tiene in particolare qualsivoglia Artefice nell'operar suo; onde rendesi assai difficile il trovare un opera d'un maestro, tutto che diversa da altra dello stesso, che non dia alcun segno, nella maniera, di esser di sua mano, e non d'altri: il che porta per necessità ancora ne' maestri singularissimi vna non so qual lontananza dall'intera imitazione del vero, e naturale, che è tanta, quanto è quello, che essi con la maniera vi pongono del proprio. Da questa radical parola, maniera, ne viene ammanierato, che dicesi di quell'opere, nelle quali l'Artefice discostandosi molto dal vero, tutto tira al proprio modo di fare,

tanto nelle figure umane, quanto negli animali, nelle piante, ne' panni, e altre cose, le quali in tal caso potranno bene apparir facilmente, e francamente fatte; ma non saranno mai buone pitture, sculture o architetture, nè avranno fra di loro intera varietà; ed è vizio questo tanto uniuersale, che abbraccia, ove più ove meno, la maggior parte di tutti gli Artefici.«[78] (Maniera, f., Art, Weise, Arbeitsform von Malern, Bildhauern oder Architekten. Man versteht darunter die Art, die für einen beliebigen Künstler in seinem Arbeiten regelmäßig charakteristisch ist, woher es kommt, daß es ziemlich schwierig ist, ein Werk eines Meisters zu finden, wie verschieden es auch von einem anderen desselben sein mag, das nicht in der Manier irgendein Zeichen gibt, von seiner Hand zu sein, und nicht von anderer. Das bringt mit Notwendigkeit auch bei den außergewöhnlichsten Meistern eine gewisse Entfernung von der einverständlichen Nachahmung des Wahren und Natürlichen mit sich, die sich danach bemißt, was diese mit der Manier an Eigenem hineinbringen. Von diesem Wurzelwort, Maniera, kommt manieriert, was man von jenen Werken sagt, in denen der Künstler sich vom Wahren weit entfernt und alles aus der eigenen Machart bezieht, bei den menschlichen Figuren ebenso wie bei den Tieren, den Pflanzen, den Kleidern und anderen Dingen, die im gegebenen Fall zwar leicht und frei gemacht erscheinen können, doch niemals gute Malereien, Skulpturen und Bauwerke sein werden, noch untereinander über hinreichende Varietät verfügen. Und das ist ein so allgemeines Übel, daß es mehr oder weniger den größten Teil der Künstler betrifft.)

6. *Die doctrine classique* oder ›le maniéré‹ als Stillosigkeit

Mit Fréart de Chambray, bei dem sich erstmals der Begriff der ›maniéristes‹ findet, und Pietro Bellori, der der maniera jenen stiltypologisch wie epochal

---

[76] JULIUS SCHLOSSER, Materialien zur Quellenkunde der Kunstgeschichte, H. 6 (Wien 1919), 110.
[77] FILIPPO BALDINUCCI, Notizie de' professori del disegno da Cimabue in qua (1681 ff.), zit. nach TREVES (s. Anm. 47), 78.
[78] ›Maniera‹, in: BALDINUCCI, Vocabolario toscano dell' arte del disegno (1681), Bd. 1 (Mailand 1809), 88.

definierten negativen Begriffsinhalt gibt, der den Ausdruck ›Manierismus‹ beerben sollte, wurden bereits ein frenetischer und ein gemäßigter Vertreter der französischen doctrine classique erwähnt, in deren als universal gültig gedachtem Regelapparat der vraisemblance und bienséance die Ausgrenzung des ›maniéré‹ zementiert wird. Fréarts Kritik an Michelangelos Aktdarstellungen im *Jüngsten Gericht* (1536–1541) wiederholt einen Großteil der Vorwürfe, die schon in der Folge des Tridentinum erhoben worden waren und dazu führten, daß Daniele da Volterra über einige der Nackten Draperien zu malen hatte, was ihm den Spitznamen ›il braghettone‹ (der Hosenmaler) eintrug. Fréart verwirft – in engem Anschluß an Giovanni Andrea Gilio da Fabrianos gegenreformatorischen Dialog *Degli errori de' pittori* (1564)- die rauhe und Mißfallen erregende »dureté affectée dans sa manière de desseigner« sowie die »extrauagantes contorsions«[79] der muskulären Figuren, die Vermischung profaner und fabulöser Gegenstände mit der christlichen Religion, den Mangel an Respekt vor der Wahrheit der Heiligen Schrift und die Flügellosigkeit der Engel. In dieser Abweisung alles Extravaganten liegt ein gewisser Konnex der doctrine classique mit den gegenreformatorischen Bestrebungen der Wahrung des religiösen Decorum. Vornehmlich aber war die höfisch-mondäne doctrine classique auf die Perfektion des honnête homme und das Ideal der Zivilisierung und ›Dämpfung‹ der Affekte oder Leidenschaften ausgerichtet, das die Verwerfung des Affektierten und/oder Manierierten, Preziösen und Kapriziösen im gesellschaftlichen Verhalten wie in den bildenden Künsten und der Literatur mit sich brachte. Die Verspottung der ›lächerlichen Preziösen‹ durch Molière ist das populärste Beispiel dieser Verwerfung des Gesuchten und Stilisierten. Molières Ridikülisierung und Parodierung subtiler und sophistizierter Benimm- und Sprechweisen hat zur Verfestigung des Gebots der Einfachheit, Natürlichkeit und Klarheit ästhetischer Artefakte wie auch der französischen Sprache selbst vermutlich einen wirkungsmächtigeren Beitrag geleistet als die Vielzahl der kunst- und literarästhetischen Schriften des ›siècle classique‹ oder ›Zeitalters der Repräsentation‹, wie Michel Foucault das französische 17. und 18. Jh. neu zu sehen ermöglicht hat.[80] Auf den Bereich der ästhetischen Phänomene angewandt, entspricht die von Foucault für die ›klassische Episteme‹ konstatierte Voraussetzung einer Repräsentabilität und Kontinuität der Dinge dem Postulat der bedingungslosen und quasi-subjektlosen Übereinstimmung von Form und Inhalt, zwischen denen kein Riß klaffen darf. Nicolas Boileau hat das in seinem *Art poétique* (1674) auf unübertrefflich konzise Weise formuliert: »Ce que l'on conçoit bien s'énonce clairement, / Et les mots pour le dire arrivent aisément.«[81] Wo diese Adäquanz von ›Wort‹ und ›Ding‹, zwischen denen der Rationalismus der doctrine classique auch epistemologisch ein enges ontologisches Band gespannt hatte, verletzt schien, bot sich der Begriff der ›manière‹ im Sinne eines affektierten oder stilisierten Stils als Kriterium einer Verwerfung an. In Dominique Bouhours' zweiten *Entretiens d'Ariste et d'Eugene* (1671) über die französische Sprache liest sich das so: »Mais comme la langue Françoise aime fort la naïveté […], elle ne hait rien tant que l'affectation. Les termes trop recherchez, les phrases trop élegantes, les periodes mesme trop compassées luy sont insupportables. Tout ce qui sent l'étude; tout ce qui a l'air de la contrainte la choque; & un stile afeté ne luy déplaist gueres moins, que les fausses precieuses déplaisent aux gens de bon goust, avec toutes leurs façons, & toutes leurs mines.«[82] Noch Pierre de Marivaux, der einzige französische Komödienautor des 18. Jh., der – wie sonst nur Molière, dessen Stücke ja auch nicht sämtlich den Erfolg der *Précieuses ridicules* (1659) verbuchen konnten – gänzlich ›unnaiv‹ war und wie dieser das Privileg der Aufführbarkeit bis heute genießt, hatte unter diesem Verdikt zu leiden, daß er die Dinge unnötigerweise kompliziert sagen würde, statt schlicht zu sein.[83]

---

79 FRÉART SIEUR DE CHAMBRAY (s. Anm. 69), 66 ff.
80 Vgl. URSULA LINK-HEER, Michel Foucault: Les mots et les choses (1966), in: W. Erhart/H. Jaumann (Hg.), Jahrhundertbücher. Große Theorien von Freud bis Luhmann (München 2000), 313–334.
81 NICOLAS BOILEAU, L'Art poétique (1674), hg. v. A. Buck (München 1970), 43.
82 DOMINIQUE BOUHOURS, Les entretiens d'Ariste et d'Eugene (Paris 1671), 54.
83 Vgl. FRÉDÉRIC DELOFFRE, Une préciosité nouvelle. Marivaux et le marivaudage (Paris 1967).

Es ist die Sprache der französischen Klassik, in der sich jener Begriffsgebrauch herausbildet, wie ihn noch der *Grand dictionnaire universel du XIXe siècle* von Pierre Larousse definieren wird: »Le mot *manière* se prend en bonne et en mauvaise part, mais presque toujours en mauvaise part, quand il est seul. On dit: avoir de la *manière*, être *maniéré*, et c'est un défait que l'on veut faire sentir. On dit dans un autre sens la *manière* de tel poëte, de tel artiste, pour exprimer son faire habituel«[84]. Diese Aufspaltung des manière-Begriffs war im ›siècle classique‹ durch die französischen Kunsthistoriker und -theoretiker Charles Alphonse Du Fresnoy, André Félibien und vor allem Roger de Piles[85] vorangetrieben worden, die einerseits Vasari folgten und sein Anliegen des Unterscheidens der individuellen, schulebildenden, regionalen und schließlich nationalen maniere teilten (nicht zuletzt auch aus dem eminent praktischen Bedürfnis, Kunstwerke richtig zu attribuieren), andererseits jedoch die klassische Doktrin der Übereinstimmung von Form und Inhalt teilten, dergemäß jede Ostentation der Manier als eines diesen Konsensus irritierenden ›Kunstwollens‹ (Alois Riegl) zu verdammen war. Der Begriff der »grande manière« wird für einen erhabenen Stil verwendet und häufig synonym mit »grand goût« gebraucht (»C'est ce qu'ils appellent dessiner de grand goust et de grande manière«[86], schreibt Roger de Piles, der über Michelangelo sagt, er habe als einer der ersten la petite manière aus Italien verbannt). Auch der Begriff des Pastiche, abgeleitet vom italienischen ›pasticcio‹ (Pastete), kommt in dieser Zeit auf als eine Bezeichnung für Gemälde, die ›weder Originale noch Kopien‹ sind, sondern Nachahmungen der Manier eines anderen.[87] Der Sprachhistoriker Ferdinand Brunot resümiert Roger de Piles' Begriffsgebrauch wie folgt: »Nous avons parlé plus haut de la *grande* et de la *petite manière*. On joint à *manière* toutes sortes d'autres caractéristiques. Mais, tout seul, le mot ne tarda pas à être pris dans sons sens fâcheux, de sorte qu'*avoir une manière* et *avoir de la manière* furent deux choses très différentes. [...] Cependant la nuance péjorative appartient alors moins à *manière* qu'à *maniéré*. *Maniériste* paraît signifier qui se répète, s'imite soi-même.«[88] Die umfangreiche Enzyklopädistik des 17. und 18. Jh. folgt diesem Grundmuster mit nur leichten Variationen.[89] Der von Frankreich ausgehende Begriffsexport auf dem Wege der Übersetzungen führt in der englischen Kunstliteratur zu einer weitreichenden Adaption, wobei die Begriffstransfers ins Englische sehr rasch erfolgten.[90] Fréart de Chambrays Erstbeleg ›maniériste‹ wird sechs Jahre später (1668) in einer Übersetzung von John Evelyn durch ›Manierist‹ wiedergegeben[91], doch in John Drydens Übersetzung von Du Fresnay aus dem Jahr 1695 ist der Ausdruck ›Mannerists‹ benutzt.[92] Die britischen Enzyklopädien des späten 17. und des 18. Jh. folgen weitgehend dem französischen Begriffsgebrauch.

Die Widersprüche, die sich aus dieser Aufspaltung des Manierbegriffs in ein Ensemble zu unterscheidender Stilarten einerseits und ein Konglomerat der Stilverwerfung (Manier als alleinstehendes, das heißt absolutes Nomen und die sämtlich pejorativ konnotierten Derivate) ergaben, kommen erst bei Denis Diderot zum Eklat, den wir deshalb nicht uneingeschränkt auf der Seite der doctrine classique und ihres enzyklopädistischen Ordnungsschaffens im Reiche der Manieren verorten möchten, auch wenn das Universallexikon von Larousse sich großenteils auf Diderot stützt.

7. Rekonstellationen: Von Diderot zu den philosophischen Debatten der Goethezeit

Seit der 2. Hälfte des 18. Jh. entwickelte sich eine neuerliche Debatte um die Manier und das Manierierte, deren Bedeutung darin liegt, daß sie zum einen (in der Linie Goethe-Hegel) in eine ›defini-

---

84 ›Manière‹, in: LAROUSSE, Bd. 10 (1873), 1077.
85 Vgl. THOMAS PUTTFARKEN, Roger de Piles' Theory of Art (New Haven/London 1985).
86 ROGER DE PILES, Dialogue sur le Coloris (Paris 1673), 45.
87 Vgl. FERDINAND BRUNOT, Histoire de la langue française des origines à nos jours, Bd. 6/1/2 (Paris 1966), 718; INGEBORG HOESTEREY, Pastiche: Cultural Memory in Art, Film, Literature (Bloomington 2001), Kap. 1.
88 BRUNOT (s. Anm. 87), 726.
89 Vgl. ebd., 743–751; PETER-ECKHARD KNABE, Schlüsselbegriffe des kunsttheoretischen Denkens in Frankreich (Düsseldorf 1972), 374–376.
90 Vgl. JOHANNES DOBAI, Die Kunstliteratur des Klassizismus und der Romantik in England (Bern 1974–1977).
91 Vgl. SHEARMAN (s. Anm. 73), 210.
92 Vgl. ›Manner‹, in: OED, Bd. 9 (1989), 326.

tive‹ Abgrenzung (klassizistischen Typs) zwischen Manier und Stil, zum anderen (beim jungen Friedrich Schlegel) in eine (positivierte) Gleichsetzung des Manierierten mit dem ›Interessanten‹ und dem ›Modernen‹ schlechthin mündete, die die Positivierung des Manierismus im 20. Jh. weitestgehend vorwegnahm. In dieser Debatte läßt sich eine kunstkritische und eine philosophisch-ästhetische Linie unterscheiden, von denen die erste die wichtigere ist. Diese Linie zeigt sich voll entfaltet bei Diderot in den *Salons* und den zugehörigen Essays bzw. Aphorismen. Ein großer Teil dieses Materials wurde seinerzeit allerdings nur den Insidern der *Correspondance* Friedrich Melchior Grimms, darunter dem Weimarer Kreis, bekannt. Diderots Kunstkritik ist praktisch-polemischen Typs und richtet sich gegen das Rokoko, insbesondere etwa François Boucher, während sie sich im Namen von ›Wahrheit‹ und ›Kraft‹ für eine ›natur‹-mimetische, ›veristische‹ Malerei, etwa die Porträtkunst Maurice-Quentin de Latours, engagiert. In dem kleinen Essay *De la manière* (einer Beigabe zum *Salon de 1767*) reflektiert Diderot selbst den teils neutralen, meistens aber pejorativen Wortgebrauch seiner Zeit: »Le mot *manière* se prend en bonne et en mauvaise part; mais presque toujours en mauvaise part, quand il est seul. On dit: Avoir de la *manière*, être *maniéré*, et c'est un vice; mais on dit aussi: Sa *manière* est grande; c'est la *manière* du Poussin, de Le Sueur, du Guide, de Raphaël, des Carrache.«[93] Diese Dichotomisierung entspricht auch Diderots eigener Verwendung, wobei der neutrale, deskrip-

---

[93] DENIS DIDEROT, De la manière (1767), in: DIDEROT (ASSÉZAT), Bd. 11 (1876), 370.
[94] DIDEROT, Salon de 1763, in: DIDEROT (ASSÉZAT), Bd. 10 (1867), 169; DIDEROT, Salon de 1767, in: DIDEROT (ASSÉZAT), Bd. 11, 214.
[95] DIDEROT, Salon de 1767, in: ebd., 168, 178, 185, 324.
[96] DIDEROT, Salon de 1761, in: DIDEROT (ASSÉZAT), Bd. 10, 113; DIDEROT, Salon de 1765, in: ebd., 329; DIDEROT, Salon de 1767, in: ebd., Bd. 11, 178.
[97] Vgl. DIDEROT, Salon de 1781, in: DIDEROT (ASSÉZAT), Bd. 12 (1876), 63.
[98] DIDEROT, Essai sur la peinture (entst. 1765), in: DIDEROT (ASSÉZAT), Bd. 10, 467.
[99] DIDEROT, Pensées detachées sur la peinture, la sculpture, l'architecture et la poésie, pour servir de suite aux Salons (1798), in: DIDEROT (ASSÉZAT), Bd. 12, 121 f.

tive Begriff typischerweise zur »manière de faire«[94] erweitert wird, wofür auch einfach »le faire«[95] stehen kann. In diesem Gebrauch ist »manière« synonym mit »style«[96]. Dabei betont ›manière‹ stets etwas im Vergleich Wiedererkennbares, Repetitives, und zwar als Resultat einer wiederverwendbaren Technik – sowohl als Individual- wie als Nationalmanier (»manière nationale« [370]). Auch bei Diderot rückt der Manierbegriff demnach den generativen Aspekt der Kunst in den Fokus der Aufmerksamkeit.

Während die negative Manier bei Diderot vielfältig gekennzeichnet wird, bleibt die positive ein Rätsel, das die Beschwörung der Mimesis gerade nicht zu lösen erlaubt: »C'est de l'imitation de Nature, soit exagérée, soit embellie, que sortiront le beau et le vrai, le *maniéré* et le faux; parce qu'alors l'artiste est abandonné à sa propre imagination: il reste sans aucun modèle précis.« (373) Diese Empfehlung der Mimesis zwecks Liquidation alter Modelle erklärt keineswegs die Neuentstehung einer »grande manière«[97], wie sie der alte Diderot beim jungen David noch bemerkte und lobte.

Die negative Manier (das Manierierte) ist bei Diderot zum einen technisch (als eine ›übertriebene‹, zu stark repetitive Faktur), zum anderen moralisch (als ›Heuchelei‹ von Mimesis), in beiden Fällen aber als eine zu durchsichtige generative Strategie bestimmt: »Il n'y aurait point de manière, ni dans le dessin, ni dans la couleur, si l'on imitait scrupuleusement la nature. La manière vient du maître, de l'académie, de l'école, et même de l'antique.«[98] – »La manière est dans les beaux-arts ce que l'hypocrisie est dans les mœurs. Boucher est le plus grand hypocrite que je connaisse; il n'y a pas une de ses figures à laquelle on ne pût dire: Tu veux être vraie, mais tu ne l'es pas. La naïveté est de tous les états: on est naïvement héros, naïvement scélérat, naïvement dévot, naïvement beau [...]. Je dirais presque que de l'eau est naïvement de l'eau, sans quoi elle visera à l'acier poli ou au cristal. La naïveté est une grande ressemblance de l'imitation avec la chose, accompagnée d'une grande facilité de faire: c'est de l'eau prise du ruisseau, et jetée sur la toile.«[99] Diese Dichotomie von Manieriertem und Naivem wird bei Friedrich Schiller in modifizierter Weise wieder auftauchen (wider Willen zeigt die Formulierung von der

›grande facilité de faire‹, daß auch der ›naive‹ Künstler eine Faktur, also eine ›Manier‹ besitzt).

Neben der Moralisierung der Manier (Kurzdefinition im Essay *De la manière*: »La manière est dans les arts ce qu'est la corruption des mœurs chez un peuple«[100]) findet sich in folgendem Wortspiel auch schon die Pathologisierung bei Diderot: »Chaque peintre a assez ordinairement sa manie, ou, comme l'on dit honnêtement, sa manière«[101]. Sowohl Goethe und Schiller als auch Friedrich Schlegel haben Diderots Thesen vielfältig aufgegriffen. Sie stehen damit zunächst in der kunstkritischen Linie, die allerdings bei Schiller und Schlegel mit der philosophisch-ästhetischen kombiniert wird. In einem seiner ausführlichsten Essays zur Kunst, *Diderots Versuch über die Malerei* (1799), hat Goethe sein ›klassizistisches‹ Credo im polemischen Dialog mit Diderot entwickelt. Die Polemik bestätigt Diderots Kritik »gegen pedantische Manieristen der französischen Schule«[102], wendet sich aber entschieden gegen das Rezept der ›radikalen‹ Naturmimesis: »Die Neigung aller seiner [Diderots – d. Verf.] theoretischen Äußerungen geht dahin, Natur und Kunst zu konfundieren, Natur und Kunst völlig zu amalgamieren; unsere Sorge muß sein, beide in ihren Wirkungen getrennt darzustellen.« (206) Während die (naturwissenschaftlich entdeckten) »Gesetze« der Natur für die Kunst nicht adaptierbar seien, benötige jede – d. h. nicht nur die ›manierierte‹ – Kunst spezifische »Regeln« (208 f.) und »Kunstmittel« (223). Goethe stellt hier klar, daß der Unterschied zwischen »Manier« und »Stil« (245) keineswegs darin liegen kann, daß die erste nach einem generativen Konzept und einer generativen Strategie produziert, der zweite aber nicht: »Doch das wirst du im Ernste selbst nicht leugnen: von dem Meister, von der Akademie, von der Schule, von der Antike, die du anklagst, daß sie das Manierierte veranlasse, kann ebenso gut, durch eine richtige Methode, ein echter Stil verbreitet werden, ja, man darf wohl sagen: welches Genie der Welt wird, auf einmal, durch das bloße Anschauen der Natur, ohne Überlieferung, sich zu Proportionen entscheiden, die echten Formen ergreifen, den wahren Stil erwählen und sich selbst eine umfassende Methode erschaffen?« (226) – »Aber das ist ja eben das Künstlergenie, daß ist das Künstlertalent, das es anzuschauen, festzuhalten, zu

verallgemeinern, zu symbolisieren, zu charakterisieren weiß, und zwar in jedem Teile der Kunst, in Form sowohl als Farbe. Dadurch ist es eben ein Künstlertalent, daß es eine Methode besitzt, nach welcher es die Gegenstände behandelt, eine sowohl geistige als praktisch mechanische Methode« (237). Worin liegt, könnte man angesichts dieses Bekenntnisses nicht bloß zur ›Methode‹, sondern sogar zu ihrer ›mechanischen‹ Komponente, fragen, dann noch der Unterschied zwischen ›Stil‹ und ›Manier‹? Goethe stellt diese Frage selbst und gibt eine eher tautologische Antwort: »Wodurch unterscheidet sich denn also der Künstler, der auf dem rechten Wege geht, von demjenigen, der den falschen eingeschlagen hat? Dadurch, daß er einer Methode bedächtig folgt, anstatt daß jener leichtsinnig einer Manier nachhängt. Der Künstler, der immer anschaut, empfindet, denkt, wird die Gegenstände in ihrer höchsten Würde, in ihrer lebhaftesten Wirkung, in ihren reinsten Verhältnissen erblicken, bei der Nachahmung wird ihm eine selbstgedachte, eine überlieferte selbstdurchdachte Methode der Arbeit erleichtern, und unngleich bei Ausübung dieser Methode seine Individualität mit ins Spiel kommt, so wird er doch durch dieselbe, sowie durch die reinste Anwendung seiner höchsten Sinnes- und Geisteskräfte immer wieder ins Allgemeine gehoben, und kann so bis an die Grenzen der möglichen Produktion geführt werden. [...] Das Resultat einer echten Methode nennt man Stil, im Gegensatz zur Manier. Der Stil erhebt das Individuum zum höchsten Punkt, die Gattung zu erreichen fähig ist, deswegen nähern sich die großen Künstler einander in ihren besten Werken. So hat Raffael wie Tizian koloriert, da ohne ihm die Arbeit am glücklichsten geriet. Die Manier hingegen individualisiert, wenn man so sagen darf, noch das Individuum.« (244 f.) Wie stets, und insbesondere in der berühmten kleinen Abhandlung *Einfache Nachahmung der Natur, Manier, Stil* (1789), beläßt Goethe es angesichts

---

100 DIDEROT (s. Anm. 93), 369.
101 DIDEROT, Salon of 1771, in: DIDEROT (ASSÉZAT), Bd. 11, 523.
102 JOHANN WOLFGANG GOETHE, Diderots Versuch über die Malerei (1799), in: Goethe, Gedenkausgabe der Werke, Briefe und Gespräche, hg. v. E. Beutler, Bd. 13 (Zürich 1954), 203.

der Frage nach der ›Methode‹, also nach dem generativen Apparat, bei sehr allgemeinen Empfehlungen eines ›symbolisierenden‹ Verfahrens, die er durch philosophisch-ästhetische Formeln über ›Gattung‹ vs. ›Individuum‹ ergänzt: »Wenn wir nun ferner die Manier betrachten, so sehen wir, daß sie im höchsten Sinne und in der reinsten Bedeutung des Worts ein Mittel zwischen der einfachen Nachahmung und dem Stil sein könne. Je mehr sie bei ihrer leichteren Methode sich der treuen Nachahmung nähert, je eifriger sie von der andern Seite das Charakteristische der Gegenstände zu ergreifen und faßlich auszudrücken sucht, je mehr sie beides durch eine reine, lebhafte, tätige Individualität verbindet, desto höher, größer und respektabler wird sie werden. Unterläßt ein solcher Künstler sich an die Natur zu halten und an die Natur zu denken, so wird er sich immer mehr von der Grundfeste der Kunst entfernen, seine Manier wird immer leerer und unbedeutender werden, je weiter sie sich von der einfachen Nachahmung und von dem Stil entfernt.«[103] Wenn man versuchen wollte, seine Andeutungen zu explizieren, so könnte man in Aufnahme der Terminologie von Julia Kristeva die Manier als Dominanz ›phänotextueller‹ über ›genotextuelle‹ Verfahren auffassen und den Stil umgekehrt als Unterordnung ›phänotextueller‹ unter ›genotextuelle‹ Produktionsregeln.

Ein genauerer Vergleich der Abhandlung von 1789 mit der Diderotkritik von 1799 zeigt im übrigen, daß Goethe 1789 selbst noch stark auf dem Mimesistheorem (»einfache Nachahmung der Natur« [66]) fußt, das er offensichtlich zehn Jahre später nicht länger als autonom tragfähiges Verfahren betrachtet. Parallel damit werden der Manier tendenziell totalisierende (also genotextuelle) Verfahren genommen und dem ›Stil‹ zugeschlagen. Immerhin hatte es 1789 geheißen: »Wir sehen, daß diese Art der Nachahmung [die Manier – d. Verf.] am geschicktesten bei Gegenständen angewendet wird, welche in einem großen Ganzen viele kleine subordinierte Gegenstände enthalten. Diese letztere müssen aufgeopfert werden, wenn der allgemeine Ausdruck des großen Gegenstandes erreicht werden soll, wie zum Exempel bei Landschaften der Fall ist, wo man ganz die Absicht verfehlen würde, wenn man sich ängstlich beim Einzelnen aufhalten und den Begriff des Ganzen nicht vielmehr festhalten wollte.« (68) Hier schreibt Goethe der Manier also totalisierende Kraft zu und resümiert daher durchaus zutreffend: »Wir brauchen hier nicht zu wiederholen, daß wir das Wort Manier in einem hohen und respektablen Sinne nehmen, daß also die Künstler, deren Arbeiten, nach unsrer Meinung, in den Kreis der Manier fallen, sich über uns nicht zu beschweren haben.« (71) Das gilt 1799 kaum noch so uneingeschränkt.

Ob Schiller Diderots Dichotomie von Naivem und Manieriertem in Grimms *Correspondance* zu Augen gekommen sein kann, als er die Abhandlung *Über naive und sentimentalische Dichtung* (1795) konzipierte, ist ungewiß. Bemerkenswert ist in jedem Falle, daß Friedrich Schlegel parallel und weitgehend kongruent mit Schiller seine Dichotomie von Manieriertem und Objektivem (Klassischem) entwickelte. Schiller verwendet die Kategorie der Manier in seiner Abhandlung neutral und deskriptiv, also synonym mit Stil: »Es ist vielleicht nicht überflüssig zu erinnern, daß, wenn hier die neuen Dichter den alten entgegengesetzt werden, nicht sowohl der Unterschied der Zeit als der Unterschied der Manier zu verstehen ist.«[104]

Niemand hatte vor Schiller so entschieden die kunstkritische Reflexion über Manier und Stil mit der philosophischen Ästhetik (in ihrer Kantischen Spielart) verbunden. Dabei ist allerdings Kants kurze Erwähnung der Manier in der *Kritik der Urteilskraft* (1790) durchaus unoriginell und peripher: »Das *Manierieren* ist eine andere Art von Nachäffung, nämlich der bloßen *Eigentümlichkeit* (Originalität) überhaupt, um sich ja von Nachahmern so weit als möglich zu entfernen, ohne doch das Talent zu besitzen, dabei zugleich *musterhaft* zu sein.« Sowie: »Allein *manieriert* heißt ein Kunstprodukt nur alsdann, wenn der Vortrag seiner Idee in demselben auf die Sonderbarkeit *angelegt* und nicht der Idee angemessen gemacht wird. Das Prangende (Preziöse), das Geschrobene und Affektierte, um sich nur vom Gemeinen (aber ohne Geist) zu un-

---

103 GOETHE, Einfache Nachahmung der Natur, Manier, Stil (1789), in: ebd., 70 f.
104 FRIEDRICH SCHILLER, Über naive und sentimentalische Dichtung (1795), in: SCHILLER, Bd. 20 (1962), 437 f.

terscheiden, sind dem Benehmen desjenigen ähnlich, von dem man sagt, daß er sich sprechen höre, oder welcher steht und geht, als ob er auf einer Bühne wäre, um angegafft zu werden, welches jederzeit einen Stümper verrät.«[105] Jean Paul, der auf originelle Weise die Sonderbarkeit auf seine Kappe nahm, unterscheidet sich in seinen theoretischen Aussagen über die Manier nicht grundlegend von Kant.[106]

Im Rückblick stellt Friedrich Schlegels gleichzeitig typologische wie historische Gleichsetzung des ›Manierierten‹ mit dem ›Interessanten‹ und damit mit dem ›Romantischen‹ und dem ›Modernen‹ schlechthin (samt der darin impliziten und auch explizierten fundamentalen Positivierung) den Kulminationspunkt der goethezeitlichen Debatten dar. Diese Radikalität verdankt sich bei Schlegel einer entschieden kunstkritischen, ja ›technischen‹ und im vollen Wortsinne generativen Betrachtungsweise. Die Aufwertung der »Manier« ist die direkte Konsequenz der Aufwertung von ›Rhetorik‹ und ›Didaktik‹ (im Sinne von »philosophischer Poesie«[107]). Typisch ist die Pluralisierung im Sinne von künstlerischen Verfahren (»Manieren sind von Natur ein *Pluralis*.«[108]), wie sie konkret etwa die folgende Zusammenstellung charakterisiert: »Der *Versuch* (*Essay*) muß haben Colorit, Manieren und Imaginazion, Draperie und Zeichnung, Numerus und Accentuazion, Gesticulation und Effekt.«[109] Das ist nichts anderes als die Skizze eines generativen Konzepts für die eigenen Essays über Johann Georg Forster und Gotthold Ephraim Lessing.

In der ersten und später kaum übertroffenen Systematisierung seines bewußt fragmentarisch-aphoristischen Denkens, der Abhandlung *Über das Studium der griechischen Poesie* (1795–1797), deren erster Teil ausführlich von der modernen, ›romantischen‹ Poesie handelt, schlägt das Projekt einer Rühmung des griechischen, ›objektiven‹ Stils und des goetheschen Stils als einer Synthese aus Moderne und ›Objektivität‹ unter der Hand um in eine damals revolutionäre Rühmung Shakespeares als eines Genies der bewußten Kunstmittel und der Artifizialität, als eines ›Manieristen‹ im Sinne des 20. Jh.: »Seine Darstellung ist nie objektiv, sondern durchgängig manieriert: wiewohl ich der erste bin, der eingesteht, daß seine Manier die größte, seine Individualität die interessanteste sei, welche wir bis jetzt kennen. Man hat es schon oft bemerkt, daß das originelle Gepräge seiner individuellen Manier unverkennbar und unnachahmlich sei. Vielleicht kann überhaupt das Individuelle nur individuell aufgefaßt und dargestellt werden. Wenigstens scheinen charakteristische Kunst und Manier unzertrennliche Gefährten, notwendige Korrelaten. Unter Manier verstehe ich in der Kunst eine individuelle Richtung des Geistes und eine individuelle Stimmung der Sinnlichkeit, welche sich in Darstellungen, die idealisch sein sollen, äußern. / Aus diesem Mangel an Allgemeingültigkeit, dieser Herrschaft des Manierierten, Charakteristischen und Individuellen, erklärt sich von selbst die durchgängige Richtung der Poesie, ja der ganzen ästhetischen Bildung der Modernen aufs Interessante. *Interessant* nämlich ist jedes originelle Individuum, welches ein größeres Quantum von intellektuellem Gehalt oder ästhetischer Energie enthält.«[110] Zur »ästhetischen Energie« Shakespeares gehört eine einzigartige artistische Meisterschaft, wie Schlegel am *Hamlet* (entst. um 1600) nachweist: »Überhaupt ist in Shakespeares Dramen der Zusammenhang selbst zwar so einfach und klar, daß er offnen und unbefangnen Sinnen sichtbar und von selbst einleuchtet. Der Grund des Zusammenhanges aber liegt oft so tief verborgen, die unsichtbaren Bande, die Beziehungen so fein, daß auch die scharfsinnigste kritische Analyse mißglücken muß, wenn es an Takt fehlt [...]. Im *Hamlet* entwickeln sich alle einzelnen Teile notwendig aus einem gemeinschaftlichen Mittelpunkt, und wirken wiederum auf ihn zurück. Nichts ist fremd, überflüssig, oder zufällig in diesem Meisterstück künstlerischer Weisheit.« (247) Diesen verborge-

---

105 IMMANUEL KANT, Kritik der Urteilskraft (1790), in: KANT (WA), Bd. 10 (1974), 255 f.
106 Vgl. RÜDIGER ZYMNER, Manierismus. Zur poetischen Artistik bei Johann Fischart, Jean Paul und Arno Schmidt (Paderborn u. a. 1995), 169 f.
107 FRIEDRICH SCHLEGEL, Über das Studium der griechischen Poesie (1797), in: SCHLEGEL (KFSA), Bd. 1 (1979), 245 f.
108 SCHLEGEL, Fragment 929 (1797/1798), in: Schlegel, Literarische Notizen/Literary Notebooks 1797–1801, hg. v. H. Eichner (Frankfurt a. M./Berlin/Wien 1980), 107.
109 SCHLEGEL, Fragment 1408 (1798), in: ebd., 150.
110 SCHLEGEL (s. Anm. 107), 251–253.

nen Grund der Struktur, das genotextuelle Konzept, nannten die historischen Manieristen das *Concetto.*

Die Identifikation von Manieriertem und Interessantem integriert das erste in die Synonymenkette, mit der die gesamte moderne europäische Kunst typologisch und historisch bestimmt wird. Da das Interessante (d. h. Manierierte) begrifflich weiter gefaßt ist als das Schöne (Objektive, der Stil im engen Sinne), muß auch die Goethesche Synthese aus Manier und Stil entgegen der Behauptung Schlegels logischerweise mehr vom Typ der Manier enthalten.

In Schlegels späteren Texten, etwa dem *Gespräch über die Poesie* von 1800, ist die Manier zum einen explizit vollständig positiviert und mit Stil synonym (wenn etwa von Shakespeares »romantisierter« und »großer Manier«[111] die Rede ist bzw. wenn explizit bei Goethe drei ›Manieren‹ – und nicht Stile! – unterschieden werden[112]) – zum anderen ist der typologische wie historische Grundbegriff nun aber das Romantische und nicht länger das Interessante und Manierierte. Als Strukturbegriff tritt die Arabeske an die Stelle des Manierierten. Im Rückblick läßt sich sagen, daß durch diese Rücknahme die definitive Erfindung des ›Manierismus‹ um ein Jh. verzögert wurde.

So war es wie üblich Hegel vorbehalten, das kanonische Resümee der Goethezeit, das nahezu ein Jh. gültig bleiben sollte, zu ziehen. Im Kapitel *Manier, Stil und Originalität* der *Ästhetik* (1835-1838) bildet nun (anders als in Goethes Abhandlung *Einfache Nachahmung der Natur, Manier, Stil*) die zur »bloßen Manier«[113] herabgestufte Manier die These eines dialektischen Dreischritts. Obwohl bei Hegel das Vokabular der philosophischen Ästhetik deutlich dominiert (›Wesen‹ vs. ›Erscheinung‹, ›Form‹ vs. ›Inhalt‹, ›Objektivität‹ vs. ›Subjektivität‹, ›Partikuläres‹ vs. ›Allgemeines‹, ›Identität‹ usw.), werden durchaus auch Anschlüsse an die kunstkritische Linie vorgesehen. Dabei gerät die Manier nun zu einer Kombination des ›schlechten Subjektiven‹ mit der Verabsolutierung der ›Oberfläche‹, d. h. der phänotextuellen Verfahren: »Von dieser Seite her betrachtet, ist die Manier das Schlechteste, dem sich der Künstler hingeben kann, indem er sich nur in seiner beschränkten Subjektivität als solcher gehen läßt. Die Kunst aber hebt überhaupt die bloße Zufälligkeit des Gehalts sowohl als der äußeren Erscheinung auf und macht daher auch an den Künstler die Forderung, daß er die zufälligen Partikularitäten seiner subjektiven Eigentümlichkeit in sich austilge.« (299 f.) – »Indem nun aber solch eine spezifische Art der Auffassung und Darstellung durch die stets sich erneuernde Wiederkehr zur Gewohnheit verallgemeinert und dem Künstler zur anderen Natur wird, liegt die Gefahr nahe, daß die Manier, je spezieller sie ist, um so leichter zu einer seelenlosen und dadurch kahlen Wiederholung und Fabrikation ausartet« (300). ›Fabrikation‹ ist hier noch nicht industriell, sondern handwerklich verstanden, wie der Kontext verdeutlicht. ›Stil‹ als Negation der ›Manier‹ bedeutet bei Hegel explizit die Dominanz der jeweiligen ›Gattung‹, also des Genotextes, während die positive Synthese ›Originalität‹ genannt wird: »Die Originalität nun endlich besteht nicht nur im Befolgen der Gesetze des Stils, sondern in der subjektiven Begeisterung, welche, statt sich der bloßen Manier hinzugeben, einen an und für sich vernünftigen Stoff ergreift und denselben ebensosehr im Wesen und Begriff einer bestimmten Kunstgattung als dem allgemeinen Begriff des Ideals gemäß von innen her aus der künstlerischen Subjektivität heraus gestaltet.« (302) Wie wenig diese ›objektive‹ Systematik frei von ›subjektivem‹ Ressentiment ist, beweist die unerwartete und sehr lange Polemik gegen ›Witz‹, ›Humor‹ und ›Ironie‹, die nun unter dem Titel ›Originalität‹ folgt. Neben Jean Paul wird Friedrich Schlegel namentlich angegriffen: »Nach einer anderen Seite hin bringt sie [die Ironie – d. Verf.] in ihren Darstellungen eine Menge Äußerlichkeiten zusammen, deren innersten Sinn der Dichter für sich behält, wo denn die List und das Große darin bestehn soll, daß die Vorstellung verbreitet wird, gerade in diesen Zusammentragungen und Äußerlichkeiten sei die Poesie der Poesie und alles Tiefste und Vortrefflichste verborgen, das sich nur eben seiner Tiefe wegen nicht aussprechen lasse. So wurde z. B. in Friedrich von Schlegels Gedichten zur Zeit, als er sich einbildete, ein

---

111 SCHLEGEL, Gespräch über die Poesie (1800), in: SCHLEGEL (KFSA), Bd. 2 (1967), 301.
112 Vgl. ebd., 341 ff.
113 HEGEL (ÄSTH), 299.

Dichter zu sein, dies Nichtgesagte als das Beste ausgegeben; doch diese Poesie der Poesie ergab sich gerade als die platteste Prosa.« (303)

8. *Das diskursive Ereignis am Beginn des 20. Jahrhunderts: die Positivierung des Manierismus in der Kunstgeschichte*

Um zu ermessen, was es ein Jahrhundert später bedeutete, dem Manierismus einen uneingeschränkt positiven Sinn zu geben und ihn derart ganz neu zu entdecken oder zu erfinden, ist es sinnvoll, sich die Definitionen, die die deutschen Konversationslexika um das Jahr 1900 anbieten, zu vergegenwärtigen. Der Eintrag ›Manier‹ in *Meyers Konversations-Lexikon* (1896) lautet: »Manier (franz. manière), im allgemeinen die ›Art und Weise‹, wie man etwas zu thun pflegt, besonders diejenige, durch welche den Forderungen der Wohlanständigkeit genügt wird; weiterhin tadelnde Bezeichnung solcher äußerer Eigenschaften eines Kunstwerkes, welche nicht durch das innere Wesen des Kunstwerkes gegeben sind, denen kein zum einheitlichen Charakter (s. d.) des Kunstwerkes hinzugehöriger, also glaubhafter Charakterzug, kein in das im Kunstwerk dargestellte Gesamtleben naturgemäß oder mit innerer Notwendigkeit sich einfügendes Moment inneren Lebens entspricht, die also innerlich unwahr, nur äußerlich angefügt sind, sei es vermöge sklavischer Nachahmung eines Vorbildes, sei es rein willkürlich oder gewohnheitsmäßig. Alles, was irgendeinen Faktor des Kunstwerkes ausmacht oder zu seinem Charakter (s. d.) beiträgt, kann Gegenstand der M. oder kann ›manieriert‹ werden und damit das Kunstwerk relativ unwahr und charakterlos machen. Es gibt eine manierierte, d. h. dem Charakter des Materials oder dem Sinne des ganzen Kunstwerkes widersprechende Materialbehandlung, eine manierierte Farbe, Form ec. In der Malerei heißen Manieristen speziell diejenigen, welche den Stil eines großen Meisters geistlos nachahmen; auch verfällt derjenige in M., der eine von ihm eingeschlagene Richtung fortwährend wiederholt, so daß sie zuletzt ins Mechanische, Geistlose und Unnatürliche (*Manierierte*) ausartet. Fälschlich wird das Wort M. auch oft gleichbedeutend mit Stil genommen. – In der Musik versteht man unter Manieren soviel wie Verzierungen.«[114]

In der Ausgabe von 1906 sind Anfang und Schluß des Eintrags identisch beibehalten, der Mittelteil über den ›einheitlichen Charakter‹ des Kunstwerks wird jedoch durch einen Mangel an ›Verwachsensein‹ von Form und Inhalt reformuliert.[115] *Brockhaus' Konversations-Lexikon* von 1902 hat drei Einträge: »Manier (franz. manière), Art und Weise; Benehmen, Lebensart; in der Kunst soviel wie technisches Verfahren, z. B. Aquatintamanier, Linienmanier (f. Kupferstechkunst), im tadelnden Sinne das Verfahren der Manieristen (s. d.); in der Musik soviel wie Verzierung (s. d.).« – »*Manieriert*, das Verfahren der Manieristen (s. d.) zeigend; gesucht, gekünstelt, unnatürlich.« – »*Manieristen*, diejenigen Maler, welche aufgrund überkommenen künstlerisch-technischen Vermögens ohne selbständiges Studium der Natur in willkürlicher Weise den überlieferten Formenschatz zu Gunsten rein äußerlicher Wirkungen ausbeuten.«[116]

Es war die Malerei gewesen, in der ›das Künstliche in der Kunst‹[117] am augenfälligsten geworden war und gleichsam paradigmatisch für das ganze Terrain des Schönen am meisten irritiert hatte; es war auch die Malerei, an der die Kunstgeschichte des frühen 20. Jh. in paradigmatischer Weise ein neues ästhetisches Verständnis gewann, das es erlaubte, all das, was man als ›gesucht, gekünstelt, unnatürlich‹, als ›Ausartung‹ (wie in dem Zitat aus *Meyers Konversations-Lexikon*) oder ›Entartung‹ diskrimiert hatte, schätzen zu können. Doch bevor dieses diskursive Ereignis in den Blick zu nehmen ist, kann das Zusammenzucken bei den Wörtern ›Ausartung‹ und manch auch ›Entartung‹ nicht übergangen werden, da es sich um einen konstitutiven Bestandteil der Begriffs- und Diskursgeschichte der Manier handelt.[118] Die Morphologie der pejorativen Wortbildungen (ammanierato, maniéré, manieriste) verweist seit ihren nach-vasarianischen Anfängen auf ein ›aus der Art Fallen‹, eine Auffäl-

---

114 ›Manier‹, in: MEYER, Bd. 11 (Leipzig/Wien ^{5}1896), 866.
115 Vgl. ›Manier‹, in: MEYER, Bd. 13 (^{6}1906), 224.
116 ›Manier‹, ›Manieriert‹, ›Manieristen‹, in: BROCKHAUS, Bd. 11 (^{14}1902), 544.
117 Vgl. SHEARMAN, Mannerism (Harmondsworth 1967); dt.: Manierismus. Das Künstliche in der Kunst, übers. v. M. Fienbork (Frankfurt a. M. 1988).
118 Vgl. BREDEKAMP (s. Anm. 68), 114–120.

ligkeit oder Abweichung (sei es von der ›Natur‹, sei es von der ›Wahrheit‹).

Im *Cicerone* (1855) von Jacob Burckhardt, der in seinem Abschnitt über die ›Manieristen‹ des 16. Jh. an Lanzis *Storia pittorica della Italia* orientiert ist, heißt es: »Im großen und ganzen war die Malerei, mit Ausnahme der venezianischen Schule, schon in kenntlicher Ausartung begriffen etwa vom Jahre 1530 an; ja es ließe sich behaupten, daß nach Raffaels Tode kein Kunstwerk mehr zustande gekommen, in welchem Form und Gegenstand ganz rein ineinander aufgegangen wären.«[119] Nachdem Buckhardt sich mit dem ihm eigenen Temperament über »phantastische Willkür«, »Vollstopfen der Gemälde«, »gewissenlose Schnellproduktion« (Vasari), »öde Manier« (Francesco Salviatis), »Formliederlichkeit« der beiden Zuccari und andere Defekte mehr ausgelassen hat, heißt es über die neapolitanischen Maler Simone Papa d. Jüng., den älteren und jüngeren Santafede und Imparato, sie gäben zusammen »das Bild einer zwar entarteten, aber von der michelangelesken Nachahmung nur wenig angesteckten Schule« (943). Man sieht, das Unwort steckte bereits in der Manier und reihte sich ein in die Serie ihrer vitia, die eine jahrhundertealte Kunstkritik befestigt hatte. Wie Buckhardt wäre zweifellos auch Carl Justi, der Bewunderer von Diego Velázquez, entsetzt gewesen, wenn er geahnt hätte, welche Gefühle spätere Leser angesichts seiner 1897/98 vorgetragenen Einschätzung El Grecos bewegen würden: »Von Haus aus ein pathologisches Problem, durch Schicksale in immer wildere Wege getrieben, steht er in der Geschichte da als monumentaler Fall einer Künstlerentartung, ein Fall wohl ohne Parallele in seiner Zeit und in der Kunst überhaupt.«[120] Man könnte noch viele ähnliche Zeugnisse, selbstverständlich auch aus dem Bereich der Dichtung[121], anführen.

Die Pathologisierung der auffälligen Stile wie auch ihrer (zum Teil für ›geisteskrank‹ gehaltenen) Produzenten wurde durch die Diskurskoppelung zwischen manieristischer ›Ausartung‹ und psychiatrischen ›dégénérescence‹-Lehren, die durch Schriften wie Cesare Lombrosos *Genio e follia* (1864) und Max Nordaus berüchtigte Bände *Entartung* (1892/93) auch ins ästhetische Terrain eindrangen, befördert. Doch auf der anderen Seite beförderte diese Diskurskoppelung auch die Solidarisierung und Verschwisterung von Manierismus und Moderne, waren doch Unverständnis und Illegitimitätsverdacht gegenüber der Kunst der Moderne, die im Nationalsozialismus in den rassenpolitischen Exterminismus der ›Entarteten Kunst‹ mündeten, zuvor bereits über lange Zeit in der Verfemung des Manierismus zum Ausdruck gekommen. Gegen Ende des 19. Jh. jedenfalls und mit dem Aufkommen der Avantgardebewegungen in den ersten beiden Jahrzehnten des 20. Jh. konnte eine Verteidigung der modernen Kunst nicht mehr umhin, auch die Kunst des Manierismus neu zu bewerten. Diese »wechselseitige Bespiegelung von Manierismus und Avantgarde« war allerdings alles andere als ein glatter Prozeß, sondern verlief eigenartig »verquer«[122], wie Bredekamp es formuliert. So liest man zum Beispiel bei dem Kunsthistoriker Werner Weisbach: »Ein Manierismus besteht da, wo Formen, die ursprünglich und in ihrer originalen Ausprägung einen bestimmten Sinn und Ausdruckswert haben, ins Extrem getrieben und umgebogen werden, so daß sie affektiert, gekünstelt, hohl, verbraucht, entartet erscheinen.«[123] Der den Nazis verbundene Kunsthistoriker Wilhelm Pinder hingegen publizierte 1932 für die Festschrift für Ludwig Klages einen Beitrag *Zur Physiognomie des Manierismus*, in dem er diesen nach Meinung Bredekamps offenbar deshalb verteidigte, »weil er hoffte, daß der Expressionismus im ›Dritten Reich‹ als kommende, deutsche Kunst reüssieren werde.«[124]

Anders als der Barockbegriff, der, ebenfalls an der Wende vom 19. zum 20. Jh. von seinen pejorativen Merkmalen befreit wurde, hatte es der Manierismusbegriff schwerer, gänzlich positiviert zu werden. Dies liegt nicht nur daran, daß die Reha-

---

119 JACOB BURCKHARDT, Der Cicerone. Eine Anleitung zum Genuss der Kunstwerke Italiens (1855; Stuttgart 1956), 940.
120 CARL JUSTI, Die Anfänge des Greco (1897), in: Justi, Miscellaneen aus drei Jahrhunderten spanischen Kunstlebens, Bd. 2 (Berlin 1908), 203.
121 Vgl. z. B. WALTER PABST, Luis de Góngora im Spiegel der deutschen Dichtung und Kritik (17. bis 20. Jahrhundert) (Heidelberg 1967).
122 BREDEKAMP (s. Anm. 68), 117.
123 WERNER WEISBACH, Der Manierismus, in: Zeitschrift für bildende Kunst 54 (1919), 161.
124 BREDEKAMP (s. Anm. 68), 117.

bilitierung der Barockkunst, die in den *Kunstgeschichtlichen Grundbegriffen* (1915) Heinrich Wölfflins kulminierte und seitdem eine einzigartige konzeptionelle Erfolgsgeschichte durchlief, früher erfolgt war und die Lust an der Umkodierung einer ehemals als Verfall und Verwilderung betrachteten Kunst schon absorbiert hatte, es liegt auch nicht nur an den vielbeklagten chronologischen und semiotischen Interferenzen beider als epochal wie auch typologisch fungierenden Begriffe (in denen man sogar begriffliche Doubletten gesehen hat), sondern vor allem daran, daß der Manierismusbegriff wegen seiner Koppelung an das Manierierte und die ganze pathologisierende Semantik des ›Entarteten‹ als fundamental unglücklich empfunden wurde.

Weil er davon ausging, daß der Manierismus seine spöttischen und ablehnenden »Gefühlsmomente« kaum ablegen könnte, benutzte Walter Friedlaender in seinem Freiburger Habilitationsvortrag vom Frühjahr 1914, der um »Verständnis für die positiven Werte des Stils« der Florentiner Frühmanieristen Pontormo, Rosso, Il Parmigianino und deren Schüler warb, den Begriff des »antiklassischen Stiles«[125]. Erst 1925 in erweiterter Form publiziert, wurde diese form- und stilanalytische Studie grundlegend. Friedlaender formulierte zunächst – und hierbei konnte er sich auf Alois Riegls Begriff des ›Kunstwollens‹ stützen –, daß es sich bei der Abkehr vom Wahren und von der Natur, die man über so lange Jahrhunderte als einen Defekt beklagt hatte, weder um ein Nicht-Können noch eine Effekthascherei und im Äußerlichen steckenbleibende Überbietungssucht handeln würde, sondern um ein neues Sehen: »Entscheidend ist das Verhältnis dieser neuen Anschauung zum künstlerisch geschauten Objekt. Die Anschauungsmöglichkeit eines Objektes, die in der idealistisch-normativen Kunst allgemein (intersubjektiv) gesehen und gesteigert, zum Kanonisch-Gesetzmäßigen erhoben wird, bildet nicht mehr die unverrückbare Grundlage. Ebenso wenig kommen die individuell bedingten Variations-Möglichkeiten, wie sie durch äußere Umstände – Licht, Luft, Distanz – bestimmt werden, als Wesentliches in Betracht. Der manieristische Künstler in äußerster Konsequenz hat das Recht oder die Pflicht, eine jede Anschauungsmöglichkeit nur noch als Unterlage für eine neue, freie Variante zu gebrauchen. Diese unterscheidet sich also prinzipiell von allen anderen Möglichkeiten der Anschauung eines Objektes, da sie weder normativ abstrahiert und gültig, noch optisch zufällig bedingt ist, sondern nur eigenen Bedingungen gehorcht. Idealistisch ist diese Kunst auch, aber sie beruht nicht auf einer normativen Idee, sondern auf einer ›fantastica idea non appogiata all'imitazione‹ (Bellori), auf einer ›phantastischen Idee, die sich nicht auf (Natur-) Nachahmung stützt‹. Der scheinbar naturgegebene und daher gesetzmäßig allgemein anerkannte Kanon wird damit definitiv aufgegeben. Es handelt sich nicht mehr darum, ein angeschautes Objekt künstlerisch neu zu schaffen, so ›wie *man* es sieht‹ (oder idealistisch gesteigert, ethisch betont: sehen soll), aber auch nicht so, wie der individuelle Einzelne es als Erscheinungsform erblickt – ›wie *ich* es sehe‹ –, sondern (wenn man einen negativen Ausdruck gebrauchen darf) so ›wie man es *nicht* sieht‹, aber aus rein künstlerisch autonomem Motiv möchte, daß es gesehen wird.« (51)

In dieser Umwertung der alten ›Willkür‹ und ›fantastica idea‹ geht Friedlaender so weit, daß er in nuce und avant la lettre die abstrakte Kunst zu rechtfertigen scheint – und tatsächlich führt er die Dehnungen und Verdrehungen der Gliedmaßen, die Geziertheiten der Fingerhaltung, die Verdrängung oder gar Irrealisierung des dreidimensionalen Tiefenraums durch die Volumina flächenhafter und räumlich haltlos wirkender Gestalten im wesentlichen die Subjektivität eines bestimmten »rhythmischen Gefühls« (ebd.) zurück, das sich im Falle Michelangelos anders artikuliert als bei Bronzino oder Tintoretto, eben weil das intersubjektiv Verbindliche bewußt verlassen wird.

Auch der Wiener Kunsthistoriker Max Dvořák betont die »grundsätzliche Möglichkeit, den Realitätsgrad subjektiv zu wählen und anzuwenden«[126]. Von daher die Verschiedenheit ›manieristischer

---

125 WALTER FRIEDLAENDER, Die Entstehung des antiklassischen Stiles in der italienischen Malerei um 1520, in: Repertorium für Kunstwissenschaft 46 (1925), 50f.
126 MAX DVOŘÁK, Pieter Bruegel der Ältere (1920), in: Dvořák, Kunstgeschichte als Geistesgeschichte. Studien zur abendländischen Kunstentwicklung (München 1924), 222.

Stile‹, die sich nicht zu einer harmonisierenden Einheitlichkeit konfigurieren lassen (wie Wölfflins Barockstil), sondern die Potentialität des »Möglichkeitssinns der Kunst« in seiner »tragischen wie faszinierenden Schwerpunktlosigkeit«[127] aufweisen, wie später Werner Hofmann formulieren wird. In Dvořáks Studie *Pieter Bruegel der Ältere* (1920) wird diese Verschiedenartigkeit einerseits scharf akzentuiert, andererseits jedoch in der Signatur eines gemeinsamen idealistischen bzw. spiritualistischen Zeitalters wieder aufgehoben: »Da eine einheitliche Richtlinie fehlte, mußte sich daraus die große Verschiedenheit von Möglichkeiten und eine Fülle von Spannungen ergeben, vom äußersten Artisten- und Virtuosentum, welches entlehnte Formen, schöne Farben und Linien, gesteigerte Sinnlichkeit und ideelle Abstraktionen zu kunstvollen, doch blutleeren Gebilden vereinigte, bis zum flammenden Ausdruck des innersten Erlebens des dargestellten Inhaltes oder dessen sinnfälliger Erscheinung. So verschiedenartig sie auch erscheinen mögen, sind zum Beispiel Spranger und Greco, Tintoretto und Heemskerck die Vertreter ein- und derselben Kunst, desselben neuen Idealismus, der von jenem der 1. Hälfte des Jahrhunderts so verschieden war, wie etwa das Streben des heiligen Franz von Sales nach Erneuerung des Christentums von dem Luthers oder Savonarolas.«[128]

Aus heutiger Sicht würde man wohl nur noch dem ersten Teil dieser Aussage zustimmen – wobei sich aus dem Fehlen der ›einheitlichen Richtlinie‹ neuerliche Infragestellungen des Manierismusbegriffs ergaben oder aber Versuche, ihn aus diesem Spannungsfeld zu befreien und enger zu definieren als »the stylish style«[129] (so der Kunsthistoriker John Shearman) oder als »demonstrative Artistik«[130] (so der Literaturwissenschaftler Rüdiger Zymner). Im Moment der Umwertung und (wie zu zeigen war, fast ganz unmöglich erscheinenden) Positivierung des Manierismus jedoch, an der Dvořák einen, wenn nicht den entscheidenden Anteil hatte, war die geistesgeschichtliche Vereinheitlichung des Heterogenen – gemäß Dvořáks Prämisse, fast eine Pathosformel: »Nie steht ein führender, bahnbrechender Künstler jenseits der geistigen Gesamtlage seiner Zeit«[131] – ein wesentliches Moment dieses Gelingens. Von Pieter Bruegel dem Älteren führt kaum eine form- und stilanalytische Brücke zu jenem El Greco, über den Dvořák zur gleichen Zeit, als er über Bruegel schrieb, im Jahr 1920, seinen berühmten Vortrag im Österreichischen Museum hielt, der mit einem Schlag das verkannte Genie El Grecos und den Manierismus rehabilitierte.[132]

Wieder haben wir es mit der äußersten Individualität, Subjektivität und Originalität Grecos zu tun, und wieder auch mit einem fundamental spiritualistischen Zeitalter, das mit dem für Dvořák antimaterialistischen Geist der Krisenzeit nach dem Ersten Weltkrieg sowie mit der Kunst des Expressionismus konvergiert. Wie in der Ekstase Teresa von Avila seien »die Grenzen der naturalistischen Voraussetzungen des Denkens und Fühlens« bei Greco völlig überwunden: »Was ich sehe‹, sagt die heilige Therese, ›ist ein Weiß und ein Rot, so man es nirgends in der Natur findet, welches heller leuchtet und strahlt als alles, was man beobachten kann, und Bilder, wie sie noch kein Maler gemalt hat, deren Vorbilder nirgends zu finden sind, die doch die Natur selbst und das Leben selbst und die herrlichste Schönheit, die man sich denken kann.‹ Und ähnliches, wie es die Heilige in der Ekstase erlebte, versuchte Greco zu malen, nicht als ob er sich ihr angeschlossen hätte, sondern aus demselben Geiste, denn das subjektive geistige Erlebnis zum einzigen Gesetz der seelischen Erhebung geworden ist. Bei den Italienern und Franzosen blieb es bei aller Änderung der Ziele immerhin stets an bestimmten Residuen der Objektivierung der Umwelt gebunden, wogegen in Spanien man auch sonst keine Bedenken trug, dem Ausdruck der inneren Ergriffenheit auch die letzten Reste der renaissancemäßigen Wahrheits- und Schönheitsbegriffe zu opfern; bereits vor Greco, wie man aus einer Pietà des Luis Morales, eines Künstlers, der Grecos Vorgänger in Toledo war, ersehen

---

[127] WERNER HOFMANN, Manier und Stil in der Kunst des 20. Jahrhunderts, in: Studium generale 8 (1955), 11.
[128] DVOŘÁK (s. Anm. 126), 222.
[129] SHEARMAN (s. Anm. 117), 19.
[130] ZYMNER, Manierismus als Artistik. Systematische Aspekte einer ästhetischen Kategorie, in: Braungart (s. Anm. 21), 11 f.
[131] DVOŘÁK (s. Anm. 126), 220.
[132] Vgl. DVOŘÁK, Über Greco und den Manierismus (1920), in: Dvořák (s. Anm. 126), 261–276.

kann, die Michelangelos Manierismus mit spanischer Exaltation verbindet. Solche Werke, die schwerblütig und leidenschaftlich zugleich waren, haben sicher auch auf Greco eingewirkt, doch weit mehr noch die ganze geistige Umgebung, die geeignet war, Greco dahin zu führen, aus all den Elementen einer neuen Ausdruckskunst, die er in Italien, in Frankreich übernommen hat, die letzten Folgerungen zu ziehen und die Naturvorbilder ganz seiner künstlerischen Inspiration unterzuordnen. Seine Gestalten werden überlang und als ob sie nicht von dieser Welt wären.« (273)

Wir wollten Max Dvořák nicht bloß aus Gründen einer Hommage an diesen großen Umwerter der Werte wenigstens ein Stückchen lang selbst zu Worte kommen lassen – in der Folge spricht er noch von den ›unerhörten Farben‹: Zinnober, gelber Ocker, Krapplack, dem visionären Charakter, der Gewaltigkeit, die in dem Größenunterschied der Figuren liegt und in der leidenschaftlichen Aufwärtsbewegung oder im Vorstürzenden, doch geht es nicht um ein vollständiges Referat. Entscheidend ist auch eine Inspiriertheit (der das Etikett ›Geistesgeschichte‹ nicht ganz gerecht wird), die von einem ungeteilten Feld des Ästhetischen und Aisthetischen ausgeht. Die Selbstverständlichkeit, mit der Dvořák die literarischen Phänomene mitbedenkt, ohne daß es ihm um den Nachweis von Filiationen ging, knüpfte an die Geschichtlichkeit der Manier und des Manierismus an, und zwar an der Malerei ihr vorrangiges Paradigma gefunden hatten, aber niemals auf sie beschränkt geblieben waren. Doch ging dieser Konnex im Verlaufe des 20. Jh. verloren. Die Separierung von Kunst- und Literaturgeschichte/-wissenschaft erwies sich als nicht gerade förderlich, um die epochalen wie auch typologischen Komponenten des Manierismusbegriffs, zumal in seiner Konkurrenz mit dem Barockbegriff, distinkt und produktiv weiterzubedenken.

II. Manier- und Manierismusbegriff in den kulturwissenschaftlichen Disziplinen des 20. Jahrhunderts

Der Manierismusbegriff ist aus kreativen Umwertungsenergien des zweiten und dritten Jahrzehnts des 20. Jh. hervorgegangen, die aus dem ursprünglichen Denunziationsbegriff ein Instrument der Wiederaneignung der verworfenen Seite der Tradition, nicht bloß ihrer künstlerischen Artefakte bis hin zu den Raritätenkabinetten und Marotten, sondern auch des Prozesses der Zivilisation machten. Durch den Nationalsozialismus und den Zweiten Weltkrieg riß auch die Kontinuität der Manierismusforschung in Europa ab. Doch wurde dieses neue Instrument von den ins Exil, vor allem der USA, getriebenen Kunstwissenschaftlern unter seinem englischen Namen ›mannerism‹ weiterentwickelt und verbreitet.

Das Besondere an diesem Umwertungsprozeß ist, daß es nicht nur darum ging, einen ›Verfallsstil‹ oder eine ›Verfallsepoche‹ für den Geschmack der Gegenwart wiederzugewinnen und zu retten. Dieses Programm sollte der Barockbegriff mit ungleich größerem Erfolg und Elan hinsichtlich der ›wechselseitigen Erhellung der Künste‹ realisieren. Was den Manierismusbegriff so viel ›unglücklicher‹ hatte erscheinen lassen als den Barockbegriff, ist seine Genese nicht aus der Manier, sondern aus dem Manierierten. Um eine schlechte Manier – sagen wir: den Schwulst – umzuwerten, mußte man ein Koordinatensystem schaffen, in dem Schwulst verstehbar und wieder goutierbar wird. Das Manierierte – das vorrangig, wie die Begriffsgeschichte zeigt, französisch geschrieben werden muß – aber hatte nicht bloß eine spezifische zu tadelnde Manier gemeint, sondern zielte in einem prinzipiellen Sinn auf das Unmanierliche, Unnatürliche, Unechte, Gekünstelte, Unwahre. Am Paradigma des Manierismusbegriffs und seiner Übertragungen geht es also nicht bloß um eine Epoche oder einen Stil, sondern um das Problem der Normen, gar der Wahrheit überhaupt.

1. Kunstwissenschaft

Als Periode, und zwar zunächst auf Italien und besonders Mittelitalien (Florenz und Rom) fokussierte Periode, hatte der Zeitraum, in dem die Manieristen auftraten, in der Linie von Bellori über Lanzi bis zu Burckhardt längst seine Eckdaten gefunden, nämlich, um noch einmal Burckhardt zu zitieren, »etwa vom Jahre 1530 an« bzw. »nach Raffaels Tode« bis zum Aufkommen des Einflusses der Carracci (»Seit den 1580er Jahren beginnt der Manierismus einem neuen, bestimmten Stil zu weichen«[133]). Man konnte diese Eckdaten in dem Maße, wie man im Manierismus einen vom italienischen Zentrum auf Europa kosmopolitisch ausstrahlenden Aneignungs- und Akkulturationsprozeß der maniere erkannte, nach vorne ins 17. Jh. ausdehnen und tat dies auch, indem man den Toledanischen El Greco, dessen unerhörte Tendenzen zur Abstraktion in den Jahren vor seinem Tod (1614) den Zenith erreichen, die Antwerpener und Haarlemer Manieristen, Fontainebleau, den Prager Hof Rudolf II. (mit Arcimboldo) und andere Zentren mehr entdeckte (nur der Terminus post quem, Raffaels Todesjahr 1520, blieb konstant).

Das Problem, weshalb der Manierismus als Epochenstil zwischen Hochrenaissance und Barock dennoch immer wieder in Frage gestellt worden ist, aber besteht darin, daß die unterschiedlichen Phänomene nicht auf einen gemeinsamen einheitlichen Stil zurückzuführen waren. Werner Weisbach grenzte den »Drang nach einer Formkomplizierung« des »in formalistischem Virtuosentum sich gefallenden Manierismus« von der Richtung des Barocks scharf ab, die sich »in konsequenter Weiterbildung zu einem dynamischen Bewegungsstil entwickelt, der für alle Künste einen eigenen, seinen Absichten entsprechenden Formenapparat hervorbringt und neuen geistigen Regungen Ausdrucksäquivalente schafft«[134]. Er kritisierte Dvořák, der dem Manierismusbegriff einen tieferen spiritualistischen Sinn gegeben hatte, und stellte »die glatte Eleganz« der »Bildnisse von der Hand eines Bronzino, Salviati, Parmigianino und anderer Zeit-

genossen« gegen die Ausnahmeerscheinung Grecos: »Der großen Masse manieristischer Werke in allen Ländern ist gerade das Seelenlose, Mechanisierte, Gekünstelte, Formalistische gemeinsam.«[135] Weniger als ein Stil oder als eine Epoche erschien der Manierismus als ein Problem, und er blieb es in vielen Hinsichten bis heute, weil das Spektrum der maniere nicht auf das Organum eines Ideals zurückgeführt werden konnte.

Erst Jahrzehnte nach Weisbach schien die Zeit dafür reif, aus dem ›Überzivilisierten‹, ›Seelenlosen‹ und ›Formalistischen‹ einen neuen positiven Manierismusbegriff zu gewinnen. Seit den 50er Jahren hatte der Manierismus Triumphe gefeiert, der großen Europaratausstellung in Amsterdam folgte der legendär gewordene zwanzigste internationale Kongreß der Kunstgeschichte in Princeton sowie die Bücher von Hocke und Hauser, die, in Anknüpfung an Dvořák im Manierismus einen Spiegel der Probleme der Moderne gesehen hatten. Diese Impulse führten zu einer außerordentlichen Proliferation des Manierismusbegriffs und dann zu einer Gegenreaktion, daß der Begriff ein historiographisch und stilanalytisch untaugliches Instrument sei. In dieser Situation erschien 1967 John Shearmans Manierismusbuch, das als Penguin-book mit vielen Neuauflagen ein breites Publikum erreichte und eine verblüffend attraktive und einfache Synthese bot. Nachdem der Manierismus bei Hocke und Hauser ein Reflexionsmedium des Krisenhaften, des Chaotischen und Problematischen gewesen war, warb Shearman erfolgreich für eine Positivierung des ›artifizioso‹, des Professionellen und des Eleganten. An die höfisch tonangebenden Zentren Rom, Florenz, Mantua, München und Prag gebunden sei der Manierismus eine hochreflektierte und hochzivilisierte Kunst für Kenner gewesen, die man nur aus ihren eigenen Bedingungen verstehen könne. Die Zentralthese, mit der es Shearman gelang, dem Manierismus die historiographische Kontur eines Epochenstils zu geben, der alles abschüttelte, was man als ›Krise‹ und ›problematische Ausdrucksgebärde‹ zu fassen gesucht hatte, war seine Definition als »the stylish style«: »So, when we look for tendencies in the art of the sixteenth century that may justifiably be called Mannerist, it is logical to demand that these should be, so to speak, drenched

---

133 BURCKHARDT (s. Anm. 119), 949.
134 WEISBACH, Zum Problem des Manierismus, in: Studien zur deutschen Kunstgeschichte, H. 300 (1934), 15–20.
135 WEISBACH, Gegenreformation – Manierismus – Barock, in: Repertorium für Kunstwissenschaft 49 (1928), 23 f.

in *maniera* and, conversely, should not be marked by qualities inimical to it, such as strain, brutality, violence and overt passion. We require, in fact, poise, refinement and sophistication, and works of art that are polished, rarefied and idealizes away from the natural: hot house-plants, cultured most carefully. Mannerism should, by tradition, speak a silver-tongued language of articulate, if unnatural, beauty, not one of incoherence, menace and dispair; it is, in a phrase, the stylish style.«[136] Der Gewinn aber, der in dieser Neuschätzung des ›artifizioso‹ als »an extreme manifestation of civilized living« (188) lag, war mit neuerlichen Ausgrenzungen zu bezahlen. El Greco paßte in diesen Ansatz nicht hinein: »El Greco is perhaps best considered as an artist who used strongly mannerist conventions with an increasingly expressive purpose and urgency that is far from characteristic of Mannerism; the strangely ambiguous French provincial, Jacques Bellange, stands in much the same position.« (28) Und Tintoretto, das ›schreckliche‹ ingegno Michelangelos, dies und alles schokkierend Regelsprengende, dem man aber dennoch Größe nie hatte absprechen können, läßt sich dem Kohärenzprofil des ›stilisierten Stils‹ nicht integrieren. Gegenüber der Position von Weisbach hat sich die Faszination geändert, indem stilisierte Eleganz nicht mehr als kunstfremd betrachtet wird. Das alte Dilemma jedoch, an dem sich schon Weisbach so gerieben hatte, daß etwa Bronzinos Porträt der *Eleonora von Toledo* (um 1550) und El Grecos Apokalypse *Eröffnung des siebten Siegels* (um 1610), um nur zwei Extreme zu nennen, auf keinen gemeinsamen Totalisierungsbegriff zu bringen sind, sei er geistes- oder stiltypologisch begründet, bleibt erhalten.

Und dieses Dilemma kann sich nur verschärfen, wenn man über die Malerei hinausgeht. Wie könne man nur, fragt ein spanischer Kritiker 1979, »so absolut ungleiche Phänomene« (hechos tan absolutamente dispares) als manieristisch qualifizieren, »como el Escorial de Herrera y el Sacro Bosco de Bomarzo, una quimera de Arcimboldo y un retrato de Holbein, una composición erótica de Spranger y una pintura religiosa del Greco, el decorativismo de Fontainebleau y la austeridad del primitivo Gesú de Roma, el *Quijote* de Cervantes y el *Polifemo* de Góngora?«[137] (wie den Escorial von Herrera und den Sacro Bosco von Bomarzo, eine Schimäre von Arcimboldo und ein Porträt von Holbein, eine erotische Komposition von Spranger und ein religiöses Gemälde des Greco, den Dekorativismus von Fontainebleau und die Strenge der ursprünglichen Gesú-Kirche in Rom, den *Quijote* von Cervantes und den *Polifemo* von Góngora?) Es ist jedoch paradoxerweise genau diese Disparität, in der man dem Manierismusbegriff seinen Sinn und seine Einheit zuerkennen kann. Epochal gesehen, war das 16. Jh. die erste Epoche, in der die maniere in die Autonomie ihrer Radikalismen entlassen wurden. Von daher der Eindruck des Heterogenen, des Disharmonischen und Dissonanten, der Vielheit von lauter Extremen. Von daher aber auch die irreversible Verschwisterung dieser Epoche mit der ihrerseits schwerpunktlosen Moderne.

Es ist unverkennbar, daß das Manierierte wie der Manierismusbegriff sich am Leitfaden der Malerei herausgebildet haben, ohne je auf diese beschränkt gewesen zu sein. Schon die Vasarische ›maniera‹ hatte sich auf alle drei ›arti del disegno‹ (Zeichenkünste) bezogen, die Architektur, die Skulptur und die Malerei. Michelangelo verkörperte die drei Künste in Personalunion, aber auch zahlreiche andere Künstler traten auf mehreren Gebieten hervor, wie die Dekorationskünste ja überhaupt architekturale, skulpturale und malerische Verfahren kombinierten und mischten. Es war selbstverständlich, daß die moderne Kunstgeschichte den Manierismusbegriff auf die Architektur und Skulptur applizierte. Ein früher Versuch, in Analogie zu Wölfflins *Kunstgeschichtlichen Grundbegriffen* die Lücke zu schließen, die dieser für ›die Kunst der Zwischenzeit‹ gelassen hatte, stammt von Hans Hoffmann, der Architektur, Plastik und Malerei unter dem Aspekt des Raumgefühls, des Aufbaus und des Lichts untersucht. Während der Raum der Architektur der Renaissance ausgewogene, in sich geschlossene Höfe privilegiert habe, seien solche Anlagen des ›vollkommenen Ruheraums‹ schon der Mitte des Jahrhunderts

---

136 SHEARMAN (s. Anm. 117), 19.
137 ALFONSO RODRIGUEZ G. DE CEBALLOS, El manierismo como constante o como estilo, in: Revista de ideas estéticas 37 (1979), 100.

fremd. Vasaris Uffizienhof betone den ›Tiefenzug‹, die ›Raumflucht‹ hinaus in den unendlichen Raum im Zwiespalt zu einer partiellen Wahrung des Festhaltens am Ruheraum. Für den Frühbarock hingegen sei die ›Raumstauung‹ charakteristisch mit dem Aufkommen der Ovalform, die schwellend und prallend sei und nicht gespannt wie im Manierismus. In dieser Typologie von ›Ruheraum‹, ›Raumflucht‹ und ›Raumstauung‹ wird die manieristische Plastik nun folgendermaßen situiert. Die Frontalstellung der Figuren sei in die Raumflucht eingebaut. Cellinis *Perseus* (1554) erzwinge die frontale Ansicht. Das Emportürmen der Figuren (Michelangelos *Der Sieg* [vor 1534], Giovanni da Bolognas *Raub der Sabinerin* [1582]) verstärke die Raumspannung. Die menschliche Gestalt werde »als den natürlichen, realen Zusammenhängen enthoben« aufgefaßt. An der Malerei, die (nur) ein Abbild des Raums gebe, sei die Raumauffassung der Raumflucht zuerst erschlossen worden. Während die Gemälde der Hochrenaissance oft die Hälfte eines Zentralraums, z. B. ein Halbrund, als einen ruhenden Raum aufweisen würden, in dem die Figuren sich zuneigen oder wegwenden würden, beginne ein Künstler wie Pontormo in den *Certosa-Fresken* (1522) den Raum auf eine neue Weise, durch einen vertikalen Zug in die Tiefe und in die Höhe zu formen: »Die vertikale Bindung in der Fläche wird wichtiger als die Bindung im Tiefenraum.«[138]

Man muß konstatieren, daß Hoffmanns ehrgeiziger typologischer Versuch, der für den Manierismusbegriff das leisten wollte, was Wölfflin für den Barockbegriff geleistet hat, keine Fortsetzer gefunden hat. Der Manierismus interessierte weniger durch das, was ggf. verallgemeinerungsfähig war (eine Ausnahme bildet hier allerdings die berühmte ›linea serpentinata‹), sondern durch seine Provokationen und seine herausragenden Einzelrepräsentanten und Prototypen wie Giulio Romano und den *Palazzo del Tè* bei Mantua oder Michelangelo und die *Biblioteca Laurenziana* in Florenz mit ihrem Ricetto und jener Treppe, die keine praktische Funktion zu haben scheint, sondern nur dramatische Wirkung. Was die Kunstgeschichte hier im einzelnen geleistet hat, kann nicht resümiert werden.[139]

Unhintergehbar für die Begriffs- und Diskursgeschichte des Manierismus ist hingegen das Phänomen der umfangreichen Produktion kunsttheoretischer Schriften, das in Verbindung mit der Gründung der Akademien steht. Die erste dieser Kunstakademien war die auf Anregung von Vasari vom Großherzog Cosimo I. Medici gegründete Florentiner Accademia del Disegno (1561), die die Nachfolge der zünftlerischen Organisation der Compagnia di San Luca antrat und damit die Entlassung der Künstler aus dem alten System der *artes mechanicae* unterstrich. Aus einem Handwerk hatten sich die bildenden Künste zu einem freien Beruf entwickelt. Die Gleichstellung des Künstlers mit den Gelehrten und Dichtern wurde von einer umfangreichen theoretischen und metaphysischen Legitimierung der Leistung, und zwar gerade auch gedanklichen Leistung der Kunst begleitet. Schon sehr früh, etwa zeitgleich mit Friedlaenders und Dvořáks Verteidigung der manieristischen Kunst, begannen sich die Kunsthistoriker für diese theoretischen Schriften zu interessieren, die am Ende des Jahrhunderts in die partiell technischen, zum überwiegenden Teil jedoch metaphysischen spekulativen Systeme von Gian Paolo Lomazzo und Federico Zuccari einmündeten.

Lomazzos *Trattato dell'arte de la pittura* (1584) ist die Hauptquelle jener berühmten ›linea serpentinata‹, in der man nicht nur das Stilisticum manieristischer Kunst schlechthin gesehen hat, sondern die auch über William Hogarths Exaltation zur ›line of beauty‹ und auf anderen verschlungenen Wegen mehr in die ›okkulte‹ Stilistik der romantischen Arabeske gelangte.[140] Nach Lomazzo war es Michelangelo selbst, der seinem Schüler Marco da Siena den Rat gegeben habe, die Figur »pyramidal, schlangenförmig, und um eine, zwei und drei Fi-

---

138 HANS HOFFMANN, Hochrenaissance. Manierismus. Frühbarock. Die italienische Kunst des 16. Jahrhunderts (Zürich/Leizig 1938), 48.
139 Vgl. DANIEL ARASSE/ANDREAS TÖNNESMANN, Der europäische Manierismus 1520–1610 (München 1997); KRISTINE PATZ, ›Manierismus‹ (Bildende Kunst), in: UEDING, Bd. 5 (2001), Sp. 907–920; HERMANN HIPP, Manierismus als Stilbegriff in der Architekturgeschichte, in: Braungart (s. Anm. 21), 169–201.
140 Vgl. FRANZSEPP WÜRTENBERGER, Der Manierismus. Der europäische Stil des 16. Jahrhunderts

guren vervielfältigt darzustellen« (che dovesse sempre fare la figura piramidale, serpentinata, & moltiplicata per uno, due e tre[141]). Die Kunstgeschichte hat diesen ›Ratschlag‹ nicht bloß an der Malerei, sondern auch an einer Skulpturenfolge, die vom *Sieg* von Michelangelo im Palazzo Vecchio von Florenz bis zu Giovanni Bolognas dreifacher serpentinata-Plastik des *Raubs der Sabinerin* führt, so gut veranschaulichen können, daß die durch die Reproduktionstechniken (nicht erst uns, sondern schon dem 16. Jh. über den Kupferstich) ständig gegenwärtigen Kunstwerke wie ein Kommentar Lomazzos anmuten, der etwas sybillinisch fortfährt: »Et in questo precetto parmi che consista tutto il secreto de la pittura. Imperoche la maggior gratia, & leggiadria che possa avere una figura è che mostri di moversi, il che chiamano i pittori furia de la figura.« (ebd.) (Und in dieser Vorschrift scheint mir das ganze Geheimnis der Malerei zu liegen, hat doch eine Figur dann die größte Grazie und Anmut, wenn sie zeigt, daß sie sich bewegt, was die Maler als Furie der Figur bezeichnen.) Darauf folgt ein Vergleich dieser »furia de la figura« mit der Flamme als der aktivsten und bewegungsreichsten aller Formen (wie schon Aristoteles gesagt habe), sodann der Vergleich mit zwei Arten von Pyramidenformen, einer von gerader Linie, wie diejenige bei Sankt Peter in Rom, die man als die Pyramide von Julius Cäsar bezeichne (gemeint ist der Obelisk, der sich heute auf dem Petersplatz befindet), und eine andere von flammen- bzw. schlangenförmiger Gestalt: »l'altra di figura di fiamma di foco, & questa chiama Michel Angelo serpentinata, ha il pittore d'accompagnare questa forma piramidale con la forma serpentinata, che rappresenta la tortuosità d'una serpe viva, quando camina, che è la propria forma de la fiamma del foco che ondeggia. Il che vuol dire che la figura ha di rappresentare la forma de la lettera S retta o la forma rovescia […], perchè allora averà la sua bellezza.« (ebd.) (die andere von Gestalt einer Feuerflamme, die Michelangelo als serpentinata bezeichnet. Der Maler soll diese Pyramidenform mit der Serpentinenform verknüpfen, die die Gewundenheit einer lebendigen sich bewegenden Schlange darstellt, die zugleich die Form der züngelnden Flamme des Feuers ist. Das bedeutet, daß die Figur die Form des Buchstabens S darzustellen

hat, in ihrer direkten oder verkehrten Form, denn daraus entsteht ihre Schönheit.) Man könnte meinen, daß Lomazzo hier die formalistischen wie zugleich metaphorischen Produktionsregeln dessen angibt, was Binswanger als semantisches Feld des ›Verstiegenen, Verschrobenen, Verschraubten, Verdrehten und Verqueren‹ analysiert hat. Doch hatte Lomazzo selbst keinesfalls bloß strikt manieristische Verfahren im Sinn, sondern preist die Serpentinenlinie vielmehr als ein universales Schönheitsideal, das auf verschiedene Weise erreicht werden könne. Wie Michelangelo – so fährt er fort – die Muskeln betont und hervorgehoben habe, um seine vollkommene Beherrschung der Anatomie und der Körperbewegung zu zeigen, so habe Tizian, um seine koloristische Meisterschaft zu beweisen, ähnliche Effekte durch das Zusammenspiel des Lichts mit den Farben erzielt und seinen Figuren die Schönheit der Serpentinenlinie verliehen.

Schon Erwin Panofsky war in seinem berühmten *Idea*-Buch (1924), einer frühen Auseinandersetzung mit den damals schwer zugänglichen Traktaten von Lomazzo und Zuccaro, auf die linea serpentinata gestoßen. Was ihn jedoch mehr interessiert hatte, und was auf die Folgejahrzehnte bis zu den 70er Jahren einen starken Einfluß ausübte, war die philosophische Komponente dieser Schriften. *Idea* meinte programmatisch den Neuplatonismus Marsilio Ficinos, in dessen Applikation auf die Kunst Panofsky den Schlüssel für das Verstehen der Legitimation des ›Manierismus‹ (er benutzte den Manierismusbegriff, setzte ihn aber stets in Anführungszeichen) gefunden zu haben glaubte. Dieses brillante und geniale Buch erlangte einen großen Einfluß auf die Sicht der Kunst des Manierismus als einer idealistischen oder Idea-Kunst, die von ihrer handwerklichen Seite, dem technē-Aspekt der maniera losgelöst wurde. Im Anschluß an Panofsky befaßten sich Kunstwissen-

---

(Wien/München 1962), 44ff.; DAVID SUMMERS, Maniera and Movement. The Figura Serpentinata, in: Art Quarterly 35 (1972), 269–301; DOBAI (s. Anm. 90), Bd. 2 (1975), 639ff.; GÜNTER OESTERLE, ›Arabeske‹, in: K. Barck u.a. (Hg.), Ästhetische Grundbegriffe, Bd. 1 (Stuttgart/Weimar 2000), 272–286.
141 GIAN PAOLO LOMAZZO, Trattato dell'arte de la pittura (1584; Hildesheim 1968), 23.

schaftler (ebenso wie Literaturwissenschaftler) bis zu den 70er Jahren mit komplizierten philosophiehistorischen Filiationsproblemen zwischen Aristotelismus und Neuplatonismus. In Vasaris *Vite* hatten diese schweren philosophischen Gewichte, die die Kunst nobilitieren sollten, jedoch noch nicht auf den Kunstwerken gelastet. Wo bei Vasari der Gedanke einer idea-Kunst aufkommen könnte, erscheint diese nicht metaphysisch grundiert, sondern vielmehr zum concetto hin verschoben, das weniger immateriell benutzbar ist. Die seit Panofsky vielzitierte und vielkommentierte Stelle, in der Vasari sich um eine theoretische Fundierung der ›drei Zeichenkünste‹ bemüht und die man als Grundlegung des begrifflichen Konnexes zwischen concetto, disegno und maniera betrachten kann, lautet: »Perchè il disegno, padre delle tre arti nostre, Architettura, Scultura e Pittura, procedendo dall'intelletto, cava di molte cose un guidizio universale; simile a una forma ovvero idea di tutte le cose della natura, la quale è singolarissima nelle sue misure; di qui è che non solo nei corpi umani e degli animali, ma nelle piante ancora. e [sic] nelle fabbriche e sculture e pitture, conosce la proporzione che ha il tutto con le parti, e che hanno le parti fra loro e col tutto insieme. E perchè da questa cognizione nasce un certo concetto e giudizio, che si forma nella mente quella cosa che poi espressa con le mani si chiama disegno; si può conchiudere che esso disegno altro non sia che una apparente espressione e dichiarazione del concetto che si ha nell'animo, e di quello che altri si è nella mente immaginato e fabbricato nell'idea.«[142] Die folgende Übersetzung ist die Panofskys: »Die Zeichnung, der Vater unserer drei Künste, schöpft aus vielen Dingen ein Allgemeinurteil (giudizio universale), gleich einer Form oder Idee aller Dinge der Natur, die in ihren Maßen überaus regelmäßig ist. So kommt es, daß sie (die Zeichnung) nicht nur in den menschlichen und tierischen Körpern, sondern auch in den Pflanzen, Gebäuden und Bildwerken das Maßverhältnis des Ganzen in bezug auf seine Teile sowie das Maßverhältnis der Teile zueinander und zum Ganzen erkennt. Und da aus dieser Erkenntnis ein gewisses Urteil entspringt, das im Geiste die später mit der Hand gestaltete und dann ›Zeichnung‹ genannte Sache formt, so darf man schließen, daß diese Zeichnung nichts anderes sei, als eine anschauliche Gestaltung und Klarlegung jenes Gedankens, den man im Sinne hat und den man im Geiste sich vorstellt und in der Idee hervorbringt.«[143] Diese Übersetzung meidet den concetto-Begriff, der beim ersten Mal durch ›Geist‹ wiedergegeben wird, beim zweiten und dritten Mal durch ›Gedanken‹. Dem concetto wird seine Komponente eines – materiell umzusetzenden – Konzepts zugunsten seiner Spiritualisierung zur Idea genommen.

Ein Großteil des Kunstvokabulars der Moderne geht aus der Stilreflexion des italienischen 16. Jh. hervor, doch wie im Falle des concetto und des disegno oder auch des ingegno geht es dabei stets um intrikate Übersetzungsprobleme, die den Kommentatoren alsbald in einen unlösbaren Dualismus verstricken, der spannungsreichen Beziehung des Kunstwerks zwischen Schöpfung, dem im Geist vorhandenen concetto, und seiner Fabrikation, dem Herstellen mit den Händen – oder auch der Maschine. Dieser Dualismus brachte das paradoxe concetto eines ›Raffael ohne Hände‹[144] hervor, er nährte die Vorstellung des rücksichtslosen, nur der eigenen Subjektivität verpflichteten Genies (Michelangelo), ebenso wie den ganz entgegengesetzten Gedanken der automatisierten Kunst, den man dem ›tirar di maniera‹/›tirar di pratica‹ entnommen hatte. Noch in Martin Heideggers Unterscheidung von ›Schaffen von Werken‹ und ›Anfertigung von Zeug‹[145] ist dieser Dualismus wirksam, dessen Genealogie mit der des Manierismus parallel läuft.

Das Vokabular Vasaris erscheint heute mehr denn je als die Hauptquelle der modernen Kunstterminologie – ob es sich um die Grotesken und das Groteske handelt, das Ornament, das capriccio und capriccioso, das bizzarro, das claroscuro, das

---

142 VASARI (s. Anm. 44), Bd. 1, 168 f.
143 ERWIN PANOFSKY, Idea. Ein Beitrag zur Begriffsgeschichte der älteren Kunsttheorie (1924; Berlin ⁷1993), 33.
144 Vgl. WOLFGANG VON LÖHNEYSEN, Raffael unter den Philosophen – Philosophen über Raffael (Berlin 1992), 11 ff.; LINK-HEER, ›Raffael ohne Hände‹ oder das Kunstwerk zwischen Schöpfung und Fabrikation. Konzepte der ›maniera‹ bei Vasari und seinen Zeitgenossen, in: Braungart (s. Anm. 21), 203–219.
145 Vgl. MARTIN HEIDEGGER, Der Ursprung des Kunstwerkes (1935), in: Heidegger, Holzwege (Frankfurt a. M. 1977), 7–65.

sfumato, die morbidezza. All das ist der maniera eng verbunden, doch auch seinerseits so komplex, daß es je eigene Begriffsgeschichten postuliert.

Ohne in systematischer Weise von dem Vokabular Vasaris auszugehen, das sie nicht systematisch exploriert zu haben scheinen, sind Gustav René Hocke und Mario Praz (in der Publikationsform zahlreicher kleiner Essays)[146] diejenigen gewesen, die für diese Faszinationen den intensivsten Sensus hatten, der auf dem Gespür der Wahlverwandtschaft von Manierismus und Moderne beruhte. Doch bevor es zu dieser produktiven Zusammenführung von Kunst- und Literaturwissenschaft kam, etablierte die Literaturwissenschaft den Manierismusbegriff zunächst durch eine radikale Abkopplung von der Kunstgeschichte.

2. Literaturwissenschaft

Die Geburtsstunde der Übertragung des Manierismusbegriffs auf die Literatur datiert man mit Curtius' opus magnum *Europäische Literatur und lateinisches Mittelalter* (1948). Zwar hatte zuvor schon Enrico Carrara, der eine Neuausgabe der *Vita Cellinis* besorgt hatte, 1928 programmatisch von »Manierismo letterario in Benvenuto Cellini«[147] gesprochen, wobei es ihm darum ging, die vermeintliche literarische Naivität Cellinis, die man seit Goethe so sehr bewundert hatte, als eine fingierte und stilisierte zu erweisen. Doch die Wirkung dieser Studie ging nicht über die Celliniforschung hinaus. Carraras Prämisse, daß literarische Artefakte ebenso wie die künstlerischen Produkte einer Epoche manieristisch wären oder sein könnten, zumal wenn sie vom gleichen Produzenten stammen würden, ist eine geistesgeschichtliche Prämisse ähnlich der Dvořáks. Doch es waren nicht solche Epochengeistprämissen, die die Fortüne des Manierismusbegriffs in der Literaturwissenschaft in erster Linie begründeten. Vielmehr wurde der literaturwissenschaftliche Manierismusbegriff transhistorisch fundiert und damit an das aus der Antike überkommene Deskriptions- und Analyseinstrumentarium der Rhetoriken und Poetiken rückgebunden. In einem Geniestreich, der zugleich auch ein schulmeisterlicher Akt war, definierte Curtius den Manierismus als Gegenpol zu aller Klassik. Dabei vollzog er die doppelte Geste einer Entlehnung des Begriffs aus der Kunstgeschichte und einer Abkopplung von dieser: »Die Klassik des Rafael wie des Phidias empfinden wir als die zur Idealität erhobene Natur. [...] Klassische Kunst in diesem höchsten Sinne gedeiht nur in kurzen Blütezeiten. Schon in der Spätperiode Rafaels findet die Kunstgeschichte die Keime dessen, was sie Manierismus nennt und als Entartungsform der Klassik deutet. Eine künstliche ›Manier‹, die sich in verschiedensten Formen äußern kann, überwuchert die klassische Norm. [...] Es steht hier nicht zur Erörterung, ob das Wort Manierismus als kunstgeschichtliche Epochenbezeichnung gut gewählt und wie weit es berechtigt ist. Wir dürfen es entlehnen, weil es geeignet ist, eine Lücke der literaturwissenschaftlichen Terminologie auszufüllen. Zu diesem Zweck müssen wir das Wort freilich aller kunstgeschichtlichen Gehalte entleeren und seine Bedeutung so erweitern, daß es nur noch den Generalnenner für alle literarischen Tendenzen bezeichnet, die der Klassik entgegengesetzt sind, mögen sie vorklassisch oder nachklassisch oder mit irgendeiner Klassik gleichzeitig sein. In diesem Sinne verstanden ist der Manierismus eine Konstante der europäischen Literatur. Er ist die Komplementär-Erscheinung zur Klassik aller Epochen.«[148]

Stellt man vorerst beiseite, daß Wörter ihrer Gehalte nicht so leicht ›entleert‹ werden können (schon bei Curtiusschüler Hocke wird mit Verve den Rückbezug auf die Kunstgeschichte praktizieren), so ist zunächst zu fragen, was der Gewinn dieser überaus einflußreichen Definition des Manierismus war, die mit dem Abwerfen des (kunsthistorisch erzeugten) Epochenkonzepts die Voraussetzungen für einen konsequent systematischen und transhistorischen Gebrauch der Begriffe Manierismus und manieristisch schuf. Dieser Gewinn lag vor allem in der operativen Anbindung des Manierismus an die Rhetorik als das wichtigste Regelrepertoire des je nach Redegattung und Hö-

---

146 Vgl. z.B. MARIO PRAZ, Bellezza e bizarria (Mailand 1960); PRAZ, Il giardino dei sensi. Studi sul manierismo e il barocco (Mailand 1975).
147 ENRICO CARRARA, Manierismo letterario in Benvenuto Cellini, in: Studi romanzi 19 (1928), 171–200.
148 CURTIUS (s. Anm. 5), 277.

henlage des Stils angemessenen Sprechens. Curtius sah richtig, daß dieses Regelrepertoire jedoch nicht nur ›normalklassische‹ Anweisungen lieferte, sondern seinerseits ein wichtiges generatives Reservoir für den Ornatus und die Artistik der Struktur bildete: »Eine Gefahr des Systems liegt darin, daß in manieristischen Epochen der *ornatus* wahl- und sinnlos gehäuft wird. In der Rhetorik selbst liegt also ein Keim des Manierismus verborgen. Er wuchert in Spätantike und Mittelalter.« (278) Es sind die folgenden rhetorischen Figuren, die Curtius als besonders manierismusanfällig genauer examiniert: 1. Das Hyperbaton, die Änderung der grammatischen Wortstellung; 2. Die Umschreibung oder Periphrase; 3. Die Annominatio, die Häufung verschiedener Flexionsformen desselben Worts oder anklingender Wörter; 4. Die Metaphorik. Dabei gibt es milde Fälle und übertriebene und krasse. Nicht als solche sind diese Stilmittel antiklassisch oder unklassisch. So benutzt der Klassizist Garcilaso de la Vega einen stilistischen Latinismus ›Por manos de Vulcano artificiosas‹ anstelle der normalen Wortstellung ›Por manos artificiosas de Vulcano‹ (Durch die künstlichen Hände von Vulkan). Erst wenn ein solches latinisierendes Hyperbaton »zur Manier« wird, wie bei Luis de Góngora y Argote, haben wir es mit Manierismus zu tun. Der »Mißbrauch der Periphrase« (280) beginnt nach Curtius mit Statius, der eine Leiter mehrfach umschreibt: »innumerosque gradus, gemina latus arbore clusus, / aerium sibi portat iter« (zahllose, durch beiderseitige Bäume eingeschlossene Stufen, einen Luftweg)[149]. Ein schönes, spöttisch gemeintes Beispiel für eine übertriebene Annominatio stammt aus dem *Quijote* (1605/1615): »La razón de la sinrazón que a mi razón se hace, de tal manera mi razón enflaquece, que con razón me quejo de la vuestra fermosura.« (Der Sinn des Widersinns, den Ihr meinen Sinnen antut, schwächt meinen Sinn dergestalt, daß ein richtiger Sinn darin liegt, wenn ich über Eure Schönheit Klage führe.)[150] Die Metaphorik bezeichnet Curtius dann als manieristisch, wenn sie ›erklügelt‹ und ›gesucht‹ erscheint, wie die ›Zithern aus Flügeln‹ (für Vogelsang) bei Góngora und seinen Vorläufern in der lateinischen Literatur.[151]

Diese Stichprobe zum operativen Vorgehen von Curtius gestattet es bereits, die Produktivität des philologisch-rhetorischen Ausgangspunkts für ein exaktes Beschreiben und Verstehen komplexer literarischer Verfremdungen zu erkennen. Weitere Paragraphen gelten »formalen Manierismen« (wie lipo- und pangrammatischen Spielereien und »Wortkünsteleien«, dem »Summationsschema«, einer Variante der Beispielreihung), dem Epigramm und dem Pointenstil; ein eigener Abschnitt ist dem spanischen Jesuiten Baltasar Gracián gewidmet, zweifellos einer Zentralpersönlichkeit des historischen Manierismus von weitreichender europäischer Wirkung. Curtius würdigt Gracián hier vor allem als den Verfasser der *Agudeza y arte de ingenio en que se explican todos los modos y diferencias de conceptos* (1642/1648), die, wie die italienischen Komplementärtraktate von Matteo Pellegrini, *Delle accutezze* (1639) und Emmanuele Tesauro, *Il Canocchiale aristotelico* (1655), als eine Theorie des literarischen Manierismus betrachtet werden kann. Trotz seiner Tendenz, alle literarischen Erscheinungen in den Traditionszusammenhang der Spätantike und des lateinischen Mittelalters zu stellen, würdigt Curtius die »Originalität Graciáns«, der »als erster und einziger das System der antiken Rhetorik für ungenügend erklärt hat und es durch eine neue Disziplin ergänzt hat« (301). Die agudeza (Scharfsinn, Pointe, Witz) kann nicht mehr aus den Figuren der Antike erklärt werden, sondern ist ein neues Phänomen. Ebenso ist das concepto, das spanische Äquivalent von concetto, wie Curtius anerkennt, »der klassischen Latinität fremd« (300); erst in der mittelalterlichen Philosophie bürgere conceptus sich in der Bedeutung von ›Begriff‹ ein. Tatsächlich haben wir es in all diesen Traktaten über Geistesschärfe, bei Pellegrini gemäßigter, bei Tesauro »mit der Genialität des Aberwitzes«[152], wie Hugo Friedrich meint, mit einer Rekonstruierung

---

149 STATIUS, Thebais 10, 841 f.; dt.: CURTIUS (s. Anm. 5), 280.
150 MIGUEL DE CERVANTES, Don Quijote de la Mancha (1605/1615), hg. v. J. J. Allen, Bd. 1 (Madrid 1989), 98; dt.: Der sinnreiche Junker Don Quijote von der Mancha, übers. v. L. Braunfels (München ⁹1994), 22.
151 Vgl. CURTIUS (s. Anm. 5), 285.
152 HUGO FRIEDRICH, ›Manierismus‹, in: W.-H. Friedrich/W. Killy, Literatur, Bd. 2 (1965; Frankfurt a. M. 1979), 358.

des Systems der Sprech- und Schreibweisen zu tun, die, wie bereits die Begrifflichkeit zeigt, ein gewisses Pendant zu der kunsttheoretischen Literatur des 16. Jh. bildet. Doch genau diese Tiefenstruktur einer Rekonstellierung, die den neuen Traktaten mit ihrem neuen Beispielmaterial zugrundeliegt, kann der Ansatz von Curtius nicht erfassen, da er ja gerade das Spezifische der Epoche (bis hin zum Epochenbegriff selbst) eskamotiert.

Indem Curtius von der Antike bis zur Moderne seine stets diachronen Beispielreihen einer systematischen Betrachtung unterzieht, erlaubt er zwar sehr genau zu sehen, daß beispielsweise das latinisierende Hyberbaton bei Góngora ebenfalls ein strukturkonstitutives Merkmal bei Stéphane Mallarmé ist, doch handelt es sich dabei um Phänomene der Textoberfläche, die wohl kaum den stets identischen Effekt des Erstaunens, der Verblüffung und des erschwerten Verstehens oder Nichtverstehens erregen. Die Annahme, daß dies alles einen der schriftlichen Tradition entspringenden »einheitlichen Quellpunkt«[153] habe, sieht über die kulturkonstitutive Synchronizität hinweg, und damit über die interdiskursiven wie intermedialen Zusammenhänge, in denen die Literatur mit den Künsten verbunden ist. Der Stärke des auf Rhetorik und Poetik fundierten Manierismuskonzepts von Curtius, das heißt der Ermöglichung einer präzisen Beschreibung von Oberflächenstrukturen, steht vonseiten der epochalen Tiefenstrukturen gesehen eine nicht minder bemerkenswerte Schwäche gegenüber, nämlich die Monotonie der Periodisierung des Wechsels unauffälliger (normalklassischer) und auffälliger (anti- oder unklassischer) Stilistika.

Dieser Systemzwang, der Curtius' typologischer Polarität klassischer und antiklassischer Stile zugrunde liegt, wird besonders deutlich an deren Identifizierung mit dem antik-rhetorischen Gegensatzpaar von Attizismus und Asianismus: »Der Asianismus ist die erste Form des europäischen Manierismus, der Attizismus die des europäischen Klassizismus.« (76) Diese Begriffsapplikation stammt dem Sinne nach (nicht in Verbindung mit dem Manierismusbegriff, sondern dem des Manierierten, des Preziösen und Affektierten) aus der sprach- und literaturtheoretischen Traktaten des französischen Grand siècle. So schreibt Bouhours über die französische Sprache, die metaphorae continuatae und Allegorien, an denen sich die Spanier und Italiener ergötzten, seien ihr »des figures extravagantes«; »un style affeté ne lui déplaît guère moins que les fausses précieuses déplaisent aux gens de bon goût«; »Il n'y a peut-être rien qui soit moins à son goût que le style asiatique.«[154] Auch in der Altertumsforschung wurde dieses Gegensatzpaar ausführlich diskutiert.[155] Vereinfacht man die Verhältnisse ein wenig, so läßt sich der Attizismus in einer Maxime wie der des Cato in Ciceros *De oratore* – »rem tene, verba sequentur«[156] (wenn du die Sache hast, so folgen die Wörter) – resümieren. Textoberflächenstrukturell gesehen sagt auch Boileau in seinem *Art poétique* nichts anderes: »Ce qui se conçoit bien s'énonce clairement, / Et les mots pour le dire arrivent aisément.«[157] Also erscheint der Klassizismus des Hofs von Versailles wie die Redekunst im republikanischen Rom als Attizismus. Als paradigmatisches Beispiel für die ›dictio Asiatica‹ (den asiatischen Redestil), auch Asianismus genannt, dient Ciceros *Brutus*: Dort werden zwei Typen effektheischender Rede unterschieden: »genera autem Asiaticae dictionis duo sunt: unum sententiosum et argutum, sententiis non tam gravibus et severis quam concinnis et venustis […]. Aliud autem genus est non tam sententiis frequentatum quam verbis volucre atque incitatum, quali est nunc Asia tota, nec flumine solum orationis, sed etiam exornato et faceto genere verborum« (Es gibt aber zwei Arten des asiatischen Stils. Die eine ist reich an geschliffenen Sätzen, die weniger gewichtig und nachdrücklich als wohl abgerundet und anmutig. […] Die andere Art aber ist weniger gedankenreich als vielmehr im Ausdruck lebendig und leidenschaftlich, wie es jetzt in ganz Kleinasien üblich ist. Sie manifestiert sich nicht

---

153 CURTIUS (s. Anm. 5), 304.
154 BOUHOURS (s. Anm. 82), 129 f., 134.
155 Vgl. EDUARD NORDEN, Die antike Kunstprosa. Vom VI. Jahrhundert v. Chr. bis in die Zeit der Renaissance, 2 Bde. (1898; Darmstadt ⁵1958); HILDEBRECHT HOMMEL, ›Rhetorik‹, in: PAULY (KL), Bd. 4 (1979), Sp. 1396–1414; JOACHIM ADAMIETZ/FRANZ-HUBERT ROBLING, ›Asianismus‹, in: UEDING, Bd. 1 (1992), Sp. 1114–1121.
156 CICERO, De Or. I, 20.
157 BOILEAU (s. Anm. 81), 43.

nur im Fluß der Rede, auch die Wendungen sind ausgeschmückt.)[158] Solche und weitere Formulierungen legten es nahe, auch die Terminologie der Agudeza- und Accutezza-Traktate von Gracián und Tesauro mit dem asianischen, arguten Stil zu identifizieren, wobei lediglich ein Unterschied der Wertung von Belang war. Die Originalität dieser Traktate[159], die Curtius ja immerhin gesehen hatte, kann auf diese Weise allerdings nicht erklärt werden. Für die Periodisierung ergibt sich aus der rhetorischen Tradition und ihren Musterbeispielen und Musterautoren für Asianismus und Attizismus eine Verwandtschaft des Manierismus des späten 16. und frühen 17. Jh. mit der ersten Sophistik (5. Jh. v. Chr., besonders Gorgias), dem Hellenismus, der sog. Zweiten Sophistik, schließlich des kaiserzeitlichen Roms, das auch Silberne Latinität genannt wird. Die Manier, die als Stilbegriff erst in der italienischen Renaissance enstanden war, wird damit zugleich disponibel für ihre Applikation auf diese Epochen der Antike, so daß nun auch in der Altertumswissenschaft vom Manierismus der Sophisten (besonders für die Trugschlüsse) oder vom römischen Manierismus die Rede sein kann.[160]

Schließlich muß noch erwähnt werden, daß die rhetorische Tradition, die ja auf der Zitierung und Kommentierung von Musterbeispielen beruht,

auch das Reservoir all jener Autorennamen und Kanones bildet, die für den literarischen Manierismus, wie Curtius ihn begründet hat, reklamiert wurden. Da der Literaturwissenschaftler sich dabei stets auf Primärquellen stützen kann, erscheint dieses Verfahren der Identifizierung der Manieristen aller Epochen nicht unberechtigt.[161] Graciáns *Arte de ingenio* mischt Beispiele der Zeitgenossen Góngora und Giovan Battista Marino, dem ›Góngora Italiens‹, mit spätantiken Beispielen von Martial, Seneca, Tacitus, Plinius, Ausonius, Florus, und anderen mehr. Auch Joris-Karl Huysmans berühmter Roman *A rebours* (1883), die ›Bibel der décadence‹, führt eine stattliche Bibliothek antiker Dekadenzliteratur an, bevor er auf Charles Baudelaire, Mallarmé und die Gemälde Gustave Moreaus zu sprechen kommt. Die spanische Dichtergeneration von 1927 stiftet ihre moderne Identität durch die Feier des über Jahrhunderte verachteten hermetischen Góngora. Als transhistorische Kategorie des antiklassischen Stils ruht der literaturwissenschaftliche Manierismus ganz auf diesem rhetorisch-poetologischen Verfahren der Verwandtschaftsstiftung und Selbstkanonisierung durch Einbindung in die Tradition auf, ohne jedoch dessen Selektivität und unterschiedliche Funktionen zum Thema zu machen. Denn dann hätte er wieder als Epochenbegriff sensu strictiori zum Problem gemacht werden müssen, das Curtius ja erfolgreich zugunsten eines Periodisierungsschemas ausgeklammert hatte.

Es war die Leistung Gustav René Hockes, den rhetorischen und typologischen Manierismusbegriff seines Lehrers Curtius wieder mit dem kunstwissenschaftlichen Manierismusbegriff eines Dvořák und Panofsky sowie auch den Anregungen des Warburg-Instituts zu kombinieren und zu versöhnen. Schon die Titel der beiden als Taschenbücher in *rowohlts deutscher enzyklopädie* weite Verbreitung findenden Bände stehen für ein Programm: *Die Welt als Labyrinth. Manier und Manie in der europäischen Kunst* (1957) und *Manierismus in der Literatur. Sprach-Alchimie und esoterische Kombinationskunst* (1959). Hockes Abhängigkeit von Curtius zeigt sich an der Übernahme des alten Asianismus und an der typologischen Annahme von fünf vorrangig wichtigen »manieristischen« Epochen Europas: Alexandrien (etwa 350–150 v. Chr.), die ›Silberne Latinität‹ in Rom (etwa 14–138), das späte Mittel-

---

158 CICERO, Brut. 325; dt.: Brutus, lat. u. dt., übers. u. hg. v. B. Kytzler (München 1970), 253.
159 Vgl. KLAUS-PETER LANGE, Theoretiker des literarischen Manierismus (München 1968); RENATE LACHMANN, Die ›problematische Ähnlichkeit‹. Sarbiewskis Traktat ›De acuto et argudo‹ im Kontext concettistischer Theorien des 17. Jahrhunderts, in: Lachmann (Hg.), Slavische Barockliteratur II. Gedenkschrift für Dimitrij Tschizewskij (München 1983), 87–114.
160 Vgl. BERNHARD KYTZLER, Manierismus in der klassischen Antike?, in: Colloquia Germanica 1 (1967), 2–25.
161 Vgl. JOST SCHNEIDER, Désiré Nisards Kritik am dichterischen Manierismus (Dresden 1966); HANS-JOACHIM LANGE, Aemulatio veterum sive de optimo genere dicendi. Die Entstehung des Barockstils im XVI. Jahrhundert durch eine Geschmacksverschiebung in Richtung der Stile des manieristischen Typs (Bern/Frankfurt a.M. 1974); PETER SCHWIND, Schwulst-Stil. Historische Grundlagen von Produktion und Rezeption manieristischer Sprachformen in Deutschland 1624–1738 (Bonn 1977).

alter, die ›bewußte‹ manieristische Epoche von 1520 bis 1650, die Romantik, speziell die romanische von 1800 bis 1830 und schließlich die unmittelbar hinter uns liegende, aber noch stark nachwirkende Epoche von 1880 bis 1950«[162]. Hocke transformiert jedoch das, was Curtius via Asianismus als die europäische Latinität verteidigte, in etwas anderes, was man von heute aus gesehen mit dem Begriff des kulturellen Gedächtnisses erfassen könnte. Auch handelt es sich hier nicht mehr um ein Periodisierungsschema, sondern – wie die Formulierung von der ›bewußten‹ manieristischen Epoche von 1520 bis 1650 zeigt – um die Auszeichnung einer Vorbildepoche, in der »die entscheidenden Voraussetzungen für eine ›subjektive‹ Kunst geschaffen [wurden], die mehr von der ›Idee‹ im Sinne ästhetisch säkularisierter Lehren Platons ausging, als von der ›objektiven‹ Natur.« (ebd.) Dabei geht es Hocke fundamental um die konstitutive Bedeutung dieser bewußt manieristischen Epoche für die Neuzeit, in der die Manier, wie später der Manierismus ihren polemischen Akzent verloren. Die »Fülle der manieristischen Ausdrucksformen« findet Hocke nicht nur in der Kunst und Literatur, sondern auch in der Musik und in der Philosophie. Das Tiefen-concetto seines im besten Sinne kulturwissenschaftlichen Manierismusbegriffs ist das der »Ausdrucksgebärde« als eines Mittels, »um ein bestimmtes ›problematisches‹ Verhältnis zur Welt zu kennzeichnen« (226). Dieses Konzept gestattet ihm auch, die Manieren und Lebensstile zu integrieren. Dem ›Problematischen‹ bei Hocke ist auch das Konzept der ›Krise‹ verwandt, das vor allem durch Arnold Hauser, der dabei mit dem Begriff der Entfremdung operiert, in die Debatte gebracht wurde.[163] Die Polarität des Klassischen und des Antiklassischen, von der Curtius ausgegangen war, wird von Hocke aus den Fesseln seiner rhetorischen Oberflächenstrukturen befreit und in den Zusammenhang der soziologisch wie psychologisch begründbaren Spannung zwischen »seinsgewissem« und »seinsungewissem Dasein« gestellt. Der Ausdruck und die Form werden damit in ihrer Heterogenität und Autonomie gegenüber dem Inhalt anerkannt. Dieser Ansatz gestattet es, sowohl die Ostentation virtuoser Artistik und köstlichster Preziositäten wie bei Marino, als auch »das Erschütternde« und existentiell Konfliktuelle der »inneren Zerrissenheit« bei Torquato Tasso oder in der Lyrik Michelangelos gleichermaßen als literarischen Manierismus zu erfassen. Wie weit sich Hocke dabei von Curtius entfernt hat, zeigt folgende Aussage über Tasso: »Als formale Manierismen mag er solche Figuren der lateinischen Literatur des Mittelalters entnommen haben. Aber das Erschütternde im Werk und im persönlichen Schicksal Tassos besteht darin, daß manieristische Formalismen und manieristische Denkweise sich zum ersten Mal in einer dichterisch und geistig legitimen Weise ›modern‹ begegnen.«[164] Dieser Bezug der »bewußten« manieristischen Epoche zur Moderne gibt Hocke die wesentlichen Stichworte seiner »Formenkunde des Irregulären« (11), ein wie Disharmonie, das Abgründige, Dissonanz, Mischung von Affekt und Kalkül mit den »Grundtendenzen: affektvolle Übersteigerung oder kälteste Reduzierung des Ausdrucks, Verbergung und Überdeutlichkeit, Verrätselung und Evokation, Chiffrierung und ärgerniserregende ›Offenbarung‹.« (301) Wichtig für die Wirkung des Buches, das zahlreiche Ausstellungen angeregt hat und von Künstlern und Schriftstellern zum Teil intensiver rezipiert worden ist als von Literaturwissenschaftlern[165], war auch ein umfangreicher Bildteil, in dem Werke des 16. und 17. Jh. mit solchen der modernen Avantgarden korreliert werden, wie z.B. die Anamorphose von Parmigianinos *Selbstporträt im Konvexspiegel* (um 1522) mit René Magrittes *Perpetuum mobile* (1934). Diesem Bildteil korrespondiert im zweiten Band eine ›Miniatur-Anthologie‹ europäischer Concetti, die z.B. Shakespeare, John Donne und Richard Crashaw mit Gerard Manley Hopkins (19. Jh.), William B. Yeats, James Joyce, Edith Sitwell, T. S. Eliot, Ronald Bottral, W. H. Auden und Edward Lear zusammenbringt, um nur das Beispiel England anzuführen.

---

162 HOCKE (s. Anm. 10), 225.
163 Vgl. ARNOLD HAUSER, Der Manierismus. Die Krise der Renaissance und der Ursprung der modernen Kunst (München 1964), 301.
164 HOCKE (s. Anm. 11), 158.
165 Vgl. HOCKE, Malerei der Gegenwart. Der Neo-Manierismus. Vom Surrealismus zur Meditation (Wiesbaden/München 1975), 205 ff.

Die Materialfülle der Bücher Hockes ist schier unerschöpflich. HOCKE sah im Manierismus aufgrund seines pronocierten Formbewußtseins (oder auch seiner Artifizialität) die Möglichkeit, eine »Tiefen-Ästhetik« für »das Europa des Absurden, des Problematischen, des Irregulären und Disharmonischen« (303) zu entwerfen, die dem Individuellen zu seiner Geltung verhalf: »Jeder einzelne steht im ›manieristischen‹ Gesetz auf unverwechselbare persönliche Weise.«[166] Für eine Literaturwissenschaft, die es allerdings gewohnt war, Werke wie den *Don Quijote* von Cervantes, der von Hocke einmal als »der größte manieristische Roman aller Zeiten«[167] bezeichnet wird, in der Tradition des Barockbegriffs zu sehen, stellten Hockes Bücher eine beträchtliche Provokation dar. Nicht einmal im Falle Tassos, der immerhin dem Cinquecento und nicht dem als Barock kodierten Seicento angehörte, konnte sich ein von allen geteilter Konsens finden, ob Tasso als Manierist zu betrachten sei.[168] Nur scheinbar geht es in einem solchen über Jahrzehnte mit großem Aufwand betriebenen Streit um bloße Quisquilien der Nomenklatur, entscheidet doch die Differenz von Renaissance- und Manierismusbegriff (oder von Manierismus- und Barockbegriff im Falle des *Quijote*, oder die Konkurrenz dieser Begriffe mit der Auffassung des Elisabethanischen Zeitalters im Falle Shakespeares) zugleich über eine andere Sicht und Interpretation.

In diesem Zusammenhang ist es interessant zu vermerken, daß der erste Kritiker, der einen tiefen Bruch zwischen Ariosts *Orlando furioso* (um 1515) und Tassos *Gerusalemme liberata* (um 1575) konstatierte, Galileo Galilei war, der am Todestag Michelangelos im Jahr 1564 geboren wurde. In seinen *Considerazioni al Tasso* (vor 1609) artikuliert Galilei seine tiefe Aversion gegen diesen unter anderem mittels Vergleichen aus der Kunst. Er bezeichnet

Ariosts *Romanzo* als ein Ölgemälde, dem gegenüber Tasso eine Intarsienarbeit (una pittura intarsiata) biete, ohne jede notwendige Konnexion ihrer Concetti. Beim Lesen der *Gerusalemme liberata* sei es, wie wenn man ein Raritäten- und Kuriositätenkabinett betrete oder es mit Skizzen von Baccio Bandinelli oder Parmigianino zu tun habe: »e quando mi volgo a considerare i cavalieri con le loro azioni e avvenimenti, come anche tutte l'altre favolette di questo poema, parmi giusto d'entrare in uno studietto di qualche ometto curioso, che si sia dilettato di adornarlo di cose che abbiano, o per antichità o per rarità o per altro, del pellegrino, ma che però sieno in effetto coselline, avendovi, come saria dire, un granchio petrificato, un camaleonte secco, una mosca e un ragno in gelatina in un pezo d'ambra, alcuni di quei fantoccini di terra che dicono trovarsi ne i sepolcri antichi di Egitt, e così, in materia di pittura, qualche schizetto di Baccio Bandinelli o del Parmigiano, e simili altre cosette; ma all'incontro, quando entro nel *Furioso*, veggo aprirsi una guardaroba, una tribuna, una galleria regia, ornata di cento statue antiche de' più celebri scultori«. (Wenn ich Tassos Ritter, ihre Heldentaten, die Begebenheiten und sonstigen Geschichtchen des Gedichts betrachte, fühle ich mich in der Kammer eines Sonderlings, dem es Spaß gemacht hat, sein Haus mit allerhand Altertümern, Raritäten und Kuriositäten zu schmücken, das heißt, mit einem Kram, der aus einer versteinerten Krabbe, einem ausgetrockneten Chamäleon, einer Fliege oder Spinne im Bernstein besteht, mit jenen Terrakotta-Figürchen, die man in alten ägyptischen Gräbern finden soll, und an Malereien etwa mit einer Skizze von Baccio Bandinelli oder Parmigianino und ähnlichen Dingen mehr. Wenn ich hingegen in den *Rasenden Roland* eintrete, sehe ich eine große Halle sich öffnen, einen Ausstellungsraum, eine königliche Galerie mit hundert Statuen der berühmtesten Bildhauer.)[169] Ein solches Zeugnis, das einen integristischen Manierismusbegriff avant la lettre, wenn auch in pejorativer Wertung, verfolgt, kann all jenen Literaturwissenschaftlern entgegengehalten werden, die im Anschluß an Curtius einen isolationistischen Weg einschlugen.

Auf Curtius basiert auch der Freiburger Romanist Hugo Friedrich, der dessen Inventare manieristischer und asianistischer Stilistika in einer Studie

---

166 HOCKE (s. Anm. 10), 165.
167 HOCKE (s. Anm. 11), 227.
168 Vgl. GERHARD REGN, Tasso und der Manierismus, in: Romanistisches Jahrbuch 38 (1987), 99–129.
169 GALILEO GALILEI, Considerazioni al Tasso (vor 1609), in: Galilei, Le Opere, hg. v. A. Favaro/I. Del Lungo/U. Marchesini, Bd. 9 (Florenz 1965), 69; dt.: HAUSER (s. Anm. 163), 301.

zu dem römischen Dichter Statius[170] in seinen *Epochen der italienischen Lyrik* (1964) verfeinert, erweitert und in eindrucksvoller Weise für die Gedichtinterpretation fruchtbar macht. Anders als Curtius möchte Friedrich den Barockbegriff nicht opfern, sondern faßt ihn als den eigentlichen Epochenbegriff (für das 17. Jh.) auf, um den Manierismusbegriff als typologisches Instrumentarium einer überzeitlichen Stilstruktur oder entsprechender Stilzüge von Epochenstrukturproblemen abzutrennen.[171] Diese Tilgung des Epochenbegriffs aber verschärft die Abtrennung von der Kunstgeschichte und der Genealogie des Begriffs. Manieristische Stilzüge werden nunmehr als solche identifiziert, wenn sie ›überfunktional‹ werden. »Überfunktion des Stiles« (545) lautet seine Formel für Manierismus. Das klingt zunächst operational und nüchtern, ist aber mit beträchtlichen pejorativen Wertakzenten versehen, wenn man Friedrichs Interpretationen heranzieht. Überfunktion liegt z. B. nicht vor bei Dante, dessen Periphrasen nur scheinbar manieristisch sind: »Zwar können die Periphrasen durch ihre Häufung manieristisch anmuten, bleiben jedoch durch ihre sinnbegründete und sinnsteigernde Funktion vor dem eigentlichen Manierismus bewahrt. Sie sind nicht bloß Technik, sondern Optik.« (554) Auch Petrarca wahrt die Funktion des Stils im Hinblick auf den Sinn, doch kündigen sich gelegentlich manieristische Züge an, und die Canzone 325 gar »ist ein abstrus geklügelter Text«: »Eine Erstarrung in vieler Hinsicht, auch in der, daß Petrarca hier ein unterlegener Nachahmer seiner selbst ist, und in der weiteren, daß in jener zweiten Strophe die für alle Manierismen so bezeichnende Umsetzung des Organischen ins Artifizielle und Steinige stattfindet.« (233) Daß Marino, diese »Formbegabung« des Barockmanierismus, dann letztlich nur »eine schöne Künstlichkeit« des Ateliers und Handwerks perfekt beherrscht, aber keine »Substanz« (706) zu erschaffen vermag, erscheint dann semantisch fast zwingend.

Friedrichs vielzitierte Definition des Manierismus lautet: »er ist die äußerste Subjektivität, die sich bekundet in der Hypertrophie der Kunstmittel und in der Atrophie der Gehalte, und hiermit verläßt er das Positivum der Goethisch verstandenen Manier, mit der er verwandt bleibt.« Damit ist an die Stelle des antiklassischen Stils ein neuerlich degradierendes und pathologisierendes Werturteil getreten. Der Manierismus verdiene unsere Aufmerksamkeit, »und sei es auch eine pathographische.« (597) Die Unterscheidung des Manieristischen und des Manierierten, für die Hauser und Binswanger wie auch Shearman (»Mannerist art should not be identified with mannered art«[172]) eintreten, wird wieder unterlaufen.

Die Skizze der Arbeiten von Curtius, Hocke und Friedrich kann keine Übersicht über die nationale wie transnationale literaturwissenschaftliche Manierismusforschung ersetzen, die beträchtlichen Raum beansprucht[173], doch bietet sie das Koordinatenfeld, in dem sich diese Forschung bewegt, und es erlaubt zu verstehen, wieso in den Literaturwissenschaften keine Einigkeit über die Abgrenzung von Manierismus- und Barockbegriff im historischen wie typologischen Sinne erzielt werden konnte.[174] Während die kunstwissenschaftliche Manierismusforschung ausgehend vom Modell Italiens immerhin auf eine – wenn auch pejorative – Vorgeschichte zurückblicken konnte, ist der ›literarische Manierismus‹ ein nachträglich implantierter Begriff, der nur über die Identifikation mit dem ›Asianismus‹ eine gleichsam typologische Geschichtlichkeit verliehen werden konnte. Auf der anderen Seite bot sich die Möglichkeit an, be-

---

170 FRIEDRICH, Über die Silvae des Statius (insbesondere V, 4, Somnus) und die Frage des literarischen Manierismus, in: Wort und Text. Festschrift für Fritz Schalk (Frankfurt a. M. 1963), 34–56.
171 Vgl. FRIEDRICH, Epochen der italienischen Lyrik (Frankfurt a. M. 1964), 536.
172 SHEARMAN (s. Anm. 117), 22.
173 Vgl. BRANIMIR ANZULOVIC, Mannerism in Literature: The Adventures of a Concept (Phil. Diss. Indiana 1972); DANIELA DALLA VALLE (Hg.), Manierismo e letteratura. Atti del Congresso Internazionale (Torino, 12–15 Ottobre 1983) (Turin 1986); MIROLLO (s. Anm. 14), Kap. 1.
174 Vgl. WILFRIED BAHNER (Hg.), Der literarische Barockbegriff (Darmstadt 1975); ULRICH SCHULZ-BUSCHHAUS, Der Barockbegriff in der Romania. Notizen zu einem vorläufigen Resümee, in: Zeitschrift für Literaturwissenschaft und Linguistik 98 (1955), 6–24; LINK-HEER, Zur Kanonisierung antiklassischer Stile: Manierismus und Barock, in: R. von Heydebrand (Hg.), Kanon Macht Kultur. Theoretische, historische und soziale Aspekte ästhetischer Kanonbildungen (Stuttgart/Weimar 1998), 156–176.

stimmte Strömungen des späten 16. und frühen 17. Jh., die aufgrund einer auffälligen Diktion in den nationalen Literaturdebatten schon früh einen Eigennamen bekommen hatten, als manieristische zu rekodieren. Dies gilt für den englischen ›Euphuism‹, der nach dem Protagonisten von John Lylys *Euphues*. *The Antatomy of Wit* (1578) und *Euphues and his England* (1580) benannt ist[175], wie auch für den spanischen ›gongorismo‹ – nach Góngora und seinen Nachahmern. Im spanischen Siglo de oro erreichen Literaturfehden gegen Góngora und seine Anhänger um 1620 einen Höhepunkt, die von Konkurrenzdenken wie sicherlich auch einem beträchtlichen Maß an Überbietungslust geleitet sind. Aus Zeugnissen wie Francisco Gómez de Quevedo y Villégas' parodistischen Literatursatiren *Aguja para navegar cultos* (1629) und *La culta latiniparla* (1629) leitete die nationale Literaturgeschichtsschreibung einen (heute als obsolet geltenden) Gegensatz zwischen ›conceptismo‹ und ›conceptistas‹ (exemplarisch Quevedo, Gracián) und ›cultismo‹ (auch ›culteranismo‹) sowie ›cultistas‹/›culteranistas‹ ab, womit im wesentlichen der als angeblich ›gelehrt‹ verworfene ›gongorismo‹ gemeint war.[176] Auch der ›Góngora Italiens‹, wie Gracián Marino genannt hatte, lieferte einen neuen Begriff, den ›marinismo‹. In Frankreich entstand einige Jahrzehnte später die nationale Sonderform der ›préciosité‹. All diese historischen Bezeichnungen sind – wie auch der deutsche ›Schwulst‹ – in die lexikographische Tradition teils unter dem Lemma Barock, teils unter dem Lemma Manierismus eingegangen.

Orientiert man sich nicht (bloß) an den historischen oder zumindest historisch verwurzelten Bezeichnungen, sondern an der Wiederentdeckung verfemter oder vergessener Autoren und Texte am Beginn des 20. Jh., um Kriterien für literarischen Manierismus zu gewinnen, so begegnet man zum Teil den gleichen, zum Teil weiteren Phänomen, vor allem aber gewinnt man zusätzliche Einsichten in die typologische Verschwisterung von historischem Manierismus und Moderne. Die spanische Dichtergeneration von 1927 und ihr philologischer Exponent Dámaso Alonso ermöglichten allererst eine Lektüre der *Soledades* (1613–1614) und des *Polifemo* (1612) von Góngora, die alles Pathologisierende und allen Spott abwarf.[177] Auch wenn dieser neue Góngora nicht als manieristisch etikettiert wurde, weil der Manierismusbegriff noch nicht auf die Literatur übertragen worden war, kann man diese Entdeckung Góngoras mit der von El Greco in der Kunstgeschichte vergleichen. Fortan war es nicht nur möglich, sondern auch produktiv, Góngora und Mallarmé in eine ›Konjunktion‹ zu bringen, ohne eine bewußte Nachahmung oder Filiation annehmen zu müssen. Vergleichbare Wiederentdeckungen sind auch dem Kreis um T. S. Eliot zu verdanken, durch den nicht nur die ›Metaphysical Poets‹, allen voran John Donne rehabilitiert wurden, sondern auch Jean de Sponde als deren französisches Pendant entdeckt und ediert wurde, was von exemplarischer Bedeutung war, um einen bislang als nichtexistent betrachteten französischen Literaturbarock affirmieren zu können, der in der Folge in das Spannungsfeld des Manierismus geriet.[178]

So erscheint der literarische Manierismus als ein Mischresultat gänzlich neuer Entdeckungen wie auch umwertender Reformulierungen vorgängiger Bezeichnungen und Zuordnungen. Für die slawischen Literaturen gilt nach Renate Lachmann, daß der Manierismusbegriff in den nationalen Geschichtsschreibungen (anders als in der Kunstgeschichte) bislang nicht konstitutiv geworden ist, doch Neubeurteilungen aus manieristischer Perspektive ermöglicht bzw. herausfordert.[179] In der Germanistik, wo ebenfalls die Kategorie des Literaturbarock dominiert und die Anregungen von Curtius, Hocke und Hauser eher zögerlich aufgenommen worden sind, hat Zymner jüngst eine

---

175 Vgl. JAMES WINNY, The Descent of Euphues (Cambridge 1957).
176 Vgl. DIETRICH BRIESMEISTER, ›Conceptismo‹, in: UEDING, Bd. 2 (1994), 306–308.
177 Vgl. GUMBRECHT, Warum gerade Góngora? Poetologie und historisches Bewußtsein in Spanien zwischen Jahrhundertwende und Bürgerkrieg, in: R. Warning/W. Wehle (Hg.), Lyrik und Malerei der Avantgarde (München 1982), 145–192.
178 Vgl. LUZIUS KELLER, Zeichen und Bedeutungen bei Jean de Sponde, in: J. Küpper/F. Wolfzettel (Hg.), Diskurse des Barock. Dezentrierte oder rezentrierte Welt? (München 2000), 553–573.
179 LACHMANN, ›Manierismus (Slavische Literaturen)‹, in: UEDING, Bd. 5 (2001), Sp. 902–907.

Neubewertung angeregt.[180] Noch als gänzlich ungeklärt hat das Spannungsfeld von Manierismus und Barock außerhalb Europas zu gelten. Während der Barockbegriff in Lateinamerika, der Karibik und auf den Antillen in den letzten Jahrzehnten eine außerordentliche Bedeutung erlangte[181], scheint der Manierismusbegriff bislang, trotz Góngoras Präsenz in Amerika[182] und trotz einiger (vorwiegend kunsthistorischer) mexikanischer Initiativen[183], im Schatten zu verbleiben.

3. Musikwissenschaft

Als chronologisch jüngste orientiert sich die musikwissenschaftliche Diskussion über Manier, Manieriertheit und Manierismus von vornherein an den bereits etablierten Fragestellungen und Paradigmen.[184] Sie fragt demnach 1) nach Manier vs. Manieriertheit in der Musik; 2) nach einem transhistorisch-typologischen Stilbegriff ›Manierismus‹; 3) nach einem möglicherweise spezifisch musikalischen historischen Manierismus im 16. und 17. Jh. Bereits diese Fragen setzen als heuristischen Rahmen die Grundannahme einer ›wechselseitigen Erhellung der Künste‹ voraus, der zufolge auf einer generativen ›Tiefen‹-Ebene mit gewissen strukturell-funktionalen Analogien zwischen den Einzelkünsten gerechnet werden könne. In einer spezifischeren Fassung wird diese Annahme dann auf eine tiefenstrukturelle Analogie komplementärer Epochenstile (z. B. Manierismus des 16./17. Jh.) ausgedehnt.

Dieser heuristische Rahmen erweist sich für die Musik als am wenigsten mimetische, von der sprachlichen Semantik mit ihrer eingrenzbaren Denotation unabhängige, einer weitestgehend immanent-relationalen Semiotik verpflichtete Kunst am prekärsten, weshalb entsprechende strukturelle Analogien und speziell ›manieristische‹ hier am stärksten kontrovers sind. Symptomatisch dafür ist die starke Rolle, die die Kombination zwischen Musik und Literatur (Madrigal) sowie Musik und bildender Kunst (Oper) in der musikwissenschaftlichen Manierismusdiskussion spielt, wie im übrigen auch schon bei Hocke.[185] Darin zeigt sich eine Tendenz, nach Möglichkeit semantische Stabilisatoren in die Argumentation einzubeziehen. Diese Tendenz ist sicherlich uneingeschränkt legitim, da in der Tat alle Künste und insbesondere auch die Musik konkret in semiotischen Kombinationen funktionieren. Aus literaturwissenschaftlicher Perspektive hat Ulrich Schulz-Buschhaus eine Typologie des Cinquecento-Madrigals vorgeschlagen, die das ›melische Madrigal‹ vom ›diskursiven Madrigal‹ und dem ›epigrammatischen Madrigal‹[186] unterscheidet. Es ist daher nur konsequent, die Entstehungs- und Auflösungsbedingungen solcher Genretypen zu untersuchen, indem man über die Kombination der Künste hinaus auch den sozialen Rahmen und die sozialen Träger einbezieht, was im Falle des historischen musikalischen Manierismus die Rolle der Höfe und der Aristokratie betont – so Héctor Edmundo Rubio im Anschluß an Hauser.[187] Aufschlußreich für die Problematik einer Komplementarität der Künste könnte eine Analyse der musikalischen Metaphern in den nicht auf die Musik bezogenen Diskursen über Manierismus sein, in denen etwa die ›Dissonanz‹ bzw. das ›Dissonante‹ eine wichtige Rolle spielt.

(1) Die Begriffsgeschichte von maniera in der Musik folgt, soweit bisher erschlossen, dem allgemeinen Muster: Meistens in unspezifischem Sinn für einen persönlichen oder verbreiteten Stil benutzt, gibt es doch auch deutliche Parallelen zur

---

180 Vgl. ZYMNER (s. Anm. 106); ZYMNER, ›Manierismus (Deutschland)‹, in: UEDING, Bd. 5 (2001), Sp. 890–896.
181 Vgl. WALTER MOSER, ›Barock‹, in: Barck (s. Anm. 140), 604–617.
182 Vgl. SEBASTIAN NEUMEISTER, Góngora in Amerika, in: Küpper/Wolfzettel (s. Anm. 178), 597–614.
183 Vgl. INSTITUTO DE INVESTIGACIONES ESTÉTICAS (Hg.), La dispersión del Manierismo. Documentos de un colloquio (México 1980).
184 Vgl. HELLMUT FEDERHOFER, Der Manierismus-Begriff in der Musikgeschichte, in: Archiv für Begriffsgeschichte 17 (1973), 206–220; LUDWIG FINSCHER, ›Manierismus‹, in: MGG, Bd. 5 (1996), Sp. 1627–1635; SIEGFRIED SCHMALZRIEDT, ›Manierismus (Musik)‹, in: UEDING, Bd. 5 (2001), Sp. 920–926.
185 Vgl. HOCKE (s. Anm. 11), 181–192, 214–225.
186 Vgl. SCHULZ-BUSCHHAUS, Das Madrigal. Zur Stilgeschichte der italienischen Lyrik zwischen Renaissance und Barock (Bad Homburg v. d. H./Berlin/ Zürich 1969).
187 Vgl. HÉCTOR EDMUNDO RUBIO, Der Manierismus in der Vokalpolyphonie des 16. Jahrhunderts (Tutzing 1982), bes. Kap. 1.

spezifischen Begriffsbildung Vasaris.[188] Ebenso gibt es typische Belege für die spätere Negativierung im Sinne des ›Manierierten‹.[189] Wenn das ›Manierierte‹ sich vom allgemein ›Banalen‹, Reproduktiven und Epigonalen durch spezifisch ›anormale‹, ›pathologische‹ Konnotationen unterscheiden soll, so ist es in der Musik kaum plausibel zu identifizieren. Die Diskussion führt hauptsächlich forciert ›rhetorische‹ Mittel wie Verzierungen, Koloraturen u. ä. an, die bereits auf eine lange Tradition der lexikographischen Erwähnung zurückblicken können. Es bleibt demnach als Kriterium ein ›Übertreiben‹ der dekorativen Funktion.

(2) Der transhistorisch-stiltypologische, an Curtius und Hocke orientierte Manierismusbegriff ist für die Musik exemplarisch etwa von Maria Rika Maniates[190], Martin Brauß[191] oder Hermann Danuser[192] entwickelt worden. In dieser Sicht erscheinen ›anti-klassische‹, teils in Analogie zur literaturtheoretischen Kategorie der Intertextualität stark autoreflexive, etwa zitierende und parodierende (Danuser), teils vorgängige Konventionen aggressiv verfremdende Stile zwischen Mittelalter und 20. Jh. gleichermaßen als manieristisch. Als Beispiele (außerhalb des 16./17. Jh.) werden u. a. etwa die isorhythmische Motette der Ars nova, die Ars subtilior, die sog. ›Augenmusik‹, Carl Philipp Emanuel Bach, Maurice Ravel, Pierre Boulez,

Luca Lombardi und John Cage angeführt. Die Heterogenität dieses Materials erweckt eher Zweifel an der analytischen und synthetischen Leistungskraft eines derart weiten Manierismusbegriffs.

(3) Ein historischer Manierismus in der Musik als Epochenstil wird, entsprechend der Analogie zu den anderen Künsten, zwischen Renaissance und Barock situiert. Dabei hängt die konkrete Datierung von dem jeweils favorisierten analogen Paradigma ab und variiert entsprechend stark. Eine Orientierung am Paradigma von Curtius (Antiklassik) identifiziert im allgemeinen als die vorgängige und dann negierte bzw. deformierend-überbotene ›klassische‹ Stilformation die Kontrapunktik Josquin Desprez'. Kombiniert mit der Analogie des Manierismus in der Malerei ergibt das eine Epoche von 1520 bis 1620[193] bzw. von 1530 bis 1630 (Maniates). Man muß dann einen epochalen Bruch zwischen Desprez und Adrian Willaert sowie Nicolas Gombert postulieren (wofür etwa das Verfahren ›fuggir la cadenza‹ symptomatisch ist[194]), der aber von anderen vehement bestritten wird. Favorisiert man dagegen wie Ludwig Finscher die Analogie zum literarischen Paradigma, so erhält man eine ganz andere chronologische Abgrenzung, und zwar 1580–1650[195], was wiederum Probleme der Abgrenzung zum Barock schafft, aber frappanterweise mit Hockes Ausdehnung des ›bewußten‹ historischen Manierismus übereinstimmt. Daß die Annahme eines musikalischen Manierismus genauso wenig wie in anderen Künsten flächendeckende synchronische Homogenität voraussetzt, dürfte inzwischen communis opinio sein. So scheint sich etwa Giovanni Pierluigi Palestrina als exemplarisch für einen nicht manieristischen, sondern eher ›klassizistischen‹ Spätrenaissancestil seit den 1560er Jahren zu erweisen. Immerhin besteht weitgehender Konsens darüber, die fünfstimmigen Madrigale (des mit Tasso gut bekannten) Fürsten Carlo Gesualdo da Ventosa, die späten Madrigale Luca Marenzios, Orlando di Lassos *Prophetiae Sibyllarum* (nach 1562), Claudio Monteverdis 5. Madrigalbuch (1605), Sigismondo d'Indias (1606) und Heinrich Schütz (1611) als besonders paradigmatische Werke und Komponisten eines musikalischen Manierismus anzuerkennen. Diese Werke seien durch ostentative, also stilkonstitutive »Chromatik und Enharmonik«, »spezielle Dissonanztechnik«

---

188 Vgl. ebd., 31 ff.; JAMES HAAR, Classicism and Mannerism in 16th-Century Music, in: International Review of Music Aesthetics and Sociology 1 (1970), 62 ff.
189 Vgl. SCHMALZRIEDT (s. Anm. 184), Sp. 921.
190 Vgl. MARIA RIKA MANIATES, Musical Mannerism: Effeteness or Virility?, in: Musical Quarterly 51 (1971), 270–293.
191 Vgl. MARTIN BRAUSS, Ästhetische und didaktische Aspekte einer Kompositionstechnik am Beispiel des instrumentalen Rezitatifs bei Carl Philipp Emmanuel Bach, in: Musik und Bildung 17 (1985), 416–422.
192 Vgl. HERMANN DANUSER, Inszenierte Künstlichkeit. Musik als manieristisches Dispositiv, in: Braungart (s. Anm. 21), 131–167.
193 Vgl. BECKMAN CANNON/ALVIN JOHNSON/WILLIAM WAITE, Mannerism; 1520–1600. The Art of Music (New York 1960).
194 Vgl. HAAR (s. Anm. 188), 61; RUBIO (s. Anm. 187), 80 ff.
195 Vgl. FINSCHER (s. Anm. 184), Sp. 1630.

und »unvollständige Dreiklänge« gekennzeichnet. Auch die um 1600 aufkommende Monodie (etwa bei Giulio Caccini, Jacopo Peri, Monteverdi und Schütz) lasse sich als manieristische Verfremdung begreifen. Als ein weiteres gewichtiges Argument für die Konsistenz einer manieristischen Phase führt Edmundo Rubio die binäre Periodisierung von »stylus gravis« (der dem Manierismus entspräche) und »stylus luxurians«[196] (Barock) bei dem Schützschüler Christoph Bernhard 1649 an.

Auch in der Musik läßt sich also, so könnte man resümieren, das idealtypische Stilbild einer Kunst deutlich genug identifizieren, welche strukturelle Brüche als kalkulierte ›dissonante‹ Angelpunkte einer ansonsten höchst artifiziell elaborierten Gesamtstruktur betont offenlegt. Auch in der Musik scheint dieser Stil auf eine von spontanen ›Chocks‹ ausgehende, reflektierte Rezeptionshaltung angelegt zu sein, der wiederum die Existenz einer zeitgenössischen komplementären Theorie entspricht, für die nach Schmalzriedt Nicola Vicentinos *L'antica musica ridotta alla moderna prattica* (1555) sowie Vincenzo Galilei als repräsentativ gelten könnten.[197]

4. Psychiatrie

Ein Jahr nach Dvořáks legendärem Vortrag über *Greco und den Manierismus*, in dem auch die Anekdote des Küsters von Santo Tomé erwähnt wird, der dem Toledoreisenden die Tür zum *Begräbnis des Conde Orgaz* mit den Worten öffnet ›ya era loco‹ (da war er schon verrückt), gab der Ludwig Klages nahestehende Psychiater Hans Prinzhorn den Band über *Bildnerei der Geisteskranken* (1921) heraus, ein Teilkorpus der in Heidelberg angelegten berühmten Sammlung künstlerischer Produktionen von Patienten. Schon Lombroso hatte die Bildnerei der ›Geisteskranken‹ berücksichtigt in der Absicht, die krankhaften Seiten des Genies zu beweisen; Paul Möbius und andere hatten das Genre der (Künstler-)Pathographie zur Blüte gebracht. Prinzhorn geht darüber einen entscheidenden Schritt hinaus, indem er die Bildnerei der meistens als schizophren diagnostizierten Patienten in den Rang des Werks und der Kunst erhebt. Er sieht »das vieldeutige Gebiet der Ausdrucksbewegungen« als ein Feld, in dem »Seelisches« erscheint, und es ist der wiederentdeckte El Greco, der ihm – neben den »Primitiven«[198] – als Vergleichsinstanz dient. Er bietet Viten der Patienten mit einer Ekphrasis ihrer »aufregenden« Bilder, insbesondere »Zehn Lebensläufe schizophrener Bildner mit anschließenden Interpretationen unter Einbeziehung der (Selbst-)Äußerungen« (122). Damit repetiert die Psychiatrie die Verfahren jener Kunstgeschichte und -Betrachtung, an deren Anfang Vasari steht: die Vita und den Werkkommentar.

Prinzhorn verwendet nicht den Begriff des Manierismus, der ihm aus der Kunstgeschichte, wie sich aus seinen Ausführungen zu El Greco erschließen läßt, geläufig gewesen sein muß, noch den Manieriertheit, der bereits in den Begriffskontinent der Psychiatrie eingedrungen war, doch inauguriert er einen neuen Typus von wechselseitiger Erhellung zwischen unsichtbarem Seelischen und sichtbarem Artefakt, der bei seinen Fortsetzern wie zum Beispiel Leo Navratil, dem Leiter der Niederösterreichischen Landes-Nervenklinik Maria Gugging, zu einer systematisch promiskuen Integration kunst- und literaturwissenschaftlicher Manierismusforschung in die Psychiatrie führte. Aus den »antiklassischen und antinaturalistischen oder auch manieristischen Erscheinungen« in der Kunst des 20. Jh. wie auch in den Produkten seiner Kranken meint Navratil 1965 die Schlußfolgerung ziehen zu können, »daß die Stilelemente schizophrenen Gestaltens mit jenen des Manierismus auf dem Gebiete der Kunst identisch sind.« Und in überbietendem Bezug auf Hocke formuliert er die gewagte These: »Die schizophrene Bildnerei ist die eigentliche ›Urgebärde des Manierismus‹, denn ihr liegt keine Tradition zugrunde.«[199] Der Psychiater wird damit zum Anreger von (als mehr oder weniger ›ursprünglich‹ aufgefaßter) Kunst und Literatur, zum Veranstalter von Ausstellungen und zum Begründer von Museen.

Mit Namen wie Prinzhorn und Navratil ist frei-

---

196 RUBIO (s. Anm. 187), 51 ff.
197 Vgl. SCHMALZRIEDT (s. Anm. 184), Sp. 923 ff.
198 HANS PRINZHORN, Bildnerei der Geisteskranken. Ein Beitrag zur Psychologie und Psychopathologie der Gestaltung (1921; Berlin 1923), 40.
199 LEO NAVRATIL, Schizophrenie und Kunst. Ein Beitrag zur Psychologie des Gestaltens (München 1966), 108.

lich nur eine Seitenlinie der Psychiatrie angesprochen, ihre die Öffentlichkeit und ein breites Publikum suchende Seite. Der im engeren Sinne klinisch psychiatrische Begriffskontinent der Manier ist in den fachwissenschaftlichen Lehrbüchern der Psychiatrie dokumentiert, die dem Mediziner das für die Praxis notwendige Wissen vermitteln sollen. In der schwankenden Einteilung der Psychosen, für die man kein organisches Substrat gefunden hatte, wurde Emil Kraepelins Nosologie und Systematik, die auf einer Abtrennung der Dementia praecox (frühzeitiger Demenz) vom manisch-depressiven Irresein beruhte, grundlegend. Auf sie beruft sich Eugen Bleuler, der die Dementia praecox in Schizophrenie umbenennt, in seinem erstmals 1917 erschienenen *Lehrbuch der Psychiatrie*, in dem mimische, gestische, sprachliche, graphische, zeichnerische und andere »Maniertheiten« beobachtet und beschrieben werden. Schon Kraepelin hatte im Zusammenhang mit »Verschrobenheiten« und »absonderlichen Abänderungen« der Ausdrucksbewegungen den Ausdruck der »Manieren« verwendet und vom »Verlust der Grazie«[200] gesprochen. Bleuler übernimmt Kraepelins Ausdruck der Manieren und verknüpft ihn mit dem der Stereotypien: »Manchmal werden Bewegungen resp. Handlungen stereotypiert, wobei ganz verschiedene Mechanismen im Spiel sein mögen. Katatonische können bisweilen mit einer mehrfach ausgeführten Bewegung, dem Abwischen des Gesichtes, dem Auslöffeln der Suppe, nicht aufhören [...]. Besonders leicht stereotypiert starker begleitender Affekt eine Handlung, die dann ohne willkürliches Hinzutun des Kranken immer wiederholt wird. [...] An gewohnten Handlungen können Abänderungen vorgenommen werden, die dann stereotypieren: Der Kranke tippt bei jedem Knopf, den er zuknöpfen soll, siebenmal auf das Kleid; er reicht die Hand in ganz sonderbarer Weise (Abänderungsstereotypien, Manieren). / Es gibt aber auch noch andere Manieren als die Abänderungsstereotypien: Selbständige hanswurstartige Gebärden, Fingerspreizen, dann Bizarrerien aller Art, schrullenhafte Tracht in Kleidung und Haaren, karikierte Eleganz und schließlich krankhafte Ausdrucksweisen von Affekten, übertriebenes hohles Pathos, kurz alle Fehler eines schlechten Schauspielers. [...] / Betrifft die Stereotypie die Sprache, so nennt man sie Verbigeration.«[201]

Entscheidend für Bleulers Begriffsverwendung der Manier und des Manierierten ist die Vorstellung, daß Inhalt und Form nicht aufeinander abgestimmt sind, die uns vor allem aus der Literaturwissenschaft bereits vertraut ist. Bleuler schreibt: »Da verschiedene Gefühle zugleich den Kranken bewegen, und sie den Ideen schlecht angepaßt sind, erscheinen oft alle Handlungen unecht, gemacht, maniriert und bekommen, da die Ideenassoziationen auch in bezug auf die Ausführung der Bewegungen nicht in den gewohnten Bahnen verlaufen, etwas Bizarres.« Diese bizarren Handlungen erscheinen dem Beobachter zugleich »sinnlos« (ebd.). In dem Maße, wie diese sinnlos und unecht wirkenden Handlungen von Bleuler und anderen Psychiatern in immer größerer Feineinstellung nicht nur im Bereich des Gebarens, sondern auch der Ausdrucksformen beobachtet werden, nähern wir uns den »Stilabnormitäten«, wie sie auch von Curtius und Friedrich untersucht worden sind. Außer der »manchmal verschnörkelt oder ganz manieriert« werdenden Schrift richten die Psychiater ihr Augenmerk auf ›Wortsalat‹, Kunstsprachen, Neologismen, Paragrammatismen (Zusammenbruch der Grammatik) und vor allem auf die Metaphorik. Bleuler bietet eine Fülle in späteren Auflagen noch vermehrten Beispielen von Patientenmetaphorik: »die Patientin ›ist‹ die Kraniche des Ibykus, weil sie ›frei von Schuld und Fehle‹ sei und ›frei‹, d. h. nicht eingesperrt sein sollte.« – »Doppelpolytechnikum« bedeutet den Inbegriff aller Geschicklichkeiten der Patientin und der dazu gehörigen Belohnung; man macht dem Patienten ›auf dem Kosmoswege‹ Schmerzen.« (306)

Binswanger referiert verschiedene psychiatrische Positionen der Beurteilung dieser »schizophrenen Sprache«, unter denen die psychologische Auffassung von Hans W. Gruhle sich den kunst- und literarästhetischen Auffassungen besonders deutlich nähert: »Gruhle sieht in den schizophrenen

---
200 EMIL KRAEPELIN, Psychiatrie, Band 4/3 (Leipzig [8]1915), 2039 ff.; vgl. BINSWANGER (s. Anm. 7), 10 ff.
201 EUGEN BLEULER, Lehrbuch der Psychiatrie (Berlin [4]1923), 111.

Spracheigentümlichkeiten kein (organisches) Unvermögen nach Art der aphasischen und apraktischen Störungen, sondern ein ›anderes Wollen‹. Wenn z. B. ein Schizophrener sage, der Schmetterling faltre, so liege hier keine Spur von Aphasie vor, sondern ›ein amüsant verschrobenes Wortspiel zwischen Schmetterling und Falter, das ins Verbum gewendet wird‹. Auch die (schon an der Grenze der *Manieriertheit* stehenden) Umschreibungen (wie z. B. Treppe = notwendige Zwischen-Sache des Hauptgewölbes) gehören nach Gruhle ins Gebiet der Verschrobenheiten, des Witzelns.«[202]

Wie Binswanger in seiner begriffsgeschichtlich hochrelevanten (hier jedoch nicht ausschöpfbaren) »Daseinsanalyse« von Verstiegenheit, Verschrobenheit und Manieriertheit betont, bewegen sich die psychiatrische Klinik und die Psychopathologie »weithin in den ungeklärten Verstehenshorizonten der *Umgangssprache* und den in ihr vorgebildeten Auslegungsweisen und Aussageformen« (9). Dies gilt aber ebenso für die Kunst-, die Literatur- und die Musikwissenschaft bzw. deren Geschichte(n), die ihrerseits auch die Umgangssprache geprägt haben. Deshalb ist man am Ende, hat man all diese unterschiedlichen Praxisbereiche und Disziplinen durchquert, die es nicht nur mit einem je anderen Material, sondern auch mit ganz anderen soziokulturellen und existentiellen Seinsweisen zu tun haben, verblüfft, daß die so verwirrende Begriffs- und Diskursgeschichte der Manier letztlich ein transdisziplinäres und interdiskursives semantisches ›Skelett‹ zum Vorschein bringt, das jenseits aller individuellen Besonderheiten des freischaffenden Künstlers El Greco, des Dichters Góngora, des fürstlichen Komponisten Gesualdo da Vintosa oder des Falls einer im Zürcher Burghölzli internierten Patientin aus immer denselben Elementen besteht wie der Inadäquanz von Form und Inhalt und der Abweichung vom Natürlichen und Echten.

Doch scheint gerade dieser obstinate semantische Kern der Grund dafür zu sein, daß alle Plädoyers für eine Separierung von psychopathologischer Manieriertheit und ästhetischem Manierismus nichts fruchteten. Nicht nur war diese Separierung nicht in sämtlichen Sprachen nachzuvollziehen. Das Französische z. B., das ›dem Manierierten‹ (le maniéré) am entschiedensten den Bedeutungsgehalt des Gesuchten, Gekünstelten, Unnatürlichen und Affektierten verliehen hatte, kennt nicht den Begriff der Manieriertheit, sondern verwendet dafür den Begriff des ›maniérisme‹ bzw. der ›maniérismes‹ (im Plural).[203] Die lexikographische Tradition des 20. Jh. folgte in ihren Lemmata den Einzeldisziplinen, doch wer diese durchschritten hat, kann nicht umhin, die getrennten Disziplinen in ihrer Interdependenz, so problematisch diese sein mag, zu reflektieren.

Zusammenfassend sei ein aktuelles Fachlexikon der Psychiatrie zitiert: »*Manieren, verschrobene* (f, pl). Bez. von *Kraepelin* für Manieriertheiten.« – »★*Manieriertheit* (f). In der Psychiatrie: Veränderung des Ausdrucksverhaltens (Mimik, Gestik, Sprache), wobei statt der natürlichen Harmonie des Ausdrucks sonderbare, verschrobene Gewohnheiten entstehen, die meist in bizarren Entstellungen von sinnvollen Handlungen bestehen. Beispiele: ständig wiederholtes Reiben der Wange, Körperdrehung vor Durchtritt durch eine Tür, eigenartige Haltung des Löffels, Weglegen der Gabel zwischen zwei Bissen. Die Manieriertheit der Sprache zeigt sich in ausgefallener Wortwahl oder pathetischer Betonung. Gesten und Bewegungen unterstreichen dies. Manieriertheit der Mimik heißt ★Grimassieren. Der diagnostische Wert des Phänomens ist unterschiedlich. Manieriertheiten kommen bei ★Salonblödsinn, ★Hysterie, ★Puerilismus, Schwachsinn vor. Von besonderer Bedeutung sind sie jedoch bei der katatonen Schizophrenie. Einzelne, meist im Ablauf bizarre Bewegungen (z. B. stereotyper Kniefall) werden als individualtypische Form eines Kranken über Jahrzehnte gleichförmig beibehalten. In ihrer Monotonie sind sie für diese Form der Schizophrenie außerordentlich typisch, fast spezifisch. Durch sie wird für den Nichtpsychiater teilweise das Bild des ›Irren‹ geprägt. ★Katatonie, manierierte. fr: maniérisme, stéréotypie de gestes

---

202 BINSWANGER (s. Anm. 7), 16; vgl. JOSEF BERZE/ HANS W. GRUHLE, Psychologie der Schizophrenie (Berlin 1929), 117f.
203 Vgl. HENRY-MARIE-CHARLES REBOUL-LACHAUX, Du Maniérisme dans la démence précoce et dans les autres psychoses (Sémiologie clinique et psychogénèse) (Montpellier 1921); vgl. BINSWANGER (s. Anm. 7), 101 ff.

oder d'actes; e: mannerism. Syn: Abänderungsstereotypie, Bewegungsstereotypie.« – »*Manierismus* (m) *Manieriertheit*.«[204]

Schlußbemerkung

Etliche weitere Applikationsbereiche, in denen der Begriffskomplex der Manier eine Rolle spielt, konnten hier nicht eigens ins Visier genommen werden, darunter die Gärten, Grotten, Wunderkammern, das Theater und die Feste des historischen Manierismus. Am Ende des 20. Jh. zeichnen sich weitere zeitgenössische Bereiche ab, in denen der Begriff zunehmend eine Rolle zu spielen scheint: die Tanzforschung[205], die Mode[206], der Computer und der Cyberspace[207], ferner distinktive bzw. sich distingierende Soziokulturen wie die Homosexuellenkultur[208] und jugendliche Subkulturen[209]. In dem Maße, wie der Manierismusbegriff als reflektierte Kategorie in die Soziologie eindringen dürfte, wird man vielleicht einen seiner Kernbereiche – die gesellschaftlichen Manieren – besser verstehen können.[210]

Von den ästhetischen Disziplinen aus betrachtet, läßt sich derzeit vielleicht folgendes Fazit ziehen: Wie der Überblick über eine Reihe profilierter sowohl systematischer wie historischer Positionen der Forschung gezeigt hat, scheint das letzte Wort über den Manierismus in einem aporetischen Hin und Her zwischen dem Scheitern synthetischer Formeln und der stets erneuerten Versuchung zu bestehen, den Begriff aufzugeben. Es ist ganz sicher illusorisch, auf einem Ausweg aus diesem Dilemma durch die Entwicklung einer noch umfassenderen Einheitsformel sei es im Wölfflinschen formtypologischen, sei es im Dvořákschen geistestypologischen Sinne zu bauen. Die Heterogenität des Manierismus betrifft offenbar nicht nur Oberflächenstrukturen, weshalb diese Heterogenität nicht durch eine tiefenstrukturelle Einheitsformel integriert werden kann. Solche fast ubiquitär hervorstechenden Eigenschaften wie eine Faktur automatenhafter Fabrikation bei gleichzeitig hoher elitär-professioneller Artistik lassen sich zwar zur Not auf den gemeinsamen Nenner eines ›stylish style‹ (Shearman) oder ›aesthetic convention Mannerism‹ (Mirollo) bringen – aber schon die von Hocke und Hauser aufgewiesene Präferenz für Deformation, Verfremdung und Dissonanz bleibt demgegenüber genauso irreduzibel heterogen wie die konstitutive Rolle der Reflexion über das offensichtlich gewollt ›Abnorm-Pathologische‹ und Explosiv-Expressive bei Michelangelo, El Greco, Cervantes und Shakespeare. Hinsichtlich der typologischen Seite der Verschwisterung von (historischem) Manierismus und Moderne läßt sich ebenfalls ein Hin und Her zwischen Akzeptanz und Zurückweisung beobachten. So erschien es einer Reihe von Manierismusforschern lange Zeit als unverständlich, daß Hauser 1964 Franz Kafka und Marcel Proust als bedeutende Repräsentanten des modernen Manierismus betrachtete. Im Jahr 2000 jedoch ist diese Sicht nicht mehr so schwer nachzuvollziehen. Gilles Deleuze und Félix Guattari sprachen ein Jahrzehnt nach Hauser in einem berühmten kleinen Buch über Kafka von dessen »clownerie schizo« zwischen »maniérisme d'en-

---

204 ›Manieren, verschrobene‹, ›Manieriertheit‹, ›Manierismus‹, in: UWE HENRIK PETERS, Wörterbuch der Psychiatrie und medizinischen Psychologie. Mit einem englischen und französischen Glossar (München/Wien/Baltimore ⁴1990), 321 f.
205 Vgl. GIORA MANOR, From Michelangelo to Martha Graham, in: ballett international 3 (1987), 14–19.
206 Vgl. LINK-HEER, Die Mode im Museum oder Manier und Stil (mit einem Blick auf Versace), in: G. Lehnert (Hg.), Mode, Weiblichkeit und Modernität (Dortmund 1998), 140–164.
207 Vgl. STANISŁAW LEM, Ananke (1971), in: Lem, Die phantastischen Erzählungen (Frankfurt a. M. 1980), 83.
208 Vgl. DIRCK LINCK, ›Homosexuellenkultur‹, in: R. Schnell (Hg.), Metzler Lexikon Kultur der Gegenwart: Themen und Theorien, Formen und Institutionen seit 1945 (Stuttgart/Weimar 2000), 206; SABINE HARK, Parodistischer Ernst und politisches Spiel. Zur Politik in der GeschlechterParodie, in: A. Hornscheidt/G. Jähnert/A. Schlichter (Hg.), Kritische Differenzen – geteilte Perspektiven. Zum Verhältnis von Feminismus und Postmoderne (Opladen 1998), 121 f., 133.
209 Vgl. KASPAR MAASE, ›Stil‹ und ›Manier‹ in der Alltagskultur – Volkskundliche Annäherungen, in: Braungart (s. Anm. 21), 15–46.
210 Vgl. Le maniérisme d'un monde sans manières. Un entretien avec Jean Baudrillard, in: Le Nouvel Observateur (18. 2. 1983), 50.

fance« und »maniérisme de politesse«[211] und fügten dem gleich eine Anmerkung zu Proust hinzu, der sich nicht bloß dank Deleuze/Guattari, sondern auch im Lichte derzeitiger Queer, Gender, Gay and Lesbian Studies nicht mehr einfach nur als ›ein Klassiker der Moderne‹, sondern auch als ein bewußt manieristischer Autor präsentiert, der wußte, was er sagte und zeigte, wenn er seine komplexeste Homosexuellenfigur, den Baron de Charlus, als »une vieille femme maniérée«[212] bezeichnete.

Dieses »Schwanken« des Manierismusbegriffs »zwischen einer an Umfang engsten und einer weitesten Fassung«[213] wird man denken und aushalten müssen. Offenbar ist es gerade diese Spannweite und Spannungsweite des von keiner antiken auctoritas legitimierten, sondern volkssprachlich aus dem schlichten Wort ›manière‹ (Art oder Weise) gleichsam spontan und ›wild‹ erzeugten Manierismusbegriffs zwischen Hand und concetto, Maschine und Geist, die dieses Begriffsensemble zu einem Irritations- und Faszinationsphänomen erster Ordnung machte, und damit vermutlich auch zu einem Begriffskomplex mit Zukunft.

Ursula Link-Heer

Literatur

ACCADEMIA NAZIONALE DEI LINCEI (Hg.), Manierismo, Barocco, Rococò: Concetti e termini. (Convegno internazionale – Roma 21–24 Aprile 1960) (Rom 1962); ANZULOVIC, BRANIMIR, Mannerism in Literature. The Adventures of a Concept (Phil. Diss. Indiana 1973); ANZULOVIC, BRANIMIR, Mannerism in Literature. A Review of Research, in: Yearbook of Comparative and General Literature 23 (1974), 54–66; ARASSE, DANIEL/TÖNNESMANN, ANDREAS, Der europäische Manierismus. 1520–1610 (München 1997); BAUMGART, FRITZ, Renaissance und Kunst des Manierismus (Köln 1963); BÉGUIN, SYLVIE, L'École de Fontainebleau. Le Maniérisme à la cour de France (Paris 1960); BIAŁOSTOCKI, JAN, The Art of the Renaissance in Eastern Europe. Hungary. Bohemia. Poland (Oxford 1976); BINSWANGER, LUDWIG, Drei Formen mißglückten Daseins. Verstiegenheit, Verschrobenheit, Manieriertheit (Tübingen 1956); BLUNT, ANTHONY F., Artistic Theory in Italy 1450–1600 (Oxford 1940); BOUSQUET, JACQUES, Malerei des Manierismus. Die Kunst Europas von 1520 bis 1620 (München 1963); BRAUNGART, WOLFGANG (Hg.), Manier und Manierismus (Tübingen 2000); BREDEKAMP, HORST, Der Manierismus. Zur Problematik einer kunsthistorischen Erfindung, in: W. Braungart (Hg.), Manier und Manierismus (Tübingen 2000), 109–130; CANNON, BECKMAN/JOHNSON, ALVIN/WAITE, WILLIAM, Mannerism: 1520–1600. The Art of Music (New York 1960); DALLA VALLE, DANIELA (Hg.), Manierismo e letteratura. Atti del Congresso Internazionale (Torino, 12–15 Ottobre 1983) (Turin 1986); DROST, WOLFGANG, Strukturen des Manierismus in Literatur und Bildender Kunst. Eine Studie zu den Trauerspielen Vicenzo Giustis (1532–1619) (Heidelberg 1977); DUBOIS, CLAUDE-GILBERT, Le maniérisme (Paris 1979); DVOŘÁK, MAX, Über Greco und den Manierismus (1920), in: Dvořák, Kunstgeschichte als Geistesgeschichte. Studien zur abendländischen Kunstentwicklung (München 1924), 261–276; DVOŘÁK, MAX, Pieter Bruegel der Ältere (1920), in: Dvořák, Kunstgeschichte als Geistesgeschichte. Studien zur abendländischen Kunstentwicklung (München 1924), 219–257; FREY, DAGOBERT, Manierismus als europäische Stilerscheinung (Stuttgart 1964); FRIEDLAENDER, WALTER, Die Entstehung des antiklassischen Stiles in der italienischen Malerei um 1520 (1914), in: Repertorium für Kunstwissenschaft 46 (1925), 49–86; GEHLEN, ARNOLD, Zeit-Bilder. Zur Soziologie und Ästhetik der modernen Malerei (Frankfurt a.M. 1986); HATZFELD, HELMUT A., Mannerism is not Baroque, in: L'esprit créateur 6 (1966), 225–233; HAUSER, ARNOLD, Sozialgeschichte der Kunst und Literatur (München 1953); HAUSER, ARNOLD, Der Manierismus. Die Krise der Renaissance und der Ursprung der modernen Kunst (München 1964); HOCKE, GUSTAV RENÉ, Die Welt als Labyrinth. Manier und Manie in der europäischen Kunst (Reinbek 1957); HOCKE, GUSTAV RENÉ, Manierismus in der Literatur. Sprach-Alchimie und esoterische Kombinationskunst (Reinbek 1959); HOCKE, GUSTAV RENÉ, Malerei der Gegenwart. Der Neo-Manierismus. Vom Surrealismus zur Meditation (Wiesbaden/München 1975); INSTITUTO DE INVESTIGACIONES ESTÉTICAS (Hg.), La dispersión del Manierismo. Documentos de un coloquio (México 1980); LACHNIT, EDWIN, Zur Geschichtlichkeit des Manierismusbegriffs, in: W. Hofmann (Hg.), Zauber der Medusa. Europäische Manierismen [Ausst.-Kat.] (Wien 1987), 32–42; LANGE, HANS-JOACHIM, Aemulatio veterum sive de optimo genere dicendi. Die Entstehung des Barockstils im XVI. Jahrhundert durch eine Geschmacksverschiebung in Richtung der Stile des manieristischen Typs (Bern/Frankfurt a.M. 1974); LANGE, KLAUS-PETER, Theoretiker des literarischen Manierismus. Tesauros und Pellegrinis Lehre von der ›acutezza‹ oder von der Macht der Sprache (München 1968); LINK-HEER, URSULA, Maniera. Überlegungen zur Konkurrenz von Manier und Stil (Vasari, Diderot, Goethe), in: H. U. Gumbrecht/

---

211 GILLES DELEUZE/FÉLIX GUATTARI, Kafka, pour une littérature mineure (Paris 1975), 144; dt.: Kafka. Für eine kleine Literatur (Frankfurt a.M. 1976), 111.
212 MARCEL PROUST, A la recherche du temps perdu, hg. v. P. Clarac/A. Ferré, Bd. 3 (Paris 1954), 181.
213 ARNOLD GEHLEN, Die Manierismus-Frage, in: Gehlen, Zeit-Bilder. Zur Soziologie und Ästhetik der modernen Malerei (Frankfurt a.M. 1986), 170.

K. L. Pfeiffer (Hg.), Stil. Geschichten und Funktionen eines kulturwissenschaftlichen Diskurselements (Frankfurt a. M. 1986), 93–114; LE MOLLÉ, ROLAND, Georges Vasari et le vocabulaire de la critique d'art dans les ›Vite‹ (Grenoble 1988); MANIATES, MARIA RIKA, Mannerism in Italian Music and Culture. 1530–1630 (Chapel Hill 1979); MEISS, MILLARD u. a. (Hg.), Studies in Western Art. Acts of the Twentieth International Congress of the History of Art, Bd. 2 (Princeton 1963); MIROLLO, JAMES V., Mannerism and Renaissance Poetry. Concept, Mode, Inner Design (New Haven/London 1984); NYHOLM, ESTHER, Arte e teoria del Manierismo (Odense 1977); OROZCO DÍAZ, EMILIO, Manierismo y barroco (Salamanca 1970); PINDER, WILHELM, Zur Physiognomik des Manierismus, in: H. Prinzhorn (Hg.), Die Wissenschaft am Scheidewege von Leben und Geist. Festschrift Ludwig Klages zum 60. Geburtstag (Leipzig 1932), 139–156; PINELLI, ANTONIO, La bella maniera. Artisti del Cinquecento tra regola e licenza (Turin 1993); RAYMOND, MARCEL, La poésie française et le maniérisme 1546–1610 (Genf 1971); RUBIO, HECTOR EDMUNDO, Der Manierismus in der Vokalpolyphonie des 16. Jahrhunderts (Tutzing 1982); SCHRÖDER, GERHART, Baltasar Graciáns ›Criticón‹. Eine Untersuchung zur Beziehung zwischen Manierismus und Moralistik (München 1966); SMYTH, CRAIG HUGH, Mannerism and Maniera (New York 1963); SHEARMAN, JOHN, Mannerism (Harmondsworth 1967); STUDING, RICHARD/KRUZ, ELIZABETH, Mannerism in Art, Literature, and Music: A Bibliography (San Antonio, Tex. 1979); SYPHER, WYLIE, Four Stages of Renaissance Style. Transformations in Art and Literature 1400–1700 (Garden City 1955); TAFURI, MANFREDO, L'Architettura del manierismo nel Cinquecento europeo (Rom 1966); TAFURI, MANFREDO, L'idea di architettura nella letteratura teorica del Manierismo, in: Bolletino del Centro Internazionale di Studi di Architettura Andrea Palladio 9 (1967), 69–384; THALMANN, MARIANNE, Romantik und Manierismus (Stuttgart 1963); TREVES, MARCO, Maniera. The History of a Word, in: Marsyas 1 (1941), 69–88; WEISE, GEORG, Il manierismo. Bilancio critico del problema stilistico e culturale (Florenz 1971); WÜRTENBERGER, FRANZSEPP, Der Manierismus. Der europäische Stil des sechzehnten Jahrhunderts (Wien/München 1962); ZERNER, HENRI, The Use of the Concept of Mannerism, in: F. W. Robinson/S. G. Nicols Jr. (Hg.), The Meaning of Mannerism (Hanover/N. H. 1972), 105–119; ZYMNER, RÜDIGER, Manierismus. Zur poetischen Artistik bei Johann Fischart, Jean Paul und Arno Schmidt (Paderborn u. a. 1995).

Maß

(griech. μέτρον, μέσος, μεσότης; lat. mensura, modus, mediocritas; engl. measure; frz. mesure; ital. misura; span. medida; russ. мера)

Historische Konturen gegen latente Paradoxien; I. Maß als kosmologische Implikation: griechischrömische Antike und Mittelalter; II. Der Mensch als latentes und explizites Maß der Welt: frühe Neuzeit und Aufklärung; III. Maß als ontologische Implikation und als Gegenstand von Nostalgie: Lessing und Herder, Hegel und Nietzsche; IV. Maß als Ziel empirischer Analyse und als poetisches Stimulans: 20. Jahrhundert; Der lange Schatten der Kosmologie

Historische Konturen gegen latente Paradoxien

Auf den ersten Blick mag die Semantik des Wortes Maß die – in der Sache ganz unbegründete – Hoffnung wecken, daß seine Geschichte sich mühelos in wohlkonturierten Mustern pragmatischer Distribution und in markanten Stufen inhaltlicher Transformation nachzeichnen ließe. Wer sich aber in die einschlägigen Quellentexte vertieft, der gewinnt rasch den Eindruck, hier mit begriffsgeschichtlichen Primärbefunden konfrontiert zu sein, deren Komplexität – in zunächst schwer faßbarer Weise – vor allen Strukturierungsversuchen zurückweicht. Nach jedem Versuch, die Belege in eine historische Ordnung zu bringen, schließen die Materialien sich nur zu einem um so diffuseren Horizont von ineinander übergehenden Begriffsvarianten zusammen. Diese Eingangsschwierigkeit verweist auf drei für die Geschichte des Begriffs Maß spezifische Bedingungen, welche man – auf Gewinn an analytischer Prägnanz bedacht – als Paradoxien beschreiben kann.

Erstes Paradox: Die Geschichte des Begriffs Maß bietet zuviel und zugleich zuwenig Material. Sie bietet zuviel Material, weil sich kaum eine kulturhistorische Situation, kaum ein Praxisbereich und kaum ein Feld der Reflexion in der Tradition des Westens ausmachen lassen, wo das Wort Maß nicht kontinuierlich in hoher Gebrauchsfrequenz aufgetreten wäre. Darüber hinaus zeigen seine verschiedenen Gebrauchstypen einen so hohen Grad von Interdependenz, daß – deren zum Zweck der Analyse naheliegende – wechselseitige Trennung (etwa durch ausschließliche Konzentration auf die Verwendung des Wortes Maß in ästhetischen und poetologischen Kontexten) einen untragbaren Verlust an Verständnismöglichkeiten nach sich zöge (die poetologischen Bedeutungsvarianten etwa sind nicht ohne ihre ethischen Konnotationen und Implikationen zu verstehen). Zugleich aber bietet Maß auch zuwenig begriffsgeschichtliches Material, da – wohl als Folge der jeweils unterstellten alltagssprachlichen Selbstverständlichkeit einschlägiger Bedeutungen – solche Belege vergleichsweise selten sind, in denen Inhaltsstrukturen erklärt, kritisiert oder im Sinne eines terminologischen Programms vorgeschlagen werden.

Zweites Paradox: Diese Geschichte des Begriffs Maß weist zugleich zuviel und zuwenig Konturen in der pragmatischen Verteilung seiner Gebrauchsformen und Bedeutungen auf. Zuviel Konturen, weil auf der einen Seite schlechthin alle Belege für das Wort Maß von der frühen klassischen Antike bis zum Ende des Mittelalters Konjekturen über die Formen des Kosmos und aus ihnen ableitbare Konsequenzen für menschliches Verhalten voraussetzen, während auf der anderen Seite die Belege seit der frühen Neuzeit fast ausnahmslos dem Bereich der Ästhetik und der Poetologie zuzuordnen sind. So schließt im Artikel ›Maß‹ des *Historischen Wörterbuchs der Philosophie* der Abschnitt ›Maß als ethischer Begriff‹ mit bloß einer halben Spalte von Verweisen zur Neuzeit ab, und es folgt ein Abschnitt ›Maß als ästhetischer Begriff‹, in dem die Materialien aus Antike und Mittelalter sogar weniger als eine halbe Spalte umfassen.[1] Diese außergewöhnlich markante Distribution scheint zunächst einer spezifischen historischen und philosophischen Erkenntnischance der Gattung ›Begriffsgeschichte‹ entgegenzustehen, wie sie sich sonst gerade aus der Herausforderung ergibt, chronologisch simultane Gebrauchsformen eines Wortes in ihrer Überlagerung und Interferenz beobachten zu können. Im Fall von ›Maß‹ entdeckt man dann aber bald, daß der Begriff zugleich auch zuwenig an pragmatischen Konturen aufweist (anders formuliert: zuviel an wechselseitigen Überlagerungsflächen der verschiedenen Gebrauchstypen).

Denn einerseits sind die frühen ›kosmologischen‹ Belege durchgehend von Interessen und Faszinationen durchsetzt, die wir neuzeitlich mit dem Konzept ›ästhetisch‹ verbinden, während andererseits die neuzeitlichen Ästhetikbelege nie endgültig aus dem Einflußbereich kosmologisch-ethischer Spekulation heraustreten.

Drittes Paradox: Zahlreiche Phänomene, die wir unter dem Begriff ›Maß‹ subsumieren, sind in den Kunst- und Literaturwissenschaften zugleich außergewöhnlich prominent und außergewöhnlich vernachlässigt. Sie sind außerwöhnlich prominent, weil die sogenannten ›gebundenen Formen‹ – Rhythmus und Strophe, Reim und Vers – nicht allein von Literaturwissenschaft und Poetologie stets abgerufen werden, wenn es darum geht, den ästhetischen Sondercharakter bestimmter Diskurse, Darstellungsformen und Performanzarten zu illustrieren oder gar zu definieren. Zugleich aber ist es überraschend (und für den Zunftstolz der zuständigen akademischen Disziplinen geradezu beschämend), wie wenig verbindliches Wissen Poetologie, Kunst- und Literaturwissenschaften bis heute über die Funktion dieser Phänomene hervorgebracht haben. Eine Ausnahme bildet freilich die Musikologie. Innerhalb der Geschichte des Begriffs Maß markiert die Literatur zur Musikologie und zur musikalischen Praxis einen Sonderfall, was die semantische Komplexität und die technisch-referentielle Kompliziertheit der einschlägigen Belege angeht. Grund für diesen Sachverhalt scheint eine doppelte Abstraktheit dieses Begriffs in der Anwendung auf Phänomene der Musik zu sein: Erstens sind musikalische Phänomene im Regelfall frei von jeglichem mimetisch-inhaltlichen Bezug auf die Welt, und zweitens liegt die Aufführung von Musik (wohl deshalb) außerhalb des Anwendungsbereiches jeglicher Ethik. Aufgrund dieser doppelten Abstraktheit und der von ihr bewirkten semantischen wie pragmatischen Exzentrik werden musikbezogene und musikologische Verwendungen des Wortes Maß in der folgenden Begriffsgeschichte nicht berücksichtigt.

Wenn nun als ausgemacht gelten kann, daß solche paradoxale Sachlagen, d. h. solche Konver-

---

1 Vgl. HENNING OTTMANN/KLAUS MAINZER/HELMUT RÜCKER, ›Maß‹, in: RITTER, Bd. 5 (1980), 807–825.

genzzonen gegenstrebiger Prinzipien und Begriffe jede Art von Darstellung (nicht nur narrative Darstellung) erschweren, dann mag die Identifikation der Geschichte des Begriffs Maß als Konvergenzzone von drei verschiedenen Paradoxien erklären helfen, warum ihre Darstellung nur gelingen kann, wenn man sich dabei einen gewissen Grad von Freiheit, ja von Arbitrarität gestattet. Darauf zu vertrauen, daß bei hinreichend langer und intensiver Beschäftigung mit den Materialien am Ende ›wie von selbst‹ Strukturen hervortreten, reicht hier noch weniger aus als sonst. Vielmehr verlangt die spezifische Sachlage bei dieser Begriffsgeschichte eine analytische Begriffsbildung, welche es ermöglicht, Gleichzeitiges und sich Überlagerndes zu trennen und in narrative Sequenzen umzusetzen. Zu diesem Zweck sollen auf zwei Ebenen je vierfache Unterscheidungen durchgehalten werden.

Im Blick auf die *Verwendungskontexte* des Wortes Maß setzen wir vier verschiedene Rahmen voneinander ab, welche durch die Adjektive ›kosmologisch‹, ›subjektzentriert‹, ›ontologisch‹ und ›empirisch‹ charakterisiert werden sollen. Unter kosmologischen Vorzeichen gilt die Existenz von Maßphänomenen als Teil einer göttlichen Schöpfungsordnung; Maße können aber auch als ›von Subjekten gesetzt‹ oder als ›aus menschlicher Kultur hervorgegangen‹ erfahren werden. Wo sie als Bedingung einer Wirklichkeit gelten, welche nicht auf eine Schöpferinstanz verweist, werden wir den Verwendungskontext der einschlägigen Begriffe ›ontologisch‹ nennen; das Wort ›empirisch‹ soll hingegen Bemühungen kennzeichnen, bereits als existierend vorausgesetzte individuelle Maße und Regelmäßigkeiten mit mathematischer Genauigkeit zu identifizieren.

Daneben stehen – zunächst ohne irgendeine Implikation wechselseitiger Zuordnung – vier *semantische Grundtypen* des Begriffs Maß. Zwei dieser Grundtypen lassen sich als Negationen beschreiben. Maß kann erstens die bloße Vermeidung jeglicher Exzentrik und Übertreibung meinen und zweitens die Vermeidung exzentrischer Positionen im Rahmen eines Spektrums von vergleichbaren Verhaltensweisen. Im zweiten Fall verwirklicht sich die Vermeidung von Exzentrik als Anstreben einer Mittelposition. Zwei weitere Grundtypen des Begriffs Maß setzen voraus, daß dieser bereits als Rekurrenz einer Form bestimmt ist (und diese jeweilige Form ›Maß‹ genannt wird). Dann kann der Begriff – drittens – durch die implizite Frage überlagert werden, welcher Art von Phänomen eine bestimmte rekurrente Form ›entspricht‹ oder ›angemessen ist‹, während der vierte Gebrauchstyp von Maß unter der Frage steht, welche ›Funktion‹ einer je bestimmten rekurrenten Form zukommt.

Unter diesen Prämissen zeichnet sich die folgende – vierteilige – Geschichte des Begriffs Maß ab. Von der griechischen Antike bis zum Ende des Mittelalters war die Suche nach einem Maß innerhalb – mehr oder weniger explizit gemachter – göttlicher Ordnungs- und Kosmologieannahmen stets eine Suche nach verbindlichen Vorgaben für menschliches Verhalten und Handeln. Deshalb bestand in dieser frühesten Phase eine so stabile Verbindung zwischen dem Begriff Maß und dem Problemfeld der Ethik, was aber keinesfalls eine potentielle Verbindung zu dem in der Neuzeit Ästhetik genannten Erfahrungstyp ausschloß. Das ethisch richtige Leben galt fast immer zugleich als das harmonische, schöne, erstrebenswerte Leben. Begriffshistorische Nuancen ergeben sich je nach dem Grad der Deutlichkeit, unter dem Strukturen des Maßes erfahren wurden, nach ihrer Verbindlichkeit und nach der jeweiligen inhaltlichen Bestimmung von Maß entweder als Vermeidung von Exzentrizität oder als Markierung von Mittellagen.

Beinahe abrupt geht dann mit der frühen Neuzeit der kosmologische Verwendungskontext des Begriffs Maß in eine zweite Phase über, wo vorausgesetzt (aber zunächst selten thematisiert) wird, daß Maße rekurrente Formen seien, welche der menschlichen Kultur entspringen. Mit diesem Übergang treten Diskurse der Poetologie, Architektur und Kunstbeschreibung als dominante Verwendungskontexte des Wortes in den Vordergrund, und zugleich gewinnt die Frage an Gewicht, welchen Inhalten – welchen sozialen Situationen, welchen anderen Formphänomenen – je bestimmten Rekurrenzformen entsprechen mögen. Das 18. Jh. ist der historische Moment, wo diese Diskussionen über die den verschiedenen Maßformen jeweils ›korrespondierenden‹ Phänomene ihre größte Intensität erreichen. Zugleich entfaltet sich am Begriff des Erhabenen die Faszination, welche ebenfalls das Maß der Seite des Menschen (und nicht den Strukturen des Kosmos) zuordnet – hier allerdings eher dem Menschen als Subjekt denn der menschlichen Kultur. Diese Debatte wiederum fällt zeitlich zusammen mit dem Beginn der dritten Phase in der Geschichte des Begriffs Maß.

In ihr wird zunächst deutlich, daß die Frage nach objektiven, verbindlichen, auch ethisch relevanten Maßphänomenen in den frühneuzeitlichen Jahrhunderten offenbar nur in den Hintergrund gedrängt worden war – aber nie wirklich aufgehoben oder gar überwunden. Denn seit der Aufklärung kehrt die alte Hoffnung, Strukturen eines göttlichen Schöpfungsplans erkennen zu können, im neuen Modus ontologischer Zuversicht wieder, der Wirklichkeit immanente (nicht von einer Kultur hervorgebrachte) Formen und Maße zu identifizieren. Die identifizierten Formen können als Maßstäbe gebraucht werden, allerdings nur im wörtlichen Sinne als Instrumente empirischen Messens, nicht als allgemein verbindliche Maßstäbe. Aber schon bald geht das Abflauen der ontologischen Hoffnung geradezu übergangslos über in eine Sehnsucht nach jenen ›alten Zeiten‹, in denen Maße transparent gewesen sein und Geltung gehabt haben sollen.

Langfristig mag das Schwinden jener ontologischen Zuversicht im Suchen nach dem Maß die Motivation für empirische Experimente freigesetzt haben, welche seit dem frühen 20. Jh. – und bis heute – in der vierten und letzten Phase dieser Begriffsgeschichte bestimmte (vornehmlich ästhetische) Effekte und Funktionen auf Formphänomene und mathematisch zu bestimmende Maßzahlen zurückzuführen versuchen. Erst in den letzten Jahrzehnten ist vor diesem Hintergrund zu einer expliziten Methode poetischer und künstlerischer Produktion geworden, was wir retrospektiv als ein schon immer existierendes poetisches Verfahren erkennen können: Dichter legen sich – als kontingent durchschaute und hochformalisierte – Formgesetze und Formverpflichtungen auf, weil sie von ihnen eine katalysatorische Wirkung für ihre Formproduktion erhoffen. Trotz dieses Endes in einem so verstandenen poetischen Spiel stellt sich die Geschichte von Maß aber vor allem als die Geschichte eines Begriffes dar, welcher – und das

trägt bei zur Erklärung der spezifischen Schwierigkeiten, welche diese Geschichte aufgibt – dem langen Schatten seiner kosmologischen Ursprünge mit all ihrem Ernst und all ihren ethischen Implikationen nur selten entkommen ist. Darin hat die Geschichte von Maß vielleicht eine strukturelle Affinität zu der sich ebenfalls – trotz allem Bestehen auf Autonomie – nur selten vom Schatten der Ethik distanzierenden Geschichte des Begriffs Ästhetik.

I. Maß als kosmologische Implikation: griechisch-römische Antike und Mittelalter

Die spezifische Verlaufsgestalt der Geschichte von Maß macht es notwendig, ihren antiken und mittelalterlichen Phasen vergleichsweise breiten Raum einzuräumen. Was im späten 19. Jh. zu einem Gegenstand nostalgischer Sehnsucht werden wird, hatte zwei Millennien lang als ein Bündel kosmologischer Voraussetzungen für das menschliche Leben durchaus Verbindlichkeit gehabt. Es galt, daß die Welt (wie weit immer die Referenz dieses Begriffs gefaßt wurde) nicht nur eine Struktur und Ordnung habe, sondern daß diese Struktur und Ordnung als ›harmonisch‹ – und mithin als ›schön‹ – erfahrbar sei. Die Voraussetzung einer Harmonie des Kosmos aber schloß – anscheinend ganz unvermeidlich – die Annahme ein, daß der Mensch ein potentielles Element der Unordnung innerhalb dieser Ordnung sei und deshalb unter der Verpflichtung stehe, sein eigenes Maß – das ihm zustehende Ausmaß eher noch als seinen zu umgreifenden Harmonie passenden Ort – durch das Erfassen der kosmologischen Gesamtordnung zu finden. Anders gesagt: Maß war für die Antike jene selbstreflexive Formbegrenzung, welche der Mensch als eine Implikation der Kosmologie – individuell wie kollektiv – auszumachen hatte. Es ist bereits erwähnt worden, daß sich diese Bemühung über die Jahrhunderte der Antike in zwei verschiedenen Weisen konkretisierte. Dem strikt negativen Vermeiden jeglichen Exzesses (ne quid nimis – nichts im Übermaß) beim Reden und Handeln »nach der Natur, auf sie hinhörend« (κατὰ φύσιν ἐπαίοντας)² auf der einen Seite steht auf der anderen das häufig mit Harmonie-Idealen verbundene Ausmachen einer ›Mittelposition‹ zwischen zwei auszuschließenden Extremen gegenüber. In beiden Fällen belegt ›Hybris‹ als der begleitende Gegenbegriff, daß hier potentiell ästhetische Vorstellungen mit ethischem Normdenken konvergieren. Ausnahmen lassen sich allein in den Diskursen von Sophisten wie Kallikles³ und Thrasymachos⁴ entdekken. Bei ihnen wird das Maßhalten als eine allein von den Schwachen hochgehaltene Verpflichtung kritisiert, der gegenüber es das Privileg der Hedonisten (vor allem der Tyrannen) sei, ihre übermäßige Begierde auszuleben.

Dagegen wertet Platons Philosophie die Besonnenheit (σωφροσύνη) zu einer Kardinaltugend auf, welche Kosmos, Seele und Polis im Gleichgewicht halten soll.⁵ Besonnenheit zielt darauf ab, das Maß der Welt zu erfassen, wird aber auch schon als Grundlage eines Ideals gefeiert, in dem sich der Mensch im Verhalten gegenüber Göttern und Mitmenschen zu seinem eigenen Herren, »sich selbst überlegen« (κρείττω αὐτοῦ)⁶ macht. Ebenso deutlich, wie bei Platon die rein negativ konstruierte Bedeutungsvariante von Maß im Vordergrund

steht, hebt Aristoteles dann in der Nikomachischen Ethik hervor, daß alle Tugenden die Verkörperung von Mittelpositionen seien. Schon diese frühe Inhaltsbestimmung von Maß als »das Mittlere […] zwischen dem Zuviel und dem Zuwenig« (μέσον τι ὑπερβολῆς καὶ ἐλλείψεως)⁷ geht mit einer Abgrenzung vom Begriff lauer Mittelmäßigkeit einher, der offenbar unvermeidlich von ihrer Form abgerufen wird.⁸ Aristoteles konzediert, daß die Verwirklichung solcher tugendhafter Mittelpositionen bis zu einer Ebene ›würdiger Größe‹ getrieben werden kann.⁹

In Ciceros De officiis hingegen, wo Maß als Moralbegriff wohl seine höchste semantische Ausdifferenzierung und Wirkungsbreite innerhalb der antiken Kultur erreicht, ist mediocritas (die rechte Mitte) ein ausschließlich positiver Begriff.¹⁰ Für ihn jedoch steht im Vordergrund nicht die Figur der Mittelposition, sondern die alle spezifischen Tugenden begründende Bereitschaft, seine Leidenschaften einer Kontrolle der Vernunft auszusetzen. Cicero gelingt es dabei, Vorgaben aus der griechischen Ethik zu vereinbaren mit der Erinnerung an den altrömischen mos maiorum (das anderenorts beschriebene gute alte Recht)¹¹ und seinen Zentralbegriff frugalitas (Rechtschaffenheit), welcher abstinentia (Enthaltsamkeit) und innocentia (Unschuld)¹², honestas (Ehrenhaftigkeit) und decorum (das Schickliche) einschließt.¹³ Damit wird zum ersten Mal eine Norm des Maßes aktiviert von der Erinnerung an eine zur ethisch überlegenen Welt verklärte Vergangenheit. Während derselbe geschichtsrhetorische Rekurs der Patristik natürlich nicht offen stand, haben sich die Kirchenväter ansonsten das gesamte Spektrum der Bedeutungsvarianten und Figuren von Maß zunutze gemacht, welches ihnen die griechische und römische Antike hinterlassen hatte. Die Tugend des Maßes wurde mit Reinheit und Jungfräulichkeit assoziiert. Für Ambrosius soll sie sich als »temperantia« (Mäßigung), aufgefaltet in »modus« (Maß) und »ordo«¹⁴ (Ordnung), das Verhalten der Klerikers bestimmen. So kann – neuplatonisch gesehen – der Mensch dann als maßvoller Mensch zum Ebenbild Gottes werden. Bei Augustinus erscheint die temperantia als Voraussetzung für den Menschen Aufstieg zu Gott, weil sie allein alle Leidenschaften abzuwehren vermag.¹⁵

---

2 HERAKLIT, Fr. 112, in: Die Fragmente der Vorsokratiker, hg. u. übers. v. H. Diels/W. Kranz, Bd. 1 (Berlin ⁷1954), 176.
3 Vgl. PLATON, Gorg., 483a-484d, 491e-492e.
4 Vgl. PLATON, Rep., 343a-344c.
5 Vgl. ebd., 430d-432a.
6 PLATON, Rep. 430e; dt.: Der Staat, übers. v. O. Apelt (Leipzig 1923), 150.
7 ARISTOTELES, Eth. Nic., 1106a28 f.; dt.: Nikomachische Ethik, übers. v. F. Dirlmeier, in: Aristoteles, Werke in dt. Übers., hg. v. E. Grumach, Bd. 6 (Berlin ²1960), 35.
8 Vgl. ebd., 1106b36–1107a8.
9 Vgl. ebd., 1123b1 f.
10 Vgl. MARCUS TULLIUS CICERO, Off. 1, 36, 130; ANNICK PATERNOSTER, ›Mesure‹, in: A. Montandon (Hg.), Dictionnaire raisonnée de la politesse et du savoir-vivre (Paris 1995), 588.
11 Vgl. CICERO, S. Rosc. 27, 75.
12 Vgl. CICERO, Tusc. 3, 8, 16 f.
13 Vgl. CICERO, Off. 1, 27, 93–96.
14 Vgl. AMBROSIUS, De officiis ministrorum libri tres I, 31, 115, in: MIGNE (PL), Bd. 16 (1845), 57.
15 Vgl. AUGUSTINUS, De moribus ecclesiae catholicae et de moribus manichaeorum libri duo I, 9, 35, in: MIGNE (PL), Bd. 32 (1841), 1326.

I. Maß als kosmologische Implikation: griechisch-römische Antike und Mittelalter 851

In eben dieser Fassung wird temperantia in Thomas von Aquins *Summa theologica* zur vierten Kardinaltugend kanonisiert.[16] Als Gegenkraft gegenüber dem menschlichen Hang zum Exzeß gibt sie dem Menschen die Fähigkeit, seinen Ort in der göttlichen Schöpfungsordnung beizubehalten. In einer gegenüber der klassischen Antike sozialhistorisch gewandelten Situation haben sich freilich auch die spezifischen Bezugspunkte für die Tugend des Maßhaltens verändert. Neben der Sexualität, welche ihr Maß nun an den anatomisch-physiologischen Notwendigkeiten der Zeugung neuen Lebens nehmen soll, stehen im Vordergrund die Völlerei und die curiositas (Neugierde).[17]

Für die im Vergleich zur Antike noch gesteigerte Bedeutsamkeit des Maßbegriffs seit dem frühen Mittelalter mag ein sprachgeschichtlicher Befund stehen: In den während des späten 10. und frühen 11. Jh. enstandenen Texten des Notker von Sankt Gallen finden sich nicht weniger als fünfundvierzig Wortvarianten mit der Wurzel ›mâz‹ und ›mez‹.[18] Eine auch ideengeschichtliche herausragende Stellung kommt Wörtern wie ›mâze‹ und ›mesure‹ dann bald in der volkssprachlich-höfischen Literatur des Mittelalters zu, vor allem im provenzalischen und mittelhochdeutschen Minnesang seit dem 12. Jh. und in der von Chrétien de Troyes begründeten Tradition des sogenannten ›höfischen Romans‹. Wenn die Semantik und sogar die narrativen Strukturen dieser Gattungen eine verbindliche Vermittlung zwischen dem christlichen Tugendsystem und den in der Rolle des Ritters zentrierten Lebensformen des feudalen Adels auszumachen suchen, so läßt sich (gestützt auf Episoden aus der zeitgenössischen lateinischen Historiographie) illustrieren, daß diese frühliterarische Arbeit am Bild des christlichen Ritters ihrerseits Reaktion auf vorausgehende Situationen war, in denen feudale Adlige die ethische Kontrolle der Kleriker – implizit oder demonstrativ – ignoriert hatten. Als Niederschlag eines solch provokanten Ignorierens lassen sich jedenfalls die Wilhelm IX. von Aquitanien zugeschriebenen Lieder lesen, der als ›erster Trobador‹ in die Literaturgeschichten eingegangen ist.[19] Eine solche Erklärung macht die Emphase verständlich, mit der nur 100 Jahre später – etwa von dem Minnesänger Marcabru – der Begriff des Maßes tatsächlich gleichgesetzt wird mit dem – ästhetisch ebenso wie ethisch gefaßten – Ideal des höfischen Verhaltens: »De Cortesia is pot vanar / Qui ben sap Mesur' esgardar«[20] (höfisch zu sein, darf sich derjenige rühmen, der Maß zu halten weiß).

Schon während des 12. und dann zunehmend im 13. Jh. haben zahlreiche Autoren – offenbar ermutigt von seiner Semantik – versucht, das Wort Maß in Zusammenhänge mit kosmologischen, astrologischen und geschichtstheologischen Zahlenspekulationen zu setzen, während es der 1215–1216 entstandene *Wälsche Gast* des Thomasin von Zerklären unternimmt, das Konzept ›mâze‹ zu einer schulmäßigen Tugendlehre auszuschreiben. Solche Höhepunkte in der diskursiven Bestimmung der Wortbedeutung haben der germanistischen Mediävistik für lange Zeit Stoff zu einer hitzigen Diskussion über die Existenz eines ›mittelalterlichen Tugendsystems‹ geliefert; wir sind heute eher geneigt, Systematisierungsbemühungen dieser Art nur als typisch für die spätmittelalterliche Kultursituation aufzufassen, in der die Leidenschaft der Diskussion über das Maß des Verhaltens längst abgekühlt war.

Zentral wird der Begriff wieder im 15. Jh., und zwar durch die Philosophie des Nikolaus von Kues.[21] Aus historischer Perspektive wirken die Kusaners einschlägige Reflexionen wie ein Emblem des Übergangs zwischen einer antik-mittelalterlichen Welt, in der das Maß die richtigen Lebens der göttlichen Schöpfung abzusehen war, und einer neuen Zeit, in der die Menschen zunehmend den Mut fassen werden, sich selbst als Maß der Dinge, d.h. als konstitutiv und verantwortlich für die Wirklichkeit zu setzen. Es ist angesichts einer

---

16 Vgl. THOMAS VON AQUIN, Summa theologica 2/2, q. 141, a. 7.
17 Vgl. ebd., q. 146–170.
18 Vgl. HELMUT RÜCKER, ›Maß I.7.‹, in: RITTER, Bd. 5 (1980), 811.
19 Vgl. HANS ULRICH GUMBRECHT, The Transgression(s) of the First Trobador, in: Stanford French Review 14 (1990), 35–66.
20 MARCABRU, Nr. XV (um 1147), V. 13 f., in: Marcabru, Poésies complètes, hg. v. J.-M.-L. Dejeanne (Toulouse 1909), 62.
21 Vgl. KURT FLASCH, Nikolaus von Kues. Geschichte einer Entwicklung (Frankfurt a.M. 1998), 275–329, 455–492.

solchen Stellung des Wortes bezeichnend, daß Cusanus erstens eine etymologische Kontinuität zwischen mensura (Maß) und mens (Geist) postuliert[22] und zweitens unter den Begriff mens sowohl den Geist Gottes als auch den Geist (sowie die Seele) des Menschen faßt. »Kapitelweise« dominiert dann »die Vorstellung einer Parallelaktivität von göttlich-kreativem und menschlich-begriffsbildendem Geist«[23]. Das bedeutet genauer: »Die konzipierende Tätigkeit des göttlichen Geistes ist die Hervorbringung der Dinge; das Konzipieren unseres Geistes ist deren Begriff, *notio*. Gottes geistige Tätigkeit ist die Erschaffung, *creatio*; unsere Tätigkeit ist die Anähnlichung der Dinge.« (296) Schon die göttliche Hervorbringung der Dinge – nicht erst ihre Erfassung durch den Menschen – verbindet Cusanus mit dem Maß der Zahlen, aber dennoch wird das Herstellen der Begriffe durch die Menschen (notiones fabricare) als eine Leistung eingeschätzt, welche den Intellekt als produktive Kraft herausfordert. Worin kann sich aber die Produktivität des menschlichen Geistes bewähren, wenn doch gelten sollte, daß Gott bereits die Welt »nach Maß, Zahl und Gewicht« (318) geordnet hat? In seiner Antwort auf diese Frage führt Nikolaus von Kues aus, daß der Mensch aufgrund von »Stammbegriffen« (302), welche er durch seine Teilhabe an der mens besitzt, die sinnlichen Mannigfaltigkeiten der Welt einteilend bearbeiten muß. So gesehen erscheinen Begriffe und Maße hier im Ausgang des Mittelalters schon als Werke des menschlichen Intellekts.

---

22 Vgl. NIKOLAUS VON KUES, Idiota de mente (entst. 1450), in: Nikolaus von Kues, Opera omnia, hg. v. d. Heidelb. Akad. d. Wiss., Bd. 5 (Hamburg 1983), 90.
23 FLASCH (s. Anm. 21), 302.
24 PHILIPP MELANCHTHON, Ethicae doctrinae elementorum libri duo (1550), in: Corpus Reformatorum, hg. v. K. G. Bretschneider/H. E. Bindseil, Bd. 16 (Halle 1850), 211; vgl. HENNING OTTMANN, ›Maß I.8.‹, in: RITTER, Bd. 5 (1980), 813.
25 ALBRECHT DÜRER, Das Lehrbuch der Malerei (entst. 1506ff.), in: Dürer, Schriftlicher Nachlaß, hg. v. H. Rupprich, Bd. 2 (Berlin 1966), 145.

II. Der Mensch als latentes und explizites Maß der Welt: frühe Neuzeit und Aufklärung

Dieses Verhältnis zwischen göttlicher Kosmologie und latenter menschlicher Autonomie, in dem die theologisch begründete Objektivität der Welt als Prämisse gültig bleibt, obwohl das Auffinden ihres Maßes nun zunehmend dem Menschen als Aufgabe zufällt, kennzeichnet die Kultur der frühesten Neuzeit. In der Theologie der Reformatoren etwa stehen die Menschen noch immer unter der Verpflichtung, Maß zu halten im sozialen Umgang und in der Beherrschung ihrer körperlichen Begierden. Aber das Erkennen solchen Maßes ist nicht mehr eindeutig an das Erfassen eines Plans der göttlichen Schöpfung gebunden, und dem Maßhalten kommt jetzt als ethisches Verdienst des Menschen nur noch sekundäre Bedeutung zu im Vergleich zu der allein entscheidenden Rechtfertigung durch den Glauben. Vielleicht ist es in diesem Kontext mehr als ein begriffsgeschichtlicher Zufall, daß Melanchthon das Maß für die »schönste Tugend« (Omnibus in rebus modus est pulcherrima virtus.[24]) hält. Denn in seiner Zeit stellen die sogenannten ›Proportionslehren‹ Maße und Maßstäbe zunehmend als ausschlaggebend vor für das Hervorbringen von Schönheit in der Architektur und in der Darstellung der Menschen. Albrecht Dürer etwa glaubt: »Awsserhalb der messung oder an einen ferstand [d. h.: ohne Kenntnis – d. Verf.] einer guten mas kan kein gut bild gemacht werden«[25]. Dies ist gewiß immer noch ein Begriff des Maßes, welcher der Wirklichkeit abzusehen ist und der außerdem – über die Vermittlung der Wirklichkeit – weiterhin als in Gottes Schöpfungswerk vorgegeben geglaubt wird. Die begriffshistorische Innovation liegt also hier zunächst in einer Erweiterung der für das Wort Maß typischen Gebrauchskontexte. Nicht mehr nur für das ethisch richtige Verhalten ist es nun wichtig, das Maß der Welt zu erfassen, sondern ganz explizit auch zur Hervorbringung schöner Werke.

Castigliones zwischen 1508 und 1510 enstandener *Cortegiano* und die ihm während des 16. Jh. in Italien folgenden Lehren eines neuzeitlich gewandelten höfischen Verhaltens belegen vor allem, daß das Identifizieren des Maßes (misura) nun unabhängig von kosmologischen Spekulationen geworden ist. Maßvolle Eleganz zeichnet die Äußerlichkeit des Erscheinens in der Gesellschaft aus und ist – ›empirisch‹, wie wir heute sagen würden – erneut als ein Mittelwert zwischen den Extremen der Umgangsformen auszumachen. Eben deshalb bleibt die Bedeutung des Wortes mediocrità in diesem Kontext durchaus positiv.[26] Für Michel de Montaigne hingegen liegt der Begriff Maß wieder näher bei der Bedeutung einer nicht geometrisch gefaßten Mäßigung, welche ihm – im strikten Gegensatz zum positiven Gebrauch des entsprechenden italienischen Wortes bei Castiglione – den Vorwurf der médiocrité eingetragen hat. Dagegen verteidigt Montaigne sich in einem ›De mesnager sa volonté‹ überschriebenen Abschnitt des 3. Bandes der *Essais* (1580) mit dem Verweis auf eine Familientradition, welche seit jeher unauffälliges Verhalten gepflegt habe: »Ie suis nay d'vne famille qui a coulé sans esclat & sans tumulte, & de longue memoire particulierement ambitieuse de preud'hommie.«[27]

Bedingt durch die fortschreitende kulturgeschichtliche Entfaltung der Struktur von Subjektivität sind damit Positionen in der Entwicklung des Begriffs Maß erreicht, welche sich während der folgenden Jahrhunderte als irreversibel erweisen sollen. Das Maß seines Verhaltens zu finden wird auf Dauer eine zentrale selbstreflexive Aufgabe des Subjekts bleiben, und die Position des Mittelmaßes wird damit permanent von dem Vorwurf bedroht sein, hinter dem Potential eines jeweiligen Subjekts zurückzubleiben. Ein Jahrhundert nach Montaigne beginnen die französischen Moralisten dann im Blick auf den absolutistischen Hof erhebliche Skepsis gegenüber der Aufrichtigkeit maßvoll-bescheidener Verhaltensformen zu entwickeln. Jene Äußerlichkeit, welche Castiglione selbstbewußt betont und Montaigne als spezifischen gesellschaftlichen Stil seiner Familie verklärt hatte, wird nun als eine Oberfläche des Scheins entlarvt, hinter der sich nur eigennützige Motive verbergen können. Auf abstrakter Ebene zwar stellt La Bruyère noch nicht das Verdienst von Bescheidenheit und maßvollem Verhalten in Frage. Aber er hat den Glauben verloren, daß sich dieses Ideal – zumal unter den konkreten sozialen Bedingungen des Hofes – je realisieren lasse: Alle Menschen seien »ennemis de la modération«[28]. Einen entscheidenden Schritt weiter geht die Kritik von La Rochefoucauld, für den der Anspruch, Maß zu halten und bescheiden zu sein, nichts anderes sein kann als eine Tröstung jener Menschen, denen weltlicher Erfolg versagt bleibt: »consoler les gens médiocres de leur peu de fortune et de leur peu de mérite«. Zugleich helfe solcher Schein, jene ›großen Menschen‹ in gesellschaftliche Schranken zu weisen, die im Stande seien, das Mittelmaß zu überschreiten: »On a fait une vertue de la modération, pour borner l'ambition des grands hommes«[29].

Seit den Jahrhunderten der frühen Neuzeit wird aber vor allem eine sich rasch steigernde Tendenz deutlich, mit dem Wort Maß primär kulturelle Phänomene zu bezeichnen, welche sich in rekurrenten Formen manifestieren – speziell in den Formen ›gebundener‹ poetischer Sprache. Damit vollzieht sich eine voraussetzungsreiche metonymische Bewegung. Denn wenn zur primären Referenz des Begriffs Maß nun die seriellen Manifestationen jeweiliger Formen werden, so kommt eine Folge der Verschiebung des dominanten Interesses von den der Schöpfung immanenten Formen hin zu den kulturell produzierten Formen zum Vorschein. In diesem Sinne haben sich etwa die deutschen Barockpoetiken ganz auf zwei Aufgaben konzentriert: Sie erstellen das volle Repertoire der von der lateinischen und griechischen Literatur ererbten Vers- und Strophenmaße, und sie beginnen, Äquivalente für sie unter den jeweiligen prosodischen Voraussetzungen der eigenen Sprache zu entwickeln: »Das maß der Verse kömmt aus denen Sylben und derer Zusammenfuegung in gewisser Art/ welche die Lateiner *Pedes* nennen/ weil hierauf gleich als seinen Füssen der Vers einherläuft. Die Sylben sind entweder lang oder kurtz: welche ihre Beschaffen-

---

26 Vgl. PATERNOSTER (s. Anm. 10), 593.
27 MONTAIGNE, Bd. 3 (1919), 303.
28 JEAN DE LA BRUYÈRE, Les caractères ou les mœurs de ce siècle (1688), in: La Bruyère, Œuvres complètes, hg. v. J. Benda (Paris 1957), 340.
29 FRANÇOIS DE LA ROCHEFOUCAULD, Réflexions ou Sentences et Maximes morales (1664), in: La Rochefoucauld, Œuvres complètes, hg. v. L. Martin-Chauffier/J. Marchand (Paris 1957), 449 (Nr. 308).

heit in unser deutschen Poeterey bloß und allein aus der Ausrede und dem Thone zu ermessen.«[30] Um die Mitte des 18. Jh. werden diese beiden Funktionen – der Verweis auf die antike Formentradition und auf das Problem ihrer Anpassung an die Volkssprachen der Gegenwart – noch immer abgedeckt, etwa von den poetologischen Artikeln in Diderots und d'Alemberts *Encyclopédie* (1751– 1780). Doch während der ethische Aspekt weiterhin ausgeblendet bleibt, hat sich das Spektrum der einschlägigen Interessen nun entscheidend erweitert. Neu und offenbar drängend ist jetzt die Frage nach den Funktionen von Vers, Reim und Strophe. Freilich liegt hier auch der Beginn einer Tradition von Ratlosigkeit, welche sich bis in die Literaturwissenschaft unserer Gegenwart fortgesetzt hat. »Les effets du *rhythme* sont connus dans la poésie«, schreibt Louis de Jaucourt zunächst recht zuversichtlich unter dem Stichwort Rhythmus in der *Encyclopédie*, doch dann fährt er ohne Ausbreitung des angekündigten Wissens beinahe kleinlaut fort: »Sa vertu n'est pas moindre en prose.« Darauf folgen Ausführungen über die von der Atemtechnik auferlegte Notwendigkeit, sprachliche Perioden beim mündlichen Vortrag durch Pausen zu strukturieren, was erneut zu einer belanglosen Scheinlösung des ästhetischen Problems führt: »ce partage [...] est devenu une des grandes beautés du discours«. So verschiebt sich langsam – aber angesichts der offenbaren Verlegenheit wohl nicht ganz zufällig – die Fragerichtung hin zum Paradigma der ›Korrespondenz‹ zwischen jeweiligen poetischen Formen und anderen Phänomenebenen des literarischen Diskurses: »Les phrases ne peuvent plaire que lorsqu'elles sont composées de piés convenables«. Doch erneut bleibt der *Encyclopédie*-Artikel konkrete Lösungen schuldig. Denn der Leser muß sich nun mit der Versicherung zufriedengeben, daß solche Zuordnungen durch die Regeln der antiken Poetik schon seit jeher festgelegt seien: »en un mot pour quelque espece de style que ce fût, la mesure & le mouvement etoient déterminés par des regles«[31].

Im Artikel ›Poésie‹ faßt derselbe Autor die Frage nach den Funktionen der gebundenen Sprache historisch-genetisch auf und führt sie so einer Lösung zu, deren hohe Plausibilität fast schon in Trivialität übergeht: »Les premiers poëmes furent des hymnes qu'on chantoit, & au chant desquels on associoit la danse; Homere & Tite-Live en donneront la preuve. Or, pour former un concert de ces trois expressions, des paroles, du chant, & de la danse, il falloit nécessairement qu'elles eussent une mesure commune qui les fit tomber toutes trois ensemble, sans quoi l'harmonie eut été déconcertée.«[32] Die wohl interessanteste Innovation in der poetologischen Diskussion von Maßphänomenen vollzieht sich auf einem anderen Problemfeld, nämlich hinsichtlich der Frage ihrer ästhetischen Bewertung. Unter dem Stichwort ›Epopée‹ konstruiert Marmontel – jedenfalls im Blick auf seine eigene französische Sprache – ein Oppositionsverhältnis zwischen dem genau eingehaltenen Versmaß und der angestrebten Wirkung der Harmonie: »le mélange des syllabes breves & longues détruit dans nos vers la régularité de la mesure: ou point de vers harmonieux sans ce mélange; d'où il suit que l'harmonie & la mesure sont incompatibles dans nos vers.« Dann fragt er weiter nach den Bedingungen für diesen Harmonieeindruck: »Le choix des sons y est arbitraire: ce n'est donc pas encore ce choix qui rend nos vers préférables à la prose. Enfin la rime, qui peut causer un moment le plaisir de la surprise, ennuie & fatigue à la longue. Qu'est-ce donc qui peut nous attacher à une forme de vers qui n'a ni rhythme ni mesure, & dont l'irréguliere symmétrie prive la pensée, le sentiment & l'expression des graces nobles de la liberté?« Wie schwierig und wie ernst dieses Problem für Marmontel tatsächlich ist, zeichnet sich in der paradoxalen Formulierung von der ›irréguliere symmétrie‹ ab, aber auch in der Einsicht, daß die Festlegung auf sprachliches Maß unvermeidlich einen Verlust an ›Freiheit des Gefühls, des Ausdrucks und der Anmut‹ zur Folge hat. Die von Marmontel vorgeschlagene Lösung hat dann zwei Implikationen. Die jeweils zu wählende sprachliche Form soll erstens ›imitativ‹ sein, d. h. sie soll dem jeweiligen Inhalt entsprechen. Zweitens wird damit aber

---

30 AUGUST BUCHNER, Anleitung zur Deutschen Poeterey (Wittenberg 1665), 113.
31 LOUIS DE JAUCOURT, ›Rhythme‹, in: DIDEROT (ENCYCLOPÉDIE), Bd. 14 (1765), 267.
32 JAUCOURT, ›Poésie‹, in: DIDEROT (ENCYCLOPÉDIE), Bd. 12 (1765), 837.

II. Der Mensch als latentes und explizites Maß der Welt: frühe Neuzeit und Aufklärung

auch ein potentielle Monotonie brechendes Prinzip der Variation eingeführt: »il y auroit un moyen d'en rompre la monotonie, & d'en rendre jusqu'à un certain point l'harmonie imitative: ce seroit d'y employer des vers de différente mesure, non pas mêlés au hasard, comme dans nos poésies libres, mais appliqués aux différens genres auxquels leurs cadence est le plus analogue. Par exemple, le vers de dix syllabes, comme le plus simple, aux morceaux pathétiques; le vers de douze aux morceaux tranquilles & majestueux; les vers de huit aux harangues véhémentes; les vers de sept, de six & cinq aux peintures les plus vives & les plus fortes.«[33]

Mit diesem rasch an Faszinationskraft gewinnenden Paradigma der ›Korrespondenz‹ ist eine Richtung für die künftige Analyse poetischen Maßes festgelegt, welche sich bis zur Theorie von der prosodischen ›Überdetermination‹ semantischer Strukturen in der 2. Hälfte des 20. Jh. fortsetzen soll. Ein anderes, von August Wilhelm Schlegel im ersten Teil seiner *Vorlesungen über schöne Litteratur und Kunst* nur angedeutetes Theorem hingegen hat offenbar keine weitere Ausarbeitung angeregt. Schlegel identifiziert nicht nur die ›verbindende‹ Tendenz des Reims mit der Ästhetik der Romantik und stellt ihr die ›isolierende‹ Wirkung der antiken Versfüße entgegen, welche er als ein »vollkommnes System« bewundert. Er schreibt darüber hinaus diesen beiden Prinzipien die Fähigkeit zu, dem Rezipienten je verschiedene Einstellungen zur Zeitlichkeit des Gedichts aufzuerlegen: »Wirkung des Reimes überhaupt: Verknüpfung, Paarung, Vergleichung. Erregte Erwartung schon im einzelnen Verse und Befriedigung. Erinnerung und Ahndung, statt daß die alte Rhythmik immer in der Gegenwart fest hält, und allen Theilen gleiche Dignität giebt.«[34]

Was den von Immanuel Kant philosophisch ausgearbeiteten Begriff des Erhabenen mit der Poetologie des 18. und frühen 19. Jh. verbindet, ist ein durchaus abstraktes semantisches Strukturelement. Wenn zur Vorstellung des Erhabenen die Idee der Unendlichkeit gehört und wenn die Idee der Unendlichkeit durch die Unangemessenheit jedes mathemathischen Maßstabs konstituiert ist, dann bleibt die Bestimmung des Erhabenen eine Leistung des Subjekts[35] – so wie auch die Hervorbringung poetischer Formen den Kulturen oder individuellen Autoren zugeschrieben wird. Diese Implikation von Kants Begriff des Erhabenen tritt in seiner Rezeption mit besonderer Prägnanz hervor, zumal in einer Abhandlung Schillers, in der postuliert wird: »Derjenige Gegenstand, der mich mir selbst zu einer unendlichen Größe macht, heißt erhaben.«[36] Es steht zu vermuten, daß die Wirkungsmächtigkeit dieses Konzepts in seiner kaum aufhebbaren semantischen Ambivalenz liegt. Denn wenn auch in Schillers Interpretation »das Subjekt als Vernunftwesen [...] sich selbst zum Maß«[37] wird, bleibt doch der Anlaß für diese Bewegung dem Subjekt äußerlich (es ist die Welt, welche den Eindruck von Unendlichkeit provoziert). Auf die damit gegebene Spannung zwischen Welt und Subjekt als Ort des Erhabenen hat sich vor allem Friedrich Theodor Vischer in seiner *Aesthetik oder Wissenschaft des Schönen* (1846–1858) konzentriert: »Es scheint auffallend, daß gerade Kant, der es ausdrücklich ausspricht, daß die Natur zwar extensive, aber nicht intensive Unendlichkeit mit sich führe, daß also die wahre Erhabenheit nur im Gemüte des ›Urteilenden‹, nicht im Naturobjekte gesucht werden müsse, die Erhabenheit dennoch auf Natur, ja sogar die unorganische – ›rohe‹ – Natur mit Nachdruck beschränkt«. Vischer selbst schiebt den Begriff des Erhabenen ganz auf die Seite der Natur und nimmt dafür bewußt eine andere Ambivalenz in Kauf. Seine Argumentation muß das Erhabene zugleich als Form und als Überschreitung seiner selbst als Form vorstellen: »Das Schöne ist reine Form [...]. Die reine Form ist wesentlich zugleich ein, zwar im Abstrakten nicht zu bestimmendes [...], für jede Sphäre des Lebens aber aus ihrer Qualität streng hervorgehendes und genau begrenztes Maß der Verhältnisse des Gebildes. Die-

---

33 JEAN-FRANÇOIS MARMONTEL, ›Epopée‹, in: DIDEROT (ENCYCLOPÉDIE), Bd. 5 (1755); 830.
34 AUGUST WILHELM SCHLEGEL, Vorlesungen über schöne Literatur und Kunst (1801–1804), hg. v. J. Minor, Bd. 1 (Heilbronn 1884), 317, 326f.
35 Vgl. IMMANUEL KANT, Kritik der Urtheilskraft (1790), in: KANT (AA), Bd. 1 (1908), 248.
36 FRIEDRICH SCHILLER, Zerstreute Betrachtungen über verschiedene ästhetische Gegenstände (1793), in: SCHILLER, Bd. 20 (1962), 235.
37 RÜCKER, ›Maß II.‹, in: RITTER, Bd. 5 (1980), 818.

ses Maß überschreitet das Erhabene, und zwar ins Unendliche, zugleich aber muß es gemäß der Bestimmung seines Wesens als Widerspruch [...] die Form oder das begrenzte Maß festhalten. Die Form als Grenze muß zugleich bleiben und ins Ungewisse verschwimmen; das Erhabene ist in Einem geformt und formlos.«[38]

III. Maß als ontologische Implikation und als Gegenstand von Nostalgie: Lessing und Herder, Hegel und Nietzsche

Schon seit dem 3. Viertel des 18. Jh. war wieder eine Tendenz stark geworden – über mehrere Jahrzehnte noch zeitgleich mit jener Poetologie, welche unter Maß rekurrente sprachliche Formen als Produkte der Kultur verstand –, Maß und Maßstäbe als in den Dingen der Welt gegeben zu entdecken. Strikt typisierend (und vom Selbstverständnis einzelner Autoren absehend), kann man diese Tendenz ›ontologisch‹ nennen, weil in ihr die Konzentration auf die Wirklichkeit kaum mehr – und wenn, dann nur noch konnotativ – mit der Annahme eines Schöpfergottes verbunden wird. Ingrid Strohschneider-Kohrs hat nachgewiesen, daß etwa Lessing – bei dem das Wort Maß so erstaunlich selten auftaucht wie übrigens auch bei Winckelmann – davon überzeugt war, eines »der Prüfung und Unterscheidung abgewonnenen Maßes der hic et nunc sich offenbarenden Vernunft«[39] zu bedürfen. Dieses Maß, meinte Lessing, könne nur »in dem Besonderen anschauend erkannt werden« (26). Das Maß, »die Angemessenheit in und aus einer ›Sache‹ zu finden«, war für ihn »der auf-

---

38 VISCHER, Bd. 1 (1922), 245, 239 f.
39 INGRID STROHSCHNEIDER-KOHRS, Vom Prinzip des Maßes in Lessings Kritik (Stuttgart 1969), 25.
40 JOHANN GOTTFRIED HERDER, Ideen zur Philosophie der Geschichte der Menschheit (1784–1791), in: HERDER, Bd. 13 (1887), 68 u. ö.
41 Ebd., Bd. 14 (1909), 234.
42 BERNHARD BÖSCHENSTEIN, Ekstase, Maß und Askese in der deutschen Dichtung (1967), in: Böschenstein, Studien zur Dichtung des Absoluten (Zürich 1968), 90.

---

gegebene Weg des Unterscheidens und Urteilens: der ›produktiven‹ Kritik« (27). Im Vordergrund von Lessings einschlägigen Überlegungen steht also nicht mehr die Frage nach den ›Korrespondenzen‹ verschiedener Maße zu verschiedenen Schichten der Wirklichkeit, sondern das Problem, wie sich das Vernunftmaß identifizieren lasse und welche Funktion ihm zukomme. In selbstreflexiver Wendung weist Lessing dabei dem Menschen wieder jene Mittelposition zu, die sich seit der griechischen Antike aus der Vermeidung von ›extremen‹ Verhaltensweisen und ›Abweichungen‹ ergeben hatte.

Weit umfassender – und nun wieder im rhetorischen Kontext einer kosmologischen Dimension – hat Herder den analogen Gedanken in seinen *Ideen zur Philosophie der Geschichte der Menschheit* ausgearbeitet. Ein letztes Mal erscheint dabei der Begriff der Mittelmäßigkeit in positiver Bedeutung und wird sowohl der Erde (wegen ihrer astronomischen Abhängigkeit von der Sonne) als auch dem Verstand (des als »Mittelgeschöpf«[40] bestimmten Menschen) zugewiesen. In Beobachtung von Natur und Geschichte will Herder das Maß und die Mitte als Formeln für die Schönheit des Menschen ebenso wie als Formeln der Wirklichkeit entdecken: »Die Vernunft mißt und vergleicht den Zusammenhang der Dinge,« daß sie solche zum dauernden Ebenmaas ordne.«[41] Bernhard Böschenstein hat beschrieben, wie Goethe seit seiner Übersiedlung nach Weimar, wo ja auch Herder lebte, zunehmend in die Rolle jenes Dichters hineinwuchs, welcher dieses Maßideal in seinen Werken verwirklichte: »Goethes Übersiedlung nach Weimar steht von Anfang an unter dem Zeichen der Suche nach einer neuen Verbindlichkeit, die den Höllenritt auf der Kutsche des Schwagers Kronos oder in der Begleitung seines brüderlichen Schattens Werther zähmen sollte. Jetzt erst entdeckt Goethe das Maß als das Gesetz seines weiteren Daseins, und er erfüllt es sich auf die mannigfachste Weise, immer sich selbst aufhebenden punktuellen Ich-Zeit die Übersicht, die Kontinuität, die Dauer entgegenhaltend. [...] *Wilhelm Meisters Lehrjahre* bieten eine [...] Form der Kritik an ekstatischem Realitätsverlust: der ironische Blick des Erzählers straft Wilhelms ahnungslose Gespanntheit zu absoluten Zielen in einem fort Lügen.«[42] Ganz in diesem Sinn bewundert Jean Paul Goethes »griechische Seelen-Metrik«[43].

Kein anderer Philosoph der Neuzeit hat so intensiv am Begriff des Maßes gearbeitet wie Hegel – und gewiß hat kein anderer Denker die seiner Semantik immanenten Probleme ernster genommen: »Die Entwicklung des Maßes [...] ist eine der schwierigsten Materien; indem sie von dem unmittelbaren, äußerlichen Maße anfängt, hätte sie einerseits zu der abstrakten Fortbestimmung des Quantitativen (einer *Mathematik der Natur*) fortzugehen, andererseits den Zusammenhang dieser Maßbestimmung mit den *Qualitäten* der natürlichen Dinge anzuzeigen«[44]. Als entscheidend für Hegels Ansatz stellt sich die Entscheidung heraus, die mathematisch-›abstrakten‹ Fortbestimmungen des Quantitativen‹ nicht von der Beobachtung der ›Qualitäten der natürlichen Dinge‹ zu trennen. Denn daraus ergibt sich die neue philosophische Einsicht, daß das Maß nicht – wie der Begriff ja zunächst suggeriert – allein über die Seite der Quantität zu bestimmen ist, sondern »als die Einheit der Qualität und der Quantität«. Diese Einheit begründet den ontologischen Vorrang des Maßes: »Das Maß ist das qualitative Quantum, zunächst als *unmittelbares*, ein Quantum, an welches ein Dasein oder eine Qualität gebunden ist. [...] Das Maß als die Einheit der Qualität und der Quantität ist hiermit zugleich das vollendete Sein. Wenn wir vom Sein sprechen, so erscheint dasselbe zunächst als das ganz Abstrakte und Bestimmungslose; nun aber ist das Sein wesentlich dies, sich selbst zu bestimmen, und seine vollendete Bestimmtheit erreicht dasselbe im Maß.«[45] Die Identifizierung des Maßes mit dem Sein erlaubt es Hegel, in aller Ausführlichkeit die Stellung des Begriffes in den Religionen der Antike zu erläutern: »Man kann das Maß auch als eine Definition des Absoluten betrachten, und es ist demgemäß gesagt worden, Gott sei das Maß aller Dinge. Diese Anschauung macht es denn auch, welche den Grundton mancher althebräischen Gesänge bildet, in welchen die Verherrlichung Gottes im wesentlichen darauf hinausläuft, daß *er* es sei, welcher allem seine Grenze gesetzt hat, dem Meer und dem festen Lande, den Flüssen und den Bergen und ebenso den verschiedenen Arten von Pflanzen und von Tieren. – Im religiösen Bewußtsein der Griechen finden wir die Göttlichkeit des Maßes in näherer Beziehung auf das Sittliche als *Nemesis* vorgestellt. In dieser Vorstellung liegt dann überhaupt, daß alles Menschliche – Reichtum, Ehre, Macht und ebenso Freude, Schmerz usw. – sein bestimmtes Maß hat, dessen Überschreitung zum Verderben und zum Untergang führt.«[46] Schließlich ermöglicht es Hegels Ansatz auch, die über Jahrtausende mit großer Intensität gehegte Hoffnung zu kritisieren, es könne so etwas wie ein ›natürlichen Maßstab der Dinge‹ geben. Wenn das Sein eines jeden Dings als sein Maß bestimmt ist, dann wird deutlich, daß ›Maßstäbe‹ immer bloß ›willkürlich‹ bestimmten Dingen abgenommen werden und mithin jenen anderen Dingen äußerlich bleiben müssen, auf die man sie in der Folge anwendet: »Ein Maß, als Maßstab im gewöhnlichen Sinne, ist ein Quantum, das als die *an sich bestimmte* Einheit gegen äußerliche Anzahl willkürlich angenommen wird. Eine solche Einheit kann zwar auch in der Tat an sich bestimmte Einheit sein, wie Fuß und dergleichen ursprüngliche Maße; insofern sie aber als Maßstab zugleich für andere Dinge gebraucht wird, ist sie für diese nur äußerliches, nicht ihr ursprüngliches Maß. [...] Es ist daher töricht, von einem natürlichen *Maßstabe* der Dinge zu sprechen.«[47] Angesichts der von ihm vollzogenen Aufwertung des Maßes zum Sein der Dinge ist es nur konsequent, wenn Hegel in der Ästhetik seine Vorbehalte gegen die vorklassische ›symbolische Kunst‹ auch damit begründet, daß es ihr nicht gelinge, in der Vielfalt ihrer Formen ein Maß ›schlechthin‹ zu treffen: »Während sich [...] die symbolische Kunst in tausend Formen umherwirft, ohne die schlechthin gemäße treffen zu können, und mit ausschweifender Einbildungskraft ohne Maß und Bestimmung umhergreift, um die gesuchten Bedeutungen die immer fremdbleibenden Gestalten anzupassen,

---

43 JEAN PAUL, Vorschule der Ästhetik (1804), in: JEAN PAUL (MILLER), Abt. I, Bd. 5 (1963), 253.
44 GEORG WILHELM FRIEDRICH HEGEL, Wissenschaft der Logik (1812–1816), in: HEGEL (TWA), Bd. 5 (1969), 392.
45 HEGEL, Enzyklopädie der philosophischen Wissenschaften im Grundrisse (1817), in: HEGEL (TWA), Bd. 8 (1970), 224.
46 Ebd., 224 f.
47 HEGEL (s. Anm. 44), 395.

ist der klassische Künstler auch hierin in sich beschlossen und begrenzt.«[48] Karl Marx ist in seiner Bestimmung des Begriffs Hegel gefolgt. Was er eigenständig herausarbeitet, ist die gattungsspezifische Fähigkeit des Menschen, allen Dingen seiner Umwelt ihr Maß abzusehen und nach diesen Maßen zu produzieren, während die Tiere nur das ihrem Sein gemäße Maß hervorzubringen vermöchten. Eben darin sei die potentielle Schönheit des menschlichen Schaffens begründet: »Das Tier formiert nur nach dem Maß und dem Bedürfnis der species, der es angehört, während der Mensch nach dem Maß jeder species zu produzieren weiß und überall das inhärente Maß dem Gegenstand anzulegen weiß; der Mensch formiert daher auch nach den Gesetzen der Schönheit.«[49] Noch 1972 hat Wilhelm Girnus in einer Auseinandersetzung mit der *Ästhetik* (1963) von Georg Lukács die auf Hegel zurückgehenden Prinzipien dieser Position bestätigt: »Das den Dingen innewohnende Maß – Maß als Einheit von Qualität und Quantität – existiert offenbar unabhängig vom Menschen, er vermag es indessen zu erkennen und auf die Objektwelt nach den ihr eigenen Maßstäben einzuwirken. Daher auch ist er imstande, jeder seiner Schöpfungen die Gestalt zu geben, die ihrer Funktion am vollendetsten entspricht.«[50]

Schon in Hegels Auseinandersetzung mit der symbolischen Kunst waren auch Zweifel an der Fähigkeit seiner Zeit zur Sprache gekommen, das Maß der Dinge zu erfassen und als Vorgabe in Formen des eigenen Schaffens umzusetzen. Mit eben dieser Perspektive setzt ein Diskurs ein, welcher Meisterschaft des Maßes – für die Kunst und für alle anderen Bereiche des Lebens – nur noch in der Vergangenheit zu entdecken vermag und deshalb die Erinnerung an das Maß ebenso nostalgisch wie kritisch der Maß-Losigkeit der Zeitgenossen entgegenhält. Diese bis heute nicht verklungene Klage hat ihre erste leidenschaftliche Ausformulierung im Werk von Friedrich Nietzsche gefunden. Der für sein Tragödienbuch zentrale Gegensatz zwischen apollinischem und dionysischem Prinzip beruht auf dem Kontrast zwischen einer Apollo zugeschriebenen Maßvollkommenheit und dem Übermaß als Prinzip des Dionysos. Der Begriff Maß erklärt aber auch den ebenfalls auf Apollo angewandten Ausdruck des principium individuationis. Denn wo das Maß vorherrscht, da sind die einzelnen (›individuellen‹) Dinge schon immer durch ihre Formen getrennt und so erkennbar: »Diese Vergöttlichung der Individuation kennt, wenn sie überhaupt imperativisch und Vorschriften gebend gedacht wird, nur Ein Gesetz, das Individuum d. h. die Einhaltung der Grenzen des Individuums, das *Maass* im hellenischen Sinne. Apollo, als ethische Gottheit, fordert von den Seinigen das Maass und, um es einhalten zu können, Selbsterkenntniss. Und so läuft neben der ästhetischen Nothwendigkeit der Schönheit die Forderung des ›Erkenne dich selbst‹ und des ›Nicht zu viel!‹ her, während Selbstüberhebung und Uebermaass als die eigentlich feindseligen Dämonen der nicht-apollinischen Sphäre, daher als Eigenschaften der vor-apollinischen Zeit, des Titanenzeitalters, und der ausserapollinischen Welt d. h. der Barbarenwelt, erachtet wurden.«[51] Begriffsgeschichtlich bemerkenswert ist hier vor allem, daß in Nietzsches eigenem Denken solche Verklärung eines altgriechischen Sinns für das Maß nicht gegen das Übermaß gekehrt wird, in dessen Bewunderung unter dem Konzept des Dionysischen ja die rezeptionsgeschichtlich dominante Innovation seiner Tragödienschrift lag.

Deshalb auch erscheint 1885 in *Jenseits von Gut und Böse* das Mittelmaß (und eben nicht das Übermaß) als Gegenbegriff und als Ausgangspunkt von Nietzsches Kritik an der Kultur seiner Gegenwart: »Alles, was den Einzelnen über die Heerde hinaushebt und dem Nächsten Furcht macht, heisst von nun an *böse*; die billige, bescheidene, sich einordnende, gleichsetzende Gesinnung, das *Mittelmaass* der Begierden kommt zu moralischen Namen und Ehren.«[52] Da Nietzsche den »europäischen Misch-

---

48 HEGEL, Vorlesungen über die Ästhetik (1835–1838), in: HEGEL (TWA), Bd. 14 (1970), 29.
49 KARL MARX, Ökonomisch-philosophische Manuskripte (entst. 1844), in: MEW, Ergänzungsbd. 1 (1968), 517.
50 WILHELM GIRNUS, Betrachtungen zur ›Aesthetik‹ von Georg Lukács (1967), in: Girnus, Von der unbefleckten Empfängnis des Ästhetischen (Berlin 1972), 21.
51 FRIEDRICH NIETZSCHE, Die Geburt der Tragödie (1872), in: NIETZSCHE (KGA), Abt. 3, Bd. 1 (1972), 36.
52 NIETZSCHE, Jenseits von Gut und Böse (1886), in: NIETZSCHE (KGA) Abt. 6, Bd. 2 (1968), 125; vgl. ebd., 93, 141, 163.

III. Maß als ontologische Implikation und als Gegenstand von Nostalgie 859

menschen« (163) als Träger dieser ›Gesinnung‹ identifiziert, d. h. als den Menschen, der in seiner historischen Bildung zwischen den Werten verschiedener geschichtlicher Zeiten zu vermitteln sucht, liest sich sein Text stellenweise wie eine Wiederkehr von Herders Rede über den Menschen als ›Mittelgeschöpf‹ – unter umgekehrten Wertungsvorzeichen. Was immer Nietzsche in Literatur, Kunst und Musik als Ausdruck eines gesteigerten Formgefühls und Formbewußtseins hochschätzt, das weist er der Vergangenheit zu – aber durchaus nicht allein der griechischen Vergangenheit: »Die ›gute alte‹ Zeit ist dahin, in Mozart hat sie sich ausgesungen: – wie glücklich *wir*, dass zu uns sein Rokoko noch redet, dass seine ›gute Gesellschaft‹, sein zärtliches Schwärmen, seine Kinderlust am Chinesischen und Geschnörkelten, seine Höflichkeit des Herzens, sein Verlangen nach Zierlichem, Verliebtem, Tanzendem, Thränenseligem, sein Glaube an den Süden noch an irgend einen *Rest* in uns appelliren darf! Ach, irgend wann wird es einmal damit vorbei sein!« (195) Daß es hier um eine nostalgisch erhöhte Ästhetik der Form und des Maßes geht, wird wenig später noch deutlicher, wenn Nietzsche den Deutschen vorwirft, daß sie jegliches Gefühl für den Rhythmus ihrer Sprache verloren hätten: »Wie viele Deutsche wissen es und fordern es von sich zu wissen, dass *Kunst* in jedem guten Satze steckt […]. Ein Missverständniss über sein Tempo zum Beispiel: und der Satz selbst ist missverstanden! Dass man über die rhythmisch entscheidenden Silben nicht im Zweifel sein darf […]: wer unter bücherlesenden Deutschen ist gutwillig genug, solchergestalt Pflichten und Forderungen anzuerkennen und auf so viel Kunst und Absicht in der Sprache hinzuhorchen?« (197) In jener Passage, wo Nietzsche den Verlust des Sinnes für das Maß in der Kultur seiner Gegenwart am deutlichsten – und mit der größten Bitterkeit – beklagt, wird auch deutlich, unter welcher Voraussetzung und Implikation er Maß und Übermaß (weiterhin: wie schon in der Tragödienschrift) miteinander assoziiert. Es gebe eine – nachahmenswerte – Achtung vor dem Übermaß und im Gegensatz dazu einen – für seine Zeit typischen – Hang, im Angesicht des Übermaßes »die Zügel fallen« zu lassen, d. h. die Verpflichtung auf ein Prinzip der Form aufzuge-

ben: »jene Augenblicke und Wunder, wo eine grosse Kraft freiwillig vor dem Maasslosen und Unbegrenzten stehen blieb –, wo ein Überfluss von feiner Lust in der plötzlichen Bändigung und Versteinerung, im Feststehen und Sich-Fest-Stellen auf einem noch zitternden Boden genossen wurde. Das *Maass* ist uns fremd, gestehen wir es uns; unser Kitzel ist gerade der Kitzel des Unendlichen, Ungemessenen. Gleich dem Reiter auf vorwärts schnaubendem Rosse lassen wir vor dem Unendlichen die Zügel fallen, wir modernen Menschen, wir Halbbarbaren – und sind erst dort in *unsrer* Seligkeit, wo wir auch am meisten – *in Gefahr sind*.« (166) Einerseits schließt Nietzsches Kritik mit aller Vehemenz die Möglichkeit einer Besserung dieser Lage in der Zukunft aus: »Die Mittelmässigen allein haben Aussicht, sich fortzusetzen, sich fortzupflanzen, – sie sind die Menschen der Zukunft, die einzig Überlebenden« (227). Auf der anderen Seite jedoch ist seine nostalgische Evokation des Prinzips einer freiwilligen Unterwerfung unter willkürliche Normen der Askese als eine Ermutigung für die Zukunft von Kunst und Moral gelesen worden: »Das Wesentliche und Unschätzbare an jeder Moral ist, dass sie ein langer Zwang ist: um den Stoicismus oder Port-Royal oder das Puritanerthum zu verstehen, mag man sich des Zwangs erinnern, unter dem bisher jede Sprache es zur Stärke und Freiheit gebracht, – der metrischen Zwangs, der Tyrannei von Reim und Rhythmus. […] Das Wesentliche […] ist, […] dass lange und in Einer Richtung *gehorcht* werde: dabei kommt und kam auf die Dauer immer Etwas heraus, dessentwillen es sich lohnt, auf Erden zu leben, zum Beispiel Tugend, Kunst, Musik, Tanz, Vernunft, Geistlichkeit, – irgend etwas Verklärendes, Raffinirtes, Tolles und Göttliches.« (110 f.) Nietzsches Kritik an der eigenen Gegenwart, welche diesen Sinn für das Maß verloren habe, ist zusammen mit dem Gedanken, daß die Askese als selbstauferlegter Zwang Maß und Moral neu zu stiften vermöchte, zur Vorgabe für einen konservativen Diskurs geworden, dessen spätere Konkretisierungen allerdings nie mehr die Komplexität und Schärfe erreicht haben, mit denen dieses Thema in *Jenseits von Gut und Böse* ausgearbeitet war. Ohne Zweifel klingt Nietzsches Polemik zum Beispiel nach in einer Bestimmung der Philosophie, welche Martin Heidegger 1935 an den Beginn seiner Vorlesung *Einführung in die Metaphysik* stellte: »Was dagegen die Philosophie ihrem Wesen nach sein kann und sein muß, das ist: eine denkerische Eröffnung der Bahnen und Sichtweiten des maß- und rangsetzenden Wissens, in dem und aus dem ein Volk sein Dasein in der geschichtlich-geistigen Welt begreift und zum Vollzug bringt, jenes Wissen, das alles Fragen und Schätzen befeuert und bedroht und nötigt.«[53] Diese Passage aus Heideggers Text impliziert nicht allein, daß seine Zeit eben eines ›maß- und rangsetzenden Wissens‹ bedürfe. Sie unterstreicht darüber hinaus (in ihrer 2. Hälfte) die belebende Wirkung eines Wissens, das sich Beliebigkeit nicht gestattet.

Noch 1983 hat der Philosoph Werner Marx das bei Heidegger – wohl nicht zufällig: denn es gibt keine systematisch angelegte Ethik in Heideggers Werk – nie ausgearbeitete Motiv eines das »alltägliche Tun und Lassen« des Menschen bestimmenden Maßes – erstaunlicherweise jedoch: unter Rückgriff gerade auf Heidegger – zum Gegenstand eines Buches gemacht. Angesichts der »Not« der eigenen Zeit, so Marx, »stellt sich uns die Frage, ob es nicht möglich und an der Zeit sei, nach der Grundlage für eine Nächstenethik zu suchen, die Maße ›auf Erden‹ gibt – in Gestalten, die den Sachverhalten nach nicht anders als die traditionell aufgefaßte Liebe, das Mitleid und die mitmenschliche Anerkennung sind, so daß diese nichtmetaphysische Nächstenethik auch für Gläubige von Bedeutung sein könnte.«[54] – Daß philosophische Versuche dieses Argumentationstyps bis heute unternommen werden, belegt die Rezension eines Buches des belgischen Philosophen Ludwig Heyde.[55] Wie Werner Marx hatte offenbar auch Heyde ein existentielles Maß aus Heideggers Philosophie ableiten wollen (und sich dabei – statt auf den Begriff des Todes – auf den der Zeit konzentriert). Wie bei Marx jedoch führte dieser Ansatz auch bei Heyde letztlich von Heidegger weg – zu einer Position innerhalb des ›christlichen Humanismus‹. – Die von Marx vorgeschlagene Lösung, in der »Erfahrung seines eigenen Sterblichseins das Maß der Nächstenliebe als Maß für verantwortungsvolles Handeln zu gewinnen«[56], beruft sich auf Heidegger, ohne dessen Reflexion über den existentiellen Stellenwert des Todes gerecht zu werden. Aber obwohl Heidegger von Werner Marx in der Unterstellung der Absicht mißverstanden wurde, eine Ethik aus der Erfahrung von der Jemeinigkeit des Todes abzuleiten, kehrt doch selbst in diesem Mißverständnis ein Motiv aus Nietzsches nostalgischer Erinnerung an die maßbewußten Kulturen der Vergangenheit wieder: es ist das Postulat, daß jede Selbstkonfrontation mit Begrenzungen – hier mit der durch den Tod gegebenen Begrenztheit des Lebens – Maßorientierungen hervorbringt.

Schon 1948 hatte der Kunsthistoriker Hans Sedlmayr eine damals vielbeachtete, in ihren zentralen Prämissen und Argumenten Werner Marx scheinbar ähnliche (aber hinsichtlich der philosophischen Qualität selbst Marx unterbietende) Kritik der ›bildenden Kunst des 19. und 20. Jahrhunderts als Symptom und Symbol‹ seiner Zeit veröffentlicht. War es etwa das Anliegen von José Ortega y Gassets 1925 publiziertem Essay *La deshumanización del arte* gewesen, die Einklammerung des Maßes der menschlichen Gestalt und der menschlichen Perspektive als Formtendenzen der Kunst in jener Gegenwart zu beschreiben, so assoziierte Sedlmayr nun mit ›Maß‹ einen keinesfalls formalen, aber doch inhaltlich vage bleibenden Begriff von Menschlichkeit: »Es genügt zur Wertung der Kunst der ›rein‹ künstlerische Maßstab nicht. Dieser angeblich ›rein‹ künstlerische Maßstab, der vom Menschlichen absieht (um dessentwillen die Kunst allein Berechtigung hat), wäre kein wahrhaft künstlerischer, sondern ein bloß ästhetischer. Und das Anlegen von ästhetischen Maßstäben ist selbst noch ein unmenschlicher Zug dieser Zeit, denn es schließt eine Proklamation der Autonomie des Kunstwerks in sich, die ohne Rücksicht auf den Menschen sich selbst genügt:

---

53 MARTIN HEIDEGGER, Einführung in die Metaphysik (Tübingen 1953), 8.
54 WERNER MARX, Gibt es auf Erden ein Maß? Grundbestimmungen einer nichtmetaphysischen Ethik (Hamburg 1983), 153, XVI.
55 Vgl. CHRISTOPH LÜTHY, Der Verschleiß des Ich. Eine Philosophie von Maß, Wert und Verwertung des Menschen [Rez. von: Ludwig Heyde, De maat van de mens (Das Maß des Menschen)], in: Frankfurter Allgemeine Zeitung (13. 12. 2000), N5.
56 W. MARX (s. Anm. 54), 153.

das ›l'art pour l'art‹.« Daß hier die Konvergenz mit dem von Nietzsche begründeten kulturkritischen Diskurs – trotz gewisser Oberflächenaffinitäten in der Kritik der Gegenwart – auf die bloße Klage über den historischen Verlust des Maßes reduziert war, zeigt sich vor allem in dem von Sedlmayr propagierten Gegenrezept. Für ihn ist ganz im Gegensatz zu Nietzsche das »Behaupten der menschlichen Mitte in der neuen und gefährlichen Weite […] das eigentliche Maß für die neue Kunst«[57] – und zwar deshalb, weil er letztlich die nicht mehr selbstverständlich vorherrschende christliche Moral mit dem verlorenen Maß der Mitte assoziiert. Nichts hätte Nietzsche ferner gelegen.

Wenn in der 2. Hälfte des 20. Jh. überhaupt ein Denker aus der deutschsprachigen Welt in etwa an das Niveau von Nietzsches Kritik der eigenen Gegenwart anzuschließen vermochte, so war dies Arnold Gehlen. Im Zentrum seiner Reflexionen stand das Motiv der Askese, welches nun freilich eindeutiger soziologisch und sogar politisch gewendet war – ohne vollends seine ästhetischen Konnotationen verloren zu haben. Seit das komfortable Leben einer möglichst großen Zahl von Menschen zum höchsten aller Werte erhoben worden sei (Gehlen beruft sich in diesem Zusammenhang auf den von Werner Sombart »so genannten proletarischen Grundsatz des ›Massenlebenswertes‹«[58]), könne eine Elite allein durch Zucht und Maß ihre Distinktion erhalten.[59] Als Grundlage für »›le bonheur de médiocrité‹ – das Kleingärtnerglück« identifiziert er den Gedanken der »Glücksmaximierung« in der Französischen Revolution, vor allem bei »Robespierre, Saint-Just und Babeuf«[60]. Der Glücksmaximierung stellt Gehlen drei Fomen der Askese gegenüber – »Askese als Stimulans«, »Askese als Disciplina«, »Askese als Sacrificium«[61] – und bringt so Nietzsches ursprüngliche Intention auf eine höhere Ebene differenzierender Beschreibung, ohne dessen provokative Schärfe zu erreichen und ohne seine ästhetischen Implikationen wieder aufzunehmen. Bei Gehlen wie bei Nietzsche bringt selbstauferlegte Begrenzung Formen hervor, aber diese Formen erscheinen bei Gehlen ausschließlich als die Formen von gesellschaftlichen Gruppen und ihrem Verhalten. Während also offenbar die Grundstruktur des nostalgisch-kulturkritischen Gedankens von der Geburt der Formen aus dem Geist des Verzichts bis heute eine gewisse Attraktivität bewahrt hat, scheint sein philosophisches und begriffliches Potential schon in seiner ursprünglichsten Version – derjenigen Nietzsches – ausgereizt gewesen zu sein.

IV. Maß als Ziel empirischer Analyse und als poetisches Stimulans: 20. Jahrhundert

Keinesfalls wird jener kulturkritische Diskurs, der seine Sehnsucht nach dem verlorenen – maßgebenden – Maß so wirkungsvoll inszeniert, während des 20. Jh., wie man zunächst erwarten könnte, von allenthalben wachsender Skpesis gegenüber der ontologischen Zentralstellung des Maßbegriffs und des Messens begleitet. Im Gegenteil: Es gibt einen den Naturwissenschaften nahestehenden Stil der Epistemologie, für den das Messen – das Anlegen graphischer oder numerischer Raster – nicht weniger ist als der Zugang zu anders nicht erfahrbarem Sein. So heißt es in einem 1999 erschienenen wissenschaftstheoretischen Wörterbuch unter dem Stichwort ›Mesure‹: »Nous ne voyons pas de question plus décisive que celle de la mesure, parce que celle-ci équivaut à l'essentiel de la connaissance: avec la mesure, il s'agit de quitter ›une donnée‹ complexe, confuse, parfois même insaisissable, afin de la projeter, sans la réduire ou l'altérer, sur une grille (le grapho-numérique) qui la rend quantifiable. Au terme de l'opération, nous obtenons plus que l'équivalent de la chose: son image allégée, débarrassée de ses accidents et susceptible d'une évaluation.« Hier wird – und für Geisteswissenschaftler in unserer Gegenwart ist das erstaun-

---

[57] HANS SEDLMAYR, Verlust der Mitte. Die bildende Kunst des 19. und 20. Jahrhunderts als Symptom und Symbol der Zeit (1948; Salzburg ⁶1953), 213, 215.
[58] ARNOLD GEHLEN, Moral und Hypermoral. Eine pluralistische Ethik (Frankfurt a.M./Bonn 1969), 64 f.; vgl. WERNER SOMBART, Der proletarische Sozialismus (1896), Bd. 1 (Jena 1924), 87.
[59] Vgl. GEHLEN, Die Seele im technischen Zeitalter (Hamburg 1957), 81.
[60] GEHLEN (s. Anm. 58), 64; vgl. DAVID J. LEVY, The Measure of Man: Incursions in Philosophical and Political Anthropology (St. Albans 1993), 1–32.
[61] GEHLEN (s. Anm. 58), 73, 74, 75.

lich – nicht nur postuliert, daß das Messen der Wirklichkeit ein Bild der Wirklichkeit hervorbringe, in dem nichts gegenüber der primären Wirklichkeit verlorengeht; das Meßergebnis soll sogar mehr als eine solche perfekte Abbildung sein (›plus que l'équivalent de la chose‹).

Was mit diesem Mehrwert gemeint ist, wird dann mit Worten erklärt, welche an die Spätphilosophie Heideggers erinnern, ohne wohl wirklich von ihr beeinflußt zu sein. Maß und Messen sollen ein Sein greifbar und zugänglich machen, welches sich primär der menschlichen Einsicht entziehe: »La mesure [...] suppose toujours un appareil, ainsi qu'une méthode, capable d'arracher l'être mesuré à son état fermé ou imperceptible.«[62] Es wäre geisteswissenschaftliche Provinzialität – und in der Tat: geisteswissenschaftliche Naivität –, wollte man einer solchen Epistemologie (etwa aus der Perspektive des Konstruktivismus, der soziologischen Systemtheorie, des philosophischen Pragmatismus oder auch der Hermeneutik) Naivität vorwerfen. Denn diese Definition des Begriffs Maß wird im vollen Bewußtsein ihrer komplexen diskursiven Umwelt vorgeschlagen. Ihr Autor vertritt in der Tat den Standpunkt, daß die grapho-numerische Erfassung der Welt ihrer sprachlichen Erfahrung prinzipiell überlegen sei, und er glaubt sich imstande, alle zu erwartenden Einwände (Verzerrung der Wirklichkeit durch Meßinstrumente und Meßmethoden, Ungenauigkeit des Messens usw.) zurückzuweisen. Außerhalb der Sinn-Enklave der Geisteswissenschaften ist unsere Gegenwart offenbar der historische Moment eines in seiner Konsequenz kaum zu überbietenden epistemologischen Realismus.

Diese Beobachtung konvergiert mit einem anderen – diesmal literarhistorisch-wissenschaftsgeschichtlich – überraschenden Befund. Ohne Zweifel war das 1. Drittel des 20. Jh. jene Zeit in der Geschichte der westlichen Poesie, da als ›poetisch‹ präsentierte Texte durch maximale Freiheiten gegenüber dem Repertoire von Formen gebundener Sprache charakterisiert waren. Gerade während jener Jahre aber bildeten die Literatur- und Kunstwissenschaften das ehrgeizige Programm aus, jenes Formenrepertoire der klassisch gebundenen Sprache empirisch zu beschreiben und zu untersuchen unter dem erklärten Ziel, diese poetischen Formen in Formeln und Maßzahlen zu erfassen. *Rhythm and Metre*, eine 1929 veröffentlichte Studie von Thomas Taig, kann als eine frühe – in ihrer Selbstinszenierung noch sehr konziliante – Konkretisierung dieser bald kämpferische Töne annehmenden Tendenz gelten. Ganz entschieden geht der Autor aber schon auf Distanz gegenüber der klassischen Frage, welche poetischen Formen welchen Inhalten ›entsprächen‹, um die These zu vertreten, daß in Prosatexten der Inhalt über die Prosodie und in poetischen Texten die Prosodie über den Inhalt dominiere: »Rhythm no longer fulfills a humble ancillary function, subordinate to meaning and constantly adjusting itself to rules of grammar and syntax, but becomes itself a necessary portion of the complete meaning. The grouping of syllables and lines reveal an organic structure, to which, if need be, the other values of language must conform.«[63] Doch obwohl Taig sich immer wieder an programmatischen Formeln wie »empirical discovery« oder »combining the maximum appeal to sense with the greatest intellectual pleasure«[64] erwärmt, gelangt seine Untersuchung nie auf die Ebene einer wirklich empirischen Beschreibung der Poesie und einer numerischen Erfassung ihrer Funktion.

Eben diesen Schritt schreibt die Wissenschaftsgeschichte als Pionierleistung dem Mathematiker George D. Birkhoff zu, dessen klassische Studie *Aesthetic Measure* 1933 erschien. Birkhoffs Ausgangspunkt ist die Beobachtung, daß es – außerwissenschaftlich – eine aus empirischer Sicht erstaunliche Sicherheit des ästhetischen Urteilens gebe. Um aber als wissenschaftlich gelten zu können, bedürften solche Urteile einer ›rationalen‹ – gemeint ist: einer mathematischen – Grundlage: »To the extent that aesthetics is successful in its scientific aims, it must provide some rational basis for such intuitive comparisons.«[65] Birkhoffs Lösungsvorschlag konzentriert sich auf drei Variablen:

---

[62] FRANÇOIS DAGOGNET, ›Mesure‹, in: D. Lecourt (Hg.), Dictionnaire d'histoire et philosophie des sciences (Paris 1999), 629.
[63] THOMAS TAIG, Rhythm and Metre (Cardiff 1929), 36.
[64] Ebd., 125.
[65] GEORGES D. BIRKHOFF, Aesthetic Measure (Cambridge, Mass. 1933), 3.

auf das ästhetische Maß, von dem das ästhetische Urteil direkt abhängen soll; auf jene Komplexität, welche die Aufmerksamkeit der Rezipienten auf den ästhetischen Gegenstand lenkt; und auf die im ästhetischen Gegenstand entdeckte Harmonie, Symmetrie, Ordnung. ›Maß‹ – d. h. ästhetische Qualität – soll sich dann als der Quotient aus ›Ordnung‹ und ›Komplexität‹ darstellen lassen.[66] Semantisch gesehen, gehört diese Formel natürlich zu jenem Gebrauchstyp des Wortes Maß, der durch die Vermeidung von Extremen oder Exzessen bestimmt ist. Komplexität und Ordnung sollen sich die Waage halten – und die Ermittlung der solche Harmonie erfassenden Zahlen ist Birkhoffs empirisches Forschungsprogramm. In der bis in die 70er Jahre des 20. Jh. sehr intensiven Rezeptionsgeschichte dieses Vorschlags dominierte über alle Aspekte der Phänomenbeschreibung aber die von einer mathematischen Disziplinierung der als ›impressionistisch‹ oder ›irrational‹ kritisierten geisteswissenschaftlichen Diskurse ausgehende Faszination. Bei Max Bense, dessen in Deutschland während der 60er und 70er Jahre viel zitierte ›informationstheoretische Ästhetik‹ sich explizit an die von Birkhoff begründete Tradition anschließt[67], schlägt dieser Formalisierungsenthusiasmus in einen Ton aggressiver Moralisierung um, wie er einerseits in diesem Zusammenhang überraschend ist – wie er aber andererseits doch auch ganz offensichtlich zur Geschichte des Begriffs Maß gehört: »Nur eine solche rational-empirische, objektiv-materiale Ästhetikkonzeption kann alle allgemeine spekulative Kunstgeschwätz der Kritik beseitigen und den pädagogischen Irrationalismus unserer Akademien zum Verschwinden bringen.«[68] Ähnlich enthusiastisch, aber doch auch skeptischer gegenüber den Versprechungen einer Mathematisierung der Poetik gab sich die Einführung eines in jenen Jahren überaus erfolgreichen Sammelbandes.[69]

Was Bense als das ›allgemeine spekulative Kunstgeschwätz‹ beschimpft, ist – ob man die nun bedauern oder begrüßen will – gewiß nicht verschwunden. Hingegen haben die Versuche einer Mathematisierung die Literaturwissenschaft und die Poetologie keinen Schritt weiter gebracht auf dem Weg zur Beantwortung der Frage, was denn die Funktion sprachlichen Maßes sein könne. Unter Roman Jakobsons Einfluß und unter dem Programmbegriff der ›Überdeterminierung‹ kehrte für einige Zeit die Grundstruktur der ›Korrespondenztheorie‹ des 18. Jh. wieder, und zwar in Gestalt der Überzeugung, daß die poetischen Formen der semantischen Form von Gedichten ›entsprächen‹. Dagegen hat man die These gekehrt, daß Rhythmus und Sinn in einem prinzipiellen Spannungsverhältnis stünden, welches sich auf der Seite der Hörer oder Leser in der beweglichen Form einer Oszillation konkretisiere.[70] Eine konsensfähige theoretische Lösung des Problems aber steht nirgends in Aussicht.

Mittlerweile ist auch die westliche Poesie, deren dominante Tendenz um 1930 in so schroffem Gegensatz zum Mathematisierungsehrgeiz der Wissenschaftler stand, am Ende jenes Jahrhunderts angelangt, in dem sie sich vor allem in der Überschreitung der traditionellen poetischen Maße und Normen zu verwirklichen suchte. Die Dichtung unserer Zeit läßt sich wieder vom Zwang der Form und des Maßes faszinieren. Nichts ist heute literarisch konventioneller – und das heißt seit der Romantik: weniger faszinierend – als ›freie Rhythmen‹. In Frankreich hat sie seit den 60er Jahren bestehende Gruppe Oulipo (Ouvroir de Littérature Potentielle) diese Situation und ihre produktionsästhetischen Konsequenzen aufs Genaueste reflektiert.[71] Oulipo kehrt programmatisch das Konzept der ›literarischen Arbeit‹ gegen das Konzept der ›Inspiration‹ und gegen die inspirierte Experimentierfreude der historischen Avantgarden: »réhabilitation du *travail* littéraire et élimination de l'à-peu-près et de l'aléatoire écriturel [...]. Ecrire,

---

66 Vgl. ebd., 3 f., 11 f.
67 Vgl. MAX BENSE, Einführung in die informationstheoretische Ästhetik. Grundlegung und Anwendung in der Texttheorie (Hamburg 1969), 7.
68 Ebd., 8.
69 Vgl. HELMUT KREUZER, ›Mathematik und Dichtung‹. Zur Einführung, in: Kreuzer/R. Gunzenhäuser (Hg.), Mathematik und Dichtung (München 1965), 9–20.
70 Vgl. GUMBRECHT, Rhythmus und Sinn, in: Gumbrecht/K. L. Pfeiffer (Hg.), Materialität der Kommunikation (Frankfurt a. M. 1988), 714–729.
71 Vgl. JEAN-JACQUES THOMAS, Machinations formelles: sur l'Oulipo, in: Esprit Créateur 26 (1986), H. 4, 71–86.

c'est d'abord savoir se soumettre à des contraintes logiques formelles, et savoir ignorer ou révoquer l'instable inspiration.«[72] Sich bewußt Formzwänge auferlegen, so formuliert es provozierend Raymond Queneau, gilt als ein Freiheitsgewinn gegenüber der Situation des ›inspirierten Dichters‹, der nicht nur nicht wirklich frei von Zwängen ist, sondern diese Zwänge nicht einmal erkennen kann: »Le classique qui écrit sa tragédie en observant un certain nombre de règles qu'il connaît est plus libre que le poète qui écrit ce qui lui passe par la tête et qui est l'esclave d'autres règles qu'il ignore.«[73] Mit der Entscheidung für ein Formrepertoire und die ihm impliziten Formverpflichtungen entscheidet der Künstler sich für eine mathematisch definierbare Menge von Formmöglichkeiten, die zwar begrenzt ist, aber als genau umschriebenes Potential auch vollkommen ausgeschöpft werden kann.

An dieser Stelle holt die poetologische Reflexion von Oulipo Nietzsches Einsicht in die intellektuelle Produktivität selbstauferlegter und willkürlicher Zwänge nicht nur ein – sie integriert diese von Nietzsche nostalgisch evozierte Möglichkeit nun auch als eine Methode produktiven Handelns in die eigene Gegenwart. Vielleicht kann eine solche Konzentration auf Formen und von Formen gesetzte Grenzen letztlich sogar zur Bedingung der Möglichkeit eines Typs der Erfahrung werden, welcher über das Formale hinausgeht. Wichtiger aber als alle Spekulationen über die Wirkung dieses Spiels mit poetischen Restriktionen ist für die Geschichte des Begriffs Maß die Einsicht der Oulipo-Gruppe, daß fast nichts von der Lösung der Frage abhängt, ob poetische Sprache ›wirklich‹ mathematisierbar sei oder nicht. Noch wichtiger ist allein die Gewißheit, daß die Annahme einer solchen Mathematisierbarkeit – als operative Fiktion – poetische Energie freisetzt: »Se comporter, vis-à-vis du langage, comme s'il était mathématisable«. »*L'existence* simultanée du *meccano* et de *l'analyse matricielle* nous conduit à soupçonner, quant aux rapports quenelliens de la mathématique et du langage, la vraisemblance de deux conjectures: / *Conjecture 1:* L'arithmétique s'occupant du langage suscite les textes; / *Conjecture 2:* Le langage produisant des textes suscite l'arithmétique.«[74]

Eine analoge Einsicht, die Einsicht nämlich, daß die Wirkung von Maßsetzungen in der Tat weder von der Mathematisierbarkeit noch (und in diesem Fall: vor allem) von einer möglichen kosmologischen Fundierung des jeweils gesetzten Maßes abhänge, hatte der Literaturwissenschaftler Werner Krauss bereits 1943 vollzogen – allerdings mit unvergleichlich weiterreichenden ethisch-existentialistischen Konsequenzen als die Oulipo-Gruppe. Der philosophische Rang seiner einschlägigen Thesen mag lange Zeit übersehen worden sein, weil Krauss diese in interpretatorischer Auseinandersetzung mit der im 17. Jh. entstandenen ›Lebenslehre‹ des Baltasar Gracián entwickelt und vorgetragen hatte. Zugleich ist die Tatsache von erheblichem historischen (und nicht bloß von biographischem) Interesse, daß das Gracián-Buch von Krauss in einer Todeszelle des nationalsozialistischen Regimes geschrieben worden ist. Das Interesse des Autors an Graciáns Maßkonzept war offenbar zuerst durch die paradoxale begriffliche Form einer ›cuerda audacia‹ (einer ›weisen Waghalsigkeit‹) geweckt worden, welche Gracián benutzte, um seine eigene Version der aristotelischen Lehre von der Tugend als einer ›Mittellage‹ darzustellen. An dieser semantischen Komplexifizierung entdeckt Krauss, daß für Gracián der »Mittelwert [...] nicht ein Durchschnittswert« sei, sondern »als ein Gipfelwert« hervortrete, als »die einmalige und außerordentliche Leistung der zusammengefaßten Geisteskräfte«[75]. Wenn Krauss nun – mit einer überraschenden Verschiebung seiner Belege vom 17. ins 20. Jh. – das Maß im Sinne einer »selbstbewußten Beschränkung« (151) gewissen alltagssprachlichen Formulierungen gegenüberstellt wie »von maßgebender Seite erfahre ich« oder »maßgebende Kreise« (152), so wird deutlich, daß die Qualität seines Arguments längst nicht mehr allein von der historischen Adäquatheit oder Inadäquatheit der Graciánauslegung abhängt. Vielmehr war

---

72 Ebd., 76.
73 RAYMOND QUENEAU, Le voyage en Grèce (1938), zit. nach JACQUES ROUBAUD, La mathématique dans la méthode de Raymond Queneau (1977), in: OULIPO, Atlas de littérature potentielle (Paris 1981), 57.
74 ROUBAUD (s. Anm. 73), 47, 48.
75 WERNER KRAUSS, Graciáns Lebenslehre (Frankfurt a. M. 1947), 149.

die Graciánlektüre für Krauss zum Anlaß geworden, um als Gegenpol jener Haltung, welche Heidegger als die ›Verfallenheit‹ des modernen Menschen kritisiert hatte, das Ideal einer »unverbrüchlichen Gesetzlichkeit des an sich selbst gebundenen Menschen« (161) zu markieren. Krauss sah hier den Ansatzpunkt für eine »moderne Psychologie«, deren Potential er höher taxierte als jenes der »in die nächtigen Lagen der menschlichen Seele« (160) verliebten Psychoanalyse. Unsere eigene intellektuelle Retrospektive aus dem frühen 21. Jh. legt es wohl nahe, Werner Krauss in dieser Wette den Zuschlag zu geben. Nicht nur weil wir skeptisch geworden sind, was die therapeutische und problemlösende Kraft der klassischen Psychoanalyse angeht, sondern auch und vor allem, weil Maß als ›unverbrüchliche Gesetzlichkeit des an sich selbst gebundenen Menschen‹ an jenes Motiv der ›Arbeit an sich selbst‹ erinnert, in dem das Spätwerk von Michel Foucault mit einer post-analytischen Praxis in der Psychotherapie konvergiert.

Der lange Schatten der Kosmologie

Was wir in historischer Retrospektive – wohl seit den Anfängen menschlicher Kultur – als zentrale Implikation aller Produktivität beobachten können und was Nietzsche zuerst als ein Prinzip begrifflich erfaßt und beschrieben hat, ist also in der Dichtung unserer Gegenwart endlich zu einer bewußten Formel für Produktion und Produktivität schlechthin geworden: Der Gebrauch von Formzwängen gilt und wirkt als ein Stimulans ästhetischer Produktivität. Dabei ist innerhalb der Begriffsgeschichte von Maß eben die Einsicht entscheidend, daß es – wenigstens aus ästhetischem Blickwinkel – unerheblich bleibt, ob sich solche Formzwänge und Formprinzipien ›wirklich‹ auf mathematische Formeln bringen lassen und ob sie ›tatsächlich‹ einer Wirklichkeit entsprechen. Das ist entscheidend, weil eben mit dieser Einsicht die Begriffsgeschichte von Maß zum ersten Mal dem langen Schatten der Kosmologie entkommt. Auf die Fragen, warum sich denn durch die vielen Jahrhunderte dieser Geschichte ein stets so deutliches Bedürfnis nach maßgebenden Formen nachweisen

ließ und warum der Glaube von so großem Belang war, daß solche maßgebenden Formen Teil einer Kosmologie (oder einer säkularisierten Wirklichkeit) seien, hat die Sozialanthropologie Antworten parat. Ganz offenbar ist das – fast instinktive – Greifen nach Maßformen Teil einer komplexen Reaktion der Gattung Mensch auf die sie charakterisierende Atrophie primärer Instinktorientierungen.

Weil solche maßgebenden Formen aber überlebenswichtig sind, halten sich ethische Konnotationen und sogar moralisierende Denotationen so allgegenwärtig durch in der Geschichte des Begriffs Maß. Weil über Maße zu verfügen die Erfüllung eines primären menschlichen Begehrens ist, bleiben der Begriff und das Phänomen Maß auf Dauer mit der ästhetischen Erfahrung verbunden. Und weil schließlich Maße wohl problemloser eingehalten werden, wenn man an ihre Unvordenklichkeit glaubt, entkommt der Begriff Maß kaum je dem langen Schatten von Kosmologie oder Ontologie. Denn Kosmologie und Ontologie inszenieren – als mögliche diskursive Rahmen – die jeweiligen Maße so, daß sie wie bedingungslos gültige Bedingungen menschlichen Lebens wirken.

Was vor allem den Verlauf dieser Begriffsgeschichte exzentrisch macht, nämlich daß das Konzept Maß nach einem frühneuzeitlichen Schub von Subjektivierung seit dem 18. Jh. wieder zunehmend ›objektiv‹ gefaßt wird, ist ebenfalls auf den langen Schatten der Kosmologie und auf den nie aussetzenden Orientierungsbedarf der Gattung Mensch zurückzuführen. Das neuzeitliche Subjekt konnte nie langfristig den Verdacht ausräumen, daß der Mensch ein Mängelwesen sei. Wie gut – oder schlecht – wir jetzt und in der Zukunft mit dem Postulat leben können, daß Maße nichts anderes als selbstauferlegte operative Fiktionen seien, bleibt abzuwarten. Vielleicht ist es ja nur eine vorübergehende Exzentrik von Künstlern und Geisteswissenschaftlern in unserer Gegenwart, die Dinge – die Varianten des Maßes – so zu sehen und darüber hinaus die Geschichte des Begriffs Maß in dem Sinne zu fassen, daß wir nun endlich gelernt haben, Maßformen als operative Fiktionen zu durchschauen. Die Dinge so zu sehen mag deshalb heute (und weiterhin) exzentrisch sein, weil der erkenntnispraktische Realismus und Optimismus, der die Geschichte des Wortes Maß bis hierher fast immer begleitet hat, aus unserer heutigen Umwelt ja keinesfalls geschwunden ist.

Hans Ulrich Gumbrecht

Literatur

BALTENSWEILER, THOMAS, ›Maß und Wert‹ – die Exilzeitschrift von Thomas Mann und Konrad Falke (Bern 1996); BEAUNE, JEAN-CLAUDE (Hg.), La mesure. Instruments et philosophies (Paris 1994); BÖSCHENSTEIN, BERNHARD, Ekstase, Maß und Askese in der deutschen Dichtung (1967), in: Böschenstein, Studien zur Dichtung des Absoluten (Zürich 1968), 83–101; BOLLNOW, OTTO FRIEDRICH, Maß und Vermessenheit des Menschen. Philosophische Aufsätze. Neue Folge (Göttingen 1962); COURT, RAYMOND, Rhythme, tempo, mesure, in: Revue esthétique 27 (1974), 143–159; COY, WOLFGANG, Dem Wahren, Guten, Schönen. Die künstlerische Botschaft der Mathematik, in: Kursbuch, H. 98 (1989), 43–58; DAGOGNET, FRANÇOIS, Réflexions sur la mesure (Paris 1993); DYCK, MARTIN, Tractatus poetico-mathematicus, in: L. T. Frank/E. E. George (Hg.), Husbanding the Golden Grain: Studies in Honor of Henry W. Nordmeyer (Ann Arbor 1973), 75–81; FLASCHNER, LUDWIG, Zur ontologischen Begründung der Maßbegriffe und Gesetze in Mechanik und Elektrizitätslehre, in: Philosophia Naturalis 2 (1952–1954), 137–177; FLOHR, BERND, Arbeiter nach Maß. Die Disziplinierung der Fabrik-Arbeiterschaft während der Industrialisierung Deutschlands im Spiegel von Arbeitsordnungen (Frankfurt a. M. 1981); FRANK, HELMAR, Über die wissenschaftliche und die ideologische Komponente im Maß der Freiheit, in: Zeitschr. f. philos. Forschung 16 (1967), 99–117; GADAMER, HANS-GEORG, Gibt es auf Erden ein Maß?, in: Philosophische Rundschau 32 (1985), 1–26; KLOWSKI, JOACHIM, Das Entstehen der Begriffe Substanz und Materie, in: Archiv f. Gesch. d. Philosophie 48 (1966), 2–42; KLYCE, SCUDDER, Grundzüge einer nicht-dogmatischen Ethik, in: Annalen d. Philosophie und philos. Kritik 8 (1929), 115–134; LAMBRECHT, RAINER, ›Die Idee des Wahren‹ und ›Die Idee des Guten‹ in Hegels ›Wissenschaft der Logik‹. Überlegungen zum Begriff ihrer Einheit, in: Hegel-Jahrbuch (1980), 154–176; LEVY, DAVID J., The Measure of Man: Incursions in Philosophical and Political Anthropology (St. Albans 1993); LEVENSON, THOMAS, Measure for Measure: A Musical History of Science (New York 1994); Maß, Gewicht und Zahl. Mathematik als Schlüssel zu Weltverständnis und Weltbeherrschung. Ausstellung im Zeughaus vom 15. Juli bis 24. September 1989 [Ausst.-Kat.] (Wolfenbüttel 1989); MARX, WERNER, Gibt es auf Erden ein Maß? Grundbestimmungen einer nichtmetaphysischen Ethik (Hamburg 1983); NAREDI-RAINER, PAUL VON, Architektur und Harmonie. Zahl, Maß und Proportion in der abendländischen Baukunst (Köln 1982); RIBEMONT, BERNARD (Hg.), Le temps, sa mesure et sa perception au Moyen Age. Actes du colloque Orléans 12–13 avril 1991 (Caen 1992); SACHS, KURT, Rhythm and Tempo: A Study in Music History (New York 1988); SCHEIDLE, KURT, Modus optimum. Die Bedeutung des ›rechten Maßes‹ in der römischen Literatur (Republik – frühe Kaiserzeit), untersucht an den Begriffen ›modus – modestia – moderatio – temperantia‹ (Frankfurt a. M. u. a. 1993); SCHWEIKLE, GÜNTHER, Minne und Mâze. Zu ›Aller werdekeit ein füegerinne‹ (Walther 46,32), in: Deutsche Vierteljahrsschrift f. Literaturwiss. u. Geistesgesch. 37 (1963), 498–528; STROHSCHNEIDER-KOHRS, INGRID, Vom Prinzip des Maßes in Lessings Kritik (Stuttgart 1969); VOGTHERR, KARL, Ist willkürfreies Messen möglich?, in: Philosophia Naturalis 4 (1956), 58–100; WIEHL, REINER, Platos Ontologie in Hegels Logik des Seins, in: Hegel-Studien 3 (1965), 157–180; ZIMMERMANN, ALBERT (Hg.), Mensura. Maß, Zahl, Zahlsymbolik im Mittelalter (Berlin 1983).

Material

(griech. ὕλη; lat. materia; engl. material; frz. matériaux; ital. materiale; span. material; russ. материал)

Einleitung; I. Terminologische Probleme; II. Überwindung des Materials in der Vormoderne; III. Aufwertung des Materials in der Moderne; 1. Materialgerechtheit; 2. Materialvermessung; 3. Material und Produktion; 4. Materialästhetik; IV. Nationalisierung von Materialien im Nationalsozialismus; V. Formloses Material; VI. Konstruktionen des Immateriellen in der Moderne

Einleitung

Die Erörterung von ›Material‹ als einer ästhetischen Kategorie hat erst in jüngster Zeit eingesetzt. Als Alltagsbezeichnung gehört Material einer niederen Sphäre an. Gleichwohl besitzt der Begriff durch seine Nähe zu ›Materie‹ (engl. matter; frz. matière), einem Begriff, aus dem sich Material erst in der Neuzeit allmählich herauslöst, eine in die Antike zurückgehende philosophische Bedeutungslast als Korrespondenzbegriff zu ›Form‹. Obwohl sich Materie und Material in ihrer historischen Verwendung nur schwer voneinander trennen lassen, steht hier weder eine philosophiegeschichtliche noch eine naturwissenschaftliche Begriffsbestimmung von Materie zur Debatte. Allgemein bezeichnet Material im Unterschied zu Materie nur solche natürlichen und artifiziellen Stoffe, die zur Weiterverarbeitung vorgesehen sind. Als Material sind Stoffe und Objekte Gegenstand der Veränderung durch Bearbeitung, so daß der Stand der Produktivkräfte bzw. der jeweilige historische Umgang ablesbar ist. Im engeren Sinne bezeichnet Material den Ausgangsstoff jeder künstlerischen Gestaltung. Unter diesem Gesichtspunkt steht auch Material, wie Materie, in Wechselbeziehung zu Form und Idee, den Inbegriffen schöpferischer Gestaltung.

Die in den Kulturwissenschaften aktuelle Debatte zum Material wurde durch die 1984 von Jean-François Lyotard ausgerichtete Pariser Ausstellung *Les Immatériaux* befördert, an der zahlreiche französische poststrukturalistische Theoretiker und Theoretikerinnen (Jacques Derrida, Christine Buci-Glucksmann u. a.) beteiligt waren. Die Ausstellung mit dem programmatischen Titel, der Material in sein Gegenteil überführt, ohne den Ausgangsstoff zu tilgen, zeigte Gegenstände ebenso wie computertechnisch erzeugte Bild- und Textprogramme. Sie suchte den durch die technische Entwicklung der Informationssysteme veränderten Blick auf die Materialität der Dinge zu befragen. Das traf auf weit in den Alltag und die Populärkultur hineinreichende Interessen. Denn mit der medientechnischen Entwicklung, mit der die vieldiskutierte Vorstellung von den Extensions des Körpers und der ubiquitären Überwachung einhergeht, scheint die Welt ihre materialen Unterschiede einzubüßen und die Wahrnehmung flüchtiger Oberflächen an die Stelle fester Gegenstände zu treten. Die Pariser Ausstellung wurde jedoch weniger als kritische Befragung der Tauglichkeit des überkommenen Materialbegriffs rezipiert, sondern als Bestätigung der Überwindung der alten Welt physischer Materialien durch angeblich immaterielle Texte und Bilder der Informationstechnologie.

Damit wird den digitalen Codes eine Weihe verliehen, die einst nur der künstlerischen Arbeit als Transformation des Materials in einen anderen, höheren Zustand zukam. Denn die Vorgeschichte der gegenwärtigen ästhetischen Debatte um die Aufhebung künstlerisch bearbeiteter und ästhetisch wahrgenommener Materialien richtete sich vor der Säkularisierung nicht auf irdische Ziele. Eine sich auf Platon und Aristoteles berufende idealistische Tradition der ästhetischen Theorie bewertete das immer wieder als Grundlage und Widerpart künstlerischer Gestaltung herangezogene Material in dem Sinn, daß es selbst in seinen kostbarsten Formen von der Kunst als Gestaltung überwunden bzw. transformiert zu werden hatte. In dem Maße, in dem Texte und Bilder in den neuen Medien ein und dieselbe materiale Beschaffenheit annehmen, d. h. als temporäre ungreifbare Zeichen auf einem Bildschirm figurieren, gerät auch das Material, aus dem ein Werk besteht oder in dem es sich realisiert, unter neuen Gesichtspunkten in den Blick. Insofern verwundert es kaum, daß erst mit der Infragestellung und dem postulierten Verschwinden physisch-taktiler Ebenen des alten Materialbegriffes das Material in den engeren Reflexionshorizont der Ästhetik gelangt.

Zum einen wird Material als Träger einer Information verstanden; Material ist in diesem Verständnis Medium. Da das Medium in seinen neuesten Erscheinungsformen elektronisch generierter Codes gegenüber tradierten Medien, handele es sich nun um das beschriebene Papier des Dichters oder um die bemalte Leinwand des Malers, nicht mehr haptisch greifbar ist bzw. keine taktilen Differenzen mehr aufweist, werden ihm – wie früher den Tönen – immaterielle Eigenschaften zugewiesen. Darin wirkt eine Tradition nach, in der den Fernsinnen – Hören und Sehen – in der Hierarchie der europäischen Geschichte der Sinne die obersten Positionen zukamen, weil sie der Erkenntnis Gottes am nächsten kamen. Sie schienen der Wahrnehmung des Immateriellen fähig, während das physische Material, das dem Tastsinn zugeordnet wurde, auf der niedrigsten Stufe irdischen Erkennens rangierte.

Zum zweiten ist, wie Marshall McLuhan es formulierte, in der Informationsgesellschaft das Medium selbst zur Botschaft geworden. Daran haben postmoderne Positionen angeknüpft und die alte Vorstellung von Material als einem quasi neutralen Transportmedium revidiert. So verstanden, läßt sich Material nicht mehr nur als ablösbarer Träger einer Form oder einer Idee begreifen, sondern es ist mit diesem unauflöslich verwoben. Diese Tendenz, die in den Diskursen der Postmoderne zur Sprache kommt, wurde nicht erst durch die computergenerierten Informationen, durch die Bilder ohne Urbilder, veranlaßt, sondern von der Veränderung der Künste im 20. Jh. befördert. In den selbstreferentiellen Systemen ›autonomer‹ Kunstwerke fallen tendenziell Idee, Medium und Material zusammen. Auch dies hat die Aufmerksamkeit für das Medium im 20. Jh. quasi automatisch auf das Material gelenkt.

Da auf keine eigene Bedeutungsgeschichte des Begriffs Material zurückgegriffen werden kann, müssen hier die verschiedenen Facetten, die zur Etablierung des Begriffs als Kategorie führen können, zusammengetragen werden. Erst dann ließe sich eine Differenzierung von Materie und Material systematisch und historisch vornehmen. Offenbar hat Material zuerst in der Geschichte der bildenden Künste eine Rolle gespielt, so daß sich hier auch am frühesten eine historische Reflexion und Bewertung belegen läßt.

Material im Sinne eines physischen Stoffes war bis um 1800 in der ästhetischen Debatte vorwiegend negativ konnotiert. Es gehörte der niederen Sphäre des Alltags an, die in der künstlerischen Gestaltung zum Verschwinden gebracht werden sollte. Das unterschied das Kunstwerk von allen anderen Dingen, in denen das Material durch seinen materiellen Wert, seine funktionalen Eigenschaften oder durch seine Semantik eine Rolle spielen konnte. Das mit der Schwere der »ersten Welt« beladene Material erschien für die Künste, die »zweite Schöpfung«[1], als Gefährdung oder als Verführung, jedenfalls als Beeinträchtigung der Botschaft. Die Semiotik hat diese Relation gesetzmäßig formuliert. Solange das Zeichen, handele es sich um Wort oder Bild, auf ein Abwesendes verweise, lasse sich die Bedeutung von der Materialität des Zeichens lösen. Durch das Material hindurch ist das Zeichen als semantisches zu lesen. Da aber jedes Zeichen im physikalischen Sinn an Material, das mit Energie austauschbar ist, gebunden bleibt und auch die neuen Medien in diesem Sinne Materialien sind, läßt sich auch hier nicht von der Bedingtheit der Zeichen durch das Material absehen.

Die so hoch bewertete Überwindung des Materials zu erzielen war vor der medientechnischen Revolution nicht in allen Bereichen kultureller Produktion gleichermaßen gewährleistet. Bis in das 19. Jh. hinein war die Hierarchie der Künste entsprechend ihrer Abhängigkeit vom Material – im Sinne physischer Stoffe – organisiert. Demnach rangierten Musik und Dichtung vor den bildenden Künsten, die sich in einer Fülle verschiedenartiger physischer Materialien realisierten. Hinzu kommt, daß Materialien der bildenden Künste wie Holz, Stein, Metall usw. im Unterschied etwa zum Papier als Schriftträger auch in anderen, alltäglichen Zusammenhängen genutzt wurden. Diese historischen Nutzungen, die Materialien anhaften, wurden im Kunstwerk der Vormoderne zu tilgen gesucht. Innerhalb der bildenden Künste herrschte dieselbe hierarchische Gliederung wie zwischen den Gattungen: Die Zeichnung, die der Schrift in ihrer verbreitetsten Materialität am nächsten kommt, wurde seit der Renaissance als die höchste Annäherung an ›Idea‹ betrachtet, derer die Bildkünste fähig sind. Daher stand die Zeichnung, die aber erst spät über den Charakter eines Hilfsmittels hinaus als eigenständiges Werk angesehen wurde, über der Malerei und diese wiederum über der Skulptur. Bevor sich die bildenden Künste in der Renaissance von den ›artes mechanicae‹ emanzipierten, waren sie entsprechend den Materialien, in denen ein Künstler sein Werk realisierte, den jeweiligen Zünften zugeordnet. Die Wortkünste ebenso wie die Musik, die zwar an den Körper gebunden sind, sich aber nicht zwangsläufig über Handarbeit in einem Objekt materialisieren, zählten demgegenüber zu den ranghöheren ›artes liberales‹. Ihre Unabhängigkeit von der Realisierung in einem physischen Material ließ sie als ›immaterieller‹ Ausdruck einer Idee erscheinen.

Entsprechend den historisch zu differenzierenden Umgangsweisen mit dem Material werden ihm innerhalb der verschiedenen Fachdisziplinen eines als Kulturwissenschaft zu beschreibenden Feldes unterschiedliche Valenzen zugewiesen. Von

---

[1] ALEIDA ASSMANN, Die Sprache der Dinge. Der lange Blick und die wilde Semiose, in: H. U. Gumbrecht/ K. L. Pfeiffer (Hg.), Materialität der Kommunikation (Frankfurt a. M. 1988), 238.

sprach- und literaturwissenschaftlicher – wie inzwischen auch von medienwissenschaftlicher – Seite wird heute vor allem der Begriff der Materialität verhandelt.[2] Wenn in der literaturwissenschaftlichen Diskussion von Materialität die Rede ist, trägt dies besonders dem Aspekt der Medialität Rechnung; dem Gegenstand entsprechend wird damit auch das physisch nicht greifbare Material, die phonetische Sprache, einbezogen. Als Materialität der Sprache wird darüber hinaus – wie von Julia Kristeva auf der Grundlage von Derrida vorgeschlagen – die aller Sinngebung vorausgehende Ebene der Sprache bezeichnet, das ungestaltete Tonmaterial, über das jeder Mensch verfügt.

In der Kunstgeschichte steht dagegen entsprechend ihren Gegenständen konkreter das physische Material im Sinne von Werkstoff zur Debatte. Nach ersten Sichtungen einzelner Materialien um 1900 wird seit den 60er Jahren vor allem an einer Ikonologie der wichtigsten Materialien wie Bronze, Granit, Porphyr oder Wachs gearbeitet.[3]

Von seiten der Volkskunde wird in Ablösung des älteren Begriffs der ›Stoffheiligkeit‹ heute von ›Materialwertigkeit‹[4] gesprochen, wenn die Semantik des Materials der Dinge im Unterschied zu dessen alltäglichen Eigenschaften und Funktionen geltend gemacht wird.

Gegenüber den westeuropäischen Kulturen messen asiatische, vor allem die japanische, dem Material einen anderen Stellenwert bei, der zwischen Alltagskultur und hoher Kunst vermittelt. Das Material verfügt in der kulturellen Tradition Japans über eine eigene, jenseits verbaler Übersetzbarkeit angesiedelte Kommunikationsfunktion. Die Faszination dieser anderen Sprache, die sich einerseits in der ästhetischen Wertschätzung von einfachen, unscheinbaren Materialien ausdrückt, andererseits mit einer High-tech-Kultur der ›Immaterialitäten‹ kompatibel ist, hat auch in der europäisch-nordamerikanischen Kultur zur ästhetischen Aufwertung von Material beigetragen.

In den letzten Jahren wurden von seiten der feministischen Kritik grundsätzliche Einwände gegen die tradierten Vorstellungsbilder von Material als Korrespondenzbegriff zur Form geltend gemacht sowie eine ideologiekritische Auseinandersetzung mit den geschlechtsspezifischen Implikationen der Geschichte der Form-Material-Dualität begonnen.[5] Sie hat das dem binären Muster von Material und Form (das seinerseits das antike philosophische Modell von Materie und Form variiert) zugrunde liegende geschlechtsspezifische Vorstellungsbild offen gelegt und gezeigt, wie die dem Material eingeschriebene Vorstellung von Weiblichkeit (vgl. auch die Nähe zu ›mater‹ und ›matrix‹), die von der Form als Ausdruck des männlich gedachten Schöpfers unterworfen bzw. gelöscht wird, sich als Spur durch die abendländische Philosophie zieht. Die von Aristoteles überlieferte Denkfigur, das Material sehne sich nach der Form »so wie wenn Weibliches nach Männlichem und Häßliches nach Schönem« begehrt (ὥσπερ ἂν εἰ θῆλυ ἄρρενος καὶ αἰσχρὸν καλοῦ)[6], läßt sich jahrhundertelang als Subtext abendländischer Kunsttheorie verfolgen. Aus dieser Konstruktion einer Geschlechterdualität erklärt sich, warum Material stets als Niedriges, die Form dagegen als das Überlegene angesehen wurde. Darüber hinaus wird darin auch die Konstruktion der Körper-Geist-Dualität berührt. Judith Butler hat das binäre Schema in der Debatte um den Körper aus feministischer Perspektive auszuhebeln gesucht, indem sie den Körper als Material beschreibt, der seine geschlechtliche Identität erst in der kulturellen Zuschreibung erfährt. Dadurch wird der Körper als

---

2 Vgl. HANS ULRICH GUMBRECHT/KARL LUDWIG PFEIFFER (Hg.), Materialität der Kommunikation (Frankfurt a. M. 1988).
3 Vgl. JULIUS SCHLOSSER, Tote Blicke. Geschichte der Porträtbildnerei in Wachs (1910), hg. v. T. Medicus (Berlin 1993); NORBERTO GRAMACCINI, Zur Ikonologie der Bronze im Mittelalter, in: Städel-Jahrbuch, Neuere Forschung 2 (1987), 147–170; THOMAS RAFF, Die Sprache der Materialien. Anleitung zu einer Ikonologie der Werkstoffe (München 1994); SUZANNE B. BUTTERS, Sculptor's Tools, Porphyry, and the Prince in Ducal Florence (Florenz 1996); GEORGES DIDI-HUBERMAN, Die Ordnung des Materials, in: Vorträge aus dem Warburg-Haus 3 (1999), 1–30.
4 Vgl. WOLFGANG BRÜCKNER, Dingbedeutung und Materialwertigkeit, in: Anzeiger des Germanischen Nationalmuseums (1995), 14–21.
5 Vgl. MONIKA WAGNER, Form und Material im Geschlechterkampf – Aktionismus statt dem Flickenteppich, in: C. Caduff/S. Weigel (Hg.), Das Geschlecht der Künste (Köln u. a. 1996), 175–196.
6 ARISTOTELES, Phys., 192a22 f.; dt.: Physik, griech./dt., übers. u. hg. v. H. G. Zekl, Bd. 1 (Hamburg 1987), 46 f.

Material aus der dualen Struktur herausgelöst, das Material nicht als vorgängig Gegebenes verstanden, sondern selbst als historische Konstruktion begriffen. Butler argumentiert: »feminists ought to be interested, not in taking materiality as an irreducible, but in conducting a critical genealogy of its formulation«[7].

Auf der einen Seite wird Material also gegenwärtig auf der Grundlage der Vorstellung von seiner Aufhebung in sogenannte Immaterialitäten neuer Technologien diskutiert, während sich auf der anderen Seite – von den Rändern her – eine Stärkung des Materials als eigene Kategorie ebenso verzeichnen läßt wie deren kritische Durchleuchtung.

I. Terminologische Probleme

Die lateinischen, italienischen und spanischen kunsttheoretischen Traktate der Renaissance verwenden zur Bezeichnung von künstlerischen Werkstoffen den lateinischen Begriff ›materia‹, der ursprünglich Bauholz, Nutzholz meinte, den Cicero aber auch als Übersetzung des griechischen Ausdrucks ὕλη (hylē) verwendet hatte. Daher läßt sich nur aus dem Kontext die Unterscheidung zu dem philosophischen Materiebegriff treffen. Im 15. Jh. wurde aus dem mittellateinischen ›materiale‹ und dem spätlateinischen Adjektiv ›materialis‹ im Deutschen zunächst der Plural ›Materialia‹, später ›Materialien‹, abgeleitet und im Sinne von Bauholz, Vorrat, Rohstoff, Arzneimittel verwendet. In dieser Bedeutung wird Material auch auf den Ausgangsstoff für eine künstlerische Bearbeitung bezogen. Gleichzeitig wird das künstlerische Material aber auch weiterhin als Materie bezeichnet.[8] Im Englischen überlappen sich die Begriffe material und matter in vergleichbarer Weise. Noch komplizierter gestaltet sich die Terminologie im Französischen. Während der moderne Singular matériau bzw. der Plural matériaux, (altfranzösisch matérial) den Werkstoff bezeichnet, hat Denis Diderots Encyclopédie neben ›matériaux‹[9] auch ›matiere‹[10] explizit als den zur Weiterverarbeitung vorgesehenen Stoff von Handwerkern und Künstlern aufgeführt. Matière ist im Französischen auch heute die verbreitete Bezeichnung von künstlerischen Ausgangsmaterialien und von Materie. Erweitert um matrice und mater, hat Lyotard die gegenwärtigen Bedeutungsfelder im Katalog Les Immatériaux zur Diskussion gestellt.

Im Universal-Lexicon aller Wissenschaften und Künste heißt es 1739 unter dem Stichwort ›Materialien, Materialia‹, daß es sich dabei um jeden Stoff handele, aus welchem »der Künstler oder Handwercks-Man, durch seine Kopff- und Hand-Gelehrtheit etwas verfertigen soll«[11]. In Johann Georg Krünitz' Encyclopädie werden 1802 zusammen mit den gebräuchlichen Materialien der Handwerker auch konkret diejenigen der Wort- wie der Bildkünstler aufgelistet. Noch bei Krünitz wird vermerkt, Material sei »bloß im Plural gebräuchlich«[12]. Damit war die Enzyklopädie allerdings nicht mehr auf dem Stand ihrer Zeit.

Grimms Deutsches Wörterbuch kennt den Begriff Material nicht, sondern nur den der Materie, der u. a. als »Stoff für ein Kunstwerk«[13] erläutert wird. Unter dem Stichwort Stoff findet sich indessen in der Untergliederung »materia, materiale« auch »material« als ein Stoff erwähnt, »aus welchem bildende künstler schafft«[14].

1942 erläutert das Deutsche Fremdwörterbuch Material auch als »lebendes Material« mit dem Verweis, daß die Bezeichnungen »Rohmaterial für junge Leute« sowie »Menschenmaterial […] seit Ende des 19. Jh. und bes. während des Weltkriegs«[15] verwendet wurden.

In dem 1984 erschienenen Band der Enzyklopädie Philosophie und Wissenschaftstheorie findet sich unter dem Stichwort Medium der Hinweis, Material werde häufig mit Medium gleichgesetzt. Ob-

---

7 Vgl. JUDITH BUTLER, Bodies that Matter: On the Discursive Limits of ›Sex‹ (New York/London 1993), 32.
8 Vgl. ›Materie‹, in: GRIMM, Bd. 6 (1885), 1752.
9 Vgl. ›Matériaux‹, in: DIDEROT (ENCYCLOPÉDIE), Bd. 10 (1765), 188.
10 Vgl. ›Matiere‹, in: ebd., 189–194.
11 ›Materialien, Materialia‹, in: ZEDLER, Bd. 19 (1739), 2026.
12 ›Materialien‹, in: KRÜNITZ, Bd. 85 (1802), 437.
13 ›Materie‹, in: GRIMM, Bd. 6 (1885), 1752.
14 ›Stoff‹, in: GRIMM, Bd. 10/3 (1957), 145.
15 ›Material‹, in: HANS SCHULZ/OTTO BALSER, Deutsches Fremdwörterbuch, Bd. 2 (Berlin 1942), 87.

wohl es heißt, es komme »insbesondere bei bisher vormedialen Materialien [...] zur Medienerzeugung«, wird versucht, den »Übergang von einem zeichenfreien Material als Matrix zum Medium«[16] deutlich zu machen. Erst in jüngster Zeit beginnt Material als Lemma vereinzelt Eingang in ästhetische Wörterbücher zu finden: Im *Lexikon der Ästhetik* (1992) heißt es: »Material im engeren Sinne ist der Werkstoff der Künste, im erweiterten Sinne alles, was Wider- und Gegenstand der künstlerischen Gestaltung ist.«[17]

II. Überwindung des Materials in der Vormoderne

Während das Verhältnis von Materie und Form in Platonischer wie in Aristotelischer Bestimmung die Vorstellungen von der allgemeinen Beziehung zwischen Welt und Geist formulierte, waren drei Worte aus Ovids *Metamorphosen* für lange Zeit Ausgangspunkt einer im engeren Sinne ästhetischen Materialdiskussion: »Materiam superbat opus.« (Und den Stoff übertraf das Werk.)[18] Aus dem Kontext wird ersichtlich, daß Ovid ›materia‹ in der Bedeutung von künstlerischem Material verwendet. Er bietet Gold, Silber, Elfenbein und Edelsteine auf, um die Kostbarkeit von Apolls Palast zu charakterisieren; all dies werde jedoch durch die Kunst des gestalteten Werkes übertroffen. An dieses berühmte, vielfach wiederholte und variierte Künstlerlob knüpften mittelalterliche Autoren wie Abt Suger von St. Denis oder Bernhard von Clairvaux an, um sakrale Kunstwerke zu rühmen, an deren Konzeption sie selbst beteiligt waren. Erwin Panofsky hat in *Idea. Ein Beitrag zur Geschichte der älteren Kunsttheorie* (1924) diesen Strang der Marginalisierung des Materials durch die Gestaltung von der Antike über die Scholastik in den Neoplatonismus der Renaissance hinein verfolgt. Ziel war es demnach, selbst das kostbarste Material nicht nur durch die Kunst zu übertreffen, sondern zum Verschwinden zu bringen. Glas z. B. stieg in der Hierarchie der Materialien auf, weil es in den Fenstern gotischer Kathedralen seinen Eigenwert verlor und zum intermediären Körper für das Licht als Emanation Gottes wurde. In der Vorstellung des christlichen Mittelalters mit seiner Transsubstantiationslehre konnte das transparente Glas als Material verschwinden und sich in ein immaterielles Medium auflösen. Panofsky zeigt die Veränderungen dieser konzeptuellen Kunst bis zu jener Vorstellung eines »Raphael [...] ohne Hände«[19], wie später Gotthold Ephraim Lessing in *Emilia Galotti* (1772), auf den Paragone anspielend, die Ideenkunst der Renaissance pointiert charakterisierte.

Andererseits zeigt das Mittelalter in einer Fülle von Beispielen, daß kostbares Material geschätzt wurde. So genossen antike Spolien hohes Ansehen, und Reliquien als ›heilige Materialien‹ bewahrte man in kostbarsten Behältern auf. Auch für Skulptur und Malerei wurde die Verwendung hochrangiger Materialien in Verträgen zwischen Auftraggeber und Künstler ausdrücklich geregelt, so in der genauen Bezeichnung und Quantifizierung der Werkstoffe, der Farben sowie der Bild- und Schriftträger. Gold etwa diente ebenso wie das teure, aber farbbeständige Lapislazulibau für die Ausführung von Gemälden wie für die Herstellung kostbarer Handschriften. Diese kostbaren Materialien hatten nicht nur an der Bedeutung der ikonischen, sondern auch an der aller übrigen Zeichen, so der Schrift, Anteil: Dasselbe Zeichen verändert in einem anderen Material seine Semantik.

Für das 15. Jh. läßt sich eine Verschiebung feststellen, durch die der Materialwert zugunsten des Kunstwertes zurücktrat. Sandro Botticelli erhielt 1485 zur Herstellung eines Altargemäldes laut Vertrag für den Kauf von Gold und Blaupigmenten noch fast denselben Betrag wie für seine künstlerische Tätigkeit.[20] Leon Battista Alberti hatte jedoch schon in seinem Traktat *De pictura* (entst. 1435, ersch. 1540) die malerische Erzeugung von Gold höher bewertet als das Edelmetall selbst: »Der Ma-

---

16 DIETFRIED GERHARDUS, ›Medium‹, in: MITTELSTRASS, Bd. 2 (1984), 830.
17 WOLFHART HENCKMANN, ›Material‹, in: Henckmann/K. Lotter (Hg.), Lexikon der Ästhetik (München 1992), 157.
18 OVID, Met. 2, 5; dt.: Metamorphosen, übers. u. hg. v. E. Rösch (München 1952), 45.
19 LESSING (LACHMANN), Bd. 2 (1886), 384.
20 Vgl. MICHAEL BAXENDALL, Die Wirklichkeit der Bilder. Malerei und Erfahrung im Italien des 15. Jahrhunderts (Frankfurt a. M. 1984), 29.

ler, welcher in seinen Bildern viel Gold anwendet, vermeint, diesen dadurch Hoheit zu verleihen; ich lobe das nicht.« Alberti wollte kein Gold verwendet wissen, »da es mehr Bewunderung und Lob dem Künstler einbringt, den Glanz des Goldes durch Farben nachzuahmen«. (Truovasi chi adopera molto in sue storie oro, che stima porga maestà. Non lo lodo. [...] però che nei colori imitando i razzi dell'oro sta più ammirazione e lode all'artefice.) »Ja mehr noch«, heißt es an anderer Stelle, »das Blei sogar, das doch unter allen Metallen den niedrigsten Werth hat, es wird kostbarer als das Silber erachtet werden, wenn es durch die Hand eines Phidias oder Praxiteles zur Gestalt geformt wurde«. (Anzi ancora il piombo medesimo, metallo in fra gli altri vilissimo, fattone figura per mano di Fidia o Prassiteles, si stimerà più prezioso che l'argento.)[21]

Albertis Traktat markiert einen Wendepunkt in der Materialbewertung und begründet den Aufstieg des Künstlers im modernen Sinn, der sich je nach Bedarf und Zielsetzung seines Werkes der geeigneten Materialien bedient. Der Künstler hatte sich fortan durch Originalität, nicht durch teures Material zu beweisen. Hohe Kunst und Handwerk, die im Mittelalter zusammengehörten, was sich auch in der Verwendung gleicher Materialien zeigt, wurden voneinander getrennt. Das gemalte Bild löste sich aus dem Verbund mit anderen Materialien heraus und figurierte fortan als das, was in Anlehnung an Alberti zum Topos des Fensters wurde. Der Maler, der nun den höchsten Rang unter den Bildkünstlern beanspruchte, bezog seinen Ruhm nicht aus der Unvergänglichkeit des Materials, wie Leonardo da Vinci es den Bildhauern vorhielt, sondern aus seiner Erfindung. Die Erfindung des Buchdrucks, die im Verlauf des 15. Jh. die gesamte Schriftkultur und in deren Folge der Holzschnitt die Bildproduktion revolutionierte, hat den Bereich der Materialien zur Vermittlung von Texten und Bildern gegenüber den Hand-

schriften und der Buchmalerei homogenisiert, was gleiche Informationen in der Vervielfältigung gewährleistet.

Für ›Idea‹, eine der zentralen Kategorien der Kunsttheorie der Renaissance, die den Kern künstlerischen Schaffens bezeichnete, spielte das Material keine bzw. eine eher hinderliche Rolle. Die Betonung des niederen Materialwertes der Malerei gegenüber der Poesie und Musik konnte im Kampf um die Emanzipation der Bildkünste vom Handwerk jedoch auch taktische Vorteile in der Argumentation bringen: In Spanien empfahl im 17. Jh. z. B. Vicente Carducho, der theoretisierende Maler und Schwiegervater von Diego Velázquez, »sich als Maler stets des geringen Wertes des Materials, so des bißchen Leims und einiger Erden sowie des bißchen Öls, zu rühmen« (siempre el Pintor se preciará del poco valor de la materia, como es un poco de angeo, y unas tierras, y unos pocos de azeites)[22]. Denn wenn aus diesen niederen, alltäglichen Stoffen Kunst entstehe, müsse das wohl an der formgebenden Kraft des schöpferischen Künstlers liegen. Farbe diente Carducho als ideales Material, um angesichts ihrer nahezu alchimistischen Verwandlung, bei der sie im Transfer von der Palette zur Leinwand ihren Status als Material verliert und Form wird, zu belegen, daß auch die bildenden Künste zu den ›artes liberales‹ gehörten. Das war insofern nicht nur eine Prestigefrage, als die Maler – solange sie noch zu den Handwerkern zählten – entsprechende Gewerbesteuern zu entrichten hatten, Poeten und Musiker dagegen nicht. Im Prinzip blieb diese Strategie der Marginalisierung des Materials zugunsten der Form, die besonders in den bildenden Künsten zum Tragen kam, um sie der Musik und der Poesie anzunähern, bis zum Beginn der Moderne dominant.

In dieser Tradition steht noch Hegels Ästhetik (1835–1838). Hegel sucht das System der Künste in seiner alten Gattungshierarchie mit dem Material bzw. seiner Aufhebung neu zu begründen. Die Kunst als sinnliche Erscheinung des Geistes spiegelt demnach im Material direkt ihre Nähe zum Geistigen. Daher rangiert die bildende Kunst, die an das »sinnliche Material« gebunden bleibt, wieder auf der niedrigsten Stufe. Die Malerei besitzt dank ihrer Flächigkeit innerhalb der Bildkünste den höch-

---

21 LEON BATTISTA ALBERTI, De pictura (1435 f.), in: Alberti, Opere volgari, hg. v. C. Grayson, Bd. 3 (Bari 1973), 88, 44 f.; dt.: Kleinere kunsttheoretische Schriften, hg. v. H. Janitschek, (1877; Osnabrück 1970), 138, 90.
22 VICENTE CARDUCHO, Diálogos de la pintura (1633), hg. v. F. Calvo Serraller (Madrid 1979), 284.

III. Aufwertung des Materials in der Moderne

sten Abstraktionswert und damit die größte Unabhängigkeit vom Material. Die nächsthöhere Stufe in der Gattungshierarchie nimmt die Musik ein. Ihr Material ist neben den Instrumenten die schwingende Luftsäule, der Ton, in dem sich »die beginnende Idealität der Materie« zeige. Die höchste Stufe hat die Poesie inne, in der »der *lebendige* Mensch selbst das Material der Äußerung ist«[23]. Die Poesie wird also nicht in ihrer Materialisierung in Schrift, sondern als gesprochene, an den Leib gebundene gedacht: »auf dieser höchsten Stufe steigt nun die Kunst auch über sich selbst hinaus, indem sie [...] in die Prosa des Denkens hinübertritt«[24]. Die Selbstaufhebung der Kunst korrespondiert mit der Aufhebung ihres Materials. Die Folgen dieser idealistischen Privilegierung der Sprache vor allen anderen, an physische Materialien gebundenen Trägern von Zeichen hat aus der Perspektive der Semiotik Derrida grundlegend kritisiert. Im 19. Jh. wurde Hegels mit dem Material begründetes System der Künste von Moritz Carrière und vor allem von Friedrich Theodor Vischer aufgenommen und fortgeschrieben. Die Künste folgen einem aufsteigenden Modell, »bis endlich alles Material [...] abgeworfen wird«. Das ist nur in der Dichtung der Fall, von der es bei Vischer heißt, ihr »eigentliches Material« sei »die Phantasie der Zuhörer«[25]. Trotzdem hat Vischer wie niemand zuvor den verschiedenen Materialien, dem Holz, Stein, Eisen, der Farbe, den Musikinstrumenten, Tönen und Lauten in seiner umfangreichen *Aesthetik* (1846–1858) ausführlichste Charakterisierungen gewidmet. Darin zeigt sich trotz der Favorisierung der nicht-haptischen Materialien ein für die 2. Hälfte des 19. Jh. typisches Interesse an den Eigenschaften und Möglichkeiten von Material.

III. Aufwertung des Materials in der Moderne

1. Materialgerechtheit

Goethe hat den Terminus Material in mehreren Aufsätzen aus den 70er und 80er Jahren – ebenso wie Georg Samuel Albert Mellins Kant-Wörterbuch von 1801–1802 – im Singular verwendet. In seinem Aufsatz mit dem Titel *Material der bildenden Kunst*, der 1788 im *Teutschen Merkur* erschien, verwendet er Material und Materie synonym. Dort heißt es, derjenige Künstler sei der trefflichste, »dessen Erfindungs- und Einbildungskraft sich gleichsam unmittelbar der Materie verbindet, in welcher er zu arbeiten hat«. Denn der Künstler »mag sich noch so sehr zum Herrn der Materie machen, in welcher er arbeitet, so kann er doch ihre Natur nicht verändern«[26]. Die Einfühlung in die Eigenschaften und Möglichkeiten des Materials erscheint als Bedingung für das Gelingen des Werkes. Ganze Epochen, so auch die Gotik, haben aus Goethes klassizistischer Perspektive künstlerisch versagt, weil sie den verwendeten Materialien gewaltsam unangemessene Formen abgepreßt hätten. Als Beispiel nennt er im Aufsatz *Baukunst* den »Dom zu Mailand, wo man einen ganzen Marmorberg [...] in die elendesten Formen gezwungen hat, ja noch täglich die armen Steine quält«[27]. Einerseits bedeutete dies eine Aufwertung des Materials, andererseits geriet Material dadurch ganz unerwartet zu einer normativen Instanz.

Goethe nimmt sogar an, daß das Material Lehrmeisterin der Kunst gewesen sei, daß es also Form generieren könne. Durch das dem Material von Natur aus eigene Formprinzip seien wahrscheinlich »die Ägypter zu der Aufrichtung so vieler Obelisken durch die Form des Granits selbst [...] gebracht worden«[28]. Mit dem ›Bildungstrieb‹ der Stoffe modifiziert Goethe die ältere Vorstellung vom ›Bild im Stein‹ und impliziert, daß es kein Material ohne Form gibt, auch wenn dieses als amorph beschrieben wird. In einer Zeit neuer Materialschöpfungen bietet Goethe die Autorität der Natur auf, um die ästhetischen Relationen von Form und Material als naturwüchsige zu stabilisieren. Er plädiert für ein Bündnis mit dem Material, er argumentiert gegen dessen gewaltsame Unter-

---
23 HEGEL (ÄSTH), 123, 936.
24 HEGEL (ÄSTH), 124.
25 VISCHER, Bd. 6 (1923), 7; ebd., Bd. 3 (1922), 10.
26 JOHANN WOLFGANG GOETHE, Material der bildenden Kunst (1788), in: GOETHE (BA), Bd. 19 (1973), 76.
27 GOETHE, Baukunst (1788), in: ebd., 76.
28 GOETHE (s. Anm. 26), 76.

werfung unter die Form. Schiller dagegen hielt den einfühlenden Umgang mit dem Material für eine Täuschung. 1795 verglich er in seinen Briefen zur ästhetischen Erziehung des Menschen den »schönen Künstler« mit dem »mechanischen« und konstatiert bei beiden dasselbe Gewaltverhältnis zum Material: »Wenn der schöne Künstler seine Hand an die nämliche Masse legt, so trägt er keine Bedenken, ihr Gewalt anzutun, nur vermeidet er, sie zu zeigen. Den Stoff, den er bearbeitet, respektiert er nicht im geringsten mehr als der mechanische Künstler.«[29]

Beide Positionen spitzten sich während des 19. Jh. zu. Einerseits weitete sich die immer perfektere Unterwerfung der Materialien aus, wurde zum Signum des Industriezeitalters. Andererseits mündete Goethes Plädoyer für die gequälten Steine im Konzept der Materialgerechtheit.

Der Begriff ist zwar erst kurz nach 1900 nachweisbar (Konrad Lange scheint ihn als erster 1907 verwendet zu haben)[30], die Vorstellung zieht sich jedoch avant la lettre durch die gesamte Industrialisierungsgeschichte und wurde in deren Verlauf immer stärker für Gebrauchsgegenstände diskutiert. Goethes Vorstellungen von der angemessenen Form für ein bestimmtes Material datieren aus der Frühphase der industriellen Revolution, als flexible, haltbare Werkstoffe, allen voran das industriell formbare Gußeisen, auch das Plastik des 19. Jh. genannt, für die Warenproduktion entwickelt wurden. Diese neuen Materialien besaßen keine natürliche Form, konnten jedoch alle nur denkbaren Formen annehmen. Je umfangreicher der durch die industrielle Revolution erschlossene Kosmos neuer Stoffe und neu entdeckter Elemente wurde,

welche die Herstellung synthetischer Materialien versprachen, desto stärker diente das Argument der dem Material angemessenen Form als Instrument der ästhetischen Kontrolle gegenüber dem Kitsch industrieller Produktion. Das Plädoyer für Materialgerechtheit trug besonders in England mit John Ruskins Ästhetik und dem *Arts and Crafts Movement* um William Morris mit seinen handwerklichen Produktionsidealen industriefeindliche Züge und diente der Abschottung gegen neue, flexible Materialien. Dadurch wurde zwar das Bewußtsein von den Eigenschaften und Bearbeitungsweisen der Materialien geschult, aber Material nicht als Kategorie etabliert, sondern einzelne, traditionsreiche Materialien privilegiert.

Im deutschsprachigen Raum entwickelte sich eine ›materialistische‹ Argumentation, in der Material aufgewertet wurde, für die aber eine weniger ablehnende Haltung gegenüber der Industrie charakteristisch war. Dafür ist Gottfried Sempers nach Materialien und ihrer Bearbeitung gegliedertes Werk *Der Stil* (1860–1863) typisch. Sempers Arbeit hatte Einfluß auf die Organisation der neu gegründeten Kunstgewerbemuseen, die sich als Mustereinrichtungen für die ästhetische Erziehung im Industriezeitalter verstanden. Die Einteilung nach Materialien und ihren Bearbeitungsformen wurde dort gesprengt, wo flexible Stoffe wie der neu entwickelte vulkanisierte Kautschuk auftraten, den Semper als »Affe unter den Nutzmaterien«[31] bezeichnete, weil er einen »Kautschukstil« (116) hervorbringe, der sich jeder Form und Funktion anpasse. Dieser Vorwurf tauchte immer dann auf, wenn ein neuer industriell produzierter Stoff, etwa Beton oder Plastik, traditionelle Materialien zu verdrängen drohte. Obwohl für Semper der ›Stoffwechsel‹, die Übertragung einer Form in ein anderes Material, und damit die Sublimierung der reinen Zweckform entwicklungsgeschichtlich bedeutsam war, wurde Semper zum Kronzeugen des ›Materialstils‹ und der ›Materialgerechtheit‹. Vor allem der Rezeption von Sempers These der stilgenerierenden Funktion des Materials, die zur Erschließung neuer Themenfelder und der Aufwertung des Kunstgewerbes beitrug, führte zu Kontroversen. Alois Riegl warf ihm ästhetischen Darwinismus vor[32]; gleichwohl blieb Material auch für den Vertreter des ›Kunstwollens‹ eine Untersu-

---

29 FRIEDRICH SCHILLER, Über die ästhetische Erziehung des Menschen in einer Reihe von Briefen (1795), in: Schiller, Sämtl. Werke, hg. v. G. Fricke/H. G. Göpfert, Bd. 5, (München ⁹1993) 578.
30 Vgl. GÜNTER BANDMANN, Der Wandel der Materialbewertung in der Kunsttheorie des 19. Jahrhunderts, in: H. Koopmann/J. A. Schmoll, gen. Eisenwerth (Hg.), Beiträge zur Theorie der Künste im 19. Jahrhundert, Bd. 1 (Frankfurt a. M. 1971), 129–157.
31 GOTTFRIED SEMPER, Der Stil in den technischen und tektonischen Künsten oder praktische Ästhetik, Bd. 1 (1860; Mittenwald 1977), 112.
32 Vgl. ALOIS RIEGL, Stilfragen. Grundlegung zu einer Geschichte der Ornamentik (Berlin 1893), VI.

III. Aufwertung des Materials in der Moderne 875

chungskategorie. Zweck und Material galten schließlich Reformern der Jahrhundertwende wie Hermann Muthesius oder Henry van de Velde als konstituierende Faktoren der funktionsgerechten Form und damit als Leitlinien einer neuen Ästhetik.

Die Praktiken des Ersatzes eines Materials durch ein anderes, das Spiel der Illusion, dem die maschinelle Produktion und die flexiblen Materialien des Industriezeitalters Vorschub leisteten, wurden um 1900 von Vertretern der Materialgerechtheit der Lüge bezichtigt. ›Reines‹ Material dagegen schien Ehrlichkeit zu verbürgen. Adolf Loos ordnete in seiner Polemik gegen die »imitation« und die »surrogatenkunst«, gegen »die vergewaltigung der materialien« jedem Material »seine eigene formensprache« zu, die sich aus der »verwendbarkeit und herstellungsweise eines jeden materials gebildet«[33] habe. Loos zitierte – wie Goethe – ein gotisches Bauwerk, den Wiener Stephansturm, um jedoch im Gegensatz zu Goethe zu zeigen, daß sich auch der gotische Formenschatz aus dem Material heraus gebildet habe. Ihn in ein anderes Material zu übertragen, wofür Loos polemisch den Zementguß als Beispiel charakterloser Materialien anführt, sei unmöglich, ohne seinen Kunstcharakter zu zerstören. Im Unterschied zu Goethe argumentierte Loos nicht mit einer dem Material eingeschriebenen, natürlichen Form, sondern sanktionierte die Form über die Geschichte des Materialgebrauchs. Ansätze zu solcher Historisierung des Materials charakterisieren auch eine spezifische Ausformung der Stilgeschichte, wie sie von Alois Riegl vertreten wurde, der als Folge der Berücksichtigung von Materialfragen das Begriffspaar optisch-haptisch entwickelte, auf das sich schließlich Heinrich Wölfflin mit seinen *Kunstgeschichtlichen Grundbegriffen* (1915) bezog.

2. Materialvermischungen

Die Aufwertung des Materials gegenüber der Form hatte im frühen 20. Jh. verschiedenartige Facetten und war ideologisch konträr ausgerichtet. In Reaktion auf den Einsatz betont ›roher‹ Materialien bei den Expressionisten und den in Europa verbreiteten ›Primitivismus‹, der sich am Materialeinsatz außereuropäischer, besonders afrikanischer und polynesischer Kulturen sowie an europäischen Volkskulturen orientierte, setzten sich nun verschiedene Strömungen mit der Rolle neuer Materialien in der Industriegesellschaft auseinander. Unter dem Dach modernster Technologie wollten die Futuristen sämtliche Künste zusammenführen: »Con la conoscenza e l'amicizia della materia, della quale gli scienzati non possono conoscere che le reazioni fisico-chimiche, noi prepariamo la creazione dell'uomo meccanico dalle parti cambiabili.« (Durch Kenntnis und Freundschaft der Materie, von der die Naturwissenschaftler nur die physikalisch-chemischen Reaktionen kennen können, bereiten wir die Schöpfung des mechanischen Menschen mit Ersatzteilen vor.)[34] Sie schwärmten vom Krieg als Entfesselung der Materialien ebenso wie von einer Kunst der neuen, synthetischen Stoffe und wollten erproben, »daß auch zwanzig verschiedene Materialien in einem einzigen Werk zur Erreichung der bildnerischen Emotion verwendet werden können«[35]. Luigi Russolo und Balilla Pratella arbeiteten an einer »arte dei rumori« (Musik des Geräusches), in der alle Töne des Alltags, einschließlich der »rumori di guerra« (Geräusche des Krieges)[36] zum Material werden sollten.

Die Freisetzung des Materials verfolgten auch politisch links gerichtete Dadaisten gegen Ende des 1. Weltkrieges. Auch sie inszenierten die Mischung aller Gattungen bei gleichzeitiger Entdifferenzierung der Materialien. Raoul Hausmann verkündete 1918 im Manifest *Das neue Material in der Malerei* auf der ersten Berliner Dada-Veranstaltung

---

33 ADOLF LOOS, Das Prinzip der Bekleidung (1898), in: Loos, Sämtl. Schriften, hg. v. H. Glück, Bd. 1 (Wien/München 1962), 106.
34 FILIPPO TOMMASO MARINETTI, Manifesto tecnico della letteratura futurista (1912), in: Marinetti, Teoria e invenzione futurista, hg. v. L. De Maria (Mailand 1983), 54; dt.: Technisches Manifest der futuristischen Literatur, übers. v. Jean-Jacques in: C. Baumgarth, Geschichte des Futurismus (Reinbek bei Hamburg 1966), 170f.
35 UMBERTO BOCCIONI, La scultura futurista (1912); dt.: Die futuristische Bildhauerkunst (1912), übers. v. C. Baumgarth, in: ebd., 199.
36 LUIGI RUSSOLO, L'Arte dei rumori (1913), in: G. F. Maffina, Luigi Russolo e L'Arte dei rumori (Torino 1978), 22f., 70; dt. nach FRED K. PRIEBERG, Musica ex Machina. Über das Verhältnis von Musik und Technik (Berlin/Frankfurt a. M./Wien 1960), 31.

in Auseinandersetzung mit den »Materialschlachten« des Weltkriegs zynisch die »Vorzüglichkeit der Schlagkraft unserer Materialverwertung« und hoffte, die Adressaten würden dadurch »ihren wirklichen Zustand erkennen: [...] Material, Draht, Glas Pappe, Stoff, organisch entsprechend Ihrer eigenen geradezu vollendeten Brüchigkeit, Ausgebeultheit«[37]. Kurt Schwitters hat in seinen Müllbildern ebenso wie im Konzept der *Merzbühne* programmatisch Materialien unterschiedlicher Art und Herkunft verbunden. Was Hegel noch als klassifikatorisches Grundlagenmaterial der Gestaltung betrachtet hatte, den Laut der Sprache, den Ton der Musik, sollte nun vermischt werden. Ähnlich wie bei den Futuristen heißt es: »Materialien für die Partitur sind sämtliche Töne und Geräusche, die durch Violine, Trommel, Posaune, Nähmaschine, Ticktackuhr, Wasserstrahl usw. gebildet werden können. Materialien für die Dichtung sind den Verstand und das Gefühl erregende Erlebnisse.«[38] Die selbsterklärte dadaistische Antikunst »entzieht den Dingen und Materialien ihren Nützlichkeitscharakter, ebenso ihre konkrete und zivile Bedeutung«[39]. Das Einbeziehen realer Dinge aus der Industriegesellschaft oder sinn-freier Laute richtete sich sowohl gegen die expressionistische Ausdruckskunst als auch gegen die Zweckbestimmtheit kapitalistischer Warenproduktion. Während diese auf beständige Separierung und Ausdifferenzierung der natürlichen Materialien gerichtet ist, bedeutete die dadaistische Entdifferenzierung eine kritische Strategie, die sich nicht industriefeindlich, sondern systemkritisch verstand. Material sollte in allen seinen Möglichkeiten freigesetzt werden, aber für die Warensphäre unverwertbar bleiben. Dem diente das Entformen des Materials, das außerhalb des Kunstwerkes seiner Entwertung gleichkam. Walter Benjamin sah in den multimedialen Inszenierungen des Dadaismus das in physischem Material realisierte Pendant zum Film.[40]

3. Material und Produktion

Während Futuristen wie Dadaisten den Aufstand des Materials gegen die ermüdeten Formen erprobten, verbanden konstruktivistisch-funktionalistische Tendenzen mit der Aufwertung des Materials keine Gesellschaftskritik, sondern Fortschrittsoptimismus. Anläßlich des VIII. Sowjetkongresses schrieb Vladimir Tatlin: »Die Untersuchung des Materials, des Raumes und der Konstruktion ermöglichte uns, 1918 mit der künstlerischen Gestaltung der Materialkombinationen aus Eisen und Glas zu beginnen, da dies die klassischen Materialien unserer Zeit sind, die im Hinblick auf ihre künstlerische Disziplin mit dem Material der Vergangenheit, dem Marmor, wetteifern.«[41] Künstler und Theoretiker der russischen Avantgarde wiesen dem Material aber vor allem in der Produktion von Alltagsgegenständen eine Schlüsselbedeutung für die neue Gesellschaft zu. In der Folgezeit wandte sich Tatlin an den »Künstler der Materialkultur, der die Aufgabe hat, einen konkreten alltäglichen Gebrauchsgegenstand [...] zu schaffen«[42], und testete unterschiedliche Materialeigenschaften von Dingen in ihrem sozialen Gebrauch. »Die Apotheotisierung des Materials, die laboratorischen Untersuchungen seiner Eigenheiten erreichten in Rußland ihren Höhepunkt«[43], heißt es schon 1924 in einem Bericht Henryk Berlewis.

Unter anderen gesellschaftspolitischen Voraussetzungen wurde eine ›Kultur des Materials‹ auch in der Weimarer Republik, besonders am Bauhaus, vertreten. Die Reformbestrebungen zielten auf eine Verbindung von Kunst und Industrie und die Annäherung von Kunst und Alltagskultur; dafür

---

37 RAOUL HAUSMANN, Synthetisches Cino der Malerei (1918), in: U. M. Schneede (Hg.), Die Zwanziger Jahre. Manifeste und Dokumente deutscher Künstler (Köln 1979), 24.
38 KURT SCHWITTERS, Die Merzbühne (1919), in: Schneede (s. Anm. 37), 38.
39 RAOUL HAUSMANN, Dada empört sich (1919), in: K. Riha (Hg.), Dada Berlin. Texte, Manifeste, Aktionen (Stuttgart 1977), 10.
40 Vgl. WALTER BENJAMIN, Das Kunstwerk im Zeitalter seiner technischen Reproduzierbarkeit (entst. 1935), in: BENJAMIN, Bd. I/2 (1980), 472–475.
41 VLADIMIR TATLIN, Naša predstojaščaja rabota (1921); dt.: Unsere bevorstehende Aufgabe (1920), in: LARISA A. ŽADOVA (Hg.), Tatlin, übers. v. H. Schmör-Weichenhein (Weingarten 1987), 258.
42 TATLIN, Problema sootnošenija čeloveka i vešči (1930); dt.: Das Verhältnis zwischen Mensch und Gegenstand (1930), in: ebd., 330f.
43 HENRYK BERLEWI, Mechano-Faktur, in: Der Sturm 15 (1924), H. 3, 155.

sollte Material das Scharnier bilden. Daß am Anfang der künstlerischen Arbeit das Material steht, versuchte Joseph Albers in seinem pädagogischen Programm des Vorkurses zu vermitteln, für das er Übungen in ›Materialökonomie‹⁴⁴ entwickelte. In den Bauhauswerkstätten entstand Alltagsdesign aus neuen Materialien, so etwa Marcel Breuers Stahlrohrmöbel, der Inbegriff modernen Wohnens. László Moholy-Nagy arbeitete am Bauhaus nicht nur an einer »terminologie für die verschiedenen materialgefüge«⁴⁵, sondern setzte auf das Experiment mit synthetischen Materialien wie Zelluloid, Bakelit und Plexiglas: »eine ganze reihe künstlicher materialien begeistert uns heute mit ihrer fehlerlosen, glatten, dabei variablen oberfläche, mit ihren außerordentlichen eigenschaften, die uns plötzlich die realisierung bisher utopischer vorstellungen versprechen.« (31)

4. Materialästhetik

Zu Beginn der 30er Jahre wurde von politisch links engagierten Künstlern in Auseinandersetzung u. a. mit der russischen Avantgarde eine Auffassung zum Verhältnis von künstlerischer und gesellschaftlicher Produktion diskutiert, die als Materialästhetik bezeichnet wird.⁴⁶ Diese Positionsbestimmung einer materialistischen Ästhetik zentriert sich um das Verhältnis von ästhetischem, industriellem und ideologischem Fortschritt. Um die künstlerische Produktion auf den Stand der Produktivkräfte zu heben, schien die Einbeziehung technisch produzierter Materialien grundlegend. Im Bereich der Bildkünste hatten Marcel Duchamp das Readymade, George Grosz und John Heartfield aus fotografischen Reproduktionen die Montage entwickelt. Auf die Literatur gemünzt, vertrat der Schriftsteller Sergej M. Tretjakov die kollektiv produzierte Zeitung als Epos der Gegenwart: An die Stelle des Schriftstellers werde bald »der Mann der Technik, der Ingenieur, der Organisator der Materie«⁴⁷ treten.

Ihre ideologische Wirkung könnten solche Werke ästhetischer Avantgarde und kollektiver Produktion jedoch erst entfalten, wenn die Funktionen der Künste sich ihrerseits im revolutionären Prozeß veränderten. So billigte Hanns Eisler dem Avantgardisten atonaler Musik, Arnold Schönberg,

zu, »praktisch einer der größten geschichtlichen Materialrevolutionäre«⁴⁸ zu sein, machte jedoch zugleich deutlich, daß eine wirklich neue Musik »nicht entsteht aus einem ästhetisch neuen Standpunkt, also keine Materialrevolution vorstellt, sondern die Änderung (der Technik) des Materials zwangsläufig bedingt wird durch eine historisch notwendige Änderung der Funktion der Musik in der Gesellschaft überhaupt« (157).

Streng genommen geht es in der Materialästhetik nicht um eine Ästhetik des Materials, sondern um eine Frage materialistischer Ästhetik: welches revolutionäre Potential den unter zeitgenössischen Bedingungen gesellschaftlich produzierten Materialien im Bereich der Künste zukomme.⁴⁹

IV. Nationalisierung von Materialien im Nationalsozialismus

Während des Nationalsozialismus, als im deutschen Sprachraum terminologisch vom ›Werkstoff‹ die Rede war, gelangten einzelne Materialien mit speziellen Eigenschaften und Zuschreibungen wie Härte, Reinheit oder Unvergänglichkeit und einer entsprechenden Bedeutungsgeschichte zu höchsten Ehren. Hitler spricht am 22. 1. 1938 anläßlich der Eröffnung der Deutschen Architektur- und Kunsthandwerksausstellung im Haus der Deutschen Kunst in München von der Architektur als dem »Wort des Steins«, das »überzeugender« sei »als

---

44 Vgl. RAINER WICK, Bauhaus-Pädagogik (Köln 1982), 167 f.
45 LÁSZLÓ MOHOLY-NAGY, vom material zur architektur (1929; Berlin/Mainz 1968), 33.
46 Vgl. WERNER MITTENZWEI, Brecht und die Schicksale der Materialästhetik, in: B. Slupianek (Hg.), Dialog 75. Positionen und Tendenzen (Berlin 1975), 9–44.
47 SERGEJ M. TRETJAKOV, Novyj Lev Tolstoj, in: Novyi Lef (1927), H. 1, 34–38; dt.: Der neue Lew Tolstoi, übers. v. R. Willnow, in: Tretjakov, Lyrik, Dramatik, Prosa, hg. v. F. Mierau (Leipzig 1972), 193.
48 HANNS EISLER, Die Erbauer einer neuen Musikkultur (1931), in: Eisler, Musik und Politik. Schriften 1924–1948, hg. v. G. Mayer (Leipzig 1973), 154.
49 Vgl. GÜNTER MAYER, Weltbild – Notenbild. Zur Dialektik des musikalischen Materials (Leipzig 1978), 260.

das gesprochene«[50], was das Bemühen des ›Tausendjährigen Reiches‹ um eine Verewigungsform der vergänglichen Körper charakterisiert (ausgerechnet der 1938–1939 von der Parteiführung der NSDAP in Auftrag gegebene ephemere Film *Das Wort aus Stein* popularisierte Hitlers Devise).

Im Gegensatz zur Wertschätzung neuer, leichter, transparenter oder flexibler künstlicher Stoffe in der Weimarer Republik wurde nun schweres, dauerhaftes Material propagiert. Entsprechend übernahmen Architektur und Skulptur gegenüber allen anderen Künsten die Leitfunktion. Vor allem Granit als eines der beständigsten und härtesten Gesteine wurde zum Ewigkeitsgaranten des ›Dritten Reiches‹. Nationalisierungen des ubiquitären Granits finden sich schon seit dem frühen 19. Jh. Als vaterländisches Material war Granit in Deutschland nach den Napoleonischen Kriegen in Anspruch genommen worden; aber auch in Skandinavien wurde der verbreitete Granit im 19. Jh. als nationales Gestein vereinnahmt.[51] Zu Ende des Jh. schrieb Julius Langbehn: »Die Griechen hatten eine Kultur von Marmor, die Deutschen sollten eine solche von Granit haben. Der Granit ist ein nordischer und germanischer Stein.«[52] Auf Langbehns Germanisierung des Granits konnte sich Albert Speer mit seinen Großbauten beziehen. Gegenüber modernen Materialien in den »Wohnmaschinen« der Systemzeit sollte nun Natur – etwa in Gestalt einheimischer Hölzer – in die Wohnungen der Volksgenossen einziehen: »Wir Heutigen dagegen wollen wieder die organische Welt der Stoffe, zur Form erhobene Stoffe um uns, die wie ein Naturklang wirksam und stählend in unser tägliches Leben einstrahlen sollen.«[53] Zu den Naturstoffen, die er pur wollte, zählte Hitler auch die deutsche Jugend: »Ich will eine athletische Jugend […] So merze ich die Tausende von Jahren der menschlichen Domestikation aus. So habe ich das reine, edle Material der Natur vor mir. So kann ich das Neue schaffen.«[54] Aber nicht nur Naturstoffe, sondern auch internationale Waren wie der Industriestahl ließen sich mit dem Argument ›deutscher Wertarbeit‹ nationalisieren. In der Metallbearbeitung, so Alfred Stange, zeige sich »jenes ewige Werden […], das die deutsche Phantasie stets beschäftigt«[55]. Insgesamt diente die angebliche ›Ehrlichkeit‹ und ›Direktheit‹ der Sprache des Materials der Blut- und Bodenideologie des Nationalsozialismus zur Charakterisierung nationaler Eigenschaften (deutsche Männer, ›hart wie Kruppstahl‹).

V. Formloses Material

Auf die ewigen Materialien für die monumentalen Formen nationalsozialistischer Staatskunst und die dauerhaften Werkstoffe der Alltagskultur reagierten nach dem 2. Weltkrieg die Künste mit dem Informel und das Industriedesign mit der Favorisierung von Kunststoffen. Die Kunst verweigerte das, was bisher als Form gegolten hatte, und betonte die Materialität. Der Begriff Informel, den Michel Tapié 1952 prägte, und der sich in Europa schnell verbreitete, wertet die Form ab und verbindet sich mit den einfachen, niedrigen Materialien: Er läßt sich nicht von ›l'informe‹ trennen, einem Terminus, den Georges Bataille 1929 im *Dictionnaire critique* der surrealistischen Zeitschrift *Documents* als Ausdruck von Deklassierung und niederer Materialität (bas matérialité) erläutert hatte.[56] Dieser Konnex machte den Begriff für eine Kunst der Nachkriegszeit tauglich, die gegen die Rationalität des rechten Winkels opponierte und Form nicht als intentionale verstand, sondern als Folge des Materialeinsatzes. Jean Dubuffet und Jean Fautrier in Frankreich sowie Emil Schumacher und Bernhard Schultze in Deutschland nutzten die materialen Eigenschaften

---

50 Zit. nach MAX DOMARUS, Hitler. Reden und Proklamationen 1932–1945. Kommentiert von einem deutschen Zeitgenossen, Bd. 1/2 (München 1965), 778.
51 Vgl. SIXTEN RINGBOOM, Stone, Style and Truth. The Vogue for Natural Stone in Nordic Architecture 1880–1910 (Helsinki 1987).
52 JULIUS LANGBEHN, Rembrandt als Erzieher (Leipzig 1890), 207.
53 RÜDIGER WILHELM, Deutsches Kunsthandwerk. Zur ›Zweiten deutschen Kunsthandwerk-Ausstellung‹ im Haus der Deutschen Kunst, in: Die Kunst im Dritten Reich, Folge 1 (Januar 1939), 23.
54 Zit. nach HERMANN RAUSCHNING, Gespräche mit Hitler (Zürich/New York 1940), 237.
55 ALFRED STANGE, Die Bedeutung des Werkstoffes in der deutschen Kunst (Bielefeld/Leipzig 1940), 47.
56 Vgl. YVE-ALAIN BOIS/ROSALIND KRAUSS, L'informe. Mode d'emploi [Ausst.-Kat.] (Paris 1996), 130 ff.

formloser Pasten und zäher Farbmassen für ihre Materialbilder. In den USA setzten Jackson Pollock in seinen *drippings*, Morris Louis' in seinen Farbschüttungen Farbe als Material so ein, daß sie sich ein Stück weit nach den Gesetzen der Schwerkraft auf dem Bildträger ausbreiten konnte. In der Musik stellte John Cage die Komposition in Frage und nutzte statt dessen die zufälligen Geräusche im Konzertraum als Material für seine Tonstücke. Das Material – die Farbe oder der Ton – wurde ohne die traditionelle Weiterbearbeitung und Umformung zum Werk. Arnold Gehlen charakterisierte diese neue Tendenz 1960 in seinen *Zeit-Bildern* und verwies auf die Tendenz, das nicht erkennbar geformte Material als Natur wahrzunehmen. Er sah im Einsatz von Rost, Schimmel und anderen amorphen Stoffen die Gefahr eines »Naturalismus zweiten Grades«[57]. In der Alltagskultur setzten sich seit der Mitte der 50er Jahre auch in Deutschland Kunststoffe durch. Auf dem 3. Darmstädter Gespräch 1952 appellierte ein Kunststoffhersteller »an die Masse des deutschen kaufenden Publikums. Dies müßte den Plastic-Materialien […] gegenüber aufgeschlossener sein«[58]. Mit dem Terminus Plastik ließ sich zwar das Odium des Ersatzstoffes vermeiden, doch mußte der Vorwurf der ›Charakterlosigkeit‹ wie bei älteren synthetischen Stoffen überwunden werden. Für Entwerfer bestand das Problem darin, daß Argumente der Materialgerechtheit nicht mehr taugten: »Was da an neuen Stoffen vor uns steht, ist in einem Maße will-fährig uns gegenüber, wie wir das bisher nicht gekannt haben. […] Die Stoffe bringen gar keine spezifischen, strengen Charaktere auf uns zu, sondern sie sagen: […] du bist der Herr, ich bin der Diener, ich tue völlig, was du willst.«[59] Roland Barthes hat diese Flexibilität in *Mythologies* (1957) thematisiert und Plastik als »substance alchimique« bezeichnet. Angesichts der Plastifizierbarkeit der Welt stellt er fest: »Plus qu'une substance, le plastique est l'idée même de sa transformation infinie.« Diese »matière brute, tellurique«[60] gewinne eine allmächtige Position und werde »commander l'invention même des formes« (194). Umgekehrt zur funktionalistischen Doktrin der 20er Jahre ließ sich nun von der Form nicht mehr auf den Gebrauch und das Material schließen.

Auch Gehlen lenkte den Blick auf »Kunststoffe wie Buna, Bakelit, Plexiglas, Asphalt, Benzin, Zement, Nylon«, die er Neomaterien nannte, welche die »Natur aus erster Hand« verdecken. Er sprach auch im Hinblick auf die zeitgenössische Kunst von »neugeschaffenen Materialien und unkontrollierter Natur«, von einer »neuen Empfindungsqualität, die im Zeitalter der Kunststoffe untrennbar von der neuen Substanz«[61] sei.

Es war die Pop Art, die seit Ende der 50er Jahre nicht nur die Ikonographie um Themen aus dem banalen Alltag erweiterte, sondern auch physisches Material in Form industriell gefertigter Alltagsgegenstände kunstfähig machte. Die Begegnung von Alltagskultur und hoher Kunst durch das Material, auf die Tatlin einst seine ›Kultur des Materials‹ als sozialistische Utopie gerichtet hatte, fand nun im Zeichen der Ware statt. Werner Hofmann hat diese Materialverwendung der Pop Art rückblickend als »Apotheose der Warenwelt« kritisiert, während der Nouveau Réalisme mit den Anhäufungen gebrauchter und damit wertloser Dinge und Materialien, deren »Autodafé«[62] veranstaltet habe. Der Pop Art begegnete der Nouveau Réalisme mit den entwerteten Materialien, dem Abfall der Konsumgesellschaft. Forderungen nach einer Berücksichtigung der Sprache des Materials finden sich seit den späten 50er Jahren. In Werner Haftmanns *Malerei im 20. Jahrhundert* (1954) wie in Gehlens *Zeit-Bildern* äußern sich als Reaktionen auf die Veränderungen in den Bildkünsten. Haftmann sprach von »evokativen Möglichkeiten des Materials« und der Aufgabe, die »Materialien der Wirk-

---

57 ARNOLD GEHLEN, Zeit-Bilder. Zur Soziologie und Ästhetik der modernen Malerei (Frankfurt a. M./Bonn 1960), 198.
58 WILHELM EULER, [Diskussionsbeitrag], in: H. Schwippert (Hg.), Darmstädter Gespräch [3]. Mensch und Technik. Erzeugnis – Form – Gebrauch (Darmstadt 1952), 233.
59 HANS SCHWIPPERT, [Diskussionsbeitrag], in: ebd., 85.
60 ROLAND BARTHES, Mythologies (1957; Paris 1970), 192.
61 GEHLEN (s. Anm. 57), 196.
62 WERNER HOFMANN, Grundlagen der modernen Kunst. Eine Einführung in ihre symbolischen Formen (1966; Stuttgart ³1987), 504.

lichkeit selbst zum Sprechen zu bringen«[63]; Gehlen erkannte, daß in einer nicht-darstellenden Kunst das Material neue Aufgaben übernehmen könne.

Ende der 60er Jahre, als die industrielle Umformung ganzer Landstriche erstmals kritisch registriert wurde und in Europa der Wiederaufbau abgeschlossen war, reagierte die ›Land Art‹ in den USA und die ›Arte Povera‹ in Europa mit ›armen‹, unbearbeiteten Naturstoffen. Amorphe Naturstoffe wie in Walter de Marias *Erdraum* oder der Erosion unterliegende Einschnitte in die Landschaft wie in Michael Heizers *Double Negative* in der Wüste von Nevada scheinen mit dem Primärstoff Erde jede Geschichtlichkeit des Materials zu leugnen. Theodor W. Adorno begegnete dem in seiner zeitgleich entstandenen *Ästhetischen Theorie*, die durchzogen ist mit Überlegungen zur Relation von gesellschaftlicher Materialbeherrschung und künstlerischer Materialgestaltung, mit einer radikalen Historisierung des Materials: »Material ist auch dann kein Naturmaterial, wenn es den Künstlern als solches sich präsentiert, sondern geschichtlich durch und durch.«[64]

Adorno betrachtet das Material und seine Bearbeitung als Ausdruck gesellschaftlicher Verhältnisse auch gerade dort, wo es sich dessen zu entledigen sucht: »Die Entqualifizierung des Materials, an der Oberfläche dessen Enthistorisierung, ist selber seine geschichtliche Tendenz.« (223) Adorno qualifiziert Material nach seinen künstlerischen Funktionen und bezeichnet so alles, was geformt wird. Daher »können auch Formen Material werden« (222). An die Kritische Theorie Adornos knüpft Dieter Hoffmann-Axthelm in seiner materialistischen Analyse der *Theorie der künstlerischen Arbeit* (1974) an, in der dem Material ein systematischer Stellenwert zukommt. Hoffmann-Axthelm konstatiert die »Privatisierung des Materials« in der zeitgenössischen Kunst, wodurch das Material keine Auskunft mehr über gesellschaftliche Funktionen vermittle, sondern nur noch über den »privaten Schein der Aneignung«[65]. Die Veränderung des Materialgebrauchs ist demnach eine politische Frage, die nicht im Bereich der Kunst entschieden werde.

In der US-amerikanischen Debatte der späten 60er Jahre geht der Aufstieg des Materials als ästhetischer Kategorie einerseits einher mit dem Versuch, die Grenzen zwischen Kunst und Nichtkunst durch serielle Produktionsverfahren und industrielle Materialien aufzuheben. Andererseits kommt es zu einer radikalen Infragestellung der Form als den tradierten Kontrahenten des Materials. Während ersteres als ›literalism‹ (Buchstäblichkeit) diskutiert wurde und in der ›Minimal Art‹ die Materialität von Industrieprodukten annahm, ging es gleichzeitig in Umkehrung des alten Paradigmas um die Befreiung des Materials von der Form. Robert Morris, Künstler und Kritiker zugleich, hat das Augenmerk auf den Prozeß der Selbstherstellung von Kunst durch das Material gelenkt, der noch kaum Beachtung gefunden habe. In seinen Schriften zur Anti-Form benennt Morris sein Interesse an Materialien (er verwendet ›material‹ und ›matter‹ synonym) und physikalischen Gesetzen wie der Schwerkraft, um zufällige, unvorhersehbare Formen zu schaffen. »Random piling, loose stacking, hanging, give passing form to the material. Chance is accepted and indeterminacy is implied.«[66] Als eigene Werke entstanden Erschütterungen und Hängungen von zerschnittenen Filzstreifen, in denen sich die dreidimensionalen Formen aus der Eigengesetzlichkeit des Materials, seinen Eigenschaften unter der Bedingung der Schwerkraft ergeben. Das heißt, die Form des Werkes entsteht als Folge des Umganges mit dem Material.

Im gleichen Maße, wie die Künste ihre darstellende Funktion preisgaben, traten die ehemaligen Mittel, die zu formenden Materialien, selbst an die Stelle des Werkes.

---

63 WERNER HAFTMANN, Malerei im 20. Jahrhundert (1954; München 1965), 494 f., 504.
64 THEODOR W. ADORNO, Ästhetische Theorie (1970), in: ADORNO, Bd. 7 (1972), 223.
65 DIETER HOFFMANN-AXTHELM, Theorie der künstlerischen Arbeit. Eine Untersuchung anhand der Lage der bildenden Kunst in den kapitalistischen Ländern (Frankfurt a. M. 1974), 121 f.
66 ROBERT MORRIS, Continuous Project Altered Daily (Cambridge, Mass./London 1993), 46.

VI. Konstruktionen des Immateriellen in der Moderne

Schon zu Beginn des 20. Jh. zeigte sich auch eine zur Materialaufwertung gegenläufige Tendenz: Die frühe Abstraktion war Ausdruck der Bestrebungen, das Material zu überwinden. Wassily Kandinskys berühmteste Schrift *Das Geistige in der Kunst* (1913) ist ein Programm zur Materialüberwindung. Kandinsky spricht meist von Materie, worin zum Ausdruck kommt, daß er sich, wie viele seiner Kollegen, mit den modernen Naturwissenschaften und ihren Materievorstellungen in Einklang sah. Die materielle Welt schien mit der Teilung der Atome ihre Stabilität eingebüßt zu haben. Der Verunsicherung angesichts der Relativitätstheorie und der Überführbarkeit von Material in Energie, was einer Auflösung der alten Materialvorstellung gleichkam, gab Kandinsky 1914 Ausdruck: »Das Zerfallen des Atoms war in meiner Seele dem Zerfall der ganzen Welt gleich [...]. Ich hätte mich nicht gewundert, wenn ein Stein vor mir in der Luft zerschmolzen wäre.«[67] Walter Benjamin stellte seinem Kunstwerk-Aufsatz Paul Valérys retrospektive Sicht dieser grundlegenden Veränderungen im physikalischen Weltbild voran: »Il y a dans tous les arts une partie physique qui ne peut plus être regardée ni traitée comme naguère [...] Ni la matière, ni l'espace, ni le temps ne sont depuis vingt ans ce qu'ils étaient depuis toujours.«[68] Für Kandinsky folgte aus der durch die naturwissenschaftliche Forschung ausgelösten Verunsicherung der zuvor in ihrer Materialität stabil geglaubten Welt die Abstraktion. Sie ist ihm Ausdruck der Überwindung des Materials, d.h. seiner Vergeistigung. »Die gegenwärtige Kunst [...] verkörpert als eine materialisierende Kraft das zur Offenbarung gereifte Geistige.«[69]

Kandinsky suchte »Fragen, die mit ›Nichtmaterie‹ oder einer Materie zu tun haben, die unseren Sinnen nicht zugänglich ist«[70], näher zu kommen. Esoterische Vorstellungen und avancierte naturwissenschaftliche Theorien verbanden sich, wie bei vielen Zeitgenossen, u.a. bei Franz Marc und Piet Mondrian, zu Zukunftsvisionen von ›immateriellen Materialien‹. Inspiriert von Paul Scheerbart, entwarf Bruno Taut seine Glasarchitektur, deren Baumaterial, die kosmische »Öffnung ins All« und die »europäische Geistesrevolution« repräsentieren sollte. »Kein Material überwindet so sehr die Materie wie das Glas [...], in welchem die Materie ein- und umgeschmolzen ist.«[71]

Auch innerhalb der russischen Avantgarde entwickelten Kontrahenten von Tatlins Kultur des Materials Utopien von der Überwindung des Materials, die den in Deutschland nach dem 1. Weltkrieg verbreiteten ähnelten. Auch sie zielten auf die Befreiung von den Fesseln des Materials und den Gesetzen der Materie, auf die Überwindung der Schwerkraft. Russische Konstruktivisten wie El Lissitzky sahen es als Aufgabe zeitgemäßer Kunst an, »durch einen materiellen Gegenstand den imaginären Raum zu gestalten«, um so zu einer »amateriellen Materialität«[72] zu gelangen, nicht im Dienste eines Gottes, sondern einer künftigen kosmischen Gesellschaft. In vielerlei Experimenten mit Licht, Maschinen und rotierenden Metallen entstanden Arbeiten, in denen tendenziell sowohl die Unterschiede zwischen Kunst und Technik als auch zwischen Material und Raum aufgehoben wurden.

Nach dem 2. Weltkrieg war die Faszination des immateriellen Materials zwar nicht verschwunden, aber sie hat sich zunächst nicht explizit auf Technik berufen. Doch waren Krieg, Shoa und die Atombombe der Erfahrungsgrund, auf den sich das westliche Interesse an spiritueller Meditation gründete, die etwa in Yves Kleins Monochromien als Entgrenzung thematisiert wird. In den 80er Jahren haben Ansih Kapoor oder James Turrell die Überführung von Materialien durch Licht- und Farbinszenierungen in Schwerelosigkeit oder umge-

---

67 WASSILY KANDINSKY, Rückblicke (1914), in: Kandinsky, Die gesammelten Schriften, hg. v. H. K. Roethel/J. Hahl-Koch, Bd. 1 (Bern 1980), 55.
68 PAUL VALÉRY, La Conquête de l'ubiquité (1928), in: VALÉRY, Bd. 2 (1960), 1284.
69 KANDINSKY, Über die Formfrage (1912), in: Kandinsky, Essays über Kunst und Künstler, hg. v. M. Bill (Bern 1953), 27.
70 KANDINSKY, Über das Geistige in der Kunst (1913; Bern-Bümplitz 1963), 41.
71 ADOLF BEHNE, Glasarchitektur, in: B. Taut (Hg.), Frühlicht (Berlin/Frankfurt a.M./Wien 1963), 14.
72 EL LISSITZKY, Kunst und Pangeometrie (1925), in: C. Einstein/P. Westheim (Hg.), Europa-Almanach (Potsdam 1925), 109.

kehrt - von Licht in materiale Dimensionen - nicht nur optisch, sondern in Rauminstallationen als Körpererfahrung inszeniert.

Auch die technischen Medien, allen voran die Fotografie, haben zu dem Interesse an immateriellen Bildern beigetragen. Die Fotografie, das ›geschmeidige Medium‹, lichtete alles gleich-gültig ab und transferierte die unterschiedlichsten Dinge auf eine einzige materiale Ebene, die sich im Unterschied zur Druckgrafik nicht der menschlichen Hand, sondern einer Licht-Spur verdankte. Diese chemische Transformation der physikalischen Eigenschaften der Dinge - durch das von Hegel als immaterielle Materie gekennzeichnete Licht[73] - hätte fotografischen Bildern eigentlich den höchsten Status in der Hierarchie der Bildkünste eintragen müssen. Doch das verhinderte die Einstufung als mechanisches Abbildungsverfahren, das sie zunächst aus den Künsten ausgrenzte. Ihre Anpassungsfähigkeit teilte die Fotografie mit den synthetischen Materialien, vom Gußeisen über den Kautschuk zum Kunststoff, und wie jenen haftete ihr zunächst der Makel des Surrogates an.[74]

Mit der Entwicklung digitaler Medien sind grundsätzliche Fragen nach der Materialität optischer Welten aufgetaucht. Jacques Derrida fragt anläßlich der Pariser Ausstellung *Les Immatériaux* (1985) im Ausstellungskatalog unter dem Stichwort ›Matériel‹, ob die alte Opposition von Form und Material in der Postmoderne nicht den »immatériaux« weichen müsse, plädiert aber statt dessen für die Ausschöpfung unerkannter Möglichkeiten

durch Ergänzungen »(mât+X)«[75]. Das entspricht Derridas Vorstellung von »surabondance«[76], einer nicht in der Bedeutung aufgehenden Materialität ästhetischer Zeichen. Parallel zu den medientechnischen Entwicklungen, durch die auch die Geschichte der medialen Träger in den Literaturwissenschaften Berücksichtigung fand[77], rückte in den 80er Jahren auch in den Sprach- und Literaturwissenschaften das Konzept der Materialität mit seiner Nähe zum Begriff des Mediums in den Blick.[78]

Mit Günter Anders läßt sich kritisch resümieren: »Nicht im Zeitalter des Materialismus, wie alle Banausen klagen, leben wir, sondern im zweiten platonischen Zeitalter. Erst heute, in der Epoche der Massenindustrie kommt dem einzelnen Objekt tatsächlich ein geringerer Seinsgrad zu als seiner Idee.«[79]

Monika Wagner

Literatur
BANDMANN, GÜNTER, Der Wandel der Materialbewertung in der Kunsttheorie des 19. Jahrhunderts, in: H. Koopmann/J. A. Schmoll, gen. Eisenwerth (Hg.), Beiträge zur Theorie der Künste im 19. Jahrhundert, Bd. 1 (Frankfurt a.M. 1971), 129-157; DIDI-HUBERMAN, GEORGES, Die Ordnung des Materials, in: Vorträge aus dem Warburg-Haus 3 (1999), 1-30; EL-DANASOURI, ANDREA, Kunststoff und Müll. Das Material bei Naum Gabo und Kurt Schwitters (München 1992); FUHRMEISTER, CHRISTIAN, Beton - Klinker - Granit. Denkmäler 1918-1945: Material, Macht, Politik (Berlin 2001); GUMBRECHT, HANS ULRICH/PFEIFFER, KARL LUDWIG (Hg.), Materialität der Kommunikation (Frankfurt a.M. 1988); HÈREDIEU, FLORENCE DE, Histoire matérielle et immatérielle de l'art moderne (Paris 1994); HOFFMANN-AXTHELM, DIETER, Theorie der künstlerischen Arbeit. Eine Untersuchung anhand der Lage der bildenden Kunst in den kapitalistischen Ländern (Frankfurt a.M. 1974); Les Immatériaux [Ausst.-Kat.] (Paris 1984); KEMP, WOLFGANG, Material in der Bildenden Kunst. Zu einem ungelösten Problem der Kunstwissenschaft, in: Prisma. Zeitschrift der Gesamthochschule Kassel 9 (1975), 25-34; ODEBRECHT, RUDOLF, Werkstoff als ästhetischer Gegenstand, in: Zeitschrift für Ästhetik und allgemeine Kunstwissenschaft 29 (1935), 1-26; RAFF, THOMAS, Die Sprache der Materialien. Anleitung zu einer Ikonologie der Werkstoffe (München 1994); WAGNER, MONIKA, Form und Material im Geschlechterkampf - Aktionismus auf dem Flickenteppich, in: C. Caduff/S. Weigel (Hg.), Das Geschlecht der Künste (Köln u.a. 1996), 175-196; WAGNER, MONIKA, Das Material der Kunst. Eine andere Geschichte der Moderne (München 2001).

---

73 Vgl. HEGEL, Enzyklopädie der philosophischen Wissenschaften (1817), Bd. 3, in: HEGEL (TWA), Bd. 10 (1970), 47.
74 Vgl. WOLFGANG KEMP (Hg.), Theorie der Fotografie, Bd. 1: 1839-1912 (München 1980).
75 JACQUES DERRIDA, ›Matériel‹, in: Épreuves d'écriture. Ouvrage publié à l'occasion de la manifestation ›Les Immatériaux‹ [...] du 28 mars au 15 juillet 1985 [...], hg. v. T. Chaput/C. Noël/N. Toutcheff (Paris 1985), 126.
76 DERRIDA, L'écriture et la différence (1967; Paris 1994), 425.
77 Vgl. FRIEDRICH KITTLER, Grammophon, Film, Typewriter (Berlin 1986).
78 Vgl. GUMBRECHT/PFEIFFER (s. Anm. 2).
79 GÜNTER ANDERS, Die Antiquiertheit des Menschen (1956), Bd.2 (München 1987), 37.